中国口头文学遗产数据库总目

河北卷

上卷

冯骥才 主编
中国民间文艺家协会 编

文化艺术出版社
Culture and Art Publishing House

图书在版编目（CIP）数据

中国口头文学遗产数据库总目·河北卷 / 冯骥才主编. — 北京:

文化艺术出版社，2016.1

ISBN 978-7-5039-6094-9

Ⅰ.①中… Ⅱ.①冯… Ⅲ.①民间文学—专题目录—中国

②民间文学－专题目录－河北省 Ⅳ.①Z88：I277

中国版本图书馆CIP数据核字(2015)第306900号

中国口头文学遗产数据库总目·河北卷

主　　编　冯骥才

责任编辑　齐大任　唐　嘉　张月峰

装帧设计　蒋　艳

出版发行　文化艺术出版社

地　　址　北京市东城区东四八条52号　（100700）

网　　址　www.whyscbs.com

电子邮箱　whysbooks@263.net

电　　话　（010）84057666（总编室）84057667（办公室）

（010）84057691—84057699（发行部）

传　　真　（010）84057660（总编室）84057670（办公室）

（010）84057690（发行部）

经　　销　新华书店

印　　刷　北京雅昌艺术印刷有限公司

版　　次　2016年1月第1版

印　　次　2016年1月第1次印刷

印　　张　99

字　　数　1000千字

开　　本　787 毫米×1092 毫米　1/16

书　　号　ISBN 978-7-5039-6094-9

定　　价　580.00元（上下卷）

《中国口头文学遗产数据库总目》编委会

《中国口头文学遗产数据库总目》体裁说明撰稿人

神　　话：杨利慧

传　　说：万建中

民间故事：贺　嘉

刘晔原

民间歌谣：陶立璠

史　　诗：苏永前

民间长诗：杨亮才

谚语与歇后语：李耀宗

谜　　语：安德明

民间说唱：常祥霖

民间小戏：刘　祯

毛　忠

《中国口头文学遗产数据库总目》各分卷概述撰稿人

北　京：赵　书	湖　南：田茂军
天　津：侯燕琦	广　东：刘晓春　姚丽梅
河　北：郑一民	广　西：黎浩邦
山　西：常嗣新	海　南：苏鹏程
内蒙古：那　顺	重　庆：罗中福
辽　宁：江　帆	四　川：孟　燕
吉　林：曹保明	贵　州：余未人
黑龙江：郭崇林	云　南：刘辉豪　杨海涛
上　海：郑土有	西　藏：林继富
江　苏：康新民	陕　西：梁澄清
浙　江：顾希佳	甘　肃：彭金山
安　徽：孔凡仲	青　海：马光星
福　建：汪梅田	宁　夏：杨继国
江　西：万建中	新　疆：马雄福
山　东：李传瑞	台　湾：杨永智
河　南：程建军	综合卷：陶立播
湖　北：陈建宪	文献卷：刘晔原　吕　军

总目之意义

——《中国口头文学遗产数据库总目》总序

冯骥才

中国口头文学遗产数字化工程自2010年启动。旨在将中国文化界半个多世纪来从田野大地收集到的十数亿字的民间口头文学数字化，建立起中国民间口头文学数据库。这是中华民族历史上首次对自己的口头文学遗产按照学术规范，进行全面和科学整理的超大规模的文化项目。

中国因其农耕历史悠久，幅员辽阔，民族众多，自然不同，地域多样，民间文化创造极其斑驳，形式十分丰富，体量极其庞大，口头文学表现得尤为突出。口头文学是人民大众自己创造的文学，它直接体现人民精神的天地和文学的创造力，直接体现一个民族的精神向往、性情气质和人文传统。我国口头文学相传之久、流布之广、种类之多，世所罕见。口头文学是一种集体的文学创造。可以说，每一人都是口头文学自觉和不自觉的携带者和创作者，两个人在一起就有口头文学的传播。在由农耕文明向工业文明转型时，要对此前这样的无所不在的无形的文学进行搜集、挖掘、整理岂是易事？

所幸我国知识界这种文化自觉来得较早。大型的有组织的口头文学抢救有三次。都是中国民间文艺家协会发起和组织的。第一次是20世纪50年代（1958）发动的民歌调查；第二次是自80年代（1984）起在全国展开的《民间文学三套集成》的搜集整理工作，这一工作延伸到世纪末。接着是本世纪初规模浩大的《中国民间文化遗产抢救工程》。由于这一次突出了遗产性，由于这一次是从文化视角认识口头文学的，因而对其本质与价值的认识深度就更进一层。口头文学被作为了整个抢救工程的重中之重。

由是而今，经过几代民间文化学者和工作者坚持不懈的努力，坚持抢救第一，坚持田野工作，所搜集和整理的各类民间文学达十多亿字，这在世界范围内都是不可想象的。民间文学创造的规模不可想象，文化抢救的数量也是不可想象。这些口头文学的记录文本现在主要保存在中国民协。民间文化是在生活进程中生生灭灭的，大量当年搜集到的口头作品，今天已不再流传，为使这些珍贵遗产不再得而复失，成为民族宝贵的文化记忆并能为今天与后世享用，便于2010年，中国民协开启了史上空前的数字化工程。中宣部、文化部、中国文联给予了强有力的支持。

为保证这一工作的学术质量和技术质量，中国民协一方面组织了编委会和专门的工作室。邀请了当今国内这一领域最优秀的专家学者负责编纂事宜；一方面，与汉王公司合作进行数字化处理与数据库建设。由于此项工作前无先例，无可借鉴，又要兼顾使用、研究、检索、查寻、档案等多种功能与要求，难度甚大。然而，幸有各位专家学者之严谨与执著、组织者之勤奋与敬业，以及汉王公司高水准的技术支撑，时过五年，计划中口头文学数字化工程第一期已经完成，这一期字数达8.878亿字。数据库基本构建完成。

口头文学第一期工程完成后延伸的工作是编制《中国口头文学遗产数据库总目》（下称《总目》），以纸质的图书形式出版。其目的：一、提供使用的索引；二、得以纵览数据库存录的所有篇目；三、为数据库提供必要的文献性物证。

为此，依照上述要求，编写《总目》体例。在这部《总目》的编制过程中，也是首次对刚刚建成的数据库的使用与享用。

这部《总目》以省（自治区、直辖市）划分，以省立卷。内容以体裁分类，按类列出数据库所存录作品的篇名，各篇皆注有民族、流传地区、采集地、讲述者、字数和数据库编号等。在各类体裁篇目前，都有对该类口头文学基本概念与特性的表述。在各分卷卷首，还邀请权威专家著文，对该省口头文学总体状况、地域特点和搜集历史予以概述。其余编纂要点，皆写在各卷的“凡例”中。

这部《总目》无疑有助于对数据库总体的了解，有助于数据库的使用。

尽管中国口头文学数字化工程仍在进行中，新二期工程（字数约十亿字）在等待着我们启动。但是首期完成的数据库和《总目》，应是我们民间文化界五十年来对口头文学抢救和整理工作的一个阶段性的总结，一个巨大的值得自豪的成果。对于我们自己，这既是一个成就，更是一种自我的鼓励。我们一定在这条来自田野的文化之路上坚定地走下去；用我们的双手，把中国口头文学这一伟大的历史文化遗产挖掘和整理好，传承下去，成为永久的民族财富。

体例说明

一、本套《中国口头文学遗产数据库总目》（简称为《总目》）的数据内容，提取自中国口头文学遗产一期数据库，主要目的是为该数据库的应用提供索引。

二、本套《总目》按省、自治区、直辖市和特别行政区分卷（以简称表示），并设综合卷、文献卷。综合卷收录难以确切录入某分卷本的篇目。文献卷将收录重要口头文学文本资料的封面、重要活动场景照片、搜集人照片、重要文件影印件等文献资料。部分分卷录入数据库的内容偏少，则编为合并卷；内容较多的分卷，设上下卷。

三、各分卷的内容依次为编委会、体裁说明撰稿人、分卷概述撰稿人、总序、体例说明、凡例、目录、分卷概述、正文、后记。

四、各分卷的正文部分，参照口头文学体裁的排列惯例为序，即神话、传说、民间故事、民间歌谣、史诗、民间长诗、谚语与歇后语、谜语、民间说唱、民间小戏。

数据库（一期）的篇目及其数据项，以表格形式列入对应体裁分类的条目内，作为数据库检索信息。各条目的数据项具体为：序号、篇名、民族、流传地区、采集地、讲述者、搜集者、数据库编号、字数。样式为：

序号	篇名	民族	流传地区	采集地	讲述者	搜集者	数据库编号	字数

凡　　例

一、本凡例对《中国口头文学遗产数据库总目》（简称为《总目》）正文内容所涉及的数据、符号、编号等进行统一说明。本凡例为各卷通用。

二、本套《总目》的数据内容，提取自中国口头文学遗产一期数据库。一期数据库是中国民间文化抢救工程中，口头文学遗产数字化项目的阶段性成果，所收录的口头文学作品仍然有限，更多作品有待于在二期数据库中进行收录。

三、“分卷概述”体现该分卷内所涉省份口头文学的总体情况（历史与现状），注重展现口头文学的地域性。

四、口头文学的体裁说明，旨在介绍该类口头文学的基本概念、文本特征、源流衍变、搜集情况等，注重学术性。体裁说明的内容为各卷通用。

五、每个条目均由“篇名、民族、流传地区、采集地、讲述人、搜集者、数据库编号、字数”共八个数据项构成。因数据库中资料不载而缺项的内容，该条目中的对应项则为空白。

“序号”为各卷所编列条目的自然序号。

“篇名”，提取自数据库，为所收资料文本的篇目名。

“民族”，数据库资料原文中标明少数民族的，则篇目中录入该民族名称；“汉族”一般不再单独标出。

“流传地区”，为数据库所收资料中标出的流传地区。

“采集地”，为数据库所收资料中标出的文本采集地。

“讲述者”与“搜集者”，是指口头文学文本的讲述者与记录者。部分篇目存在有多位讲述者、搜集者的情况，在其对应的数据项中采用“第一排位、第二排位者姓名等”的简略形式。

“数据库编号”，对应该篇目在数据库中的完整文本及其扫描图像。其中，MX开头的编号，对应的是手抄本、油印本或从综合类资料中摘取的篇目，没有建立每个汉字与图像的对应关联，仅可查询该篇目所在页面的图像。

“字数”，指该篇目所收文本的具体字数。

六、由于原始资料中某些文字难以辨识，因此在《总目》中以“=”表示。在字数统计中，计为一个中文字。

七、一期数据库中有部分手抄本、油印本资料无法通过电脑准确识别，因此在《总目》中仅收录其中可准确识别的数据项，不进行字数统计。部分篇目原文下包含若干分篇，本《总目》中采用后缀方式逐篇列出，如原文“歌谣十首”，本《总目》统一列为“歌谣十首（一）”“歌谣十首（二）”……原文有序列标号的，则按原文列录，如“歌谣十首（1）”。

八、《总目》所收录的口头文学作品，时间限度为1950年3月至2010年3月（按田野调查搜集到口头作品的时间为准）。

目录

《中国口头文学遗产数据库总目·河北卷》

概 述

郑一民

在民族文化研究中，民间口头文学遗产作为文化根，一直是中外学界致力探究的重要课题。而这个课题又包罗万象，涉及众多学科，是一个民族和国家的重要文化财富。为了探索人类成长和社会发展真谛，固化和弘扬民族优秀品德和思想，中国民间文艺家协会在开展中国民间文化遗产抢救工程中启动了《中国口头文学遗产数据库》编纂工程，《中国口头文学遗产数据库总目·河北卷》，就是这项文化工程的重要组成部分。

口头文学是人类在与自然共生共荣的生活、生产中创造的民间文化。了解这一文化在河北产生、发展、传承的历史与价值，必须了解河北的自然地理环境与人文发展史。从地理位置和环境讲，河北地处华北地区东南部，东临渤海，北接辽宁和内蒙古草原，西与山西为邻，南与河南、山东接壤，内环京津，形似一个巨人的拳头，是全国唯一兼有海滨、平原、湖泊、丘陵、山地、高原的省份。在这块18.8万平方公里的神奇大地上，纵横着两大山脉和一条长达600公里的大运河，那就是燕山、太行山和隋唐大运河。种类齐全的地形地貌和温和宜人的温带气候，纵横交错的水陆交通和130多大小河流、湖泊、湿地等造就了河北得天独厚的秀美自然风光。现在生活在这块大地上的有汉、满、回、蒙、朝鲜等41个民族，7000万人口，设有11个地级市，166个县、市、区，省会为石家庄市。

河北，简称“冀”，古称燕赵。称燕赵，因春秋战国时代，此地为战国七雄中的燕国、赵国政治、军事、经济、文化中心所在地；称冀，因大禹治水划天下为九州，冀州为首；称河北，因其地理位置在黄河下游以北而得名。自元、明、清三代建都于河北腹地北京，河北又被称为拱卫京师的“畿辅”之地。追溯河北的历史，早在200万年前，这里便有人类聚居，数代考古学家发掘的阳原泥河湾古人类遗址就是证明。在武安磁山文化遗址发掘出的人类7000年前从事农牧业生产和打制工具留下的粟坑、陶窑和鸡骨遗骸等，堪称世界之最。数以百计标志人类已进入4000年前父系社会的龙山文化遗址发现，又给这块大地带来无数奥秘。黄帝迁居河北，先与炎帝部落在这里发生“阪泉之战”，又与九黎族首领蚩尤发生“涿鹿之战”，于釜山举行部族会盟，在涿鹿筑黄帝城，在易县后山建祖庙，首次在中华大地上创建了多民族大一统的理念；尧帝自河北阳邑（今唐县）开国，所建的第一座都城便是今天隆尧县的“柏人城”。夏商周三代是中华古文明形成期，大禹治水，自冀州始，以山川大势划全国为九州，冀州为首；商族起于河北，其第十四代祖祖乙所建都城邢邑就是今天的邢台市，然后南迁才有了殷商盛世；春秋战国时代，河北大地盘踞燕赵二雄，还有中山、代、孤竹等小诸侯，由此奠定了河北在中国历史上的独特地位与灿烂文化。从春秋战国到秦始皇统一六国，从汉、晋、南北朝到隋唐五代，从宋元明清到辛亥革命、抗日战争，这块大地堪称战争走廊，厮杀硝烟不断，称王建都之地多达一百余处。更朝换代，称王争霸，给豪者带来辉煌，却给生活在这块大地上的人民带来无尽的灾难和战乱。河北各族人民在天灾人祸中觅生，在厮杀和战乱中求存，当尘埃落定他们又成了在同一蓝天下同生共荣的子民。这种特殊的历史经历，不仅使燕赵人具有了慷慨、悲壮、雄强、拼搏、奉献、不畏灾难困苦、侠义诚朴、勇于担当的品格，也留下无数可歌可泣的壮丽民族史诗和数以万计的被世代劳动人民耳承口传的口头文学财富。归纳梳理这些口头文学遗产，大致有以下九大特点：

一、神话传说传递着远古先民的历史与文明

神话是反映远古人类对客观世界长期的观察和思考，含有原始人的“万物有灵”观念，也有科学思维的萌芽。有一些神话，是进入阶级社会之后才走向完美、稳定的。其内容主要是人类与大自然的关系，包括天地起源、宇宙起源、各种自然变化，人类起源和动植物起源，以及原始神灵与大自然的斗争，原始部落之间的战争等。就我看到的在燕赵大地流传的300余篇神话，是活在人民口头上的已经地方化的、有的已经宗教化了的作品。但其主干还是远古人类生活的场景，是神化了的人

类和人格化了的自然。例如青县的《盘古爷坐井》，涉县的《女娲补天》，涿鹿一带的《黄帝战蚩尤》、《炎黄二帝定五果》、《三皇治世》、《后羿与嫦娥》等传说，就是这种历史的写照。在今天看来，其内容虽有点荒诞，却真实反映了远古先贤为人类生存冒险探索斗争的献身精神和人类开天辟地的艰难与勇敢，在全国神话传说中占有重要的地位。

二、人物传说（包括历史人物、仙道和宗教人物）呈现河北历史文化的厚重

据笔者调查研究，由于特殊的地理位置环境和历史经历，河北有一个古今人物传说文化层，这个文化层中的一个个历史人物又形成一个个传说故事圈。这个故事圈可以数以百计，但最有影响和价值的，可归纳为十大历史人物传说圈：一是以伏羲女娲、炎、黄、蚩和尧舜禹为代表的神话传说圈，它以冀北涿鹿和保定西北、冀南一带为中心，遍布全省，已知其故事多达300篇以上；二是秦始皇传说圈，秦始皇为赵国巨商吕不韦与赵国美女赵姬所生之子，其传说以秦皇岛和盐山县为中心，以邯郸市和邢台沙丘为辐射带，遍及全省；三是刘秀走国传说圈，由于他依靠河北割据势力复国并在河北鄗地登基称帝，各种传说故事遍及全省及河南、山东、辽宁诸地，并与大量地方风物相附，中心思想是贬王（莽）褒刘（秀）；四是董仲舒的传说圈，董为衡水景县人，汉代“独尊儒术”之说由他起，在其故里已发现传说百余篇，量虽不大，弥足珍贵；五是三国刘关张赵传说圈，刘关张“桃园三结义”发生在涿州，使“忠义”二字成了中华人的重要品质，赵云是常山真定（今正定县）人，他的传说大多与刘备有关，于是以涿州、正定为中心的刘关张赵传说圈便形成了“一蛋二黄”的现象；六是唐初名相魏征传说圈，中心在晋州和馆陶县，故事逾百篇，同样是“一蛋二黄”；七是五代后周郭威、柴荣二帝传说圈，主要在冀南隆尧县一带，那里是他们的诞生地，也是他们的发迹地，传说与史载相吻合成为一大特色；八是元代大剧作家关汉卿的传说，清乾隆二十年(1755)《祁州志》载，关为“祁州伍仁村人”，即今安国县，一生写杂剧65种，由他产生的故事多达百余篇；九是清代帝后君臣传说圈，主要是康熙、乾隆、慈禧和纪晓岚、刘罗锅等人的传说，约有五百篇以上（河北地处北京周围，承德为清代帝王行宫，东、西陵两大陵墓群又坐落在河北境内，传说故事众多自

在情理之中）；十是中国共产党的创始人之一李大钊的传说，李大钊是京东乐亭县人，其儿时的志向、青年时的生活和英勇就义的浩然气节，形成传说广为颂扬，既是人们对革命先驱的由衷敬仰也是承先志弘精神的必然现象。令人兴奋的是，多年来在各地民间文艺工作者坚持不懈地对上述十大历史人物传说群进行发掘、整理并集裘成书，显示出河北民间文学研究工作的深广程度。

除了十大历史人物传说，河北还有春秋时代思想家荀子、军事名将乐毅和廉颇、名相蔺相如，西汉南越王赵佗，南北朝数学家祖冲之、地理学家郦道元，唐代开国皇帝李渊、李世民，儒学宗师卢植，名相宋璟，诗人高适、贾岛，宋代开国皇帝赵匡胤，哲学家邵雍，文学家苏东坡、李昉、包公、杨六郎、吕端，元代大科学家郭守敬、政治家刘秉忠、剧作家王实甫，明代重臣杨继盛、赵南星、戚继光，清代名儒孙奇逢、儒臣魏象枢、颜李学派创始人李塨、方观承、张之洞、文学家曹雪芹、义和团领袖张德成、景廷宾等人的传说。因此，河北的历史人物传说被专家学者称为河北民间文学的“重头戏”。

三、史事传说在河北独具特色

翻阅史册，历朝历代发生在河北的历史事件数以千计，但最重大并形成口传文学群的事件主要有七个：一是徐福千童百工集团东渡日本列岛的传说，秦始皇遣方士徐福以寻找长生不老药为名去东探海疆，带去了中国的文明，开创了世界先进民族无偿帮助落后民族的典范；二是农民起义的传说，这种传说主要有三个，其一巨鹿人张角、张宝、张梁三兄弟发动领导的汉末大规模的“太平道”黄巾军起义，其二固城人窦建德领导的隋末唐初农民起义，其三栾城县韩山童、韩林儿在元末领导的红巾军起义，虽然起义被镇压失败，但都从根本上动摇了当时封建王朝的统治地位；三是北宋时代杨家将戍边传说，杨继业、佘太君和杨六郎、穆桂英的抗辽故事在保定、廊坊、张家口、沧州各县传承广泛，杨六郎镇守的三关即在这一带，并有宋辽时代300余华里的地道分布在永清、雄县、霸州境内佐证，由此使杨家将在河北人民心中极其高大；四是明初燕王扫北坐北京的传说，燕王朱棣乃朱元璋第四子，其侄建文帝登基后，他以“清君侧”为名发动了一场叔叔打侄儿的“靖难之役”，由此衍生出许多悲壮惨烈的故事；五是明初洪武、永乐年间从山西向河北大移民的传说，《明史》记载的洪武初和明成祖年间几次从山西迁民河北的史实就是这段历史写照；六是1900年风起云涌的义和团（拳）运动传说，素有慷慨悲歌之誉的燕赵儿女不堪列强入侵，以河北威县沙柳寨拳师赵三多创建的义和拳为主力，创建义和团，举起“扶清灭洋”的大旗，沉重打击了八国联军的英勇事迹可歌可泣；七是八年抗日战争传说，地处华北腹地的河北，几乎县县、村村都有抗战传说，可以说数以万计，《狼牙山五壮士》、《冉庄地道战》、《雁翎队的传说》、《百团大战》等，生动形象地再现了抗日军民在共产党领导下与日伪汉奸做斗争的大智大勇和浩然正气。

除了上述古今七大史事传说，还有赵氏托孤、燕筑黄金台、荆轲刺秦王、将相和、沙丘兵变、韩信背水一战、戚继光抗倭、杨继盛抗清、吴三桂献关等史事传说，数量虽不如七大史事多，同样高扬反侵略、反封建、反压迫和勇于开拓、敢于斗争、强国富民等民族精神，思想分量之重，历史感之强，无不彰显着燕赵民族的个性和品质。

四、“四大传说”家喻户晓

在中国四大传说中除白蛇与许仙外，牛郎织女、梁山伯与祝英台、孟姜女哭长城传说在河北都有风物附衍。牛郎与织女的故事发生在邢台一带，不仅有庙宇和众多遗迹可证，而且古老奇特的祭祀仪式至今还活跃在民间；梁祝故事本生在南方，在河北封龙山书院却有一系列景物相附；孟姜女虽非河北人，耸立在山海关附近的宋代姜女祠、孟姜村、望夫石、姜女坟等古迹，却使这里成了孟姜女传说产生和研究的中心。看来，传说的产生和传承都必有特殊历史背景和生存传承环境相伴。

五、科学文化（技艺）的传说充满神奇

这些传说都与历史人物、工艺名匠、祖师轶事、地方风物、风俗、土特产等相连，是一个充满趣味而教人长知识的宝库。武强年画的传说、名酒传说、蔚县剪纸传说、吴桥杂技、磁州窑、曲阳石雕、保定酱菜和铁球、皮影戏与张绳武、评剧与成兆才及乐亭大鼓，这九种在众多类似传说中最突出。武强年画一年沾一张，从画上

走下来的人不仅漂亮勤劳还能当媳妇；刘伶尝酒几天几夜醉不醒，才使名酒得名“刘伶醉”。中国白瓷自邢窑始，定州窑技艺名垂青史，而磁州窑启于7000年前的磁山文化，盛于宋，千年窑火至今不断，其传说《磁州红缸“亲娘”声》、《彭城缸上“夫妻”手》和来自冀北丰宁县的《兰花瓷的传说》，都是脍炙人口的佳篇。人类的每一项创造都需要聪明才智，也需要做出重大牺牲，一敲那缸发出的“亲娘”声，便让后人想起古代窑工妻子跳入烈火的悲壮。郭守敬量日影造历法和开渠航运的传说来自他的故乡邢台县，激励无数中外科学家和学子刻苦进取。名医传说有春秋时代神医扁鹊、汉代邳彤、唐代孙思邈、金代刘守真（完素）、张元素、清代王清任等人的传说。他们高超的医术和医德被老百姓尊为医圣、药王，生动记述了中华中医学产生、创建和发展的艰难神奇历程。河北人自古尚武多侠，有拳种128个，名师高徒辈出，武林人物传说以沧州和永年最有代表性，沧州是武术杂技之乡，永年是杨（露禅）氏、武（禹襄）氏太极拳发源地，故乡人赞叹先人的武功武德，自然故事多。科学文化（技艺）传说故事虽非一定是史实，但却从多角度多层面展现了河北人的勤劳勇敢和富于创新的精神。

六、地方人文景观传说绚丽多彩

历史和智慧的沉淀，使河北许多人文景观驰名海内外，由此产生的众多脍炙人口的传说便成了它们的灵魂和飞越历史时空的翅膀。其中最有代表性的，一是世界七大奇迹之一万里长城，在河北境内有2300公里，其传说既与秦始皇、孟姜女及众多帝王、将帅、工匠有关，也与众多战争有关，反映了建长城、修长城、守长城的苦难与艰辛；二是邯郸武灵丛台的传说，这组独具特色的传说，记载着赵武灵王“胡服骑射”，开创封建诸侯“革新图治”的业绩；三是山海关与秦皇岛景物传说群；四是隋开皇年间修筑的赵州桥传说，讲述了河北工匠李春开创世界桥梁先河的奇迹；五是正定大佛寺的传说，初建于隋，重修于宋，千手千眼大铜佛站立千秋亦为世界之最；六是井陉苍岩山福庆寺的传说，隋代三皇姑割肉救父的故事与寺院建筑及风格奇特的桥楼殿相互辉映、浑然天成；七是娲皇宫的传说，沿太行山东麓有一条伏羲女娲传说带，北起易县后山、新乐伏羲台，经赵县兄妹庙、内邱哥姐庙，到涉县娲皇宫，再到河南淮阳伏羲陵，涉县中皇山的娲皇宫居其中心地带，相传是女娲炼石补天、治世处，不仅依山悬空的建筑奇绝，而且庙会极其盛大，为整个传说的中心区；八是沧州狮子传说，五代后周年间由铁水浇铸的铁狮子位于沧县旧州镇东关，史称“镇海吼”，重达七百吨，其镇海防恶龙水怪的“功能”与浇制工艺堪称世界之最；九是清代东陵西陵传说，那里埋葬着清代九帝24后192嫔妃，座座陵墓都是一部传说故事大书；十是承德离宫及外八庙传说，承德避暑山庄是世界上现存最大、保存最好的古典皇家园林，不仅处处秀色美景有传说和故事，而且清代众多帝王后妃在这里处理政务和生活留下的种种轶事趣闻都是民间常讲不衰的故事话题。

上述十大人文景观传说虽然令人称叹叫好，但只能称为景观传说的代表。因为除了十大人文景观，河北还有白洋淀的传说、扁鹊庙的传说、黄梁梦的传说、邺城“三台”（铜雀台、金凤台、冰井台）的传说、沙丘行宫的传说、黄金台的传说、荆轲塔的传说、燕下都的传说、柏人城的传说、景州塔的传说、定州塔的传说、东光铁菩萨的传说、景忠山的传说、响堂山石窟的传说、黄巾寨的传说、广府古城的传说、渔民走海的传说、大运河的传说、冉庄地道战的传说、西柏坡的传说、赤岸村的传说，等等。他们的故事量虽赶不上十大人文景观多，也同样能彰显河北大地的悠久壮美和神奇绚丽。

七、生活故事、动植物故事彰显河北历史文化的浑厚和农耕社会的百态万象

河北的生活故事、幻想故事、鬼狐精怪故事、动物故事量之多，可用数以万计来形容。生活故事按类别划分多达十余种，但最有感染力的是智慧男人、聪明女子的故事及有关婚爱、公案故事。他们来自生活现实，贴近生活实际，凝结着创作者的智慧，幻想成分很少，但新奇巧特的构思，常使误会与巧合成趣，悲苦与幸运相连，浓厚地方风情与传奇色彩成篇。例如《大能人智斗耗子》、《刘秀才与张小姐》、《舍郎和采采》、《老倪乐三难凤姑》、《罗才女救夫》、《丁郎寻父》、《打狗拾娘》、《员外考子》、《咬奶头》、《假药救命》、《砸尿壶》等都是久经磨砺、脍炙人口的精品。特别是《韩老大五娘子故事》、《怪才王八吾》、《王二戏官的故事》、《二檩头的故事》和《巧女黄三姐》、《张嘎咕的故事》等故事，更是意趣盎

然的佳作。至于流传在广大城乡的寓言与笑话，那就更精彩奇妙、令人拍案叫绝了。

幻想故事也称民间童话。运用幻想的神奇因素与现实生活相交织的方式，反映人民同自然的斗争，表现主人公反抗阶级压迫、渴望获得美满生活等。如《震天鼓》、《娶蛤蟆》、《茶仙》、《敬穷神》、《小三和龙女》、《龙女出海》、《画中人》、《葫芦告状》等构成异类成婚型故事，表达了人间男女相爱而不得其爱的痛苦心理和心诚事则成的坚强信念。

鬼狐精怪故事如《认钱不认爹》、《阳救妻命阴救妻身》、《人鬼姻缘》、《刘二嘎子斗阎王》等，在空间上打破了人间与阴间、天堂与地狱、人与动物的界限，充满着神幻色彩，揭露了封建社会人间的世态炎凉、人情冷暖，展示了人的智慧和力量，反映了古人追求美好和鞭笞丑恶的思想。

也许是河北地处中原，人类生存繁衍早的缘故，动植物故事相当精彩。其中《漏》（不怕老虎就怕漏）、《老狼报恩》（老虎报恩）等反映了动物习性及与人的相互关系。《虱子告状》、《小猫打呼噜骂包公》各有新意，前者反映蒙冤的虱子不畏艰辛困苦寻求正义的不屈精神，后者因狸猫吃了外国的老鼠又被留在人间，而骂借它来的包公是“光借不送”的“杂种”。这些故事不仅构思奇巧，而且大多都被人格化了，反映他们的恩怨和苦难，实际是借故事喻人。

读听上述作品，每个人都会被中国老百姓的文化素养和才能折服。那些奇巧的故事构思，绝妙精伦、充满浓郁地方特色和情感的语言，绝非文人能杜撰得出来的！在中国文学史上应该有论述民间口头文学的章节，署上故事家们的大名。因为他们才是真正的中国文化特色，而且是孕育和催生各种文学佳作的母亲与土壤。如果用现代词语来评价上述燕赵民间口头文学的价值，可以说是讲政治、讲正气、讲道德的中华民族珍贵文化财富和精神食粮。

八、民间歌谣悲壮而凄婉

歌谣是劳动人民的心声，是他们战天斗地与生活的真是写照。从题材内容看，河北歌谣可分为劳动歌、生活歌、仪式歌、情歌、历史传说故事歌、革命斗争歌、抗战歌、时政歌、儿歌等九大类。从艺术形式看，可分为山歌、劳动号子、小调、歌舞调、说唱调、民谣等。从思想特色看，处处彰显着“燕赵自古多慷慨悲歌之士”的文化底色，表现了河北人民在战争、强暴、欺凌、苦难和天灾人祸面前的慷慨、悲壮、雄强、拼搏、奉献、不畏灾难困苦、勇于担当和追求的品格。特别是在民间广泛流传的大量抗日歌谣和义和团歌谣，不仅是帝国主义列强侵略蹂躏中国人民的罪恶铁证，也是中华民族面对帝国主义坚枪利炮和杀戮视死如归、威武不屈、前赴后继共赴国难的浩歌。

河北民间歌谣所呈现的上述特色与价值，一是源于这块大地历史悠久、文化灿烂；二是源于长期处于战争走廊和多民族文化融合所形成的品格；三是源于波澜壮阔、丰富多彩的社会生活。这种文化内涵反映在生活歌中，河北人讲究伦理道德、忠孝节义，追求安居乐业、家庭社会团结和睦，即使在《小白菜》、《小寡妇上坟》、《黎民苦》、《渔民难》、《叹不平》等苦难歌中也不丧志，在凄婉中蕴含希望之光；在仪式歌中讲究礼俗规矩、尊公守法；在情歌中重情轻财、忠贞不渝，敢恨敢爱、追求自由；在劳动歌中倡导勤奋致富、勤俭持家，敬重自然、贬斥懒惰等。纵观河北民间歌谣，堪称源远流长、璀璨夺目，是华夏文化浩浩长卷中不可多得的精彩篇章。

九、谚语、歇后语、谜语等钟灵毓秀，哲光伦理四射

谚语、歇后语、谜语等是人类在漫长历史生产生活中创造的伦理性语言，是对各种知识、经验、教训、事理、情思、审美、人生观、道德观理念总结、提炼、升华的智慧概括而结晶的语言艺术，不仅言简意赅而且通俗易懂，被广大群众广泛使用，誉为“浓缩的诗”。河北的谚语、歇后语、谜语等不同于“闽谚”“粤语”、“吴谚”、“楚言”，呈现六大特点：其一，由于河北是中华文明重要发祥地，经历了中华民族融合蜕变沿革的全过程，数量和内容极其丰富；其二，由于河北地处中国北方语言区的中心，少了闽、粤、吴、楚之地的浓重方言味，而多了通用性；其三，由于河北大地的特殊自然地理风貌和悠久的农耕史，有关农耕的知识、气候、节令谚语、歇后语、谜语占有较大比重；其四，鉴于这块大地上代代名人辈出 ，曾涌现出众多思想家、政治家、军事家、科学家、文艺家、教育家、豪侠杰士、智者仁人光耀史册，有关事理、修养、社交、时政、教化等内容的谚语、歇后语、谜语是重头戏；其五，

关于生活、风土、工商内容的谚语、歇后语、谜语等，既源于生活又高于生活，亲民又接地气，别具风格；其六，句形简短，用词凝炼，韵律天成，易记易传。

世界上没有无根之木，也没有无源之流。河北人在语言艺术上虽少了奇音怪调，但却多了中华主流语言的厚重与深邃、博大与精彩。这种价值，由历史悠久而积淀，由多民族融合而铸就，由千锤百炼而金光四射。阅读这些语言精华，不仅有教化、警世、醒身、励志、追求的效果，还有重温民族辉煌史、再现先贤智慧灵光，熏陶锤炼民族品格、传承中华优秀美德的重要意义。

十、结语

评论区域文化遗产的价值，要将区域文化遗产放到整个中华文明中去审视。著名历史学者苏秉琦先生梳理总结中华文明历程和河北地域文化在这一框架中的地位时说："超百万年的文化根系，上万年的文明起步，5000年的文明古国，2000年的中华一统实体的中华民族历史发展框架，能够概括河北这块神奇的土地和生活在这里的人群勇往直前的精神。因为，在这一框架之中，中华民族每走出坚实的一步，河北都起着十分重要的作用。"历史史实也果真如此，在这条文化长河中，2000年的中华一统实体由河北人秦始皇缔造的大秦帝国开始，5000年的文明古国由黄帝在河北涿鹿矾山建立黄帝城为标志，上万年的文明起步由大禹治水自冀州始和划天下为九州为里程碑，超百万年的文明根系则由阳原泥河湾发现的东方人类生活遗址可考。由这种特殊历史所铸造的慷慨悲歌、任侠果敢、重情尚义、包容宽厚、刚健有为、纯朴雄壮、激越担当、进取奉献精神，犹如血液与基因世代在燕赵大地上传递着民族品格与魂魄，激荡着民族情操与创新，彰显着国威与民族文化形象。审视在这种波澜壮阔历史中所形成并传承至今的河北口头文学的价值，可以说河北口头文学遗产对整个中华民族口头文学遗产来说，具有"文化团体"和"基因支撑"价值。它既是地域口头文学遗产不同凡响的典范，又是中华民族口头文学遗产中的"根"与"魂"之源所在；既是形成国人集体人格、品性、理念、价值观的本初元素，又是涵养与构建社会主义核心价值观的重要基石与养分。

神话

河北卷

神话

神话是有关神祇、始祖、文化英雄或神圣动物及其活动的叙事，它解释宇宙、人类（包括神祇与特定族群）和文化的最初起源，以及现时世间秩序的最初奠定。

神话中所讲述的事件，发生在世界正在形成过程中的远古时代，事件发生的场所主要是在远古时代的大地上，或者是在另一个不同的世界里，如天上或地下。神话中的主要角色一般是超越于人类的神祇、始祖、文化英雄或者神圣动物。神话的讲述时机与场合大多是有限制的，一些神话的讲述场合往往与信仰和宗教仪式相结合，不过这一特点并非绝对。

神话通常被认为是发生于远古时代的真实可信的事情，尤其是那些与信仰和宗教仪式相结合的神话，其功能主要是解释和证明。这一点也并不绝对。神话常常具有一定的神圣性，尤其是与神学和宗教仪式相结合的神话但是神话有时也可以在娱乐的场合讲述，从而具有世俗性。

神话是原始思维方式的重要实践成果，同时，它的产生也与原始人类的好奇心和探索欲望、早期人类的自然和社会生活状况直接相关。在中国，几乎每个民族都拥有自己的神话。在后世的流布过程中，现代民间口承神话往往呈现出粘连与复合、地方化、宗教化、世俗化等多种特点。

中国神话不仅在发生学意义上对中国的宗教信仰、文学艺术、日常生活、民族精神和世界观念的构成等具有极为重要的意义，而且，在以后不同历史时期和不同形式的文化建构过程中，也始终是重要的文化资源，发挥着长远而深刻的影响，并参与了塑造和建构中国民族文化与民族精神的过程，成为中华文明的重要组成部分。

作为一种最古老的口头文学体裁，神话的数量相比民间传说和故事而言要少很多。在“一期数据库”中，大约收录有中国各地、各民族中流传的神话近千则。

（杨利慧）

序号	篇名	民族	流传地区	采集地	讲述者	搜集者	数据库编号	字数
1	山药的传说		张北县境		史永	戴世敏	21219	1097
2	地上为啥有植物		张北县境		董义	王子香	21218	294
3	骡子的来历		坝上地区		史永	戴世敏	21217	535
4	月亮里有什么		张北县境		杨秀荣	杨秀云	21226	787
5	盐的故事					王旭芳	21220	1339
6	为什么坝上高原日照时间长		坝上一带		乔建军	王子香	21215	682
7	龙女赠珠					胡子峰	21223	343
8	露水夫妻		张北县一带		杜守章	迅飞	21216	794
9	鸟语石的传说					胡子峰	21224	464
10	龙王庙的传说		张北县一带		许华	王子香	21225	664
11	八仙的传说					李占云	21222	787
12	造人的传说		坝上一带		冯仲元	于全斌	21221	738
13	泰山奶奶赐儿女		下花园	王功家	王功		28612	1085
14	白菜姻缘		下花园区棘针屯	棘针屯村	王秀娥		28616	975
15	老龙背的来历		下花园	后堡街刘元庆家	刘元庆		28607	337
16	煤是太上老君留下的		下花园	下花园煤矿	李玉		28611	346
17	鸡鸣山的来历		下花园	下花园	刘进元		28604	1242
18	镇山的来历		下花园	下花园	刘元庆、陈有贵		28606	570
19	天上为什么下雪		下花园	下花园区运输队	郭丽萍		28613	502
20	雷劈山		下花园	上花园村	李同		28608	1499
21	太上老君与泰山奶奶争地盘		下花园	下花园	张志远		28605	496
22	画中人		华北一带	下花园煤矿	周荣照		28615	1172
23	海螺和阿牛		下花园	青山村	李季忠		28609	483
24	青山的来历		下花园	青山村	李季忠		28610	2689
25	张打鹌鹑李钓鱼		下花园	代家营村	郜荣香		28617	1872
26	上天的路		华北一带	下花园煤矿	周荣照		28614	791
27	烧车淀				邓志庚		28758	1901
28	人心不足蛇吞相				张小平		28759	956
29	月亮和太阳				刘玲瑞		30313	543
30	织女下凡					徐国成	30314	1133
31	观音和如来					徐国成	30315	1508

序号	篇名	民族	流传地区	采集地	讲述者	搜集者	数据库编号	字数
32	龙王河				谢荣基		45571	420
33	秋生和瑞先				许长发		45570	753
34	土地奶奶和土地爷爷				连信	王瑞芹	45568	1033
35	正月十五玩龙灯耍狮子传说				战献明		45573	878
36	宝贝疙瘩				吴洪沃		45572	705
37	义蚁				家父		45569	966
38	神牛显灵				韩桂枝		45557	498
39	红灯女神		柏乡县城东		张老协	张宝增	46018	993
40	盘古庙无头壁画的传说			青县曹寺村	王寿山	王春栋	46180	430
41	粮食的传说			青县张虎庄	陈秉玺	陈西峰	46182	1444
42	旧州和沧州			沧州市	孙玉山	王秀英	46190	894
43	铁狮子来历的传说			沧县旧州镇	李伟起	贺治起	46176	1763
44	胡萝卜的故事			青县南张庄	王锡权	王汝芳	46183	2287
45	铁狮子来历的传说			沧县旧州镇	李伟起	贺治起	46175	935
46	圣贤愁			于青县陈缺屯乡	孟千臣	迟永田	46181	424
47	盘古定居的故事			青县大盘古	任桂甫	耿建华	46179	1560
48	“官疙瘩”的传说			沧州市	刘非	孙玉山	46189	1133
49	杜林大石桥的传说			沧县杜林镇	杨风岭	韩同生	46178	2131
50	仵龙的传说			沧县仵龙堂	殷玉荣	孙一新	46187	795
51	铁狮子的传说			沧县北关村	冯庞氏	孙一新	46177	1601
52	白鹤与老人			青县城关镇岳家圈	孙秀岑	孙增强	46184	1227
53	画中婵娟			沧县	张德焕	孙一新	46185	2258
54	小叭狗			郊区鞠官屯	董义清	刘广和	46192	927
55	沧州的灶王爷为什么“独坐”			沧州市	付泽坡	孙玉山	46188	589
56	沧州冬菜的传说			沧州市	刘宝善	贺鹤	46191	1179
57	“浪城县”的传说			沧县马波坡乡	刘玉升	刘胜义	46186	595
58	嫦娥下凡			耿村			50722	1241
59	伏羲降龙马			耿村			50619	992
60	嫦娥惩后羿			耿村			50573	1548
61	北斗七星怎么来的			孙胜台家			50803	634
62	悟空学艺			耿村			50768	567
63	嫦娥与后羿两分离			耿村			50702	2070

序号	篇名	民族	流传地区	采集地	讲述者	搜集者	数据库编号	字数
64	人为嘛没有尾巴			耿村			50808	2368
65	犬婿			耿村			50656	411
66	哈尔滨师大教授马名超先生的来信						50837	1194
67	石刚找太阳			村委会大院			50640	1677
68	张大胆		石家庄留营乡、赵陵铺乡			刘志忠、刘肆	60966	638
69	人长和人短		石家庄郊区孙村			孙荣丽	60976	1261
70	月亮追太阳					杜纪龙	60984	7321
71	讨封				敦过春等	任勇	60958	1019
72	上八仙与隆兴寺				罗秀文、宋玉山	刘孟松	60983	1114
73	玉兔的故事		石家庄郊区			何金英	60968	460
74	鲁班和张果老打赌		平山一带	岗南	曹天亮	曹海燕	60989	1567
75	“一打七”智斗妖怪		石家庄一带		平晚保	平秀梅	60978	1214
76	贪婪人的下场			石家庄郊区		魏国胜	60961	2029
77	半截胳膊			郊区孙村乡		胡文冬	60970	662
78	狐子帽”的故事				张密	吴瑞霞	60964	1013
79	巧治狐狸精		石家庄市杜北乡一带		张元姐	廖建军	60977	1009
80	嫂嫂和英姑					陈立卓	60962	1363
81	猎人和龙女					张绍曼	60985	859
82	石头人				肖大婶	刘素芬	60988	1064
83	单行的故事				杜福保	杜致冉	60967	1015
84	造人		石家庄一带		辛凤振	韩庆志	60986	453
85	群精斗恶虎			孙村乡		胡文冬	60969	1357
86	世界上为什么会有残疾人		石家庄郊区及获鹿一带		张瑞先	秀艳、冬彦等	60963	574
87	小兄弟遇仙拾金		石家庄郊区陈村			沈建民	60972	762
88	玉石蝈			赵陵铺	玉莲	刘肆	60960	605
89	老乞借钱		石家庄西郊、获鹿一带		张富德	任勇	60975	1478
90	蚌姑娘		石郊孙村乡一带			梁惠欣	60959	2242
91	红叶苗与麻菜				付成活	聂秀忠	60990	374
92	白线团		石家庄郊区赵陵铺			刘肆	60974	857

序号	篇名	民族	流传地区	采集地	讲述者	搜集者	数据库编号	字数
93	琉盆告状						60982	536
94	金鱼姑娘			郊区大郭村		杜勤来	60971	3708
95	熬宝贝		槐底乡一带	槐底中学		靖彩玲	60965	975
96	冤魂		石家庄市获鹿、井陉一带		贡喜林	任勇	60979	1404
97	元宝姑娘					杜勤来	60957	1099
98	桑椹为啥是红的		卢龙一带	陈官屯	袁际民	袁际民	63425	621
99	种子的来历		沙河市一带农村			石占杰、袁炳淑	69290	1159
100	二郎岗		沙河市境内		申宝玉	胡兴元	69287	808
101	奶奶顶和老爷山		沙河市境内	候峪医院	田广秀	李体清	69289	1103
102	老君耩煤			孟石冈	孟庆梅	孟庆菲	69288	978
103	运石补天			孟石岗	孟庆梅	孟庆菲	69291	706
104	二郎担山戳五指				葛书妮	孙玉晖	74143	1361
105	透灵碑吓死赵县官		内邱县西部山区		韩庆寿	郑一民	74145	1743
106	楸树佐食		河北内邱县西部山区		韩庆寿	郑一民	74144	2202
107	哥姐庙				赵丙银	张少鹏	74142	1117
108	房梁上的红纸					王晓莉	79242	2453
109	张先生				郝老强		79245	2562
110	银子搬家				邱大合		79246	1355
111	“成半仙”				陈万起	路金色	79247	2331
112	王豹申冤				段西行		79244	878
113	吕洞滨下凡				赵振忠		79241	1209
114	“门插官”的由来				苏玉开		79243	1466
115	圣姑庙的传说					刘保利	79239	795
116	柴王爷下凡				齐连春		79240	618
117	九龙圣母庙的传说					汪保卫、付东	88334	1120
118	鬼谷子出世				王丙坤	王有顺	88331	556
119	秦始皇得帝的传说			县文化馆	徐晋		88335	1922
120	龙王奶奶的传说				李合振	李献英	88328	1942
121	马的后蹄为何翘		郎堡乡路口村		薛美珍		88329	1873
122	玉帝治天					付东	88327	3490
123	老鼠属相的由来			中郎堡村	冯光临		88330	551
124	玉皇大帝分寿龄				杨秀珍		88332	739

序号	篇名	民族	流传地区	采集地	讲述者	搜集者	数据库编号	字数
125	姜子牙算卦				杨景运、游桂枝		88336	1068
126	姜子牙封神的传说			大名县韩赵村	胡新波	季文彬	88337	1299
127	马风菜的传说			大名县桂村	老桂	桂士毅	88333	910
128	女娲的传说				程耀峰、王福榜	李亮	88326	357
129	风雨为啥多从西北来			河北省蔚县吉家庄乡小辛柳村	王孝昶		91257	672
130	大山爷巧施甘霖			河北省张家口涿鹿县保岱乡方家沟村	董善纪		91267	446
131	二郎担山压太阳			河北省宣化县郭家湾村	赵文印		91242	620
132	二郎担山压太阳			张家口市庞家堡区闵家窑村	张金		91241	578
133	红石山			张市庞家堡铁矿区工人住区	周德胜		91236	1301
134	天上为什么下雪			河北省张家口市下花园区运输队	徐秀英		91245	912
135	二郎担山撵太阳			河北省宣化县崞村	赵鸿恩		91240	1088
136	人们为啥不敢看太阳			河北省蔚县吉家庄乡小辛柳村	王果		91246	365
137	老虎是后来才吃人的			河北省张家口市宣化县江家屯村	金荣		91254	1223
138	麻雀吃秋粮毫不客气			河北省张家口市宣化县	祁文有		91253	462
139	赤城温泉			河北省赤城县城关乡西大村	饶秀民		91243	867
140	美人沟			河北省张北县白庙滩乡三合庄村	史永		91237	1198
141	死了丈夫为啥哭天			张家口市下花园区前堡村	李玉		91234	685
142	牛蹄为什么两半			河北省张家口市庞家堡区坝口村	姚玉		91251	600
143	仓颉造字			河北省宣化县柏林寺	赵中		91259	506
144	多穗的谷子			河北省宣化县上坡底村	顾世斌		91249	478
145	二郎担山撵太阳			河北省张家口市下花园区苏家坊乡棘针屯村	王秀娥		91238	882
146	神农尝百草			河北省宣化县深井村	顾温氏		91258	506

序号	篇名	民族	流传地区	采集地	讲述者	搜集者	数据库编号	字数
147	窑神爷和二郎神开煤			河北省涿鹿县方家沟村	童善纪		91265	936
148	女人死了男人为什么要哭“爷”			张家口市庞家堡区坝口村	刘万库		91233	316
149	锄的来历			河北省张家口市庞家堡区坝口乡坝口村	刘万库		91261	739
150	百家姓的来历			张家口市沈家屯乡陈家堡村	赵定梅		91235	509
151	螺祖造秤			河北省涿鹿县保岱乡方家沟村	董善纪		91262	819
152	太阳和月亮			河北省宣化县寇家沟村	扬万全		91244	1102
153	猫与鼠的传说			河北张家口市茶坊区腰站堡村	李玉英		91255	997
154	牛为什么没有上牙			河北张家口市茶坊区陈家堡村	岳全福		91250	751
155	双龙讨封			涿鹿县保岱乡方家沟	董顺义		91266	328
156	二郎担山压太阳			河北省宣化县南屯村	赵文印		91268	4290
157	天狗央谷神			河北省宣化区泥河子村	赵世君		91248	419
158	水神和火神争战			河北省宣化县南屯村	李春林		91263	1005
159	扁头蛇为什么有毒			河北省张家口市庞家堡区坝口村	刘万库		91252	798
160	镇山的来历			张家口市下花园区后堡村	刘元庆		91256	490
161	太阳的传说				郝庆山	丰平	115005	1560
162	灶王爷的来历		平乡县一带	文化馆	王凤芝	李永朝	119757	1800
163	张先骑木与李白骑鱼		平乡县一带	北李庄村鸣岐家	李鸣岐	李永朝	119758	986
164	白蛇和许仙的传说		平乡县一带	北李庄村	李雪芬	李永朝	119756	3165
165	真武宝的传说"		平乡县东南一带		孟玉山	孟凡夫	119753	1381
166	聚金桥		平乡县西北部	节古校	徐连生	李绍平	119755	647
167	九洞善人的传说		平乡县西南部	善罗家	李善罗	李山楼	119752	764
168	马宝的传说		平乡县东南部	田付村	马存志、马洪力	晓青、长义等	119754	1276
169	牛郎和织女			万城村			126550	6729
170	人的起源			万城文化站			126583	1635
171	天是怎样升高的			万城	李建岐		126664	982
172	五谷杂粮的来历		河北	庄沟村	关士祥	刘二保	140227	815

序号	篇名	民族	流传地区	采集地	讲述者	搜集者	数据库编号	字数
173	星星的来历		平山蛟潭庄一带		刘银元	王建军	140223	656
174	四海龙王与龙母奶奶的来历		河北	蛟潭庄村	霍志平	杨俊平	140226	940
175	王母娘娘与鲁班打赌		平山境内的滹沱河流域		杨俊强	槐杨英忠	140224	568
176	孙猴子的由来		宅北乡一带		张吉金	张照	140225	482
177	彭半仙		彭村及县城附近	刘荫波家	刘荫波	赵复兴	148111	909
178	孤山、刘山和大山		三河县北部一带	孤山营	李树荣	李宝才	148108	2136
179	让位		大城县南赵扶乡一带	南赵扶乡	傅树桥	齐蕊霞	148110	643
180	男人的喉头为什么凸出来		三河县西部、潮白河两岸	燕郊镇三街	氏汤	张树方、王世民	148109	2133
181	太阳和月亮				张荫臣		162642	388
182	人啥时没了尾巴				李洪君		162648	355
183	房子的故事				郭俊义		162645	688
184	太阳和月亮的故事				韩立		162641	895
185	嫦娥奔月				荆春亮		162644	2370
186	百家姓的来历				刘旺		162647	806
187	北半天为啥冷				彭保苍		162643	851
188	混沌						162640	604
189	人尾巴		海兴、盐山一带		韩维敏		178599	3462
190	枣树为什么长刺		沧州一带		张新国		178588	267
191	驴子过河为什么要撒尿		河北盐山一带		李树双		178833	436
192	十二属相为什么鼠在前		村孟		张雷		178598	989
193	旱谷秀		河北省东光县及邻近几县		霍树行		178830	418
194	鸡		南皮		周立堂		178589	618
195	青蛙		海兴、盐山一带		韩维敏		178594	571
196	千穗谷		肃宁		刘氏老太太		178586	610
197	向日葵		海兴、无棣等县		黄士永		178587	998
198	牛只吃草		黄骅		高玉珍		178600	333
199	“三辣”		吴桥何庄乡一带		张孝全		178593	876
200	女娲造人		孟村		李泽泉		178601	1147

序号	篇名	民族	流传地区	采集地	讲述者	搜集者	数据库编号	字数
201	牛蹄子为什么分为八瓣		肃宁		刘潮红		178596	503
202	太阳和月亮		南大港农场		曲刘氏		178831	443
203	虱子		南皮		许汝梅		178590	500
204	人年龄的传说		盐山		佚名		178828	508
205	海边的酸枣树		黄骅县沿海一带		王义容		178591	619
206	狗、猫给人们求情		孟村		李宝亭		178832	462
207	黑鱼怕伯劳		南皮、沧南一带		齐瑞升		178592	1020
208	胡萝卜		东光		赵新领		178595	257
209	蚕		海兴、无棣等县		黄士永		178597	424
210	风雨阴晴不再商议		肃宁		齐竟诚		178829	445
211	蚊子的传说			深县辰时	根起		189759	1269
212	深州城的“美人鱼”			深县杨庄	律三双		189757	357
213	太阳和月亮		元氏县北部		许新子	王红霞	200475	614
214	毛驴为甚一过河就尿			红旗营乡	任占魁	赵振元	215256	192
215	鳌鱼翻身		隆尧一带		孟书珍		233171	577
216	人皇和五谷之战		隆尧县西部		张护群		233170	726
217	鳌鱼眨眼就地震		隆尧西部		王文奇		233172	742
218	日头撵月亮		隆尧西北部		张珍		233173	348
219	天为啥是青的		隆尧西北部		董宝		233175	474
220	海里为什么出盐		隆尧城关一带		李墉		233174	518
221	二郎化妆斩石妖						233797	1865
222	鸡叫三遍天才亮		满城县		范金花		233798	568
223	二郎担山赶太阳		满城县北		范金花		233796	448
224	马勺菜晒不死						233799	416
225	为什么下雨就刮风		满城县北	南水峪村	阎友才		233801	392
226	看守禹王船		满城县西部地区		毛寿之		233800	740
227	有钱就是爹					许秀茹	236111	1020
228	玉皇爷						236109	1480
229	圣贤愁				陈文海	赵新学	236105	186
230	张长李短					临西县文化馆	236115	4871
231	馋嘴姑				吴文汉		236107	920
232	孙悟空慌报雨情				马玉庆	马国忠	236112	209
233	南韩与北韩					临西县文化馆	236114	669

序号	篇名	民族	流传地区	采集地	讲述者	搜集者	数据库编号	字数
234	关老爷磨刀					杨玉海	236110	3137
235	关于署名的一点说明						236108	339
236	“王八坑”的传说					任启政	236113	1334
237	韩湘子戏皇帝					朱凤申	236106	1535
238	龙王奶奶的传说				李合振	李献英	237289	1074
239	七个神女的故事		磁县丘岭地区		王玲	天祥、天喜	237288	1329
240	懒鬼的传说		磁县一带		马洪业	刘天祥	237290	1885
241	鬼谷子出世		磁县东部		王丙坤	王有顺	237287	2212
242	洪塘河的传说			怀安县常家房村	赵登科		240338	286
243	“三星”的由来			怀安县第六屯村	武述珍		240331	171
244	万丈峰的棋盘			西坪山村	马天明		240337	1038
245	铁拐李送锅			怀安县僧官庄村	许凤岐		240336	798
246	铁拐李偷油			怀安县水利水保局	曹一芳		240335	345
247	四道圪垯			怀安县满洲坡村	田表		240333	313
248	十里澄砂河			怀安县满洲坡村	田表		240334	687
249	二郎担山撵太阳			柴沟堡镇六街	郝万清		240329	605
250	牛为甚没有前门牙			怀安县太平庄村	张士秀		240330	597
251	二郎神盗泉水			怀安县第六屯村	韩素叶		240332	997
252	宝棍儿				王伶	王庆才	246507	1650
253	秦桧是怎样死的				唐秀英	唐继彦	246506	4420
254	楸女峪				马荣五	孙伟	246500	3763
255	皮匠和狐仙				吴明	刘学东	246509	1930
256	鲤鱼停云				米玉、张化廷等	米景利	246501	5057
257	朝佛				高连瑞	张广兆	246505	3058
258	柏树变蓉花				孙玉兰	孙伟	246499	553
259	宝贝葫芦				杨秀珍	米景利	246503	1731
260	秃尾巴老李的传说				鲁淑芝	鲁定国	246502	1319
261	茶花仙子				张福成		246504	971
262	阎王换位				刘凤兰	薛志平	246511	1722
263	狐仙和王大成				米存、米玉	米景利	246508	1289
264	柴七遇仙				王述春	刘俊录	246510	3442
265	水为啥向东流			武安县	郭林的		248815	2090
266	娲皇宫的来历			涉县峰峰矿区	申榜亭		248812	1549
267	太阳的传说			武安县	陈林枝		248814	593

序号	篇名	民族	流传地区	采集地	讲述者	搜集者	数据库编号	字数
268	太阳和月亮的传说			武安县	刘生明		248813	950
269	女娲治世			涉县峰峰	申榜亭		248811	694
270	人们为啥不敢看太阳				王果		249128	1556
271	二郎担山压太阳				赵文印	田忠、顾胜勇	249131	572
272	东涧、西涧都是箭				焦世富	焦长海	249134	811
273	雅拉夫妇射月亮					李运	249132	966
274	麻雀吃秋粮毫不客气				祁文有	任玉梅	249133	1743
275	柳川河						249129	122
276	分水口禹王分水				赵金财	顾胜勇	249130	586
277	风雨为啥多从西北来				王孝昶	怀古	249127	457
278	彭祖之死		朱丈子乡一带	前白枣山村	阚兴珍	张国忠	260030	2136
279	满族来历的传说		青龙北部	文化馆美术室	王玉民	解文阁	260028	531
280	铲地的由来		青龙县东部		夏风翔	张国忠	260029	502
281	年令的传说				张晓丽	张秀芹	273957	2826
282	雪的故事	满族			陈玉珍		273951	433
283	北极星的传说	满族			韩立	李金刚	273949	358
284	北半天为啥冷	满族			彭保苍	毛维君	273950	1560
285	孟姜女				舒汉成	张万举	273959	2864
286	五龙圣母				郭振田	郭聚全	273955	381
287	三公主	满族			石玉海		273958	2030
288	震天鼓				刘云丰	于祝三	273960	2298
289	佛祖与圣人决赛				石玉海		273961	1111
290	残疾人的来历	满族			于庭海		273952	646
291	太阳和月亮的故事	满族			韩立	李金刚	273948	876
292	牛郎与织女				何桂芳	何淑凤	273953	861
293	千手千眼佛的传说				李顺	李学武	273954	924
294	嫦娥奔月	满族			荆春亮		273956	2702
295	太阳的传说				陈林枝		278912	1474
296	水为啥向东流				郭林的		278913	593
297	万宝山				于振荣		278914	956
298	太阳和月亮的传说				刘生明		278911	700
299	黑蛇与白蛇			小吴营陈金绪家	陈金绪	康凤贤	283482	855
300	赤龙的传说			龙烟铁矿	周德胜	叶正秋	283480	3364
301	二郎担山压太阳			闵家窑村	张金	志明、李旭等	283481	1115

序号	篇名	民族	流传地区	采集地	讲述者	搜集者	数据库编号	字数
302	王母娘娘下凡采灵芝			八区	王龙	寒石	283483	901
303	伏羲与女娲的传说		新乐县何家庄一带	刘小丑家	刘小丑	戊戌、富强	287573	2414
304	兄妹结婚			迁西县铁门关村	杨富满		289931	568
305	二郎担山赶太阳			迁西县尹庄乡偏崖子村	刘长华		289932	691
306	泥土与人			昌黎县安山镇后石庄	万云林	万云阁	290275	374
307	太阳神和风神		河北围场县	克勒沟镇头道梁子村	王桂芬	张广闻	290471	2485
308	圣贤愁		河北围场县	新地	傅增泰	刘秀梅、胡玉翠	290473	790
309	三太星的传说		河北围场县		史连英	胡玉翠	290474	479
310	金凤山与神仙洞		河北围场县	马莲道村	吕汉林	吕贵侠	290472	1356
311	人的尾巴是怎么去掉的			淮镇	高方千		300782	2724
312	麦子为何长一穗			南宗	陈其旺	陈杠增	300773	1804
313	关公与周仓			塔东	郭桂宗		300784	518
314	马齿苋为什么长寿			西禅房	宋锡铭	宋盖三	300778	697
315	挖宝的故事				李志锁		300775	884
316	先有鸡先有蛋			献县高官乡	安泽波		300777	238
317	高亮赶水			禅房	宋锡铭	宋益三	300780	275
318	蛤蟆姑娘			献县古庄	孙庆苓	孙明忠	300774	557
319	六月六祭女娲			献县西禅房	宋錫銘	宋盆三	300771	510
320	冰雹的由来				陈其旺		300769	321
321	小鲁大的故事			小梅庄	张秀格	吴殿平	300785	450
322	铁拐李偷锅			讲述人家中	焦海旺	赵培严	328204	1016
323	灶王爷的来历					高连芬	328208	969
324	王母娘娘的传说		新河西南部	王府村	周珍	张梅爽	328201	302
325	一毛不拔		新河城北滏阳河两岸	讲述人家中	车立成	车跃青	328205	514
326	阎王爷请先生		新河城东一带	仁里村	秦润身	秦书彬	328207	840
327	柏娘娘的传说					薛刚智	328206	638
328	甘拜下风			新河电影院	冯兴民	郑世英	328202	244
329	没良心的人			新河电影院	冯兴民	郑世英	328203	1127
330	金鸡和太阳的故事		高邑县西部一带		李满圈	关占斌、李素巧	328309	651
331	星星的传说		高邑县西部		梁丽缺	梁丽霄	328310	1223
332	马齿菜为什么不怕太阳晒		高邑及邻县		王丙连	李素芳	328311	690
333	仙女灵泉				朱玉食	韩新春	338820	250

序号	篇名	民族	流传地区	采集地	讲述者	搜集者	数据库编号	字数
334	唐王修庙				路永祥	郭俊英	338825	866
335	岳家庄的真武庙				刘志义	刘春梅	338821	1072
336	雷公与闪电				张玉莲	孙巨贵	338824	732
337	真武爷出汗				邱陵	白痴	338822	1708
338	五里梁的关帝庙				张河	李子元	338823	1124
339	红眼狼成精					王瑞芳	339295	4834
340	王母娘娘赶绵羊修三道边的传说		万全、怀安一带		韩晨	乔树兰	339296	1082
341	葫芦媳妇		万全一带		王选	刘建云	339293	835
342	石人的来历					郭丽	339294	515
343	过“年”				孙广石	孙启军	341742	854
344	王二寡妇拜神				田素枝	张晓云	341744	1212
345	天降墨雨				吉明	吉慧萍	341741	845
346	天狗央谷神				赵世君	朱青	341743	264
347	神奇的拐杖				王光荣	王志武	341745	828
348	沉浮宣化城				罗存	罗建中	341740	573
349	十八罗汉			头二营村	张自元	张尚先	348173	1188
350	狗叼谷穗			狼山村	卢桂荣	卢云龙	348163	751
351	沙蓬和麻参			辛庄子	吴桂珍	梅迎春	348165	1216
352	刘邦粗心错封椿			狼山	卢挂荣	卢云豹	348169	716
353	锄的来历			头二营村	张自元	张尚先	348172	1287
354	牛蹄子为什么两瓣			沙城镇	张奋桃	张一宇	348159	631
355	蛇为什么要褪皮			怀来县沙城	郭连善	张一宇	348160	1058
356	谷子的来历			东洪站	张新国	张秀萍	348168	947
357	猪为啥老哼哼			采石矿	石桂喜	梅迎春	348164	815
358	绵羊的来历			葫芦套村	范喜兆	王英	348162	594
359	骡子为什么不能自行繁殖			辛庄子	白天运	梅迎春	348171	895
360	雨和雪的来历			辛庄子		梅迎春	348158	335
361	曲曲菜为啥有苦味			下八里村	韩玉英	梅迎春	348167	891
362	粗心的蝼蛄			辛庄子		梅迎春	348170	647
363	野苇叶上为何有指甲切的印纹			狼山	卢挂荣	卢云豹	348166	987
364	蝎子为什么又叫“护背虫儿”			新保安镇	杜化诚	赵相如	348161	555

序号	篇名	民族	流传地区	采集地	讲述者	搜集者	数据库编号	字数
365	枣强“陨石”神话				步丰		348385	4587
366	仙指				张书林		348388	1377
367	神笔除妖				刘远兴		348386	874
368	王母娘娘赐桃核			深县北小召村	王新来		348387	842
369	吕洞宾盗桃核				步进		348384	451
370	太上老君出世				安广恩		348383	1397
371	那个叶儿高						352712	250
372	寓言二则						352711	4245
373	白莲女				邓凤林	张昭亮	352713	2608
374	小蟹学步						352714	570
375	太平庄奇事					杜红旗、王希贤等	352709	345
376	骆驼和猴				陈双只		352710	193
377	神农氏尝百草的传说				郭喜忠	郭宝祥	360075	499
378	睡王爷与丈八高佛爷				刘桂英	王玉祥	360085	1193
379	公也昌听鸟语		张家口地区		苑种全	门玉发、陈建琴	360077	400
380	韩湘子为啥左手扤花篮		蔚县		仲宇	袁树清	360078	324
381	为啥要刮西北风		蔚县、阳原县		刘进修	徐俊峰	360070	1507
382	人和兔子				郭治海	郭治涛	360072	641
383	真武爷的传说					王玉祥	360084	727
384	文殊菩萨来过蔚县		蔚县		杨明	郭宝祥	360081	692
385	玉皇大帝的传说					许小燕、刘秋梅	360074	368
386	走狗与女娲				剑峰	郭治涛	360071	462
387	贼是谁留的				杨如	王文军	360082	633
388	法忍师成圣				郭连录、郭万录等	郭宝祥	360087	260
389	牛郎织女结冤仇				许进冒	杨应枝	360079	1514
390	七月七				许进冒	杨宝莲	360080	999
391	唐僧取经的原由				郭万录	郭宝祥	360083	3581
392	“老娘沾光”与“鸡犬升天”				郭万录、郭喜忠	郭宝祥	360076	509
393	人穷的根由在哪				郭仲银	郭宝祥	360086	469
394	古怪的传说				王卫典	任玉德	360073	1629
395	月亮为什么有时圆有时缺			朱庄	庞爱荣		382073	440

序号	篇名	民族	流传地区	采集地	讲述者	搜集者	数据库编号	字数
396	小麦为何结一颗穗				刘殿清	平静	382078	508
397	大清河与拒马河				黄国安		382074	602
398	小麦为啥一杆结一穗				杨会兰		382077	1085
399	女娲造人				杜春	杜文华	382072	536
400	人间凡事的来历		新城县张八屯一带		杨斌	肖树杰	382076	473
401	门神爷的来历			涿县师范学校内	安玲	梁国民	382075	294
402	为什么一日三餐				客会齐		382079	801
403	关公和周仓				惠兴	惠铁林	409429	691
404	蝎子石				吴公浙	董占民	409432	888
405	枣树弯弯裂“肚皮”				郑福际	伦洪波、郑文杰	409434	588
406	滦河为什么不叫江				潘秀华	赵庆江	409428	775
407	为什么管蛇叫“小龙”				董平	董占民	409430	597
408	小镗锣					董占民	409435	1536
409	天枪				高立芝	赵庆江	409431	601
410	喇喇蛄为啥成了害虫				伍秀英	董铁芸	409433	1648
411	哥姐庙		临城大部农村	黑城村	刘吉会	文奇	410680	1925
412	棋盘铺		临城西部山区	孟家庄	梁建华	郝增田、李银生	410681	895
413	二郎担山赶太阳		灵寿县南部	拴群家	尚拴群		414458	774
414	后羿与嫦娥		灵寿县陈庄一带	陈庄中学	丁瑞海		414459	1161
415	禹王的传说		灵寿县山区	慈峪	郝学义		414460	1004
416	太阳的来历			见守村	赵树芳		415190	377
417	二郎担山撵太阳			齐家庄	唐维鲜		415192	691
418	北斗星的来历			张彦英家中	张彦英		415191	2674
419	兄妹造人的传说			许亭村	杜祥祥		415188	1486
420	女娲造人			北水峪村	赵英秋		415189	918
421	二郎担山赶太阳		河北一带	高庄乡北新城村		王建文	420599	590
422	老君出世			获鹿县黄岩村	刘金明、刘喜山	刘新立	420600	788
423	圣贤愁		保北一带		赵老进		428229	1076
424	猎人与公主		易县				428232	2308
425	还童泉						428233	1103
426	画中人		易县	易县东沈村	赵资九		428231	3001
427	石人和卖油郎故事		易县东南一带				428236	1115
428	煮石成饭			定兴县			428235	1481
429	高亮赶水		华北一带				428234	1138

序号	篇名	民族	流传地区	采集地	讲述者	搜集者	数据库编号	字数
430	问三不问四		保北一带		杨凤岐		428230	629
431	敖广降雨		冀南一带		伊爱莲		428803	985
432	秦始皇和龙女						428806	478
433	秦始皇赶山鞭的来历		清河农村		史福元		428804	856
434	李铁拐的故事		清河城乡		潘贵英		428805	3018
435	人，都是泥人变的		清河农村				428802	791
436	女娲造人			灵寿师范学校	付亿忠		445711	1360
437	月老牵红线				刘家斌		445712	510
438	神仙造人		三河西北及河北各地				474052	1329
439	朱林成仙		三河县西北	五福庄	田秀珍		474057	825
440	为什么王羲之的真迹少		廊坊地区		李树荣		474055	2484
441	偷龙木		三河县西北、潮白河畔	梁朝柱家	梁朝柱		474056	2073
442	长生洞		三河北部、燕山中部一带		李秀荣		474053	1960
443	灶王爷的来历			庄河乡张庄村	朱桂芹	张淑敏	503621	666
444	女娲造人			宋庄乡文化站	孙本荣	孙瑞洁	503617	885
445	秃尾巴老李的传说			抚宁县文教局	张义纯	陈职宏、申存孝	503618	683
446	鲤鱼跳龙门			北寨村	武玉品	武振民	503616	1670
447	阿弥陀佛			庄河乡张庄村	朱桂芹	张淑敏	503622	1357
448	海水为什么是咸的			北寨乡北寨村	梁洪图	梁秀华、孙本荣	503615	1183
449	赶山鞭和榨海干			抚宁城关西街	李兴华	张义纯	503619	328
450	玉皇和阎王			宋庄乡文化站	孙本荣	袁炳成	503620	1173
451	月亮姑娘			拦马庄乡李新庄	王桂兰	赵士存	503614	2306
452	人的来历		华北部分地区	耿村	张才才		504395	471
453	太阳的来历		冀中一带	耿村	靳正新		504397	594
454	太阳与月亮		北方各地	在讲述人家中	董彦娥		504398	1080
455	女娲补天		河北各地	耿村	靳正新		504396	353
456	上八仙参修隆兴寺			灵寿县南纪城村	罗秀文		530287	879
457	西王母圣板除怪兽			正定县雕桥村	徐碾子	石文生	530286	2089
458	释迦摩尼降五怪			正定县隆兴寺			530285	1534
459	乌鸦的故事						541586	849
460	马为什么站着睡觉						541581	485

序号	篇名	民族	流传地区	采集地	讲述者	搜集者	数据库编号	字数
461	牵牛花的来历				杨莉		541589	223
462	驴过河为什么要撒尿				阎治成		541582	1497
463	叫第一声的是母青蛙						541578	1122
464	泥鳅和龙王						541579	922
465	鸭嘴为什么是扁的				翟秀芳		541584	879
466	海鸥为什么“哥哥”地叫				张金坡		541577	503
467	蝙蝠						541585	392
468	兔子为什么又称“天马”	回族			张福升		541583	560
469	鸡为什么不吃黑豆						541580	519
470	红鼻子鸟的来历						541587	338
471	牡丹的来历				王晓丽		541588	425
472	吕洞宾访蒋晖		南和城关		陈庆余	孙力生	545131	3430
473	拨灯有功，赏钱二百		南和县城东南一带		张万贵	李之	545129	3557
474	三皇姑的传说		南和县、平乡县境内	南和文保馆	尹桂江	兰柯	545127	1001
475	妙庄王和秃娘娘		河郭、西里一带		郄汉章	马金凤、郄凤霞	545128	1937
476	金马驹子描金柜		南和县城南各村		陈老茂	陈庆余	545130	1432
477	兄妹成婚			颖南村	杨吉荣		551051	575
478	鸡叫三遍日出来			东彩庄	张彦荣		551050	2445
479	小白龙的故事			北郝峪村	马淑英		551052	629
480	沙燕				鞠小芝	白泉、贺成	580764	3873
481	没有开门的石窟				马全禄、郝光玉	马雪生	594396	930
482	找日月			周各庄	王万永	李宝才、梁玉兰	314593	1666
483	法海为啥和白蛇结仇					李平云、卢云豹	314592	618

传说

河北卷

传说

民间传说的概念，一般有广义狭义之分。广义的民间传说，是把一切以口头形式表达的散文体作品都包括在内，凡是民间口头上传说的东西，都可以列入，从民间文艺学的观点来看，实际上就是神话、民间传说和民间故事的总和。狭义的传说，则是把传说与神话、故事加以区分，凡与一定的历史人物、历史事件和地方风物、社会习俗有关的那些口头作品，可以认定为传说。在这里，用的是后一种狭义的传说概念。

所谓传说，就是描述某个历史人物或历史事件、解释某种风物或习俗的口述传奇作品。民间传说是民众创作的与一定的历史人物、历史事件和地方古迹、自然风物、社会习俗有关的故事，主要有三种类型：即人物传说，包括英雄传说、帝王传说、名人传说、文人传说、艺人传说、历史人物传说、 宗教人物传说、仙道传说、英烈传说、革命先烈传说等；风物传说，包括山川传说、动物传说、 植物传说、名物传说、风俗传说、特产传说、工艺传说、寺庙传说、掌故传说、饮食传说、服饰传说、节日传说、巫觋传说等；历史传说，历史事件传说、民族或地方的历史文化记忆等。本《总目》所涉及到的民间传说作品数以万计，林林总总，涵盖了所有民间传说的种类，全面地显示了民间传说的文体特征。

由于传说的对象包括人物、事件和古迹、风物、习俗等是属于特定区域的，因此传说流传的范围大致也由这个特定区域所框定。每个传说流传的地区或范围叫做“传说圈”，即故事文本内容深深地带有地理环境的烙印，人文历史色彩鲜明，其流传的半径非常明确。本卷中所标示出来的作品的流传地，大致是传说圈的另一种表述。

传说最主要的意义在于它反映了历史生活与时代面貌。作为一个地方的口传记忆，这些传说主要是真实地反映了历史的本质面貌，揭示出一般的社会生活现象，它们可以帮助民众透视历史现实。相对而言，采集于民间的第一手材料，没有被过多修饰和改动，属于最贴近当地口头传统的民间记录，所反映的社会历史状况更为本真。

（万建中）

序号	篇名	民族	流传地区	采集地	讲述者	搜集者	数据库编号	字数
1	一条棉被				李成功、李玉章等	谷双成	MX006266	
2	翻掌				李成功、李玉章等	谷双成	MX006266	
3	贺龙在刘家沟					李茂	MX006266	
4	颗粒不动					李茂	MX006266	
5	记住，要爱民!					李茂	MX006266	
6	战马				李玉春	李茂	MX006266	
7	让路					李茂	MX006266	
8	看球赛					李茂	MX006266	
9	戏台下边					李茂	MX006266	
10	步行到前线					李茂	MX006266	
11	葡萄河				王老才、高同宝	王和合	MX006266	
12	滹沱河的传说					靳增光	MX006266	
13	为什么大佛这样高			正定城内西街	谷照=、宋玉山	刘孟松	MX006266	
14	砍不败的青杨山，累不死的渭水河			正定邢家庄大队	邢老干	郝建常	MX006266	
15	砍楔子			正定文物保管所		周宣	MX006266	
16	寺大山门远，山门在河南					周宣、聂连顺等	MX006266	
17	大佛寺没有水道				邢老干	郝建常	MX006266	
18	你能对上吗?						MX006266	
19	三皇姑出家			正定县刁桥大队	郑九姐	石文生	MX006266	
20	苍岩山的传说				庄珠娣、吕荣等	孟寅	MX006266	
21	白檀树和滴泪石				庄珠娣、吕荣等	孟寅	MX006266	
22	跨虎登山				庄珠娣、吕荣等	孟寅	MX006266	
23	支公岩				庄珠娣、吕荣等	孟寅	MX006266	
24	尼姑山咋变成和尚寺				庄珠娣、吕荣等	孟寅	MX006266	
25	赵州桥的传说				徐光立	张增辉、张丽华	MX006266	
26	兄妹打赌					张增辉、张丽华	MX006266	
27	感动天庭					张增辉、张丽华	MX006266	
28	四更鸡叫					张增辉、张丽华	MX006266	
29	仙人过桥					张增辉、张丽华	MX006266	
30	为什么马王爷三只眼					张增辉、张丽华	MX006266	
31	天下第一棋					郑云、张进忠	MX006266	

序号	篇名	民族	流传地区	采集地	讲述者	搜集者	数据库编号	字数
32	洞房花烛					郑云	MX006266	
33	人祖庙伏羲台					默增霄	MX006266	
34	懒汉种谷					韩剑	MX006266	
35	文山与云母石					曹庆林、刘书勤	MX006266	
36	小板凳儿					吴晓珠	MX006266	
37	面壁菩萨		元氏县境内		程志树、郭明志	宋玉辰、杜玉山	MX006266	
38	杀猪						MX006266	
39	人住房屋的由来					赵振平	MX006266	
40	小白菜				张荣		MX006266	
41	王莽赶刘秀的故事				张冰洁	李金波	MX006266	
42	滹沱冰渡					李金波	MX006266	
43	直腰·小步					李金波	MX006266	
44	马疯头·张口					李金波	MX006266	
45	倾井救命					李金波	MX006266	
46	死马·号哭					李金波	MX006266	
47	难龙之柜					李金波	MX006266	
48	星宿沟					李金波	MX006266	
49	即位鄗南					李金波	MX006266	
50	郭庄接后					李金波	MX006266	
51	孔子和菩萨				赵升堂	高趁奎	MX006266	
52	公冶长辨鸟音					苏春英	MX006266	
53	朱元璋摆宴				孙振芳	苏文昌	MX006266	
54	挪井					姬素申	MX006266	
55	卡驴					姬素申	MX006266	
56	神仙送米				庄珠娣	王同岗	MX006266	
57	南星出世					王同岗	MX006266	
58	府官绕城					张增吉	MX006266	
59	惩罚土地					郭长江	MX006266	
60	赵南星拔橛					郭长江	MX006266	
61	初下考场					郭长江	MX006266	
62	巧保海瑞					贾孟元	MX006266	
63	智选翰林					赵志新	MX006266	
64	对答阁老					任匡非	MX006266	
65	为民奏本					贾孟元	MX006266	

序号	篇名	民族	流传地区	采集地	讲述者	搜集者	数据库编号	字数
66	南星出题					赵志新	MX006266	
67	审问强盗					籍书城	MX006266	
68	发配代州					贾孟元	MX006266	
69	陆公的故事				杨焕瑞	武秋海、胡宁	MX006266	
70	人头打赌				杨焕瑞	武秋海、胡宁	MX006266	
71	北瓜上寿				杨焕瑞	武秋海、胡宁	MX006266	
72	解银进京				杨焕瑞	武秋海、胡宁	MX006266	
73	县官“吓一跳”				范洛颖	范清茂	MX006266	
74	一副对联				范洛颖	范清茂	MX006266	
75	查夜				范洛颖	范清茂	MX006266	
76	买毛驴				范洛颖	范清茂	MX006266	
77	袁四胡子在鄚州					袁然、朝亮	MX006266	
78	宋景诗的传说					傅梅祥	MX006266	
79	获鹿一出戏					韩庆志	MX006266	
80	赔鬼		石家庄附近农村		刘雪廷	李予	MX006266	
81	求仙记				白凤书	韩振堂	MX006266	
82	丁郎刻木				李梦法	韩志建、李增申	MX006266	
83	养姐姐					枫磊	MX006266	
84	赵银台奔鼓城				李大杭、李青凡	张魁虎	MX006266	
85	一块黑铁的故事					同岗、胜军	MX006266	
86	仨女婿对诗				刘四	刘旷军	MX006266	
87	戏联					史君彦	MX006266	
88	神婆治病					赵计生	MX006266	
89	贴符				连翔		MX006266	
90	贪财害命			井陉北障城		马有有、焦烁明	MX006266	
91	一枚小钱				霍明礼	邸振忠、王禾	MX006266	
92	秀才答题					张铁鹰	MX006266	
93	山杆儿				郭明志、李金贵	焦文琦、秘春法	MX006266	
94	乌鸦和麻野鹊					李树宇	MX006266	
95	猫头鹰、猫和鹰					刘琨	MX006266	
96	二大娘拾柴			元氏县张掖村		李志荣、王孟辰	MX006266	
97	狗和猫为什么有仇					邢会欣	MX006266	
98	艾叶记					李荣记	MX006266	
99	单穗麦					刘宗甫	MX006266	

序号	篇名	民族	流传地区	采集地	讲述者	搜集者	数据库编号	字数
100	因为咱没权				侯立身		MX006266	
101	打烂地主把身翻				侯立身		MX006266	
102	“七七”事变谣				侯立身		MX006266	
103	共产党一来成了家				侯立身		MX006266	
104	支援抗战理应该					青野	MX006266	
105	奔赴抗战第一线					青野	MX006266	
106	打伏击					青野	MX006266	
107	自从实行责任制				徐彦民		MX006266	
108	法制是准绳				耿西章		MX006266	
109	金银要从土里刨				韩森林		MX006266	
110	走路要看路				韩森林		MX006266	
111	半夜劝夫				韩森林		MX006266	
112	哭五更				李秀荣	周喜俊	MX006266	
113	十织手巾歌			元氏县张掖村		李成志、王孟辰	MX006266	
114	倔姑娘				张吴氏	雷海河	MX006266	
115	栾城县的别名						MX006266	
116	十二月歌			正定县		张明祥	MX006266	
117	小闺妮					吴晓珠	MX006266	
118	小老鼠上灯台					吴晓珠	MX006266	
119	《西游记》歇后语（十二则）					张广杰	MX006266	
120	民间歇后语（六则）					霍新堂	MX006266	
121	民间谜语（十一则）					田丰	MX006266	
122	灯谜（十四则）					王振平、陈楼哲等	MX006266	
123	民间经商谚语（十七则）					老练	MX006266	
124	绕口令（五则）					李世繁	MX006266	
125	关于神话和封建迷信				袁学骏		MX006266	
126	关于封建道德伦理和清官				袁学骏		MX006266	
127	书法				杜玉山		MX006266	
128	洪钧老祖的故事（一）			安次董常甫村	张广良		MX006267	
129	洪钧老祖的故事（二）			安次董常甫村	张广良		MX006267	
130	洪钧老祖的故事（三）			安次董常甫村	张广良		MX006267	
131	洪钧老祖的故事（四）			安次董常甫村	张广良		MX006267	
132	“红灯照”的传说			安次董常甫村	赵国壁		MX006267	

序号	篇名	民族	流传地区	采集地	讲述者	搜集者	数据库编号	字数
133	大师姐和二师姐			廊坊			MX006267	
134	灯笼火把的就朝教堂来了			安次董常甫村	马七		MX006267	
135	卖菜的闹事（一）			安次董常甫村	张广良		MX006267	
136	卖菜的闹事（二）			安次董常甫村	张广良		MX006267	
137	卖甘蔗的上法			安次董常甫村	齐姓老人		MX006267	
138	大香白			安次董常甫村	马姓老人		MX006267	
139	铁匠的刀			安次董常甫村	王姓农民		MX006267	
140	找证人			安次董常甫村	张义=		MX006267	
141	常举人兴义和团			廊坊	石姓商人		MX006267	
142	砍李举人			董常甫村	李姓老人		MX006267	
143	倪进士和二毛子			安次董常甫村	赵国壁		MX006267	
144	二毛子传教			安次董常甫村			MX006267	
145	砍“洋娘们”			董常甫村		张士杰	MX006267	
146	“敲”洋毛子			安次董常甫村	董万成		MX006267	
147	马三元是怎样成了马三炮的			王庆坨	孟姓老人	王庆坨	MX006267	
148	董大帅是怎样胜洋人的?			安次董常甫村	董万成		MX006267	
149	聂该死想吃铃铛面			梨园村	张玉连		MX006267	
150	抽大烟是怎么传来的			安次董常甫村	杨遇春		MX006267	
151	大烟鬼寻宝记			安次董常甫村	孟献德		MX006267	
152	蚕沙古楼						MX006966	
153	云的祖先						MX006966	
154	龙哥哥角还我						MX006966	
155	红釉子						MX006966	
156	镇宅的鹰						MX006966	
157	绣兜兜					王逸生	MX006966	
158	没良心				李惠元		MX006966	
159	兄弟两				董秀敏		MX006966	
160	傻子和奸子				刘孟年		MX006966	
161	鲤鱼精				楊玉奇		MX006966	
162	何诸葛的空城计				姚其财		MX006966	
163	同元和同宝				李少忠		MX006966	
164	黄仙送粮				渺小		MX006966	
165	聪明的长工						MX006966	

序号	篇名	民族	流传地区	采集地	讲述者	搜集者	数据库编号	字数
166	张三和李光				渺小		MX006966	
167	〓诸葛				张思平		MX006966	
168	吃饺子				张宝安		MX006966	
169	目不识丁				刘〓荣		MX006966	
170	我捽的是王八				李永先		MX006966	
171	打墙					王〓夫、曹景芳	MX006966	
172	叫功夫					王〓夫、曹景芳	MX006966	
173	小巴狗					王〓夫、曹景芳	MX006966	
174	七月七					王〓夫、曹景芳	MX006966	
175	牲口圈					王〓夫、曹景芳	MX006966	
176	老母鸡					王〓夫、曹景芳	MX006966	
177	拉大锯					王〓夫、曹景芳	MX006966	
178	牛					王〓夫、曹景芳	MX006966	
179	花大姐					王〓夫、曹景芳	MX006966	
180	实话					王〓夫、曹景芳	MX006966	
181	一年忙					王〓夫、曹景芳	MX006966	
182	妨人					王〓夫、曹景芳	MX006966	
183	谚语（七十四则）					亚夫、景芳	MX006966	
184	驴子上炕				张有文	马进田	MX006966	
185	关于宋任穷的传说		漳卫河流域		王玉美	张广岳	MX006893	
186	范筑先将军的故事（一）					张广岳	MX006893	
187	范筑先将军的故事（二）					张广岳	MX006893	
188	范筑先将军的故事（三）					张广岳	MX006893	
189	康庄村名的变迁					张广岳	MX006893	
190	馆陶“三寨”趣闻					任润刚、阎广信	MX006893	
191	鲜红的芦苇尖				李廷云		MX006893	
192	小时偷针、大了偷金					张广岳	MX006893	
193	光棍夺锄				王文峰	阎广信	MX006893	
194	阎破神推神像				许克要	徐怀卿	MX006893	
195	烧鳖				刘常书	阎广信	MX006893	
196	拜师				韩振山	韩姚峰	MX006893	
197	见忘草					石芳华	MX006893	
198	一字不识					曹广东、许德生	MX006893	
199	三个愚蠢的人					袁俊江	MX006893	

序号	篇名	民族	流传地区	采集地	讲述者	搜集者	数据库编号	字数
200	老虎、老鼠和猫				韩振播	韩姚峰	MX006893	
201	死搬硬套					阎广信	MX006893	
202	生前友好					曹广东	MX006893	
203	铃响起床					曹广东	MX006893	
204	差两句没啥					曹广东	MX006893	
205	原来如此					曹广东	MX006893	
206	上电影的妈妈					李建云	MX006893	
207	铁李拐过桥				赵王氏	赵书箱	MX006893	
208	问倒老仙					赵书箱	MX006893	
209	“大锅饭”时期歌谣（一）						MX006893	
210	“大锅饭”时期歌谣（二）						MX006893	
211	树是无价宝					张贵福	MX006893	
212	揍媒婆					许得生	MX006893	
213	鱼靠水、船靠风					曹广东	MX006893	
214	金飞机					曹广东	MX006893	
215	谚语（八十六则）						MX006893	
216	歇后语（八十则）						MX006893	
217	龙骨洞兔骨桥的故事		邢台半山区		罗二妮		3969	964
218	黄姑岩		邢台县		杨进修	景跃、书伶	3900	2345
219	九头老鹰				王仲玉		3956	2509
220	张果老倒骑驴		邢台一带			季方	3893	1605
221	分家		邢台山区		逯小田	逯天才	3987	406
222	龙头升天					冯仲生	3910	1336
223	卧牛城的故事		邢台城一带		肖老大、宁五		4017	1569
224	东山庙的传说		邢台西黄村		王三	王爱彪	3921	670
225	种子的来历				袁炳淑		4013	2169
226	七里河的传说		邢台县七里河一带		王魁	王爱彪	3911	1601
227	流钱山		邢台浆水川		郭二成	郭明臣	3925	1764
228	用不尽北面的兵					冯仲生	3909	2912
229	豫让桥		邢台、邯郸		王尹	王同辰	3920	896
230	奶奶顶由来		邢台、沙河一带		徐风祥	田顺、国江	3912	1146
231	拧劲柏来历		邢台一带			季方	3895	1225
232	香炉寨的传说		张尔庄乡、谈话乡		刘运奎	陈玉明	3917	1458
233	窦王墓的传说		邢台、沙河		张万良	陈玉明	3916	1559

序号	篇名	民族	流传地区	采集地	讲述者	搜集者	数据库编号	字数
234	石瓮潭水		邢台山区路罗川		王永山	王永魁	3924	389
235	张果老的石駍				杜老二	杜从军	3897	1069
236	到底沟的红泥河					冯仲生	3905	2502
237	龙鱼河		邢台城西乡一带		袁炳淑		4002	2955
238	坐化山与双剑峰		浆水川		郭俊合	靳庆聚	3926	1477
239	废花墓		河北南部		侯老仁		3967	2679
240	石升		邢台县丘陵一带		张老民		3919	1010
241	两个赶车人				尹九平	袁炳淑	4001	811
242	大运和三小姐		邢台山区小东川		王仲玉		3951	1949
243	赖鬼		邢台路罗川		李清海	冯仲生	3964	1648
244	无稽和尚		邢台山区		冯九伶		3958	801
245	小白菜		邢台山区		冯常太		3961	1169
246	民进洞		邢台山区			宋普、炳淑	3903	2311
247	血染“青石果”		邢台县皇寺乡		王洪德		4000	1151
248	结拜兄弟		河北省南部		云珍	张香娥、冯国英	3977	1717
249	小二分家		邢台一带		刘二妮		3986	1093
250	智斗“刘老抠”				马兴胜		3979	1143
251	王宝				云珍	冯国英、张香娥	3975	2003
252	胡闪四骗许土地爷		邢台县西枣园乡		王仲玉		3953	930
253	打破沙粥城		邢台县		韩天明		3974	2025
254	金蛤蟆		冀南一带		范连生		3993	2026
255	活死人				杨进修	杨成苏	3971	1416
256	金香炉				王仲玉		3952	1122
257	不见黄鹤心不死			邢台县孔桥村	耿贵荣	陈玉明	4012	2003
258	栓柱教娘		邢台县西乡			胡华	4004	983
259	金牛泪		邢台路罗川		李长志	李修河	4015	1005
260	县太爷选婿				马兴胜		3980	11032
261	顺德府好南关					季方	3894	978
262	审笸箩					周来聚	4010	905
263	八角琉璃井		邢台山区			宋普、炳淑	3902	1414
264	咬奶头		太行山区			樊甦	3985	750
265	果老送裙夸村姑					张景清	3896	1624
266	雷公山与五胜岗		张安北一带		张老民		3918	2840
267	皇封“柏树茶”		邢台县河下乡		张守荣	傅炎岑	4009	794

序号	篇名	民族	流传地区	采集地	讲述者	搜集者	数据库编号	字数
268	一毛不拔					侯宗圣	3983	1165
269	老大和老二		邢台城东			张先贵	3996	1467
270	长毛石的传说		邢台县奶奶顶一带		徐老二		3914	1421
271	聪明媳妇		邢台一带		马兴胜		3982	1660
272	金马驹					王增魁	3999	1040
273	哑巴学艺		邢台姚平村			胡华	4005	2340
274	八仙庄与拧劲柏				马培贵	王明哲	3899	791
275	东庄马抓				李老汪	张香娥	3972	1064
276	石头人		太行深山		冯九锡	程振洋	3994	857
277	人长人短		邢台县西部		侯老银	侯仁国	3965	857
278	笼头沟的故事				徐风祥	靳生聚	3913	1116
279	“义长”与“义短”				袁炳淑		3966	1036
280	屁眼箭		邢台市一带		孟凡庆	邹宗普	3988	3261
281	老千里驹赶不上小千里驹		邢台一带		孟凡庆	邵宗普	3989	1781
282	纸人盗粮				杨进修	书伶、景耀	3901	828
283	仨女婿拜寿		邢台一带		吴兴常	杨成苏	3976	703
284	做贼心虚		邢台山区			叶文	4006	805
285	张郎和蛇女		邢台县西乡		范承俭		4016	806
286	吃不清南来的粮		邢台山区			冯仲生	3908	2437
287	铁瓦楼		邢台山区			袁炳淑	3904	1184
288	四奶奶送麟子				九令	冯仲生	3890	2335
289	关公刀劈两半石		邢台山区			冯仲生	3891	1003
290	水牢		邢台山区			冯仲生	3907	2361
291	双凤山的来历		邢台山区		李长志	李修河	3923	1542
292	古松的故事				王老二	王明哲	3887	641
293	大寨山的故事				李兴华	郭明臣	3915	779
294	棋盘山的传说		太行山		王淑英	张志清	3922	759
295	串马铃与草籽箭					冯仲生	3906	652
296	石子奉亲		太行山一带			樊甦	3984	1088
297	枸杞的故事		邢台山区一带		李宝喜		4008	1528
298	“牛头台”的传说		邢台路罗川		王二山	王永魁	3962	883
299	断路坪				冯九令	冯仲生	3889	1392
300	三女婿拜寿				马兴胜		3981	980
301	兴降杂货铺				王老二		4003	1554

序号	篇名	民族	流传地区	采集地	讲述者	搜集者	数据库编号	字数
302	赌老婆		邢台县		张其昌		3978	3105
303	白羊化石					景慧敏	3888	2054
304	甜水的由来		邢台县会宁一带			睢立军	3968	581
305	相女婿		邢台山区			刘建东	3995	879
306	斩碑		邢台半山区		杨同修	贾景跃	3992	1761
307	朱万仓的故事		邢台县浆水川		王井木	郭明臣	3997	1333
308	桃花村的定身法		邢台城西乡		杨同修	王宝山、贾景跃	3991	1583
309	三女尽孝		邢台、沙河		韩天明	袁炳书、张香娥	3973	1510
310	甄三福的小铺子		邢台市城西一带		谢学斌		3990	1211
311	白马河		邢台地区		张老大	杜宜民	3927	946
312	门牌号为啥两面用		邢台市		邱守已	邵宗普	3998	1153
313	不到黄河不死心		冀南一带			李哲彬	4014	5353
314	张果老讨封				杜老二		3898	1119
315	周公与桃花女				王梦云		4011	3238
316	修鞋匠冒对执考官				王仲玉		3957	941
317	书呆子与乖媳妇		邢台西乡		侯大山	侯仁国	4007	2002
318	大树的由来				郝老黑		3970	752
319	翠儿				王仲玉		3955	1261
320	牡丹救命		邢台山区		王仲玉		3954	1500
321	断碾子		太行山区			冯仲生	3959	1922
322	走不走留路		邢台山川		王二山	王永魁	3963	865
323	一根针		太行山区			冲仲生	3960	442
324	王固村的来历		平乡县一带		张丙仁、阎振峰		4764	1024
325	凤凰的传说						4789	981
326	宗义桥的来历		南和县城南各村		张子风		4696	662
327	内邱城的传说			内邱、宁晋两县	张姮、王燕平		4658	770
328	真武宝剑的传说		平乡县东南一带		孟玉山		4850	719
329	凤凰城		宁晋县		史福祥、刘勤之等		4657	990
330	梅花鹿的故事		柏乡县		甄占琴		4801	2180
331	邢台好南关		邢台		刘老平		4668	705
332	石柱村的传说		宁晋部分农村		张秋葵		4770	986
333	凤凰岗和南宫城		南宫北部农村		张雨亭		4661	548
334	锦鸡鸟与奸草				孟庆梅		4791	1514

序号	篇名	民族	流传地区	采集地	讲述者	搜集者	数据库编号	字数
335	唐陵石狮石马的传说				张老广、李墉		4739	3992
336	乌龟背裂十三块的传说		隆尧		张银同		4799	935
337	摘心楼		柴关川一带		王增相		4725	765
338	花牛张庄与王菜瓜庄的来历						4773	910
339	鸡冠寨		渡口川一带		安启明		4684	5305
340	老虎为啥叫“兽中王”		柏乡县农村		张老报		4804	678
341	包土山		新河县农村		陈云裳		4679	1448
342	腊八粥的传说		南和县阎里、宋台一带、隆尧东部	莲子镇	李氏、张彦华		4846	2544
343	茅山凤凰台		隆尧				4678	1159
344	无名子		隆尧西部	大干言学校	汪老升		4830	710
345	河古庙的传说		平乡县东南一带		骆成云		4753	770
346	银杏的传说				王凤娟		4829	1063
347	染红村的由来				良天		4750	2133
348	萤火虫的传说		柏乡		刘小济		4809	805
349	狗和猫为什么是仇家		冀南东部		记录者之母		4802	630
350	“沙和尚”虫的来历		隆尧县		张铭正		4811	2367
351	节固店和河古庙的传说		平乡县东南部		阎振峰		4767	709
352	阿弥陀佛的来历		广宗一带		李雪珠		4856	958
353	西石井的蛤蟆为啥叫不响						4806	760
354	石头城		临西县				4663	1907
355	官道的传说		隆尧县西部		张吉岗		4777	551
356	梅花亭		沙河城一带		宋开一、申增仁		4727	650
357	石槽街的来历		平乡县东南部		赵氏		4776	1751
358	刘秀桥		任县农村		袁成解		4694	557
359	火烧庄的由来		平乡县东南部		丁银廷		4774	626
360	茅山的传说		隆尧县		刘二居		4677	357
361	石头算盘和画眉笼子		隆尧西部一带	隆尧县城	马冀夫		4833	3229
362	斩龙山		临城境内		刘永姐		4675	1420
363	杨柳的来历		南宫东南部		赵魁山		4821	707
364	石枷井的传说		内邱县广大农村		申天有		4709	582
365	百鸟树		柏乡县		董贵喜		4818	805
366	皇姑坟		任县农村		崔春合		4734	796

序号	篇名	民族	流传地区	采集地	讲述者	搜集者	数据库编号	字数
367	龙王会		南宫城西一带		范巧兰	刘连源	4855	968
368	宝蓝井的传说		广宗县部分农村		徐三宝		4706	1144
369	民间丧葬习俗传说		南宫市东南、隆尧西部、隆尧北部	西尹村	刘风刚、刘振华等		4854	748
370	太子岩		内邱一带		刘培山		4670	738
371	百鸟宝树		大屯一带		崔万奎		4819	1759
372	滏阳河的传说		隆尧县滏阳河畔一带		张秀平		4692	3938
373	“熬年”的来历				付清玉	付延祥	4849	1316
374	恶山石的传说		沙河市全呼、高窑一带		高玉海		4686	1085
375	瓷窑沟的传说		内丘东沟一带		魏玉生		4832	717
376	瘪宝石		内邱和庄一带		和国民		4687	1757
377	隆尧大葱和北京全聚德				颂民		4828	629
378	钓盘山		临城县境内		梁建华		4676	1047
379	送黄粮与抬黄扛		南和城北一带		冀中秋	任书香	4842	1315
380	狗上天要粮的故事				李秋辉		4796	521
381	增福图的由来				王西晨		4836	325
382	章光山的传说		沙河县境内		王汝龙		4671	3697
383	正月十五跑旱船的传说				刘云		4840	804
384	水娘娘庙		柏乡县		白老财		4713	2785
385	“泰山石敢当”的由来		柏乡县城南一带村庄		郭老子		4859	1079
386	二郎岗		沙河市境内		申宝玉		4681	2230
387	毛村人为啥改姓杨		沙河县		胡皂群		4858	823
388	石门的传说		临城境内		梁建华		4689	873
389	三教堂村的传说						4763	1290
390	卧龙岗		邢台市、内邱县部分农村		丁小钟		4680	1424
391	汉牡丹的传说		柏乡县		王世铎、王世轩		4744	1132
392	二月二龙抬头		隆尧西南	文化馆	无名氏		4843	345
393	仙人洞的传说		内邱大部农村		乔九小		4786	859
394	白马河传说		沙河市东户村、东马庄		阎兴全、杜宜民	杨耀芳	4691	3792
395	奇怪的风俗		南和城西一带		康华根	杨一明	4861	1064
396	牤牛岗和山笛岗		内邱县西北部		杨延年		4682	1145

序号	篇名	民族	流传地区	采集地	讲述者	搜集者	数据库编号	字数
397	停旨楼		宁晋县广大农村		王玉斋		4761	330
398	老君耩煤的传说		石岗、渡口		孟庆梅		4690	1487
399	猫吃老鼠的故事		南宫西部		李福水		4795	274
400	野鸽子的来历		广宗城东一带		张树勤		4790	774
401	固城村的传说		隆尧县		宋洛修		4768	5473
402	戏楼的传说		临城县境内		崔风楼		4726	2169
403	东岳庙				肖老在		4717	518
404	蛙不鸣和迷魂阵		广宗一带		孙绍于		4784	1056
405	沙丘平台		平乡县一带		马氏		4729	2606
406	泽畔的传说		隆尧西部		薛现章、高老英		4758	943
407	铁顶墓的来历				杨方	赵丽霞	4748	1648
408	枣树的由来		隆尧		小成		4822	982
409	“傻老婆石”与“俏老婆石”		内邱神头一带		宁齐四		4685	381
410	珍珠元宝饭的来历		广宗城北一带		郭银迪		4841	3965
411	狐仙洞的传说		内邱县大部农村		韩老昊、杨延年		4781	1654
412	大杨树的传说		隆尧县		赵小周		4820	554
413	落耳庄的传说		任县		霍春祥		4771	486
414	正月初十老鼠娶媳妇		隆尧县尹村乡一带	尹村	杨生民		4838	2851
415	神堂村的传说		宁晋县城东广大农村		李宏天		4760	1142
416	蘑菇的传说		邢台		刘氏		4827	778
417	仙人村的传说		内邱县大部农村		李忠凯		4749	653
418	石村泥人的传说		隆尧西部	东良乡文化站	高老英、王天平		4835	844
419	猫为什么怕狗				林琦		4794	887
420	龟驮城				赵志谦	张超志	4665	1837
421	卧羊镇的传说		南和县		肖老康		4746	724
422	姑娘出嫁为啥带脸盆				杨贵英		4852	789
423	孙公献鲤处		宁晋县		江余庆		4738	981
424	关老爷磨大刀						4844	489
425	柏人城的传说		隆尧西部、隆尧东部	双碑乡亦城村、双碑村、隆尧县文保所、讲述人家里、牛家桥	刘振华、洛老净等		4745	1676
426	刘家场村的来历		柏乡县		刘银汉		4766	1011
427	莲子镇的传说		隆尧县		黄连庆		4747	424

序号	篇名	民族	流传地区	采集地	讲述者	搜集者	数据库编号	字数
428	冰井的传说		南和县城关各村		肖老在		4708	896
429	透灵碑				刘岐山		4742	2293
430	鄚州药王庙的来历				苏二胜		4712	1132
431	冢子的传说		清河县东部		王来生、王之忠		4736	2463
432	尧山“圣水井”的传说				宋九元	宋孟寅	4705	1383
433	王霸墓		临城县境内		张凤山		4735	1899
434	天口村的来历		任县部分农村		孟彦文		4765	703
435	“王八坑”的传说						4783	1503
436	王家井的传说		南宫东南部		李英祥		4703	638
437	孝子沟的来历		内邱县西部深山区		韩秋生		4779	3534
438	悬空村的传说		南宫东南部农村		李秀石		4759	1922
439	蝉房村和花木村的来历		沙河渡口川一带		程文科		4762	673
440	蛤蟆桥		临城县		陈风岗		4695	934
441	杨村的由来		柏乡县农村		张大贵		4752	354
442	“银子王”的来历		油坊以南		王苏洲		4757	3037
443	泽畔藕		隆尧西部		薛现章、高老英		4826	533
444	胡里桥的传说		邢台支江、内邱胡里一带		王长海		4693	508
445	木龙树的传说				王玉现		4816	1109
446	双城集的来历		清河县东部农村		赵保立		4756	2617
447	拧劲柏		邢台		宋民		4814	984
448	摞摞石		临城县境内		王小军		4688	1479
449	十二属相的传说		柏乡县		贾老岭		4800	1534
450	晒衣村的传说		南宫城南一带		齐凤山		4751	1537
451	鸡、鹅、鸭的来历		柏乡县农村		冯喜珠		4793	736
452	铁牛山		南和县城关		程保贞		4674	1225
453	门差官的来历		隆尧		乔老秀、姚同申		4860	1738
454	节固店村的来历		平乡县西北部		张氏		4754	717
455	蓝桥的传说		平乡县一带		马氏		4698	564
456	正明门的由来		南和县境内		李老茂		4664	1502
457	地楼皋		柏乡县		张老贞		4731	767
458	麒麟庄的传说		平乡县东南一带		良峰娘		4772	1280
459	卧牛城				段汝江		4659	568
460	浅沟与深沟		内邱县丘陵地区		陈老根		4778	1569

序号	篇名	民族	流传地区	采集地	讲述者	搜集者	数据库编号	字数
461	蝎子吃娘的传说		广宗农村		张氏		4805	1346
462	酒井的传说		临城县农村		张凤山		4711	489
463	小姑桥的来历		南和县城北一带		袁志义		4697	1358
464	“窦王庙”和“娘娘庙”		临城县境内		张凤山		4716	1150
465	和阳的由来		南和县刘义屯一带		王之藩		4660	2082
466	冢子		临西县境内		陈桂梅		4782	886
467	奶奶顶和老爷山		沙河县境内		田广秀		4673	1119
468	温泉的传说		邢台、沙河		李如善		4741	1571
469	任县城的传说		任县境内、任县农村		袁城祥、徐根志		4662	557
470	圣井的传说		临城县境内		王克非		4704	1113
471	=传说		隆尧北部山口一带、隆尧北部一带		董文平、董氏等		4669	2612
472	田禾村半朝銮驾的传说		平乡县		田乐村、黄西创		4769	5297
473	牛家桥的传说		隆尧县东部一带		牛俊晶		4700	835
474	九龙柏		内邱太子岩一带		阎景文		4812	2741
475	舍利宝塔的传说		临西县		潘凤祥、杨仁忠		4723	1621
476	新媳妇怀里为啥揣铜镜		柏乡县		冯喜珠		4851	736
477	“邢井”的传说		邢台一带				4702	804
478	鹌鹑为什么没尾巴		清河县		赵保华		4803	880
479	宝泉井的传说						4707	1021
480	白鹿角和白鹿苑的传说		内邱县		刘清海		4780	1435
481	刘公堤		新河西部大部分村庄		张惜阴		4701	3035
482	鸡的来历				卢桂荣		4792	1705
483	姊妹塔		南宫东部农村		赵换菊		4721	710
484	猪为什么吃泔水				杨九云		4797	2172
485	月洼寺的传说				陈宗玉、董化芳		4720	713
486	卧龙槐		董家庙乡一带		王申科		4815	732
487	张灶王的传说		内邱大部农村		申天有		4847	1116
488	程尔寨石狮子的传说						4785	1406
489	谷谷虫的传说				边春风		4810	850
490	羊羔为什么要跪下吃奶				安振帮		4798	856
491	吕寨的蛤蟆为啥不叫唤						4807	1096

序号	篇名	民族	流传地区	采集地	讲述者	搜集者	数据库编号	字数
492	铜桥的传说		隆尧县		朱宝贝		4699	791
493	西薛屯为啥家门不朝西开		南和县城北一带		薛天更	王玉头	4862	1263
494	秋望柴王城			柴民家	程柴民	张慧中	4666	846
495	葱和艾叶的传说		南和县西部		杨保善		4853	612
496	周王寨的传说		内邱县柳林乡、和庄乡		和逢中		4683	1649
497	白龙庙的传说		沙河		范庆寿		4715	2309
498	石村原家泥塑				原老庆		4834	712
499	孤女坟和宁晋七姓		宁晋广大农村		王士贞、郑中林		4787	3035
500	麒麟树		宁晋县		赵孟俊		4817	2046
501	石龟赊豆腐		清河县东北部		赵华		4788	579
502	“鹅毛扇”的来历		柏乡县农村		张老报		4857	3070
503	大陆村城隍庙		宁晋县		江余庆		4718	1420
504	娘娘坟				赵构		4733	1931
505	老牛闷儿叫唤的传说		隆尧县		冯珣		4808	6322
506	粮台		南和县		吴献巨		4730	970
507	九龙柏和佚妹柏的传说				韩庆寿		4813	774
508	普利塔		临城县境内		梁建华		4724	2627
509	小麦为啥只秀一穗				孟淑珍		4823	3261
510	七神庙		南和县城关		程保桢		4714	1309
511	豆角肚上一道白		渡口川一带		石振芳		4824	1049
512	封峦寺的传说				刘德生、白江河等		4719	1204
513	“干言萝卜”的传说		隆尧县		穆老坤		4825	1424
514	澄金石		南和县城关各村		陈老贞		4743	1435
515	油炸面糊小蔓菁		内邱部分农村		赵继普		4831	1190
516	倾盖处		内邱县中、东大部农村		常子敬		4737	571
517	金鸡埝与普利塔		临城县境内		岳清树		4722	2255
518	“贴门神”的传说		隆尧		张东印、徐泽武		4837	649
519	正月十五闹花灯		隆尧北部				4839	1305
520	八月十五吃月饼				李景春		4845	435
521	糖瓜祭灶的传说		果寨、史召一带		郭红亮		4848	1436
522	斗鸡台		南和县城境内		要振海		4728	1439

序号	篇名	民族	流传地区	采集地	讲述者	搜集者	数据库编号	字数
523	凤凰台		广宗乡间		李老朋		4732	3009
524	石羊的传说						4740	779
525	新河为啥没北关北门			东关村	宋存女		4667	1153
526	仙井的传说		南和县		陈润山		4710	604
527	云峰山的传说		石盆村一带		白风祥		4672	660
528	铁佛头村的来历		南宫城乡		阎芳波		4755	4181
529	霸王营的由来		隆尧县		张连顺		4775	2372
530	凤凰城的传说				于砚田	于金良、汪洪印	13618	2326
531	金钟寺的传说				郭立臣	刘焕英、肖连法	13621	630
532	八个牛的传说				宋希山	宋爱华	13625	916
533	“千童县”和“日本国”				张森林		13619	734
534	“张村店”的来历				王震		13627	3312
535	肖林彪大闹瓷器店				肖树荣	汪洪印	13632	1076
536	一代名医				张铭勋	汪洪印	13629	850
537	望树				刘秀英	褚莲香	13623	4390
538	百尺杆				仉殿华		13628	616
539	蒲洼城的传说						13624	2932
540	二郎堂的传说						13626	1245
541	“刀笔”的故事					邢汝义	13630	1178
542	园台子传奇					张德达	13622	761
543	捻军攻克盐山				刘子甫	汪洪印	13633	1305
544	大力士毛五的传说				朱文科		13631	1092
545	“旧县镇”和“辛家坟”				张森林		13620	2829
546	青史留芳				宋宪涛		13634	636
547	活财神刘明				张恒	齐彦彬	13910	932
548	蠓子岭				赵金钠		13922	1062
549	豁姑姑的传说				沈孟奇、齐连占等	齐彦彬	13893	892
550	稍子崖				刘兰芬	齐彦彬	13939	810
551	女石匠				侯振杰	王拥军	13896	813
552	刘大个的传说				张考文	魁炳璋	13915	2403
553	朱洪武的传说				孙春立、冀玉泽等	王永发、王拥军	13907	3331
554	孙膑与庞涓的传说				杨耀增		13900	515

序号	篇名	民族	流传地区	采集地	讲述者	搜集者	数据库编号	字数
555	莲花池畔花木兰				张琪		13902	1439
556	鸡为什么叫哥打				赵爱民		13950	953
557	伍郎出家白马寺				曹永谦	曹慧增	13923	1744
558	关公姓“关”的来历					孙春立、王永发	13904	2858
559	哈蟆为什么叫咕呱				王向东		13951	957
560	刘伯温为什么能前知五百年、后知五百年				齐连占	齐彦彬	13899	601
561	刘镛的故事				王洛发	王玉顺	13911	1938
562	怪黄瓜的传说				张文亮		13941	1318
563	马耳山、太子庵和伞子坡				齐茂贤		13934	2000
564	太子山的传说				安玉芬	李彦昌	13942	989
565	军城楼的传说				孙春立	王永发	13944	1620
566	罪恶的没根石				刘振录		13937	1116
567	“墨水罐儿”和“搁笔架”				苑一辰	齐彦彬	13930	1471
568	龙泉						13928	799
569	骆驼石				贾兰庆		13933	1156
570	神医孙思邈的传说				孙春立	孙春立、王永发等	13905	1612
571	“二流子”的来历				齐金彩	刘福增	13949	2565
572	田八戒设计抱不平						13908	1829
573	寨仓				张风兰	陈宁涛	13927	849
574	李聪复仇记				安俊烈	安向前	13913	4191
575	腰疼石				王拥军		13943	1018
576	孔子的故事						13897	1554
577	神伞				郭惠民		13932	367
578	杜康酿酒刘伶醉的传说					陈宁涛	13894	3047
579	麦子为什么一个穗				王海涛	张文亮	13948	993
580	孔子和他的弟子				赵景祥	王永发	13898	4229
581	王八脖子为什么那么长				李富荣	齐彦彬	13947	626
582	活丧齐老兰				张文亮		13917	712
583	能磨天的摩天岭				杨振江	张寅卯	13935	1522
584	陈平的传说				葛德谦	李彦昌	13903	907
585	柿子洞						13931	879
586	雀儿坡与蛤蟆岗				刘士杰	葛文忠	13921	608

序号	篇名	民族	流传地区	采集地	讲述者	搜集者	数据库编号	字数
587	四糠团儿				滕玉明		13916	629
588	青虚山的奶奶庙				王若夫		13920	1334
589	神医刘守珍的传说				张文亮		13906	5472
590	天牛吃麦				杨慧英		13946	1073
591	孟姜女的故事				何建华	王永发	13901	3272
592	神北村为什么不下雹子				王海涛	张文亮	13940	2659
593	鲁班弄斧				侯振杰	王拥军	13895	1889
594	米山坡				沈领霞		13925	1393
595	伍候村的来历				葛玉民	刘惠英	13924	1345
596	太子庵和干河滩				齐风如		13926	1066
597	“三怪”的传说				王全财	王文平	13914	428
598	“坏杏儿”的故事				谷贵儒、岳淑敏	魏炳璋、吴尚达	13912	662
599	田大力的故事				张琪		13909	1489
600	冀二学生的传说				张琪		13918	541
601	火烧铁碎院				齐彦彬	李彦昌	13945	657
602	寨山上的石狮				王秀花	陈宁涛	13938	643
603	孙禄堂的传说				谷长山、孙连生	臧国明	13919	621
604	狗皮河的传说				李雪梅		13936	949
605	孔明拜师学艺					赵剑华	21034	770
606	荆轲				辛文通		21018	1457
607	樊于期献头				胡永荣		21019	742
608	孔夫子让路				赵容海		21022	923
609	红罗山里的千尺大蟒				张风林		21059	1583
610	双峰寺的传说					武泉水	21053	604
611	高甲片					刘世卉	21066	1167
612	黄金台					马风江	21045	863
613	孔子的趣闻					赵剑华	21020	530
614	吹三通打三通					汤丙午	21025	1134
615	真武庙				孙亮		21054	1091
616	鲁班钉塔				连顺		21041	3083
617	为什么匡山河里没有水				路增田		21064	858
618	王莽赶刘秀				崔文忠		21031	1396
619	王羲之的传说				赵振强		21036	292
620	神石庄的由来					赵福祥	21063	1023

序号	篇名	民族	流传地区	采集地	讲述者	搜集者	数据库编号	字数
621	拒马河的传说					汤建元	21055	1208
622	宝盆聚来大西山					刘金凤	21058	901
623	包公审问青石板				刘耀增		21038	1655
624	罗锅巧答题					翟杰	21028	956
625	战马垂韁救主					赵朋起	21042	2342
626	黄金塔和瞪眼				吕龙		21026	1606
627	门神爷的传说				杨启		21037	2756
628	包公耙和尚				郅文生		21040	1128
629	御膳不如野菜香				索树芳		21029	966
630	山神爷巧治秦始皇				辛文通		21039	883
631	铜帮铁底的运粮河				崔文忠		21049	935
632	豹泉村的来历				张连生		21057	1454
633	孔子抬扛				赵容海		21023	968
634	易水河改道				赵资九		21048	643
635	苏东坡的二三事					赵剑华	21032	750
636	唐伯虎与祝枝山的轶事					赵剑华	21033	559
637	燕下都再现				赵资九		21046	895
638	摇钱树				方寿山		21061	1433
639	皇上选陵				宋林发		21050	1111
640	棋盘砣的故事				石成章		21065	1577
641	六郎石					祁世昌	21056	914
642	石马的传说					王利芬	21062	307
643	南天门				袁连柱		21051	2024
644	霍阎牌楼警马屁				张胜田		21052	1398
645	诗仙会——发生在燕子塔下的故事				何泉亭		21047	694
646	兄妹打赌					刘金风	21043	469
647	是猫都逼鼠				候新民		21044	1106
648	梁鼎芬在崇陵				张文灏、马永样		21030	918
649	雍正金头之迷					尚洪英	21027	906
650	康熙露宿紫荆关						21024	1070
651	团山的传说					陈永泉	21060	554
652	孔子改字				王海星		21021	467
653	孙庞斗智				史俊峰		21035	746

序号	篇名	民族	流传地区	采集地	讲述者	搜集者	数据库编号	字数
654	柴、赵、杨三家		坝上一带		徐选元	傅云路	21246	685
655	白蕉蒿的传说		坝上各县		薛凤启	张美华	21263	1297
656	关羽从前不姓关		张北县	单晶河村	张占有	刘润书	21234	248
657	凤干罗为宰相		坝上地区		冯仲元	于全斌	21253	434
658	猪的传说					钟杰文	21278	637
659	一文钱逼倒英雄汉		张家口北部地区		董风鸣	刘满旺	21242	734
660	波罗素的由来		坝上地区		刘元	张美华	21267	739
661	朱元璋和他的外甥		张北县境		杨启	张美华	21235	692
662	白龙洞白马、白头雕的传说		坝上地区		薛凤启	张美华	21262	759
663	桃园结义		张北县境		赵连旺	赫晓	21232	1028
664	能人外面有能人		山西阳高一带、坝上		李树林	黄喜林	21249	307
665	马王爷为啥三只眼				胡子荣	王忠新	21229	733
666	白龙洞的传说		坝上地区		傅英	徐谦	21261	488
667	孔圣人上坝		坝上地区		史永	戴世敏	21227	1473
668	张家口周围的山为什么光秃秃的		坝上各县		李春山	阎文岗	21258	1025
669	“口蘑”的传说		张家口地区		赵谦	崔靖	21284	488
670	癞蛤蟆想吃天鹅肉——心高妄想的由来		坝上一带		刘爱	李树林	21305	2010
671	凤凰台的传说		张北县境内		牛玉	张美华	21265	491
672	坟前为啥栽柳树		坝上一带		岳占美	郝朝悦	21294	788
673	骆驼的传说		张北一带		王建兵	王子香	21276	749
674	松树为啥常生不老		张北、沽源一带		赵子禄	张美华	21292	578
675	苍蝇的来历		张北一带		范海浪	王子香	21290	1950
676	药王为啥骑老虎		张北县境		史永	戴世敏	21228	338
677	鼻子的传说		坝上一带		张品香	王子香	21302	544
678	围裙的来历		坝上各县		张福祯	张庆军	21297	922
679	天亮时为啥还要黑一阵					刘献龙	21307	692
680	为什么二月二龙抬头		坝上一带		孙贵德	王子香	21293	505
681	土明爷爷的传说		西南坝头		杨启	张美华	21248	871
682	月饼的来历		坝上一带		乔建军	王子香	21299	735
683	向日葵为啥脸向东		坝上一带		米宝贵	张美华	21291	190

序号	篇名	民族	流传地区	采集地	讲述者	搜集者	数据库编号	字数
684	粮食为啥先让鸟吃		坝上地区		郭应兰	王秀琴	21288	572
685	韩信身世的传说		张北县境内		刘海荣	崔靖	21239	713
686	狗腿子的来历和狗尿抬后腿的传说		张北县一带		胡海兵	王子香	21304	625
687	韩信和孩子		张北县境内		刘海荣	崔靖	21238	1095
688	驿马图鲁班修叶楼		坝上一带		史永	迅飞	21255	314
689	李春孝放羊		张北县境		段文宝	崔靖	21236	416
690	刘罗锅访戏班		河北北部、山西、内蒙古一带		刘美英	李珍	21306	2125
691	楚霸王的故事		张北县境内		段文宝	崔靖	21237	532
692	纪小唐劝韩庆云		坝上一带		赵连旺	黄喜林	21250	618
693	秦始皇跑马修边		坝上一带		段文宝	崔靖	21254	604
694	王莽的传说		坝上农村		戴世敏	贾禄	21230	328
695	对口淖的传说		张北县境内		张冬梅	王子香	21268	1445
696	枳机草和马莲花的传说		坝上各县		马希利	王忠新	21279	532
697	莜麦和高粱					黄喜林	21289	690
698	朱洪武放羊		张北县境		段文宝	崔靖	21240	393
699	刘权禁北瓜		坝上地区		王海	崔靖	21285	538
700	绵羊的犄角为什么是弯的		张北县一带		靳礼	王子香	21277	467
701	龙的传说		张北一带		白汝成	王子香	21274	521
702	康熙私访		张北、崇礼一带		常生录	崔靖	21243	422
703	张良得宝书		张北县境内		赵连旺	赫晓	21233	515
704	妈妈山的传说		张北一带		王启	王子香	21269	515
705	“星火城”的传说		张北县一带		范鹏飞	杨瑞	21256	328
706	萧太后的传说		坝上一带		徐选元	傅云路	21245	834
707	鸡冠花的来历		张北县		崔宏亮	王子香	21287	365
708	镇虎台的传说		张北、万全一带		薛凤启	张美华	21266	1320
709	莱脑包的传说		张北一带		杜启雄	王子香	21271	1014
710	灯干淖的传说		张北一带		王德胜	王树永	21273	869
711	盖房上梁时为啥要贴对联		坝上地区		张万才	薛廷旺	21298	1010
712	鸦片的传说		坝上一带		巩福英	戴世敏	21283	533
713	抽烟的传说		坝上农村		刘富	王忠新	21301	557
714	三白西瓜的由来		坝上、内蒙一带		李珍	张美华	21286	1000
715	四宝的传说		坝上一带		刘爱	王子香	21303	2773

序号	篇名	民族	流传地区	采集地	讲述者	搜集者	数据库编号	字数
716	崇祯背煤		张北县一带		史永	戴世敏	21241	419
717	白龙洞的传说		坝上地区		杨启	张美华	21260	1050
718	囫囵板的来历		坝上地区		刘元	张美华	21247	2015
719	鱼儿山的传说		坝上地区		路百川	路剑英	21259	512
720	一卜树的传说		张北一带		王志亮	王子香	21272	384
721	冯玉祥将军的张北之行		张北县境		李鸿昌	李艾	21251	489
722	安固里淖的传说		坝上一带		贾禄	王忠新	21257	386
723	姜子牙算卦——凶吉富贵		张北县境内		赵连旺	刘润书	21244	388
724	张大胆和李半仙		坝上一带		刘润书	黄喜林	21252	675
725	镇边台的传说		坝上各县		杨启	张美华	21264	597
726	古时女人为什么要裹脚		张北县一带		杨世宏	王子香	21296	746
727	人死了为什么要烧纸				王金	王子香	21300	428
728	拜供土地的来历					李志红	21295	748
729	金狮淖的传说					岳海	21270	996
730	猫、虎的来历		张北一带		苏举	王子香	21275	631
731	六种麦类的传说		张北一带		杜守章	迅飞	21282	477
732	荞麦的传说		山西、坝上坝下农村		贾录	绿原	21280	1761
733	王阎老送女归家		张家口地区		巩福英	戴世敏	21231	381
734	咸盐的来历		坝上地区		史永	戴世敏	21281	548
735	阎大胆遇狐仙		下花园区孟家坟	后堡街	刘元庆		28686	533
736	朱砂洞		下花园	下花园区	陈有贵		28648	844
737	茶香馨遍山		下花园	下花园	王世荣		28679	903
738	聂司令在下花园		下花园	下花园	路敬尧、张顺琴		28618	1107
739	金蟾的传说		下花园	下花园	李风山		28671	668
740	洋河的传说		宣化、下花园		李秉高		28664	548
741	石主任血沃下花园		下花园、怀来一带	后堡街刘元庆家	刘元庆		28620	441
742	欧阳德大战“九花女”		下花园	下花园煤灰砖厂	陈有贵		28623	2106
743	马鞍寺的来历		下花园	青山村	李季忠		28661	4715
744	女儿坟的传说		下花园	下花园区	刘宝山		28672	548
745	方观承嫉贤劈玉带		下花园	下花园煤矿	顾玉成		28659	2504
746	灵官像		下花园	下花园	白天运		28649	1152
747	鸡鸣山山名的来历		下花园	下花园	麻永森、柳成林		28635	849
748	牛心山出凤凰		下花园	下花园	王义、张书德		28677	803

序号	篇名	民族	流传地区	采集地	讲述者	搜集者	数据库编号	字数
749	鸡鸣山为啥又叫奶奶山		下花园	下花园	王功		28636	508
750	鸡鸣山的钟是咋运上去的		下花园	朱自起家	朱自起		28640	512
751	最早的下花园人		下花园	下花园	章玉明、陈有贵		28634	611
752	锄是怎样来的		下花园	后堡村	张全宝		28684	2853
753	鲁班咋收的四徒弟		下花园	下花园	王义		28628	888
754	鸡鸣山庙前为啥没山门		下花园	下花园	王廷顺、朱自起等		28639	547
755	程咬金夜上鸡鸣山		怀来、下花园		白天运		28637	4982
756	玉带山的传说		下花园	下花园煤灰砖厂	刘元庆、陈有贵		28658	718
757	镇妖庙的来历		下花园	宣化	裴存贵		28656	2033
758	秋生		华北一带	下花园煤矿	周荣照		28625	835
759	康熙庙		下花园	朱自起家	朱自起		28644	529
760	“白蛇”前传		张家口地区	后窑街曹士美家	曹士美		28627	802
761	避风桥的传说		下花园	下花园	路敬尧		28647	675
762	灶王爷		下花园	孟家坟村	孙朝礼		28631	775
763	洋河的传说		宣化、下花园	宣化	武建生、薛有保等		28663	586
764	石佛洞的传说		下花园	下花园	李佃富		28655	629
765	猴屁股为什么是红的		张家口一带	下花园煤矿	刘文成、张美英		28678	1059
766	两头有泉水、干了代家营		下花园	下花园	王世荣		28669	630
767	泰山奶奶出家		华北一带	下花园煤矿	周荣照		28688	1563
768	孟姜女为啥姓孟又姓姜		张家口地区	下花园煤矿	张生明		28626	778
769	死了丈夫为啥哭“天”		下花园	下花园煤矿运销科	李玉		28682	985
770	“端午节”为什么戴花红串		下花园	下花园福利院	张书德		28681	1428
771	“端午节”挂艾条的来历		下花园	下花园	王怀亮		28680	513
772	黄天霸计杀绿林好汉，窦尔敦惨死怀安县城		下花园	李佃富家	李佃富		28632	1246
773	棘针屯的来历		棘针屯	棘针屯	郭生金		28666	577
774	救驾洞		下花园	后堡村	路敬尧、刘元庆		28676	1079
775	代夫人与鸡鸣山		下花园	下花园	朱自起		28638	861
776	金马驹的传说		上花园村	上花园村	李同、康洪		28674	510
777	鸡鸣山的钟声为啥传不远		下花园	孙权家	孙权		28641	923
778	孤山顶上的乱石		下花园	滴池沟	任天亮		28670	908

序号	篇名	民族	流传地区	采集地	讲述者	搜集者	数据库编号	字数
779	扬州观灯		下花园	下花园后堡	刘元庆		28652	417
780	古城梁的来历		下花园	下花园	房佩云、刘元庆		28668	373
781	棋盘沟		下花园区上花园村	上花园村	刘增贵		28660	748
782	永宁寺的由来		下花园	朱自起家	朱自起		28646	762
783	戴蟒沟的来历		下花园、怀来	下花园	韩福义		28654	1174
784	康熙登山		下花园	刘元庆家	刘元庆		28645	812
785	康家和郝家		下花园	下花园砖厂	杜玉春		28689	1211
786	断腿狮子		下花园	朱自起家	朱自起		28642	471
787	木匠吊线为啥只用一只眼		下花园	下花园	李同、郭生银		28687	787
788	“贼九”		下花园	下花园煤矿	张怀瑞		28624	671
789	九椅山的传说		下花园	下花园	刘元庆		28662	1009
790	“臭四毛”嬉斗肥站长		下花园	下花园	朱自起		28622	1237
791	女儿坟的传说		下花园、宣化	下花园	刘元庆、宋荣盛		28673	642
792	关云长智服周仓		下花园	下花园电石厂	关立书		28630	977
793	看庙人的奇遇		下花园	下花园区	孙权、朱自起		28651	416
794	“桑干河”为啥又叫“三干河”		下花园	下花园	王富同		28665	357
795	孟良盗骨		下花园	下花园	刘元庆		28629	324
796	“瞭河鬼”面前的窗户为啥糊不住		下花园	下花园	杨沄		28653	717
797	卧龙石		怀来、下花园		白天运		28643	643
798	鸡鸣山上的马王庙		下花园	下花园后堡	张德福		28650	563
799	童工亮亮		下花园煤矿	下花园煤矿	刘启		28621	540
800	马鞍寺的狐子		下花园、宣化	下花园煤矿	李玉山		28685	1089
801	燕王扫北		下花园	下花园后堡	刘元庆		28633	804
802	娶媳妇为啥包红砖		华北一带	下花园煤矿	周荣照		28683	390
803	东河、泉眼、石座		下花园	下花园	李存哲		28657	1464
804	苏家房村名的来历		下花园	苏家房	黄志忠		28667	1560
805	鲁班修桥的传说		下花园	下花园	王义		28675	978
806	冯玉祥的传说		张家口一带	福利院	张书德		28619	3762
807	乾隆与白洋淀				王克强、张全芝		28765	299
808	蛇与青蛙					邓志庚	28803	956
809	乾隆与李陪龙				李永鸿		28766	606

序号	篇名	民族	流传地区	采集地	讲述者	搜集者	数据库编号	字数
810	安州房礼部及房家牌楼的传说					张玉祥	28764	782
811	朱总司令在白洋淀					薛鹏	28773	974
812	反席苇税					张玉祥	28772	1745
813	刘墉造字				辛惠田		28767	2985
814	安州天灵寺的传说				王景智、赵文章		28791	2490
815	乾隆赠寿联				辛惠田		28768	711
816	潘龄皋的传说				张美忠	张玉祥、史冰	28771	736
817	利民知县				王景智		28770	1237
818	螃蟹上楼				邓志庚		28805	1505
819	天下第一棋					李永鸿	28762	718
820	王莽赶刘秀的传说				张全芝		28760	3511
821	烧车淀里战韩昌				李永鸿	耿保仓	28761	5291
822	“忠丞疏宠”的由来						28763	3826
823	蟹与蛇的搏斗						28802	2183
824	朱百万的传说				张全芝		28769	595
825	大黑鱼与白条鱼				李永鸿		28804	510
826	千里堤与贵妃桥的传说					徐国成	30329	1232
827	麦子的传说					张彦芳	30373	431
828	清宫李光斗的传说					赵国彦	30360	723
829	马殿里的马为什么一红一白					张爱民	30322	494
830	刘秀蛇舟过沙河					李振清	30358	599
831	海中礁石的传说					焦荣芬	30389	1418
832	东照升天				宋万春		30334	842
833	粘接通天柱				俗宁	李文刚	30326	410
834	沙河的传说					王吉	30335	327
835	木匠为什么走路不离锛					张爱民	30385	267
836	圣姑台和圣姑庙					李振清	30352	225
837	大五女的传说					吴玉宝	30332	2287
838	善于应付					李裕	30346	669
839	茅台酒的传说					宋文芳、庞中	30393	445
840	长仕一带沙地的由来					田利会	30337	1168
841	王子坟的传说					王月先	30333	2288

序号	篇名	民族	流传地区	采集地	讲述者	搜集者	数据库编号	字数
842	“药王”的传说					冯海泉	30316	1584
843	鸡下蛋后为什么叫咯咯哒					杨志增	30368	420
844	舍近求远				赵国艳		30362	317
845	伍仁村的来历					寇建斌	30336	400
846	贵妃桥的传说				宋义		30328	349
847	滹沱河的水桥					李振清	30357	379
848	巧捶扦面杖				俗宁	李文刚	30327	888
849	公冶长的传说					李裕	30347	1438
850	药王的传说				曹占仙	晓韩	30317	603
851	神马的传说				胡月江	刘荣	30321	1031
852	蚂蚁为什么很小					何仁	30367	528
853	封的椿树王，气得桑树开了膛					李振清	30353	457
854	蚕豆为什么是黑心					王新芳	30376	594
855	伏村的由来				徐成良		30331	491
856	手巾上蓝条的由来					荣振宗	30386	358
857	猫为什么捉老鼠					王树凯	30371	240
858	康熙拈联用长老					曹彦乔	30345	555
859	流昌、流托村名的来历					李振清	30356	750
860	韩村“五粮疙瘩”的来历				李仲全		30338	449
861	白杨的传说				邵玉琴		30374	450
862	人鼻子的传说					车惠茹	30380	523
863	鬼瞪眼庄的来历					孟令琨	30342	167
864	“金龙大王”的传说				刘盛奎		30330	424
865	神曲					王新芳	30375	311
866	乾隆私访的故事					王湘彬	30344	602
867	古井选妃					王向超	30341	451
868	一品夫人二品官					刘海坤	30349	282
869	女人裹脚的传说					张秀卿	30379	650
870	猫为啥先吃后抹脸					李辉	30372	494
871	水公娘娘庙				李婷	藏常占	30340	1518
872	驴与河神					卢占杰	30364	1756
873	腊八粥				王玉		30387	1579
874	为什么只有人会说话					刘亚芹	30377	900

序号	篇名	民族	流传地区	采集地	讲述者	搜集者	数据库编号	字数
875	八角运木				俗宁	李文刚	30325	1110
876	人背文章，驴识路				赵国艳		30363	1690
877	铁旗杆上龙头的传说					邵淑丽	30323	225
878	祁州药王					张爱民	30318	429
879	“大文”村名的由来				陈锋		30339	865
880	“秃尾巴老张”的传说					何仁	30343	540
881	狗为什么愿跟人在一起					焦会永	30370	683
882	狗塔子坟					李振清	30351	809
883	寇镇的传说						30361	271
884	为什么猪叫羊不叫				马树林		30369	229
885	碑楼坟					李振清	30359	777
886	狐狸的由来					徐芳	30366	1503
887	婚礼上放鞭炮的由来					崔海珍	30383	660
888	搬倒井					李振清	30354	592
889	六十岁还甲子					李丽君	30392	395
890	冯玉祥扣军饷				赵国艳		30348	761
891	正月十五为什么放焰火					许丽娟	30384	336
892	邳彤为什么被封为药王				宋义、曹占先	晓韩	30319	1444
893	没出嫁的女子为啥叫姑娘				余晓春	焦亚芹	30378	521
894	蝼蛄饥了就吃					李振清	30355	654
895	凤凰嘴为什么歪了				王小花		30324	484
896	蚊子的由来					刘建荣	30365	1036
897	药王拜师				陈同同	刘孟松	30320	215
898	“给人穿小鞋”的来历					刘建青	30381	441
899	河龟助渡的传说					井鹏良	30391	468
900	门吊吊的来历					崔乔棉	30388	537
901	渤海湾为什么没有乌龟					陈立君	30390	816
902	大碾子胡同		胜芳镇	胜芳镇建国街	赵炳臣	赵炳信	31837	4199
903	包公与地犁的传说		霸县煎茶铺一带	霸县李各庄	程宝珍	刘核军	31848	1236
904	望儿楼与遥祭台		老堤乡	老堤乡渔津洼村	张书吉	张健民	31839	699
905	花子会古今		康仙庄乡	康仙庄石城三队	刘文采	丽华	31844	1477
906	送烧纸		霸县北部	辛店乡北庄头村	宋杜氏	蔡福利、杜秀萍	31832	1757
907	普净和尚和龙泉寺		霸县信安一带	霸县信安文化站	刘魁武	郝保群、苑占海	31829	940
908	哑巴橡子的来历		煎茶铺一带	霸县北庄头村	张芬	胡泽田	31862	422

序号	篇名	民族	流传地区	采集地	讲述者	搜集者	数据库编号	字数
909	老君堂		霸县城关附近	霸县城关镇	夏伯祥	张汉文	31853	1134
910	张百万与风水先生		霸县雄县一带	霸县东关	毛树林	王润旗	31847	2862
911	玉兔升月		霸县西部	披甲营村	刘艳龙	王福清	31858	583
912	霸州李传奇					吴成西	31866	1322
913	子路借粮		霸县内外	康仙庄乡石城二大队	杨耀明	丽华	31865	4689
914	乾隆题诗赐联		霸县堂二里	堂二里王圈村	李幼民	李金明	31831	18294
915	歇马疙瘩		霸县西南部及雄县东南部	老堤乡文化站	张健民	徐逊非	31835	809
916	走百病		霸县胜芳镇	胜芳镇巨华街	蔡良义	达掩	31850	541
917	掉龙		霸县杨芬港乡	霸县杨芬港村	高凤旺	李竹云	31842	2582
918	毛爷的传说		霸县杨芬港一带	霸县杨芬港中学	阎丛	阎伯群	31846	907
919	秃娘娘的传说		煎茶铺乡	煎茶铺胡各庄村	宋秀英	赵景岩	31836	1038
920	乾隆览秋千		霸县西部	霸县城关镇	宋健	吴成西	31840	1393
921	上梁挑红布的由来		霸县胜芳镇	胜芳建国街	金守芬	赵雅娜	31838	940
922	方观承的传说		霸县东部及永清北部	霸县堂二里	陈文圃	李金明	31852	747
923	麦穗的传说		霸县东部	褚河港乡许家堡村	靳照亮	曹绍娟	31860	1540
924	铁膀子薛树英		霸县胜芳镇	胜芳镇	岳成	岳铁林、付玉军	31863	1349
925	卢公祠		霸县东部	信安文化站	郝保群	范占海	31854	1157
926	老鼠为何居十二属性之首		霸县北部	东陶村	张伯仁	王福清	31859	659
927	借蛋进言		霸县中部	霸县煎茶铺西煎村	高义民	王姝德	31849	1059
928	文丞相雨夜题词		霸县信安、堂二里	信安文化站	刘永强、郝保群	蔡福利、尹德强	31833	744
929	苏武牧羊杨芬港		霸县杨芬港乡	霸县杨芬港中学	阎丛	阎伯群	31845	1131
930	郝天官		康仙庄一带	康仙庄乡石城二大队	杨耀明	丽华	31851	486
931	六郎城遗说		霸县东部	信安镇	郝保群	吴成西	31857	1612
932	王三姐的传说		霸县东南部	煎茶铺	张氏	胡泽田	31855	517
933	王伦的传说		康仙庄一带	康仙庄	刘文采	赵丽华	31830	1061
934	嘉靖梦得吴帮庆		霸县一带	霸县城关镇	王永瑞	吴成西	31856	6288
935	古楼钟声		霸县一带	霸县城关	刘氏	吴成西	31864	567
936	牤牛河的传说		霸县一带	霸县城关	吴筑基	吴成西	31841	3472
937	马莲道		霸县北部及永清南部	霸县北庄头	宋杜氏	徐逊非	31834	1389
938	神牛		霸县东部	东段乡	李伟	李彦芹	31861	1620
939	朱洪武		临津乡	临津乡临北村	赵广申	小燕	31843	10145

序号	篇名	民族	流传地区	采集地	讲述者	搜集者	数据库编号	字数
940	刘六刘七		霸县、文安、大城等地	霸县城关、老堤乡、文安新镇	张炳田等人	徐逊非	31828	1635
941	汉文帝皇后窦姬的传说						45180	863
942	乾隆考臣						45181	751
943	写诉状				张顺义		45183	324
944	王八吾对联				粘殿魁		45196	824
945	杨秀才修文庙的故事				张顺义		45194	411
946	车夫招祸				张顺义		45186	1491
947	刘秀与麦米				张顺义		45216	434
948	王八吾卖王八						45197	386
949	闯“河间”劫镖车				张顺义		45191	602
950	杨六郎怀故起苏皋				张顺义		45211	732
951	枣行护驾				贾艺兵		45208	1366
952	大里台村的来历				蔡新明		45207	438
953	刘秀“云碧雾”化险为夷				李全根		45205	1883
954	叛徒出卖				黄汉卿		45192	1185
955	“龙治河”的传说				李世华		45212	420
956	冰消村的传说				陈庆来		45203	252
957	审坡村的传说				乔虎		45210	1103
958	武邑城的三件宝				张顺义		45200	804
959	“逍遥村”的传说				卞书锋		45206	417
960	武邑是座金牛城				张顺义		45199	716
961	蝼蛄讨封				张顺义、袁春起		45215	534
962	“酒”幌子的来历						45214	1996
963	武邑城隍庙的城隍奶奶是桃花的				张顺义		45201	843
964	杨公祠				张顺义		45184	1367
965	李秀才中举				张顺义		45193	695
966	车夫求情				张顺义		45185	1333
967	神枪震滏阳				张顺义		45190	764
968	鱼鳔的由来				康占英		45213	516
969	付年卸车				张顺义		45198	790
970	参加义和团				宋爱华		45189	406
971	少年习武练枪法				宋宪民		45188	256

序号	篇名	民族	流传地区	采集地	讲述者	搜集者	数据库编号	字数
972	马回台的传说				李书全		45209	434
973	孟姜女哭长城				陈大朋		45195	1941
974	气死王怪才				张顺义		45182	494
975	刘秀挥泪感众人，百姓筑庙怀甫村				岳福增		45204	601
976	坐沈阳				张顺义		45187	538
977	龙王庙的传说				宋石庄		45202	2434
978	石狮子的传说				靳国忠	靳恩全	45560	3599
979	张家店的规矩				王光耀		45554	805
980	智取九龙杯				原邯郸地区文化局董局长		45553	1667
981	艺海趣闻“铁烙铁”的故事				家父		45544	1012
982	红灯照审知县				张可		45555	3466
983	铁拐李的传说				吕俊起		45565	2219
984	丑女的故事				赵华林	冯伟	45558	865
985	三辣的来历				张孝全		45561	4613
986	范阁老的传说				徐金柱、刘志超等		45574	973
987	灶王爷的传说				吕俊起		45566	1395
988	铁手扣治服杨三爷				王玉清		45552	7320
989	范仲淹藏金银				刘遮夕		45577	566
990	放猪娃				李洪玉		45580	548
991	吴棠湖画驴				张自清	张丙国	45575	973
992	史德俊闯西洋				史德俊		45546	638
993	推雹子车的郭将军				杨子荣	宋学孔	45567	1901
994	飞刀威震九月会				杨子荣		45545	619
995	罗家湾的传说				牟杰亭		45579	1732
996	智换金毛猴				张国臣		45543	351
997	范阁老看马戏				魏义奎		45551	1482
998	霸王庙的传说				陶学忠		45582	4981
999	海水为什么是咸的				张朝奎	王猛	45563	602
1000	杂技艺人为什么尊吕洞宾为祖				朱连香		45547	790

序号	篇名	民族	流传地区	采集地	讲述者	搜集者	数据库编号	字数
1001	艺人与县官				张福良		45549	2672
1002	郑根马戏团白龙江遇险记				碧口一老船工		45542	1104
1003	忘马店的传说				张书元		45541	1310
1004	枣树的来历				郭庄荣		45581	6665
1005	“小黄毛”师徒闯北京				高玉山		45548	1410
1006	驴				邱凤珍		45562	1079
1007	“镇邪狮”的传说				牟兆瑞		45576	817
1008	钢鞭训小偷				张学珍		45550	633
1009	“牟”姓的由来				牟玉珂		45578	2232
1010	周仓挨整			笔者的家里		李少强	46011	2523
1011	锅贴饼子麦仁汤				赵老四	杨来夫	45957	1956
1012	卖盆记		柏乡一带		张计德	张胜桥	45964	1164
1013	朱放牛封娘娘		柏乡县城东南一带		白老财	张少英	45994	705
1014	“小人”的传说		柏乡县城东南一带		常运福	张少英	45990	1905
1015	彭祖唱曲儿				秦仓文	李少强	46009	830
1016	腰镜和弓箭的传说		柏乡城南部分村庄		白老财	张少英	46010	618
1017	裸体笑弥勒		柏乡城北部分村庄		吕士杰	吕志发	45976	1180
1018	白马救刘秀		城东张家庄	张锁贵家	张锁贵	董焕国、李建国	45956	1140
1019	魏阁老巧贬七叔魏槐祥		柏乡县以南		张丰周	翟正才	45972	5727
1020	百鸟树的传说		柏乡县城周围村庄	董贵喜家北屋	董贵喜	董焕国	45965	4386
1021	爱妃的谎话				翟老俊	翟正才	45967	709
1022	错封树王		河北大部地区	秦仓文家	秦仓文	李少强	45958	4450
1023	皇伞治贪官				翟老俊	翟正才	45966	1027
1024	娘娘坟		城关镇北片		赵构	白连皂	45975	1455
1025	谁的“福分”大		柏乡县		赵老四	杨来夫	45963	849
1026	借椅子				张计德	张胜桥	45971	1184
1027	郭铁牛砸锅		柏乡县城北		郭凤山	张少英	46040	945
1028	小黄三儿智斗阎王		柏乡县张家庄	张桂荣家北屋	张桂荣	董焕国	45993	327
1029	财神爷的传说		城南部分村庄		白老财	张少英	45977	685
1030	张秀才遇难题		柏乡县部分村庄		张会杰	赵庆仁	46035	272
1031	蛇头的传说		柏乡北张村一带		赵近人	赵庆仁	46026	2741
1032	刘备降服关张		柏乡县		郝墨林	赵京安	46033	1490
1033	阁老出世		柏乡县		郭永新	郭甦贤	45962	1078
1034	丁香刻母		柏乡城南一带		亢玉珍	尹京娈、魏立川	46036	593

序号	篇名	民族	流传地区	采集地	讲述者	搜集者	数据库编号	字数
1035	泰山石敢当		柏乡县城南一带村庄		郭老子	回征文	45989	1370
1036	砖葬墓的传说		柏乡县绝大部分村镇		张锁贵	董焕国、李建国	46034	1139
1037	关云长与周仓		柏乡西北一些村庄		胡书魁	胡风山	45988	690
1038	三宝识真人				李洪佩	李胜新	46037	454
1039	乾隆轶事		柏乡城东一带		杨庆林	张胜桥	46017	1738
1040	狗猫为啥变冤家		柏乡		李如群	孟贞果	46098	735
1041	水娘娘庙的传说		柏乡县城南部分村庄		白老财	张少英	46008	1521
1042	狐狸为什么一身臭气				李金女	李彦芬	46097	382
1043	斩倒石人问柏乡		河北省及外省一些地区	王世轩家	王世铎、王世轩	李少强	45955	938
1044	魏阁老寄书让墙		柏乡县城内		刘辉五	刘银汉	45970	1016
1045	治罪寒号鸟				张鲁台	张保增	45960	3052
1046	孝子窃供				魏光录	魏重阳	45968	1076
1047	为民伸冤				王勤	王俊杰	45969	2429
1048	赵子龙出世		柏乡县东部村庄		张兰柱	杨记彬	45974	386
1049	蝼蛄报信		柏乡及四邻县市		王世铎、王世轩	李少强	45959	559
1050	李三娘打水		柏乡县城南一带		张老贞	邢顺兴	45973	1188
1051	兔子和老鹰的传说		柏乡县城南		白老财	张少英	45992	1869
1052	刘秀过沧州			沧州市	王风东	孙一新	46202	1539
1053	“已修道人”墓的传说			沧县前李寨村人	刘森荣	齐鸿浴	46201	1560
1054	女人裹足的传说			沧州市	刘会芬	孙建杰	46196	484
1055	“神山庙”的来历			青县南街	陈锡珍	陈家美	46198	2213
1056	青县为什么没有北门			青县砖瓦厂	齐同志	张翠霞	46199	764
1057	张娘娘和娘娘河的传说			青县城关医院	鼓维勤	耿建华	46194	1182
1058	仁义坑的传说			沧州市	吕宝恒	马国强	46195	1587
1059	国宝铁狮子的来历			旧州	马德志	贺治起	46193	1564
1060	枣树开甲的传说			沧县高川后村	唐淑民	贺鹤	46197	1119
1061	戴尚书的传说			沧州市	王宾朋	马友春	46200	1272
1062	龟驮碑					刘天琴、郝春云	47284	2403
1063	贤孝牌					张树林、赵来锁	47298	976
1064	藏经楼盗宝					李全贵	47240	1353

序号	篇名	民族	流传地区	采集地	讲述者	搜集者	数据库编号	字数
1065	姐妹斗智					梁怀清、吴学圃	47245	878
1066	銮驾堖、宴台、晒袍山					宋孟寅	47269	1065
1067	鲁班造天桥				世英	何忠郁	47233	1868
1068	屠夫修行				李毛小	李全贵	47237	521
1069	如来佛智降四怪				王珍祥	刘春林	47255	4710
1070	桥楼殿				吕荣、刘成文	宋孟寅	47268	1294
1071	姐妹檀					赵来销	47299	2018
1072	庄旺的由来				李连昌	旭晨	47392	852
1073	石门槛					张书林	47277	1283
1074	天尊托梦					梁怀清、吴学圃	47254	1398
1075	千佛岩				阎兵妮	齐爱林	47300	1087
1076	神虎救皇姑					刘天琴	47231	700
1077	罗庄村的由来					张术林	47391	1405
1078	螃蟹的传说				高士忠、冯亮	何忠郁	47252	1307
1079	甘桃沟				吕建文	齐爱林	47387	1206
1080	五弓的故事				何贵	逸群	47390	835
1081	寡妇井的传说					树和、宗义	47323	411
1082	文昌帝君的传说					李全贵	47251	1607
1083	子孙殿					栾志君	47304	3077
1084	苍岩山的粮仓						47249	1422
1085	高俅毚的传说				杨致德	逸群	47380	954
1086	夫妻摔顶					刘天琴	47243	1268
1087	龙滚洞的传说					风彦、玉堂	47338	934
1088	障城村的来历				焦瑞云	焦烁明	47372	1249
1089	洞宾山					梁怀清	47355	839
1090	支腰棍的奥秘					张书林	47239	1268
1091	东家桥					永东、树和	47334	767
1092	金字匾					郝子杰	47264	1723
1093	水帘洞				王山	王俭庭	47273	1750
1094	太子求医					贾雪梅	47241	955
1095	白檀树和滴泪石					宋孟寅	47275	1097
1096	龙泉水				赵珍妮、韩正海	何忠郁	47271	525
1097	阴阳柏				平山、苏业	王密荣	47260	996
1098	避水珠					刘天琴、李全责	47289	1458

序号	篇名	民族	流传地区	采集地	讲述者	搜集者	数据库编号	字数
1099	跨虎登山					宋孟寅	47229	535
1100	郭半仙				张变京	张书林	47256	2062
1101	官平堖的来历				吕国庆	刘其印	47373	1201
1102	苍山鸟鸣					齐爱林、张树林	47297	1470
1103	鸡鸣界的来历					建军、国花	47362	1081
1104	双碑岩				杜三魁	刘春林	47282	936
1105	扭头柏				裴秀珍	何忠郁	47283	902
1106	耿庄仙桃				杜锁昌、何忠郁	杨逸群	47310	1755
1107	杨家堖的故事					张喜庭	47382	1459
1108	石女山的传说				马桃落	焦烁明、焦建军	47353	1626
1109	皇姑坟					张树林	47278	1523
1110	三关洞					张树和	47332	820
1111	如来佛镇妖				李九子	马有有	47267	1073
1112	“白庙”的传说					康风隆、于秀河	47352	1154
1113	尼姑山咋变成和尚寺				吕荣、赵占岭等	宋孟寅	47266	1248
1114	石龟山的传说					智慧	47326	1026
1115	苍山圣母				王桂花	王俭庭	47230	1501
1116	玉峰山的连翘					树和、东升	47348	1081
1117	苍岩山的奶奶照远不照近				江秀平	何忠郁	47244	814
1118	金蟾守山					梁美荣	47314	1177
1119	黄米楼					赵来锁	47248	1335
1120	白龙剑					王海芳	47312	1408
1121	徐茂公之墓				王喜子	王海芳	47349	1923
1122	仙人洞					李全贵	47322	1531
1123	碧涧灵檀				张二保	何忠郁	47287	796
1124	皇姑选山					杜春文	47232	2102
1125	白马寺					钟宇	47328	2670
1126	驴桥岭的来历					栾志君	47386	2144
1127	大石桥				高清	泉桂	47327	596
1128	圣母除邪					陈鸿章	47261	954
1129	仙女望夫					齐爱林	47311	794
1130	天下奇树					杨旭威	47350	1047
1131	避死龛					栾志君	47307	1056
1132	匠师上山				齐进山、杜英魁	齐爱林	47265	1331

序号	篇名	民族	流传地区	采集地	讲述者	搜集者	数据库编号	字数
1133	歇龙石					武巨文	47309	1048
1134	二郎担山的传说					张树和	47345	1905
1135	石人山的传说					李吉怀、马友友	47340	1465
1136	凤凰柏				杜振妮	王俭庭	47280	1284
1137	护国寺				武占英、陈爱路	杨逸群	47335	1390
1138	悬空寺				刘拴牛	赵来锁	47347	545
1139	三皇姑的睡宫				康玉林	何忠郁	47270	1075
1140	浴龙池与白鹤泉				湛林	何忠郁	47285	1458
1141	百宝书				李彦林	赵来销	47263	1056
1142	米汤崖				杨富昌、武占英	逸群	47385	977
1143	千手千眼观音				程绪子等	王俭庭	47247	1751
1144	先贤祠					李全贵	47288	490
1145	火烧白草寺				高瑞妮	刘天琴	47236	1002
1146	柿树沟					李德	47369	1665
1147	嘴善心不善枉把弥陀念					齐爱林	47259	959
1148	鸳鸯柏					赵来锁	47290	1476
1149	泪哭石				高瑞妮	刘天琴	47279	1252
1150	天护村					吴学圃	47376	2422
1151	雪花山传说					李全贵	47325	3298
1152	扭荆寨				杜三魁	刘春林	47294	2279
1153	志公岩					井文华	47276	1044
1154	“独石怪柏”的传说					梁美荣	47296	646
1155	说法危台					王俭庭	47295	916
1156	朝阳洞					王海芳	47308	1182
1157	桥楼殿的传说				杜英魁	刘春林	47286	1011
1158	炉峰飘香烟				甚林	柯泉	47320	1113
1159	透龙碑				崔三牛	何忠郁	47281	1922
1160	挂云山上的清泉观				民亮	何忠郁	47321	1002
1161	拜月台和广寒宫					赵滴	47305	1031
1162	长寿桃					高顺楼、李全贵	47330	809
1163	锅帽山					旭晨	47303	597
1164	乏驴岭						47333	1670
1165	抚琴台				吴有	赵来锁	47302	1587
1166	歪脖山与将军帽					陈生明	47346	1058

序号	篇名	民族	流传地区	采集地	讲述者	搜集者	数据库编号	字数
1167	皇都村的传说					陈生明	47377	988
1168	卧虎山传说				于占海	王柱文	47354	2351
1169	葛丹村的来历					李全贵	47374	519
1170	壶瓶嘴				刘拴牛	赵来锁	47357	912
1171	卜妃墓与彪村塔					柯泉	47364	1156
1172	云盘山				李喜凤	王柱文	47359	1073
1173	石鼓寺				刘拴牛	赵来锁	47341	1194
1174	金华寺				黑小	齐爱林	47363	850
1175	通济桥				李连昌	旭晨	47343	1763
1176	虎皮庄的来历					吴玉田	47366	1255
1177	朱砂洞村的来历					新献、培森	47378	2197
1178	鲁家峪的来历				刘双兰	宗义	47367	1355
1179	头份香火属猴仙				张焕丑	张树林	47238	1336
1180	王莽沟掩驾沟的由来				王二狗	吴学圃	47371	1224
1181	十佛岩					王柱文	47317	1275
1182	炉庄的炉匠					栾志君	47375	1327
1183	王母尝桃				杜锁昌	杨逸群	47316	968
1184	石棋峪的来历					韩风彦、李志刚	47379	1553
1185	割髭岭的来历				卢生	刘其印	47393	815
1186	杨青与羊清					栾志君	47384	1104
1187	孤台藏孤					高顺楼、李全贵	47365	1097
1188	狼窝村					焦烁明	47389	696
1189	乌龟探海					齐爱林	47313	1175
1190	梳妆楼				吴有	赵来锁	47292	1079
1191	刀山人肉					旭晨	47301	1862
1192	大寨堖					树和	47342	863
1193	苍岩山的庙会节					何忠郁、李全贵	47318	1386
1194	东天虎洞					李全贵	47272	938
1195	护坡仙草				赵金柱	何忠郁	47291	1516
1196	寡妇桥的传说						47339	1147
1197	老猿祖师塔					宋孟寅	47274	2330
1198	蛤蟆山与牛头山				齐春保	齐爱林	47356	424
1199	三女选山					李全贵	47235	1455
1200	观音陀的传说					杨拉塔	47361	1762

序号	篇名	民族	流传地区	采集地	讲述者	搜集者	数据库编号	字数
1201	庄严寺					魏永东、张树和	47337	1440
1202	戳麻岩					喜庭、爱斌	47344	1044
1203	两只更鸟的来历				杜真妮	何忠郁	47246	1522
1204	咕嘟泉的传说					孙喜顺	47351	1972
1205	神仙阁					康凤隆、尹虹	47336	1115
1206	英女峰的传说					阎立波	47360	1276
1207	仙蛇出洞				高瑞妮	刘天琴	47234	1630
1208	荻影风情					王柱文	47358	1757
1209	龙窝寺				李毛小	李全贵	47329	1243
1210	檀木龙王					仇喜卿	47262	1225
1211	双笔峰					尹虹	47319	978
1212	在家孝父母，何须远烧香				赵二至	齐爱林、张书林	47258	1880
1213	下寺塔的传说					吕桐林	47324	985
1214	皇姑训虎					张树和、王海芳	47253	580
1215	头泉村传说					栾志君	47388	1253
1216	志公的传说				杜英魁	刘春林	47250	1014
1217	金柱村名的来历				武学文	刘其印	47368	2844
1218	鲁班换檩					李全贵	47257	1322
1219	窦王墓					梁爱楼、张树和	47370	1360
1220	葛仙翁炼丹				庆云	李全贵	47242	1528
1221	高船与漕泉				刘德进、刘梦求	旭晨	47383	1210
1222	三关庙					赵滴	47315	1417
1223	洪河漕的传说				陈爱路、李化瑞	逸群	47381	954
1224	双凤桥					建忠、增华	47331	1236
1225	猴看御印					旭晨	47306	395
1226	没皮没心的白檀树					张树林、刘春林	47293	1476
1227	刘罗锅治轿夫			耿村			50706	1774
1228	许仙开药铺			耿村			50579	1200
1229	三个臭皮匠顶一个诸葛亮			耿村			50703	909
1230	蔡锷的传说			耿村			50660	2176
1231	钟馗之死			耿村			50601	777
1232	康熙访才子			耿村			50672	972
1233	黑龙潭的传说			耿村			50675	955
1234	捉放施耐庵			耿村			50671	655

序号	篇名	民族	流传地区	采集地	讲述者	搜集者	数据库编号	字数
1235	孟庐陵画兔子			耿村			50623	1277
1236	人参精巧治王员外			耿村			50754	513
1237	豆腐的来历			耿村			50709	370
1238	狼心狗肺的来历			耿村			50726	638
1239	大侠胡三春			耿村			50626	569
1240	喜鹊变老鸹的传说			张书娥家中			50772	582
1241	狗见狗为嘛露着牙			耿村			50727	2343
1242	关公背刀			耿村			50550	629
1243	给死人烧纸的传说			耿村			50645	1023
1244	关公小时候			耿村			50555	584
1245	老虎为嘛吃人			耿村故事室			50797	769
1246	通天塔			耿村			50587	684
1247	卧牛山恩怨			耿村故事室			50568	717
1248	无梁寺			耿村			50585	906
1249	海蟾石			耿村			50676	1001
1250	运河水甜的传说			耿村			50583	903
1251	玉玺案			耿村			50558	1291
1252	王清明投亲			耿村			50622	704
1253	张飞为嘛是花花脸			耿村故事室			50553	12756
1254	燕子胸脯为嘛是红的			耿村			50590	805
1255	飞鸟的来历			耿村			50771	7120
1256	靳清巧断			耿村			50802	522
1257	孟良盗心			耿村			50769	870
1258	济公戏秦桧			耿村			50621	2269
1259	大象为嘛怕老鼠			耿村	张兰琴		50825	650
1260	龙虎争王			耿村故事室			50589	1219
1261	朱洪武考儿孙			耿村			50659	1572
1262	阴阳二十四块板			耿村			50592	665
1263	蒺藜为什么在地里长			耿村			50556	1409
1264	棉花的来历			耿村			50591	784
1265	小黄龙			耿村			50743	705
1266	石阁老赶考借宿			耿村			50581	1219
1267	桂姑			耿村			50588	612
1268	许仙三放白蛇			耿村			50578	2219

序号	篇名	民族	流传地区	采集地	讲述者	搜集者	数据库编号	字数
1269	玉茗花的来历			耿村			50603	2413
1270	担脚小旗杆			耿村			50681	685
1271	姜生与荷花女			才才家中			50594	1785
1272	雌雄剑的传说			耿村			50574	4388
1273	猪鼻子为嘛这么短			耿村			50620	491
1274	孟姜女变鱼			耿村			50576	1243
1275	三十两头刀肉			耿村			50607	2809
1276	老包铡温和			耿村故事室			50557	1004
1277	黑龙洞的传说			耿村			50674	823
1278	无名氏碑			耿村			50559	969
1279	关公上南天门			耿村			50724	574
1280	步步有亭			耿村			50670	1144
1281	正月十五晚上为嘛放焰火、挂灯笼			耿村			50708	994
1282	关公和周仓换刀			耿村故事室			50551	750
1283	狗为什么见猫就咬			耿村			50642	629
1284	武则天不让立贞节牌坊			耿村			50658	935
1285	济公救白蛇			耿村			50580	566
1286	关公得青龙剑			耿村			50554	925
1287	张飞服输			耿村			50552	3233
1288	虎跑泉			耿村			50584	3089
1289	打烧饼的为嘛敲擀杖			耿村			50562	811
1290	孙武子转孙膑			耿村			50575	2527
1291	王府井的来历			耿村			50605	979
1292	三个半人			耿村			50641	694
1293	好女塔的传说			耿村			50586	1394
1294	白蛇出世			耿村			50577	885
1295	铁李拐偷大梁			耿村			50582	704
1296	人生字不生			耿村			50625	2992
1297	塔上和破城			耿村			50627	1235
1298	孙二娘的传说			耿村			50602	2029
1299	暖房的来历			耿村			50682	695
1300	孟庐陵画鳖戏知府			耿村			50624	2436
1301	公鸡为什么叫哥哥			耿村			50643	1369

序号	篇名	民族	流传地区	采集地	讲述者	搜集者	数据库编号	字数
1302	芦沟桥的来历			耿村			50628	840
1303	灵芝的来历			耿村			50707	2048
1304	李靖无意得天书			耿村玉田家中			50657	1113
1305	杜仲的由来			耿村			50728	538
1306	康书记买柿子			耿村			50634	6627
1307	文姬归汉			张书娥家			50767	1174
1308	孤竹国			耿村			50677	1743
1309	仙姑泉的来历			耿村			50742	3344
1310	鱼头鞋			耿村			50680	1582
1311	母狮子腰里为嘛没毛			耿村	王正礼		50834	1459
1312	死人腿上为嘛绑绊脚绳			耿村			50744	2802
1313	河二小水淹束鹿城			耿村	靳满仓		50833	1612
1314	刘邦吃狗肉			耿村			50723	1047
1315	娶媳妇铺黄布的来历			家中			50775	1059
1316	牛没上牙的来历			耿村			50773	649
1317	赵州雪梨的来历			张书娥家			50774	1185
1318	苏东坡题字			耿村			50725	769
1319	佘太君要彩礼			耿村			50795	813
1320	阴间打官司			耿村			50757	698
1321	太白金星弟子下凡			耿村			50789	835
1322	张四姐下凡			耿村			50779	593
1323	柏上松的来历			耿村			50629	483
1324	康熙赔情			耿村			50604	2862
1325	两个财神的来历			耿村			50600	1408
1326	柏树为嘛万年青			耿村			50606	1370
1327	“好”字和“臭”字的来历			耿村			50613	1301
1328	鸡叫灯就灭			耿村			50631	1688
1329	牡丹花的来历			耿村故事室			50630	981
1330	竹林寺			耿村			50644	3219
1331	伯夷叔齐二大贤			耿村			50669	2201
1332	燕子尾巴为嘛两叉			耿村张瑞彩家			50691	1900
1333	补锅不能断风			耿村			50679	2060
1334	石阁老母亲看庄稼			耿村			50752	1718

序号	篇名	民族	流传地区	采集地	讲述者	搜集者	数据库编号	字数
1335	帝王树和陪王树			耿村			50673	3641
1336	剃头匠供奉罗祖			耿村			50678	802
1337	程咬金哄孩子			耿村			50704	1076
1338	薛丁山寻父			耿村			50705	1160
1339	斧头峰的传说			耿村			50753	612
1340	铁拐李成仙			张家中			50770	1010
1341	豆腐梆子的来历			耿村			50561	1761
1342	木匠回家为嘛要背锛子			耿村			50560	887
1343	秦始皇赶集			耿村			50549	1755
1344	大蟒沟的传说				武彦		53304	448
1345	玉带桥				马庚新		53299	754
1346	老鸦庄				张如军		53301	635
1347	吉鸿昌、方振武爱民				张万银		53305	446
1348	塞外第一树					高薇	53303	549
1349	冯玉祥治军				张万银		53309	747
1350	冯玉祥禁烟				张万银		53308	599
1351	鱼儿山					钱宗峰	53300	573
1352	大境门——卧龙亭					王海燕	53295	325
1353	铜桥・铁坝・银（营）城子				张万银		53296	352
1354	内外一统				李成喜		53297	640
1355	冯玉祥请客				张万银		53306	303
1356	冯玉祥养马				张万银		53307	441
1357	冯玉祥建桥				张万银		53310	1010
1358	行宫巷				佟成有	胡冰	53298	798
1359	方方正正蔚县城				秦泓		53302	427
1360	送羊节的传说				董敬芬	陈崇	57499	1793
1361	张家箭贾家刀比不了李家大元宝				吕恩惠		57516	806
1362	腊八粥		河北省太行山区		崔九思	陈崇	57493	534
1363	凤仙花与金童花的传说				林木	刘泽华	57514	580
1364	门牌号为啥两面用		邢台一带		王坤	邵宗普	57489	694
1365	洛阳梨的传说				吴改门	吴大山	57509	1795
1366	麻姑节的传说				崔秀芳	陈崇	57498	843

序号	篇名	民族	流传地区	采集地	讲述者	搜集者	数据库编号	字数
1367	荞麦和小麦				赵绣霞	吴大山	57511	1547
1368	为何用馍“祭灶”		于邢台县西部山区一带		侯淑英	关家驹	57496	2483
1369	五谷的传说				李书贞	刘晓红	57508	2955
1370	五月十三送羊节						57500	2139
1371	十八亩地耙和尚		太行山一带	邢台县上马庄	马培贵	陈玉明	57494	746
1372	龙瞪眼大水显		邢台县西部山区一带		郭明照	关家驹	57520	2107
1373	“扒灰头”的来历				侯得功	杨成苏	57501	357
1374	蛤蟆的叫声				郑大刚	袁炳淑、张香娥	57507	605
1375	愣走十里江，不走鲍家庄		邢台县西部山区一带		保忠德	关家驹	57519	514
1376	灶王爷和千手千眼菩萨				陈玉祥	陈崇	57497	1283
1377	拐磨子成亲				张志种	陈玉明	57502	2064
1378	蝙蝠选族的故事				吴章	刘泽华	57506	602
1379	冬至吃饺子的故事				贾瑞林、徐志春	贾占水	57521	764
1380	鱼和猫				吴三妮	冯丽平	57525	1421
1381	雁来红的故事				林木	刘泽华	57515	1078
1382	豆沙包的来历				申立中		57524	2166
1383	除夕的传说				贾瑞林	贾占水	57490	1911
1384	蛇盘兔的传说				林木	刘泽华	57513	1320
1385	炸油条的传说				刘永年	贾占水	57523	1655
1386	疥蛤蟆的来历				吴庆明	刘华进	57505	1222
1387	枸杞的传说				张屯	王宝志	57510	1335
1388	蛤蟆叫，大雨到				侯忠德	关家驹	57495	532
1389	洞房吃饺子的由来				赵美林	赵淮滨	57522	924
1390	龙凤幡					安庆怀	57491	1150
1391	八方的席儿		邢台县皇寺镇、张安北乡一带		侯淑英	关家驹	57517	971
1392	过皇差				胡增禄、赵铭文	吕恩惠	57492	994
1393	参娃子				张及姮		57512	592
1394	灶王爷休妻				徐华英		57518	565
1395	借雨放粮				徐寅	徐金普	60600	823
1396	邓王三试卢照邻				靳小春	李保详	60736	906

序号	篇名	民族	流传地区	采集地	讲述者	搜集者	数据库编号	字数
1397	测影的传说				郭小山	刘泽华	60598	2358
1398	破释莲花漏		邢台一带			吴山	60597	1637
1399	张角祭城		巨鹿东部，漳河岸边		石庆山、杜茂堂	陈玉明	60633	10859
1400	笔下留情				郑介然	李保祥	60730	1178
1401	滏阳河的传说					徐金普	60770	632
1402	指挥神灵				胡堂	陈玉明	60606	1078
1403	张角得道		巨鹿、广宗交界一带		李新春	陈玉明	60627	922
1404	张果老倒骑毛驴				孙明军	袁炳淑	60650	1142
1405	四个郭村的来历		邢台、内邱交界一带		孙保生	郑一民	60618	1056
1406	忽必烈下邢洲				赵美林	赵淮滨	60620	1566
1407	张角出世		河北省巨鹿县东部		石庆山	陈玉明	60625	685
1408	张果老为啥倒骑毛驴				马双朝	徐华英	60649	194
1409	能人田蛤蟆				韩秀全、阎顺吉	张香娥	60701	1054
1410	郭守敬和观星台		河南、河北等地区		关剑	陈崇	60624	808
1411	乾隆皇上游顺德				吕思惠		60755	939
1412	龙凤柏的传说				宋得京	徐风祥	60845	467
1413	关二矬子喝尿		邢台县中部		杜树仁	陈玉明	60634	2690
1414	红庙与迷魂阵				张志武、张彦博	陈玉明	60630	1271
1415	蔡仲和将军墓		邢台县西部山区		陈长征	陈崇	60688	977
1416	傅青主治绝症				张文姮		60711	1736
1417	张果老成仙				许世富	杨成苏	60648	1177
1418	“顺民屯”为啥叫不起来		河北省巨鹿、广宗、南宫三县交界一带		张大襄	陈玉明	60632	1279
1419	张角智惩高县令				孙景玉	王宝志	60638	1202
1420	曹娘娘					张文姮	60710	717
1421	纪晓岚故事二则				张文妲		60712	1444
1422	八角琉璃井				亭庆生	邵宗普	60640	653
1423	平乡县长唐刷				丁喜兰	徐华英	60708	461
1424	娶泥胎			邢台县南石门供销社	武兴功	陈玉明	60657	2516
1425	乾隆自称刘备再世				喜文文	霍培德	60754	1238

序号	篇名	民族	流传地区	采集地	讲述者	搜集者	数据库编号	字数
1426	张果老成仙		邢台县张果老山一带		崔九思	陈崇	60647	832
1427	杨六郎夜战瓦桥关				王坤	邵宗普	60742	1326
1428	张果老和围裙		邢台县一带		王淑芬	陈崇	60651	1032
1429	扁鹊与冬至		邢台县一带		陈长征	陈崇	60725	2230
1430	凳“草铺”的来历			邢台县南石门供销社前、邢台县大桃花村	张生智、刘四箱	陈玉明	60660	309
1431	孙宾木炭洞				张喜魁	张振海	60728	384
1432	仁义巷					李月生	60669	2338
1433	孟姜女的传说				冯国英	张香娥	60733	1774
1434	治理“小黄河”				耿贵荣、王义民等	陈玉明	60664	530
1435	关公斩太阳				吴改门	吴山	60729	446
1436	刘秀讨饭					陈计良	60680	1201
1437	熊洞				王德法	王明哲	60806	1509
1438	刘秀和石婆婆		邢台地区各县		吴海亮	吴大山	60678	2039
1439	李公街昔话				吕恩惠		60774	634
1440	皇榜御进士					李月生	60667	1000
1441	黑龙潭的传说				孟义学	范玉海	60797	1095
1442	焦礼高夜闹太原府					玉海	60686	629
1443	路罗乡的“半身槐”		邢台县西部山区一带		曹正军	关家驹	60795	1165
1444	鲁班夜鋸良舍桥				李光裕	陈玉明	60727	639
1445	百泉村“圣匾”的由来					贾兴安	60781	1138
1446	万历淹母建行宫				张之颀	刘华进	60705	2708
1447	卧牛山		邢台县西部山区一带		郭明照	关家驹	60776	955
1448	大陆村的城隍				张文姮		60842	514
1449	羊范的来历				许世富	杨成苏	60815	2265
1450	范道卿写状				张文姮		60713	1088
1451	皇寺村的水井		邢台县一带		李玉海	陈崇、王景珍	60847	627
1452	鼇宝石岭				候忠德	关家驹	60787	2662
1453	王顺沟的故事					马又宸、李月生等	60823	220

序号	篇名	民族	流传地区	采集地	讲述者	搜集者	数据库编号	字数
1454	妙算如神的徐茂公					张建忠	60738	1246
1455	卧牛山的传说		邢台市西部西黄村长征厂一带			陈崇	60775	418
1456	太子井的来历				郭旺照	关家驹	60785	1029
1457	金牛山上的阴影				赵玉奎	张海振	60828	810
1458	神童解围					徐金普	60759	1778
1459	孟太监巧修新口河				吕恩惠		60695	558
1460	张果老山上的聚宝盆					苗玉梅	60780	1355
1461	洪知府求雨		邢台地区一带		朱金海	中立忠	60690	655
1462	老和尚洞		邢台县马鞍山一带	邢台县东寺村、上马庄	刘运奎、马培贵	陈玉明	60801	1331
1463	十里江上斗鼋仙				王凤栖	赵书伶	60601	1418
1464	清风楼的传说					楚东亮	60766	2839
1465	桑椹救刘秀				董敬芬	陈崇、魏玉珍	60674	742
1466	白云山上的四奶奶				马常太	冯仲生	60808	1393
1467	刘秀封老鸹		邢台县西部山区		陈长征	陈崇	60673	948
1468	将军让房					邵宗普、冯仲生	60762	1933
1469	补梁				李仁学	李保祥	60615	527
1470	石头庄的传说		邢台城西		沈高生	邵宗普	60810	749
1471	智购桥石				赵文香	李保祥	60612	574
1472	李白传说（六则）				霍培德、杨自修等	李保祥、德李祥	60740	675
1473	六月十三敬龙王				柴天福、张景路等	袁炳淑	60671	2036
1474	傅家坟与八角琉璃井				吕恩惠		60812	1191
1475	老周公二访大黄庄			邢台县南石门镇供销社前	张生智	陈玉明	60658	751
1476	袁世凯当皇帝					张建忠	60760	1723
1477	姜太公的传说				王景林	郭明臣	60716	1141
1478	泉水城				程老诚	张香娥、冯国英	60825	714
1479	乡下人见朱元璋				吉立水		60746	2335
1480	严嵩算命				吉立水		60752	788
1481	三皇姑的传说		南和县、邢台市东部	邢台县孔桥村	耿贵荣	陈玉明	60704	1436
1482	尹郭村的来历				尤俊芝	刘晓红	60826	2641

序号	篇名	民族	流传地区	采集地	讲述者	搜集者	数据库编号	字数
1483	窦禹钧教子				郭玉润	郭明臣、翟秀	60723	1018
1484	御马草				吴海亮	吴大山	60743	637
1485	魏征嫁女				徐夫子	徐华英	60735	495
1486	邢台为啥没有东大郭村、东小郭村				孟祥云	游泽坤	60827	930
1487	孟母教子				郭玉润	郭明臣、翟秀	60721	534
1488	石头庄的来历				吴兴带	杨成苏	60811	947
1489	法林求生				赵林	刘泽华	60741	3128
1490	双凤山的来历				李长志	李修河	60833	609
1491	铁嘴刘墉				宗圣	冯仲生	60753	724
1492	笼头沟的故事				徐风祥	靳庆聚	60831	1774
1493	白羊山				侯淑英	关家驹	60789	3001
1494	王之栋上本					张文姮	60709	1065
1495	“雪里玉”清风楼里斗鼠精				孟计书	宋孟寅	60764	1518
1496	关公刀劈两半石				冯常太	冯仲生	60807	475
1497	白马河的传说		邢台、内丘、任县一带		候忠德	关家驹	60786	2183
1498	凌霄山上的蛇				韩风鸣	袁炳淑	60821	1239
1499	苏村和王质成仙		河北邢台一带		袁振中	陈崇、王景珍	60848	2034
1500	二郎担山造豁口		马鞍山一带	邢台县上马庄	马培贵	陈玉明	60800	556
1501	馍馍山的传说				候淑英	关家驹	60788	431
1502	西夏郭公祠				李庆仁	刘华进	60605	1273
1503	拧劲柏的故事					袁炳淑	60779	1378
1504	坐化山与双剑峰				郭俊合	靳庆聚、史玉文	60832	2092
1505	皇姑岩与皇姑楼					袁炳淑	60816	1501
1506	大梁庄的传说					徐华英	60820	446
1507	桃树沟		邢台县西部山区一带		侯忠德	关家驹	60793	1405
1508	范哥石的传说				赵老兵	徐金普	60818	1068
1509	八仙庄与拧劲柏		马鞍山一带	邢台县张尔庄乡上马庄	马培贵	陈玉明	60802	2002
1510	建造老王闸				杨春生	陈玉明	60608	881
1511	马元义断头识唐周				孙景玉	王宝志	60637	3409

序号	篇名	民族	流传地区	采集地	讲述者	搜集者	数据库编号	字数
1512	白马河为什么会干		邢台县、内丘县一带		王德智	陈崇、王景秀	60846	1879
1513	“大贤良师”的来历		河北省广宗县北部		李春涌	陈玉明	60628	1041
1514	戚知县审笸箩				王凤栖	赵书伶	60684	1676
1515	对腚窑		邢台城东		张元春	陈玉明	60621	1242
1516	郭守敬和王巧女				崔九思	陈崇、叶静	60619	763
1517	分饭菜				张志信	吴山	60617	2544
1518	报恩寺的来历					张庆恩	60817	799
1519	撩尾而过				李华、杨生春	陈玉明	60610	1012
1520	王尚书贬土地				郭玉润	郭明臣、翟秀	60666	774
1521	为啥邢台城里没有土地庙			邢台县王快乡村	耿贵荣	陈玉明	60665	2500
1522	贾擀杖的传说				老秋	邵宗普	60703	1704
1523	周公与桃花女				杨修国	袁炳淑、杨成苏	60656	849
1524	东大寺拽檀				李仁学、霍培德	李保祥	60614	1054
1525	到底沟的红泥河				仙翁山老道	冯仲生	60641	1206
1526	假包公				吕恩惠	吕广仁	60698	1410
1527	龙头升天				仙翁山老道	冯仲生	60646	3016
1528	达郭泉的传说				赵美林	赵淮滨	60611	662
1529	娶毛驴				赵俊霞	吴山	60652	901
1530	救生井和救命桥					齐锈	60682	1342
1531	陈糊涂				王香贵、胡增禄	吕恩惠	60699	932
1532	遍访邢州泉					陈玉明	60607	912
1533	小憨奎脚踢万斤砣				董学敏	杜宜民、韩森林	60692	963
1534	麦场认乡亲				王治合	邵宗普	60599	1518
1535	王莽赶刘秀的传说					陈立忠	60679	273
1536	李保玉的传说					李保祥	60687	435
1537	蝼蛄救刘秀				荆永刚	魏玉珍、陈崇	60677	566
1538	七里河的传说					杨佑田	60771	1289
1539	黑龙潭的传说				刘王群	陈崇	60796	2639
1540	龙寺的故事		邢台县西部山区一带		曹正军	关家驹	60794	1964
1541	文朝拉纤				李保祥	霍培德	60718	1580
1542	焦礼高的传说					张振海	60685	1804
1543	刘九绪画雪				杨宗伍	赵书伶	60715	611

序号	篇名	民族	流传地区	采集地	讲述者	搜集者	数据库编号	字数
1544	狗蛋前程				吕恩惠		60697	1370
1545	姜太公在此，诸神退位				李保祥	霍培德	60717	1452
1546	三访莲花图				九伶	冯仲生	60596	1490
1547	秦始皇之死		河北省广宗、巨鹿一带		李新春	陈玉明	60732	1357
1548	瓜菜包子之死				吕恩惠		60693	575
1549	蒲松龄写状救贫妇				吴明山	赵书伶	60756	762
1550	搬倒井与靠花石		邢台内丘县一带		侯忠德	关家驹	60792	564
1551	朱洪武火烧庆功楼				朱喜文	霍培德	60747	1318
1552	张果老山上的拧劲柏					项林	60778	553
1553	杨家保宋朝的故事					张庆恩	60744	3668
1554	百泉的故事				张桂珍	王坚、宜杜民等	60773	1947
1555	吴佩孚求字画			徐周天村	徐夫子	徐华英	60758	1081
1556	拧劲柏的传说					陈崇	60777	997
1557	孝女石的传说		邢台县西部山区一带		郭明照	关家驹	60791	1937
1558	蝼蛄拱地救刘秀				霍连奎	徐金普	60681	1514
1559	窦王墓的传说			朱庄水库	秦九柱、张万良	陈玉明	60799	3039
1560	褡裢镇的来历		邢台沙河一带			丁恒萍	60841	1294
1561	后马场村的出神庙		邢台县西部山区一带		郭明照	关家驹	60790	1481
1562	桑树和椿树的故事				齐锈		60676	1663
1563	滏阳河的传说					徐华英	60769	1534
1564	张果老看黄河				子卜	徐金普	60655	1769
1565	东户村的来历					丁恒萍	60844	1200
1566	巧建碌礡城				张拉子	李保祥	60672	3402
1567	断路坪				冯长太	冯仲生	60805	1271
1568	龙泉和龙村				潘仲来	丁恒萍、良银霞	60840	1231
1569	马峪村的来历		沙河邢台一带			丁恒萍	60843	713
1570	张果老担南关					郝永新、王万臣	60654	368
1571	油桶山的来历				王景勺	郭明臣	60824	1589
1572	解蝎毒		广宗中、北部		张彦博、张志武	陈玉明	60626	3449
1573	傅家坟的传说				孟义学	范玉海	60813	1046
1574	串马铃与草籽箭				仙翁山老道	冯仲生	60645	971

序号	篇名	民族	流传地区	采集地	讲述者	搜集者	数据库编号	字数
1575	郭守敬治水				张志信	吴山	60603	3839
1576	按影垒石				靳小春	李保祥	60613	1011
1577	东马庄、西马庄的来历					丁恒萍	60839	1111
1578	凤凰城					张文姮	60838	1347
1579	七里河的传说				荆永刚	叶静	60772	1466
1580	大横头的来历					徐金普	60836	1685
1581	刘秀错封椿树		邢台地区各县		吴海亮	吴山	60675	1465
1582	卢照邻与董氏女				杨自修	李保详	60737	2732
1583	秦始皇的赶山鞭				黄兴平	吴山	60731	488
1584	王尚书二三事				徐春	徐华英	60670	2119
1585	张宝之死		巨鹿东部、广宗北部		杜茂堂、李春诵	陈玉明	60635	1527
1586	丈八村的来历					丁恒萍	60837	1616
1587	金牛驮城的传说				马桃景	李建其	60768	266
1588	鸳鸯河的传说				刘红恩	游泽坤	60849	780
1589	卧牛城和百泉的传说					徐金普	60819	1424
1590	王羲之的传说				冯国英	张香娥	60724	1238
1591	女娲补天的地方					叶静、陈崇	60814	1578
1592	戚知县二三事				吕思惠		60683	1205
1593	马鞍山的金马驹		邢台县西部山区		候忠德	关家驹	60784	1373
1594	奶奶项的来历				宋得京	徐风祥	60829	1077
1595	八仙庄的传说				张修魁	吕恩惠	60803	1984
1596	九龙母庙					吕保堂	60822	1119
1597	“三柏”围住“皇姑庵”				郭明照	关家驹	60783	2943
1598	“淘金杯”和“藏银罐”		邢台县西部深山区		马兴荣	马兴华	60809	1055
1599	周公娶桃花			邢台县周公村、桃花村	王德功、王西玉等	陈玉明	60659	1070
1600	火烧顺德府				刘通顺		60763	1070
1601	“黄金山”的传说				董古印	马志平	60835	1840
1602	韩信的传说				吉利水		60751	1162
1603	孔夫子赶鬼的故事				王井仕	郭明臣、翟秀	60719	657
1604	香炉寨的传说		张尔庄乡、谈话乡	邢台县东寺村	刘云奎、陈守勤	陈玉明	60804	2159
1605	将军墓传奇				王怀山	王玉君	60830	482
1606	赛马赌巾					冯仲生	60757	356

序号	篇名	民族	流传地区	采集地	讲述者	搜集者	数据库编号	字数
1607	“流不干”与“流不满”				青山村牧羊老人	郑一民	60602	2412
1608	朱元璋出世				吉立水		60748	2373
1609	修小黄河					李月生	60668	1340
1610	魏征的故事				蔡振明	王宝志	60734	1473
1611	王灵官的传说				宋得京	徐风详	60834	1394
1612	神童骆宾王				郑庆五	李保详	60739	2207
1613	王莽寨的传说				侯忠德	关家驹	60782	1538
1614	范道卿脚踢翰林院				张文姮		60714	332
1615	赶考					陈玉明	60663	370
1616	人死后，喊穿鞋的来历				徐鸣贤	范玉海	60662	1144
1617	吃不清南来的粮				仙翁山老道	冯仲生	60643	985
1618	用不尽北面的兵				仙翁山老道	冯仲生	60642	950
1619	张果老的石头驴					尚建强	60653	2954
1620	顺德府修扭头门的传说					陈计良	60765	1574
1621	天赐颜回一錠金				郭玉润	郭明臣、翟秀	60722	783
1622	孔夫子借粮				郭玉润		60720	783
1623	“叫魂”的来历			邢台县周公村、崔路村	刘四箱、杨修同等	陈玉明	60661	1618
1624	铁瓦楼					邵宗普	60639	1755
1625	水牢				仙翁山老道	冯仲生	60644	857
1626	打醮传道		平乡东、北部		吴长春	陈玉明	60629	1341
1627	刘伶和“刘伶醉”				王淑芬	陈崇、叶静	60726	1099
1628	测井深				张志信	吴山	60616	3116
1629	武大郎别传				徐夫子	徐华英	60707	832
1630	八岔梅花路与五步三孔桥				杨俊卿、杨春生	陈玉明	60609	1936
1631	民进洞				郭老二	邵宗普	60636	1020
1632	巧治莱水		邢台、内邱县一带		张文的	郑一民	60604	3882
1633	为啥修建清风楼				王月娥	陈玉明	60767	2816
1634	不供关公		河北省巨鹿县东北部		杜茂堂	陈玉明	60631	4190
1635	郭守敬开凿通惠河		北京地区		关剑	陈崇	60623	1933
1636	玉泉的传说				曲登藻	陈崇、魏玉珍	60798	686
1637	“太行虎”——范士和				范学明	范玉海	60700	1351
1638	周光斗				吴宗珂	吕恩惠	60706	2819

序号	篇名	民族	流传地区	采集地	讲述者	搜集者	数据库编号	字数
1639	郭守敬责妻		邢台地区		关剑	陈崇	60622	872
1640	花建武镇贼胆				王常秀	张香娥、袁炳淑	60702	3754
1641	黄巢不杀插艾人				吉立水		60750	705
1642	乞丐将军王同春				王荣	吕恩惠	60696	2827
1643	将军补鞋					邵宗普、冯仲生	60761	720
1644	无稽和尚				山令	冯仲生	60691	1443
1645	赵匡胤打天下，赵二舍坐天下				吉利水		60749	1280
1646	洪知府碑前巧取粮						60689	777
1647	包公何时再世					吴大山	60745	1277
1648	阴魂庙				杨尊英	吕恩惠	60694	1246
1649	猫与虎		石家庄郊区			廖建军	61001	517
1650	十二属相鼠最大，猫为什么吃它		石家庄郊区			吴艳辉、殷清亮	60994	1310
1651	“漏”的故事		石家庄周围		殷丙银等	殷立坤、蔡俊环	61000	1091
1652	下雪的传说				聂振龙	韩庆志	60987	423
1653	老虎、野牛和狐狸						61011	559
1654	黑牡丹的传说			石郊孙村乡		梁惠欣	60991	1040
1655	“鸡”名的由来				冯素梅	梁惠欣	61015	1383
1656	猫和狗的故事				林才景	张恒顺	61014	329
1657	猴子和兔子				刘喜魁	刘四喜	61017	747
1658	狐狸和仙鹤		河北省、石家庄东部一带		潘文昭	田毅	61012	674
1659	狐狸与乌鸦					高爱国	61002	1901
1660	松鼠的妙计		石家庄郊区		黄玉荣	焦素文	60993	772
1661	荞麦的传说				齐连春	平秀梅	60992	307
1662	椿树王					高树奎	61009	690
1663	桑树、臭椿和香椿				阎全保		61018	2592
1664	鹿的角与脚					孙荣丽	61004	2567
1665	蝼蛄脖子里为什么有枣刺					焦素文	61008	437
1666	唐僧取的经和乌龟、细腰蜂				黄书琴		61016	428
1667	红茶花的传说				暮富人	阎红霞	60905	1009
1668	安梦母的传说						60908	897

序号	篇名	民族	流传地区	采集地	讲述者	搜集者	数据库编号	字数
1669	彩虹的传说		石郊孙村乡一带			梁惠欣	60881	354
1670	打灶王						61101	702
1671	为什么“春节”叫“过年”						61069	627
1672	灶王爷						61100	5678
1673	清朝权监安德海的传说						61136	878
1674	其它食俗						61125	1541
1675	三十晚上撒芝麻杆的传说						61072	605
1676	粘灶王						61102	727
1677	给关公过生日的来历						61086	3814
1678	车子						61127	960
1679	闹元宵的来历						61080	2158
1680	称呼						61128	678
1681	熬年						61074	3424
1682	民俗拾遗						61130	1202
1683	填仓日						61082	1060
1684	借粮		沧州地区		刘志成		61152	1237
1685	春节贴年画的来历						61071	623
1686	狗腿子				王锡权	王汝芳	61150	2723
1687	七月十五麻姑节						61089	2119
1688	婚礼						61103	651
1689	左知县怒审土地爷				宝林		61148	2450
1690	月饼的来历						61094	1905
1691	七月十五烧纸的来历						61092	5798
1692	鬼节的来历						61090	306
1693	冬至吃饺子的来历						61097	2179
1694	小财迷——安德海				张德海	耿建华	61137	584
1695	指腹为婚						61104	649
1696	主食品						61118	1957
1697	漫谈“姓氏”						61132	590
1698	帽子						61115	3726
1699	结婚为啥送喜糖、喜烟						61108	3248
1700	古代时间和现代时间						61129	2192
1701	元宝石来历				姚毓春	潘洪举	61147	1096
1702	丧葬礼仪						61109	753

序号	篇名	民族	流传地区	采集地	讲述者	搜集者	数据库编号	字数
1703	“盖山东”认输				迟太升	迟永田	61146	5313
1704	外甥为什么不给姥爷穿孝						61110	13294
1705	灶王的来历						61099	1976
1706	消夏食品						61123	853
1707	填仓日的来历						61081	773
1708	闺女出嫁为啥戴凤冠霞帔						61106	703
1709	正月十五挂红灯的来历						61079	2506
1710	土特产食品						61124	1614
1711	打春的来历						61077	1956
1712	端午节的来历						61085	1290
1713	春节贴对联的来历						61070	511
1714	房子						61126	838
1715	腊八粥的来历						61098	1510
1716	春节习俗						61067	380
1717	七夕乞巧节的来历						61088	1859
1718	安德海自阉进宫				王文革	耿建华	61138	17
1719	结婚摆香斗、弓、箭的来历						61105	2371
1720	正月十五放灯的来历						61078	3579
1721	鞋袜						61114	3310
1722	死财迷——安德海					耿建华	61140	4878
1723	胡萝卜的故事			南张庄	王锡权	王汝芳	61151	471
1724	春节的来历						61068	1649
1725	土龙的传说				陈锡珍、刘孙氏等	陈家美	61144	1724
1726	张天师与黑龙港河				胡万义	杨植彪	61145	12109
1727	副食品						61120	973
1728	为什么除夕门上挂芝麻秸						61076	2639
1729	代食品						61119	591
1730	金头玉蝼蛄				沈恩芹	马富华	61153	1558
1731	发式						61116	2606
1732	寒衣节的来历						61096	591
1733	长城的来历				韩德位	李勋山	61154	1307
1734	中秋节的来历						61091	1093

序号	篇名	民族	流传地区	采集地	讲述者	搜集者	数据库编号	字数
1735	装饰						61117	5183
1736	六月六的传说						61087	1689
1737	丧礼程序						61111	1156
1738	礼物食品						61122	10088
1739	安德海命丧济南府				王凤纪	王汝芳	61141	877
1740	刘关张桃园三结义				刘长升	王汝芳	61149	1911
1741	二月二龙抬头的来历						61083	888
1742	“飞毛腿”——赵三				张泽普	张义田	61142	388
1743	清明节的来历						61084	436
1744	大财迷——安德海				魏德俊	耿建华	61139	3885
1745	年的传说						61075	1030
1746	我国古代服饰的风采						61131	1532
1747	祭灶、守岁的来历						61073	451
1748	刘世印屯双塔轶闻				曹洪斌	董宪谱	61143	3714
1749	烧纸的来历						61093	1409
1750	衣服						61113	388
1751	娶媳妇为啥要贴“囍”						61107	605
1752	重阳节的来历						61095	1717
1753	狗为什么咬猫?				张春苹	李剑男	61156	336
1754	孔子抬杠		易县		赵容海	程卫東	62654	552
1755	乾隆赠寿联		安新县		辛惠田		62707	1563
1756	秦始皇赶不动无影山		曲阳县		牛俊英	李木成	62665	1587
1757	雍正的金头之谜		易县			尚洪英	62700	461
1758	杨六郎屯土积粮退辽兵		定州市		丁社惠	华明琪	62672	935
1759	姜子牙的传说		新城县		安玲	梁国民	62658	1772
1760	张寒晖的传说·水上白蘑菇		市州定		王洛林	郭福彬	62747	846
1761	苏东坡的传说·秧歌救人		定州市		王前臣	赵云雁	62689	1165
1762	杨六郎三箭定乾坤		唐县		刘进喜、段江等	史冰	62673	807
1763	岳飞拜棋王		安新县		李常社	耿保仓	62668	465
1764	孟姜女的传说		涞水县		隗永孝	陈志娥	62663	1037
1765	刘罗锅的传说		新城、涿县一带		安玲、全作军等	梁国民	62708	397
1766	杨七郎为啥是黑花脸		新城		许传宾	刘广海	62679	839
1767	包公头上为什么有月牙		新城县		王义明	王全	62750	798

序号	篇名	民族	流传地区	采集地	讲述者	搜集者	数据库编号	字数
1768	颜回与子路		涞水县		南风武	王彩晨	62657	809
1769	山神巧斗秦始皇		易县		辛文通	郅司晴	62664	1214
1770	苏东坡的传说·雪浪石与雪浪斋		定州市		陈振武	程温海	62690	376
1771	梅兰芳养鸽		新城县		焦贵术	王斌	62749	610
1772	包公审青石板		易县		刘耀增	刘耀平	62666	1022
1773	王莽赶刘秀的传说·椿树当了树中王		涞水、唐县等地		樊春立		62725	323
1774	苏东坡的传说·三点稻秧歌		定州市		王义仙	郭福彬	62691	1625
1775	张飞与张飞店		涿县		王恨庚	杨少山	62722	1373
1776	邵康节的传说·树是我栽的		涿州市		刘更	冀原	62683	555
1777	苏东坡的传说·写秧歌		定州市				62688	991
1778	乾隆联诗点侍郎		涞水县		延茂	延辰龙	62704	622
1779	孔子让路		易县		赵容海	程卫东	62656	2169
1780	孙承宗的传说·考场让状元		高阳县		齐化民	齐玉峰	62733	1224
1781	孔子与项橐		新城县		张占田	梁国民	62655	817
1782	刘墉造字		安新县		辛惠田		62712	1205
1783	冯玉祥赠米		保定郊区		田金保	耿保仓	62754	1712
1784	纪晓岚巧解“老头子”		新城县		郎宝印	白泉升	62713	3598
1785	苏东坡的传说·东坡槐		定州市		王泽兰	于正清	62693	1023
1786	关公为什么是红脸		涿县		柳迪荣		62719	599
1787	魏忠贤的传说		新城县		李俊杰、王赫亭	梁国民、王书骅	62736	313
1788	刘墉巧治和珅		涿县		郭应兰	辉霞	62710	806
1789	邵康节的传说·三个嘎子		涿州市		张旺	赵灵奇	62686	1816
1790	王莽赶刘秀的传说·王莽的军师王阴阳		易县、容城县		王西增、王大路等	李增福、王凤岐	62727	1054
1791	邵康节的传说·题诗断吉凶		涿州市		宋俊然	史简	62681	1491
1792	乾隆下江南的传说		新城县		全作军、张占田	张拱辰	62702	1622
1793	楚王有三头		易县		刘书田	梁冰	62660	514
1794	郑洛的故事		徐水县		徐耒报	李器之、刘瀑扬	62735	702

序号	篇名	民族	流传地区	采集地	讲述者	搜集者	数据库编号	字数
1795	朱元璋认朋友		涞水县		朱德功	祖景新	62669	1044
1796	邵康节的传说·河水搬家、井吐莲花		涿州市			张旺	62684	1286
1797	包公耙和尚		易县		郅文生	郅司晴	62667	620
1798	王驸马的故事·嫁干女儿		高阳县		李鸿庆		62737	5747
1799	荆轲		易县		辛文通	张华平	62662	12496
1800	刘因解书		容城县		杨术岐	王风岐	62753	1094
1801	孙承宗的传说·誓死不降		高阳县		郑文奎	郑士杰	62730	1471
1802	武林奇侠孙录堂		望都县		刘鹏江	刘鹏江	62743	2552
1803	纪晓岚巧对乾隆		定州市		柴振声	曾权	62714	5069
1804	邸飞虎修状元府		定州市		孙兴华	郭福彬	62751	528
1805	康熙大帝喝菜汤		高阳县		崔东	田法宗	62698	902
1806	关公的脚印		涞水		赵迪杰	耿保仓	62720	262
1807	光绪皇帝巡边关		阜平县		赵瑞香	樊庚隆	62715	820
1808	关羽行令		高阳		魏树槐	耿保仓	62718	552
1809	燕昭王筑黄金台		易县		魏俊龄	魏茂林	62661	1561
1810	李恕谷的传说		蠡县		李玉生	李素杰、黄辉民等	62716	894
1811	飞笔方观承		定州市		柴振声	曾权	62752	885
1812	陪龙与乾隆的传说		安新		李永鸿		62703	955
1813	张寒晖的传说·上庙		市州定				62746	333
1814	康熙到王快		阜平		高国卿	赵宪、高明乡	62697	518
1815	杨六郎冰冻遂城		徐水县		王国标	王国标	62674	692
1816	赏厨师		易县		何泉亭	赵建华	62694	948
1817	杨令公困死狼牙口		唐县		阎珠、阎合等		62677	3814
1818	王莽赶刘秀的传说·奶奶庙上买不到羊肉		易县		连学军	郅司晴	62726	1242
1819	“孟良坐”与“孟母坟”		唐县		阎珠、阎合	史冰	62675	498
1820	张德成的传说		新城县		张孝先、张良	王斌、梁国民	62742	1087
1821	康熙私访清真寺		定州市		马逢运	曾权	62695	1328
1822	康熙不敢过猪山		唐县		刘洛河	王力子	62696	338
1823	刘墉显才		涞水县		赵迪杰	陈志娥、赵迪杰等	62711	1238
1824	唐伯虎断案		新城县		钱树堂		62741	976

序号	篇名	民族	流传地区	采集地	讲述者	搜集者	数据库编号	字数
1825	张飞显圣		涿县		王恨庚、柳青泉	梁国民	62721	398
1826	杨六郎大战祁家桥		雄县		宋九元	路作舟	62670	643
1827	王莽赶刘秀的传说·石井自斜		易县		崔文忠	崔顺全	62723	725
1828	孔子偷改水牌		易县		王海星	王智勇	62653	814
1829	孙承宗的传说·回龙宫		高阳县		齐化民	齐玉峰	62732	428
1830	孙承宗的传说·发配城隍去辽阳		高阳县		齐化民	齐玉峰	62734	265
1831	王莽赶刘秀的传说·拉拉蛄讨封		涿县、易县				62724	1284
1832	邵康节的传说·仙桃		涿州市		张旺	郑洪玲、冯燕红	62687	1872
1833	王驸马的故事·任邱石牌坊到了高阳		高阳县		程一民、刘树楷等		62738	363
1834	刘备和大树楼桑		涿州市		柳文荣	向民	62717	2397
1835	穆桂英巡营		唐县		邸忠、马银狗等	史艺珍	62678	958
1836	苏东坡的传说·扒靴		定州市		董礼、杨旭芝	郭福彬	62692	1276
1837	孙承宗的传说·大寺坑的蛤蟆干鼓肚		高阳县		田温玉	田法宗	62729	724
1838	刘墉巧对乾隆		涞水、易县		耿春田、赵进林等	张庆全、延辰龙等	62709	1167
1839	张寒晖的传说·《松花江上》的由来				刘芳	郭福彬	62745	1284
1840	孙承宗的传说·改句斗乡绅		高阳县		高苏垣、李洪庆	吕冠春	62731	934
1841	彭饿夫		蠡县		赵景芳		62728	1381
1842	孟良黑龙洞盗骨		唐县		陈滬、段江	史艺珍	62676	629
1843	五龙捧寿		涞水县		段合春	陈志娥	62706	1254
1844	王驸马的故事·诓公主		高阳县		王洪吉	贾建新	62739	1323
1845	姜太公和申公豹打赌		涿州市		李顺生、李连房	李毅	62659	716
1846	潘仁美的洗脸坑		蠡县		赵景芳	吴志超	62680	683
1847	邵康节的传说·叫小秃闺女看		涿州市		刘更		62685	710
1848	尧母拾麦		完县		张丙辰	张文亮	62652	555
1849	邵康节的传说·算卦救命		涿州市		张旺	郑洪玲	62682	1385

序号	篇名	民族	流传地区	采集地	讲述者	搜集者	数据库编号	字数
1850	王驸马的故事·免一县		高阳县		齐化民	齐玉峰	62740	863
1851	乾隆私访"天下第一家"		涞水县		延茂	延辰龙	62705	1390
1852	杨六郎镇守倒马关		唐县、冀西山区		马联红	陈识路	62671	3428
1853	雍正的传说		易县		张克印	陈永泉	62701	2139
1854	朱国富打擂		新城县		桑士然	张金锋	62744	1123
1855	无私的典吏		新城县		叶凤鸣	刘丽	62699	551
1856	盖叫天的传说		高阳县		程一民、王辛未	田法宗	62748	1129
1857	猫与虎、水獭的传说		成安县长巷乡	后长巷村	张墨香	许跃强	63293	578
1858	关于凤凰台的传说				徐温	王国义	63287	443
1859	孙膑看命				王正秀	王晓芹、李国强	63280	1074
1860	独闯匪巢买子弹					程文窗	63268	2551
1861	"北乡义会上打死人不偿命"的由来					张俊红	63291	903
1862	冯玉祥将军的小故事					冯孝卿	63284	702
1863	寇知县公断玉杯案		成安县	王金枝家	王金枝	王圣第	63274	1319
1864	同仁堂药店的传说				陈永珍	秦克珍	63289	385
1865	韩信折寿			县医院家属院	王正秀	王晓芹、李国强	63278	3082
1866	武林高手薛登奎的故事		成安县西部	路口王金枝家	王金枝	王圣第	63285	691
1867	侯万堂办案					张志高	63283	1796
1868	吴督堂与土地庙神				吴先银	武昌平	63276	2656
1869	夜袭伪警所					程文窗	63270	1072
1870	陈巡按的传说			成安城内南街	薛举直	陈兴华、李国强	63273	1604
1871	救驾井的传说		成安县西部一带	王成林家	王成林	王圣第	63277	554
1872	王雪涛轶事			东关东张文喜家	张文喜	运锋、永庆	63272	1343
1873	挥笔作画度花烛——王雪涛的故事					武昌平	63271	1263
1874	老盆上钻眼的传说				杨秀珍	张金堂	63296	680
1875	和氏璧与凤凰台的来历		成安广平一带	他药铺内	杨茂修	张志高	63286	1007
1876	一车干菜叶——戚官的故事					宋宇鹏	63281	2232
1877	洪洞迁民的传说		成安县	路口村	王成林	王圣第	63288	1110
1878	送羊节的来历			城关镇鱼池街81号	陈门氏	连跃林	63297	610
1879	东西魏村的来历				白素然	贾志良	63290	913
1880	辣椒的故事			城关镇鱼池街81号	赵振	连耀林	63295	4022

序号	篇名	民族	流传地区	采集地	讲述者	搜集者	数据库编号	字数
1881	“东梦固武状元——好门楼”的由来					孙希堂	63292	324
1882	上马石的来历				赵连三	宋宇鹏	63279	1401
1883	严惩叛徒马芳					程文窗	63269	274
1884	吴督堂安葬的传说				武振芳、吴先银	武昌平	63275	1654
1885	啄木鸟的来历		成安县城关一带	薛贵生家	薛贵生	张建军	63294	1493
1886	若少一个向张松——徐茂公的故事			成安东关东	郝明珍	郝士相	63282	559
1887	小万山石人与薛仁贵		冀东一带	滦南县		方菱	63432	1215
1888	永平府的来历		卢龙一带	陈俊家	陈俊	岂连顺	63445	1120
1889	盘古的传说		卢龙一带	陈官屯	夏本	许广录、王淑苓	63424	3667
1890	桃花楼		卢龙北部长城一带	下兴隆庄	张雨	常宝富	63441	1473
1891	乾隆戏刘墉		卢龙一带	文化馆	尹辉	尹辉	63430	2157
1892	刘秀和蝼蛄		冀东一带	劳动人事局	郝友文	郝容贤	63433	1493
1893	吕洞宾成仙		卢龙北部农村	县招待所	刘凤岐	王淑苓	63427	2481
1894	夜啼郎庙的来历		卢龙城关一带	胡家	胡宝珊	王淑苓	63460	215
1895	大汀山水托洞		大横河一带	大王屯乡毕窝铺村	姚恒	姚宝、毕立秋	63453	1914
1896	拜师荷仙姑		卢龙一带	县招待所	刘风岐	王淑苓	63429	1595
1897	金鼓山传奇		刘田庄一带	高田庄	刘恩会	方菱	63456	1346
1898	佳儿石		兴隆庄一带	兴隆庄	张春林	胡燕忠	63459	978
1899	黑龙潭		卢龙北部农村	大刘庄乡常各庄	白江	姚宝、白江	63452	773
1900	钓鱼台的传说		卢龙城关一带	卢龙县劳动人事局	郝友文	郝容贤	63443	808
1901	棒槌山的来历		卢龙迁安一带	王铁庄	刘贵元	姚宝、李艳茹	63447	1546
1902	青龙河的传说		卢龙青龙河一带	西湖庄	李子奎	杨志勇	63449	3572
1903	郎廷佐的传说		卢龙一带	陈俊家	陈俊	岂连顺	63436	593
1904	双望的传说		卢龙南部一带	刘田庄镇中学	李国宏	邬文萍	63450	786
1905	瘦马张三和他的徒弟		卢龙城关一带	胡家	胡宝珊	王淑苓	63440	1088
1906	狮子胡同的传说		卢龙一带	西马庄		常翠青	63458	1067
1907	十八盘的传说		卢龙北部长城一带	下兴隆庄	张成	常宝富	63442	616
1908	王郎庄的传说		卢龙一带	秦皇岛招待所	王臣	方菱	63454	821
1909	菊花台庄老道		卢龙一带	县文化馆	康子成	周德荣	63439	1389
1910	带箍嘴的石头人		卢龙一带	李窝铺	刘国金	姚宝、毕立秋	63462	696
1911	石虎山		卢龙一带	姚各庄	殷作凤	姚宝	63448	1748
1912	龟地		滦河一带	吕施庄	孙绍荣	孙宝刚	63455	1476

序号	篇名	民族	流传地区	采集地	讲述者	搜集者	数据库编号	字数
1913	普陀仙踪		卢龙一带	卢龙地名办公室	惠黎民	惠黎民、郝容贤	63444	1161
1914	盐是怎么被发现的		大李佃子一带	大李佃子	任义昌	任巧玉	63466	1640
1915	关公出世		河北一带	县招待所	刘凤岐	王淑苓	63426	858
1916	招唤鸡为什么叫“姑”		卢龙一带	郝佃子	刘广财	郝容贤	63470	1207
1917	青龙河里的鲤鱼为啥是红色的		卢龙一带	卢龙城关	王福	陈发	63464	2048
1918	爱多嘴的石头人		卢龙城关一带	劳动人事局	郝友文	郝容贤	63463	2997
1919	三霄娘娘的传说		刘田庄、双望一带	下荆子乡政府	杨树森	方菱	63435	871
1920	金老子的传说		卢龙城关一带	五里台中学	张泽存	张泽存	63437	834
1921	十八里碑的来历		卢龙、昌黎一带	高柳河	贾永武	张贺元	63461	1820
1922	刘秀和臭椿		卢龙一带	郝佃子村	郝占宇	郝容贤	63434	971
1923	陈官屯的来历		陈官屯一带	韩庄头	韩跃先		63446	913
1924	孤坡、长岭的来历		兴隆庄一带	兴隆庄	张春林	胡燕忠	63457	1052
1925	画中人讨来了荞麦种		卢龙一带	下荆子	李建章	李晓光	63465	1295
1926	武山、敖寨和双望		卢龙一带	县政府	郝友文	郝容贤	63451	629
1927	为啥六月十三吃包子		卢龙一带	郝佃子	刘广财	郝容贤	63468	1183
1928	游知府为民除害		卢龙一带	卢龙城关	陈连弟	陈发	63438	822
1929	十月初一烧纸		卢龙一带	郝佃子	刘广财	郝容贤	63469	2470
1930	七月十五淋麻姑		长城一带	下兴隆庄	张雨	常宝富	63467	2163
1931	孔夫子遇难李铁拐受折		卢龙一带	西马庄		常翠青	63431	2138
1932	中山靖王刘胜的传说·窦绾和长信宫灯		满城县西北部		张奇	刘广郁	66005	1146
1933	中山靖王刘胜的传说·金缕玉衣					刘广郁	66004	628
1934	朱元璋的传说·朱元璋娶了丑娘娘		河北等地	保定	杨朝善	张今慧	66030	1510
1935	中山靖王刘胜的传说·玉匠的悲剧		满城县		胡云山、叶喜友	段春红	66006	666
1936	王莽赶刘秀的传说·刘秀认娘		徐水易县等地	西峪村	郎士荣	张今慧	66007	656
1937	赵匡胤的传说·赵匡胤救京娘				于炳文	石林	66025	2094
1938	刘墉的传说·中堂打赌		冀中一带		阮焕章	刘正祥	66106	533

序号	篇名	民族	流传地区	采集地	讲述者	搜集者	数据库编号	字数
1939	赵匡胤的传说·赵匡胤打滚儿				李凤池、赵亮等	赵忠义	66022	1515
1940	王莽赶刘秀的传说·圣姑庙		安平县	张俊姨家	张俊姨	李德芳	66016	3842
1941	王莽赶刘秀的传说·五子救驾		满城县南部		吕义、侯振荣	边守道	66011	975
1942	刘墉的传说·三教论贵				杨全	赵忠义	66122	1773
1943	王莽赶刘秀的传说·蝼蛄救驾		满城县中部		米老卜	米立功	66008	1230
1944	赵匡胤的传说·赵匡胤的传说		冀中一带		刘长祥、阮焕章等	刘正祥	66019	1523
1945	刘墉的传说·圈神马为民除害		河北省		黄振川	张军平	66114	22941
1946	刘守真的传说·立志学医		保定地区及河间一带	讲述人家中	袁洪寿、夏春生等	张响涛	66219	334
1947	慈禧太后的传说·慈禧吃饼子		满城县方顺桥一带		杜老瑞		66050	1156
1948	朱元璋的传说·七块小木块儿的来历		冀中及保定市	阮焕章家中	阮焕章	刘正祥	66031	923
1949	乾隆的传说·乾隆吃饼子		河北一带		于炳文	石林	66040	683
1950	刘墉的传说·刘墉得赏			保定	杨朝善	张今慧	66099	874
1951	袁世凯的传说·袁世凯现原形		保定地区一带	阮焕章家中	阮焕章	刘正祥	66052	578
1952	乾隆的传说·平陵两盘龙		清苑县及保定市	清苑平陵	刘长祥	刘正详	66043	418
1953	解缙的传说·对对联		冀中一带		赵镇爷	赵昌治	66080	818
1954	杨六郎的传说·杨六郎大战白石精				王印泉	任廷山	66074	896
1955	诸葛亮的传说·诸葛亮的鹅毛扇与八卦衣		保定市	阮焕章家中	阮焕章		66060	1155
1956	乾隆的传说·乾隆不听逆耳言				湖南大学中文系教师	张今慧	66044	3736
1957	廉颇将军的传说				刘千、崔长义等	赵忠义	66059	1223
1958	冯玉祥将军的传说·扮伙夫				林景文	任廷山	66203	1527

序号	篇名	民族	流传地区	采集地	讲述者	搜集者	数据库编号	字数
1959	郭隗的传说・郭隗遇仙		满城县南		郗阳生	张文东	66055	1380
1960	袁世凯的传说・乾隆过黄河		满城		石景样	石昆山	66053	873
1961	刘伯温的传说（三篇）・刘伯温选城址		冀东一带		赵玉岭	赵昌治	66078	516
1962	康熙的传说・康熙印		满城中部		康保良	王金波	66037	946
1963	关公出世		保定市	阮焕章家中	阮焕章	正祥	66063	4010
1964	包公的传说・为什么管包公叫包龙图		冀中一带	阮焕章家中	阮焕章	刘正祥	66066	1511
1965	包公的传说・活埋嫂娘		山东省	孔庆德家	孔庆德	李占文	66068	657
1966	杨继盛的传说		保定市及周围各县	阮焕章家中	阮焕章	刘正祥	66089	2839
1967	诸葛亮的传说・诸葛亮和卧龙山		曲阳县等地	曲阳县中佐村	张宗周	张今慧	66061	901
1968	包公的传说・包公为什么没能转世		保定地区		连金生	任廷山	66069	3229
1969	刘墉的传说・夜访罗锅屯		河北省			李文信	66125	600
1970	严嵩的传说・严嵩是如何当上宰相的		冀中一带	阮焕章家中	阮焕章	刘正祥	66081	2242
1971	芝麻官唐成的传说・芝麻官断案		保南一带		梁伟等	王晨旭	66084	1348
1972	张柔的传说（三篇）		满城县北部		苛謇	苟舜、刘广郁	66076	2454
1973	严嵩的传说・玉杯传奇		保定市及周围各县	阮焕章家中	阮焕章	刘正祥	66082	713
1974	刘墉的传说・铁脖子的由来				黄振川	张军平	66095	543
1975	刘墉的传说・朝中顺臣多					张军平	66103	653
1976	芝麻官唐成的传说・唐知县审无头尸案		河北省清苑县		清凉城、姜秀英	浩歌	66085	335
1977	刘墉的传说・计伤双臂				徐子跃	李仕相	66108	1399
1978	金圣叹与金史二庄		冀中和保定市	阮玉文家中	阮玉文、洪飞	正祥	66090	1052
1979	海瑞吃瓜		保定一带	阮焕章家中	阮焕章	刘正祥	66088	915
1980	纪晓岚的传说・九岁赶考		河北东部		赵镇爷	赵昌治	66092	1832
1981	刘墉的传说・智斗和珅		冀中一带		阮焕章	刘正详	66105	680
1982	冯玉祥将军的传说・赴宴		保定市		李老尊	刘正祥	66193	2734

序号	篇名	民族	流传地区	采集地	讲述者	搜集者	数据库编号	字数
1983	直隶总督——方观承的传说		保定周围各县及保定市	阮先生家中	阮焕章	刘正祥	66132	1099
1984	纪晓岚的传说·无书不读				王国贵	孙佐培	66093	1484
1985	曹锟的传说·曹锟送匾		保定、满城一带		田玉文	田珍	66147	1036
1986	平敬一传奇					王立东	66165	1788
1987	毛主席考诗		保定		赵子全	赵忠义	66171	500
1988	刘墉的传说·娶亲		河北一带		边仁山	边守道	66094	1462
1989	刘主席问匾				刘长顺等	赵忠义	66172	709
1990	金悟和尚		河北清苑一带		袁琛	冯铸鑫	66161	1172
1991	好汉子张典					张连云	66169	1591
1992	刘墉的传说·刘罗锅解“东西”		河北各地均有流传		阮焕章	刘正祥	66097	1506
1993	绿林好汉韩复元		保定		王印泉	肖钦鉴	66168	1276
1994	何大栗子的传说				王印泉	肖钦鉴、要志明	66160	639
1995	武大郎新传				夏之昕	韩振峰	66156	1003
1996	刘墉的传说·伴驾巡游芦沟桥		冀中一带		王印泉	刘正祥	66109	774
1997	貂婵出世的传说		冀中一带	阮焕章家中	阮焕章	刘正祥	66152	1088
1998	赵匡胤的传说·赵匡胤出世		清苑、御城、望城、中角、涝淀一带		田志明	高洁	66020	1881
1999	唐伯虎的传说		全国各地	二机床	李诚元	尚友朋	66154	5678
2000	刘墉的传说·算卦先生当翰林		北京保定一带		阮焕章	刘正祥	66116	1312
2001	冯玉祥将军的传说·化装离虎穴		西安、南京、保定等地	张家中	张廉仲	李仕相	66211	1115
2002	李鸿章的传说·救穷书生		河北南部	新市区先锋街徐子耀家	徐子耀	李仕相	66138	654
2003	冯玉祥将军的传说·大帅与“皇上”				李宗敏	张军平	66192	2516
2004	刘墉的传说·“饥”最好吃		冀中一带		王印泉	肖钦鉴	66119	727
2005	冯玉祥将军的传说·赊账				李老尊	肖钦鉴	66189	1055
2006	刘墉的传说·君臣改对联		北京及河北一带		王印泉	刘正祥	66128	554
2007	刘守真的传说·弄巧成拙		保定及冀中一带	赵洪飞的家中	赵洪飞	刘正祥	66222	774

序号	篇名	民族	流传地区	采集地	讲述者	搜集者	数据库编号	字数
2008	刘墉的传说·刘罗锅子进言封御妹		保定及周围各县	保定	王印泉、杨朝善	张今慧	66124	652
2009	冯玉祥将军的传说·白天打灯笼		保定及全国各地		郑文惠	刘正祥	66214	939
2010	冯玉祥将军的传说·名字的由来		保定市及冀中一带	老尊家中	李老尊	刘正祥	66185	589
2011	郭隗的传说·筑招贤台		满城县东		田珍	高树义	66058	1395
2012	李鸿章的传说·买豆角				杜老伯		66140	438
2013	冯玉祥将军的传说·送寿礼		冀中及河北各地		尤凤梧	刘正祥	66194	776
2014	许世友将军的传说·许世友出山			北京	贾启明、于学水	赵忠义	66176	1674
2015	乾隆的传说·船头对诗		保定地区	安新赵北口	李印章	肖钦鉴	66041	802
2016	邵康节的故事		保定周围各县及保定市	阮先生家中	阮焕章	刘正祥	66155	1148
2017	跤坛勇将张风言					王立东	66166	1986
2018	冯玉祥将军的传说·坐洋车				李老尊	任廷山	66206	565
2019	朱元璋的传说·朱元璋的传说		冀东一带		赵镇爷	赵昌治	66032	1490
2020	许世友将军的传说·力举石狮子		保定		张军平		66179	1401
2021	许世友将军的传说·神枪手				贾启明		66177	1221
2022	花木兰的传说		流传保定地区	完县显阳村	谷玉风	肖钦鉴	66070	1203
2023	刘伯承爱民的故事				白云生、李盘文	任廷山	66175	585
2024	孟司令员河套遇险		唐河两岸		霍学礼	路丁	66180	1528
2025	冯玉祥将军的传说·听书		保定一带	尤凤梧家中	尤凤梧	刘正祥	66187	677
2026	刘备出世的传说		北方一带	周、边家中	周学武、边守道等	石林	66018	1011
2027	慈禧太后的传说·慈禧审丫环		北京和保定	保定休干所	曹延夫	张今慧	66048	1291
2028	冯玉祥将军的传说·小名的来历					冯桂荣	66181	871

序号	篇名	民族	流传地区	采集地	讲述者	搜集者	数据库编号	字数
2029	李闯王三攻保定城				王印泉等	肖钦鉴	66163	1146
2030	包公的传说·包公的传说		冀中一带保定周围各县	阮焕章家中	阮焕章	刘正祥	66065	962
2031	冯国璋的传说		河北省保定一带		王崇英	要志明	66143	771
2032	冯玉祥将军的传说·巧戏神甫				杨秀晨	要志明	66188	543
2033	赵匡胤的传说·赵匡胤与运粮河					曹俊玉	66026	1649
2034	乾隆的传说·乾隆和寒山寺		河北省东部		田金凯	赵昌治	66045	1119
2035	王莽赶刘秀的传说·兽中王的来历		河北省各地	保定化纤厂子弟小学	于炳文	石林	66014	795
2036	冯玉祥将军的传说·剪辫子		保定市		李老尊	刘正祥	66191	892
2037	赵匡胤的传说·一文钱憋倒英雄汉		河北省高阳县	保定化纤厂小学	于炳文	石林	66021	858
2038	朱元璋的传说·朱元璋出世		河北	保定	张玉箱、刘秀芝	张今慧	66027	801
2039	刘守真的传说·吹化痄腮				李凤池	赵忠义	66228	2800
2040	冯玉祥将军的传说·招兵		保定		齐振和	石林	66197	768
2041	冯玉祥将军的传说·给伤员洗澡			张连中家中	张连中	张今慧	66204	816
2042	杨六郎的传说·杨六郎借土屯粮退辽兵		满城县南		米老卜	米立功	66072	1336
2043	冯玉祥将军的传说·写对联				尤凤梧	任廷山	66202	1328
2044	冯玉祥将军的传说·拜鞋		保定及河北一带		李老尊	肖钦鉴	66199	1121
2045	刘守真的传说·取人之长					张响涛	66226	4059
2046	冯玉祥将军的传说·惩治财主		保定一带	刘长顺家中	刘长顺	刘正祥	66196	2275
2047	赵匡胤的传说·赵匡胤赌华山				王汝山	石林	66024	5701

序号	篇名	民族	流传地区	采集地	讲述者	搜集者	数据库编号	字数
2048	冯玉祥将军的传说·坐洋车				李老尊	肖钦鉴	66205	586
2049	冯国璋的传说·从卖油郎到大总统		冀中一带	阮、王家中	阮焕章、王崇英	刘正祥	66142	670
2050	纪晓岚的传说·巧解“老头子”		保定		阮玉文	刘正祥	66091	2638
2051	刘守真的传说·刘守真显灵		保定一带	王印泉家中	王印泉	张今慧	66231	1557
2052	冯玉祥将军的传说·剃头刀				李老尊	肖钦鉴	66217	1114
2053	刘伯温的传说		满城县境内		段成全	段春红	66077	435
2054	冯玉祥将军的传说·办学堂		保定一带		李老尊	刘正祥	66209	614
2055	李鸿章的传说·吐痰丢丑		河北、保定		河北大学一教授	晨旭	66137	985
2056	刘守真的传说·一针救二命		天津、保定、河北中部一带		陈益昀	石林	66224	1019
2057	崇祯的传说·崇祯测字		河北省各地	阮焕章家中	阮焕章	刘正祥	66034	3411
2058	冯玉祥将军的传说·居宫不忘穷乡亲				李老尊	肖钦鉴	66215	2152
2059	康熙的传说·康熙封城隍				康宝良	边守道	66036	1590
2060	刘守真的传说·巧服神药					尤文远	66227	2268
2061	县令李纯的故事		满城县西北部		王臣午	李恒末、王建党	66134	410
2062	芝麻官唐成的传说·唐知县断兔案		清苑县、大庄、王盘一带		李秀忍	小荷	66087	638
2063	刘墉的传说·白洋淀对句				杨全	赵忠义	66127	478
2064	刘守真的传说·万古流芳					陈益的	66230	2463
2065	王莽赶刘秀的传说·寒号鸟报信		河北各地	保定市六〇四厂孙佐培家	赵国君	孙佐培、李仕相	66009	1150
2066	刘墉的传说·刘罗锅子跳水		冀中一带	阮的家中	阮焕章	正祥	66098	2236
2067	刘墉的传说·无字对联		冀中一带		王印泉	肖钦鉴	66117	7435
2068	叶天士的传说		天津市	保定市新市区先锋街徐子耀家	徐子耀	李仕相	66232	1286
2069	刘墉的传说·体恤乡情				杨全	赵忠义	66111	3418

序号	篇名	民族	流传地区	采集地	讲述者	搜集者	数据库编号	字数
2070	朱总司令私访		饶阳县	孔湘风家	孔湘风	李仕相、马宗尧	66173	1653
2071	刘墉的传说·罗锅子设计救隆化				程旷	张军平	66115	702
2072	李鸿章的传说·跪地求饶		保南各县		王老贵	晨旭	66135	934
2073	刘墉的传说·世上什么劲最大				要松林、王德发等	要志明、赵忠义等	66112	1189
2074	刘墉的传说·旋风告状				阮焕章、王印泉	刘正祥	66129	3964
2075	刘墉的传说·智破“双钉”案		冀中一带	阮的家中	阮焕章	刘正祥	66130	1029
2076	刘墉的传说·君臣对巧联		河北东部		赵玉岭	赵昌治	66126	1105
2077	刘守真的传说·投师学医		河间保定一带	河间县医院	冯庆丰、吕子忠	左炳文	66220	457
2078	少年于成龙的传说		保定市及周围各县		阮焕章	刘正祥	66131	703
2079	孙悟空出世		河南洛阳市	孔家中	孔庆德	李仕相	66159	916
2080	孔子的传说·颜回拒金		香河县		牛子衡	李仕相	66150	4134
2081	王莽赶刘秀的传说·蜘蛛为什么肚子大		保定、高阳、安新一带		曹迎祺	曹万春	66013	964
2082	李鸿章的传说·求教老母		保南各县		阎怀本	晨旭	66136	2678
2083	冯玉祥将军的传说·剃头		保定市一带	戴维时家	戴维时	石林、李国栋	66207	723
2084	黄巢祭刀		保定一带	孔家中	孔庆德	石林	66162	1156
2085	郭隗的传说·郭隗顶壶		满城县南	郭村	范福立	张广玉	66056	2584
2086	曹锟的传说·曹锟算卦		冀中一带	阮先生家中	阮焕章	刘正祥	66144	3309
2087	曹锟的传说·曹锟与虎		保定、京津一带		许纯道	石林	66145	3791
2088	陈寿写《三国志》				王德明	冯铸鑫	66151	3373
2089	中山靖王刘胜的传说·金口玉言		满城县中部		米老卜	米立功	66003	844
2090	苏三的传说					王国标	66157	1719
2091	冯玉祥将军的传说·谁的军队		保定及冀中一带	尤凤梧家中	尤凤悟	刘正祥	66195	902
2092	袁世凯的传说·龙种的儿子		曲阳县及其他地区	保定	张玉箱	张今慧	66054	902
2093	马长春战胜跛士胡			保定市清真寺街		王立东	66164	676
2094	解缙的传说·少年解缙的传说		冀中一带	保定市	阮焕章	刘正祥	66079	6672

序号	篇名	民族	流传地区	采集地	讲述者	搜集者	数据库编号	字数
2095	康熙的传说·康熙皇帝抄索三		保定市及清苑等县		苗洛旺、杨全	赵忠义	66035	470
2096	杨六郎的传说·杨六郎的刀枪架		满城县西		于芝	满城红	66075	1629
2097	赵匡胤的传说·赵匡胤偷枣儿				张淑体	赵忠义	66023	1583
2098	张飞吃饼子			市文联办公室	王印泉	刘正祥	66064	716
2099	慈禧太后的传说·烧火丫头怎么当上太后的		北京、天津一带	保定市新市区先锋街徐子耀家	徐子耀	李仕相	66047	519
2100	刘墉的传说·进京借顶子		河北省等地	曲阳	杨朝善	张今慧	66104	1349
2101	康熙的传说·康熙难厨师		满城县		李作民	代金银	66039	2525
2102	刘墉的传说·刘罗锅子戴花翎		冀中一带		杨全、阮焕章	忠义、正祥	66110	2092
2103	杨敬轩的传说		山东省济宁潍县及河北省清苑一带		杨道明	冯铸鑫	66133	854
2104	刘墉的传说·乾隆试奇才		保定		阮焕章	刘正祥	66096	2419
2105	刘墉的传说·百姓先生		冀中一带		王印泉	肖钦鉴	66118	598
2106	刘墉的传说·掺假当斩		河北省		戴维时	石林、李国栋	66121	507
2107	包公的传说·包公捉妖		易县	易县北东村尚洪恩家	尚洪恩	尚友朋	66067	1057
2108	义侠韩复元				马俊海	叶家强	66167	506
2109	严嵩的传说·严嵩打赌		河北一带	厚福盈街居委会	车师付	刘正祥	66083	375
2110	李敬斋惩恶少		保定		宋子珍	李成立	66170	2053
2111	刘墉的传说·刘罗锅上寿				张发	张体才	66101	919
2112	曹锟的传说·曹锟修庙		保定、满城一带		万金堂	米立功	66146	932
2113	清宫权监李连英		保定市		阮焕章	刘正祥	66158	943
2114	东方朔故后训高徒			刘家中	刘舍印	王国标	66153	2103
2115	刘邦和项羽的传说		冀中一带		老蔡	任廷山	66002	1467
2116	孔子的传说·孔子的传说		冀中一带	阮先生家中	阮焕章	刘正祥	66148	932
2117	朱元璋的传说·朱元璋封娘娘		保定和其他地区	保定市文联	刘长祥	张今慧	66029	639
2118	许世友将军的传说·挑司机			保定市	周建光		66178	794
2119	朱元璋的传说·朱元璋送锅		曲阳、易县	保定	张玉箱	张今慧	66028	1262

序号	篇名	民族	流传地区	采集地	讲述者	搜集者	数据库编号	字数
2120	周总理视察的故事		保定		杨全	赵忠义	66174	1504
2121	王莽赶刘秀的传说·骡子不下驹		满城县北部		赵二开	赵寿堃	66012	1200
2122	冯玉祥将军的传说·吃烟卷儿		保定市及冀中一带	李老尊家	李老尊	刘正祥	66200	676
2123	王莽赶刘秀的传说·臧村藏身		清苑县		张福祥	常启亮	66010	1935
2124	冯玉祥将军的传说·倒骑驴					冯桂荣	66184	618
2125	孔子的传说·圣人装病教徒弟				韩宝廷	任廷山	66149	1081
2126	冯玉祥将军的传说·大耳朵		保定市	李老尊家中	李老尊	刘正祥	66186	3841
2127	郭隗的传说·千金买骨		满城县东、县南		张广玉	高树义	66057	2160
2128	冯玉祥将军的传说·栽树			尤凤梧家中	尤凤梧	刘正祥	66210	760
2129	乾隆的传说·巧题“一字诗”		晋县一带	机床附件厂	张在合	夏喜会	66042	1608
2130	刘守真的传说·走线切脉治皇姑病					左炳文	66229	731
2131	刘墉的传说·刘墉请客		冀中一带		阮焕章	刘正祥	66100	1217
2132	刘守真的传说·乐善行医		保定一带		齐振和	石林	66223	438
2133	诸葛亮的传说·诸葛亮的鹤翎扇和八卦衣		曲阳县等地	曲阳县北养马村	杨朝善	张今慧	66062	1220
2134	冯玉祥将军的传说·送寿礼					李文信	66212	2563
2135	芝麻官唐成的传说·唐知县审失盗案					陈国峰	66086	524
2136	王莽赶刘秀的传说·椿树被封王				康保良、范金花	边守道、崔风英	66015	985
2137	杨六郎的传说·杨六郎斩石精		满城县城周围		陈玉林	李占其	66073	547
2138	崇祯的传说·崇祯出世				王印泉	肖钦鉴	66033	675
2139	岳飞拜棋王		安新县		李常社	耿保仓	66071	2166

序号	篇名	民族	流传地区	采集地	讲述者	搜集者	数据库编号	字数
2140	袁世凯的传说・酒后现原形		京、津、保一带		王少西	张体才	66051	809
2141	李鸿章的传说・张之洞的传说		保定		王印泉	肖钦鉴	66141	447
2142	王莽赶刘秀的传说・狗塔		曲阳县	曲阳东邸村	董双福	田彩琪	66017	512
2143	刘墉的传说・白洋淀乾隆问字		冀中一带		杨全、张军平	赵忠义	66113	1908
2144	慈禧太后的传说・西太后垂帘前后		京津、保一带	阮焕章家中	阮焕章	刘正祥	66049	1000
2145	刘墉的传说・针锋相对				王少西	张体才	66107	1849
2146	嘉庆的传说・嘉庆抄和珅		河北	保定	魏光奇	张今慧	66046	1023
2147	刘墉的传说・刘罗锅子参老公					艾思、金波	66102	958
2148	康熙的传说・知县急中借粮		满城县中部		魏孔音	边守道	66038	1001
2149	李鸿章的传说・娶丫环				王印泉	肖钦鉴	66139	421
2150	刘墉的传说・装谁就像谁				戴维时	石林、李国栋	66120	830
2151	刘墉的传说・山东免粮		满城县南部		李连房	边守道	66123	696
2152	冯玉祥将军的传说・赔礼					冯桂荣	66183	1844
2153	冯玉祥将军的传说・冯玉祥挨打		保定		范全福	赵金泉、赵忠义	66198	742
2154	冯玉祥将军的传说・担山					冯桂荣	66182	1060
2155	冯玉祥将军的传说・立志当兵		保定		齐振和	石林	66190	1400
2156	冯玉祥将军的传说・掏大粪				张朝俊	任廷山	66201	439
2157	冯玉祥将军的传说・冯玉祥与卖棒槌老头				阎振川	姚忠耿	66208	835
2158	冯玉祥将军的传说・一副特制的麻将牌					李文信	66213	625
2159	冯玉祥将军的传说・请客				李老尊	肖钦鉴	66216	696
2160	冯玉祥将军的传说・掏大粪的朋友				李老尊	肖钦鉴	66218	844

序号	篇名	民族	流传地区	采集地	讲述者	搜集者	数据库编号	字数
2161	刘守真的传说・刻苦攻读					张响涛	66221	1285
2162	刘守真的传说・巧治老病					左炳文	66225	581
2163	火烧小辛庄始末				刘端章		66997	1047
2164	仙人桥				贾玉洞		66974	1183
2165	“推敲”二字的由来				张嘉新		66995	907
2166	蚂蚱神				李怀良		66979	466
2167	大港的传说				郭凤来		66968	552
2168	武帝城的狐仙				刘恒华		66978	4082
2169	宰相肚里能撑船的来历				蒋国胜		66932	656
2170	牧猪港				刘少祥		66972	6062
2171	海水为什么是咸的				刘清祥		66993	289
2172	牛吃草为何叹气落泪				刘兰起		66988	2881
2173	拍马的来历				刘瑞		66985	815
2174	“十不全”的由来				迟洪礼		66994	4755
2175	秫秸裤				刘俊林		66975	609
2176	吕洞宾下凡				刘瘸子		66967	830
2177	神井						66947	792
2178	李自成作皇帝十二年变为十二个月				刘兰堂		66931	857
2179	“天子中英豪”的由来				王和路		66971	357
2180	老牛和狗				刘张氏		66984	246
2181	张三卖酸楂				孙连生		66934	356
2182	流米泉				郭万升		66940	1807
2183	分岁数				刘俊林		66969	1039
2184	王宝钏三考薛平贵				孙贵乐		66933	1243
2185	左二牛子传奇				刘先峰		66996	1095
2186	郑板桥抬杠				贾美升		66973	2288
2187	历史罪人——李景文				叶德泉		66999	315
2188	戒指的传说				郭海长		66989	1117
2189	吹牛的来历				刘瑞		66986	152
2190	敲竹杠的来历				刘瑞		66987	331
2191	刘圣仗义驱虎豹				王洪进		66958	1779
2192	铁佛寺				郑四女		66977	719
2193	张宗禹的传说				孙魁元		66930	292

序号	篇名	民族	流传地区	采集地	讲述者	搜集者	数据库编号	字数
2194	死读书的由来				张海长		66990	3902
2195	刘大个怒战老毛子				刘孝增		66961	880
2196	兔子的尾巴和老鹰的嘴				付文义		66983	654
2197	河北风高不住楼				董增军		66976	609
2198	冯冠奎的传说						67000	536
2199	中秋节为嘛象征着团圆				王三广		66991	209
2200	瑰玫花刺的来历				兰士珂		66992	625
2201	高丽城斩蛇记				王建		66937	887
2202	佚子让路		窑坡村一带		张自武	张社希	69303	594
2203	过新年放鞭炮的来历		沙河市境内	农机厂	王汝尤	薛旭升	69341	847
2204	靳老乡的传说		沙河市西部丘岭区		杨老汉、冀付堂	彤军	69311	6072
2205	龙拱井		柴关川一带	通元井	王现朝	王家增	69335	2056
2206	封峦寺故事		通元井一带	白庄	白庆有	白庆会	69338	1533
2207	飞叉怒搠郭中秀		赞善乡一带	王荣昌家	王荣昌	王庆春	69297	2162
2208	夜战马镖子		十里铺一带	十里铺	齐怀壁	侯正儒	69295	1099
2209	云峰山的传说		石盆村一带	石盆村	白风祥	朱玉	69332	2787
2210	金牛洞		温家沟一带	温家沟	李聚鸿	郝荷新	69334	1006
2211	陈子成尊师		册井一带	文化站	张元贵	李保堂	69310	553
2212	彭娃的故事		渡口一带	将军墓	彭天贵	刘连柱	69323	1265
2213	摘心楼的传说		柴关川一带		王增相	王增庆	69337	2515
2214	老君洞					怀社京	69328	1458
2215	郭维林打擂		洛阳村一带	洛阳中学	范庆寿	麻汝文	69292	2502
2216	李世民的传说		沙河城一带	东九家	樊守连	韩文光	69312	613
2217	李智的“药方”			綦村	姚成志	姚清海	69309	1202
2218	断碑		沙河城一带	沙河城	张建萍	段小勇	69315	1740
2219	白马河传说		户村、马庄一带		阎志宏	阎文兴	69333	1246
2220	不传牛的传说		沙河市境内		吝文口	解双喜	69317	680
2221	神力宋二的			赞善	高建邦	高从周	69302	1348
2222	南（难）没理趣事		綦村、新城一带	綦村	姚成志	姚清海	69308	780
2223	黄岩寺传说					高从周	69329	1428
2224	梅花亭		沙河城一带	十里铺	宋开一、申增仁	齐会荣、侯正儒	69322	1170
2225	三寨山上聚宝盆		全呼、高窑一带	高窑村	高中央	王江书	69321	1589
2226	爱民知县——石秀		南汪村一带	南汪村	吕聚良	戴长美	69294	2182

序号	篇名	民族	流传地区	采集地	讲述者	搜集者	数据库编号	字数
2227	御路的传说		御路、刘石岗一带	御路村	张连明	岳莲婷	69327	635
2228	为啥豆角肚上一道白		渡口川一带	渡口	石振芳	丽芳	69340	664
2229	白脸龙王		沙河城一带	洛阳中学	范庆寿	侯正儒	69319	735
2230	武进士郝老庠				郝存监、郝春生	戴长美、侯正儒	69296	3601
2231	二进门造反赶“二驴”			綦村	胡皂群	姚清海	69307	1456
2232	范老二教训恶衙役		洛阳村一带	洛阳社中	范庆寿	麻汝文	69298	598
2233	李二郁的故事		白塔一带			李连彬	69305	753
2234	地方王士全		清界一带	清界	温元凯	温体润	69300	890
2235	少林弟子杨不为				齐怀璧	侯正儒	69299	2037
2236	大力士刘才素		孔庄川一带	孔庄村	刘风岭	贾建学	69304	996
2237	章光山的传说		册井、柴关一带	农机厂	王汝龙	薛旭升	69330	762
2238	垒头寺			褡裢	崔振民	胡运增、张月民	69313	926
2239	宋璟墓的传说		沙河市境内	十里铺	陈士礼	李体清	69324	945
2240	巧答武邑县丞		沙河、武安一带	於册井村	张元贵	解双喜	69318	2327
2241	流米洞的传说		柴关川一带		刘景信	刘平原	69326	654
2242	温泉传奇		邢台、沙河西部山区一带	朱庄村	李如善	李振华	69325	1342
2243	智耙佐卜寺		沙河城一带		李自平	温体润	69314	921
2244	鸡冠寨		渡口川一带	石盆村	安启明	朱琴	69331	1104
2245	白龙庙的传说					元英振	69339	1409
2246	庄窩圪梁的传说			赞善	高建邦	高从周	69336	939
2247	恶山传奇		全呼、高窑一带	高窑村	高玉海	王江书	69320	626
2248	发配黑爷		渡口		刘宝贵	石便英	69316	2945
2249	王彦升中举		沙河市境内		路凤成	戴长美	69293	1165
2250	府堂捕劊周志尧				王龙喜、王忠会	王增庆	69306	1547
2251	朱永来智对邯郸县令		沙河武安地区		朱海的	王增庆	69301	963
2252	龙井		晋县城北一带		王进元	田振庄	73899	2618
2253	讨山羊		晋县城北一带		赵玉华	杨志忠	73863	777
2254	做“丞相”		晋县城南部分农村、晋县一些村庄		李小臣、孙英全等	杨志忠、张小五	73856	2360
2255	难财主		晋县桃元、赵魏乡一带		高志民	刘健英	73876	1863
2256	上坟		晋县城南一带		庞长经、庞老卜	杨志忠	73896	1696
2257	二进学馆		晋县城南一带		庞玉和	王贵良	73857	1256

序号	篇名	民族	流传地区	采集地	讲述者	搜集者	数据库编号	字数
2258	斗财主		晋县城关一带		李满仓	刘健英	73870	1555
2259	乡贤祠		晋县城关镇一带		杨四妮	刘健英	73944	2618
2260	点天灯		晋县城西一带		李文运	李根成	73881	2390
2261	众说魏征墓				庞玉和、李满仓等	刘健英	73972	1985
2262	“考”宰相		晋县城关镇一带		刘新民	刘健英	73886	1913
2263	梦斩小白龙		宣化一带		殷明海	顾建中	73966	1133
2264	行医		晋县赵魏乡一带		庞玉和	刘健英	73875	805
2265	罗成滩		晋县城南农村		庞均之	刘健英	73950	683
2266	山羊驮砖		陕西省礼泉县昭陵一带		王彦海	杨忠志、王贵良	73897	2226
2267	练书法		晋县城西一带		韩书进	李亚民、李根成	73860	665
2268	淋灰水		晋县城南一带		张海根	杨志忠	73866	939
2269	除恶狗		晋县城南部分农村		马建章、孙英全	杨志忠、苏丙江	73859	595
2270	拒寿礼		晋县城关镇一带		杨福奎	刘健英	73903	1742
2271	国公酒		晋县城关镇一带		陈瑞生	刘健英	73927	1258
2272	花钱不过“脐”		陕西省礼泉县一带		王民生、赵杨梅	王贵良、杨志忠	73965	789
2273	改对联		晋县城南农村		刘云青	朱元庆	73868	3069
2274	巧占凤凰穴		陕西省礼泉县昭陵乡一带		郭堆堂	张晓龙、陈群力	73906	1708
2275	泥身治病		宣化一带		张宝刚	路晓明	73911	1609
2276	判枣林		晋县城东一带		田财源	田振庄、申建国	73900	1016
2277	凤凰飞		礼泉县昭陵一带		张积忠	张积显、张廉	73907	1084
2278	魏征谷		晋县城南一带		杨福全	杨志忠、王贵良	73913	851
2279	筑河堤		晋县城北一带		李长水	吴瑜华	73893	2390
2280	魏征墓		晋县城南农村		庞重禄、王多余	杨志忠	73947	966
2281	灭蝗虫		晋县城南一带		杨根子	韩庄庄、杨志忠	73889	1677
2282	魏征谷		晋县城关镇一带		关造堂	刘健英、王贵良	73915	2643
2283	宝镜		晋县城东一带		田建民	姚明起	73930	1074
2284	香石		晋县城东北一带		田素俭	田振庄	73929	3264
2285	乡亲赞魏征				庞玉和、孙小占等	刘健英	73971	2914
2286	扁枣		晋县城西一带		邵全玉、邵小货	杨志忠、苏丙江	73918	1788
2287	舍药		晋县广大农村		彭新太	朱元庆、刘健英	73880	721

序号	篇名	民族	流传地区	采集地	讲述者	搜集者	数据库编号	字数
2288	魏征酒		晋县城关镇一带		杨福奎	刘健英	73920	1424
2289	翡翠豆腐		晋县城东一带		田小六	田振庄、申建国	73924	3247
2290	赵魏村		晋县城东一带		田志平	吴瑜华	73932	2500
2291	管伙食		晋县城东农村		赵进涛	李根成	73879	2114
2292	魏征谷		河北省晋县一带		关造堂	刘健英、王贵良	73914	1173
2293	戴脸谱		晋县城南一带		张老西	杨志忠、张金双	73892	3557
2294	紫城村		晋县城西农村		龚银生	刘健英	73936	1616
2295	师表		晋县城南一带		周自修	田振庄、申建国	73901	2392
2296	烧“下宫”		陕西省礼泉县昭陵乡一带		郑伯举	王贵良、杨志忠	73904	2943
2297	拔丝丸子		晋县城西一带		李锁明	李根成	73921	2580
2298	小樵镇		晋县城东一带		王禄君	田振庄、申建国	73937	1089
2299	孝母		晋县城关镇一带		刘新民	刘健英	73902	2399
2300	白鞋尖		晋县广大农村		董旦子	刘健英	73960	2158
2301	避嫌		宣化一带		李云	顾建中	73905	1645
2302	堵北门		晋县城关镇一带		张大狗	刘健英	73956	2774
2303	树下教子		晋县城关镇一带		张东海	刘增录、田振庄	73909	880
2304	严训独角龙		晋县城东农村		田德昌	田振庄、申建国	73964	792
2305	药王庙		晋县广大农村		吕月禄	刘健英	73955	2438
2306	插艾叶		晋县城关镇一带		刘顺长、刘顺安	朱元庆	73962	2421
2307	相邱村		晋县广大农村		吴怀生	朱元庆	73935	972
2308	火神庙		晋县城关镇一带		李娃子	刘健英、朱元庆	73954	630
2309	大寺陈家庄		晋县城东农村		孟庆山	田振庄、申建国	73953	1484
2310	魏征拒贿赂		晋县大部分农村		吕洪顺	刘健英、吴瑜华	73928	1799
2311	魏家街与赵家旮旯		晋县城南一带		庞小江、邵小货	杨志忠	73933	1723
2312	白菊花		陕西省礼泉县昭陵一带		王民生	王贵良、杨志忠	73968	1360
2313	红袍		晋县城东一带		田振汉	申建国、田振庄	73942	1190
2314	荐医圣		晋县城关镇一带		陈瑞生	朱元庆	73891	611
2315	重修魏征祠		晋县城关镇一带		李满仓、李六和	刘志彬	73940	929
2316	魏征酒		晋县城北一带		孟祥林	田振庄	73919	1054
2317	好人碑		陕西省礼泉县昭陵一带		王彦海	杨志忠、王贵良	73970	1927
2318	益母草		晋县城关镇一带		李小堂	刘健英	73917	1463

序号	篇名	民族	流传地区	采集地	讲述者	搜集者	数据库编号	字数
2319	无字碑		陕西省礼泉县昭陵一带		王生民	王贵良、杨志忠	73969	434
2320	金猫		晋县城东一带		田德昌	申建国、田振庄	73894	4037
2321	劈赃官		晋县城东北农村		孟瑞喜	田振庄、申建国	73967	1777
2322	学道		晋县城关镇、赵魏乡一带		龚银生	刘健英	73878	1881
2323	魏家坟没石像		晋县城南一带		庞老卜	杨志忠	73948	881
2324	设刑场		晋县城关镇一带		孟营生	刘健英	73946	1187
2325	巧读书		晋县城南农村		张长祥	杨志忠	73858	919
2326	魏征谷		晋县城关镇、赵魏乡一带		庞长经	杨志忠、王贵良	73912	2799
2327	助木匠		晋县城南一带		杨志条	杨志忠、崔士征	73864	1335
2328	魏征谷（五）		晋县大部分农村		李满仓	刘健英、王贵良	73916	1247
2329	用药丸		晋县城关镇村一带		张银双	王贵良、刘健英	73888	1109
2330	戏县官		晋县城南农村		彭俊德、杨老希	彭拴造、杨志忠	73877	1190
2331	救秦琼		晋县城关镇一带		马振国	刘健英	73883	1482
2332	敲铜锣		晋县广大农村		王长贵	刘健英	73959	896
2333	半夜骑毛驴		晋县城南一带		候振江	杨志忠	73862	1278
2334	老地头		晋县城西一带		李洛闻	李根成	73958	1676
2335	捉“鬼”		晋县城南一带		孙银明	杨志忠	73873	1564
2336	祠道		晋县城西一带		李锁明	李根成	73943	1444
2337	读《春秋》		晋县城南部分农村		张老西	杨志忠、张金双	73861	1088
2338	赶考		晋县城东一带		冯春林、苏永志	申建国、田振庄	73882	1505
2339	起名字		晋县城关一带		赵小长	刘健英、王贵良	73855	856
2340	龙康寺		晋县城东一带		张老修	申建国、田振庄	73952	1762
2341	八里庄		晋县城南农村		郭法生	杨志忠、田振庄	73938	1325
2342	打虎		晋县城东一带		田五奎	王全起	73895	3543
2343	投江		晋县城东一带		田振海	申建国、田振庄	73890	1919
2344	拜师		晋县城关镇一带		赵指望	朱元庆	73867	1185
2345	二访单雄信		晋县城关镇、元头乡一带		彭小娃	刘健英	73884	1243
2346	训门生		晋县城关镇一带		刘新民	刘健英	73898	2264
2347	表业村		晋县城南农村		孙英全	杨志忠	73934	1665
2348	谢恩师		晋县城西一带		李通会	李根成	73885	1171

序号	篇名	民族	流传地区	采集地	讲述者	搜集者	数据库编号	字数
2349	劈山救民		宣化一带		张宝刚	路晓明	73908	1345
2350	卧龙岗		晋县广大农村		李丙信	王贵良、刘健英	73951	1426
2351	梨膏糖		晋县部分农村		庞银贞	刘健英	73923	1664
2352	管家		晋县城东南农村		赵升堂	高趁奎	73874	1470
2353	显灵		晋县城西农村		邵全玉	朱元庆	73945	1709
2354	庄稼汉		晋县城南一带		马建章	杨志忠	73872	687
2355	香椿树		晋县城东一带		王瑞学	田振庄、申建国	73941	1901
2356	马场挖金		晋县城南一带		张长祥	姚明起	73871	984
2357	修建魏征祠		晋县城南一带		孙银明	杨志忠	73939	1349
2358	休妻		晋县城东一带		田振谦	申建国、田振庄	73869	744
2359	白果塔		晋县广大农村		吕月禄	刘健英	73957	2623
2360	小诸葛		晋县城乡		彭小禄	朱元庆	73865	1706
2361	箍白布巾		晋县广大农村		孙小娃	刘健英	73963	730
2362	救秦王		晋县广大农村		吕崇才	刘健英、王贵良	73887	1223
2363	贴门神		晋县广大农村		彭造伙	王贵良、刘健英	73961	1204
2364	赵魏村		晋县城南一带		孙书琴	刘健英	73931	1319
2365	咸驴肉		晋县城北一带		孟运才	田振庄、申建国	73925	1598
2366	玛瑙		晋县城南一带		孙英全	杨志忠、彭拴造	73922	1256
2367	叶落归根		晋县城东北部一带		郭建国	申建国、田振庄	73910	3453
2368	宰相楼		晋县城东一带		田振海	田振庄、申建国	73949	1087
2369	魏征梨		晋县大部分农村		孙小娃	刘健英	73926	1100
2370	牛向辰的故事				李盼福、聂纪展	韩庆志	74093	847
2371	师大力的传说				王俊山、王灵德		74074	1319
2372	“同”姓与“冯”姓				崔文记		74078	408
2373	东、西三庄村的石和尚		石家庄郊区		任风双、李任氏等	霍小俊、谢建平等	74002	949
2374	白佛村名的由来、白佛村名的传说之一				卜思、白店等	剑新	74008	847
2375	北落凌寺里的弥勒佛		滹沱河南北落凌、中落凌等村		李振姐	周世民	74016	894
2376	铁屁股师大力				敦林德		74089	1721
2377	石桥村的传说					李会茹、李世杰	73995	815
2378	阿弥佗佛的来历				党秋英		74040	1302
2379	华佗的传说					任勇、杨会艳	74068	737

序号	篇名	民族	流传地区	采集地	讲述者	搜集者	数据库编号	字数
2380	“探花坟”的来由					敦春玉	74087	436
2381	五月端午插艾的传说		石家庄市郊区			剑新	74048	503
2382	振头与石邑故城					剑新	74006	2441
2383	年的传说				王灵德		74044	797
2384	斗牛女虚危室壁					吴振轩	73978	738
2385	杨七郎有双避箭眼			赵陵铺		刘肆	74065	4336
2386	李冶与大马村神道碑					傅梅祥	73998	307
2387	监察御史何梦莲				何之跃等	何玉茹	74060	2177
2388	探花敦风举的传说				敦春堂、敦生瑞等		74077	984
2389	姚士索事几则		市郊大郭村		老母亲	姚焕来	74057	739
2390	豪侠江封栋		市郊南高营		何之跃	刘成果	74072	428
2391	杜北村三玉宝山的来历					何庆文	74011	1605
2392	永安桥桃形石栏柱的传说				王灵德		73988	379
2393	陆天子的传说				王灵德		74075	363
2394	半套銮驾					刘肆	74067	1667
2395	“三玉宝山”的传说			后杜北村	留秀瑞	苗银虎	74010	2816
2396	于底太平河的传说						73985	2169
2397	化子药的故事		河北省安国县一带		齐小久、陈从周等	刘梦松	74096	449
2398	化缘兴修“永安桥”的传说					剑新	73983	268
2399	孟姜女出世的传说				冯素梅	梁惠欣	74083	1996
2400	“一”字千金					马恒	74058	824
2401	诸葛亮拜贼			石家庄郊区上京村	李传林	刘梦松	74092	1542
2402	村名传说					地讯	73994	1498
2403	认干亲的由来				冯素梅	梁惠欣	74038	404
2404	韩信智胜楚霸王，毗卢寺的传说之二				高孝德、高忠堂等	剑新	73976	1051
2405	为什么修永安桥			王俊山家中	王俊山		73986	1059
2406	于底奶奶庙的传说			石家庄市郊区于底村		胡中林	73993	436
2407	“马鞍山”的传说					刘肆	73981	6411
2408	孙思邈为虎医病					高孝德	74052	2363
2409	五月单五包粽子的由来				高国卿	梁惠欣	74037	2382
2410	平阳公主和于底的奶奶庙				李清凤		73992	349

序号	篇名	民族	流传地区	采集地	讲述者	搜集者	数据库编号	字数
2411	郊区村名成因						74032	814
2412	陈村的传说			后杜北	孟顺玉		74014	480
2413	长寿山的来历					刘梦松	74028	369
2414	神医装病			正定东关	陈丛周	刘梦松	74091	2654
2415	护城河与望郎滩					张秀萍	74022	709
2416	王莽赶刘秀传说						74049	604
2417	蝼蛄救刘秀				沈风书	沈建民	74061	2981
2418	桃园三结义的传说					刘学均	74062	840
2419	岳村岳姓的消失与红虫吃人				李俊山、王灵德		73999	3240
2420	最早的公社						74007	651
2421	修永安桥的传说				高怀礼	高静	73987	1352
2422	少管闲事					张绍旻	74070	736
2423	莲花山上马蹄印的故事				敦凤姐	张恒顺	74029	1405
2424	正月十六烧柏棂火的由来				苗珍珍		74041	298
2425	护马斗寇					高爱国	73979	471
2426	美人计		西郊留营			张绍是	74073	1801
2427	宝竹筒				李占元	梁凤坤	74046	835
2428	戚继光墓碑的传说					剑新	74033	1651
2429	话说于底镇				王俊山		73982	524
2430	药王的传说						74084	686
2431	赵佗墓的传说			赵陵铺乡			73980	616
2432	饮马石		常山真定古城		邢淑菊		74024	315
2433	高营村为什么分南北		滹沱河一带		何子丰	剑新	74031	1710
2434	药王孙思邈看病				金祥	李富生	74082	903
2435	刘秀赏宝示恩		石家庄西北一带		阎全保	阎世久	74098	2481
2436	韩信巧施疑兵计				敦林德		74088	1109
2437	豆腐桥				殷凤波的爸爸	殷爱冬	74019	949
2438	炸油条的来历					梁惠欣	74043	1065
2439	韩信逼霸王				任生盖	梁凤坤、刘四喜	74094	1187
2440	老包的儿子咬毛		石家庄市郊、获鹿一带		张瑞先等	任勇	74066	689
2441	小丑为什么跑满台		湖南桃源县黄甲铺镇		江庆禄		74045	1069

序号	篇名	民族	流传地区	采集地	讲述者	搜集者	数据库编号	字数
2442	陈村杜北张爷庙的传说				苗立柱		74012	724
2443	抹油与裂车轴				付成活等	聂秀忠	74003	1137
2444	张阁老与仁义胡同					陈秀珍	74054	374
2445	秃尾巴老张					何庆文	74013	1775
2446	白佛上天（传说之七）					剑新	74009	1665
2447	关老庙的传说				敦过春、张富德	任勇	74023	1493
2448	敬德捉药王白费人力			柳辛庄		任勇	74053	651
2449	孟姜女出世					史荣莉	74055	954
2450	石桥与老白			石市郊区（于底）14 中学	杜纪龙		73996	577
2451	大马村孟得娘坟的传说					王国乔	73997	375
2452	韩信恩杀挖菜女		徐水县一带		许江		74079	739
2453	王祥卧冰		河北省邯郸地区涉县		李功亮	李红	74095	441
2454	二月二龙抬头的传说				沈秀文		74036	617
2455	岳村铺村名的来历					敦春玉	74000	540
2456	东三庄魏阁老的传说					田风林	74080	770
2457	太保庄村名的来历		石家庄郊区		张蜜	吴瑞霞	74017	918
2458	柳辛庄药王庙的传说				白留柱等	白利强、王涛等	74018	963
2459	封龙山的传说		桥门沟村、南故邑等村			梁永	74020	978
2460	关帝庙镇太平河				王俊山		73990	1133
2461	探花受封					敦春玉	74085	345
2462	小于底的传说						73991	500
2463	抱犊寨的来历				张义有	刘梦松	74034	1722
2464	城角庄“双坟”的来历		城角庄村		梁玉振	梁永	74001	1050
2465	王母娘娘的三圣板				王衡	张秀萍	74021	711
2466	珠油寺的传说		四川川东地区		熊建国		74025	1081
2467	元朝宰相史天泽的传说				敦清瑞		74076	570
2468	抱犊寨仙人洞的传说		石家庄市获鹿县		聂占元	韩庆志	74035	1510
2469	卢嘉书坐官记					刘四喜、梁风坤	74059	1242
2470	“不到黄河不死心”的来历		平山县一带	东岗南	曹青雪	曹海燕	74047	754
2471	刘秀封赏三里双				阎全保	阎世久	74097	779

序号	篇名	民族	流传地区	采集地	讲述者	搜集者	数据库编号	字数
2472	张千斤、李八百的故事					刘志忠	74051	565
2473	红脸关公的来历				敦风姐		74081	1383
2474	大力士张元吉				何四妮		74056	810
2475	探花尊师		石市郊区西部		连珍	敦春玉	74086	1003
2476	瓜园客人				王臣	王国乔	74069	2871
2477	王莽篡位追刘秀，吴汉杀妻两手空					孙开山、史晋豪	74050	1216
2478	智佣访涉				任全来	任勇	74071	1877
2479	隆兴寺的传说			正定城内西街	宋玉山	刘孟松	74030	264
2480	赵子龙下山				敦金锁		74090	328
2481	定都东垣的传说					剑新	74027	647
2482	白鹿泉的故事					刘梦松	74026	1772
2483	烤柏灵火的来历					刘肆、杜勤来等	74042	873
2484	石家庄车站移址的传说					孙开山、史晋豪	74005	683
2485	落凌与藏身				谷铁锤	沈建敏	74015	307
2486	振头古槐的传说、槐仙显圣					孙开山、史晋豪	74004	348
2487	武探花敦凤举的又一传说				张贞祥、史永安	谢志福	74064	1594
2488	岳村武探花的传说			岳村	连保	任勇、敦春玉	74063	6153
2489	于底永安桥及其传说					胡中林	73984	349
2490	桃形石栏柱与风水先生			王俊山家中	王俊山		73989	4177
2491	古刹国宝、毗卢寺					剑新	73977	1622
2492	烧冥纸的传说		河北省深县		潘老棒	田毅	74039	1081
2493	周王寨的传说		内邱县柳林乡、和庄乡	小和庄村	和逢中	春合、俊格	74171	526
2494	石枷井的传说		内邱县广大农村	内邱城关镇申庄村	申天有	申淑华	74167	1498
2495	郭巨埋儿孝母亲		内邱县农村	小吕东	杨全	杨恩生、智艳军	74153	2645
2496	太阳瓜		内邱县西部深山区	马达村书尼家	葛书尼	文志、尚志等	74178	769
2497	“傻老婆石”与“俏老婆石”		内邱神头一带	神头村	宁齐四	侯群英	74164	720
2498	仙人洞的传说		内邱大部农村	西关九小家	乔九小	春笛	74169	1772
2499	卧龙岗的传说		邢台市内邱县部分农村	胡里村小钟家	丁小钟	尚志	74161	923
2500	浅沟与深沟		内邱县丘陵地区	曹川老根家	陈老根	李章喜	74174	1774

序号	篇名	民族	流传地区	采集地	讲述者	搜集者	数据库编号	字数
2501	孔子借粮				张香会	张景瑞	74151	1575
2502	太子岩的传说		内邱一带	神头中学	刘培山	张兴祥	74162	3045
2503	飞毛腿王尚印				孙玉春	无声	74154	1946
2504	程子断案		内邱县部分农村	五郭老光家	康老光	燕平	74160	237
2505	九龙柏		内邱太子岩一带	神头中学	阎景文	雨田	74177	1089
2506	武榜眼马尚德的传说		河北省内邱县一带	孟村镇	宋宣	贾忠敏	74159	1506
2507	兔子、狐狸、猴子和马的传说		内邱丘陵地区农村	棉油加工厂，章喜宿舍	李张喜	陈秀申	74191	4193
2508	张灶王的传说		内邱大部农村	申庄天有家	申天有	申淑花	74158	1299
2509	扁鹊的传说					杨文志	74146	843
2510	张天师出世		河北省内邱县东部一带	内邱县金店乡韩家庄大队	韩功臣	尉明祥	74157	3687
2511	牤牛和山笛		内邱县西北部	文化馆	杨延年	高鹏	74175	945
2512	二入王宫大战巫医		内邱县部分农村	福有家	杨福有		74148	1453
2513	一神头的来历		内邱神头一带		刘培山		74147	2689
2514	慈禧三难张建策		内邱部分农村	李凹克勤家	李克勤	李克俭	74155	1653
2515	白鹿角和白鹿苑		内丘县	刘清海家	刘清海	李保祥	74172	6323
2516	扁鹊娶妻				杨福有		74149	1981
2517	方观承的传说		内邱县东部农村	内邱文化馆	乔会林	王燕平	74152	978
2518	四“透灵碑”				杨福有		74150	532
2519	胡里桥的传说		邢台支江、内邱胡里一带	县磷肥厂	王长海	建国、芳芳	74176	2586
2520	瘪宝石		内邱和庄一带	大和庄	和国民	和春合	74165	2397
2521	倾盖处		内邱县中、东大部农村	邱中学	常子敬	李克俭	74168	2368
2522	狐仙洞的传说		内邱县大部农村	冢疙瘩村、史村屯人	韩老吴、杨延年	天臣、芳芳	74173	4421
2523	孝子沟的来历		内邱县西部深山区	太行山区	韩秋生	孙二顺	74163	2534
2524	椿树为王		内邱县西部深山区	内邱太行山区	谢宝莲	孙二顺	74179	874
2525	“捞肠沟”与“洗肠沟”		内邱神头一带	神头老五家	宁老四	群英	74166	6303
2526	油炸面糊小蔓菁		内邱部分农村	文化馆	赵继普	燕平	74181	1048
2527	赵兵部的传说		内邱西部深山区	庄和记堂家	郝记堂	孙玉晖	74156	1719
2528	仙人村		内邱县大部农村	仙人村	李忠凯	九生	74170	1033
2529	瓷窑沟的传说		内丘东沟一带	磁窑沟	魏玉生	李克俭	74180	2372

序号	篇名	民族	流传地区	采集地	讲述者	搜集者	数据库编号	字数
2530	刘李庄的来历		高庄乡、旧城镇一带		李洪庆	贾建华	74463	324
2531	“小龙王”						74443	513
2532	五个火烧				范贤	张政通	74458	719
2533	诓公主				王洪吉	贾建华	74450	146
2534	任邱石牌坊到了高阳				程一民、刘树楷等		74449	1800
2535	免一县				齐化民	齐玉峰	74451	444
2536	断腿再植	回族	高阳西演镇		程一民、王辛未	田法宗	74447	682
2537	改句斗乡绅		高阳、保定一带		高苏垣		74438	650
2538	城皇、城皇，我把你发配辽阳				齐化民	齐玉峰	74441	1886
2539	审驴						74453	341
2540	巧送情报						74457	227
2541	智捉盐商				王新月	贾建华	74455	635
2542	大寺坑的蛤蟆干鼓肚		高阳县广大城乡		田温玉		74436	1011
2543	抢妹妹						74456	837
2544	考场让状元		高阳一带		齐化民	齐玉峰	74440	721
2545	肖何买律		八乡、邢家南乡		王洪吉	贾建华	74460	932
2546	吹喇叭						74442	1093
2547	磕鞋塚		旧城镇		程一民		74464	205
2548	八果庄的传说				张黑	张红霞	74465	1047
2549	崔庄“贞节牌”						74466	730
2550	公冶长识鸟语						74461	276
2551	丁香坟				田温玉	田法宗、王克杰	74467	890
2552	巧断杀人案				刘书楷	耿保仓	74454	364
2553	狗为什么掐猫		方边渡口乡			艳景	74468	440
2554	吸烟明案						74452	871
2555	誓死不降				郑文奎		74437	594
2556	我就叫盖叫天						74445	1120
2557	嫁干女儿				李鸿庆		74448	427
2558	智退群狼						74444	612
2559	康熙大帝喝菜汤				崔东		74459	164
2560	王莽赶刘秀的传说				李鸿庆	田法宗、贾建华	74462	1098

序号	篇名	民族	流传地区	采集地	讲述者	搜集者	数据库编号	字数
2561	“花蝴蝶”喝血						74446	419
2562	回龙宫		高阳、里县		齐化民	齐玉峰	74439	203
2563	徐懋功当家						74775	1230
2564	彭祖夸寿						74764	1517
2565	岳飞出世						74776	1085
2566	韩信埋母						74773	3841
2567	伯牙遇“知音”						74771	1621
2568	熏蚊子						74791	1100
2569	烧纸钱						74790	2976
2570	闯王造反						74777	1809
2571	甘罗十二当宰相						74772	3858
2572	钵生关公						74774	1552
2573	端午插艾						74787	2992
2574	一块条石						74768	922
2575	公冶长知鸟语						74778	605
2576	鱼嘴插筷子						74767	1127
2577	拦马竿						74788	2086
2578	为啥叫鸡喊“姑姑”						74784	3304
2579	财神和喜神						74765	2166
2580	韩静文献艺						74780	1141
2581	蝈蝈笼子						74766	1165
2582	石匠、木匠、瓦匠						74769	2383
2583	海鸥为啥叫鱼郎						74785	2839
2584	猴屁股为啥是红的						74782	2514
2585	乌龟或鳖为啥叫王八						74783	1306
2586	喜蜘蛛						74789	1525
2587	武大郎遭误会						74779	1818
2588	爹爹，糊涂						74786	999
2589	济公生擒鲤鱼精						74770	650
2590	车轴山						74781	624
2591	刘邦与项羽				任常在		79210	619
2592	狗猫结仇				徐记清		79234	793
2593	弥勒佛与腊八粥					任绍宗	79237	312
2594	贪心财主					杜彦威	79217	412

序号	篇名	民族	流传地区	采集地	讲述者	搜集者	数据库编号	字数
2595	不见黄鹤心不死				吕会省		79226	344
2596	滹沱河的传说					王建社	79227	1357
2597	逯呆换头				崔万宗		79204	497
2598	酷吏“金扒皮”				邢东岭		79216	614
2599	李艳妃祭祖					李兴福	79202	536
2600	巧案奇缘				陈万起		79213	288
2601	丫环难煞纪晓岚				张思杰	李金舵	79208	679
2602	喂鸡叫“咕咕”的来历				王先	李兴福	79232	397
2603	纪晓岚与乾隆对诗				张思杰	李金舵	79207	1732
2604	孝林夕照的传说				梁洪记	李兴福	79229	366
2605	老虎学艺				徐记清		79235	770
2606	变鸡还债					张静	79236	507
2607	不知足					任绍宗	79219	2787
2608	穷哥们见驾				张恩杰	李金舵	79221	645
2609	路遇				王先	李兴福	79224	261
2610	有影无踪寺				王元根		79230	1289
2611	王三余的传说				王国欣		79203	688
2612	刘关张传奇				齐备才		79211	404
2613	哥仨分家				王先	李兴福	79220	417
2614	聪明的店小二					李兴福	79225	664
2615	败家子张半年				于欣海		79205	353
2616	温饱与饥饿				苏玉开	李兴福	79223	590
2617	人心不足蛇吞相				段西行		79218	517
2618	燕子与麻雀				徐记清		79231	1001
2619	纪晓岚与和珅					王世兴	79206	324
2620	皇城与黄城				于欣海		79228	514
2621	神箭王三				陈志合		79215	733
2622	猫为什么吃老鼠				英威		79233	350
2623	李鸿章的“爹”				齐刚		79209	291
2624	人面桃花				张思杰	李金舵	79212	1389
2625	穷长工做驸马				苏玉开	李兴福	79214	298
2626	久练久熟				陈志合	李兴福	79222	1051
2627	除夕夜的来历						79238	424
2628	瘫和尚接驾					潘秀华	80689	5477

序号	篇名	民族	流传地区	采集地	讲述者	搜集者	数据库编号	字数
2629	女儿节					唐素兰	80776	1382
2630	银杏树					董建东	80700	13628
2631	清代名医王清任					白泉、青山等	80676	1766
2632	郑博斩蛇					卢连才	80704	7166
2633	斑鸠鸟					韩述本	80742	4650
2634	神道碑楼上的跨鸡小人					赵庆江	80712	1080
2635	京东武林之花					唐向荣	80677	1391
2636	宾三爷单刀赴宴					唐桂义	80708	659
2637	铁门关					潘秀华、孙万忠	80734	3973
2638	蚕沙古戏楼					咏苑	80733	839
2639	武师肖四的故事					张树云	80678	3427
2640	跟龙王借地					白泉	80731	957
2641	秃尾巴老李					郭爱刚	80732	1596
2642	流杯亭诗酒					孙伟、青山	80736	1026
2643	冀东武林中的高四					张瑞琪	80679	1258
2644	麻山种玉					张树云	80719	877
2645	龙井关和龙潭沟					潘秀华	80726	2517
2646	滦河红鲤鱼					赵庆江	80757	538
2647	李存孝力敌王彦章					赵春元	80685	1403
2648	螃蟹为啥横着走					咏苑	80747	1352
2649	景忠山滴水洞					杜焕文	80723	1852
2650	名城马兰峪					张祥云	80739	814
2651	炉打羊头掉					杨树人	80737	1123
2652	蟾酥的传说						80773	3578
2653	小和尚劈竹惊董果					李平寰	80706	2169
2654	大胳膊刘瑞的传奇					赵庆江	80681	1926
2655	长舌妇和青条鱼					唐里	80740	1301
2656	开古城的钥匙					杨树人	80735	694
2657	呼延庆追虎得宝鞭					张思浩	80701	1463
2658	蝙蝠为啥夜间才出来					高友谊	80749	1550
2659	独嘴鱼					唐里	80758	841
2660	六月不做被					白泉	80782	1556
2661	面条鱼与孟姜女					唐里	80770	2317
2662	船上食具不许倒放					唐里	80781	1087

序号	篇名	民族	流传地区	采集地	讲述者	搜集者	数据库编号	字数
2663	义和团的传说					张喜丁	80695	3852
2664	黄金茶为何黑心					李向东	80751	1903
2665	喜鹊登梅					马胜良	80752	672
2666	二月十九躲天色					唐里	80780	872
2667	杨十三屏弃封建劣俗的故事					刘绍友	80693	3563
2668	妇女为什么梳发髻					王凤霞	80777	1064
2669	月土					刘福	80775	4293
2670	东西缸窑					青山、兰亭	80774	7249
2671	关公智收周仓					潘秀华	80682	1973
2672	荞麦谜语					潘秀华	80755	7537
2673	猫睡觉打呼噜是怎么回事					杨国生	80753	739
2674	魏荣元的故事					郑文清、孟兆林	80674	629
2675	滦州皮影戏的来历					赵庆江、惠铁林	80717	1590
2676	大脑袋会					李秀春	80788	8146
2677	二月二“龙抬头”					石友志	80785	499
2678	评剧始祖成兆才					庞立恒	80668	780
2679	旗杆李二轶事					徐秀艳	80703	10381
2680	敬德鞭打猛虎					许荣久	80684	1417
2681	三月三					李洪叁	80786	2429
2682	喜峰口					潘秀华	80724	674
2683	八带鱼					咏苑	80769	858
2684	乐亭大鼓的传说					何宗禹	80714	8337
2685	涧河					邵子东	80698	516
2686	带张字的木排					何宗禹	80713	787
2687	皮影戏传说					何宗禹	80718	4314
2688	燕长城和孟姜女					滦汀	80709	2354
2689	李大钊的儿童时代					李东续、颜勤义等	80664	904
2690	法本与曹妃殿的海灯					杨树人	80705	2497
2691	油光鱼一年一死					一笛、长义	80764	1025
2692	滦河为什么不叫江					赵庆江	80722	2816
2693	第一代鼓师					黎恒	80673	3497
2694	李自成兵进太平营					李向东	80688	777

序号	篇名	民族	流传地区	采集地	讲述者	搜集者	数据库编号	字数
2695	海啸					唐里	80730	1851
2696	深埋尼包					白泉	80783	483
2697	金菊花脱险					杨树人	80672	543
2698	鸡猴姻缘					李秀敏	80778	2622
2699	喇喇蛄为啥成了害虫					董铁芸	80743	500
2700	梭鱼的故事					王秀春	80763	832
2701	石妃墓					赵庆江	80738	2778
2702	严嵩之死					刘汛涛	80687	4659
2703	乌贼鱼					咏苑	80756	1054
2704	戚继光在北方					秀水、凤山等	80666	1777
2705	叫“姑姑”					滦汀	80762	6377
2706	编书骂“地方”					白泉	80715	1095
2707	苦菜的来历					赵庆江	80759	723
2708	滦州起义的传说					唐向荣	80694	3474
2709	马齿菜为啥不怕晒					何方	80761	1002
2710	刘墉联对戏乾隆					窦广城	80702	4062
2711	皮影大王张绳武					薛茂林、邵永来	80670	448
2712	大蒜和大豆					刘瑞江	80754	2459
2713	媳妇鱼					杨悦	80772	2781
2714	乐三王救驾					杨耐人	80690	1678
2715	贴门神					刘忠环	80787	610
2716	猴屁股为啥是红的					苏秀芬	80744	1132
2717	东陵满族史俗					李纯	80790	457
2718	棒打龙头					田里	80727	2892
2719	游知州连破滦州三怪					唐向荣	80696	3892
2720	鲇鱼					邸向军	80767	1395
2721	椿树王·桑葚树·枣树					滦汀	80748	956
2722	累死黄龙笑死龟					李健民	80728	5207
2723	渤海湾的由来					唐里	80729	1442
2724	马来搬倒井					董艳辉	80725	858
2725	鲁班助修“玉阁楼”					白宗山	80711	1893
2726	辣辣蒜与河豚鱼					滦汀	80766	1175
2727	五子山					王自治	80721	1116
2728	布谷和黄鹂					阝爱刚	80741	533

序号	篇名	民族	流传地区	采集地	讲述者	搜集者	数据库编号	字数
2729	京东第一家					何宗禹	80710	735
2730	竹节、乌龟盖和白脖鸦					滦汀	80760	1351
2731	王翠峰三进净觉寺					张树云	80720	1636
2732	鸡下蛋为什么“咯哒、咯哒”地叫					王志敏	80750	1996
2733	镜鱼告状					黎恒	80765	363
2734	羊鱼剑					黎恒	80746	2589
2735	五毒兜兜					白泉	80784	1161
2736	燕子的故事					霍兆林	80745	1911
2737	红娘子鱼					桑献礼	80768	886
2738	齐怀与周文友					何宗禹	80716	5963
2739	和珅认师爷					武贺民	80691	2392
2740	后湖的传说					于国营	80697	653
2741	进东门往东走					董艳辉	80686	1393
2742	节振国传奇片断					卞江、王元祥等	80665	1943
2743	明珠新出蚌					黎恒	80669	1962
2744	对台书					何宗禹	80789	2212
2745	清官石维岳					唐向荣	80667	2499
2746	诗画出奇的张灿					朱永远	80680	1930
2747	大魔术师					赵庆江	80675	602
2748	曲坛名花—靳文然					朱永远	80671	648
2749	秦琼镫打千层岭					李昌国	80683	523
2750	王泽学和王访					曹新林	80692	839
2751	赶鱼节					唐里	80779	1056
2752	海蜇的故事					咏苑	80771	1767
2753	史马庄					贾振川	80699	1416
2754	曹营郭妃					杨树人	80707	2315
2755	董家坟的传说		藁城南董村		董洛庙		82255	1301
2756	笑话三则		藁城境内				82260	1247
2757	猜房		藁城境内		张书		82245	883
2758	叫花子打官司		藁城境内		董洛庙		82256	1167
2759	小二姐拜年		藁城镇南一带		李老记		82263	3672
2760	金牛山		藁城西南一带		贾玉珍		82254	1684
2761	张古董		藁城境内		朱秀荣		82236	819

序号	篇名	民族	流传地区	采集地	讲述者	搜集者	数据库编号	字数
2762	选婿		藁城城南一带		朱俊峰		82235	1246
2763	神医摘匾		藁南梅花一带		樊磊		82253	465
2764	狐仙火		藁南梅花一带		马四凤		82259	376
2765	神童		藁城境内		曹佳成		82251	1885
2766	刘海系金蟾		藁城刘海庄一带		史振杰		82246	337
2767	刘镛妙言对乾隆		藁城西南一带		崔卓五		82240	1784
2768	西瓜宴		藁城城北一带		朱俊峰		82237	757
2769	仨女婿对诗		藁城城东一		申洛生		82248	343
2770	鼠，牛，猫的传说		藁东晋西一带		彭蚂蚱		82250	2564
2771	一字值千金		藁城西部		崔洛齐		82241	536
2772	知足常乐戏腊梅		藁城城东一带		张清谦		82249	1505
2773	幽默故事		藁城一带		王四妮		82262	583
2774	不见黄河心不死		藁城县南董一带		董小润		82244	1081
2775	秦少游登科		藁城一带		张振周		82261	600
2776	小三分家				申王氏		82247	2307
2777	关公脸为啥是红的		藁城城北一带		张小件		82243	658
2778	俩瞎子喝酒		藁城南董一带		董洛庙		82257	682
2779	一毛不拔				黄荣格		82238	1058
2780	考儿子		藁城北部		董洛庙		82258	511
2781	乾隆皇帝难厨师		藁城城关一带		朱俊峰		82234	344
2782	太阳和月亮的传说		河北一带		曹三功		82242	1052
2783	读书人和叫花子		藁城城西一带		崔洛齐		82239	997
2784	老马坟的传说		藁南梅花一带		韩老化		82252	252
2785	六十四搂白果松					许宝中	84769	809
2786	潮白河为什么东深西浅		三河西部			王世民	84760	4320
2787	西三庙		三河南部	耷辛屯		袁守全	84762	627
2788	匡五、匡六的传说				王桂仁	刘玉林	84755	700
2789	为什么只有人会说话			高楼镇	李森	李凌晨	84771	1346
2790	孤山和留山		孤山一带	孤山小营村	刘春熙	张树方、刘兵	84766	880
2791	猫和狗的传说		三河南部	新集镇	张荣	李广录、张树方	84772	300
2792	狗福庄的由来		三河西北部	三河城内	刘文禄	李铁臣	84767	2601
2793	孤山塔的传说					李廷禄	84768	1237
2794	蛇吞相		新集一带	新集镇	张爽	张树方、李广录	84774	878
2795	西关塔		三河县城		吴连增	赵奕安	84761	1619

序号	篇名	民族	流传地区	采集地	讲述者	搜集者	数据库编号	字数
2796	乾隆三下江南的由来		三河一带	新集镇	尤守成	李广录、李铁臣	84770	1457
2797	小清河		灵山一带		孙万千	张树方	84759	874
2798	六十不死活埋		三河南部		周予金	周旭光	84765	4187
2799	王绪的故事		三河县南部		周予金	周旭光	84758	1228
2800	大郎台					肖雨	84756	2986
2801	猴子的故事		燕郊一带	高楼镇	张玉兰	王振波	84773	1535
2802	蛋和鸡的传说				张俊	李清河	84775	1924
2803	三河城隍庙		三河城关		侯广善	侯辛瑞	84764	948
2804	孤山塔		孤山一带		腾敏	荣岩	84763	876
2805	七姐墓的传说		三河县段甲岭灵山一带		唐克强	刘秉亮、包金通	84757	1227
2806	有眼不识泰山的来历			尚义	梁占武		85993	1914
2807	兔子为什么是三瓣嘴、短尾巴			尚义	刘生奎		86021	528
2808	鲁班的传说			沙卜夭	李占才		85989	396
2809	蚯蚓的来历			黄旗岔	张玉成		86019	488
2810	山神土地——韩文中			黄旗岔	张玉成		85985	672
2811	姑娘不能背靠蒙古包站的传说			尚义蒙古营	王剑冰		86016	1952
2812	康熙吃“到口酥”			沙卜夭	王大女		85997	976
2813	园山子的传说			李三虎	李才		86009	1352
2814	孟姜女与万启良			黄旗岔	张玉成		85986	661
2815	秦桧和小灰蚊子			沙卜夭	李占才		85994	748
2816	康熙戒烟			尚义	李瑞清		85998	1509
2817	鱼儿山的传说			甲石河	赵胜仁		86001	1447
2818	秦桧和鸡			沙卜夭	李占才		85995	874
2819	布谷鸟的来历			黄旗岔	张玉成		86018	799
2820	金马驹的故事			大坝沟	王大女		86010	1018
2821	鱼儿山的来历			尚义	刘生奢		86002	522
2822	王莽赶刘秀的事故			黄旗岔	张玉成		85987	351
2823	鳔胶的由来			尚义	梁占武		85991	657
2824	人为财死，鸟为食亡			沙卜夭	李占才		86014	2071
2825	木匠为什么用一只眼睛瞄线			青杨沟	宇兴登		85990	727

序号	篇名	民族	流传地区	采集地	讲述者	搜集者	数据库编号	字数
2826	诸葛亮得宝成才			小西沟	郭正来		85988	497
2827	太阳是个疤媳妇			沙卜夭	李占才		85984	2058
2828	恶云被劈开，雹避细雨来			小西沟	郭正来		86015	573
2829	王二小观仙棋			尚义	张融生		86006	376
2830	鲁班认干儿			尚义	梁占武		85992	780
2831	宝满沟和索记河的来历			李三虎村	李才		86007	399
2832	麻雀的嘴为什么是尖的			尚义	刘生奎		86022	529
2833	半疙瘩山的传说			尚义	李儒		86005	680
2834	春节为啥舞龙灯			尚义	张万年		86012	730
2835	真龙回首			尚义	刘生奎		85999	931
2836	旱獭和大树			沙卜夭	李占才		86024	645
2837	馒头山的传说			沙卜夭	李占才		86008	387
2838	鸳鸯河的传说			尚义	王剑冰		86000	1640
2839	八姑鸟的传说			沙卜夭	李占才		86017	1654
2840	包公断释黄道姑			黄旗岔	张玉成、刘凌霜		85996	1445
2841	明智的秋天			尚义	张玉奎		86025	508
2842	人到六十古来稀的传说			甲石河	赵大朋		86013	1140
2843	老女庄的来历			尚义	张贵海		86004	1805
2844	宝泉的故事			甲石河	王登亮		86003	1844
2845	“供灶神”的来历			南壕堑	刘荣花		86011	979
2846	冬雪、门牙、蒺藜的传说			囫囵村	陈大珍		86020	475
2847	康熙求雨			永年施庄	赵禄的	单晓华	88446	1993
2848	夜断宝石案——李官的传说之六					王福榜	88465	1773
2849	李思娘刺宫				李洛彦		88447	1533
2850	断案				武石如	张长龄	88404	3122
2851	张二班的故事			大名北贾庄村	贾好峰	卫民	88476	2535
2852	择婿				马兆年	李光藩	88405	1772
2853	收姬仓					王福榜	88497	1458
2854	李自成过河				刘贵田	刘士锋	88430	1222
2855	小心到不了郭伍					乐天、西木	88494	1976
2856	李忠的传说				申雁祥	郭秀	88478	2007
2857	御官的故事				路为龙、杨成可	肖河、李耀亭等	88492	2488
2858	朱元璋葬父			南郎堡村	王化普		88444	2509

序号	篇名	民族	流传地区	采集地	讲述者	搜集者	数据库编号	字数
2859	蒋龙抢亲					杨金耀	88487	5455
2860	御笔对联				张景瑞		88450	1927
2861	娘娘寨的传说					柴东方	88484	777
2862	朱洪武的故事		大名城北一带	大名县郑时庄	靳保太、王志堂等	金维	88443	2266
2863	甘露的故事			大名县北贾庄	阎书清	丛森	88485	2112
2864	龙泪					王一士	88433	1569
2865	九龄童在鸡泽				申占国	吴续恩	88499	1558
2866	顺治的传说			西店乡孟村	张勃川	阎纪韶	88445	3173
2867	药王孙思邈的传说			肥乡县郭家堡	李信	李学庆	88501	1386
2868	李毒					翟道源	88475	2530
2869	兵部尚书张学彦的传说			肥乡县东北庄村	王建业	郑之翰	88504	1909
2870	岳老布的传说			大名县西司庄村	岳书景	丛森	88472	3650
2871	一车干菜叶——戚官的故事						88507	3308
2872	徐秀才中状元			南豆公村	毛金照		88509	1184
2873	黄爷庙的传说			秦家营村	沈天佐		88363	3180
2874	锋芒初试						88392	4255
2875	吕洞宾出家				张新昌		88342	2616
2876	鲁班合门扇的传说				李成榜	李亮	88414	3233
2877	“金手指头儿”刘二			大名县金滩镇	赵学礼	黄宗章	88356	2102
2878	死诸葛治死活司马		广平县一带		张必义	张文丰	88424	2672
2879	崇祯卜字					林德	88429	1302
2880	进京						88394	1314
2881	一台风箱——刘师长、邓政委的传说			牛九滚家	牛九滚	王福榜	88377	466
2882	西门豹断案				邓风林		88412	436
2883	岳飞的故事					李亮、冯光华	88426	994
2884	裴司令的传说					吕三耳	88384	3399
2885	山东办案						88393	1243
2886	菊花庄借马			永年城关	徐雅堂	武存直	88408	1374
2887	西门豹三交印				杜锦霞		88413	1525
2888	学武智，学文愚						88391	1814
2889	脐挡和母捉的来历			河疃三大队	靳玉怀		88416	1320

序号	篇名	民族	流传地区	采集地	讲述者	搜集者	数据库编号	字数
2890	西门豹的故事				郭之颜		88411	3678
2891	郭隆真出嫁的故事			大名县招待所内	马洪臣	丛森	88382	1677
2892	崔珏断虎				石昭民	赵学锋	88488	2075
2893	刘伯承将军的故事				张义库	赵彩河	88376	2601
2894	王科兄弟的传说					张土魁	88516	1254
2895	聚义				武石如	张长龄	88403	570
2896	救驾井的传说		成安县西部一带	王成林家	王成林		88436	631
2897	老为子井						88398	538
2898	刘罗锅家世——刘墉的传说				冯义麟、冯级三等	冯光华	88451	10174
2899	藏兵洞				武克定	武存直	88407	1027
2900	申参议大义灭亲					李仲毅	88470	2195
2901	王景龙外传					杜云岚	88479	1840
2902	五张告示——李官的传说之五				王成顺	王福榜	88464	3198
2903	李亦畲收徒弟						88397	668
2904	午汲小和尚的故事			武安等县的午汲、磁山等村	霍存红、贾才喜等		88459	824
2905	刘荣嗣的传说					庞廷桢	88483	594
2906	王石和的传说				王合一	李仲毅	88471	2187
2907	鳔胶的传说			河疃村	靳玉怀		88417	907
2908	宰相李沆的传说			肥乡县南西落堡村	吕金玉	毕广凡、张士斌	88505	1106
2909	草堂会						88400	3400
2910	申胡的故事			大名县郑时庄	张朝、靳保太	金维	88498	2296
2911	杨知县私访				侯伸善	吴继恩	88474	1823
2912	游戏和拜年——刘师长、邓政委跟儿童交朋友的故事					李亮	88378	1150
2913	阎老郭波轶事					聂在松	88473	958
2914	周总理在前桑圈的故事			大名县后桑圈	监春风	栗丛森	88374	2726
2915	徐茂公当家					李亮	88457	793
2916	县令赴任				王树森	王凤良	88513	1674
2917	韩信的传说			县医院家属院	王正秀		88456	969
2918	陈巡按的传说			成安城内南街	薛举直		88508	2648

序号	篇名	民族	流传地区	采集地	讲述者	搜集者	数据库编号	字数
2919	一匹布——李官的传说之四					王福榜	88463	4440
2920	大小戴的传说			北乡义村	刘凤林		88512	543
2921	三请诸葛					付东	88420	1739
2922	吴督堂安葬的传说				武振芳、吴先银		88511	725
2923	曹操改脾气				乔文泉	刘天祥	88422	1585
2924	刘秀的传说				王日喜、吝明珠等	刘天祥	88434	1629
2925	才思敏捷的王一鹗					卢泰山、田书臣	88480	2594
2926	巧走梅花桩						88401	894
2927	兰幸买猪——邓小平政委的故事					冯光华、李亮	88380	973
2928	关羽收周仓的传说			大名县杨桥	韩书生	冯春堂	88359	1131
2929	盖吏部的传说			永年豆庄	武同江	梁准德	88495	1234
2930	张果老成仙			肥乡县东北庄村	郑志寒	阎好芳	88340	1163
2931	刘伯承的借条				秦忠魁	孙必中	88379	961
2932	太公楼的由来			成安县党史办公室	张文喜		88339	3780
2933	方良江的传说					韩修龙	88518	2069
2934	宋哲阳的故事			永年洺关	白士升	徐扶民	88489	2588
2935	《推背图》的传说				王昌	贾澍林	88503	616
2936	姑娘巧对怪药方				綦其昌	吴续恩	88353	1422
2937	割头换相的传说					付东	88358	2310
2938	卖饺子的遇吕仙				刘付吉		88346	1666
2939	周赧王斧劈子牙棺			东关东村	张文喜		88338	5501
2940	吹破天			肥乡县南西落堡村	蔡黑成	毕广凡	88477	2302
2941	回楼秀			永年县冀窑村人	魏书志	贾长栋	88348	1221
2942	方观承与乾隆的传说			永年县东洞头村	武克定	武存直	88448	851
2943	李善人见吕仙				刘付吉		88347	1458
2944	朱洪武的传说					王福榜	88442	4464
2945	神仙镇					李光藩	88355	4371
2946	夫人城和赵平原君的传说			肥乡县未村	刘老三	阎好芳	88440	1838
2947	吕洞宾卖人参果			永年杨湾村	杨兴让	李一平	88343	1441
2948	桃园三结义				张书喜		88418	1648
2949	田好谦到朝鲜的传说				田新堂、马连如		88486	486

序号	篇名	民族	流传地区	采集地	讲述者	搜集者	数据库编号	字数
2950	骂城隍——李官的传说之二					王福榜	88461	3474
2951	吕仙题字				刘付吉		88345	925
2952	翟贯一的传说			大名县翟龙化村	钱如彬	丛森	88468	1107
2953	陈娘娘的传说			大名城内	邢老连	张孟军	88490	1254
2954	火药前求雨——李官的传说之八					王福榜	88467	3457
2955	无理矮三分			永年连寨村	王有山	王文清	88351	1329
2956	严禁赌夜遇更夫——李官的传说之三					王福榜	88462	1100
2957	裴三国公的传说			西庄村	裴福良	谢明	88493	1140
2958	更乐探花的传说					王福榜	88502	2198
2959	慈禧太后问吕仙				蔡其昌		88354	5159
2960	李沆的故事			肥乡县城	李静珂	阎好芳、张国文	88506	1173
2961	孙膑的传说			大名县束馆	张泽广、刘德太	丛森、白梅俊	88454	2428
2962	审“土地”					张文科	88514	3033
2963	何仙姑的传说			肥乡县张达村	吴文学	粟锐锋	88357	1336
2964	王羲之作画				阎乱的		88437	6245
2965	关爷的传说			大名城内	杨友云	岳同心	88360	1226
2966	奶奶送水				智明生	新文	88373	1813
2967	盘龙塘			大名县前石冲村	李贵	李爱军	88361	432
2968	班门玩锛				付生保	崔云波、孙德林等	88415	4018
2969	土地庙为何建在村外			军庄	李氏		88364	883
2970	宋江为啥叫孝义黑三郎			成安县西街	王庆朝		88427	2072
2971	周公和桃花女的故事				张天录、张绍增		88367	5022
2972	桃园结义			大台县马头	李付德	管际轩	88419	5238
2973	清水桥				何廷彦、张旺的	赵彩河	88375	4233
2974	无心道人						88396	1838
2975	郑书田率众巧越木笼监			成安县招待所	张文喜		88388	1547
2976	杨露禅学艺陈家沟			永年城关镇	姚继祖	张长龄、李光藩	88390	2517
2977	王雪涛的传说				王化普、赵裕民		88389	2027
2978	孙膑看命			成安县医院家属院	王正秀		88455	1349
2979	葛福来巧遇名师						88399	1471

序号	篇名	民族	流传地区	采集地	讲述者	搜集者	数据库编号	字数
2980	张之洞的传说			郑时庄	张春	金维	88439	1100
2981	孔子故事三则				冯义林	冯光华	88410	1410
2982	医治“吃不下”病的传说				席美秀	阎张换	88482	2583
2983	断马庄与曹公树			郭坊乡姜营学校	吕运河		88421	728
2984	若少一个问张松			成安东关东	郝明珍		88458	747
2985	刘秀走南阳的故事			大名县万堤，孙甘店，等地	李春山	丛森、光才	88435	2863
2986	王莽的传说			大名县马牧地	李春山	苗玉芳	88432	1464
2987	吴道子的传说			南郎堡村	王化普		88438	1086
2988	王兰光智断桃树案			永年洺关南街学校	栗广德	单晓华	88469	1627
2989	寇知县公断玉杯案		成安县	王金枝家	王金枝		88441	770
2990	殷二相公的传说				殷同昌		88491	2621
2991	毛遂治理滏阳河			永年南王庄	王海	李景森	88449	2784
2992	兴建庙宇的传说——郭子仪梦游丰都宫				李春香	王福榜	88496	3456
2993	刘伯温得天书				张书喜		88452	1927
2994	深入虎穴训汉奸						88387	5947
2995	魏忠贤与魏家坑			肥乡县东马寨村	李庆敏	李保林	88453	1626
2996	一个铜钱				张绍增		88352	2015
2997	李官的传说				王成顺	王福榜	88460	1482
2998	王老大卖席				刘付官		88350	593
2999	谏拆望京楼——李官的传说之七					孙必中	88466	587
3000	不知足的女店主					李一平	88349	10069
3001	老盛洪的传说					卢泰山	88481	2084
3002	张果老为啥倒骑驴			永年连寨村	王有山	王文清	88341	2660
3003	求字					王捧云	88515	715
3004	吕洞宾三难黄月香				任记太		88344	2113
3005	《蝴蝶杯》是怎样写成的			永年城关	白士升	徐扶民	88517	1161
3006	解蕴山的故事			大名县招待所内	步玉洁	刘亚飞	88385	4051
3007	娘娘庙的传说			大名县金滩镇	马洪臣	栗丛森	88362	1784
3008	独闯匪巢买子弹			成安县招待所	陈金斗		88386	1281
3009	金石儿郎				朱占国	叶广才	88365	5430
3010	周公和桃花女			永年县张杨庄村	刘兆林	张长龄	88366	1009

序号	篇名	民族	流传地区	采集地	讲述者	搜集者	数据库编号	字数
3011	马县长的最后一枪			河北肥乡县姚宫院村	林作风	阎好芳	88383	2296
3012	廖承志同志的传说				李怀的	王矿清	88381	1549
3013	怒打“雄县柳”						88395	989
3014	张阁老趣事				张文喜		88500	1951
3015	杨班侯打擂				姚继祖、翟文章等	张长龄、李光藩	88402	3512
3016	王莽赶刘秀		晋冀豫交界三县一带		程计堂、杨楼锁等	吕生泰、杨星亮等	88431	3448
3017	侯万堂办案			东关东村	张义敬		88510	5040
3018	娘娘坟				李连喜	贾才栋	88409	1573
3019	燕青的传说					房何有	88428	1339
3020	捉贼				李景	徐雅堂	88406	1647
3021	子建之才胜其师			沙窝村	康绍梦		88425	1666
3022	曹操墓的故事		广平西南一带		王振清	王春海	88423	1519
3023	老鼠招亲				李旺		88758	1054
3024	闹店				张士英		88718	463
3025	刘罗锅巧答乾隆				程秋风		88769	1684
3026	郎子头				张良升		88749	417
3027	尉迟恭进谏				志高		88761	2862
3028	请客				张东义		88730	418
3029	乌龟成名之后				于东海		88755	1359
3030	我怕你				王铁欞		88731	536
3031	写招牌				张士英		88721	783
3032	好主意				郭景民		88737	611
3033	晴雨图				范仲信		88705	239
3034	拜口				刘起峰		88744	818
3035	诓妻奔丧				李显祥		88733	1415
3036	屋漏				刘胜		88757	563
3037	赠匾				王拴起		88725	1360
3038	送礼				宋欢乐		88722	613
3039	猫和老鼠				郭凤云		88752	288
3040	“千斤勇力”和“四两洪福”				刘老明		88764	547
3041	解村				李鱼		88747	1593

序号	篇名	民族	流传地区	采集地	讲述者	搜集者	数据库编号	字数
3042	关老爷显圣退清兵				张善修		88709	355
3043	流米寺（二）				刘文亮		88742	1618
3044	老大和小三儿				王永红		88765	442
3045	滏阳河的传说				陈富科		88739	698
3046	武强年画的传说				范仲信		88704	434
3047	林东的传说						88748	1572
3048	比				贾铁民		88766	3236
3049	都是喝人血的				李兰久		88734	905
3050	没人味儿				焦明亮		88735	1039
3051	椿树封王				陈静娴		88759	679
3052	趣联				李永奇		88768	294
3053	还愿				张文丰		88723	375
3054	考场巧对				张建祥		88717	266
3055	刘铁房的来历						88746	662
3056	护驾林			小范	王军伟	郭书荣	88745	990
3057	杨米人到武强的传说				李海		88712	589
3058	龙治河的来历				路治国		88750	1847
3059	神画		深、武、饶、安一带及一些武强年画流传地区		张朋武		88707	654
3060	劝架			王齐居	王玉良	李久旺	88713	986
3061	蝼蛄救驾				刘三友		88751	2327
3062	流米寺			小范	刘广平	李英云	88741	1034
3063	晴雨伞				贺老有		88740	941
3064	万灵山				刘东来		88738	1611
3065	打官司				李志高		88736	685
3066	数鸡蛋				李正杰		88729	3145
3067	写状子				陈建堂		88726	726
3068	打蛤蟆				贾铁民		88720	368
3069	巧对石先生				焦明亮		88715	2452
3070	趣联对陈官				陈方田		88724	394
3071	人是怎样知道骑马的				王如为		88753	491
3072	借驴				张士英		88716	535
3073	“傻大虫儿”的来历			谭封庄	谭文起	张振峰	88754	589
3074	智治侯旦儿				侯玲		88714	1295

序号	篇名	民族	流传地区	采集地	讲述者	搜集者	数据库编号	字数
3075	三个结拜兄弟				马永兴		88763	523
3076	神女				路治国		88710	848
3077	狼外婆				祁瑞良		88770	399
3078	镇宅神鹰				路治国		88708	580
3079	“门神”的来历				张明礼		88762	692
3080	快班那狗日的				马占礼		88732	302
3081	“见饭就饱”和“一抓就走”				李飞远		88760	702
3082	住店				左运普		88728	862
3083	蚯蚓与虾的传说				陈静娴		88756	437
3084	答骑驴人				张发		88727	1336
3085	八骏图			小范	李文久	辰山	88711	377
3086	“老猫齁吃小孩”的来历				李大路		88767	378
3087	卖“我”				左士杰		88719	2272
3088	古坛村的来历			小范	刘知良等	郭恩果	88743	643
3089	儿比爹大		武强及部分武强年画盛行地区		谷存良		88706	1014
3090	康熙钦佩的龙兄			河北省涿鹿县方家沟村	董善纪		91300	636
3091	娘娘山的传说			河北省张家口宣化县水泉乡后沟村	张仲元		91564	1700
3092	李存孝打虎			河北省涿鹿县谭庄子村	徐光达		91280	2033
3093	盐德街故事			河北省涿鹿县方家沟村	董云雨		91492	5477
3094	王子画像			张家口市	谷生荣		91275	1206
3095	绣花洞的传说			河北省宣化县崞村乡黄家壤村	王玉山		91421	1230
3096	沙陀国宣福城的来历			河北省张家口市宣化县邓家台乡头台子村	白明仁、王胜斌		91272	2662
3097	邓瓜的故事			河北省张家口市宣化县郭家湾乡、上坡底村	顾胜梅		91480	4265
3098	场暄不了				宋昌勇		91309	1472
3099	冯玉祥严惩士兵			张家口市桥东区花园街	赵景成		91475	1120
3100	太上老君与泰山奶奶争地盘			河北省张市下花园区	孙旺		91393	851

序号	篇名	民族	流传地区	采集地	讲述者	搜集者	数据库编号	字数
3101	冯玉祥的传说			张家口市下花园区福利院	张书德		91470	4451
3102	阎王为什么不打怀安城			河北省怀安县怀安城村	杨文成		91451	351
3103	二道坝上的奇兵			河北省张家口市	刘永清		91462	1379
3104	包公巧断家务事			河北省宣钢二炼厂	武技		91324	1107
3105	半个馒头			河北省张家口市	刘永清		91464	1016
3106	天降墨雨			河北省宣化县二台子村	吉明		91323	1915
3107	火山王出世			河北省张家口市茶坊区姚家房村	梁殿举		91351	2865
3108	乾隆买粪叉			河北省张家口市	谷生荣		91310	1070
3109	娘子山的故事			河北省宣化县邓家台乡甘庄子村	李广胜		91566	1298
3110	魏征梦斩小白龙			河北省宣化县深井	殷明海		91320	1600
3111	童工亮亮			河北省下花园煤矿玉带山井	刘启		91498	762
3112	神圣斗智			河北省张家口市宣化县姚家房乡陈家坊村	梁和		91392	824
3113	桑干河的来历			河北省宣化县江家屯村	刘号选		91561	807
3114	杨六郎淘金			河北省张家口市宣化县西望山乡周顶屯村	张政		91361	1737
3115	六支箭与半拉山			河北省沽源县红土垠乡	刘明亮、王献芝		91352	354
3116	徐达的御赐金锤			河北省张家口市下花园区后堡村	栗祯		91363	2530
3117	南厅的秘密			河北省宣化县上坡底村	顾胜梅		91550	1810
3118	木匠吊线为啥只用一只眼			河北省张家口市下花园区	李同、郭生银		91389	2981
3119	洋河的传说			河北省宣化县江家屯村	李世顺		91541	2734
3120	鸡鸣山擂石坡的来由			张家口市下花园区后堡村	王羲		91388	1452
3121	人头山			河北省宣化县大堡子村	李培飞		91549	674
3122	鲁班一夜修仨桥			张市下花园区	张发善		91385	763
3123	道台衙门的狮子			宣钢第二炼铁厂	蒙启哲		91546	313
3124	李英盗库			河北省宣化区财神庙街	刘世增		91436	2050
3125	韩信的故事			河北省宣钢二炼厂	武技		91338	1999

序号	篇名	民族	流传地区	采集地	讲述者	搜集者	数据库编号	字数
3126	毛笔杆为啥是空心的			河北省张家口市宣化县沙岭子村	田广亮		91401	3554
3127	程咬金夜上鸡鸣山			河北省怀来县西八里乡辛庄子村	白天运		91345	1068
3128	灶王爷			张家口市下花园区孟家坟村	孙朝礼		91407	1343
3129	老君庙里没买卖			河北省涿鹿县鸦沟村	安文胜		91289	989
3130	窦尔墩打擂			康保县活佛营、宣化区财神庙街	刘世增、王凤鸣		91434	1128
3131	宣府清官			河北省张家口市宣化县小村乡小村	张仲恒		91332	3638
3132	老张爷成神			河北省涿鹿县杨窑村	王万春		91413	2050
3133	李存孝			河北省宣化县赵家窑村	顾登仕		91278	965
3134	石主任血沃下花园			张家口市下花园区后堡村	刘元庆		91457	1008
3135	樊梨花斩杨藩			张家口市庞家堡区白庙村	赵金贵		91343	867
3136	孟姜女为啥姓孟又姓姜			河北省下花园煤矿	张生明		91506	1442
3137	关公背月斩貂婵			河北省张家口地区涿鹿县保岱乡方家沟村	董顺义		91340	1498
3138	朱德同志视察龙烟铁矿轶闻四则			张家口市龙烟铁矿机修厂	杨忠、任玉洁		91452	725
3139	神偷王金龙			河北省宣化县李家堡村	杨俊		91446	2458
3140	冯玉祥巧戏阿谀人			河北省宣化县清水河村	刘尚仁		91469	1126
3141	猪八戒的传说			河北省宣化县西前所村	阎海		91402	1028
3142	改皇陵			河北省怀来县采石矿	季增富		91487	961
3143	孟良盗骨			张家口市下花园区后堡村	刘元庆		91358	1718
3144	南门楼下的五色鱼			河北省宣化区东大院	兰金库		91484	1101
3145	刘伯温建都北京的传说			张家口市庞家堡区坝口小吴营村	许军、肖密		91328	1957
3146	燕王扫北			张家口市下花园区后堡村	刘元庆		91500	1538
3147	唐僧出世			河北省宣化县江家屯村	刘号选		91408	1790

序号	篇名	民族	流传地区	采集地	讲述者	搜集者	数据库编号	字数
3148	团民不伤买卖人			河北张市宣化区庙底街	马登高		91505	3038
3149	猪八戒迷恋宣化海			河北宣化县江家屯乡村	李世顺		91403	900
3150	朱元璋迁人的传说			河北省庞家堡区小吴营村	程祥		91499	1101
3151	校场两夫人			河北省宣化县邓家台村	刘世增、赵全财		91271	771
3152	龙凤山的传说			河北省怀来县龙凤山	赵贤		91519	809
3153	聂司令在下花园			张市下花园	路敬尧、张顺琴		91453	2712
3154	鱼儿山中金马驹			河北省张北县	王海		91526	600
3155	十三太保李存孝的故事			宣化县赵家窑村和宣化区财神庙街	刘世增、顾登仕		91276	221
3156	悬空寺			河北省宣化区	王逢春		91551	543
3157	胜英收徒弟			河北省宣化县黄家壕村	李万林		91427	864
3158	黄骡山的传说			张家口市茶坊区宁远村	李生有		91530	1204
3159	赵匡胤帮楼			河北省宣化县赵家窑村	张进才		91284	1102
3160	大水刮张家口			张家口市	谷生荣		91527	839
3161	胜家母女耍菜刀			河北省宣化县黄家壕村	李万喜		91428	1317
3162	朱家坟的传说			河北省宣化县大辛庄村	张永和		91554	1107
3163	松树和壁虱救驾			河北省涿鹿县方家沟村	董善纪		91293	1984
3164	黄羊山的故事			河北省张家口市宣化县郭家湾乡	赵金财		91557	1960
3165	卧龙松的传说			河北省张家口市宣化县崞村乡西崞村	靳国龙		91574	885
3166	娘娘山的传说			宣化县水泉乡后沟村	石军		91565	1362
3167	康熙皇帝的传说			河北省宣化县定兴堡村	庞世英		91294	695
3168	瓦窑沟的传说			宣化县崞村乡瓦窑沟	李宽		91568	859
3169	鱼儿山的传说			河北省张家口市	于国瑞		91524	3272
3170	吕道人降龙记			张家口市	于国瑞		91488	1070
3171	康熙访宣化			河北省宣化县江家屯村	李世顺		91304	1245
3172	蒺藜退敌			张家口市宣化县邓家台	田贵云、刘世坤		91270	2097
3173	魏象枢的故事			河北省阳原县西庄村	李世珍		91329	2619
3174	黑大王的传说			河北省张家口市白庙乡小吴营村	李宗坦、张增德		91486	2486
3175	康熙登山			河北省下花园区后堡村	刘元庆		91308	882

序号	篇名	民族	流传地区	采集地	讲述者	搜集者	数据库编号	字数
3176	点兵将台梁			河北省张家口市宣化县邓家台村	董桂平		91273	1348
3177	石佛寺人参娃			河北省宣化县上坡底村	顾银屏		91571	2864
3178	康熙私访张家口			河北省张家口市茶坊区吉家坊村	姜英凤		91292	1197
3179	乾隆钉鞋			河北省涿鹿县保岱村	谷伦		91311	1112
3180	康熙叫关			茶坊区大境门医院	杨振梗、王俊福		91295	1068
3181	羊坊路口村的得名			河北省张家口市宣化区侯家庙乡羊坊路口村	时兆壁		91555	428
3182	泰山奶奶赐儿女			张家口市下花园区前堡村	王功		91395	2076
3183	楚霸王的传说			河北省宣钢二炼厂	武技		91335	1056
3184	一箭惊走西太后			河北省张家口市宣化县	赵恩		91313	1258
3185	驴蹄丫子			河北省万全县郭磊庄乡旧羊屯村	阎桂山		91441	1276
3186	康熙吃毛糕			河北省蔚县南梁庄村	余文品		91303	2545
3187	关云长智服周仓			河北省张市下花园区后堡村	栗祯		91341	946
3188	诸葛亮与刘伯温			张家口宣化县水泉村	王财		91319	743
3189	慈禧求医			河北张家口市茶坊区腰占堡村	欧百泉		91316	1851
3190	双仙洞的传说			河北省涿鹿县石堡滩村	单起林		91397	1180
3191	樊梨花的故事			河北省宣化县关底村	朱有福		91344	1052
3192	冯玉祥借饷银			河北省涿鹿县方家沟村	董善纪		91473	961
3193	审虎			河北省宣钢职大	武枝		91325	3617
3194	吕洞宾吃饺子			河北省张家口市庞家堡黄田矿	刘景华		91404	1084
3195	郭子仪			河北省阳原县西庄村	刘玉梅		91347	1065
3196	黄三太巧收九龙杯			河北省宣化县洋房村	周桂英		91429	2173
3197	慈禧为光绪选妃			河北省怀安县太平庄乡太平庄村	马占喜		91315	781
3198	拜鞋			河北省张家口市	刘永清		91472	4787
3199	破洪州			河北省宣钢二炼厂	武枝		91353	985
3200	灶王的传说			河北省宣化县北汛地村	刘崇棋		91406	591

序号	篇名	民族	流传地区	采集地	讲述者	搜集者	数据库编号	字数
3201	卧龙沟			河北省张家口市	刘永清		91466	1192
3202	大窑沟打宝刀			河北省宣化县辛庄村	田林		91418	1022
3203	傅山的故事			河北省张家口市桥西区	王永祥		91380	688
3204	胜英找镖			河北省宣化县辛庄子村	田森		91423	768
3205	到口酥			河北省宣化县定兴堡村	庞世英		91307	1361
3206	老普爷锄地			河北省宣化县龙门坡村	郝成		91411	1442
3207	鲁班学艺			河北省张家口市宣化区	沈和茹		91383	917
3208	三狸猫造反			河北省宣化县姚家坊乡二台子村	李祥		91443	700
3209	云盖山			河北省宣化县北汛地村	郭进尚		91570	3401
3210	中秋月夜举义兵			河北省万全县岸庄村	郑大武		91450	963
3211	鲁班咋收的四徒弟			河北省下花园区后堡村	王羲		91390	1816
3212	二狸猫造反			河北省宣化县江家屯村	李世顺		91444	1011
3213	吕布伤戟救刘备			张市宣化县深井南街	冯老西		91342	929
3214	李自成的传说			河北省宣化县柴庄村	郭吉雨		91448	1242
3215	铁拐李偷锅			河北省宣化县东望山村	赵春桃		91399	1218
3216	清凉寺的傻和尚			河北省张家口市下花园区	武荣		91489	1986
3217	娘娘山			宣化县水泉村	王财		91563	1225
3218	大境门的故事			河北省张家口市茶坊区东夭乡里东夭村	史维民		91514	1145
3219	前后寨			河北省宣化县黄家壤村	董恺明		91420	514
3220	“白蛇”前传			张家口市下花园区后窑街	曹士美		91510	1235
3221	孙膑断足的故事			河北省张家口市下花园区	赵宝春		91333	820
3222	卜大姐			张家口市桥西区	席效禹		91501	1170
3223	胜英智擒假道姑			河北省宣化县黄家壤村	范贵		91422	591
3224	口蘑铺的来历			张家口市	宋宪伦		91532	704
3225	关羽出世			河北省涿鹿县方家沟村	霍凤荣		91339	1045
3226	舍身镇海眼			张家口市桥东区	杨玉珍		91535	1274
3227	铁罗汉夜走剪子岭						91433	989
3228	金豆峰			张家口市	于国端		91528	586
3229	窦尔敦卖糕			河北省康保县活佛营村	王风明		91432	1322

序号	篇名	民族	流传地区	采集地	讲述者	搜集者	数据库编号	字数
3230	铜桥的传说			张家口市	谷生荣		91517	1056
3231	吴老二买粮			河北省张家口市下花园煤矿	杨奉太		91440	1098
3232	梨木棍和金沙滩			河北省怀安县二堡子村	杨照林、杨忠德		91556	1025
3233	王九庭杀和尚			河北省张市宣化县崞村乡寇家沟村	冯云		91439	809
3234	书呆子			河北省张家口市下花园	刘明		91552	1947
3235	药王的传说			张家口市茶坊区宁远堡村	段盛英		91447	843
3236	铜佛的传说			河北省张家口市宣化区	王树源		91545	396
3237	“贼九”			张家口市下花园前堡村	张怀瑞		91435	1354
3238	万柳园的传说			河北省宣化区	杨金普		91547	2895
3239	王国光的故事			河北省张家口市下花园区铁路宿舍	路敬尧		91458	1432
3240	桑干河的传说			河北省宣化县大蟒沟村	杜秀		91560	704
3241	欧阳德大战“九花女”			河北省张家口市下花园区煤灰砖厂	陈有贵		91430	1469
3242	卧龙松的来历			河北省涿鹿县杨窑村	仁贵		91573	554
3243	马万水轶事			河北省张家口市庞家堡区	张中兴		91459	3013
3244	弥陀寺的铜佛爷			河北省宣化区财神庙街	刘世增		91544	997
3245	赐儿山的来历			河北省张家口市桥东区	杨海梅		91522	2500
3246	宣化城的传说			河北省宣化区财神庙街	刘世增		91539	1454
3247	怒砸税卡子			张家口市桥西区	刘永清		91461	703
3248	邓家台的来历			河北省宣化县头台子村	武德山		91290	2189
3249	杨六郎一箭定三川			河北省阳原县西庄村	郭进德		91355	1344
3250	薛平贵的传说			张家口市庞家堡区坝口村	许军		91283	400
3251	土尔沟为什么又称卧龙沟			河北省张家口市桥东区长寿街17号	陈怀珍		91463	751
3252	龟儿山的由来			张家口市宣化区	张蓬		91553	2310
3253	树不焦梢			河北省宣化区泥河子村	梁善英		91301	2113
3254	白龙洞传奇			张家口市茶坊区沈家屯	岳维品		91536	721
3255	车夫坐车			张家口铁路南站	刁春芳		91465	603

序号	篇名	民族	流传地区	采集地	讲述者	搜集者	数据库编号	字数
3256	桑干河为啥没鱼虾			河北省涿鹿县土堡乡同家窑村	温进		91562	854
3257	马鞍石			河北省宣化县辛庄村	陈万库		91426	919
3258	康熙访大=			张家口涿鹿县西二堡乡谭庄子村	徐光达		91299	1403
3259	军官拉车			张家口市茶坊区宁远堡村	彭发富		91477	905
3260	金张良			河北省涿鹿县九堡村	郭中典		91318	762
3261	张家口的来历			河北省张家口市	李=、李春恩		91513	372
3262	唐王游地狱			河北省宣化县张家庄村	苏天翔		91282	791
3263	康家的金娃娃			河北省张家口市宣化县郭家湾乡上坡底村	顾胜梅		91481	1547
3264	神瓜			河北省张家口市桥东区	王学濂		91533	1031
3265	孟姜女一句话倒长城			河北省涿鹿县鸦沟村	安文胜		91507	523
3266	红嘴绿莺哥			张家口市宣化区财神庙街	刘世增		91302	8586
3267	秦香莲传说的由来			河北省张家口市宣化区建筑街	李有梅		91483	1521
3268	李晋王拜泉			河北省宣化县郭家湾村	赵明真		91274	1970
3269	徐德杀子			张市龙烟铁矿黄田矿	全丙福		91364	1969
3270	白娘子智赚小青青			河北省康保县活佛营	王风明		91509	1559
3271	武林女杰——王传珠			河北省宣化区师范街	王崇智		91503	881
3272	鲁班爷送粮			河北省宣化县	胡世德		91269	650
3273	康熙骑驴访宣化			河北省宣化县张家庄村	苏天翔		91297	933
3274	立石里来了位神奇人			张家口市宣化县崞村乡立石村	武万珍、王福珍		91409	828
3275	水母宫的由来			宣钢二炼	温友元		91518	1232
3276	宋朝的江山应该是杨家的			张家口市庞家堡区坝口村	许军		91348	4108
3277	蘑菇王救驾			宣化县江家屯	李世顺		91296	1345
3278	“佛”字的传说			张家口市	谷生荣		91391	2409
3279	赐儿山的传说			河北省张家口市桥西区	净莲		91523	908
3280	冯玉祥的新生活饭			河北省张家口市	孙萍		91471	1246
3281	王次仲创隶书			河北省宣化区东大院	李天才、王有福		91368	710

序号	篇名	民族	流传地区	采集地	讲述者	搜集者	数据库编号	字数
3282	绣花鞋作墨斗			河北省宣化县上坡底	王春		91384	1200
3283	“神京屏翰”的京字为啥多一点			河北省张家口市宣化区	曹东波		91540	1811
3284	方观承下蔚州			张家口市宣化县	程玉山		91376	1698
3285	高万羊			张家口市庞家堡区矿机修厂	姚玉荣		91479	1870
3286	刘三瓢选妃			河北省宣化县洋河南头台子村	王连山、张正义		91288	274
3287	宣化米市桥			河北省宣化区花儿巷	王新邦		91548	714
3288	燕子李三的故事			河北省涿鹿县方家沟村	董如棣		91438	1354
3289	鲁班爷帮咱建钟楼			河北省张家口市宣化区春光乡盆夭村	刘和		91386	679
3290	大山佛的传说			河北省涿鹿县马军庄村	马国荣		91415	1514
3291	黄羊山上聚宝盆			宣化县郭家湾乡	赵文有		91559	2774
3292	普仙			河北省宣化县上坡底村	顾世吉		91410	6922
3293	龙门金钱豹			河北省张家口市宣化县塔村乡石分村	李忠德		91485	1238
3294	义和团树纛宣化城			河北省宣化区财神庙街	刘世增		91502	870
3295	大王川的传说			张家口市庞家堡区小吴营七区	施金梅、施文善		91567	664
3296	宣化的雨为啥没准头			河北省宣化县江家屯	薛永保、武建生		91372	877
3297	马踏杨二毛			张家口市桥西区新华街	杨进元		91504	2494
3298	冯玉祥请客			河北省张家口市桥东区花园街	孙萍		91468	1790
3299	泉水姑娘			河北省宣化县春光乡	武孝英		91576	887
3300	三叉口			河北省阳原县西庄村	武进连		91360	1069
3301	老普爷丢布			张家口市宣化县立石村	路长发		91412	567
3302	方观承嫉贤劈玉带			河北省张家口市下花园	顾玉成		91371	2245
3303	悬旨楼封正宫			河北省张家口市宣化县辛庄子乡张家庄村	苏天翔		91298	3729
3304	何金海的故事			河北张家口市庞家堡区坝口村	王义林、赵林富等		91456	783
3305	冯大帅坐车			河北省宣化区福利院	周广元		91476	2439
3306	侯俊山妙语羞群丑			张家口市沙河路	李钟善		91495	728

序号	篇名	民族	流传地区	采集地	讲述者	搜集者	数据库编号	字数
3307	为什么南海观音是倒坐像			河北省涿鹿县方家沟村	董云雨		91396	1174
3308	侯进士告状			河北省涿鹿县鸦沟村	安文胜		91382	3597
3309	清凉寺的愣和尚			河北省宣化县扣家沟村	兰佳贵		91491	1576
3310	邓家的变迁			河北省宣化县北街村	张启武		91482	2522
3311	杨勃投军			河北省张市龙烟铁矿黄田矿	杨修		91366	1020
3312	正德戏凤			宣化区刻字社	范金堂		91287	2470
3313	藏身酒篓告御状			河北省涿鹿县方家沟村	董云雨		91494	1358
3314	药王撒药种			河北省涿鹿县鸦沟村	安文胜		91478	1951
3315	韩信的传说			河北省蔚县吉家庄乡大庄子村	孙氏		91337	418
3316	老寿星的大脑门			河北省宣化县深井村	张嘉明		91398	986
3317	张班堵南大寺海眼			河北省涿鹿县保岱乡方家沟村	董善纪		91387	613
3318	水母娘娘指地为泉			河北省张家口市桥西区	李钟善		91520	1886
3319	黄天霸计杀窦尔墩			张家口市下花园煤灰砖厂	李佃富		91431	1342
3320	吉鸿昌接管警察局			河北省怀来县沙城村	刘世明		91455	1435
3321	胜英学艺			河北省宣化县黄家壤村	李万林		91419	1145
3322	赵匡胤帮耧耩三豁			河北省宣化县崞村	赵鸿恩		91285	1047
3323	救国佛			河北省宣化县上坡底村	顾世山		91417	1057
3324	胜母约法			河北省宣化县辛庄村	田忠		91425	882
3325	李存孝出世			河北省涿鹿县谭庄子村	徐光达		91279	1030
3326	康熙御赐象牙棋			河北省张家口市下花园区花园乡后堡村	李德丰		91306	3134
3327	冯玉祥请客			河北省张家口市	刘永清		91467	1938
3328	包拯的儿子			河北省张家口市宣化县深井村	张嘉明		91327	1126
3329	冯玉祥吊孝			张家口市桥东区	赵景成		91474	2276
3330	包公审驴			河北省张家口市	姜秀英		91326	416
3331	箭定宣化府			河北省宣化县深井村	张焕泼		91449	4572
3332	常遇春大战柳河川			河北省张市宣化区财神庙街	刘世增		91365	528
3333	“臭四毛”嬉斗肥站长			张家口市下花园区	朱自启		91497	3667

序号	篇名	民族	流传地区	采集地	讲述者	搜集者	数据库编号	字数
3334	曹知府减税			河北省宣化县龙门村	李自林		91330	2414
3335	“拆南厅”的传说			河北省宣化区	王鉴		91496	1234
3336	杨宗英破天门阵			张家口市庞家堡区坝口村	许军		91357	1230
3337	赐儿山云泉寺的传说			河北省怀安县第九屯村	王增喜		91521	810
3338	石龙嘴里定君臣			河北省张家口市宣化县连庄子乡张家庄村	苏天翔		91349	634
3339	“口外”的来历			河北省宣化县深井村	顾温氏		91516	759
3340	李翰林和响马			河北省涿鹿县保岱乡云家沟村	董占珍		91331	718
3341	鱼儿山的来历			河北省张家口市桥东区	杨海梅		91525	857
3342	方观承的传说			河北省张家口市宣化县郭家湾乡上坡底村	顾胜梅		91374	706
3343	三块独石的传说			张家口市	刘进生		91529	583
3344	方观承的传说			河北省宣化县上坡底村	孟千里		91373	881
3345	凤凰山的传说			河北张家口市茶坊区阎家屯村	丁瑞香		91537	1401
3346	关于方观承的传说			河北省宣化县刻字社	范金堂		91369	3754
3347	柏林寺的传说			河北省宣化县甘庄子村	李广胜		91572	1198
3348	点将台			河北省宣化县黄家壤村	阎有文		91424	1096
3349	避嫌			河北省张家口市宣钢选烧厂	李云		91322	1101
3350	方观承在张家口			张家口市桥东区	许德明		91375	715
3351	三路过太后			河北省宣化县郭家湾村	赵明真		91314	1521
3352	方观承的传说			张家口市庞家堡区小吴营村	程祥		91377	867
3353	孩子当家			张家口市宣化区	冯秀兰		91312	1260
3354	大山爷扛檩			河北省宣化县上坡底村	顾世山		91414	634
3355	光绪擢剃头匠			河北省涿鹿县鸦沟村	安文胜		91317	1021
3356	泰山奶奶出家			张家口市下花园区	周荣照		91394	857
3357	金环蛇			河北省宣化县北大寺村	韩氏		91405	1233
3358	北方为什么做官的人少			河北省张家口市下花园区棘针屯	郭生金		91378	842
3359	铁拐李渡神仙			河北省宣化县柏林寺村	李忠诚		91400	850

序号	篇名	民族	流传地区	采集地	讲述者	搜集者	数据库编号	字数
3360	黄羊山的传说			河北省宣化县黄家湾村	郭明枝		91558	1665
3361	洋河的传说			河北省宣化县邓家台乡头台子村	李丙高		91542	1096
3362	黑龙王			张家口市庞家堡区小吴营村	程祥		91490	1763
3363	顾吉才还家			河北省宣化县上坡底村	顾胜梅		91445	1243
3364	大水冲了龙王庙			张家口市桥西区新华街	杨进元		91534	1587
3365	铜桥、铁坝、银城子			张家口市	张王氏		91515	1798
3366	莲花仙子			河北省宣化县上坡底村	顾世山		91512	2172
3367	洋河广惠桥			河北省宣化区财神庙街	刘世增		91543	1669
3368	立石村的定海针			河北省宣化县上坡底村	谢正旺		91569	412
3369	康熙访清远楼			河北省宣化县江家屯村	李世顺		91305	906
3370	剜舅眼			河北省涿鹿县西头堡村	周满		91493	1494
3371	换媳妇			河北省宣钢选烧厂	冯玉巧		91508	1618
3372	宣化出了个李存孝			河北省宣化县下湾村	安胜亢		91281	1915
3373	露“马脚”一词的来历			河北省张家口市桥东区红旗楼	吴虹		91286	925
3374	胎里红修行			河北省宣化县寇家沟村	兰佳贵		91291	1078
3375	老盆上钻眼的传说				杨秀珍		97162	950
3376	上马石的来历				赵连三		97178	530
3377	红石桥			大名县金滩镇	赵学礼	黄宗章	97100	652
3378	野兔为啥不绝种				郝记会		97136	753
3379	祭灶的来历				刘付吉		97158	432
3380	玉皇大帝选十二相				蔡其昌	吴续恩	97135	1904
3381	瓜柱的来历				许木匠		97152	1042
3382	毛驴记仇				王茂胜	李书味	97130	424
3383	端午戴艾的由来			永年西召庄村	杨文苗	李昆彬	97157	378
3384	鹅的由来				蔡其昌		97129	2179
3385	青碗窑与碗神庙				赵志顺	赵连爱、马耕	97148	1826
3386	参不见辰的传说				赵氏	赵学锋	97180	1718
3387	二月二吃煎饼的来历			大名金滩镇村	陈秋太	魏俊元	97155	996
3388	家里不栽鬼拍手		成安一带		秦水泉		97181	1149
3389	下油下面的传说					刘富林	97175	548
3390	斟酒时为啥要伸指头			永年南王庄	王海	李景森	97169	644

序号	篇名	民族	流传地区	采集地	讲述者	搜集者	数据库编号	字数
3391	葱、蒜和韭菜的传说			大名县后屯村	贾培雨	广才	97145	870
3392	烧纸的来历			肥乡县河头堡村	刘孟琴	杨俊月	97168	2366
3393	三上轿的传说				李氏	程发龙	97160	928
3394	捕捉丹鼠的传说			东关东村	郝士进		97118	681
3395	苍蝇的传说			大名县后屯村	贾培雨	广才	97142	543
3396	“土地”输妻					冯恩堂	97109	1034
3397	俑殉葬是怎么来的			河北省成安县西街	刘美德		97165	966
3398	石像姻缘				吴志宏		97095	973
3399	吾吉、河马来上窑			肥乡县城	宋德民	程蓉生	97067	2097
3400	菟丝子						97147	1770
3401	龟驮城				聂在松、高熙臣	王凤良	97097	1814
3402	日月晚照石			肥乡县天台山村	翟梅	翟林、刘金山	97088	729
3403	老人献计的传说				尹付才	侯太福	97174	1381
3404	荞麦姑娘			大名县北贾庄村	王风歧	卫民	97144	1238
3405	母鸡的传说		广平东北一带		柳方贤	李运朝	97128	1138
3406	过春节的来历				张清云		97153	1006
3407	瑶峧石人的传说					李书味、赵魁芳	97093	2052
3408	送羊节的来历			城关镇鱼池街81号	陈门氏		97163	1303
3409	焦佐为啥没有姓焦的				蔡其昌		97123	853
3410	红门寺		广平西南一带		鲍思忠	张文锋	97083	1697
3411	和氏璧与凤凰台的来历		成安广平		杨茂修		97069	990
3412	麒麟冢					冯光华	97072	1940
3413	县太爷判集		广平、魏县、成安一带		张文堂	蔡兰海	97115	1377
3414	磁猫藏锦囊				姚兴龙		97068	509
3415	为啥每村都有营				刘世昌		97122	1638
3416	漳河小龙王的传说				申水明	王福榜	97078	853
3417	水失大名城的传说				张好德、张宝善	张少贤、呼中汉	97102	765
3418	药王显灵				张中位	张文科	97080	1073
3419	莲花湖的传说					李金祥、孙增涛	97079	2862
3420	斑鸠的传说					张文科	97124	763
3421	王二厢的传说				沈尚周		97114	2501
3422	红庙的传说					郭智勇	97107	937

序号	篇名	民族	流传地区	采集地	讲述者	搜集者	数据库编号	字数
3423	石狮子搬家		成安县东南部和魏县西南部	成安县郭坊村	袁振山		97092	2606
3424	马为什么不长犄角			邯郸火车站	张进锁		97131	2151
3425	果子园			大名城内	贾钦	岳同山	97116	683
3426	短工起					张文科	97125	1068
3427	卖豆腐的梆子			大名县金滩镇	王呈祥	薛文增	97170	1042
3428	财神爷和他的女儿				柴思竹		97179	1282
3429	二猫鸡			大名县招待所内	杨友云	丛森	97149	709
3430	“游春踏青”的由来			永年城关镇	刘老万	李光藩	97156	1887
3431	孩儿寨的故事			馆陶孩寨村		呼中汉	97117	2526
3432	花生果的故事			成安县商城镇	李秀珍		97143	1633
3433	魏县饸饹的传说				赵占魁、申禄	于继明	97150	907
3434	为什么狗见了猫就咬					武瑞鹏	97134	1215
3435	“仙人桥”的传说			肥乡县北高村	谢克瑞	庞金钊	97099	1139
3436	女人上坟为啥哭					李火山	97167	516
3437	太平车的来历				田新堂		97151	758
3438	为啥长子摔丧盆			东彭留村	王文荣		97161	269
3439	杜康造酒刘伶醉				杨金来	李伟	97110	559
3440	南北漳河的传说				高连三	崔海良	97077	894
3441	洪洞迁民的传说		成安县		王成林		97066	2287
3442	二柏一孔桥						97101	802
3443	“知了”与“伏凉”的传说					刘清月	97138	1002
3444	督堂坟的传说			东关东村	张文喜		97073	1041
3445	大南寺和安居杨家药的传说				孙秀山、杨红成	吕生泰	97081	2735
3446	猪将军和牛将军					王福榜	97133	1038
3447	黑龙庙的传说				邓忠堂		97084	1271
3448	“偏方气死名医”的来历			南徐村	丁洪章		97082	2802
3449	屈驴店			大名城内	陈会永	丛森	97104	809
3450	“仓堡”的传说			肥乡县王庄村	王英杰	王凤新	97105	452
3451	娘娘庙的传说				李清河	杨玉声	97106	473
3452	鸡的传说			大名县后屯村	贾培雨	广才	97126	4959
3453	天古城和玉皇庙的传说			肥乡县西刘寨	石太亮	石太明	97108	2361

序号	篇名	民族	流传地区	采集地	讲述者	搜集者	数据库编号	字数
3454	符山石马和马布的传说					漳华	97089	523
3455	金鸡的传说			鸡泽镇东营村	张全的、杨继亭		97120	1078
3456	智破摇铃寨					孙海忠	97111	410
3457	东双塔为啥没有塔				贾社平		97121	940
3458	虎守杏林					秦俊廷	97112	307
3459	金鸡讨角					孙必中	97127	1102
3460	蒲公英的传说				周爱宾		97146	2396
3461	蛤蟆的来历				蔡其昌		97137	1123
3462	老鼠的传说			大名主后屯村	贾培雨	光才	97140	1066
3463	神庙的由来				陈心亭	肖河、刘日东	97171	1066
3464	哀杖棍的来历		华北一带		王冀卿、杨名扬		97164	3295
3465	唐修庙的传说			鸡泽县城隍村	许国清	许文学	97172	914
3466	戴鬼脸的由来					张子英	97177	2518
3467	裹脚的传说		广平东南一带		董九周	董秀岭	97182	1242
3468	大塔西迁的传说					赵庆祥	97098	1482
3469	尤八和唢呐						97159	698
3470	猫坟的传说			肥乡县南营村	路新凤	张庆学	97075	1075
3471	猫与虎、水獭的传说		成安县长巷乡	后长巷村	张墨香		97132	514
3472	凤凰台的传说			成安县文化馆	徐晋		97070	705
3473	蚯蚓和虾的传说			新范湾	苗双林	苗玉芳	97141	963
3474	戒指的来历			永年城关	陈清泉	李光藩	97176	1362
3475	佛祖惠可与二祖村			地名办公室	魏成贵		97119	1354
3476	曹操遗设七十二疑冢				姬秀	刘天祥	97071	790
3477	磁州窑的传说				马吉庆	刘天祥	97096	644
3478	鲁班刻石人的传说					中国民、马河义	97094	1181
3479	金牛记				封顺海	岩香	97091	872
3480	符山金牛的传说					付东	97090	953
3481	金头坟的传说					徐孟山	97074	605
3482	滏阳河的传说				刘孙氏	肖河	97076	996
3483	甘鱼岭		涉县城关周围各村		张中位	张文科	97086	2110
3484	石月亮				贾忠亮	孙必中	97087	1193
3485	黄河神庙的传说			北乡义村	米春亮		97085	2278
3486	人刚死为啥要喊魂		华北一带		张锡元		97166	1301
3487	蜈蚣的传说					王金凤	97139	1067

序号	篇名	民族	流传地区	采集地	讲述者	搜集者	数据库编号	字数
3488	龙凤集的传说			金滩镇	陈秋太	魏俊元	97103	975
3489	正月十五闹灯火的传说				张思林	赵学锋	97154	389
3490	“泰山石敢当”的传说				李董氏		97173	397
3491	馆陶“三寨”趣闻					任润刚、阎广信	97113	1010
3492	猫埋屎的传说		河北一带		徐大汉	彭建波、徐瑞起	115063	443
3493	猫为什么吃老鼠		河北一带		魏成芳	魏庆年	115061	345
3494	朱元璋招亲		藁城东部	耿村	靳言根	樊更喜	115030	423
3495	慈河为什么暗流		奉化乡一带		赵贵辰	赵双清	115042	539
3496	蚯蚓和虾米的传说		藁城境内		马金山	马建英	115072	1575
3497	狼和猫的故事		河北一带		徐大汉	彭建波	115064	978
3498	唐伯虎训徒		藁城北部	梁家庄乡中	岳生印	岳永华	115031	1132
3499	乌鸦的冤屈		藁城一带	张家庄村	陈兰平	李素银	115070	689
3500	白蛇传说		藁城东部	耿村	张才长、董彦娥	靳春利	115006	831
3501	灶火爷的传说		晋无藁三县交界处		马唤娣	彭建波	115078	418
3502	郑板桥三进小酒店		藁晋一带		刘顺安	张新书	115034	754
3503	严嵩自害		藁城县境内	东辛庄村	马黑妮	樊更喜	115032	205
3504	塔头的来历		藁城境内	城内	张耀君	翟林青	115045	543
3505	金銮殿斩牧童		藁北一带	梁家庄村	刘不止	刘景平	115029	180
3506	藁城“孩子岸”的传说		藁城城内		泰然	尚新鸿	115037	440
3507	神医孙思邈的传说		藁城一带	南乡村	许艾妞	徐奢等	115023	689
3508	黄龙坡的传说		藁城北部		张树申	张同辉	115043	803
3509	韩家洼的由来		藁城韩家洼一带		杨秀辰	刘香云	115050	1474
3510	老鼠的来历		藁城县张村一带		彭蚂蚱	彭建波	115060	270
3511	王献之学书法		藁城一带		孙树礼	徐奢等	115015	369
3512	七月七日黄庄庙会的来历		藁城县黄庄一带		韩洛根	杜勤须	115040	691
3513	韩湘子		藁城南部	南营	邓老生	邓中华	115021	349
3514	小鸡喝水为什么要抬头望天		藁城一带		智玉琢	田春国	115068	851
3515	老头子		藁城境内	南乡	老徐	徐奢等	115035	562
3516	九门城和假鸡寺		藁城九门一带	南乡	徐奢	徐奢等	115038	342
3517	财神爷的来历		藁城一带		曹洁如	曹家程	115079	549
3518	王祥卧冰		藁城城南一带	系井村	郑新爱	齐立冰	115086	1285
3519	马丘村名的来历					葛立茹	115049	427
3520	杨家为嘛没能做皇帝		藁城一带		张小件	田新朝、武双文	115024	469

序号	篇名	民族	流传地区	采集地	讲述者	搜集者	数据库编号	字数
3521	堤上的传说		藁城县西南一带	堤上	曹芸	亿瑞风	115051	730
3522	豆腐的来历		藁城一带		孙小艾	夏敏霞	115082	867
3523	奉化村的由来		藁城奉化乡一带		李志	李国华	115048	763
3524	神羊拱滹沱		藁城一带		刘东海	刘瑞锁	115054	390
3525	罗成住店		河北一带		田新朝	赵贵生	115020	671
3526	神曲药的来历					姬惠霞	115080	449
3527	张果老出家					丁丽娟	115019	641
3528	河二小		藁城城关		崔洛先	崔学信	115053	905
3529	天明时为嘛还要黑一阵		藁城境内		张金兰	张建刚	115018	609
3530	燕子和鹞鹰		藁城境内	东慈邑	刘瑞姐	刘慧芝	115071	692
3531	“麦饭亭”的由来					李桂彬	115012	357
3532	黄瓜张村的传说		藁城县张村一带		彭蚂蚱	彭建波	115047	860
3533	苏小妹退婚		河北一带	黄庄村	许协盛	樊更喜	115026	1242
3534	为什么杀猪猪叫杀羊羊不叫					韩青龙	115066	748
3535	正宫村的来历		藁城东部		张月君	翟林青	115044	582
3536	木匠为啥用一只眼吊钱					李保华	115083	714
3537	馒头的传说					丁凤英	115081	455
3538	祝英台上学		藁城北部		许小柱	杜勤须	115022	698
3539	斩蟒将军与石人的传说		藁城县南部	柳树寨村	搜集者家母	张国力	115055	739
3540	喇叭花的来历					王志杰	115077	408
3541	大佛寺十八罗汉的来历		藁城一带	南乡	许艾姐	徐奢等	115057	278
3542	“王莽沟”的来历					张建刚	115009	836
3543	堤里的芫荽不放油也香		藁城九门一带		张小件	田新朝	115041	259
3544	为什么人的寿命长		藁城一带		刘小利	贾玉民	115059	1384
3545	王羲之女儿的嫁妆		藁城一带		孙树礼	徐奢等	115016	709
3546	功到自然成		藁城一带		孙树礼	徐奢等	115014	891
3547	“藁城”的来历		藁城县境内	藁城城内	申秋海	樊更喜	115036	656
3548	垂柳的传说		藁城一带		赵老宽	赵文瑞	115074	415
3549	天津的传说		藁城北部		梁山中	梁荣贵	115058	723
3550	吕蒙正招亲		藁城北部	黄庄村	许协盛	杜勤须	115025	973
3551	萱子草的传说		藁城北部		代秋姐	韩凤罗	115076	1107
3552	刘秀冰渡滹沱河		藁城北部		周老生	刘瑞锁	115011	1057
3553	天狗食月亮的由来		藁城一带		阎青云	王志辉	115084	616

序号	篇名	民族	流传地区	采集地	讲述者	搜集者	数据库编号	字数
3554	兔子为什么豁嘴唇		藁城县梁家庄乡一带	梁家庄乡中	张建杰	岳永华	115065	634
3555	韭菜、葱、蒜的传说					张俊艳	115075	919
3556	马鞍山的传说		藁城一带		王小山	刘冠军	115052	279
3557	鸡下蛋后为什么“咯咯哒”		藁城一带		夏洪瑞	夏艳密	115067	1044
3558	一桥二名		藁城一带		崔分田	樊更喜	115017	415
3559	韩信坐马分井		藁城北部		艮珠	路淑英	115013	428
3560	狗咬猫的传说		河北一带		宋祥君	翟林青	115062	1604
3561	秦少游一字求婚诗		藁城县北楼乡一带	明学村	张振周	张新书	115027	380
3562	乾隆封关公		藁城一带	县文联	崔学信	樊更喜	115033	622
3563	朱元璋降生		藁城一带		张小件	田新朝、胡增来	115028	652
3564	铁耙佛门寺		藁城北部	梁家庄村	刘胖旦	张赞兵	115056	220
3565	“土山”村名的来历		藁城南营一带		耿吉成	张建刚	115046	426
3566	黑炭洗白沙		藁城北部	南乡	徐奢	徐奢等	115039	540
3567	海里为什么出盐		藁南一带		尔玉振	尔荣素	115085	663
3568	榆树的传说					岳风丽	115073	164
3569	猴屁股为啥是红的		藁城一带		张玉	秦志杰	115069	336
3570	“侧口井”的来历		藁城城南一带		张雨子	张建刚	115010	810
3571	孟姜女出生		藁城县境内		李洛言	梁荣贵	115007	312
3572	蝼蛄为何满地拱					张建刚	115008	711
3573	《万年历》为什么没传下来				张俊	张爱昆	118395	406
3574	南蛮子偷水				陈墨子	陈东来	118321	351
3575	水井的传说				牛其伸	张永民	118392	924
3576	养养石与山榆树				王中民	王中年	118320	2741
3577	铁公鸡拔毛				赵荫堂	沙柳	118334	894
3578	毛驴为什么到河里就撒尿				江邦畅	王昧奇	118301	301
3579	布谷鸟的传说				王国恩	李世新	118297	1021
3580	活祖宗				程雪民	程金录	118371	204
3581	龙坟的传说				白进栓	白世敏	118397	387
3582	北京话				辛福山	辛京来	118329	369
3583	老鸹学艺				宋毅	宋毅	118287	417
3584	老虎爪草的传说				朱云花	席晓靖	118294	809
3585	荣臻渠				和宪宝	和宪宝、李木成	118269	490

序号	篇名	民族	流传地区	采集地	讲述者	搜集者	数据库编号	字数
3586	高粱叶杀牛				白长友	白世民	118355	547
3587	买话				庞老雪	庞志浩	118318	524
3588	海水为什么是咸的				李洛元	李振锁	118379	946
3589	癞蛤蟆想吃天鹅肉的由来				赵志开	张静	118307	787
3590	后檐“盐短”				薛增福	和宪宝	118243	662
3591	普济和尚				刘文科	庞联江、冯玉霞	118284	1193
3592	苹果的传说				张占军	张锦秀	118285	448
3593	猴儿屁股为什么是红的				赵萌堂	沙柳	118289	1141
3594	乌龟“吸气”				薛增福	和宪宝	118244	416
3595	王子寺				庞立奎	庞征浩	118258	791
3596	燕赵的传说				郝福巨	郝生章	118256	540
3597	小渔公的故事				陶彦藕	陶玉海	118386	318
3598	驴看我				李洛元	李振锁	118378	995
3599	小做活的桃花运				王荣先	庞联江	118362	505
3600	魏老美话家乡				刘敬珍	刘双学	118271	829
3601	穆桂英与“僵坷垃”				卢全州	卢京田	118385	588
3602	李二坏的故事				刘登珍	张静煜	118328	320
3603	开口不离本行				宋雪兆	张新明	118359	1792
3604	蝎子为什么没有头				葛成申	葛保栓	118298	473
3605	孝墓村的传说						118257	1104
3606	三个女婿对诗				高双牛	陈军良	118314	203
3607	飞毛腿				胡三林	郝生章	118367	773
3608	吸水石的传说				刘胜芬	田建辉	118352	831
3609	通天河改道				李臭尔	李木成	118237	1957
3610	吕蒙正赶斋				庞淑卿	庞征浩	118279	728
3611	嘉禾山的来历				高双牛	李玺	118351	1098
3612	猛一杵和呼啦啦				程丙申	王振宗	118331	447
3613	老人知事				孙洛明	葛绍锋	118337	1365
3614	嘉山有煤黄山有玉的传说				刘荣霞	杨华	118343	217
3615	梦明槐				甄香艳	张婧煜	118342	3097
3616	活佛				王洛秦	葛绍峰	118340	794
3617	哥三个赛艺				陶彦藕	陶玉海	118339	1318
3618	席盖雨的传说				王欣蓉	张朝博	118336	417
3619	少容姑娘与雕刻艺术				宋毅	李木成	118246	1410

序号	篇名	民族	流传地区	采集地	讲述者	搜集者	数据库编号	字数
3620	和尚下山				袁路峰	周淑娟	118332	3609
3621	桑树气破了肚皮				葛贵芝	郝新菊	118300	498
3622	白字秀才				高双牛	陈军良	118389	1173
3623	北岳庙里的“曲阳鬼”				杨振文	和宪宝	118242	583
3624	傻闺女做正宫				赵荫堂	烟伟	118377	1123
3625	龙泉镇的龙泉				冯志远	苑少风	118268	810
3626	千手千眼三皇姑				陈墨子	陈东来	118376	927
3627	审砖头				高双牛	陈军良	118347	901
3628	梦先生的传说				韩老槐	何新义	118372	909
3629	乌龟背上为什么有龟板纹				石秀梅	王巧珍	118286	1750
3630	王老二休妻				张翠花	周淑娟	118374	395
3631	乾隆的故事				袁路峰	闫淑娟	118283	1219
3632	猪秀才				郝洛泰	郝改章	118363	1261
3633	父母官						118396	674
3634	南瓜的来历				张国芬	杨跃武	118295	1259
3635	棒槌				葛绍峰	庞征浩	118324	857
3636	九顶莲花山与东西墁石道				冯志远	王巧珍	118252	1911
3637	智胜一担挑				张英芬	张玉卿	118390	621
3638	黄山与故张村				宋雪照	张新民	118249	355
3639	木衙役				郑孟怀	葛保栓	118353	840
3640	铜锣寨				孙海立	葛绍峰	118251	2263
3641	魏老美的断案故事				韩老槐	何新义	118270	842
3642	朱洪武葬母				白金生	白世民	118281	688
3643	狗塔坡的传说				张国芬	杨跃武	118254	3690
3644	活神仙				马明堂	马生才、张顺	118348	1293
3645	石虎夜光				宋毅	和宪宝、李木成	118245	601
3646	张半仙捉妖				陶彦藕	陶玉海	118366	975
3647	错字县官				高双牛	陈军良	118381	2101
3648	蝼蛄的腰为什么细				王畅怀	振阳	118302	468
3649	李扑云奇遇				葛洛年	葛绍峰	118319	1520
3650	人间的龙绝了种				甄香艳	张婧煜	118290	286
3651	增和桥				彭建芝	王明礼	118304	1534
3652	眼光奶奶				程雪民	李春燕	118345	432
3653	狗报恩				刘登珍		118293	1037

序号	篇名	民族	流传地区	采集地	讲述者	搜集者	数据库编号	字数
3654	寇准解梦				王云江	郭永才	118278	345
3655	烟叶的传说				庞振冒	庞征浩	118288	1575
3656	顶门棍				张秀珍	张庚申	118344	1033
3657	以巧匠得官的杨琼				陈丁	陈国珍	118280	468
3658	张四柳子的脚印				李老根	张乐呆	118325	2573
3659	莲花仙子				宋毅	和宪宝、李木成	118238	823
3660	量小与无毒				王丙申	王明礼	118303	1270
3661	双胞胎的由来				刘登珍	张静煜	118327	8464
3662	白杨树的传说				田天	张玉卿	118299	469
3663	黑心人				张改哲	周淑娟	118333	2399
3664	石雕艺术的传说				和宪宝	张锦秀	118349	1599
3665	锣和鼓				霍振林	程金录	118387	1767
3666	德宁殿壁画与吴道子				陈丁	陈国珍	118241	972
3667	甄半仙儿的传说				李风雪	张婧煜	118341	320
3668	天外有天				张俊	张爱昆	118394	831
3669	对诗赏月				宋雪兆	张新明	118375	606
3670	河神奶奶				程孟海	王振宗	118323	1610
3671	浪荡子学艺				程雪民	程金录	118373	626
3672	于兆夫修仙				杜艳娥	杨银平	118364	668
3673	黑风山的传说				陶彦藕	陶玉海	118255	1610
3674	石鸡儿				史建民	葛爱靖	118266	651
3675	石义打柴				甄香艳	张静煜	118326	913
3676	马古与马泥河				牛洛贵	韩爱营	118247	873
3677	寻药				王胜原	郭永才	118365	345
3678	骆驼石的传说				杜艳娥	杨银平	118253	1450
3679	晾经台				庞淑卿	庞征浩	118259	386
3680	愚人不愚				高双牛	陈军良	118315	274
3681	白羊山的传说				程孟海	王振宗	118248	1371
3682	两个字先生				王海灵	王振宗	118330	893
3683	北岳庙的传说				陈丁	陈国珍	118240	576
3684	尼姑救父				冯志远	苑少风	118335	561
3685	兔山的传说				张明茹	张向红	118250	512
3686	原汤化原食的来历				牛东发	张顺	118368	493
3687	狐仙灭亲				张国芬	杨跃武	118296	1136

序号	篇名	民族	流传地区	采集地	讲述者	搜集者	数据库编号	字数
3688	哥三个分家				葛络年	葛绍峰	118338	262
3689	缘				王丙申	王明礼	118305	2742
3690	摘枣儿				葛老敏	葛新成	118370	1056
3691	一文钱				李占录	李木成	118306	552
3692	亏心人的下场				赵荫堂	烟伟	118369	641
3693	饥了糠如蜜饱了蜜不甜				侯振江	郭宗惠	118346	3674
3694	杨老滋披毯子				赵俊法	田爱霞	118382	1613
3695	无影山的传说				王进刚	王俊桃	118350	349
3696	抹的来历				陈更尔	陈训民	118393	639
3697	两个土疙瘩的传说				阎闯儿	阎巧英	118354	638
3698	一棒槌砸开黄龙山				葛老仙	葛新成	118380	1729
3699	给你银子				王进刚	王俊桃	118357	616
3700	龙儿				王老虎	郭永才	118391	587
3701	石王角的传说				白长友	白世敏	118383	778
3702	鱼仙庙				李明亮	李亚洁	118388	500
3703	秀才开胃				马贵才	马生才、张顺	118384	2274
3704	十八的小子十七的爹				孙静和	葛绍峰	118398	1167
3705	李半仙的传说		平乡县西北部	北李庄街头	李春山	李战辉	119785	237
3706	“二圣人”赵九野的传说		平乡县东南部	董固村	赵老逢、赵全贵	赵修堂	119788	1070
3707	“双尖坟”的传说			乞村	李洪春	李洪春、徐宏彬	119818	598
3708	于师傅和蔫徒弟		平乡县东部	乞村	苏唐洲	苏红云	119768	1978
3709	杨洪亮割股奉母		平乡县一带	李元寨村外孝子碑旁	王金铎	丁玉华、李永朝	119778	458
3710	新娘下轿为什么点鞭		平乡县一带	讲述者的家	丁秋灯	丁玉华	119815	1046
3711	龙泉的来历		平乡县一带	赵流去	赵六子	赵多敏	119741	2945
3712	田老登独霸南山口		平乡县西北部	田瓦庄村北麦地里	田老梁	李永朝	119769	500
3713	于坑的蛤蟆为啥不叫唤		平乡县西北部	节古村	陈文计	李永朝	119799	1304
3714	飞毛腿的传说		北李庄村	北李庄街台上	李喜贵	李永朝	119783	963
3715	冰封黄河渡黄巾		平乡县一带	高达家	高达	李永朝	119739	996
3716	王大憨子的传说		平乡县北部一带	马康村	王德林	李永朝	119781	2305
3717	老漳河和滏阳河		平乡县一带	同彬家	张同彬	郑书坤	119810	585
3718	甘罗十二为宰相		平乡县一带	北李庄		李永朝	119792	717
3719	左膀右臂		平乡县一带	乞村	弓弘弦	李永朝	119737	577
3720	神医赵仁		平乡县东南一带	董固村	赵金山	赵多敏	119782	1545
3721	五月单五插艾的传说		平乡县一带	李真九家	李真九	李永朝	119740	1014

序号	篇名	民族	流传地区	采集地	讲述者	搜集者	数据库编号	字数
3722	巧断争妻案		平乡县西北部	北李庄村	李永钊	李永朝	119779	1511
3723	火烧庄		平乡县东南部	丁家	丁银廷	孟凡夫	119806	1741
3724	大钟的传说		平乡县一带	河古庙乡政府	张丙仁、闽振峰	张廷枝	119805	686
3725	大老营村名的来历		平乡县一带	李发吉家	李发吉	李永朝	119742	2792
3726	黄巾与黄鸡		平乡县一带		张大憨	李永朝	119746	713
3727	“枣树茬”王石更		平乡县一带	乞村	曹封琢	苏红云	119766	1955
3728	石槽街的来历		平乡县东南部	董固村赵氏家		巩雪敏	119809	4598
3729	珠算的来历		平乡县一带	田间	王合宾	李永朝	119804	702
3730	刘鼎巧对骂“先生”		平乡县西北部	节固村	许老汉	王瑞峰	119777	1608
3731	乾隆取水		平乡县一带	肖湾	肖庆丰	苏红云	119800	832
3732	中秋月餅的来历		平乡县东南部	王家	王义全	刘同辰	119816	1475
3733	回穇谷的传说		河北省南部	北李庄		李永朝	119771	1660
3734	聪明的县官		平乡县一带			李永朝	119765	506
3735	康熙封关公		平乡县一带	田间	李鸣岐	李永朝	119791	2107
3736	照妖镜		平乡县一带	田禾	马正品	苏红云	119817	1431
3737	罗成大战周西坡		平乡县一带	艾村	徐老汉	李永朝	119811	885
3738	张角斗智胜曹操		平乡县一带	李壮家	李壮	李永朝	119743	1439
3739	左老存吓贼		庞庄一带		庞立超	王俊钊	119789	1637
3740	水淹刘备		平乡县西北部	赵流去	赵修礼	赵多敏	119736	1025
3741	梅花拳的传说		平乡县一带	后马庄村	张玉宾	宏彬、永朝	119776	1541
3742	大摆迷魂阵		平乡县一带	李发吉家	李发吉	李永朝	119744	501
3743	节固店村名的来历		平乡县西北部	五洪康		王勤锁	119802	1029
3744	平乡为啥碱地多		平乡县一带	陈道家	陈道	李永朝	119748	1105
3745	“飞毛腿”段明海		平乡县一带	豆庄	肖庆丰、王书兴	苏红云	119762	1951
3746	麒麟庄的传说		平乡县东南一带	常河镇	良峰娘	刘同辰	119808	2488
3747	“影魄幡”的来历		平乡县一带	北李庄村街头	李全胜	李永朝	119796	1078
3748	赵武灵王吓死秦始皇		平乡县一带	搜集者的家里		李存志	119803	1481
3749	斩妖刀		平乡县一带	田禾	马正品	苏红云	119795	901
3750	尹知县巧断案				时老汉	孟凡夫	119780	344
3751	油香还是盐香		平乡县一带	北李庄街头	杨贵林	李永朝	119793	2092
3752	节固店和河古庙的传说		平乡县东南部	河古庙村	阎振峰	张廷枝	119801	1172
3753	“半只牛”的故事		平乡县一带	孙家	孙济民	郝钢人	119775	1687
3754	医者救人也杀人		平乡一带	武立志家	武立志	李永朝	119747	743
3755	河古庙的传说		平乡县东南一带	骆家	骆成云	刘同辰	119814	1798

序号	篇名	民族	流传地区	采集地	讲述者	搜集者	数据库编号	字数
3756	平乡县的来历		平乡县一带	李伦家	李伦	李永朝	119735	1163
3757	田禾村半朝銮驾的来历		平乡县东部		黄西钊、田禾村		119813	2792
3758	张角仗义惩董卓		平乡县西北部	赵流去	赵修理	赵多敏	119745	3063
3759	拳师马龙的传说		平乡县东部	乞村	马凤杰	苏红云	119764	1900
3760	蝎子为啥用=蛰人		平乡县一带	朱家	朱庆修	刘同辰	119794	1587
3761	王崇志力挫日本兵		平乡县一带	后马康村，王德林家	王德林	李永朝	119767	1829
3762	子路探亲		平乡县一带	县城	李朝公	赵多敏	119790	1551
3763	刘才子的传说		平乡县西部	北李庄、节古	李增勇、陈文计	李永朝	119763	770
3764	赵武打虎的传说		平乡县东南部	董固村	赵朝江、赵金贵	赵修堂	119784	761
3765	游庄为啥不打油		平乡县一带	游庄村	游咏	李永朝	119738	819
3766	孔子的传说		平乡县一带		李长增	李战辉	119772	883
3767	云五色的传说		平乡县一带	田间	李元杰	李永朝	119761	1043
3768	黄牛县令时苗		平乡县一带	时村	时老汉	李永朝	119759	1655
3769	崇祯的传说		平乡县一带	北李庄村街头	李振东	李永朝	119787	892
3770	洪水漂天，淹不了周天		平乡县一带	文家	文才	李永朝	119751	1243
3771	张角赶考得天书					赵多敏	119750	1506
3772	蓝桥相会的传说		平乡县一带	搜集者的家里		李存志	119812	1030
3773	张角短=破长枪"		平乡县一带	李义家	李义	李永朝	119749	1080
3774	“一亩三分地”的来历		平乡县一带	常河镇	刘光生	刘同辰	119798	458
3775	刘墉私访通州霸		平乡县一带	北李庄	杨贵林	李永朝	119786	489
3776	破釜沉舟的故事		平乡县一带	平乡乡政府	史自省	李永朝	119807	1544
3777	马官帮办无头案		平乡县西北部	重义疃村	马老太太	马庆雨	119774	1220
3778	李武辖的故事		平乡县西北部	景堂家	李景堂、阎宏军	黄仁朝、郝钢人等	119773	544
3779	豆老山写门匾		平乡县一带	乞村	刘三多	苏红云	119770	908
3780	无名花		平乡县一带	田禾	马正品	苏红云	119797	1561
3781	神拳于得水		平乡县一带	乞村	苏唐洲	苏红云	119760	550
3782	赖皮草的来历					刘风霞	122993	1024
3783	无孔桥的传说					王国荣	122986	345
3784	张守愚墓地的来历				贺守敏	王国荣	122982	671
3785	双峰山的故事				贾全忠	陈敬孝	122978	346
3786	雪花与白面的演变					梁宪国	122990	701
3787	白飞的故事					王国荣	122997	2151
3788	红山寺的传说					饶秀民	122977	1744

序号	篇名	民族	流传地区	采集地	讲述者	搜集者	数据库编号	字数
3789	毒蛇的来历					刘风霞	122994	507
3790	康熙皇帝吃“到口酥”		赤城县山区		阎尚明	阎春林	123004	663
3791	舍身崖的由来		赤城北部			孟宪昌	122963	342
3792	樊梨花的故事					赵相如	123010	1747
3793	黄龙庙的传说				巩振永	刘风霞	122975	1239
3794	康熙吃菠菜炒豆腐				陈录	王秀坤	123003	945
3795	景家牌楼的传说					孟瑞凌	122973	1692
3796	独石口协台轶闻二则					王国荣	123012	500
3797	感恩楼的来历					陈敬孝	122974	377
3798	满族村的来历和传说			独石口乡青羊沟、北栅子村	关振铭、傅英德等	阎春林	123027	351
3799	马家嵯的故事					陈敬孝	122980	639
3800	黑龙潭的传说					刘永来	122971	234
3801	海陀山的传说		赤城、怀来、延庆			孟宪昌	122962	880
3802	黑龙潭的传说				朱显廷	蒲润洲	122970	1637
3803	朱元璋宰牛					蒲润洲、杨万里	123001	511
3804	“一碗泉”的故事					蒲润洲	122968	1010
3805	长伸地城隍庙的传说				巩振永、张桂枝	刘风霞	122976	361
3806	向阳村的来历		雕鹗向阳村一带		郭华	阎春林	122979	504
3807	康熙掏鹰的传说		东栅子乡一带	鹰窝沟村	温瑞	蒲润洲、杨万里	123002	744
3808	古柳的传说		窑子沟		阎中伏	阎春林	122992	474
3809	“娘娘缝”的故事			赤城县大海陀村行子铺	刘琪、马奎荣	刘永来	122969	665
3810	独石口城的传说					王国荣	122983	646
3811	张果老种“早种晚收田”		大海陀乡一带		刘万功	蒲润洲、杨万里	123008	290
3812	滚池的传说					乔云	122966	439
3813	舍身崖的由来				阎尚明、阎海珍	阎春林	122964	418
3814	挡将梁的来历		马营乡一带		王义民	蒲润洲、杨万里	122972	883
3815	“六十花甲活埋”的传说			马营乡大水坑村	冯某人	蒲润洲、杨万里	123026	1167
3816	康熙私访锁事					王国荣、饶秀民	123005	752
3817	蒙古族人为啥管嫂子叫“新姐”			碾子湾	包洪郧	阎春林	123028	506
3818	泰山石敢当				裴长青	王国荣	122999	709
3819	药材的由来					梁宪国	122991	1079
3820	狗和猫怎样结仇					刘风霞	122995	919

序号	篇名	民族	流传地区	采集地	讲述者	搜集者	数据库编号	字数
3821	神鱼山的故事					刘进财、梁宪国	122981	401
3822	刘铤轶事					蒲润洲	123009	1393
3823	赤城温泉的传说				饶秀民	刘兆祥	122965	425
3824	九岁红扬名记		赤城县向阳村一带		郭华	阎春林	123007	346
3825	无耳钟的传说					王国荣	122984	350
3826	水厂寡妇的传说			河北省赤城县大海陀乡水厂村	刘成龙、刘启	刘永来	123025	544
3827	松树搬家的传说		马营乡一带	松树堡村	石尚山	蒲润洲、杨万里	122987	311
3828	无影塔的传说					王国荣	122985	519
3829	望乡楼的传说					刘风霞	122967	297
3830	聚宝盆的故事					孟宪昌	122989	1265
3831	铁火盆的故事					陈敬孝	123000	346
3832	耕牛的传说		赤城大海陀乡一带		阎尚明	阎春林	122998	447
3833	杨洪机智对诬告		马营、赤城、独石口等地		孙录珍	蒲润洲、杨万里	123006	860
3834	“鬼鸟”的传说				巩国防	刘风霞	122996	919
3835	“廉勇大帅”的由来					王国荣	123011	577
3836	中秋节祭亡灵的由来		河北、北京、天津		孙永才	安秉耀	123487	3355
3837	镇王庙和王爷坟的传说				景志洪	杨光远	123481	1202
3838	冯兰庄的传说				门惠林	潘嘉璋	123482	1109
3839	清真寺“白顶”的传说				铁大银、李银	杨光远	123474	5039
3840	大厂集的传说			大厂文化馆	马永蛟	刘绍振	123462	4463
3841	“福”到来的故事		河北、北京、天津、南方		孙永才	安秉耀	123488	1147
3842	国槐的传说		京东		李志	安秉跃	123478	1041
3843	回回的来历						123461	1634
3844	刘罗锅故事二则		京东各县、京东一带	河北省大厂县祁各庄村	赵文甫	刘绍振	123490	1282
3845	彭府姑子庙				陈少洪	陈少奉	123477	923
3846	马五戏班的传说				陈继洲	陈凤池	123492	2498
3847	青蛇白蛇闹许仙			万城			126575	1597
3848	海瑞的来历			万城			126549	1364
3849	武侠			万城			126605	1894
3850	韩湘子出家			万城			126607	1207

序号	篇名	民族	流传地区	采集地	讲述者	搜集者	数据库编号	字数
3851	韩信巧计出国			万城街口			126617	661
3852	三仙女下凡			万城村			126552	1096
3853	五马山沟的来历			万城	李建歧		126665	2071
3854	韩信讨封			万城			126618	1595
3855	韩信致死魏阳宫			万城			126547	626
3856	张木的故事			万城			126585	3129
3857	梁可心坐朝廷			万城			126574	1732
3858	小孩儿救城			万城			126619	812
3859	响洞山的传说			万城	郭月芹		126679	2520
3860	杜翰林			万城村			126573	2304
3861	过年的来历			万城			126623	3940
3862	以严治国			万城			126622	1572
3863	圣贤愁			万城			126553	1851
3864	牛马的来历			万城			126589	1080
3865	万城村名的由来			万城			126588	6409
3866	李风姐开店			万城			126634	3686
3867	十大阎王殿是怎么来的			万城			126576	1406
3868	桃花破周公			万城			126621	2802
3869	李文李广的传说			万城郭文超家	郭延平		126676	1414
3870	二月二龙抬头的传说			万城			126590	4418
3871	赵匡胤打枣儿			万城			126657	549
3872	刘备是谁转生的			万城村	李爱银		126668	1414
3873	哪吒出世			万城			126551	1088
3874	蛇山的传说			万城	王爱荣		126685	5712
3875	门神的来历			李全福家			126608	1833
3876	兽中王的来历			万城	郭永标		126662	1341
3877	孟姜女哭长城			万城			126586	1004
3878	目连僧救母			万城			126548	2497
3879	王莽为什么赶刘秀			万城			126604	18796
3880	真假纣王			万城村			126545	9502
3881	黄巢为什么造反			万城			126633	1194
3882	蛇的传说			万城	郭志强		126681	2028
3883	梁山伯和祝英台			李全福家			126606	485
3884	唐明皇和杨贵妃			万城村			126620	2445

序号	篇名	民族	流传地区	采集地	讲述者	搜集者	数据库编号	字数
3885	姜子牙初用兵			郭兰芳家			126546	981
3886	万城土圪垯的来历			万城	郭永标		126661	7454
3887	铁拐李的腿是怎么拐的			万城			126587	2140
3888	岳飞出世			郭兰方家			126658	667
3889	朱迈臣休妻			万城			126584	1761
3890	青蛇白蛇为什么闹许仙			万城	郭文超		126675	746
3891	韩信出世			万城	郭修德		126673	1620
3892	石猪槽的来历					李玉珍	127866	809
3893	大马群山传说					郭郛	127859	1529
3894	老虎和偷骡子的人				雷云生	郭玉峰	127861	861
3895	“哈巴狗”泉的传说					侯守龙	127862	618
3896	大刀刘挺困冰山			丰元店村	赵青海	薛启新	127863	2934
3897	老米沟的传说					韩秀玉	127867	1087
3898	段家墓的来历					王国芳	127860	1403
3899	莲花滩传说					张秀转	127868	939
3900	冰山的传说					王国芳、韩秀玉	127864	1239
3901	南蛮憋宝					徐国春	127858	679
3902	“救龙”泉的传说					王国芳	127865	798
3903	半升珍珠的来历			西沟村	张凤仙	杨树萱	127871	1432
3904	粗中有细					王富云	127872	619
3905	饿了吃糠甜如蜜，饱了吃蜜也不甜			丰元店村	赵清海	薛启新	127873	381
3906	杨家将的传说				陈福贵	武亮	127870	408
3907	烧纸钱的由来					张斌、李亚伟	127869	471
3908	锄的来历			五条地村	温直	白午、秀玉	127874	469
3909	闪电河畔一窝宝猪			平定堡镇	李万福	杨树萱、秀玉	127857	1427
3910	胜芳码头					陈国旺	127943	3907
3911	草帽的由来		河北北部		王克臣	魏殿义	127945	654
3912	以盗治盗					王文玉	127930	2276
3913	诗压群豪					于梅	127929	2418
3914	杨六郎建造广陵城				刘玉林	张俊青	127942	1388
3915	草帽山的来历					刘新	127946	3882
3916	学艺					翟公福	127928	467
3917	贾岛草帽定终身				主克臣	于梅	127948	1676

序号	篇名	民族	流传地区	采集地	讲述者	搜集者	数据库编号	字数
3918	张良草帽赚范增				王克臣	张荣	127947	3250
3919	算账					王克江	127931	409
3920	诗焚				孟广臣	刘新	127932	1794
3921	张飞石					王德良	127944	5256
3922	游戏和拜年——刘师长、邓政委跟儿童交朋友的故事					李亮	128381	630
3923	穆桂英大破洪门寺					杨拥军	128451	4917
3924	王莽赶刘秀		晋冀豫交界三县一带		程计堂、杨楼锁等	李亮、吕生泰等	128425	1174
3925	刘伯承的借条				秦忠魁	孙必中	128382	2224
3926	舍身树的传说				江林德	王伶麓	128389	1364
3927	割头换相的传说					付东	128422	1122
3928	两座人头山				赵生保	赵彩河	128450	6664
3929	孔子故事三则				冯义林	冯光华	128424	5038
3930	王科兄弟的传说						128432	998
3931	瑶峧石人的传说					李书味、赵魁芳	128456	800
3932	敬德赶袍				李茂贤	贾澍林	128436	429
3933	符山石马和马布的传说					漳华	128442	416
3934	廖承志同志的传说				李怀的	王矿清	128383	1226
3935	王善人行善得贵子——王科、王和的传说					王福榜	128446	1193
3936	赵匡胤的传说			西戌村	王成顺	王福榜	128431	1908
3937	张仲景看病				傅生保	孙德林	128435	1542
3938	更乐探花的传说					王福榜	128430	296
3939	岳飞故事拾遗					李亮、冯光华	128427	839
3940	“小东南”的传说					姚方宇	128454	675
3941	“推背图”的传说				王昌	贾澍林	128404	996
3942	袁天罡、李淳风的传说					张卫平	128438	526
3943	尧访舜的传说				王卯昌	王永太、王明太	128439	864
3944	悬钟寺的传说之					张卫平	128453	904
3945	刘罗锅家世——刘墉的传说					冯光华	128434	2595
3946	班门玩锛				付生保	崔波云、孙德林等	128441	4226

序号	篇名	民族	流传地区	采集地	讲述者	搜集者	数据库编号	字数
3947	杜康造酒刘伶醉				杨金来	李伟	128448	539
3948	火药前求雨——李官的传说之八				王成顺	王福榜	128391	1999
3949	一台风箱——刘师长、邓政委的传说			牛九滚家	牛九滚	王福榜	128380	1362
3950	大南寺和安居杨家药的传说				孙秀山、杨花堂	吕生泰	128444	1062
3951	鲁班刻石人的传说					中国民、马河义	128460	861
3952	沿头龙王的传说					中国民、刘太平	128458	967
3953	兴建庙宇的传说——郭子仪梦游丰都宫				李春香	王福榜	128428	817
3954	韩信滚穴封王		灵寿、平山一带	西王角村徐家	徐玉堂	英忠、槐杨	140240	2103
3955	张老剑探玉马		灵寿、平山交界一带		徐玉堂	英忠槐杨	140255	975
3956	诸葛亮打幡得天书		平山三汲乡一带		孙振芳	智建慧	140238	1041
3957	王母的鞋子、绑腿带子和谷子		小觉一带		董桃子	刘静	140264	2411
3958	张果老成仙的传说		平山	朱毫村	阎克勤	阎红梅	140228	1032
3959	康熙上朝		华北	三汲村	兵全	王海川	140251	815
3960	秦始皇和秦始奴的传说		河北	南义羊	贾庆和	杨文肖	140236	5535
3961	韩信恩杀割菜女		灵寿、平山交界一带	西王角村徐玉堂家	徐玉堂	英忠槐杨	140241	3662
3962	落落泉的来由		平山西北部山区	东王坡村	高风鸣	郝东喜	140285	1358
3963	朱总司令陪鸭		塔崖乡一带	汤汤水村	赵四海	张有林	140257	553
3964	城隍庙教化金枝女		平山、灵寿交界一带		徐玉堂	英忠	140242	1177
3965	崇祯吊死在煤山		平山三汲乡	三汲村	白虎	王海川	140249	962
3966	丁香孝母		河北	湾子村	李和	李书婷	140256	1144
3967	凤凰岭的传说		平山北冶乡一带	平山塔崖恶石村	赵狗毛	程千里、罗英忠	140266	1971
3968	穆桂英破洪州		古月一带	古月镇	李全林、王福桓	王北茂	140247	973
3969	选行宫		天桂山一带		高致林	霍文国	140288	945
3970	六岭关杨景雪恨		平山下口乡一带		温兰风	王北茂	140246	687
3971	唐僧为什么到西天取经		瓦口川一带		张吉全	张照	140237	434
3972	桃林村的来历		南甸地区	桃林村		刘海珍	140280	757

序号	篇名	民族	流传地区	采集地	讲述者	搜集者	数据库编号	字数
3973	岳秦结仇		三汲一带		赵秀山	赵东平	140244	1037
3974	光禄山的由来		平山	烟堡村	谢秋凤	于拥军	140271	1202
3975	大齐探花为什么只出一代		平山	孟家庄村	赵勇峰	赵双成	140254	1130
3976	将军石		蛟潭庄区	平山县陡岭村	吴全保	梁瑞云	140277	759
3977	高山寨的传说		平山县营里一带	清里村	杨然	杨水平	140275	873
3978	灶火爷的来历		平山		孙振芳	智建慧	140231	3532
3979	猴刎村的传说		平山、孟县交界一带		刘全喜	张国平	140274	889
3980	白马洞的传说		下口一带		彭二海	盖美婷	140270	840
3981	杀虎村的来历		平山营里一带	沙洼村	袁书秀	袁玲梅	140276	1329
3982	董金莲		平山小觉区一带	小觉区委	秘春法		140245	1105
3983	八瓣石的传说		平山、灵寿交界地带	灵寿县西王角村	徐玉堂	槐杨、英忠	140296	1828
3984	董老献梨		平山	下槐村	杨俊强	槐杨、英忠	140261	689
3985	鸡栈山的传说		平山小觉区一带	庄沟村	关土祥	郝慧、文琦	140297	997
3986	朱元璋放牛		河北		智连牛	智建慧	140248	1236
3987	吃过河面的来历		蛟潭庄一带		梁娥娥	王建军	140281	2546
3988	猪猪石、沙子洞的传说		平山县营里乡一带	万里村	梁泉洪	梁忠峰	140269	6278
3989	拦道石		蛟潭庄一带	白家口村	白玉毛	白秀书	140278	872
3990	康熙选良才		平山、灵寿一带		徐玉堂	槐杨、英忠	140250	5615
3991	没良（量）心		华北	东王坡村	高兰祥	杨联兵	140230	833
3992	“马场”与“营盘”的传说		南甸地区	东王坡村	高英昌	郝东喜、崔秀平	140286	892
3993	关公出世		瓦口川一带		李长法	张照	140239	1199
3994	严格要求		昆明军区		刘波文	高俊儒	140260	2533
3995	孙膑独角青牛的来历		平山一带		孙振芳	智建慧	140235	1627
3996	李太白抓药		平山县西部山区	井沟村薛五保家	薛五保	英忠、杨槐	140243	1087
3997	甘罗的传说		平山、灵寿交界一带		徐玉堂	英忠、槐杨	140233	645
3998	贺龙请客		平山一带	下槐村	杨俊强	槐杨、英忠	140262	635
3999	南无阿弥陀佛的故事		平山马中一带	北马中村	高栋	杨诺成	140232	723
4000	公冶长辨鸟音的传说		灵寿平山一带	西王角村	徐玉堂	英忠、槐杨	140234	615
4001	王母阁的来历		平山	王母村	刘新华	刘进忠	140294	1606
4002	韩增峰为老韩解忧		平山	下槐村	杨俊强	槐杨、英忠	140263	2639

序号	篇名	民族	流传地区	采集地	讲述者	搜集者	数据库编号	字数
4003	玉米披红		西柏坡	西柏坡	阎连章	高俊儒	140259	1411
4004	十八罗汉的来历		平山三汲一带		赵白虎	王海川	140229	3273
4005	运粮河的传说		石家庄地区一带		智喜昌	智全海	140265	521
4006	温泉镇的传说		平山一带	温塘乡后沟村	张秋花	智全海	140267	558
4007	求雨		天桂山一带		高致林		140291	970
4008	乾隆私访的故事		平山下口乡一带		王成	方舟	140252	998
4009	和尚慧同的传说		古月温塘一带	温塘	赵增寿	李惜花	140282	1674
4010	支锅石与黑牛山		平山孟家庄地区	王家沟	封汝文	范文杰	140268	433
4011	李详成庙里供人头		平山北冶乡一带		高致林	英忠、槐杨	140293	925
4012	治河的由来		平山	东水碾	齐双叶	郄会茹	140272	1804
4013	让路		西柏坡一带	西柏坡村	阎汝魁	高俊儒	140258	941
4014	望郎河		平山	孟贤壁村	王端义	杜细勤	140273	1742
4015	狐仙庙		天桂山一带		高致林、刘跃		140292	436
4016	觉山寺的传说		平山古月区一带	马舍口村	马信	史云中	140283	794
4017	上下龙窝的传说		龙窝、蛟潭庄一带		杨铁拴	杨爱峰	140279	1241
4018	王母观山的传说		平山西部山区	东王坡村	高英昌	崔秀平、郝东喜	140284	1589
4019	许探花的传说		平山		任风林	智建慧	140253	926
4020	灵山的传说		平山、灵寿一带		徐玉堂、孙振芳等	英忠、建慧等	140287	1916
4021	盗水狗		天桂山一带		高致林		140290	709
4022	蛤蟆石		天桂山一带		刘跃		140289	612
4023	聚宝盆		小觉、古月	小觉区委	秘春法	素艳、文琦	140295	1941
4024	苏老泉的传说		文安县北部大清河两岸	高头村	张天兴	张俊青	148139	719
4025	石猴盗酒		香河城关镇一带	城关镇刘庄村	刘金芳	尹俊如	148131	2142
4026	诗压群豪		廊坊市一带	北旺乡	王克臣	于梅	148152	1469
4027	尼姑修庵		大厂县农村	大厂县西彭府村	刘德起	陈少奉	148117	1217
4028	西山龙王庙		霸县城关一带	霸县城关镇	王春起	吴成西	148123	1896
4029	金珠港		文安洼一带	治河工地	杨吉	秦天寿	148129	2842
4030	刘尚书的传说		廊坊市一带	光荣村	蒋茂德、田万启	震望	148143	1079
4031	野茶花		河北霸县、煎茶铺一带	煎茶铺	栗纪文	栗志酬	148118	8203
4032	李世民拆毁甘泉寺		三河县东北一带	段甲岭乡	刘老头	李宝才、李铁臣	148141	271
4033	一字千金		香河县百家湾一带	蒋辛屯乡百家湾村	赵文礼	尹玉如、赵福和	148121	3205

序号	篇名	民族	流传地区	采集地	讲述者	搜集者	数据库编号	字数
4034	智断抢钱案		廊坊市北旺乡一带	廊坊市	王克臣	于梅	148146	2632
4035	神城		文安县境内	文安县	张朋	秦天寿	148128	722
4036	潮白河为什么东深西浅		三河县燕郊	三河县燕郊	王氏	王世民	148119	2004
4037	通臂女拳师		山东德州地区、河北廊坊市等地	廊坊市	王侠林	晓艾	148149	2481
4038	小脚趾的传说		廊坊市尖塔乡、及市近郊	小马房	刘永财	刘朝林	148127	1483
4039	奇侠秀女血洗洋教堂		霸县一带	信安镇	郝宝群	王春才	148190	609
4040	“娘娘坟”的传说		霸县煎茶铺一带	煎茶铺	周哲如	仝正年	148132	1639
4041	义盗治贼		河北省北部	北旺乡	王克臣	翟公福	148144	5099
4042	子牙河		大城县北部、旺村乡一带	西子牙	吕益明	李玉川	148135	3019
4043	太公钓鱼台的传说		大城县旺村一带	旺村	李广荣	李玉川	148122	1379
4044	世外桃源的传说		廊坊地区	廊坊市	王竹		148136	2008
4045	糖醋鱼的传说		三河县西北部	李树荣家	李树荣	李宝才	148134	741
4046	盖学堂		廊坊市一带	廊坊市	王进荣	翟公福	148142	1569
4047	不怕洋人的阿訇		廊坊市北部	南营村	阿訇、马文藻等	岳一中、吴景春	148179	1048
4048	张策三让张殿华		香河县及天津武清一带	天津市武清县东王庄	张友全	尹玉如	148150	1748
4049	御览荡秋千		霸县胜芳镇一带	胜芳镇	赵岳山	吴承西	148126	2482
4050	徐文长的传说		廊坊市一带	通县永乐店	方治平	刘朝林	148151	1621
4051	铁拐李还锅		文安、雄县、任邱县一带	胡头村	李凤兰	张俊青	148125	1816
4052	喜歌赚饭		河北北部	北旺乡	王克臣	刘新	148148	714
4053	燕山口		香河县蒋辛屯	蒋辛屯文化站	关玉歧	陈金城、汪珍	148124	2482
4054	拜师		廊坊市一带	北旺乡	王克臣	翟公福	148140	3392
4055	石赓臣断案		廊坊市一带	西固城	田万启	震望	148145	917
4056	匡五、匡六的传说		三河县高楼镇、黄辛庄一带	黄辛庄	王贵仁	刘玉林	148138	1958
4057	孤山塔		大厂回族自治县北部、三河县西部	北坞村	李永恩	李廷禄	148130	3652
4058	“莲叶托桃”的传说		冀中平原一带	莲池公园	蒋宝田	张俊青	148120	2288
4059	回民结婚拽喜枣的来历		廊坊地区	廊坊市南小街	王贺亭	岳一中	148177	1102
4060	卧龙岗		大城县西部	权树	戚会来	张树华	148116	4048

序号	篇名	民族	流传地区	采集地	讲述者	搜集者	数据库编号	字数
4061	神童一黑杜尔		廊坊地区	伊斯兰教协会	阿訇班国政	岳一中	148178	969
4062	杨状元与城隍爷		固安县大部农村	固安太子务	刘文永	刘继英	148147	4343
4063	阿訇扛活的故事		廊坊市一带	西火头营村	阿訇、丁秀廷等	岳一中	148180	1125
4064	回民吃油香的来历		廊坊市郊区广大农村	廊坊市南小街清真寺	王贺亭	岳一中	148182	1764
4065	刘伯温智救看瓜人		廊坊市近郊	廊坊市	陈有生	陈九禄	148137	3183
4066	马起乏村名的由来		三河县境内	孤山营	李树荣	李宝才	148133	1785
4067	麻雀为啥第一个吃五谷		双滦区	偏桥子乡文化站	陈淑珍	辛翠莲	151052	886
4068	兴隆山的李老爷庙		承德县	兴隆山乡	郭祥瑞	于广	151031	978
4069	牛没上牙狗没肝		承德县	下板城镇	刘信	刘志忠	151041	534
4070	汤山温泉		承德县	承德县	王德、钟桂枝等	张国军	150987	424
4071	银矿的传说		承德县	承德县	何井林	刘秀丽	151124	577
4072	七月十五祭麻姑		鹰手营子矿区	南马圈子村	王素珍	张立新	151099	650
4073	狗的故事		双滦区	偏桥子乡	苏景芝	辛翠莲	151040	942
4074	梦幻王献宝丧命		双桥区	双桥区	盛朝宗	李兆泉	150892	620
4075	夏知府断案传奇		双桥区	双桥区	戴维明	李国良	150874	820
4076	九头山		双桥区	围场县	徐汉臣	徐岭	150975	838
4077	古树塑大佛		双滦区	双滦区	张文德	徐维平、张淑琴	150994	1044
4078	刘墉投湖		双桥区	双桥区	石世聚	宝音奇奇歌	150860	435
4079	元宝山的传说		双桥区	双桥区	刘中秀	张拯民	150965	596
4080	飞燕衔种子		承德县	承德县	李瑞芹	崔树民	151055	869
4081	八珍御酒		双桥区	双桥区	杨志民	李国梁	151072	1494
4082	陆合塔的铜铃哪去了		双桥区	双桥区	孙文起	鞠成发	150940	1153
4083	宋哲元挥泪斩部下		双桥区	双桥区	赵荣华	杨志民	150945	1002
4084	陆合塔		双桥区	双桥区	寇瑞祥	荣士娣	151009	1036
4085	钟鼓楼内有宝钟		双桥区	双桥区	姚龄	陆羽鹏	151001	1239
4086	衷翠楼与留霞亭		双桥区	双桥区	戴维明	李国良	151003	627
4087	双峰寺的传说		双桥区	双桥区	李永发	王冬、蓝梦	151011	465
4088	于家沟		双桥区	双桥区	王英	徐岭	151014	814
4089	喜鹊和乌鸦打赌儿		承德县	顺道地村	黄福铭	谢春生	151056	597
4090	圣泉寺		承德县	大彭杖子村	彭安玉	于广	151030	791
4091	蝙蝠为啥总在晚上出来		承德县	东五十家子中学	马桂	李振梅	151070	1657
4092	红石砬		双桥区	双桥区	樊玉珍	傅长和	151029	1161
4093	金塔顶为啥变成铜的		双桥区	承德市	孙文起	鞠成发	150941	1312

序号	篇名	民族	流传地区	采集地	讲述者	搜集者	数据库编号	字数
4094	两家的来历		双滦区	滦河镇	单维贤	徐维平	151023	949
4095	长寿菜		双桥区	双桥区	葛峰香	王琪、王宜亮	151059	1070
4096	狮子沟与私子沟		承德县	承德县	李勤	王福俊	151028	686
4097	陈凤山汤府求怜		双桥区	双桥区	莫先生	杨志民	150935	460
4098	大旱不过五月十三		双滦区	双滦区		白鹤龄	151098	562
4099	刘秘书戏言丧命		双桥区	双桥区	戴维明	李国良、杨志民	150930	451
4100	棒打蛤蟆精		双桥区	双桥区	王勇	王琪	150955	2681
4101	花神娘娘打太监		双桥区	双桥区	王勇	王琪	151115	1092
4102	鲜鲜汤		双桥区	双桥区	杨志民	李国梁	151088	619
4103	纪晓岚巧劝乾隆		双桥区	双桥区	王继兰	李文清	150872	1399
4104	炸玉簪花筒		双桥区	双桥区	杨志民	李国梁	151087	1322
4105	珍珠案		承德县	承德县	张民	于广	150865	351
4106	二仙居碗饪		双桥区	双桥区	杨志民	李国梁	151076	870
4107	刘墉为什么有罗锅儿		承德县	承德县	黄福铭	谢春生、黄延芳	150852	297
4108	大救驾		双桥区	双桥区	杨志民	李国梁	151075	620
4109	刘墉巧答乾隆题		鹰手营子矿区	营子荣院	樊秀凤	王世平	150851	1080
4110	佟少王献美人图		双桥区	双桥区	杜志明	杨志民	150891	339
4111	私访		承德县	承德县	刘素琴	陈树田	150856	935
4112	刘墉与和珅对诗		双桥区	双桥区	尹策	陆羽鹏	150854	2159
4113	上水石的传说		承德县	避暑山庄	张民	于广	151079	882
4114	朱元璋不吃鬼菜		承德县	承德县	张恩	沈刚	150837	372
4115	溜三才与烧三丁		双桥区	双桥区	杨志民	李国梁	151086	778
4116	安德海夜钻五孔闸		双桥区	双桥区	戴维明	李国良	150883	1093
4117	双喜字的来历		承德县	承德县	李文启	李艳华	151101	1105
4118	肃顺之死		双桥区	双桥区	吴明	张贵堂	150881	2666
4119	饺子的来历		双桥区	双桥区		杨永利	151103	1664
4120	玉童和金女		承德县	承德县	胡堂文	丁治安	150771	1127
4121	龙潭坑的紫雾		双桥区	双桥区	杨洪全	林林	150991	4828
4122	捉鲤鱼		承德县	承德县	张庆廷	于广	150789	1109
4123	僧佛把门		双桥区	双桥区	裘振武	杨天在	150970	1011
4124	小米窝瓜粥		承德县	下板城	许凯臣	许秀茹	150780	521
4125	咸丰点菜		双桥区			杨达庄	150840	508
4126	曹知府审刁案		双桥区	双桥区		彭坎	150878	761
4127	烧鸡李智斗汤二虎		回族、双桥区	双桥区	马金山	张拯民	150926	1243

序号	篇名	民族	流传地区	采集地	讲述者	搜集者	数据库编号	字数
4128	纪晓岚下江南		双桥区	双桥区	王玉堂	洪玉国	150868	612
4129	乾隆出世		承德县	承德县	孙延臣	丁治安	150804	1397
4130	财神庙杀人案		双桥区	双桥区		丁树春、丁世明	150876	980
4131	乾隆登双塔山		承德县	高寺台村	赵禄	赵淑军	150827	500
4132	白牡丹与贞洁牌		双桥区	双桥区	徐汉臣	徐岭	151114	770
4133	怕猪的皇帝		双桥区	承德市	姚俊英	飞鹏	150791	286
4134	魁星爷的下场		双桥区	双桥区		郝洪喜	150914	595
4135	寻父		双桥区	双桥区		辛静	150799	1004
4136	刘墉识画		双桥区	双桥区	齐明	左晓梅	150861	805
4137	修关帝庙		双桥区	兴隆县		王辒华	150809	2044
4138	名医鲁梦兰		双桥区	双桥区	鲁宽	孔宪科	150907	378
4139	造字		承德县	承德县	尹明	沈刚	150807	796
4140	头块地的传说		承德县	头块地村		刘柏民	151123	918
4141	摇钱树和聚宝盆		承德县	承德县	王怀青	赵新	151120	581
4142	财神爷为啥没心		双桥区	双桥区	王喜财	乔志明	151108	1022
4143	罗锅蹽席筒		双桥区	双桥区	杨志民	李国梁	151082	474
4144	弥弥金刚救百姓		双桥区	双桥区	应占义	肖迪、野草	150913	449
4145	莲叶托桃		双桥区	双桥区	程逸	孙宝华	150847	1271
4146	石匠、木匠和瓦匠的线		承德县	承德县	孙岚	陈树田	150912	2688
4147	扳指和戒指的来历		双桥区	双桥区	冯东	王和忠	151105	2311
4148	元宝穴内长灵芝		双桥区	双滦区	李长旺	徐岭	150966	632
4149	樵童与黄牛		双桥区	双桥区	应占义	肖迪、野草	151111	582
4150	王大仙的故事		双滦区	双滦区	董凤友	陈建平、辛翠莲	150964	2401
4151	三神齐进		承德县	承德县	郭万祥	郭利杰	151107	2424
4152	约法三章		双桥区	双桥区	戴维明	李国良	150875	493
4153	千里捎信入水宫		满族、双桥区	双桥区	姚俊英	飞鹏	151112	909
4154	吃饺子的来历		承德县	转角房乡	池万明	于广	151104	981
4155	宋瓦匠修照壁		双桥区	双桥区	戴铭	刘长满	150909	643
4156	纸钱的传说		双桥区	双桥区	孙劭非	王冬、王永宽	151100	1512
4157	蚂蚁受皇封			双桥区	郭九林	张拯民	151069	769
4158	御医张天宝		双桥区	双桥区	王勇	王琪	150908	938
4159	白校长怒打神力王		回族、双桥区	双桥区	马金生	张拯民	150904	3130
4160	酸辣疙瘩汤		双桥区	双桥区	杨志民	李国梁	151074	6751
4161	同仁堂与乞丐将军		双桥区	双桥区	鲁宽	孔宪科	150894	1801

序号	篇名	民族	流传地区	采集地	讲述者	搜集者	数据库编号	字数
4162	会龙山和蟒金洞		回族、双桥区	会龙山	张达中	左晓梅	150972	1400
4163	竹林寺耙恶僧		满族、承德县	承德县	计如林	郭祥德	150864	847
4164	杨家将为什么要忠心保国		鹰手营子矿区	营子区	刘秀芝	张立新	150888	566
4165	布大将军捉鬼		双桥区	双桥区	沙柳	黄欣秋	150893	1103
4166	金童逐日		承德县	承德县	陈自安	陈树田	150774	1270
4167	纪晓岚设谜		承德县	转角房乡	刘文联	于广	150871	1101
4168	穿妖洞和棺材山		承德县	承德县	于秀	于广	151035	494
4169	纪晓岚巧答乾隆		双桥区	双桥区		辛静、晓文	150867	2799
4170	虎去山还在		双桥区	双桥区		彭坎	150879	1027
4171	奇峰讨仙草		满族、双桥区	双桥区	刘占文	张拯民	150963	1736
4172	刘教师爷的传说		双桥区	承德市	莫兴	程福山	150923	647
4173	雹神老爷下请帖		双桥区	承德市内	刘文友	柳村	151122	1833
4174	龙潭边上的白高粱		双桥区	双桥区	张贵年	理梦	151065	468
4175	楠木桌		双桥区	双桥区		王守光	150911	1228
4176	牛为什么倒嚼		承德县	承德县	孙坤	刘秀丽	151042	1247
4177	孙膑与庞涓		承德县	承德县	李景义	谢春生	150952	2087
4178	武烈岭上的关帝庙		双桥区	双桥区	程德仁	彭坎	151117	554
4179	种种蜂与荞麦		承德县	承德县	陈自安	陈树田	151063	2238
4180	猫为什么是三瓣嘴		承德县	顺地道村	蔡柏清	蔡占清	151046	1569
4181	洪明飞腿斗日寇		双桥区	双桥区	程德仁	彭坎	150922	3660
4182	公羊为啥叫羝虎		承德县	一间房乡	黄福铭	谢春生	151045	1992
4183	王怀庆骂磬锤峰		双桥区			杨志民	150943	513
4184	皮袄街		双桥区	双桥区	杨启合	杨瑞成	151020	1247
4185	七姨太偷情丧命		双桥区	双桥区	殷建芝	杨志民	150936	845
4186	小才子		双桥区	双桥区	于国俊	杨志民	150901	1328
4187	抬头山		双桥区	平泉县		文江、高晶	150976	837
4188	望鹿亭		双桥区	双桥区	王勇	王琪	151006	1260
4189	庄稼地为啥长草		鹰手营子矿区	南马圈子村	王素珍	张立新	151061	245
4190	铜锤李智除丁大辫子		双桥区	双桥区	包宏达	古榕	150919	627
4191	二仙居		双桥区	双桥区	李会民	彭坎	151018	248
4192	杨家葱的来历		承德县	承德县转角房乡	刘文联	于广	151125	566
4193	二仙居的传说		双桥区	双桥区	傅玉铎	杨瑞成	151017	1546
4194	善才与龙女		双桥区	承德		文石	150915	553

序号	篇名	民族	流传地区	采集地	讲述者	搜集者	数据库编号	字数
4195	辇轧的偏桥，难行的旱海		双滦区	偏桥子乡政府内	靳凯祥、李会云等	辛翠莲	150779	558
4196	鸡冠山上聚宝盆		双桥区	双桥区	张贞	徐岭	150960	858
4197	牛钻山		双滦区	双桥区	靳凯祥	辛翠莲	150833	850
4198	热河四霸天		双桥区	双桥区	孙珍	杨志民	150925	547
4199	满族端阳节的传说	满族	承德县	承德县		郭祥德	151096	1090
4200	猴儿赚狐狸		双桥区	承德财校	刘海银	刘润地	151044	437
4201	妙慧救康熙		双桥区	双桥区	张得富	李明瑞	150781	941
4202	德兴堂和白大人庙		双桥区	承德市	葛凤香	王琪	150948	477
4203	康熙让宅基地		双桥区	承德市内	袁振声	徐岭	150786	1167
4204	双塔山		双桥区	双桥区	赵淑荣	张建宏	150962	561
4205	巧云娘娘与宫上		承德县	承德县转房角乡	金秀英	于广	150784	414
4206	索娘娘跳井			双滦区		杨天在	150848	1148
4207	乾隆买布		双桥区	双桥区	蒲中孚	唐兆宏	150802	1457
4208	黄干鸽鸟的传说		承德县	承德县	张起贵	雁翎	151127	1371
4209	钱继祖行车骂雍正		双桥区	双桥区	朱永富	杨志民	150826	815
4210	大佛寺		双桥区	双桥区		李亚德	150993	896
4211	义虎岭		双桥区	双桥区	刘文友	柳村	150787	1556
4212	荷花仙子惩慈禧		双桥区	双桥区	刘文友	柳村	150844	711
4213	巧解对联		承德县			于广	150820	594
4214	行宫庙顶的龙为啥少了一条		双桥区	双桥区	王勇	王琪	150829	1298
4215	“百辆车”的传说		承德县	下板城	龚新	李仕东	150794	1825
4216	大佛寺	蒙古族	双桥区	双桥区	高喇嘛	乔志明	150992	439
4217	康熙巧惩噶礼		双桥区	承德市	戴维明	李国良	150793	1831
4218	老公山的传说		双桥区	双桥区		杨天在	150979	1188
4219	康熙三请高鄂		双桥区	双桥区	鲁宽	李国良	150778	2122
4220	任杖子村因啥没人住了		承德县	承德县师范	赵成存	赵新	150828	435
4221	和尚坟		双滦区	双滦区	李林	辛翠莲	151027	1384
4222	小神童与老头子		双桥区	双桥区	蒲仆	唐兆宏	150824	2457
4223	一张纯墨画	满族	双桥区	双桥区	胡若文	杨志民	150898	5219
4224	断案		双桥区	承德	李淑琴	尹志杰	150798	663
4225	厨师巧作“倒霉菜”		双桥区	双桥区	志民	乔志明	151080	694
4226	仁义茶馆		双桥区	双桥区	鲁宽	黄欣秋	150785	615

序号	篇名	民族	流传地区	采集地	讲述者	搜集者	数据库编号	字数
4227	月亮哥和太阳妹		承德县	承德县		李艳华	150772	733
4228	乾隆给鞋匠写对联		双桥区	双桥区	鲁宽	孔宪科	150818	550
4229	刘墉对对联		双桥区	双桥区	杨志民	范濂溪	150857	1981
4230	碧峰寺降香		双桥区	双桥区	孙文起	鞠成发	150813	1067
4231	双峰寺		双桥区	双桥区		傅长和	151012	1001
4232	只能盛东西		双桥区			鲁宽	150825	1221
4233	五月初一挂葫芦		承德县	下板城	孙焕义	陈丽华	151094	412
4234	磴上的传说		承德县	大西沟村	牟永春	牟庆茹	151038	1257
4235	老祖同年少祖师		承德县	承德县	王洪秋	张国军	150788	494
4236	给西太后牵马的人		双桥区	双桥区	张凤和	常玉林	150947	760
4237	出游		双桥区	兴隆县	戴维明	耘铧	150797	1617
4238	巧对乾隆句		双桥区	双桥区	王勇	王琪	150869	847
4239	白大将军之死		双桥区			彭坎	150886	578
4240	白大将军斩活佛		双桥区	双桥区	沙柳	黄欣秋	150885	1345
4241	鲜花玫瑰饼的传说		双桥区	双桥区		张贵堂	151073	497
4242	上水石		双桥区	承德市内	蒲中孚	唐兆弘	151078	875
4243	康熙治水		双桥区	双桥区	吴明	丁建东	150782	1104
4244	山为什么有沟		承德县	西大庙乡	吴明	王卿	150776	1123
4245	荞麦的来历		双桥区	双桥区	王信	王和忠	151064	897
4246	刘墉巧对乾隆诗		双桥区	双桥区	姚龄	飞鹏	150850	454
4247	君臣署对		双桥区			蒲仆	150817	633
4248	嘉庆之死		双桥区	双桥区	戴维明	李国良	150843	1035
4249	鹌鹑的尾巴为啥是秃的	满族	双桥区	双桥区	马兴奎	乔志明	151053	2004
4250	康熙与淘金人		承德县	承德县	侯占国	张国军	150790	1061
4251	冒名科考		双桥区	承德市	杨启合	杨瑞成	150805	539
4252	康熙的宝刀		双桥区	双桥区	葛峰香	王琪	150783	935
4253	甘草调百味		承德县	三五三二工厂	祝贵才	张国军	151066	1236
4254	雍正射雁		双桥区	双桥区		飞鹏	150841	1029
4255	夜巡	蒙古族	双桥区		德乙	李国良	150795	878
4256	皇帝当主考		双桥区	双桥区	周稳	王宝瑞	150806	923
4257	点状元		双桥区	双桥区		朱彦华	150832	569
4258	朱元璋缺德损寿		承德县	承德县	宫会明	于广	150836	505
4259	乾隆避雨		双桥区	承德市	刘文友	柳村	150803	543
4260	乾隆吃雪花菜		承德县	承德县	许瑞森	丁治安	150814	1052

序号	篇名	民族	流传地区	采集地	讲述者	搜集者	数据库编号	字数
4261	发配		双桥区	双桥区	志功	辛宝志	150800	785
4262	机房听歌		承德县	承德县	雒振玖	雒瑞萍	150816	2739
4263	算卦封铁嘴		双桥区	双桥区	姚开令	野草	150801	1070
4264	测字		双桥区	双桥区	李向臣	杨志民	150808	538
4265	雷劈汤泉大石龟		承德县	头沟乡		陈士满	151118	1078
4266	姜都统和美孚油		承德县	承德县	纪国福	纪绍兴	150939	1122
4267	花术兰巧施“羊灯计”		双滦区	偏桥子乡	李祥	辛翠莲、陈剑平	150884	267
4268	韩信放猪选茔地		双滦区	偏桥子乡	靳凯祥	辛翠莲	150887	2117
4269	乾隆怒贬纪晓岚		双桥区	双桥区	张岩	彭坎	150811	578
4270	和砷得宠		双桥区	双桥区	鲁宽	孔宪科	150882	3452
4271	铁桶祝寿		承德县	承德县	李景义	谢春生	150855	613
4272	四才子赏月作诗画		双桥区	双桥区	杨志民	乔志明	150900	913
4273	打老鼠的来历		承德县	承德县	祁瑞增	李仕东	151106	3557
4274	锔塔		承德县	承德县	李正芳	王福俊	150910	1761
4275	智斗和珅		双桥区	双桥区	王英	辛静	150853	590
4276	燕子李三在承德		双桥区			阎学仁	150920	1923
4277	卸甲营		承德县	卸甲营村	马红文	于广	151033	3625
4278	请医如拜相		双桥区	双桥区		鲁宽	150905	1841
4279	慈禧覆舟		双桥区	双桥区	戴维明	李国良	150845	605
4280	陆合塔后的御容楼哪去了		双桥区			鞠成发	150937	1754
4281	高鄂的故事		双桥区			鲁宽	150902	2138
4282	汤大虎剃头		双桥区	双桥区		黎枫	150927	2054
4283	陈文谟的故事		双桥区	双桥区	那凤山	那文江	150880	611
4284	杜翠莲法场巧救夫		双桥区	双桥区		石金良、赵国柱	150924	2145
4285	端阳节采艾蒿		承德县	下板城	孙玉山	陈丽华	151095	566
4286	避暑山庄的鼓楼哪儿去了		双桥区	双桥区	常生	朱彦华	151002	354
4287	刘罗锅子说“特”	满族	双桥区	双桥区	王信	王和忠	150858	1027
4288	刑场骂子		双桥区			杨志民	150949	1166
4289	蝈蝈和兔子		承德县	一间房乡	黄福铭	谢春生	151048	1314
4290	改刀肉		双桥区	双桥区	杨志民	李国良	151084	1738
4291	刘墉拜把子		双桥区	承德县	刘起玉	靳玉峰	150863	836
4292	朝阳洞		承德县	承德县	于秀	于广	150981	1036
4293	石狮子眼流血		双桥区	双桥区	孟宗仁	那文江	151113	1114
4294	承德五大奇景的传说		双桥区	承德市	刘文友	柳村	150953	1654

序号	篇名	民族	流传地区	采集地	讲述者	搜集者	数据库编号	字数
4295	算卦救瓦匠		承德县	承德县	黄福铭	谢春生	150859	789
4296	拨御面		双桥区	双桥区	杨志民	李国梁	151077	377
4297	门神爷的来历		承德县	承德县	刘广林	赵新	151109	497
4298	石佛山		承德县	承德县		于涛	150978	3188
4299	龙虎斗	满族	双桥区	双桥区	刘孟航	杨志民	150921	523
4300	盘龙山与九眼井		双桥区	承德市	戴铭	丁建东	150977	433
4301	千年王八万年龟	满族	双桥区	口述人家中	吴芳兰	乔志明	151110	607
4302	小殿	蒙古族	双桥区	双桥区	云山	阎学仁	151000	644
4303	采菱渡		双桥区	双桥区		白鹤龄	151005	1303
4304	汤泉		双桥区	双桥区		杨天在	150986	507
4305	乾隆凭吊曹月娥	满族	双桥区	双桥区	杨裕恩	杨天在	150812	1443
4306	伊犁庙与香妃		双桥区	双桥区	王金山	荣士娣	150998	1210
4307	鼎丰号报恩		承德县	头沟乡	胡唐显	张国军	150918	1313
4308	热河行宫		双桥区	双桥区	杨占坤	徐岭	150995	2378
4309	乾隆品茶论水		双桥区	双桥区	文言	杜江	150830	5694
4310	御井		双桥区	双桥区	程德仁	彭坎	151010	1295
4311	麻三巧摆山羊阵		双桥区	双桥区	王勇	刘飞、王琪	150917	658
4312	宝相阁中的文殊菩萨	满族	双桥区	双桥区		傅长和	151007	737
4313	戏村姑		承德县	承德县	丁墨林	丁治安	150815	642
4314	大龙庙		双桥区	双桥区	张贵军	理梦	151022	988
4315	真假金屏梅		双桥区			杨志民	150899	2562
4316	西大庙的由来		承德县	西大庙乡	王连革	杨淑英	151024	1139
4317	青核桃和雪花梨		双桥区	双桥区	鲁宽	孔宪科	150823	911
4318	天外村		双桥区	承德市内		杨天在	151021	313
4319	一只蟋蟀送七条命		双桥区	双桥区	王志三	杨志民	150932	459
4320	竹林老人与竹林寺		双桥区	承德市内	傅宽	张拯民	151034	1073
4321	乾隆吃荞面饸饹		双桥区			张瑞林	150822	515
4322	指印草		承德县	承德县范杖子乡	王景如	赵新	151060	636
4323	九庙镇九龙		双桥区	双桥区	大伶	杨天在	150997	1840
4324	牛·蚕·蜜蜂		承德县	安匠	黄福铭	谢春生	151043	954
4325	知县与门联		双桥区	双桥区		张德书	150819	1359
4326	腊八粥的传说		双桥区	双桥区		董洪生	151089	450
4327	伴月池		双桥区	双桥区	王勇	王琪	150985	603
4328	吊客娘娘买花		双桥区	双桥区	姚龄	飞鹏	151121	812

序号	篇名	民族	流传地区	采集地	讲述者	搜集者	数据库编号	字数
4329	撕帐		双桥区	承德	刘起玉	靳玉峰	150862	3695
4330	何首乌的传说		承德县	安匠	黄福铭	谢春生	151068	580
4331	扎围裙的大帅		双桥区	双桥区	赵荣华	杨志民	150944	242
4332	王八盖梁的传说		双桥区	双桥区	鲁宽	辛静	151037	1363
4333	群儒观画		双桥区	双桥区	殷建芝	杨志民	150896	647
4334	热河泉		承德县	承德市	胡堂文	丁治安	150984	419
4335	福统领难“法王”		双桥区	双桥区	杨启合	杨瑞成	150889	388
4336	九花山上九仙女		双桥区	双桥区	陆永	徐岭	150967	1859
4337	天高三尺		双桥区	双桥区	戴维明	李国良	150890	875
4338	鸡冠山		双桥区	承德市内	刘文友	柳村	150958	1248
4339	热河泉		双桥区	承德市		王舜	150983	917
4340	腊八粥的来历		承德县	安匠乡	黄福铭	谢春生	151091	1283
4341	在劫难逃	满族	双桥区	双桥区	魏良才	杨志民	150942	1160
4342	二十三小年的来历		承德县	承德县	黄福铭	谢春生、黄艳芳	151092	410
4343	戏子不惧淫威		双桥区	双桥区	李恩义	杨志民	150931	1329
4344	兔子尾巴为什么短		承德县	安匠	黄福铭	谢春生	151047	903
4345	麻三的传说		双桥区	双桥区	程德仁	彭坎	150916	1123
4346	响水坑的传说		承德县	承德县	杨林勃	于小坤	151039	2573
4347	燕子为啥住房檐		承德县	下板城镇	陈强	陈思	151054	702
4348	蒙古营		双桥区	承德市	胡朝权	孟东平	151015	1950
4349	小童生巧对大主考		双桥区	双桥区	鲁宽	孔宪科	150903	533
4350	大石庙		双桥区	大石庙乡	沙柳	王文元	151013	4179
4351	齐瞎子智赚汤二虎		双桥区	双桥区	齐振江	杨志民	150933	948
4352	塞外三鲜		双桥区	双桥区	杨志民	李国梁	151085	1123
4353	姜都统草菅人命		双桥区	双桥区	钟自鸣	杨志民	150938	2480
4354	五十两豆腐		双桥区	双桥区	戴维铭	周劭、李国良	151083	433
4355	汤二虎弃子避嫌		双桥区	双桥区	阎志华	杨志民	150934	943
4356	阳坡的草木后发芽		承德县	新杖子乡	刘俊学	马占义	151062	321
4357	神卜傻吉儿		双桥区	双桥区	劭德清	张拯民	150946	477
4358	臭雕的故事		承德县	承德县	肖深	陈顺	151050	412
4359	棒打蛤蟆精		双桥区	双桥区	姚龄	陆羽鹏	150954	597
4360	叫花子鸡		双桥区	双桥区	王勇	王琪	151081	10381
4361	棺山沟		双桥区			杨林勃	150974	1673
4362	青蛙的传说		双滦区	麻纺厂	徐岭	张学磊	151071	464

序号	篇名	民族	流传地区	采集地	讲述者	搜集者	数据库编号	字数
4363	棒槌山		双桥区	双桥区	张德锺	王宜亮	150957	1225
4364	石人		双桥区	双桥区	胡中朝	洪玉国	151119	2411
4365	朝阳洞		承德县	承德县	周廷宏	周凯波	150982	639
4366	红照壁与金鸡	回族	双桥区	承德市	王绍奎	张达池	151116	2548
4367	皇姑屯		双桥区	双桥区	姚龄	举翼	151026	1272
4368	年的传说		承德县	承德县	刘发	陈顺	151093	2410
4369	魁星楼的冤案		双桥区	双桥区	王勇	王琪	151004	1075
4370	编辑说明						151128	488
4371	九龙口		双桥区	双桥区	姚龄	陆羽鹏	150996	615
4372	猫·老鼠和太阳		承德县	下板城镇	阎大新	陈思	150775	2131
4373	黑龙潭		双桥区	双桥区	樊玉珍	傅长和	150990	1292
4374	天上下白面		双桥区	双桥区	王荣珍	王舜	150777	937
4375	白马河		双桥区	双桥区	王银山	建东、文江	150989	1747
4376	重赏典吏		双桥区	双桥区	戴维明	李国良	150792	838
4377	二郎神担山赶太阳		双滦区	双滦区	苏景芝	辛翠莲	150773	2587
4378	私访		承德县	承德县	刘文联	于广、李丹	150796	566
4379	乐成阁与蝈蝈笼		双桥区	双桥区	李占仁	王琪	151008	1744
4380	怒贬假国丈		双桥区	承德市	刘文友	柳村	150810	1974
4381	二仙居酒馆		双桥区	四人沟街道		左晓梅	151019	782
4382	村妇妙语斥君臣		双桥区	双桥区	姚龄	路杨	150821	992
4383	龙须门的来历		双桥区	双桥区	李清源	彭坎	151016	3422
4384	天下第一家		双桥区	双桥区		朱彦华	150831	1692
4385	赵匡胤输棋		承德县	承德县	陈有	曹铁山	150834	462
4386	智除花和尚		鹰手营子矿区	鹰手营子	王桂林	栾志宏	150835	1513
4387	三岁孩子戴乌纱		承德县	承德县	于秀	于广	150838	1515
4388	咸丰买凉粉		双桥区	双桥区	戴维明	李国良	150839	3489
4389	神烟宝地		双桥区	承德市双桥区		兆全、田林	150842	1364
4390	香妃和老槐树		双桥区	于双桥区	刘文友	柳村	150846	563
4391	刘罗锅子巧破隐语	蒙古族	双桥区	双桥区	巴喇嘛	宝音奇奇歌	150849	2029
4392	刘墉贬和珅		双桥区	双桥区	苏逸民	潘树芬	150866	1554
4393	小妇人难倒纪晓岚		承德县	承德县	刘文联	于广	150870	808
4394	纪晓岚登双塔山		承德县	转角房乡	王凤举	于广	150873	2808
4395	夏公祠		双桥区	双桥区	王逸如	白琛	150877	653
4396	徐达锤上为啥少了一只凤		承德县	承德县	王永芝	于广	150895	1705

序号	篇名	民族	流传地区	采集地	讲述者	搜集者	数据库编号	字数
4397	狂儒胡子襄	满族	双桥区	双桥区	胡若文	杨志民	150897	1767
4398	鲁梦兰妙手回春		双桥区	双桥区	鲁宽	孔宪科	150906	1263
4399	汤大帅的传说		承德县	承德县	李政芳	王福俊	150928	804
4400	汤二虎拆水磨		双桥区	双桥区		蒲仆	150929	1218
4401	洋爸爸杀假洋儿子		双桥区	双桥区	杨志民	乔志明	150950	475
4402	杨顺当刀		双桥区	承德市	赵荣华	杨志民	150951	1271
4403	棒槌山与蛤蟆石		承德县	承德县	周延红	周凯波	150956	818
4404	金鸡斗蝎精		双桥区	双桥区	王勇	王琪	150959	871
4405	天桥山上玉人来		双桥区	双桥区	王勇	王琪	150961	431
4406	文明福地半壁山		双桥区	双桥区	王勇	王琪	150968	602
4407	四面云山		双桥区	双桥区		洪勃	150969	708
4408	会龙山		双桥区	双桥区	梁金明	李怡荃	150971	1305
4409	疯魔岭		承德县	避暑山庄内	李仁	于广	150973	481
4410	松树梁的传说		承德县	承德县		丁治安	150980	940
4411	水宫娘娘和汤山		承德县	前庙乡	张庆廷	于广	150988	875
4412	两斧一楔		双桥区	双桥区	王勇	王琪	150999	493
4413	夹马石		双桥区	双桥区	姚龄	野草	151025	1357
4414	金厂梁		双桥区	承德市内	杨瑞林	杨瑞成	151032	634
4415	人参洼		承德县	承德县	孙凤华	许秀茹	151036	585
4416	公鸡为啥白天打鸣		双桥区	双桥区	王喜才	乔志明	151049	1533
4417	鬼鸟		承德县	小西营村	李景义	谢春生	151051	891
4418	错封树王		双滦区	偏桥子乡	靳凯祥	辛翠莲	151057	2689
4419	野菜的传说		承德县	承德县	陈自安	陈树田	151058	305
4420	人参与黄芹		承德县		丁永禄	丁治安	151067	6716
4421	腊八儿粥		双桥区	双桥区	孙劭非	王冬	151090	512
4422	五月单五与八月节		承德县	一间房乡	蔡洪科	蔡占清	151097	1623
4423	普天同庆		承德县	讲述人家中	黄福铭	谢春生、黄艳芳	151102	634
4424	狗咬狗		双桥区	双桥区	李永太	杨志民	151126	629
4425	伊犁庙与香妃				王金山		162649	2351
4426	长寿菜						162659	1880
4427	钟石匠巧搭天桥						162655	2155
4428	蛤蟆石				李向臣		162654	2688
4429	鼓肚子城				刘金福		162651	2666
4430	铜狮子红了眼				钟响明		162657	2680

序号	篇名	民族	流传地区	采集地	讲述者	搜集者	数据库编号	字数
4431	楠木桌						162658	778
4432	宋瓦匠正照壁				王逸如		162656	3452
4433	伴月池						162650	761
4434	棒打蛤蟆精						162653	3345
4435	裘翠楼与留霞亭						162652	805
4436	顾侍郎断碌碡		河北海兴一带		关秀芝		170776	634
4437	立志		沧州东部		孙海生		170765	1510
4438	二郎担山		海兴一带		姜云龙		170762	706
4439	金香炉		渤海之滨		关秀芝		170759	320
4440	大山小山的来历		河北海兴与山东无棣一带		关秀芝		170756	695
4441	挂小红灯笼		沧州东部		孙士成		170768	546
4442	怪山的来历		海兴县		公冶秀兰		170818	859
4443	龙忌腥		海兴一带		李恩庄		170841	1119
4444	杨天官的脑袋是金的		河北海兴与山东无棣一带		关秀芝		170780	375
4445	“抛庄”村名是怎么来的		海兴县		王庆生		170816	539
4446	正月剃头死舅舅		沧州运河以东各县		赵世广		170829	1997
4447	“路遥知马力”的故事		海兴、无棣一带		王金亢		170825	1964
4448	宝衣		渤海沿岸		王风杰		170830	1137
4449	宣惠河的传说		海兴县南部		何士公		170820	648
4450	灶王爷的来历		沧州东南部		崔长栋		170832	516
4451	铁菩萨		海兴县境内		杨金岚		170819	2522
4452	“阿弥陀佛”的由来		海兴县南部一带		雷祥澄		170833	1012
4453	四女寺碱河的来历		沧州东南部		关秀芝		170814	393
4454	盐的传说		渤海之滨		郭风祥		170828	715
4455	钥匙		海兴县境内		孟祥发		170758	2428
4456	杨天官破风水		海兴县东南部		宋奎昌		170773	775
4457	落锚寺的传说		海兴县北部		井连如		170815	465
4458	杨姑娘村是咋来的		渤海沿岸		关秀芝		170778	908
4459	宝石		海兴县境内		刘淑贞		170760	923
4460	迁坟下葬		海兴、盐山境内		冯新、冯柱		170763	609
4461	泰山奶奶和莲花盆		海兴县				170846	442
4462	小娘动本		沧州地区东南部		朱福来		170767	681

序号	篇名	民族	流传地区	采集地	讲述者	搜集者	数据库编号	字数
4463	天官幼年		海兴县及周围各县		郭占宁		170771	420
4464	大黄庄子扛耙——死挨		海兴县境内		杨希珊		170835	1762
4465	水母		渤海沿边一带		刘德全		170849	974
4466	太阳、月亮和公鸡兄弟仨		海兴境内		崔连起		170836	665
4467	杨天官的虾酱朋友		海兴县一带		王立砖		170774	3116
4468	成佛		沧州沿海一带		宋作臣		170839	1817
4469	送球洞		海兴县				170848	837
4470	咸丰跪读		沧州东部		孙士成		170766	977
4471	羊吃狼		河北海兴与山东无棣一带		关秀芝		170777	1386
4472	七龙口的故事		小山一带		李新如		170757	2177
4473	石榴送子		海兴县东部		姜炳钢		170761	1624
4474	杨天官审菩萨		海兴东部		杨双发		170775	390
4475	女人以前为什么缠脚		渤海一带		王贵全		170823	1970
4476	红顶子的送客=		河北海兴与山东无棣一带		关秀芝		170779	742
4477	尚绂审皇亲		沧州东南部		孙长荣		170769	1242
4478	麻雀妻子		海兴东南一带		马桂茹		170837	641
4479	腊八粥的来历		海兴县				170831	753
4480	木匠不离斧子的来历		盐山、海兴一带		王自水		170826	424
4481	锄是从哪里来的		冀、鲁交界的碱河岸畔		关秀芝		170827	441
4482	大黄庄子的老蠊蛸		渤海沿边		杨希珊		170834	313
4483	“悬佛寺”的传说		沧州东南一带		孙惠义		170842	509
4484	杨天官题对联		海兴县一带		田永久		170772	741
4485	蛤蟆儿		海兴县		王风前		170845	461
4486	杨天官出世		海兴一带		马长安		170770	806
4487	龙为什么缠在柱子上		渤海之滨		寇永峰		170843	562
4488	关于茶棚村由来的传说		海兴县境内		方有才		170817	736
4489	人为什么不长尾巴		海兴一带		韩维敏		170840	885
4490	“囍”从何来		海兴东部		张金柱		170822	807
4491	鼠姑娘的故事		海兴县境内		杨玉杰		170844	619
4492	小葆元对对联		海兴县境内		傅景芳		170764	487
4493	宝葫芦		海兴县		刘金凤		170847	2148
4494	办喜事与放红砖		渤海沿边		郭金锋		170824	1067

序号	篇名	民族	流传地区	采集地	讲述者	搜集者	数据库编号	字数
4495	黑龙江的来历		渤海沿边一带				170821	1370
4496	神奇的砂锅		海兴一带		崔长栋		170838	1118
4497	方观承在张家口		张家口一带		董汝河		172808	515
4498	康熙三幸邓家台				武德山	白菊、秋月	172806	1386
4499	清泉寺的锅				李思唐	李洋	172853	519
4500	宣化城的传说		宣化区、宣化城内		刘世恩、刘世增等	顾建中	172816	1254
4501	宣化钟楼的传说				王存胜	顾胜永	172817	1422
4502	宣化的来由		宣化一带		贾占录	裴军	172819	1711
4503	姑姑救				张世花	晓华	172844	610
4504	洋河的传说				李秉高	兰文种	172821	1184
4505	洋河的来历				武建生、薛有保	裴军	172820	1323
4506	云盖山的传说				郭配		172837	1529
4507	龙洞不落霜					夫子	172828	834
4508	火烧广太庄				王桂芳	邓德忠	172840	1020
4509	李家庄的来历				李春林	立忠、道铎	172834	1045
4510	雷公山上的传说				赵洪恩		172835	2111
4511	杨六郎淘金				张政	梁挺爱	172804	438
4512	石佛寺人参娃				顾银屏	顾胜勇	172831	1051
4513	患难姻缘				郭吉雨	顾胜勇	172841	651
4514	洋河广惠桥					朝井	172822	2144
4515	白葡萄的传说				李树生	顾胜永	172861	852
4516	桑干河的传说				杜秀	丁亚如	172823	696
4517	慈禧留牌子记		宣化县洋河南一带		李世顺	裴军	172845	1699
4518	邓家的变迁				张启武	立忠、永军	172843	1315
4519	剥皮不流汤的宣化葡萄		宣化区境内		靳万才、陈江	顾建中	172858	423
4520	白龙洞的传说				赵有瑞、冀元福	路晓明、南绍云	172838	1021
4521	金环蛇					晓华、玉斌	172847	3113
4522	清泉寺为啥只有一个石狮子				李思唐	李洋、晓华	172854	693
4523	桑树的干为啥有裂子				田广亮	赵步锋	172864	1441
4524	清泉寺为啥没有门				李思唐	李洋	172852	1017
4525	龙池的传说				丁义	晓华、素军	172836	2063
4526	方观承下蔚州		蔚县一带		程玉山		172809	1286

序号	篇名	民族	流传地区	采集地	讲述者	搜集者	数据库编号	字数
4527	四字夺魁首				程玉山	怀谷	172811	506
4528	康熙访宣化				李世、赵起	裴军	172807	1578
4529	清凉寺的聚宝盆		宣化县涿鹿县一带		兰彭起	兰文种、旭日等	172826	404
4530	慈禧宣府阅兵		宣化县一带		李存贵、赵明真	顾胜永	172812	773
4531	方观承进京				程玉山		172810	1032
4532	蘑菇的来历				薛有保、武建生	裴军	172860	694
4533	雷公山的楼铧豁子				李民军	顾胜勇	172850	868
4534	无粮庙的由来		宣化县一带		孙太喜	杜立忠	172833	859
4535	大王川的传说				李增魁	田有珍	172829	568
4536	清泉寺的来由				李思唐	李洋、晓华	172851	1634
4537	八龙山的传说					晓华	172849	2499
4538	悬空城的来历				胡秀花	怀谷	172818	566
4539	掏宝山的传说				朱海亮	兰文种	172842	1055
4540	牛星山出凤凰				王义	李燕	172827	648
4541	有眼不识鲁班爷				蓝彪起	兰文种	172848	2470
4542	救国佛		宣化一带		顾世山	顾胜永	172815	850
4543	赵匡胤帮楼耩三豁				赵鸿恩	赵德明	172814	1163
4544	红葡萄的传说					张秀兰	172857	833
4545	小西洼					夫子	172830	1625
4546	韩信的传说					怀谷	172813	1085
4547	箭定宣化府				张奂泼、单有恩	顾建中	172839	1389
4548	桑干河的来历				刘号选	裴军	172824	1470
4549	红崖山下的骆驼石				谢起	顾胜永	172832	1115
4550	清泉寺简况						172855	783
4551	像光洞的炕				李思唐		172856	489
4552	猫的传说				王孝旭	怀谷	172863	650
4553	柏林寺的传说				李广胜	白明中	172825	447
4554	麒麟是怎么绝种的				庞占娥	赵步锋	172859	1026
4555	猫的传说				孙民	怀谷	172862	820
4556	魏征引水救灾				张宝明	路晓明	172805	856
4557	王次仲创隶书				王桂芳	朝井	172803	1700
4558	慈禧途经太平寨				孙永山	梁挺爱	172846	1894
4559	罗成宝驹的传说		孟村		何福堂		178792	4824
4560	龚三华的故事		献县		杨俊杰		178785	947

序号	篇名	民族	流传地区	采集地	讲述者	搜集者	数据库编号	字数
4561	贾雷奇闻		任丘		佚名		178794	246
4562	杨大能		献县		范书成		178787	830
4563	药橱的来历		献县		宋锡铭		178561	594
4564	罗成宝枪的传说		孟村		何福堂		178791	1174
4565	百尺杆		盐山		仉殿华		178550	507
4566	推雹子车的郭将军		吴桥县一带		杨子荣		178783	1028
4567	招魂幡		肃宁		李金玉		178560	603
4568	十月一上坟烧纸		献县		宋锡铭		178551	805
4569	门插官		献县		郭希生		178559	963
4570	镇邪狮		吴桥县一带		牟兆瑞		178553	292
4571	大力士毛五的传说		盐山		朱文科		178795	562
4572	马虎		献县		宋锡铭	宋益三	178563	561
4573	一丈青扈三娘斗耶律胡		孟村		王兴周		178793	330
4574	烟薰蚊子		肃宁		胡俊龙		178554	1115
4575	灶王爷		孟村		吴秀昌		178780	355
4576	臭椿		肃宁		于浦秋		178567	6156
4577	将军报恩		东光		康建国		178799	961
4578	贞节女		肃宁		李贞		178821	938
4579	泥马渡康王		孟村		李泽泉		178781	1633
4580	华北的水为什么有甜有咸		泊头		王福德		178556	425
4581	金狗星		东光		郑毓秀		178788	340
4582	灶王爷		吴桥一带		吕俊起		178778	1382
4583	牟三道修七十二座庙		吴桥县一带		牟北瑞		178782	513
4584	黑狗告状		河北东光阜城两县		霍树行		178572	1900
4585	娇女嫁寒门		南皮		赵树森		178820	1033
4586	献县奶奶		献县		刘锡如		178566	551
4587	十月一送寒衣		献县		宋锡铭		178552	2852
4588	蚂蚱神				张文远、胡凤瑞		178557	2069
4589	替妻儿		献县		宋锡铭		178562	770
4590	灶王爷		海兴		崔长栋		178779	974
4591	黑龙江上的乡亲		盐山		董长生		178798	3694
4592	马王爷拾了一个眼		东光		张文德		178789	1026
4593	东西		盐山		郑淑芹		178565	2719
4594	火烧小辛庄始末		沧州		刘端章		178800	438

序号	篇名	民族	流传地区	采集地	讲述者	搜集者	数据库编号	字数
4595	时雅君发家		河间东北乡		翟藏兴		178786	476
4596	万进士和七十二把黄罗伞		东光		王辅彬		178790	1242
4597	腊八粥		东光		张希珍		178549	451
4598	红嫁衣		河北沧州一带		周汤氏		178547	1037
4599	红嫁衣		泊头		高家钦		178546	888
4600	崔大=		献县		李要书		178796	2795
4601	露水神		孟村		李保亭	李树山	178555	331
4602	女人为什么裹脚		海兴沿海一带		李荣英		178558	979
4603	古画换总督		海兴沧州东部		孙士成		178571	1146
4604	桃木剑		泊头		李铁山		178548	981
4605	赵家楼		肃宁		王福立、左树标		178570	578
4606	“囍”字		盐山		王艳令		178564	941
4607	关公为什么红脸长胡子		孟村		王兴周		178569	2117
4608	知其里不知其外		南皮		许汝梅		178568	484
4609	蚊子山		东光、南皮一带		杜运庄		178573	654
4610	吕洞宾下凡		沧州		刘瘸子		178777	1557
4611	姜大霖赶集		吴桥县一带		刘文波		178784	1247
4612	东光人		东光		王辅彬		178797	380
4613	鲁班和三个徒弟				张汝祥		184673	1459
4614	八宝琉璃井的传说				任宝庆		184653	455
4615	猴屁股为啥是红的				石竹		184662	1033
4616	劳工的奇遇				谭照章		184666	683
4617	狗求天神救人间				杨秀珍		184660	592
4618	凤凰不落无宝之地——盐的传说				刘作明	王秀春	184692	559
4619	关于烟的传说				叶文成		184679	1329
4620	李世民与北瓜				刘桂芹		184675	621
4621	包公的传说				李桂英		184686	791
4622	“青龙河”的传说				桑跃俊		184693	536
4623	为什么兔子尾巴是短的				丁连君		184680	456
4624	物归原主				丁连容		184683	869
4625	渤海聚宝盆				任宝庆		184655	1156
4626	螃蟹盖上的马蹄印				叶文成		184668	679
4627	笛声吹来有缘烟				王宝金		184678	805

序号	篇名	民族	流传地区	采集地	讲述者	搜集者	数据库编号	字数
4628	辣辣蒜与河豚鱼				石桂兰		184689	942
4629	英文的来历				赵春祥		184664	801
4630	聚宝盆的传说				孙永贵		184656	296
4631	日本国的来由				叶文成		184677	3986
4632	谷穗子				刘绚云		184684	1044
4633	刘秀错封椿树王				父亲	滦汀	184687	607
4634	楞蹦鱼的传说				张爱芝		184694	545
4635	啦啦咕救驾			十场八队	孙虫贵		184691	644
4636	人为什么会说话				杨秀珍		184665	1522
4637	关于大海日出斗金之说				王瑞兰		184657	576
4638	麻坨岗子的传说				孙国泰		184654	520
4639	李殿起发财				丁连容		184681	2209
4640	两个泥胎				王桂岚	唐里	184697	885
4641	小白蛇的传说				刘桂芹		184674	1583
4642	有钱难买雨浇梁				叶久成	唐里	184696	1428
4643	李世民和救驾岭				冯桂雨		184676	616
4644	包公借猫		唐山一带			滦订	184688	1281
4645	耗子磨牙				叶文成		184670	1300
4646	眼镜的传说				戈保叁	李连君	184695	654
4647	小青龙河的传说				任宝庆		184659	816
4648	甜水坨					孙善林	184690	452
4649	艾庄子的传说				任宝庆		184658	458
4650	三月三的传说				孙福生		184661	604
4651	竹节、乌龟盖和白脖鸦				刘绚云		184663	573
4652	项羽的传说				叶文成		184669	1159
4653	李靖的故事				乔建国		184685	861
4654	关于西方科学发达的传说				叶文成		184667	371
4655	爆竹的由来				叶文成		184671	1272
4656	腌咸菜的由来				李德清		184682	1837
4657	关于鳔胶的传说				张汝祥		184672	820
4658	题联羞众绅				于浦秋		187245	1047
4659	贺老总的红鬃马				易志恒		187179	924
4660	赵老公的传说				李琛		187257	3588
4661	肃宁城的传说				骆克剑		187196	1203

序号	篇名	民族	流传地区	采集地	讲述者	搜集者	数据库编号	字数
4662	玉皇庙村名的由来				于冀杨		187202	1255
4663	救友丧身				马书刚	于湘海	187240	787
4664	朱翰林的传说				易亮如		187255	838
4665	曲吕村名的来历				王清平		187208	830
4666	机智勇敢的王怀贞				老顿		187185	1104
4667	望夫台的传说				王顺德		187199	1026
4668	贺帅安居平五路				赵怀州		187181	794
4669	冯氏正骨术				梁瑞兴		187256	1839
4670	古洋河的传说				郝东亮		187210	681
4671	石狮截道				刘致=		187258	1619
4672	贺老总和他的烟斗				于国栋		187178	1219
4673	石人石马的来历				毕铁刚		187201	780
4674	探花刘庄				杨宝业		187204	1273
4675	勤奋少年				李尚德		187244	831
4676	朱老总“不吃鱼”				李信		187177	1678
4677	平易近人的刘元状				王汉章		187241	895
4678	结识尹混				石幸善		187221	664
4679	私修金銮殿				刘春来		187235	863
4680	朱老总的神吉普				张桂兰		187176	785
4681	荆轲与冢上的传说				雷润丰		187205	412
4682	臭椿的来历				于浦秋		187231	1029
4683	石金奎弹唱退敌兵				石相卿		187187	1152
4684	武状元哈攀龙的传说				史清		187253	894
4685	五姑庙的传说				张建		187200	714
4686	铸佛头				李汝伦		187224	608
4687	“白寺闻钟”的传说				尹化德		187193	911
4688	垣城的传说				李九梅		187197	10781
4689	鸣笛斗日寇				张三人		187250	732
4690	将军磨				马光斗		187182	1075
4691	孟司令赔礼				杨继		187184	843
4692	镇海寺的传说				王文升		187190	1385
4693	贺老总两会侯嘉宾				曹曲水		187183	910
4694	牛军庄的传说				胡唐河		187206	4428
4695	贞节牌坊的由来				孔庆坛		187211	599

序号	篇名	民族	流传地区	采集地	讲述者	搜集者	数据库编号	字数
4696	肃宁县名称由来				刘领立		187198	740
4697	人鸟对叫				张德喜		187252	1067
4698	拜师				易亮如		187220	631
4699	刘春霖的传说				刘大中		187247	1512
4700	割老公				宋仲树		187222	1936
4701	钩弋夫人的传说				穆灿章		187216	1242
4702	进士坊				李升华		187226	624
4703	贺龙的“神龙马”				张桂兰		187180	588
4704	魏忠贤和东林党				马亮如		187232	616
4705	为什么姓张的人口最多				施识途	于湘海	187212	962
4706	诛杀六君子				于湘海		187227	982
4707	舍身除奸				陈景周		187186	1456
4708	一千小字				郗庆文		187243	918
4709	龙驹与泥马头的传说				杨念龙		187203	2161
4710	地痞无赖魏忠贤				刘旦		187236	987
4711	魏公学堂				宋鹤臣		187238	866
4712	魏忠贤与“贡梨”				汪丙甲		187237	1737
4713	冯尚书自尽				黄兆丰		187225	1378
4714	魏忠贤“恩义”三事				陈岩		187239	1421
4715	点主				于子泽		187246	1219
4716	休书和神灯				李汝伦		187242	459
4717	钩弋夫人的传说				于浦秋		187215	2820
4718	张傻子				于子泽		187248	1415
4719	进宫				李汝伦		187223	973
4720	学口技				张俊堂		187249	1841
4721	翻干的传说				王大服		187207	881
4722	口技退恶匪				张德喜		187251	1210
4723	师素药王爷的传说				毛思贤		187254	3119
4724	铁骨、正气				赵平禄		188993	587
4725	周总理的传说		全国各地		贾老亮	许村	188977	617
4726	智救刘瑞霞		饶阳		冯铁网	冯盼菇	188992	688
4727	三皇姑削发为尼				高天锡		188983	681
4728	打盐兵		饶阳北部、肃宁南部		王瑞申		188987	711

序号	篇名	民族	流传地区	采集地	讲述者	搜集者	数据库编号	字数
4729	亲人				魏文华	吴彦霞	188995	737
4730	侯敬花救护八路军				侯敬花	李心女	188998	1084
4731	老宋的家		常安一带		于大头		188989	1514
4732	村南的老树为何到了村北		尹村一带		孙清坡	刘英杰、郭俊霞等	189001	1114
4733	白马司令				王万仓	路兰	188997	6358
4734	西太后爱吃的杂面		饶阳县		赵林清		188979	264
4735	悬空寺		饶阳一带		赵氏	邢会兰	188999	1267
4736	空手夺机枪				尹玉芝	司徒玉堂	188990	697
4737	偷岗楼				王书学	吴彦霞	188996	1047
4738	后大殿				许三槐		189000	1826
4739	李一之死				魏文华		188994	958
4740	郭老恩发财		饶阳县城北一带		郭宏飞		188981	2350
4741	张学良的故事				陈九		188986	1293
4742	张年过河				张德柱	欧阳远	188991	392
4743	纪晓岚巧对		饶阳献县之交一带		刘根壮	刘英杰、郭俊霞等	188982	324
4744	仨桃		饶阳城北		张大户	许可	188978	3538
4745	宝剑与绣花鞋				张国华、梁成义		188984	1187
4746	宫殿村的由来				孙清坡	郭俊霞、郭二风等	189003	998
4747	刘秀、羊神、柳枝桥与桑园		饶阳全县		王二秀	许艳芝	188985	967
4748	泰山石敢当		饶阳城南		刘学良	李心女	189002	3210
4749	饶阳杂面进过贡		饶阳县境内		刘玉稿	王二锁	188980	732
4750	人生记录的最后一页				耿六		188988	938
4751	单刀李拜师			县文化馆	郭占表		189792	1041
4752	阮伍庙			崖村	代忠信		189813	1460
4753	蜘蛛补网						189820	588
4754	梁山泊和祝英台			王井药材铺	安桂芝		189776	622
4755	名传南京城			西马庄乡政府	李来义		189801	698
4756	九莲圣母			深县陈口村	张同泽		189772	1648
4757	神腿			深县程家村	程增月		189797	655
4758	王神钱					徐广乐	189771	1784
4759	顺治转世			深县辛村	李大雪		189811	888

序号	篇名	民族	流传地区	采集地	讲述者	搜集者	数据库编号	字数
4760	枪挑“土太岁”			深县体委	张国杰		189783	419
4761	贡桃			县农业局	刘锁住		189839	312
4762	扑蚂蚱逗白马			深县位林村	袁老一		189791	1034
4763	“沱南侠”韩其昌						189807	984
4764	单臂抄石碾			南街	宋老洪		189790	1295
4765	护驾来迟						189823	1675
4766	辰时得朝，柏树拜祖						189818	74
4767	石像			深县文化馆	郭占表		189834	930
4768	城门关时辩奇功			程家村	程增月		189800	203
4769	财神瓮			深县清辉头村	李云秀		189843	674
4770	半仙孙老道						189767	1984
4771	莲叶托桃			深县旧州村	张志来		189841	437
4772	红盖头			深县清辉头村	刘素爽		189847	641
4773	推辞西太后，舍身壮中华			深县程家村	程增月		189803	605
4774	四两洪福与千斤大力						189816	153
4775	泥马渡康王			后康村	刘全胜		189828	1619
4776	周仓庙			北小召村	张洛树		189812	509
4777	铁拐李偷锅			深县南辛庄村	解胜章		189778	327
4778	两井夹一景					徐明艳	189830	686
4779	卧牛城			深州镇	吴玲暖		189827	644
4780	麦芒娘娘			陈口村	常恩周		189777	502
4781	保镖			深县程家村	程增月		189802	432
4782	半步蹦			文化馆	郭占表		189785	626
4783	武状元			陈二庄	张宗镰		189806	1345
4784	栗子皮						189769	472
4785	半仙						189768	1809
4786	泰山石敢当						189851	778
4787	盖京南刀抽盖京北			位林村	袁老一		189784	344
4788	纸扇退群凶			深县南小营	李奎臣		189795	286
4789	柳树枝			深县柳庄村	贾玉峰		189794	899
4790	十八杆幡的来历和名称			深县旧州村	王占乔		189849	487
4791	惩师弟			西午村	宋广印		189793	495
4792	拜师			旧州村	王占乔		189804	725
4793	一棍长了女人志			深县西马	孟昭如		189789	811

序号	篇名	民族	流传地区	采集地	讲述者	搜集者	数据库编号	字数
4794	戏捉麻雀			南辛庄村	解胜章		189798	351
4795	高古庄的老碱地			深县位桥乡			189837	494
4796	大青牛的故事						189815	1509
4797	“程合地”的由来			深县双井村	李小兴		189810	620
4798	布店见真功			深县南小营村	李奉沉		189796	926
4799	孝子桥					李江绵	189831	773
4800	危渡口						189817	331
4801	腊八粥			深县大屯乡	王文彩		189850	376
4802	擂台扬国威						189805	756
4803	祭灯			深县北小召村	张老树		189846	756
4804	臭椿挂牌						189821	874
4805	结义合拳			深县南街	宋志洪		189786	736
4806	蒲龙头和窝幞头						189822	201
4807	东安庄大庙的传说					康丙峰	189774	687
4808	搭衣台、枣行村和云碧雾						189824	613
4809	拜师			县党史办	田人		189782	717
4810	搬倒琉璃井					张汝松、张群福等	189826	435
4811	白衣老父祠						189825	709
4812	小召天齐庙			北小召村	王新来、张杏堂		189835	303
4813	转道			南辛庄村	魏立盈		189832	346
4814	正月十五看年景			深县清辉头村	刘素爽		189845	603
4815	张九功			深县王井村	张三山		189809	1316
4816	刘秀赐桃名			深县北小召村	刘新未		189838	3025
4817	“一得阁”传奇			文化馆	郭俊岭		189808	653
4818	赐桃名						189840	376
4819	葡萄胎			深县清辉头村	李云秀		189842	767
4820	清辉头庙会传说			深县清辉头村	李振海、王海池		189829	530
4821	周公和桃花女			文化馆	郭俊岭		189848	174
4822	一掌扇成“灶王爷”			大屯乡	夏恒西		189844	835
4823	看孩子			深县贾城西乡程家村	孙庆根、谢占图		189770	792
4824	二郎神请戏			深县旧州村	王占乔		189775	416
4825	蝼蛄救驾马歇蹄						189819	335
4826	艺震英雄馆			深县南街	宋志洪		189787	469

序号	篇名	民族	流传地区	采集地	讲述者	搜集者	数据库编号	字数
4827	怒辞大徒弟			程家村	程增月		189799	680
4828	少林寺比武			深县西马庄	孟昭如		189788	670
4829	龙母庙的传说						189836	385
4830	半壁店			深县半店	王济生		189833	789
4831	回楼莠的传说				焦占贵	王福昌	195486	6471
4832	紫山塔的传说			胜利桥街道办事处	李玉田	冯雪生、梁辰	195484	3008
4833	赵匡胤吃菜豆腐				朱氏	程荣珍	195482	8859
4834	赵王泉的传说				李印	任学辉	195487	1109
4835	插箭岭的传说				谢体正、刘亚平	梁辰	195483	854
4836	王琴堂画梅训少帅			邯郸市城里	王载之、丁继先等	梁辰	195479	892
4837	千顷地主王占元			肥乡	阎新明	冯雪生	195480	1759
4838	“赵国春”的来历				李春树	梁辰、韩秀华	195488	1628
4839	圣井岗的传说				谢体正、刘一安等	梁辰	195485	1281
4840	王郎子传说				谢体正、裴敬林等		195478	2364
4841	张国彦怀抱万历坐天下			复兴区王郎村	张树年	李晓红	195481	2315
4842	南佐镇的传说		元氏县		郑合香	周安平	200509	457
4843	柿树的来历		元氏县西部山区		刘福林	刘果华	200521	2227
4844	狐仙洞的传说		元氏县西、北部		杜风山	孙明振	200503	754
4845	袁天罡与李淳风		元氏县槐河以南		周风林	智会敏	200484	1392
4846	太行山的传说		元氏县		李增祥	李慧娟、王孟辰等	200493	716
4847	牛圈沟的来历		元氏县西部		田献辰	田素菊	200514	1133
4848	磨寨山的传说		元氏、井陉一带		胡群瑞	胡士强	200502	944
4849	王村的传说		元氏西部山区		周群录	周书月	200511	1032
4850	老鼋河		元氏县北部		孙生元	孙明振	200477	949
4851	卧牛城的传说		元氏县境内		崔洛强	崔志文、张增顺	200507	1458
4852	华佗断母病		元氏县		刘炎增	王孟辰、刘森林	200481	1430
4853	红土沟的传说		赵同乡一带		董喜合	董淑肖	200515	939
4854	放羊的为什么晌午不回家		元氏县西部山区		柳喜乱	周竹琪	200524	536
4855	“好女不嫁二男”的来由		元氏县		焦俊秀	梁建军	200523	974

序号	篇名	民族	流传地区	采集地	讲述者	搜集者	数据库编号	字数
4856	韩信造粮台的故事		元氏、高邑、赞皇交界一带		程庚夕	张增顺、宋玉辰	200480	557
4857	何仙姑三骂吕洞宾		元氏县		柳委素	柳风丽	200486	857
4858	子沟烟		元氏县西部		李刘氏	苏存正	200522	811
4859	药王的传说		元氏县北部		孙群竹	孙明振	200483	2264
4860	封龙山的来历		元氏县		柳双联	柳建光	200495	573
4861	公冶长得鸟语		元氏一带		刘对子	刘书根	200479	870
4862	万年村的来历		元氏县北部		吴根子	王孟辰、李增良等	200510	1556
4863	运粮河		元氏、栾城一带		宁吉春、宁玉山	宁世昌	200506	633
4864	满井的传说		元氏县西部		王增良	郑云	200519	988
4865	潴龙河的传说		元氏县		李奎元	王吉忠	200505	1636
4866	张果老得驴		石家庄地区		张春秀	张慧军	200485	1035
4867	米粮山的传说		元氏县西部		时银虎	时书吉	200500	489
4868	道士沟的传说		北正一带		王群秀	陈彦萍	200513	577
4869	封龙山传说故事二则		元氏县		王春子	王吉忠、王爱恒	200499	1035
4870	仙翁寨的来历		元氏县西部山区		钱过福	钱菊明	200512	1778
4871	包公遗言		元氏槐河以南		周风林	智会敏	200488	614
4872	火烧鄚州会		元氏县东部		李连朝	李春夕	200516	1216
4873	麻神菜的传说		石家庄地区		李来法	李彦芳、王孟辰等	200530	400
4874	有水不进张掖村		元氏县北部		贾菊荣	李爱军、魏志文	200518	1562
4875	九泉山		元氏县西部		刘二书	周捷敏	200501	1927
4876	白果树的传说		元氏县西部山区		李月民	牛志国	200520	1111
4877	封龙山的来历		元氏县		计学军、邵志彬	黄少华	200494	775
4878	试剑石		元氏县西部		王增群	郑云	200496	3257
4879	龙池		元氏县封龙山一带		李树辰	张进忠、王二元	200497	457
4880	诸葛亮遗嘱		太行山一带		刘树针	姚清晨	200482	396
4881	杜鹃的故事		冀中、太行山区		贾振行	刘玉山	200526	1082
4882	白草寺		元氏县西部山区		武景秀	郑云	200498	1458
4883	公鸡为什么叫鸣		元氏县北部		李竹恩	李彩娟	200528	896
4884	黑水河和九牛寨		元氏县西部山区		张月珠	张杰民	200504	1456
4885	康熙的正宫		元氏县		刘炎增	王孟辰、刘森林	200489	1094
4886	参商不相见的传说		元氏县		苏李氏	苏存正	200474	951

序号	篇名	民族	流传地区	采集地	讲述者	搜集者	数据库编号	字数
4887	乾隆娶民女		元氏北部		许俊杰	王孟辰、许书田	200492	793
4888	老虎头上为什么有“王”字		元氏县及邻县		张福娥	王孟辰、李志荣	200529	539
4889	西天见佛		元氏县北部		孙喜全	孙明振	200478	2569
4890	布谷鸟的来历		元氏县		二花	王淑珍	200527	1176
4891	灶君的传说		石家庄地区		刘爱枝	戴巧玲	200476	1545
4892	给死人烧纸的传说		元氏县境内		张金秀	张莉萍	200525	510
4893	乾隆自比刘备		元氏县北部		李芒种	王孟辰、李增良等	200491	681
4894	元氏城为什么没有北门		元氏县		李贵成	王吉忠	200508	1494
4895	韩信庙的传说		元氏县城附近			苏存正	200517	762
4896	铁拐李探家		元氏县北部		刘殿芳	王孟辰、刘森林	200487	630
4897	康熙认干儿		石家庄地区		李芒种	王孟辰、李增良	200490	629
4898	莜麦的来历			山岔村	杨启	马汉洪、李忠义	215204	790
4899	六月六的传说			石咀子大后达沟	马旺	赵万诚	215300	555
4900	康熙移树			乌拉哈达村	马瑞	马林	215273	286
4901	驿马图的传说			老里湾村	曹占武	王锦	215245	1046
4902	虎和猫的传说			西湾子	张跃	宋云	215293	1313
4903	“大水泉”的由来			大水泉	苏广玉	刘淑华	215240	420
4904	为什么黎明前有一阵黑			崇礼西沟	韩金坡	马汉洪、韩伟强	215287	1401
4905	九经八书与五经四书			崇礼县场地	张跃	宋云	215213	514
4906	青蛙的来历			石咀子	李文明	姜凌、马汉洪等	215207	1300
4907	“姑姑救”的来历			西湾子	郑汉云	宋荣光	215249	578
4908	偷买豆芽菜			乌拉哈达村	马瑞	马林	215242	699
4909	“没耳朵驴”的来历			西沟	樊玉珍	马汉洪、张良术	215301	1861
4910	牛为甚没上牙			崇礼驿马图	刘文芳	马汉洪	215219	720
4911	太子城与驴太子			马丈子	王凤宝	马汉洪、宋秀玲	215201	505
4912	喜乐庄			西湾子	郑汉云	宋荣光	215275	868
4913	“木匠吊线一只眼”和“马王爷三只眼”的来历			崇礼西沟	刘志天	马汉洪、张良术	215253	1110
4914	刘邦骗项羽，头朝坟下睡			南山夭	路宝林	张建森	215224	408
4915	响铃寺僧人救康熙				张耀	张庆林	215233	1609
4916	棋盘梁的传说			马丈子	吴有	王录	215274	325
4917	康熙收妃			白旗	施润莲	宋秀玲	215306	1088

序号	篇名	民族	流传地区	采集地	讲述者	搜集者	数据库编号	字数
4918	小麦原有三棵头			驿马图乡	徐占昌	王锦	215286	564
4919	中山沟的传说			场地	李氏	马汉洪	215212	1620
4920	顺治的传说			西店乡孟村	张勃川		215443	2295
4921	西黄岗的传说				周克君	周振宇	215466	4408
4922	张之洞的传说		大名城北一带		张春	张金维	215444	674
4923	孙膑的传说			大名县束馆	张泽广、刘德太	白梅俊、周淑红	215442	819
4924	关羽收周仓的传说		大名县杨桥一带		韩书生	冯春堂	215447	660
4925	一代宗师何兴					马仲群	215460	683
4926	铁钟和铜钟的故事					李永革	215470	1082
4927	裴三国公的传说				裴福良	谢明	215456	873
4928	陈娘娘的传说		大名		邢老连	张孟军、刘家勋	215453	747
4929	卖豆腐的梆子		金滩镇一带		王呈祥	薛文增	215471	684
4930	冢北村名的来历				刘升阶	陈建忠	215468	510
4931	月食敲铜盆的来历				杜梨苹	裴玉英	215479	2141
4932	双庙的传说					贾军岑	215462	1108
4933	祭灶为什么供糖瓜					颜文彩	215477	5222
4934	王八坑的传说					郭青菊	215464	2263
4935	马四老师的传说					张民健	215459	1311
4936	盘龙塘					李爱军	215463	1613
4937	烧纸的传说			大名县北门口乡韩赵村	胡新波	李文彬	215473	3532
4938	二月二吃煎饼的来历					魏俊元	215475	1595
4939	赵金山的故事				张慎功	李国建	215457	1075
4940	男随女不随，活随死不随					李杰	215476	2743
4941	杨稳的传说				赫林祥	郝卫东	215461	589
4942	朱洪武的传说		大名城北一带	大名县郑时庄	靳保太、王志堂等		215451	6704
4943	小麦为什么过冬		赵县城西一带		王胜徐	常翠霞	219847	837
4944	望汉台		赵县城东一带		李小群	李清亮	219825	1385
4945	辛卜庄的来历		赵县城西南地区		卜广义	南丁	219845	664
4946	蜜蜂的腰为什么这样细		赵县一带		张进田	张玉卿	219863	628
4947	张果老倒骑毛驴的由来		赵县一带		龚京书	龚国峰	219832	1077
4948	杨户村的由来		赵县城东一带		何黑子	程建社	219841	844
4949	尊师碑		赵县城东一带		杨洛才	杨洪武	219830	545
4950	为什么只有人会说话		赵县一带		高盛幸	高晓进	219862	432

序号	篇名	民族	流传地区	采集地	讲述者	搜集者	数据库编号	字数
4951	马王庙		赵县城东一带		李月菊	解云英	219839	702
4952	蝴蝶不采马兰花		赵县一带		邢风礼	邢晓辉	219848	647
4953	铁佛寺		赵县一带		罗章辉	张立英、罗伟芳	219836	656
4954	木牌坊的传说		赵县一带		杨京锁	席凤玲	219837	506
4955	烤柏灵火		赵县、高邑一带		郭老圣	张瑞申	219855	567
4956	枣树为什么长满刺		汉族地区		常六子	侯伟霞	219849	821
4957	饮牛口		赵县城西一带		赵增心	赵立芳	219827	864
4958	鸡的传说		赵县南三相一带		王彦顺	王素英	219858	754
4959	一窑金与一窑银		赵县城东一带		戚世词	宋国胜	219831	711
4960	八月十五赏月的传说		赵县一带		张风姐	董金英	219851	411
4961	松树皮为什么是黑红色		赵县一带			宋立华	219850	429
4962	悬石打刘基		建德县一带		李小保	李占新	219828	559
4963	四德村的由来		赵县东北一带		陈永太	周现若	219843	442
4964	上梁为什么要贴红贴		赵县城东		杨素格	孟丽存	219853	662
4965	汉光武斩石人		赵县、赞皇、柏乡一带		周洛我	周丽芳	219824	735
4966	鸡为什么不吃猫眼豆		赵县城西一带		安俊	马慧省	219857	864
4967	三条腿石狮		赵县城西一带		李为和	李凌云	219834	385
4968	驴过河为什么撒尿		赵县城西一带		朱秀珍	巴军英	219859	615
4969	鸡为什么怕人喊“嗤”		赵县一带		魏秋菊	李伟霞	219856	532
4970	杨户寺的碾子		赵县城东一带		张中树	孟令平	219838	557
4971	牛的生日		河北		陈玲彦	陈彦辉	219854	516
4972	鸡喝水为什么要抬头		赵县一带		李文山	李胜辉	219860	471
4973	新寨店的由来		赵县城西一带		赵丑	岳聚霞	219846	699
4974	公鸡为什么没有角		赵县城南一带		王得山	司君伟	219861	423
4975	驸马路		赵县城南一带		刘平社	张轶聪	219842	402
4976	东大寺壁画的传说		赵县一带		张老荣	张代锋	219826	245
4977	闯王被		赵县一带		常根廷	赵晓莉	219829	414
4978	槐沙河		赵县西南一带		郭老圣	张瑞申	219833	673
4979	无头狮子		赵县一带		张庆拴	兰换彩	219835	411
4980	猪领河的传说		赵县城西南一带		沈书法	张国平	219840	676
4981	大夫庄的由来		赵县一带		李彦民	李伟	219844	589
4982	封九的来由		赵县城东一带		解宝文	解京瑞	219852	627
4983	隆尧大葱和全聚德				颂民		233367	740

序号	篇名	民族	流传地区	采集地	讲述者	搜集者	数据库编号	字数
4984	周总理在隆尧的传说		隆尧东北部		唐景胜		233176	748
4985	乾隆和叫化子		隆尧东部		马冀夫		233218	1303
4986	老寿星的奔儿头		隆尧				233237	871
4987	茅山的传说		隆尧北部		刘二居		233265	923
4988	陈胜的传说		隆尧一带		李墉		233181	628
4989	=山的传说		隆尧北部、山口一带				233262	620
4990	凤凰台的传说						233290	834
4991	大杨树的传说		隆尧北部		赵小周		233354	512
4992	刘秀走国在柏人		隆尧西部		商跟路		233187	468
4993	女儿桥的传说						233298	665
4994	澄金石的传说		隆尧西南部		朱庆玉		233307	4280
4995	宝洞山的传说						233296	1234
4996	赵云拜师		隆尧城关一带		杨建国		233194	825
4997	梅花鹿两只角的来历		隆尧北部		张建华		233350	2135
4998	和尚塔的传说		隆尧北部		马静波		233289	810
4999	丘底疙瘩的传说						233279	1951
5000	柴王敕封东山南				张洛在		233202	657
5001	老牛闷儿		隆尧西南部		冯殉		233332	855
5002	狐仙洞的由来		隆尧县北部		刘维喜		233314	629
5003	毛尔寨的传说		隆尧东部		张华		233326	466
5004	郭大将军		隆尧北郭		郭洛用		233214	474
5005	山泉水的传说		隆尧县山口一带		老臭		233315	673
5006	“枣林庄”的来历		隆尧县水饭一带		王满贵		233313	1529
5007	月饼的来历		隆尧北部		李景春		233381	639
5008	张灶王		隆尧县东部		夏建海		233375	819
5009	“柴王井”水为啥变苦				张洛在		233272	681
5010	灶王的来历		隆尧县北部		洛叶		233374	890
5011	血溅八里桥		隆尧南部		宋孟津		233233	579
5012	正月初十老鼠娶媳妇		隆尧县尹村乡一带		杨生民		233385	1653
5013	贴门神的传说		隆尧东部		张东印		233387	1087
5014	赃官鼻子上为啥有块白						233395	495
5015	苏半仙劫法场		隆尧东部		苏印平		233248	724
5016	乾隆大修关帝庙		隆尧城关一带		李墉、冯平印		233219	894

序号	篇名	民族	流传地区	采集地	讲述者	搜集者	数据库编号	字数
5017	五县井		隆尧东部		张改顺		233322	685
5018	邵康节预言：百年		隆尧城关一带		李墉		233204	3094
5019	“霸王营”的传说		隆尧县杨尧、张庄一带		张连顺、扬彦钦等		233249	2001
5020	赵渔的传说		隆尧西部		常子敬		233222	678
5021	山口庙会		隆尧西部		赵洛岗		233402	1197
5022	关公为啥是红脸		隆尧东部		张兴子		233193	437
5023	修建北京城的故事		隆尧北部		魏同美		233253	662
5024	汉白草		隆尧县西部		王孟文		233358	990
5025	布谷鸟						233351	997
5026	=山的由来						233260	1554
5027	狼和狗的由来		隆尧东部		老言		233343	632
5028	尧山“圣水井”的传说		隆尧南部		宋九元		233257	702
5029	刘秀出世		隆尧西部		高老健		233183	1356
5030	泽畔大石碑的传说		隆尧西部		高老英		233294	1123
5031	鸭子为何整日在哇哇叫						233338	653
5032	晾书台						233321	2128
5033	菠姑						233363	459
5034	铜桥		隆尧县西部		朱清玉		233299	694
5035	韭菜为啥细长开白花						233362	665
5036	董尚书		隆尧东南部		董士锋		233216	699
5037	筷子的来历						233396	895
5038	双碑村名的由来		隆尧西部一带		李关民		233302	614
5039	干罗做梦当宰相		隆尧东部		郭计申		233180	3268
5040	韩兵备的传说		隆尧南部		米言		233213	541
5041	泰山石敢当		隆尧北部		于志巧		233392	625
5042	石狮子看青		隆尧东部		郭书梅		233320	3381
5043	周公与桃花女		隆尧西部		李振海		233372	1271
5044	樊腾凤巧治江湖汉		隆尧西部		张银河		233228	1423
5045	千言萝卜的传说		隆尧西部		穆老坤		233366	785
5046	贪心不足吞太阳						233329	906
5047	大麓试舜				宋洛修		233179	1003
5048	华佗藏妻		隆尧北部		冯增印		233191	706
5049	鸽子、鸡的来历		隆尧张庄乡一带		张小三		233337	1264

序号	篇名	民族	流传地区	采集地	讲述者	搜集者	数据库编号	字数
5050	马为什么不长犄角		隆尧西北部		刘华		233341	1357
5051	尧山武豪杰争地		隆尧西部		武老腾		233256	1059
5052	腊八粥						233377	454
5053	三廷						233238	843
5054	狗为啥见猫就抓						233348	1711
5055	范丹		隆尧东部		渠运		233247	893
5056	王桥村的传说		隆尧北部		王聚良		233300	479
5057	柏鸟树		隆尧西南一带		王银子、王来福		233357	629
5058	尧帝访山		山东、河北		冯殉		233258	1560
5059	乌龟背裂十三块的来历		隆尧县东部		张银同		233342	642
5060	=山、茅山的传说		隆尧北部一带		张连娥		233264	1245
5061	枣树为啥长刺						233361	1038
5062	“牛家桥”的传说		隆尧东部		牛俊晶		233297	650
5063	公鸡为啥喝水时抬头						233335	1255
5064	东岗、西岗、龙王岗的传说						233284	613
5065	石村泥人的传说		隆尧西部		高老英、王天平		233371	814
5066	无影碑						233310	741
5067	龙庙的传说						233325	738
5068	邵康节的传说		隆尧县城		李墉		233203	580
5069	乾隆巧对对联		隆尧东部		沈树奇		233221	693
5070	“腊八粥”的传说		隆尧东部		张彦华		233376	686
5071	柴王吃粮当兵		隆尧北部		李墉		233198	2265
5072	肥皂的来历		隆尧县西部一带		古黑堆		233386	1674
5073	蝌蛄救驾				孟广义		233186	1032
5074	“灶王爷”的传说		隆尧东部		张彦华		233373	648
5075	陈御史三访岳知县		隆尧北部一带		程东辰、程福准		233212	770
5076	十二属相的先后		隆尧北部一带				233388	1158
5077	朱元璋的传说（一组）		隆尧县张庄、杨尧、旧城一带		王增坤		233207	921
5078	牌坊顶上落牌坊						233308	1144
5079	娘娘庙的传说		隆尧县西南部		朱黑不丢		233293	661
5080	女人裹脚的来历						233389	7945
5081	石人的传说						233311	575

序号	篇名	民族	流传地区	采集地	讲述者	搜集者	数据库编号	字数
5082	孤寡井的传说		隆尧县城关一带		王书金		233303	755
5083	泽畔藕的传说		隆尧西部		薛现章、高老英		233365	284
5084	药碾子的来历						233397	480
5085	燕王和柏人城		隆尧东部		杨威会		233270	1794
5086	卧牛山的传说		隆尧县北部		陈老莲		233306	570
5087	刘秀走国胡家庄		隆尧东部		董国利		233189	596
5088	凤凰桥的传说		隆尧县西部尧山一带		张占民		233292	1115
5089	刘秀收贤		隆尧西南部		武玉		233185	685
5090	滏阳河的传说		隆尧东部		张秀平		233286	791
5091	周总理在白家寨		隆尧县东部		杨士英		233177	731
5092	柏人城的传说		隆尧西部		张稼农		233267	692
5093	关羽出世						233192	669
5094	铁李拐成仙		隆尧县一带		王文奇		233243	728
5095	魏阁老的故事		隆尧南部		杨水子		233209	433
5096	唐陵石狮石马的传说		隆尧西南一带		张老广		233276	1727
5097	柴王试鲁班		隆西北部		张洛飞		233200	2486
5098	“柏仁”城		隆尧西部		洛老净		233268	565
5099	小麦为啥只秀一穗				孟淑珍		233352	912
5100	“阿弥陀佛”的来历		隆尧西部		武玉		233384	650
5101	飞毛腿巩玉珍		隆尧县南部		王计中		233232	677
5102	无名子		隆尧西部		汪老升		233370	354
5103	酸枣树的传说						233359	3510
5104	红绿宝塔		隆尧南部		杨子江		233323	3390
5105	天门口的传说		隆尧东部		孙刚英		233301	1453
5106	木花沟的传说		隆尧西部		十路明		233318	1165
5107	神枪宋锡朋的传说		隆尧南部		宋连海、宋廷子等		233231	807
5108	王郎的传说		隆尧东部		王印申		233235	651
5109	鸡喝水为啥看天		=山一带		李玉珍		233336	1373
5110	吕洞宾吃饺子		隆尧西部		范胜兰		233241	1932
5111	青蛙叫声的来历				王丙文		233330	1047
5112	“铁家庄”村名的来历		隆尧南部		扬子江		233312	1132
5113	老鼠为啥当属象头		隆尧西南		冯同书		233347	634

序号	篇名	民族	流传地区	采集地	讲述者	搜集者	数据库编号	字数
5114	蝙蝠的传说		隆尧西部一带		位苦海		233331	1209
5115	康王和柏人城		隆尧西部		赵书杰		233269	632
5116	官道的传说		隆尧西部		张吉岗		233328	2294
5117	张之洞的故事		隆尧西部		浩老活		233230	1086
5118	鸟名的来历		隆尧北部		岳三宝		233333	469
5119	樊腾凤的传说		隆尧西南部		王英华、王贵申		233227	2019
5120	石头算盘和画眉笼子		隆尧西部一带		马冀夫		233369	1130
5121	“门插官”的来历		隆尧东部		姚同申		233379	2395
5122	老鼠的来历		隆尧县西南		宋梦存		233339	1459
5123	唐庄潮城		隆尧西南部		朱黑不丢		233316	1325
5124	后桃园三结义		隆尧西北部		张洛飞		233197	814
5125	正月十五跑早船的传说						233383	1172
5126	斩倒石人问柏乡						233190	1568
5127	烧纸的由来		隆尧北部		李振兴		233391	1084
5128	老虎为啥是百兽之王		隆免北部		史振江		233349	1161
5129	麒麟岗		隆尧西北部		张梅菊		233281	1627
5130	刘秀在南汪店的传说						233184	1075
5131	=山没梁殿		张晓霞				233263	340
5132	胡萝卜的来历		隆尧东部		刁运田、张彦华		233356	467
5133	“麒麟岗”的传说		隆尧西北部		白长申		233280	457
5134	古瓷花碗		白家寨一带		范丙吉		233178	2552
5135	光业寺的传说		隆尧西南		张老广		233277	1476
5136	鞋子的脚心为啥凹						233398	737
5137	三皇姑		隆尧县西南部		田福太		233239	741
5138	=山的来历		隆尧县中部		董文平		233261	499
5139	老寿星脑门上的疙瘩		隆尧东部		张桂田		233236	1279
5140	黄娘娘		隆尧西部		武玉		233245	1567
5141	唐陵石狮		隆尧县城一带		李墉		233275	609
5142	智斗贪官		隆尧南部		颉大廷		233255	607
5143	柴王井		隆尧西北部		田新海		233271	302
5144	“难忘店”的传说		隆尧南部		王昭云		233254	1473
5145	石村原家泥塑故事				原老庆		233368	3284
5146	严嵩求封						233210	683
5147	广泰岗		隆尧西部		赵洛岗		233251	513

序号	篇名	民族	流传地区	采集地	讲述者	搜集者	数据库编号	字数
5148	朱元璋的传说		城关一带		李墉		233206	2934
5149	西楚霸王和刘通王雄		隆尧东部		刘连群		233250	1031
5150	反唐山		隆尧县西部		黄喜子		233234	1115
5151	药圣救娘		隆尧西部		玉名		233244	928
5152	潮城的传说		隆尧西南一带		玉华		233317	1083
5153	枣树韵由来		县城周围一带		小成		233360	762
5154	红山的来历						233305	2747
5155	东斗星赵进士		隆尧西部		汪喜林		233225	765
5156	凤凰城的传说		隆尧城关一带		李墉		233274	1161
5157	吕洞宾出家		隆尧西部		王文奇		233240	1029
5158	为什么杀猪猪叫，杀羊羊不叫		隆尧县城一带		曹月花		233345	712
5159	白蘑菇的故事				王华		233364	653
5160	兔子三片嘴的来历		隆尧西部		朱黑不丢		233340	896
5161	张良的传说		隆尧西部		宋志珍		233182	828
5162	“莲子镇”的传说		隆尧东部		黄连庆		233327	1554
5163	后周太祖郭威的传说		隆尧西部		祝洛功、何安民等		233196	965
5164	狗为啥不出汗		隆尧东部		老寻		233344	1091
5165	染红村的由来				李春月		233288	488
5166	卢官庙的传说		隆尧东部		张爱民		233324	454
5167	柴王造塔						233201	2233
5168	象城的传说		隆尧南部		宋洛修		233273	903
5169	刘秀走国遇梨花		隆尧西南部		张端妮		233188	811
5170	乾隆选贤		隆尧东部		李立民		233220	1221
5171	老龙王瓮的传说		隆尧西北部		杜成柱		233309	649
5172	窦燕山改错		隆尧西部		刘老泽		233205	826
5173	公鸡打鸣的传说		隆尧南部		巩义		233334	1558
5174	二月二的传说		隆尧西南				233378	636
5175	凤凰台		隆尧北部		张老圈		233291	1462
5176	徐进士的传说		隆尧北部		程东辰、程狗子		233215	1659
5177	魏征智斩小白龙		隆尧北部		孟建申		233195	3172
5178	万历修庙孟家庄		杨尧周围一带		郭兰兰		233211	1155
5179	牛村的传说		隆尧南部		李振海		233319	1548

序号	篇名	民族	流传地区	采集地	讲述者	搜集者	数据库编号	字数
5180	顶破天和沈万三		隆尧县东北部		刘连连		233208	614
5181	樊腾凤蒙难著《五方元音》		隆尧西部		樊中文		233229	634
5182	宋若祁智断死婴案				颂民		233217	746
5183	红沙岗的传说		隆尧西部		杨成金		233304	1046
5184	庄稼长一个穗和荞麦的传说		隆尧南部		陈赵军		233353	1420
5185	引魂幡的来历		隆尧西部		刘振华		233380	849
5186	谷谷虫的传说		隆尧县双碑一带		边春风		233346	811
5187	姑娘出嫁为啥带脸盆		隆尧城关		杨贵英		233400	1512
5188	柏人城的来历		隆尧西部		刘振华		233266	2426
5189	裤腰带的来历		隆尧北部		董书辰		233399	798
5190	赵渔的故事		隆尧西彰		张计岗、浩老活		233224	630
5191	泽畔街的传说		隆尧西部		薛现章、高老英		233295	717
5192	卖豆腐敲梆子						233390	1777
5193	镇宅石的来历		山东、河北一带		王二洪		233393	1008
5194	公子村争集		隆尧西部		高老英、王天平		233403	1053
5195	染红寺的传说		隆尧西部		兰鲜红		233287	828
5196	尧山石龟的传说		隆尧西部		黄增昭		233259	1177
5197	斗鼠记						233401	1327
5198	龙王岗		隆尧北部		杜成柱		233283	442
5199	二龙一虎闹瓜园		隆尧西部		张洛飞		233199	3804
5200	铁拐李的传说						233242	710
5201	曹半仙的传说		隆尧城关一带		李墉		233246	726
5202	赵炳巧断分家案		隆尧城关一带		李泽之		233226	1136
5203	尹村的传说		隆尧西北部		白春国		233282	951
5204	丘底珞塔任敖墓		隆尧偏东		李墉		233278	1864
5205	卧牛山关公收周仓		隆尧城关一带		李墉		233252	686
5206	郭隗的传说		满城县南、满城县东、县南、满城县东	郭村	郗阳生、范福立等		233803	2060
5207	袁峨的传说		县南一带		陉阳驿、袁锅财		233814	3437
5208	动植物传说		满城西部山区一带、满城西部山区、满城县境、满城东北部		李书群、孟军伟等		233824	4531

序号	篇名	民族	流传地区	采集地	讲述者	搜集者	数据库编号	字数
5209	神星的传说		县北一带、满城北部		井石头、王老景等		233818	1388
5210	郑四、郑五的传说		县南方顺桥一带	东方顺	张会战、王臣午等		233815	2219
5211	方顺桥的传说		满城、清苑一带、满城县南一带	郭村	边仁山、徐洛榆等		233819	3426
5212	风俗传说			大河旺村	何老陷、阎友才等		233825	5926
5213	曹仙洞的传说		曹仙洞一带、县西、县西曹仙洞一带	曹家峪、曹家峪村	王振林、郗阳生等		233807	7467
5214	刘胜的传说		满城中部、满城中南部、满城西北部、及县北一带		米老卜、张奇等		233802	16395
5215	龙门的传说		县北一带、县北龙门一带、县北		李勇、曹淑兰等		233817	2929
5216	喜欢奉承的皇帝（两则）		河北、河北平原一带、县南、河北一带、北方文人中、满城县县东一带、满城地区、方顺桥一带、满城一带	大河旺、江城	李凤珍、焦老勤等		233810	9382
5217	曹锟的传说		县城周围		万金堂、田玉文		233812	3848
5218	其他地名传说		满城西部、县东一带	辛章屯村	田宴堂、赵金钟等		233821	2730
5219	地名传说		满城周围、满城附近及县北一带、县北神星一带、柳佐乡	柳佐	王洛开、王立祥等		233816	2417
5220	刘伯温的传说		满城县境内		段成全		233809	2278
5221	石人的传说				黄新		233823	1272
5222	抱阳山的传说				边仁山、王老国等		233820	457
5223	民间传说故事				边仁山		233813	4986
5224	杨家将的传说		满城县西部山区、满城县城周围		王巍巍、米老卜等		233804	6453
5225	冯玉祥的传说				杨秀晨		233811	13794
5226	山泉的传说				王老俊、孙青		233822	3094
5227	张柔的传说		县北、岗头一带	岗头	苟骞		233806	6836

序号	篇名	民族	流传地区	采集地	讲述者	搜集者	数据库编号	字数
5228	王莽赶刘秀的传说		县南、满城县北		米老卜、康保良等		233805	11834
5229	历史名人说传				周学武、边守道		233808	1509
5230	门前插艾蒿的原由				李槐良		235415	521
5231	诸葛亮的传说（二则）				李槐良		235418	270
5232	“解手”的来历				李牧		235416	3231
5233	粮食的传说				张如明		235417	1794
5234	阴阳鱼的传说				吴事		235419	884
5235	“官洼”的传说				刘国明		235412	1194
5236	项羽与芦草				王马		235422	296
5237	张宗禹的传说				孙魁元		235413	578
5238	鸭攻城		河间县一带		刘子敬		235999	581
5239	蝼蛄救驾		隆尧		孟广义		235803	839
5240	散财星出世						236085	4395
5241	毁碑		广州、领南一带		黄茂初		235853	1405
5242	巧借皇粮		广宗		李贺典		235848	280
5243	车张砖						235818	539
5244	过目不忘		广宗		崔来西		235934	236
5245	恩将仇报斩陈苍						235874	996
5246	九柳观的传说		新河部分农村		陈洪波		235980	749
5247	郭威怕过鹞子山		隆尧县		祝洛功		235832	593
5248	为民除害		南和县		师老同		235940	752
5249	金鸡保刘秀		任县农村		程连进		235808	1193
5250	元顺帝搜山						235840	3216
5251	醉杀地头蛇				何安民		235828	1068
5252	王什庄的来历		清河		陈立江		236015	3257
5253	寻寨						235821	1074
5254	惩治赖皮鬼				赵景江		236057	1798
5255	免胭脂税						235930	379
5256	出世=		隆尧、张庄、扬尧、旧城一带		张连顺、王增坤		235839	892
5257	冯尚书和高翰林		宁晋县广大农村		王玉斋		235899	2773
5258	巧诈宝刀		柏乡		张老报		236008	1441
5259	“神笔”牛光仙		宁晋县广大农村		郭连克		235962	1227

序号	篇名	民族	流传地区	采集地	讲述者	搜集者	数据库编号	字数
5260	拧劲柏		任县		张志春		235817	704
5261	巡按之死		任县、城关、大宋、固城		张春景、苗根志等		235891	1218
5262	武榜眼马尚德的传说		河北省内邱县		宋宣		236100	907
5263	作歌词		南和县城关镇各村		刘岐山		235913	1034
5264	访纪昌		任县农村		程连进		235809	361
5265	方观承的传说		内邱县东部农村		乔会林		235928	1582
5266	“飞毛腿”朱三		新河东部		张兰花		236096	161
5267	访贤悟真理		临城县境内		钱雪芬		235964	575
5268	怕你胡乱锯		临西		李成贵		236054	1491
5269	巧对江南才子		隆尧		常子敬		235946	482
5270	三度岳阳		大宋、台南		谢志增		236039	871
5271	雪夜遇云娘		隆尧		程狗子		235945	669
5272	还是“道光”好				赵景江		236050	688
5273	滕小圣的传说		清河农村		康栋奎		235961	704
5274	金圣叹隐私						236032	445
5275	朱永来传说		沙河、武安地区		朱海的		235960	1678
5276	诸葛亮吊孝		河北南部内邱县一带		韩庆寿		236004	765
5277	一群大雀儿						235950	1126
5278	汉僚结义		南和城关		黄茂初		235852	1804
5279	七岁秀才						235947	1723
5280	南宫不纳皇粮		南宫		李其锁		235871	1150
5281	栽蒜		临西县境内		石百奇		236048	4161
5282	寄书让墙		柏乡县		刘辉五		235863	1235
5283	怒打独眼狼		广宗、巨鹿		杨老墨		235988	1294
5284	张茂兰的故事		巨鹿县		廖楼凤	张超志、潘忠禄	235932	1001
5285	学医		广宗、巨鹿		刘长山		235982	1147
5286	忌讳		清河县城乡		武增昌		236023	508
5287	神马		广宗		翟氏		235992	1274
5288	充军		临城县境内		山丰		235925	1649
5289	巧借水		威县境内		杨福禄		235995	781
5290	出世		柏乡县		郭永新		235857	994

序号	篇名	民族	流传地区	采集地	讲述者	搜集者	数据库编号	字数
5291	收子路		柏乡县		白老贵		236030	398
5292	孝子偷供		柏乡		魏光录		235862	1502
5293	办学		新河县部分农村		郜敬礼		236028	2471
5294	惩办经纪						235884	1850
5295	惩洋凶		河北武邑		杨书砍		235997	116
5296	算卦		柏乡县		张大贵		235877	1322
5297	怒斗苟八		清河县农村		康栋奎		236014	2345
5298	状元府第						235881	225
5299	卖月亮		武邑县城内		杨福禄		235998	1062
5300	聪明的县官		平乡县部分农村		李长增		235922	2285
5301	刘小柱智斗二阎王		柏乡县		张老报		236067	1323
5302	审笸箩		南和县		李向普		235910	786
5303	范老二教训恶衙役		沙河市、洛阳一带		范庆寿		236102	732
5304	大粮和小粮						235889	556
5305	举人“郎锅腰”		清河广大农村		孙茂林		236068	990
5306	周济穷友						235887	508
5307	关公的脸为啥是红的		新河城东南一带		尤玉霞		236007	384
5308	“宁晋猴”的来历		宁晋		魏宝贵		235898	561
5309	试颜回		柏乡县		白老贵		236031	1006
5310	齐官的传说		河北邢台县一带		韩庆寿		236083	742
5311	一把雨伞						235951	408
5312	错封树王		柏乡		秦仓文		235810	534
5313	张角鏖兵		邢台地区		刘老明		235990	781
5314	李逵坐衙		冀南直、鲁交界一带		宋志帽		236018	984
5315	智除宋老拔		广宗、巨鹿		阎大同		235983	781
5316	解渴羊泉口		临城县黑城一带		窦风琴		235812	619
5317	郭雀儿				何安民		235826	868
5318	邺城认子				展梅兰		235829	2182
5319	千古蒙奇冤		清河大部农村		武展斌		236022	685
5320	睡卧泜河底		黑城一带		张兰		235815	722
5321	借粮		内邱部分农村		张香会		236029	735
5322	封娘娘		柏乡县		白老财		235843	1167
5323	行军路途分水井						235873	751

序号	篇名	民族	流传地区	采集地	讲述者	搜集者	数据库编号	字数
5324	苦水店		新河县		耿文经、翟建明		235823	655
5325	卖盆记		柏乡		张计德		235859	560
5326	阳谷好清官		清河一带农村		武瑞峰		236021	1019
5327	秋夜宰“鬼”		清河广大城乡		武三杰		236017	322
5328	宋相贵的传说		新河东南及南宫冀县部分地区，河南省		赵文平		236097	1851
5329	大小地亩				木匠		235895	590
5330	智解城围		南和		薛遂申		235941	548
5331	宝谷		巨鹿县部分农村		张爱萍		235846	2511
5332	临死想起爹的话		滏阳河流域		温春会、赵寿棋等		236094	2436
5333	买花盆		广宗县		张盘石		235936	1247
5334	白马救驾		柏乡		张锁贵		235807	975
5335	逯二老撞金钟		广宗		郭春华		235935	471
5336	拒旨不做官		河北南部		吕宗礼		236033	850
5337	被害		清河县广大城乡		许庆祥		235904	622
5338	发配土地爷		广宗		崔宏夺		235933	304
5339	马举人审和尚		平乡县部分农村		马老太太		235927	778
5340	义和巷						235929	664
5341	智解争执		临城县境内		山丰		235923	1812
5342	审管箩		临城		赵子、赵明等		235926	2038
5343	赶考		平乡县部分农村		李增勇、陈文计		235949	640
5344	一文钱难死赵匡胤		南宫市区		冀佑和		235837	553
5345	缺“德”少“廉”		威县东部一带		贾之		236001	219
5346	北楼黄娘娘		隆尧		武玉		235906	1892
5347	画扇济贫民		临城县境内		王克非		235965	2656
5348	出世						235866	728
5349	“龙蟠桔井”的来由		南宫		张信者、赵守		235979	786
5350	严嵩的传说		柏乡县		白老财		235856	1203
5351	显灵		内邱县西部山区		韩庆寿		235977	727
5352	樊腾凤巧治江湖汉		隆尧		张洛布		235963	912
5353	不放马的放马场		清河县农村		赵存恩		235903	1524
5354	上学						235958	785
5355	武大郎读书学艺		清河大部农村		史玉玺		236019	1283

序号	篇名	民族	流传地区	采集地	讲述者	搜集者	数据库编号	字数
5356	刘瑾修筑刘公堤		新河西部大部分村庄		张惜阴		235905	2312
5357	解大便		临西		赵景江		236058	288
5358	真龙出窍		隆尧县张庄、扬尧旧城一带		王增坤		235842	1591
5359	戏县官		临西县境内		赵景江		236051	388
5360	孤女坟						235890	2084
5361	邢台好南关				郝李氏		236035	1316
5362	人镜再现		南和县		冯子章		235851	1122
5363	宰相胸怀						236074	2608
5364	一人应四邻						235955	599
5365	向后转		隆尧县		唐景胜		236075	2406
5366	一顶歪脖皇绫伞						235886	462
5367	秋胡戏妻		清河广大农村		贾明奎		236084	851
5368	皇上钦点						235880	2231
5369	摔碗逗笑						236086	488
5370	麻店失踪						235878	692
5371	爆炒百灵舌						236088	410
5372	巧封候		清河县农村		王其德		235901	2670
5373	请吃半鲁		临西县		赵景江		236052	1245
5374	“老爷”换元宝						236091	699
5375	难忘店						235799	595
5376	还我二十石		威县东部一带		贾之		236003	566
5377	到口酥		柏乡县城北		刘智民		235802	749
5378	谈判		广宗		翟氏		235994	899
5379	马跑泉						235800	2501
5380	金胳膊老李		南和县		刘运兴		235917	1005
5381	还愿		临西		光之		236062	505
5382	石匠巧治吝啬鬼		柏乡		张六喜		236072	2293
5383	治罪寒号鸟		柏乡		张鲁台		235811	1426
5384	张飞大战曹秀英		邢台地区		葛志朝		236012	1125
5385	透灵碑		内邱太子岩一带		杨福有		235976	1041
5386	掏空		临西		吴文汉		236063	982
5387	种豆		冀南一带		李贺典		235847	1216

序号	篇名	民族	流传地区	采集地	讲述者	搜集者	数据库编号	字数
5388	大家闺秀		清河县广大农村		张星文		236020	3427
5389	高粱叶当大刀						235841	1278
5390	痛打谷大肚		临西		赵景江		236055	454
5391	“柴王井”水为啥变苦				张洛在		235835	980
5392	漆变金		临西县境内		吴文汉等		236047	687
5393	突围遇皇岗		黑城一带		窦风琴		235813	1079
5394	偷锅		河北太行山区		张文富		236043	605
5395	上本						235893	703
5396	度化和尚		柏乡		张老报		236040	503
5397	过目成诵						235870	222
5398	韩湘子救叔		柏乡县		白老财		236046	581
5399	谏游				江余庆		235894	1288
5400	租地		临西		赵景江		236056	949
5401	比“福”		柏乡县		赵老四		235858	1351
5402	冬春不分						236089	748
5403	三抗圣旨		南和县		薛国章		235850	3283
5404	苏百灵卖北楼						236092	2906
5405	教娘				赵景江		236059	946
5406	断碾子						235909	564
5407	三不可		宁晋县农村		魏宝贵		235959	367
5408	柴家庄招亲				何安民		235827	1266
5409	黄牛县令时苗		平乡部分农村		时老汉		235919	1056
5410	刘一关揭皇榜		宁晋县东南部农村		张全英		235981	499
5411	扁鹊拜师		柏乡县		白老贵		235972	1565
5412	桑梓铜马		巨鹿		吴自树		235844	332
5413	猜谜		临西县境内		陈文海		236064	2621
5414	巧使离间计		巨鹿		吴自树		235989	332
5415	烧帐		南和县城关各村		王保林		235915	1002
5416	请青天		巨鹿县		田连朝		235845	1381
5417	出世						235957	1052
5418	公断人命案		南和县境内		温桂元		235912	857
5419	一碗米						235952	862
5420	梅花赋		南和县		任书香		235849	2001
5421	严惩土地爷						235939	593

序号	篇名	民族	流传地区	采集地	讲述者	搜集者	数据库编号	字数
5422	虎星再现						235883	739
5423	董卓的传说		新河东南南宫西北一带		冯书申		236005	2808
5424	爱妃的谎话		柏乡		翟老俊		235861	600
5425	关羽的脸为什么是红的						236006	650
5426	药杀亲子		任县		温春惠		235931	846
5427	相会景廷宾		巨鹿、广宗一带		杨兰琴		236000	554
5428	选风水宝地						235865	1243
5429	吃饺子		隆尧西部		范胜兰	贾花坤	236038	490
5430	锅贴饼子麦仁汤		隆尧		韩大娘		235801	391
5431	惩财主		广宗		范青杰		235986	1117
5432	逼死生身母		任县		刘秀仁		235872	733
5433	马棚待客		广宗		景辛甫		235993	1058
5434	智逼霸王乌江死						235876	1237
5435	巧摆迷魂阵		广宗、巨鹿		高老明		235984	2969
5436	毒计害死小儿郎						235875	2012
5437	大闹赌场		清河县贾村		武同海		236016	880
5438	发配土地爷						235869	602
5439	刘、关、张是怎样认识的		广宗		李淑生		236011	295
5440	清白一生		南和县西部各村		王进生		235882	1498
5441	大麓试禹		隆尧县		宋洛修		236081	1193
5442	皇伞治贪官		柏乡		翟老俊		235860	3112
5443	斜井的传说						235822	821
5444	亮马台与饮马沟						235888	640
5445	戚继光误嫁亲侄女		浙江福建沿海一带		韩志光		236099	337
5446	一棵高粱						235953	631
5447	当交通警						236073	872
5448	打飞你们				江余庆		235896	490
5449	出世				祝洛功		235825	600
5450	西瓜案						235908	1794
5451	柴王井				田新海		235834	822
5452	佘太君智退“八辽王”		河北邢台、内邱一带		韩庆晔		235907	1454
5453	望腾						235819	738

序号	篇名	民族	流传地区	采集地	讲述者	搜集者	数据库编号	字数
5454	郭巨埋儿		内邱县农村		杨全		236101	1323
5455	十二棵谷苗						236079	521
5456	问石头		南和县		王保林		235911	447
5457	“血染顶红”		威县东部一带		贾之		236002	7840
5458	巧会王知县		南和县城关附近		王英的		235914	1238
5459	苦解危难		宁晋		魏宝贵		235970	1146
5460	三缸银子		南和县		张增贵		235938	1055
5461	显灵救百姓		广宗、巨鹿		王老运		235991	418
5462	智答						235942	1082
5463	才惊翰林院						235969	1711
5464	智斗		南宫		冀佑和		235944	695
5465	折御花		清河广大农村		王其德		235902	1192
5466	戏祖父						235948	1264
5467	告荒抗粮		临西		赵景江		236061	753
5468	一只船和一个钱袋		新河县		宋占红、宋孟东		235956	423
5469	出家				王文奇		236037	334
5470	走马点太原		临城县境内		梁建华		235966	1379
5471	斩华雄		柏乡		白老贵		236010	746
5472	扁鹊娶妻		内邱县部分农村		杨福有		235971	928
5473	计伏周仓		柏乡县		张老报		236009	357
5474	大战巫医		内邱县部分农村		杨福有		235974	330
5475	得宠进京		清河县农村		许庆祥		235900	1073
5476	神头的来历		内邱神头一带		刘培山		235975	894
5477	何仙姑的金绞剪		邢台市西部丘陵		刘景秀		236045	691
5478	偷学艺		山东高唐		林东来		235996	609
5479	影壁				张萍、江余庆		235897	1091
5480	出世		清河县广大农村		张全宝		236013	1404
5481	榜芝麻		临西县境内		石百奇		236049	3457
5482	鱼鳔为什么是粘的		广宗		刘明林		236024	1472
5483	初当神仙		隆尧县一带		王文奇	红梅、永凤	236044	1973
5484	“替母”的来历		邢台地区		王俊玺		236025	572
5485	巧治吴旺本		内邱城附近农村				236042	1121
5486	柴王试鲁班		隆尧		张济正		236026	868
5487	洞房泼墨		临城境内		刘春芳		235967	810

序号	篇名	民族	流传地区	采集地	讲述者	搜集者	数据库编号	字数
5488	目犹不可信		柏乡		张小增		236027	397
5489	宋若祁智断死婴案				颂民		235916	1859
5490	一毛不拔		新河县		车立成		236041	699
5491	巧写状纸						235968	1711
5492	聪明的孟哥		内邱县西北部农村		张开云		236065	1791
5493	智对						235943	389
5494	张识货		内邱南部农村		张成会、张秋夫等		236066	866
5495	宋璟墓为啥在沙河		南和县、沙河县内		李书堂		235855	1478
5496	店主母智斗刁钻古		柏乡县		孟守义、张顺周		236069	525
5497	一棵柳树						235954	306
5498	方进士买骡		任县		温春惠		236070	1160
5499	玄宗赐宴		南和县三思一带		要联合		235854	1422
5500	郭维林计除杜彪		沙河市洛阳一带		范庆寿		236071	727
5501	护驾						235820	266
5502	一个粗瓷碗				范丙吉		236076	1265
5503	骡子为啥不生驹						235816	1212
5504	送钱						236078	953
5505	君无戏言						235836	2524
5506	鱼水情深				杨孟魁、杨玉德		236080	847
5507	二龙一虎闹瓜园				张洛飞		235838	427
5508	出殡						236090	1053
5509	敕封东山南				张洛在		235833	568
5510	刘可达的传说		新河县来远庄附近村庄		王某		236098	3038
5511	捉虱子		临西		赵景江		236053	1111
5512	出世				高老健		235798	1087
5513	一升石头一升钱				韩玉印		235831	434
5514	隐身白鸽井		临城县黑城一带		刘振繁		235814	601
5515	牡丹救主		柏乡县		王世铎、王世轩		235805	842
5516	收贤		隆尧		武玉		235804	393
5517	斩倒石人问柏乡		河北省及外省一些地区		王世铎、王世轩		235806	1352
5518	范士髦的传说		宁晋县		范恒杰、刘如顺		235920	2171

序号	篇名	民族	流传地区	采集地	讲述者	搜集者	数据库编号	字数
5519	打倒日本						236077	1169
5520	爱民知县石秀		沙河县		吕聚良		235918	1069
5521	白家坑里的蛤蟆不叫唤						235867	823
5522	赴晏戏权贵		广宗		吕宗礼		236034	400
5523	借椅子		柏乡		张计德		235864	2645
5524	发配土地神		宁晋县广大农村		王玉斋		235892	2130
5525	白家地里的蒺藜不长尖						235868	941
5526	一把沙土						235885	807
5527	从师学艺						235879	853
5528	劝架		临西		陈文海		236060	1800
5529	云五色的传说		平乡县部分农村		李元杰		235921	609
5530	收徒		广宗		邢修民		235985	1233
5531	张角名字的来历		广宗、巨鹿		张氏		235987	813
5532	得天书改行学医		内邱太行山区		郭占明		235973	823
5533	药王身边的虎		南和县城关		陈老茂		235978	1221
5534	治黄河		南和县		尹桂江		235937	2555
5535	亮刑		临城县境内		山丰		235924	1679
5536	惩罚刁媳妇		柏乡		白老财		236036	632
5537	麻雀抬杠		新河县		崔萍		236082	1330
5538	宋哲元巧对		柏乡县		白老贵		236095	1362
5539	供起散财星						236093	2850
5540	比富成亲						236087	809
5541	重修隆胜寺		隆尧山口一带		韩玉印		235830	574
5542	兽中之王		南宫县		冀佑和		235824	582
5543	穰苴执法						236123	695
5544	独龙能带九江水						236118	2686
5545	还是“道光”好				赵景江	光之	236133	456
5546	租地				赵景江		236150	1104
5547	漆变金				吴文汉	光之	236129	2709
5548	孟姜女					林麻寨小学	236124	280
5549	“食儿”最差劲				李成贵	小草	236144	272
5550	教娘						236149	475
5551	正月剃头思舅舅					孙廷玉	236170	1181
5552	十不全的传说						236126	1283

序号	篇名	民族	流传地区	采集地	讲述者	搜集者	数据库编号	字数
5553	吕寨的蛤蟆为啥不叫唤					李安林	236169	451
5554	掏空				吴文汉	临西文化馆	236128	1068
5555	月洼寺的传说				陈宗玉、董化芳	刘兆章、车祥龙	236168	356
5556	奉命收工				石百奇	广志	236135	333
5557	三教堂的传说						236161	331
5558	痛打谷大肚				赵景江		236146	392
5559	明白二大爷					临西县文化馆	236117	589
5560	送礼					光之	236138	928
5561	二捣包的故事					邱西范	236116	498
5562	冢子的传说				陈桂梅		236166	549
5563	灶王爷的传说						236120	456
5564	卫水姻缘					临西县文化馆	236158	643
5565	断案					于俊祥	236155	692
5566	捉虱子					光之	236141	255
5567	解大便					光之	236142	506
5568	石羊的传说					任玉燕	236165	600
5569	“老马猴”的由来				杜克明	杜修峰	236153	655
5570	临明一阵黑					牛登荣	236125	4900
5571	劝架				陈文海		236151	713
5572	还愿					于俊祥	236127	818
5573	月饼的来历				李秀兰		236171	286
5574	石头城的传说					崔东甫	236163	205
5575	丁郎刻木					李振华	236162	1276
5576	文盲县官					任启政	236156	466
5577	栽蒜				石百奇	光之	236131	749
5578	吃好的日子在后头					光之	236140	282
5579	西瓜案						236148	625
5580	岗儿上岗儿下				随振江	光之	236136	740
5581	怕你胡乱锯				李成贵	广志	236143	520
5582	猜谜				陈文海	广志	236145	1277
5583	惩治赖皮鬼					光之	236152	575
5584	有钱的龟孙不讲理				王六合		236154	1765
5585	请吃半鲁					光之	236139	318
5586	断布				石百奇		236147	1006

序号	篇名	民族	流传地区	采集地	讲述者	搜集者	数据库编号	字数
5587	告荒抗粮					光之	236137	691
5588	三仙姑的传说				王玉敏		236121	393
5589	圣人没进临清城						236159	270
5590	邓王三试卢照邻						236119	923
5591	花牛张庄与王菜瓜庄					车祥龙	236164	421
5592	戏县官				赵景江	光之	236134	5281
5593	宝泉井的传说					徐孝德	236160	255
5594	卖嫂赔妻			临西县文化馆		临西县文化馆	236157	380
5595	宋景诗学艺			临西县文化馆		临西文化馆	236122	929
5596	榜芝麻				石百奇	光之	236132	674
5597	住店				随振江	光之	236130	761
5598	舍利宝塔的传说				潘风祥、杨仁忠等	李兴舟、车祥龙	236167	241
5599	兔子的传说				刘老良	刘胜宝、刘荆洲	236441	849
5600	过年贴福字的来历				张老杰	宗健	236432	546
5601	凤凰台				陈纪龙	齐晓光	236345	803
5602	赤岳儿与东撞弯				刘文典	张庆学	236391	1423
5603	无底洞				王庄尔	王胜利	236376	624
5604	泰山石敢当的来历				王统	韩海山	236431	547
5605	鸡冠子山				陈纪龙	齐晓光	236358	572
5606	媳妇岭				张春英	安剑洪	236382	1571
5607	孟良坐与孟母坟				阎珠、阎合	史冰	236350	601
5608	姐妹山				阎金荣	史冰	236380	1256
5609	猫睡觉为何呼噜噜叫				王吕氏	宗健	236442	548
5610	花玉溪				霍振田	霍彩霞	236356	2052
5611	狗撒尿为何翘起一条腿				刘文典	张庆学	236434	1054
5612	祭刀岭				刘顺子	刘荆洲、石峰	236351	582
5613	杨令公困死狼牙口				阎珠	史艺珍	236417	831
5614	葫芦山				杨占年	安建军	236374	2866
5615	霸王射雁				高保成	李清	236411	827
5616	大皮箱				赵老发	赵纯朴	236365	300
5617	霸王石				张全生	张晓领	236398	639
5618	贾岛的传说				李民学	王永杰	236420	1017
5619	娘子神				李怀玉	宗健	236387	558

序号	篇名	民族	流传地区	采集地	讲述者	搜集者	数据库编号	字数
5620	万子尧上任				杨保山	杨贵辰	236413	402
5621	哭乡台				甄素龙	甄敬敏	236347	715
5622	万子尧降妖				王戌昌	史冰	236414	1336
5623	驴驮石				赵发家	赵亚旭	236373	1152
5624	石门的传说				崔秀英	沉酥	236384	839
5625	玄空寺				张景耀	张德恩	236357	771
5626	九女汪				陈青梅	陈清娟	236381	3010
5627	六十年还甲子				刘金国	刘二喜	236430	441
5628	压蟒石				王开山	王长运	236378	1401
5629	斩龙剑与自来碑				陈纪龙	齐晓光	236363	1383
5630	孤山与晒不死				秦顺合	秦鹏	236375	532
5631	石槽子和千斤石				安永伙	田香菊	236367	1544
5632	穆桂英大破洪洲城				李富庆	齐建勋	236371	3824
5633	端阳节插艾蒿				马长起	史冯套	236427	1727
5634	焦赞石				刘顺子	刘荆洲、石峰	236352	650
5635	二月二插小鸡				李俊山	宗健	236428	1237
5636	杨六郎镇守倒马关				马联红	陈识路	236346	2166
5637	虎和驴的传说				宋进汉	史冰	236438	1635
5638	万子尧的故事				安振国	安建军	236415	914
5639	穆桂英巡营				邸忠	史艺珍	236418	908
5640	跑马梁				陈纪龙	齐晓光	236390	898
5641	黑石湾				李凤鸣	李兰儒	236372	1033
5642	二郎倒鞋成磨岩				宗丙辰	宗健	236343	627
5643	葛洪的传说				张洛发、陈纪龙	史冰	236412	323
5644	母狗峪和凤凰沟				王德成	王智慧	236386	747
5645	三祖佛山的来历				陈纪龙	齐晓光	236364	1491
5646	坛下张的传说				甄计云	张银昌	236394	810
5647	翻心柏				周洪恩	吕树茂	236385	2347
5648	河暖村名的由来				陈二虎	张胜明	236395	764
5649	鹰嘴石和大兔岸				张印	张同记	236361	2420
5650	仁厚镇的来历				邸增福	邸慧英	236393	1094
5651	忠勇村的由来				王二苗	王同焕、张明	236407	440
5652	木兰岗的传说				王金元	王永杰	236392	1199
5653	孟良黑龙洞盗骨				陈浥、段江	史艺珍	236416	738

序号	篇名	民族	流传地区	采集地	讲述者	搜集者	数据库编号	字数
5654	纪晓堂成仙				阎金荣	史冰	236424	789
5655	天虎河				张孟河	张志风	236388	884
5656	死不饶它				汪大海	汪智慧	236437	1540
5657	王德化献德胜门				王老灵	张孝林	236421	564
5658	韩信在韩显口				韩东林	韩造锁	236410	730
5659	迷城的传说				刘志虎	张德恩	236405	1416
5660	狗和猫				左风才	左玉珍	236439	902
5661	唐梅村的由来				王庆林	王爱珍	236403	1430
5662	乐羊子的故事				张洛法、张美忠	史冰	236409	239
5663	杨一桂的传说				张洛法、陈继龙	陈识路、史冰	236422	896
5664	莲花山				刘文典	张庆学	236355	778
5665	旗杆石				张同水	陈清娟	236399	826
5666	雄狮山和凤凰山的由来				刘肖一	李田年	236366	738
5667	杨六郎三箭定乾坤				刘进喜、段江等	史冰	236348	2245
5668	仙人炕的故事				王振岳	齐晓光	236362	1565
5669	倒马关的蚂蚱为何过不了关				魏洛贵	张德恩	236406	619
5670	蟒挡山的传说				赵小玉	赵京坤	236359	1327
5671	椿树王的传说				樊春立	陈识路	236440	831
5672	公鸡蜈蚣和鹿的故事				刘银增	刘荆洲、王旭昌	236435	680
5673	八戒槽				赵云科	赵京坤	236389	259
5674	康熙不敢过猪山				刘洛河	王立子	236419	709
5675	灵源寺				张献其	徐长玉	236344	579
5676	卧虎山				石俊杰	宗健	236402	791
5677	拔茄与安乐				陈青梅	陈清娟	236404	630
5678	古洞村的传说				石大汉	李正文	236397	719
5679	小野兔报恩				于增会	于增章、于宗章	236436	803
5680	凤凰山和金龙洞				王国龙	王坤茹	236360	1396
5681	猴儿屁股为什么是红的				刘冯	刘占军	236433	686
5682	河暖药王庙				张新立	甄建龙	236383	1219
5683	玄烨皇帝私访				杨保山	杨贵辰	236423	919
5684	锥子山				陈万祥	陈爱霞	236370	446
5685	贞节碑				霍跃华	史清慧	236369	3429
5686	王八台				甄秀雨	杨建国	236377	1196

序号	篇名	民族	流传地区	采集地	讲述者	搜集者	数据库编号	字数
5687	二郎担山				臧苏生	韩焕平	236368	772
5688	棋盘峰				赵老旺	赵纯朴	236379	657
5689	人们为啥祭灶神				郑胜缺	石芳	236429	796
5690	孟县长轶事				徐大录	张孝林	236425	830
5691	蟒栏村的来历				汪泉来	孙立峰	236396	761
5692	大年初一上坟祭祖				韩定贵、韩振庄等	韩海山	236426	540
5693	海眼寺的来历				田竹林	齐晓光	236353	414
5694	马蹄泉				马春子	刘荆洲、张德恩	236349	301
5695	帝尧的传说				张洛发	史冰	236408	1376
5696	棒槌山				陈纪龙	齐晓光	236354	625
5697	行龙庄				李占顺	路增宝	236400	697
5698	宿山的来历				贾庆	封文联	236401	839
5699	候召村的由来				杜旺	侯太伏	237319	1627
5700	神庙的由来				陈心亭	肖河、刘日东	237330	970
5701	戴鬼脸的由来					张子英	237324	1379
5702	参辰不见面的传说				赵氏	赵学锋	237322	1025
5703	正月十五闹灯火的传说				张思林	赵学锋	237323	1049
5704	磁州窑的传说				马吉庆	刘天祥	237306	536
5705	老人的传说				尹付才	侯太福	237321	1127
5706	刘秀的传说				王日喜、吝明珠等	刘天祥	237291	1209
5707	人心没足蛇吞相				王氏	索向阳	237325	906
5708	刘伯温与台城烟柳		磁县一带		张杨氏	张阳海	237305	1050
5709	曹植柏				乔文泉	刘天祥	237320	2058
5710	错断鸳鸯案				吝明珠	刘天详	237301	1822
5711	崔珏断虎				石昭民	赵学锋	237302	5064
5712	朱元璋外传				常有全	刘顺	237299	4149
5713	吃驸马				于忠臣	侯太伏	237314	1770
5714	青碗窑与碗神窑				赵志顺	赵连爱、马耕	237307	1412
5715	牛尾岗的来历				常有全	王长生	237317	382
5716	曹操假设军粮的传说					张子英	237295	1131
5717	宗泽磁州抗金兵					张子英	237304	692
5718	黄龙庙的传说				张洪生	张子全	237310	624

序号	篇名	民族	流传地区	采集地	讲述者	搜集者	数据库编号	字数
5719	有话不给妻说				董良	天祥、有顺	237326	2100
5720	罗成马陷淤泥河				吕旺红、肖有林	有名、维名	237315	1453
5721	曹操遗设七十二疑冢				姬秀	刘天祥	237312	907
5722	御官的故事				路为龙、杨成可	肖河、李耀亭等	237303	2172
5723	“不见黄河心不死”的由来				王秀芹	刘日东	237327	1077
5724	唐子义的故事				阎庆明	任希平	237297	4465
5725	漳河的传说				刘孟笔	刘天祥	237308	1878
5726	王千斤立死疆场				王金贵	德保	237298	1359
5727	张松点曹兵				乔文泉	刘天祥	237296	2363
5728	两好各一好				李富春	刘书霞	237329	1359
5729	曹操二渡漳河				马吉庆	刘天祥	237293	1110
5730	甜水泉的传说				马吉庆	吴保国	237316	1041
5731	曹操改脾气				乔文泉	刘天祥	237292	719
5732	地势西高东低的传说				刘太昌	地火	237311	1078
5733	作精池				苗太华	王宏生	237318	1896
5734	拾金不昧				李富春	刘书霞	237328	2307
5735	智断人命案				呇明珠	刘天详	237300	641
5736	滏阳河的传说				刘孙氏	肖河	237309	2496
5737	增和桥		磁县北部		苗仁	苗万银	237313	1536
5738	曹操收义子				姬秀	刘天祥	237294	1976
5739	白云山上的卧云寺			怀安县杨家夭村	李通江		240365	241
5740	“一堵墙”村名的由来			本局	孙孝美		240354	590
5741	一窝丝烙饼			渡口堡乡马市口村	马成		240394	758
5742	玉山泉			怀安县陈家夭村	高宝亮		240360	604
5743	黄状元的故事				甄万钟		240343	486
5744	洋河的传说			沙家屯村	张之光		240362	1402
5745	大烟草的由来			怀安县僧官庄学校	席效清		240392	705
5746	蚂蚁的腰为啥细			常家沟村	武志		240376	395
5747	青蛙的来历			怀安县第六屯村	武淑珍		240378	369
5748	妃子泪			怀安县第六屯乡僧官庄村	席仪祥		240339	534
5749	猫鼠结仇记			怀安县高家夭村	程益		240372	3789
5750	鸡脑中的人形是谁			怀安县第九屯村	郭振义		240382	596

序号	篇名	民族	流传地区	采集地	讲述者	搜集者	数据库编号	字数
5751	为什么说乌鸦叫不吉利			驻柴部队家属院	吴素梅		240384	315
5752	蜗牛的硬壳			怀安县第六屯村	杨生发		240375	744
5753	朱洪武放牛			水利水保局	孙孝美		240346	867
5754	鸣鸡滩			怀安县满洲坡乡	杨怀珍		240369	405
5755	一堵墙村名的由来			怀安县一堵墙村	李天宝		240355	608
5756	北九场改名太平庄			怀安县僧官庄村	席仪祥		240353	1128
5757	杨六郎的“得胜岭”			怀安县头百户乡第九屯村	王明		240347	2010
5758	香水山			胡家屯村	侯旺		240361	552
5759	猫为啥要吃老鼠			怀安县水利水保局	孙孝美		240371	516
5760	小官城			渡口堡村	孙考劲		240356	541
5761	鸡冠草的由来			怀安县第六屯村	段永兴		240391	599
5762	狮子口的狮子哪去了			狮子口村	张玉、李净林		240357	1249
5763	“咕咕鸠”的由来			怀安县水利水保局	孙孝美		240379	923
5764	太后怨			怀安县沙家屯村	张慧堂		240340	348
5765	蝼蛄为什么“稀了就吃”			怀安县僧官庄村	席义祥		240377	554
5766	走雪山			怀安县王虎屯乡	黄凤成		240351	680
5767	十二属相中为何没有猫			怀安县三合屯村	李维屏		240373	443
5768	慈禧太后吃“到口酥”			陈家夭村	张吉云		240341	907
5769	黑石头山的来历			怀安县李信屯村	李选銮		240367	523
5770	李闯王和张县令			怀安城镇	俞继长		240349	301
5771	凤凰城			怀安县满洲坡乡	杨怀珍		240359	877
5772	虎窝山			怀安县柴沟堡九街	米成森		240364	494
5773	莜麦为什么生长在口外			怀安县水利水保局	孙孝美		240390	994
5774	大青山箭划沟的由来			第三屯村	白守信		240368	282
5775	喜鹊的羽毛为何黑一片白一片			怀安县店沟村	李善魁		240383	621
5776	世上是怎样有狼的			怀安县第六屯村	武淑珍		240380	331
5777	萧太后用兵的“假粮堆”			怀安县第九屯村	苗愉		240342	360
5778	白龙山的来历			李家夭村	孙孝美、叶世清		240363	417
5779	来大英随机应变			怀安县水利水保局	李炳先		240348	1285
5780	白头鹰			怀安县第三屯村	米海桃		240386	1212
5781	鸡的由来和叫法			怀安县高家夭村	陈江彦		240381	497

序号	篇名	民族	流传地区	采集地	讲述者	搜集者	数据库编号	字数
5782	凤凰台的由来			怀安县第头百户乡第九屯村	王瑞花		240358	2548
5783	朱洪武牧羊			水利水保局	孙孝美		240345	241
5784	寒号鸟			怀安县两旗屯	夏刚		240387	456
5785	孩寺山的宝盆			怀安县西湾堡村	李宇晨		240366	1317
5786	猴子的屁股为什么不长毛			驻柴某部	杨永鹏		240385	1255
5787	三代帝王师			怀安城九街	陈立三		240350	1613
5788	白云山的苍松			怀安县第六屯村	李桂梅		240388	1321
5789	错修长城			怀安县渡、口堡村	刘用、王大忠		240352	1032
5790	涮羊肉的来历			怀安县两旗屯村	夏刚		240395	1149
5791	柴沟堡熏肉			怀安县柴沟堡	时有旺		240393	220
5792	为何遍地都有中草药			怀安县杨家夭村	李通江		240389	502
5793	猫为啥吃完食要抹脸			怀安县第三屯村	忻效珍		240374	787
5794	猫狗结冤仇			驻柴部队家属院	阎云章		240370	505
5795	孙祖凭吃中状元			怀安县水闸屯	孙有		240344	531
5796	王干哥				张宝山	孙伟、张宝山	246407	2697
5797	二郎庙的由来				王俊明	王金声	246387	613
5798	七筒碑的传说				刘占祥	李宏宇	246462	1201
5799	天、地、人的传说				杨秀珍	米景利	246428	1548
5800	刘备寨的传说					姜广余、姜广增	246454	640
5801	董家坟的传说				李华东	张祥云	246393	748
5802	孙庞斗智				米玉	米景利	246449	2728
5803	孔夫子借粮				米玉、米连等	米景利	246440	1527
5804	雪花戏鹦哥				高宽	孙伟、巴淑田	246463	465
5805	张婆借粮		遵化、兴隆、丰润等地		杨秀珍	米景利	246412	1497
5806	般若寺与石门				张淑平	吴怀友	246405	1038
5807	张立的传说				张之成	张忠民	246427	413
5808	唐王修下平安城				群众	朱国欣	246390	1250
5809	猫吃老鼠				张氏	温丽君	246414	529
5810	宝坻黎雀不打水儿				米玉等	米景利	246411	625
5811	苦菜				王秀兰	杨荣凤	246423	896
5812	《万年历》为啥到八三年就没了				米玉等	米景利	246433	2185

序号	篇名	民族	流传地区	采集地	讲述者	搜集者	数据库编号	字数
5813	能酿嫩芽的松树				温占良	温铁山	246418	995
5814	人是猴变的，尾巴哪去了				曹秀珍	米景利	246429	441
5815	汤泉破邪				赵维元	青山、秀水	246559	720
5816	佛见喜				何众	岳树林、刘满仓	246415	508
5817	高粱叶中间为啥有条红线			下营	守文	唐继彦	246421	669
5818	严责娘舅				汤珍	青山、秀水	246562	1040
5819	啦啦蛄救驾				米万玉	米景利	246419	485
5820	果德传奇				齐桂荣	齐凤礼	246453	2277
5821	巧燕屎与羊肉丸饺子				米连等		246426	687
5822	老爷庙檐短				何众	朱国欣	246443	712
5823	华陀救母				叶树森	高小波、刘东辉	246448	704
5824	赮城				侯万山	王建奎	246465	950
5825	新媳妇不坐半路轿				吴名氏	姚学忠	246431	942
5826	罢了					刘秀珍	246468	1652
5827	梁山伯与祝英台轶闻				彭书华	杨荣凤	246413	431
5828	水淹莫台寺				吴名	李凤君	246399	1844
5829	禹王降水怪				刘永祥	李宏宇	246447	1681
5830	白冶厂传说				鲁淑芝	鲁定国	246401	1754
5831	野户山的传说				王三	王书芹	246386	673
5832	鲁班爷抱不平				米存	米景利	246442	555
5833	刘成德的传说				刘玉杰	徐绍元	246455	639
5834	五端五儿挂葫芦				米连、米玉	米景利	246434	480
5835	杨家将为什么代代保江山				李印怀	李宏宇	246456	1594
5836	张亮讨水				米连、米玉等	米景利	246450	544
5837	抱鹿的人				常忆述	李宇宏	246470	1034
5838	黎雀				马荣五	孙伟	246410	344
5839	九虎岭				王甫来	刘俊录	246394	765
5840	塔寺的传说				赵安、于守明等	唐继彦	246389	1084
5841	舍命铸大钟				汤珍	青山、秀水	246561	2233
5842	清水倒流河				吴名		246391	1700
5843	一个梨不能分着吃				庞贺清	李宏宇	246466	1899
5844	麻姑的故事				杨秀珍	米景利	246457	696
5845	荞麦的传说				米玉	米景利	246420	2875
5846	药王爷查药书				米玉	米景利	246446	1094

序号	篇名	民族	流传地区	采集地	讲述者	搜集者	数据库编号	字数
5847	嘉庆闲游棒槌山				张要	米景利	246461	2438
5848	金牛寺的传说				贺风顺	鲁定国	246403	634
5849	二郎担山赶太阳		冀东一带		杨秀珍、米玉	米景利	246383	2793
5850	北凤山				纪众仁	李自亚	246400	1299
5851	燕王台				汤珍	孙伟、孙立忠	246396	747
5852	“南蛮子”憋宝				李凤君	李凤君	246435	328
5853	舍身台的传说				徐文丰	徐少元、高振刚等	246382	1736
5854	“爹爹糊涂”				于志芬	孙伟	246408	961
5855	卧龙沟中葬双妃				何仲	姚学忠	246459	357
5856	糊饽饽				孙姜氏	孙伟	246409	2726
5857	朱元璋求卜				徐玉昌	徐绍元	246438	1171
5858	洪山口会战				汤珍	青山、秀水	246560	1086
5859	捣药口				吴名	齐海明	246392	1513
5860	金子是淘出来的				合众	姚学忠	246385	1807
5861	荆树花与牛肉馅饺子					米景利	246425	1208
5862	龟石的传说				徐文丰	徐少元、高振刚	246388	2295
5863	景忠山				刘玉杰	徐绍元	246406	2620
5864	窟窿山				赵荣	唐继彦	246384	802
5865	耿大秃赶考				米万玉	米景利	246444	242
5866	好女塔					孙伟、张宝山	246397	2119
5867	铁脖刘墉				米玉	米景利、唐继彦	246467	386
5868	马齿菜与蛐蟮				吴名		246424	819
5869	三思而行				米玉	米景利	246441	1428
5870	搬倒井				何众	武俊同	246398	1952
5871	老嫂辈母，小叔是儿				于守文	唐继彦	246439	1396
5872	东梁子河的传说				赵荣	唐继彦	246402	1031
5873	童音夯奠清东陵				何仲	姚学忠	246458	2842
5874	王母娘娘收粮				刘正保	刘扩辰	246430	928
5875	树王的传说				徐自起	刘绍辉、徐绍元	246417	1144
5876	还阳女				吴名	武俊同	246452	1562
5877	马齿苋治肺痨				玉杰	徐绍元	246422	2740
5878	于化龙的故事				米玉、米连等	高振刚、米景利	246445	996
5879	桑树的树干为啥裂口				米玉	米景利	246416	439

序号	篇名	民族	流传地区	采集地	讲述者	搜集者	数据库编号	字数
5880	汤罐				孔凡清	孔令艳	246404	1046
5881	镇龙楼				代永瑞、陆凤余	刘俊录	246395	639
5882	双妃陵的故事				沙振才	孙伟、汪雅军	246460	1127
5883	陈义培私访				米玉、米连等	米景利	246451	690
5884	唱影的坐船不花钱				徐子正	徐绍元	246432	391
5885	阿胶的传说				王贺峰	李宏宇	246437	1596
5886	面酱的由来				李德友	高振刚	246436	1413
5887	乾隆舍钱修庙				汤珍	孙伟、朱炯光	246464	1104
5888	道光陵与二郎庙				王俊明	王金声	246469	1903
5889	寡妇楼佳话				汤珍	青山、秀水	246563	1878
5890	孙思邈的传说		武安县		乔铜章		248878	792
5891	武探花程三光		邯郸市		李树林		248978	940
5892	董家岭赴宴		邯郸市	磁县东王女村	郭三禄		248888	529
5893	老石台咋没北膀子				赵存连		249073	354
5894	土地爷踏街		峰峰矿区	峰峰矿区	任师付		249067	563
5895	八特弘济桥的传说		峰峰矿区	南八特村	王秀文		249066	1128
5896	大闹高河岭		邯郸县	堤南堡中学	马万仲		248997	1242
5897	送姑娘花		峰峰矿区	峰峰矿区	张照明		249064	1106
5898	吴秀英斗歹徒		邯郸县	邯郸县南堡李村	张二毛		249011	1998
5899	郝知县巧判误伤案		武安县		杨连的		248952	967
5900	封官						248856	715
5901	七星桥		武安县		张维兵		249080	1763
5902	药王的传说		邯郸市	邯郸市南关街	孟继学		248877	3680
5903	滏阳河和洺河的传说		武安县		杨廷的		249103	383
5904	愚老汉捉金鸡		邯郸市		焦占贵		249026	1776
5905	老爷山		武安县	庙上村	王山太		249102	239
5906	解学士		武安县		姚万会		248902	769
5907	传家宝				范英		248968	610
5908	一字千斤		武安县		谢入相		248862	8556
5909	为啥称杨家挂甲将军		武安县		刘朝的		248886	486
5910	郝老佑力挫南拳王			邯郸县南堡李村	李天然		248980	1147
5911	秦廷赴宴		峰峰矿区	武安	杨宇峰		248827	314
5912	金钩挂玉瓶		邯郸县	邯郸县沙河镇南街	刘玉芳		248986	491
5913	赵武灵王隐身衣的下落		邯郸市	邯郸市	王顺英		248824	394

序号	篇名	民族	流传地区	采集地	讲述者	搜集者	数据库编号	字数
5914	琉璃井的来历		邯郸县	暴台寺村	赵学礼		249054	682
5915	赵匡胤吃菜豆腐		邯郸市	复兴路学校			248883	4092
5916	计抓“花和尚”		邯郸市	邯郸市	张东逊		248912	534
5917	老苍爷庙的来历		邯郸县	南上宋村	李德俊		248868	1789
5918	老石台和小鬼道		峰峰矿区	庄里村	赵存连、苏文祥		249072	1149
5919	方屁眼韩信		武安县		张建华		248838	669
5920	李大汉		武安县		白长成		248975	3170
5921	凿断石鸡岭		峰峰矿区	峰峰矿区蔺家沟	蔺富		248828	631
5922	骡子为啥成了六畜之首		峰峰矿区	涉县东蛟村	申玉亭		248844	1059
5923	藏王寺		邯郸县	邯郸县石坡村	卜有栋		248842	452
5924	杨承诲的传说		邯郸市	关东洼	杨洪金、杨实心		248927	885
5925	卖对联				陈忠诚		248965	885
5926	刘协卿学艺		邯郸市	南苏曹村	刘万清		248998	2661
5927	午汲小和尚的故事		武安县		贾才喜		248922	970
5928	圣井岗的传说		邯郸市		谢体正、刘一安等		249047	3021
5929	李少安画鹰		邯郸市		郭青		248960	1494
5930	买马		邯郸市	曲周麻庄	王绍仲		248874	1796
5931	杨八郎的故事		武安县		李兴林		248891	833
5932	江世有偷缸		武安县		赵墨翰		248970	2005
5933	巧遇贤士		武安县		刘宗		248901	1846
5934	秦桧变鸡脑		邯郸市	邯郸市	张静		248895	252
5935	探花杨彬		邯郸市	河沙镇村	杨文英		248953	2420
5936	赵德的障眼法和定身法		武安县		赵三永		249002	1443
5937	顺治出家		邯郸县	邯郸县亓固乡文化站	吴玉萍		248929	6198
5938	康熙写匾		峰峰矿区	东纸坊村	牛玉清		248932	1094
5939	史状元和他的丈母娘				任书珍		248987	1029
5940	爬山虎李万顺		邯郸县	崔曲村	李秀文		249000	589
5941	陈天保的传说		邯郸县	村	杨国栋		248994	2179
5942	娘娘坟		邯郸县	邯郸县			248848	352
5943	灵山的传说		邯郸市	林村	贾庭富		249029	1271
5944	楚三毛屙孩子		武安县		于振荣		248840	1969
5945	省城中武举		邯郸县	邯郸县史东里堡	李岩		248985	1754
5946	金官的故事		邯郸县	东门里北街	姜从义		248941	506

序号	篇名	民族	流传地区	采集地	讲述者	搜集者	数据库编号	字数
5947	疑粮冢		邯郸市		李景凤		249031	1602
5948	蔺家河没有蔺姓人		邯郸县	邯郸市	王致学		248830	1726
5949	县太爷赔罪		邯郸县	邯郸市	李振峰		248990	651
5950	报恩		峰峰矿区	峰峰矿区石桥村	李国荣		248870	387
5951	王占魁神箭退匪		邯郸县	河沙镇东街刘家	刘勤章		249004	2176
5952	赵王泉沟的传说		邯郸市	复兴区下庄村	李印		248822	1120
5953	黑大岗赶集		武安县		张虎年		249007	373
5954	将相合命八特村		峰峰矿区	南八特村	王秀文		248831	848
5955	选丑角		武安县		崔庆德		249017	712
5956	骑龙抱凤		武安县		李德福		249107	1692
5957	金钥匙打开赵王城		邯郸市	马庄村	孙秀英		249025	523
5958	茶壶山		武安县		高正南		249101	1259
5959	邯郸丛台大名修		邯郸市	邯郸市	高运兴		249023	1706
5960	国公柏		峰峰矿区	孙庄村	孙万昌		248869	1274
5961	李清照夫妇与大名碑		大名县	刘二庄村	安贤		248894	2068
5962	血染砖头				刘焕斗		248964	906
5963	为啥叫鸭池村		邯郸市		程家骏		249041	444
5964	元宝山的传说		峰峰矿区	黑龙洞村	张洪芝		249070	379
5965	秀秀		邯郸县	邯郸县李三陵	李永胜		248993	959
5966	程大胆治“鬼”		邯郸市		康修德		248955	2409
5967	石爷石奶庙的传说		邯郸市	邯郸东庄	贺春雨		249036	2011
5968	滏阳河的传说		峰峰矿区	张家楼村	张大成		249062	1102
5969	都犯的一垡子病				赵风元		249019	599
5970	鞭打芦花		武安县		谢入相		248820	1014
5971	圣井		邯郸县	刘二庄村	安贤		249046	454
5972	张勇传奇		峰峰矿区	彭城镇街王庄村	郭志树		249003	1110
5973	黑龙洞的传说		峰峰矿区	峰峰矿区彭城镇	李麟瑞		249061	1587
5974	乾隆征对		武安县		刘长江		248931	1614
5975	胡村的由来		邯郸县	邯郸县	常必敬		249076	1296
5976	申官和南学士		武安县		杨廷德		248950	949
5977	晋祠娘娘庙		峰峰矿区	峰峰矿区义井镇	张国成		249060	1012
5978	王可大的故事		武安县		王有山		248944	1210
5979	输鼋河名字的来历		邯郸县	邯郸县	安贤		249048	1216
5980	崇祯算卦		邯郸市	邯郸市	李清绪		248926	1226

序号	篇名	民族	流传地区	采集地	讲述者	搜集者	数据库编号	字数
5981	梳妆台		武安县		江义		249079	491
5982	龙雾村名的由来		武安县		古庆云		249120	1644
5983	养儿河		武安县	邑城镇三街	郭大田		248890	1302
5984	自家人不认自家人		峰峰矿区	邯郸市峰峰矿区大社镇			248887	980
5985	牡丹山		武安县		马俊明		249094	1488
5986	老包的儿——要么精		峰峰矿区	峰峰联合村郑家街	王保安		248884	986
5987	老虎山		武安县		黄立林		249096	1453
5988	蔺家庄的来历		涞水县	涞水县	张瑞堂		248834	2260
5989	小寨山		武安县		张增旺		249091	1512
5990	宿凤村的由来		峰峰矿区	孙庄村	孙付荣		248867	1264
5991	儒山的来历		武安县		施更如		249089	1866
5992	张国彦和张老三的传说						248915	646
5993	收义子		峰峰矿区	峰峰矿区石桥村	张宝山		248871	675
5994	诸葛亮斩假马谡		武安县		李胜利		248853	653
5995	炉上村的来历		峰峰矿区	张家楼村	马全禄		248863	972
5996	黑虎星张魁		武安县		张大荣		248973	963
5997	诸葛亮扇子的来历		武安县		李才有		248854	1301
5998	状元府门楼		邯郸县	邯郸县史东里堡	李岩		248988	1409
5999	一请诸葛亮		邯郸县	李三陵村	李兆付		248852	983
6000	吝方亮赴宴		峰峰矿区	岗头村	张光星、董占云等		248996	866
6001	蔺从善归家		峰峰矿区	北贾壁	白增孝		248919	1552
6002	温大奎盗宝		邯郸县	南堡李村	李天然		248981	1465
6003	徐茂公的传说		武安县		李东林		248900	855
6004	巧写字		峰峰矿区	武安县招待所	杨宇峰		248825	1941
6005	没爪鹰常三		峰峰矿区	黑龙洞村	张伍		248991	1158
6006	强龙压了地头蛇		峰峰矿区	联合村郑家街	王保安		248866	2623
6007	怀抱万历坐天下		邯郸市	复兴区王郎村	张树年		248906	1700
6008	胡大海的故事		邯郸市	峰峰矿区	申榜亭		248898	2222
6009	青龙寨为啥是红色		武安县		万喜田		249109	896
6010	关帝庙为啥周仓扛大刀		峰峰矿区	彦亭村	樊富然		248859	1023
6011	解经拒瓜		邯郸县	邯郸县	刘连山		248918	1292
6012	闹秦宫		邯郸市	邯郸县刘庄	安贤		248823	1090

序号	篇名	民族	流传地区	采集地	讲述者	搜集者	数据库编号	字数
6013	丫环当娘娘		邯郸市	邯郸市	杨青锋		248910	1263
6014	飞腿马奎林		邯郸县	崔曲村	李秀文		248999	1380
6015	王熙贤坐邯郸		邯郸县	邯郸县石坡村	卜有勇		248921	1630
6016	两世桥		武安县		宋发林		249106	3029
6017	幸娶阎家女		邯郸县	邯郸县史东里堡	李岩		248984	559
6018	回音寺		武安县		宋果茹		249104	1003
6019	神笔李尔育		武安县		李海元		248923	2288
6020	落凤台的两种传说		峰峰矿区	大社镇	任大有		249071	2079
6021	孔圣人传字		武安县		侯起祥		248819	1126
6022	桃源沟的来历		武安县		李全林		249108	1349
6023	状元换探花				程永太		248979	1527
6024	小燕礁		武安县		朱花梅		249117	2249
6025	康熙乔装进考场		武安县		张朝汉		248930	1131
6026	娄子扬为王马鞍山		峰峰矿区	义井王看等地	朱付年		248940	1204
6027	赔眼镜			峰峰矿区彭城镇	刘金		248936	1081
6028	焦志庙		武安县		朱海平		249099	1420
6029	乾隆三访武泉仁		武安县		王根林		248977	744
6030	邓仙姑庙		武安县		李东林		249112	439
6031	万大脉的传说		武安县		万克秀		248972	389
6032	南北响堂寺的传说		峰峰矿区	彭城镇西保障村	吕顺清		249057	938
6033	裴大将军		邯郸县	南堡李村	张旭东		248971	1136
6034	粟山		武安县		谭丙章		249081	1389
6035	刀笔郝老魁		邯郸市		李明珍		248956	1406
6036	观音阁		邯邮市		米纯一		249033	291
6037	待客饭菜的由来		邯郸市	邯郸市安庄	赵风洲		248939	2016
6038	麒麟阁		武安县		张有田		249098	1551
6039	崇祯带雨簿的传说		武安县		张建华		248925	1221
6040	七里三孔桥		邯郸市	邯郸市张庄桥马车店	李永禄		249053	550
6041	紫山金牛		武安县	武安县大同乡张里店村	胡春有		249049	763
6042	吃窝头		峰峰矿区	峰峰矿区彭城镇	赵师傅		248938	2180
6043	藏龙观		邯郸县	刘二庄	安贤		248846	1588
6044	上马石、泪堑坑		邯郸市		李景凤		249032	769
6045	托肠救主		邯郸市	邯郸市张庄桥村	康冰川		248845	2000

序号	篇名	民族	流传地区	采集地	讲述者	搜集者	数据库编号	字数
6046	有山扔胡子		武安县		魏洪昌		249016	868
6047	舍利塔为啥没尖		武安县		李五的		249100	1365
6048	武鸿凤祝寿		武安县		王太河		249014	1887
6049	买御路		峰峰矿区	磁县贾壁村	蔺丹库		248920	2831
6050	金知县巧助穷人			邯郸县汉巴庄村	常必敬		248942	1439
6051	窦建德的传说		峰峰矿区	峰峰矿区	柴现增		248864	903
6052	张家楼村的传说		峰峰矿区	张家楼村	马俊士		249074	3370
6053	河沙镇寨墙的来历		邯郸县	河沙镇南街	董文宣		249065	681
6054	南洺河的传说		武安县		段伟山		249085	681
6055	一箭救广府						248857	1515
6056	万春堂药店		邯郸市	邯郸市	程家骏		249039	858
6057	马榜泉与搬倒井		邯郸县	邯郸县王李庄、官庄村	陈庆富		248847	1113
6058	蛇悬崖		武安县		程士香		249093	725
6059	李世民两驻耒马台		邯郸市	耒马台	张秀如		248876	1000
6060	脱衣裳						248935	588
6061	陈友谅的下落		邯郸县	河沙镇	董文宣		248897	1915
6062	大冢疙瘩的传说		武安县		席起贵		249097	887
6063	铙钹桥下旱蛤蟆		邯郸县	邯郸县石坡村	卜有勇		249077	713
6064	乞丐祖师爷		邯郸市	邯郸市	李清绪		248818	3671
6065	挂金峪		武安县		李海		249084	946
6066	智斗曾国藩		邯郸县	邯郸县	苗万修		248989	1031
6067	朱元璋埋娘		邯郸市		王儒斌		248896	1857
6068	二柏（百）担（单）一孔桥		邯郸县	邯郸县汉巴庄村	常必敬		248908	1542
6069	教育不孝女		邯郸市	邯郸市	贺春雨		248907	5579
6070	草帽山和遇驾岭		武安县		武绪明		248851	1640
6071	石桥村的传说		峰峰矿区	黑龙洞村	何德昌		249075	689
6072	张老利独臂挡洋车		峰峰矿区	庄里村	王世忠		248995	3284
6073	郭太师名字的来历		武安县		谢入相		248903	1107
6074	遇虎岭和桑椹沟		武安县	武庄村	武绪明		248850	1946
6075	卧牛山的传说		武安县		张日生		249114	435
6076	娶媳妇		峰峰矿区	峰峰矿区	柴现增		248875	1486
6077	伯延		武安县		王三成		249116	731

序号	篇名	民族	流传地区	采集地	讲述者	搜集者	数据库编号	字数
6078	借刀杀人		武安县		孔庆昌		248839	644
6079	王郎子传说		邯郸市	复兴区文化馆	谢体正、裴敬林等		248841	2195
6080	看物写字				明轩		248966	1349
6081	土地爷走红运		邯邮市		米纯一		249040	1127
6082	巧对		邯郸县	邯郸市	王致学		248826	1279
6083	水淹广府城		曲周县	曲周麻庄	王绍仲		249126	1546
6084	张发生的故事		邯郸县	南堡李村	李天然		249012	3320
6085	郑老笨的故事		武安县		袁风其		249008	932
6086	甘罗十二为宰相		武安县		靳文亮		248836	773
6087	天赐颜回一锭金		武安县		谢入相		248817	1405
6088	闯叶山的传说		武安县		杜存德		249087	980
6089	学步桥		邯邮市		程家骏		249034	3337
6090	吕不韦卖谷种		邯郸市	刘庄村	安贤		248821	917
6091	沁河水石头		邯郸市	邯郸市郊区	安庆林		249030	949
6092	智烧红门寺		邯郸市	邯郸市	王茹辑		249043	2092
6093	王琴堂痛打李公子		邯郸市	邯郸城内东街	王再新		248958	931
6094	孔子的传说		武安县		杨扶山		248816	936
6095	草市口		峰峰矿区	市陶瓷九厂	靳有才、马全祥		248833	699
6096	铁牛与水妖		邯郸市	邯郸市	观连		249038	999
6097	“鸿凤迷”村		武安县		申毛来		249015	780
6098	生小孩贴红条的来历		峰峰矿区	峰峰矿区	李保琦		248832	1490
6099	抗倭将军张从虎		邯郸县	苏里村	张清香		248943	2364
6100	琵琶冢		永年县	邯郸市苏曹乡文化站	韩瑞改		249125	6557
6101	白廷黑斗恶秀才		武安县		刘景云		248976	788
6102	七月七，冲贾壁		武安县		吴天民		249090	1750
6103	回头兽“镇”妖		邯郸市		米纯一		249037	1865
6104	斗智		邯郸市		李运田		248954	1074
6105	老牛屁眼的来历		武安县		李满月		249118	1425
6106	福星楼照相馆		邯郸市		程高大		249042	1026
6107	蔡家坟		武安县		吴有仁		249113	798
6108	挖界碑		邯郸市	邯郸县汉巴庄村	常必敬		248911	378
6109	邯郸城传说		邯郸市	邯郸市刘二庄	安贤		249022	1010
6110	“天”字皇帝		武安县		刘朝的		248899	1339

序号	篇名	民族	流传地区	采集地	讲述者	搜集者	数据库编号	字数
6111	得神兵		邯郸市	曲周麻庄	王绍仲		248873	602
6112	张飞写信		武安县		张兴旺		248861	844
6113	乐毅的飞刀和接头术		邯郸市	暴台寺村	赵学礼		248835	785
6114	名字的来历				张兴汉		248855	1709
6115	镇妖碑		邯郸县	邯郸市北苏曹			249052	838
6116	鏊子顶		峰峰矿区	东纸坊	牛尚清		248865	1157
6117	万年村		武安县		张二祥		249083	1956
6118	武大郎		武安县		杨扶山		248893	1909
6119	活水村的传说		武安县		李培科		249082	769
6120	王兰英和王女村		磁县	磁县东王女村	郭三禄		248889	1584
6121	求雨		峰峰矿区	峰峰矿区	杜长山		248872	678
6122	瑞云庵和皇后宿		武安县	武安县	王勤		248880	682
6123	真假关公				刘宗		248858	343
6124	四扇屏				刘焕斗		248967	756
6125	七仙姑落凡		武安县		靳举山		249078	845
6126	乾隆训子		邯郸市	邯郸市联纺西文化站	耿长山		248934	1245
6127	和村的来历		峰峰矿区	峰峰矿区	李思奇		249069	484
6128	张秀才住店		武安县		武来山		248949	1147
6129	鲁班修响堂寺		峰峰矿区	峰峰四矿	宋树林		249056	547
6130	“文昌阁”供的啥神道		峰峰矿区	峰峰矿区彭城镇	韩世民		248928	982
6131	王琴堂画梅训少帅		邯郸市		王载之、丁继先等		248959	1240
6132	剪眉毛				王淑梅		248962	745
6133	千顷地主王占元		邯郸市	肥乡	阎新明		248961	439
6134	顽童戏宰相		邯郸市	邯郸市	李清绪		248917	1303
6135	周仓庙		武安县		杨扶山		249092	1281
6136	赵南星赶考		邯郸市	邯郸市	李清绪		248916	492
6137	千佛洞		武安县		李海祥		249095	934
6138	睡了一夜才知道错了		武安县		赵秋合		249021	764
6139	三斗六升芝麻官		邯郸市	邯郸市	杨青锋		248905	788
6140	丙祥和南台村		峰峰矿区	峰峰矿区	杨德顺、王学贤		249006	467
6141	郭朴的故事		武安县		杨华山		248892	2133
6142	马状元学武		峰峰矿区	街儿庄村	马云亮		249001	1240
6143	张景智破人命案		武安县		霍九环		248948	271

序号	篇名	民族	流传地区	采集地	讲述者	搜集者	数据库编号	字数
6144	黄二丑拐打汴梁城		武安县		杨国栋		248974	927
6145	张国彦的金银头		邯郸市	邯郸市	周从义		248913	349
6146	赵王城金鸡		邯郸市	制锨厂家属院	李清		249027	3407
6147	牌坊摞牌坊		邯郸市	邯郸市	耿文山		248914	1292
6148	熬腔		武安县		赵秋合		249020	714
6149	审界石		峰峰矿区	峰峰矿区			248937	1646
6150	乾隆与算卦先生		邯郸市		耿乐山		248933	1511
6151	忙来改词		武安县		王黑的		249013	572
6152	王琴堂苦读书		邯郸市		米纯一		248957	1049
6153	通真观		邯郸县	贾堡村	杜文华		249051	953
6154	韦老友发家		武安县		霍九环		248951	560
6155	大水村戏楼和大石坑		武安县		李靖		249088	1414
6156	崇祯上当		峰峰矿区	峰峰矿区	申怀之		248924	1634
6157	大钟寺		峰峰矿区	联合村郑家街	王保安		249063	428
6158	殉国		曲阳县	河北曲阳县东相如村	孟清周		248829	489
6159	高洋皇帝修响堂寺		峰峰矿区	峰峰四矿	宋树林		249055	1122
6160	短韩信		武安县		张建华		248837	1413
6161	晋祠娘娘庙		峰峰矿区	峰峰矿区彭城镇	索付家		249059	1026
6162	刘秀请姬常		武安县		马永河		248843	1881
6163	龙女洞		武安县		王连生		249086	718
6164	南北窑		武安县	武庄村	武绪明		248849	492
6165	响堂明珠		峰峰矿区	邯郸市	高全杰		249058	721
6166	周仓争供香		武安县		李新民		248860	1780
6167	上竹林寺的传说		峰峰矿区		席锦和		249068	2185
6168	护送京娘过武安		武安县	武安县口上水库搭衣岩村	李富林		248879	1901
6169	小西天		涉县	峰峰矿区	申榜亭		249124	1656
6170	“皇母山”和“皇后池”		武安县		刘安乐		248881	1350
6171	望金楼		武安县		陈先林		249123	1881
6172	龙王庙里为啥供赵匡胤		峰峰矿区		张光星		248882	786
6173	店头沟		武安县		王捷		249115	2428
6174	李沆的传说		肥乡县	肥乡县北相公庄村	王好玉、王顺英		248885	427
6175	修牌坊		武安县		王晋泰		249122	781
6176	张秀才的传说		邯郸市	邯郸市	杨青锋		248904	2144

序号	篇名	民族	流传地区	采集地	讲述者	搜集者	数据库编号	字数
6177	小寨山的来历		武安县		古占江		249121	473
6178	进贡萝卜		邯郸县	邯郸县汉巴庄村	常必敬		248909	1706
6179	白昶自刎		武安县		王晋泰		248945	602
6180	白胜基的故事		武安县		白富昌		248946	3738
6181	刘志贤的故事		武安县		李向东		248947	1673
6182	李鹤亭的祭灶诗			邯郸市	李守诚		248963	2589
6183	笔冢				刘焕斗		248969	1354
6184	苗二大堂展绝技		邯郸县	南堡李村	李化轩		248982	738
6185	赵老亮进县城		峰峰矿区	庄里村	苏立新、苏立武		248983	1013
6186	铁胳膊卢明清		邯郸县	邯郸县林业局	李济良		248992	1544
6187	柴美贵山东留艺		峰峰矿区	义井煤矿	马三妮		249005	2978
6188	山姑		邯郸市	邯郸市	张国章		249009	937
6189	救命老生		武安县		赵风元		249018	1541
6190	罗敷潭		邯郸县	邯郸地区师范	冀卓吾		249024	194
6191	二闺女疙瘩三闺女冢		邯郸市	邯郸市	李美秀		249028	1838
6192	学步桥上飞来兽		邯郸市		程家骏		249035	907
6193	回楼秀的传说		邯郸市		焦占贵		249044	849
6194	御路的来历		邯郸市	邯郸市			249045	1243
6195	紫山塔的传说		邯郸县	复兴区	李玉田		249050	541
6196	柳河泉子属龙务		武安县		赵风元		249105	375
6197	白石塔山		武安县		孙玉祥		249110	930
6198	九龙庙		武安县		侯何林		249111	2827
6199	凤凰山的传说		武安县		张春光		249119	1959
6200	“佛”字的传说				谷生荣	于文龙	249210	1424
6201	荞麦与白露				李世兵	田树玉、李跃武	249177	1200
6202	大杨树的传说				郭平	张宪、李小琴等	249174	1012
6203	申家屯的传说				吴有录	张宪、石宪	249138	1254
6204	油锅捞称砣，世袭当“渠头”				张庭忠	彭明君	249203	709
6205	寨子山的传说				李科伟	庞永锋	249148	461
6206	红糖饼的传说				肖玉清	于文龙	249166	993
6207	雷劈石的传说				李宽	兰文种	249155	623
6208	监造白阳城				张义德	田中、顾胜勇	249190	545
6209	虱子谋生				李珠、王孝昶	王素贞	249178	670

序号	篇名	民族	流传地区	采集地	讲述者	搜集者	数据库编号	字数
6210	“月老”与“红线”的由来				王庆云	李义	249212	556
6211	一龙斗五虎				茹爷爷	茹启国	249161	787
6212	西太后夜宿古树营				岳魁	兰文种	249188	486
6213	桑干河的来历				焦世富	焦长海	249150	1142
6214	鸡鸣道中						249197	611
6215	娘娘庙的由来				韩氏		249163	871
6216	为什么喂鸡喊“咕咕”				韩玉成	麻永森	249182	773
6217	熊为什么全身黑				李世兵	田树玉、李耀武	249167	447
6218	虎撑的来历				王延华	少林	249164	887
6219	“北飞”的来历				庞世英	于秀荣	249170	775
6220	黄羊山的传说				毛谋任	兰文种	249143	718
6221	卧龙松				靳国龙	赵德明	249162	607
6222	杀虎洼的传说				张启夫	田树义	249136	413
6223	金公鸡降蟒的传说				张万业	杜立忠	249173	2956
6224	瓦窑沟的传说				李宽	兰文种	249141	737
6225	棋盘石的来历				戴仁	刘咏生	249154	705
6226	白龙庙的传说				苏海燕		249157	784
6227	鲁班挂钟的传说				李广胜	白明忠	249183	622
6228	臭虫的来历				王孝昶	王素贞	249181	1354
6229	系龙斗蛇精				王成功	张宪、任贵勤	249214	1007
6230	双仙洞的传说				李宽	兰文种	249152	739
6231	骆驼黑砸卦摊				丁占斌	于文龙	249202	1277
6232	黄羊山的来历				赵金财	顾胜勇	249145	482
6233	人丁银改地亩银				赵明真	顾胜勇	249187	666
6234	茶叶树的传说				武忠	田有珍	249176	1890
6235	老寿星的大脑门				张嘉明		249209	398
6236	人头山的来历				李培飞		249140	704
6237	蝼蛄的传说				赵鸿恩	赵德明	249171	590
6238	二郎担砖赶齐十二				董云雨	顾胜勇	249194	690
6239	石龙嘴里定君臣				苏天翔	杜立忠	249184	638
6240	老虎额上“王”字的来历				董顺义	顾胜勇	249168	859
6241	猪为什么喜欢掘地				王富	王继钦	249169	2874
6242	大师哥的来历				贾洪启	杜立中	249206	1280

序号	篇名	民族	流传地区	采集地	讲述者	搜集者	数据库编号	字数
6243	神圣斗智				梁和	梁挺爱	249200	2449
6244	正月初一戒针线				刘崇棋	夫子	249205	1192
6245	城皇交朋友				刘爱民	康文斌	249208	779
6246	洋河与小姐的传说				任田	张宪、任贵勤等	249213	1918
6247	闯王箭射雷公山				李忠德	顾胜勇	249185	641
6248	关公救驾				王孝昶	愚夫	249198	1166
6249	乾隆买粪叉				谷生荣	于文龙	249186	631
6250	沙陀国宣福城的来历				白明仁	白明忠、邓德忠	249139	783
6251	宣化城的柳树多				武建生、薛有保	裴军	249189	1061
6252	双善桥				赵亮	程鹏	249156	932
6253	奶奶山的来历				李兵	杜立忠	249147	765
6254	黄羊山传说				谢正旺	顾胜勇	249142	835
6255	黄羊山的来历				谢正旺	顾胜勇	249144	1080
6256	西高山的传说				陈连进、于建军等	温济中	249146	1270
6257	王家寨的传说				李冒	张宪、郭艾	249137	402
6258	老龙沟的传说				崔奶奶	崔启兵	249153	390
6259	蛇的传说				张润勤	梁挺爱	249180	651
6260	刘备编席				孙启	梁挺爱	249199	786
6261	蟆蛤为什么没胡子				王孝谦	王素贞	249179	983
6262	“山屹子”的传说				宋进明	杜立忠	249151	624
6263	布谷鸟的传说				王力全	高福	249175	344
6264	响泉滩的故事				庞世英	于秀荣	249158	835
6265	白衣寺的来历				李仲魁		249160	800
6266	火烧金陵寺				李仲魁		249192	843
6267	象光洞的传说				孟发胜	张志莲	249215	831
6268	“鹄突地”的由来				范起玲	彭明君	249165	1100
6269	卧虎山的传说				刘广仁	王桂芳	249149	719
6270	神奇的土塔				安正海		249159	2432
6271	韩家坡接骨药的来历				刘崇棋	田长海	249193	334
6272	唐王许愿				苏天翔	杜立忠	249196	1044
6273	小井子的传说				于仲孝	田长海	249135	758
6274	大年初一笼旺火				净莲	于文龙	249204	1084
6275	老虎为啥要吃人				金荣	裴军	249172	615

序号	篇名	民族	流传地区	采集地	讲述者	搜集者	数据库编号	字数
6276	二狸猫造反的传说				李世顺	裴军	249191	1676
6277	李英盗库				刘世增	顾建中	249195	1440
6278	和尚称秃驴的传说				刘广仁	王桂芳	249211	182
6279	在宣化城灵牌的来历				左万贵	左海彬	249207	1209
6280	康熙吃鸡				田有德	顾胜勇	249201	604
6281	果德的传说				郭云中	吴建富	253465	5149
6282	鲁班下界					范永茂	253439	479
6283	蟒山和蛤蟆山的来历		唐自头乡一带			张会玲	253436	1442
6284	天桥峪的传说					宋国明	253435	2526
6285	孟家泉的传说		八里铺乡石庄村一带			轩振东	253446	612
6286	王鲁锁恶龙					于国营	253444	850
6287	鸿雁寺的来历					范永茂	253438	1965
6288	斑鸠鸟的传说				杨存英	韩述本	253479	326
6289	麻山种玉的传说					张树云	253433	298
6290	水峪寺的传说				刘广义	秋生、高捷	253437	1402
6291	王翠峰三进净觉寺				王永山	张树云	253441	878
6292	燕山的由来				刘广义	秋生、高捷	253434	470
6293	公冶长的传说					韩述本	253482	979
6294	武师肖四的传说				李庆芳、冯继东等	张树云	253457	947
6295	美女蛇的故事				穆云祥	孟昭林	253440	1159
6296	清水沟子送姑娘		虹桥镇南部			刘朝然	253447	1735
6297	肖太后的两匹马					于国营	253443	2206
6298	安头寺的来历				王玉淑	王丽艳	253442	1456
6299	鸦鸿桥大桥的传说				蒋孟清	韩述本	253448	506
6300	康王搬倒井				李建国	李秀敏	253445	671
6301	桑椹				罗玉海	晋永久	253550	365
6302	后娘草花				耿春田		253547	958
6303	人参娃娃				李氏	罗佳书	253548	609
6304	祖逖的传说				王秀春	穆秀芬	253528	328
6305	马齿菜为何晒不死				隗有露	穆秀芬	253546	1557
6306	清水鱼知县				陈润来	穆秀芬	253535	654
6307	改水沟鸟的传说				陈月新	陈向东	253544	1454

序号	篇名	民族	流传地区	采集地	讲述者	搜集者	数据库编号	字数
6308	君臣对诗				耿春田		253521	2156
6309	儿回鸟的来历				马玉景	陈志娥、罗佳书	253543	3180
6310	猴子与蚂蚱				张庆志	张庆全	253542	609
6311	鱼骨洞泉的传说				徐进梅	陈志娥	253501	506
6312	救命泉					杨洪章	253515	1708
6313	韩信的故事				安兆红	安泊江	253526	811
6314	清泉寺与银杏树				张庆贵	赵迪杰	253492	1274
6315	铁角的来历				任全国	陈志娥	253490	545
6316	祖冲之的传说				王秀春	穆秀芬	253529	1052
6317	龙门阵灯会的来历				夏国珍	陈志娥	253516	355
6318	补中益气汤				罗玉海	晋永久	253549	485
6319	金华山的传说				耿德京	张庆全	253504	1598
6320	鼠为何排第一				晋朝俊	晋永久	253537	303
6321	望儿岭				张庆贵	陈志娥	253506	397
6322	抓髻山的传说				伍国富	晋永久	253502	1698
6323	鱼骨洞的来历				徐进梅	陈志娥	253497	950
6324	五眼石和石柜				伍国富	晋永久	253505	994
6325	“不到黄河心不死”的来历				田桂云	罗佳书	253531	213
6326	馒头的来历				晋合利	陈志娥	253519	1862
6327	鲁班修赵州桥				阎士文	晋永久	253524	817
6328	君臣游通州				张庆智		253522	454
6329	五月初一挂葫芦的来历				晋合利	陈志娥	253517	448
6330	孟姜女的传说				隗永孝	陈志娥	253532	3955
6331	虎吃“武松”				李泉清		253536	855
6332	大龙门城堡的来历				晋合利	陈志娥	253496	1334
6333	老虎学艺				张庆志		253539	491
6334	立儿石的传说				张庆贵	陈志娥	253507	1163
6335	清泉寺的传说				杨保霞	陈志娥	253491	805
6336	于官审石头				陈润来	穆秀芬	253534	214
6337	石瓮子的传说				晋朝俊	晋永久	253500	816
6338	六月十三和七月十五的传说				陈云林	陈向东	253518	741
6339	紫石口的来历				徐进梅	陈志娥	253493	754

序号	篇名	民族	流传地区	采集地	讲述者	搜集者	数据库编号	字数
6340	鱼古洞的石人石马				张庆龙	晋永久	253499	1076
6341	郑矬子进洞探宝				张庆龙	晋永久、刘佃生	253498	970
6342	姜石				马玉景		253533	1817
6343	猫的来历				李献来	陈志娥、罗佳书	253540	534
6344	华紫坨传闻				晋国山	岳天志	253508	645
6345	野三坡的由来				晋国亭	陈志娥	253489	970
6346	蝼蛄和寒号鸟的传说				晋朝俊	晋永久	253545	1189
6347	天桥拱立				马德荣	穆秀芬	253514	813
6348	拒马河的来历				马玉景	罗佳书	253495	1066
6349	娘娘庙				耿春田	张庆全	253503	655
6350	猫为什么象虎				刘忠	罗佳书、陈志娥	253541	562
6351	“狼庵”的由来				岳永发	岳天志	253494	680
6352	老鼠为什么随意吃粮食				刘忠	陈志娥、罗佳书	253538	419
6353	张之洞对“对联”				耿德京	耿春田	253527	1509
6354	秃山的传说				张志果	陈志娥	253509	441
6355	孙膑与庞涓的传说				晋合利	陈志娥	253525	900
6356	石门洞的传说				任全国	陈志娥	253511	1941
6357	海棠峪的传说				王宝义	赵迪杰	253510	1165
6358	铁拐李的故事				焦兴芝	罗佳书	253530	489
6359	刘墉的传说				晋合利	陈志娥、赵迪杰	253523	1499
6360	媳妇庵的由来				余仕永	于占利	253512	926
6361	馒头石的传说				杨洪章	陈志娥	253513	690
6362	五龙捧寿				段合春	陈志娥	253520	538
6363	团圆村的来历				张华		254194	497
6364	庞涓堵泉					任秀丽	254192	538
6365	柏山寺的歪脖树				石常福		254184	483
6366	长岭的来历				马海	李兴国	254185	1374
6367	女儿石塘				刘府		254183	1229
6368	神奇的拒马河					马跃华	254181	690
6369	浮图峪的由来			杨家庄公社	董元	张玺	254182	1683
6370	兵怕团堡人		涞源县城北地带	西团堡村	唐懂	贾一民	254178	524
6371	塔尖为什么歪了					张耕田	254177	2
6372	忠良石				李文勤		254205	362
6373	一堆黄土退敌兵					徐万宏	254202	773

序号	篇名	民族	流传地区	采集地	讲述者	搜集者	数据库编号	字数
6374	“蜢子岭”的传说					石永生	254195	370
6375	穿箭口				张千	杨锦	254200	797
6376	阁院寺巨钟				贾梦荣		254174	1391
6377	双疙瘩的传说					李海春	254193	325
6378	寒冬难过四十里峪					李清	254179	301
6379	有影无踪的天堂寺				周金明		254186	339
6380	插箭岭的来历					冯大力	254201	2107
6381	斗军湾的由来					刘卫强	254209	696
6382	香山的传说					邓永霞	254189	1288
6383	马跑泉的由来					佚人	254204	1230
6384	狮子峪的来历				杜、田		254199	2566
6385	月亮泉的传说					王纪娥	254188	1998
6386	木吉村的传说					邓红艳	254208	1742
6387	飞狐郡的传说					杨旭	254187	505
6388	养老河					唐丽华	254190	1529
6389	合婚台					郭树森	254207	742
6390	祭刀松的来历				王印		254206	313
6391	拒马源的传说					李清	254180	931
6392	碌碌石湾的传说					钟继红	254198	861
6393	广昌的城墙为啥缺一角			北石佛村	李静芳		254175	528
6394	“红泉”的由来					赵卫东	254196	707
6395	露骨崖的传说					史双利	254197	719
6396	兴文塔的传说						254176	559
6397	东、西龙虎的传说					唐丽华	254191	751
6398	干河床的传说					范迎喜	254203	975
6399	蠡吾店的来历				王金池		259042	1543
6400	彭饿夫				赵景芳		259048	462
6401	韩春						259049	752
6402	大宋台				鲁志民		259041	1323
6403	宋洛署						259050	1792
6404	李恕古的传说				李玉生		259047	894
6405	鞭打四门开				赵景芳		259040	912
6406	狗求麦				李长苓	李俊洪	259054	1213
6407	烟				张洪顺		259052	1119

序号	篇名	民族	流传地区	采集地	讲述者	搜集者	数据库编号	字数
6408	川飞椽与四环抱月				鲁志民		259045	1905
6409	正南庄闪击战				李旭南		259055	984
6410	金银洞				赵景芳		259043	1001
6411	孟尝君子店				裴润章		259046	784
6412	酸枣树				王来元		259044	8184
6413	齐老增				史栋臣		259051	1098
6414	蝼蛄救主						259053	795
6415	孝媳妇沟的来历		双山子一带	三合店村部	张淑珍	邢连者	260111	846
6416	林夕遇仙		青龙县南部	肖营子中学	郑素英	邵玉斋	260055	1124
6417	康熙皇帝改对联		青龙东半部		付张氏	张国中	260133	982
6418	月亮和太阳		青龙县东南一带		张东升	张保学	260032	1593
6419	悬山寺遗址		青龙县西部	青龙县政府院内	赵风阳	赵秘	260120	2942
6420	巧娘		当丈子、草碾一带	当丈子村	高云山	高青华	260034	4710
6421	刘伯温得道		青龙东部及东南一带	朱丈子	夏连必	张国中	260130	636
6422	狐女和七星剑		朱丈子乡一带	朱丈子乡中学	焦连民	李兴国	260063	714
6423	祭“索拨杆子”		青龙大部分地区	县地方志办公室	李建文	赵秘	260122	605
6424	人狐姻缘		青龙南部及西南一带	轴线厂	彭玉波	张保学	260033	3380
6425	万人摸		青龙东部及抚宁一带	三间房乡	曹德中	张保学	260109	1615
6426	张公百忍		青龙县东南一带		王林	王松林	260064	924
6427	前擦岭的传说		青龙西部及西南一带	县文教局	刘玉宗	王占民	260104	380
6428	隐身衣与阴阳扇		青龙东南一带	邱丈子村	李桂芹	刘玉宗	260090	1235
6429	影午山的传说		三岔口一带	八拔子村	张学林	张兴武	260118	2057
6430	张二与刁富		青龙县大部地区		刘文中	王松林	260074	1317
6431	狮子沟的传说			大狮子沟村头	徐国华	徐国江	260099	1564
6432	翠花除妖		青龙西部	肖营子社中院内	邵玉斋	佟文娟	260091	1759
6433	金牛星显灵		青龙牛心山一带	县委大院内	肖玉仁	刘玉宗	260096	2315
6434	神箭手和强盗		牛心山、山神庙一带	邱丈子村	李桂芹	刘玉宗	260108	950
6435	化骨		青龙东部	作者家里	徐中	徐占忠	260037	903

序号	篇名	民族	流传地区	采集地	讲述者	搜集者	数据库编号	字数
6436	王母娘娘怒罚天仙女		青龙东南部	青龙镇	孙明	刘玉宗	260112	957
6437	猫鱼海的传说		青龙县东部	陆杖子村	张满	张保学	260095	4979
6438	花山护宝		青龙土门子一带	西石岭村	王英	王庆会	260113	598
6439	青龙的传说		青龙西部和西南部	八道河村	王凤合	王海东	260075	653
6440	金银洞		青龙河两岸	电机厂家属院	郭文奎	郭玉阁	260110	1891
6441	谎三当阎王		青龙县大部地区		李宝林	徐占忠	260068	1712
6442	老牛斗老虎		青龙县土门子	青山口村外	陈玉华	李绿枝	260117	1166
6443	神奇的宝扇		青龙县东部	青龙县肖营子中学	司艳如	邵玉斋	260043	2764
6444	乔百顺的传说		青龙南部	草碾村朱张氏家中	朱张氏	米新林	260052	1025
6445	打虎店的传说		青龙南部及西南	邱丈子	李桂琴	刘玉宗	260098	1515
6446	二月二龙抬头		青龙东部地区	青龙马圈子乡文化站	郭玉堂	刘宝林	260124	1736
6447	康熙比胡子		青龙及承德各县	承德	杨宝珠	赵秘	260136	547
6448	土地老爷姓韩		青龙大部地区	轴线厂院内	王首宗	张保学	260040	465
6449	“门神”的来历		青龙东部一带	韩秀娟家	韩秀娟	王宗明	260123	575
6450	刘伯温修北京城		青龙县东南部	朱丈子乡前白枣山村	夏忠阳	张国中	260131	2595
6451	盖房上梁挂红布的山来		青龙大部及宽城部分地区	董桂英家中	董桂英	肖立国	260125	1862
6452	箭杆蛇复仇		青龙宽城一带		李连久	杨占国	260066	1335
6453	五指山的传说		青龙县西南一带		李景春	张国中	260093	768
6454	凤凰山的传说		青龙县南部		杨树松	高庆升、田义武	260087	1460
6455	铁拐李的传说		青龙东南部		付张氏	张国中	260048	836
6456	靴脚峰与东西老岭		青龙东部		李隐	赵密	260105	974
6457	寿桃山上“石人”的来历		土门子一带	陈国久家	陈国久	陈健	260082	654
6458	刘半仙		青龙东部一带	电机厂	郭文奎	郭玉阁	260049	877
6459	龙骨梁		青龙东部	电机厂家属院	郭文奎	郭玉阁	260089	693
6460	风水宝地		青龙东南部	官场乡政府院内	张丰富	赵秘	260069	967
6461	海龙王大战鲤鱼精		青龙县牛心山一带	邱丈子村	李桂芹	刘玉宗	260081	1691
6462	张果老倒骑毛驴		青龙东部及东南部	双山子村	王青和	王冰	260046	1104
6463	温泉的传说		白家店乡一带	白家店乡村	余仁	余清华	260077	789
6464	都山积雪		青龙县西部及宽城县一带		崔建民	刘玉宗	260078	760
6465	九缸十八锅		青龙东部	本县一区一带	曹德忠	张保学	260080	1317
6466	魔鬼抽大烟		青龙南部一带	朱丈子村	李景春	张国中	260042	817
6467	算挂人的妖术		青龙东部及南部	石城子村	朱山	朱法山	260053	579

序号	篇名	民族	流传地区	采集地	讲述者	搜集者	数据库编号	字数
6468	好汉沟		青龙东南部		赵景泰	赵秘	260097	2146
6469	鬼符传		青龙及附近各县		李文公	杨占国	260038	676
6470	冬哥变龙的故事		土门子及周围一些乡村	朱石岭村	李玉俊	李长江	260039	940
6471	白面草洼		青龙县北部地区	青龙县半壁山金矿院内	周玉生		260045	1343
6472	笑死龙王、气死龟		青龙东部地区	龙王庙乡文化站	谢友来	马海良	260076	1003
6473	李宁遇鬼		青龙东部及东北一带	电机厂家属院	郭文奎	郭玉阁	260036	933
6474	人为财死，鸟为食亡		土门子一带	景丈子村	鲁学军	景彦东	260050	1236
6475	范大胆		青龙东部及东南一带	电机厂	郭文奎	郭玉阁	260044	683
6476	沙沟的传说		青龙西南部	沙河村讲述人家中	付广生	付自安	260084	1515
6477	卖饼的不如卖蜡的		青龙牛心山等地	邱丈子村	李桂芹	刘玉宗	260121	325
6478	秃疮娘娘		青龙、宽城及建昌一带	青龙县干沟乡政府	聂文玉	杨占国	260047	1851
6479	铁龙山		马圈子一带	王玉田家	王玉田	张立国	260092	1356
6480	谎三的故事		青龙县境内大部地区	邱丈子乡政府院内	刘珠	刘玉宗	260059	1213
6481	老大奸老二憨		青龙东南一带	董杖子村	董占林	赵秘	260041	470
6482	桃李易替		青龙南部	青龙县当丈子村	高云山	高虎	260058	3596
6483	龙山的传说		青龙西南部	娄丈子村	董兴志	董伟	260083	1988
6484	选坟地		青龙北部	讲述人家	王孟兰	沈桂珍	260051	1953
6485	老李洞的传说		青龙及宽城部分地区	老李洞	任占芳	杨友、王佐	260094	1490
6486	耍钱人遇鬼		青龙县东部	讲述人家中	张淑珍	韩玉军	260073	2098
6487	黑老爷显灵		青龙东部	木头橙村头	杨桐柏	杨占国	260100	2612
6488	吞吐黄金		青龙东部		李义云	杨占国	260061	1352
6489	鸡冠山的传说		青龙县南部	七道河乡院内	金国祥	金兆元	260107	1124
6490	映壁横峰		青龙县东北及宽城部分地区		窦庆	刘玉宗	260086	957
6491	神箭		青龙、宽城等地	青龙县政府院内	张凤盈	殷雨安	260057	987
6492	李铁指		青龙县东南部	朱丈子乡朱丈子村	殷自生	殷雨安	260072	384
6493	神秤		青龙县东北部	电机厂家属院	郭文奎	郭玉阁	260060	727

序号	篇名	民族	流传地区	采集地	讲述者	搜集者	数据库编号	字数
6494	秀才能知天下文		青龙朱丈子一带		阚兴珍	张国中	260071	1212
6495	蛤子汀的由来		青龙东北部	讲述人家	俞承才	俞小军	260119	1941
6496	道士升天		青龙宽城一带		杨桐树	杨占国	260065	508
6497	棋盘山的传说		青龙县东南部		窦庆	刘玉宗	260116	879
6498	鞍子山滴水泉		青龙县东部	龙王庙乡文化站	谢友来	马海良	260085	843
6499	二郎担山赶太阳		青龙东南一带	邱丈子村	李桂芹	刘玉宗	260106	4823
6500	神茶		青龙朱丈子一带		夏凤翔	张国中	260101	6532
6501	失金钗		青龙县东部		阚兴珍	张国中	260129	1156
6502	坐福		青龙东北部	东干河子村	于庆贺	于海心	260127	1588
6503	正月十五跑旱船的来历		青龙大部分地区	讲述人家里	马春	孙风华	260126	926
6504	康熙除隐患		土门子一带	土门子乡中至龟石岭的路上	刘贵	石君	260137	711
6505	两个葫芦的故事		青龙县东部	青龙县政府家属院	邢玉芬	王进勤	260056	3326
6506	狼和孩子		青龙宽城等地		李文芝	杨占国	260067	1942
6507	苦命常有财		青龙及周围各县的一些地区	干沟乡马丈子村	杨桐树	杨占国	260062	1201
6508	百鸟衣		青龙东部及东南一带	牛心山村	赵洪	赵连鸿	260035	513
6509	蝙蝠洞		西双山乡一带	西双山村	李宗田	李海燕	260115	1102
6510	青龙河的传说		青龙县境内及宽城、卢龙一带		刘芳	刘玉宗	260088	1128
6511	公冶长懂百鸟音		青龙县境内靠近长城一带	商志勇家	商志勇	张国中	260054	1078
6512	南山口的松树和岩石的来历		张丈子一带	讲述人家中	杨生	杨淑娟	260114	1832
6513	烧木炭的由来		青龙东南部		张东升	张保学	260103	1146
6514	郭太君救驾		青龙县凉水河一带	青龙县凉水河乡文化站	郭进学	赵连鸿、段庆民	260140	1244
6515	陆平的传说		青龙河畔	电机厂家属院	郭文奎	郭玉阁	260031	351
6516	殷丽娘智捉花和尚		青龙东南部	邱丈子村	李桂芹	刘玉宗	260102	2029
6517	孤女坟		青龙东部和南部	电机厂	郭文奎	郭玉阁	260070	483
6518	巫岚洞的传说		青龙东部	县政府院内	赵凤阳	赵秘	260079	2226
6519	东方亮的传说			丰宁县大阁	刘淑贤	辛兵	274035	1952
6520	凤山的传说	满族			靳育民		274015	1030
6521	荞麦的来历				孙德亮	荣卫国	274040	1596

序号	篇名	民族	流传地区	采集地	讲述者	搜集者	数据库编号	字数
6522	反金掌	满族			王春雨	李金刚	274007	3530
6523	响砬子	满族			白玉宸	白瑞杰	274032	970
6524	接财神	蒙古族			张殿德	张连合	274047	717
6525	祭敖包				郭顺	郭传永	274050	1018
6526	张飞巧对诸葛亮	满族		丰宁满族自治县民研所	房广生		273999	1037
6527	糠龙节	满族	丰宁县	丰宁县文化馆	李国信		274052	977
6528	关公的传说			丰宁坝上	薛德民		273998	464
6529	中草药与药王爷	满族				李金刚	274037	843
6530	辩才				滕振普		273992	326
6531	思夫石	满族			杨成江	杨国君	274021	549
6532	鲁班与三个徒弟			丰宁县三道沟门	王殿普		273985	752
6533	管闲事儿			于苏家甸村	房广生	刘福民、郭传永	273990	1336
6534	孔子讨饭	满族			郭树田		273964	1255
6535	两旗争地	蒙古族			黄志权		274012	6121
6536	口外第一楼	满族		凤山镇		李金刚	274014	1439
6537	德政匾				龙博		273978	1140
6538	苏武泉			窄岭	刘连德	马铁松	274023	901
6539	猴顶山				薛成库	薛有岭	274017	453
6540	张八百巧正衡规			石人沟乡东山神庙村	孙敏		273977	1481
6541	题诗断案				何桂芳	何淑凤	273976	977
6542	张八百挨罚	满族		丰宁县塔黄旗村	徐化泽	李金刚	273981	1880
6543	十字刑与雍和宫	满族			康金山	李金刚	274008	474
6544	孙膑学艺的故事	满族		丰宁县三营村	赵兴国	陈明星	274002	1198
6545	郭小川在丰宁	满族				李金刚	273963	1327
6546	张八百审秤				李勤		273980	665
6547	选将营	满族			于清渊		274030	2926
6548	五月五挂葫芦				张冬阁	李金刚	274053	1370
6549	郭小川童年故事	满族				李金刚	273962	1609
6550	大年三十晚上点灯的传说	满族			赵兴国		274056	1509
6551	元宝山的传说	满族	丰宁县		吕国瑞	刘凤臣	274026	1229
6552	元小脚与蛮子脚				边福军	边振杰	274049	2039
6553	广灵与石凤	满族			黄淑芬	阎秀云	274016	2172
6554	八旗的由来	满族	丰宁县、内蒙一带	文化馆	张冬阁		273970	1139
6555	红砂山	满族			王广生		274025	962

序号	篇名	民族	流传地区	采集地	讲述者	搜集者	数据库编号	字数
6556	赏灯进谏				滕振普	陈明星	273988	422
6557	哈塘川的遭遇	满族			顾德瑞		274010	1614
6558	石肉			凤山东关村	宋喜武	李金刚	274033	316
6559	张八百赠驴			北京旅馆	车凤禄		273975	1128
6560	锄的来历	满族			张凤银		274057	1160
6561	水流和尚唐僧				靳万合	高立新	274000	1572
6562	梁山伯与祝英台				房广生		274006	1065
6563	塞佛茶与马趵泉			三岔口村	寇九杰	毛维君	273974	1836
6564	傅青主的传说			凤山陶来营村	鲍玉清		273965	801
6565	唐明皇演戏				房广生		274001	953
6566	打国舅	满族			王瑞臣	刘福民	274009	1819
6567	翁仲与仲翁				杨玉恩	朱彦华	273968	3529
6568	祭神杆立影碑	满族			滕振普	陈明星	274048	226
6569	无门庙和无庙门	满族			金佩臣		274018	3441
6570	张果老挪塔				于恒起	刘福民	274004	1392
6571	康熙给侍卫作画				何文库	刘福民	273971	1204
6572	一斗莜麦半两酒				于海庭	毛桂君	274045	945
6573	送子娘娘宝盖寺	满族			谢玉林		274031	1656
6574	鸪鸪鸟	满族			刘霞	石玉海	274038	440
6575	巧咀农妇骂皇帝	满族			于友三		273972	942
6576	荞麦的来历	蒙古族			薛成库		274041	1324
6577	智服乾隆	满族			李振民		273987	654
6578	陈提督管护西围场	满族			陈景瑜、刘凤鸣	刘福民	274011	957
6579	铁脖御兄弟	满族		于三营村	滕振普		273993	1318
6580	刘镛戏主	满族		三营村	滕振普		273989	1400
6581	跑马占圈的汉人				张正明		274013	797
6582	兰花瓷的传说				温广利	温少良	274046	307
6583	牧羊阵				宋喜武		274022	627
6584	黄芩和知母的故事				郑涛		274043	963
6585	窟窿山	满族			何桂芳	何淑风	274024	1412
6586	泥鸡与驴驹	满族			王凤娥	王喜清	274034	1668
6587	天井	满族			朱占奎		274027	1056
6588	语解围			于丰宁县三道沟门村	王殿普	尹希三	273983	1026
6589	宝贝沟的传说				鲍玉海		274029	884

序号	篇名	民族	流传地区	采集地	讲述者	搜集者	数据库编号	字数
6590	谁写天下第一关	满族		丰宁县三道沟门村	孙长清	尹希三	273982	2790
6591	五谷的来历					郑涛	274039	892
6592	康熙偷顶子	蒙古族 满族		丰宁草原乡	朱正千	李金刚	273966	1651
6593	喇喇咕的传说				彭光东		274042	2032
6594	没良心	满族			王振明		273986	2790
6595	新媳妇见公婆				杨玉恩	朱彦华	274051	2048
6596	吊毛剃小辫			承德市	赵公绪		273994	2766
6597	除夕的旺火				何桂芳	何淑风	274054	2670
6598	兰马寺坝僧				滕振普		273991	750
6599	祭灶王	满族			房广生	朱彦华、刘福民	274059	375
6600	腊八搬冰				何桂芳	何淑凤	274055	1266
6601	恩封				康金山		273969	4501
6602	贞节塔					张海	273973	514
6603	乾隆悔写洗心碑	满族		丰宁坝上	张海、宋喜武		273967	2013
6604	石人沟	满族			白玉宸	白瑞杰	274028	1531
6605	砬壁佛光	满族			马树林		274019	730
6606	吸烟的来历						274058	1755
6607	神鸡石	满族			孔如成	尹希三	274020	456
6608	药王爷一气抛药囊				孙德亮	荣卫国	274044	1528
6609	晒不死的马齿菜	满族			陈玉珍		274036	759
6610	十大股捉汉奸				房广生		273995	511
6611	张八百过祠堂	满族			吴国章	刘福民	273979	1241
6612	燕王出世				房广生	刘福民	274005	718
6613	送石鼓	满族		丰宁县三道沟门	孙长清	尹希三	273984	2629
6614	黄小姐巧惊诸葛亮	满族			王占琴		273996	1528
6615	半碟豆芽菜	满族			杨秀恩	杨宝珠	274003	1398
6616	桃园结义				杨福臣		273997	1723
6617	养儿河				郭大田		278999	1881
6618	南洺河为啥成了干河				韦公田		278968	538
6619	郭朴的故事				杨华山		278922	1959
6620	吕洞宾的传说				刘占英		278943	740
6621	人参搬家				刘宗		279024	493
6622	王可大的故事				王有山		278933	1432

序号	篇名	民族	流传地区	采集地	讲述者	搜集者	数据库编号	字数
6623	午汲小和尚的故事				贾才喜		278924	793
6624	蛤蟆叫声的由来				万合		279016	1513
6625	坟前为啥插杨柳				齐玉平		279028	909
6626	拔枣木橛子				李贵有		279029	778
6627	韦老友发家				霍九环		278937	5605
6628	活水村的传说				李培科		278961	2737
6629	马为啥站着睡觉				陈林枝		279017	1220
6630	救命老生				赵风元		278954	656
6631	一门二进士				刘宗		278938	355
6632	杨八郎的故事				李兴林		278921	600
6633	两世桥				宋发林		279000	2605
6634	草帽山和遇驾岭				武绪民		279012	818
6635	陈天保的传说				杨国栋		278939	607
6636	乾隆三访武泉仁				王根林		278932	602
6637	白石塔山				孙玉祥		279009	1478
6638	舍利塔为啥没尖				李五的		278987	424
6639	神仙愁				刘宗		278948	317
6640	千佛洞的传说				李海祥		278980	1381
6641	蚊子的来历				冀文明		279014	967
6642	麒麟阁				张有田		278984	2312
6643	都犯的一垡子病				赵风元		278955	618
6644	大中疙瘩的传说				席起贵		278982	958
6645	梳妆台				江义		279011	801
6646	龙劈山				李德福		278989	675
6647	熬腔				赵秋合		278956	933
6648	鸡的传说				刘广清		279013	291
6649	狗腿子的来历				程士香		279032	1150
6650	点岁柴的由来				岳当叶		279026	1107
6651	京娘峡与宋祖峡的传说				李彩恒		278958	930
6652	骑龙抱凤				李德福		279001	327
6653	“皇帝岭”上的葛针为啥没有勾				武守跃		279022	723
6654	关公智服周仓				李如汝		278919	835
6655	七星桥				张维兵		278959	516

序号	篇名	民族	流传地区	采集地	讲述者	搜集者	数据库编号	字数
6656	“饿死人熊凸”的来历				杨路先		278991	402
6657	石头楼的来历				李福生		278997	953
6658	郭太师名字的来历				谢入相		278923	790
6659	挂金峪				李海元		278964	1275
6660	周仓庙				杨扶山		278975	490
6661	南营井銮驾的来历				刘同庆		279030	504
6662	粟山				谭丙章		278960	378
6663	南洺河的传说				段伟山		278966	362
6664	万年村				张二祥		278962	1245
6665	七月七，冲贾壁				吴天明		278972	983
6666	倒谷岩				李春明		278963	444
6667	马武寨				武绪民		278970	1847
6668	枣树上为啥长刺				白堂林		279021	947
6669	老虎山				黄立林		278981	766
6670	红山				李山的		278992	1446
6671	大水村戏楼和大石坑的传说				李靖		278971	939
6672	活山变死山				王黑的		279002	340
6673	七仙姑落凡				靳举山		278945	710
6674	为啥称杨家挂甲将军				刘朝的		279031	1036
6675	马难淤泥河				刘全旺		278998	490
6676	行孝				彭万年		279004	194
6677	黄二丑拐打汴梁城				杨国栋		278929	411
6678	儒山的来历				施更如		278973	454
6679	桃源沟的来历				李全林		279006	1645
6680	有山扔胡子				魏洪昌		278953	677
6681	黑虎星张魁				张大荣		278928	1048
6682	忙来改词				王黑的		278950	340
6683	柳树的来历				靳拴贵		279023	875
6684	赵德的障眼法和定身法				赵三永		278941	951
6685	闯叶山的传说				杜存德		278969	462
6686	郑老笨的故事				郑风其		278936	469
6687	焦志庙				未海平		278985	731
6688	李大汉				白长成		278930	1128

序号	篇名	民族	流传地区	采集地	讲述者	搜集者	数据库编号	字数
6689	吐盐娃娃				杨全		279035	2065
6690	彭祖				王顺义		278949	771
6691	睡了一夜才知道错了				赵秋合		278957	1112
6692	关公的故事				刘宗		278918	395
6693	白廷黑斗恶秀才				刘景云		278931	1817
6694	孔子的传说				杨扶山		278915	670
6695	万大脉的传说				万克秀		278926	581
6696	锣旗上虎头与清道的传说				曹彩英		279033	1962
6697	回楼秀穗谷				牛永庆		279025	1999
6698	狗嚎出了个王伯当				赵天增		279003	924
6699	老爷山				王山太		278983	953
6700	孔圣人失误				崔吉银		278916	644
6701	槐树的来历				武永年		279020	743
6702	周仓争供香				李新民		278920	1445
6703	马店头				贺红望		279005	604
6704	黑大岗赶集				张虎年		278935	734
6705	武鸿凤祝寿				王太河		278951	558
6706	周公与桃花女				王文福		278942	2263
6707	神笔李尔育				李海元		278927	897
6708	青龙寨为啥是红色				万喜田		279008	624
6709	蛇悬崖				程士香		278976	497
6710	水母娘娘庙的传说				刘扶春		278977	979
6711	牡丹山的传说				马俊明		278978	975
6712	柳河泉属龙务				赵风元		278996	554
6713	邵庄村名的由来				邵太宏		279007	412
6714	“鸿凤迷”村				申毛来		278952	751
6715	金银花				王顺年		279019	945
6716	天赐颜回一锭金				谢入相		278917	2335
6717	老鼠和牛比大小				李新民		279018	475
6718	滏阳河和洺河的传说				杨廷的		278993	3964
6719	绝情谷的传说				李东岐		279010	2698
6720	小寨山				张增旺		278974	1094
6721	为啥杀羊羊不叫，杀猪猪叫唤				武林春		279015	1421

序号	篇名	民族	流传地区	采集地	讲述者	搜集者	数据库编号	字数
6722	郝知县巧判误伤案				杨连的		278940	584
6723	“皇母山”和“皇后池”				刘安乐		278995	473
6724	龙女洞				王连生		278967	1585
6725	茶壶山				高正南		278990	882
6726	偏良寺				张晓海		278965	862
6727	张果老倒骑驴				冀明贵		278947	796
6728	老君腿的传说				陈抚喜		278946	753
6729	白昶自刎				王晋泰		278934	1564
6730	江世有偷缸				赵墨翰		278925	718
6731	荷仙姑智斗吕洞宾				谢入相		278944	788
6732	牛蹄山的传说				李福生		278986	593
6733	背孩子山的来历				王和生		278988	780
6734	蜂隐寺的来历				谢入相		278979	695
6735	天上下包子，瓦口流蒜				李天增		279034	190
6736	盖房上梁时为啥绑红布袋儿				穆清亮		279027	487
6737	回音寺				宋果茹		278994	799
6738	徐德杀子			庞家堡	全丙福	高彩、周云	283488	3173
6739	朱元璋迁人的传说			小吴营村	程祥	土成芳	283499	3692
6740	蝼蛄的传说				土成峰	志明、土生智	283520	1061
6741	豆腐的来历			庞家堡区	冷占芳	翟暾、康凤贤	283519	509
6742	“松树嘴子”的传说			杨家营村	王建民、李元林	志明、寒石	283505	518
6743	活人坟的传说			小吴营	施金梅	源葆	283500	365
6744	“汤池口”的传说			汤池口村	杜桂娥、任德富	莹石、建军等	283506	793
6745	马万水轶事			龙烟铁矿	杨惠诚、周万山	霜夜、占元等	283497	668
6746	高万羊			八区	姚玉荣	赵予广、翟暾	283493	1706
6747	水长寺的石狮子成精了			小吴营村	张国生	莹石	283515	1017
6748	馒头山的由来				王清有	王秀玉	283517	347
6749	方观承的传说			小吴营村	程祥	康凤贤	283486	1496
6750	杨宗英破天门阵			坝口村	许军	莹石	283491	362
6751	樊梨花斩杨藩			白庙村	赵金贵	康凤贤	283487	707
6752	女人死了男人，为什么要哭“爷”			坝口村	刘万库	寒石	283522	1509
6753	脑袋嵯和金马驹			碾儿沟村	孙仲德、赵林富	谢宝刚	283516	1019

序号	篇名	民族	流传地区	采集地	讲述者	搜集者	数据库编号	字数
6754	“松树林”的传说				何占魁	莹石、东英	283511	815
6755	薛平贵的传说			坝口村	许军	康凤贤	283490	355
6756	李寺山为啥没水			李寺山	肖金枝	莹石、杨冬梅	283501	2189
6757	碧水池与石乌龟的传说				张源葆、荣照	康凤贤	283512	2006
6758	杨尚昆将军寻士兵			八五〇选矿厂	尤永海	翟暾	283495	953
6759	火烧金陵寺			八区和杨家营	王世尧、王建民	康凤贤	283503	494
6760	黑大王的传说			八区和小吴营村	李宗坦、张增德	志明、寒石	283485	2070
6761	大王川的传说			七区、小吴营	施文善、施金梅	源葆、刘春香	283504	1156
6762	“进羊嘴”和“小豆坡”			杨家山村	王洪本	王晓莉、晓章	283513	949
6763	杨家山村名的传说			杨家山	王云山	源葆、王存琴	283507	830
6764	宋朝的江山应该是杨家的			坝口村	许军	莹石	283502	615
6765	“逃军梁”、“大段地”、“碾儿沟”的由来			大段地	王海	王东志	283508	1942
6766	红花姑			大段地	王海、李廷福	王东志	283492	1083
6767	白庙村名的由来				任玉莲	普员、孙占平	283509	316
6768	锄的来历			坝口村	刘万库	荣芳	283518	3296
6769	卧洋桥			杨家营村	肖密、张国生等	康凤贤	283510	1908
6770	杨朔在红石山			机修厂	杨忠、王英等	杨志明、康凤贤	283496	1872
6771	小黑叫驴			小吴营村	张庆忠	谢宝刚	283514	1891
6772	艾糕和清明穗				张元宝	谢宝刚	283521	1668
6773	乞丐为什么看见贴对联的人家就讨钱财			白庙村	赵全贵	志明、莹石	283523	850
6774	朱德同志视察龙烟铁矿轶闻四则			庞家堡矿	杨忠、任玉洁		283494	1470
6775	白庙七十二鬼的传说			白庙	赵全贵	子魁	283524	2441
6776	何金海的故事				王义林、赵林富等	谢宝刚、康凤贤等	283498	8727
6777	乾隆诗对				陈智基	陈智基	283489	792
6778	刘伯温建都北京的传说			坝口村、小吴营村	许军、肖密	康凤贤	283484	706
6779	龙太子收金环				张爱丽	兰亭、青山等	286624	2064
6780	游鱼宝碗				张春田	兰亭、青山	286620	2290
6781	烧窑忌“茶”				韩秀英	兰亭、青山	286630	5091
6782	龙凤杯				张爱丽	青山、兰亭等	286633	3001
6783	秦忠造青花				秦洪	兰亭、青山	286622	2186

序号	篇名	民族	流传地区	采集地	讲述者	搜集者	数据库编号	字数
6784	冤女魂				张春田	兰亭、青山	286628	4502
6785	东西缸窑				郑凤楼、韩秀英	青山、兰亭	286616	2214
6786	托梦造香炉				张士杰	兰亭、青山	286618	1310
6787	青釉瓷神李八十				韩秀英	舒兰亭	286619	3881
6788	瓷姑娘玉秀				韩秀英	青山、兰亭	286617	1957
6789	金圈儿掸瓶				张爱丽	兰亭、青山等	286623	6571
6790	瓷泥笛儿				韩秀英	兰亭、青山	286621	783
6791	瓷为媒				常刚	青山、兰亭	286632	3757
6792	田鹤仿古瓷				张士杰	兰亭、青山	286626	7686
6793	传子不传女				田景如	田彦生	286627	8620
6794	显爷落脚				韩秀英	兰亭、青山	286625	2793
6795	月土					刘福	286634	2775
6796	忌讳“胡”字				韩秀英	兰亭、青山	286629	7560
6797	瓷仙				韩秀英	兰亭、青山	286631	1265
6798	孔子买瓜		新乐县农村	东长寿	刘秀娥	雁鹰	287575	649
6799	魔鬼的传说		新乐县彭家庄	苏玉林家院内	阿訇	富强	287618	1108
6800	叩拜真主的来历		新乐县彭家庄	彭家庄清真寺	阿訇	曼畅	287619	1352
6801	寇准耙平定海寺		新乐县何家庄一带	文管所	刘戊戌	郭文霞	287584	784
6802	贵人多磨难		新乐县彭家庄	彭家庄清真寺	阿宏	曼畅	287623	2509
6803	棺材的传说		新乐县彭家庄村	苏玉林家院内	阿訇	曼畅	287621	1548
6804	趟匡胤遊仙		新乐县部分村	姬双元家	姬双元	姬素申	287574	1007
6805	赠石头		新乐县木刀沟河两岸	唐头村	李五辰	富强	287588	865
6806	枣林误		新乐县北部，曲阳县南部一带	新乐县政府	李增勋	朱尔文	287585	1181
6807	人祖的传说		新乐县彭家庄	彭家庄清真寺	苏玉林	富强	287617	3094
6808	徐庶的传说		新乐县何家庄村一带	地名办公室	李增勋	张彦哲	287576	1029
6809	“财神爷”赐元宝		新乐县彭家庄村	彭家庄清真寺	阿訇	曼畅	287622	4350
6810	珠子灯的传说		新乐县城北一带	吴老一家院内	吴老一	李改军、韩志杰	287586	1270
6811	月蚀的传説		新乐县西部农村	贾思义家中	贾思义	贾瑞国	287587	861
6812	木泽沟的来历		新乐县西南沿木刀沟一带	朱家庄村	张丙寅	朱尔文	287582	672

序号	篇名	民族	流传地区	采集地	讲述者	搜集者	数据库编号	字数
6813	张世贵巧奏皇本		新乐县西、南村庄	富老会家门前路东棉花地头	富老会	曼畅、邱文亮	287577	416
6814	对子鱼的传说		新乐县彭家庄	彭家庄清真寺	阿宏	曼畅	287624	583
6815	穆桂英和木刀沟的传说		新乐县木刀沟沿岸	东庄	田更义	郭文霞	287583	662
6816	缠头的来历		新乐县彭家庄	彭家庄清真寺	阿訇	曼畅	287620	931
6817	伏羲台的传说		新乐县部分农村	田小苟家	田小苟	黄刘栓	287580	1059
6818	新乐的传说		新乐县	新乐县政府	李增勋	朱尔文	287581	1215
6819	杨官的来历		新乐县城北	北家庄李振庄家	李振庄	李改军	287579	809
6820	康熙私访		新乐县城关	新乐县城关乡中	尹庆祥	范山岭	287578	750
6821	九龙五虎山的传说			迁西县八里铺民兵训练基地	郝振刚		289992	388
6822	海盐的来历			于迁西县城	张连红		290044	532
6823	扳倒井			迁西三屯井泉村			289988	425
6824	破头山			迁西孟子岭村	孙继富		290012	2121
6825	压鼠桥			迁西县潘家坟	潘秀清		289976	1243
6826	搁龙湾			迁西汉儿庄村	蒋衡平		290010	660
6827	钱库			迁西县照燕州村	徐瑞林		290014	768
6828	计斩蔡阳			迁西县喜峰口乡铁门关	杨富满		289948	690
6829	康熙皇帝与摘帽山			于迁西县后韩庄村	韩树柏		289998	1163
6830	孔夫子借粮			迁西县兴城镇二村	董生明		289941	399
6831	三屯营名称的由来			迁西县三屯镇	刘成满		289974	681
6832	一龙分二虎			迁西县喜峰口乡铁门关	杨富满		289946	740
6833	猴子屁股为什么是红的			于迁西新庄子村	苏会兰		290025	1666
6834	改地名			迁西老水峪	张有庆		290022	562
6835	关公智收周仓			迁西县下窝铺村	刘殿云		289949	1054
6836	灯谜的由来			迁西县高家店乡	张金波		290038	579
6837	蝙蝠为啥夜间才出来			于迁西东荒峪乡九山村	高某		290026	657
6838	洪钧老祖买药						289934	1403
6839	戚继光修城			迁西县三屯镇宝湖村	郭凌印		289959	363
6840	黄金茶为何黑心			迁西县太平寨乡牌楼沟	李运成		290037	2014
6841	狐仙庄			迁西县粮食局饲料加工厂	王继群		290021	472
6842	马来搬倒井			于迁西县花院村	李晓娟		289987	2301
6843	为什么没有财神奶			迁西县上庞店村	刘凤祥		289936	1185

序号	篇名	民族	流传地区	采集地	讲述者	搜集者	数据库编号	字数
6844	上寺和下寺的传说			于迁西下寺	王义刚		290001	599
6845	耙头子			迁西县新集村	李凤山		290023	1242
6846	红圈儿粥			迁西县喜峰口乡铁门关	杨富满		289969	1409
6847	韩信杀母			迁西县东花院村	李晓娟		289945	445
6848	铁桩崖			于迁西县洒河镇	吴正荣		289956	337
6849	磨石洼的传说				屈昌林		290009	773
6850	井台宴			迁西县喜峰口乡铁门关	杨富满		289947	828
6851	神奇的石狮			迁西县汉儿庄村	田国印		290008	760
6852	铁拐李的传说			迁西县东花院村	李晓娟		289935	1429
6853	火烧蛇精洞			迁西县孟子村	孙继武		289973	1465
6854	进东门往东走			迁西东花院村	李晓娟		289984	406
6855	白龙山			迁西县照燕州	徐瑞林		289997	651
6856	三屯为啥没北门			迁西三屯镇	韩素芝		289975	390
6857	猫、狗为啥不合			迁西泉庄村	李保		290032	397
6858	公冶长			迁西县八里铺村	刘佩兰		289942	1144
6859	白龙山			于迁西旧城村	唐德瑞		289996	990
6860	为什么用鱼鳔熬胶			迁西铁门关	杨富满		289939	939
6861	荞麦谜语的来历			于迁西八里铺村	潘秀清		290039	591
6862	魏庄与狼庄			迁西县新集村	李凤山		290018	697
6863	关公收周仓			于迁西县喜峰口乡铁门关	杨富满		289951	411
6864	塔子山			迁西县洒河	王孝忠		290003	716
6865	耗子为什么排在属相第一位			迁西县铁门关村	杨富满		290031	1900
6866	戚继光吃人参			迁西县三屯营	刘成满		289964	790
6867	猫睡觉打呼噜是怎么回事			迁西县铁门关村	杨富满		290029	343
6868	姑娘峪窦王塔			迁西县下寺村	王福民		290000	448
6869	乾隆考孔子			于迁西县下窝铺	兰玉田		289968	1813
6870	鸡下蛋为什么“咯哒、咯哒”地叫			迁西新庄子	苏会兰		290027	985
6871	鲁班助修“玉阁楼”			于迁西县长岭峰村	张景明		289938	577
6872	蜘蛛山和吸虎潲			迁西县韦庄村	韦景远		290007	1901
6873	喜峰口			迁西县范家峪	王亮		289983	486
6874	新集的来历			迁西县新集村	李凤山		290017	910

序号	篇名	民族	流传地区	采集地	讲述者	搜集者	数据库编号	字数
6875	金老子勇除蛇精			于迁西县粮食局饲料加工厂	王继群		289972	752
6876	马眠石			迁西县董家口村	张德银		290011	462
6877	臭豆腐的来历				张连红		290046	1044
6878	大脑袋会的传说			迁西县泉庄村	李保		290040	2190
6879	戚继光祈雨			迁西县三屯镇宝湖村	郭凌印		289960	1007
6880	桑树、椿树、牛筋子的传说			宽城县椁罗台乡椴木峪	赵连友		290035	606
6881	“没鼻子”的由来			迁西县兴城镇	董生明		290041	1452
6882	喜鹊登梅的传说			于宽城县椴木峪村	赵连友		290024	3873
6883	金老子“捉妖”			迁西县二拨子村	王杰		289971	560
6884	血战之后得地名			迁西县刘存寨村	刘林		290006	461
6885	李存孝力敌王彦章			迁西县洒河桥镇一村	吴井华		289955	880
6886	狗捎书			迁西县常胜峪村	蔡景金		290020	1029
6887	药王爷受封			迁西县东花院村	李晓娟		289937	850
6888	米峪口			迁西米峪口	王杰		289999	1397
6889	戚续光得丹出家，打鱼人海岛奇遇			于迁西县三屯营	刘成满		289965	807
6890	戚继光镇邪			迁西县三屯镇宝湖村	郭凌印		289962	2449
6891	莫诚忠义替主，雪艳为夫报仇			迁西县三屯营	尚朝宽		289966	1293
6892	戚继光退敌			迁西三屯镇宝湖村	郭凌印		289961	1100
6893	敬德鞭打卧虎			迁西县新集乡马蹄峪	李秀春		289954	713
6894	纪庄子的来历			纪庄子	纪军		290015	849
6895	鲁班修建赵州桥			迁西喜峰口乡铁门关	杨富满		289940	886
6896	还乡河			于迁西照燕洲	徐瑞林		290019	831
6897	韩信讨父			于迁西东花院村	李晓娟		289944	1497
6898	铁嘴的乌鸦，吃屎的鹰			迁西县铁门关村			290033	558
6899	朱元璋三个梦			迁西滦阳	李贺军		289957	759
6900	秦琼镫打千层岭			迁西洒河	潘秀华		289953	1266
6901	严嵩之死			于迁西县偏崖子村	刘长华		289958	1473
6902	孙庞投师			迁西县黄槐峪乡东水峪	刘作华		289943	743
6903	戚继光与秦老祖			迁西县潘家坟	潘秀清		289963	898
6904	龟口的传说						289995	1615

序号	篇名	民族	流传地区	采集地	讲述者	搜集者	数据库编号	字数
6905	三义庙的由来			迁西县下窝铺村	兰玉田		289970	582
6906	龙井关的传说			于迁西县龙井关村	董福生		289986	644
6907	景忠山和哑巴山			迁西县潘家坟	潘秀清		289979	660
6908	娘娘山和玄武山			迁西潘家坟	刘佩兰		289978	921
6909	景忠山滴水洞的传说			迁西县三屯镇、迁西县八里铺村	郭景斌、潘秀清		289980	824
6910	铁门关的传说			迁西县铁门关	王玉成		289985	1051
6911	瘫和尚接驾			迁西县三屯镇	刘成海		289982	458
6912	长虫偷鸡蛋，师傅得香茶			迁西县八里铺村	潘秀清		289981	690
6913	孩儿岭水泉的由来			迁西县下窝铺	兰玉田		289990	868
6914	白袍放马留地名			迁西常胜峪村	蔡井文		290004	714
6915	法师降牤牛			洒河桥镇	张德路		289994	827
6916	猴儿山			于迁西县下窝铺村	兰玉田		289989	501
6917	上寺的柏树			迁西县下寺村	王福民		290002	1450
6918	皇陵的来历			迁西皇陵村	关恒余		289993	1016
6919	娘娘逃难留地名			于迁西十八盘	张瑞芹		290005	1010
6920	五虎山			迁西后韩庄	王义丰		289991	1393
6921	石门山			迁西县洒河桥	蔡景和		290013	835
6922	白庙子的来历			迁西县白庙子村	温玉珍		290016	802
6923	五鼠闹东京			迁西县铁门关村	杨富满		290028	674
6924	龟背上纹理的来历			宽城县椁椤台乡椴木峪	赵廷园		290034	742
6925	猫为什么吃耗子			迁西县铁门关村	杨富满		290030	1076
6926	有缘千里来相会			于迁西县罗屯镇	姜玉祥		290042	1381
6927	松树与梧桐			于迁西铁门关	杨富满		290036	636
6928	手指观音庙			迁西县三屯镇	刘成满		289977	1214
6929	不见棺材不落泪			迁西县花院村	李晓娟		290043	612
6930	李自成兵进太平营			迁西县太平寨乡牌楼沟	李运成		289967	1538
6931	海水为什么是咸的			迁西县高家店乡杨庄	齐贵		290045	1899
6932	蝼蛄救驾			迁西照燕洲	徐瑞林		289952	1124
6933	孙悟空做玉帝			宽城县椁椤台乡椴木峪	赵廷园		289933	661
6934	毛主席收礼			昌黎县两山乡后两山村	后两山村干部群众	董宝瑞	290205	2028
6935	金马驹与曲河			昌黎县靖安镇西庄	肖张氏	肖庆印	290247	979
6936	李进士隐居五峰			昌黎县杏树园村马家山	马汉荣	董宝瑞	290213	509

序号	篇名	民族	流传地区	采集地	讲述者	搜集者	数据库编号	字数
6937	贴门神的来历			昌黎县虹桥乡沈庄	赵维军	赵秋双	290286	652
6938	虹桥庙会的来历			昌黎县文联办公室	支文	董宝瑞	290284	1017
6939	滦河红鲤的来历			昌黎县指挥乡相公营村	孙智慧	朱立江	290274	2879
6940	相同点和不同点			昌黎县皇后寨乡前王各庄	张林	张玉万	290204	756
6941	茹荷庄的传说			昌黎县茹荷乡茹荷村	齐仲选	齐金武	290265	969
6942	昌黎蜜梨的传说			昌黎县两山乡中两山村	刘柱	马瑞翔	290271	1677
6943	“都是人家的”			昌黎县龙家店乡文化站	龙志生	康德宏	290303	552
6944	洪家小伙与曾家姑娘			昌黎县靖安镇北街	洪世昌	刘汉有、董宝瑞	290282	1001
6945	邸姓的由来			昌黎县安山镇邸庄	邸云祥	万云阁	290297	664
6946	一溜北庄的传说			昌黎县才庄乡东北庄	王自祥	王恩林	290267	889
6947	草帽张得天财			昌黎县文联办公室	支文	刘汉有	290304	592
6948	岳楚与拗榆树			昌黎县茹荷乡拗榆树中村	齐国栋	齐志鸿	290264	1076
6949	止水石			昌黎县杏树园村	马献廷	苏连璧	290234	317
6950	独角龙一夜开海口			昌黎县赤洋口乡赤洋口三村	肖印清	肖景隆	290244	941
6951	拉拉蛄为啥在苗稀的地方串			昌黎县安山镇白庄	白洪奎	万云阁	290292	1101
6952	老倔头			昌黎县十里铺乡王稗庄	刘振岐	焦荣才	290230	711
6953	清真寺里的两块匾			昌黎县靖安镇北街	洪世昌	刘汉有、董宝瑞	290283	268
6954	大夫庄的由来			昌黎县大夫庄乡大夫庄村	田温如	姜挺竹	290260	2212
6955	画家邵丹泉			昌黎县城	李焕宇	董宝瑞	290218	817
6956	新开口的来历			昌黎县文联办公室	支文	董宝瑞	290245	589
6957	齐状元与石碑			昌黎县十里铺乡耿庄	耿玉顺	郭少丰	290212	692
6958	拽梯郎君祠			自家	李秉政	李焕宇	290251	1431
6959	项羽劈小孩			昌黎县龙家店乡康埝坨村	冷景云	冷光弟	290207	976
6960	虹桥一夜起			昌黎县虹桥乡邢庄	佚名	马英俊	290249	839
6961	错封树王			昌黎县龙家店乡康埝坨村	郭丽敏	康翠莲	290208	573
6962	葡萄秧的来历			昌黎县团林乡冯庄子	冯占江	冯宝珍	290273	1135

序号	篇名	民族	流传地区	采集地	讲述者	搜集者	数据库编号	字数
6963	孔子的传说			昌黎县新集镇裴各庄二村	裴小民	王宝平、王庆祥	290206	561
6964	“老呔”的来历			昌黎县城大众旅店	李焕宇	王天胜	290293	821
6965	占小便宜吃大亏			昌黎县文联办公室	支文	董宝瑞	290307	536
6966	鸟为啥不撒尿			昌黎县大滩乡胡草科村	赵龄志	齐鹏胜	290291	914
6967	孟公与北街老张家			昌黎县城关镇一街陈士和家	陈士和	董宝瑞	290295	757
6968	蝼蛄的传说			昌黎县西沙河乡草厂庄	李文霞姑母	李文霞	290288	765
6969	蜜汁沟			昌黎县十里铺乡苓芝顶村	王佑华	龙作奎、董宝瑞	290272	1491
6970	皇后寨的传说			昌黎县皇后寨乡黄土庙村	赵广文	赵润明	290258	846
6971	开道口的传说			昌黎县槐李庄乡槐李庄	李中信	槐李庄乡文化站工作人员	290269	1117
6972	“猫”和“狗”的故事			昌黎县十里铺乡王稗庄	刘振岐	焦荣才	290231	913
6973	娘娘顶的传说			昌黎县城关镇	赵桂丹	苏连璧	290232	535
6974	五百吊钱			昌黎县文联办公室	支文	刘汉有	290305	812
6975	沙坨峪的传说			昌黎县城关镇	张子润	苏连璧	290243	532
6976	三个光棍押宝			昌黎县龙家店乡康埝坨	郑合	冷光弟	290301	294
6977	“猛张飞”气死古田			昌黎县城关镇齐敬铭家	齐敬铭	董宝瑞	290224	1194
6978	昌黎的风水			昌黎县安山镇后石庄	赵树芳	万云阁	290294	1089
6979	李如桐痛打鬼子兵			昌黎县文联办公室	李焕宇	李瑞金	290222	883
6980	盯着县衙门的石猴子			昌黎县城关镇杏树园马家山	马汉荣	董宝瑞	290296	598
6981	啥叫“列强”和“军阀”			登五峰山途中	黄德玉	董宝瑞	290202	643
6982	包公和猫			昌黎县安山镇后石庄	王汉春	万云阁	290210	571
6983	韩文公与韩湘子的传说			昌黎县文联办公室	李焕宇	董宝瑞	290209	496
6984	齐志远与李总镇			昌黎县文联办公室	支文	董宝瑞	290227	1089
6985	张武举			昌黎县龙家店乡康埝坨村	郑合	冷光弟	290221	323
6986	杨宇霆借字			天津马晓枫寓所	马晓枫	董宝瑞	290223	1120
6987	为啥家鼠尾巴长，田鼠尾巴短			昌黎县安山镇白庄	白洪奎	万云阁	290289	963

序号	篇名	民族	流传地区	采集地	讲述者	搜集者	数据库编号	字数
6988	起名的故事			昌黎县两山乡五峰山村	陈云峰老伴及其儿子	董宝瑞	290201	610
6989	王稗庄的陈老母			昌黎县十里铺乡王稗庄村	刘振岐	焦荣才	290229	1136
6990	陈士美的传说			昌黎县安山镇后石庄	王合	万云阁	290211	854
6991	黄鼠狼生日的传说			昌黎县安山镇后石庄	万云林	万云阁	290287	2150
6992	齐大勇的传说			昌黎县文联办公室	李焕宇、支文	董宝瑞	290214	542
6993	拗榆树的传说			昌黎县茹荷乡拗榆树西村	齐玉民	齐振信	290263	321
6994	气出来的王举人			昌黎县文联办公室	支文	董宝瑞	290220	843
6995	送茶叶			昌黎县政协会议室	张耀林	董宝瑞	290203	1333
6996	钱殿甲的传说			昌黎县文联办公室	支文	董宝瑞	290215	975
6997	双阳塔			昌黎县荒佃庄乡刘各庄	翟树任、齐宝田	蒋宏新	290253	933
6998	孙悟空做错事			昌黎县龙家店乡康埝坨村	郑合	冷光弟	290276	690
6999	海岸西迁的来由			昌黎县文联办公室	支文	董宝瑞	290246	1399
7000	纪晓岚挨憋			昌黎县文联办公室	田树芳	董宝瑞	290216	610
7001	樵夫山与狗坟山			昌黎县梁各庄乡施各庄	董全林	王天胜	290240	1047
7002	“喇叭王”陈永成			昌黎县封台乡绕湾中村	陈俊德	董宝瑞	290225	1068
7003	棉花匠捉妖			昌黎县文联办公室	支文	刘汉有	290306	1386
7004	新金铺的张爬叉			昌黎县新金铺乡新金铺小庄	侯玉珍	郭树良	290228	697
7005	做贼心虚				刘全增	刘贺丰	290302	1219
7006	九仙洞的来由			昌黎县十里铺乡十里铺村	朱恩良	焦荣才	290237	2222
7007	骆驼石			昌黎县城关镇	赵和	苏连璧	290235	324
7008	石匣地的传说			昌黎县槐李庄乡吴家坨	马刘氏	马瑞翔	290268	2212
7009	“井峪松风”一景的由来			昌黎县十里铺乡耿庄	齐香仆	焦荣才	290238	577
7010	牛甫庄的来历			昌黎县安山镇文化站	王汉春	韩西成	290266	1066
7011	虎山的来历			昌黎县梁各庄乡梁各庄	吴贞明	杨淑华	290241	1191
7012	龙山和九龙山					张学礼	290239	214
7013	白玉山的传说			昌黎县晒甲坨乡东窎坨村	杨纪清	郭景礼	290242	573
7014	花子修桥			昌黎县文联办公室	李焕宇	李瑞金	290299	473

序号	篇名	民族	流传地区	采集地	讲述者	搜集者	数据库编号	字数
7015	杜侍郎坟的传说			昌黎县文联办公室	支文	董宝瑞	290250	907
7016	三官庙的传说			昌黎县城关镇二街	李焕宇	李瑞金	290254	446
7017	黄土庙古槐			昌黎县皇后寨乡黄土庙村	赵广文	赵润明	290257	916
7018	封王台的传说			昌黎县封台乡左封台村	左惠卿	董宝瑞	290248	661
7019	安山街的来历			昌黎县安山镇后石庄	王汉春	白剑武	290259	961
7020	周仓打刀			昌黎县龙家店乡康埝坨村	李印堂	冷光弟	290277	1646
7021	员外庄的传说			昌黎县大田庄乡中学	王长和	刘振民	290261	928
7022	狼庙			昌黎县梁各庄乡施各庄	董全林	王天胜	290255	594
7023	打出来的钱家庄			昌黎县文联办公室	支文	董宝瑞	290262	982
7024	石佛洞传奇			昌黎县十里铺乡五里营村	刘林	苏连璧	290236	830
7025	西关老周家与昌黎地秧歌			昌黎县文联办公室	李焕宇	董宝瑞	290279	764
7026	八仙从昌黎过海			昌黎县文联办公室	支文	董宝瑞	290278	651
7027	六月十三饽饽节的由来			昌黎县大滩乡胡草科村	赵龄志	齐鹏胜	290285	842
7028	熊瞎子上当			昌黎县茹荷乡拗榆树东村	齐善述	齐志鸿	290308	1938
7029	公鸡和公鸭的故事			昌黎县大滩乡胡草科村	赵龄志	齐鹏胜	290290	1712
7030	馒头山的来历			昌黎县城关镇	赵桂丹	昌黎县文联工作人员	290233	1386
7031	十八罗汉的传说			昌黎县朱各庄乡大樊各庄	王京	王树军	290256	1116
7032	没见过“世面”的来历			昌黎县西沙河乡草厂庄	李文霞姑母	李文霞	290298	443
7033	昌黎城“四奇”			昌黎县文联办公室	李焕宇	李焕宇、董宝瑞	290252	979
7034	小黑驴驮鱼			昌黎县文联办公室	刘汉有	董宝瑞	290281	711
7035	闲房子闹“鬼”			昌黎县十里铺乡文化站	刘艳荣、戴秀莲	焦荣才	290300	512
7036	大手厮与乐亭皮影			昌黎县文联办公室	支文	董宝瑞	290280	2146
7037	石匣的传说			昌黎县朱各庄乡朱各庄	李莲春	赵玉柱	290270	1157
7038	王平儿			昌黎县晒甲坨乡	佚名	秦宝璋	290226	1139
7039	画家戴丑石			昌黎县杏树园村	马汉荣	董宝瑞	290217	933
7040	曹绍远万里寻父			昌黎县文联办公室	李焕宇	董宝瑞	290219	950
7041	豁子梁的传说		河北围场县	六家村	刘祥	杨野	290515	611
7042	翠花公主		河北围场县		纪国瑞	杨野	290477	804

序号	篇名	民族	流传地区	采集地	讲述者	搜集者	数据库编号	字数
7043	王盼池智斗黄县令		河北围场县	朝阳地乡挂面铺村	刘品三	王立国	290506	1070
7044	弘历射熊		围场县、承德市	围场县文管所	李秀春	孟阳	290496	1391
7045	康熙三要梅花鹿		河北围场县	东岔村	王庆铭	金国臣	290484	674
7046	伊似娘娘种“草荔枝”		河北围场县	牌楼村	从鉴	杨野、朱彦华	290479	2494
7047	锁虎沟的传说		河北围场县	围场镇	杨本麟	杨野	290519	1346
7048	黄芩为什么烂心		河北围场县	挂面铺村	刘品三	王立国	290537	1130
7049	公主围		围场、滦平县及承德市	承德市狮子园	杜福运	孟阳	290476	764
7050	康熙修庙		河北围场县	朝阳湾	邱云岫	杨野	290483	1797
7051	皇姑屯		围场、隆化等县	六十棵村	王延令	杨文龙	290514	1683
7052	“龙”过蛇盘梁		河北围场县	县食品厂	孙启东	王起	290511	1156
7053	三箭岭		河北围场县		王祥	王起	290526	1276
7054	蛇桥脱险		河北围场县	大东沟	黄景林	王起	290504	1127
7055	蘑菇圈的由来		河北围场县	文工团	赵益智	孟阳	290540	1175
7056	乾隆赞美“待皇汤”		河北围场县			夏秉章	290505	1040
7057	公鸡报晓的由来		河北围场县	碾子沟乡西上村	丁桂荣	杨野	290535	1036
7058	太平地的由来		河北围场县			王起	290516	1822
7059	毯子梁		河北围场县			杨林勃、李耀臣	290509	1333
7060	金洞沟的传说		河北围场县			王学铭	290517	731
7061	乾隆三探金驹洞		河北围场县	围场县新地乡营房村	赵荣春	王起	290502	1027
7062	西龙头的由来		河北围场县	西龙头村第十二居民组	曹玉娄	刘清武	290521	1436
7063	刘墉惩御马		河北围场县			王起	290495	500
7064	塞罕坝上的马蹄坑		河北围场县	围场县党办室	孙庆山	杨野	290525	1110
7065	路断金盆案		河北围场县	四道沟乡二道沟村	李淑琴	尹志杰	290500	1310
7066	石庙子		河北围场县	宝元栈村	佟林	张秀超	290523	1039
7067	康熙皇帝封小梨树		河北围场县	围场县嘎拜村	张桂芝	杨野	290485	1436
7068	石蛤蟆的来历		河北围场县	西龙头村	曹玉娄	刘清武	290518	1490
7069	康熙探病		河北围场县	新地村		王起	290478	1230
7070	死羊的眼睛		河北围场县	围场县新地乡大东沟	梁金桂	王起	290530	2341
7071	公主陵和孩子坟		河北围场县	围场食品厂	孙启东	王起、孟阳	290487	2787
7072	御马坐牢		河北围场县	大东沟	黄景林	王起	290494	998
7073	葫芦峪		河北围场县	头道梁子村	刘凤英	张广闻	290522	935
7074	葫萝卜的来历		河北围场县		张树	胡玉翠	290538	2458

序号	篇名	民族	流传地区	采集地	讲述者	搜集者	数据库编号	字数
7075	对庭沟和响水河		河北围场县	围场阴河林场丰富沟作业区	杨本麟	杨野	290508	535
7076	古庙流清泉		河北围场县			李耀臣、杨林勃	290490	1968
7077	乾隆开辟火龙道		河北围场县	营字村	褚秀峰	杨野	290499	1193
7078	元宝洼的由来		河北围场县	大苇子沟村	刘岐林	霍宝华	290510	1253
7079	康熙护灵		河北围场、内蒙古多伦县	围场县四合永镇雷字村	郭斌	孟阳	290482	2145
7080	大烟袋巧破山海关		河北围场县	围场新地乡营子村	赵荣春。	王起	290475	1035
7081	塞罕庙顶上的断脊		河北围场县	坝上林场		王起	290489	1887
7082	火烧龙心		河北围场县	新地乡	傅增泰	布尼阿林、袁丽萍	290491	2245
7083	猫为什么打呼噜		河北围场县	头道梁子村	王桂芬	张广闻	290533	1496
7084	马镫山		河北围场县	六十棵村	白玉书	杨文龙	290493	840
7085	包长喜借粮		河北围场县	新地乡狍子沟村	包洪达	胡玉翠	290481	872
7086	苦苦菜的传说		河北围场县	宝元栈村	李金良	张秀超	290539	1626
7087	螃蟹的由来		河北围场等地		张树	胡玉翠	290531	805
7088	马为什么站着睡觉		河北围场县	新地	傅增泰	刘秀梅、胡玉翠	290536	1350
7089	包长喜护围		河北围场县	围场县狍子沟村	包洪达	朱彦华	290480	785
7090	阿妹山和燕格柏河		河北围场县	桃山公社	宋春	孟阳	290527	1049
7091	真假乾隆		河北围场县	大东沟	李文章	王起	290498	791
7092	“二龙戏珠”山		河北围场县		王怀	王起	290503	1083
7093	凤凰岭的来历		河北围场县	边墙山村	潘顺	杨振国	290524	1567
7094	佛爷道		河北围场县		王玉学	王起	290488	1171
7095	乾隆赔情		河北围场县	大营子村	石宝柱	王起	290497	1412
7096	蜘蛛山		河北围场县		王喜亮	王起	290520	7725
7097	一撮毛和栽马石		承德、围场县一带区域	承德市狮子沟果园	杜福运	孟阳	290486	1455
7098	狗为什么不让生人进院		河北省围场县	新地乡大营子村	石宝柱	王起	290534	672
7099	傻大将军救驾		河北围场县		王怀	王起	290492	1439
7100	绵羊和山羊		河北围场县		邱云秀	杨野	290532	1704
7101	搭梁河的来历		河北围场县		赵荣春	王起	290513	2090
7102	老虎为什么不会上树		河北围场县	头道梁子村	高景文	张广闻	290529	641
7103	宽心面		河北围场县	围场县新地乡大东沟村	王臣	王起	290501	2772
7104	牤牛泡子憋金牛		河北围场县	六十棵村	杨林	杨文龙、侯素卿	290528	1121

序号	篇名	民族	流传地区	采集地	讲述者	搜集者	数据库编号	字数
7105	半砬山的传说		河北围场县	朝阳地村	丁周氏	王立国、松龄	290512	1275
7106	冰冻沟		河北围场县	围场镇	董廷辉	孟阳	290507	1514
7107	飞毛腿、黄满儿的传说			新区常庄	裴显华	常素舫	290588	1698
7108	蚯蚓与虾的传说						290642	515
7109	小孩山的传说				魏占恺		290586	239
7110	葫芦峪的传说				张王凤		290572	689
7111	银城铺三宝的传说				贾桂芝	魏巧生	290581	266
7112	望马山的传说			银城铺村	梁久增		290599	266
7113	龙山口的传说				张振兴		290583	954
7114	牛山的传说				魏占东	刘广华、魏巧生	290580	393
7115	龙扒山的传说				安静雨		290632	211
7116	王二谢关的传说				韩秀媛	孟庆双	290591	652
7117	马蹄山的传说				冯素娟		290596	482
7118	银城铺名字的由来				梁久增		290615	901
7119	小金马的传说			银城铺	柴久增		290600	1774
7120	金牛沟的传说				朱长海	刘广华、朱永文	290578	432
7121	金子沟的传说				贾元叔		290648	152
7122	青龙山的传说				魏占东	刘广华、魏巧生	290579	798
7123	王二麻子的传说			东马庄	崔有风		290668	1139
7124	钦差敲竹杠					善浦、广源等	299486	2163
7125	求助法聪师				邵景起	李天驰	299481	1095
7126	左右收贿				沈震武	陈国勇、赵树来	299485	1853
7127	打围定陵基				阎子全	青山、白泉	299456	1702
7128	谏君坐自牢				郭荣庆	吕国翠	299474	1569
7129	鲇鱼池遗恨				赵维元	广源、青山等	299465	2239
7130	牧鹅女爱封				马建候	何庆臣、于书输	299473	1094
7131	饿极糠如蜜				马荣庭	金华、帆里	299466	1818
7132	一怒搬倒井				贾德良	朱继经、马健民	299471	1932
7133	金牛山改名				关连璧	善浦、青山	299457	1856
7134	刀把官房				许海庄、崔连成等	健民、树人等	299487	2262
7135	香妃传奇					善浦、广源等	299472	2722
7136	雍正送殡					张丁喜	299469	1147
7137	敬奉关云长				陈子全	青山、白泉	299476	1620

序号	篇名	民族	流传地区	采集地	讲述者	搜集者	数据库编号	字数
7138	孝陵无皇骨				贾德良	青山、白泉	299461	1641
7139	鲁班爷显圣				阎子全	青山、白泉	299459	896
7140	奉圣夫人墓				罗福、陈启明	庆臣、书瀚等	299460	1186
7141	光绪骑瞎驴					善浦、广源等	299483	700
7142	立庙赎罪				邵珠明	金华、帆里	299484	1571
7143	肥猪山恼驾				龚陈民	龚文端	299464	1409
7144	三看定东陵					徐广源	299480	2675
7145	金钩玉柱		冀东一带			惠忠、青山	299482	1508
7146	金平和银平				沙振才	孙伟、青山	299462	2410
7147	猴山二郎庙				关连璧、陈子全	青山、白泉	299458	1519
7148	天火烧碑楼				田瑞林	立忠、青山	299467	1593
7149	对弈赌陵					徐广源	299479	1937
7150	十八颗珍珠					曹浦、广源等	299478	2338
7151	孤陵守红门				戴宗海、刘敬新	树人、立忠等	299463	1377
7152	九品神路官				郭荣庆	朱继经	299477	2520
7153	兰阳四景				徐广信	薛泉	299470	1095
7154	刘丞相戏君					窦广成	299475	1244
7155	带罪携眷				崔连成、戴宗海等	树人、立忠等	299488	2311
7156	指地为钢					徐广源	299468	1021
7157	二十三祭灶				宋锡铭	宋益三	300873	407
7158	大师兄计赚吴知县				宋锡铭	宗盖三	300825	541
7159	严嵩之死				宋锡铭		300800	468
7160	陈胜的传说			塔东村	郭书林		300789	720
7161	三姑爷拜寿						300868	578
7162	健忘者				楊新周	郭凤台	300822	550
7163	长城堤的传说					宋益三	300844	135
7164	姚老五巧遇燕子李三				姚化堂	王清泉	300810	1213
7165	天仓日的来历				宋锡铭	宋益三	300862	370
7166	刘文一的传说				秦焕泽	宋盖三	300808	222
7167	春节放爆竹的来历				宋锡铭	宋益三	300875	336
7168	献县的来历					王培玉	300823	990
7169	混也喝				李文成	楊新周	300852	228
7170	十月一送寒衣				宋锡铭		300876	488

序号	篇名	民族	流传地区	采集地	讲述者	搜集者	数据库编号	字数
7171	二月二龙抬头的传说				宋锡铭	宋盖三	300871	567
7172	“王八坑”的形成				王天玉	王恆	300846	376
7173	陈瓒的传说			献县	崔云清、宋益三等		300796	512
7174	五月初五挂艾蒿				宋锡铭	宋益三	300869	208
7175	“献县奶奶”的来历				杨新周		300821	625
7176	献王丘的传说				宋锡铭	宋盖三	300842	666
7177	公冶长的故事				郭桂全	郭凤台	300804	1645
7178	三月三洗闺女				宋锡铭	宋盖三	300860	3281
7179	王勃与滕王阁序				宋锡铭		300818	254
7180	七月十五麻姑节				宋锡铭	宋益三	300866	868
7181	“替妻”的由来				宋锡铭		300803	2521
7182	东段村瓦楼的传说			东段村	范书成		300833	536
7183	鲁班造锯				宋锡铭	宋益三	300793	1935
7184	“门插官”的来历			塔东	郜希先	郭凤台	300829	2909
7185	严嵩一句话穷了王家集				息西平	宋益三	300798	644
7186	十月一上坟烧纸的来历			西禅房	宋锡铭	宋益三	300858	6098
7187	皇店村的由来				宋锡铭	宋益三	300838	588
7188	我爱的是你爸爸						300855	362
7189	神仙也骗人				宋锡铭	宋盖三	300802	1193
7190	药厨的来历				宋锡铭		300799	655
7191	鸡的来历				宋锡铭	宋益三	300853	1342
7192	张娘娘的传说					宋盖三	300791	664
7193	“水牛店”的来历				宋锡铭	宋益三	300831	617
7194	百草山的传说				付继英		300877	417
7195	蝼蛄救命				宋盖三、孙明忠		300787	431
7196	五月十三送年节				宋锡铭	宋益三	300867	612
7197	淮镇石马的传说					高良谋	300845	925
7198	娄=道的传说				蔡建修	李耀新	300828	744
7199	杨福寿拜师				宋西奇、王荣刚		300814	1056
7200	姚子英巧救林则徐				姚化堂		300816	575
7201	廉颇坟的传说				蔡建修		300827	1124
7202	刘秀的传说						300786	1400
7203	豹孩						300817	1195

序号	篇名	民族	流传地区	采集地	讲述者	搜集者	数据库编号	字数
7204	四响马张家捉贼				武义章		300812	490
7205	皇亲庄的传说			柳亢村	范金艳	郭凤台	300849	543
7206	双桥密井单碑卧龙树				宋锡铭	宋盖三	300840	381
7207	八月中秋吃月饼的来历				宋锡铭	宋益三	300864	258
7208	城隍受贿				魏运才	孙明忠	300835	4224
7209	“腊八”的来历			东镇村	解春兰	韩振中	300856	505
7210	狗不咬外甥的来历				宋锡铭	宋盆三	300863	119
7211	王县官勦匪				魏运财		300819	518
7212	单桥的传说					秦焕泽	300850	727
7213	三部棋谱			臧桥	胡超众		300806	687
7214	窦尔墩的传说			瓦庄	宋盆三		300794	107
7215	纪晓岚的传说						300792	764
7216	五虎霸占小金桥				孙玉成、郭凤台等		300836	892
7217	北宗戚继光墓				齐光瑞、齐寿先等	郭凤台	300848	382
7218	“六十还甲子”的传说				边春友		300851	292
7219	张佩伦其人				张景宝		301106	287
7220	打赌请客				董桂兰		301163	1091
7221	善有善报，恶有恶报				鲁教生		301240	412
7222	孤胆英雄				潘善强		301133	1150
7223	虎口脱险				潘善强		301130	2276
7224	为民伸冤				王化从		301129	1022
7225	南有孙中山，北有丁小川				丁文轩		301123	1117
7226	智擒叛徒				潘善强		301131	475
7227	王二戏官的故事				鲁耀壮、朱有春		301136	970
7228	智收李大炮				朱左廷		301128	448
7229	挑礼				鲁耀壮		301153	1638
7230	梁久功刷茬				尹会生		301103	2290
7231	逛庙				王凤顺		301154	1092
7232	孟姜女出世				谢振鹏		301115	312
7233	中计又设计				李化堂		301152	399
7234	逛北京				郭景丰		301155	1075
7235	治泼妇				王光寅、徐洪泽		301165	912

序号	篇名	民族	流传地区	采集地	讲述者	搜集者	数据库编号	字数
7236	瞎白				向少华		301142	2698
7237	杨营长胜利突围				杨恩禄		301125	2315
7238	红裤腰带				唐克勤		301147	222
7239	惩治鱼贩子				王光明		301168	473
7240	供屎堆				刘庆海、于得海		301151	440
7241	表演武术				王维昕、杨广英等		301135	955
7242	帮忙				潘瑞长		301150	265
7243	吃炒面				王凤顺		301171	184
7244	摔县官				刘宝山		301170	1599
7245	千里有“园”来相会，无“园”对面不相逢						301238	551
7246	西扬家营的由来						301182	714
7247	黄昏峪、霍庄、果秸子						301183	649
7248	没立起来的墓碑				董福利		301107	1160
7249	人不可貌相				鲁跃壮		301112	750
7250	捉拿“臭大瓜”				谢广林		301178	895
7251	党家山						301185	121
7252	马刨圣水龙泉寺				潘瑞项		301194	2995
7253	亲嘴				何士伦、丁素苹		301158	678
7254	不见“棺材”不落泪，不到“黄河”不死心				裴树民		301246	645
7255	晾甲山				史有珍		301191	1871
7256	龙扒沟的由来				杨保田、霍东运		301206	361
7257	猪神子				吴善庆		301231	312
7258	葫芦籽				杨春珍		301243	984
7259	拉拉蛄的传说				冀建民		301193	5563
7260	弟兄俩				谢连庆		301242	2054
7261	正月十五元霄灯节的传说				宋宝善		301227	469
7262	呼延庆追虎得宝鞭				夏泽民		301120	447
7263	奇怪的流水声				周善功		301198	3387
7264	曹家坟的传说				张左洲		301209	481
7265	骂县官				毕清兰		301174	695
7266	秃尾巴老李				王福友、张连友		301241	938

序号	篇名	民族	流传地区	采集地	讲述者	搜集者	数据库编号	字数
7267	肖太后的墓在车轴山				周善功		301200	311
7268	蚂贴毛				谢莲霞		301139	635
7269	智吓张大胆				王恩湘		301160	438
7270	“解手”的由来				王家慧		301222	305
7271	神狗叼山				张万胜		301216	185
7272	瓷盘的传说				付瑞华		301217	373
7273	沙岩寺的传说				马名驰		301204	505
7274	腰带山						301186	686
7275	馋嘴小姑				张士勇		301234	1370
7276	拉屎				高瑞清		301148	376
7277	驸马山神庙				王天鹤		301189	685
7278	阎王在此				潘瑞增		301143	1398
7279	沙岭口				李成玉		301236	551
7280	先生尿炕了				鲁立成		301141	553
7281	李鸿章聘闺女				潘瑞项		301108	416
7282	旱烟				王子维		301220	1045
7283	桑树救驾				李素莲		301237	80
7284	喝酒				唐克勤		301162	380
7285	车轴山的来历				谢莲霞		301196	333
7286	吊孝				张国瑞、马名驰等		301149	1037
7287	象棋祖师结良缘				何子芝		301245	713
7288	唐王征东的传说						301180	513
7289	晾甲店				史有珍		301190	3608
7290	小孩屁股三把火				徐建占		301137	258
7291	气韩大富				王光寅		301159	210
7292	冬天穿“老头乐”棉鞋和夏天拿蒲扇的传说				王子维		301225	1538
7293	施舍				毕清兰		301113	609
7294	路遥知马力				凌瑞先		301244	81
7295	翰林王赞廷				张百合		301119	544
7296	“短盐”——鲁班的传说				陈继增		301117	769
7297	门符				吴善清		301230	249
7298	康熙皇帝与锁娘娘				徐洪泽		301104	709

序号	篇名	民族	流传地区	采集地	讲述者	搜集者	数据库编号	字数
7299	“掏灰耙”的由来				王子维		301224	2168
7300	半途而废				毕清兰		301175	1988
7301	秦岭伏荆						301187	449
7302	“不下山”和“披霞山”				鲁连增		301201	875
7303	大旺庄的粳子为啥长得好				张永奎		301219	503
7304	“药王爷”的传说				裴树民		301118	655
7305	二月二龙抬头				刘志祥		301228	1871
7306	“旗杆李二”轶事				李春贺		301109	323
7307	王善人修庙				张岐峰		301214	1171
7308	对诗				子明		301161	399
7309	三女河的传说						301195	181
7310	买鸡蛋				刘宝山		301156	248
7311	曹家坝的来历				鲁跃壮		301208	115
7312	画脸				唐克勤		301146	364
7313	南蛮子憋宝				唐友俭、谢莲霞		301197	253
7314	赶考				马名驰		301144	352
7315	人心无举蛇吞象				朱金峰		301239	449
7316	春节为什么放鞭炮				刘贺桥		301226	338
7317	打特务				王永满		301134	2810
7318	仁义胡同				鲁跃壮		301207	734
7319	打赌				唐克勤、马名驰等		301169	955
7320	妇女为何穿兜兜				何子芝		301223	1174
7321	义和团本事高				谢广林		301177	132
7322	浭阳酒				李井文		301218	1717
7323	龙扒山上的龙爪印				谷少东		301205	545
7324	佑国寺的由来				谷少东		301213	187
7325	神八路				杨昌瑞		301127	829
7326	布谷鸟				张士勇		301235	459
7327	锔大家伙				朱有春		301203	201
7328	捕鱼笑话				马名驰		301157	474
7329	陈团长巧打鬼子兵				王化仁		301124	571
7330	一把明亮的火炬				继武		301126	162
7331	买砂铫				刘庆海、于得海		301167	2949

序号	篇名	民族	流传地区	采集地	讲述者	搜集者	数据库编号	字数
7332	雷击石碑				刘振华		301210	947
7333	雨浇梁				吴善庆		301229	1190
7334	题词“天马山”				王路泉		301179	542
7335	官儿祖宗				曹文清		301172	508
7336	为何全是一村人				谢振鹏		301221	556
7337	崇祯皇帝驾崩前后				刘士茹		301110	297
7338	皇封扳倒井				谷少东		301188	1507
7339	治算卦的				徐洪泽		301166	1753
7340	梁久功解难				徐洪泽		301102	1073
7341	袁世凯之死				毕清兰		301111	641
7342	大刀张怒打县太爷				张玉强		301122	702
7343	逗媳妇				徐洪泽		301164	233
7344	梁久功传闻				杨孝联		301101	349
7345	吃屎				张国瑞		301140	699
7346	腰带山三易其名				王夭贺		301215	518
7347	戏父				马名驰		301145	510
7348	浑水坑				张岐峰		301212	275
7349	刘墉联对戏乾隆				常玉山		301121	495
7350	黄金塔				王守柱		301116	322
7351	宝塔参天				谢莲霞		301202	241
7352	望马庄与黑马甸						301181	458
7353	救驾岭				刘西敏		301192	1333
7354	戏耍老师				杨文波		301138	576
7355	弄巧成拙				马名驰、张国瑞		301176	557
7356	“燦”字的故事				潘善强		301132	504
7357	大、小唐河与唐河甸						301184	849
7358	范蠡				毕清兰		301114	1900
7359	十七字诗				何士伦、朱金锋		301173	377
7360	能短能长的蛇				周善功		301199	1566
7361	黄家塔的传说				张树波		301211	575
7362	公鸡为什么打鸣				李宝林		301233	712
7363	康熙逛五更				鲁跃壮		301105	840
7364	鸡鸣谷				李春平		301232	608
7365	徐茂公当家					李亮	301366	729

序号	篇名	民族	流传地区	采集地	讲述者	搜集者	数据库编号	字数
7366	九龙圣母庙的传说					江保卫	301378	1219
7367	智破摇铃寨					孙海忠	301381	2414
7368	双御史牌坊的传说					张起旺、贺瑞霞等	301380	934
7369	符山金牛的传说					付东	301376	952
7370	毒雕和后娘草					冯光华	301434	1928
7371	关羽大战西江池					刘麦根	301438	1073
7372	软柿子与“金米银丝菜”					樊春楼	301440	855
7373	彭祖求寿的传说					涉水	301432	763
7374	“土地”输妻					冯恩堂	301433	915
7375	斑鸠的传说					张文科	301447	2264
7376	周总理访问沿头的故事						301403	825
7377	柏树山的传说					张成明	301442	449
7378	白龙落地的传说					刘金秀	301443	641
7379	神山的由来					江俊央	301444	3329
7380	村名小考					凌俊玉	301445	440
7381	猪拱地的传说					董中堂	301460	459
7382	麒麟冢					冯光华	301436	1771
7383	朱洪武的传说					王福榜	301431	1260
7384	清水桥——刘伯承将军的故事				何廷彦、张旺的	赵彩何	301404	815
7385	关公为啥是红脸				王社臣	王玉川	312414	2013
7386	三请诸葛					付东	312416	1200
7387	叫鸡声的传说				江兰顺	江保元	312410	1103
7388	骂城隍——李官的传说之二					王福榜	312381	497
7389	李官的传说				王成顺	王福榜	312379	1895
7390	秦娃		涉县一带		李二的	王福榜	312368	695
7391	八岩寺的传说					张卫平	312425	2160
7392	双鱼石的传说					李伟	312420	1134
7393	漳河小龙王的传说				申水明	王福榜	312370	669
7394	严禁赌夜遇更夫——李官的传说之三					王福榜	312384	2612
7395	悬钟寺的传说					张卫平	312426	2840

序号	篇名	民族	流传地区	采集地	讲述者	搜集者	数据库编号	字数
7396	甘鱼岭		涉县城关周围各村		张中位	张文科	312418	2995
7397	吕洞宾的传说				冯义林	冯光华	312392	912
7398	南北漳河的传说				高连三	崔海良	312423	579
7399	石月亮		山西、涉县一带		贾忠亮	孙必中	312422	2661
7400	女娲的传说		晋冀豫交界一带		程耀峰、王福榜	李亮	312367	708
7401	国（鬼）家庄的传说				张景文		312911	909
7402	侯店毛笔的传说			衡水市侯店毛笔厂	张俊生、王纪绍	王文生	312920	593
7403	萧何头的传说			张庄村	张东文		312902	1127
7404	巨鹿镇有个大门楼			衡水市	刘溪萍		312906	4600
7405	郎子桥村名的传说			衡水市第二中学	王王江		312915	1015
7406	支家村的传说			衡水市、支家村	阎国琴		312907	1350
7407	神笔除妖			衡水市呼家村三队饲养院	刘远兴		312921	1585
7408	尚王坟的传说			衡水市文化馆	李功		312908	1272
7409	老石桥的传说			衡水市	刘石声		312918	3911
7410	滏阳河的传说			深县东石家村	李希泉		312917	353
7411	桃城的来历					常海成、李明秀	312909	1758
7412	王八台			衡水市文化馆	李功		312912	2141
7413	衡水湖的传说			深县东石家村	李希泉		312910	1335
7414	黑帽子刘的传说			衡水市郎子桥村	刘祥林		312903	1512
7415	李老焕告御状			衡水市文化馆	李功		312905	3091
7416	骑河王的传说			衡水市骑河王村	山翠巧		312916	681
7417	衡水酒的传说			衡水市何庄村	王娟贞		312923	2146
7418	秦田村的传说		衡水一带			王锋	312914	592
7419	王震川威慑呆霸王		衡水大葛村一带			韩文胜	312901	2763
7420	“扣碟菜”的来历					张占斌	312924	8510
7421	安济桥的传说					安广恩、孙海玉	312919	768
7422	孙月楼的传说			衡水市	刘溪萍		312904	1646
7423	“任坑”与“邢村”村名的来历			衡水市	张志善		312913	1642
7424	武侠王老越			衡水市呼家村	刘远兴		312900	1950
7425	王之涣的传说				孟广臣		312899	3331
7426	酒井					傅新友	312922	1829
7427	桑树气破了肚子			衡水市试验中学	赵海潮	耿宝元、赵海潮	312925	1924

序号	篇名	民族	流传地区	采集地	讲述者	搜集者	数据库编号	字数
7428	田光与荆轲					刘静	314864	834
7429	太子坟				刘顺果	刘瀑扬	314892	1172
7430	孟姜女悲唱十二月花				张洛解		314863	797
7431	周排长奇袭日寇					党史办公室	314881	1135
7432	胡萝卜的传说						314898	914
7433	搬机山的传说						314893	461
7434	巧袭徐水城				李子清		314886	528
7435	灯笼又亮了				刘风花		314867	265
7436	文官武将把门				刘风花		314866	651
7437	历官						314874	424
7438	石鼓传声稻谷香——张华的故事						314865	921
7439	让他五尺有何妨						314870	1297
7440	打水杨和楼				崔宝昌		314899	1249
7441	羊山之役					刘铮	314884	318
7442	二腥油的传说				杨东山		314875	1201
7443	孙老安的故事						314877	1215
7444	方观承重修慈航寺						314872	534
7445	大千秋突围战					党史办公室	314885	1215
7446	象山晴雪					年顺凯	314891	971
7447	李奎林全家斗敌寇					党史办公室	314882	614
7448	夺粮战斗				李子清		314887	2627
7449	发配土地神				刘风花		314868	865
7450	红花寺					李器之	314895	1215
7451	遂城绝杨				张老城	刘铮	314894	952
7452	刘萍的故事					党史办公室	314879	750
7453	釜山合符					刘铮	314888	673
7454	刘伶醉的传说				刘铮		314897	2071
7455	鲁班显圣造牌楼				周振林		314862	223
7456	张宝恩的传说				焦老三、杨东山		314878	1855
7457	姜太公封神				师老广		314861	1228
7458	历官在安肃县						314873	1181
7459	郑洛纺线						314869	229
7460	李大队长脱险记				周尚文		314883	410

序号	篇名	民族	流传地区	采集地	讲述者	搜集者	数据库编号	字数
7461	麟麒坟				佟大爷		314896	1958
7462	张老配父子杀敌					党史办	314880	6746
7463	孔嘎咕的故事						314871	480
7464	王马快的故事				李三堂、史成章等		314876	1305
7465	鸡爪河的传说						314890	415
7466	釜阳取宝						314889	3740
7467	刘邦偷天下					魏丽霞	328190	704
7468	孔夫子办学		新河县部分农村	讲述人家中	郜敬礼	郜凤慈	328189	1074
7469	王莽赶刘秀的传说		新河县	讲述人家中	耿文经、翟建明	孙恩忠	328184	2181
7470	关公的脸为什么是红的		新河城南一带	宋家庄	尤玉霞	祖国君	328187	590
7471	赵大天的传说		新河大部分地区	仁让里村	赵成群	秦书彬	328183	5377
7472	于洪生的传说					王卿房	328182	1243
7473	飞毛腿朱三		新河东部	牙家寨	张兰花	王立明	328180	650
7474	董卓的传说		新河东南部	讲述人家中	冯书申	司顺广	328186	3780
7475	刘瑾修筑刘公堤		新河西部大部分村庄	新河县文化馆	张惜阴	宋增贵	328188	1508
7476	宋鹅池的传说		新河县	六户村	宋占红、宋孟东	杨冬雪	328178	760
7477	宋相贵的传说		新河南宫接壤一带	讲述人家中	赵文平	司顺广	328179	1207
7478	赵匡胤的传说		冀南一带	讲述人药铺内	付顺义	吴世勇	328185	1074
7479	刘可达的传说		来远庄附近村庄	新河		宋增贵	328181	1998
7480	酒店联对		高邑及柏乡县一		王血铭	秦宗贤	328325	651
7481	蝼蛄受封		高邑县及邻县一带		郭广仁	刘宗甫	328358	1079
7482	凤凰山的来历		高邑县北渎村一带		胡连风	梁彦辉	328349	478
7483	三角店收宫		河北省南部乡村		王九雪	秦宗贤	328360	354
7484	“谷雨”节的来历		高邑县中部		邢茂林	邢计现	328367	630
7485	五马山的传说		高邑县西部		刘宗甫	赵丽平	328355	808
7486	千秋台和千年柏		河北省南部		李增宪	秦宗贤	328363	855
7487	下棋赌村		高元赞交界一带		张春	张京国	328352	413
7488	子路随师		高邑县西北部		张方言	牛胜彪	328312	357
7489	奏本		本县及邻县一带		赵富身	贾孟元	328344	364
7490	压倒江南十八州					路继舜	328334	434
7491	智选翰林		高邑中部		李寿南	赵志新	328329	449
7492	保海瑞		高邑县中部		赵富身	贾梦元	328336	357

序号	篇名	民族	流传地区	采集地	讲述者	搜集者	数据库编号	字数
7493	猴儿趾甲		河北省南部		刘冬	王庆位	328373	455
7494	苍岩山题联		高邑县城关镇		赵老民	赵福田	328333	772
7495	烤柏灵火		河北省境内		平永振	平甲申	328368	1136
7496	巧治南方考生		高邑县西部		郭兰方	庆辰、风祥	328332	2255
7497	赵南星巧断被子案		高邑县万城乡		郭兰方	郭庆辰	328341	872
7498	狗刨泉		高邑及临城一带		张百华	籍书城	328353	621
7499	应考		高邑县城关一带		赵采贵	赵彦生	328328	722
7500	对答阁老		高邑县北部		任会中	任匡非	328330	2902
7501	花腰带		高邑县西南部		王老超	王荣庆	328324	394
7502	槐虫与石鸡的故事		高邑县北部		刘冬	王庆位	328350	526
7503	发配代州		本县		王丙连	贾梦元	328347	1829
7504	惩罚土地		本县		郭兰方	郭长江	328320	483
7505	泰山石敢当		河北省广大农村		胡振安	胡运平	328371	821
7506	赵村疙瘩		本县		张偶子	张增吉	328356	507
7507	罐州城		高邑县万城乡一带		耿老莱	文艺、宗甫	328316	423
7508	立志著医书		高邑县一带		张百华	籍书城	328326	551
7509	照妖镜		高邑县五百村一带			邢志花	328369	302
7510	血战凤仙桥		高邑县南部		王现东	李银海	328361	675
7511	孟姜女的来历		高邑县北渎村一带		梁丽缺	梁颜瑕	328314	1102
7512	孔子和范丹的故事		高邑县万城乡一带		郭兰方	郭庆辰	328372	811
7513	戏太监		高邑县东部		高群贵	高春需	328335	989
7514	南星出题		本县及邻县		李寿南	赵志新	328331	412
7515	单穗麦		高邑及邻县		李训	刘宗甫	328366	446
7516	烧“还魂钱”的来历		河北省境内		赵振东	单纪兰	328370	305
7517	比才学		高邑西部		李老堂	刘文艺	328339	465
7518	拔橛		河北省一带		郭兰方	郭长江	328322	1245
7519	对对子		高邑城关镇		赵老民	赵福身	328323	625
7520	董半仙的传说		高邑县西南一带		李玉秀	李银海	328348	942
7521	改皇道		高邑及邻县一带		郭兰方	籍书成、牛胜彪	328338	935
7522	秀姑成仙		邑县王同高庄乡		李训	刘宗甫	328313	672
7523	写状子		高邑县境内		苏老肥	苏保立	328345	439
7524	神仙送米		高邑及邻县		王偶小	王同岗	328317	361
7525	修庙		高邑北部		任文甫	秦宗贤	328340	808
7526	南星出世		本县及邻县		王偶小	王同岗	328318	828

序号	篇名	民族	流传地区	采集地	讲述者	搜集者	数据库编号	字数
7527	古城墙		高邑县境内		岳云峰	李新宪	328364	782
7528	柳荫遮日		本县及邻县		吴卫雪	张秋增	328319	465
7529	赵南星买鸡蛋		本县境内		苏老肥	苏保立	328343	408
7530	官老爷绕城		高邑一带		张辰友	张增吉	328321	506
7531	“刘罗锅子”计帮穷朋友		高邑县部分农村		刘冬	王庆位	328315	536
7532	初下考场		本县境内		郭兰方	郭长江	328327	619
7533	赵南星治病		高邑万城乡		郭兰方	胜彪、庆辰等	328342	1105
7534	击鼓联对		高邑县南部		李玉秀	关占斌、李银海	328337	531
7535	蜘蛛和苍蝇		高邑县境内		王喜顺	王建中	328359	502
7536	审问强盗		高邑城关镇		张百华	籍书城	328346	907
7537	拖枪河的传说		高邑境内		李老俊	刘文艺	328357	777
7538	石人指路		高邑北部一带		岳群	刘宗甫	328354	540
7539	凤凰城		高邑县北部一带		李风瑞	关占斌	328351	776
7540	错封松树		高邑县境内		王现东	关占斌、李银海	328362	511
7541	“杜康酒”和“刘伶醉”		全国各地		郭兰方	庆辰胜、彪凤祥	328365	369
7542	望娘岗		阜平县		付平稿		328500	257
7543	要饭的喊的是大收，不是大叔		新城县		胡风龄	罗振德	328568	1177
7544	马刨泉						328467	1238
7545	龙门阵的灯会		涞水县		夏国珍	陈志娥	328565	448
7546	望京坨		涞水县		马德荣	穆秀芬	328499	562
7547	霍阎牌楼警马屁		易县		张胜田	翟杰	328529	1269
7548	花木兰庙的传说		完县		贾树清、谷玉风等	肖钦鉴	328508	994
7549	死珍妃吓坏活太后				陈宝蓉	陈宝蓉	328522	338
7550	定州城的来历		定州市		朱高峰	仇金木	328518	504
7551	赛砍百担柴						328460	1232
7552	肖何律的来历		高阳县		王洪吉	贾建华	328445	1211
7553	东坡峡		曲阳县		宋毅	李木成	328534	1171
7554	血山		易县		胡永荣	刘景珍	328497	957
7555	刘知县千里移枣树		阜平县		岳桂林	赵春	328561	627
7556	鲁班锯塔		易县		连顺	郅司晴	328455	482
7557	蔺家庄为什么没有姓蔺的		涞水县		张瑞堂	王桐敬	328541	745
7558	义和团的故事		新城县		王树义	王兰芝	328477	638

序号	篇名	民族	流传地区	采集地	讲述者	搜集者	数据库编号	字数
7559	寨山神牛		完县		贾长年	陈宁涛	328547	1648
7560	谎话实说						328461	632
7561	金牛八宝眼药		定州市		王银田	吕增顺	328560	317
7562	药王拜师		安国县		陈同同	刘孟松	328472	833
7563	廉颇假造玄阳城		定州市		李二栓	郭福彬	328448	657
7564	比找无烟煤				曹老忠	翟杰	328462	551
7565	八角宝塔为什么缺两个角		定州市		王洛理	于正清	328514	486
7566	胭脂河		阜平县		刘维华	张荣梅	328488	458
7567	药王的传说		安国县		曹占仙	晓韩	328470	832
7568	相盖村		定兴县		李云飞	郝尊	328478	616
7569	装屋子				史俊峰	刘耀平	328463	713
7570	拒马河四十里不结冰（四）		涞水县		杨贵福	延辰龙	328482	960
7571	立儿石		涞水县		张庆贵	陈志娥	328492	980
7572	拒马河的来历（二）		涞水县		刘德林	马荣全	328480	393
7573	彭祖的传说		阜平		郑树润	郑祥	328474	863
7574	团山的传说		易县		陈永泉		328498	512
7575	杨继盛的传说		容城县		杨沛英	杨秉城	328475	2367
7576	马古与马泥河		曲阳县		牛洛贵	韩爱营	328484	894
7577	韩信在韩显口		唐县		韩东林	韩造锁	328446	1218
7578	三土门的鞋为什么没样儿		唐县		曹二明	曹玉波	328571	980
7579	金龙淀的传说		安新县		黄振川	张军平	328490	1550
7580	温河的来历		易县		李汉	张天	328485	817
7581	桃园三结义		涿州市		柳文茹	史简	328536	2365
7582	影三郎		蠡县		马桂英	张玲玲	328525	876
7583	画河拒野马（三）		涞水县		刘大强	刘英军	328481	1651
7584	铜帮铁底的运粮河		易县		崔文忠	崔顺全	328487	1339
7585	后檐“盐短”				薛增福	和宪宝	328452	345
7586	大年是怎么兴起的		涞源县		王成玉	贾一民	328562	1346
7587	角运木				俗宁	李文刚	328449	694
7588	腰疼石		完县		王拥军		328501	435
7589	拒马河的来历（一）		涞水县		刘德林	马荣全	328479	905
7590	选陵大臣和割草老汉				张教	曹治准	328521	731
7591	香岩寺与贾岛洞		曲阳县		冯志远	李木成	328533	414
7592	北齐庙		定州市		张长怀	郭福彬、高如英	328504	1795

序号	篇名	民族	流传地区	采集地	讲述者	搜集者	数据库编号	字数
7593	北岳庙里的“曲阳鬼”		曲阳县		杨振文	和宪宝、吕春清	328503	674
7594	麒麟坟		徐水县		佟大爷	赵静	328524	1114
7595	黑白二塔		易县		胡永荣	刘景珍	328512	639
7596	上车亭的传说		涞水县		刘平	刘浏	328515	463
7597	遂城绝杨		徐水县		张老城	刘铮	328516	992
7598	贵妃桥		安国县		宋义	孟会荣	328531	487
7599	大红门的传说		易县		张敬		328530	544
7600	太子坟		徐水县		刘顺果	刘瀑扬	328528	512
7601	一斤皴与衣巾村		新城县		周春和		328543	1946
7602	三义胡同的来历		涿州市		王恨庚、赵以熙	向民	328535	688
7603	仁厚镇的来历		涿州市		樊春立	史冰	328542	1173
7604	鱼骨洞		涞水县		徐进梅	陈志娥	328532	507
7605	晒不死的马苋菜				张志元	张依民	328554	1125
7606	大西丈的苣苣菜不苦		定州市		王寅卯	仇金木	328552	953
7607	解甲营的来历		新城县		常树芬	吴海英	328540	965
7608	蠡吾店的来历		蠡县		王金池	李佩刚	328538	1939
7609	二流子的传说		完县		刘福增		328573	991
7610	神石庄塔的传说		易县		张克印	陈永泉	328513	1189
7611	马联道				袁凤山	袁伟新	328468	377
7612	楼桑庙的公鸡——哑嗓儿		涿州市		王恨庚	张德恩	328546	1909
7613	挖泉水						328464	730
7614	望夫塔		易县		邱国旺	邱国旺	328511	487
7615	纪晓堂成仙		唐县		阎金荣	史冰	328458	1114
7616	骡子为什么不下驹		完县		张士中	门士祥	328550	744
7617	张果老为啥倒骑驴		易县		于连成	毕永军	328456	572
7618	姐妹山		唐县		阎金荣	史冰	328494	1198
7619	过小木桥						328466	1107
7620	乌龟背上为什么有龟板纹		曲阳县		石秀梅	王巧珍	328551	831
7621	巧捶擀面杖				俗宁	李文刚	328451	1179
7622	靴子岭		涿州市		宋俊然	史冰	328495	394
7623	锄是怎么来的		新城县		白梦更	白泉升	328574	1356
7624	穿箭口		涞源县		张千	杨锦	328537	872
7625	悟空寺的道士没数儿		涞水县		刘庆华	易燕	328548	1125
7626	邳彤为什么被封为药王		安国县		宋义、曹占先	晓韩	328471	924

序号	篇名	民族	流传地区	采集地	讲述者	搜集者	数据库编号	字数
7627	狗塔庙		定州市		杨增五	郑发龙	328505	3522
7628	鲁班指点建塔		定州市		王德宏	王宝林、王庆友	328454	1204
7629	烧车淀里战韩昌		安新		李永鸿	耿保仓	328489	654
7630	金牛牌定州眼药		定州市		张树堂	刘孟松	328559	324
7631	“马垡”村的传说		新城县		王生	王利荣	328539	1036
7632	苹果的传说		曲阳县		张占军	张锦秀	328557	1693
7633	纸人纸马的来历		涿州市		李长领	李毅	328564	1051
7634	楼桑庙的柏树——没尖		涿州市		柳文茹	史简	328545	486
7635	吕洞宾赶庙		博野县		刘德惠	刘庚毅	328457	637
7636	白庄村的孟娘娘坟		安新县		崔趾轩	张玉祥	328526	866
7637	门神爷的由来		易县		杨启	刘耀平	328563	566
7638	迷城的传说		唐县		刘志虎	张德恩	328519	1552
7639	戒指的传说		徐水县				328575	1155
7640	真武庙村		易县		孙亮	程卫东	328507	1103
7641	乌龟“吸气”				薛增福	和宪宝	328453	1386
7642	高就村关公庙为啥多		定州市		刘洛颠、刘老书	郭福彬	328506	1110
7643	响板惊鱼		安新县		李永鸿	李永鸿	328569	826
7644	赤脚大仙为何赤脚		涞源县		梁振华	贾一民	328572	714
7645	蔺相如答考题		新城县		钱树堂	冀鹏	328447	1115
7646	欺兄				高国卿	高明乡	328465	776
7647	孙膑与庞涓						328459	714
7648	船桅上的木鱼		安新县		李永鸿	王苍良	328570	1319
7649	七级之战		定州市		王荣欣、王洛燕	郭福彬	328476	1198
7650	慕陵的来历		易县			陈宝蓉	328523	1199
7651	诗童解明		安新县		辛惠田	耿保仓	328473	464
7652	双塔晴烟		涿州市		茹老太太	向民	328510	641
7653	卖豆腐为什么敲梆子		易县		许仲	崔全顺	328567	991
7654	涞水为什么又叫拒马河		涞水县		杨贵福	延辰龙	328483	722
7655	驴驮石		唐县		赵发家	赵亚旭	328502	955
7656	易水河改道		易县		赵资九	赵建华	328486	1358
7657	花木兰与莲花池		完县		裘玉翠	张琪	328491	1893
7658	望儿岭		涞水县		张庆贵	陈志娥	328493	1824
7659	米山坡		完县		沈领霞的祖母	沈领霞	328496	519
7660	孙膑和庞涓的传说		唐县		阎喜成	史冰	328469	1179

序号	篇名	民族	流传地区	采集地	讲述者	搜集者	数据库编号	字数
7661	葡萄的来历		定州市		赵光	赵金红	328553	1254
7662	粘接通天柱				俗宁	李文刚	328450	551
7663	倒马关的蚂蚱为何过不了关		易县		魏洛贵		328549	1056
7664	姑嫂城		定州市		王玉兰	王海深	328517	1348
7665	文龙庙		雄县		任景林	任德元	328509	456
7666	小麦为啥一杆结一穗		新城县		杨会兰	王景文	328555	926
7667	刘伶醉的传说		徐水县		刘铮	赵静	328558	484
7668	风雨竹的故事				柳文茹		328544	637
7669	道光请龙上天				陈宝蓉	曹治淮	328520	3337
7670	王爷坟		易县		杨启	刘耀平	328527	767
7671	小麦为何结一颗穗		新城县		刘殿清	平静	328556	687
7672	惩贪官				孟广臣、王克臣	王文玉、翟公福	330123	4127
7673	搭救左玉容		廊坊地区		王克臣	张荣	330118	5978
7674	惩奸商				孟广臣、王克臣	于梅、羽佳	330119	3779
7675	对联劝善				孟广臣、王克臣	翟公福	330121	2639
7676	智救马良				孟广臣、王克臣	翟公福	330120	4121
7677	智断盗盐案				孟广臣、王克臣	刘新	330122	4192
7678	真武的故事					张诚吕、文果	330989	846
7679	纪晓岚投师					吕文果	330999	675
7680	大侠郭振请					吕文果	330994	1670
7681	黄河的传说					吕文果	330993	1651
7682	牛傻人的传说					冯新广	330996	480
7683	腊八粥					吕文果	330992	1623
7684	徐茂公当家					冯新广	330990	411
7685	金圣叹当良心					吕文果	330998	3103
7686	佃户林的传说					李树枫	330995	1339
7687	张居正的故事					冯新广	330991	2832
7688	寒露节的来历						330997	1627
7689	烧纸的来历				刘孟琴	杨俊月、张庆学	338173	664
7690	“狗咬吕洞宾——不识好人心”的由来				张旗凯	贺成良	338150	736
7691	袁天纲李淳风的传说				李信	李学庆	338172	1139
7692	船疙瘩					岳秀山	338146	612

序号	篇名	民族	流传地区	采集地	讲述者	搜集者	数据库编号	字数
7693	临明黑一阵					苗玉平	338180	432
7694	人活六十还有用				李红江	张庆学	338169	726
7695	吾吉、河马来上窑				宋德民	程蓉生	338151	279
7696	张果老成仙		河北肥乡、及邻县		郑志寒		338155	923
7697	马县长的最后一枪				林作凤	阎好芳	338144	1870
7698	兵部尚书张学彦的传说				王建业	郑之翰	338168	1621
7699	莲花井的传说				王学信	田俊芬	338183	400
7700	药王孙思邈的传说		肥乡、广平一带		李信	李学庆	338157	2256
7701	宰相李沆的传说				吕金玉	毕广凡、张士斌	338147	1451
7702	猫坟的传说				路新风	张庆学	338156	1859
7703	关于肥乡城的传说				张忠堂	王爱菊	338158	2260
7704	张飞智胜诸葛亮				张河心	张河民	338159	1021
7705	夫人城和赵平原君的传说					阎好芳	338148	731
7706	诸葛亮招亲				程蓉生	王献忠	338167	1256
7707	日月晚照石				翟梅	翟林、刘金山	338164	434
7708	为什么只有人会说话				孙泽润	高英杰	338163	731
7709	鸡喝水为什么要看天				阎建民	阎新民	338182	5164
7710	天古城和玉皇庙的传说				石太亮	石太明	338161	704
7711	挂金牌				栗什行	栗锐锋	338181	1545
7712	颜回的故事				杨运之	张河民	338178	879
7713	和合二仙的传说				翟梅	翟林、刘金山	338176	690
7714	李沆的故事				李静珂	阎好芳、张国文	338145	1810
7715	何仙姑的传说				吴文学	栗锐锋	338165	623
7716	蝼蛄救刘秀				李庆林	李保林	338175	2764
7717	华北平原的成因				杜凤林	郝素军	338152	4221
7718	韭菜葱蒜的由来				梁振	郭俊红	338174	1454
7719	“仓堡”的传说				王英杰	王凤新	338153	1351
7720	五台山君臣妙对				李信	李学庆	338179	749
7721	稀奇的十兄弟				宋杰	张庆学	338177	5933
7722	寇准做成安县令前后				王洪如	郑之翰	338149	6755
7723	为什么祭灶王用糖果				郭军	张河民	338171	486
7724	魏忠贤与魏家坑				李庆斌	李保林	338160	2942
7725	郝响马和他的烈马				程路明	程蓉生	338170	409
7726	“仙人桥”的传说				谢克瑞	庞金钊	338154	451

序号	篇名	民族	流传地区	采集地	讲述者	搜集者	数据库编号	字数
7727	韩湘子讨封				李信	李学庆	338166	1440
7728	张玉皇的传说				程怀臣	程蓉生	338162	2340
7729	穆桂英智取宏州城				韩杰、朱玉食	韩耀宗	338829	2170
7730	白石头沟的传说				金连宝	雷晓	338855	453
7731	九泉山				曹明泉	曹海	338842	952
7732	龙王堂的绿马				张海泉	张秀花	338849	378
7733	大海和二海的由来				刘建国	张高清	338851	296
7734	唐僧在阳原				张福	刘文清	338828	839
7735	籍箕滩的由来				陈象先、王玉国	梁广文	338836	1782
7736	大蟒沟的传说（一）				杨旺龙、杨义体	韩耀宗	338832	726
7737	油坊沟的石头					孙秉义	338856	381
7738	公鸡的传说				张玉莲	孙树军	338860	938
7739	玉马泉				王汉清	王秀梅	338852	307
7740	猪浚河				段为生	段瑞芳	338831	1912
7741	澍鹫寺塔的传说				文信	刘文清	338859	835
7742	江队长惩奸		阳原桑干河南一带		韩耀宗	韩新春	338826	359
7743	鳌鱼山				沈宏	白痴	338841	990
7744	小白驴				刘友跃	郝瞻东、马富	338857	1034
7745	太师梁				韩石氏	牛海云	338845	415
7746	蜘蛛山的由来				王旺	王平	338840	2584
7747	卧龙岗				冀赞	冀振余	338837	1128
7748	雷劈洞				全庄	张建忠	338838	329
7749	金盆洼				孙继	孙建永	338843	655
7750	高墙村的大钟				韩文成	张文清	338853	555
7751	海山庙的传说				孙继	孙建永	338846	830
7752	神马坡					韩新春	338835	430
7753	大蟒沟的传说（二）		阳原县一带		韩文忠	张文清、张凤清	338833	816
7754	金牛洞					黄校	338839	785
7755	八龙山					张晓琴	338844	1963
7756	马坊的传说				金连宝	雷晓	338830	921
7757	高墙村的传说				李全民	李飞	338834	634
7758	狮嘴喷泉				王金昌	韩新春	338850	564
7759	周仓扛刀					范军	338827	754
7760	黑鳖虎的由来				何贵礼	何涛	338854	395

序号	篇名	民族	流传地区	采集地	讲述者	搜集者	数据库编号	字数
7761	羊驮寺					自新	338847	957
7762	地柳叶为啥有红斑				黄永梅	段瑞芳	338858	1077
7763	灵境寺的传说					杨兆成	338848	1449
7764	南蛮子盗宝，洗马林得水		万全境内		邢尚荣	柳玉山	339341	1887
7765	地牛叫声		万全一带		王选	刘建云	339306	2779
7766	天上一昼夜，地上五百年					柳玉山	339340	2287
7767	方观承卖字		万全境内		丁和义	刘建云	339304	991
7768	白龙洞白马、白头雕的传说		万全县、张北县一带		薛凤启	张美华	339333	1980
7769	白龙洞的传说（二）		坝上、万全地区		傅英	徐谦	339329	414
7770	牛为什么没上牙		坝下各县		郭林	刘广璋	339349	1043
7771	鱼儿山中金马驹					王文汉	339323	968
7772	中秋月夜举义兵					李志强	339311	1136
7773	白龙洞的传说（一）		万全、坝上地区		杨启	张美华	339328	1835
7774	镇边台的传说		万全、坝上各县		杨启	张美华	339332	1790
7775	元天纲、李春风出世					温光忠	339310	983
7776	人参的传说					张清	339353	922
7777	布谷鸟的传说（二）		万全境内		李万益	国有民	339347	926
7778	门神		万全、怀柔一带		史记宽	温光忠	339360	870
7779	田茂庄的由来					田树平	339343	467
7780	六十岁一辈子的传说		万全境内		陈静	刘广璋	339362	1108
7781	姓李的来历		万全		李振荣	李海芳	339363	365
7782	树儿的传说					祖新春	339351	1099
7783	狗为什么能听到轻微的脚步声					张志斌	339350	1288
7784	捉迷藏					王文汉	339361	1812
7785	为啥要盖糊涂庙		万全境内		邢尚荣	柳玉山	339364	459
7786	二堡子的来历		万全境内		王如魁	王飞舟	339345	307
7787	夫妻山的传说					李俊艾	339342	445
7788	龙池屯村名的来历					王守刚	339344	2262
7789	洗马林经卷的传说					李成栋	339316	1464
7790	新河口古战场					王文汉	339327	1113
7791	蝼蛄肚中为什么有一根蒿蒿草		万全		苏爱玲	刘正育	339356	1826

序号	篇名	民族	流传地区	采集地	讲述者	搜集者	数据库编号	字数
7792	万全九龙壁		万全一带		丁和义	刘建云	339321	869
7793	侯大节传奇		万全、张北一带		候廷弼、候连举	刘建云	339298	807
7794	高三台轶传		万全县西部山区		张通	刘建云	339319	3252
7795	洗马林的传说（一）					田元高	339335	883
7796	鲁班的传说					张晓秀	339307	1210
7797	清明节的来历		万全		刘达全	张春香	339359	400
7798	温凉泉的传说					王文汉	339326	869
7799	蛇窖堡					王文汉	339324	509
7800	猫和老鼠结仇家					郝宝兰	339348	2090
7801	周朝为什么是八百零八年					郑彦军	339317	430
7802	布谷鸟的传说（一）					张晓秀	339346	1537
7803	乌鸦反哺与夜猫食母					郝鸿玉	339357	1947
7804	侯大节夜袭联营		万全西部		郭勇	李志强	339297	8815
7805	洗马林的韦陀神为啥是坐着的					柳玉山	339338	1751
7806	马鞍山的狐仙		万全县北部山区		赵树旺	刘建云	339322	420
7807	假粮堆					谢绍虎	339315	414
7808	洗马林的传说（二）		万全境内		邢尚荣	柳玉山	339336	845
7809	洋河决战		万全西部		白义	李志强	339312	492
7810	智明和尚的传说					米海珍	339302	310
7811	韩信两次算命		密云、怀柔、万全等县		史记宽	温光忠	339309	996
7812	镇虎台的传说		万全、张北一带		薛凤启	张美华	339330	1066
7813	普明爷爷与智明师傅		坝上坝下、万全一带		郭富昌、孙氏等	刘建云	339300	1323
7814	王小二打柴					刘建云	339320	1122
7815	瓜的传说					武永昌	339354	526
7816	土命的传说					李林	339301	374
7817	鱼儿山的棋盘是谁留下的					柳玉山	339339	750
7818	康熙吃莜面					李成栋	339314	505
7819	白蕉蒿的传说		万全、坝上地区		薛凤启	张美华	339334	389
7820	卜大姐		万全西部		郭勇	李志强	339299	4034
7821	万全古婚俗					王文汉	339358	742
7822	刘秀出世		万全县一带		郭俊	刘建云	339305	1153

序号	篇名	民族	流传地区	采集地	讲述者	搜集者	数据库编号	字数
7823	驴蹄丫子					柳玉山	339303	530
7824	改诗贬官		张家口市万全县		孙秀锦、宋盘	李志强	339313	667
7825	元天纲迁坟		万全一带		史记宽	温光忠	339308	478
7826	谏言祝贺					王文汉	339318	714
7827	凤凰台的传说		万全、张北县		牛玉	张美华	339331	544
7828	苏家桥					王文汉	339325	2424
7829	乌龟的来历					常丽婷	339355	479
7830	普佛寺的传说					柳玉山	339337	1009
7831	小麦和荞麦的传说					范世河	339352	221
7832	古上谷郡“五龙璧”传说						341780	759
7833	宣化钟楼的传说				李秀莲	张永明	341756	1079
7834	大水泉的传说				裴存贵	王鉴	341777	889
7835	沙陀国与谷王府				刘仲羽	化石	341746	1157
7836	沙岭子郝家的传说				张希均	张兴良	341754	561
7837	赶山鞭				赵世君	朱青	341752	5054
7838	玄空寺				王逢春	杨世荣	341753	369
7839	鲁班学艺				沈和茹	刘晓峰	341779	793
7840	卧虎山的传说				白树莲	卜晓峰	341770	449
7841	镇龙口庙云长显圣				裴存贵		341778	2359
7842	蟒头山的传说				常润来	田雅玲	341759	2592
7843	磨笄山的传说					王鉴	341772	773
7844	鸡鸣山地方风物传说						341766	1110
7845	过春节的由来				武喜	李树全	341762	1790
7846	石鸟的传说				代汝军	王桂忠	341761	1720
7847	朝阳楼的传说						341769	556
7848	朱家坟的来历				刘和	刘俊英	341755	952
7849	洋河广惠桥						341774	514
7850	红葡萄的传说					张秀兰	341760	1491
7851	羊坊路口				时兆壁	刘美娟	341775	915
7852	柳川河地方风物传说						341768	805
7853	石佛洞地方风物传说				裴存贵	杨世荣	341767	1619
7854	慈禧太后西逃的传说				刘世增、王崇智		341748	539
7855	卧虎山的来历				白素芳	兰永红	341763	388
7856	金陵寺				王庆云	李义	341773	1515

序号	篇名	民族	流传地区	采集地	讲述者	搜集者	数据库编号	字数
7857	孩子当家				冯秀兰	张兴良	341751	457
7858	铜佛的传说				王树原	赵大明	341765	5565
7859	一箭惊走西太后				赵恩	段富林	341749	3031
7860	龟儿山的由来				张蓬	张庭兴	341758	414
7861	关于方观承的传说				范金堂、蔡逢春等	王鉴	341747	1983
7862	赵匡胤“帮楼”				裴庆	裴海艳	341750	1361
7863	“拆南厅”的传说				王鉴	郭敬原	341757	434
7864	和尚坟				白素芳	兰永红	341764	933
7865	“弥陀寺”松树的由						341771	1198
7866	智取玲珑球						343229	989
7867	红灯计					佩文	343262	338
7868	忠心保汉					志兵	343243	1002
7869	韩信分井					吴学圃	343256	1595
7870	韩信坟						343265	1465
7871	韩信拜师学艺					李国华	343234	1690
7872	韩信七岁用“草兵”					志衡	343225	1093
7873	韩信巧点卧龙穴					王密荣	343224	1117
7874	韩信河边遇漂母					晓峰	343226	949
7875	偷渡陈家寨					柯泉	343249	760
7876	韩信乱点兵					赵来锁	343242	1004
7877	韩信投汉					柯泉	343241	1086
7878	韩信画兵挂帅印					钟宇	343246	1476
7879	闪门计					建华	343237	768
7880	借刀杀人					赵来锁	343240	864
7881	马粪淤河					永志	343244	1144
7882	坦荡胸怀					王密荣	343261	822
7883	少年胆识						343231	777
7884	韩信问路					钟宇	343247	4114
7885	韩信选妻					志衡	343254	1026
7886	好汉吃了眼前亏				白安	晓河	343233	1824
7887	无凶有吉						343223	691
7888	白马吞河					柯泉	343248	1058
7889	韩信怀才治先生					志衡	343227	1027

序号	篇名	民族	流传地区	采集地	讲述者	搜集者	数据库编号	字数
7890	迷魂计					赵来锁	343253	1140
7891	百担有余					建华	343228	771
7892	韩信井					柯泉	343258	1118
7893	韩信算卦					素花	343232	586
7894	韩信之死					来锁	343264	919
7895	巧计治县官					赵来锁	343238	1241
7896	纪律碑					柯泉	343259	858
7897	韩信死妻拜丈母					仇喜卿	343263	1002
7898	绵河夜涨					王密荣	343252	1449
7899	囤粮成山					柯泉	343251	760
7900	多多益善					柯泉	343260	1289
7901	韩信垓下灭霸王						343245	915
7902	葬父埋母					赵来锁	343239	837
7903	蓖麻巡逻					王密荣	343250	1172
7904	韩信分县					晓峰	343236	760
7905	韩信摆卦救良女						343235	505
7906	治老财				李二不郎	王密荣	343230	522
7907	得胜寺				世英	武巨文、吴学圃	343257	1183
7908	韩信巧布背水阵					育书、全贵	343255	1357
7909	张祥巧戏洋神父			沙城	太增	卢云龙	348213	442
7910	凉经台			洪站	赵希明	赵春花	348256	1507
7911	摔瓦盆的来历			大黄庄	牛子鸣	赵相如	348281	1715
7912	药王山的传说			狼山	卢桂荣	卢云豹	348254	992
7913	焦家沟的煤为啥不出世			葫芦套村	范喜兆	王英	348247	630
7914	清凉山上的松树为什么满山坡			常庄子村	汤魁元	张一宇	348251	659
7915	九月九斗姆会的传说			大黄庄	柴森	赵相如	348274	901
7916	金锅和金镢			上八里村	庞崇德	梅迎春	348253	527
7917	黄土堆			北辛堡		刘戎声	348202	707
7918	一只鸡，换个妻			定州营	施永茂	王哲	348201	1160
7919	张飞审案			辛庄子	白天运	梅迎春	348177	966
7920	怀来县带“营”字村庄的来历			沙城	程景智	卢云龙	348232	1968
7921	“宣东宝障”的由来			良田屯	苏岳付	梅迎春	348200	1430

序号	篇名	民族	流传地区	采集地	讲述者	搜集者	数据库编号	字数
7922	没头的红石猴			沙营子村	侯三爷	刘大海	348194	1154
7923	皇家坟			晏家庄	李万荣	王益亮	348223	1000
7924	诸葛亮吊孝又一说			辛庄子	伍占魁	梅迎春	348176	1996
7925	笔架山的传说			大黄庄	柴森	赵相如	348244	1133
7926	六月六“看谷秀”的传说			大黄庄	赵明海	赵相如	348270	1339
7927	石佛寺的由来			狼山	卢桂荣	卢云龙	348216	872
7928	“大狼猫”降服“老耗子”			狼山村	裴玉枝	张玉生	348261	1005
7929	釜山的传说			大黄庄	王玉昆	赵相如	348240	890
7930	二月二“龙抬头”的来历			大黄庄村	赵明海	赵相如	348267	559
7931	狼山为啥又叫富家庄			大黄庄	柴森	赵相如	348226	1679
7932	米粮堆			沙营子村	侯三爷	刘大海	348193	745
7933	正月十六“游百病”的传说			大黄庄	赵明海	赵相如	348266	591
7934	包公的拗子			狼山	卢桂荣	卢云龙	348181	915
7935	五月十三“老爷磨刀雨”的传说			大黄庄	柴森	赵相如	348269	674
7936	姜子牙走背运的故事			狼山村	卢云虎	卢云豹	348175	949
7937	七月七“乞巧”的来历			西河村	刘秀英	赵相如	348271	849
7938	李自成赔礼			大黄庄村	田世青	田荣	348188	2817
7939	春节的来历			头二营村	张明正	张自元	348264	475
7940	刘伯温计钉行龙山			西河村	赵明海	赵相如	348184	337
7941	南蛮子偷水			沙城	太增	卢云龙	348257	963
7942	李自成造反			狼山村	卢桂荣	卢云豹	348186	973
7943	三月三“柳条编”的传说			大黄庄	赵明海	赵相如	348268	1356
7944	英宗皇帝土木遇难			沙城	姜存厚	王志永	348185	1272
7945	土木的传说			龙凤山矿	赵明河	赵相如	348215	1675
7946	祭灶			大黄庄	牛子鸣	赵相如	348278	1043
7947	擎笏山的传说			大黄庄	牛子鸣	赵相如	348243	1789
7948	七月十五送面人的来历			大黄庄	赵明海	赵相如	348272	1176
7949	武明春			新保安	徐金	牛桂山	348212	1116
7950	李三缸发财			上八里村	庞崇德	梅迎春	348252	1017
7951	领生的来历			大黄庄	柴森	赵相如	348282	551
7952	夫妻山			辛庄子	吴桂珍	梅迎春	348238	1752

序号	篇名	民族	流传地区	采集地	讲述者	搜集者	数据库编号	字数
7953	猪八戒怒拱诸洋河			辛庄子	吴桂珍	梅迎春	348260	758
7954	沙城的来历			沙城	贾玉石	王志永	348214	935
7955	佛节与腊八粥			大黄庄	安魁、牛子鸣	赵相如	348277	1103
7956	大头鬼写戏			狼山	白玉成、卢桂荣	卢云豹	348262	1105
7957	康熙皇帝周游四海的原由			辛庄子	白天运	梅迎春	348197	657
7958	箭口山			北辛堡	刘兆成	刘戎声	348233	834
7959	富王家			狼山	贾仁	卢云豹	348250	1044
7960	貂婵用连环计的原由			辛庄子	白天运	梅迎春	348178	1032
7961	刘总坟的来历			狼山	卢桂荣	卢云豹	348230	818
7962	胡大海请贤赚徐达			下八里村	韩玉英	梅迎春	348183	725
7963	燕王沟·龙爬山·鞑子营			大黄庄	牛子鸣	赵相如	348245	600
7964	鸡鸣山借粮			保岱	杨生旺	顾胜勇	348179	3102
7965	瓦房村的来历			瓦房村	阎文海	郑澄清	348222	928
7966	“到口酥”和“白玉绿缨汤”			鸡鸣驿	杨永、张有银	梅迎春	348199	611
7967	白虎桥和烧坡里的传说			大黄庄	牛子鸣	赵相如	348242	1595
7968	麻峪口的传说			狼山	卢桂荣	卢云豹	348219	1086
7969	背手习惯的来历			狼山村	卢桂荣	卢云豹	348280	2291
7970	于家良的由来			狼山	王富华	卢云豹	348217	559
7971	苦家梁的传说			西辛堡	冀明甫	李德武	348192	1384
7972	慈禧逃难过狼山			狼山	卢桂荣	卢云龙	348203	737
7973	麻峪口和雷劈崖			麻峪口	孟兆甫	张尚仁、张东海	348218	1449
7974	小偷自捉			小南辛堡	王德存	王哲	348211	747
7975	上八齿和下八齿的来历			狼山	卢桂荣	卢云龙	348221	923
7976	李五台惩治半边天			狼山	郝万库	卢云豹	348210	1103
7977	李自成罚帅打将			大黄庄	田世青	田荣	348187	952
7978	冯玉祥坐洋车			狼山	卢桂荣	卢云豹	348207	1754
7979	文王拉车			良田屯	张玉堂	卢云龙	348174	1911
7980	官帽山的来历			大黄庄	牛子鸣	赵相如	348241	777
7981	宝甸坡			土木村	李杰	李德武	348248	1591
7982	西太后封赏张累赘			棘针屯村	张军	顾胜勇	348206	485
7983	老龟			北辛堡	高志贵	刘戎声	348258	2376
7984	关公“显圣”迎闯王			沙城	王永志	王国铭	348190	1006
7985	老君山上的神驴			狼山	卢桂荣	卢云豹	348259	956

序号	篇名	民族	流传地区	采集地	讲述者	搜集者	数据库编号	字数
7986	婚礼习俗的由来			辛庄子	吴世禄	梅迎春	348279	839
7987	送穷的传说			大黄庄村	牛子鸣	赵相如	348265	651
7988	孤石的来历			辛庄子		梅迎春	348220	963
7989	腊八粥的由来			大黄庄	柴森	赵相如	348276	599
7990	镇城宝　、			六街		马晨霞	348196	949
7991	腊八粥的来历			辛庄子	吴世录	梅迎春	348275	638
7992	奚家堡的传说			狼山	卢桂荣	卢云豹	348229	928
7993	“五盏灯”成戏蹲大狱			张玉生、黄营村	王吉		348263	1418
7994	柴木梁和西水泉			新保安	王梅	牛桂山	348231	850
7995	李五台断案			狼山	郝万库	卢云豹	348209	1075
7996	八宝山的传说			方家沟村	董秀伦	顾胜勇	348239	921
7997	李五台升官			狼山	郝万库	卢云豹	348208	1903
7998	水刮鸡洼			上八里村	庞崇德	梅迎春	348249	1954
7999	男扮女装杀鞑子			辛庄子村	吴世录	梅迎春	348182	1169
8000	鲁班下凡铸佛头			南水泉	常悦正	杨宝祥	348255	1074
8001	卧牛山的传说			六街村	要富	刘淑霞	348235	1040
8002	慈禧路过新保安			新保安	贾存富	周全新	348204	332
8003	六郎城			大黄庄	柴森	赵相如	348234	322
8004	八月十五供毛豆角的由来			大黄庄	柴森	赵相如	348273	994
8005	猪嘴石的传说			金家口村	黄景山	黄俊琴	348246	1065
8006	康熙考状元			狼山	卢桂荣	卢云龙	348198	602
8007	金鸡口的来历			金家口	黄米山	黄俊琴	348228	938
8008	马刨泉			炮儿村	李真	李艳春	348191	1328
8009	狼山与琅山的传说			大黄庄	乔登玉	赵相如	348227	545
8010	怀来城里的石狮子			狼山村	卢桂荣	卢云豹	348195	548
8011	慈禧认干儿			上坡底村	顾胜梅	顾胜勇	348205	1700
8012	大水泉的传说			辛庄子	白天运	梅迎春	348237	334
8013	老龙碑的传说			八里村	庞崇德	迎梅春	348236	1602
8014	李自成为啥不打大屯堡			大黄庄	田世青	田荣	348189	1102
8015	指沙为粮胜北番			鸡鸣驿	白天运、康鳌	梅迎春	348180	1176
8016	西汉文帝皇后窦姬的传说						348465	2704
8017	死武祥掐死活江洋				孟振东		348473	3904
8018	赠匾				王拴起		348410	533
8019	子路买瓜			衡水市	王长军		348496	3759

序号	篇名	民族	流传地区	采集地	讲述者	搜集者	数据库编号	字数
8020	黑帽子刘的传说		衡水城西一带	于衡水市郎子桥村	刘祥林		348461	701
8021	生吞活剥的张县尉		枣强城北滕村、宅村一带		孟繁举、张新贞		348460	663
8022	儿比爹大		武强及部分武强年画盛行地区		谷存良		348509	2760
8023	龙治河的传说			武邑县宋北雀村	宋石庄	李全根	348490	3231
8024	青龙山			贾村	张子强		348491	415
8025	桃儿						348505	3328
8026	龙母庙的传说						348481	703
8027	镇宅神鹰				路治国		348511	597
8028	帝王城			冀县黄庄村	李克风		348480	1420
8029	建塔					王立泉	348484	409
8030	送礼				宋欢乐		348407	615
8031	闹店				张士英		348403	2454
8032	喝不醉			衡水市文联办公室	安广恩		348498	1650
8033	神画				张朋武		348510	536
8034	贡桃			县农业局	刘锁住		348501	1007
8035	巧对石先生				焦明亮		348400	425
8036	张飞买米				李广增		348396	2150
8037	桃城古话				常殿忠		348475	377
8038	扑蚂蚱逗白马			深县位林村	袁老一		348432	686
8039	孙月楼的传说			衡水市	刘溪萍		348397	1979
8040	名传南京城			西马乡政府	李来义		348453	1583
8041	神女				路治国		348513	325
8042	单刀李拜师			县文化馆	郭占表		348433	238
8043	“眼镜程”三戏少林僧			辛集市礼门村	温兰双		348448	693
8044	杨米人到武强的传说				李海		348515	4393
8045	“扣碟菜”的来历					张占斌	348520	2409
8046	打盐兵				王瑞申		348458	670
8047	武侠王老越			衡水市呼家村	刘远兴		348443	640
8048	逆水漂来的铁菩萨		阜城码头、大龙一带	阜城县大龙湾村	张丁瑞		348494	1743
8049	端阳节门前插艾的传说		河北冀县一带	冀县四甫村	刘德兴		348517	905
8050	住店				左运普		348413	1647

序号	篇名	民族	流传地区	采集地	讲述者	搜集者	数据库编号	字数
8051	耿其善绝招胜洋鬼		深县辛集一带	辛集市礼际村	李庆学		348446	721
8052	请客				张东义		348415	2482
8053	红盖头			深县清辉头村	刘秀爽		348523	555
8054	“一得阁”传奇			文化馆	郭俊岭		348457	1750
8055	打官司				李志高		348421	3076
8056	怒辞大徒弟			程家村	程增月		348451	1173
8057	董仲舒的石像				孙彦章		348390	819
8058	半步蹦			文化馆	郭占表		348426	1717
8059	无头将军墓			景县八里庄乡	刘占华、胡印泉		348486	338
8060	孟老文下江南			前韩旺	大状	李善民	348444	1189
8061	拿官戏				郭宏正		348438	547
8062	尚王坟的传说			于衡水市文化馆	李功		348439	2177
8063	答骑驴人				张发		348412	2307
8064	魏探花的传说				冯秀清	丁洁	348436	1051
8065	拜师			县党史办	田人		348423	1081
8066	荀慧生要饭孝母				刘树合	吴万和	348462	438
8067	安平圣姑庙的传说				柴女		348479	1521
8068	珍珠翡翠汤		冀县一带	冀县四甫村	刘德兴		348466	1100
8069	趣联对陈官				陈方田		348409	2314
8070	滏阳河的传说			深县东石家村	李希泉		348476	1809
8071	桑姑救刘秀						348467	1671
8072	孝林夕照的传说				王氏	李兴福	348471	750
8073	明宪宗选娘娘的传说				靳锡岭		348391	586
8074	飞笔刘谦			小范	刘永欣		348442	1360
8075	酷吏“金扒皮”				邢东岭		348470	1040
8076	八骏图			小范	李文久	辰山	348514	395
8077	一棍长了女人志			深县西马	孟昭如		348430	1610
8078	大营皮匠供比干		枣强县大营一带	枣强县城	常金善		348506	308
8079	刘秀走国					张汝松、张群福等	348468	2326
8080	梧桐树与金凤凰		故城县郑口镇			李立深	348495	2157
8081	青山的传说		武邑县东半部		王玉怀	王海潮	348488	1037
8082	保镖			深县程家村	程增月		348454	587
8083	千顷洼的传说				蔡振满		348478	1356

序号	篇名	民族	流传地区	采集地	讲述者	搜集者	数据库编号	字数
8084	王震川威慑呆霸王		衡水大葛村一带			韩文胜	348447	5656
8085	晴雨图				范仲信		348508	742
8086	铁面州官						348441	585
8087	四大金刚砸教堂		冀县县城	冀县四甫村	刘德兴		348472	921
8088	神童孔颖达				马乃生		348456	604
8089	喂鸡叫咕咕的来历				王先女		348519	445
8090	少林寺比武			深县西马庄	孟昭如		348429	900
8091	智治侯旦儿				侯玲		348399	1336
8092	刘罗锅子和乾隆对诗句		冀县、枣强一带	冀县省立师范	张耀凯		348440	296
8093	写招牌				张士英		348406	2356
8094	借驴				张士英		348401	525
8095	数鸡蛋				李正杰		348414	437
8096	白龙滩						348395	679
8097	快班那狗日的				马占礼		348417	494
8098	王之涣与衡水老白干		衡水城内、河西街一带		傅新志		348389	2265
8099	都是喝人血的				李兰久		348419	661
8100	艺震英雄馆			深县南街	宋志洪		348428	1785
8101	结义合拳			深县南街	宋志洪		348427	2029
8102	好主意				郭景民		348422	833
8103	城门关时辩奇功			程家村。	程增月		348452	368
8104	没人味儿				焦明亮		348420	691
8105	义侠单刀降淫僧		故城县、景县一带		霍立庄		348463	719
8106	诓妻奔丧				李显详		348418	1281
8107	老石桥的传说			衡水市	刘石声		348477	1844
8108	我怕你				王铁檩		348416	1700
8109	拉塔					王立泉	348485	2328
8110	饶阳杂面进过贡				郭宏正		348503	3206
8111	清凉江龙王庙的传说						348489	2861
8112	杨翰林的传说			农民文化站	张顺义	魏长举	348459	636
8113	属相中的老鼠和牛			深县高古庄	耿四珍		348516	1002
8114	上梁贴红纸的来历				冀金锋		348522	268
8115	为什么木匠吊线用一只眼				冀金锋		348521	985
8116	腊八粥			深县大屯乡	王文彩		348524	1333

序号	篇名	民族	流传地区	采集地	讲述者	搜集者	数据库编号	字数
8117	关老爷显圣退清兵				张善修		348512	1393
8118	酒井		衡水、冀县一带		张保顺		348497	488
8119	魁星庄的传说						348492	667
8120	西太后与深州蜜桃			深县	张志来		348502	3462
8121	曹家牌坊纸糊的					王立泉	348487	1009
8122	锅塔					张海深	348483	1194
8123	打蛤蟆				贾铁民		348405	2482
8124	侯店毛笔的传说			衡水市侯店毛笔厂	张俊生	王文生	348499	1937
8125	卖“我”				左士杰		348404	1482
8126	逯杲的头为什么是木头的		安平县一带		马西良、崔石宗		348464	644
8127	盖京南刀抽盖京北			位林村	袁老一		348425	2238
8128	写状子				陈建堂		348411	519
8129	枪挑“土太岁”			深县体委	张国杰		348424	1852
8130	解村				李鱼		348469	1370
8131	贾岛和枫林村		河北景县故城交界一带		宛玉波		348435	477
8132	“留驾井”村名的来历			阜城县留驾井村	孙金锋		348493	290
8133	单臂抄石碾			南街	宋老洪		348431	304
8134	凤凰城下金鸡鸣			冀县南良乡文化站	赵铁、刘德兴		348482	1590
8135	神腿			深县程家村	程增月		348449	338
8136	景州塔的传说			景县文化馆	牟俊义		348474	1004
8137	考场巧对				张建祥		348402	1648
8138	为什么跟鸡叫“咕咕”		安平油子一带		刘敬然		348518	563
8139	劝架			王齐居	王玉良	李久旺	348398	580
8140	戏捉麻雀			南辛庄村	解胜章		348450	2694
8141	袁绍得失冀州的传说			冀县	刘广栋、朱九		348394	921
8142	关帝赐画				范仲信		348507	3287
8143	曹操纳贤破冀州		冀县南北一带		陈铁重		348393	837
8144	大力士孟老文						348445	943
8145	袁绍坐冀州的传说				孙孟强		348392	426
8146	还愿				张文丰		348408	1406
8147	冯连嗣跨轿				张海深		348437	1629
8148	西太后爱吃的杂面				郭宏正		348504	430
8149	刘秀赐桃名			深县北小召村	刘新未		348500	927

序号	篇名	民族	流传地区	采集地	讲述者	搜集者	数据库编号	字数
8150	惩师弟			西午村	宋广印		348434	2259
8151	推辞西太后，舍身壮中华			深县程家村	程增月		348455	1642
8152	临漳古代“八景”的由来						352688	1883
8153	老槐树下迁民的传说					李运生	352689	4310
8154	访“铜雀台”						352686	937
8155	黑龙庙的传说					张昭亮	352690	1456
8156	古柏传奇						352687	1282
8157	海瑞巧治冶河水				耿士臣	刘路敏	353091	688
8158	鸡的由来				赵芝	孟书心	353138	666
8159	茅神				孙满苍	徐奢	353075	602
8160	清明上坟的来历				徐大汉	崔分田	353109	986
8161	庙脊上的小庙				徐士珍	徐奢	353074	264
8162	门神				白云阁	徐奢	353112	1166
8163	粽子的由来				孙金元	孙俊英	353111	1651
8164	周仓庙的来历				刘全喜	刘正魁	353106	353
8165	董梁王坟里的石猪石羊成了精				徐斌	徐奢	353094	604
8166	舜帝				李文玉	李春喜	353072	786
8167	和尚为嘛念阿弥陀佛				张怀礼	崔分田	353121	797
8168	大年三十赵庄寨子庙				徐士珍、孙海苍	徐奢	353099	484
8169	人们为什么吃猪肉和羊肉					靳艳如	353136	475
8170	张果老为嘛倒骑毛驴					韩君红	353081	1291
8171	麒麟送子的由来					白如春	353115	287
8172	马氏吃土粪				孙鸣堂	徐奢	353149	682
8173	狐狸和公鸡					素平	353140	887
8174	苏东坡画扇				刘凯	徐奢	353087	731
8175	三皇姑出家				许艾姐	徐振坤	353079	386
8176	石宝对诗				曹洁如	曹家程	353090	772
8177	狼和鹿				高全芝	武全保	353142	1064
8178	尚书坟石狮子嘴里膏油的传说				张庆重	张明	353095	398
8179	韩湘子度韩愈				徐士珍	徐奢	353080	425
8180	包公为什么没脱生				郭小顺	郭建新	353086	1419
8181	水火不相容的由来				张更华	崔分田	353133	507

序号	篇名	民族	流传地区	采集地	讲述者	搜集者	数据库编号	字数
8182	束鹿县城迁移的传说				崔洛先	崔学信	353102	529
8183	“龙图”官名的由来					刘正魁	353085	739
8184	老虎、猫、老鼠					王中兴	353145	332
8185	大慈邑火神庙的传说				冯双月	丁从军	353098	606
8186	杨柳青名字的来历				许协庭	杜勤须	353104	699
8187	荞麦为嘛上不得供				孙鸣堂	徐奢	353132	562
8188	兔子尾巴为什么短				曹增山	黄敏格	353141	1005
8189	乌纱帽翅的来历				郭爱琴	贾红霞	353119	350
8190	遂城绝杨					石秀丽	353105	1293
8191	正月十五闹花灯五月十三路不平				路艮珠	路淑英	353117	346
8192	月缺月圆的传说				彭建波	谷青	353130	630
8193	狗熊为什么没尾巴					素平	353143	542
8194	石榴村的传说					李映	353108	1445
8195	枣树为什么长葛针					雅丽	353150	512
8196	鱼胶的来历				南俊山	南跃力	353127	570
8197	老虎、猴子和驴的故事			宜安	南秀凤	张建刚	353144	342
8198	吹糖人的师傅为嘛供奉刘伯温				孙凯	徐奢	353122	340
8199	包海夫妻害包拯					刘正魁	353084	510
8200	彩霞的来历				郑金彩	郑金力	353128	942
8201	八仙赴宴过蟠桃				孙申奇	徐奢	353082	726
8202	娶媳妇为嘛看日子				刘中素	张建刚	353125	718
8203	扫帚星的来历				崔分田	崔学信	353073	1643
8204	宫面名字的由来				石保泰、马兆龙	曹家程	353123	386
8205	梁阁老坟里的古柏——百鸟朝凤				孙鸣堂	徐奢	353096	2852
8206	擎天柱的来历						353129	991
8207	蒲城药王庙的传说					李彦峰	353097	559
8208	五穷日				徐士珍	徐奢	353113	1106
8209	徐达和他的黑虎铜锤				徐士珍	徐奢	353089	752
8210	五鼠闹东京						353146	647
8211	寿桃				关明	刘路敏	353124	1533

序号	篇名	民族	流传地区	采集地	讲述者	搜集者	数据库编号	字数
8212	王平章坟里的大石牌和大乌龟				孙凯	徐奢	353093	501
8213	人为什么能说话				张春辉	周国庆	353135	1032
8214	向日葵名字的由来				仝京华	杜勤须	353151	358
8215	“猫吼”的来历				南俊山	南跃力	353126	552
8216	孔子与子路				李永祥	李春喜	353076	457
8217	人不知足蛇吞象的来历					祁勤学	353134	478
8218	木兰为什么姓花					郝梅霞	353078	665
8219	天离地有多远				徐振坤	徐奢	353131	374
8220	跃龙山的由来				逯才风	岳永华	353107	719
8221	蚊子为什么吸人血						353148	352
8222	孝河					白如春	353100	553
8223	正月初五崩穷的来历				隋小云	高静	353114	409
8224	寒食节的来历					刘路敏	353110	577
8225	老土地休妻					褚秀霞	353120	1619
8226	公鸡脑子是嘛变的					翟会娟	353139	558
8227	正月为嘛不让妇女做针线				张金兰	张建刚	353116	673
8228	二十三糖瓜粘的传说					梁家庄	353118	392
8229	狗撒尿为嘛要抬一条腿				梁秀珍	刘士芳	353137	1006
8230	北京“都一处”饭庄的来历				耿士臣	刘路敏	353103	464
8231	老太爷看打球				靳正新	李殿敏	353092	745
8232	滹沱河名字的由来				胡美娥	徐同顺	353101	579
8233	王维买药求婚				徐瑞芬	徐瑞起	353083	414
8234	虎守杏林				李爱珍	刘冠军	353077	634
8235	老鼠和牛谁大					李志敏	353147	221
8236	朱元璋智请刘伯温				徐大汉	崔分田	353088	519
8237	吕洞宾三度岳阳		大宋、台南一带	后大宋	谢志增	霍俊贤	359772	2231
8238	崔老杀		任县大屯一带农村	大屯	宋顺意、贺三妮	宋德生	359776	863
8239	董文科落脚香港		任城镇一带	任县北街	董峻彪	孙华	359869	763
8240	苗尚书的故事		任县全县境		温春惠	袁成祥	359757	1049
8241	郭守雁的传说		任县王村、薄村一带	薄村	郭庆泽	宋德生	359870	2301
8242	碌碡城		任县一带农村	城镇西街	徐根志	孙华	359877	392

序号	篇名	民族	流传地区	采集地	讲述者	搜集者	数据库编号	字数
8243	落耳庄		任县城以东		霍春祥	袁成祥	359873	447
8244	刘秀的传说		任县一带农村	程家庄	程连进	孙华	359762	2750
8245	韩信逼母				刘秀仁	李文斗	359775	2847
8246	方进士买骡		任县城东		温春惠	袁成祥	359773	826
8247	苏百灵的传说		滏阳河流域一带农村	任县辛店、骆庄、固城、隆尧县东庄头	温春会、赵寿棋等	孙华、宋孟津	359761	1980
8248	关羽的脸为什么是红的					贾文鹏	359774	1791
8249	刘滋下江南				贾书庆	李文斗	359758	1180
8250	七岁秀才					李文斗	359769	2834
8251	张凯元审棉被					李文斗	359766	561
8252	陶弘景与“二丑”						359768	676
8253	苦菜的来历		任县、隆尧一带		王文礼	王海山	359764	2235
8254	杜拔宇		骆庄乡		刘昆存	袁成祥	359759	1917
8255	父受子罚				穆炳刚	李文斗	359770	797
8256	赵巡按的传说		任县、城关、大宋、固城等乡一带农村	任县东关、西街、后大宋	张春景、苗根志等	孙华	359756	700
8257	椿树王与紫桑椹		任县岭南一带农村	岭南村	孙凤敏	王海山	359763	4802
8258	花轿过桥为啥点炮					崔鸣岐	359876	508
8259	大闹顺德府		任县东北部农村	骆庄卫生院	温春惠	袁程祥李纪英	359868	10925
8260	猫为什么怕狗		任县农村	林家庄	林琦	孙华	359872	1006
8261	“天口”的来历		天口、北定一带农村	天口	孟彦文	孟近平	359874	603
8262	程尔寨的石狮子					柴计明	359871	7449
8263	寺保杨六郎		任县桥头、冯村、永福庄一带	桥头街赵明杰家	赵明杰	孙华	359771	928
8264	十里亭皇姑坟		任县十里亭、大屯一带农村	大屯村	崔春合	崔鸣岐	359875	575
8265	魏征斩小白龙		任县一带农村		宋顺意	宋德生	359760	1640
8266	魏征埝					李文斗	359767	957
8267	蝼蛄针					孙笑笑	359765	505
8268	帽山的两道深壕					王建平	360163	410
8269	杜家城口与“难见”		蔚县			高世仁	360089	979
8270	勇敢的牛娃		蔚县北部		魏英	杨玉荣	360159	303
8271	冬至祭窑神					王艳萍	360286	441

序号	篇名	民族	流传地区	采集地	讲述者	搜集者	数据库编号	字数
8272	白草山火烧石的来历					李哲	360174	365
8273	代王城夺集				刘建堂、郭仲银	安打胜	360101	363
8274	杨爷爷和杨奶奶的传说		蔚县			周清溪	360197	442
8275	“羊搏”与郝家坟				郭仲银、郭万录	郭宝祥	360273	499
8276	鱼甲山的传说		蔚县		王许	姚玉君	360169	205
8277	鸳鸯站的传说		蔚县、阳原、宣化一带			陈义山、段兴隆	360104	382
8278	魏二爷不怕鬼					祁祁文	360236	1178
8279	君子铺		蔚县		李校	董汝屯、郭翀华	360138	1485
8280	暖泉佛爷镜的来由		蔚县		周武	宋锦库、蔡桂荣	360190	291
8281	大固城的来历				贾备	杜文成	360120	306
8282	蔚州玉皇阁的传说		蔚县		马得草	孙保山	360186	1293
8283	马芳乞讨		蔚县		郭仲银	郭宝祥	360249	814
8284	山雀、家雀和喜鹊		张家口一带		剑锋	郭治涛	360209	388
8285	大德庄的康、朱、苟		蔚县		康许	郭宝祥	360124	220
8286	扁鹊的故事				郭万录	郭宝祥	360207	1147
8287	戚继光与南门子		蔚县		杨明	郭宝祥	360274	527
8288	魏象枢斗秏子		蔚县一带		梁作梅	宋尚学	360224	1038
8289	杨庄岭的传说		蔚县		余文品	余德洪	360132	904
8290	魏象枢修字				李泽民	郭治涛	360229	499
8291	过羊桥的传说		蔚县		余西	余德洪	360131	14147
8292	张飞写信粗中有细				李海荣	易金焘	360215	206
8293	松枝口两易村名		蔚县			张启维	360136	924
8294	魏象枢与大号		蔚县		姚贵兴	姚玉君	360235	666
8295	住了打鼓光吹号				余文敏	余德洪	360133	999
8296	三瞎捞的窗花上天了		蔚县		仰继	徐俊峰	360374	281
8297	壶流河底为啥没石头		壶流河流域			赵富山	360140	349
8298	杨容芳卖窗花狼也让路		蔚县		仰继	徐俊峰	360360	457
8299	西马庄的石桥		广灵、蔚县		王吉林	郭治涛	360125	505
8300	俺家有不散的戏		蔚县		仰继	徐俊峰	360380	224
8301	县官巧断“十字河”				郭保祥	严增和	360141	705
8302	为单通出气		蔚县		焦新斌	徐俊峰	360370	461
8303	会叫的蜘蛛		蔚县东部		沈之会	徐俊峰	360302	1963
8304	灯节玩大头和尚的传说					任玉德	360279	246

序号	篇名	民族	流传地区	采集地	讲述者	搜集者	数据库编号	字数
8305	九龙湾与捉蛛湖		蔚县		李明汉	王喜荣	360152	5400
8306	挂灯与拜年					陈义山	360277	213
8307	白马神的来历		蔚县			罗秀清	360116	208
8308	蔚县窗花的美						360386	652
8309	宝龙山的来历		蔚县、阳原		高桂香	高桂美	360154	1228
8310	徐达修蔚州城				郭万录	郭宝祥	360262	645
8311	牛没有上牙的传说				袁俊文	梁建华	360306	270
8312	马芳的耳朵为啥是秃的		蔚县、阳原、宣化			郭宝祥	360248	342
8313	单疙瘩下葬龙女		蔚县			白永龙、杨根品	360165	319
8314	赖皮草的历来		蔚县		张桂花	司建荣	360296	570
8315	蔚县城是兔城的由来					宋尚学	360096	228
8316	牛头山的传说				曹玉明	陈贵祯	360157	931
8317	龙垛石		蔚县		张录	刘寨	360171	247
8318	连年有余		蔚县		田永翔	徐俊峰	360356	1182
8319	老鼠告状				何七	何鹏	360307	423
8320	王老赏穿错了袍子		蔚县		仰继	徐俊峰	360329	429
8321	后台寺前松林的传说				王荣	姚玉君	360191	902
8322	三斗半米与一堆灰				周琪	徐俊峰、田永翔等	360341	1564
8323	能吸人的蛇		蔚县，涿鹿县		徐守信	徐俊峰	360304	242
8324	双头人		蔚县		周孝	徐俊峰	360331	701
8325	发云寺		小五台山一带		李明全	王喜荣	360192	566
8326	茶山的传说		蔚县		李明贞	董汝屯、郭翀华	360151	829
8327	金脖泉的秘密		蔚县		郭正义	郭宝祥	360094	250
8328	割周孝的尾巴		蔚县		周琪	徐俊峰	360352	1060
8329	关公出世				仲全尚	王建平	360214	1126
8330	窗花换毛驴的故事				周孝	王玉祥、徐俊峰等	360348	704
8331	蛇的传说		蔚县一带		仲财	袁树清	360303	797
8332	红谷咀村的来由		蔚县北部		王国保	王建明	360110	966
8333	傅山隐居蔚县的传说					魏诚	360267	482
8334	大石头梁的传说		蔚县北部		孙尚录	王凤英	360108	971
8335	日本友人与蔚县窗花		蔚县		田永翔	徐俊峰	360320	630
8336	大石头梁		蔚县北部			陈鲜花	360107	398

序号	篇名	民族	流传地区	采集地	讲述者	搜集者	数据库编号	字数
8337	关云长路经石门峪		蔚县		王尚礼	张江	360269	178
8338	鸳鸯站的传说		蔚县			陈英梅	360105	1720
8339	康家坟与风神庙的传说		蔚县		郭满发	郭翀华	360201	351
8340	美丽的蔚县窗花						360387	1525
8341	南衙门吞吃共合店				韩林	郭宝祥	360271	492
8342	对诗		蔚县		田永翔	徐俊峰	360384	1710
8343	鞭杆崖		蔚县		剑锋	郭治涛	360176	1040
8344	魏象枢巧运煤		蔚县境内		杨金宝	姚玉君	360237	1579
8345	猴子和蚂蚱分地盘					王敏	360311	993
8346	韩庄子过年的传说				袁百年	梁建华	360127	220
8347	将军沟和饮马沟				许学梅	罗友	360166	352
8348	沙洼					钱玉莲	360114	257
8349	蔚县剪纸为啥用刀刻		蔚县		田永翔	徐俊峰	360317	225
8350	杜家城口前的代王		蔚县	北水泉镇招待所	赵文章、毕玉	姚玉君	360090	873
8351	牛精与牛头山		蔚县北部		魏英	杨玉荣	360158	221
8352	老虎是兽中之王的由来		蔚县一带		王明春	李春军	360213	953
8353	陈槐跳城壕		蔚县		杨容芳	徐俊峰	360319	1450
8354	辛落塔的传说		蔚县		董汝屯	郭翀华	360119	409
8355	磨盘山为啥全是黑石头		蔚县、阳原县		李早	司建荣、张桂花	360156	1031
8356	红裙崖		蔚县		田进文	郭治涛	360177	2677
8357	王老赏拜师周瑶的故事		蔚县		田永翔	徐俊峰	360322	601
8358	圣水泉		蔚县		崔具	刘寨	360173	642
8359	龙背和蜘蛛坨的传说		蔚县		刘乐	李春军	360178	945
8360	莲花池		蔚县			赵玉莲	360117	2964
8361	一出《铜雀台》惊动蔚县城				周孝	王玉祥	360344	1713
8362	张飞只怕一字				许元奶	许元英	360216	251
8363	任承恩撑“亮子”		蔚县		杨容芳	徐俊峰	360318	499
8364	西马沟趣闻		蔚县、阳原			周存广	360126	506
8365	光棍买窗花		蔚县		田永翔	徐俊峰	360372	561
8366	刘秀的传说		蔚县		李全员	牛永青	360208	887
8367	谷子的传说		蔚县境内		李三	李玉君	360299	738
8368	糕头的由来					陈义山	360287	310
8369	周永明的刀子		蔚县		仰继	徐俊峰	360355	1280

序号	篇名	民族	流传地区	采集地	讲述者	搜集者	数据库编号	字数
8370	征昀脱口成诗的传说		蔚县			王玉祥	360266	577
8371	在数的难逃		蔚县		郭仲宦	郭宝祥	360219	365
8372	程咬金骑马追音		蔚县		赵文章	徐俊峰	360146	625
8373	四十里黑风洞的传说		蔚县			夏志强	360183	2885
8374	小光棍做梦				刘桂英	王玉祥	360383	555
8375	周琪的窗花不愁卖				周孝	王玉祥	360345	2570
8376	易相南的传说					陈义山	360258	281
8377	爬杈子与王老赏		蔚县		周孝	徐俊峰	360325	376
8378	凭天掉下一项银		蔚县一带		宋文泰	宋尚学	360226	423
8379	三周比艺的故事				周孝	王玉祥	360347	405
8380	外乡人买窗花		蔚县		焦新斌	徐俊峰	360375	301
8381	王老赏哥仨		蔚县		周孝	徐俊峰	360326	286
8382	“美盲”找对象		蔚县		宗有财	徐俊峰	360371	331
8383	王老赏的传家宝		蔚县		焦新斌	徐俊峰	360336	264
8384	俺这是技术革新		蔚县		仰继	徐俊峰	360367	320
8385	王老赏教子		蔚县		焦新斌	徐俊峰	360337	194
8386	布谷鸟的故事		蔚县		易金焘	李海荣	360314	263
8387	父与子				周孝	王玉祥	360334	205
8388	五台山的砖，羊驮上山		蔚县		杨富贵	王喜荣	360143	390
8389	周瑶拜师翟家的传说				杨容芳	田永翔	360321	325
8390	王老赏的窗花样子买不完		蔚县		周琪	徐俊峰	360327	1182
8391	蔚县人与山西洪洞县				郭万录	郭宝祥	360095	226
8392	十三太宝李存孝		蔚县			武新山	360275	569
8393	马芳怒除刘三霸		蔚县		王红枣	李春军	360250	871
8394	曹老四与二王的传说				周琪	王玉祥	360324	435
8395	太子梁与人皮鼓的传说				郭正伦	郭宝祥	360091	404
8396	袁天罡与李淳风				郭万录	郭宝祥	360220	363
8397	魏尚书的童年		蔚县		郭万录	郭宝祥	360243	653
8398	白蘑菇的传说		蔚县、广灵		田广	韩剑华	360294	2982
8399	周琪染窗花不看样子				周孝	王玉祥	360346	247
8400	葛葛邓邓董大董黄啦				郭满发	郭翀花	360135	674
8401	盖庙的兴起与郭子仪				郭万录	郭宝祥	360218	246
8402	智慑狐狸精		蔚县			袁树清	360234	424
8403	和尚与聚宝盆		蔚县		余文敏	余德洪	360203	423

序号	篇名	民族	流传地区	采集地	讲述者	搜集者	数据库编号	字数
8404	三疙瘩洼		蔚县			赵玉荣	360109	600
8405	就需要绿		蔚县		周琪	徐俊峰	360353	807
8406	寒咕虫身上没毛的由来				葛成满	赵富山	360212	1402
8407	人山的传说						360168	230
8408	贾郡马与大固城		蔚县		郭仲句	郭宝祥	360121	441
8409	七里茶房与魏象枢				郭宝祥	顾胜勇	360230	194
8410	俅媳妇贴窗花		蔚县		仰继	徐俊峰	360379	401
8411	魏象枢哭殿		蔚县一带		梁作梅	宋尚学	360225	830
8412	四字夺魁首				程玉山	程少林	360255	444
8413	挂钟山		小五台山一带		张宏祥	李涌	360144	179
8414	争胡子		蔚县		宗有财	徐俊峰	360358	863
8415	吉庆有余		蔚县		焦新斌	徐俊峰	360369	480
8416	六郎洞				余文敏	余德洪	360198	1478
8417	甜馍馍的习俗					陈义山	360289	662
8418	人参娃娃		蔚县、涿鹿县		胡玉凤	徐俊峰	360293	262
8419	凤凰台与方观承		蔚县及周围邻县		周之悦、周希福		360257	567
8420	重台寺小和尚升天的奥秘				郭万录	郭宝祥	360147	198
8421	蔚州陈大胆					姚玉君	360264	752
8422	蝼蛄的腰为啥中间细		蔚县		马得草	孙宝山	360211	258
8423	灶王爷前供麻糖				剑锋	郭治涛	360282	211
8424	挂钟山的传说		小五台一带		杨富贵	王喜荣	360145	547
8425	魏尚书与“五魁首”				刘桂英	王玉祥	360245	317
8426	讲故事				刘桂英	王玉祥	360351	401
8427	魏象枢与壶流河		蔚县一带		魏贵全	姚玉君	360238	939
8428	方观承进京		蔚县一带		程玉山	程少林	360254	301
8429	燕子的传说					王敏	360310	393
8430	将无项的秘密		蔚县		焦新斌	徐俊峰	360349	295
8431	南山脚下血溅沟的来历		蔚县		韩孝远	韩红英	360184	1225
8432	磨盘山的来历		蔚县		魏兴	魏瑛	360162	706
8433	王琴一天一出戏				周琪	王玉祥	360332	837
8434	专等大年三十这一天		蔚县		焦新斌	徐俊峰	360373	1181
8435	五十四根胡子出了名		蔚县		仰继	徐俊峰	360357	260
8436	牛斗虎		蔚县北部		杨天元	张国保	360160	5269

序号	篇名	民族	流传地区	采集地	讲述者	搜集者	数据库编号	字数
8437	海眼、猪八戒和铁李拐的故事		蔚县		赵文章、毕玉	姚玉君	360088	1000
8438	猫捉耗子		蔚县		焦新斌	徐俊峰	360368	356
8439	周永明逛庙会		蔚县		焦新斌	徐俊峰	360354	258
8440	魏象枢与易相南		蔚县、宣化一带			程少林	360246	848
8441	香头画样		蔚县		周孝	徐俊峰	360339	749
8442	照猫画虎		蔚县		仰继	徐俊峰	360362	511
8443	观移寺的传说		蔚县			王藻	360193	414
8444	魏尚书和李天官		蔚县		仲财	王建平	360242	209
8445	“赵九缸”的传说		蔚县		仲清	袁树清	360265	733
8446	李富配黑色一祥样有		蔚县		仰继	徐俊峰	360363	402
8447	联庄会与旱蛤蟆				郭正义	郭宝祥	360272	462
8448	二黑小子与黑龙古佛		蔚县、宣化、涿鹿		尹贤斌	李莲凤	360202	581
8449	“公道巷”的传说					张怀	360098	291
8450	易相南看功夫				李泽民	郭治涛	360259	326
8451	《海神庙》与《访白袍》		蔚县		周琪	徐俊峰	360335	654
8452	武大爷接送魏象枢		蔚县城一带		魏贵全	姚玉君	360240	368
8453	涧北村卖堡门大家齐心		重泰寺一带			张江	360123	482
8454	马芳坟上的石马				冀中来	郭宝祥	360251	159
8455	抛剪破木		蔚县一带		阮云清	宋尚学	360228	364
8456	耗子四条腿的由来		蔚县一带		梁作梅	宋尚学	360227	1004
8457	凤凰山的由来		蔚县、阳原、宣化		许建清	许风香	360182	658
8458	过目不忘				郭满发	董汝屯、郭翀华	360233	371
8459	雷霹山		蔚县		张录	刘寨	360172	683
8460	神王八		蔚县北部		王太美	王林魁	360103	356
8461	南安寺塔的传说		蔚县		郭家芝	陈义山	360189	312
8462	秫秫皮的故事		蔚县		孙贵全	王建平	360301	462
8463	小五台山的来历		蔚县		张福来	张保忠	360142	598
8464	芦子草的传说		蔚县		孙贵权	王建平	360295	337
8465	七月十五送面人的由来				剑锋	郭治涛	360284	385
8466	“小呆瓜”不呆		蔚县			徐俊峰	360333	278
8467	王老赏托梦真灵验				刘桂英	徐俊峰、王玉祥	360342	284
8468	全家买窗花		蔚县		焦新斌	徐俊峰	360330	1013
8469	王守业给父亲丢脸				周琪	王玉祥	360338	409

序号	篇名	民族	流传地区	采集地	讲述者	搜集者	数据库编号	字数
8470	台党参的传说		蔚县		赵文章	徐俊峰	360292	367
8471	武大爷告魏象枢				仲全尚	袁树清	360239	169
8472	上梁的故事		蔚县一带		王庭掌	宋尚学	360285	184
8473	肩头的灯又亮了					韩兴奎	360232	542
8474	“二月二龙抬头”的由来					杨正菊	360283	402
8475	大南山上药材多的由来		蔚县		樊玉林	姚玉君	360291	770
8476	蚯蚓没有眼睛的传说				李远	李文秀	360312	524
8477	王老赏卖窗花死一处				张儒	徐俊峰、王玉祥	360328	411
8478	蝙蝠为啥夜间飞行				张山	张建国	360313	924
8479	蔚州进宝				程玉心	程少林	360223	216
8480	金鸟与黄腊					王照	360316	1383
8481	喜鹊为啥“三伏”不喝水					郭宝祥	360210	397
8482	平安岭与马刨泉		蔚县、阳原、宣化		尹贤斌	李莲凤	360134	342
8483	营子堡鞑子营					陈光俊	360113	332
8484	古代城堡内的老槐树				张秀兰	李根	360092	558
8485	魏象枢与四十里黑风洞				张珍	田永翔	360222	524
8486	鸳鸯离婚了		蔚县		焦新斌	徐俊峰	360366	136
8487	王焕刀下不留情		蔚县		仰继	徐俊峰	360364	347
8488	周琪的《下河东》				周孝	王玉祥	360343	254
8489	赵家咀村与白马将军					田少利	360112	274
8490	父子会		蔚县		焦新斌	徐俊峰	360378	337
8491	吃三鲜		蔚县		焦新斌	徐俊峰	360381	841
8492	王大肚与王老赏		蔚县		宗有财	徐俊峰	360361	359
8493	凤凰泉		蔚县北部一带		袁春生	袁永君	360106	441
8494	蝶猫富贵		蔚县		周琪	徐俊峰	360359	675
8495	黑胡子为啥是整一块		蔚县		焦新斌	徐俊峰	360323	271
8496	白爷庄六个堡的来历				苏吉园	郭翀华	360122	981
8497	牛大人庄的由来					周清溪	360128	716
8498	王寡妇巧怀孕		蔚县		袁国	徐俊峰	360382	137
8499	腊月廿三的传说		蔚县		杨作鸿、王鸿宝	李春军、宋尚学	360281	941
8500	北水泉的来历		蔚县、阳原、宣化		张蕴力	武进枝	360102	750
8501	“方老奸”害蔚州		蔚县		李明贞	郭翀花、董汝屯	360205	446
8502	暖泉镇的泉水		蔚县		剑锋	郭治涛	360099	373
8503	逢驾岭的来历		蔚县			宋尚学	360118	281

序号	篇名	民族	流传地区	采集地	讲述者	搜集者	数据库编号	字数
8504	蔚县婚礼习俗		蔚县		滑文莲、王文彩	姚玉君	360290	647
8505	凤凰城的传说		蔚县		仲全尚	袁树清	360181	296
8506	一吃饭三打扮		蔚县		杜顺喜	杜万印	360305	418
8507	壶流河的来源		蔚县		许全美	张虎	360139	540
8508	为啥先要吃糕头		蔚县		许朗	袁树清	360288	398
8509	凤凰城的传说						360180	632
8510	代王城内的金宝泉					姚玉君、余德洪	360093	335
8511	卜家庄为啥没叫蚂		蔚县西部			张江	360270	435
8512	南张庄的窗花卖得欢		蔚县		田永翔	徐俊峰	360365	349
8513	百家寨的弯腰树与聚宝盆				郭仲银	郭宝祥	360137	382
8514	南关城壕石吊桥的来历		蔚县		郭正义	郭宝祥	360097	521
8515	四两不如半斤好				郭万录	郭宝祥	360268	1019
8516	宝龙山的传说		蔚县		王金山	王金花	360155	350
8517	孩窝		蔚县		董占国	郭治涛	360175	982
8518	灶王爷的传说						360280	316
8519	蔚县城的水				郭万录	郭宝祥	360263	647
8520	“醴泉涌”的来历		蔚县		周希福、张恩	周清溪	360130	139
8521	文曲星		蔚县		孙贵权	王建平	360244	204
8522	让鬼由笑变哭				韩喜顺	韩兴奎	360231	308
8523	乌龟峰的传说		蔚县、阳原、宣化			王月萍	360167	547
8524	唐王游地狱				剑锋	郭治涛	360217	422
8525	李天官偷酒盅				郭仲银	郭宝祥	360247	483
8526	过年贴对联的传说		蔚县		宋登高	宋占领	360276	833
8527	王喜洞的传说		蔚县、涞源县		薛全	章春	360153	238
8528	捉羊顶鹿		蔚县		周棋	徐俊峰	360350	344
8529	方观承下蔚州		蔚县一带		程玉山	程少林	360253	395
8530	龙池沟				梁世孝	梁肃文	360164	189
8531	磨笄山与代夫人		蔚县			韩兴顺	360149	399
8532	东沟站、西沟站		蔚县		李明贞	董汝屯、郭翀华	360150	218
8533	“大花翎”的传说		蔚县		仲财	袁树清	360261	300
8534	红谷咀村的来历		蔚县				360111	209
8535	老君观前的石狮子		蔚县西部		剑锋	郭治涛	360194	321
8536	牛大庄的牛大人				郭万录	郭宝祥	360129	391
8537	杨六郎一箭射三川				田永翔	郭宝祥	360199	1318

序号	篇名	民族	流传地区	采集地	讲述者	搜集者	数据库编号	字数
8538	王守业扛长工		蔚县		周孝	徐俊峰	360340	328
8539	蔚县城后寺和南关大寺的兄弟钟		蔚县		李春志	郭宝枝	360188	460
8540	少家峪的蜘蛛精				剑锋	郭治涛	360148	1856
8541	为啥过年要点“照天草”				仲财	袁树清	360278	1167
8542	知州赐名夹道沟		蔚县		仲全尚	袁树清	360115	184
8543	大烟花		蔚县		韩有功	郭翀华	360298	465
8544	方观承上任以后				程玉山	程少林	360256	515
8545	风雨庙		蔚县		郭满发	郭翀华	360200	943
8546	姑奶奶庙的传说				田永翔	陈淑琴	360195	265
8547	黑石岭的把总				赵文章	郭宝祥	360185	547
8548	七星山的传说				程玉山	程鸣	360179	427
8549	蔚县的“皇粮堆”		蔚县		张丙库	郭治涛	360206	200
8550	十八堂和尚的魔法				郭仲银	郭宝祥	360204	1081
8551	谷子的传说		蔚县		袁春连	袁善隆	360300	408
8552	暖泉买集					郭宝祥	360100	467
8553	老君洞		蔚县西部			王艳萍	360196	187
8554	“咕咕虫”的传说					曹秀荣	360309	1700
8555	马为啥没苦胆					谢忠	360308	531
8556	魏象枢与江南人		蔚县		仲全尚	王建平	360241	413
8557	寺儿山的传说		蔚县、阳原、宣化		仲财	仲美芸	360161	880
8558	康熙小五台山认父				刘玉英	王玉祥	360221	173
8559	戏人子勇斗没头鬼		蔚县		田永翔	徐俊峰	360376	561
8560	河神庙与玉皇阁的传说		蔚县			宋尚学	360187	151
8561	方观承在张家口		张家口一带		董汝河	程少林	360252	599
8562	易相南卖土		蔚县		郭仲银	郭治涛	360260	581
8563	大烟花		蔚县一带		宋秉发	宋占领	360297	415
8564	贴窗花的学问				刘建平	王玉祥	360377	338
8565	人身上为啥有虱子				仲英忠	袁树清	360315	550
8566	尹家坟的传说		蔚县		张录	刘寨	360170	1016
8567	兔子和猴子				刘石华	言午	367738	479
8568	状元拜师						367716	960
8569	街巷除害						367724	4043
8570	天寺台的来历		天寺台一带		熊才	熊占全	367703	753

序号	篇名	民族	流传地区	采集地	讲述者	搜集者	数据库编号	字数
8571	击毙伪所长						367720	918
8572	三擒三纵						367709	780
8573	放帐						367713	592
8574	腊月二十三吃糖瓜				张得银	周福志	367734	1505
8575	承教师兄						367706	1522
8576	威震十八村						367711	3322
8577	巧摆“空城计”						367723	1419
8578	不收你这徒弟				刘鹏江	刘鹏江	367717	2371
8579	夜布迷魂阵						367722	904
8580	腊八粥				麻兰义	张天、李汉	367732	644
8581	智取敌炮楼						367726	814
8582	弃官从民						367719	662
8583	鸡和蛋				张孟奇	张德恩	367739	1597
8584	好西瓜和坏西瓜						367710	1284
8585	正月十五闺女回娘家				李会翠	曹胜田	367733	1091
8586	彼得丢丑						367714	609
8587	灶王爷				麻兰义	张天、李汉	367731	748
8588	二十块大洋						367712	887
8589	随机应变						367728	444
8590	突袭清风店						367721	1231
8591	寒食节的由来		望都许庄一带		张进财	周福志	367735	466
8592	奇袭警察所						367725	833
8593	刀除恶霸						367718	759
8594	水托城				王怀贤	溪水	367704	743
8595	石头遇“鬼”						367708	1013
8596	小孤山				崔焕彩	孙美洲	367705	747
8597	二郎沟·双凤桥				刘连宝	刘文红	367702	873
8598	拳打板垣						367715	765
8599	九龙河的传说		望都西部一带		白老臣	周福志	367701	1026
8600	狗和猫				阎国华	张国祥	367736	1469
8601	苍蝇的传说				刘锡庆	杨俊乔	367737	1052
8602	信任						367727	1152
8603	钻板凳						367707	1009
8604	西南合伏击战				张奇珍	周福志	367729	570

序号	篇名	民族	流传地区	采集地	讲述者	搜集者	数据库编号	字数
8605	相士				苏狗尔	周福志	367730	1314
8606	魏征访妻			王庄	王顺心	王恒伏	368679	266
8607	四百白王八小				赵胜堂	潘忠禄	368700	1555
8608	哑巴坑				芳丽	张超智	368710	1563
8609	黄金谷和龙爪谷			保健站	田心示	潘忠禄	368697	1407
8610	王莽赶刘秀的故事				阎尊贤、薄群爽等	张超智	368701	1058
8611	刘全进瓜			李庄	张桂林	张超智	368682	1693
8612	龟驮城的故事				赵志谦	张超智	368707	763
8613	张角除妖			酒厂	曹玉春	詹大勇	368688	1239
8614	张角撒豆大鏖兵			傅庄	傅木新	傅恒杰	368690	970
8615	魏丞相卖盆			孟家庄	赵金堂	赵胜堂	368677	1447
8616	魏征斩白龙			李庄	张贵林	张超智	368681	1191
8617	张角行医				段玉林	詹大勇	368685	1602
8618	张角巧使离间计			西冯寨	吴自树	潘忠禄	368692	1809
8619	对对儿请青天				田连朝	潘忠禄	368676	2512
8620	张角计诛关良				许立功	张立德	368693	900
8621	刘关张的眼			西冯寨	甄士成	潘忠禄	368695	633
8622	一只朝靴				廖栖风	张超智、潘忠禄	368705	1526
8623	魏征的传说				孟欣		368675	2465
8624	闯王过巨鹿			闫町乡	阎寿贤	张超智	368704	2575
8625	郑板桥的故事				魏辛志	张墨元	368706	1248
8626	魏征巧答对联			水利局	忠刚	王麟本	368678	2114
8627	魏征宝谷			木匠庄	张爱琴	张忠信、张超智	368680	615
8628	黄金山的传说			纸房	蔡德水	蔡志超	368684	2121
8629	张角断杖造反			财政局	张俊生	张民	368689	1084
8630	张角巧得天书			孙老得家	孙老得		368687	1783
8631	误宿贼店		巨鹿城东一带		丁心银	王恒伏	368694	2055
8632	紫花不紫		巨鹿城北一带		黄改花	潘忠禄	368696	2057
8633	桑梓铜马				吴自树	潘忠禄	368674	1324
8634	为啥不供关公				吴士珍	潘忠禄	368698	1593
8635	张绍先的传说				张章全	张超智	368702	989
8636	杀关麒张角收妻			机械厂	王心和	王恒伏	368691	664
8637	堡子城的传说				武振荣	张超智	368708	1618

序号	篇名	民族	流传地区	采集地	讲述者	搜集者	数据库编号	字数
8638	除瘟疫救民出水火			机械厂	甄士云	付恒杰	368686	821
8639	张角的来历			西冯寨	田采水	潘忠禄	368683	3050
8640	十香菜			南张庄	张志文	张超智	368699	380
8641	秋望古城				程柴民	张慧中	368709	731
8642	康熙寻父				张桂林	张超智	368703	548
8643	江城为什么没城		满城县东		田宴堂	田珍	379532	976
8644	鸡鸣台		清苑，望都一带		魏甫祥	冯铸鑫	379501	762
8645	腊八粥的来历		保定市及周围各县		阮焕章	刘正祥	379388	676
8646	刘守庙		保定及河北一带		王印泉、林景文等	尤文远、任廷山	379432	573
8647	大坎下为啥纪念六月十三		满城县大坎村		阎友才	高树义	379394	1162
8648	眺山		满城县周围		王老开	王金波	379514	519
8649	碉堡借枪				高振峰、张英	冯铸鑫	379454	2445
8650	皮匠的祖师		保定市		王印泉	肖钦鉴	379417	831
8651	中山王		满城县		杨静珍	赵忠义、张军平	379506	1871
8652	端午节插艾的来历		冀中一带		阮焕章	刘正祥	379393	2353
8653	小汲店		保定城西		李国杰	张金旺、杨爱红	379488	1373
8654	白运章包子的传说		保定		戴维时、马鸿宾等	石林、李国栋	379403	1979
8655	仙戏班		满城县西部山区		芦宗尚	高树义	379449	1151
8656	糖瓜粘糕祭灶的来历		河北省及其他各地区		张玉箱	张今慧	379389	965
8657	白玉桥		保定		冯秉琪	石林	379422	686
8658	抓炒鱼				任云章、赵鹤年	肖钦鉴、要志明	379405	1872
8659	大慈阁		保定市及周围各县		王鹤鸣	刘正祥	379418	4729
8660	满城的由来		满城县境内		崔琪	崔凤英	379505	368
8661	乾义面粉公司的传说		保定市		王印泉	肖钦鉴	379416	1327
8662	不如亭		保定市		王爽、冯秉琪	石林	379423	1487
8663	保定酱菜的传说		河北保定一带		李宝隆、王印泉	肖钦鉴	379400	909
8664	清水河的传说		清苑县		霍子礼	常启亮	379495	1478
8665	寡妇桥		河北保定		王印泉	肖钦鉴	379481	1437
8666	大车村		保定西郊		苗老旺、孙长荣	薛保勇	379487	477
8667	灵雨寺和泰山行宫		保定市		王印泉	尤文远	379471	643
8668	访舜桥		满城		李洛庆	林喜清	379508	1119

序号	篇名	民族	流传地区	采集地	讲述者	搜集者	数据库编号	字数
8669	城隍爷搬家		保定		张振山	霍文元	379468	1318
8670	相府胡同和于公祠		保定一带		郄金生	尤文远	379466	1849
8671	贵显胡同		保定市		阮焕章	刘正祥	379464	762
8672	罗成庙的传说		满城		要立成	要志明	379530	734
8673	黄鹤楼的传说		冀中一带		阮焕章	刘正祥	379456	534
8674	除妖猪		满城山区		王振林	高树义	379445	777
8675	金线河		满城		李洛庆	于正清	379511	2226
8676	白洋淀的传说		白洋淀一带		杨文玉、王克强	刘正祥	379458	412
8677	鞭打仙人		满城县		曹洛印	曹秀琴	379547	526
8678	聚宝盆		满城山区		朱光华	段春红	379542	609
8679	王八坑		满城县西庄乡		李大海	郝增	379545	792
8680	和尚沟		满城县周围		崔琪	崔凤英	379520	1185
8681	太平崖		清苑		张云飞	浩歌	379504	892
8682	一溜撮儿		满城柳佐乡		李才	王金波	379516	1047
8683	妇女抄纸的由来		保定郊区		李孝、杨树义		379414	1059
8684	赑屃驮碑的传说		易县		尚红英	杨辛生	379540	2665
8685	石龙		满城西部山区		芦宗尚	肖钦鉴	379451	1977
8686	黄毛泉		满城县西		王洛俊	赵国辉	379537	2037
8687	古井贡酒的传说		保定地区		周长明	孙佐培	379411	672
8688	二郎庙的传说		满城		史金友	史建	379529	1038
8689	西汉彭越墓的传说		清苑县南唐河一带		王福增、霍保义等	郑汉青	379493	5590
8690	正定大佛寺的传说		保定、正定、深县		李秀峰	李仕相	379457	679
8691	“太公在此，诸神退位”的由来		京津保一带		张发	张体才	379395	943
8692	土埋城的传说		满城县东		要世杰	要志明	379533	1198
8693	铜帮铁底运粮河		保定市		赵瑞年	赵忠义	379479	1341
8694	金蛤蟆		清苑县西部		冯老冬	冯新杰	379544	670
8695	“麻婆豆腐”和“相先生豆腐”				任云章、赵鹤年		379407	1467
8696	黄米坨		满城县西部山区		王振林	高树义	379448	1230
8697	莲池碑文的传说		保定市		王爽	石林	379425	399
8698	出云洞		满城抱阳山一带		郭振峰	张军平	379438	1191
8699	门神爷的来历		冀中一带		阮焕章	刘正祥	379390	746
8700	宫保鸡丁				任云章、赵鹤年		379406	2182

序号	篇名	民族	流传地区	采集地	讲述者	搜集者	数据库编号	字数
8701	白肉罩火烧		保定一带		程恩厚	刘正祥	379404	5247
8702	龙居		满城西部山区		赵金钟	赵建军	379386	524
8703	赶山鞭		保定一带		王印泉	肖钦鉴	379382	970
8704	二郎担山赶太阳		满城县		范金花	崔凤英	379377	488
8705	看守禹王船		满城县西部地区		毛寿之	边守道、刘广郁	379380	413
8706	秀水长流		保定		王印泉	任廷山	379460	961
8707	保定府的大列瓜		河北中部		王洛贵	王晨旭	379376	1105
8708	百家的葛针一直刺		保定郊区和清苑县		王印泉	张今慧	379502	504
8709	除夕扔芝麻秸的由来		满城一带		何老陷	杜春楼	379391	1104
8710	紫云寺和青竹庵		清苑县		周复元	王树林	379497	2025
8711	哄小孩说“老鸣子”的来历		满城县西部山区		赵开	赵寿坤	379397	2287
8712	杨遂庙		保定市		陈瑞章	肖钦鉴、要志明	379475	762
8713	正月十六烧柏树枝的来历		满城县		范金花	崔凤英	379392	551
8714	寡妇桥和孝子坟		保定市		戴维时	石林、李国栋	379485	1479
8715	吃东西噎住揪耳朵的来历					崔凤英	379396	4354
8716	南关大桥		保定市		王印泉	肖钦鉴	379480	2053
8717	打幡和打狗棒的来历		保定市东南郊		顾增贵	张立军	379398	1149
8718	没有顶枝的古柏		保定一带		孙锡臣	王儒宗	379427	1991
8719	七之谜		满城、方顺桥		边仁山	边守道	379509	957
8720	老人对望		满城西部		黄新	赵国辉	379549	720
8721	保定铁球的传说		河北保定一带		阮焕章	刘正祥	379401	1213
8722	方上村的蝈蝈为什么不叫		满城县东北部		万老敬	万宝林	379543	1130
8723	小儿庙		河北满城一带		田金豹	王国标	379507	1618
8724	顶戴花翎的传说		易县		尚红英	杨辛生	379541	1096
8725	抄纸村与蔡侯节		保定西郊		李孝	赵忠义	379412	2333
8726	侠老一智斗日军官		清苑冉庄魏村一带		杨辰江	冯铸鑫	379453	965
8727	拒上天		满城县西		郗阳生	张文东	379446	1503
8728	龙母三娘庙		满城县		王老国	边守道	379441	649
8729	蔡伦造纸		保定西郊		李孝		379413	2225
8730	筛漏泉		满城县西		赵文奎	石光伟	379538	750
8731	鲁班显圣		保定		部兴武	叶家强、张体才	379420	1682
8732	明珠窝		满城		段志远	边守道	379439	375
8733	保定大财主袜子孙		保定一带		戴维时	石林、李国栋	379415	1537

序号	篇名	民族	流传地区	采集地	讲述者	搜集者	数据库编号	字数
8734	为什么鸡叫三遍天才亮		满城县北部		范金花	崔凤英	379378	725
8735	大小青和滴水塘		满城		边仁山	边守道	379442	499
8736	一亩泉		保定市区和满城一带		张志远	尤文远	379435	679
8737	燕子李三和大旗杆		河北保定		齐振和	王国标、石林	379428	800
8738	神星石		满城神星		王老景	刘广郁	379384	972
8739	莲叶托桃		保定及河北部分地区		杜全	肖钦鉴	379421	1365
8740	三绝碑		保定		王爽、黄舜等	石林	379426	2039
8741	淮军公所的影壁		河北保定		王印泉	肖钦鉴	379433	612
8742	为啥下雨就刮风		满城县北部		阎友才	高树义	379381	795
8743	张燕公读书堂		满城		边仁山	边守道	379440	1323
8744	九龙河的传说		清苑		曹占河	翟建新	379498	766
8745	金坡洼蝈蝈		满城县中部		米老卜	米立功	379437	3925
8746	尉公村的传说		满城		石玉祥、石联科	刘霞飞	379531	744
8747	荷花仙子					贾万金	379424	1724
8748	一亩三分地		保定市		王刚	赵忠义	379490	837
8749	欢乐佛的传说		承德市		孔庆德	李仕相	379455	595
8750	寡妇桥和广福桥		保定		赵瑞年	赵忠义	379483	1066
8751	草桥庙		清苑草桥一带		李王氏	刘继敏	379500	1023
8752	八宝山		满城县北一带		崔琪	崔凤英	379519	1781
8753	荷包营		保定		白凤岐	任廷山	379459	880
8754	蜜罐儿柿子		满城西部山区		李清芝	靳文亚	379409	1234
8755	屠夫庙		保定市		吕萌	刘正祥	379467	1222
8756	火烧万广寺		清苑		周复元	翟建新	379499	1473
8757	纱帽胡同		保定市及周围各县		阮焕章	刘正祥	379463	370
8758	凤凰山		满城县周围		王立祥	王金波	379515	1453
8759	地下神兵		清苑冉庄		高振峰、张英	冯铸鑫	379452	775
8760	神星塔		满城县北一带		景石头	石书玲	379522	1425
8761	苦难姻缘		保定		孙书田、张振兴	李文信	379482	698
8762	红头山		满城北部		万老敬	万宝林	379517	1264
8763	齐角龙		满城县西部山区		芦宗尚	边守道	379450	1561
8764	台鱼的传说		满城西部		李福瑞、李国堂	李春云、浩渺	379527	1153
8765	三疙瘩怀与马刨泉		清苑县		李兰增	浩歌	379503	967

序号	篇名	民族	流传地区	采集地	讲述者	搜集者	数据库编号	字数
8766	龙王庙		满城西部山区		李老正	李新战	379387	482
8767	魁星阁		清苑县西部		王耀先	王树林	379496	1185
8768	保定大旗杆		保定市		李秀峰	李仕相	379430	1285
8769	八宝嘴		满城神星一带		李金山	李占其	379518	696
8770	红关帝庙		保定市		王鹤鸣	刘正祥	379470	1926
8771	八丈高的卧佛寺		保定市		阮焕章、秦明达	张军平、赵忠义	379472	2727
8772	马池村		保定市郊区南大园乡		张金生	王兰亭	379486	3547
8773	白玉山上的石头因何直立		满城县西		李明国	米立功	379523	978
8774	唐家胡同		保定清苑一带		绍昌	杨进道	379465	427
8775	石马坟的传说		清苑县东南部		姜秀英	浩歌	379494	707
8776	“散仙”杨遂庙		保定市		齐振和	石林	379474	1119
8777	支锅石和钓鱼台		满城县西		赵洛明	赵国辉	379524	890
8778	元宝胡同		保定市		阮焕章	刘正祥	379462	657
8779	龙潭庙		保定市		李清华、顾洛厚	赵忠义	379473	639
8780	龙生虎奶的楚霸王		河北一带		刘长祥	刘正祥	379383	1769
8781	龙门		满城龙门		阎春林	李占其	379525	1007
8782	米阳山		清苑米阳村		张五九	李庆恒	379489	1274
8783	兔儿坡和蛤蟆窝		满城县神星一带		张志明	孙小立、李庆恒	379521	942
8784	石狮子为什么总是龇着嘴乐		保定西部一带		崔洛玉	崔连生	379551	494
8785	三王坟的传说		满城方顺桥		周义君	边守道、边惠英	379534	394
8786	姚马成唱戏		满城县		王老国	边守道	379443	896
8787	花子鸡				任云章、赵鹤年		379408	1347
8788	三个爪的狮子		满城县西南		徐洛榆	杜春楼	379510	3137
8789	金鸽泉		满城西一带		张洛景	张金龙	379536	678
8790	曹锟花园		保定		部兴武	刘雨艳、张体才	379434	3654
8791	月亮和太阳		保定西郊一带		刘兰芹	高爱英	379379	1780
8792	保定大慈阁		保定市		常凤祥	冯秉琪	379419	1336
8793	石人报恩		满城县		杜克辉	陈淑媛	379546	872
8794	大旗杆上的圣水		河北保定		段炳章	石林	379429	584
8795	三媒六证的来历		冀中一带		阮焕章	刘正祥	379399	660
8796	龙虎争地盘		满城神星		王作如	李占其	379385	461
8797	夫妻石		满城县西部山区		宋连地	张莲芳、靳文亚	379548	769

序号	篇名	民族	流传地区	采集地	讲述者	搜集者	数据库编号	字数
8798	清苑县的传说		保定、清苑		范耕余	赵忠义	379491	2024
8799	马家老鸡铺卤煮鸡的传说		保定一带		马学勤	刘正祥	379402	846
8800	镇河塔		保定市		赵亮、李明亮	赵忠义	379478	386
8801	金疙瘩坟		保定市		李洛常	赵忠义	379477	907
8802	卧牛石		满城县		赵子全	赵忠义	379444	1079
8803	中山王选墓地		满城中南部		米老卜	米立功	379436	639
8804	五尧西瓜		清苑五尧、白团、中冉乡一带		刘德合	周文革	379410	1057
8805	鸣霜楼的铁钟		保定市		杜全	赵忠义	379431	1295
8806	秀水胡同		冀中一带		王印泉	刘正祥	379461	600
8807	虫王庙		一亩泉、南奇一带		李保华	张海江、宋海	379476	2982
8808	仙姑坟		满城县西一带		卢泽辉	高树义	379447	848
8809	五道庙和方观承		保定市及周围各县		王鹤鸣、王怀贤	刘正祥	379469	348
8810	八个寡妇修桥		保定市		张业文	耿保仓	379484	847
8811	丹朱和金猪		满城方顺桥一带		边仁山	边守道	379513	1845
8812	尧天舜日·五风十雨		满城方顺桥一带		边仁山	边守道	379512	874
8813	阳城与尧帝的传说		河北清苑、望都一带		王洛贵	王晨旭	379492	558
8814	戏娃的传说		保定、清苑一带		任玉明	任玉明	379550	1204
8815	黑龙泉		满城县东		孙青	温福祯	379539	1092
8816	假粮台的传说		满城县东一带		刘喜	温福祯	379535	1466
8817	贤台的传说		满城县		田珍、赵子全	高树义、赵忠义	379528	1454
8818	双龙打赌		满城县周围		王洛开	李红实、刘广郁	379526	750
8819	桥古寺的传说				张敬、王喜祥		382141	562
8820	糖瓜祭灶				马军、刘旭	赵英、罗群英	382155	909
8821	田家庄之战				周瑞辉		382088	758
8822	十二属相为什么没有猫				宋广荣		382159	784
8823	郭老四的金脑袋				李宝玉		382089	832
8824	孤胆英雄大战衣巾村					张秀芝	382087	493
8825	“铁罗汉”张常发				张玉梅	冀鹏	382083	2698
8826	媒人的由来				赵印	赵丽	382148	642
8827	刘罗锅		新城涿县一带		安玲、全作军等	梁国民	382112	376
8828	王莽赶刘秀				曹淑匣	赵新洪	382097	1179
8829	点地成金				杨乃文	刘秀荣	382103	335

序号	篇名	民族	流传地区	采集地	讲述者	搜集者	数据库编号	字数
8830	马官屯				马克义	马强	382133	588
8831	杨七郎为啥是黑花脸		新城县一带		刘振友、许传宾	刘广海	382144	2446
8832	包公额头上为什么有月牙				王义明	王全	382100	930
8833	猫和狗				刘安泰	刘金水	382161	390
8834	八堵墙与鸭子渠		新城县一带		李芳	张丽英	382129	470
8835	鱼鹰与金鱼				李赵氏	刘振涛	382156	1171
8836	无私的典史				叶凤鸣	刘丽	382111	715
8837	锄				白梦更	白泉升	382149	1373
8838	梅兰芳养鸽				焦贵术		382118	869
8839	鸡的由来				刘泽全	杨光明	382165	994
8840	古槐				董华	董艳	382121	466
8841	猫为什么逮老鼠			新城县白沟高桥	李立臣		382160	1519
8842	大铺村名的得来				李氏	褚德朋	382132	340
8843	猫的怨恨				王国占		382157	1599
8844	紫泉桥				赵玉奎	赵振	382134	2188
8845	仁孝子				张拱辰		382082	284
8846	蒲松龄拒请				刘玉梅		382117	931
8847	痛打高二柱				王树义		382081	1523
8848	老包与猫				陈树平	贺连平	382158	907
8849	苍蝇的由来				杨素芹	杨永兴	382168	4216
8850	张之洞慧心应对悦慈禧					张拱辰	382116	721
8851	诸葛亮的羽毛扇				许传宾	刘广海	382098	242
8852	乌鸦的来历				李玉林	弓萃红	382166	542
8853	孟良与孟良营			孟良营村	刘字汉、郭华等	梁国民	382142	1280
8854	抗日英雄杨铁				于伯州		382086	5475
8855	鲁班夺魁				王世福	文艺欣	382092	1017
8856	解甲营				常树芬	吴海英	382105	4852
8857	乔刘凡		新城县西北部		罗宝珍	千英	382126	839
8858	肃顺吃亏				曾士林	陆海虹	382115	1935
8859	是大收，不是大叔				胡凤龄	罗振德	382106	1933
8860	为什么狗见猫就掐				吴德荣	刘文忠	382162	1067
8861	乾降下江南				金作军、钱树堂等	梁国民、张拱辰等	382113	712
8862	唐伯虎断案				钱树堂	冀鹏	382108	360

序号	篇名	民族	流传地区	采集地	讲述者	搜集者	数据库编号	字数
8863	魏忠贤			新城县白沟乡高桥村、泗庄乡田庄村	李俊杰、王赫亭	梁国民、王书骅	382107	702
8864	过年贴对联的由来				王玲		382151	652
8865	七颗红痣				田万林	田彬	382110	453
8866	法律的由来				陶涛		382096	386
8867	朱国富打擂				桑士然	张金铎、一心	382084	830
8868	高碑店的由来				胡庆元、杜胜林	胡志新、杜金红	382119	647
8869	马垡				王生	王利荣	382104	1454
8870	墨斗上“师母”的来历				王世福	文艺欣	382093	889
8871	蔺相如答考题				钱树堂		382094	896
8872	孔子与项橐			新城县白沟镇	张占田	梁国民	382091	7265
8873	镇虎寺的和尚——罢了				姚恕、李明远		382125	1212
8874	东马营				黄国安		382140	350
8875	解缙巧对曹尚书				张耀冠、张拱辰		382109	595
8876	姜子牙的传说			涿县师范学校内	安玲	梁国民	382090	648
8877	报答				王虎生		382085	1090
8878	白沟河与白沟镇			白沟镇	吕守英、全作军	梁国民、吕可新	382137	696
8879	六十花甲子，不死就活埋				吴德荣	刘文忠	382147	688
8880	李白与崔颢				钱树堂		382099	582
8881	迷魂阵·杨家营地·马量道					孙秀兰	382143	584
8882	王祥卧鱼		新城县一带		周仁	龚永山	382145	571
8883	一斤皴与衣巾村				周春和	丁伟	382130	547
8884	响水桥		新城县高碑店一带		胡庆元、刘万全	胡志新、康杰	382122	523
8885	“台中旺”村的传说				景德兴	景春革、董艳	382127	422
8886	宋徽宗坐井观天			白沟镇中	全作军	梁国民	382138	1161
8887	麻雀为什么这样叫		新城县白沟镇一带		王亮		382164	354
8888	刘庄				焦贵术	王斌	382139	354
8889	驴过河时为什么要撒尿				王秀林	卢红艳	382163	1663
8890	衣巾村				孔广生、赵刚	赵国胜、孔宪成	382131	1096
8891	中秋节的由来				胡风龄	罗振德	382153	564
8892	响水桥		新城县高碑店一带		杨宝庭	陶涛	382123	673
8893	再捞一捞				赵颜	张丽英	382152	632
8894	兔子尾巴为什么短				齐峰		382167	1182

序号	篇名	民族	流传地区	采集地	讲述者	搜集者	数据库编号	字数
8895	康辛庄					徐强	382128	1294
8896	紫泉河与顺河楼				韩福	韩金亭	382135	575
8897	响水桥传闻				阎善	小舟	382124	517
8898	门插官				李益		382150	738
8899	马村河的故事				姚喜、刘永瑞等	张洪群、贺连莘等	382120	3696
8900	人到六十就活埋				杜丽平		382146	2070
8901	玉佛		新城镇一带		林绍增	张迎九	382136	1184
8902	纪晓岚巧解“老头子”				郎宝印	白泉升	382114	9803
8903	刘伯温修北京城				李兴甫、全作军等	梁国民、罗振德等	382102	1218
8904	兔子喊冤				赵岭		382101	5118
8905	义和团的大师兄张德成		新城县东马营一带	东马营赵张村	张孝先、张良	王斌、梁国民	382080	662
8906	苏秦计赚刺客				焦贵术		382095	1097
8907	腊八粥				葛连生	冀鹏	382154	1944
8908	王羲之嫁妹		冀西一带		严德海	严立新	384288	297
8909	盖皇印		行唐北部一带	上方乡文化站	张栓榜	张彦芹	384299	975
8910	“空水缸”和“莲花池”		行唐一带	魏全平家	魏全平	王宏志	384308	603
8911	赵匡胤耕耙鸿门寺				卢兵林	祝建立	384290	447
8912	朱洪武杀牛		行唐一带	道子家	赵道子	赵二喜	384292	726
8913	留旨		行唐城东一带	魏金山家中	魏金山	王宏志	384297	599
8914	葛仙庄与养马坪			南桥	严绍先	严立新	384302	580
8915	鱼胶的由来		行唐北部一带	县防疫站	严坤	杨荣国	384328	859
8916	真武顶与肠沟		行唐西北部山区	王才家	王才	季文学	384301	583
8917	中秋节月饼里的红绿丝			本村地头上	王混合	王莉英	384318	768
8918	石牛的传说		上连庄一带	东彩庄王玉、贵家中	王玉贵	赵军良	384304	681
8919	大年初一为什么放鞭炮				杨明文	张建华	384326	1559
8920	康熙考问纪晓岚				严少荃	严登峻	384300	1603
8921	十二属相的传说		行唐一带	孔令仁家	孔令仁	王大偏	384320	2113
8922	神树村的传说		行唐县西部山区	崔玉从家	崔玉从	崔战	384307	552
8923	白草叶上的红条纹		行唐一带	赵筐子家	赵筐子	赵二喜	384316	425
8924	“黄呼儿咕咕”来历			贾庄乡政府	王秋国	宏志	384313	547
8925	《西游记》为啥一百回				张祥竹	严登峻	384291	923
8926	朱洪武葬母		行唐北部山区	杨家庄乡政府大院	仇国仲	杨荣国	384293	479

序号	篇名	民族	流传地区	采集地	讲述者	搜集者	数据库编号	字数
8927	出世		行唐县和阜平县一带	任清聚家	任清聚	殿敏	384296	613
8928	龙角的由来		行唐一带	孔令仁家	孔令仁	王大偏	384321	890
8929	坟头上插幡的由来			张胜利家院内门口	张盛利	田青法	384323	723
8930	牛王庙的传说				杨振才	张建华	384310	470
8931	赵家坟的传说				赵金生	胡玉白	384309	1423
8932	煮木瓜		行唐县平原一带	张氏家中		乔英军	384314	666
8933	闺女出嫁用照妖镜的由来		行唐北部一带		高根顺	胡玉白	384325	510
8934	张果老成仙		行唐北部	张盛利家	张盛利	张彦芹	384286	559
8935	臭椿树挂“牌子”		冀中一带	王全喜家	王竹妮	王莉英	384287	580
8936	唐尧访贤		行唐县山区		杨之	杨平	384284	506
8937	“狗官”的来历			讲述人家里	杨吉柱	杨荣国	384289	638
8938	真武下山			刘青海家	刘青海	李殿敏	384285	802
8939	鸡落山的传说		北部山区	邢喜成家	邢喜成	崔海敏	384306	929
8940	戴凤冠的来历		行唐北部一带		张盛利	乔英军	384324	577
8941	李自成与金香炉				严德海	严登峻	384295	1294
8942	杨公忌的由来		行唐一带	齐村大队	李吉丑	康焕军	384327	648
8943	赐对联		行唐县北部一带	乡文化站	张栓榜	张彦芹	384298	435
8944	点火绳的由来				顾秀章	李殿敏	384329	676
8945	凤凰山的传说		行唐县玉亭乡一带	王学文家	王学文	刘荣珍	384305	691
8946	鳌鱼山上的柏树		行唐山区一带	秦台乡南岗底村树林里	李占鳌	杨荣国	384317	1097
8947	小白谷的奇传		行唐北部山区	八里庄村	田太寿、刘总路	田青法	384311	417
8948	“咪咪”念经				苏文秀	李文刚	384319	1257
8949	人死后为什么哭		行唐县北部山区	邢尊武家	邢尊武	田青法	384322	673
8950	刘伯温上坟服诸葛		行唐北部山区	胡玉白家	赵保国	胡玉白	384294	437
8951	黄金茶黑心儿的来历		太行山中	张志祥家	张志祥	李殿敏	384312	483
8952	枣树为啥长刺儿		行唐北部一带	郝吉山家	郝吉山	郝秀玲	384315	889
8953	“二龙戏蛛”的传说		下阎庄乡一带	下阎庄乡北郤凹村、西坡上	祁老丰	李军校	384303	932
8954	一代名旦——“猩猩血”				董满贵、刘玉凤		389046	929
8955	蔚州灯影的传说				薛义		389057	1203
8956	“河南红”下蔚州				勾沛		389045	2472
8957	慈禧太后看戏				刘玉凤、董满贵		389040	2264
8958	《杀子报》引起的风波				刘桂英		389054	709

序号	篇名	民族	流传地区	采集地	讲述者	搜集者	数据库编号	字数
8959	“二大胆”的来历				李西录		389047	366
8960	“活吕布”无意娶“貂婵”				董满贵		389049	488
8961	看假成真				刘桂英		389053	1063
8962	“翎子黑”误场不露差				勾沛		389043	951
8963	董福上北京				高才进		389044	626
8964	“盖七省”进京当师爷				辛祥		389038	1582
8965	“盖七省”巧难名鼓师				刘桂英		389039	525
8966	“千元黑”誓胜“活严嵩”				勾沛		389041	1223
8967	康五子气走“疯子红”				郭维香		389050	464
8968	“翎子黑”戏班盖蔚州				辛祥		389042	522
8969	侍郎官看蔚县秧歌				徐才		389059	640
8970	“活金枝”的传说				郭玉千		389048	5701
8971	对台戏				杨德福		389055	480
8972	演假戏结成新姻缘				段玉仙		389052	490
8973	《白水滩》戏的由来				辛祥		389056	2039
8974	“穆瓜丑”演活《拾玉镯》				康德成		389051	603
8975	“灯影黑”的来历				薛义		389058	797
8976	梨园祖师爷的传说		蔚县		辛祥		389037	699
8977	阿君庙的来历					王海艳	393515	2585
8978	仙石红娘					高秀丽	393549	2106
8979	老鼠的传说					王东枫	393581	5084
8980	南蛮子的传说					刘海清	393574	1399
8981	白娘的故事					邵玉斋	393513	1657
8982	洗美河与喝美泉					邵明杰	393511	4750
8983	虎、狼和松树墩					郭育才	393553	739
8984	虎女					杨占国	393508	2033
8985	猫狗不和的由来					赵秘	393579	1820
8986	斩知县					韩起荣	393507	1039
8987	石女峰					郭玉阁	393518	5168
8988	五指山的传说					王会东	393561	2368
8989	锁龙山的传说					杨占国	393510	945
8990	“姑姑鸟”的传说					张玉华	393551	7145
8991	华侗遇狐仙					郭玉阁	393522	8024
8992	鸡和蛋是怎样产生的					高建华	393552	1615

序号	篇名	民族	流传地区	采集地	讲述者	搜集者	数据库编号	字数
8993	乌龟甲为什么一块一块的					常玉存	393554	1072
8994	响水洞					王东枫	393577	2498
8995	李三的传说					赵秘	393562	2696
8996	药王轶事					张国中	393521	542
8997	庄窠村的传说					刘云风	393516	1901
8998	玉镯湖					郭玉阁	393504	686
8999	白蟒山的传说					苏俊田	393500	862
9000	塔沟、都山和园石的传说					杜青然	393555	5680
9001	孤山的传说					李长树	393573	4078
9002	安哥与云妹					杨占国	393502	709
9003	喜鹊姑娘					郑书艳	393547	1796
9004	摇金沟的传说					殷雨安	393583	4397
9005	青龙女和樵夫					张树民	393575	1627
9006	望海娘娘庙的传说					刘海清	393569	1010
9007	“百鸡山”的传说					赵连城	393576	1105
9008	刘锁成仙记					李明科	393542	4330
9009	担心他儿饿我儿					李琪林、韩起荣	393512	923
9010	满族姓氏的传说					杨贺春	393556	2028
9011	马傻子挖参					张保学	393501	4654
9012	青龙河的由来					李西昆	393503	4771
9013	铁瓦乌龙殿的传说					张保学	393499	6769
9014	卧龙槐		董家庙乡一带	王申科家	王申科	刘长林	393602	7951
9015	文庙趣话		南宫市区	贾金泽家	贾金泽	冀清江	393604	868
9016	鄚州高粱		南宫东部一带	讲述人家中	张世五	刘长林	393605	2822
9017	王家井的传说		南宫东南部	讲述人家	李英祥	王桂霞	393599	1870
9018	龙王会		南宫城西一带	进修学校	范巧兰	刘连源	393603	1363
9019	孙思邈的故事		南宫东部	讲述人家	张信良	赵志鸿	393592	1415
9020	姊妹塔		南宫东部农村	电影院	赵换菊	温振东、王庆朝	393597	3288
9021	白圭的传说		南宫东南部	讲述人家	李其锁	王桂霞、李继章	393588	783
9022	扁鹊的传说			大寺王村	王洪信	王志庆	393590	590
9023	刘秀和晒衣村		南宫城南一带	齐屯村	齐凤山	齐继林	393595	2067
9024	金南宫银南宫的传说		南宫北部农村	宋村	张雨亭	张明梧	393596	541
9025	少年赵三多的故事		南宫、威县一带	邢台	阎玉凤	温振东	393594	1040
9026	赵匡胤的传说		南宫市区	冀佑和家	冀佑和	刘连源	393589	754

序号	篇名	民族	流传地区	采集地	讲述者	搜集者	数据库编号	字数
9027	铁佛头的来历		南宫城乡	南宫文化馆	阎芳波	赵魁山	393600	1730
9028	丧事轶闻		南宫市东南一带	刘风刚家中	刘风刚	李培昌	393606	1634
9029	王莽赶刘秀的传说		南宫城北一带	冀佑和家	冀佑和	刘连源	393591	1554
9030	悬空村的传说		南宫东南部农村	垂阳村	李秀石	张金镛	393601	407
9031	南宫地名拾趣		南宫东南一带	前镇南村	谷金榜	张奇臻	393598	3981
9032	解缙的故事		南宫西部地区	讲述人家	冀佑和	刘连源	393593	1743
9033	十二生肖为什么鼠排第一				吴永兴	董占民	409444	554
9034	知恩图报					伦洪波	409453	656
9035	义和团的传说（七篇）					张喜丁	409466	1008
9036	仁义胡同				高春	张军、惠铁林	409457	2338
9037	石翰林“以一当十”					伦洪波	409448	3585
9038	名医孙思邈的故事				曾宪章	赵庆江	409447	13668
9039	大肚子弥勒佛为啥总是笑				惠兴	惠铁林	409450	1245
9040	蚯蚓为什么怕太阳				董田	天柚	409437	2405
9041	苦菜的来历				葛秀英	赵庆江	409436	2489
9042	无税庄的来历					张喜丁	409440	1238
9043	朱青天智除范铭楼					唐向荣	409458	915
9044	“棋盘山”的由来					伦洪波	409443	642
9045	岩山塔和横山井					惠铁林	409455	2018
9046	相公庄的来历					张喜丁	409439	1155
9047	虎撑子的来历				曾宪章	赵庆江	409454	2984
9048	白狗为啥没人爱养					林玉	409445	2029
9049	孙思邈的传说				纪振成	董天祥	409451	2867
9050	清官石维岳的传说					唐向荣	409464	814
9051	刘家洞					张喜丁	409441	817
9052	五子山的传说					王自治	409442	1979
9053	武林高手宋殿元的故事				夏林	唐向荣	409462	1187
9054	太监曹吉祥的传说				李文	唐向荣	409460	1083
9055	龙王升天，知州升官				陈才	唐向荣	409465	926
9056	游知州连破滦州三怪					唐向荣	409461	535
9057	王尔烈巧对乾隆					赵立国	409459	600
9058	卢龙塔的传说				郑旭东	张艳玲	409456	9460
9059	大魔术师韩敬文的故事				王宝善	赵庆江	409468	1191
9060	滦河红鲤鱼的传说				史海	赵庆江	409438	4323

序号	篇名	民族	流传地区	采集地	讲述者	搜集者	数据库编号	字数
9061	王清任巧治烂喉痧				吴玉瑞	赵庆江	409452	2486
9062	“铁头”张将军的故事				新宝横、新效合	张军	409463	3329
9063	薛礼箭射虎头石					伦洪波	409446	2566
9064	秃尾巴老李的传说				杨文臣	伦洪波	409449	2533
9065	滦州起义的传说					唐向荣	409467	3647
9066	陡河英魂——节振国遇难记					赵立国	409469	542
9067	回族“宰牲节”的来历			高头村	莱阿訇	程建平	410538	485
9068	刘秀和蝼蛄		无极城西一带	无极史村	赵胖小	赵兰榜	410490	552
9069	窦王坟		无极县西一带		高红义	高秀敏	410515	251
9070	老包断砖		无极县境内		靳林志	刘国立	410499	464
9071	回民为什么不吃猪肉		无极城西一带	高头村	莱阿訇	程建平	410537	716
9072	牛为什么没了上牙		无极县城南一带		崔帮林	杜永齐	410535	666
9073	高头清真寺宝瓶的由来					殷增敏	410509	255
9074	人为我，我为人		本村		赵正民	赵荣素	410510	1243
9075	马为么好蹋后蹄		无极城北一带		杨老从	杨志杰	410489	1455
9076	雷大刀的传说		无极县一带		雷混成	张跃中	410507	379
9077	老包要走县无鸡		无极县城西一带		程佳妮	李亚玲	410502	313
9078	老包巧断碾盘案		无极县		苏清润	吴普忠、李国荣	410498	1555
9079	张清世和碑楼子的传说		无极城东一带	朱家庄	张耀武	张国庆	410508	524
9080	菜瓜地		无极县城北一带	无极县东后乡北合庄村		金毅国	410526	602
9081	地平井的传说		无极县城附近村庄	县文化馆	刘山风	吴普忠	410512	342
9082	老包审旋风		无极县	高头村	殷增敏	赵贵生	410496	3203
9083	木刀沟的由来		无极城北农村	无极县里城道村	刘永红	王会泳	410513	264
9084	药王庙的传说		无极县大陈村附近	大陈村	蒲东福	蒲红林	410521	1407
9085	过年为嘛挂灯笼		无极、郭庄一带	马村		邢玉杰	410541	540
9086	为什么黎明一阵黑		无极农村		卢吉庆	卢国权	410503	542
9087	药王显圣		郭庄一带	村上街头	杨老杰	杨士欣	410522	928
9088	何家坟的传说		无极县农村	无极县甄村乡高家庄	张老玲	朱贵学	410517	392
9089	庄稼官——张子清				谷东林	裴永志	410506	747
9090	南流甄娘娘的传说		无极县东北一带		马宗礼	刘凤明	410491	537
9091	九阶龙母庙		无极县南、藁城县北一带		谷东林	裴永志	410518	588

序号	篇名	民族	流传地区	采集地	讲述者	搜集者	数据库编号	字数
9092	苏家坟之谜		无极县西藁城县滹沱河以北	东市庄村	李书银	孟瑞起	410516	5394
9093	狗和猫为什么不对眼		无极县大陈镇附近农村	大陈村	苏会	张同英	410530	677
9094	老包断双尸		无极县一带		崔素钗	李花	410495	562
9095	丹顶鹤红冠的由来		南方一带		鹤凤翔	程建平	410531	311
9096	土疙瘩的传说		无极县城南一带	无极安城	郄书然	陈敏罗	410525	552
9097	鸡冠花的来历		无极县城北农村	石家庄村	王恒志	石进双	410536	631
9098	回族大年初一吃面条的来历		全国回民居住地区	无极高头村	菜阿訇	程建平	410539	304
9099	鱼胶的由来		无极东北及保定一带	南流乡彭村	刘志勇	刘国明、张建民	410534	1491
9100	南候坊大疙瘩的由来		无极县城西半部县	南候坊村	杨小雪	杨敬敏	410523	2131
9101	滋河内套四十里				孙小欧	孙建章、吴普忠	410514	280
9102	麻绳菜为什么不好晒死		无极城北一带	无极大户村	张玉敏	翟增毅	410533	595
9103	“里家庄”的由来		无极县东南一带	里家庄	魏印海	魏勇军	410527	345
9104	西葫二籽		无极县全县	大陈村	万占梅	蒲双平	410542	292
9105	玉石牌坊的传说		无极城关一带	西关	刘长林	成丛罗	410511	503
9106	神奇的白马山		无极县城西北一带	北侯坊	杨金锁	杨彦蕊	410524	574
9107	解缙的传说		无极县农村	南流乡呈现村	刘巨德	刘英民	410504	488
9108	腊八日的由来		河北无极县城西一带	北虎	李从改	王苏艳、程建平	410540	287
9109	高陵“汉国庙”		无极县城北一带	高陵村		郭兰英	410520	248
9110	高陵总五道和汉王城的来历		无极一带	本村家中	杨老从	杨志杰	410519	1261
9111	张子清耙平小洪寺				谷东林	裴永志	410505	891
9112	猫为什么先吃饭后洗脸		无极县城北农村		陈增欣	石进双	410532	790
9113	“咕咕”和“咯嗒”的由来		无极县北部农村		张胜杰	蒲欣棉、石进双	410529	242
9114	罗成死在淤泥河		本县广大农村		李娟宝	赵书海	410492	947
9115	老包审鸡蛋		无极县北一带		蒲连山	蒲双平	410501	674
9116	老包审碌碡		本县		刘国立	翟增毅	410500	390
9117	老包巧断窃钱案		无极县西北部		刘同刚		410497	840

序号	篇名	民族	流传地区	采集地	讲述者	搜集者	数据库编号	字数
9118	“王家庄”的由来		无极县城北一带村庄	王家庄		刘采宜、保力	410528	286
9119	老包赶考				苏清润	贾敏肖、吴普忠	410493	441
9120	老包断古盆		无极县境		靳林志	刘国立	410494	369
9121	错罚土地爷		临城一带	黑城中学	刘吉会	胡爱军	410687	974
9122	瓷仙的传说		临城县一带	郝庄	张风山	张金祥	410722	758
9123	蝼蛄救真主		临城境内	黑城中学	李军山	宋连香	410694	1507
9124	蛤蟆桥的传说		黑城一带	竹壁村	陈风岗	窦文奇	410714	697
9125	巧思写对联		黑城一带	黑城中学	刘吉会	胡爱军	410688	517
9126	金鸡垴与普利塔		临城一带	孟家庄	岳清树	梁建华	410703	400
9127	突围遇皇岗		黑城北部一带村庄	西牟村	窦风琴	莹雪	410691	1127
9128	四大城的传说		黑城一带	黑城中学	刘吉会	文奇	410697	666
9129	拧劲柏		临城西部山区	孟家庄	梁建华	杨建海	410706	829
9130	王霸墓的传说		临城县一带	郝家庄	张风山	李秉文、张金祥	410708	1099
9131	摞摞石		临城西部山区	赵庄	王小军	王金钟	410720	1898
9132	黄龙潭和黑龙潭		临城西部农村	郝庄中学	张金祥	魏书申	410704	672
9133	“六十洞”的传说		临城县一带	侯家韩	候增祥	侯风录	410712	988
9134	中贾村的上马石		临城县贾村乡一带	陈刘庄	李秉文	刘永宽	410717	1527
9135	洞房泼墨		临城境内		刘春芳	庞清漳	410685	750
9136	耕马救刘秀		黑城一带	黑城中学	刘吉会	爱军	410695	1354
9137	妙手惊画师		临城县境内	王心传家	王心传	赵小群	410689	743
9138	访贤悟真理		临城境内	李家韩钱雪芬家	钱雪芬	山丰	410682	678
9139	戏楼的传说		临城县岗西一带	崔风楼家	崔风楼	路军、俊峰	410718	1086
9140	点乳哄小儿		临城境内	陈刘庄	刘集成	刘永宽	410686	1010
9141	画扇济贫民		临城境内	临城东街	王克非	真珊	410683	1807
9142	普利塔的传说		临城境内	孟家庄	梁建华	王海珍	410715	2919
9143	驾迴的由来		临城西南大部分农村	贾村书杰家	冯延荣	马树杰、李国珍	410709	559
9144	花山变灰山的传说		临城西部一带	郝庄	张风山	张金祥	410711	1413
9145	圣井		临城大部分地区		王克非	张重庆	410716	769
9146	解渴羊口泉		黑城一	西牟村	窦风琴	寒窗	410690	1390
9147	桑树为什么流红水		临城一带	郝庄中学	张风山	张金祥	410696	829
9148	卧河水澄底		黑城一带	西牟村	张兰	寒窗	410693	1064
9149	隐身白鸽井		黑城一带	白鸽井村	刘振繁	山丰、连香	410692	812

序号	篇名	民族	流传地区	采集地	讲述者	搜集者	数据库编号	字数
9150	走马点太原		临城境内	文化馆	梁建华	真珊	410684	335
9151	钓盘山的传说		临城南部农村	广播站	李安帮	赵建平	410707	1114
9152	月明台		临城西部农村	黑城中学	刘吉会	志斌	410705	1301
9153	酒仙的传说		临城一带	郝庄	张风山	张金祥	410721	590
9154	磨盘山和窦王庙		临城一带	郝庄中学	张风山	张金祥	410713	854
9155	太谷石的传说		临城大部分地区	郝庄中学	张金祥	王建挺	410719	842
9156	“牛山”的传说		临城西部、北部农村	黑城	刘吉会	李建国	410710	1105
9157	朱德总司令私访饶阳县		饶阳县	孔湘风家	孔湘风	马宗尧	411235	651
9158	孙承宗的传说		高阳县	化纤厂小学传达室	于炳文	李惠民	411258	929
9159	通天河为啥不见了		曲阳县	曲阳	李木成	庄岚	411231	1278
9160	写对联		全国大部分地区	易县北东村	尚友增	庄岚	411263	1150
9161	保定大慈阁		保定市	保定市莲池	常风祥	冯秉琪	411212	1337
9162	孙悟空出世		河南洛阳市	孔庆德家	孔庆德	李仕相	411248	810
9163	欢乐佛的传说		承德市	孔庆德家	孔庆德	李仕相	411214	526
9164	黄鹤楼的传说		冀中一带	保定市	阮焕章	中流	411229	1212
9165	桂花娘娘		清苑县草桥一带	保定市		刘继敏	411226	1137
9166	鹌鹑的传说		安徽省滁县	孔庆德家	孔庆德	李仕相	411345	395
9167	花木兰的传说		保定地区	完县显阳村	谷玉凤	肖钦	411246	519
9168	蚊子的传说		安徽省滁县	孔庆德家	孔庆德	李惠民	411350	1748
9169	君臣私访		河北保定一带	戴维时象	戴维时	石林、李国栋	411265	855
9170	东方朔自责		香河县	香河县庹永岑家	庹永岑	李玉良	411239	3419
9171	粽子的传说		河北农村	易县北东村	路青梅	庄岚	411234	371
9172	求雨		雄县	吴志伟家	吴志伟		411245	1135
9173	封虎为王		高阳县	化纤厂小学传达室	于炳文	李惠民	411240	995
9174	伍仁村的来历		安国县	河北省安国县五仁桥村、孙梅素家	孙梅素	孙佐培	411218	727
9175	船头对诗		保定地区	安新赵北口	李印章	肖钦	411266	2865
9176	曹仙洞的石龙		满城县	满城县曹仙洞	张老汉	肖钦	411228	6947
9177	严惩投降派					李惠民	411277	1385
9178	门神爷的来历		冀中一带	保定市	阮玉文	中流	411225	1244
9179	安丰塘的来历		安徽省多寿县	王世鼎家	王世鼎	王文平	411222	1254
9180	保定府头号财主袜子孙		保定一带	戴维时家	戴维时	张工、李国栋	411280	828
9181	曹琨兵变		深县、保定一带	李秀峰家	李秀峰	马宗尧	411272	1150

序号	篇名	民族	流传地区	采集地	讲述者	搜集者	数据库编号	字数
9182	寡妇桥和孝子坟		保定	戴维时家	戴维时	张工、李国栋	411209	534
9183	讨封		衡水	保定市化纤厂李国栋家	李国栋	石林	411271	940
9184	灵柩过天桥		保定市、雄县	吴志伟家	吴志伟	李仕相	411270	970
9185	吃自己的药					李惠民	411278	834
9186	猫为什么吃老鼠		河北省里县一带	保定市齐会芝家	齐会芝	石林、李国栋	411351	568
9187	二郎庙的传说		原翟家左村乡一带	史金友家	史金友	史建	411216	1118
9188	八百里山门		深县、正定	新市区老干部活动室	李秀峰	李惠民	411219	1048
9189	李存孝的传说		安徽省滁省	孔庆德家	孔庆德	李惠民	411249	1045
9190	哈叭狗的鼻子为什么短		保定一带	保定市	阮焕章	刘正祥	411347	3289
9191	肉杠醉辞外使		河北省里县一带	清苑县全坤村杨振江孙女家	杨振江	李惠民	411247	725
9192	圣姑庙的传说		安平县	张俊姨家	张俊姨	李德芳	411242	1002
9193	寡妇桥		保定	保定市郊区大韩蒋村王印泉家	王印泉	肖钦	411213	307
9194	救难女					李惠民	411275	1740
9195	小麦的传说		曲阳一带	曲阳县	李振国	庄岚	411354	1462
9196	大旗杆的传说		保定市	李秀峰家	李秀峰	李惠民	411206	803
9197	喜鹊的传说		安徽省滁县	孔庆德家	孔庆德	李惠民	411348	244
9198	请罪		保定地区里县	清苑县全坤村杨振江孙女家	杨振江	李惠民	411269	1131
9199	寡妇桥的传说		保定市	李秀峰、吴志伟家	李秀峰、吴志伟	李惠民	411208	1097
9200	杨遂庙和散仙		保定市	市群艺馆	齐振和	张工	411211	745
9201	浪水娘娘庙		北方农村	安新	依民	庄岚	411227	445
9202	棒棰山和“春庙”		承德市	孔庆德家	孔庆德	李占文	411220	1192
9203	捉妖		易县	易县北东村尚洪恩家	尚洪恩	庄岚	411251	1089
9204	贔屃驮碑的传说		易县	易县西陵	洪迎	溪石	411230	298
9205	十里直堤		雄县	保定市新市区小南基地街吴志伟家	吴志伟	李仕相	411217	3527
9206	始皇错封树		北方各省	易县北东村尚洪恩家	尚洪恩	庄岚	411237	549
9207	化装离虎穴		西安、南京、保定等地	张廉仲家	张廉仲	李仕相	411279	976
9208	活埋嫂娘		山东省	孔庆德家	孔庆德	李占文	411252	741
9209	大米里的黑牛子虫为何只往北爬		河北省深泽县	保定六〇四厂孙佐培家	人赵俊彩	孙佐培	411352	536

序号	篇名	民族	流传地区	采集地	讲述者	搜集者	数据库编号	字数
9210	少年解缙的传说		冀中一带	保定市	阮焕章	刘正祥	411256	1484
9211	腊八粥的来历		河北省香河县一带	河北省香河县城关李仕贤家	李仕贤	李玉良	411233	560
9212	论罪					李惠民	411261	808
9213	一文钱憋倒英雄汉		河北高阳县	保定市化纤厂小学	于炳文	石林	411250	1094
9214	韩信葬母		河北省易县	易县北东村尚洪恩家	尚洪恩	庄岚	411238	1501
9215	皇后寨，换头村，尖脚庄的传说		秦皇岛地区	王而立家	王而立	赵风岐	411232	1316
9216	赈济灾民					李惠民	411274	1127
9217	白鹤泉		湖南省长沙市	安文治家	安文治	安媛	411223	2288
9218	颜回拒金		香河县	本县	牛子衡	李惠民	411236	1141
9219	“古井贡”酒的传说		保定地区	深泽县西古罗村赵俊升家	周长明	孙佐培	411215	667
9220	保定大旗杆和燕子李三		保定市	市群艺馆	齐振合	张工	411205	541
9221	郑板桥吟诗斥骂富豪弟子		河北省魏县系	保定市六〇四厂高庆魁家	高庆魁	孙佐培	411268	712
9222	谈鸟		河北省里县	清苑县全坤村杨振江孙女家	杨振江	李惠民	411262	580
9223	骡马比君子		安徽滁县	孔庆德家	孔庆德	李占文	411241	396
9224	论人		雄县	吴志伟家	吴志伟	李惠民	411260	541
9225	虫王庙的传说		保定市郊区南奇乡一带	孔庆德家	孔庆德	李仕相	411210	1360
9226	唐伯虎的传说		全国各地	二机床	李诚元	庄岚	411257	896
9227	“张飞”上吊		冀南	保定市六〇四厂高庆魁家	高庆魁	孙佐培	411259	1173
9228	为什么忌讳“劳驾”		山东省	保定市新市区热电厂街、孔庆德家	孔庆德	李玉良	411255	2082
9229	双“囍”字的由来		冀南地区	保定市六〇四厂高庆魁家	高庆魁	孙佐培	411253	1078
9230	乘敞车上任					李惠民	411276	477
9231	苏小妹的传说		全国各地	保定	李诚元	庄岚	411254	518
9232	猴子屁股为什么是红的		河北省	河北省艺校	陈健	石林、李国栋	411353	687
9233	顶戴花翎的传说		河北省	易县西陵路上	尚红英	溪石	411224	498

序号	篇名	民族	流传地区	采集地	讲述者	搜集者	数据库编号	字数
9234	金银花的传说		冀中西部	河北省安国县西崔章村曹朵文药铺	曹朵文	孙佐培	411356	1803
9235	巧题"一字诗"		晋县一带	机床附件厂	张在合	夏喜会	411267	2251
9236	黑龙庙的传说		房山县	保定市新市区四里营街居委会	孔淑兰	李惠民	411221	320
9237	不如亭		保定市	市莲池办公室	王爽、冯秉琪	张工	411207	2685
9238	考试		全国各部	二机床	常砚君	庄岚	411264	3834
9239	换刀		安徽省滁县	孔庆德家	孔庆德	李惠民	411244	907
9240	狗塔的传说		曲阳县	曲阳东邸村	董双福	田彩琪	411243	962
9241	剃头		保定市一带	戴维时家	戴维时	张工、李国栋	411273	680
9242	狗为什么咬猫		京、津、河北一带	保定市齐会芝家	齐会芝	石林、李国栋	411346	795
9243	垂柳的传说		深泽县	张俊姨家	张俊姨	李惠民	411355	1430
9244	红鹅和黄羊		安徽滁县	保定市热电厂街孔庆德家	孔庆德	石林、李仕相	411349	464
9245	蛤蟆山与牛头山				齐春保	齐爱林	412821	1225
9246	天尊托梦					梁怀清、吴学圃	412719	525
9247	金华寺				黑小	齐爱林	412828	1862
9248	千手千眼观音				程绪子	王俭庭	412712	1020
9249	火烧白草寺				高瑞妮	刘天琴	412701	1008
9250	苍岩山的奶奶照远不照近				江秀平	何忠郁	412709	580
9251	英女峰的传说					阎立波	412825	1055
9252	仙蛇出洞				高瑞妮	刘天琴	412699	1327
9253	金柱村名的来历				武学文	刘其印	412833	1031
9254	三女选山					李全贵	412700	521
9255	王莽沟掩驾沟的由来				王二狗	吴学圃	412836	863
9256	三皇姑的传说				刘成文	宋孟寅	412693	912
9257	神虎救皇姑					刘天琴	412696	1587
9258	鸡鸣界的来历					建军、国花	412827	886
9259	炉庄的炉匠					栾志君	412840	1249
9260	抚琴台				吴有	赵来锁	412767	2335
9261	龙滚洞的传说					风彦、玉堂	412803	2284
9262	耿庄仙桃				杜锁昌、何忠郁	杨逸群	412775	1880
9263	十佛岩					王柱文	412782	1419
9264	说法危台					王俭庭	412760	1386

序号	篇名	民族	流传地区	采集地	讲述者	搜集者	数据库编号	字数
9265	龙窝寺				李毛小	李全贵	412794	1410
9266	扭荆寨				杜三魁	刘春林	412759	1286
9267	嘴善心不善，枉把弥陀念					齐爱林	412724	1074
9268	壶瓶嘴				刘拴牛	赵来锁	412822	1756
9269	石龟山的传说					智慧	412791	852
9270	玉峰山的连翘					树和、东升	412813	1268
9271	太子求医					贾雪梅	412706	2019
9272	二郎担山的传说					张树和	412810	646
9273	寡妇井的传说					树和、宗义	412788	521
9274	雪花山传说					李全贵	412790	1224
9275	庄严寺					魏永东、张树和	412802	1575
9276	三关洞					张树和	412797	1323
9277	乌龟探海					齐爱林	412778	1154
9278	割髭岭的来历				卢生	刘其印	412858	1476
9279	白龙剑					王海芳	412777	1458
9280	庄旺的由来				李连昌	旭晨	412857	1115
9281	护国寺				武占英、陈爱路	杨逸群	412800	1336
9282	罗庄村的由来					张术林	412856	1331
9283	匠师上山				大尖山、齐进山等	齐爱林	412730	1408
9284	石棋峪的来历					韩风彦、李志刚	412844	2102
9285	千佛岩				阎兵妮	齐爱林	412765	1243
9286	狼窝村					焦烁明	412854	1064
9287	梳妆楼				吴有	赵来锁	412757	1179
9288	白檀树和滴泪石					宋孟寅	412740	984
9289	桥楼殿的传说				杜英魁	刘春林	412751	1664
9290	浴龙池与白鹤泉				湛林	何忠郁	412750	839
9291	锅帽山					旭晨	412768	411
9292	歪脖山与将军帽					陈生明	412811	1058
9293	姐妹檀					赵来锁	412764	696
9294	石门槛					张书林	412742	1303
9295	云盘山				李喜凤	王柱文	412824	1923
9296	三皇姑的睡宫				康玉林	何忠郁	412735	1097
9297	刀山人肉					旭晨	412766	1156

序号	篇名	民族	流传地区	采集地	讲述者	搜集者	数据库编号	字数
9298	夫妻摔顶					刘天琴	412708	1637
9299	石女山的传说				马桃落	焦烁明、焦建军	412818	852
9300	皇姑选山					杜春文	412697	1428
9301	双碑岩				杜三魁	刘春林	412747	1244
9302	龙泉水				赵珍妮、韩正海	何忠郁	412736	1256
9303	泪哭石				高瑞妮	刘天琴	412744	1115
9304	如来佛镇妖				李九子	马有有	412732	2356
9305	郭半仙				张变京	张书林	412721	1269
9306	姐妹斗智					梁怀清、吴学圃	412710	1972
9307	头泉村传说					栾志君	412853	908
9308	苍山圣母				王桂花	王俭庭	412695	1175
9309	五弓的故事				何贵	逸群	412855	1047
9310	志公的传说				杜英魁	刘春林	412715	960
9311	官平堖的来历				吕国庆	刘其印	412838	2844
9312	金字匾					郝子杰	412729	1210
9313	在家孝父母，何须远烧香				赵二至	齐爱林、张书林	412723	954
9314	皇都村的传说					陈生明	412842	1194
9315	銮驾堖、宴台、晒袍山					宋孟寅	412734	982
9316	文昌帝君的传说					李全贵	412716	1147
9317	老猿祖师塔					宋孟寅	412739	1522
9318	荻影风情					王柱文	412823	1056
9319	檀木龙王					仇喜卿	412727	2428
9320	支腰棍的奥秘					张书林	412704	820
9321	东天虎洞					李全贵	412737	964
9322	石鼓寺				刘拴牛	赵来锁	412806	1006
9323	水帘洞				王山	王俭庭	412738	1294
9324	藏经楼盗宝					李全贵	412705	1062
9325	龟驮碑					刘天琴、郝春云	412749	984
9326	神仙阁					康凤隆、尹虹	412801	596
9327	先贤祠					李全贵	412753	1559
9328	黄米楼					赵来锁	412713	1201
9329	跨虎登山					宋孟寅	412694	1072
9330	苍岩山的庙会节					何忠郁、李全贵	412783	954
9331	驴桥岭的来历					栾志君	412851	3110

序号	篇名	民族	流传地区	采集地	讲述者	搜集者	数据库编号	字数
9332	百宝书				李彦林	赵来锁	412728	821
9333	高船与漕泉				刘德进、刘梦求	旭晨	412848	545
9334	王母尝桃				杜锁昌	杨逸群	412781	1044
9335	子孙殿					栾志君	412769	1206
9336	鲁班换檩					李全贵	412722	1397
9337	洪河漕的传说				陈爱路、李化瑞	逸群	412846	968
9338	卧虎山传说				于占海	王柱文	412819	2672
9339	仙人洞					李全贵	412787	1516
9340	皇姑坟					张树林	412743	1355
9341	悬空寺				刘拴牛	赵来锁	412812	1335
9342	咕嘟泉的传说					孙喜顺	412816	3678
9343	金蟾守山					梁美荣	412779	932
9344	志公岩					井文华	412741	597
9345	仙女望夫					齐爱林	412776	835
9346	戳麻岩					喜庭、爱斌	412809	1510
9347	长寿桃					高顺楼、李全贵	412795	1459
9348	炉峰飘香烟				甚林	柯泉	412785	1081
9349	天下奇树					杨旭威	412815	1098
9350	大寨垴					树和	412807	491
9351	屠夫修行				李毛小	李全贵	412702	1757
9352	猴看御印					旭晨	412771	1044
9353	扭头柏				裴秀珍	何忠郁	412748	1465
9354	天护村					吴学圃	412841	1353
9355	两只更鸟的来历				杜真妮	何忠郁	412711	1235
9356	通济桥				李连昌	旭晨	412808	988
9357	头份香火属猴仙				张焕丑	张树林	412703	1275
9358	葛丹村的来历					李全贵	412839	1095
9359	透龙碑				崔三牛	何忠郁	412746	1522
9360	朱砂洞村的来历					新献、培森	412843	815
9361	葛仙翁炼丹				庆云	李全贵	412707	535
9362	窦王墓					梁爱楼、张树和	412835	1359
9363	凤凰柏				杜振妮	王俭庭	412745	1113
9364	东家桥					永东、树和	412799	1448
9365	螃蟹的传说				高士忠、冯亮	何忠郁	412717	1461

序号	篇名	民族	流传地区	采集地	讲述者	搜集者	数据库编号	字数
9366	孤台藏孤					高顺楼、李全贵	412830	962
9367	如来佛智降四怪				王珍祥	刘春林	412720	1397
9368	护坡仙草				赵金柱	何忠郁	412756	1276
9369	桥楼殿				吕荣、刘成文	宋孟寅	412733	2401
9370	观音陀的传说					杨拉塔	412826	1528
9371	皇姑训虎					张树和、王海芳	412718	395
9372	“独石怪柏”的传说					梁美荣	412761	2063
9373	阴阳柏				平山、苏业	王密荣	412725	826
9374	虎皮庄的来历					吴玉田	412831	936
9375	挂云山上的清泉观				民亮	何忠郁	412786	2203
9376	乏驴岭						412798	773
9377	双笔峰					尹虹	412784	1251
9378	甘桃沟				吕建文	齐爱林	412852	1476
9379	障城村的来历				焦瑞云	焦烁明	412837	1762
9380	双凤桥					建忠、增华	412796	700
9381	鲁家峪的来历				刘双兰	宗义	412832	1079
9382	高俅龛的传说				杨致德	逸群	412845	922
9383	“白庙”的传说					康风隆、于秀河	412817	1653
9384	尼姑山咋变成和尚寺				吕荣、赵占岭等	宋孟寅	412731	424
9385	石人山的传说					李吉怀、马友友	412805	1922
9386	避死龛					栾志君	412772	1676
9387	卜妃墓与彪村塔					柯泉	412829	1253
9388	三关庙					赵滴	412780	794
9389	杨家垴的故事					张喜庭	412847	802
9390	苍山鸟鸣					齐爱林、张树林	412762	1905
9391	杨青与羊清					栾志君	412849	985
9392	歇龙石					武巨文	412774	2149
9393	米汤崖				杨富昌、武占英	逸群	412850	1014
9394	碧涧灵檀				张二保	何忠郁	412752	1255
9395	寡妇桥的传说						412804	1534
9396	没皮没心的白檀树					张树林、刘春林	412758	1073
9397	贤孝牌					张树林、赵来锁	412763	940
9398	朝阳洞					王海芳	412773	1867
9399	苍岩山的粮仓						412714	1180

序号	篇名	民族	流传地区	采集地	讲述者	搜集者	数据库编号	字数
9400	拜月台和广寒宫					赵滴	412770	1765
9401	鲁班造天桥				世英	何忠郁	412698	1757
9402	洞宾山					梁怀清	412820	1729
9403	圣母除邪					陈鸿章	412726	1482
9404	下寺塔的传说					吕桐林	412789	1755
9405	白马寺					钟宇	412793	1081
9406	徐茂公之墓				王喜子	王海芳	412814	4709
9407	避水珠					刘天琴、李全贵	412754	3319
9408	大石桥				高清	泉桂	412792	1464
9409	鸳鸯柏					赵来锁	412755	1024
9410	柿树沟					李德	412834	1002
9411	慈峪马家牌楼		慈峪一带	马庆保家中	马庆保		414551	544
9412	老虎头上的“王”字		灵寿县		程永祥		414556	1930
9413	朱食村名的由来		灵寿一带	祁众家	祁众		414536	3898
9414	葫芦山的传说		灵寿县山区		李昌武		414547	1156
9415	泪泉的传说		灵寿县西南部	慈峪中学	曹文斗		414542	1220
9416	五千胜五万		灵寿县一带	灵寿文管所	苏云山		414507	561
9417	得胜将军不爱财		灵寿县一带	灵寿县大东关	吴罗锅		414500	1103
9418	立碑						414493	472
9419	灵寿的斑狼不吃人		河北一带	李孟申家中	李孟申		414494	709
9420	明伦堂讲学		灵寿县一带	王有刚家中	王有刚		414490	556
9421	李铁拐偷锅		河北灵寿一带	灵寿慈峪村	贾连保		414524	652
9422	人头打赌		灵寿慈峪	灵寿慈峪村	李老成		414462	514
9423	运石龟子		灵寿县一带	魏福贵家中	魏福贵		414487	1073
9424	发配狼崖沟		灵寿县慈峪一带	西托乡，漂里村	李树林		414518	1648
9425	高阴阳		灵寿县	灵寿文化馆	安益民		414520	362
9426	一臣不保二主		灵寿慈峪一带	灵寿县慈峪村	马庆保		414513	1425
9427	解银进京		灵寿县一带	扬焕瑞家中	杨焕瑞		414486	435
9428	审土地		灵寿县一带	灵寿县文化馆	李树林		414515	740
9429	是一说一，是二说二		灵寿县一带	灵寿县大东关	吴罗锅		414505	741
9430	断被子		灵寿一带	灵寿慈峪村	马庆保		414517	951
9431	陆公的故事						414461	338
9432	好生之德		灵寿一带	灵寿县大东关	吴罗锅		414499	1194
9433	木头衙役		河北一带	魏福贵家中	魏福贵		414463	1206

序号	篇名	民族	流传地区	采集地	讲述者	搜集者	数据库编号	字数
9434	门墩墩、钉吊吊		河北广大地区		贾连保		414557	479
9435	关城门		灵寿县一带	秘金平家中	秘金平		414485	705
9436	陆公当伕		灵寿；行唐	青同中学	王毅人		414468	653
9437	王母娘娘与鲁班打赌		灵寿县山区一带	灵寿县九岭村	赵明瑞		414522	2085
9438	畏途修士		灵寿县境内	其家中	郑寿和		414528	1704
9439	土地看黍稷		灵寿南部	杨发旺家中	杨发旺		414511	1474
9440	打马踏瓜园		灵寿县一带	杨发旺家中	杨发旺		414512	1010
9441	顾锡泉判						414465	509
9442	幽居寺与麒麟院		灵寿陈庄山区等地	灵寿张家庄文化站	郝金峰		414544	1773
9443	礼品交公		灵寿县一带	灵寿县文管所	苏云山		414506	295
9444	“蚂蚱神”的由来		灵寿县		郝书义		414555	1139
9445	初试		灵寿县一带	灵寿县文化馆	李树林		414514	847
9446	修皇道		灵寿县一带	李志成家中	李志成		414483	564
9447	不谋私利		灵寿县一带	灵寿大东关	吴罗锅		414502	1436
9448	三角山		灵寿、慈峪一带		贾连保		414549	2932
9449	颂狼状					武秋海、胡宁	414495	330
9450	百家衣		灵寿一带	灵寿党史办	李炳成		414496	640
9451	陈庄的来历		陈庄附近	书珍家	赵书珍		414543	3791
9452	写匾		灵寿慈峪一带	武老殿家中	武老殿		414478	3442
9453	白马岗的来历		灵寿一带	灵寿县南纪城村	吕长福		414545	1008
9454	卫水寻源记						414481	772
9455	一块钱的菜籽钱儿		灵寿县一带	灵寿县师范学校	曹庆琳		414533	801
9456	棋错一步		灵寿县一带	灵寿县大东关	吴罗锅		414508	750
9457	沙河暗流四十里		灵寿县一带	罗延坦家	罗延坦		414554	618
9458	“药王”的故事		灵寿县	灵寿慈峪村	贾连保		414525	769
9459	贺龙在刘家沟		灵寿县山区	陈庄中学	周学俭	李茂	414532	330
9460	凤凰城的传说		灵寿县一带	灵寿大东关	吴罗锅		414535	571
9461	石佛岭上金砖模		灵寿县山区		曹庆琳		414553	2110
9462	宋曹氏墓碑						414476	471
9463	智机应变		灵寿县一带	灵寿县大东关	吴罗锅	苏云山	414504	1144
9464	五郎寨		灵寿山区		白化义		414538	1107
9465	逐赘婚判						414470	537
9466	韭菜、蒜、葱		灵寿一带	赵翠姐家中	赵翠姐		414559	875
9467	吃银子						414466	983

序号	篇名	民族	流传地区	采集地	讲述者	搜集者	数据库编号	字数
9468	纪信台		灵寿县一带	灵寿县地名办公室	曹庆琳		414546	510
9469	歇和尚庙		灵寿县一带	灵寿慈峪村	郝学义		414552	925
9470	题南寨佛堂		灵寿	武老殿家中	武老殿		414472	150
9471	曹彬教子		灵寿县一带	灵寿模范学校	纪尊昌		414503	722
9472	钦差验灾		灵寿县一带	赵通义家中	赵通义		414497	560
9473	猴屁股为什么是红的		河北广大地区	贾连保家中	贾连保		414558	819
9474	治蝗虫		灵寿及邻县一带	灵寿文化馆	秘敬平		414467	1365
9475	写祭文		灵寿县一带	王有刚家中	王有刚		414484	781
9476	街头断案						414469	941
9477	点主		灵寿县一带	杨焕瑞家中	杨焕瑞		414482	1760
9478	北瓜上寿		河北灵寿	杨焕瑞家中	杨焕瑞		414473	264
9479	曹彬爱兵		灵寿县一带	城内模范学校	纪尊昌		414501	1186
9480	审死人		灵寿、慈峪镇一带	李老成家	李老成		414474	601
9481	访曹彬墓		灵寿慈峪一带	灵寿慈峪村	王有刚		414475	849
9482	偷衙门		灵寿县一带	灵寿青同中学	王毅人		414489	504
9483	堂上借银		灵寿县一带	灵寿慈峪村	王有刚		414471	768
9484	王老庄怒平洪门寺		陈庄一带	陈庄	周有本		414526	2308
9485	陆公查集		灵寿一带	罗建功家中	罗建功		414477	514
9486	疏浚卫水河		灵寿县东南一带	岗头秉珍家	曹秉珍		414479	598
9487	中午太阳不动						414509	1477
9488	路不拾遗		灵寿县南部		苏云山		414488	519
9489	处罚克扣顾客者		灵寿一带	灵寿县医院	吴焕明		414498	507
9490	王莽赶刘秀		灵寿县一带	灵寿慈峪村	陈兰贵、郝学义等		414519	408
9491	公冶长辨鸟音		河北一带	灵寿县鲁柏山	苏德策		414527	1003
9492	神箭总兵		灵寿县一带	灵寿县北洼村	崔喜瑞		414531	226
9493	廉颇墓		灵寿一带	灵寿县韩洼村	王难过		414548	963
9494	乐羊遗风		灵寿县一带	灵寿县地名办公室	曹庆琳		414530	454
9495	文山与云母石		灵寿县一带	灵寿县政协	曹庆琳		414541	1056
9496	夜明珠沟		灵寿县大部分村镇	灵寿慈峪村	郝学义		414539	544
9497	冯大成担盐		灵寿县西半部	师范学校	曹庆琳		414521	1008
9498	韩信台的传说		灵寿各地	灵寿韩信台	傅亿梅		414537	688
9499	包公误		灵寿一带	崔嵬家中	崔嵬		414523	1065
9500	抗日英雄张连友		灵寿县一带	灵寿北寨村	肖二太		414534	790

序号	篇名	民族	流传地区	采集地	讲述者	搜集者	数据库编号	字数
9501	灵寿北关的傅家牌楼		灵寿附近各县	灵寿县北关村	傅老旭		414550	487
9502	巧断无头案		灵寿县一带	北庄乡	白氏		414516	735
9503	魔鬼顶灯						414510	750
9504	严惩不法乡董		灵寿县一带	灵寿慈峪中学	杨焕瑞		414464	765
9505	龙窝的传说				马二花		415336	1446
9506	老鼠为啥怕猫			南徐乐村	赵文奇		415364	818
9507	甘罗的传说			西坛山村	甄建茹		415202	589
9508	五马龙井的传说			李江子家中	李江子		415239	489
9509	“纸糊套”的由来			安振英家中	安振英		415295	660
9510	翰林上学的故事			韩更书家中	韩更书		415206	402
9511	玉皇顶的传说			高巨辰家中	高巨辰		415266	955
9512	五马山的传说			赞皇县北沟村	李习文		415235	281
9513	山梁上的山神庙			晏书芹家中	晏书芹		415333	2152
9514	楚霸王和龙女			田吉祥家中	田吉祥		415194	1340
9515	五马山山势的传说			寨里村	商会泉		415242	460
9516	石老婆、石汉子的传说			李未校家中	李未校		415351	692
9517	八角琉璃井和玉泉寺			巡检司村	祁黄年		415330	1181
9518	金子陵的营寨			嶂石岩村	王德义、王吉朝		415287	994
9519	猪的来历			高连树家中	高连树		415373	264
9520	黑龙潭			楼底村	张士忠、王廷立等		415279	852
9521	姑娘山的传说			郝绪银家中	郝绪银		415312	356
9522	手掌洼			嶂石岩村	王连柱		415270	656
9523	乔宇归珠写碑文			李桃小、李彦明、王连柱、李长友家中	李桃小、李彦明等		415272	294
9524	“三门”怎么没有了			陈家庄村	冯付廷		415245	940
9525	壑硌山和窟窿山			许亭村	杜志书		415303	317
9526	石柱山柏树的由来			柳子沟村	尚增增		415254	1007
9527	五马山的传说			布古庄小学	宋庆堂		415233	1026
9528	石柱山的传说			大河道村	张澎银		415252	958
9529	驴的传说			王吉辰家中	王吉辰		415375	787
9530	麒麟村			李永昌家中	李永昌		415343	592
9531	赖蛤蟆的由来			小吕村	李吉辰		415371	560
9532	“石人”的由来			王落庄	曹五斤		415299	616

序号	篇名	民族	流传地区	采集地	讲述者	搜集者	数据库编号	字数
9533	“石蚂蜂”下界			嶂石岩村	张宗尧、侯庆章等		415274	914
9534	神仙石的传说			杜真硬家中	杜真硬		415305	1184
9535	赞皇城的传说			赞皇镇东街	侯玉增		415220	455
9536	石鸡垴的传说			魏玉林家中	魏玉林		415316	630
9537	李峤梦笔			延康村	耿瑞林		415204	602
9538	石人寨的来历			野湖泉村	王得小		415300	925
9539	撒豆成兵			秦长友、李桃小、李彦明、李长友、李友孩、王连柱家中	秦长友、李桃小等		415273	777
9540	猫拉屎为啥要埋起来			胡家滩中学	晏书琴		415368	1655
9541	王刚鸟的传说			郭英霞家中	郭英霞		415380	1938
9542	正月十五吃元宵、挂红灯的来历			杨晓明家中	杨晓明		415401	863
9543	赞皇城的传说			刘立军家中	刘立军		415222	1402
9544	这坡的白草为啥倒着长			北水峪村	赵英秋		415388	801
9545	石嘴头的来历			胡家滩中学	晏书琴		415354	1242
9546	骡子的传说			西高村	韩双全		415374	1396
9547	马王爷为什么是三只眼			杜献英家中	杜献英		415217	380
9548	牛的传说			小吕村	李吉辰		415372	1216
9549	公鸡叫鸣的传说			城关镇中	王艳军		415378	3393
9550	人活六十古来稀			北水峪村	赵英秋		415402	707
9551	八仙怎样成仙			周宝忠家中	周宝忠		415215	657
9552	龟岭的传说			刘春兰家中	刘春兰		415317	732
9553	羊角、饶羊、回车的来历			尹中玉家中	尹中玉		415346	636
9554	支腰棍的传说			王月香家中	王月香		415403	709
9555	小铁匠与金蛤蟆			张景群家中	张景群		415259	259
9556	葫芦头火焚老和尚			赞皇赵家庄村	赵迎卯		415258	454
9557	石家庄的来历			田素艳家中	田素艳		415339	576
9558	五马洞的来历			邢三家中	邢三		415240	1363
9559	五马山的由来						415237	762
9560	槐河名称的来历			嶂石岩村	李三录		415228	527
9561	马峪的传说			胡清家中	胡清		415338	1260
9562	追杀潘仁美			西街	冯杭印		415307	1133
9563	胡督堂的传说			北洼村	谷成玉		415209	951

序号	篇名	民族	流传地区	采集地	讲述者	搜集者	数据库编号	字数
9564	野湖泉的传说			许华家中	许华		415297	333
9565	胡督堂的传说			郭开泰家中	郭开泰		415208	417
9566	烈马巡检			嶂石岩村	王印奎、王吉朝		415288	886
9567	猫狗之仇			赵英秋家中	赵英秋		415362	318
9568	深山里不准喊名的来历			杨振太家中	杨振太		415399	1149
9569	见守的豆腐			见守村	陈义子		415398	493
9570	玉泉寺的传说			徐占贞家中	徐占贞		415329	537
9571	刻字找情人			赞皇镇	冯杭印		415291	695
9572	蛤蟆石的传说			武昌村	张增增		415322	766
9573	石柱山大脚佛			赵家庄	赵迎卯		415256	740
9574	赞皇城的来历			安俊艳家中	安俊艳		415223	387
9575	五马山与万花山的传说			北沟村	李连贵		415244	555
9576	石头精的传说			西阳泽村	马二拐		415358	3557
9577	赞皇文庙的传说			田贵德家中	田贵德		415227	827
9578	猫为什么先吃饭后洗脸			南徐乐村	张顺岗		415369	596
9579	“石人佛”寻妻失头			王吉朝家中	王吉朝		415285	283
9580	寒号鸟的传说			赵玉双家中	赵玉双		415383	1017
9581	五马的传说			南平旺	韩桂英		415236	466
9582	牛奶葡萄的传说			赞皇一中	臧会强		415393	353
9583	王家坪武衙门			嶂石岩村	王印贞、王吉朝等		415283	1002
9584	王莽赶刘秀的传说			许亭村	杜志书		415195	1198
9585	为什么把狗比作忠臣			付庆山家中	付庆山		415376	1405
9586	陈胜的传说			许亭村	褚二恒		415193	1041
9587	杜翰林的传说			杨大熬家中	杨大熬		415207	289
9588	麦子和谷子			郭芹家中	郭芹		415387	744
9589	五谷仓、二猛石的传说			曹富久家中	曹富久		415257	391
9590	如来佛降四怪			王贞祥家中	王贞祥		415211	321
9591	八里桥的传说			李发朝家中	李发朝		415325	748
9592	赞皇城的传说			阎满志、家中	阎满志		415224	595
9593	石臼山的传说			城关镇北沟村	李焕义		415260	517
9594	李峤梦人赠笔			西街	郑江凤		415203	432
9595	黑龙潭的传说			黑龙潭边	梁玉辰		415292	406
9596	乌鸦为什么又黑又哑			李海玲家中	李海玲		415382	3398

序号	篇名	民族	流传地区	采集地	讲述者	搜集者	数据库编号	字数
9597	嘉应寺宝塔的来历			冯路家中	冯路		415302	1492
9598	五马山的传说			赞皇县东高村	王群录		415230	1930
9599	猫反扑狗			南街	刘宏袖		415361	924
9600	石柱山的传说			张云起家中	张云起		415255	773
9601	鱼山和塔坡山的传说			冯玲通家中	冯玲通		415310	835
9602	五马山的传说			刘录振家中	刘录振		415251	420
9603	虎寨口和草帽山的由来			翟四货家中	翟四货		415296	678
9604	李收粮和蛇的传说			王喜祥家中	王喜祥		415248	515
9605	棋盘山的传说			石嘴头村	焦告山		415304	680
9606	五马山的传说			赞皇西街	郑东媛		415234	370
9607	馒头山的传说			西高	任喜廷		415318	549
9608	玉皇山的传说			秦俊英家中	秦俊英		415264	549
9609	猪屎岭的来历			张淑梅家中	张淑梅		415314	698
9610	“软枣会”的来历			楼底村	安喜柱、王廷立		415282	589
9611	杨家山的传说			赞皇县都户村	李氏		415306	864
9612	石臼山的传说			城关镇北沟村	李彦东		415262	932
9613	娘娘洞的传说			嘉应寺村	王氏		415320	604
9614	南天门的传说			北沟村	李平原		415263	653
9615	孟府的由来			落坡村	陈志天		415341	467
9616	鸡喝水为什么抬头			张雪家中	张雪		415377	805
9617	槐柏的传说			马素杰家中	马素杰		415390	690
9618	楼底的由来			安喜柱、王廷立家中	安喜柱、王廷立		415278	1150
9619	仙女泉的由来			于振祥家中	于振祥		415356	575
9620	四王崚			嶂石岩村	李桃小、李彦明等		415275	1136
9621	子岭墓与冶头的传说			郭英辉家中	郭英辉		415347	445
9622	“八里桥”来历						415326	534
9623	傻老婆沟和傻老汉沟			李小三家中	李小三		415352	1102
9624	老鼠和猫的故事			胡家滩中学	张振书		415366	324
9625	杨家山的传说			尹家庄村边	李峰		415308	853
9626	龟山的传说			胡顺强家中	胡顺强		415309	354
9627	石鼓的传说			南峪村	郭仁贤		415355	526
9628	凤凰树的传说			董小九家中	董小九		415323	967
9629	孟府的由来			张三家中	张三		415342	525

序号	篇名	民族	流传地区	采集地	讲述者	搜集者	数据库编号	字数
9630	神牛的传说			于冬梅家中	于冬梅		415350	797
9631	李三棍踢狐狸			李桃小、李彦明、王连柱、李长友、李友孩家中	李桃小、李彦明等		415277	336
9632	布古庄村名的来历			于振县家中	于振县		415348	571
9633	卧龙岗的传说			刘爱京家中	刘爱京		415334	714
9634	一股泉的传说			赞皇山区	王素苗、郜素为等		415328	562
9635	长余沟的由来			胡家滩中学	安志平		415353	2678
9636	龙王庙的来历			赞皇阳泽村	马二拐		415359	901
9637	落花生的传说			王友才家中	王友才		415386	1189
9638	漏河的传说			张玉千家中	张玉千		415357	441
9639	寒号鸟的传说			西龙门乡政府	崔竹林		415384	928
9640	桃山的传说			尹庄村	白新卯		415360	1220
9641	灵芝草的传说			赵魁堂家中	赵魁堂		415389	414
9642	捌树			祁黄年家中	祁黄年		415394	313
9643	秘密洞里的故事			述讲人家中	秦志华		415267	1067
9644	为什么老虎身上有黑斑纹			许亭村	谷娥		415370	796
9645	五马山的传说			见守村	陈景志		415232	295
9646	“赞皇“县名的来历			白俊杰家中	白俊杰		415219	668
9647	五马山的传说			南沟	高东生		415238	3784
9648	南阳公主出家			杜光家中	杜光		415198	792
9649	王刚打豹			武增林家中	武增林		415250	360
9650	红石山的来历			高倩家中	高倩		415319	663
9651	五马山石洞的传说			南沟村	蔡银煦		415241	474
9652	麻雀骂人			石家庄村	甄梅月		415381	2957
9653	老虎泉的传说			西江洞	刘景景		415327	448
9654	三皇姑的传说			饶羊村	陈刚明		415201	2310
9655	八里桥的传说			秦淑玲家中	秦淑玲		415324	303
9656	个工鸟的由来			北洼村	杨海花		415385	311
9657	玉皇山的来历			张宽家中	张宽		415265	870
9658	周穆王登山封赞皇			位昌村	王俊庭		415218	424
9659	石鸠山的传说			城关镇南沟村	张庆军		415261	2886
9660	猪粪石的传说			武氏家中	武氏		415321	582
9661	将军庙的传说			马翠维家中	马翠维		415331	1042

序号	篇名	民族	流传地区	采集地	讲述者	搜集者	数据库编号	字数
9662	三皇姑的传说			张楞村	刘霞		415199	446
9663	冬至吃饺子的传说			王波家中	王波		415400	685
9664	猫为什么捉老鼠			胡家滩中学	安志平		415365	449
9665	冬瓜的传说			韩彩娟家中	韩彩娟		415391	1316
9666	刘秀、刘秀不知香臭			城关镇中	李彦红		415197	699
9667	黄金茶为什么黑心			张志祥家中	张志祥		415392	403
9668	五马山的来历			见守村	甄爱金		415231	819
9669	赞皇山的传说			赞皇镇	崔小平		415226	726
9670	榆底的来历			石家庄村	焦云鹤		415337	486
9671	三公主的传说			刘新朝家中	刘新朝		415200	745
9672	烈神庙的传说			许亭乡中学	范发绪		415332	1997
9673	刘秀的传说			黄北坪小学	张氏		415196	1306
9674	赞皇大枣的来历			张占鳌家中	张占鳌		415396	770
9675	吕洞宾考梁家的传说			任起元家中	任起元		415216	503
9676	鸡蛋的由来			冯喜家中	冯喜		415379	540
9677	龙母的传说			赞皇一中	白凤书		415213	1532
9678	万花山的传说			张文清家中	张文清		415301	1681
9679	“赞皇”县名的来历			院头村	时廷来		415221	429
9680	玉皇庙的由来			刘爱京家中	刘爱京		415340	1818
9681	五马山的传说			东街	时建强		415243	691
9682	小金山的传说			乔增群家中	乔增群		415247	763
9683	五马山的传说			见守村	贾成祥		415229	458
9684	野湖泉的来历			王吉辰家中	王吉辰		415298	316
9685	赞皇县、文化山的来历			周盼云家中	周盼云		415225	513
9686	五马山为什么没有松树			赞皇县西龙门乡政府	刘文校		415246	958
9687	赵半仙			赵顺新家中	赵顺新		415249	539
9688	白鹿村的由来			陈明新家中	陈明新		415344	684
9689	擒拿“蚂蜂精”			嶂石岩村	张太小、秦长发等		415276	337
9690	两股清泉今剩一			王吉朝家中	王吉朝		415286	600
9691	乔玉希与狐仙			胡家滩中学	晏书琴		415290	426
9692	聚宝盆			赞皇县赵堡村	阎树贞		415253	628
9693	为啥用破碗给猫喂食			东街	时春荣		415367	516
9694	石锅垴的传说			韩兆文家中	韩兆文		415315	555

序号	篇名	民族	流传地区	采集地	讲述者	搜集者	数据库编号	字数
9695	周公和桃花女			李换运家中	李换运		415214	249
9696	龙驹马			楼底村	王廷立、安喜柱等		415280	800
9697	无谷寨的传说			北水峪村	赵英秋		415335	1554
9698	验子碑			秦民友、李桃小、李彦明、王连柱、李长友、李友孩家中	秦民友、李桃小等		415269	622
9699	红土岭的传说			郭绪岗家中	郭绪岗		415313	813
9700	猴子的屁股为什么是红的			张太小家中	张太小		415268	2306
9701	枣树为啥长刺			王彦萍家中	王彦萍		415395	547
9702	德龙、管水和海胆的传说			北平旺	刘氏		415311	583
9703	“石人寨”的来历			王连柱家中	王连柱		415271	325
9704	龙驹马的传说			楼底村	王廷立		415293	890
9705	乳奶寺的传说			嶂石岩村	李志明		415294	622
9706	猫鼠结仇			胡家滩中学	邱丙辰		415363	565
9707	王母娘娘投石求子			赵全书家中	赵全书		415212	529
9708	杜能人			黄北坪乡中学	晏书琴		415205	599
9709	边官的传说			赞皇西街	张全福		415210	364
9710	延康的传说			谷平顺家中	谷平顺		415349	861
9711	白鹿村的由来			白鹿村	李顺祥		415345	1048
9712	“撇拉狐”驮碾盘			下大凡村	王吉朝		415289	348
9713	枣树的传说			李翠玲家中	李翠玲		415397	464
9714	三间山神庙			王吉朝家中	王吉朝		415284	833
9715	黑鲇鱼			张宗尧家中	张宗尧		415281	742
9716	公鸡山		卢龙长城一带	县招待所			420537	1266
9717	荷仙姑收徒		卢龙北部农村	县招待所			420535	2474
9718	吕洞宾成仙		榆林甸一带	榆林甸			420533	3005
9719	汗王脱险		卢龙一带	县招待所			420534	1396
9720	鹿亭的传说		卢龙一带	榆林甸村			420536	2260
9721	关公出世		河北一带	榆林甸村			420532	1919
9722	滹沱落凌					王二春	420613	1093
9723	石牌楼的传说		获鹿一带			傅梅祥	420656	956
9724	龙泉寺的传说		获鹿一带	龙泉寺	张怀庆、刘长寿	周志鸿	420633	4442
9725	望山石		获鹿一带	钟家庄	张梦根	张惠芬	420660	1505
9726	圣贤愁		获鹿一带	石井村		牛新春	420607	1205

序号	篇名	民族	流传地区	采集地	讲述者	搜集者	数据库编号	字数
9727	窦王城的传说					牛志辉	420652	2116
9728	韩湘子出世				刘喜山	刘新立	420602	739
9729	泉都的由来		获鹿白鹿泉一带			韩庆志	420625	794
9730	袁天罡和李淳风的传说			刘喜山家	刘喜山	刘新立	420609	1531
9731	洨河水与宝泉		上寨乡一带			史永荣	420647	1795
9732	铜冶的传说		获鹿一带	获鹿县郑家庄	聂锡麟	韩庆志	420649	1393
9733	活佛转康熙的传说				刘喜山	刘新立	420618	822
9734	为什么太阳晒不死麻绳菜		获鹿一带			董世鹏	420666	688
9735	十八池的传说		获鹿一带	谷家峪村	谷喜科	谷天珠	420628	1383
9736	“红道儿”的由来		黄壁庄一带			康会起	420663	3628
9737	魏巷		获鹿一带			崔建益	420659	1019
9738	凤凰山的传说					牛怀新	420651	895
9739	青龙山		获鹿一带			任国华	420645	1305
9740	韩庄的由来		韩庄一带	韩庄村	刘换朝	刘爱民	420653	515
9741	红门栈的故事		获鹿城、白鹿泉等地	谷家峪村	谷起科	谷天珠	420629	1152
9742	苣荬菜叶为什么是红的		获鹿灵寿一带			魏全	420665	2347
9743	闹妮闹石门		获鹿一带		李畔福	韩庆志	420623	762
9744	莲花营的传说		莲花营一带			樊秀峰	420650	787
9745	大公庙的传说		获鹿一带			世民	420642	1387
9746	秃尾巴老张		获鹿一带			刘秀风	420639	1413
9747	“试剑石”的传说		封龙山一带			世民	420640	1586
9748	韩信的传说		石家庄一带		王振国、葛秉纪	周志鸿	420617	825
9749	龙身伤疤的传说					史永荣	420648	1628
9750	马王爷为什么三只眼			黄岩村刘喜山家	刘喜山	刘斯	420606	491
9751	郭庄接后		河北一带			王二春	420616	1358
9752	关公出世的传说				刘喜山	刘斯	420601	1116
9753	人心不足蛇吞象					韩庆志	420631	1107
9754	王祥卧冰		河北一带	南故邑村		牛志辉	420610	1794
9755	封龙山的传说		封龙山一带	封龙山下张家庄	林祖光	李澍晔	420636	1601
9756	水母娘娘		铜冶永壁一带	获鹿莲花营	刘龙珍	樊秀峰	420641	616
9757	王半仙捉妖		获鹿一带		张福德	任勇	420624	700
9758	刘秀与桑树					樊秀锋	420614	572
9759	吕洞宾到大宋楼的传说		大宋楼一带	大宋楼	李树堂	李静	420603	518

序号	篇名	民族	流传地区	采集地	讲述者	搜集者	数据库编号	字数
9760	聂小先生		获鹿一带		聂占元	韩庆志	420622	1592
9761	蚯蚓与寒号鸟					世民	420615	627
9762	烤柏灵火的传说		太行山区一带			傅士荣、樊晓瑾	420664	656
9763	鲁班和黑子		获鹿一带			韩庆志	420608	498
9764	乾隆见绌				崔礼震	任勇	420619	1337
9765	灶王爷拐妻			获鹿县黄岩村刘喜山家	刘喜山	刘新立	420605	562
9766	滹沱河的传说		获鹿一带	获鹿双河	段明山	辛志利	420658	2855
9767	卧龙桥		获鹿县上寨乡一带			张虎跃	420662	1555
9768	封龙山的故事		获鹿一带			韩庆志	420635	1721
9769	南胡的故事		获鹿一带			辛志利	420621	1505
9770	老君堂屋顶裂缝的由来		获鹿一带			李秀亭	420637	1264
9771	石狮子		钟家庄一带	钟家庄	张好听	张红果	420661	725
9772	青龙的故事		获鹿一带	南甘子村	任志文	任占嵘	420644	3595
9773	莲花仙子		获鹿梁庄、白鹿泉一带			韩庆志	420627	1090
9774	牛坡山的故事		获鹿一带			敬国	420655	5593
9775	十八连珠洞		城关一带		贺元甲	杨建中	420632	1200
9776	莲花山的故事		获鹿一带			李艳	420626	346
9777	狗皮仙		获鹿一带	获鹿		张军桂	420630	498
9778	敬德探宝		获鹿县一带	南甘子	任志文	任占嵘	420620	557
9779	“大王庙”的传说		铜冶寺家庄一带	南甘子村		任占嵘	420646	2491
9780	获鹿城名的传说		获鹿一带	七街	李春喜	韩凤彦	420634	2104
9781	担子眼的传说		南寨一带	获鹿城		白青芳	420657	980
9782	荞麦与芒种		河北一带	小毕村	刘凤枝	付梅祥	420612	1252
9783	棺材山庙会由来		获鹿铜冶一带			任国华	420643	2411
9784	丁香姑娘		河北一带	永壁乡莲花营村	樊明来	樊秀峰	420611	1563
9785	“桥门沟”的传说		获鹿一带			任占嵘	420638	1153
9786	公冶长的故事		获鹿一带			王建文	420604	10693
9787	周家坟的传说		获鹿永壁一带		周福印	周志鸿	420654	2600
9788	“苦海子”内建王宫的传说				何仁知	张惠生	423549	480
9789	姊妹钟的传说				高保树	高书坡	423530	421
9790	卖槐树				谷思普	李久旺	423517	390
9791	颠僧戏秦桧				张闻之	张世英	423555	1074

序号	篇名	民族	流传地区	采集地	讲述者	搜集者	数据库编号	字数
9792	老虎学艺				李昶	李士刚	423542	251
9793	河神				张新	王纯志	423493	2742
9794	祝寿				赵树国	沈长久、张振丰	423514	1386
9795	讲故事讨鞋				段殿华	王纯志	423496	430
9796	门前写“午”字				张新	王纯志	423495	805
9797	正月二十五打囤的来历				贾稳平	刘为民	423551	971
9798	清明				郭连	郭春林	423513	1657
9799	巧治骗人摊儿				韩哲民	刘瑞杰、张世英	423506	918
9800	题对联				韩哲民	张世英	423502	1042
9801	姓孙名子				刘元	刘为民	423498	566
9802	“炉眼”村名的来历				王兰栏	段科来	423529	564
9803	老王八和白鹅比脖子				陈富科	王朝格	423507	1122
9804	大个子山的故事				郭振峰	马奔	423527	377
9805	定巧计废弃皇窑厂				张书堂	张会生	423528	1231
9806	抹油				李发顺	李久旺	423489	588
9807	窗台诗				刘三	刘铁城	423520	218
9808	早瞎兔子眼				张小六	刘铁城	423488	1085
9809	刻版				郭连	郭春林	423512	235
9810	找财迷				杜愚鲁	马奔、郭春林	423480	320
9811	猫头鹰的传说				吴影	沈长久	423541	480
9812	指教问路人				张秋怀	张瑞丰	423503	532
9813	打赌（二）				刘增	刘铁成、郭春林	423509	3078
9814	猜谜				张宏	张焕恩	423500	730
9815	李老化的传说				李德山	李剑虹	423525	419
9816	曲曲菜的传说				文德广	王志河	423539	638
9817	有胡（核）的山药				王朝阁	陈富科	423491	269
9818	改状子				马奔	张瑞丰	423504	712
9819	董一了				贾铁民	段跃川	423523	1056
9820	北代“翰林院”怕肖庄				张书生	张焕恩	423533	948
9821	烧帐				张小六	刘铁城	423490	1316
9822	马猴屁股没有毛				刘景珍	李士刚、夏雨	423543	1252
9823	看“风水”				刘大冲	刘新广	423522	581
9824	做马还债				武杰国	武业伟	423545	257
9825	拨刺				郝彦秋	李久旺	423482	2061

序号	篇名	民族	流传地区	采集地	讲述者	搜集者	数据库编号	字数
9826	扫帚、耙				李士杰	李士刚	423499	410
9827	药都戏联				张涛	马奔、郭春林等	423511	384
9828	贞节牌				刘润泽	刘燕洲	423547	3627
9829	“六十还家子”的传说				阎平和	张振峰	423552	1258
9830	王少怀巧联劝戒烟				韩满堂	郭书荣	423483	390
9831	胡弄俺那牛呢				刘起	张焕恩、刘为民	423501	1901
9832	龙治河畔出娘娘				刘玉山	刘晓山	423532	479
9833	义狐坟				武国杰	武业伟	423548	984
9834	当当				段淑珍	王广弢、王纯志	423505	292
9835	打赌（一）				何仁晓	郭发武	423508	4684
9836	刘墉戏和坤				郑老活	王纯志	423554	842
9837	王母娘娘下凡				文德广	王志河	423538	1466
9838	李二歪遇险记				谭文起	张振峰	423553	412
9839	烟袋在“半截里”				郑长斌	马奔	423484	311
9840	为什么一根麦秆只长一个麦穗				张玉香		423536	2443
9841	杨六郎巧布“溃水阵”，十里沙场退辽兵				郭保深		423535	316
9842	智戏三姨太				李英	郭书荣	423515	347
9843	哭诉避祸				张家臣	刘瑞杰、郭万里等	423492	2532
9844	借鸡骂人				刘贵	刘铁城	423518	655
9845	“底儿”强				郭福辉	马奔	423485	1218
9846	孔子和如来佛盘道				李健	张焕恩	423556	521
9847	车躲城				郭福辉	马奔	423481	3391
9848	“北平都”的传说				许丙章	张会生	423534	963
9849	怪才王少怀						423479	673
9850	宝葫芦				孟桂兰	王随心	423544	1214
9851	智打县官				李琳瑛	剑虹	423497	3046
9852	我还没装药				张新	王纯志	423494	305
9853	借人送驴				刘贵	刘铁成	423516	343
9854	一包灰				杜愚鲁	马奔、刘铁城等	423486	1081
9855	投生				张永	马奔、张国志等	423510	894
9856	绝对				高四	夏雨、马奔	423487	1154

序号	篇名	民族	流传地区	采集地	讲述者	搜集者	数据库编号	字数
9857	偷改门匾				刘贵	刘铁城	423519	2377
9858	天亮前又黑一阵的由来				李东芳	贾二平	423550	814
9859	孟老文二下江南				李伏风	李剑虹	423524	604
9860	染坊对联				刘三	刘铁城	423521	246
9861	榆树和榆钱的传说				林东仁		423537	1119
9862	无影山底藏金牛				韩树	帮贤	423531	622
9863	猴子和老虎				王影	刘存良	423540	310
9864	刘谦的传说				刘国占	刘存良	423526	594
9865	靴子岭				宋俊然	史冰	427397	459
9866	张乃东的故事				张恩	宋俊然	427356	993
9867	楼桑庙的蛤蟆——干鼓肚儿				李立	冀原	427369	1469
9868	“喇叭口儿”的来历				李玉元	向民	427393	463
9869	鲁班锯塔				张洪水	冀原	427359	349
9870	锄					陈强	427401	463
9871	风雨竹				柳文茹	史简	427374	836
9872	张飞显圣				王恨庚、柳青泉	梁国民	427370	848
9873	张飞曹营会文				李佩如	史简	427373	918
9874	赵匡胤打枣儿				张淑体	赵忠义、冀原	427385	501
9875	长安城				张玉坤	尤垣伯	427395	1085
9876	叫小秃闺女看				刘更	冀原	427378	246
9877	天下第一州				刘金泉	张军利	427357	715
9878	赵匡胤射蛇				尹明	张军利	427386	958
9879	半壁店的土瘩疙空的				张桂田		427396	1286
9880	关公为什么是红脸儿				柳文荣	向民	427372	882
9881	狗讨粮				高蓬嘉	张军利	427400	1701
9882	树是我栽的				刘更	冀原	427376	523
9883	牛				刘进	张贵军	427399	369
9884	河水搬家，井吐莲花				张旺	冀原、郑洪玲	427377	291
9885	猫和老鼠				郅策生	郅四清	427398	1103
9886	牛七老爷				刘忠玉	郅司晴	427389	410
9887	一文钱难倒英雄汉				李凤池	赵忠义、冀原	427384	1977
9888	楼桑庙的柏树——没尖儿				柳文荣	史简	427367	563
9889	金龙托刘备				李纪	冀原	427366	438

序号	篇名	民族	流传地区	采集地	讲述者	搜集者	数据库编号	字数
9890	刘备和大树楼桑				柳文荣	向民	427362	5323
9891	饮水井和刨花寺				李玉元	向民	427360	814
9892	题诗断吉凶				宋俊然	史简	427382	784
9893	张飞与张飞店				王恨庚	杨少山	427363	820
9894	蚩尤的传说				付广庭、王恨庚等	向民	427361	884
9895	五鬼闹宅				张明	冀原	427375	284
9896	双塔晴烟					向民	427358	356
9897	三个嘎子				张旺	赵灵奇	427381	596
9898	大水不淹北坛				谷福增	陈瑞贤	427394	2020
9899	刘墉巧治和坤				郭应兰	张辉霞	427387	684
9900	楼桑庙的公鸡——哑嗓儿				王恨庚	张德恩	427368	1513
9901	拉拉谷讨封				郅文生	郅四清	427391	691
9902	唐伯虎断案				钱树堂	梁国民	427390	398
9903	没城一角				冀寻名	冀原	427392	664
9904	赵匡胤的名字				王仲芹	路骞	427383	1106
9905	泥狗腿					陈强	427402	763
9906	算卦救命				张旺	郑洪玲	427380	488
9907	仙桃				张旺	郑洪玲、冯燕红	427379	1340
9908	“东西”的来历				尹明	张军利	427388	1449
9909	木马掌上钉钉				李立	冀原	427371	287
9910	三义庙胡同				王恨庚、赵以熙	向民	427364	2820
9911	桃园三结义				柳文荣	史简	427365	1447
9912	秦军血洗燕下都						428211	1025
9913	邵尧夫的故事（五则）		河北一带				428215	519
9914	燕丹为质于秦		易县				428206	727
9915	诗仙会						428219	1431
9916	易县的“易”从何而来				何泉亭		428222	2335
9917	唐伯虎与祝枝山的軼事		河北一带				428216	1271
9918	河内						428226	1522
9919	易水河改道				赵资九		428221	1070
9920	抻辫子						428218	2313
9921	燕下都再现				何泉亭		428220	890
9922	苏东坡的二三事			易县山区			428214	918

序号	篇名	民族	流传地区	采集地	讲述者	搜集者	数据库编号	字数
9923	孔明拜师学艺		易县				428213	551
9924	九女台				何泉亭		428223	1237
9925	孔子的趣聞		易县一带				428212	1166
9926	密谋刺秦大计		易县				428208	1067
9927	燕昭王筑黄金台		易县				428205	2656
9928	地下宫殿之谜			易县西贯城			428224	6443
9929	血溅秦庭		易县				428210	523
9930	神童解绾				何泉亭		428217	1646
9931	田光推荐荆轲		易县				428207	951
9932	樊于期自刎血山		易县				428209	490
9933	昙花一现的白玉桥			东沈村			428225	2187
9934	压龙断凤				张敬舆、尚朝宽等	青山、秀水等	428739	2190
9935	初识秦老祖				潘秀清	潘秀华	428733	1519
9936	边关阅阵				汤珍	青山、秀水	428719	1467
9937	棋战杨四畏				汤珍	青山、秀水	428736	3086
9938	置学育才				汤珍	秀水	428699	3128
9939	义救挚友				汤珍、尚朝宽	秀水、秀华	428741	1094
9940	出关助战				汤珍	秀水	428735	2042
9941	怒惩亲兵				汤珍	秀水、凤山	428724	2568
9942	寡妇楼				汤珍	青山、秀水	428705	1813
9943	访贫问苦				汤珍	青山、秀水	428732	2149
9944	意登舍身台				汤珍	青山、秀水	428715	2156
9945	三忠祠喻志				董玉林	杨帆里	428714	2550
9946	阴山改名				汤珍	秀水	428713	5307
9947	迁西叶子烟				刘殿录	李健民	428722	3069
9948	收徒打擂				贾宝善	白泉	428703	1865
9949	雨中练兵				董玉林	杨帆里	428696	2251
9950	母子逛新城				张锡元	秀水、凤山	428731	3475
9951	为民改斗				杨丰俊、汤珍等	白泉、青山等	428742	2582
9952	歃血盟誓				汤珍	秀水、凤山	428698	1401
9953	洪山口会战				汤珍	青山、秀水	428725	2461
9954	将军楼				汤珍	青山、秀水	428706	1321
9955	初战青山口				汤珍	青山、秀水	428700	996

序号	篇名	民族	流传地区	采集地	讲述者	搜集者	数据库编号	字数
9956	董家口捉寇				汤珍、董玉林	青山、秀水等	428729	893
9957	插柳为边				刘殿禄	李健民	428721	2144
9958	逆天祈雨				潘秀清	潘秀华、郭景斌等	428734	1376
9959	登盘山				汤珍	秀水、凤山	428695	2815
9960	宝刀不锈				汤珍	青山、秀水	428738	2627
9961	将军帽山				汤珍	秀水	428716	1652
9962	炎天冷雪亭				汤珍	秀水、凤山	428728	2528
9963	立“桅”成“舟”				罗云翔	青山、秀水	428740	1494
9964	土地雷显威				贾宝善	白泉	428720	6623
9965	梦得玉马				龚文瑞	青山、秀水	428737	1425
9966	拒礼秉公				汤珍	青山、秀水	428708	1346
9967	垦田栽稻				汤珍	秀水	428726	3991
9968	汤泉破邪				赵维元	青山、秀水	428718	10305
9969	保安塔镇“妖”				张志	秀水	428717	2536
9970	怒斩张守备				汤珍	秀水	428707	1426
9971	宴师教子				汤珍	青山、秀水	428709	1634
9972	八角亭				赵维元	秀水、凤山	428697	2185
9973	借神习武				刘殿禄	李健民	428712	1773
9974	一幅怪联儿				汤珍	青山、秀水	428704	2381
9975	巧计退兵				杜老三	郭景斌、杜焕文	428701	1699
9976	辞退伐薪卒				汤珍	秀水	428727	2295
9977	为民申冤				汤珍	青山、秀水	428711	1654
9978	舍命铸大钟				汤珍	青山、孙伟	428743	2846
9979	佳果红消梨				汤珍	秀水、凤山	428723	1500
9980	疑兵计				董玉林、任双	李健民、杨帆里	428702	1969
9981	得丹出家				尚朝宪、刘成满	潘秀华	428744	2346
9982	题词“天马山”					窦广成	428730	2117
9983	严责娘舅				汤珍	青山、秀水	428710	2565
9984	运河里的蛤蟆不叫唤		清河县东部		赵存恩		428868	367
9985	毛猴子的来历						428850	490
9986	清河的女孩为么不拜年		清河县		冯树人		428859	919
9987	巧封侯		清河县农村		王其德		428825	467
9988	丧葬仪式的来历				康栋奎		428858	625

序号	篇名	民族	流传地区	采集地	讲述者	搜集者	数据库编号	字数
9989	孔宋庄改名				陈立江		428815	970
9990	说书安人				王富华		428838	646
9991	古莲池里皇帝坟						428808	2787
9992	鹌鹑为什么没尾巴		清河县				428854	575
9993	为民舍身的石佛爷				陈立江		428832	603
9994	冢子庙				王之忠		428837	667
9995	清水潭				王来生		428839	2293
9996	白马洞		冢子一带		王富贵		428841	1782
9997	给死人烧纸的传说		清河县		董甲怀		428861	1043
9998	焦庄的来历						428846	1446
9999	兔子和咸食的来历						428856	936
10000	盗宝				谢汝香		428843	558
10001	大闹赌场				武同海		428812	1327
10002	赵匡胤杀张士武				许月峰		428830	759
10003	白衣狐仙的传说		清河县东南农村		王之清		428844	594
10004	折御花						428826	1109
10005	出城三里吃甜水						428831	2044
10006	大家闺秀潘金莲				张星文		428817	725
10007	千古蒙奇冤				武殿斌		428819	797
10008	阿弥陀佛的传说				韩寿峰		428862	1990
10009	猪被杀为什么大叫				赵保华		428855	439
10010	贾秋胡的传说		清河县农村		贾明奎		428821	695
10011	冢子的传说				王来生		428836	1064
10012	银子王的来历		油坊以南		王芳洲		428848	614
10013	鸡的来历		清河一带		张立善		428852	1242
10014	秋夜宰“鬼”				武三杰		428814	949
10015	李子花的刘娘娘				冯金广		428834	636
10016	皇历上的拗么		清河县		陈立江		428809	1055
10017	西瓜打牛和金蛤蟆的传说						428873	949
10018	“东西”的来历				史春生		428871	878
10019	双城集的传说		清河县东部农村		赵保立		428845	1051
10020	水井风波				武三杰		428813	313
10021	黄牛告状				王自春		428835	830
10022	斗鸡台				周长祺		428842	916

序号	篇名	民族	流传地区	采集地	讲述者	搜集者	数据库编号	字数
10023	除夕夜撒芝麻杆的来历		清河县农村				428860	1244
10024	老诰命严惩税吏						428833	1523
10025	虎跟猫学艺		清河县				428857	3277
10026	不放马的放马场		清河县农村		赵存恩		428827	1149
10027	拗么坟						428810	341
10028	武松出世				张全宝		428811	554
10029	长蛇戏敌		清河县南部		王来生		428840	896
10030	窦建德战死的传说		清河县东部		李振昌、刘梦秋		428807	665
10031	得宠进京		清河县农村		许庆祥		428823	743
10032	大烟袋锅						428824	760
10033	家乡人的忌讳				武增昌		428820	979
10034	十八缸金银				赵保华		428865	1384
10035	官道沟的传说				魏忠贞		428849	558
10036	青龙口对着黑风口		清河县				428851	667
10037	为什么西北雨有雹子				王来生		428872	1324
10038	蔡王庄的来历		油坊以南		王富贵		428847	452
10039	月老牵线				杨椒云、张文祥		428863	918
10040	武大郎读书学艺				史玉玺		428816	1185
10041	压轿石的来历				韩寿峰		428870	1636
10042	掏灰扒的来历		清河县		孙茹平		428869	638
10043	石龟赊豆腐		清河县东北部		赵保华		428866	737
10044	石人的姻缘		清河县东部				428867	846
10045	红茅草						428864	1050
10046	鸡的来历						428853	320
10047	赵匡胤的传说				孙朋生		428829	464
10048	阳谷好清官				武瑞峰		428818	843
10049	被害		清河县农村		许庆祥		428828	922
10050	滕小圣的传说		卫运河两岸		康栋奎		428822	1589
10051	朱元璋放牛				张金锁	李国强	430805	975
10052	雪的传说					赵颖	430813	3070
10053	督堂坟的传说				张文喜	陈永庆	430801	1072
10054	说法台与二祖村					毛治全	430798	2111
10055	成安县界为啥划到了临漳城边					王新民	430799	428

序号	篇名	民族	流传地区	采集地	讲述者	搜集者	数据库编号	字数
10056	为啥长子摔丧盆					刘成河	430807	1504
10057	戚朝卿轶事				张文喜	李国强、陈永庆	430804	651
10058	寻菩萨					李书美	430794	327
10059	李八缸					李书美	430790	2278
10060	五爷庙的传说					刘正印	430812	1263
10061	大小戴的传说					武海云	430802	1067
10062	花生果为什么钻到了地下面					常运锋	430814	1626
10063	雁门关与凤凰楼				柴玉祥		432432	830
10064	守株待鹿				李占国、张艳春		432249	296
10065	石佛寺			兴隆县孤山子村	徐开泉		432428	991
10066	李庆轩除汉奸			郭杖子乡	姜文献		432374	812
10067	鸭子的嘴为什么是扁的				柴民		432498	828
10068	口外第一楼	满族		风山镇			432431	381
10069	粘耗子的来历	满族			滕振普		432526	843
10070	天井	满族			朱占奎		432444	1162
10071	苏武泉				刘连德		432417	1295
10072	棒槌楼和猫眼楼				张大爷		432436	1506
10073	道不宅老爷	蒙古族			傅宝山		432373	1506
10074	黑旗军的传说			一复兴地村	赵庆儒		432473	1040
10075	囍字的来历				刘忠善		432322	1645
10076	佛爷来				李青年		432458	930
10077	冯子材大败番鬼佬			一复兴地	赵庆僧		432313	3956
10078	平泉的来历			平泉镇	张凤鸣		432447	964
10079	老虎脑瓜壳上为啥有王字				孙长德		432495	1581
10080	诸葛亮巧识寡妇				刘振才		432294	2735
10081	似汰梁上的不孤鸟				候殿文		432504	937
10082	毯子梁			西龙头村			432452	906
10083	中草药与药王爷						432520	1072
10084	金蟾与庙宫				李秀春		432422	2881
10085	迎水坝				邢傅		432467	1343
10086	龙过蛇盘梁			围场县食品厂	孙启东		432246	456
10087	陈提督管护西围场	满族			陈景瑜、刘凤鸣		432477	1546
10088	郭小川童年故事						432359	1755

序号	篇名	民族	流传地区	采集地	讲述者	搜集者	数据库编号	字数
10089	上灯税			平泉镇	朱廷文		432480	2134
10090	天泉				杨树德		432414	2909
10091	古北口				朱理宗		432438	2672
10092	御匾的传说	满族			董学贤		432251	4016
10093	郭小川在丰宁						432360	1456
10094	燕山主峰为啥两个名				韩雨		432383	1238
10095	霸王追韩信				郭透迟		432303	2361
10096	鹌鹑为什么没有尾巴				刘德承		432505	991
10097	张僧繇的传说				陈丙君		432317	1944
10098	少年吉大胆				魏福生		432358	3239
10099	跨马杨和				杨广华		432368	1468
10100	恩封				康金山		432250	1461
10101	鸦片烟花的由来			围场镇	郭淑芹		432514	1850
10102	千公主和藩				李瑞轩		432486	3556
10103	十三太堡			刘家乡店	赵玉兰		432470	1105
10104	阿妹山和燕格柏河	满族	河北围场县	桃山公社	宋春、刘占怀		432376	427
10105	乾隆悔写洗心碑			丰宁坝上	张海、宋喜武		432263	1086
10106	青羊山的传说				赵荣春		432378	905
10107	武则天轶事				陈丙君		432288	849
10108	三瞪眼	满族		宝元栈村	候延广		432377	1065
10109	梁山伯与祝英台				房广生		432367	2760
10110	热水汤的传说			热水汤村	王朝阳		432413	1106
10111	腊八搬冰				何桂芳		432531	1729
10112	锄钩为什么朝后				孟万洪		432550	1383
10113	猪山变孤山			打鹿沟乡	靳树臣		432394	615
10114	除夕的旺火				何桂芳		432530	915
10115	桃园结义				杨福臣		432305	1261
10116	鲁班与三个徒弟			丰宁县三道沟门	王殿普		432338	1524
10117	伊似娘娘种草荔枝	满族		牌楼村	丛鉴		432518	1278
10118	大刀姜海杀洋毛						432354	1148
10119	旱獭子的传说	蒙古族		围场县	郭淑芹		432511	1419
10120	十大股捉汉奸			苏家店乡	房广生		432341	791
10121	媳妇最忌三月三			殷家店乡敬老院	张素云		432536	2028
10122	晓岚受宠			承德农校果树场	宋春全		432329	903

序号	篇名	民族	流传地区	采集地	讲述者	搜集者	数据库编号	字数
10123	五龙山				严义		432392	8444
10124	诸葛亮轶闻数则				陈丙君		432293	1737
10125	死羊的眼睛				梁桂金		432502	1863
10126	朱元璋出世			头道梁子村	刘凤英		432286	2280
10127	张果老挪塔				于恒起		432347	1200
10128	道光补裤			承德群众报社	李传和		432280	1455
10129	贩卖皇上				周稳		432481	2574
10130	傅青主的传说			凤山陶来营村	鲍玉清		432327	3289
10131	思夫石				杨成江		432399	690
10132	弘历射熊			县文保所	李秀春		432268	2847
10133	九虎岭				商志义		432456	1004
10134	黄花坟和鸡冠砬子			兴隆县雾灵山村	胡秀才		432385	3973
10135	如意河边的如意菜			围场县城子村	王森		432527	505
10136	穷道人养鹅赚羲之				陈丙君		432314	946
10137	东方亮的传说			丰宁县大阁	刘淑贤		432513	504
10138	无门庙无庙门				金佩臣		432427	4670
10139	牛没上牙狗少一叶肝						432501	1054
10140	将军帽山			潘家口水库	董武		432384	1253
10141	凤山的传说				靳育民		432446	474
10142	神鸡石				孔如成		432400	3084
10143	小猫打呼噜骂包公				王桂芬		432496	1546
10144	关公的传说				薛德民		432307	2358
10145	大烟袋巧破山海关	满族		新地乡营坊村	赵荣春		432471	1431
10146	将军楼				张大爷		432434	327
10147	蜘蛛山			新地村	王喜亮		432380	1369
10148	袜子沟的小米最好吃			四合永镇营字村	孙瑞成		432276	1245
10149	跑马占圈的汉人	满族			张正明		432489	2073
10150	茄子辣椒的来历			平泉魏杖子乡	翟万存		432517	2005
10151	五奎园和改刀肉			平泉镇	王祥		432523	3628
10152	翠花女与望道石			桃山公社	刘占怀		432397	1738
10153	大救驾			平泉镇	李雷		432525	1516
10154	哈塘川的遭遇	满族			顾德瑞		432476	709
10155	石肉			凤山东关村	宋喜武		432401	1332
10156	礌石堆				张大爷		432439	1035

序号	篇名	民族	流传地区	采集地	讲述者	搜集者	数据库编号	字数
10157	塞罕庙顶上的断脊			坝上林场	刘文玉		432423	423
10158	猴顶山				薛成库		432389	1710
10159	清凉界				刘景堂		432459	384
10160	孟姜女巧计斗刘海			殷家店	张青云		432366	711
10161	滴泪洞			围场县桃山公社	王森		432403	1258
10162	蛇为什么用肚子走路			河坡峪村	马江林		432509	1517
10163	丁大仙				马文翰		432371	942
10164	王冕的传说				刘忠善		432318	397
10165	仙女楼				张大爷		432437	1005
10166	塞佛茶与马趵泉			三岔口村	寇九杰		432416	1057
10167	一斗莜麦半两酒				于海庭		432515	938
10168	雾灵山的来历				刘景堂		432382	345
10169	冰冻沟			围场镇	董延辉		432405	419
10170	宽城的由来				卢本峰		432449	1447
10171	南天凤			平泉镇	梁财		432420	268
10172	李白戏国舅				卢春		432316	801
10173	三柱香				于乐久		432469	877
10174	发配江南			滦平县巴克什营乡西营三寨村	郭明远		432274	659
10175	龙潭的传说			车河堡乡南道村	王润廷		432419	1279
10176	吊毛剃小辫				赵公绪		432342	1097
10177	达子沟			快活林村	贾宝仓		432407	1567
10178	莲花山的传说	满族					432390	605
10179	黄花岭的传说			大沟村	丁恒		432461	658
10180	康熙巧破双钉案			营坊村	赵荣青		432253	1995
10181	冯玉祥的传说				计忠		432357	354
10182	选秀女逼死人命			围场镇	陈广山		432266	1629
10183	打黄官	满族		新地村邹家洼子	邹吉安		432479	1086
10184	华佗的传说				王健民		432333	600
10185	压龟石				杨树德		432398	7259
10186	罚银变赏银			围场镇	宋春		432328	465
10187	艾蒿熏蚊子的来历						432539	1508
10188	铁拐李巧救小半活				王喜云		432346	736
10189	公主围	蒙古族		承德市狮子园	杜福运		432451	2752

序号	篇名	民族	流传地区	采集地	讲述者	搜集者	数据库编号	字数
10190	大烈山的故事			魏杖子乡	刘秉乾		432395	2023
10191	神力黑汉	蒙古族		平泉县白池沟乡	傅宝山		432356	1227
10192	药王的传说						432335	1284
10193	太极拳师曹玉可				曹珂		432353	1081
10194	御马坐牢			大东沟	黄景林		432264	1913
10195	如此张巡抚				陈丙君		432331	6174
10196	七仙女为民除害				孙常林		432345	1586
10197	唐太宗巧取《兰亭序》				陈丙君		432284	2733
10198	太子巧得师	满族			王玉堂		432262	1655
10199	皇帝与宝狐			承德市影剧院招待所	丁治安		432267	2356
10200	乾隆轶事				刘之		432257	1221
10201	皇姑屯			六十棵村	王延令		432454	2765
10202	光秃山的传说			柳溪乡	祝桂荣		432393	2230
10203	乾隆点状元			平泉镇	范洪亮		432271	2313
10204	铁帽王韩六				兰占河		432301	2056
10205	十八罗汉和弥勒佛的传说				安宝华		432352	1239
10206	秦半两			农贸市场	李雷		432529	5306
10207	关羽出世			县食品厂	孙启东		432306	1386
10208	安营寨				李秀起		432457	1253
10209	弈棋失信			围场县棋盘山下	马学艺		432245	1129
10210	琼浆玉液八珍酒	满族		平泉镇	李雷		432521	2053
10211	金龙潭			北京市	吴巨卿		432415	1279
10212	项羽和刘邦的故事			大东沟村	黄井林		432304	1276
10213	鹰手营子						432460	1759
10214	祭神杆立影碑	满族			滕振普		432545	1690
10215	常乐店			围场县桃山公社	宋春		432455	1893
10216	大年三十晚上点灯的传说				赵兴国		432532	1243
10217	韩湘子讨封			新拨村	张树		432350	510
10218	送子娘娘宝盖寺				谢玉林		432429	610
10219	砬壁佛光	蒙古族			马树林		432468	889
10220	两旗争地	满族			黄志权		432488	1899
10221	江米峪沟			密云县曹永路村	董新民		432462	1508
10222	药王爷学看病			杨树岭乡文化站	宋秉文		432334	669
10223	观音显圣						432494	1444

序号	篇名	民族	流传地区	采集地	讲述者	搜集者	数据库编号	字数
10224	张八百传说			丰宁县塔黄旗村、石人沟乡东山神庙村	李勤、徐化泽等		432297	844
10225	大清律	满族			苏桂丛		432487	2508
10226	花木兰智取摩天岭				徐德山		432310	1865
10227	糊饽饽				刘德承		432506	1780
10228	翠花公主	蒙古族		八十三号村	纪国瑞		432256	5905
10229	苏东坡的故事				陈丙君		432319	1011
10230	严嵩书写天下第一关			双洞子乡	于海超		432299	716
10231	灵隐寺异僧对诗				陈丙君		432315	3495
10232	反金掌				王春雨		432478	799
10233	吉祥天母的故事				赵树亭		432344	1471
10234	汤玉麟的传说				白雪樵、林扩泉		432362	13000
10235	石人子			柳溪乡	初喜德		432309	1217
10236	打国舅	满族			王瑞臣		432475	1873
10237	打鬼的故事				赵树亭		432343	1090
10238	祭坟	满族		县食品厂	孙启东		432270	1452
10239	妙联取仕				陈丙居		432324	1940
10240	十字刑与雍和宫	满族			康金山		432474	673
10241	解学士风流韵事				陈丙君		432323	853
10242	西湖舟中对酒令				刘忠善		432320	1367
10243	人外有人				张德池		432355	3358
10244	刘家节烈匾				王贵儒		432549	5966
10245	伊逊河的石人	满族		围场四合永镇	孙瑞成、王树清		432396	3275
10246	韩信出世			苏家店乡	房广生		432302	1365
10247	胡采沟				王学铭		432408	2022
10248	青龙神显灵				李恩瑞		432493	831
10249	刀尔棱喇嘛取经	蒙古族			赵殿伍		432372	3523
10250	神医王叔和				陈丙君		432336	1621
10251	石羊石虎的来历			范杖子乡	孙秀云		432402	255
10252	野鸡差				马胜林、杨月波		432491	1492
10253	刘墉传说			围场县新地乡、卧龙岗、七沟乡东六沟村、滦平县长山峪乡鞍子岭	黄景村、万明起等		432296	848
10254	顺治的由来				刘志兴		432484	2999

序号	篇名	民族	流传地区	采集地	讲述者	搜集者	数据库编号	字数
10255	水宫娘娘和汤泉				王永林		432421	3162
10256	三光会的来历				王兴林		432542	1407
10257	登天梯						432440	1814
10258	观音菩萨						432351	570
10259	王莽出世				房广生		432283	1204
10260	接财神				张殿德		432534	1226
10261	乾隆最后一次下江南	满族			王玉堂		432261	1314
10262	孟姜女				蔡大娘		432365	1152
10263	康熙拆庙			围场镇	张秀超		432252	4523
10264	地上的鹅为什么不会飞				隋唯荣		432497	2003
10265	狮子园的传说			承德市狮子园	赵清庚		432450	557
10266	瑰花儿献茶			围场镇	王德		432265	710
10267	温泉湖				杨树德		432418	1971
10268	五奎园糖饼			平泉镇	张久臣		432524	1250
10269	斩卫士				杜盛槐		432273	2611
10270	通天洞				杨树德		432404	1034
10271	雍正盗诏			承德市狮子园	杜福运		432279	1356
10272	二仙居的羊肉馅包子				杨廷钰		432522	902
10273	苏小妹的传说				陈丙君		432321	1000
10274	八旗的由来	满族		文化馆	张冬阁		432483	6075
10275	葛家庙的来历						432424	5986
10276	萧太后的传说				史再生		432289	873
10277	李世民进贡				侯允堂	石玉海	432285	3814
10278	红砂山				王广生		432387	2024
10279	康熙三梦				孙启东		432247	791
10280	乾隆认父			松树台乡	洪福		432259	2183
10281	元宝山						432386	2849
10282	赵匡胤坐皇帝			营坊村	赵荣春		432287	1418
10283	御马山			新地	李文焕		432381	784
10284	乾隆保媒			七沟乡	孙国文		432272	1642
10285	棒槌峰上的老桑树			承德县	陈宝才		432375	1221
10286	慈禧太后吃烫驴肉				谭维宗		432281	1920
10287	乾隆拜荷花			承德市狮子园	杜福运		432258	2835
10288	乾隆做诗联对传说			兴隆县、承德市	刘忠善、陈松等		432278	1687

序号	篇名	民族	流传地区	采集地	讲述者	搜集者	数据库编号	字数
10289	星星泉的由来			御道口牧场	周禹林、朱建章		432412	2913
10290	康熙探病				王山		432244	1574
10291	回族迁中原的传说	回族		平泉南岭乡	丁广信		432482	1148
10292	张好古当官						432300	1696
10293	寺院变成石砬子			榆树林子村	梁桂金		432430	1035
10294	蘑菇圈的由来			县文工团	宋春、赵益智		432248	3064
10295	女鲁班献计修宝塔			狮子园	杜福运		432442	722
10296	狗咬吕洞宾的传说				舒印清		432349	923
10297	康熙偷顶子	满族		丰宁草原乡	朱正千		432242	2394
10298	摆手抬蟒吓死提督				杨广萍		432369	340
10299	台吉营的由来	蒙古族			鲍福廷		432465	3918
10300	高八斗辩赌会文堂				刘忠善		432332	1361
10301	康熙改村名			桃山	王森		432254	1338
10302	李调元诗才传佳话				张端阳		432326	414
10303	皇姑屯	满族			谷景林		432453	1390
10304	窦尔墩的故事						432312	1146
10305	七眼井				刘景堂		432445	1370
10306	炮打红山	满族		将军泡子	布尼阿林		432472	1409
10307	闹洞房				吴明		432538	1229
10308	会州城			刘家店乡	张子义		432466	1650
10309	公鸡和梅花鹿				陈沫		432500	1169
10310	小人山				王兰亭		432391	843
10311	《大登殿》的来历						432548	2824
10312	白马川的传说			大水泉乡	万明玉		432411	1795
10313	回青天	回族		平泉镇	邹立川		432298	1253
10314	伊马吐河的传说				张明		432410	2789
10315	乾隆赔情			大营子村	石宝柱		432269	915
10316	王小庙			二道河乡	刘振村		432426	1216
10317	包长喜护围			狍子沟村	包洪达		432492	894
10318	康熙给侍卫作画				何文库		432243	360
10319	牧羊阵				梁喜武		432292	1098
10320	康熙护灵	满族		雷字村	郭斌		432255	3094
10321	祭敖包				郭顺		432546	1467
10322	认义女			南岭乡	丁立华		432260	2070

序号	篇名	民族	流传地区	采集地	讲述者	搜集者	数据库编号	字数
10323	姚家院的黑红棍	满族			姚发		432544	2165
10324	乾隆封百灵鸟			围场镇	张少溪		432275	2010
10325	胡萝卜的传说				苗子义		432516	987
10326	乾隆问路			隆化县南阳大队			432277	4736
10327	山杏树的来历						432512	403
10328	秦始皇晏驾			波罗诺乡	关保田		432282	2771
10329	羊猪告状				李俊海		432503	1561
10330	无盐娘娘的故事				陈丙君		432290	620
10331	元小脚与蛮子脚				边福军		432540	1019
10332	姜子牙的传说			克镇	张云岭		432291	1411
10333	蒙古人磕拜香				杨裕恩		432543	656
10334	刘伯温成仙						432295	2793
10335	张飞巧对诸葛亮			丰宁满族自治县民研所	房广生		432308	660
10336	常遇春出世			苏家店乡	房广生		432311	1272
10337	还礼戏钦差				张瑞阳		432325	2652
10338	金圣叹认输			围场县食品厂	孙启东		432330	1418
10339	梁革医术起死回生				曹国珍		432337	1514
10340	有眼不识泰山			平泉县南岭乡	丁广信		432339	643
10341	老佛爷点化男变女				王志林		432340	945
10342	吕洞宾的故事				高凤祥		432348	350
10343	恩将仇报				舒印清		432361	890
10344	姜大帅送匾			平泉镇	邹立川		432363	1032
10345	姜罗锅吃炸棒笋						432364	1850
10346	于老柏死守古北口						432370	883
10347	三箭岭的传说			大东沟村	王祥		432379	1833
10348	广灵山与石凤				黄淑芬		432388	1713
10349	石门沟	满族			刘占武		432406	721
10350	滦河的故事				焦桂侠		432409	892
10351	包公庙				齐显章		432425	1395
10352	修长城的山头为啥向南倾			兴隆县姚栅子村	李万田		432433	399
10353	圆楼的传说				兰旗仁		432435	1911
10354	蜘蛛挂线						432441	992
10355	寿王坟				张先		432443	733
10356	兴隆的来历				周广群		432448	2669

序号	篇名	民族	流传地区	采集地	讲述者	搜集者	数据库编号	字数
10357	南五十家子的来历	蒙古族		南五十家子乡	益广元		432463	2128
10358	蒙和乌苏二道营子的由来			二道营子	赵殿英		432464	824
10359	钓鱼台			县文保所	李秀春		432485	1349
10360	杨家将的来历				徐文秀		432490	3189
10361	变鸡还米				李永春		432499	2000
10362	鹰为何吃野鸡				孙国文		432507	1236
10363	泥鸡与驴驹				王凤娥		432508	1277
10364	蝎子为什么怕鸡			三道梁中学	卢红云		432510	2006
10365	药王爷一气抛药囊				孙德亮		432519	481
10366	兰花瓷的传说				温广利		432528	665
10367	五月五挂葫芦				张冬阁		432533	1829
10368	十月一鬼穿袄				王海		432535	1873
10369	给死人烧纸的由来				王贵儒		432537	1632
10370	满族人为什么忌用嘴吹灯			头道梁子村	王桂芬		432541	1485
10371	祭河神						432547	1233
10372	兴家立业一付板，金梁玉柱柱两根				任佩璧、夏恩楼	黎恒	436557	2018
10373	“沿海异人”救难船				朱永岩、桑树勋	朱永远	436576	1368
10374	史有余的传说				高宗文	高树军	436571	1790
10375	教育世家张凤翔先生				张锺沂、张锺淮	杨树人	436575	691
10376	王泽学和王访				王勤、王坤	曹新林	436570	856
10377	乐三王救驾				王汇友	杨树人	436568	2085
10378	张灿一语救崔八				朱永岩	朱永远	436563	2946
10379	海阳三周						436574	1588
10380	靳文然票书					朱永远	436545	1443
10381	蚕沙口杨有川劫皇粮				朱永岩、桑彦文	朱永远、桑献礼	436566	2766
10382	崔百祥将军除霸				裴玉荣	裴庆礼	436567	887
10383	法本与曹妃殿的海灯				刘志德	杨树人	436573	653
10384	刘春生的故事				刘淑悦、崔兰瑞等	黎恒	436558	1023
10385	张灿醉草《蚕沙口诗》				朱永岩	朱永远	436564	1293
10386	曹营郭妃				曹春山	杨树人	436569	1989
10387	金菊花脱三险				曹春山	杨树人	436555	2673

序号	篇名	民族	流传地区	采集地	讲述者	搜集者	数据库编号	字数
10388	成兆才的故事				金生泉、金万山等	杨树人	436542	7303
10389	尽瘁书坛				高荣远、付连云等	朱永远	436553	1418
10390	靳文然二进唐山					朱永远	436549	1426
10391	重振曲坛					朱永远	436552	2089
10392	滦州“画匠”拜见知州				朱永岩	朱永远	436560	2403
10393	靳文然北京献艺					朱永远、任日富等	436551	973
10394	渔民发明家				朱永岩、桑树勋	朱永远	436577	2563
10395	小靳文然书坛偷艺					朱永远	436544	1085
10396	张灿作诗训仆人				朱永岩	朱永远	436565	3112
10397	张绳武的传说				薛志清、邵中荣等	薛茂林、邵永来	436543	2441
10398	张灿赠画小炉匠				朱永岩	朱永远	436561	1793
10399	张灿爱民避客				朱永岩	朱永远	436562	1991
10400	田永利赶庙会				朱永岩、桑树勋	朱永远	436579	12708
10401	靳文然“拾场”					朱永远	436550	1178
10402	靳文然出师					朱永远	436546	2526
10403	国恩家庆与家庆国恩				朱永岩	朱永远	436559	959
10404	杜之意招亲				曹春山	杨树人	436554	4693
10405	沟府王家				李作栋	刘焕臣	436572	1563
10406	靳文然再次拜师					朱永远	436548	4033
10407	田永利吊锅斗船主				朱永岩、桑树勋	朱永远	436578	1860
10408	“老妖精”斗艺戏小黑				朱永岩、桑树勋	朱永远	436580	2230
10409	成兆才的传说						436541	3193
10410	靳文然对栽“路南书王”					朱永远	436547	2114
10411	明珠新出蚌				金开芳	黎恒	436556	1164
10412	百泉村“圣匾”的由来					贾兴安	438068	736
10413	拧劲柏的传说					陈崇	438064	908
10414	皇榜御进士					李月生	438071	1232
10415	七里河的传说					杨佑田	438060	1040
10416	戚知县二三事					吕恩惠	438076	1830
10417	小憨奎脚踢万斤砣				董学敏	杜宜民、韩森林	438078	743

序号	篇名	民族	流传地区	采集地	讲述者	搜集者	数据库编号	字数
10418	李公街昔话					吕恩惠	438062	1176
10419	万历淹母建行宫				张之顾	刘华进	438057	1396
10420	清风楼的传说					楚东亮	438051	2363
10421	仁义巷					李月生	438073	650
10422	李保玉的传说					李保祥	438075	1238
10423	张果老山上的拧劲柏					项林	438065	525
10424	卧牛山的传说		邢台市西部西黄村公社及长征厂一带			陈崇	438063	440
10425	滏阳河的传说					徐英华	438059	2212
10426	张果老看黄河				子卜	徐金普	438054	623
10427	金牛驮城的传说				马桃景	李建真	438058	1458
10428	百泉的故事				张桂珍	王坚、杜宜民等	438061	1392
10429	顺德府修扭头门的传说					陈计良	438056	370
10430	王景芳治理小黄河					楚东亮	438074	1293
10431	凌霄山上的琉璃井					王坚、袁炳淑	438055	627
10432	赶考					陈玉明	438069	673
10433	拧劲柏的故事				苗新玉	袁炳淑	438066	585
10434	张果老担南关					郝永新、王万臣	438053	1600
10435	治理“小黄河”				耿贵荣、王义民等		438070	956
10436	张果老的石头驴					尚建强	438052	617
10437	张果老山的聚宝盆					苗玉梅	438067	457
10438	修小黄河					李月生	438072	628
10439	焦礼高夜闹太原府					范玉海、赵瑞恩	438077	796
10440	疥蛤蟆的来历				隗有田		439116	720
10441	朱皇认友				朱德功	祖景新	439063	372
10442	沙蟒拦路				宋喜刚	陈志娥	439098	2853
10443	蹇仙佛和房东				张栋		439050	390
10444	杨百万制服洋人				隗有英		439068	817
10445	拒马河的来历				刘德林	马荣全	439072	1089
10446	猫为什么象虎				刘忠	穆秀芬、罗佳书等	439108	604
10447	姜石					罗佳书	439101	1090
10448	君臣对诗				耿春田	张庆全	439061	809

序号	篇名	民族	流传地区	采集地	讲述者	搜集者	数据库编号	字数
10449	孟姜女的传说				隗永孝	陈志娥	439070	392
10450	乾隆私访“天下第一家”				延茂	延辰龙	439060	348
10451	金牛山的传说				王启臣	王彩晨	439076	1736
10452	儿回鸟的来历				田桂云	罗佳书、陈志娥	439113	757
10453	石门洞				任全国	陈志娥	439087	1371
10454	改水沟鸟的传说				陈月新	陈向东	439114	764
10455	子亮寺的石龟				尹增田	刘玉华	439094	1724
10456	五月初一挂胡芦				晋合利	陈志娥	439121	643
10457	“锄”是怎样来的				赵兰亭	刘俊英	439122	912
10458	老鼠为何排第一						439104	344
10459	石圭山上的柏树为什么是拧着的				沈玉德	晋永昶	439102	854
10460	五眼石与五只金鸽子				高生华	王宏奇	439103	4058
10461	五龙捧寿				段合春	陈志娥	439062	2982
10462	老人模的传说				代满堂	曹俊杰	439099	703
10463	活佛寨				刘凤山	延辰龙	439090	927
10464	后娘草花				耿春田	张庆全	439119	535
10465	鱼泉洞				徐进梅	陈志娥	439085	599
10466	鱼骨洞传说				徐进梅	陈志娥	439084	778
10467	望儿岭				张庆贵	陈志娥	439083	682
10468	秦始皇赶山				马德路	廉海珍	439065	965
10469	老鼠为什么随意吃粮食				刘忠	陈志娥、罗佳书等	439105	455
10470	于官的靴子为何悬挂城门				王世于、许良	延辰龙	439052	916
10471	老虎头上为啥有王字				赵田	延辰龙	439107	1066
10472	于官审石头				陈润来	穆秀芬	439053	406
10473	铁角的来历				任全国	陈志娥	439100	1625
10474	为什么叫拒马河				杨贵福	延辰龙	439071	494
10475	饺子的故事				勾少昌	刘玉华、段克龙	439051	1097
10476	拒马河四十里不结冰的传说				扬贵福	延辰龙	439075	1431
10477	青蛙为啥叫田鸡				刘凤山	易燕	439112	581
10478	梨儿岭二异				马玉景	罗佳书	439080	1352

序号	篇名	民族	流传地区	采集地	讲述者	搜集者	数据库编号	字数
10479	这个菜包子咱们俩人一起吃				贾永福	刘凤瑞	439047	446
10480	乾隆意难刘罗锅				赵进林	延辰龙	439058	493
10481	大龙门灯会的来历				夏国有、张献林	延辰龙	439120	625
10482	镇江塔的传说				董文生	刘玉华	439095	594
10483	花与鸟的传说				延茂	延辰龙	439117	762
10484	干七山与扳倒井				刘平	刘浏	439077	413
10485	清水鱼知县				陈润来	穆秀芬	439055	497
10486	三车亭的来历					刘浏	439089	1600
10487	关羽收周仓的传说				延茂	延辰龙	439064	1265
10488	吃人脑子				杨生水	罗佳书、陈志娥	439069	501
10489	漏米山				王世于	延辰龙	439078	640
10490	秃山的传说				张志果	陈志娥	439082	714
10491	蔺家庄为什么没姓蔺的				张瑞堂	王桐敬、张立荣	439088	374
10492	马齿菜为何晒不死				隗有露	穆秀芬	439118	603
10493	乾隆联诗点侍郎				延茂	延辰龙	439059	1647
10494	拒马河的来历				刘德林	马荣全	439073	999
10495	金山院的传说				刘万来	延辰龙	439093	817
10496	马的蹄子为什么是斜的				杨贵福	延辰龙	439115	1119
10497	武松大闹吾公岭				王海林	刘玉华	439067	388
10498	孟子借粮		河北省涞水、易县一带		刘庆华、延茂	延辰龙	439066	641
10499	太白金星画河拒野马				刘大强	刘英军	439074	1488
10500	金牛洞				王福田	陈志娥	439086	499
10501	药王庙的来历				延茂	易燕	439091	652
10502	肖克夜闯封锁线				张勇	刘秀凤	439045	945
10503	甘汝来的牛车和小牛				李克俭	易燕	439056	583
10504	于官烧账				王世于	延辰龙	439054	1501
10505	肖克是神虎的传说				段成才	刘凤瑞	439049	999
10506	这活我经常干				陈田	刘凤瑞	439048	818
10507	肖克迁险				马记员	穆秀芬	439046	644
10508	猫的来历				李献来	罗佳书、陈志娥	439110	1879
10509	王作舟济贫惩霸						439057	437
10510	华紫坨传闻				晋国山	岳天志、杨宝明	439079	600

序号	篇名	民族	流传地区	采集地	讲述者	搜集者	数据库编号	字数
10511	猫为啥怕狗				赵清文	易燕	439109	1787
10512	牛为什么没上牙				吴法见、张玉堂等	田振军、王宏奇等	439106	1756
10513	金华山的传说				耿得京	张庆全	439081	1164
10514	釜山钟没坑				许良、刘凤山	延辰龙	439097	1896
10515	立儿石的传说				张庆贵	陈志娥	439096	577
10516	悟空寺的和尚——没数儿				刘庆华	易燕	439092	1077
10517	蛇为啥有了毒				高生华	王宏奇	439111	529
10518	孝子墓的传说				卢涛		440086	903
10519	吟诗入席					田国福	440123	817
10520	尤项塔的传说				陈春景、刘建新等		440081	629
10521	青茅草笔的传说				金紫恒		440090	415
10522	三世都憲石牌坊				张顺启		440079	798
10523	石佛赠银				梁万俊		440112	867
10524	王八驮石碑的传说				刘魁武	李利	440110	1466
10525	古冢冤情				刘庄	胡世华、左炳文	440085	824
10526	猴腚是这样变红的				左列明		440106	545
10527	香蕊上吊		河间一带		宋振成		440107	674
10528	钩弋夫人				张树廷		440091	1363
10529	县官秘访				王国才		440111	545
10530	张占魁痛打混混				麻席彬		440114	1795
10531	金兀术吃饺子		河间北部		庄青臣	侯庆云	440104	1141
10532	卧佛堂村名的来历				程实		440120	1328
10533	孙村的来历				李宝柱	毕根廷	440082	1936
10534	贾龙造反				张聚山		440117	1170
10535	家信				赵呈祥		440126	2048
10536	锯树留邻				柳林		440127	1396
10537	医学家刘完素的故事				冯庆丰、吕子忠		440093	726
10538	瀛东雅望				张兴发	胡世华、左炳文	440084	1504
10539	枣红马的故事				冯海=		440097	960
10540	五鬼闹宅				冯志桥		440098	1177
10541	金钥匙		河间西北乡		庄福臣		440109	716
10542	冯国璋拉车				冯章		440099	1787

序号	篇名	民族	流传地区	采集地	讲述者	搜集者	数据库编号	字数
10543	庙会拜师				张德山		440118	1534
10544	天下第一家				李宝柱		440101	2657
10545	飞毛腿李充				郭胜兴		440119	188
10546	河宝与府官				高华友		440105	179
10547	邱生造律				高华友		440124	988
10548	财主诓富					毕根廷	440129	1101
10549	乾隆吟诗羡姑嫂				金紫恒		440121	2713
10550	“神梦”先生				李喜春	田国福、田国良	440122	1938
10551	蔡家楼的传说				李志国、王忠进		440088	574
10552	小诸葛捉阎罗				梁石俊		440113	1607
10553	毛苌寻福地传《诗经》				梁晓云、麻怀清		440089	2832
10554	一檩庙大战窦尔敦				赵二楞	胡世华、左炳文	440116	635
10555	一掌训内侄				麻席彬		440115	1514
10556	鸿和尚与张半仙				王全生		440108	685
10557	佛爷庙的传说				靳太平		440087	1806
10558	纪晓岚与袁枚				张德山		440092	2312
10559	时雅君发家		河间东北乡		翟藏兴		440102	1542
10560	顺情理				刘宪珍		440128	539
10561	赤塔村的来历				左来道	胡世华	440083	1205
10562	卖油郎与蛇、猫、狗				刘福荣		440103	928
10563	新娘吟诗戏秀才		河间县一带		金紫恒	左炳文	440125	706
10564	猴春智斗韩七				赵子兵		440100	926
10565	气归故里				裘之恒		440095	1954
10566	贞节牌坊街的传说	回族			白益言		440080	2219
10567	裘御史揭露赵知府				裘之恒		440094	2007
10568	冯国璋的传说				冯志桥		440096	925
10569	鸡案				陈俊章		441871	1568
10570	大蒜和大豆						441913	953
10571	对台书				肖春林		441865	912
10572	安德海捉拿京东“快马张”				王太祥		441861	1243
10573	我要效法洪秀全				刘荆山		441854	1272
10574	过目成诵				刘荆山		441855	1633
10575	海魂树						441894	2228
10576	京东第一家				王太祥		441892	1152

序号	篇名	民族	流传地区	采集地	讲述者	搜集者	数据库编号	字数
10577	张仙看墓				王步云		441874	427
10578	金鸡屯的故事				张秀文		441908	874
10579	何坤巧对乾隆				庞贵		441876	1417
10580	虎撑				陈仲尧		441915	527
10581	疥蛤蟆叫声的来由				翟文兰		441912	2938
10582	天下第一吹——王生元				刘杰		441864	1321
10583	石羊避水的传说				张利民		441911	1218
10584	齐家寺的得名				李艳荣		441906	337
10585	关于海上娘娘的传说			乐亭县北港乡	陈民清、王致祥		441882	1025
10586	张仙和火神的传说				刘荆山、李采亭		441872	814
10587	影升堂里的翘楚				魏革新、李季平		441886	901
10588	葛翰林的传说				刘福堂		441870	962
10589	天后娘娘的故事				阎庭宽		441910	800
10590	张老省收爹				姚凤起		441869	2792
10591	妙对				王钦		441856	995
10592	刘四爷				陈民清		441881	895
10593	谭秀				王汝山		441879	1851
10594	海霸神			乐亭县北港乡	王致祥		441897	1132
10595	文中堂徐郙和老崔家				李季平		441885	1729
10596	安如岩妙笔济贫				王子云		441859	1480
10597	鸡喝水抬头的传说				刘兴长		441917	1941
10598	不吃有屁的水				李季平		441889	1371
10599	靳文然拜师求艺				肖春林		441863	1167
10600	蛟龙杯				王太祥		441890	1142
10601	猫打呼噜的故事				李福全		441914	834
10602	翔云岛的传说				杜士林		441893	2342
10603	快乐岛的传说				白万奎		441899	2583
10604	张仙的传说				王步云		441873	1489
10605	崔八厮和乐大老爷				赵福生		441884	2178
10606	谁也别再想谁了						441888	1345
10607	史相涯考姑爷				刘汝涛		441862	1504
10608	重修娘娘庙				吝国安、马顺福		441877	2813
10609	安汝岩巧画王妃像				王竹川		441860	1128
10610	王八显圣				祖炳秋		441904	605

序号	篇名	民族	流传地区	采集地	讲述者	搜集者	数据库编号	字数
10611	赶鱼郎				张祥云、郗春华等		441901	2971
10612	双凤坨				安树梓		441905	1247
10613	大河口的海水为啥是黑的				张生云		441896	1542
10614	倒背观音庙的传说				赵然理		441909	1752
10615	金钟河				王致祥		441895	1077
10616	拜年受考				刘荆山		441857	608
10617	屎克螂螂换小叫驴儿				李季平		441887	1360
10618	放雀劝学				何宗禹		441858	4086
10619	“老姑庙”的传说				史锦秀		441878	815
10620	高旬的传说				张振仁		441902	2967
10621	郑荣臣三进乐亭				刘作信		441868	4104
10622	关于乐亭影起源的传说				刘作信、魏风阁		441918	970
10623	齐怀与周文友				李际平		441867	1132
10624	虾蟹二帅战蛇精				郗春华		441900	2865
10625	大黑墨				韩志永		441866	787
10626	救君阵的传说				吴玉平		441903	726
10627	小兔子骗人落下什么				马玉英		441916	1734
10628	带张字的木排				王太祥		441883	1436
10629	卖梨				韩志永		441907	1987
10630	张仙算牛				阎瑞田		441875	1277
10631	夜闯正觉寺				朱殿臣		441880	499
10632	沙垄望				张溥云		441898	858
10633	送帽子				康有年		441891	1924
10634	“好”字和“臭”字的来历			耿村			443686	894
10635	烟叶的由来			耿村			443685	534
10636	古画的传说			耿村			443714	1684
10637	水火不相容的由来			耿村			443681	3633
10638	新郎新娘入洞房的由来			承德			443678	1682
10639	唱戏扮鬼怪的传说			耿村			443679	1892
10640	藁城宫面的由来			耿村			443677	2244
10641	大年三十熬夜的传说			耿村			443684	4317
10642	喜鹊报案			耿村			443676	1943

序号	篇名	民族	流传地区	采集地	讲述者	搜集者	数据库编号	字数
10643	武榜眼孙承宗的传说		冀中				444724	4345
10644	太行女侠史老娘娘的传说		石家庄市井陉矿区				444707	4329
10645	大侠肖好汉的传说		南皮、交河县一带		李书亭		444701	6918
10646	富老同的传说		肥多、魏县一带		王朝士、王书林		444720	6880
10647	翟贯一的传说		大名、馆陶一带		钱如彬		444711	7221
10648	考状元		河北北部		刘艳荣	郝静	444923	1578
10649	参乾隆		廊坊一带		苏永臣	张德侠、张淑英	444926	1990
10650	赚何坤		河北北部		王志兴	杨万里	444925	766
10651	妙答		河北北部		刘艳荣	郝静	444924	961
10652	双趾甲		山西省、河北省	山西大同市	杨鹤高	张俊青	444941	1863
10653	一字诗		河北北部一带		苏志新	张德侠、张淑英	444928	544
10654	下马台		河北霸县、文安县、廊坊市郊区	河北霸县	孙子瑜	张俊青	444942	315
10655	巧辩		廊坊北部		高孙旺	王海波	444929	543
10656	智对		廊坊一带		张德祥	张德侠、张淑英	444927	324
10657	兔耳山		三河县灵山	三河县	李国程	张素英	444939	556
10658	六郎墓		三河县、大厂县、香河县	三河县段甲岭镇	朱冬才	张素英	444940	2133
10659	一棋庄		霸县、文安县	霸县	庄家新	张耘	444938	766
10660	程阴阳			灵寿师范	胡梦林		445737	836
10661	赵南星的家信			苏云山家中	苏云山		445719	1379
10662	滴水塘的传说			灵寿政协	李和平		445762	1898
10663	武术世家——雷盼玉			灵寿师范	郑公		445728	4844
10664	王半仙测字			寨头完小	曹庆琳		445729	2575
10665	坟前为什么插雪柳			胡家庄	胡集威		445765	585
10666	掌心雷张保国			胡家庄	胡集成		445748	1175
10667	卓文君巧复司马相如信			灵师	苏振国		445716	679
10668	杨廷智的诗			县志办公室	牛玉珂		445722	3651
10669	石牛沟			石牛沟	王斌		445763	1390
10670	牛庄、女庄、七油庄			灵寿县政协	安益民		445760	722
10671	何珅对题			灵寿文化馆	胡集成		445721	1315
10672	过春节为什么贴福字			灵寿县政协	赵清玉		445734	1700
10673	陈文礼留徒弟			县志办公室	吴永民		445739	494
10674	玉蜀黍坑和瓠子沟			灵寿师范学校	付嗣喜		445758	898

序号	篇名	民族	流传地区	采集地	讲述者	搜集者	数据库编号	字数
10675	朱神仙			灵寿县农业局	吴会伯		445725	1003
10676	高力士的传说			胡家庄	白冷姐		445747	1125
10677	火盆嘴			灵寿师范	胡梦林		445745	626
10678	李洛嘉			灵寿师范学校	胡洛万		445733	695
10679	高山桂			灵寿政协	安益民		445732	2542
10680	李淳风和袁天纲的传说			岗头村	胡梦林		445731	455
10681	状元柏和鸟柏			灵寿师范	卢瑛		445752	858
10682	剃头的杨三			大东关	杨保群		445726	748
10683	真龙天子的夭折			县志办公室	牛玉珂		445735	1751
10684	一品夫人——李氏			院同村	孙文堂		445723	2757
10685	邵德富			灵寿县医院	赵满仓		445746	953
10686	石阁老访嘉靖			灵寿县师范学校	徐玉堂		445714	624
10687	董秀起打大吾			县志办	刘吉来		445741	1048
10688	飞毛腿——朱凤鸾			胡家庄	胡集成		445749	706
10689	受气的媳妇董姣英			县志办	刘吉来		445744	1526
10690	老虎和猴子			胡家庄	胡集成		445766	1168
10691	灵寿县村庄快板			灵师	辛山同		445750	1062
10692	张吉子给后滕算卦			曹喜秋家中	曹喜秋		445727	1719
10693	圣水洼的钟声			灵师	卢瑛		445754	648
10694	朱元璋的故事			灵寿中学	周树模		445718	1741
10695	鲁柏山的名胜			灵寿县志办公室	董庆昌		445755	1330
10696	曹雪芹送礼			灵寿县文化馆	王振芳		445717	2832
10697	石桥			张家庄	郑守和		445761	579
10698	接骨匠王有恒			故城	周一鹏		445730	712
10699	弹弓手杨老公			于县志办	罗世俊		445738	989
10700	李家沟			陈庄中学	马守山		445756	755
10701	牛四风耍诬赖			县志办	吴永民		445740	1526
10702	王羲之三书雁门关			灵寿县政协	曹庆琳		445715	1012
10703	灵寿北关石牌楼			慈峪中学	胡宁		445751	903
10704	神箭手桑木公			灵寿师范	胡梦林		445743	1808
10705	吃不饱的李橛子			县志办	曹文斗		445742	490
10706	文曲星逐回九女星			于灵寿师范	徐玉堂		445724	1374
10707	黑虎峪			灵寿县政协	赵清玉		445759	1411
10708	纪晓岚的故事			县文化馆	胡梦林		445720	915

序号	篇名	民族	流传地区	采集地	讲述者	搜集者	数据库编号	字数
10709	和尚帽子山				付加见		445757	1308
10710	成肇麟捐躯表素怀			吴会伯家中	吴会伯		445713	570
10711	从小脚趾看是不是从山西搬来的			灵寿政协	马介清		445764	752
10712	古城			西城南	辛来顺		445753	1465
10713	高阴阳得宝			胡家庄、灵寿政协、灵寿县师范学校	胡集成、安益民等		445736	1377
10714	琦善出卖拦江锁				郑起		447701	1705
10715	不让毛子活着同天津				吴朋寿		447704	1274
10716	闹义和团吓坏了“自古道”						447736	1991
10717	假日本——李二				吴秀岩		447703	1136
10718	老范						447717	1315
10719	刀砍秦二王爷						447698	1377
10720	主坛吓死了常举人				高玉林、王鹏		447746	1209
10721	砍二大王			武清县大王务公社孟东庄	刘福荣	郑起、段宝林	447724	1395
10722	打落垡				高振海		447721	2330
10723	歪嘴大将軍				李魁元		447723	992
10724	大师兄计扎南正海				高焕章		447720	1193
10725	大师兄——王五				高文兴		447705	2513
10726	调虎离山						447719	544
10727	永发入义和团						447714	698
10728	大王子收同红果树				王恒、王亮		447707	445
10729	傻师弟巧要臧守钱						447713	439
10730	师兄师弟随我来						447734	1466
10731	李鸿章和霍大个子						447732	270
10732	大英鼻子和老印度						447735	440
10733	战杨村				王来堃		447730	2403
10734	种毛子						447711	1432
10735	红灯照火烧红楼				贾玉福		447728	1866
10736	二少娶亲						447718	3004
10737	高喜贵得救				李连如		447725	2935
10738	李林子扮坎字团						447739	642
10739	打岔						447712	1961

序号	篇名	民族	流传地区	采集地	讲述者	搜集者	数据库编号	字数
10740	倪进士和二毛子						447745	3122
10741	外甥杀舅舅				王恒		447709	880
10742	县太爷溜了				高树		447710	855
10743	李半仙				张约西		447715	3709
10744	偷营						447699	1369
10745	沾天主的光				连四		447726	1286
10746	宰洋毛子						447700	2493
10747	关于马三元的传说——马三元天津赴宴						447729	2783
10748	大师兄逮官兵						447706	2816
10749	李半仙						447742	1291
10750	张少英刀劈拦街狗						447733	950
10751	聶該死						447737	801
10752	洋毛子为什么抢鸡蛋				刘光有		447716	2216
10753	种毛子						447741	988
10754	白鹤童子				吴敬圻		447731	1291
10755	谁敢做主			安次县高圈村	聶文清		447738	457
10756	空城计				赵玉廷		447727	1612
10757	粥				王鹏		447740	599
10758	义和团赶跑了秃和尚				王恒		447708	1596
10759	连四反二毛子						447743	3632
10760	空城计						447702	1145
10761	恶霸梁三						447744	2520
10762	砍“秦二王爷”				李连如		447722	944
10763	虎口脱险				舒刚		452668	1408
10764	见机行事						452686	4494
10765	肝胆相照						452657	1740
10766	七星宝剑						452661	2060
10767	基督知道				肖勤		452630	640
10768	“花旦”戏吉田						452677	1807
10769	赶集						452659	2052
10770	三闯榛子镇						452658	3045
10771	下水路喋皿						452688	1950
10772	智斗“杨梅里”						452650	2039

序号	篇名	民族	流传地区	采集地	讲述者	搜集者	数据库编号	字数
10773	夜除李霸天				刘云禄		452669	1584
10774	石匠孝母						452634	2979
10775	王八盒子						452684	3457
10776	张家客店						452682	2561
10777	夜截运粮车				舒刚		452672	1401
10778	天神下界				高连满		452655	2352
10779	借拐棍儿				古恒		452646	1902
10780	为民申冤						452651	1934
10781	天合隆风波						452637	1023
10782	书馆惊乱				阎克岐		452632	3963
10783	和尚赠匾						452649	2813
10784	化险为夷						452675	3576
10785	瓮中捉鳖						452681	3285
10786	血溅东洋刀						452641	755
10787	送礼						452645	3670
10788	不翼而飞						452666	2258
10789	白云道长力服四寇						452644	2642
10790	收降李大炮				朱左廷		452664	3376
10791	怒斩小本三郎						452640	3877
10792	蓝衣书生						452643	2927
10793	集市巧遇				潘步臻		452670	1415
10794	狗屎特务蠢鬼子				潘善强		452663	3632
10795	神秘的商人						452676	2617
10796	白虎星						452689	1407
10797	智斗冯家三虎						452629	2101
10798	良民证						452687	1121
10799	送上门来的“炸药包”				舒刚		452674	3525
10800	掷钱定亲						452656	2842
10801	虎口拔牙						452662	1571
10802	怒砸洋行						452635	2023
10803	孤胆赴宴				贾宝善		452671	1919
10804	迷魂阵						452683	2772
10805	闯弹雨劈北门						452639	6588
10806	大闹“洋房子”						452638	2501

序号	篇名	民族	流传地区	采集地	讲述者	搜集者	数据库编号	字数
10807	智端炮楼				王纯盛		452665	3027
10808	将计就计				李栋		452673	3705
10809	及时雨						452633	1378
10810	巧取匪巢						452653	2671
10811	办年货						452660	2229
10812	改对子						452667	2138
10813	狼窝擒敌						452680	3816
10814	乔装歼敌				王纯盛		452648	3564
10815	双塔寺“陪空”戏“大鹏”						452631	1015
10816	买瓜						452685	3547
10817	拜师学武						452636	3302
10818	白谷除暴						452654	1852
10819	逼上梁山						452647	2767
10820	李司令						452642	1857
10821	计毙“独眼王”						452678	2419
10822	夜掏洪野				周仕学		452679	1511
10823	神炮						452652	1761
10824	药王爷的传说				周凤香		454708	977
10825	三姑爷的箭法				周凤香		454714	3422
10826	好马与好女				韩墨亭		454707	1987
10827	秀才与财主				高远		454715	2360
10828	卖窝头的人				周凤香		454693	755
10829	六个聋子打岔				张福升		454712	1083
10830	韩信“活母葬父”的传说				胡凤瑞		454685	1195
10831	父十八，儿十八				周俊		454723	2710
10832	海螺仙女				韩墨亭		454680	1729
10833	双龙情				张福升		454691	1325
10834	王小秃找宝				韩墨亭		454676	693
10835	黄河为何九曲十八弯				金立华		454690	3897
10836	神牛				周凤香		454694	1586
10837	小白龙				高远		454682	1326
10838	三姑爷学话				张福升		454713	5015
10839	袁三薄饼子斗冯小辫						454701	1427
10840	得财娶妻						454700	4175

序号	篇名	民族	流传地区	采集地	讲述者	搜集者	数据库编号	字数
10841	收编陈二虎						454699	974
10842	考儿媳				周凤香		454711	2408
10843	官才与黄河				胡凤瑞		454677	2179
10844	黑龙港河的传说				周凤香		454675	2826
10845	金帽子				韩墨亭、周凤香等		454703	4821
10846	黑龙口				万长俊		454721	5650
10847	兔子与天马				张升福		454709	3875
10848	秦公子与鬼女				万长俊、张金坡		454718	1097
10849	恩仇记				韩墨亭		454692	1444
10850	凤姐儿				韩墨亭		454689	4317
10851	山东狗						454702	558
10852	借粮				周凤香		454717	1548
10853	相思树				万长俊		454678	4390
10854	仙桃姑娘				张福升		454688	4522
10855	六兄弟得宝参				万长俊		454720	3809
10856	翠翠				张金坡		454681	2789
10857	海鸥的传说				张金坡		454696	1388
10858	燕王扫北				胡凤瑞		454686	2192
10859	猫为什么吃老鼠				周凤香		454695	2021
10860	一米度三关				胡凤瑞		454706	3117
10861	龙虎斗				万长俊		454722	2339
10862	鲤鱼仙子				周凤香		454679	2043
10863	三儿媳请公爹				周凤香		454710	521
10864	哥儿仨抬杠				周凤香		454716	1384
10865	牙断钢刀				韩墨亭		454697	7775
10866	秃姑娘				王长会、安丽娟		454705	906
10867	小神锣				高远		454687	4860
10868	吃子杀匪				韩墨亭		454698	1063
10869	关公出世				韩墨亭		454683	2395
10870	开店的与住店的				张福升		454704	353
10871	湘子讨封				万长俊		454684	2457
10872	年夜除鬼				万长俊		454719	1252
10873	蚯蚓和虾的传说				苗双林	苗玉芳	462205	621

序号	篇名	民族	流传地区	采集地	讲述者	搜集者	数据库编号	字数
10874	金牛碑的传说				李文彬	桂士毅	462202	160
10875	老鼠的传说					叶广才	462207	919
10876	龙凤集的传说				陈秋太	魏俊元	462200	580
10877	葱、蒜和韭菜的传说					叶广才	462209	906
10878	皇姑坟的传说					徐丽敏	462201	577
10879	糖块为什么叫梨膏						462204	1183
10880	鸡的传说				贾培雨	叶才广	462208	549
10881	申胡的故事				张朝、靳保太	张金维	462193	755
10882	关公出世的传说				张春	张金维	462195	459
10883	关爷的传说					岳同山	462196	1575
10884	“申”姓的由来					张尽安	462203	995
10885	岳布的传说				岳书景	栗丛森	462192	807
10886	梦人摸房沿儿					冯超文	462210	744
10887	苍蝇的传说					叶广才	462206	1044
10888	王莽的传说		大名县一带		李春山	罗相平、苗玉芳	462194	3095
10889	罗成算卦					桂士毅	462199	552
10890	姜子牙封神的传说					李文彬	462198	6208
10891	徐茂公的传说				靳保太	张金维	462197	1074
10892	赶考		藁城耿村		张才才		463976	3166
10893	阁老掌朝		藁城徐村		曹佳成		463984	1613
10894	火龙宝衣		藁城境内		石老继、马兆龙		463963	498
10895	阁老辞朝		藁城境内		石惠、石老继		463970	929
10896	谴迎土地		藁城境内及栾城部分地区				463958	684
10897	怀子		藁城耿村		张才才		463972	2076
10898	修响堂		藁城境内		石惠、石老继等		463960	880
10899	下棋		张名甫村		康庆录		463978	1217
10900	谷田定日		藁城境内		石保泰		463955	562
10901	躲避洪水		藁城西南一带				463954	1227
10902	有影无踪寺		藁城境内		崔老齐、石惠		463952	502
10903	阁老之死		藁城境内		石惠		463971	2501
10904	游玄空寺		藁城境内		彭书章、曹佳程		463965	420
10905	寻访嘉靖		藁城境内		彭书章、崔老树		463966	838
10906	蛤蟆与阁老		藁城境内		樊春成		463985	539

序号	篇名	民族	流传地区	采集地	讲述者	搜集者	数据库编号	字数
10907	石母三下太原		藁城南部		石惠		463959	856
10908	辞朝		藁城徐村		石保太、曹佳成		463981	907
10909	石母斥奸		藁城境内		曹佳程、石保泰		463962	596
10910	误杀张子林		藁北一带		康庆录		463980	411
10911	童子秀才		藁城西南一带		石金祥		463957	1878
10912	阁老降生		藁城境内		崔老树、曹佳程		463953	1166
10913	下棋输御马		藁城南部		石惠		463961	1343
10914	开棺破墓		藁城徐村		曹佳成		463983	720
10915	上学		藁城县张名甫村		康庆录		463974	1271
10916	石阁老传闻		藁城境内		石云英		463986	607
10917	罗汉濠坑		藁城西南一带		崔老树		463956	793
10918	拴马草和饮马坑		藁城境内		石金祥		463964	1203
10919	降生		藁城张名甫村		康庆录		463973	778
10920	三进城门		张名甫村		康庆录		463975	1132
10921	阁老净身		藁城南部		崔老树、曹佳程		463968	1967
10922	行三奸		藁城一带		曹佳成、康庆录		463977	2304
10923	拜象入阁		藁城境内		马兆龙、石老继		463967	1893
10924	贞烈淑女		藁城西南一带		崔老齐		463969	1300
10925	征伕		藁城徐村		曹佳成		463979	709
10926	救河神		藁城境内		康庆录		463982	6989
10927	袁天罡、李淳风编画《推背图》				李墉		465305	1289
10928	徐主考绝题难官宦				程东辰、程狗子		465315	1304
10929	广阿侯任敖墓				李墉		465318	737
10930	邵康节算卦				李墉		465306	905
10931	天下独二魁				常子敬		465311	1625
10932	黄娘娘				武玉		465310	661
10933	陈御史三访岳知县				程东辰、程福准		465309	1593
10934	“阿弥陀佛”的来历				武玉		465324	952
10935	柴王吃粮当兵				李墉		465307	1146
10936	散财星苏半河				李墉		465322	1582
10937	梁祝别传				武秀芹		465320	589
10938	曹半仙三段惊奇				李墉		465321	7361
10939	凤凰城的传说				李墉		465317	2362

序号	篇名	民族	流传地区	采集地	讲述者	搜集者	数据库编号	字数
10940	赵炳巧断分家案				李泽之		465314	745
10941	乾隆大修关帝庙				李墉		465308	1852
10942	刘秀收贤				武玉		465313	2926
10943	药圣救娘				玉名		465323	1667
10944	朱元璋的传说				李墉		465312	1918
10945	龙母思女				武秀芹		465319	861
10946	唐陵石狮				李墉		465316	2570
10947	赵渔与云娘				程东辰、程狗子		465304	1040
10948	刘墉打赌				阮焕章	中流	466467	1473
10949	莲叶托桃					肖钦鉴	466399	694
10950	岳飞拜棋王				李常社	耿保仓	466459	1149
10951	刘墉解“东西”					中流	466464	364
10952	刘墉和珅与乾隆					中流	466463	890
10953	保定酱菜的传说					肖钦鉴	466406	1717
10954	康熙皇帝抄索三		保定市及清苑等县		苗洛旺、杨全	肖心	466441	1249
10955	唐家胡同					杨进道	466413	921
10956	掏大粪					任廷山	466451	1056
10957	送寿礼					李文信	466452	1343
10958	跤坛勇将张凤言					王立东	466455	1904
10959	大慈阁的传说				王贺鸣	刘正祥	466398	353
10960	听书					刘正祥	466444	1473
10961	珍珠窝					杨卒生	466424	745
10962	曹锟算卦				阮焕章	刘正祥	466442	570
10963	刘罗锅上寿				张发	张体才	466468	1566
10964	名字的由来					刘正祥	466443	1472
10965	金疙瘩坟				李洛常	钟毅	466417	1044
10966	神星的来历					赵家栋	466431	665
10967	丹朱和金猪					边守道	466429	373
10968	金圣叹与金史二庄				阮玉文		466440	2512
10969	圣人装病教徒弟					任廷山	466457	1033
10970	相府胡同和于公祠						466416	417
10971	栽树						466447	1072
10972	尧天舜日——五风十雨					边守道	466428	1117
10973	和尚沟的传说					王成训、凤英	466433	909

序号	篇名	民族	流传地区	采集地	讲述者	搜集者	数据库编号	字数
10974	不如亭				冯秉琪	石林	466401	1760
10975	中山王的传说					肖心軍平	466422	1624
10976	端午节插艾的传说				阮焕章	晓柳	466420	665
10977	龙门的傳說					李占其	466435	1126
10978	大列瓜的传说					晨旭	466397	600
10979	刘墉跳水					中流	466465	389
10980	刘守庙					尤文远	466404	738
10981	远和近				杨全		466458	374
10982	屠夫庙				吕萌		466415	3663
10983	凭吊廉颇庙					钟毅	466449	480
10984	秀水长流					任廷山	466412	1168
10985	候河的故事					钟毅	466418	775
10986	一亩泉					尤文远	466410	722
10987	白玉桥				冯秉琪	石林	466400	1163
10988	苏三的传说					王国标	466462	668
10989	荷包营				白风歧	任廷山	466414	1242
10990	兔儿坡和蛤蟆窝					孙小立、李庆恒	466432	985
10991	八丈高的卧佛寺				阮焕章	张军平、肖心	466409	1141
10992	白天打灯笼					中流	466454	438
10993	凤凰山的传说					王金波	466434	883
10994	一副特制的麻将牌					李文信	466453	876
10995	金线河的传说					于正清	466430	999
10996	剪辫子						466445	1117
10997	镇河塔					钟毅	466419	1020
10998	出云洞传闻					张军平	466426	763
10999	立志学医					张响涛	466437	510
11000	张燕公读书堂					边守道	466425	814
11001	坐洋车					肖钦鉴	466450	257
11002	小儿庙的传说					王国标	466421	713
11003	办学						466446	1974
11004	鸣霜楼的铁钟				杜全	钟毅	466403	1435
11005	画状元					尚友朋	466461	1011
11006	方观承与五道庙				怀贤、賀明	溪水	466411	619
11007	巧服神药					尤文远	466439	1476

序号	篇名	民族	流传地区	采集地	讲述者	搜集者	数据库编号	字数
11008	“荷花仙子”的传说					贾万金	466402	2021
11009	武大郎新传				夏之昕	韩振峰	466460	1396
11010	刘墉请客					中流	466466	835
11011	谁的军队					刘正祥	466448	1048
11012	纪晓岚的故事				阮玉文		466469	1386
11013	抱阳山的由来					米立功	466423	691
11014	保定铁球的传说					思艺	466405	1289
11015	灵雨寺和泰山行宫				王印泉	欣亮	466407	1220
11016	一亩三分地					钟毅	466408	1238
11017	茅门执法					肖冲	466456	1712
11018	取人之长					张响涛	466438	1999
11019	廉颇将军的传说				刘千、崔长义等	赵忠义	466436	1354
11020	仿舜桥					林喜清	466427	1535
11021	张之万		南皮		张达骧、高珍西		470019	6003
11022	王翱		南皮、孟村		王培伦、王培茂等		470014	1032
11023	杨巍		海兴		马长安、郭占宁等		470015	29775
11024	安德海		青				470044	1989
11025	杨兰甫		沧县		杨西明		470031	10804
11026	丁发祥	回族	孟村		吴兆海		470027	3338
11027	裘晓华		河间		裘之桓		470022	3018
11028	张锡纯		盐山		张铭勋		470035	605
11029	毛苌		河间		梁晓云、麻怀清等		470012	2466
11030	张娘娘		肃宁		宋锡铭		470037	6795
11031	张之洞		南皮		刘瑨芬、张飞等		470023	6180
11032	李书文		南皮		杨保兴		470029	1939
11033	马致远		东光		马秀伦、韩金路等		470038	319
11034	张邦昌		东光		杨云峰		470041	2312
11035	窦二东		献县		宋益三、吕宝昌等		470026	31374
11036	汤宾		南皮		许秋波		470016	2203

序号	篇名	民族	流传地区	采集地	讲述者	搜集者	数据库编号	字数
11037	纪晓岚		献县				470018	7585
11038	张七		泊头	泊头市茶店街	石广春		470032	9661
11039	石崇		南皮		刘瑁芬、邵云等		470013	1341
11040	刘百思		任邱		刘天祥		470042	2425
11041	冯国璋		河间		田胜武		470025	4994
11042	张占魁		河间		麻席彬		470030	3015
11043	孙葆元		海兴		傅景芳、孙海生等		470020	5587
11044	钩弋夫人		肃宁		于浦秋		470036	769
11045	刘春霖				李尚德、于浦秋等		470024	2333
11046	季崇文		南皮		野长魁		470021	2335
11047	哈攀龙		肃宁		李振山、史清		470017	1478
11048	吴会清		孟村		吴兆海		470028	5378
11049	刘完素		河间、肃宁		吕子忠、王仕奎等		470034	3917
11050	画眉张		肃宁		于子泽、张俊堂等		470040	543
11051	扁鹊		任丘、南皮		王英才、刘佩孚等		470033	820
11052	荀慧生		东光		苟凤清		470039	9146
11053	魏忠贤	回族	肃宁		李老天、宋仲树等	向海	470043	12722
11054	深泽的由来			深泽县赵庄	贾生闹		473639	2292
11055	神仙助力修大寺			正定县雕桥村	徐碾子		473691	1250
11056	罗成剑			大石桥村	张青瑞		473775	832
11057	石塔			赵县	冯百通		473700	3725
11058	封龙山的传说			元氏县范家庄	计学军、邵志彬		473650	1593
11059	佛宝惊御马			正定县马桥村	代凡		473683	898
11060	双庙龙泉			赵县双庙乡村双庙	邱铭汤		473744	2768
11061	烤柏灵火			赵县东封斯村	张连增		473839	800
11062	半个古墓			元氏张掖村	位风全		473642	388
11063	白鹿泉			获鹿白鹿泉村	杨福祥		473685	432
11064	好女不嫁二男			元氏县张掖村	焦俊秀		473827	644

序号	篇名	民族	流传地区	采集地	讲述者	搜集者	数据库编号	字数
11065	五马山的传说			赞皇县城东石家庄村	赵法运		473663	222
11066	老翁授法			正定县雕桥村	徐碾子		473702	456
11067	九泉山			元氏县南佐村	刘二书		473740	1610
11068	寒露节			辛集市马庄乡政府大院	纪文道		473820	932
11069	赵州桥龙头妖			赵县南寺庄村	韩喜秋		473772	663
11070	疯和尚智斗黄沙怪			正定城西南街	崖护		473692	671
11071	泉村的传说			元氏泉村	商玉斌		473732	324
11072	赵州桥上龙头石			赵县大石桥村			473778	1865
11073	高粱叶上的红点点			无极县郭吕村	刘汉民		473890	700
11074	阳和楼			深泽赵庄	黎东惠		473709	985
11075	打醮				邢振北		473838	725
11076	总吴道和汉王城			无极县里尚村	杨老从		473651	276
11077	石娘娘庙			元氏县南佐村	李延秀		473743	1269
11078	木匣子			苏玉林家院内	阿匍		473847	546
11079	李春修桥			赵县双庙村	郅铭汤		473767	230
11080	手镯和脚镯			河间县柳家张村	朱成清		473864	1029
11081	杀虎村			平山县沙洼村	袁书秀		473656	1652
11082	元氏城为什么没有北门			元氏池村	李贵成		473733	391
11083	王母阁			平山县王母村	刘新华		473698	1459
11084	蒿子火绳熏蚊子			平山县下槐村	杨俊强		473851	692
11085	南佐镇			元氏县南佐镇	郑合香		473649	1636
11086	圣水庙			深泽县大贾庄	贾生闹		473735	827
11087	凤凰岭的传说			平山恶石村	赵狗毛		473643	563
11088	老头子庙			藁城县南乡村			473734	2108
11089	黑水河和九牛寨			元氏县黑水河村	张月珠		473647	1410
11090	望风佛			正定县南岗乡雕桥村	徐碾子		473731	875
11091	五马山的传说			赞皇县南沟村	高东生		473662	1511
11092	觉山寺			平山县马舍口村	马信		473721	670
11093	火烧鄚州会			元县南杜村	李连朝		473632	1374
11094	伏羲台的传说			木村	田小苟		473725	934
11095	定州眼药			辛集市	玉保志		473916	506
11096	卖线郎			深泽	贾氏		473844	1012
11097	赵州梨			赵县杨户村	郝金钟		473913	1382
11098	投石建桥			赵县双庙村	郅铭汤		473768	1093

序号	篇名	民族	流传地区	采集地	讲述者	搜集者	数据库编号	字数
11099	布谷鸟			赵庄	黎东惠		473903	1914
11100	囤谷坨			行唐县九口子乡杏庵村	李殿亮		473714	1431
11101	称星			晋县周头村	李老魁		473828	503
11102	崩穷			保定市老乐街16号	张瑞英		473855	870
11103	红草坡			辛集市南李村	潘福祥		473669	1928
11104	竹篮打水一场空			双庙	张老祥		473842	404
11105	正月十五烤柏翎火			行唐北岗底村	李建国		473816	1222
11106	天地桌上的斗和称			大夫庄	张辉		473835	748
11107	栾城的窝窝头			元氏县张掖村	魏金元		473819	346
11108	女人裹脚的由来			赵县	吕云祥		473830	1119
11109	正月里不剃头			行唐县九口子乡库沟村	李红洲		473812	506
11110	吴黑坟和脱鞋岗			新乐城内	姬双元		473751	495
11111	黑龙潭和龙驹马			赞皇县西龙门乡竹山村	王老豆		473749	821
11112	凤凰山			高邑县北渎村	胡连风		473655	856
11113	白坡寺			赵县常家庄	常庆身		473665	479
11114	赵州的来历			赵县双庙乡王家庄	鲁秋娥		473750	1176
11115	清规碑			平山县燕尾庄	高致村		473631	654
11116	海水为什么咸			藁城县只巾村	尔玉振		473850	1408
11117	照妖镜			行唐县口头村田老根家	田老根		473860	1380
11118	凤凰村的来历			赵县大石桥村			473803	687
11119	白果树			元氏县西岭底村	李月民		473880	1571
11120	金束鹿的传说			辛集市旧城村	李庆真、李学礼		473666	368
11121	娶媳妇打灯笼			行唐县秦台乡北岗底村	李建国		473858	349
11122	赵州桥上龙头石			赵县城内	王二庆		473780	735
11123	七月七庙会			藁城县黄庄	韩洛根		473849	1293
11124	磨盘山			行唐县九口子乡杏庵村	张竹坡		473713	756
11125	狗官			讲述者家里	杨吉柱		473856	594
11126	赵州桥、大白菜和影子			赵县大石桥村	张清瑞		473797	512
11127	财神爷赐元宝			新乐县彭家庄	阿訇		473846	1470
11128	三邱庙			辛集市王下村	吴志乾		473678	651
11129	狗腿子			赵县西门	王庆珠		473841	648
11130	古桥玉带话存孝			赵县大石桥	张清瑞		473796	2789
11131	南无阿弥陀佛			平山马塚村	高栋		473808	661

序号	篇名	民族	流传地区	采集地	讲述者	搜集者	数据库编号	字数
11132	穆桂英和木刀沟			东庄	田更义		473726	552
11133	小北京——西柏坡的传说			平山县西柏坡	阎受文、阎树荣		473636	2393
11134	梅豆			赵县	张景申		473899	1203
11135	宋子王墓一口锅			赵县疙瘩头乡北龙化村	王老布		473641	2025
11136	正月十五闹花灯			藁城县果庄村	艮珠		473821	655
11137	将军石			平山县陡岭村			473727	976
11138	苍蝇搓前爪			行唐县杨家庄乡政府大院	翟路林		473887	1384
11139	石家庄的由来			元氏北凡村	吕付保		473724	275
11140	严岗山			行唐县九口子乡杏庵村	张竹波		473748	714
11141	奇怪的瓢			行唐县九口子乡杏庵村	张竹坡		473705	1111
11142	虎撑子的来历			元氏县北吴会	杜发月		473896	1454
11143	试剑石			元氏北龙池村	吴全保、王增群		473728	930
11144	赵州桥又叫安济桥			于赵县南三相乡教办室	郭双贵		473764	1096
11145	温泉镇			平山县温塘乡后沟村	张秋花		473719	1312
11146	马齿菜晒不死			藁城县贾市庄村	玉瑞琴		473894	954
11147	洋鬼子盗桥			赵县北正村	东五多		473799	702
11148	贾市庄的传说			藁城县贾市庄	范吉福、王儒会		473645	1342
11149	赵州城墙			赵县双庙乡双庙村			473716	330
11150	杜康酒和刘伶醉			高、邑县万城村	郭兰方		473915	958
11151	止疼石			赵州桥附近	刘二年		473774	651
11152	鲁班巧点修石塔			赵县南寺庄村	韩秋完		473802	627
11153	阿弥陀佛的来历			辛集市马庄乡南李村			473809	908
11154	榆树的传说			河间县榆林庄村	王宝珠		473873	2081
11155	拜将台与李左车城			赞皇县布古庄村	冯国平		473704	433
11156	赵州桥上龙头石			赵县双庙村	邱铭汤		473777	1168
11157	鸡栈山的传说			平山县十里坪乡庄沟村	关士祥		473676	1344
11158	下棋赌村			高邑县西蒲底村	张春		473682	1128
11159	张果老过桥			赵县南寺庄村	赵二山		473795	901
11160	蛤蟆石			平山县燕尾沟	刘跃		473627	903
11161	庆阳城			赵县	赵奎山		473701	916
11162	九门城和假鸡寺			藁城县南乡			473672	937
11163	鲁班显圣			赵县大石桥村	张青瑞		473801	336
11164	报节鸟			辛集市	佚名		473876	2670

序号	篇名	民族	流传地区	采集地	讲述者	搜集者	数据库编号	字数
11165	鲁班和黄河神女			赵县城内	张玉庆		473754	784
11166	骡子不生驹			新乐县彭家庄	阿訇		473906	558
11167	滹沱河和磁河			正定县南岗乡雕桥村	郑九姐		473703	448
11168	大石桥村为什么叫凤凰村			大石桥村	张荣子		473805	882
11169	龙池			元氏县北龙池村	李树辰		473738	402
11170	仙翁寨			元氏县前仙村	钱过福		473686	352
11171	石牛			东彩庄	王玉贵		473711	1428
11172	单穗麦			高邑县西良庄村	李训		473885	591
11173	锄头			行唐县九口子乡两岭口村	李文华		473823	690
11174	天台翠柏			赞皇县布古庄村	冯国平		473883	901
11175	鬼谷子·狗腿子·泥腿子			平山县北七汲村	孙振芳		473852	620
11176	猫为什么吃老鼠			正定县南村镇	冯建敏		473895	422
11177	王母观山的传说			平山县东王坡	高英昌		473695	1068
11178	小官岭上山王庙			行唐县九口子、乡库沟村	李红庆		473644	860
11179	柴王爷炮轰大菩萨——正定大佛寺的传说			行唐县南桥	严绍先		473679	1135
11180	八瓣石			灵寿县西王角村	徐玉堂		473677	1272
11181	娘娘庙			长信村	张同庆		473696	541
11182	马头山			行唐县九口子乡杏庵村	李殿起、李殿敏		473712	1068
11183	赵州桥的传说			赵县冯家庄	李连芹、李云路		473753	927
11184	猫为什么先吃饭后洗脸			无极县里尚村	陈增欣		473901	3012
11185	还魂钱			高邑县城内	赵振东		473829	901
11186	北沙河			元氏县北吴会村	孙喜全		473652	303
11187	聚宝盆			赵县南寺庄村	韩秋完		473788	994
11188	运粮河			元氏县马村乡段村			473741	511
11189	灶火爷			藁城县冯村	马唤娣		473848	1524
11190	中秋节吃月饼			辛集市王下村	冯洛斗		473811	1454
11191	赵州桥下老榆树			赵县南三相	郭双贵		473783	2254
11192	黄河的传说			辛集市马庄乡政府大院	纪文道		473720	488
11193	赵州桥又叫安济桥			南三相乡教办室	郭双贵		473761	389
11194	石塔			赵县疙瘩头乡北龙化村	刘根虎		473723	632
11195	赞皇山			赞皇城内	崔小平		473659	1642

序号	篇名	民族	流传地区	采集地	讲述者	搜集者	数据库编号	字数
11196	胡督堂办糊涂事			赞皇县竹山村	王二豆		473710	637
11197	五马山的传说			赞皇县见守村	陈景致		473661	1336
11198	鸡和蛋			唐县张显口村	张孟奇		473892	910
11199	男人们长胡子			无极县			473919	1419
11200	李祥成庙里供人头			平山县燕尾庄	高致林		473706	818
11201	上梁贴红帖			行唐北岗底村	李建国		473840	498
11202	赵州桥又叫安济桥			赵县大石桥村	张广东		473763	399
11203	戴凤冠			行唐县上方乡许由村	张盛利		473845	868
11204	偷亲			赵县城	张玉庆		473863	2766
11205	吸烟解闷儿的传说			深泽县马里乡			473904	705
11206	潴龙河的传说			元氏县龙正村	李奎元		473646	598
11207	人死为什么哭			行唐北岗底村	邢尊武		473833	662
11208	洨河的来历			赵县大石桥村	李须子		473759	3454
11209	赵州梨			赵县勤劳村	张长则		473912	9525
11210	石塔的传说			赵县城内	尹振江		473742	665
11211	望汉云台			赵县城内	赵鹏逵		473667	943
11212	关云长显圣			大石桥村	张广东		473806	654
11213	五马的山传说			赞皇县见守村	贾成祥		473660	1149
11214	鱼胶			县防疫站	严坤		473857	651
11215	龟子城			赞皇白璧村	尹世文		473658	806
11216	求雨			平山燕尾庄	高致林		473629	455
11217	老马坟			藁城县梅花村	韩老化		473684	584
11218	乾隆过桥			赵县大石桥村	张广东		473792	759
11219	凤凰城			高邑县东邱村	李凤瑞		473674	2835
11220	林山的传说			平山县西王角村七汲村	徐玉堂、孙振芳等		473637	712
11221	宋子城和七十二疙瘩			赵县疙瘩头乡北龙化村	王老布		473638	3537
11222	鸡脑袋里的人			赵庄	黎东惠		473891	1454
11223	一股泉			赞皇县竹山村	王二豆		473634	657
11224	“麦收打垛”和“追追”			元氏县北吴会村	刘秋梅		473875	610
11225	北京城			中王庄村	张廷敏		473739	621
11226	对子鱼			新乐县彭家庄	阿訇		473907	4011
11227	米粮山			元氏县鹿台村	时银虎		473648	958

序号	篇名	民族	流传地区	采集地	讲述者	搜集者	数据库编号	字数
11228	起死回生经			行唐县九口子、乡两岭口村	张志祥		473917	699
11229	新乐的传说			新乐县人民政府县志办公室	李增勋		473722	1601
11230	老虎身上的黑斑纹			赞皇许亭村	谷娥		473881	225
11231	双锁山上抱孩石			行唐县九子口乡杏庵村	李红贵		473717	1384
11232	皇上卧的传说			赵县大石桥乡中	侯焕章		473789	2263
11233	善人庙			行唐县	安建		473736	1515
11234	悬空寺			元氏县北吴会村	孙喜春		473635	1466
11235	伏流村			行唐县北张吾村	杨老一		473715	1029
11236	鲁班兄妹比修桥			赵县大石桥村	张青瑞		473766	1498
11237	斩蟒将军			藁城兴安	武利刚		473707	325
11238	狗和猫			大陈村	苏会		473902	366
11239	为什么张果老倒骑驴			赵县大石桥村	张有志		473793	435
11240	谷雨节			高邑县五百村	邢茂林		473853	2264
11241	槐虫和石鸡			高邑县徐家庄	刘冬		473681	632
11242	六月十三道不干			行唐县杏庵村	李红苍		473834	3271
11243	洨河的来历			赵县大石桥村	张青瑞		473758	929
11244	门插官儿			行唐县九口子乡杏庵村	张根位		473822	1072
11245	长城			行唐县九口子乡范家庄村	李殿法		473746	2945
11246	腊八粥			赵县	耿老贵		473815	631
11247	双锁山上的骆驼			行唐县九口子乡西岭口村	顾文章		473745	308
11248	赵州桥又叫安济桥			赵县大石桥村	张广东		473760	387
11249	赵州桥又叫安济桥			赵县大石桥村	张青瑞		473762	771
11250	点火绳			行唐县九口子乡两岭口村	顾秀章		473831	1137
11251	藁城城里没有“土地”			藁城陈家庄	崔老齐		473675	803
11252	古桥仙迹			赵县汔塔头乡北龙化村	王老布		473755	885
11253	王母的鞋子			平山县河西头村	董桃子		473680	530
11254	婆婆丁			辛集市马庄乡政府	纪文道		473870	1897
11255	秃姑娘修永济桥			北赵八村	王生福		473668	527
11256	鲁班传真线			赵县南三相乡教办室	郭双贵		473800	778

序号	篇名	民族	流传地区	采集地	讲述者	搜集者	数据库编号	字数
11257	千里土——祁州药材的传说			饶阳县里满乡大宋庄村	范瑞图		473923	993
11258	赵州桥上龙头石			南三相乡教办室	郭双贵		473779	374
11259	佛赐铜			正定县北门里街	刘黑子		473688	1307
11260	赵州桥是圆的			赵县南寺庄乡中学	杨兴社		473770	946
11261	万城村名的由来			高邑县万城村	郭兰芳		473752	591
11262	狗桥			元氏县张掖村	张米贵、李忙子		473729	411
11263	鲁班擒龙架桥			大石桥村	郭老彦		473756	840
11264	金银花			赵县杨户乡卫生院	郝金钟		473888	853
11265	龙佛斗法			正定太平街	王英		473689	458
11266	北瓜妞儿和勺子把儿			安太庄	安长连		473920	868
11267	棋盘石			行唐县九口子乡杏庵村	李正保		473747	550
11268	四个妖怪比能耐			赞皇县布左庄村	姜姬		473872	1113
11269	布袋和尚灭蚊妖			正定西北街	杨军		473693	404
11270	廉颇墓			赵县于家岗村	李秀改		473737	1335
11271	黎明前那一阵黑			无极县西河村	卢吉庆		473708	1191
11272	清风亭			正定县小马村张群德家中、正定县小马村张庆德家中	张群德、张庆德等		473625	302
11273	大鼓庙			元氏县吴会村	孙树日		473694	1011
11274	老虎头上的王字			元氏县张掖村	张福娥		473866	607
11275	桥头阁上的风铃			大石桥村、于赵县大石桥村	刘老华、刘芹子		473776	206
11276	赵州桥上龙的传说			赵县大石桥村	张广东		473785	812
11277	鳝宴结案			北京国际技术交流中心	李继顺		473909	1179
11278	过年为嘛挂灯笼			无极县马村	邢王氏		473817	476
11279	兄妹打赌			赵县双庙乡中学	魏庆栓		473765	1290
11280	狐仙庙			平山燕尾庄	高致林、刘跃		473630	1018
11281	洨河的来历			赵县大石桥村	张青瑞		473757	1454
11282	财神			藁城县小常安村	张树人		473859	764
11283	藁城的来历			藁城城内	申秋海		473697	2497
11284	懒和尚			灵寿县西王角村	徐玉堂		473640	992
11285	八角井里捞木头			河北省正定县雕桥村	徐碾子		473690	1590
11286	盗水狗			平山燕尾庄	高致林		473628	455
11287	尿宝儿			于赵县大石桥村	张广东、张青瑞		473773	385

序号	篇名	民族	流传地区	采集地	讲述者	搜集者	数据库编号	字数
11288	木刀沟			新乐县朱家庄村	朱银龙		473730	830
11289	赵州桥为什么叫青龙桥			赵县大石桥村	张清瑞		473771	659
11290	石人石羊			元氏北吴会村	孙树日		473673	10823
11291	陆八修桥瞎了一只眼			赵县南寺庄村	刘二顺		473769	756
11292	十个蛤蟆一个阁老			藁城城内	樊春成		473670	975
11293	古城墙			高邑县营儿村	岳云峰		473687	606
11294	渔女坟			行唐县、屹头东城仔村	李旺		473633	503
11295	仙桃下凡			河间县柳字张村小学	边墨林		473908	675
11296	老君堂			元氏县北沟子村	赵景辰		473699	806
11297	赠石头			唐头村	李五辰		473824	864
11298	石牌楼			灵寿县慈峪村	武老殿		473657	584
11299	说笑话的和卖梨的			新乐县青同乡、朱家庄村	朱新京		473921	683
11300	黄金茶黑心			行唐县九口子乡两岭口村	张志祥		473882	1064
11301	杨公日			石市	郗景浑		473810	705
11302	杜康酒			东张家庄	张洛竹		473914	637
11303	腊八饭			周头村	董银停		473807	817
11304	乌鸦为什么是黑的			平山县刘家会村	霍炜星		473877	492
11305	乾隆游桥造字			赵县南寺庄乡中学	时胜利		473790	1720
11306	柏林寺水淹死人			赵县西洨洋村	时春雨		473804	1195
11307	金马驹			赵县西洨洋村			473784	2334
11308	赵州桥下黑水流			赵县南三相乡教办室	郭双贵		473786	569
11309	赵州桥上龙头石			赵县大石桥村			473781	561
11310	砍不完的柏树			赞皇县阳泽乡大河道	张澎银		473871	1495
11311	乌稍蛇酒治病			行唐口头镇	王增禄		473889	637
11312	白果塔			塔上	邵小货		473718	604
11313	照妖镜			高邑县五百村			473861	1542
11314	镇妖弓			晋县周头乡周头村	赵老爱		473854	512
11315	上梁贴红帖			赵县杨户	杨素格		473837	341
11316	放羊的晌午不回家			元氏县王村	柳喜乱		473826	468
11317	杜鹃			元柳氏村	刘丑		473886	938
11318	小红虾和蚯蚓哥哥			正定雕桥村	郑九姐		473869	1157
11319	华山自古不纳粮			行唐县九口子乡杏庵村	张竹坡		473862	610

序号	篇名	民族	流传地区	采集地	讲述者	搜集者	数据库编号	字数
11320	麦子为什么只结一个穗			赞皇县布古庄村	姜姬		473884	888
11321	老鼋河			元氏北吴会村	孙生元		473918	504
11322	鬼子姜			深泽县大贾庄	贾计秋		473900	451
11323	光绪过桥			赵县大石桥村	张青瑞		473791	1575
11324	洨河水为啥是黑的			赵县南三相乡教办室	郭双贵		473787	1038
11325	赵州桥下老榆树			赵县城内	王二庆		473782	1724
11326	洨河是怎样干涸的			赵县双庙村	邱铭汤		473798	5500
11327	人死后埋坟头			行唐南岗底村	李占鳌		473843	671
11328	缠头			新乐县彭家庄	阿訇		473813	4653
11329	柴王过桥			赵县西洨洋村	阎老秀		473794	1410
11330	黄河龙			赵县	李正月		473671	1362
11331	戴戒指			赵县何庄			473836	457
11332	泰山石敢当			高邑县谷兴庄	胡振安		473825	1408
11333	狼心狗肺			晋县周头乡周头村	陈凤仙		473818	1358
11334	千刀万刮的由来			行唐县口头镇	李信东		473814	788
11335	坟头上插幡			张胜利家中	张胜利		473832	374
11336	猴儿趾甲			高邑县徐家庄	刘冬		473922	660
11337	煮木瓜			行唐上方乡政府	张云姐		473867	921
11338	五马山的来历			赞皇县见守村	甄爱今		473664	610
11339	双锁山			行唐县九口子乡杏庵村	李红苍		473654	1870
11340	百鸟树			元氏县豆腐庄	徐老本		473865	1217
11341	太行山的传说			日元氏县张掖村	李增祥		473653	866
11342	选行宫			平山县燕尾庄	高致林		473626	604
11343	骡子不生驹			于赵县文物保管所	张进乱		473905	816
11344	鸟言和兽语			新乐城	徐云峰		473911	784
11345	兔子尾巴为什么短			于赵县	韦美云		473898	1237
11346	猪羊一刀菜			深泽县赵庄	黎东惠		473874	1188
11347	老鸹化骨肉			行唐县九口子乡杏庵村	李殿亮		473868	689
11348	枸杞子			元氏县北吴会村	杜发月		473897	1184
11349	蝎子为什么蜇人			藁城县堤里村	张小件		473893	713
11350	赃官难逃			塔上村	邵小货		473879	2490
11351	蛤蟆的传说			行唐县九口子乡库沟村	李红云		473878	1796
11352	吃海藻的起源			北戴河空军医院	张文晖		473910	839
11353	丧盆底下垫砖的来历		廊坊地区				474080	2792

序号	篇名	民族	流传地区	采集地	讲述者	搜集者	数据库编号	字数
11354	灵山和泃河		三河北部及东北部农村	五福庄	田秀珍		474095	1773
11355	狗腿子的由来		三河县	孤山营	李树荣		474078	1875
11356	马杓榴的传说		廊坊市、永清北部固安等地	廊坊	马玉庆		474097	1190
11357	七姐墓的传说		廊坊地区				474096	1778
11358	说书的来历		廊坊地区				474079	1998
11359	神灯		廊坊市内、武清县西部	廊坊	张森		474082	4609
11360	金星地		廊坊市，武清津南一带	廊坊	张森		474088	1287
11361	孤山和刘山的传说		三河县西北	廊坊	刘春青		474054	1066
11362	宝井		三河西北	北京	李树华		474087	1415
11363	饽饽的传说		北京及京东一带		李树荣		474083	1119
11364	清泉的故事		北京西部廊坊市及市南农村	卫生局工地	陈相如		474081	1385
11365	猎人和人参精		三河县西北	孤山营	李树荣		474076	1374
11366	麦子神		廊坊地区北部	李树有家	李树有		474091	1919
11367	通州城的传说		京东通县、三河西北	孤山营	李树荣		474077	2216
11368	乾隆封母		京东各县及全国各地	孤山营	李树荣		474059	1754
11369	燕子李三的传说		三河县西北	白家庄	解聪		474157	1356
11370	严嵩的传说		北京及北京周围各市县	孤山营	李树荣		474066	1403
11371	捉臊龙		武清西部、廊坊市周围	廊坊	张森		474086	1246
11372	乾隆爷两问刘罗锅儿		北京市及三河西北	孤山营	李树荣		474060	487
11373	包老爷借猫		廊坊地区	孤山营	田秀珍		474092	520
11374	乾隆抽签找亲爹		河北省北部	三河县城	李铁臣		474058	1012
11375	杜康造酒刘伶醉		三河县及全国各地	王崇哑家			474094	934
11376	仙女儿比艺		廊坊地区、及津南一带	廊坊	马大爷		474090	3292
11377	洛图庄的传说		廊坊市、永清北部	廊坊	马玉庆		474098	2748

序号	篇名	民族	流传地区	采集地	讲述者	搜集者	数据库编号	字数
11378	杀蛇精		廊坊东部农村	廊坊	张森		474085	1430
11379	杀石羊		廊坊市、武清县一带	廊坊	张森		474084	2687
11380	红绿宝石		三河西北	孤山营	李树荣		474075	1480
11381	捉水怪		北京市内及京东各县	北京燕家胡同	李树华		474089	2303
11382	冯三卖短儿		廊坊东部、武清西北一带	廊坊	张森		474093	1562
11383	愚人毁宝		北京城内、三河西北		李树荣		474074	797
11384	义取滑州				张天录	王维生	476456	844
11385	奇袭七里井					武存直	476460	820
11386	济贫					豆素海	476449	1119
11387	送羊					单晓华	476467	1014
11388	降惊马					小丹	476448	3262
11389	买马					张文涛	476473	796
11390	回兵破黎阳				张天录	王维生	476459	1271
11391	打牛迎春					武存直	476470	4164
11392	断案				武石如	张长龄	476478	2245
11393	窦王墓的传说			朱庄水库、大坝	秦九柱、张万良	陈玉明	476496	1304
11394	择婿				马兆年	李光藩	476464	1059
11395	苍龙爷和地头蛇				柴现增、马爱新	柴俊林	476492	1487
11396	刘黑闼起兵复仇				张振海	王维生	476500	2708
11397	拒纳隋妃					武存直	476461	530
11398	杨知府盗墓				苏长清	梁准福	476497	774
11399	智断杀人案				刘付吉	清流	476477	988
11400	鸡不吃豆					武存直	476493	1178
11401	大破郭绚					徐扶民	476453	834
11402	死后封神				张振海	梁源	476486	1233
11403	窦建德传略						476444	981
11404	中箭				武士魁	新文	476484	7267
11405	进驾				杜长山	新文	476489	1272
11406	斩高平					徐扶民	476455	3385
11407	磨盘山的传说				李思贤	王维生	476494	1598

序号	篇名	民族	流传地区	采集地	讲述者	搜集者	数据库编号	字数
11408	娘娘坟					贾长栋	476498	928
11409	巧断翠翡镯				刘付吉	梁源	476479	1561
11410	求雨				杜长山	新文	476491	519
11411	刘黑闼得神兵					张文涛	476499	2495
11412	严惩富贵头				杜长山	新文	476490	1491
11413	收尸归葬				贾长安	梁源	476485	1082
11414	藏兵洞				武克定	武存直	476469	1798
11415	火烧水上粮囤					徐扶民	476454	1139
11416	编后						476504	1170
11417	报仇				牛二全	新文	476503	589
11418	计赚苏定方					单晓华	476457	1740
11419	铜帮铁底滏阳河					小丹	476474	2472
11420	罗成头的传说					申同景	476482	2707
11421	聚义				武石如	张长龄	476450	755
11422	错斩将北征失利				贾长安	梁源	476483	4795
11423	智擒徐茂公					武存直	476458	1422
11424	手指拈船钉					张增林	476446	1119
11425	魏征献策，黑闼丧师				刘付吉	清流	476502	1272
11426	解村仇					单晓华	476481	1472
11427	讨逆放宫女				张振海	清流	476465	1685
11428	夏王种菜				徐雅堂	武存直	476471	1275
11429	五凤朝王					武存直	476462	1388
11430	窦建德与九顷湾				李明祥	李凤华	476445	1690
11431	力挽狂澜					单晓华	476451	902
11432	广府城不打四更鼓					单晓华	476468	1423
11433	捉鬼					武存直	476466	967
11434	捉贼				李景	徐雅堂	476447	881
11435	怒斥不孝子				高记太	崔丙良、刘聚光	476463	1447
11436	河间大捷					单晓华	476452	1045
11437	苍龙受难					新文	476488	2104
11438	王耩地的传说				王相合	清流	476475	1215
11439	菊花庄借马				徐雅堂	武存直	476472	1113
11440	智断灵芝案					李一平	476476	1818
11441	窦王坟的传说					王昌言	476495	966

序号	篇名	民族	流传地区	采集地	讲述者	搜集者	数据库编号	字数
11442	刘黑闼复据洺州				刘付吉	清流	476501	1675
11443	惩恶杨善					单晓华	476480	4133
11444	财神爷吃请烧帐				孙胜台		490643	1065
11445	渔夫与河神				梁银兰		490646	1069
11446	老包明断钉子案				梁银兰		490636	1352
11447	韩湘子出家				孙胜台		490640	2035
11448	猪羊一刀菜的传说				孙胜台		490697	1060
11449	杨和楼的来历				孙胜台		490652	1195
11450	孙悟空的由来				梁银兰		490642	1552
11451	真武苦修行				孙胜台		490638	2141
11452	鲁班转世				梁银兰		490634	987
11453	通天桥的传说				王志亮		490651	904
11454	三皇姑成仙				孙胜台		490644	616
11455	死人过七过百日的来历				崔小英		490660	1256
11456	康熙选良才				徐玉堂		490625	5364
11457	朱元璋封娘娘				孙胜台		490629	1170
11458	甘罗的传说				徐玉堂		490633	449
11459	孙膑和庞涓学艺				孙胜台		490627	505
11460	正宫村的来历				孙胜台		490653	2227
11461	打春牛的传说				孙胜台		490661	924
11462	不下狠心一事无成				孙胜台		490659	718
11463	李太白抓药				薛五保		490635	1180
11464	孙膑做城隍				梁银兰		490626	1037
11465	五龙圣母的传说				梁银兰		490641	1387
11466	鸡的传说				王志亮		490693	9321
11467	王母娘娘与鲁班打赌				杨俊强		490632	348
11468	小奶奶上朝				孙胜台		490637	2148
11469	韩湘子讨封				孙胜台		490639	1512
11470	刘罗锅刨坟断案				梁银兰		490631	1251
11471	斩蟒将军坟的来历				孙胜台		490654	1799
11472	桃花女师徒斗蟒精				崔小英		490648	1889
11473	灵山的传说				徐玉堂		490650	3356
11474	三媒六证的来历				梁银兰		490656	1100
11475	金生得救				崔小英		490649	1412

序号	篇名	民族	流传地区	采集地	讲述者	搜集者	数据库编号	字数
11476	韩信恩杀割菜女				徐玉堂		490628	1110
11477	白蛇和许仙的由来				梁银兰		490645	1236
11478	康熙与娘娘				赵狗猫		490624	1661
11479	两面派的来历				王德礼		490657	1717
11480	犁耕耙落洪门寺				王志亮		490655	639
11481	“十指连心”的来历				梁银兰		490658	1861
11482	骑白象的老母				梁银兰		490647	742
11483	刘伯温与石万三				孙胜台		490630	848
11484	美女罗敷						494299	3556
11485	石姑						494305	2458
11486	夫妻钟						494303	2919
11487	黄粱梦的由来						494314	2802
11488	六郎把关						494310	5208
11489	赵王爱大眉						494301	3155
11490	照眉池古镜						494302	6025
11491	丛台哭别						494300	2125
11492	邯郸城传说						494315	2766
11493	朝阳洞的传说						497469	468
11494	石虎沟的传说						497429	1478
11495	老君庙的传说						497459	1546
11496	温泉的传说						497428	1059
11497	小孤山的传说						497431	1831
11498	棺材山的传说						497465	961
11499	马棚岗上的传说					尚志	502846	3362
11500	方观承的传说					王燕平	502853	3929
11501	仙人洞的传说					春笛	502855	1891
11502	颜回的传说				翟秉恒	翟公福	502889	1776
11503	拒马河的来历		河北、山西		高熏晨等		502870	904
11504	孙膑巧诳鬼谷子					赵和勋	502892	2575
11505	乾隆私访					王洪竹	502872	1029
11506	“小车会”的由来					董金棚、王长生	502891	1858
11507	龙河的传说					巴诺	502908	1991
11508	乾隆下江南					孙振强	502898	2132
11509	刘墉在廊坊的传说					陈九路	502910	632

序号	篇名	民族	流传地区	采集地	讲述者	搜集者	数据库编号	字数
11510	郑板桥的传说				翟秉恒	翟公福	502876	4080
11511	马神庙的传说					田贵辞	502861	1420
11512	奶母坟的传说					王建平	502867	2810
11513	骆宾王的传说					赵云雁	502871	2164
11514	乾隆赐封沙锅店			柳江水泥厂	丁玉吉	丁连斌	503775	756
11515	化“大家伙”			九门口村	杨逢吉	张义纯	503706	613
11516	捉彭祖			东新寨乡东新寨村	赵新田	李继臣	503784	1542
11517	为啥没有东石河			茶棚乡董家峪村	史长林	王贵久	503732	1057
11518	垛石寺的传说			北寨乡南寨村	张民	韩宝华、张义纯	503739	1431
11519	翟家洞的传说			庄河乡张庄村	朱桂芹	张淑敏	503705	213
11520	五月初一插柳条			庄河乡张庄村	朱桂芹	张淑敏	503777	1353
11521	一步两眼井			上庄坨乡半壁店村	刘万岐	杜秋山	503723	3128
11522	天下为啥张姓多			东贺庄乡	孙桂茹	岳儒	503785	508
11523	紫草坞村的由来			抚宁二中	杨艳云	杨艳云	503730	1229
11524	“轱辘”和尚			北寨	姜忠文	韩宝华	503678	545
11525	葡萄秧的来历			台营乡一村	武素兰	陈志华	503769	681
11526	大猫山和鹰嘴崖的传说			庄河乡	张鹤珊	佟涛	503663	1933
11527	滴水岩的传说			吕良峪乡于各庄村		张丽艳	503727	520
11528	乔麦的来历			东贺庄乡东贺庄村	贺少荣	唐家君	503766	391
11529	媳妇楼			抚宁文教局	张义纯	佟涛	503662	412
11530	谷穗为什么低着头			台营乡一村	武素兰	陈志华	503765	662
11531	蛇盘柱的来历			宋庄乡上新庄村	汤国瑞	汤永顺	503752	614
11532	六和尚演印			柳各庄乡中学	宋桂香	佟涛	503630	1924
11533	双望的传说			茶棚乡政府	郑辅春	李国良	503733	688
11534	皮帽子			下平山乡	申太和	谢秋成	503790	347
11535	袁天罡和李淳风			东贺庄乡夕阳口村	刘文明	郑庆魁、张义纯	503652	818
11536	张氏小学的由来			牛兰甸乡大曹各寨村	杜金阁、杜显庆	张利华、庞立杰	503755	1458
11537	武大郎冤案			台营六村	侯巨	郑庆魁	503651	1004
11538	杨洛墓的传说			坟坨乡文化站	袁炳成	袁炳成	503710	1267
11539	白菜的由来			冯庄乡中学	李志强	王树森	503768	363
11540	望儿庄			台营六村	侯巨	唐家君	503737	679
11541	混天球的故事			台营	侯银普、杨玉立等	张义纯	503636	942
11542	为什么有的鸡半夜叫			四照各庄小学	孙勇锋	孙本荣	503789	973

序号	篇名	民族	流传地区	采集地	讲述者	搜集者	数据库编号	字数
11543	天下第一家			抚宁文教局	孙本荣	朱宏杰	503643	1724
11544	宝龙山的来历			北寨乡宣各寨村	刘福山	刘杰	503691	391
11545	猫头鹰的传说			抚宁二中	陈秀梅	程克利	503761	612
11546	傻和尚			坟坨乡	王全山	袁炳成	503638	715
11547	天鹅的来历			北寨乡头道河村	石艳茹	庞宏海	503760	741
11548	葫芦顶山的传说			台营一村	俞庆海	俞会永	503696	508
11549	乾隆梦游白云山			黄土营乡王家峪村	张井占	张印国、刘东风	503642	501
11550	牛头崖的传说			牛头崖		李信昌	503731	1777
11551	割股疗亲的故事			抚宁县文教局	孙本荣	袁炳成	503639	403
11552	力斗蛇妖			坟坨乡沟南庄	王耀富	袁炳成	503632	1431
11553	塔沟的传说			台营区柳各庄中学	陈泽民	陈敬华	503700	580
11554	背牛顶的传说			安庄、扶岩沟	朱永生、贾成	张义纯	503675	628
11555	刘邦、项羽和韩信的传说			台营敬老院	沈青海	张义纯	503658	597
11556	耿花子坟			东贺庄乡九门口村	娄景仁	张义纯、孙本荣	503670	1315
11557	许碧山卖画			双岭乡峪门口村	李文正	佟涛	503623	853
11558	泥瓦匠为啥不带线			柳各庄乡鹿各庄村	鹿有仁	鹿有财、唐家君	503776	824
11559	贞节牌			上庄坨乡秋子峪村	于起淮	王小波	503792	1383
11560	白云山的骡子			驻操营乡东王庄村	王贵福、陈献章	张义纯	503753	1204
11561	聚宝盆			坟坨乡政庄村	杨景芳	袁炳成	503791	539
11562	背牛顶上的钟架子			抚宁	申存孝	陈职宏	503677	1489
11563	端午节吃粽子的由来			东新寨乡安庄村	李桂兰	安希彬、张义纯	503779	595
11564	九道缸的传说			庄河乡水门寺村	王清祥	金玉月	503728	1643
11565	南天门的传说			下平山村	陈述有	王小波	503695	2351
11566	亮甲山的传说			沙河寨乡赵家峪	赵万会	赵海燕	503687	536
11567	韩信葬母			抚宁文教局	孙本荣	王荣合	503657	474
11568	酸马莲菜和猪毛亨			柳各庄乡中学	陈泽民	陈敬华	503773	518
11569	神医偷艺			台营	汪桂玲	王成	503655	1119
11570	葛针岭的葛针为什么不长钩			东贺庄乡陈庄村	陈凤阁	陈雅娴	503771	1582
11571	“五顶凤凰山”的来历			柳各庄乡鹿各庄村	鹿玉亭	郭永春、张义纯	503683	811
11572	龙腰村的来历			冯庄乡	李凤珍	李守川	503729	1032
11573	金马遗踪的来历			坟坨乡	赵庆祥	袁炳成	503681	801
11574	“邓林钓台”的由来			抚宁文教局	吴环露	袁炳成	503744	772
11575	夸寿			双岭乡落轮峪村	袁忠贤	党立华	503783	908

序号	篇名	民族	流传地区	采集地	讲述者	搜集者	数据库编号	字数
11576	袁家沟村的来历			柳各庄乡袁家沟村	袁继新	郭永春	503735	1528
11577	青龙山的来历			义院口乡板厂峪村	王春雨	王奇	503684	721
11578	“天下第一关”的传说			北寨	呼尚珍	金惠锦、张义纯	503654	595
11579	亮甲山的传说			抚宁二中	马秀君	马秀君	503686	543
11580	官多法乱			抚宁二中	杨学丽	杨学丽	503649	678
11581	拉拉蛄的脖子里为什么有草棍儿			台营乡吴庄村	李印	李翠侠	503764	1376
11582	马状元的传说			榆关	马旭东	张义纯	503628	463
11583	蚊子的来历			北寨村	蒋兴珍	王丽红	503763	1207
11584	鲤鱼汀的来历			台营	鹿万利	鹿广宝	503674	364
11585	西佛庵的传说			柳各庄乡扶岩沟村	贾成	郭永春、张义纯	503749	2473
11586	国宝山的传说			北寨乡	武世瑞	武玉梅	503685	779
11587	峰山的来历			冯庄乡	陈小双	王树森、张义纯	503689	1089
11588	公冶长			台营	张幼华	朱国有	503661	964
11589	金头阁老			城关北街村	赵云山	陈职宏	503647	1229
11590	孟姜女的故事			驻操营乡东王庄村	张云舫	张义纯	503659	1116
11591	方铠甲的传说			王家沟乡	樊玉合	罗文金	503635	617
11592	熏蚊子的来历				陈学兰	晓理	503794	661
11593	和尚演印的传说			坟坨乡范各庄村	高维忠	高景田	503631	1325
11594	香椿树为啥破肚子			牛兰甸乡	刘玉勤	张利华	503770	1507
11595	大车化石的来历			台营一村	朱合	朱国友	503702	676
11596	满井			县图书馆	宋辅盛	宋辅盛	503720	290
11597	公主岭的传说			北寨乡北寨村	周如太	王庆文	503698	1072
11598	亮甲山的来历			北寨乡	姜忠文	韩宝华、张义纯	503688	513
11599	翟家洞的传说			抚宁	张义纯	佟涛	503704	376
11600	鲤鱼汀的传说			麻姑营乡	杨奎	韩守川、张义纯	503715	984
11601	假钦差			东新寨村	吕明春	朱宏杰、张义纯	503633	1575
11602	绿湾蛙静			抚宁文教局	殷泽普	袁炳成	503711	2477
11603	塔洼的传说			下平山乡	申太和	谢秋成	503717	4398
11604	胡萝卜的来历			吕良峪乡吕良峪村	赵立群	陈新民	503767	396
11605	金鸡独立的来历			留守营乡敬老院	栗国林	唐家君	503795	760
11606	还童泉			吕良峪乡	谢连桂	陈新民	503726	689
11607	翟鹏贬城隍			城关光荣院	翟殿池	岳儒、张义纯	503645	831
11608	双泉寺的传说			东贺庄乡	贺玉芬	贺玉琴	503742	564

序号	篇名	民族	流传地区	采集地	讲述者	搜集者	数据库编号	字数
11609	背牛顶上碾盘的来历			双岭乡落轮峪	韩玉阁	申存孝	503679	718
11610	二郎庙的传说			茶棚乡文化站	孙本荣	李国良	503746	993
11611	同、冯二姓的来历			东贺庄乡	孙桂茹	张义纯	503786	1028
11612	翟阁老选娘娘			东新寨乡岚山村	高书林	张义纯	503646	1465
11613	雷击砬			庄河乡	张士荣	张鹤珊	503668	1287
11614	杨六把			东新寨乡捎弓寨村	赵新田	安希彬	503637	862
11615	河口村的来历			柳各庄乡	鹿万利	鹿广宝、张义纯	503667	1115
11616	“白台子”的来历			驻操营乡城子峪村	张世荣	张鹤珊	503666	526
11617	搬倒井			抚宁文教局	孙本荣	岳儒	503724	1113
11618	周仓上当			抚宁文教局	孙本荣	郭永春	503656	1145
11619	板厂峪的来历			县文管所	吴环露	张义纯	503665	1188
11620	背牛顶的传说			猩猩峪乡田家沟村	田雨丰	田子安、张义纯	503676	1890
11621	王姓的来历			东贺庄乡	贺玉琴	张义纯、郑庆魁	503787	1022
11622	许碧山丹青戏老板			吕良峪乡后麻达峪村	李丰	谷宝琛	503625	589
11623	天马山的故事			北寨乡迷务村	姜忠文	姜志强	503673	1083
11624	倒骑毛驴唱小曲			峪门口村	李文正	佟涛	503626	306
11625	“昨非者”的由来			柳各庄	范瑞徵	张义纯	503624	674
11626	满井的传说			东新寨乡博士营村	李太平	赵新柱	503719	541
11627	铜帮铁底河			抚宁县四中	张振华	杜学敏	503712	454
11628	赤鱼汀的传说			东贺庄乡夕阳口村	杨连壁	张义纯	503714	896
11629	朱元璋当皇上			北寨乡南寨村	王明祥	韩宝华、张义纯	503648	1347
11630	孝媳妇沟的来历			柳各庄乡袁家沟村	尉先生	袁继新	503699	1820
11631	板厂峪塔的传说			义院口乡义院口村	董洁	孙树峰	503707	803
11632	见驾坡			抚宁	宋辅盛	宋辅盛	503701	873
11633	王兵部与翟阁老			坟坨	高勤	高景田	503644	415
11634	金螃蟹窟的传说			台营小学	刘秀丽	刘秀丽	503740	414
11635	半劈山的传说			柳各庄乡	谢儒	赵戬	503692	1604
11636	铁链锁蛟龙的来历			牛兰甸乡	杜显庆	庞立杰、张利华	503751	540
11637	乾隆认干亲			留守营乡敬老院	栗国林	李国臣、张义纯	503641	494
11638	羊角山上一口钟			北寨乡北寨村		张金欣	503754	1609
11639	为什么给鸡叫“姑姑”			东新寨乡安庄村	李桂兰	安希彬、张义纯	503759	2241
11640	沈环得道			深河	杨更	高学玲	503640	1789
11641	仲由打虎			抚宁文教局	孙本荣	唐家君	503660	909
11642	仙女惩无赖			抚宁城关	惠黎民	张醒华	503682	1201

序号	篇名	民族	流传地区	采集地	讲述者	搜集者	数据库编号	字数
11643	太子坟			上庄坨乡上庄坨村	陆国昌	赵海燕	503709	688
11644	猪的来历			庄河乡张庄村	朱桂芹	张淑敏	503758	1515
11645	天马山的传说			抚宁文教局	张义纯	佟涛	503672	602
11646	锄的来历			抚宁城关区	孙本荣	王荣合	503793	515
11647	驷马地的传说			大曹各寨村	杜显庆	张利华、庞立杰	503708	412
11648	一片石门倒开			东贺庄	娄景仁	张义纯	503671	766
11649	春儿坟			东贺庄乡东贺庄村	彭玉华	孙树锋	503669	404
11650	关帝庙的传说			义院口乡吴庄村	吴志华	张义纯	503743	760
11651	豆析鸟为什么“弟儿弟儿”地叫			麻姑营小学	李淑媛	韩守川	503762	734
11652	王小背砖			东贺庄	彭王华	孙树峰	503664	706
11653	七月十五祭麻姑			庄河乡张庄村	朱桂芹	张淑敏	503780	638
11654	李清配的故事（四则）			马家峪乡滑石前村、北寨乡战马王村、宋庄乡文化站	董克俭、王纪生等	王荣合、李文成等	503629	901
11655	“赶圈儿”的由来			柳各庄乡柳各庄村	史玉青	柳殿凤、孙本荣	503782	410
11656	麻姑营的来历			台营乡三村	王之银	钟铁华	503694	551
11657	田氏中学的来历			下平山乡山羊寨村	申太和	王小波	503756	776
11658	白银换来四十板			峪门口村	李文正	佟涛	503627	875
11659	死人烧纸的来历			拦马庄乡拦马庄村	赵桂芹	赵士存	503781	897
11660	蔡挺遇仙师			茶棚乡文化站	李国良	孙本荣	503650	1363
11661	五月端午挂艾子			庄河乡城子峪村	姜玉芝	金玉月	503778	611
11662	牛的来历			东贺庄乡东庄村	周贵勇	郑庆魁、张义纯	503757	2226
11663	地曲蛇和马筋菜的故事			宋庄乡小沿村		付立德	503774	1247
11664	金沙坑的传说			于石门寨区		时正发	503718	743
11665	八王庙的传说			王家沟乡贾家河村	赵广忠	孙国民	503745	332
11666	王羲之的传说			北寨乡迷务村	武河	武广义	503653	748
11667	杨家将为什么世世代代保大宋			东新寨乡揹弓寨村	赵新田	安希彬、张义纯	503788	337
11668	白马川饮马河的传说			拦马庄乡文化站	赵士存	赵士存	503713	514
11669	驻操营的来历			驻操营		查素娟	503734	616
11670	火石岭的传说			台营乡巨各庄	赵景玉	赵红茹	503697	347
11671	铁瓦乌龙殿的传说			上庄坨乡车厂村	何景先	王小波、张义纯	503750	547
11672	黄牛顶的传说			北寨乡	李芝	李秀伟	503680	1236
11673	阮宁芳的传说				张利华、张洪星	张印国、刘东风	503634	948

序号	篇名	民族	流传地区	采集地	讲述者	搜集者	数据库编号	字数
11674	宝槽			台营六村	侯银普	陈利国	503722	1095
11675	温泉堡的来历			抚宁城关	吴名志	张继成	503736	834
11676	满井的故事			柳各庄乡柳各庄村	柳向国	柳儒田	503721	557
11677	花姑井的传说			北寨村		王素娟	503725	321
11678	含羞草的传说			义院口乡板厂峪村	赵素兰	温福成	503772	572
11679	水漫姑子庵			茶棚乡小所庄	李井友	李国良	503748	3202
11680	蛤蟆洼的传说			驻操营乡驻操营村	龚玉莲	佟波雁	503716	1368
11681	清泉寺的传说			冯庄乡中学	郁增华	陈职宏、张义纯	503741	440
11682	鹿头山			上庄坨水泥厂	朱国安	赵海燕	503690	2053
11683	台营“万泉会”的传说			西河南小学	徐凤成	张义纯	503738	1683
11684	麻姑营的传说			麻姑营乡	马树仁	张义纯	503693	1220
11685	老母庙的传说			茶棚乡政府	郑辅春	李国良	503747	1114
11686	金鸡石的传说			王家沟乡郭家场村	冉士忠	罗文金	503703	637
11687	杨家为啥保赵家				杨春茹	白泉、青山	503904	2425
11688	韩湘子下山		冀东一带		王存	白泉	503908	1134
11689	除霸收义子				朱士昌	震川、青山	503899	742
11690	刘黑虎归顺				高连满	震川、青山	503900	1572
11691	天亮前为什么黑一会儿					贾振川、阎剑冬	503913	1015
11692	含羞草				李兴周	郑淑香	503916	574
11693	刘塘造字				刘振起	齐秀玲	503912	2844
11694	女织寨脱险				傅振湖	白泉、青山	503898	402
11695	史马庄				张守印	贾振川	503897	251
11696	大义灭亲				孙万鼎	震川、白泉	503896	2789
11697	轻功				赵庆臣	刘立忠	503918	431
11698	孔子妈妈和外国字母				唐泽	李雪红	503910	3223
11699	蛇吞相				韩国青	唐长俊	503919	2792
11700	蓝采合帮老叟卖柴		冀东一带		王存	白泉	503907	4900
11701	溜沟子舔眼子				周之旺	宋永秀	503909	1778
11702	太阳和月亮				苏文杰	李玲金	503914	547
11703	铁拐李成仙记				李树林	李天驰	503905	1000
11704	沙河深				刘振起	齐秀玲	503911	1943
11705	苦菜因何是苦的				周子荣	郑淑香	503917	1191
11706	山神庙捉“鬼”				徐农	震川、青山	503902	878
11707	韩湘子巧助豆腐李				杨晓明	白泉	503906	667

序号	篇名	民族	流传地区	采集地	讲述者	搜集者	数据库编号	字数
11708	巧断案				刘萱	震川、白泉	503895	776
11709	杨滚出世				何文彬	白泉、青山	503903	1000
11710	燕王渠				张少吉	震川、白泉	503894	1664
11711	滦河岸降妖				高连满	震川、青山	503901	1280
11712	去毒石				于然	刘福华	503915	825
11713	米奶奶的传说		河北一带	讲述人家中	梁银兰		504463	633
11714	石阁老训河神		藁城一带	耿村	靳朝卿		504436	961
11715	李鸿章的叔叔大烟鬼		冀中一带	耿村	梁银兰		504453	731
11716	南蛮子破风水		藁城一带	耿村	靳景祥		504429	502
11717	赶考						504449	1325
11718	蝴蝶不采马兰花		冀中一带	耿村	靳景祥		504493	2772
11719	走线号脉		藁城耿村一带	耿村	靳善信		504441	1102
11720	竖牌坊		藁城县境内	耿村	董彦娥		504478	301
11721	牌坊摞牌坊的传说		藁城一带	耿村	张兰琴		504426	1391
11722	韩信出生		华北、华中各地	耿村故事比赛会上	王玉田		504405	1399
11723	为嘛供奉关公		藁城一带	耿村	孙胜台		504499	887
11724	并蒂莲的来历		耿村一带	耿村	王玉田		504494	1357
11725	鸡的来历		河北一带	耿村	靳景祥		504485	3500
11726	老厨师重写“西直门”		河北一带	耿村	靳正新		504476	472
11727	济小堂闹严府		藁城、晋县一带	耿村讲述人家中	靳正新		504464	1378
11728	为什么没有中瓜		藁城一带	藁城县耿村	徐大汉		504492	1955
11729	韩信逼母		耿村一带	耿村	王玉田		504407	705
11730	刘关张桃园三结义		冀中一带	耿村	靳正新		504410	2224
11731	孔子造字		河北一带	耿村	靳景祥		504403	1424
11732	麻雀不会垒窝的来历		耿村一带	耿村	靳正新		504483	996
11733	孔子拜师		河北一带	耿村	靳景祥		504402	943
11734	死诸葛亮治死活司马懿		藁城、晋县一带	耿村	靳正新		504415	905
11735	朱元璋出世		华北华中一带	耿村	董彦娥		504424	1034
11736	腊月二十四扫房子		耿村一带	耿村	张瑞彩		504503	1599
11737	孙悟空出世		藁城耿村一带	讲述人家中	靳正新		504459	780
11738	关公出世		河北省	耿村	梁银兰		504409	399
11739	老包在无极		河北中南部	藁城耿村	梁银兰		504421	999
11740	鸡为嘛喝水要抬头		藁城一带	耿村	靳艳华		504486	514
11741	包公明断卖嫂案		藁城县一带	耿村	张振贤		504419	545

序号	篇名	民族	流传地区	采集地	讲述者	搜集者	数据库编号	字数
11742	张飞智请诸葛亮		藁城县一带	耿村	靳正新		504412	699
11743	错斩董梁王		耿村一带	耿村	孙胜台		504439	824
11744	关羽降生		藁城一带	耿村	靳满良		504408	270
11745	修城墙		藁城获鹿一带	藁城	靳景祥		504433	3397
11746	孔子借粮		河北省一带	耿村	靳言根		504401	623
11747	一句骂人话的来历		耿村一带	耿村	郝美娥		504509	1303
11748	韩信相面		冀中一带	耿村故事会上	王玉田		504406	1566
11749	姑姑鸟		藁城一带	耿村	靳正新		504484	849
11750	秦始皇坐天下的传说		藁城县一带	耿村	孙胜台		504404	845
11751	验寿衣		藁城县一带	耿村	靳景祥		504437	382
11752	孔子与如来佛打赌		冀中一带	耿村	孙胜台		504400	1066
11753	大蟒村的来历		藁城县一带	耿村	靳景祥		504477	1222
11754	孔子出生		藁城境内	藁城县耿村	孙胜台		504399	421
11755	石家迁坟		藁城县境内	耿村	张才长		504428	461
11756	石阁老的父母		藁城一带	藁城耿村	张才长		504427	1104
11757	许仙救白蛇		藁城一带	耿村	侯国国		504458	1048
11758	赵县疙瘩头的来历		藁城一带	藁城县耿村	梁银兰		504472	1052
11759	石阁老不怕鬼的故事		藁城一带	耿村	董彦娥		504430	447
11760	为什么人间没有凤凰		藁城一带	耿村	徐丑货		504480	759
11761	龙向鸡借抵角		藁城一带	耿村	靳艳华		504487	1129
11762	杨家将的传说（三则）		北方一带	国国家	侯国国		504417	1888
11763	害包公		藁城县一带		靳正新		504420	5214
11764	徐茂公的传说		藁城东部一带	耿村	靳正新		504416	779
11765	为什么叫“王八”		藁城县东南部	耿村	臧五臣		504488	1102
11766	王婆庙的来历		耿村一带	耿村	靳景祥		504475	674
11767	杨六郎大战白石精		藁城县一带	耿村	靳景祥		504418	991
11768	袁世凯的传说（二则）		藁城县一带	耿村	靳景祥	赵志勇、郝彦生	504454	375
11769	五月单五吃粽子的由来		耿村一带	耿村	靳言根		504498	868
11770	孙清元大战孙二寡妇		藁城、晋县一带	耿村	周云喜		504445	445
11771	西太后过生日		河北一带	耿村	靳景祥		504451	1542
11772	兰桥断		耿村一带	侯国国家中	侯国国、王仁礼等		504466	297
11773	倒插门的来历		藁城一带	藁城耿村	徐全振		504506	590
11774	孙悟空巧破钉耙		冀中一带	耿村	靳景祥		504460	1427

序号	篇名	民族	流传地区	采集地	讲述者	搜集者	数据库编号	字数
11775	新郎新娘入洞房的由来		耿村一带	承德会议上	靳景祥		504504	1218
11776	雁群里为什么有单		耿村一带	耿村	董彦娥		504482	573
11777	藁城“宫面”的来历		藁城一带	耿村	靳景祥		504495	2386
11778	老包的三口铜铡		藁城一带	藁城县耿村	王正礼		504423	653
11779	乾隆施计		冀中一带	耿村	靳正新		504443	712
11780	鸳鸯鸟的故事		耿村一带	耿村	张才才		504481	1600
11781	人参娃和悬空寺		河北一带	耿村	靳景祥		504491	1297
11782	上梁大吉，诸神退位		藁城一带	耿村	张才长		504501	635
11783	范为鄂的传说		藁城一带	耿村	靳正新		504438	531
11784	蚊子的来历		藁城一带	耿村	张才长		504490	1034
11785	锄地的由来		耿村一带	耿村	靳正新		504507	671
11786	自落寺的传说		耿村一带	耿村	张振贤		504470	1349
11787	南海老母庙的来历		藁城一带	藁城县耿村	周云喜		504471	550
11788	耿王坟的传说		耿村一带	藁城县耿村	张才长		504469	404
11789	抗日女英雄郭大娘		耿村一带	耿村	靳风花		504457	1061
11790	济小堂捉妖修大寺		耿村一带	藁城县耿村	董彦娥		504465	872
11791	栾五庙		藁城一带	耿村	张翠琢		504474	947
11792	董仲寻母		耿村一带	承德山庄宾馆	靳景祥		504462	3153
11793	关公收周仓		冀中一带	耿村	靳正新		504411	690
11794	滹沱河为什么有个椅子弯儿		藁城县一带	耿村	靳景祥		504435	479
11795	耿王坟的传说		藁城一带	藁城县耿村	靳春生		504468	1998
11796	郑板桥三进小酒店		耿村一带	耿村	刘顺安		504448	797
11797	郑板桥骂财主		藁城一带	藁城县耿村	徐大汉		504447	1607
11798	杨树为嘛干巴尖		藁城县境内	耿村	靳景祥		504432	964
11799	麻雀、蚂蚁和谷种的传说		河北一带	耿村	靳正新		504479	1005
11800	梁山伯与祝英台		耿村一带	才才家	张才才、侯国国等		504467	848
11801	撕账		藁城晋县一带	耿村	王玉田		504450	370
11802	石阁老下棋输御道		藁城一带	耿村	靳正新		504434	630
11803	供灶王的来历		耿村一带	耿村	孙胜台		504502	512
11804	七仙女生董卓		耿村一带	耿村	梁银兰		504461	470
11805	起死回生						504440	727
11806	乾隆封关公		藁城县耿村一带	耿村	靳正新		504444	1094

序号	篇名	民族	流传地区	采集地	讲述者	搜集者	数据库编号	字数
11807	葛根花的传说		冀中一带	耿村	靳满良		504496	1221
11808	军阀张五州		耿村一带	耿村	董彦娥		504456	473
11809	状元凭命的传说		藁城、晋县一带	耿村	张才长		504446	2488
11810	闯王过江遇乌龟		冀中一带	耿村	董彦娥		504442	478
11811	阿弥陀佛的来历		藁东一带	耿村	张群英		504500	425
11812	徐世昌飞笔太和殿		耿村一带	耿村	靳正新		504455	1177
11813	姜维送米		全国各地	才才家	张才才		504414	769
11814	赛金花京城救百姓		北方一带	耿村	王玉田		504452	2131
11815	蛤蟆的来历		华北一带	耿村	靳景祥		504489	715
11816	五月单五吃粽子的由来		华北各地	耿村	董彦娥		504497	404
11817	诸葛亮小时候		藁城一带	耿村	靳满良		504413	474
11818	治县官		藁城一带	耿村	靳正新		504431	1021
11819	“扒灰”的由来		冀中一带	耿村	王玉田		504508	944
11820	朱元璋与沈万山		华中华北各地	耿村	徐全振、张露堂		504425	419
11821	娶媳妇打人头幡		藁城一带	耿村	靳景祥		504505	568
11822	儿马庙的来历		河北一带	耿村	靳三刚		504473	751
11823	老包和卖醋的		河北一带	藁城县耿村	徐东才		504422	547
11824	朱元璋和青菜大窝头				方治平	吴名士	507583	3495
11825	康熙买驴					刘潮林	507582	974
11826	劈石庄的传说					陈国旺	507577	1380
11827	怕婆庙的传说				范瑞图	张诚、文果	507581	957
11828	李汝珍计惩恶少				刘守华	刘朝林	507585	7630
11829	谢虎计除马猴				刘云		507589	5025
11830	白马岭的传说					陈国旺	507579	1593
11831	芙蓉仙子		廊坊		王克臣	张文涛、黄文秀等	507591	1039
11832	百花仙子		廊坊		王克臣	朱秀兰、魏玉英	507590	7296
11833	神石洞的传说					刘泽民	507580	806
11834	唐伯虎题诗疾俗				石海	张慧文	507586	818
11835	马六郎				吴云	万里	507578	762
11836	黄狼仙子		廊坊		王克臣	翟公福、岳一中	507593	984
11837	姜子牙的故事					张俊青	507588	1137
11838	杨家将为何保宋		河北省		赵巧灵	朱秀兰	507584	462
11839	方官堤的传说				吴锡祥	岳一中	507575	947

序号	篇名	民族	流传地区	采集地	讲述者	搜集者	数据库编号	字数
11840	王勃写诗				石海		507587	1816
11841	青蛇仙子		廊坊		王克臣	郝静、张荣等	507592	1562
11842	良乡塔的传说				宋宝泉	张俊青	507576	1318
11843	桑树和椿树						508325	320
11844	古城墙						508334	431
11845	石人指路						508330	384
11846	狗刨泉						508324	285
11847	三角店收宫						508333	901
11848	蜘蛛和苍蝇						508332	241
11849	千秋台和千年柏						508331	570
11850	赵村疙瘩						508329	443
11851	托枪河						508328	1099
11852	五马山的传说						508327	302
11853	蝼蛄受封						508326	718
11854	刘墉妙写祝寿联		河北保定一带		于炳文	石林李国栋	516813	843
11855	万广寺的毁灭					翟建新	516836	2359
11856	清佛寺的传说					李新安	516823	1757
11857	赵匡胤赌华山				王汝山	石林	516808	916
11858	解晋作对联					张汇众	516792	1214
11859	关于彭越坟的传说					郑汉青	516817	1297
11860	给财主治病		清苑县、清凉城、东闾、韦洛庄一带		清凉城、李兰增	浩歌	516791	918
11861	王强的长鞭				满仓	李大鹏	516801	2176
11862	有关乾隆的一段传说		河北一带		于炳文	石林	516789	1888
11863	唐知县降妖记		清苑县、韦各庄、营头，清凉城一带		任会永、任贵军	浩歌	516787	475
11864	大师姐霍二姑				霍子信	常启亮	516790	632
11865	赵匡胤的传说					高洁	516805	2596
11866	臧村的来历					常启亮	516798	297
11867	张良纳履				薛希白	赵国辉	516799	1323
11868	进士接娘				杨道明	冯铸鑫	516803	789
11869	古镇魏村					冯铸鑫	516834	646
11870	避雨亭				樊达	张连云	516826	619
11871	陈灿的故事					王洪秀	516794	668

序号	篇名	民族	流传地区	采集地	讲述者	搜集者	数据库编号	字数
11872	紫云寺和青竹庵					王树林	516832	1433
11873	江大人题诗					王树林	516833	441
11874	九龙河的传说				曹站河	翟建新	516829	380
11875	唐知县审无头尸案		河北省清苑县		清凉城、姜秀英	浩歌	516785	805
11876	赵匡胤偷枣儿		保定	保定干休所	张淑体、曹廷夫	赵忠义、张今慧	516811	844
11877	赵匡胤的传说		保定、清苑、徐水、高阳一带		阮焕章、王成等	刘正祥	516804	1415
11878	孟司令员河套遇险					路丁	516816	2094
11879	包子姻缘				王李氏	刘继敏、常启亮	516827	2000
11880	铁脖子刘墉		河北保定一带		于炳文	石林、李国栋	516814	1643
11881	平陵两盘龙的传说		清苑平陵一带		刘长祥、王长会	中流	516820	1452
11882	刘秀插针救蝼蛄				王德明	冯铸鑫	516797	640
11883	赵匡胤打滚儿				李凤池、赵亮等	赵忠义	516810	1269
11884	智审葡萄架		山东济宁和河北清苑、一带		杨道明	冯铸鑫	516802	1175
11885	赵匡胤与运粮河					曹俊玉	516806	3346
11886	金蛤蟆的传说					冯新杰	516831	4116
11887	养老城					翟建新、浩歌	516819	224
11888	张太平与太平路		河北省清苑县、易县、满城县及保定地区其它、相邻各县		张云飞、田东革	浩歌	516812	939
11889	清苑县与苑七店		保定西郊		苑耕余	赵忠义	516818	588
11890	甘罗朝天子					张汇众	516793	1990
11891	千里送京娘				蔡春群	汪友谊	516807	906
11892	唐知县断兔案		清苑县、大庄、王盘一带		李秀忍	小荷	516788	2413
11893	鸡鸣台		清苑、望都一带		魏甫祥	冯铸鑫	516796	5670
11894	金武和尚					袁伯英	516825	4952
11895	桂花娘娘					刘继敏	516835	898
11896	三杨村的故事					路丁	516821	690
11897	五尧西瓜的传说					周文革、耿朝贤	516830	702
11898	杠子头认输		河北省清苑县、全昆、西王庄、清凉城一带		清凉城李兰增	浩歌	516800	985
11899	赵匡胤输华山				杨全	赵忠义	516809	2527

序号	篇名	民族	流传地区	采集地	讲述者	搜集者	数据库编号	字数
11900	三疙瘩怀与马刨泉					浩歌	516795	4216
11901	有关戎官营的传说				贾清明	曹俊玉	516824	1469
11902	唐知县审失盗案					陈国峰	516786	790
11903	选娘娘		保定郊区和清苑县	大韩蒋村	王印泉	张今慧	516822	1485
11904	好汉子的故事					张连云	516815	1118
11905	韩王庄上魁星阁					王树林	516828	1260
11906	隋炀帝进膳				孙培琴	孙锡红	517043	3283
11907	鸭梨树的传说				郭玉茹	李泽有	516986	1423
11908	骡子为啥不下驹				刘金龙	郭树芳	517009	1557
11909	苍蝇为啥没有红色的				李素华	李志冰	517015	700
11910	隆丰店村的来历					杨国莲、王武	517032	2773
11911	鸭梨树和杜树				李泽国	李泽有	516987	1128
11912	双狮赵的传说				陈树森	兀青	517027	871
11913	腊八粥的来历					常桂贞	517016	595
11914	小木碗的故事				王金祥	王全根	517018	1364
11915	虱子的来历				贾大、高大	李泽有	517005	880
11916	“送路”的传说				贾应样	郭树芳	517017	4227
11917	寇准“赖”天官				及彦林	夏增江	517044	703
11918	老盐河的传说					梁振刚	517031	491
11919	石老伯救穷				石光春、石光波等	李泽有	517036	1128
11920	舌头底下压死人					郭树芳	517014	2470
11921	金牛池的传说					夏增江	517026	1765
11922	小枣树					李泽有	516988	813
11923	地方传说二则					毛长林	517023	944
11924	枣为什么是红的					竺海松	516990	1242
11925	仙人桥的传说				张建业	夏增江	517029	712
11926	挂马掌的来历					李志冰	517012	249
11927	包公为啥不曾转世				刘忠华	朱红梅	517041	1177
11928	下雪的说传					夏增江	516998	1170
11929	点石成金					王荫章	517045	521
11930	长丝瓜的来历				李志艳	李梦灵	517011	1925
11931	枣树针儿的来历				李泽明	李泽有	516991	908
11932	毛营的粘粥蹲裆深					孟昭臻	517001	512

序号	篇名	民族	流传地区	采集地	讲述者	搜集者	数据库编号	字数
11933	五龙堂的传说				左永山	刘秀纲	517019	344
11934	杀头寺与滚头沟					史连甲	517030	663
11935	蓬蓬和莲莲的传说					马金玲	517002	331
11936	红杏园					于玉明	517025	543
11937	火绳的来历				楚振清	孙锡红	517007	420
11938	管河殿的故事				魏金瑞	魏金达	517020	984
11939	鹅的由来				高锡连	郭树芳	517013	3379
11940	进士跪母				耿青林	张巨岩	517035	575
11941	石槽的传说				李化全	齐吉厅、毛长林	517006	2348
11942	抽烟的传说				李双喜	梓童	517003	691
11943	运河水的故事					李泽有	516996	1728
11944	百鸟松				石光春	李梦灵	517000	1799
11945	苦菜花的传说				郭玉茹	郭风彩	517004	765
11946	黑龙港河的故事					李泽有	516995	709
11947	华北的水为什么有甜有咸				王福德	夏增江	516999	1547
11948	余继登对诗				石光春	李泽有	517038	613
11949	刘秀的传说				张洪广	张巨岩	517046	1192
11950	屈母菜				李铁山	李梦灵	517008	451
11951	狗咬吕洞宾，不识好人心				刘老汉	郭树芳	517040	693
11952	毛腿张				郝凤平、郝炳庄	杨新潮	517039	952
11953	金马驹的由来					王振业	517034	1265
11954	窦建德夜宿建城山					郭树芳	517037	439
11955	八尺高村的由来				庞金长	庞景维	517028	4799
11956	留靴寺的传说				苟砚军	杨新潮	517024	429
11957	井刘庄的来历				左永山	刘秀纲	517022	1086
11958	讲书堂的传说				佟俊杰	王保宏	517021	4953
11959	凤凰台的传说				郭玉敬	李梦灵	517033	520
11960	金丝小枣的来历					文馨	516989	1928
11961	吃不了兜着走					郭树芳	517010	827
11962	不敢分离				蒲德宽	郭树芳	517042	559
11963	屎克螂、赶粪蛋					孟昭臻	516997	1546
11964	泊头清真寺顶子的来历				石光春、石光波	李泽有	516994	765
11965	交河大钟的传说					刘树贵	516993	483
11966	雪花梨树的故事					李泽有	516992	872

序号	篇名	民族	流传地区	采集地	讲述者	搜集者	数据库编号	字数
11967	朱元璋的传说		高邑、元氏、赵县一带		王二妮	苏辉	517580	523
11968	铜帮铁底老汶河		赵县城南		时春雨	时钟鸣	517601	3059
11969	西林石佛寺的传说			赵县宋村	梁洛绍	梁根禄	517592	691
11970	烤柏灵火		赵县一带		张连增	张瑞申	517613	951
11971	赵州的来历		赵州一带		鲁秋娥	许理琦、张利辉	517596	738
11972	打醮的故事		西晏头、肖庄、西关一带		邢振北	邢香斐	517612	612
11973	刘谷万的传说		赵县、元氏一带		王庆珠	刘连辰	517589	978
11974	上梁为什么要贴红纸		赵县城东		杨素格	孟丽存	517611	1986
11975	望汉云台的来历		赵县一带		赵鹏逵	赵志勇	517573	618
11976	戴戒指的传说		赵县一带			任豆	517610	331
11977	停住头的传说		赵县城南		杨丑儿	周志红	517574	520
11978	布谷鸟的传说		河北一带		安双锁	安军霞	517604	320
11979	石塔的传说		赵县		刘如芳	时钟鸣	517600	349
11980	闯王被		赵县一带		常根廷	赵晓莉	517602	2058
11981	草药金银花		赵县		孟老荆	程广志	517606	428
11982	显灵侯牌坊的来历		赵县一带		赵鹏逵	赵志勇	517586	333
11983	瓜家庄为什么不长野葫芦		赵县城南一带		张京同	李立军	517594	812
11984	赵南星睡觉		赵县			赵长青	517583	550
11985	贤门楼的来历		赵县一带		李小五	张增辉	517572	391
11986	包公为何用铁棺		赵县宁晋一带		戚少民	宋国胜	517578	373
11987	赵州桥的传说		赵县		郭洛彦	吴静波、程广志	517591	595
11988	刘秀吃烙饼		河北赵县		李生田	李祎凝	517575	685
11989	对诗封官		赵县一带		屈郁若	赵志勇	517579	2329
11990	刘秀的降生		赵县、晋县、束鹿交界一带		张志芬	李立军	517571	902
11991	药王庙的传说		赵县东南一带			王保彩	517597	784
11992	纪晓岚的传说		赵县一带、赵县城及周围		赵鹏逵、屈郁若	赵志勇	517585	2668
11993	赵南星的传说		赵县、高邑一带		王庆珠	张增辉	517582	1501
11994	钓金龟		赵县、栾城一带		张京同	李立军	517595	884
11995	张之洞的传说		冀中一带		赵鹏逵	赵志勇	517588	1000
11996	白坡寺的传说		赵县城西一带		常庆身	赵志勇	517593	1521

序号	篇名	民族	流传地区	采集地	讲述者	搜集者	数据库编号	字数
11997	方观承的传说		赵县一带		刘子宽、常庆身	张增辉、常英平等	517587	822
11998	酸溜溜红斑的来历		赵县一带			程广志	517607	1328
11999	骡子不掉驹的缘故		赵县城东南、宁晋县城北		张进乱	刘如芳	517576	900
12000	张驹贤的传说		赵县、定州		李胜田	赵增瑞	517590	363
12001	天地桌上的斗与秤		大夫庄一带		张辉	宋绍婷	517609	719
12002	砍倒石人问柏乡		河北省	赵县县志办公室	曹澍宪	李生田	517577	484
12003	赵州梨的传说		赵县城东		郝金钟	程广志	517608	1488
12004	朱元璋让都		赵县城东		于二化	于国英	517581	917
12005	雹砸南北龙化		赵县城北		王瑞菊	王珍果	517598	456
12006	故城和“豆腐村”的来历		赵县城南		姜东来	姜静波	517603	302
12007	乾隆题诗贬官		赵县		陈增奇	郭丽君	517584	654
12008	青娃的来历		赵县		赵福增	赵丽坤	517605	1902
12009	沙河店庙会的由来		赵县城南		张秀荣	候聚粉	517599	613
12010	香寺与臭寺				常子臣		525796	3488
12011	龟友				常瑞峰		525797	709
12012	秦会陷害岳飞的原因				张民		525792	1477
12013	岳山后的疙瘩柏				李增录		525802	1950
12014	十二生肖的故事				李成		525803	5220
12015	修城赶水				刘殿录		525795	771
12016	岚山传奇				蔡成海、彭振东		525801	728
12017	棒打龙头				村兴		525798	455
12018	蚕姑庙村名的由来				李林		525794	606
12019	九龙泉的传说				田青兰		525800	895
12020	现在为什么有老鼠存在				刘瑞英		525805	4822
12021	改斗的传说						525804	572
12022	仁义胡同的来历				冯志青		525799	1521
12023	金牛山传奇				张岸云		525793	310
12024	累死黄龙笑死龟				刘殿录		525791	980
12025	龙佛斗法			正定县西北街	崔瑞		530298	350
12026	正定城为何少一角			正定县民主街	李姐		530292	925
12027	开元寺的传说			正定县北贾村	王老山		530289	1318
12028	正定城四门的传说			正定县城内民主街	李姐		530291	892

序号	篇名	民族	流传地区	采集地	讲述者	搜集者	数据库编号	字数
12029	三皇姑出家			正定县雕桥村	郑九姐		530296	1183
12030	八角井中捞木头			正定县雕桥村	代凡		530318	640
12031	吼偷瓜			正定县曹村			530316	778
12032	大佛寺里的渗井			正定县城内民主街	李姐		530309	1176
12033	张嘴的龟			正定县城内大众街	王大牛		530312	9823
12034	砍楔子			正定县雕桥村	高魁		530307	2186
12035	大佛寺没有水道			正定县西邢家庄村	邢老干		530308	1698
12036	布袋和尚灭蚊妖			正定县雕桥村	郑九姐		530299	491
12037	赵云的饮马石			正定县北贾村	周财喜		530335	1396
12038	佛宝惊御马			正定县西北街	崔瑞		530300	398
12039	和尚的袈裟			正定县			530320	761
12040	青蛙的来历			正定县三角村	白云云		530361	920
12041	梁阁老捎书释怨家			正定县城内			530347	406
12042	赵子龙搬井			灵寿县嵫峪公社龙田沟锰矿	刘洛振		530338	419
12043	柳树为什么能插活			正定县北贾村	王风森		530339	844
12044	朱熹夜宿雨花堂			正定县雕桥村	田老旺		530352	813
12045	戎家园与三圣板			正定县			530326	699
12046	佛赐铜			正定县雕桥村	徐碾子		530319	2227
12047	柳树棵的传说			正定县吴兴村	王士英		530325	1462
12048	八里疙瘩			正定县城内解放街人	马焕文		530324	1226
12049	冯玉祥在正定			正定县	王观正、吴振甫		530354	1678
12050	两个王家庄			正定县雕桥村	代凡		530323	825
12051	赵佗钢鞭除河妖			正定县雕桥村	代凡		530327	1771
12052	木场村的来历			正定县南大街	殷忠卿、李度祥		530321	1135
12053	飘三女			正定县韩通村	李德功		530357	1010
12054	神仙助力修大寺			正定县雕桥村	代凡		530304	1386
12055	夜走酸枣岭			正定县北贾村	周四成		530333	910
12056	开元寺里的大铜钟			正定县东叩村	侯宗义		530302	307
12057	孙清元麦苗祝皇寿			正定县城内	孙鸿成		530350	978
12058	诱金鸡			正定县西南街	张凤祥		530294	1936
12059	火烧书院			正定县城内	王官琦		530315	585
12060	奶奶庙的传说			正定县朱河村	仝黑妮		530358	464
12061	滹沱河一只角的传说			正定县朱河村	张双德		530329	347

序号	篇名	民族	流传地区	采集地	讲述者	搜集者	数据库编号	字数
12062	代半仙升天			正定县	焦双月		530330	1011
12063	絮巨石的来历		正定县	正定县正定县雕桥村	徐碾子	石文生	530331	1049
12064	王莽赶刘秀的传说			正定县南村镇			530344	1759
12065	疯和尚智斗黄沙怪			正定县雕桥村	徐碾子		530317	669
12066	王士珍轶事			正定县城内	王发仁		530356	1980
12067	智斗恶和尚			正定县北贾村	周四成		530334	2175
12068	冰消凌透气王郎			正定县雕桥村人	代凡		530348	832
12069	笑佛巧除哭丧棒			正定县雕桥村	郑九姐		530301	1139
12070	梁梦龙的传说			正定圣板、固营一带村庄	张裕翠、张文侠等		530345	2513
12071	子龙脱袍			正定县车站回民饭店	周财喜		530340	2453
12072	姑姑虫的来历			正定县秦家庄	王怀玉		530362	892
12073	徐邦道炮打云天			正定县城内	孙鸿成		530349	1042
12074	赵子龙学艺			正定县北贾村	周四成		530332	1071
12075	赵云之死			正定县秦家庄村	王怀林		530343	796
12076	小红庙的狮子						530311	1167
12077	慈禧为什么爱吃西关韭菜			正定县文化馆	张文侠		530341	325
12078	宿村与酒村			正定县雕桥村	代凡		530322	961
12079	荞麦的故事			正定县北孙村			530360	419
12080	力士身上难镀金			正定县北贾村砖窑	周四成		530295	2170
12081	葱、韭、茴、蒜、芫荽的来历			正定县东门里街	马道士		530359	3405
12082	王知县参拜隆兴寺			正定城内	赵振锋		530355	664
12083	梁二拨子卖牛			正定县北贾村	王风面		530346	2534
12084	遇显即毁、遇宋即兴			正定县			530313	1283
12085	刘守备添油			正定县北贾村	周四成		530342	2003
12086	滹沱河的传说			正定县圣板村			530328	1451
12087	无疑巧制千佛尊			正定县雕桥村	杨头		530303	561
12088	寺大山门远山，门在河南			正定县			530314	2255
12089	砍不败的青杨山，累不死的渭水河			正定县西邢家庄村	邢老干		530310	1396
12090	龙腾苑			正定县雕桥村	崔瑞		530297	811
12091	钟落船开			正定县城内	李姐		530290	1412
12092	赵子龙与戒指			正定县北贾村砖窑	周四成		530337	298

序号	篇名	民族	流传地区	采集地	讲述者	搜集者	数据库编号	字数
12093	砍楔子			正定县城内民主街	李姐		530306	775
12094	唐代宗敕建凌霄塔			正定县雕桥村	徐碾子		530351	3092
12095	义觉和尚与望风佛			正定	代凡		530305	1478
12096	慈氏菩萨的来历			正定县隆兴寺内			530288	475
12097	金钥匙			正定县城内	王京瑞		530293	1481
12098	柳下铁耙惊刘备			正定县北贾村	王观禄		530336	1276
12099	宝贝疙瘩			正定县西关	焦双月		530363	910
12100	义玄与临济寺			正定县雕桥村	徐碾子		530353	675
12101	刘官庄名子的由来						541488	1476
12102	刘秀的传说						541494	707
12103	黑龙港河的由来				周凤香		541485	4540
12104	孟店的来历						541487	1422
12105	王天官的传说				朱树梧		541492	964
12106	月亮和太阳的传说				李之深		541508	3368
12107	悬云寺				尹承秀		541489	5450
12108	金马驹				崔金堂		541507	1063
12109	没耳朵丢“票”搭闺女						541519	479
12110	石爷庙的传说				丰淑慧		541486	826
12111	“蚂蚱神”刘猛				胡风瑞		541490	208
12112	甘罗的传说				胡金练		541498	799
12113	刘基斗鬼				崔金堂		541495	2331
12114	土地爷的传说				于阵岭		541503	2002
12115	苏东坡写对联				张瑞		541493	716
12116	神牛				周风香		541509	1106
12117	包公孝						541496	3121
12118	燕王扫北				邵长厚		541500	1424
12119	“药王爷”的传说				周凤香		541499	801
12120	李景文灭“秃三品子”				胡风瑞		541516	196
12121	搬倒井与武帝台				崔金堂		541484	950
12122	月亮的故事				孟庆发		541502	679
12123	小神锣				侯铁链		541505	4592
12124	吃子杀匪				韩墨亭		541518	2474
12125	收编陈二虎				胡风瑞		541520	202
12126	牙断钢刀				韩墨亭		541517	3250

序号	篇名	民族	流传地区	采集地	讲述者	搜集者	数据库编号	字数
12127	唐三犴牛的传说						541491	1353
12128	吴道子的传说				胡金生		541497	1398
12129	盗盐砖				盛元福		541506	1249
12130	灶王爷的传说						541504	581
12131	太阳是谁的儿子						541501	1053
12132	黄粱梦庙会传闻		邯郸市		安贤		543659	644
12133	喜鹊闹梅的来历		武安		贺海霞		543706	1161
12134	窑神爷的来历		峰峰矿区		刘立忠		543666	1417
12135	葡萄的来历		武安		陈林枝		543720	1162
12136	盖房上梁时为啥绑红布袋儿		武安		穆清亮		543679	777
12137	门神的传说		武安		魏考山		543684	795
12138	浮萍草		武安		刘景云		543719	354
12139	谷子的来历		武安		杜会娥		543716	654
12140	瓷瓮		峰峰矿区		刘振国		543675	1341
12141	沙里为啥会有金子		武安		古江元		543738	995
12142	冬瓜为啥肚子空		武安		李永祥		543721	2468
12143	一醉三年		邯郸市		陈荣		543613	1882
12144	老鼠的变迁		邯郸市		赵玉兰		543700	801
12145	照眉池古镜		邯郸市		谢发堂		543608	723
12146	洞房的来历		永年县		李庆云		543690	2301
12147	卖鞭炮要先放的由来		邯郸县		未德朝		543641	1013
12148	张果老倒骑驴		武安		冀旺贵		543742	943
12149	王进士拜吕祖		邯郸县		刘俊卿		543623	430
12150	种煤的传说		峰峰矿区		李银明、高吉明		543727	1051
12151	吕洞宾修仙		邯郸县		王永贵		543620	1169
12152	不知足的女店主		邯郸县		刘连枝		543638	811
12153	五香砂锅		峰峰矿区		田太和		543673	683
12154	嘉靖题匾		邯郸县		安贤		543629	1091
12155	抢红绫被的由来		邯郸县		张秀芹		543681	1069
12156	吕洞宾剑定输鼋河		邯郸县		李守田		543628	414
12157	骑马娃娃		峰峰矿区		暴立义		543669	471
12158	柳仙戒酒		邯郸县		裴敬林		543625	1103
12159	父子双中进士		邯郸县		米纯一		543645	2524

序号	篇名	民族	流传地区	采集地	讲述者	搜集者	数据库编号	字数
12160	张三监修吕祖庙		邯郸县		魏仲臣		543626	1007
12161	虎楼台碗的来历		峰峰矿区		李保琦		543677	2359
12162	六郎把关		邯郸市		魏明		543614	942
12163	两个瓷猫枕		峰峰矿区		刘立忠		543670	1178
12164	韩湘子印像		邯郸市		谢体正		543618	3298
12165	小两口遇神仙		邯郸县		郝勇		543656	576
12166	公平交易的传说		武安		陈林枝		543732	481
12167	都怪我		邯郸市		未德朝		543654	1927
12168	柳牛的来历		邯郸市		赵玉兰		543714	567
12169	割来灵芝喂马驹		邯郸市		王绍仲		543650	1486
12170	火神与窑神		峰峰矿区		王保安		543667	1642
12171	四两漆		邯郸县		王霖植		543644	765
12172	巧治草帽商		邯郸县		曹成家		543648	824
12173	王凌云倒画美女图		峰峰矿区		刘立忠		543672	440
12174	老君腿的传说		武安		陈抚喜		543728	732
12175	打赌		峰峰矿区		赵喜		543674	2507
12176	乌鸦和猫头鹰的传说		武安		孙和平		543709	855
12177	洪洞老槐树的传说		峰峰矿区		申榜亭		543744	911
12178	人参搬家		武安		刘宗		543726	1902
12179	生铁也能化		邯郸县		姜从义		543642	1028
12180	为啥杀羊羊不叫，杀猪猪叫唤		武安		武林春		543696	554
12181	彭祖		武安		王顺义		543743	3383
12182	锄的来历		肥乡县				543735	798
12183	点岁柴的由来		武安		岳当叶		543678	1516
12184	新坡红胶泥的传说		峰峰矿区				543737	969
12185	后娘鸟		武安		谢入相		543713	2225
12186	神仙愁		武安		刘宗		543739	930
12187	为啥猫吃老鼠		武安		武进宝		543708	1101
12188	秃鹫报喜恶名在外		武安		贾兴昌		543710	782
12189	送羊		邯郸市		葛清洁		543683	1018
12190	保护黄粱梦		邯郸市		刘俊卿		543646	889
12191	正月十五为啥放焰火		武安		高才有		543686	613
12192	兔子为啥三片嘴		武安		张延春		543707	1012

序号	篇名	民族	流传地区	采集地	讲述者	搜集者	数据库编号	字数
12193	孝帽子的传说		邯郸县				543689	1252
12194	“贵”		邯郸县		姜从义		543643	1027
12195	槐树的来历		武安		武永年		543723	1398
12196	狗为啥吃屎		武安		刘朝的		543703	1828
12197	和尚为啥披偏衫		武安		冀莲叶		543730	843
12198	“十八层地狱”的来历		邯郸市		王爱书		543691	3615
12199	荷仙姑智斗吕洞宾		武安		谢入相		543741	1578
12200	陈潢题诗	满族	邯郸县		那斧桂		543630	475
12201	韩瞎子收砖		邯郸县		姜从义		543627	1842
12202	碗底儿的来历		峰峰矿区		尹建言		543663	1786
12203	鸡的传说		武安		刘广清		543694	1434
12204	慈禧求字		邯郸县		李振峰		543633	1046
12205	假洞宾作乱		邯郸县		刘俊卿、范振山		543622	1424
12206	卢生的传说		邯郸市		刘俊卿		543615	861
12207	马为啥站着睡觉		武安		陈林枝		543698	1296
12208	王进士受骗		邯郸市		米纯一		543655	789
12209	关公点曹兵		邯郸市		宋大富		543611	1017
12210	扶乩问吕祖		邯郸县		王绍仲		543651	3051
12211	蚊子的来历		武安		冀文明		543695	804
12212	生吃熟不吃		邯郸县		陈花荣		543657	750
12213	吕洞宾题字		隆尧县		宋洛永	宋孟寅	543617	628
12214	孝心感动吕洞宾		邯郸县		曹成家		543647	686
12215	四不象		峰峰矿区		刘立忠		543676	1487
12216	中秋节赏月的传说		武安		李万和		543687	2395
12217	盐商查案		邯郸县		米纯一		543636	1845
12218	无理矮三分		邯郸市		王有山		543640	1362
12219	邯郸学步		邯郸市		安贤		543610	1507
12220	丛台哭别		邯郸市		陈荣		543607	1128
12221	张学良求诗		邯郸县		范振山		543634	2229
12222	乾隆补字		邯郸市		张金荣		543616	938
12223	彭城缸上“夫妻”手		峰峰矿区		冯仁		543662	598
12224	光明磊落		邯郸县		刘俊卿		543632	1041
12225	乾隆访吕祖		邯郸市		李永芳		543631	1164
12226	彭城的土地爷为啥是红脸		峰峰矿区		高廷兴		543668	2446

序号	篇名	民族	流传地区	采集地	讲述者	搜集者	数据库编号	字数
12227	送羊		邯郸县		王爱书		543682	1300
12228	黄粱梦遇神仙		邯郸县		阎正法		543619	931
12229	叫魂的传说		武安		张元太		543685	2260
12230	狗看家的由来		武安		杨廷的		543702	1896
12231	坟前为啥插杨柳		武安		齐玉平		543680	934
12232	周公和桃花女的传说		邯郸县		曹成家		543688	1377
12233	吕洞宾卖人参果		邯郸县		杨兴让		543649	2202
12234	为啥一棵谷苗只结一个穗		武安		武掷的		543717	1944
12235	驴过河为啥要撒尿		武安		李印喜		543704	1451
12236	凶手归案		邯郸县		米纯一		543635	2857
12237	陈友德两会吕洞宾		邯郸市		郭嘉熙		543639	690
12238	枣树上为啥长刺		武安		白堂林		543724	469
12239	老鼠和牛比大小		武安		李新民		543699	1155
12240	厨房不留烟囱		邯郸市		贺春雨		543692	534
12241	黑岗子		峰峰矿区		苏文祥		543665	844
12242	栽树为证		邯郸县		姜从义		543637	919
12243	柳树的来历		武安		靳拴贵		543725	784
12244	吐盐娃娃		邯郸县		吴玉萍		543671	1020
12245	吕祖对下联		邯郸市		耿乐山		543658	1777
12246	磁州红缸“亲娘声”		峰峰矿区		苏立新		543661	225
12247	菠菜的传说		武安		刘文召		543715	319
12248	蛤蟆为啥没舌头		武安		柳风勤		543711	1135
12249	熬老釉		峰峰矿区		刘立忠		543664	2604
12250	罗成头		邯郸市		赵成		543609	598
12251	猫为啥先吃后抹脸		武安		郭和会		543705	1582
12252	汉钟离巧试吕洞宾		邯郸县		王永贵		543621	1488
12253	窑场问世		峰峰矿区				543660	1148
12254	两个毛遂		邯郸市		陈荣		543612	2775
12255	“镇角人”的传说		邯郸县		杜孟林		543733	1615
12256	吕洞宾三度柳仙		邯郸县		郭嘉熙		543624	2407
12257	狗尿尿抬腿的来历		武安		温宝泉		543701	1943
12258	巧游南吕固		邯郸县		杨文田		543652	1900
12259	百味之首		邯郸市		王玉珍		543736	646
12260	修吕祖庙的传说		邯郸县		杨文田		543653	1374

河北卷

序号	篇名	民族	流传地区	采集地	讲述者	搜集者	数据库编号	字数
12261	蛤蟆叫声的由来		武安		万合		543697	2343
12262	“吻”的传说		邯郸县		杜孟林		543734	1193
12263	吕洞宾的传说		武安		刘占英		543740	1362
12264	面酱的由来		武安		李子良		543729	1193
12265	赵王爱大眉		邯郸市		安贤		543693	1314
12266	人姓的来历		武安		谢入相		543731	767
12267	猴屁股为啥是红的		武安		王海明		543712	1033
12268	金银花		武安		王顺年		543722	1015
12269	葱、蒜、韭菜的来历		武安		陈林枝		543718	394
12270	做车				张显明		544454	388
12271	杜鹃鸟的来历				刘忠		544424	2267
12272	瞎话王				赵春朝		544477	677
12273	外面有狗咬				王洪亮		544505	843
12274	关公二郎庙				晋永会、高生前		544457	1187
12275	娘娘庙晚上进香的传说				王宝义		544429	2752
12276	白字县官						544498	1747
12277	“○”是啥意思				赵春启		544491	959
12278	聋子、瞎子和瘸子				张庆贵		544496	222
12279	娘们贵				张庆桂		544472	1427
12280	作诗				辛中		544493	174
12281	高老大续妻				张林		544451	605
12282	拍马屁，舔眼子				王顺山		544438	282
12283	今日不能动土				赵春启		544478	19255
12284	对诗				晋永会		544471	547
12285	猫妻				隗公亭		544482	293
12286	差一锯				王怀青		544499	571
12287	后娘草的传说				张庆桂		544428	3888
12288	张严休妻白玉楼						544447	299
12289	公爹试媳妇						544450	2087
12290	李义智斗阎王				张庆桂		544479	1001
12291	先有的鸡、还是先有蛋				公婷		544426	1969
12292	学生题诗				高生前		544465	513
12293	王莽篡权的传说						544440	154
12294	拒马河的传说				夏国珍		544418	217

序号	篇名	民族	流传地区	采集地	讲述者	搜集者	数据库编号	字数
12295	人为财死，鸟为食亡				高生前		544436	1888
12296	量心				赵春起		544461	1020
12297	海棠峪的传说						544420	144
12298	慢老头儿				王怀青		544497	775
12299	馒头的来历				夏国珍		544431	751
12300	春兰复活				高生前		544481	909
12301	薛丁山挨打				赵春起		544458	688
12302	贼的来历				赵春高		544435	2048
12303	问路				张庆桂		544492	418
12304	淘气儿				李大喜		544467	2305
12305	我又喝上了				王顺山		544474	791
12306	神奇的金扁担				赵春启		544484	2114
12307	换差				高生前		544486	295
12308	马少园				李大喜		544463	1059
12309	馋媳妇生“鼠子”				张庆贵		544462	739
12310	傻小子				赵春启		544468	2889
12311	丁香割肉				张庆贵		544443	543
12312	关羽出世				侯福来		544439	982
12313	白蛇又一说				张林		544485	181
12314	乾隆下煤窑				晋显亮		544441	354
12315	家信				张林		544494	12795
12316	猫和虎的来历				刘忠		544427	2656
12317	动员会				张林		544507	426
12318	清泉寺与银杏树				张庆贵		544421	856
12319	万物生长靠太阳				张庆桂		544506	491
12320	三人对诗				赵永杰		544502	378
12321	三人对诗						544503	352
12322	懒汉之死				赵春启		544489	264
12323	聪明的佣人				赵春朝		544504	200
12324	朱老爷				赵春启		544488	295
12325	打滋味				赵振江		544500	213
12326	民妇巧戏孬先生				李大喜		544460	392
12327	傻姑爷做寿				晋永会、张庆桂		544469	511
12328	这个破黑碗是祖传的				张庆桂		544459	535

序号	篇名	民族	流传地区	采集地	讲述者	搜集者	数据库编号	字数
12329	先生挨骂				晋永会		544466	247
12330	薛伯牙和楼上高				福来		544446	1122
12331	张宝柱当皇帝				张庆桂		544456	1827
12332	苦中有乐				晋永会		544473	893
12333	谁当家				赵春启		544453	1547
12334	醉汉与尼姑				毛步芝		544487	1357
12335	王善成佛				赵春启		544444	1155
12336	照见人儿				晋永会		544470	535
12337	鲁班的传说				王洪亮		544442	653
12338	张三挨打				张庆桂		544464	197
12339	“闻鸡起舞”的来历				杨成普		544437	799
12340	吹起来打				赵春启		544476	939
12341	一对亲兄弟				张林		544455	386
12342	张慌买猪				李荔枝		544475	1336
12343	聪明的县官				王顺山		544449	168
12344	公冶长识鸟语				高生前		544480	1040
12345	人狗情				张林		544483	513
12346	谁最穷				杨永毕		544501	2194
12347	两个生意人				李大喜		544452	220
12348	韩庆宝结亲						544448	287
12349	谢雪诗				隗福来		544445	573
12350	石门开的传说				王宝义		544419	536
12351	没蝎子的地方				赵振江		544422	693
12352	白字先生						544495	265
12353	哭夫				张庆桂		544490	1031
12354	贿赂的来历						544434	2384
12355	恒戏调的来历				赵永魁		544433	738
12356	拆拆洗洗的来历				张庆桂		544432	363
12357	六十花甲子，不死就活埋				张庆贵		544430	1014
12358	靠路湖的传说				苏文奎		544423	576
12359	狗吃人屎猫吃剩饭的来历				赵春启		544425	575
12360	赵家天子杨家将		南和县城北各村		李志敏	顾华章	545158	369
12361	送黄粮与抬黄扛		南和城北一带		冀中秋	任书香	545160	1257

序号	篇名	民族	流传地区	采集地	讲述者	搜集者	数据库编号	字数
12362	陆遥知马利		南和城南三思村一带			陈庆余	545151	781
12363	刘荣井台会年兄		南和县城西各村		温桂元	王德文	545159	775
12364	白坟的杨树为啥干尖		东三召乡、阎里乡	南和县阎里乡	王秀国	兰柯	545140	3458
12365	高堂公断人命案		南和县境内		温桂元	王德文	545147	700
12366	高塘审案		南和县西部村庄		李向普	任书香	545145	567
12367	三官店村的楼				任松鹤	陈庆余、南和县城北各村庄	545198	1933
12368	马尚书的传说		东韩乡、马庄一带		鹿先升	鹿虎臣	545143	616
12369	义和团拳打五只虎		南和县城关镇		豆光田	陈庆余	545166	485
12370	二月雷		南和城东一带		张青山	任书香	545161	671
12371	葱和艾叶的传说		南和县西部		杨保善	王勇军	545189	1198
12372	八角寨		河北南和城东一带		陈老安	肖岩	545162	17496
12373	透灵碑		南和县西村		刘岐山		545176	706
12374	灶王与井泉龙王		南和县城南各村			要联合	545183	989
12375	高塘作歌词		南和县城关镇各村	县西村	刘岐山	陈庆余	545148	1794
12376	奇怪的风俗		南和城西一带		康华根	杨一明	545187	2743
12377	糖瓜祭灶		果寨、史召一带		郭红亮	阎卫里	545184	722
12378	魁星落地		南和县城关镇各村		陈老茂		545179	648
12379	黎明一阵黑		南和县城关各村		马云芝	马俊花	545157	668
12380	七神庙		南和县城关		程保桢	陈庆余	545170	342
12381	王知县巧会高塘		南和县城关附近		王英的	王德文	545149	934
12382	东岳庙的石狮		南和县城关一带		肖老在		545177	1643
12383	西薛屯为啥家门不朝西开		南和县城北一带		薛天更	王玉头	545186	369
12384	药王身边的虎		南和县城关		陈老茂		545178	355
12385	埋人打幡的由来		南和、贾宋一带		豆贵的	冀志光、豆建忠	545191	727
12386	燕王扫北的故事		南和县境内		王英的	王德文	545185	400
12387	三缸银子的传说		南和县城北各村		张增贵	张志勇	545134	729
12388	朱正色治黄河的传说		朱营村一带		尹桂江	任书香	545133	573
12389	宋璟的传说		南和县境内	南和县史召乡	任书香、韩振兴等	杨昌彬、牧青等	545132	1242
12390	和阳的由来		南和县刘义屯一带		王之藩	王德文	545192	1027
12391	粮台		南和县城北部各村		吴献臣	陈庆余	545173	2175
12392	火龙衣		南和县东三召一带		刘运兴	郭玉瑛	545138	742

序号	篇名	民族	流传地区	采集地	讲述者	搜集者	数据库编号	字数
12393	大赵村的传说		南和城关		陈殿元	陈庆余	545196	575
12394	大年初一放鞭炮		邢台南和境内		王书理	李俊兰	545190	758
12395	铁牛山的来历		南和县城关		程保贞	陈庆余	545171	753
12396	户部尚书李起元轶事		南和县城关、城西农村		老文	陈庆余	545142	542
12397	问石头		南和县城西各村		王保林	陈庆余	545146	1682
12398	石人的传说		东韩、河郭、薛屯各乡	东韩校	尹增和	张玉芳	545181	2568
12399	宗义桥		南和县城南各村		张子风	李之	545169	2502
12400	桑树、蝼蛄救刘秀		南和县境内	南和广播局	薛国振	马金凤	545155	1537
12401	智解城围		南和朱营一带		薛遂申	张立辉	545136	559
12402	金胳膊老李		南和县城东各村		刘运兴、刘考礼	郭玉瑛	545137	973
12403	老慈和尚的故事			南和县史召乡	李书堂	肖岩	545165	1383
12404	石佛爷爷		郝桥乡一带		郭志学	马舒绅	545180	675
12405	腊八粥		南和县阎里、宋台一带			李俊兰、巩巧斋	545188	1411
12406	仙井台		南和县城关各村	县西村	陈润山	陈庆余	545182	796
12407	赵项佗三难孔子		南和城北各村		孙木成	陈庆余	545153	645
12408	斗鸡台轶事		南和县城境内		要振海	牧青	545167	564
12409	烧帐		南和县城关各村	西内村	王保林	陈庆余	545150	388
12410	武状元王世清		南和县西部各村	三思西南部	王进生	任书香、顾华章	545144	584
12411	泥井村的传说		南和县郝桥、史召一带		刘志和	兰柯	545194	579
12412	二白的由来		南和城东各村	南和县史召乡	李书堂	兰柯	545139	719
12413	孔圣人吃食		南和县城南三思一带		游耕田	陈庆余	545152	505
12414	白俊官		南和县三召、阎里、候郭一带	三思村	要志更	陈庆余	545141	1760
12415	小姑桥的来历		南和县城北一带		袁志义	马金凤	545193	344
12416	严惩土地爷		南和县城北各村		师老同	师喜云	545135	1474
12417	冰井		南和县城关各村		肖老在	陈庆余	545172	2209
12418	澄金石		南和县城关各村		程老贞		545175	375
12419	卧羊镇的传说		南和县北大召村		肖老康	肖明	545195	1049
12420	红松林		南和东林史召一带		胡二气	张立辉、肖岩	545164	529

序号	篇名	民族	流传地区	采集地	讲述者	搜集者	数据库编号	字数
12421	端午节插艾的来历		南和县境内		李老久	肖岩	545163	1295
12422	正明门的由来		南和县境内		李老茂	陈庆余	545174	621
12423	朱洪武放牛		南和县城关镇各村	县西村		陈庆余	545156	1751
12424	斗鸡台寻宝记		南和县城关		任书顶	牧青	545168	976
12425	梧桐树上凤凰窠		南和县境内	南和县西村	陈桂林	柴电云	545154	567
12426	善友桥的来历		南和县善友桥村一带		韩户群	韩慧敏	545197	3130
12427	黑枣与柿子		井陉县一带		何忠郁		547487	581
12428	张生取宝		井陉县一带		冯家沟、尹保昌		547493	444
12429	关公的传说		井陉县一带		王元头		547457	1273
12430	清明挂钱纸的来历		井陉县一带		何忠郁		547473	1025
12431	乌鸦和麻鸦鹊		井陉县一带		郝刚喜		547480	535
12432	蘑菇的传说		井陉县一带		徐松青		547486	806
12433	慈禧篡位		井陉县一带		王六六		547467	2538
12434	郑板桥的传说		井陉县一带		郝天喜		547468	390
12435	母狼与小狼		井陉县一带		武保廷		547477	1889
12436	百兽开会		井陉县一带		高国辉		547483	745
12437	猫和虎		井陉县一带		王桂馥		547478	808
12438	虎斗熊		东北地区		李竹来		547476	691
12439	灶君爷的来历		井陉县一带		刘黑吹		547471	2136
12440	端阳节插艾的传说		井陉县一带		郝刚喜		547472	1132
12441	韩信巧点卧龙穴		井陉、平定一带		王桂馥		547464	731
12442	智取玲珑球		井陉县一带		高英奎		547459	486
12443	韩信问路		井陉县一带		王六六		547460	2202
12444	坦荡胸怀		井陉县一带		高东长		547465	649
12445	绵河夜涨		井陉县一带		高英奎		547461	2988
12446	治老财		井陉县一带		高英祥		547463	464
12447	猫狗结仇记		井陉县一带		杨二焕		547481	558
12448	穆桂英的传说		井陉县一带		高考昌		547456	571
12449	清凉阁的传说		井陉矿区		王录文、焦风林等		547490	1098
12450	聪明的小白兔		井陉县一带		高海霞		547482	519
12451	牛与熊打架		井陉县一带		李竹来		547475	561
12452	跳蚤虱子争小子		井陉县一带		李富忠		547479	953

序号	篇名	民族	流传地区	采集地	讲述者	搜集者	数据库编号	字数
12453	韩信坟		井陉县一带		高考昌		547466	280
12454	猫狗结仇记		井陉县一带		王信长		547474	942
12455	狐仙记		井陉县一带		焦秀娥		547492	2401
12456	过年要说吉利话的来历		井陉县一带		何忠郁		547469	1166
12457	无凶有吉		井陉县一带		王六六		547458	839
12458	苍山爷洼的柏树为啥是扭头的		井陉一带		王桂馥		547485	2947
12459	蓖麻巡逻		井陉一带		王六六		547462	303
12460	阴阳柏		井陉、平山一带		苏业		547484	580
12461	春联的传说		井陉县一带		徐松青		547470	1786
12462	无底洞的传说		井陉一带		王道合		547489	395
12463	贫女遇仙记		井陉县一带		高英奎		547491	1065
12464	麦子的传说		井陉县一带		栾狗毛		547488	941
12465	魏征巧对李世民					王培英	549109	6884
12466	义和团的传说					顾自忠	549106	1219
12467	赵三多的传说		威县城东南一带、山东高唐一带、河北武邑一带、武邑县一带、河间县一带、巨鹿、广宗一带		杨福禄、林东来等	董凤鼎	549107	7091
12468	陈胜忘本的故事				王雨萍	王丙炎	549108	727
12469	张兴的故事		威县一带		李双旭	史秀娟	549110	1600
12470	扁鹊拜师				高庆奎		550630	604
12471	白求恩和小护士				陈三静		550652	1098
12472	卢佳书的传说				雇清和		550636	1348
12473	狗为什么跟猫是死对头				李永鸿		550676	1360
12474	南瓜和燕子				张国芬		550688	2227
12475	沙岭台				宋喜刚	陈志娥	550671	810
12476	张良送饭				樊中		550632	1256
12477	孟尝君子店及孟尝村				裴润章		550665	1471
12478	真武神为什么不穿鞋				根义		550655	1433
12479	立儿石				王宝义		550658	354
12480	老童生王树声的故事				李洪庆		550638	3629
12481	窦造尔巧断强奸案				张克印		550640	768
12482	水井是怎样形成的				牛其伸		550689	1054

序号	篇名	民族	流传地区	采集地	讲述者	搜集者	数据库编号	字数
12483	野三坡的由来				晋国亭		550657	626
12484	龙泉镇的龙泉				冯志远		550664	931
12485	野三坡的天桥拱立				马德荣		550659	1334
12486	朱总司令在白洋淀				张柳桥		550647	2943
12487	腊八粥的故事				李汉		550682	790
12488	古易州的炭城				公李		550654	499
12489	清西陵的松柏是谁栽的						550669	626
12490	袁笕的故事				张宝清		550644	529
12491	雄县的城隍庙为何建在城外				赫根弟		550666	1703
12492	带血的脚印				甄典		550650	2669
12493	聂司令和儿童团				韩贵生		550649	895
12494	韦八的故事				王老友、高春甲等	耿保仓	550643	1406
12495	于官的传说				王世于		550639	653
12496	门神的来历				安玲		550679	921
12497	周副主席和小司机						550648	722
12498	毛驴称王				赵清文		550674	1451
12499	墨斗的师母				王世被		550687	906
12500	豆腐的来历				马瑞兰		550686	1311
12501	冯五辈假装雀蒙眼				四季		550646	1824
12502	寡妇桥				杨木兰、田金保		550656	767
12503	阁院寺巨钟				贾梦荣		550668	6075
12504	蛇心治胃病的传说				刘占军		550684	527
12505	摩天岭上的水溜溜				杨振江		550663	914
12506	石狮是怎样运上山的				王秀花		550672	322
12507	糖瓜祭灶				马军、刘旭		550681	2191
12508	大年初一吃饺子的由来				刘耀田		550680	518
12509	董其昌卖字				张美忠		550635	1670
12510	杨五郎出家白马寺				曹永谦		550634	858
12511	孔嘎咕的故事				李桂荣、刘桂先等		550642	741
12512	白沟镇与白沟河				全作军		550662	931
12513	四辈儿的故事				胡三省		550645	673

序号	篇名	民族	流传地区	采集地	讲述者	搜集者	数据库编号	字数
12514	釜山钟没坑				许良、刘风山		550667	2576
12515	武则天修庙不害羞				贾永福		550637	965
12516	腊八的传说						550683	880
12517	韩信的传说				陈同恩、于敬海		550633	989
12518	乌鸦是怎样变黑的				续志		550675	1247
12519	虾助鲤鱼跳龙门				刘文祥		550678	1327
12520	刘伯温制造十八座反王坟				刘君		550631	3309
12521	敝文藻断案				刘书楷		550641	370
12522	柯棣华院长与红小鬼				王东平		550651	895
12523	张乃东的故事				张恩		550653	834
12524	大龙门城堡				晋合利		550660	1396
12525	二郎沟和双凤桥				刘连宝		550661	2364
12526	金华山的传说				耿得京		550670	1448
12527	千金鸟				刘云阁		550673	511
12528	改水沟鸟				陈月新		550677	1062
12529	月亮为什么有圆有缺				庞爱英		550685	1734
12530	有智不在年高			杏庵	李殿法		551063	924
12531	赵匡胤的传说			两岭口村	张建国		551070	285
12532	跌倒的大麻出油多			行唐县九子乡两岭口村	李正中		551108	1084
12533	韩信的故事			北岗底村	李建国		551057	615
12534	桃园三结义			行唐县上碑、镇铁匠庄村	李会民		551062	536
12535	朱买臣休妻			口头村	常保住		551058	816
12536	关老的脸为什么是红的			行唐县北、城宅乡北郝峪村	牛春亮		551061	605
12537	药王爷给母亲治病			北郝峪村	马淑英		551059	450
12538	包公猜饼子			杏庵	李明清		551071	1183
12539	李白力保郭子仪			南桥村	严绍先		551065	587
12540	严老硬的故事			行唐南桥	严绍先		551079	1552
12541	张天师打鬼			行唐县秦台村	赵贵荣		551089	2420
12542	何仙姑是怎么成仙的			北岗底村	李建国		551087	874
12543	孙猴子察灾			秦台乡秦台村	杨素玲		551082	366
12544	高拨钉火烧臭虫妖			行唐县南城仔、村	杨发云		551080	1066
12545	康熙认干儿			李羊关	李兵玉		551078	548

序号	篇名	民族	流传地区	采集地	讲述者	搜集者	数据库编号	字数
12546	唐僧取经的传说			行唐县秦、台村	李占敖		551067	856
12547	康熙选娘娘			杏庵	李明祥		551077	667
12548	铁拐李成仙			行唐县北城寨乡陈家庄村	乔克郎		551085	909
12549	李自成坐天下的传说			口头镇	赵金生		551075	1106
12550	上梁为什么贴红帖			北岗底村	李建国		551121	546
12551	人死后埋坟头的由来			南岗底村	李占鳌		551114	1132
12552	吕洞宾种梨			行唐县杨家庄、乡齐家峪村	樊荣政		551083	1411
12553	颜回借粮			柏扒村	宇文池		551053	1341
12554	门插官的传说			行唐县北城寨乡中	张清河		551119	621
12555	王老的传说			行唐县北、城宅乡北郝峪村	牛春亮		551068	468
12556	戴孝的来历			杏庵	张竹波		551111	1028
12557	为什么从天上求不下雨来			北郝峪村	马淑英		551109	942
12558	娘娘柜			南城仔	刘动		551092	546
12559	对联的由来			南高里村	张小福		551113	629
12560	正月十五烤柏灵火的由来			北岗底村	李建国		551110	603
12561	门神的传说			行唐县北、城宅乡北郝峪村	牛春亮		551115	458
12562	小麦长一个穗的由来			行唐县市同乡西瓦仁村	贺巧彦		551106	607
12563	白蛇与许仙的传说			北桥公路	王李康		551081	673
12564	庞涓与泉水			行唐县九口子乡满撒村	董珍		551055	2367
12565	秀才与土地堂			行唐县秦、台乡北岗底村	李建国		551124	370
12566	疥蛤蟆吃猴心			行唐县玉亭乡顾、阳关村	赵雪山		551104	856
12567	窦建德与“九顷湾”			杏庵	李明祥		551090	1487
12568	袁天罡和李淳风的故事			行唐县下阎庄乡名布村	李老转		551069	515
12569	铁牛城的传说			北郝峪村	马淑英		551112	441
12570	妇女们是狼心狗肺的说法			口头镇	李信东		551123	1172
12571	猴屁股为什么没毛			北郝峪村	马淑英		551098	807
12572	木匠黑夜行走为什么要带锛子			口头镇村	李信东		551122	1438

序号	篇名	民族	流传地区	采集地	讲述者	搜集者	数据库编号	字数
12573	为什么猫嘴里会发出“许送，不送”的声音			北郝峪村	马淑英		551100	941
12574	吕洞宾“印像”			行唐县杨家庄乡齐家峪村	樊荣政		551084	504
12575	磬生关老的传说			行唐县北城宅乡北郝峪村	牛春亮		551060	1655
12576	日本人的由来			南岗底村	李占鳌		551056	523
12577	驴与河神			行唐县九口子乡满撒村	董珍		551105	775
12578	巧妮=为啥死不了			秦台乡	李占熬		551102	421
12579	赵南星吃“屎”			杏庵	张竹波		551076	926
12580	小兔尾巴为什么短			北郝峪村	马淑英		551101	382
12581	弥和弥陀佛			两岭口村	杨振杰		551117	628
12582	羊串岭的传说			棉花庄村	苗国兰		551094	3258
12583	月下姥偷油			行唐县下阎庄乡中龙门			551116	420
12584	韩湘子杀家				李正保		551086	600
12585	荞麦为什么黑			行唐县杨家庄乡苇元村	常晓海		551107	695
12586	走后门的来历			行唐县下阎庄乡南霍营村	李老牛		551120	1271
12587	会试苏东坡			行唐南桥	严绍先		551073	883
12588	屎壳郎搬家			行唐县团山村	张三友		551103	491
12589	李白倒骑驴			行唐南桥村	严绍先		551064	484
12590	骡子为啥不下驹			行唐县秦台村	秦吉云		551099	595
12591	千刀万剐的由来			口头镇	李信东		551118	397
12592	升仙桥内藏碑文			杏庵	张竹波		551097	523
12593	李左车的传说						551054	1752
12594	李太白测字			北岗底村	李建国		551066	1501
12595	文山“老刮金”的由来			行唐县下阎庄乡南霍营村	武顺兰		551095	1599
12596	百货门市部的来历			九口子乡政府	张同顺		551096	497
12597	母猪坡的传说			行唐县下阎庄乡南霍营村	胡安纪		551093	937
12598	梁阁老出世			杏庵	李明祥		551074	1460
12599	错铡包勉			杏庵	李明清		551072	1055

序号	篇名	民族	流传地区	采集地	讲述者	搜集者	数据库编号	字数
12600	小锅岭的来历			行唐县九口子乡满撒村	刘庆珍		551091	913
12601	王母娘娘斗蟒的故事			北郝峪村	马淑英		551088	528
12602	藏龙观			刘二庄	安贤	任文祥	567876	718
12603	抢红绫被的由来			邯郸县隐豹村	张秀芹	王书元	567989	1101
12604	乐毅的飞刀和接头术			暴台寺村	赵学礼	任文祥	567874	1060
12605	王凌云倒画美女图			邯郸市陶瓷七厂	刘立忠	郑喧	567982	1981
12606	生小孩贴红条的来历			峰峰矿区	李保琦	王德午	567872	1903
12607	马榜泉与搬倒井			邯郸县王李庄、官庄村	陈庆富	任文祥	567877	1384
12608	凶手归案			邯郸市	米纯一	李守文	567941	458
12609	两个瓷猫枕			陶瓷七厂	刘立忠	郑喧	567979	2276
12610	二闺女疙瘩三闺女冢			邯郸市	李美秀	张文涛	567933	839
12611	吕洞宾题字				宋洛永		567937	1242
12612	陈友谅的下落			河沙镇	董文宣	解振京	567890	1884
12613	王禅种煤			彦亭村	李银明	高何元	567962	1104
12614	金钥匙打开赵王城			马庄村	孙秀英	张文涛	567929	569
12615	琉璃井的来历			暴台寺村	赵学礼	任文祥	567961	630
12616	县太爷赔罪			邯郸市	李振峰	韩庆仁	567917	543
12617	进贡萝卜			邯郸县汉巴庄村	常必敬	常英伟	567905	2151
12618	滏阳河的传说			张家楼村	张大成	马全祥	567960	773
12619	将相合命八特村			南八特村	王秀文	郝宪增	567871	1858
12620	大钟寺			联合村郑家街	王保安	王玉富	567964	773
12621	赵王城金鸡			制锹厂家属院	李清	康章起	567932	824
12622	窑场问世					孙万宝	567967	1265
12623	龙王庙为啥供赵匡胤			岗头村	张光星。	晓峰、张洁	567888	623
12624	没爪鹰常三			黑龙洞村	张伍	何金廷	567918	1550
12625	南北响堂寺的传说			彭城镇西保障村	吕顺清	张国库	567953	749
12626	晋祠娘娘庙			于峰峰矿区义井镇	张国成	张国库	567957	1542
12627	状元府门楼			邯郸县史东里堡	李岩	李化南	567915	453
12628	张秀才的传说			邯郸市	杨青锋	姜贵锁	567902	895
12629	邯郸城传说			邯郸市刘二庄	安贤	任文祥	567926	302
12630	鲁班修响堂寺			峰峰四矿	宋树林	新文	567950	1817
12631	黑岗子			庄里村	苏文祥	苏洪源	567973	1182
12632	窦建德在鼓山					柴俊林	567881	839
12633	窑神种煤			彦亭村	高吉明	高何元	567963	2257

序号	篇名	民族	流传地区	采集地	讲述者	搜集者	数据库编号	字数
12634	打赌			彭城	赵喜	杨德顺	567984	2409
12635	三斗六升芝麻官			邯郸市	杨青锋	姜贵锁	567903	983
12636	李世民两驻耒马台			耒马台	张秀如	张文涛	567885	1750
12637	摔细碗						567895	1059
12638	巧写字			武安	杨宇峰	郑喧	567866	307
12639	娘娘坟			邯郸县		戴月	567878	1192
12640	七里三孔桥			邯郸市张庄桥马车店	李永禄	梁辰、刘亚平	567947	927
12641	南北窑			武庄村	武绪明	杜国良	567879	1551
12642	幸娶阎家女			邯郸县史东里堡	李岩	李化南	567912	1625
12643	彭城缸上“夫妻手”			庄里村	冯仁	苏洪源	567969	1306
12644	威镇一霸庄			邯郸县林业局	李济良	李义贤	567922	1287
12645	虎头鞋			刘二庄	段文兴	张文涛	567991	2261
12646	吃饺子边			兰村	刘书旺	清流	567900	2268
12647	殉国			河北曲阳县东相如村	孟清周	郑喧、和宪宝	567869	1699
12648	赶会没吃饱						567898	2059
12649	草市口			市陶瓷九厂	靳有才	马全祥	567873	1589
12650	名字的来历						567894	804
12651	磁州红缸“亲娘”声			庄里村	苏立新	苏洪源	567968	1542
12652	黑龙洞的传说			峰峰矿区彭城镇	李麟瑞	张法家	567959	1407
12653	种红萝卜						567896	2794
12654	晋祠娘娘庙			峰峰矿区彭城镇	索付家	杨德顺	567955	2231
12655	新坡红胶泥的传说					孙万宝	567966	1060
12656	圣井			刘二庄村	安贤	任文祥	567945	714
12657	计抓“花和尚”			邯郸市	张东逊	李振峰	567908	959
12658	韩湘子印像			谢庄村	谢体正	梁辰	567939	1177
12659	二柏（百）担（单）一孔桥			邯郸县汉巴庄村	常必敬	常英伟	567904	360
12660	送姑娘花			峰峰矿区	张照明	孙文祥、娄茂义	567965	1346
12661	夺黄粱梦会						567899	1974
12662	窑神爷的来历			峰峰矿区彭城	刘立忠	申有顺	567974	507
12663	牌坊摞牌坊			于邯郸市	耿文山	李振峰	567910	1724
12664	碗底儿的来历			庄里村	尹建言	苏洪源	567970	1462
12665	熬老釉			陶瓷七厂	刘立忠	杜学德	567971	1772
12666	吐盐娃娃			后亓固村	吴玉萍	潘美英	567980	1950

序号	篇名	民族	流传地区	采集地	讲述者	搜集者	数据库编号	字数
12667	宿凤村的由来			孙庄村	孙付荣	张有文	567884	566
12668	挖界碑			邯郸县汉巴庄村	常必敬	常英伟	567907	2398
12669	秦廷赴宴			武安	杨宇峰	郑喧	567867	749
12670	托肠救主			邯郸市张庄桥村	康冰川	李振峰	567875	1010
12671	鏊子顶			东纸坊	牛尚清	侯金明	567882	1787
12672	瓷瓮				刘振国	柴俊敏	567985	1884
12673	胡大海的故事			峰峰矿区	申榜亭	新文	567892	1058
12674	国公柏			孙庄村	孙万昌	张有文	567886	572
12675	四不象			邯郸市峰峰矿区	刘立忠	申有顺	567987	3005
12676	丫环当娘娘			邯郸市	杨青锋	姜贵锁	567906	1094
12677	蔺家河没有蔺姓人			邯郸市	王志学	郑喧	567870	1891
12678	强龙压了地头蛇			联合村郑家街	王保安	王玉富	567883	1628
12679	金钩挂玉瓶			邯郸县河沙镇南街	刘玉芳	董玉林	567914	1824
12680	遇虎岭和桑椹沟			武庄村	武绪明	杜国良	567880	1952
12681	凿断石鸡岭			峰峰矿区蔺家沟	蔺富	郑喧	567868	1045
12682	省城中武举			邯郸县史东里堡	李岩	李化南	567913	2137
12683	智斗曾国藩			邯郸县	苗万修	苗英贵	567916	545
12684	愚老汉捉金鸡			西大屯	焦占贵	王福昌	567930	2510
12685	张国彦的金银头			邯郸	周从义	张文涛	567909	1224
12686	铁拳砸碑						567920	564
12687	罗敷潭			邯郸地区师范	冀卓吾	李振峰	567927	1208
12688	山姑			邯郸市	张国章	肖忠田	567924	1326
12689	五香砂锅与燕王			彭城镇	田太和	马耕	567983	812
12690	铁掌碎铜钱						567921	664
12691	黄粱梦遇神仙			石坡村	阎正法	卜增山	567943	747
12692	卢生的传说			邯郸市、邯郸县	刘俊卿	李振峰	567934	1287
12693	彭城的土地爷为啥是红脸			大社镇彦亭村	高廷兴	高何元	567976	1541
12694	骑马娃娃			陶瓷九厂	暴立义	马全祥	567978	1074
12695	乾隆补字			铁路大院	张金荣	梁辰	567935	1948
12696	种元宝						567897	2178
12697	火神与窑神			联合村郑家街	王保安	王玉富	567975	1303
12698	高洋皇帝修响堂寺			峰峰四矿	宋树林	新文	567949	1362
12699	送羊			邯郸市	王爱书	郑喧	567992	1172
12700	蔺相如和八特村						570371	1290

序号	篇名	民族	流传地区	采集地	讲述者	搜集者	数据库编号	字数
12701	元宝山的传说						570403	1396
12702	二鲤山的传说					张雪廷	570373	737
12703	炉上的传说					李赟萍	570395	1136
12704	九龙蛟的传悦					汪润才	570402	1220
12705	双眼井					李国民	570398	2
12706	药王庙的传说					郝宪增	570390	709
12707	皇姑庵的传说						570410	1074
12708	伍子胥保娘娘						570372	964
12709	潘村的传说					晓东	570400	1111
12710	和村的来历					冀子根	570391	615
12711	元宝山的传说					李茂红	570404	1174
12712	薛村的由来					高何元	570392	847
12713	晋祠娘娘庙					张国库	570397	986
12714	石桥村的来历					咨建宝	570409	1253
12715	老石台的传说					苏洪源	570401	1305
12716	康熙写匾						570370	1052
12717	晋祠娘娘庙					杨德顺	570396	559
12718	黑龙洞小志					润成	570394	1525
12719	黑龙洞的传说					史古	570393	1250
12720	跑马山的传说					索文亭	570412	551
12721	烧纸和纸坊的来历					孙文祥	570367	555
12722	皇姑庵的传说						570411	1260
12723	黄龙庵						580622	453
12724	荞麦					昌黎、王雨來	580621	401
12725	石羊与滦河				王海		580620	2199
12726	缎鞋和饺子						580629	2071
12727	哥哥打					李克非	580616	1285
12728	爹爹糊涂					孙伟	580649	2057
12729	好女塔					孙伟	580624	660
12730	王干哥					孙伟	580623	2877
12731	魏进寒出						580619	1998
12732	求牡丹				丰润、董纪祥		580617	952
12733	“乔武举”大闹把戏场						580714	1099
12734	恨洒白水江						580683	1007

序号	篇名	民族	流传地区	采集地	讲述者	搜集者	数据库编号	字数
12735	痛打“小天一”						580699	1129
12736	“小快手”遭难						580687	748
12737	杂技来源的传说						580678	1560
12738	十万大山遇匪记						580688	2674
12739	雪夜遇狼						580710	3484
12740	马叉会						580709	1913
12741	鞭技						580707	744
12742	名扬欧美的明星						580725	2877
12743	镖刀神威						580704	15522
12744	扁担床						580718	49461
12745	黑瞎子吃烧饼						580701	5658
12746	王永兴飞骑炸炮楼						580717	9513
12747	勇斗地头蛇						580700	1930
12748	“半截人”与“大萝卜”						580712	11456
12749	“卸索大王”和“铁手扣”						580694	3156
12750	火彩戏法						580715	568
12751	马叉王						580723	7999
12752	孙凤山捉鬼						580703	17344
12753	吴桥耍猴的传说						580681	1194
12754	“狗熊薛”的传说						580702	4170
12755	郑墨林住店						580686	809
12756	义马救主						580684	1909
12757	王秀春出洋历险记						580689	2880
12758	“魔术王”戏弄“张阎王”						580698	422
12759	张书堂的故事						580690	5717
12760	杂技的来历						580679	4677
12761	王小鸡飞刀震匪徒						580705	553
12762	砖坟						580685	1593
12763	智换金毛猴						580706	1388
12764	孟五耍夯						580713	1310
12765	杀人摘瓜						580716	1168
12766	蔡纯领的故事						580719	854
12767	“盖山东”的故事						580722	718
12768	杂技大王孙福有						580727	1320

序号	篇名	民族	流传地区	采集地	讲述者	搜集者	数据库编号	字数
12769	刁难拿铁事						580724	696
12770	田仕合在日本						580726	944
12771	红蜻蜓						580720	2713
12772	巧姐儿						580721	2144
12773	小华工						580711	1336
12774	飞剑之谜						580708	1498
12775	“铁手扣”治服杨三爷						580693	4389
12776	麻姑节				赵连喜		580763	1097
12777	参花				郝培源		580760	1516
12778	端午插艾				王存、于淑贤		580762	987
12779	佛印两难苏学士				赵树勋		580745	3141
12780	锁龙沟				初金才		580782	950
12781	金龙潭				吴巨卿		580789	660
12782	翠花公主				纪国瑞		580791	2242
12783	乾隆打虎				李秀春		580796	4496
12784	龙头山				李国贤		580780	1565
12785	棒槌山的传说				郭淑芹		580788	939
12786	白马告状				周殿元		580803	1294
12787	乾隆射熊				周殿元、布尼阿林等		580795	841
12788	将军泡子的传说				王延令、布尼阿林等		580778	2752
12789	狮子园的来历				赵庚清		580785	1213
12790	乾隆拜荷花				杜福运		580797	1740
12791	热水汤的传说				王朝阳		580776	543
12792	金蟾与庙宫				李秀春		580783	1584
12793	棋盘山				马学艺		580781	968
12794	康熙“老佛爷”的来历				邱云岫		580794	1135
12795	豁子梁的传说				刘祥		580784	1260
12796	雍正盗诏				杜福运		580793	2290
12797	双塔山						580787	1449
12798	半截塔						580786	1210
12799	似汰梁上的“王干哥鸟”				邱云岫		580801	848
12800	康熙三要梅花鹿				王庆铭		580792	1121

序号	篇名	民族	流传地区	采集地	讲述者	搜集者	数据库编号	字数
12801	道光补裤						580799	1578
12802	伊似娘娘种草荔枝				从鉴		580790	1978
12803	包长喜护围						580800	1986
12804	百灵鸟的故事				张少溪		580798	3600
12805	压带山的传说						580779	1121
12806	皇姑屯						580777	1124
12807	送姑娘花的传说						594363	914
12808	九龙庙的传说					张国库	594397	1656
12809	槐抱柏的奇传				路翁	赵进文	594392	1848
12810	大钟寺的传说		峰峰一带		王保安	王玉富	594367	1258
12811	上竹林寺的故事					李芳梓	594366	1659
12812	天桥·金洞·食箩沟的由来				胡老亮	宏远	594368	1088
12813	火焚红梦寺的故事						594371	1973
12814	王八桥的传说				何德昌	何金廷	594376	1629
12815	下拔剑村的由来					吴元存	594373	1432
12816	国公柏的传说					张有文	594375	1362
12817	计官河的来历		王看索井		曹孟成		594369	1625
12818	漫话鼓山苍龙庙						594402	1714
12819	桃园三结义的传说		彦亭周围村庄一带		刘兴延、高振山	河源	594390	4931
12820	罂粟花的传说				张凤庭		594378	912
12821	响堂山石窟记					杨德顺	594399	1048
12822	水浴寺				宋守成、释宏有		594401	3298
12823	治胎前产后病秘方的传话				吴元存		594389	1920
12824	勤善翁的传说				董占云	董占喜	594394	1504
12825	偏梁寺的传说				任大有	礼师	594370	1265
12826	落凤台的两种传说				任大有	苏洪源	594391	1318
12827	药王庙的传说		彭城一带				594377	5697
12828	彭城的传说				马俊士	泉响	594395	1666
12829	张家楼村的传说				马俊士、春生	马全祥	594398	1146
12830	磁州早熟麦和红胶泥的传说					孙万宝	594365	1083
12831	界城的来历				马成功	郝宪增	594364	1694
12832	西关塔				吴连增	赵奕安	260215	668

序号	篇名	民族	流传地区	采集地	讲述者	搜集者	数据库编号	字数
12833	沙龙的传说				郑学文	孙月琴	260216	561
12834	不到黄河不死心				永清、张素珍	金路明	260222	650
12835	浑河水的传说			永清县城	永清、孙伯卿	孙绍虞	260227	3831
12836	黄老大和海龙王			北京	李树荣	李宝才	260213	1899
12837	鬼钟				栗志勇	栗志酬	260232	1529
12838	二郎台的故事			永清县后、奕一带	王怀深	任文昌、赵银平	260205	1845
12839	“王八”的由来			廊坊市政府	吉师傅	陈利民	260223	396
12840	韩村不叫韩村				杨述怀	武国强	260228	3043
12841	狗福村的传说			孤山营	李树荣	李宝才、李铁臣	260208	1309
12842	复水难收			廊访市	宗永杰	宗世杰	260224	1072
12843	金钟河的传说			大城县王文镇郭底村	高俊岩	晓歌	260211	1145
12844	文安洼的来历			廊坊市	李清林	李泽有	260217	5022
12845	刘庄氏进龙宫			小廊坊	郭杰	马佩凤	260210	1902
12846	戴巴巴的传说			北坞村	李广兰	李廷禄	260234	4361
12847	叫化子的祖师爷				薛安	刘守安、薛维锋	260221	1553
12848	骡子王的传说			香河县骡、子王村	尹玉俊	尹俊如	260209	2278
12849	无底坑			大厂陈辛庄	杨铁氏	陈振来	260237	1547
12850	龙河的传说			廊坊龙河两岸农村	王森梅	董景森	260238	4496
12851	龙亭子的传说			大城子牙村	林裕	李玉川	260235	864
12852	骆驼泉的传说				陈震云	陈竹	260230	781
12853	二月二打钱龙			大城	赵印林	流雨、雪峰	260219	982
12854	大厂集镇的来历			大厂镇	海德贤	李廷禄	260233	4654
12855	官娘坟的传说			冯兰庄	李香斋	潘嘉璋	260226	1993
12856	界碑				雨雪	流雨、雪峰	260231	1333
12857	牛济河的传说		香河县东部		勒福林	尹俊如、杨德华	260225	2993
12858	七姐墓的传说				唐克强	刘秉亮、包金通	260218	1205
12859	人和蛤蟆				韩文	宛金平	260206	582
12860	为什么只有人会说话			三河、县高楼镇	李森	李凌晨	260207	881
12861	老龙潭与砍柴人			易县	孙剑	孙铎	260204	2093
12862	孟老大买树			文安小长田村	李宝爱	马佩凤	260203	1755
12863	贾大丫头			大厂县、大坨头	白广恕	刘绍振	260229	3184
12864	“食指谢酒”的由来			廊坊市	李建军	王海波	260220	488
12865	小清河			三河灵山一带	孙万千	张树方	260212	1926
12866	孤山塔的传说			李庄村	李明	李丽华	260214	1230

序号	篇名	民族	流传地区	采集地	讲述者	搜集者	数据库编号	字数
12867	“吞脊兽”的故事			大城	傅景寿	李玉川	260236	1125
12868	黄龙岗		香河县一带		孙跃庭	尹俊如	314660	4445
12869	黄花店的传说		廊坊地区东南		张森	李宝才、朱丽	314656	2567
12870	忽冻村白石头的传说				胡麻烦	李志权	314648	576
12871	左家场的由来			尖塔乡	于英	海波、啸马	314686	1000
12872	桑树为什么气破肚皮				孙钊	孙铎	314643	1124
12873	杜康醉刘伶的故事				李科峰	李志权	314671	757
12874	东西白塔情						314642	2067
12875	公主府的由来		固安县		赵尚德	赵复兴	314687	1581
12876	狮子舞的由来				刘淑敏	贾永生、刘根长	314665	702
12877	苣荬菜的传说				刘淑敏	贾永生、刘根长	314664	1144
12878	包文丞儿子——扭子				郝秀峰	马佩凤、郝云飞	314641	531
12879	皇七子写匾		屈家营		屈名生、赵尚德	赵复兴	314679	708
12880	紫花地丁		香河县潮白河两岸		周万仓	尹俊如	314653	1533
12881	傅家坟				李秀山	李彦海、雷敏	314677	1200
12882	太阳是公鸡的义子				王海英	马佩凤、雷敏	314659	360
12883	赵家是怎样坐的江山				李杰	李丽华	314684	1434
12884	“酒菜”的来历			大城县前孝彩村	段克来	晓歌、国庆	314681	877
12885	“龙塚疙瘩”的传说		大城一带	大城县前孝彩村	段克来	晓歌、国庆	314683	1550
12886	神匾的传说		孤山营廊访地区北部		李树荣	李宝才	314658	2525
12887	蚊子、臭虫的来历				刘淑敏	贾永生、刘根长	314655	912
12888	黑牛洞			庄果峪村	王忠	吴桂华	314663	806
12889	螃蟹案			宁河县北淮淀村七队	郑治思	吴桂华	314685	1198
12890	〓与王甲				孙钺	孙铎	314688	965
12891	戴手镯的来历				狄守国	郝云飞、绿苇	314661	597
12892	皮影戏的由来		三河新集一带		张姓	张树方	314680	297
12893	金砖模的传说		灵寿山区		安文秀	李彦华	314673	420
12894	起誓为啥不灵		廊坊地区	廊坊	陈利民	李宝才、徐淑兰	314645	836
12895	老鼠为什么在十二生肖中是第一				郝明月	郝云飞、王秀丽等	314678	817
12896	民间命相克的说法是怎么来的				刘淑敏	贾永生、刘根长	314676	1227
12897	“命运之马”的由来				刘淑敏	贾永生、刘根	314668	883

序号	篇名	民族	流传地区	采集地	讲述者	搜集者	数据库编号	字数
12898	狗台疙瘩的传说				胡麻烦	李彦海	314672	447
12899	灶王爷立功				王森	董景森	314651	1749
12900	官坟的传说				李秀山	李志权	314675	651
12901	藏珠鱼的故事						314650	9120
12902	红娘巷				秦杰	秦继昌	314666	915
12903	没良心的传说				郭士清	李宝才、李彦华	314647	1963
12904	“土井”的故事		县前孝彩大城一带	大城	段振忠	晓歌、国庆	314682	995
12905	鲁班斗恶狗		大厂三河一带	大厂	李广兰	李廷禄	314652	1916
12906	贴门神的来历				郭士清	李宝才、雷敏	314644	2228
12907	关于“73、84”的传说		我国北方各省市	香河县城关	田志庆	崔永生	314689	331
12908	水母奶奶抗旱				陈守国	马佩凤、郝云飞	314662	568
12909	画中蛇				吴俭	吴桂华	314670	639
12910	仙女修塔		三河县西北部	孤山营	李树华	徐淑兰	314657	2048
12911	黄鼠狼拉鸡——怨谁呀		香河城北一带		周万良	尹俊如	314654	2180
12912	鸡冠子花的来历		廊坊市		王万永	李宝才、梁玉兰	314674	1389
12913	何首乌的传说				杨玉恩	荣士娣	314646	1755
12914	蛤蟆山和乌龟石		三河县	孤山营	谢国海	李宝才、徐淑兰	314649	1909
12915	黑龙潭的故事						314667	2328
12916	仙酒		屈家营		林中树、赵尚德	赵复兴	314669	1198

民间故事

河北卷

民间故事

口头民间故事是指无确定创作人，以民间自由传承讲述为存在形式的叙事作品，它有广义和狭义两个概念。广义概念泛指一切具有情节和人物的散文叙事作品，只要有情节有人物，按照口头语言讲叙出来，而不是按照押韵形式念出或唱出的民间流传作品都可称为民间故事，包括神话和传说。狭义概念的民间故事是指与神话、传说并列的民间叙事类作品。它叙述的是以人的社会生活为主体，以接近现实的逻辑呈现的具有相对的时间、地点、人物的完整的虚构的故事。本数据库采用的是狭义的民间故事概念。

这里的关键词有四个，一是以人的社会生活和情感需求为主体（包括动植物主人公），以区别于原始神话的开元初始意义。第二个关键词是虚构，无论时间、地点、人物皆无确指，以区别于具有真实核心的传说。第三个关键词是变异，这一点是所有民间文学共有的特性。因无确定的创作人，版本细节不固定，所以人人可以传讲传唱，人人可以增减情节，因而形成一故事多讲，主干不变，枝叶多态的地方性。第四个关键词是口头创作，是指它生发之时的形态，但并不排斥文字的记录，文人记载入典籍者亦属民间口头文学。

按照民间故事的内容特点，通常又分为七个子类：生活故事、幻想故事、机智人物故事、动植物故事、鬼狐精怪故事、寓言、笑话。做这样分类是根据故事人物和情节主干而来，目的为了便于掌握，免得篇数过多而无所适从。和作家文学一样，其中交叉和跨类的现象在所难免。

需要说明的是，本卷只是“中国口头文学遗产数据库工程”（一期）所录入的作品目录，主要是传统故事，尚有大量的各种类别的故事如红色故事、抗战故事等等未涉及。且待二期工程再现风采。

（刘晔原）

序号	篇名	民族	流传地区	采集地	讲述者	搜集者	数据库编号	字数
1	石成求仙					张士杰	MX001982	
2	秫秸船					张士杰	MX001982	
3	盐母庙				赵一平		MX001982	
4	棒槌山上的老桑树					黄耐梅	MX001982	
5	香椿树的皮为什么是裂开的					林魁	MX001982	
6	白菜花					郭鸿嘉	MX001982	
7	金鸡和金盆的故事				李清		MX001982	
8	孔雀山的故事				李清		MX001982	
9	石人石羊的故事				锡兆		MX001982	
10	河的故事					潘邦庆	MX001982	
11	一亩泉的传说					要国祥	MX001982	
12	“聚宝盆”的故事					傅成业	MX001982	
13	石匠和写家				张君奇		MX001982	
14	狮子口				康俊儒		MX001982	
15	石河水长流			张家口	薛汕		MX001982	
16	风水				杜振远		MX001982	
17	大营皮匠供比干		枣强、南宫一带		常金善	焦广文	MX004846	
18	白尚书的传说			东张米村	冀民英	王维佳	MX004846	
19	白尚书的传说（二）			东张米村	冀民英	王维佳	MX004846	
20	白尚书的传说（三）			东张米村	冀民英	王维佳	MX004846	
21	鸡飞蛋打			东张米村	王庆泽	王维佳	MX004846	
22	张状元传说				杜金义	王建华	MX004846	
23	杨长顺传情报				郭金德	郭力	MX004846	
24	肖张的来历					单泽田	MX004846	
25	乌鸦和喜鹊				冀民英	王维佳	MX004846	
26	韭菜、大葱、大蒜的传说			卷子乡		李福才	MX004846	
27	刘秀封蝼蛄			东张米	朱树	王维佳	MX004846	
28	只生一个好		流常乡	流常乡	王存俄	甲连生	MX004846	
29	麦穗			枣强县张米乡		张秀停	MX004846	
30	蛤蟆为什么呱呱叫			孟屯乡	马魁巧	冀合影	MX004846	
31	骡马为什么悬蹄休息				王庆泽	王维佳	MX004846	
32	为什么叫鸡“谷谷”				冀民英	王维佳	MX004846	
33	为什么木匠吊线用一只眼				冀金锋	王维佳	MX004846	

序号	篇名	民族	流传地区	采集地	讲述者	搜集者	数据库编号	字数
34	厉嘴张二嫂		枣强县东张米		冀民英	王维佳	MX004846	
35	馋老婆		枣强县东张米		冀民英	王维佳	MX004846	
36	三女婿祝寿		枣强县东张米		王庆翟	王维佳	MX004846	
37	神卦		枣强县张米		王怀	王维佳	MX004846	
38	小三的故事		枣强县张米		冀民英	王维佳	MX004846	
39	聚宝盆		枣强县东张米		张立双	王维佳	MX004846	
40	江大胆的故事		枣强县张米		冀民英	王维佳	MX004846	
41	秃女婿		枣强张米		张立双	王维佳	MX004846	
42	猫姑娘		枣强县东张米		郑大女	王维佳	MX004846	
43	三不可状元		枣强县东张米	枣强县东张米	冀民英	王维佳	MX004846	
44	孤魂养儿		枣强县东张米		赵立振	王维佳	MX004846	
45	李二戏财主			东张米	冀民英	王维佳	MX004846	
46	纸媳妇		枣强县东张米		郑大女	王维佳	MX004846	
47	两个懒人						MX004846	
48	傻小子之死					宋明深	MX004846	
49	傻小子走丈人家					宋明深	MX004846	
50	影身草			宅城小学	保宁	段世才	MX004846	
51	磨刀不误砍柴功				张金霞	段世才	MX004846	
52	师徒比画				张金霞	段世才	MX004846	
53	小白狼		河北枣强			李中会	MX004846	
54	桃花女破周公					曹金绪	MX004846	
55	过桥				马奎巧	冀合影	MX004846	
56	乔麦					冀合影	MX004846	
57	巧送信					单泽田	MX004846	
58	“三国迷”招亲					郭力	MX004846	
59	傻子学话					张秀廷	MX004846	
60	五难庄稼婿					高学增	MX004846	
61	馍馍神人的传说		枣强县城东		鲍一农	步进	MX004846	
62	公野长会百鸟语				冀玉民	张秀廷	MX004846	
63	讲故人挨打				维宽	顾洪元	MX004846	
64	不见黄河不死心			张米	冀玉忠	张秀停	MX004846	
65	接生婆的故事		枣强县门庄乡			张英仓	MX004846	
66	付船钱					枣强	MX004846	
67	一头牛				赵秀清	王燕勤	MX004846	

序号	篇名	民族	流传地区	采集地	讲述者	搜集者	数据库编号	字数
68	张飞写信				冀玉杰	张秀廷	MX004846	
69	路遥知马力的传说		枣强县东张米		冀玉忠	张秀廷	MX004846	
70	四百斤文件巧送计					焦广文	MX004846	
71	小英雄智擒伪警察					江德波	MX004846	
72	涧里村边伏击战					步进	MX004846	
73	巾帼英雄					苏秀站	MX004846	
74	智取河西炮楼					王世辉	MX004846	
75	斩蛇记					张英仓	MX004846	
76	机智少女					王世辉	MX004846	
77	烈火谱凯歌					焦广文、陶科	MX004846	
78	两克吉利炮楼					王世辉	MX004846	
79	占便宜					张秀廷	MX004846	
80	懒学生				冀民英	王维佳	MX004846	
81	二胡弄					焦福中、张秀廷	MX004846	
82	赴宴				步进	张英仓	MX004846	
83	吹大话				冀民英	王维佳	MX004846	
84	豁唇				冀民英		MX004846	
85	火烧焦村的故事			焦村	焦如营	焦广文	MX004846	
86	上梁贴红纸的来历				冀金锋	王维佳	MX004846	
87	妇女当兵					张秀亭	MX004846	
88	儿童参加斗争会					赵佩=	MX004846	
89	街头传					赵佩=	MX004846	
90	孩子好好睡					赵佩=	MX004846	
91	一切权力归农会					赵佩=	MX004846	
92	十大怕					赵佩=	MX004846	
93	蒋区奇事					赵佩=	MX004846	
94	说老蒋					赵佩=	MX004846	
95	河里水						MX004846	
96	无提				虞民英	王维佳	MX004846	
97	祝喜歌				王增才	焦广文、王贵俊	MX004846	
98	盖房喜歌				王增才	焦广文、王贵俊	MX004846	
99	卖五香面小唱				焦广顺	焦广文、王贵俊	MX004846	
100	嘲秃谣				焦广全		MX004846	
101	九九消寒歌						MX004846	

序号	篇名	民族	流传地区	采集地	讲述者	搜集者	数据库编号	字数
102	红大袄						MX004846	
103	小红鞋						MX004846	
104	白纫针						MX004846	
105	治婴儿夜哭歌					李福才	MX004846	
106	大小姐					李福才	MX004846	
107	麻野鹊					任燕风	MX004846	
108	夸大嫂					冀合影	MX004846	
109	小二姐				冀民英	王维佳	MX004846	
110	小白菜					王维佳	MX004846	
111	踏踏青青					王维佳	MX004846	
112	十二月忙					王维佳	MX004846	
113	大姑娘					王维佳	MX004846	
114	矮老婆					王维佳	MX004846	
115	白杨树					王维佳	MX004846	
116	小媳妇受气十月歌					王维佳	MX004846	
117	公鸡告状					王维佳	MX004846	
118	蜜蜂采花					王维佳	MX004846	
119	磨豆腐					王维佳	MX004846	
120	小女婿					王维佳	MX004846	
121	乌鸦反哺					王维佳	MX004846	
122	大闺女求子					王维佳	MX004846	
123	观秋景					王维佳	MX004846	
124	阎王判罪					王维佳	MX004846	
125	馋老婆					王维佳	MX004846	
126	反正话					王维佳	MX004846	
127	月亮夜					王维佳	MX004846	
128	打花棍儿					王维佳	MX004846	
129	求雨歌					王维佳	MX004846	
130	小鞭稍					王贵俊	MX004846	
131	井里开花					王贵俊	MX004846	
132	柳树柳					王贵俊	MX004846	
133	小小子		枣强县张米乡			张秀庭	MX004846	
134	小白鸡		枣强县张米乡			张秀庭	MX004846	
135	小白鸡		枣强县张米乡			张秀庭	MX004846	

序号	篇名	民族	流传地区	采集地	讲述者	搜集者	数据库编号	字数
136	童谣		枣强县张米乡			张秀庭	MX004846	
137	小板凳		枣强县张米乡			张秀庭	MX004846	
138	浇园		枣强县张米乡			张秀庭	MX004846	
139	小白兔		枣强县张米乡			张秀庭	MX004846	
140	织花布		枣强县张米乡			张秀庭	MX004846	
141	小闺女						MX004846	
142	小板凳						MX004846	
143	小老鼠					李桂=、张秀庭	MX004846	
144	儿歌四首（一）						MX004846	
145	儿歌四首（二）						MX004846	
146	儿歌四首（三）						MX004846	
147	儿歌四首（四）						MX004846	
148	胖娃娃				冀民英	王维佳	MX004846	
149	小白兔					王维佳	MX004846	
150	小手帕					王维佳	MX004846	
151	小小子					王维佳	MX004846	
152	瓜菜歌					王维佳	MX004846	
153	姬老旺的传说		广平西南一带		姬清海	姬振江	MX006843	
154	巧治吕老旺		广平西关一带		吕田	李向堂、吕庆增	MX006843	
155	曹操的故事		广平西南一带		王振清	王春海	MX006843	
156	平固店塔的传说		广平平固店一带		贾振清	王同众、王连民	MX006843	
157	李自成过河		广平东北一带		刘贵田	刘士锋	MX006843	
158	宝珠		广平东北一带		王洪信	李运朝	MX006843	
159	母鸡的传说		广平东北一带		柳方贤	李运朝	MX006843	
160	死诸葛亮治死活司马懿		广平县一带		张必义	张文丰	MX006843	
161	裹脚的传说		广平东南一带		董九周	董秀岭	MX006843	
162	刘秀访将		广平东南一带		李桂芬	李运亭	MX006843	
163	蝙蝠为什么夜间才出来		广平西关一带		李副	吕洪涛	MX006843	
164	送羊		广平西南一带		杨九	杨章平	MX006843	
165	巧断案		广平县一带		白景春	白振清	MX006843	
166	盗雨磨		广平县一带		鲍思忠	张文锋	MX006843	
167	县太爷拉屎		广平县一带		赵兰芬	锦泉	MX006843	
168	穷弟弟、富哥哥		广平县一带		岳连富	吕庆赠、李向堂	MX006843	
169	牛的上牙为什么不全		广平西南一带		姬双村	姬振江	MX006843	

序号	篇名	民族	流传地区	采集地	讲述者	搜集者	数据库编号	字数
170	十不足上天		广平西南一带		杨修文	杨章平	MX006843	
171	老憨学话		广平东北一带		李付保	吕庆赠、李向堂	MX006843	
172	大牛和二牛		广平县一带		耿怀礼	刘晓宇	MX006843	
173	黑狗破案		广平县一带		杨氏	李向堂、吕庆赠	MX006843	
174	砖头案		广平东北一带		朱怀林	朱献忠	MX006843	
175	县大爷判集		广平、魏县、=安一带		张文堂	蔡兰海	MX006843	
176	秀才和农夫		广平东北一带		岳书中	吕庆赠、李向堂	MX006843	
177	红门寺		广平西南一带		鲍思忠	张文锋	MX006843	
178	“巧”媳妇		平固店东张孟地区		王芝芳	陈怀五	MX006843	
179	百忍堂		广平县一带		白玉中	白景明	MX006843	
180	富翁与乞丐		广平东北一带		白玉堂	吕庆赠、李向堂	MX006843	
181	智斗“铁公鸡”		广平县一带		刘建国	刘社喜	MX006843	
182	杜秀才填家谱		平固店镇一带		杜清林	王同众	MX006843	
183	冯二楞送车		广平西南一带		杨书合	杨章平	MX006843	
184	拉爹		广平东南一带		刘社忠	刘社喜	MX006843	
185	马三保=治老学究		广平东北一带		李登贵	李向堂、吕庆赠	MX006843	
186	王成讨饭		广平东北一带		李九如	李润亭	MX006843	
187	狐狸精		广平东北一带		任冠英	李运朝	MX006843	
188	三全齐美		广平东北一带		李保常	吕庆赠、李向堂	MX006843	
189	金鸡		广平县一带		吕民	吕庆赠、李向堂	MX006843	
190	黑狗告状		广平东南一带		李桂芬	李运亭	MX006843	
191	打猎人住店		广平西南一带		秦桂如	李运亭	MX006843	
192	馋嘴婆媳		广平西南一带		=三如	姬振江	MX006843	
193	多疑的人		广平县一带		白景川	白振清	MX006843	
194	仨少爷学精		广平县一带		吕四海	吕庆赠、李向堂	MX006843	
195	“吝者鬼”求孩子		广平西南一带		申靠山	张文丰	MX006843	
196	两个懒婆		广平县一带		刘贵如	刘士锋	MX006843	
197	天外有天		广平西南一带		张必义	张文锋	MX006843	
198	牛和驴		广平东北一带		刘兰=	刘保民	MX006843	
199	蝙蝠的故事		广平东北一带		程振玉	乔忠海	MX006843	
200	兔子和蛤蟆的故事		广平县一带		吕恩明	吕庆赠、李向堂	MX006843	
201	猫和老鼠		广平县一带		李三保	刘社喜	MX006843	
202	公鸡和蜈蚣		广平东北一带		李奎元	李运朝	MX006843	

序号	篇名	民族	流传地区	采集地	讲述者	搜集者	数据库编号	字数
203	公鸡和凤凰		广平东北一带		柳如岭	李运朝	MX006843	
204	小兔和小狗		广平东北一带		陈怀五	李运朝	MX006843	
205	给猫系铃		广平西南一带		曹英明	曹付明	MX006843	
206	猫和狗		广平县一带		李明净	刘社喜	MX006843	
207	猫和夜猫子		广平东北一带		苏二生	李向堂、吕庆赠	MX006843	
208	蒺藜秧、马齿菜和大蒜		平固店东张孟一带		陈凤	陈怀五	MX006843	
209	马齿菜为何晒不死		广平县一带		李光印	李向堂、吕庆赠	MX006843	
210	胡闹		广平西南一带		曹英明	曹付明	MX006843	
211	糊涂大人		广平县一带		张作玉	白振清	MX006843	
212	少种皮棉		广平西南一带		姬如义	姬振江	MX006843	
213	笨装巧		广平西南一带		陈清海	李运亭	MX006843	
214	“文革”主任		广平西南一带		贾庆勤	李运亭	MX006843	
215	梦		广平县一带		张作玉	耿准英	MX006843	
216	添个小的		广平县一带		刘顺	刘丽英	MX006843	
217	百事通		广平西南一带		杨贵田	杨章平	MX006843	
218	油水大的		广平东北一带		李三	吕庆赠、李向堂	MX006843	
219	选宰相		广平西南一带		姬光臣	姬振江	MX006843	
220	弄巧成拙		广平县一带		刘瑞锋	白振清	MX006843	
221	慌张媳妇		广平县一带		贾景良	杨章平	MX006843	
222	李二剃头		广平县一带		耿焕民	耿准英	MX006843	
223	吝啬门第		广平西南一带		杨仲田	曹付明	MX006843	
224	啃瓜皮		广平西南一带		贾三妮	杨章平	MX006843	
225	别字儿子		广平西南一带		阴三如	姬振江	MX006843	
226	“山”与“出”		广平西南一带		姬怀良	刘丽英	MX006843	
227	逆水漂来的铁菩萨		码头、大龙、崔庙一带	大龙湾村	张丁瑞	金秋	MX006873	
228	鹧鸪鸟的传说		码头、大龙、崔庙一带		张丁瑞	金秋	MX006873	
229	回马岭的传说				张丁瑞	金秋	MX006873	
230	“留驾井”村名的来历		杨庙乡一带	留驾井村	孙金峰	孙庆书	MX006873	
231	抱着人家的，领着自己的		码头运河两岸	西刘村	刘杨氏	何印忠	MX006873	
232	县官审案		大龙、张庄一带		徐春雨	金秋	MX006873	
233	教书先生和他的学生				徐春雨	金秋	MX006873	
234	财主和他的傻儿子		码头、大龙一带		徐春雨	金秋	MX006873	

序号	篇名	民族	流传地区	采集地	讲述者	搜集者	数据库编号	字数
235	傻姑爷拜年		王集一带	王顺村	刘瑞珍	息桂智	MX006873	
236	听新房		阜城、交河一带			靳锡岭	MX006873	
237	“大龙湾”村名的来由		阜城、东光一带	大龙湾村	张鼎芹	吴万和	MX006873	
238	傻媳妇照镜子		阜城、前金一带		金胜林	赵学东	MX006873	
239	猫为什么饭后洗脸		祁楼一带	祁楼乡政府	石汉埠	田东利	MX006873	
240	杨公子访朋友		祁楼一带		皮金良	田东利	MX006873	
241	接佛寺的传说		阜城霞口、东光一带		朱熙云		MX006873	
242	死兔子打活了		建桥一带	王雄村	王永顺	陈胜隆	MX006873	
243	吹洋号		大龙一带	戈坟村	韩学令	金秋	MX006873	
244	为人应敬爹和娘		大龙乡一带	戈坟村	韩学令	金秋	MX006873	
245	山野鹊		砖门一带		刘金辉		MX006873	
246	织红布		砖门一带		刘金辉		MX006873	
247	盼闺女		砖门一带		刘金辉		MX006873	
248	巧媳妇		阜城一带	阜城东街	刘淑芝	何国龙	MX006873	
249	劝丈母		阜城一带	对寨村	车桂荣	何国龙	MX006873	
250	只怕爹爹娶后娘		阜城、交河一带	对寨村	车桂荣	何国龙	MX006873	
251	算卦		码头、大龙一带		王战令	金秋	MX006873	
252	好秀才		东光、阜城一带		王战令	金秋	MX006873	
253	惜时歌		东光、阜城一带		王战令	金秋	MX006873	
254	修道歌		东光、阜城一带		王战令	金秋	MX006873	
255	劝世歌		东光、阜城一带		王战令	金秋	MX006873	
256	小老鼠		阜城、衡水、沧州一带	刘辛村	刘鸣忠	刘沛恒	MX006873	
257	小巴狗		阜城		车桂荣	何国龙	MX006873	
258	小公鸡		古城一带	张枣村	宋冬冬	宋占明	MX006873	
259	小白兔		阜城、古城一带	刘南村	张桂英	李玉良	MX006873	
260	小熊猫		阜城、古城一带	刘南村	张桂英	李玉良	MX006873	
261	小白猫		阜城、古城一带	刘南村	李玉环	李玉良	MX006873	
262	小花猫		古城一带	古城	陈立华	李玉良	MX006873	
263	小白鸡						MX006873	
264	小板凳		阜城、东光一带	刘辛村	张国华	刘沛恒	MX006873	
265	看娘娘		阜城、武邑交界一带	尤常巷村	尤玉如	景国新	MX006873	

序号	篇名	民族	流传地区	采集地	讲述者	搜集者	数据库编号	字数
266	想媳妇儿						MX006873	
267	蒸馍馍						MX006873	
268	颤悠竿						MX006873	
269	秃葫芦						MX006873	
270	小金脚		阜城一带	对寨村	车桂荣	何国龙	MX006873	
271	月姥娘		阜城一带	东街	刘淑芝	何国龙	MX006873	
272	不吃姥娘的好东西		阜城一带	东街	刘淑芝	何国龙	MX006873	
273	打棍词		砖门一带		刘金辉		MX006873	
274	二斗芝麻						MX006873	
275	夜哭郎						MX006873	
276	糖饽饽						MX006873	
277	侃大玄（一）		码头、大龙一带	中常村	王占令	金秋	MX006873	
278	侃大玄（二）		码头、大龙一带	中常村	王占令	金秋	MX006873	
279	侃大玄（三）		码头、大龙一带	中常村	王占令	金秋	MX006873	
280	时政类（一则）						MX006873	
281	事理类（六十三则）						MX006873	
282	修养类（十四则）						MX006873	
283	社交类（十七则）						MX006873	
284	生活类（十六则）						MX006873	
285	自然类（五十四则）						MX006873	
286	生产类（六十八则）						MX006873	
287	其他（四则）						MX006873	
288	二郎担山					尤文远	MX007149	
289	柏树西斜					战歌	MX007149	
290	珍珠窝的故事					杨辛生	MX007149	
291	狗台坡的来历					杨辛生	MX007149	
292	楼桑公鸡为什么沙哑				史简	张德恩	MX007149	
293	万子尧巧断哑巴案				张景辉	张德恩	MX007149	
294	刘备出世					尚友明	MX007149	
295	赵匡胤不值一文钱					尚友明	MX007149	
296	康节相面看吉凶					尚友明	MX007149	
297	一分钱难倒英雄汉					辛生	MX007149	
298	越稀越吃它					孟令琨	MX007149	
299	风雨竹					史简	MX007149	

序号	篇名	民族	流传地区	采集地	讲述者	搜集者	数据库编号	字数
300	抬杠				张景辉	张德恩	MX007149	
301	杨六郎大摆忙牛阵				李国成	曹治淮	MX007149	
302	杨老其杀子					杨辛生	MX007149	
303	春雨和彩霞					张令慧	MX007149	
304	一条红腰带					平静	MX007149	
305	会说话的母鸡				谷秀玲	平静	MX007149	
306	力降地主					平静	MX007149	
307	打河堤					平静	MX007149	
308	听话的儿子						MX007149	
309	母猪成仙						MX007149	
310	天配良缘					飞龙	MX007149	
311	打哑迷					翟杰	MX007149	
312	自找苦吃					辛生	MX007149	
313	县老爷挑总管					武凤桥	MX007149	
314	花钱买瞎话					武凤桥	MX007149	
315	死不爱吃肉					史冰	MX007149	
316	抹烟囱					史冰	MX007149	
317	聚宝瓮				李实安	杨宝赋	MX007149	
318	白乐儿					武凤桥	MX007149	
319	仨女婿拜年				张景辉	张德恩	MX007149	
320	金黄瓜					战歌	MX007149	
321	打柴老人					战歌	MX007149	
322	皮笊篱和金马驹					郭维贤	MX007149	
323	画寿礼				高阳	尚钦鑑	MX007149	
324	师徒比画					尚钦鑑	MX007149	
325	麦子的传说			保定郊区	张玉拳师付	尚钦鑑	MX007149	
326	老皇选太子					杨辛生	MX007149	
327	赑屃驮碑					杨辛生	MX007149	
328	姑嫂戏言招祸					杨辛生	MX007149	
329	真金烈女碑					桑元	MX007149	
330	饺子迷					石夫	MX007149	
331	审关公					张德恩	MX007149	
332	血瓤西瓜案					晏文光	MX007149	
333	谢定柱打虎					尤文远	MX007149	

序号	篇名	民族	流传地区	采集地	讲述者	搜集者	数据库编号	字数
334	千手千眼佛					史冰	MX007149	
335	麻雀与百灵鸟					北贵新	MX007149	
336	金丝鸟					李文新	MX007149	
337	造反头头的报应					杨辛生	MX007149	
338	刘秀吃高粱面餅子					张先贵	3942	1061
339	尹开先治沙		邢台城东			王廷春	3944	950
340	弄巧成拙						4031	301
341	王本固考秀才		邢台一带		李二保	李哲彬	3940	4827
342	建造老王閘				杨生春	陈玉明	3934	752
343	六郎夜战瓦桥关		邢台一带		母景柱	邵宗普	3946	363
344	怪医		邢台半山区			侯仁国	3947	1888
345	一个小钱逼死英雄汉				王景林		3938	3121
346	死搬教条						4032	1930
347	武辖的传说				乔仁先	郭明臣	3939	1301
348	拜师		邢台、内邱交界一带		韩庆寿	郑一民	3928	2580
349	春牛图的由来		河南、河北		项东		3932	8906
350	黄巢祭刀		邢台山区			王昌言	3943	439
351	铁嘴刘墉				候宗圣	冯仲生	3949	710
352	四个郭村的来历		邢台、内邱交界一带		孙保生	郑一民	3936	999
353	屎克螂答辩				张同林	张香娥	4029	2628
354	骂和尚				张同林		4027	1438
355	唐年古画					王玉君	4025	3771
356	对腔窑		邢台城东		张元春、瓦工头	陈玉明	3937	1301
357	猫头鹰的故事		冀南农村		李保善	王宝志	4023	2188
358	洗脚药				张同林		4028	1919
359	魚和猫				吴三妮		4021	859
360	“称地秤”与“量天尺”		邢台、河南		郑焕章		3931	2336
361	三访莲花图				九伶	冯仲生	3929	352
362	八岔梅花路与五步三孔桥				杨俊卿、杨春生	陈玉明	3935	2773
363	拙妇学舌					冯仲生	4030	520
364	“流不干”与“流不满”				青山村牧羊老人	郑一民	3933	1779
365	住店				张同林		4026	1127

序号	篇名	民族	流传地区	采集地	讲述者	搜集者	数据库编号	字数
366	黄蛤蟆传奇			邢台县东静庵村	武学文、刘枝秀		3950	2646
367	聪明的小乌龟		台邢县西乡		贾银妮		4022	1285
368	“太不俗”趣闻		邢台浆水、枣园一带			冯仲生	3948	2833
369	测影的传说				郭小山	刘华进	3930	2542
370	松鼠的传说				王怀山		4019	764
371	多多益善				冯长太	冯仲生	4033	417
372	杨宝瑞传闻				肖大海	肖光辉	4034	1034
373	王尚书的传说				耿贵荣	陈玉明	3941	278
374	虎守杏林		邢台县山区		王俊义		4020	670
375	一封诗信				张同林	张香娥	4024	639
376	蚊子的来历				王井木		4018	2478
377	齐青天轶事		邢台城			王廷春	3945	681
378	没标点的纸条				齐大鹏		13724	1166
379	聪明的媳妇				董贤明		13701	941
380	九鸡梦						13677	335
381	自做聪明				刘汉德		13721	332
382	蝠蝙				迎亮		13755	385
383	黑龙江上的乡亲				董长生		13660	556
384	傻蛋				王氏		13738	227
385	房梁上挂红布包的来历				许淑娟		13680	1472
386	小猪倌				韩智胜		13731	466
387	“囍”字				王艳令		13662	151
388	老三				卢井周		13713	726
389	对着干				王茂宙	尹秀联	13710	727
390	嫦娥奔月						13685	1707
391	有钱能使鬼推磨				霍庆林		13652	453
392	镯子的来历				刘元成		13675	1061
393	磨刀不误砍柴工						13651	1094
394	宝贝蛋				王洪隆		13666	694
395	一家笨蛋				付万顺		13753	479
396	三婿拜寿		盐山中部		于砚田		13646	3031
397	戒指的传说						13750	326
398	催生娘娘				吴全男		13648	2305

序号	篇名	民族	流传地区	采集地	讲述者	搜集者	数据库编号	字数
399	吃请						13687	763
400	彩虹的来历				董长生		13638	894
401	张大吹和李会圆				翟秀香		13693	460
402	秃子娶妻				苏天荣		13664	317
403	张老二贩画						13691	1013
404	驴子过河为什么要撒尿				李树双		13655	1010
405	一招鲜				吴金起		13725	990
406	黄豆的来历				马金山		13659	496
407	黑心的儿子				李中华		13671	377
408	看戏				张秀池		13733	377
409	俏女				董晓兰		13679	2213
410	馋鬼						13690	2428
411	雪莲选婿				姜连科		13637	691
412	王盘卖饱子		盐山南部		董长生		13643	517
413	善恶有报				刘殿奎		13672	1119
414	小皮匠				董长生		13647	556
415	桃木剑				刘铁岭		13718	541
416	竹篮子打水一场空						13688	155
417	小花猫						13719	114
418	鸡的叫声				肖农		13676	624
419	“长工”与“皇帝”				迟永达		13703	649
420	找幸福				孟莉华		13681	759
421	吝啬的夫妇				张尚明		13706	231
422	鬼难拿和鬼拿不着				董中兴		13722	1428
423	长鼻子地主				吴长河		13699	759
424	见县官				张玉宾		13711	1159
425	一碗面条					李元松	13695	840
426	扫帚星				吕淑珍		13715	594
427	地主拾帽				芦胜江	王文岗	13751	649
428	箭射山门				付海生		13698	559
429	小气鬼				李卫东、李书行		13737	1975
430	蛇精与狐狸精				李娥红		13717	2191
431	我不干				陈建国		13735	245
432	“川”字和“三”字						13747	627

序号	篇名	民族	流传地区	采集地	讲述者	搜集者	数据库编号	字数
433	月明珠和狗吃屎				翟氏女		13658	447
434	眼不见为净				赵大亭		13739	862
435	三顿饭						13749	233
436	巧计救母						13683	910
437	九头案				张文栋		13641	330
438	小俩口开玩笑				于砚田		13727	2461
439	舍命不舍财				董爱萍		13746	297
440	“王母娘娘”的传说				王兴文		13678	612
441	马虎县官				刘文武		13742	290
442	亲家俩				董长生		13654	747
443	黄荷和关才				李青荣		13709	1003
444	鄚都城的传说				曲沛章		13639	610
445	十二相的传说						13650	547
446	米饭汤		盐山一带		张大爷		13645	448
447	缺德妖						13712	680
448	刘三得妻				张大爷		13642	868
449	哥哥和弟弟				李桂华		13653	709
450	包公巧断没标点字据案		沧州地区		齐大鹏		13644	715
451	老鼠的来历						13720	782
452	石狮				杨国柱		13684	2467
453	红瓦盆						13723	351
454	聪明的农妇				苏天荣		13726	289
455	啼笑皆非				韩秀岭		13728	1514
456	两只葫芦				李树亭		13694	694
457	七星庙				汪王氏		13729	589
458	兔子的尾巴						13686	791
459	狗和猫结仇				蒋秀梅		13740	951
460	两个伙伴				杨治忠	杨秀苹	13716	1300
461	没良心				建新		13744	672
462	巧妇难倒秀才				万福林		13705	525
463	四个懒人过河						13745	494
464	智斗知府				李桂德		13696	861
465	上坟烧纸的传说				张志芹		13756	723
466	一碗金豆子				秀吴蕊		13704	971

序号	篇名	民族	流传地区	采集地	讲述者	搜集者	数据库编号	字数
467	宝珠						13689	595
468	腊八粥						13752	339
469	玩钱鬼				于如胜	于淑凤	13668	760
470	我要手指头				丁成荣		13732	469
471	东西				郑淑芹		13663	2374
472	三婿拜寿						13743	469
473	一坛白银				王金行		13636	328
474	俊生治“锁”妖				王桂霞		13656	544
475	三句话不离本行				董长生		13640	1966
476	宝扇				鲁山林		13682	1008
477	地母奶奶与麦穗				赵王氏		13670	1224
478	聪明的媳妇				王玉中		13669	974
479	四女婿祝寿					王玉粱	13674	1091
480	万知县断案				程凤军		13673	873
481	哪有的事				翟玉如		13708	1059
482	老汉和他的石子				董贤龙		13707	190
483	三人争烟				黄平贵		13702	347
484	关公的传说					张福海	13700	568
485	迷魂树				黄文秀	赵双和	13692	191
486	李伍孝母				汤氏		13714	176
487	驴子的爸爸				逆亮		13734	872
488	请客				阎国君		13730	604
489	馋媳妇				刘秀然		13754	1037
490	哥俩分匾				李玉龙		13736	665
491	这儿臭得更厉害						13748	243
492	捉鬼				徐金銮		13741	1109
493	误会				董长生		13635	802
494	师徒斗智				王玉忠	汪洪印	13649	481
495	春节放鞭炮的传说				韩俊荣		13657	373
496	古有福				王秀文		13661	387
497	人年龄的传说				佚名		13665	574
498	人会说话的传说				李泽鹏		13667	218
499	聪明的农夫				杜金娥		13697	503
500	癞蛤蟆讨老婆				张风兰	陈宁涛	14009	831

序号	篇名	民族	流传地区	采集地	讲述者	搜集者	数据库编号	字数
501	樵夫奇遇记				边秋灵	李彦昌	13952	292
502	生姜辩				郝佑民	齐彦彬	14013	4511
503	“目不识丁”的故事				张文亮		14010	4966
504	小偷儿与王大脚				李彦昌		14001	5089
505	赵高挨打				杨建英	齐彦彬	13987	5072
506	聪明的毛毛				齐彦彬		13989	1043
507	葡萄沟的故事				张风兰	陈宁涛	13963	476
508	桃园儿女情				张凤兰	陈宁涛	13975	3181
509	老虎和小松鼠				齐同庆	齐彦彬	13993	335
510	对诗吃面				滕玉明		13986	1126
511	吴老三的故事				张风兰	陈宁涛	13971	1278
512	青蛇和商人				刘庆军	齐卫芬	13960	2694
513	俩土地换位				李宝昌		13984	3443
514	摔子劝夫				李金窑	王永发	13972	1127
515	画中人				张风兰	陈宁涛	13953	2043
516	忍饥与保暖的故事				吴明		13958	291
517	借少还多						14006	1905
518	借桌椅的故事				门淑珍		13929	750
519	山哥奇遇				吴明		13956	1034
520	纸人				张凤兰	陈宁涛	13955	1455
521	耍手艺				齐连占	齐彦彬	13969	374
522	火龙单						13985	315
523	聪明的儿媳				郝振新	郝占科	13990	3242
524	卖乖				张风兰	陈宁涛	13999	2556
525	蛇女				张凤兰	陈宁涛	13965	6697
526	娶秴子				张凤兰	陈宁涛	14007	1720
527	改袍子						14002	1686
528	戒烟				齐幼明	齐彬	13970	656
529	宝葫芦				张风兰	陈宁涛	13966	1165
530	神奇的鸡狗与两兄弟				安玉芬	李彦昌	13957	2987
531	神箭手				安玉芬	李彦昌	14000	503
532	黄蛤蟆的梦				刘发生	张建华	14012	1347
533	鸳鸯扇				张风兰	陈宁涛	13962	249
534	傻小子娶媳妇				张风兰	陈宁涛	14011	1019

序号	篇名	民族	流传地区	采集地	讲述者	搜集者	数据库编号	字数
535	白吃酒				郝佑民	齐彦彬	13991	2042
536	多用被				葛胜桥	李彦昌	14003	2329
537	张老一挑女婿				王红艳	李淑梅	13988	969
538	骄傲的猴子				齐之同	齐彦彬	13994	744
539	四姐妹智斗老狼婆				安玉芬	李彦昌	13998	869
540	狗和猫				胡兰有	胡新赞	13995	496
541	猫师傅与虎徒弟				李彦昌		13996	3015
542	穷汉子讲故事						13983	241
543	丁香割肉				滕玉明		13973	1630
544	志刚传奇				张凤兰	陈宁涛	13981	351
545	干什么，吃什么						14005	2126
546	“傻”大嫂				王拥军		13978	2531
547	林木之交				王拥军		13979	2666
548	青树山、棋盘洞的故事				臧日升	臧国明	13967	299
549	虎和猫				王拥军		13997	1545
550	蛤蟆公子				张风兰	陈宁涛	13964	2142
551	七斤盗墓				王拥军		13980	1199
552	虎为媒				张凤兰	陈宁涛	13959	1547
553	种葫芦				石喜才	石岩	13961	1524
554	少着醋				陈宁涛		14008	1250
555	黄鼬妻				边秋灵	李彦昌	13954	623
556	捉虱子						14004	322
557	婆媳俩				张小梅	赵爱民	13968	665
558	急性子、蔫脾气和财迷疯				郝佑民	齐彦彬	13992	1154
559	无情的儿和有情的狗				张文亮		13977	3573
560	宝葫芦的秘密				马素亨	臧国明	13976	677
561	观音庙雨夜闹鬼				刘振路	刘爱红	13974	3067
562	拐棒智斗双阎王				孔良儿	李彦昌	13982	2162
563	阎王吃捧				孙庭珍		15089	1343
564	土地神求“财”				孙庭珍		15086	2945
565	铁佛寺的传说					赵健民	15068	4064
566	牛光先飞马献奇艺					李中兴、柳增存	15051	1171
567	彭祖夸寿				赵琴子		15078	452
568	宁晋风物传说二题						15066	1083

序号	篇名	民族	流传地区	采集地	讲述者	搜集者	数据库编号	字数
569	孟家庄庙会的由来						15061	1335
570	一扇之地						15052	718
571	道士与鞋匠盘道						15077	677
572	范道卿的故事						15054	861
573	考中不易，授官更难						15056	1167
574	“燕王扫北”和宁晋七姓				王士贞、郑中林		15060	2465
575	打恶鬼						15083	675
576	白眼狼的故事				孙三娥		15085	1379
577	“王莽赶刘秀”的传说						15064	1184
578	巧鹦哥智斗胡知县				杜守序	杜振祺	15073	1451
579	两个木匠						15079	532
580	郑万举						15084	1058
581	腊八粥						15074	1857
582	秀才巧答县令					楚瑛	15076	3557
583	登云鞋						15071	1100
584	鞭打神牛的传说					谷振同	15062	527
585	“梁神”的传说						15075	1671
586	陈茂行和王信甫						15055	636
587	梳妆楼						15069	1024
588	孟敏坠甑				王新燕、任丁林		15058	655
589	朴塌河的传说				田玉禄	田中建	15067	1455
590	老鼠告状				赵琴子		15088	226
591	棉花老爷醋太太						15057	1912
592	宁晋人为啥不去修黄河						15053	879
593	臭水井					李志业	15070	2912
594	孙公献鲤						15065	2916
595	张哥儿的传说					王淑芳	15072	3770
596	“大头鬼”和“长脖子鬼”					张秋葵	15081	2097
597	兄弟同心镇沙丘						15063	869
598	审笸箩				孙宝瑞		15059	647
599	状元曹鼐的传说				曹增海		15050	3556
600	夺枕头				李桂昌		15080	5499
601	解梦					张秋葵	15082	885
602	巧改对联				朱建玲		21080	1501

序号	篇名	民族	流传地区	采集地	讲述者	搜集者	数据库编号	字数
603	三代妇					靳保山	21095	1173
604	刘二虎巧取千里驹				赵德君		21117	1284
605	卖豆腐为什么敲梆子				许仲		21114	1012
606	天下第一拳——武林轶事				赵资九		21068	2590
607	三个姑爷夸马					梁冰	21139	841
608	傻三学语					赵剑华	21145	1478
609	沈万三的传说				袁连柱		21103	707
610	知州让道杠箱官				马永祥		21101	1804
611	要知现在，何必当初					武秀英	21119	343
612	小神童					张海风	21099	1599
613	杨林标					赵剑华	21067	1668
614	让父三刀				刘臣		21081	892
615	望夫塔					邱国旺	21093	575
616	一斗高粱的故事					韩永海	21135	895
617	忘恩与实意					赵朋起	21123	1292
618	黄蛤蟆				何云英		21128	914
619	醉汉与尼姑				刘振华		21092	340
620	蝈蝈和山雀						21152	930
621	教话与学话				马永祥		21143	643
622	治老刮					武风桥	21090	858
623	竹篮打水——一场空				郅文生		21127	545
624	娶了婆婆				张春森		21088	879
625	熊、狐狸和山鸡					苑书斋	21153	587
626	宋冕问前程				杨凤岐		21075	176
627	郭菊埋儿				牛秀芝		21085	1083
628	选总管				吴王堂	武风桥	21089	381
629	懒汉吃饼					张海风	21137	1962
630	神童解缙					赵剑华	21072	2448
631	刘高手的传说				范玉坤		21126	506
632	张十里问路				杨宝玉		21112	1111
633	请先生				梅泽生		21136	1045
634	三个女婿拜年					马占元	21113	3162
635	聚宝盆					赵剑华	21070	1096
636	哥俩种高粱					王云武	21107	610

序号	篇名	民族	流传地区	采集地	讲述者	搜集者	数据库编号	字数
637	王四打鱼				史俊峰		21083	1608
638	麻尾雀的故事					路骞	21129	1314
639	三个傻懒汉					成中富	21150	1217
640	选婿					杨小艳	21148	1639
641	庄稼姑爷戏官婿					翟杰	21104	887
642	背筐子成份				赵广跃		21146	1902
643	孩童与恶狼					郑晓红	21130	884
644	智斗白眼狼				马桂敏		21122	1497
645	张果老为啥倒骑驴				于连庆		21133	1941
646	兄弟与神鹰				王建忠		21109	1252
647	姐妹战老虎				赵德君		21118	2536
648	牤牛沟					胡升术	21131	1412
649	借年				吕德福		21097	318
650	后娘					武风桥	21087	732
651	“聪明”的二大伯					董文生	21140	653
652	财主盼金				牛连祥		21079	560
653	猎人与公主					赵剑华	21076	510
654	公鸡为什么打鸣儿				赵永柱		21100	531
655	李铁拐偷锅					张孝文	21134	778
656	狼和巫婆						21151	930
657	烟熏蚊子				吕德福		21096	501
658	考童生				马永祥		21141	2000
659	捧屁记				马永祥		21142	1331
660	梁上君子					赵剑华	21069	1039
661	好好先生				李连仲		21149	1276
662	腊八的传说					王爱芹	21091	378
663	教儿						21098	1912
664	狐狸皇后					王景亮	21116	646
665	聪明的农妇					韩树亭	21111	3345
666	打哑谜					翟杰	21105	621
667	骄傲的武生应考					郝文忠	21094	294
668	老鼠比牛大					武秀英	21120	339
669	张三吹笛				史俊峰		21082	316
670	巧嘴媒婆				马永祥		21144	631

序号	篇名	民族	流传地区	采集地	讲述者	搜集者	数据库编号	字数
671	四长工联句斗地主					翟杰	21106	679
672	圣贤愁					赵剑华	21074	666
673	什么人说什么话					刘书田	21077	377
674	王刚救老汉				牛秀芝		21086	797
675	楚有三头				刘书田		21078	3041
676	万迎除霸				马永祥		21102	507
677	四秀才对诗					赵剑华	21073	916
678	白蛇报恩				牛秀芝		21084	1239
679	“解手”一词的由来				赵树全		21071	1514
680	机智的农妇					李玉环	21110	1237
681	扣罗庄				崔老启		21125	185
682	枕头案				刘金坡		21108	529
683	李四请客					武秀英	21121	743
684	梦先生					杨小艳	21115	1497
685	州官画猫				崔老启		21124	1376
686	桑园寄子					汤丙午	21132	742
687	懒汉与懒婆					宗方	21138	1729
688	三个老汉抽烟				牛连祥		21147	258
689	人长和人短				郝天佑	党巨金	21351	774
690	扫帚精		坝上各县		罗艳军	高天燕	21312	904
691	智擒胡大头					白玉花	21407	804
692	黑毛猩猩和老奶奶		坝上各县		杨秀荣	杨秀云	21328	2309
693	傻小子看家					曹旭	21394	550
694	王小儿卧冰		坝上一带		陈茂	郭世海	21314	639
695	擦嘴油				李英科	阮全贵	21395	1832
696	寡妇出门子		张北一带		任树根	王子香	21323	458
697	顺心丸				李树林	黄喜林	21396	919
698	蛤蟆叫的来历		张北县一带		孔明	王子香	21336	859
699	愣小成仙				王有元	倪桂兰	21367	680
700	赊三不如现二		坝上地区		王启	于全斌	21315	933
701	不见黄河心不死		张北部分乡村	公会镇	赵林玉	赫晓	21366	685
702	鸡的来历					陈润芳	21341	445
703	治病				韩世花	王爱	21354	326
704	神婆抓穷汉		坝上一带		韩水	韩平	21322	1618

序号	篇名	民族	流传地区	采集地	讲述者	搜集者	数据库编号	字数
705	王杏砍柴		张北以北一带		赵万山	王子香	21362	3355
706	老大和老二				郝天佑	党巨金	21346	762
707	养儿不如炼锡壶		张北县	大考营村	霍占海	刘润书	21365	606
708	卖香香皮		张北县北部、锡林郭勒盟南部地区		高文连	刘满旺	21318	682
709	傻小子识字		张北县北部	张北	王栋	刘润书	21400	521
710	吹喇叭的发大财		张北		李景英	白玉花	21369	347
711	三星的传说				刘彦苹	王子香	21357	1391
712	贪得无厌		坝上地区		张风书	倪桂兰	21310	413
713	燕子报恩		张北县一带		苏举	王子香	21344	477
714	三句话不离本行				刘瑞武	范鹏飞	21370	1137
715	马为什么没有角		张北县一带		阎俊明	王子香	21338	1502
716	二赖子吃面					张书平	21403	320
717	再吹吹		坝上一带		杨秀荣	杨秀云	21327	298
718	吝啬鬼的故事				崔靖、郝天佑	党巨金	21379	183
719	捞财伤命		坝上大乌登山一带		贾录	王忠新	21348	449
720	青蛙为什么不在海里					张建海	21343	2190
721	三连襟会诗		张北县一带			秦永成	21393	1029
722	颠三倒四		张北县一带		范氏	范明	21382	900
723	花骡子告状					李旺	21364	653
724	猫和狗				樊振荣	徐谦	21333	2721
725	愀女婿的故事				郝天佑	党巨金	21378	448
726	无知一场空					徐乃军	21389	825
727	王小招驸马		张北一带		赵林玉	刘润书	21311	411
728	有肉命也不要了				梁万祥	李福亮	21402	1860
729	纸人成亲		坝上地区		张承隆	张承文	21309	1232
730	孙子考爷爷					徐乃峰	21390	464
731	“生铁头”赤手杀敌记					丁贵	21405	536
732	没鼻子财主					孙登星	21368	425
733	驴蹄丫子的传说				庞德昌	庞爱芸	21326	832
734	公羊下羔				冯明	王秀琴	21391	238
735	支狗儿斗鬼		坝上地区		赵谦	薛志军	21320	510
736	好心得好报					徐乃峰	21352	614
737	蚰蜒精		坝上地区		褚明文	马淑琴	21324	976

序号	篇名	民族	流传地区	采集地	讲述者	搜集者	数据库编号	字数
738	十兄弟		张北县一带		邢孝来	王子香	21386	180
739	三件宝贝		张北县一带		靳礼	王子香	21317	619
740	可别学了二鞑子					刘满望	21349	1081
741	大雁				安太忠	王子香	21331	830
742	园梦		张北北部		姚义	赫晓	21404	1983
743	四个巧媳妇					樊龙	21392	675
744	孵马蛋				郝天佑	党巨金	21376	655
745	公鸡为什么在天亮前叫鸣		张北县一带		高富	王子香	21332	1073
746	蚂蚱败猴占坝上		张北县一带		殷文潮	迅飞	21340	320
747	蚧蛤蟆的传说					赵月莲	21330	1328
748	灶马爷砸玉盘		坝上部分农村		吕明亮	王忠新	21372	625
749	侯二打赌				安旺	安明	21355	1747
750	木头婆婆		张北县一带		苏举	王子香	21316	2496
751	人心不足蛇吞象				安忠	郭和	21347	1220
752	穷汉过年		白庙滩乡一带		杜守章	迅飞	21388	819
753	馋鬼				郝天佑	党巨金	21377	771
754	智勇歼敌				唐毅	朱丽琴	21410	2364
755	恶兽不能救				王俊	绿原	21360	541
756	贼师傅和贼兄弟		张北县一带		苏举	王子香	21387	702
757	猪贩子问路		坝上一带		任旺	绿原	21359	918
758	八哥为啥会说话		张北县一带		许华	王子香	21337	900
759	县大队除顽匪				章成魁	朱丽琴	21409	4129
760	鸡为什么喝水时要朝天看				张仑	卢爱军	21334	3296
761	九和酒					陈广生	21399	579
762	乌鸦借粮		山西阳高一带、坝上		李树林	黄喜林	21345	2599
763	武工队巧布迷魂阵		白庙滩一带		霍登瀛	白玉花	21408	1435
764	“朋友”好不了三年		张北县一带		李旺	王子香	21361	935
765	傻女婿拜年		张北北部	刘油坊	李静	赫晓	21401	658
766	脚、拐骨、腿吵架		坝上一带		刘海	杨秀芬	21374	400
767	盛盐罐		张北一带		乔建军	王子香	21398	1097
768	王二小运来得宝石		坝上地区		刘元	赵有荣	21319	406
769	独吞一席				石柱梁、张丙文	王业	21397	952
770	愣二小赶考					曹春	21385	1106

序号	篇名	民族	流传地区	采集地	讲述者	搜集者	数据库编号	字数
771	顶针、姑娘		张北县一带		韩岁康	王子香	21363	530
772	宝葫芦		张北县		刘氏	李艾	21308	520
773	心口不一		张北一带		李秀荣	赵浴黎	21321	846
774	金斧头和铁斧头					李建国	21350	471
775	毛驴过河为啥要撒尿		张北县一带		史永	戴世敏	21339	233
776	白菜精		坝上地区		马焕英	刘永红、赵生祥	21325	720
777	狐狸女儿		坝上各县		张福元	张承文	21329	538
778	捞屁				郝天佑	党巨金	21381	2132
779	红豆子和豆将军				郝天佑	党巨金	21371	343
780	应得的福分		坝上各县		王海元	王晓燕	21313	430
781	哥儿俩看戏				范鹏飞	胡子峰	21384	2165
782	长工和地主				郝天佑	党巨金	21380	728
783	艺精于智				许佃江	赵谦	21373	1049
784	齐里和齐外		张北县一带		池凤祥	黄喜林	21356	2584
785	人为什么会说话					殷振河	21342	766
786	孔雀上天					范素宏	21335	827
787	“姑姑救”鸟的故事		坝上坝头一带		任旺	绿原	21358	568
788	南蛮子取宝					车成	21353	810
789	“一毛不拔”的来历				姚曙光	王凤华	21383	997
790	智勇双全的县大队长——马尚				刘明、孙宝仁	武宏	21406	274
791	狐皮被子				张仑	张峰	21375	981
792	瞎子和“刚才”				张永秀		25689	452
793	刘主席来俺家“私访”				马银姐		25667	1291
794	老虎怕漏				王冬		25684	1450
795	陈全求“放”						25708	689
796	吕正操赠马				杨三义		25674	398
797	绑票				孙春祥		25680	1173
798	神斧				王冬	侯艾华	25669	514
799	吃东西噎住了为什么拽耳朵						25701	801
800	门插官儿						25666	4772
801	妈妈的报应						25696	1465
802	白喜欢						25698	2115

序号	篇名	民族	流传地区	采集地	讲述者	搜集者	数据库编号	字数
803	书呆子过水沟						25712	824
804	错死						25704	197
805	锄的来历						25700	273
806	老程作怪						25676	650
807	发财和兴旺				刘海英		25693	2833
808	算卦的瞎子掉井				张济源		25670	294
809	烟鬼的结局						25681	249
810	学俏话				王垠		25677	3895
811	金蛤蟆做梦						25686	229
812	做闺女时的更好						25707	1878
813	活见鬼				石言风		25679	1652
814	傻女婿拜年						25695	507
815	花喜鹊和兰花						25665	999
816	老太太发奖赏						25688	368
817	“施义”与“忘恩”				秘风事		25675	658
818	上乱下不平						25685	953
819	王木墩				刘惠荣		25678	2842
820	狼						25682	871
821	小宝锣的故事						25687	654
822	吕洞宾下凡				刘江荣		25692	792
823	三句半惹祸						25714	244
824	阿弥陀佛						25691	488
825	三宝吃粽子						25697	1001
826	遗嘱						25709	469
827	吹大话				石吉风		25713	425
828	弟兄仨分家						25715	820
829	板人						25710	1450
830	还愿						25694	131
831	葫芦籽儿						25711	1070
832	和尚破婚				赵二白		25683	222
833	“鬼”碰“鬼”				石吉风	侯艾华	25671	1359
834	朱老总看美展						25668	870
835	头鸣				黄艳芬		25706	843
836	孝子庙的传说						25690	1395

序号	篇名	民族	流传地区	采集地	讲述者	搜集者	数据库编号	字数
837	傻女婿						25699	737
838	摆擂台，气焰嚣张；巧对联，大振国威						25673	575
839	老虎头上“王”字的来历					张存环	25672	704
840	比狗屁还臭				黄艳芬		25705	1435
841	马虎的来历						25702	276
842	你，我，他				石同福		25703	1131
843	书呆子		下花园	下花园	张德福		28734	414
844	傻姑爷		下花园	下花园	王怀亮		28744	1536
845	傻小子学话		华北一带	下花园煤矿	周陶然		28725	890
846	小哥俩进城		张家口	下花园	王怀亮		28743	654
847	恶语杀人		下花园	下花园区上花园村	黄贵龙		28724	838
848	僁货买货		下花园	下花园	李香兰		28742	537
849	倒点“天灯”		华北一带	下花园煤矿	周荣照		28720	1087
850	教书先生调情		下花园	下花园区后堡村	张全宝		28722	630
851	儿子娶媳妇，爹娘先拜堂		华北一带	下花园煤矿	周荣照		28714	1818
852	学懒		下花园	下花园	祁有智		28723	1912
853	争“丧”		下花园	下花园	郭氏		28712	1530
854	吟诗、喝酒、吃肉		下花园	下花园	田询		28746	5825
855	啥人啥报应		下花园	下花园煤矿	周荣照		28691	887
856	任长和任短		下花园	下花园	池有福		28698	1532
857	进城		下花园	下花园	蔡景福		28740	2114
858	孙土鳖发财		下花园	上花园村	康宝玉		28696	1716
859	县官劝“案”		下花园	下花园区福利院	张书德		28707	1692
860	活财神		下花园	下花园后堡	章玉明		28730	535
861	傻女婿		下花园	下花园福利院	张书德		28741	2477
862	傻人有“傻”福		孟家坟村	下花园	孙朝礼、周陶然		28719	785
863	后娘		下花园	下花园区后堡村	刘元庆		28711	694
864	陈老五娶亲		下花园	下花园	李树成		28715	1484
865	懒		下花园	下花园	李瑞		28747	327
866	韩三成仙梦		下花园	下花园区后堡村	刘元庆		28726	2027
867	北方为什么做官的人少		下花园	棘针屯	郭生金		28752	797
868	冬郭郎的故事		苏家房	苏家房村	李艾梅		28753	1129
869	墓活鬼		华北一带	后窑街曹士美家	曹士美		28732	360

序号	篇名	民族	流传地区	采集地	讲述者	搜集者	数据库编号	字数
870	五马换六羊		下花园	下花园煤矿	刘文成		28754	1445
871	雷公断案			下花园煤矿	周荣照		28692	1075
872	王来宝的故事		下花园	下花园区兴隆山煤矿	胡守林		28701	1256
873	笨小儿学字		下花园	下花园煤矿	周陶然		28733	1497
874	该来的那位没来、不该走的都走了		下花园	下花园	李存哲		28718	333
875	对子		下花园	孟家坟村	孙朝礼		28717	1017
876	干秘密事说话要小点声		下花园	下花园	李瑞		28736	2676
877	带“敦敦儿”		下花园	下花园	李树成		28705	655
878	圣贤愁		下花园	下花园	张考		28694	544
879	路遥知马力、日久见人心		下花园	下花园王功家	王功		28710	1545
880	宝石槽的故事		怀来、下花园一带	下花园	石艾		28695	1824
881	姐夫小姨子		下花园	下花园	王成贵		28721	576
882	信石		下花园	下花园区后堡村	刘元庆		28703	699
883	楸女婿		下花园	下花园区棘针屯村	屈建基		28738	2336
884	半条黄瓜打遍赵川堡		下花园	下花园	张怀瑞		28708	407
885	买镜子		下花园	下花园	刘文成、尹建荣		28735	1050
886	老两口对弈吓盗贼		下花园	下花园区后堡村	刘元庆		28709	2518
887	吴老二买粮		下花园、涿鹿	下花园	杨奉太		28727	537
888	“梦”先生		下花园	下花园煤矿	刘文成		28716	885
889	康熙御赐象牙棋		下花园	下花园后堡街	李德丰		28748	996
890	给妻子的信		下花园	下花园	张瑞平		28751	432
891	“懂”二大伯		下花园	下花园煤矿	刘文成		28745	762
892	舔钻尖		下花园	下花园	王永久		28731	1974
893	孝敬父母天降福		下花园、华北一带	下花园	杨瀛		28690	547
894	高粱变珍珠		下花园区棘针屯	下花园区棘针屯村	王秀娥		28699	541
895	吃扁食		下花园	张焕香家	张焕香		28737	5548
896	吝啬鬼请客		涿鹿、下花园	涿鹿县	季轩乾		28713	446
897	清凉寺的傻和尚		下花园	下花园	张志远		28700	1638
898	张老九夸媳妇		下花园	下花园区上花园村	康生财		28706	915
899	是谁的归谁		下花园	下花园区上花园村	康宝玉		28697	1033
900	老鼠告状		下花园	下花园	张志远		28704	265
901	一首诗破了凶杀案		下花园	下花园	马周		28693	634
902	隐身帽		下花园	下花园	王功		28702	563

序号	篇名	民族	流传地区	采集地	讲述者	搜集者	数据库编号	字数
903	对诗		下花园	下花园	王永久		28729	768
904	鸟语		上花园村	上花园村	康宝玉		28750	2969
905	哥仨分家		下花园	下花园煤矿	刘文成		28728	1490
906	徐达的御赐金锤		下花园	下花园电石厂	李建中		28749	3231
907	此处禁止大小便		下花园	下花园	王永久		28739	408
908	金龙淀				黄振川	张军平	28781	1489
909	胡监生与老三混					邓志庚	28783	1536
910	打赌				周混		28788	1330
911	上城子						28774	740
912	鱼吃牛的故事					李永鸿	28777	1051
913	骡子蛋				李小平		28807	639
914	侵地					周美琨	28785	833
915	调情遭谤				杨树培		28794	312
916	血家口					李永鸿	28776	1578
917	“漏”的故事				马氏		28798	1400
918	金链子					李永鸿	28775	441
919	船桅上的木鱼				李永鸿	王苍良	28779	2017
920	占便宜				李长祥		28806	1562
921	响板惊鱼				李永鸿	李永鸿	28778	341
922	量心				李长祥		28796	303
923	麻雀、知了和蚊子				崔介民		28800	449
924	塌湖店					邓志庚	28782	509
925	智叟骂狂生				李克勤		28808	1628
926	那有猴心挂树稍				马氏		28799	533
927	学懒				高国定		28817	853
928	小孩没腰				崔运苏		28811	521
929	公鸡蛋				周美琨		28814	562
930	四大天地				谷仿儒		28790	1112
931	西葫的故事				周混		28786	546
932	照镜子				张奇元		28816	1017
933	上梁不正下梁歪				宋凤斋		28784	358
934	两个大屎蛋				张智强		28815	2133
935	不准卖“我”				李全乐		28809	577
936	偷锅				高国定		28813	565

序号	篇名	民族	流传地区	采集地	讲述者	搜集者	数据库编号	字数
937	小秃子				赵艳玲		28810	870
938	忌九				梁德林		28812	2422
939	圣贤愁				崔运苏		28793	254
940	燕子和癞蛤蟆				王蕴芝	周美琨	28797	1867
941	对对联				邸金桥		28789	1293
942	虱子搬家				高国定		28801	458
943	王安遇“鬼”				陈余田		28787	737
944	一字笑，百两银				高国定		28795	1242
945	魏巴的故事						28792	406
946	诗童解明				辛惠田	耿保仓	28780	879
947	懒汉拜师					吴明	30451	709
948	连根拔					李珍	30490	665
949	烙的饼小					谢丽娜	30465	650
950	两个吝啬鬼				王彦君		30480	1518
951	姐儿三继业				张润生	裴炜	30450	977
952	两个没出息的人				王小花		30481	245
953	赎套裤的				李福臣		30445	121
954	老大和老三				刘启祥		30476	203
955	问令尊					徐国成	30442	159
956	懒惰的两兄弟					吴谦	30477	720
957	丁香割肉					冯志明	30429	152
958	傻女婿					孟会荣	30464	434
959	拆饺子					吴明	30452	1320
960	俩兄弟收珍珠					赵彦芬	30437	305
961	长工做了席上人					张爱民	30471	311
962	文盲先生					张爱民	30463	198
963	要的是葫芦					邢杏敏	30492	1403
964	糊涂县官						30434	378
965	刘老九三难儿媳妇					王敬珍	30401	398
966	手帕					王湘彬	30457	487
967	药州人巧对海南客					赵国铮	30397	226
968	瑞白					赵维贞	30420	169
969	傻小子看门				李玉枝		30485	2026
970	假秀才挨打					王湘彬	30460	279

序号	篇名	民族	流传地区	采集地	讲述者	搜集者	数据库编号	字数
971	巧嘴媳妇					霍林	30473	826
972	马过的故事					安幸肖	30416	372
973	三个拐女婿				马良军		30469	541
974	无言答对					马长生	30449	153
975	懒汉和佛象					孟新玲	30406	238
976	一个慌张的女人					孟桂芹	30472	429
977	三女婿拜寿					张爱民	30468	963
978	内有绸裤一条				李玉枝		30483	894
979	秀花				王银娥		30412	759
980	好强的人					王湘彬	30456	1549
981	秀才吃面				李旦子		30407	835
982	泪不轻弹					王平秋	30494	537
983	朋友误写陈士美					王平秋	30432	278
984	张大胆					王湘彬	30453	1334
985	散仙扬俗				边国贞	边永杰	30423	441
986	县太爷落水					郝秀珍	30439	222
987	三个儿子对诗					吕亚贞	30467	796
988	傻子学说话					叩会军	30446	351
989	莲花的来历					霍爱珍	30421	197
990	祝英台化蚕					红志敏	30394	1395
991	关爷显灵					马长生	30448	1319
992	刘“大胆”					马俊哲	30454	392
993	人为财死鸟为食亡					徐丽敏、邵玉琴	30438	1379
994	棺材奇遇				李银素	冯义娜	30428	419
995	武道显灵					徐国成	30443	2789
996	错字先生					张爱民	30462	440
997	近视眼				宋一丁		30486	597
998	画匠与财主					马云情	30400	654
999	吃烧饼				王晓花		30482	1159
1000	画寿礼					李亚贞	30399	666
1001	没有“地骨”庄稼长不好				李玉枝		30484	740
1002	槐花的故事					邵玉琴	30424	973
1003	王海和龙女					孟芹	30422	563
1004	聪明老农				贺信义		30405	316

序号	篇名	民族	流传地区	采集地	讲述者	搜集者	数据库编号	字数
1005	李富贪得				齐梦贤		30444	725
1006	问路					张运章	30491	1045
1007	善良的放牛娃					张树春	30417	964
1008	知县打磨					寇建斌	30408	552
1009	想占便宜结果吃了亏					黄国志	30436	2202
1010	先生和学生					王敬艺	30478	680
1011	报应					张运章	30426	589
1012	梦先生					杜建锋	30409	1058
1013	傻媳妇照镜子					李珍	30489	440
1014	祝寿对诗					王平秋	30470	148
1015	地主和农民					徐坤荣	30403	812
1016	卢知县智审槐树					孟会荣	30410	137
1017	两个秀才				李玉枝		30479	409
1018	写请柬					徐国成	30459	391
1019	神女戏书生					徐国成	30398	390
1020	猜谜语戏县官				王子义	秦爱君	30411	706
1021	药和酒					徐国成	30395	660
1022	德喜学话				李同林		30447	893
1023	想妻鸟					张卫兵	30396	206
1024	金笛子				李改娟	李胜娜	30418	118
1025	聪明的媳妇					索凤珍	30404	548
1026	枣（早）梨（离）二十五					安建辉	30431	311
1027	秋长和秋短					布淑亚	30413	560
1028	宝伞					张淑芳	30419	1229
1029	“白银”和“小燕”					王耀林	30414	652
1030	王祥挖鱼					段慧兰	30430	251
1031	宝瓮					霍林	30415	265
1032	太太垂帘听审						30435	1317
1033	县官发财					何亚利	30440	669
1034	一把米的故事					郑玉红	30425	647
1035	谁有理						30433	506
1036	走马观花巧配姻缘					李喜照	30441	206
1037	好心有好报					李素英	30427	1474
1038	一个老神仙的故事					侯伟娜	30402	919

序号	篇名	民族	流传地区	采集地	讲述者	搜集者	数据库编号	字数
1039	哥儿俩				白建忠、墨要民		30475	2822
1040	大胆和胆大					甄伟娜	30455	1022
1041	老虎皮					邢杏敏	30493	790
1042	良心					陈利军	30466	216
1043	浪荡公子					王湘彬	30458	639
1044	大丈夫钻床					王湘彬	30461	716
1045	天狗拉米						30474	447
1046	卖豆腐的还没来				王小花		30487	500
1047	一笑就裂了				宋一丁		30488	1641
1048	看称盘儿里没用					马长生	30495	438
1049	鱼木草		霸县煎茶铺乡	霸县工会传达室	汉亭	丽华	31805	896
1050	铸钟		霸县胜芳镇	胜芳镇红旗街	翟保贵	李炳高	31794	802
1051	老丈人吃鸡		霸县杨芬港村	霸县杨芬港中学	阎丛	伯群	31803	1170
1052	孟二和尚		康仙庄一带	霸县工会传达室	汉亭	丽华	31806	2380
1053	台山无山		霸县中部	煎茶铺南庄头村	崔紫英	王姝德	31797	278
1054	董二陪姑爷			霸县杨芬港乡文化站	孙溪全	邢东友	31791	716
1055	判官		霸县一带	霸县总工会	汉亭	小燕	31793	1053
1056	能掐会算的人		临津乡一带	霸县南岸村	刘素兰	小燕	31807	3113
1057	圣贤愁		霸县信安一带	信安文化站	刘永强	尹德强	31868	4501
1058	王三移牌		霸县煎茶铺乡	煎茶铺东煎一村	汪俊青	汪国荟	31874	1769
1059	见什么人说什么话		临津乡附近	霸县临津乡南岸村	孟庆贺	小燕	31869	969
1060	一副对联		霸县煎茶铺乡	煎茶铺东煎一村	刘素芬	汪国荟	31811	1869
1061	小孩没腰		霸县扬芬港乡	霸县扬芬港村	侯尚古	阎丛	31872	1030
1062	五个无头鬼的故事		霸县城关一带	霸县南关	刘成	苗玉恒	31820	1441
1063	马生		霸县西北部	临津乡南岸村	小君	赵丽华	31819	629
1064	仨姑爷拜寿		杨芬港一带	霸县杨芬港乡文化站	孙溪全	邢东友	31790	767
1065	张雁休妻		霸县北片	霸县南岸村	刘素兰	赵丽华	31826	517
1066	岳父考姑爷		霸县西北部	临津乡南岸村	贾敬如	赵丽华	31880	652
1067	关公显圣		霸县城关	霸县城关	吴芬	苗玉恒	31821	1076
1068	小虾和蚯蚓的故事			霸县老堤乡文化站	杨小广、马振刚	张健民	31792	1673
1069	四精救难		霸县辛店乡	霸县辛店乡	谷汉勤	王以韬	31816	622
1070	审笸箩		霸县信安一带	信安文化站	刘永强	蔡福利、尹德强	31789	1403
1071	女婿戏丈人		霸县北河	霸县南岸村	孟庆贺	小燕	31870	1794
1072	一捆梆子棍		霸县一带	北高各庄村东	董行芝	高万红	31879	5608

序号	篇名	民族	流传地区	采集地	讲述者	搜集者	数据库编号	字数
1073	秀女奇侠木兰兵		霸县信安镇	信安镇	郝宝群	王春才	31801	1491
1074	大雁传书		信安	信安文化站	刘永强、郝宝群	蔡福利、刘继武	31788	1392
1075	五兄弟		杨芬港一带	霸县杨芬港乡	侯尚古	阎丛	31871	1281
1076	野茶花		煎茶铺乡	煎茶铺乡	王姝德	吴成西	31782	2633
1077	康仙庄		霸县城关，康仙庄一带	霸县城关五队	夏伯祥	张汉文	31786	5694
1078	飞鱼口		霸县老堤、东杨庄一带	辛店村	张以恒	蔡福利、刘继武	31827	466
1079	三个烟鬼		霸县西部	霸县轧钢厂	吴铭	李广新	31877	1155
1080	张三城		老堤乡	老堤乡	王远	吴成西	31814	808
1081	盐河春鸟		霸县一带	霸县城内	张大成	吴成西	31781	1743
1082	还有半盒粉没擦		杨芬港一带	杨芬港村	吴仁	邢东友	31881	461
1083	杠箱会的“钦差大老爷”		信安一带	信安文化站	刘魁武、郝保群	郝保群、苑占海	31812	605
1084	喝凉粉		霸县东部	东段乡	刘广君	李彦芹	31875	1028
1085	西山龙王庙		霸县一带	霸县城关镇	李锐	吴成西	31815	2130
1086	唐知县审砖头		霸县煎茶铺乡	霸县煎茶铺乡台山村	李跃尊	王姝德	31804	376
1087	包裹庄		霸县城关镇	霸县城关镇	崔宝善	张汉文	31796	1589
1088	怒斩大师兄		霸县信安	信安镇	王贺金	王春才	31800	872
1089	告鬼		霸县北部	霸县文化馆	刘俊波	阎伯群	31813	564
1090	茜草		煎茶铺一带	煎茶铺一队	孟王氏	胡泽田	31795	1101
1091	妙语戏地主		霸县扬芬港乡	霸县扬芬港村	侯尚古	阎丛	31873	487
1092	一本百家姓，教馆三年		临津乡附近	霸县临津乡南岸村	孟庆贺	小燕	31785	2149
1093	小鞋匠进京		霸县、文安一带	霸县城关镇	吴孟氏	苗玉恒	31810	369
1094	宝葫芦		霸县扬芬港乡	霸县扬芬港乡四队	李玉民	曹淑慧	31817	3110
1095	刘大刀		老堤南部	老堤乡刘家村	刘伯良	徐逊非	31780	1064
1096	庄哥		清河沿岸一带	胜芳镇	辛亮	王金玲	31808	393
1097	量小与无毒		霸县北部	霸县北关	刘秀菊	阎伯群	31823	781
1098	老大和老二		霸县一带	霸县南关	刘荣贵	顾国强、杨丽娟	31824	2713
1099	债君赖账		霸县信安	信安文化站	刘永强	蔡福利、尹德强	31809	1280
1100	喝西北风		霸县东部	杨芬港乡一队	陈氏	史呈悦	31867	672
1101	小佛像		霸县北关	霸县北关	刘秀菊	阎伯群	31822	1103
1102	土地庙里的神箭		霸县杨芬港村	杨芬港一队	郭涌泉	郭桂利	31818	525
1103	葫芦娃娃		杨芬港乡	霸县杨芬港乡	侯尚古	阎丛	31783	1627

序号	篇名	民族	流传地区	采集地	讲述者	搜集者	数据库编号	字数
1104	八士庄		信安一带	信安文化站	郝保群、刘永强	尹德强	31798	3920
1105	百里·姻缘·陈相会		霸县一带	霸县工会传达室	汉亭	赵丽华	31825	157
1106	龙灯会		霸县辛店乡	辛店乡	吴仁	吴成西	31802	1160
1107	神灯		霸县县城	霸县城关镇东关十二街	陈贵和	张汉文	31787	3315
1108	灵芝草		霸县一带	霸县南岸村	丽君	小燕	31784	1416
1109	一围裤腰带		临津乡	霸县临津乡南岸村	孟庆贺	小燕	31878	903
1110	有理和无理		霸县煎茶铺一带	煎茶铺乡胡各庄村	宋秀荣	赵景岩	31799	3112
1111	说空话		临津乡	霸县临津乡南岸乡	罗庆贺	小燕	31876	4361
1112	来枝与来叶				吴俊巧		45229	2083
1113	男人为什么有喉节，蛇为什么不会叫唤						45219	253
1114	骂与笑						45263	511
1115	巧骗兔子精				赵如慧		45222	436
1116	捞屁						45261	246
1117	李四和阎王				张八三		45220	763
1118	急性子						45255	1012
1119	老虎跟着猫学艺				王福来		45243	181
1120	他是自己咬的						45235	916
1121	巧答地主三件事						45226	454
1122	绰号						45253	879
1123	猫狗之仇				王福来		45244	255
1124	秀才怎能乱步而行						45254	886
1125	门外与继母				常文环		45230	1229
1126	放羊娃只身斗日寇				张英霞		45239	677
1127	人为什么没有牴角				刘木臣		45218	677
1128	绝招						45260	468
1129	会听鸟语的公冶长				赵如慧		45245	716
1130	老婆走亲				吕秀格		45242	219
1131	弟兄三分家				张青海		45232	364
1132	卖油的和卖黄历的						45236	745
1133	张大吹和李会园						45252	1562
1134	用人之妙				张丙祥		45234	242
1135	四个聪明人						45264	530
1136	二溜子的来历						45227	328

序号	篇名	民族	流传地区	采集地	讲述者	搜集者	数据库编号	字数
1137	俏媳妇						45262	838
1138	真神与聚宝盆						45225	1042
1139	猴哥				李平知		45246	2241
1140	六条腿比四条腿快						45249	179
1141	祝寿						45267	949
1142	傻女婿学说话				刘永昶		45268	1262
1143	雷公与风婆				李兰芳		45217	1501
1144	公鸡・狐狸・狼				芮大辛		45247	114
1145	老灰驴智斗饿虎				谷中维		45248	710
1146	白吃						45258	113
1147	半截						45228	280
1148	粮食乃宝中之宝						45224	343
1149	苗小庄炮楼升天记						45241	2163
1150	割了牛头砸瓦罐						45266	2540
1151	卖米人吃米饭的故事						45233	292
1152	学懒						45256	506
1153	吃蒜与吃瓜				刘同振		45231	545
1154	不抬扛的人						45250	288
1155	瘸腿诗				王笑石		45251	245
1156	活捉“刘二阎王”				马海忠、翟兰堂		45240	217
1157	贾大胆献丑				宋迎仑		45221	408
1158	悲壮的战歌				侯新生		45237	295
1159	福份				李换育		45223	352
1160	十个爹						45269	525
1161	鲶鱼喝汤						45265	270
1162	一片丹心为抗日，舍身忘死救亲人						45238	395
1163	哥俩好				王福来		45257	707
1164	“吝啬”的故事				刘木臣		45259	188
1165	姜大霖赶集				刘文波	朱秀亮	45600	777
1166	小青蛇的故事				左凤芹	刘希胜	45556	328
1167	兄弟三				刘立国	刘义军	45598	2308
1168	牛拉汽车				王有民		45617	765
1169	水泡报仇				王有民	王城轩	45590	753

序号	篇名	民族	流传地区	采集地	讲述者	搜集者	数据库编号	字数
1170	找驴				徐瑞祥		45584	1150
1171	宋官拉车				陶明仁	于树强	45589	413
1172	郜承败家				周玉英	王城轩	45586	1262
1173	举子赶考				王有民		45620	1668
1174	兄弟“情”				侯长城	付国辉	45585	305
1175	傻媳妇哭公爹				宋书珍	宋立顺	45612	1452
1176	泰和店				魏义奎	魏振海	45603	611
1177	傻子拜年				家父	吴玉泉	45623	1467
1178	二请帐房先生				魏义奎	魏振海	45604	328
1179	老大和老二				张长江	张文元	45607	1264
1180	用棍子请医生				王有民		45597	2191
1181	长工保田				张书君	张振录	45601	522
1182	三婿戏对				周秀荣	屈玉霞	45611	748
1183	铁嘴钢牙赴宴				王玉清		45596	1024
1184	张大胆的故事				张树森		45593	1920
1185	十大恶抢媳妇				侯植代	齐月英	45592	461
1186	猫吃老鼠的缘由				郑金榅	郑洪星	45613	639
1187	傻三儿				于凤琴	贾玉平	45583	674
1188	说话				郑金榅		45616	1032
1189	巧女对诗				张中立	张淑红	45609	498
1190	王三行孝				李淑珍		45618	397
1191	三女婿拜年				张金雄		45621	623
1192	紫金树				尚王氏		45559	744
1193	巴巴迷的故事				焦云鹤	焦云良	45615	486
1194	牟三道修七十二座庙				牟兆瑞		45606	1017
1195	贾斯文看告示				侯长城	付国辉	45614	337
1196	花瓶的故事				李玉行	李国良	45591	2344
1197	五爷的神马打响鼻				刘洪藻		45622	422
1198	杨墨林光腚斗工头				郑臣周	李平侯	45605	681
1199	偏爱娘				刘广图		45610	2768
1200	“马蝎子”的故事				李玉行	李国良	45602	849
1201	考女婿				王玉英		45594	1477
1202	三氏兄弟				王振明		45619	1659
1203	狐仙妻子				牟杰亭	宋立起、孙树昌	45564	547

序号	篇名	民族	流传地区	采集地	讲述者	搜集者	数据库编号	字数
1204	眼不见为净				家父	吴玉泉	45587	1234
1205	穷光蛋争烟				王吉成		45608	623
1206	蒋空种蒜里屋吃白的				孙书起	王瑞坤	45599	1365
1207	陈捣蛋当长工				孙福祥	孙全明	45595	743
1208	报应				李荣文		45588	451
1209	二小分家		柏乡城东一些村庄		赵庆仁	刘景林	45981	878
1210	妯娌俩		柏乡县城北		李氏	李胜新	46030	430
1211	以假为真		城东一带村庄		张老协	张宝增	45979	712
1212	胡知县断案		柏乡县城东一带	董贵喜家	董贵喜	董焕国	46000	830
1213	没头的故事		柏乡城北部分村庄		赵近人	赵庆仁	45978	908
1214	算卦		柏乡县城北部分村庄		赵海潮	赵海庆	45995	274
1215	有天无日		柏乡县部分村庄		三杰	刘景林	46049	862
1216	九个谷穗		柏乡城南一带			翟桂芳	45983	1422
1217	傻小子卖驴				王秀发	路耀华	46032	1217
1218	吃鸡蛋				冯喜珠	张少英	46077	407
1219	苏大嫂勇斗老霸王		柏乡县城南		郭老子	回征文、张少英	46064	722
1220	老藏的遗闻		北小京一带		赵建华	赵海士	46024	830
1221	赵成文求子		柏乡张家庄一带		张鲁台	张保增	46093	197
1222	春联的微波					吕光天	46031	670
1223	揭短			笔者家里	郝从游	李少强	46078	531
1224	阎王请医			笔者的家里	郝从游	李少强	46004	544
1225	不禽不兽		柏乡城西一带		王京元	王惊群	46069	909
1226	猫与虎			南郝村私塾小学	孙达卿	李少强	46025	1042
1227	聪明的梅花鹿		柏乡县城北一带村庄		甄占琴	刘景林	46101	368
1228	放屁秀才			南郝私塾学校	孙达卿	李少强	46079	1129
1229	姐夫戏小姨		柏乡县城南		翟桂芳	翟敬贤	46059	318
1230	老童生卷上的批语				杨庆林	张胜桥	46080	2151
1231	水淹地楼皋		柏乡县城南		张老贞	邢顺兴	46020	482
1232	以水为净，还是眼不见为净		柏乡县城北部分村庄		玉成	刘景林	46067	2725
1233	火笼单				张贵女	尹京变、魏立川	46003	792

序号	篇名	民族	流传地区	采集地	讲述者	搜集者	数据库编号	字数
1234	摔碗		邢台、石家庄、保定一带		老奶奶	回成印	46014	261
1235	村长报荒情		柏乡县城北一带村庄		吕建波	吕献平	45986	902
1236	三皇姑吃巴巴		柏乡县城东一带		苏老州	张胜佑	46063	2689
1237	但行好事没问前程		城南瀑水一带		李玉发	魏立川、尹京娈	46015	4169
1238	考姑爷				李金斗	广秀泽	46001	862
1239	仨省长吹大话		柏乡县城南		白老贵	张少英	46056	1013
1240	机智故事二则		柏乡县城东南一带村庄		张老报、回征文	张少英	46007	559
1241	择优招婿		城北一带		吕胜利	张建华	46053	454
1242	壹佰壹		柏乡县东南		陈七	李风林	46042	314
1243	煮石成金		柏乡方鲁一带		张计德	张胜桥	46022	335
1244	秦某赴宴		柏乡县城内		吕三	张成才、张献真	46061	357
1245	三个瞎子赶庙会		柏乡县城内		张老六	张献真	46051	952
1246	四个臭秀才		柏乡县城南		翟正才	翟桂芳	46045	417
1247	找自己				王京元	王惊群	46074	214
1248	萤火虫的传说		柏乡县城北		秦贤臣	刘景林	46103	908
1249	两个字的故事		柏乡县城南部分村庄		郭瑞贞		46048	1092
1250	医驼背		柏乡城西农村		王京元	王惊群	46070	578
1251	到口酥		柏乡里城北部分村庄		刘智民	赵庆仁	46028	306
1252	狼心狗肺不久常		柏乡一带村庄		刘小济	秦韫雪	46102	717
1253	洞房拾趣				杨庆林	张胜桥	46082	744
1254	吃肥鹅		柏乡县城东部分村庄		贾志偏	刘景林	46071	787
1255	先生做诗		方鲁一带		杨庆林	张胜桥	46088	401
1256	卖香香屁儿		柏乡县城西一带		甄占琴	刘景林	46089	377
1257	家规				王风雪	董志平	46081	715
1258	狗屁上学				杨庆林	张胜桥	46084	333
1259	一条心，除妖精		柏乡县城南		贾尊夫	刘景林	46100	1273
1260	洋媳妇				广庆元	广秀泽	46075	1197
1261	傻媳妇挨打		柏乡县城北		王秀发	路耀华	46087	796

序号	篇名	民族	流传地区	采集地	讲述者	搜集者	数据库编号	字数
1262	善有善报		城西一带村庄		王京元	王惊群	45998	947
1263	曹书吏		柏乡县城东一带村庄		郝从游	李少强	46002	2924
1264	屠夫巧打昏官		柏乡县城南		白老贵	张少英	46076	826
1265	抢诗		柏乡县城南一带村庄		江永志	荣丁	46041	793
1266	近视眼		柏乡县		赵海亮	赵庚武	46090	886
1267	懒吃婆		柏乡县城南		郭振姐	回征文	46057	1703
1268	目不识丁					居士	46092	307
1269	老三驯马					宋太平	46094	1268
1270	大概出不来		柏乡县城南		翟桂芳	翟敬贤	46060	1112
1271	马大哈		柏乡县城东		冯同瑞	冯现英	46096	1629
1272	三女婿戏弄丈母娘		柏乡城东与隆尧交界一带	责任田地头	赵小报	赵连海	46065	372
1273	老鼠嫁女			桂林家北屋	代桂林	齐海水	46099	802
1274	收懒徒				贾振玉	魏增昌	46058	923
1275	隐身草		柏乡县城东		高无名	高贵书	46013	3292
1276	傻小子挨打		城南路村一带		张贵女	尹京娈、魏立川	46039	583
1277	你不抢我抢		柏乡县城东部分村庄		甄占琴	刘景林	45997	474
1278	不会说吉利话的人		柏乡县城东一带		秦贤臣	秦韫雪	46055	2135
1279	村姑巧对苏小妹				郭振姐	回征文	45996	499
1280	枕头计			南马高中	张小贞	刘景林	45984	1006
1281	小偷和老虎		柏乡东南一带村庄		王世中	黄玉琢	45982	625
1282	巧媳妇		柏乡县城南		贾尊夫	刘景林	46023	721
1283	桥边对诗		方鲁一带		杨庆林	张胜桥	46091	387
1284	紫荆花下说三田		柏乡县城南一些村庄		连健夫	赵树森	46021	558
1285	而已蛋		柏乡县城东		赵庆仁	刘景林	46046	1461
1286	自做自受		大江村一带村庄		赵氏	石伯琴	46005	1227
1287	谁活的年纪大		柏乡县城南		刘老五	张少英	46038	538
1288	丑小三诓媳妇		柏乡县城北一带村庄		幼时听祖母讲	李行修	45999	304
1289	肉包子		内步乡一带		李桂英	邢丽红	46066	715

序号	篇名	民族	流传地区	采集地	讲述者	搜集者	数据库编号	字数
1290	三个姑爷拜寿		柏乡县诚北		郝从游	李少强	46027	676
1291	愿打，愿罚		柏乡县部分村庄		三杰	刘景林	46050	2461
1292	乾隆考群臣		柏乡县城北一带		郝从游	李少强	46029	531
1293	寿礼		方鲁一带		张计德	张胜桥	46086	1176
1294	傻子吊孝				冯喜珠	张少英	46054	373
1295	傻小子学俏		柏乡城南一带		尹京娈	刘景林	46085	887
1296	急中生智				李振丰	苏庆祥	46043	456
1297	胡涂写信			南郝村私塾学校	孙达卿	李少强	46083	768
1298	公鸡蛋		柏乡县城北一带村庄		路群生	路耀华	46047	357
1299	戏迷		柏乡县城南一带村庄		翟正才	翟桂芳	46044	287
1300	店主母智斗刁钻古		柏乡县城南一带		孟守义、张顺周	张少英	46016	1048
1301	我说的是实话		柏乡县城北		赵庆凯	赵庆仁	46072	532
1302	十二属相的几个故事		柏乡县部分村庄		贾老岭	赵庆仁	45980	3429
1303	石匠巧治吝啬鬼				张六喜	张少英	46012	918
1304	急慢性子和爱沾小便宜的人				周仁戌	魏增昌	45991	1074
1305	县官审贼				董志安	董志平	45985	1832
1306	关帝庙斩蛇记		柏乡县城及周围村庄	董贵喜家	董贵喜	董焕国	45987	190
1307	不用骑马追上了县太爷				徐金斋	张增芸	46006	1718
1308	杀和尚		柏乡县、隆尧县		刘东来	邢顺兴	46019	1921
1309	张老大的故事		柏乡县城南		胡志东	邢顺兴	46052	1756
1310	还有一口锅哩		城南路村一带		张贵女	娈京娈、魏立川	46062	1185
1311	买官		南大江村一带		董崇喜	董志平	46095	399
1312	刘关张上树定大小		柏乡县城南		荀保华	赵京安	46068	265
1313	四媳妇对诗		柏乡县城北		陈胜菊	王喜珠	46073	604
1314	纪晓岚巧答乾隆			崔尔庄	董明清	贺鹤	46222	2570
1315	回三爸					宋锡琪	46213	594
1316	中秋对句			沧县崔尔庄	纪维九	贺、鹤	46217	360
1317	恒修和尚断腕化缘修寺庙			沧州市一中前街	李宝珍	马月霞	46235	318
1318	纪晓岚论贫富			崔尔庄	纪根伟	贺鹤	46215	1482
1319	纪晓岚反唇讥书客						46218	990

序号	篇名	民族	流传地区	采集地	讲述者	搜集者	数据库编号	字数
1320	刘世印屯的双塔			青县	刘建梓	耿建华	46234	1022
1321	灵迹在笏			沧州市	刘非	孙玉山	46249	991
1322	婆媳偷吃粘糕			沧州市大和庄	王继瑞	孙琳琳	46271	2045
1323	穷秀才巧改富家联			沧县西花园胡嘴子	何品山	何洪章	46226	749
1324	碗			沧县	刘宗氏	刘胜义	46243	998
1325	“黄毛”不该死			沧州市	付刘氏	胡荣明	46241	765
1326	哥儿仨喝酒			沧州市	王宾朋	马友春	46256	281
1327	张广泗死尸不倒			小赵庄乡	苏玉岐	朱宝辰	46237	2106
1328	毛公甘泉			沧县旧州镇	马忠彬	马月霞	46244	1256
1329	王福有智斗刘财主			沧县杜林镇	郭万祥	石秀峰	46239	1831
1330	良妻			青县岳圈村	李淑桂	孙增强	46247	761
1331	不敢惹			沧州市	王宾朋	马友春	46248	329
1332	武林豪杰佟忠义			沧州市	佟金涛	柳春圃	46206	731
1333	镜子			沧州市	王宾朋	马友春	46257	890
1334	仙人捎书			旧州镇	马忠彬	马月霞	46254	1234
1335	白马告状，替主伸冤			沧州旧州镇	崔少平	王秀英	46251	475
1336	做鞋			沧州市	毛玉荣	王洪涛	46252	555
1337	县太爷的屁			沧州	柴金生	高树村	46265	818
1338	纪晓岚对袁枚			崔尔庄	张汝州	韩锐	46219	1280
1339	财迷转向			沧州大和庄	王继瑞	孙琳琳	46259	425
1340	偷铁狮子下巴颏的故事			旧州镇	马曾魁	王秀英	46236	635
1341	姑（咕）姑（咕）			青县国营、农场一队	杨云水	杨蕴霞	46224	905
1342	不好斗			沧州市	王宾明	马友春	46238	854
1343	仨姑爷对对子			沧州市	王继瑞	柳春圃	46264	1962
1344	抠秀才请客			沧州	王风东	王秀英	46269	2139
1345	纪晓岚对俄人						46220	1623
1346	拾粪人的痛苦			沧县李天木乡军马站村	戴歧山	戴泉山	46268	532
1347	“镖不喊沧州”的来历			沧州市民主街	尹宗琦	贺鹤	46204	1029
1348	一个铜钱			沧州市	张芹元	柳春圃	46262	773
1349	“铁砂掌”威慑日寇			沧县大白兔村	杨汝立	安世华	46212	977
1350	秀才过水沟			沧州市	王宾朋	马友春	46258	629
1351	猪食槽子			青县欧辛庄	欧世森	欧洪妹	46273	532
1352	笑话二则			沧州市	庞文香	徐清邈	46260	1113

序号	篇名	民族	流传地区	采集地	讲述者	搜集者	数据库编号	字数
1353	神力千斤王——杨开泰			沧县姚官屯乡	黄玉甫	刘金凯	46210	567
1354	抢豆与擒将			青县辛集乡周庄子	张焕松	张秀岭	46225	332
1355	哥七个刨铁驴			沧县旧州镇	马曾魁	王秀英	46228	1524
1356	纪晓岚教刘墉答问			沧县崔尔庄镇	李照潭	贺鹤	46214	1479
1357	王子平绝技震国威			沧州市	尹宗琦	贺鹤	46205	1266
1358	“盖山东”认输			青县陈缺屯乡官庄村	迟太升	迟永田	46211	540
1359	纪晓岚巧释“老头子”			沧县崔尔庄	纪维九	韩锐	46221	1407
1360	跩文			青县农场	杨云水	杨蕴霞	46267	1159
1361	张祖基巧断奇案			沧州市	刘非	孙玉山	46203	1271
1362	火龙			沧县马落坡	齐玉	刘胜义	46232	391
1363	穆桂英阵前生文，广绿叶蓑染血成红草			沧县旧州镇	马忠彬	马月霞	46229	478
1364	金杯和银杯			沧州市	刘学洪	马月霞	46246	564
1365	猫和老鼠			市郊鞠官屯	刘广和	金耀华	46253	1297
1366	笑话二则			沧县仵龙堂乡政府	于明江	张桂琴	46272	3231
1367	乾隆沧州封侯			沧州市	宋锡琪	金月	46250	762
1368	笑话二则			沧州	李宗属	马国强	46261	544
1369	沧州芦苇池的蛤蟆不叫			沧州市	宋锡琪	金月	46245	2168
1370	吝啬鬼			旧州镇	马月东	张永德	46266	447
1371	高知州断案			沧县	张德惠	孙一新	46233	457
1372	两个财迷			沧州市	何玉田	柳春圃	46263	887
1373	大侠尹风元			沧州市	尹宗琦	金月	46207	612
1374	三句话不离本行			旧州镇	张同轩	张永德	46270	1366
1375	其里不知其外事			沧县	杜治芬	张桂珍	46242	546
1376	安德海自阉进宫			青县周庄子	王文革	耿建华	46240	297
1377	吃太爷吃的那种			于沧州市维明路	高鹏举	高树村	46231	707
1378	戏台对联						46216	559
1379	做美差的人			青县丰台堡	张国兰	赵若谷	46230	463
1380	铁胳膊刘三的故事			地体委秘宗拳社	胡振海	齐鸿浴	46209	1531
1381	没良心			沧县	杜治芬	董乾花	46223	974
1382	赛史签戴仁			沧州市	尹宗歧	王洪涛	46208	864
1383	菜园墨迹			沧县旧州镇	马曾魁	王秀英	46227	280
1384	慌张媳妇			清县	耿宋氏	耿建华	46255	493
1385	活捉“九毛二”						47146	1747

序号	篇名	民族	流传地区	采集地	讲述者	搜集者	数据库编号	字数
1386	盐姑庙				张为江等		47107	966
1387	辛立灶村名儿的由来				刘姬氏		47115	1142
1388	蛇妻				田杨氏		47137	949
1389	渤海潮				张秀芹		47106	394
1390	熬盐和晒盐的传说				佚名		47111	1317
1391	“飞贼”逸事				许振环		47145	3502
1392	镜子风波						47136	3391
1393	行令吃饭				杨茂林		47118	633
1394	晒盐的姑爷				田自忠、杨生		47116	309
1395	巧斗财主				田杨氏		47133	1226
1396	出口老婆				刘大春		47128	1876
1397	夙沙煮盐				佚名		47110	604
1398	蚂蚱神				许振环		47139	3699
1399	海盐的传说						47103	187
1400	烧饼脚				唐延来		47135	446
1401	丫环尿				李学文		47153	1875
1402	薛平贵王宝钏别传				田杨氏		47144	1713
1403	章武县的盐灶						47114	1564
1404	光棍汉拾了俩儿				许振环		47132	1728
1405	包公与白脖蛤蟆				沧州居民		47122	2157
1406	巧取貂皮帽				许之绂		47151	370
1407	大绑票				许振州等		47147	2555
1408	镇河吼				李志		47123	736
1409	收编海匪陈二虎						47148	2000
1410	鲶鱼为什么一年一死				佚名		47152	942
1411	盐磨				田杨氏		47104	562
1412	卤蓬与黄菜				田自忠		47120	2717
1413	“牛掌柜”贩盐				张寺东		47124	6175
1414	铁驴沉没						47140	404
1415	乾隆的礼物				田自忠		47109	617
1416	刘嘎对诗				田自忠		47119	763
1417	聚宝碗				田杨氏		47105	1245
1418	金门限的传说					刘洪波	47142	2125
1419	长芦寿星戏乾隆						47121	1245

序号	篇名	民族	流传地区	采集地	讲述者	搜集者	数据库编号	字数
1420	沧州境内煎盐的由来				长芦盐务局几名老同志		47113	3141
1421	长芦河与绿坨子				马振潭		47112	782
1422	钱老抠请客				杨茂林		47117	160
1423	郛堤城的狐仙						47138	2932
1424	白痴官员视察盐滩				田自明		47127	1403
1425	偷来的干亲				张长发		47134	1064
1426	“即可”汤				刘老万		47129	510
1427	“辑私队”火并记				李寿成、王占凯等		47126	1257
1428	二嫂子巧除官兵				刘永炳		47130	529
1429	石爷庙的传说				田杨氏		47143	510
1430	智取五区盐警队						47125	2013
1431	银枪现形				佚名		47141	1028
1432	盐包包				辛刚富		47108	834
1433	吃火烧				许振环		47150	862
1434	纪晓岚逸事				佚名		47149	1050
1435	盟哥仨儿				许振环		47131	833
1436	农妇难财主			耿村			50666	894
1437	白眼狼			耿村			50609	738
1438	两个老头对话			耿村村委会			50571	2016
1439	谷村打鸟			耿村			50570	1244
1440	张糊弄与李瞎话			耿村			50616	1119
1441	由人不由命			耿村			50563	1330
1442	双头蛇			耿村			50662	739
1443	女戏迷			耿村			50633	1304
1444	傻小子挨打			耿村			50637	830
1445	李道士捉妖			耿村			50566	2082
1446	宋金郎			耿村			50668	427
1447	一帽泉水解冤仇			耿村			50611	1543
1448	做诗送死			耿村			50750	832
1449	张义讨封			耿村			50593	1166
1450	三句话不离本行			耿村			50701	614
1451	王八姻缘			耿村			50608	1346

序号	篇名	民族	流传地区	采集地	讲述者	搜集者	数据库编号	字数
1452	白太官心毒伤亲子			耿村			50714	1421
1453	两个炒鸡蛋			耿村			50598	3225
1454	闺女坟			耿村			50793	1278
1455	聚宝盆			耿村			50661	568
1456	撞街			耿村			50569	1179
1457	桑陌生戏嫂死得冤			耿村			50614	2445
1458	奇中奇			耿村			50567	2035
1459	嚼嘴狗官			耿村			50688	1657
1460	缺角银子			耿村			50599	450
1461	摇钱树			耿村			50653	1031
1462	假秦桧审县官			耿村			50597	988
1463	木匠改行			耿村			50699	962
1464	好色的和尚			孙胜台家			50787	712
1465	佛像谜			耿村			50652	379
1466	李四换公子			耿村			50781	2862
1467	换媳妇			耿村			50692	366
1468	蚂蚁小人			耿村			50596	1550
1469	假先生认新娘			耿村			50649	1199
1470	苦菜花			耿村			50780	812
1471	李二愣捉鬼			耿村			50733	1040
1472	扫帚破案			耿村			50612	1210
1473	死鬼变马要帐			耿村			50693	1737
1474	一生细			耿村	王发礼		50822	2956
1475	材料在我兜里			耿村	靳焕强		50807	1187
1476	穷小子和古画			耿村			50756	807
1477	宋丑子成亲			耿村			50686	996
1478	真梅假梅			耿村			50748	673
1479	欠打			耿村			50718	596
1480	南方县官			耿村			50740	810
1481	睡不醒娶妻			耿村			50735	1350
1482	小鬼捉差留情			耿村			50799	660
1483	笨媳妇纳鞋底			耿村	张勤英		50832	1956
1484	张二懒			耿村			50820	2218
1485	李春芳的故事			耿村			50734	778

序号	篇名	民族	流传地区	采集地	讲述者	搜集者	数据库编号	字数
1486	长工打狗			耿村			50713	1781
1487	女婿找媳妇			耿村	靳惠萍		50829	1468
1488	变戏法斗贼			孙胜台家			50788	771
1489	金棺材			耿村			50715	2135
1490	眼不见为净			耿村	武小鸾		50811	634
1491	三句话不离本行			耿村			50719	631
1492	六十个铜钱			耿村			50800	4460
1493	舍身救弟妹			耿村			50696	1223
1494	害人如害己			耿村			50711	956
1495	认罪			耿村			50721	696
1496	货郎与菊仙			耿村			50730	3732
1497	一文钱			耿村			50764	356
1498	损死人			耿村			50694	1533
1499	睡觉“轻”的人			耿村			50739	1858
1500	小和尚吃香油			耿村			50716	6318
1501	贤惠媳妇			耿村			50610	827
1502	公公告状			耿村	牛瑞锡		50823	1374
1503	急性人			耿村			50737	470
1504	对着干			耿村			50732	475
1505	傻子和灵子			耿村			50758	1004
1506	蛤蟆树			耿村			50565	387
1507	审青羊			耿村			50766	2718
1508	小嘎古儿			耿村			50830	4124
1509	笨嘴媳妇			耿村	徐荣信		50813	706
1510	秀才卖字画			耿村			50746	481
1511	打短工			耿村			50805	475
1512	丫环观灯			张书娥家			50783	2012
1513	小棒槌			耿村	靳言生		50816	1116
1514	赵纪兰不死			耿村			50761	2610
1515	闺女看娘			耿村			50765	1144
1516	王八的儿子做朝廷			耿村			50762	1481
1517	五子争爹			耿村			50796	585
1518	不该管的白眼狼			耿村			50810	553
1519	常有理丈母			耿村			50760	1070

序号	篇名	民族	流传地区	采集地	讲述者	搜集者	数据库编号	字数
1520	馋媳妇			耿村			50831	733
1521	活尸			耿村			50791	1008
1522	王老汉偷煤			耿村	徐荣贵		50809	5574
1523	过歉年			耿村			50801	1276
1524	三个小子学艺			耿村	靳偶仁		50827	341
1525	怀义做梦			耿村			50785	706
1526	半副对联救寺院			耿村	曹树勋		50835	2340
1527	冻媳妇			耿村			50792	817
1528	不求人和不帮人			耿村村委会			50647	545
1529	没眉毛的经理			耿村			50617	3284
1530	新媳妇说话			耿村			50572	2043
1531	傻闺女赶集买新郎			家中			50782	5245
1532	张老贵打鱼			耿村			50595	680
1533	老英雄劝女婿			耿村			50615	1237
1534	拉金钟			耿村			50646	917
1535	紫金葫芦			耿村			50747	1089
1536	“赢”字破案			耿村			50651	1168
1537	夫妻捎书			耿村故事室			50618	825
1538	李春赶考			耿村			50665	1855
1539	高先生开会			耿村			50635	1008
1540	知府审镰断案			耿村			50654	1600
1541	别扭买伞			耿村			50741	411
1542	小孩打虎			耿村			50655	5769
1543	公文袋的秘密			耿村			50667	4019
1544	裁衣和官龄			耿村			50687	1277
1545	奶奶盆			耿村			50663	2092
1546	丑八后传			耿村			50697	1789
1547	小木匠			耿村			50700	717
1548	有钱能使鬼推磨			耿村			50710	2426
1549	土县官捞稻草			耿村			50698	1095
1550	夫妻解闷			耿村			50689	420
1551	张老英雄			耿村			50712	310
1552	状元臊财主			耿村			50717	5733
1553	剃头的小徒弟			耿村			50638	806

序号	篇名	民族	流传地区	采集地	讲述者	搜集者	数据库编号	字数
1554	红鱼和黑鱼			耿村			50729	752
1555	张成戒赌			耿村			50650	1129
1556	陈大仙看病			耿村			50736	621
1557	打嚏喷			耿村			50695	506
1558	脸皮太厚			耿村			50720	1087
1559	拐马记			耿村			50684	1083
1560	会飞的刀			耿村			50745	340
1561	跟老爷一样			耿村			50690	5812
1562	田福斗狐精			耿村			50749	568
1563	小长工要帐			耿村			50738	613
1564	卖子孝父			耿村			50759	1571
1565	人参棒槌			耿村			50731	378
1566	善恶三弟兄			耿村			50755	868
1567	倔老头			耿村其家中	王发礼		50818	662
1568	人有寿数			耿村			50778	3493
1569	捉鼠			耿村			50798	297
1570	土财主学步			耿村			50751	709
1571	悬猴城			耿村			50777	1246
1572	父亲阴府会儿子			耿村			50786	474
1573	小孝妇和光棍			耿村	郭九盛		50815	1065
1574	二小得古鹰			耿村			50784	2078
1575	屁媳妇			耿村			50814	2079
1576	相女婿			耿村	靳焕强		50806	2524
1577	神鬼怕恶人			耿村			50812	768
1578	松鼠精			张家中			50776	590
1579	杨乃武盗宝剑			耿村	孙胜胜		50804	2045
1580	和尚和老道			崔小英家			50821	1937
1581	妯娌对诗请公公			耿村其家中			50826	1105
1582	四恼四喜欢			耿村			50763	2431
1583	忍为高			耿村			50564	3593
1584	赔猫			耿村			50824	250
1585	撒酒疯儿			耿村			50632	761
1586	三县官			耿村	徐瑞芬		50836	2229
1587	麻子卖花椒			耿村			50828	708

序号	篇名	民族	流传地区	采集地	讲述者	搜集者	数据库编号	字数
1588	一把银壶			董彦娥家中			50794	1049
1589	书生贩粥			耿村			50648	703
1590	一孝			耿村			50790	788
1591	半袋砖			耿村			50819	1439
1592	“鬼”撵“鬼”			耿村			50817	1772
1593	赵钱孙李			耿村			50636	1204
1594	五个大闺妮			耿村			50664	1279
1595	打狗挖坟			耿村			50685	880
1596	败子回头			耿村			50683	2268
1597	千里有缘来相会				杨占熏	杨景龙	52971	1098
1598	听老婆没耳朵				阮福	李新春	52973	588
1599	初生牛犊不怕虎				刘连生	张良术、刘建兵	52970	810
1600	看老姑奶奶的眼色行事					陈久满	52986	948
1601	麒麟送子				封胡氏	杨宝祥	52964	569
1602	人心不足蛇吞象（相）				张政	梁挺爱	52943	923
1603	眼不见最净				阎海珍	阎春林	52962	871
1604	露马脚				韩生贵	赵相如	52924	500
1605	舍不得孩子打不着狼					韩新春	52958	1270
1606	扬名留后世				李尚得	孙建永	52968	739
1607	“两关照”的来历				张润香	宋尚学、王鸿莲	52946	752
1608	十一个俗语的来历				刘悦、牛子鸣等	赵相如	52927	2331
1609	宰相肚里能撑船				刘新义	张运明、禾丰	52938	1004
1610	舍不得孩子套不着狼				赵有富	赵相如	52959	606
1611	赊三不如现二				王启	于全斌	52980	657
1612	“冤家”的由来				白天远、吴世泉	梅迎春	52926	1301
1613	有缘千里来相会				杨占魁	风连、禾丰	52972	1257
1614	不见黄河心不死				周拴	刘冷霜	52955	933
1615	做甚吃甚掏茅子吃粪				陈悦	陈久满	52985	788
1616	手熟为能				韩生贵	赵相如	52982	1017
1617	巧媳妇做不出没米的粥				刘秀英	赵相如、武文萍	52990	933
1618	世上人多君子少				李成山	郭敬林	52952	895
1619	烂膏药贴好肉——自找麻烦				刘彩云	良术、刘军侠	53053	5161
1620	“人闲出故事”的由来				陈悦	陈久满	52963	811

序号	篇名	民族	流传地区	采集地	讲述者	搜集者	数据库编号	字数
1621	有钱能买鬼推磨				柴森	赵相如	52989	1730
1622	远亲不如近邻				张润香	宋尚学、王鸿莲	52949	3059
1623	先生治不了后生的病				柴森	赵相如	52935	862
1624	照猫画虎				武文萍	赵相如	52957	1277
1625	三个俗语的来历				柴森	赵相如	52925	1541
1626	活人能叫尿憋死				张运才	张运民、禾丰	52928	1023
1627	一日为师终身为父				柴森	赵相如	52988	762
1628	从师娘那里学来的				赵明海	赵相如	52953	620
1629	沙里澄金杨六郎				张政	梁挺爱	52939	2979
1630	王莽坐天下，天不扶地扶					梅迎春	53037	2094
1631	火神遇水神——互不相容				李春林	杜立忠	53059	828
1632	人是活宝				卢桂荣	卢云豹	52948	630
1633	天理良心				张运才	张于杨	52945	780
1634	能人背后有能人				牛子鸣	赵相如	52930	682
1635	听天由命				陈悦	陈久满	52976	620
1636	解铃还得系铃人				柴森	赵相如	52933	672
1637	“各就各位”的来历				卢桂荣	卢云豹	52941	455
1638	一文钱逼倒英雄汉				董风鸣	刘满旺	52937	883
1639	拿穷不成叫穷拿				刘银	郭敬林	52950	862
1640	头上长疮脚下流脓—坏透了				刘新义	运明、禾丰	53055	952
1641	我有天财没地财				王素贞	程少林	52978	426
1642	“穷厉害”的故事				曹元顺	王鸿莲	52951	620
1643	不管三七二十一				武俊山	梁挺爱	52974	587
1644	真金（经）不怕火炼				赵中	顾建中	52929	870
1645	王（忘）恩傅（负）义				王银	马玉娟	52966	1133
1646	有眼不识泰山				候英亮	岳维品	52956	424
1647	好心得好报				宋纪夫	宋世梅、杨畅	52961	678
1648	能人背后有能人				李树林	黄喜林	52931	662
1649	“比肩”一说的源由				应兆贵	赵相如	52932	781
1650	王阁老送闺女——就这一回				工凡	王忠新、戴世敏	53050	1005
1651	“拖油瓶”一语来历				牛子鸣	赵相如	52947	2088
1652	一路顺风				牛子鸣	赵相如	52934	476

序号	篇名	民族	流传地区	采集地	讲述者	搜集者	数据库编号	字数
1653	同行是冤家				杨占魁	杨畅	52944	853
1654	狗逮老鼠——多管闲事				李成竹	良术、李红丽	53052	601
1655	有眼不识金镶玉				张运才	杨畅、张运明	52987	1720
1656	虎是虎，只可惜配了个狗脑袋				牛子鸣	赵相如	52954	600
1657	“在数难逃”的由来				庞从德	梅迎春	53034	588
1658	擀面杖吹火——一窍不通				刘道周	张良术、刘明阳	53054	3373
1659	狼心狗肺不久长				马金义	刘凌霜、杨畅	52965	903
1660	黄芩的心——黑的				杨张氏	庞志兰	53058	762
1661	清官难断家务事				柴森	赵相如	52940	655
1662	癞蛤蟆——躲了初一逃不过初五				李淑华	杨畅	53057	939
1663	赶鸭子上架				柴森	赵相如	52942	1443
1664	一分钱没有逼倒英雄汉				卢桂荣	卢云豹	52936	1631
1665	三句话不离本行				刘端武	范鹏飞	52975	699
1666	“一毛不拔”的来历				姚曙光	王风华	52979	1334
1667	没家的事				卢桂荣	卢云豹	52977	703
1668	初生牛犊不怕虎				张政	梁挺爱	52969	474
1669	王德志骑牛，人是高级动物				卢桂荣	卢云豹	53056	468
1670	原汤化原食				赵明海	赵相如	52960	1458
1671	嘴勤喙子懒					陈久满	53051	423
1672	忘恩负义				赵林玉	刘润书	52967	1643
1673	蚧蛤蟆躲端午				岳维品	梁挺爱	52983	2078
1674	手熟为能				柴生	赵相如	52981	301
1675	借光				刘秀英	赵相如	52984	1745
1676	老牛筋买鞋				于文书		53322	328
1677	近视眼姑爷					李成忠	53317	834
1678	自愿伏法				郝楫		53319	265
1679	巧治“黑烂心”					佟亦冬	53326	272
1680	小秀才					阎友林	53329	783
1681	灵姑娘与傻小子				李成喜		53315	212
1682	妈妈山					李春霞	53314	327
1683	弓箭哥哥射九头蛇					贾永生	53327	488

序号	篇名	民族	流传地区	采集地	讲述者	搜集者	数据库编号	字数
1684	山药蛋					李宝臣	53311	299
1685	月亮姑娘				冯润芝	王新春	53328	227
1686	八仙救百姓				张贵香	马涛	53325	716
1687	到头了				张万银		53313	372
1688	吃螃蟹				郝辑		53321	231
1689	卖瓦盆的过沙河				岳亭		53323	938
1690	腊月二十三糖瓜粘				刘占文		53312	452
1691	罚人吃肉				于文书		53318	649
1692	傻小子学活计				李成喜		53316	343
1693	饮茶吹牛				岳亭、张清海		53320	758
1694	种田汉巧得白龙马				丁义祥		53324	697
1695	新媳妇放屁				赵绣霞	吴大山	57651	320
1696	哑巴和喇嘛						57700	123
1697	乌龟真有福气				徐春	徐华英	57598	1401
1698	一副对联，破了三年积案				樊风童	樊守祥	57309	181
1699	老鼠不拉汤					吴大山	57650	426
1700	神仙枉法		皇寺一带	邢台县皇寺	周达	陈玉明	57306	224
1701	抓屁				李玉朝	吴大山	57625	334
1702	船、盆、盘						57702	704
1703	好人不长寿，祸害一千年				郭玉润	郭明臣、翟秀	57339	1568
1704	王小看甜瓜				马又宸、李月生、崔书田		57317	758
1705	替样						57614	376
1706	穷了一杨家，富了三楼下				吕恩惠		57305	518
1707	碰脸风						57607	1659
1708	智斗财主				丁喜兰	徐华英	57329	3851
1709	割肉瘤				吴改门	吴大山	57646	168
1710	童子戏县官				史庆林	赵书伶、范玉琪	57398	1049
1711	坐电报						57630	73
1712	瞎子耍骗术				徐春	徐华英	57340	2506
1713	小孩没长腰						57627	261
1714	三个神仙				吉立水		57392	166
1715	昨天晚上						57631	535
1716	偷来的福				张子正	杨成苏	57364	137

序号	篇名	民族	流传地区	采集地	讲述者	搜集者	数据库编号	字数
1717	在高压线上					张庆恩	57686	283
1718	巧续姻缘				徐夫子	徐华英	57417	308
1719	老丰进北京				吴改门	吴大山	57645	226
1720	船老大的奇遇				美林	赵淮滨	57422	83
1721	老婆不怕我					张庆恩	57685	203
1722	比腿粗						57699	2346
1723	贼与老汉					朱正生	57683	177
1724	二小分家					张及姮	57427	159
1725	井蛙国王				赵绣霞	吴大山	57653	131
1726	不是亲爹						57586	3779
1727	瘫子劫道					王宝志	57666	740
1728	木匠带锛的来由				吉立水		57437	902
1729	这就叫坏了					霍培德	57659	1418
1730	瘸腿诗（三句半）				吉立水		57444	3369
1731	爱国民党					老山、马又宸	57706	1065
1732	五鼠闹东京				吉立水		57438	208
1733	明眼				刘秀巧、冯国英	张香娥	57335	2295
1734	十五两的大火烧			徐庄村	徐夫子	徐华英	57310	1054
1735	唱的“东方红”					马又宸、老山	57707	569
1736	积德长寿				吉立水		57454	264
1737	武二物						57703	236
1738	文庙				杨竞胜	吴大山	57371	537
1739	李二教学				马又宸、李月生等		57323	790
1740	胡道士报恩记				朱元潜、吴化友等	刘泽华	57459	103
1741	不许抬扛				刘庆泰、李仁海	刘华进	57368	977
1742	大孬和小孬				陈玉祥	陈崇	57355	1033
1743	怕老婆的排队					李建敏	57578	70
1744	聪明媳妇		邢台一带		马兴胜		57475	1458
1745	小白龙下凡				美林	赵淮滨	57434	302
1746	登云鞋					张及姮	57423	1234
1747	巧妇买缸				牛香女	刘泽华	57352	220
1748	离婚风波					张敬芬	57487	444

序号	篇名	民族	流传地区	采集地	讲述者	搜集者	数据库编号	字数
1749	懒汉和脏蛋贼				郭会朝	张香娥	57348	417
1750	救三不救四					孟利滨、王东海	57414	931
1751	招驸马					徐金普	57405	1023
1752	猫与虎的故事				郭玉虎	郭明臣、翟秀	57503	1820
1753	慈母心				赵绣霞	吴大山	57383	5108
1754	坑麻子打狗					崔书田	57400	340
1755	胆大有福				吉立水		57456	566
1756	说梦话				吉立水		57560	246
1757	赖鬼		邢台路罗川		李清海	冯仲生	57465	603
1758	打嚏喷的故事					贾向亮	57410	580
1759	圣人笔下留情						57551	5635
1760	灯谜				吉立水		57561	524
1761	轮不到你						57548	307
1762	老袁离婚记					贾占水	57574	460
1763	三位科长						57529	2036
1764	瞎子说实话				冯相云	冯国英	57569	480
1765	目不识丁						57531	169
1766	甥舅钓鱼					李保洋	57583	452
1767	臭虫搬家					李保祥	57535	394
1768	便密					王宝志	57596	388
1769	皇帝梦				吉立水		57449	564
1770	学懒					李建敏	57577	828
1771	吹大话				靳小春	霍培德	57663	709
1772	放屁熏爹				吉立水		57620	2482
1773	狗郎				李玉朝、黄兴平	吴大山	57381	1710
1774	仨女婿拜寿					杨成苏	57571	162
1775	留级					赵书伶	57534	375
1776	瞎话大哥				李江海	刘华进	57624	621
1777	你好我也好				吉立水		57457	203
1778	不敢叫你发财					贾向亮	57555	432
1779	买竹杆					朱正生	57589	1431
1780	远来的和尚						57635	834
1781	无头案					王宝志	57488	3435
1782	惧内看戏					李保祥	57553	438

序号	篇名	民族	流传地区	采集地	讲述者	搜集者	数据库编号	字数
1783	扫地夫断案				董兴平	吴大山	57379	627
1784	傻小子看舅舅				黄兴平	吴大山	57639	1608
1785	怕老婆				张弓设	吴大山	57654	986
1786	懒汉比懒						57549	5300
1787	小院里的风波					王万法、郝永新	57481	707
1788	别处吃饭去					霍培德	57656	1348
1789	近视眼串门					杨贺惠	57674	3822
1790	把我捉住了						57530	267
1791	朋来顺客店			大里村	徐月芳	徐华英	57311	208
1792	学懒					霍培德	57661	200
1793	石子奉亲		太行山一带		樊甦		57477	147
1794	此处禁止小便						57538	355
1795	不怕老婆						57585	399
1796	懒婆娘蒸包子				张长福	王宝志	57662	326
1797	姑娘求美						57541	1441
1798	远来的和尚				赵绣霞	吴大山、黎钧	57483	247
1799	结拜兄弟		河北省南部		云珍	张香娥、冯国英	57470	362
1800	一个字笑话				赵进修	杨成苏	57682	1309
1801	一毛不拔				侯宗圣		57476	521
1802	吸蹭烟						57532	2769
1803	城里姑娘				常志兴	吴大山	57482	1766
1804	不要命了					张庆恩	57684	181
1805	不见黄河心不死				陈立忠		57327	1116
1806	作好诗者先过河				张何意	邵宗普	57588	183
1807	漏				吴改门	吴大山	57320	114
1808	玄头看门				赵秀霞	吴大山	57688	116
1809	荞麦包子				赵秀霞	吴大山	57649	633
1810	吃葡萄				黎钧	吴大山	57704	778
1811	说一是一					王宝志	57594	346
1812	蛀书虫				张何意	邵崇普	57655	116
1813	无赖剃头						57591	1739
1814	县太爷选婿				马兴胜		57473	346
1815	曹庄杀亲			龙化村	张春江	梅花	57312	283
1816	鼠老嫁女					陈崇	57411	212

序号	篇名	民族	流传地区	采集地	讲述者	搜集者	数据库编号	字数
1817	屁眼箭				崔喜庆	邵宗普	57314	340
1818	文盲看告示					王宝志	57595	163
1819	县官怕老婆				吉立水		57621	1025
1820	财主和县官				徐金普		57369	288
1821	理推治病						57604	786
1822	巧凤女				李书贞	刘晓红	57332	547
1823	增和桥				王纪以	杨成苏	57603	109
1824	鞋匠驸马				段大头	刘泽华	57351	325
1825	瘫的与拐的					吴大山	57601	993
1826	抬驴				赵秀霞	吴大山	57648	481
1827	吃嘴媳妇						57612	209
1828	跟踪破案				徐春	徐华英	57308	472
1829	聪明的长工						57606	502
1830	郎二大伯						57615	230
1831	屁媳妇				赵绣霞	吴大山	57376	270
1832	仨女婿拜寿				吴兴带	杨成苏	57347	531
1833	卖油郎				吉立水		57448	251
1834	割牛头					张及姮	57616	414
1835	老师上当					张香娥	57696	94
1836	女婿拜寿				张玉梅	梁平河	57342	1927
1837	俏二虎气煞“老干醋”				史庆林	范玉琪、赵书伶	57403	2419
1838	霸道瞎子				张玉梅	梁平河	57692	390
1839	喝酒					张敬芬	57671	70
1840	小木匠进京				何福寿		57331	377
1841	圣人、贤人、愁人					陈崇	57554	37
1842	吃嘴亲家						57613	912
1843	怕赊帐						57545	552
1844	西山学艺				书真	蒋国英、张香娥	57325	197
1845	寿席比诗					赵书伶	57396	1205
1846	捡便宜货				吴毛根	吴大山	57634	4366
1847	吸烟与过年						57552	981
1848	刘月娥赶考				王银缺	张敬芬	57326	224
1849	做梦先生				吴兴带	杨成苏	57386	4391
1850	开柜					徐金普	57677	1256

序号	篇名	民族	流传地区	采集地	讲述者	搜集者	数据库编号	字数
1851	刘明眼看坟地				马又宸、李月生、崔书田		57334	120
1852	巧媳妇传话				范庆芬	陈崇、魏玉珍	57356	703
1853	慈母泪				赵绣霞	吴大山	57384	598
1854	金色鲤鱼的故事				马又宸、李月生等		57318	1514
1855	弟兄四个凑顺口溜				曹香芹	袁炳淑	57345	265
1856	娶死妻				张立存	王宝志	57485	530
1857	人和生物的传说				吉立水		57439	368
1858	挖哭				吉立水		57455	694
1859	农夫做诗					徐金普	57678	378
1860	刁媳妇变驴				史庆林	范玉琪、赵书伶	57404	1276
1861	买火柴					李保祥	57565	2633
1862	烟袋姻缘		邢台、邯郸一带	中医院病房，孔桥村	耿贵荣	陈玉明	57387	1058
1863	仨女婿对诗					李建敏	57432	1132
1864	武则天和张果老神驴		东北三省、河北等地		弓长	冀长征	57479	2343
1865	傻小子				石先巧	张香娥、袁炳淑	57344	900
1866	十两银子				吉立水		57451	625
1867	小媳妇告状				吉立水		57558	1084
1868	套疟子鬼				吴改门	吴大山	57382	274
1869	仨女婿拜寿				马又宸、李月生等		57341	649
1870	财迷看戏				王继宗	王宝志	57409	398
1871	分家				李复春	张际国	57424	789
1872	老虎妈子				王淑芬	陈崇、叶静	57372	1520
1873	请东家				范瑞林	范玉海	57420	546
1874	盼盼和贵贵				黄兴平	吴大山	57378	1469
1875	不见黄鹤心不死		邢台市、县东部		耿贵荣	陈玉明	57366	2056
1876	活死人（三）				吴兴带	杨成苏	57468	1549
1877	秃子难秀才				李西林	李保祥	57353	233
1878	庄稼汉教书				黄兴平	吴大山	57377	985
1879	谁喝谁倒					杨贺惠	57675	179
1880	公冶长					袁炳淑	57412	968

序号	篇名	民族	流传地区	采集地	讲述者	搜集者	数据库编号	字数
1881	老千里驹赶不上小千里驹				申振兴	邵宗普	57349	383
1882	没良心的由来				黄志芬	徐华英	57418	325
1883	王宝进宫				云珍	张香娥、冯国英	57359	169
1884	活死人（二）				杨进修	杨成苏	57467	207
1885	鸡爪与杈把						57701	151
1886	墨画张的传说				冯国英	张香娥	57315	231
1887	一瞄远						57632	276
1888	皇姑成为民家妇				吉立水		57446	3927
1889	吃的鸡蛋黄					李建敏	57566	260
1890	西葫芦俩籽				王景林	郭明臣	57321	196
1891	一个老头						57698	260
1892	梦先生					孟利滨、王东海	57415	206
1893	姓万				吉立水		57562	2471
1894	李耕和五姑娘				李玺	张庆思	57304	314
1895	没钱还帐				吉立水		57559	224
1896	瞎老头重见光明				吉立水		57442	1297
1897	明白二大爷					何福寿	57623	270
1898	掏鸟蛋		邢台县西部		王学让	王风群	57363	290
1899	尼姑搀醉鬼				邢福荣	贾占水	57567	1313
1900	大宝					黎钧	57430	958
1901	师傅教徒弟				徐芳	徐华英	57600	463
1902	王生古的故事				赵秀霞	吴大山	57375	1179
1903	傻子学话				刘长青	徐华英	57597	789
1904	抽烟				吉立水		57436	1595
1905	书生和卖油郎					何福寿	57622	568
1906	施公案				吴兴带	杨成苏	57350	1480
1907	三人忙				吉立水		57619	256
1908	白日作梦						57592	2367
1909	诓嘴吃						57610	316
1910	活死人				吴兴带	杨成苏	57346	161
1911	打锅						57611	333
1912	清官庙				杨同海	范玉琪、赵书伶	57402	304
1913	找恩人				吴海亮	吴大山	57644	216
1914	特来要烟				冯洪民	冯国英	57336	435

序号	篇名	民族	流传地区	采集地	讲述者	搜集者	数据库编号	字数
1915	错白字						57590	589
1916	仨女婿拜寿				吴兴带	杨成苏	57572	912
1917	山里人吃鱼				吴毛根	吴大山	57636	686
1918	噎噎锣				韩天明	张香娥、袁炳淑	57333	632
1919	一个儿没挣					霍培德	57660	743
1920	忌秃				徐明贤	范玉海	57557	111
1921	肚子爆炸					王万臣	57672	1606
1922	李四龙王				史庆林	范玉琪、赵书伶	57401	198
1923	和尚在，我不见了				张泰	王万臣、张彩凤	57689	1309
1924	圣人教徒						57544	993
1925	骂和尚					袁炳淑	57695	1019
1926	张老大和张小二					李文彦	57407	1738
1927	漏电						57550	1435
1928	按时下工				吴兴带	杨成苏	57602	439
1929	呆子学乖				陈苏氏	陈崇	57343	980
1930	十辈子穷				黄兴平	吴大山	57380	1355
1931	公鸡媳妇				书真	冯国英、张香娥	57330	195
1932	添小表						57628	276
1933	心中没鬼				吕恩惠		57328	1077
1934	智改				杨成苏		57385	210
1935	“清官”上任捉混蛋				马又宸、李月生等		57316	159
1936	三与仨				祖母	孔海燕	57617	1136
1937	傻子学“一”						57361	153
1938	傻女婿吊孝				黄兴平	吴大山	57638	477
1939	咏诗赞马						57540	1365
1940	惊了				吴毛根	吴大山	57640	1172
1941	百鸟庙					赵书伶、刘泽华	57399	696
1942	回头算帐						57582	661
1943	春兰嫁鬼				云珍	张香娥、冯国英	57358	939
1944	文武状元					徐金普	57673	1232
1945	亲家母下乡记				王德生	吴大山	57484	2753
1946	造月亮					戴召民	57413	645
1947	杀猪匠斗神父				郭占昆	王宝志	57486	132

序号	篇名	民族	流传地区	采集地	讲述者	搜集者	数据库编号	字数
1948	矬子抽秫秸				王三多	王宝志	57664	3447
1949	兔子顶白布					赵书伶	57395	4128
1950	精通化学						57584	946
1951	真正狗牙						57542	696
1952	俩酒鬼打賭		邢台地区		黄兴平	吴大山	57652	1376
1953	小白龙和舅舅				吴改门	吴大山	57374	800
1954	急了以后					王凤群	57587	3168
1955	屎壳郎状元				赵秀霞	吴大山	57373	876
1956	老财家的仆人					马又宸	57394	784
1957	鲶鱼大喝汤				刘恒泰	刘华进	57365	118
1958	按线鋸					霍培德	57657	401
1959	八月十五对诗				吉利水	何福寿	57393	681
1960	吹牛皮比赛				张玉梅	梁平河	57691	2434
1961	夜郎国王				张俊河	赵书伶	57526	1097
1962	胡里镇的狐狸仙					王喜增	57435	671
1963	人长人短				王银缺	张敬芬	57419	167
1964	少爷学一				徐春	徐华英	57681	615
1965	三女婿斗丈人				马兴胜		57474	191
1966	不知足的下场					项建军	57425	203
1967	玖瑰姑娘和花郎					赵淮滨	57406	1293
1968	淘气学孝顺		邢台地区		苗金棠	王风群	57679	2814
1969	请柬与回音						57539	758
1970	和稀泥				张泰	王万臣、邢向存等	57429	161
1971	比墙厚				李春	杨合惠、王万臣	57428	164
1972	王举人设宴		邢台一带		徐春	徐华英	57391	497
1973	齐外齐里					张敬芬	57431	382
1974	不能点破					项建军	57426	1693
1975	二憨相亲				范同玉	范玉海	57421	1651
1976	年老别寻年少妻				吉立水		57443	719
1977	牡丹救命		邢台地区		王仲玉		57463	159
1978	金香炉				王仲玉		57461	1577
1979	庄稼汉驸马					李建敏	57433	172
1980	傻闺女				吉立水		57452	545

序号	篇名	民族	流传地区	采集地	讲述者	搜集者	数据库编号	字数
1981	东庄马抓				李老汪	张香娥	57469	627
1982	孝敬老人				吉立水		57453	946
1983	胡闪四骗土地		邢台县西枣园乡		王仲玉		57462	230
1984	二嘎和老子				吴毛根	吴大山	57637	493
1985	大出气				吉立水		57447	2006
1986	龙骨洞和兔骨桥		邢台半山区		罗二妮		57466	413
1987	老虎真美				吉立水		57458	279
1988	一根针		太行山区		冯仲生		57464	821
1989	无头案				吉立水		57450	501
1990	咬奶头		太行山区		樊甦		57478	93
1991	雪天对诗				张玉梅	梁平河	57690	502
1992	没正经事						57527	1195
1993	吝啬鬼会八仙				马桂欣	王宝志	57667	317
1994	起个大早赶个晚集						57633	487
1995	数数睡眠				张长福	王宝志	57668	779
1996	政治远见						57528	94
1997	掌柜的不睡我不睡					霍培德	57658	412
1998	两个尺寸						57536	310
1999	了				杨瑞生	吴大山	57641	171
2000	自命不凡的演员						57533	1292
2001	狗猫和公鸡				徐金普		57504	1150
2002	恁爹放了个屁				吉立水		57563	124
2003	肉芽						57629	179
2004	翟老抠谈效益						57546	4506
2005	这手好字		邢台县		王风森	王风群	57680	902
2006	钓鱼						57543	129
2007	老狼		邢台地区东半部		徐月华	徐华英	57389	430
2008	清河桥对诗				范常明	范玉海	57556	1055
2009	找子夸子住店					袁炳淑	57693	660
2010	阎王爷让座				吉立水		57618	309
2011	打红了眼					老山、马又宸	57709	150
2012	看戏				吉立水		57579	175
2013	想作皇上					老山、马又宸	57708	330
2014	荞麦地里打死了人					李建敏	57576	2072

序号	篇名	民族	流传地区	采集地	讲述者	搜集者	数据库编号	字数
2015	一张古画				尹九平	袁炳淑	57322	862
2016	借牲口						57580	300
2017	石义与王恩		邢台一带		徐春	徐华英	57388	170
2018	夸大						57605	541
2019	刘二戛子智斗阎王爷				陈玉祥	陈崇	57354	1426
2020	此时不宜动土					李玉华	57593	863
2021	乌纱梦				王义	邵宗普	57307	254
2022	巧媳妇					徐华英	57599	1154
2023	杀恶龙，救太阳				常通海		57319	985
2024	吃饺子				吴改	吴大山	57647	1081
2025	门墩墩，镣吊吊		太行山一带		任树海	任会元	57313	129
2026	要板凳				吴海亮	吴大山	57643	349
2027	彭祖为啥活了八百八				郭玉润	郭明臣、翟秀	57338	1185
2028	吹老婆				李玉朝	吴大山	57642	211
2029	花葫芦				马又宸、李月生等		57324	967
2030	一字之差				张尚之	王宝志	57665	256
2031	哭钱彭				张及姮		57337	2136
2032	学爸爸					王万臣	57669	990
2033	近视眼跟秀才				张玉梅	梁平河	57360	258
2034	盲人和他的孩子					张敬芬	57670	2448
2035	秀才作诗				张及姮		57370	261
2036	比视力					吕恩惠	57676	1396
2037	裁缝县官				张春生	陈崇	57357	974
2038	家信					张庆恩	57687	190
2039	张胆大遇鬼		邢台县西部山区		苗金棠	王风群	57362	908
2040	说山筋话					张香娥	57694	2652
2041	短人				吴兴带	杨成苏	57367	407
2042	买来的县官				徐春	徐华英	57697	691
2043	一喊就到						57608	311
2044	防震演习					邱廷芬	57705	539
2045	善有善报					徐华英	57390	3031
2046	煮铁茄子				杨同海	赵书伶、范玉琪	57397	221
2047	智斗“刘老抠”				马兴胜		57472	198

序号	篇名	民族	流传地区	采集地	讲述者	搜集者	数据库编号	字数
2048	这就是我吗					孟丽滨	57626	2525
2049	做梦					李保祥	57564	376
2050	转夜壶						57581	1335
2051	太君老家						57547	130
2052	武则天选男妃				刘二秃子	刘华进	57480	3154
2053	结巴买饭						57537	884
2054	说岁数					李建敏	57575	1340
2055	买“媳妇儿”					贾占水	57573	3158
2056	驴下小牛					徐金普	57570	793
2057	我的葡萄架也倒了				张何意	邵宗普	57568	1527
2058	蛤蟆咬死大爷					张及姮	57609	2934
2059	赌老婆		邢台县		张其昌		57471	1603
2060	雷霹蝎老虎子精				吉立水		57440	280
2061	七两漆					孟利滨、王东海	57416	467
2062	鞋匠驸马					李保祥	57408	1703
2063	大运和三小姐		邢台山区小东川		王仲玉		57460	2227
2064	亩地				吉立水		57445	202
2065	梳头鬼				吉水水		57441	705
2066	车皮一辆		孙村乡			冯米山	61045	270
2067	金枝玉叶的故事					佚名	60850	2829
2068	魏小小				高九		60856	447
2069	懒汉的下场		陈村一带				61037	1654
2070	善良的书生				冯素梅	梁惠欣	60913	11298
2071	山虎斗刁三					剑新	60901	240
2072	不上六十不长腰		石家庄郊区一带			沈建民	61029	826
2073	东海拾金				李华	李君、梁占英	60875	1059
2074	赵三、张五和老太婆					廖建军	60897	887
2075	听话的长工					刘四喜	60869	614
2076	财主请客			岳村铺		郭春玉	61062	527
2077	为什么叫鸡“咕咕”				张洛月	张雪蜂	60871	3631
2078	“清”和“桥”				谢顺女	齐连生	60894	392
2079	除妖				高庆文	高树增	60937	1452
2080	三个大瓜				邢彩绘	何栋勋	60919	878
2081	勤俭匾		河北省石家庄东部		潘老捧	田毅	60928	725

序号	篇名	民族	流传地区	采集地	讲述者	搜集者	数据库编号	字数
2082	对诗				敦凤姐		60916	926
2083	吴知县夜下听牢房				敦凤姐		60917	1049
2084	吉祥如意					张海燕	60866	459
2085	听东家的话也有错		山西一带		侯九兰	李海涛	60922	498
2086	和尚和木匠					归定康	60918	528
2087	自己吓自己		河北省		李占军		60909	141
2088	日本国是怎么来的				苗兰义	廖建军	60854	808
2089	敦连祥遇鬼				刘万苍		60907	852
2090	芦花鸡的传说		石郊孙村乡一带			梁惠欣	61005	971
2091	哥仨分家		河北石家庄东部		采录者的七旬老母	田毅	60923	513
2092	盗宝遇妖				敦凤姐		60915	1745
2093	玄都求雨			大厂回族自治县特种工艺厂	李学增	刘学钧	60942	241
2094	拍马屁的挨了刀		河北省清西陵一带		张运起		60920	817
2095	鹿的传说					吕颜芬	61007	488
2096	梦二小		河北获鹿		王俊芳		60910	89
2097	傻小子讲《水浒》			岳村铺		郭春玉	61061	813
2098	五嫂鱼		江西		李振民		60929	1236
2099	榆树的传说		石市郊区孙村乡一带			冯米山、梁惠欣	60998	284
2100	烧称砣			赵陵铺	陆金莲	刘肆	60891	1217
2101	文人对诗		深县		潘老捧	田毅	61057	296
2102	张活和李局				张富德	任勇	60952	498
2103	算命的人		郊区西营村一带		王顺	高建朝	61031	810
2104	露头“挨狗咬”					张兵海	60874	782
2105	不要命					卢莉红	61042	622
2106	难不倒的长工头				贾景子、李林姐	任勇	60932	582
2107	为什么要红专					何会茹、卢利红	61051	466
2108	赵南星拔橛		石家庄郊区留营乡一带			刘志忠	60889	419
2109	红萝卜与腊		孙村乡			冯米山	61044	938
2110	贤妻智妇治和尚				贾景子	任勇	60931	91
2111	杨老印打猪				李富生	任勇	60934	372

序号	篇名	民族	流传地区	采集地	讲述者	搜集者	数据库编号	字数
2112	竹与书		石家庄西郊及获鹿一带			胡忠林	60888	331
2113	傻女婿卖马					孙双其	60870	200
2114	到底是谁不讲礼		石家庄郊区		王顺	高建朝	61030	1545
2115	吃饭				常燕英		60911	216
2116	“狂风怕日落”的来历			孙村乡		冯来山	60885	278
2117	没量心		石家庄获鹿一带		贡喜林	任勇	60877	1806
2118	假秀才看告示		石郊岳村			郭春玉	61060	338
2119	妯娌仨对诗				冯素梅	梁惠欣	60900	778
2120	一顿饭		河北一带		章华清		60921	729
2121	坏小子挨打					何会茹	60886	533
2122	我想活一百岁呢					何会茹、卢利红	61050	753
2123	借钱时的我已不是现在的我				冯素梅	梁惠欣	60927	567
2124	骗人钱的算命先生				陈文清		60941	189
2125	集日除奸					张广敬	60899	204
2126	吹大话				魏国兴	魏国胜	61032	445
2127	范小小坐皇上			河北省石家庄市郊区杜北乡西营村	杨玉姐		60943	196
2128	小心眼的故事				刘焕芝	刘学均	60926	819
2129	搭个小的吧					任勇	61043	1504
2130	鞋匠治病		石家庄郊区陈村一带			沈建民	60852	238
2131	“一字千金”的来历				惠鹤屏	周建平	60944	648
2132	地主三难穷长工				敦凤姐	张恒顺	60925	982
2133	耍钱鬼卖闺女					敦春玉	60938	2226
2134	张二先生拉砘子		获鹿县大河乡一带	底乡	任爱生	任勇、王建强	60882	840
2135	张三上吊		石家庄岗南一带	岗南	曹文祥	曹海燕	60948	317
2136	叫鸡的来历				刘瑞红	刘四喜	60862	914
2137	张忘挂招牌				任洛有	任勇	60953	672
2138	棒槌大闹杜童庙		上京村一带		王墨	高爱国	60868	935
2139	三个“聪明人”		上京村一带		王振全	高爱国	61022	242
2140	以头充瓜					沈建民	60863	416
2141	罗嗦先生		留营乡			刘志忠	61020	315

序号	篇名	民族	流传地区	采集地	讲述者	搜集者	数据库编号	字数
2142	农夫受赏				郑金武	廖建军	60857	1033
2143	猴屁股为什么是红的				冯素梅	梁惠欣	61013	466
2144	小放羊的		省市郊区后杜北一带			廖建军	60867	545
2145	吹大话		岗南一带	岗南	曹天亮	曹海燕	61065	425
2146	杀猪的做驸马					冯米山	60884	331
2147	钥匙在咱手里					卢利红、何会茹	61048	823
2148	知县断案						60872	920
2149	孩子死了不怨俺					何会茹、卢利红	61046	1552
2150	丞相“十不全”				张允	孙双其	60860	282
2151	错别字先生		河北深县		潘老捧		61056	620
2152	磨刀不误砍柴工					陆新义	60879	876
2153	落				任来福		60853	102
2154	夜盲症					刘成果	60858	779
2155	算卦					何会茹、卢利红	61052	2741
2156	“虎”变“鼠”					邢国曦	60893	400
2157	海水为什么是咸的			孙村		梁惠欣	60880	624
2158	火烧洪门寺				付过兵、付玉妮	聂秀忠	60873	3538
2159	雷公的传说		河北省京畿北京		谢钰	谢翊新	60980	964
2160	贪心的下场		河北省石家庄		谢钰	谢翊新	60902	378
2161	小麦为什么只有一个穗			石郊孙村乡		梁惠欣	60997	958
2162	蠢对蠢（外两篇）					陈秀珍	61035	90
2163	有个闺女				贾景子	任勇	61059	1179
2164	奸子和傻子		河北一带		陈书和		60904	529
2165	观棋不语真君子						61047	645
2166	蛇为什么吸老鼠					齐梅竹	61010	4127
2167	老虎的传说		北杜村一带			刘学军	60999	1169
2168	爱抽烟的长工		河北获鹿县		王俊芳		60912	808
2169	点豆					陆新义	60855	328
2170	为什么公鸡早晨鸣叫					佚名	61006	304
2171	老财迷的遗嘱					刘肆、梁占英	60878	869
2172	勤俭						60930	1861
2173	委婉的瞎话		市郊陈村			沈建军	61036	971
2174	尼姑与醉汉				白明岐	冯米山	60939	423

序号	篇名	民族	流传地区	采集地	讲述者	搜集者	数据库编号	字数
2175	羞牛		石市郊区			陆新义	61034	366
2176	门墩墩，镲吊吊		石家庄市获鹿一带		聂凤娥		60940	2380
2177	俺和奶奶离婚		底乡一带			任勇	61028	314
2178	婆婆三难儿媳妇			柳东庄李林姐家中	贾景子	任勇	60933	638
2179	跳蚤		槐底	槐底学校		张海英	61026	685
2180	请木匠		石家庄西北一带	石家庄岗南	曹今平	曹海燕	60946	1722
2181	吹大话		于底乡			谢志福	61021	231
2182	蚂蚁的传说		后杜北一带		张衣姐	廖建军	61003	701
2183	“腿短胳膊长”与腿长胳膊短”的人					邢淑芹	60861	236
2184	火龙单		石家庄岗南一带	岗南	曹云云	曹海燕	60947	229
2185	大盖出不来			杜北乡	刘积恩	廖志存	61054	306
2186	长工甫贯			大郭村		杜勤来	60898	2118
2187	蚕花娘子				高国卿	梁惠欣	60924	2051
2188	以牙还牙				阎全保	阎世久	60950	991
2189	不能用手					何会茹、卢利红	61049	547
2190	说实话（故事两则）					邢晓曦	60896	3800
2191	辛李遇鬼		石家庄郊区西部一带		任洛物	任勇	60895	996
2192	老王孤身破鬼案				贡喜林	任勇	60951	426
2193	卖瓦盆		河北省石家庄南部		冯素花	李子平	60906	233
2194	拙嘴女婿俏媳妇				王茗芝	任勇、王海涛	60876	516
2195	聪明媳妇					冯米山	60883	2104
2196	启明星的来历		石家庄郊区			任勇、佚名	60973	203
2197	六十岁还苍			获鹿徐家庄	张瑞先等	任勇	60864	386
2198	不给工钱，饺子换面		石家庄周围一带			剑新	60892	2595
2199	聪明的店主				冯素梅	梁惠欣	60935	1666
2200	小人偷牛				张元姐		60945	1051
2201	学俏				石更来		60955	624
2202	学说话				霍更吉		60954	198
2203	公鸡蛋		上京村一带			高爱国	61023	1195
2204	少见多怪		石家庄市获鹿			任勇	61019	152
2205	人年龄的传说				冯素梅	梁惠欣	60981	1346
2206	葫芦之谜		孙村乡			胡文冬	60949	623

序号	篇名	民族	流传地区	采集地	讲述者	搜集者	数据库编号	字数
2207	猫为啥吃老鼠		西里村一带			刘四喜	60996	1871
2208	老西儿喝酒		上京村一带			高爱国	61024	471
2209	马齿苋为什么晒不死			石家庄郊区		焦素文	60995	236
2210	大白菜与大佛爷		前杜村一带		平晚保	平秀梅	61038	642
2211	转轴子与双眼瞎		前杜北村一带		平晚保	平秀梅	61027	1401
2212	不许抬杠		石家庄			张顺	61039	456
2213	亲家		槐底	槐底学校		张海英	61025	163
2214	“巧”治驼背		石家庄市郊区			张振英	61053	392
2215	两、妯、娌				白明岐	冯米山	61055	853
2216	狗醉了				陈春生		61063	239
2217	慢性人				李秀珍		61064	719
2218	三婿猜柜					任勇	60865	438
2219	有脉		石家庄郊区			何会茹	61041	596
2220	糊涂婆婆		石家庄郊区西北大郭村、马村、徐家、庄麻带	大郭村	陈富全		60887	1010
2221	“清官”断案		石市郊区			魏国胜	61033	1263
2222	打个半死					卢莉红	61040	533
2223	“道光”年的瓷器		河北石家庄		潘老捧	田毅	61058	927
2224	傻媳妇				贾景子	任勇	60936	349
2225	拨刀相助、严惩强盗				王墨	高爱国	60851	1062
2226	长发妹				高国卿	梁惠欣	60914	120
2227	“公平交易”的由来		河北石家庄一带		赵清川		60903	488
2228	纨袴子弟饱餐“刀功半内”					齐连生	60890	551
2229	“二先生”智斗财主				李够堂	刘成果	60859	1409
2230	儿媳妇请公公				张弼良	姚瑞刚	61155	632
2231	民俗部分讲述人及提供材料者						61112	653
2232	一个响瓜的奇案		山东临清一带	家边菜园	张金玉	张志高	63313	216
2233	挖胶泥				姜剑波	姜增奎	63326	704
2234	黄古杏				王美荣	永庆、运锋	63298	1599
2235	李秀才对下联		成安县	郭坊乡姜营村	王巧爱	宋振华	63320	790
2236	戒赌		成安东部		科堂娘	永庆、运锋	63300	1892
2237	瞎子的故事		成安县一带	河疃村	李春晓	李春	63329	2511
2238	看俺媳妇难不难				王郭氏	刘志	63336	234

序号	篇名	民族	流传地区	采集地	讲述者	搜集者	数据库编号	字数
2239	半截舌头案			东关东	张书喜	张志高	63311	534
2240	狗肉迷打嘴				李春长	李书美	63338	125
2241	分海钱		成安县城关	西街薛贵生家	薛贵生	张建军	63301	3542
2242	奇巧姻缘				褚振华	武学福	63312	886
2243	仨女婿云诗				王美荣	永庆、运锋	63328	212
2244	仨儿献艺					李书美	63330	550
2245	何主考的批语		我县一带	在张义敬家	张义敬	张志高	63333	3892
2246	木锨板儿		成安县	崔书的家	崔书的	玉王香	63334	259
2247	云诗				陈步勤	陈军光	63323	857
2248	李三娘担水				郝秀荣	刘悦民	63314	241
2249	案中案		成安县东部地区	郭坊乡姜营学校	吕清贤	宋振华	63319	2073
2250	傻小孝母					常生民	63331	704
2251	卖布客		成安县长巷一带	后长巷村	张墨香	许跃强	63304	2811
2252	兔子精					孙香廷	63299	791
2253	报应		成安一带	东关东	王章兰	张志高	63315	674
2254	玉皇大帝分寿龄				杨秀珍	张金堂	63305	222
2255	头儿歌				玉梅	张震林	63322	1189
2256	九个女			成安县漳河店村	米桂芹	付运红	63324	386
2257	小公鸡				李学文	李学平	63332	3546
2258	张老端开店		成安县路口村	路口村	王金枝	王圣第	63308	1316
2259	刘二楞买门墩		成安县西部	路口村	王成林	王圣第	63335	757
2260	小枣树		成安县	河疃村	郝秀荣	刘悦民	63318	4800
2261	四大冤屈					王长梅	63327	234
2262	张山气母			成安县河疃三大队	张觉非	李国强	63309	1521
2263	茄子打顶					阎铁鹰	63310	373
2264	哈二娶亲		成安县城关	西街薛贵生家	薛贵生	张建军	63302	1248
2265	馋嫂		邯郸东部		刘进元	刘庆华	63307	63
2266	老贡生一朝发迹		成安、广平一带		张书青	张志高	63317	798
2267	狐狸和刺猬的故事		成安县一带	成安县漳河店镇辛集村	扬甫庆	杨顺英	63306	1144
2268	三件宝		成安县	王美荣家	王美荣	常运锋、陈永庆	63303	468
2269	四大高兴					郝士相	63316	3639
2270	县官说谜					孙香辰	63337	1573
2271	栗河中赶考		成安县东部地区	郭坊乡姜营学校	姜增奎	宋振华	63321	1516
2272	对诗					暴廷魁	63325	1040

序号	篇名	民族	流传地区	采集地	讲述者	搜集者	数据库编号	字数
2273	三个胡涂蛋					李春雨	63339	214
2274	傻女婿吃饭		成安		玉梅	张震林	63340	738
2275	女掌柜		河北东部、辽宁西部地区	招待所	刘凤岐	王淑苓	63527	1320
2276	哭乖		卢龙一带	王老虎庄		翁玉玲	63550	3753
2277	你咬我一口		刘田庄一带	刘田庄	李长林	李长林	63520	2160
2278	长虫报恩		卢龙北部农村	招待所	刘凤岐	王淑苓	63482	1958
2279	千里有鹣来相会		卢龙北部农村	县招待所	刘凤歧	王淑苓	63477	1435
2280	丈爹赠马		卢龙一带	倪家庙	穆宝贤	张泽存	63546	1798
2281	鸽子洞		卢龙一带	卢龙地名办公室	惠黎民	惠黎民、郝容贤	63513	1443
2282	急性子和性子急		卢龙北部农村	刘映秋家	刘映秋	方耘	63571	2932
2283	蒋家三代斗妖精		卢龙一带	县招待所	刘凤岐	王淑苓	63472	1535
2284	彭祖夸寿		卢龙北部农村	村委会	严分	卢玉全	63568	3619
2285	神奇的半截缸		卢龙一带	下荆子乡政府	李晓光	李晓光	63503	929
2286	北洞老僧		兴隆庄一带	下兴隆庄	胡世林	胡淑霞	63512	1586
2287	鲤鱼姑娘		青龙河一带	县城	田守信	李士军	63511	3252
2288	让你过得去		四百户一带	四百户	杜克功	杜克功	63558	190
2289	金平和玉平		卢龙北部农村	张各庄	席凤兰	席立新	63495	964
2290	嘎小子刘青山		榆林甸一带	榆林甸	刘柱	梁树军	63567	1553
2291	神丹		卢龙北部农村	县招待所	刘凤岐	王淑苓	63481	2323
2292	天下的动物为啥只有人会说话		卢龙一带	重峪口	李强	顾瑞和	63524	725
2293	花花蛇和翠花		卢龙北部农村	兴隆庄	王爱英	胡淑霞	63504	3028
2294	王小二招亲		卢龙一带	县招待所	刘凤岐	王淑苓	63562	1731
2295	伶俐媳妇		卢龙北部农村	卸甲庄	李善	李文波	63560	589
2296	傻小子学话		卢龙北部农村	卸甲庄	李善	李文波	63536	573
2297	省大妈费大嫂		卢龙一带	西马庄		常翠青	63557	2962
2298	路遥和马力		卢龙一带	下荆子村	靳昌	李晓光	63551	640
2299	尖子和傻子		卢龙一带	下荆子乡政府	李小光	李晓光	63555	203
2300	雷鸣		卢龙一带	县招待所	刘凤歧	王淑苓	63478	2578
2301	死鸡拉活雁		单庄一带	单庄	王佩喜	王连栋	63554	1756
2302	巧设连环计		卢龙一带	县招待所	刘凤岐	王淑苓	63529	4189
2303	河边无头尸		卢龙一带	县招待所	刘凤岐	王淑苓	63530	5118
2304	蛇女		潘庄一带	南关	赵桂艳	张晓青	63492	1113

序号	篇名	民族	流传地区	采集地	讲述者	搜集者	数据库编号	字数
2305	迷糊儿		四百户一带	四百户	杜克功	杜克功	63576	887
2306	狗为啥要掐猫		卢龙一带	县招待所	刘凤岐	王淑苓	63521	2637
2307	聪明的老三		卢龙县南部地区	塔上村		刘正利	63561	6568
2308	紫燕子和金葫芦		卢龙南部农村	郝佃子	刘广财	郝容贤	63494	1254
2309	聪明的丑媳妇		卢龙一带	田庄子		张秀生	63556	1599
2310	智斗大耳仙		卢龙北部农村	县招待所	刘凤岐	王淑苓	63490	2388
2311	桃花仙姑		卢龙北部农村	县招待所	刘凤岐	王淑苓	63488	1113
2312	降鬼		卢龙北部农村	张各庄	席凤兰	席立新	63496	3672
2313	好丈夫		卢龙北部农村	大刘庄	刘映秋	方耘	63541	1222
2314	榨海干		卢龙北部农村	县招待所	刘凤岐	王淑苓	63485	2923
2315	郑小人和五长腿		卢龙北部农村	招待所	刘凤岐	王淑苓	63483	862
2316	大豆饽饽		卢龙一带	大刘庄	刘映秋	方耘	63542	718
2317	火炼丹		卢龙一带	郝佃子村	郝守先	郝容贤	63538	490
2318	李老八和毡帽头		卢龙一带	县招待所	刘凤岐	王淑苓	63484	639
2319	杨武救刘邦		卢龙北部农村	县招待所	刘凤岐	王淑苓	63474	1259
2320	学话		燕河一带	燕河四街	韩志伟	岂连顺	63543	3103
2321	小淘气		河北东部地区	县招待所	刘凤岐	王淑苓	63531	1951
2322	不见黄河不死心		卢龙、抚宁一带	抚宁粮食局	胡志坚	惠黎民	63493	672
2323	三娶亲		河北东部、辽宁西部地区	县招待所	刘凤岐	王淑苓	63528	1195
2324	牧童对对		卢龙一带	大寺前村	李友忠	李兴国	63569	1318
2325	十二岁的督察官		卢龙北部农村	县招待所	刘凤歧	王淑苓	63471	1021
2326	借尸还魂		卢龙一带	姚各庄		姚宝	63501	1989
2327	两家寨		卢龙一带	县招待所	刘凤歧	王淑苓	63476	1919
2328	“杠头”开店		卢龙南部农村	鲍子沟	赵树山	孙宝刚、张贺元	63575	1241
2329	狸猫告状		卢龙一带	县招待所	刘凤岐	王淑苓	63526	1170
2330	千里姻缘一线牵		卢龙一带	本村	惠黎民	惠黎民	63516	1713
2331	隐身帽		卢龙北部农村	县招待所	刘凤岐	王淑苓	63475	1438
2332	贪心不足蛇吞相（象）		卢龙抚宁一带	本村	惠黎民	惠黎民	63515	610
2333	一股黑风能出血		卢龙北部农村	西吴庄	刘素艳	郑国	63506	2083
2334	让打头的说了算		卢龙北部农村	严山头	朱玉祥	陈国	63519	1135
2335	蛇精		卢龙北部农村	下兴隆庄	张成	常宝富	63505	1675
2336	鹿妈妈		卢龙一带	卢龙县招待所	刘凤岐	王淑苓	63487	3156
2337	善有善报，恶有恶报		卢龙一带	下荆子村	李建章	李晓光	63502	1684

序号	篇名	民族	流传地区	采集地	讲述者	搜集者	数据库编号	字数
2338	小鬼		卢龙北部农村	刘映秋家	刘映秋	方耘	63514	573
2339	客来生		卢龙城北部农村	县招待所	刘凤岐	王淑苓	63533	1857
2340	没心的媳妇		卢龙一带	县招待所	刘凤歧	王淑苓	63479	3280
2341	药王爷摆手没治了		卢龙北部农村	燕河四街	吴树云	吴芝灵	63518	3316
2342	傻姑爷		刘营一带	鹿尾山	韩庆全	席立新	63537	2894
2343	降妖除害		河北东部、辽宁西部地区	县招待所	刘凤岐	王淑苓	63473	427
2344	钉鞋匠李三		卢龙北部农村	榆林甸乡政府	阎阁林	梁树军	63553	1028
2345	夏天晚上青蛙为啥呱呱乱叫		燕河一带	燕河四街	韩志伟	岂连顺	63523	1556
2346	小生和老虎		刘营一带	鹿尾山	韩国山	席立新	63548	1163
2347	小尖山上的金鸽子		饮马河一带	常家沟	常凤	姚秀林	63510	874
2348	拉金驴		卢龙一带	木井乡政府	齐学敏	孟庆宝	63559	1481
2349	屎克螂哭夫		卢龙、抚宁一带	抚宁县志办公室	惠黎民	惠黎民	63522	7514
2350	三兄弟		卢龙北部农村	大王屯	李宝善	李艳红	63500	2468
2351	不		单庄一带	单庄	王焕春	王连栋	63574	2414
2352	孝顺媳妇		卢龙北部农村	鹿尾山	张生	席立新	63547	589
2353	“小蛤蟆”当驸马		卢龙一带	郝佃子	刘广财	郝容贤	63563	755
2354	下关东		河北东部、辽宁西部地区	县招待所	刘凤岐	王淑苓	63532	779
2355	红绫宝扇		卢龙一带	黄家村	徐宝善	徐成彬	63508	3336
2356	照镜子		卢龙一带	刘田庄	李长林	李长林	63573	1316
2357	两好并一好		河北一带	卢龙县招待所	刘凤岐	方菱	63497	776
2358	张小宝巧结爱柳娘		卢龙农村	王老虎庄		翁玉玲	63549	1981
2359	神瓢		卢龙一带	王老虎庄		翁玉玲	63499	1258
2360	两个媳妇		卢龙一带	鹿尾山		席立新	63572	3785
2361	秃尾巴老李		卢龙一带	兴隆庄	张春林	胡燕忠	63507	2246
2362	谎三儿		刘营一带	三里店村	傅义	席立新	63564	1218
2363	十兄弟		卢龙北部农村	大刘庄	刘映秋	方耘	63491	2644
2364	张大汉修长城		卢龙北部长城一带	下兴隆庄	张成	常宝富	63552	3058
2365	要钱不要脸		燕河一带	燕河乡	岂连顺	岂连顺	63544	1906
2366	恶八和善礼		卢龙北部农村	县招待所	刘凤岐	王淑苓	63489	1937
2367	无手女		卢龙北部农村	县招待所	刘凤岐	王淑苓	63535	647
2368	“神箭”李小二		卢龙一带	县委	宋坤	宋坤	63570	365

序号	篇名	民族	流传地区	采集地	讲述者	搜集者	数据库编号	字数
2369	狮子红眼		卢龙北部农村	县招待所	刘凤岐	王淑苓	63486	1337
2370	李瞎子“捉妖”		卢龙南部农村	下荆子乡政府	李春章	方菱	63565	4139
2371	鹬蚌相争		卢龙一带	卢龙县招待所	刘凤岐	王淑苓	63480	2409
2372	姐弟俩上姥家		卢龙一带	刘家	刘凤岐	王淑苓	63534	584
2373	治得了病治不了命		燕河一带	燕河营	岂自善	岂连顺	63517	2356
2374	聚宝槽		石门一带	常庄子	刘长青	常翠青	63509	6292
2375	凤仙姑和三龙		卢龙北部农村	下兴隆庄人	胡世清	张福林	63498	2253
2376	大舅子挨打		卢龙一带	县招待所	刘凤岐	王淑苓	63525	1792
2377	柳生捉“鬼”		卢龙一带	下兴隆庄	胡世清	张福林	63566	2099
2378	张书生		东北、河北一带	大刘庄	刘映秋	方耘	63539	2191
2379	儿子打爹啥缘故		刘营一带	鹿尾山	韩庆全	席立新	63545	330
2380	哥哥和弟弟		卢龙一带	大刘庄	刘映秋	方耘	63540	1101
2381	吹牛				郑三		66982	561
2382	新婚三夜的敲门声						67002	518
2383	秀才改对联				蒋国胜		66956	844
2384	李彩莲观灯劫法场				孙贵乐		66998	517
2385	后娘的心				刘兰堂		66955	1112
2386	蜘蛛精				刘全明		66980	604
2387	仨女婿比快				孙连生		66941	674
2388	才女嫁先生				张桥绍		66944	7740
2389	巧戏地主				刘华恩		66942	1734
2390	方柱与海姑娘				张海长		66935	261
2391	北京的刘家人				刘清祥		66936	1244
2392	哥哥和弟弟				朱玉森		66965	988
2393	神鞭赶水				刘张氏		66939	822
2394	七十二个伙计				刘金发		66949	2166
2395	“董大胆”斩鼠精				刘佚		66953	5765
2396	两家合一家				王绍彭		66963	1634
2397	父与子				邢承义		66945	802
2398	孩子与管家				张桥绍		66951	2896
2399	公媳斗智				黄曹		66952	1179
2400	进谏之人				王赋		66962	1702
2401	厨师与皇帝				王有芝		66950	889
2402	窃贼与张家懒汉						66954	1400

序号	篇名	民族	流传地区	采集地	讲述者	搜集者	数据库编号	字数
2403	“炮”秃爷				刘俊林		66959	800
2404	王三的梦				刘良海		66948	664
2405	新房里的鞋				华美		67001	3193
2406	二人吟诗				刘和韦		66943	617
2407	老三得宝				吴氏		66938	729
2408	梦先生				张淑荣		66964	850
2409	对联结伉俪				蒋国胜		66957	298
2410	活人娶死妻				宋宝增		66960	848
2411	和尚与秀才				王灵俊		66946	408
2412	鱼与苏				朱玉森		66966	649
2413	老鼠精				刘全明		66981	571
2414	论本领						66970	555
2415	大能人要账		册井一带	东石岭水库	赵西英	薛旭升	69388	1744
2416	尚书送亲			马峪	牛庆功	朱金路	69359	1730
2417	猜谜语					路振湖	69390	922
2418	打赌		井径县北部地区		李宗禹	李大林	69379	1234
2419	戏筋					侯正儒	69394	3104
2420	神卦		刘石岗一带	刘石岗	李建才	李宗学	69353	1012
2421	买肉			九家铺小学校	韩文彬	薛旭升	69383	2325
2422	人声鳥		沙河市西部山区	刘石岗袁明富家	袁明富	岳连婷	69355	936
2423	灵媳妇巧解谜			刘石岗	李建才	李宗学	69381	1818
2424	嘴媳妇			孟石岗	孟庆菲	岳莲婷	69391	2965
2425	老大和老二的故事		沙河市西部	刘石岗乡文化站	李乐兴	岳婷	69362	1758
2426	桃花与周郎			白石坡石料厂	李平文	冀彤军	69351	986
2427	梦先生		沙河城一带	沙河城	李来锁	淹年	69378	656
2428	考儿媳		册井一带		王振堂	王时印	69380	2174
2429	治三怪		蝉房、石盆一带	大汉坡	张彦忠	李明	69342	1366
2430	傻女婿的故事		沙河、武安一带		冀付堂	冀彤军	69374	465
2431	秀妮		通元井白庄一带	白庄村	王合珍	白运书	69363	447
2432	貂蝉的传说		渡口川一带	花木村	程文科	彭天民	69366	584
2433	三颗金豆		褡裢填一带		吕彩玲	李进奇	69343	1836
2434	杨财主招工			册井	张延吉	施有民	69368	497
2435	巧借粮			西油村	戴长富	戴长美	69384	1443
2436	鸡的来历		善下村一带	善下村	卢桂荣	郑海珍	69356	306

序号	篇名	民族	流传地区	采集地	讲述者	搜集者	数据库编号	字数
2437	老玄蹓马				侯廷路	侯正儒	69395	1745
2438	石头人		柴关川一带	白庄	王合珍	白运书	69349	1458
2439	小气鬼			辛寨村	霍香琴	侯正儒	69393	3028
2440	七长八短			沙河城	李来锁	淹年	69347	895
2441	夜雨奇遇					陈福云	69370	781
2442	就怕“漏”		沙河市境内	北俎村	孔祥民	孔桂芳	69358	3185
2443	对哑谜					旭升	69385	2596
2444	偷帽子			于高村	邢东荣	侯正儒	69396	1927
2445	郑先生教书			沙河城	侯佩珠	李大林	69364	430
2446	巧惩“马屁鬼”		沙河、武安一带			彤军	69377	3192
2447	刘秀的传说		沙河市境内	清界	温元凯		69348	880
2448	造月亮			侯庄村	侯新周	代召民	69386	1296
2449	杨九思的故事		沙河市境及武安、永年一带	彭=	刘勤尚、秦成兴	刘怀山	69350	1062
2450	颟顸学话			北俎村	孔祥民	孔桂芳	69372	1077
2451	千里姻缘一线牵			沙河城	李来春	淹年	69352	1198
2452	王忠与李偏		通元井一带	白庄	王合珍	白运书	69365	1793
2453	一封家信		沙河市一带	东九家村	韩文举	薛旭升	69389	2111
2454	锦鸡鸟与奸草			孟石岗	孟庆梅	孟庆菲	69354	1442
2455	老先生与少媳妇		城关一带	九家铺村	韩文举	薛旭升	69392	1384
2456	张大的故事		东北流村一带	东北流	王汝尧		69382	950
2457	傻女婿拜寿		沙河市境内	孔庄村	用琴	王兵军	69373	597
2458	未到先知		沙河城一带	北俎村	孔祥民	孔桂芳	69371	1265
2459	长工奇缘		通元井一带	白庄村	王合珍	白运书	69361	1517
2460	一张请贴			东九家村木器厂	冯志英	薛旭升	69387	2750
2461	丁郎刻木			元通	卫五义	郭彩苏	69369	1041
2462	顽童戏土地		沙河一带	洛阳中学	范庆寿	侯正儒	69345	214
2463	巧写冤状		孟石岗一带	孟石岗村	孟繁祥	孟庆菲	69375	447
2464	栾五遇仙记			东北流村	王兆福	王守贵	69344	742
2465	扭脸城隍		洛阳一带	洛阳中学	范庆寿	侯正儒	69346	1221
2466	吟诗断案					李聚鸿	69360	1755
2467	神鸦			将军墓村	彭秉国	彭天民	69357	1399
2468	抢枕头				孟庆菲	岳莲婷	69367	453
2469	穷书生智斗不良女					玉东	69376	1071

序号	篇名	民族	流传地区	采集地	讲述者	搜集者	数据库编号	字数
2470	九公公					路振湖	69397	510
2471	井台计				周春姐	平秀梅	74126	1174
2472	谭生女买瓜				周春姐	平秀梅	74114	1480
2473	张小四戏骂贼县官				杜福保	齐连生	74129	1394
2474	黄半仙		石家庄郊区		张发元	张秀萍	74101	1406
2475	闯破鬼门关					刘肆、任勇	74141	1044
2476	英国佬学做豆腐					廖建军	74130	972
2477	母子情				平晚保	平秀梅	74115	401
2478	懒汉的下场					沈建民	74133	728
2479	梦先生					杨素珍	74111	801
2480	梦先生			郊区小安舍		平秀梅	74110	1750
2481	买碗					高爱国	74132	1020
2482	有了女婿忘了爹		获鹿县韩庄乡一带		梁明学	任勇	74134	435
2483	孝儿良母					张海秀	74131	2885
2484	懒夫懒妻					廖建军	74109	949
2485	财东与把活				张元姐	廖建军	74107	448
2486	聪明的丑妇媳				吴氏	平秀梅	74119	352
2487	“不求人”和“不帮人”					刘香芝	74125	1060
2488	“一层皮”与“精灵鬼”			石市			74100	1132
2489	巧嘴亲奶奶话说屁大嫂				任笑笑	任勇	74139	2810
2490	无比秀才			杜北乡		平秀梅	74128	707
2491	雪与面				张元姐	廖建军	74108	469
2492	土财主是怎样变成讨饭鬼的			西岗头村	张建平等	吴中福	74105	712
2493	请酒、请菜		石家庄郊区、获鹿、平山一带		张瑞先等	任勇	74140	722
2494	故事三篇			石家庄郊区		陈秀珍	74118	2689
2495	好吃懒做老亲家				张瑞先	任秀艳、任冬彦	74136	679
2496	仨婆婆褒贬儿媳妇		石家庄市郊区于底、岳村和获鹿县徐家庄一带	岳村	张二孩	任勇	74124	1484
2497	偏心丁		石家庄郊区、获鹿一带		张富德	任勇	74099	1115
2498	笔墨官司					谢志福	74137	1600

序号	篇名	民族	流传地区	采集地	讲述者	搜集者	数据库编号	字数
2499	慌张媳妇		石家庄市获鹿大河乡一带		张瑞先	任勇	74116	626
2500	多才少礼的媳妇					梁惠欣	74122	1186
2501	老头喂猪					张秀萍	74113	312
2502	母子钟				晋希玉	王密荣	74103	841
2503	巧妇夺钱					平秀梅	74127	319
2504	仨婿对诗					陈秀珍	74120	663
2505	“量小非君子，无毒不丈夫”的由来			石郊孙村		梁惠欣	74117	1440
2506	智女苏姐				冯素梅		74102	1007
2507	好好先生			石家庄获鹿一带	张富德	任勇	74112	651
2508	巧对夺粽题					佚名	74138	460
2509	刁妇破嘴				张云姐	廖建军	74106	1421
2510	路遥和马力		河北临城县一带	石家庄郊区杜北村	陈玉田	刘学军	74123	580
2511	长工乖三					杜勤来	74104	690
2512	“狐仙”辨				张密	吴瑞霞	74135	860
2513	穿孝服的媳妇				冯素梅	梁惠欣	74121	649
2514	趣联		邢台县北部、内邱县南部部分农村	南宋清智家	赵清智	赵永生	74205	799
2515	张识货		内邱南部农村	上屯	张成会、张秋夫	张景瑞	74194	850
2516	县官断道		内邱县城西一带	南双流	房文仲	永禄	74196	3265
2517	赵班挨打		内邱路东、隆尧西部农村	崔庄村	李成群	李丽	74219	469
2518	一边奶和尚，一边奶秀才		内邱县西北岭村	淑田家	乔淑田	葛继敏	74210	1281
2519	问路		邢台地区	内丘县武装部	张英芳	赵永生	74216	752
2520	明白二大爷		内邱县丘陵地区	东青山村	刘小年	李丁超	74218	392
2521	王八吃白面		内邱县西部丘陵山区	仙人村忠凯北屋	李忠凯	王九生	74212	1007
2522	为啥狗吃屎		内邱县西部山区	界子口、韩秀家	韩秀	侯洪南	74193	522
2523	聚宝盆		内邱县丘陵地区	章喜家	李章喜	李章喜	74183	986
2524	活山		内丘杨庄乡	邢地么窝煤矿家属宿舍	张海晓	李克俭	74189	881
2525	狗坟		内邱县丘陵地区	曹川相的家	李相的	章喜	74198	763
2526	神灯		内邱县西南部分农村	胡里村丰增家	陈丰增	陈莉英	74188	929

序号	篇名	民族	流传地区	采集地	讲述者	搜集者	数据库编号	字数
2527	聪明的孟哥		内邱县西北部农村	子草沟开云家	张开云	兴祥、燕平等	74207	793
2528	吴旺本的仙指头		内邱城附近农村	城关公社		李克俭	74190	2159
2529	三百公鸡蛋		内邱、山西等地	范平家	范平	李秀申	74211	256
2530	看坟地		内邱城南农村	上屯张保仁家	张保仁	景瑞	74197	1529
2531	少林学艺		内邱城南部分农村	上屯香会家	张香会	张景瑞	74199	2113
2532	小错和小别		内邱县西南和邢台县交界的几个农村	大百乙	贾振美	荷花	74217	659
2533	宝钱		内邱县南部农村	笔者家中	张绍兰	张景瑞	74182	1017
2534	巧惩县衙		内邱县东南部分农村	前夏后春长家	许春长	许文进	74208	1522
2535	铁石寻参		内邱部分农村	东门外文义诊室	石玉增	牛文义	74187	2780
2536	夜明珠		内邱县西部山区	内丘师范学校	刘晓堂	袁锁成	74215	1799
2537	宝贝		赞皇、内邱两县部分山村	南邢郭	杜长河	杜素芳	74184	1443
2538	贪心的财主		内邱东庞一带农村	党史办	高尔勤	秋英、尔勤	74201	696
2539	智除蜘蛛精		白鹿角一带乡村	白鹿角下乡		秋英	74185	1083
2540	秤大生意旺		内丘、邢台县境内	京广公路内邱官庄段	秦大田	赵永生	74206	1057
2541	猫和老鼠		内邱县西部深山区	内邱太行山区	孙和	孙二顺	74192	524
2542	三女婿对诗		内邱县浅山区	天台村	王玉珍	王东风	74204	499
2543	枕头里的秘密		内邱县东部农村	北辛庄焕菊家	张焕菊	胡利杰	74200	4261
2544	十不足		内邱丘陵地区	曹川村二秘家北屋	陈二秘	李章喜	74195	2638
2545	钱起和樵夫		内邱县东南部分农村	小吕东军成家	王成军	杨金祥	74203	1529
2546	大白话		内邱西部山区	大和庄香珠家	和香珠	和春合	74214	1738
2547	纥廖的故事		内邱县东部农村	金店正会家	李正会	张少鹏	74209	2253
2548	土医生		内邱城东部分农村	卫校	刘耀堂	韩新义	74202	475
2549	才女		内邱县东部农村	西张麻	和赃尼	和明月	74213	899
2550	篮儿		内邱县丘陵地区	曹川村书民家	李书民	李章喜	74186	1254
2551	吝啬鬼贺寿				张洁臣	李志宏	74506	684
2552	王直学话		高阳、安新等县			贾建华	74520	1023
2553	我就干这一天						74489	938
2554	该截哪头儿		龙化、高阳、小王果庄、旧城等乡		王长明		74518	1066
2555	巧嘴媒婆丢丑		晋庄乡		高金荣	阎学敏	74503	300

序号	篇名	民族	流传地区	采集地	讲述者	搜集者	数据库编号	字数
2556	宝船		边渡口乡、庞家佐乡一带		董新女	胡凯旋	74469	1128
2557	王老茂的故事						74488	215
2558	正骨				刘淑梅	王爱莲	74487	926
2559	问路						74484	214
2560	龙灯				王志汉		74470	929
2561	三兄弟登塔				刘建文		74482	994
2562	有智不在年高		高阳镇、赵堡乡		刘树楷	李志宏、田法宗	74485	627
2563	王大力				冯喜娣		74483	614
2564	四姐妹行酒令				王潭清		74517	703
2565	洗澡进柜				刘老瑞	阎学敏	74514	523
2566	纪晓岚巧对乾隆皇帝		保定、高阳、清苑地区		王潭清		74472	730
2567	张结实偷牛				田海战		74493	555
2568	聪明的田鹅				李生堂	李志宏	74475	3057
2569	秀才戏财主				刘老瑞	阎学敏	74513	2396
2570	留一只做本				王吉洪	贾建华	74512	1040
2571	“四只眼”不识屎克螂				刘老瑞		74519	1284
2572	巧数九九日					阎学敏	74480	211
2573	“勤俭”匾				李金荣	阎学敏	74476	1740
2574	刁先生进城				李鹤农	张政通	74505	287
2575	笑人短者短人笑					阎学敏	74511	672
2576	王树声聪明过人		北沙乡、城关镇		李洪庆		74474	644
2577	放风水				李鸿儒	李永常	74502	1157
2578	打老狼故事		高阳广大城乡		苑省	杨华	74499	356
2579	戏人反被戏		高阳城南各乡、村		李长增	阎学敏	74510	350
2580	齐古龙起号		高阳镇			刘树楷	74508	329
2581	奇遇				郑文奎	郑士杰	74491	553
2582	文盲先生		晋庄乡		黎占鳌	黎春华	74507	776
2583	兄弟俩				李志刚	李志宏	74478	814
2584	智斗		高阳县蒲口乡		王志彬	王勇利	74490	878
2585	秀才与吝啬鬼		高阳广大城乡		庞家佐、高金荣	阎学敏	74501	742
2586	倔老头				陈狗儿	吕冠春	74492	2289
2587	两个醉鬼				刘老瑞	阎学敏	74515	839

序号	篇名	民族	流传地区	采集地	讲述者	搜集者	数据库编号	字数
2588	拜寿		晋庄乡、尖窝乡		高金荣	阎学敏	74504	1777
2589	智斗恶财主		河北省高阳、博野、里县一带		王金树	张庆余	74500	1452
2590	艺人教书				李长增	江涛	74479	857
2591	七星女		边渡口乡西演镇一带		董新女		74471	742
2592	碗把儿的故事					郝金科	74497	554
2593	武大汉的打虎棍				李志宏		74494	704
2594	挖金子				李志宏		74495	732
2595	一碗面汤的故事				李志豪	李志宏	74486	527
2596	李国谱吟诗续联		高阳镇		李洪庆		74473	2346
2597	懒兄坏嫂				王承德		74481	701
2598	孙膑做豆腐				柴瑞兴	张政通	74477	904
2599	一个贪官					王长明	74509	635
2600	恶有恶报				李鸿庆		74498	333
2601	懒汉						74496	937
2602	瘸腿诗人				王同贵		74516	128
2603	相亲						74873	1275
2604	老二媳妇算卦						74820	1297
2605	李二大爷剥蒜——两耽搁						74867	489
2606	蝈蝈和白菜						74794	1095
2607	图财害命						74825	948
2608	治鼻子						74858	1297
2609	阎王还想去呢						74811	2049
2610	蚊子和瞎蜢						74805	1210
2611	切梨见籽						74819	1239
2612	偷驴人						74823	2575
2613	画中人						74793	2648
2614	家鼠和田鼠						74802	1819
2615	铁匠的偏见						74813	770
2616	狠心的闺女						74824	1015
2617	骗鬼						74812	1359
2618	隐身草						74799	2509
2619	婆媳偷嘴						74828	1112

序号	篇名	民族	流传地区	采集地	讲述者	搜集者	数据库编号	字数
2620	老二吹牛						74850	1189
2621	流星砸杏核						74848	2526
2622	奇门遁甲						74798	1357
2623	张大胆打赌						74849	1416
2624	人心无举蛇吞相						74862	731
2625	明断冤案						74818	1198
2626	穷讲究丢丑						74869	1354
2627	考先生						74837	2685
2628	先生吃请						74834	1150
2629	吃便宜嘴						74871	1244
2630	你俩看见我的裤带了吗						74868	1771
2631	错上错						74821	1844
2632	罪有应得						74877	1312
2633	买白果儿						74857	623
2634	路遥知马力，日久见人心						74863	3122
2635	停尸房闹“鬼”						74878	815
2636	糖佛爷						74807	806
2637	夫妻当当						74839	1292
2638	机灵的兔子						74804	1562
2639	仇人变孝子						74827	567
2640	瞎猫碰着死耗子						74866	1464
2641	没准儿						74830	877
2642	千里送鹅毛，礼轻人义重						74864	2472
2643	挑水						74836	2917
2644	箭箭不离屁股眼儿						74855	3115
2645	大人国和小人国						74796	1094
2646	虾精截船						74809	794
2647	骗子						74853	1840
2648	看谁说得大						74847	1458
2649	豁口瓦盆						74795	1794
2650	学话						74846	985
2651	无头鬼						74875	2555
2652	以貌取人						74831	764
2653	哥俩分家						74797	1502

序号	篇名	民族	流传地区	采集地	讲述者	搜集者	数据库编号	字数
2654	巧顺扛活						74835	2097
2655	教书先生磨豆子						74840	425
2656	爷爷的枕头						74822	1322
2657	狐仙报恩						74808	1792
2658	打儿子						74870	859
2659	还魂棍儿						74852	3283
2660	一毛不拔						74810	1814
2661	赶考						74844	4540
2662	县官挨戏弄						74841	1547
2663	说的和听的						74832	3856
2664	孝子劫道						74826	2433
2665	卖切糕的和讨饭女						74816	991
2666	宰相肚里能撑船						74861	912
2667	打官司						74814	1519
2668	老抠要钱不要命						74829	708
2669	猫狗为仇						74800	1555
2670	打赌出会						74856	880
2671	三化缘和三不让						74843	1299
2672	搬不倒回家						74833	1332
2673	奇妙的状纸						74838	870
2674	夸姑爷						74817	830
2675	揍和尚						74860	683
2676	糊涂县官						74842	1231
2677	心诚则灵						74792	1179
2678	麻疯女						74815	862
2679	卖切糕的上当						74859	1301
2680	寸草不爱的“哑巴”						74854	1116
2681	还是我搬家吧						74851	4506
2682	猫鼠斗						74801	2315
2683	猜木料						74845	1550
2684	浪子感恩						74874	911
2685	不见棺材不落泪，不到黄河不死心						74865	799
2686	蔡子庄的人命案						74876	818

序号	篇名	民族	流传地区	采集地	讲述者	搜集者	数据库编号	字数
2687	牛都吹到天上去了						74872	2255
2688	找弟弟						74806	1689
2689	狐狸请白鹤						74803	1536
2690	胡财主输马				宋满		79062	964
2691	也有一个怪勾当				金泽		79094	1269
2692	新官猜谜				王子仪		79193	1916
2693	解释《百家姓》				陈电		79191	1030
2694	巧摘吹牛匾				孙瑞江		79192	715
2695	教书的与扛活的				王国勋		79065	886
2696	来回不空桶				杨晓明		79072	510
2697	想占便宜吃了亏				马瑞兰		79141	1095
2698	搭救伙伴				张金凤		79066	556
2699	臭了裤衩子				王子武		79099	1204
2700	祖传“火龙衣”		唐山一带				79126	1957
2701	送幡儿				刘福		79124	1158
2702	治无赖				王子仪		79173	620
2703	狗肝儿哪去了				孟素兰		79138	1213
2704	爱惜锹				李春生		79119	823
2705	大道上拉屎的“狗”				张连红		79114	1065
2706	拧成一股绳				贾俊茹		79076	1284
2707	拌黄瓜与熬豆腐				王国印		79135	1043
2708	骂狗				刘力壮		79175	1107
2709	花烛夜诗对				陈电		79151	707
2710	画像				张少吉		79097	729
2711	夫妻定妙计				王凤兰		79171	1718
2712	姑嫂对联				陈电		79162	961
2713	买门神				刘洪图		79190	931
2714	当红娘				侯玉清		79158	1520
2715	选婿				刘品堂		79147	1118
2716	说吉利话				王凤英		79150	649
2717	拜年				杨秀芝		79154	1318
2718	怪联				赵锡贵		79139	746
2719	比岁数				高兆友		79170	543
2720	提亲		唐山一带		王爱玲		79136	1172

序号	篇名	民族	流传地区	采集地	讲述者	搜集者	数据库编号	字数
2721	酒宴对诗				董建华、祖佩连		79156	1358
2722	吃高粱，种秫米				田广德		79104	891
2723	赔礼				马玉兰		79177	1049
2724	你不叫爸我不叫妈				王秀荣		79160	1185
2725	挑酒				杨清学		79180	516
2726	巧语斗先生				王国勋		79161	1065
2727	画中谜				张金凤		79067	823
2728	量鞋样儿				董凤兰		79145	525
2729	巧断偷牛案				王德祥		79086	1290
2730	“钱串子”失算				郑辉		79129	1185
2731	怕狗咬				王存		79080	1291
2732	上坟				李秀珍		79169	853
2733	考字				郝俊苹		79073	942
2734	味道确实美				赵信		79070	635
2735	放屁苗庄稼				侯玉清		79078	1771
2736	问道儿猜谜				赵连喜		79068	1206
2737	宝塔诗				刘若余		79133	1453
2738	抢咸菜				于化龙		79109	330
2739	搭炕				赵连喜		79120	1544
2740	打赌				易仁		79121	1064
2741	宴请财主				袁弘		79128	1857
2742	猜蛋				陈作如		79115	678
2743	不会怪罪我啦				王雨田、王子仪		79123	374
2744	现在凉快了				杨春茹		79084	1521
2745	打狗看主人				刘淑荣		79116	652
2746	九子和石子				于守平		79201	1115
2747	头上长了个“大财包”				李春生		79117	560
2748	过税卡				杨晓明		79181	1148
2749	你猜我还吃不吃				田世农		79108	1101
2750	谁使归谁喂				杨春茹		79088	1188
2751	摘月亮				金广		79079	749
2752	叫汤名儿				陈作如		79082	842
2753	日落我的工				王国勋		79074	1240
2754	教训师爷				王文		79195	1438

序号	篇名	民族	流传地区	采集地	讲述者	搜集者	数据库编号	字数
2755	儿子摔断腿，父亲挨鞭子				王国勋		79095	1270
2756	瞎白匣子				刘洪图		79194	542
2757	巧治“占不够”				宋学礼		79081	827
2758	鱼吃头尾，麦拔两头				佟桂芬		79110	863
2759	吃了晚饭该睡觉				刘福		79083	1893
2760	帽子换鞋				张颜合		79188	729
2761	妙法儿捉贼				邢泰		79140	1275
2762	偏方				孟师傅		79200	415
2763	“土里鳖”瘪了				吴焕春		79172	1201
2764	擒贼				王金增		79183	383
2765	赌猪头				王国勋		79168	1109
2766	见到上房就收工				于庆臣		79106	1069
2767	撒粮拖时间				夏金华		79146	720
2768	巧计救父女						79178	909
2769	圆梦				贾宝善		79144	525
2770	争炕头儿				陈宝善		79189	641
2771	一刀之罪				王国勋		79176	1349
2772	孙二坏雇工				刘凤忠		79071	617
2773	智劝逆子				洪万美		79179	1118
2774	智赚奸店主				李光辉		79184	2330
2775	改牌匾				鞠小芝		79186	989
2776	吃“话肉”				王悦		79090	692
2777	东家，是你招呼我们下工的				于化龙		79105	1140
2778	找屁				王溪源		79100	730
2779	智除“小辣椒”				贾振亭、张树贤		79101	1467
2780	谁让你翻到地上的				舒俊奎		79092	709
2781	筷子点种				王存		79102	939
2782	连破三题				张凤新		79098	1446
2783	斗“邪神”				部长兴		79182	585
2784	三个条件				李春生		79096	875
2785	赌吃白薯				董成富		79113	1370
2786	吃了饺子又杀猪				杨春茹		79093	1614
2787	压垄沟和吃饼子				舒俊奎		79122	808

序号	篇名	民族	流传地区	采集地	讲述者	搜集者	数据库编号	字数
2788	蜘蛛写状纸				郝俊萍、赵锡贵		79130	1628
2789	三气老财主				王子仪、王雨田		79085	1236
2790	它就是那玩意儿				梁怀友		79157	700
2791	拉屎				舒俊奎		79060	1004
2792	别撑坏了				李春生		79118	567
2793	赛诗				刘效先		79155	888
2794	有屎拉在家里				于庆臣		79107	2173
2795	细瓷儿和粗瓷儿				张佑鸿		79142	1232
2796	补苗换豆片				董成富、张万起		79112	878
2797	莲花缸				袁玉兰		79125	955
2798	三条扁担				于海明		79148	2235
2799	送嫁妆				吴彩凤		79174	2238
2800	少了一个骰子				王宪忠		79134	844
2801	半截儿				王子仪		79061	1167
2802	端午送粽				陈电		79163	264
2803	考嫂嫂				张起顺		79152	2153
2804	心疼		冀东一带		王爱玲		79059	576
2805	买苹果				李绍德		79063	1419
2806	焊针鼻儿				王溪源		79198	680
2807	埯爬豆				赵信		79075	1382
2808	吃汤元				侯玉清		79185	1149
2809	听从吩咐				王宪章		79077	695
2810	巧计打狗				李庭贤		79064	952
2811	捉虎成亲				金泽		79149	1784
2812	掴泥				王子仪		79069	1770
2813	剃头				舒俊奎		79087	1041
2814	装鬼吓东家				王存		79132	999
2815	五碗红糖水				张少宏		79089	1371
2816	相面				张昭存		79137	1809
2817	四月二十八过庙会				李和江		79091	990
2818	出圈儿				王全盛		79103	953
2819	表兄求亲				李庆喜		79143	1109
2820	摇头肉				于化龙		79111	1423
2821	地里长骨头				刘公仆		79127	1375

序号	篇名	民族	流传地区	采集地	讲述者	搜集者	数据库编号	字数
2822	送贺帖				刘洪图		79131	1206
2823	吃鸡				赵锡贵		79153	751
2824	“铁公鸡”拔毛				王殿		79159	1033
2825	钻眼儿				金守员		79165	749
2826	要牛				徐文路		79166	450
2827	买烟叶儿				张万起		79167	2246
2828	赤心认母		唐山一带		韩金凤		79187	952
2829	“老色鬼”丧命				杨贺		79196	998
2830	一语破恶妇				赵庆		79197	532
2831	您是“无发根”老爷吧				谢合顺		79199	1248
2832	吟诗				鞠守志		79164	784
2833	画信					任绍亲	79266	995
2834	傻媳妇包饺子				宋乐君		79267	425
2835	张三和李四				刘保利	宋乐君	79265	224
2836	馋秀才				孔树坡		79270	315
2837	相亲					李广西	79256	515
2838	急性子				张思杰	李金舵	79263	266
2839	夸马				苏玉开	李兴福	79259	1242
2840	鸡刨豆腐				吕会省		79268	922
2841	中秋赏月				孔树波		79257	259
2842	联句				徐记清		79258	160
2843	驴吃面条炕上睡					王建舍	79251	1103
2844	仨女婿做诗				苏玉开		79260	322
2845	破谜打赌				李享路		79250	1216
2846	放俩豆儿				吕会省		79269	312
2847	张嘎子				刘连仲	刘保力	79252	409
2848	惩罚店主					张长锁	79255	453
2849	买画					任绍亲	79275	404
2850	三人争妻				苏玉开		79261	173
2851	外国使臣与肉铺掌柜				段西行	路金色	79248	650
2852	傻小子故事二则				任仲军		79273	976
2853	何必多花八文钱				张思杰	李金舵	79262	2670
2854	分猪肉				苏玉开		79254	627
2855	小孩没有腰				高玲妙	路金色	79264	785

序号	篇名	民族	流传地区	采集地	讲述者	搜集者	数据库编号	字数
2856	三人对诗				敬小通	李学英	79249	496
2857	傻小子学话				高玲妙	路金色	79272	597
2858	化锡壶				任仲军		79253	324
2859	陪客				敬小通		79271	249
2860	笑话		安平				79274	421
2861	张金龙当当		新集一带	新集	许宝中	张树方	84785	360
2862	拨魂杖				彭元	李殿元	84797	1234
2863	通臂拳师符茂坤					刘玉林	84780	226
2864	彭公送纹银		三河县南部	新集镇	许宝中	张树方	84782	3240
2865	鬼迷心		中赵甫一带		王树林	刘效云	84813	1227
2866	三只白鸽子					马海程	84793	1216
2867	“阔”人现丑					阎宝贵	84805	2089
2868	宰相肚里能撑船		北京	北京	张子恒	张树方	84786	1076
2869	捉金鸡					李宝才	84800	2261
2870	日久与人心		三河东北部	灵山东小汪村	韩凤兰	刘玉林、周旭光等	84778	445
2871	崇祯测字		三河县城南		周予金	周旭光	84794	2838
2872	元宝化了		小崔各庄一带			陈秀梅	84802	1111
2873	潮白河的故事					马海程	84791	1861
2874	红鲤鱼的故事					马海程	84792	1502
2875	小淘气				李满堂	包金通	84788	920
2876	两个懒汉						84806	507
2877	火烧甘泉寺		三河段甲岭一带	段甲岭	唐克强	包金通	84787	4415
2878	老大与老二		于皇庄一带	皇庄	孙学文	包金通	84790	2387
2879	赵贪心破产				张怀方	李铁臣	84799	1818
2880	学懒						84809	3087
2881	县官选衙役				谢军	刘玉林	84777	470
2882	二诸葛智斗小辣椒				冯德君	刘玉林	84779	621
2883	教书先生与木匠师傅		三河南部		李振海	袁守全	84804	9705
2884	一囤妈妈		皇庄一带		李满堂	包金通	84816	4355
2885	一副象棋子				刘启华	刘玉林	84776	2886
2886	吃请					李铁臣	84814	1343
2887	箭箭不离眼儿				彭元	李殿元	84798	746
2888	智救灾民		白庄子一带	白庄子	赵学利	张树方、赵振涌	84781	704

序号	篇名	民族	流传地区	采集地	讲述者	搜集者	数据库编号	字数
2889	二小成婚		李旗庄一带			秦继昌、阎宝贵	84795	766
2890	抽烟		昝辛屯一带		张全	袁守泉	84812	973
2891	张三说谎		三河皇庄	皇庄	李满堂	包金通	84789	1166
2892	势利丈人		于京东	通县	赵文光	张树方	84784	6099
2893	吹牛					周旭光	84808	360
2894	斗狼		燕郊一带			王世民	84796	887
2895	刘三斗财主		潮白河两岸			刘民深	84803	582
2896	好心眼儿与孬心眼儿		三河南部	新集镇	许宝忠	张树方	84783	1578
2897	分梨		三河县南部		周予金、许宝中		84810	1741
2898	张磨蹭				陈士彦		84815	1349
2899	得病便死		高楼一带			沈丽华	84811	1908
2900	一匣银元		昝辛屯一带		张才荣	李清河	84801	523
2901	吝啬的老头				洪斌惠		84807	1442
2902	蛤蟆孩子				李占才		86029	395
2903	长工娶小姐			尚义	张贵		86028	510
2904	为啥杀猪猪叫，杀羊羊不叫			尚义	李永年		86064	455
2905	姑姑救鸟			南壕堑	李占才		86032	1386
2906	皮匠招驸马			小西沟	郭正来		86058	2575
2907	绕天飞				李占才		86027	258
2908	九头鸟			沙卜夭	李占才		86039	185
2909	阴间探儿			尚义	李占才		86038	739
2910	和尚、秀才戏少妇			小西沟	郭正来		86076	503
2911	张日能斗鬼			六号地	冯起山		86037	514
2912	讲理			尚义	李占才		86074	768
2913	兰诚狼			沙卜夭	李占才		86040	1076
2914	庙里拉屎			大苏计乡六号地村	冯起山		86080	1008
2915	因祸得福			南壕堑	刘凤仙		86031	847
2916	石片与孝子			甲石河	肖万升		86050	1008
2917	父子同庚			六号地	冯起山		86043	3666
2918	成人之善有好报			甲石河	王登宽		86045	560
2919	人长与人短			水庄村	王灯昌		86041	285
2920	巴郎斗阎王			黄旗岔	张玉成		86026	238
2921	自作聪明			尚义	王剑冰		86073	1093

序号	篇名	民族	流传地区	采集地	讲述者	搜集者	数据库编号	字数
2922	草字大王			尚义	王剑冰		86072	576
2923	刁媳妇			大青沟	刘占成		86077	1622
2924	移花接木			尚义	李瑞清		86057	921
2925	三个女婿拜寿			甲石河	王万义		86075	1237
2926	鼠皮坎肩			尚义	任永财		86055	260
2927	丑郎娶俊媳妇			六号地	冯起山		86048	642
2928	自搬石头，自砸锅			套里庄	邢玉		86051	524
2929	西施改颦			尚义	宋瑞		86081	718
2930	胳猁皮换皇帝			尚义	张贵		86047	869
2931	苍蝇和蚂蚁			尚义	张玉清		86069	783
2932	狗咬猫的故事			尚义	王大女		86065	476
2933	财神奶奶和财神爷爷打赌			南壕堑	刘荣花		86034	1381
2934	谷万仓与老龙王			南壕堑镇	刘荣花		86035	413
2935	它变粗了			沙卜夭	李占才		86062	1133
2936	梦先生			六号地	冯起山		86049	1912
2937	张三和神			尚义	张玉清		86033	677
2938	吴羊倌成“仙”			囫囵村	宇兴盛		86044	2837
2939	三个女婿对诗			甲石河	王凤		86078	1125
2940	吝啬鬼的报应			尚义	李瑞清		86053	197
2941	庄稼为啥就一个穗头			尚义	张明		86023	344
2942	张横押鬼宝			南壕堑镇	刘荣花		86036	1405
2943	蚯蚓筑穴			尚义	张玉清		86066	392
2944	穷断筋“休妻”			尚义	王剑冰		86046	2031
2945	王老虎看戏			尚义	刘玉奎		86052	2133
2946	闻香上马			尚义	李瑞清		86063	1328
2947	汗三卷			尚义	李占才		86061	3611
2948	挖银子			尚义	李占才		86059	910
2949	有酒盼糟			大柳沟	刘太男		86042	821
2950	爷儿俩吃糕			八道沟	张福明		86079	769
2951	摔饭盘子			沙卜夭	李占才		86060	1502
2952	麻雀督阵			尚义	张玉清		86070	331
2953	鸡与鹤			尚义	张玉清		86067	1448
2954	罚他吃肉			大青沟	张玉清		86071	1724
2955	柳枝情			大青沟	张玉清		86030	354

序号	篇名	民族	流传地区	采集地	讲述者	搜集者	数据库编号	字数
2956	没的事			尚义	李儒		86056	2144
2957	少爷问路			尚义	张玉清		86054	448
2958	喇叭花与篱笆			尚义	张玉清		86068	828
2959	怪骡子			大名前桥村	贾玉镜	王樾	88371	2472
2960	老二走运			肥乡县南西落堡村	毕李氏	毕广凡	88368	1110
2961	人长与人短			肥乡县南西落堡村	毕李氏	毕广凡	88369	1502
2962	三全其美		广平东北一带		李保常		88370	1616
2963	懒鬼的传说				马洪业	刘天祥	88372	1066
2964	对诗争席		武强西南部		谷存志		88798	1664
2965	十兄弟				张金柱		88790	402
2966	夸马		武强城乡		谷存良		88796	3650
2967	牛老倔拧辘辘		武强西南部		王奉新		88802	3261
2968	三个近视眼		武强县南部		左志学		88805	1059
2969	二荒唐		武强西南部		李兰印		88803	2310
2970	近视眼进饭店		武强西南部		马顺礼		88799	1384
2971	孟老文下江南			前韩旺	大状	李善民	88779	4500
2972	厨诗				王建英		88824	396
2973	张古董气死鬼				刘芳庭		88776	982
2974	刘公智破三命案				段殿华		88788	1367
2975	大力士孟老文						88780	1859
2976	两个秀才				贾志勇		88816	820
2977	拥军模范						88775	645
2978	妈拉个巴子一大堆		武强西南部及深县东部		张连英		88804	1698
2979	讨饭者的打油诗		武强县		左风池		88797	999
2980	斗富						88808	363
2981	张大胆守尸				王志升		88784	915
2982	比穷						88807	1032
2983	打话把儿				杨铁刚		88794	624
2984	文盲教书				贾铁民		88782	384
2985	蛇吞象				刘玉芝		88785	320
2986	夜半枪声						88771	419
2987	妙联取才				刘修资		88793	3460
2988	气节模范						88774	1299

序号	篇名	民族	流传地区	采集地	讲述者	搜集者	数据库编号	字数
2989	浪子回头喜得福				焦清连		88787	500
2990	吹起来揍她				孙进芳		88814	432
2991	良心宝				李士杰		88821	2405
2992	两个懒人						88811	5420
2993	二斤半		武强西南一带		王大荣		88795	272
2994	笨妇人学话				王三刚		88801	264
2995	圣赐小纱灯				刘立川		88778	1254
2996	送先生				焦清池		88786	413
2997	学话		武强		宋金巧		88800	379
2998	屁股神箭				段志勇		88783	3331
2999	诗迷				李保田		88822	1307
3000	聪明画师				李双成		88791	797
3001	医诗				张立根		88806	578
3002	巧嘴媳妇						88809	615
3003	巧夺据点				李梦书		88773	2136
3004	刮地皮				周秀亭		88819	686
3005	才子作诗						88810	524
3006	治驼背				周玉俊		88818	1475
3007	飞笔刘谦				刘永欣		88777	466
3008	买手套				张振强		88815	1288
3009	智人住店				刘成		88817	292
3010	天王应该我当				李国利		88813	454
3011	盗枪				贾俊峰		88772	264
3012	知音				王峰		88823	586
3013	梦先生				段殿华		88789	939
3014	秀才过沟				高景川		88820	279
3015	蠢人学农			刘厂	康永明		88781	548
3016	荒唐女人				李二辉		88812	2819
3017	戏迷				欧俊民		88792	356
3018	夫妻论功			西彭留村	侯永明		90891	373
3019	傻小找兔					张志芬	90914	264
3020	王大穷哑谜戏先生			永年县顾小营村	刘成明	武存直	90988	332
3021	比胆大			东关东村	张义敬		91053	802
3022	元华娶妻			山东夏津京剧团	栗山		90999	585

序号	篇名	民族	流传地区	采集地	讲述者	搜集者	数据库编号	字数
3023	拾话			大名县北贾庄	贾如峰	丛森	91136	401
3024	呆学			大名城内	贾如钦	岳同山	90980	479
3025	白布卷天灵		成安一带	沙河村	张详		91049	1143
3026	婆婆的宝镜					乐天、西木	90967	1485
3027	三句官话招驸马				申怀宝		90953	108
3028	假对假					卢泰山	90955	2840
3029	白喝酒			丁庄村	暴金梦		91038	3587
3030	猜哑语			西庄村	刘庆元	谢明	90949	1078
3031	打破沙锅问到底				阎怀柱	阎张换	90907	361
3032	莲花择婿					张子英	90975	852
3033	猜谜				赵景江		91082	1695
3034	碓臼显圣			临漳孙陶镇杜堂村	刘向阳		90993	338
3035	会当家的媳妇				吕中义	赵国生	90904	1891
3036	谁害怕			东关东	张义敬		91186	616
3037	木匠与教书先生			鸡泽县浮东村	张光恩		91006	250
3038	船疙瘩			肥乡县崔庄村		岳秀山	91067	1051
3039	赌妻			涉县东达村	申心顺	申中成	90912	1711
3040	书童驸马			姜营学校	姜书堂		91041	715
3041	事在人为					江秋榜	90897	687
3042	别扔掉小车				夏荫明		91002	266
3043	红奶奶庙					魏志信	90924	1075
3044	谁小谁当家			大名县、西庄村	谢士荣	谢明	90932	841
3045	王老三修仙			鸡泽县焦佑营村	时维新	吴续恩	91007	400
3046	两材并一材			城关镇	段洛文		91037	853
3047	庚印			大名县赵站村	张老汉	张金祥	90931	383
3048	巧惩毛三			鸡泽县普高村	王未的		91017	488
3049	一梦三圆				江云廷	江秋榜	90905	447
3050	一字不识的驸马		成安魏县广平一带	郭坊乡姜营村张希贤家门口	张希贤		91033	245
3051	小女驳天子			大名县赵站村		张金祥	90933	465
3052	闷一春		冀南一带	西彭留村	侯永明		91031	956
3053	寻菩萨			东乡义村	李素芳		91051	791
3054	七品八品和一品			大名县西庄村	谢士荣	谢明	91152	3572
3055	小媳妇骂举人			大名城内	陈建芳	张孟军	90938	841

序号	篇名	民族	流传地区	采集地	讲述者	搜集者	数据库编号	字数
3056	起死回生棍			大名县北贾庄	阎信	丛森	90929	848
3057	梦先生			姜党村	姜林		91027	1090
3058	五得智斗李刻薄			南郎堡村	常保仲		91095	334
3059	不见黄河不死心	回族	魏县大名一带		宋德奎		90958	733
3060	巧嘴女三答和尚难					涉水	91085	204
3061	老黄牛和金铃铛					朱月霞、李亮	90890	239
3062	别怨我了					赵书箱	91123	1088
3063	县官相面						90960	410
3064	聪明的田姑			商城林厂	靳明生		91096	328
3065	罗竹林的故事				吴文汉		91077	1489
3066	小子年长二十五					涉水	91130	515
3067	吝啬鬼郭爱才					乐天、西木	90965	731
3068	妖精吃芝麻					李希索	91118	739
3069	跟人学			大名县北贾庄	冯超文	丛森	90985	223
3070	菩萨打架			大名县儒家寨	修明	卫民	91162	837
3071	巧嘴媒婆					乐天、西木	90969	505
3072	学小偷					贾书品、申国明	91134	893
3073	打哑谜			沙河村	阎玉成	张俊德	91055	472
3074	傻小子趣事			成安县秦家营村	赵贵美		91203	635
3075	赵杨两家的传说				王立国	宋银霞	90973	1708
3076	鲤鱼大喝汤		冀南一带	成安县文化馆	苗有		91202	1358
3077	万百千			肥乡县东漳堡村	王志邦	王志生	91229	394
3078	仨儿献艺						91194	1233
3079	一句话药方			永年寨里村	陈贵华	陈礼	90986	558
3080	人不可貌相					孙必中	90910	1528
3081	没来的举手			大名城内	杨华林	卫民	91172	226
3082	“铁公鸡”对诗			肥乡县城	程占祥	程蓉生	91232	700
3083	仁义桥			临漳县文化馆	邓丰林		90994	464
3084	庙前题诗		冀南、予北	西彭留村	侯永明		91204	400
3085	乌鸦和鹊雀			大名县大王庄	王金文	李杰	91150	1259
3086	走马观花				李成榜	李亮	90908	343
3087	张大让			武安县文化馆	谢入相		90995	650
3088	晚儿					王福榜、崔兰仲	90903	255
3089	美女石						90922	2924

序号	篇名	民族	流传地区	采集地	讲述者	搜集者	数据库编号	字数
3090	三个女婿巧遮丑					耿兰贵	91116	1257
3091	张三吃请			鸡泽县文化馆	刘红彬		90996	1015
3092	小时偷针，大了偷金					张广岳	90889	291
3093	拍马屁的县官			鸡泽县大言寨村	魏红志		91003	536
3094	傻小子挨打			肥乡县南西落堡村村	常金云	王凤新	91226	847
3095	摔碗记			鸡泽县柴庄村	柴文贤		91001	300
3096	想“击地”也不能“击地”			大名县西庄村	谢士荣	谢明	91151	2241
3097	本事				李海龙	马河义	91148	1365
3098	谁最有理			成安县河疃村	鲁克明		91101	968
3099	秃老头			成安县商城镇	李秀珍		91030	1189
3100	长工与状元			成安县河町村	程天增		91097	743
3101	音同意不同					乐天、西木	91114	1050
3102	“屁秀才”与“屁灰”					江志强	91104	1721
3103	四妮子				王美荣		91042	2369
3104	金条和南瓜			大名县北贾庄	贾占芹	丛森	91149	1256
3105	山里无敌					吕学海	90919	1006
3106	老偷治小偷					贾书品、申国明	91142	1143
3107	案中案		成安县东部地区	郭坊乡姜营学校	吕清贤		91043	2191
3108	互不相让的邻居					吕金水、张成明	91132	1525
3109	三个瘸女婿			大名县北贾庄	阎信	丛森	91135	3644
3110	千万别用手打				马常有	刘文祥	91127	411
3111	张老端开店		成安县路口村	路口村	王金枝		91061	4837
3112	三子争父			肥乡县东北庄	王洪如	郑之翰	90888	755
3113	县令打岔				王良堂		91109	2169
3114	屠夫巧对来使				刘和廷	崔海良	91224	2748
3115	“狗咬吕洞宾，不识好人心”的由来			肥乡县田寨村	张旗凯	贺成良	91068	344
3116	懒铺收徒					崔兰仲	91175	638
3117	住店				随振江		91078	1132
3118	千年省			大名县三里店	李升芝	杨声韵	91156	265
3119	双御史牌坊的传说					张其旺、贺瑞霞等	91075	797
3120	贪嘴婆挨打					王福榜	91181	541
3121	我不是真胖，是虚胀					阎广信	91108	1264

序号	篇名	民族	流传地区	采集地	讲述者	搜集者	数据库编号	字数
3122	侍郎和御史			鸡泽县粮食局保健站	张新昌		91212	460
3123	审笸箩			城关镇东街	赵礼		91076	297
3124	戏迷			鸡泽县城隍村	许文章	许文学	91219	346
3125	牛文炳的故事					乐天、西木	91086	4065
3126	瞎子与乞丐			北甘罗村	陈李琴		91198	502
3127	神捣		成安县一带	文化馆	徐晋		91099	4158
3128	三分之二同意			鸡泽县焦佑营村	蔡其昌	吴续恩	91216	285
3129	慧娘智斗胡知府					乐天、西木	91091	1133
3130	不会说话的人			鸡泽县西柳村	李虎林	苑明远	91215	942
3131	查蛇腿		道东堡乡	成安县道东堡乡道东堡村	王瑞芹		91100	1786
3132	半年六个月			东苑湾	薛金亭	李国建	90928	938
3133	卖棉花			大名县儒家寨村	陈修明	卫民	91171	1665
3134	馋嫂		邯郸东部		刘进元		91029	1366
3135	三句话不离本行			成安县城关镇政府	刘申		91102	629
3136	一袋烟			永年县裴坡庄村	杨同武	单晓华	90987	827
3137	一字不识					曹广东、许德生	91139	388
3138	于神医诊病		成安魏县地带	郭坊乡、姜营村学校	宋怀		91022	2523
3139	小包拯智断疑案			肥乡县郭家堡村	李信	李学庆	91103	284
3140	孝儿烧香					张文科	90911	1387
3141	等着搬椅子			鸡泽县普高村	张绍增		91213	228
3142	有理走遍天下				赵秀芝		90926	1903
3143	岂有此理					乐天、西木	91111	233
3144	王小和老虎					张记连、李玉花	90916	973
3145	上两口儿吧			鸡泽县文化馆	李化文	许文学	91220	1524
3146	二鬼见面			大名县北贾庄村	阎信	丛森	90982	1054
3147	贪便宜的人					王文起	91120	1256
3148	父子对诗			大名县	王夫长	谢明	90941	407
3149	二两金子和一两漆			姜营学校	胡云山	宋振华	91199	1314
3150	怪秀才诗			大名城内	贾如钦	岳同山	90936	873
3151	发财梦				张秋根	马河义	91131	214
3152	二赖子拔牙			肥乡县东漳堡村	王志邦	王志生	91231	1858
3153	猎人的传说					赵学锋	90970	2888
3154	水煮绣鞋					赵义文	90977	606

序号	篇名	民族	流传地区	采集地	讲述者	搜集者	数据库编号	字数
3155	老汉巧对秀才					张卫平	91146	260
3156	扒土地庙			大名县招待所内	岳同山	丛森	90947	209
3157	老大和老二				程日升		90952	576
3158	草死苗活地发暄					李岁寒	90961	853
3159	对诗住店				王社臣	王玉川	91147	359
3160	三句半					庞廷桢	90954	1549
3161	弟兄俩			大名城内	贾如钦	岳同山	90943	1773
3162	送子娘娘遇克星			永年岳庄村	李成华	王学文	90990	890
3163	谁也没有咱爷们近			大名县北贾庄村	王风岐	丛森	91166	1061
3164	杀狗劝夫			鸡泽县店上乡浮东村	刘付吉		91020	395
3165	小心到不了郭河			郑时庄	齐秀云	张金维	90948	2028
3166	馋石匠			鸡泽县浮东村	宿巧的		91011	644
3167	两张状					崔富林	91177	3527
3168	智斗鬼难拿			鸡泽县赵堡村	贺光申		91018	248
3169	断错字				施慰云	岳同山	91170	531
3170	爱沾便宜的县官			鸡泽县浮东村	任继梅		90997	492
3171	画儿信			师范学校	苏训园		91184	805
3172	朱永来访手			鸡泽县焦佑营村	申占国	吴续恩	91013	422
3173	明天戒酒			大名县儒家寨	陈修明	卫民	91153	2068
3174	报应		成安一带	东关东	王章兰		91044	802
3175	不兴打别				许恕	许文学	91208	1011
3176	张山气母			成安县河疃三大队	张觉非		91047	809
3177	哥仨夸口			大名县西庄村	谢士荣	谢明	91158	964
3178	梦二小			肥乡县南西落堡村	郑琴的	毕广凡	91074	1229
3179	三个使唤人			肥乡县东漳堡	王志邦	王志生	91223	1834
3180	举子投宿		冀南一带	文化馆	徐晋		91094	703
3181	胖瘦土地爷			大名县北贾庄	王风岐	丛森	91155	2443
3182	东风雨			肥乡县河头堡村	吕冬琴	杨俊月	91070	1599
3183	四两漆					王伶慧	91225	1380
3184	还愿			邯郸、邢台、衡水等地	师百宏	曹光志	91084	2143
3185	二黑旦巧理家务案					王俊臣	90956	3551
3186	宁思礼抬杠					乐天、西木	90968	3173
3187	打岔			肥乡县西河头堡	杨老四	杨俊月	91228	427

序号	篇名	民族	流传地区	采集地	讲述者	搜集者	数据库编号	字数
3188	射腚将军					李亮	90893	1387
3189	不要多说话				许二小	许文学	91209	3111
3190	十不足上天		广平西南一带		杨修文		90964	390
3191	三国迷选女婿			肥乡县郑庄	郑倩光	郑银光	91230	670
3192	句句话不离本行			大名县城内	贾如钦	岳同山	90950	713
3193	找痛快				张芹		91035	966
3194	圣贤愁				蔡清新		90921	1184
3195	“二白话”舌战贪官					卢泰山	91126	260
3196	白鲤庭跑口外					王福榜	90920	1344
3197	一个很懒的人					袁俊江	91124	693
3198	桃花女和石榴子				赵桂玲	王玉川	90901	440
3199	借牛					李北方	91176	431
3200	诗缘			程甫村	申亚川	丛森	90946	805
3201	“吝啬鬼”求孩子		广平西南一带		申靠山		90963	1886
3202	水中捞银				王合一		90925	390
3203	西山是土坯垒的			大名县北贾庄村	王风歧	丛森	91165	648
3204	懒蛋儿			大名县北贾庄村	阎信	丛森	90944	2296
3205	同窗情			肥乡县西未村	阎老九	阎好芳	91069	1723
3206	六月天烤火			郑时庄	靳保太	头金维	90930	1002
3207	神怕挨打			大名县赵庄村	冯文堂	秦书海	91163	373
3208	四季问答			西庄村	刘庆元	谢明	90927	339
3209	二师比徒			污水坑	陈建芳	张孟军	90951	1661
3210	二哥请进			郑时庄村	靳保太	张金维	90978	698
3211	腿忌			大名县红庙村	黄守章	呼克甫	91138	1079
3212	石磙能制碓臼			临漳县黑龙庙村	邓风林		90992	310
3213	扛砘子					张贵印	91122	686
3214	四百钱			西小堤村	杜荣太		91032	1598
3215	小饭罐		邯郸地区	大名县北贾庄村	王凤歧	丛森	90942	477
3216	三个女婿拜寿			鸡泽县店上浮东村	刘付吉		91000	870
3217	九子不如石子				江义中	江保元	90918	617
3218	仨女婿拜寿			北甘罗村	陈步荣		91054	948
3219	一对懒夫妇			大名县杨桥村	冯九学	常学文	91160	1039
3220	狗腿子的来历					董天恩	90998	255
3221	吃饭				吴文汉		91079	741

序号	篇名	民族	流传地区	采集地	讲述者	搜集者	数据库编号	字数
3222	还愿		成安一带	郭坊乡政府	梁必书		91025	393
3223	锁着的钱柜			大名儒家寨	陈修明		91154	866
3224	两鬼相遇			鸡泽县浮东村	高运动		91009	797
3225	漆变金				刘新忠		91080	367
3226	孝子与遗产				尚希章		91028	307
3227	是“书”还是“输”				魏光德		91210	391
3228	奇巧姻缘				褚振华		91059	243
3229	还债					王好令	91106	607
3230	王二楼买粽子			河町三村	潘华		91063	615
3231	自欺欺人			临漳县文化馆	赦俊生		91183	222
3232	见忘草					石芳华	91107	992
3233	黑小斗主			北乡义村	刘廷贵		91098	676
3234	死搬硬套					阎广信	91119	540
3235	知县拜庙			成安县文化馆	张志高		91206	178
3236	我自己到底在哪里					乐天、西木	91112	1099
3237	巧媳妇			河疃村	潘华		91093	433
3238	人活六十还有用			肥乡县南营村	李红红	张庆学	91065	377
3239	论斋齐			师范学校	张勉之		91193	1114
3240	清账					李希索	91115	721
3241	命该如此					王伶慧	91178	290
3242	相面师带徒					郭玉平、马国庆	91145	1008
3243	三个糊涂蛋						91191	636
3244	砸锅槌埋孩子			大名县北贾庄	贾风魁	冯超文	91137	1034
3245	相面术					王福榜	91141	656
3246	供活人头					漳苇	91143	720
3247	亡了一人			高母营村	刘清贤		91188	753
3248	针尖对麦芒			肥乡县东北庄村	郑生的	郑之翰	91140	779
3249	客商夜话		成安县等地	北甘罗村	高振生		91200	362
3250	读书“有用”					海良、书味	91174	278
3251	萝卜对				王林	贾平安	91197	7352
3252	打着灯笼找不着			大名县郑时庄	靳保太	张金维	91173	883
3253	婆媳比巧					矿清、所元	91129	682
3254	三个懒汉			大名县北贾庄	栗钦	丛森	91157	431
3255	儿子的报答			大名县大王庄村	王金文	李杰	90939	658

序号	篇名	民族	流传地区	采集地	讲述者	搜集者	数据库编号	字数
3256	个个都带伤				张进锁		91189	957
3257	程金保计娶翠娘					刘风海	90957	2170
3258	都不好过					王福榜	91182	1374
3259	一幅宝画				王成顺	李亮	90894	522
3260	师婆口里三眼炮				香梅	爱林、林凤	91180	446
3261	半夜打架			大名县北贾庄	冯士宗	冯超文	91159	835
3262	打喷嚏			西马堤村	刘兆然		91192	1137
3263	丫环对诗			鸡泽县店上村	高清贤		91010	1667
3264	秃子与公鸡			鸡泽县大言寨村	魏光德		91211	951
3265	四大吹			大名北贾庄村	阎信	丛森	91167	615
3266	一文送礼				张恩		91205	3474
3267	患难之交			鸡泽县浮东村			91012	930
3268	笑话三则			鸡泽县大言寨村	魏光德		91214	668
3269	随机应变			大名县西庄	谢士荣	谢明	91164	662
3270	叫你看的			肥乡北屯庄村	张河心	张河民	91221	855
3271	谁掏酒钱		成安一带		张义敬		91023	1081
3272	打鬼			鸡泽县城隍村	郝拴增		91008	509
3273	傻女婿吃牛肉						91190	511
3274	一个响瓜的奇案		山东临清一带	家边菜园	张金玉		91045	519
3275	二糊二糊的			西彭留村	侯永明		91187	742
3276	一袋钱			东陵阜村	杨勤		91201	1405
3277	傻大的买卖话			城关镇乡政府	李国强		91185	460
3278	白字县官			肥乡县南西落堡村	常大头	毕毅敏	91222	423
3279	弟兄三个分家			成安县文化馆	李玉珍		91034	1310
3280	焊针冠儿					申国民	91144	713
3281	问亲			西彭留村	侯永明		91196	494
3282	半字先生			大名县赵庄村	赵凤山	丛森	90984	438
3283	县官行宝令			大名县西未庄	邙永生	刘家勋	90937	333
3284	爹吃果子			鸡泽县城隍村	许文章	许文学	91218	576
3285	王二捣蛋			成安县文化馆	魏成贵		91195	3859
3286	这不是我的脚					乐天、西木	91113	204
3287	秋保戏财主			大名县赵庄村会	秦会堂	秦书海	90934	1257
3288	少先生看病			大名县小寨村	熊剑召	张献仕	90981	1136
3289	蔡状元赴任			成安县南甘罗村	李彤云		91026	523

序号	篇名	民族	流传地区	采集地	讲述者	搜集者	数据库编号	字数
3290	秀才叫驴				索瑞海	赵学锋	90976	348
3291	对诗羞子					卢泰山	90959	1341
3292	瞎子的故事		成安县一带	河疃村	李春晓		91207	214
3293	圆梦				张义敬		91024	3659
3294	瘾病			北乡义村	刘贵廷		91040	796
3295	巧训子			杨桥村	王子东	李庆江	90940	598
3296	馋亲家偷狗肉			肥乡文化馆	宋德民	程蓉生	91227	547
3297	怕老婆的诡辩			鸡泽县焦佑营村	蔡其昌	吴续恩	91217	697
3298	县官断家务			大名县王董村	王贯		90945	614
3299	二仙人修道			大名县北贾庄	阎信	丛森	90983	1197
3300	贤女治刁父			永年县西苏乡东苏村	牛清义		91016	1864
3301	傻憨保卖牛			北甘罗村	张景瑞		91021	1620
3302	九辈儿分家				李佩珍	李之清	90900	1769
3303	黑狗告状		广平东南一带		李桂芬		90962	210
3304	要点脸不			大名县三里店		杨声韵	91169	233
3305	兄弟二人争枕头					乐天、西木	90966	1220
3306	聪师笨徒弟					乐天、西木	91125	341
3307	磁州大米与晋祠娘娘庙					张子英	90974	335
3308	一斤为啥是十六两					王玉川	91133	1007
3309	史拔贡评理			鸡泽县城内	王新	许文学	91005	728
3310	贼说话					王福榜	91128	413
3311	县太爷升辈儿				白青龙	白浩生	90971	363
3312	恶心死猴					耿兰贵	91117	1624
3313	杨六对诗			鸡泽县大言寨村	魏光德		91004	642
3314	谁当家			北乡义村	刘朝海		91039	1113
3315	傻女婿拜寿				索瑞海	赵学锋	90972	321
3316	哑口证人			大名县王董村		王桂书	90935	1728
3317	八月十五月正东			永年县施庄村	张正华	单晓华	90989	2494
3318	断奸				杨来田	付东、杨国昌	90898	1170
3319	县官坐轿			永年施庄村	单可振	单晓华	90991	791
3320	问古佛					王福榜	90887	729
3321	二龙通须			大名县招待所内	杨友云	丛森	90979	577
3322	舍身树的传说				江林德	王伶慧	90895	2397
3323	粪金					张贵印	91121	3160

序号	篇名	民族	流传地区	采集地	讲述者	搜集者	数据库编号	字数
3324	神仙打赌				刘满青	孙必中	90906	320
3325	郭二马虎耍富翁			鸡泽县小寨镇宋庄村	赵正均		91019	260
3326	吹起再打			大名城内		岳同山	91161	851
3327	聪明的农夫					乐天、西木	91090	520
3328	知县画谈					许得生、曹广东	91105	414
3329	农夫斗县官			鸡泽县城隍村	刘国宝		91015	622
3330	吉利话			肥乡县南西落堡村	郑琴的	毕毅敏	91110	879
3331	戏县官				陈文海		91081	1259
3332	千里驹的故事				沈尚周		91072	2306
3333	百寸翁			鸡泽县浮东村	高文甫		91014	731
3334	斗口				王辉		91057	477
3335	踢死咬人驴，亮亮梅花针				张麟春		91048	368
3336	九滴血				魏景珉		90923	1132
3337	张田治刘福					王喜贵	90915	351
3338	两妯娌			成安县城关镇	王美荣		91056	696
3339	众秀才巧惩县官					杨振国	91088	922
3340	尼姑背醉壶		成安县	成安县郭坊乡郭坊村	袁振山		91052	358
3341	见鬼			成安县河町村	潘华		91062	522
3342	聪明媳妇			成安县成重村	程峰		91092	265
3343	吝啬鬼的故事			肥乡河头堡村	郭淑婷	杨俊月	91071	628
3344	张掏天					陈邢魁、傅换平	91089	2206
3345	半截舌头案			东关东	张书喜		91046	517
3346	蚕姑			鸡泽县浮东村	刘付吉		91073	5883
3347	四兄弟学手艺			肥乡县城	安峰	安瑞霞	91066	1293
3348	天天“立秋”			大名县三里店	过路人	杨声韵	91168	586
3349	铁胳膊刘拳			东彭留村	王文荣		91058	922
3350	龙送宝				樊小群	陈邢魁、马河义	90917	800
3351	小锅盖			肥乡县南西落堡	郑琴的	毕广凡	91064	2364
3352	爷儿五个吟诗				宋长青	赵爱国	91179	1091
3353	才女选婿					孙必中	90899	1152
3354	茄子打顶						91060	334
3355	小两口比上下			东关东村	张义敬		91036	877
3356	纪晓岚的传说			郭村	李升芝	光才	91087	520
3357	凡人修仙的故事					吕生泰	90896	292

序号	篇名	民族	流传地区	采集地	讲述者	搜集者	数据库编号	字数
3358	掏空儿				吴文汉		91083	1544
3359	男人得了女人病					姚方宁	90913	208
3360	李秀才对下联		成安县	郭坊乡姜营村	王巧爱		90892	217
3361	丑郎招亲				王江顺、王记方	王矿清、薛和平	90909	1010
3362	诗谜信			高母营村	刘四		91050	299
3363	五洲四海交朋友				李永延	李伟	90902	885
3364	和诗			张家口市庞家堡区大段地村	王海		91277	399
3365	多嘴丫头			张家口市庞家堡区小吴营村	施全梅		91362	482
3366	高原			张家口市庞家堡区小吴营村	冷占芳		91511	336
3367	屙狗屎			河北省宣化县沙岭子乡南兴渠村	梁凤瑞		91247	749
3368	懒			河北省张家口市下花园区	田询		91531	425
3369	此处禁止大小便			张家口市下花园区	王世忠		91370	419
3370	一、二、三			河北省宣化县沙岭子乡南兴渠村	任胜贤		91239	231
3371	上吊			河北省宣化县沙岭子乡南兴渠村	梁凤瑞		91260	372
3372	吃螃蟹			河北省张市下花园	张冰玉		91416	363
3373	傻货买货			河北张家口市下花园区	李香兰		91379	174
3374	撵贼			张市庞家堡区杨家营村	杜满蓬		91356	471
3375	怕洒油			张市龙烟铁矿黄田矿	刘文成		91346	301
3376	傻姑爷			河北张家口市下花园区	张冰玉		91350	211
3377	吃面条			河北省张市下花园	张冰玉		91575	285
3378	二愣买货			河北省张家口市庞家堡区小吴营村	施金梅		91454	428
3379	跑脱			龙烟铁矿黄田矿村	刘文成		91336	337
3380	叫你没叫我			张家口市庞家堡区小吴营村	冷占芳		91381	413
3381	愣女婿			河北省张北县馒头营乡王家营村	王久高		91460	283

序号	篇名	民族	流传地区	采集地	讲述者	搜集者	数据库编号	字数
3382	不按套数来			河北省宣化县阎家堡乡太平寨村	贾守云		91334	301
3383	懒汉夫妻			河北省张家口市庞家堡区坝口乡李寺山村	王发		91437	348
3384	得病就死			张家口市庞家堡区	冷占芳		91442	279
3385	哥哥啊哥哥			河北省张市庞家堡区坝口村	李春生		91359	258
3386	三个女婿赛诗			张家口市庞家堡区小吴营村	冷占芳		91321	392
3387	好辣			张家口市庞家堡区小吴营村	冷占芳		91538	420
3388	舍命不舍财			张家口市庞家堡区	王利科		91367	287
3389	不会说话的人			河北省张家口市庞家堡区	冷占芳		91354	317
3390	不准发山			河北张家口市庞家堡区小吴营村	李寿昌		91264	349
3391	驴、老虎和猴			西马堤村韩树林家	韩树林	韩东云	97247	873
3392	小山羊和大灰狼			永年县张杨庄	张赵氏	张建书	97240	4512
3393	人为财死鸟为食亡						97234	1916
3394	人心没足蛇吞象				史玉清		97235	3546
3395	打赌跳荒河				李之文	王福榜	97213	1761
3396	二鬼带差			大名前屯	叶纯仁	广才	97226	1660
3397	金葫芦					黄勇杰	97195	2045
3398	许家两姊妹			成安县印刷厂	王美荣		97201	858
3399	三件宝		成安县	王美荣家	王美荣		97193	1443
3400	潘百寿朝顶			大名城内	李学芳	丛森	97224	1952
3401	宝瓢				樊小群	马河义	97192	740
3402	田螺仙女			肥乡县南西落堡	毕李氏	毕广凡	97206	1372
3403	鼠妈妈选婿					王福榜	97245	2006
3404	小人国和大人国					陈邢魁	97221	1203
3405	布谷鸟的故事			城关镇	郝大贵		97237	1643
3406	宝扇				贾书品	涉水	97191	2245
3407	和尚送画子				李二的	李亮	97198	1690
3408	水淹曹州				李二的	李亮	97190	2279

序号	篇名	民族	流传地区	采集地	讲述者	搜集者	数据库编号	字数
3409	秦娃				李二的	王福榜	97185	2152
3410	屎壳郎和蛤蟆			西马堤村	韩其昌		97248	1394
3411	葡萄架下睡美人			李二的家里	李榜成	李亮	97184	2473
3412	如意镜						97196	1346
3413	燕子和麻雀			大名县殷李庄		殷瑛	97236	785
3414	鱼女剪纸				张中元	孙必中	97205	852
3415	分海钱		成安县城关	成安县城西街薛贵生家	薛贵生		97222	1459
3416	猫姑娘				张秀岭		97202	2064
3417	丑二郎和七姑娘					陈邢魁	97212	2292
3418	水鬼周山			大名县前屯村	阎义魁	叶广才	97189	2750
3419	蝎子精			大名县前屯	董李氏	叶广才	97218	1851
3420	哈二娶亲		成安县城关	西街薛贵生家	薛贵生		97203	1051
3421	借尸还魂				刘付吉		97227	614
3422	仙女峰					曹琼雪	97186	1890
3423	玩把戏故事两则				任记太		97230	2299
3424	黄古杏			成安县城关镇	王美荣		97204	1048
3425	天地良心			大名县郑时庄	靳保太	张金维	97188	1429
3426	彭祖归天记			南郎堡村	王化普		97232	796
3427	卖布客		成安县长巷一带	后长巷村	张墨香		97210	2208
3428	喜鹊救山花				李二的	王福榜	97214	1690
3429	西施的头发				吉祥		97231	2614
3430	瘦小治妖狐					陈邢魁	97211	660
3431	王良增寿				张双河	王福榜	97187	1899
3432	老狐狸背“遭遭儿”			北乡主村	尹秀芳		97215	2090
3433	小红帽			韩树林家	韩树林		97209	2605
3434	一个老头和六个儿子					付东	97223	1128
3435	龙儿被贬				聂杰松		97208	2632
3436	认妻				李巧翠	王福榜	97216	1959
3437	戒赌		成安东部	北甘罗村	科堂娘		97229	5865
3438	狐狸和刺猬的故事		成安县一带	成安县漳河店镇辛集村	扬甫庆		97246	283
3439	王小卖粘豆包			成安县漳河店村	杨菊		97220	3916
3440	悔恨树					刘晓宇、泰山	97219	1601
3441	老虎怕“漏”			大名县北贾庄	贾好峰	丛森	97242	1529
3442	太平庄奇事				杨保顺		97228	1641

序号	篇名	民族	流传地区	采集地	讲述者	搜集者	数据库编号	字数
3443	避水珠				贾明清	张文科	97194	2834
3444	光棍守店			大名县北贾庄	栗泽	丛森	97225	607
3445	乌梅小姐选对象					王福榜	97244	3224
3446	狐仙				刘付吉		97217	1884
3447	善秀才遇仙记				史玉清		97200	2704
3448	老虎是怎样为王的			成安文化馆	刘振江		97238	1680
3449	桃女与王郎				贾书品	王福榜	97199	3624
3450	圣贤愁			北郎堡村	米焕文		97233	3364
3451	笨与巧					涉水	97243	988
3452	狐狸上当			永年顾小营村	顾金敬	李桂堂	97239	2076
3453	狗和猫的故事			金滩镇	徐会申	郭希超	97241	930
3454	八百老虎闹东京				蔡清新、靳铭林	李仲毅	97183	1058
3455	龙头拐棍				武氏		97197	1669
3456	石义和王恩					杨振国	97207	517
3457	害人如害己		藁城一带		梁山中	梁荣贵	115105	238
3458	一碗面汤		石家庄地区		郝建平	靳春利	115102	752
3459	北瓜坟		耿村一带	耿村	王连锁	靳春利	115092	1394
3460	如意鼓		藁城镇附近		董大道	王强	115088	463
3461	一副脸爹，两副脸娘		耿村附近		徐大汉	彭建波	115137	1298
3462	学做人		藁城一带		胡金亭	胡增来	115103	402
3463	“永不还”和“最难缠”		藁城县境内	耿村	郭顺顺	樊更喜	115109	2025
3464	不打鸣的“公鸡”		藁城北部		杨书联	梁荣贵、高国栋	115115	449
3465	老虎报恩		藁城境内		许小多	许永科	115110	369
3466	奶奶能活一百岁		耿村附近		徐大汉	彭建波	115136	936
3467	见世面		藁南一带	只绵	尔玉振	尔荣素	115128	378
3468	馋嘴婆		藁城东部		董喜珠	樊更喜	115119	1013
3469	夸马		张村乡一带		谷玉秀	彭建波	115126	1085
3470	王半仙治病		藁城北部		高金芝	武全保	115124	589
3471	近视眼		藁城一带		韩秋姐	胡增来	115113	291
3472	三秀才赶考					黄军芳	115131	637
3473	骑马射字		藁城南董、只都一带	黄庄	三保	杜勤须	115117	1082
3474	比画		藁城境内		王志深	杜勤须	115118	1849
3475	做贼心虚		藁城县张村一带		谷玉秀	彭建波	115116	491

序号	篇名	民族	流传地区	采集地	讲述者	搜集者	数据库编号	字数
3476	文字简练					南俊山	115140	268
3477	弟兄俩		藁城北部		杨成群	杨克志	115093	651
3478	三个拐女婿		藁城一带		成俊彩	张国徽	115108	986
3479	周公和桃花女		藁城、正定一带		张俊女	田新朝、武双文	115099	585
3480	学生戏懒师		藁城境内		李小件	田圃丁	115143	186
3481	赔鬼		藁城一带		王雨姐	卢素锋	115094	277
3482	补鞋匠享福		藁城一带	耿村	靳朝卿	杨志忠	115107	763
3483	一坛元宝		藁城境内		夏秀花	夏梅霞	115130	991
3484	拉洋钱的牛和回生棒		藁北一带		高国栋	梁荣贵	115114	538
3485	急性子		藁城一带	东辛庄村	樊捧双	樊更喜	115120	764
3486	不孝子孙黑了心		藁城一带	耿村	张九菊	樊更喜	115100	512
3487	三句半诗人					南俊山	115141	849
3488	长虫作媒		正定、藁城一带		王小锅	徐奢等	115095	702
3489	一袋烟功夫		藁城南部		张雨子	张建刚	115138	327
3490	贾先生看病		晋县、无极、藁城交界处		王水水	贾玉民	115122	378
3491	要工钱		藁城一带		王文密	张双翠	115133	1506
3492	馋媳妇哄孩子		藁城县北楼乡一带	耿村	靳满良	靳春利	115132	934
3493	打鱼郎		藁城境内		尔荣坤	尔荣素	115096	525
3494	青蛙仙子		藁城一带		李吉海	李艳侠	115087	1097
3495	恶媳妇变驴		藁城县境内		张香汀	孙彦坤	115090	476
3496	米奶奶的传说		藁城东部		何保平	何焕良	115091	2143
3497	“俊东京”与“丑汴梁”		藁北吴村铺一带		武捉住	武全保	115127	359
3498	穷孩和门插官		藁城境内	东辛庄村	马来顺	樊更喜	115089	292
3499	阪丞相		石家庄地区		邓连生	邓中华	115098	886
3500	小气人的报应		石家庄地区		宋祥群	翟林青	115097	453
3501	属皮裤的		藁城东部		彭计德	彭建波	115125	1372
3502	抓药		藁城北部	南乡	许艾姐	徐奢等	115104	321
3503	白大夫		藁城东部地区		徐大汉	彭建波、徐瑞起	115121	500
3504	官差吃鸡屎		倪家庄一带		赵少轻	黄翠霞	115123	459
3505	乱开玩笑		藁城南部		张雨子	张建刚	115145	787
3506	古董老公与能媳妇		耿村一带	耿村	靳言根	单纪兰	115106	802
3507	懒汉求神		藁城北部		韩秋姐	胡增来	115144	493
3508	睡觉轻		藁城一带		武捉住	武全保	115142	678

序号	篇名	民族	流传地区	采集地	讲述者	搜集者	数据库编号	字数
3509	梦先生		藁城一带		李香	张会娟	115111	669
3510	天下高才		区藁城一带	耿村王玉田家	王玉田	靳春利	115134	470
3511	韭菜怕割，葱怕晒		藁城境内		韩小凤	魏艳卿	115101	379
3512	白字县官审官司					张进国	115135	849
3513	木匠斗秀才		藁城一带		彭蚂蚱	彭建波	115129	1296
3514	老财迷的遗嘱					马宾波	115112	442
3515	张死板买伞					林华	115139	311
3516	钟表的对话				张宏志		115204	138
3517	火车和铁轨						115206	130
3518	火烧洋船					晨风	115186	1573
3519	粉笔告状						115208	226
3520	耩芝麻					宝申	115197	983
3521	直尺和圆规						115207	1131
3522	英雄少年除奸记				范永生		115175	1156
3523	孟姜女的传说				任景林		115187	331
3524	月亮泉边				王树仁		115191	688
3525	文龙庙				任景林		115173	219
3526	卖锅盖					衷兴	115179	432
3527	莹光屏与录音带				张宏志		115201	1836
3528	春蚕蜘蛛						115205	406
3529	守株新传						115200	147
3530	夜明珠				肖力		115177	1816
3531	水晶心					韩宝申	115176	198
3532	舍女庄					衷兴	115178	909
3533	偷锄						115198	1201
3534	麻雀南徒				张宏志		115203	235
3535	猫头鹰的传说					张三斗	115174	1419
3536	袁家坟						115180	3868
3537	奇妙的姻缘					杨章锁	115194	964
3538	读书人一点就透						115199	543
3539	龙湾由来					珊瑛	115192	556
3540	奶奶庙				朱永池		115181	758
3541	三个“聪明”的人				王力群		115182	2000
3542	李老忠和皮家营的鞭						115196	976

序号	篇名	民族	流传地区	采集地	讲述者	搜集者	数据库编号	字数
3543	杨六郎大战祁家桥				李大套		115172	164
3544	袁箔拜驴					韩宝申	115184	1047
3545	米黄庄的由来						115195	13163
3546	菊花和蒲公英				张宏志		115202	190
3547	大王口子的传说					晓黎	115193	176
3548	芦家络塔战斗				宋喜增		115189	912
3549	常榜眼打“鬼”				边玉兴	边振星	115188	221
3550	李胜的故事					张树春	115190	2257
3551	白家趣事				张朋		115185	1755
3552	王小二和袁箔				张保清		115183	736
3553	庞老佯开酒坊				庞淑卿	庞征浩	118308	907
3554	三句半				王进刚	王俊桃	118356	1156
3555	媳妇地的传说				胡老山	胡庆文	118261	730
3556	戏迷				葛来锁	葛建成	118358	1487
3557	猫睡觉时为什么打鼾睡				李凤雪	张婧煜	118292	2196
3558	蝎子精的传说				甄香艳	张婧煜	118291	455
3559	吴道子比画				杨丘哲	杨跃武	118277	1000
3560	前汉军事家李左车						118274	610
3561	三个女婿				葛绍峰	庞征浩	118312	497
3562	鸡冠山的传说				李老山	李永社	118264	859
3563	马山的传说				陶彦藕	陶玉海	118263	8985
3564	记堵石的来历				李老山	李永社	118265	167
3565	党甄不分的传说				刘中奇	陈东来	118322	3112
3566	朱元璋下世				王田增	陈军良	118282	938
3567	庞老佯招工，干半天歇半天				庞老进	郝新菊	118309	737
3568	庞老佯的金银柜				庞淑卿	庞征浩	118310	944
3569	秦始皇赶不动无影山				牛俊英	李木成	118273	750
3570	韩湘子成仙				刘彦恩	庞征浩	118276	718
3571	三个女婿拜寿				程雪民	崔玉良	118313	845
3572	三个女婿拜寿				赵志开	张婧煜	118311	576
3573	孟良河的传说				朱云花	席晓清	118260	524
3574	贾岛在曲阳				宋毅	李木成	118275	399
3575	麻糖的由来				陈丁	陈国珍	118316	517

序号	篇名	民族	流传地区	采集地	讲述者	搜集者	数据库编号	字数
3576	姑娘为啥不能接檐下水				白长友	白世民	118361	868
3577	傻小儿拜年				程雪民	程金录	118360	506
3578	东坡峡				宋毅	李木成	118239	481
3579	秦始皇前世				葛洛政	葛绍峰	118317	657
3580	孔子和如来打赌				赵志连	葛绍峰	118272	444
3581	凤凰山的来历				胡老山	胡庆文	118262	721
3582	棋盘村和何家马村的由来				赵文铎	赵献英	118267	3406
3583	巧嘴闺女		平乡县一带	杨贵林的家	杨贵林	李永朝	119853	395
3584	父子对诗		平乡县城南一带	讲述者的家	丁孟彩	丁玉华	119826	227
3585	三个儿媳请公公		平乡县一带	振修家	邢振修	邢书方	119842	362
3586	换媳妇的故事		平乡县一带	文化馆	王会超	王纪文	119850	525
3587	卖年糕的碰上结巴子		平乡县一带	田间	王老焕	李永朝	119897	2373
3588	聪明神		平乡县一带	搜集者的家		李永朝	119825	485
3589	学懒铺			田间	王景岗	李永朝	119899	426
3590	先生与木工		平乡县一带	振修家	邢振修	邢书方	119880	473
3591	朱二结巴子的故事		平乡县一带	张家	张老近	王增计	119819	947
3592	王二姐夫					徐华英	119892	480
3593	洞房捉贼		平乡县一带	搜集者的家	王凤芝	李永朝	119852	875
3594	今年收啥		平乡县一带	搜集者的家		李永朝	119873	403
3595	吃粘窝窝		平乡县一带	北李庄村	李永相	李永朝	119900	583
3596	啥人啥命		平乡县东部农村	王计文家	王会超	王纪文	119848	1458
3597	哥俩教书		平乡县一带	讲述人的家	李永昌	丁玉华	119823	483
3598	马庄吃猪肉		河北省大部	乞村	孟凡夫	郭怀说	119891	1100
3599	写匾		平乡县一带	马康	魏双全	李永朝	119889	548
3600	傻女婿拜年		平乡县一带	田间	李敬森	李永潮	119829	1018
3601	下棋的故事		平乡县一带	乞村	刘保芳	刘兰彬	119888	505
3602	下一小瓢来的		平乡县一带	田间	王礼田	李永朝	119851	2534
3603	傻女婿拜年		平乡县一带	王洪康		王勤锁	119886	432
3604	画像		平乡县一带	乞村	徐老汉	李永朝	119840	338
3605	叫化子避雨		平乡县一带	搜集者的家		李永朝	119855	221
3606	买三平		平乡县一带	王洪康		王勤锁	119881	879
3607	一个光棍爹，两个状元儿		平乡县一带	田间	李春山	李永朝	119835	1364
3608	赵钱富得宝		平乡县一带	贺家	贺巧格	阎英芳	119839	809
3609	贩马		平乡县一带	搜集者的家	李长增	李永朝	119824	646

序号	篇名	民族	流传地区	采集地	讲述者	搜集者	数据库编号	字数
3610	干巴三斗地主		平乡县一带	贺家	贺会永	阎英芳	119845	1387
3611	卖瓦盆儿		平乡县城南一带	讲述者的家	丁学保	丁玉华	119890	760
3612	三巧		平乡县一带	同记家	尚同记	张廷枝	119885	1584
3613	三个儿妻请公公					黄仁朝	119841	1207
3614	卖翠花的故事		平乡县一带	杨贵林家	杨贵林	李永朝	119849	343
3615	小车子把		平乡县西北部	街头	王景岗	李永朝	119831	1086
3616	李老金拉故经		平乡县北部一带	后马康村王家	王德胜	李永朝	119861	2219
3617	三国迷		平乡县一带	搜集者的家	李永钊	李永朝	119827	1013
3618	北瓜财主		平乡县一带	街头	李永臣	李永朝	119837	1585
3619	张老汉三败土地爷		平乡县北部一带	赵流去	刘淑女	赵多敏	119876	921
3620	秀才作诗		平乡县一带	姜庄完小	赵景河	李永朝	119854	1026
3621	忘了捏耳朵		平乡县一带	王洪康		王勤锁	119898	1897
3622	不见黄河心不死		平乡县一带	田间	李春山	李永朝	119828	476
3623	丈人偏心眼		平乡一带	马鲁集		郭怀说	119857	1304
3624	巧得元宝		平乡县一带	马上屯	马凤杰	苏红云	119862	557
3625	人强马壮		平乡县一带	田间	李怀礼	李永朝	119856	747
3626	清官的故事		平乡县一带	北李庄村李家		李永朝	119847	524
3627	聚宝盆		河北省南部	洪康		王勤锁	119884	545
3628	妖怪先生		平乡县一带	搜集者的家	李永钊	李永朝	119838	433
3629	大红门		平乡县一带	阎家	阎俊岭	刘同辰	119882	2174
3630	穷种		平乡县一带	油召桥	马朝中	霍秀珍	119834	476
3631	懒汉求神		平乡县一带	搜集者的家	李长增	李永朝	119870	267
3632	巧闺女逛娘家		平乡县一带	杨贵林家	杨贵林	李永朝	119833	640
3633	两个土地爷		平乡县一带	搜集者的家		李永朝	119879	387
3634	死鬼见阎王		平乡县西部农村	王会超家	王会超	王纪文	119896	1089
3635	姊妹仨看黍稷		平乡县一带	搜集者的家		李永朝	119875	1744
3636	赵八缸的来历		平乡县南部	胡家	胡清沛	阎英芳	119844	249
3637	老鼠不拉汤		河北省大部	搜集者的家	李长增	李永朝	119895	1888
3638	夫妻通信		平乡县城南一带	讲述人的家	李存贵	丁玉华	119821	818
3639	三气周瑜		平乡县一带	田间	王景岗	李永朝	119820	221
3640	比着泥人寻女婿		平乡县一带	讲述者的家	史永华	赵仁平	119832	1228
3641	聪明媳妇		平乡县一带	李家		李永朝	119822	375
3642	“凉快”与“两块”		平乡县一带	田间	李怀礼	李永朝	119867	851
3643	烂不济		平乡县一带	搜集者的家		李永朝	119830	368

序号	篇名	民族	流传地区	采集地	讲述者	搜集者	数据库编号	字数
3644	四人联句		平乡县一带	搜集者的家里	李永朝	李战辉	119868	724
3645	赶不上点儿		平乡、广宗、巨鹿一带	王家	王书斌、王庄	郭怀说	119836	153
3646	小孩儿没腰		河北省大部	搜集者的家	李长增	李永朝	119894	559
3647	窝囊汉们机灵媳妇		平乡县一带	搜集者家		李永朝	119843	514
3648	秀才娶妻		平乡县一带	洪康	王乃君	王勤锁	119864	782
3649	一千吊也不能依他		平乡县一带	田间	王老焕	李永朝	119846	455
3650	白老在除妖		平乡县西北部	搜集者的家	杨贵林	李永朝	119883	175
3651	关公和周仓的故事		平乡县一带	北李庄三队牲口棚	王景岗	李永朝	119860	260
3652	天生那个物		平乡县一带	王洪康	王德江	王勤锁	119874	824
3653	娶泥胎		平乡县一带	搜集者的家	李永钊	李永朝	119863	1038
3654	刘五借棒槌		平乡县一带	乞村	王凤芝	李永朝	119877	768
3655	朝廷选我做娘娘		平乡县一带	搜集者的家	王凤芝	李永朝	119865	376
3656	王大胆斗狐仙		平乡县北部与巨鹿县交界处	搜集者的家	王孟坤	王朋印	119869	1693
3657	李辉赶考		平乡县一带	赵家	赵吉堂	刘同辰	119866	479
3658	傻小子的故事		平乡县一带	王家	王书斌	郭怀说	119859	264
3659	枕头的故事		平乡县一带	搜集者的家		李永朝	119871	2611
3660	俚巴买车		平乡县西北部	北李庄，三队牲口棚	王景岗	李永朝	119858	673
3661	小秃妮儿		平乡县北部	赵流去		赵多敏	119872	638
3662	借粮种		平乡县一带	王洪康		王勤锁	119878	965
3663	燕子与麻雀的传说		平乡、广宗一带	平乡县剧团	曹旭楼	曹旭楼	119887	453
3664	买铧			王洪康	王自操	王勤锁	119893	2621
3665	戏裁缝					李永朝	119901	702
3666	老张爷的故事					陈敬孝	123021	579
3667	张三与李爱财					刘凤霞	123014	730
3668	哥哥与弟弟					刘凤霞	123015	1305
3669	郑时齐与张爷洞					陈敬孝	123022	640
3670	观音老母镇邪人				云州、王诚	王国荣	123020	709
3671	两个把黄瓜的故事		镇宁堡乡一带	镇宁堡村	普海龙	蒲润洲、杨万里	122988	746
3672	美男丑女		赤城县官庄子村、窑子沟村一带		赵金风	阎春林	123023	595
3673	公主报恩					王素清	123024	2779
3674	王豆芽发财					王国荣	123019	3546

序号	篇名	民族	流传地区	采集地	讲述者	搜集者	数据库编号	字数
3675	长意和短意		赤城县部分地区		阎海珍	阎春林	123017	644
3676	傻女婿					乔云	123018	2073
3677	松鼠皮褂和皇帝龙袍					阎春林	123016	769
3678	麻钱与麻蜂					乔云	123013	1781
3679	从绿林好汉到抗日英雄						123497	1710
3680	痛歼“松江部队”						123496	2006
3681	除恶棍		燕南地区		杨铁氏		123472	1558
3682	实心肠的张三娘				李洪有	李成合	123491	1429
3683	报应				陈铁氏	陈振来	123468	1086
3684	乾隆御封甘水井		大厂县、三河县	南寺头村	杨杨氏		123464	1828
3685	二月二，龙女哭			冯兰庄	程淑珍	安秉跃	123467	4404
3686	聪明的新姑爷				李洪有	李成合	123486	1084
3687	判案		大厂、三河		陈铁民		123473	1882
3688	黄金塔				郭振林	刘绍振	123485	1271
3689	夏垫力士左青龙				邢建明	张廷华	123470	1976
3690	盘山的松树				白永恕	刘绍振	123480	1406
3691	傻姑爷趣事				门会林	潘嘉章	123465	3773
3692	金环鲤				屈广和	武修文	123469	3503
3693	路遥与马力				何杨氏	何向东	123466	711
3694	宝衣				王汝襄	王善继	123475	1059
3695	村姑怒斥乾隆帝				李洪有	李成和	123476	1890
3696	公也长				李广桐		123463	2011
3697	消灭“伪回支”						123495	1889
3698	泪女河				屈广和	武修文	123479	1992
3699	活佛的故事				李广桐	李延录	123483	2716
3700	智斗色鬼				李福	王善继	123489	2109
3701	独胆入虎穴，一人捉四敌						123493	1127
3702	四勇士活捉日本兵						123494	1262
3703	乞丐和管家				邢建明	张廷华	123471	6794
3704	马金虎三气侯拐子				王汝襄	王善继	123484	1543
3705	蔡大姐			万城村			126595	3968
3706	三女婿			万城村			126644	11580
3707	戏迷			万城村			126637	684
3708	字呵老伯			万城村			126643	3019

序号	篇名	民族	流传地区	采集地	讲述者	搜集者	数据库编号	字数
3709	灶火爷换活儿			万城村			126625	555
3710	县官学狗叫			万城村			126642	306
3711	三元先生捉鬼			万城村			126616	763
3712	让地			万城村			126561	570
3713	二懒子打兔子			万城村			126652	1461
3714	仨糊涂			万城村			126572	1167
3715	闹和尚庙			郭兰芳家			126610	655
3716	老虎报恩			万城村			126564	496
3717	兔子没心			万城村			126581	1383
3718	黄狗告状			万城村			126565	2490
3719	老秀才吃烧饼			万城村			126602	2189
3720	巧打算			万城村			126582	1234
3721	财神与土地打赌			万城村			126624	1619
3722	叫花子比吹			万城村			126603	1422
3723	元宵作曲			万城村			126645	1840
3724	遂成的故事			万城村			126597	1957
3725	红眼、秃子、筒鼻子			万城村			126601	1473
3726	秀才不论理			万城村	郭贵民		126671	763
3727	黄连树下摘葡萄			万城村			126568	487
3728	药王行医			万城村			126562	775
3729	上布施			万城村			126613	431
3730	葡萄雾			万城村			126557	672
3731	县官记帐			万城村			126641	608
3732	追命案			万城村			126614	1343
3733	弟兄仨打赌			万城村			126650	1556
3734	狐女报恩			万城村			126579	2481
3735	万家村			万城村			126596	657
3736	解棺材			万城村郭兰芳家			126611	1457
3737	鞭打芦花			万城村			126626	2053
3738	德孝双全			万城村			126636	2425
3739	铁牛山			万城村			126577	730
3740	刘志赶海			万城村	郭文珍		126678	1297
3741	狐子精躲灾			万城村	张夕娥		126666	915
3742	无赖过年			万城村			126651	1158

序号	篇名	民族	流传地区	采集地	讲述者	搜集者	数据库编号	字数
3743	敬醋			万城村			126647	754
3744	肉就是菜、菜就是肉			万城村			126655	1763
3745	洛阳穷张三儿			郭庆武家	郭庆武		126672	989
3746	才女			万城小学			126659	1470
3747	仨女婿对诗			万城村	张夕娥		126667	5109
3748	哥儿仨砍柴			万城村	刘斌利		126684	1213
3749	勤俭不能分			万城村			126646	1487
3750	田二红开店			万城村			126556	447
3751	解梦			万城村			126649	640
3752	盗坟劫墓			万城村			126560	804
3753	杨君探友			万城村			126571	465
3754	干剃头			万城村			126640	8829
3755	巧平风波			万城村			126629	637
3756	画顶盘			万城村			126615	1247
3757	乔和太被抢			万城村			126566	4762
3758	岗才			万城村			126594	424
3759	荷花三娘子			万城村			126554	397
3760	怕狗咬			万城村			126593	1911
3761	黑麻子和白麻子			万城村			126598	967
3762	“一省细”和“天下细”			万城村			126563	597
3763	茹云争夫			万城村			126558	1901
3764	路遥知马力			万城村			126559	402
3765	王海招亲			万城村			126591	971
3766	走后门儿免死			万城村	李瑞平		126686	1569
3767	老师借粮食			万城村			126567	510
3768	城隍爷背黑锅			万城村			126580	3293
3769	增和桥			万城村			126632	12502
3770	一撮毛			万城村			126630	1053
3771	傻小子走丈人			万城村			126570	1868
3772	半夜二更半			万城村			126654	344
3773	仙人助手			万城郭兰芳家			126612	602
3774	嗄小子揽活			万城村			126631	609
3775	刘家寨			万城村			126592	3598
3776	舍命不舍财			万城村			126656	528

序号	篇名	民族	流传地区	采集地	讲述者	搜集者	数据库编号	字数
3777	对联治宰相			万城村			126628	417
3778	王小打柴			万城村	郭贵民		126670	2497
3779	胡闹			万城村			126599	781
3780	人参魂			万城村	李爱银		126669	1184
3781	邙山观景			万城村			126609	9521
3782	治虎			万城村			126569	3292
3783	全心全意为人民币			万城村			126638	1030
3784	少女与月季			万城村	郭志强		126682	745
3785	人和狐子			万城村			126639	2914
3786	土地庙花子送信			万城村			126555	1579
3787	万花船			万城村			126660	748
3788	酒友			万城村			126578	565
3789	憨物办憨货			春怀家	李春怀		126674	768
3790	傻小子学俏			万城村			126600	540
3791	夜来香的来历			万城村	李淑芳		126683	2835
3792	巧治不孝婆			万城村			126627	1206
3793	老白的故事			万城村	郭保阳		126680	5892
3794	都是娘们儿			万城村			126653	689
3795	巧治财主			万城村			126635	1242
3796	喝酒没菜			万城村			126648	536
3797	当官不为民做主			万城村	王风华		126677	1364
3798	猎人奇遇记			万城村	郭永标		126663	1500
3799	李大胆与胆大李					邹玉明	127890	632
3800	县官的三个差人					李旺森	127894	653
3801	牛蹄子为什么是两瓣的					韩秀玉	127907	357
3802	四姐妹智斗老狐精					王富云	127878	526
3803	羊倌吃饼					邹玉明	127888	582
3804	刘三狠治黄狼精			魏华营村	李春斌	赵占荣	127899	335
3805	蛇为什么毒人					韩秀玉	127906	457
3806	他摔死了更好					王富云	127913	376
3807	猫狗结冤					张斌	127905	1905
3808	猫教虎艺——留了一手			沽源县城	张银凤	白午	127900	395
3809	神奇的小石磨			白土夭村	武万祖	郭玉峰	127876	480

序号	篇名	民族	流传地区	采集地	讲述者	搜集者	数据库编号	字数
3810	下蛋鸡为什么要“咯咯嗒”地叫			小厂村	李素珍	罗玉梅	127902	875
3811	嫌富爱贫						127892	552
3812	学生一狗屁					邹玉明	127886	520
3813	窃贼与县官			丰元店村	王殿武	薛启新	127880	1683
3814	鬼也有良心			平定堡	刘占熬、王志飞	薛启新	127893	1223
3815	傻女婿吃饺子					王富云	127914	1098
3816	老翁难住了“难不倒”			九连城乡政府	陈慧斋	武亮	127883	2003
3817	懒孩子——活宝					邹玉明	127887	1393
3818	为什么蜈蚣是扁的					郭玉峰	127910	704
3819	孩子死了别怨我					苏魁亮	127915	862
3820	一只有良心的狼			西沟村	张桂仙	杨树萱	127897	300
3821	葱蒜韭菜					张文斌	127889	436
3822	五色鹿的故事					薛启新、张秀龙	127895	2861
3823	千里驹					王富云	127912	698
3824	孟姜女的传说			古力半淖	李氏	罗玉梅	127875	360
3825	老虎兽中之王的由来				刘玉田	郭玉峰	127904	1373
3826	商人和老太婆的故事					姚荣翠	127882	983
3827	兔子的尾巴					郭玉峰	127908	177
3828	恶有恶报			丰元店村	杨妈妈	薛启新	127879	524
3829	刁媳妇惨害瞎婆婆					王富云	127877	1274
3830	叫鸡的由来			小厂村	李素珍	罗玉梅	127903	561
3831	来世变畜要还钱			平定堡	杨启	杨树萱	127881	1556
3832	伶媳妇			九连城乡政府	陈慧斋	武亮	127896	231
3833	妻子园梦					王富云	127911	520
3834	白字秀才					王富云	127917	507
3835	布谷鸟的故事				刘书田	薛启新	127909	3911
3836	天变一时				刘万福	白午	127916	462
3837	老虎怕“漏”					白午	127901	515
3838	巧对咒岳丈					李鹏飞	127918	3030
3839	穷女婿巧治财迷岳父			魏华营村	李春斌	赵占荣	127898	168
3840	风水先生骗钱记				古连芳	韩秀玉	127891	614
3841	勤人智治懒病					王富云	127885	1005
3842	王小砍柴					郝国光、薛启新	127884	542

序号	篇名	民族	流传地区	采集地	讲述者	搜集者	数据库编号	字数
3843	燕王井					杨万里	127922	1385
3844	乾隆下江南的传说					孙振强	127938	5359
3845	燕王出世					陈国旺	127920	928
3846	日照龙鳞万点金					王希恒	127927	1051
3847	神镖红袖女					孙振强	127935	1058
3848	动物故事（四篇）						127957	1932
3849	杨驸马				孟广送	于凤鸣	127941	507
3850	武则天的传说				翟秉恒	岳一中	127937	1764
3851	燕王射虎					陈国旺	127925	4541
3852	廊坊市三级民研会会员						127934	1028
3853	骆秀才巧对试秀全				刘忠达	肖振中	127936	2046
3854	除草的由来				周振英	李凤林	127955	2825
3855	鄚州庙					王德良	127921	947
3856	贪小利儿、坏大事儿					岳一中	127954	1389
3857	智斗秀才		冀中一带		邵乐田	张俊青	127949	3532
3858	骡子、蝼蛄、马齿菜						127956	1939
3859	好事不留姓名					岳一中	127953	1159
3860	借饭				王克臣	张荣	127933	2955
3861	张难斗智断无头鬼案					张绍旻	127951	269
3862	跑马寺					张耘	127924	1022
3863	王铁勺					张耘	127923	233
3864	高力士妙语对皇上				刘忠达	肖振中	127940	338
3865	路遥知马力				刘秉忠	岳一中	127952	2723
3866	长工戏对东家				刘忠达	肖振忠	127950	2447
3867	告皇上					张耘	127926	1795
3868	葡萄架下睡美人			李二的家里	李榜成	李亮	128384	294
3869	胡混鬼和琉璃箍					冯恩堂	128418	238
3870	山羊猴子和老虎				李风平	王玉川	128469	734
3871	天龙显灵				江林德	王伶慧	128461	621
3872	五洲四海交朋友				李永廷	李伟	128408	242
3873	一个老头和六个儿子					付东	128464	224
3874	夫妻对诗				贾春收	钱武生、谢苏英	128471	972
3875	师婆口里三眼炮				香梅	爱林、林凤	128445	529
3876	赌妻			东达村	申心顺	申中成	128414	507

序号	篇名	民族	流传地区	采集地	讲述者	搜集者	数据库编号	字数
3877	凡人修仙的故事					吕生泰	128390	2225
3878	丑郎招亲				王江顺、王记方	王矿清、薛和平	128410	295
3879	事在人为		西戌镇			江秋榜	128392	1142
3880	长胡子的媳妇					王福榜	128403	1036
3881	小白龙和桃花女				张冀峰	赵彩河	128411	623
3882	爷儿五个吟诗				宋长青	赵爱国	128470	438
3883	会吐银元的狮子					刘森林	128462	5595
3884	贪嘴婆挨打					王福榜	128455	881
3885	打赌跳荒河					王福榜	128466	740
3886	两好合一好					孙必中	128409	113
3887	冤家宜解不宜结					崔水心、钱武生	128387	891
3888	兄弟逗趣					赵翔凤	128452	1087
3889	桃花女和石榴子				赵桂玲	王玉川	128406	907
3890	丑二郎和七姑娘					陈邢魁	128394	589
3891	谷草换个金香炉				李永廷	李伟	128419	451
3892	断奸				杨来田	付东、杨国昌	128399	284
3893	多心的秃老头			涉县更乐村	赵胜义	张维新、赵东义	128421	1972
3894	转生条件					张卫平	128463	524
3895	文秀才和武举人					赵国生	128400	917
3896	和尚送画子				李二的	李亮	128398	993
3897	男人得了女人病					姚方宇	128415	1501
3898	本事				李海龙	马河义	128440	943
3899	医治“吃不下”病的传说		涉县一带		席美秀	阖张换	128412	2169
3900	父子烟趣					张卫平	128388	425
3901	才女选婿					孙必中	128401	1167
3902	虱子的传说				牛桂芳	吕生泰	128423	2086
3903	李山吹狐巧成亲				陈米屯	吕生泰	128396	111
3904	对联谢客			沿头村	刘保安	孙必中	128393	1163
3905	供活人头					漳苇	128429	1284
3906	总跋						128496	499
3907	避水珠				贾明清	张文科	128397	542
3908	毛驴记仇				王茂胜	李书味	128468	1148
3909	王良增寿			西戌村	张双河	王福榜	128385	302
3910	喜鹊救山花				李二的	王福榜	128465	2282

序号	篇名	民族	流传地区	采集地	讲述者	搜集者	数据库编号	字数
3911	发财梦				张秋根	马河义	128405	714
3912	九辈儿分家				李佩珍	李之清	128402	2616
3913	崔老官大摆核桃宴					姚方宇	128416	89
3914	你不如我					张卫平	128417	251
3915	贪心的财主				梁贵宝		133694	1141
3916	学识见				苏同勋		133695	543
3917	神仙沟的传说				王连云		133682	1542
3918	钩弋夫人				张树廷		133633	1937
3919	武状元田俊与萨木耳				杨俊启		133679	389
3920	孙村的来历				李宝柱		133624	1534
3921	医学家刘完素的故事				冯庆丰、吕子忠		133635	1466
3922	田俊相亲识骏马				孙传刚		133676	968
3923	两盏灯笼伴田俊				孙传刚		133677	809
3924	冯国璋受骗						133680	1186
3925	古冢冤情				刘庄		133627	2007
3926	窦尔敦大闹李家店				范许锋		133674	507
3927	孝子墓的传说				卢涛		133628	1939
3928	方孝维严惩众贼						133675	737
3929	张占魁痛打混混				麻席彬		133656	2070
3930	尢顶塔的传说				陈春景、刘建新等		133623	1549
3931	裘御史揭露赵知府				裘之恒		133636	1783
3932	枣红马的故事				冯海		133639	2312
3933	赤塔村的来历				左来道		133625	1856
3934	纪晓岚与袁枚				张德山		133634	861
3935	小诸葛捉阎罗				梁石俊		133655	2041
3936	自慰				李瑞庆		133693	903
3937	冯国璋拉车				冯章		133641	924
3938	三世都憲石牌坊				张顺		133621	1037
3939	贞节牌坊街的传说	回族			白益言		133622	1180
3940	庙会拜师				张德山		133660	925
3941	新娘吟诗戏秀才		河间县一带		金紫恒		133667	960
3942	老秀才赋诗巧教媳				宋秀英		133691	179
3943	一檩庙大战窦尔敦				赵二楞		133658	2830

序号	篇名	民族	流传地区	采集地	讲述者	搜集者	数据库编号	字数
3944	蔡家楼的传说				李志国、王忠进		133630	1795
3945	贵人求贵子的故事				王连云		133687	1958
3946	猴春智斗韩七				赵子兵		133642	564
3947	杨六郎放水牛为啥多了头牤牛				孙传刚		133673	722
3948	冯国璋的传说				冯志桥		133638	809
3949	财主诓富						133671	1513
3950	家信				赵呈祥		133668	510
3951	顺情理				刘宪珍		133670	1334
3952	“神梦”先生				李喜春		133664	635
3953	贾龙造反				张聚山		133659	1101
3954	五鬼闹宅				冯志桥		133640	769
3955	一掌训内侄				麻席彬		133657	539
3956	瀛东雅望				张兴发		133626	2712
3957	飞毛腿李充				郭胜兴		133661	924
3958	毛苌寻福地传《诗经》				梁晓云、麻怀清		133631	1205
3959	邱生造律				高华友		133666	543
3960	小巧儿				马秀芬		133681	1604
3961	乾隆吟诗羡姑嫂				金紫恒		133663	798
3962	佛爷庙的传说				靳太平		133629	716
3963	石佛赠银				梁万俊		133654	657
3964	天下第一家				李宝柱		133643	629
3965	河宝与府官				高华友		133647	685
3966	王八驮石碑的传说				刘魁武	李利	133652	662
3967	白十一				白丙忠、白连忠		133689	674
3968	金钥匙		河间西北乡		庄福臣		133651	2658
3969	雄鸡长鸣			北京、秦皇岛、石家庄			133684	898
3970	鸿和尚与张半仙				王全生		133650	406
3971	束城的传说				王连云		133686	900
3972	卖油郎与蛇、猫、狗				刘福荣		133645	1107
3973	卧佛堂村名的来历				程实		133662	412
3974	猴腚是这样变红的				左列明		133648	706
3975	媒婆				梁贵宝		133690	752
3976	锯树留邻				柳林		133669	1804

序号	篇名	民族	流传地区	采集地	讲述者	搜集者	数据库编号	字数
3977	县官秘访				王国才		133653	2217
3978	吟诗入席						133665	1873
3979	时雅君发家		河间东北乡		翟藏兴		133644	993
3980	荞麦的来历				孙金相		133698	921
3981	武状元田俊的传说						133678	2192
3982	癞蛤蟆的传说				孙金相		133697	1505
3983	马虎图				耿洪福、孙兴信		133696	1009
3984	药王庙的传说						133683	1396
3985	砸柜取宝				左宝申		133692	822
3986	金兀术吃饺子		河间北部		庄青臣		133646	1171
3987	香蕊上吊		河间一带		宋振成		133649	724
3988	磨盘山下的传说				赵迷虎		133685	574
3989	知府作诗				李国英		133688	184
3990	土粮囤				秦庚		133672	1364
3991	青茅草笔的传说				金紫恒		133632	1100
3992	气归故里				裘之恒		133637	725
3993	鸡为什么不吃黑豆		华北	大坪村	张克东	杨宝芬	140311	1093
3994	鬼谷子·狗腿子·泥腿子		平山	北七汲	孙振芳	智建慧	140333	1560
3995	仨女婿祝寿		平山西部山区	小觉区委	秘春法	素艳、文琦	140340	296
3996	一支金钗		华北	霍家沟	霍树亭	霍志刚	140314	1300
3997	饥冷与饱暖		河北	上三汲	李连顺	李树明	140308	304
3998	打水的故事		平山一带		孙过才	董亮	140332	408
3999	瓦盆状元		华北	小觉镇郄家庄村	封守福	封新丽	140320	596
4000	王二吹笛		滹沱河畔		龚一太	孙玫玫	140299	766
4001	仇人转弟兄		华北	杀虎乡东沙岭村	刘贵堂	郑革平	140326	7601
4002	加封三级的县官		灵寿、平山交界地带	灵寿县西王角村	徐玉堂	槐杨、英忠	140304	299
4003	人长和人短		华北	罗家会村	五妮	槐杨、英忠	140323	628
4004	秃尾巴喜鹊和花巴鹰		平山一带	下槐村	杨俊强	槐杨、英忠	140309	683
4005	说瞎话		华北	庄沟村	关士祥	郝慧、文琦	140351	732
4006	煮海干		河北	夹峪村	韩玉婷	王文联	140303	769
4007	大麻籽		平山西部山区	东柏坡	王忠明	王志联、封燕涛	140302	1067
4008	急性人		平山		秘春法	苏岩、文琦	140328	688
4009	马齿苋为什么晒不死		华北	北冶村	姚纪	王革	140354	884

序号	篇名	民族	流传地区	采集地	讲述者	搜集者	数据库编号	字数
4010	吝啬鬼与“驴蛋”		平山	小觉区	秘春法	素艳、文琦	140329	81
4011	近视眼		南甸一带		赵白虎	王海川	140359	1101
4012	宰相肚里能盛船		平山	东王坡村	陈风鸣	杨联兵	140335	2025
4013	富郎与仙女		太行山区	宋家沟。	康士录	康树生	140301	1086
4014	小鳖和蚰子打赌		河北		姚东海	王革	140313	2237
4015	四秀才请客对诗		河北	十里坪乡东漂村	董一点	董彬彬	140339	253
4016	挖参遇奇人		河北	西王角村	徐玉堂	英忠、槐杨	140305	1378
4017	吃烧饼		北冶一带		刘德跃	刘德汉	140362	787
4018	呆大换米		平山	南水村	周俊芹	杨诺成	140324	475
4019	借诗讥师		华北	井沟村	五保	英忠、槐杨	140341	418
4020	交家		平山		张兰珍	张海涛	140346	839
4021	“射手”能三儿		小觉一带		秘春法	秘素艳、焦文琦	140348	1381
4022	“鸡蛋黄”的故事		回舍地区	南水村	周明亮	王增贵	140364	1726
4023	姐妹恨		平山西部山区		梁国才	韩德芳	140345	1571
4024	没脸皮的城隍爷		平山城一带	西王角村	徐玉堂	槐杨、英忠	140343	2357
4025	姐妹采蓉花		太行山区		董海根	董瑞云	140344	1570
4026	吹牛的大嘴		北冶一带		刘德跃	刘德汉	140363	518
4027	当扇子		平山、灵寿交界一带		徐玉堂	英忠、槐杨	140298	7970
4028	打赌		南甸一带		赵白虎	王海川	140358	441
4029	羊尾巴擦嘴		平山一带		杨考考	杨联兵	140356	265
4030	黄芩和人参		太行山区	上龙窝村	张喜平	张爱萍	140355	519
4031	求神赐子		平山	西王坡村	康扬合	郝东喜	140357	1629
4032	鸡的传说		华北	里庄乡西庄村	康喜清	杜振华	140310	1259
4033	石姐弟		岗南一带	中石殿村	史书海	朱翠丽	140300	7845
4034	金鱼		华北	中七汲	樊文臣	孙玫玫	140307	356
4035	李四教妻		平山		谷良书	张凤奇	140337	1001
4036	照镜子		河北		刘蓝柱	李风亭	140361	715
4037	儿孙切莫忘父母		河北	小觉		何庆祥	140327	801
4038	漏		太行山区		曹新华	杨联兵	140317	604
4039	巧答主考官		王坡一带		赵致和	赵连祥	140352	1152
4040	蛇为什么用肚子走路		平山南甸区	三汲村	王秋来	王花芹	140315	1300
4041	金牛星下凡		灵寿、平山交界一带		郝成棋	张照	140312	2845

序号	篇名	民族	流传地区	采集地	讲述者	搜集者	数据库编号	字数
4042	石义砍柴		河北	夹峪村	刘风书	刘信党	140321	222
4043	黄蛤蟆		河北	小觉乡白沙河村	张文义	张爱花	140306	2095
4044	放鸭的妇女		平山一带		刘俊山	王文联	140360	1720
4045	正定府贩门神		平山	庄沟村	关士祥	焦文琦	140319	788
4046	巧嘴丁瑞		平山一带		焦庆生	张璞	140350	616
4047	康七之死		华北一带		张玉连	梁美林	140336	3004
4048	巧铁匠		河北、山西	下槐村	杨俊强	槐杨、英忠	140349	238
4049	兄弟俩		华北	三汲乡上三汲	龚一太	孙玫玫	140331	1611
4050	奸夫成凶手，淫妇建牌房		两河一带		安同仁	安明亮	140334	951
4051	欢喜子豁命		平山一带		王开江	槐杨、英忠	140353	1556
4052	长命买盐		河北	上卸甲河村	韩建平	韩彦凌	140325	276
4053	老财迷		华北	上三汲	李连顺	李树明	140330	1667
4054	老鼠择婿		平山	西回舍中学	李锡堂	杨诺成	140316	443
4055	张俊儿的故事		回舍一带	西回舍	丁贵增	赵炯	140322	2734
4056	鸭子和公鸡		河北	南水村	张仙琴	杨诺成	140318	1368
4057	谢天灵灭狐妖		平山一带	北贾壁村	刘英兰	刘春彦	140338	1204
4058	慌张三儿审阎王		河北	庄沟村关士祥家	关士祥	文琦、郝慧	140347	511
4059	眼下没东西儿		太行山区	南水村	张仙琴	杨诺成	140342	515
4060	刀笔许智斗硬脏官		霸县煎茶铺一带	霸县高家堡	许承璋	全正年	148168	1039
4061	康小八智劫皇杠		京东一带	陈辛庄	陈进友	贾永生、陈振来	148189	1767
4062	活佛的传说		大厂县北部、三河县西部	大厂县北坞村	李永恩	李廷禄	148114	1613
4063	二小和独头蒜		文安县一带	史各庄乡新村	王增信	张俊青	148159	1575
4064	审鹅		北京大兴、通县一带	通县永乐店	方治平	刘朝林	148164	1432
4065	道巫		廊坊市郊区	廊坊市郊李庄村	王文	王邵萱	148211	1917
4066	怪客李六显神威		滦平、古北口、大厂、三河一带	高头村	杨万才	贾永生、陈振来	148188	870
4067	胜芳码头		霸县大部农村	霸县	杨纪文	杨万里	148171	919
4068	县官打狗		北京市大兴县一带	延寿营村	彭虹	尹凤梅	148176	1082
4069	毛知县审碌碡		廊坊市一带	廊坊市北旺乡	刘春祥	穆宝全	148163	1073
4070	关公显圣		霸县南孟乡一带	南孟乡金各庄	刘义民		148210	1270
4071	熟能生巧		大城县一带	河北大城县	齐德居	齐蕊霞	148167	666
4072	白龙马的传说		河北三河西北一带	吴福庄村	田秀珍	李宝才	148204	1403

序号	篇名	民族	流传地区	采集地	讲述者	搜集者	数据库编号	字数
4073	“傻嫂子”捞黄豆		三河县西北部农村	东南各庄村	马氏	马海程	148157	5451
4074	笨人王二嫂		霸县一带	胜芳镇	李明琪	邢平权	148196	425
4075	冰房子		香河县广大农村	城关镇西南街	陈宝生	田志庆	148214	2239
4076	赶考对对		廊坊地区北部	北旺乡	王克臣	翟公福	148192	524
4077	拜鲁班		香河县刘宋一带	刘宋镇	张贞	张和华	148209	1511
4078	裁缝斗县官		万庄镇一带	万庄镇	丁人焕	张茂荣	148156	587
4079	吴老七收画		三河县西北部	李树荣家	李树荣	李宝才	148207	636
4080	神枪李六的传说		廊坊市南营村一带	南营村	钱永年、马德明	岳一中	148169	745
4081	贴对联		文安西部农村	率庄村	刘小吉	毛树中	148194	603
4082	六郎城显圣		霸县东部	霸县城内	郝宝群	震望	148191	2169
4083	门插棍儿和钌铞儿		固安县	固安公主府乡集城村	万秀花	杨超	148202	1090
4084	笑话一则		大城县一带	大城	齐德居	齐蕊霞	148218	3346
4085	猫和狗的传说		河北香河县一带	石虎乡石虎村	陈长松	陈星	148200	1366
4086	石人石羊作孽		固安县西北部农村	固安大辛庄	于秋生	赵复兴	148212	2305
4087	财根		永清县韩村、次平一带	北尹乡、葛田凤家中	葛田凤	王云芳	148115	764
4088	笑话三则		固安县西部农村	固安太子务村	刘风臣	卜婕	148216	1603
4089	龙伐木		大厂回族自治县北部、三河县西部	大厂北坞村	李永恩	李廷禄	148113	1744
4090	鲁班爷显圣独乐寺		大厂、蓟县一带	大厂县城	刘淑敏	贾永生	148208	4038
4091	开山钥匙		河北省易县紫荆关一带	易县紫荆关	孙钺	孙铎	148112	895
4092	五龙圣母和秃尾巴老李		河北固安、廊坊一带	北街张氏家里	张氏	赵复兴	148199	747
4093	翁婿对佳联		廊坊市一带	尖塔乡北王庄	王义	刘朝林	148193	4736
4094	不刷锅与不洗脸		大厂北部、三河西部地区	北填村	李永恩	李廷禄	148197	1022
4095	老婆婆和大黑狼		固安县南、北部农村	固安北赵村	刘氏	周凡	148201	2280
4096	小李拐子成亲		固安县西部及涿县一带	固安县南赵村	张素清	孙朝梅	148161	1953
4097	癞蛤蟆的传说		大城县西及河间一带	北曹村	金秀荣	赵保赞	148205	1091

序号	篇名	民族	流传地区	采集地	讲述者	搜集者	数据库编号	字数
4098	先生的批语（四则）		香河县钱旺乡	钱旺乡、钱旺乡钱旺村、香河钱旺乡钱旺村	崔金城、崔文	崔永生	148217	1941
4099	两个秀才		固安县北部农村	固安北马乡	周丽华	刘英华	148195	857
4100	傻姑爷搪帐		霸县胜芳镇一带	胜芳镇张合松家	张合松	邢平权	148198	1350
4101	猫狗耕地		大城县一带	刘固献乡	霍振芬	刘守安	148203	649
4102	留邻居的故事		大城县	大城留各庄镇	高宝林	黄学通	148173	992
4103	赛武松——顾五		京东大厂、三河一带	大厂县陈辛庄	杨万才	贾永生、陈振来	148184	2877
4104	桃花女破周公		固安县北部农村	固安县苏桥乡文化站	李氏	胡乃臣	148170	2097
4105	三培土		廊坊市万庄镇李孙洼一带	李孙洼	江秉义	李德刚	148160	1295
4106	一副象棋子		河北三河县一带	三河	刘起华	刘玉林	148158	600
4107	坤妹		固安县南部农村	固安马庄文化站	张氏	谷传梅	148162	1359
4108	借钱修坝		香河县刘宋镇一带	刘宋镇	刘有仁	张和华	148155	1456
4109	孝母莲		京南一带	荀家务村	张子千、卢文波	毛树中	148174	911
4110	路不拾天赐之金		大厂县一带	陈新庄村	陈朝	陈博渊	148175	1384
4111	馅饼张六打擂		京东三河、大厂、蓟县城乡	夏垫镇	陈进友	贾永生、陈振来	148183	809
4112	于成龙赚皇上		固安县大部农村	固安县柳泉乡南房上村	冯月池	赵复兴	148166	4331
4113	白马李七侯、李八侯的故事		京东三河、宝坻、大厂、香河城乡	大厂镇	陈进友	贾永生、陈振来	148185	873
4114	天下第一		文安县西部	文安城内	李云波	谭连仲	148165	1551
4115	哈哈客黄三片		京东大厂、香河、三河、宝坻、蓟县一带回民聚居的村镇	陈辛庄	陈进友	贾永生、陈振来	148187	651
4116	路遥和马力的故事		大城县	刘固献乡	杨孟尊	贞夫	148172	1151
4117	商小雨替天行道		大厂县、香河县、三河县农村	响马坊村	张宝忠	贾永生、陈振来	148186	1353
4118	宝坛子		香河县北务安村一带	北务安村	杨王氏	杨永起	148215	964
4119	二诸葛智斗小辣椒		京东一带	新村	冯德君	刘玉林	148153	1116
4120	三件宝		廊坊市一带	尖塔乡	刘烘年	刘朝林	148213	2107
4121	过目记账		香河县一带	刘宋镇	曹树林	张和华	148154	2194
4122	喇喇姑救驾的故事		大厂县北部	大厂冯滦庄村	王振才	安秉耀	148206	456

序号	篇名	民族	流传地区	采集地	讲述者	搜集者	数据库编号	字数
4123	夫妻朝克尔白的故事		大厂农村	大厂县城	买福清	何向东	148181	1465
4124	阔公子改字戏刘二						162941	2399
4125	震天鼓				刘云丰		162661	2858
4126	老爷的胡子摸不得			虎什哈镇	张德池		162930	780
4127	金丝猫与龙凤瓢			郭家庄	苏玉兰		162752	632
4128	双足皆跛焉能接驾				杨玉恩		162893	1354
4129	比宝			榆树林子乡	赵云海		162736	369
4130	我能驮三个毛驴的东西			南五十家子乡	白玉久		162887	937
4131	一桩冤案			苏家店乡	房广生		162846	1753
4132	粮食是从哪来的			杨树岭镇	于占海		162926	1569
4133	刘哥与金婵				冯永		162683	1413
4134	人心不足				于庭		162882	2081
4135	放猪娃巧治狠财主			大水泉乡宝地村	万明生		162746	546
4136	吹牛大王与拍马屁			营子乡	张军		162927	542
4137	沈万三				李臣		162705	1694
4138	半行诗			承德市	杨玉恩		162866	1570
4139	祖摩尼			围场镇车字村	史连英		162665	1975
4140	摆摆阔引来祸			苏家店乡	房广生		162853	292
4141	朝老虎要银子				赵守荣		162713	2194
4142	两个懒汉				张晓静		162825	3106
4143	白蛇报恩				张双亮		162678	727
4144	贾行家开药铺				房广生		162839	559
4145	琴缘			窄岭乡三道沟门村	王春雨		162723	1369
4146	关公显圣			食品厂	孙启东		162824	933
4147	铰鞋讨封				段桂芝		162706	958
4148	张大叔说书				王付生		162838	2794
4149	佛祖与圣人决赛			黄旗乡	石玉海		162711	7439
4150	聊天鬼				田士军		162836	1158
4151	鲤鱼姑娘			榆树林	李怀章		162682	534
4152	巧对				郝文采		162802	468
4153	傻儿子学话				杨茂玉		162775	2157
4154	故事家滕振普						162944	447
4155	应该有				李俊海		162689	416
4156	孩儿王除鹰魔				刘景华		162687	249

序号	篇名	民族	流传地区	采集地	讲述者	搜集者	数据库编号	字数
4157	巧媳妇				曹海连		162763	1093
4158	画中美人				刘忠		162684	591
4159	秋实的故事				兰占儒		162727	728
4160	十八罗汉的来历				杨茂玉		162671	202
4161	各有报应				崔亚楼		162760	723
4162	穷八辈			四道河乡四道河村	王淑芬		162668	930
4163	刘四打鸡				安丙云		162708	816
4164	狼心狗肺				赵海欧		162702	995
4165	乌鸦和喜鹊				刘继业		162720	420
4166	宝葫芦				卢维		162700	1686
4167	狐狸转世			围场镇	孙士英		162733	349
4168	巴杜白音发财记			傅宝山家	傅宝山		162704	5521
4169	聪明的伙计				向文平		162753	633
4170	打赌			苏家店乡	房广生		162761	619
4171	火龙单				杨福财		162742	1599
4172	争当家			苏家店乡	房广生		162776	2807
4173	挖人参				王景泰		162792	1609
4174	机灵的媳妇				李长春		162765	1872
4175	穿小鞋的来历			茅兰沟乡	张双亮		162814	656
4176	孙膑学艺			丰宁县三营村	赵兴国		162806	2111
4177	老学究支束脩				陈丙君		162800	1085
4178	除两霸				顾德瑞		162855	1856
4179	宁死不改妒				王韫华		162813	1627
4180	图吉利			宋杖子乡文化站	刘银		162931	1187
4181	替妹的由来			头道梁子	高景文		162808	431
4182	假进士			南五十家子乡	梁子巨		162929	1427
4183	德拉尔芬女王				崔亚楼		162758	618
4184	巧巧嫂			孤山子乡地厚村	王付		162766	2221
4185	吝啬鬼的故事			石庙子乡大洼村	宋泽花		162830	368
4186	何况你是尚书妻				刘忠善		162895	999
4187	气死鲁班				王井民		162755	1589
4188	怕风味				张汉卿		162901	546
4189	馋先生与吝主人				王韫华		162833	717
4190	三个睁眼瞎				孙吉		162914	1894

序号	篇名	民族	流传地区	采集地	讲述者	搜集者	数据库编号	字数
4191	王大成赶考			茅兰沟乡	张双亮		162778	244
4192	少林女杰					朱呈云	162862	533
4193	聊天架			石庙子乡郭家庄村	陈永发		162837	1089
4194	飞毛腿杨三饕				杨秀云、温树		162854	650
4195	落叶归根			小寺沟镇	郭春		162795	3022
4196	买骡子蛋				徐珍		162843	1110
4197	试婿				陈丙君		162841	988
4198	父与子				赵云海		162904	629
4199	牛孩儿				田永才		162707	3671
4200	聊天鬼和鬼聊天				曹海莲		162773	957
4201	看匾				张士忠		162844	1264
4202	云姑			围场县殷家店			162750	2450
4203	动物选王的故事			食品厂	张瑞利		162716	603
4204	颖兰访师			蒙和乌苏乡	孙士安		162804	3300
4205	王知县审磁坛				张志		162847	2269
4206	生死姻缘				宋连庆		162757	656
4207	变戏法的由来			刘家店乡文化站	杨茂玉		162734	4598
4208	鲁猛砸皇轿				吴保田		162857	298
4209	狐狸还粮				高井闻		162732	478
4210	王发捉怪				吴东才		162731	863
4211	花狸棒棰的故事			滦平县虎什哈镇	徐德山		162722	1421
4212	险些赔个大叫驴				杨玉恩		162864	3859
4213	岩鹰做媒			南五十家子乡	张贺明		162721	670
4214	巧木匠			杨树岭文化站	郭俊义		162754	2696
4215	九头山憋宝			头道梁子村	王桂芬		162710	1870
4216	骑太岁			陶来营村	鲍喜和		162869	725
4217	见不得人的城隍				王喜臣		162811	541
4218	吟诗讽汉官			承德市	杨玉恩		162767	233
4219	张唠				吴继祥		162835	1624
4220	农夫杀牛				杜风琴		162883	289
4221	砸尿壶			新地乡	郭志泉		162829	1785
4222	整桑枝			杨树岭镇	李保华		162788	461
4223	春风与柳叶				何风云		162693	2509
4224	蛤蟆和屎壳螂				阎炳才		162885	2342

序号	篇名	民族	流传地区	采集地	讲述者	搜集者	数据库编号	字数
4225	甘罗的故事			刘家店乡	杨茂玉		162670	1149
4226	破木罐的秘密				陈珏		162796	1403
4227	一张画			平泉七沟乡	高瑞轩		162709	194
4228	半鲁			长山峪乡宋窝铺村	宋清		162891	749
4229	懒汉讨妻			殷家店村	侯瑞芬		162828	227
4230	王盼池智斗黄县令			围场县朝阳地乡挂面铺村	刘品三		162797	585
4231	懒人的传说				阎氏		162826	358
4232	治不了的眼病				赵俊来		162892	244
4233	单行好事莫问前程				白子玉		162820	1216
4234	姑娘看瓜			蚂蚁沟村	李明		162801	233
4235	葫芦头开金			双洞子乡	张景然		162699	437
4236	大姐庙				刘普		162896	282
4237	两变一				傅增太		162817	472
4238	摇钱树						162809	786
4239	儿子换闺女				安俊孝		162798	775
4240	数字诗				贾跃春		162905	2685
4241	秃子找辫子				郝素珍		162934	1971
4242	风水先生			蒙和乌苏乡	朱福生		162816	1823
4243	割肉孝母			围场县粉丝厂	袁国霞		162794	470
4244	分牛				孙秀芹		162906	1150
4245	三公主				石玉海		162694	1375
4246	两个牛倌			白池沟乡	王海民		162823	2288
4247	懒人和懒小偷			七沟乡	丁玉		162919	1321
4248	摽劲			榆树林子乡文化站	李文富		162907	870
4249	白字县官			松树台乡	洪福		162918	2236
4250	抽烟			兴隆县石庙子乡郭家庄村	陈永发		162834	519
4251	对着干				傅增太		162913	315
4252	压家雀			魏杖子乡文化站	翟万友		162910	1056
4253	喝肉汤				金德喜		162832	874
4254	斩玉娥				姚贵顺		162849	1993
4255	转文的媳妇				张安		162897	1068
4256	两个秀才			杨树岭中学	刘德承		162921	3609

序号	篇名	民族	流传地区	采集地	讲述者	搜集者	数据库编号	字数
4257	鸽狼蛋				王甫棠		162868	1441
4258	青蛙告状			南岭乡	刘金荣		162850	361
4259	对联趣话				杨本生		162865	1106
4260	都有说的				董福成		162928	277
4261	宝葫芦						162698	719
4262	天外有天				张库		162859	295
4263	老天有眼			大东沟第一居民组	李文章		162793	724
4264	我吹起来打她						162935	742
4265	张孝娶妻			邢家沟门村	邢付		162787	441
4266	路鳌喊冤				徐贤		162860	3091
4267	铁业换妻				房广生		162695	1480
4268	已经卖出去五只猫了						162936	725
4269	老汉出谜						162939	1224
4270	童生戏考官				滕振普		162867	2132
4271	髭髭花除二匪			平泉镇	马文汗		162861	420
4272	方在我手						162938	604
4273	戴眼镜的来历						162878	242
4274	状元与乞丐			南岭乡文化站	李臣		162872	769
4275	穷汉子油与富汉子肉			蒙和乌苏乡	刘瑞华		162890	1616
4276	偏要贪恋一枝花			小寺沟文化站	郭洪生		162940	398
4277	彭祖夸寿						162874	5673
4278	梨园界趣闻						162880	602
4279	素哈拜与渔夫				常宝林		162686	575
4280	天不管			王土坊乡文化站	杨成		162912	1200
4281	互换绝技				王韫华		162876	402
4282	杨桃峪			滦平县三道梁中学			162664	1176
4283	花童娶亲			围场县殷家店乡敬老院	宋国章		162744	1290
4284	好心眼与坏心眼				张忠		162692	328
4285	老油松				陶义		162886	1150
4286	猫和鼠			杖宋子乡	徐树旺		162719	454
4287	北极星				韩立		162662	5924
4288	高翰林的故事				白玉书		162807	426
4289	闲话				汪树丰		162889	279
4290	锅盖精				刘玉霞		162735	2784

序号	篇名	民族	流传地区	采集地	讲述者	搜集者	数据库编号	字数
4291	长鼻子				陈生		162690	1986
4292	火烧恶鬼			新地乡大东沟村	李江		162725	769
4293	吹吹打打				李贵		162902	431
4294	母子沟			桃山	刘占怀		162784	670
4295	白兔猴子和狐狸						162717	953
4296	漏的故事				李淑珍		162715	1616
4297	一窍不通			魏杖子乡	李贺生		162915	204
4298	老虎抢亲				何瑞坤		162712	978
4299	纪成投师				刘春满		162666	1734
4300	三请犟眼邹			邹家洼子			162810	743
4301	这就是你捡我的那句话						162917	844
4302	学生和先生				王素清		162803	601
4303	宝披风				郭洪生		162669	907
4304	作人				王树森		162898	1157
4305	我刚看过两个病人						162924	1953
4306	梨缘				董殿宝		162779	1601
4307	谭香女哭瓜				高继章		162663	792
4308	大能人智斗常耗子				王喜云		162738	1843
4309	奉承			南岭乡	李连阳		162932	478
4310	图小利坏大事				李秀珍		162688	749
4311	小伙子与白公鸡				王桂芹		162685	2570
4312	四副对联气死老财			平泉镇	朱廷文		162740	1695
4313	搜集家朱呈云						162947	1397
4314	夏三爷赴宴			茅兰沟乡	张双亮		162751	2055
4315	苦根的故事			大水泉乡宝地村	万明生		162696	1312
4316	李智戏财主				杨子玉		162743	3370
4317	棒打不散				刘桂芹		162777	872
4318	门插关儿的来历			丰宁县	宋木匠		162730	281
4319	鹿大哥				耿宝德		162677	624
4320	卖树						162909	345
4321	认老丈人			丰宁县苏家店乡	曹万忠		162774	1848
4322	日落工满				范永贵		162739	2123
4323	李文君招亲			新地乡营坊村	孙业英		162673	369
4324	认字案				王韫华		162852	949

序号	篇名	民族	流传地区	采集地	讲述者	搜集者	数据库编号	字数
4325	路凭旁人踩				白子玉		162785	282
4326	一两石头二两油			小寺沟镇	刘光年		162747	469
4327	比儿子小三岁的爹				郭士忠		162674	226
4328	扭脸城隍			于双洞子乡文化站	张品一		162812	910
4329	负心汉			黑山口乡万杖子村	赵臣		162789	1544
4330	远嫁的姑娘			蒙和乌苏乡政府	马金英		162791	1727
4331	胡蝎子租地				鞠廷武		162737	2982
4332	锔屁股				阎建华		162782	659
4333	胸有碗墨			榆树林子乡文化站	王桂荣		162916	510
4334	一计害三贤			殷家店	宋宝章		162786	2079
4335	狐仙				杨文清		162728	2621
4336	搜集家兼故事家王韫华						162945	1661
4337	禀性难移				张端阳		162911	975
4338	浪子回头				张宝林		162772	1311
4339	野鸡和狐狸						162718	340
4340	故事家房广生						162942	848
4341	拔头发			郭杖子乡	毛桂凤		162903	1551
4342	近视对火儿			平泉镇	刘忠善		162920	3586
4343	认钱不认爹			前进村	王谦		162724	2421
4344	丢妻认妻			苏家店乡	房广生		162781	1106
4345	三张药方			平泉镇	王者兴		162870	830
4346	农夫巧难狂秀才			前苇塘村	景庆祥		162818	503
4347	小长工煮鸡				马瑞锋		162748	1038
4348	舍身台					朱呈云	162745	197
4349	棋手喂驴			杨树岭镇	于占海		162863	1020
4350	砂锅滚坡				宋焕伍		162819	714
4351	口袋哥哥和月亮妹妹				方云峰		162741	2220
4352	巧断无头案				王风山		162845	1397
4353	群鸟借粮				房广生		162884	634
4354	三媳妇作诗				吕汉林		162842	2834
4355	巧媳妇				王子义		162762	4291
4356	画虎象猫				纪忠		162937	1475
4357	耳朵在兜里				刘增旺		162900	1125
4358	月亮门传奇				王天庆		162679	3014

序号	篇名	民族	流传地区	采集地	讲述者	搜集者	数据库编号	字数
4359	捡便宜				王海		162827	823
4360	茶仙				尹自清		162681	732
4361	看看我的脸皮有多厚				白玉久		162888	701
4362	张口成诗的媳妇			头道梁子村	刘凤英		162769	473
4363	吝啬鬼			银沟村	吴占元		162749	2752
4364	三位姑爷				倪保林		162908	1160
4365	故事家刘忠善						162943	1027
4366	小彩				赵玉林		162729	1711
4367	美秋除暴君				杨桂平		162759	594
4368	笨老婆学开店			台头山文化站	高荣		162879	1269
4369	姜罗锅子不姓姜			六十棵村	王延令		162925	754
4370	为何开口骂人						162922	1682
4371	侯全大哥回马庄				房广生		162770	541
4372	比武斗智			围场镇	孙士英		162858	1799
4373	牛郎与织女				何桂芳		162660	1046
4374	苗三牛子和李一千				柯永路		162856	2994
4375	痴情郎巧结姻缘				尹自清		162756	402
4376	牛马上工猪效力				王喜清		162714	2422
4377	乌金娘四戏白郎				徐珍		162667	4550
4378	鲤鱼换兔子			柳溪乡	李福玲		162875	1269
4379	善恶的归宿				李文丰		162821	1199
4380	张老婆卖饽饽				张全林		162873	938
4381	玉皇坐庙			蒙古营子村小学	陈国章		162672	2124
4382	俊媳妇智惩淫和尚			头道梁子村	刘凤英		162764	904
4383	对联驱西席			平泉镇	刘忠善		162771	230
4384	金莲女巧戏四阿哥			三河口	包洪起		162768	1236
4385	牛上房子路上墙			宝元栈	王玉起		162675	2399
4386	银子搬家			殷家店村	张素云		162822	3415
4387	儿孙自有儿孙福				杨海平		162676	4331
4388	善恶终有报			大东沟	黄景林		162790	1493
4389	有缘千里来相会				李志凌		162680	1556
4390	活埋老母遭雷击			宝元栈村	刘玉荣		162783	688
4391	小铜锣				刘大伯		162691	1129
4392	巧娶知县女				孙旭东		162780	1750

序号	篇名	民族	流传地区	采集地	讲述者	搜集者	数据库编号	字数
4393	宝核玉璧						162697	991
4394	走后门的来历				田文岩		162815	1040
4395	冰锥锥				杨印清		162701	2173
4396	一字值千金				赵万禄		162805	545
4397	财宝自己来				刘少玉		162703	1933
4398	桃山道童			围场街	胡桂琴		162799	1096
4399	扔粘糕				郑荣		162899	1199
4400	吝啬鬼充阔气				王贵		162831	874
4401	七趟缝			小寺沟文化站	郭洪生		162848	942
4402	三个女婿对酒令			茅兰沟乡	张双亮		162840	321
4403	花子做知府				范国梓		162851	1287
4404	你却不知修				陈丙君		162894	1481
4405	黄莺张榜招婿						162881	1767
4406	小脚水戏公公			苏家店乡	曹万忠		162871	1461
4407	大盗与妈妈						162877	2708
4408	怕老婆				毛桂风		162933	809
4409	泥菩萨打架				于长青		162923	944
4410	搜集家孟阳						162946	6503
4411	海上不能说杂话		渤海沿岸		赵文田		170752	732
4412	饭量小的人		海兴、黄骅等县		刘淑贞		170892	807
4413	肚子里没货		海兴县东部		魏守常		170950	1453
4414	虾精夺取大口河门		渤海沿岸一带		代风岭		170750	1318
4415	再缺这回阴=		在海兴县境内		张松安		170923	320
4416	县官吃山货		沧州沿海一带		宋锡章		170935	1006
4417	小九爷蹬场子		海兴县东南部		郭凤皋		170921	630
4418	海神娘娘		渤海沿岸一带		刘玉彪		170746	866
4419	黄历迷跳墙		沧州东部地区		寇承顺		170908	793
4420	救生		渤海沿边一带		张云坡		170895	1085
4421	巧治“财迷”				王新		170857	385
4422	叔嫂巧对		沧州东南一带		苑奎峰		170788	5225
4423	好壮的烟		海兴县境内		王树凤		170942	511
4424	贪财的兄弟俩		海兴县南部		赵金娥		170905	1200
4425	橛先生		海兴、黄骅一带		赵连森		170938	424
4426	张青天巧断跷蹊案		海兴县境内		张思韩		170798	593

序号	篇名	民族	流传地区	采集地	讲述者	搜集者	数据库编号	字数
4427	痛斥不孝子		海兴县境内		张思韩		170937	957
4428	罗通报仇		沧州地区东南部		朱福来		170796	544
4429	一个口子两文钱		海兴县南部村庄				170930	492
4430	不低三下四		海兴县境内		张思韩		170799	1085
4431	海中动物是咋来的		海兴县、黄骅县一带渔区		赵文武		170748	543
4432	两个媳妇		海兴县一带		李祥云		170891	718
4433	孔明护墓		海兴县				170808	351
4434	武大郎的传说		海兴一带		路式义		170809	878
4435	乾隆钦封“御乡地”		海兴县南部		杨永泉		170804	726
4436	清宫外史		海兴县		高鹏举		170795	4721
4437	臭椿封王的故事		海兴县境内		关秀芝		170786	703
4438	写呈子、郭延韦故事之四		海兴周围各县		郭占宁		170855	1115
4439	“一字值千金”的由来		海兴一带		刘桂清		170781	499
4440	没钱给货——郭延韦的故事之二		海兴县		邢朝秀		170853	706
4441	中国人是日本人祖先		海兴县一带		孟立柱		170810	1261
4442	猫为什么吃老鼠		海兴一带		崔长栋		170882	378
4443	仁义胡同				张思韩		170784	813
4444	扛活人巧戏财主		海兴、无棣一带		赵玉锁		170858	262
4445	罗成教枪		沧州地区东南部		朱福来		170797	278
4446	“刘黑塔”审案		沧州东南地区		宋连森		170851	420
4447	熊白龙点状元		沧州东南一带		巩吉芳		170794	558
4448	麻雀的故事		沧州东南部		寇承华		170885	1052
4449	吕洞宾买药		海兴县南部村庄		任景文		170793	388
4450	老鼠怕虎		沧州一带		寇希帮		170861	1992
4451	公冶长		海兴一带		巩振升		170811	614
4452	蚕的由来		海兴县		黄士永		170872	955
4453	杨增辉的故事		沧州东南地区		巩吉芳		170803	435
4454	自招		海兴县一带		刘玉江		170946	1869
4455	周仓坐帝位		海兴县沿海一带		杜宝德		170800	443
4456	耍人者被耍		在海兴县境内		霍文朴、何兴楼		170870	750
4457	占大辈		海兴、孟村等县		王新		170947	759
4458	农夫告状		海兴县境内		刘德纯		170925	858

序号	篇名	民族	流传地区	采集地	讲述者	搜集者	数据库编号	字数
4459	高楼一梦		渤海之滨		张有清		170755	633
4460	棺材与黄河		海兴县		关秀芝		170890	600
4461	选女婿		河北省海兴县境内		关秀芝		170893	242
4462	夜冻雪梅		渤海之滨		王风前		170916	501
4463	人穷不受欺		海兴县		郭庆珍		170859	313
4464	云诗		沧州东部		李连智		170866	322
4465	三家		渤海沿边		关秀芝		170850	1067
4466	郭滕禹走铁板		海兴县东南部		郭士梅		170920	756
4467	鹁鸪的来历		渤海沿岸		寇金元		170884	567
4468	种田的为大				任景文		170865	1418
4469	青蛙的来历		海兴县一带		韩维敏		170877	474
4470	卖“我”		海兴县境内		霍文朴		170901	328
4471	五小姐云诗		海兴县东南部		李连智		170869	371
4472	荞麦		海兴县南部乡间		田金生		170876	1008
4473	先得儿女后有妻		沧州东南部		汪秀章		170904	784
4474	抽烟		海兴县一带		高迎文		170948	1626
4475	买公鸡打鸣儿		海兴县境内		王义德		170899	1077
4476	“姑姑”的来历		沧州东部一带		王风泮		170887	729
4477	一辈子用不完		海兴县东南部		孙崇义		170929	482
4478	大禹治海		渤海沿岸		杨峰		170744	548
4479	护短				杨双发		170926	544
4480	画轴换总督		沧州东部		孙士成		170792	387
4481	三个秀才喝酒		海兴一带		崔长栋		170913	1150
4482	宝磨		海兴县		刘崇田		170749	622
4483	高粱秀才转（zhuǎi）文		海兴一带		崔长栋		170909	628
4484	字谜求亲故事		海兴县一带		傅宝金		170787	256
4485	借海		海兴一带		姜云龙		170754	232
4486	张飞记帐		沧州东部		孙士成		170791	423
4487	王天官赶考		海兴县境内		杨希珊		170812	775
4488	外布里是糠儿		海兴、黄骅等县		冯双良		170924	1304
4489	鱼鳔的来历		海兴县		齐义良		170802	1061
4490	鲁班造船				宋木镐		170801	688
4491	狸猫破五鼠		海兴境内		关秀芝		170783	685
4492	三天三夜讲不完的故事		海兴一带		崔长栋		170911	351

序号	篇名	民族	流传地区	采集地	讲述者	搜集者	数据库编号	字数
4493	枣树为什么长刺		沧州一带		张新国		170879	1237
4494	恶有恶报		海兴县南部		杨荣泉		170805	537
4495	形象作诗		海兴、黄骅等县		冯云栋		170943	267
4496	刘坏水嫁妻		海兴一带		崔长栋		170906	2146
4497	打哑迷		渤海沿边		刘浩泉		170864	482
4498	吃面条的上炕——郭延韦故事之一		海兴县		邢朝秀		170852	722
4499	不带烟囱的房		海兴、黄骅一带		赵连森		170940	782
4500	渤海湾为何波光粼粼		海兴县一带		张万星		170753	616
4501	说大话的公鸡		海兴境内		赵桂兰		170889	349
4502	宰相肚里能撑船		渤海一带		杨希珊		170856	585
4503	见世面		海兴、孟村县		王新		170898	722
4504	韩湘子戏耍张士贵		沧州地区东部		杨风英		170782	223
4505	小巧输大巧		海兴县境内		张思韩		170934	376
4506	农家妇巧对老学究		海兴境内		尹梅兰		170862	1376
4507	三个呆子学艺		海兴县		刘本先		170900	713
4508	“一个大钱憋死英雄汉”的由来		海兴一带		刘桂清		170790	225
4509	憋宝		海兴、黄骅等县		朱福来		170785	572
4510	仨姑爷云诗		海兴县境内		霍文朴		170867	1759
4511	宝船		海兴县		张连法		170919	358
4512	公鸡与秦桧的传说		海兴、无棣等县		齐义良		170806	1248
4513	凤尾鱼的传说		海兴一带		刘世甫		170747	981
4514	狗吐舌头的来历		海兴县		韩炳琢		170878	938
4515	美人鱼		海兴、无棣一带		刘玉彪		170745	998
4516	林冲装菩萨		海兴县一带		寇永岗		170807	858
4517	幺麽=		渤海沿岸		关秀芝		170751	410
4518	葫芦一头大一头小的来历		沧州东南部		郭福泉		170880	827
4519	药王爷的名声是怎样传开的		海兴、无棣等县		关秀芝		170789	403
4520	省了毛巾丢麦子		海兴县		邢朝秀		170860	1660
4521	南蛮子憋宝戏天官		海兴县一带		姜云龙		170813	509
4522	神童		海兴一带		孙士武		170897	582
4523	宝洞		海兴、盐山一带		郭秀彬		170917	1145

序号	篇名	民族	流传地区	采集地	讲述者	搜集者	数据库编号	字数
4524	蚊子的来历		海兴县		王保村		170881	488
4525	盐山的房不完钱粮——郭延韦的故事之三		海兴县		邢朝秀		170854	417
4526	诌二爷诌“三字经”		海兴东南一带		巩吉永		170914	522
4527	猜菊花		海兴县境内		王玉华		170912	658
4528	蝙蝠为什么白天不出来		海兴县		王建新		170883	589
4529	仨女婿云诗		海兴县境内		傅景芳		170868	1475
4530	要媳妇		海兴县		宋清文		170918	617
4531	乌龟的由来		海兴县				170874	582
4532	狐狸也有教子法		海兴县东部		姜广森		170888	195
4533	说书艺人智斗恶少		海兴县		邢朝秀		170863	747
4534	捉虱子		海兴县				170936	796
4535	齉鼻子蛤蟆是嘛变的		海兴县东北部地区		韩风顺		170873	2149
4536	急性子朋友		沧州东南部		田喜		170907	873
4537	屁股一肿疼得慌		海兴县境内		杨洪喜		170871	213
4538	懒鬼请求超生猫		渤海沿边		郭金锋		170941	1309
4539	瘫的好		海兴县一带		马学博		170903	311
4540	“半截缸”怪		海兴、黄骅县一带		张玉林		170910	4604
4541	找姑鸟的来历		海兴县		王风博		170886	1391
4542	凑乐		海兴县		杨双发		170944	802
4543	向日葵的来历		海兴县		黄士永		170875	425
4544	宝碗		海兴县		郭齐氏		170915	822
4545	蠢人巧遇		海兴县东南部		杨希珊		170902	573
4546	保镖人		海兴、盐山一带		蒋宝生		170922	1008
4547	铃当泡报仇		海兴县		宋清文		170896	536
4548	锅巴		海兴县		宋锡珍		170927	312
4549	照镜子		海兴县境内		杨希珊		170894	994
4550	云诗送“坐骑”		海兴、无棣等县		代风岭		170928	703
4551	懒汉拔牙		沧州东南部		宋锡章		170932	777
4552	我当是我的嘴啦		沧州东南地区一带		雷祥澄		170933	539
4553	死兔子打活了		海兴县境内		杨永泉		170931	2194
4554	拿手电来		海兴县		邹俊强		170939	1114
4555	花架子		海兴县		邹俊强		170949	470
4556	他妈的		海兴县		寇永文		170945	701

序号	篇名	民族	流传地区	采集地	讲述者	搜集者	数据库编号	字数
4557	反话		海兴、黄骅县境内		刘淑贞		170952	1747
4558	问路		海兴县		杨双发		170951	408
4559	常遇春大战柳河川				刘世增	顾建中	172871	721
4560	十三太保李存勖的故事				顾登仕、刘世增	顾建中	172865	2028
4561	游龙戏凤				刘世增	顾建中	172874	934
4562	三个瞎子吃羊头				王志福	裴军	172905	862
4563	徐德杀子				全丙福	周云	172872	1273
4564	王子的画像				张轩古	于文龙	172866	3103
4565	等得推你				李勇	兰文种	172903	1208
4566	聪明的小衙役				刘广	赵步锋	172902	1889
4567	恶乞雨				顾胜梅	顾胜勇	172879	2038
4568	凤飞宣府城		宣化一带				172873	864
4569	让三尺				顾胜梅	顾胜永	172896	827
4570	清凉寺的愣和尚				蓝佳贵	兰文种	172889	1188
4571	心长心短		宣化一带		祁自发	任玉梅	172890	1936
4572	洋河决战					李自强	172877	1609
4573	娘子山的故事		洋河南一带		王挺胜、郝成等	兰文种	172888	2913
4574	海干				王孝谦	王素贞	172884	488
4575	桃子的故事				刘国连	晓华、九华	172893	996
4576	神偷王金龙					王秀林	172880	5875
4577	一百二十条腿					于秀荣	172895	2383
4578	没有鼻子和耳朵的人				杜礼	杜立忠	172885	1454
4579	“鞭打独犋牛”的故事				王存太	邓德忠	172897	3225
4580	九花娘大闹朝阳楼				刘世增	顾建中	172881	1685
4581	穿心毒箭变成围腰玉带				庞占娥	赵步峰	172886	441
4582	著名武生大老虎的故事		宣化县沙岭子一带		阎敦义	白明中、少双木	172882	1403
4583	笨媳妇				张东智		172906	988
4584	但行好事莫问前程				王进升	赵步峰	172883	6899
4585	哥哥与弟弟				周伉	康振国	172891	1093
4586	樊梨花斩杨藩				赵金贵	康凤贤	172868	716
4587	慈禧求医					殴有才	172878	1559
4588	蜘蛛沟的故事				安正卫	康文斌	172898	721
4589	九焰山薛刚反朝				李增荣、李振魁	梁挺爱、少双木	172870	1388
4590	樊梨花的故事				朱有福	梁挺爱	172869	2578

序号	篇名	民族	流传地区	采集地	讲述者	搜集者	数据库编号	字数
4591	魏征避嫌的故事				李云	顾建忠	172900	2066
4592	侯俊山舌战王爷府					董如何	172899	786
4593	娘子山的故事				李广胜	白菊秋月	172887	1275
4594	香香屁				李世兵	夫子	172904	1174
4595	康熙访清远楼		宣化一带		李世顺	兰文种	172876	908
4596	望京石					张夙起	172875	883
4597	樊梨花镇守锁阳关					赵相如	172867	1996
4598	王二小卧冰				张世花	晓华、福军	172892	2194
4599	七寸人的故事				田长海	夫子	172894	4749
4600	我有天财没地财		蔚县、宣化、一带		王素贞	程少林	172901	977
4601	状告丈夫死得早		献县		佚名		178731	1886
4602	咬奶头		泊镇		徐瑞符		178690	1655
4603	陈皮匠做驸马		沧南一带		于令侯		178630	1847
4604	鞋匠女与总督子		献县		范书成		178701	2592
4605	改对联		河北省东光、阜城一带		霍树昆		178724	1384
4606	狐狸报恩		孟村		李保亭		178805	1805
4607	苦菜花		泊头		郭玉茹		178625	627
4608	传舌		河北北部省东		霍树行		178718	1596
4609	穷酸转（zhuǎi）文		孟村		王兴周		178585	2099
4610	歇地头		孟村		杨福臻		178699	768
4611	宝桌子		南皮		高玉娥		178617	326
4612	傻三儿		吴桥		于凤琴		178582	429
4613	妙联骂程王		献县		宋文正		178721	2808
4614	“路遥知马力”的来历		南皮		夏青山		178710	593
4615	巧姐的“撞客”		孟村		张立起		178827	3102
4616	剃头匠和卖油郎		肃宁		刘克实		178727	2313
4617	狼五爷		东光		赵福恒		178809	672
4618	魏三哥的传说		泊头		孙玉山、石广纯		178737	408
4619	秤的故事		黄骅		田增瑞		178707	1180
4620	超四爷		南皮		刘义		178807	647
4621	黄狗告状		孟村		李保亭		178668	698
4622	王青守坟		孟村		李保亭		178749	2137
4623	宝洞		海兴、盐山一带		郭秀彬		178706	1738

序号	篇名	民族	流传地区	采集地	讲述者	搜集者	数据库编号	字数
4624	张中投壳		孟村		李保亭		178747	1095
4625	一件破棉袄		东光		邓孝贤		178703	2231
4626	黄骠马		泊头		李桂林、李详春		178675	1372
4627	文武双状元		孟村		王兴周		178751	5714
4628	忘恩负义		南皮		吴梦良		178609	2379
4629	县官秘访		河间		王国才		178771	1375
4630	卞合和秀姑		肃宁		李俊侯		178610	735
4631	庄稼人当先生		东光		佚名		178732	616
4632	猴腚是怎样变红的		河间		左列明		178581	1025
4633	神帽		东光		张进青	高长森	178651	793
4634	抓混蛋		肃宁		左忠用		178584	603
4635	先得儿女后有妻		沧州东南部		汪秀章		178633	1574
4636	高丽城斩蛇记		沧州		王建		178631	448
4637	武帝城的狐仙		南大港农场		刘少祥		178803	3107
4638	张有福盖房		中捷		韩墨亭		178621	433
4639	仙桃姑娘		中捷肯场		张福升		178760	448
4640	有钱能使鬼推磨		盐山		霍庆林		178661	556
4641	花狗图		泊头		李泽明		178693	1025
4642	金钩钓鱼		南皮		周立堂		178824	912
4643	阴审大老黑		肃宁		郭连璧		178682	876
4644	杨六郎土粮囤退敌		河间		秦庚		178622	866
4645	皮大呼子偷瓜		吴桥县大齐乡一带		张长江		178815	644
4646	三支神箭		孟村		吴玉台		178659	7017
4647	张三住店		孟村		李保亭		178752	4098
4648	积福和曹老财		南皮		高玉娥		178642	2133
4649	王二小射箭		南皮		许宝友		178738	3935
4650	张大除妖		献县		杨中山	杨新周	178654	1074
4651	刘善人		孟村		巩凤彬		178743	1767
4652	卖窝头的人		中捷农场		周凤香		178756	1032
4653	寿联		献县		宋文正		178722	793
4654	大哥李仁义		东光		佚名		178733	1345
4655	幺么		渤海沿岸		关秀芝		178712	266
4656	还是抽烟好		东光		周万俊		178729	1690
4657	秃尾巴老张的传说		肃宁		孙金秀		178711	1687

序号	篇名	民族	流传地区	采集地	讲述者	搜集者	数据库编号	字数
4658	巧治傲气亲家		献县		范书成		178735	1900
4659	一副银镯		献县		位运才		178702	551
4660	种蒜		村孟		汪福堂		178742	590
4661	宝画		东光		张秀琴		178644	1415
4662	刘坏水嫁妻		海兴一带		崔长栋		178611	1727
4663	先生本是好先生		肃宁		王老佩		178577	278
4664	石小与灵儿		肃宁		李书康		178576	344
4665	破镜重圆		献县		李秀国		178691	2174
4666	小孩子没有腰		中捷农场		吴秀贞		178717	671
4667	二郎探母		肃宁		黄秀云		178683	3223
4668	孝子的传说		泊头		李氏		178605	2478
4669	金帽子		南大港农场		安丽娟		178685	719
4670	二请帐房先生		吴桥县一带		魏义奎		178714	864
4671	冯氏正骨术		肃宁		梁瑞兴		178813	1111
4672	智盗赶山鞭		孟村		李保亭		178602	1519
4673	狐女		黄骅		李钧铭		178810	2749
4674	“半截缸”怪		海兴、黄骅县一带		张玉森		178705	1709
4675	开店的与住店的		中捷农场		张福升		178759	853
4676	上吊奇遇		河北省阜城县、东光县		霍树行		178648	1211
4677	刘古董		中捷农场		张福升		178758	1318
4678	康旺作对儿气财主		沧南一带		周宝合		178700	2263
4679	圆梦		肃宁		李香芬		178774	3286
4680	报应		吴桥县于集镇一带		李荣文		178656	1211
4681	韩光棍娶亲		南皮		高玉娥		178575	413
4682	王三嫁妹		献县		范书成		178696	1266
4683	高家坟里的故事		东光		吴变姑		178816	616
4684	老姜和大蒜		泊头		郭玉菇		178694	1215
4685	小狐狸精		孟村		李保亭		178808	558
4686	家有贤妻不做横事		献县		范书田		178689	2843
4687	狐仙姐		南皮		周立帮		178801	2372
4688	小鬼顶灯		肃宁		马亮如		178681	1496
4689	宝石		海兴县境内		刘淑贞		178616	621
4690	小神仙		肃宁		黑炭		178680	1610

序号	篇名	民族	流传地区	采集地	讲述者	搜集者	数据库编号	字数
4691	猫吃老鼠		海兴一带		崔长栋		178627	588
4692	香蕊上吊		河北省中部		宋振成		178657	1454
4693	催生娘娘		华北一带		吴全男		178636	603
4694	进宝状元		孟村		李保亭		178744	16128
4695	石榴送子		海兴县东部		姜炳钢		178624	917
4696	天上的面袋		孟村		刘玉如		178640	1779
4697	金香炉		渤海沿边		关秀芝		178647	3714
4698	六宫女师		河间				178639	409
4699	能媳妇智斗刁公公				佚名		178826	2951
4700	王小秃找宝		中捷农场		韩墨亭		178613	2602
4701	火龙衣		东光		孙玉清		178676	2728
4702	六十不死活埋		南皮		许杨氏		178626	1977
4703	亲家俩		盐山		董长生		178667	578
4704	公鸡与秦桧传说		海兴、无棣一带		齐义良		178580	1975
4705	九龙口葬骨		孟村		李保亭		178740	482
4706	张万做官		献县				178649	2557
4707	对联		任邱郑州		王英才、刘佩孚		178725	702
4708	王平烧香		孟村		李保亭		178604	1618
4709	打哑谜		沧州东部诸县		刘浩泉		178720	1430
4710	高粱秀才转（zhuǎi）文		海兴一带		崔长栋		178634	1169
4711	杨二郎的故事		沧州		周立邦		178637	616
4712	算卦		沧州		李俊清		178607	1097
4713	蒋哄种蒜		吴桥县范屯乡一带		孙书起		178635	3609
4714	妇女对诗胜塾师		孟村		王兴周		178825	3076
4715	李公子奇遇记		孟村		李保亭		178762	2114
4716	“王半仙”算卦		孟村		李保亭		178608	962
4717	骗媳妇		沧南一带		许宝友		178574	497
4718	燕青打麦擂		肃宁		王立本		178638	1696
4719	三个秀才喝酒		海兴一带		崔长栋		178578	981
4720	神奇的砂锅		海兴一带		崔长栋		178612	562
4721	鸡和黑豆		肃宁		邱桂芬		178579	2334
4722	鬼妻		肃宁		阎月芬		178818	961
4723	吓死吊死鬼		献县		范书成		178708	2307
4724	宝壶		东光		金培军		178618	547

序号	篇名	民族	流传地区	采集地	讲述者	搜集者	数据库编号	字数
4725	土地爷爷和土地奶奶		吴桥一带		连信		178653	1074
4726	凤姐儿		中捷农场		韩墨亭		178802	3198
4727	哥仨儿抬杠		中捷农场		周香凤		178641	411
4728	咬金指		黄骅		丰炳银		178620	2770
4729	一坛白银		盐山		王金行		178655	1903
4730	两姐妹		吴桥县一带		左风芹		178814	2289
4731	谁给二郎去当家		冀中一带		杨玉兰		178697	3399
4732	卖咸盐的招了驸马		献县		范书成		178628	2317
4733	月明珠和狗吃屎		盐山		翟氏女		178660	733
4734	画中人		沧州		许杰林		178817	1641
4735	高梁叶儿		东光		王辅彬		178673	3035
4736	小皮匠		盐山一带		董长生		178629	1131
4737	锡元宝		东光		于培燕		178687	271
4738	张小二斗妖鼠		泊头		夏增汉		178650	2352
4739	庄稼老大		东光		陈福荣		178670	275
4740	金二爷与李老头		河北省东光县阜城县		程伟		178643	1434
4741	财神与孝子		南皮		崔友宾		178662	1338
4742	三访李二贼		东光		张洪钧		178632	1811
4743	瞎话大王		东光		闻其仁		178764	786
4744	铁心铜胆		沧州		孟俊英		178664	808
4745	张祖基审奇案		沧州		金大钟		178767	1595
4746	县官巧断争妻案		海兴		宋清文		178770	657
4747	鬼妻		东光		高宪仁		178819	2125
4748	王三行孝		吴桥		李彦红		178665	1858
4749	用棍子请医生		吴桥县一带		王有民		178715	497
4750	吝啬鬼的故事		泊头		吴仁江		178619	2572
4751	县长巧断家务案		孟村		王兴周		178772	1063
4752	摹仿		东光		张玉生		178674	561
4753	小巧儿		河间		赵发财		178823	5210
4754	泰和店		吴桥县一带		魏义奎		178658	460
4755	过年二月是寒食		献县		宋锡铭		178746	968
4756	屠夫和善人的故事		东光		高玉清	高长森	178677	879
4757	漏=		东光		潘树国		178719	1933

序号	篇名	民族	流传地区	采集地	讲述者	搜集者	数据库编号	字数
4758	种田的为大		海兴、盐山县境内		任景文		178614	2276
4759	两家合一家		南大港农场		王给彭		178686	1267
4760	义蚁		吴桥一带		吴玉泉之父		178652	607
4761	棺材与黄河		渤海之滨		关秀芝	杨双发	178692	3302
4762	九头案		盐山		张文栋		178768	372
4763	卖油郎与蛇、猫、狗		献县		刘福荣		178695	485
4764	兄弟“情”		吴桥县一带		侯长升		178666	327
4765	鬼集儿		任丘		王氏		178734	1350
4766	赎婆婆		肃宁		张秀昆		178606	581
4767	愿望		献县		范书成		178745	1270
4768	三个盟兄弟		东光		闻其仁		178763	1077
4769	禅林寺劫驾		黄骅		张明标		178748	1403
4770	九鹰图		任丘		王大乾		178678	1789
4771	醉鬼破钉案		孟村		王兴周		178753	1395
4772	健忘草		东光		李福来		178672	2130
4773	神牛		中捷农场		周凤香		178754	1475
4774	三钉案		东光		王文胜		178769	1375
4775	“天马”与兔子		中捷农场		张福升		178757	870
4776	双头苦诉鸟		东光		邓孝贤		178709	1486
4777	王县官剿匪		献县		位运财		178773	1256
4778	杨墨林光腚斗工头		吴桥		杨西元、王成德等		178698	1376
4779	俏千金屈嫁大腚眼		肃宁		黑炭		178775	808
4780	双龙情		中捷农场		张福升		178761	467
4781	县官放屁		东光		生兴华		178776	356
4782	丁下流锯碗		泊头		李清林		178736	734
4783	毛家姑爷		献县		高忠		178804	2069
4784	脚凉手不凉		东光		戴继英		178730	1026
4785	狐仙戏王生		肃宁		金铃		178811	1202
4786	皇历迷跳墙		沧州西部地区		寇承顺		178713	678
4787	九尾狐狸		孟村		李保亭		178812	914
4788	巧女黄三姐的传说		南皮		许张氏、王汝兰		178822	1782
4789	三姑爷的箭法		中捷农场		周凤香		178739	600
4790	阎大化打狐仙		肃宁一带		石福善		178806	1836

序号	篇名	民族	流传地区	采集地	讲述者	搜集者	数据库编号	字数
4791	三兄弟		中捷农场		韩墨亭		178766	1887
4792	七个聋子打岔		中捷农场		张福升		178765	526
4793	鬼帽		孟村		汪福堂		178741	1139
4794	巧除皮虎子		中捷农场		张福升		178750	1239
4795	菲律宾王子的后代		东光		安文清		178726	459
4796	误会		盐山		董长生		178688	2768
4797	日出狮子瘦		东光		于帅华		178723	966
4798	三天三夜讲不完的故事		海兴		崔长栋		178684	2521
4799	灶火膛撑死老公公		献县		宋锡铭		178728	1971
4800	绰号		东光		孙素坤		178704	3982
4801	地鸡王与天鸡王		东光		刘福起		178679	2397
4802	关帝显灵		东光		刘保运		178646	2506
4803	作贼不心虚		东光		生兴华		178716	441
4804	神猪		东光		张秀琴		178645	895
4805	恩仇记		中捷农场		韩墨亭		178669	442
4806	红盆记		南皮		崔友宾		178663	861
4807	宝山里的石头		泊镇		穆芝红		178671	737
4808	“知足堂”内不知足		任丘鄚州镇一带		潘回庆等		178603	376
4809	水泡报仇		吴桥县城关镇一带		王有民		178615	1665
4810	长工保田		吴桥县一带		张书君		178583	2787
4811	钥匙		海兴县境内		孟祥发		178623	1456
4812	俩媳妇				刘桂芹	李连君	184749	326
4813	杠功府的故事				弋保叁	李连君	184741	1034
4814	农妇巧斗狂秀才				叶久成	李连君	184744	665
4815	傻姑爷学话				老吴		184699	538
4816	狗咬吕洞宾				张思俭		184727	367
4817	花烛夜的悲剧				王永平		184703	812
4818	万一和万二		唐山一带		丁永思	李洪三	184722	923
4819	圣贤愁				李志信		184726	4140
4820	假姑娘		唐山一带		孙福生	李洪三	184720	568
4821	神童智斗老丞相				张汝祥		184747	1058
4822	一颗夜明珠				邓秀英		184725	416
4823	哥三个的故事				乔建国		184713	1453
4824	韩相子渡妻上天庭				孙秀英	唐里	184740	2369

序号	篇名	民族	流传地区	采集地	讲述者	搜集者	数据库编号	字数
4825	换媳妇		唐山一带		丁建国	李洪三	184721	1771
4826	只许说“是”				张永江		184698	1195
4827	二物相同				黄少昆		184701	876
4828	自食其果		唐山一带		亳国福		184734	471
4829	五个把兄弟				戈保荣	李连君	184708	1537
4830	耍猴儿的人				刘绚云、霍玉志		184729	818
4831	韩湘子讨皇封				孙孟	唐里	184739	1870
4832	狐狸精		唐山一带		张海涛	李洪叁	184736	358
4833	和尚和巡抚		唐山一带		王建国	李洪叁	184718	427
4834	一个大字不知		唐山一带		丁连群	李洪叁	184735	770
4835	“漏”的故事				刘绚云	何方	184730	814
4836	马陵山				刘绚云		184731	1726
4837	李老头和三个姑爷				刘桂芹	唐里	184711	1720
4838	聪明的笨人		唐山一带		王爱云	李洪叁	184737	1645
4839	余全会				老吴		184715	1431
4840	太上老君的三个徒弟				叶久成	李连君	184743	720
4841	老两口和小两口				常重春		184702	1107
4842	赖皮麻三				赵灵文	李连君	184742	570
4843	银子买不到		唐山一带		孟友珍	李洪叁	184723	516
4844	讹贼				张定台	唐里	184738	1416
4845	两块大洋					杨胜国	184712	893
4846	秀才和牧鹅童				张顺礼	李连君	184745	985
4847	火龙衣		唐山一带		李东生		184733	1301
4848	三儿学艺老父遭殃				戈振伍	唐里	184710	1051
4849	彭祖输妻				叶久成	李连君	184746	789
4850	凤姑娘选女婿				刘桂芹	李连君	184709	897
4851	秀才和举秀		唐山一带		贾万银		184705	523
4852	叼一个谷粒送窝去				孔恒		184724	365
4853	三兄弟				亳艳英	孙晓爱	184728	1387
4854	秀才结亲						184704	1157
4855	六贯		唐山一带		赵美堂	李洪三	184719	1016
4856	张榜招亲					石身勤	184714	524
4857	三个拐子姑爷				曹树臣	李连君	184707	1003
4858	卖梨郎求花				王桂岚	唐里	184706	722

序号	篇名	民族	流传地区	采集地	讲述者	搜集者	数据库编号	字数
4859	错上加错		唐山一带		孙海海		184732	653
4860	巧嘴媳妇				弋广荣	李连君	184748	478
4861	小阿宝				杨秀珍		184717	956
4862	黄金山				石桂兰		184716	1338
4863	傻儿子和尖媳妇				孙继尚		184700	1082
4864	鬼妻				阎月芳		187191	967
4865	卞合和秀姑				李俊侯		187259	779
4866	狐仙戏王生				金钤		187213	205
4867	龙泉穿月的传说				杜玉棠		187195	908
4868	查抄魏家庄				卫润祥		187229	1345
4869	肃宁八大景的来历				王德顺		187230	2969
4870	建筑肃宁城				刘春来		187234	979
4871	阴审大老黑				郭连壁		187214	536
4872	借刀杀人				易亮如		187219	1593
4873	琢洛相				李洛纯		187262	447
4874	武垣神狐				刘素英		187189	923
4875	七棵大白菜				李汝岩		187188	572
4876	福田寺				李凤仙		187228	3269
4877	秃尾巴老张的传说				孙金秀	李忠芳	187192	87
4878	芝兰君子性				马瑞祥		187209	105
4879	鱼背上的龙城				苗秋魁		187217	1359
4880	学话				边秀英		187261	573
4881	魏忠贤的狮子				朱三猪		187233	814
4882	狐仙作孽生劣种				李老天		187218	2050
4883	序						187175	959
4884	孔秀才巧对王秀才				王清平		187260	1478
4885	垣城映雪的传说				王清平		187194	2270
4886	知州不拉磨		深县饶阳一带		纪率斌	刘玉杲	189016	434
4887	元隆镖局					刘玉杲	189020	1320
4888	芜蒌亭					刘玉杲	189018	1088
4889	“大力士”的故事		唐河岸一带今饶、肃交界		李双羊	郭俊霞、郭二凤	189009	2420
4890	香香屁				李秀棉	路兰	189031	1178
4891	三儿媳				范瑞图	陆伍亭	189055	311

序号	篇名	民族	流传地区	采集地	讲述者	搜集者	数据库编号	字数
4892	布谷娘					吴艳霞	189036	2079
4893	烧纸与垫被钱						189012	536
4894	小麻雀撒酒疯				张三	刘玉杲	189041	385
4895	刘维藩开成衣铺					刘玉杲	189014	1610
4896	巧对对子		饶阳一带		路洪板	王炳学	189047	648
4897	山西移民					刘玉杲	189019	260
4898	作诗		饶阳		李秀女	冯盼菇	189048	601
4899	张三误		张冈、官厅一带			何同姑	189023	1224
4900	三人比穷					仇王民	189062	2179
4901	村长赴宴						189021	319
4902	打儿子		饶阳一带		李会来	胡新月	189069	449
4903	陆朝阳		饶阳一带			刘玉杲	189013	579
4904	行酒令		饶阳城一带		李子忠		189074	255
4905	苹果为啥半边红				张氏		189027	526
4906	张三相妻		饶阳一带		王小霞	王相山	189075	603
4907	过年吃上白饺子					耿平妥	189051	472
4908	两个急性人		深县一带		贾皂	刘玉杲	189078	292
4909	包干				郝建光	耿平妥	189053	1157
4910	公媳相思		饶阳一带		李呼	贾兴	189090	882
4911	狐狸断案				石友兰	刘玉杲	189042	291
4912	开明绅士郭景春		饶阳以北四十八村		张清波	郭二风、郭俊霞	189011	3839
4913	卖驴				牛青山		189059	1260
4914	审柳树		饶阳	县文化馆	刘玉稿		189010	947
4915	相亲		河北省		王斗	冯盼茹	189029	297
4916	卖菜				孟民	老二	189085	754
4917	怕婆庙		饶阳一带		范瑞图	陆伍亭	189073	1035
4918	仨够呛		饶阳城西		王根元	刘玉杲	189077	2483
4919	五鬼闹宅		饶阳城北一带		付索	贾兴名	189034	192
4920	拿虱子		五公一带		耿连枝	耿平妥	189054	450
4921	看节目		饶阳城北		王辈	贵兴	189089	530
4922	买犁盆儿			官佐村范福禄家	范福牛	牛广欣	189070	573
4923	猫头鹰的故事				赵多		189039	411
4924	巧戏县官		冀中		王万仓	焦玉攒	189046	371
4925	一家人				孙淑梅	刘俊宽	189091	208

序号	篇名	民族	流传地区	采集地	讲述者	搜集者	数据库编号	字数
4926	御圣柳				杨才能	牛广欣	189033	444
4927	狗猫鼠拜盟兄弟		深县、饶阳一带			刘玉杲	189037	397
4928	刘老七与病猪				李五	山南	189079	163
4929	戏迷传		饶阳城南		许四	刘王杲	189099	537
4930	罪有应得		饶阳城北		王欣尧	刘俊宽	189092	186
4931	说梦				何孟宽	段素玲	189056	216
4932	闹鬼		饶阳城各地		彩霞	张娟	189096	170
4933	周仓守庙		饶阳城北		李大宽	刘玉果	189100	176
4934	老虎学艺		河北各地			刘玉杲	189040	1420
4935	赵总理点鸳鸯						189024	315
4936	蝙蝠的故事		河北深饶一带		刘大赠	刘玉杲	189038	592
4937	王小卖切糕		饶阳城东		李秀棉	路兰	189103	526
4938	莫管他人瓦上霜		饶阳城北一带		王二虎	老言	189035	749
4939	两个老汉					仇玉民	189065	1012
4940	捉迷藏		饶阳河北片		常金焕	刘英杰、王中卯	189005	249
4941	玩鹰		饶阳、肃宁、安平一带		常金焕	刘英杰、郭二凤等	189006	1068
4942	白马告状		城北一带		赵林法	李春梅	189007	753
4943	退堂		饶阳各地		石龙之	老二	189087	362
4944	老虎怕漏				李小四	刘玉杲	189044	2210
4945	云游道士				李绪昌	刘玉杲	189026	553
4946	再见		饶阳		仇三	仇玉民	189067	604
4947	老太太评画		饶阳北		吴斯人		189093	183
4948	门子没丢				徐芳	仇王民	189060	386
4949	知县和衙役				何孟宽	段素玲	189045	336
4950	转机				子敏	付三保	189084	329
4951	问路		饶阳城北		王书学		189068	673
4952	一条抽腰带				郝建光	耿平妥	189052	1043
4953	考女婿				李存起	李春梅	189028	318
4954	农家饭儿		饶安一带		李五	赵三	189080	264
4955	锥破鞋的招亲		河北中部		李老品	刘玉杲	189101	324
4956	拿官戏		饶阳河北		赵林法		189004	502
4957	王氏接生				刘玉杲		189058	177
4958	货郎兄弟				许大贺	何同桂	189030	473

序号	篇名	民族	流传地区	采集地	讲述者	搜集者	数据库编号	字数
4959	问路				王中卯	耿平妥	189050	368
4960	贪吃的媳妇		深、饶一带		郭嘉仁	郭素更	189071	841
4961	李四买牛				老甲	张五	189082	219
4962	换头				焦乐	路兰	189032	197
4963	三人评戏					仇玉民	189063	428
4964	刀法也吓人		饶阳、深县一带		郝大堆	耿平妥	189094	281
4965	白字先生				李老特	/	189076	379
4966	捻军与乡勇之战		饶阳			刘玉杲	189017	519
4967	各显其能					仇玉民	189066	1961
4968	醒		饶阳、安平、肃宁一带		王勤学	贵兴	189088	1469
4969	吃请				何孟宽	段素玲	189057	1634
4970	贵重瓜子		饶阳一带		张素欣	老甲	189081	267
4971	三个女婿拜年		饶阳城南		范瑞图	陆伍亭	189072	300
4972	不许再说日本话					仇玉民	189064	339
4973	诀窍		饶阳		牛三	来顺	189086	329
4974	馋媳妇		饶阳		徐芳	仇玉民	189061	1058
4975	天理和良心		饶阳城北		耿方		189095	2586
4976	长工打伞送长工		饶阳、肃宁交界处		刘根壮、王中卯	郭二凤、刘英杰等	189049	537
4977	人们喜欢包青天		冀中各地		刘冶青		189102	642
4978	卖啥吆喝啥		饶阳河北片		张春	赵亮	189083	2477
4979	新聊斋志		饶阳北部一带		白云	刘王杲	189098	256
4980	太早太晚		冀中各地		李元		189097	312
4981	宝瓜		饶阳一带		崔二壮	李城关	189008	253
4982	赵大娘修义学					刘玉杲	189015	297
4983	龙眼				许启		189022	409
4984	金麦与石碾		饶阳城北一带		王老三		189025	520
4985	燕子报恩		饶阳城北		李发	刘玉杲	189043	203
4986	地主和长工						189919	358
4987	报恩						189911	917
4988	公马和乌鸦			郭庄村	李志明		189863	516
4989	龙治河的传说						189760	856
4990	借粮			程端平家	程端平		189866	410

序号	篇名	民族	流传地区	采集地	讲述者	搜集者	数据库编号	字数
4991	打马玺						189909	977
4992	巧闺女对诗			程屯村	程瑞平		189875	335
4993	出诗答对			双井村	李小兴		189878	624
4994	范“大胆”			深县东沿湾	郗太泰		189890	1897
4995	会亲家						189876	665
4996	两个秀才						189889	2420
4997	万事不求人			后营村	胡双印		189886	2084
4998	学字						189896	500
4999	属相中的老鼠和牛			深县高古庄	耿四珍		189865	1452
5000	下关东			深县下卜乡	王占军		189891	686
5001	猴腚红			深县东沿湾	郗广兴		189864	962
5002	四个媳妇论婆婆				潘东彩		189900	1110
5003	一毛不拔					刘会民	189780	269
5004	惧内			下卜村	李进斋	李仁贺	189895	285
5005	风水宝地			深县文化馆	李平		189857	670
5006	狐仙闹人不害人			深县、崔家庄	刘振旺	韩桂荣	189905	528
5007	寡妇开店			深县县志办	孟详权		189897	981
5008	舔碗					刘会民	189892	521
5009	送粘窝窝			深县大屯	王济生		189762	3986
5010	藏尾诗			深县小凌肖村		崔爱民	189894	673
5011	拔麦						189761	1434
5012	三个儿媳妇请公公						189881	551
5013	王二古董			后营村	胡双印		189915	2347
5014	妻娘坟			深县西街	吴康氏		189871	396
5015	小燕子的故事			后营村	胡双印		189883	468
5016	画信			深县下博村	李玉民		189868	248
5017	绕庙走					康玉振	189765	411
5018	来个脖里转						189918	1026
5019	灭妖得摇头			深县白宋庄村	李长存		189773	260
5020	分家						189898	1456
5021	“五彩石”显圣			双井村	李小兴		189859	636
5022	错点标点			吴庄村	贺梦之		189901	429
5023	小天书						189856	299
5024	草狐精			深县清辉头村	吴全顺		189913	347

序号	篇名	民族	流传地区	采集地	讲述者	搜集者	数据库编号	字数
5025	好心人促成好亲事			深县南辛庄村	杨玉亭		189867	2268
5026	清晨会不如半宿眠						189869	1533
5027	“聪明鸟”的故事						189862	556
5028	“老城”的传说			北街村	律双仁		189912	1081
5029	赛诗夸马			双井村	李小兴		189893	361
5030	金钥匙					李江锦	189860	747
5031	皇封						189899	556
5032	北关狐仙洞			深县北街	律双仁		189904	360
5033	桃儿和桃仙						189756	1049
5034	妙药			深县东李窝	冯如意		189766	792
5035	十七罗汉			北小召村	张老树	张汝松	189781	1238
5036	傻女婿拜寿			河堤口村	候春梅		189877	1894
5037	小秃			唐奉乡东蒲町	寇藏者		189852	351
5038	高粱树			后屯村	杨正勋		189763	447
5039	席围			深县清辉头村	李云秀		189858	2352
5040	打赌			文化馆	郭占表		189914	1355
5041	善恶有报			南辛庄村	杨玉亭		189861	370
5042	宝葫芦						189779	1396
5043	笑话五则			深县吴山庄村	孟庆云		189903	1240
5044	秀才对句			清辉头村	张西珍	张群福	189888	699
5045	卖好辣蒜			南黄龙村	刘喜梅		189906	940
5046	县太爷和仆人			陈口村	常恩周		189870	723
5047	小豆变珍珠			深县东沿湾	郗广夫		189910	532
5048	金猪						189758	473
5049	烧酒和泥盖庙宇			深县半店村	陈敬通		189916	1006
5050	赌罚钱			大屯乡陈口村	葛格		189880	922
5051	吊死鬼			深县东蒲町	葛清河	苏永	189907	1415
5052	乾隆问字			深县程屯	程端平		189884	509
5053	我可吃不了			深县田庄村			189920	419
5054	算卦						189921	206
5055	求雨				夏敬兰、侯元坤		189908	283
5056	纪晓岚对字			深县清辉头村	张西珍	张群福	189885	452
5057	近视眼看对联						189917	552
5058	问路				郑莫善		189872	306

序号	篇名	民族	流传地区	采集地	讲述者	搜集者	数据库编号	字数
5059	拜菩萨			深县东李窝	冯如意		189764	2518
5060	水中月			深县辛村	李大雪		189855	298
5061	改道			西开府村	杨雅言		189814	1127
5062	吹起来揍			深县南辛庄村	魏秋来		189873	1235
5063	饥寒			深县清辉头村	吴全顺		189874	1559
5064	九鸡盂			深县清辉头村	吴全顺		189853	630
5065	儿子、媳妇和爹对诗			深县程屯村	程端平		189879	630
5066	乖女寺			深县陈口村	胡氏		189854	663
5067	三儿媳妇送饭			深县程屯村	程端平		189882	492
5068	刘罗锅数人			深县于科乡			189887	581
5069	丈人考女婿						189902	425
5070	灯口朝下老鼋登基				苗志英	胡梅红	195526	245
5071	喂鸡为啥喊“咕咕咕”				葛清洁	裴治贵	195528	1356
5072	“小脚大仙”现形				胡景珍	曹凤	195516	1267
5073	害人如害己				贾付珍	郝建民	195493	1305
5074	人头鬼				丁来苍	裴治贵	195515	755
5075	善恶有报				谢振华	王福昌、王风山	195490	706
5076	小秃娶媳妇				李秀珍	陈立涛	195503	1066
5077	三个长工气地主				曹广理	郭海霞	195510	222
5078	两对夫妇				王书范	李清芹	195492	1263
5079	二大爷送闺女				周文香	杜清堂、王玉富	195524	1205
5080	真像它爹				王明文	王秀华	195533	758
5081	谁胆大				张光亮	李慧兰	195518	1435
5082	卖辣椒					刘亚平	195537	1220
5083	吃龙王包子				贾占魁	贾青意、李永红	195522	1202
5084	开领口			铁路大院	刘淑清	刘亚平	195536	2550
5085	狐仙报恩				苗连香		195497	1599
5086	爹十七岁儿十八				曹广理		195498	258
5087	智烧红门寺				王茹辑		195496	1290
5088	墙根卖磨橛——独份				王爱兰	王占一	195521	1388
5089	光棍儿盼妻				李秀珍	陈立涛	195535	1752
5090	贤慧的新娘				耿虎臣	李京虎	195489	484
5091	南海大仙				贾付珍	郝建民、李德民	195494	1608
5092	不宜动土				王光前	王占一	195513	1278

序号	篇名	民族	流传地区	采集地	讲述者	搜集者	数据库编号	字数
5093	四个媳妇对诗				赵月娥	陈立涛	195525	1287
5094	漏				张美秀	张文涛	195501	2189
5095	“白”字先生				赵子东	冯雪生	195532	793
5096	老和尚变黄牛				朱荣芬		195500	1888
5097	傻女婿拜丈人				门书芹	李永红	195523	638
5098	木枕头			赵月娥家中	赵月娥	陈立涛	195491	988
5099	灵芝为啥生在树根上				李景风	张文涛	195530	1397
5100	秀才买猪					梁辰	195531	690
5101	分油				玉永	张文涛	195507	2544
5102	愁死人的对联				谢振华	王福昌、王凤山	195504	375
5103	懒汉比穷				郭永棣	陈立涛	195534	283
5104	鞋匠当新郎				蒋光宇、赵子东		195519	611
5105	三女婿拜寿				冯金祥	贾桂	195511	1535
5106	马踩太平				胡顺怀	贾桂	195502	608
5107	小心就到不了过午				马明日	贾青意、李永红	195499	2347
5108	香桂劝夫				曹广理	郭海霞	195495	2033
5109	粪叉秀才				刘亚平	梁辰、李慧兰	195527	1159
5110	蛤蟆告状				张子严	张绍坤	195514	1433
5111	考秀才				贺红美	张文涛	195508	334
5112	要嫁妆				李凤仙	张文涛	195505	518
5113	风水先生				刘振江	裴治贵	195517	1028
5114	买茄子				玉永	张文涛	195506	886
5115	米面为啥变成雪				于振忠	贾桂	195529	208
5116	智惩赃官				杨和平	裴治贵	195509	1208
5117	老杜信神				李吉	李慧兰	195512	806
5118	傻女婿挨打				刘淑清	刘亚平	195520	882
5119	小子十八娘十七		元氏县北部		孙群竹	孙明振	200533	2497
5120	小孩破案		石家庄地区		李芒种	王孟辰、李增良等	200545	364
5121	厨子赴宴		元氏县西部		胡世英	郑云	200554	1915
5122	双婚配		元氏县褚固一带	讲述人家中	燕金生	郑云、张增顺	200539	960
5123	张公百忍得金人		元氏县万年张掖一带		李芒种	王孟辰、李增良	200550	553

序号	篇名	民族	流传地区	采集地	讲述者	搜集者	数据库编号	字数
5124	张瓦匠除邪		元氏县北部		许孟祥	刘玉山	200555	1477
5125	狐仙女的传说		元氏县北部		王二术、王玉华等	孙明振、王孟辰	200535	462
5126	福常老勇		元氏县槐河以南		周风林	智会敏	200569	1382
5127	小七点瓜		元氏县东部		刘对子	刘书根	200536	1384
5128	上躲山		元氏县		武增顺	戴巧玲、王吉忠	200548	1138
5129	生死配		元氏东部		燕金生	张增顺	200540	5247
5130	巧计雪恨		元氏东部		燕风瑞	张增顺	200557	1084
5131	秃尾巴老张		元氏县左近几个县		魏凤全	魏明全	200537	1121
5132	三粒米的故事		元氏县西部		胡春明	胡晓宇	200534	616
5133	石匠诓饭		元氏县西部山区		王景秀	郑云	200553	634
5134	没良心的由来		元氏县		乔爱法	周安平	200546	1443
5135	先生吃请		元氏县		李竹恩	李书味	200552	754
5136	皇姑招亲		石家庄地区		杜敬海	孙明振	200549	1355
5137	黑狗告状		元氏县槐河以南		周风林	智会敏	200543	1470
5138	老汉和三个闺女		元氏县西部		田考其	李敏芳	200559	1338
5139	仨女婿拜寿		元氏县西部山区		冯德林	周竹琪	200561	705
5140	吹大话		元氏县西部		乔爱法	周安平	200571	809
5141	巧审门板		石家庄地区		李芒种	李慧娟、王孟辰	200542	1515
5142	三儿媳巧对公公		元氏县北部		王青伦	邵夕书	200563	732
5143	都来看		元氏县		王世其	孙明振	200564	989
5144	继母哭子		元氏县		李芒种	王孟辰、李增良	200567	411
5145	黄毛梦先生		元氏县		梅青	梅丽娟	200547	2869
5146	乞丐和阴阳		元氏县		许登子	许立贤	200562	3787
5147	人长和人短		元氏县		高昆山	靳淑华	200556	908
5148	半傻子		元氏县北部		杜法月	孙明振	200572	399
5149	娶亲送亲		元氏县北部		杜风山	孙明振	200558	697
5150	县官巧断冷热案		元氏县西部山区		周付成	周安平	200574	935
5151	将就懒僧		元氏县北部		周栓	许现斌	200566	2046
5152	马马虎虎		元氏、获鹿交界一带		祖清顺	张增顺	200551	1462
5153	扯破芦花		石家庄地区		许俊杰	许书田	200568	1524
5154	清官断案		元氏县内		祖清顺	张增顺	200544	564
5155	破镜重圆		元氏县张掖		张学增	李成志、王孟辰	200541	1733

序号	篇名	民族	流传地区	采集地	讲述者	搜集者	数据库编号	字数
5156	锦绣图		元氏县北部一带		杜习慎	孙明振	200538	528
5157	枕头风		石家庄地区		李芒种	王孟辰、李成志	200560	2964
5158	东海人鱼		元氏县境内		孙明方	郑云、孙明振	200531	1357
5159	血牡丹		元氏县东部		刘对子	刘书根	200532	1708
5160	好吃你也买一个		元氏县		贾考祥	刘玉山	200575	384
5161	栾城的窝窝——仰着卖		元氏县北部		魏金元	魏明全	200565	1614
5162	学话		元氏县北部		杜风山	孙明振	200573	651
5163	不抬杠		元氏县西部山区		单喜录	惜学	200570	4196
5164	学话			驿马图	陈氏	马汉洪	215228	308
5165	在数难逃			三间房村	姜录	马汉洪、姜凌	215297	561
5166	挖敌“耳目”			崇礼西沟	安君	靳发	215203	1202
5167	火绫单			崇礼县马丈子	王志	王凤宝	215270	271
5168	张生一枪退百敌			前沟	常海生、李考等	马汉洪、张建森	215243	814
5169	说倒话			石夭子	侯占武	侯占斌	215261	1148
5170	神秘的宝葫芦			西湾子	张跃	宋云	215206	1032
5171	三个女婿庆寿			石咀子乡四杆旗村	王贵	姜凌	215232	1252
5172	招女婿			高家营村	赵成	马汉洪	215303	288
5173	看病			西湾子	徐正连	靳发	215209	414
5174	一条犄角上刻着“牧”字的牛				牧佃魁、吴占元	马汉洪	215235	406
5175	财主请女婿			崇礼县高家营乡	施云	赵德义	215294	511
5176	丢锅			五十家	武仁	马汉洪	215302	744
5177	黄狗耕地			红旗营老虎背一带	靳玉连	靳发	215282	2419
5178	杀“狼”记			喃北营、喃南营	郭世荣	张建森	215251	1526
5179	百家争鸡			西湾子	靳崇怀	靳发	215216	463
5180	松树堡的故事			马丈子乡	仝举	宋秀玲	215257	4620
5181	打倒我爹			西湾子	宋守明	靳发	215211	328
5182	东庙的传说			石夭子	赵振英	苏东、赵江	215295	2138
5183	假话的报应			崇礼马丈子	聂志山	王凤宝	215239	1599
5184	当家的老三		西湾子		郑汉云	宋荣光	215215	3268
5185	批判发言			西湾子	靳祥	靳发	215225	215
5186	巧治财主				张金木	马汉洪、刘满旺	215290	743
5187	黄台坝夺粮			西沟	赵万宝	张建森、马汉洪	215268	381
5188	路逮“参议长”			前沟	常海生	靳发	215264	544

序号	篇名	民族	流传地区	采集地	讲述者	搜集者	数据库编号	字数
5189	三书生上京赶考客店相遇作句				龚旺	马汉洪、龚祯	215248	424
5190	安宇捉敌			崇礼县前沟	孙有新	张建森、马汉洪	215217	1550
5191	秀才荒地			高家营村	施云	赵德义	215230	243
5192	农夫巧斗秀才			崇礼县白旗	张跃	宋云	215260	189
5193	考女婿			崇礼西沟	张绍然	马汉洪、张良术	215226	779
5194	小脚大仙			大水泉子	刘明悦	刘淑华	215222	587
5195	鸡的故事三则			崇礼县马丈子	聂志山	王凤宝	215267	219
5196	精细吃喝			石咀子	张喜	赵万诚	215199	1134
5197	借驴					张英彩	215503	267
5198	菩萨打架						215458	139
5199	猜哑语				刘庆元	谢明	215493	191
5200	随机应变					谢明	215445	133
5201	父子对诗				王夫长	谢明	215486	796
5202	公平与合理				马付种		215498	159
5203	白字县官						215474	794
5204	吹牛					王强	215488	187
5205	黄阁老过南宫					张少春	215455	1086
5206	一句话一顿饭				谢山	谢明	215512	501
5207	四季问答				刘庆元	谢明	215497	126
5208	买伞						215505	662
5209	买西服						215507	455
5210	张二班的故事					卫民	215509	1134
5211	明天戒酒						215454	1237
5212	二秀才赶考					魏俊元	215489	1132
5213	徐茂公当家					刘家勋	215448	725
5214	王二小的故事				薛清江、薛增	薛文增	215504	545
5215	没来的举手						215491	572
5216	神不嫌烦吗					朱俊英	215478	254
5217	锁着的钱柜						215452	289
5218	瓶中藏媳妇					朱永霞	215499	1274
5219	半年六个月				薛金亭	李国建	215506	282
5220	甘露的故事					王海波	215450	266

序号	篇名	民族	流传地区	采集地	讲述者	搜集者	数据库编号	字数
5221	刘三保的故事				张学朝、王志堂等	张金维	215502	598
5222	县官断家务						215490	142
5223	县官做贼					勾廷山	215494	1193
5224	桃园三结义					管际轩	215446	1628
5225	鸡端公的事故					张会青	215513	737
5226	断错字				施慰云	岳同山	215469	1762
5227	离婚						215465	278
5228	茶壶今日必碎				赵红	李国建	215511	1610
5229	腿忌					呼克甫	215467	1996
5230	县官行宝令					刘家勋	215495	817
5231	卖棉花						215472	1586
5232	铁拐李留画				刘喜春	刘颜红	215508	1556
5233	灵丹妙药					刘国锋	215516	212
5234	狗和猫的故事				徐会申	郭希超	215481	678
5235	巧对诗					石新艳	215449	2075
5236	天地良心				靳保太		215480	452
5237	怪骡子			大名前桥村	贾玉镜		215515	1276
5238	赞驴					岳同山	215501	538
5239	进口货						215514	169
5240	鹰和兔的故事					马铁铜	215482	751
5241	怪秀才诗					岳同山	215500	222
5242	三句话的状元					刘家勋	215496	861
5243	以德报怨					赵秀茗	215483	113
5244	巧训子				王子东	李庆江	215487	140
5245	挖坟得子					王红君	215510	927
5246	句句话不离本行				贾如钦	岳同山	215492	609
5247	披狗皮					王桂茹	215485	256
5248	秋后的蝎子				马风春	王书琴	215484	448
5249	蝼蛄					孟宪福	216715	1201
5250	“铁门关”轶事	满族			侯林	朱文秀	216719	316
5251	锄钩为什么朝后					孟宪福	216711	2079
5252	双馆				李俊佰	张桂萍	216703	291
5253	假山					田广丰	216710	1405

序号	篇名	民族	流传地区	采集地	讲述者	搜集者	数据库编号	字数
5254	白兔、猴子和狐狸					张建新	216708	2103
5255	燕子和蝎子					张福金	216709	1477
5256	为何名“三里河”						216723	599
5257	神仙岭				李树生	张桂萍	216699	414
5258	摇钱树						216741	529
5259	喜峰口窟窿山的“铁扁担”				李志	朱文秀	216727	765
5260	宽城的由来				卢本峰	张乃新	216729	261
5261	“瓮城”的传说			华尖乡华尖村	朱端		216728	2345
5262	牛没上牙，狗少一叶肝						216731	506
5263	卖树					孟宪福	216716	291
5264	姑爷吃鸡肉					张桂萍	216706	27
5265	九虎岭					尹春田	216694	612
5266	一条蛇				翁玉环	张桂萍	216696	404
5267	写对联					张桂萍	216702	364
5268	燕子送籽					孟宪福	216714	1218
5269	“彭祖”夸寿					朱玉和	216695	469
5270	安达石					宋久全	216730	610
5271	观音菩萨					马文荣	216718	1548
5272	黑狗与花猫						216732	1105
5273	两朋友请客					张桂萍	216701	319
5274	应该有				李俊海	张桂萍	216698	344
5275	关公显圣					孟宪福	216712	3490
5276	宝核玉璧						216733	1287
5277	牤牛生犊					张桂萍	216704	2193
5278	青山口的“搬倒井”			迁西县上营乡青山口村	刘景福		216725	945
5279	赶山鞭、吓山岭				李志		216722	4315
5280	吟诗					孟宪福	216717	2089
5281	“娘娘城”的由来			本乡沟口子村人	吕长云		216724	540
5282	豆腐三郎和八哥鸟				李俊海	张桂萍	216707	347
5283	“龟口”的名字由来			华尖乡华尖村	张景春		216726	565
5284	文武状元				李俊佰	张桂萍	216705	1261
5285	羊猪告状					张桂萍	216700	1268
5286	吃独食					张桂萍	216697	616

序号	篇名	民族	流传地区	采集地	讲述者	搜集者	数据库编号	字数
5287	早没有种子了				张景春		216720	3946
5288	五虎衙门				孟召洪	孟宪福	216713	304
5289	乌鸦的故事						216734	1197
5290	榆树的传闻				吕长云		216721	1802
5291	“瞎子老厚”的故事		赵县一带		高戎业	高倩	219880	437
5292	小三的故事		赵县城南一带		周小五	周振彩	219874	228
5293	穷秀才巧改对联				石翠标	孙青军	219889	660
5294	三个女婿争一块钱		赵县城东一带		孟九梅	郝苓梅	219893	1302
5295	宝壶和宝棍		赵县城南一带		白振区	白秋国	219864	1294
5296	求仙记		苍岩山一带		解平文	解利辉	219882	1977
5297	货郎		赵县一带		刘分巧	时金波	219883	1938
5298	珍珠和玛瑙		赵县一带		赵虎叫	赵丽卿	219869	741
5299	灵芝姑娘		赵县一带		王换娥	陈亚惠	219878	1593
5300	属蒜		赵县一带		王成军	张增辉	219897	1049
5301	阿弥陀佛		赵县一带		李保祥	李慧丽	219867	912
5302	其外不知其内事		赵县城南		韩秋完	时欣	219881	2041
5303	田寡妇告状		赵县城东一带		陈丽平	陈现平	219903	393
5304	傻女婿祝寿		赵县一带		马恒法	马云省	219902	558
5305	追饼		河北一带		李志肖	侯丽岩	219905	387
5306	王小卖窝窝		赵县城西一带		王素平	王伟霞	219868	425
5307	巧媳妇		赵县城南一带		黄风彩	时金波	219892	1247
5308	明天我尽早来		赵县一带		刘永法	刘立江	219884	2497
5309	小孩屁股一盆火		赵县一带		王乱朝	王春锋	219900	315
5310	勤和俭		赵县城西一带		李有泽	巴军花	219866	509
5311	治聋子		赵县一带		马氏	马建强	219870	530
5312	三个女儿		赵县一带		孟氏	史京国	219879	2308
5313	看门		赵县一带		杜梅菊	宋焕英	219899	2630
5314	吐金拉银		赵县一带		老滋	时钟鸣	219886	930
5315	七心儿白菜		赵县一带		韩马氏	时钟鸣	219887	771
5316	傻子学聪明		赵县一带		李振田	马雪坡	219901	373
5317	忘心大		赵县一带		郝雪峰	戚振拴、郭水长等	219898	806
5318	饼子车		赵县一带		李云海	李宁	219885	486
5319	李成学艺		赵县东南部		崔文彩	李春肖	219877	1071

序号	篇名	民族	流传地区	采集地	讲述者	搜集者	数据库编号	字数
5320	聪明的三媳妇		赵县城西南一带		颜新平	韩军巧	219891	381
5321	韩老雷拳打“五虎”		赵县城东一带		王建华	乔瑞凯、郭吉良	219876	875
5322	不错，不错		赵县城南一带		张存挥	李辉锋	219904	853
5323	活佛		赵县城西		吕素英	刘进军	219896	908
5324	李二治财主		赵县城南一带		宋根须	石军亮	219888	1014
5325	遇鬼		赵县一带		杜明生	李立锋	219871	1035
5326	一毛不拔		赵、藁、栾一带		李成章	郭双贵	219894	451
5327	周气儿充军平顶山		赵县城南一带		周洛我	周风光	219872	674
5328	土财主吃“点心”		赵县、栾城、藁城一带		郭双贵	许理琦	219895	1205
5329	面人		赵县一带		张如堂	张彩霞	219865	507
5330	傻子的故事		赵县城南一带		韩秋完	时欣	219875	1060
5331	嘴巧手笨的媳妇		赵县一带		常书联	张领霞	219873	2145
5332	聪明的儿媳		赵县宁晋一带		柳云秀	张志远	219890	805
5333	老憨治财主		隆尧西南一带		张老轩		233600	835
5334	张老当传奇		隆尧东北张庄一带		张白小		233470	460
5335	小俩口巧斗县太爷		隆尧东部		沈树琦		233598	420
5336	大脚小姐		隆尧西南部		颂民		233604	872
5337	董一了中状元		隆尧东部		王英珍		233519	1137
5338	智斗		隆尧县柏舍一带		赵增安		233591	1922
5339	宝贝猫胡芦		隆尧县北部一带		赵春年		233447	1189
5340	老虎吃秤砣		隆尧西部		李墉		233574	1123
5341	“白吃”作对		隆尧东部		甄庆坤		233580	2439
5342	四台大戏对唱		隆尧兵西部		冯珣		233566	491
5343	巧媳妇		隆尧北部		付海燕		233594	547
5344	洋钱料		隆尧中部		李墉		233565	732
5345	吃药找驴		隆尧城关		李墉		233555	1263
5346	农夫与秀才		隆尧西南一带		张见良		233579	669
5347	铜锣护腚						233625	1283
5348	眼力		隆尧县东北部一带		宋良贵		233615	683
5349	娶了你们的丫环和梅香		隆尧城关一带		杨兴子		233506	2659
5350	漏		隆尧东部		张中		233607	539
5351	司马复姓的故事		隆尧北部		光华		233549	1864
5352	长虫精		隆尧县西部		张罗		233466	2103

序号	篇名	民族	流传地区	采集地	讲述者	搜集者	数据库编号	字数
5353	小三		隆尧东部		赵小桂		233455	4493
5354	王书生		隆尧南部		王胜利		233463	476
5355	刘勇和青蛇		隆尧东北一带		杨小望		233534	1772
5356	马猴吃蜜		隆尧西北部		张天助		233458	998
5357	三顿饭		尧山乡		卢老荣		233581	1186
5358	水淹绍城剩范家		隆尧东部		张盖申		233427	2336
5359	兔子跳井		隆尧西南部		冯珣		233606	1976
5360	神蛤蟆						233437	952
5361	人为财死，鸟为食亡		隆尧北部		苗老春		233608	1439
5362	巧出孬主意		隆尧中部		李墉		233543	1383
5363	三秀才赶考		河北大部		石贵书		233505	371
5364	女尸案				李墉		233556	1303
5365	傻小子		隆尧北部		温墨庆		233504	1486
5366	鸭子诗		隆尧东南部		杜老兴		233621	1698
5367	挂神像		隆尧南部		宋久元		233613	558
5368	说俗语		隆尧莲子镇		张玉剖		233530	347
5369	吊三		隆尧东北部		檀老敏		233599	2172
5370	“刚才”和“都来看”		隆尧城关		李墉		233521	1304
5371	天塌下来了		隆尧娥关一带		李墉		233618	1078
5372	郭犬堂兰戏李不通		隆尧北部		马老明		233541	2655
5373	状元认妻		隆尧东部		沈同恩		233489	535
5374	仨女婿拜年		隆尧东部		姚连景		233499	1147
5375	不爱草叶爱黄金		隆尧西南部		宋富生		233483	4651
5376	猫鼻子喝酒		隆尧城关一带		李墉		233513	315
5377	两个土地						233426	396
5378	贤妻		隆尧县城关一带		范相爱		233488	1331
5379	穷小子		隆尧南部		成立华		233540	527
5380	狐狸精		隆尧中部		王胜利		233462	673
5381	珍珠海		隆尧北部		高秋蕊		233527	938
5382	不见黄河不死心		隆尧东部		小宝		233487	871
5383	谢贼		隆尧南部		宋富生		233610	1197
5384	耙和尚的传说		隆尧西部		高老健		233475	501
5385	小孟武术班威震尧山庙会		隆尧东讹部		刘装春		233542	1557
5386	大力和尚		隆尧西部		武老腾		233481	717

序号	篇名	民族	流传地区	采集地	讲述者	搜集者	数据库编号	字数
5387	燕子和宝葫芦		隆尧北部		马静波		233440	591
5388	一女许三婿		隆尧北部		常明勤		233500	1220
5389	小白龙报恩		隆尧北部		王小友		233408	808
5390	三个懒汉		隆尧西部		刘洛皂		233522	2114
5391	能人和杀猪匠		隆尧县城一带		李墉		233575	1140
5392	他就不会下马		河北省隆尧县东部		檀明山		233623	809
5393	两兄弟						233517	2023
5394	雪花梦		隆尧南部		宋利甫、宋脏妮		233414	567
5395	老大和老二		隆尧东部		姚连景		233525	1170
5396	千金难买老北瓜		隆尧南部		孟书珍		233485	3572
5397	懒媳妇		隆尧县西部		范继翔		233511	346
5398	小葫芦和大葫芦				宋孟津		233405	477
5399	三女比夫		隆尧东部		能言		233507	656
5400	公鸡精		隆尧东北部一带		张世荣		233460	589
5401	拴宝智除恶狗		隆尧北部一带		史锁		233571	404
5402	聚宝盆		隆尧城关一带		李墉		233415	605
5403	大雁		隆尧东部一带		王新华		233535	907
5404	包公审丫环		隆尧北部		温墨庆		233471	946
5405	亮小和无毒						233568	1702
5406	于老一吹海笛		隆尧县张庄一带		张贵田		233429	1819
5407	丁郎刻木		隆尧西部		刘老泽		233552	2293
5408	泥捏的媳妇						233422	851
5409	有理走遍天下，无理寸步难行				赵广录		233539	938
5410	行善得女		隆尧东部		黄振子		233442	1522
5411	进宝状元武芳		隆尧北部				233562	1030
5412	翠珍		隆尧中部		万宝		233436	748
5413	小白龙		隆尧西南部		武玉		233407	1054
5414	狐狸精献宝		隆尧西部		张罗		233464	3754
5415	红眼狼		隆尧西南部		武秀芹		233410	1222
5416	贼技						233560	1835
5417	葫芦籽		隆尧莲子镇一带		黄俊里		233412	556
5418	吹大话		隆尧东部		王根春		233529	961
5419	火神爷智烧“万”家		隆尧县城		朱老青		233424	2238

序号	篇名	民族	流传地区	采集地	讲述者	搜集者	数据库编号	字数
5420	小心没郭河		隆尧南部		孟计书		233494	415
5421	王小三得宝		隆尧北部		岳小脏		233434	794
5422	小三媳妇		隆尧东部		王焕改		233492	701
5423	打虎刺蛟找水源		隆尧东部		杨丙申		233569	1837
5424	吹牛招附马		隆尧西部		汪喜林		233491	376
5425	考秀才		隆尧县北部地区		孟德路		233509	988
5426	木碗						233518	653
5427	木匠和狗		隆尧西部		王淮川		233478	525
5428	饱暖生闲心		邢台东部农村		宋脏妮		233497	2188
5429	小白龙大战黑风怪						233469	779
5430	修炼		隆尧西南		宋脏妮		233496	964
5431	王二和小花猫		隆尧东部		成喜法		233432	1439
5432	张大胆和李大胆		隆尧西南部		宋九元		233514	1247
5433	老鼠精		隆尧东部		张小保		233467	1587
5434	傻小子拜年		隆尧城里一带		李墉		233502	1594
5435	小三和宝葫芦		隆尧北部		杨建强		233449	1147
5436	水屁股娘娘		隆尧东部		段玉		233563	653
5437	血糊涂西瓜						233476	2064
5438	三句话不离本行		隆尧南部		宋久元		233614	872
5439	吝啬的财主						233557	1250
5440	刘二糊涂		隆尧南部		宋富生		233611	1423
5441	唐王三难老宰相		隆尧中部		李墉		233592	1100
5442	拾皮袄		隆尧城关一带		李墉		233617	3179
5443	宝画		大张庄乡一带		张小三		233465	880
5444	巧嘴媳妇		隆尧西部		严坤花、高仁海		233595	1958
5445	梦先生		隆尧东部		沈同恩		233578	1353
5446	尚书与侍郎		隆尧西部地区		穆洛昆		233589	1555
5447	找光明		隆尧东部		张老万		233456	1092
5448	写状纸		隆尧县西部地区		何聚子		233583	821
5449	宰猪匠打哑谜		隆尧县城一带		李泽之		233573	1423
5450	吸烟		隆尧北部		善亭		233627	1548
5451	老现和尚		隆尧西部		张老德		233482	1633
5452	南蛮子之死		隆尧东部一带		胡双克		233453	280
5453	傻女婿		隆尧城关一带		李恒田		233503	276

序号	篇名	民族	流传地区	采集地	讲述者	搜集者	数据库编号	字数
5454	官迷		隆尧县北部一带		李不成		233559	2390
5455	吝啬鬼		隆尧县城关一带		李墉		233484	1556
5456	都来看		隆尧北部		檀老敏		233520	915
5457	画上的马		隆尧东部		李运合		233419	741
5458	三女婿拜年		隆尧县西南一带		穆洛昆		233501	436
5459	矬闺女		隆尧县西部一带		张罗		233605	1169
5460	泥女的故事				国海石		233423	2839
5461	石头西瓜						233567	619
5462	三女婿拜寿		隆尧县西部一带		张银楼		233498	227
5463	找正经人		隆尧城关一带		李墉		233622	440
5464	镇海干		隆尧西南一带		冯连军		233417	893
5465	张黑心变黑豆虫						233515	937
5466	二红砖智除王二楼		隆尧东部		张桂田		233452	873
5467	王八带围脖		隆尧城关一带		李墉		233609	550
5468	能耐鬼和没能耐鬼		隆尧北部		张老兴		233430	413
5469	公公告状		隆尧县西南一带		穆洛昆		233512	498
5470	宝葫芦		隆尧县西南一带		张记岗		233448	496
5471	散财星苏半河		隆尧城关		李墉		233472	1588
5472	没良心		隆尧东部		张振晟		233479	509
5473	卧龙寺		隆尧西部		李老迎		233285	1437
5474	刨黄金		隆尧南部		黄先生		233545	2383
5475	娘炒麻籽谁知道		隆尧南部		孟大娘		233473	432
5476	蝎子精		隆尧东部		梁平山		233468	571
5477	青山绿水		隆尧县城周围一带		李戊寅、李墉		233416	905
5478	老虎，猴子，小偷				张小三		233457	1358
5479	王老三		隆尧县张庄一带		姚同申		233454	1226
5480	小公鸡拉石磨		隆尧北部		白金敏		233435	576
5481	学艺		山口一带		裴老青		233533	2023
5482	对绝对		隆尧城关一带		李墉		233531	1187
5483	牛没上牙狗没有肝		隆尧南部		颂民		233554	4086
5484	割了牛头砸瓦罐		隆尧县尧山乡		卢物件		233620	243
5485	馋嘴人		隆尧县西部地区		张永瑞		233553	844
5486	王小二西天问如来		隆尧东部		王增坤		233413	3021
5487	小窝爪		隆尧南部		董白子		233593	1208

序号	篇名	民族	流传地区	采集地	讲述者	搜集者	数据库编号	字数
5488	井水当酒卖		隆尧莲子镇一带、隆尧东部		张玉刚		233582	1183
5489	老农怒斥浪荡子		隆尧东部		贾增春		233538	1043
5490	选徒弟		隆尧县北部		孟连河		233561	1192
5491	拆字先生		隆尧县城关一带		李墉		233551	827
5492	火龙单		隆尧东部		孟莲女		233586	573
5493	刘不久开店		隆尧城关一带		李五印		233544	950
5494	“聪明”和“二大爷”		隆尧县东部		王金路		233624	1309
5495	青媳妇		隆尧县北部一带		常玉娥		233510	741
5496	蛤蟆告状		隆尧东部		魏月珍		233570	861
5497	朋友		隆尧西部				233516	3306
5498	傻小子学话		隆尧南部		成立华		233508	559
5499	清官难断家务事				王丽芳		233548	833
5500	一袋旱烟结怨仇		隆尧南部		原根成、王彦辰		233584	912
5501	诌二大伯		隆尧县城关		李墉		233590	1255
5502	抬杠铺		隆尧北部		张永路		233572	678
5503	龙宫偷鱼		隆尧西部		岂理		233577	1439
5504	白狐仙子		隆尧南部		杨子江		233459	1061
5505	走马观花		隆尧南部		蔡文锁		233493	809
5506	老鸹不叫拿棍捅		隆尧西部		宋富生		233495	1151
5507	小青		隆尧西南部		宋孟津		233564	1857
5508	渔郎和龙女						233441	521
5509	“桥上睡”谷种		隆尧西南部		宋友良		233558	454
5510	火龙衣		隆尧西部		张浪浪		233587	1285
5511	耕和尚、耙和尚		隆尧北部		张洛飞		233474	546
5512	小铜锣		隆尧南部		王老周		233431	632
5513	张长和李短		隆尧县水饭乡		常老勤		233528	798
5514	孵骡子的故事		隆尧县西部		卜文安		233626	837
5515	甩枕头		隆尧县北部		黄树欠		233619	1104
5516	憨丈夫巧媳妇		隆尧中部		李恒田		233596	2184
5517	神牛						233438	513
5518	王喜的故事		隆尧北部		赵运		233433	375
5519	狗腿衙役泥腿狗		隆尧北部		洛风		233524	2726
5520	葫芦告状		隆尧东部		宋永斋、宋连云		233404	2491

序号	篇名	民族	流传地区	采集地	讲述者	搜集者	数据库编号	字数
5521	木石榴		隆尧西部		张洛轩		233451	796
5522	小白龙下私雨		隆尧城关一带		李墉		233406	946
5523	“没脸皮”还是不拿钱		隆尧县东北部一带		郭思正		233523	2316
5524	天狗吃日头				孙言		233409	2632
5525	老牛报恩				郎志华		233536	790
5526	开石门的钥匙		隆尧南部		李兰琴		233418	1313
5527	瞎子吃元宵		隆尧城关一带		李墉		233616	1025
5528	老太婆长胡子		隆尧西部一带		范胜兰		233420	1869
5529	董伯山勇斗九头怪				东金祥		233439	1060
5530	先喜后恼		隆尧城关一带		刘胜利		233421	1145
5531	豆大磨更大		隆尧北部		张老乔		233546	230
5532	水淹磁州		隆尧县西部		王文奇		233425	492
5533	空庙吟诗						233532	1252
5534	龙母庙						233443	1044
5535	人为什么不长尾巴		隆尧北部		尧文		233445	315
5536	山郎		隆尧县山口一带		孙俊燕		233446	2649
5537	神瓮的故事		隆尧北部一带		赵老幸		233444	776
5538	周王子觅妻的传说		隆尧县东部一带		王果路		233450	1047
5539	金桔仙女		隆尧北部一带		刘艳果		233411	925
5540	苍狐		隆尧县北部		马老宗		233461	1423
5541	尧山城隍为啥脸朝后		隆尧县西部		赵书杰		233428	2189
5542	自打耳光		隆尧县西部地区		永录		233477	2439
5543	光业寺小和尚		隆尧县南部		宋文元		233480	1221
5544	梁山伯祝英台别传		隆尧县西部一带		武秀芹		233486	979
5545	傻小子巧遇喜事		隆尧东部		高军田		233490	889
5546	大小租二小		隆尧县西南一带		陈清云		233526	542
5547	老虎报恩		隆尧南部		成立华		233537	788
5548	拾金不昧地		隆尧北部		老马奉		233547	716
5549	飞毛腿的故事		隆尧县南部		张命合		233550	518
5550	十二岁做丞相		隆尧北部		褚心平		233576	887
5551	吸烟人		城关一带		李墉		233585	2067
5552	甲金		城关一带		畅富海		233588	1190
5553	巧媳妇斗智		隆尧北部		赵中		233597	834
5554	老吊的故事		隆尧西部		田新海		233601	2359

序号	篇名	民族	流传地区	采集地	讲述者	搜集者	数据库编号	字数
5555	正月没有初一		隆尧东部		沈树奇		233602	440
5556	长鼻子老大				宋连江		233603	1629
5557	死兔子打跑了		隆尧南部		宋其香		233612	596
5558	边浩然逸闻四则		县南方顺桥一带	南固店村	边荣泉、边连棠		233827	23120
5559	机智人的故事		徐水、满城、易县、满城县东部	李文征家中	赵为章、李文征等		233828	2952
5560	生活故事		满城西部、北部山区、满城县北、满城县境内		阎友才、阎有才等		233826	5015
5561	仙手				刘国明		235382	172
5562	三个姑爷						235428	946
5563	匪首“没耳朵”落网记				王贞元		235395	1046
5564	六个鼻子		南大港农场		冯刘氏		235420	6229
5565	傻三历险记				王刘氏		235398	304
5566	憨大吃烧饼						235425	655
5567	刘氏父子				刘国明		235394	681
5568	刘能仗仪驱虎豹				王洪进		235380	4024
5569	张蛋买竹杆				平李		235399	286
5570	燕王扫北				刘少祥		235405	642
5571	“三宝”的故事				石传凯		235388	2692
5572	两家合一家				王绍彭		235383	1150
5573	抬杠铺						235433	1204
5574	赔不是						235424	2234
5575	牧猪港				刘少祥		235406	725
5576	哥哥和弟弟				朱玉森		235400	834
5577	邻帮相助						235436	256
5578	设计战鬼魔						235408	889
5579	坏水二爷				刘广景		235403	1090
5580	南蛮子憋宝				王之荣		235381	1259
5581	十里不同俗						235427	464
5582	三个儿媳妇				董事		235404	224
5583	是儿就爱娘						235402	495
5584	张仙爷射天狗				佚名		235392	317
5585	光武帝与蝼蛄				吴事		235407	292
5586	老豆腐				李怀良		235389	470

序号	篇名	民族	流传地区	采集地	讲述者	搜集者	数据库编号	字数
5587	鱼与苏				朱玉森		235401	640
5588	剃眼眉						235434	1661
5589	蚂蚱神				李槐良		235387	233
5590	考女婿				王许氏		235393	898
5591	专治罗锅						235429	472
5592	刘大个怒战老毛子				刘孝增		235397	2410
5593	丈母娘的屁好						235435	692
5594	“大聪”之聪				王李民		235423	1318
5595	左二牛子传奇				刘先峰		235411	715
5596	铁打的扣村				董之斌、王贞元等		235410	1043
5597	鱼娃娃				董有事		235385	826
5598	聪明误				张如明		235391	619
5599	阎辣椒				李怀良		235390	908
5600	请岳父来吃妈妈						235431	448
5601	梦先生				张淑荣		235384	3426
5602	火烧小辛庄始末		沧州沿海一带		王徐庄小辛庄老人十多位		235379	1641
5603	活人娶死妻				宋宝增		235396	273
5604	武帝城的狐仙				刘恒华		235386	265
5605	北京的刘家人				刘清祥		235414	576
5606	踙文						235432	1203
5607	大洼轶事（三则）				李怀良		235409	633
5608	根毛不拔						235430	812
5609	编后话						235466	519
5610	瞎话二爷						235426	914
5611	迷糊三爷				张汝海		235421	915
5612	坏鸡子中的私情						236182	1524
5613	假监生		鲁西北一带		吴文汉		236197	760
5614	小三寻了个聪明媳妇						236209	717
5615	三婿作诗				李仙	李金亭	236202	765
5616	姐妹打虎						236175	466
5617	毛猴当汉奸				李仙	李金亭	236217	216
5618	李四刚智斗刁老财					南桂荣	236206	1654

序号	篇名	民族	流传地区	采集地	讲述者	搜集者	数据库编号	字数
5619	懒有理儿		鲁西北一带		陈文海	临西县文化馆	236185	371
5620	箭箭入屁股				王之勉		236186	541
5621	三兄弟					张金云	236204	809
5622	路遥知马力					胡子全	236189	464
5623	十个熟鸡子					郝玉玺	236205	200
5624	现在的时间是正南正北						236225	341
5625	羊求狐助						236215	255
5626	一家笨蛋					李风兰、秦秀民	236227	781
5627	众树怨					临西县文化馆	236214	1654
5628	傻女婿拜年					邱新霞	236223	713
5629	太阳和风						236211	1002
5630	真本事					管清雨	236228	1975
5631	扮鬼者						236210	378
5632	比比谁硬					徐盈德	236219	1014
5633	戏迷爷们						236222	951
5634	三个女儿					彭玉真	236198	1423
5635	狗猫耕地				王贵平		236173	1196
5636	亏本的买卖					李希文	236194	542
5637	店主人与三旅客				王桂强		236193	1190
5638	如此知巳						236180	1614
5639	“腰”与“一”						236178	752
5640	瘸腿张顺		山东河北交界处		陈文海		236196	218
5641	小算计					临西县文化馆	236184	1143
5642	哄牛耕田						236212	700
5643	小偷和老虎						236174	4711
5644	考女婿					车继东、冯占臣	236203	1162
5645	舅子是爹					王连坤	236191	1134
5646	龙王爷睁眼					刘强华	236179	950
5647	擦嘴的那块油					陈国铭	236188	497
5648	王怀孝更名记				吴文汉		236195	343
5649	财迷被杀				李振田、毕金栋		236176	154
5650	张大吹和李会圆					陈维焕	236201	768
5651	杀僧除贼					临西县文化馆	236199	1083
5652	三戏老丈人					秦宗田	236208	510

序号	篇名	民族	流传地区	采集地	讲述者	搜集者	数据库编号	字数
5653	赏赐						236187	616
5654	费多问					临西县文化馆	236218	677
5655	你们有什么意见?						236220	447
5656	怪不得咱家过不好					党德然	236226	602
5657	掉马桥的闺女不是娘娘					洋玉奇	236207	284
5658	业务水平真差						236221	412
5659	猫和老鼠						236172	860
5660	薛知县公断枣核案					临西县文化馆	236177	277
5661	鬼杀案		河北、山东一带				236181	463
5662	姐姐和妹妹					景秀梅	236183	502
5663	一文钱					范汝梅	236190	170
5664	两个白喝墨					临西县文化馆	236192	553
5665	考书童					闫小平	236200	2305
5666	株下戒兔						236213	930
5667	豆皮鸡和小黑狗						236216	1097
5668	望孙子出气				张邵氏		236224	293
5669	子路借粮				贾兰台	王立子	236449	398
5670	一张字条				郭庆兰	陈勇、史登顺	236578	731
5671	调虎离山拔炮楼				贾泉河	赵进良	236588	417
5672	金牛寺和小黄牛				史进国	刘荆洲、王立子	236444	979
5673	乞丐吟诗				史丑尔	张惠先	236540	1047
5674	诗谜				王金火	乔贵山	236536	2485
5675	三姑娘选婿				郑胜缺	石芳	236507	288
5676	金钥匙				刘万氏	王立子	236446	1072
5677	消毒锅				甄黑旦	陈识路	236575	940
5678	白马救女				张康氏	孙洪杰	236534	3123
5679	老二赶集				马全生	马金牛	236537	627
5680	肚饱生闲事				李老药	史彦国、史清慧	236450	631
5681	煮瓜				葛林波	赵喜林	236456	565
5682	有贼				马立国	汪智慧	236558	434
5683	雷劈泔水瓮				张康氏	孙洪杰	236457	695
5684	追鬼				樊九哲	路增虎	236453	388
5685	傻女婿拜年				郑胜缺	石芳	236518	189
5686	笑话四则				甄庆	甄彦珲	236567	953

序号	篇名	民族	流传地区	采集地	讲述者	搜集者	数据库编号	字数
5687	手镯案				阎有尔	阎振圈	236510	584
5688	噇噇锣				史慧新	史慧琴	236462	227
5689	智审笸箩				田占芬	蔡立元	236509	1554
5690	聪明的二大伯				李二旦	王立子	236551	582
5691	吃糕				质金顺	左登泉	236564	1896
5692	一顶小宝帽				刘让	刘占军	236469	687
5693	三字还在睡大觉				张新吕	韩焕平	236542	2294
5694	懒小子榜地				康占海	耿新英	236550	566
5695	丢成语				王保台	韩焕平	236560	1294
5696	桃儿姑娘				刘义金	刘翠梅	236472	360
5697	小孩没有腰				陈中秀	陈占庚	236555	975
5698	三个口子的粮袋				侯纪元	陈勇、史登顺	236579	362
5699	摇钱树和聚宝盆				张计华	徐长玉	236445	1487
5700	求仙记				史喜忠	史冰	236477	1119
5701	手的故事				齐六尔	陈勇、史登顺	236583	270
5702	途中救母子				刘庄儿	陈识路	236580	290
5703	小白龙				陈纪龙	齐晓光	236480	632
5704	老岳母和女婿				陈一见	马金牛	236496	266
5705	抗日故事三则				刘文	李旭晨	236589	528
5706	鞭抽四十里				刘照山	刘胜宝	236479	1981
5707	无礼挨石压				王立子	宗健	236486	837
5708	善恶有报				吴玉槐	吴泉立、刘占军	236461	1183
5709	山腰的灯火				李洋兰	陈勇、史登顺	236582	1328
5710	铁罐子的故事				肖福拴	肖育红	236464	871
5711	半吊钱				李木成、韩爱营	史冰	236502	494
5712	金孩儿和宝槽				杨母	杨杰	236463	1025
5713	扰死人				王选刊	魏烽	236451	577
5714	王半仙捉妖				赵卜仁	王立子	236475	723
5715	农妇骂秀才				陈中秀	陈占庚	236519	1048
5716	山前土地爷				朱步魁	朱志玉	236471	5625
5717	赶山鞭				杨春山	杨贵辰	236460	497
5718	柴举人成仙				路贵江	路增宝	236465	385
5719	不攀高枝				张朝	孙洪杰	236523	790
5720	123是书吗				范胜国	陈占庚	236563	997

序号	篇名	民族	流传地区	采集地	讲述者	搜集者	数据库编号	字数
5721	少年和老鹰				王天起	王红苗	236452	874
5722	梦先生				刘金义	刘翠梅	236528	1058
5723	小姑苦的传说					陈占庚、陈典华	236531	362
5724	王三识字				石彩云	赵仕庆	236565	371
5725	面条案				阎荣芬	曹玉波	236516	478
5726	鸡蛋变牛				郑胜缺	石芳	236512	286
5727	四妯娌作诗				史丑尔	张惠先	236547	530
5728	千万戴皮帽				张新吕	韩焕平	236562	939
5729	吟诗比高低				徐参花	徐建良	236503	443
5730	打酒瓶				陈典华	陈占庚	236538	307
5731	没尾巴				田连芝	田跃驰	236549	3418
5732	刨金				郑玉林	郑惠彩	236532	526
5733	三女婿拜年				王进有	杨建好	236488	508
5734	治脚				刘强尔	史登顺、陈勇	236572	823
5735	吃馍馍				田连芝	田跃驰	236557	529
5736	鬼子兵滚坡				安永火	田香菊	236590	626
5737	馍馍蘸蜜一百天				张刘氏	张英尔	236485	510
5738	贪婪的财主				史丑尔	张惠先	236566	642
5739	醉酒				刘照山	刘胜宝	236561	1108
5740	王半仙的来历				安振国	安建军	236467	1014
5741	聪明的三媳妇				史丑尔	张惠先	236483	248
5742	蛇仙桥				张建乐	刘荆洲、张建立	236478	279
5743	药到病除				阎桂琴	陈识路	236576	1745
5744	急性子				刘福	张淑玲	236556	1007
5745	刘员外避雨				刘善贤	刘锋志	236533	846
5746	老道训徒				柴喜全	柴庆安	236514	737
5747	搬迁休养所				贾让	陈勇	236577	1972
5748	一棵白菜变仨人				王琢	吕树茂	236455	283
5749	半鲁恭候				赵保庆	赵仕庆	236569	373
5750	一把小伞的故事				杨贵喜	杨贵辰	236466	1489
5751	验大便				邸振国	陈识路	236573	1384
5752	鸳鸯				臧兵尔	臧红然	236447	903
5753	贪心丧身				李老药	史彦国、史清慧	236458	1937
5754	画匠智斗巧财主				赵宝全	赵喜林	236482	2006

序号	篇名	民族	流传地区	采集地	讲述者	搜集者	数据库编号	字数
5755	不孝老人自遭罪				阎有尔	阎振圈	236529	234
5756	三女婿作诗				齐国珍	齐晓光	236495	1345
5757	对诗赌妻				阎喜成	史冰	236506	222
5758	我早知道是你				赵占庄	陈占庚	236494	868
5759	人为财死鸟为食亡				阎金荣	史冰	236527	292
5760	嘎先生巧戏抠财主				王金火	乔贵山	236511	289
5761	熏蚰子的由来				刘金义	刘翠梅	236513	2168
5762	巧嘴媒婆				马建昌	马金牛	236487	944
5763	吃扁食				田连芝	田跃驰	236552	591
5764	空心疙瘩汤				马小件	马金牛	236508	482
5765	我比他还聪明				宋进汉	史冰	236568	2546
5766	凶恶的善人				马金忠	马金牛	236505	1629
5767	大萝卜				赵兴旺	赵保卫	236541	273
5768	三土门的鞋为什么没样儿				曹二明	曹玉波	236499	1040
5769	圆滑的冯秀才				史丑尔	张惠先	236543	1280
5770	欧儿打兔子				申恩要	石芳	236524	295
5771	打哑谜				左金顺	左登泉	236553	718
5772	借烟				史喜忠	史冰	236520	956
5773	一箭双雕				王增武	崔云良、边复兴	236591	889
5774	至宝阴杉棺				葛林波	赵喜林	236521	1419
5775	山乡哀歌				赵秋珍	孙占子	236585	1356
5776	就是怕漏				齐二旦	刘玉虎	236522	1113
5777	沙果园里				王东平	陈勇、史登顺	236584	2210
5778	虎不食子的传说				宋芬	刘建华	236525	659
5779	智退小偷				葛林波	赵喜林	236504	1032
5780	秃头妻进庙				田连芝	田跃驰	236546	867
5781	侍女妙对				汪福来	汪智慧	236497	487
5782	补补钉				陈素然	史登顺	236571	979
5783	王莽为什么篡位				刘金国	刘二喜	236493	531
5784	健忘的小伙子				陈中秀	陈占庚	236559	814
5785	秃尾巴老张爷				李佳文	王根立	236481	785
5786	白求恩大夫在二休养所的故事				邸良善	史登顺	236574	1085
5787	杨半仙和高半仙				阎荣芬	曹玉波	236474	1599

序号	篇名	民族	流传地区	采集地	讲述者	搜集者	数据库编号	字数
5788	知冷知热自已妻				阎有尔	阎振圈	236548	293
5789	老虎保媒				史东来	曹玉波	236454	883
5790	改炕				王俊有	陈勇、史登顺	236581	415
5791	齐国兴大闹二龙潭				陈纪龙	齐晓光	236592	1567
5792	柿子砸着吃				路富成	路增宝	236545	543
5793	高老善当家				刘照山、贾振京	刘胜宝	236492	224
5794	送礼				陈舜玉	张梦周	236586	1230
5795	聪明的长工				赵占庄	陈占庚	236490	301
5796	昧心人的报应				王金火	乔贵山	236489	1350
5797	自做聪明的人				刘福	张淑玲	236539	972
5798	刘胡弄的故事				李满圈	李清	236535	2644
5799	叫鸡的由来				刘占春	刘建楼	236517	1385
5800	傻小子求学				朱老黑	臧斗尔、李增云	236501	4904
5801	十缸金银不易得				李玉环	齐晓光	236500	446
5802	龙女智杀昏君				阎喜成	史冰	236448	933
5803	关帝庙里讨娃娃				朱记尔	杨建好	236468	1174
5804	天为什么下雪				刘金国	刘二喜	236470	603
5805	许由洗耳和巢父饮牛的故事				葛林波	赵喜林	236484	2719
5806	没云洞				陈纪龙	齐晓光	236593	385
5807	发生在大亚公司里的故事				丁一之	张梦周、赵进良	236587	1634
5808	锄地				阎有尔	阎振圈	236554	974
5809	上当的人				马再来	马金牛	236544	335
5810	屠夫和善人				康占海	耿新英	236476	810
5811	李大胆的故事				汤文利	汤忠	236459	882
5812	井下奇遇				王洛玉	吕树茂	236473	594
5813	狮子红眼冲军城				李凤鸣	李兰儒	236443	272
5814	县官巧对				郑胜缺	石芳	236491	947
5815	小长工智斗财主				刘一宝	刘树善	236530	676
5816	吝惜鬼撵女婿				宋进汉	史冰	236515	1175
5817	舔屁股的由来				朱记尔	杨建好	236526	1320
5818	王玉洪惩税霸				齐义和	齐晓光	236498	1014
5819	男子汉大丈夫				范茂生	陈占庚	236570	847
5820	小麦为何只有一个穗				陈建华	刘天祥、王有顺	237371	821

序号	篇名	民族	流传地区	采集地	讲述者	搜集者	数据库编号	字数
5821	哥儿仨分家				张明德	刘天喜	237339	1929
5822	宝裤衩				李一明	刘天喜	237363	798
5823	“关羽”显圣				王水山	杨照、王文生	237342	429
5824	劝瞎子				辛顺然	汪振龙	237359	1158
5825	千万别用手打				马常有	刘天祥	237373	516
5826	秀才叫驴				索瑞海	赵学锋	237349	1888
5827	狼精				袁申珍	董朋伟	237345	1611
5828	误杀案				杨太奇、索瑞海	刘日东	237338	654
5829	磁州大米与晋祠娘娘庙						237347	1528
5830	献宝状元				赵生德	赵连爱	237334	935
5831	王四和小白鸡				朱秀芳	刘日东	237335	1129
5832	巧治贪便宜				杨金山	武明光	237362	692
5833	宝帽				马秀珍	刘天喜	237333	507
5834	王二小砍柴				张家庆	肖河、群生	237353	1165
5835	县太爷升辈儿				白青龙	白浩生	237332	198
5836	“本地害”骑马				江山明	张世英	237360	258
5837	让他俩打吧				尹作舟	侯太伏	237376	629
5838	白字县官					杜美铃	237375	293
5839	孙媳妇				宋秀英	宋银霞	237352	1245
5840	谷子的来历					王有顺	237368	687
5841	偷猪的人					刘日东	237374	291
5842	三上轿的传说				李氏	程发龙	237356	1615
5843	办事慌张的女人					王长生	237378	680
5844	兄弟仨分家				王菊花	董朋伟	237341	382
5845	赵杨两家的传说				王立国	宋银霞	237346	988
5846	哈巴狗				刘明星	刘天喜	237336	1476
5847	哥仨学本事				岳仁	王有顺	237343	849
5848	水煮绣鞋				赵氏	赵义文	237351	554
5849	猎人的传说				张氏	赵学锋	237331	457
5850	“习惯”成自然				王山子	杨照、王文生	237344	2060
5851	吃鸭子				李一萍	李红霞	237354	991
5852	喜鹊得名的传说		磁县一带		陈贵生	汪振龙	237367	884
5853	傻女婿拜寿					赵学锋	237337	1161
5854	公鸡学飞				于光礼	侯太伏	237372	1340

序号	篇名	民族	流传地区	采集地	讲述者	搜集者	数据库编号	字数
5855	十亩地				王何生、王玉强	刘日东	237358	791
5856	家鸡为啥不吃“花蹦蹦儿”		磁县时村营一带		王金梅	刘日东	237370	744
5857	神刀				陈明海	刘天祥	237357	880
5858	芦苇叶上手切印的来历		磁县一带		董良	刘天祥、王有顺	237369	578
5859	胡赖皮喝茅稀				范德贵	王有顺	237365	122
5860	长工和金鹅的故事				王保山	刘日东	237355	1698
5861	莲花择婿					张子英	237348	1084
5862	巧戏县太爷				王本土	王有顺	237366	605
5863	鸡蛋捆王四				范得贵	刘天祥、王有顺	237361	1949
5864	高明和尚					汪振龙	237377	2735
5865	出丑				李贵金	李步堂	237364	2177
5866	狗头上没有“毛”了				王水山	王文生、杨照	237340	1077
5867	神仙讨吃		磁县地区		刘太昌	地火	237350	1793
5868	蛇与赊			怀安县常家房村	郭建拣		240513	218
5869	难以制服的“白吃先生”				陶世正		240440	783
5870	傻小子做买卖			怀安县水利水保局	孙孝美		240497	391
5871	小气			怀安县水利水保局	孙孝美		240493	999
5872	穷人过大年			本利水保局	孙孝美		240498	736
5873	饥饭甜如蜜、饱饭蜜不甜			西沙洼村	胡元		240432	584
5874	写字打赌			怀安县常家房村	赵登科		240404	888
5875	念书和教书			水利水保局	孙孝美		240500	299
5876	王二送纸，啥事不指			怀安县小屯堡村	王进兵		240449	1794
5877	夫妻圆梦			一堵墙村	孙王氏		240419	899
5878	妙对			怀安县乔家房乡胡家屯村	侯旺		240519	1021
5879	一个豆腐熬两顿			怀安县第六屯乡常家沟村	武加玉		240494	619
5880	“狼心狗肺”的由来			怀安县第三屯村	郭素兰		240425	1144
5881	财主与长工打赌			怀安县南九杨村	张士秀		240413	1369
5882	千里姻缘			怀安县满洲坡村	白云华		240417	634
5883	砂子硌牙			怀安县水利水保局	孙孝美		240505	193
5884	蝙蝠为甚在夜间活动			怀安县第六屯村	李桂梅		240487	812
5885	聪明女			怀安县第六屯村	李桂梅		240397	663
5886	要马钱			水利水保局	孙孝美		240402	269

序号	篇名	民族	流传地区	采集地	讲述者	搜集者	数据库编号	字数
5887	荞麦地里杀人啦			怀安县满洲坡乡	杨怀珍		240517	1090
5888	“怪”秀才种田				马旺		240407	946
5889	张捣鬼与李爱财			怀安县满洲坡村	田小兵		240462	384
5890	媳妇和蛇			怀安县第六屯村	李桂梅		240471	655
5891	阿二娶妻			怀安县南九场村	李美宝		240516	412
5892	吊死鬼吃红粥			怀安县店沟村	孟增军		240450	3669
5893	梦先生			水利水保局	孙孝美		240455	595
5894	猜谜语			怀安县第六屯村	李树万		240405	533
5895	好吃的媳妇			水利水保局	孙孝美		240507	513
5896	宝碗			怀安县第三屯村	郝生昌		240411	921
5897	那是假的			怀安县僧官庄村	席选臣		240495	415
5898	村姑和二娃			水利水保局	孙孝美		240415	230
5899	馋媳妇吃饺子			怀安县水利水保局	孙孝美		240506	367
5900	姐妹出嫁			怀安县第六屯村	张桂梅		240416	360
5901	神鬼怕恶人			怀安城	李秀花		240454	450
5902	左卫城为什么堵北门			怀安县左卫城	樊明		240421	557
5903	照镜子的由来			怀安县僧官庄村	席选臣		240485	1365
5904	我不去了			怀安县水利水保局	孙孝美		240496	260
5905	三个女婿拜寿			水利水保局	耿维钦		240445	398
5906	看老姑奶奶的眼色行事			怀安县王龙庄村	王振丁		240431	1235
5907	七九六十三、不死土里钻			怀安县驻柴部队家属院	贾喜明		240429	311
5908	馋媳妇			怀安县水利水保局	周利		240504	259
5909	枕头计			怀安县柴沟堡	阎运章		240474	485
5910	碌碡大的福也得滚一滚			怀安县高家夭村	程名益		240430	1210
5911	天地良心			常家沟村	李海山		240422	474
5912	愣女婿坐席			怀安县满洲坡村	田表		240499	555
5913	鼓手坐凳子			怀安县僧官庄村	席仪祥		240483	1941
5914	三个女婿拜年			怀安县龙泉寺村	韩林		240446	331
5915	秀才写信			胡家屯村	赵尚全		240441	1100
5916	图谁好看			怀安县第三屯村	郝忠千		240490	123
5917	万狗尿			怀安县西沙洼村	马金山		240466	3616
5918	岂有此理			怀安县常家房村	王世明		240508	717
5919	婆婆难媳妇			怀安县水利水保局	孙孝美		240401	577

序号	篇名	民族	流传地区	采集地	讲述者	搜集者	数据库编号	字数
5920	近视眼打苍蝇			怀安县第六屯乡常家沟村	李占山		240515	1140
5921	大年五更点旺火的来由			怀安县僧官庄村	席文有		240481	343
5922	绿瓦庙			怀安县满洲坡村	田表		240479	1013
5923	清河桥			柴沟堡镇	阎振国		240396	227
5924	说三道四的传说			高家夭村	程益		240423	747
5925	良民沟的架打不得			怀安县满洲坡乡	杨志山		240478	415
5926	人无害虎心、虎无伤人意			怀安县柴沟堡五街	米玉花		240433	478
5927	小羊倌修仙			怀安县水利水保局	李海鹏		240435	1077
5928	智胜花花公子			驻柴部队家属院	白桂芳		240400	2603
5929	杨名留后事			怀安县第六屯村	张有顺、李桂梅		240460	561
5930	听错话的笑话			水利水保局	曹一芳		240437	527
5931	徐情和石意			怀安县第三屯村	郭万金		240459	1598
5932	打赌设宴			柴沟堡镇五街	米玉花		240403	315
5933	对酒令			怀安县水利水保局	孙孝美		240447	1684
5934	傻小子学说话			柴沟堡部队	银巧		240436	2323
5935	三个女婿对诗			高家夭村	陈悦		240442	527
5936	古庙与神鬼			怀安县第六屯村	田玉枝		240451	632
5937	一个伶俐媳妇			怀安县左卫镇	李天枝		240398	415
5938	婚礼上响鞭炮的由来			怀安县僧官庄村	席举照		240482	518
5939	石意和李短			驻柴部队家属院	张二偶		240458	283
5940	王道修行			怀安县王家窑村	王魁		240468	2509
5941	意长意短			怀安县第三屯村	庞兵		240457	801
5942	张大胆捉鬼			怀安县第九屯	周桂德		240448	1413
5943	审羊棍			水利水保局	李本栋		240420	234
5944	土明爷爷		第六屯乡		李桂梅		240470	224
5945	三个女婿作诗			党校	高万元		240443	1489
5946	哑人打虎			怀安县第六屯乡常家沟村	李永海		240464	1761
5947	常家沟的小溪			怀安县第六屯村	李桂梅		240410	884
5948	水母奶奶的传说			水沟口村	师文礼		240473	1046
5949	儒医四季诗			怀安县怀安城镇	杨亮		240408	521
5950	杨孟和好			上果园村	杨振兴		240475	156
5951	巧治财主			水利水保局	孙孝美		240406	228

序号	篇名	民族	流传地区	采集地	讲述者	搜集者	数据库编号	字数
5952	过年的由来			怀安县店沟村	孟翠兰		240480	252
5953	聪明的媳妇			水利水保局	孙孝美		240399	1426
5954	不要命了			怀安县水利水保局	孙孝美		240492	231
5955	夸口			怀安县满洲坡村	张彪		240501	318
5956	吹牛大王			怀安县第六屯村	贾志仙		240503	655
5957	金山葬地主			怀安县第三屯村	董改花		240465	487
5958	问卦			怀安县乔家房乡胡家屯村	徐亮		240510	780
5959	面人的来历			怀安县满洲坡村	田表		240472	231
5960	学懒			怀安县水利水保局	孙孝美		240512	303
5961	狐狸吃公鸡			怀安县第六屯村	李桂梅		240486	829
5962	巧答			怀安县常家房村	常国祥		240518	444
5963	小糕糕			怀安县满洲坡村	田表		240489	265
5964	想娘			怀安县水利水保局	孙孝美		240511	987
5965	四个近视眼观匾			水利水保局	孙孝美		240438	749
5966	听天由命			怀安县高夭村	陈悦		240424	429
5967	常说谎			怀安县满洲坡村	田表		240514	2865
5968	人闲出故事			怀安县高家夭	陈海		240426	1278
5969	大人国			水利水保局	孙孝美		240467	521
5970	聚宝盆			怀安县西湾堡村	吴树奇		240412	1292
5971	牛四挨揍			柴沟堡	李桂川		240434	603
5972	花园会			县水利水保局	孙孝美		240414	251
5973	瞎汉看告示			常家沟村	武铭山		240439	799
5974	老三奇得宝葫芦			水利水保局	孙孝美		240418	673
5975	贪财的父母			怀安县第三屯村	倪占芳		240463	2469
5976	饿死老娘，不吃籽熇			柴沟堡五街	米玉花		240428	218
5977	黄蛤蟆			怀安县柴沟堡镇第五街	米玉花		240456	385
5978	清明节扫墓的由来			胡家屯村	张进先		240484	1207
5979	三个女婿会诗			水利水保局	耿维钦		240444	1043
5980	俞树换俞卜			怀安县张家场村	孙浩文		240453	939
5981	给闺女做主			怀安县水利水保局	耿维钦		240509	317
5982	穷先生			怀安县第九屯村	王玉莲		240469	656
5983	大毛和二毛			怀安县驻柴队部家属院	白桂芳		240476	262
5984	龙王吃硬不吃软			怀安县南九杨村	李美宝		240452	467

序号	篇名	民族	流传地区	采集地	讲述者	搜集者	数据库编号	字数
5985	吹牛			怀安县满洲坡村	田表		240502	469
5986	杨明留后事			常家沟村	武锋山		240461	1902
5987	两条腿的板凳			怀安县常家房村	赵德宝		240491	1581
5988	要手指头			怀安县第三屯村	李英		240488	1529
5989	武师教弟子			怀安县第三屯村	刘凯		240477	1124
5990	捉金马驹儿				陶世正		240409	748
5991	割了牛头打塘斗			怀安县水利水保局	孙孝美		240427	723
5992	搬家烙饼				李昆	李宏宇	246534	760
5993	看咸菜吃饭				李春保	徐绍元	246552	44
5994	“白字”先生				刘明	刘沛海	246539	887
5995	娇惯儿子				刘玉杰	徐绍元	246474	231
5996	姐三赴宴				杨秀珍		246546	1413
5997	摔碗记				武俊桐	武俊桐	246473	1262
5998	傻姑爷学话				徐自红	徐绍元	246558	710
5999	老鼠找婆家				刘海	李宏宇	246523	258
6000	眼花人				胡恩仁	徐绍元	246556	422
6001	卖核桃				鲁伶	王建祥	246542	844
6002	见肉不要命				徐自红等	徐绍元	246551	1981
6003	路遥知马力				周述兰	温铁山	246494	772
6004	有猿千里来相会				张口来	张国芬	246495	892
6005	金不换				张清宇	张忠民	246478	1979
6006	小鬼见阎王				米玉	米景利、唐继彦	246532	556
6007	戏老僧				蔡省吾	徐广源	246491	640
6008	瞎白二大爷				刘金荣	黄振来	246537	609
6009	书生看庙				米玉	米景利	246488	1951
6010	何大老爷巧断花案				米玉等	米景利	246493	343
6011	敬活佛				于景龙	米景利	246472	829
6012	傻人傻命				徐广	汪学全	246484	1714
6013	兔子、狐狸、马				张国江	张福禄	246520	667
6014	狗拿耗子				李心存	李宝国	246518	163
6015	“捣二爷”的故事					朱国欣	246486	319
6016	长工巧斗老财迷					刘正宝	246476	196
6017	白吃侯				米玉芳	米景利	246527	265
6018	新媳妇				徐广	汪学全	246480	923

序号	篇名	民族	流传地区	采集地	讲述者	搜集者	数据库编号	字数
6019	老大学老二				王玉芝	李桂荣	246483	334
6020	阿拉伯小故事				王景轩	姚学忠	246497	950
6021	唠三国				米玉	米景利	246531	779
6022	小白薯智斗拦路徒				常文荣、米景利	米景利、高振刚	246485	1214
6023	猫与狗的仇恨				肖书兰	刘玉香	246517	724
6024	鬼抓替身反被人灭				王老	景守富、王秀英	246490	412
6025	漏				褚凤明	褚爱军	246538	221
6026	李晓生智破巫医术				侯万山	姚栋	246487	385
6027	猫为啥怕狗				庞贺清	李宏宇	246516	1262
6028	张半仙断驴				张华廷	米景利	246482	1084
6029	盲人偷东西					杨荣凤	246543	341
6030	啄木鸟听封				杨秀珍	米景利	246513	417
6031	懒汉				徐自发	徐绍元	246550	215
6032	老虎和鹿				梁玉珍	李秀艳	246514	752
6033	傻姑爷赴宴				武俊同	武俊桐	246545	291
6034	三个女婿行令					李道旺	246547	1680
6035	并非笑话				张玉凤	李宏宇	246533	655
6036	一副婚联				蔡省吾	徐广源	246541	267
6037	俩亲家				徐广庆	徐绍元	246555	1041
6038	头股香				高连瑞	张广兆	246471	155
6039	蛇吞象				汤珍	孙伟	246522	921
6040	哥四个赶考				米玉	米景利	246525	610
6041	傻子赶集				徐广顺	徐绍元	246557	1079
6042	秀才教诗				张明	常国江	246536	2279
6043	戏迷				徐自红	徐绍元	246549	770
6044	兔子寻死				米玉芳	米景利	246529	1663
6045	小放猪的神算				徐广顺	徐绍元	246496	793
6046	夫妻穿一条裤子				徐全海	徐绍元	246554	2273
6047	脱骨换胎				武俊桐	武俊桐	246489	443
6048	狼的故事				李自广	张之勤	246519	774
6049	鹰和蛇				齐桂荣	齐凤礼	246515	968
6050	宝葫芦				王桂兰	梁建忠	246512	539
6051	李四与王五				肖书兰	刘玉香	246481	2223
6052	皮影迷				徐品	徐绍元	246548	838

序号	篇名	民族	流传地区	采集地	讲述者	搜集者	数据库编号	字数
6053	聚宝盆的故事				张要	米景利	246479	2526
6054	三个姑爷上寿					高振刚	246544	1151
6055	穷了财主富了民				巴淑田	王华	246477	167
6056	说谎话				刘树勤	张之民	246535	1390
6057	巧媒婆				米玉	米景利	246475	632
6058	纸马退兵				李德友	高振刚	246498	367
6059	不爱草刺爱黄金				周淑兰	温铁山	246492	289
6060	拙老婆做饭					米景利	246528	489
6061	花喜鹊和猫头鹰					王建志	246524	255
6062	侯先生写信				米玉	米景利	246526	1792
6063	狼和小猫				李有青	李秀艳	246521	417
6064	卖“王八”				温占仓	温铁山	246540	253
6065	王秀才卖树				米玉	米景利	246530	815
6066	吃饺子				胡边	徐绍元	246553	346
6067	潮和桥斗智				程少林	董汝河	249245	1433
6068	张三治阎王				李芳英	李翠仙	249223	6913
6069	张果老吹牛皮，神了				黄占斌		249238	1337
6070	四个女婿拜寿				赵洪义	赵德明	249247	2033
6071	太公钓鱼、愿者上钩				程玉山	程默	249232	2111
6072	高明的骗子				杜立中	琼乐	249222	2391
6073	才女智斗小和尚				纪文道	程少林	249219	1742
6074	轻风和树叶				张志诚	张秀英	249241	725
6075	梦先生				蔡溪山	王秀林	249220	2961
6076	李县令巧治王掌柜				张仲恒	阎生亮	249243	2302
6077	各有己见				李富	李钰	249250	1214
6078	李二小苦寻灵芝草				王春和	邓宝剑	249239	883
6079	人外有人、天外有天				李宽	兰文种、刘玉宝	249231	1064
6080	英雄险闯广义昌				倪克明	王鉴、王晓婵	249225	194
6081	精鬼子与傻窑主				谷生荣	于文龙	249217	1399
6082	醉鬼张三				李天才	吴名	249228	902
6083	婆与媳				王孝昶	王素贞	249252	406
6084	银子不顶饭财主求穷汉				神龙华、杨占熏	兰文种、杨畅	249230	604
6085	刘二智斗岳母娘				张发明	李钰	249221	1001
6086	日久见人心				孟祥振	孟祥振、张宪等	249236	2566

序号	篇名	民族	流传地区	采集地	讲述者	搜集者	数据库编号	字数
6087	米三与康七				赵亮	程愚	249240	778
6088	老财迷				张全	张峻峰	249253	1826
6089	四句话成亲				李富	李钰	249249	870
6090	糊涂阎王				程全贵	田忠、顾胜勇	249251	575
6091	窦尔墩卖糕				王风响	顾建中	249227	3300
6092	洞房打赌				蔡溪三	王秀林	249254	1036
6093	二黑八招亲				李广胜	岳永辉、白明忠	249226	528
6094	绝坟出贵人				程美	长青	249242	291
6095	路遥知马力				李云	赵德明	249235	304
6096	韩裁缝巧做龙衣				李双山	王鉴、王晓婵	249216	3085
6097	柳河怀古						249224	1701
6098	木耳黄花巧对联				王炳礼	殷福	249246	742
6099	短命鬼				王孝昶	王素贞	249255	349
6100	好马不备双鞍，烈女不嫁二男				蓝彭起	兰文种	249229	5869
6101	巧治赫县令				王善辅	邓宝剑	249218	665
6102	老姑奶奶看戏				李占斌	李洋	249234	654
6103	周仓没智，扛刀一世				赵洪恩、赵洪义	赵德明	249233	116
6104	三女儿寿宴巧对诗				程少林	董汝河	249244	1702
6105	外财不富歹心人				赵亮	乐道	249237	776
6106	咸鸡蛋				刘国章	阎生亮	249256	946
6107	张木匠让妻				李生荣	温济中	249248	1015
6108	送令尊				刘国章	阎生亮	249257	900
6109	买公鸡				刘国章	阎生亮	249258	1479
6110	王清任闹王府				齐廷佐	孙汝举	253456	671
6111	小陵村的来历				王住银	高秀君	253454	397
6112	李二嫂捎信				王玉荣	高宝忠	253488	2582
6113	王顺与金马驹					吕静一	253453	3508
6114	鸡猴姻缘的由来					李秀敏	253475	1005
6115	张朝弼之死					李维仪	253459	1832
6116	王清任公堂辩理				孙德印	张忠勋、孟昭林	253455	655
6117	自然和尚				仁立朝、王运春	王玉山、高捷	253466	2559
6118	尉迟净德与宝马				舒振恩	李枫平	253452	1725
6119	胡二买牛					杨子明、严川	253471	967

序号	篇名	民族	流传地区	采集地	讲述者	搜集者	数据库编号	字数
6120	莲花姑娘					马萧	253450	2791
6121	张三的宝物					高捷	253468	605
6122	小柱和宝书的故事					高捷	253474	269
6123	三个少爷做文章				王福龙	王秀敏	253486	583
6124	武林中的高四				蓝玉田	张瑞琪	253460	1337
6125	行酒令				慧璇	夏春梅	253484	393
6126	猴屁股为啥是红的		玉田唐山一带		王殿银	苏秀芬	253477	845
6127	白字县官				张树田	张凡修	253483	2024
6128	缘鸟的故事		杨家套乡一带			孙建国	253480	1559
6129	上梁不正下梁歪		鸦洪桥一带			李洪波	253485	2512
6130	夹寨子叫你过得去				韩利	韩述本	253481	1495
6131	赖汉子娶花枝				郑文山	苏秀芬	253472	605
6132	蝴蝶孟拜师				杨法庆	孟昭林	253461	1131
6133	秃尾巴老李		林头屯乡		唐广、王栋	郭爱刚	253449	891
6134	王绳和他的戏班				苗润林	孟昭林	253464	863
6135	张朝弼武林会高手		潮洛窝一带			李维仪	253458	1430
6136	白得义学画					张瑞琪	253470	999
6137	老松和龙凤				程秀芳	王楠	253478	503
6138	狼“妈妈”					张凤玲	253476	1196
6139	尖老大与傻老二					陶庆辉	253473	1777
6140	张果老的故事				祖庆志	祖连蕊	253469	555
6141	小秀才捉弄大知府		石臼窝一带			陆中严	253462	874
6142	自然和尚戏弄老财东				王秀娟	高秀君	253467	1098
6143	刘二爷剥蒜两耽误				王作海	王丽艳	253487	461
6144	布谷和黄鹂		东、西范家坞一带		唐广	郭爱刚	253451	929
6145	丁维审桥神				杨继云	魏克林	253463	2794
6146	神奇的金扁担				赵春启	赵迪杰	253572	1082
6147	傻小子做帝皇				田桂云		253559	116
6148	郑矬子施法济贫				张庆龙	晋永久、刘佃生	253552	708
6149	山神爷串门				张里久	高成东	253580	1326
6150	别放你妈的屁						253632	395
6151	雨和雪				马玉景		253579	129
6152	成神				许文通	刘佃生	253573	2396
6153	狐狸王				张庆元	张平全	253583	1075

序号	篇名	民族	流传地区	采集地	讲述者	搜集者	数据库编号	字数
6154	舍布施				王顺山	陈志娥	253566	1517
6155	龙王爷除害				张庆志		253587	1326
6156	算卦先生				晋合利	陈志娥	253568	193
6157	会说话				李德玉	穆秀芬	253604	927
6158	“阔少爷”认母				王顺山		253570	382
6159	小鬼怕阎王				李现来	罗佳书	253557	824
6160	桥头对诗						253590	552
6161	忌讳				晋朝纲	晋永久	253594	589
6162	吃糕				晋朝俊		253606	750
6163	徐知县巧断争财案				陈润生	陈向东	253551	475
6164	卖犁弯的人				高祥春	岳天志	253614	478
6165	狗爬山				晋佳慧		253593	511
6166	姥爷是乡长					耿志明	253624	189
6167	还当是我的嘴呢				晋朝俊	晋永久	253591	221
6168	有人送					耿志明	253626	367
6169	挖木碗				徐进梅	陈志娥	253575	1541
6170	一棵大树				隗合文	陈志娥	253631	220
6171	龙王和风母奶奶				陈云林	陈向东	253577	339
6172	黄鼠狼抓鸡				晋佳慧		253633	347
6173	老天爷发怒了					耿志明	253625	805
6174	老枣核				晋朝库	刘佃军	253574	537
6175	懒婆娘				马玉景	罗佳书、穆秀芬等	253609	477
6176	节俭				罗氏	罗佳书	253607	206
6177	父子饭前对诗					刘佃生	253612	371
6178	智得煮海石				王氏	罗佳书	253560	1786
6179	空想				张庆明	晋永久	253610	323
6180	摇钱树				田桂云	罗佳书	253571	3544
6181	大壮擒妖				徐进梅	陈志娥	253554	305
6182	两家变一家				王顺山	陈志娥	253563	1304
6183	水母奶奶				隗永亭	陈志娥	253578	513
6184	神弹				陈润江	陈丙军	253553	556
6185	赔麦				李占平	王春诚	253558	258
6186	吹牛皮				晋朝俊		253630	765

序号	篇名	民族	流传地区	采集地	讲述者	搜集者	数据库编号	字数
6187	贼店				李氏	罗佳书	253567	399
6188	蛇儿孝母				马玉景	罗佳书	253561	1034
6189	先生当毛驴				晋合利	陈志娥	253599	1755
6190	丢金豆					耿志明	253627	323
6191	赵德招亲				郑玉荣	李玉飞	253584	1352
6192	千里送鹅毛				王顺山	陈志娥	253564	262
6193	雪天吟诗						253592	337
6194	差一踞				王怀青	赵迪杰	253623	447
6195	老头和黑大个				王有君	王振曜	253585	841
6196	泥娃娃				郑玉魁	张庆全	253565	1585
6197	春子				马玉景	罗佳书	253555	820
6198	祝寿				张德明	陈志娥	253596	260
6199	送锅的时候				晋朝纲	晋永久	253581	2352
6200	宝姑				陈丙军	晋永久	253582	142
6201	黄姑与“黑心”				张永清	张水利	253569	298
6202	毛驴上炕				马玉景	罗佳书	253595	1372
6203	拦路鬼				马玉景		253576	352
6204	杨敏治财主				安兆利	安泊江	253586	1280
6205	王善成佛				赵春久	赵迪杰	253562	351
6206	考驸马				许文通	刘佃生	253601	672
6207	妖洞救小姐				马玉景	罗佳书	253556	501
6208	羊倌戏县官				陈文生	岳天志	253588	389
6209	一串糖葫芦				杨贵明	张进会	253602	202
6210	瞎话套儿				晋朝俊	晋永久	253620	696
6211	千年的王八万年的龟					耿志明	253597	635
6212	奇怪的石碑				张庆志	张庆全	253589	836
6213	咱俩一块死					耿志明	253628	518
6214	爱听奉承				晋朝纲		253619	841
6215	老鼠吃猫				晋朝俊	晋永久	253618	373
6216	对诗戏先生				阎文章	陈志娥、罗佳书	253598	313
6217	瞎话王二				张庆贵		253621	101
6218	治老婆						253615	1070
6219	赛诗争位				张庆贵	陈志娥、罗佳书	253600	266
6220	学话				陈润来	穆秀芬	253603	2375

序号	篇名	民族	流传地区	采集地	讲述者	搜集者	数据库编号	字数
6221	量心				赵春启	赵迪杰	253611	907
6222	家信					晋永久	253605	1294
6223	媳妇怕我				穆志金	陈志娥	253616	310
6224	贪得无厌				马玉景	陈志娥、罗佳书	253608	660
6225	自以为聪明的人				马为东	张牛智	253613	205
6226	一把好手				晋德富	陈志娥、罗佳书	253617	433
6227	母爱				马玉井	罗佳书、陈志娥	253622	453
6228	大人国				杨洪章	陈志娥	253629	952
6229	张大胆打蝎子					杨喜婷	254161	765
6230	散官					徐万宏	254148	1097
6231	傻女婿				范秀英	马文利	254248	1286
6232	善人与恶人				田照		254142	654
6233	礼貌借粮				郭贤德		254218	685
6234	纸扎人的故事				龙元兴	张依民	254145	584
6235	夸富				邹彦平	张玺	254234	398
6236	白花追鬼				梁涛	张玺	254151	921
6237	牛为什么没上牙				李桂有		254214	361
6238	屎克螂撞南墙				西龙虎、辛兆	张依民	254212	879
6239	赤脚大仙为何赤脚				梁振华	贾一民	254169	1563
6240	四弟兄赶考					李保弟	254163	387
6241	长工老好儿				杨保翔		254164	868
6242	四秀才				刘荣府	安玉风	254244	394
6243	不下驴				马国胜		254251	930
6244	火龙单				闰自喜		254165	277
6245	巨崖山的狐子				赵仲武		254219	6693
6246	飞毛腿误捉自家人						254228	2020
6247	秀才血染古道口					蔺胜田	254231	771
6248	辛慈救神记					侯玉珍	254172	549
6249	三吹三打				李振新	张玺	254141	312
6250	王喜洞的传说					孙晓璐	254171	326
6251	徐长顺当长工				徐风庭		254149	383
6252	牛一卧为什么长出气					安玉风	254213	473
6253	人长和人短			东辛庄村	李桂新	张玺	254153	1813
6254	鲤鱼和虾米			小河公社	方玉珍	张玺	254166	1416

序号	篇名	民族	流传地区	采集地	讲述者	搜集者	数据库编号	字数
6255	王芝借粮			东辛庄王英家里	王英	张玺	254157	880
6256	狐子院的传说				张晓顺		254215	1898
6257	三女婿拜寿			杨家庄乡政府	梁涛	张玺	254158	355
6258	智多星巧破拦路卡						254227	653
6259	石头狮子通人性					孙秀花	254173	1148
6260	老虎圈					佚名	254216	1783
6261	莜麦面为什么是黑的					李文勤	254224	611
6262	臭椿树为什么是树中之王				李桂有		254225	368
6263	古道苦瓜香				孙进海		254226	136
6264	鸣锣收兵				陈桂田	张玺	254239	892
6265	饿不择食				郑荣	郑海芬	254237	429
6266	“铁嘴”麻雀的来历				王合心	张宝柱	254222	846
6267	学礼节				陈桂田	张玺	254240	266
6268	秀才和小孩					李文勤	254250	1320
6269	大年是怎么兴起的				王成玉	贾一民	254168	1233
6270	狐仙后代				乔世新		254220	900
6271	六月十三的由来				张长合		254162	684
6272	狗掐猫			杨庄乡张家庄	陈桂田	张玺	254211	1467
6273	边老道救皇姑					孟鸿儒	254160	1327
6274	砸柿子				阎自喜		254233	447
6275	官司迷断案			南庄子	王勤	张玺	254147	1617
6276	父子对诗				刁仲		254238	551
6277	好心的哥哥		张家庄、杨家庄浮图峪一带山村		陈桂田	张玺	254152	2299
6278	请客				火周成	贾利	254246	381
6279	王三救狐仙				贾秀刚	张依民	254144	317
6280	种地经验				郭贤德		254249	979
6281	寻妻				梁涛	张玺	254155	381
6282	李存孝传奇				李静芳	袁世朝	254150	964
6283	实心和失义			东辛庄王英家里	王英	张玺	254159	919
6284	红眼狼				张治元	张依民	254210	1459
6285	恶有恶报		涞源县城、东部一带		梁涛	张玺	254156	305
6286	六十花甲				龙元兴		254146	460

序号	篇名	民族	流传地区	采集地	讲述者	搜集者	数据库编号	字数
6287	老虎影的传说					王喜林	254217	2819
6288	老侯偷锅				孙明路、邹彦平	张玺	254241	802
6289	晒不死的马苋菜				张自元	张依民	254223	815
6290	生搬硬套			南城子村	杨老六		254245	2159
6291	阴阳先生				王桂喜		254242	353
6292	谁官大				梁万仓		254143	571
6293	无赖哭丧					袁士朝	254235	2092
6294	宰相为媒				孙安	张玺	254167	749
6295	“碰死鹰”的来历				刘普	袁士朝	254229	746
6296	龙女				陈桂田		254170	1601
6297	这是一围裤腰带				范秀英	马文利	254247	798
6298	傻二小招亲				陈桂田	张玺	254154	1217
6299	白字县令				刘汉卿	赵燕	254243	1259
6300	元帅拉马垫蹬的故事				刘普	袁士朝	254230	1599
6301	巨崖山庙的传说				谷望		254221	1092
6302	白吃白喝					袁世朝	254236	1054
6303	燕窝歼敌					段海霞	254232	775
6304	医诗病				任孟良		259061	1665
6305	梁千顷						259067	392
6306	命中注定				张安		259076	523
6307	奇遇				李树芳		259058	350
6308	徐公归金记				冯柱才		259062	790
6309	县令修桥				李长苓		259064	1077
6310	死规招儿				张树春		259074	973
6311	公鸡蛋				张耀川		259073	983
6312	哥俩儿				魏秀领		259065	1686
6313	猫和狗				魏秀岑		259071	295
6314	狗和狼				魏秀岑		259070	442
6315	吃肉方子				张安		259075	891
6316	小白蛇				崔瑞肖		259056	433
6317	少年大管家						259063	978
6318	老鼠比牛大				李长岑		259069	1345
6319	小铜锅				王孟荣		259059	1037
6320	兄弟情深				张耀川		259068	1688

序号	篇名	民族	流传地区	采集地	讲述者	搜集者	数据库编号	字数
6321	钱百万						259066	1555
6322	没量（良）心				刘云俭		259072	1202
6323	庄稼汉与狐狸仙				张耀川		259057	663
6324	胡小白				张新意		259060	221
6325	浅沟与深沟					章喜	259302	2052
6326	候老琏的故事					无声	259313	2523
6327	巧计退敌兵					春笛	259309	1926
6328	一幅画					孙二顺	259339	2902
6329	路通					李明远	259337	3417
6330	聪明孟哥				张开云	张兴祥、严文等	259310	2431
6331	太子出家的故事					春笛	259329	2788
6332	育才和愚才					王振岳	259317	6267
6333	武碧莲二过马棚岗					李吵笑	259326	2726
6334	桃花巷的故事					乔晓岚	259322	1484
6335	戎半朝的故事					李克俭	259321	4802
6336	曹骂沟与磁窑沟					邢兆歧	259336	626
6337	八吊					兴祥	259318	2168
6338	不见黄河心不死					杨金祥	259328	2835
6339	没“量”心的徒弟					李克俭	259305	2302
6340	白鹿救唐					秋英	259307	1652
6341	张识货					张景瑞	259304	2538
6342	东山探宝					郝志岗	259303	4492
6343	牤牛和山笛					高鹏	259301	4082
6344	七里桥及其传说					尚志	259306	857
6345	神头的来历					杨文志	259311	3098
6346	哥姐庙					张少鹏	259312	2817
6347	寡妇桥与金马驹					王九生	259315	2969
6348	田现龙除害					严文	259308	6605
6349	万年灯					章喜	259323	2740
6350	冯唐墓					无声	259333	1742
6351	响弹瀹的传说					乔晓岚、振杰	259331	4023
6352	鸡鸣井					秋英	259319	2115
6353	心长和心短					许文进	259338	1720
6354	苏武举捉鬼					李克俭	259330	3971

序号	篇名	民族	流传地区	采集地	讲述者	搜集者	数据库编号	字数
6355	张公造塔					李国庆、高尔勤	259316	2145
6356	宝帽					段银太	259325	3001
6357	巧惩县衙					许文进	259314	2370
6358	石蛤蟆					章喜	259335	3540
6359	马尚德的故事					李克俭	259340	2466
6360	死板找驴					张景瑞	259324	877
6361	三孝廉让产立高名						259341	762
6362	二皮的故事					章喜	259320	2150
6363	孝子的传说					杨文志	259327	2135
6364	白玉兔与张巡按					牛文义	259334	1162
6365	吴旺本的仙指头					李克俭	259332	2152
6366	龙须虎牙翡翠汤		青龙东南一带	白枣山村讲述人的家中	李殿堂	张国中	260132	644
6367	红鲤		青龙南部		夏凤翔	张国中	260173	1025
6368	甘罗的故事		青龙东部一带		李义	张保学	260128	1231
6369	长工讲故事		青龙县境内		李祥	杨占国	260145	2361
6370	买卖四时		青龙南部	于当丈子乡文化站	高云山	高虎	260144	507
6371	大黄狗		青龙东部	李义云家中	李文公		260168	1087
6372	兔子到月宫中的传说		吴丈子一带	吴丈子村讲述人家中	王志海	王凯	260178	895
6373	地当家的要饭		青龙县东南部	青龙县三间房乡陆杖子村	张万德	张保学	260148	829
6374	一棵高粱		青龙县西部		刘天来	李文成	260184	2224
6375	猫和老鼠		青龙县东南一带	讲述人家中	米国丰	米宝海	260170	90
6376	森林中的闹剧		双山子一带	古楼子村张印忠家	张印忠	张学海	260174	1345
6377	村夫买蜡烛		青龙县东部	青龙县陆丈子村	王文魁	张保学	260158	515
6378	谎话的报应		青龙县草碾，当丈子一带		高久山	高虎	260156	708
6379	癞蛤蟆的传说		青龙县境内		杜青然	杨友、王佐	260166	3075
6380	无头案		青龙县大部分地区	青龙县三星口乡政府	张书田	刘玉宗	260151	714
6381	黑尖顶与天女木兰		青龙东南部	老岭林场	陈民	赵凤阳	260179	4860
6382	罗才女救夫		青龙南一带		金树	窦舍恒	260142	1279
6383	猴子屁股是怎样红的		青龙东北部靠进辽宁一带	盘岭沟村	李文芝	杨占国	260165	1070
6384	解缙对诗		青龙东南部	双山子村于化民家	于化民	刘莹	260143	859

序号	篇名	民族	流传地区	采集地	讲述者	搜集者	数据库编号	字数
6385	黄芹和人参的传说		青龙县东南部	青龙县朱丈子乡朱丈子村	殷自生	殷雨安	260181	1650
6386	文王吐兔子		青龙东南部		复风翔	张国忠	260163	1447
6387	鸡脑子的传说		青龙东南一带	讲述人家中	高贵	于春燕	260164	1335
6388	麻雀的由来		青龙县东部	双山子讲述人家中	于化民	刘莹新	260162	370
6389	小人儿没腰		青龙东南部	朱丈子村	阚兴珍	张国忠	260186	2855
6390	小偷被偷		青龙县东部	木头橙衬	李文芝	杨占国	260160	415
6391	馋妇观雪		青龙东南一带	朱丈子	阚兴珍	张国忠	260185	454
6392	人们讨厌乌鸦的原由		青龙东部	龙头村村头	薛桂芹	李宏华	260175	1323
6393	笨学生做作文		青龙东部和南部	朱丈子村人	阚兴珍	张国中	260188	717
6394	猫的故事		青龙东部	干沟乡盘岭沟村李义云家中	李义云	杨占国	260169	1108
6395	捉弄财主		青龙县未丈子乡白枣山村		张街玉	张国忠	260153	581
6396	狗和猫的传说		青龙西北一带	蒿村乡炮手堡子村	沈素芝	吴立新	260171	476
6397	三句半		青龙东北一带	马圈子乡文化站	岳峰	刘宝林	260192	1515
6398	一胎生了俩状元		青龙东北部	马圈子乡文化站	岳峰	刘宝林	260193	385
6399	难过的冷口关		青龙县南部		彭玉波	张保学	260135	1933
6400	杨铁匠“戏子坟”前捉鬼		牛心坨乡	牛心坨乡老鸦窝村	杨得银	杨友	260198	1242
6401	县官画虎		青龙县东部	木头凳乡中学院内	马国中	马爱国	260195	1111
6402	布谷鸟的由来		青龙县内大部地区	青龙县当丈子乡文化站	乔义	高虎	260167	295
6403	桑树破肚的传说		青龙大部及宽城县一带		张东升	张保学	260182	2134
6404	豁翰林撕休书		青龙县西南部及迁安一带	肖营子社中	邵玉斋	佟景梅	260139	2791
6405	木匠师傅“大胆沟”里遇魔		逃军山乡一带	县文教局文化股	沈贺	杨友	260197	1616
6406	吹起来打		青龙县东部	青龙轴线厂院内	张明海	张保学	260187	311
6407	曹老大斗蛇		草碾及当丈子一带	六柱沟村讲述人家中	曹岁本	姜荷艳	260150	469
6408	奇遇		青龙及宽城部分地区		王春和	刘玉宗	260149	1356
6409	着急屙狗屎		青龙县东南部	徐占久家中	徐占久	张保学	260190	1083
6410	狗是讨粮的，牛是耕田的		青龙东部及南部		张东升	张保学	260176	1114
6411	傻姑爷和秀才		青龙东南一带	电机厂家属院	郭文奎	郭玉阁	260194	18

序号	篇名	民族	流传地区	采集地	讲述者	搜集者	数据库编号	字数
6412	巧戏县令		青龙县东北一带	青龙县政府招待所	王建华	刘宝林	260147	451
6413	聪明的媳妇		青龙县东部	青龙县招待所	王建华	刘宝林	260146	446
6414	坐膏药		青龙宽城一带		周玉胜	金永强	260157	37
6415	不孝夫妻		青龙西南部		周玉胜	金永强	260152	1042
6416	会吃饭的“死尸”		青龙东北部及中部	青龙镇	张甫	刘庆海	260159	798
6417	看谁蹄子硬		青龙县东南一带	董丈子乡	王振恒	赵秘	260177	1052
6418	傻小子娶亲		青龙县西部地间	青龙县轴线厂院内	王春奎	张保学	260155	1317
6419	赵子才的故事		青龙西部地区	凉水河村	赵连洪	段庆民	260141	998
6420	兽中王的由来		青龙东部	青龙县三间房乡陆丈子村圣水泉	张继	张保学	260161	691
6421	霍翰林		青龙县及迁安县一带		佟守训	张国中	260138	1144
6422	红豆的传说		青龙东南部	官场乡政府院内	阎海阁	陈江	260180	1009
6423	响雷过后必有大雨		青龙东部	木头凳中学院内	马国中	马爱国	260196	933
6424	紫金盆		青龙县一带	朱丈子乡白枣山村	付金芳	张国忠	260154	527
6425	景进士的惠遇		青龙东部和东北部	朱丈子乡政府院内	李殿堂	张国中	260134	861
6426	找到了“真性”		青龙东部及北部	老李洞村	伍占其	杨友、王佐	260191	589
6427	秀才问字		青龙县西南部	青龙县轴线厂院内	彭玉坡	张保学	260189	1084
6428	猛虎与牛犊		青龙县东部	王雨家室内	王雨	苗雨盛	260172	2699
6429	杏仁变苦的传说		青龙县东部		张东升	张保学	260183	1864
6430	找皇姑	满族			隋淑贞		274071	275
6431	狼心狗肺药王奶奶				房广生	福民、传永等	274077	949
6432	十二生肖为啥没猫	满族			郑忠清		274082	3033
6433	牛马上工猪效力	满族			王喜清		274087	1013
6434	人参娃	满族					274074	1243
6435	老猎手箭下放生	满族			刘普	刘福民	274078	425
6436	变鸡还米	满族			季永春	师海燕	274086	870
6437	一日三餐吃猪肉				杨德清	王喜清	274079	455
6438	鹿与小虎	满族			孙喜元		274081	801
6439	更误						274093	944
6440	老虎脑瓜壳上为啥有“王”字	满族				孙长德	274084	816
6441	鸡鸣的传说	满族			于士军		274085	807
6442	贝壳的故事				谭显全		274091	845

序号	篇名	民族	流传地区	采集地	讲述者	搜集者	数据库编号	字数
6443	牛孩儿	满族			田永才	马桂林	274064	578
6444	草死苗活地发软						274075	1351
6445	火龙单	满族			杨福财		274061	1311
6446	宝匣	满族			姚刚		274068	1058
6447	金籽银瓤宝葫芦						274066	6537
6448	堵海眼						274062	1358
6449	三个瞎姐妹						274089	630
6450	鹰为啥以野鸡为食					郑涛	274083	1263
6451	月亮门传奇				王天庆	王国燕	274069	750
6452	纪成投师	满族			刘春满	刘书屏	274060	493
6453	牛蹄子为何是两瓣儿的	满族			张臣		274080	900
6454	琴缘	满族		窖岭乡三道沟门村	王春雨	李金刚	274092	1427
6455	老太婆卖水发家					李国卿	274076	376
6456	金棒锤	满族			李秀芝		274067	2188
6457	娶财神	满族			杨金荣		274070	2128
6458	宝球	满族			杨金荣		274073	56
6459	花荣道	满族			杨金荣		274065	756
6460	镇海干				李桂侠		274063	505
6461	宝葫芦						274072	5566
6462	老皮虎	满族					274090	1142
6463	门插关儿的来历	满族					274088	1879
6464	两个急性人				赵风元		279193	246
6465	饼卷饼				刘魁生		279212	711
6466	狐女报恩				赵风元		279092	921
6467	是哪个王八蛋告诉他们来				庞文正		279236	329
6468	老丫环				于全米		279118	243
6469	虎妻				赵二歪		279091	747
6470	大白菜和小白菜				马老旺		279061	429
6471	许龙和香玉				于振荣		279050	397
6472	红面紫光头				郭恒昌		279187	772
6473	老狐狸				李振华		279084	629
6474	冤家结亲家				杜保信		279040	622
6475	兔子寻死				李增魁		279081	451
6476	金保和玉爱				杜保信		279151	4292

序号	篇名	民族	流传地区	采集地	讲述者	搜集者	数据库编号	字数
6477	天地和良心				古振华		279058	2850
6478	长工和媳妇				张存贵		279117	3669
6479	茅梁石的传说				郭兴有		279055	1061
6480	邹老头训子				白日升		279105	1504
6481	找活佛				郝存芝		279063	328
6482	行行考状元雷雷比高低				张万良		279064	402
6483	藏耙				魏心玲		279204	246
6484	拐腿儿娶豁嘴儿				申更午		279114	770
6485	“扁古”是盘古的爹				张春霞		279125	941
6486	木头婆婆				任书臣		279053	1902
6487	背娘篓				谢入相		279112	923
6488	说话不算数				张宏志		279115	1632
6489	娶亲丢媳妇				赵风元		279097	799
6490	猜姓				于振荣		279155	676
6491	丑闺女相女婿				李汝玉		279110	904
6492	圣人和范丹				赵风元		279044	1128
6493	碾磙神				王美玲		279103	1007
6494	放羊小儿与牡丹仙子				魏元保		279042	1164
6495	朋友仨喝酒				谢入相		279111	399
6496	马奶奶的传说				顾子茹		279046	1715
6497	白胜基的故事				白富昌		279174	1383
6498	李正赶考				李兴太		279068	1513
6499	图财丢妻				王顺义		279142	3038
6500	赵神医选徒弟				冯增发		279121	526
6501	杀狗劝夫				许仙如		279131	227
6502	人样子娶亲				杨扶山		279145	2036
6503	鲤鱼嬉沙				贺庆相		279128	1616
6504	麦子换毛驴				常有才		279113	1137
6505	双锁柜				杨扶山		279167	301
6506	阎地石				谭小忠		279093	1026
6507	等着你来你不来				杨扶山		279144	1172
6508	梦先生				孔双喜		279127	297
6509	刘光棍				孙益胜		279149	340
6510	少臭点				朱增荣		279182	4016

序号	篇名	民族	流传地区	采集地	讲述者	搜集者	数据库编号	字数
6511	树证				王太相		279161	704
6512	问路				孔和平		279190	4720
6513	迟会儿生我				姚庆祥		279230	249
6514	王三和李四				谢入相		279066	1603
6515	急性人				申秀林		279215	361
6516	瞎子买锅				杨雨田		279191	1041
6517	龙洞得宝				陈林枝		279045	734
6518	狗不会吃肉				赵庆文		279201	460
6519	保屯娶黄蛇精				赵风元		279082	607
6520	三旋的故事				马广成		279170	4053
6521	弟兄俩				王玉秀		279057	878
6522	老和尚写对联				宋发林		279164	247
6523	兄弟俩要饭				陈林枝		279047	526
6524	朋友仨				古占江		279123	510
6525	快坐月子的汉们				申天保		279183	917
6526	白太官				李五的		279154	700
6527	焦志爷种高粱				赵付兵		279075	596
6528	不用你去了				庞文正		279235	728
6529	杀鸡取蛋				王和生		279120	2103
6530	四媳妇气公公				孟仙的		279126	336
6531	宝扇				杜保信		279041	465
6532	庙里的爷爷挨打				冀连叶		279172	3073
6533	月老的故事				姚起云		279038	1800
6534	东邻家和西邻家				杨扶山		279157	210
6535	婆媳俩看镜子				苏起太		279198	555
6536	学懒				贾根山		279188	246
6537	弟兄学艺				袁大江		279059	1362
6538	四虎上供香				黄治中		279163	382
6539	二斤半肉				胡家如		279197	664
6540	阎王害怕的人家				程新军		279060	760
6541	奉承				朱祥林		279101	832
6542	掐吃鬼				李振华		279036	928
6543	龙女出海				赵风元		279048	1448
6544	考先生				谢入相		279109	395

序号	篇名	民族	流传地区	采集地	讲述者	搜集者	数据库编号	字数
6545	张苍描眉				史建国		279100	198
6546	财主信谎话				王志生		279159	697
6547	文盲通信				王现林		279209	419
6548	搂破砂锅				刘起岗		279233	2009
6549	送财				于端兰		279056	847
6550	裁衣				李东歧		279132	194
6551	小孩屁股一盆火				任意发		279208	718
6552	饿死鬼投胎				白岗昌		279226	1319
6553	傻小子买鹅				籍洪勋		279206	720
6554	嫖汉回头				朱新玲		279136	1409
6555	学话				李金锁		279205	1093
6556	又送来一碗				胡振环		279199	1422
6557	拾马				王好学		279218	755
6558	岂有此理				李振立		279179	1300
6559	傻丈夫死记一句话				王海青		279225	568
6560	猫狗结冤仇				杜保信		279039	1920
6561	爱讲古词的秀才				刘振祥		279220	845
6562	老好喂牲口——饱得得				康福生		279200	594
6563	知县夫人断奇案				杨永素		279098	1440
6564	姐妹俩				李有其		279135	590
6565	狐狸和猎人				程永全		279090	1600
6566	狗蛋知县				杨龙昌		279222	928
6567	蛇妻				王世贺		279083	823
6568	进步人士				傅天元		279219	1007
6569	死要面子的恶老雕				赵风元		279080	978
6570	王小砍柴				郭有的		279062	385
6571	崩碾砣				朱心玲		279171	2915
6572	驾鹤仙游				李培科		279213	2309
6573	李打油				杨扶山		279141	374
6574	偷驴				赵风元		279173	452
6575	吃嘴媳妇				谢入相		279181	259
6576	贪心的财主				王万宽		279065	996
6577	十条命				杜保信		279150	251
6578	会说奉承话的人				李梦彪		279189	411

序号	篇名	民族	流传地区	采集地	讲述者	搜集者	数据库编号	字数
6579	杏花嫁蛇精				陈林枝		279085	1397
6580	龟贝出珠				李子良		279067	716
6581	屎壳郎哭夫				刘培芳		279078	2750
6582	蠢官断案				王习申		279221	380
6583	东来找爹				吴氏		279095	544
6584	王小与老虎				吴氏		279070	3988
6585	驴和老虎				李振华		279079	793
6586	二大爷咋着你咋着				赵学岗		279217	325
6587	守戒和尚也喝酒				杨华山		279129	475
6588	恩缘				杜保信		279071	502
6589	野游神				杨扶山		279094	409
6590	不如不问				李振华		279192	350
6591	刘全卖酒				赵风元		279088	438
6592	水棒槌				孟庆娥		279074	936
6593	龙要抓谁				孔拴柱		279102	602
6594	父子俩				申天保		279184	1009
6595	舍郎和采采				杜保信		279096	772
6596	王二小救皇姑				李龙庆		279077	340
6597	王三偷钱				齐贵林		279119	697
6598	胡万仙				温宝昌		279089	272
6599	报唾骂之恩				李玉安		279107	1081
6600	龙务人治鬼				赵风元		279087	1164
6601	戏迷				白胜田		279234	300
6602	一伙杂碎				李佑		279195	141
6603	六个月				李玉林		279237	467
6604	吃萝卜的先生				谢入相		279106	444
6605	傻媳妇过初一				申天保		279180	352
6606	猫神				谢入相		279043	237
6607	清和桥				谢入相		279169	373
6608	精媳妇和聋公公				南海		279108	1064
6609	回去再拼对				张风祥		279238	1902
6610	这个碾磙儿不赖				孔柱的		279203	175
6611	金手镯				杜保信		279153	1347
6612	割狼尾巴的人				孟坦居		279116	3313

序号	篇名	民族	流传地区	采集地	讲述者	搜集者	数据库编号	字数
6613	秋枝和贵兴				杨扶山		279143	603
6614	打嚏喷				杜文明		279177	236
6615	一把瓜籽换媳妇				赵风元		279140	935
6616	王二嫂对诗				王治艮		279124	666
6617	丁秃女				吴风琴		279130	297
6618	千里送鹅毛礼轻人意重				郭有财		279160	191
6619	巧哥				王云玲		279156	212
6620	丢绣鞋				张保生		279133	280
6621	一个小石榴的故事				杜何琴		279054	543
6622	我也是				孔文清		279229	553
6623	还短一头驴				冀祥太		279194	400
6624	弟兄三分家				李芳梓		279146	445
6625	双胞胎				温宝昌		279178	1529
6626	隐帽				杜保信		279072	983
6627	老虎和大嫂比赛跳黄河				李振华		279037	494
6628	后来者居上						279147	233
6629	刘拴偷牛				郭延禄		279134	1180
6630	三人进和村				曹正文		279166	1724
6631	漏				朱新玲		279137	2360
6632	看女婿				赵苏先		279152	274
6633	要饭吃的梦				孔和平		279176	1546
6634	小屎旦儿圆梦				谢入相		279099	728
6635	吝啬鬼临死考儿子				未新玲		279138	604
6636	嘴上功夫				苏天何		279168	947
6637	恶有恶报				朱新玲		279139	1541
6638	扫帚、耙和扫帚把				朱祥林		279165	317
6639	巧娶俊妻				张成保		279148	1501
6640	刘志贤的故事				李向东		279175	1592
6641	屠夫驸马				刘忠清		279158	498
6642	赵喜人成仙				牛俊青		279073	709
6643	因祸得福				李志林		279162	1479
6644	坐上首				杨仁义		279196	1662
6645	柴郎和仕女				万志安		279069	848
6646	洞房情诗				赵苏先		279202	1054

序号	篇名	民族	流传地区	采集地	讲述者	搜集者	数据库编号	字数
6647	小长工认妻				赵风元		279086	611
6648	皇上听古				温宝昌		279210	5160
6649	屁是我的				申秀林		279216	1305
6650	喝水				郭保兴		279122	1172
6651	说大话				郑发斌		279223	473
6652	小龙报恩				张日生		279076	466
6653	烧心蛋长耳朵				苏运芳		279227	875
6654	打柴郎的奇遇				武中祥		279052	2960
6655	谁是爹				李志强		279232	485
6656	神婆要西瓜				王风如		279228	311
6657	梦里生子				于振荣		279051	2254
6658	不累赘				李培科		279214	6024
6659	三客论戏				卢永太		279224	1176
6660	俩书生观文庙				郭恒昌		279186	952
6661	浇地				武更生		279239	267
6662	而已是拽面				李新瑞		279185	349
6663	县官上任				白胜田		279211	1612
6664	全家能				魏改的		279231	1058
6665	打赌				万合		279207	615
6666	四个媳妇看坟				朱心玲		279049	1243
6667	轱辘烧饼				刘喜廷		279104	818
6668	和诗				王海	子魁	283561	785
6669	死人知道我知道			小吴营	冷占芳	子魁	283573	406
6670	三个女婿赛诗			小吴营	冷占芳	莹石	283555	534
6671	撵贼			庞家堡	杜满蓬	志明、李晓英	283569	264
6672	贪婪的王七夫妇			庞家堡区	杜春梅	翟暾、赵福生	283537	646
6673	自讨没趣				王海	子魁	283560	661
6674	牛蹄为什么两半			坝口	姚玉	王东志	283541	955
6675	喜欢抬杠的俏蚂蚱			八区	聂锁来	荣芳	283566	388
6676	九两酒			小吴营	冷占芳	荣芳	283544	677
6677	傻女婿探岳母			八区	荣照	莹石	283554	1437
6678	人为财死，鸟为食亡			庞家堡区	冷占芳	翟暾、康凤贤	283536	823
6679	遗书			小吴营	冷占芳	荣芳	283543	970
6680	难得灵芝草			八区	聂锁来	荣芳	283565	494

序号	篇名	民族	流传地区	采集地	讲述者	搜集者	数据库编号	字数
6681	青蛙为什么叫“呱呱”			小吴营村	程祥	笑非、程万玲	283540	905
6682	哄县官			白庙村	王大魁	志明、寒石	283564	666
6683	二愣买货			小吴营	施金梅	晓章	283553	456
6684	少见多怪			小吴营村	李寿昌	晓章	283574	602
6685	叫你没叫我			小吴营	冷占芳	荣芳	283579	1231
6686	日能人的故事				王久高	赵效民	283551	259
6687	翠飞			庇家堡	秦万福	周云、秦海亮	283542	1040
6688	好辣			小吴营	冷占芳	荣芳	283581	613
6689	变鬼			小吴营村	陈金绪	莹石	283527	372
6690	愣女婿				王久高	赵效民	283552	271
6691	高原			小吴营村	冷占芳	荣芳	283578	900
6692	莜面人配干丧，对不起糕（高）人			样台村	刘贵志	刘金玉	283586	3016
6693	舍命不舍财			八区	王利科	宁桂荣	283571	1228
6694	懒汉夫妻				王发	杨春苹	283570	444
6695	灵葱和榛木头			坝口	李更彬	莹石、淑河	283547	409
6696	不会说话的人			庞家堡区	冷占芳	翟暾、康凤贤	283584	466
6697	长工和地主			龙烟铁矿	冯金祥	刘淑河	283559	519
6698	拐子学艺			庞家堡	赵义志	爱牛	283526	2370
6699	剩下两个耳朵了			小吴营	冷占芳	荣芳	283582	2743
6700	不准发山			小吴营村	李寿昌	晓章	283580	947
6701	啥也不短就短钱			小吴营	冷占芳	荣芳	283558	399
6702	看瓜后生			庞家堡	冷占芳	翟暾、康凤贤	283535	1978
6703	仨女婿吃饺子			八区		赵瑞堂	283557	459
6704	得病就死			庞家堡区	冷占芳	翟暾、康凤贤	283583	1287
6705	父亲告儿子			小吴营	张增德	莹石	283545	352
6706	看地三姐妹			庞家堡	王大芳	牛德欣	283525	342
6707	哥哥啊哥哥			坝口	李春生	爱牛李海英	283563	432
6708	先生后生都是我儿			八区	张凯泉	赵效民	283577	733
6709	说媒			小吴营	冷占芳	子魁	283568	1385
6710	不见黄河心不死			小吴营村	段秀琴	普员、莹石	283585	469
6711	哑谜			区二中	秦国润	秦国润	283587	893
6712	豆腐磨下的金库			小吴营	冷占芳	莹石	283567	529
6713	小猪大的扁食			小吴营	冷占芳	荣芳	283575	317

序号	篇名	民族	流传地区	采集地	讲述者	搜集者	数据库编号	字数
6714	猴子娶媳妇的故事			小吴营村	施桂花	解辉昭	283529	371
6715	有钱寡妇哄长工			大段地	王海	子魁	283562	312
6716	懒老婆借米			坝口李英华家	李英华	刘江	283528	219
6717	年货，出手的			小吴营村	冷占芳	荣芳	283576	863
6718	多嘴丫头			小吴营村	施金梅	晓章	283572	377
6719	猫、狗、麻雀、苍蝇			小吴营	冷占芳	荣芳	283538	480
6720	仨女婿给丈人拜寿			八区	马明	莹石	283556	741
6721	扁头蛇为什么有毒			坝口村	刘万库	子魁	283539	1084
6722	住多少天娘家			小吴营	冷占芳	荣芳	283549	918
6723	“白吃”成仙记			坝口	姚玉	王东志	283548	988
6724	孟有才逢巧招驸马			龙烟铁矿	刘景华	周云	283530	315
6725	长腿、长胳膊、深眼窝			小吴营村	田玉梅	志明、陈志英	283533	2190
6726	十兄弟			小吴营	冷占芳	荣芳	283532	344
6727	灵媳妇			大段地	王海	子魁	283546	781
6728	聪明的媳妇和爱占便宜的货郎			白庙	荣占魁	赵效民、荣革萍	283550	320
6729	争元宝			小吴营	冷占芳	赵效民	283534	628
6730	黄狗和狸猫			小吴营	冷占芳	荣芳	283531	499
6731	问路		新乐县农村	邯邰镇	马和杰	甄丙午	287615	732
6732	花媳妇变鸡		新乐县东部地区	长寿镇刘秀娥家中	刘秀娥	房建英	287594	993
6733	贺龙换马		新乐县东部	县委招待所	田勇	富强	287629	1378
6734	巧顺理和硬杠头		新乐县化皮乡	关庄村	陈建设	陈少言	287614	955
6735	小姨子推枕头		新乐岗头一带	长寿镇刘秀娥家中	刘秀娥	雁鹰	287607	1863
6736	老公公难儿媳		新乐县境内	长寿镇刘秀娥家中	刘秀娥	雁鹰	287606	772
6737	抠糊涂虫		新乐县东北部地区	政府大院	李增勋	张彦哲	287595	500
6738	赶考书生和看棉姑娘		新乐县长寿岗头一带	长寿镇刘秀娥家	刘秀娥	雁云	287609	645
6739	神女梁振英		新乐县	新乐县岸城村、化皮朱家庄村	黄文芝、刘子立等	朱尔文	287631	988
6740	算命先生碰壁		新乐县邯邰乡部分村	陈六指院内	陈六指	张振虎	287600	585
6741	李混子巧炸敌炮楼		新乐县北李家庄一带	北李家庄	李福儿	李改军	287630	856
6742	苏半仙的故事		新乐县东部村庄	新乐县曲都村小学	苏记	姬素申	287590	549

序号	篇名	民族	流传地区	采集地	讲述者	搜集者	数据库编号	字数
6743	弟弟与小草棚的故事		新乐县广大农村	划秀娥家中	刘秀娥	房建英	287611	631
6744	财主许愿		新乐县城北一带	清村	崔玉秋	张坤彩	287602	2230
6745	张老实卖布		新乐县城东部	沈金来家	沈金来	杨素霞	287605	378
6746	借粮记		新乐县中部农村	北齐同	王胖女	彦哲、建英	287613	906
6747	城隍托梦王知县		新乐县北部一带	岗头村	张换春	张彦哲	287589	283
6748	贪小利失大事		新乐县城北部分村庄	清村	相腊月	杨素霞	287604	787
6749	史义和王恩		新乐县西部一带	安太庄村外地头	张志合	张彦哲	287591	968
6750	济小堂捉拿粘鱼精		新乐县北部地区	县政府宿舍	李增勋	张彦哲	287592	1745
6751	鸟言和兽语		承德地区与新乐县等地	新乐县马头村姬素申家	徐云峰	姬素申	287593	643
6752	四兄弟作诗		新乐县城西	贾思义家	贾思义	贾瑞国	287599	2541
6753	徒弟巧学艺		新乐县西部	富德禄家	富德禄	邱文亮	287598	2863
6754	鲤鱼换地芽的传说		新乐县岗头一带	长寿镇刘秀娥家	刘秀娥	雁云	287610	424
6755	孝子韩魏		新乐县沙河北部一带	县委宣传部	韩书林	朱尔文	287597	689
6756	三个媳妇请公公		新乐县城东部	南双晶张玉祥家	张玉祥	杨素霞	287603	2489
6757	黑心人		新乐县	北齐同	王胖女	房建英	287612	536
6758	三女婿对诗		新乐县农村	清村	崔玉秋	张坤彩、相成军	287601	1161
6759	老先生让媳妇		新乐县部分农村	老家街头	郭老红	富强	287596	632
6760	小长工智斗王四爷		新乐县西部	孙文明家	孙文明	杨仲玉	287608	1770
6761	两个虱子换地方		新乐县东北部	北累头	张进平	李卿	287616	527
6762	儿子巧治抠惜爹			于兴城五村	孔凡贺		290081	2236
6763	巧骂歹先生			迁西县东城峪村			290097	319
6764	害弟不成鬼杀身			孟子岭村	孙计通		290056	1609
6765	哥儿三个			孟子岭村	舒凤阁		290057	915
6766	巧治姐夫			兴城五村	孔凡贺		290079	250
6767	死后教子			迁西县人民政府	杨文振		290104	146
6768	人兔良缘			迁西县西岗	王书军		290052	691
6769	崩屁花			迁西县三屯镇	宋友芬		290064	1727
6770	巧取好酱			于迁西县赵庄子村	赵昆		290074	1190
6771	傻子学话			迁西县西岗村	王书军		290092	766
6772	害人的狼			迁西县八里铺	刘佩兰		290062	1222
6773	啄木鸟受封			宽城县椴木峪村	赵连友		290070	779

序号	篇名	民族	流传地区	采集地	讲述者	搜集者	数据库编号	字数
6774	狐仙报恩			迁西县孟子岭村	孙继武		290060	771
6775	刁和尚挨打			于兴城五村	孔凡贺		290083	890
6776	没有的事儿			迁西县铁门关村	张秀华		290108	1299
6777	馋先生受治			兴城五村	孔凡贺		290080	553
6778	巧计赶贼			迁西县罗屯镇	姜玉祥		290127	772
6779	秀才作诗			迁西县上庞店村			290101	553
6780	县官画虎			迁西县偏崖子村	刘长华		290131	208
6781	巧计治财迷			迁西县孟子岭村	孙广发		290082	343
6782	一对脏夫妻			迁西县泉庄村	李保		290136	1144
6783	杂烩			于迁西县滦阳	李保林		290077	3520
6784	学懒			迁西罗屯镇	姜玉祥		290143	884
6785	三婿对诗			迁西县偏崖子村	刘长华		290086	276
6786	巧治刺头			迁西县偏崖子村	刘长华		290147	297
6787	金马驹蛋			迁西县尹庄乡偏岩子	刘长华		290072	179
6788	聪明的老四			迁西县东城峪村	李晓娟		290099	1302
6789	张三的故事			迁西县西岗村	王书军		290118	868
6790	三婿赛诗			迁西县东花院	李晓娟		290089	919
6791	抠财主和刘老大			迁西县南刘庄	李书国		290075	557
6792	侠客赠马			迁西县兴城镇	董生明		290088	787
6793	智相贵夫人			迁西县罗屯镇	姜玉祥		290129	363
6794	出联招婿			迁西县罗屯镇	郭兴芝		290087	841
6795	老虎学艺			迁西县白庙子村	温玉珍		290071	1093
6796	书生认花			迁西县兴城镇	董生明		290066	1059
6797	全家福			迁西县铁门关村	杨富满		290135	1703
6798	小黑遇孤仙			迁西县孟子岭村	舒凤阁		290059	150
6799	访仙记			迁西县三屯镇宝湖村	刘翠兰		290048	3275
6800	张小二巧治馋先生						290078	1144
6801	一语双关			迁西县偏崖子村	刘长华		290148	1150
6802	三次还谷			迁西县姚庄村	酒永海		290103	382
6803	包子的故事			迁西县赵庄子村	赵建伍		290051	753
6804	小利			于迁西罗屯镇	姜玉祥		290115	569
6805	贪便宜的先生			于迁西滦阳	李书莲		290151	986
6806	天不管			迁西县龙塘村	柴宝祥		290109	171
6807	傻姑爷学话			于迁西县水峪岭村	方永富		290093	610

序号	篇名	民族	流传地区	采集地	讲述者	搜集者	数据库编号	字数
6808	善人			迁西县孟子岭村	孙继武		290113	585
6809	老两口和小两口			迁西县西岗村	王祥		290100	373
6810	王大傻子学艺			迁西县忍字口村	刘瑞刚		290125	1434
6811	估象			迁西县偏崖子	刘长华		290091	365
6812	巧计换地			迁西县二拨子村	王杰		290121	364
6813	傻子学礼			于迁西县喜峰口	杨富满		290094	858
6814	贞节烈女			迁西县潘家坟村	潘庆		290117	850
6815	农夫答状元			迁西县罗屯	姜玉祥		290090	912
6816	最后一个准成			迁西崔家堡子村	吴庆阳		290139	636
6817	坟东麦			迁西县孟子岭村	孙继富		290085	1065
6818	智分妻妾			迁西县罗屯镇	姜玉祥		290128	899
6819	商人巧计安晚年			迁西县尹庄村	尹开振		290126	501
6820	追戏			迁西县铁门关村	杨富满		290138	1334
6821	恶有恶报			迁西县三屯镇	宋友芬		290111	417
6822	打赌			迁西县杨河峪村	郝印荣		290152	255
6823	一坛银子			迁西县下营村	陈玉东		290112	917
6824	贼多			于迁西崔家堡子村	刘桂芝		290140	1566
6825	能忍			迁西县石梯子村	马奎		290110	1520
6826	老头告状			迁西县铁门关村			290096	664
6827	浪子回头			于迁西县孟子岭村	孙继富		290105	932
6828	老天惩恶			迁西县喜峰口村	杨富满		290116	1665
6829	小三儿劝母			于迁西县照燕洲村	赵艳秋		290106	413
6830	评戏			迁西县偏崖子村	刘长华		290145	987
6831	这两只也一样			迁西县上庞店村	张玉莲		290144	937
6832	骗子被骗			迁西县忍字口	赵建伍		290084	507
6833	当间儿			于迁西县崔家堡子村	刘桂芝		290141	370
6834	采参			迁西县铁门关	杨富满		290067	464
6835	老妙练武			于迁西县大黑汀村	赵贵如		290123	765
6836	玉娟与王氏			迁西县西岗村	王祥		290053	894
6837	撒谎			迁西县铁门关村	张秀华		290137	705
6838	老大奸、老二傻			迁西县后韩庄村		韩树柏	290107	879
6839	自讨没趣			迁西县滦阳	李书莲		290150	406
6840	白痴学字			迁西滦阳	韩俊秀		290133	695
6841	一夜三找头发丝			迁西县二拨子村	王杰		290120	957

序号	篇名	民族	流传地区	采集地	讲述者	搜集者	数据库编号	字数
6842	学官话			迁西县三屯镇	韩素芝		290132	575
6843	捉妖驱邪			迁西县交通局	刘景春		290122	1471
6844	县令用人			迁西滦阳	李玉华		290130	1156
6845	在哪儿有屎就在哪儿拉			于迁西县照燕洲	赵艳秋		290073	325
6846	姑娘密请放牛郎			迁西县下洪寨村	孙保冒		290050	669
6847	吃面			迁西县偏崖子村	刘长华		290146	867
6848	金马驹与宝葫芦			迁西新庄子	苏会兰		290047	1501
6849	猎狗和公鸡			迁西新庄子村	苏会兰		290069	2722
6850	黄头鬼的故事			迁西县偏崖子村	王银		290049	691
6851	不定咋儿样呢			迁西县三屯镇	宋友芬		290154	617
6852	习惯成自然			迁西县偏崖子村	刘长华		290149	779
6853	南瓜山			迁西县上庞店村	张玉莲		290065	438
6854	卖啥招呼啥			于迁西县兴城镇	董生明		290124	1460
6855	聪明的笨蛋			迁西县罗屯镇	姜玉祥		290142	768
6856	本家老爷			迁西县上庞店村	张玉莲		290153	6464
6857	燕子报恩又报仇			迁西县东花院村	李晓娟		290063	1302
6858	斗富			于迁西县西岗村	张满		290119	578
6859	顿顿闹点儿肉			迁西县兴城镇	董生明		290134	3400
6860	孝顺夫妇			迁西县城关	陈志卉		290114	294
6861	奸老大丧命			迁西县照燕洲	赵海云		290058	872
6862	小媳妇对诗			迁西县西岗村	李端辰		290102	920
6863	智斗县令			迁西道马寨村	孙秀生		290068	938
6864	狐仙计除恶县官			迁西县孟子岭村	舒凤阁		290061	482
6865	害女不成反丧命			迁西县孟子岭村	舒凤阁		290055	1351
6866	后娘害冬梅			迁西县西岗村	王翠英		290054	1912
6867	晴天雨天总不闲			迁西县兴城五村	孔凡贺		290076	497
6868	作诗联姻			迁西县铁门关村	杨富满		290098	312
6869	选姑爷			迁西县上庞店村	阎玉稳		290095	1012
6870	豆腐是命			昌黎县裴家堡乡裴家堡村	焦锡震	刘振国	290440	409
6871	一篓草			昌黎县裴家堡乡裴家堡村	阎会青	刘振国	290397	366
6872	大老爷问路						290411	1910
6873	白吃			昌黎县师范学校	齐志鸿	曾敬亭	290437	775

序号	篇名	民族	流传地区	采集地	讲述者	搜集者	数据库编号	字数
6874	王太和			昌黎县文联办公室	支文	王凡	290334	754
6875	猫死了			昌黎县师范学校	齐志鸿	郭宝慧	290431	1408
6876	宝山			昌黎县师范学校	齐志鸿	郭丽巧	290329	634
6877	俩亲家			昌黎县文联办公室	田树芳	董宝瑞	290430	1933
6878	贪得无厌			昌黎县十里铺乡耿庄	齐香仆	焦荣才	290323	726
6879	贾秃子			自家	王洪儒	王洪礼	290429	872
6880	黑猩猩的来历			昌黎县梁各庄乡河西张各庄村	陈刘氏	谭晓红	290319	534
6881	三句话不离本行			昌黎县指挥乡坎上村	刘凤竹	杨爱珍	290464	282
6882	传家宝			昌黎县安山镇文化站	马国贵	万云阁	290359	795
6883	半袋烟			昌黎县龙家店乡康埝坨	郑合	冷光弟	290442	307
6884	煮铜钱			昌黎县大蒲河乡小蒲河	杨茂	郭光兴	290408	859
6885	她瘫巴！			昌黎县龙家店乡文化站	龙志生	康德宏	290452	683
6886	海鸥与渔郎			昌黎县虹桥乡沈庄	赵庆余	赵秋双	290340	586
6887	巧躲栽脏			昌黎县文联办公室	支文	董宝瑞	290403	2075
6888	县官与猴			昌黎县荒佃庄乡郭青坨村	郭裕民	马俊来	290413	765
6889	过关			昌黎县文联办公室	支文	董宝瑞	290394	1039
6890	增和桥			昌黎县槐李庄乡槐冯庄	冯礼昌	秦宝璋	290344	2102
6891	三姑娘替唱			昌黎县龙家店乡中学	王林阁	康翠莲	290371	404
6892	荞麦			昌黎县皇后寨乡豆军庄	佚名	王来雨	290338	443
6893	三个姑爷上寿			昌黎县大夫庄小学	田温如		290369	410
6894	苟财主和猪头			昌黎县龙家店乡汪上村	徐志林	徐强、郭少丰	290331	594
6895	捉弄卖蛋人			昌黎县城关镇自家	李郭氏	李和业	290390	858
6896	石葫芦			昌黎县赤洋口乡赤洋口二村	肖良	肖沛昀	290326	917
6897	老员外选姑爷			昌黎县文联办公室	王景高	李瑞金	290376	796
6898	老员外过生日			昌黎县马坨店乡中学	邵锦辉	王汉东	290368	587
6899	一年一头牛			昌黎县文联办公室	支文	王凡	290382	244
6900	三个姑爷对酒令				刘全增	刘贺丰	290363	502
6901	半斗豆子			昌黎县城关镇二街	王荫堂	李焕宇	290378	2230
6902	活气周大疤瘌			昌黎县槐李庄乡槐冯庄	冯礼昌	秦宝璋	290349	467
6903	小粹儿			昌黎县槐李庄乡槐贾庄	贾董氏	贾玉洪	290410	775
6904	三个儿子作文章			昌黎县电影公司	崔继山	崔艳秋	290427	2531

序号	篇名	民族	流传地区	采集地	讲述者	搜集者	数据库编号	字数
6905	哑巴皮匠儿子的美遇			昌黎县文联办公室	田树芳	董宝瑞	290455	1347
6906	讨尖			昌黎县城关镇	滕运林	朱树森	290423	1578
6907	大公鸡拉小磨			昌黎县茹荷乡茹荷村	刘继运	齐金武、马瑞翔	290318	1112
6908	见钱眼开			昌黎县文联办公室	李焕宇	李瑞金	290375	265
6909	假病成真			昌黎县龙家店乡康埝坨	郭丽敏	康翠莲	290463	868
6910	阎瞎狗吊丧			昌黎县城大众旅店	支文、李焕宇	梁慎思	290393	498
6911	王小杀皇帝			昌黎县城关镇三街	刘佐君	苏连璧	290309	367
6912	人尽其能			昌黎县裴家堡乡文化站	焦锡震	刘振国	290414	1061
6913	瞎算帐			昌黎县文联办公室	支文	刘汉有	290332	509
6914	阎秀才的外号			昌黎县城关镇	阎曙光	董宝瑞	290384	363
6915	咬牙印儿			昌黎县城关镇	阎曙光	董宝瑞	290398	234
6916	哪有儿子打他妈的				指挥村老人	刘慎金	290418	1071
6917	黑心子			昌黎县城大众旅馆	马福兴	王天胜	290357	797
6918	“东翁”和“吉先生”			昌黎县大周庄乡常陈庄	张芝	张信忠	290449	1152
6919	错耕一犁			昌黎县龙家店乡康埝坨	郑合	冷光弟	290388	703
6920	山西徒工			昌黎县裴家堡乡裴家堡村	焦锡震	刘振国	290433	658
6921	十兄弟			昌黎县茹荷乡茹荷村	齐东红	齐金武、李瑞金	290328	361
6922	不知是胖还是胀			昌黎县新集镇高庄	刘玉文	王宝平、王庆祥	290446	855
6923	王皮开当铺			昌黎县文联办公室	支文	王凡	290335	3137
6924	笨老婆			昌黎县犁湾河乡两河村	李振民	梁秀春	290428	301
6925	老丈人考女婿			昌黎县晒甲坨乡东窎坨村	郭秉生	郭景礼	290362	1226
6926	白痴先生			昌黎县葛条港乡葛条港村	杨树春	张景安	290425	631
6927	蛤蟆			昌黎县十里铺乡十里铺村	李和	齐玉昌	290454	436
6928	傻子学话			昌黎县城大众旅店	李焕宇	胡庆先	290417	678
6929	会吐元宝的狮子狗			昌黎县两山乡长峪山村	赵秀仁	郭少丰	290330	453
6930	照镜子			昌黎县十里铺乡政府	焦荣才	熊利增	290443	842
6931	半文钱的风波			昌黎县文联办公室	李焕宇	董宝瑞	290401	1097
6932	帐房先生			昌黎县党各庄乡文化站	冯全金	冯全江	290434	451
6933	人心不足蛇吞象			昌黎县葛条港乡葛条港村	许学均	张景安	290322	708

序号	篇名	民族	流传地区	采集地	讲述者	搜集者	数据库编号	字数
6934	小姨子耍姐夫			昌黎县龙家店乡康埝坨	郭丽敏	康翠莲	290370	648
6935	接县官太太			昌黎县文联办公室	支文	董宝瑞	290399	1279
6936	龙女柏花			昌黎县龙家店乡汪上村	徐中美	徐汉权	290310	243
6937	寿席酒令			昌黎县大滩乡大滩村	赵复甲	赵克仁	290366	470
6938	淹死鬼霸地			昌黎县文联办公室	支文	王凡	290383	1348
6939	争烟头			昌黎县马坨店乡政府	陆淑云	王汉东	290435	1528
6940	县官画虎			昌黎县党各庄乡王各庄	王绍廷	王立新	290412	814
6941	哥俩分家			昌黎县农村		中国社会科学院语言研究所工作人员	290313	811
6942	燕子送瓜			昌黎县虹桥乡沈庄	李荣堂	赵秋双	290317	10927
6943	砍柴郎偶得娇妻			昌黎县槐李庄乡槐冯庄	冯礼昌	秦宝璋	290311	682
6944	智斗老财迷			昌黎县师范学校	齐志鸿	张建文	290409	1330
6945	东风雨			昌黎县荒佃庄乡荒佃庄	邢士义	蒋宏新	290327	695
6946	捉虱子			昌黎县文联办公室	李焕宇	董宝瑞	290400	622
6947	夸富			昌黎县两山乡草粮屯	魏淑芬	孟昭臣	290432	1678
6948	千里驹						290361	1662
6949	丞相当“掏灰钯”			昌黎县文联办公室	田树芳	董宝瑞	290461	559
6950	通州大街只直一回			昌黎县槐李庄乡槐贾庄	周国有	贾玉洪	290373	306
6951	五个姑爷行酒令			昌黎县党各庄乡党各庄	党坤	冯全江	290364	1190
6952	老财主钉橛子			昌黎县荒佃庄乡韩营村	韩锦江、李秀岩	蒋宏新	290347	626
6953	庄道人试妻			昌黎县文联办公室	支文	王凡	290333	755
6954	“天”对“小脚”				郭冯氏	郭光兴	290426	364
6955	小娇娘做诗			昌黎县文联办公室	田树芳	董宝瑞	290343	356
6956	怕狗咬			昌黎县龙家店乡康埝坨	康廷相	康德宏	290352	677
6957	节孝双全			昌黎县文联办公室	支文	马瑞翔	290360	1550
6958	死王八			昌黎县新集镇丁村	李宝钧	王宝平、王庆祥	290415	506
6959	小饭罐			昌黎县城大众旅馆	李焕宇	董宝瑞	290358	510
6960	二虎的镐把			昌黎县城大众旅店	支文	胡庆先	290354	2063
6961	做蛋			昌黎县城关大众旅店	李汉林	董宝瑞	290350	1436
6962	阎瞎狗骂官			昌黎县城大众旅店	支文、李焕宇	梁慎思	290405	973
6963	书生遇“鬼”			昌黎县新集镇裴各庄二村	裴小民	王宝平、王庆祥	290356	909
6964	天生无寿			昌黎县文联办公室	支文	马瑞翔	290355	521
6965	对哑诗			昌黎县荒佃庄乡大营村	曹玉梅	蒋宏新	290457	257

序号	篇名	民族	流传地区	采集地	讲述者	搜集者	数据库编号	字数
6966	傻子见客			昌黎县皇后寨乡前王各庄	张玉先	张玉万	290421	821
6967	县太爷的加法			昌黎县文教局创作股	李焕宇	董宝瑞	290407	1292
6968	荞麦姑娘			昌黎县龙家店乡康埝坨	郭丽敏	康翠莲	290339	617
6969	抹笼头了			昌黎县槐李庄乡槐冯庄	冯礼昌	秦宝璋	290447	315
6970	傻姑爷学话			昌黎县大夫庄乡解家桥村	解恩恒	解兆禄	290422	660
6971	王八精要饭			昌黎县靖安镇西庄	肖张氏	肖庆印	290325	1057
6972	解小思			昌黎县大夫庄乡解家桥村	解宝元	解兆禄、张占茂	290406	1044
6973	一只眼			昌黎县文化馆	刘德昌	王来雨	290351	2327
6974	泪链			昌黎县大田庄乡中学	王长和	刘振民	290312	1237
6975	巧姑			昌黎县龙家店乡康埝坨	郭丽敏	康翠莲	290342	920
6976	小孩屁股三把火			昌黎县龙家店乡康埝坨	康廷相	康德宏	290353	1990
6977	一文铜钱			昌黎县葛条港乡文化站	杨树春	张景安	290416	1010
6978	钱褡子县官			昌黎县文联办公室	支文	马瑞翔	290374	1260
6979	兔子精现原形			昌黎县大周庄乡后甸村	肖焕萍	张恩明、马瑞翔	290321	1092
6980	打的就是你			昌黎县槐李庄乡槐贾庄	周国有	贾玉洪	290336	1463
6981	捡金豆的故事			昌黎县茹荷乡茹荷村	齐仲生	齐金玉	290314	890
6982	不会说话的老二			昌黎县槐李庄乡槐冯庄	玛礼昌	秦宝璋	290381	1096
6983	宝铜锣			昌黎县指挥乡文化站	路明和	郭宝平	290315	504
6984	三个女婿拜寿			昌黎县槐李庄乡槐冯庄	冯礼昌	秦宝璋	290365	247
6985	赶考路上			昌黎县文联办公室	支文	董宝瑞	290387	822
6986	刘秀才与张小姐			昌黎县大蒲河乡栅子里村	曹建章	郭光兴	290372	1568
6987	三姑娘做诗			昌黎县大夫庄乡张刘庄	谭秀英	解兆禄、张占茂	290367	1181
6988	会说话的媳妇			昌黎县梨湾河乡两河村	李振民	梁秀春	290346	1370
6989	先生磨面			昌黎县安山镇文化站	王景阳	万云阁	290379	525
6990	日久见人心			昌黎县龙家店乡康埝坨	郭丽敏	康翠莲	290380	662
6991	大姐与二姐			昌黎县大田庄乡大田庄	安秀华	李坤俊	290316	567
6992	三个马虎人				郭冯氏	郭光兴	290445	1230
6993	狼猴的故事			昌黎县大夫庄乡张刘庄	谭秀英	解兆禄、张占茂	290320	1120
6994	票些			昌黎县新集镇裴各庄二村	裴小民	王宝平、王庆祥	290438	461

序号	篇名	民族	流传地区	采集地	讲述者	搜集者	数据库编号	字数
6995	纸人的故事			昌黎县靖安镇西庄	肖张氏	肖庆印	290324	951
6996	屎克螂与金马驹			昌黎县城大众旅店	王恩林	苏连璧	290451	1010
6997	巧灵儿			昌黎县才庄乡东北庄	王自祥	王恩林	290337	475
6998	穷秀才做诗			昌黎县槐李庄乡槐冯庄	冯礼昌	秦宝璋	290448	746
6999	巧嘴姑娘			昌黎县马坨店乡刘林子村	刘立军	王汉东	290341	986
7000	阎瞎狗倒骑毛驴			昌黎县文联办公室	支文	董宝瑞	290386	757
7001	吃枣			昌黎县龙家店乡康埝坨	郭丽敏	康翠莲	290345	2343
7002	宝贝儿			自家	王洪儒	王洪礼	290424	1258
7003	老尖和老抠			家乡昌黎县槐李庄乡南套村	张晋	张禾田	290348	1141
7004	智诓棉被			昌黎县刴湾河乡两河村	李振民	梁秀春	290395	2449
7005	一字之差			昌黎县槐李庄乡槐冯庄	冯礼昌	秦宝璋	290377	849
7006	狗与猪			昌黎县新集镇裴各庄二村	裴小民	王庆祥、王宝平	290392	488
7007	智蒙谭先生			昌黎县龙家店乡康埝坨	郑合	冷光弟	290385	707
7008	傻姑爷拜年			昌黎县新金铺乡新金铺小庄	郭长泰	郭树良	290419	466
7009	骂张老北			昌黎县文联办公室	支文	董宝瑞	290389	1306
7010	阎秀才智斗县太爷			昌黎县裴家堡乡裴家堡村	阎会青	刘振国	290404	506
7011	咩西挨告			昌黎县文联办公室	李焕宇	董宝瑞	290391	446
7012	吃包子的上炕			昌黎县龙家店乡康埝坨	张陆臣	康德宏	290441	1664
7013	行李卷案			昌黎县龙家店乡康埝坨	郑合	冷光弟	290396	555
7014	狗儿踢				刘全增	刘贺丰	290439	3993
7015	状告老刘家			昌黎县城关镇	阎曙光	董宝瑞	290402	1509
7016	杂面汤			昌黎县指挥乡文化站	刘贵全	郭宝平	290420	349
7017	一毛不拔			昌黎县西沙河乡文化站	马旭	牛国富	290436	755
7018	屠夫状元			昌黎县葛条港乡葛条港村	许玉朴	张景安	290453	1499
7019	老婆的话没好的			昌黎县皇后寨乡会君坨	李武元	李春元	290444	585
7020	锥鞋匠巧得美娇娘			昌黎县大夫庄小学	田温如	姜挺竹	290456	2391
7021	傻二头			昌黎县指挥乡里各庄	王松年	孟祥慎	290450	318
7022	初生牛犊不怕虎			昌黎县龙家店乡康埝坛	郑合	冷光弟	290460	401

序号	篇名	民族	流传地区	采集地	讲述者	搜集者	数据库编号	字数
7023	龙虎斗			昌黎县十里铺乡苓芝顶村	龙德生	龙作奎	290458	1701
7024	蛇鼠相食			昌黎县农村	齐福	杜士林	290459	836
7025	枇杷与琵琶			昌黎县文联办公室	田树芳	董宝瑞	290462	1252
7026	进宝状元		河北围场县		乔灵葛	张秀超	290568	948
7027	刁妇与“传家宝”		河北围场县	头道梁子村	王桂芬	张广闻	290567	650
7028	石黑郎		河北围场县	围场二道街	郭淑芹	杨野	290566	1294
7029	报应井		河北省围场县	大东沟村	王祥	王起	290543	2786
7030	皮马猴的下场		河北围场县		邱云岫	杨野	290562	1059
7031	活埋老母遭雷击		河北围场县	宝元栈村	刘玉荣	张秀超	290549	978
7032	老天有眼		河北围场县	大东沟第一居民组	李文章	王起	290555	2128
7033	老额吉和她的儿子		河北围场县	围场镇	佟振丰	王起	290545	1951
7034	牛上房子路上墙		河北围场县			张秀超	290559	2058
7035	花童娶亲		河北围场县	围场县殷家店乡敬老院	宋国章	张秀超	290548	1282
7036	百鸟衣		河北围场县	殷家店乡敬老院	侯瑞芬	张秀超	290551	374
7037	金宝赶集		河北围场县	大东沟谷场	黄景林	王起	290565	2450
7038	喜鹊和肖起贵		河北围场县	宝元栈乡	张永江	徐镇川	290546	1598
7039	祖摩尼		河北围场县	围场镇车字村	史连英	胡玉翠	290560	3275
7040	狐狸报恩		河北围场县		段井和	张秀超	290569	1254
7041	菜中诗		河北围场县			韩玉文	290552	1394
7042	鸦片烟花的故事		河北围场县		郭淑芹	杨野	290561	1615
7043	九头山憋宝		河北围场县	头道梁子村	王桂芬	张广闻	290558	635
7044	盗墓者之墓		河北围场县	六十棵村	杨光宇	杨文龙	290557	448
7045	智断人命案		河北围场县	御道口乡一复兴地村	张学军	周禹林	290553	1274
7046	白马告状		河北围场县坝上地区		周殿元	周禹林	290541	799
7047	因果报应		河北围场县	大东沟	黄景林	王起	290556	758
7048	刁妇变猪		河北围场县	头道梁子村	王桂芬	张广闻	290547	813
7049	石匠和真线		河北围场县	头道梁子村	张树堂	张广闻	290542	1411
7050	割肉孝母		河北围场县	围场县粉丝厂	袁国霞	张秀超	290554	1190
7051	问路		河北围场县	二道沟村	尹志安	尹志杰	290564	390
7052	善有善报		河北围场县	宝元栈村	侯瑞芬	张秀超	290570	1384
7053	“替妹”的传说		河北围场县	头道梁子村	高景文	张广闻	290563	724
7054	柳兰香慧心解三迷		河北围场县	二道沟村	李淑琴	尹志杰	290544	2510

序号	篇名	民族	流传地区	采集地	讲述者	搜集者	数据库编号	字数
7055	王恩救皇姑		河北围场县	六十棵村	王延令	杨文龙	290550	3101
7056	公鸡下蛋				姚玉霞		290655	895
7057	有福的不用忙，没福的跑断肠				裴树民	常素舫	290587	419
7058	心长了铜边						290592	638
7059	人为财死，鸟为食亡						290601	1341
7060	日久见人心				贾元叔		290646	504
7061	懒人						290643	448
7062	老赵一家				赵合		290623	228
7063	人心无举			银城铺村	段芹		290604	1056
7064	地主吃糠				赵和		290613	1083
7065	洗面换相				张艳霞		290661	1112
7066	三兄弟						290609	1055
7067	布谷鸟的故事						290641	219
7068	屎克螂与癞蛤蟆				赵合		290602	261
7069	药王爷的传说			常庄一村	裴显华		290651	1305
7070	子路借粮				蒋兆良		290635	363
7071	瓦匠自夸				刘庭阁	刘若舟	290680	445
7072	碎嘴媳妇				贾元叔		290652	996
7073	别跟我学				赵汉臣		290679	1772
7074	照镜子				赵合		290624	2140
7075	寿日行酒令				刘海臣	刘若舟	290676	721
7076	秀才借衣			谷庄子乡	常天松		290666	714
7077	巧嘴二嫂			谷庄子乡	常天松		290665	769
7078	郑家父子			南陈庄子	赵合		290610	642
7079	妯娌对诗				赵合		290605	452
7080	金鸽子的传说			银城铺	梁久增		290611	534
7081	薛礼灭恶僧				谷运昌		290584	1078
7082	智斗老猴精						290614	227
7083	老虎口的来历				刘秀兰	陈守贵、苏永霞	290575	942
7084	干兄弟				赵合		290612	405
7085	六月六、晒衣裳						290627	1181
7086	小铜锣			南陈庄子	赵合		290629	211
7087	受气包儿			谷庄子乡	阮秀荣、张艳霞		290670	274

序号	篇名	民族	流传地区	采集地	讲述者	搜集者	数据库编号	字数
7088	才刚拉的			常庄乡黄各庄村			290653	332
7089	翠香传				赵合		290621	1949
7090	桃花女破周公			常庄一村	裴显华		290637	1101
7091	慌张的妇人			张家洼	王占奎		290673	715
7092	阿林与阿华			谷庄子乡	郑汉军		290664	1225
7093	梦中缘						290628	575
7094	听响夹菜				刘玉香		290686	297
7095	罗锅桥的传说			常庄	裴显华	常素舫	290589	1125
7096	秃尾巴老李的故事					王艳霞	290576	645
7097	秀才奇遇				王占奎		290675	570
7098	血洗常庄乡			常庄	裴显华	常素舫	290590	351
7099	泰山石敢当				贾兆恒		290687	291
7100	一百零八块板						290598	999
7101	鸡叫为啥是咯嗒（哥打）				运宝来		290593	272
7102	考试				马中园		290649	366
7103	淹死你				张一丰		290684	1150
7104	周原娶妻				赵合		290619	1190
7105	铁拐李的腿为啥是瘸的						290640	956
7106	后母			南陈庄子村	马树英		290622	913
7107	秦王山的传说				安静雨		290631	594
7108	小女婿						290630	843
7109	笨男人、尖媳妇			常庄村	裴显华		290606	1581
7110	“彤管扬辉”的来历				裴显华		290638	1052
7111	蒺藜狗子的由来				裴显华		290650	778
7112	智斗昏君				张悦奎		290644	660
7113	知其里，不知其外				赵合		290625	482
7114	歪打正着				姚玉霞		290658	741
7115	狗				赵合		290617	310
7116	恶有恶报，善有善报				郑汉军		290663	338
7117	巧成夫妻				赵合		290618	733
7118	秀才遇喜事				王占奎		290672	483
7119	沙旦虫的来历				裴显华	陈绍玉	290636	941
7120	甘罗名字的由来				王占奎		290674	732
7121	卖“我”				刘庭阁		290681	1126

序号	篇名	民族	流传地区	采集地	讲述者	搜集者	数据库编号	字数
7122	要“淡”汤				王保庭		290683	625
7123	小工的来历				刘庭阁	刘若舟	290677	1654
7124	神耗子				姚玉霞		290656	786
7125	龙凤成祥				贾德鸿	贾兆臣、刘广华	290577	1368
7126	各有诗句				刘海臣	刘若丹	290685	416
7127	学话			常庄乡黄各庄村			290654	1026
7128	扮装等郎			南陈庄子	陈绍平		290645	405
7129	混充正经人				安继雨		290667	540
7130	野菜为什么是苦的				刘秀兰	陈守贵、苏永霞	290574	711
7131	老二与黄牛						290607	1880
7132	杨柳庄的画						290639	1359
7133	杨家营村名的由来				安静雨		290633	1747
7134	穷朋友戏财主						290647	475
7135	为什么在除夕之夜放爆竹、撒芝麻秸				刘秀兰		290573	697
7136	三个豆腐高				何绪东		290608	372
7137	比武论高低				姚玉霞		290657	4995
7138	父与子				张淑荣		290662	682
7139	改对子				常天松		290660	1172
7140	媒婆的鬼点子				王保庭		290682	1431
7141	花石山的传说				李增	刘若舟	290678	1260
7142	笑话七则			北贾庄	贾元周、贾德宏		290597	498
7143	王善人修庙				常庆余		290585	307
7144	谷五道的传说				裴显华		290603	399
7145	识银成亲				赵合		290616	396
7146	迎财神				赵合		290626	482
7147	拣小便宜，吃大亏			南陈庄子	陈文占		290634	406
7148	不孝之子				常天松		290659	186
7149	贴门神的来历				赵合		290620	1977
7150	塔山的来历				贾桂珍		290582	528
7151	逆子			谷庄子乡	阮秀荣、张艳霞		290669	5643
7152	曹红的梦				王占奎		290671	1584
7153	煮瓜				安继宇		290595	577
7154	民女、秀才与和尚				贾兆恒		290594	506

序号	篇名	民族	流传地区	采集地	讲述者	搜集者	数据库编号	字数
7155	懒人拜师				刘世香	郭凤台	300826	309
7156	什么力气最大						300934	1714
7157	背驴				馬冬青	秦焕澤	300801	435
7158	金钩钓魚和鲶魚大喝汤			文化馆	杨金兰	郭凤台	300900	1777
7159	妙联骂程王			献县西禅房	宋文正	宋益三	300932	336
7160	聪明的儿媳				位运财	孙明忠、李瑞霞	300933	685
7161	我吃八万						300890	154
7162	认一字				高忠	王培玉	300811	786
7163	男人“坐月子”				陈万福	高良海	300870	1668
7164	四豁子爷的故事			贾庄桥	郭庆信		300942	2492
7165	“半年”与“六个月”				李树芬	郭凤台	300824	355
7166	谁有理				魏运才	孙明忠	300897	497
7167	无故杀父因何故				魏运才	孙明忠	300893	345
7168	如意圈				郭凤海	郭凤台	300939	439
7169	有其师必有其徒						300928	315
7170	善人与恶人			东镇村	解春兰	李瑞霞	300889	1917
7171	新妇巧对				宋錫萱	宋益三	300910	762
7172	崔大解			尧上村	李要书		300936	527
7173	“不知道”罪						300908	932
7174	财主与花子						300879	1004
7175	舔腚				刘树强	王培玉	300815	191
7176	破镜重圆			张村	李秀国		300925	1211
7177	秀才买柴				郭凤州	郭凤台	300820	237
7178	不见黄河不死心				位运财	孙明忠	300883	140
7179	如此“反革命”						300809	109
7180	山西亢家				范书成	韩桂云	300923	190
7181	家有贤妻，男人不做横事				范书成		300921	253
7182	惩治妖猴			大邵寺	金密	张志杰	300881	200
7183	小便宜与鬼难拿			贾庄桥	郭庆信		300916	192
7184	不爱抬杠的人				范书成	宋益三	300882	3207
7185	错白字先生				边春友	韩桂云	300898	270
7186	傻小子			献县单桥	秦仁玉	秦焕澤	300906	612
7187	蛐虫斗语			献县张淯村	冯振全	韩振中	300891	275
7188	解词						300920	133

序号	篇名	民族	流传地区	采集地	讲述者	搜集者	数据库编号	字数
7189	张大除妖			贾庄	杨中山	杨新周	300885	734
7190	谁给二郎去当家				杨玉兰		300943	2010
7191	抬扛铺				位运才		300905	457
7192	害人如害己的王三				范书成	韩桂云	300909	174
7193	“三字经”续				芦守近	郭凤台	300847	160
7194	一个字的笑话				刘树强	宋益三	300830	328
7195	皇帝斩青蛙				金永来	李培华	300854	656
7196	丢煞人，臊煞人				张秀芬	孙明忠	300903	222
7197	头颅告状				郭书强	郭凤台	300946	407
7198	尿炕的也不嫌				范书成		300915	3705
7199	此跃也非跳也				杨彬		300913	1131
7200	王乐哥散财				位运财		300899	2354
7201	虱子和跳蚤				宋锡萱	宋益三	300941	97
7202	巧对						300911	780
7203	此处不准大小便				郭桂茂	郭凤台	300779	1562
7204	罪有应得				范书成	韩桂云	300805	451
7205	门当户对				赵天玉	王恆	300907	136
7206	颜回与子路				范书成	韩桂云	300884	164
7207	如此“神经病”						300813	145
7208	毛塚姑爷				高忠		300878	310
7209	胆量过人的老秀才				范书成	韩桂云	300887	389
7210	拔丁文				刘宝芝	杨新周	300918	150
7211	如此“文明会”						300834	221
7212	一碗来的			文化馆	赵炳荣	郭凤台	300892	1299
7213	拿混蛋				郭桂祥	郭凤台	300859	489
7214	四个童子的故事				范书成	韩桂云	300886	158
7215	就怕捏鼻子				郭凤海	郭凤台	300797	432
7216	寿联				宋文正	宋益三	300940	229
7217	灵前对联				范书成	范金昌	300902	102
7218	逮贼				郭桂全	郭凤台	300781	759
7219	“而”字				王培玉	刘树强	300795	748
7220	吊纸				张宝健	郭凤台	300931	935
7221	洞房诗				郭凤州	郭凤台	300865	198
7222	桃园三结义的故事			东段村	边春友		300922	963

序号	篇名	民族	流传地区	采集地	讲述者	搜集者	数据库编号	字数
7223	爱与反						300776	94
7224	错白字先生				芦守近	郭凤台	300783	167
7225	隐语避“水”						300895	224
7226	一句话的笑话				边春友	韩桂云	300772	109
7227	不会说话的人				杨新周	刘宝芝	300839	276
7228	三个“聪明人”				郭凤台	刘宝芝	300770	471
7229	打哑谜				张宝利	崔国杰	300914	668
7230	学京话				边春友	韩桂云	300841	713
7231	问路				刘宝芝	李瑞霞	300874	230
7232	傻小子回门				魏运财	孙明忠	300857	194
7233	护头				刘宝芝	彭秀瑞	300843	244
7234	害人如害己			献县塔东	郭凤洲	郭凤台	300930	239
7235	一副银镯				位运才		300894	292
7236	爱占便宜的先生				郭庆信	刘宝芝	300904	223
7237	瞎子说书				郭凤海	郭凤台	300948	95
7238	扑克迷				蒋玉俊		300926	338
7239	书生训妻				崔希才	崔国杰	300912	980
7240	风月无边						300944	220
7241	“马虎”的由来				宋锡铭	宋益三	300929	2316
7242	蝈蝈笼子和角楼				宋锡铭	宋益三	300938	218
7243	鬼推磨				范书成	韩桂云	300917	317
7244	结巴叉王八				胡玉芝	郭凤台	300788	1038
7245	门脸吊门脸鼻				楊玉兰		300945	871
7246	情书			献县	郭凤亚	郭凤台	300790	224
7247	巧治傲气佬				范书成		300919	200
7248	郑板桥智惩绅士				宋寿萱		300807	961
7249	杨大能				范书成	韩桂云	300935	2878
7250	县官长辈				崔国兴	崔国杰	300837	105
7251	三女哭爹				宋锡铭	宋益三	300927	264
7252	疑心病				魏运才	孙明忠	300896	219
7253	春秋亭的鱼抬梁				宋锡铭	宋益三	300937	2088
7254	戏迷				宋锡铭	宋益三	300832	103
7255	卖咸盐的招附马				范书成	韩桂云	300947	2379
7256	抓“屁”						300888	1811

序号	篇名	民族	流传地区	采集地	讲述者	搜集者	数据库编号	字数
7257	拙老婆			献县四十八村	孙秀云、任建芳	孙明忠	300901	280
7258	十大玄				张月华	孙明忠	300880	87
7259	“当权派”与“造反派”的对话				宋盖三、秦焕泽等		300872	3353
7260	秦老财求“名医”						300861	203
7261	巧嘴妈妈				张秀兰		301266	1383
7262	说丧话				王树义		301264	527
7263	临财毋苟得				张迎谦		301254	1443
7264	带令箭的狐狸				刘长玉		301278	306
7265	神箭				张刚、潘瑞增		301257	371
7266	瞎子作贼				吴善庆		301261	1146
7267	互戏				王树义		301270	827
7268	傻大瓜				吴善清、国生民、国福旺		301258	502
7269	开饭了				齐振元		301265	317
7270	得“小利大事”不成						301256	1314
7271	马为啥站着睡觉				谢振鹏		301280	656
7272	败家子				吴善庆		301250	382
7273	瓜棚对诗				刘志义		301274	3403
7274	猪吃屎				张庆昌		301248	938
7275	孔子和如来				唐克勤		301272	765
7276	四人对诗				魏永业		301276	1664
7277	行酒令				唐克勤		301277	574
7278	韩路				吴善庆		301269	981
7279	两份遗产				齐振元		301255	753
7280	杠头张三				唐克勤		301273	832
7281	甘罗十二岁做宰相				吴善庆		301271	620
7282	粒米度三关				吴善清		301268	501
7283	雇厨师				杨素芝		301263	1297
7284	小锡锣				刘庆海、于得海、谢莲霞		301260	674
7285	趣谈兔尾龟脖				李成玉		301279	1197
7286	郝豆腐				杨春珍		301267	657
7287	害人如害己				吴善庆		301251	1247

序号	篇名	民族	流传地区	采集地	讲述者	搜集者	数据库编号	字数
7288	打芝麻尖				王春桂		301253	2634
7289	溜二秀才				魏永业		301275	1060
7290	魏傻子				刘淑珍		301252	1222
7291	巧斗钱哈哈				谢莲霞		301247	462
7292	智治老财迷				李志全		301249	2722
7293	猪拱黍子				潘瑞长		301259	535
7294	护庄庙				冀建民		301262	524
7295	鲁班合门扇的传说		涉县一带		李成榜	付东	301368	6117
7296	兰幸买猪——邓小平政委的故事					冯光华、李亮	301340	1775
7297	人儿不可貌相					孙必中	301345	739
7298	瘸秀才过桥					张榜换	301397	469
7299	相面师带徒					郭玉平、马国庆	301388	243
7300	谏拆望京楼——李官的传说之七					孙必中	301351	594
7301	收姬仓					王福榜	301369	1551
7302	蛤蟆告状					付东	301396	578
7303	猫为何吃老鼠					阎张换	301390	2216
7304	原曲驸马的故事					孙高井	301372	2370
7305	白菜叶					刘太平	301385	308
7306	桃女与王郎					王福榜	301344	920
7307	白鲤庭跑口外					王福榜	301382	159
7308	扇儿做媒					涉水	301349	1797
7309	巧嘴妇斗和尚					江秋榜	301399	1057
7310	我是秀才					吕文魁	301394	335
7311	帝王师杨三朱的传说					孙海忠、王福榜	301371	2064
7312	“屁秀才”与“屁灰”					江志强	301393	1574
7313	焊针冠儿					申国民	301370	568
7314	六窍精通					付东	301361	169
7315	短工起					张文科	301386	481
7316	做皮帽					段新亮	301363	197
7317	玉帝治天					付东	301367	1779
7318	太行浩气传千古					陈潜	301343	415

序号	篇名	民族	流传地区	采集地	讲述者	搜集者	数据库编号	字数
7319	夜断宝石案——李官的传说之六					王福榜	301350	1516
7320	一条军裤					赵彩河	301342	355
7321	九泉沟的传说					李亮	301365	2463
7322	青蛙机智斗老虎					阎张换	301392	348
7323	借粮					海峰	301357	1540
7324	四两漆					王伶慧	301395	1862
7325	张掏天					陈开斗、付换平	301356	612
7326	地陷曹州——又名张三帽子李四戴		涉县一带		李二的	李亮	301347	283
7327	乌鸦的传说					张榜换	301384	225
7328	杨秀峰请客					张海平、陈开斗	301341	327
7329	杨家将的传说					周明	301373	2399
7330	懒汉夫妇的巧遇					史爱萍	301400	564
7331	红眼睛短尾巴兔子的传说					吕文魁、吕金榜	301391	4516
7332	弟兄俩					江保元	301364	344
7333	小人国和大人国					陈邢魁	301389	953
7334	巧改春联					张榜换	301353	1573
7335	贼说话					王福榜	301358	2365
7336	瘦小治妖狐					陈邢魁	301387	242
7337	鱼女剪纸				张中元	孙必中	301352	369
7338	聪明的二虎					申国民	301398	297
7339	赔俺沙锅					王福榜	301354	941
7340	笊篱盛水					申喜明	301362	221
7341	一棵“人参”					王韶辉	301360	779
7342	不当画画					王福榜	301379	1362
7343	有钱啥也能吃					涉水	301377	787
7344	石义和王恩					杨振国	301359	385
7345	拜师傅					涉水	301355	7360
7346	猪将军和牛将军					王福榜	301453	145
7347	金色的铃铛					李亮、朱月霞	301406	3825
7348	双告状					崔富林	301416	925
7349	分油答案						301454	476
7350	巧嘴女三答和尚难					涉水	301426	331

序号	篇名	民族	流传地区	采集地	讲述者	搜集者	数据库编号	字数
7351	如此聪明人					赵金廷	301425	1649
7352	分油					涉水	301428	93
7353	金鸡讨角					孙必中	301449	252
7354	小子年长二十五					涉水	301413	1345
7355	老人献计					薛秀连	301427	680
7356	相面术					王福榜	301408	1432
7357	十二属相里为啥没有猫					付现军	301458	928
7358	求字					王捧云	301423	1003
7359	鼠妈妈选婿					王福榜	301452	769
7360	审“土地”					张文科	301410	4156
7361	省下半灯油					王喜贵	301421	740
7362	众秀才巧惩县官					杨振国	301430	431
7363	互不相让的邻居					吕金水、张成明	301461	259
7364	借牛					李北方	301459	429
7365	山里无敌					吕学海	301424	191
7366	彩虹梦						301446	562
7367	马齿菜和山小蒜					愚言	301457	419
7368	问古佛					王福榜	301409	162
7369	笨与巧					涉水	301439	3210
7370	命该如此					王伶慧	301429	844
7371	卖闺女					刘淑仙	301412	152
7372	一匹布——李官的传说之四					王福榜	301407	3576
7373	王小和老虎					张记连、李玉花	301455	371
7374	跳河					涉水	301419	540
7375	两张状					崔富林	301422	422
7376	傻小找兔					张志芬	301415	260
7377	认妻					王福榜	301450	581
7378	张田治刘福					王喜贵	301418	630
7379	小布衫					李北方	301456	138
7380	乌梅小姐找对象					王福榜	301451	4635
7381	大妮和二妮					梦龙、晓英	312408	1100
7382	一张笆片					阎张换	312376	757
7383	一梦三圆		西戌镇		江云廷	江秋榜	312400	2083

序号	篇名	民族	流传地区	采集地	讲述者	搜集者	数据库编号	字数
7384	读书“有用”						312406	10563
7385	学小偷					贾书品、申国明	312433	852
7386	下油下面的传说					刘富林	312431	279
7387	对诗住店				王社臣	王玉川	312428	278
7388	晚儿					王福榜、崔兰仲	312390	381
7389	射腚将军——猎人是怎样变成狐狸的						312375	197
7390	目不识丁						312380	1893
7391	偷驴				王魁庆	赵彩河	312409	1838
7392	九子不如石子				江义中	江保元	312402	1620
7393	小皮匠中彩成亲					孙海中	312405	253
7394	一斤为啥是十六两					王玉川	312404	256
7395	孝儿烧香					张文科	312373	1034
7396	打破沙锅问到底		涉县一带		阎怀柱	阎张换	312403	1016
7397	巧借牛				高连三	高巍	312421	138
7398	走马观花					李亮	312415	163
7399	情小妹二度姻缘						312436	820
7400	三女婿拜寿				郭年顺	韩玉山	312412	740
7401	都不好过					王福榜	312371	3878
7402	龙送宝				樊小群	陈邢魁、马河义	312395	248
7403	李青天断案					张剑锋	312382	2201
7404	没尾巴来成			河南店	杨丙希	张面焕	312407	923
7405	仙女峰						312388	670
7406	一幅宝画		清漳河一带		王成顺	李亮	312377	1247
7407	五张告示					王福榜	312386	160
7408	老偷治小偷					贾书品、申国明	312385	1126
7409	扁皇最大					王海良	312430	473
7410	药王显灵		涉县一带		张中位	张文科	312372	2275
7411	老汉巧对秀才					张卫平	312427	1250
7412	会当家的媳妇				吕中义	赵国生	312393	2206
7413	女人上坟为啥哭					李火山	312391	1857
7414	偷修					王玉川	312397	561
7415	杨秀峰开荒					张森林	312365	2627
7416	婆媳比巧					矿清、所元	312429	1431

序号	篇名	民族	流传地区	采集地	讲述者	搜集者	数据库编号	字数
7417	兄弟纠纷				张智义	张卫平	312378	401
7418	屠夫巧对来使				刘和廷	崔海良	312432	1633
7419	奶奶送水				智明生	新文	312366	323
7420	刘伯承将军的故事				张义库	赵彩河	312364	91
7421	懒铺收徒					崔兰仲	312434	250
7422	神仙打赌				刘满青	孙必中	312401	931
7423	宝瓢				樊小群	马河义	312398	181
7424	陪灵			衡水市	刘文秀		312975	1654
7425	呆小子挨打			衡水市			312959	3532
7426	新媳妇回娘家			衡水市文化馆	刘文秀		312970	1495
7427	青山的故事			衡水市	温秀珍		312933	1454
7428	长工见皇帝			衡水市张庄村	张东文		312953	913
7429	仙人府丘的传说			衡水市支家村	阎国琴		312932	527
7430	赌改口头语		衡水、深县一带		常恩周		312943	975
7431	治懒病			衡水市实验中学	赵海潮		312937	859
7432	认字			衡水市实验中学	赵海潮		312966	652
7433	嘎知县			衡水市张庄村	张忠甫		312935	587
7434	叫他一念就知道了			衡水市实验中学	赵海潮		312968	440
7435	借牛			衡水市	候书河		312950	194
7436	三坏枣的故事		衡水一带			孙海玉	312947	558
7437	多管闲事			衡水市实验中学	赵海潮		312974	393
7438	竞贴对联和错拍马屁			衡水市	张永兴		312952	792
7439	哥俩分家					王印轩	312942	1083
7440	羞杀			衡水市赵圈镇中学	王景双		312936	1970
7441	不是东西			衡水市实验中学	赵海潮		312969	285
7442	傻二找驴			衡水市大城村家中	李淑苗		312957	1340
7443	红宝石的故事			衡水市支家村	阎国琴		312941	431
7444	秀才考官			衡水市支村	阎国琴		312944	539
7445	九莲圣母					孙木良	312940	730
7446	小和尚和人参娃娃			衡水市文化馆	孙秀俊		312954	2675
7447	当当锣			衡水市支家村	王金锁		312928	166
7448	卦不灵和混饭吃			衡水市	孙广义		312946	1137
7449	舔三下			衡水市实验中学	赵海潮		312971	1080
7450	健忘草			衡水市	孙爱莲		312955	683

序号	篇名	民族	流传地区	采集地	讲述者	搜集者	数据库编号	字数
7451	小和尚			衡水市实验中学	赵海潮		312973	1693
7452	负义忘恩			衡水	刘文清		312949	2257
7453	傻小子学舌			衡水市	王文生		312958	1403
7454	石大聊作诗				李功		312938	286
7455	拍臣与刁官			衡水文化馆	刘文秀		312960	529
7456	寡妇哭夫			衡水市支家村	阎国琴		312961	281
7457	交家		衡水、冀县一带			王锋	312956	583
7458	龙的传说			衡水市支村	王金锁		312934	1088
7459	呆板借伞			衡水市	吴东辉		312951	921
7460	侍郎捉鬼			衡水市文化馆	李功		312962	631
7461	李汤圆治鬼			衡水市彭杜乡中学	王文生		312931	479
7462	巧媳破谜			衡水市武家庄村	赵春耘		312939	890
7463	古画			衡水市大葛村乡政府	常治水		312927	722
7464	拐秀才			衡水市实验中学	赵海潮		312945	1701
7465	打喷嚏			市文联办公室	张志善		312963	1763
7466	和尚做梦			衡水市实验中学	赵海潮		312972	716
7467	宝囊收蛇怪			衡水市支家村	阎国琴		312930	518
7468	捉鬼			衡水市支家村	阎国琴		312929	498
7469	念信			衡水市文联办公室	张志善		312964	1072
7470	说媒			衡水市武家庄村	赵春耕		312948	297
7471	还做梦吧			衡水市实验中学	赵海潮		312967	1022
7472	卧牛山			衡水市支家村	阎国琴		312926	1340
7473	三个女婿来拜寿			衡水市文化馆	刘文秀		312976	1627
7474	找人看家			衡水市文化馆	刘文秀		312965	620
7475	小孩饭量大						314923	501
7476	懒人的故事				王申		314911	988
7477	烧头香的人				师者广		314906	398
7478	照孙儿						314927	510
7479	赛车						314928	303
7480	黄毛儿算卦				吴华荣		314912	351
7481	吹破天				李青山		314915	376
7482	两个苹果						314917	501
7483	你这眼病我治不了						314926	159
7484	教书						314913	295

序号	篇名	民族	流传地区	采集地	讲述者	搜集者	数据库编号	字数
7485	溺子惜苗				贾挂金		314916	943
7486	淘在水缸里了						314922	371
7487	不见黄河不死心						314900	178
7488	一葫芦四两，四葫芦半斤						314909	233
7489	教的曲儿唱不得				郑文志		314925	218
7490	忠孝节义匾				李永富		314907	323
7491	父女斗				贾桂金		314902	946
7492	还是多少咸点儿						314920	1736
7493	神射奇功				李永富		314919	704
7494	看谁酒量小						314921	188
7495	家中有活佛				师者广		314905	714
7496	问路				马瑞喜		314910	441
7497	糊涂亲家				吴华荣		314924	1552
7498	知足						314904	165
7499	生搬硬套						314918	845
7500	戒指的传说						314903	232
7501	狐妻情				赵义阁		314901	252
7502	刘小印割股孝父						314908	925
7503	中间儿					贾挂金	314914	364
7504	善秀才遇仙记			鸡泽城东北街	史忠周	史荣斋	321878	485
7505	张大让			武安县文化馆	谢入相	清流	321834	718
7506	“毛官墓”中住活人			鸡泽县城关镇东营村		张方舟	321895	3305
7507	龙头拐棍			鸡泽县普高村		清流	321867	841
7508	不见黄河不死心				史超英	史月芬	321877	333
7509	丫环对诗			店上浮东	高清贤	崔丙银	321846	678
7510	杜仙买话			浮东村	高铡太	刘改叶	321848	2075
7511	偏坠“治穷”		河北鸡泽一带	浮新村	高开会		321845	3107
7512	患难之交			浮东学校	刘付吉	李春河	321843	184
7513	打锅话					刘总晨、刘总利	321855	2443
7514	焦小辫			鸡泽县焦佐村	时兰臣	吴续恩	321872	116
7515	吴老大打鬼			鸡泽县焦佐村	吴聚恩	吴续恩	321837	154
7516	韩龙送妹——太平车的来历			鸡泽县中风正村	田新堂、马连如	清流	321864	3117
7517	以德报怨			小韩固村	胡乔花	胡治统	321854	1714

序号	篇名	民族	流传地区	采集地	讲述者	搜集者	数据库编号	字数
7518	头顶韭菜的皇帝					夏峻山	321860	4419
7519	秀才遗约保家产			店上村	高文甫	高志存	321862	365
7520	智斗鬼难拿			赵堡村	贺光申	张宪军	321836	188
7521	树王的传说			武安县武家庄	国良父	清流	321903	1588
7522	刻薄媳妇			鸡泽县焦佐村	任吴氏	吴续恩	321859	531
7523	刘伯温得天书			鸡泽县普高村	王文考	清流	321884	886
7524	殷二相公的传说			鸡泽县小寨村	殷同昌、史德魁	清流	321898	1236
7525	神燕			浮图店	范爱光	刘聚学张俊香	321874	1003
7526	西山红霞						321869	209
7527	作报告					张建朝	321900	5568
7528	到乡随乡					许文学	321899	1199
7529	借驴					高荣叶	321882	5431
7530	毛遂与毛官营的传说			鸡泽县东营村		王丙起	321896	1298
7531	周公和桃花女			鸡泽县普高村	张天录、张绍增	清流	321880	3484
7532	关公周仓比力气			鸡泽县普高村	王相合	梁源	321892	4371
7533	桃园三结义			鸡泽县普高村	张书喜	梁源	321888	1612
7534	等着搬椅子					清流	321870	579
7535	徐茂公当家			店上村	刘付吉	刘聚光	321883	1805
7536	老李买鸡					马在林	321840	2982
7537	仁义巷的来历				刘福义	刘总晨、刘总利	321901	932
7538	扁鹊的故事					董天恩	321889	330
7539	偷帽子				刘福奎	刘总晨、刘总利	321875	492
7540	王老三修仙			鸡泽县焦佐村	时维新	吴续恩	321857	78
7541	一顿吃个柴禾垛					刘聚光	321894	582
7542	聚宝盆			店上浮东	刘双奇	张建朝	321865	7282
7543	杨知县私访			鸡泽县柏枝寺村	侯仲善	吴续恩	321863	166
7544	如意镜			小韩固	胡福启	张宪芳	321871	765
7545	诸葛亮死治司马懿			店上卫生院	刘世昌	张建朝	321886	1089
7546	朱永来访手			鸡泽县焦佐村	申占国	吴续恩	321850	357
7547	两鬼相遇			浮东村	高运动	刘聚学	321842	2526
7548	馋石匠			店上浮东	宿巧的	刘聚光	321847	4003
7549	为啥每村都有营			东柳村	刘世昌	崔丙银	321851	2725
7550	县官与曹操			鸡泽县焦佐村	申占国	吴续恩	321841	530
7551	狗腿子的来历						321853	640

序号	篇名	民族	流传地区	采集地	讲述者	搜集者	数据库编号	字数
7552	温凉			陈庄	陈文玉	刘聚光	321832	1200
7553	唐修庙的来历			鸡泽城隍村	许国清	许文学	321839	579
7554	巧惩毛三			鸡泽县普高村	王未时	清流	321856	838
7555	碓臼显圣			店上浮东	刘奇的	刘聚光	321844	422
7556	田好谦到朝鲜的传说			鸡泽县中风正村	田新堂、马连如	王维生	321897	511
7557	爱沾便宜的县官			鸡泽县浮图店	任继梅	张俊香	321852	667
7558	鱼郎借宝			浮图店	高现民	刘聚学	321879	615
7559	王小坟前结良缘			浮东村	高现民	刘聚光	321876	1473
7560	打柴驸马			小韩固村	苏所现	刘聚光	321881	1007
7561	吃到别人嘴里					程亮	321873	2853
7562	智擒大灰狼					孙忠恩	328251	236
7563	麻雀抬杠			邢彦	崔萍	邢素娟	328209	1335
7564	猫狗耕地		新河大部分农村	西李家庄	王改联	王彦钟	328217	286
7565	一粒种子		新河南宫接壤一带	讲述人家中	司振雨	司顺广	328219	1016
7566	熬年的来历			城召	付清玉	付祥延	328196	953
7567	狐女		新河西部地区	搜集人家	杜明国	王梅枝	328226	541
7568	白衣飞上凤凰台		新河南宫接壤一带	温家屯	周游人	温忠宽	328249	678
7569	新河为什么没有北城门		新河大部分农村	东关	宋存女	赵文娟	328191	398
7570	不见黄河心不死		新河西南部分农村	文化馆	赵殿臣	宋增贵	328223	538
7571	学叫卖			平头楼	付运峰	付运旺	328281	664
7572	怕鬼的人			讲述人家中	殷耀伦	吴跃强	328260	908
7573	傻女婿拜寿			西边仙庄	赵彦波	赵喜增	328266	197
7574	俺学不了这一手					关成	328280	1017
7575	照镜子		北京、新河东部	西流	赵义信	冯跃增	328277	1494
7576	按最高指示办事			西边仙村	赵彦波	赵喜增	328289	825
7577	聪明的弟兄			平头楼村北炼油厂	曹同录	付建彬	328265	475
7578	不知是否不是否		新河巨鹿接壤一带	巨鹿县城	张文所	田恒通	328272	512
7579	隐身草			平头楼	韩文福	曹长春	328253	1301
7580	你我她			仁里村	秦书彬	杨冬雪	328270	1069
7581	一只猫和一把勺			尼家庄	尼长贵	李翠平	328243	476
7582	近视眼锁门			威县师范	蔡英奇	秦书彬	328264	669
7583	咱是当家子			来远庄		宋增贵	328236	769
7584	就两道插管儿			宋亮庄		宋增贵	328248	735
7585	称约姐姐			西流兽医站	杨红	冯跃增	328230	954

序号	篇名	民族	流传地区	采集地	讲述者	搜集者	数据库编号	字数
7586	懒丈夫			望腾村	张亭荣	张样暖	328276	704
7587	猪羊一刀菜		新河大部分地区	寻寨	于四菊	史红梅	328210	831
7588	瞎子说书		新河东部	杨十户	杨计东	杨冬雪	328278	413
7589	错中错		新河东部	仁里村	秦书彬	杨冬雪	328269	574
7590	书迷			仁里村	秦振华	秦书彬	328275	285
7591	傻二小盗宝书		新河东南一带	冯家中	冯连生	司顺广	328274	392
7592	和驴想在一起					赵喜增	328284	285
7593	日本国的传说		新河西北部	新河文化馆		张冬霜	328290	745
7594	木匠和法师			新河广播站	李志刚	郑世英	328246	266
7595	大西瓜和宝葫芦			东董村	脱梅芳	脱玉芳	328254	334
7596	三个儿子作文章			搜集人家中	殷二锁	殷建华	328268	771
7597	鲇魚大喝汤			九柳村	李玉根	孙长福	328263	789
7598	打狗		新河城东一带	西边仙	赵志方	赵喜增	328244	403
7599	抽烟			九柳村	王瑞生	孙长福	328235	631
7600	鸡狗鹿喝水		新河东南一带	齐果召	高常娥	齐金红	328211	1390
7601	官保做官		新河东部	杨十户	杨占琪	杨冬雪	328240	408
7602	漏			杨十户	杨计冬	杨冬雪	328215	920
7603	土地爷显灵		新河城东一带	后良家庄	焦大韦	杨冬雪	328285	311
7604	大雀和燕子			郜宋张砖村	宋明新	宋新圣	328214	947
7605	公平交易			九柳村	许登仍	孙长福	328231	272
7606	一点之误			九柳村	许金华	孙长福	328271	684
7607	麻风女的故事			讲述人家中	宋巧玲	王静云	328221	555
7608	儿媳妇请公公			搜集人家中	王中彦	王翠台	328238	597
7609	人参和萝卜的故事			平头楼	韩详振	吴秀青	328216	548
7610	一本和二本			牛家庄	牛立昆	齐志君	328200	273
7611	赵钱孙李		新河东部	仁里村	秦书彬	杨冬雪	328273	441
7612	仨女婿拜寿		新河大部农村	讲述人家中	靳新广	张景振	328239	334
7613	地主和长工			新河文化馆	脱俊才	郑世英	328242	762
7614	他比你更有理			平头楼	刘京春	付建林	328288	488
7615	有材料的儿媳妇			新河防疫站	李仁亭	张冰	328247	793
7616	增和桥			岗南水库	吴占平	孙长福	328241	438
7617	看匾			九柳村	许仍环	孙长福	328283	1173
7618	怕热的秀才					赵喜增	328261	438
7619	懒夫妻			九柳村	许景邦	孙长福	328282	439

序号	篇名	民族	流传地区	采集地	讲述者	搜集者	数据库编号	字数
7620	神锅			刘秋口		刘会敏	328220	471
7621	俩鬼见面			讲述人家中	张俊田	张英才	328287	1090
7622	三十六个爹		新河东南一带	讲述人家中	贾中位	贾自余	328257	254
7623	金指头			讲述人家中	张学国	张明智	328224	584
7624	牛不下驴			九柳村	李玉根	孙长福	328233	257
7625	仨女婿拜寿			杨十户	杨计冬	杨冬雪	328250	1044
7626	姐夫戏小姨		新河南宫接壤一带	李村	苏振铎	张光兰	328234	1269
7627	小铁橛的故事		新河城南一带		张老光	靳庆臣	328255	830
7628	可别扔了筐			讲述人家中	王断琴	田子才	328229	1054
7629	找驴			杨十户	杨计冬	杨冬雪	328259	408
7630	好吃肉的人			寻寨乡中	田丙华	米淑芳	328225	855
7631	王大胆揳橛子			埝城村	李同章	李娟贞	328286	581
7632	十二属相的来历			平头楼	吴忠海	吴世辉	328213	721
7633	傻小子		新河大部农村	讲述人家中	靳新广	张景振	328262	571
7634	腊八粥		新河县农村	讲述人家中	杨二小	张志秋	328198	413
7635	火龙衣			杨十户	杨占琪	杨冬雪	328245	236
7636	荷花			南杜兴	邱凤格	邱晓荣	328222	638
7637	一个比一个死巴			九柳村	许登仍	孙长福	328237	297
7638	一粒黄豆		新河南宫接壤一带	申家庄	史成刚	曹晓晖	328227	900
7639	论礼			后葫芦湾学校	郑宏生	陈梦泽	328232	733
7640	弟兄俩赶考		新河东南南宫西北一带	齐果召	齐青云	齐丙文	328267	453
7641	痛快			搜集人家中	贾长平	贾春英	328218	1053
7642	死不瞑目			城召村	付永山	付建敏	328212	323
7643	姓焦不姓刁		新河东部	讲述人家中	焦海旺	赵培严	328199	309
7644	老人和老鼠			西流	冯书相	张庆印	328197	260
7645	包土山的传说		新河大部分农村	新河中医院	陈云裳	杨丽红	328192	2708
7646	“三淀”为什么像条鱼		新河县西南一带	荆家庄	程廷柱	赵瑞渺	328195	795
7647	九柳观		新河部分农村	讲述人家中	陈洪波	陈翠芳	328194	850
7648	一棵神高粱					焦君梅	328228	725
7649	糊涂官断案		新河东南一带	白杨林	张根茂	李明旺	328252	294
7650	蝇子和钉子			东小漳	米文尧	李敬涛	328279	891
7651	程家坟的传说		新河西南部	邢秋口	邢计彬	阎世勇	328193	741
7652	狗腿子的来历			仁里村	秦文光	秦兴仁	328258	699

序号	篇名	民族	流传地区	采集地	讲述者	搜集者	数据库编号	字数
7653	卖“我”			讲述人家中	付世锋	付瑞君	328256	928
7654	鸡的传说		高邑县西部境内		郭庆五	郭庆辰	328404	949
7655	不见黄河心不死		冀中一带农村		郭电文	庆辰、风祥等	328384	1372
7656	金钥匙的故事		高邑县及西部山区		刘淑月	贾梦元	328379	726
7657	人长和人短		河北省部分地区		单大女	兰洋	328382	769
7658	张大胆治虎		高邑县西良庄一带		岳兰秀	赵丽平	328440	661
7659	人心不足蛇吞象		高邑县境内及西部山区		郭兰方	庆辰、胜彪等	328388	1080
7660	扫帚女		高邑县西部		李训	刘宗甫	328376	697
7661	樵郎学艺		高邑县西部一带		郭桂梅	庞春菊	328392	598
7662	酒宴赛诗		高邑县境内		刘文贵	刘庆真	328435	1485
7663	没良心		高邑县境内		王凤记	刘文艺、平甲申	328412	292
7664	为人切莫生歹意		高邑县王同庄乡		曹群生	刘文艺	328425	1364
7665	赛诗吃饭		高邑县部分乡村		张玉海	张连玉	328434	1541
7666	黄蛤蟆的故事		河北省广大农村		刘冬	王庆位	328428	312
7667	傻小子的故事		高邑及邻县		吴卫雪	秋增、增吉	328423	1186
7668	官贼		高邑县西北部		李连申	冰林	328410	891
7669	猫和狗为什么不和		高邑县谷兴庄一带		胡振安	胡运平	328397	1215
7670	张义的故事		本县境内			张铁鹰	328389	1133
7671	高凤打柴		高邑县西部			王爱林	328385	909
7672	公鸡为什么好斗		高邑县西部一带		杨小偶	杨立平	328400	1467
7673	小堂锣		高邑县及赞皇山区		李秋狗	赵丽平	328380	816
7674	打黄狼		河北省大部地区		申老秀	刘吉献	328386	655
7675	一坑银水		高邑县境内		王丙连	贾换朝	328430	616
7676	捉跳蚤		前哨营及邻村		苗书锁	苗书平	328406	776
7677	三秀才抢钱		高邑县北部乡村		王胜军	王同岗、王胜军	328432	1259
7678	拜寿		高邑县东部		苗书锁	苗书平	328433	51
7679	二小的故事		高邑县富村乡		庞风春	马建平	328375	956
7680	秀才答题		高邑王家村一带			张铁鹰	328431	1344
7681	二小和秃尾巴老张的故事		万城乡一带		郭庆五	庆辰、凤祥	328377	2876
7682	金头蛇的故事		高邑及临城一带		湖金贵	刘宗甫	328393	792
7683	暖骡子蛋		高邑王家村一带			爱林	328407	919
7684	老夫少妻		高邑县大部农村		郭兰方	郭庆辰	328426	883
7685	黑猩猩的故事		高邑县广大农村			李文勇	328387	1255

序号	篇名	民族	流传地区	采集地	讲述者	搜集者	数据库编号	字数
7686	叫你干啥就干啥		高邑县西良庄一带		李吉堂	许书杰	328409	1122
7687	猴的眼为什么是红的		高邑县西部		李风珍	李伟	328402	899
7688	三媳妇斗老公		高邑县西部农村		郭贵民	胜彪、凤祥	328436	620
7689	"百兽之王"的由来		高邑县北渎一带		梁迎芳	梁迎彬	328396	714
7690	考媳妇		北渎及邻村		胡俊	梁丽卿	328415	581
7691	猫头鹰白天为什么不出来		万城乡一带		焦俊卿	焦素娥	328401	1238
7692	神鬼怕恶人		高邑县境内		郭电文	郭庆辰	328411	38
7693	绣花腰带		高邑县西良庄及邻村			赵丽平	328422	1312
7694	鸭子不啼明		高邑县部分乡村		柏书芳	兰洋	328429	1236
7695	传家宝		高邑县庄头乡一带		苗书平	王文清	328416	771
7696	公冶长的故事		河北省广大地区		李训	刘宗甫、郭长江	328419	757
7697	死马案		高邑县富村乡		贾振山	贾贯礼	328439	465
7698	姐夫和小姨		高邑县万城村及邻村		郭兰方	郭庆辰	328421	764
7699	八百鞭		万城乡一带		郭兰方	庆辰、凤祥	328408	631
7700	买木梳		高邑县五百村一带			邢志花	328424	951
7701	一块黑铁的故事		高邑县境内		王同辉	同岗、胜军	328420	472
7702	一刀之罪		本县境内		王晚片	刘吉献	328438	1231
7703	二保学艺		高邑县		吕青海	邢瑞现	328413	1224
7704	得宝		高邑县西部地区		智明奇	智慧霞	328391	932
7705	梦先生		河北省广大农村		申老秀	刘吉献	328427	1079
7706	刘老乐葬父看茔地		高邑及赞皇交界一带		郭兰方	庆辰、胜彪等	328394	412
7707	木匠巧治家俱商		高邑县部分农村		韩老文	刘文艺	328441	711
7708	骡子为何不下驹		高邑县城西一带		李老堂	刘文艺	328398	1295
7709	八个公鸡蛋		河北省部分农村		庞风春	马建平	328437	1843
7710	双喜买画		高邑县北部		吴为雪	张秋增	328374	1245
7711	狐狸骗牛的故事		高邑县付村乡一带			张素红	328405	626
7712	懒媳妇		高邑县境内		吴卫雪	张秋增	328418	572
7713	十二属相鼠为首		高邑县境内		耿老荣	关占斌、刘文艺	328395	1167
7714	小三分家		河北省广大农村		张偶子	秋增、增吉	328378	573
7715	蛇娶妻		高邑县西南部		梁东亮	梁爱霞	328383	908
7716	宝葫芦		河北省大部地区		高群贵	高春需	328381	1033

序号	篇名	民族	流传地区	采集地	讲述者	搜集者	数据库编号	字数
7717	店家判案		高邑县部分农村		吕青海	邢瑞现	328417	644
7718	金娘庙		高邑县贾村一带		王胜昔	杨俊粉	328390	2686
7719	青蛙夫妻的传说		高邑县徐家庄一带		刘冬	王庆位	328403	489
7720	砖塘墓		河北省广大农村		王丙连	耿争国	328414	468
7721	鸡为什么吃蟋蟀		高邑县西部地区		刘丙寅	刘文艺	328399	523
7722	琵琶鱼的传说						330136	2325
7723	红秫秸					陈国旺	330114	1251
7724	神乐山					王建平	330133	2038
7725	神耳湾					王希恒	330110	1191
7726	小脚趾的传说		廊坊一带		刘永财、刘永顺	刘潮林	330117	4859
7727	一箭射千里					陈国旺	330112	2361
7728	山里红					张耘	330116	2517
7729	千人坟					陈默	330113	5638
7730	金鸽台					张耘	330115	2984
7731	神枪李六的传说				阿訇、钱永年等	岳一中	330129	1516
7732	张士杰传						330140	1443
7733	张难斗的故事					张绍旻	330130	2499
7734	桃孩儿				阎林		330134	1905
7735	刘伯温和沈万三				王光义	王德良	330125	885
7736	阿訇扛活的故事				阿訇、丁秀廷等	岳一中	330128	1609
7737	含羞草的由来				王克臣		330137	494
7738	戏对抓药人				王永	张文涛	330132	4030
7739	爱撒谎的小鸭子						330135	6993
7740	弟媳巧辩				刘素梅		330131	3330
7741	不怕洋人的阿訇		廊坊市北部		阿訇、马文藻等	岳一中、吴景春	330127	1550
7742	沈万三				刘强	陈国旺	330126	1329
7743	红绫化彩虹					陈国旺	330111	2150
7744	巧改字标		安次、大兴一带			刘朝林	330124	710
7745	患难见人心					吕文果、张素英	330977	996
7746	虎引子					尚志国	330921	1075
7747	金秤砣						331010	5459
7748	张胡闹认儿子					冯新广	330969	2002
7749	傻女婿学话					张素英、沈卓	330947	579
7750	狐仙配					冯凌志	330944	1954

序号	篇名	民族	流传地区	采集地	讲述者	搜集者	数据库编号	字数
7751	宝扇					冯新广	330943	1045
7752	傻不认傻					孔凡朝	330931	4441
7753	秃子骗媳妇					孔凡朝	330987	1321
7754	张三打鬼儿						330930	1366
7755	飞笔先生外传						330970	789
7756	满善人“当宝”的故事					李树枫	330919	1135
7757	两块元宝					吕文果	331014	546
7758	长工智赚算破天					李树枫	330983	2558
7759	张古董的故事						331019	6200
7760	泥马报仇					冯凌志	331011	701
7761	“酒相公”顶灯					吕文果	330967	3302
7762	穷公子赶考					高保中	330985	1992
7763	糊涂对糊涂					李树枫	330929	2098
7764	出生要条件					吕文果、张素英	331018	800
7765	嘎小子劝架					李树枫	330986	2029
7766	桃花女和张勇					张素英、吕文果	331016	1182
7767	口头语						330936	2126
7768	大闺女回娘家					李树宇	330957	1106
7769	奇巧姻缘					吕文果	330965	2501
7770	乘鬼车					冯新广	331015	1235
7771	李三姐上坟					吕文果	330960	1098
7772	卖梨					冯新广	331008	3114
7773	过路					张素英、吕文果	330975	1737
7774	“鬼难剃”显原形					吕文果	330976	1689
7775	断猪案					冯新广	330959	793
7776	改碑文					冯新广	330981	1444
7777	鬼妻送子					冯凌志	331001	2531
7778	新媳妇巧治不孝婆					李树枫	330980	845
7779	逃荒（二）					冯新广	330918	1695
7780	记者与商人					高保中	330988	981
7781	死不着					冯新广	330922	409
7782	老太婆捉贼					冯蓬春	330939	1101
7783	懒人的故事					李树枫	331004	991
7784	彪子哥捉鬼					吕文果	331005	2532

序号	篇名	民族	流传地区	采集地	讲述者	搜集者	数据库编号	字数
7785	农家女巧对歪秀才					张诚、文果	330984	2950
7786	铁大胆外传					李树枫	330949	1291
7787	夫妻争灯					吕文果	330941	1002
7788	王二救姐					孔凡朝	331003	1044
7789	冒失鬼喜结良缘					冯新广	330937	998
7790	张连子的故事					冯新广	330945	506
7791	美女奇缘						330916	2473
7792	火神与龙王						331000	2624
7793	水仙花					吕文果	331009	815
7794	我没看她					李树枫	330923	2644
7795	老鹰抓兔子的故事						331007	2154
7796	清官巧断					吕文果	330982	1296
7797	吊死鬼报恩					冯新广	331012	958
7798	聪明佬						330920	2252
7799	相思鸟的故事					吕文果	330938	2041
7800	家贼					吕文果	330971	734
7801	三兄弟					冯新广、张素英	330956	1366
7802	怕婆庙					吕文果	330972	1093
7803	不孝儿					冯蓬春	330934	6587
7804	小两口当家						330963	3514
7805	吹牛					冯新广	330974	822
7806	牛皮三啃臭皱					吕文果	330961	3666
7807	打狗劝夫					高保中	330962	707
7808	卖油郎有家难归					冯凌志	330927	1336
7809	柳林侠女					吕文果	330979	1043
7810	傻女婿拜年					吕文果、张素英等	330924	848
7811	急性子和慢性子					李树枫	330954	903
7812	疯僧救冤女					孔凡朝	330926	1785
7813	闹鬼					吕文果	330950	766
7814	虎儿下阴曹					张素英、沈卓	330955	1076
7815	孙媳摔碗明事理					孔凡朝	330948	1412
7816	便宜					艺兵	330928	2464
7817	白花山					冯新广	331013	823

序号	篇名	民族	流传地区	采集地	讲述者	搜集者	数据库编号	字数
7818	于三和水四的故事					冯新广	330946	1118
7819	财神爷出世						331006	1370
7820	拜年					吕文果	330968	2132
7821	逃荒						330917	2027
7822	没良心					李树枫	330973	11400
7823	黄狼报恩						330952	2620
7824	关老爷和土地爷					吕文果、张素英等	331002	1851
7825	烹蝎子					吕文果、张素英	331017	1242
7826	天下俭					李树枫	330933	1581
7827	仙家要西瓜						330935	1356
7828	对诗教子					孔凡朝	330940	1223
7829	王振邦的故事					冯新广	330966	2807
7830	贾先生外传					吕文果	330942	1762
7831	自讨苦吃					高保中	330978	720
7832	近视眼					李树枫	330951	803
7833	县官逃衙						330964	1196
7834	兰桥会					吕文果	330953	1152
7835	巧结人命案					张诚、文果	330958	680
7836	巫婆吃屎					孔凡朝	330925	414
7837	仨女婿对诗					艺兵	330932	1264
7838	傻小子挨打				常金云	王凤新	338284	336
7839	“点灯招蚊子”的由来				刘孟琴	杨俊月	338226	469
7840	三个女婿拜年				王金科	陈志月	338283	460
7841	赶土地爷				高文朝	张士斌	338211	1428
7842	虎口夺粮				张三	阎好芳	338187	290
7843	老虎打赌渡黄河				石太峰	石太明	338223	660
7844	“有理大哥”和“没理大哥”				梁瑞花	杨俊月	338186	485
7845	吝啬鬼的故事				郭淑婷	杨俊月	338251	2784
7846	三子争父				王洪如	郑之翰	338184	1084
7847	小锅盖				郑琴的	毕广凡	338190	1307
7848	半年六个月				王志邦	王志生	338245	224
7849	没有主心骨的人				王志邦	王志生	338259	695

序号	篇名	民族	流传地区	采集地	讲述者	搜集者	数据库编号	字数
7850	清和桥				李信	李学庆	338204	552
7851	三个使唤人				王志邦	王志生	338250	1397
7852	震山蛋				陈治安	张庆学	338217	2178
7853	吃饭不如不吃饭				常信	王超群	338268	1693
7854	比吝啬				王志邦	王志生	338241	564
7855	不要婆婆				王贵章	张鸿恩	338261	1211
7856	五官争功				张河心	张河民	338233	416
7857	三国迷选女婿				郑倩光	郑银光	338269	321
7858	三先生教“书”				程子凡		338222	989
7859	学懒				王志邦	王志生	338256	2030
7860	聪明的孩子				王志邦	王志生	338281	471
7861	东风雨				吕冬琴	杨俊月	338201	204
7862	馃子与洋钱				王志邦	王志生	338282	916
7863	叫你看的				张河心	张河民	338272	437
7864	万百千				王志邦	王志生	338253	398
7865	蹩脚史和蹩脚诗				张秀芹	程蓉生	338248	426
7866	洗手水				赵铎	张玉海	338265	432
7867	慌大嫂探母				张东芝	张河民	338264	688
7868	别轻易动土				李小恨	蔡海霞	338263	999
7869	美女蛇				王贵章	张鸿恩	338196	741
7870	“关公”与“周仓”				王志邦	王志生	338279	2863
7871	“红葫芦”的故事				殷付琴	李瑞芳	338189	252
7872	苗葛萧与杨林标				张鸿恩	张鸿恩	338205	904
7873	同窗情					阎好芳	338194	396
7874	“玻璃嘎”怨天				张秀琴	程蓉生	338260	590
7875	囚犯咬母乳				常信	王超群	338218	223
7876	荷塘边的诗会				程怀臣		338224	2588
7877	秃老二				李小恨	毕广凡	338212	2703
7878	除奸记				张三	岳秀山	338193	888
7879	田螺仙女					毕广凡	338203	1244
7880	梦二小				郑琴的	毕广凡	338185	670
7881	轧猪				李苹	程蓉生	338280	244
7882	乞丐做诗				田书昌	杨俊月	338275	2220
7883	棺材里的“女鬼”				张河心	张河民	338199	2836

序号	篇名	民族	流传地区	采集地	讲述者	搜集者	数据库编号	字数
7884	二打锅				常信	王超群	338271	436
7885	毛猴巧取虎大王				石太峰	石太明	338228	447
7886	县太爷的法律					张河民	338258	1447
7887	王小打柴				王军	郑志翰	338195	821
7888	大爷“救羊”				刘文科	刘金霞	338274	1931
7889	吃干纹				李信	李学庆	338220	356
7890	爱吹嘘的瞎子				蔡九香	刘同喜	338254	900
7891	刘二王三				宋国强	张庆学	338209	291
7892	抹布和桌子					张凤娥、张新娥	338231	722
7893	三害王小				程蓉生	王学信	338210	706
7894	小骑外		肥乡城一带		郑琴的	毕广凡	338221	1081
7895	老狐的精				郑五的	郑银光	338216	2949
7896	张果老回老家				程振东	苗玉平	338206	583
7897	怕老婆的国王				吴连顺	栗瑞锋	338257	551
7898	背媳妇				高文朝	张士斌	338208	312
7899	张小二卖包子				栗相林	栗锐峰	338277	315
7900	郭智的心计					张河民	338219	3297
7901	鹌鹑为啥没尾巴				王军	高梅芳	338225	432
7902	圣贤愁				李信	李学庆	338200	564
7903	瞎说				冯宗太	胡风林、黄志兴	338247	270
7904	九头鸟				郑连玉	郑志翰	338213	1383
7905	火龙衣				李巧莲	李炜	338207	338
7906	打岔					杨俊月	338243	1276
7907	老虎和跳蚤					张凤娥、张新娥	338230	594
7908	懒夫				李义	王超群	338242	399
7909	大头鬼				胡占山	王献忠	338198	595
7910	聚宝盆				张延年	王社卫	338239	5115
7911	白字县官				常大头	毕毅敏	338255	4202
7912	学话				魏振河	张河民	338238	3618
7913	我卖我				李天增	毕广凡	338237	383
7914	吉利话				刘琴英	毕毅敏	338266	219
7915	城乡二跳蚤					张河民	338232	608
7916	算命先生				王志邦	王志生	338262	2912
7917	二赖子拨牙				王志帮	王志生	338236	852

序号	篇名	民族	流传地区	采集地	讲述者	搜集者	数据库编号	字数
7918	傻瓜吃烧饼				王志邦	王志生	338276	506
7919	“铁公鸡”对诗				程占祥	程蓉生	338235	675
7920	婆媳俩				王志邦、刘德方	王志锋、杨俊月	338278	406
7921	姑嫂对“不”				梁运海	程蓉生	338240	884
7922	吴先生弹花				刘天翔	张河民	338252	927
7923	女儿的亲事				王志邦	王志生	338273	313
7924	吹破大				蔡黑成	毕广凡、王俊兰	338197	2155
7925	诓人囊				王志邦	王志生	338267	1408
7926	其实也一样				王志邦	王志生	338270	1858
7927	四兄弟学手艺				安峰	安瑞霞	338202	472
7928	小包拯智断疑案				李信	李学庆	338188	561
7929	贤媳妇					张河民	338192	3344
7930	漏				张文仲	张庆学	338191	812
7931	狗仙姑娘				阎景华	栗瑞锋	338214	718
7932	铁蛋买酱醋				刘文科	刘金霞	338249	147
7933	三句话不离本行				刘文科	刘金霞	338215	340
7934	鲤鱼大喝汤				李信	李学庆	338244	3847
7935	麻子与镜子					张凤娥、张新娥	338229	3752
7936	针尖对芒麦				郑生的	郑之翰	338227	981
7937	馋亲家偷狗肉				宋德民	程蓉生	338246	2134
7938	“姐夫”——“姑夫”				张河心	张河民	338234	739
7939	贫协主任祈雨				李清	白痴	338904	212
7940	李小三的故事			西城路丰家中	赵万云	韩新春	338878	284
7941	四句话				韩文成	张文清	338867	1445
7942	假秀才				刘建国	张高清	338887	948
7943	比视力				朱玉食	韩新春	338886	441
7944	知足先生				韩文清	张文清	338888	1056
7945	打嚏喷				王洪斌	韩耀宗	338896	597
7946	鬼友				史义	王耀成	338873	640
7947	长工巧语斗地主				袁帝	孙建永	338877	850
7948	黄狗耕地				陈启明	陈立兵	338882	817
7949	漏				孙占文、韩守启	韩守启	338889	1460
7950	贤慧的媳妇				张恕、韩文忠	李丽娟、李佃丽	338893	979
7951	奇才异能十兄弟					孙静山	338880	320

序号	篇名	民族	流传地区	采集地	讲述者	搜集者	数据库编号	字数
7952	改对联				张全	韩耀宗	338903	788
7953	夸马				王洪斌	韩耀宗	338881	2503
7954	扬名与后世				张庆喜	张振忠	338865	751
7955	买卖不做大豆大				袁帝	孙建永	338874	1079
7956	哭车				韩文忠	杨晓霞	338906	2341
7957	舍不得孩子打不着狼				翟光宗	韩新春	338869	178
7958	照镜子				南众	祁占明、孙成英	338895	1359
7959	“早知道”先生改行				朱玉食	韩耀宗	338861	250
7960	阎王爷认亲爹				王文斗	孙建永	338900	678
7961	高明五倍					韩守启	338911	260
7962	三只手				王洪斌	韩耀宗	338898	319
7963	黑水与白银花				刘喜玉	王跃成	338872	465
7964	傻女婿拜年				贾进莲	王智强	338892	276
7965	哥俩锄地					李春喜	338905	595
7966	金斧头				李贵明	李建强	338884	904
7967	碟子精				朱玉梅	韩新春	338891	1097
7968	馋嘴老婆				陈大力	陈晓俊	338902	1391
7969	猴骗小女孩					张全	338899	255
7970	两个大烟鬼				宋佃仕	韩耀宗	338897	1518
7971	爱说虚的人				郭成林	刘丽	338901	161
7972	“大路”不平“旁人”铲				王财	王艳红	338866	611
7973	唱半年戏				张世录	刘涛	338894	1090
7974	吹牛匠碰壁				韩明荣	韩守启	338909	1595
7975	一文铜钱					韩守启	338910	422
7976	宝盆				赵英	赵桂霞	338875	328
7977	张宝				姚洞	姚有梅	338862	936
7978	“智多星”智斗胡老刁			阳原县要家庄村	武业、赵有等	韩新春	338876	344
7979	香香豆				韩明荣	韩守启、刘明堂	338885	461
7980	扬名留后世				李尚得	孙建永	338871	497
7981	尼姑背醉汉				朱玉食	韩新春	338868	315
7982	天地七丈二去回一星期				郭成永	刘丽	338879	924
7983	妻子祷告				史义	史建斌	338908	1811
7984	修锄				李义喜	李志强	338907	1417

序号	篇名	民族	流传地区	采集地	讲述者	搜集者	数据库编号	字数
7985	李祥卧冰			阳原县浮图讲乡浮图讲村	朱玉食	韩新春	338864	1202
7986	一棵桃树				贾文	韩新春	338890	1861
7987	王祥卧冰				郑继生	郑成义	338863	878
7988	能通六窍				翟光宗	韩新春	338870	444
7989	黄狗耕地（二）				陈贵义	陈立虎	338883	722
7990	五色鹿					温秀梅	339389	846
7991	巧机关吓死卖玉人					胡英春	339449	985
7992	善王行善		万全境内		范小兰	郭艳芳	339408	263
7993	悔泉恨石					王军	339398	432
7994	坟水宝地		万全境内		田文花	田力	339406	1028
7995	还债					郝怀富	339378	738
7996	死狗滚甜苣					赵文光	339384	306
7997	瓜壳壳财主		万全西部		张振义	王慧荣	339368	177
7998	三姐的下场		万全境内		刘素兰	成仲芳	339402	796
7999	三年早知道					郝振国	339412	908
8000	说好话的人					崔富军、王泽宽	339404	191
8001	邹二郎遇仙除蟒妖		万全一带		周殿香	赵俊	339365	1420
8002	金香炉		万全境内		任汉英	刘广璋	339395	280
8003	债有主		河北、北京一带		史记宽	温光忠	339381	1033
8004	傻子的故事					张晓秀	339400	737
8005	猴子的屁股为什么是红的					刘美华	339387	520
8006	小长工智胜老地主		万全境内		赵光斌	张春香	339417	131
8007	父子进城					哀树明	339426	193
8008	指在哪儿倒在哪儿					李成栋	339440	727
8009	周忠赴考落榜					郝怀富	339421	487
8010	下次扔孩子还是我去好了		万全西部		张振义	张军	339437	911
8011	买火柴					刘广璋	339439	2334
8012	漆变金					刘广璋	339420	2739
8013	笑话三则					李树海	339427	1122
8014	买盐					郝怀富	339430	252
8015	神棉袄		万全境内		范宁	范世军	339409	1164
8016	香油屁儿的来历		万全一带		王选	刘建云	339366	480
8017	我的孙子李万年					李志光	339434	297

序号	篇名	民族	流传地区	采集地	讲述者	搜集者	数据库编号	字数
8018	鬼哥哥					赵文光	339393	1252
8019	燕子的故事					李静	339386	2531
8020	青蛙为什么要“呱呱”地叫		万全一带		李利云	杨海兵	339388	532
8021	水眼的传说					陆振燕	339380	945
8022	七口铜锅的传说					李东海	339379	908
8023	求仙					郝怀富	339403	687
8024	木头婆婆		万全境内		曹知事	曹志红	339369	1269
8025	住古坟不住古庙的由来		万全一带		蔡桂兰	白利红	339392	184
8026	黄泥匠捉弄赵财迷					李成栋	339414	901
8027	山药蛋和草子糕					郝怀富	339405	946
8028	秀才与女婿		万全一带		任汉英	刘广璋	339397	228
8029	王二鞭治兔子精		万全、内蒙古、北京一带		史记宽	温光忠	339382	816
8030	笑话二题					柳占泽	339433	228
8031	吹牛					郝雪青	339438	882
8032	把下次的也打了吧					武润桥	339428	847
8033	金马驹					孙永强	339376	487
8034	智斗地主李剥皮					张玉清	339429	1040
8035	使驴					李成栋	339445	1363
8036	傻女婿		万全境内		李旭升	李永斌	339436	656
8037	新鲜货					郝怀富	339419	560
8038	酒色财气					李成栋	339446	1189
8039	骨头儿开					宋军	339371	2717
8040	懒夫妻		万全境内		左文斌	刘广璋	339422	252
8041	两个小货郎					王天清	339443	598
8042	哥儿仨种谷		万全一带		顾满	顾宝	339370	256
8043	老三分					李成栋	339447	904
8044	买螃蟹		万全境内		范宁	范世军	339418	415
8045	吃咸菜		万全境内		张玉柱	刘广璋	339424	311
8046	桃树下还家					郭培英	339413	430
8047	草成精了					李世战	339448	174
8048	贪心不足把命送		万全一带		蔡桂兰	白利红	339372	752
8049	细思谋					李成栋	339425	1181

序号	篇名	民族	流传地区	采集地	讲述者	搜集者	数据库编号	字数
8050	娘叫我					郝怀富	339394	2727
8051	老虎和接生婆					柳玉山	339385	645
8052	铁算盘讲天意					柳玉山	339432	931
8053	三八二十五		万全一带		曹志高	曹志红	339416	423
8054	健忘的人					柳玉山	339431	309
8055	错结姻缘		万全境内		刘柳氏	柳玉山	339410	537
8056	荆算子上打馕糕		万全境内		张玉柱	刘广璋	339423	516
8057	凤凰和夜猫子					郝鸿玉	339391	1147
8058	年老莫娶少年妻					李成栋	339411	1706
8059	一个木碗					宇光荣	339407	1972
8060	四儿					郝怀富	339390	1467
8061	荞麦地里		万全西部		张振义	张海芬	339435	1422
8062	山神与兽王		北京万全一带		史记宽	温光忠	339383	278
8063	媳妇偷吃肉					王文汉	339415	863
8064	胡神爷的传说		万全境内		施亮	施尚梅	339377	698
8065	九子不如石子					郭兰英	339399	1054
8066	杨大海除蛇取泉					程美林	339374	144
8067	自讨没趣					王文汉	339444	453
8068	除奸记					李成栋	339450	667
8069	狗才吃屎					郝怀富	339367	1591
8070	借蛋		万全一带		郭贞兰	刘广璋	339396	434
8071	万全九龙山的二女蛇					段秀兰	339373	210
8072	梦先生					张晓秀	339401	1370
8073	神水庙的来历		万全境内		崔增富	崔娟	339375	319
8074	秀才收风					王全	339442	198
8075	打老子治打老子					曹永旺	339441	400
8076	古老的宣化城郭						341725	1397
8077	早期宣化治内煤窑（矿）概况和工人惨状史略			宣化		王鉴	341837	918
8078	对诗吃饭				张科	张丽英	341798	1427
8079	“古上谷郡”牌坊						341732	1063
8080	宣化葡萄						341736	988
8081	武林女杰——王传珠、宣化红灯照的故事				王崇智、杨周、李富	王鉴	341790	2218

序号	篇名	民族	流传地区	采集地	讲述者	搜集者	数据库编号	字数
8082	拱极楼						341728	699
8083	活宝与死宝				张世林	张秀敏	341802	2238
8084	谷郡梨园阳光照						341834	3921
8085	十三太保李存勖		宣化一带		刘正增、顾登仕	顾建中	341782	1939
8086	宣化城		宣化区		刘世恩、刘世增	苏木	341784	797
8087	宣化的庙台戏					王鉴、温夫	341831	696
8088	关于清远楼的故事				刘福、范金堂	王鉴	341781	747
8089	麻雀、花猫和花狗		宣化一带		李培飞	王鉴	341826	2182
8090	三个和尚				张云	刘静	341827	769
8091	团民不伤买卖人				马登高	顾建中	341791	1237
8092	金花误了金银子		蔚县、涿鹿县、宣化地区		蔡芬春	王鉴	341806	833
8093	殷刚夫妻斗鳌怪		宣化县、龙关一带		李培飞	王鉴	341794	656
8094	香姑与刘贵、民间故事				刘起	杨世荣	341788	553
8095	黄河九曲灯——宣化民间艺术灯会						341833	5216
8096	陈无义与候仁义		宣化下花园一带		裴存贵	王晓婵	341795	638
8097	如此状元郎				宋桂枝	张凤叶	341801	1086
8098	宣化河流记						341739	3995
8099	聚宝盆				王建升	王亚玲	341800	7376
8100	宣化（卐）万字会						341838	627
8101	杏梅、民间故事				兰丙梅	刘春红	341809	1217
8102	清远楼史话						341726	2827
8103	四牌楼						341731	2240
8104	得胜桥						341734	1003
8105	夫人上坟				谭荣美	王鉴	341829	4489
8106	学懒		蔚县、涿鹿、宣化一带		蔡逢春	王鉴	341828	1096
8107	宣化镇朔楼						341727	2664
8108	狗熊的尾巴为什么很短				李淑花	王成	341825	3704
8109	城隍出府						341737	200
8110	戏曲艺人轶事						341836	5116
8111	介春园				玉家		341796	921
8112	宣化义和团的故事				刘世增、王崇智		341789	851

序号	篇名	民族	流传地区	采集地	讲述者	搜集者	数据库编号	字数
8113	圣贤愁				赵世君	朱清	341797	797
8114	卧虎山腰上的白印				王俊库	王富连	341799	603
8115	老奶奶赐军粮				裴存贵		341808	1098
8116	李英盗库				刘世坤	顾建中	341792	117
8117	婆婆考媳妇					张凤叶	341804	550
8118	立化寺古砖塔						341730	983
8119	九花娘大闹朝阳楼					顾建中	341793	2028
8120	思恩寺和玄空寺						341733	916
8121	“太平城”的由来				孙连英	王振兴	341785	1394
8122	砚边漫话“神京翰屏”						341738	1264
8123	辽代壁画墓						341729	1532
8124	舞台生涯坎坷的路——回忆晋剧前辈筱吉仙承戏						341835	1213
8125	谷王朱穗分封于宣化						341735	737
8126	鲁班修桥				裴存贵		341807	533
8127	挎鼓秧歌						341832	1039
8128	胡涂考官与应考生		宣化地区				341830	2715
8129	耗子娶媳妇					赵世君	341805	1005
8130	常遇春大战柳河川				刘世增	顾建中	341786	2705
8131	闯王箭定宣化府				刘世增	顾建中	341783	398
8132	宣化城乡礼俗概况						341839	1498
8133	长工治财主					常卫国	341803	1561
8134	正德戏风				范金堂、董孝贤	王鉴	341787	4747
8135	小店风波						341867	1652
8136	赌博酿祸						341860	5988
8137	艺高瓜香						341863	1238
8138	小马的心病						341874	2467
8139	塞外，正是融融春天——首届“双凤杯”新故事大赛侧记						341876	3368
8140	精灵鬼夫妻						341851	3020
8141	送上门的媳妇						341859	3270
8142	张师傅的三小子						341870	3167
8143	分地之后						341857	2883
8144	小刚捉贼						341847	2667

序号	篇名	民族	流传地区	采集地	讲述者	搜集者	数据库编号	字数
8145	方城泪						341868	2224
8146	小巷怪案						341842	2258
8147	金戒记						341856	1406
8148	一张入场券						341848	1403
8149	明亮的矿灯						341864	1083
8150	红瓤黄瓜						341846	1050
8151	雪梅抗婚						341872	3956
8152	小机灵擒盗						341865	1460
8153	眉眉送礼						341871	2582
8154	婚事风波						341862	1735
8155	县长的女儿						341855	1661
8156	继母情						341845	1568
8157	斗卦摊						341861	2315
8158	钱老转						341869	1128
8159	自食恶果						341852	2059
8160	抠门儿经理						341866	3443
8161	气门芯的故事						341854	1357
8162	赌徒落网记						341873	3169
8163	怪主任蛮断家务事						341853	4176
8164	塞北疑案						341850	1905
8165	墓穴缘						341844	727
8166	“99”谜案						341843	3282
8167	东郭嫂遇鼠记						341858	964
8168	极乐牌港包						341849	1014
8169	爱财如命					高扬	343344	344
8170	白字先生					陈生明	343176	191
8171	大滩沟的蛇				白将喜		343116	642
8172	死人知道我知道					仇喜卿	343317	1924
8173	种地						343333	3116
8174	聂荣臻司令在井陉的故事					李全贵、李化瑞	343268	2425
8175	县太爷选人					李化瑞	343165	415
8176	屠县令智斗翰那根					刘育书	343222	1354
8177	说瞎话的人					高扬	343346	784
8178	邢端的传说					邢爱斌、邢昌录	343219	189

序号	篇名	民族	流传地区	采集地	讲述者	搜集者	数据库编号	字数
8179	胖挨娘瘦贴墙						343320	1966
8180	大懒汉					张素平	343142	1659
8181	懒汉神求					张吉元	343314	279
8182	错写挽词				张考珍	李化瑞	343316	1952
8183	长工治财主				刘四楼	马有有	343163	720
8184	女英雄吕秀兰					梁美容	343273	1519
8185	借米					刘喜喜	343155	978
8186	结巴子呼救					陈生明	343171	1773
8187	丢掉牙齿的人					马建廷	343151	556
8188	智三考儿媳					友友吉怀	343146	2335
8189	二不郎治地主					仇喜卿、常厚	343153	2085
8190	借粮				张兵秀	焦烁明	343306	1216
8191	老少都行				李锁忠	何文郁、梁爱楼	343341	152
8192	神拳李虎					喜庭、友友等	343166	1008
8193	你娘和我娘				李锁忠	何文郁、梁爱楼	343348	1860
8194	好风水					仇喜卿	343158	2370
8195	穆王井陉行					刘育书	343210	275
8196	书生戏知县					高栾庭	343298	964
8197	随酒葬父				何致	何素庭	343196	1402
8198	猫和狗耕地					刘考庭	343293	1687
8199	看电影				李锁忠	何文郁、梁爱楼	343356	2460
8200	区小队的母亲				李坤	李树花	343285	1095
8201	抓坏蛋					仇喜卿	343296	2677
8202	抗日英雄李仓				李富元	李常厚	343276	391
8203	天下帝王师				李毛小	李全贵	343213	365
8204	卷帘将军					张书林	343191	213
8205	模范丈夫秘诀				李锁忠	何文郁、梁爱楼	343354	692
8206	善恶必报					李献庭	343136	3628
8207	三杆笔大闹县衙					吴学圃	343221	1561
8208	臊那驴脸哩				李锁忠	何文郁、梁爱楼	343357	336
8209	武都堂的传说				栾成文	栾志君、吴学圃	343218	1337
8210	智看小姐				吕喜柱	杜卫亭	343338	1191
8211	张林虎口征粮						343279	504
8212	念布告					高国林	343334	515

序号	篇名	民族	流传地区	采集地	讲述者	搜集者	数据库编号	字数
8213	人民的好当家					钟宇	343266	358
8214	癞蛤蟆的故事					赵来锁	343328	728
8215	王来宝的故事		井陉漕泉一带山区		高富堂、高喜堂		343159	314
8216	秦始皇辒辌过井陉					吴学圃	343211	776
8217	驴为啥“咴咴”地叫				阎兵妮	齐爱林	343137	1098
8218	巧媳妇					梁爱楼	343127	1069
8219	礼物				张国甫	张吉元	343208	913
8220	吕洞宾的传说					单保生	343197	1919
8221	柏林火					常厚、英泽	343125	491
8222	亲家俩说梦话					仇喜卿	343134	580
8223	观音菩萨的传说					刘玉堂	343124	1679
8224	吕洞宾留药方					李化贵	343206	1999
8225	什么东西最香					杜卫庭	343118	943
8226	张果老的传说					张吉元	343123	358
8227	人们见蛇为什么害怕				李怀林	李献庭	343121	2074
8228	五更火				李浩明	李常厚	343115	241
8229	二龙吐须					李富忠	343144	2141
8230	千里土					郝春云	343117	574
8231	为啥年龄大				李锁忠	何文郁、梁爱楼	343355	3745
8232	吹破天和财迷精					齐爱林	343331	190
8233	老党员不要谁要?				李锁忠	何文郁、梁爱楼	343350	632
8234	“于老五”的传说					于秀河	343185	719
8235	道士和秀才				吕洞廷	杜卫亭	343337	452
8236	张三李四王五和财主					高扬	343147	198
8237	死搬硬套					仇喜卿	343310	330
8238	天地与良心					梁爱楼	343135	1155
8239	瞎话篓					李化瑞	343291	624
8240	地主和长工					赵来锁	343189	2018
8241	要省油蒸馒头				李锁忠	何文郁、梁爱楼	343353	577
8242	霍鹏为官清正廉明					建军、学圃等	343217	1384
8243	三包				李锁忠	何文郁、梁爱楼	343349	1197
8244	性急人					高扬	343342	1116
8245	何占魁和他的“野百灵”					何忠郁	343274	960
8246	贫嘴刮舌				李刚	李献庭	343201	1432

序号	篇名	民族	流传地区	采集地	讲述者	搜集者	数据库编号	字数
8247	赵润活捉毛力三					孙喜顺	343282	654
8248	偷人不要脸				焦润端	胡月明	343203	867
8249	秦基伟同志在沿庄					焦烁明、关学圃	343270	2618
8250	父子进城						343321	943
8251	刘秀的传说					明生、志扬	343214	1172
8252	吹大话，吃扁食					仇喜卿	343315	676
8253	金蛤蟆		井陉西北山区		高富堂	旭晨	343184	637
8254	说大话的人				李锁忠	何文郁、梁爱楼	343359	166
8255	金牛山				武正良	王俭庭	343167	1116
8256	三女婿拜寿					吴学圃、张树和	343128	1642
8257	猜迷					张书林	343335	302
8258	逃之夭夭					仇喜卿	343309	734
8259	大黑智斗胡老财					尹红、康风隆	343187	244
8260	说反话				阎连山	齐爱林	343304	206
8261	打肿脸充胖子					志衡	343183	697
8262	“傻三”借织机				张东生	张吉元	343297	1536
8263	何梅庭的赤诚心					巧芝	343272	657
8264	耿晚子除奸反特的故事						343277	398
8265	农家女斗狐狸					梁兰春	343327	959
8266	赖小二算卦				齐进山	刘春林、齐爱林	343164	561
8267	薄一波同志在景庄、北白花					焦红、吉怀等	343269	461
8268	井陉平定是亲家					高慧茹、赵志扬	343149	180
8269	多狐山的传说					马竹明	343193	404
8270	坦性人					高扬	343343	508
8271	牛头不对马嘴					吴志科	343294	654
8272	县太爷与老虎					贾保庭	343178	957
8273	贾良图的故事						343271	458
8274	崇祯上吊				武正良	孟浪	343161	468
8275	李正芳大义灭亲					柯泉	343275	3786
8276	牛和驴					焦建军	343339	1025
8277	打赌				武芳	栾志君	343326	1236
8278	马保东就义良都店						343283	348
8279	随声附和					高扬	343345	251

序号	篇名	民族	流传地区	采集地	讲述者	搜集者	数据库编号	字数
8280	恼与笑					王密荣	343186	413
8281	邓小平同志在吕家				刘国才	吴学圃、泉桂等	343267	226
8282	看黍稷				万柱	李全贵	343288	2564
8283	挑女婿					贾保廷	343143	1324
8284	巧嘴货郎					齐爱林	343290	691
8285	18与19					焦振翼	343301	457
8286	长脸驴的故事					孙喜顺	343286	212
8287	兔子寻食					吕春喜	343332	193
8288	宝瓢				高春喜	高申之	343194	856
8289	纸与字					焦振翼	343300	1261
8290	吹牛皮要税					马建廷	343157	3010
8291	扔钱柜					仇喜卿	343173	688
8292	梁大侠提镖				于占海	王柱文	343207	360
8293	捞鱼鹳的脖子为什么长					史秀青	343329	523
8294	眉花袖柳					李富忠	343145	308
8295	弟兄三人					吴志科	343311	604
8296	凤凰蛋					仇喜卿	343192	1428
8297	洋槐树的来历				杨明明	杨富生	343170	1759
8298	假包公办案				武正良	王俭庭	343168	694
8299	谁草包					仇喜卿	343160	568
8300	老牛为啥长叹气				焦润端	焦烁明	343181	498
8301	孙悟空与鲤鱼精					李化瑞	343198	485
8302	条件太多了				李锁忠	何文郁、梁爱楼	343352	247
8303	学俏						343140	136
8304	送闺女						343340	1999
8305	公子当驴				齐进山	齐爱林、王密荣	343141	1266
8306	关公的脸为什么是红的					旭晨、高晋	343119	182
8307	暖驴蛋					梁拉清	343336	760
8308	打虎				张辛太、武占英	杨明生	343202	1344
8309	没请示				李锁	何文郁、梁爱楼	343347	1619
8310	御前辖杨继义				李毛小	何忠郁、李全贵	343216	557
8311	刘明侠智擒抓狸精					刘春文	343200	314
8312	抬杠				大尖山、齐进山	齐爱林	343307	1345
8313	没良心				刘兰锁	马有有	343162	312

序号	篇名	民族	流传地区	采集地	讲述者	搜集者	数据库编号	字数
8314	愚笨的小白兔					吕春喜	343330	434
8315	放羊郎巧治不孝子					密荣、吉元	343199	501
8316	聋子对话				武翠妮	梁美荣	343295	1801
8317	龙王爷当桥				齐进山	齐爱林	343204	503
8318	盘龙石					李全贵	343148	374
8319	强盗与和尚				王占云	王海芳	343205	2187
8320	买话					李富忠	343139	665
8321	梁绿野告御状					陈生明、梁爱楼	343220	2261
8322	宝锣					高慧平	343131	1469
8323	平阳公主守三关					何忠郁、李全贵	343215	833
8324	翻话碰对点子					李化瑞	343129	220
8325	不如咱占主动				李锁忠	何文郁、梁爱楼	343358	584
8326	分猪肉					王密荣、李富忠	343138	729
8327	马有垂缰之义，狗有湿草之恩					李化瑞	343152	783
8328	前山土地和后山土地					焦烁明、刘彦怀	343188	206
8329	卷旱烟				李锁忠	何文郁、梁爱楼	343351	249
8330	三请栾秀才					李全贵	343150	137
8331	兄弟俩				张贵贞	张吉元	343195	188
8332	斩妖龙				武正良	王俭廷	343154	892
8333	杨大人断案					李化瑞	343156	959
8334	没“腰”					栾志君	343312	994
8335	“拉花”的传说					刘春林	343114	2067
8336	女婿住正月					王密荣	343318	146
8337	丈夫休妻				石钟父	孟浪	343130	186
8338	我嫌文雅臭哄哄					吕兵秋	343319	589
8339	各显其能					王密荣	343126	754
8340	不识货					梁拉清	343323	550
8341	“活宝山”的传说					张吉元	343177	613
8342	长工巧治财主				焦润端	焦烁明	343190	1326
8343	张尧智斗日伪军						343281	629
8344	唐明皇过路黄庄				李化瑞	李全贵	343212	855
8345	说在纸上说不到纸下					李兵科	343209	281
8346	张凤岐抗日斗争的故事						343280	2799

序号	篇名	民族	流传地区	采集地	讲述者	搜集者	数据库编号	字数
8347	窝狗扛长工					文昌	343179	834
8348	大力士和大狮子					范志军	343175	1904
8349	狗、猫、老鼠					陈瑞明	343325	3186
8350	铁骨英雄王兵太					志衡	343284	3136
8351	作诗笑柄					吴增禄	343308	1282
8352	两只黄雀					焦振翼	343299	559
8353	老武和小五					苏英泽	343174	496
8354	两个亲家					吴志科	343292	1194
8355	糊涂官审案				高喜来	张吉元	343302	548
8356	董明道机智斗敌				李毛小	李全贵	343278	2106
8357	小两口对诗				根保、万柱	川桂	343289	1903
8358	枕头计				焦润端	焦烁明	343180	1060
8359	长工骂财主				齐进山	齐爱林	343305	1873
8360	刘国栋写状子					李兴国	343182	301
8361	“故事篓”籴米					张术林	343287	318
8362	“吉星高照”的由来				大尖山、齐进山	齐爱林	343122	886
8363	老和尚治嘎小儿					李富忠、志衡	343172	2334
8364	“嘴”和“腿”					梁兰春	343303	472
8365	李大胆擒妖					于连亭、刘春林	343169	686
8366	瞎子行骗				王清保	王占云	343133	547
8367	孝子对诗					杜卫廷	343324	1186
8368	小白兔修仙				李反楼	焦伟、李连套	343313	2882
8369	兄妹比艺				齐进山	齐爱林	343132	438
8370	不听劝告的猴子					胡平强	343322	180
8371	打树先贴“红纸条”					高桂卿	343120	1380
8372	一日三餐的由来					吴岳昆	343113	1924
8373	穷命鬼					卢云龙	348324	941
8374	三个懒鬼			沙城	张志孔	张一宇	348369	2279
8375	但行好事，莫问前程			小南辛堡	王德文	王哲	348342	318
8376	儿女不孝的由来			三营村	卢凤莲	卢云豹	348310	2004
8377	高麻子当村长——办不到			北辛堡	高志贵	刘戎声	348340	1423
8378	子不教，父之过			小南辛堡	祁万德	王哲	348341	1232
8379	虎无伤人心，人有害虎意			辛庄子	曹荣先	梅文清	348336	1664
8380	学伶俐			沙城	张光宇	张一宇	348370	1241

序号	篇名	民族	流传地区	采集地	讲述者	搜集者	数据库编号	字数
8381	蚰蜒的腿为啥多			大黄庄	刘秀英	赵相如	348330	1121
8382	穷秀才智难土财主			狼山	卢桂荣	卢云豹	348355	1041
8383	狗的过去			狼山	卢桂荣	卢云豹	348329	665
8384	皮匠状元			沙城	任文启	卢云龙	348303	1080
8385	懒媳妇梳头			沙城		张一宇	348366	964
8386	何仙姑的故事			狼山	郝万库	卢云豹	348283	660
8387	偷锅			沙城		张一宇	348365	671
8388	哄你们哪			沙城	张志孔	张一宇	348368	407
8389	艾奉升官			小南辛堡	王德文	王哲	348322	268
8390	后娘变成灰灰鸟			东洪站	张善龙	张尚仁、张东海	348318	1230
8391	势力眼			狼山	卢桂荣	卢云龙	348294	480
8392	聚宝盆					卢云龙	348306	585
8393	人醉不如狗明白			南甘庄	侯长孝	侯志远	348333	923
8394	四铁匠钉鼓			狼山	卢桂荣	卢云龙	348292	408
8395	聪明的媳妇			狼山	王学珍	卢云龙	348350	1024
8396	神马鞭			三营村	卢凤莲	卢云豹	348296	867
8397	扫帚骨朵买花			狼山	卢桂荣	卢龙云	348301	1254
8398	傻和尚的传说			狼山村人	郝万库	卢云豹	348289	1531
8399	猫狗结仇			小南辛堡	王德存	王哲、王洪玉	348328	971
8400	铁拐李偷油			狼山	郝万库、卢桂荣	卢云豹	348285	1938
8401	秀姑			小南辛堡	王德存	王哲	348320	507
8402	屁老虎			沙城	韦秀华	卢云龙	348349	1443
8403	清白			狼山	卢桂荣	卢云豹	348315	696
8404	白字先生			狼山	王学珍	卢云龙	348345	1233
8405	火龙衫			沙城	韦秀华	卢云龙	348298	1186
8406	砍树			狼山	王宝珍	卢云豹	348362	772
8407	卖屁			东八里	刘玉兰	卢云龙	348323	322
8408	韭菜的传说			采石矿	席成宝	梅迎春	348332	1042
8409	太岁头上动土			北辛堡	刘延泽	刘戎声	348339	991
8410	一个铜子儿			西洪站	赵希成	郑澄清	348308	1173
8411	两个懒汉			南辛堡	陆成关	王哲	348321	868
8412	巧媳妇智斗耍钱鬼			南水泉	张云霞	杨宝祥	348305	1593
8413	铁拐李显灵			狼山	郝万库	卢云豹	348286	770
8414	贼、老虎和人熊			辛庄子	梅之旺	梅迎春	348331	469

序号	篇名	民族	流传地区	采集地	讲述者	搜集者	数据库编号	字数
8415	贪图小利坏大事			南甘庄	侯长孝	侯志远	348338	2009
8416	山西城隍好弯腰			阎家坊	孙天才	孙晨静、温洪波	348311	1665
8417	狐狸仙的故事			狼山	卢桂荣	卢云龙	348317	866
8418	猫鼠为什么成仇敌			沙城	张志孔	张一宇	348327	1209
8419	圆又圆			狼山	卢桂荣	卢云豹	348359	701
8420	笨媳妇			沙城	韦秀华	卢云龙	348352	1438
8421	六十岁还仓			北辛堡	刘延泽	刘戎声	348304	1424
8422	懒汉			沙城	张志孔	张一宇	348363	1707
8423	玩笑开不得			新保安	刘玉兰	卢云龙	348325	774
8424	傻女婿拜寿			沙城	张光宇	张一宇	348357	553
8425	“在数难逃”的由来——黄巢起义的传说			上八里村	庞从德	梅迎春	348335	1242
8426	公鸡破案			小南辛堡	王德存	王哲、王洪玉	348319	735
8427	千里有雁来相会				张明正	张自元	348334	785
8428	蝎子精			狼山	卢桂荣	卢云龙	348293	1048
8429	三个女婿吟诗			狼山村	卢桂荣	卢云豹	348358	2009
8430	猫头鹰和郭有			新保安	李成	阎凌云	348316	917
8431	急性子			南水泉	常悦飞	杨宝祥	348344	802
8432	小长工的故事			狼山	王金利	卢云豹	348314	321
8433	狐仙报恩			狼山	卢桂荣	卢云豹	348313	2593
8434	蚰蜒精的故事			沙城	韦秀华	卢云龙	348300	519
8435	返魂香			狼山	卜雨来	卢云豹	348312	748
8436	张捣鬼与李爱财			西洪站	赵希成	郑澄清	348309	2545
8437	无林不开考			狼山村	卢桂荣	卢云龙	348302	690
8438	贪心的老大			西洪站	赵希成	郑澄清	348307	965
8439	弟兄俩			狼山	卢桂荣	卢云龙	348297	390
8440	对字			沙城	田增富	卢云龙	348346	2301
8441	铁拐李怒惩孟光园			狼山		卢云豹	348287	1141
8442	九子不如石子			沙城	李元忠	王国铭	348337	1955
8443	铁拐李成仙			狼山	卢桂荣	卢云龙	348284	739
8444	鼠为何居十二相之首			沙城	张志孔	张一宇	348326	2113
8445	智惩白吃先生			狼山	卢桂荣	卢云豹	348356	648
8446	糊涂虫			新保安	李燕	卢云龙	348353	1739
8447	巧分钱			西洪站	赵希和	赵春花	348354	1236

序号	篇名	民族	流传地区	采集地	讲述者	搜集者	数据库编号	字数
8448	傻小子			沙城	韦秀华	卢云龙	348351	645
8449	找姐姐			新保安	刘玉兰	卢云龙	348299	2593
8450	痛快，痛快			狼山	张亮全	卢云龙	348348	1853
8451	财主进城			狼山	卢桂荣	卢云龙	348295	303
8452	请贤人			南水泉	常悦正	杨宝祥	348291	1483
8453	猫叼抹嘴油			沙城		张一宇	348367	1182
8454	吝啬鬼行令子			沙城	汤魁元	张一宇	348364	1035
8455	对对联			狼山	卢桂荣	卢云豹	348361	1362
8456	蜜蜂招亲			狼山	卢桂荣	卢云豹	348290	878
8457	好酒			沙城	张光宇	张一宇	348360	1164
8458	黄善人的故事			狼山村	卢桂荣	卢云豹	348288	211
8459	阎王审案			北辛堡	王振	刘戎声	348343	1176
8460	牛、马、象与大雁				孙玉常		348570	1388
8461	李艳妃娘娘的故事		安平一带		赵洛贾	李兴福	348557	1611
8462	张半仙算命						348566	2032
8463	寡妇开店			深县县志办	孟祥权		348568	547
8464	两个懒人						348565	386
8465	秀才对句			清辉头村	张西珍	张群福	348569	1360
8466	看谁笨			冀县田庄村	赵祥谦		348562	1020
8467	贪易受饵				李洪维		348573	530
8468	阮伍庙			崖村	代忠信		348538	1651
8469	三坏枣的故事			衡水市文联	安广恩		348541	2216
8470	天上掉金碗				任兰改		348547	2326
8471	巧媳破谜			衡水市武家庄村	赵春耘	赵华景	348544	632
8472	巧闺女对诗			程屯村	程瑞平		348537	339
8473	审柳树				刘玉稿		348549	898
8474	乖女寺			深县陈口村	胡氏		348536	354
8475	厉嘴张二嫂			枣强县东张米	冀民英		348552	362
8476	捉鬼			衡水市支家村	阎国琴		348526	2936
8477	接生婆的故事			枣强县门庄乡			348531	495
8478	拍臣与刁官			衡水市文化馆	刘文秀		348551	1546
8479	王三余的故事		深、武、饶、安一带		王国欣		348556	1160
8480	才子作诗						348564	1878

序号	篇名	民族	流传地区	采集地	讲述者	搜集者	数据库编号	字数
8481	张古董气死鬼				刘芳庭		348532	191
8482	笑话一束		安平				348558	503
8483	占便宜				冀民英		348567	1470
8484	手、足与包公				王锡三		348574	325
8485	草狐精			深县清辉头村	吴全顺		348527	714
8486	巧骗兔子精				赵如慧	李文贞	348529	1300
8487	不是东西			衡水市实验中学	赵海潮	耿宝元、赵海潮	348560	1314
8488	来枝与来叶		武邑、武强交界处	衡水市问津街诊所	吴俊巧		348550	1088
8489	李四和阎王				张八三	葛秋檩	348533	305
8490	“虎”牌状元				孙铁岭		348546	343
8491	郭老恩发财				郭宏正		348535	532
8492	叫他一念就知道了			衡水市实验中学	赵海潮	耿宝元、赵海潮	348559	1068
8493	负义忘恩			衡水	刘文清		348534	1423
8494	王小二卖豆腐			衡水市			348555	976
8495	巧嘴媳妇						348563	242
8496	铁算盘				程国光		348542	3551
8497	干煲		景县、故城一带		杨中原	黄恩仁	348539	3026
8498	羞杀			衡水市赵圈镇中学	王景双		348545	948
8499	吊死鬼			深县东蒲町	葛清河	苏永	348525	160
8500	对诗争席		武强西南部		谷存志		348548	266
8501	治懒病			衡水市实验中学	赵海潮		348554	2345
8502	老鼠与牛、马				任振山		348572	449
8503	教书先生和他的学生			阜城县徐庄	徐春雨		348553	264
8504	三秃打瓶		河北冀县南部农村			李国勇	348561	2291
8505	嘎知县			衡水市张庄村	张忠甫		348540	867
8506	愚妇生火				宫玉昆		348571	1490
8507	李汤圆治鬼			衡水市彭杜乡中学	王文生		348528	262
8508	纸媳妇			枣强县东张米	郑大女		348530	1761
8509	“傻宝贝”相媳妇				冯真华		348543	1044
8510	西门豹爱民如子					张昭亮	352682	783
8511	吝啬鬼				翟井福	翟维臣	352706	1576
8512	西门豹三交印						352681	253
8513	审簸箩					申林、郝俊生	352694	1467
8514	石磙能洗碓臼				孟究民		352692	2249

序号	篇名	民族	流传地区	采集地	讲述者	搜集者	数据库编号	字数
8515	赖财主上当					张昭亮	352708	3413
8516	人心没尽蛇吞象				王艮堂	杜红旗、刘勇	352695	419
8517	雁媒				司景秀	李董	352696	1512
8518	县令打岔					杜红旗、刘勇	352702	632
8519	珍珠梦					王希贤	352698	1234
8520	西门豹断案					张昭亮	352683	628
8521	赵王与强盗					赵荣信	352699	1295
8522	王婉贞烈士在狱中						352679	2764
8523	赌钱鬼拜年					张昭亮	352707	1473
8524	郭璞的故事四则				王占元、王玉田	邓中堂、刘勇	352685	292
8525	自欺欺人				郝俊生	杜红旗	352703	1944
8526	石璞的故事					张昭亮	352684	610
8527	没良心的小木匠					刘冀人	352701	5788
8528	关公罚周仓					牛奋、洁之	352705	960
8529	杀雁断亲					张昭亮	352700	1251
8530	吃了豆腐腿酸					孟究民	352697	1578
8531	西门豹智投巫觋						352680	1415
8532	夺状元					王希贤	352704	1102
8533	碓臼显圣					杜红旗	352693	1565
8534	仁义桥				邓丰林	王希贤、杜红旗	352691	1916
8535	王小二行孝					张春辉	353179	3026
8536	桃核船				张桂月	张建刚	353165	565
8537	货郎遇鬼				董喜珠	樊更喜	353162	722
8538	木匠杀妻				武志永	武全保	353186	680
8539	钱能说话					祁勤学	353217	532
8540	卖盆			耿村	靳言根	樊更喜	353181	463
8541	财主找妥当					祁勤学	353223	329
8542	神雁				许协庭	杜勤须	353166	796
8543	谜语弟兄					李印忠	353203	668
8544	乐观的文人					贾小翠	353199	1457
8545	闺女结记					李印忠	353245	983
8546	买“唉呀”				李忠猛	李建波	353225	703
8547	小鬼送行				南文君	南瑞珍	353243	409
8548	周长文还愿				南清湖	南跃力	353200	1187

序号	篇名	民族	流传地区	采集地	讲述者	搜集者	数据库编号	字数
8549	小三				李二喜	李春喜	353176	730
8550	三子学艺						353184	475
8551	贪财的人					翟林青	353157	473
8552	哥俩分家				李喜太	周增群	353210	396
8553	干锅烙我吧					郭建新	353232	1007
8554	张可恶与李不善				武捉住	武全保	353154	776
8555	教书					李维	353236	346
8556	小铁锤				白香中	崔江峰	353221	499
8557	一口喝一盅					祁勤学	353197	452
8558	铁匠传艺				玉华	董文	353182	194
8559	割肝孝母			东慈邑村	李无成	刘慧芝	353152	268
8560	两个瞎子				王老杭	梁瑞海	353227	1885
8561	老道和猎人					祁勤学	353208	399
8562	骡子蛋				秦玉民	崔学信	353222	826
8563	考女婿				于小妮	石中校	353219	1923
8564	考先生				郑老兴	白如春	353214	364
8565	比吹				老焦	邓中华	353241	326
8566	书迷					邓中华	353189	434
8567	狐仙灯				胡梅丽		353174	271
8568	陪席					王萍水	353233	398
8569	挨脖子乖的医生					白如春	353234	218
8570	张子兰开酒铺			朋学村	杨文兰	樊更喜	353163	943
8571	人为财死，鸟为食亡			邮印厂磨刀室	彭建波	崔分田	353156	1302
8572	别字先生				孙凯	徐奢	353231	343
8573	小石人的秘密					赵清国	353167	2059
8574	知而不了				崔小英	崔分田	353220	694
8575	王婆庙				彭建波	李春巧	353158	356
8576	神鱼				李太喜	周增群	353216	701
8577	长鼻子				武瑞福	武全保	353169	716
8578	杨八万和韩三猴				崔分田	彭建波	353207	855
8579	秀才和长工对诗					徐奢	353196	495
8580	爱面子的人				朱冬运	周增群	353209	1099
8581	小黑的故事					刘慧芝	353153	1659
8582	苦儿和龙女					崔分田	353160	306

序号	篇名	民族	流传地区	采集地	讲述者	搜集者	数据库编号	字数
8583	留一犁					石学芬	353177	1133
8584	吕知县断案			朋学村	张振周	张新书	353187	1096
8585	当日谷					徐奢	353175	884
8586	傻小子送肉				王洛红	王雪巧	353212	429
8587	墙壁题诗				李宝林	董文	353193	1484
8588	灵芝仙子					王素霞	353159	359
8589	合对联					张新书	353191	626
8590	羊叫妹呀，鹅叫哥				吴文进	张贵辰	353202	1442
8591	四兄弟对诗				高三辰	武全保	353194	1020
8592	积德桥					李西军	353155	392
8593	变通					张位广	353242	1116
8594	白字先生写信					杨文改	353230	156
8595	打赌					白如春	353201	636
8596	恩缘有报				龚领从、杨文兰	樊更喜	353164	1301
8597	变成你爹				徐大汉	崔分田	353224	724
8598	借尸还魂				张金兰	张建刚	353172	225
8599	无头案			朋学村	杨文兰	樊更喜	353185	205
8600	宝坛				曹白玉	曹鸿冈	353170	423
8601	治“心”病				程香玉	申志娟	353190	284
8602	下阴曹					李景伟	353173	1188
8603	刘巧儿对诗骂姐夫					康新国	353195	316
8604	马义告状			朋学村	杨文兰	樊更喜	353171	529
8605	此乃唐伯虎之画也				程思原	白如春	353213	1289
8606	吃西瓜戴皮				李兰雪	李振河	353226	576
8607	美梦				彭二货	彭建波	353238	486
8608	对对联				曹书勋	彭建波	353192	533
8609	鲁老爷砸壶				逯彩风	岳永华	353206	450
8610	你的耳朵哪里去了					翟林青	353237	1305
8611	瞎话三				崔老进	樊更喜、崔分田	353204	468
8612	解诗洗冤				崔卓五	崔分田	353198	410
8613	爱财如命					白如春	353235	766
8614	五湖四海交朋友					申菊子	353180	468
8615	懒大和勤二					周新桥	353218	673
8616	隐身草				谷峰	谷青	353205	329

序号	篇名	民族	流传地区	采集地	讲述者	搜集者	数据库编号	字数
8617	学手艺				李春娣	谷青	353183	590
8618	不愿意叫发财					杜俊香	353228	770
8619	三娘教子				韩小凤	魏彦卿	353178	208
8620	老虎和老婆				威老黑	李春喜	353211	644
8621	采石匠和山神女			毛庄	申义忠	申菊子	353168	750
8622	四大名旦			耿村	徐大汉	彭建波	353244	2829
8623	龙女				李二喜	李春喜	353161	296
8624	刘三教书						353215	671
8625	丑夫人，带金银			东慈邑	李无成	刘慧芝	353188	1601
8626	两财主写信				马玉芳	吴玉杰	353229	580
8627	活该你命短					刘景萍	353240	1052
8628	拍错了马屁				宋洛兴	宋彦辉	353239	359
8629	罚吃二两蜜				李文玉	李春喜	353246	360
8630	人勤地生宝						359843	3333
8631	四弟兄		任县、隆尧一带		李二妮	王海山	359800	615
8632	可笑的药方		任县邢湾一带	邢湾	苗老子	邢运华	359817	1440
8633	老吴求子					徐贵录	359864	1740
8634	神仙愁		任县城东，城西北		宋柱子		359801	1079
8635	黄蛤蟆娶亲		任县尼庄、甄庄一带农村	尼家庄	尼占格	尼文波、孙华	359803	1178
8636	一句话羞死官娘娘		任县邢湾一带农村	邢弯王混宽家	王混宽	孙华	359794	1028
8637	粘米糕		后大宋一带农村	后大宋	乔风莲	霍俊贤	359853	463
8638	聪明的媳妇					韩永进	359808	1090
8639	神台		任县台南、固城一带	后台南	曹根山	霍俊贤	359862	690
8640	小心，到不了郭五		任县骆庄乡一带		徐同山	袁成祥	359805	2716
8641	我还去呢						359844	651
8642	扇子题诗		任县岭南一带		李佩德	王海山	359849	1036
8643	学武艺		任县、隆尧一带		张玉林	王海山	359856	337
8644	抬杠		任县永福庄、岭南一带		刘法印	王海山	359859	361
8645	换妻		前后宋一带农村	后大宋	王彬子	霍俊贤	359855	1109
8646	大老李智斗黑指甲		任县一带农村	任县城关西街	刘老志	孙华	359782	1052
8647	王黑心服输					韩双志	359824	1171

序号	篇名	民族	流传地区	采集地	讲述者	搜集者	数据库编号	字数
8648	黑龙潭的钥匙		任县大屯一带	大屯	宋玉海	宋德生	359778	641
8649	小白龙的故事					孙华	359821	243
8650	石猴的预兆						359781	4525
8651	才女					志玲	359828	1009
8652	白包与黑包		任县一带农村	后营	孙桂珍	孙华	359792	1645
8653	白天鹅和癞蛤蟆					王海山	359826	483
8654	福到门来		任城镇周围		霍老江	袁成祥	359819	2119
8655	挑丈夫		任县		王连里	王海山	359848	2008
8656	玉凤		任县后营一带农村	后营村	孙桂珍	孙华	359830	1960
8657	猜木料		任县农村		李二妮	王海山	359815	1625
8658	官司不打自消		任县邢湾一带农村	邢湾王混宽家	王混宽	孙华	359791	2434
8659	碾磙仙露馅					骆凤鸣	359838	812
8660	冬天秀		任县大屯一带农村	大屯村	崔春合	崔鸣岐	359784	1806
8661	行孝		任县后大宋一带农村	后大宋	乔风莲	霍俊贤	359854	844
8662	假秀才						359845	691
8663	以画代信		任县滏阳河两岸		王占山	王海山	359841	633
8664	妖妻		任县后大宋一带农村	后大宋	乔凤连	霍俊贤	359851	571
8665	金殿上跑老鼠					孙华	359822	1254
8666	鲁班眼		任城镇周围		霍老江	袁成祥	359831	1087
8667	看瓜老头戏秀才		邢湾一带农村	邢湾	苗老子	邢运华	359786	439
8668	猜迷赌妻					徐贵录	359833	424
8669	张果老成仙		任县后大宋一带农村	后大宋	王彬子	霍俊贤	359863	515
8670	张三与李四		任县一带农村	前营	孙贵珍	孙华	359779	445
8671	哑口赢官司		任县邢湾一带农村	邢湾	苗老子	邢运华	359788	3019
8672	柳树萝		任县大宋一带农村	后大宋村	谢占增	霍俊贤	359785	5520
8673	替罪羊					骆凤鸣	359839	286
8674	狐缘		任县城周围农村	任县南街	宋春发	骆凤鸣	359852	1874
8675	闻先生		任县邢台县一带		吴俊岭	王海山	359797	1675
8676	小三和翠花		任县前营一带农村	前营	梁春莲	白增起	359865	777
8677	李祥与李吉			任县后大宋村、任县后大宋一带农村	节谦堂	霍俊贤	359807	514

序号	篇名	民族	流传地区	采集地	讲述者	搜集者	数据库编号	字数
8678	城隍爷搬家		任县一带农村	后营村	孙桂珍	孙华	359777	752
8679	李半仙得道					陈建国	359790	554
8680	千里驹		任县大宋一带农村	后大宋	谢立增	霍俊贤	359858	497
8681	草桥题诗		任县邢湾一带农村	邢湾王混宽家	王混宽	孙华	359834	504
8682	秀才写状					骆凤鸣	359837	409
8683	金山和银山		任县岭南		李二妮	王海山	359796	482
8684	李半仙过年					陈建国	359802	609
8685	一张保状					宋寿祺	359809	669
8686	斗人熊			后营村	孙桂珍	孙华	359793	570
8687	十兄弟		大屯、北张一带农村	下屯	张志群	郭朝军	359780	651
8688	光棍吓光棍		邢湾一带农村	邢湾	张老枝	邢运华	359816	635
8689	崔老煞抗粮		大屯一带农村	大屯	宋德生	孙华	359829	969
8690	发财		任县大宋、城关一带农村	后大宋村	解文田	霍俊贤	359806	754
8691	镶金铜盆					卢欲生	359812	3628
8692	四人吹牛					张英杰	359810	250
8693	弟兄俩		任县农村		苗兆龙	王海山	359861	3081
8694	哈哈二仙					孔小五	359832	828
8695	青石献宝		任县、巨鹿一带		范文铎	王海山	359795	2138
8696	百鸟宝树		大屯一带	大屯	崔万奎	崔鸣岐	359836	424
8697	挨骂刘三		任县邢湾一带农村	邢湾	苗老字	邢运华	359818	854
8698	宰相肚里能行船		任县隆尧一带		张庆田	王海山	359840	479
8699	文王百子					程连进	359846	1225
8700	天地老爷也听夫人的		任县东屋、西屋一带农村		王焕成	王志国	359850	2637
8701	荷花、藕和薄村塔					刘平山	359804	1848
8702	粗中有细		任县、巨鹿一带		赵瑞峰	王海山	359847	2147
8703	凿金子				张志祥	宋德生	359814	728
8704	八哥一句话换来千两银		邢湾一带农村	邢湾	苗老子	邢运华	359825	3327
8705	剜肉劝夫		任县东部农村	任城镇南街小学	宋玉法	骆凤鸣	359857	681
8706	找相盈=		任县前营、后营一带农村	后营村	孙桂珍	孙华	359867	767
8707	笨学生		任县、隆尧一带		张玉林	王海山	359860	1361

序号	篇名	民族	流传地区	采集地	讲述者	搜集者	数据库编号	字数
8708	筐王苏大头的传说		任县、平乡、南和一带农村	大宋、台南、城关	李山岐、赵新其等	孙华	359827	639
8709	小三上坟						359835	845
8710	打岔		任县北部农村		占其	王海山	359820	2165
8711	青蛙学叫					郭仁成	359866	726
8712	三钱“大黄”找到牛		任县邢湾、木口一带农村	邢湾	苗老子	邢运华	359813	677
8713	说瞎话		任县固城、大宋一带农村	任城镇南街小学	宋玉法	骆凤鸣	359842	1009
8714	吝啬鬼考儿子		任县城北一带农村	后营村	孙桂珍	孙华	359823	778
8715	斗阎王		任县，岭南、东马河桥一带农村	岭南	孙老五	孙华	359789	6096
8716	疑鬼		邢湾一带	邢湾	苗老子	邢运华	359787	1515
8717	戏迷		任县大宋一带农村	后大宋	郝贵海	霍俊贤	359799	682
8718	随和佬		任县固城一带		同章	王海山	359811	339
8719	凤凰的传说					刘平山	359798	1483
8720	县官巧理死驴案		任县邢湾一带农村	邢湾	苗老子	邢运华	359783	1314
8721	秀才和豆包				马连岐	问德发	367785	280
8722	巧嘴姑娘		望都一带		张新生	周福志	367762	741
8723	家信				许守义	李佩华	367780	1247
8724	推碾				许守义	李佩华	367752	1401
8725	屠夫解谜				杨国瑞	张国祥	367787	307
8726	审关公				张景跃	张德恩	367749	208
8727	写春联				朱荣弟	李佩华	367778	515
8728	啥时过十五				胡三省	李佩华	367773	270
8729	埋孩子				许守义	李佩华	367775	627
8730	看谁说得大				问国治	问彩坤	367792	652
8731	标点的笑话				苏振义	周福志	367790	733
8732	错别字县官				李志文	李佩华	367771	729
8733	一粒芝麻				刘二货	李贤	367741	1005
8734	念中堂				周金增	李佩华	367781	436
8735	忌讳				许守义	李佩华	367777	461
8736	斗智				马凤山	李佩华	367758	282
8737	眼力				盼福	李佩华	367768	257

序号	篇名	民族	流传地区	采集地	讲述者	搜集者	数据库编号	字数
8738	清功桥				郭志平	李佩华	367760	900
8739	打狗拾娘				安贵须	张玉兰、马永江	367743	1091
8740	凑诗				周品一	李佩华	367770	445
8741	家信				刘二货	李贤	367793	585
8742	老娘贵				刘金荣	李汉、张天	367791	375
8743	拍案叫绝				韩泽芳	问德发	367764	879
8744	打水				许守义	李佩华	367751	310
8745	仨女婿拜年				张殿林	张德恩	367789	973
8746	误会				杨国瑞	张国祥	367788	1408
8747	榜白菜				马凤山	李佩华	367754	323
8748	巧治吝啬鬼				李秀亭	李彦改	367766	285
8749	斗财主				阎老六	于正清	367763	619
8750	看瓜和看蒜				马永水	马永江	367742	816
8751	雀蒙眼				四季	李佩华	367759	179
8752	李四和龙女				广胜	李汉、张天	367746	1577
8753	看门				胡三省	李佩华	367756	1498
8754	量心				侯丙申	曹胜田	367745	1377
8755	财主的丧事				田文生	曹胜田	367794	1316
8756	自食其果				冯秀儿	马坤会	367748	588
8757	老三媳妇				刘金荣	李汉、张天	367765	1306
8758	害臊				刘鹏江	李佩华	367776	2599
8759	菩萨争肉				问老勇	问德发	367786	1078
8760	针谜				周金增	李佩华	367774	859
8761	要烟				良辰	李佩华	367779	278
8762	错别字先生				杨少华	李佩华	367769	957
8763	鸟类专家				李文民	问德发	367782	432
8764	孙快刀拜师				许守义	李佩华	367772	1386
8765	飞饼子				丁卯	李佩华	367757	1066
8766	书呆子				马连岐	问德发	367783	1150
8767	拿虱子				马凤山	李佩华	367750	657
8768	酒令				杨少山、周金增	李佩华	367767	276
8769	真怕				马凤山	李佩华	367755	1787
8770	摔盆儿				马喜林	马永江	367744	518
8771	丁郎抠木				于洛通	于东	367740	210

序号	篇名	民族	流传地区	采集地	讲述者	搜集者	数据库编号	字数
8772	此乃天机				张福泰	问德发	367784	834
8773	龙女的婚事		望都城南一带		张世财	周福志	367747	1314
8774	对联题				杨国华	李佩华	367761	317
8775	勤快				马凤山	李佩华	367753	291
8776	上卖青苗不卖田			曹辛庄	曹雪胜	张慧中	368768	326
8777	黄巾堤的传说			河套	李景木	李景林、赵多敏等	368712	300
8778	姚娘娘的传说				张忠信	张超智	368711	911
8779	马下牛			周于庄	于五学	培深	368729	221
8780	拉大话			贾庄乡	张小福	张超智	368749	676
8781	财迷转向				张忠信	张超智	368739	229
8782	天下第一棋			文化馆	刘兰印	张超智	368721	797
8783	懒惰子虫				郝淑锋	张慧中	368735	977
8784	不辞而别			冯寨	张老顺	潘忠禄	368754	626
8785	分金子				郭建光	张桂芳	368727	170
8786	甲乙丙丁火				张金贵	张超智	368747	1360
8787	半年戏的工钱			孟庄	霍令棉	赵胜堂	368720	1097
8788	画扇面儿			李庄	王凤山	张超智	368726	329
8789	小兰香买瓜			李庄	马俊花	张慧中	368728	409
8790	弟兄仨分家			木匠庄	王兰菊	张忠信	368734	819
8791	目不识丁			贾庄乡	张大山	张超智	368763	522
8792	“鸡”和“蛋”的来历				夏月波	月敏	368741	1410
8793	曲解三字经			冯寨	潘庆生	潘忠禄	368776	587
8794	老抠上吊			文化馆	梁子云	梁玉章	368770	352
8795	木匠号				梁子云	梁玉章	368782	601
8796	谁赶集谁吃饭			李庄	张万盛	张超智	368775	1796
8797	卖酒			文化馆	张秀兰	潘忠禄	368771	2465
8798	老大和老二				候玉章	候焕峰	368783	1060
8799	财主与长工					张慧中	368781	1152
8800	丁郎刻木				靳振磊	张超智	368718	933
8801	买煤			保健站	张瑞霞		368779	1019
8802	朱老爷				辛存	辛芳坤	368773	450
8803	韩小秀的故事			阎町乡	张兰庭	张超智、孟淑敏	368713	178
8804	周公桃花女			李庄	张云	张超智	368714	979

序号	篇名	民族	流传地区	采集地	讲述者	搜集者	数据库编号	字数
8805	同根异果			文化馆	孟淑英	张超智	368742	1221
8806	无奇不有					张慧中	368780	489
8807	蜘蛛的来历				付国欣	张慧中	368732	442
8808	对诗			阎町校区	马怀胜	马怀胜	368774	664
8809	露头儿怕狗咬				董立柱	张洪典	368719	1739
8810	王二小放牛			木匠庄	张信义	张忠信	368717	760
8811	大概不能来		巨鹿县西北一带农村	保健站	孟芹格	潘忠录	368731	433
8812	你我他			保健站	张瑞霞	潘忠禄	368758	1128
8813	护短			城内北街	高建忠	潘忠禄	368737	953
8814	神童谢学恩				高保其	武敬伟	368764	510
8815	考媳妇			李庄	张瑞云	张惠中	368715	565
8816	相亲			贾庄乡	张俊鹏	张超智	368753	413
8817	巧媳妇				李彩云	张超智	368745	546
8818	铁公鸡				王信直	张超智	368769	596
8819	烧饼倮子不能吃饱			文化馆	梁子云	梁玉章	368760	405
8820	两人泪三行				王凤山	郭现涛	368746	644
8821	王二小射箭				张金信	张慧中	368724	428
8822	明眼先生			李庄	张玉华	张超智	368759	714
8823	蛋马官				周卢峰	张慧中	368757	460
8824	三吊铜钱				潘子云	潘忠禄	368744	673
8825	影身草			贾庄乡	张瑞云	张慧中	368767	764
8826	学话			何寨乡	李利房	李兰格	368723	424
8827	拾钱也不还债				梁生财	梁玉章	368756	449
8828	一张古画			李庄	张瑞云	张超智	368755	368
8829	吹江山				潘自亮	潘忠禄	368748	402
8830	傻瓜学本事				张玉华	张超智	368730	309
8831	香香气				孟欣	孟若平	368740	551
8832	人生三部曲			文化馆	卢海燕	张超智	368716	445
8833	狗为什么咬兔子				王晓水	张桂芳、张慧中	368733	934
8834	懒老婆				张福祥	张慧中	368736	594
8835	傻女婿拜年			保健站	卢西英	潘忠禄、张超智	368722	829
8836	白眼儿狼				王兰芝	李瑞彩	368738	539
8837	武举剃头			李庄	张祥瑞	张超智	368725	1053

序号	篇名	民族	流传地区	采集地	讲述者	搜集者	数据库编号	字数
8838	做人的决窍			宋庄	梁有才	梁玉章	368750	500
8839	油锤锤鸡蛋锤不坏			文化馆	梁子云	梁玉章	368762	523
8840	瞎子的逻辑				张瑞云	张慧中	368743	959
8841	先生与后生			城内	葛如席	张超智、潘忠禄	368765	245
8842	死错了人				刘敏华	张慧中	368772	180
8843	观棋不语				张玉系	张慧中	368778	224
8844	蝴蝶杯与蝴蝶飞			文化馆	梁子云	梁玉章	368766	165
8845	三媳妇回娘家				王翠平	王良杰	368777	586
8846	打哑谜			靶场	夏玉岗	夏丽娜	368752	566
8847	名门之后				梁玉章	潘忠禄	368761	910
8848	做人				孟瑞君	孟彩丽	368751	3010
8849	东井子宝石窑的传说						371604	825
8850	春夏秋冬						371602	1480
8851	机智的小山羊						371598	428
8852	猎人三夏田						371611	847
8853	张三哥						371599	199
8854	捉鬼的故事						371593	1217
8855	聚宝山的来历						371605	994
8856	一根拐杖						371583	523
8857	王仁有缘、巧得神宝						371590	1539
8858	不说“老九”的巧媳妇儿						371613	825
8859	白龙山的传说						371580	550
8860	南淖儿和白龙山的来历						371578	984
8861	生死关						371597	564
8862	宝红眼入洞房						371610	1244
8863	蜘蛛精						371591	906
8864	弟兄俩						371585	878
8865	瓦盆告状						371594	722
8866	猫和狗						371607	1833
8867	一个美女的故事						371586	1912
8868	牛娃和梅花						371601	595
8869	十三脑包的传说						371582	204
8870	杀葫芦						371595	866
8871	弟兄三个						371614	433

序号	篇名	民族	流传地区	采集地	讲述者	搜集者	数据库编号	字数
8872	机灵的诸葛三						371600	808
8873	为什么鼠是猫的天敌						371608	2351
8874	先有鸡、先有蛋						371596	1474
8875	丁国良的传说						371609	423
8876	傻子学话找绣女						371612	1479
8877	白龙山的传说						371581	2745
8878	一坛银元						371588	402
8879	王麻山的来历						371606	300
8880	乌鸦和老头儿						371589	677
8881	青龙山和白龙山						371579	2908
8882	王胆大捉妖						371592	568
8883	荒田变作肥土的传说						371587	2718
8884	龙女						371584	1169
8885	康保县为什么没有地上河						371603	776
8886	懒夫妻				何兴	王涛	382242	2473
8887	拙媳妇				吴海	王涛	382241	828
8888	哥儿俩				李立臣	梁国民	382178	1677
8889	老好与缺德				李微真		382177	805
8890	清和桥		新城、定兴、容城一带		孙全义	平静	382225	943
8891	荷花仙				康杰		382171	1122
8892	海蚌姑娘				杜建阳		382170	906
8893	善有善报、恶有恶报				耿兴华		382180	886
8894	财神爷					魏锦长	382211	982
8895	哥儿四个对诗				刘志新		382237	1482
8896	光棍刘八				刘宝珠、邓有梅等		382243	1112
8897	混知县判案				张俭		382204	1645
8898	傻姑爷拜寿				吴德荣		382232	1223
8899	善有善报				赵怀	齐丽红	382186	485
8900	一百忍					刘武青	382188	539
8901	村姑对联骂狂生				肖东生		382226	2395
8902	一毛不拔			白沟镇高桥村	钱树堂	梁国民	382224	720
8903	老大教书			新城县白沟镇	张贵田	梁国民	382216	585

序号	篇名	民族	流传地区	采集地	讲述者	搜集者	数据库编号	字数
8904	贪心的财主				方化	董艳	382192	2273
8905	念诗				李度	田凤梅	382235	807
8906	州官明断房子案		白沟河流域		韩国瑞	平静	382202	1695
8907	三姑爷拜寿				王海山		382229	1150
8908	婆媳之间		新城县农村		陈秀英	李凤琴	382206	281
8909	四个儿媳宴请老公公				刘志广	一心	382227	1330
8910	智斗老狼				金素荣	梁国民	382195	610
8911	打赌				张瑞恒	刘丽新	382207	1029
8912	一枚戒指的威力				朱玉秀	刘金水	382200	422
8913	多亏了这只鞋		新城县乔刘凡一带		杨大洪	吴仿利	382215	353
8914	智斗老财迷			新城县白沟高桥	李立臣	梁国民	382217	504
8915	三姑爷庆寿				李庆儒	梁国民	382228	684
8916	能媳妇巧赚生意人				玉梅	田凤梅	382208	610
8917	巧姑娘				杜建阳	冀鹏	382205	298
8918	一个大铜钱				蔡旺和	王基琛	382210	2144
8919	姻缘诗				张俭		382236	952
8920	和尚征联				张耀冠	刘洪奖	382223	540
8921	娄薛斗智			新城县白沟镇	张贵田	梁国民	382212	441
8922	哥儿俩赶考				王海山		382213	308
8923	状元郎与无手妻				杨会兰		382169	502
8924	傻子和精子				金素荣	梁国民	382179	876
8925	漏				李庆儒	梁国民	382197	1167
8926	海胆				王连坡	赵理	382220	442
8927	勤劳小伙与仙女				贺聪轩	贺连平	382172	354
8928	姐妹俩				高翠	李艳萍	382182	262
8929	宋蛋儿凿石				黄同顺		382196	780
8930	有理和无理					邓有梅	382176	1412
8931	三女比夫				李祝明	李文成	382233	929
8932	嘎怔儿				谷秀玲	白沟文化站	382219	613
8933	损人害己				周玉洁	李凤琴	382191	684
8934	黄皮				赵卫国	赵丽	382218	669
8935	一片慈心遇金人				张拱辰		382187	1462
8936	状元郎巧骗老丈人				宋玉花		382214	596
8937	二瘤子				王宏梅	马劲松	382184	575

序号	篇名	民族	流传地区	采集地	讲述者	搜集者	数据库编号	字数
8938	两锭元宝						382189	1394
8939	没量（良）心		保北一带		宋福忠	平静	382209	930
8940	听东家的没错				许大红	贾利军	382221	646
8941	傅山助产				张秀霞	孙胜祥	382199	891
8942	忘恩负义				李秀花	梁国民	382175	616
8943	一诗解开争地仇				张拱辰		382201	558
8944	大鸟				李建军	卢国鹏	382181	926
8945	宝葫芦		新城、定兴、容城、雄县一带		宋福忠	平静	382183	678
8946	不守信义的猎人				杜荣	李宏涛	382174	1640
8947	抹墙					康利秋	382240	696
8948	蚕娘				张拱辰		382173	947
8949	傻姑爷学话拜寿				何少先	梁国民	382231	510
8950	人心无举蛇吞象		白沟河、拒马河流域		谷秀玲	平静	382190	873
8951	外乡人与总管				周玉洁	王艳琴	382222	466
8952	三百六十行，行行出状元				王汉文		382198	499
8953	仨女婿拜年				褚燕	李艳军	382230	680
8954	智胜财主与魔鬼				李明美	千美	382185	478
8955	韩湘子讨封			新城县白沟镇	张贵田	梁国民	382194	1941
8956	点金术				姜振水	姜文江	382193	868
8957	糊涂县官断案				李荣桥	冀鹏	382203	355
8958	聪明的三儿媳				吴德荣		382234	1196
8959	吹牛				李庆儒	梁国民	382238	362
8960	请客				李立臣	梁国民	382239	2349
8961	凉水朋友		行唐县内	候阳关徐长红家	徐长红	苑二平、徐文卓	384351	230
8962	弄巧成拙		行唐一带		王大炮	王国庆	384362	1623
8963	石人献宝		太行山区		杨正兰	高福祥	384330	997
8964	半鲁宴		行唐县城南一带	南州李新法家	李新法	李延凌	384364	708
8965	山鸡腾翅儿			李殿禄家	李殿禄	李殿敏	384352	764
8966	高小侠武技震霸王		行唐县北部山区	西井底村	高峰	高锦泉	384354	1440
8967	墩鹄鸬和老鹰		边河一带	杨家庄乡政府院内	翟路林	杨荣国	384341	863
8968	泥胎换媳妇的故事			李殿谅家	李殿谅	李凤华	384332	1116
8969	鹅与鸭子		冀西一带	南桥	张香竹	严立新	384339	779

序号	篇名	民族	流传地区	采集地	讲述者	搜集者	数据库编号	字数
8970	女嫁十二郎		行唐县城关镇一带	张秀林家中	张秀林	彦玲、香林	384350	819
8971	五瞎话		行唐北部一带	故郡于子实家中	于子实	于云莉	384365	1586
8972	我不信			庄头村	张老义	香林、彦玲	384349	772
8973	争财丧命		行唐县内	九口子乡杏庵村李殿敏家	李金珠	李殿敏	384333	2138
8974	老虎儿子		冀西一带	南桥村	张香竹	严立新	384331	757
8975	瞎子截道		行唐县北部山区	邢喜成家	邢喜成	崔海敏	384360	665
8976	张老大除邪		行唐县内		杨庆国	刘国维	384335	1225
8977	放羊人娶皇姑			刘青海家	刘青海	李殿敏	384344	758
8978	“高大力气”的传说				裴振祥	裴建明	384353	257
8979	马、猴、狐狸和兔的故事		行唐县北部山区	郝吉山家中	郝吉山	郝秀玲	384342	1009
8980	失去双手的姑娘		行唐北部一带	鲁家沟村	复平荣	王瑞花	384334	2898
8981	孝子桥		上方乡一带	孟黑子家中	孟黑子	高金泉	384358	741
8982	龙祸				王宣仁	严登峻	384343	1207
8983	李月熏秃子		行唐县西半部	张玲妮家里	张玲妮	赵二喜	384355	1032
8984	说大话		行唐一带	中王庄	张法河	张树敏	384367	945
8985	说反话		行唐县	赵阳关乡中	马小果	马素玲	384368	900
8986	兄弟俩担粪		行唐县北山区	西井底村孟根山家	孟根山	高金泉	384366	420
8987	四兄弟对诗		冀西一带	南桥村	张香竹	严立新	384361	529
8988	聪明的女人				张胜利	张彦芹	384363	38
8989	丑汉娶美女		冀中一带	张玉成家门口	张玉成	张彦芹	384345	454
8990	李老昧的故事		行唐西北部山区	口头镇米春义家	赵荣法	李桂花	384357	337
8991	金翅鸟		行唐一带	赵筐子家	赵筐子	赵二喜	384338	87
8992	对诗选婿		龙岗乡一带	孟氏家		刘军校	384356	817
8993	对诗			刘青海家	刘青海	李殿敏	384346	1606
8994	“吓一跳”的传说		行唐县城关镇一带	马凹村刘文言家里	刘跃振、刘文言	彦玲、香林	384359	732
8995	老汉作怪			行唐县北张吾村	安秀珍	杨振华	384348	534
8996	不孝之子		行唐一带	西彩庄季保中家	李瑞敏	季保中	384336	1858
8997	恶媳妇变驴		行唐县及邻县区	行唐县连家庄乡习村农户内	刘银菊	张玲芹	384337	275
8998	斑鸠叫声“姑姑苦”		行唐县内	苏文秀家	苏文秀	李文刚	384340	634
8999	土财主嘣钻头		城南平原一带	安秀珍家	安秀珍	杨振华	384347	1016
9000	累死我哥哥		蔚县		宋喜		389246	998
9001	俅女婿之七		蔚县		张桂花		389230	200

序号	篇名	民族	流传地区	采集地	讲述者	搜集者	数据库编号	字数
9002	皮毛祖师的传说		蔚县		张云		389104	1831
9003	智捉叛徒				张怀有		389070	912
9004	“明智”的县官		蔚县				389272	707
9005	冰机拉爷，此辈留此辈		蔚县		郭仲银		389080	241
9006	小燕子和老婆婆		蔚县				389114	1190
9007	“好汉子”赔茶碗		蔚县		郭仲银		389176	1365
9008	员外择婿						389288	631
9009	钉子和蝇子		蔚县		仲秉福		389287	1309
9010	白雪热衣				王敏		389262	2395
9011	烧红的铁甭拿手抓		蔚县		郭治永		389121	410
9012	求雨瓶		蔚县		张金莲		389173	165
9013	钻天鹞子沈八雁		蔚县		郭仲银		389192	672
9014	沙涧王阴阳		蔚县		郭仲银		389161	844
9015	王祥卧冰				薛全		389198	818
9016	“舅母”坐席		蔚县		王怀		389257	304
9017	亲家与亲家						389268	456
9018	活见鬼		蔚县				389150	3361
9019	碰巧		蔚县		郭勇		389140	1421
9020	二百五算卦		蔚县、广灵		田进文		389130	1005
9021	就是大老爷无理		蔚县		田永翔		389212	1399
9022	龙落滩头		蔚县		孙宇飙		389108	530
9023	扔死孩子						389134	1564
9024	两条腿都使劲儿		蔚县		仲才		389109	406
9025	虎惊吓掉罗汉丸		蔚县		孙茂林		389214	4314
9026	三颗大豆打倒贞节牌坊		蔚县				389182	661
9027	抬扛		蔚县西北部山区一带		王新		389128	845
9028	夫妻推磨				郭满发		389284	362
9029	送公粮				王永政、王永堂等		389061	1114
9030	关于《奇门》		蔚县		郭仲银		389179	348
9031	二糊涂请客		蔚县		韩启		389127	421
9032	对联告“破鞋”		蔚县		张云孝		389124	1907
9033	三个女婿之一		蔚县		滑文莲		389238	5405

序号	篇名	民族	流传地区	采集地	讲述者	搜集者	数据库编号	字数
9034	奇怪的传说		蔚县		孙月红		389119	963
9035	蛇闺女		蔚县		胡佃贵		389118	454
9036	三日有请		蔚县		李万生		389081	1732
9037	会迷		蔚县				389303	295
9038	白毛老丫环		张家口地区一带		仲香英		389115	1258
9039	男人是女人心		蔚县一带		郭鸿德		389091	460
9040	棋迷		蔚县		仲功		389098	903
9041	偷筋斗						389289	1142
9042	乌鸦不叫有人捅		蔚县		王谦		389247	165
9043	杨根治明瞎子的传说		蔚县		仲杰		389200	398
9044	千百万		张家口地区		剑锋		389092	992
9045	阮太和		蔚县一带		郭万录		389178	1133
9046	寸草不爱，爱金钟		蔚县		韩有功		389087	303
9047	三个女婿（之二）		蔚县		杨金宝		389239	386
9048	巧布“公鸡雷”		蔚县		安琢		389067	505
9049	赃官审案		蔚县		王斌		389208	519
9050	金牛		蔚县		李庆		389088	361
9051	俅女婿之六		蔚县		仲文义		389229	377
9052	虎穴掏叛徒				陶进玉		389064	414
9053	飞毛腿孙二鸦鸽		蔚县		郭万录		389170	1930
9054	什么最厉害						389291	568
9055	俅女婿之三		蔚县		仲玉英		389226	659
9056	戏剧人物				贾洪启		389030	1294
9057	墙里说话墙外听		蔚县		袁吉高		389135	1029
9058	呆老婆数钱				郭满发		389283	303
9059	小铜瓢		蔚县		韩有功		389077	251
9060	王坡与英国人		蔚县、北京、天津等地		赵文章		389186	994
9061	钟骨头能吃		蔚县		郭树林		389256	1105
9062	三个女婿之五		蔚县		袁吉高		389242	166
9063	沙河里沙		蔚县		董世平		389072	78
9064	俅女婿之四		蔚县		仲方		389227	568
9065	“野牛”头上割“耳朵”		蔚县		仲远		389066	495
9066	洞房对诗				田风云		389244	547

序号	篇名	民族	流传地区	采集地	讲述者	搜集者	数据库编号	字数
9067	纸人运麻的传说		蔚县				389155	587
9068	俐女婿之十		蔚县				389233	711
9069	张二小		张家口地区		袁兆有		389094	2749
9070	千里马和万里牛		蔚县境内		滑文莲		389258	973
9071	闹鬼的破院子		蔚县北部		李建军		389156	541
9072	茄子炒肉		蔚县		武怀		389223	881
9073	行善不如做恶好		蔚县		郭仲银		389079	209
9074	父子俩对诗		蔚县		王智贵		389248	152
9075	补袜子		蔚县，广灵		郭治永		389123	683
9076	县官访“才子”		蔚县				389275	317
9077	机智的邻居		蔚县		滑文莲		389122	256
9078	举人秀才俺不爱		蔚县				389245	685
9079	贪心不足火山烧		蔚县		滑文莲		389132	804
9080	董大泽的传说		蔚县		李佃民		389189	341
9081	二迷糊降妖		蔚县		张有光		389151	310
9082	不大好吃						389300	1593
9083	养孩子蒸糕		蔚县		任玉		389101	1692
9084	俺娘家时兴		蔚县		郭满发		389093	252
9085	“宝葫芦”的秘密		蔚县				389113	1469
9086	高价姑娘高价看						389299	889
9087	不怕老婆的好汉子		张家地区境内		罗九平		389204	813
9088	万元户		蔚县		王鸿宝		389297	945
9089	喊号				武带		389302	254
9090	考儿媳		蔚县		仲财		389235	427
9091	世上哪有真正的人		蔚县一带		赵用		389139	3332
9092	老狐狸的故事		蔚县		李早		389149	320
9093	黄鼠狼精（之一）		蔚县		田进文		389157	955
9094	张捣鬼与李爱财		蔚县		袁吉高		389222	668
9095	“大黄狗家”在哪里		蔚县		李有福		389274	3595
9096	俐女婿之二		蔚县		薛胜		389225	959
9097	扎坟人的儿子		蔚县		苏志德		389143	206
9098	亲老子来了				郭昌义		389269	384
9099	“五鬼”与“判官”		蔚县		郭满发		389138	628
9100	沙茶壶		蔚县		田永翔		389103	2211

序号	篇名	民族	流传地区	采集地	讲述者	搜集者	数据库编号	字数
9101	能媳妇		蔚县		董汝屯		389237	3057
9102	碧血洒壶流		蔚县		樊连翠		389063	1148
9103	羊肉包子蒜香		蔚县				389263	912
9104	王木匠做活		蔚县一带		崔永山		389096	717
9105	大清律上这是惊公吓婆				郭仲银		389264	244
9106	张老邦的戏班		蔚县		郭翠叶		389031	989
9107	俅女婿之八		蔚县		陈美		389231	608
9108	俗语故事四则		蔚县一带		王宏宝、曹元顺等		389142	551
9109	大力士杜来		蔚县		郭仲银		389162	845
9110	与人方便，自己方便		蔚县		许朗		389090	400
9111	小徒弟偷吃月饼		蔚县		武欢		389278	1143
9112	孤胆夺枪				樊连翠		389062	1087
9113	黄鼠狼精（之二）				田进文		389158	419
9114	俅女婿之十一		蔚县		董汝屯		389234	222
9115	刘老三		蔚县、广灵县		剑锋		389220	454
9116	砖头解围银钱行				赵文章		389183	1483
9117	侯进士状告康家		蔚县		田人		389185	477
9118	聪明的人		蔚县		王桂叶		389216	671
9119	活犄角		蔚县		王秀珍		389199	475
9120	“豆腐旦”的来历		蔚县		徐才		389034	194
9121	灾难与地主		蔚县		王斌		389217	355
9122	卜庄大黄骡的传说				郭仲银		389193	138
9123	州官和城隍		蔚县		郭万录		389191	775
9124	王坡买黄瓜		蔚县		赵文章		389187	271
9125	薛花的传说		蔚县		田人		389196	1233
9126	黄二		蔚县		王来		389076	431
9127	双全子		蔚县		刘全		389195	809
9128	三狐仙		蔚县				389153	339
9129	人心和人意		蔚县		王太清		389089	877
9130	捉虱子		蔚县		王敏		389221	529
9131	七捣鬼		蔚县		苏志德		389202	359
9132	弟兄十个显神通		蔚县		韩有功		389141	460
9133	俅女婿之五						389228	786

序号	篇名	民族	流传地区	采集地	讲述者	搜集者	数据库编号	字数
9134	张生坑替身		蔚县		韩林		389148	756
9135	财主老爷告状		蔚县		袁春旺		389259	189
9136	日晒稀泥乱卷		蔚县		宋喜		389084	401
9137	话不投机		蔚县				389254	1017
9138	包公铡诸葛亮		蔚县				389266	956
9139	讨饭的补诗		蔚县		张新元		389253	215
9140	鬼和人		蔚县、涿鹿县		胡守真		389154	336
9141	俅汉子和灵老婆		张家口西部		郭治永		389236	812
9142	离婚		蔚县		王智贵		389243	568
9143	讨吉利话		蔚县				389267	847
9144	狸猫和耗子打官司		张家口地区一带		王斌		389206	542
9145	“你说样吧”		蔚县		王启文		389271	1410
9146	庄活佬对诗		蔚县		门康光		389249	453
9147	王大嘴相亲				余文正		389281	306
9148	胡诌说瞎话				刘桂英		389203	3365
9149	逛文庙						389273	279
9150	蒋万山与马万粮吹牛		蔚县				389188	391
9151	两个拐子赶集						389301	426
9152	偷马贼易二子				袁吉高		389197	2092
9153	“八十三万”与“八十四万”				郭满发		389282	1471
9154	农妇与秀才		蔚县、广灵一带		郭兴		389082	893
9155	不要“豆丝”要“酱”						389298	703
9156	龙王下凡		蔚县代王城、西合营一带				389172	1504
9157	受鬼欢迎的县官				王红宾		389285	487
9158	会屙元宝的驴		蔚县		仲才		389136	2545
9159	有我搅着发不了						389290	411
9160	王青与《明八仙斗龙》		蔚县		耿启基		389167	1094
9161	宝草帽				许富		389078	511
9162	看戏				李建库		389277	186
9163	千古高风		蔚县		郭万录		389194	572
9164	阮太师						389177	306
9165	虎穴除奸		蔚县		薛权		389069	142
9166	大德庄康家的传说		蔚县		郭仲银		389180	841

序号	篇名	民族	流传地区	采集地	讲述者	搜集者	数据库编号	字数
9167	唱戏		蔚县		余文秀		389033	395
9168	飞来的元宝		蔚县		阎希福、康鹤亭		389181	581
9169	小白菜		蔚县		滑文连		389075	659
9170	孩子死了别怨我				郭仲银		389295	1061
9171	葛红眼卖粉坨		蔚县		田永翔		389105	1116
9172	三个女婿之三		蔚县		余谦		389240	201
9173	骗子大王贾二贼的故事		蔚县一带		曹元顺、张润香等		389201	697
9174	蛤蟆儿		蔚县				389133	762
9175	风奶奶和哨声		蔚县		仲功		389097	853
9176	绝不往外说		蔚县		杨全有		389292	398
9177	耳朵哪去了		蔚县		仲功		389099	450
9178	死而复生				王淑英		389111	527
9179	俅女婿之一		蔚县		滑文莲		389224	310
9180	开棺破墓与《大清律》		蔚县		郭仲银		389207	373
9181	不怕鬼的光棍		蔚县		剑锋		389146	263
9182	发现吃米的传说				郭秀红		389265	600
9183	白乐鼓匠房里的“妙手回春”匾				赵文章		389184	430
9184	地认主家哩		蔚县		郭仲银		389215	317
9185	朱尚方与蛛上房		蔚县				389205	857
9186	粘牙婆婆和馋嘴媳妇		蔚县		郭增全		389110	537
9187	五谷神		蔚县		张金莲		389174	625
9188	熟了就好啦		蔚县一带				389293	203
9189	人和妖精		蔚县				389152	927
9190	吹破天与老财迷		蔚县		滑文莲		389218	509
9191	妙贼		蔚县		李成志		389137	1092
9192	张俊巧答乡官		蔚县		马得草		389211	1597
9193	哥俩坐席		马头山一带		刘乐		389129	1727
9194	张老道当长工		蔚县		郭仲银		389165	366
9195	寻财神		张家口地区		剑锋		389144	255
9196	侯七和宝马		蔚县		郭万录		389163	445
9197	孔子造错字		蔚县		杜鹏		389083	1147
9198	黑龙王和取水瓶		蔚县		刘建堂		389171	452

序号	篇名	民族	流传地区	采集地	讲述者	搜集者	数据库编号	字数
9199	疑兵计		蔚县				389068	226
9200	二股叉过河		蔚县		滑文莲		389169	602
9201	挖金子		蔚县		梁富清		389125	76
9202	好马不备双鞍，好女不嫁二男		蔚县		滑文莲		389131	550
9203	劫水车				张运生		389071	1992
9204	石儿子		蔚县		宋喜		389117	520
9205	神奇的传说		蔚县		郝玉梅		389120	594
9206	才女智斗小和尚		蔚县、宣化		纪文道		389086	601
9207	金指先生		蔚县		宋喜		389107	470
9208	两个粗心人		蔚县		刘乐		389095	1137
9209	疼妻嫌母		蔚县		宋喜		389116	2459
9210	鬼迷了心窍		蔚县西部		冯井章		389147	422
9211	孩子会从梦里来		蔚县		郭仲银		389106	416
9212	叫板		蔚县		田进义		389032	835
9213	大年初一，银娃碰门		蔚县		刘建堂		389175	340
9214	数银元		蔚县		冯开章		389126	3775
9215	蔚州风俗戏						389036	644
9216	蔚县黄糕精		蔚县		张宏祥		389100	458
9217	丈母娘爱女婿		蔚县		滑文莲		389255	737
9218	比穷		蔚县境内		百克城		389252	664
9219	店铺女主人		蔚县		袁吉高		389112	655
9220	傻儿子学艺		蔚县		郭勇		389260	304
9221	记性赖						389286	1066
9222	五谷神“二股叉”		蔚县		郭满发		389168	832
9223	住店留诗		蔚县		韩有功		389251	230
9224	不准再赌了						389296	574
9225	黄表古联香				李永		389280	210
9226	小罐头的泥匠						389166	347
9227	四不全上任		蔚县一带		张润香		389250	1190
9228	未成世的皇帝		蔚县		郭仲银		389160	214
9229	三个女婿之四		蔚县		王进春		389241	970
9230	“翎子黑”画眉						389035	150
9231	寻八仙		张家口地区		郭治涛		389145	551

序号	篇名	民族	流传地区	采集地	讲述者	搜集者	数据库编号	字数
9232	偢小子		蔚县		李早		389279	1618
9233	北水泉的麻花能做套绳		蔚县		杜嗣		389102	511
9234	巧用“不”字		蔚县		王启文		389276	279
9235	俺知道你那是啥种子				郭仲银		389270	109
9236	呆子学灵		蔚县		赵先生		389261	590
9237	五鼠闹京城		蔚县		田永翔		389085	845
9238	县官的爷爷		蔚县				389210	1154
9239	采花记		蔚县		王秀珍		389074	209
9240	放风筝				郭治海		389294	623
9241	宝鼓		蔚县		张仁		389073	800
9242	稻地饭囊		蔚县		郭万录		389164	1310
9243	松子除怪		蔚县一带		王柏银		389159	389
9244	好向导				杨印堂		389065	405
9245	王青天审妻						389190	421
9246	拉屎看吉地		蔚县		王敏		389209	1034
9247	巧治财主		蔚县		王印		389219	237
9248	偢女婿之九		蔚县		张洪库		389232	586
9249	县令审碌碡		蔚县		郭正义		389213	390
9250	王二巧治黄鼠狼					赵秘	393578	3872
9251	鬼保媒					张国中	393524	2270
9252	小琴					刘海清	393560	1514
9253	“好交友”与“无良心”					张保学	393509	2656
9254	常礼洪得道					董贺峰	393564	1304
9255	张灶王					韩起荣	393526	1547
9256	收笑瓶					朱艳飞	393519	2311
9257	扎纸人不砍脚的来历					刘秘艳	393533	1191
9258	怕漏					赵密	393537	1284
9259	鬼娃					郭玉阁	393527	915
9260	刘光腚和馋媳妇					郭玉阁	393539	2699
9261	找真佛					张保学	393570	1947
9262	三吊钱					杨占国	393544	1166
9263	王交井石碑的故事					赵秘	393585	573
9264	蛇仙的故事					高学秀	393520	1788
9265	骡子尿治跳龙					刘海清	393584	918

序号	篇名	民族	流传地区	采集地	讲述者	搜集者	数据库编号	字数
9266	傻姑爷的笑话					郭有才	393540	1838
9267	张大帅的故事					于水	393559	729
9268	县官断案					佟建国	393538	1372
9269	钟响沟的故事					王海杰	393517	1410
9270	张大胆					邵玉斋	393536	2641
9271	梁女与卖艺人					张国中	393506	2224
9272	盘道					张国中	393530	3667
9273	十七里湾和七根钢针					王东枫、张霁星	393505	1623
9274	老虎的故事					王东枫	393580	870
9275	拙燕的脯子为啥是红的					邵玉斋	393550	1585
9276	老裴和小裴					张保学	393566	2377
9277	都来看					张国中	393531	5571
9278	寻杨家					张保学	393565	14240
9279	神掌牛娃					郭玉阁	393558	3044
9280	箭箭不离屁股打					杨占国	393545	1580
9281	天赐金匾					张保学	393567	3716
9282	屠夫娶妻					阎径伟	393525	2232
9283	黄蛤蟆					郭玉阁	393532	622
9284	巧断讹伞案					张保学	393563	8075
9285	贤嫂的故事					于丽莹	393546	740
9286	乌鸦肉治杈骨					刘海清	393572	1616
9287	宝葫芦					肖铁军	393535	1044
9288	知足与义长					张国中	393543	4274
9289	死亦为鬼雄					张学保	393571	1441
9290	驴子的故事					王东枫	393582	2634
9291	狐狸和羊倌					韩起荣	393534	1941
9292	马飞与狐女					邬瑞宽	393541	1235
9293	满族豪杰赵雷声					张国中	393586	3950
9294	肖显惩恶					刘金贵	393523	2373
9295	三滴血					李树国	393514	2606
9296	樵夫玉斗					邵海民	393529	1609
9297	小石人的故事					杜青然	393557	3670
9298	宏图不展					于水	393568	1927
9299	张二的故事					郭玉阁	393548	1656

序号	篇名	民族	流传地区	采集地	讲述者	搜集者	数据库编号	字数
9300	打着灯笼找不到的“先生”					佟建国	393528	1303
9301	你走姥姥家去了				邓占庆	王德	393739	257
9302	自作自受				王秀生	王德	393725	167
9303	找好看				邓占庆	王德	393738	658
9304	等齐了再长		南宫城乡	三里庄村	程连仲	董毓明	393697	710
9305	贞节牌坊		南宫东南部	讲述人家	赵魁山	王桂霞、赵志鸿	393669	214
9306	雷劈刘金贵		南宫城乡	讲述人家	邢惠民	孟萌	393673	117
9307	牛“司令”理发				张襄祺	王德	393706	5081
9308	李贵贵斗水鬼		南宫北部农村	讲述人家	李清爽	磊石	393612	464
9309	拜寿对诗		南宫东部	讲述人家	苏瑞亭	刘长林	393648	1199
9310	赔礼				徐大娥	王德	393733	2117
9311	新店员学话		南宫市区	侯月深家	侯月深	献南	393690	154
9312	二虎看戏		南宫城乡	东赵守寨村	钱恒来	赵魁山	393691	2174
9313	走访朋友				徐大娥	王德	393731	422
9314	圆梦		南宫一带	东赵守寨村	钱恒来	赵魁山	393646	284
9315	说大户		南宫吴村乡一带	王吴村	郭九	王文奇	393674	210
9316	两全其美		南宫东部农村	电影院	赵焕菊	王庆朝	393642	503
9317	不“下驴”		南宫城乡	店上村	马瑞雨	王文奇	393678	155
9318	猫吃老鼠的故事		南宫西部农村	李福水家	李福水	王庆朝、李福水	393615	2699
9319	捉弄人的人				王秀生	王德	393720	207
9320	“血”秀才贴对联		南宫东南一带	文化馆	赵魁山	王庆朝	393640	1100
9321	老变小					刘连源	393742	691
9322	马大哈入洞房		张襄祺			王德	393705	1148
9323	十二生肖为什么没有猫		南宫东南部	讲述人家	李英祥	王桂霞	393616	759
9324	这回可真把我捉住了				张襄祺	王德	393713	254
9325	脚不大		南宫东南部	南宫董家庙村小学	马宪参	刘长林	393695	482
9326	健忘症		南宫市东南部	西康村	李世蕊	李秋品	393636	4031
9327	抓“关键”				王秀生	王德	393724	170
9328	智砸警察局		南宫境内	鲍济生家	鲍济生	孟萌	393672	627
9329	某公请客		南宫城东一带	东宋村	宋长平	王力生、宋红心	393693	533
9330	寿礼		南宫东南一带	温馨家	温馨	李培昌	393650	700
9331	兄弟俩分家		南宫南部	三里庄村	程林	程石振	393638	99
9332	闯名		南宫东部	东赵守寨村	钱恒来	赵魁山	393656	286
9333	有求必应		南宫城乡	南宫文化馆	赵魁山	冯子章、王庆朝	393643	442

序号	篇名	民族	流传地区	采集地	讲述者	搜集者	数据库编号	字数
9334	什么先生		南宫市区	讲述人家	关碧濂	董毓明	393659	143
9335	王师傅休妻		南宫市大部地区	前镇南村		张奇臻	393641	2483
9336	杨柳的来历		南宫东南部	讲述人家	赵魁山	李维鼎	393670	1240
9337	傻鹦鹉		南宫城乡	讲述人家	冀佑和	刘连源	393635	285
9338	扣子与疙瘩					刘连源	393741	253
9339	我・你・她		南宫东南部	电影院	赵焕菊	王桂霞	393675	838
9340	叔嫂对对儿		南宫东南部	本村办公处	苏亭瑞	刘长林	393664	164
9341	学话		南宫南部和威县北部农村	南街小学	王金英	李长振	393686	140
9342	批语				张襄祺	王德	393709	752
9343	别打，那是野先生的脑袋		南宫东南一带	前镇南村	吴汝芳	张奇臻	393663	880
9344	十七字诗秀才		南宫市区	侯月深家	侯月深	献南	393653	789
9345	喊不得的买卖		南宫市东南一带	孙村	张连生	张奇臻	393662	258
9346	包子换面条		南宫市郊	南宫物资局	张襄祺	王德	393630	1437
9347	盗枪记		南宫东南一带	讲述人家	李桂林	李培昌	393660	2244
9348	南宫不纳粮的传说		南宫城乡	赵魁山家	赵魁山	王力生、赵魁山	393626	340
9349	连个屁也不懂				张襄祺	王德	393703	449
9350	纸马喝水		南宫北部农村	讲述人家	李清爽	张网	393624	137
9351	不是买的				王秀生	王德	393723	432
9352	红脸菩萨断腿狮		南宫北部农村	讲述人家	李清爽	张明梧	393611	158
9353	还是得吸烟		南宫城乡	讲述人家	王秀生	王德	393719	949
9354	曲指谢酒		南宫东南部和清河西北部	清河县土产公司	孙长留	刘长林	393661	540
9355	马虎的“两员”				张襄祺	王德	393707	562
9356	快当些		南宫吴村乡一带	城庄小学	张殿敏	王文奇	393676	513
9357	假斯文		南宫城东一带	东宋村	宋长平	王建敏	393681	506
9358	都是我的儿		南宫城乡	电影院	赵焕菊	王力生	393658	133
9359	张霄削橛		南宫城乡	赵魁山家	赵魁山	王力生	393627	1014
9360	考秀才		南宫市区	侯月深家	侯月深	献南	393665	2520
9361	两口儿一个		南宫市东南一带	前镇南村	姚新臣	张奇臻	393651	3255
9362	喝面条		南宫大屯乡一带	大屯村	张义君	栗士东	393692	1147
9363	路八缸		南宫市东南部	前镇南村	张福夹	张奇臻	393631	296
9364	我也是				张襄祺	王德	393711	138
9365	离婚		南宫大部地区	孙供家	孙供	程石振	393698	967

序号	篇名	民族	流传地区	采集地	讲述者	搜集者	数据库编号	字数
9366	傻小子学字		南宫东南部农村	陈功庄家	陈功庄	王庆朝	393699	174
9367	一文钱		南宫吴村乡一带	西双庙村	郭九	王文奇	393679	5985
9368	它会主动找你的		南宫东南部	讲述人家	张襄祺	王德	393702	246
9369	目不识丁		南宫东南部	电影院	赵焕菊	王桂霞	393647	1954
9370	站起来跑的还快				徐大娥	王德	393730	267
9371	令猫撵令鼠		南宫东南部	二中	张启明	李继章	393740	465
9372	武松打虎				张襄祺	王德	393712	942
9373	梦				徐大娥	王德	393732	3601
9374	明白人				徐大娥	王德	393734	580
9375	笛声悠悠仙凡情		南宫市东南一带	讲述人家	韩爱莲	刘素香	393610	529
9376	这号人没有脸				张襄祺	王德	393710	750
9377	水妞智斗鲶鱼精		南宫东南部	讲述人家	李英祥	王桂霞	393607	168
9378	待两年就长成大炮了		南宫东南部	讲述人家	李其锁	王桂霞	393677	545
9379	魏老道种梨树		南宫市东南部			李培昌	393623	249
9380	一字秀才		南宫北部农村	赵魁山家	赵魁山	王庆朝、张明梧	393621	136
9381	二嘀咕智斗陈扒皮		南宫城西一带	讲述人家	张建国	刘连源	393622	590
9382	四两漆		南宫东南部	王际章家	王际章	刘培基	393620	1010
9383	蝼蛄篡改了圣旨		南宫东南一带	前镇南村	姚新臣	张奇臻	393617	134
9384	王三的传说		南宫西北部	温庄	温广代	温振东	393628	977
9385	忌讳				徐大娥	王德	393735	1288
9386	爱省事的两亲家				王秀生	王德	393722	719
9387	吹来的天下长不了		南宫东南一带	大范庄村	范竹良	张奇臻	393634	303
9388	只瞻前，没顾后				王秀生	王德	393721	458
9389	罗嗦借扁担				王秀生	王德	393727	299
9390	瞎子跳井		南宫东部	讲述人家	王玉栋	赵魁山	393639	804
9391	迎头赶上				张襄祺	王德	393716	457
9392	芙蓉姐		南宫东南部	文化馆	赵焕南	王庆朝	393632	1487
9393	山下豆				张襄祺	王德	393714	601
9394	酒令		南宫市区	西街合作商店	王丽英	张金镛	393683	157
9395	阮五		南宫东南地区	前镇南村	张康亭	张奇臻	393649	172
9396	关公斩貂蝉				张襄祺	王德	393708	1494
9397	刑场喂奶		南宫城乡	文化馆	赵魁山	王力生	393644	592
9398	县大队巧治日伪军		南宫城乡	南宫招待所	李地山	程石振	393671	519
9399	兄弟仨比本事		南宫城乡	东宋村	宋长平	王力生	393696	675

序号	篇名	民族	流传地区	采集地	讲述者	搜集者	数据库编号	字数
9400	狗屁右派		南宫东南一带	前镇南村	张福瑞	张奇臻	393689	423
9401	赛诸葛再摆空城计		南宫东部	东赵守寨村	赵福俊	赵魁山	393652	480
9402	“琢磨的更坏”		南宫市区	谢世民家	谢世民	冀清江	393688	246
9403	农妇与秀才		南宫城乡	讲述人家	赵淑慧	孟萌	393694	246
9404	遇鬼		南宫城西一带	讲述人家	冀清明	刘连源	393637	161
9405	雇长工		南宫城乡	吴村	李英来	王文奇	393667	614
9406	拜年对诗		苏村镇一带	苏村	李进德	李大海	393655	729
9407	谁说不是		冀南一带	讲述人家	徐大娥	王德	393729	858
9408	三个女婿拜寿		南宫城乡	赵淑慧家	赵淑慧	孟萌	393657	156
9409	手和爪爪				王秀生	王德	393728	151
9410	“聪明”的女人		张襄祺			王德	393715	240
9411	耳朵在口袋里				徐大娥	王德	393736	743
9412	巧媳妇		南宫市区	讲述人家	邢兰柱	王力生、王建敏	393625	162
9413	盲人说飞机				王秀生	王德	393726	137
9414	好是好，就是两只眼		南宫东南一带	垂杨高中	范佩桂	张奇臻	393682	2265
9415	茄子种		南宫东南部	徐马寨村小学	王子苏	刘长林	393701	919
9416	秀才改对联		南宫城乡	齐屯村	齐杨	齐继林	393645	668
9417	通人性的猛虎		南宫市郊	讲述人家	苗海兰	苗秉荣	393618	2071
9418	新“杞人”		冀南一带	邢台	邓占庆	王德	393737	445
9419	红瓤西瓜的传说		南宫东南部	讲述人家		张启明	393619	180
9420	信口开河				张襄祺	王德	393718	3450
9421	人心不足蛇吞相		南宫城乡	电影院	赵焕菊	王力生	393609	512
9422	阎王求医		南宫城乡	李张马村	李竹芳	赵魁山	393684	1408
9423	狗上天要粮的故事		南宫东南部	讲述人家	李秋辉	李培昌	393614	843
9424	戴高帽		南宫南部农村	王德元家	王德元	王庆朝	393668	719
9425	狐仙请医		南宫北部农村	讲述人家	李清爽	磊石	393608	900
9426	能言善辩的孙榾柮		南宫东部	讲述人家	钱恒来	赵魁山	393700	295
9427	一毛不拔		吴村乡一带	王吴村	田洪早	王文奇	393613	183
9428	看那眼，还玩鹰哩		南宫城乡	李桂兰家	李桂兰	王庆朝	393687	343
9429	罗嗦张做报告				张襄棋	王德	393704	267
9430	灵丹妙药		南宫市吴村乡一带	王屯村	李英来	王文奇	393685	2938
9431	折干		段芦头镇一带	段芦头村	李风栖	李福田	393629	990
9432	熟一锅，抢一锅		南宫东南部	讲述人家	李其锁	王桂霞	393633	528
9433	极好者				张襄祺	王德	393717	821

序号	篇名	民族	流传地区	采集地	讲述者	搜集者	数据库编号	字数
9434	家书		南宫东北部一带	南宫医院	张善彰	董毓明	393680	183
9435	关老爷显圣		南宫市吴村乡一带	前吴村	田洪早	刘长林	393666	1196
9436	百鸟松		南宫东南一带	讲述人家	李鼎	李培昌	393654	1240
9437	丈夫变羊				王恨庚		395578	325
9438	巧嘴媒婆				刘维		395531	860
9439	贼送大衣				马立国		395571	468
9440	怕媳妇的大丈夫				曹成贵		395486	298
9441	豆腐掌柜与嘎小子斗嘴				马风山		395540	329
9442	误会				张国祥		395508	1090
9443	目不识丁的由来				齐苑辰		395522	742
9444	一毛不拔				逸云		395477	276
9445	吹起来褪毛				马振龙		395517	694
9446	老饕				赵剑华		395575	312
9447	三女婿对诗				丁洪友		395546	480
9448	坐朝廷与抱倭瓜				马永祥		395588	401
9449	缺一个咋办				李济民	王旭营	395542	732
9450	三白与三毛				刘洛斗		395561	160
9451	文人要烟				良辰	李佩华	395541	1238
9452	知冷知热自己的妻				阎有尔		395479	396
9453	忌讳称朱老爷				赵春启		395481	463
9454	诗谜解疑				乔贵山		395563	607
9455	针的谜语				周金增		395511	744
9456	吝啬鬼临终遗言				田文生		395469	336
9457	孪生俩兄弟				石南		395580	391
9458	聪明反被聪明误				刘福		395564	645
9459	乡里财主儿子见县官				马永祥		395492	351
9460	风水先生找好穴				马永祥		395494	156
9461	圆滑的秀才				史丑尔		395478	374
9462	银罐子				霍林		395464	1180
9463	堂倌反难秀才				李四英		395480	160
9464	看匾				逸云		395556	3225
9465	一锯俩马蹄				厌征浩		395472	629
9466	半个朋友				陈永泉		395471	240
9467	好酒变酸				熙仓		395521	1369

序号	篇名	民族	流传地区	采集地	讲述者	搜集者	数据库编号	字数
9468	舔痰				王恨庚		395581	677
9469	不肯叫爹娘的媳妇				周福志		395519	394
9470	香塌了脑子				房慧嫒		395539	395
9471	小洞避雨				张同记		395474	337
9472	废物县官审案				刘子英		395518	672
9473	清和桥				孙全义		395485	624
9474	四人凑诗				周品一		395550	219
9475	褚来瞧褚来看				马永祥		395589	439
9476	拍案叫绝				韩泽芳		395543	558
9477	再打三斤				王恨庚		395484	352
9478	媒婆说亲				苏振义	周福志	395513	416
9479	傻小子学话酬岳父				马永祥		395535	611
9480	瘸腿诗				王同贵		395558	296
9481	商人的家信				火山		395529	406
9482	鲶鱼大喝汤				赵晬然	赵剑华	395515	859
9483	肥要发尿				王恨庚		395584	486
9484	傻女婿对诗				陈振川		395536	505
9485	四姐妹对诗				王潭清		395559	913
9486	给爸爸				王恨庚		395490	591
9487	偷成语				王保台		395570	270
9488	兄弟俩吹牛皮				梁玉芳		395532	373
9489	专治馋懒的大夫				马永祥		395590	449
9490	红卫兵理发				晋秀云		395499	1539
9491	小孩子没腰				陈中秀		395568	843
9492	夏天出门戴皮帽				张新吕		395572	2523
9493	自作聪明				宋进汉		395574	703
9494	河里摸魂儿				葛占圈		395548	1102
9495	张财主请私塾教师				逸云		395549	261
9496	老旦生胡子，张飞有兄弟				马永祥		395593	664
9497	人精				左金顺		395573	116
9498	三女婿拜寿				张爱民		395560	748
9499	聪明的二大伯				李二旦		395567	191
9500	深山里的笑话				逸云		395557	448
9501	三个财主争钱				李木成		395544	348

序号	篇名	民族	流传地区	采集地	讲述者	搜集者	数据库编号	字数
9502	一百三十斤的大猪头				马永祥		395592	294
9503	一封没有标点的信				王淑兰		395553	264
9504	过足了烟瘾				马永祥		395493	537
9505	空心疙瘩汤				马金牛		395509	659
9506	秃子护短				杨老进		395512	505
9507	书记讲话				张林		395498	289
9508	自作多情受辱				逸云		395555	487
9509	借少还多				张凤兰		395467	533
9510	老二赶集				马全生		395565	246
9511	夸富				邹彦平	张玺	395507	188
9512	送寿礼				赵迪杰		395476	647
9513	馋媳妇				赵银梅		395505	858
9514	镜子				张奇元		395503	360
9515	碰名儿				徐兰花		395586	1347
9516	给老大舅写信				逸云		395554	415
9517	塌葡萄架				王恨庚		395582	413
9518	有钟不叫打				马永祥		395594	394
9519	天下省和第一省				赵清文	诞辰龙	395463	715
9520	几根根儿				郅四海		395526	1137
9521	吃了白的吃红的				马永祥		395496	696
9522	书记忘了入党						395502	645
9523	读书人一点就透				韩宝申		395487	185
9524	懒汉拜师				李文信		395520	331
9525	偷锅				高国定		395470	233
9526	两秀才互侵地边				周美琨		395465	477
9527	见鸡行事				张月忠		395545	180
9528	癞蛤蟆求婚				张凤兰	陈宁涛	395506	406
9529	和尚抱鼓				逸云		395483	234
9530	杨林标				杨少山、周金增		395537	452
9531	秀才受辱农妇				陈占庚		395466	100
9532	棒屁				马永祥		395552	882
9533	二人打赌				赵晬然		395528	559
9534	娶秴子				张凤兰		395525	531
9535	看阴阳宅的先生				王桂喜		395473	265

序号	篇名	民族	流传地区	采集地	讲述者	搜集者	数据库编号	字数
9536	吃请先生				杨泽生		395527	192
9537	念错别字先生				杨少华		395562	278
9538	还是王八发烧				赵振江		395475	315
9539	婆媳结巴				李文信		395510	264
9540	杨大扇车				逸云		395551	540
9541	砸柿子				阎自喜		395504	636
9542	瞧岳父				赵振江		395579	344
9543	干什么，吃什么				陈宁涛		395524	761
9544	烟秦和烟王				秦树旺		395530	156
9545	每人给他们买一个				王恨庚		395489	301
9546	好地方				邓振清		395468	495
9547	笊篱捞蛆				张凤兰		395523	262
9548	三字睡觉				张新吕		395566	338
9549	王八探饥荒				杨永华		395547	570
9550	翁婿对联				马永祥		395591	739
9551	不断后代香烟				马长生		395514	3242
9552	夹兄射弟				马永祥		395587	358
9553	认干爹				刘志远	王凤岐	395516	242
9554	浪荡鬼怕老婆				逸云		395488	209
9555	厨子偷肉肠				赵剑华		395576	357
9556	打哑谜				左金顺		395569	1078
9557	恳请别画				王恨庚		395585	531
9558	土财主进城				马永祥		395491	629
9559	健忘				韩媛旺	刘耀平	395538	398
9560	量人裁衣				王恨庚		395583	143
9561	考女婿				刘风茹		395533	1564
9562	愚夫和秀才				李长增		395482	434
9563	赋诗赏月				张殿林		395534	346
9564	酒龟				赵剑华		395577	541
9565	知青的家信				张林	赵迪杰	395501	235
9566	“革命”庭长判离婚				张林		395500	165
9567	万物生长靠太阳				张庆桂		395497	345
9568	上帐				马永祥		395495	551
9569	蔡状元修洛阳桥				惠兴	惠铁林	409482	1077

序号	篇名	民族	流传地区	采集地	讲述者	搜集者	数据库编号	字数
9570	父子重逢				杨振远	伦洪波	409488	816
9571	蓝亭制律				杨振华	伦洪波	409492	2118
9572	山花和土娃				吴福田	张喜丁	409470	402
9573	变女婿					卢玉芬	409475	4212
9574	丢驴买药吃				田义民	董占民	409478	846
9575	念完经，打和尚					耿瑞田	409483	1444
9576	傅山的故事				章记	章玉秋	409477	457
9577	烧香叩头，各有所求				阚炳坤	炳延	409476	1104
9578	摔瓦罐					刘景	409486	1663
9579	傻王二露脸				沈素英	淑敏	409491	2337
9580	大胳膊刘瑞的故事				史海	赵庆江	409480	1953
9581	王秀才中举					董天祥	409487	1659
9582	半拉石猪槽				郑文杰	伦波洪	409479	824
9583	傻姑爷梦呓惊盗贼					伦洪波	409489	688
9584	路遥知马力，日久见人心				惠兴	惠铁林	409481	2160
9585	傻姑爷出傻气				郑福际	伦洪波、郑文杰	409485	3576
9586	臭鸪鸪鸟				吴益鹏	董占民	409490	3875
9587	紫丁香				王秀兰	吴述东	409473	747
9588	丢了金元宝之后				惠兴	惠铁林	409484	1192
9589	王哥和猴精				高立芝	赵庆江	409472	4127
9590	锥鞋匠入赘				李连合	小草	409471	1112
9591	谎三的故事				李旭芳	赵庆江	409474	2171
9592	聚宝盆		无极县西部农村			陈老邀	410565	412
9593	呆子学话			蒲增雪家里	蒲增雪	蒲双平	410588	479
9594	牛与油		无极县北部农村	东候乡文化站	刘采宣	王建国	410563	1090
9595	近视眼		无极县一带		牛翠娟	任红军	410621	232
9596	硬骨头孙铁铸		无极县城北一带	高鸿义家中	高鸿义	高秀敏	410618	3118
9597	吹大话		河北一带		于文志	赵军才	410619	290
9598	仙风		无极县农村	高陵村	雷兰格	郭翠红	410551	609
9599	听错音		无极县一带	无极县里家庄村魏老布家	魏老布	魏建军	410616	147
9600	马蹄子与碾盘眼		无极县境内		邢清润	吴普忠	410544	716

序号	篇名	民族	流传地区	采集地	讲述者	搜集者	数据库编号	字数
9601	实意和忘恩		无极县东北一带农村			安英芬	410562	349
9602	石易的传说		无极县农村		刘大兰	崔敏桥	410567	941
9603	李老三					焦文珍	410605	254
9604	西郝庄谷大力				谷东林	裴永志	410547	626
9605	程老任雷击老狐仙		无极县西南一带		牛老善	牛美波、李占民	410543	1117
9606	投案		无极县城北一带农村	文化站	石进双	石进双	410593	766
9607	不识字的小先生		无极县农村	甄村乡高家庄	张老偏	朱贵学、魏建彬	410587	741
9608	“善人”的故事		无极县农村	固汪村	陈仁子	陈振华	410576	765
9609	祝寿			书凡家中	书凡	成慧奇	410590	1482
9610	三个急性人		高头乡一带	小梅家里	小梅	程从须、程建平	410620	932
9611	饱儿和饱盼		无极县城西一带农村	楼下乡西市庄村	张红	孟玉花	410561	318
9612	妯娌四个		无极城关镇一带	安双素家中	安双素	张玉茹	410617	438
9613	县官审案		石家庄地区一带	马桥村	赵长青	赵同江	410603	365
9614	三根头发的辫子		北京城		曹彦闻	郭双联	410614	2243
9615	小孩智斗老虎		无极县农村	田庄村	张军强	翟进强	410557	740
9616	傻小子之死		县城北农村一带	东侯乡文化站	刘采宣	李立平	410592	480
9617	等价交换		无极县大陈乡		郭彦敏	张建茹	410611	971
9618	盖天炸海		无极县东北一带农村	东宋村	张扎扎	安英芬	410566	614
9619	老西儿过河九分九			东后乡政府大院	翟拴良	石进双	410624	946
9620	官场话		小陈村	小陈	李双战	李俊英	410613	1241
9621	千吝啬和万刻薄		无极县大陈村	大陈	张彦平	张志英	410612	1330
9622	谁赶集，谁吃饭					张改乔	410606	864
9623	我喝一半吧		无极县境内	无极县邮电局封发室	张庆雪	吴普忠	410545	438
9624	借烟			无极县医院手术室	杨友才	吴普忠	410626	3555
9625	大喇嘛和小喇嘛				陈友社	张建	410602	2126
9626	打哑谜——万事不离本行		无极县农村	彭家庄		骆珍	410586	625
9627	神通广大的侯叫驴				谷东林	裴永志	410548	843
9628	亲家俩闹意见			无极县医院手术室	杨金发	吴普忠	410627	651
9629	条帚疙瘩的故事		无极县农村		魏建彬	王永肖	410559	679
9630	两个媳妇		无极县	无极县安城	郄书然	王建敏	410583	636

序号	篇名	民族	流传地区	采集地	讲述者	搜集者	数据库编号	字数
9631	古画		无极县农村	东中铺村	李领弟	赵光辉	410564	643
9632	好心的张进		无极县农村		赵军芳	赵同江	410577	969
9633	翟大傻的传说		无极城南		翟可子	翟进强	410579	877
9634	长工对诗要老财		无极一带	西宋大队	李建永	李敬改、王文田	410574	1085
9635	软老硬的故事		无极县城南一带	郭吕乡文化站	刘汉民	刘国立	410573	724
9636	复活草		无极县农村	大陈村	张孟身	张永强	410552	527
9637	狗作难				殷增敏	尚获斌、程建平	410610	801
9638	大汉李碑的传说		无极县西部农村	西池阳村	李茂德	李占民	410546	3569
9639	齐步斗的故事		无极县城东一带农村	佛堂村	杨老宅	尹义卿	410580	1452
9640	老汉救神蛇		无极县农村		耿小俊		410560	1140
9641	吹破天		无极县农村	户村	田进生	田亚超	410598	2563
9642	饥寒和饱暖		无极县农村		徐小春	傅卫素	410553	475
9643	地下木头的由来		无极县西部农村	南侯坊村	杨金锁	杨彦蕊	410549	391
9644	两瓮财宝		无极县农村	姚村	康老油	康建雪	410555	580
9645	一块年糕的故事		无极县城关附近	无极县西关	刘长林	成丛罗、张翠哲	410582	842
9646	犯罪的驴		无极县境内		于争法	刘红青	410601	411
9647	青蛙的故事		无极县农村		王永肖	魏建彬	410554	506
9648	老财和少妇		无极县城西农村	大陈乡文化站	于文志	萍双平	410600	333
9649	乌鸦和喜鹊		石家庄地区	大陈村	刘苏德	王军红	410571	992
9650	傻小子拜寿		河北无极县一带		丁庆棉	成晓辉	410589	416
9651	黄蛤蟆		无极县城南一带农村		斩林志	卢国权	410595	195
9652	大夫巧教不孝子		无极县城东一带农村		贾造保	贾改红	410594	282
9653	恶心自有恶报应		无极县城西一带农村		杨洛杰	杨世欣	410575	238
9654	张二古懂		无极县城南一带农村		翟可子	翟进强	410584	1472
9655	解门扇的传说		无极县城西一带农村	南朱村	解玉彬	解翠欣	410578	345
9656	财主父俩		无极县城东一带农村	无极城里	张秀岭	齐同民	410596	864
9657	对对儿		无极县城关一带		郄书然	王建敏	410628	422

序号	篇名	民族	流传地区	采集地	讲述者	搜集者	数据库编号	字数
9658	剃头匠与八仙的故事		无极县农村		王永肖	魏建彬	410558	605
9659	紫燕传书的故事		无极县南流一带农村	南流村	韩育才	马宗礼	410581	677
9660	“土地”娶妻		无极县农村		刘洛类	刘国立	410556	519
9661	只救动物不救人		无极和藁城交界一带		吴焕直	傅君甫、刘彦平	410569	4759
9662	屎克螂搬家		无极县农村	角头村	于小棉	司红欣	410572	1391
9663	跟好学好的傻小子			东候文化站	刘采宣	李立平	410591	357
9664	谷子的由来		无极县农村	里家庄	李领烟	成从罗、魏英棉	410568	394
9665	王二的故事		无极县农村		王更荣	于京乔	410599	868
9666	智烧狐子精				张军强	翟进强	410550	580
9667	万全店		无极县		徐小棒	傅卫素	410597	376
9668	谁肯为爹娘		石家庄地区	马桥村	赵长青	焦文珍	410604	1021
9669	宝葫芦		无极县农村	农技中学	张锦会	陈正运	410570	1014
9670	村姑戏耍浪公子		无极县七级、庄里一带		尹义卿	刘运生	410608	390
9671	干嚼			东后文化站	刘忠福	刘采宣	410625	2015
9672	书生和农民				尹义卿	刘运生	410607	647
9673	兄弟抬扛			无极县东侯	段立坡	刘采宣	410623	1587
9674	到底谁胆大		无极县一带	东侯乡文化站	石进双	李立平	410622	581
9675	李二古董		无极县农村	无极城里	高红义	高秀敏	410585	347
9676	偷锅		河北省大部	王玉梅家	王玉梅	王翠娟、建平	410615	1433
9677	男子汉的志气		东北牛村		占余	尹占余	410609	835
9678	傻小子写信		临城县一带	黑城杨家街	孙小三	刘吉会	410756	228
9679	充军		临城境内	广播电视局	山丰	银淑	410700	2440
9680	聪明的县官		临城北部一带	胡更义家	胡更义	胡爱军	410749	1575
9681	庄家汉秀才和郎中		临城牙更一带	东新安	张景芳	张志海、赵军田	410737	1602
9682	智斗阎王爷		临城一带	赵庄	王小军	王金钟	410748	424
9683	木梳写字比笔快		临城县西部山区	郝庄	米玉锁	张志海	410760	464
9684	宝葫芦的故事		临城一带	介沟	刘永姐	马圣梅、刘新辉	410730	1500
9685	义儿劝母		临城大部分农村	东牙更	刘香河	刘润东	410732	598
9686	青蛙和柴哥儿		临城大部分农村	营等村	张军学	李顺兴	410728	2432
9687	盐娃娃		临城县西部山区	李三妮家	李三妮	李顺兴	410731	1049
9688	亮刑		临城境内	广播电视局	山丰	银淑春林	410699	1932

序号	篇名	民族	流传地区	采集地	讲述者	搜集者	数据库编号	字数
9689	哥俩分家		临城大部分农村	临城南街	张合魁	张艺娟	410729	2769
9690	狗和猫		临城贾村一带		马常玉	马树杰	410754	1353
9691	财主和长工		临城西部一带	射兽村	赵刚	赵云杰	410739	1349
9692	斩龙山的传说		临城大部农村	刘永姐家	刘永姐	圣梅、建敏等	410725	787
9693	良心有多长		临城东部农村	鸭鸽营	王风山	王风山	410738	858
9694	王秀才寿宴题诗		临城县大部分农村	郝庄	崔二仲	赵军田	410740	578
9695	老虎和张三		临城西部一带	射兽村	赵怀谦	赵刚	410735	1739
9696	三皇姑的传说		临城境内	黑城村	窦小全	郝增田、莹雪	410702	445
9697	公冶长为啥懂鸟语		临城一带	赵刚家	赵刚	刘永宽	410724	688
9698	神鸡娘娘的故事		临城一带	黑城中学		李双秀、郝海叶	410727	987
9699	智解争执		流城县境内	广播局	山丰	银淑、春林	410698	1103
9700	审簸箩		临城境内	青羊头村	赵世路	杨建海	410701	1489
9701	石人案		临城一带		张合魁	张合魁	410746	434
9702	羊羔为什么要跪下吃奶		临城北部一带	刘振繁家	刘振繁	李安邦	410753	1201
9703	秀才醉酒		临城县大部分地区	郝庄	赵庆华	张志海、赵军田	410733	3358
9704	傻小子卖能		临城县北部	侯家韩	侯文输	侯风录	410736	2017
9705	夫妻斗嘴		临城大部分农村	郝家庄	张金祥	齐彦斌	410741	1440
9706	母鸡告状		临城西部山区		石广	石广	410751	1596
9707	王刚鸟		临城县西部山区	郝庄		刘英敏	410752	1543
9708	老鼠告狸猫		黑城一带	西牟村	窦风琴	寒窗	410750	1485
9709	看戏		临城县大部分农村	临城	赵银	刘吉会	410758	847
9710	案中案		临城县一带	文化馆	梁建华	刘永宽	410744	2216
9711	祝寿		黑城一带	程麻子家	程麻子	胡爱军	410757	885
9712	骆驼蛋		临城一带	王浮元家	王浮元	王浮元	410745	253
9713	“五谷仓”的故事		临城中部天台山区	王家庄村	张福玲	庞清漳	410723	1669
9714	六经八书难秀才		临城大部分农村	鸭鸽营	张景芳	赵军田	410743	239
9715	三人打赌		临城山区	梁蓬春家	梁蓬春	梁建华	410759	687
9716	三眼的故事		临城东部地区	临城东街	王海水	张重庆	410726	1715
9717	吸烟		临城一带	新辉家北屋	腰保菊	刘新辉	410755	6668
9718	先生与木匠		临城县南部	磁窑沟王振林家	王振林	王学	410742	677
9719	门墩墩和了吊吊		临城一带	西牟村	窦风琴	文奇	410734	1795
9720	二乌拉的故事		临城县北部	侯家韩	侯增祥	侯风录	410747	1271
9721	算卦		唐县	区委宣传部	杨秋棉	李惠民	411314	646

序号	篇名	民族	流传地区	采集地	讲述者	搜集者	数据库编号	字数
9722	算不清跑堂		安国县	安国县西崔章村村南菜园	宋洛密	孙佐培	411335	441
9723	猫骂包公		冀中西部	保定市六〇四厂赵俊彩家	赵俊彩	孙佐培	411309	664
9724	包子姻缘		清苑县	保定市	王李氏	刘继敏	411322	351
9725	昏王欲食公鸡蛋		冀中地区	保定市六〇四厂医院	陆洪安	孙佐培	411293	1039
9726	财主过河		河北一带	保定	李友生		411343	2282
9727	大玄人理发		安国县一带	安国县西崔章村曹录林家菜地	曹录林	孙佐培	411333	1217
9728	圈坟		里县	河北省里县握纽庄齐念芝家	齐念芝	张岩力	411291	1428
9729	钟馗与曲阳鬼		曲阳县	曲阳	李振国	庄岚	411319	754
9730	王臭儿巧治老财		香河县	河北省香河县李仕贤家	李仕贤	李惠民	411308	492
9731	宋大讪作诗		北京、保定市	保定市樊庄小学听讲	中华	李惠民	411331	1896
9732	王母评字		河北省香河县	香河县	陈佩芝	李益民	411313	594
9733	五大天地		河北一带	保定	阮焕章	张今慧	411328	3876
9734	传家宝		徐水一带	白陈家	白陈	白峰	411283	1293
9735	贤慧的寡妇		我国北方	易县招待所	峭岭	溪石	411330	621
9736	儿不嫌母丑		安徽省滁县	保定市新市区热电厂街孔庆德家	孔庆德	李德芳	411320	682
9737	下“车”		安国县	安国县西崔章村周家园	周老民	孙佐培	411336	1858
9738	泥人		安徽省滁县	孔庆德家	孔庆德	李惠民	411306	503
9739	聚宝盆		安徽滁县	孔庆德家	孔庆德	李惠民	411338	819
9740	县官智断杀人案		深泽县	保定市新市区工人新村南街张俊姨家	张俊姨	李德芳	411318	1421
9741	镇海丹		保定一带	保定化纤厂门玉英家	门玉英	石林	411316	710
9742	赵大胆降龙		深泽县	张俊姨家	张俊姨	李惠民	411284	479
9743	五人会		河北、山西	易县北东村	路青梅	庄岚	411305	1101
9744	孝子		河北省	北京李德胜家	李德胜	李占文	411315	1280
9745	怀“才”不遇		保定市	河北省艺校	方峥	张工	411288	1184
9746	赔马赚粪吃		安国县	保定市六〇四厂孙佐培家	张国昌	孙佐培	411344	975
9747	金骡子		安徽省滁县	孔庆德家	孔庆德	李惠民	411304	924
9748	聪明的乌龟		安国县	安国县西崔章孙五子家	孙梅素	孙佐培	411340	4368

序号	篇名	民族	流传地区	采集地	讲述者	搜集者	数据库编号	字数
9749	王大姐巧打吃人狼		安国县	安国县西崔章村孙梅素家	孙梅素	孙佐培	411299	2624
9750	错别字先生		保定市清苑县	保定市郊区西马池小学	党文华	李惠民	411334	552
9751	全家联句		河北省香河县	香河县李仕贤家	李仕贤	李益民	411311	1259
9752	自讨苦吃		河北一带	白洋淀	刘老汉	溪石	411324	834
9753	趣味汉字		全国各地	二机床	李诚元	庄岚	411325	725
9754	仨女婿拜寿		安国县	安国县西崔章村孙家枣园	孙守忠	孙佐培	411332	1711
9755	四兄弟喝酒		全国各地	保定	李诚元	庄岚	411329	331
9756	年轻媳妇		易县北东村、河北		路青梅	庄岚	411327	545
9757	天不亮挖参		安国县	安国县西崔章村井台	曹令令	孙佐培	411286	569
9758	巧治狐狸仙		唐县一带	区打办室	杨秋棉	谩云	411303	927
9759	子教父		辽宁省锦西县	区直机关党委	阎树清	李惠民	411285	425
9760	狐狸报恩		里县	清苑县全坤村杨振江孙女家	杨振江	李惠民	411292	1647
9761	一毛不拔		保定市郊区大韩蒋村王印泉家	大韩蒋村	王印泉		411317	698
9762	不见黄河不死心		北方农村	易县北东村路青梅家	路青梅	尚友朋	411281	803
9763	十里温河不冻冰		保定地区定兴县	保定市六〇四厂医院	陆洪安	孙佐培	411296	900
9764	有缘千里来相会		易县一带	河北易县北东村	路青梅	庄岚	411287	905
9765	错别字先生丢丑		安国县	安国县西崔章村曹江淮家	曹江淮	孙佐培	411337	372
9766	傻张三		香河县	李仕贤家	李仕贤	李仕相	411282	505
9767	王小打柴		安国县一带	安国县西崔章村孙梅素家	孙梅素	孙佐培	411310	303
9768	过河		安国县一带	安国县西崔章村地头	曹洛水	孙佐培	411342	1313
9769	傻子学话		里县	清苑县全坤村杨振江孙女家	杨振江	李惠民	411290	1350
9770	两个秀才		安新县	保定市机床附件厂	梁平	夏喜会	411289	1362
9771	王小五住店		曲阳县城南一带	保定	赵王军		411323	560
9772	机智的媳妇		曲阳县	区委宣传部	田彩琪	李惠民	411302	945
9773	喜奉承		安新县	市机床附件厂	梁纪平	夏喜会	411295	942
9774	宰相肚里能撑船		安徽省滁县	孔庆德家	孔庆德	李仕相	411298	923
9775	饺子边		河北一带	北京市赵金兰家	赵金兰	李占文	411294	2187

序号	篇名	民族	流传地区	采集地	讲述者	搜集者	数据库编号	字数
9776	大学生截骡子		冀中一带	景县贾村小学校操场	赵桂书	孙佐培	411339	1177
9777	让他几尺有何妨		河北省魏县	保定市六〇四厂高庆魁家	高庆魁	孙佐培	411301	1392
9778	西葫二籽		冀中	保定市六〇四厂医院	陆洪安	孙培佐	411307	1321
9779	三个女婿对句		曲阳县越南一带	赵家庄	冉赵氏	童友	411326	540
9780	杨赵两府结良缘		曲阳县城南一带	赵家庄	冉赵氏	童友	411321	1670
9781	一笔千金		河北省香河县	本县	陈佩芝	李惠民	411312	501
9782	阎王爷请医生		曲阳城南一带	北养马村	杨朝善		411341	957
9783	巧用标点		香河县	本县	陈佩芝	李惠民	411300	779
9784	长工王老可的故事		徐水县一带	白陈家	白陈	白峰	411297	2470
9785	分贵贱		灵寿县慈峪一带		郑寿阳		414573	1311
9786	父子对诗		灵寿县陈庄一带		罗士俊		414585	821
9787	赵八万巧斗老土鳖		灵寿县一带	白家利家中	白加利		414574	603
9788	夜游神察民情		灵寿县陈庄一带		郑守和	守和家	414582	940
9789	胡三豹打官司		灵寿城周围	曹四家	曹四		414577	3636
9790	上天的路程		河北一带	郝学义家中	郝学义		414578	296
9791	哭碗		灵寿县一带	曹秉珍家中	曹秉珍		414569	697
9792	师傅，差了一锯		灵寿一带	曹秉珍家	曹秉珍		414592	575
9793	一点之差		灵寿一带	马家庄	马贵位		414593	1041
9794	夜壶装酒		灵寿县一带	灵寿西湖社	孙军		414596	1666
9795	认真		灵寿、慈峪一带	灵寿慈峪村	郝学义		414588	1198
9796	瞎话篓		灵寿县陈庄一带	灵寿县陈庄	王春妮		414575	549
9797	做帽子		灵寿县一带		刘国平		414597	310
9798	笑话十则		河北一带	灵寿慈峪镇	胡宁		414591	644
9799	老抠雇工		灵寿山区	靳吉才家	靳吉才		414568	1956
9800	放羊汉上供		陈庄一带	陈庄	张义		414571	844
9801	机智的王才		灵寿慈峪一带	张俊秀家	张俊秀		414576	804
9802	大义灭亲		灵寿一带	曹秉珍家	曹秉珍		414572	876
9803	王傻子拜年		灵寿县慈峪一带		曹吉川		414583	709
9804	郑赞放粮		灵寿县一带	马文通家	马文通		414564	930
9805	老财和金元宝		灵寿县一带		贾连保		414570	486
9806	写请帖		灵寿县慈峪一带	灵寿慈峪村	张二彦		414587	1203
9807	香香屁儿		河北广大地区		贾连保		414565	423
9808	西葫二籽		河北一带	曹秉珍家	曹秉珍		414567	971

序号	篇名	民族	流传地区	采集地	讲述者	搜集者	数据库编号	字数
9809	天高三尺		灵寿正定一带	灵寿县三圣院	李顺合		414598	1277
9810	仨女婿夸马		灵寿一带	三圣院中学	韦双喜		414584	676
9811	五大天地		灵寿一带	灵寿县三圣院苹果园	崔建勋		414599	1129
9812	柱头当长工		灵寿陈庄一带	灵寿女庄村	汪扣树		414579	1742
9813	弟兄比高低		河北一带	苏德策家中	苏德策		414560	771
9814	下饺子		灵寿一带	灵寿县良同村	阎增信		414595	882
9815	秀才选婿		灵寿县一带	灵寿三圣院乡中	韦双喜		414581	787
9816	放狗屁		灵寿县一带	胡家庄	马二生		414580	379
9817	忠孝匾		鲁柏岩山一带村庄	许振兰家	许振兰		414562	810
9818	门官		灵寿县一带	曹四家	曹四		414563	396
9819	三个老头儿话长寿		灵寿县南部		安益民		414566	1286
9820	小县官		灵寿一带	曹秉珍家	曹秉珍		414586	482
9821	神保埋母		灵寿山区	许有清家	许有清		414561	7938
9822	吹猪		河北	灵寿三圣院果园	崔建勋		414594	1091
9823	仨女婿对诗		灵寿县一带	白冷姐家	白冷姐		414590	1211
9824	屠夫张三巧娶媳妇		灵寿一带	灵寿西岔头村	孙洛门		414589	444
9825	红珠丹			褚孟玉家中	褚孟玉		415410	373
9826	一幅金棋子			王绘巧家中	王绘巧		415467	920
9827	没音			东街	张风琴		415408	701
9828	傻小子的故事			孙喜德家中	孙喜德		415436	710
9829	大脚婆婆			北羊角村	李冈		415491	2079
9830	谁当家			李秋菊家中	李秋菊		415475	571
9831	老虎大哥			西高村	商连考		415413	586
9832	刘二降妖			杜喜良家中	杜喜良		415424	1850
9833	多亏了这条裤子			赞皇城关石家庄村	陈树青		415468	335
9834	陆绩孝母			东街	时雪辰		415516	2010
9835	兄弟俩			杜义军家中	杜义军		415503	2768
9836	增和桥			赞皇北马村	曹园明		415448	1564
9837	耙地			李琮家中	李琮		415454	757
9838	懒汉张三的故事			于俊洁家中	于俊洁		415489	506
9839	姜诗煮鱼			赞皇东街	时雪辰		415517	672
9840	尝粪的故事			东街	时雪辰		415509	2065
9841	对诗			赞皇县贾沟村	窦增贵		415447	449
9842	醋			吴家庙村	韩同绪		415521	514

序号	篇名	民族	流传地区	采集地	讲述者	搜集者	数据库编号	字数
9843	刘小五行孝			赞皇县孙庄村	安全贵		415518	4410
9844	打柴郎			上麻乡政府院内	李太平		415483	513
9845	请活佛			张冈山家中	张冈山		415427	500
9846	三小子偷猪			高群家中	高群		415476	1113
9847	火龙衫			秦家庄村	刘秋景		415494	372
9848	王三做生意			南延庄	孙喜德		415429	371
9849	秀才巧遇仙人			王俊英家中	王俊英		415440	1308
9850	种梨			杜法朝家中	杜法朝		415497	514
9851	地主和农民			张振全家中	张振全		415464	1061
9852	王富的故事			张合太家中	张合太		415434	511
9853	黄蛤蟆的故事			北壕村	李双富		415430	1820
9854	四兄弟对诗			安吉用家中	安吉用		415444	669
9855	主考大人批白卷			任振山家中	任振山		415445	864
9856	郭巨埋儿			东街	时雪辰		415514	1554
9857	闵子骞顺母			东街	时雪辰		415512	470
9858	老来子七十当娃子			东街	时雪辰		415511	790
9859	恶媳妇变牛			陈素芹家中	陈素芹		415407	616
9860	滚豆儿			武秀苹家中	武秀苹		415498	460
9861	三粒黄豆			张风琴家中	张风琴		415474	822
9862	张二愣打鬼			智丙录家中	智丙录		415425	690
9863	聪明的兄弟俩			许亭村	杜俊林		415441	1957
9864	挖元宝			武昌村	张占鳌		415490	803
9865	一碗金豆子			孙胜国家中	孙胜国		415478	331
9866	死治司马懿			都户乡文化站	杜光		415416	305
9867	门墩墩，钌吊吊			宅里村	商连考		415411	1130
9868	三女拜寿			南延庄村	孙喜德		415439	1008
9869	吴猛孝父			东街	张风芹		415508	851
9870	拳头算帐			行乐村	王春来		415486	1566
9871	二南胡的故事			赞皇一中	孙明智		415423	1144
9872	张保的故事			冯连重家中	冯连重		415432	764
9873	枯树开花			张楞村	谷树宾		415471	463
9874	懒骨头懒筋			高群家中	高群		415428	730
9875	狐狸精骗媳妇			下大凡村	吕二冬		415409	916
9876	孟宗找笋			赞皇东街	时雪辰		415513	829

序号	篇名	民族	流传地区	采集地	讲述者	搜集者	数据库编号	字数
9877	包公审驴			北洼村	张成文		415418	1221
9878	老铁匠的绝招			阎占国家中	阎占国		415482	516
9879	猫狗耕地			北壕村	李双福		415461	600
9880	恩赐			西高村	商发为		415479	2059
9881	自做聪明的财主			赞皇县北马村	曹园明		415525	386
9882	珠拱灵经			许亭村	褚二恒		415456	838
9883	铁耙佛门寺			南街	张宅		415455	711
9884	金凤凰			东街	张玉明		415470	499
9885	二发群哄神的故事			军营村	杜玉田		415422	960
9886	天地与良心			赞皇院头中学	张立新		415469	654
9887	“小豆腐”续对气地主			龙门乡政府	刘文校		415450	607
9888	做亏心事的人			西高村	张金瑞		415477	1456
9889	刁媳妇变狗			院头村	米福堂		415406	898
9890	样子在里头			东街	侯玉更		415526	1686
9891	花烛之夜对诗文			陈电家中	陈电		415449	519
9892	贤孝牌			谷成玉家中	谷成玉		415506	699
9893	梁盼的故事			南壕村	梁绪庆		415420	1028
9894	“七镰把”撒谎			河庄	董四书		415426	426
9895	血泪盆			下庄学校	李秀明		415460	835
9896	包公坐轿			刘保常家中	刘保常		415417	651
9897	黑牛托梦			上麻乡政府院内	李太平		415412	471
9898	请大树评理			王绪昌家中	王绪昌		415501	847
9899	因小失大			秦家庄村	秦忙小		415495	819
9900	后娘的故事			蔡路太家中	蔡路太		415496	390
9901	吃肉的福气			西高中学	安林		415527	685
9902	四个粽子			西高村	白小廷		415487	1058
9903	孝子王二得仙方			王志忠家中	王志忠		415505	744
9904	不孝之子对诗			下大凡村	吕二冬		415438	513
9905	省油的“秘密”			上麻乡	李太平		415522	828
9906	一句话药方			赞皇上庄	王建楼		415466	770
9907	原汤化原食			张法刚家中	张法刚		415500	562
9908	傻小子的故事			胡秀群家中	胡秀群		415435	1332
9909	三儿媳当了家			东高村	王增瑞		415473	460
9910	买“快乐”			高瑞英家中	高瑞英		415472	2585

序号	篇名	民族	流传地区	采集地	讲述者	搜集者	数据库编号	字数
9911	老大和老二			桃坡村	杜段维		415463	461
9912	吉地			许亭中学	褚二恒		415458	1031
9913	卖婆婆			北马村	王二姣		415462	382
9914	县官和元宝			城关镇中	刘玉华		415457	871
9915	骂人反被骂			陈村	王魁五		415459	465
9916	女婿和丈人一家人			李琮家中	李琮		415442	921
9917	夫妻写信			龙门村	刘宝群		415453	335
9918	“连毛猪”的故事			西高村	王秀彦		415421	444
9919	枣孩儿			曲江村	张根堂		415405	2895
9920	一字批文的故事			安清明家中	安清明		415452	1697
9921	对口诗的故事			赞皇南邢郭村	胡秀书		415446	1544
9922	借粮			下大凡村	吕二冬		415414	396
9923	公冶长辨鸟音			赞皇镇	郭琴明		415419	310
9924	珍珠姑娘			鲁树兰家中	鲁树兰		415404	3315
9925	解士美竹篮打水			王其敏家中	王其敏		415415	967
9926	胡魁献人头			李太平家中	李太平		415433	397
9927	聪明的父子			褚二恒家中	褚二恒		415443	780
9928	巧吓贼			延康村	韩老信		415481	431
9929	饺子角的故事			张爱霞家中	张爱霞		415437	311
9930	神童张之洞			许亭村	杜志书		415451	1319
9931	梦大的故事			胡廷花家中	胡廷花		415431	977
9932	地主与长工			上麻乡	李太平		415465	661
9933	攀高枝			北马村	曹园明		415480	370
9934	偏心的员外			河庄村	李吉来		415529	1166
9935	九子不孝石（十）子孝			赞皇镇	安清明		415502	899
9936	盼富的人			西高	郭正飞		415524	605
9937	打着灯笼找先生			许亭村	王秋山		415485	406
9938	父子仨			赞皇西高乡	许占良		415523	1660
9939	杨香打虎救父			东街	时雪辰		415515	2270
9940	秀才问路			李永相家中	李永相		415519	456
9941	丁香割肉			赞皇东街	张凤琴		415510	519
9942	做人			高一兰家中	高一兰		415520	749
9943	王祥卧冰求鱼			见守村	赵密密		415507	33086
9944	梳子、篦子与黍子、稷子			河庄村	李吉来		415528	3044

序号	篇名	民族	流传地区	采集地	讲述者	搜集者	数据库编号	字数
9945	都来看			秦家庄	秦忙小		415484	1027
9946	巧奇冤			刘秋景家中	刘秋景		415504	428
9947	摔香炉			赞皇县城关镇	郭冬山		415488	1000
9948	三秀才赶考			胡家滩中学	邱丙辰		415492	204
9949	路遥知马力，日久见人心			任二发家中	任二发		415499	676
9950	换老婆			南徐乐村	刘福辉		415493	1003
9951	鹤蚌相争		卢龙北部农村	县文化馆			420550	2701
9952	三娶亲		辽宁河北一带	榆林甸村			420579	2146
9953	其里不知其外事		河北一带	县招待所			420571	5016
9954	海水不可斗量		卢龙一带	县文化馆			420588	2970
9955	寻宝记		河北一带	县招待所			420562	1641
9956	贤小姐义救落难人		榆林甸一带	县招待所			420580	2253
9957	打野鸡		卢龙一带	县文化馆			420589	1156
9958	降妖、除害		卢龙一带	榆林甸村			420549	3775
9959	恶八和善礼		卢龙北部农村	县招待所			420556	1919
9960	仙种		卢龙北部农村	县招待所			420553	5001
9961	巧设连环计		卢龙一带	县文化馆			420575	4110
9962	神丹		卢龙北部农村	县招待所			420543	6424
9963	钱大胆		卢龙北部农村	县招待所			420568	4286
9964	大闹十字街		卢龙一带	县文化馆			420585	2914
9965	狮子红眼		河北一带	县招待所			420551	7506
9966	借尸还魂		卢龙一带	县招待所			420565	2388
9967	隐身帽		卢龙北部农村	县招待所			420546	1325
9968	狸猫告状		卢龙北部农村	县文化馆			420583	3333
9969	蒋家三代斗妖精		卢龙北部农村	县招待所			420548	1187
9970	智斗大耳仙		卢龙北部农村	县招待所			420555	6541
9971	姑爷和丈人之二：行酒令		卢龙一带	榆林甸村			420592	3325
9972	小淘气		河北一带	县招待所			420584	1760
9973	桃花仙		河北一带	县文化馆			420552	3351
9974	神奇的洗脚水		榆林甸一带	县招待所			420570	3272
9975	王小二招亲		卢龙北部农村	县文化馆			420587	1109
9976	不知足		卢龙一带	榆林甸村			420590	2205
9977	石碑压罗寅		卢龙一带	县招待所			420563	4064
9978	姐弟俩上姥家		卢龙一带	榆林甸村			420574	2194

序号	篇名	民族	流传地区	采集地	讲述者	搜集者	数据库编号	字数
9979	长虫报恩		卢龙一带	县招待所			420554	2342
9980	没心的媳妇		卢龙一带	县招待所			420542	2379
9981	李老八和毡帽头		卢龙一带	县招待所			420558	1589
9982	雷鸣		卢龙一带	县招待所			420541	951
9983	狗为啥要掐猫		河北一带	县招待所			420557	657
9984	宝龙灯		卢龙北部农村	县招待所			420538	1294
9985	十二岁的督察官		河北一带	县招待所			420540	2172
9986	大舅子挨打						420596	888
9987	大舅子挨打		卢龙一带	县招待所			420595	2653
9988	女掌柜		辽宁、河北一带	县文化馆			420581	4989
9989	金鲤鱼		卢龙一带	县招待所			420559	1193
9990	寻女记		卢龙一带	县招待所			420572	4114
9991	客来生		卢龙一带	县招待所			420545	1744
9992	不到黄河不死心		卢龙一带	县招待所			420561	2621
9993	两家寨		卢龙北部农村	县招待所			420544	2440
9994	多年老僧吃大肉		卢龙北部农村	县文化馆			420582	2108
9995	狐缘		卢龙北部农村	县招待所			420560	3749
9996	关东		卢龙北部农村	县招待所			420577	3706
9997	萄葡仙		卢龙北部农村	县招待所			420564	902
9998	千里有鹣来相会		卢龙北部农村	县招待所			420567	3669
9999	风水宅		卢龙北部农村	县文化馆			420569	2955
10000	两好并一好		卢龙一带	榆林甸村			420573	782
10001	榨海干		卢龙北部农村	县招待所			420566	1129
10002	后妈害子		卢龙北部农村	县文化馆			420586	3024
10003	姑爷和丈人之四：火炼丹		卢龙一带	县文化馆			420594	2217
10004	郑小人和五长腿		榆林甸一带	县招待所			420547	68
10005	无手女		卢龙一带	县文化馆			420576	1130
10006	姑爷和丈人之三：捂红眼		卢龙一带	县招待所			420593	3383
10007	河边无头尸		河北一带	县招待所			420578	1698
10008	桃花女抵龙换凤		卢龙北部农村	县招待所			420539	4199
10009	姑爷和老丈人之一：仨姑爷做诗		卢龙一带	县文化馆			420591	3113
10010	打架换秤砣		获鹿一带		郝建寿	郝庆魁	420688	1169
10011	睡觉也清楚的掌柜		获鹿一带		刘成汉	郝庆寿	420703	706

序号	篇名	民族	流传地区	采集地	讲述者	搜集者	数据库编号	字数
10012	兄弟教书		获鹿一带	郑家庄	聂锡麟	韩庆志	420706	3573
10013	巧斗假善人		高庄乡一带			傅士荣	420684	2290
10014	王小和财主		石家庄一带	县文化馆		李平果	420700	607
10015	王大胆背阎王		韩庄一带	韩庄	刘志书	刘海英	420681	1169
10016	发配没影山		获鹿一带	县政协	赵文书	郝庆寿	420696	3406
10017	聪加葱、算加蒜		获鹿大河乡一带		任爱生	任勇	420710	1193
10018	教书先生		获鹿一带		葛子和	韩庆志	420708	889
10019	农家女智对刁秀才		获鹿镇一带	获鹿镇六街	武建国	小东	420714	1287
10020	神卦李巧救糊涂张		获鹿一带		刘喜山	刘新立	420680	1552
10021	三人不过四十五		获鹿一带	获鹿县政协办公室	葛秉纪、李建堂	郝庆寿	420689	980
10022	梦小小		获鹿一带	文化馆		王田	420690	2836
10023	刘罗锅审碓臼				刘喜山	刘新立	420685	3033
10024	王春		河北一带	获鹿镇		靳兰惠	420692	1607
10025	七仙女与老两口				苏实义		420671	800
10026	试灯		石家庄一带	县文化馆	葛秉纪	赵云平	420693	3640
10027	二小与拨浪鼓		获鹿一带		薛凤龙	小东	420667	2839
10028	狐仙妈妈的故事		获鹿一带		赵翰章	刘新立	420675	804
10029	白老西评理		获鹿一带		刘成汉	郝庆寿	420707	923
10030	盐宝		获鹿秦庄一带	秦庄村	李挪增	李平果	420669	825
10031	跑沙滩		获鹿正定一带			傅梅祥	420697	2885
10032	教女婿		获鹿一带		郝月英	郝庆寿	420712	1541
10033	一两黄金一两茶		河北获鹿		刘元敏	小东	420695	1535
10034	鸡为什么不撒尿		获鹿一带	徐家庄	张瑞先	任勇	420674	2229
10035	叫花子赴宴				刘喜山	新刘立	420709	1067
10036	白面饸饹浇羊肉				刘喜山	刘新立	420705	749
10037	偏心眼的后娘		获鹿县小毕村一带	获鹿小毕村	王喜姐	傅士荣	420687	1259
10038	借粮		获鹿一带	获鹿县谷家峪村	谷九春	小东	420673	1658
10039	秀才训子				刘臭妮	刘新立	420713	2204
10040	除妖记		获鹿小毕村一带			傅士文	420679	1515
10041	付山先生测字		获鹿一带		刘成汉	郝庆寿	420682	636
10042	神车		获鹿一带		黄书琴	韩庆志	420704	1355
10043	义狐庙的传说		获鹿一带			张义龙、刘宏纪	420676	586
10044	五“八”四十与“打火”平安			刘喜山家	刘喜山	刘新立	420698	2114

序号	篇名	民族	流传地区	采集地	讲述者	搜集者	数据库编号	字数
10045	拜真佛		获鹿一带	获鹿县黄岩村	刘喜山	张新立	420683	1692
10046	鬼话篓坐阎王		获鹿一带			韩庆志	420702	3831
10047	宝瓦罐		获鹿黄壁庄一带			康会起	420668	673
10048	干草与银子		获鹿城一带		武建国	小东	420701	1183
10049	除猴精		获鹿一带			张罗义	420678	1000
10050	漏		河北一带	县文化馆	葛秉纪	高建敏	420677	1686
10051	刚才和才刚		河北一带			胡生智	420699	408
10052	石猪和石羊的故事		获鹿一带			傅士荣	420672	1849
10053	饥荒			黄岩村、刘喜山家	刘喜山	刘新立	420694	1264
10054	周德宏之死		获鹿永壁一带	获鹿县政协办公室	葛秉纪	郝庆寿	420691	939
10055	有脸没鼻子		获鹿一带		郝月英	郝庆寿	420686	898
10056	老善人变成了疥蛤蟆		获鹿一带		武建国	小东	420670	2637
10057	木匠破骗术		获鹿一带			张虎跃	420711	1075
10058	馋鬼赶庙				李士杰	李士刚	423471	1210
10059	仨女婿拜年				王占河	张焕迎	423457	509
10060	截粮伏击战						423421	2281
10061	蠢妇蒸包				王云	李士刚	423474	2113
10062	黄荷与官才				左小增	李久旺、武业伟	423435	350
10063	两个近视眼				高金整	夏雨	423436	1812
10064	一对懒夫妻				阎三和	刘为民	423459	754
10065	傻呆子				张一山	张焕恩	423438	1176
10066	公子学说话				兰小兰	兰艳松	423451	654
10067	天才、地才作诗				孙炳奎	沈长久	423466	2471
10068	猜谜打赌				王占河	张焕迎	423468	667
10069	临危不惧护八路				路治国		423419	268
10070	笨夫妻				刘大山	刘为民	423476	2160
10071	梦中诵“书”驱盗贼				段学武	李久旺	423433	842
10072	玉兰和玉花				孟桂女	王随心	423434	4771
10073	杠头				李老万	左凤池	423439	441
10074	对对联				李伏凤	李剑虹	423467	1129
10075	“金钩钓鱼”与“老鲶鱼大喝汤”				武国杰	武业伟	423478	511
10076	打喷嚏				许凤英	蔡俊英、刘瑞杰等	423461	1047

序号	篇名	民族	流传地区	采集地	讲述者	搜集者	数据库编号	字数
10077	骂爹				王会军	彭金城	423473	1181
10078	三子作诗				王志生	杨宗琪	423447	450
10079	路遥知马力				郑丙臣		423432	995
10080	长工与财主				张建成	郭书荣	423440	323
10081	信的风波				王兰岗	彭金城	423428	761
10082	一纸厚				谷西田	李久旺	423444	2068
10083	杀狗劝夫				张秀琴	刘燕洲	423424	2918
10084	说书比放屁强				陈爱民	张焕恩	423437	297
10085	饱暖与饥寒				谷存良		423426	736
10086	害人如害己				李玉珍	常素兰	423427	1175
10087	虎口拔牙					张振峰	423418	969
10088	讨债还债				蔡俊英	刘瑞杰、段科来	423454	937
10089	自找没趣				武仲仁	张焕迎	423456	1217
10090	一升“往里”米儿				李层	赵玉民	423477	267
10091	巧吃财主牛肉				王玉波	王广弢	423455	1093
10092	截腿				李凤伏		423449	5472
10093	画三道儿的书信				王风才	刘存良	423450	1413
10094	机智勇敢的小游击队员				刘林章	刘瑞杰	423420	495
10095	瞎子捋榆钱				陈更愣	王志何	423446	903
10096	学“古话”				段承斌	段科来	423452	556
10097	妙对雪谜				王会军	彭金城	423464	753
10098	比穷抽烟				张文文	亢连荷	423442	288
10099	绝招				刘大龙	刘为民	423445	444
10100	吓死胆大的				李来春	陈新来	423422	762
10101	风雨夜老义打老义				李木森	李久旺	423431	413
10102	瞎闺女				段淑珍	王广弢	423469	185
10103	秃子和麻子				张四海	王广弢	423462	418
10104	膏药“找病”				王会军	彭金城	423475	527
10105	恶妇变驴				张秀芬	刘存良	423458	947
10106	蠢财主				贺墩礼	张振峰	423460	797
10107	贪吃秀才				王志生	杨宗琪	423448	709
10108	两个大笨蛋				李老万	左凤池	423443	599
10109	秀才与村姑				张兰君	段跃川	423430	466
10110	哥仨比胡子				张大安	张磐	423441	2115

序号	篇名	民族	流传地区	采集地	讲述者	搜集者	数据库编号	字数
10111	聪明的三媳妇				王荣花、宋福昌	刘存良、亢莲荷	423429	2995
10112	杨大雨尸炸魂飞				刘孟权	李久旺	423423	1122
10113	“隔夜”趣闻				陈静闲	张焕迎	423425	2055
10114	懒汉骂禾				李纪春	王纯志	423453	5021
10115	父亲教话				王占和	王随心	423463	1007
10116	聚宝盆				段淑珍	王广弢	423465	318
10117	智斗东家				刘树芬	刘金英	423470	520
10118	有个佳人生的怪				许凤荣	蔡俊英、刘瑞杰等	423472	502
10119	仨姑爷拜寿					陈强	427431	556
10120	哥儿俩				刘梅栋	刘艳红	427425	589
10121	仨姑爷拜寿				李庄儒	梁国民	427429	1298
10122	马兰花				韩玉华	杜建阳	427403	1333
10123	丁香割肉				韩玉华	杜建阳	427404	1081
10124	打猴儿精				刘济之	冀原	427420	397
10125	屁屁香				金素荣	村言	427408	336
10126	村妇骂衙役				陈永	陈强	427405	917
10127	黑影壁					陈强	427434	1261
10128	嘎征儿				李庆儒	尹铭	427416	847
10129	哥儿俩	满族			张玉花	倾民	427423	736
10130	笑话十篇				华文贵、李荣贤等	王恨庚	427437	817
10131	宝葫芦				刘植栋	刘艳红	427409	513
10132	神驴				李立臣	尹铭	427417	759
10133	相媳妇				郭应兰	张辉霞	427412	873
10134	仨姑爷拜寿				张德	冀原	427433	1107
10135	哥儿俩	满族			张玉花	倾民	427424	2130
10136	什么					陈强	427435	2926
10137	光棍儿讨媳妇				郅四海	郅司睛	427411	1267
10138	仨姑爷拜寿				陈强		427432	680
10139	张哈哈帮忙				陈述	康宪	427414	1267
10140	张郎学艺					宋俊然	427436	1729
10141	傻小子送驴				陈小录	陈嘉明	427413	1493
10142	仨姑爷拜寿					陈强	427430	715

序号	篇名	民族	流传地区	采集地	讲述者	搜集者	数据库编号	字数
10143	斗狼精				刘济之	冀原	427419	1559
10144	哥儿俩				刘植栋	刘艳红	427426	927
10145	东海八龟				杨奎	杨万里	427422	1880
10146	哥儿俩				陈人	康人	427428	448
10147	秃子治媳妇				张淑梅	张杰	427415	2301
10148	哥儿俩				刘植栋	刘艳红	427427	834
10149	斗狼精				夏小花	陈嘉明	427418	992
10150	蚕姑娘				王仲芹	路骞	427421	1744
10151	小秃子串亲戚				夏小花	陈喜明	427410	1633
10152	谢小士				钱树堂	村言	427407	1236
10153	会听鸟语的公冶长				贾兰芹	王涛	427406	3237
10154	四秀才对诗				何泉亭		428244	3888
10155	害人终害己		易县				428258	1627
10156	大烂桃				赵晬然		428272	574
10157	塾师遣茄						428277	953
10158	闲事少管						428276	1089
10159	半瓶醋外传		易水河一带				428257	1797
10160	俩媳妇哪去了		易县				428256	2968
10161	酒痞						428280	1705
10162	放屁新娘				赵谦		428273	1200
10163	骂官得妻		易县				428254	179
10164	“刘半仙”轶事		易县				428250	1226
10165	遗嘱		易县				428252	1027
10166	傻三学话		易县				428269	553
10167	智斗张扒皮		易县				428238	1411
10168	弄假成真		易水河一带				428239	476
10169	馋媳妇看雪						428283	1655
10170	奇特的答卷						428265	607
10171	打赌				赵晬然		428274	1088
10172	天下第一拳		保北		赵资九		428243	2148
10173	豆腐是命						428279	2560
10174	状元与才女		易县		何泉亭		428263	2875
10175	梁上君子		易县百福、高陌一带				428240	1249

序号	篇名	民族	流传地区	采集地	讲述者	搜集者	数据库编号	字数
10176	采风录						428264	1712
10177	哥俩好		易县山区一带				428261	1148
10178	杨林标		保定地区				428237	3649
10179	绝路逢生						428266	989
10180	瞎话刘						428281	348
10181	隐身草		易县				428271	1410
10182	武候祠对联的故事				何泉亭		428246	1593
10183	吹起来打她		易县				428270	1773
10184	康队长夺枪				许树珍		428228	707
10185	劝婆婆		河北				428249	6157
10186	狼牙山五勇士		保定地区				428227	2244
10187	王铁拳		易县				428242	970
10188	驴下象						428278	189
10189	秃尾巴老张		东北沈村一带		赵谦		428260	465
10190	目不识丁		易县				428255	1512
10191	公孙九娘		易县一带				428262	1682
10192	嗄三				赵敏斋		428275	1183
10193	张德的故事				魏家坟、张德		428241	237
10194	第一奇联		易县		何泉亭		428245	925
10195	“解手”一词的由来				赵树全		428248	1793
10196	老子的遗产		易县				428247	229
10197	老和尚施饭		易县				428251	1909
10198	骗子丢妻		易县				428253	2392
10199	左家庄趣闻四则				刘兴芳		428282	1637
10200	可怜天下父母心						428268	1013
10201	小金龙的故事				李洪仪		428259	995
10202	母与子						428267	983
10203	忘性					许超	428959	266
10204	不辣，面嘟嘟的					田春贵	428944	338
10205	哪边是脸					赵杰	428964	1072
10206	爱麻雀胆大					田春贵	428936	1667
10207	劁了俺吧					许超	428968	297
10208	宰相肚里能撑船		清河一带	油坊镇新街	王保山		428898	203
10209	噎死爹					李文凯、李显阁	428971	245

序号	篇名	民族	流传地区	采集地	讲述者	搜集者	数据库编号	字数
10210	教诗					村野	428930	635
10211	瞎子住店					王尚海	428965	4749
10212	见钱眼开				冯金增		428899	122
10213	吸蹭烟趣话				李庆昌	孙生岭	428955	218
10214	巧闺女斗和尚				韩登歧		428927	1655
10215	阎王爷审案						428880	790
10216	万万不可粗心大意					温立发	428974	124
10217	比吹牛				刘建华		428909	595
10218	黄草围缸					王自义	428976	124
10219	三婿庆寿						428906	1642
10220	娘病了					许超	428960	115
10221	虎狼怕“漏”						428893	153
10222	沾便宜					孙彩云	428969	249
10223	老虎假充娘		清河县广大农村				428892	171
10224	瞎眼				魏思科	魏忠良	428938	1005
10225	老常的脖子					许超	428947	493
10226	王二的故事						428923	338
10227	伴奏					温立发	428953	1717
10228	举人“郎锅腰”		清河广大农村		孙茂林		428920	4812
10229	没见过镜子的人				刘朝生		428917	499
10230	父子对堂					郑俊英	428979	220
10231	吃——吃不起					田春贵	428943	518
10232	狗咬转音了					李松兰	428961	1023
10233	露头哩				杨宝凤	安文峰	428937	380
10234	吃面条						428913	1322
10235	陈二憨斗吝啬鬼				赵国文		428926	188
10236	咬鼻子					杨金山	428935	471
10237	蝙蝠						428894	803
10238	乞丐的情怀				田月波	村野	428931	245
10239	甥舅对话				李庆昌	孙生岭	428956	786
10240	死后砸牌子					许超	428967	424
10241	秃尾巴老李的故事				刘廷华		428875	189
10242	狗和猫为什么是仇家						428890	251
10243	别去买糖					温立发	428957	338

序号	篇名	民族	流传地区	采集地	讲述者	搜集者	数据库编号	字数
10244	壮汉巧治张三麻子				文祥		428924	795
10245	王小二卖豆腐				宋怀芳		428877	135
10246	巧媳妇						428896	155
10247	吃嘛都行						428977	147
10248	明白二大爷的故事						428902	749
10249	屁的事					田春贵	428972	2025
10250	装阔气						428900	145
10251	三婿赛诗				王自春		428903	565
10252	鬼友				戈永昌		428888	2363
10253	蚂蚁正答卷				赵金芳		428912	301
10254	路遥与马力		清河东部		吴成美		428897	2883
10255	蛤蟆人				宋怀芳		428876	1007
10256	买碱面					王自义	428958	1061
10257	新女婿拜年				尹长豪		428905	3127
10258	张学生和李学生				齐俊兰		428918	1619
10259	再待二年				赵金芳		428904	1104
10260	巧戏钱知县		清河东南部		黄之礼		428921	143
10261	小铜锣				杨宝风		428886	1115
10262	张大头和李大脚				姜印齐		428915	1495
10263	讲“人道”					村野	428949	925
10264	王二卖豆腐						428878	832
10265	聚宝盆				姜俊齐		428881	663
10266	聋子学唱					赵杰	428975	863
10267	谁吃的辣椒					周长祺	428940	1015
10268	赛智				张一双		428929	1119
10269	爱虚荣的县官		清河一带		李子阳		428907	118
10270	好放屁的媳妇				左荣霞		428916	383
10271	路遥知马力				陈立江		428895	102
10272	圣贤愁						428889	326
10273	黑小作诗						428910	235
10274	偷技					田春贵	428945	264
10275	刘二斗阎王						428879	145
10276	王二偷鸡				魏林玉		428908	817
10277	铁牛求仙		清河县东部		解洪武		428874	132

序号	篇名	民族	流传地区	采集地	讲述者	搜集者	数据库编号	字数
10278	举子与拾粪的					赵杰	428932	978
10279	不着的不要					郑俊英、李松兰	428966	177
10280	李拳师暴打邢赖子						428901	106
10281	张三李四的媳妇				齐俊兰		428919	879
10282	说话“打锅”					李自田	428950	905
10283	王石做梦						428922	514
10284	狐狸和狼				张庆玉		428891	165
10285	冤魂记		清河东部		张金昌		428914	985
10286	老妖怪怕吃					刘书平	428952	866
10287	省油妙法				李庆昌	孙生岭	428954	238
10288	金条						428884	118
10289	傻女婿					郑俊英	428946	977
10290	宝葫芦						428883	164
10291	小铁棍					张立江	428934	366
10292	驳不倒的“理”					村野	428963	154
10293	死后卖现钱					赵杰	428933	120
10294	巧嘴媒婆					田春贵	428942	147
10295	智斗“铁公鸡”				韩寿峰		428928	3365
10296	狼不狠么狼					村野	428973	234
10297	三棵树				王祥池		428887	168
10298	胖子和瘦子					郑俊英	428970	1323
10299	宝马						428882	1320
10300	好险					李文凯、李显阁	428941	2289
10301	王老大智胜老财主						428925	185
10302	有秤管着哩					村野	428962	909
10303	张学生赶考				王祥池		428911	199
10304	“明白”爷爷					村野	428948	2609
10305	皮袄裤				李彩嫔	赵杰	428951	223
10306	燕子送金						428885	109
10307	不服我					许超	428978	348
10308	摆阔					村野	428939	150
10309	孝子与遗产				尚希章	冯孝卿	430779	619
10310	圣贤愁					武学福	430795	3372
10311	五得智斗李刻薄					王新民	430767	1106

序号	篇名	民族	流传地区	采集地	讲述者	搜集者	数据库编号	字数
10312	郑书田率众巧越木笼监					李国海	430765	327
10313	一袋钱					杨惠民	430815	628
10314	分猪					杨慧民	430785	1681
10315	丈人				申众喜	申同庆	430821	574
10316	徐秀才中状元					毛志全	430781	864
10317	鼠皮衣的故事				晓晖	许跃强	430776	493
10318	秀才与农夫					赵瑞清	430786	433
10319	摔儿教妻					王新民	430780	1692
10320	瞎子与乞丐					永庆、运锋	430771	513
10321	萝卜对				王林	贾平安	430818	1015
10322	严奎求学				尚希章	冯孝卿	430778	3618
10323	耙和尚				郭化元	李书军	430793	348
10324	聪明媳妇				程峰	马振中	430772	818
10325	吊孝					王玉芬	430770	680
10326	周总理在成安的故事						430764	1828
10327	张阁老趣事				张文喜	永庆、国强	430784	1068
10328	书童驸马					宋振华	430768	1442
10329	四妮子					常运锋	430777	2075
10330	铁胳膊刘拳					刘成河	430773	1038
10331	人为财死，鸟为食亡					张文	430787	1704
10332	书生奇遇				李雅	李书军	430789	171
10333	蚯蚓的来历					常香英	430808	1100
10334	五精斗老虎				陈步荣	陈永庆	430788	904
10335	好说打锅话的人					李书杰	430816	1791
10336	油手					张栋	430820	409
10337	四百钱					长海、日方	430791	892
10338	借衣				申众喜	申同庆	430817	137
10339	学懒				申同清	申同庆	430822	184
10340	纸糊新娘的传说		乌马营乡		祃树贵		433750	1951
10341	说诗过江						433727	1244
10342	“祃”姓的由来						433813	329
10343	叔侄论文			县政协	周宝华		433691	730
10344	圆梦					张玉惠	433717	771
10345	取名				马树政		433786	967

序号	篇名	民族	流传地区	采集地	讲述者	搜集者	数据库编号	字数
10346	会作十七字诗的人					张秀廷、张法起	433789	382
10347	孟姜女千里寻夫						433735	504
10348	妯娌易嫁						433788	448
10349	刁老大三难四弟		南皮城北				433724	973
10350	三姑爷学话		南皮一带				433797	2167
10351	军民骨肉情						433844	441
10352	蚂蚁帮着得状元						433758	414
10353	傻女婿拜寿						433810	411
10354	鸡的传说						433756	522
10355	营救美国飞行员						433843	492
10356	李大胆与张大胆		乌马营乡		禡树贵		433796	2159
10357	周处悔过				许秋波		433769	793
10358	李书文初露锋芒				蔡赞臣		433710	273
10359	万牛张的来历						433833	956
10360	黑乌鸦的来历						433753	4055
10361	“超四爷”的传说		县内		刘玉振		433732	1029
10362	巧女黄三姐的传说						433729	1275
10363	孙中山联惊张之洞					姚金中	433694	916
10364	霍殿阁拜师				霍青山		433708	1208
10365	梦先生						433767	322
10366	审石案						433707	268
10367	逼儿赔情			县政协	周宝华		433687	646
10368	张之洞烧帐						433667	421
10369	考姑爷				刘德祥		433766	1127
10370	张之洞怕“洞”				高晓峰		433671	962
10371	请地主				张春帮		433728	516
10372	张之洞卖湖		湖广、南皮		昝进元		433693	949
10373	话说旧北城				陈芳玲		433830	794
10374	季四疯子写状子				野长魁		433714	852
10375	巧复前仇					曹春龙	433721	495
10376	张之洞拒贿						433680	6998
10377	请朋友喝兔汤					张国中	433719	2757
10378	张之洞力驳摄政王						433679	1046
10379	陈皮匠做驸马				于令侯		433718	519

序号	篇名	民族	流传地区	采集地	讲述者	搜集者	数据库编号	字数
10380	吹起来，再打						433802	1057
10381	张之洞名字的由来						433662	659
10382	聪明的媳妇						433725	792
10383	王小巧治刘百万				朱学辉		433720	1959
10384	争餐解义						433799	865
10385	影壁墙上写“福”字的传说				肖子谦		433827	2089
10386	金盆扣银盆				穆永卿		433791	1801
10387	刘喜奎智斗张“辫帅”						433715	1616
10388	六月二十四下雨的传说				陈芳玲		433822	899
10389	周师爷热天穿棉袍				赵华中		433730	1664
10390	李记杀蛇						433723	4258
10391	进贡窝头			理发馆	姜师傅		433668	4758
10392	厚薄之分		沧南一带		杨荼臣		433811	597
10393	“唐二捕快”痛打日寇						433852	650
10394	孙员外选婿						433801	552
10395	神童对对			招待所	刘瑁芬		433664	910
10396	张祖基巧断家产案						433706	3730
10397	“姜阎王”据点杀敌寇						433838	1590
10398	打“鬼”						433800	600
10399	神仙三爷						433726	949
10400	古皮城的传说						433826	3672
10401	解放南皮县城						433847	2361
10402	伪县长谢有升落网						433846	1180
10403	张之洞爱学生						433676	1290
10404	知其里不知其外的由来		沧南一带				433764	959
10405	总攻开始之前				周廷海		433845	1328
10406	鬼怕恶人						433736	1084
10407	不识伪寿文			县志办公室	刘瑁芬		433685	3223
10408	人参娃娃与小和尚						433733	2896
10409	无意得宝						433699	986
10410	宴会杀美		南皮一带	王寺镇	许秋波		433696	4159
10411	宝盒						433743	2075
10412	富翁斗富		南皮一带		刘瑁芬		433695	1718

序号	篇名	民族	流传地区	采集地	讲述者	搜集者	数据库编号	字数
10413	办慈恩学堂		南皮		刘翰朝		433688	3668
10414	彩虹的传说				孙桂兰		433752	3448
10415	刘家坟的传说				孟祥瑞		433825	1381
10416	道边拾来的状元				王宝树		433780	2462
10417	爱孙惨死				野长魁		433686	1966
10418	巧治波拉尤登					杨洪榜	433670	953
10419	王小卖年糕						433745	1208
10420	近代名人—张之洞						433661	595
10421	张梁对对				魏春阁		433683	867
10422	回敬知府		全国部分省市		魏春阁		433665	1524
10423	向日葵的传说						433761	1254
10424	豆腐王喜得绣球				侯振太		433805	1222
10425	张之洞爱才						433677	2089
10426	奴隶主与奴隶		宣南				433778	583
10427	宝草帽						433748	1973
10428	王二哥捎信						433803	1003
10429	龙口盗宝						433734	1344
10430	汤宾借头		南皮一带				433703	3084
10431	猫找朋友						433760	2939
10432	岳阳楼画壁“吕祖自画像”的传说		天津南皮		张达骧		433702	1225
10433	万历皇帝画相的传说				刘卫华		433775	676
10434	三气李鸿章		南皮县	县政府	野长奎		433690	939
10435	漳卫新河的传说		南皮、乐陵、盐山边界一带				433818	1235
10436	县太爷断父						433768	448
10437	算卦的由来				边书香		433740	2274
10438	张之洞断皇上				王菊滕		433681	904
10439	三坏汤						433782	1042
10440	霍去病倒看北斗				董书全		433705	603
10441	施计捉妖						433698	720
10442	巧对斥敌			县志办公室	刘瑁芬		433684	2061
10443	铁心铜胆				孟俊英		433765	5557
10444	八两酒						433675	712

序号	篇名	民族	流传地区	采集地	讲述者	搜集者	数据库编号	字数
10445	伏击讨伐队						433839	1236
10446	张之洞殿试夺魁				高瑞祥		433669	1465
10447	岂能尽随人意		宣南一带				433777	465
10448	张之洞睡觉不分早晚						433673	349
10449	桃花仙子				王秀齐		433738	752
10450	秃娘娘大义灭亲				王炳学、孟召勇		433772	1104
10451	大刑						433794	3418
10452	两尊石神						433751	424
10453	巧对			县政府	野长奎		433682	2468
10454	雨钱						433744	665
10455	泊家洼的传说		南皮、盐山				433817	337
10456	王二姐巧句骂和尚				王菊塍		433722	2385
10457	石牛偷水						433737	388
10458	父子设计服狂徒				董八仙		433711	2099
10459	设计毙单二						433841	981
10460	霍殿阁智擒“花爪猫”						433709	1480
10461	死宝活宝				邵云		433697	1419
10462	七岁丞相		南皮东部		边连海		433741	1102
10463	东台子的传说						433834	1043
10464	做菜板						433809	838
10465	张之洞与新名词						433674	680
10466	人长与人短				郑福贵		433804	1355
10467	独胆英雄——赵昆仑						433835	382
10468	骗绸子				张建才		433807	932
10469	张之洞绝句慰忠魂						433692	248
10470	潘姑娘喜得金马驹						433793	503
10471	我就是赵昆仑						433836	2375
10472	照镜子						433790	1003
10473	找自己						433798	471
10474	一百两银子买一句话				王中孝		433785	2516
10475	钓鱼台的传说						433829	1579
10476	狮子舞的来历				明远		433814	570
10477	能言善辩巧面圣					张健坤	433716	806
10478	龙王井的传说						433832	600

序号	篇名	民族	流传地区	采集地	讲述者	搜集者	数据库编号	字数
10479	“李皇亲”村名的由来						433823	1084
10480	“戏台子”与“将军坟”				张俊卿		433824	2550
10481	汤宾三戏刘老爷		南皮一带				433704	2507
10482	三九天运河决口淹肖圈						433749	591
10483	郑板桥古城吊绿珠		南皮一带		王玉玺		433815	764
10484	石刚和金巧						433742	1127
10485	三姑爷作诗				李秀阁		433808	681
10486	阎王问案				郑福贵		433747	1082
10487	馋嘴媳妇						433774	716
10488	张济论天下						433712	1438
10489	兔子尾巴短的由来						433757	391
10490	儿戏杀人				赵景山		433700	1427
10491	“三句话不离本行”的由来				赵华贵		433773	887
10492	老鼠为属相之首的传说						433754	1531
10493	恶有恶报						433783	285
10494	老虎怕“漏”				王菊塍		433755	1082
10495	焦山寺的传说				董书全		433819	591
10496	临刑吃口奶		南皮、东光				433779	1274
10497	不见黄河不死心				张淑霞		433776	1013
10498	旧北城的传说						433831	487
10499	蜘蛛的来历						433759	449
10500	丁兰刻母的传说		宣南一带		董书全		433771	542
10501	不敢进厕				王清江		433701	1955
10502	曹操计破南皮城						433812	814
10503	平坟拨墓						433713	594
10504	麦子为啥只长一个穗						433762	2131
10505	张之洞戏耍状元郎						433672	620
10506	一只鸡						433850	1194
10507	张之洞谈治学						433678	833
10508	柳翠请客						433849	814
10509	智斗老狼精						433746	426
10510	牟致祥烈士的故事						433837	672

序号	篇名	民族	流传地区	采集地	讲述者	搜集者	数据库编号	字数
10511	“放下屠刀，立地成佛”的来历				孙长权		433739	1637
10512	神力乔大劲		南皮、潞灌一带		吕炳芳		433770	1823
10513	黑鱼为何怕伯劳鸟		沧南一带		齐瑞升		433731	822
10514	松树、桑树、杨树的传说						433763	567
10515	说谎大王张蛤蟆				马树政		433784	912
10516	无稽之谈						433806	547
10517	扒灰的来历				刘文兴		433781	528
10518	张之洞幼年的故事						433663	419
10519	自杀						433795	3499
10520	一次难忘的演出						433840	478
10521	巧雪跷蹊案						433787	1137
10522	请祖象		南皮		张家瑞		433689	709
10523	无梁寺的传说						433816	1798
10524	作家梦						433848	735
10525	运河大骗				冯春廷		433792	1594
10526	活捉伪县长朱荫福						433842	481
10527	焦山寺的钟声						433820	798
10528	乐陵衙门朝东开				孙树成		433821	683
10529	石金刚的传说						433828	2456
10530	“神鬼”疑案						433851	3331
10531	倒背如流		沧州部分县市	东光	曲金生		433666	1788
10532	高致远刺刘佐周				田义亭	杨树人	436539	1972
10533	四十八团拉大网				贾好德	杨树人	436527	553
10534	武林异人宋老三				林海、曹麟书等	润江、立恒	436538	1693
10535	刘守仁川林暴动				李玉琢	杨树人	436521	1119
10536	高小安除叛徒				田义亭	杨树人	436531	6916
10537	枪毙张老八				王子周、姜耕野等	杨树人	436540	2544
10538	刘守仁智识张老八				张旺	杨树人	436526	5051
10539	诱擒特务王东振				汤振东	邵永来	436537	1401
10540	崔志远夺枪				张佑	杨树人	436536	1538
10541	晁子孚砸日本洋行				晁风池、晁风采等	刘焕臣	436533	1570

序号	篇名	民族	流传地区	采集地	讲述者	搜集者	数据库编号	字数
10542	晓单杀特务				田义亭	杨树人	436535	982
10543	李玉玺仗义泄水				李玉琢	杨树人、蒋振武	436520	1660
10544	刘守仁探家				张旺	杨树人	436529	646
10545	独胆英雄姜有馀				肖长田	贾振利、肖树利	436532	1129
10546	刘守仁打大庄河				王逸生	杨树人	436523	915
10547	高小安夫妇的故事				高桐	杨树人	436530	567
10548	刘团长救张有胜				张有胜	杨树人、蒋振武	436528	525
10549	神枪手裴天来				田义亭	杨树人	436534	859
10550	刘守仁别母				张旺	杨树人	436525	1004
10551	在艰险的日子里				张旺	杨树人	436522	928
10552	跳出包围圈				吴占歧	杨树人、蒋振武	436524	385
10553	寿席比诗					赵书伶	438081	257
10554	政治远见						438113	229
10555	轮不到你						438133	611
10556	坑麻子打狗					崔书田	438085	982
10557	太君老家						438132	1166
10558	造月亮					戴召民	438105	1062
10559	不敢叫你发财						438140	264
10560	桑树和椿树的故事					齐锈	438098	291
10561	圣人笔下留情						438136	438
10562	自作自受					李保祥	438096	1052
10563	漏电						438135	242
10564	清官庙				杨同海	范玉琪、赵书伶	438088	167
10565	惧内看戏						438138	1427
10566	鞋匠驸马					李保祥	438095	124
10567	三女拜年					李建敏	438099	231
10568	钓鱼						438128	180
10569	财迷看戏				王继宗	王宝志	438097	730
10570	三位科长						438114	719
10571	此处禁止小便						438123	162
10572	张老大和张小二					李文彦	438093	196
10573	自命不凡的演员						438118	986
10574	把我捉住了						438115	1761
10575	打嚏喷的故事					贾向亮	438100	622

序号	篇名	民族	流传地区	采集地	讲述者	搜集者	数据库编号	字数
10576	铁拐李拜师					陈玉明	438094	2016
10577	老财家的仆人					马又宸	438079	555
10578	吸烟与过年						438137	382
10579	翟老抠谈效益						438131	430
10580	咏诗赞马						438125	310
10581	怕赊账						438130	2577
10582	“烧纸钱”的来历					杨春茂	438086	1530
10583	留级						438119	932
10584	请柬与回音						438124	341
10585	刁媳妇变驴				史庆林	范玉琪、赵书伶	438090	2043
10586	煮铁茄子				杨冈海		438082	2230
10587	童子戏县官				史庆林	赵书伶、范玉琪	438083	227
10588	结巴买饭						438122	1695
10589	七两漆					孟利滨、王东海	438108	159
10590	懒汉比懒						438134	563
10591	救三不救四					孟利滨、王东海	438106	277
10592	姑娘求美						438126	976
10593	招驸马					徐金普	438091	123
10594	圣人、贤人、愁人					陈崇	438139	1825
10595	百鸟庙					刘泽华、赵书伶	438084	1334
10596	两个尺寸						438121	349
10597	兔子顶白布					赵书伶	438080	577
10598	臭虫搬家					李保祥	438120	483
10599	真正狗牙						438127	688
10600	目不识丁						438116	196
10601	没正经事					赵书伶	438112	167
10602	神力马仲的故事					马志平	438109	319
10603	玖瑰姑娘和花郎					赵淮滨	438092	255
10604	李四龙王				史庆林	范玉琪、赵书伶	438087	759
10605	圣人教徒						438129	224
10606	吸蹭烟						438117	746
10607	“六十老人”不能再活埋的故事					陈计良	438103	2081
10608	公冶长					袁炳淑	438104	1184

序号	篇名	民族	流传地区	采集地	讲述者	搜集者	数据库编号	字数
10609	枣树的传说					郝永新、王万臣	438110	1051
10610	梦先生					孟利滨、王东海	438107	677
10611	蝼蛄拱地的传说				霍连奎	徐金普	438111	1226
10612	老鼠嫁女					陈崇	438101	1060
10613	俏二虎气煞“老干醋”				史庆林	范玉琪、赵书伶	438089	170
10614	刘秀讨饭					陈计良	438102	270
10615	山神爷串门				张里久	高成东	439128	242
10616	吃药找驴				廖兴斋	廖桂珍	439192	900
10617	鱼神				刘书贵	李占炬	439156	2922
10618	懒婆娘				马玉景	罗佳书、穆秀芬等	439184	690
10619	王小的猫和狗				侯喜荣	马荣全	439136	1498
10620	龙王爷除害				张庆志	张庆全	439132	842
10621	求教如来佛				马义忠	陈玉娥	439124	1838
10622	隐身帽				刘桂彩	刘君	439130	1211
10623	忌讳				晋朝纲	晋永久	439199	310
10624	钱店受骗				延茂	易燕	439179	489
10625	张扯谎当玉皇				董福棠	刘秀风	439135	1121
10626	张瞎话巧治老财迷				隗有田		439144	1480
10627	王瞎话赶集				刘恩	刘焕江	439165	1300
10628	算卦先生				晋合利	陈志峨	439167	221
10629	钱				张翠亭	晓晨	439195	1045
10630	摇钱树				田桂云	罗佳书	439133	884
10631	屠户盘道				冀芝	冀云平	439163	1126
10632	拦路鬼				马玉景	罗佳书	439155	247
10633	人心不足蛇吞象（相）的来历				董文生	刘玉华	439134	4649
10634	赛诗争位				张庆贵	罗佳书	439151	342
10635	试文才				赵清文	延辰龙	439162	785
10636	该当吃药				高老勇	刘玉华	439160	384
10637	某主任趣闻					延辰龙	439178	429
10638	药方				张顺清	张玉华	439205	396
10639	量心				朱德良	李清怀	439175	1502
10640	慢性儿				张庆贵	赵迪杰	439201	1576

序号	篇名	民族	流传地区	采集地	讲述者	搜集者	数据库编号	字数
10641	买文化				刘保安	刘玉华	439170	291
10642	懒人学艺				张翠亭	王彩晨	439186	867
10643	差一锯				王怀青	赵迪杰	439191	459
10644	这个一个大				张翠亭	王彩晨	439204	328
10645	我不见了				杨俊桥		439189	731
10646	节俭					罗佳书	439183	1559
10647	比省				赵清文	延辰龙	439182	304
10648	摔饭碗				吴俊清	马荣全、钱锋	439181	622
10649	吝啬鬼				刘金英	刘玉华	439187	1723
10650	送锅的时候						439176	423
10651	蛤蟆没尾巴为啥还哭				马德路	廉海珍	439139	241
10652	老虎拜师				吴俊清	马荣全	439138	479
10653	愚人骑驴				穆宗树	穆秀芬	439172	275
10654	蛇儿孝母				马玉景	罗佳书	439129	1383
10655	巧嘴媳妇				贾永芬	王义风	439140	794
10656	鬼误				李福勤	李新华	439154	413
10657	三个聪明的笨人				廉海城	廉海珍	439196	727
10658	秀才对诗				王德祥	李清怀	439148	525
10659	祝寿				张德明	陈志娥	439200	366
10660	王宝恒治财主				王贵明	王义风	439142	1132
10661	圣贤愁				谢春明	王悦申	439127	394
10662	母爱				马玉井	罗佳书、陈志娥	439206	469
10663	原来如此				王现军		439161	651
10664	清河桥				张连旭	刘秀义	439152	560
10665	求神				郑玉魁	张庆全	439157	841
10666	秃子涮瓶子				李福勤		439188	619
10667	厨师斗财主				杨庆喜	马荣全	439145	602
10668	当衣惩役				延茂	易燕	439146	590
10669	三个聪明的傻小子				佟士秋	罗佳书、穆秀芬等	439169	421
10670	虎吃“武松”				李泉清	安泊江	439180	215
10671	太阳山拾金				刘福恩	刘风瑞	439123	533
10672	智得煮海石					罗佳书	439143	728

序号	篇名	民族	流传地区	采集地	讲述者	搜集者	数据库编号	字数
10673	傻小子做皇帝				田桂云	罗佳书、穆秀芬等	439164	1285
10674	分水龟				晋合利	陈志娥	439177	2801
10675	瞎子娶媳妇				刘桂彩	刘君	439166	1531
10676	机智的毛驴				赵清文	延辰龙	439137	281
10677	大盖（概）出不来				刘占江	耿春田	439193	1123
10678	蛇仙传				赵银梅	刘秀风	439126	989
10679	毛驴上炕				马玉景	罗佳书	439202	1411
10680	拜活佛				刘桂彩	刘秀凤	439168	642
10681	扛饥荒				杨永碧	罗佳书、陈志娥	439194	431
10682	三姑爷学说话				张庆贵	罗佳书、陈志娥等	439173	963
10683	正是吃的时候					祖景新	439198	950
10684	健忘				刘凤山	延辰龙	439203	1075
10685	杨敏治财主				安兆利	安泊江	439141	369
10686	馋媳妇				赵银梅	刘秀凤	439185	421
10687	要账大王和搪账老祖						439131	2531
10688	不怕媳妇				穆志金	陈志娥	439190	841
10689	抬驴				赵信	赵文明	439171	1064
10690	一把好手				晋德富	罗佳书、陈志娥	439197	448
10691	圆梦				刘桂彩	刘秀凤	439158	787
10692	蔡顺拾桑孝母				刘焕录	王彩晨	439174	533
10693	四姑爷对诗				王贵明	王义风	439153	287
10694	徐知县巧断争财案				陈润生	陈向东	439159	881
10695	赛诗比穷				杨永碧	罗佳书、陈志峨等	439149	523
10696	对诗戏先生				阎文章	陈志娥	439150	715
10697	搪账老祖				徐廷臣	延辰龙	439125	810
10698	尹二彪的故事				尹增田	刘玉华	439147	885
10699	癞蛤蟆的传说				孙金相		440155	564
10700	贪心的财主				梁贵宝	毕根廷	440152	723
10701	两盏灯笼伴田俊				孙传刚		440135	809
10702	神仙沟的传说				王连云		440140	1100
10703	砸柜取宝				左宝申		440150	898

序号	篇名	民族	流传地区	采集地	讲述者	搜集者	数据库编号	字数
10704	束城的传说				王连云		440144	742
10705	药王庙的传说						440141	387
10706	窦尔墩大闹李家店				范许锋		440132	1549
10707	马虎图				耿洪福、孙兴信		440154	1852
10708	杨六郎放水牛为啥多了头犍牛				孙传刚		440131	968
10709	老秀才赋诗巧教媳				宋秀英		440149	767
10710	土粮囤				秦庚		440130	2064
10711	雄鸡长鸣			北京、秦皇岛、石家庄			440142	736
10712	学识见				苏同勋		440153	507
10713	荞麦的来历				孙金相		440156	510
10714	媒婆				梁贵宝	毕根延	440148	1188
10715	武状元田俊与萨木耳				杨俊启		440137	2191
10716	磨盘山下的传说				赵迷虎		440143	662
10717	自慰				李瑞庆	毕根廷	440151	1009
10718	田俊相亲识骏马				孙传刚		440134	1862
10719	贵人求贵子的故事				王连云		440145	900
10720	冯国璋受骗						440138	1107
10721	武状元田俊的传说						440136	659
10722	知府作诗				李国英		440146	406
10723	小巧儿				马秀芬		440139	725
10724	方孝维严惩众贼						440133	1037
10725	白十一				白丙忠、白连忠		440147	924
10726	不着急儿				田丰义		441928	1386
10727	和尚当媒人				褚国奇		441954	1382
10728	卖花				俞杏林		441950	1512
10729	孔雀石的传说				吴振文		441931	445
10730	赠船				耿风山		441930	1226
10731	钱袋				李占		441946	1064
10732	乌鸦反哺				王殿明		441982	608
10733	铜佛出汗				赵然理		441952	973
10734	周员外智破偷钱案				陈国财		441977	4724
10735	找面子				顾存科		441957	2578
10736	瞎子煮虾				王任贤		441969	574

序号	篇名	民族	流传地区	采集地	讲述者	搜集者	数据库编号	字数
10737	铁树开花				荆玉兰		441920	485
10738	对酒令				张传志		441974	1900
10739	拙老婆				王玉霞		441960	1098
10740	不戴高帽				陆国正		441962	612
10741	吝啬鬼				何庆霞		441959	692
10742	碌碡上树				曹丽方		441939	996
10743	王二招亲				阎瑞田		441934	714
10744	抬杠				孙用杰		441967	1120
10745	扁担山				周靖华		441926	419
10746	穷秀才巧改富家联				张铁营		441958	2251
10747	招婿				张建国		441955	503
10748	小炉匠中头彩				俞杏林		441944	354
10749	撒豆子				张连元		441941	537
10750	打赌				檀永辉		441956	1421
10751	小姑娘胜过大秀才				马存		441953	3972
10752	蔡小招亲				阎瑞田		441925	717
10753	糟糠搓绳子				李镇普		441978	559
10754	城隍爷与教书先生				阎瑞田		441923	575
10755	王老可智喝壶中酒				高林甲		441942	236
10756	松林奇遇						441945	433
10757	小黄狗拜月亮				单景荣		441980	7851
10758	娶姑爷				赵福生		441949	184
10759	王力巧计赚地主						441976	1691
10760	随礼				俞方田		441966	566
10761	十五岁的皇上				耿风山		441929	299
10762	我、你、他				湾坨村		441965	950
10763	桃园结义的故事				陈守义		441921	2919
10764	吃“货儿”				俞方田		441961	667
10765	店主东智破“逗金猪”				张树同		441922	1235
10766	十锭银子				李林英		441935	774
10767	变戏法的人			河北省乐亭县	雷荣芬		441919	1350
10768	燕子报恩						441981	2414
10769	开山钥匙				姚年昌		441933	721
10770	断纸				陈俊章		441975	446

序号	篇名	民族	流传地区	采集地	讲述者	搜集者	数据库编号	字数
10771	遗嘱				刘存山		441951	470
10772	狼与狗结仇				夏云兰		441979	591
10773	“不求人”和“不帮人”的故事				郭建儒		441964	974
10774	货郎与蛇仙				王守智		441924	4116
10775	沙坨的来历				赵秋贵		441937	593
10776	巧媳妇				刘文清		441943	2456
10777	上供				曹明		441972	2934
10778	不遇冤屈不落泪，不见黄河不死心				赵振宗		441936	1959
10779	古松戏龙虎				王守志		441984	515
10780	香瓜人						441932	334
10781	吸血鬼尝秋				李庆祥		441971	510
10782	狐狸炼丹的故事				石长印		441927	954
10783	箭箭不离屁眼				阚瑞田		441940	6049
10784	竹篮打水				柯仁		441948	1456
10785	胡三忠				王守智		441938	894
10786	强姑爷				李锡真		441947	1013
10787	熊智				康有年		441983	4431
10788	“多”与“少”的故事				杨旭东		441973	699
10789	学艺				耿春堂		441963	3238
10790	买杏				张永山		441970	2076
10791	学话				李殿荣		441968	423
10792	马踏杨二毛		张家口市、万全县		张义	李志强	443665	1230
10793	如意剪		张家口市、赤城县一带		张进民	冯心	443667	1852
10794	舍身镇海眼		张家口市、崇礼县		杨玉珍	董汝河	443655	2970
10795	月映翠屏		张市桥西		杨进元	李志强	443651	762
10796	金豆峰		张家口市区			于文龙	443654	2742
10797	程咬金夜上鸡鸣山		张市下花园区		白天用	梅迎春	443664	1335
10798	剥皮不流汤的宣化葡萄		宣化区境内		靳万才、陈江	顾建中	443659	1236
10799	鲁班爷帮咱建钟楼		宣化区、宣化县怀来西八里		阎二义	刘世英	443660	3256

序号	篇名	民族	流传地区	采集地	讲述者	搜集者	数据库编号	字数
10800	鲁班一夜修仁桥		张家口市下花园区		张发善	清溪	443663	1713
10801	老鸦庄的故事		张家口市茶坊区		张志根	张瑞弟	443657	2711
10802	宣化城的传说		宣化区、宣化城内		刘世恩、陈记	建中	443661	737
10803	铜桥、铁坝、银城子		张家口市			杜宏梅	443650	1344
10804	蛤蟆口松林的传说		宣化区，庞家堡区		宋芳、何顺	周云	443662	2055
10805	水母娘娘指地为泉		张家口市区		李钟善	董汝河	443653	2456
10806	神瓜		张家口市桥西区、茶坊区		王录、王学廉、张文录	王群永	443658	1396
10807	常遇春大战柳河川		宣化区、宣化县梅家营一带		刘世增	顾建中	443666	867
10808	李白醉写打油诗		张市桥西		杨进元	李志强	443656	3711
10809	鱼儿山的传说		张家口市			于文龙	443652	1337
10810	扫帚破案			耿村			443691	4607
10811	活鬼			耿村			443724	2062
10812	张益和李桂			耿村			443689	2354
10813	“恭喜”不如“罢了”			耿村			443707	1944
10814	“赋”与“贼”			耿村			443710	1486
10815	桑陌生戏嫂死得冤			耿村			443694	3688
10816	再住侯			耿村			443708	972
10817	石阁老的传说（四则）			耿村			443673	376
10818	兰兰			耿村			443719	1330
10819	才女巧答知县			耿村			443702	2157
10820	张糊弄与李瞎话			耿村			443725	5044
10821	靳天保斗鬼			耿村			443674	2020
10822	老英雄劝女婿			耿村			443693	728
10823	朱洪武与耿再辰			耿村			443672	1091
10824	管庄的朋友不可交			耿村			443720	2392
10825	白虎洞			耿村			443716	577
10826	箱子里装小偷			承德会议中			443698	1195
10827	南海老母“显灵”			耿村			443722	1716
10828	董仲寻母			承德山庄宾馆会议间			443669	954
10829	火烧程阎王			耿村			443712	532
10830	打猎得鱼			耿村			443695	1410
10831	吐沫姻缘			耿村			443723	1862

序号	篇名	民族	流传地区	采集地	讲述者	搜集者	数据库编号	字数
10832	灶王爷和灶王奶奶			耿村			443680	923
10833	没眉毛的经理			耿村			443726	1951
10834	张医生和李医生			耿村			443690	1201
10835	狐子和猫是一家			耿村			443718	4026
10836	红绡桥飞人			耿村			443675	1723
10837	仗财行事			耿村			443700	4065
10838	郎当相亲			耿村			443721	692
10839	紫金箱			耿村			443699	789
10840	狗熊吃和尚			耿村			443704	2234
10841	嫦娥与后羿			耿村			443668	2963
10842	知县拍马屁			耿村			443711	2534
10843	小丫环纵贼擒盗			耿村			443697	1448
10844	白眼狼			耿村			443715	3197
10845	娶媳妇打人头幡			耿村			443683	1955
10846	打赌			耿村			443709	2085
10847	县官找宝罐			耿村			443705	1636
10848	八姐九妹有没有婆家			耿村			443671	901
10849	花灯疑案			耿村			443687	1232
10850	张掌柜教傻小子			耿村			443706	1061
10851	修仙			耿村			443701	1083
10852	子路做贼除妖			耿村			443717	2826
10853	贤惠媳妇			耿村			443692	2758
10854	错中错			耿村			443688	298
10855	三人遇“鬼”			耿村			443696	1346
10856	和尚尼姑是一家			耿村			443703	479
10857	藁城土地庙为嘛在城外			耿村			443682	1224
10858	杨六郎大战白石精			耿村			443670	1235
10859	不开口的公主			耿村			443713	1197
10860	题南寨佛堂						443897	2059
10861	摘武举的顶子						443874	613
10862	百家衣						443900	691
10863	审死人						443873	898
10864	北瓜上寿						443864	1255
10865	狼案						443884	1608

序号	篇名	民族	流传地区	采集地	讲述者	搜集者	数据库编号	字数
10866	两次刨坟						443870	573
10867	钦差验灾						443854	1567
10868	治蝗虫						443866	745
10869	堂上借银						443881	753
10870	和睦邻里						443880	450
10871	验尸						443871	837
10872	请你试从犬门入						443886	720
10873	公鸡断案						443869	784
10874	路不拾遗						443899	1726
10875	处罚克扣顾客者						443882	913
10876	逛庙会						443896	711
10877	写祭文						443892	809
10878	点主						443889	1122
10879	怀念之情						443901	1980
10880	分河滩						443879	973
10881	查集						443894	762
10882	断筛子						443877	1354
10883	当伕						443863	923
10884	立碑						443857	2
10885	吃银子						443862	2027
10886	写匾						443885	653
10887	修皇道						443859	802
10888	上任						443852	1421
10889	百里不贩粗						443860	1707
10890	买驴						443872	1362
10891	陆陇其生平考						443903	1937
10892	赌人头						443851	1120
10893	巧斩鲁匪						443876	1092
10894	口碑和石碑						443888	1590
10895	渡荒年						443867	939
10896	三谢“知单”						443887	1053
10897	没疙瘩的元宝						443858	1388
10898	弟兄俩打官司						443893	1478
10899	赠驴						443868	543

序号	篇名	民族	流传地区	采集地	讲述者	搜集者	数据库编号	字数
10900	无赖栽赃						443856	1674
10901	关城门						443890	673
10902	街头断案						443878	833
10903	木头衙役						443855	909
10904	改缴田赋时间						443853	1280
10905	运石碑石龟子						443861	768
10906	疏浚卫水河						443865	1116
10907	严惩不法乡董						443875	1094
10908	访曹彬墓						443898	630
10909	灵寿的斑狼不吃人						443883	1175
10910	赏钱						443895	1268
10911	诲人不倦						443891	825
10912	巧过汾河桥				王立祥		444625	1702
10913	拜师				王克臣		444627	3948
10914	一纸救人命				王应祥		444640	895
10915	妙言答对				孟广臣		444628	2422
10916	还礼				王明		444644	2623
10917	诗压群豪				王光		444634	3748
10918	惩财主				刘玉敏		444642	1056
10919	救仆人				于得海		444626	2279
10920	锅炮鱼				王建基		444645	2403
10921	诗焚				孟广臣		444647	1590
10922	智救马良				孟广臣、王克东		444639	2201
10923	妙对戏考官				张玉印		444630	2709
10924	迷路				孙立德		444623	1148
10925	盖学堂				王进荣		444643	692
10926	对联劝善				孟广东、王克臣		444636	2082
10927	学艺				李成		444629	4278
10928	喜歌赚饭				王克臣		444633	7149
10929	智赚皇粮				王应祥		444638	1724
10930	对联传信				孟广臣		444635	1544
10931	夜宿王家店				孙立德		444641	1377
10932	找帽子				王立祥		444624	1326
10933	惩奸商				孟广臣		444637	1085

序号	篇名	民族	流传地区	采集地	讲述者	搜集者	数据库编号	字数
10934	拜诗仙						444646	1872
10935	打赌				孟广巨		444631	2906
10936	抓周				孙立德		444622	1339
10937	游苍岩山				孙立		444632	3930
10938	李南堂		冀南一带				444722	3469
10939	王子平激志神拳吴		沧州地区		吴士勋		444705	3184
10940	柴国宇打黎城		邯郸西部山区			柴俊林	444718	3920
10941	单刀李		深县、饶阳一带		张翰民		444706	4879
10942	杨八愣的故事		沧县		杨如成、安同高		444712	3499
10943	连环刀的故事		交河、青县一带		李清林		444730	3138
10944	没爪鹰常三		邯郸市峰峰矿区一带				444715	2866
10945	杨露禅学艺陈家沟		永年一带				444709	2482
10946	薛八学艺		临西县				444719	3021
10947	赵老亮进县城		武安、涉县一带		苏立新		444721	2071
10948	杨三薦的故事		沧州一带				444704	1461
10949	乾隆三访武拳师				王根林		444728	5371
10950	刘大杰访牛		沧县一带				444716	2556
10951	杨班侯打擂		永年一带				444714	2881
10952	山姑		邯郸市一带		张国章		444717	3691
10953	鲁班榔头		冀南一带		徐雅堂		444731	1238
10954	老芳子的佛汉锤		邯郸市				444710	7015
10955	武师李龙仁的传说		唐山、丰润一带				444703	4845
10956	窦尔墩拐马		沧县、南皮一带		纪清治		444726	2203
10957	李冠铭大闹天齐庙		沧州一带				444702	4203
10958	黄七办案		冀中一带		程付		444708	3593
10959	景廷宾起义		邢台地区东部				444725	1394
10960	猛将樊忠的故事		安国、高阳一带				444727	1514
10961	曲周的男人为什么怕媳妇		曲周、邱县一带				444729	4214
10962	拳雄赵三多的故事		邢台、邯郸以东广大地区				444723	4246
10963	巧取镖车		饶阳河间一带				444713	2542
10964	八仙巧行令				刘绍宗、刘守华	刘朝林	444946	1636
10965	墩台遗址						444961	3265

序号	篇名	民族	流传地区	采集地	讲述者	搜集者	数据库编号	字数
10966	尚书与侍郎				肖福	王克敏	444937	957
10967	三女婿夸马		河北北部		王老栓	朱秀兰	444952	2557
10968	黄巢学艺				常得本	于梅	444919	1076
10969	糊涂虫		廊坊市		刘忠信	王克江	444958	2315
10970	三害老大		河北北部		杨青	张文涛	444951	706
10971	水淹洋毛子				王克臣	于佳贺	444918	1651
10972	赛东皮		廊坊地区		刘汉使	张书英、张德侠	444954	16941
10973	对联劝烟		廊坊、霸县一带		刘乃英		444949	364
10974	老鸹窝		廊坊市郊区、天津郊区	廊坊市北旺乡中学	伍西芸	张耘	444948	818
10975	火烧洋毛子		廊坊		王定道	于佳贺	444917	2125
10976	搭救尚惠				王进荣	张荣、刘新	444920	800
10977	黄巢写匾				常得本	王文玉	444921	389
10978	苏东坡恃才续诗		河北		石海	张慧文	444936	547
10979	吝啬鬼		河北北部		宋振荣	肖振中	444957	871
10980	活埋洋毛子		廊坊		王克臣	刘崇丰、翟公福	444916	683
10981	惩财主				王进荣	翟公福	444935	514
10982	口唤的故事	回族			伊连奎	岳一中	444955	1644
10983	王老烈飞马超火车		廊坊地区		王永才	王建平	444943	1451
10984	财迷精		廊坊一带		孟广臣	郝静	444956	1223
10985	寇准巧断茄子案				康庆录	朱秀兰	444945	1913
10986	六月六晒衣裳		河北省北部		黄玉成	朱秀兰	444953	1038
10987	任常和任短		河北中部		任元	张文涛	444950	1732
10988	花喜鹊		廊坊一带		王克臣	郝静	444960	2512
10989	王之涣拜师				李子平	魏殿义	444930	2577
10990	梅仙		河北北部		王克臣	郝静、志敏等	444947	2080
10991	一个大有前途的乡办企业						444962	2055
10992	王之涣妙对戏考官		廊坊		王克臣	万里	444932	332
10993	王之涣审黄狗		廊坊		王进步	丘山、羽佳	444933	1142
10994	狼和狐狸						444959	1134
10995	燕王入画		廊坊市、霸县	廊坊市郊区	张中河	张耘	444944	859
10996	王之涣盖学堂		霸县一带		王进荣	张荣	444934	2362
10997	王之涣妙言答对		廊坊		孟广臣	郝静	444931	2983
10998	冯玉祥将军的故事				李庆云		444922	594

序号	篇名	民族	流传地区	采集地	讲述者	搜集者	数据库编号	字数
10999	打柴的驸马郎				傅寿廷		445791	846
11000	秃子、罗锅儿、一个眼、麻子脸			北洼乡中	孙书平		445869	1084
11001	狐仙送殡			胡家庄	胡集成		445840	683
11002	两个吹破天			宅头中学	李昌武		445865	335
11003	狐子灯			灵寿教师进修、学校	胡梦林		445844	622
11004	看风向			故城村	冯米贵		445862	1637
11005	屁大姐			故城村	冯米贵		445867	805
11006	李四雇工				冯四顺		445835	783
11007	翻脸儿			灵寿政协	周树模		445863	634
11008	瞎话篓			故城	冯四顺		445834	2133
11009	赵氏兄弟				冯学清		445833	657
11010	吝啬鬼			谭庄小学	王敏事		445830	955
11011	为什么没有财神奶奶			师范学校	曹瑞		445800	352
11012	谢教训				曹金玉		445809	1042
11013	修道不成被虎吞			灵寿县师范学校	付亿龙		445811	446
11014	狐仙借家具			灵寿县教师进修学校	胡梦林		445846	893
11015	会说话的儿媳妇			西城南小学	辛多良		445828	775
11016	狐皮帽子			灵寿师范	刘家明		445843	305
11017	安老占和师爷			灵寿师范学校	曹四		445796	673
11018	够你戗			陈庄中学	周学俭		445859	1365
11019	孙悟空大闹天宫			安庆市	付辉阁		445864	620
11020	王八抓街			岗头村	曹玉		445774	391
11021	白善人			灵寿青廉村	马文生		445799	858
11022	张三铸钹学蘸火			太原	卢廷彦		445798	335
11023	翻脸不认人			元氏师范	任二旦		445832	934
11024	一只旱鳖			故城	冯玉庆		445778	519
11025	张二小卖小猪儿			南城东老七家	张老七		445858	920
11026	不跳（粜），你给我的鞋			灵寿山区	江石		445788	2548
11027	县官降妖			南城东	张小保		445847	4314
11028	砸砂壶救人			金玉家中	曹金玉		445808	831
11029	王傻子卖牛			胡家庄	胡集成		445836	1763
11030	错中对			灵寿师范学校	徐玉堂		445797	447
11031	三女婿拜寿			刘根来家	刘根来		445837	1229

序号	篇名	民族	流传地区	采集地	讲述者	搜集者	数据库编号	字数
11032	王玉学艺			灵寿师范	卢焕福		445769	886
11033	才说舔一个大光膀和他们干啊			美玉家中	曹美玉		445825	1074
11034	山沟里的土财主			县政协	白兴道		445790	387
11035	舔屁股			青廉村	卢增贵		445767	421
11036	斗谷三升米			故城玉道家	周玉道		445775	1097
11037	“刚才”、“都来看”			灵寿城内小学	胡梦林		445785	1583
11038	宝葫芦			胡家庄村	白冷姐		445780	800
11039	孝子治病			胡家庄	胡洛士		445783	1680
11040	荞麦为什么不能上供			胡家庄	胡集咸		445784	589
11041	梁阁老的故事			东刘庄乡中			445822	1187
11042	娶媳妇偷酒盅拿茶碗的来由			灵寿文化馆	胡梦林		445779	866
11043	老二治病			城关乡中	张三丑		445868	4097
11044	站得不是地方			曹玉家中	曹玉		445852	275
11045	激民愤痛打洋神甫			赵世亭家	赵世亭		445805	1195
11046	剃头的担子			岗头村	曹四		445807	1534
11047	孙膑看茔地			灵寿县师范	徐玉堂		445793	831
11048	四个糊涂虫			灵寿师范学校	付亿楼		445850	704
11049	半仙子看风水			西王角村	徐玉堂		445789	1063
11050	父子对诗			胡家庄	胡梦林		445816	1168
11051	你要出嫁，我有拦住			县政协、故城	冯学清		445787	656
11052	狐香姑			东合村	吴银才		445849	302
11053	龙王神像与茅厕坐板			灵寿县师范	曹庆琳		445821	1578
11054	儿子娶娘			辛春英家	左徐妮		445826	580
11055	干妯娌俩			白冷姐家	白冷姐		445815	1680
11056	吃酒行凶、图财害命			岗头曹四家	曹四		445818	1693
11057	人财一齐哭			胡家庄	胡江湖		445855	913
11058	咱俩一样——哄人				刘家明		445829	1357
11059	胆子大和忘性大			刘家明家里	刘家明		445860	1405
11060	吹破天与财迷精			东合村	吴习法		445777	541
11061	五十两银子			县志办	牛玉珂		445819	341
11062	泥腿			曹瑞家	曹瑞		445820	1036
11063	侯老有拉炭			青廉村	侯老有		445802	410

序号	篇名	民族	流传地区	采集地	讲述者	搜集者	数据库编号	字数
11064	智骂绅士			灵寿县畜牧局	王槐槐		445838	1900
11065	聚宝盆			岗头村	曹金玉		445813	441
11066	狐老仙光景			胡家庄	白冷姐		445845	3478
11067	德泰成的老杨			西王角徐玉堂家	徐玉堂		445794	983
11068	智取高二密枪法			福元家中	武福元		445792	467
11069	山西老胡家			胡家庄	胡集成		445841	525
11070	误会			自己家中	赵素月		445851	1371
11071	弟兄四人对诗				傅寿庭		445827	1361
11072	王米贵行医			灵寿县师范学校	徐玉堂		445848	1244
11073	智盗大白马			故城村自己家中	冯学清		445839	738
11074	泰山石敢当				曹庆琳		445786	956
11075	皇上与小偷			故城	冯学清		445814	686
11076	时不全交货			井陉煤矿	李振川		445782	462
11077	谁着急谁知道			故城	冯刚		445831	1864
11078	两个急性子人			故城、玉珍家	冯玉珍		445853	1479
11079	傻小子的故事			故城	冯玉庆		445823	620
11080	那是你家死错了人			灵寿中学	周树模		445856	449
11081	杀猪汉当状元			灵寿政协	崔超英		445817	2992
11082	张三喂孩子			故城	冯学清		445866	1235
11083	孤老仙交钥匙			胡家庄	胡老庆		445842	500
11084	大实人兄弟俩			曹四家	曹四		445795	923
11085	先秃后不秃			西城南村	王学士		445861	981
11086	何增善拜年			胡家庄	胡集成		445781	404
11087	鸡肉猫叼啦			武凡同村	杨大嘴		445854	741
11088	称娘			美玉家中	曹美玉		445776	498
11089	十兄弟			许振云家	许振云		445824	1020
11090	康熙应试			胡集成家、徐贵贵家中	胡集成、徐贵贵		445772	666
11091	到底谁胆大			青廉村	赵同义		445804	290
11092	门神、土地、山神、仓谷爷的传说			灵寿胡家庄	王二毕		445771	1586
11093	龙王爷求援诸葛亮			灵寿青廉村	马文生		445768	820
11094	掏雀官儿巧栽县界石			西城南村	辛来顺		445803	1406
11095	蒸骨验尸			徐贵贵家中	徐贵贵		445773	1161
11096	浪子踢球			曹玉家中	曹玉		445801	2507

序号	篇名	民族	流传地区	采集地	讲述者	搜集者	数据库编号	字数
11097	无头案			芝麻沟村	杜振庆		445770	463
11098	宝画			灵寿青廉村	卢吉先		445806	398
11099	人背驴			灵寿镇中	胡集威		445812	439
11100	小女婿尿炕			上邵村	赵锁妮		445810	616
11101	李大钊的故事						446047	3373
11102	这回可把我捉住了						446051	665
11103	笑话两则					杨畅、尹洪波	446063	2256
11104	沧州的狮子				张秀山		446057	158
11105	搬迁休养所——白求恩大夫的故事						446050	268
11106	绿树成荫						446046	7241
11107	左权将军的故事		左权县灰田镇附近、河北涉县漳河边一带		张祥宗、于文光		446048	1904
11108	打山口——包森的故事						446049	1426
11109	让路						446040	2092
11110	金梨飘香						446044	2391
11111	难忘的雨夜				阎连璋		446041	487
11112	金钥匙						446060	2060
11113	万年松与牵牛花						446067	5732
11114	野猪、獾和狐狸						446053	1755
11115	结义之前						446055	2564
11116	朱总司令在侯城						446042	1469
11117	让民间文学之花开得更鲜艳						446054	646
11118	一石公粮						446045	1286
11119	安营寨						446058	3397
11120	义和团故事：红灯照捉拿小黑驴						446066	2021
11121	小铜铃		河北中部		郑真		450030	3982
11122	魁星阁						450003	1818
11123	李铁拐显化潭柘寺				方治平		450027	1181
11124	永定河的传说		廊坊地区一带		孟广臣		450009	4309
11125	兄弟三人学艺		河北中部		郑真		450029	3904
11126	疾风劲草						450038	773

序号	篇名	民族	流传地区	采集地	讲述者	搜集者	数据库编号	字数
11127	吕蒙正的传说						450018	1313
11128	财神赐银						450015	1501
11129	住店				郭宝华		450020	1789
11130	包公的传说						450016	1095
11131	李十成						450013	5735
11132	伊指挥营“奥妙普慈”匾						450037	1762
11133	奇缘						450004	1706
11134	骄傲的小老虎						450033	1681
11135	漫话燕王扫北						450035	590
11136	刘罗锅子送礼		廊坊一带		刘秉		450025	5598
11137	京东中幡				张振、楚珍		450036	515
11138	吕端的传说		廊坊一带		宋仁		450017	394
11139	如来佛造地		廊坊地区一带		宋增祥		450008	4199
11140	“君子国”的由来		廊坊一带				450021	3731
11141	宝鞋		廊坊西部		阎惠林		450031	1435
11142	机智脱险				刘维珍		450019	243
11143	弟妇心						450002	1295
11144	丹顶鹤的传说						450032	3248
11145	燕王鼓						450014	3898
11146	五鼠闹朝		河北北部		王瑞琴		450028	5558
11147	郑九娘的传说		万庄一带		马明		450022	2610
11148	窦尔墩的传说		廊坊北部		岳一中、刘达		450026	5270
11149	笸箩圈						450012	953
11150	乾隆难厨师		河北		朱俊峰		450024	1751
11151	人的由来		河北北部		王瑞琴		450007	2502
11152	孤山塔		廊坊一带		赵永发		450010	2882
11153	鲶鱼窝						450011	2074
11154	抓贼						450005	479
11155	巧度唐伯虎		冀中一带		李龙峰、王福州		450023	2183
11156	寓言七则						450034	1979
11157	杨继盛的故事						451406	1837
11158	关汉卿写《西厢记》的传说						451401	1991
11159	荆轲刺秦王						451407	2996

序号	篇名	民族	流传地区	采集地	讲述者	搜集者	数据库编号	字数
11160	狮子红眼冲军城					马跃明	451409	3376
11161	祁州（安国）药王庙的传说					郑元清	451403	3561
11162	编后记						451412	4238
11163	活捉丁二阎王					王同勋、陈景祥等	451411	2148
11164	伍仁村和石头人的传说					宋毅	451405	7255
11165	屯庄泉水见青天						451400	2476
11166	徐水白菜王						451408	2278
11167	义和团的志气永不灭			胡渠村义和团员			451410	2904
11168	刘伶醉酒的传说					刘铮	451404	241
11169	刘守真和保定刘守真君庙会					龙文远	451402	2637
11170	智抗皇粮	回族			于常明	岳一中	458022	1548
11171	反正得吃官司		廊坊、天津		任有志	刘崇丰	458018	2207
11172	海水为什么是咸的		河北省		王秀琴		458016	414
11173	一只山羊						458036	587
11174	乾隆对联救穷人				刘玉成		458027	915
11175	雍正对联劝弟						458026	456
11176	康熙对联除奸				王克臣	翟公福	458025	432
11177	骄傲的树叶						458038	274
11178	傻子相亲				阎惠林	刘成、王文玉	458033	358
11179	锁钥之争						458039	738
11180	杨家将故事						458012	1031
11181	话说下九流						458040	2354
11182	浩然的故事						457989	375
11183	心换心两家亲		固安		宋显德		458010	1435
11184	腊八粥的来历						458006	195
11185	这次可让您猜着了				王振起		457998	3208
11186	淤泥关						457992	528
11187	清明祭						458004	304
11188	灵狐仙子						458001	513
11189	读《劈石庄的传说》						458030	429
11190	猎人和狼						458035	1138
11191	问道						458021	1662

序号	篇名	民族	流传地区	采集地	讲述者	搜集者	数据库编号	字数
11192	比美				王玉田	朱秀兰、王玉田	458032	5257
11193	英姑计除恶棍				宋显德		458013	2150
11194	聪明反被聪明误				王鸿舫	王克敏	458031	550
11195	问路						458020	932
11196	王之涣扇面题字					海波	457999	517
11197	诗惊众人						458000	496
11198	“和尚洼”的来历				赵金良	刘朝林	457995	318
11199	老堤晚渡		廊坊		王克臣		457997	354
11200	黄莺仙子				刘祥		458002	165
11201	打石碑					王德良	457996	531
11202	水和酒				王云		458017	921
11203	燕王道		廊坊		谭如凤		457993	183
11204	包公断小偷				将大力	郝静	458011	821
11205	界碑		大城一带	大城	刘世森	雪峰	457990	896
11206	晒粮台						457991	1907
11207	正月不剃头						458005	462
11208	二月二打钱龙					雪峰	458003	12859
11209	化甲庙					邢志全	457994	485
11210	斑鸠的教训						458037	868
11211	通州塔尖饮清泉						458015	1979
11212	巧改村名退敌兵						458009	1579
11213	灵媳妇巧治贼光棍				潘玉欣	震望	458014	1367
11214	袁文会之死						458008	921
11215	食指谢酒				王平	海波	458007	174
11216	夺枪	回族			班国政	岳一中	458024	540
11217	团结井	回族			王寿山	赵芝波、穆何等	458023	481
11218	省着打						458019	791
11219	小山羊磨角						458034	7447
11220	人民为诗人立传——读《王之涣传说》						458028	2506
11221	老虎诱子					李杰	462237	601
11222	傻公子拜寿				张文修	韩向前	462218	1213
11223	贤媳妇与刁媳妇					张金维	462225	342
11224	玩童难圣人				张春		462217	4543

序号	篇名	民族	流传地区	采集地	讲述者	搜集者	数据库编号	字数
11225	小饭罐		邯郸地区		王凤歧	栗丛森	462223	285
11226	下驴						462213	301
11227	蚰蜒					陈俊芳	462231	2528
11228	小心到不了郭河				齐秀云	金维	462212	964
11229	鹞子借				邢丰田		462248	599
11230	水鬼周山				阎义魁	叶广才	462229	1560
11231	刘丙和夜察民情				张春	张金维	462242	236
11232	县官醉断婚姻案					唐文乾	462240	289
11233	荞麦		河北一带		王风歧	卫民	462211	1261
11234	诗缘				申亚川	卫民	462235	1058
11235	错了一锯儿						462249	764
11236	女攀高门						462245	2637
11237	背遭遭				叶纯仁	叶广才	462233	163
11238	儿子						462244	724
11239	愚人买镜子					李国建	462239	330
11240	三够戗					李国建	462253	196
11241	占便宜						462226	1125
11242	石桥和垂柳						462251	1366
11243	黄狗救子				王凤喜	叶广才	462221	323
11244	蚂蚁的创造						462250	777
11245	“无耻”就是没牙					张金祥	462230	207
11246	吹牛也报税					李国建	462243	537
11247	三女婿拜寿				董向民	董全安	462234	164
11248	天地良心					张孟军	462219	306
11249	神怕挨打					秦书海	462220	255
11250	半夜打架					冯超文	462238	2354
11251	砸锅槌埋孩子						462228	1535
11252	小媳妇骂举人				陈建芳	张孟军	462216	762
11253	大娘“阶级”					张金祥	462246	2582
11254	蚂蚁				陈平芳	陈俊芳	462232	1075
11255	孝顺儿子				王凤喜		462227	993
11256	二师比徒				陈建芳	张孟军	462236	155
11257	傻小成仙				仲景秀	董全安	462222	2087
11258	文盲看告示					李建国	462224	179

序号	篇名	民族	流传地区	采集地	讲述者	搜集者	数据库编号	字数
11259	哑口证人					王樾	462215	811
11260	闻二先生					栗丛森	462214	242
11261	一对懒夫妇						462241	568
11262	续闺女						462247	641
11263	庸医立匾					李国建	462252	131
11264	青山绿水				李戊寅		465334	1262
11265	吃药找驴				李墉		465344	567
11266	巧出孬主意				李墉		465343	2831
11267	聚宝盆				李墉		465340	4912
11268	洋钱料				李墉		465331	1776
11269	神高粱				兰菊		465327	1851
11270	金桔仙女				刘艳果		465339	1758
11271	望桥				王聚良		465326	3100
11272	红眼狼				兰菊		465337	2609
11273	巧嘴媒婆				蔡文所		465335	2083
11274	女尸案				李墉		465332	2017
11275	镇海干				冯连军		465333	1319
11276	朋友				冯老春		465330	3052
11277	“关公”巧断案				李墉		465328	1278
11278	吝啬鬼				李墉		465341	1000
11279	隆尧大葱和北京烤鸭				颂民		465325	1292
11280	对绝对				李墉		465329	3149
11281	蝎子精				粱平山		465338	695
11282	牛没上牙狗没肝				颂民		465342	3501
11283	黄河与花容				小宝		465336	2001
11284	神碑庙					李文信	466485	695
11285	郭大劲					李占其	466484	308
11286	小毛驴和毒蛇						466491	986
11287	好马不卧						466493	767
11288	石旦和老虎						466489	974
11289	小石娃和草狐						466492	1516
11290	老虎与“漏”					张今慧	466497	1267
11291	聪明的媳妇						466500	658
11292	黄半仙					晓柳	466483	1700

序号	篇名	民族	流传地区	采集地	讲述者	搜集者	数据库编号	字数
11293	马屁精吃屎						466481	657
11294	画匠和财主				李鸿彬	武进	466471	739
11295	皮笊篱和金马驹						466486	534
11296	风水先生服输						466487	2392
11297	王二学艺				张占秋		466480	553
11298	相女婿					今輝	466475	1133
11299	县太爷落水					张今慧	466476	856
11300	绚丽的霞和壮美的虹						466495	1743
11301	李富贪得				齐梦贤	馬長生	466479	1204
11302	狮子惩狐狸						466494	1633
11303	天水桥下的散仙				连贵		466470	399
11304	傲慢的小青蛙						466490	379
11305	大狗和小狗						466498	139
11306	金黄瓜					余光	466496	2246
11307	仓子石					許来渠楊林勃	466488	372
11308	刁婆和鹦鹉					金輝	466474	1071
11309	县官发财					张今慧	466478	676
11310	屁屁香		定兴、易县、徐水、高阳等地带		韩景曾		466482	946
11311	地主和农民					张今慧	466477	1849
11312	画寿礼				马梦甲	肖欽鉴	466473	342
11313	宝高粱					任延山	466472	2944
11314	白字先生						466499	327
11315	“一筑墙”和“银顶沟”的来历			北滚龙沟村	李英海		472540	727
11316	根半腿和一只眼			陈家院村			472504	1098
11317	媳妇楼			陈家院村			472509	2339
11318	胡萝卜的来历			陈家院村			472513	2102
11319	韩湘子探妻			会口村			472497	496
11320	关公出世			陈家院村			472412	1036
11321	县官明断			陈家院村			472518	2936
11322	玉皇封寿数			陈家院村			472507	3719
11323	傻小子拜年			大村			472495	1117
11324	坑人的道会门			陈家院村			472471	351

序号	篇名	民族	流传地区	采集地	讲述者	搜集者	数据库编号	字数
11325	圈圈写诗			陈家院村			472503	399
11326	田喜复婚			大村			472493	242
11327	杨家三姐妹外传			陈家院村			472416	515
11328	蛐蟮救刘秀			陈家院村			472411	5680
11329	找活佛			陈家院			472473	488
11330	马夜虎贩各褙			陈家院村			472519	1522
11331	孙悟空出世			陈家院村			472415	5993
11332	残废人的来历			陈家院			472407	776
11333	阴阳、官司			大村			472490	449
11334	鸭子嘴为什么是扁的			陈家院			472435	555
11335	《西游记》的来历			陈家院村			472414	1710
11336	万恶和滔天			陈家院村			472498	1028
11337	门神爷的来历			大村			472485	1966
11338	飞腿罗起赞			陈家院村			472441	773
11339	两沟夹一岸			陈家院			472470	5897
11340	北方碾子的来历			两界峰	张兰锁		472544	306
11341	五担、八担五和六担			陈家院村			472477	1686
11342	耍钱鬼娶媳妇			大村			472488	1275
11343	北国和中原为嘛老打仗			陈家院村			472417	460
11344	仨女婿拜年			陈家院村			472480	906
11345	神医董理			陈家院村			472517	406
11346	四个女婿对诗			陈家院村			472464	513
11347	一伙聋子			陈家院村			472462	848
11348	长工斗地主			陈家院村			472448	233
11349	砸尿壶			陈家院村			472522	404
11350	山中和尚			两界峰	张玉吉		472565	1893
11351	穷长工招亲			陈家院村			472459	369
11352	进宝状元			陈家院村			472444	314
11353	韩湘子成仙			两界峰村	康秋录		472533	307
11354	白龙堂和五和尚的传说			北滚龙沟村	李英海		472543	1638
11355	大事记						472574	433
11356	骗子没有好下场			陈家院村			472469	682
11357	尼姑和尚辨字			陈家院村			472475	3445
11358	王丁进阴间巧结姻缘			白草坪村	韩旺		472548	610

序号	篇名	民族	流传地区	采集地	讲述者	搜集者	数据库编号	字数
11359	烛泪山的来历			两界峰	张晋		472539	1227
11360	养奸杀奸			宅北村	李东昌		472557	447
11361	通天桥的传说			陈家院村			472428	655
11362	店主和秀才			宅北村	张吉和		472564	928
11363	请神家			陈家院村			472525	399
11364	魔鬼戒烟的故事			宅北乡两介峰村	张兰锁		472549	997
11365	黄羊界的来历			陈家院村			472431	988
11366	跟着烟头			陈家院村			472474	716
11367	骡子为什么不下驹			宅北村	张连拴		472546	4226
11368	七油沟的来历			两界峰	张兰锁		472541	2755
11369	贪心女杀父			陈家院村			472454	1127
11370	王二戏财主			寨北村	霍荣显		472554	1667
11371	请先生			宅北村	秦青海		472559	375
11372	鱼仙庙			陈家院村			472524	600
11373	白菜记			陈家院村			472452	546
11374	大体意思不差			宅北村	刘志千		472571	428
11375	智斗剥皮老爷			北滚龙沟村	李志功		472569	1685
11376	好姑娘不嫁咱			陈家院村			472461	523
11377	今不为例			陈家院村	霍恕		472528	933
11378	兄弟俩散伙			白草坪村	韩旺		472556	1015
11379	母女换坟			会口村	康金		472568	568
11380	两人比富			陈家院村			472447	364
11381	一里除邪			陈家院村	霍增增		472560	787
11382	拴马桩的故事			陈家院村			472424	2039
11383	栗子的传说			北滚龙沟村	李英海		472547	5336
11384	而已蛋			陈家院村			472482	999
11385	白崖沟的来历			两界峰	张兰锁		472542	2579
11386	躲灾			陈家院村			472526	727
11387	掉马崾背的来历			陈家院村			472421	359
11388	犁耕耙落洪门寺			陈家院村			472429	682
11389	王羲之吃饺子			陈家院村			472413	558
11390	韩信讨封			陈家院村			472410	435
11391	狐臭的来历			宅北村	张吉和		472535	1276
11392	房后有座坟			陈家院李凯家			472481	763

序号	篇名	民族	流传地区	采集地	讲述者	搜集者	数据库编号	字数
11393	苇叶上牙痕的来历			陈家院村			472437	561
11394	羊倌练武			陈家院村			472520	888
11395	换亲的来历			陈家院村			472432	2337
11396	背梢裢和卖驴的			陈家院村			472523	1737
11397	连环案			陈家院村			472442	3861
11398	能媳妇斗和尚			陈家院村			472494	535
11399	寒寒一瓶油			陈家院村			472440	2337
11400	麻雀三姐妹			陈家院			472487	314
11401	三个十八						472439	1077
11402	十九层地狱			陈家院村			472499	481
11403	聂帅认错			陈家院村			472506	668
11404	菩萨不吃肉			陈家院村			472516	672
11405	李阳大闹阴间			大村			472489	1293
11406	蚊子的传说			陈家院村			472511	989
11407	能媳妇			陈家院村			472453	2226
11408	燕子搬家			陈家院村			472515	1004
11409	断不清			陈家院村			472476	955
11410	选女婿			陈家院村			472446	962
11411	胡顺溜智斗铁公鸡			陈家院村			472472	4910
11412	山杆儿下饭铺			陈家院村			472527	766
11413	王二除蟒得妻			大村齐国显家			472486	906
11414	踩高跷的来历			陈家院村			472433	1199
11415	狐仙白莲花			宅北村	李东昌		472553	588
11416	塌佛嵲的来历			陈家院村			472427	1098
11417	一错再错错错杀			白草坪	白玉堂		472555	702
11418	小豆子			两界峰村	杨瑞云		472561	1139
11419	月亮好八十二做状元			陈家院村			472457	529
11420	秀才捉“鬼”			陈家院村			472456	558
11421	供家堂的来历			两界峰	张兰锁		472545	10728
11422	上梁披红的来历			陈家院村			472510	1483
11423	除根			陈家院村			472501	458
11424	西山为什么蝎子多			陈家院村			472422	480
11425	两个狐狸精			宅北村	史春生		472552	1263
11426	年轻时营生比现在强			陈家院村			472483	1114

序号	篇名	民族	流传地区	采集地	讲述者	搜集者	数据库编号	字数
11427	土行孙下山			陈家院			472408	1040
11428	金宝失踪			陈家院村			472465	732
11429	霍大猛耍赖			宅北村	史春生		472567	972
11430	赔麦和赔驴			陈家院村			472460	1168
11431	鸡冠寨的传说			陈家院村			472423	2220
11432	斗谷三升米			陈家院村			472521	4099
11433	老两口得银子						472502	1402
11434	良女骂秀才			陈家院			472479	504
11435	黄鹤的来历			陈家院村			472434	530
11436	我是属红马的			陈家院村			472463	698
11437	南滚龙沟的来历			宅北村委会办公室	郑永和		472537	2540
11438	十里寨的传说			宅北村	李新子		472538	1012
11439	地毁和尚和乾隆			白草坪村	白庆生		472536	1506
11440	黄龙池的传说			陈家院村			472426	2672
11441	苍耳花的传说			陈家院村			472438	1979
11442	掩龙沟的来历			陈家院村			472419	290
11443	童养媳吃狗肝			宅北村	张吉和		472558	2377
11444	看瓜老汉难大圣			白草坪村	韩旺		472532	931
11445	金洋和银洋			两界峰	翟美婷		472562	1549
11446	鸡的传说			陈家院村			472436	621
11447	孙李对诗			陈家院村	霍拴来		472570	484
11448	龙生虎养楚霸王			主投沟村	崔军成		472531	2292
11449	驴为什么过河尿泡			陈家院村			472512	559
11450	韩湘子讨封			会口村	康梅		472534	263
11451	人看日头为什么打喷嚏			两界峰	张英子		472529	3865
11452	二次姻缘			陈家院村			472443	1056
11453	狐借人种			陈家院村			472514	2862
11454	说话不离本行			陈家院村			472455	3070
11455	讲故事吃饭			陈家院村			472458	91
11456	石田沟的传说			陈家院村			472418	486
11457	鲁班和鱼鳔猪鳔			宅北村	张吉和		472530	678
11458	鲁班的传说			陈家院			472409	344
11459	银牛的故事			寨北村	刘志千		472563	396
11460	父子同娶妻			大村齐国显家			472492	2405

序号	篇名	民族	流传地区	采集地	讲述者	搜集者	数据库编号	字数
11461	十五对诗			宅北村	秦青海		472566	526
11462	泉水村的来历			陈家院村			472420	1104
11463	药王和狼心狗肺			陈家院村			472508	589
11464	张生除蝎子精			陈家院村			472500	516
11465	柳孩儿和狐女			会口村	康梅		472550	3086
11466	蜈蚣女报恩			大村			472491	1459
11467	鸡栈山的传说			陈家院村			472467	332
11468	莲花精			石古洞村	霍花书		472551	742
11469	县官和厨师			陈家院村			472451	1357
11470	双喜字的来历			陈家院村			472468	535
11471	四王八旦			陈家院村			472478	2283
11472	巧碰巧			陈家院村			472445	876
11473	悬空寺的来历			陈家院村			472430	912
11474	黑扇子山的传说（二则）			陈家院村			472425	723
11475	奸妇杀新娘			陈家院村			472450	925
11476	长工斗地主（二）			陈家院村			472449	1824
11477	吴佩孚媳妇挨揍		北京、三河县西北	北京	李树华		474073	3285
11478	二妞叛父		廊坊地区	廊坊	张福来		474151	2182
11479	王老五做梦		河北省北部	孤山营、北京李树华家	李树荣、李树华		474119	1727
11480	王恩和石义		廊坊地区	周各庄	张大爷		474112	6510
11481	孤山夜市		三河县西北	孤山营	田秀珍		474155	5050
11482	关公托梦		廊坊地区				474072	582
11483	关公收周仓		河北北部	孤山营	李树荣		474067	1072
11484	拗儿子		京东各县	白庄子	李秀荣		474071	1179
11485	李小二收破烂		三河县西北	刘守华家	刘守华		474116	4815
11486	蒋春生受难成人		武清县西部、廊坊地区东北部	廊坊	张森		474122	1403
11487	孟庆仁夜遇花仙子		廊坊地区		田秀珍		474113	1445
11488	匪母做寿		武清，廊坊地区	廊坊市	张森		474124	46
11489	杀老缘		廊坊地区	廊坊	张福来		474106	842
11490	为什么属相里没有猫		廊坊地区		任开		474101	1211
11491	人熊的故事		廊坊地区		李树荣		474099	1570
11492	姜三逞强		廊坊地区	廊坊			474159	2291

序号	篇名	民族	流传地区	采集地	讲述者	搜集者	数据库编号	字数
11493	李希山巧训王飞虎		北京城内、北京周围各市县		李树荣		474158	1517
11494	剃头的教徒		廊坊地区	孤山营	李吴氏		474174	1836
11495	二喜打贼		三河县西北	孤山营	李树荣		474136	1596
11496	杨春英当驸马		廊坊地区	卫校	郭士清		474137	510
11497	长工和地主		廊坊地区	廊坊	张福来		474123	1551
11498	孙老头瞧宅		廊坊、武清一带	廊坊	张森		474129	719
11499	小秃成亲		廊坊地区	廊坊	张福来		474107	706
11500	唐人杰舍命寻珠		廊坊地区	廊坊	张福来		474156	2230
11501	呆学生		廊坊市内及周围农村	廊坊	冯增田		474168	3184
11502	傻小子学艺		三河县西北	孤山营	王崇山		474127	1346
11503	毒鱼		京东潮白河畔	孤山营	李树荣		474103	1617
11504	卖妻		廊坊地区	廊坊	张福来		474109	1930
11505	刘罗锅杀太监		北京城内及北方各地	孤山营	李树荣		474065	2998
11506	县官上当		三河县境内	孤山营	李树荣		474162	1201
11507	郭双全急中生智		北京城内、京东三河	孤山营	李树荣		474131	1065
11508	拍马屁		廊坊地区	廊坊	边洪臣		474171	1890
11509	鬼火		三河县西北	孤山营	李吴氏		474141	3148
11510	猜谜		三河县境内	孤山营	李吴氏		474165	2147
11511	皇上伤草		廊坊地区	廊坊	刘建忠		474105	2627
11512	财主和儿子		三河县西北	孤山营	李宝成		474170	3655
11513	王龙和王凤		廊坊地区	廊坊	张福来		474111	2488
11514	刘婆子死前教子		三河县西北	孤山营	李吴氏		474166	1359
11515	好心无义的故事		廊坊地区	周各庄	张大爷		474153	721
11516	秀才和老头		三河县境内	白庄子	谢国玲		474164	2669
11517	县官点名		廊坊市	廊坊	边洪臣		474160	2121
11518	三个姑爷分财产		三河县西北	孤山营	王崇山		474163	783
11519	哥俩和孤仙		三河县西北	白家庄	谢国洞		474149	927
11520	蚂蚁凑字		三河县西北部	孤山营			474100	4116
11521	李志装哑		廊坊地区	孤山营	张福来		474135	1004
11522	刘罗锅智劝乾隆爷		京东各县	孤山营	李树荣		474064	772

序号	篇名	民族	流传地区	采集地	讲述者	搜集者	数据库编号	字数
11523	笑面虎放债		三河西北	孤山营	李树荣		474142	1765
11524	姜小五报仇记		三河县及东北一带	三河县	王朝禄		474134	4161
11525	好媳妇		廊坊地区				474114	1153
11526	秀才除害		三河县西北	白家庄	解国栋		474128	4561
11527	娶和尚		廊坊地区	廊坊	张福来		474132	991
11528	乾隆出兵抢香妃		廊坊地区	孤山营	李树荣		474062	1105
11529	韩信和项羽		河北省北部	孤山营	李树荣		474068	2437
11530	小铜锣		三河县西北	孤山营	李宝城		474117	2152
11531	灭灾星		三河县西北一带	孤山营	刘守华		474139	1663
11532	陈八找牛		廊坊地区	张福来家	张福来		474148	713
11533	西太后厚葬贞妃		河北省北部	孤山营	李树荣		474069	1391
11534	陈少坊死里逃生		北京三河西北一带	孤山营	李树荣		474147	675
11535	王良深山遇蛇仙		三河县东北一带	三河县医院			474152	2598
11536	张知县两断疑难案		三河县西北	北京	李树华		474145	1488
11537	贾学仁忘恩负义		廊坊地区	周各庄	张大爷		474108	1855
11538	缶小子住店		廊坊地区	廊坊	张福来		474138	1352
11539	刘王氏杀猴		三河县	孤山营			474144	422
11540	孙喜财治鬼成羊		三河县西北部	孤山营	李树荣		474143	2265
11541	豆腐王日得百金		三河县城及县部分乡镇		王小静		474150	2759
11542	公鸡蛋		三河县北部	孤山营			474146	685
11543	让三犁		三河县西北	孤山营	吴国林		474154	4044
11544	钱老大开饭铺		三河县西北	孤山营	张唠唠		474169	9904
11545	聋财主		三河县西北	孤山营	李淑珍		474172	1800
11546	抓猴的故事		北京西北及京东各县	孤山营	李树荣		474102	2142
11547	三个姑爷喝酒		三河县	孤山营	聂雨力		474167	1465
11548	哥俩和地主		三河西北	孤山营	梁朝山		474120	767
11549	闺女和侄子		廊坊市、武清一带	廊坊	张森		474130	381
11550	王合休亲		廊坊地区	张福来家	张福来		474118	2219
11551	贤孝牌		廊坊地区	廊坊	张福来		474110	6653
11552	张二力妄占胡娘子		三河县	三河	王晓静		474115	1894
11553	奇姻缘		廊坊地区	廊坊	张福来		474121	3941
11554	长虫讨封		三河西北一带	孤山营	张唠唠		474104	2019

序号	篇名	民族	流传地区	采集地	讲述者	搜集者	数据库编号	字数
11555	肖振清斗洋人		廊坊地区	孤山营	李树荣		474133	2800
11556	财主挑女婿		三河县西北	白家庄	解国洞		474126	1892
11557	吴休打酒		廊坊地区	廊坊	张福来		474125	2103
11558	吃先偏		三河县	北京	李树华		474161	2178
11559	死诸葛治死活司马		河北省境内	孤山营	李树荣		474070	1519
11560	慌张三的故事		河北北部	北京孤山营	李树华		474140	1320
11561	冯玉祥夜袭日本兵		廊坊地区	廊坊	张福来		474061	2576
11562	雍正求子		京东各市县	孤山营	李树荣		474063	1138
11563	二百五和瘸财主		廊坊地区	廊坊	吴学政		474173	619
11564	虎无伤人心人有害虎意					梅文清	474265	616
11565	千里有缘来相会				杨占勋	杨景龙	474214	2012
11566	“儿走千里母担忧”与“十指连心”				柴森	赵相如	474177	953
11567	三个臭皮匠，赛过诸葛亮				柴森		474246	477
11568	亡人盖纸被，一辈留一辈				刘长青		474258	1259
11569	狼心狗肺					缪华	474209	1454
11570	贪心不足倒赔八百					王平山、邵玉娟	474248	1950
11571	同行是冤家				杨占魁	杨畅	474198	761
11572	有眼不识金镶玉				张运才	杨畅、运明	474179	1422
11573	新官上任三把火				李楠	柴扉	474181	1004
11574	各自打扫门前雪，莫管旁人瓦上霜				王大全		474264	3422
11575	助一臂之力					杨畅、明君	474193	608
11576	大水冲了龙王庙——一家人不认一家人				杨进元		474280	293
11577	一文钱逼倒英雄汉				董风鸣	刘满旺	474189	1096
11578	量小非君子，无毒不丈夫				张运才		474253	2110
11579	清官难断家务事					严金凤、曹茌	474187	1912
11580	三十年河东，四十年河西					严金凤	474247	700
11581	解铃还得系铃人				柴森	赵相如	474183	1210
11582	千里送鹅毛礼轻人意重				牛子鸣	赵相如	474184	592
11583	冤家				白天远	梅迎春	474178	3319
11584	张飞卖刺猬——刚强货扎手				朱子鸣		474283	1448

序号	篇名	民族	流传地区	采集地	讲述者	搜集者	数据库编号	字数
11585	借光				刘秀英		474221	907
11586	吕蒙正赶斋——饭后鸣钟					刘德信	474276	873
11587	初生牛犊不怕虎				周娟利	梁挺爱	474213	542
11588	烂膏药贴好肉——自找麻烦				刘彩云	刘军侠、良术	474278	1386
11589	听天由命					陈久满	474217	2174
11590	搽粉进棺材——死爱脸面					王松平	474281	871
11591	老虎屁股摸不得					张寿峰	474208	783
11592	王祥卧冰卧出鱼，李学卧冰扯下皮				刘英		474255	1541
11593	巧媳妇做不出没米的粥				刘秀英	武文萍	474223	1889
11594	仙人一昼夜，世上五百年				马天明	武满山	474251	1708
11595	麒麟送子				封胡氏	杨宝祥	474237	508
11596	两关照				张润香	宋尚学、王鸿莲	474196	1094
11597	画龙点睛与放虎归山				梁相	梁挺爱	474226	514
11598	一日为师终身为父				柴森		474222	650
11599	有钱能买鬼推磨				柴森	相如	474202	1653
11600	一分钱没有逼倒英雄汉				卢桂荣	卢云豹	474188	2283
11601	猪八戒照镜子——里外不是人				张文学		474275	1609
11602	挂羊头卖狗肉					常志年	474206	1125
11603	眼不见最净				阎海珍		474236	1080
11604	不见黄河心不死				周拴	刘凌霜	474231	885
11605	狗咬吕洞宾，不识好赖人				胡存堂		474277	399
11606	妻贤夫祸少				唐培玉	梁挺爱	474203	3023
11607	人是活宝				卢桂荣	云豹	474224	800
11608	狗腿子				于起淮	王小波、张义纯	474239	1173
11609	量小非君子，无毒不丈夫				白富顺	白清柱	474252	770
11610	人闲出故事				陈悦	陈久满	474195	605
11611	贪图小利坏大事					梅迎春	474238	735
11612	贪心不足蛇吞象				张政	梁挺爱	474191	500
11613	虎是虎，只可惜配了个狗脑袋					赵相如	474230	1331
11614	有眼不识泰山				侯英亮	岳维品	474180	578

序号	篇名	民族	流传地区	采集地	讲述者	搜集者	数据库编号	字数
11615	不管三七二十一				武俊山	梁挺爱	474241	2318
11616	听老婆没耳朵				阮福	李新春	474215	1148
11617	不说庄稼好，必定吃得饱				郑有昌	李建海	474260	1091
11618	忘恩负义				王银	马玉娟	474211	1322
11619	不读哪家书，不知哪家理				孙秀锦	李志强	474268	933
11620	儿不嫌娘丑				董树林	董芳	474204	1270
11621	原汤化原食				赵明海		474234	424
11622	有枣一杆子，没枣一杆子				阎文英	相如	474201	1258
11623	秀才不出门，能知天下事				郑有生		474245	615
11624	吃不了兜着走					郭树芳	474207	1400
11625	你动不了我一根汗毛				郑有生	李建海、老杨	474182	1730
11626	从师娘那里学来的				赵明海	相如	474229	897
11627	路遥知马力，日久见人心				田运志		474263	956
11628	孔圣人写书——受女人度化				柴森		474269	1327
11629	一毛不拔				姚曙光	王风华	474219	741
11630	找的挨骂				席桂英	李建海	474240	836
11631	王莽害刘秀——前世有冤					邓云霞、杨畅	474272	663
11632	饥饭甜如蜜				张润勤		474267	2913
11633	宰相肚里能撑船				刘新义	运明、禾丰	474186	694
11634	照猫画虎				武文萍		474232	1067
11635	吃不穷喝不穷，盘算不到要受穷				白桂英		474257	845
11636	好马不备双鞍，烈女不嫁二男				兰彭起		474259	1108
11637	鼓破众人擂				张珍	冷万国、杨畅	474194	768
11638	但行好事，莫问前程				王进升	赵步峰	474249	809
11639	人不可貌相，海水不可斗量				陈祥		474250	905
11640	宁吃过头饭，不说过头话				梅杨氏		474243	1706
11641	我有天财没地财				王素贞	程少林	474218	676
11642	狼心狗肺不久长				马金义	刘凌霜	474210	610
11643	露马脚				韩生贵	赵相如	474176	613
11644	天理良心				张运才	张于杨	474197	650

序号	篇名	民族	流传地区	采集地	讲述者	搜集者	数据库编号	字数
11645	沙里澄金杨六郎				张政	梁挺爱	474228	487
11646	人为财死，鸟为食亡						474262	1474
11647	人外有人，天外有天				兰彭起		474261	701
11648	舍不得孩子套不着狼				赵有富		474233	617
11649	各就各位				卢桂英	卢云豹	474227	1679
11650	姜子牙算卦——凶吉富贵				赵连旺		474270	600
11651	公平交易				吉忠勋		474242	4394
11652	天上一句，地上一句					杨畅	474199	1694
11653	五湖四海皆兄弟				张忠军	王荷清	474225	1081
11654	没良心				杨占勋	杨畅	474205	478
11655	死无葬身之地				张林	张运明	474192	897
11656	横的怕愣的，愣的怕不要命的				赵青山	赵相如	474185	830
11657	好心得好报				宋纪夫		474235	1046
11658	能人背后有能人				牛子鸣	相如	474200	729
11659	扬名留后世				李尚得	孙建永	474212	1650
11660	老虎不吃回头食				刘海		474266	1969
11661	钻进钱眼里					胡圣尧	474190	583
11662	银子不顶饭，财主求穷汉				申龙华	兰文种	474256	946
11663	茶壶里煮饺子——心里有数				梁相		474273	856
11664	知足常乐与乐极生悲				梁录	梁挺爱	474254	1403
11665	张天师被娘打——有法无处使					应文漪	474271	566
11666	长孙膑短庞涓				董云雨		474244	848
11667	大水冲了龙王庙一家人不认一家人				杨进元	李志强	474282	1596
11668	手熟为能				柴森		474220	914
11669	十窍通九窍——一窍不通				刘道周	张良术、刘明阳	474279	488
11670	三句话不离本行					范鹏飞	474216	543
11671	病好打郎中——恩将仇报				李倩莲	张良术、蒋峻坪	474274	720
11672	要江山的故事				杜长山	新文	476487	951
11673	说话不离本行				王志亮		490678	993
11674	富翁失子得子				王玉田		490674	4418

序号	篇名	民族	流传地区	采集地	讲述者	搜集者	数据库编号	字数
11675	李强斩妖除恶				王玉田		490668	1097
11676	采茶女奇案				靳正新		490673	610
11677	猎人的故事				崔小英		490664	569
11678	茄子娶妻				梁银兰		490677	581
11679	欢喜子豁命				王开江		490685	1151
11680	光棍与瓢葫芦				孙胜台		490670	1830
11681	借诗讥师				五保		490686	1150
11682	当扇子				徐玉堂		490672	2172
11683	不信鬼的故事				孙胜台		490667	2677
11684	拙媳妇				梁银兰		490679	1030
11685	蝙蝠和鱼虾				崔小英		490695	2575
11686	假善的故事				梁银兰		490681	1097
11687	小秃斗响马				梁银兰		490676	2525
11688	画中人指点状元儿				梁银兰		490663	1621
11689	郭老辣治鬼				吴小娈		490666	3165
11690	细人见阎王				孙胜台		490669	2768
11691	饥渴与温饱				杨俊强		490692	1548
11692	人长和人短				五妮		490683	1091
11693	牛为嘛没上牙				徐丑货		490696	3347
11694	有缘相会				孙胜台		490665	2353
11695	刁婆婆败家				梁银兰		490690	860
11696	仨女婿对诗						490680	920
11697	神医的故事				霍敏		490682	738
11698	贪心财主变农具				崔小英		490687	4553
11699	不还帐的老师傅				梁银兰		490689	1243
11700	嘎哒学艺				梁银兰		490671	1752
11701	弟兄十个				梁银兰		490688	502
11702	秃尾巴喜鹊和花巴鹰				杨俊强		490694	2076
11703	没脸皮的城隍爷				徐玉堂		490662	871
11704	书生与响马女				梁银兰		490675	2131
11705	蒿子火绳熏蚊子				杨俊强		490684	580
11706	先生与骗子				李凯		490691	709
11707	圣井						494317	3305
11708	罗成头						494312	2331

序号	篇名	民族	流传地区	采集地	讲述者	搜集者	数据库编号	字数
11709	邯郸学步						494318	2716
11710	两个毛遂						494319	2563
11711	一醉三年						494323	2133
11712	邯郸会						494308	2369
11713	鼓山小鬼道						494316	3180
11714	七女扬波						494304	2381
11715	闹秦宫						494311	1776
11716	买鸟放生						494321	2986
11717	吕翁祠“仙笔”						494320	3327
11718	关公点曹兵						494307	2364
11719	忘恩负义的张老三						494324	2540
11720	金娘庙						494306	3450
11721	乐毅的飞刀与接头术						494309	2284
11722	曹操埋在哪里						494313	3486
11723	黄粱梦庙会传闻						494322	4721
11724	管得宽的知府						497441	385
11725	黑山的石门为什么裂了一条缝						497423	300
11726	种种蜂与荞麦						497480	6596
11727	龙潭坑的紫雾						497463	1167
11728	伶俐嫂巧治馋侯疤						497456	783
11729	穿妖洞和棺材山				于秀		497432	1151
11730	麻雀与货郎						497485	5018
11731	君臣赐对联				丁玉		497434	404
11732	慌张女人						497476	1055
11733	鲁班锔塔				李政芳		497433	1677
11734	王刚哥的故事						497482	771
11735	道光私访				景德		497438	1260
11736	知府私访						497442	11456
11737	玉童和金女——月亮和太阳的传说故事						497486	881
11738	花木兰巧破黑山城						497424	1448
11739	皇姑屯				丁玉		497471	2777
11740	猪吃“康”						497426	963

序号	篇名	民族	流传地区	采集地	讲述者	搜集者	数据库编号	字数
11741	宝葫芦的故事						497445	1168
11742	斗公公，戏知县				刘文联		497472	555
11743	狗和猫						497481	2953
11744	“小姑”鸟						497483	873
11745	杨家葱和杨家菜						497484	2213
11746	小金哥				王淑贞		497447	1640
11747	赵匡胤华山输棋						497443	426
11748	连襟对诗						497477	490
11749	纪晓岚设谜				刘文联		497439	231
11750	长城白毛女				张庆廷		497444	490
11751	小妇人难倒纪晓岚				张民		497440	500
11752	捉鲤鱼						497435	506
11753	煮茄子				杨文山		497450	490
11754	九缸十八锅						497425	746
11755	仓子石						497460	1750
11756	奶奶的碗						497455	1383
11757	吃豆崩花						497449	2138
11758	水宫娘娘和汤山				张庆廷		497462	3051
11759	猪头人身的媳妇						497448	485
11760	神农与嫁女的故事						497475	892
11761	人心不足蛇吞象				武云河		497452	1513
11762	白马河的由来						497468	2257
11763	路遥知马力，日久见人心						497451	3434
11764	村姑						497473	2150
11765	巧姐						497474	554
11766	宝葫芦						497446	841
11767	老牛山						497464	690
11768	棺材石						497466	9
11769	王八盖上捞金船						497430	206
11770	滴水崖				孙庆功		497458	2409
11771	和尚看媳妇山				张丙齐		497467	406
11772	锛尖与伙食						497457	1070
11773	康熙皇帝和好奇女						497436	636
11774	妖鬼怕强人						497454	1812

序号	篇名	民族	流传地区	采集地	讲述者	搜集者	数据库编号	字数
11775	汤泉						497427	860
11776	聪明才子				姜玉莲、张庆廷		497479	1957
11777	卸甲营				马洪文		497461	583
11778	珍珠案						497437	2160
11779	仓颉造“秃”字				张秉琪		497453	1419
11780	热河泉						497470	894
11781	秀才做诗						497478	1335
11782	花烛之夜对诗文				陈电	白泉	500010	524
11783	巧帮小男孩				张颜合	白泉	500004	787
11784	解释百家姓				陈电	白泉、青山	500000	1186
11785	再斗荞麦皮				郝俊萍、赵锡贵	白泉、青山	499979	619
11786	都是铜				王国勋	白泉	499996	1206
11787	斗先生				王国勋	白泉、青山	500016	528
11788	挑酒				杨清学	赵树来	500001	611
11789	脑袋长个大疙瘩				王秀荣	白泉	500024	1471
11790	巧治“占不够”				宋学礼	白泉、贺成	499989	1160
11791	羞和尚				王雨田、王子仪	白泉	500019	1287
11792	姑嫂对联				陈电	白泉、青山	500013	1391
11793	比岁数				高兆友	白泉树、来青山	500014	1541
11794	哪天来				李和江	白泉、贺成	499991	985
11795	按本行作诗				鞠守志	白泉	500017	728
11796	三斗“鬼螃蟹”				王存、王溪源等	白泉、刘风琴等	499980	587
11797	斗邪神			付家屯公社龙王庙大队办公室	部长兴	李天驰	500002	1157
11798	吃了饺子又杀猪				杨春茹	白泉、青山	499993	2023
11799	日落我的工				王国勋	白泉	499995	229
11800	细瓷儿和粗瓷儿				张佑鸿	白泉	500020	1230
11801	薅苗				刘风忠	刘效来	499983	1294
11802	猜谜语				王子仪	白泉	499987	550
11803	吃了晚饭该睡觉				刘福	白泉青山	499988	1622
11804	五姑娘三考韩老大				刘品堂	刘福	500025	188
11805	智劝逆子				洪万美	刘立忠	500003	1118
11806	一刀之罪				王国勋	白泉、青山	500022	1011
11807	送幡儿				刘福	白泉	500005	1045

序号	篇名	民族	流传地区	采集地	讲述者	搜集者	数据库编号	字数
11808	一语破恶妇				赵庆	白泉、青山	499999	667
11809	现在凉快了				杨春茹	白泉	499994	777
11810	三气王财包				李春生	李秀英	499982	1088
11811	怪联				赵锡贵	白泉	500027	837
11812	巧计救父女					振川	499984	2438
11813	偏方				孟师付	刘福、白泉	500007	2316
11814	吃鸡				赵锡贵	白泉	499997	726
11815	送粽子				陈电	白泉青山	500012	1055
11816	送贺帖				刘洪图	白泉、刘福	499992	2591
11817	您是“无发根”老爷吧——再斗秃扣鬼				谢合顺	白泉	500006	1809
11818	一缸铜子儿				袁玉兰		499985	889
11819	摔狗				刘力壮	白泉刘福	499990	869
11820	两破赵霸道				李春生、张少吉	李秀英、贾振川	499981	383
11821	让虎吃财主				张树贤		500008	600
11822	买门神				刘洪图	刘福、白泉	499998	1204
11823	智除“小辣椒”				贾振亭、张树贤	振川、石仔等	499986	1215
11824	巧摘吹牛扁				孙瑞江	白泉、贺成	500011	1822
11825	撒粮拖时间				夏金华	白泉	500009	421
11826	狗没肝				孟素兰	白泉、青山	500021	1274
11827	圆梦				贾宝善	白泉	500026	650
11828	赌猪头				王国勋	白泉	500015	1776
11829	聚寳盆						500079	2747
11830	西瓜女						500081	5315
11831	喇叭花						500080	4683
11832	太子岩与扁鹊庙					张兴祥	502852	955
11833	娘娘岗					王九生	502848	1155
11834	一袋烟					张景瑞	502851	952
11835	脚夫赶考					李克俭	502854	3713
11836	葫芦山的故事					春笛	502849	3042
11837	九龙柏					雨田	502845	6321
11838	糊涂与青天					许文进	502850	3859
11839	仙人村					九生、忠凯	502847	2616
11840	宝盆						502900	1237

序号	篇名	民族	流传地区	采集地	讲述者	搜集者	数据库编号	字数
11841	红靛颏						502887	893
11842	白雁				翟秉恒	赵云雁	502878	1289
11843	取巧书生						502884	1872
11844	樵夫驸马					杨志军	502881	1667
11845	横亭大战					肖雨	502862	2695
11846	红嘴儿大蜜桃				杨铁飞		502883	1650
11847	坏包子与嘎串子						502896	1038
11848	王二小的小黑驴					续涛	502865	3660
11849	神船				陈有生	陈九路	502894	1069
11850	龙灯会					吴承西	502873	1767
11851	红媳妇儿					王和合	502890	5504
11852	冯玉祥在廊坊					王建平	502858	1517
11853	石二成					朱云	502866	5331
11854	白玉娘从军					刘佳	502860	1380
11855	砸大缸					刘崇丰	502875	2928
11856	华佗庙					冯增田	502904	2609
11857	杨八姐大破铁甲兵					肖雨	502907	1061
11858	翠蛤蟆						502888	3947
11859	老鸹枕头					红舒	502886	1480
11860	王铁脸					吴承西	502902	1923
11861	财迷					王德良	502882	1581
11862	北方大侠					晓艾	502911	2159
11863	一寸美人					刘乃儒	502885	2595
11864	城隍庙					陈广利	502899	2948
11865	震清兵					刘崇丰	502869	1928
11866	卧牛岗						502901	2458
11867	金高粱					齐自祥	502880	2609
11868	黄莲山					翟公福	502895	3590
11869	莲花刀					任家绪	502879	1200
11870	黄蛤蟆					王树松	502893	4967
11871	水淹马财主					高祥	502864	3889
11872	草桥				王连海	朱云	502909	2465
11873	河西务的故事					高勤	502903	2556
11874	废物李					高祥	502863	1646

序号	篇名	民族	流传地区	采集地	讲述者	搜集者	数据库编号	字数
11875	刘琨征北					赵云雁	502859	5908
11876	聚燕台				孟宪臣等		502857	2264
11877	死不了					鸿咏、文铸	502905	2977
11878	荷花衣					赵云雁	502874	6118
11879	一枚铜钱					孙淑敏	502906	2646
11880	人参的故事					周剑明	502897	2845
11881	桐哥和凤妹					付德友	502868	2106
11882	张良戏长工					翟公福	502877	3360
11883	老团						502856	1449
11884	一台电影机——刘少奇同志故事之二			抚宁县文教局	朱宏杰	唐家君	503608	2047
11885	送种猪——刘少奇同志故事之一			抚宁县文教局	孙本荣	袁炳成	503607	1835
11886	五女历险			宋庄乡文化站	孙本荣	孙瑞洁	503826	2098
11887	不见黄河不死心			柳各庄乡赵各庄村	陈兴发	陈秀丽	503872	1684
11888	李三公子			东贺庄乡陈庄村	陈景德	朱宏杰、张义纯	503813	1263
11889	人鱼姑娘			台营六村	侯银普	张义纯、朱国友	503861	811
11890	老三娶妻			东新乡寨捎弓寨	张玉华	安希彬、张义纯	503806	1201
11891	蚕王的传说			北寨村	呼尚珍	金惠锦	503834	1850
11892	男人为啥娶一个老婆			北寨乡中	赵俊美	董文	503803	1130
11893	一躺钱			东贺乡夕阳口村	杨连壁	岳儒	503835	1012
11894	李善人成仙			东新寨乡捎弓寨村	赵新田	崔阁平、张义纯	503800	1141
11895	宝葫芦			拦马庄乡李新庄村	王桂兰	赵士存	503812	986
11896	进宝状元			东新寨乡捎弓寨村	赵新田	安希彬、张义纯	503814	973
11897	王小拾柴			留守营敬老院	栗国林	袁炳成、郭永春	503849	2131
11898	人心不足蛇吞象			下庄乡齐各庄	惠素侠	杜学敏	503853	1064
11899	李花儿寻桃			北寨乡北寨村		王素娟	503798	897
11900	老虎兄弟			东贺庄乡陈庄村	陈凤阁	张义纯	503840	1233
11901	王大汉像的来历			坟坨乡旧县村	赵庆祥	袁炳成	503801	849
11902	傻小子做皇上			驻操营村	刘顺庭	刘少军	503831	1053
11903	孝子成仙记			北寨乡北寨村	周长柱	周汉好、张雅荣	503816	1562
11904	王氏接生			宋庄乡政府	孙本荣	孙瑞洁	503845	2925
11905	地主和牧童			柳各庄乡扶岩沟村		朱国友	503827	2596
11906	慌张三儿			东新寨乡安庄村	李素兰	安希彬、张义纯	503865	467

序号	篇名	民族	流传地区	采集地	讲述者	搜集者	数据库编号	字数
11907	鬼谷子			上庄坨乡秋子峪村	于起淮	王小波、张义纯	503870	2301
11908	歪脖子人参			坟坨乡纸房村	高景田	袁炳成	503838	1465
11909	寻宝记			义院口村	史景和	涂忠华	503828	847
11910	有理和无理			北寨乡安屯村	杨树章	杨成	503817	821
11911	丈二韭菜黄雀衣			冯庄乡冯庄村	冯守义	王树森、张义纯	503825	2501
11912	养花女			留守营乡四照庄村	孙本荣	孙瑞洁	503815	1541
11913	金莲			宋庄乡沿沟屯村	邹素芝	樊瑞芳	503839	565
11914	“狼心狗肺”的由来			北寨乡北寨村	陈艳秋	张义纯	503873	3483
11915	太仙			留守营敬老院	栗国林	李继臣、唐家君	503860	1123
11916	枣核			上庄坨乡秋子峪村	于起淮	王小波	503796	1189
11917	狐妻			北寨村	呼尚珍	金惠锦	503841	1796
11918	生死姻缘			上庄坨乡秋子峪	于起淮	王小波	503869	1107
11919	阴阳巧配			东新寨乡捎弓寨村	张玉华	王树森、张义纯	503859	1816
11920	屁屁香			杜庄村	王会珍	赵长久、孙本荣	503805	1154
11921	石头下地肥三年			杜庄乡杜庄村	马福春	赵长久	503858	1228
11922	忘恩负义的故事			上庄坨乡秋子峪村	何月霞	王小波	503799	1342
11923	懊恨鸟			台营乡六村	侯银普	陈利国、张义纯	503851	3837
11924	修好积德			驻操营乡董家口村	陈素舫	刘绍军	503819	542
11925	魔棒			台营乡一村	王立国	朱国友	503848	622
11926	巧断康七案			北寨乡北寨村	赵秀峰	张义纯、韩宝华	503832	1089
11927	珍珠泉			吕梁峪乡郭庄村	陈丽华	陈新民	503811	930
11928	灯花姑娘			北寨乡安屯村		刘玉红	503823	2132
11929	榨海石			上庄坨乡秋子峪村	于起淮	王小波	503809	3685
11930	打纸人			留守营乡敬老院	栗国林	郭永春、唐家君	503875	577
11931	滑蛋和二丑			抚宁二中		张艳华	503810	1727
11932	小青			北寨乡	赵庆喜	赵忠成	503842	4042
11933	难忘的一课——朱德同志故事之二			抚宁县文教局	郑庆魁	唐家君	503611	2522
11934	炊帚疙瘩、门钉吊和大马猴的故事			抚宁县		吴环露	503850	2207
11935	深情——朱德同志故事之四			抚宁县地方志办公室	佟涛	佟涛	503613	2211
11936	狐姑娘			北寨乡中学	赵俊美	郭永春	503844	3846
11937	牡丹花的故事			抚宁文化馆	于剑萍	郭永春、袁炳成	503847	837

序号	篇名	民族	流传地区	采集地	讲述者	搜集者	数据库编号	字数
11938	牛倌得宝			柳各庄乡扶岩沟村	李义祥	郭永春	503830	2385
11939	二小挖棒槌			东贺庄乡陈庄村	周连贵	张义纯、唐家君	503836	1313
11940	孤魂报恩			驻操营乡	彭玉华	张义纯	503864	1474
11941	宝珠			抚宁二中		马江	503797	2038
11942	张鳖古			东新寨乡捎弓寨村	赵新田	安希彬、张义纯	503854	1490
11943	朱老“失踪”——朱德故事之一			抚宁地方志办公室	佟涛	佟涛	503610	1823
11944	红孩儿和小虎			坟坨村	吴景兰	袁炳成	503837	1485
11945	青松和枯草			麻姑营乡政府	郭秀华	韩守川	503802	1014
11946	阎王的嘴是咋歪的			北寨村	郑印珍	韩宝华、张义纯	503863	5008
11947	张善行败家			宋庄乡	孙本荣	刘英杰	503822	1640
11948	小巴狗和燕宝石			抚宁县图书馆		宋辅盛	503856	945
11949	泥盆献宝			县文教局	孙本荣	唐家君	503824	621
11950	玉白			柳各庄乡赵各庄村	陈炳信	郭永春	503808	778
11951	惊梦悔罪			东新寨乡东新寨村	吕绪春	唐家君、郑庆魁	503821	2064
11952	小白龙的传说			上庄坨乡	赵万会	赵海燕	503807	643
11953	月老配夫妻			驻操营乡东王庄村	王忠林	张义纯	503818	1611
11954	张申告状			留守营敬老院	栗国林	郭永春、丁连斌	503868	1083
11955	灰姑娘			坟坨乡王家湾村	王秀华	王春艳	503829	1673
11956	奇生			北寨乡迷务村	李艺	李秀伟	503866	1384
11957	虎妻			台营	张素珍	耿春萍	503862	672
11958	冷如冰打鬼			上庄坨乡小刘庄村	杜井山	杜秋山	503867	965
11959	小燕报恩			台营六村	吕淑华	王霞	503855	3578
11960	虎口屋			台营六村	侯银普	陈利国、张义纯	503857	2953
11961	厨师与判官			东新寨乡岚山村	赵秀贞	王树森、张义纯	503874	511
11962	可口的午餐——朱德同志故事之三			抚宁县地方志办公室	佟涛	佟涛	503612	2204
11963	浇菜园——刘少奇同志故事之三			抚宁县政府	佟涛	郭永春、唐家君	503609	942
11964	昏君蛋			猩猩峪乡田家沟村	田子学	张义纯、田子安	503833	1205
11965	快手姑娘			双岭乡落轮峪村	袁忠贤	党立华、张耀兴	503804	4101
11966	有缘千里来相会			台营六村	吕淑华	王霞	503852	864
11967	奇怪林			台营六村	侯银普	丁连斌	503846	558
11968	“纸”牛			东新寨乡安庄村	安亭山	安希彬、张义纯	503820	919

序号	篇名	民族	流传地区	采集地	讲述者	搜集者	数据库编号	字数
11969	狐仙			庄河乡	朱桂芹	张淑敏	503843	1320
11970	宝棒			坟坨乡旧县村	赵江红	赵新红	503871	1284
11971	春雨纷纷送郎君				何进男	唐长俊	503888	846
11972	抬杠				刘贺祥	齐秀玲	503889	875
11973	韩老大吃饭遭白眼，祝老八猜谜挨作弄			唐山市开平区前于家店	田世农		503878	1026
11974	吃快鱼头尾两节，拔麦子东西两头			唐山市开平区前于家店	佟桂芬		503881	436
11975	夸马				薄贯中	齐秀玲	503920	436
11976	不给伙计吃豆腐，就让东家减收成			唐山市开平区前于家店	于志明		503882	706
11977	说笑话				刘振起	齐秀玲	503892	317
11978	秀才卖瓜				郑明生	郑淑香	503921	661
11979	捉虎成亲				金泽	刘福、白泉	503883	1042
11980	两个举子访三苏				赵树勋	陈电、白泉	503887	474
11981	赢银				邝思恒	唐长俊	503891	528
11982	大道上拉屎的“狗”				张连红	贾振川、阎剑冬	503884	568
11983	拜访亲家母				崔新兰	齐秀玲	503893	819
11984	钱买烧饼吃了				陈作如	刘福	503922	654
11985	东家上房打眼罩，伙计下班喘口气			唐山市开平区前于家店	于化龙		503880	592
11986	袁常宝		藁城一带	耿村街头	靳言根		504561	1314
11987	豁子和烂鼻子		耿村一带	耿村	张瑞彩		504597	584
11988	哥仨告状		藁城一带	耿村	张才长		504645	538
11989	青蛤蟆娶亲		冀中一带	三刚家	靳三刚		504552	223
11990	红狐仙的故事		藁城一带	耿村	董彦娥		504557	368
11991	百草坡		藁城县一带	朋学	张振贤		504558	713
11992	张三赶考		藁城一带	耿村	张振贤		504556	707
11993	状元认妹		耿村一带	耿村	孙胜台		504586	1138
11994	受害求签		耿村一带	耿村	梁银兰		504627	2282
11995	姚二拐河南行义		晋县、藁城一带	耿村	靳言根		504585	566
11996	傻二顺抢亲		耿村一带		靳正新		504590	434
11997	砂锅记		耿村一带	耿村	靳正新		504569	690
11998	吴双记		藁城、晋县一带	耿村	张振贤		504574	1697

序号	篇名	民族	流传地区	采集地	讲述者	搜集者	数据库编号	字数
11999	双锁柜		冀中一带	王仁礼家中	王仁礼		504572	692
12000	瞎闺女相亲		藁城一带		梁银兰		504595	1100
12001	五鬼撇刘氏		藁城一带	耿村	孙胜台		504542	810
12002	高家兄弟		藁城一带	耿村	梁银兰		504603	800
12003	象棋大王		藁城县耿村一带	耿村	靳中起		504607	3850
12004	笨大嫂		耿村一带	耿村	靳正新		504624	889
12005	仨瞎子比眼		藁城一带		张振贤		504598	1451
12006	张古董和李假勺		耿村一带	耿村	靳正新		504608	608
12007	父女误会		藁城一带	耿村	刘自然		504637	909
12008	医诗		藁城北楼乡一带		王玉田		504617	1091
12009	“不还帐”和“最难缠”		藁城东南一带	讲述人家中	靳正新		504609	703
12010	药王的故事		耿村一带		董艳娥		504625	1190
12011	睁眼瞎教书		耿村一带		张才才		504612	592
12012	势利眼		耿村一带	耿村	靳正新		504610	874
12013	杨马虎吃红豆腐			耿村	靳正新		504620	1179
12014	二混头白吃		藁城一带	耿村	靳正新		504669	1057
12015	燕子和蛤蟆的来历		藁城一带	耿村	靳朝卿		504535	1314
12016	智赚生意人		藁城东南	耿村	王玉田		504651	350
12017	请先生		冀中一带	耿村	吴小俊		504667	855
12018	拱灵道		藁城一带	耿村	孙胜台		504518	359
12019	财迷县官儿		耿村一带	耿村	靳计申		504666	2771
12020	怒除黄蛇精		耿村一带		张振贤		504513	2649
12021	县太爷要钱		耿村一带	耿村	靳正新		504661	686
12022	哭灵		耿村一带	耿村	张才才		504654	792
12023	串亲戚		藁城城东一带	耿村小学	臧五臣		504672	1112
12024	王八搬家，老实发财		藁城一带	耿村	孙胜台		504544	1969
12025	说二话		藁城县耿村一带	耿村	孙胜台		504621	311
12026	戛小子		河北一带	耿村	靳言根		504538	428
12027	李二愣三打黄鼠精		藁城一带	耿村	靳正新		504543	802
12028	白玉花		藁城一带	藁城县耿村	梁银兰		504524	1175
12029	少管闲事		藁城一带	耿村	徐全振		504668	513
12030	知更雀搬窝		耿村一带	耿村	王仁礼		504534	2366
12031	刘二粪叉子的故事		耿村一带	讲述者家里	吴小俊		504523	1607
12032	找后门		城藁一带	耿村	王玉田		504644	723

序号	篇名	民族	流传地区	采集地	讲述者	搜集者	数据库编号	字数
12033	坐福等福		藁城县城南一带	耿村	靳言根		504520	757
12034	砸秤杆		藁城东部	耿村	龚领从		504634	2601
12035	推盆人住店		耿村一带	耿村	靳三刚		504525	1825
12036	状元修庙治皇姑		耿村一带	耿村	梁银兰		504587	1796
12037	可笑天下正经人		藁城东部地区	耿村	张才才		504635	794
12038	无头奇案		耿村一带		靳正新		504584	797
12039	小三分家		耿村一带	耿村	靳言根		504522	595
12040	蚰蜒精		耿村一带	孙胜台家	孙胜台		504547	771
12041	鬼与仙		耿村	耿村	靳景祥		504640	601
12042	阴间和阳间		耿村一带	耿村彦娥家	董彦娥		504537	571
12043	蛤蟆变皇姑		耿村一带	侯国国家	侯国国		504550	2224
12044	过独木桥		藁城境内	藁城县耿村	徐大汉		504653	2355
12045	吸烟人没出息		藁城县城南一带	耿村	靳言根		504638	597
12046	赎婆婆		藁城一带	孙胜台家	孙胜台		504626	461
12047	好生气的人		耿村一带	耿村	靳正新		504622	908
12048	仨女婿对诗		冀中一带	藁城县北楼乡耿村	靳满良		504619	1001
12049	张九成赶考		藁城一带	耿村	吴小俊		504602	772
12050	鸡脸儿		耿村一带	耿村	王玉田		504650	983
12051	刘半仙卦误张生		藁城一带	耿村	徐丑货		504639	828
12052	四个女婿吹大话		耿村一带	耿村	靳正新		504618	1038
12053	卖画人巧治坑人店		冀中一带	耿村	靳正新		504646	5155
12054	交朋友		耿村一带	耿村	王玉田		504652	544
12055	抢坟		藁城一带	藁城县耿村	梁银兰		504629	4108
12056	柏树村		藁城东部一带	耿村讲述者家	孙胜台		504566	1511
12057	三人遇鬼		耿村一带	耿村	靳景祥		504641	4324
12058	县官明断		冀中一带		张才长		504589	1131
12059	抬杠铺		耿村		靳正新		504670	901
12060	老先生接诗		藁城东部一带	耿村	靳正新		504662	725
12061	车轴先生		藁城县东南部	讲述人家中	王仁礼		504613	449
12062	狐仙搬家		藁城县一带	耿村	梁银兰		504567	1619
12063	桃花女破周公		藁城县一带	耿村	张兰琴		504515	1202
12064	傻小子学话		藁城耿村一带		靳景祥		504591	862
12065	王半仙掌击狐子精		河北省部分乡村	耿村	董彦娥		504565	422
12066	一个更比一个大		藁城东部一带	耿村	靳正新		504655	2303

序号	篇名	民族	流传地区	采集地	讲述者	搜集者	数据库编号	字数
12067	丑八外传		耿村	耿村	张才长		504604	1763
12068	新媳妇巧破案		藁城耿村		王玉田、徐全振		504577	735
12069	三女敬父		耿村一带	耿村	董青娈		504631	386
12070	小三儿卖马		藁城一带		梁银兰		504593	1403
12071	一条绸裤		耿村一带	讲述人家中	郝美娥		504659	1849
12072	古画的传说		河北一带	耿村	靳景祥		504546	3514
12073	扬州观花		藁城一带	耿村	董彦娥		504517	1294
12074	大脚丫子		冀中一带	耿村	靳正新		504656	2846
12075	县官巧断鸡案		耿村一带	张才长家	张才长		504580	925
12076	五子登科		藁城县一带		张振贤		504573	700
12077	俩公子问道		耿村	耿村	张才长		504660	900
12078	僧人道人老太太		藁城、晋县一带		靳景祥		504663	1084
12079	赵大剂和夜明珠		藁城县一带	耿村	张振贤		504559	469
12080	谷秀彦害嫂		耿村一带	耿村	张振贤		504575	270
12081	偷听祸福		冀中一带	耿村	王仁礼		504527	1517
12082	火烧蚰蜒精		藁城一带	耿村	梁银兰		504553	1329
12083	巧治姐夫						504512	2631
12084	小三和妖女		藁城一带	耿村	靳言根		504548	396
12085	送红帖儿		藁城县东南部	王仁礼家	王仁礼		504601	2309
12086	杨林标吃蹭饭		耿村一带	耿村	王仁礼		504648	914
12087	馋嘴婆		藁城一带	耿村	马小丑		504665	693
12088	狐子和猫是一家		藁城耿村一带	耿村	靳景祥		504564	400
12089	小三和龙女		耿村一带	耿村	靳言根		504510	1162
12090	麻子李二巴		耿村一带		靳正新		504594	488
12091	胆大		藁城县一带	耿村	彭凤书		504539	674
12092	抽鼻子妮儿		耿村一带	讲述人家中	梁银兰		504592	5164
12093	劈狐精		藁城城东一带	靳言根家	靳言根		504568	979
12094	龙子除害		耿村一带	耿村	徐丑货		504511	678
12095	宝贝石缸		耿村一带	耿村	靳满良		504529	4978
12096	泰安神州游记		冀中一带	讲述人家中	靳正新		504555	1915
12097	郑氏巧治齐王		藁城县境内		靳景祥		504588	2699
12098	驴下牛		冀中一带	耿村	靳正新		504658	2060
12099	治县官		藁城东部地区	耿村	靳六苟		504636	5323
12100	张医生治病		藁城县境内	耿村	靳景祥		504605	500

序号	篇名	民族	流传地区	采集地	讲述者	搜集者	数据库编号	字数
12101	紫金箱		藁城县	耿村	靳景祥		504614	2875
12102	古董女婿		耿村一带		靳言根		504647	521
12103	不孝夫妻遭雷劈		藁城一带	耿村	英华		504630	6161
12104	火烧程阎王		藁城县一带	耿村	靳景祥		504560	583
12105	夫妻捎书		藁城县一带	藁城县耿村	王正礼		504600	1356
12106	小泥人成精		藁城东部地区	孙胜台家	孙胜台		504545	941
12107	鸡相公		藁城一带	耿村	靳满良		504551	1863
12108	巧断争亲案		冀中一带	耿村	靳延会		504581	1397
12109	孙秀香还阳		藁城一带	讲述者家中	靳景祥		504540	736
12110	县官断案		藁城县一带	耿村	靳景祥		504579	1923
12111	染布王还愿		藁城县一带	耿村	靳言根		504530	434
12112	斗狐仙		藁城一带	耿村	庞玉敏		504562	1745
12113	黄金蛋		藁城一带	藁城县耿村	王仁礼		504526	516
12114	小孩遇险报案		藁城	藁城县耿村	刘翠苹		504582	610
12115	打柴奇遇记		冀中一带	讲述人家中	靳正新		504528	422
12116	没福头拦风水		耿村一带	耿村	靳正新		504519	409
12117	怕老婆		藁城一带	耿村	靳景祥		504664	1576
12118	震动病		藁城一带	耿村	张振贤		504571	556
12119	小佛爷看病		藁城一带	王仁礼家	王仁礼		504642	2689
12120	傻二楞与狐仙		藁城一带	藁城县耿村	靳满良		504563	595
12121	双吊还阳配		藁城县一带	耿村	张振贤		504570	833
12122	黑白老道		藁城一带	耿村	徐丑货		504516	974
12123	虱子告状		耿村一带	孙胜台家院内	孙胜台		504532	3065
12124	戏迷		藁城县北楼乡一带	耿村	张才长		504623	538
12125	奇怪林		耿村一带	耿村	董彦娥		504554	608
12126	三姓庄		藁城一带	耿村	张才长		504628	768
12127	老道化缘		藁城东部	耿村故事会	张才才		504643	1284
12128	老鸹说媒		耿村一带	耿村	董彦娥		504536	1199
12129	柳树精作怪		藁城一带	耿村	梁银兰		504549	665
12130	怪事奇案		耿村一带	耿村	靳满良		504583	1917
12131	武老大复活		耿村一带	耿村	靳正新		504541	1193
12132	小掌柜养仙		冀中一带	梁银兰家	梁银兰		504521	1981
12133	绿豆蝇告状		藁城东部	耿村	张翠琢		504633	1993
12134	献计教子		藁城、晋县一带	耿村	张振贤		504514	605

序号	篇名	民族	流传地区	采集地	讲述者	搜集者	数据库编号	字数
12135	小寡妇哭丈夫		耿村一带		张才长		504596	831
12136	狼精的故事		华北一带	耿村	吴小俊		504531	658
12137	公公让贤		冀中一带	靳正新家中	靳正新		504578	4052
12138	拔旗		冀中一带	耿村	周云喜		504606	895
12139	箱子里装小偷		耿村一带	承德市	靳景祥		504576	1581
12140	屎可螂对诗		藁城一带	耿村	张兰琴		504533	494
12141	秀才与店家		藁城一带	耿村	董彦娥		504611	1197
12142	懒老婆		藁城东南一带	耿村	徐大汉		504599	525
12143	哥仨学艺		藁城一带		王仁礼		504616	980
12144	天雷劈孝媳		藁城南部一带	耿村	张才长		504632	2429
12145	修仙		藁城县	耿村	靳景祥		504615	240
12146	大年三十好大雪		耿村一带	耿村人	靳正新		504649	828
12147	三个老汉比胡须		耿村一带	讲述者家中	靳正新		504657	2767
12148	土财主坐轿		耿村一带	耿村	徐丑货		504671	552
12149	七十二营的由来					陈江	507633	352
12150	孙悟空行风布雨		保定一带		张瑞英		507598	735
12151	张义打柴				马义		507601	172
12152	乌龟壳上的裂纹						507614	215
12153	错配夫妻巧成亲					张素英	507599	784
12154	鱼笛						507597	607
12155	春龙节					岳一中	507635	129
12156	请客					刘崇丰	507606	2693
12157	满仓节					岳一中	507634	2945
12158	狡猾的狐狸						507615	910
12159	转向						507631	3159
12160	公鸡与青蛙						507612	3266
12161	主要作品						507639	504
12162	好心得到好报应				马文藻	岳一中、吴景春	507604	878
12163	金猪				赵连甲	赵福和	507596	218
12164	大北尹的来历					王克敏	507632	295
12165	三姑爷对诗			杨税务	韩存智	晨望	507609	305
12166	长工斗财主		廊坊一带		刘汉侠	张书英、张德侠	507603	454
12167	报节鸟				王文	冯新广	507611	260
12168	中医巧对		河北宣化一带		张子材	郝静	507602	370

序号	篇名	民族	流传地区	采集地	讲述者	搜集者	数据库编号	字数
12169	柳强筑堤				刘信	王克江于凤鸣	507600	694
12170	县官审案		河北廊坊一带		孙绍功	刘崇丰	507607	259
12171	懒汉种谷		廊坊一带		高福旺	王海波	507629	662
12172	鹌鹑的尾巴为何是秃的						507613	326
12173	“万能”教子		廊坊马柳乡		李东山	孙殿帮	507608	792
12174	争强逞能						507630	326
12175	神马				邢大关	张耘	507595	521
12176	椿树的传说		廊坊一带		张子孝	刘新、王文玉	507610	2325
12177	不愿为土匪办事的阿訇	回族			班国政	岳一中	507605	489
12178	射苍龙					张耘	507594	428
12179	神仙送米						508310	961
12180	府官绕城						508313	416
12181	南星出世						508311	819
12182	小三分家						508338	312
12183	一块黑铁的故事						508348	380
12184	秀才答题						508344	1062
12185	金钥匙的故事						508346	332
12186	对答阁老						508319	1300
12187	张大胆治虎						508345	559
12188	烤柏灵火						508337	1483
12189	单穗麦						508340	345
12190	二保学艺						508339	467
12191	惩罚土地						508314	1152
12192	打黄狼						508351	695
12193	槐沙河						508336	825
12194	凤凰城						508335	371
12195	绣花腰带						508349	552
12196	巧保海瑞						508317	859
12197	南星出题						508321	1299
12198	赵南星拔橛						508315	2673
12199	店家判案						508341	300
12200	柳荫遮日						508312	1010
12201	黑猩猩的故事						508350	1192
12202	一坑银水						508347	724

序号	篇名	民族	流传地区	采集地	讲述者	搜集者	数据库编号	字数
12203	初下考场						508316	593
12204	为民奏本						508320	291
12205	智选翰林						508318	303
12206	砖塘墓						508343	375
12207	张义的故事						508342	405
12208	发配代州						508323	392
12209	审问强盗						508322	235
12210	医生的弟弟				曹景迎		516028	411
12211	盼子得怪						515995	670
12212	雨亱惊魂						515984	1771
12213	蜥蜴精						515994	367
12214	太阳和月亮						515992	579
12215	陈大秃败家记				左德祥、陈松寿		515980	1079
12216	海鸥的传说		海堡一带				515973	225
12217	海母娘娘的传说				李长发		515975	1067
12218	“望海石”的传说		海堡一带		张义田		515971	866
12219	“雁过拔毛”的由来				王泽善、刘云生等		516018	703
12220	打灾				徐忠士		516022	901
12221	秃尾龙的传说				陈瑞萍		516004	584
12222	关爷庙搬家				曹茂官		516009	616
12223	狼心狗肺的由来				姬玉兰		516002	772
12224	高宝珍卖大洼		天津南部、歧口一带		刘鹤林		516021	215
12225	倒着讲				董占阳		516034	357
12226	知县赶城隍				王匀符		516011	506
12227	恩将仇报				李学东		516025	3648
12228	铁骨好汉杨殿四				杨晓光		515966	261
12229	私访羊三木				方金铭		516019	491
12230	渔鼓				杨宝山		516031	1573
12231	水葬海匪				刘鹤林		515965	631
12232	海堡的产生				王义容		515970	738
12233	飞仙剑侠贾云鹤				贾博生		515969	2116
12234	仙女下凡		子牙河一带		刘老连		515998	4431

序号	篇名	民族	流传地区	采集地	讲述者	搜集者	数据库编号	字数
12235	獾窝李的由来				代万龙		515989	4248
12236	小铁橛				姜泽普		516035	878
12237	滕德厚捉拿“海里蹦”		沧东一带		滕连云、滕仁恕		515968	1814
12238	气死驴				石连正		516033	573
12239	后妃“选美”				张龙甲		515978	539
12240	风俗不同				方金铭		516037	720
12241	独胆入虎穴生擒马锡鸪				高凤格		515960	496
12242	莫要半途而废				张德峰		516026	695
12243	苇洼枭雄冯冠奎				刘金发、马建成		515963	5579
12244	袁半仙轶事				文达		515982	459
12245	赵博生的故事				孙毅、赵恩鸿		515959	1268
12246	冯殿林单臂斗顽敌				冯坤		515967	3928
12247	长芦盐传说		黄骅沿海一带		方金铭		515997	2859
12248	光棍汉与老鼠				刘跃峰		516024	272
12249	高允和丑妻				石连正		515985	2674
12250	打灶王				曹茂官		515988	360
12251	燕子的胸脯为什么红				孟凡如		515979	317
12252	牛为什么光吃草				高玉珍		516013	5912
12253	狂生				王匀符		516012	8749
12254	阎王奶奶请医				张清顺		515990	474
12255	蔡瘸爷的故事				杨晓光		516030	663
12256	土地爷赌博		官庄一带		刘振海		516008	596
12257	袁半仙傳奇				赵金岭	冯宝麟、王又青	515981	713
12258	称上的星星		海堡一带		田增瑞		516006	2863
12259	渤海滩上的“孔乙己”				张龙甲		516029	804
12260	顺钱治百病						516001	5170
12261	“懒媳妇”鱼的由来		海堡一带		赵青章		515972	318
12262	天井石与九女河						516017	673
12263	王黑杀狗				张文庆		516023	930
12264	南蛮取宝传说				郭从先		515991	21266
12265	胡县长与王绅士				曹茂官		516010	649
12266	和尚圆夢						516015	502
12267	两条玉带的传说				刘金腾		516014	973
12268	咬金指				丰炳银		516016	527

序号	篇名	民族	流传地区	采集地	讲述者	搜集者	数据库编号	字数
12269	黑驴之死				刘长春		515993	527
12270	站着吃				方金铭		516039	430
12271	买彩票				赵金榜		516038	1219
12272	耳朵在口袋里				李元春		516036	663
12273	王花庄的由来				翟浩珍		516005	844
12274	沧东四霸斗雌雄		沧东一带		杨晓光		515976	1450
12275	怒打泥神				滕金恒		515983	7748
12276	海神娘娘				吴明柱		515974	253
12277	龙狐王四海的传说				郭从先		516003	654
12278	一麦九穗的传说				冯景凯		516000	720
12279	龙洼的传说				邸德云		515996	3085
12280	纪晓岚出世				刘凤廷		515986	1636
12281	一歌道破父子情				王献民		516032	814
12282	匪口炼狱记				刘永泉		515964	647
12283	双枪将威震敌胆				张九江		515961	922
12284	巧媳妇				高玉珍		516027	576
12285	巧夺据点				刘鹤村		515962	4938
12286	禅林寺劫驾				张明标	马建成、曹淑敏	515977	348
12287	火烧小辛庄始末		沧州沿海一带		王徐庄		516020	919
12288	刘若曾轶事				刘树斌		516007	957
12289	郑家坟的破灭						515999	1610
12290	蛤蟆坑				王匀符		515987	1238
12291	锅没丢					浩歌	516877	1086
12292	懒汉					李民	516878	381
12293	古怪张和聪明的三儿媳妇					刘兰秀	516863	231
12294	小东西战恶狼		清苑县、蒲洼、后铺、草桥一带		张建甫、张建雪	浩歌	516850	397
12295	大头鬼和长脖鬼		清苑县、解庄、庞庄、后铺一带		解克欣、解凤霞	浩歌	516862	737
12296	李忠和妻子		清苑、蠡县一带		姜秀英	浩歌	516855	960
12297	孤女坟		清苑县、清凉城、全昆、邓村一带		王长全	浩歌	516861	168
12298	笑话三则					刘今声	516876	1194
12299	学俏					刘春河	516867	551

序号	篇名	民族	流传地区	采集地	讲述者	搜集者	数据库编号	字数
12300	皇帝废旨		清苑县、南杨桥、东孟庄、徐庄一带		张大山	浩歌	516846	2130
12301	秀才写诗骂地主					霞光	516864	1706
12302	谁是孝子					刘春河	516866	1402
12303	真本事					浩歌	516873	1029
12304	差一点					张连云	516872	827
12305	砸锅贼					刘文俭	516874	2733
12306	神医				张新昌	李春佐	516849	2317
12307	要钱不要命					张义林	516854	2290
12308	八月十五砍金树		清苑县、大庄、后铺、草桥一带		刘杨尔、宋庆伟	浩歌	516859	1630
12309	找楼角					浩歌	516875	246
12310	诗童刘晋					樊新旺	516847	1792
12311	和尚和尼姑				田蒿村、张明云	汪友谊	516856	830
12312	赵义斩蛟				刘文焕、樊达等	张连云	516844	1723
12313	秃娘娘的传说					翟建新	516860	289
12314	除妖龙		清苑县、韦各庄、河北庄、李庄一带		马凤玲、马俊芳	浩歌	516852	380
12315	虾助鲤鱼跃龙门				刘文祥	霞光	516837	448
12316	二来的婚事		清苑一带			冯铸鑫	516845	371
12317	杨神三				马小锁	刘君健	516853	1600
12318	白菊仙子					李瑞果	516843	267
12319	虎子除妖		清苑、高阳一带		李兰增	浩歌	516839	312
12320	说大话的人					樊新旺	516869	618
12321	抬驴					刘文俭	516871	1316
12322	文姐					王树林	516858	346
12323	家父没了					浩歌	516868	280
12324	牛秀才吟诗训子					霞光	516851	1177
12325	少说为佳						516865	230
12326	找真神的故事					魏海军	516841	771
12327	王八乌龟结亲家					张义林	516838	768
12328	鸦		清苑县、宋村、翟庄、南王庄一带		魏更臣	浩歌	516842	1125

序号	篇名	民族	流传地区	采集地	讲述者	搜集者	数据库编号	字数
12329	关于月亮的传说		清苑县、韦各庄、营头、田蒿一带		马艳玲、冯国芹	浩歌	516840	1018
12330	教的曲儿唱不得					浩歌	516870	543
12331	红苹果和绿苹果		清苑县东闾、清凉城、宋村一带		张成会、张保幸	浩歌	516857	697
12332	乌龟的妙计		清苑县、大庄、小庄、草桥一带		杨二仲、张宠昌	浩歌	516848	570
12333	灵媳妇					王艳林	517093	5781
12334	掀帘战术				李广法	李泽有	517113	1905
12335	鸦鹊打赌				郭玉茹	李泽有	517105	897
12336	拣好道走				李泽芝	李志锋	517130	1085
12337	县令巧断三十两				郭玉茹	郭凤彩	517088	1162
12338	大王和二王				卢玉苍	卢秀彪	517051	796
12339	铁棍王震神镖将				李泽明	李泽有	517110	1444
12340	一块绣花巾					郭树芳	517096	1023
12341	张小二勇斗妖鼠					夏增江	517081	1182
12342	老婆婆和放羊人				孙秀红	李玉霞	517124	4018
12343	胡率德断案				刘金香	赵金泉	517083	4638
12344	杨老登					于玉明	517109	1365
12345	恶有恶报					夏增江	517064	2024
12346	黄林救兄				高锡连	郭树芳	517101	1187
12347	黑狗的故事					于良升	517078	972
12348	吃火烧					范凤池	517102	1475
12349	渔童遇仙记					李泽有	517080	639
12350	五月端五门插艾的来历				郭玉秀	李志冰	517076	5832
12351	圣贤愁					刘秀纲	517050	277
12352	张长李短					高连双、刘树桂	517060	4596
12353	别字先生				刘井瑞	刘秀纲	517129	313
12354	银镯之谜				王志英	刘秀纲	517055	728
12355	大脚片儿和鲤儿姑娘				史秀然	李泽有	517072	1053
12356	一个善心的老太婆				李泽芝	李泽有	517048	1423
12357	才子命不长				李志民	李志冰	517120	3333
12358	弄拙成巧				吕金良	赵金泉	517068	838
12359	报恩					刘瑞波	517098	2022

序号	篇名	民族	流传地区	采集地	讲述者	搜集者	数据库编号	字数
12360	神枪肖礼				肖礼	李泽有	517116	1295
12361	生搬硬套					侯树云	517062	990
12362	一对懒夫妻				蒲德荣	郭树芳	517063	1807
12363	长工讲笑话					郭树芳	517119	1740
12364	小葡萄和老槐树的故事				李清林	李泽有	517075	508
12365	张小大				周嘉富	兀青	517054	1074
12366	后陈庄村落战				竺梦华、陈玉云	李泽有	517117	1024
12367	红眼猴抢媳妇				郭玉茹	李泽有	517057	854
12368	馋老婆和懒汉子				张希梅	郭树芳	517131	361
12369	秃子王爷府					王树娥	517066	444
12370	说话图吉利				胡朝林	郭树芳	517127	1146
12371	迷惑的捉奸案				吕金良	赵金泉	517053	883
12372	老侠张七					李泽有	517108	4265
12373	老大和老二					李泽有	517052	2083
12374	不孝子葬父					段立新	517099	1359
12375	一坛元宝				高锡成	郭树芳	517056	537
12376	李刀笔巧罢讼事				王同良	郭树芳	517084	3528
12377	小瓦罐的故事				郭玉茹	李泽有	517047	6226
12378	张乖卖桃					刘长胜	517128	1934
12379	打肿脸充胖子				李泽国	李志冰	517067	1869
12380	打喷嚏的故事				赵素品	何文信	517049	383
12381	张平说梦				赵素品	何文信	517059	2548
12382	神马				李泽明	李梦灵	517073	294
12383	县太爷理官司				胡风珂	郭树芳	517086	849
12384	和尚老财与农妇				阎焕起	郭树芳	517094	425
12385	武林女豪孙月娘				郭玉如	李泽有	517106	1927
12386	吹口哨				李景林	李泽有	517069	1142
12387	四不全人种瓜				王树芬	卢秀彪	517123	2751
12388	小不点儿				李景林	李泽有	517070	734
12389	耿三爷巧劝不孝子				蒲德宽	郭树芳	517100	976
12390	寸草姻缘				韩玉良	郭树芳	517090	1286
12391	官法如炉					李梦灵	517089	6991
12392	乔玉山看呈子					刘长胜	517121	1044
12393	财主嫁母				常景辰	郭树芳	517125	1958

序号	篇名	民族	流传地区	采集地	讲述者	搜集者	数据库编号	字数
12394	毛张出丑					郭树芳	517122	456
12395	三公主的故事				郭玉茹	郭凤彩	517091	1717
12396	巧女					段立新	517092	1194
12397	运河土地神				石光波	李泽有	517079	256
12398	看黄历				贾庄、李福治	刘秀纲	517118	524
12399	七个花生米				冯秀妹、李大嫂	李梦灵	517082	210
12400	吝啬鬼的故事				范玉起	卢秀彪	517065	322
12401	枕头的故事					史连甲	517097	1744
12402	三姐对诗				胡朝林	郭树芳	517095	323
12403	夫妻拜佛					李梦灵	517077	1298
12404	智夺富镇据点					秦星才	517112	4484
12405	白东明夜斗汉奸				李清林	李泽有	517114	1543
12406	哭活人				赵宝良	赵金泉	517126	681
12407	五经八书				魏副员	沙金玲	517058	799
12408	猜谜				王丽霞	秦素凤	517061	1146
12409	两小除霸					李泽有	517111	9020
12410	巧治县官病				李清林	李志勇	517085	1853
12411	桃木剑				李三	李泽有	517074	796
12412	少掌柜进城					夏增江	517071	387
12413	新县官巧断案				郭玉敬	郭风彩	517087	2814
12414	一张破木床的故事				时俊川	赵金泉	517103	397
12415	计杀一智郎				刘汝泉	李泽有	517115	303
12416	四虎斗恶僧					韩冰	517107	759
12417	鸡和鸭子					李泽有	517104	598
12418	猫洗脸的传说		赵县城东		刘翠藏	武密娟	517635	320
12419	牛和马的分工		赵县城东		宋振奇	宋勤英	517636	1491
12420	三星训老大		赵县城西		常兰秋	常如群	517623	855
12421	丁让儿孝母		赵县城西一带		邢九长	邢立臣	517684	372
12422	屁闺女		赵县			董月格	517657	640
12423	三婿祝寿		赵县一带		张清为	张令召	517666	1282
12424	“瞎子老厚”的故事		赵县一带		高戎业	高倩	517643	610
12425	人鼻子的传说		赵县城东一带		郭大魁	郭琴娟	517634	965
12426	公公和儿媳对诗		赵县一带		陈瑞菊	耿庆祥	517660	529
12427	王老布开店		赵栾一带		赵连山	李荣东	517686	1012

序号	篇名	民族	流传地区	采集地	讲述者	搜集者	数据库编号	字数
12428	学俏		赵县一带		赵明德	赵京偶	517670	902
12429	人头案		赵县		程强国	程广志	517672	5905
12430	骂庄稼		赵县城南		亢西辰	亢胜辉	517710	580
12431	打赌		赵县一带		吕云祥	刘丰	517648	1409
12432	能成的故事		赵县一带		孟锁辛	郑冠平	517702	1044
12433	俏大和傻小		赵县城东		李小伍	张增辉	517679	2341
12434	聪明的小伙子		赵县城西		王之元	王英彩	517699	928
12435	小儿能		赵县一带			曹文涛	517691	752
12436	老何赴席		赵县城东北一带		王老布	刘如芳	517692	783
12437	门插官的来历		赵县		杨立坤	张子坤	517632	2484
12438	狗吃屎的传说		赵县城东		孟祥怀	孟繁荣	517639	726
12439	一粒葫芦籽		中原地区		李祥义	李中仁	517630	728
12440	牛的生日		河北一带		陈玲彦	陈彦辉	517640	855
12441	巧治和尚		赵县城东		鲁成计	张增辉	517662	975
12442	勤和俭		赵县城西		李泽有	巴军花	517654	842
12443	狗和猫的故事		赵县城东		解玉格	张雅娟	517641	467
12444	杨劳仁的传说		杨户一带		李小五	张增辉	517642	252
12445	刘秀才作媒		赵县城南一带		赵鹏逵	赵志勇	517658	1584
12446	一二三是书		赵县一带		王庆珠	冯丽霞	517674	625
12447	活神仙		赵县一带		朱凡	朱辉芳	517659	1015
12448	试女儿		河北一带		张秀娥	史京国	517675	2170
12449	孵骡子的故事		赵县		程东生	程广志	517673	344
12450	卖公公		赵县城西			付翠卓	517680	1471
12451	冯小胖和大嘎杂		赵县城东一带		谷老红	冯虎豹	517698	658
12452	小二遇险记		赵县		陈瑞菊	耿庆祥	517665	2175
12453	念诗挨打		赵县一带		路玉花	眭辉芬	517711	1424
12454	财神显灵		赵县城东		解玉格	张雅娟	517661	476
12455	张相公造反		赵县城北一带		王纪刚	任国瑛	517620	695
12456	巧治坑人店		赵县		郑元留	耿庆祥	517697	705
12457	不见黄河不死心		赵县、宁晋、高邑等地			张丽华	517616	373
12458	二黑牛智斗王八成		赵县		刘淑珍	吴晓珠	517693	1219
12459	竹篮打水一场空		河北一带		张老祥	许理琦、王立辉等	517615	719

序号	篇名	民族	流传地区	采集地	讲述者	搜集者	数据库编号	字数
12460	县官审案		赵、藁、栾三县交界一带		郭连庆	郭双贵	517708	477
12461	巧嘴媳妇		赵县一带		张发水	张军彪	517709	2430
12462	公鸡蛋		赵县一带			史军彦	517704	2099
12463	少子当家的故事		赵县、藁城一带		周芝乱	李爱忠	517700	1265
12464	石路打柴		赵县一带		张振民	张春国	517626	598
12465	活人墓		赵县一带		张新春	张荣菊	517682	591
12466	七心白菜		赵县一带		商书田	高倩	517627	493
12467	狐仙的故事		赵县城东一带		解玉格	张欣娟	517622	558
12468	周仓庙的传说		赵县		施维铭	李令志	517628	594
12469	三个女婿争钱		赵县城东		孟九梅	郝苓梅	517664	566
12470	土地庙		赵县一带		王庆珠	冯丽霞	517712	631
12471	巧姑娘		赵县一带		周英格	张荣菊	517696	5275
12472	换位置		赵县		孟晋生	程广志	517633	1319
12473	采茶奇案		冀中一带		靳正新、赵鹏奎	赵志勇	517650	1418
12474	孟老干的传说		赵县城东一带		孟海臣	张欣娟	517703	1412
12475	灶王爷与玉皇大帝		赵县		张庆彦	张少伟	517621	1561
12476	巧媳妇的故事		冀中一带		时乱彬	时永辉	517695	686
12477	王二聪成仙		赵县城西		安江义	张立芳	517651	243
12478	赵腊八的传说		赵县城西北		高瑞珍	尹西霞	517644	2305
12479	“噎噎锣”的故事		石家庄地区一带		赵鹏逵	赵志勇	517618	2416
12480	赶考		赵县城西		李素波	李青坤	517707	500
12481	仁长仁短		赵县一带		时春雨	时钟鸣	517619	1500
12482	打哑谜		冀中一带		屈郁若	赵志勇	517689	921
12483	两盟弟见知府		赵县		陈瑞菊	耿庆祥	517645	1077
12484	驴过河为什么撒尿		赵县一带		宋秀珍	巴军英	517638	2074
12485	王犁的传说		赵县城东一带		李丙辰	李贵怀、冯京信	517617	802
12486	关道闹鬼的传说		赵县城西			赵玉芳	517685	1176
12487	巧媳妇		赵县城北		王花贵	刘素果	517694	945
12488	屎壳郎破案		赵县城南一带		李东居	李须军	517683	617
12489	钉鞋匠巧对考试官		赵县一带		崔书桂	刘培欣	517701	646
12490	白老汉教子		赵县一带		王大春	姜丽彩	517678	252
12491	闯王被		赵县一带		常根廷	赵晓莉	517629	900
12492	脱身记		赵县城东一带		李小五	张增辉	517663	674

序号	篇名	民族	流传地区	采集地	讲述者	搜集者	数据库编号	字数
12493	猫为什么要吃老鼠		赵县一带			刘会改、贾翠娟	517637	691
12494	鬼的儿子		赵县一带		周大妮	常英利	517624	1920
12495	两个赶考的举人		赵县城南			张焕娜	517631	669
12496	照婚		赵县一带		王庆珠	张增辉	517688	945
12497	三女婿拜寿		赵县城东		郭双贵	郭梅菊	517668	583
12498	徐三和玉娘		赵县城东一带		刘洛锡	刘子宽	517649	1086
12499	麻野鹊长尾巴的故事		赵县一带		李素杰	付建民	517625	656
12500	乱弹迷		赵县城东		李占元	冯京信	517687	2098
12501	见钱眼开		赵县一带		赵伟波	赵伟彬	517652	1071
12502	傻小子买俏		赵县城北一带		赵素格	刘立果	517671	1193
12503	四妯娌争公公		赵县城内		王庆珠	张增辉	517656	1334
12504	一毛不拔		赵县一带		刘风军	郭双贵	517706	901
12505	儿子变猴子		赵县一带		任风菊	张军丽	517653	601
12506	柏林寺小和尚的传说		赵县城内			张丽华	517681	913
12507	猜谜		赵县一带			京肖	517690	1392
12508	孟大牛破案		赵县一带		李素华	张辉增	517677	577
12509	傻女婿拜寿		赵县城北		赵素格	刘立果	517669	622
12510	没有对联的中堂		赵家庄乡		常庆申	常英	517676	2708
12511	近视眼的故事		赵县城南一带		赵鹏逵	赵志勇	517705	557
12512	瞎话		赵县一带			刘丰	517655	136
12513	最凉快的地方		赵县一带		张清为	曙光	517667	539
12514	狗腿子的来历		赵县一带		王庆珠	张增辉	517614	1126
12515	兄弟争家产		赵县一带		王庆珠	冯丽霞	517647	540
12516	不识字的秀才		赵县高邑一带		李晋吉	候焕章	517646	808
12517	义和团打洋教堂						519484	6002
12518	刘尕						519505	3596
12519	红缨大刀						519456	7357
12520	渔童						519508	2532
12521	乐二爷摆阵						519473	1458
12522	刘黑火烧胡大疤瘌						519493	7562
12523	蚌螺号						519507	5053
12524	大刀吓坏了张财主						519503	3835
12525	凤河湾						519465	6699
12526	老团						519475	5609

序号	篇名	民族	流传地区	采集地	讲述者	搜集者	数据库编号	字数
12527	托塔李天王						519460	5183
12528	卖甘蔗的上法						519483	10220
12529	倪进士和二毛子						519501	3208
12530	小黄牛						519509	6689
12531	铡王二霸			杨树务			519499	6741
12532	洋人出巡						519481	3234
12533	马六刀劈二毛子						519494	3648
12534	战采育			薛营			519472	6609
12535	洗大王家务						519471	9358
12536	可恶的马三元			王庆坨			519478	2743
12537	秀阁						519466	6580
12538	刘黑塔			王庆坨			519459	7215
12539	展大旗吓死了常举人			董常甫村			519504	4206
12540	鞋			武清董常甫村			519474	4105
12541	梁三霸团						519497	2615
12542	琦善卖海口						519477	6893
12543	董大帅兵败廊坊镇						519480	9944
12544	红缨扎枪						519457	2985
12545	曹老师大战海口						519476	3162
12546	火烧独眼龙						519482	7452
12547	黑丫救母						519468	7335
12548	二师兄痛打鬼头王						519492	5433
12549	大烟鬼寻宝记						519496	4280
12550	大报仇						519490	761
12551	义和团威震东安县						519487	2858
12552	铁金刚			安次董常甫村			519461	1623
12553	铁匠的刀						519489	4180
12554	张头和李头						519458	2614
12555	李师兄智洋神甫						519486	1295
12556	宗老路						519462	3679
12557	童子						519506	971
12558	安次县为什么是土城						519467	4929
12559	抄汉屯						519485	2890
12560	白母鸡			廊坊			519510	2847

序号	篇名	民族	流传地区	采集地	讲述者	搜集者	数据库编号	字数
12561	砸匾砍举人						519500	7492
12562	陈傻子怒杀孙大乇						519491	7495
12563	张绍桓包打西什库						519488	4476
12564	大盐水和二盐水			安次董常甫村			519498	5140
12565	义和团大战聂士成						519479	4877
12566	“秃和尚”吓退了何瘸子						519502	5583
12567	砍马二爷						519495	2702
12568	义和团战落垡						519470	1308
12569	老大造反			廊坊			519463	6531
12570	红灯照						519469	1096
12571	红姑						519464	3873
12572	活学活用		邯郸市	邯郸市	张国安		521649	443
12573	鼓山秀才王世训		峰峰矿区		苏立新、苏希武		521357	801
12574	光棍儿盼妻		邯郸市	邯郸市	李秀珍		521563	2760
12575	锁柱巧斗“二阎王”		峰峰矿区		高吉明		521366	381
12576	啥也不是		武安		王群明		521589	1532
12577	哼哼教导		张家口市	张家口	辛灏		521654	770
12578	该谁买鸡		邯郸市	邯郸铁路电务段	傅国琴		521542	384
12579	三害老大		邯郸县		梁贵珍		521314	265
12580	摸房沿儿		邯郸县		周士林		521556	2358
12581	会吐金锞子的石狮子		邯郸市		曹秀英	段保江	521313	1957
12582	五盆告状		邯郸市	邯郸市郊区	李海江		521491	781
12583	拾马		武安		王好学		521627	287
12584	“关公”打“周仓”		邯郸市		谢体正		521526	620
12585	小狗告状		邯郸市	邯郸市	刘素梅		521307	1527
12586	巧让新娘开口		邯郸市		王凤芹		521574	2994
12587	洞房情诗		武安		赵苏先		521613	719
12588	聪明的媳妇		邯郸市	邯郸市南关街	孟继学		521291	370
12589	南海大仙		邯郸市		裴秀芹		521297	1922
12590	小偷遇妖		峰峰矿区	峰峰	申榜亭		521506	487
12591	金丝鸟		峰峰矿区	峰峰矿区街儿庄村	段茂有		521335	262
12592	卖辣椒		邯郸市				521565	358
12593	老天奶奶当家		邯郸市	邯郸市	吴清章		521362	400
12594	刘全卖酒		武安		赵凤元		521501	779

序号	篇名	民族	流传地区	采集地	讲述者	搜集者	数据库编号	字数
12595	要饭吃的梦		武安		孔和平		521324	506
12596	小长工认妻		武安		赵风元		521500	897
12597	温都尔汗是个好同志		张家口市	张家口市	辛灏		521656	251
12598	又送来一碗		武安		胡振环		521610	584
12599	无识等于白见		峰峰矿区		杜洪命		521315	183
12600	婆媳俩看镜子		武安		苏起太		521609	1396
12601	三个女婿对诗		邯郸市	邯郸市	刘素梅		521474	237
12602	搬家		邯郸县	邯郸县贾堡村	杜来永		521550	227
12603	申万三		武安		姚林庆		521340	248
12604	傻媳妇过初一		武安		申天保		521600	503
12605	林秋要饭		曲周县	曲周麻庄	王绍仲		521346	746
12606	红面紫光头		武安		郭恒昌		521596	1269
12607	爹十七儿十八		邯郸市		曹广理		521343	338
12608	这个碾磙儿不赖		武安		孔柱的		521615	472
12609	老好喂牲口——饱得得		武安		康福生		521611	3141
12610	找胡须		武安		王从安		521558	1064
12611	奇方巧药材		邯郸市		李兰桂		521319	311
12612	智娶新娘		邯郸市	邯郸市中柳林村	石运芳		521365	330
12613	老虎的本性		邯郸县		梁贵珍		521378	1700
12614	骆驼河		邯郸市		王绍秀		521332	372
12615	文盲通信		武安		王现林		521619	1024
12616	狗河人烧干粮——长了一个		武安				521614	899
12617	戏对抓药人		邯郸市	邯郸市	刘素梅		521370	798
12618	薛宝川		邯郸市	邯郸市	刘素梅		521302	337
12619	急性人		武安		申秀林		521624	331
12620	懒汉比穷		邯郸市	邯郸市	郭永棣		521562	607
12621	老虎学艺		武安		岳当叶		521393	1064
12622	蠢官断案		武安		王习申		521630	1094
12623	赵老亮种高粱		邯郸市		王永		521334	752
12624	老黄的故事		邯郸市		梁体彬		521422	477
12625	傻小子买鹅		武安		籍洪勋		521618	342
12626	评戏		武安	武安县活水乡	王从安		521557	1255
12627	金山和乔山		邯郸市		梁贵珍		521311	1354

序号	篇名	民族	流传地区	采集地	讲述者	搜集者	数据库编号	字数
12628	傻女婿挨打		邯郸市		刘淑清		521416	1228
12629	打嚏喷		武安		杜文明		521443	2066
12630	屁是我的		武安		申秀林		521625	331
12631	何巧莲		邯郸县		任书芝		521305	304
12632	学话		武安		李金锁		521617	351
12633	看谁坑谁		邯郸市	邯山区	靳美秀		521410	249
12634	破梦		邯郸市	邯郸市	王万利		521405	829
12635	财迷县官		邯郸市		张润泉		521408	281
12636	喂鸡为啥喊“咕咕咕”		邯郸市	邯郸市	葛清洁		521372	1511
12637	一点儿和半点儿		邯郸县		梁贵珍		521304	1215
12638	狗猫为啥成冤家		邯郸市	邯郸市郊区苏曹乡	韩瑞改		521377	242
12639	苇毛		涉县	涉县汽车队	谭书岗		521429	633
12640	吃龙王包子		邯郸市	复兴区	贾占魁		521418	946
12641	阎王爷请医		峰峰矿区	峰峰矿区人大办公室	王祥顺		521428	609
12642	风雨无阻		武安				521426	358
12643	龙要抓谁		武安	武安县西蛟村	刘元贵		521322	942
12644	迟会儿生我		武安		姚庆祥		521636	301
12645	误会打爱女		大名县				521424	1447
12646	真鬼和假鬼		邯郸市		陈国亮		521488	197
12647	进步人士		武安		傅天元		521628	397
12648	回去再拼对		武安		张凤祥		521640	624
12649	烧鼓		武安	肥乡	刘朱的		521532	193
12650	伙计戏公子		邯郸县	邯郸县西聂庄村	关瑞卿		521485	405
12651	蜘蛛精的传说		涉县		申玉亭		521509	1390
12652	人家牲口作样板儿		邯郸县		杜来勇		521648	983
12653	戏迷		武安		白胜田		521440	2064
12654	大瞎话		邯郸县		王永信		521441	249
12655	咱爹掉到锅里了		邯郸县		吴清章		521425	935
12656	看看谁的性子急		邯郸县		张少敏		521455	1282
12657	傻女婿拜丈人		邯郸市	邯郸市	门书芹		521419	294
12658	财主与少爷		邯郸县		张现荣		521641	1167
12659	刘青竹巧对县官		邯郸县	邯郸县	张国栋		521364	799
12660	金蛤蟆		邯郸市		王凤芹		521454	1328
12661	取吉利		邯郸县		李清绪		521409	2377

序号	篇名	民族	流传地区	采集地	讲述者	搜集者	数据库编号	字数
12662	说大话		武安		郑发斌		521631	364
12663	狼和狐狸		邯郸市		刘素梅		521371	1681
12664	两个渔翁揪		邯郸市		那斧桂		521460	1008
12665	聪明的獾		邯郸市		梁贵珍		521382	2087
12666	夫妻恨		曲周县	曲周麻庄	王绍仲		521496	1519
12667	动字眼		邯郸县		耿富杰		521452	831
12668	巧对诗		邯郸市		王玉芳		521463	796
12669	是哪个王八蛋告诉他们来		武安		庞文正		521639	431
12670	学懒		武安		贾根山		521597	863
12671	不如不问		武安		李振华		521605	1181
12672	智惩赃官		邯郸市	邯郸市	杨和平		521360	662
12673	孝顺儿		武安		刘扶春		521595	2259
12674	看西瓜		邯郸县				521446	269
12675	留诗		武安	上焦寺乡上焦寺村	杨扶山		521467	1169
12676	饿死鬼投胎		武安		白岗昌		521633	238
12677	醉酒和诗		邯郸县	邯郸县丛中村	王玉河		521459	362
12678	搂破砂锅		武安		刘起岗		521439	179
12679	四个女婿对诗		邯郸市	邯郸市	刘素梅		521465	699
12680	恶媳改错		邯郸市		李兰桂		521326	250
12681	神偷遇诗客		邯郸市		王葆江		521462	979
12682	淹死鬼拜朋友		武安		刘起付		521492	1079
12683	兄弟对诗		邯郸市		李清绪		521473	300
12684	三个儿子学手艺		邯郸县		韩秀香		521323	245
12685	瞎子买锅		武安		杨雨田		521604	269
12686	兄弟仨		邯郸市	邯郸市	李清绪		521300	476
12687	真象它爹		邯郸市		王明文		521561	359
12688	宝礤		邯郸县				521299	2488
12689	疑鬼生灾		邯郸市		陈选		521516	454
12690	县官上任		武安		白胜田		521620	1413
12691	班老挂赶鬼		邯郸市		姜国文		521534	1028
12692	双胞胎		武安		温宝昌		521598	276
12693	隔年下种		邯郸市	邯郸市			521524	607
12694	四大		邯郸县		梁贵珍		521316	625
12695	王三儿卖梨		邯郸市		刘素梅		521495	884

序号	篇名	民族	流传地区	采集地	讲述者	搜集者	数据库编号	字数
12696	藏耙		武安		朱心玲		521616	375
12697	三存还愿		峰峰矿区		何新华		521540	752
12698	一伙杂碎		武安		李佑		521607	223
12699	金勾卦		邯郸县	邯郸县丛中村	王玉河		521531	856
12700	两个急性人		武安		赵凤元		521606	1603
12701	叫你爷吃啦		武安		樊华亭		521584	3987
12702	老杜信神		邯郸市		李吉		521518	1176
12703	扫帚精		邯郸市		梁贵珍		521511	529
12704	圆梦		永年县		宋平江		521567	1202
12705	一头泥		峰峰矿区		王双成		521569	1033
12706	许龙和香玉		武安		于振荣		521490	155
12707	找得劲		武安		杨永素		521575	578
12708	公鸡喝水为啥总仰头看天		邯郸市		杨付容	段保江	521383	916
12709	洪福大人		肥乡县		王爱书		521535	674
12710	色鬼受惊		武安		朱心玲		521489	2880
12711	小孩没腰		武安		朱心玲		521591	299
12712	诗对《百家姓》		邯郸县		杨和		521464	740
12713	不打鸣的“公鸡”		魏县		陈付林		521571	547
12714	不怕鬼的人		邯郸县				521541	480
12715	傻子学话		峰峰矿区		陈付林		521570	363
12716	二人闲坐		邯郸市		王绍仲		521414	2582
12717	秀才买猪		邯郸市				521559	1009
12718	夫妻的密信		邯郸市	邯郸市刘二庄	李春英		521368	1556
12719	县官栽茄子		邯郸市	邯郸铁路电务段	傅国琴		521544	1561
12720	打赌		武安		万合		521354	733
12721	死心眼		邯郸市	邯郸市	许东岱		521543	557
12722	鸡姑娘		邯郸市		王绍仲		521338	671
12723	骂驴		武安		樊华亭		521583	248
12724	一库元宝和九门相照		峰峰矿区		董汉田、董占云等		521347	1939
12725	打“锅”话		武安		朱新玲		521580	810
12726	说婆家		邯郸市		刘素梅		521435	3043
12727	吃嘴媳妇		邯郸县		周振海		521430	264
12728	山猪		邯郸市		梁贵珍		521384	1497

序号	篇名	民族	流传地区	采集地	讲述者	搜集者	数据库编号	字数
12729	对诗吃饭		邯郸县				521461	903
12730	对诗请公公		邯郸市		李兰桂		521479	2032
12731	猜谜配药		邯郸县		温登山		521434	275
12732	学习秦始皇同志造反精神		邯郸市	邯郸市	魏直树		521658	757
12733	你不要去了		邯郸市	邯郸市城建局	郭嘉熙		521427	968
12734	麻雀骂人		武安		张文成		521394	433
12735	鞋匠当新郎		邯郸市		蒋光宇、赵子东		521415	3087
12736	学叫卖		武安		刘朝的		521594	206
12737	浇地		武安		武更生		521450	3954
12738	不宜动土		邯郸市		王光前		521519	407
12739	焦龙洞取水		邯郸县		李风龙		521308	214
12740	衰心祝贺		邯郸市	邯郸市	艾克思		521657	710
12741	寿宴对诗		邯郸市	苏曹	韩瑞改		521475	336
12742	王二嫂卖布		曲周县	邯郸市	王玉芳		521476	670
12743	除三害		峰峰矿区	东纸坊村	张仁月		521401	2540
12744	养子		邯郸县		梁贵珍		521294	400
12745	石头和河宝		邯郸市		王顺英		521389	604
12746	稍臭点		武安		朱增荣		521601	886
12747	那面还没这面好看哩		邯郸县	邯郸县贾堡村	杜来永		521549	374
12748	事先由人		峰峰矿区		桂良荣		521303	2592
12749	牛上天		邯郸市				521431	312
12750	巧对一字诗		邯郸市	邯郸市	李清绪		521469	496
12751	贴榜招婿		邯郸县		柴丕谋		521423	2202
12752	李打油		武安		杨扶山		521468	1726
12753	仨女婿夸马		邯郸市				521471	316
12754	谁胆大		邯郸市		张光亮		521530	938
12755	小六子娶妻		曲周县	麻庄	王元		521497	588
12756	“瞄不准”打兔子		武安		赵风元		521411	817
12757	修“仙”记		邯郸县	丛中村	郑姜氏		521515	958
12758	符镇蝎子精		武安		赵凤元		521507	2397
12759	虱子药		武安		刘魁的		521593	1103
12760	老狐狸		武安		李振华		521503	546
12761	不叫俺吭俺不吭		武安		刘朝的		521592	259
12762	歌妓妙对难乾隆		峰峰矿区	峰峰矿区	高文元		521484	195

序号	篇名	民族	流传地区	采集地	讲述者	搜集者	数据库编号	字数
12763	假药救命		邯郸县		王永信		521433	365
12764	妯娌云诗		邯郸县	邯郸县丛中村	王玉河		521477	1691
12765	刘晓斗鳖精		曲周县	麻庄	王绍仲		521508	1496
12766	灭“鬼”		邯郸县		苗延彬		521527	1618
12767	张凤喜			邯郸市	刘素梅		521498	1139
12768	傻小子相媳妇		武安		杨雨田、李艳霞		521588	346
12769	知县陪访		武安		杨龙昌		521576	777
12770	没脑袋我更不怕你了		邯郸市				521536	1502
12771	懒人有福		邯郸县		张新德		521573	1171
12772	爷住吝啬鬼		邯郸县		李云程		521581	210
12773	“一”字没有恁长		武安		李会增		521585	819
12774	李四楞治小鬼		邯郸县		王明月、曹卜氏		521537	273
12775	爱讲古词的秀才		武安		刘振祥		521629	706
12776	蒲公英		邯郸县	邯郸县西聂庄	关瑞卿		521400	399
12777	三客论戏		武安		卢永太		521632	3260
12778	世上第一骗子		邯郸县		刘玉芹		521643	947
12779	朗哏朗		武安		李新民		521587	415
12780	小麦和荞麦		峰峰矿区	彦亭村	高廷兴		521399	531
12781	漏		邯郸市		张美秀		521380	242
12782	大灰狼		邯郸县		梁贵珍		521386	171
12783	饼卷饼		武安		刘魁生		521621	1501
12784	烧心蛋长耳朵		武安		苏运芳		521634	586
12785	小羊倌戏窑主		峰峰矿区		马银村		521367	720
12786	而已是拽面		武安		李新瑞		521602	577
12787	巧抬杠		峰峰矿区		王双成		521572	720
12788	文教局长上私塾		永年县		李光藩		521655	352
12789	圣人和范丹		武安		赵风元		521331	591
12790	黑虱子和白虱子		邯郸县	东未马台村	张浚		521642	264
12791	开领口		邯郸市	铁路大院	刘淑清		521564	1942
12792	打官司		邯郸县	邯郸县汉巴庄村	王保	常立新	521312	409
12793	爱沾便宜的公冶长		邯郸市		李兰桂		521306	1563
12794	二大爷送闺女		峰峰矿区		周文香		521420	352
12795	此处小便		邯郸县	邯郸县牛叫河村	王德志		521554	1215
12796	鹿歌		邯郸市		梁贵珍		521376	456

序号	篇名	民族	流传地区	采集地	讲述者	搜集者	数据库编号	字数
12797	香椿园的长寿老人		邯郸县	石坡村	段清秀		521349	432
12798	主人和鸡		邯郸市	邯郸市	李玉英		521385	1318
12799	问路		武安		孔和平		521603	884
12800	宝扇		武安		杜保信		521339	1211
12801	白三戏城隍		武安		赵凤元		521359	542
12802	夏青算卦		邯郸市	夏庄	李凤霞		521344	2112
12803	秀才吃		武安		李振立		521599	2596
12804	分家		邯郸市		胡爱民		521348	247
12805	四海与五洲		邯郸市	邯郸市	张国安		521650	196
12806	龙女出海		武安		赵风元		521337	2220
12807	巫婆看病		邯郸县		杜来勇		521646	754
12808	姑娘洗衣		邯郸市	邯郸市	王万利		521358	1666
12809	全家能		武安		魏改的		521637	764
12810	马踩太平		邯郸市		胡顺怀		521351	464
12811	神婆要西瓜		武安		王凤如		521635	395
12812	柳棍和神驴		邯郸市		梁贵珍		521353	287
12813	龙务人治鬼		武安		赵凤元		521533	546
12814	卖“我”		邯郸县		杨多云		521407	755
12815	愁死人的对联		邯郸市		谢振华		521483	525
12816	二大爷咋着你咋着		武安		赵学岗		521626	230
12817	秦宝玉成亲		邯郸市	邯郸市	刘素梅		521298	799
12818	陆地龟		峰峰矿区		申太林		521396	241
12819	白字先生吟诗		邯郸市		那斧桂		521456	264
12820	老虎打赌蹦漳河		邯郸县		张梁氏		521388	267
12821	升天		邯郸市	郊区苏曹	金江豪		521296	304
12822	不累赘		武安		李培科		521623	355
12823	大难看担茅稀		武安				521447	2325
12824	卖豆腐的和蛇		邯郸市				521395	1089
12825	王无赖喝胜酒		邯郸市	邯郸市	李清绪		521472	711
12826	树王		邯郸县		张静		521404	528
12827	虎游儿		武安		朱新玲		521318	2888
12828	巧口骂富翁		邯郸县		贾长林		521432	679
12829	黑猫告状		武安		刘起付		521317	253
12830	仨秀才住店		武安		赵凤元		521590	5664

序号	篇名	民族	流传地区	采集地	讲述者	搜集者	数据库编号	字数
12831	宝船		邯郸市		胡爱民		521336	1723
12832	行酒令		邯郸市				521437	1118
12833	七里三孔桥		邯郸市		李永振		521325	240
12834	鬼怕剥皮		武安		郭拴恒		521539	1681
12835	穷来打打金和尚		邯郸县		杜来勇		521330	728
12836	拜寿斗诗		邯郸市	邯郸市	李清绪		521466	440
12837	李时珍巧得化刺方		邯郸市		张学先		521327	247
12838	三个女婿拜寿		邯郸市	邯郸市	冯金祥		521457	642
12839	杜家寺锄板		邯郸县		徐三爷		521329	250
12840	戏骂钱屠户		峰峰矿区		孙瑞卿		521444	343
12841	鼠猫是怎样反目为仇的		邯郸市	邯郸市	李玉英		521379	1329
12842	老两口猜谜		邯郸县		耿玉亭		521451	819
12843	牛斗虎		邯郸市				521375	466
12844	说瞎话		武安		杨永素		521448	210
12845	仙果		邯郸市		李喜雨		521350	1859
12846	提意见		邯郸县		李作美		521582	2829
12847	宝罐		邯郸市	肥乡	赵良臣		521342	494
12848	二先生倒阴阳		峰峰矿区		王培江		521525	277
12849	翅扑棱鸟		邯郸县	邯郸县	张国栋		521373	215
12850	李明		邯郸市	邯郸市	刘素梅		521494	1478
12851	化子长工		邯郸县	肥乡	刘大山		521355	1252
12852	厨子和秀才		邯郸县	邯郸县丛中村	王玉河		521478	2774
12853	张玉皇		峰峰矿区		杨增芳		521356	1115
12854	对诗吃面条		邯郸市	麻庄	王绍仲		521470	694
12855	傻丈夫死记一句话		武安		王海青		521442	2033
12856	风水先生		邯郸市		刘振江		521523	583
12857	群兽学本领		邯郸市		梁贵珍		521390	833
12858	胡万仙		武安		温宝昌		521502	1151
12859	老虎吃秤砣		武安		赵凤元		521381	2368
12860	“小脚大仙”现形		邯郸市		胡景珍		521522	459
12861	抓“鬼”		邯郸市		张静		521445	3602
12862	九天圣姑		邯郸市		刘素梅		521513	488
12863	狼奶妈		邯郸市		刘素梅		521392	513
12864	扔孩子		邯郸县	邯郸县孙庄村	王金生		521552	1046

序号	篇名	民族	流传地区	采集地	讲述者	搜集者	数据库编号	字数
12865	“亡”雇一人武安县		武安县				521436	310
12866	懒八看戏		邯郸县		李作美		521579	854
12867	憨子学乖		峰峰矿区		杨世民		521406	248
12868	连升两级		邯郸县	邯郸县贾堡村	杜来永		521551	1285
12869	书童作诗哭美人		邯郸市		王葆江		521458	430
12870	吃嘴媳妇		邯郸县	邯郸县东召里村	张世英		521547	337
12871	章五遇女鬼邯郸市		邯郸市		那斧桂		521487	549
12872	还有第二回交易		峰峰矿区		李秉义		521553	2795
12873	关老爷显圣		邯郸市		谢体正		521514	1038
12874	秀才吃咸蛋		邯郸县		杨和		521578	1486
12875	关公显灵除妖精		邯郸市		王顺英		521505	208
12876	分铜钱		邯郸县		谢青荣		521577	911
12877	蛤蟆告状		邯郸市		张子严		521520	844
12878	快让爹啃口		峰峰矿区				521566	1288
12879	煮“富贵”		邯郸县				521449	980
12880	儿子的孝心		邯郸县	邯郸县文化馆	杜来勇		521647	301
12881	巧治花和尚		邯郸县		曹请顺		521363	2311
12882	口头禅		邯郸县		贾青山		521644	308
12883	小乖巧难“神医”		邯郸县		郭素珍		521529	286
12884	“白”字先生		邯郸市	邯郸市	赵子东		521560	1218
12885	死命催的		邯郸市		刘老玉		521391	1696
12886	翠花告状		邯郸县	肥乡	李辉		521295	216
12887	抓地草		邯郸县		苗怀常		521403	404
12888	四女得宝		邯郸县		梁贵珍		521293	431
12889	“十里香”招婿		邯郸县		杜来勇		521321	2093
12890	蠢人无头脑，善类无好报		邯郸市		袁喜风		521328	820
12891	聪明的“贼”		邯郸县		卢作新		521412	231
12892	三个长工气地主		邯郸市		曹广理		521361	630
12893	皮三鞋		峰蜂矿区		暴有		521292	424
12894	喜鹊鸣冤		邯郸市		李兰桂		521397	1020
12895	老虎和大嫂打赌跳黄河		武安		李振华		521352	571
12896	李王氏治腿		峰峰矿区		吴喜的		521528	1205
12897	看你咋着吃		邯郸县		张现荣		521645	1237
12898	吴老明的故事		峰峰矿区		吴育斌		521369	1020

序号	篇名	民族	流传地区	采集地	讲述者	搜集者	数据库编号	字数
12899	人心没尽蛇吞象		邯郸市		唐秀梅		521387	800
12900	打赌丧命		邯郸市		杜来勇		521320	299
12901	谁是爹		武安		李志强		521638	687
12902	王三怕老婆		邯郸市	邯郸市	张明亮		521568	1551
12903	驾鹤仙游		武安		李培科		521622	1538
12904	坐上首		武安		杨仁义		521608	1004
12905	狗不会吃肉		武安		赵庆文		521612	1009
12906	老鼠告状		峰峰矿区	石桥村	周文香		521374	1191
12907	关爷庙里救财蛇		邯郸县		杨道胜	杨汉彬、雪辉	521310	1749
12908	肯尼由是肯尼迪哥哥		武安		赵秋合		521651	705
12909	启发式教学		武安		李树斌		521653	379
12910	再尿一泡吧		武安		李玉成		521652	196
12911	苏东坡挨骂		武安	兰村	李振华		521545	498
12912	唱红脸的成亲		邯郸市	邯郸市	刘素梅		521309	215
12913	斗鬼		武安		赵风元		521538	2183
12914	老奶奶论年龄		邯郸市				521555	244
12915	学说话		邯郸县		吴清章		521421	291
12916	三仙姑来得慌		峰峰矿区	庄里村			521546	211
12917	小孩屁股“三盆火”		邯郸市	邯郸市中柳林村	王银荣		521548	1066
12918	墙根卖磨橛——独份		曲周县	邯郸市	王爱兰		521417	234
12919	不孝的儿子		邯郸县		董文宣		521301	681
12920	“夹榆头”的来历		峰峰矿区	张家楼村	郝光玉		521413	1282
12921	冤家结亲家		武安		杜保信		521345	311
12922	炸麻糖太费油		武安		李新民		521586	228
12923	不死的张果老		邯郸市		陈国亮		521486	1769
12924	乾隆选才		邯郸市		李清绪		521482	3057
12925	小堂倌巧对江南举子		峰峰矿区		马德祥		521481	438
12926	雨和雪的来历		峰峰矿区	峰峰矿区石桥村			521402	544
12927	巧圆梦		邯郸县		卢作新		521453	514
12928	女儿对对联		邯郸市	邯郸市	李清绪		521480	380
12929	狐女和小保		武安		赵风元		521493	429
12930	老头修桥		肥乡县				521341	249
12931	来福		邯郸市	邯郸市	王玉珍		521333	397
12932	人头鬼		邯郸市		丁来苍		521521	436

序号	篇名	民族	流传地区	采集地	讲述者	搜集者	数据库编号	字数
12933	丈牛虫和知了斗诗		邯郸县	麻庄	王绍仲		521398	510
12934	狐仙报恩		邯郸市		苗连香		521499	907
12935	算命卜卦招祸害		邯郸市	马头镇	韩泉运		521517	1344
12936	收生		邯郸市		梁贵珍		521504	346
12937	保屯娶黄蛇精		武安		赵凤元		521510	976
12938	四个媳妇看坟		武安		朱心玲		521512	407
12939	猴子的屁股为啥是红的			庄河乡水门寺	王桂芝	金玉月	525556	304
12940	黄花女			茶棚乡政府	李国良	杨庆贵	525732	270
12941	穷人写对联			驻操营乡驻操营村	潭宝山	刘少军	525746	520
12942	买媳妇			台营中学	肖爱荣	王素艳、杨金玲	525694	1199
12943	漏			留守营敬老院	栗国林	李国臣	525750	366
12944	我比你还省			西河南乡朝鲜族村	金元三	张义纯	525761	342
12945	巧打县官			海阳	王振远	王中波	525686	1174
12946	标点里面有文章			柳各庄乡	范瑞徵	程克利	525627	385
12947	鲫鱼报恩			西河南乡朝鲜族村	李钟泽	张义纯、袁炳成	525752	1447
12948	黄莺的故事			上庄坨乡	赵秀英	赵海燕	525562	716
12949	老倪乐三难凤姑			留守营敬老院	栗国林	朱宏杰	525646	340
12950	糊涂官“说不清”			台营小学	李翠侠	汪桂玲	525624	254
12951	傻姑爷学话			东贺庄乡陈庄	周贵满	张义纯、郑庆魁	525740	1166
12952	自食其果			东新寨乡安庄村	侯翠兰	郑庆魁	525617	342
12953	打赌			宋庄乡	孙本荣	刘英杰	525683	346
12954	阴阳先生			冯庄乡中学	郁增华	张义纯	525629	1143
12955	翻麻子			抚宁县文化馆	张义纯	孙本荣	525744	26820
12956	原来“我”是这样			庄河乡张庄村	耿素清	张淑敏	525726	348
12957	巧骂贼婆			抚宁县供销社	申存孝	唐家君	525644	1178
12958	三兄弟			西河南乡朝鲜族村	金明花	张义纯、唐家君	525758	252
12959	俩兄弟			冯庄乡冯庄村	李景春	王树森、张义纯	525747	252
12960	祝寿			北寨乡北寨村	赵秀峰	周志龙	525719	531
12961	铜脸盆和锡蜡台			抚宁县城	陈艳宁	陈职宏、申存孝	525622	501
12962	丫环、财主和县官			北寨乡呼各庄村		呼忠魁	525745	714
12963	勤俭居			县文教局	张义纯	张利华	525631	1668
12964	拆不散的姻缘			东新寨村	吕绪春	唐家君、张义纯	525586	614
12965	天下没有知足的人			抚宁县文化馆	李振国	郭永春	525674	356
12966	不打自招			上庄坨乡秋子峪	于起淮	王小波	525621	451

序号	篇名	民族	流传地区	采集地	讲述者	搜集者	数据库编号	字数
12967	花子梦			北寨乡北寨村	王治信	郭永春	525641	2651
12968	吉利话			宋庄乡文化站	孙本荣	唐素英	525693	329
12969	找金子			庄河乡张庄村	耿素清	张淑敏	525632	2376
12970	一碗人肉汤			台营机铁社	袁素香	朱国友	525591	916
12971	巧断家私			宋庄乡	孙本荣	袁炳成	525645	777
12972	偷锅			宋庄乡政府	唐素英	孙本荣	525727	1708
12973	石匠当先生			双岭乡双岭村	张耀兴	党立华	525574	538
12974	猫吃耗子的由来			柳各庄	傅桂凤	陈素金	525548	485
12975	“二龙”洗澡汤			破城子村	张桂荣	董宝权	525613	1955
12976	拙娘俩			宋庄乡	孙瑞洁	孙本荣	525712	264
12977	猫睡觉为啥打呼噜			台营小学	吴明	汪桂玲	525549	863
12978	不识字的教书先生			牛兰甸乡	杜显庆	张利华	525669	732
12979	送“令尊”			义院口村	涂玉富	涂中华	525718	356
12980	仨姑爷作诗			宋庄乡文化站	孙本荣	袁炳成	525680	781
12981	三姑爷射箭			安庄村	朱永生	张义纯、安希彬	525662	562
12982	哪有那么多“话说”			抚宁县文教局	孙本荣	申存孝	525722	376
12983	对“四子”			东贺庄乡陈庄村	陈文喜	岳儒	525681	1073
12984	鞋大夫			上庄坨乡秋子峪村	于起淮	王小波	525614	551
12985	一毛不拔			冯庄乡冯庄村	李景春	王树森、孙本荣	525659	71
12986	庆州金氏的由来			西河南乡朝鲜族村	曹尚镇	张义纯、陈克元	525763	1584
12987	白吃			台营	李景丰	李敬杰、郭永春	525684	435
12988	刁氏			留守营敬老院	栗国林	郑庆魁、郭永春	525594	1738
12989	屠夫宰相			坟坨乡纸房村	杨惠林	袁炳成	525749	272
12990	拿“土地”			上庄坨乡	马丛生	王小波	525731	668
12991	见钱眼开			东新寨乡	田雨林	孙本荣	525677	660
12992	秀才与李二光腚			上庄坨乡	于起淮	王小波	525618	503
12993	说“官”			县文化馆	孙本荣	袁炳成	525720	863
12994	挂鱼			东新寨村	吕绪春	张义纯	525634	780
12995	怕老婆			宋庄乡	孙本荣	孙瑞洁	525714	8239
12996	喂猪打狗老秋莲			宋庄乡文化站	孙本荣	郑庆魁	525599	1795
12997	先生拉磨			宋庄乡	魏泽长	孙本荣	525696	4825
12998	吝啬的亲家			西河南乡朝鲜族村	金元三	张义纯、陈克元	525765	700
12999	半袋烟			义院口乡	史景和	涂中华	525678	1012
13000	猫为什么先吃东西后洗脸			台营小学	朱红光	汪桂玲	525552	775

序号	篇名	民族	流传地区	采集地	讲述者	搜集者	数据库编号	字数
13001	举子吹牛			双岭乡双岭村	张耀兴	党立华	525717	1156
13002	路遥知马力			台营六村	侯巨	孙本荣	525581	10898
13003	增和桥			台营小学	张义纯	李翠霞	525742	1042
13004	打着灯笼难找			东贺庄乡陈庄村	陈文喜	张义纯	525682	200
13005	小白狗告状			东新寨乡修理庄	孙玉珍	申存孝、孙本荣	525573	1769
13006	李秀才巧计除奸			大曹各寨村	杜显庆	张利华、庞立杰	525577	1608
13007	父子俩			枣园乡		田玉明	525675	751
13008	这好东西我咋没吃过			台营六村	吕淑华	汪桂玲	525638	1805
13009	西瓜告状			留守营乡敬老院	栗国林	张义纯、李国臣	525583	491
13010	麻雀为什么偷吃粮食			台营乡一村	武素兰	陈志华	525558	576
13011	二小拾银			东新寨村	吕绪春	张义纯	525572	830
13012	一时分三刻			庄河乡张庄村	朱桂芹	张淑敏	525636	923
13013	索命记			秋子峪村	于起淮	王小波	525610	131
13014	魏逯一家			宋庄乡黄金山头村	魏清	李文成	525576	387
13015	耗子为什么偷粮食			宋庄乡文化站	孙本荣	孙瑞洁	525551	291
13016	穷吹			坟坨乡	郑修平	袁炳成	525698	1323
13017	火龙单			上庄坨乡秋子峪村	于起淮	王小波	525578	491
13018	王八没肚脐的由来			县文化馆	于剑萍	孙本荣、郭永春	525564	6020
13019	蚊子、臭虫为什么咬人			抚宁县文化馆	王荣合	孙本荣	525565	2506
13020	拙老婆学乖			东新寨乡聂口村	贺雅丽	陈允生	525710	1939
13021	鸟王猫头鹰			宋庄乡沿沟屯村	傅明耀	傅志芬	525563	573
13022	秀才巧治刮地皮			抚宁县文教局	孙本荣	唐家君	525650	340
13023	好冲的烟			县文化馆	于剑萍	袁炳成	525609	329
13024	弟兄诌诗			北寨乡北寨村	赵秀峰	张义纯、韩宝华	525708	2213
13025	半张嘴			柳各庄乡扶岩沟村	朱永宽	朱国友	525587	409
13026	龙凤面			庄河乡张庄村	朱桂芹	张淑敏	525635	872
13027	翠仙挑夫			上庄坨乡秋子峪村	于起淮	王小波	525607	243
13028	屁			宋庄乡政府	魏泽长	孙本荣	525705	1351
13029	夫妻斗嘴			拦马庄乡	董宝军	赵士存	525603	887
13030	吟屁诗			双岭乡双岭村	张耀兴	党立华	525701	439
13031	四妯娌作诗			宋庄乡文化站	孙本荣	袁炳成	525588	2045
13032	猜谜赌妻			东新寨乡安庄村	李桂兰	安希彬、张义纯	525652	4284
13033	巧嘴媒婆			县文化馆	孙本荣	袁炳成	525590	34
13034	杠铺			宋庄乡文化站	孙本荣	吴术	525699	293

序号	篇名	民族	流传地区	采集地	讲述者	搜集者	数据库编号	字数
13035	聪明的媳妇			坟坨乡任各庄	郭文飞	李铁	525592	1384
13036	梦先生			上庄坨乡秋子峪村	于起淮	王小波	525642	1715
13037	都没事了			北寨村	王治信	韩宝华、张义纯	525733	380
13038	只认瘤子不认人			枣园乡	田玉明	刘英杰	525687	1006
13039	县官审“土地”			留守营敬老院	栗国林	唐家君、郭永春	525612	328
13040	“一”字长得快			县文化馆	孙本荣	袁炳成	525660	26876
13041	老油松			猩猩峪乡	赵凤桐	张义纯	525657	483
13042	六姨妹作诗骂姐夫			抚宁县文教局	唐荣国	唐家君	525672	224
13043	刀笔邪神			抚宁县棉织厂	王成	张义纯	525626	837
13044	三八二十三			驻操营乡南关村	李占存	杜秋山	525661	1549
13045	龙虎斗			坟坨乡杨庄头村	杨宝友	杨利群	525655	1073
13046	狐狸和熊			驻操营乡东王庄村	侯玉琴	张凤奇	525658	1576
13047	自作聪明的皇上			北寨乡中学		赵玉玲	525648	902
13048	自讨没趣			双岭乡双岭村	张耀兴	党立华	525691	3337
13049	秃子地主			柳各庄乡扶岩沟村	朱永宽	朱国友	525647	422
13050	纸单儿在我手里呢			柳各庄乡石槽峪村	陈连生	陈冀萍	525707	322
13051	猴子、兔子、狐狸、马			柳各庄乡张各庄村	张国珍	张国华	525555	2081
13052	麻输麻有钱			抚宁县城关	赵子英	孙本荣	525734	246
13053	要知道是牛肉的还得多吃俩			杜庄乡		赵长久	525721	554
13054	摸手			宋庄乡	孙本荣	黄宝安	525739	487
13055	王大和王二			县文化馆	孙本荣	袁炳成	525566	4526
13056	画画请客			东新寨乡	田雨林	安希彬	525715	1048
13057	牛和羊			黄土营乡文化站	刘东风	张印国	525553	508
13058	高寿是咱大表兄			宋庄乡政府	孙本荣	张万波	525725	538
13059	还得喝			县文化馆	孙本荣	袁炳成	525639	473
13060	阿郎的故事			西河南乡朝鲜族村	张炳斗	张义纯、郑庆魁	525760	416
13061	风水先生			茶棚乡大所庄	郑辅春	李国良	525630	1802
13062	瘸姐妹过庄			庄河乡张庄村	耿素清	张淑敏	525743	1035
13063	斗鬼			县文化馆	于剑萍	郭永春	525608	457
13064	测字先生			西河南乡朝鲜族村	朴东宪	陈克元	525754	656
13065	聪明的姑娘			东新寨乡	李桂兰	安希彬、张义纯	525654	1544
13066	舍子孝母			西河南乡朝鲜族村	金元三	陈克元	525762	140
13067	瓦罐里的梦			抚宁县文教局	岳儒	唐家君	525640	1098

序号	篇名	民族	流传地区	采集地	讲述者	搜集者	数据库编号	字数
13068	拙媳妇			县文教局	孙本荣	袁炳成	525711	581
13069	财迷讨布			石家庄		王武汉	525709	243
13070	想摘瘤子反而贴上了一个			西河南乡朝鲜族村	金月香	郑庆魁、张义纯	525768	626
13071	穷鞋匠入赘			北寨乡北寨村	赵秀峰	张义纯、韩宝华	525706	457
13072	财神庙的对联			抚宁县城	殷泽普	袁炳成	525628	943
13073	丑夫人			西河南乡	张万波	孙本荣	525602	884
13074	董二爷冤案			留守营敬老院	栗国林	郭永春	525568	891
13075	提漏儿有准儿			宋庄乡文化站	孙本荣	刘英杰	525737	855
13076	鸡喝水为什么扬脖			北寨乡中		董宝	525560	408
13077	喜相逢			东贺庄乡陈庄村	周贵锁	张义纯、岳儒	525735	430
13078	骡子不下驹的来由			宋庄乡文化站	孙本荣	吴术	525554	821
13079	衔肉入厕			宋庄乡文化站	孙本荣	黄宝安	525736	1175
13080	王三省亲			留守营敬老院	栗国林	朱宏杰	525582	694
13081	哥儿俩下关东			董家口村	苗永青	刘少军	525723	1060
13082	不能破例欺祖			坟坨乡旧县村	王西坤	石立军	525580	823
13083	孝子碑			西河南乡朝鲜族村	李泰珠	张义纯、陈克元	525767	1128
13084	“神仙”做媒巧成婚			坟坨乡	董玉昌	袁炳成	525571	519
13085	劝善得福			西河南乡朝鲜族村	李钟泽	朱洪杰	525764	1481
13086	蝎子尾巴后娘心			东新寨乡安庄村	侯翠兰	张义纯	525623	368
13087	沈清传			西河南乡朝鲜族村	金元三	张义纯、唐家君	525759	964
13088	发水难			留守营敬老院	栗国林	郭永春、郑庆魁	525570	462
13089	摸着了			宋庄乡	孙本荣	唐家君	525738	271
13090	玉姐出谜			县城	谷宝琛	佟涛	525606	641
13091	药王庙的由来			台营乡六村	于成发	朱国友、张义纯	525748	260
13092	保媒			上庄坨乡文化站	杜秋山	王小波	525589	501
13093	太阳和月亮的故事			西河南乡朝鲜族村	金元三	张义纯、唐家君	525756	934
13094	赵氏女			抚宁县城	谷宝琛	佟涛	525600	704
13095	先生教《百家姓》			牛兰甸乡	杜显庆	张利华	525688	1419
13096	好马不鞴双鞍			柳各庄乡扶岩沟村	朱永宽	朱国友	525596	1744
13097	铁球徐豹			留守营敬老院	栗国林	郭永春、袁炳成	525584	466
13098	吝啬鬼			县文化馆	孙本荣	郭永春	525625	943
13099	死去活来话有情			坟坨文化站		袁炳成	525598	785
13100	不屈			宋庄乡文化站	孙本荣	郑庆魁	525668	1817
13101	摔碗计			台营乡六村	吕淑华	汪桂玲	525593	612

序号	篇名	民族	流传地区	采集地	讲述者	搜集者	数据库编号	字数
13102	白兔求仙			庄河乡张庄村	耿素清	张淑敏	525656	483
13103	“福”从天降			宋庄乡文化站	孙本荣	黄宝安	525575	5673
13104	知其里不知其外			董家口村	陈素舫	邢立杰、刘少军	525619	729
13105	这还赶不上点儿呢			台营六村	吕淑华	汪桂玲	525704	338
13106	遗嘱			驻操营乡梅家峪村	刘春艳	梅践华	525633	458
13107	团圆记			宋庄乡敬老院	孙贵生	孙本荣	525569	1632
13108	鲁学生巧对巡抚联			抚宁县供销社	申存孝	陈职宏	525653	1652
13109	程老好认父记			上庄坨乡张赵庄村	赵长荣	王小波、张义纯	525567	1023
13110	智审无头案			邹刘贺小学	张竞华	王婧雯、刘敬华	525651	268
13111	勾住被里儿了			坟坨乡文化站	袁炳成	高景田	525673	1812
13112	小两口老两口双作诗			坟坨乡	吴向恩	袁炳成	525664	2507
13113	小孩儿屁股三把火			南寨村		胡辑川	525665	825
13114	不敢有			宋庄乡	孙本荣	郭永春	525671	689
13115	三个倔脾气的人			冯庄乡中学	贺玉跃	王树森	525663	630
13116	打赌			西河南乡朝鲜族村	金元三	张义纯	525755	731
13117	听声起名			台营乡三村	姜艳华	朱国友	525700	763
13118	牛没上牙狗没肝			宋庄乡文化站	孙本荣	孙瑞洁	525676	371
13119	妈拉巴子			宋庄乡	孙本荣	郭永春	525692	1269
13120	我没有四舅			坟坨乡	郑修平	袁炳成	525702	904
13121	耳朵在兜里呢			宋庄乡	孙本荣	郭永春	525689	2270
13122	买“哎呀”			抚宁二中		陆左红	525690	1196
13123	如此心诚			上庄坨小学	蒋秋艳	王小波	525695	740
13124	孝心有价			县供销社	申存孝	陈职宏	525615	727
13125	傻子温达传			西河南乡朝鲜族村	金元三	唐家君	525753	507
13126	我也不是苏东皮			宋庄乡	孙本荣	吴术	525703	660
13127	不会说话			杜庄乡	林树峰	赵长久	525666	2568
13128	哥儿仨作诗			抚宁县文化馆	孙本荣	袁炳成	525724	1045
13129	“借驴还马”的由来			北寨乡北寨村	殷士杰	韩宝华、张义纯	525605	545
13130	爹和儿子			董家口村	苗永青	刘少军	525730	581
13131	乔二姐择婿			北寨村	王治信	张义纯、韩宝华	525604	930
13132	“七十活葬”是怎么取消的			西河南乡朝鲜族村	金元三	张义纯、孙本荣	525757	1100
13133	放狗屁			东贺庄村	彭玉华	岳儒	525713	247
13134	酒鬼			义院口村	刘真	涂中华、郭永春	525728	907

序号	篇名	民族	流传地区	采集地	讲述者	搜集者	数据库编号	字数
13135	状元与乞丐			曹东庄乡马各庄村	王景凡	鹿广宝、李继臣	525597	197
13136	对诗			县文教局		唐家君	525685	365
13137	善有善报，恶有恶报			台营六村	杨玉立	张义纯、孙本荣	525616	1633
13138	一个王八八块钱			宋庄乡文化站	孙本荣	孙瑞洁	525601	66
13139	凿井			县文化馆	袁炳成	孙本荣	525585	960
13140	开裆裤			抚宁县棉织厂	金星玉	张义纯、郭永春等	525766	611
13141	庞三娘			上庄坨村	宫秀兰	高学玲	525595	554
13142	卖瓦盆的嘴			宋庄乡	刘淑琴	杨晓杰	525716	1832
13143	公鸡叫明的故事			抚宁文教局	唐家君	张醒华	525561	207
13144	家父经手			宋庄乡政府	孙本荣	袁炳成	525729	2617
13145	二屁打狗			东贺庄乡东贺庄村	贺少荣	唐家君、郑庆魁	525579	2021
13146	鲜鱼汤			西河南乡朝鲜族村	金元三	张义纯、郭永春	525751	375
13147	张大胆儿和李大胆儿			台营一村	汪振银	朱国友	525611	772
13148	燕子衔泥垒窝的由来			柳各庄乡扶岩沟村	张春元	郭占华	525559	489
13149	傻子挨打			台营六村	武素霞	赵子英、张义纯	525741	734
13150	兔子为什么三瓣嘴短尾巴			柳各庄小学	陈素金	杨春香	525557	460
13151	杀牛过年			茶棚乡苏官营	苏宏奇	徐守和	525649	1614
13152	皮老二智斗一只眼			北寨乡呼各庄村	呼兴太	呼学宽	525643	889
13153	慌张媳妇			宋庄乡文化站	孙本荣	孙瑞洁	525637	742
13154	不下驴			抚宁县文化馆	孙本荣	袁炳成	525667	1050
13155	猫和狗为什么结仇			柳各庄乡扶岩沟村	寇玉娥	朱国友	525550	863
13156	“豆”有此“埋”			县文教局	殷泽普	殷泽普	525697	2981
13157	四个姑爷			宋庄乡	孙本荣	孙瑞洁	525679	922
13158	官迷献宝			东贺庄乡东贺庄村	贺少荣	张义纯	525620	420
13159	不算缺德			东贺庄乡陈庄		张义纯	525670	343
13160	老鼠和牛的故事			北寨乡北寨村	周洪	周永志	525547	1319
13161	争银两				郑国民		525829	200
13162	傻姑爷祝寿				张清		525844	443
13163	三个兄弟三次为父报仇				杨兆彬		525825	559
13164	对联传情				张守仁		525838	670
13165	日头没了不过河						525811	893
13166	闯红灯						525851	160

序号	篇名	民族	流传地区	采集地	讲述者	搜集者	数据库编号	字数
13167	这孩子不跟我				李春润、周田成等		525822	1383
13168	把活儿“代”出来						525816	386
13169	鸡的来历				张玉香		525841	4357
13170	黑夜挑水						525808	304
13171	他还不说我学他呀						525861	533
13172	狗脑袋上没猫了						525860	529
13173	乌龟背为什么是一块块的						525848	943
13174	丁宝桢迅斩安得海				刘殿录		525827	306
13175	揣着我爹也打						525857	2210
13176	猴子屁股为什么是红的						525847	666
13177	父子骑驴						525850	980
13178	龙刚奇遇				李秀琴		525823	504
13179	超人的节省				李丰		525842	420
13180	婆媳丢丑				胡青亭		525843	285
13181	高粮砍完了						525810	285
13182	芝麻地里打						525814	639
13183	闺女杀父亲				李金平		525831	245
13184	宾三爷单刀赴宴				唐明臣		525836	676
13185	刘镛计破血滴子				刘殿录		525826	440
13186	李先生和王掌柜求愿				高春元		525830	384
13187	是天亮了吗						525812	112
13188	孔子借粮				彭振东		525834	1406
13189	没找着地方						525821	696
13190	傻婿赔情				刘会山		525837	809
13191	没过端午节呢						525817	466
13192	“不见黄河心不死，不见棺材不落泪”的来历				李金平		525833	1116
13193	俩名字						525855	276
13194	君王明白了				王贺平		525835	219
13195	四毛五						525862	636
13196	听东家的话						525819	749
13197	杀葫芦				刘纪善		525824	699
13198	一根也没丢						525854	472

序号	篇名	民族	流传地区	采集地	讲述者	搜集者	数据库编号	字数
13199	酱缸里有屎了						525815	3075
13200	机灵点						525809	281
13201	东家叫收工						525820	2560
13202	巧姑娘智斗县太爷				张保丰		525846	235
13203	长工“二檩头”的故事						525806	207
13204	师生对诗						525853	274
13205	王八蛋东家老跟着						525818	816
13206	纸糊的裤子						525852	397
13207	昆把儿上来个宾蛋						525856	713
13208	小牛不懂事						525807	162
13209	“笑话”二则						525849	247
13210	四个儿子作诗				杨林		525845	1202
13211	杨十三屏弃封建劣俗的故事				杨介人		525839	816
13212	猫和狗为啥结仇				张宾		525840	563
13213	联对选才				刘殿录		525828	759
13214	缺“德”真有报应				马名刚		525832	206
13215	不吃你的吃谁的						525813	426
13216	登光了						525859	286
13217	小钉子						525858	335
13218	漏斗和果皮箱						530391	183
13219	玫瑰花与小草						530385	540
13220	飞蛾奔向光明						530394	535
13221	蜘蛛的眼光						530392	3543
13222	麻雀和稻草人						530389	218
13223	劈干柴			正定县东里双村	阎全保		530365	1494
13224	丁小三打兔子			正定县曲阳桥村	王观辉		530369	181
13225	山猴想种田						530387	3350
13226	大老本和一百窟窿眼			正定县焦化人	张振东		530364	81
13227	前言						530282	497
13228	调侃娘			正定县韩通村	李德功		530366	1659
13229	郝清玉在狱中						530283	309
13230	武结缘			于正定县韩家楼村	栗云		530376	2001
13231	找百分比						530397	2528

序号	篇名	民族	流传地区	采集地	讲述者	搜集者	数据库编号	字数
13232	金花三姑娘敲石采玉			正定县吴兴村	荫小平		530368	518
13233	修秤人的报复						530390	254
13234	不会说话的人					郝建常	530383	577
13235	足球与气球						530388	776
13236	白脖老鸹						530395	272
13237	老大和老二			正定县城内	张爱姐		530372	2981
13238	狗腿子的来历			于正定县秦家庄	王怀宝		530379	1362
13239	鹬蚌又添新伙伴						530386	4130
13240	四老壮			正定县东里双村	张五辰		530370	1342
13241	黄瓜老汉						530396	1044
13242	赛鲁班			正定县西兆通村			530378	3022
13243	漏					郝建常	530384	418
13244	小三分家			正定农业专科学校			530371	981
13245	吃萝卜					栗保平	530380	1416
13246	老疤			正定县韩家楼	栗河		530377	1967
13247	荇歪嘴的传说			正定县韩家楼村	栗环		530375	392
13248	诉状					郝建常	530382	1983
13249	诗文姻缘			正定县韩通村	李德全		530367	271
13250	猪八戒照镜子						530393	815
13251	猴子爬山						530398	307
13252	赵文秀的故事						530284	271
13253	二龙喷须					栗保平	530381	70
13254	牛家弟兄			于正定县韩家楼村	票环		530374	1975
13255	五经八书			正定县韩通村	李德功		530373	1734
13256	大盐水和二盐水			安次董常甫村			533590	3214
13257	马六刀劈二毛子						533591	1559
13258	打聂鬼子						533593	3323
13259	安次县为什么是土城						533580	5226
13260	董大帅兵败廊坊镇						533594	2692
13261	王三发横财			薛营			533595	4196
13262	白母鸡			廊坊			533605	2888
13263	大师兄闹衙门						533599	4533
13264	秀阁						533600	6687
13265	砍马二爷			梨园村			533588	2528

序号	篇名	民族	流传地区	采集地	讲述者	搜集者	数据库编号	字数
13266	铁金刚			安次董常甫村			533582	2975
13267	展大旗吓死了常举人			董常甫村			533596	6608
13268	老大造反			廊坊			533586	5597
13269	刘黑塔			王庆坨			533585	2739
13270	渔童						533606	2616
13271	蚌螺号						533592	5925
13272	红缨扎枪						533601	6912
13273	梁三霸团			新庄子			533589	3011
13274	张头和李头			安次董常甫村			533579	10747
13275	托塔李天王						533584	3866
13276	义和团战落垡						533598	7411
13277	宗老路						533602	5167
13278	红缨大刀						533581	1286
13279	洪大海						533583	2873
13280	洗大王家务			新庄子			533603	3723
13281	童子			安次董常甫村			533597	4289
13282	大刀吓坏了张财主						533587	2845
13283	小黄牛						533604	6720
13284	巧媳妇做衣裳						535843	1552
13285	盐磨						535813	8368
13286	参童						535811	4687
13287	盐锅						535812	2842
13288	猫						535854	796
13289	天塌下来的时候						535844	1998
13290	金钱是怎样变成榆钱的						535863	4250
13291	养狼						535835	4724
13292	盐神						535816	6544
13293	喇叭花						535806	1785
13294	腊八粥						535826	676
13295	过年						535828	754
13296	打玉皇						535836	1727
13297	通天塔				张万才		535831	3483
13298	石嫂寻姑						535802	6816
13299	老包借猫						535824	1404

序号	篇名	民族	流传地区	采集地	讲述者	搜集者	数据库编号	字数
13300	财神						535822	1022
13301	盐衣						535814	5326
13302	巧姑娘						535832	718
13303	两棵神高粱						535808	851
13304	长工四兄弟						535820	3889
13305	西瓜女						535809	806
13306	无梁寺				杨绍理		535830	395
13307	炸油鬼						535829	5140
13308	药王爷看病						535825	2279
13309	蛤蟆的眼睛是怎样鼓出来的						535856	2063
13310	烧画						535821	1479
13311	绣花枕头和落花生						535862	3529
13312	鸭子						535855	3430
13313	小蛤蟆和大老虎						535852	1698
13314	蘑菇						535861	2190
13315	卖凉水						535837	3094
13316	画上的葡萄						535842	2043
13317	卖网线						535838	3173
13318	盐仙						535815	819
13319	蛤蟆为什么只看见后边						535857	3121
13320	迎春						535864	1175
13321	爬爬和蛐蟮						535858	1584
13322	马是怎样没有犄角的						535847	4144
13323	兔子						535853	2473
13324	黄牛山						535803	2119
13325	猫不会吃鱼						535846	1205
13326	蝈蝈						535860	1757
13327	牛和驴						535848	2246
13328	小燕						535850	827
13329	浑河三变						535819	4260
13330	玲玲						535823	2696
13331	聚宝盆						535805	3771
13332	切葫芦						535810	1221

序号	篇名	民族	流传地区	采集地	讲述者	搜集者	数据库编号	字数
13333	秫秸船						535801	1278
13334	看对联						535845	1400
13335	金谷穗上的绿蝈蝈						535804	923
13336	箭射山门						535799	2172
13337	逆水行船						535839	2082
13338	老金和老银						535841	2706
13339	灶王爷				张广信		535827	3880
13340	金沙滩						535817	2933
13341	石成求仙						535800	1410
13342	田螺						535859	1032
13343	驴胎衣						535834	2220
13344	龙河						535818	815
13345	大雁						535849	4006
13346	雕弓						535840	1006
13347	太阳菜						535807	3130
13348	任广智做梦						535833	3102
13349	老鸹和肥猪						535851	2010
13350	猫不会吃鱼						539142	8364
13351	石嫂寻姑						539139	2079
13352	迎春						539159	2068
13353	牛和驴						539146	2218
13354	参家						539120	2695
13355	烧画						539136	2848
13356	参童						539119	2200
13357	西瓜女						539114	393
13358	小燕						539148	836
13359	巧姑娘						539126	794
13360	金钱是怎样变成榆钱的						539160	4008
13361	金沙滩						539113	4122
13362	小蛤蟆和大老虎						539150	5144
13363	鸭子						539153	2183
13364	蛤蟆的眼睛是怎样鼓出来的						539154	2060
13365	绣花枕头和落花生						539161	1221

序号	篇名	民族	流传地区	采集地	讲述者	搜集者	数据库编号	字数
13366	养狼						539130	8304
13367	浑蛋大老爷						539144	2014
13368	盐衣						539116	826
13369	看对联						539140	5394
13370	吃白蜡						539141	4848
13371	箭射山门						539121	3774
13372	盐神						539115	1005
13373	狗皮褥子						539129	755
13374	蛤蟆为什么只看见后边						539155	848
13375	过年						539135	1548
13376	蝈蝈						539158	810
13377	切葫芦						539132	1275
13378	马是怎样没有犄角的						539145	1014
13379	财神						539133	1405
13380	爬爬和蛐蟮						539156	3175
13381	蘑菇						539162	1174
13382	浑河三变						539112	1995
13383	猫						539152	2707
13384	老鸹和肥猪						539149	8929
13385	灵子和傻子						539125	6813
13386	龙河						539111	3128
13387	长工四兄弟						539138	1399
13388	兔子						539151	3885
13389	雕弓						539137	1698
13390	大雁						539147	2188
13391	打玉皇						539128	1037
13392	卖凉水						539143	3885
13393	逆水行船						539131	3675
13394	盐磨						539118	4247
13395	腊八粥						539134	3093
13396	田螺						539157	1727
13397	任广智做梦						539127	3099
13398	盐仙						539117	3428
13399	石老大告状						539124	2932

序号	篇名	民族	流传地区	采集地	讲述者	搜集者	数据库编号	字数
13400	石成求仙						539122	4483
13401	秫秸船						539123	3518
13402	小白龙						540231	2588
13403	揭皇榜						540227	558
13404	赠宝衣						540232	1872
13405	见皇姑						540233	2415
13406	冒名顶替						540230	1046
13407	红风怪						540226	429
13408	下洞杀红风怪						540228	439
13409	谋害						540229	938
13410	金谷穗上的绿蝈蝈						540240	1508
13411	人参精			天津专区医院			540239	3983
13412	无梁寺						540237	1636
13413	巧嘴的小燕			安次董常甫村			540250	1587
13414	烧画						540241	1632
13415	猫						540251	1624
13416	这正是我心里的話						540245	716
13417	大雁			胜芳医院			540249	4729
13418	马是怎样没有犄角的			胜芳医院			540252	2268
13419	田螺						540253	1371
13420	田聋子的大镰把						540244	1331
13421	长工四兄弟						540247	4266
13422	灶王爷						540238	2380
13423	年			董常甫村			540235	717
13424	打玉皇						540242	1120
13425	金沙滩						540234	1616
13426	通天塔						540236	2277
13427	腊八粥						540246	2728
13428	绣花枕头和落花生						540248	2334
13429	逆水行船			胜芳			540243	4033
13430	张有福盖房				韩墨亭		541531	802
13431	老鼠为何首占生肖				丰淑慧		541576	1589
13432	吝啬鬼						541614	2974
13433	并蒂莲的来历				顾生福		541514	834

序号	篇名	民族	流传地区	采集地	讲述者	搜集者	数据库编号	字数
13434	小二与二小				王和台		541538	3947
13435	要饭的与阔少爷				张金坡		541607	3497
13436	蜈蚣与毒蛇						541563	382
13437	仙桃姑娘	回族			张福升		541512	1756
13438	熬海珠				崔金堂		541528	639
13439	王小秃找宝				韩墨亭		541511	221
13440	香屁屁				王文泽		541606	2337
13441	神秘的金山						541551	3099
13442	恩仇记				韩墨亭		541523	4217
13443	慈禧为何称老佛爷				孟庆发		541567	1035
13444	铃铛泡				周风香		541535	352
13445	“皮虎”的传说				杨木良		541550	710
13446	骂鸭						541556	1096
13447	邢可善的传说				田玉堂		541532	572
13448	金帽子				安丽娟		541521	1479
13449	借粮				周凤香		541557	2381
13450	两个银子壳						541554	1455
13451	金叶子				崔淑珍		541566	925
13452	猫为什么吃老鼠				周凤香		541575	2798
13453	宝缸						541561	1322
13454	智斗“瘸狐狸”				常风池		541542	583
13455	鹰姑娘						541526	331
13456	马茎菜为何晒不干				张金坡		541574	500
13457	贪财				李秀英		541562	869
13458	富翁和穷人						541617	2124
13459	卖梨人与道士						541555	1150
13460	大嫂巧“对”斗秀才				李淑贞		541611	588
13461	宋二爷三驱黄鼠狼				宋文斌		541560	1588
13462	鲤鱼仙子				周凤香		541513	1116
13463	三秀才与县令						541625	535
13464	缺角诗				张燕敏		541590	414
13465	财迷老头						541558	2859
13466	傻姑爷拜年				李之泽		541601	1720
13467	三个郎君						541621	804

序号	篇名	民族	流传地区	采集地	讲述者	搜集者	数据库编号	字数
13468	张三与李四						541603	2309
13469	假秀才						541612	723
13470	忠诚的孩子与贪财的孩子						541564	224
13471	金粪叉子银粪筐				胡金生		541592	994
13472	择婿				刘温如		541593	505
13473	找宝地				张华		541591	947
13474	七品县令为何称芝麻官						541568	691
13475	王老六智除老鼠精						541559	570
13476	刘古董				张福升		541604	790
13477	三个姑爷拜新年				胡金生		541598	537
13478	三兄弟				韩墨亭		541533	1699
13479	螃蟹告状						541545	539
13480	难看				李天玉		541616	645
13481	秃姑娘				王长会、安丽娟		541547	1403
13482	哥儿仨抬杠				周风香		541608	2438
13483	哥仨与仙女的故事				安丽娟		541527	386
13484	小财主与小佣人						541623	1747
13485	石人				安丽娟		541522	1134
13486	清明的由来						541571	1894
13487	张小三				田增槐		541540	1531
13488	为什么衙役叫“狗腿子”				田玉堂		541569	370
13489	狼心喂不活						541536	1363
13490	傻三学话				刘风英		541600	285
13491	狗不嫌家贫				高梅芬		541534	376
13492	懒老婆				胡瑞英		541594	1053
13493	照镜子的风波				田文慧		541546	1007
13494	兄弟三个学艺				李之泽		541596	2356
13495	好马不备双鞍，好女不嫁二夫				韩墨亭		541573	2742
13496	贪酒的姑爷						541618	1162
13497	懒汉						541595	693
13498	老二进城				熊寿华		541529	775
13499	眼中有人了						541627	271

序号	篇名	民族	流传地区	采集地	讲述者	搜集者	数据库编号	字数
13500	麻利姑娘						541619	413
13501	手出汗鬼来攥				夏童		541620	900
13502	黄河与官才				赵家声		541510	650
13503	金毛狗						541615	783
13504	年画						541544	2221
13505	傻小子拜新年				李之深		541602	559
13506	一米度三官，寸草遮丈风				胡风瑞		541572	249
13507	开店的与住店的	回族			张福升		541539	228
13508	糊涂官沈不清						541613	788
13509	老虎和小女孩				张洪才		541553	651
13510	“转轴子”与“小算盘”				葛风胡		541541	940
13511	翠翠				张金坡		541515	4429
13512	人心无足蛇吞象				李淑云		541524	1069
13513	哥仨分家				田文慧		541530	1092
13514	才女翠花				李淑贞		541548	345
13515	琴莲				王香兰		541552	590
13516	卖窝头的人				周风香		541537	4362
13517	金葫芦				张瑞		541549	820
13518	双龙情				张福升		541525	1085
13519	三块宝石				史月峰		541565	1031
13520	白骗溜				胡连治		541599	679
13521	三兄弟争权				刘野也		541622	448
13522	为何庄稼越稀蝼蛄越拱				刘连珍		541570	681
13523	玉璞石						541543	1872
13524	你蒸馒头卖						541626	3137
13525	在哪里干活就在哪里拉屎						541628	1286
13526	小孩子没有腰				吴秀红		541610	1456
13527	写错字儿的学生				周风香		541609	629
13528	绝招						541624	493
13529	买卖人				张宝栋		541605	298
13530	咧泡				赵丕甲		541597	3958
13531	摸脉训妻		武安		杨扶山		543915	1746
13532	灯口朝下老鼋登基		邯郸市		苗志英		543907	780
13533	两个瞎子看匾		武安县		彭黑保		543913	761

序号	篇名	民族	流传地区	采集地	讲述者	搜集者	数据库编号	字数
13534	点天灯		邢台县		赵珍		543756	1849
13535	巧哥		武安		王云玲		543831	2206
13536	县官找人		武安		李佑		543877	1299
13537	巧劝小叔子		邯郸市		刘素梅		543747	728
13538	屠夫驸马		武安		刘忠清		543876	774
13539	安庆当长工		邯郸市		王绍仲		543752	903
13540	阎三的故事		武安		谢入相		543869	3863
13541	小五哥施计戏李锦		武安		史新奎		543911	1510
13542	双锁柜		武安		杨扶山		543846	380
13543	丑女		武安		刘善东		543888	571
13544	假善人		邯郸市		高亚伟		543841	1377
13545	小枣		邯郸县		宋堂		543839	2317
13546	东邻家和西邻家		武安		杨扶山		543832	1975
13547	老和尚变黄牛		邯郸市		朱荣芬		543905	2745
13548	安大虎打“鬼”		武安		孟庆元		543902	5161
13549	偷驴		武安		赵风元		543851	1218
13550	巧姐		邯郸市		张大娘		543890	1561
13551	庙里的爷爷挨打		武安		冀连叶		543850	1165
13552	掌柜拉磨		武安		岳当叶		543916	1834
13553	多抓点		邯郸市		李素梅		543750	737
13554	张金柱的故事		峰峰矿区		陈得章		543826	666
13555	三旋的故事		武安		马广成		543848	1580
13556	金宝和玉爱		武安		杜保信		543825	1627
13557	讨厌鬼		武安		刘占英		543878	2784
13558	鲤鱼嬉沙		武安		贺庆相		543792	924
13559	夫妻店		邯郸市		孟继学		543853	1412
13560	嫖汉回头		武安		朱新玲		543803	2633
13561	小长工		武安		王改的		543897	1172
13562	娶亲丢媳妇		武安		赵风元		543762	1165
13563	听话音治心病		曲周县	曲周县麻庄	胡爱民		543856	936
13564	画烛		邯郸市		李明堂		543783	448
13565	给公公找媳妇		武安		郝增气		543870	1291
13566	兄弟俩与扁井		邯郸县				543799	760
13567	老实人		武安		李文梅		543882	444

序号	篇名	民族	流传地区	采集地	讲述者	搜集者	数据库编号	字数
13568	比年龄		邯郸市		王永		543748	1038
13569	狗腿子的来历		武安		程士香		543920	1545
13570	贤慧的新娘		邯郸市		耿虎臣		543891	4050
13571	双子遇		邯郸县				543930	696
13572	因祸得福		武安		李志林		543836	2759
13573	不孝子		武安		李如义		543880	1895
13574	七女扬波		邯郸市		姜海		543754	938
13575	一把瓜子换媳妇		武安		赵风元		543842	2495
13576	王华的故事		峰峰矿区		王保安		543827	754
13577	王二嫂对诗		武安		王治银		543788	609
13578	梦先生		武安		孔双喜		543791	417
13579	背娘篓		武安		谢入相		543778	3372
13580	丢绣鞋		武安		张保生		543800	1503
13581	看女婿		武安		赵苏先		543829	1481
13582	丁秃女		武安		吴风琴		543794	2180
13583	糊涂马哈		邯郸市		张仁		543765	2033
13584	赵王选婿		峰峰矿区		牛太清		543875	628
13585	能掐会算的先生		武安		李东林		543918	611
13586	嘴上功夫		武安		苏天何		543847	1804
13587	兄弟仨学艺		邯郸县		郑真		543804	606
13588	懒懒		曲周县		王绍秀		543838	1026
13589	叔侄打赌		武安		姚庆祥		543917	1268
13590	四虎上供香		武安		黄治中		543837	1290
13591	调解		曲周县		王绍仲		543811	752
13592	良心店		峰峰矿区	彭城	王玉兰		543852	1768
13593	郑升报仇除害		峰峰矿区		张国章		543782	1898
13594	崩碾砣		武安		朱心玲		543849	927
13595	王生打柴		曲周县		郭书爱		543813	700
13596	关大汉		邯郸县	邯郸县河沙镇	卢文只		543854	326
13597	长工和媳妇		武安		张存贵		543779	3000
13598	洞房猜谜		武安		郭延良		543865	1577
13599	刘拴偷牛		武安		郭延禄		543801	1613
13600	俩媳妇		邯郸市	邯郸市	孟继学		543855	604
13601	四媳妇气公公		武安		孟仙的		543790	1641

序号	篇名	民族	流传地区	采集地	讲述者	搜集者	数据库编号	字数
13602	冀骨钉		武安		姚大庆		543919	1009
13603	朋友仨		武安		古占江		543787	744
13604	玉姑的故事		武安		杜保信		543863	1023
13605	九妹		曲周县		陈新美		543807	2418
13606	仨女婿争婚		武安县		杨扶山		543859	3640
13607	赵神医选徒弟		武安		冯增发		543785	3212
13608	杆头卡戏箱		峰峰矿区	豆腐沟村	李一江		543923	4014
13609	急婆婆		邯郸市		王升堂		543766	506
13610	小屎蛋圆梦		武安		谢入相		543769	848
13611	树证		武安		王太相		543835	1140
13612	虎儿		武安		谢入相		543874	1707
13613	财主信谎话		武安		王志生		543833	1904
13614	火龙衣		邯郸县		王永信		543929	1095
13615	小燕子和南瓜籽		邯郸市		刘素梅		543818	1375
13616	巧选当家人		曲周县	曲周麻庄	胡爱民		543925	1034
13617	小秃娶媳妇		邯郸市		李秀珍		543906	1291
13618	抬杠铺		邯郸市		李清绪		543751	988
13619	恶有恶报		武安		朱新玲		543820	1517
13620	舍郎和采采		武安		杜保信		543761	673
13621	看财人		武安		李培元		543895	1639
13622	傻五的故事		武安		王有三		543901	2174
13623	父亲的遗嘱		曲周县		王绍仲		543815	1042
13624	儿子活埋亲娘		武安		任秋娥		543866	384
13625	后来者居上		武安		申秀钧		543821	723
13626	恩将仇报没下梢		邢台县		张老万		543759	1005
13627	春秋的故事		武安		杨廷的		543862	364
13628	喝水		武安		郭保兴		543786	2358
13629	丑闺女相女婿		武安		李汝玉		543776	1535
13630	裁衣		武安		李东歧		543796	1203
13631	人样子娶亲		武安		杨扶山		543845	2237
13632	千里送鹅毛		武安		郭有财		543834	757
13633	香桂劝夫		邯郸市	邯郸市	曹广理		543894	1722
13634	拾鸡蛋		曲周县		王绍仲		543805	932
13635	状元拉灵		武安		孔吉胜		543927	964

序号	篇名	民族	流传地区	采集地	讲述者	搜集者	数据库编号	字数
13636	巧计冤		邯郸县	邯郸县河沙镇、南街	卢清岗		543857	1202
13637	害人如害己		邯郸市		贾付珍		543893	4782
13638	老丫环		武安		于全米		543780	2947
13639	姐夫与小姨子		武安		郝天喜		543864	2584
13640	秋枝和贵兴		武安		杨扶山		543844	709
13641	智斗县官	汉	曲周县		王绍仲		543910	1054
13642	精媳妇和瞀公公		武安		南海		543774	908
13643	小心就到不了过午		邯郸市		马明日		543904	1075
13644	烧人		邢台县		陈兰		543758	1121
13645	争口袋		邯郸市		梁贵珍		543817	964
13646	知县夫人断奇案		武安		杨永素		543763	1057
13647	比蛇毒的后娘		武安		翟巧英		543883	1511
13648	白玉龙		武安		郭龙珍		543881	1513
13649	灵芝为什么生在树根上		邯郸市		李景凤		543816	1040
13650	弟兄仨分家		武安		杨永素		543900	772
13651	小长工与土财主		武安		孔吉胜		543868	2377
13652	轱辘烧饼		武安		刘喜延		543770	1123
13653	朋友仨喝酒		武安		谢入相		543777	1113
13654	三个跛子过街		武安		安绍吉		543898	983
13655	石姑		邯郸市		姜海		543755	1474
13656	赌棍回头		武安		尹好存		543886	5264
13657	李冰森进城		邯郸市		王绍仲		543809	1704
13658	离合夫妻		武安		赵江平		543885	3294
13659	夫妻钟		邯郸市		姜海	任文祥	543753	839
13660	东来找爹		武安				543760	472
13661	分油		邯郸市		刘素梅		543749	691
13662	“扁古”是盘古的爹		武安		张春霞		543789	1319
13663	舌战二大娘		邯郸市		刘素梅		543746	1743
13664	要嫁妆		邯郸市		李凤仙		543745	1963
13665	杀狗劝夫		武安		许仙如		543795	445
13666	万娘		邢台县		陈兰		543757	1563
13667	“福”从“气力”来		邯郸县		王安全		543767	4051
13668	王三偷钱		武安		齐贵林		543781	1053
13669	天下第一家		峰峰矿区		赵凤英		543764	1273

序号	篇名	民族	流传地区	采集地	讲述者	搜集者	数据库编号	字数
13670	世间难分好赖人		邯郸市		翟振岭		543768	679
13671	两个土地爷		峰峰矿区		张志祥		543797	1072
13672	吃萝卜的先生		武安		谢入相		543772	946
13673	勤善翁		峰峰矿区		董汉士、董占六		543798	1138
13674	巧娶俊妻		武安		张成保		543822	1134
13675	县官断案		邯郸市		王绍仲		543808	1323
13676	刘光棍		武安		孙益胜		543823	854
13677	杜娘		邯郸市		梁贵珍		543806	2186
13678	考先生		武安		谢入相		543775	1411
13679	针尖和麦芒		邯郸市		梁贵珍		543814	1254
13680	巧女智斗苏东坡		邯郸县	邯郸县南堡李村	李天然		543928	996
13681	城隍爷受贿		曲周县		王绍仲		543812	978
13682	元宝隔窗飞进来		峰峰矿区	峰峰矿区东纸坊村	杨玉清		543924	1306
13683	报唾骂之恩		武安		李玉安		543773	2168
13684	路远知马力，久后待人心		邯郸县	高里卜村	张从龙		543921	536
13685	邹老头训子		武安		白日升		543771	666
13686	善恶有报		邯郸市		谢振华		543892	1398
13687	粪叉秀才		邯郸市		刘亚平		543908	1266
13688	百灵告状		武安		杨三丑		543914	1027
13689	姐妹俩		武安		李有其		543802	1993
13690	陈公子赶考		武安		刘龙贵		543912	1728
13691	刘“长鼻子”		武安		刘天林		543899	921
13692	仰箩借米扣箩还		武安		杜存德		543889	1179
13693	梁好葛一好		邯郸县		李中和		543828	2427
13694	死板先生和死板学生		武安		王二小		543884	1629
13695	十条命		武安		杜保信		543824	689
13696	偷铺的		武安		赵秋合		543873	576
13697	刘老头		邯郸市		王绍仲		543810	1411
13698	王爱财借宝		武安		韩臭的		543871	1425
13699	相思病		武安		刘振祥		543896	1428
13700	馋闺女		武安		吴照林		543867	1046
13701	吝啬鬼临死考儿子		武安		朱新玲		543819	1789
13702	图财丢妻		武安		王顺义		543843	820
13703	黑铁片认字		武安		李如奇		543887	2040

序号	篇名	民族	流传地区	采集地	讲述者	搜集者	数据库编号	字数
13704	白大汉		武安		杨民兴		543879	1093
13705	陈本三写状子		武安		孔吉胜		543872	619
13706	拐媳妇		武安		杨扶山		543860	747
13707	一计害三人		武安		杨扶山		543858	1897
13708	老财主与皮拉狐		邯郸市		丁淑兰		543922	2013
13709	烧杨树		邯郸市				543909	2347
13710	大长学和二长学		武安		杨扶山		543861	1014
13711	金锁和银锁		邯郸市			杨会平	543840	2887
13712	你家茅坑又满了		武安		谢入相		543926	1417
13713	金手镯		武安		杜保信		543830	1638
13714	守戒和尚也喝酒		武安		杨华山		543793	2751
13715	沙窝馏孩子		邯郸县		邢桂荣		543784	1451
13716	打渔小伙和海燕				王钰贞	唐里	544670	2058
13717	天和地				吴宝文	何方	544721	2877
13718	得道成仙				戈钰贞	唐里	544667	2204
13719	“半截”的故事		唐山一带		张长山	滦汀	544694	2766
13720	铁拐李仗义除渔霸				古思	唐里	544650	1015
13721	贪小利大事不成				王秀兰	李国舫	544703	3010
13722	海啸				李冰坤	唐里	544634	1068
13723	教子记					孙世文	544693	2215
13724	杜立衡				李克华	滦汀	544688	2236
13725	游翁鱼和海龙王				王金花	唐里	544657	2805
13726	索莫和索丫				李富才	牟兆英	544685	5976
13727	小姑娘和县官		唐山一带		艾文坚	乘风	544701	467
13728	清二和桥				张顺太	滦汀	544700	608
13729	南坨集与败家网				周少昌	唐里	544645	461
13730	傻弟弟				石桂兰	滦汀	544714	1274
13731	锻炼勇敢				徐桂珍	牟兆英	544684	2355
13732	镯子案				刘东军	刘翠娟	544727	766
13733	父亲留下的银子		唐山一带		张天助	何万	544697	1861
13734	宰相肚里能撑船				刘绚云	何方	544720	2106
13735	吸烟人的道理		唐山一带		李福	何万	544695	309
13736	龙王爷送闺女				仲仁和	唐里	544636	4119
13737	遇险得宝				韩立才	唐里	544638	2080

序号	篇名	民族	流传地区	采集地	讲述者	搜集者	数据库编号	字数
13738	海龟伐木				李新华	唐里	544635	397
13739	“天下聪”				孙福生	李洪叁	544682	440
13740	渤海湾的由来				洪醒	唐里	544632	2144
13741	三条人命				刘绚云	滦汀	544678	853
13742	扇子的由来				李玉平	牟兆英	544723	3106
13743	死里逃生				张永晨	唐里	544669	1265
13744	“梁上君子”的由来		唐山一带		艾光	乘风	544708	2699
13745	海水为什么是咸的				苏大光	王秀春	544677	639
13746	金蛤蟆				吴宝文	何万	544680	1003
13747	蛤蜊坨的由来				王瑞兰	唐里	544659	2526
13748	娃娃鱼的传说				张庆	王秀春	544674	733
13749	画中仙				石文和	何万	544681	531
13750	槽坯店的源由				王玉岚	李连君	544658	1699
13751	鱼骨庙				朱永乐	唐里	544656	1170
13752	碗划买香应					牟兆英	544686	589
13753	独嘴鱼				李新华	唐里	544664	1681
13754	铜帮铁底运粮河				张希根	唐里	544644	1962
13755	皇上选娘娘		唐山一带		刘作明	王秀春	544725	3227
13756	三兄弟赶考				石桂兰	滦汀	544719	1629
13757	瓜子不薄是人心				周淑琴	渤海	544702	1951
13758	老和尚和两个徒弟		唐山一带		苑元华	乘风	544704	767
13759	好贪便宜的人				刘绚云	滦汀	544717	2834
13760	此地无银三百两				张顺太	滦汀	544698	1237
13761	聚宝盆再次出世				张希根	唐里	544649	889
13762	跳龙门				刘砚田	王秀春	544676	1158
13763	没钱打和尚				张思俭	滦汀	544716	1480
13764	臭鱼庙				李全柱	唐里	544651	1420
13765	海上漂流记				李新华	唐里	544666	1083
13766	望海潮					唐里	544662	1562
13767	看枣的老妈妈				王桂芝	滦汀	544715	1009
13768	长舌妇和青条鱼				李新华	唐里	544660	794
13769	母女诗话					孙世文	544690	1200
13770	三仙娘娘				江城付	唐里	544654	2060
13771	赌棍传经					孙福立	544710	1811

序号	篇名	民族	流传地区	采集地	讲述者	搜集者	数据库编号	字数
13772	头香				朱永乐	唐里	544653	1929
13773	一家人				王金花	唐里	544689	560
13774	梭鱼的传说				苏折海	王秀春	544675	1218
13775	巧嘴媒婆					霍兆琳	544709	679
13776	雷劈马车夫					王秀春	544722	1091
13777	金堆和银堆				刘绚云	滦汀	544679	1687
13778	蛇王的故事				李淑梅	李海茹	544724	553
13779	赶鱼节				韩立才	唐里	544639	2615
13780	沙坨淤				周少昌	唐里	544647	1211
13781	露水籽				姚采红	刘翠娟	544726	1901
13782	浪花				李新华	唐里	544637	1404
13783	小姐妹和老犸猴				石桂兰	何燕青	544713	2100
13784	弟媳妇和大伯子				邓秀英	谷顺民	544692	1441
13785	媒婆的本事					孙福立	544711	1410
13786	三缸银子				杨秀清	王秀春	544672	2849
13787	燕王和沿海七姓				朱永乐	唐里	544655	1707
13788	佣人和财主		唐山一带		李君	乘风	544706	1453
13789	恶的不恶，善的不善				戈保叁	唐里	544687	1014
13790	哥仨做贼				孙福生	李洪叁	544683	926
13791	娘娘挂灯				刘晓田	王秀春	544673	2540
13792	船家拜鲸鱼				朱永乐	唐里	544646	686
13793	放马捉贼		唐山一带		李荣	乘风	544707	1172
13794	猪媳妇				刘绚云	滦汀	544718	859
13795	船上食具不许倒放				王瑞兰	唐里	544643	1143
13796	马圈传说				王瑞兰	唐里	544641	1002
13797	庙岛				王瑞兰	唐里	544642	1287
13798	沙口村的奇事				王宝山	唐里	544640	1462
13799	四海县					唐里	544633	1367
13800	捻船				周少昌	唐里	544671	1077
13801	颜回的故事				吴宝文	何方	544691	518
13802	桅响不出海				张希根	唐里	544648	928
13803	二月十九躲天色				韩立才	唐里	544652	3541
13804	义蟹除恶蛇				李兴船	唐里	544668	977
13805	面条鱼与孟姜女				子晨	唐里	544663	2119

序号	篇名	民族	流传地区	采集地	讲述者	搜集者	数据库编号	字数
13806	挑鱼郎大战吊死鬼				王宝山	唐里	544665	501
13807	螃蟹为啥横着爬				李老侠	唐里	544661	1510
13808	油和皇历		唐山一带		李荣	乘风	544705	1984
13809	寒号鸟				赵文秀	滦汀	544699	1051
13810	拾粪的老头		冀东一带			何方	544696	1170
13811	酸梅子				刘绚云	滦汀	544712	2912
13812	马虎先生		南和县城东各村			彩霞	545230	736
13813	剪纸样		南和县张村一带		张英兰	张立辉	545215	499
13814	栽杏树		河郭八个牌		郑富锁	李胜军	545201	433
13815	访友不如下手		南和城北一带		任松鹤	陈庆余	545214	1569
13816	鼠牛争魁首		刘义屯一带		温会辰	王德文	545228	251
13817	王神仙的故事		南和县河郭乡一带		康小根	康春成、张立辉	545199	337
13818	智断牛耳案		南和县北关及马庄村		孙力生	杨一明	545211	968
13819	郑半城		南和县城关一带		张老六	陈庆余	545213	677
13820	毛脚媳妇					刘维江	545234	713
13821	巧媳妇			南和县史召乡	青林	肖岩	545207	822
13822	借眼睛		南和县城关		刘海棠	陈庆余	545223	683
13823	尝辣椒		河郭八个牌		郭双珍	郭素珍	545200	759
13824	黄鹂和姑姑虫		南和县城关			陈庆余	545227	720
13825	鬼难拿		南和县境内	西内村	王保林	陈庆余	545209	2386
13826	于知县命令地方生孩子		南和县城关		刘汉兴	陈庆余	545212	266
13827	狗和猫		南和县城南一带村庄		刘秉义	李斋敏	545220	427
13828	鸡的故事		南和县城东各村		郭秋伏	杨敏彩、郭双云	545221	727
13829	马虎弟兄		南和县城西一带		刘梦西	刘维江	545235	654
13830	痴行僧		三思、里首、宋村等地			陈庆余	545206	496
13831	十二属相为啥没有猫					左振洪	545218	1004
13832	“机灵四”巧治“财迷精”		南和县城以西村庄		赵畅的	刘向雷	545210	1655
13833	老虎也怕“漏”		南和县境内			李红波	545222	1020
13834	土地爷玩赌		南和城关一带		范改明	杨一明	545233	600
13835	卵骡驹		南和县境内		沈良琴	康春成	545225	489
13836	布谷鸟的叫声		贾宋、康屯一带	康屯	张玉英	康春成	545226	784

序号	篇名	民族	流传地区	采集地	讲述者	搜集者	数据库编号	字数
13837	巧嘴媳妇巧嘴婆		郝桥乡各村			范桂荣	545216	650
13838	照镜子		南和县城北各村		范书堂	范桂荣	545231	2865
13839	王神仙之死		河郭八个牌		赵梦婶		545202	1178
13840	猪和蛇		南和城北康庄一带		康小根	康春成	545224	505
13841	摇钱树		三思、郭平一带村庄		陈老汉	陈新霞	545205	1055
13842	老妈妈看病			南和县史召乡	王巧枝	肖岩	545229	1256
13843	中秋夜对诗		郝桥乡各村		马舒绅	赵进杰	545232	700
13844	想病			南和县史召乡	王巧枝	兰柯	545219	884
13845	金马驹子疙瘩		左村一带		马书林	杨一明	545204	737
13846	水飞梁家庄					刘献荣	545217	1100
13847	关公让位		南和县城东一带		杨聚宝	徐丰坤	545203	593
13848	四个媳妇联诗			南和县史召乡	王巧枝	肖岩	545208	726
13849	铜佛爷招财		井陉县一带		常乙成		547518	3562
13850	庙的传说		井陉、平山一带		王六六		547524	167
13851	莲花瓣		井陉，平山一带		吴素梅		547560	1944
13852	巧配姻缘		井陉县一带		王道和		547519	288
13853	狼秀才		井陉一带		李竹来		547503	1761
13854	兄弟俩井中遇鬼		河北省井陉县一带		高英奎		547517	321
13855	怕老婆、有志气		井陉一带		高雪文		547551	2058
13856	母子钟		上海一带		曹希玉		547511	967
13857	放羊郎巧治不孝子		井陉县一带		宋保来		547520	626
13858	取经		井陉县一带		马三珠		547534	574
13859	两个败家子		井陉县一带		尹保昌		547538	760
13860	熬干油		井陉县一带		王多鱼		547501	1779
13861	将门出将子		井陉县一带		尹保昌		547537	707
13862	你也是我的		井陉县一带		高国辉		547554	554
13863	人治狼		井陉、平山一带		王书堂		547504	238
13864	风水先生		井陉县一带		王树羊		547496	350
13865	县官与佣人		井陉县一带		曹希玉		547502	1862
13866	怕老婆的县官		井陉一带		高雪文		547544	510
13867	偷蒜		平山一带		姜香妮		547563	591
13868	王财主买板桥画		井陉县一带		郝刚喜		547495	317
13869	吹大气说媳妇		井陉县一带		李富忠		547510	379

序号	篇名	民族	流传地区	采集地	讲述者	搜集者	数据库编号	字数
13870	二喜斗地主		井陉威洲一带		郝双喜		547497	593
13871	九头鸟		井陉一带		王信长		547509	419
13872	巧婶斗鬼子		井陉一带		张月娥		547548	1239
13873	知恩不报反为仇		井陉县一带		郝金祥		547547	984
13874	买红薯		井陉、平山一带		李二妮		547564	1482
13875	县长与高才		井陉县一带		郝金祥		547546	1252
13876	送葬		井陉一带		马三珠		547533	774
13877	兄弟俩买鞋		井陉县一带		高来昌		547539	3571
13878	有良心的贼		井陉县一带		郝金祥		547545	715
13879	学话		井陉县一带		高雪文		547528	1267
13880	摔茶碗		井陉一带		王桂馥		547540	449
13881	三女婿拜年		井陉县一带		王学海		547531	341
13882	猜谜		井陉、平山一带		高雪文		547555	370
13883	学俏		井陉县一带		李富忠		547521	730
13884	听瞎话上当		井陉、平山一带		马三珠		547536	178
13885	怪草帽		井陉县一带		张占超		547508	2261
13886	二十四郎庄		井陉县一带		王桂馥		547507	2198
13887	刘知县巧断家私		井陉县一带		王桂馥		547500	349
13888	耿晚子除奸反特的故事						547549	317
13889	员外攀亲		井陉县一带		王桂馥		547494	616
13890	恼与笑		井陉县一带		王六六		547543	544
13891	傻闺女		井陉县一带		许三清		547561	3209
13892	像夜里家哪两个		平山一带		吴桂梅		547557	322
13893	下乡干部		井陉一带		高雪文		547552	217
13894	偷小子		井陉县一带		冯二娥		547499	1655
13895	耐用的扇子		井陉、平山一带		李竹来		547553	502
13896	吹大气比输赢		井陉县一带		高雪文		547550	260
13897	品茶		井陉县一带		王路昌		547541	3628
13898	奇屋遇鬼师		井陉县一带		王香妮		547514	343
13899	梦先生		井陉县一带		李富忠		547512	251
13900	开单吃肉				王九月		547523	420
13901	打赌过河				李竹来		547505	1807
13902	贩米记		井陉县一带		高考昌		547513	557
13903	巧配良缘		井陉县一带		王桂馥		547498	536

序号	篇名	民族	流传地区	采集地	讲述者	搜集者	数据库编号	字数
13904	各显其能		井陉县一带		冯永昌		547532	1996
13905	“而已”先生		井陉一带		栾风风		547558	510
13906	女婿住正月		井陉一带		王学海		547542	150
13907	男女都吃亏		井陉一带		王三妮		547565	238
13908	吃嘴瓜		井陉县一带		栾伍表		547530	1341
13909	抠脚心		井陉、平山一带		田秀秀		547556	503
13910	懒小子		井陉、平山一带		王桂馥		547527	1247
13911	杜二小娶妻		井陉县一带		焦二娥		547515	714
13912	三女婿拜年		井陉县一带		武保廷		547525	556
13913	人在人情在		井陉县一带		尹保冒		547516	378
13914	鸡为何没有“鸡巴”		井陉一带		高雪文		547559	1352
13915	傻小子的故事		井陉一带		刘黑黑		547562	984
13916	九个儿子争爹		井陉县一带		李富忠		547535	605
13917	刀削面		井陉县一带		武保廷		547522	1725
13918	吹大气		井陉县一带		高金星		547529	2053
13919	三女婿对诗		井陉一带		仇春兵		547526	919
13920	鸡精洞				仇春兵		547506	1929
13921	两个大笨蛋		威县境内		邱老明	王丙炎	549137	1363
13922	犁狗犁猫					潘士忍	549114	831
13923	美丽鸟					马丽云	549121	822
13924	傻二小学话		威县			潘士忍	549147	1872
13925	解放威县城					贺永欣	549156	3864
13926	三个女人和一只老虎		威县一带		潘加章		549142	660
13927	望恩负义						549152	395
13928	一串铜钱		城东一带		彦声	王丙炎	549113	913
13929	泥娃娃					孟庆锁	549111	1833
13930	王保求学				张继良	张群喜	549151	1872
13931	刘铁嘴智斗张财迷		威县北部一带			贺永欣	549149	932
13932	沙土堆里的聚宝盆					少力文	549112	885
13933	五姑娘		河北威县			史秀娟	549148	4103
13934	小猫学捉老鼠					孟春菊、孟春莉	549120	1639
13935	铁骨红心					董凤鼎	549155	2074
13936	城里人与乡里人					李秋峰	549133	834
13937	妖仙马五的传说					李金鹏	549123	2693

序号	篇名	民族	流传地区	采集地	讲述者	搜集者	数据库编号	字数
13938	宝裤衩		威县		潘延军		549141	4555
13939	信佛人不吃蒜葱韭菜的来历		威县			潘士忍	549143	1943
13940	安豹与三公主					李秋峰	549132	848
13941	女婿影儿的故事		冀南一带			贺永欣	549129	767
13942	笨人巧事					李秋峰	549131	325
13943	员外招婿					李秋峰	549134	1251
13944	狗的传说					张慧青	549122	1114
13945	猪八戒求医						549153	1073
13946	接生婆和狐仙					李素恩	549125	1405
13947	张五					李秋峰	549130	611
13948	小三妮复仇		冀南一带			贺瑞霞	549150	880
13949	“三换亲”的来历					苏兰枝	549146	1530
13950	巧巧嫂					苏兰枝	549145	977
13951	骗龙王				李立明	李金鹏	549128	2692
13952	一对铁棒锤儿					孟庆锁	549127	1009
13953	鬼火		威县一带		李双旭		549126	1715
13954	死了人为什么烧纸		全国各地		王聘玉	王丙炎	549138	1825
13955	一个肉墩故事				王多志	贺瑞霞	549115	858
13956	激战香城固					董凤鼎、贺永欣	549154	2099
13957	韩琦卖豆腐					苏兰枝	549144	1314
13958	看瓜奇遇		甸上营一带				549124	1451
13959	潘维城独修文庙		南梁庄村及周围村庄		潘振家		549140	1006
13960	公鸡打鸣的故事					潘士忍	549119	562
13961	三女婿弄巧		威县				549139	649
13962	人能					贺永欣	549118	1249
13963	父子俩					王培英	549136	2518
13964	白母鸡和黑母鸡					孟庆锁	549116	800
13965	痰痕风波					王培英	549135	826
13966	罪有应得					孟庆锁	549117	4728
13967	三吹三打				张玺	张玺	550725	669
13968	公鸡、蜈蚣和梅花鹿				刘增银		550744	710
13969	桑园寄子				汤丙午		550699	1392

序号	篇名	民族	流传地区	采集地	讲述者	搜集者	数据库编号	字数
13970	牛鼻子老道和狗腿衙役				顾金兰		550735	690
13971	量心				李长祥		550716	2269
13972	姓善的和姓恶的				高素珍		550701	535
13973	喜鹊和乌鸦赛口技				王彩晨		550743	2136
13974	麻雀为什么喳喳的叫				王亮		550697	1288
13975	镇淀宝、金链子				李永鸿		550690	1225
13976	神箭手贾二				尹误		550726	473
13977	乌鸦的由来				李玉林		550694	1039
13978	管儿媳妇叫妈				韩振田、牛秀芝		550715	1765
13979	公公和儿媳				师老广		550712	678
13980	偷炭煮瓜				王向东		550703	771
13981	紫荆关的高家片				赵玉贤		550691	1877
13982	狗无肝的传说是怎么来的				顾金兰		550695	904
13983	智斗张扒皮				赵老进		550737	914
13984	奇怪家信				孙守义		550733	1132
13985	拐棒智斗活阎王				孔良尔		550736	829
13986	曲阳石匠				李文信		550728	1138
13987	马家兄弟				王洛贵		550709	345
13988	鱼鹰与金鱼						550745	1548
13989	西葫两籽				周美琨		550718	593
13990	蜗牛和黄牛				赵俊		550746	768
13991	寡妇骂先生				杨国华		550741	3717
13992	淹死鬼积德坐城隍				李永鸿		550705	756
13993	猛一杵和呼啦啦				程孟申		550727	765
13994	蛋和鸡				赵爱民		550704	1220
13995	大叶烟的来历				张洪顺		550698	1813
13996	善人与恶人				田照		550702	2793
13997	两兄弟分家				安王芬		550720	885
13998	连襟三个对诗				顾金兰		550717	758
13999	鱼鹰为什么吞吃金鱼						550693	411
14000	知足堂				宝鼎		550729	632
14001	后娘				甄美荣		550707	883
14002	知州让道杠箱会				万永祥		550724	1403
14003	打着灯笼也找不到的先生				顾金兰		550714	749

序号	篇名	民族	流传地区	采集地	讲述者	搜集者	数据库编号	字数
14004	少年管家				刘口静		550739	1048
14005	想烧头香的人				师老广		550711	1276
14006	猫儿念的什么经				顾金兰		550696	973
14007	摔瓦盆				赵还		550708	632
14008	丑郎赚娶俊女				韩韵英		550706	808
14009	核桃姑娘				王静		550721	1168
14010	知县太太审案				张国祥		550738	1075
14011	天下第一拳				赵资九		550719	549
14012	奇特的家书				李文彪		550723	1253
14013	李正巧治王半天				李秀亭		550742	455
14014	三媳妇				王静		550722	503
14015	不孝子拜佛				刘桂彩		550710	685
14016	能抻能缩的王八脖子		完县、唐县等地		李富荣	齐彦彬	550713	1525
14017	柴氏				马占文		550700	666
14018	猴子屁股着火的传说				张德恩		550747	793
14019	塌湖店				邓志庚		550692	630
14020	州官认干爹				马风财		550732	836
14021	聪慧过人的王家小姐				高生前		550740	1002
14022	大义灭亲的孤仙				杨增恩		550731	795
14023	秀才圆梦				李群安		550734	482
14024	鲤鱼换瞎老				顾金兰		550730	2563
14025	三棵油树						550929	752
14026	崇祯上吊失玉玺						550918	2521
14027	闷棒打狗斥先生						550927	2474
14028	虎儿下阴曹告状						550907	1751
14029	安吉魁斗鬼						550920	1400
14030	俩后娘						550900	1446
14031	纪文道和他讲述的民间故事						550906	922
14032	婆婆丁的来历						550914	1015
14033	遮身草						550903	2737
14034	双婚配						550899	1994
14035	为什么修行的人不吃辣食						550898	2399
14036	上塔尖						550919	1833

序号	篇名	民族	流传地区	采集地	讲述者	搜集者	数据库编号	字数
14037	买妻换妻						550924	1857
14038	宝扇						550909	5414
14039	于三和水四的故事						550912	2053
14040	老少四口对诗文						550921	1197
14041	“应该有’和“不该有”						550933	5477
14042	仙家想吃西瓜						550926	6972
14043	狐仙配						550910	4152
14044	清楚不了糊涂了						550925	5988
14045	孟姜女别传						550897	3846
14046	窦尔敦之死和“装活头”村的来历						550917	2778
14047	怪画师作画						550922	1814
14048	长发妹						550930	2662
14049	三兄弟						550908	2445
14050	张连子的故事						550911	1973
14051	巧治贼瞎子						550937	1203
14052	罪有应得						550902	725
14053	换家						550931	2216
14054	天下第一明公						550901	1768
14055	华陀藏妻						550916	3995
14056	傻女婿学话拜年						550913	210
14057	东海础						550935	3259
14058	收生婆						550936	2211
14059	县官除妖						550932	2478
14060	香瓜娘						550934	2003
14061	解梦						550923	2096
14062	四妯娌作诗		河北辛集市北部	河北辛集市张古庄镇郭老太家中炕头上	郭从美		550938	1489
14063	省集成办编者按						550905	2498
14064	一块银元						550904	908
14065	“人为财死，鸟为食亡”的由来			南岗底村	李占鳌		551129	711
14066	不花钱推头聪明的人			北郝峪村	马淑英		551173	1188
14067	谁端盘倒酒			柏扒村	宇老宾		551163	1060

序号	篇名	民族	流传地区	采集地	讲述者	搜集者	数据库编号	字数
14068	赌“不”令			上子洋乡、政府	苗令子		551168	2070
14069	王二蘑菇卖豆腐			团山村			551162	568
14070	外甥给舅舅拜年			北郝峪村	马淑英		551172	1212
14071	狗眼儿戏女婿			行唐县上子洋乡政府	苗令子		551169	1261
14072	太阳的三根头发			北郝峪村	马淑英		551125	2967
14073	秀才写状			东秀村	张敏哲		551153	1029
14074	村妇戏先生			杏庵村	张竹波		551157	234
14075	修仙			上子洋乡政府	苗令子		551159	426
14076	打柴郎的故事			行唐县安香乡张霍口村	盖玉珍		551136	742
14077	一个光棍汉两个状元儿			北郝峪村	马淑英		551151	1147
14078	皇帝变乞丐			行唐县市同乡西瓦仁村	雷根忠		551133	1846
14079	张大胆遇“鬼”				李殿起		551150	378
14080	牛儿赛宝			杏庵村	张竹波		551146	971
14081	饥寒拾柴			东井底村华	华柳姐		551130	2052
14082	店大嫂智斗四公子				张建国		551154	2833
14083	驼背人的故事			行唐县秦台乡南岗底村	刘战荣		551134	610
14084	二宝神和隐身术			苏户村	赵喜俊		551152	2384
14085	卖我			苏户村	赵喜俊		551174	1068
14086	屎壳郎告状			杏庵	李殿起		551137	724
14087	揭短			行唐中学	陈振坤		551180	461
14088	八月十五对诗			行唐中学	陈振坤		551165	1203
14089	行唐县村名歌				张多奎、张祥竹		551182	2840
14090	善人与恶人			行唐县秦台乡秦台村	李书琴		551148	413
14091	皇帝出笑话			北郝峪村	马淑英		551149	525
14092	不到黄河不死心			行唐县市同乡西塔子庄村	苗玉		551127	681
14093	先生与木匠			行唐县上子洋乡	苗令子		551161	548
14094	对哑谜				李殿梅		551140	502
14095	世上没有知足的			北郝峪村	马淑英		551160	538
14096	王飞趸年画			上方乡上方村	张玉成		551145	2831
14097	将军头的来历			秦台乡北岗底村	李建国		551143	652
14098	十八岁的闺女十七岁的娘			北郝峪村	马淑英		551139	2235
14099	一个好心肠的姑娘			北郝峪村	马淑英		551135	861
14100	傻小子拜年			上子洋乡政府	苗令子		551166	968

序号	篇名	民族	流传地区	采集地	讲述者	搜集者	数据库编号	字数
14101	世界上数谁长得最美			北郝峪村	马淑英		551132	843
14102	三女婿夸马			柏扒村	宇老宾		551164	944
14103	不见黄孩不死心			行唐县市同乡西瓦仁村	杨路平		551128	1743
14104	拔牙			苏户村	赵喜俊		551142	2777
14105	姑娘喂贼			杏庵村	李红苍		551156	803
14106	给老婆啃脚				刘青海		551171	496
14107	刘员外赴宴			北郝峪村	马淑英		551170	1096
14108	龙女与猎人			北岗底村	李建国		551126	887
14109	两个文人攀姓			行唐中学	陈振坤		551177	1297
14110	傻小子买俏二则			柏扒村、行唐中学	宇老宾、陈振坤		551167	772
14111	小孩屁股三盆火			行唐县中学	陈振坤		551175	357
14112	行唐古人歌相			颖南村	姑香、杨洛仁		551181	1849
14113	马先生			行唐县安香乡张霍口村	盖玉珍		551138	761
14114	无毒不丈夫			北郝峪村	马淑英		551147	811
14115	忘恩负义			北郝峪村	马淑英		551131	362
14116	张二古董的传说			杏庵村	李殿禄		551141	476
14117	核与球			行唐县北岗底村	李建国		551179	2609
14118	顽童戏瞎子			连庄乡东彩庄	季永才		551158	1090
14119	换腰带			东秀村	张敏哲		551178	810
14120	沤墙角儿			杏庵村	李殿禄		551155	425
14121	作诗割耳朵			行唐县北岗底村	李建国		551176	1628
14122	梦先生的故事			南岗底村	李占鳌		551144	1117
14123	罗英儿与葫芦仙女						551198	4802
14124	雪花梨树的故事						551197	2763
14125	老槐树与小葡萄						551200	1795
14126	杨柳青年画						551195	3240
14127	山老鸹尾巴长						551188	4209
14128	香甜的鸭梨						551194	4208
14129	老大和老二						551187	3558
14130	运河水变甜了						551201	8391
14131	水母娘娘						551191	1701
14132	金莲花						551193	3609
14133	小瓦罐的故事						551186	3625
14134	黑龙港河的故事						551185	3262

序号	篇名	民族	流传地区	采集地	讲述者	搜集者	数据库编号	字数
14135	铁狮子						551189	5712
14136	钓青龟						551196	1008
14137	鸡和鸭子						551203	5137
14138	会念咒的老财主						551202	1283
14139	一个“善心”的老太婆						551184	1978
14140	撒芝麻杆的传说						551199	2937
14141	葵花棵和洋姜棵						551190	4526
14142	小枣树						551192	3368
14143	老奶奶论年龄			左西村	郭青云	付芝兰	568039	393
14144	老鼠告状			石桥村	周文香	杜清堂	568019	345
14145	邹老头训子			石洞村	王太合	白海平	568003	2985
14146	急婆婆				王升堂	姜贵锁	567998	818
14147	张子文巧对手语诗			邯郸市	耿中文	张文涛	568012	235
14148	郑升报仇除害			邯郸市郊区	张国章	肖忠田	568007	1258
14149	算命卜卦招祸害			马头镇	韩泉运	张好贤	568011	264
14150	狗猫为啥成冤家			邯郸市郊区苏曹乡	韩瑞改	崔淑珍	568021	1160
14151	搬家			邯郸县贾堡村	杜来永	董殿新	568034	1225
14152	那面还没这面好看哩			邯郸县贾堡村	杜来永	董殿新	568033	760
14153	吃嘴媳妇			邯郸县东召里村	张世英	王素英	568031	2623
14154	除三害			东纸坊村	张曰仁	侯金明	568023	1546
14155	苏东坡挨骂			兰村	李振华、刘书旺		568028	208
14156	世间难分好赖人			邯郸市北关小学	翟振岭	王素英、张儒林	568000	1094
14157	该谁买鸡			邯郸铁路电务段	傅国琴	刘亚平	568025	1217
14158	吝啬夫妻			兰村	李振华	刘书旺	568029	191
14159	马为什么站着睡觉			邯钢总厂	贺云峰	刘明芹	568020	1575
14160	修“仙”记			丛中村	郑姜氏	郑全喜	568009	1893
14161	小孩屁股“三盆火”			邯郸市中柳林村	王银荣	张海臣	568032	894
14162	三仙姑来得慌			庄里村	邯郸市峰峰矿区庄里村群众	苏洪源	568030	1016
14163	阿诚钓鱼			清化村	王东山	王浩平	568001	468
14164	死心眼			邯郸市	许东岱	刘亚平	568026	878
14165	此处小便			邯郸县牛叫河村	王德志	王静	568038	2266
14166	小麦和荞麦			彦亭村	高廷兴	高何元	568022	267
14167	轱辘烧饼			兰村	李振华	刘书旺	568005	347

序号	篇名	民族	流传地区	采集地	讲述者	搜集者	数据库编号	字数
14168	县官栽茄子			邯郸铁路电务段	傅国琴	刘亚平	568027	315
14169	连升两级			邯郸县贾堡村	杜来永	董殿新	568035	3041
14170	扔孩子			邯郸县孙庄村	王金生	王书元	568036	207
14171	聪明的媳妇			邯郸市南关街	孟继学	孟广耀	568016	452
14172	鼓山秀才王世训			庄里村	苏立新、苏希武	苏洪源	568014	2089
14173	画烛			汉光机械厂	李明堂	曹德全	568008	1545
14174	天下第一家			张家楼村	赵凤英	马全祥	567994	346
14175	“福”从“气力”来			邯郸县	王安全	梁春堂	567999	1021
14176	糊涂马哈			邯郸市马头镇	张仁	张好贤	567997	450
14177	还有第二回交易					李广俨	568037	546
14178	千万不要忘记						569055	4693
14179	激流勇进						569057	3808
14180	这事发生在深夜						569056	27997
14181	一头大黑牛						569216	4499
14182	隔河送水						569218	1753
14183	随机应变						569221	6966
14184	两间房						569220	3735
14185	杨庆雪取经						569219	3500
14186	黄窝头						569217	5320
14187	州官买驴					柴俊林	570379	1120
14188	北响堂大佛洞顶的窟窿					郑喧	570369	1092
14189	漫话黑龙洞						570423	1284
14190	秀才娘财迷					马泉响	570384	1176
14191	赵王游鼓山						570386	1248
14192	磁州窑昔话						570424	2657
14193	原汤克原食						570383	494
14194	鼓山传闻						570418	1829
14195	峰峰古寺多					纸文	570421	1509
14196	永兴雨师						570375	1108
14197	小麦和荞麦的故事					高何元	570413	1226
14198	竹林寺的故事					节振波	570399	149
14199	狐狸提意见						570415	521
14200	骑白骏马的人					李新民	570380	1980
14201	鳌子顶的故事					纸坊明	570407	167

序号	篇名	民族	流传地区	采集地	讲述者	搜集者	数据库编号	字数
14202	咋说咋有“理”						570387	276
14203	香山村的由来					武进勇	570406	13
14204	宿凤村名的由来					张有文	570389	651
14205	铁耙方田寺					孙万宝	570368	214
14206	南响堂寺的福音						570366	3061
14207	少奇同志在冀南煤矿的故事					文华	570365	1351
14208	孟家湾的故事						570385	506
14209	磨金豆子的土洞					张双贵	570405	140
14210	一库元宝和九门相照					董占熏	570382	989
14211	赵标打当店					柴俊杰	570381	1313
14212	窦建德在鼓山					傅扬	570388	1583
14213	黑岗子						570378	1308
14214	拐山弯					柴俊林、李新民	570377	1837
14215	荷花与藕瓜						570416	1220
14216	啄木鸟和知了						570414	741
14217	照脸汤和汤照脸						570419	808
14218	小鬼道外传					苏洪源	570420	880
14219	二龙戏珠汤					吴元存	570417	827
14220	铁翅子						571630	430
14221	小黄牛				孟献德		571663	2063
14222	老范						571646	1421
14223	王五打仗						571662	2697
14224	一把菜刀吓跑了一辆火车				张义恒		571639	928
14225	调虎离山						571633	2235
14226	蚌螺号				张广良		571636	4672
14227	张德成单身劫监牢						571634	1975
14228	大师兄闹衙门				董万成		571629	2274
14229	义和团坚守板家窝						571638	6664
14230	老子英雄儿好汉						571631	2838
14231	砍安财主				王亮		571649	5174
14232	义和团战落垡				姚福才		571628	7487
14233	沾天主的光				连四		571660	2888
14234	梁三霸团				姚福才		571654	2391

序号	篇名	民族	流传地区	采集地	讲述者	搜集者	数据库编号	字数
14235	永发入团				王广陵		571652	2746
14236	童子				马七		571653	6921
14237	老大造反				连四	张士杰	571627	3214
14238	劫洋马队				王宝田		571641	1598
14239	宗老路				董耀		571632	4301
14240	大槐树						571658	3868
14241	马子和智取毛子洞				张万善		571643	1484
14242	为义和团恢复名誉						571665	7964
14243	刘十九						571635	6760
14244	空城计				赵玉廷		571661	1001
14245	种毛子				张五、张云庆		571642	959
14246	李林子假扮“坎”字团						571656	1563
14247	红缨大刀				董耀		571622	2880
14248	渔童				王文友		571659	1316
14249	托塔李天王				杨遇春		571626	3255
14250	县太爷溜了				高树		571647	3769
14251	铁打的旧城				王老妙、王老廷		571637	2779
14252	马六刀劈二毛子				张广良		571645	557
14253	刘黑塔						571624	3280
14254	白母鸡						571664	2810
14255	红灯照火烧红楼				贾玉福		571650	6615
14256	张头和李头				董耀		571623	557
14257	大战刘国唐						571640	2674
14258	洪大海						571625	3005
14259	安次县为什么是土城						571651	7422
14260	大盐水和二盐水				张广良		571655	1567
14261	刘大老爷拜庙						571648	2309
14262	“五龙”劫教徒				赵洪福、田凤岗		571644	3641
14263	琦善出卖拦江锁				唐孟章、李魁元		571657	2966
14264	一件遗书					张果华	580641	267
14265	靠山睡					渺小	580644	1416
14266	尼姑和老者				郑廷相		580667	403
14267	两位书生					支文	580673	579
14268	送礼						580662	462

序号	篇名	民族	流传地区	采集地	讲述者	搜集者	数据库编号	字数
14269	棒打龙山					王武汉	580614	337
14270	我睡觉比你醒着都明白				张国华		580669	168
14271	神西瓜				宋绍彭		580632	191
14272	赌迷						580654	217
14273	抛弃母亲的人				刘春一		580643	627
14274	杜九						580636	522
14275	借粮				周良龄		580647	1109
14276	健忘的人						580653	707
14277	戒酒					王来雨	580639	2473
14278	长大了有它吃的					方如琪	580631	395
14279	他不是医生					志民	580665	630
14280	白吃					宋梅生	580651	1698
14281	蛇吞象					孙伟	580628	421
14282	自己八两，说人半斤					张光新	580656	728
14283	鸡九只，“兔”八只					李永光	580658	858
14284	王娃与蓁娘				王觐臣		580625	1551
14285	传家宝						580660	390
14286	三个粽子的故事					曹景芳	580645	1056
14287	钻牛犄角					张文雄	580676	212
14288	一把斧头					渺小	580640	104
14289	比爱				张宝明		580677	470
14290	两个苛薄财主				冯嘉宾		580675	338
14291	换鞋						580657	344
14292	捉妖				王占田		580634	484
14293	逛灯					高洪贵、张守章	580672	169
14294	秃尾巴老李				丰润、董纪祥		580618	1445
14295	审案子						580666	600
14296	大吹						580668	4648
14297	比穷					于景成	580664	503
14298	火炼丹					李夫汉	580637	311
14299	地主和长工					冯秀昌、高洪章	580652	354
14300	行酒令				马老五		580642	167
14301	翻毛月饼					曹景芳	580650	418
14302	猪“千口”						580671	1158

序号	篇名	民族	流传地区	采集地	讲述者	搜集者	数据库编号	字数
14303	再打三斤						580663	139
14304	尚书与侍郎					宋梅生	580670	797
14305	一粒豆子				张继宗		580659	1249
14306	见长见短				王汝兰		580627	622
14307	“宝驴”和“宝衫”					李克非	580646	613
14308	瀿河里的红鳞鲤鱼						580615	760
14309	财主与谋士					张雪亭	580638	513
14310	比西瓜					王国华	580630	220
14311	选女婿						580626	182
14312	妙妙妙						580655	1229
14313	宝衣					张宝山	580635	359
14314	来世债的誓愿					冯伯春	580648	251
14315	两姓一家				杨庆霞		580633	959
14316	岂有此理						580661	2074
14317	飞石巧退“一眼虎”						580696	1344
14318	墓画						580682	1840
14319	三民主义						580692	586
14320	宿头						580691	3697
14321	“铁烙铁”斗泼皮						580695	1068
14322	开砖镇流氓						580697	497
14323	杂技之祖吕洞宾						580680	1989
14324	炸海干						580758	398
14325	有理和无理				于永生		580742	899
14326	来回桶不空				杨晓明		580736	776
14327	争名和图利				齐大伯		580771	331
14328	借坛闯税卡				杨晓明		580733	356
14329	今天的头给狗剃了				李树林		580768	1112
14330	看庙匾				熊五峰		580773	1504
14331	“铁公鸡”拔毛				王殿		580732	536
14332	打赌猜迷				王存		580744	317
14333	书生题联骂歹徒				张天一		580752	913
14334	善大家和南大王						580759	1746
14335	柳郎寻宝				李淑芬		580751	1472
14336	妙算钱串子				郑辉		580735	1122

序号	篇名	民族	流传地区	采集地	讲述者	搜集者	数据库编号	字数
14337	一吊钱				刘德隆		580754	589
14338	练功夫				王建国		580755	1132
14339	赤心认老母		唐山一带				580740	976
14340	破财又丢丑				刘若余		580737	1764
14341	祖传“火龙衣”		唐山一带				580734	1843
14342	郎中和狼的故事				贾桂兰		580749	1622
14343	一文钱				张树贤		580753	1153
14344	巧断偷牛案				王德祥		580738	638
14345	佛象断案				陈有权		580746	534
14346	宴请“榨油杠”				袁红		580729	2401
14347	不会说话的三儿媳				张恩波		580774	1104
14348	劳动人民的宝贝				于淑贤、孟素兰等		580750	628
14349	照财主的办				贾俊茹		580739	444
14350	三兄弟				王印友		580748	41
14351	智擒偷蛋贼				王金增		580730	467
14352	秀才和拾粪老汉						580770	1554
14353	顺情说好话				李晓河		580775	790
14354	王小二学手艺		唐山一带				580747	1034
14355	碗里的油花				小李子		580772	609
14356	可惜的两手手艺				刘贺斌		580767	1379
14357	实意和忘恩				李秀珍		580743	514
14358	赖财主上当				张昭存		580731	2091
14359	替财主提亲		唐山一带				580741	1109
14360	不孝心的两口子				曹树		580769	367
14361	而已				于群		580765	369
14362	吹牛的卖艺人				关晓晨		580757	1301
14363	求师学画				张得力		580756	260
14364	薛顺行盗						580805	1175
14365	贾母求医						580806	404
14366	猫和狗的仇恨				邱云岫		580807	2151
14367	鹦鹉和海林				陈国良		580808	835
14368	石黑郎				郭淑芹		580804	1558
14369	问路						580802	1097

序号	篇名	民族	流传地区	采集地	讲述者	搜集者	数据库编号	字数
14370	花甲子的故事				李麦贵、高廷兴	高何元	594386	2134
14371	吹破牛皮					王惠峰	594405	303
14372	西佐的故事						594379	173
14373	赵老亮进县城				苏立新		594388	1368
14374	酒色财气析					王惠峰	594410	3129
14375	娄自扬为王马鞍山				朱付年、温志新	柴俊林	594384	1898
14376	鞋匠吝三的故事					孙文祥	594382	498
14377	鸳鸯蛋的启示				高廷兴		594407	4006
14378	强龙不压地头蛇的由来		矿区一带		佐群	王玉富	594385	858
14379	漫话和村打鬼王						594387	956
14380	陆地龟的故事					梁文杰	594403	1807
14381	赵王选婿		冀豫交界处		牛太清		594381	1750
14382	张金柱的故事					陈善芳	594380	1712
14383	三仙姑来得慌					苏园丁	594406	1241
14384	赵匡胤的传说				张光星	晓峰、张洁	594383	1715
14385	伙计戏财主					王惠峰	594409	1013
14386	刘罗锅子的传说			尖塔乡	高福旺	王海波	260241	846
14387	笑话三则				洪斌惠	阎宝贵	260352	1568
14388	乞丐桃花梦				李洪友	李成和	260304	2598
14389	抽烟				张全	袁守泉	260343	687
14390	科举题诗					孙鹏云	260313	421
14391	十兄弟			屈家营村	赵建勋	赵复兴	260258	1462
14392	罗嗦兄弟					孙绍虞	260351	530
14393	鸡和蛋的传说				张俊	李清河	260341	1224
14394	杨六郎除鬼			香河县	张凤	张和华	260245	720
14395	王永学艺			屈家营村	屈树奎	赵复兴	260330	2341
14396	马海川的传说			廊坊市、旧州乡	韩凤仙	刘建春	260323	1783
14397	小伙子和狐仙			廊坊	韩志河	李宝才	260254	4978
14398	拙媳妇的故事			固安	刘炳忠		260346	915
14399	贪官断案吞白银				赵文朴	李成和	260288	2383
14400	刘伯温降妖				周万良	尹俊如、杨德华	260243	2073
14401	势利文人				赵文光	张树方	260301	1307
14402	扇火炉				杨寿新	张汉永	260312	1322
14403	黄雀的故事				马凤华	马佩凤	260332	1696

序号	篇名	民族	流传地区	采集地	讲述者	搜集者	数据库编号	字数
14404	墨家窑			屈家营村	屈树奎	赵复兴	260262	2876
14405	漏			屈家营	赵尚志	赵复兴	260342	748
14406	蹶子腿受挫					陈金城	260328	1321
14407	吹老婆					曲德俊	260363	2211
14408	郝天官			康仙、庄乡石城大队	杨耀明	赵丽华	260324	640
14409	周仓为啥没有胡子				宗镜荣	李宝才、宗玉华	260246	1339
14410	狐仙张			安次区	张秀荣	张秀荣、刘建春	260339	3340
14411	黑风洞			廊坊	任开	李宝才、陈利民	260269	4121
14412	响水寺的松林			固安县	吴鹏	吴桂华	260272	2880
14413	彭公送纹银			新集镇	许宝中	张树方	260282	2370
14414	三盔三甲的故事			大厂	李广兰	李廷禄	260309	2130
14415	三婿祝寿					孙绍虞	260350	1604
14416	王巧巧蒙冤遇清官			弧山营村	田秀珍	李宝才、刘维和	260287	8283
14417	砸大缸				耿万祥	刘崇丰	260279	1039
14418	龙王头上的白箍			任邱县	何俭	郝坤	260297	1244
14419	三个姑爷对诗			屈家营	屈树奎	赵复兴	260344	1148
14420	得病就死				刘建文	陈金城	260292	804
14421	飞火龙			河北灵寿县漂里村	李杰	李丽华	260255	1874
14422	养一狗算一口的故事			王文	周兆明	晓歌	260314	549
14423	好心眼儿与孬心眼儿			新集镇	许宝忠	张树方	260263	1494
14424	猫和狗的传说			新集镇	张荣	李广录、张树方	260337	945
14425	王二打驴					王善继	260360	389
14426	张金龙当当				许宝中	张树方	260302	1405
14427	刘财主学懒			东桃园村	高其杰		260345	454
14428	张雁休妻			霸县南岸村	刘素兰	赵丽华	260298	2062
14429	王绪的故事				周予金	周旭光	260329	4147
14430	穆桂英大破迷魂阵				王友义	张学仿	260244	1870
14431	皮匠得妻			大城	王承惠	李玉川	260316	1627
14432	百家姓			大城县	孙广	李玉川	260274	1189
14433	鸡是怎么来的				刘长树	田志庆、赵金中	260333	1287
14434	吕洞宾成仙			廊坊	孙钺	孙铎	260240	1992
14435	蛤蟆伸冤				凌坤寿	白建中	260286	2808
14436	袁世凯丧事的传说			廊坊市	赵俊义	李宝才	260251	1650
14437	白宝衣			香河	田志庆	崔永生	260276	2578

序号	篇名	民族	流传地区	采集地	讲述者	搜集者	数据库编号	字数
14438	张六智救王五			保定地区山区	周顺和	孙铎	260319	1838
14439	聚金号				张书田	张树华	260307	4953
14440	学官话			三河小崔格庄乡丁庄村	崔李氏	崔继昌、张树方	260357	910
14441	县令寻女			廊坊市	刘蔡合	蔡桂华、刘金城	260326	3157
14442	“乱世独夫”韩复矩的故事			霸县小安庄村	何国泽	贾永生、刘根长	260252	551
14443	讲文言			固安	胡庆柱		260348	427
14444	智斗“白眼狼”			廊坊市彭庄村	陈清文	陈竹	260280	1453
14445	大萝卜				崔李氏	崔继昌	260361	575
14446	麻风女			固安	谷秀荣	李怀明	260311	1862
14447	牛郎山			固安县	刘炳忠	赵复兴	260261	1630
14448	有理和无理的故事			固安县公主府村	赵金红	李怀明	260266	1232
14449	衙役猜谜				刘炳忠		260347	503
14450	“钢刀布”的由来			大城	刘传恩	李玉川	260317	1073
14451	笑话四则			大城	刘洪波	晓歌	260356	1016
14452	威虎大人			固安	屈名生	赵复兴	260290	1186
14453	审“龙王”			永清	赵洪叶	金路明	260277	2047
14454	打赌				刘振起	贾永生、刘根长	260303	1053
14455	药王爷的传说			永清县韩村乡	窦洪儒	江俊荣	260249	1883
14456	跳塔			固安	谷秀荣	李怀明	260320	706
14457	“鱼娘娘”的故事			霸县煎茶铺镇	李志平	贾永生、刘根长	260267	808
14458	量材而用				南宝河	王邵萱	260306	588
14459	哥俩砸缸					王善继	260359	758
14460	军阀接电话					陈竹	260366	504
14461	人变猴儿的故事			固安公主府一带农村	张俊义	李怀明	260265	904
14462	浪子回头			香河县钱旺乡	程顺	崔永生	260305	5044
14463	住店			小马房学校	郭宝华	刘朝林	260294	1766
14464	武举救牛			廊坊	郝为民	郝坤	260253	715
14465	崇祯测字			弧山营村	李树荣	李宝才、李铁臣	260247	977
14466	黄巢祭刀			固安县屈家营村	赵尚德	赵复兴	260248	821
14467	翟六雇活			翟各庄村	翟学文	刘建春	260291	1300
14468	张三说谎			皇庄	李满堂	包金通	260289	2878
14469	高粱王			屈家营	滑淑贤	赵复兴	260257	2091
14470	锯大缸			香河	阎德恩	尹俊如	260264	3562

序号	篇名	民族	流传地区	采集地	讲述者	搜集者	数据库编号	字数
14471	麻二扛活			廊坊	宗玉华	李宝才	260273	2810
14472	救命仙草				赵学利	玉林树方	260281	2664
14473	猴子的故事			高楼镇	张玉兰	王振波	260338	1452
14474	家贼千口			大城牛万屯村	谢德军	刘绍振	260308	4173
14475	张愣愣死治吊死鬼			屈家营	赵尚德	赵复兴	260318	1452
14476	王二奶奶的传说			香河县周元村	周克仁	尹玉如	260250	6569
14477	剧场奇遇				刘军	赵复兴	260296	1211
14478	铁头王四和铜头和尚			香河刘宋镇	贾荣	张和华	260327	1665
14479	相“香香”			永清韩村镇	胡凤恩	孙瑞龙	260278	762
14480	荷花仙子				李清林	李泽有	260270	8535
14481	白蛇神				杨铁民	陈振来	260260	1263
14482	三人争抽半袋烟			廊坊市	张文清	陈久录、张贵发	260353	1056
14483	曹操与蔡文姬			廊坊市	贾杰文	贾永生	260239	1102
14484	机智脱险			刘维珍家中	刘维珍	刘朝林	260293	1759
14485	劝架			廊坊市	郭大先生	今风	260310	863
14486	相面				乔鹤年	金路明	260349	622
14487	为啥没有黄驴			廊坊	孙钺	孙铎	260335	1555
14488	李祥宝投亲			固安屈家营村	屈树奎	赵复兴	260299	3649
14489	黄瓜为什么长刺			廊坊巾	宗玉华	李宝才、宗丽娜	260340	872
14490	李士魁借粮			大城县	李川文	李玉川	260315	2511
14491	行酒令			霸县临津乡南岸村	贾敬如	赵丽华	260365	442
14492	秋香			大城王文镇	马桂芬	晓歌	260322	1088
14493	盲人落干井					白世永	260358	167
14494	说梦话					陈竹	260355	403
14495	纪小堂出家			固安县	刘炳忠	赵复兴	260256	2545
14496	无量阁			霸县胜芳镇	张树宝	康振惠	260271	1124
14497	神箭			固安屈家营村	赵尚田	赵复兴	260300	969
14498	畦里不知畦外事			三河县孤山营村	李树荣	李宝才、陈利民	260321	6757
14499	秦始皇为幼子选墓			大城县郭底村	周兆明	晓歌	260242	373
14500	青灯照炮轰魁星楼			香河县农村	尹俊杰	尹俊如	260285	3062
14501	白吃			廊坊	陈天真	震望	260275	1519
14502	尼姑与醉汉				凤山	钱济	260284	580
14503	将军的忌讳			大城县	李川文	李玉川	260295	1909
14504	喇喇蛄的传说			弧山营	田秀珍	李宝才、刘维和	260336	1721

序号	篇名	民族	流传地区	采集地	讲述者	搜集者	数据库编号	字数
14505	石万成发家			文安县德归乡	张贵山	马佩凤	260268	2321
14506	没鼻子李打洋人					晓艾	260331	1026
14507	打谜			三河县高楼镇	崔如珍	崔继昌	260283	342
14508	换媳妇儿			韩村乡	武祖言	武国强	260259	5986
14509	“贤”妻			廊坊市郊	王溪	王邵萱	260362	404
14510	刘罗锅的传说			固安	袁景春	刘风明	260325	2885
14511	蛤蟆狐狸和老虎			廊坊市	魏香春	李宝才	260334	860
14512	哑谜					金路明	260364	612
14513	白字官司				孙剑	孙铎	260354	1299
14514	傻子后生				邢汝花	马佩风、绿苇	314721	1310
14515	选驸马				王俊明	李争	314640	956
14516	贤孝匾				安文秀	李彦华、绿苇	314787	707
14517	妇女裹脚的由来				杨占魁	杨畅、马佩凤	314722	483
14518	谷月				徐文普	徐文哲	314771	2209
14519	康熙私访车失事				赵子英	郝云飞、绿苇	314598	3633
14520	贞节牌				刘杰	刘英华	314795	4303
14521	许仙和白蛇的前世巧事				卢桂荣	李平云、卢云豹	314778	620
14522	嫉妒、虚荣和诚实的由来						314692	2194
14523	瞎子行骗				刘炳忠	虚怀、中杰	314747	2041
14524	张天师与孔圣人		固安县及外地		刘炳忠	虚怀	314606	709
14525	借道		三河西北、潮白河畔	孤山营	李树荣	徐淑兰、李宝才	314775	1677
14526	牛顶缸		固安中、南部		滑淑贤	赵复兴	314743	830
14527	蒸骨验尸		固安、霸县一带		刘炳忠	虚怀	314724	2513
14528	李莲英轶闻故事					李玉川	314597	12361
14529	布谷鸟叫声的由来			固安县	陈士奎	吴桂华	314816	604
14530	萧海波比武显绝技			固安县屈家营	赵尚德	赵复兴	314808	1963
14531	书生河边遇村妇				禾丰	刘凌霜、王秀丽	314757	992
14532	孔融见太守			廊坊市	张青	宗世杰	314612	746
14533	甘罗出世				杨明杰	张运明、杨畅	314636	4862
14534	王恩与石义				李永年	李振华	314794	1915
14535	刘罗锅为乾隆祝寿				刘纯	刘秉忠	314635	508
14536	黄狗和金子树				王凤华	朱丽、雷敏	314697	1299
14537	笑话三则				林楠	朱丽	314829	1208

序号	篇名	民族	流传地区	采集地	讲述者	搜集者	数据库编号	字数
14538	大雁恋情				刘淑敏	贾永生、刘根长	314729	1205
14539	看谁的胆子大			静海县	张力刚	宗世杰	314824	662
14540	审碌碡				韩永宽	梁玉兰	314761	733
14541	张策挨打					刘玉林	314803	4162
14542	狗屁的故事				郝明月	马佩凤、郝云飞	314723	950
14543	兔子尾巴为什么那么短				马杰	马佩凤、郝云飞	314815	618
14544	神童巧对故事（六篇）				牛子鸣、杨占魁	杨畅、赵相如	314751	5634
14545	傻夫与伶妻				孙玉	孙绍虞	314759	934
14546	狄仁杰赶考		固安县及外地		赵尚德	赵复兴	314604	1204
14547	心不在焉				李秀霞	刘克林	314842	361
14548	屠夫驸马				刘洪年	刘朝林、朱丽	314746	6622
14549	方姑		香河东部一带	高庄	崔文彬	崔永生	314780	1384
14550	火烧魏家楼		固安县及北京附近		屈树奎	赵复兴	314744	3627
14551	黑龙探母			廊坊		李宝才	314779	3369
14552	俩兄弟				陈清	陈竹	314696	842
14553	守财奴				马宝维	一心	314731	1910
14554	谁犟嘴谁输				李金斗	刘克林	314740	625
14555	刘罗锅造字			三河	李宝才	张晓波	314638	338
14556	屠夫和狐仙				张怀芳	李铁臣	314739	728
14557	认贼侄儿				周志荣	田志庆、王学侠	314706	2025
14558	你笑我不笑		三河县高楼小崔一带			崔继昌	314848	631
14559	幸亏扛梁				周进生	周颖	314830	624
14560	李枪棒比武				孙雨	金路明	314859	673
14561	刘秀的传说			灵寿倾井村	王二小	李振华	314622	667
14562	张策的传说		京东一带	孤山营	李树荣	李宝才	314805	3581
14563	老鼠的故事				陈杰	陈竹	314811	1301
14564	一百二十条腿				马杰	于秀荣、绿苇	314703	956
14565	孔子和如来佛打赌		廊坊市		吴国华	李宝才、梁玉兰	314620	1132
14566	笑话五则				王昌林	王秀丽	314835	1024
14567	杀洋兵			廊访市广播局	沙作雨	李宝才、梁玉兰	314765	3149
14568	学懒			北京	李树华	徐书兰	314850	402
14569	干哥俩的故事				安文秀	李彦华	314699	953
14570	樵夫的故事				赵景清	刘凤鸣	314773	2104

序号	篇名	民族	流传地区	采集地	讲述者	搜集者	数据库编号	字数
14571	盆碴儿				张秀荣	王学侠	314710	592
14572	公冶长		大厂、三河一带		李广桐	李廷禄	314693	2169
14573	乾隆爹出家		廊坊地区	三河县	李铁臣	李宝才、绿苇	314615	4594
14574	甘罗巧对				弢林	杨畅、朱丽	314631	704
14575	瞎子算命				陈宝生	吴际	314823	516
14576	傻二学艺				刘仁	李争	314849	595
14577	“小白龙”下界				王金梅	王瑞来	314821	1476
14578	目不识“丁”				王昌林	王秀丽、绿苇	314843	772
14579	刘志清夜闯县衙		固安县城附近		刘阴波	赵复兴	314810	1237
14580	东食西宿				宗克文	宗世杰、傅玉萍	314828	596
14581	大师姐威震西太后				李光	李廷禄	314826	1404
14582	刘伯温捉龙		廊坊市	洛图庄	宗玉华	李宝才、李宝富	314621	2399
14583	孙膑与庞涓				李老万	李振华	314623	1964
14584	孙膑和庞涓斗智				陈宝玉	刘秉忠	314600	388
14585	打岔				陈清	陈竹	314714	673
14586	三颗黄豆			静海县	宗克兰	宗世杰、傅玉萍	314690	770
14587	大烙饼				王金声	陈金城	314718	707
14588	国王的苦恼				周凡	刘英华	314736	2388
14589	乌龟的由来				吴国华	李宝才	314812	1211
14590	猫和老虎的传说				刘秀华	马佩凤、郝云飞	314817	1092
14591	如此酒令			固安县文化馆	周凤仙	吴桂华	314727	1449
14592	吴大人羞辱西太后		三河西北	孤山营	李树荣	李宝才	314618	2533
14593	穆桂英夜摆迷魂阵		固安县及附近地区		赵尚德	赵复兴	314595	1573
14594	抽秫秸		京、津、廊地区		徐文长	贾永生、刘根长	314726	667
14595	让一犁				王森	董景森	314702	2191
14596	傻女婿吃席			静海县	宗克兰	傅玉平、宗世杰	314827	893
14597	乾隆难刘庸				李宝才	张晓波	314637	671
14598	雍正换子			孤山营	李树荣	李宝才	314639	4841
14599	张飞写信——粗中有细				禾丰	秀立、秀玉	314611	522
14600	笑话五则			大城	于继辉	晓歌	314836	1669
14601	金鸡				谭如凤	啸马、何如	314785	1999
14602	朱洪武				赵广申	赵丽华	314627	1375
14603	包公戏考黄道姑				张会云	王秀丽、周颖	314756	881
14604	中京的故事			茨营子乡	赵文英	郝云飞、李平云	314781	1092

序号	篇名	民族	流传地区	采集地	讲述者	搜集者	数据库编号	字数
14605	李自成造反			狼山村	卢桂荣		314633	1085
14606	高阴阳的传说						314596	9697
14607	识文断字				王筱君	刘静华	314855	571
14608	山郎和石妹			廊坊	臧文志	梁王兰、李宝才	314777	1303
14609	一棵瓜藤			静海县	宗克兰	宗世杰、傅玉平	314769	1571
14610	白小姐生子得宠		廊坊地区	三河	钟金铎	李宝才	314619	5135
14611	两个新娘子				田志庆	崔永生	314783	893
14612	曹庄杀妻的故事				安文秀	李彦华	314750	923
14613	武松与泰山老人		固安县及外地		胡庆柱	赵复兴	314796	1459
14614	徐达之死			固安县	伊翁	刘秉忠	314605	931
14615	作诗			大厂县北坞村	李广春	李廷禄	314853	1217
14616	董海川在固安		固安县	西红寺	张宝忠	赵复兴	314809	1502
14617	三个拐子				李明	李普选	314837	227
14618	解缙				杨占魁	刘兆升、杨畅	314610	1730
14619	狐仙的传说				秦健	秦继昌	314768	1484
14620	黄芪黑心的由来				张林	李丽华	314819	1142
14621	小白龙的故事			静海县	宗克兰	傅玉萍	314782	1134
14622	笑话五则				尹福来	尹俊如	314838	1493
14623	两好和一好		廊坊市			李宝才、梁玉兰	314801	2502
14624	大扔的传说			尖塔乡小哲堡村	谭如凤	王海波	314749	1567
14625	哥三个打赌				童丽琴	马佩凤、阎春林	314725	608
14626	哥俩的路			静海县	宗克兰	宗世杰、傅玉平	314792	1718
14627	黄七娘智擒秃和尚				甄娇	李振华、绿苇	314719	902
14628	老瘸子与小瘸子		固安县	屈家营	滑淑贤	赵复兴	314745	1018
14629	丈人和女婿戏对				张素玲	王秀丽、雷敏	314844	659
14630	于成龙拦鬼		固安县		赵尚德	赵复兴	314602	1033
14631	石头歌				王万永	梁玉兰、李宝才	314776	2650
14632	小姐和少爷						314788	2579
14633	聪明媳妇骂先生		京、津、廊地区		徐文长	贾永生、刘根长	314763	476
14634	燕子李三命丧亲人手		北京京东三河县	孤山营	李树荣	李宝才、徐淑兰	314806	4553
14635	曹龟答对胜举人				弢林	赵相如、王秀丽等	314755	681
14636	坏皇后			廊坊市		梁玉兰	314786	832
14637	聪明的媳妇			廊坊市	叶成林	梁玉兰	314760	411

序号	篇名	民族	流传地区	采集地	讲述者	搜集者	数据库编号	字数
14638	笑话二则				杨金明、张秀荣	王学侠	314831	720
14639	洞房里的阴谋			静海县	宗克颖	宗世杰、傅玉萍	314700	1814
14640	聪明反被聪明害				周万林	朱丽	314822	937
14641	一饭千斤			廊坊市	李青	宗世杰	314793	759
14642	小伙子与蛇				刘淑敏	贾永生、刘根长	314814	1188
14643	睁眼瞎写信			坊廊	王万永	李宝才、梁玉兰	314730	637
14644	金鸡的传说		北京市廊坊地区	孤山营	李树荣	李宝才、雷敏	314770	1429
14645	笑话（四则）		香河县东部地区县河县渠口镇	香河县铁佛堂村、香河钱旺中学、香河县大六王村、香河县钱旺村	张淑敏、马洪昌等	崔永生	314860	2227
14646	笑话二则				陈清	陈海	314845	833
14647	自食其果				陈杰	陈竹	314847	440
14648	猜谜		霸县、廊坊一带		王良田	刘凤明	314752	1397
14649	杨家将的传说			孤山营	谢国海	徐淑兰、李宝才	314624	1517
14650	熊窝里救小姐		廊坊、北京一带		赵景清	刘凤明	314798	2415
14651	好马给谁			固安县	陈士奎	吴桂华	314720	992
14652	干一半，歇一半				陈殿荣	王学侠	314707	721
14653	张小顺无事生非		廊坊市东北	廊坊	张福来	李宝才	314711	2411
14654	不孝雷击遭席卷				靳淑芹	刘静华	314800	1074
14655	害人终害己				郑有生	马佩凤、郝云飞	314691	1378
14656	金葫芦和银葫芦				王广仁	周颖	314734	1665
14657	新宅院			廊坊	赵德平	宗世杰	314701	1612
14658	谏果的由来		华北华中地区		刘洪涛	贾永生、刘根长	314613	2050
14659	秃娘娘				王良田	刘凤明	314738	1932
14660	聪明的叫化子				陈杰	陈竹	314753	1607
14661	下雨前的盘山雾				谢永芳	周颖	314733	436
14662	判官		霸县一带	霸县总工会	汉亭	赵丽华	314789	1114
14663	药渣为何倒在路上		京东一带		崔如珍	崔继昌	314626	828
14664	乾隆江南遇亲父		廊坊地区	孤山营	李树荣	李宝才	314616	2733
14665	不翼而飞				王学珍	刘克林	314742	458
14666	傻尤的故事				周万林	朱丽	314694	1641
14667	胡二赔酒席				张子恒	张树方	314735	1394
14668	财主告状			廊坊	何兆安	梁玉兰	314854	492
14669	无头僧		河北省北部	大厂县北坞村	李永恩	李廷禄	314704	2341

序号	篇名	民族	流传地区	采集地	讲述者	搜集者	数据库编号	字数
14670	赵匡胤出世				郑有喜	李建海、杨畅	314609	1679
14671	赌鬼的下场				李小双	李丽华、李振华	314772	1202
14672	改名					李墅一	314797	1073
14673	念家信				王崇雨	徐书兰	314709	558
14674	巧对				王昌林	王秀丽、杨畅	314758	722
14675	梦缘		廊坊市郊	廊坊市	李玉珊	王邵宣	314784	2762
14676	贼父子		三河西北、潮白河畔	孤山营	李树荣	李宝才	314713	2656
14677	雷劈欧三立的故事		天津市蓟县邦均一带		胡庆荣	吴桂华	314728	854
14678	串烟				高占魁	陈金城	314716	332
14679	张之洞烧帐本				卢桂荣	卢云豹、杨畅	314628	917
14680	缝皮匠巧胜哑叭谜				董凤友	荣士娣	314832	1497
14681	李二把独胆斗恶魔		三河、大厂县河北北部	大厂县北坞村	李永恩	李廷禄	314764	2461
14682	张大胆打鬼				张伟	朱桂清	314825	1680
14683	冯玉祥私访			廊坊市	王万永	李宝才、梁玉兰	314625	1104
14684	大马猴抢媳妇			静海县	宗克兰	傅玉平、宗世杰	314813	1543
14685	林大钦戏弄储潭神				弢林	兆升、王秀丽	314632	1026
14686	白小二随心所欲		廊坊地区南部	廊坊	马玉、庆	李宝才	314708	1411
14687	三姑爷的故事				张志军	刘秉忠	314841	1390
14688	狗没肝				周志荣	田志庆	314851	894
14689	猴财神		固安县		滑淑贤	赵复兴	314774	798
14690	郭孟申艺惊江亭宴		固安及外地		郭振亚	赵复兴	314807	4516
14691	城隍爷受贿				魏志平	陈建玲	314705	2130
14692	一路出联难刘墉				弢林	马佩凤、卢云豹	314629	573
14693	乾隆写对联				王金山	荣士娣	314607	1161
14694	天不怕地不怕就怕漏				孟昭起	马佩凤	314818	901
14695	张宝拾银		廊坊西北部	廊坊市小哲垡村	谭如凤	王海波	314737	1615
14696	白蛇精			天津市静海县	宗克兰	傅玉萍、宗世杰	314767	2250
14697	穷极无奈当名医				荣杰	荣士娣	314698	2559
14698	洞房佳联难新郎		华北、华东广大地区	廊坊	刘淑敏	贾永生、刘根长	314634	1381
14699	结良缘						314732	3957

序号	篇名	民族	流传地区	采集地	讲述者	搜集者	数据库编号	字数
14700	黎明前为啥黑暗				刘东君	李争	314715	489
14701	谁最怕老婆			灵寿慈峪中学	胡宁	李振华	314840	401
14702	新笑林广记				李清	流雨、雪峰	314858	1129
14703	笑话三则				李志杰、安文秀	李志权、李彦华	314833	1349
14704	咸丰私访				王廷俊	荣士娣	314599	2140
14705	叫跌（爹）不叫跌（爹）				袁守泉	张树方	314846	1651
14706	孙思邈开棺治病			固安境内	赵尚志、霍万德	赵复兴	314601	1291
14707	二举子救女			周各庄	王万永	李宝才、梁玉兰	314766	1382
14708	儿妇媳请公爹赴宴				李式潭	李墅一	314857	732
14709	岳飞的传说				老杨	马佩凤	314614	2060
14710	恒山侠女				宋宗科	荣士娣	314804	5362
14711	看瓜和看蒜				刘卓华	刘静华	314799	794
14712	纪晓岚当众联对				弢林	杨畅、相如	314630	990
14713	李虎装瘸斗日本			周各庄	王万永	梁玉兰	314762	690
14714	智斗地主				李铁双	刘克林	314741	862
14715	贼上当				周子建	陈金城	314717	1012
14716	笑话三则				杨占魁、李翠平	田禾丰、王秀丽	314856	1046
14717	秦罗敷传奇				宋宗科	荣士娣	314608	3336
14718	屠户李成仙		天津蓟县		胡庆荣	吴桂华	314802	1760
14719	孟姜女的又一传说				蒋伯平	张运明、杨畅等	314594	4535
14720	会说的女婿				刘淑敏	贾永生、刘根长	314695	1206
14721	千里送鹅毛，礼轻仁义重				王昌林	王秀丽、雷敏	314603	964
14722	狗和狼的故事		三河西北	孤山营	李树荣	李宝才、朱丽	314820	1125
14723	问路				刘振祥	李振华	314839	330
14724	张贤士智镇鲇鱼精				孙钊	孙铎	314754	1362
14725	鹅虱子		固安及外地		刘炳忠	虚怀杰	314748	3632
14726	笑话三则		华北地区、京、津、冀一带		张洪涛、刘淑敏	贾永生、刘根长	314852	2899
14727	海河大辫		香河、三河、宝坻等地	宝坻县	周建华	崔永生	314712	2013
14728	刘罗锅儿戏弄乾隆爷					徐书兰	314617	1232
14729	武大郎的千古奇冤				卢桂荣	李平云、卢云豹	314790	965
14730	笑话二则				李秀山、安文秀	李彦海	314834	976
14731	煮石子				赵金山	田志庆	314791	1489

序号	篇名	民族	流传地区	采集地	讲述者	搜集者	数据库编号	字数
14732	县官审贼		柏乡县	柏乡县城关	董志安	董志平	599823	811
14733	比岁数		唐山市	唐山市开平区杨家庄	高兆友	赵树来	599853	1581
14734	智对财主婆		丰润县	丰润县丰登坞镇胡张坨村	王恩涵	郑文清、王光枢	599874	493
14735	还有第二回交易		峰峰矿区	峰峰矿区李岗西村	李秉义	李广俨	599906	260
14736	伊犁庙与香妃		承德市	承德市	王金山	荣士弟	599572	1886
14737	偷儿与公鸡		承德市	承德市财校	白宝君	刘润地	599887	213
14738	倒穿鞋		乐亭县、大厂回族自治县	乐亭县、大厂县北坞村	荆玉兰、李永恩	何宗禹、李廷禄	599794	2974
14739	正德戏凤		张家口市	张家口市宣化区刻字社	崔金堂	王鉴	599468	908
14740	变哭为笑		唐山市	开滦马家沟矿工房	张庆丰	王秀敏	599827	408
14741	三皇治世		遵化县	遵化县马坊岭村	杨秀珍	米景利	599384	1332
14742	公鸡打鸣喊太阳		中捷农场	中捷农场	张名扬	司治峰	599388	928
14743	艾蒿和清明穗		张家口市	张家口市小吴营村	张元宝	谢宝刚	599657	890
14744	太行山的传说		元氏县	元氏县张掖村	李增祥	李慧娟、王孟辰等	599553	794
14745	彭祖		武安县	武安县上焦寺乡四街	王顺义	杨新民	599514	1937
14746	祖孙年龄		唐山市	开滦马家沟矿工房	张庆丰	王秀敏	599828	251
14747	渤海湾的由来		唐海县	唐海县农场场部	洪醒	唐星	599591	965
14748	沙锅记		藁城县	藁城县耿村	靳正新	袁学骏、靳春利	599839	5058
14749	巨鹿落户		巨鹿县	巨鹿县孟村	孟老雷	刘艺亭	599426	1916
14750	三块独石堵海眼		张家口市	张家口市	刘进生	于文龙	599558	1679
14751	老虎何时为王		张家口市	张家口市宣钢二炼厂	武枝	顾建中	599614	697
14752	龙虎争王		藁城县	藁城县耿村	张才才	张彦哲	599686	916
14753	慈禧求字		邯郸县	邯郸县黄粱梦镇	李振峰	杜学德	599493	861
14754	王八吾卖“我”		武强县	武强县县委	刘铁城	傅新友	599858	458
14755	赵南星奏本		高邑县	高邑县文化馆	赵富身	贾梵元	599473	840
14756	神医刘守真		保定市	保定市	陈益昀	石林	599459	1658
14757	王二戏官骑驴		丰润县	丰润县王家楼村	谢振鹏	郑文清	599872	1348
14758	村姑和秀才		廊坊市	廊坊市招待所	金路明	赵玉山	599768	1047
14759	要账		雄县	雄县王克桥村	张宝清	路作舟	599879	1224
14760	蚊子的来历			海兴县马庄子村、抚宁县北寨村	王保村、蒋兴珍	王远、王丽红	599625	1792
14761	苏东坡买石头		定州市	定州市	陈振武	程温海	599458	933

序号	篇名	民族	流传地区	采集地	讲述者	搜集者	数据库编号	字数
14762	宝贝儿		昌黎县	昌黎县犁河湾村	王洪儒	王洪礼	599779	1271
14763	保定铁球的传说		保定市	保定市阮焕章家中	阮焕章	刘正祥	599654	1484
14764	将军楼		滦平县	滦平县花楼沟村	张学文	封瑞功	599609	1413
14765	不倒旗		南皮县	南皮县城关中学	高晓峰	南舟	599508	1060
14766	长大有他吃的		迁安县	迁安县彭甸子村	刘景山	黄丽娟、殷玉清	599857	594
14767	怕老婆		宣化县	宣化县沙岭子村	梁风	任佳才	599899	351
14768	沧州铁狮子的来历		沧州市	沧县东关	孙玉龙	周宝忠	599602	1581
14769	洪水漫世		新乐县	新乐县文物管理所、赞皇县许亭村	刘戊戌、谷娥	富强、杜志义	599398	2247
14770	十八的儿子十七的爹		邯郸市	邯郸市	曹广理	郭海霞	599719	2365
14771	门槛与木佛		保定市	保定市	赵玉岭	赵昌治	599882	304
14772	灯花姑娘		抚宁县	抚宁县安屯村	任沈氏	刘玉红	599702	1001
14773	二龙一虎闹瓜园		隆尧县	隆尧县东山南村	张洛飞	宋孟寅	599446	1087
14774	赶山神鞭		秦皇岛市	秦皇岛市北戴河	冯玉文	陶涛	599522	2402
14775	喜鹊鸣冤		邯郸市	邯郸市	李兰桂	陈立涛	599685	550
14776	毛脚媳妇		南和县	南和县南豆村	刘梦西	刘维江	599919	349
14777	韩愈和韩湘子		昌黎县	昌黎县文联办公室	李焕宇	董宝瑞	599440	1854
14778	“泰山石敢当”的由来		柏乡县	柏乡县西南鲁村	郭老子	田征文、张少英	599675	980
14779	金牛星下凡		抚宁县	抚宁县东庄村	周贵勇	郑庆魁、张义纯	599622	806
14780	晴雨图		武强县	武强县武强镇西南街	范仲信	张振峰	599680	1348
14781	保定酱菜		保定市	保定酱菜厂	李宝隆	肖钦鉴	599640	1056
14782	黄骅渔鼓		黄骅县	黄骅县冯家堡	杨宝山	周宝忠	599683	777
14783	王飞趸年画		行唐县	行唐县上方村、武安县野河村	张玉成、吴氏	张彦芹、李富琴	599786	4499
14784	打狗拾娘		望都县	望都县东白坨	安贵须	张玉兰、马永江	599791	1098
14785	杨七郎归位		怀来县	怀来县大黄庄村	田世清	赵相如、杨畅	599451	795
14786	北斗七星		藁城县	藁城县耿村	王连镇	时文鸽	599391	1151
14787	青蛤蟆娶亲		藁城县	藁城县耿村	靳三刚	张彦哲	599706	3267
14788	鹌鹑的尾巴为啥是秃的	满族	承德市	承德市双桥区	马兴奎	乔志明	599619	586
14789	东光铁菩萨		东光县	东光县西街	金大爷	金惠梓	599603	787
14790	金蟾脱险		承德市	围场县	姚俊英	陆羽鹏	599716	1428
14791	巧设连环计		卢龙县	卢龙县招待所	刘凤岐	王淑苓	599837	3491
14792	孟姜女		秦皇岛市	秦皇岛山海关、辛集市大营村	杜连琪、关崇勋	周春霆、张素英	599521	6418

序号	篇名	民族	流传地区	采集地	讲述者	搜集者	数据库编号	字数
14793	一条绸裤		藁城县	讲述者家中	郝美娥	靳春利	599891	410
14794	金出碗，银出沟		迁安县	迁安县彭甸子乡敬老院	杨惠山	黄丽娟、殷玉清	599856	714
14795	正定城为何少一角		正定县	正定县城民立街	李姐	周宣	599599	778
14796	送羊		邯郸县	邯郸市	王爱书	杜学德	599667	658
14797	羊死后为啥不闭眼		围场满族蒙古族自治县	围场县大东沟村	梁桂金	王起	599616	897
14798	访舜桥		完县	完县齐各庄乡	齐洛良、王老良	曹慧增	599578	424
14799	孔子借粮		迁西县	迁西县兴城镇	董生明	谭宝元	599409	1291
14800	炎黄二帝定五果		涿鹿县	涿鹿县水磨村	赵清泰	杨云	599396	620
14801	燕王出世		廊坊市	廊坊市史庄村	李寿珍	陈国旺	599466	1077
14802	王本固贬土地		邢台市	邢台县王快村	耿贵荣	陈玉明	599474	1020
14803	巧对		邯郸县	邯郸市	王致学	杜学德	599417	1008
14804	漆变金		临西县	临西县文化馆	吴文汉	光之	599863	429
14805	人鱼姑娘		抚宁县	抚宁县台营六村	侯银普	张义纯、张国有	599730	983
14806	小猪倌喜得龙参		承德市	承德县下板城镇	刘文国	赵新	599765	2836
14807	聚宝盆		清河县	清河县刘保庄村	姜俊齐	冯清太	599723	1268
14808	邵康节题诗断吉凶		涿州市	涿州市百尺竿乡	宋俊然	史简	599456	994
14809	日头和月亮		武安县	武安县紫泉村	刘生明	冀秀生	599387	537
14810	踩泥盆		望都县	望都县白岳村	马喜林	马永江	599789	968
14811	戏台对联		献县	沧县阎村乡景城村	纪维九	贺治起、韩全国	599489	525
14812	麻风女		昌黎县	昌黎县栅子里村	曹建章	郭光兴	599763	1836
14813	朱砂痣		抚宁县抚宁县	抚宁县宋庄乡敬老院、抚宁县留守营镇敬老院	孙贵生、栗国林	孙本荣、郭永春	599766	7925
14814	秦始皇修长城		邯郸县	邯郸县高里堡村	苗廷芹	苗金山	599613	991
14815	人参搬家	满族	武安县青龙满族自治县	武安县清化村、青龙县朱杖子村	刘宗、殷自生	刘芳、殷雨安	599633	2004
14816	丁郎寻父		藁城县	藁城县耿村	张兰琴	李殿敏	599783	2652
14817	六月六接闺女		青县	青县齐家营村	叶学武	耿建华、王汝芳	599668	1259
14818	偷衙门		灵寿县	灵寿县青同中学	王毅人	曹银锁	599483	1180
14819	赶山鞭		邢台市	邢台市、曲阳县城	黄兴平、牛俊英	吴山、李木成	599418	1642
14820	孝母莲		文安县	文安县张金韩村	卢文波	毛树中	599631	1407
14821	黄三姐巧语惊三客		南皮县	南皮县王庄	张春才	周宝忠	599868	818
14822	白沟镇与白沟河		新城县	新城县白沟镇	吕守英、全作军		599593	1481
14823	阎秀才换草		昌黎县	昌黎县裴家堡村	阎会青	刘振国	599876	948

序号	篇名	民族	流传地区	采集地	讲述者	搜集者	数据库编号	字数
14824	三皇姑		井陉县	井陉县苍岩山	赵占岭、刘成文	宋孟寅	599554	3077
14825	刘墉巧解隐语	蒙古族	承德市	承德市外八庙	巴喇嘛	宝音奇奇歌	599486	988
14826	红盆计		南皮县	南皮县煤炭公司	王金发	周宝华	599788	1711
14827	元帅拉马垫镫		涞源县	涞源县教坊村	刘普	袁士朝	599550	855
14828	乞丐诗		三河县	三河县	于世兰	秦继昌	599831	915
14829	恶八和善礼		卢龙县、涉县	卢龙县招待所、讲述者家中	刘凤岐、杨丙希	王淑苓、杨面焕	599732	3689
14830	康熙访爹		大名县	大名县西店孟村	张勃川	阎纪韶	599480	918
14831	洪洞县大迁民		峰峰矿区	峰峰矿区	申榜亭	申子文	599534	1106
14832	魏忠贤出家当老公		肃宁县	肃宁县	宋仲树	郭九州	599477	923
14833	轱辘烧饼		武安县	武安县大同镇兰村	刘喜廷	刘书旺	599792	631
14834	请馋官		武强县	深县大冯营柳庄村	赵世锦	傅新友	599860	656
14835	哥仨找药		滦南县	滦南县沙沟子村	曹麟书	杨树人	599735	2375
14836	三道边		沽源县	沽源县闪电河村	韩成	齐桂兰	599612	755
14837	刘伶醉的传说		徐水县	徐水县文化馆	刘铮		599637	1206
14838	癞蛤蟆的来历		永清县、海兴县	永清县招待所、宁晋县新丰头村	李秀林、吴庆明	武国强、刘华进	599624	3869
14839	人心不足蛇吞象		昌黎县	昌黎县葛条港村	许学均	张景安	599733	2160
14840	地下神兵		清苑县	清苑县冉庄	高振峰、张英	冯铸鑫	599546	1261
14841	天赐颜回一锭金		邢台县	邢台县	郭玉润	郭明臣、翟秀	599410	1348
14842	狸猫告状		卢龙县、武安县	卢龙县招待所、武安县顿井村	刘凤岐、刘起付	王淑苓、刘振祥	599840	2812
14843	小人国和大人国		唐山市	唐山市西北井街王政家里	王政	陈菊艳	599734	1334
14844	戏迷		武安县	武安县黄粟山村	白胜田	胡贵和	599913	571
14845	比宝		平泉县	平泉县榆树林子乡	赵云海	杜满鑫	599761	1050
14846	嫦娥第二次奔月		文安县	文安县胡头村	宋景芝	张俊青	599713	1674
14847	大财迷安德海		青县	青县老新华书店	魏德俊	耿建华	599494	689
14848	王二嫂卖布		曲周县	邯郸市	王玉芳	张文涛	599774	746
14849	怕你胡乱锯		临西县	临西县城关镇	李成贵	广志	599864	534
14850	半桌席		河间县	河间县西诗经村	冯璋	田艳华	599503	620
14851	县官脱裤子	满族	青龙满族自治县	青龙县政府招待所	王建华	刘宝林	599846	1089
14852	贺小贼		枣强县	枣强县北仓口村	刘书田	刘其印	599801	2960
14853	纪晓岚巧解老头子		献县	沧县阎村乡景城村	纪维九	贺治起	599488	771

序号	篇名	民族	流传地区	采集地	讲述者	搜集者	数据库编号	字数
14854	五鬼闹宅		饶阳县	饶阳县城关	傅索	贾兴名	599807	959
14855	天不管		迁西县	迁西县龙唐村	柴宝祥	田纪友	599814	451
14856	开光鱼纹瓶		峰峰矿区	峰峰矿区	彭荣男	孙万宝	599651	2059
14857	清风楼里斗鼠精		邢台市	任县王村	孟计书	宋孟寅	599574	1657
14858	背牛顶		抚宁县	抚宁县扶岩沟村	朱永生、贾成	张义纯	599594	1417
14859	定州眼药		定州市	定州中药厂	张树堂		599643	826
14860	酒令		望都县	望都县韩庄村	周金增	李佩华	599834	2446
14861	十辈子穷问老祖		邢台市	邢台、邯郸市夏庄	黄平兴、李凤霞	吴大山、张文涛	599699	4121
14862	关帝赐画		武强县	武强县武强镇西南街	范仲信	张振峰	599679	813
14863	曹操巧计造假坟		磁县	磁县文化馆	姬秀	刘天祥	599428	1394
14864	宋璟治贪官		南和县	南和县	要联合	杨昌彬	599438	681
14865	一家笨蛋		临西县	临西县文化馆	赵敏	李凤兰	599916	364
14866	苏东坡写秧歌		定州市	定州回民街	王前卮	赵云雁	599457	1227
14867	娶皇姑		行唐县	行唐县杏庵村	李殿英	李殿敏	599708	2475
14868	财迷		乐亭县	乐亭县湾坨村	李锡真	刘志	599815	771
14869	捻军攻占盐山城		盐山县	盐山县	宋宪涛	汪洪印	599537	1211
14870	对联		丰润县	唐山市谷庄子	崔文华	刘兴权、郑文清	599875	750
14871	一家子说反话		行唐县	行唐县杏庵村	李永建	李殿敏	599920	241
14872	聊天架		兴隆县	兴隆县郭家庄	陈永发	陈平	599847	877
14873	都是一样的东西		满城县	满城县南固店村	边大刚	边守道	599927	287
14874	海鸥		昌黎县	昌黎县沈庄	赵庆余	赵秋红	599618	730
14875	杨继盛斗严嵩		容城县	容城县午方村	张大爱	石庆林	599467	963
14876	荷包营		保定市	保定市清真寺街	白凤岐	任廷山	599595	1590
14877	掌柜拉磨		武安县	武安县伯延镇	岳当叶	马文广	599775	1824
14878	紫花地丁		廊坊市	香河县刘庄村	周万仓		599635	1376
14879	方言词语汇释						599932	10576
14880	韩老大打官司		唐山市	唐山市东缸窑上村居委会	郭志忠	白泉	599848	639
14881	梅花鹿骗老虎		柏乡县	柏乡县	甄占琴	刘景林	599687	747
14882	三子争父		肥乡县	肥乡县东北庄	王洪如	郑之翰	599796	1634
14883	藁城宫面的由来		藁城县	讲述者家中	靳景祥	杨荣国	599642	3547
14884	一刀之罪		唐山市	开滦矾土矿	王国勋	白泉	599851	1953
14885	白字县官		平泉县	平泉县松树台村	洪福	洪玉国	599900	470
14886	马致远写贺词		东光县	东光县马祠堂中心小学	马秀伦	金培瑞	599464	782

序号	篇名	民族	流传地区	采集地	讲述者	搜集者	数据库编号	字数
14887	石塔的传说		赵县	赵县文保所	尹振江	张增辉	599586	862
14888	老虎·狐狸·黑熊·白兔		承德市	承德市三家村	李秀芬	辛翠莲	599885	402
14889	三姐妹		藁城县	藁城县耿村、隆尧县南楼村	吴小俊、武秀芹	杨荣国、冯平印	599740	8714
14890	锔大缸		唐山市	唐山市开平区东缸窑上村	于海明	白泉	599756	1305
14891	张传玉计取朱家寨		沧州市	南皮县	王金华	周宝忠	599542	1424
14892	女娲捏泥人		涉县	涉县东戌村	李杨氏	李亮	599385	826
14893	一个光棍爹，两个状元儿		隆尧县	隆尧县张庄村、平乡县城关	张白小、李春山	张江锁	599811	2906
14894	磁州红缸“亲娘”声		峰峰矿区	峰峰矿区庄里村	苏立新	苏洪源	599650	1157
14895	为啥动物不会说话		三河县	三河县高楼镇	李森	李凌晨	599621	889
14896	妙妙妙		滦南县、三河县	滦南县狮子营村	邱连仲、何兆安	王永利、李宝才	599772	1519
14897	张家口的大皮袄		张家口市	张家口市许家庄	温广华	梁挺爱	599649	578
14898	盐母		迁西县、迁西县	迁西县城关、迁西县杨庄村	张连红、齐贵	张金彪、李燕青	599722	2418
14899	陆陇其北瓜上寿		灵寿县		杨焕瑞	武秋海、胡宁	599482	677
14900	七月十五淋麻姑		卢龙县	卢龙县上兴隆庄、香河县淑阳镇西北街	张雨、王汉章	常宝富、王柏山	599659	2266
14901	二檩头过端午		迁安县	迁安县彭甸子乡敬老院	李春润	黄丽娟、殷玉清	599854	707
14902	门插关儿的来历		丰宁满族自治县	丰宁县后营村	宋木匠	鲍延椿	599676	5422
14903	“东翁”和“吉先生”			昌黎县常陈庄	张芝	张信忠	599893	382
14904	屠夫小二		望都县	望都县黑堡乡、刘洪年家中	杨国瑞、刘洪年	张国祥、刘朝林	599780	5418
14905	莲叶托桃		保定市	保定市	杜全	肖钦鉴	599565	839
14906	定州塔		定州市	定州市	王德宏	王宝林、王庆友	599584	1004
14907	蓝花瓷的传说		丰宁满族自治县	丰宁县上官营乡	温广利	温少良、李金刚	599652	1510
14908	秃尾巴老李		抚宁县	抚宁县文教局、青龙县老李洞村	张义纯、任占劳	陈职宏、申存孝等	599511	3504
14909	幡为媒		元氏县	元氏县南因乡褚固村	燕金生	郑云、张增顺	599785	3271
14910	鲤鱼仙子		邢台市	邢台市	马又宸	亦可	599711	1440
14911	孟哥		内邱县	内邱县中丰村	李二丑	兴华	599776	3121
14912	刘二嘎子斗阎王		邢台市	邢台县山区	陈玉祥	陈崇	599746	3155
14913	萧显写匾		秦皇岛市	山海关区北街工地	王庆余	骆成友	599605	1575

序号	篇名	民族	流传地区	采集地	讲述者	搜集者	数据库编号	字数
14914	智斗“老干醋”		邢台县	邢台县、易县高陌乡	史庆林、赵洛进	赵书伶、赵剑华	599760	2048
14915	祭敖包	满族	丰宁满族自治县	丰宁县大河东村	郭顺	郭传永	599674	651
14916	拿向阳岗楼		安新县	安新县政府招待所	柳泽民	张玉祥	599548	828
14917	阴阳二十四块板		藁城县	藁城县耿村	张才才	时文鸽	599681	2431
14918	清西陵的“哑巴院”		易县	易县清西陵	尚洪英	刘海静	599589	581
14919	小燕子报恩		滦平县	滦平县陈营村	高广明	高福生	599728	764
14920	孟五耍夯		吴桥县	吴桥县城关南街	冯老根	杨双印	599504	780
14921	午汲小和尚		武安县	武安县午汲镇	贾才喜	王维生、孟运生	599510	3192
14922	孟姜女庙门前的对联		秦皇岛市	秦皇岛望夫石村	王某	郎福全	599571	793
14923	分饼		唐山市	唐山市开平区栗园镇于家庄	刘素英	刘效来	599909	576
14924	葫芦告状		隆尧县	隆尧县东庄头村	宋永斋	宋孟寅	599710	3056
14925	炼石补天		涉县	涉县娲皇宫	赵德崇	李亮	599392	927
14926	香香屁		万全县	万全县北新屯	王选	刘建云	599714	1800
14927	震天鼓	满族	丰宁满族自治县	丰宁县杨木栅子	王三龙	于祝三	599691	1471
14928	蚩尤戏		涿鹿县	涿鹿县康庄村	张剑海	张荫耕	599682	322
14929	宣化葡萄的来历		宣化县	张家口市宣化区	刘满业	兰文种	599646	1089
14930	不见黄鹤心不死		邢台市	邢台市	耿贵荣	陈玉明	599737	2290
14931	一炉烧饼和一万人马	回族	孟村回族自治县	孟村县	刘玉军	宣全德	599911	600
14932	嫦娥奔月		藁城县	藁城县耿村	靳景祥	杨荣国	599402	1497
14933	天下省和第一省		涞水县	涞水县淮北村	赵清文	廷辰龙	599923	872
14934	雪花梦		隆尧县	隆尧县东庄头村	宋脏妮	宋孟寅	599816	1321
14935	图吉利		平泉县	平泉县宋杖子乡文化站	刘银	宋勤	599901	449
14936	邳彤拜师		安国县	安国县城	陈同同	刘孟松	599425	1291
14937	神农死在百草地		涿鹿县	涿鹿县保岱村	郭龙	杨云	599397	682
14938	鲁班重修邯郸城		邯郸市	邯郸市刘二庄	安贤	任文祥	599597	2071
14939	张之洞智赶洋技师		南皮县	南皮县城	张飞	杨洪榜	599498	715
14940	朱元璋计害徐达		廊坊市	中央组织部干校	伊翁	刘秉忠	599465	847
14941	二月二龙抬头的来历		青县、唐县	青县南张庄、唐县南高和村	王锡权、李俊山	耿建华、王汝芳等	599656	2187
14942	窑神种煤		峰峰矿区	峰峰矿区彦亭村	高吉明	高何元	599520	726
14943	袁筠拜驴		雄县	雄县王克桥村	张宝清	路作舟	599878	720
14944	花花蛇和翠花		卢龙县	卢龙县兴隆庄	王爱英	胡淑霞	599742	1362
14945	黑黑和白白		丰南县	丰南县爽坨村		李仔云	599715	1694

序号	篇名	民族	流传地区	采集地	讲述者	搜集者	数据库编号	字数
14946	铁拐李还锅		文安县	文安县胡头村	李凤兰	张俊青	599517	1033
14947	金殿答对		南皮县	南皮县招待所	孟祥森	王玉良	599497	451
14948	神头的来历		内邱县	内邱县神头庙会	刘培山	杨文志	599408	1504
14949	黄蛤蟆娶媳妇		任县	任县尼家庄	尼占格	孙华、尼文波	599707	3733
14950	馋媳妇看雪	满族	青龙满族自治县	青龙县朱丈子乡	阚兴珍	张国忠	599902	383
14951	唱戏		丰润县	丰润县印刷厂	王昌兴	郑文清、王秀英	599873	1234
14952	老倪乐三难凤姑	满族	抚宁县、青龙满族自治县	抚宁县留守营镇敬老院、青龙县招待所	栗国林、王建华	朱宏杰、刘宝林	599767	2239
14953	登云鞋		宁晋县	宁晋县城	张佩娥	张之姮	599749	4511
14954	徐福三次出海		盐山县	盐山县千童镇	薛礼义	白泉	599530	1539
14955	半文钱		昌黎县	昌黎县文联	李焕宇	董宝瑞	599877	789
14956	桃园三结义		涿州市	涿州市南皋店乡	柳文如	史简	599429	1199
14957	千金难买老北瓜		隆尧县	隆尧县东庄头村	孟书珍	颂民	599808	1202
14958	鲁班和赵巧		香河县	北京某建筑工地	张洪祥	甄茂枢	599411	2930
14959	夜梦扁鹊神		内邱县	内邱县神头村	刘培山	郑一民	599407	1250
14960	沧州清真北大寺	回族	沧州市	孟村县吴凤仙家中	吴凤仙	吴玉水、周宝忠	599568	2903
14961	冯国璋拉车		河间县	河间县城	田胜武	田艳华	599502	649
14962	远亲不如近邻		宁晋县	宁晋县城关	赵琴子	凤山、彦敏	599793	1918
14963	员外考子		承德市	平泉县	刘清昭	王冬、王永宽	599798	971
14964	枸杞的传说		邢台市	邢台市桥西区	张屯	王宝忠	599636	825
14965	李莲英左右收贿	满族	遵化县	遵化县清映壁山村	沈震武	陈国勇、赵树林	599499	1052
14966	教训儿子		南皮县	南皮县王庄村	张春才	周宝忠	599871	876
14967	降妖救姐		藁城县	藁城县耿村	靳正新	张彦哲、赵志勇	599727	4252
14968	为啥管蛇叫“小龙”		滦县	滦县城关	董平	董占民	599623	1645
14969	乐毅的飞刀		邯郸市	邯郸县暴台寺村东	赵学礼	任文祥	599415	1281
14970	大烟袋巧破山海关	满族	围场满族蒙古族自治县	围场县营坊村	赵荣春	王起	599536	829
14971	周公与桃花女		邢台市	邢台市桃花村	杨修国	袁炳淑、杨成苏	599518	6147
14972	成兆才编戏		滦南县	滦南县沙窝村	杨老歪	肖政	599505	1245
14973	琴缘		丰宁满族自治县	窄岭乡三道沟门	王春雨	李金刚	599743	4704
14974	魏象枢蔚州找宝		蔚县	于蔚县	程玉心	程少林	599476	624
14975	吸烟		临城县	临城县黑城村	腰保菊	刘新辉	599917	242
14976	张飞学书画		涿州市	于涿州师范	王恨庚	史简	599431	670
14977	“虎引子”		辛集市	辛集市	纪文道	尚志国	599757	2552

序号	篇名	民族	流传地区	采集地	讲述者	搜集者	数据库编号	字数
14978	屁媳妇		邢台市	邢台市	赵绣霞	吴大山	599764	1389
14979	一斗莜麦半两酒	满族	丰宁满族自治县	丰宁县四岔口乡	于海庭	毛维君	599632	469
14980	杨露禅学艺陈家沟		永年县	永年县城关镇南关街	杨老贵	张长龄	599496	2779
14981	娲皇宫的来历		涉县	峰峰矿区	申榜亭	新文	599566	1228
14982	一个谷穗		深县			康迈千	599800	2048
14983	三兄弟	朝鲜族	抚宁县	抚宁县朝鲜族村	金明花	唐家君	599725	3435
14984	巧儿		滦南县	滦南县郭董各庄	武永智	武贺民	599770	1521
14985	齐赵大战高津河		东光县	东光县任庄	任长志	高长森	599528	1713
14986	盘古造人		青县	青县大盘古村	王锡英	王汝芳	599381	827
14987	黄河和绣女		张北县	张北县	赵林玉	赫晓	599738	1330
14988	偏要贪恋一枝花	满族	平泉县	平泉县小寺沟文化站	郭洪生	李宝林	599826	810
14989	女人裹小脚的来历		丰宁满族自治县	丰宁县下庙村边福军家中	边福军	边振杰	599669	702
14990	鼓肚子城		承德市	承德市	刘全福	荣士弟	599601	1668
14991	景廷宾抗洋捐		广宗县	广宗县	赵三	郑一民	599539	1618
14992	乾隆寻父		承德市	承德市双桥区	王宏	辛静	599484	1333
14993	小麦为啥只秀一穗		隆尧县	隆尧县东庄头村	孟淑珍	宋孟寅	599395	1047
14994	日月星的来历		藁城县	藁城县耿村	王玉田	杨志忠	599390	339
14995	摘瘤子贴瘤子	朝鲜族	抚宁县	抚宁县朝鲜族村	金月香	郑庆魁、张义纯	599736	1562
14996	头发树		昌黎县	昌黎县河西张各庄村	陈刘氏	谭晓红	599731	1178
14997	大年是怎么来的		涞源县	涞源县上庄村	王成玉	贾一民	599655	663
14998	金牛驮城		邢台市	邢台县	马桃景	李建其	599598	1041
14999	巫婆看病		邯郸市	邯郸县	杜来勇	董殿新	599905	310
15000	虱子告状		藁城县	藁城县耿村	孙胜台	张彦哲、赵志勇	599689	1195
15001	做人		平泉县	平泉县杨树岭镇	王树森	田英敏、王贵儒	599912	509
15002	雁翎队打汽船		安新县	安新县政府招待所	柳泽民	张玉祥	599547	732
15003	渔童		廊坊市	安次县	王文友	张士杰	599720	3790
15004	梁山伯与祝英台		藁城县	藁城县耿村	张才才、侯果果	张彦哲	599526	4906
15005	王二小射箭		南皮县	南皮县南王庄、邢台市	许宝友、崔喜庆	周宝华、邵宗普	599817	4119
15006	分铜钱		邯郸县	邯郸县朱冀庄	谢青荣、杨汉彬		599907	305
15007	抗砘子		馆陶县	馆陶县柴卜镇茶馆	金常寿	张贵印	599896	384
15008	一家村		肥乡县	肥乡县北相公庄村	王好玉	杜学德	599454	956
15009	青蛙与公鸡		满城县	满城县	王连春	卢红卫	599890	312
15010	鸡的来历		沙河县	沙河县善下村	卢桂荣	郑海珍	599617	883

序号	篇名	民族	流传地区	采集地	讲述者	搜集者	数据库编号	字数
15011	认贼做侄儿		香河县	香河县淑阳镇西南街	周志荣	田志庆	599812	1859
15012	扁鹊拜师		柏乡县	柏乡县	白老贵	张少英	599406	1028
15013	透灵碑		内邱县	内邱县西庞村	韩庆寿	郑一民	599580	1042
15014	好难过的冷口关		青龙满族自治县	青龙县七道河乡	彭玉波	孙保学	599607	720
15015	开天辟地老君生		衡水市	衡水市文联	安广恩	孙海玉	599382	783
15016	张凤喜		邯郸市	邯郸市隆尧县牛村	刘素梅、杨子江	张文涛、杨英振	599752	4590
15017	转文的媳妇		滦平县	滦平县四道河村	张安	傅正春	599898	466
15018	燕鱼		唐海县	唐海县三农场	王玉贞	李连君	599627	1953
15019	刘墉为啥罗锅		怀来县	怀来县狼山村	卢桂荣	卢云豹	599485	554
15020	圆梦		承德市	承德县安匠乡	李景义	谢春生	599820	921
15021	桑干河		宣化县	宣化县大蟒沟村	杜秀	丁亚如	599562	900
15022	嫦娥和后羿	回族	孟村回族自治县	孟村县何吕店村	吴玉方	吴玉水	599401	1667
15023	荷叶军		安新县	安新县漾堤口村	刘夫海	赵玲艳	599549	1476
15024	关公点曹兵		邯郸市	邯郸市	宋大富	任文祥	599430	1515
15025	铁金刚	回族	孟村回族自治县	孟村县辛店乡	丁洪水	吴玉水	599543	2067
15026	抢红绫被的来历		邯郸县	邯郸县隐豹村	张秀芹	王书元	599665	1399
15027	懒丈夫		新河县	新河县望腾村	张亭荣	付瑞君	599918	286
15028	狐仙姐		南皮县	南皮县观音寺村	周立帮	周宝华	599753	2699
15029	五谷杂粮是咋来的		赵县	赵县北南冯村	杜老讲	杜海霞	599394	682
15030	穆桂英大破洪州		唐县	唐县葛公村	李富庆	齐建勋	599450	823
15031	无厌鬼求情		邯郸市	邯郸市	郭嘉熙	肖忠田	599929	455
15032	摘月亮		唐山市	唐山市开平区双桥乡双桥村	金广	刘福华	599850	614
15033	喜峰口		迁西县	迁西县	杨丰俊	潘秀华	599608	681
15034	唐知县智审奸情案		清苑县	清苑县大阳乡铸造厂	魏八子	霞光	599479	1523
15035	兄弟情深		蠡县	蠡县城关镇	张耀川	张彦祥	599810	738
15036	药州人巧对海南客		安国市	安国市东河乡	赵德祥	赵国铮	599833	2088
15037	老君炉		盐山县	盐山县千童镇	于富荣	朱彦华	599531	999
15038	严嵩算命		邢台市	邢台市马路街	吉立水	亦可	599469	828
15039	董仲舒的石像为啥在旧县村		衡水市	衡水市医院	孙彦章	傅新友	599582	637
15040	借衣裳		唐山市	开滦马家沟矿工房	张庆丰	王秀敏	599829	385
15041	张三帽子李四戴		涉县	涉县东戌村李二的家里		李亮	599709	2444
15042	王小背砖十八块			抚宁县九门口	孙潘氏	孙树峰	599606	1124

序号	篇名	民族	流传地区	采集地	讲述者	搜集者	数据库编号	字数
15043	太阳月亮和公鸡		海兴县	海兴县高湾镇	崔连起	何兴楼	599389	692
15044	冯玉祥招兵		保定市	保定市群艺馆	齐振和	石林	599506	641
15045	济公救白蛇		藁城县	藁城县耿村	张才才	时文鸽	599525	2464
15046	散财星苏百灵		任县	任县邢家湾	温春会	孙华、宋孟津	599509	3356
15047	蔺相如巧写字		峰峰矿区	武安县招待所	杨宇峰	杜学德	599416	376
15048	一石公粮		涉县	涉县招待所	司敬祥	叶蓬	599552	2122
15049	二乔考女婿		宁晋县	内邱县唐邱中学	李书欣	史凤山	599777	1702
15050	目不识丁		邢台市	邢台市郊区	赵明生	赵书伶	599915	437
15051	奇怪林		藁城县	藁城县耿村	董彦娥	杨荣国	599701	2442
15052	菊花庄借马		永年县	永年县城关镇	徐雅堂	武存直	599433	756
15053	张果老过赵州桥		赵县	赵县南寺庄村	赵二山	韩华彩	599576	991
15054	热河泉		承德市	承德市二道河子村	王冰	王舜	599564	1966
15055	郭雀儿		隆尧县	隆尧县民政局	何安民	宋孟寅	599442	446
15056	鱼为啥没有腿		赤城县	赤城县后城村	赵子英	郝云飞	599383	657
15057	张角用兵		邢台市	广宗县县城	刘正华	郝保铭	599427	1813
15058	满善人当宝		辛集市	辛集市三机厂建筑工地	纪文道	李树枫	599825	2487
15059	老鼠嫁女		涉县	涉县西戎镇	王成顺	王福榜	599690	1406
15060	卜大姐		怀安县	怀来县僧官庄村	席效禹	李志强	599544	1099
15061	柴王吃粮当兵		隆尧县	隆尧县西甫村	李墉	冯平印	599445	1279
15062	燕子李三传奇		三河县	三河县白庄村	解聪	李宝才	599507	1046
15063	许仙开药铺		藁城县	藁城县耿村	张才才	张彦哲	599524	1301
15064	摸锅找钱		行唐县	行唐县杏庵村	李殿英	李殿敏	599842	1063
15065	醉杀地头蛇		隆尧县	隆尧县民政局	何安民	宋孟寅	599443	689
15066	海母娘娘		黄骅县	黄骅海堡	王应应	周宝忠	599519	2200
15067	小偷被偷	满族	青龙满族自治县、三河县	青龙县木头橙村、廊坊市	李文芝、李秀林	杨占国、李宝才	599843	1572
15068	清水桥		涉县	涉县石泊村	何廷彦、张旺的	赵彩河	599551	1380
15069	婆媳偷吃黏糕		沧州市	沧州市大和庄	王继瑞	孙琳琳	599926	334
15070	糊涂马哈		大名县	大名县城关镇	张仁男	张好贤	599805	1442
15071	路遥知马力		清河县	清河县赵宋庄村	陈立江	赵杰	599803	2810
15072	老团		永清县	永清县南石村	姜旺发	张士杰	599540	4998
15073	狠心的老虎		邯郸县	邯郸县	梁贵珍	张文涛	599886	1149
15074	茶仙		丰宁满族自治县	丰宁县下房子村	尹自清	朱彦华	599693	2238
15075	赵云学艺		正定县	正定县北贾村	张继印	王京瑞	599432	1559

序号	篇名	民族	流传地区	采集地	讲述者	搜集者	数据库编号	字数
15076	图财丢妻		武安县	武安县上焦寺乡	王顺义	杨新民	599782	1709
15077	碾子营		辛集市	廊坊市碾子营村	李青霞	飞雁	599535	1055
15078	蛤蟆儿		涉县	李二的家里	李二的	王福榜	599705	2351
15079	仓官送米		高邑县	高邑县文化馆	赵富身	单纪兰	599471	878
15080	于三和水四		辛集市	辛集市	纪文道	冯新广	599804	1916
15081	千里姻缘烟袋牵		邢台市	邢台市中医院病房	耿贵荣	陈玉明	599809	3052
15082	咬奶头		馆陶县	馆陶县安番寨村	张金玉	张广岳	599813	703
15083	砸柿子		涞源县	涞源县	阎自喜	贾一民	599922	421
15084	许仙三放白蛇		藁城县	藁城县耿村	张才才	时文鸽	599523	1401
15085	八仙是怎样成仙的		沧州市	交河县城关	余仁	吉玉心	599515	2126
15086	撒粮拖时间		唐山市	唐山市开平区开平镇一街	夏金华	白泉	599852	1153
15087	崔先生治狐精		三河县	三河县		秦继昌	599755	2852
15088	虎守杏林		邱县	邱县香城固镇	郭兴琢	秦俊廷	599436	547
15089	一文钱难倒英雄汉		涿州市		李凤池	冀原	599448	679
15090	紫金匣		南皮县	南皮县小吴家村	夏恩青	吉玉心	599795	1843
15091	贝壳姑娘		乐亭县	乐亭县城关	赵福荣	贾传林	599700	2000
15092	张书生		卢龙县	卢龙县大刘庄	刘映秋	方耘	599910	579
15093	丁秃女		武安县	武安县野河村	吴凤琴	李富琴	599781	1161
15094	赵南星写状子		高邑县	高邑县寺家庄村	单大女	单纪兰	599472	776
15095	拒马河的来历		涞水县	涞水县石亭乡	刘德林	马荣全	599561	1025
15096	刘墉参乾隆		涿州市	涿州市高碑店	安玲	梁国民	599487	1398
15097	结婚为啥摆香斗、弓箭		青县	青县南张庄	苟淑敏	耿建华、王汝芳	599664	1224
15098	河口移尸		武强县	衡水城内宅后街	傅其秀	傅新友	599859	680
15099	山海关		秦皇岛市			尹西树	599604	2215
15100	巧灵儿		昌黎县	昌黎县泥井镇东北庄	王自祥	王恩林	599769	1074
15101	直隶总督方观承		保定市	保定市	阮焕章	刘正祥	599491	2207
15102	石金刚		南皮县	南皮县观音寺	周立堂	南舟	599557	1083
15103	塌葡萄架		涿州市	涿州市	王恨庚	杜成娴	599924	300
15104	棒槌山与蛤蟆石		承德市	承德市	王勇	王琪	599555	1002
15105	小金锁和打劫贼		平山县	平山县	李聪兰	李盘文、苏文昌	599821	1393
15106	欠打		栾城县	栾城县文化局	董海祥	郭瑞岭	599904	427
15107	健忘草		馆陶县	馆陶县南徐村	石兰岭	石芳华	599894	337
15108	龙口定江山		保定市	保定市阮焕章家中	阮焕章	刘正祥	599447	1349

序号	篇名	民族	流传地区	采集地	讲述者	搜集者	数据库编号	字数
15109	吕端以德感强人		廊坊市	廊坊市安次区北史务村	董振诚	陈国旺	599452	756
15110	哥姐庙		内邱县	内邱县紫草沟村	赵丙银	张少鹏	599399	1316
15111	狼牙山五壮士		易县		张海丰		599545	1972
15112	打锅		宁晋县	宁晋县城内解放村采录者家中		张之姮	599925	388
15113	巧案奇缘		安平县	安平县台城乡	陈万起	路金色、赵恒瑞	599787	1602
15114	支狗儿炸阎王		张北县	张北县战海乡文化站	赵谦	薛志军	599747	3313
15115	宰相的度量		廊坊市	廊坊市安次区北史务村	董振诚	陈国旺	599453	740
15116	砸尿壶		围场满族蒙古族自治县	围场县新地乡	郭志泉	朱彦华	599819	1973
15117	阳和楼		深泽县	深泽县赵庄	黎东惠	贾会彩	599573	1671
15118	擦嘴油		固安县	讲述者家中	谷云生	王秀丽	599895	374
15119	衡水老白干酒的来历		衡水市	衡水市张保顺家	张保顺	傅新友	599638	1332
15120	郭守敬量影		邢台县	邢台县郭村	郭小山	刘泽华	599461	735
15121	重修隆圣寺		隆尧县	于隆尧县山口村	韩玉印	宋孟寅	599444	1185
15122	腊八粥		保定市	保定市阮焕章家中	阮焕章	刘正祥	599661	1028
15123	乐亭皮影的由来		乐亭县、昌黎县	乐亭县文化馆、昌黎县文联办公室	刘作信、支文	何宗禹、董宝瑞	599678	1839
15124	宣化城的来历		宣化县	宣化县财神庙街	刘世增	顾建中	599600	874
15125	上梁贴红纸的来历		枣强县	枣强县张庄	冀金锋	王维佳	599670	442
15126	罗竹林栽蒜		临西县	临西县文化馆	石百奇	光之	599862	394
15127	白马河		邢台市	邢台县皇寺乡	侯忠德	关家驹	599560	1599
15128	鼓山秀才王世训		峰峰矿区	峰峰矿区庄里村	苏立新、苏希武	苏洪源	599880	1792
15129	会出盐的宝葫芦		唐海县	唐海县造纸厂	苏大光	王秀春	599724	1186
15130	高碑店豆腐丝的传说		新城县	新城县高碑店	白景清		599639	1579
15131	景州塔和老槐树		景县	景县文化馆	牟俊义	牟俊忠	599583	1424
15132	观音菩萨的来历		宽城满族自治县	宽城县乡白台子村	马春山	马文荣	599512	2398
15133	智斗荞麦皮		唐山市	唐山市开平区洼里乡古楼庄	郝俊平	白泉	599849	1579
15134	县官画虎		迁西县	迁西县偏崖子村	刘长华	刘汎涛	599844	750
15135	竹林寺的传说		冀县	冀县南良乡文化站	赵轶	雷实富	599570	2402
15136	马家老鸡铺的卤煮鸡		保定市	保定市食品公司	马学勤	刘正祥	599641	1302
15137	糖瓜黏糕祭灶		保定市	曲阳县城西乡	张玉箱	张今慧	599662	1406
15138	农夫杀牛		平泉县	平泉县朱家沟村	杜凤琴	李凤兰	599884	288

序号	篇名	民族	流传地区	采集地	讲述者	搜集者	数据库编号	字数
15139	大胳膊刘瑞挟驴闯小道		滦县	滦县吴家坎	史海	赵庆江	599866	1234
15140	门插官		内邱县	内邱县张夺村	和臻	和莲芬	599698	1602
15141	都不好过		涉县	涉县西戍村	王小三		599889	339
15142	龙虎斗		昌黎县	昌黎县苓芝顶村	龙德生	龙作奎	599881	1018
15143	陆骨平背娘		栾城县	栾城县方村	张荣	李予	599739	1490
15144	关汉卿怒写《窦娥冤》		保定市	安国市伍仁桥村	李天然	知人	599463	947
15145	哑巴娘娘救刘秀		邯郸县	邯郸县郭庄村		戴月	599424	1811
15146	老鼠为啥是十二属相头一名		深县	深县高古庄村	耿四珍	韩桂荣	599615	463
15147	大境门		张家口市	张家口东窑子乡东窑子村	史维民	孙向东	599611	897
15148	观雨泄密		赵县	赵县东封斯村	李东居	李须军	599806	1996
15149	鬼友报仇		唐山市	唐山市开平区影剧院	陈电	白泉	599744	2072
15150	野三坡		涞水县	涞水县罗古庄村	晋国亭	陈志娥	599592	603
15151	石葫芦		昌黎县	昌黎县赤洋口二村	肖良	肖沛昀	599413	952
15152	娶蛤蟆		南皮县	南皮县南王庄	许汝梅	周宝华	599692	1752
15153	双塔晴烟		涿州市	涿州城内		杜成娴	599585	839
15154	石雕艺术的来历		曲阳县	曲阳县燕赵镇	和宪宝	张锦秀	599677	1178
15155	口蘑		张家口市	张家口市	宋宪伦	于文龙	599647	957
15156	后娘枣树亲娘柳树		藁城县	藁城县耿村	侯果果	时文鸽	599629	722
15157	十三太保李存孝		宣化县	宣化县赵家窑村	顾登仕	顾建中	599441	1992
15158	找日头		武安县	武安县紫泉村、廊坊市周各庄	陈林枝、王万永	冀秀生、李宝才	599386	2049
15159	太白金星度玉皇		峰峰矿区	峰峰矿区上拔剑村	杨增芳	杨玉峰	599513	1476
15160	孝陵十八对儿	满族	遵化县	清东陵孝陵前	阎子全	徐广源	599588	1617
15161	二郎神担山赶太阳		承德市	承德市俯桥子乡	苏景芝	辛翠莲	599403	1453
15162	深州蜜桃		深县	深县北花盆村	冯藏臣	刘琦	599645	1416
15163	哭丧棒的来历		怀来县	怀来县大黄庄村	牛子鸣	赵相如	599666	698
15164	杨六郎大战祁家桥		雄县	雄县王克桥乡	李大奎	路作舟	599449	1064
15165	紫金葫芦		藁城县	藁城县耿村	崔小英	高倩	599754	1258
15166	张口成诗的媳妇	蒙古族	围场满族蒙古族自治县	围场县头道梁子村、迁西县铁门关村	刘凤英、杨富满	张广闻、杨国生	599771	2943
15167	千古奇冤武大郎		清河县	清河县赵守庄小学	武展斌	赵杰	599460	1081

民间歌谣

河北卷

民间歌谣

民间歌谣，一般指民间口头传唱的韵文体短歌。歌谣之称来自它的特殊的表现形式，又分民歌和民谣。歌、谣分称，最早见于《诗经·魏风·园有桃》章："心之忧矣，我歌且谣。"《毛诗故训传》说："曲合乐曰歌，徒歌曰谣。"现在无论合乐与否，习惯上均称之为歌谣、民间歌谣或民歌。

伴随着人类语言的形成，韵文体的歌谣先于散文体的神话传说被创作出来。这种韵律和节奏，是原始人类对现实生活的不自觉的艺术加工和再现。最早的歌谣表现形式是诗、歌、舞一体，有伴奏和无伴奏的音乐始终伴随着歌谣的发展。现在的民歌一般都以歌唱的方式展现，少数民族民歌更是如此。

源于生活的民间歌谣，内容丰富多彩。民歌的分类因标准不一，有多种分类法。一般从内容出发，结合某些特殊功能，大致分为劳动歌、仪式歌、时政歌、生活歌、情歌五类。又因服务对象的不同，还有儿歌一类。

民间歌谣的表现形式多种多样。比如句式，一般是七言体居多，也有三、四、五、六、八言等句式。就章段结构而言，四句一首的居多，也有两句一首的民歌，如陕北信天游。汉族各地流传的小调歌词，体例各有格套，如四季调为四段式，五更调为五段式，十送等为十段式，十二月调为十二段式等。民间歌谣要求押韵，如四句头的民歌，多是一、二、四句押韵。段式较长的民歌，中途也可以换韵，押头韵、押腰韵、押脚韵、押腰脚韵、腰尾韵等不一而足。

民歌在表现手法上多姿多彩。传统的手法是比兴、夸张、重叠、谐音、双关、隐语等，拟人化手法也常用于民歌中。

本《总目》收入的"民间歌谣"篇目，是该数据库一期工程录入的作品，因为数据库的检索采用关键词检索，所以在民间歌谣收入《总目》时，没有再进行二级分类，这是需要特别说明的。

（陶立璠）

序号	篇名	民族	流传地区	采集地	讲述者	搜集者	数据库编号	字数
1	毛主席是咱大救星		正定				MX001980	
2	共产党恩如山		黄骅				MX001980	
3	唱咱公社好光景		定县				MX001980	
4	学习雷锋		东光				MX001980	
5	光荣榜		乐亭				MX001980	
6	生产乐		晋县				MX001980	
7	翻身歌		武安				MX001980	
8	喜笑脸		元氏				MX001980	
9	小小灯儿		平山				MX001980	
10	选举歌		获鹿				MX001980	
11	反扫荡		肃宁				MX001980	
12	地雷谣		获鹿				MX001980	
13	埋地雷		涿县、雄县、保定				MX001980	
14	劝儿参军		丰南				MX001980	
15	买针		隆尧				MX001980	
16	民国二十六年		任县				MX001980	
17	义和拳		任县				MX001980	
18	练义和团		玉田				MX001980	
19	磨洋工		昌黎				MX001980	
20	揽長工		涿鹿				MX001980	
21	回关南		张北				MX001980	
22	水刮张家口		张家口市				MX001980	
23	赶集		滦南				MX001980	
24	背笆篓		蓟县				MX001980	
25	辘辘歌		张家口市				MX001980	
26	苦死庄稼汉		蓟县				MX001980	
27	老财就是虎狼山		蓟县				MX001980	
28	拣棉花		乐亭				MX001980	
29	山孩子		蓟县				MX001980	
30	拉骆驼		张北				MX001980	
31	媳妇走娘家		景县				MX001980	
32	爱二娃		沽泥				MX001980	
33	半斤莜面推窝窝		平山				MX001980	
34	你走哪个山梁我走沟		平山				MX001980	

序号	篇名	民族	流传地区	采集地	讲述者	搜集者	数据库编号	字数
35	大青山鸟啦啦山套山						MX001980	
36	孟姜女哭长城		晋县				MX001980	
37	梁山伯		丰南				MX001980	
38	王二姐思夫（一）		南皮				MX001980	
39	王二姐思夫（二）		南皮				MX001980	
40	王二姐思夫（三）		南皮				MX001980	
41	绣灯笼		昌黎				MX001980	
42	茉莉花		昌黎				MX001980	
43	茉莉花		南皮				MX001980	
44	剪剪刀		阜平				MX001980	
45	散花		张家口				MX001980	
46	冻冰		定县				MX001980	
47	正对花		晋县				MX001980	
48	对花		高邑				MX001980	
49	放风筝		乐亭				MX001980	
50	敲锣打鼓唱秧歌		昌黎				MX001980	
51	苦马菜开花一大团		昌黎				MX001980	
52	正月里来正月正		昌黎				MX001980	
53	割红缎		张北				MX001980	
54	大逛灯						MX001980	
55	落三嗨		东光				MX001980	
56	大咳号		东光				MX001980	
57	东方巨人			保定	王艺林		MX002531	
58	糖甜不如蜜			宁津			MX002531	
59	金龙地上游			饶阳	海涛		MX002531	
60	智慧泉			宣化			MX002531	
61	宝树扎下根			遵化			MX002531	
62	毛主席走遍全国			天津	邢序凤		MX002531	
63	金线绣字在心间			石家庄			MX002531	
64	线			天津	张渔民		MX002531	
65	手			昌黎	孙桂明		MX002531	
66	东风是福			沙河			MX002531	
67	社			邯郸	琢雕		MX002531	
68	一百里地没出家			枣鹿			MX002531	

序号	篇名	民族	流传地区	采集地	讲述者	搜集者	数据库编号	字数
69	哈哈笑			怀来			MX002531	
70	我们的手			昌黎			MX002531	
71	我爱金银花			保定			MX002531	
72	高炉暖我心				张庆英		MX002531	
73	高炉顶破天			张家口			MX002531	
74	高路好象烽火台			张家口	王柏松		MX002531	
75	领了钢帅令箭			唐山	远崇本		MX002531	
76	打铁汗			石家庄	月夜		MX002531	
77	水枪似蛟龙			唐山	线连合		MX002531	
78	电焊花			宣化	黄殷泉		MX002531	
79	雨天采石				刘玉虎		MX002531	
80	织毛呢			天津	孔庆云		MX002531	
81	两岸相对放光明			怀来	潘继武		MX002531	
82	我爱钻塔			邯郸	宇尘		MX002531	
83	蚂蚁能啃大骨头				依民		MX002531	
84	社社办工厂			东光	冯福合		MX002531	
85	车间喜事多			石家庄	金钟		MX002531	
86	砸矿石			巨鹿	孙华		MX002531	
87	栽过岭植过江			曲周	于平		MX002531	
88	喜挑一河金				曾泉星		MX002531	
89	抗旱点棉			沙河			MX002531	
90	要挑银河水				季光凡		MX002531	
91	谷穗			怀来			MX002531	
92	锅驼机冒黑烟			昌黎	苏俗		MX002531	
93	高粱长到织女家			邯郸			MX002531	
94	担粪			唐县	李月民		MX002531	
95	树荫底下歇忙人			徐水	刘小柱		MX002531	
96	雨后送棉				史明		MX002531	
97	青山绿水迎风笑			张家口	李振明		MX002531	
98	丰收车儿桥上走			宁晋	刘太然		MX002531	
99	哥哥去修渠			石家庄			MX002531	
100	耕牛与铁中			乐亭	相树人		MX002531	
101	拉回几座金银山			安国			MX002531	
102	嫂嫂修机井			昌黎	苏俗		MX002531	

序号	篇名	民族	流传地区	采集地	讲述者	搜集者	数据库编号	字数
103	过秤			肥乡	闫恭		MX002531	
104	织林衣			张家口	邸林阁		MX002531	
105	笑死俺			邯郸			MX002531	
106	荒地			石家庄	相平		MX002531	
107	水渠好似一条龙			满城			MX002531	
108	水库就是聚宝盆			张北	王国忠		MX002531	
109	开油房			保定	杨红军		MX002531	
110	挖渠道			宁津	宋云川		MX002531	
111	肩担碣石山			昌黎	马瑞=		MX002531	
112	前天夕阳下			河间			MX002531	
113	劈山迎红日			藁城	侯精		MX002531	
114	过年			=强			MX002531	
115	热汗滚成大海			天津	侯桂林		MX002531	
116	扁担			涿鹿			MX002531	
117	思想不冻地不冻			徐水			MX002531	
118	我的铁镐			东光	王中玉		MX002531	
119	山村渔家				田炜		MX002531	
120	月下挖河泥				李苏卿		MX002531	
121	剪窗花			天津	王成诲		MX002531	
122	流水渠			唐山	赵云夫		MX002531	
123	水田姑娘唱旱田歌			泊头	金浪		MX002531	
124	向天夺权			宁津	郭振岐		MX002531	
125	活不完我不走			天津	孙家住		MX002531	
126	这小伙子真棒			海河			MX002531	
127	滹沱河象烈马			石家庄			MX002531	
128	龙				王会成		MX002531	
129	学政治			石家庄	志俊、呈华		MX002531	
130	地头做课堂			定县	惠峰		MX002531	
131	写诗			丰润	张迠义		MX002531	
132	收获				李志元		MX002531	
133	售货员				王清波		MX002531	
134	又当司令又当兵			满城			MX002531	
135	我不和你呆着			高阳	半人		MX002531	
136	荷花叶				李维长		MX002531	

序号	篇名	民族	流传地区	采集地	讲述者	搜集者	数据库编号	字数
137	地头上的小戏			南宫	白开顺		MX002531	
138	搭瓜架			衡水	王永梓、石英		MX002531	
139	笑			张家口	荷华		MX002531	
140	问姑娘				孟明		MX002531	
141	旱船			冀县	李焕文		MX002531	
142	想起董存瑞			隆化			MX002531	
143	盲人也把诗来献			昌黎	孟照		MX002531	
144	县长			邢台			MX002531	
145	两张大字报			张家口	王修		MX002531	
146	人们嫌她脏			沧县	王家政		MX002531	
147	九沟十八峪			昌黎	张戈壁		MX002531	
148	拒马河				赵日升		MX002531	
149	家乡变了样			张家口	王文秀		MX002531	
150	三变			保定	肖钦鉴		MX002531	
151	塞北山歌			商都	张宏思		MX002531	
152	幸福			兴隆	刘章		MX002531	
153	十七十八爱唱歌				浪波		MX002531	
154	团泊洼			静海	田草		MX002531	
155	这间屋				孙华		MX002531	
156	草原三宝			张北	旭正		MX002531	
157	明泊洼			泊头	申伸身		MX002531	
158	感谢共产党三感谢毛主席			山海关敬老院	袁庆天	张悦	MX007815	
159	光荣榜			原乐亭艺校			MX007815	
160	十夸好姑娘			玉田县石河村	屈成	陈贵	MX007815	
161	绣家乡			玉田县	霍德忠	文刀、陈贵	MX007815	
162	新倒捲帘			玉田县枣林庄		文刀、陈贵	MX007815	
163	五字绣			玉田县大白山村	宋连山	文刀、陈贵	MX007815	
164	二姑娘拜年			玉田县大白山村	宋连山	文刀、陈贵	MX007815	
165	渔民乐			昌力县	马英俊		MX007815	
166	新四季調			秦皇岛市河东寨村	关振亭、关福天	张悦	MX007815	
167	水歌			抚宁县	崔继林、陈会	王武汉	MX007815	
168	兄妹兴夸渤海湾			丰南县黑沿子村	王淑珍	李士敏	MX007815	
169	练义和团			玉田县王莊子	张达成	陈贵、树培	MX007815	
170	磨洋工			昌黎县赤洋口	王贺仙	荣德、来雨	MX007815	

序号	篇名	民族	流传地区	采集地	讲述者	搜集者	数据库编号	字数
171	新事篇			昌黎县大浦河村	常宝涛	王来雨	MX007815	
172	剪辫放足			玉田县	王宗祥	文刀、陈贵	MX007815	
173	码头工人苦难言		秦皇岛	秦皇岛港务敬老院	常克忠、方安德等	于子渊	MX007815	
174	潘家峪			滦南县	张景华	=井芳	MX007815	
175	抗战小调			遵化县	韩文慈		MX007815	
176	打东洋保家乡			遵化县	韩文慈	常书援	MX007815	
177	妇女也抗战			昌黎县	杨贺	德昌、来雨	MX007815	
178	集家併村			迁西	刘万林、刘南久	素萍、亱雨	MX007815	
179	挖铁道			迁西县	董云兰、刘万林	素萍、亱雨	MX007815	
180	领导歌			迁西县	刘万林	素萍、亱雨	MX007815	
181	黄土坎大战			玉田县	胡玉礼、巴占元	文刀、陈贵	MX007815	
182	送哥哥上战场			遵化县	韩文慈	常书援	MX007815	
183	调军歌			迁西县	刘万林	素萍、亱雨	MX007815	
184	十二月			抚宁县	陈屏阁	向贤、文义	MX007815	
185	小五更			迁西	李业	元国、清波	MX007815	
186	劝儿参军			丰南	李忠清	侯占山	MX007815	
187	李玉兰参军			昌黎县		冯秀昌	MX007815	
188	打倒顽固头			滦南县		王逸生	MX007815	
189	十二月打老蒋			山海关回马寨村	王有金	春恒、进梦	MX007815	
190	老百姓怕“国军”			山海关回马寨村	王有金	春恒、进梦	MX007815	
191	送情郎			滦县	陈作文、陈大铁	唐向荣	MX007815	
192	放哨歌			抚宁县	王秀成	向贤	MX007815	
193	放哨			迁西县	李业	元国、清波	MX007815	
194	逃荒			滦南县	魏学中	王逸生	MX007815	
195	搭江号			秦皇岛市	袁克=	春恒	MX007815	
196	搭件号			秦皇岛市	王锡王	进梦	MX007815	
197	拉笘布号			秦皇岛市	罗荣海	进梦	MX007815	
198	道拔号子			秦皇岛市	杨福禄、耿等	张悦	MX007815	
199	拉机器号子			秦皇岛市	郑来春、刘占	张悦	MX007815	
200	挖山号			遵化县		陈维扣	MX007815	
201	赶山号					陈维扣	MX007815	
202	搬石头号				赵玉崑、王永志	常书援	MX007815	
203	九囤号			昌黎县		荣德、舜才等	MX007815	

序号	篇名	民族	流传地区	采集地	讲述者	搜集者	数据库编号	字数
204	拉大件号			昌黎县		荣德、舜才等	MX007815	
205	哈蟆号			昌黎县	马五林	荣德、舜才等	MX007815	
206	抬木料			滦县	王金友、开余等	石玉琢	MX007815	
207	抬木料（二）						MX007815	
208	拉大件			滦县	王金友、开余等	石玉琢	MX007815	
209	打夯歌			抚宁县	张吉新	王铭	MX007815	
210	夯歌			遵化县	官占奎、冯林等	田〓厚、常书援	MX007815	
211	姐妹号			滦县	陈大铭	〓向荣	MX007815	
212	打椿号子			滦南县	王〓祥	王逸生	MX007815	
213	打夯歌			玉田县			MX007815	
214	打夯歌			玉田县			MX007815	
215	打望卧			玉田县观风堆村	齐亚东	陈贵	MX007815	
216	打镩号			玉田县观风堆村	齐亚东	陈贵	MX007816	
217	鹰不落			玉田县观风堆村	齐亚东、齐玉广	文刀、陈贵	MX007815	
218	丰南县渔民号子			丰南县			MX007815	
219	秦皇岛市赤土大队渔民号子			秦皇岛			MX007815	
220	秦皇岛市单庄大队渔民号子			秦皇岛			MX007815	
221	秦皇岛市刘庄大队流纲号子			秦皇岛			MX007815	
222	昌黎县渔民号子			昌黎县			MX007815	
223	滦南县渔民号子						MX007815	
224	拣棉花			乐亭县	张晓〓		MX007815	
225	拣棉花				李风翠	王玉珍、〓守成	MX007815	
226	拣棉花			昌黎县大蒲河村	曹玉俭	刘荣德	MX007815	
227	摇辘〓歌			秦皇岛市草厂村	李玉兰	王玉珍、张悦	MX007815	
228	庄稼能人			山海关青石沟村	苑林	常一、春恒	MX007815	
229	苛牙鬼傕活			遵化县	唐永才	王俊臣、常书援	MX007815	
230	长工苦			滦南县	肖凤义	申毓德	MX007815	
231	诉苦歌			迁西县	佟国芳	宿雨、荣坤	MX007815	
232	织布			昌黎县	马庆〓	赵舜才	MX007815	
233	寡妇难			唐山市	孙风岗	叶广启	MX007815	
234	老八谱			秦皇岛市面付店村	云保五	小九	MX007815	

序号	篇名	民族	流传地区	采集地	讲述者	搜集者	数据库编号	字数
235	小寡妇观灯			遵化县	孙朝明	张宝山、王俊臣	MX007815	
236	扫边关			玉田县	〓惠广	张〓〓、张树培	MX007815	
237	尼姑下山			玉田县	张志、屈成等	文刀、陳貴	MX007815	
238	正采茶			昌黎县大蒲河村	〓玉俭	刘德昌、刘烨	MX007815	
239	倒采茶			昌黎县			MX007815	
240	采茶			昌黎县大蒲河村	唐玉俭	刘荣德	MX007815	
241	采茶			昌黎县赤洋口村	李占鳌	刘〓	MX007815	
242	正月里来正月正			昌黎县	李志香	荣德、元平	MX007815	
243	天上梭勒儿			昌黎县	東腾远、张〓青	荣德、宋元平	MX007815	
244	苦马菜开花一大团			昌黎县	赵老〓	荣德、宋元平	MX007815	
245	猜花			玉田县刘钦〓〓	〓惠广	张春〓	MX007815	
246	十对花			抚宁县	郭鹏	马彦	MX007815	
247	正对花			昌黎县大蒲河村	唐玉俭	刘德昌、刘烨	MX007815	
248	反对花			昌黎县大蒲河村	唐玉俭	刘德昌、刘烨	MX007815	
249	小放风筝			乐亭县大罗荘	向在田	何宗禹	MX007815	
250	放风筝			乐亭县	王文昌	苏本仁	MX007815	
251	放风筝			滦县	黄万	杜文英	MX007815	
252	婆媳顶嘴			昌黎县大蒲河村	唐玉俭	舜才、王杰〓	MX007815	
253	赶集			滦南县	孙福清	王逸生	MX007815	
254	绣风绫			迁西县	吴〓〓、王玉林	王金铭、陈艳云	MX007815	
255	夸北京			滦县	刘湘林	石玉琢、曹景芳	MX007815	
256	茉莉花			滦县	刘湘林	〓景芳、石玉琢	MX007815	
257	卖丝绒			抚宁			MX007815	
258	〓鹦鹉			滦南县	张文才、孙福清	申立德、曹景芳	MX007815	
259	卖扁食			遵化县	陈树林	吴继忠、常收援	MX007815	
260	绣兜兜			滦南县	杜和义	王逸生	MX007815	
261	绣兰衫			迁安县	刘〓德	王金〓、李〓民	MX007815	
262	拣棉花			抚宁县范庄	汤执中	王武汉	MX007815	
263	绣耳〓			昌黎县	常宝青	来雨、荣德	MX007815	
264	茉莉花			昌黎县大蒲河村	唐玉俭	刘荣德	MX007815	
265	小放羊			滦县	吴交	吴克义	MX007815	
266	张生游寺			滦县	刘相林	石玉琢、曹景芳	MX007815	
267	合钵			芦龙县	〓永珍	〓连书、刘俭	MX007815	
268	红月娥做梦			昌力县大蒲河村	唐玉俭	荣德、来雨	MX007815	

序号	篇名	民族	流传地区	采集地	讲述者	搜集者	数据库编号	字数
269	梁山伯			丰南县杨英庄	张春山	郭乃安、孙〓兰	MX007815	
270	蒲莲车			玉田县	张连〓		MX007815	
271	梁山伯下山			滦县		杜文英	MX007815	
272	绣灯笼			昌黎县大蒲河村	唐立俭	德昌、刘烨	MX007815	
273	秧歌调			滦县	刘〓林	曹景芳、石玉琢	MX007815	
274	十二棵树开花			迁安县	王玉林、王永丰	王金铭、陈艳云	MX007815	
275	小大姐			抚宁县	蔡培元	于剑萍、张治水	MX007815	
276	绣滑拉			滦县	刘湘林	石玉琢、曹景芳	MX007815	
277	大实话				林福	王〓仁	MX007815	
278	小大姐做梦			抚宁县	东培元	张治水、于剑萍	MX007815	
279	小小鲤鱼			山海关	张永成		MX007815	
280	划拳歌			迁西县	赵永顺	宿雨	MX007815	
281	小小门楼			山海关青石沟村	苑林	〓恒、常毅	MX007815	
282	拿蝎子			玉田县	蔡福顺	文刀、陈贵	MX007815	
283	卖药糖			滦县	李子龙	石玉琢、曹景芳	MX007815	
284	卖针调			昌黎县	〓明山	来雨、荣德等	MX007815	
285	卖香面调			昌黎县	尹太	荣德、元平	MX007815	
286	卖香面调(二)			昌黎县	尹太	荣德、元平	MX007815	
287	卖香面调(三)			昌黎县	尹太	荣德、元平	MX007815	
288	卖饭调			昌黎县		兆来、采雨	MX007815	
289	卖饭调(二)			昌黎县		兆来、采雨	MX007815	
290	卖裤子调			昌黎县	郭維新	王来雨	MX007815	
291	卖笊篱调			山海关城关	沈铁城	张悦	MX007815	
292	卖杂碎调			山海关城关	沈铁城	张悦	MX007815	
293	白糖果灌馅糖			山海关城关	沈铁城	张悦	MX007815	
294	卖豆腐			山海关城关	沈铁城	张悦	MX007815	
295	卖酸枣			山海关城关	沈铁城	张悦	MX007815	
296	卖西瓜			抚宁县	于剑萍	杨向贤	MX007815	
297	磨刀子抢剪子			抚宁县		向贤	MX007815	
298	舵手歌				辛庆儒		MX007807	
299	全靠总路线				葛俊杰		MX007807	
300	全凭党的好领导				安松立		MX007807	
301	妇女得解放				藏五堂		MX007807	
302	幸福全靠共产党				陈文科		MX007807	

序号	篇名	民族	流传地区	采集地	讲述者	搜集者	数据库编号	字数
303	只因咱是公社人				刘桂芝		MX007807	
304	人民公社好				沈荣璋		MX007807	
305	公社就是〓				邵〓芬		MX007807	
306	食堂好			礼泉小学			MX007807	
307	乐陶陶				邬山玉		MX007807	
308	大娘				段玉琴		MX007807	
309	大娘（二）						MX007807	
310	无比的干劲				贾润莫		MX007807	
311	社会主义好处多				李〓梭		MX007807	
312	人心颗颗向着党				张月山		MX007807	
313	幸福哪里来				马兆芳		MX007807	
314	歌颂毛主席				仁厚镇		MX007807	
315	永远不忘共产党				邸金占		MX007807	
316	不进厨房有饭吃				王连雨		MX007807	
317	歌颂共产党				于守信		MX007807	
318	想起党来心里暖				谷临水		MX007807	
319	党的光芒照四方				赵进才		MX007807	
320	红太阳				陈铁英		MX007807	
321	公社的好处说不清				陈英杰		MX007807	
322	劳动添女将				左秀莲		MX007807	
323	人民公社是支花				董士国		MX007807	
324	不靠神要靠党				陈清富		MX007807	
325	七不对				邸金占		MX007807	
326	歌唱总路线				葛东运		MX007807	
327	百花开心间				赵永生		MX007807	
328	实话				武国振		MX007807	
329	实话（二）				武国振		MX007807	
330	实话（三）				武国振		MX007807	
331	千〓归一灶				安金池		MX007807	
332	人民公社好				李忠斌		MX007807	
333	公社莫是好				刘明存		MX007807	
334	心想再活八十年				任保花		MX007807	
335	豪光万丈映九天				宋金柱		MX007807	
336	公社带了幸福来				张茹英		MX007807	

序号	篇名	民族	流传地区	采集地	讲述者	搜集者	数据库编号	字数
337	人民公社通天堂				〓老永		MX007807	
338	老人学唱歌				〓洪民		MX007807	
339	公社像鲜花				张贵池		MX007807	
340	幸福花开万年春						MX007807	
341	共产党来				崔霄汗		MX007807	
342	自从入了敬老院				良旗		MX007807	
343	总路线是幸福泉				杨〓章		MX007807	
344	人民公社好				沈荣璋		MX007807	
345	社会主义是枝花				小特		MX007807	
346	缝纫机				王惠芳		MX007807	
347	儿女不累娘				王耀贤		MX007807	
348	山歌						MX007807	
349	省心啦				张焕姑		MX007807	
350	矿工心				吕哲		MX007807	
351	挖黑金				赵登增		MX007807	
352	寒冬筑路				甄玛子		MX007807	
353	不断革命				水泥工人		MX007807	
354	自作的				张文喜		MX007807	
355	三种宝				张文喜		MX007807	
356	两大元帅齐升帐				徐庆华		MX007807	
357	夜光明				刘玉林		MX007807	
358	共产主义早来到				徐庆华		MX007807	
359	抛下老牛跨骏马				杨振法		MX007807	
360	闹双革				于润锁		MX007807	
361	昔日与今天				李全昌		MX007807	
362	我们工人真热闹				李英立		MX007807	
363	幸福哥儿永不完				康桂书		MX007807	
364	钢铁花开遍城乡				徐庆华		MX007807	
365	铁水出炉海难容				徐庆华		MX007807	
366	明日楼房高				佘福绿		MX007807	
367	人造纤维板				梁景王		MX007807	
368	解放思想				夏振胜		MX007807	
369	大搞革新				夏振胜		MX007807	
370	钢铁颂				弓人		MX007807	

序号	篇名	民族	流传地区	采集地	讲述者	搜集者	数据库编号	字数
371	建高炉				继云		MX007807	
372	钢铁颂				杨欣		MX007807	
373	跃进歌				弓人		MX007807	
374	钢铁贵重如金银				贾明印		MX007807	
375	超英赶美立奇功				谭秀珍		MX007807	
376	嫦娥想〓乡				李胜有		MX007807	
377	砸滚珠				魏国臣		MX007807	
378	炉旁歌声				田子斐		MX007807	
379	开矿				弓人		MX007807	
380	夜战				弓人		MX007807	
381	喜报				弓人		MX007807	
382	滚珠子				贾振英		MX007807	
383	跃进之歌				郭俊生		MX007807	
384	鼓足干劲，力争上游				王士祥		MX007807	
385	水车唱歌变了腔				刘改玲		MX007807	
386	高山无路有人开				何文奎		MX007807	
387	青出于蓝胜于蓝				崔霄汗		MX007807	
388	工人〓八仙				董〓国		MX007807	
389	铁				杨志卿		MX007807	
390	晚景				张金波		MX007807	
391	夜战				王静波		MX007807	
392	办工厂				陈丕谡		MX007807	
393	还是铁堆高				王美恋		MX007807	
394	矿夜				康俊峰		MX007807	
395	赞高昌				牛犇		MX007807	
396	出发歌				弓人		MX007807	
397	割草				张香珍		MX007807	
398	只怪哥哥走得慢				曹志峰		MX007807	
399	丰收歌				邸月忠		MX007807	
400	丰产棉				范森林		MX007807	
401	棉花有多高				贺英		MX007807	
402	丰收				刘洪军		MX007807	
403	不离田间				张毅杰		MX007807	
404	抢种				史同立		MX007807	

序号	篇名	民族	流传地区	采集地	讲述者	搜集者	数据库编号	字数
405	夜战				贾永昌		MX007807	
406	谷垛				崔福		MX007807	
407	大丰产				陈金秀		MX007807	
408	梯田播种				史同勋		MX007807	
409	丰收谣				史同勋		MX007807	
410	梯田曲				云山		MX007807	
411	担粪歌				常启光		MX007807	
412	插秧歌				弓人		MX007807	
413	锄地歌				弓人		MX007807	
414	工业农业齐跃进				杨增祥		MX007807	
415	造山神				屈金榜		MX007807	
416	石头沟				赵云山		MX007807	
417	拾粪				刘通		MX007807	
418	翻地				王绪增		MX007807	
419	登卫星发射台				叶蓬		MX007807	
420	丰产它占先				康秀端		MX007807	
421	积肥送粪				王春光		MX007807	
422	粪筐上的诗				张世荣		MX007807	
423	大白菜				刘满玉		MX007807	
424	母猪王				王增山		MX007807	
425	出门揹粪筐				邸灵珍		MX007807	
426	甘薯插秧				陈淑贤		MX007807	
427	摘棉花				李坤贞		MX007807	
428	担粪				张惠英		MX007807	
429	胖娃娃				崔荣来		MX007807	
430	唐县的山药				崔爱仙		MX007807	
431	小麦王				刘建英		MX007807	
432	浇麦				张银坤		MX007807	
433	白面馒头堆山峰				王国深		MX007807	
434	拾枣儿				马宝山		MX007807	
435	抗旱				任双乐		MX007807	
436	锄麦				王日杨		MX007807	
437	追肥				吴大女		MX007807	
438	夜战				安福生		MX007807	

序号	篇名	民族	流传地区	采集地	讲述者	搜集者	数据库编号	字数
439	浇麦				安松林		MX007807	
440	送粪姑娘				李月民		MX007807	
441	粮棉撑破仓				张翠玲		MX007807	
442	送粪姑娘						MX007807	
443	熏肥谣				左正官		MX007807	
444	四看				刘重新		MX007807	
445	刨地				李树林		MX007807	
446	大战葫芦山				杨增祥		MX007807	
447	丰收曲						MX007807	
448	夜浇麦				蒋墨斋		MX007807	
449	熏肥				姚增运		MX007807	
450	干劲				景		MX007807	
451	种麦				弓人		MX007807	
452	玉米王				贾国栋		MX007807	
453	闹哄哄				尹仁杰		MX007807	
454	猪成群			古洞村			MX007807	
455	一块田				王日杨		MX007807	
456	难坏了小画=				高彦匣		MX007807	
457	丰产田				阎万忠		MX007807	
458	播种				李秀云		MX007807	
459	养猪谣						MX007807	
460	担粪						MX007807	
461	谱成万年青				刘玉臣		MX007807	
462	旱魔投了降				黄国臣		MX007807	
463	降水龙				向秋水		MX007807	
464	干				孙记林		MX007807	
465	凭双手				刘玉辰		MX007807	
466	夜修渠				史同勋		MX007807	
467	筑坝修库				党军英		MX007807	
468	干劲			白合公社			MX007807	
469	扁担和英雄				李玉福		MX007807	
470	环山渠				张振		MX007807	
471	老天把戏没几套				赵建平		MX007807	
472	唐河大桥						MX007807	

序号	篇名	民族	流传地区	采集地	讲述者	搜集者	数据库编号	字数
473	唐河渼渠歌声多				魏大禄		MX007807	
474	干劲大				李双月		MX007807	
475	抗旱				孟裕民		MX007807	
476	水渠				温德法		MX007807	
477	鱼鳞坑				张好勇、任玉=		MX007807	
478	挖环山渠				孙占林		MX007807	
479	大战卧佛山				陈森		MX007807	
480	披绿衫				郭占洞		MX007807	
481	花果香			一中			MX007807	
482	种树			望中			MX007807	
483	车水				孙占林		MX007807	
484	改造山河						MX007807	
485	荒山要变花果园				薛玉=		MX007807	
486	高昌风光				陈进生		MX007807	
487	筑坝				史同勋		MX007807	
488	咱们比着长				葛敬桐		MX007807	
489	引水上山				李胜军		MX007807	
490	唐河水				王淑英		MX007807	
491	绿化				王尚文		MX007807	
492	引水歌				弓人		MX007807	
493	开荒歌				弓人		MX007807	
494	冬夜开渠歌				李坤贞、孙胜锁		MX007807	
495	神仙給人烧高香				天剑		MX007807	
496	开渠歌				弓人		MX007807	
497	干				李凤林		MX007807	
498	神仙难比社员				黄文学		MX007807	
499	修水库				徐云好		MX007807	
500	凿泉歌				弓人		MX007807	
501	修水库						MX007807	
502	气死龙王						MX007807	
503	唐河颂				王德臣		MX007807	
504	移山歌				弓人		MX007807	
505	造海歌				弓人		MX007807	
506	相爱歌				弓人		MX007807	

序号	篇名	民族	流传地区	采集地	讲述者	搜集者	数据库编号	字数
507	山乡春景				潘清水		MX007807	
508	剪枝歌				弓人		MX007807	
509	苹果歌				弓人		MX007807	
510	老母山				李腾宵		MX007807	
511	通天河岸艳阳天				李〓红		MX007807	
512	歌唱日花山				陈青梅		MX007807	
513	小铁锤				水库民工		MX007807	
514	唱到高山高山倒				水库民工		MX007807	
515	修水库为造福				〓续荣		MX007807	
516	不靠天下雨				张玉梅		MX007807	
517	青壮年志气高				史之林		MX007807	
518	打钢钎				孙金国		MX007807	
519	挖河				朱		MX007807	
520	寒风刮来不收兵				刘瑞琴		MX007807	
521	修水库						MX007807	
522	叫你听人的话				熊臭旦		MX007807	
523	人力定能胜过天				申改立		MX007807	
524	歌唱修水库						MX007807	
525	比英雄			大洋水库			MX007807	
526	大洋水库红旗飘				马银全		MX007807	
527	唐河水				王志君		MX007807	
528	青虚山				李胜军		MX007807	
529	宁死不收兵				北罗乡民工		MX007807	
530	人胜龙			北关小学			MX007807	
531	唐河今昔				张占东		MX007807	
532	人民的				〓斗子		MX007807	
533	决不落后当狗熊						MX007807	
534	叙情				水库民工		MX007807	
535	禹王哪比共产党				水库民工		MX007807	
536	打夯				弓人		MX007807	
537	锥井队						MX007807	
538	旱地变水田				冯友芬		MX007807	
539	山河变了样				姚占芬		MX007807	
540	机井				宋锦		MX007807	

序号	篇名	民族	流传地区	采集地	讲述者	搜集者	数据库编号	字数
541	水库颂				柴根〓		MX007807	
542	唐县人				丙寅		MX007807	
543	唐县城			仁厚镇			MX007807	
544	人民力量大无穷				孔祥洲		MX007807	
545	八干加红专				崔宏瑞		MX007807	
546	配合歌				弓人		MX007807	
547	唐县颂				全友		MX007807	
548	文盲帽				安兰翠		MX007807	
549	赞工农写作				吕冠春		MX007807	
550	庄〓丰收诗歌多				陈昔谦		MX007807	
551	文艺创作展有感			仁厚镇	杜韵之		MX007807	
552	诗、歌、画				张世荣		MX007807	
553	〓诗会即兴献诗				叶蓬		MX007807	
554	诗文画				陈琳		MX007807	
555	王大妈当作〓				登岳		MX007807	
556	学文化				贾素改		MX007807	
557	农民变成大学生				赵进科		MX007807	
558	歌颂卫生建设				张渭〓		MX007807	
559	妈妈的心				刘明存		MX007807	
560	小菊当上女民兵				刘毅		MX007807	
561	应征				祥初		MX007807	
562	劳武結合				刘振夫		MX007807	
563	卫星和“山药蛋”				髙全录		MX007807	
564	美帝害了怕				叶美才		MX007807	
565	人造卫星飞上天				祖福长		MX007807	
566	院长下病房				徐世英		MX007807	
567	大跃进				赵振杰		MX007807	
568	志气				陈泰山		MX007807	
569	东风				王万义		MX007807	
570	和平力量天天上升				王学林		MX007807	
571	美国鬼别猖狂				〓占起		MX007807	
572	东风压倒西风				臧殿臣		MX007807	
573	姐姐背了枪				高深		MX007807	
574	诗风大起				王万义		MX007807	

序号	篇名	民族	流传地区	采集地	讲述者	搜集者	数据库编号	字数
575	今朝工农胜李白				张喜才		MX007807	
576	工农是诗人				张小乐		MX007807	
577	唐县				陈国印		MX007807	
578	新春之夜				陈仲选		MX007807	
579	毛主席是咱大救星		正定				MX007812	
580	毛主席好比红太阳		尚义				MX007812	
581	毛主席是咱大恩人		丰宁				MX007812	
582	感谢共产党		秦皇岛				MX007812	
583	北京	蒙古族	平泉				MX007812	
584	朵朵葵花向太阳		平泉				MX007812	
585	翻身不忘共产党		深县				MX007812	
586	陕北有个红太阳		丰宁				MX007812	
587	共产党恩如山		黄骅				MX007812	
588	三面红旗迎东风		隆尧				MX007812	
589	抗洪夯号		东光				MX007812	
590	剁板歌		白洋淀				MX007812	
591	抗洪夯号		东光				MX007812	
592	抗洪夯号		东光				MX007812	
593	学习雷锋		东光				MX007812	
594	起车号子		易县				MX007812	
595	对花号子		易县				MX007812	
596	拉车号子		易县				MX007812	
597	于桥水库打硪歌		蓟县				MX007812	
598	打夯歌		完县				MX007812	
599	搬运号子		天津				MX007812	
600	挠秧号子		天津				MX007812	
601	辘辘歌		抚宁				MX007812	
602	光荣榜		乐亭				MX007812	
603	唱咱公社好光景		定县				MX007812	
604	四季歌		盐山				MX007812	
605	绣家乡		深源				MX007812	
606	欢送义务兵		丰宁				MX007812	
607	农业战线添人才		晋县				MX007812	
608	四季歌		张北				MX007812	

序号	篇名	民族	流传地区	采集地	讲述者	搜集者	数据库编号	字数
609	十二月歌唱合作社		昌力				MX007812	
610	爱二娃		沽源				MX007812	
611	送哥哥进城		南皮				MX007812	
612	上夜校		定县				MX007812	
613	大军南下		永年				MX007812	
614	歌唱土地法		涉县				MX007812	
615	军民团结一条心		深泽				MX007812	
616	斗地主		青龙				MX007812	
617	献花		北中				MX007812	
618	十二月		天津				MX007812	
619	对十		丰宁				MX007812	
620	开荒		北县				MX007812	
621	收回土地理应当		深泽				MX007812	
622	放下锄头=起枪		蓟县				MX007812	
623	春风吹过暖洋洋		遵化				MX007812	
624	拥军模范赵顺		张家口				MX007812	
625	生产乐		晋县				MX007812	
626	王大嫂纺棉花		曲阳				MX007812	
627	劝懒汉		元氏				MX007812	
628	开会歌		涞源				MX007812	
629	蒋介石坏心肠		河间				MX007812	
630	妇女解放歌		阜城				MX007812	
631	抓兵		张北				MX007812	
632	穷人难		赞皇				MX007812	
633	蒋介石，我一脚跺死你		阜平				MX007812	
634	揽长工		涿鹿				MX007812	
635	逃荒		张北				MX007812	
636	卖针		隆尧				MX007812	
637	八路军小唱		深县				MX007812	
638	麻雀战		深县				MX007812	
639	好八路		北中				MX007812	
640	爆炸英雄李成山		涞源				MX007812	
641	战斗歌		涿鹿				MX007812	
642	丈夫参军我光荣		曲阳				MX007812	

序号	篇名	民族	流传地区	采集地	讲述者	搜集者	数据库编号	字数
643	打保运船		白洋淀				MX007812	
644	反扫荡		肃宁				MX007812	
645	槐树开花		张家口				MX007812	
646	埋地雷		涿县、保定雄县				MX007812	
647	破坏汽车道		三河				MX007812	
648	渔和水		盐山				MX007812	
649	夜摸营		三河				MX007812	
650	作军娃		涉县				MX007812	
651	歌唱第五区小队		藁城				MX007812	
652	坚决报名去当兵		深县				MX007812	
653	去当兵		定县				MX007812	
654	纺织歌		武安				MX007812	
655	小小灯儿		丰宁、宁津、平山				MX007812	
656	李玉兰劝夫参军		昌黎				MX007812	
657	劝儿参军		丰南				MX007812	
658	十杯茶		丰宁				MX007812	
659	拥军公约		获鹿				MX007812	
660	公审大会		定县				MX007812	
661	支前小调		涉县				MX007812	
662	三杯酒		元氏				MX007812	
663	纺棉花		景县				MX007812	
664	减租减息		武安				MX007812	
665	妈妈娘好糊涂		兴隆				MX007812	
666	劝妇女		平山				MX007812	
667	妇女解放歌		行唐、新乐				MX007812	
668	女子参军		景县				MX007812	
669	庆新年		临城				MX007812	
670	骂康正生		阜平				MX007812	
671	纪念“九·一八”		兴隆				MX007812	
672	喜笑脸		元氏				MX007812	
673	抗战八年		宁河				MX007812	
674	一间破草房		安平、深县				MX007812	
675	逃难		阜城				MX007812	
676	集家		兴隆				MX007812	

序号	篇名	民族	流传地区	采集地	讲述者	搜集者	数据库编号	字数
677	放哨歌		涞源				MX007812	
678	茂林惨案		获鹿				MX007812	
679	四季歌		滦县				MX007812	
680	民国三十二年		束鹿				MX007812	
681	拉洋片		定县				MX007812	
682	王家山惨案		涿鹿				MX007812	
683	保卫胜利果实		峰峰				MX007812	
684	打东洋		清苑				MX007812	
685	盘查通行证		深县				MX007812	
686	我们组织儿童团		晋县				MX007812	
687	打倒日本救国家		衡水				MX007812	
688	小警察像条狗		青龙				MX007812	
689	大柳树青又青		固安				MX007812	
690	民国二十六年		隆尧				MX007812	
691	磨洋工		昌黎				MX007812	
692	矿工苦		唐山				MX007812	
693	种洋烟		蔚县				MX007812	
694	打洋鬼子		曲阳				MX007812	
695	兴起了义和团		蓟县				MX007812	
696	练义和团		玉田				MX007812	
697	景廷宾起义		广宗				MX007812	
698	大清朝改中华		蓟县				MX007812	
699	剪辫子放足		玉田				MX007812	
700	抽洋烟		阜平				MX007812	
701	“五卅”歌谣		天津				MX007812	
702	十二月		石家庄				MX007812	
703	工会复活歌		天津				MX007812	
704	五更寒		张家口				MX007812	
705	拉大件		昌黎				MX007812	
706	入围号子		昌黎				MX007812	
707	蛤蟆韵		昌黎				MX007812	
708	扛粮包		石家庄				MX007812	
709	装卸号子		天津				MX007812	
710	装卸号子		保定				MX007812	

序号	篇名	民族	流传地区	采集地	讲述者	搜集者	数据库编号	字数
711	扛肩号子		天津				MX007812	
712	渔民号子（一）		昌黎				MX007812	
713	渔民号子（二）		昌黎				MX007812	
714	渔民号子（三）		昌黎				MX007812	
715	渔民号子（四）		昌黎				MX007812	
716	渔民号子		丰南县				MX007812	
717	寻我渔群						MX007812	
718	摇橹						MX007812	
719	起帆						MX007812	
720	拉网						MX007812	
721	流网号子		北戴河				MX007812	
722	渔民号子（一）		文安				MX007812	
723	渔民号子（二）		文安				MX007812	
724	渔民号子（三）		文安				MX007812	
725	榔头号子		坝县				MX007812	
726	搬石头		遵化				MX007812	
727	起山号子		卢龙				MX007812	
728	滑石号子		蓟县				MX007812	
729	四夯号		东光				MX007812	
730	大咳号		东光				MX007812	
731	大燕窝		东光				MX007812	
732	小咳号		东光				MX007812	
733	同接号		东光				MX007812	
734	莲花号		东光				MX007812	
735	猜花		东光				MX007812	
736	夯头		遵化				MX007812	
737	流水板		遵化				MX007812	
738	小夯歌		景县				MX007812	
739	打夯号子		天津				MX007812	
740	夯号		文安				MX007812	
741	打夯号		新乐				MX007812	
742	十三咳		蓟县				MX007812	
743	捡棉花		景县				MX007812	
744	打椿歌		北中				MX007812	

序号	篇名	民族	流传地区	采集地	讲述者	搜集者	数据库编号	字数
745	花调		天津				MX007812	
746	赵州石桥		天津				MX007812	
747	日没昆仑黑了天		天津				MX007812	
748	正月里来		天津				MX007812	
749	大三号		任邱				MX007812	
750	小三号		任邱				MX007812	
751	长工苦		滦县				MX007812	
752	长工十二月		邢台				MX007812	
753	长工忙		丰宁				MX007812	
754	都山小调		宽城				MX007812	
755	万年愁		滦县				MX007812	
756	跑关东		天津				MX007812	
757	讨饭		枣强				MX007812	
758	跑关东		丰宁				MX007812	
759	淹没天		平山				MX007812	
760	回关南		张北				MX007812	
761	水刮张家口		张家口				MX007812	
762	扣心鬼雇活		宝坻				MX007812	
763	两头愁		蓟县				MX007812	
764	庄稼能人		山海关				MX007812	
765	赶集		滦县				MX007812	
766	挑菜		阜平				MX007812	
767	纺花		永年				MX007812	
768	赶骡子		张北				MX007812	
769	拉毛驴		张北				MX007812	
770	棉花籽歌		深泽				MX007812	
771	拣棉花		乐亭				MX007812	
772	捡棉花		昌黎				MX007812	
773	摘棉花		束鹿				MX007812	
774	散花		张家口				MX007812	
775	正对花		昌黎				MX007812	
776	反对花		昌黎				MX007812	
777	正对花		晋县				MX007812	
778	反对花		晋县				MX007812	

序号	篇名	民族	流传地区	采集地	讲述者	搜集者	数据库编号	字数
779	报花名		北中				MX007812	
780	对花		肥乡				MX007812	
781	猜花		玉田				MX007812	
782	十样花		平泉				MX007812	
783	十朵花		围坊				MX007812	
784	十朵花		天津				MX007812	
785	姐妹对十花		永年				MX007812	
786	对花		赞皇				MX007812	
787	梁山伯		丰南				MX007812	
788	十里墩		张北				MX007812	
789	郎哥赶车		青龙				MX007812	
790	知心哥		滦平				MX007812	
791	探情郎		南皮				MX007812	
792	五哥放羊		蔚县				MX007812	
793	为朋友		张北				MX007812	
794	冻冰		定县				MX007812	
795	走西口		张北				MX007812	
796	送才郎		张北				MX007812	
797	蒲莲车		玉田				MX007812	
798	拉骆驼		张北				MX007812	
799	绣灯笼		昌黎				MX007812	
800	绣手巾		沧县				MX007812	
801	绣灯笼		滦平				MX007812	
802	绣纱灯		丰宁				MX007812	
803	绣荷包		天津				MX007812	
804	绣风绫		迁安				MX007812	
805	绣球莲		尚义				MX007812	
806	绣花鞋		沽源				MX007812	
807	绣针扎		丰宁				MX007812	
808	绣耳包		昌黎				MX007812	
809	十把小扇		正定				MX007812	
810	十二条手巾		涞源				MX007812	
811	织手巾		正定				MX007812	
812	十二条手巾		束鹿				MX007812	

序号	篇名	民族	流传地区	采集地	讲述者	搜集者	数据库编号	字数
813	剪剪花		阜平				MX007812	
814	画扇面		安国				MX007812	
815	画扇面		束鹿				MX007812	
816	茉莉花		南皮				MX007812	
817	茉莉花		滦县				MX007812	
818	茉莉花		昌黎				MX007812	
819	茉莉花		丰宁				MX007812	
820	放风筝		乐亭				MX007812	
821	放风筝		南皮				MX007812	
822	放风筝		张北				MX007812	
823	放风筝（二）		张北				MX007812	
824	小放风筝		乐亭				MX007812	
825	采茶歌		张北				MX007812	
826	正采茶		昌黎				MX007812	
827	倒茶歌		昌黎				MX007812	
828	采茶		昌黎				MX007812	
829	倒采茶		青龙				MX007812	
830	媳妇走娘家		景县				MX007812	
831	连成拜年		张北				MX007812	
832	小俩口拜年		张北				MX007812	
833	逛灯		抚宁				MX007812	
834	回娘家		盐山、东光				MX007812	
835	刘二姐逛灯		冀东				MX007812	
836	压糕面		张家口				MX007812	
837	探亲家		冀中				MX007812	
838	会亲家		望都				MX007812	
839	卖碗		蔚县				MX007812	
840	卖碗		张北				MX007812	
841	卖扁食		冀中				MX007812	
842	卖丝绒		抚宁				MX007812	
843	锯大缸		冀中				MX007812	
844	寡妇难		唐山				MX007812	
845	刘二寡哭夫		张家口				MX007812	
846	秋莲吊孝		平山				MX007812	

序号	篇名	民族	流传地区	采集地	讲述者	搜集者	数据库编号	字数
847	光棍思妻		平山				MX007812	
848	寡妇上坟		丰宁				MX007812	
849	光棍思妻		唐山				MX007812	
850	织布		昌黎				MX007812	
851	继母打孩子		深泽、无极				MX007812	
852	媳妇难		深泽				MX007812	
853	锄地		天津				MX007812	
854	尼姑下山		南皮				MX007812	
855	下山		张北				MX007812	
856	凤阳歌		昌黎				MX007812	
857	盐山小调		盐山				MX007812	
858	骑青牛		崇礼				MX007812	
859	算盘子		冀中				MX007812	
860	表古人		万全				MX007812	
861	大将名		蓟县				MX007812	
862	叫五更		芦合				MX007812	
863	叫五更		滦县				MX007812	
864	啰嗦五更		围圿				MX007812	
865	婆媳顶嘴		昌黎				MX007812	
866	兄妹顶嘴		冀中				MX007812	
867	顶嘴		阜平				MX007812	
868	两亲家顶嘴		天津				MX007812	
869	八棵树		张家口				MX007812	
870	十二棵树		涿鹿				MX007812	
871	十二棵树		承德				MX007812	
872	十二棵树开花		迁安				MX007812	
873	莱段		博野				MX007812	
874	小俩口抬水		天津				MX007812	
875	拐小磨		任县				MX007812	
876	撒荞麦		丰宁				MX007812	
877	庄户人种地		涿鹿				MX007812	
878	小小门楼		山海关				MX007812	
879	赶毛妒		徐水				MX007812	
880	急坏了小媳妇		蓟县				MX007812	

序号	篇名	民族	流传地区	采集地	讲述者	搜集者	数据库编号	字数
881	大实话		望都				MX007812	
882	大实话		新乐				MX007812	
883	小女婿		定县				MX007812	
884	小大姐		抚宁				MX007812	
885	瞎子算卜		新城				MX007812	
886	巧瓦匠逗趣		炯贤				MX007812	
887	数雀		交河				MX007812	
888	麻雀打食		天津				MX007812	
889	说鸟		尚义				MX007812	
890	孟姜女哭长城		晋县				MX007812	
891	王二姐思夫		南皮				MX007812	
892	王二姐思夫（二）		南皮				MX007812	
893	王二姐思夫（三）		南皮				MX007812	
894	合钵		昌黎				MX007812	
895	瞎子算命		定县				MX007812	
896	拐磨子		天津				MX007812	
897	对花		高邑				MX007812	
898	相思谱		石家庄				MX007812	
899	腊梅花		井陉				MX007812	
900	打花鼓		涞源				MX007812	
901	送煎饼		望都				MX007812	
902	送煎饼（二）		望都				MX007812	
903	送煎饼（三）		望都				MX007812	
904	十个子		南皮				MX007812	
905	大逛灯		景县				MX007812	
906	十个字		沧州				MX007812	
907	绣荷包		大名				MX007812	
908	撒金扇		完县				MX007812	
909	秧歌调		深泽				MX007812	
910	打花棍		宁河				MX007812	
911	荅树名		天津				MX007812	
912	十二月		邢台				MX007812	
913	太平鼓		涞水				MX007812	
914	四月八		邢台				MX007812	

序号	篇名	民族	流传地区	采集地	讲述者	搜集者	数据库编号	字数
915	小车会		涞水				MX007812	
916	早船调		大名				MX007812	
917	什不闻		北中				MX007812	
918	樱桃好吃树难栽		大名				MX007812	
919	闺女上轿		新乐				MX007812	
920	推＝碡		宁河				MX007812	
921	绣手绢		沧县				MX007812	
922	道情		北南				MX007812	
923	四六句		青龙				MX007812	
924	敲锣打鼓唱秧歌		昌黎				MX007812	
925	苦马菜开花一大团		昌黎				MX007812	
926	正月里来正月正		昌黎				MX007812	
927	苦死庄稼汉		蓟县				MX007812	
928	打得虎狼滚下山		蓟县				MX007812	
929	山孩子		蓟县				MX007812	
930	背笆篓		蓟县				MX007812	
931	大青山鸟啦啦山套山		沽源				MX007812	
932	摘樱桃		涞源				MX007812	
933	寻下妹子我		井陉				MX007812	
934	放牛		张家口				MX007812	
935	拉骆驼		丰宁				MX007812	
936	放牛歌		涞源				MX007812	
937	你走哪个山梁我走沟		平山				MX007812	
938	梳油头		井陉				MX007812	
939	樱桃好吃树难栽		平山				MX007812	
940	半斤莜面		张家口				MX007812	
941	半斤莜面推窝窝		平山				MX007812	
942	半斤莜面		丰宁				MX007812	
943	南山坡高来北山坡低		尚义				MX007812	
944	烂席片		沽源				MX007812	
945	烂席片		张家口				MX007812	
946	爬山调		张家口				MX007812	
947	爬山调		张北				MX007812	
948	烂席片		丰宁				MX007812	

序号	篇名	民族	流传地区	采集地	讲述者	搜集者	数据库编号	字数
949	小放牛		北中				MX007812	
950	小白菜		北中				MX007812	
951	没娘的孩子		北南				MX007812	
952	小白菜		北中				MX007812	
953	打灯笼		石家庄				MX007812	
954	串亲戚		邢台				MX007812	
955	打哑谜		广宗				MX007812	
956	地得多、地得少		固安				MX007812	
957	儿歌		深泽				MX007812	
958	踏=歌		肃宁				MX007812	
959	辘=歌		张家口				MX007812	
960	摇辘=歌		秦皇岛				MX007812	
961	辘=歌		丰宁				MX007812	
962	数蛋歌		张家口				MX007812	
963	打=黄		张家口				MX007812	
964	哭调		固安				MX007812	
965	数九九		承德县				MX007812	
966	八卦拳之歌		天津				MX007812	
967	哭坟		束鹿				MX007812	
968	打更		井陉				MX007812	
969	卖香面调		昌黎				MX007812	
970	卖香面调（二）		昌黎				MX007812	
971	卖香面调（三）		昌黎				MX007812	
972	卖药糖		昌黎				MX007812	
973	卖针调		昌黎				MX007812	
974	卖西瓜		张家口				MX007812	
975	卖估衣		昌黎				MX007812	
976	卖杏		深泽				MX007812	
977	卢构桥事变		邯市				MX007813	
978	石雷歌		涉县				MX007813	
979	麻雀战		涉县				MX007813	
980	月儿弯弯月儿长		涉县武安				MX007813	
981	缝棉衣		涉县				MX007813	
982	纳鞋帮		涉县				MX007813	

序号	篇名	民族	流传地区	采集地	讲述者	搜集者	数据库编号	字数
983	七杯茶		涉县				MX007813	
984	夜摸鬼子枪		涉县				MX007813	
985	送郎参军		武安				MX007813	
986	小妹妹参军		广平				MX007813	
987	八路军是救命星		武安				MX007813	
988	八路军真是苦		大名				MX007813	
989	反对法西斯		武安				MX007813	
990	十二月		大名				MX007813	
991	奋战歌		武安				MX007813	
992	拔钉子		大名				MX007813	
993	劝抗日		大名				MX007813	
994	解放元村集		魏县				MX007813	
995	劝反正		大名				MX007813	
996	反正歌		大名				MX007813	
997	群众翻身歌		武安				MX007813	
998	减租减息歌		武安				MX007813	
999	减租减息		武安				MX007813	
1000	太行山互助组歌		武安				MX007813	
1001	支前小调		涉县				MX007813	
1002	纺织歌		武安				MX007813	
1003	妇女纺织歌		武安				MX007813	
1004	自来梭		涉县				MX007813	
1005	穷少年真可怜		魏县				MX007813	
1006	花鼓十个月		魏县				MX007813	
1007	反劝买卖婚姻		涉县、邯郸市				MX007813	
1008	童谣军歌		邯市峰峰				MX007813	
1009	我们都是儿童团		武安				MX007813	
1010	大军南下		永年				MX007813	
1011	打临洺关		永年				MX007813	
1012	秋风吹		永年				MX007813	
1013	咱们忘不了八路军		磁县				MX007813	
1014	毛主席像太阳		成安				MX007813	
1015	新小放牛		武安				MX007813	
1016	歌唱土地法		涉县				MX007813	

序号	篇名	民族	流传地区	采集地	讲述者	搜集者	数据库编号	字数
1017	实行耕者有其田		广平				MX007813	
1018	翻身歌		武安				MX007813	
1019	揭疙痂		大名				MX007813	
1020	劝懒汉		大名				MX007813	
1021	梨花白桃花江		魏县				MX007813	
1022	骂蒋介石		魏县				MX007813	
1023	搬运号子		邯郸市				MX007813	
1024	搬运号子		磁县				MX007813	
1025	十对花		武安、永年				MX007813	
1026	十对花		大名				MX007813	
1027	对花		肥乡				MX007813	
1028	樱桃好吃树难栽		大名				MX007813	
1029	樱桃好吃树难栽		成安				MX007813	
1030	剪剪花		大名				MX007813	
1031	英雄自叹		大名				MX007813	
1032	绣荷包		大名				MX007813	
1033	绣荷包		永年				MX007813	
1034	四季相思		成安				MX007813	
1035	放风筝		大名				MX007813	
1036	放风筝		永年				MX007813	
1037	放风筝		邯市				MX007813	
1038	放风筝		临漳				MX007813	
1039	姐妹对十花		永年、鸡泽、曲周一带乡间				MX007813	
1040	十二月古人名		鸡泽				MX007813	
1041	小尼姑哭寺		邯市峰峰、临漳				MX007813	
1042	观灯		永年				MX007813	
1043	上庙		永年				MX007813	
1044	耍高=		永年				MX007813	
1045	哭诗篇		曲周				MX007813	
1046	纺花歌		永年				MX007813	
1047	劝丈夫		大名				MX007813	
1048	妹与情郎一条心		邯郸市峰峰				MX007813	
1049	贤良嫂		鸡泽				MX007813	

序号	篇名	民族	流传地区	采集地	讲述者	搜集者	数据库编号	字数
1050	姑娘表		临漳				MX007813	
1051	十把扇		永年				MX007813	
1052	十把扇		邯郸县				MX007813	
1053	十把扇		磁县				MX007813	
1054	腊梅花		涉县				MX007813	
1055	腊梅花		邯郸县				MX007813	
1056	打秋千		邯郸县				MX007813	
1057	十杯酒		邯郸县				MX007813	
1058	哭五更		邯郸县				MX007813	
1059	下河调		邯郸县				MX007813	
1060	梨树开花一片白		邯郸县				MX007813	
1061	画庙堂		磁县				MX007813	
1062	王大娘说媒		磁县				MX007813	
1063	度林英		磁县				MX007813	
1064	十二月乱串		涉县				MX007813	
1065	四季娃子		涉县				MX007813	
1066	秧歌调		大名				MX007813	
1067	四句腔		魏县				MX007813	
1068	十条毛巾		大名				MX007813	
1069	十条毛巾		涉县				MX007813	
1070	姐弟俩		大名				MX007813	
1071	金鸡落户凤凰山						MX006885	
1072	新矿春曲						MX006885	
1073	山泉						MX006885	
1074	铁树开花						MX006885	
1075	八棵青松						MX006885	
1076	致鼓楼						MX006885	
1077	卫生队工人之歌						MX006885	
1078	泉边						MX006885	
1079	小河						MX006885	
1080	金色的湖						MX006885	
1081	枣红马好了						MX006885	
1082	故乡						MX006885	
1083	叫我怎么不爱她						MX006885	

序号	篇名	民族	流传地区	采集地	讲述者	搜集者	数据库编号	字数
1084	烛儿点起满房红						MX006885	
1085	一颗红心为着党						MX006885	
1086	两只手		河北				MX006858	
1087	农夫赞		河北				MX006858	
1088	七十二行庄稼为强		河北				MX006858	
1089	燕山歌		河北				MX006858	
1090	一车粪肥一车敢		河北				MX006858	
1091	眨眼搬走两座山		河北				MX006858	
1092	水田姑娘唱旱田歌		河北				MX006858	
1093	井台上		河北				MX006858	
1094	搭瓜架		河北				MX006858	
1095	五土谣		河北				MX006858	
1096	掏粪谣		河北				MX006858	
1097	春耕曲		河北				MX006858	
1098	锄头上边看年成		河北				MX006858	
1099	放秋垄		河北				MX006858	
1100	辘轳歌		河北				MX006858	
1101	丰收谣		河北				MX006858	
1102	打场歌		河北				MX006858	
1103	摘棉花		河北				MX006858	
1104	摘花椒		河北				MX006858	
1105	采药歌		河北				MX006858	
1106	四季歌		河北				MX006858	
1107	塞北二十四节气歌		河北				MX006858	
1108	二十四节气农忙歌		河北				MX006858	
1109	二十四节气农活歌		河北				MX006858	
1110	二十四节令歌		河北				MX006858	
1111	十二月天气生产歌		河北				MX006858	
1112	十二月菜农歌		河北				MX006858	
1113	十二月忙歌		河北				MX006858	
1114	新九九歌		河北				MX006858	
1115	渔家忙		河北				MX006858	
1116	鱼汛歌		河北				MX006858	
1117	湖来抬岸浪如山		河北				MX006858	

序号	篇名	民族	流传地区	采集地	讲述者	搜集者	数据库编号	字数
1118	拾小潮		河北				MX006858	
1119	牧马歌		河北				MX006858	
1120	牧羊歌		河北				MX006858	
1121	相牛谣		河北				MX006858	
1122	狩猎		河北				MX006858	
1123	打野兔谣		河北				MX006858	
1124	狩猎谣		河北				MX006858	
1125	摧橹歌		河北				MX006858	
1126	纤夫曲		河北				MX006858	
1127	运河拉船号子		河北				MX006858	
1128	打戗号子		河北				MX006858	
1129	打夯歌		河北				MX006858	
1130	打夯歌（二）		河北				MX006858	
1131	打夯歌（三）		河北				MX006858	
1132	打夯歌（四）		河北				MX006858	
1133	百花名		河北				MX006858	
1134	戏牡丹		河北				MX006858	
1135	砸夯歌		河北				MX006858	
1136	夯歌		河北				MX006858	
1137	夯房基歌		河北				MX006858	
1138	盖房夯歌		河北				MX006858	
1139	打夯歌		河北				MX006858	
1140	纺织歌		河北				MX006858	
1141	纺织歌（二）		河北				MX006858	
1142	纺织歌（三）		河北				MX006858	
1143	纺棉花		河北				MX006858	
1144	织女歌		河北				MX006858	
1145	织布歌		河北				MX006858	
1146	织布歌（二）		河北				MX006858	
1147	织手巾		河北				MX006858	
1148	织手巾（二）		河北				MX006858	
1149	绣针扎		河北				MX006858	
1150	绣家乡		河北				MX006858	
1151	拉大筐		河北				MX006858	

序号	篇名	民族	流传地区	采集地	讲述者	搜集者	数据库编号	字数
1152	闹煤海		河北				MX006858	
1153	水枪头上夺煤炭		河北				MX006858	
1154	眨眼开出一条道		河北				MX006858	
1155	打铁汉		河北				MX006858	
1156	钻工之歌		河北				MX006858	
1157	砸矿石		河北				MX006858	
1158	三匠歌		河北				MX006858	
1159	凿木歌		河北				MX006858	
1160	木匠尺寸歌		河北				MX006858	
1161	打铁歌		河北				MX006858	
1162	小瓦刀		河北				MX006858	
1163	盖房歌		河北				MX006858	
1164	调脊歌		河北				MX006858	
1165	捶房歌		河北				MX006858	
1166	小锯匠		河北				MX006858	
1167	拧蒲团		河北				MX006858	
1168	制毡歌		河北				MX006858	
1169	剃头歌		河北				MX006858	
1170	屠宰歌		河北				MX006858	
1171	货郎担儿		河北				MX006858	
1172	货郎歌		河北				MX006858	
1173	卖针谣		河北				MX006858	
1174	卖钢针		河北				MX006858	
1175	扯布头		河北				MX006858	
1176	卖画歌		河北				MX006858	
1177	卖年画		河北				MX006858	
1178	卖饺子		河北				MX006858	
1179	卖饺子		河北				MX006858	
1180	卖扁食		河北				MX006858	
1181	跑堂谣		河北				MX006858	
1182	卖鼠药歌		河北				MX006858	
1183	卖水银渣		河北				MX006858	
1184	调料十三香歌		河北				MX006858	
1185	香料歌		河北				MX006858	

序号	篇名	民族	流传地区	采集地	讲述者	搜集者	数据库编号	字数
1186	麝香歌		河北				MX006858	
1187	调料歌		河北				MX006858	
1188	山奈歌		河北				MX006858	
1189	小茴香歌		河北				MX006858	
1190	肉桂歌		河北				MX006858	
1191	咱是主人翁		河北				MX006858	
1192	今天才知社是家		河北				MX006858	
1193	机器合唱到天明		河北				MX006858	
1194	树荫底下歇忙人		河北				MX006858	
1195	也要大胆写诗篇		河北				MX006858	
1196	山村渔家		河北				MX006858	
1197	渠水围村转		河北				MX006858	
1198	拒马河，靠山坡		河北				MX006858	
1199	衣食住		河北				MX006858	
1200	好吃不过家常饭		河北				MX006858	
1201	要条件		河北				MX006858	
1202	二板女		河北				MX006858	
1203	新事要新办		河北				MX006858	
1204	谁欺老婆谁倒霉		河北				MX006858	
1205	小茶碗里外花		河北				MX006858	
1206	山药稠了不结蛋		河北				MX006858	
1207	哭坟谣		河北				MX006858	
1208	选职业		河北				MX006858	
1209	经商歌		河北				MX006858	
1210	放风筝		河北				MX006858	
1211	二毛荣		河北				MX006858	
1212	渔民乐		河北				MX006858	
1213	农家乐		河北				MX006858	
1214	穷人		河北				MX006858	
1215	黎民苦		河北				MX006858	
1216	叹不平		河北				MX006858	
1217	不平谣		河北				MX006858	
1218	年年不好过		河北				MX006858	
1219	逃荒谣		河北				MX006858	

序号	篇名	民族	流传地区	采集地	讲述者	搜集者	数据库编号	字数
1220	躲债谣		河北				MX006858	
1221	欠债谣		河北				MX006858	
1222	初一露面去拜年		河北				MX006858	
1223	旧社会农民十二月		河北				MX006858	
1224	种田真是难		河北				MX006858	
1225	百姓流血汗		河北				MX006858	
1226	青石头青		河北				MX006858	
1227	交皇贡		河北				MX006858	
1228	阿超谣		河北				MX006858	
1229	都山小调		河北				MX006858	
1230	交租粮		河北				MX006858	
1231	租种两亩田		河北				MX006858	
1232	长工苦		河北				MX006858	
1233	长工歌		河北				MX006858	
1234	长工谣		河北				MX006858	
1235	进了地主门		河北				MX006858	
1236	短工谣		河北				MX006858	
1237	短工谣（二）		河北				MX006858	
1238	扛活人今昔		河北				MX006858	
1239	泥瓦匠真是苦		河北				MX006858	
1240	轧花难		河北				MX006858	
1241	渔民苦		河北				MX006858	
1242	渔民难		河北				MX006858	
1243	窑工苦		河北				MX006858	
1244	矿工谣		河北				MX006858	
1245	一条人命四十元		河北				MX006858	
1246	受伤一脚踢		河北				MX006858	
1247	下窑		河北				MX006858	
1248	窑工十二月叹		河北				MX006858	
1249	铁矿工人十二月		河北				MX006858	
1250	矿工血泪流成河		河北				MX006858	
1251	大兴发同阎王殿		河北				MX006858	
1252	矿工苦水流		河北				MX006858	
1253	最苦数童工		河北				MX006858	

序号	篇名	民族	流传地区	采集地	讲述者	搜集者	数据库编号	字数
1254	学徒苦		河北				MX006858	
1255	童工十二月叹		河北				MX006858	
1256	梅香实难当		河北				MX006858	
1257	萁萁菜		河北				MX006858	
1258	要饭歌		河北				MX006858	
1259	要饭歌（二）		河北				MX006858	
1260	乞丐祝福歌		河北				MX006858	
1261	养济院花子谣		河北				MX006858	
1262	妇女诉苦		河北				MX006858	
1263	妇女苦		河北				MX006858	
1264	妓女悲愁		河北				MX006858	
1265	烟花女思乡		河北				MX006858	
1266	妓女告状		河北				MX006858	
1267	鹦歌苦		河北				MX006858	
1268	姑娘十大想		河北				MX006858	
1269	姑娘十二恨		河北				MX006858	
1270	埋怨娘		河北				MX006858	
1271	闺女长到十八九		河北				MX006858	
1272	招郎进家养爹妈		河北				MX006858	
1273	孝姑娘		河北				MX006858	
1274	这趟娘家没白来		河北				MX006858	
1275	娘家东西不发家		河北				MX006858	
1276	新媳妇走娘家		河北				MX006858	
1277	回娘家		河北				MX006858	
1278	回娘家（二）		河北				MX006858	
1279	回娘家（三）		河北				MX006858	
1280	新媳妇委屈多		河北				MX006858	
1281	新媳妇怕过冬		河北				MX006858	
1282	红小鞋		河北				MX006858	
1283	石头蛋儿		河北				MX006858	
1284	我在婆家难出头		河北				MX006858	
1285	受气的媳妇		河北				MX006858	
1286	小二姐搬轧车		河北				MX006858	
1287	媳妇冤屈诉不完		河北				MX006858	

序号	篇名	民族	流传地区	采集地	讲述者	搜集者	数据库编号	字数
1288	儿媳是婆婆眼中的酸枣刺儿		河北				MX006858	
1289	公婆不如爹娘亲		河北				MX006858	
1290	看见婆家村		河北				MX006858	
1291	宁死不回俺婆家		河北				MX006858	
1292	石榴树		河北				MX006858	
1293	花椒树		河北				MX006858	
1294	豆角儿		河北				MX006858	
1295	婆媳论嫁妆		河北				MX006858	
1296	瞌睡神		河北				MX006858	
1297	这时不俏啥时俏		河北				MX006858	
1298	姜姜死了俺当家		河北				MX006858	
1299	千年道走成河		河北				MX006858	
1300	我也用它打婆婆		河北				MX006858	
1301	俺是嫂嫂的起粪杈		河北				MX006858	
1302	姑嫂斗嘴		河北				MX006858	
1303	小姑不贤良		河北				MX006858	
1304	小姑似虎狼		河北				MX006858	
1305	下小雪，打滑叉		河北				MX006858	
1306	羊个豆两豆掐		河北				MX006858	
1307	俺上南庄看俺娘		河北				MX006858	
1308	山丁子树开白花		河北				MX006858	
1309	陪姑娘		河北				MX006858	
1310	小枣树叶叶多		河北				MX006858	
1311	叔嫂对话		河北				MX006858	
1312	小葫芦		河北				MX006858	
1313	贤良嫂		河北				MX006858	
1314	小姑贤		河北				MX006858	
1315	白头到老歌		河北				MX006858	
1316	闺女疼的是女婿		河北				MX006858	
1317	论亲还是结发妻		河北				MX006858	
1318	小两口拜年		河北				MX006858	
1319	小两口拜年（二）		河北				MX006858	
1320	苣苣菜		河北				MX006858	

序号	篇名	民族	流传地区	采集地	讲述者	搜集者	数据库编号	字数
1321	劝丈母		河北				MX006858	
1322	小两口争灯		河北				MX006858	
1323	小两口打架不记仇		河北				MX006858	
1324	你往天津我下卫		河北				MX006858	
1325	孩子醒了我哄着		河北				MX006858	
1326	小两口摸纸牌		河北				MX006858	
1327	哄妻子		河北				MX006858	
1328	妻盼郎		河北				MX006858	
1329	小麻雀		河北				MX006858	
1330	白大姐做裤子		河北				MX006858	
1331	月亮地儿		河北				MX006858	
1332	白张罗		河北				MX006858	
1333	四无难		河北				MX006858	
1334	无儿难		河北				MX006858	
1335	老母搬家		河北				MX006858	
1336	儿子分家		河北				MX006858	
1337	老来难		河北				MX006858	
1338	老来福		河北				MX006858	
1339	小白菜		河北				MX006858	
1340	小白菜（二）		河北				MX006858	
1341	小白菜（三）		河北				MX006858	
1342	小兰花		河北				MX006858	
1343	棉花桃儿滴溜溜		河北				MX006858	
1344	石榴花		河北				MX006858	
1345	苦五更		河北				MX006858	
1346	夸后娘		河北				MX006858	
1347	童养媳		河北				MX006858	
1348	童养媳（二）		河北				MX006858	
1349	童养媳（三）		河北				MX006858	
1350	童养媳（四）		河北				MX006858	
1351	十八岁的媳妇周岁的郎		河北				MX006858	
1352	十八岁的媳妇三岁的郎		河北				MX006858	
1353	小女婿尿床		河北				MX006858	
1354	小女婿尿床（二）		河北				MX006858	

序号	篇名	民族	流传地区	采集地	讲述者	搜集者	数据库编号	字数
1355	小女婿拾水		河北				MX006858	
1356	小女婿拾水		河北				MX006858	
1357	活人睡在死人边		河北				MX006858	
1358	等到花开叶已黄		河北				MX006858	
1359	老子不死你敢嫁谁		河北				MX006858	
1360	说媒		河北				MX006858	
1361	姑娘怨		河北				MX006858	
1362	恨说媒		河北				MX006858	
1363	骂媒人		河北				MX006858	
1364	骂媒人（二）		河北				MX006858	
1365	光棍难		河北				MX006858	
1366	光棍苦		河北				MX006858	
1367	光棍愁		河北				MX006858	
1368	光棍哭妻		河北				MX006858	
1369	光棍哭妻（二）		河北				MX006858	
1370	光棍哭妻（三）		河北				MX006858	
1371	寡妇难		河北				MX006858	
1372	寡妇难（二）		河北				MX006858	
1373	寡妇难（三）		河北				MX006858	
1374	寡妇愁		河北				MX006858	
1375	寡妇愁（二）		河北				MX006858	
1376	寡妇愁（三）		河北				MX006858	
1377	小寡妇上坟		河北				MX006858	
1378	小寡妇上坟（二）		河北				MX006858	
1379	小寡妇哭夫		河北				MX006858	
1380	小寡妇哭夫(二)		河北				MX006858	
1381	小寡妇骂天		河北				MX006858	
1382	柳叶青		河北				MX006858	
1383	没有汉们怎么睡		河北				MX006858	
1384	再嫁		河北				MX006858	
1385	改嫁		河北				MX006858	
1386	十劝人		河北				MX006858	
1387	十劝歌		河北				MX006858	
1388	十大劝		河北				MX006858	

序号	篇名	民族	流传地区	采集地	讲述者	搜集者	数据库编号	字数
1389	讲心		河北				MX006858	
1390	劝人知足歌		河北				MX006858	
1391	劝孝歌		河北				MX006858	
1392	劝孝歌（二）		河北				MX006858	
1393	劝孝歌（三）		河北				MX006858	
1394	敬老歌		河北				MX006858	
1395	女儿行孝		河北				MX006858	
1396	绝不忘记老人家		河北				MX006858	
1397	麻野鹊		河北				MX006858	
1398	不孝子		河北				MX006858	
1399	喜鹊尾巴长		河北				MX006858	
1400	麻雀谣		河北				MX006858	
1401	思五更		河北				MX006858	
1402	劝女歌		河北				MX006858	
1403	媳妇不比闺女样		河北				MX006858	
1404	老太太教姑娘		河北				MX006858	
1405	劝夫歌		河北				MX006858	
1406	劝懒歌		河北				MX006858	
1407	酒色财气歌		河北				MX006858	
1408	戒赌歌		河北				MX006858	
1409	生活经		河北				MX006858	
1410	吃穿全靠两只手		河北				MX006858	
1411	财神不进懒汉家		河北				MX006858	
1412	男勤女也勤		河北				MX006858	
1413	勤劳节俭庆有余		河北				MX006858	
1414	积少成多谣		河北				MX006858	
1415	看时辰谣		河北				MX006858	
1416	观时辰歌		河北				MX006858	
1417	十二月气温歌		河北				MX006858	
1418	食疗谣		河北				MX006858	
1419	吃谣		河北				MX006858	
1420	练身歌		河北				MX006858	
1421	健身谣		河北				MX006858	
1422	“清”字长寿歌		河北				MX006858	

序号	篇名	民族	流传地区	采集地	讲述者	搜集者	数据库编号	字数
1423	河北名胜		河北				MX006858	
1424	承德八大处		河北				MX006858	
1425	棒槌峰		河北				MX006858	
1426	地名谣		河北				MX006858	
1427	地方风情歌		河北				MX006858	
1428	风情谣		河北				MX006858	
1429	凤山八景		河北				MX006858	
1430	榆树林子区四景		河北				MX006858	
1431	青龙处处好风光		河北				MX006858	
1432	木兰围场十大景		河北				MX006858	
1433	四季都有秋		河北				MX006858	
1434	名声在外		河北				MX006858	
1435	十大名食品		河北				MX006858	
1436	蔚县是个好地方		河北				MX006858	
1437	大旗杆		河北				MX006858	
1438	拍拍屁股上阁去		河北				MX006858	
1439	沧州狮子定州塔		河北				MX006858	
1440	鹿泉风光		河北				MX006858	
1441	好山好水样样全		河北				MX006858	
1442	顺德府名胜歌		河北				MX006858	
1443	邢台市四景		河北				MX006858	
1444	隆尧风物		河北				MX006858	
1445	柏乡城，修的鲜		河北				MX006858	
1446	喝了桃城酒		河北				MX006858	
1447	衡水老白干		河北				MX006858	
1448	冀州谣		河北				MX006858	
1449	吹韩旺		河北				MX006858	
1450	夸邯郸		河北				MX006858	
1451	滏河谣		河北				MX006858	
1452	物产歌		河北				MX006858	
1453	磁州窑歌		河北				MX006858	
1454	衙门口儿朝南开		河北				MX006858	
1455	衙门口儿朝南开（二）		河北				MX006858	
1456	有理无钱少进来		河北				MX006858	

序号	篇名	民族	流传地区	采集地	讲述者	搜集者	数据库编号	字数
1457	遭殃军		河北				MX006858	
1458	中央军“三不”		河北				MX006858	
1459	中央军两杆枪		河北				MX006858	
1460	乌七八糟大杂烩		河北				MX006858	
1461	骂汉奸		河北				MX006858	
1462	巡警狗		河北				MX006858	
1463	喊破嗓子敲破钟		河北				MX006858	
1464	大锅饭		河北				MX006858	
1465	生产大糊弄		河北				MX006858	
1466	糊里糊涂说不赖		河北				MX006858	
1467	开会		河北				MX006858	
1468	乌龟王八完蛋了		河北				MX006858	
1469	铁饭碗干部		河北				MX006858	
1470	世上官多不办公		河北				MX006858	
1471	某官长的“群众观点”		河北				MX006858	
1472	有了成绩自吹		河北				MX006858	
1473	“圈圈”干部		河北				MX006858	
1474	头头多了难干活		河北				MX006858	
1475	干的和看的		河北				MX006858	
1476	放“卫星”		河北				MX006858	
1477	两三歌		河北				MX006858	
1478	研究歌		河北				MX006858	
1479	酒杯一端		河北				MX006858	
1480	电衙门		河北				MX006858	
1481	公章与老乡		河北				MX006858	
1482	五等人		河北				MX006858	
1483	农村三等人		河北				MX006858	
1484	十等人		河北				MX006858	
1485	十种人		河北				MX006858	
1486	小孩不离娘		河北				MX006858	
1487	共产党恩如山		河北				MX006858	
1488	有党领导甜万年		河北				MX006858	
1489	糖甜不如蜜		河北				MX006858	
1490	天大地大不如党的恩情大		河北				MX006858	

序号	篇名	民族	流传地区	采集地	讲述者	搜集者	数据库编号	字数
1491	太阳的光芒万万丈		河北				MX006858	
1492	毛主席是咱的大救星		河北				MX006858	
1493	主席走遍全国		河北				MX006858	
1494	喝水不忘打井人		河北				MX006858	
1495	老百姓拥护毛泽东		河北				MX006858	
1496	渔民笑		河北				MX006858	
1497	国家兴旺全靠党		河北				MX006858	
1498	人人心向毛泽东		河北				MX006858	
1499	回民离不开党		河北				MX006858	
1500	朵朵葵花向太阳		河北				MX006858	
1501	只有跟着共产党		河北				MX006858	
1502	满淀荷花向太阳		河北				MX006858	
1503	渔民永远跟着党		河北				MX006858	
1504	淀里红莲根最深		河北				MX006858	
1505	各族人民一条心		河北				MX006858	
1506	全国人民永远跟着共产党		河北				MX006858	
1507	社会主义开花结果		河北				MX006858	
1508	一只篮		河北				MX006858	
1509	乡长画图在高山		河北				MX006858	
1510	又当司令又当兵		河北				MX006858	
1511	有了泥土好垒墙		河北				MX006858	
1512	改革开放遍地春		河北				MX006858	
1513	联产如联心		河北				MX006858	
1514	四头八节		河北				MX006858	
1515	八节来历		河北				MX006858	
1516	三节谣		河北				MX006858	
1517	时令歌		河北				MX006858	
1518	年底忙		河北				MX006858	
1519	过年歌		河北				MX006858	
1520	秧歌拜年唱词		河北				MX006858	
1521	正月十五耍灯		河北				MX006858	
1522	闹元宵		河北				MX006858	
1523	闹花灯		河北				MX006858	
1524	姐儿逛灯		河北				MX006858	

序号	篇名	民族	流传地区	采集地	讲述者	搜集者	数据库编号	字数
1525	姑娘观灯		河北				MX006858	
1526	灯官道四句		河北				MX006858	
1527	下亲歌		河北				MX006858	
1528	下轿撒草料歌		河北				MX006858	
1529	娶媳妇喜歌		河北				MX006858	
1530	拜堂歌		河北				MX006858	
1531	拜堂		河北				MX006858	
1532	结婚喜歌		河北				MX006858	
1533	娶亲贺喜歌		河北				MX006858	
1534	结婚仪式歌		河北				MX006858	
1535	揭蒙头歌		河北				MX006858	
1536	婚礼仪式歌		河北				MX006858	
1537	洞房祝愿歌		河北				MX006858	
1538	交杯酒歌		河北				MX006858	
1539	交心酒歌		河北				MX006858	
1540	洞房花烛歌		河北				MX006858	
1541	结婚仪式歌		河北				MX006858	
1542	洒床歌		河北				MX006858	
1543	洞房铺炕		河北				MX006858	
1544	铺炕歌		河北				MX006858	
1545	令子		河北				MX006858	
1546	合婚属相歌		河北				MX006858	
1547	开光喜歌		河北				MX006858	
1548	灵前喜歌		河北				MX006858	
1549	念丧歌		河北				MX006858	
1550	哀歌		河北				MX006858	
1551	吊丧歌		河北				MX006858	
1552	吊孝		河北				MX006858	
1553	吊唁歌		河北				MX006858	
1554	悼灵		河北				MX006858	
1555	丧歌		河北				MX006858	
1556	哭爹娘		河北				MX006858	
1557	上梁歌		河北				MX006858	
1558	上梁歌（二）		河北				MX006858	

序号	篇名	民族	流传地区	采集地	讲述者	搜集者	数据库编号	字数
1559	上梁歌（三）		河北				MX006858	
1560	上梁喜歌		河北				MX006858	
1561	贺盖新房		河北				MX006858	
1562	祭天爷		河北				MX006858	
1563	一个饺子两头弯		河北				MX006858	
1564	敬天		河北				MX006858	
1565	祭灶歌		河北				MX006858	
1566	祭灶歌（二）		河北				MX006858	
1567	糖瓜祭灶，新年来到		河北				MX006858	
1568	拜庙歌		河北				MX006858	
1569	扫庙堂歌		河北				MX006858	
1570	祭戏台歌		河北				MX006858	
1571	求雨歌		河北				MX006858	
1572	扫扫炕底就下雨		河北				MX006858	
1573	打打打，狮子头		河北				MX006858	
1574	跳神歌		河北				MX006858	
1575	跳神歌（二）		河北				MX006858	
1576	送神歌		河北				MX006858	
1577	驱鬼歌		河北				MX006858	
1578	天皇皇，地皇皇		河北				MX006858	
1579	叫魂		河北				MX006858	
1580	天地经		河北				MX006858	
1581	太阳经		河北				MX006858	
1582	拜佛		河北				MX006858	
1583	祝酒歌		河北				MX006858	
1584	酒令歌		河北				MX006858	
1585	酒令歌（二）		河北				MX006858	
1586	划拳歌		河北				MX006858	
1587	“字”酒令		河北				MX006858	
1588	山歌打动姐的心		河北				MX006858	
1589	你走路，俺过桥		河北				MX006858	
1590	妹妹有句知心话		河北				MX006858	
1591	好家闺女提蒜苔		河北				MX006858	
1592	手提花篮撒白菜		河北				MX006858	

序号	篇名	民族	流传地区	采集地	讲述者	搜集者	数据库编号	字数
1593	骂货郎		河北				MX006858	
1594	打秋千		河北				MX006858	
1595	唱个小曲试妹心		河北				MX006858	
1596	哪怕人头就落地		河北				MX006858	
1597	魂灵儿扑在你身上		河北				MX006858	
1598	宁死不把哥哥丢		河北				MX006858	
1599	河水长流心常念		河北				MX006858	
1600	早晚我到你的家		河北				MX006858	
1601	相好到白头		河北				MX006858	
1602	生不丢来死不丢		河北				MX006858	
1603	妹是花树郎是根		河北				MX006858	
1604	相好靠情不在钱		河北				MX006858	
1605	妹妹不嫌哥家穷		河北				MX006858	
1606	你要去，我就缠		河北				MX006858	
1607	不信等不来		河北				MX006858	
1608	豁上性命和你交		河北				MX006858	
1609	和哥死活不离分		河北				MX006858	
1610	玉妹和郎君		河北				MX006858	
1611	你走山梁我走沟		河北				MX006858	
1612	姑娘有个心上人		河北				MX006858	
1613	妹妹缠的是情人		河北				MX006858	
1614	郎望妹来妹望郎		河北				MX006858	
1615	妹行夜路为情郎		河北				MX006858	
1616	你才是哥哥的命根根		河北				MX006858	
1617	听见哥哥大路唱		河北				MX006858	
1618	又怕乡亲闲话多		河北				MX006858	
1619	想你		河北				MX006858	
1620	盼情妹		河北				MX006858	
1621	想情郎		河北				MX006858	
1622	想情郎（二）		河北				MX006858	
1623	小五更		河北				MX006858	
1624	五更调		河北				MX006858	
1625	新五更		河北				MX006858	
1626	郎来黄连苦也甜		河北				MX006858	

序号	篇名	民族	流传地区	采集地	讲述者	搜集者	数据库编号	字数
1627	梦春哥		河北				MX006858	
1628	盼到小年起五更		河北				MX006858	
1629	盼郎归		河北				MX006858	
1630	思郎谣		河北				MX006858	
1631	扎荷包		河北				MX006858	
1632	东山哥		河北				MX006858	
1633	山里情歌		河北				MX006858	
1634	轻轻叫郎晚上来		河北				MX006858	
1635	情哥哥深更你别来		河北				MX006858	
1636	半斤莜面推窝窝		河北				MX006858	
1637	妹给哥擦汗		河北				MX006858	
1638	采莲船		河北				MX006858	
1639	梨儿不要提		河北				MX006858	
1640	真想长翅飞上天		河北				MX006858	
1641	我说郎君倒痴心		河北				MX006858	
1642	大姐爱我我爱她		河北				MX006858	
1643	五更情歌		河北				MX006858	
1644	小五更		河北				MX006858	
1645	盼六更		河北				MX006858	
1646	小二姐看灯		河北				MX006858	
1647	十杯酒		河北				MX006858	
1648	四辈儿杠长工		河北				MX006858	
1649	崔哥上工		河北				MX006858	
1650	五更鼓		河北				MX006858	
1651	睡觉吧，娘		河北				MX006858	
1652	探情郎		河北				MX006858	
1653	看情郎		河北				MX006858	
1654	探妹		河北				MX006858	
1655	送情郎		河北				MX006858	
1656	送郎歌		河北				MX006858	
1657	送郎歌		河北				MX006858	
1658	送情哥		河北				MX006858	
1659	出门歌		河北				MX006858	
1660	走西口		河北				MX006858	

序号	篇名	民族	流传地区	采集地	讲述者	搜集者	数据库编号	字数
1661	十指连心咋离开		河北				MX006858	
1662	滚箭坡		河北				MX006858	
1663	三国五更		河北				MX006858	
1664	三国叹十声		河北				MX006858	
1665	夸俺正定赵子龙		河北				MX006858	
1666	三国战将		河北				MX006858	
1667	隋炀帝下杨州		河北				MX006858	
1668	魏征劝德歌		河北				MX006858	
1669	魏征拒礼		河北				MX006858	
1670	口吃腌蒜想魏征		河北				MX006858	
1671	嘉靖六年大水淹		河北				MX006858	
1672	盼闯王		河北				MX006858	
1673	闯王强似爹和娘		河北				MX006858	
1674	迎闯王		河北				MX006858	
1675	赶快变个天		河北				MX006858	
1676	幸得“天军”来		河北				MX006858	
1677	财主一见就发慌		河北				MX006858	
1678	民国十二大改良		河北				MX006858	
1679	三皇姑出家		河北				MX006858	
1680	唐僧取经		河北				MX006858	
1681	孟姜女哭长城（一）		河北				MX006858	
1682	孟姜女哭长城（二）		河北				MX006858	
1683	梁山伯与祝英台		河北				MX006858	
1684	梁山伯下山		河北				MX006858	
1685	祝九红攻书		河北				MX006858	
1686	白娘子怨		河北				MX006858	
1687	茉莉花		河北				MX006858	
1688	星星歌		河北				MX006858	
1689	小放牛		河北				MX006858	
1690	八仙拜寿		河北				MX006858	
1691	韩湘子度林英		河北				MX006858	
1692	韩湘子讨封		河北				MX006858	
1693	吕洞宾抓药		河北				MX006858	
1694	刘伶醉酒		河北				MX006858	

序号	篇名	民族	流传地区	采集地	讲述者	搜集者	数据库编号	字数
1695	撒白菜		河北				MX006858	
1696	龙女传		河北				MX006858	
1697	劈山救母		河北				MX006858	
1698	王祥卧冰		河北				MX006858	
1699	小檀香哭瓜		河北				MX006858	
1700	画扇面		河北				MX006858	
1701	巧媳妇擀面唱古人		河北				MX006858	
1702	一面红		河北				MX006858	
1703	一面黑		河北				MX006858	
1704	脸谱歌		河北				MX006858	
1705	十二棵树		河北				MX006858	
1706	十把伞		河北				MX006858	
1707	绣荷包		河北				MX006858	
1708	绣灯笼		河北				MX006858	
1709	绣戏出儿		河北				MX006858	
1710	黎民百姓不安然		河北				MX006858	
1711	洋人到中国		河北				MX006858	
1712	洋人比那虎狼狠		河北				MX006858	
1713	洋毛子传教		河北				MX006858	
1714	洋教士修教堂		河北				MX006858	
1715	没个好心肠		河北				MX006858	
1716	洋鬼害人可不轻		河北				MX006858	
1717	二毛横行霸道		河北				MX006858	
1718	只认洋人不认爹		河北				MX006858	
1719	没点中国人味儿		河北				MX006858	
1720	为了一块大山药		河北				MX006858	
1721	为什么奉教		河北				MX006858	
1722	别上圈套		河北				MX006858	
1723	官家是咱死对头		河北				MX006858	
1724	西太后把国卖		河北				MX006858	
1725	西太后糊涂鬼		河北				MX006858	
1726	清朝皇帝真稀松		河北				MX006858	
1727	清朝太无能		河北				MX006858	
1728	聂鬼子跑不了		河北				MX006858	

序号	篇名	民族	流传地区	采集地	讲述者	搜集者	数据库编号	字数
1729	官兵个个是烟鬼		河北				MX006858	
1730	穷人不怕拿破仑		河北				MX006858	
1731	还我江山还我权		河北				MX006858	
1732	百姓起了火		河北				MX006858	
1733	天不怕地不怕		河北				MX006858	
1734	杀牛羊		河北				MX006858	
1735	义和团，红灯照		河北				MX006858	
1736	领头就是大师兄		河北				MX006858	
1737	神助拳		河北				MX006858	
1738	赶走鬼子不费难		河北				MX006858	
1739	淹死官洋--大河		河北				MX006858	
1740	神团保江山		河北				MX006858	
1741	穷人才能保江山		河北				MX006858	
1742	遍地是团民		河北				MX006858	
1743	不叫富的往里钻		河北				MX006858	
1744	有难相助		河北				MX006858	
1745	粮宝倒有全不交		河北				MX006858	
1746	杀尽洋官有盼头		河北				MX006858	
1747	力无穷，法无边		河北				MX006858	
1748	拆洋楼，掀铁道		河北				MX006858	
1749	打的鬼子上了天		河北				MX006858	
1750	赶不散，捉不完		河北				MX006858	
1751	不怕枪和炮		河北				MX006858	
1752	红灯照，杀洋毛		河北				MX006858	
1753	身穿一身红		河北				MX006858	
1754	练武杀敌		河北				MX006858	
1755	红灯照		河北				MX006858	
1756	吓得红毛夹尾跑		河北				MX006858	
1757	好似天兵降九霄		河北				MX006858	
1758	提起大刀走天下		河北				MX006858	
1759	大闹义和团		河北				MX006858	
1760	不怕洋枪炮		河北				MX006858	
1761	上前杀		河北				MX006858	
1762	上阵来		河北				MX006858	

序号	篇名	民族	流传地区	采集地	讲述者	搜集者	数据库编号	字数
1763	耍大刀		河北				MX006858	
1764	大刀队		河北				MX006858	
1765	师姐师妹练刀		河北				MX006858	
1766	大刀一耍		河北				MX006858	
1767	大刀快		河北				MX006858	
1768	洋毛子一见直打颤		河北				MX006858	
1769	洋人变泥潭		河北				MX006858	
1770	一起祭了刀		河北				MX006858	
1771	一刀一个如宰猪		河北				MX006858	
1772	义和团的刀枪		河北				MX006858	
1773	两路分攻大红门		河北				MX006858	
1774	占领涿州城		河北				MX006858	
1775	官兵见了往后缩		河北				MX006858	
1776	小红门逞英雄		河北				MX006858	
1777	杀洋人万万千		河北				MX006858	
1778	杀尽洋人解心宽		河北				MX006858	
1779	杀的鬼子满地爬		河北				MX006858	
1780	廊坊决战		河北				MX006858	
1781	打落垡		河北				MX006858	
1782	一砍一大堆		河北				MX006858	
1783	别看刘三岁数大		河北				MX006858	
1784	杀得洋人上了垛		河北				MX006858	
1785	一刀一个都完蛋		河北				MX006858	
1786	专杀东洋西洋		河北				MX006858	
1787	追得鬼子没处窜		河北				MX006858	
1788	打的日本望影怕		河北				MX006858	
1789	毛子钻鸡笼		河北				MX006858	
1790	毛子死落垛		河北				MX006858	
1791	举义旗练神拳		河北				MX006858	
1792	要打仗，奔西北		河北				MX006858	
1793	战魔除妖的义和团		河北				MX006858	
1794	先剁脑袋后剁腚		河北				MX006858	
1795	棍打斧劈用火烧		河北				MX006858	
1796	清早把门开		河北				MX006858	

序号	篇名	民族	流传地区	采集地	讲述者	搜集者	数据库编号	字数
1797	庚子年闹梅花		河北				MX006858	
1798	景廷宾起义		河北				MX006858	
1799	前有赵洛珠		河北				MX006858	
1800	巧神姑		河北				MX006858	
1801	剜掉邪教根		河北				MX006858	
1802	毛子个个吓破胆		河北				MX006858	
1803	洋人吓得真魂飞		河北				MX006858	
1804	要杀洋鬼不费难		河北				MX006858	
1805	再往前走难上难		河北				MX006858	
1806	打死洋鬼插红旗		河北				MX006858	
1807	砍得越多越解恨		河北				MX006858	
1808	灭了一个少一个		河北				MX006858	
1809	来了八帮黑疯狗		河北				MX006858	
1810	烧得净净光		河北				MX006858	
1811	义和团和老百姓		河北				MX006858	
1812	灭洋保国		河北				MX006858	
1813	打开财主仓		河北				MX006858	
1814	先抢粮，后造反		河北				MX006858	
1815	趁早加入义和团		河北				MX006858	
1816	找到老团命就保		河北				MX006858	
1817	义和团不跟咱要粮		河北				MX006858	
1818	义和团到前庄		河北				MX006858	
1819	露脸和现眼		河北				MX006858	
1820	义和团快附体		河北				MX006858	
1821	内外练功		河北				MX006858	
1822	练刀拳		河北				MX006858	
1823	哪怕灭门		河北				MX006858	
1824	心要真		河北				MX006858	
1825	对坏人要狠		河北				MX006858	
1826	捉洋鬼，报血仇		河北				MX006858	
1827	回汉一家人		河北				MX006858	
1828	从今后不受气		河北				MX006858	
1829	有祸大家顶		河北				MX006858	
1830	先杀鬼子后烧楼		河北				MX006858	

序号	篇名	民族	流传地区	采集地	讲述者	搜集者	数据库编号	字数
1831	盼团再来		河北				MX006858	
1832	打洋鬼子		河北				MX006858	
1833	歌唱义和团		河北				MX006858	
1834	兄弟姐妹团结起来		河北				MX006858	
1835	赶快上战场		河北				MX006858	
1836	起来干		河北				MX006858	
1837	当兵要当子弟兵		河北				MX006858	
1838	参军歌		河北				MX006858	
1839	哥俩参军		河北				MX006858	
1840	参加八路军		河北				MX006858	
1841	送郎上战场		河北				MX006858	
1842	十杯茶		河北				MX006858	
1843	送郎参军		河北				MX006858	
1844	送郎参军		河北				MX006858	
1845	送郎参军		河北				MX006858	
1846	送郎打日本		河北				MX006858	
1847	送郎送到清河岸		河北				MX006858	
1848	劝妇女		河北				MX006858	
1849	妈妈娘好糊涂		河北				MX006858	
1850	好参军		河北				MX006858	
1851	小过年		河北				MX006858	
1852	慰问八路军		河北				MX006858	
1853	打樱桃		河北				MX006858	
1854	慰问袋		河北				MX006858	
1855	慰劳歌		河北				MX006858	
1856	多打粮食供前方		河北				MX006858	
1857	支前歌		河北				MX006858	
1858	五更鼓		河北				MX006858	
1859	送军衣		河北				MX006858	
1860	纳鞋底		河北				MX006858	
1861	号房		河北				MX006858	
1862	儿童团		河北				MX006858	
1863	儿童团四季歌		河北				MX006858	
1864	红缨枪		河北				MX006858	

序号	篇名	民族	流传地区	采集地	讲述者	搜集者	数据库编号	字数
1865	站岗歌		河北				MX006858	
1866	槐树下		河北				MX006858	
1867	送菜		河北				MX006858	
1868	小竹篮		河北				MX006858	
1869	小日本		河北				MX006858	
1870	日本鬼子回老家		河北				MX006858	
1871	砸字钱		河北				MX006858	
1872	英勇抗战为人民		河北				MX006858	
1873	十二月打日本		河北				MX006858	
1874	打东洋		河北				MX006858	
1875	抗日军抖威风		河北				MX006858	
1876	保卫麦收		河北				MX006858	
1877	全民上阵反扫荡		河北				MX006858	
1878	一阵风		河北				MX006858	
1879	黄土岭		河北				MX006858	
1880	飞孤峪大捷		河北				MX006858	
1881	百团大战		河北				MX006858	
1882	气得鬼子哇哇叫		河北				MX006858	
1883	誓死不当亡国奴		河北				MX006858	
1884	敲打敲打		河北				MX006858	
1885	消灭鬼子救同胞		河北				MX006858	
1886	早晚叫你活不成		河北				MX006858	
1887	炸得鬼子尸不全		河北				MX006858	
1888	炸碉堡		河北				MX006858	
1889	鬼子下炮楼		河北				MX006858	
1890	日本兵像兔子		河北				MX006858	
1891	群众的力量大如山		河北				MX006858	
1892	多少百姓多少兵		河北				MX006858	
1893	咱们都是游击队		河北				MX006858	
1894	游击队真能干		河北				MX006858	
1895	游击队真英雄		河北				MX006858	
1896	游击队似神仙		河北				MX006858	
1897	人民战争放光芒		河北				MX006858	
1898	青纱帐里有神兵		河北				MX006858	

序号	篇名	民族	流传地区	采集地	讲述者	搜集者	数据库编号	字数
1899	各村各店设埋伏		河北				MX006858	
1900	鬼子来了咱就走		河北				MX006858	
1901	斧子队		河北				MX006858	
1902	老头队		河北				MX006858	
1903	勾电线		河北				MX006858	
1904	手榴弹真是沾		河北				MX006858	
1905	雁翎队		河北				MX006858	
1906	苇塘战		河北				MX006858	
1907	打保运船		河北				MX006858	
1908	山药蛋大呀哈		河北				MX006858	
1909	埋地雷		河北				MX006858	
1910	地雷阵		河北				MX006858	
1911	挂地雷		河北				MX006858	
1912	地雷好比大西瓜		河北				MX006858	
1913	石雷歌		河北				MX006858	
1914	炸得鬼子回老家		河北				MX006858	
1915	山头上开花山头上白		河北				MX006858	
1916	挖地道		河北				MX006858	
1917	冉庄地道战		河北				MX006858	
1918	开展交通战		河北				MX006858	
1919	去破路歌		河北				MX006858	
1920	破路		河北				MX006858	
1921	麻雀战		河北				MX006858	
1922	抬担架歌		河北				MX006858	
1923	千辛万苦能忍耐		河北				MX006858	
1924	天作被子地当床		河北				MX006858	
1925	誓杀鬼子报仇冤		河北				MX006858	
1926	子孙接着拼		河北				MX006858	
1927	革命传统代代传		河北				MX006858	
1928	伤员藏在我心上		河北				MX006858	
1929	小蜂儿		河北				MX006858	
1930	打得日本不露头		河北				MX006858	
1931	紫龙带装炮子儿		河北				MX006858	
1932	打日本		河北				MX006858	

序号	篇名	民族	流传地区	采集地	讲述者	搜集者	数据库编号	字数
1933	机关枪		河北				MX006858	
1934	独角牛		河北				MX006858	
1935	杀汉奸		河北				MX006858	
1936	风筝标语		河北				MX006858	
1937	撒传单		河北				MX006858	
1938	劝降歌		河北				MX006858	
1939	瓦解伪军歌		河北				MX006858	
1940	王八窝里打哆嗦		河北				MX006858	
1941	献花		河北				MX006858	
1942	左权将军小唱		河北				MX006858	
1943	节振国		河北				MX006858	
1944	子弟兵母亲戎冠秀		河北				MX006858	
1945	狼牙山五壮士		河北				MX006858	
1946	柴疙瘩		河北				MX006858	
1947	老刁带领的县大队		河北				MX006858	
1948	歌唱温小玉		河北				MX006858	
1949	阎福田小唱		河北				MX006858	
1950	爆破英雄李勇		河北				MX006858	
1951	因为我是共产党		河北				MX006858	
1952	赞何今海		河北				MX006858	
1953	歌唱王桂兰		河北				MX006858	
1954	拥军模范赵顺		河北				MX006858	
1955	宋哲元		河北				MX006858	
1956	摇篮曲		河北				MX006858	
1957	风来了雨来了		河北				MX006858	
1958	妈妈给你打耗耗		河北				MX006858	
1959	催眠谣		河北				MX006858	
1960	睡觉觉		河北				MX006858	
1961	打麻胡儿		河北				MX006858	
1962	摇宝宝		河北				MX006858	
1963	娃娃睡		河北				MX006858	
1964	哄睡谣		河北				MX006858	
1965	睡得着		河北				MX006858	
1966	卧娃娃		河北				MX006858	

序号	篇名	民族	流传地区	采集地	讲述者	搜集者	数据库编号	字数
1967	睡着了		河北				MX006858	
1968	摇摇摇		河北				MX006858	
1969	大海抱个小宝宝		河北				MX006858	
1970	排莲花		河北				MX006858	
1971	小孩睡觉找妈妈		河北				MX006858	
1972	月儿牙牙		河北				MX006858	
1973	货郎摇铃		河北				MX006858	
1974	妈妈拿出两个桃		河北				MX006858	
1975	小孩你别哭		河北				MX006858	
1976	哄小孩		河北				MX006858	
1977	小孩孩		河北				MX006858	
1978	没牙颊		河北				MX006858	
1979	门楼头		河北				MX006858	
1980	哄孩子		河北				MX006858	
1981	喂饭歌		河北				MX006858	
1982	逗小孩		河北				MX006858	
1983	谁馋嘴谁吃屁		河北				MX006858	
1984	馋狗牙		河北				MX006858	
1985	蠓蠓歌上窗户		河北				MX006858	
1986	尿炕王		河北				MX006858	
1987	教儿歌		河北				MX006858	
1988	大拇哥		河北				MX006858	
1989	二拇哥		河北				MX006858	
1990	耳眼鼻口干啥用		河北				MX006858	
1991	拉大锯（一）		河北				MX006858	
1992	拉大锯（二）		河北				MX006858	
1993	点艳艳		河北				MX006858	
1994	点油眼		河北				MX006858	
1995	逗孩歌		河北				MX006858	
1996	数脚趾		河北				MX006858	
1997	背背		河北				MX006858	
1998	教孩歌		河北				MX006858	
1999	背遭遭歌		河北				MX006858	
2000	永远跟着毛主席		河北				MX006858	

序号	篇名	民族	流传地区	采集地	讲述者	搜集者	数据库编号	字数
2001	画朵葵花向太阳		河北				MX006858	
2002	我请大雁帮个忙		河北				MX006858	
2003	打得敌军叫妈妈		河北				MX006858	
2004	学英雄		河北				MX006858	
2005	学习李向阳		河北				MX006858	
2006	白毛女		河北				MX006858	
2007	一朵红花红又红		河北				MX006858	
2008	刘胡兰		河北				MX006858	
2009	江姐		河北				MX006858	
2010	红花送给军烈属		河北				MX006858	
2011	送花生		河北				MX006858	
2012	我的朋友遍天下		河北				MX006858	
2013	手拉着手儿		河北				MX006858	
2014	俺给国家办大事		河北				MX006858	
2015	草地上		河北				MX006858	
2016	太阳公公起得早		河北				MX006858	
2017	红丝线		河北				MX006858	
2018	大西瓜		河北				MX006858	
2019	小板凳四条腿		河北				MX006858	
2020	敬奶奶		河北				MX006858	
2021	割大麦		河北				MX006858	
2022	拍豆荚		河北				MX006858	
2023	小板凳		河北				MX006858	
2024	电风扇		河北				MX006858	
2025	小枣树		河北				MX006858	
2026	说瞎话长不大		河北				MX006858	
2027	小噘嘴儿		河北				MX006858	
2028	学习不用功		河北				MX006858	
2029	今年我上半年级		河北				MX006858	
2030	小弟弟扯日历		河北				MX006858	
2031	买个烧饼哄娃娃		河北				MX006858	
2032	摘西瓜		河北				MX006858	
2033	一个小甜瓜		河北				MX006858	
2034	找姥姥		河北				MX006858	

序号	篇名	民族	流传地区	采集地	讲述者	搜集者	数据库编号	字数
2035	炒豆腐		河北				MX006858	
2036	猜一猜		河北				MX006858	
2037	簸簸箕		河北				MX006858	
2038	捣兑谣		河北				MX006858	
2039	挑花线		河北				MX006858	
2040	蹬洗脸盆儿		河北				MX006858	
2041	拍巴掌		河北				MX006858	
2042	拍巴掌歌		河北				MX006858	
2043	拍手谣（一）		河北				MX006858	
2044	拍手谣（二）		河北				MX006858	
2045	拍手谣（三）		河北				MX006858	
2046	拍手谣（四）		河北				MX006858	
2047	拍手谣（五）		河北				MX006858	
2048	拍手谣（六）		河北				MX006858	
2049	盘脚儿年		河北				MX006858	
2050	盘脚栏		河北				MX006858	
2051	抓石子歌（一）		河北				MX006858	
2052	抓石子歌（二）		河北				MX006858	
2053	抓石子歌（三）		河北				MX006858	
2054	问答歌		河北				MX006858	
2055	猴猴撵老虎		河北				MX006858	
2056	对花瓶		河北				MX006858	
2057	一背两背		河北				MX006858	
2058	孩子们出来耍		河北				MX006858	
2059	捏泥团儿		河北				MX006858	
2060	盖燕窝		河北				MX006858	
2061	打懒老婆		河北				MX006858	
2062	打瓦片		河北				MX006858	
2063	打棍儿歌		河北				MX006858	
2064	打冰嘎		河北				MX006858	
2065	跳绳		河北				MX006858	
2066	跳皮筋歌		河北				MX006858	
2067	小皮球		河北				MX006858	
2068	拍球数数		河北				MX006858	

序号	篇名	民族	流传地区	采集地	讲述者	搜集者	数据库编号	字数
2069	踢毽子（一）		河北				MX006858	
2070	踢毽子（二）		河北				MX006858	
2071	踢毽子（三）		河北				MX006858	
2072	钻圈		河北				MX006858	
2073	筛子筛		河北				MX006858	
2074	跑马城		河北				MX006858	
2075	跑马群		河北				MX006858	
2076	鸡鸡翎		河北				MX006858	
2077	藏猫点兵歌		河北				MX006858	
2078	放风筝		河北				MX006858	
2079	糊灯笼		河北				MX006858	
2080	华华和红红		河北				MX006858	
2081	巧巧学话		河北				MX006858	
2082	小焦小肖学摔跤		河北				MX006858	
2083	打枣子		河北				MX006858	
2084	狼和羊		河北				MX006858	
2085	娃娃怪鸭鸭		河北				MX006858	
2086	小妞妞		河北				MX006858	
2087	牛牛要吃河边柳		河北				MX006858	
2088	肥和灰		河北				MX006858	
2089	借绿豆		河北				MX006858	
2090	多种树多养兔		河北				MX006858	
2091	打醋买布		河北				MX006858	
2092	瓜棚结瓜瓜		河北				MX006858	
2093	小柳和小妞		河北				MX006858	
2094	六十六头牛		河北				MX006858	
2095	刘老头		河北				MX006858	
2096	小花狗		河北				MX006858	
2097	墙上画面鼓		河北				MX006858	
2098	盆碰瓶		河北				MX006858	
2099	搭石塔		河北				MX006858	
2100	婆子和钵子		河北				MX006858	
2101	嘴说腿		河北				MX006858	
2102	土地堂		河北				MX006858	

序号	篇名	民族	流传地区	采集地	讲述者	搜集者	数据库编号	字数
2103	土地爷修庙		河北				MX006858	
2104	奶奶庙		河北				MX006858	
2105	关老爷庙		河北				MX006858	
2106	打灶王		河北				MX006858	
2107	地主一家子		河北				MX006858	
2108	没礼貌		河北				MX006858	
2109	红太阳照山坡		河北				MX006858	
2110	搂豆叶		河北				MX006858	
2111	一个星星		河北				MX006858	
2112	梅豆角		河北				MX006858	
2113	小顶针		河北				MX006858	
2114	手灵巧		河北				MX006858	
2115	孩子随爹妈		河北				MX006858	
2116	上山打老虎		河北				MX006858	
2117	小小子儿		河北				MX006858	
2118	哈巴狗		河北				MX006858	
2119	臭死狗财主		河北				MX006858	
2120	上树		河北				MX006858	
2121	豌豆角两头翘		河北				MX006858	
2122	花椒树		河北				MX006858	
2123	买毛驴		河北				MX006858	
2124	白猫黑屁股		河北				MX006858	
2125	放大屁		河北				MX006858	
2126	屁是一只虎		河北				MX006858	
2127	懒老婆		河北				MX006858	
2128	捉蛇蚤		河北				MX006858	
2129	俺家是个好人家		河北				MX006858	
2130	矬大哥和矬大姐		河北				MX006858	
2131	娶个新娘没多高		河北				MX006858	
2132	一双绣鞋		河北				MX006858	
2133	说荒唐		河北				MX006858	
2134	十道黑		河北				MX006858	
2135	去菜园		河北				MX006858	
2136	莱打仗		河北				MX006858	

序号	篇名	民族	流传地区	采集地	讲述者	搜集者	数据库编号	字数
2137	青菜阵		河北				MX006858	
2138	百虫造反		河北				MX006858	
2139	小蚂蚱		河北				MX006858	
2140	小蚂蚱一头灰		河北				MX006858	
2141	蝴蝶出嫁		河北				MX006858	
2142	狼打柴狗烧火		河北				MX006858	
2143	小老鼠上谷穗儿		河北				MX006858	
2144	小老鼠上灯台		河北				MX006858	
2145	小老鼠娶媳妇儿		河北				MX006858	
2146	蝈蝈斗蛐蛐		河北				MX006858	
2147	瓜果会		河北				MX006858	
2148	反常歌		河北				MX006858	
2149	反打锤		河北				MX006858	
2150	男小妮		河北				MX006858	
2151	高粱树		河北				MX006858	
2152	高高山上一孔桥		河北				MX006858	
2153	瞎胡云		河北				MX006858	
2154	胡诌		河北				MX006858	
2155	腊梅花开三伏天		河北				MX006858	
2156	八月十五种棉花		河北				MX006858	
2157	真稀奇		河北				MX006858	
2158	颠倒歌		河北				MX006858	
2159	先生弟弟后生哥		河北				MX006858	
2160	正月十五黑咕隆咚		河北				MX006858	
2161	三姐命苦		河北				MX006858	
2162	糖梨树		河北				MX006858	
2163	做梦		河北				MX006858	
2164	驴粪蛋		河北				MX006858	
2165	小鸡嘎嗒		河北				MX006858	
2166	摞板凳		河北				MX006858	
2167	鸡蛋壳		河北				MX006858	
2168	小金妮		河北				MX006858	
2169	小大姐		河北				MX006858	
2170	笨小子		河北				MX006858	

序号	篇名	民族	流传地区	采集地	讲述者	搜集者	数据库编号	字数
2171	想吃啥		河北				MX006858	
2172	捣蛋歌		河北				MX006858	
2173	门口蹲只大黄狗		河北				MX006858	
2174	早起		河北				MX006858	
2175	小镰刀弯弯腰		河北				MX006858	
2176	小镰刀		河北				MX006858	
2177	小扁担		河北				MX006858	
2178	小扁担两头尖		河北				MX006858	
2179	抹布		河北				MX006858	
2180	揣包包		河北				MX006858	
2181	小蝇拍		河北				MX006858	
2182	捉虫喂小鸡		河北				MX006858	
2183	大公鸡		河北				MX006858	
2184	小鸡		河北				MX006858	
2185	钉扣扣		河北				MX006858	
2186	红线线		河北				MX006858	
2187	补衣裳		河北				MX006858	
2188	绣花		河北				MX006858	
2189	织花绫		河北				MX006858	
2190	月亮地		河北				MX006858	
2191	摇婆婆花儿		河北				MX006858	
2192	花袄		河北				MX006858	
2193	我下河里把鱼捞		河北				MX006858	
2194	妈妈挑野菜		河北				MX006858	
2195	好闺女		河北				MX006858	
2196	打杜梨		河北				MX006858	
2197	小小子走北京		河北				MX006858	
2198	妈妈担水我烧火		河北				MX006858	
2199	打了麦子做馍馍		河北				MX006858	
2200	老等		河北				MX006858	
2201	浇花谣		河北				MX006858	
2202	拾豆豆		河北				MX006858	
2203	吃了馍馍耪地去		河北				MX006858	
2204	小喜鹊		河北				MX006858	

序号	篇名	民族	流传地区	采集地	讲述者	搜集者	数据库编号	字数
2205	种西瓜		河北				MX006858	
2206	石榴花		河北				MX006858	
2207	小叫花庙里睡		河北				MX006858	
2208	白妮爱着庄户哥		河北				MX006858	
2209	说婆婆		河北				MX006858	
2210	上轱辘台		河北				MX006858	
2211	定个日子来娶她		河北				MX006858	
2212	接外甥		河北				MX006858	
2213	棉花桃		河北				MX006858	
2214	送花		河北				MX006858	
2215	豌豆开花俺就走		河北				MX006858	
2216	槐树槐		河北				MX006858	
2217	红格档儿		河北				MX006858	
2218	小燕子		河北				MX006858	
2219	一孩好		河北				MX006858	
2220	小猫猫		河北				MX006858	
2221	小麻雀		河北				MX006858	
2222	杨巴狗		河北				MX006858	
2223	关东车		河北				MX006858	
2224	手		河北				MX006858	
2225	小字歌		河北				MX006858	
2226	做早操		河北				MX006858	
2227	金蛋蛋银蛋蛋		河北				MX006858	
2228	剪指甲		河北				MX006858	
2229	小手绢儿		河北				MX006858	
2230	小弟弟要月亮		河北				MX006858	
2231	手脏别碰我		河北				MX006858	
2232	小弟弟干净了		河北				MX006858	
2233	红灯停绿灯走		河北				MX006858	
2234	绣个公鸡不下蛋		河北				MX006858	
2235	十件花衣裳		河北				MX006858	
2236	买花线		河北				MX006858	
2237	大鼓		河北				MX006858	
2238	花喜鹊		河北				MX006858	

序号	篇名	民族	流传地区	采集地	讲述者	搜集者	数据库编号	字数
2239	干啥也不成		河北				MX006858	
2240	小小子摆席		河北				MX006858	
2241	小铁匠		河北				MX006858	
2242	一件军衣		河北				MX006858	
2243	七个果子摆七样		河北				MX006858	
2244	数腿儿		河北				MX006858	
2245	小蝌蚪		河北				MX006858	
2246	黄河九道湾		河北				MX006858	
2247	秧苗做操		河北				MX006858	
2248	庄稼好		河北				MX006858	
2249	红小豆		河北				MX006858	
2250	棉花白		河北				MX006858	
2251	采蘑菇		河北				MX006858	
2252	白藕片		河北				MX006858	
2253	种南瓜		河北				MX006858	
2254	一朵金花一个瓜		河北				MX006858	
2255	大南瓜		河北				MX006858	
2256	小鸭梨		河北				MX006858	
2257	树叶歌		河北				MX006858	
2258	小白杨		河北				MX006858	
2259	摇钱树		河北				MX006858	
2260	蒲公英		河北				MX006858	
2261	婆婆丁		河北				MX006858	
2262	石榴婆婆		河北				MX006858	
2263	石榴花		河北				MX006858	
2264	牛		河北				MX006858	
2265	小驴驹		河北				MX006858	
2266	小花猪		河北				MX006858	
2267	大黑猪		河北				MX006858	
2268	小老鼠		河北				MX006858	
2269	小白兔		河北				MX006858	
2270	大公鸡		河北				MX006858	
2271	大雁谣		河北				MX006858	
2272	雁南飞		河北				MX006858	

序号	篇名	民族	流传地区	采集地	讲述者	搜集者	数据库编号	字数
2273	小燕子		河北				MX006858	
2274	小花猫		河北				MX006858	
2275	小咪猫		河北				MX006858	
2276	小金鱼		河北				MX006858	
2277	花蝴蝶		河北				MX006858	
2278	蚕姑娘		河北				MX006858	
2279	田鼠		河北				MX006858	
2280	蚂蚱		河北				MX006858	
2281	指天星		河北				MX006858	
2282	星星盘盘		河北				MX006858	
2283	月亮婆		河北				MX006858	
2284	看月亮		河北				MX006858	
2285	月亮歌		河北				MX006858	
2286	月亮弯		河北				MX006858	
2287	月亮圆		河北				MX006858	
2288	冬姑娘		河北				MX006858	
2289	过年谣		河北				MX006858	
2290	大实话		河北				MX006858	
2291	河北名产歌		河北				MX006858	
2292	主席著作是宝库			边防检查站	焦克成		MX007131	
2293	金钥匙			秦皇岛市	成牛		MX007131	
2294	歌颂毛主席			山海关	于=体		MX007131	
2295	毛泽东思想放金光				孙东廉		MX007131	
2296	眼前太阳升			秦皇岛市	胡秀英		MX007131	
2297	学毛选			遵化	王占田		MX007131	
2298	毛泽东思想照人间				王淋		MX007131	
2299	摘星取月能上天				李金明		MX007131	
2300	红旗谣				孙东廉		MX007131	
2301	讲哲学						MX007131	
2302	最幸福的时光			天津	张英杰		MX007131	
2303	不怕困难干劲高				心牙		MX007131	
2304	毛主席思想上机車			山海关	李福		MX007131	
2305	九次进北京，十见毛主席				刘长福		MX007131	
2306	厚礼献给毛主席				石宝瑜		MX007131	

序号	篇名	民族	流传地区	采集地	讲述者	搜集者	数据库编号	字数
2307	主席台上升太阳			天津	柯玉生		MX007131	
2308	万年青				李炳华		MX007131	
2309	党亲				侯立身		MX007131	
2310	数星星				王何		MX007131	
2311	跟着党						MX007131	
2312	丰收全凭共产党						MX007131	
2313	心心向着共产党						MX007131	
2314	党领导						MX007131	
2315	党把老粗教能了				王瑞		MX007131	
2316	干劲永不懈				陈维昌		MX007131	
2317	太阳月亮都赞成				贾志政		MX007131	
2318	听公报				=晋贤		MX007131	
2319	听了公报干劲高				王保瑞		MX007131	
2320	颂公报				长正		MX007131	
2321	东风喜送“公报”声				公顺华		MX007131	
2322	打响十二颗连珠炮				赵建昌		MX007131	
2323	乌金顺着采面流				李春元		MX007131	
2324	公报下乡				兰丁、徐心		MX007131	
2325	公报到山沟				刘章		MX007131	
2326	万岁三唱				刘章		MX007131	
2327	巨龙添翅大飞跃			保定承华			MX007131	
2328	金束鹿			束鹿	孙超		MX007131	
2329	总路线				陆宝华		MX007131	
2330	沿着总路线			保定	刘振国		MX007131	
2331	总路线				张文富		MX007131	
2332	人人都夸总路线				张禾田		MX007131	
2333	大跃进是画笔				王来雨		MX007131	
2334	社字贴在心窝上				王文奇		MX007131	
2335	人民公社千般好			怀安	武德胜		MX007131	
2336	建起公社喜非常				陈维昌		MX007131	
2337	人民公社无价宝			宁津	张宪恒		MX007131	
2338	公社放光辉			山海关	孙淑		MX007131	
2339	太阳，节节升高				李中义		MX007131	
2340	人民公社心舒畅			新乐	张增成		MX007131	

序号	篇名	民族	流传地区	采集地	讲述者	搜集者	数据库编号	字数
2341	人民公社万年红				邱万明		MX007131	
2342	颂公社				崔正侠		MX007131	
2343	十唱十月红				董毓珉		MX007131	
2344	一户炊烟百家春			长城公社食堂			MX007131	
2345	喜报送上天安门			宁晋团部	张成修		MX007131	
2346	忆念将军增力量				吴锡安		MX007131	
2347	红				姜永久		MX007131	
2348	生产指标是骏马			石家庄	王兴华		MX007131	
2349	扔铁锤				张勇		MX007131	
2350	先进经验长翅膀				商丙辰		MX007131	
2351	革新是个宝				韩承绪		MX007131	
2352	女闯王			保定	李尚禄		MX007131	
2353	翻砂再也不见砂				吴国栋		MX007131	
2354	机械化				佚名		MX007131	
2355	车床在歌心在舞				李慕静		MX007131	
2356	车间来了医疗队			唐山	翱翔		MX007131	
2357	神哥哥			昌黎	冯〓		MX007131	
2358	开门红赞歌						MX007131	
2359	矿工嗓门粗				陆升		MX007131	
2360	水枪手			天津	许海源		MX007131	
2361	矿井里永远是春天				陆升		MX007131	
2362	如同蛟龙海上翻				乐群		MX007131	
2363	采煤工人好威风				阿枢		MX007131	
2364	石鼓山上多宝藏				清流		MX007131	
2365	开铁矿			兴隆	吕政廉		MX007131	
2366	铁堆高过狼牙山				于		MX007131	
2367	英雄手握两杆枪			故城			MX007131	
2368	多能操作台			保定	张浩昌		MX007131	
2369	车间花满园			保定			MX007131	
2370	双手托起鸡冠山				张振华		MX007131	
2371	锻工之歌				张进生		MX007131	
2372	售货进厂						MX007131	
2373	组组展开对手〓				星辰		MX007131	
2374	给印染厂			石家庄	马虹		MX007131	

序号	篇名	民族	流传地区	采集地	讲述者	搜集者	数据库编号	字数
2375	装配工			天津	孙秉廉		MX007131	
2376	烧砖工人楼前过						MX007131	
2377	电焊姑娘星中治				李尚禄		MX007131	
2378	英雄电焊工			保定	刘振国		MX007131	
2379	架线工			石家庄	禾青		MX007131	
2380	老翻砂工				康宝金		MX007131	
2381	从今我也是工人						MX007131	
2382	养路工人话今昔			山海关	苏福		MX007131	
2383	天津飞步进天堂				薛雪		MX007131	
2384	十月盐田红旗飘			汉沽			MX007131	
2385	出焦			唐山	宋万义		MX007131	
2386	十二姐妹				曹智余		MX007131	
2387	钢铁战士						MX007131	
2388	金浪朝天流			永年	李夏平		MX007131	
2389	车间喜鹊叫				司秀芹		MX007131	
2390	垒砖窑				杼歌		MX007131	
2391	迎春曲			遵化	张汝林		MX007131	
2392	跃进年月春早到				刘瑞章		MX007131	
2393	迎春曲				冯秀		MX007131	
2394	种			黄骅	孙宝连		MX007131	
2395	春播比武			怀来	马隶书		MX007131	
2396	插秧				吴正恒		MX007131	
2397	步步高				尚煌		MX007131	
2398	公社岁岁大丰收				李小丁		MX007131	
2399	丰收谣			保定	康迈千		MX007131	
2400	丰产棉			唐县	范森林		MX007131	
2401	丰收歌			天津小站	朱文宝		MX007131	
2402	马插翅膀粮归家						MX007131	
2403	秋收				进禄、进福		MX007131	
2404	天马山下好春秋			唐山	陶克日		MX007131	
2405	丰收			遵化	宁国兰		MX007131	
2406	早知了				申伸身		MX007131	
2407	再绣几十秋				王宝瑞		MX007131	
2408	收割				许金庆		MX007131	

序号	篇名	民族	流传地区	采集地	讲述者	搜集者	数据库编号	字数
2409	桑干河水也得乖				家声		MX007131	
2410	四女寺减河				何竣洲		MX007131	
2411	跃进歌				傅芝兰		MX007131	
2412	沿着书记脚印走			丰宁	王振寇		MX007131	
2413	咱村变成小北京			北戴河	张起林、周立民		MX007131	
2414	汗如喜雨冬如春				赵明河		MX007131	
2415	劳动才有幸福来				=力福		MX007131	
2416	聚宝盆				张景辉		MX007131	
2417	修水库				肖树元		MX007131	
2418	闪电河水静静流				李焕文		MX007131	
2419	水库颂				任涌		MX007131	
2420	工人也为抗旱忙				邓宝恩、田颜彤		MX007131	
2421	铁肩担干千江水				傅芝兰		MX007131	
2422	歌声响遍全中国				吴津波		MX007131	
2423	劳动热情似烈火				王=屏		MX007131	
2424	拦洪颂				=翰儒		MX007131	
2425	苦干不觉苦				艾文生		MX007131	
2426	金色大坝展翅膀				李继=		MX007131	
2427	屯庄泉涌				张于春		MX007131	
2428	女民工				赵云夫		MX007131	
2429	夯歌				裴守仁		MX007131	
2430	春之歌				吴国栋		MX007131	
2431	水利短歌				刘=		MX007131	
2432	开渠				马秉书		MX007131	
2433	颂扬水站				高山云		MX007131	
2434	社员力号大						MX007131	
2435	姑娘浇麦				支小臣		MX007131	
2436	要嫁妆			岳城	常磊		MX007131	
2437	清清水库一面江			唐县	尚計生		MX007131	
2438	看			岳城	常磊		MX007131	
2439	银箭				霍光明		MX007131	
2440	公社田里苗青青			承德	柴静		MX007131	
2441	闸门一开渠水唱				高枫		MX007131	
2442	牵着大河鼻子跑				陈暇		MX007131	

序号	篇名	民族	流传地区	采集地	讲述者	搜集者	数据库编号	字数
2443	旱地笑起酒窝窝				陈暇		MX007131	
2444	水来了			内邱	李中义		MX007131	
2445	挥锹天地晃				王庆元		MX007131	
2446	车水上山			邯郸			MX007131	
2447	还得听我説			保定	胡东夫		MX007131	
2448	电动水车				赵庆昌		MX007131	
2449	治水大军出动了				金涛		MX007131	
2450	开河凿山				侯立身		MX007131	
2451	水渠				王永梓		MX007131	
2452	农村新景				王永梓		MX007131	
2453	挖渠			巨鹿	洪〓		MX007131	
2454	唐县人				戴〓		MX007131	
2455	洪水和水库			昌黎	相文华		MX007131	
2456	车子王				村野		MX007131	
2457	修水库				田农		MX007131	
2458	万条红绫迎风舞			巨鹿	孙华		MX007131	
2459	棋逢对手				王振兴		MX007131	
2460	问气船			平山	李玉光		MX007131	
2461	小帆船				彭〓寅		MX007131	
2462	浇				黄烨、孙宝连		MX007131	
2463	军民友谊水长流				刘冰、王石祥		MX007131	
2464	燕山喷泉九重天				何理		MX007131	
2465	十万大禹来治水				何理		MX007131	
2466	颂劈山大渠				王俊〓		MX007131	
2467	东村西村不斗气			交河	申伸身		MX007131	
2468	买小鸭			河间	王仲斌		MX007131	
2469	锥井			枣鹿	王涌川		MX007131	
2470	万里麦田青旺旺			枣鹿	侯立身		MX007131	
2471	公社肩膀宽又大				红浪		MX007131	
2472	春播				王缓青		MX007131	
2473	活活气死西北风				乘风		MX007131	
2474	掘土						MX007131	
2475	红旗飘			岳城水库			MX007131	
2476	大坝万丈高				张文相		MX007131	

序号	篇名	民族	流传地区	采集地	讲述者	搜集者	数据库编号	字数
2477	挑土姑娘				予人		MX007131	
2478	修坝歌				常磊		MX007131	
2479	扁担谣				张文相		MX007131	
2480	错把灯火当太阳			岳城水库			MX007131	
2481	太行山上水利化				李亮		MX007131	
2482	岗南水库来了信				李志昌		MX007131	
2483	支援社员修水库				赵连=		MX007131	
2484	缝“垫肩”				王振兴		MX007131	
2485	跃进歌声震天响						MX007131	
2486	赞一水巧飞十二岭				张荣春		MX007131	
2487	打机井				郝然		MX007131	
2488	英雄酒				王来雨		MX007131	
2489	万里草原积肥队				左璞		MX007131	
2490	猪是宝			交河			MX007131	
2491	描龙画凤			保定	文耕		MX007131	
2492	万座麦山平地起			交河	王凯祥		MX007131	
2493	运谷				王德厚		MX007131	
2494	明年麦堆冲星斗				刘育一		MX007131	
2495	颂麦方				耿西章		MX007131	
2496	割麦				封瑞功		MX007131	
2497	爱她				书荣		MX007131	
2498	小燕住到新的家				孙秉廉		MX007131	
2499	金梨				蕴坤、振彦		MX007131	
2500	绣花歌				李小丁		MX007131	
2501	地里				可华		MX007131	
2502	脱谷机				李焕宇		MX007131	
2503	果秋				徐秉庆		MX007131	
2504	柳沟			怀安	智平		MX007131	
2505	果乡潮涌			昌黎			MX007131	
2506	采霞片片果树梢				周村民		MX007131	
2507	山上人家				蕴坤、振彦		MX007131	
2508	果香到处丰收歌				冯秀		MX007131	
2509	一夜东风苹果红				陆永宁		MX007131	
2510	好年头				宋作人		MX007131	

序号	篇名	民族	流传地区	采集地	讲述者	搜集者	数据库编号	字数
2511	渤海渔歌				王明哲		MX007131	
2512	草塘				刘志刚		MX007131	
2513	采菱船			徐水	王贺民		MX007131	
2514	春到大浪淀			交河	张奋、李子		MX007131	
2515	升桅				黄骅、可华		MX007131	
2516	夜捕鱼			新安	薛明、朱德仲		MX007131	
2517	老社长			北戴河公社	李树田		MX007131	
2518	山间化肥厂			石家庄	阵容		MX007131	
2519	科学进猪场			怀来县花园公社	张步成		MX007131	
2520	牧羊女				尤后		MX007131	
2521	十姐妹温室歌			天津新立村公社			MX007131	
2522	一天能插九亩九				陈少涛		MX007131	
2523	选种			邯郸	枚一		MX007131	
2524	秋耕图46			怀来	刘果声		MX007131	
2525	太行人				田农		MX007131	
2526	夜修梯田			兴隆			MX007131	
2527	耕			黄骅	孙宝连		MX007131	
2528	夜战				刘善堂		MX007131	
2529	滚珠化				贾振英		MX007131	
2530	绣枕头				鞠振朝		MX007131	
2531	拖拉机开南洼				禾青		MX007131	
2532	夜战				刘永祥		MX007131	
2533	划方				秦牧		MX007131	
2534	倒砂						MX007131	
2535	工人拜年到公社				柯王生		MX007131	
2536	活神仙				丁齐璋		MX007131	
2537	县长						MX007131	
2538	公社即景				朱兆雪		MX007131	
2539	瞧闺女				任兆瑞		MX007131	
2540	先别说			泊镇			MX007131	
2541	寺各庄高楼			徐水	张子春		MX007131	
2542	苦酸甜				倪紫林		MX007131	
2543	树				王登仁		MX007131	
2544	新战士跳木马				李庆瑞		MX007131	

序号	篇名	民族	流传地区	采集地	讲述者	搜集者	数据库编号	字数
2545	少了绿军装				周述军		MX007131	
2546	全民皆兵						MX007131	
2547	全民皆兵颂			保定军分区	良弼、晓寒		MX007131	
2548	三朵大红花			汉沽	刘长全		MX007131	
2549	操场			昌黎			MX007131	
2550	风作骏马云作鞍						MX007131	
2551	桃树羞得头低下				聂治国		MX007131	
2552	战马颂				孙金银		MX007131	
2553	雨夜练兵				王哲		MX007131	
2554	决心握紧手中枪				王兴禄		MX007131	
2555	带来红军好作风						MX007131	
2556	红旗的话			泊镇			MX007131	
2557	黎明曲				吴长城		MX007131	
2558	高空锤手赞			兴隆	刘章		MX007131	
2559	测量员				刘阳		MX007131	
2560	劈官山				晓珍		MX007131	
2561	路				书荣		MX007131	
2562	新公路				传贤		MX007131	
2563	要修铁路万里长				马进福		MX007131	
2564	事事能革新				杨昉		MX007131	
2565	俺社机械厂				刘静远		MX007131	
2566	革新花			石家庄钢铁厂	王兴华		MX007131	
2567	片片草叶挂金星			张北	张志海		MX007131	
2568	油灯				张远堤		MX007131	
2569	社会主义亮闪闪				石真平		MX007131	
2570	电灯亮了			献县	师桂英		MX007131	
2571	太阳落在山谷里				李尚禄		MX007131	
2572	实现机械化				杜金屏		MX007131	
2573	用手又用脑				啜秉璋		MX007131	
2574	书记和我同劳动				石林		MX007131	
2575	无价宝				李中义		MX007131	
2576	锦上添花庆十年						MX007131	
2577	报捷				魏广善		MX007131	
2578	上班前				夏家汎		MX007131	

序号	篇名	民族	流传地区	采集地	讲述者	搜集者	数据库编号	字数
2579	公社小令				交清		MX007131	
2580	好管家						MX007131	
2581	团结院				崔鹏云		MX007131	
2582	老来红			秦皇岛市	王贺		MX007131	
2583	忘了写个请假条			秦皇岛市	陆大妈		MX007131	
2584	敬老院						MX007131	
2585	扛大锯				姜=国		MX007131	
2586	春色满园			狼山公社	丁奇璋		MX007131	
2587	幼儿园						MX007131	
2588	托儿所人人夸				竹笛		MX007131	
2589	双手托起半边天			高阳师范	赵兰英		MX007131	
2590	乐陶陶			唐县	邬山玉		MX007131	
2591	公社带了幸福来			唐县	张茹英		MX007131	
2592	喜在心里笑在面				雅堂		MX007131	
2593	老汉话家常			天津	徐双墨		MX007131	
2594	痛痛快快度晚年				曾玉娥		MX007131	
2595	大娘大娘好福气						MX007131	
2596	理发员的歌				杨世福		MX007131	
2597	经理				王清波		MX007131	
2598	比一比				张庆昇		MX007131	
2599	第一課						MX007131	
2600	文化船				张子春		MX007131	
2601	百宝全				李景心		MX007131	
2602	花开正是=诗时			徐水	张子春		MX007131	
2603	诗歌鼓干劲儿				张振河		MX007131	
2604	红秀才			秦皇岛	杨文祥		MX007131	
2605	铁民梭			北戴河	孟=富		MX007131	
2606	上民校			抚宁			MX007131	
2607	东方巨人			保定	王艺林		MX007153	
2608	金龙地上游			饶阳	海涛		MX007153	
2609	永远离不开共产党			汉沽	焦振德		MX007153	
2610	爱护党和社			宁津	郭澄清		MX007153	
2611	宝树扎下根			遵化			MX007153	
2612	架电线				李凤林		MX007153	

序号	篇名	民族	流传地区	采集地	讲述者	搜集者	数据库编号	字数
2613	糖甜不如蜜			宁津	郭澄情		MX007153	
2614	毛主席走遍全国			天津	邢序凤		MX007153	
2615	智慧泉			宣化			MX007153	
2616	金线绣字在心间			石家庄	小高		MX007153	
2617	线			天津	张造民		MX007153	
2618	一穷二白变花园			昌黎	孙桂明		MX007153	
2619	东风是福			沙河			MX007153	
2620	团结紧			怀来	李荆林		MX007153	
2621	爱社				张文雄		MX007153	
2622	社			邯郸	琢雕		MX007153	
2623	哈哈笑			怀来	孔继清		MX007153	
2624	公社成立那一天			玉田	戴树清		MX007153	
2625	一百里地没出家			束鹿	刘源海		MX007153	
2626	家				孟广臣		MX007153	
2627	山歌手				孟广臣		MX007153	
2628	除夕会餐				王高		MX007153	
2629	产妇低头笑			安国			MX007153	
2630	我们的手			昌黎			MX007153	
2631	蓝天上面绘牡丹			元氏	黎野		MX007153	
2632	我爱金银花			保定	晨果		MX007153	
2633	高炉暖我心				张庆英		MX007153	
2634	炼钢				浦家祁		MX007153	
2635	高炉顶破天			张家口	弓月工		MX007153	
2636	高炉好象烽火台			张家口	王柏松		MX007153	
2637	人是宝中之宝			宣化	谭怀淑		MX007153	
2638	领了钢帅令箭			唐山	远崇本		MX007153	
2639	打铁汉			石家庄	月夜		MX007153	
2640	水枪似蛟龙			唐山	线连合		MX007153	
2641	黑玛瑙			唐山	许海源		MX007153	
2642	架工			保定	陆宏成		MX007153	
2643	工地用电			天津	慎生		MX007153	
2644	开不败的花			宣化	黄殿泉		MX007153	
2645	雨天采石				刘玉虎		MX007153	
2646	织毛呢			天津	孔庆云		MX007153	

序号	篇名	民族	流传地区	采集地	讲述者	搜集者	数据库编号	字数
2647	马鞍山			平山			MX007153	
2648	我爱钻塔			邯郸	宇尘		MX007153	
2649	蚂蚁能啃大骨头			涞源	依民		MX007153	
2650	两岸相对放光明			怀来	潘继武		MX007153	
2651	社社办工厂			东光	冯福台		MX007153	
2652	天高天真高			兴隆	刘章		MX007153	
2653	砸矿石			巨鹿	孙华		MX007153	
2654	吴师傅			唐山	许海源		MX007153	
2655	先上马			唐山	张志刚		MX007153	
2656	车间喜事多			石家庄	金钟		MX007153	
2657	向天夺权			宁津	郭振岐		MX007153	
2658	思想不冻地不冻			徐水			MX007153	
2659	干到腊月二十九			东强			MX007153	
2660	扁担			涿鹿			MX007153	
2661	劈山迎红日			藁城	侯＝		MX007153	
2662	肩担碣石山			昌黎	马瑞祥		MX007153	
2663	水库就是聚宝盆				王丽忠		MX007153	
2664	开油房			保定	杨红军		MX007153	
2665	高唱诗歌驯山河				草央		MX007153	
2666	热汗滚成大海			天津	侯桂林		MX007153	
2667	活儿不完我不走			天津	孙家柱		MX007153	
2668	水晶衫			天津	朱永辉		MX007153	
2669	滹沱河象烈马			石家庄	范兰绘		MX007153	
2670	龙				王会成		MX007153	
2671	挖渠道			宁津	宋云升		MX007153	
2672	前天夕阳下			河间			MX007153	
2673	水渠好似一条龙			满城			MX007153	
2674	渠水流			唐山	赵云夫		MX007153	
2675	我的铁镐			东光	王中五		MX007153	
2676	哥哥去修渠			石家庄	杨平		MX007153	
2677	妇女泉			石家庄	禾吉		MX007153	
2678	嫂嫂修机井			昌黎	苏俗		MX007153	
2679	吃在地睡在洼			庆云	袁＝		MX007153	
2680	要担银河水				李光凡		MX007153	

序号	篇名	民族	流传地区	采集地	讲述者	搜集者	数据库编号	字数
2681	抗旱点棉			沙河			MX007153	
2682	笑死俺			邯郸			MX007153	
2683	锅驼机冒黑烟			昌黎	苏俗		MX007153	
2684	水田姑娘唱旱田歌			泊头	金浪		MX007153	
2685	月下挖河泥				李苏乡		MX007153	
2686	喜挑一河金				曾泉星		MX007153	
2687	担粪			唐县	李月民		MX007153	
2688	养猪谣			望都			MX007153	
2689	青山绿水迎风笑			张家口	李振明		MX007153	
2690	远征回到家				赵尽才		MX007153	
2691	春光大日头			乐亭	杨栋人		MX007153	
2692	荒地			石家庄	杨平		MX007153	
2693	谷穗			怀来			MX007153	
2694	高粱长到织女家			邯郸			MX007153	
2695	雨后送棉				史明		MX007153	
2696	拉回几座金銀山			安国			MX007153	
2697	过秤			肥乡	闫恭		MX007153	
2698	丰收车儿桥上走			宁晋	刘太然		MX007153	
2699	栽过岭植过江			曲周	于平		MX007153	
2700	树叶底下歇忙人			徐水	刘		MX007153	
2701	树海			昌黎			MX007153	
2702	织林衣			张家口	邸林阁		MX007153	
2703	三月里			张家口	张〓庚		MX007153	
2704	山村渔家						MX007153	
2705	剪窗花			天津	王成诲		MX007153	
2706	学政治			石家庄	志俊、呈华		MX007153	
2707	三变			保定	肖钦鉴		MX007153	
2708	收获				李志元		MX007153	
2709	又当司令又当兵			满城			MX007153	
2710	县长			邢台			MX007153	
2711	想起董存瑞						MX007153	
2712	售货员				王〓波		MX007153	
2713	钟儿怎不敲				李鸿广		MX007153	
2714	磨刺刀				师好言		MX007153	

序号	篇名	民族	流传地区	采集地	讲述者	搜集者	数据库编号	字数
2715	一滴水			天津			MX007153	
2716	两张大字报			张家口	王修		MX007153	
2717	改错栅			任县	孙华		MX007153	
2718	人们嫌她脏			沧县	王家政		MX007153	
2719	上民校			秦皇岛			MX007153	
2720	地头作课堂			定县	惠峰		MX007153	
2721	大妈念信			大名	何兆吉		MX007153	
2722	写诗			丰润	张迠义		MX007153	
2723	盲人也把诗来献			昌黎	孟照〓		MX007153	
2724	笑			张家口	荷华		MX007153	
2725	旱船			冀县	李焕文		MX007153	
2726	地头上的小〓			南宫	白开顺		MX007153	
2727	荷花叶				李维长		MX007153	
2728	问姑娘				孟明		MX007153	
2729	搭瓜架			衡水	王永梓、石英		MX007153	
2730	拔麦				刘坚祥、傅梅祥		MX007153	
2731	我不和你呆着			高阳	半人		MX007153	
2732	姑娘嫁到白杨庄			张家口	张〓庚		MX007153	
2733	塞北山歌			商都	张宏恩		MX007153	
2734	山中问答			秦皇岛	周向阳		MX007153	
2735	幸福图			兴隆	刘章		MX007153	
2736	家乡变了样			张家口	王文秀		MX007153	
2737	这间屋			任县	孙华		MX007153	
2738	草原多三宝					孙〓萍	MX007153	
2739	雪山顶上放祥光					李〓夫	MX007153	
2740	彩虹和〓〓					李〓夫	MX007153	
2741	太阳、宝塔和号角						MX007153	
2742	祖国						MX007153	
2743	雪山顶上放金光				娜加		MX007153	
2744	谁种谁收					格来	MX007153	
2745	共产党领导得好						MX007153	
2746	回娘家					王振兴	MX007831	
2747	上梯子					王振兴	MX007831	
2748	小枣树					王振兴	MX007831	

序号	篇名	民族	流传地区	采集地	讲述者	搜集者	数据库编号	字数
2749	娶小妮					王振兴	MX007831	
2750	制陪送					王振兴	MX007831	
2751	忘了娘					王振兴	MX007831	
2752	歪着脖					王振兴	MX007831	
2753	回娘家					王振兴	MX007831	
2754	洗衣裳					王振兴	MX007831	
2755	拍巴掌					王振兴	MX007831	
2756	娶奶奶					王振兴	MX007831	
2757	小老鼠					王振兴	MX007831	
2758	小小子儿					王振兴	MX007831	
2759	星星					王振兴	MX007831	
2760	上庙台					王振兴	MX007831	
2761	二大娘					王振兴	MX007831	
2762	拉大锯					王振兴	MX007831	
2763	小槐树					王振兴	MX007831	
2764	大蔴子棵					王振兴	MX007831	
2765	花姐姐					王振兴	MX007831	
2766	公鸡鸣					王振兴	MX007831	
2767	小丫头					王振兴	MX007831	
2768	说谎话					王振兴	MX007831	
2769	二丫头					王振兴	MX007831	
2770	拾柴禾					王振兴	MX007831	
2771	棉花桃					王振兴	MX007831	
2772	卖豆腐					王振兴	MX007831	
2773	小五					王振兴	MX007831	
2774	打日本					王振兴	MX007831	
2775	下大雨					王振兴	MX007831	
2776	胶皮车					王振兴	MX007831	
2777	给我捎个饱饱来					申锡山	MX007831	
2778	大懒汉					申锡山	MX007831	
2779	拿刀杀他					申锡山	MX007831	
2780	小黄毛鸡					申锡山	MX007831	
2781	小蛤蟆					申锡山	MX007831	
2782	过年过节					申锡山	MX007831	

序号	篇名	民族	流传地区	采集地	讲述者	搜集者	数据库编号	字数
2783	苦菜花					申锡山	MX007831	
2784	夜里做梦姐姐来					申锡山	MX007831	
2785	小白白鸡					申锡山	MX007831	
2786	狗汪汪					申锡山	MX007831	
2787	刮黄风					申锡山	MX007831	
2788	小大姐坐崖					申锡山	MX007831	
2789	我吃一大碗					申锡山	MX007831	
2790	打你个馋老婆					申锡山	MX007831	
2791	柳树柳槐树槐					申锡山	MX007831	
2792	张三老					申锡山	MX007831	
2793	娶了媳妇忘了娘					申锡山	MX007831	
2794	小大姐					申锡山	MX007831	
2795	小苦菜					申锡山	MX007831	
2796	小飞机					申锡山	MX007831	
2797	小黑狗钻篱笆					申锡山	MX007831	
2798	红丝线					申锡山	MX007831	
2799	天上有什么					申锡山	MX007831	
2800	吃一顿					申锡山	MX007831	
2801	白饽饽					申锡山	MX007831	
2802	跳蹬呱					申锡山	MX007831	
2803	一写写了个大撇裂					申锡山	MX007831	
2804	石榴树					申锡山	MX007831	
2805	燕芬					申锡山	MX007831	
2806	小黄毛鸡					申锡山	MX007831	
2807	杜李子树					申锡山	MX007831	
2808	青青菜					申锡山	MX007831	
2809	扁豆花					申锡山	MX007831	
2810	没了爹娘断了头					申锡山	MX007831	
2811	说笑话					申锡山	MX007831	
2812	小老鼠					申锡山	MX007831	
2813	小小子					申锡山	MX007831	
2814	吹灯睡觉了					申锡山	MX007831	
2815	小孩儿					申锡山	MX007831	
2816	王婆子					申锡山	MX007831	

序号	篇名	民族	流传地区	采集地	讲述者	搜集者	数据库编号	字数
2817	晃摇晃摇车					申锡山	MX007831	
2818	小白菜					申锡山	MX007831	
2819	扁豆角					申锡山	MX007831	
2820	你上天津我上卫					申锡山	MX007831	
2821	小钢针					申锡山	MX007831	
2822	说糊话					申锡山	MX007831	
2823	月亮娘娘					申锡山	MX007831	
2824	大罗筛					申锡山	MX007831	
2825	商商量量过一辈					申锡山	MX007831	
2826	多咱等到媳妇来					申锡山	MX007831	
2827	大铜钱					申锡山	MX007831	
2828	小汽车					申锡山	MX007831	
2829	高粱叶					申锡山	MX007831	
2830	小黑驴					申锡山	MX007831	
2831	嫂嫂不吃给哥哥					申锡山	MX007831	
2832	小花猫					申锡山	MX007831	
2833	小孩睡觉找妈妈					申锡山	MX007831	
2834	小母鸡					申锡山	MX007831	
2835	绑腿带					申锡山	MX007831	
2836	鸡咯咯哒					山鹰、鬼集	MX007831	
2837	小老鼠					山鹰、鬼集	MX007831	
2838	小巴狗					山鹰、鬼集	MX007831	
2839	小蚂蚱					山鹰、鬼集	MX007831	
2840	燕儿燕朝南飞					山鹰、鬼集	MX007831	
2841	柳树柳					山鹰、鬼集	MX007831	
2842	剪子股					山鹰、鬼集	MX007831	
2843	小板凳					山鹰、鬼集	MX007831	
2844	小二姐					山鹰、鬼集	MX007831	
2845	枣棵棵					山鹰、鬼集	MX007831	
2846	雁南飞，柳叶黄					山鹰、鬼集	MX007831	
2847	小枣树					山鹰、鬼集	MX007831	
2848	拍手数					山鹰、鬼集	MX007831	
2849	老柏树					山鹰、鬼集	MX007831	
2850	大日头					山鹰、鬼集	MX007831	

序号	篇名	民族	流传地区	采集地	讲述者	搜集者	数据库编号	字数
2851	1946我出气					山鹰、鬼集	MX007831	
2852	五台山					山鹰、鬼集	MX007831	
2853	小丫头					山鹰、鬼集	MX007831	
2854	小蛤蟆					山鹰、鬼集	MX007831	
2855	山老咶					山鹰、鬼集	MX007831	
2856	板凳子歪					山鹰、鬼集	MX007831	
2857	四大=					山鹰、鬼集	MX007831	
2858	四大红					山鹰、鬼集	MX007831	
2859	四大黑					山鹰、鬼集	MX007831	
2860	四大弯					山鹰、鬼集	MX007831	
2861	四大宽					山鹰、鬼集	MX007831	
2862	担丈粗					张荣春	MX007831	
2863	小小子					张荣春	MX007831	
2864	拉大锯					张荣春	MX007831	
2865	蝇子叨了半粒米					张荣春	MX007831	
2866	小老鼠上灯台					张荣春	MX007831	
2867	小板凳四条腿					张荣春	MX007831	
2868	高高山上一棵麻					张荣春	MX007831	
2869	星星					张荣春	MX007831	
2870	月亮地					张荣春	MX007831	
2871	柳树柳					张荣春	MX007831	
2872	二月二					张荣春	MX007831	
2873	归娘家					张荣春	MX007831	
2874	小白菜					张荣春	MX007831	
2875	花喜鹊					张荣春	MX007831	
2876	柳树苗					张荣春	MX007831	
2877	又怕山水不到头					张荣春	MX007831	
2878	义和团					张荣春	MX007831	
2879	晚上作梦姐姐来					张荣春	MX007831	
2880	青秫稭					张荣春	MX007831	
2881	金星星					张荣春	MX007831	
2882	下大雨					张荣春	MX007831	
2883	大鼓					张荣春	MX007831	
2884	黑豆黑					张荣春	MX007831	

序号	篇名	民族	流传地区	采集地	讲述者	搜集者	数据库编号	字数
2885	红公鸡					张荣春	MX007831	
2886	端起饭碗泪汪汪					张荣春	MX007831	
2887	过新年					张荣春	MX007831	
2888	蝈蝈里面捣的鬼					张荣春	MX007831	
2889	挂天灯					张荣春	MX007831	
2890	梅豆角两头尖					张荣春	MX007831	
2891	高粱叶子青又青					张荣春	MX007831	
2892	大槐树					张荣春	MX007831	
2893	打铁的					张荣春	MX007831	
2894	金轱辘棒					张荣春	MX007831	
2895	大喜鹊					张荣春	MX007831	
2896	剜菜					张荣春	MX007831	
2897	卖瓜					张荣春	MX007831	
2898	大公鸡					张荣春	MX007831	
2899	铜喇叭					张荣春	MX007831	
2900	十个地主					张荣春	MX007831	
2901	钓鱼					张荣春	MX007831	
2902	骑大马					张荣春	MX007831	
2903	财主一见就发慌					张荣春	MX007831	
2904	大砍刀					张荣春	MX007831	
2905	你是兄弟我是哥					张荣春	MX007831	
2906	卖花					张荣春	MX007831	
2907	纺线					张荣春	MX007831	
2908	野鸡翎					张荣春	MX007831	
2909	过南山					张荣春	MX007831	
2910	过龙门					张荣春	MX007831	
2911	十织毛巾					王一新	MX007831	
2912	小孩拍手过新年					王一新	MX007831	
2913	建设祖国头一名					王一新	MX007831	
2914	只看我妻在面前					王一新	MX007831	
2915	吟诗					王一新	MX007831	
2916	曲曲菜根苦					王一新	MX007831	
2917	俺和姐姐一般高					王一新	MX007831	
2918	成了媳妇真难熬					王一新	MX007831	

序号	篇名	民族	流传地区	采集地	讲述者	搜集者	数据库编号	字数
2919	弟兄四个一般高					王一新	MX007831	
2920	小西瓜肚儿园					王一新	MX007831	
2921	这样人家成不来					王一新	MX007831	
2922	两口商量度荒炎					王一新	MX007831	
2923	十八的姑娘郎					王一新	MX007831	
2924	公公犁地媳妇耙					王一新	MX007831	
2925	红格档笛笛大					王一新	MX007831	
2926	小菜碗里外花					王一新	MX007831	
2927	闺女媳妇不一般					王一新	MX007831	
2928	剪的黄瓜一掛鞭					王一新	MX007831	
2929	红格当水上漂					王一新	MX007831	
2930	晚上把它抓					王一新	MX007831	
2931	小包袱					王一新	MX007831	
2932	永远跟着毛主席					王一新	MX007831	
2933	李二孩子瞧娘					王一新	MX007831	
2934	越看越喜欢					王一新	MX007831	
2935	卖了羊毛给人钱					王一新	MX007831	
2936	说句话也没人听					王一新	MX007831	
2937	黑夜白天想爹娘					王一新	MX007831	
2938	死了我也不再做活					王一新	MX007831	
2939	姐织布，娘纺花					王一新	MX007831	
2940	小菠菜就地黄					王一新	MX007831	
2941	娶了媳妇光尿床					王一新	MX007831	
2942	娶了媳妇他光哭					王一新	MX007831	
2943	小老鼠上灯台					王一新	MX007831	
2944	太阳出来红又红					王一新	MX007831	
2945	没有一人向她学					王一新	MX007831	
2946	送郎送到五里坡					王一新	MX007831	
2947	哪有余钱攒体己					王一新	MX007831	
2948	都是蝈蝈捣的鬼					王一新	MX007831	
2949	小枣树					王一新	MX007831	
2950	嫂子嫂子你别瞅					王一新	MX007831	
2951	一跑跑到丈人家					王一新	MX007831	
2952	今天志强去应征					王一新	MX007831	

序号	篇名	民族	流传地区	采集地	讲述者	搜集者	数据库编号	字数
2953	买个毛驴驮秀才					王一新	MX007831	
2954	小公鸡					王一新	MX007831	
2955	骑着毛驴串亲戚					王一新	MX007831	
2956	一风刮到娘家					王一新	MX007831	
2957	小闺女好吃南瓜					王一新	MX007831	
2958	一个针尖绣个梅花					王一新	MX007831	
2959	恶霸买石榴					王一新	MX007831	
2960	娶了媳妇忘了娘					王一新	MX007831	
2961	童谣二十一首（1）					张玉琳	MX007831	
2962	童谣二十一首（2）					张玉琳	MX007831	
2963	童谣二十一首（3）					张玉琳	MX007831	
2964	童谣二十一首（4）					张玉琳	MX007831	
2965	童谣二十一首（5）					张玉琳	MX007831	
2966	童谣二十一首（6）					张玉琳	MX007831	
2967	童谣二十一首（7）					张玉琳	MX007831	
2968	童谣二十一首（8）					张玉琳	MX007831	
2969	童谣二十一首（9）					张玉琳	MX007831	
2970	童谣二十一首（10）					张玉琳	MX007831	
2971	童谣二十一首（11）					张玉琳	MX007831	
2972	童谣二十一首（12）					张玉琳	MX007831	
2973	童谣二十一首（13）					张玉琳	MX007831	
2974	童谣二十一首（14）					张玉琳	MX007831	
2975	童谣二十一首（15）					张玉琳	MX007831	
2976	童谣二十一首（16）					张玉琳	MX007831	
2977	童谣二十一首（17）					张玉琳	MX007831	
2978	童谣二十一首（18）					张玉琳	MX007831	
2979	童谣二十一首（19）					张玉琳	MX007831	
2980	童谣二十一首（20）					张玉琳	MX007831	
2981	童谣二十一首（21）					张玉琳	MX007831	
2982	民歌十一首（1）					张玉琳	MX007831	
2983	民歌十一首（2）					张玉琳	MX007831	
2984	民歌十一首（3）					张玉琳	MX007831	
2985	民歌十一首（4）					张玉琳	MX007831	
2986	民歌十一首（5）					张玉琳	MX007831	

序号	篇名	民族	流传地区	采集地	讲述者	搜集者	数据库编号	字数
2987	民歌十一首（6）					张玉琳	MX007831	
2988	民歌十一首（7）					张玉琳	MX007831	
2989	民歌十一首（8）					张玉琳	MX007831	
2990	民歌十一首（9）					张玉琳	MX007831	
2991	民歌十一首（10）					张玉琳	MX007831	
2992	民歌十一首（11）					张玉琳	MX007831	
2993	袁小拉笆					张玉琳	MX007831	
2994	青绸小鞋整八双					王一新	MX007831	
2995	传统儿歌二十二首（1）					汤吉夫	MX007831	
2996	传统儿歌二十二首（2）					汤吉夫	MX007831	
2997	传统儿歌二十二首（3）					汤吉夫	MX007831	
2998	传统儿歌二十二首（4）					汤吉夫	MX007831	
2999	传统儿歌二十二首（5）					汤吉夫	MX007831	
3000	传统儿歌二十二首（6）					汤吉夫	MX007831	
3001	传统儿歌二十二首（7）					汤吉夫	MX007831	
3002	传统儿歌二十二首（8）					汤吉夫	MX007831	
3003	传统儿歌二十二首（9）					汤吉夫	MX007831	
3004	传统儿歌二十二首（10）					汤吉夫	MX007831	
3005	传统儿歌二十二首（11）					汤吉夫	MX007831	
3006	传统儿歌二十二首（12）					汤吉夫	MX007831	
3007	传统儿歌二十二首（13）					汤吉夫	MX007831	
3008	传统儿歌二十二首（14）					汤吉夫	MX007831	
3009	传统儿歌二十二首（15）					汤吉夫	MX007831	
3010	传统儿歌二十二首（16）					汤吉夫	MX007831	
3011	传统儿歌二十二首（17）					汤吉夫	MX007831	
3012	传统儿歌二十二首（18）					汤吉夫	MX007831	
3013	传统儿歌二十二首（19）					汤吉夫	MX007831	
3014	传统儿歌二十二首（20）					汤吉夫	MX007831	
3015	传统儿歌二十二首（21）					汤吉夫	MX007831	
3016	传统儿歌二十二首（22）					汤吉夫	MX007831	
3017	盖楼阁					常树、时风	MX007831	
3018	排莲花					常树、时风	MX007831	
3019	两只小猫					常树、时风	MX007831	
3020	小花猫					常树、时风	MX007831	

序号	篇名	民族	流传地区	采集地	讲述者	搜集者	数据库编号	字数
3021	小板凳					常树、时风	MX007831	
3022	小榆树					常树、时风	MX007831	
3023	好热闹					常树、时风	MX007831	
3024	小白菜					常树、时风	MX007831	
3025	过新年					常树、时风	MX007831	
3026	当兵好					常树、时风	MX007831	
3027	小甜瓜					常树、时风	MX007831	
3028	孩子们					常树、时风	MX007831	
3029	小姑娘					常树、时风	MX007831	
3030	小小子					常树、时风	MX007831	
3031	小老虎					常树、时风	MX007831	
3032	灶火冒烟					常树、时风	MX007831	
3033	小小子					常树、时风	MX007831	
3034	芝蔴稭					常树、时风	MX007831	
3035	板凳倒					常树、时风	MX007831	
3036	花娃娃					常树、时风	MX007831	
3037	阁楼台					常树、时风	MX007831	
3038	高粱叶					常树、时风	MX007831	
3039	纳鞋底					常树、时风	MX007831	
3040	雪娃娃					常树、时风	MX007831	
3041	玩起来					常树、时风	MX007831	
3042	小巴狗					常树、时风	MX007831	
3043	小枣树					常树、时风	MX007831	
3044	盘脚盘					常树、时风	MX007831	
3045	插轿车					常树、时风	MX007831	
3046	骑白马					常树、时风	MX007831	
3047	格当尖					常树、时风	MX007831	
3048	青妮青					常树、时风	MX007831	
3049	她二姑					常树、时风	MX007831	
3050	尿炕王					常树、时风	MX007831	
3051	吃香饭					常树、时风	MX007831	
3052	老鸹我					常树、时风	MX007831	
3053	麻野雀					常树、时风	MX007831	
3054	恁你娘打你为么呀					常树、时风	MX007831	

序号	篇名	民族	流传地区	采集地	讲述者	搜集者	数据库编号	字数
3055	小闺女					常树、时风	MX007831	
3056	歪戴帽					常树、时风	MX007831	
3057	小三					常树、时风	MX007831	
3058	皮底鞋					常树、时风	MX007831	
3059	柳树柳					常树、时风	MX007831	
3060	七岁的小妮会挑刺					常树、时风	MX007831	
3061	小花猫					常树、时风	MX007831	
3062	看					鲁直	MX007831	
3063	衙门开了征					鲁直	MX007831	
3064	连年籽不見					鲁直	MX007831	
3065	对话					鲁直	MX007831	
3066	逼供的活人破死闹					鲁直	MX007831	
3067	别扛活					鲁直	MX007831	
3068	终日汗不干					鲁直	MX007831	
3069	光怕肚里饥					鲁直	MX007831	
3070	农夫苦					鲁直	MX007831	
3071	饥饿					鲁直	MX007831	
3072	老俩口					鲁直	MX007831	
3073	穷人做梦想不上					鲁直	MX007831	
3074	穿什么好					鲁直	MX007831	
3075	慌乱年					鲁直	MX007831	
3076	哪个敢睡安生觉					鲁直	MX007831	
3077	男人被兵抓					鲁直	MX007831	
3078	当兵谣					鲁直	MX007831	
3079	巡警狗					鲁直	MX007831	
3080	鸦片烟					鲁直	MX007831	
3081	空喜欢					鲁直	MX007831	
3082	长工苦					鲁直	MX007831	
3083	穿衣难					鲁直	MX007831	
3084	一家十五口					鲁直	MX007831	
3085	看个喜日娶了她					鲁直	MX007831	
3086	小二小割青草					鲁直	MX007831	
3087	有个大姐姓白					鲁直	MX007831	
3088	新媳妇					鲁直	MX007831	

序号	篇名	民族	流传地区	采集地	讲述者	搜集者	数据库编号	字数
3089	笑嘻嘻					鲁直	MX007831	
3090	爱					鲁直	MX007831	
3091	张三娶了个女					鲁直	MX007831	
3092	月亮地					鲁直	MX007831	
3093	不如娶了好					鲁直	MX007831	
3094	望					鲁直	MX007831	
3095	顶好说个庄稼汉					鲁直	MX007831	
3096	洞房歌					鲁直	MX007831	
3097	梅豆叶儿园					鲁直	MX007831	
3098	耍那小脚做甚吗					鲁直	MX007831	
3099	小俩口打架不记仇					鲁直	MX007831	
3100	二月二					鲁直	MX007831	
3101	枣树叶					鲁直	MX007831	
3102	小二姐					鲁直	MX007831	
3103	小纺车					鲁直	MX007831	
3104	歪老婆子不叫来					鲁直	MX007831	
3105	烙油饼					鲁直	MX007831	
3106	把住辘轳驾媒人					鲁直	MX007831	
3107	卖的钱还了账					鲁直	MX007831	
3108	回娘家					鲁直	MX007831	
3109	千万不要护救他					鲁直	MX007831	
3110	说着说着哭起来					鲁直	MX007831	
3111	错配姻缘怨爹娘					鲁直	MX007831	
3112	枣核儿两头尖					鲁直	MX007831	
3113	小柳树					鲁直	MX007831	
3114	天上的星颗颗黄					鲁直	MX007831	
3115	不与俺一心					鲁直	MX007831	
3116	红缎子鞋绿线锁					鲁直	MX007831	
3117	哪个女儿不想娘					鲁直	MX007831	
3118	红布鞋绿线锁					鲁直	MX007831	
3119	娘呵娘呵我嫁远					鲁直	MX007831	
3120	丁香花半夜开					鲁直	MX007831	
3121	明天就来哭灵来					鲁直	MX007831	
3122	你说这话怎么样					鲁直	MX007831	

序号	篇名	民族	流传地区	采集地	讲述者	搜集者	数据库编号	字数
3123	媳妇熏成黑老胡					鲁直	MX007831	
3124	格当泡					鲁直	MX007831	
3125	十二三岁做媳妇					鲁直	MX007831	
3126	凤凰不在你家落					鲁直	MX007831	
3127	桃花不开杏花开					鲁直	MX007831	
3128	蒲楞车					鲁直	MX007831	
3129	骂媒人					鲁直	MX007831	
3130	小梅香					鲁直	MX007831	
3131	哥哥呀，我走吧					鲁直	MX007831	
3132	玫瑰刺					鲁直	MX007831	
3133	饮花牛					鲁直	MX007831	
3134	山里燕					鲁直	MX007831	
3135	梦					鲁直	MX007831	
3136	冷清清					鲁直	MX007831	
3137	懒大嫂					鲁直	MX007831	
3138	为什么不点灯					鲁直	MX007831	
3139	花老婆					鲁直	MX007831	
3140	一枝梅					鲁直	MX007831	
3141	为人没有亲生子					鲁直	MX007831	
3142	西方路上一片云					鲁直	MX007831	
3143	一棵白菜一个心					鲁直	MX007831	
3144	鸟					鲁直	MX007831	
3145	闺女上轿走					鲁直	MX007831	
3146	娶了媳妇忘了娘					鲁直	MX007831	
3147	劝丈母					鲁直	MX007831	
3148	瞌睡虫					鲁直	MX007831	
3149	妹妹做梦姐姐来					鲁直	MX007831	
3150	偏心眼					鲁直	MX007831	
3151	当紧别打琉璃盆					鲁直	MX007831	
3152	金银花					鲁直	MX007831	
3153	墙头草					鲁直	MX007831	
3154	不要再拜死泥胎					鲁直	MX007831	
3155	哪里来的凤凰蛋					鲁直	MX007831	
3156	妻					鲁直	MX007831	

序号	篇名	民族	流传地区	采集地	讲述者	搜集者	数据库编号	字数
3157	为人不做亏心事					鲁直	MX007831	
3158	师婆子的口					鲁直	MX007831	
3159	小曲					鲁直	MX007831	
3160	过了九月九					鲁直	MX007831	
3161	九九歌					鲁直	MX007831	
3162	两只手					鲁直	MX007831	
3163	杨叶拍光光					鲁直	MX007831	
3164	邻家					鲁直	MX007831	
3165	什么人					鲁直	MX007831	
3166	弯钩子秤					鲁直	MX007831	
3167	庆丰收					鲁直	MX007831	
3168	天明了					鲁直	MX007831	
3169	老南瓜					鲁直	MX007831	
3170	巧媳妇					鲁直	MX007831	
3171	羊巴巴蛋用脚搓					鲁直	MX007831	
3172	小老鼠上谷穗					鲁直	MX007831	
3173	一天不做过不去					鲁直	MX007831	
3174	蒸了干粮叫难吃					鲁直	MX007831	
3175	姥娘门上唱大戏					鲁直	MX007831	
3176	盼元宵					鲁直	MX007831	
3177	唱刘海					鲁直	MX007831	
3178	小秃尼上高楼					鲁直	MX007831	
3179	小小子下南洼					鲁直	MX007831	
3180	大雁歌					鲁直	MX007831	
3181	十个儿子					鲁直	MX007831	
3182	一双绣鞋					鲁直	MX007831	
3183	小白菜					鲁直	MX007831	
3184	十个秃子					鲁直	MX007831	
3185	小老鼠					鲁直	MX007831	
3186	小公鸡					鲁直	MX007831	
3187	哪个山上没石头					鲁直	MX007831	
3188	上庙台					鲁直	MX007831	
3189	亲家来了					鲁直	MX007831	
3190	水里鱼					鲁直	MX007831	

序号	篇名	民族	流传地区	采集地	讲述者	搜集者	数据库编号	字数
3191	小老鼠					鲁直	MX007831	
3192	板凳板凳乐乐					鲁直	MX007831	
3193	上火炉台					鲁直	MX007831	
3194	一个大汉喝了酒					鲁直	MX007831	
3195	花园里走					鲁直	MX007831	
3196	小白鸭坑沿卧					鲁直	MX007831	
3197	催眠歌					鲁直	MX007831	
3198	太阳出来一片红					鲁直	MX007831	
3199	红罗圈					鲁直	MX007831	
3200	半天空里住着一家					鲁直	MX007831	
3201	珍珠玛瑙满地抓					鲁直	MX007831	
3202	我和姐姐对梳头					鲁直	MX007831	
3203	大家吃了它					鲁直	MX007831	
3204	孙猴打筋斗					鲁直	MX007831	
3205	看石榴					鲁直	MX007831	
3206	凤仙花					鲁直	MX007831	
3207	姊妹十人一个娘					鲁直	MX007831	
3208	星星月亮					鲁直	MX007831	
3209	小小子坐门墩					鲁直	MX007831	
3210	新年					鲁直	MX007831	
3211	拾子歌					鲁直	MX007831	
3212	嘲和尚歌					鲁直	MX007831	
3213	小日本		故城德州边界			孟振东	MX004897	
3214	三个嫂嫂三个哥		故城县城乡			孟振东	MX004897	
3215	童养媳		故城县北部地区			孟振东	MX004897	
3216	讨饭			袁庄乡	李文祥	李金星	MX004897	
3217	抓壮丁		故城县全境			孟振东	MX004897	
3218	女儿要当兵		古城县西部地区			孟振东	MX004897	
3219	盼八路		古城县三朗一带			孟振东	MX004897	
3220	骂媒人		故城县东部地区			孟振东	MX004897	
3221	妻为奴		故城县			孟振东	MX004897	
3222	嫁郎曲		故城县运河沿岸	文化馆		孟振东	MX004897	
3223	盖房娶媳妇		故城县农村			孟振东	MX004897	
3224	五劝姐妹			文化馆	孙秀玲	李其中	MX004897	

序号	篇名	民族	流传地区	采集地	讲述者	搜集者	数据库编号	字数
3225	穷人一条心		冀鲁边区、运河岸边农村			孟振东	MX004897	
3226	低指标瓜菜代（一）						MX004897	
3227	低指标瓜菜代（二）						MX004897	
3228	低指标瓜菜代（三）						MX004897	
3229	低指标瓜菜代（四）						MX004897	
3230	低指标瓜菜代（五）						MX004897	
3231	低指标瓜菜代（六）						MX004897	
3232	低指标瓜菜代（七）						MX004897	
3233	低指标瓜菜代（八）						MX004897	
3234	低指标瓜菜代（九）						MX004897	
3235	为耕牛唱挽歌（ ）		故城县全境			孟振东	MX004897	
3236	为耕牛唱挽歌（二）		故城县全境			孟振东	MX004897	
3237	为耕牛唱挽歌（三）		故城县全境			孟振东	MX004897	
3238	如此假大空		袁庄一带			孟振东	MX004897	
3239	如此假大空（二）		袁庄一带			孟振东	MX004897	
3240	队长（一）		郑口、赵行一带			孟振东	MX004897	
3241	队长（二）		郑口、赵行一带			孟振东	MX004897	
3242	队长（三）		郑口、赵行一带			孟振东	MX004897	
3243	队长（四）		郑口、赵行一带			孟振东	MX004897	
3244	队长（五）		郑口、赵行一带			孟振东	MX004897	
3245	队长（六）		郑口、赵行一带			孟振东	MX004897	
3246	盼承包（一）		故城县广大农村			孟振东	MX004897	
3247	盼承包（二）		故城县广大农村			孟振东	MX004897	
3248	盼承包（三）		故城县广大农村			孟振东	MX004897	
3249	盼承包（四）		故城县广大农村			孟振东	MX004897	
3250	盼承包（五）		故城县广大农村			孟振东	MX004897	
3251	新纪元喻育新民歌（一）		故城县广大城乡			孟振东	MX004897	
3252	新纪元喻育新民歌（二）		故城县广大城乡			孟振东	MX004897	
3253	新纪元喻育新民歌（三）		故城县广大城乡			孟振东	MX004897	
3254	新纪元喻育新民歌（四）		故城县广大城乡			孟振东	MX004897	
3255	新纪元喻育新民歌（五）		故城县广大城乡			孟振东	MX004897	
3256	新纪元喻育新民歌（六）		故城县广大城乡			孟振东	MX004897	
3257	新纪元喻育新民歌（七）		故城县广大城乡			孟振东	MX004897	

序号	篇名	民族	流传地区	采集地	讲述者	搜集者	数据库编号	字数
3258	新纪元喻育新民歌（八）		故城县广大城乡			孟振东	MX004897	
3259	新纪元喻育新民歌（九）		故城县广大城乡			孟振东	MX004897	
3260	新纪元喻育新民歌（十）		故城县广大城乡			孟振东	MX004897	
3261	新纪元喻育新民歌（十一）		故城县广大城乡			孟振东	MX004897	
3262	新纪元喻育新民歌（十二）		故城县广大城乡			孟振东	MX004897	
3263	新纪元喻育新民歌（十三）		故城县广大城乡			孟振东	MX004897	
3264	新纪元喻育新民歌（十四）		故城县广大城乡			孟振东	MX004897	
3265	新纪元喻育新民歌（十五）		故城县广大城乡			孟振东	MX004897	
3266	八路坐天下		故城、德州边区			孟振东	MX004897	
3267	三个姐姐爱唱歌		故城县运河岸边			孟振东	MX004897	
3268	田园情歌（五首）（一）		故城县东部地区			孟振东	MX004897	
3269	田园情歌（五首）（二）		故城县东部地区			孟振东	MX004897	
3270	田园情歌（五首）（三）		故城县东部地区			孟振东	MX004897	
3271	田园情歌（五首）（四）		故城县东部地区			孟振东	MX004897	
3272	田园情歌（五首）（五）		故城县东部地区			孟振东	MX004897	
3273	光棍叹（三首）（一）		夏庄、小屯地区			孟振东	MX004897	
3274	光棍叹（三首）（二）		夏庄、小屯地区			孟振东	MX004897	
3275	光棍叹（三首）（三）		夏庄、小屯地区			孟振东	MX004897	
3276	出嫁		故城县			孟振东	MX004897	
3277	运河情歌七首（一）		故城县运河岸边			孟振东	MX004897	
3278	运河情歌七首（二）		故城县运河岸边			孟振东	MX004897	
3279	运河情歌七首（三）		故城县运河岸边			孟振东	MX004897	
3280	运河情歌七首（三）		故城县运河岸边			孟振东	MX004897	
3281	运河情歌七首（四）		故城县运河岸边			孟振东	MX004897	
3282	运河情歌七首（五）		故城县运河岸边			孟振东	MX004897	
3283	运河情歌七首（六）		故城县运河岸边			孟振东	MX004897	
3284	运河情歌七首（七）		故城县运河岸边			孟振东	MX004897	
3285	偷情(六首）（一）		故城武城边区			孟振东	MX004897	
3286	偷情(六首）（二）		故城武城边区			孟振东	MX004897	
3287	偷情(六首）（三）		故城武城边区			孟振东	MX004897	
3288	偷情(六首）（四）		故城武城边区			孟振东	MX004897	
3289	偷情(六首）（五）		故城武城边区			孟振东	MX004897	
3290	偷情(六首）（六）		故城武城边区			孟振东	MX004897	
3291	雪里梅						MX004897	

序号	篇名	民族	流传地区	采集地	讲述者	搜集者	数据库编号	字数
3292	做嫁衣		故城德州交界处			孟振东	MX004897	
3293	嫁小郎（二首）（一）		故城县袁庄坊庄一带			孟振东	MX004897	
3294	嫁小郎（二首）（二）		故城县袁庄坊庄一带			孟振东	MX004897	
3295	送情郎			小屯	潘秀芬	孟振东	MX004897	
3296	十月怀胎			郑口	柳翠枝	孟振东	MX004897	
3297	好心焦		故城县元西一带			孟振东	MX004897	
3298	小寡妇哭天		故城县郑口镇			孟振东	MX004897	
3299	盼嫁郎		故城县三郎一带			孟振东	MX004897	
3300	离恨歌（八首）（一）		三郎、建国一带			孟振东	MX004897	
3301	离恨歌（八首）（二）		三郎、建国一带			孟振东	MX004897	
3302	离恨歌（八首）（三）		三郎、建国一带			孟振东	MX004897	
3303	离恨歌（八首）（四）		三郎、建国一带			孟振东	MX004897	
3304	离恨歌（八首）（五）		三郎、建国一带			孟振东	MX004897	
3305	离恨歌（八首）（六）		三郎、建国一带			孟振东	MX004897	
3306	离恨歌（八首）（七）		三郎、建国一带			孟振东	MX004897	
3307	离恨歌（八首）（八）		三郎、建国一带			孟振东	MX004897	
3308	串花						MX004897	
3309	走丈人		故城县中南部			孟振东	MX004897	
3310	情爱散歌（十一首）（一）		故城县运河岸边			孟振东	MX004897	
3311	情爱散歌（十一首）（二）		故城县运河岸边			孟振东	MX004897	
3312	情爱散歌（十一首）（三）		故城县运河岸边			孟振东	MX004897	
3313	情爱散歌（十一首）（四）		故城县运河岸边			孟振东	MX004897	
3314	情爱散歌（十一首）（五）		故城县运河岸边			孟振东	MX004897	
3315	情爱散歌（十一首）（六）		故城县运河岸边			孟振东	MX004897	
3316	情爱散歌（十一首）（七）		故城县运河岸边			孟振东	MX004897	
3317	情爱散歌（十一首）（八）		故城县运河岸边			孟振东	MX004897	
3318	情爱散歌（十一首）（九）		故城县运河岸边			孟振东	MX004897	
3319	情爱散歌（十一首）（十）		故城县运河岸边			孟振东	MX004897	
3320	情爱散歌（十一首）（十一）		故城县运河岸边			孟振东	MX004897	
3321	小白兔赶集						MX004897	
3322	小熊猫						MX004897	
3323	小老头						MX004897	

序号	篇名	民族	流传地区	采集地	讲述者	搜集者	数据库编号	字数
3324	去留洋						MX004897	
3325	击掌游戏之一					孟振东	MX004897	
3326	击掌游戏之二		郑口大兴镇新村	郑口大兴镇新村	翟瑞华	孟振东	MX004897	
3327	擦铁牛			郑口	翟瑞芳	孟振东	MX004897	
3328	小木船		郑口镇			孟振东	MX004897	
3329	种瓜		郑口镇			孟振东	MX004897	
3330	小竹竿						MX004897	
3331	小熊过桥		郑口镇			孟振东	MX004897	
3332	巧妞妞		辛庄、小庙一带			孟振东	MX004897	
3333	西瓜甜		夏庄、里老乡			孟振东	MX004897	
3334	小小储蓄箱		建国镇一带			孟振东	MX004897	
3335	搂树叶						MX004897	
3336	小蚂蚱		郑口镇				MX004897	
3337	拾钱		故城镇一带			孟振东	MX004897	
3338	师徒取经		赵行、武官寨一带			孟振东	MX004897	
3339	小土妮		赵行、武官寨一带			孟振东	MX004897	
3340	集邮		郑口镇			孟振东	MX004897	
3341	洗澡						MX004897	
3342	司晨						MX004897	
3343	好风气		郑口镇			孟振东	MX004897	
3344	教数数		西半屯一带			孟振东	MX004897	
3345	挖野菜		袁庄乡			孟振东	MX004897	
3346	种树		郑口镇			孟振东	MX004897	
3347	催眠曲		郑口镇			孟振东	MX004897	
3348	小猫偷桃		故城县城乡			孟振东	MX004897	
3349	小老鼠		青罕乡			孟振东	MX004897	
3350	大公鸡尾巴长		青罕乡			孟振东	MX004897	
3351	九个秃子			县文化馆	袁风桐	孟振东	MX004897	
3352	老婆		袁庄乡			孟振东	MX004897	
3353	下雨了		郑口镇			孟振东	MX004897	
3354	星和灯		故城县城乡			孟振东	MX004897	
3355	妈妈好		郑口镇			孟振东	MX004897	
3356	我爱我家大黄牛		庙灵乡农村			孟振东	MX004897	

序号	篇名	民族	流传地区	采集地	讲述者	搜集者	数据库编号	字数
3357	汨汪汪		袁庄乡一带			孟振东	MX004897	
3358	蚂蚁抬船		郑口各小学			孟振东	MX004897	
3359	红眼小白兔		郑口各小学			孟俊玲	MX004897	
3360	唱刘海儿		冀鲁边区			霍贵新	MX004897	
3361	小老鼠		故城县一带			霍贵新	MX004897	
3362	剥棉花		故城县枣强边区			孟振东	MX004897	
3363	打老婆		袁庄乡			孟振东	MX004897	
3364	哭丧		坊庄乡			孟振东	MX004897	
3365	李嫂骂鸡（一）						MX004897	
3366	李婆骂鸡（二）			卢家圈	潘逢达	孟振东	MX004897	
3367	健身谣十五首（一）		故城县老干部界			孟振东	MX004897	
3368	健身谣十五首（二）		故城县老干部界			孟振东	MX004897	
3369	健身谣十五首（三）		故城县老干部界			孟振东	MX004897	
3370	健身谣十五首（四）		故城县老干部界			孟振东	MX004897	
3371	健身谣十五首（五）		故城县老干部界			孟振东	MX004897	
3372	健身谣十五首（六）		故城县老干部界			孟振东	MX004897	
3373	健身谣十五首（七）		故城县老干部界			孟振东	MX004897	
3374	健身谣十五首（八）		故城县老干部界			孟振东	MX004897	
3375	健身谣十五首（九）		故城县老干部界			孟振东	MX004897	
3376	健身谣十五首（十）		故城县老干部界			孟振东	MX004897	
3377	健身谣十五首（十一）		故城县老干部界			孟振东	MX004897	
3378	健身谣十五首（十二）		故城县老干部界			孟振东	MX004897	
3379	健身谣十五首（十三）		故城县老干部界			孟振东	MX004897	
3380	健身谣十五首（十四）		故城县老干部界			孟振东	MX004897	
3381	健身谣十五首（十五）		故城县老干部界			孟振东	MX004897	
3382	分家		梧茂农村			孟振东	MX004897	
3383	为了美（一）		山南海北			孟振东	MX004897	
3384	为了美(二）		山南海北			孟振东	MX004897	
3385	为了美(三）		山南海北			孟振东	MX004897	
3386	酒辨（一）		四海三江			孟振东	MX004897	
3387	酒辨（二）		四海三江			孟振东	MX004897	
3388	酒辨（三）		四海三江			孟振东	MX004897	
3389	生活四要素（一）		冀鲁边区			孟振东	MX004897	
3390	生活四要素（二）		冀鲁边区			孟振东	MX004897	

序号	篇名	民族	流传地区	采集地	讲述者	搜集者	数据库编号	字数
3391	生活四要素（三）		冀鲁边区			孟振东	MX004897	
3392	媳妇近门		赵行乡			孟振东	MX004897	
3393	新媳妇		饶阳店乡			孟振东	MX004897	
3394	白天和黑夜		故城镇			孟振东	MX004897	
3395	收魂		郑口镇			孟俊玲	MX004897	
3396	欺和怕		袁庄一带			孟振东	MX004897	
3397	大嫂和二嫂				刘佳		MX004897	
3398	地方谣		故城县广大城乡			孟振东	MX004897	
3399	秤不离砣		故城县城乡			孟振东	MX004897	
3400	实不足		故城县一带			霍贵新	MX004897	
3401	说光棍		武官寨			霍贵新	MX004897	
3402	纤夫谣		故城县运河流域			孟振东	MX004897	
3403	九九歌		故城县全境			孟振东	MX004897	
3404	年景谣		故城县全境			孟振东	MX004897	
3405	瓜果上市		故城县袁庄一带			孟振东	MX004897	
3406	卖雪糕		郑口镇			孟振东	MX004897	
3407	气象谣						MX004897	
3408	菠菜与麦子						MX004897	
3409	蚊		故城县全境			孟振东	MX004897	
3410	庄稼日子（一）		半屯、〓昌一带			孟振东	MX004897	
3411	庄稼日子（二）		半屯、〓昌一带			孟振东	MX004897	
3412	庄稼日子（三）		半屯、〓昌一带			孟振东	MX004897	
3413	屠宰歌		郑口镇			孟振东	MX004897	
3414	夯歌					孟振东	MX004897	
3415	运河拉船号子					孟振东	MX004897	
3416	洞房铺炕谣（一）				孙桂芝	孟振东	MX004897	
3417	洞房铺炕谣（二）				孙桂芝	孟振东	MX004897	
3418	洞房铺炕谣（三）				孙桂芝	孟振东	MX004897	
3419	洞房铺炕谣（四）				孙桂芝	孟振东	MX004897	
3420	洞房铺炕谣（五）				孙桂芝	孟振东	MX004897	
3421	洞房铺炕谣（六）				孙桂芝	孟振东	MX004897	
3422	二月二				张丙利	孟振东	MX004897	
3423	烤火谣			瓦子庄	刘西亭	张峰	MX004897	
3424	放河灯		郑口地区			孟振东	MX004897	

序号	篇名	民族	流传地区	采集地	讲述者	搜集者	数据库编号	字数
3425	看嫁妆		故城、德州边界处			孟振东	MX004897	
3426	恋妹不成打单身						216	576
3427	妹不讲话心有情						203	1738
3428	要想恋妹多来往						205	231
3429	沟深水长比妹情						215	787
3430	序歌						201	329
3431	宁捨头来心也甘						234	1383
3432	别学酸杏把心伤						223	696
3433	马蜂做窝眼子多						233	471
3434	谁家蜡烛两条心						225	388
3435	路远山高哥难来						218	1343
3436	啥时小妹来伴郎						217	392
3437	缠哥腰来绾妹心						229	720
3438	想说不说总害羞						207	391
3439	月园不来月底来						230	810
3440	少个喜鹊搭桥人						236	711
3441	心里唱出妹声音						206	469
3442	清晨你望到黄昏						231	1316
3443	手把松树想情人						204	396
3444	心里爱哥口不说						227	480
3445	不戴花朵自来香						211	483
3446	盼你不来花不发						219	627
3447	哥难舍妹着人恋						214	319
3448	月也园来人也园						213	796
3449	那知小妹许谁家						222	464
3450	水凉石头妹坐遍						209	170
3451	爹娘管教正严紧						235	697
3452	你恋妹来别扬声						237	251
3453	妹比孤雁更难熬						221	467
3454	人生没有几年轻						228	1013
3455	假装哑叭别吭声						220	311
3456	小妹要恋恋啥人						226	309
3457	别吃杏儿把心酸						232	801
3458	笑在脸上疼在心						224	709

序号	篇名	民族	流传地区	采集地	讲述者	搜集者	数据库编号	字数
3459	妹像蜡烛透心亮						208	768
3460	不为洗衣为会郎						210	390
3461	假如妹是一朵鲜花						202	628
3462	生同枕来死同棺						238	1008
3463	旁人掐花哥伤心						212	1336
3464	十杯茶				张秀岩		13768	517
3465	锣靠鼓				汪王氏		13856	412
3466	十二月菜				韩氏	韩秀红	13865	164
3467	玉娃娃				汪王氏		13855	153
3468	小巴狗				王俊花	董华新	13861	937
3469	大雨哗哗地下					尹秀荣	13878	433
3470	小板凳儿				汪王氏	汪虎	13854	570
3471	做媳妇难					汪洪印	13810	93
3472	胡诌				汪王氏		13847	645
3473	鸪鸪头子鸡				汪王氏		13851	130
3474	小金姐				汪王氏	汪虎	13822	174
3475	妓女托梦				刘金明、彭振和	集成办公室	13802	245
3476	小老鼠窝里坐						13881	784
3477	逃荒歌				张秀岩		13762	89
3478	摸敌人				张秀岩		13775	148
3479	追悼杨靖远同志歌				张秀岩		13757	177
3480	教书先生实可怜				汪王氏		13816	140
3481	妓女悲伤				刘金明、彭振和	集成办公室	13801	133
3482	绣针扎				刘松池	集成办公室	13806	334
3483	叫老乡				张秀岩		13766	175
3484	顽固爹娘心太狠				高芳敏	刘梅英	13793	304
3485	尼姑下山				刘金明	集成办公室	13799	276
3486	青年参战				张秀岩		13778	114
3487	鱼和水				张秀岩		13784	255
3488	哭五更				郝荣庆		13818	143
3489	七月太阳似火烧				张秀岩		13772	259
3490	冀鲁边进行曲				张秀岩		13760	95
3491	哭夫				汪王氏		13811	325
3492	山老鸹尾巴长				汪王氏	汪虎	13842	217

序号	篇名	民族	流传地区	采集地	讲述者	搜集者	数据库编号	字数
3493	“小板凳”一嘎哒				汪王氏		13849	496
3494	军民鱼水关系				张秀岩		13773	118
3495	打罗罗				汪王氏	汪虎	13836	391
3496	反扫荡				张秀岩		13780	87
3497	家花不如野花香				刘玉青	崔云良	13821	138
3498	站岗放哨歌				张秀岩		13782	85
3499	青菜成精				董长生	董秀珍	13820	440
3500	共产党领导妇女把身翻				高芳敏		13791	179
3501	织蒲席				刘金明		13798	465
3502	打他个面朝天				于砚田		13788	471
3503	寡妇自叹				刘金明		13795	150
3504	李桂兰				高芳敏	刘梅英	13794	361
3505	日本抓丁实难搪						13789	164
3506	青纱帐				陈兰阁		13809	134
3507	缝衣曲				张秀岩		13771	252
3508	妇女们革命也有力量				高芳敏	刘美英	13790	203
3509	麦芽绿柳叶黄				张秀岩		13763	573
3510	松树开花一片青				汪王氏		13814	129
3511	两个蝈蝈吹牛皮						13883	175
3512	糖梨子树开白花				付玉环		13879	92
3513	小老鼠上灯台				汪王氏		13852	321
3514	十二月				汪王氏		13815	176
3515	嘻嘻哈哈乐死人				汪王氏	汪虎	13823	130
3516	肥猪哭				武国强	董华新	13859	394
3517	小缸盆				汪王氏	汪虎	13826	117
3518	呱嗒板一二三				汪王氏		13833	245
3519	下棋				刘金明		13808	369
3520	反资敌				张秀岩		13779	1219
3521	小小子坐门墩				汪王氏		13844	116
3522	棒子秸				汪王氏	汪虎	13839	808
3523	山老鸹白脖子				汪王氏	汪虎	13835	386
3524	月儿渐渐高				张秀岩		13767	319
3525	小大姐				汪王氏	汪虎	13840	138
3526	我家有个胖娃娃				汪王氏	汪虎	13841	149

序号	篇名	民族	流传地区	采集地	讲述者	搜集者	数据库编号	字数
3527	人家要我干什么					汪虎	13827	464
3528	破路歌				张秀岩		13783	368
3529	花椒树				汪王氏	汪虎	13824	404
3530	“小板凳”一栽歪				汪王氏		13850	92
3531	十八州				张玉山	于金良	13819	198
3532	“小白鸡”钻席子				汪王氏		13846	111
3533	拖拉				董长顺	董照桥	13864	195
3534	锉人				郑文义	郑国治	13863	1198
3535	柳树开花叶叶长				汪王氏		13853	225
3536	五个字						13812	278
3537	催眠曲				赵国华	董照桥	13870	237
3538	粗心嫂嫂				武国胜	董华新	13876	125
3539	小白兔白又白				汪王氏	汪虎	13831	321
3540	白菜碟				宋玉西	崔云良	13817	477
3541	小大姐缠脚了				汪王氏	汪虎	13832	939
3542	打得汉奸鬼子哭黄天					张建卫	13880	414
3543	张飞、刘备和关公				汪王氏		13813	232
3544	腊月二十三				汪王氏		13843	240
3545	妇女翻身				高芳敏		13792	307
3546	小米干饭				汪王氏		13825	200
3547	把日本鬼子赶出中国去				于砚田		13787	211
3548	马兰花				汪王氏	汪虎	13837	236
3549	打骑兵				张秀岩		13759	176
3550	小白鸡				汪王氏	汪虎	13828	541
3551	相思				刘金明		13803	203
3552	嘎嗒车				汪王氏	汪虎	13830	370
3553	倒卷帘				张宝明		13807	271
3554	参加八路军				张秀岩		13769	375
3555	老妈叹				刘金明	集成办公室	13800	226
3556	红姑娘子棵				汪王氏		13848	206
3557	大破杨家店				于砚田	汪洪印	13785	166
3558	贫农歌				张秀岩		13777	204
3559	过长江				张秀岩		13761	193
3560	同志往前看				程宪池	程献栋	13862	174

序号	篇名	民族	流传地区	采集地	讲述者	搜集者	数据库编号	字数
3561	儿童团歌				张秀岩		13781	237
3562	二月二				崔树明	崔云良	13858	210
3563	小青年				王俊花		13877	993
3564	你说好笑不好笑				王俊花	董华新	13882	129
3565	一间屋				陈玉文	陈秀良	13875	131
3566	求雨歌				戴兰芬	丁爱红	13872	225
3567	回娘家				李印青		13805	104
3568	小姑娘会梳头				王俊花	董华新	13874	178
3569	板凳谣				韩氏	韩秀红	13866	150
3570	糖梨子树				尹氏	尹秀荣	13867	410
3571	老猫摘桃				王氏	王云彬	13873	559
3572	五月蚂蚱				汪王氏	汪虎	13857	143
3573	小红人戴红帽				汪王氏	汪虎	13829	141
3574	小孩别打仗				审秀英	李秀玲	13868	211
3575	小天台				刘文侠		13804	156
3576	流浪的人儿想家乡				张秀岩		13764	311
3577	糖梨子树				张凤兰	李秀全	13860	97
3578	同胞快猛醒				张秀岩		13770	294
3579	也来调我八路军				张秀岩		13765	788
3580	朱德将军五十五寿辰				张秀岩		13774	169
3581	说黄虎				汪王氏		13845	91
3582	我们的小红				张秀岩		13776	114
3583	洋火棍				汪王氏	汪虎	13838	121
3584	我军好隐蔽				张秀岩		13758	242
3585	冬冬冬冬				汪王氏	汪虎	13834	182
3586	摇篮曲				戴兰芬	丁爱红	13871	155
3587	绣花灯				刘金明	集成办公室	13797	269
3588	丢戒指				刘金明	集成办公室	13796	180
3589	歌唱左权将军				于砚田		13786	505
3590	小白鸡上草垛				张文秀	张洪云	13869	285
3591	气的老汉喝了个醉			完县东河口村	王国忠	王文科	14037	227
3592	拥军小调			完县地震台	刘军屏	薛同善	14015	151
3593	小茉莉花						14081	337
3594	门儿豆叶，四方方			完县安阳		滕玉明	14034	209

序号	篇名	民族	流传地区	采集地	讲述者	搜集者	数据库编号	字数
3595	扒铁路						14017	152
3596	娶了媳妇忘娘			西朝阳		魏永录	14030	101
3597	一岁歌			完县腰山		王俊芬	14066	240
3598	小寡妇						14041	342
3599	报花名			完县城内			14082	124
3600	杨二郎			完县常大村		周国章	14078	296
3601	宋朝有个杨令公			完县常大村		周国章	14076	137
3602	孙悟空			完县常大村		周国章	14079	155
3603	我也用它打婆婆			完县西柏山林	石风岭	张建华	14039	184
3604	放风筝			完县城内		薛同善	14080	532
3605	红眼红			完县北陈侯村	冀秀兰	冀占民	14071	193
3606	呼噜呼噜王（1）			东荆尖		李彦昌	14070	119
3607	一块手巾两面花						14040	96
3608	小小子儿，坐门墩儿			西朝阳		魏永录	14029	198
3609	歌唱八路军			完县城内		薛同善	14014	185
3610	赶的老鼠瞪了眼			完县安阳		滕玉明	14067	311
3611	两头忙			完县东河口	陈占花	王文科	14058	181
3612	武大郎搬家			完县常大村		周国章	14072	222
3613	摘椒			完县东街		张永生	14083	152
3614	白袍将军薛平贵			完县常大村		周国章	14077	129
3615	红葫芦			完县安阳		滕玉明	14035	128
3616	过他娘的老灯台			完县西朝阳		张琪	14043	125
3617	光棍难			东河口	王文科		14028	140
3618	哭了声爹娘真狠心						14042	144
3619	小放牛			完县南常半村		吴尚达	14045	144
3620	抽烟			完县东荆尖		李彦昌	14068	83
3621	门儿豆叶，剪裁子			完县安阳		滕玉明	14033	106
3622	太行山上的月光			完县地震台	刘翠平	薛同善	14020	109
3623	张二嫂放哨			完县地震台	刘翠平	薛同善	14019	258
3624	路上拾个袄			东河口	王贵连	王文科	14023	267
3625	蚂螂蚂螂过河来			东河口	刘老五	王文科	14053	189
3626	撒金扇						14075	133
3627	上召庄			完县东荆尖	安玉芬	李彦昌	14069	187
3628	问情妹			完县南常平村人	曹俊花	吴尚达	14073	127

序号	篇名	民族	流传地区	采集地	讲述者	搜集者	数据库编号	字数
3629	叫卖调			完县东河口	王英	王文科	14065	101
3630	拍手谣			于东河口	王荣花		14054	151
3631	抓子儿谣			东荆尖材	葛胜乔	李彦昌	14056	214
3632	媳妇没出息			完县东阳各庄	张俊娜	薛同善	14032	202
3633	拍巴掌			完县东荆尖	边秋灵	李彦昌	14055	133
3634	耍女婿			完县常大村		周国章	14074	176
3635	叫卖调			完县东河口	李水	王文科	14064	180
3636	酸枣树，树叶多			完县东阳各庄村		王俊露	14044	155
3637	爷爷娶了后奶奶			完县安阳		滕玉明	14036	269
3638	小白菜			完县屯头村		边振江	14031	150
3639	跑马城			完县东荆尖村		李彦昌	14057	184
3640	小丫头片子可经着了			完县伍郎村		刘文彬	14038	254
3641	说瞎话			东河口村	靳三有	王文科	14060	136
3642	拨工			完县地震台	刘翠屏	薛同善	14018	293
3643	庆丰收			完县东街		张永生	14016	217
3644	奇袭紫荆关						21012	621
3645	打鸣起					王宏伟	21169	175
3646	红小豆					于宗学	21206	58
3647	预报歌谣二首						21161	135
3648	派性混战枪声起					赵剑华	21191	85
3649	车把式的歌					姚文玲	21194	164
3650	易水谣						21188	200
3651	统一战线歌				胡义华		21185	203
3652	画画儿					赵晓艳	21208	125
3653	狼牙山五壮士歌					张良	21183	76
3654	战斗里成长					武风桥	21186	117
3655	小白菜					田玉录	21202	154
3656	十大将就					田玉录	21212	74
3657	行行都有女状元					于淑敏	21201	230
3658	抗日歌三首					耿树革	21182	59
3659	走后门						21195	58
3660	社员生活大变样						21174	58
3661	把我送进幼儿园					路騫	21211	74
3662	小蚂蚱					赵永利	21167	88

序号	篇名	民族	流传地区	采集地	讲述者	搜集者	数据库编号	字数
3663	跟着阿姨学唱歌						21207	91
3664	揪他去见官						21160	1512
3665	小白兔					程卫东	21205	433
3666	红灯照歌谣						21179	3871
3667	小麻雀						21204	646
3668	计划生育歌					赵朋起	21200	92
3669	造反派做了官					赵剑华	21199	151
3670	易水谣						21197	88
3671	蔬菜歌					李秀茹	21176	225
3672	不平谣						21187	261
3673	穷山沟谣					赵剑华	21172	67
3674	抗旱谣						21158	219
3675	春天到					王风坡	21164	120
3676	易水河小曲				王汉章		21177	88
3677	小板凳						21203	479
3678	张文海抗日的故事					俞悦	21015	145
3679	送情郎歌					田玉录	21213	171
3680	新时光					高振常	21175	116
3681	扁担英雄刘万才				刘万才		21017	148
3682	义和团谣						21178	3590
3683	饿我儿					毕建玲	21163	3049
3684	开朵大红花						21180	97
3685	麻衣鹊					王汉章	21168	140
3686	长工谣						21189	602
3687	沙荒谣					赵剑华	21155	88
3688	谁要富了怕削尖						21190	87
3689	友谊水					赵剑华	21154	110
3690	好娃娃					于淑敏	21209	58
3691	民风					张海风	21196	42
3692	抗日歌曲五首				胡义华		21184	98
3693	陈团长炮轰日军名将之花						21014	4033
3694	山上多栽树					靳保山	21156	172
3695	夜话					赵剑华	21162	2010
3696	放水谣					赵剑华	21159	201

序号	篇名	民族	流传地区	采集地	讲述者	搜集者	数据库编号	字数
3697	数九歌					张海风	21173	88
3698	姑嫂情						21171	99
3699	唐队长夺枪				许树贞		21016	203
3700	家乡好						21170	57
3701	花子歌					王会林	21165	116
3702	龙生龙					李彦恒	21166	81
3703	奔上战场打东洋					赵剑华	21181	50
3704	易水洼谣						21157	110
3705	四吃香						21192	210
3706	狼牙山之战						21011	1794
3707	时代有了邓小平						21198	100
3708	小白兔						21210	54
3709	鸡多不下蛋					翟杰	21193	75
3710	儿不孝			行唐口头镇	刘富荣	田青法	28414	1001
3711	三国战将勇			行唐口头镇	赵文军	田青法、赵增瑞	28489	141
3712	敬茶歌			行唐口头镇	黄湘云	杨荣国、张建华等	28277	620
3713	观花			行唐口头镇	赵兰翠	高付祥、王国庆等	28484	127
3714	裹脚害处大			行唐口头镇	常保住	胡玉白	28413	117
3715	道古			行唐县口头镇	苗红喜	李殿敏、张彦芹等	28491	183
3716	光棍哭妻			行唐口头镇	常保住	胡玉白	28391	200
3717	小老鼠儿			行唐口头镇	范玲花	杨振华、李殿敏等	28534	307
3718	选举			行唐口头镇	范玉枝	高占武、张建华等	28305	457
3719	九九谣			行唐口头镇	黄湘云	杨荣国、张建华等	28493	147
3720	有钱别娶俩老婆			行唐县口头镇	范玲花	杨振华、李殿敏等	28402	502
3721	孟姜女哭夫			行唐口头镇	张国芹	田青法	28399	506
3722	孟姜女哭关			行唐县黄掌头村	黄吉丑	张建华、李桂花	28397	182

序号	篇名	民族	流传地区	采集地	讲述者	搜集者	数据库编号	字数
3723	快乐逍遥			行唐口头镇	赵文良	张彦芹、杨振华等	28498	530
3724	四满意			行唐县口头镇	赵青菊	王国庆、赵会平等	28583	281
3725	骂门			行唐口头镇	李现文	胡玉白	28383	359
3726	小俩口串亲			行唐口头镇	黄吉丑	张建华、杨荣国等	28424	211
3727	我愿背上生两翅			行唐口头镇	赵文良	张彦芹、杨振华等	28500	215
3728	南边来了个溜溜人			行唐口头镇	丁顺	杨振华、李殿敏等	28513	274
3729	老饲养员			行唐口头镇	赵桂诗	胡玉白	28465	289
3730	保卫咱家乡			行唐口头镇	张秀珍	工国庆、高付祥	28274	120
3731	锅里煮个羊尾巴			行唐口头镇	黄银桃	杨荣国、张建华等	28514	128
3732	吃谣			行唐口头镇	李现文	胡玉白	28578	22
3733	参加劳动好			行唐口头镇	杨珍镯	胡玉白	28464	230
3734	梅豆叶			行唐口头镇	周志明	杨荣国、张建华等	28504	321
3735	打老婆			行唐口头镇	李现文	胡玉白	28518	207
3736	小俩口拜年			行唐口头镇	常保住	胡玉白	28426	522
3737	孤女哭五更			行唐口头镇	郜荣	杨振华、李殿敏等	28425	343
3738	小星星			行唐口头镇	赵文良	张彦芹、杨振华等	28497	324
3739	六怕			行唐口头镇	赵迎春	王国庆、赵惠平等	28554	177
3740	选婆家			行唐口头镇	杨桂芳	胡玉白	28476	384
3741	娘养儿千苦万难			行唐口头镇	李现文	胡玉白	28408	128
3742	十对花			行唐口头镇	李现文	胡玉白	28482	319
3743	观街			行唐口头镇	李现文	胡玉白	28584	205
3744	双手用处大			行唐口头镇	李春菊	胡玉白	28577	27
3745	迷谣			行唐口头镇	杨庆荣	张彦芹、李殿敏等	28528	155

序号	篇名	民族	流传地区	采集地	讲述者	搜集者	数据库编号	字数
3746	破路歌			行唐口头镇	杨瑞庆	王国庆、赵惠平等	28255	417
3747	女儿序				李桂娟		28595	159
3748	撵奶奶			行唐口头镇	张秀珍	胡玉白	28520	155
3749	送情郎			行唐口头镇	李桂娟	胡玉白	28369	160
3750	夸小孩			行唐口头镇	张秀珍	王国庆、高付祥等	28515	358
3751	十月怀胎				李现文		28600	202
3752	打麦忙			行唐口头镇	杨桂芳	胡玉白	28315	178
3753	磨豆腐			行唐口头镇	杨桂芳	胡玉白	28230	313
3754	小纺车			行唐口头镇	康银荣	杨荣国、张建华等	28469	197
3755	搬石头			行唐口头镇	黄云湘	胡玉白	28229	149
3756	拧铺蹭			行唐口头镇	赵玉芝	田青法	28343	177
3757	打夯歌			行唐口头镇	范玉枝	杨荣国	28226	225
3758	求雨			行唐县口头镇	黄银桃	高占武、张建华等	28353	616
3759	蔬菜成精			行唐口头镇	常保住	胡玉白	28565	245
3760	春天又来到人间			行唐口头镇	常保住	胡玉白	28312	27
3761	快来把花栽			行唐口头镇	梁来宾	张彦芹、李殿敏等	28537	260
3762	梅花树			行唐口头镇	赵文良	张彦芹、李殿敏等	28346	115
3763	王母娘娘挑刺			行唐口头镇	李现文	胡玉白	28522	608
3764	质问蒋介石			行唐口头镇	任莲芝	胡玉白	28303	226
3765	小青蛙			行唐口头镇	杨桂芳	胡玉白	28531	239
3766	大实话			行唐口头镇	李现文	胡玉白	28569	228
3767	哭五更			行唐口头镇	赵喜俊	杨荣国、张建华等	28304	1115
3768	十劝贤			行唐口头镇	常保住	胡玉白	28332	176
3769	探妹歌				杨桂芳		28598	341
3770	表表四大京			行唐口头镇	苗红喜	李殿敏、张彦芹等	28563	206
3771	查路条			行唐口头镇	常保住、赵宴国	胡玉白	28284	754

序号	篇名	民族	流传地区	采集地	讲述者	搜集者	数据库编号	字数
3772	劝特务			行唐口头镇	梁来宾	张彦芹、李殿敏等	28296	494
3773	小日本他就怕咱八路军			行唐口头镇	任连芝	王国庆、高付祥等	28297	155
3774	小枣树儿			行唐口头镇	赵兰明	张彦芹、杨振华等	28555	158
3775	小放羊			行唐口头镇	常保住	胡玉白	28288	1191
3776	山岗去放哨			行唐口头镇	朱金荣	张彦芹、杨振华等	28289	2726
3777	劝伪军			行唐口头镇	范玉枝	杨荣国、张建华等	28295	186
3778	受气的媳妇对娘说			行唐口头镇	李现文	胡玉白	28404	308
3779	站岗放哨要注意			行唐口头镇	杨俊荣	王国庆、高付祥等	28286	588
3780	支前歌			行唐口头镇	赵宴国	胡玉白	28271	267
3781	五更等丈夫			行唐口头镇	范玲花	杨振华、李殿敏等	28387	747
3782	行唐城墙高又高			行唐口头镇	范玉枝	高占武、张建华等	28244	234
3783	说实话			行唐口头镇	赵青菊	王国庆、高付祥等	28568	635
3784	三十团			行唐口头镇	常保住	胡玉白	28248	281
3785	一分钱一分货			行唐口头镇	赵青菊	王国庆、赵会平等	28587	150
3786	一个茶碗圆又圆			行唐口头镇	赵文良	李殿敏、杨振华等	28344	219
3787	斩断了千年的铁锁链			行唐口头镇	杨桂芳	胡玉白	28319	157
3788	行唐的老百姓武装上战场			行唐口头镇	苗青瑞	张彦芹、杨振华等	28243	217
3789	平分土地			行唐口头镇	赵兰翠	高付祥、王国庆等	28311	300
3790	捉狗蚤			行唐口头镇	杨建勋	胡玉白	28567	153
3791	送情郎			行唐口头镇	周志明	杨荣国、赵增瑞	28368	1430
3792	板凳谣			行唐口头镇	张国芹	田青法	28508	577
3793	盼五更			行唐口头镇	杨连	胡玉白	28386	203

序号	篇名	民族	流传地区	采集地	讲述者	搜集者	数据库编号	字数
3794	怒骂刘贵堂			行唐口头镇	赵文军	高付祥、王国庆等	28301	943
3795	祷告儿			行唐口头镇	常保住	胡玉白	28336	687
3796	五月端午的粽			行唐口头镇	赵文良	张彦芹、杨振华等	28485	1174
3797	想情郎			行唐口头镇	田二狗	王国庆、赵惠平等	28364	659
3798	平沟			行唐口头镇	张秀珍	王国庆、高付祥等	28290	213
3799	挪四季			行唐口头镇	雷秀兰	胡玉白	28333	284
3800	土地爷修庙			行唐口头镇	杨兰秀	胡玉白	28502	617
3801	割洋烟			行唐口头镇	常保住	胡玉白	28380	303
3802	观桃园			行唐口头镇	李现文	胡玉白	28350	635
3803	要饭吃的小子命不强			行唐口头镇	范玲华	李殿敏、张彦芹等	28454	228
3804	小白兔			行唐口头镇	赵迎春	高付祥、王国庆等	28532	221
3805	绣荷包			行唐口头镇	赵青菊	王国庆、高付祥等	28436	308
3806	小河水朝东流			行唐口头镇	王富荣	张彦芹、李殿敏等	28285	180
3807	到敌后去			行唐口头镇	赵三九	高付祥、王国庆	28257	282
3808	喜歌			行唐口头镇	刘富荣	田青法	28358	187
3809	动员日本兵			行唐口头镇	赵宴国	胡玉白	28293	1089
3810	采茶			行唐口头镇	杨桂芳	胡玉白	28231	861
3811	口算谣			行唐口头镇	李现文	胡玉白	28526	527
3812	不如高坐在云端			行唐口头镇	赵文良	张彦芹、杨振华等	28356	135
3813	娶媳妇			行唐口头镇	田二狗	王国庆、高付祥等	28471	116
3814	王三姐赶集				李现文		28594	221
3815	战斗英雄康福山			行唐口头镇	赵老桃、赵宴国等	胡玉白	28252	1076
3816	搬石头			行唐口头镇	杨庆荣	王国庆、高付祥等	28310	175

序号	篇名	民族	流传地区	采集地	讲述者	搜集者	数据库编号	字数
3817	姐姐得病一家忙			行唐口头镇	任莲芝	胡玉白	28524	27
3818	高街鞋			行唐口头镇	任莲芝	胡玉白	28272	601
3819	穷人过年难			行唐口头镇	杨庆荣	田青法	28308	347
3820	闺女来看戏			行唐口头镇	秦银竹	杨荣国、张建华等	28519	289
3821	边区的人民个个强			行唐口头镇	赵青菊	王国庆	28267	732
3822	结婚不要瞎胡闹			行唐口头镇	常保住	胡玉白	28472	171
3823	五茶盘			行唐口头镇	常保住	胡玉白	28331	237
3824	点菜名			行唐口头镇	赵兰翠	高付祥、王国庆等	28480	185
3825	日本来了没光沾			行唐口头镇	常保住	胡玉白	28261	173
3826	吕洞宾抓药			行唐口头镇	雷秀兰	胡玉白	28487	956
3827	干部下乡			行唐口头镇	苗国英	胡玉白	28327	436
3828	妯娌仨回娘家			行唐口头镇	赵喜俊	杨荣国、高占武等	28512	27
3829	最后的胜利在眼前			行唐口头镇	黄云湘	胡玉白	28266	764
3830	小笤帚			行唐口头镇	刘银芝	田青法、赵增瑞	28510	198
3831	杏儿			行唐口头镇	丁七灯	李殿敏、张彦芹等	28542	1169
3832	捶板石			行唐口头镇	赵兰明	张彦芹、杨振华等	28507	196
3833	胡诌			行唐口头镇	苗红喜	张彦芹、李殿敏等	28575	239
3834	游口头			行唐口头镇	赵玉明	胡玉白	28496	170
3835	闹五更			行唐口头镇	常保住	胡玉白	28390	537
3836	说六道六			行唐口头镇	梁来宾	张彦芹、李殿敏等	28527	152
3837	正在房中闷沉沉			行唐口头镇	梁东宾	杨振华	28236	1190
3838	妨大姐			行唐口头镇	李现文	胡玉白	28543	994
3839	观灯			行唐口头镇	李现文	胡玉白	28359	201
3840	一溜儿黑			行唐口头镇	苗青山	张彦芹、杨振华等	28544	116
3841	消灭灾荒支援前方			行唐口头镇	任莲芝	胡玉白	28273	486

序号	篇名	民族	流传地区	采集地	讲述者	搜集者	数据库编号	字数
3842	编花篮			行唐口头镇	范玉芝	高占武、张建华等	28535	254
3843	戒烟			行唐口头镇	赵文军	田青法、赵增瑞	28580	721
3844	十字谣			行唐口头镇	杨二书	高占武、张建华等	28561	282
3845	四辈上工				李現文		28596	226
3846	说反话			行唐县口头镇	李桂华	李桂华等	28572	317
3847	都不亲			行唐口头镇	常保住	胡玉白	28558	382
3848	说胡话			行唐口头镇	赵青菊	王国庆、高付祥等	28571	144
3849	旧社会谣						28462	146
3850	说瞎话			行唐口头镇	任莲芝	胡玉白	28573	215
3851	揽买卖			行唐口头镇	常保住	胡玉白	28585	519
3852	绣兜兜			行唐口头镇	李桂娟	胡玉白	28437	166
3853	小姑贤			行唐口头镇	李现文	胡玉白	28401	167
3854	大脚好			行唐口头镇	李现文	胡玉白	28576	168
3855	小抹牌				常保柱		28599	394
3856	五女修行歌			行唐口头镇	赵文良	李殿敏、张彦芹等	28348	234
3857	我们民兵是群众的武装			行唐口头镇	赵文良	张彦芹、杨振华等	28262	322
3858	六想丈人家			行唐口头镇	郤荣	张彦芹、杨振华等	28427	140
3859	小红儿			行唐口头镇	李明	杨振华、李殿敏等	28547	630
3860	光棍修			行唐口头镇	赵文良	张彦芹、李殿敏等	28347	237
3861	新年到			行唐口头镇	杨庆荣	高付祥、王国庆等	28314	56
3862	实行计划生育最应该			行唐口头镇	杨连	胡玉白	28329	150
3863	巧闺女			行唐口头镇	赵竹姐	杨振华、李殿敏等	28545	446
3864	用车难			行唐口头镇	苗国英	胡玉白	28326	415

序号	篇名	民族	流传地区	采集地	讲述者	搜集者	数据库编号	字数
3865	四季歌			行唐口头镇	丁增瑞	李殿敏、张彦芹等	28260	379
3866	人道谣			行唐口头镇	赵文良	李殿敏、张彦芹等	28339	142
3867	懒汉歌			行唐口头镇	张秀珍	王国庆、高付祥等	28582	4259
3868	小女婿卖乖			行唐口头镇	田胜法	胡玉白	28423	127
3869	地雷像个大西瓜			行唐口头镇	李平	张彦芹、杨振华等	28254	636
3870	妈妈你听我说清楚			行唐口头镇	范玲花	杨振华、李殿敏等	28420	475
3871	割麦			行唐口头镇	苗风英	胡玉白	28224	181
3872	逗情郎			行唐口头镇	雷秀兰	胡玉白	28367	503
3873	日本鬼子要完蛋			行唐口头镇	任莲芝	胡玉白	28302	256
3874	元宵节			行唐口头镇	苗红喜	张彦芹、杨振华等	28362	273
3875	抬石头			行唐口头镇	梁来宾	李殿敏	28228	260
3876	祭神歌			行唐口头镇	李现文	胡玉白	28354	422
3877	阎炳文			行唐口头镇	杨桂芳	胡玉白	28300	148
3878	小五更			行唐口头镇	李现文	胡玉白	28388	611
3879	忙生产			行唐口头镇	杨桂芳	胡玉白	28235	434
3880	五哥放羊			行唐口头镇	杨春风	杨荣国、张建华等	28376	402
3881	夜袭鬼子兵			行唐口头镇	杨珍镯	胡玉白	28283	116
3882	继母打孩子			行唐口头镇	杨连、李现文	胡玉白	28417	240
3883	中国人真是能			行唐口头镇	杨玉彩	胡玉白	28237	326
3884	童养媳难熬			行唐口头镇	贾玉英	胡玉白	28410	431
3885	青年妇女参军歌			行唐口头镇	李金	杨荣国、赵增瑞	28279	262
3886	打洋牌			行唐口头镇	赵文军	高占武、张建华等	28407	365
3887	八路军好主张			行唐口头镇	常保住	胡玉白	28241	280
3888	妓女诉苦			行唐口头镇	赵文军	王国庆、高付祥等	28406	144

序号	篇名	民族	流传地区	采集地	讲述者	搜集者	数据库编号	字数
3889	小青杏咧牙酸			行唐口头镇	丁七灯	李殿敏、张彦芹等	28291	199
3890	穷人谣三首			行唐口头镇	常保住、丁提灯等	胡玉白	28453	282
3891	印坊村出了个女英雄			行唐口头镇	胡青梅	杨振华、李殿敏等	28249	145
3892	王三姐赶集			行唐口头镇	李现文	胡玉白	28443	152
3893	俩口子好			行唐口头镇	赵玉中	田青法	28460	296
3894	我们的枪是人民的枪			行唐口头镇	丁芹	田青法	28240	649
3895	歌唱温小玉			行唐口头镇	丁秀芹	高付祥	28250	1258
3896	织手巾			行唐口头镇	黄银桃	高占武、张建华等	28440	787
3897	小做活儿罢工			行唐口头镇	赵六一	胡玉白	28456	369
3898	绣兜兜			行唐口头镇	傅勤荣	胡玉白	28438	182
3899	我是炊事员			行唐口头镇	杨桂芳	胡玉白	28258	170
3900	清算			行唐口头镇	常保住	胡玉白	28452	186
3901	巫歌			行唐口头镇	赵玉芝	田青法	28342	481
3902	秋香牧羊			行唐口头镇	赵文良	张彦芹、杨振华等	28447	882
3903	春耕			行唐口头镇	李富秀	杨振华、李殿敏	28264	160
3904	夸姑娘			行唐口头镇	赵义明	高付祥、王国庆等	28446	655
3905	挪菜园			行唐口头镇	雷秀兰	胡玉白	28334	192
3906	唱唱张瑞花			行唐口头镇	王自芳	胡玉白	28259	193
3907	看他鬼子扫荡个啥			行唐口头镇	丁顺	杨振华、李殿敏等	28265	1211
3908	梅豆叶			行唐口头镇	赵喜俊	杨荣国、张建华等	28503	337
3909	花底儿鞋不平常			行唐口头镇	郤荣	张彦芹、杨振华等	28317	104
3910	做针线支援抗战			行唐口头镇	张秀珍	胡玉白	28268	581
3911	开小差			行唐口头镇	梁来宾	杨振华、李殿敏等	28281	220
3912	探情郎			行唐口头镇	杨桂芳	胡玉白	28370	119

序号	篇名	民族	流传地区	采集地	讲述者	搜集者	数据库编号	字数
3913	小寡妇哭夫			行唐口头镇	李现文	胡玉白	28396	383
3914	拆铁道			行唐口头镇	赵青菊	赵惠平	28256	959
3915	为的是让伤兵们得安然			行唐口头镇	梁来宾	张彦芹、杨振华等	28282	231
3916	护城河			行唐口头镇	常保住	胡玉白	28371	246
3917	四辈上工			行唐口头镇	秦银竹、郑素花	杨荣国、高占武等	28375	117
3918	破击战			行唐口头镇	丁芹	田青法	28245	270
3919	俩小孩放哨			行唐口头镇	赵五七	胡玉白	28287	154
3920	走西口			行唐口头镇	杨连	胡玉白	28372	27
3921	西方路上一朵云			行唐口头镇	赵文良	李殿敏、张彦芹等	28337	232
3922	八路军好			行唐口头镇	任莲芝	胡玉白	28238	304
3923	罪大恶极的行唐汉奸			行唐口头镇	傅勤荣	胡玉白	28299	806
3924	武装保卫河北省			行唐口头镇	苗青瑞	张彦芹、杨振华等	28242	394
3925	时远			行唐口头镇	黄银桃	杨荣国、张建华等	28451	206
3926	纺棉花			行唐口头镇	赵喜俊	高占武	28233	384
3927	拆庙歌			行唐口头镇	杨美荣	王国庆、高付祥等	28306	1692
3928	十月怀胎			行唐口头镇	李现文	胡玉白	28409	181
3929	鹂鸡喳			行唐县口头镇	李明	杨振华、李殿敏等	28374	2358
3930	寡妇歌			行唐口头镇	赵青菊	王国庆、赵会平等	28394	500
3931	送公粮			行唐口头镇	杨桂芳	王国庆、高付祥等	28316	126
3932	四字歌			行唐口头镇	黄吉丑	张建华、杨荣国等	28562	428
3933	领神			行唐口头镇	赵因姐	胡玉白	28349	247
3934	飞雁			行唐口头镇	赵文良	张彦芹、杨振华等	28499	153
3935	翻地狱			行唐口头镇	雷秀兰	胡玉白	28355	285

序号	篇名	民族	流传地区	采集地	讲述者	搜集者	数据库编号	字数
3936	十对花			行唐口头镇	赵兰翠	高付祥、王国庆等	28481	153
3937	绣荷包			行唐口头镇	雪秀兰、李现文	胡玉白	28435	391
3938	梁山伯送祝英台			行唐口头镇	常保住	胡玉白	28381	335
3939	迎情郎			行唐口头镇	雷秀兰	胡玉白	28365	346
3940	大实话			行唐口头镇	李现文	胡玉白	28570	221
3941	女恶强			行唐口头镇	常保住	胡玉白	28416	1457
3942	吸烟			行唐口头镇	常保住	胡玉白	28581	104
3943	打连城			行唐口头镇	杨连、李现文	胡玉白	28373	159
3944	穷富谣			行唐口头镇	范玉枝	高占武、张建华等	28579	324
3945	玉妹劝情郎			行唐口头镇	苗青瑞	李殿敏、张彦芹等	28382	27
3946	卖钢针			行唐口头镇	李现文	胡玉白	28586	138
3947	打樱桃			行唐口头镇	杨连	胡玉白	28377	325
3948	相思病			行唐口头镇	李明	张彦芹、杨振华等	28549	334
3949	求雨			行唐口头镇	赵因姐	胡玉白	28352	157
3950	选婿要条件			行唐口头镇	赵迎春	田青法	28475	132
3951	小姨子想姐夫			行唐口头镇	李桂娟、常保住	胡玉白	28384	1174
3952	妈妈娘你好糊涂			行唐口头镇	李桂娟	胡玉白	28474	496
3953	小白菜			行唐口头镇	黄银桃	高占武、张建华等	28411	199
3954	五龄女子痛声哭			行唐口头镇	赵文良	张彦芹、李殿敏等	28412	1817
3955	小五更			行唐口头镇	杨二书	高占武、张建华等	28389	2053
3956	锔大缸			行唐口头镇	李现文	胡玉白	28442	1190
3957	请神			行唐口头镇	范玲花	张彦芹、李殿敏等	28351	255
3958	两只手			行唐口头镇	丁秀芹	王国庆、高付祥等	28467	965
3959	思夫			行唐口头镇	李桂娟	胡玉白	28392	1257
3960	妯娌搬房			行唐口头镇	李现文、常保住	胡玉白	28428	27

序号	篇名	民族	流传地区	采集地	讲述者	搜集者	数据库编号	字数
3961	孟姜女守七			行唐县黄掌头村	黄吉丑	张建华、李桂花	28398	399
3962	放风筝			行唐口头镇	赵青菊	王国庆、高付祥等	28444	846
3963	哭夫歌			行唐口头镇	赵喜俊	杨荣国、张建华等	28393	1874
3964	卖饺子			行唐口头镇	赵喜俊	杨荣国、张建华等	28448	717
3965	小寡妇上坟			行唐口头镇	范玲花	杨振华、李殿敏等	28395	326
3966	十月忙			行唐口头镇	李现文	胡玉白	28560	232
3967	女儿孝			行唐口头镇	田胜法	胡玉白	28400	392
3968	晋奉之战			行唐口头镇	刘娥姐	李殿敏、张彦芹等	28494	246
3969	姐夫想小姨			行唐口头镇	李桂娟	胡玉白	28385	289
3970	姐仨儿对梳头			行唐口头镇	杨成兰	杨振华、李殿敏等	28551	881
3971	王三姐拜婆母			行唐口头镇	李现文	胡玉白	28422	262
3972	风俗日谣			行唐口头镇	胡秀芝	张彦芹、杨振华等	28363	180
3973	张良辞朝			行唐口头镇	赵文良	张彦芹、李殿敏等	28488	355
3974	跟妈要婆家			行唐口头镇	赵喜俊	杨荣国、高占武等	28421	184
3975	寡妇表			行唐口头镇	苗青瑞	张彦芹、杨振华等	28431	1010
3976	纺棉花			行唐口头镇	赵五七	胡玉白	28269	334
3977	娶妻不在丑和俊			行唐口头镇	赵根顺	张彦芹、杨振华等	28470	286
3978	劳动光荣			行唐口头镇	赵文良	张彦芹	28232	27
3979	十二条手巾儿			行唐口头镇	赵文良	张彦芹、杨振华等	28441	309
3980	梦中风			行唐口头镇	黄吉丑	张建华、杨荣国等	28357	309
3981	烧香			行唐口头镇	王尊荣	胡玉白	28341	247

序号	篇名	民族	流传地区	采集地	讲述者	搜集者	数据库编号	字数
3982	观灯			行唐口头镇	赵兰翠	王国庆、高付祥等	28360	762
3983	讨饭			行唐口头镇	常保住	胡玉白	28455	412
3984	三浇园			行唐口头镇	赵文良	李殿敏、张彦芹等	28345	309
3985	牛过才除三害			行唐口头镇	赵老桃	胡玉白	28324	254
3986	妇女们生产要紧张			行唐口头镇	赵青菊	王国庆、高付祥等	28270	623
3987	识字大突击			行唐口头镇	赵玉中	田青法	28463	201
3988	采花篮			行唐县口头镇	赵文良	张彦芹、李殿敏等	28338	117
3989	宣传婚姻法			行唐口头镇	张福荣	胡玉白	28320	212
3990	劝夫上前线			行唐口头镇	常保住	胡玉白	28275	985
3991	庄稼主拾粪忙			行唐口头镇	常保住	胡玉白	28468	685
3992	安安生生过新年			行唐口头镇	傅勤荣	胡玉白	28280	160
3993	争做模范			行唐口头镇	杨瑞庆	王国庆、高付祥等	28313	22
3994	会情郎			行唐口头镇	赵桂诗	胡玉白	28366	683
3995	要嫁妆			行唐口头镇	常保住	胡玉白	28477	307
3996	打夯歌			行唐口头镇	常保住	胡玉白	28225	145
3997	组织起来力量大			行唐口头镇	宇文珍	胡玉白	28234	712
3998	人老先从哪老			行唐口头镇	王富荣	杨振华、李殿敏等	28539	269
3999	十朵花			行唐口头镇	黄登金	赵增瑞、杨荣国	28492	272
4000	山沟好			行唐口头镇	张秀珍	王国庆、高付祥等	28321	464
4001	打陈庄			行唐口头镇	黄湘云	杨荣国、张建华等	28246	155
4002	多交麦来好打仗			行唐口头镇	杨桂芳	胡玉白	28318	418
4003	表晋奉之战			行唐口头镇	苗青瑞	张彦芹、杨振华等	28495	383
4004	清恶霸			行唐口头镇	傅勤荣	胡玉白	28309	321
4005	咱们和他拼到底			唐县口头镇	常保住	胡玉白	28247	275
4006	打夯号子			行唐口头镇	赵玉山	田青法	28227	1042

序号	篇名	民族	流传地区	采集地	讲述者	搜集者	数据库编号	字数
4007	青葡萄说根由			行唐口头镇	赵文良	张彦芹、杨振华等	28501	302
4008	鸡叫天未明			行唐口头镇	范玉芝	张建华	28263	162
4009	十七团打龙岗			行唐口头镇	常保住	胡玉白	28251	344
4010	穷人难			行唐口头镇	杨庆荣	田青法	28307	177
4011	大公鸡			行唐口头镇	赵迎春	高付祥、王国庆等	28530	265
4012	为抢救民间歌谣贡献力量						28602	180
4013	骂汉奸			行唐口头镇	赵五七	胡玉白	28298	812
4014	蚂蚱			行唐县口头镇	李现文	胡玉白	28533	238
4015	扫荡鳌鱼山			行唐口头镇	杨凤兰	胡玉白	28292	143
4016	走娘家			行唐口头镇	杨军习	赵增瑞、田青法	28405	1373
4017	都说好			行唐口头镇	丁敏	李殿敏、张彦芹等	28278	619
4018	秃子拜丈人			行唐口头镇	黄吉丑	高占武、张建华等	28552	27
4019	参军			行唐口头镇	赵宴国	田青法	28276	381
4020	表绣鞋			行唐口头镇	李现文	胡玉白	28433	233
4021	多为队里做贡献			行唐口头镇	李现文	胡玉白	28323	348
4022	胖娃娃			行唐口头镇	常保住	胡玉白	28556	227
4023	锄头底下看年成			行唐口头镇	李现文	胡玉白	28322	328
4024	光棍哭五更			行唐口头镇	黄云湘	胡玉白	28429	237
4025	季节歌			行唐口头镇	黄银涛	杨荣国、高占武等	28361	171
4026	杀我不如杀只羊			行唐口头镇	黄吉丑	张建华、杨荣国等	28564	252
4027	回婆家			行唐口头镇	杨连	胡玉白	28458	142
4028	吃嘴老婆			行唐口头镇	赵青菊	高付祥、王国庆等	28415	264
4029	送佛谣			行唐口头镇	赵文良	李殿敏、张彦芹等	28340	282
4030	继母打孩子				杨建		28592	194
4031	借簪子			行唐口头镇	杨连	胡玉白	28445	251

序号	篇名	民族	流传地区	采集地	讲述者	搜集者	数据库编号	字数
4032	没出息			行唐口头镇	张秀珍	王国庆、高付祥等	28550	823
4033	探妹歌			行唐口头镇	常保住、杨桂芳	胡玉白	28378	601
4034	套娃娃				常保柱		28593	558
4035	撒金扇			行唐口头镇	田冰寅	胡玉白	28379	128
4036	画扇面			行唐口头镇	李桂娟	胡玉白	28432	127
4037	小寡妇改嫁			行唐口头镇	李现文	胡玉白	28418	156
4038	想情郎				李桂娟		28597	974
4039	织手巾			行唐口头镇	常保住	胡玉白	28439	220
4040	十大想			行唐口头镇	常保住	胡玉白	28419	816
4041	受气媳妇			行唐口头镇	赵青菊	王国庆、高付祥等	28403	133
4042	一定学会开拖拉机			行唐口头镇	赵兰云	胡玉白	28538	204
4043	十大想				李现文		28601	765
4044	光棍苦			行唐口头镇	李现文	胡玉白	28430	328
4045	找对象			行唐口头镇	赵迎春	高付祥、王国庆等	28478	336
4046	卖冰棍			行唐口头镇	李现文	胡玉白	28588	172
4047	婚姻大事不寻常			行唐口头镇	丁香芹	胡玉白	28473	181
4048	电灯亮			行唐口头镇	赵喜俊	杨荣国、高占武等	28536	180
4049	狼尾巴草			行唐口头镇	黄吉丑	李桂花、张建华	28461	890
4050	小抹牌			行唐口头镇	常保住	胡玉白	28449	515
4051	老汉过年没有闹			行唐口头镇	李现文	胡玉白	28459	459
4052	跑腿的总有三不规			行唐口头镇	李明	李殿敏、杨振华等	28450	127
4053	大杨叶			行唐口头镇	李现文	胡玉白	28506	487
4054	绣花灯			行唐口头镇	黄登金	杨荣国、赵增瑞	28434	215
4055	探情郎				杨桂芳		28591	136
4056	睁眼瞎			行唐口头镇	张秀珍	王国庆、高付祥等	28457	1258
4057	表花名			行唐口头镇	丁云和	张彦芹、李殿敏等	28483	494

序号	篇名	民族	流传地区	采集地	讲述者	搜集者	数据库编号	字数
4058	摘棉花			行唐口头镇	黄银桃	高占武、张建华等	28466	191
4059	抓石子			行唐口头镇	李现文	胡玉白	28529	202
4060	月月儿菜			行唐口头镇	苗红喜	张彦芹、杨振华等	28479	267
4061	拍豆角			行唐口头镇	张国芹	田青法	28509	141
4062	奶奶灯下纳鞋底			行唐口头镇	李现文	胡玉白	28525	1249
4063	娶了媳妇忘了娘			行唐口头镇	李现文	胡玉白	28521	325
4064	九仙女采花			行唐口头镇	陈凤玉	王国庆、赵会平等	28486	843
4065	月亮地儿			行唐口头镇	杨贵芳	王国庆、高付祥等	28516	215
4066	黑			行唐口头镇	李现文	胡玉白	28523	2668
4067	小桃树			行唐口头镇	杨庆荣	王国庆、高付祥等	28511	192
4068	三国五更歌			行唐口头镇	黄吉丑	张建华、李桂华	28490	2454
4069	小五更				李现文		28590	240
4070	拨灯棍			行唐口头镇	杨秀兰	胡玉白	28517	249
4071	煤黑炭黑			行唐口头镇	李现文	胡玉白	28557	242
4072	杨树叶			行唐口头镇	范玲花	李殿敏、张彦芹等	28505	224
4073	月月忙			行唐口头镇	李现文	胡玉白	28553	743
4074	套娃娃			行唐口头镇	赵喜俊	杨荣国、张建华等	28335	26
4075	大姑娘算卦			行唐口头镇	李现文	胡玉白	28540	1058
4076	收破烂			行唐口头镇	赵迎春	高付祥、王国庆等	28589	143
4077	马虎人打量娘子			行唐县口头镇	李现文	胡玉白	28548	560
4078	劝人歌			行唐口头镇	赵青菊	高付祥、王国庆等	28559	133
4079	卖花生			行唐口头镇	杨军习	赵增瑞、田青法	28330	1080
4080	说瞎话			行唐口头镇	赵春生	高付祥、王国庆等	28574	318
4081	观俊嫂			行唐口头镇	常保住	胡玉白	28546	228

序号	篇名	民族	流传地区	采集地	讲述者	搜集者	数据库编号	字数
4082	猛虎学艺			行唐口头镇	李现文	胡玉白	28566	423
4083	大官吸小官			行唐口头镇	李桂花	李桂花	28328	186
4084	胖姑娘			行唐口头镇	李现文	胡玉白	28541	644
4085	抗检讨			行唐口头镇	苗国英	胡玉白	28325	143
4086	昨夜里呀月朦胧				王氏、蔡氏	许来渠	28829	150
4087	抗战儿歌				凌麦收	凌章德	28847	492
4088	白洋淀呀水儿清				王氏、蔡氏	许来渠	28825	144
4089	传统童谣十八首					张文波、周美琨	28840	67
4090	锔大缸				高俊卿	高国定	28859	281
4091	苇塘战					刘玉凯	28824	493
4092	喜歌				郝磁山	马光启	28839	2074
4093	劝娼歌						28851	233
4094	催眠曲					张元占	28843	298
4095	十大将就					赵艳玲	28835	587
4096	最后胜利属于我				马福安	刘素芬	28820	573
4097	夯歌				马大垅	马光启	28831	89
4098	童谣二首				赵书田、宋玉才		28844	562
4099	谁跟我玩					高国定	28841	119
4100	抗战民歌				崔敬宗	崔运苏	28821	1602
4101	拉船号子					杜增启	28833	742
4102	过去的妇女们					赵艳玲	28818	133
4103	古人歌						28857	415
4104	抗战儿歌					杜增启	28848	235
4105	抗日战争联歌				朱德顺	栗小宁	28822	468
4106	说瞎话				陈白仙	魏炳恒	28842	694
4107	十大想				马福安	刘素芬	28834	626
4108	劝酒歌						28850	394
4109	砸夯歌				郝思永	张满乐	28832	86
4110	“忍”字歌						28853	281
4111	劝善歌						28849	116
4112	儿歌（五首）				崔敬宗		28846	220
4113	节气歌					苏继先	28860	129
4114	上梁喜歌				陈群会	张满乐	28838	456
4115	送郎送到清河堤				王氏、蔡氏		28826	142

序号	篇名	民族	流传地区	采集地	讲述者	搜集者	数据库编号	字数
4116	结婚喜歌				郝思永	张满乐	28837	1659
4117	劝孝歌						28854	261
4118	铺炕喜歌				赵书田	郝昆	28836	160
4119	抗战民歌（六首）				马福安	刘素芬	28830	586
4120	子弟兵呀吕将军				王氏、蔡氏		28828	326
4121	街坊歌						28856	141
4122	送郎送到清河岸				王氏、蔡氏		28827	240
4123	自卫队						28819	417
4124	白洋淀歌谣				李永鸿	李永鸿	28823	170
4125	十二个丈夫郎						28858	206
4126	妯娌歌						28855	207
4127	劝赌歌						28852	233
4128	拍手歌					高国定	20045	90
4129	盼年歌					张爱民	30536	108
4130	日本鬼子赛虎狼					张爱民	30496	135
4131	劝妇女					张爱民	30498	77
4132	石榴花					张爱民	30518	188
4133	小小子					刘伟娜	30526	251
4134	探妹十二月				新三更	张知人	30501	192
4135	止哭歌					张爱民	30531	382
4136	当天来的当天走				王小花	晓韩	30508	107
4137	穷人不是生来粗					张爱民	30497	79
4138	懒老婆				尹梅子	晓韩	30507	193
4139	老百姓真正苦					张爱民	30500	145
4140	求雨歌					张爱民	30523	791
4141	太阳出来一片红					张爱民	30516	99
4142	话花					邢红茹	30512	102
4143	过奉军					张爱民	30499	263
4144	醉酒歌					张爱民	30521	75
4145	天明歌					张爱民	30528	123
4146	拉大锯					王强	30524	159
4147	两头忙					王新芳	30511	174
4148	回娘家					张爱民	30520	89
4149	一件衣服轮着穿					张爱民	30522	107

序号	篇名	民族	流传地区	采集地	讲述者	搜集者	数据库编号	字数
4150	老两口					张爱民	30517	107
4151	老财迷					孟琨令	30513	1203
4152	胡话				尹梅子	晓韩	30509	271
4153	小闺女儿					张爱民	30530	223
4154	不学懒东西					张爱民	30532	137
4155	晒暖歌					张爱民	30535	200
4156	九九歌				尹梅子	晓韩	30505	191
4157	想媳妇					张爱民	30533	116
4158	十出戏				谢英谦	彭学英	30504	137
4159	绣兰衫				焦瑞增	张知人	30502	337
4160	小小子儿						30534	78
4161	乞丐歌				李小众		30510	144
4162	拙老婆				王小花	晓韩	30506	84
4163	闹元宵				谢文义	彭学英	30503	394
4164	小姐小姐喝茶来					邢会英	30527	304
4165	寻个女婿不成才					张爱民	30519	259
4166	种西瓜					甄伟娜	30525	104
4167	两口子打架不记仇					张爱民	30515	79
4168	催眠歌					张爱民	30529	119
4169	穷人生活提不起						30514	810
4170	反语		胜芳一带			梁旭	31889	108
4171	扯轱辘圆游戏歌谣		霸县北部一带			梁旭	31885	127
4172	小枣树		永清、固安、霸县一带			梁旭	31887	86
4173	请筷子神儿		霸县一带			梁旭	31886	167
4174	反话					赵小三	31895	128
4175	歌谣						31890	63
4176	小小子几		北京南部地区			梁旭	31883	179
4177	逮鱼游戏歌谣		霸县一带			梁旭	31884	67
4178	民谣一组						31894	73
4179	歌谣					阎荣生	31891	106
4180	童谣					阎荣生	31892	112
4181	打片瓦		霸县一带			梁旭	31888	173
4182	童谣（五首）		胜芳一带	霸县胜芳镇建国街	王克荣	赵亚光	31882	570

序号	篇名	民族	流传地区	采集地	讲述者	搜集者	数据库编号	字数
4183	妇女想从前			苑水村	肖何的	孔祥峰	35429	229
4184	抻铺歌			下白石乡南白石村	马先存	李恒昶	35371	129
4185	说胡话			伯延镇	徐增贵	王根顺	35475	193
4186	军民大生产			武安县图书馆	武图	郭素琴	35356	226
4187	小板凳			崇义村	靳王氏	安秋生	35442	333
4188	王喜的买糖谣			武安县文化馆	谢入相	李恒昶	35386	160
4189	小抽屉			邑城、镇东街	朱新林	毛彩英	35462	304
4190	支前小调			赵店乡北常顺村	崔美云	胡宝生	35343	244
4191	明奶奶			清化乡紫泉村	陈林枝	冀秀生	35460	482
4192	童养媳			野河村	王二妮	李付琴	35392	241
4193	媳妇难			邑城镇东街	朱心玲	毛彩英	35424	197
4194	新小放牛			邑城东街	武振海	胡宝生	35345	459
4195	问公婆			刘庄村	罗如云	杜国良	35421	157
4196	看媳妇			崇义村	靳王氏	安秋生	35402	290
4197	大脚婆			崇义村	靳王氏	安秋生	35407	303
4198	老财婆			武安县文化馆	李成林	孔祥峰	35346	400
4199	上轿歌			下白石乡南白石村	马先存	李恒昶	35365	229
4200	大婆与二婆			清化乡五湖村	郑富景	梁更生	35394	190
4201	穷歌			徘徊镇下庄村	刘广	王保强	35383	218
4202	胡诌歌			下白石乡南白石村	武成桂	李恒昶	35474	252
4203	懒妇女			武安县文化馆	李成林	孔祥峰	35388	191
4204	月儿渐渐高			赵店乡北常顺村	崔美云	胡宝生	35416	234
4205	骂老蒋			武安县文化馆	李梦彪	李恒昶	35341	517
4206	劝戒烟			上焦寺乡二街	杜保信	杨新民	35405	545
4207	种棉歌			五湖村	郑富景	梁更生	35336	214
4208	偷看妻			野河村	王二妮	李付琴	35427	190
4209	小尼姑哭五更			赵店乡南峭河村	彭文山	胡宝生	35377	275
4210	回娘家			崇义村	靳王氏	安秋生	35411	127
4211	扫炕歌			淑村镇上流泉村	尹好存	尹德惠	35370	288
4212	小二姐			赵店乡北常顺村	刘芹叶	胡宝生	35434	220
4213	摆供歌			赵店乡北常顺村	崔美云	胡宝生	35372	221
4214	看情人			赵店乡南峭河村	彭文山	胡宝生	35379	205
4215	哥送妹			清化乡清化村	张籍氏	冀秀生	35376	540
4216	婆婆怕			苑水村	连秀何	孔祥峰	35430	167

序号	篇名	民族	流传地区	采集地	讲述者	搜集者	数据库编号	字数
4217	打日本			崔炉村	孔顺玉	崔有根	35352	445
4218	一听嘀嘀叫			武安县文化馆	谢入相	李恒昶	35358	177
4219	回娘家			崇义乡崇义村	靳王氏	安秋生	35390	378
4220	十树花			崔炉乡	吴果的	崔有根	35437	575
4221	小气鬼			上焦寺村	杜祥的	杨新民	35418	194
4222	扫庙歌			赵店乡北常顺村	崔娥的	胡宝生	35374	253
4223	女鬼诉冤			上焦寺乡二街	杨坤付	杨新民	35391	310
4224	小小孩			城关镇	王高氏	王福贵	35469	231
4225	两头忙			西咬村	玉加柱	王陆书	35417	529
4226	打扇鼓歌			赵店乡北常顺村	崔娥的	胡宝生	35373	402
4227	盼出嫁			清化乡五湖村	郑富景	梁更生	35433	352
4228	出嫁			野河村	王二妮	李付琴	35426	136
4229	小火炉			西峧村	王刚	王国良	35422	156
4230	干部坐车谣			武安县文化馆	李富祥	李恒昶	35362	335
4231	打跳蚤			野河乡吴庄村	于瑞云	李富琴	35476	315
4232	忌多谣			下白石乡南白石村	武成桂	李恒昶	35400	128
4233	拨灯棍			城关镇	王高氏	王福贵	35444	300
4234	十大劝			武安县下庄村	张娥的	玉保强	35382	220
4235	妇女纺织歌			赵店乡北常顺村	崔美云	胡宝生	35337	1213
4236	摘棉花			清化村	张籍氏	冀秀生	35389	133
4237	打坷垃			武安、文化馆	李芳梓	李延云	35452	280
4238	黑闺女			邑城镇二街	陈林先	王进元	35396	163
4239	五月里			苑水村	孔天仓	孔祥峰	35364	272
4240	门道川			马店头村	高新柱	高王柱	35479	337
4241	老来难			管陶乡管陶村	郝宋林	白书元	35404	232
4242	小两口吵架不记仇			下白石乡南白石村	马先存	李恒昶	35385	600
4243	没娘孩儿			崔炉乡南岗村	赵苏先	崔有根	35381	252
4244	买药			刘庄乡吴庄村	林先女	杜国良	35406	502
4245	青石头			徘徊镇	王张氏	孔祥峰	35449	125
4246	学织布			下焦寺村	孟兰的	杨新民	35397	193
4247	芝麻杆儿			西蛟村	赵拉廷	王国良	35463	182
4248	喂饭谣			邑城镇东街	朱新玲	毛彩英	35425	254
4249	社员看干部			武安县农机局	李会增	李恒昶	35359	238
4250	摘石榴			午汲镇	李洪德	袁爱清	35454	155

序号	篇名	民族	流传地区	采集地	讲述者	搜集者	数据库编号	字数
4251	红花红艳艳			赵店乡南峭河村	彭春山	胡宝生	35338	258
4252	走娘家			夏庄村	孔祥义	孔令武	35401	819
4253	青石头			徘徊镇	王张氏	孔祥峰	35450	161
4254	十八谣			午汲镇	固桂兰	孟运生	35438	276
4255	哏哏哏			徘徊镇	王张氏	孔祥峰	35451	728
4256	骨朵花			西峧村	刘迟叶	王国良	35465	154
4257	明奶奶			城关镇	王高氏	王福贵	35448	699
4258	迎岁歌			崔炉村	左先的	崔有根	35420	336
4259	骂媒婆			午汲镇	李洪德	袁爱清	35403	282
4260	奶奶生日			赵店乡北常顺村	崔美云	胡宝生	35455	268
4261	乖媳妇			清化乡、五湖村	郑富景	梁更生	35432	183
4262	回婆家			下焦寺村	孟兰的	杨新民	35412	359
4263	小女婿			崇义村	靳王氏	安秋生	35414	204
4264	送饭			清化乡五湖村	郑富景	梁更生	35428	225
4265	想娘			崇义村	靳王氏	安秋生	35410	248
4266	姊妹仨			下白石乡南白石村	马先存	李恒昶	35461	311
4267	吊蝗虫			崔炉乡南岗村	王德全	崔有根	35478	290
4268	慰劳八路军			野河村	王二妮	李付琴	35349	452
4269	家里有个坏心肠			上焦寺村	杨永素	杨春兰	35419	134
4270	妹妹梦			赵店乡北常顺村	刘芹叶	胡宝生、刘广泉	35458	152
4271	随你看			野河村	王二妮	李富琴	35415	196
4272	入洞房歌			土山乡西土山村	侯河林	苗宝玉、杨新民	35368	296
4273	老石的家			武安县文化馆	李成林	孔祥峰	35387	283
4274	蝗虫算卦			赵店乡北常顺村	刘芹叶	胡宝生、刘广泉	35457	310
4275	明天俺抬花轿来			苑水村	孔吉胜	孔祥峰	35378	250
4276	小长工			赵店乡北常顺村	刘芹叶	胡宝生、刘广泉	35456	576
4277	本事歌			武安县纪检委	黄魁生	胡宝生	35363	389
4278	十奶奶			崔炉乡	吴果的	崔有根	35466	261
4279	打戒指			崇义村	靳王氏	安秋生	35439	154
4280	石雷歌			邑城东街	武振海	胡宝生	35344	224
4281	小寡妇上坟			清化乡五湖村	郑富景	梁更生	35393	202
4282	木锨把			清化村	王玉娥	梁更生	35471	486
4283	小板凳			徘徊镇	王张氏	孔祥峰	35441	152
4284	斑鸠			徘徊镇	王张氏	孔祥峰	35453	301

序号	篇名	民族	流传地区	采集地	讲述者	搜集者	数据库编号	字数
4285	词儿词儿			城关镇	王高氏	王福贵	35472	1229
4286	小老鼠			城关镇	王高氏	王福贵	35470	240
4287	小白鸡			清化村	刘宗	冀秀生	35468	253
4288	花闺女			巴城镇二街	陈林先	王进先	35431	832
4289	小燕子			赵店乡北常顺村	刘芹叶	胡宝生、刘广泉	35459	539
4290	上轿抬			午汲镇	李洪德	袁爱清	35440	296
4291	哏哏哏			城关镇	王高氏	王福贵	35445	694
4292	小蔓菁			城关镇	王高氏	王福贵	35446	139
4293	青石头青			城关镇	王高氏	王福贵	35473	275
4294	小棒槌儿			西峧村	赵拉廷	王国良	35464	245
4295	数花名			崇义村	靳王氏	安秋生	35477	174
4296	小擀杖			上焦寺村	杨永素	杨春兰	35467	223
4297	时兴谣			文化馆	王福贵	孔祥峰	35360	210
4298	下轿歌			苑水村	孔天仓	孔祥峰	35366	155
4299	石雷仗			武安县图书馆	武图	郭素琴	35355	170
4300	武安生产曲			上海	王水	王水	35354	755
4301	大反攻			苑水村	孔天仓	孔祥峰	35347	140
4302	拜天地歌			下白石乡南白石村	申天保	李恒昶	35367	182
4303	月儿弯弯			赵店乡南峭河村	彭文化	胡宝生	35342	525
4304	仨政府			武安县文化馆	李成林	孔祥峰	35350	756
4305	互助组歌			赵店乡北常顺村	刘扶春	胡宝生	35351	301
4306	骂财主			邑城镇二街	陈林仙	王进元	35357	273
4307	送郎参军			赵店乡北常顺村	崔美云	胡宝生	35339	510
4308	拉锯			城关镇	王高氏	王福贵	35447	468
4309	瞧俺郎			武庄村	林仙女	杜国良	35384	375
4310	找女婿			武安县文化馆	李梦彪	李恒昶	35398	130
4311	赌钱鬼			上焦寺乡二街	杜保忠	杨新民	35395	339
4312	劝女谣			武庄村	林县女	杜国良	35380	137
4313	求年景歌			赵店乡北常顺村	崔娥的	胡宝生	35375	151
4314	峭河出了个杨四的			下白石乡南白石村	李会民	李恒昶	35340	379
4315	红薯是细粮			苑水村	孔吉胜	孔祥峰	35361	185
4316	腊月刮北风			苑水村	孔天仓	孔祥峰	35348	319
4317	翻身歌			邑城镇东街	武更生	胡宝生	35353	161
4318	麻尾雀			徘徊镇	王张氏	孔祥峰	35443	211

序号	篇名	民族	流传地区	采集地	讲述者	搜集者	数据库编号	字数
4319	上轿走			崇义村	靳王氏	安秋生	35408	326
4320	斟酒歌			土山乡西土山村	侯河林	苗宝玉、杨新民	35369	291
4321	走一山又一山			武安县文化馆	贾根山	李恒昶	35399	275
4322	二大贤			武安县文化馆	贾根山	李恒昶	35436	936
4323	说公婆			西通乐村	王巧的	安秋生	35409	276
4324	十嫂嫂			赵店乡北常顺村	刘芹叶	胡宝生	35435	324
4325	白闺女			崇义村	靳王氏	安秋生	35413	283
4326	受罪的小媳妇			邑城东街	朱心玲	毛彩英	35423	298
4327	十六点						45333	169
4328	盘脚兰				陈秀云		45323	167
4329	小红小儿				陈秀云		45329	83
4330	娃娃歌				马台乡	张俊英	45348	228
4331	拉大锯						45326	194
4332	苇子叶				郭志东		45320	495
4333	小白鸡						45311	425
4334	八路军进行曲				李养峰		45281	151
4335	小白兔去赶集						45317	104
4336	打罗罗						45322	211
4337	小叭狗				杜素平		45313	85
4338	妇女的苦处说不完				王秀荣		45274	59
4339	小蝌蚪						45315	162
4340	小学生				张维		45310	307
4341	小鹁鸪						45314	53
4342	四大弯						45347	102
4343	蹦蹦格进城						45338	109
4344	我们是劳动者的先锋				张保良		45278	158
4345	借扇						45309	125
4346	炸麻花				王素平		45340	157
4347	吃鸡肉，喝鸡汤				李文贞		45293	333
4348	上梁喜歌				董保珍	刘玉	45287	177
4349	劳动英雄歌				李养峰		45284	185
4350	对花				何福臣、何立山		45349	849
4351	同胞快醒起				张海青		45275	94
4352	柳树柳，槐树槐						45303	108

序号	篇名	民族	流传地区	采集地	讲述者	搜集者	数据库编号	字数
4353	庚子年						45270	122
4354	扒瞎				郭志东		45344	69
4355	小汽车						45328	81
4356	小俩口打架不记仇				苗国明		45299	101
4357	石榴树				陈大朋		45321	81
4358	兵熊民遭难				王秀荣		45273	87
4359	农夫歌						45291	144
4360	织布女						45289	132
4361	过继单						45308	483
4362	妇女翻身歌				王秀荣		45279	82
4363	小放牛						45292	214
4364	送郎参军				蓝盛廷		45350	282
4365	小小子上庙台儿				陈秀云		45334	143
4366	麻野雀				古金掌		45297	148
4367	小胖妮儿						45330	328
4368	小妮子儿				陈秀云		45331	81
4369	看戏				王素平		45336	109
4370	小鸡歌						45312	651
4371	小伙子去当兵				陈大朋		45277	108
4372	说胡话、胡话胡				郭志东		45343	362
4373	拣铁歌				张海清		45276	116
4374	小老鼠上灯台						45318	133
4375	武邑县三宗宝						45285	192
4376	小公鸡				王秀荣		45271	106
4377	风来了						45307	289
4378	搂豆叶				陈秀云		45337	101
4379	回娘家				张维		45300	287
4380	骂东洋				宋石庄		45272	294
4381	要媳妇						45335	109
4382	药王店				袁春起		45286	142
4383	小红鞋				张维		45339	81
4384	蚂螂歌						45316	131
4385	买牛				陈秀云		45319	159
4386	说反话				郭志东		45345	107

序号	篇名	民族	流传地区	采集地	讲述者	搜集者	数据库编号	字数
4387	五更小调				李养峰		45283	177
4388	我家有个金娃娃						45332	81
4389	瞅笑						45324	134
4390	小板凳						45325	149
4391	椿树王						45294	178
4392	保卫河北				李养峰		45280	53
4393	苜蓿花						45304	227
4394	朴梭车				张维		45301	159
4395	女大五						45296	1365
4396	卖点食						45295	83
4397	百鸟揸河				袁春起		45298	103
4398	梳油头						45302	304
4399	新年到						45305	60
4400	棉花籽						45290	217
4401	二月二						45306	103
4402	回家乡						45288	87
4403	锛子锛凿子凿						45327	831
4404	炸果子						45341	200
4405	裹小脚				郭志东		45342	41
4406	胡诌				郭志东		45346	149
4407	手牵巴狗走四方				郑金凯		45696	159
4408	得罪了队长没好活				王庆训		45631	163
4409	皇帝谱				闻景亮		45651	249
4410	当官不为民作主				王永才		45627	181
4411	棉花桃				张明		45639	65
4412	回娘家				张学珍		45633	153
4413	没有麦子吃白面				张国顺		45695	145
4414	拖拉机来耕地				赵风堂		45634	194
4415	修台田				赵万春		45625	220
4416	山上一堆灰				贾玉梅		45685	169
4417	杂技民谣				于荣序		45694	343
4418	扁豆花				孙桂兰		45641	229
4419	小轿车				张洪转		45632	147
4420	嘞嘞歌				张之德		45656	143

序号	篇名	民族	流传地区	采集地	讲述者	搜集者	数据库编号	字数
4421	小二姐				黄之明		45646	131
4422	蒸年糕				田巨会		45682	312
4423	唱刘海				齐文利		45655	186
4424	扦面条				王庚银		45671	163
4425	大箩筛				周玉英		45660	371
4426	小黄狗				周玉英		45657	250
4427	小白菜				王庚银		45635	220
4428	大脚板与小脚丫				卢秀琴		45692	243
4429	月亮				赵会英		45666	163
4430	拍手歌				吴玉泉		45664	288
4431	烧瓦盆				刘士亭		45626	237
4432	傻小子				彭喜美		45663	387
4433	小三他娘				周玉英		45675	132
4434	老猫				张长江	张文元	45653	237
4435	糖瓜辞灶				王庆银		45649	233
4436	馋老婆				孟庆贞		45638	212
4437	小花鸡				朱杜氏		45680	225
4438	杨巴狗				齐河		45665	335
4439	小小子				孟宪荣		45637	110
4440	头字歌				周玉英		45673	136
4441	学拳				田吉森		45683	301
4442	上树摘枣				杨子文		45684	270
4443	小白鸡				周玉英		45658	208
4444	撞膀子				张洪芝		45676	166
4445	丑媳妇				刘士亭		45688	155
4446	说花壶				徐珍桂		45686	250
4447	花椒树				韩连荣	张庆彦	45662	173
4448	妓女告状				王吉成		45689	162
4449	花椒树				刘张氏		45693	266
4450	点点捏捏				周玉英		45672	261
4451	小白兔				洪彦坤		45681	263
4452	小小子				刘张氏		45654	126
4453	倒话				彭喜美		45687	237
4454	小女婿				赵会英		45667	300

序号	篇名	民族	流传地区	采集地	讲述者	搜集者	数据库编号	字数
4455	刘胡兰				田秀英		45679	220
4456	吃干饭				张之德	张彦广	45661	186
4457	三月				王振明		45648	215
4458	小白鸡				周玉英		45659	250
4459	拉大锯				周玉英		45669	135
4460	二月二				周玉英		45650	405
4461	小白鸡				徐桂珍		45647	137
4462	黑老鸹				周玉英		45642	269
4463	嗑瓜子				张长江	张文元	45668	196
4464	印子钱				杨英江		45640	243
4465	姑娘相中小货郎				王庆训		45645	191
4466	上工				李金生		45630	225
4467	小老鼠				张兴		45678	162
4468	玩钱鬼				徐志远		45629	163
4469	责任制好				谢树声		45628	141
4470	大跃进				刘洪藻		45624	203
4471	腊月				张德秀		45636	99
4472	小小铜锣				张国顺		45697	157
4473	送郎当兵				周玉教		45644	136
4474	送情郎				阎景元		45643	143
4475	当年壮				卢秀琴		45691	178
4476	板凳子				周玉英		45652	217
4477	十个秃子				卢金芝		45690	200
4478	北双和也不比咱现在强				徐瑞祥		45670	165
4479	婴儿歌谣				郭友庆		45677	160
4480	风来了				周玉英		45674	358
4481	小梳子		柏乡县城北		祁金秀	吕献平	46113	163
4482	过年歌		柏乡县城东		张贵荣	董焕国	46135	412
4483	板凳板凳摞摞		柏乡县城东一带村庄		赵庆仁	李献恩	46159	189
4484	杀		柏乡县城南赵庄一带		王敏力	尹京奕、魏立川	46152	211
4485	幸福生活直到老				秦慎棋	秦韫雪	46126	343
4486	两头忙		柏乡县城南		赵风环	王月芬	46136	238

序号	篇名	民族	流传地区	采集地	讲述者	搜集者	数据库编号	字数
4487	对花		柏乡东部一带		王海英	赵志彬	46141	277
4488	捉虼蚤		柏乡县城东一带		刘志常	张保增	46144	202
4489	细车赶到娘门上		柏乡县城东一带村庄		贾氏	刘景林	46116	159
4490	盘脚					荣丁、胜桥	46165	253
4491	打莲花落		柏乡东部村庄		张贵荣	董焕国	46117	264
4492	小老鼠上灯台		柏乡县城南		陈七	李风林	46160	664
4493	颠倒歌		柏乡县城东一带		杨老贤	高贵书	46167	94
4494	棉花谣		柏乡县城南赵庄一带		刘义	王月芬	46134	177
4495	月儿尖尖高		柏乡县城西一带村庄		路氏	赵庚武	46109	138
4496	尿炕精		柏乡县城北		王氏	李胜新	46133	258
4497	愣头青		柏乡城南		陈七	李风林	46115	187
4498	扩兵歌		柏乡城西一带村庄		路氏	赵庚武	46106	236
4499	盼神人					翟敬贤	46142	137
4500	柏乡城，修的鲜		柏乡县城内		翟正才	刘景林	46112	174
4501	迎新年		柏乡县城北		李氏	李胜新	46120	215
4502	一镐锛死你个肥贼羔		柏乡县城北部分村庄		秦慎棋	秦韫雪	46129	343
4503	胡说话		柏乡县城东一带		李氏	刘景林	46147	226
4504	懒汉		柏乡县张家庄		董贵喜	董焕国	46131	484
4505	一个黑豆圆丢丢		柏乡县城北		甄占琴	刘景林	46166	265
4506	白娘养活个白闺女儿					尹振英	46121	212
4507	说八路		柏乡县		张老广	邢顺兴	46104	173
4508	说嘴		柏乡县		李芳芳	郭青林	46157	364
4509	芝麻地里带西瓜		柏乡县城北		付玉梅	吕献平	46137	193
4510	里边包个疥蛤蟆				秦赵氏	秦韫雪	46151	238
4511	冬子鼓		柏乡城东一些村庄		刘三喜	刘景林	46105	194
4512	九姐妹					荣丁	46140	253
4513	甩手掉了银戒指儿		柏乡县城北		赵氏、郭氏	王振方	46139	264
4514	胡诌		柏乡县城北		魏二姐	尹京銮、魏立川	46146	220
4515	大荷叶		柏乡县城北一带村庄		祁金秀	吕献平	46125	218

序号	篇名	民族	流传地区	采集地	讲述者	搜集者	数据库编号	字数
4516	抹牌女		柏乡县城一带		李胜娥	董焕国	46122	287
4517	说了个婆家保定府		柏乡县城西一带		张凤荣	刘景林	46132	243
4518	买卖越干越兴隆		柏乡县城北		秦贤臣	秦韫雪	46118	341
4519	踢脚		柏乡县城南一些村庄		郭秀芹	位立川、尹京娈等	46164	217
4520	大铜子儿					居士	46111	195
4521	看戏		柏乡县城北		宋双	李振中	46158	225
4522	妇女同志们想一想		柏乡县城西一带村庄		路氏	赵庚武	46108	237
4523	小纺车，喔楞楞					李献恩	46153	285
4524	小巧妮儿		柏乡县城北		赵迎九	刘景林	46161	166
4525	扫帚枝		柏乡县城北一带		付玉梅	吕献平	46154	297
4526	小哈巴狗，咬谁哩		柏乡县部分村庄		武芙格	武荣格	46156	309
4527	看你还叫还不叫				秦贤臣	秦韫雪	46124	206
4528	还钱		柏乡县城南一带		王月芬	魏立川、尹京娈	46123	148
4529	思夫		柏乡县城南赵庄一带		刘义	王月芬	46145	210
4530	伪妇吟		柏乡县城西一带村庄		路氏	赵庚武	46110	317
4531	纺棉花		柏乡县城南		胡计芝	邢顺兴	46138	501
4532	站岗歌		柏乡县城西一带村庄		路氏	赵庚武	46107	314
4533	蛤蟆吊孝		柏乡县城北		赵迎九	刘景林	46163	214
4534	小蚂蚱		柏乡县城南		胡计芝	邢顺兴	46150	193
4535	拨灯棍		柏乡县城北		付玉梅	吕献平	46162	142
4536	大杨叶		柏乡县城北		马氏	刘景林	46119	209
4537	拉锯		柏乡县城北		宋双	李振中	46155	140
4538	麻野雀，尾巴长		柏乡县城北一带村庄		赵迎九	刘景林	46114	162
4539	小媳妇		柏乡城南赵庄一带		王月芬	魏立川、尹京娈	46130	202
4540	懒老婆		柏乡城南赵庄一带		王德云	王月芬	46127	188
4541	红绸鞋		柏乡县城北		祁金秀	吕献平	46128	293
4542	小白菜		柏乡县城北		赵迎九	刘景林	46149	394

序号	篇名	民族	流传地区	采集地	讲述者	搜集者	数据库编号	字数
4543	打滴溜		柏乡县城南西汪一带		郭秀芹	魏立川、尹京銮	46148	485
4544	回婆家		柏乡县城东南一带		赵大女	赵志彬	46143	257
4545	好嫁妆				姬春兰	田汝林	47172	112
4546	拿“花销”歌		黄骅大草洼一带		李振一	陈之绪	47180	82
4547	劝妻歌						47158	1777
4548	二大娘		黄骅沿海一带		马秀芹	唐厚生	47164	272
4549	晒盐的						47154	112
4550	打花棍儿				秦学时		47160	167
4551	滩工歌				张国庆		47156	91
4552	不是咱的命不济					刘万春	47181	176
4553	修盖喜歌				晓杰	田汝林	47175	291
4554	长芦灶户歌						47155	245
4555	孟姜女十绣手绢				张耀勤	田汝林	47174	115
4556	开砖窑喜歌				杨淑芬	齐新	47176	245
4557	恨灶户				赵众谋		47159	270
4558	羊儿庄集				田自忠	田汝林	47167	160
4559	小纲鉴						47173	166
4560	北上抗战歌					赵宝珍	47179	135
4561	檐巴胡				刘洪彬	春亭	47165	81
4562	三字谣						47157	144
4563	齐家庄					张众涛	47161	296
4564	房檐上				张耀勤	田汝林	47166	146
4565	四季花				张王氏	田汝林	47168	430
4566	海椹子棵		黄骅沿海一带		田自忠	薛实济	47163	266
4567	催眠谣				马陈氏	林之行	47171	215
4568	上滩歌					张众涛	47162	168
4569	床儿怕					赵宝珍	47178	138
4570	喜鹊歌				张耀勤	杨世之	47170	171
4571	两头忙				赵宝珍		47177	107
4572	两个花猫				张耀勤	辛村喜	47169	475
4573	砸了哥哥的“铁饭碗”					张树和	47486	63
4574	古怪歌						47710	235
4575	纺花车						47583	182

序号	篇名	民族	流传地区	采集地	讲述者	搜集者	数据库编号	字数
4576	请女婿					张吉元	47553	164
4577	贴红花						47661	103
4578	扦高粱					杨天明	47701	71
4579	狼打柴						47628	115
4580	自由结婚俺欢迎					路润学	47563	63
4581	编筐箩					张树和	47619	71
4582	大苹果					张树和	47699	261
4583	自小卖到山里头						47570	115
4584	一见钟情					李梅兰	47575	75
4585	离婚					卫亭	47559	178
4586	奶奶盼的大雁归					宗义	47705	152
4587	石榴花儿红						47596	338
4588	十八岁姐十岁郎						47578	159
4589	玩乐歌						47618	209
4590	反唱歌					赵来锁	47711	150
4591	说了个大姐本姓肖						47584	193
4592	小二姐卖给县公子						47601	252
4593	苦差事						47394	172
4594	拍手歌					张吉元	47708	99
4595	闺女苦						47526	394
4596	寻了个女婿不成才						47603	195
4597	咱去柏坡看亲人					运莲、同林等	47407	250
4598	种树好						47637	312
4599	参军谣					张树和	47410	64
4600	婆婆爱儿不爱女					张树和	47607	229
4601	媳妇苦						47533	183
4602	讲卫生					杜锁金	47677	72
4603	小青蛙					张吉元	47629	215
4604	计划生育就是好						47609	58
4605	一个好汉喝了酒						47632	99
4606	不贤良的“丈母娘”				白将喜	高会州	47606	131
4607	丁香花						47520	133
4608	猫来了					刘春林	47627	183
4609	峡谷飞虹						47478	246

序号	篇名	民族	流传地区	采集地	讲述者	搜集者	数据库编号	字数
4610	打东洋					张树和	47412	71
4611	哥哥弟弟不一样						47645	158
4612	花椒树						47640	104
4613	金金扣					杨明生	47639	126
4614	难忘一九四二年					张树和	47403	228
4615	白闺女						47527	100
4616	白小鸡						47648	77
4617	骑大马					李化瑞	47638	86
4618	送郎打日本						47411	114
4619	游击队					赵军	47413	143
4620	梨子树						47658	81
4621	搞土改					张树和	47443	294
4622	练刀抢						47436	903
4623	摇钱树					张树和	47494	114
4624	花莲						47659	126
4625	欠下一笔大饥荒						47565	84
4626	媳妇怨					张吉元	47428	126
4627	长龙吐泉						47476	249
4628	芸豆角						47662	126
4629	养鸡					张树和	47489	58
4630	天上断星斗						47597	131
4631	节约						47678	63
4632	热热闹闹过春节						47669	99
4633	说懒婆						47587	216
4634	摆花歌					张吉元	47625	355
4635	挂地雷					范志军	47429	110
4636	我问叔叔像不像					梁拉珍	47671	293
4637	植树						47493	97
4638	小孩拾钱						47589	116
4639	红旗插遍太行山						47504	210
4640	学习歌					杜锁金	47680	58
4641	战绵右						47496	83
4642	山沟苦					志衡	47457	63
4643	银龙上高山					张树和	47474	132

序号	篇名	民族	流传地区	采集地	讲述者	搜集者	数据库编号	字数
4644	妹妹骑月亮						47682	290
4645	五劝人					焦烁明	47512	64
4646	上娘家						47522	78
4647	拍手歌					刘春林	47709	71
4648	长大我也去参军					孙喜顺	47688	58
4649	大台山					志衡	47690	147
4650	十年九不收						47450	235
4651	洋豆角					张树和	47695	87
4652	吃上自来泉水					赵军	47483	71
4653	学文化					张树和	47445	85
4654	解放威州						47444	162
4655	黑夜下					李化瑞	47510	131
4656	绣花灯					焦烁明	47558	95
4657	矿工悲歌						47461	164
4658	十劝歌					王密荣	47449	57
4659	五劝歌					张吉元	47447	71
4660	小喜鹊					赵来锁	47439	102
4661	傍河无水田						47451	246
4662	山村美					杜锁金	47495	61
4663	鸡下蛋						47653	115
4664	千军万马战太行						47505	115
4665	一棵棵树苗争着栽					张树和	47633	58
4666	党的领导胜神仙					曹洪春	47463	235
4667	拉锯						47652	57
4668	人欢马喧						47502	85
4669	不要上他鬼圈套					孙喜顺	47414	134
4670	见过你						47460	86
4671	奉军攻打雪花山					张树和	47398	176
4672	骑上大马回娘家						47604	210
4673	红缨枪					张树和	47425	104
4674	交爱国粮					钟宇	47491	72
4675	爱军歌					王凤祥	47417	81
4676	一滴汗珠摔八瓣					魁元	47467	148
4677	狸花头						47651	121

序号	篇名	民族	流传地区	采集地	讲述者	搜集者	数据库编号	字数
4678	家乡歌					志衡	47488	146
4679	寻汉汉						47537	377
4680	家庭兴起文化热					何素庭	47511	143
4681	女儿想娘						47532	120
4682	迎丰收						47490	85
4683	出嫁						47528	592
4684	爷爷娶了个花奶奶					卫亭	47550	169
4685	斗鬼子					王密荣	47427	159
4686	瞌睡虫						47525	307
4687	扁豆角						47521	75
4688	棉花桃						47530	209
4689	人多力胜天					康彦明	47466	191
4690	麻鸦鹊						47541	160
4691	大丰收					张树和	47500	58
4692	如今山沟变了样					志衡	47508	122
4693	花果碰破头					于卯清	47472	186
4694	卖闺女						47531	71
4695	娶男人					张树和	47568	154
4696	井陉多锦绣					吴学圃	47507	136
4697	大牛耕地二牛赶					范志军	47622	58
4698	娶了个大媳妇					吴学圃	47549	71
4699	妹妹骑驴娘家走					吴学圃	47572	154
4700	四季乐					吴学圃	47516	127
4701	我上罗庄叫姐姐						47548	244
4702	夫妻三字歌						47582	129
4703	情歌					杜卫亭	47594	225
4704	月亮地						47536	301
4705	两口顶嘴						47588	59
4706	明了亮了					杜卫亭	47573	115
4707	骂媒人					张吉元	47574	70
4708	想媳妇					张树和	47562	122
4709	小闺妮儿						47643	97
4710	学语歌						47615	106
4711	梳头歌					梅子	47641	169

序号	篇名	民族	流传地区	采集地	讲述者	搜集者	数据库编号	字数
4712	一个大姐年十七					赵来锁	47585	100
4713	幼儿园里						47679	114
4714	小乌鸦						47674	182
4715	警察叔叔本领大						47670	198
4716	抗战胜利						47426	378
4717	挖渠					孙喜顺	47700	237
4718	就怕娶后娘					张吉元、梅岚	47649	87
4719	送鸡蛋						47683	147
4720	秃子看田						47586	216
4721	小饲养						47691	127
4722	二月二						47660	104
4723	我们最听老师的话					范志军	47687	162
4724	鬼子吃“西瓜”						47421	114
4725	童养媳					志衡	47535	117
4726	板床						47656	178
4727	做媳妇						47538	76
4728	新婚歌						47577	112
4729	拔白菜						47524	150
4730	送扁食					王凤祥	47419	77
4731	光棍						47542	287
4732	百姓哭连天						47404	243
4733	婚姻法进俺庄						47564	171
4734	富家媳妇						47543	200
4735	杀羊歌					焦烁明	47509	84
4736	月亮地里洗衣裳						47571	150
4737	敢教井陉换新颜						47503	284
4738	半块米						47693	114
4739	高价姑娘两千块						47566	774
4740	新事新办						47569	148
4741	开绵河					春文	47465	58
4742	老槐树						47692	101
4743	共产主义好					张树和	47446	58
4744	四大干渠盘山腰					张树和	47482	61
4745	拨灯棍						47664	81

序号	篇名	民族	流传地区	采集地	讲述者	搜集者	数据库编号	字数
4746	引绵水						47499	313
4747	催眠歌					张吉元	47610	99
4748	跑盂县					李化瑞	47456	323
4749	喂饭歌						47612	114
4750	妇女怨						47397	90
4751	娃娃亲					仇喜卿	47600	114
4752	“头”字歌					张吉元	47642	130
4753	三月里是清明						47598	125
4754	十有九个活不成					张树和	47405	279
4755	杀汉奸						47437	73
4756	飞机飞机落落					范志军	47621	142
4757	红豆豆						47576	170
4758	手拿三八枪					宗义	47408	133
4759	蚂蚱谣					吕兵秋	47630	252
4760	小山羊						47617	97
4761	菜园						47635	108
4762	两党合作就富强					罗成	47409	136
4763	大蜻蜓						47616	58
4764	盘脚盘					张吉元	47620	141
4765	穿衣歌					张树和	47614	58
4766	抗战歌					志衡	47416	235
4767	小椅子						47654	72
4768	花果香千里					高密金	47473	74
4769	种菜						47634	98
4770	解放石家庄					王密荣	47422	59
4771	跟后娘						47647	206
4772	编筐						47454	176
4773	小板凳						47684	223
4774	小两口						47657	89
4775	庆祝抗战大胜利						47430	124
4776	人民有了红太阳						47434	141
4777	俺家成了万元户					张树和	47706	115
4778	我去打鬼子					王密荣	47424	141
4779	小铁锨					赵海荣	47702	99

序号	篇名	民族	流传地区	采集地	讲述者	搜集者	数据库编号	字数
4780	小绵羊					丹文	47667	58
4781	一件衣服轮着穿					张树和	47694	58
4782	送菜					范志军	47432	138
4783	咱爱新中国					何素庭	47696	188
4784	小枣树						47665	70
4785	羊粪蛋						47624	307
4786	炸碉堡					范志军	47438	284
4787	梳头						47655	123
4788	砸碎鸡蛋						47433	145
4789	飞机轰炸大里岩					李化瑞	47399	275
4790	送情郎					杨明生	47440	403
4791	月亮地					志衡	47555	95
4792	卖炭					张树和	47455	103
4793	一对夫妻一个娃						47608	175
4794	心连心					王密荣	47442	371
4795	百姓不能过					张树和	47401	211
4796	妇女解放歌					丹城	47441	127
4797	单身汉想妻						47595	206
4798	五劝妇女歌					张树和	47448	100
4799	把住轳辘骂媒人						47602	126
4800	人人当龙王						47471	133
4801	大兵来到井陉县						47395	156
4802	望着焦土双泪流					张树和	47452	68
4803	小舅舅						47650	101
4804	养兔好					栾志君	47686	116
4805	栽树歌						47636	194
4806	红公鸡						47675	102
4807	呱嗒板					春林	47666	57
4808	文化宫					范景堂	47672	127
4809	我爱家乡响水湾					志衡	47707	121
4810	生活提不起						47453	158
4811	一年更比一年强						47668	114
4812	顶幔屋						47459	170
4813	我爱家乡情					何素庭	47698	130

序号	篇名	民族	流传地区	采集地	讲述者	搜集者	数据库编号	字数
4814	蓝天上面绣牡丹					成文、明偑	47462	450
4815	红旗					何素庭	47697	152
4816	石头蛋					孙喜顺	47703	74
4817	绣枕头						47431	58
4818	颂绵右渠					张玉美	47464	98
4819	日本鬼子败了兴					张吉元	47420	144
4820	小寡妇					赵来锁	47551	236
4821	就是鬼子兵						47423	272
4822	小两口挑战					刘文昌	47469	104
4823	槐树上开花碎粉粉					宗义	47418	86
4824	走一步叮咝响						47545	110
4825	上姥娘家串亲戚						47554	130
4826	山向人低头					吴学圃	47475	187
4827	姑嫂怨						47517	82
4828	小风匣						47534	288
4829	卖瓦盆						47458	112
4830	甘绵汇流						47477	98
4831	秃老婆					张通	47592	182
4832	二十四节歌					吴学圃	47515	157
4833	小寡妇上坟					焦烁明	47552	229
4834	砸了大锅饭						47485	144
4835	月亮圆						47539	85
4836	九九节气歌					赵来锁	47514	137
4837	女儿恨						47519	122
4838	白得工分人人骂						47487	110
4839	看娘亲						47523	84
4840	天冷心红						47501	345
4841	要媳妇						47590	71
4842	看姐姐						47497	74
4843	女儿诉苦						47556	92
4844	鬼子扫荡黑水坪					张树和	47402	91
4845	打得鬼子都爬下						47435	195
4846	润润嗓门唱丰年						47506	86
4847	盼哥哥					路润学	47561	74

序号	篇名	民族	流传地区	采集地	讲述者	搜集者	数据库编号	字数
4848	救星朱德毛泽东					焦烁明	47406	145
4849	小媳妇						47580	114
4850	工农不是生来粗					梁栋	47513	81
4851	朱彭司令带大兵					杜卫亭	47415	254
4852	打嫂嫂						47518	72
4853	小五更						47546	85
4854	大杨树						47529	77
4855	渠						47498	62
4856	自夸自						47540	99
4857	鬼子似虎狼					张树和	47400	114
4858	梅香						47544	142
4859	奔小康家						47492	95
4860	跟着后娘把苦尝					吴学圃	47557	290
4861	黑乌鸦						47547	217
4862	看不见哥哥发了愁						47560	149
4863	老百姓苦						47396	63
4864	光棍谣					杜卫亭	47579	115
4865	怪婆婆						47484	416
4866	找对象攀高门儿						47567	173
4867	玉帝下凡					李明秀	47470	249
4868	麻鸦鹊					范志军	47591	181
4869	姑娘才十八					崔国珍、赵八妮	47468	110
4870	反对买卖婚					卫亭	47593	319
4871	银龙潜飞						47480	127
4872	止哭歌						47613	294
4873	路水穿洞						47479	108
4874	梅豆叶					张吉元	47623	155
4875	张河湾水库						47481	70
4876	驴儿					梁美荣	47626	213
4877	三只鸭						47631	58
4878	姐妹俩					张吉元	47644	65
4879	亲娘后娘不一样						47646	131
4880	娶了老婆忘了娘						47663	218
4881	苹果香					张树和	47673	58

序号	篇名	民族	流传地区	采集地	讲述者	搜集者	数据库编号	字数
4882	幼儿园					张树和、喜微等	47676	159
4883	玩积木						47681	117
4884	姐姐学做新农具						47685	121
4885	骑马打仗						47689	119
4886	胡诌					杜卫亭	47712	156
4887	喜鹊枝头叫喳喳					宗义	47704	347
4888	长大好把活来干						47611	171
4889	小三姐					赵来锁	47605	129
4890	夫妻恩爱不变心						47581	82
4891	三十三道乔麦						47599	351
4892	腊月二十三			邢台市		王二虎	55303	476
4893	劝懒汉歌				魏本荣		55640	117
4894	要想产量高赶快种“杂交”			邢台县		吴大山	55298	125
4895	祝寿歌			邢台电厂	徐夫子	徐华英	55314	28
4896	城里人、好打扮			邢台电厂	徐夫子	徐华英	55386	207
4897	做棉衣						55626	129
4898	说八路，道八路			邢台县浆水镇	贾振信	郭明臣、翟秀	55266	28
4899	讨饭歌			邢台电厂	徐世英	徐华英	55334	424
4900	送郎上战场			长征汽车厂	张建芳	陈崇	55281	307
4901	十二郎			红星汽车厂	攸可来	何福寿	55624	228
4902	开店歌			邢台电厂	孟金存	徐华英	55249	364
4903	呱打板，迈大步			邢台市中兴路	王桂改	田德春	55336	142
4904	打埋伏			邢台县浆水镇	郭明合	郭明臣、翟秀	55273	930
4905	板凳板凳摞摞（二首）			邢台市中兴路、邢台市	史宝如	范世平、杨春茂	55497	284
4906	懒老婆，不做活（三首）			邢台发电厂、邢台市、邢台红星汽车厂	邱永存	徐华英、黎山等	55358	176
4907	勤俭立身之本			邢台煤矿	贾瑞林	贾占水	55365	862
4908	盘炕歌			邢台电厂	徐夫子	徐华英	55318	182
4909	小老鼠，上谷穗（二首）			邢台县祝村、邢台市	魏老奎	魏书杰、杨春茂	55481	477
4910	切戒赌嫖二忌			邢台煤矿	贾瑞林	贾占水	55366	1440
4911	创业难			邢台市		邱廷芬	55380	168
4912	新年到，锣鼓敲			邢台矿务局	张云山	张静潇	55310	191
4913	扫扫君，扫扫臣			邢台电厂	徐夫子	徐华英	55319	583
4914	葫芦葫芦花			邢台煤矿		贾占水	55357	286

序号	篇名	民族	流传地区	采集地	讲述者	搜集者	数据库编号	字数
4915	耙子跟匣子			邢台煤矿	张坤庭	贾占水	55381	178
4916	猜拳行令词（二首）			邢台煤矿	李宇、崔存贵	贾占水	55327	28
4917	糊里糊涂说不赖			邢台县		吴大山	55301	204
4918	卖饺子儿			红星汽车厂	邱永存	吉立水	55348	121
4919	啥时别听算卦的			红星汽车厂	巩巧珍	何福寿	55384	254
4920	调情曲			邢台县	李哲斌	张惠杰	55343	360
4921	山西饭花样多			邢台市	张玉峰	杨春茂	55254	551
4922	五哥放羊			邢台矿务局	张云山	张静潇	55341	658
4923	九个嫂嫂都贤惠			邢台电厂	徐夫子	徐华英	55403	144
4924	喝醉酒，打老婆			红星汽车厂	田秀菊	何福寿	55360	521
4925	十二忙			邢台县祝村乡	魏老奎	魏书杰	55246	218
4926	论吃还是家常饭			红星汽车厂	何福国	何福寿	55376	195
4927	仨生三岁没了娘（二首）			邢台市、邢台织染厂		张颖廷、杨成苏	55406	186
4928	小大姐、搂豆叶			邢台市		杨春茂	55475	149
4929	棉花歌			邢台市中兴路	史宝如	范世平	55244	248
4930	风来咧、雨来咧			长征汽车厂	张建芳	陈崇	55442	481
4931	小两口打架不记仇			邢台市	张玉峰	杨春茂	55413	143
4932	菊花菊花开开			长征汽车厂		陈崇	55441	101
4933	祭钱祭马灶升天			邢台市矿务局	张云山	张静潇	55308	233
4934	小老鼠，上灯台（六首）			邢台市、长征汽车厂	史宝如、王淑芳	范世平、贾占水等	55435	289
4935	有事没事上东南			邢台电厂	徐芳	徐华英	55416	2145
4936	十月怀胎			邢台煤矿	李素引	贾占水	55391	230
4937	双手敬老天			邢台电厂	徐夫子	徐华英	55311	115
4938	打发闺女出了门（三首）			邢台煤矿、邢台市中兴路	阎连科、王沌等	张兆仁、贾占水等	55410	791
4939	小白兔，白又白（二首）			邢台电厂、邢台红星汽车厂	徐华	徐华英、吉立水	55454	162
4940	历史人物歌			红星汽车厂	巩巧珍	何福寿	55432	175
4941	扇子歌			邢台煤矿	王纯	贾占水	55329	28
4942	十二个月杂歌			邢台电厂	徐夫子	徐华英	55430	208
4943	小燕子，往南飞			邢台电厂	徐芳	徐华英	55455	588
4944	俺娘不给俺娶老婆			邢台电厂	丁喜英	徐华英	55424	185
4945	勤借勤还（二首）			邢台煤矿、邢台市	骆兰静	贾占水、杨春茂	55330	122

序号	篇名	民族	流传地区	采集地	讲述者	搜集者	数据库编号	字数
4946	小小鹁，抖抖毛			邢台市中兴路	史宝如	范世平	55464	198
4947	上山打老虎（四首）			邢台市矿务局、邢台煤矿	骆静兰、张云山等	贾占水、范世平等	55456	108
4948	小西瓜，圆丢丢			邢台县祝村	魏老奎	魏书杰	55458	400
4949	要吃财主饭，拿着命来换			邢台丝织厂		袁炳淑	55353	144
4950	顶灯				魏本荣		55637	877
4951	小黑驴，白肚皮儿			邢台电厂	秦世英	徐华英	55457	326
4952	劳动英雄王俊生				赵清吉		55636	174
4953	进了地主门，稀汤一大盆			邢台煤矿	阎连科	张兆仁	55354	207
4954	长工十二月				刘运成		55634	125
4955	小白菜，瓷凌凌			邢台煤矿	阎连科	张兆仁	55459	240
4956	理发部，技术高			红星汽车厂	赵丽娟	何福寿	55621	30
4957	闺女娘，娘闺女			邢台市	张玉峰	杨春茂	55369	182
4958	十哥哥			红星汽车厂	宋海群	何福寿	55618	799
4959	小汽车、开开门			邢台煤矿	张坤庭	贾占水	55460	226
4960	星星、月亮			邢台矿务局	张云山	范世平	55520	176
4961	麻野雀，尾巴长（五首）			邢台市显德汪煤矿、邢台市织染厂		黎钧、范世平等	55370	116
4962	关爷庙，比山高（二首）			邢台市、邢台煤矿	张玉峰、阎连科	杨春茂、张兆仁	55519	665
4963	小弟弟，扯日历			长征汽车厂	王淑芬	陈崇	55466	155
4964	天地经			邢台市文庙街	苏如林	范玉琪、张香娥	55547	215
4965	仨和尚挑水			邢台棉纺厂		张香娥	55379	150
4966	阎王不叫自己去			红星汽车厂	何福国	何福寿	55614	266
4967	小小子，要媳妇（二首）			邢台市棉纺厂		张香娥、梁平和	55469	28
4968	扯罗罗、拉罗罗			邢台县祝村	魏老奎	魏书杰	55524	169
4969	一进灵棚泪纷纷			邢台电厂	徐夫子	徐华英	55385	233
4970	鸡不鸡，鸭不鸭			邢台县祝村	魏老奎	魏书杰	55525	122
4971	一个小孩，提着帽篮			邢台电厂	徐芳	徐华英	55474	147
4972	灶王经（三首）			邢台市庙文街	苏如林	范玉琪、张香娥	55543	303
4973	红缎子儿小鞋绿裹脚			邢台市		李平元	55389	142
4974	九九歌（二首）			长征汽车厂、红星汽车制造厂	陈长征、董元坤	陈崇、吉立水	55613	350
4975	王大娘卖石榴儿			邢台市中兴路	史宝如	范世平	55482	287
4976	十字歌			邢台煤矿	李素引	贾占水	55602	159

序号	篇名	民族	流传地区	采集地	讲述者	搜集者	数据库编号	字数
4977	小二姐，板轧车			邢台市		梁平河	55394	114
4978	开开老母十层门			邢台市文庙街	苏如林	范玉琪、张香娥	55574	407
4979	大哥二哥进城啦			邢台市中兴路	史宝如	范世平	55483	306
4980	茶碗经			邢台市西大街	王石妮	范玉琪	55568	403
4981	小闺女命真赖			邢台冶金厂		徐金普	55396	135
4982	翻身歌				赵清吉		55631	156
4983	老猫偷桃（二首）			邢台煤矿、邢台发电厂	阎连科、徐夫子	张兆仁、徐华英	55487	272
4984	胡说话，话胡说			邢台市中兴路	王桂改	团德春	55593	28
4985	童养媳呀不好当			邢台市		赵瑞恩、王万臣	55400	192
4986	秧秧牌去哪儿来（三首）			邢台县织染厂、邢台煤矿	骆兰静	李平元、杨成苏等	55592	15
4987	掰开是个驴粪蛋			邢台矿务局	张云山	范世平	55494	248
4988	红太阳照山坡			邢台煤矿	阎连科	张兆仁	55527	28
4989	俺到姥姥家住一冬			显德汪煤矿		张延颖	55404	498
4990	南海师傅游山经			邢台市文庙街	苏如林	范玉琪、张香娥	55576	116
4991	放屁是谁			邢台市中兴路	王桂改	田德春	55500	364
4992	瓜子嗑，驴拉磨			邢台电厂	徐芳	徐华英	55526	133
4993	小花鼓，圆又圆			邢台电厂	徐芳	徐华英	55409	180
4994	日头上来一点红			邢台县祝村	魏老奎	魏书杰	55528	797
4995	打走鬼子享太平				赵清吉		55627	233
4996	我就是你挡风的墙			邢台电厂	徐夫子	徐华英	55414	211
4997	小蜜蜂，下南海			邢台县	魏老奎	魏书杰	55606	165
4998	城门城门几丈高			邢台市		贾书敏	55506	170
4999	三个小秃头放光			邢台市	张玉峰	杨春茂	55598	115
5000	十八的媳妇三岁的郎（三首）			邢台市	史宝如	范世平、于秋	55423	180
5001	秃女婿拜寿			邢台电厂	丁喜芳	徐华英	55596	144
5002	拉拉、拽拽			邢台煤矿		贾占水	55522	118
5003	小秃四哭			邢台电厂	徐芳	徐华英	55597	147
5004	小鸟打架			邢台市中兴路		贾书敏	55462	1330
5005	小秃，割谷			邢台市		贾书敏	55599	156
5006	小枣树，弯弯弓			邢台煤矿	阎连科	张兆仁	55534	185
5007	太阳经				石大妮		55645	178
5008	我家有个胖娃娃			红星汽车厂	巩秀梅	何福寿	55473	271

序号	篇名	民族	流传地区	采集地	讲述者	搜集者	数据库编号	字数
5009	怀胎十个月歌				李春诵		55644	491
5010	轧悠轧，轧蛤蟆			邢台县祝村	魏老杰	魏书奎	55533	1265
5011	别人不吃我不宰			邢台市	李峰	杨春茂	55255	185
5012	满天星，十二行			邢台矿务局	张云山	范世平	55489	807
5013	老婆赶会经			邢台市西大街	王石妮	范玉琪	55564	140
5014	龙王经			邢台文庙街	苏如林	范玉琪、张香娥	55540	399
5015	打夯歌			邢台市		邱廷芬	55248	466
5016	门旮吊			邢台市		贾书敏	55508	793
5017	秧歌答对			显德汪煤矿		张延颖	55507	124
5018	太阳真经			邢台市文庙街	苏如林	范玉琪、张香娥	55546	28
5019	拍拍豆角			邢台县祝村乡	魏老奎	魏书杰	55510	144
5020	虱子和跳蚤吵架			邢台红星汽车厂	吉老文	吉立水	55516	189
5021	时时想姐在心中			邢台煤矿		贾占水	55339	286
5022	扇鼓经（三首）			邢台市文庙街、邢台市西大街	苏如林、王石妮	范玉琪、张香娥等	55550	810
5023	姥娘门上一台戏（二首）			邢台市中兴路、邢台市	史宝如	范世平、杨春茂	55504	457
5024	飞了一个跑了俩			邢台煤矿		贾占水	55518	692
5025	庄稼人，命真苦			邢台市		徐金普	55351	236
5026	蒲墩经			邢台市文庙街	苏如林	范玉琪、张香娥	55553	813
5027	儿童团四季歌			邢台县浆水镇	贾振信	郭明臣、翟秀	55275	28
5028	月亮地、白花花			邢台电厂	徐芳	徐华英	55530	736
5029	不平歌			长征汽车厂		吴崇	55352	111
5030	扫帚经			邢台市文庙街	苏如林	范玉琪、张香娥	55554	377
5031	白马驮经			邢台市文庙街	苏如林	范玉琪、张香娥	55560	190
5032	饿老雕			邢台县祝村	魏老奎	魏书杰	55532	388
5033	送情郎（二首）			邢台县、邢台红星汽车厂	王永国	戴召民、吉立水	55340	3100
5034	七座楼经			邢台市文庙街	苏如林	范玉琪、张香娥	55557	28
5035	大拇指，二拇佛			红星汽车厂	何军	何福寿	55324	114
5036	我是李向阳			邢台煤矿	阎连科	张兆仁	55535	654
5037	礼节经			邢台市文庙街	苏如林	范玉琪、张香娥	55559	239
5038	八付药经			邢台市西大街	王石妮	范玉琪	55562	346
5039	种庄田、真是难			邢台县		于秋涛	55349	939
5040	门神经			邢台市文庙街	苏如林	范玉琪、张香娥	55544	1087

序号	篇名	民族	流传地区	采集地	讲述者	搜集者	数据库编号	字数
5041	多做几件棉军装			邢台县浆水镇	梁开森	郭明臣、翟秀	55277	684
5042	十二月担担经			邢台市文庙街	苏如海	范玉琪、张香娥	55573	113
5043	上梁歌			邢台电厂	孟金存	徐华英	55333	399
5044	太阳经（三首）			邢台市马市街、邢台市文庙街	石大妮、苏如林	陈玉明、范玉琪等	55545	633
5045	钥匙经			邢台市文庙街	苏如林	范玉琪、张香娥	55552	28
5046	二八佳人长得矬			邢台电厂	徐夫子	徐华英	55601	28
5047	帽篮经			邢台市文庙街	苏如林	范玉琪、张香娥	55551	222
5048	进庙堂经			邢台市文庙街	苏如林	范玉琪、张香娥	55556	163
5049	老母经			邢台市文庙街	苏如林	范玉琪、张香娥	55539	902
5050	苍蝇叨走一大半			邢台市		何福寿	55607	200
5051	劳动英雄王俊生			邢台县	赵清吉	马石民	55345	1214
5052	五圣母临凡经			邢台市西大街	王石妮	范玉琪	55561	116
5053	四辈长工			邢台电厂	徐芳	徐华英	55342	173
5054	流岁歌			邢台煤矿		贾占水	55609	369
5055	一道天河几道弯			邢台汽车厂		范丽平、孟丽滨	55580	224
5056	南海大士经			邢台市西大街	王石妮	范玉琪	55569	617
5057	俺上南庄看俺娘			邢台矿务局	张云山	张世潇	55401	214
5058	为人心不诚，没有好下场			邢台电厂	徐夫子	徐华英	55611	213
5059	不孝子			长征汽车厂	陈长征	陈崇	55371	203
5060	大年五更五大运			邢台市文庙街	苏如林	范玉琪、张玉娥	55570	155
5061	高高山上有你啥			邢台市北大街		李英梅	55501	496
5062	酒气色财四面墙			红星汽车厂	何福国	何福寿	55615	394
5063	姑娘丫环把花观			邢台市		张兆仁	55387	212
5064	劝善经			邢台市文庙街	苏如林	范玉琪、张香娥	55577	115
5065	有女莫嫁读书郎			邢台县祝村乡	魏老奎	魏书杰	55372	494
5066	瓜地走，菜地行			红星汽车厂	巩巧珍	何福寿	55623	206
5067	看小儿过得啥时光			邢台市		李平元	55393	221
5068	“四大”谣（三十三首）						55586	324
5069	暮年更比少年好			邢台市		张建忠	55377	150
5070	选举歌				曹保春		55639	246
5071	辘辘把，弯又弯			邢台市		邵宗普	55390	983
5072	四甜、四苦及其它（二十五首）			邢台市造纸厂等处	张国平	李永亮	55587	113

序号	篇名	民族	流传地区	采集地	讲述者	搜集者	数据库编号	字数
5073	小大姐当家			邢台发电厂		徐华英	55420	923
5074	十字珍珠倒卷帘						55641	353
5075	小花猫、大花猫			红星汽车厂	巩巧珍	何福寿	55452	28
5076	咬你这个秃东西			邢台煤矿		贾占水	55600	134
5077	板凳板凳歪歪			邢台煤矿	阎连科	张兆仁	55417	236
5078	卖鞭炮谣			邢台红星汽车制造厂	李根兰	吉立水	55253	132
5079	小闺女玩泥蛋儿			邢台市		徐金普	55411	28
5080	鸡不啄豆囤囤不漏豆			邢台红星汽车厂	何福寿	何福寿	55608	133
5081	夜里梦见姐姐来			邢台煤矿	张坤庭	贾占水	55408	156
5082	官兵剿匪			邢台县		于秋涛	55260	978
5083	中国历史朝代歌			红星汽车厂	何志红	何福寿	55433	523
5084	送哥哥参军				赵清吉		55629	154
5085	小包袱，四角叠			邢台县祝村乡	魏老奎	魏书杰	55421	114
5086	百姓遭殃去逃荒			邢台县浆水镇	刘盛成	郭明臣、翟秀	55262	791
5087	小花猫，报功劳			邢台电厂	徐芳	徐华英	55450	321
5088	发展生产，支援前方				赵清吉		55638	158
5089	小花猫，真正懒			邢台电厂	徐芳	徐华英	55449	174
5090	太行来了子弟兵			邢台县浆水镇	贾振信	郭明臣、翟秀	55265	343
5091	小闺女，要吃桃（二首）			邢台市中兴路、邢台市	史宝如	范世平、杨春茂	55470	219
5092	珍珠倒卷帘				尹聚贵		55642	146
5093	咩咩羊，在路旁			邢台市中兴路	史宝如	范世平	55434	183
5094	打日本			红星汽车厂	巩秀梅	何福寿	55278	148
5095	小白鸡，下白蛋			邢台煤矿	阎连科	张兆仁	55448	679
5096	老母经				苏如林		55646	195
5097	天明了、小鸡上了棚了			邢台煤矿		贾占水	55439	199
5098	打走鬼子享太平			邢台县西部山区	赵清吉	张惠杰	55279	180
5099	小小子、拿钥匙			邢台县祝村	魏老奎	魏书杰	55476	171
5100	筛子筛、做买卖			邢台红星汽车厂		吉立水	55498	229
5101	送哥哥参军			邢台县西部山区	赵清吉	张惠杰	55282	220
5102	小老鼠，蹬碾子儿			邢台市	张玉峰	杨春茂	55480	120
5103	钱粮号草多要命			邢台矿务局	张云山	张静潇	55259	28
5104	你玩玩，我玩玩			邢台矿务局	张云山	范世平	55493	367
5105	新编十二个月（解放邢台）			邢台市马市街	石大妮	陈玉明	55290	548
5106	咱不是神仙、谁是神仙			邢台电厂	徐芳	徐华英	55378	1726

序号	篇名	民族	流传地区	采集地	讲述者	搜集者	数据库编号	字数
5107	天下乱			邢台市文化局宿舍		贾书敏	55258	342
5108	劝闺女			邢台电厂	孟金存	徐华英	55375	125
5109	选举歌			邢台市西关街	曹保春	张惠杰	55289	143
5110	你不发财我不来			邢台市中兴路	王桂改	田德春	55335	1110
5111	打倒不打倒，结论别太早			邢台市矿务局		张静潇	55300	586
5112	收破烂谣			邢台红星汽车厂	董老新	吉立水	55251	123
5113	十“经过”			邢台市中兴路	史宝如	范世平	55292	275
5114	旱船号子			邢台煤矿	王学宝、陈老肥	贾占水	55256	190
5115	群众力量大如山			邢台县浆水镇	贾振信	郭明臣、翟秀	55272	1291
5116	一打铁，二打钢			邢台市北大街		李英梅	55247	1349
5117	笑笑笑、新年到			邢台矿务局	张云山	张静潇	55304	314
5118	黑家庄有个黑大汉			红星汽车厂	何金泽	何福寿	55620	268
5119	九・一八			邢台县浆水镇	郭玉新	郭明臣、翟秀	55264	200
5120	新作媳妇好难煞			邢台县祝村乡	魏老奎	魏书杰	55392	155
5121	新年过，新年过			邢台市矿务局	张云山	张静潇	55307	28
5122	当院一个桌得儿			显德汪煤矿		张延颖	55605	325
5123	农村新面貌（一组）			红星汽车厂	何福寿	何福寿	55291	217
5124	小叫花、做美梦			邢台市	张玉峰	杨春茂	55479	440
5125	子时是我分岁年			邢台市矿务局	张云山	张静潇	55313	174
5126	新年乐，新年乐			邢台矿务局	张云山	张静潇	55305	138
5127	新“天皇皇，地皇皇”			邢台县浆水镇	王景林	郭明臣、翟秀	55263	234
5128	担杖钩、扑溜溜			邢台县祝村乡	魏老奎	魏书杰	55388	113
5129	韩湘子讨封			邢台市邢台旅社	李老旺	范玉琪、张香娥	55427	240
5130	小胖小、肚里饥			邢台电厂	徐芳	徐华英	55477	183
5131	翻身歌			邢台县西部山区	赵清吉	张惠杰	55286	204
5132	楼上楼下，电灯电话			邢台县		吴大山	55297	173
5133	关爷经			邢台市文庙街	苏如林	范玉琪、张香娥	55541	330
5134	慰问八路军			邢台县西部山区	赵清吉	张惠杰	55283	378
5135	发展生产支援前方			邢台县	赵清吉	马石民	55287	143
5136	八洞神仙歌			邢台煤矿	贾瑞林	贾占水	55426	378
5137	我是炊事员			邢台县西部山区		赵和生	55346	114
5138	社员见社员，苦水倒不完			邢台市中兴路	史宝如	范世平	55294	128
5139	保卫麦收			邢台县浆水镇	郭明合	郭明臣、翟秀	55274	383
5140	小日本，胡子长			邢台县西部山区		马志平	55261	183

序号	篇名	民族	流传地区	采集地	讲述者	搜集者	数据库编号	字数
5141	天上下雨哗啦啦			邢台电厂	徐芳	徐华英	55529	274
5142	小八路扛起枪（四首）			邢台煤矿	秦世英	徐华英	55280	232
5143	劝子歌			邢台煤矿	李素引	贾占水	55361	165
5144	香炉经			邢台市文庙街	苏如林	范玉琪、张香娥	55549	200
5145	说老头，道老头			邢台红星汽车制造厂	邱永存	吉立水	55515	331
5146	糖瓜祭灶，年下来到（二首）			邢台电厂	徐芳、丁喜芳	徐华英	55499	116
5147	可怜百灵命真苦			邢台市		徐金普	55397	174
5148	不拜这家拜那家			邢台煤矿	阎连科	张兆仁	55331	118
5149	打你爹娘的下巴骨			邢台煤矿	阎连科	张兆仁	55492	497
5150	一斗穷，二斗富			红星汽车厂	康兰珍	何福寿	55325	168
5151	黑妮找了个黑对头			邢台市	史维钧	范玉琪	55338	171
5152	祭灶歌（四首）			长征汽车厂	陈长征	陈崇	55309	770
5153	故事故、故事故			邢台市中兴路	史宝如	范世平	55512	208
5154	明奶奶，弹拐拐			显德汪煤矿		张延颖	55509	183
5155	女儿祭父母			邢台电厂	徐夫子	徐华英	55368	260
5156	公鸡掏米打了盆			红星汽车厂	田秀菊	何福寿	55622	129
5157	野鸡翎，上南城			邢台煤矿		贾占水	55511	324
5158	婚礼杂歌（五首）			邢台市		邵宗普、李建敏	55321	114
5159	不平歌			长征汽车厂		陈崇	55363	110
5160	下轿歌			邢台电厂	孟金存	徐华英	55320	530
5161	馍馍经			邢台市西大街	王石妮	范玉琪	55565	275
5162	十二相歌			邢台电厂	徐夫子	徐华英	55323	146
5163	上山西，做买卖			红星汽车厂	巩巧珍	何福寿	55382	1018
5164	十大愁经			邢台市文庙街	苏如林	范玉琪、张香娥	55578	377
5165	长大参战保人民			邢台煤矿	阎连科	张兆仁	55537	203
5166	五更经			邢台市西大街	王石妮	范玉琪	55563	157
5167	小叫花，庙里睡			邢台市总工会		赵书伶	55478	457
5168	大女婿			长征汽车厂	王淑芬	陈崇	55422	127
5169	反扫荡歌						55630	170
5170	扒着河沿哭皇天			邢台煤矿	阎连科	张兆仁	55395	157
5171	让俺老少活几年			邢台县山区		王万山、郝永新	55355	15
5172	要开会旮旯里坐			邢台市		李保祥	55299	270
5173	老百姓，流血汗			邢台矿务局	张云山	张静潇	55350	208
5174	小女儿，真风流			邢台市矿务局	张云山	范世平	55472	430

序号	篇名	民族	流传地区	采集地	讲述者	搜集者	数据库编号	字数
5175	做棉衣			邢台县		贾书敏、张惠杰	55347	151
5176	日头经			邢台市西大街	王石妮	范玉琪	55567	549
5177	四嫂嫂不贤良			邢台市织染厂	樊对荣	杨成苏	55402	182
5178	催眠曲			长征汽车厂	王淑芬	陈崇	55440	318
5179	有女嫁个庄稼汉			邢台县祝村乡	魏老奎	魏书杰	55373	342
5180	调情曲				李哲斌		55643	239
5181	婆家小姑似虎狼			邢台市		于秋涛	55398	260
5182	小鸡嘎，想吃黄瓜（二首）			邢台市长征汽车厂		马志平、叶静	55436	204
5183	倒插门歌（二首）			邢台煤矿、邢台棉纺厂	常伟丰	贾占水、张香娥	55374	152
5184	十朵莲花经				苏如林		55647	115
5185	嫁个八路军				曹保春		55633	157
5186	小寡妇上坟（二首）			邢台电厂、邢台煤矿	徐夫子、谢文华等	徐华英、贾占水	55425	28
5187	大脚女，小脚娘			红星汽车厂	王存素	何福寿	55625	311
5188	老两口争热炕			红星汽车厂	吕步玉	何福寿	55419	198
5189	珍珠倒卷帘			邢台	尹聚贵	李哲斌	55431	200
5190	红缨枪、丈把长			邢台县浆水镇	梁开森	郭明臣、翟秀	55276	277
5191	格登格登摇摇			邢台煤矿		贾占水	55463	208
5192	小小孩，上庙台（二首）			邢台市中兴路、邢台市	史宝如	范世平、杨春茂	55467	165
5193	小花猫，睡大觉			长征汽车厂	王淑芬	陈崇	55451	138
5194	让东庄来个心上人			邢台电厂	徐夫子	徐华英	55415	232
5195	大闺女回娘家			邢台煤矿	贾瑞林	贾占水	55405	116
5196	小蚂蚱，土里生			邢台电厂	马雪朝	徐华英	55445	125
5197	老马猴，上宅子儿			邢台电厂	丁喜芳	徐华英	55531	966
5198	大女婿			长征汽车厂	陈崇	王淑芬	55364	267
5199	谁把媳妇当人待（二首）			邢台电厂	徐夫子	徐华英	55399	132
5200	小叭狗，土里滚			邢台煤矿	阎连科	张兆仁	55447	189
5201	奶奶嫌俺是小妮儿			邢台电厂	徐夫子	徐华英	55412	440
5202	嫁个八路军			邢台市西关街	曹保春	张惠杰	55284	166
5203	砸金鼓，过金桥			邢台市中兴路	王桂改	田德春	55502	161
5204	我想亲娘日子长			邢台市		徐金普	55407	220
5205	顶翎赏了一大片			邢台县		于秋涛	55257	146
5206	放风筝			邢台电厂	孟金存	徐华英	55428	174
5207	金碗端着金莲花			邢台市	杜克礼	杨春茂	55581	124

序号	篇名	民族	流传地区	采集地	讲述者	搜集者	数据库编号	字数
5208	五更小调						55635	145
5209	纺棉花			邢台电厂	徐夫子	徐华英	55245	930
5210	慰问八路军				赵清吉		55628	501
5211	学习李向阳			红星汽车厂	何志红	何福寿	55536	260
5212	石榴树上挂金牌（二首）			邢台市中兴路、邢台市	史宝如	范世平、徐金普	55418	497
5213	太阳出来晒晒我			长征汽车厂	陈长征	陈崇	55443	2
5214	藤与铃			邢台煤矿	骆兰静	贾占水	55517	129
5215	消灭日本保家乡			邢台县浆水镇	郭明现	郭明臣、翟秀	55267	3696
5216	我的故事讲完了			红星汽车厂	何志红	何福寿	55513	102
5217	一个饺子两头弯			红星汽车厂	巩秀梅	何福寿	55337	215
5218	我给奶奶磕瓜子（四首）			邢台市中兴路、邢台冶金厂、邢台织染厂	史宝如、申长庚等	范世平、杨春茂等	55496	219
5219	杀得一个都不剩			邢台县浆水镇	王景林	郭明臣、翟秀	55268	300
5220	小小孩，圪囵头			邢台市中兴路	史宝如	范世平	55468	196
5221	新年喜，新年喜			邢台市矿务局	张云山	张静潇	55306	234
5222	高高山上一头牛			邢台煤矿	骆兰静	贾占水	55485	237
5223	打败日本回家乡			邢台县浆水镇	郭明林	郭明臣、翟秀	55269	310
5224	十条手巾			邢台市		樊登祥	55429	126
5225	吃得挺饱，饿得腰痛			邢台电厂	徐夫子	徐华英	55610	535
5226	鹦哥鹦哥你会啥			邢台市中兴路	史宝如	范世平	55437	249
5227	东一阵风，西一阵风			邢台县浆水镇	郭明合	郭明合、翟秀	55271	159
5228	考试错了一道题儿			长征汽车厂	王淑芬	陈崇	55465	130
5229	窗纸儿白，快起来			邢台煤矿	骆兰静	贾占水	55438	435
5230	小白兔，去赶集			邢台电厂	徐芳	徐华英	55453	151
5231	反扫荡歌			邢台县		张惠杰	55285	142
5232	小蚂蚱，一头灰			邢台煤矿	阎连科	张兆仁	55446	233
5233	卖糖的，瞎铛铛			邢台矿务局	张云山	范世平	55488	156
5234	草金莲			邢台煤矿	王纯	贾占水	55495	181
5235	管帐管帐，早晚上当			邢台市		李保祥	55293	504
5236	金奶奶、银奶奶（二首）			邢台县祝村、邢台电厂	魏老奎、徐芳	魏书杰、徐华英	55491	186
5237	买个烧饼解解馋儿			邢台冶金厂	申长庚	邵宗普	55490	184
5238	手巾经			邢台市文庙街	苏如林	范玉琪、张香娥	55548	283
5239	炼钢铁，大跃进			邢台县		吴大山	55295	146
5240	给王母娘娘拜寿摘桃经			邢台市文庙街	苏如林	范玉琪、张香娥	55575	184

序号	篇名	民族	流传地区	采集地	讲述者	搜集者	数据库编号	字数
5241	金蛋蛋、银蛋蛋			邢台市		贾书敏	55486	154
5242	起名就叫两头忙			邢台电厂	丁喜芳	徐华英	55612	121
5243	光吃老爷的大米饭			邢台电厂	秦世英	徐华英	55523	372
5244	出门经			邢台市西大街	王石妮	范玉琪	55566	269
5245	小白鸡，喳喳窝（二首）			显德汪煤矿、邢台会宁乡		张延颖、王凤群	55444	192
5246	一钱金、一钱银			邢台县祝村乡	魏老奎	魏书杰	55383	694
5247	一顶高帽全家戴			邢台县		张延颖	55296	521
5248	大爷娶了个乔大娘			邢台市中兴路	史宝如	范世平	55484	128
5249	把法西斯强盗全杀光			邢台县浆水镇	郭明合	郭明臣、翟秀	55270	340
5250	盘脚盘、盘三年			邢台市		梁和平	55521	172
5251	卖针谣			邢台红星汽车厂	邵永存	吉立水	55250	518
5252	人茶壶，撅撅嘴			邢台煤矿	骆兰静	贾占水	55603	126
5253	卖汽水謠			邢台红星汽车厂	吉永存	吉立水	55252	130
5254	懒大嫂			红星汽车厂	巩巧珍	何福寿	55619	322
5255	五挂号经（二首）			邢台市文庙街	苏如林	范玉琪、张香娥	55572	138
5256	小扁担，三尺三			邢台电厂	徐夫子	徐华英	55461	1130
5257	日本鬼子我日你祖宗			邢台市西部山区	贾书敏	张惠杰	55288	321
5258	二百五，两根弦			邢台煤矿	刘玉科	贾占水	55514	196
5259	正月里、正月里			邢台矿务局	张云山	张静潇	55312	169
5260	洞房喜歌（五首）			长征汽车厂	王淑芳	陈崇	55317	119
5261	老人难			邢台市中兴路	史宝如	范世平	55367	845
5262	十不亲			邢台市文庙街	苏如林	范玉琪、张香娥	55579	162
5263	富民政策买在好			红星汽车厂	何福国	何福寿	55302	155
5264	洞房喜歌（五首）			长征汽车厂	王淑芬	陈崇	55315	203
5265	八月十五月亮圆			邢台电厂	徐夫子	徐华英	55332	173
5266	玉皇经			邢台市文庙街	苏如林	范玉琪、张香娥	55538	321
5267	日记歌			邢台煤矿	骆兰静	贾占水	55328	256
5268	正月里来正月正				贾书敏		55632	239
5269	结婚喜歌（五首）			红星汽车厂	巩巧珍	何福寿	55316	575
5270	财神经（三首）			邢台市文庙街	苏如林	范玉琪、张香娥	55542	167
5271	十秃子（二首）			邢台市		杨春茂	55595	322
5272	春字歌			红星汽车厂	何福国	何福寿	55617	346
5273	天皇皇、地皇皇（二首）			邢台煤矿	骆珍民、蔡加齐	贾占水	55326	104

序号	篇名	民族	流传地区	采集地	讲述者	搜集者	数据库编号	字数
5274	扫庙堂经			邢台市文庙街	苏如林	范玉琪、张香娥	55555	218
5275	懒老婆，盼正月（二首）			邢台市、邢台电厂	徐夫子	梁平河、徐华英	55359	283
5276	白头到老情意长			邢台电厂	徐夫子	徐华英	55322	142
5277	长工十二月			邢台县西部山区	刘运成	李哲斌	55356	172
5278	三上香经（二首）			邢台市文庙街	苏如林	范玉琪、张香娥	55571	597
5279	栽树要栽有根树			邢台电厂	徐芳	徐华英	55344	194
5280	说瞎话、道瞎话（三首）			邢台电厂、显德旺煤矿		徐华英、张延颖等	55594	937
5281	口念佛经			邢台市文庙街	苏如林	范玉琪、张香娥	55558	666
5282	三个小闺女隔一岁			邢台市织染厂	王军	杨成苏	55588	329
5283	黄氏女对真经			邢台市西大街	王石妮	范玉琪	55583	692
5284	谁家拾了我的金戒指			邢台市	张玉峰	杨春茂	55589	110
5285	俺娘不给俺娶老婆（二首）			会宁中学		王凤群	55591	28
5286	顺德府=有名胜			邢台电厂	徐芳	徐华英	55584	1507
5287	耳大有福气			红星汽车厂	吕步玉	何福寿	55616	115
5288	万空歌			邢台市文庙街	王长顺	范玉琪、张香娥	55582	316
5289	一字好像一杆枪			邢台县	魏本荣	马石民	55585	183
5290	泥胎本是人手造			邢台市		邱廷芬	55590	177
5291	行行出状元			邢台市		邱廷芬	55604	257
5292	送郎哥			平定堡	杨树萱	运明、郭郛	56907	102
5293	解放前			尚义南壕欠镇	叶有全	田德瑞	56734	277
5294	工人苦（3首）			张家口	根旺	张海泷	56748	146
5295	阎福田小唱				林明、陈光德等	孟炜烨	57021	677
5296	讽刺谣（五首）			柴沟堡	孙孝美、曹一芳等	陈久满	56733	201
5297	打大疙洞圈子			驿马图	高万林	马汉洪	57024	145
5298	谁是“老虎”谁遭殃			柴沟堡	李国喜	任永清	56795	137
5299	我的爸爸去当兵					吴永田	57037	132
5300	前方与后方			张市	李万军	张海泷	56783	2320
5301	念丧歌					武振友、张家成	56889	116
5302	穷人苦（6首）			张家口市、晏庄	李宝盘、季业彬	张海泷	56747	115
5303	独角牛			黄石崖村	阎进祥	王忠新	57039	80
5304	十等人才			西湾子	唐守英	侯振龙	56705	128
5305	个人主义者			怀安第四屯	武德胜	孟西平	56731	107
5306	灯官道四句（一）			左卫镇	孙秀美	贺冠臣、赵维武	56890	349

序号	篇名	民族	流传地区	采集地	讲述者	搜集者	数据库编号	字数
5307	放哨			王虎屯村	郭尚美	任永清	57042	1328
5308	农业八字宪法歌					杨畅	56838	503
5309	夜哭郎				王丙	韩耀宗	56695	271
5310	下亲歌			沙城	王正成	王哲	56874	423
5311	牛					张永成	57050	120
5312	中华大记事					王国铭	57005	88
5313	令子（四）			怀安水利局	孙孝美	张进善	56882	323
5314	毛主席一条令			柴沟堡	王玉	任永清	56794	466
5315	刮风下雪			蔚县城	王艳博	王艳萍	57060	209
5316	强扭的瓜不甜					杨畅	56916	529
5317	四害横行生活差			蔚县城	周荣人	周清溪	56698	327
5318	光棍			南德胜庄	姚贵兴	姚玉君	56979	1208
5319	赞歌声声						57067	219
5320	翠屏山			老虎背村	张永俊	冯洪	56972	185
5321	老百姓遭了殃			张市	国宪	张海泷	56682	91
5322	中央军的“三不”			狼山村	卢桂荣	卢云豹	56680	60
5323	党的恩情永不忘						57077	4285
5324	抓兵			阳原城	周胜	尚士其、志河刘	56792	444
5325	东沟门鬼门关			西湾子	守义	张海泷	56675	142
5326	十种人		张家口地区	大萝卜村	惠祥	杜一、杨畅	56706	236
5327	看画						57084	645
5328	你才是哥哥的命根根						56921	132
5329	二十四个节气农事歌				杨占熊		56659	76
5330	团结歌			赵家蓬	杨万宽	杨云	56943	514
5331	吃肉歌			张北城	宪志	张海泷	57092	120
5332	离别劝亲人			黄土夭村	王存文	赵万诚	56959	427
5333	大“胡弄”时					姜海滨	56709	416
5334	董存瑞写的战歌			沙城镇		左宝	56786	191
5335	四红			崇礼红旗营	高喜送	季占林	57097	1234
5336	开会迷			二台乡	赵有军		56722	132
5337	结婚仪式歌（三）			万全县城	张志富	王文汉	56872	253
5338	学大寨				徐群	孙建永	56691	265
5339	怀来城人心不宽			狼山村	卢桂荣	卢云龙	57100	222
5340	解放张家口			张市	刘连成	张海泷	56788	121

序号	篇名	民族	流传地区	采集地	讲述者	搜集者	数据库编号	字数
5341	令子			王家寨村和张家口市	杨占寿、潘守信等	杨畅	56879	121
5342	买毛驴			南留庄		王艳萍	57055	173
5343	日本鬼回老家			大黄庄村	柴森	赵相如	57030	215
5344	小过年			张市	姚震清、李宝盘等		56772	397
5345	鸦片战争			康庄	张永春	张阴耕	57006	60
5346	秧歌谣			马道口	张凤山	李建海	56831	689
5347	草原新貌						56825	60
5348	打野兔诀谣			张北县元坊村	史永	戴世敏	56852	124
5349	揉肚肚			县水利局	孙孝美	李建萍	57054	84
5350	武装起来保家乡（8首）			赤城县城	林明、陈光德等	孟炜烨	56760	173
5351	儿歌三首			西城	田玉清	张高清	57052	371
5352	抽烟等级分			西湾子	唐守英	侯振龙	56729	758
5353	抗日小唱（6首）				周云、阎尚俊	林春、尚荣	56761	344
5354	二干小					王艳萍	57059	830
5355	哼哼哈哈知要啥			狼山	卢桂荣	卢云豹	56720	641
5356	儿歌三首			塔拉囫囵村	王殿臣	刘满旺	57058	3669
5357	穷人苦			张市	刘云	左宝	56744	106
5358	好看媳妇卖窗花			县城	杨容芳	姚玉君	57099	133
5359	辛庄子，二大寨			狼山	卢桂荣	卢云龙	56714	1317
5360	春满小康家						57080	184
5361	大青完					张海泷	56672	48
5362	门前闪闪柏油路						57082	1600
5363	舞台是战场					张海泷	56782	358
5364	盼						57081	130
5365	四害横行苦了咱			草场村	华汉	赵万成	56688	121
5366	参军支前打鬼子（33首）			张市	王维州	张海泷	56771	82
5367	做军鞋			马家沟	马占海	马林川	56778	105
5368	冲冲冲					李宝柱	56769	187
5369	张北三大怪			张市	马光荣	张海泷	56685	184
5370	昔日苦			尚义县		张海泷	56751	192
5371	按季换衣			张北县红果图村	于启云	戴世敏	56822	64
5372	八月十五真难熬					刘戎声	56743	240

序号	篇名	民族	流传地区	采集地	讲述者	搜集者	数据库编号	字数
5373	大家没温饱			南德胜庄	王笑	姚玉君	56713	1162
5374	抗日歌（26首）			张家口市、景县大赵庄、张北县城	王维州、姚震清等	张海泷	56757	1091
5375	游击队真能干			分水口村	兰长林	顾胜勇	56775	765
5376	日本占崇礼					靳发	56765	372
5377	一贯害人道				柴森	赵相如	56678	92
5378	荞麦谣			张北县元坊村	史永	戴世敏	56839	2694
5379	打老蒋（3首）					李建海	56790	142
5380	这样的干部该批评（22首）					杨畅	56718	190
5381	“三一”干部			狼山	卢桂荣	卢云龙、王子香	56721	158
5382	跳神歌			王家寨村	李淑华	杨畅	56858	118
5383	上冬学			张市	李宝盘	张海泷	56813	135
5384	劝歌			康保	侯庆林	曹葆田	56844	118
5385	民谣四首			康保县	姚春德	杨畅	56700	131
5386	合婚相面歌诀					杨畅	56869	185
5387	生活往上升			张家口	李宝盘	张海泷	56812	97
5388	婚姻自由歌			涿鹿县	武淑兰	赵福林	56962	212
5389	六等人（二）			黄土梁	徐祥	孙建永	56702	2176
5390	怀来什么最出名			狼山	卢桂荣	卢云豹	56931	400
5391	颂歌十首				武德胜	左柱枝、张进善	56806	75
5392	七等人			西湾子	陈国亮	靳发	56703	124
5393	讲讲斗批改					刘志河	56692	202
5394	赞赛歌台						57085	78
5395	如此报复			西湾子	徐正连	靳发	56716	212
5396	童养媳妇苦			宣化	兰长休	顾胜勇	56969	284
5397	油瓶倒了没人扶		张家口	县城		刘志河	56696	283
5398	三个姑娘			姚家湾	王仪祥	刘兆祥	56968	1754
5399	打开沙城围保安					郑隆为	57023	2951
5400	“左派”资历					右恐	56686	142
5401	鬼子维持会			涿鹿县城	阎长春	范俊英	56754	176
5402	喜鹊喜鹊尾巴长			西城镇	田玉清	张高清	56991	484
5403	积少成多谣			赵家蓬村	何为	杨云	56944	131
5404	坝上今昔						57069	298
5405	歌谣三首			张家口	姚振清	张海泷	56752	332

序号	篇名	民族	流传地区	采集地	讲述者	搜集者	数据库编号	字数
5406	模范拨工组			张市	王维州	张海泷	56662	1801
5407	奔袭			崇礼县		左宝	57019	60
5408	大炼钢铁			高堡铁厂	叶长贵	右恐	56681	130
5409	不足歌（二）			草场村	赵德芳	赵万诚	56856	716
5410	穷人的破皮袄			康保县	侯庆林	曹葆田	56992	142
5411	迷信思想要不得			狼山村	卢桂荣	卢云豹	56941	634
5412	九个月小唱			赵家蓬村	杨万亮	杨云	57007	408
5413	运茶歌			张家口	李志强	张海泷	56750	330
5414	七七事变歌			涿鹿县城	葛占启	张荫耕	57015	125
5415	风柳子调				王廷成	郑民锋、刘兆祥	56896	144
5416	它们都有啥特征			张北县石头吻图村	杜守章	戴世敏	57049	692
5417	四季歌						56661	866
5418	勤和俭					谭宝	56937	523
5419	奉军快逃了					赵相如	57029	150
5420	扔掉糊糊碗			南德胜庄	王文福	姚玉君	56819	128
5421	大锅饭不出活（八首）			沙岭子	范会	张海泷	56670	125
5422	情歌五首		张家口地区南部和保定地区东北部	保定	王林	张海泷	56914	186
5423	摇篮曲			赤城县城	林明、陈光德等	孟炜烨	57045	97
5424	六等人（一）			南壕欠	叶有全	梁艾	56701	541
5425	勤劳致富（15首）				武德胜		56664	453
5426	口外风大			第六屯村	李桂霞	席志海	56935	240
5427	打败老蒋再回家			寇家沟	李宽		57044	115
5428	八路军打西湾					靳发	56766	176
5429	打日本					刘佩和	57031	128
5430	浪三哥			草场村	张杰	赵万诚	56905	333
5431	磨洋工			张家口	姚振清	张海泷	56669	608
5432	翻身歌			蔚县城	田凤云	田永翔	56814	126
5433	抗战歌谣（9首）			护路湾、涿鹿县城	阎宝玉、葛占启等	张荫耕	56758	132
5434	怀来物产谣					卢云龙	56932	249
5435	号召扩大解放区					左宝	56810	396
5436	打狼歌					左宝	56762	72
5437	天上的星星					张海泷	56809	151

序号	篇名	民族	流传地区	采集地	讲述者	搜集者	数据库编号	字数
5438	十指连心咋离开						56919	763
5439	民间歌手武德胜						57106	110
5440	学艺诀谣			尚义	叶有全、任光美	谭宝	56847	136
5441	发财一串子			张家口	艾世芳	张海泷	57090	128
5442	四头社员					杨畅	56949	1282
5443	说话经（一）			张市	许迎春	张海泷	57087	114
5444	队长拄着小铁锨					刘志河	56694	78
5445	如此蹲点					杨畅	56725	342
5446	抗战胜利小唱			涿鹿县城	张永春	张荫耕	57017	320
5447	当兵莫当中央军				张水富	靳发	56789	1277
5448	毛主席领导咱翻了个身			张家口	郝二保	张海泷	56797	1764
5449	歌谣四首			赤城城关	张万科、申殿军等	刘兆祥	56791	151
5450	打开天窗说亮话					张海泷	56948	129
5451	爬山调			尚义南壕欠镇	叶有全	梁艾、谭宝	56910	534
5452	吻吻它		赤城县老革命根据地			左宝	56811	77
5453	酒色财气谣			康保镇	候庆林	曹葆田	56854	482
5454	人要成才多摔打			蔚县城	杨畅	魏敏春	56945	105
5455	离别			张北城关	张碑	张海泷	56960	107
5456	别打枪					李宝柱	56770	528
5457	二月二耍灯火			柴沟堡	孙孝美	张进善	56829	105
5458	解放涿鹿县			涿鹿县	唐继富	张荫耕	57022	110
5459	闹花灯			白旗乡	王跃	张耀	56828	104
5460	中央军诉苦			保岱	马做迁	马林川	56793	125
5461	新旧崇礼			西湾子	徐正连	靳发	56816	201
5462	常看报					李宝桂	56946	735
5463	中草药就是好					杨畅	56850	413
5464	四害和林贼完蛋了（7首）			张家口	李宝盘	张海泷	56683	244
5465	鼓匠诀谣			三马坊	姚国斌	王洪斌	56848	183
5466	民国八时兴			崇礼红旗营	赵千	秀占林	57010	249
5467	祝酒歌	蒙古族			桑吉斯仁	拉希扎木索	56864	524
5468	迎亲人			涿鹿县城	文冠贤	张荫耕	56807	140
5469	唱得都是生活经			尚义南壕欠镇	叶有全、任光美	王剑冰、张云生	56957	76

序号	篇名	民族	流传地区	采集地	讲述者	搜集者	数据库编号	字数
5470	弘州城			东井集	梁德恩	张岭、刘志河	57004	155
5471	天命歌			狼山	卢桂荣	卢云豹	56868	131
5472	抗日的人民爱朱总司令			涿鹿县	葛占启	张荫耕	56799	80
5473	抱西瓜						56898	266
5474	绣兜兜			马道口	张凤山	李建海	57011	192
5475	创业难			平定堡	杨树萱	郭郛	56936	265
5476	阎锡山做的赖			张家口	郝振凯	张海泷	56677	581
5477	不吃不喝想你的病					张海泷	56917	145
5478	芦占魁刁人				王学儒		57001	324
5479	欢迎铁骑军			张北县城		左宝	56787	320
5480	节气农事歌			左卫城	孙孝美	贺冠臣	56660	590
5481	大生产			沙岭子	郝二保	张海泷	56663	272
5482	愣秋虎					韩耀宗	56955	122
5483	一间破草房					佟坡	56739	1519
5484	现在明白还不晚					张海泷	56676	131
5485	不求质量光涨价			怀来县横岭乡		王国铭	56723	579
5486	婆婆多了事难办			左卫镇	王占枝	王占裕	56995	161
5487	歌谣四首			张北县元坊村、张北县白庙滩乡政府、张北县石头吻囹村	史永、于启云等	戴世敏	57094	111
5488	说地方						56674	135
5489	勤劳能致富			阳原小石庄村	傅有恩	杨畅	56671	383
5490	光棍难			王帽营子村	张明	赵振元	56970	168
5491	学艺			西城	田玉清	张高清	56666	242
5492	种地谣			塔拉囫囵村	王殿臣	刘满旺	56667	702
5493	磨洋工			南壕欠	叶有全	王剑冰	56668	336
5494	儿歌六首				孙孝美	张进善	57056	136
5495	千万别得罪这些人					靳发	56715	1490
5496	解放前后不一样（8首）		张家口			杨畅	56817	128
5497	考验			张家口	季卜清	张海泷	56697	936
5498	相好不过咱们俩						56918	176
5499	文昌阁上搭炮楼						56777	197
5500	斩魔降妖的义和团			柴沟堡	任连举	任永清	56755	179
5501	支前当模范（4首）				田人		56774	129
5502	夺的多了给我个					吴永田	57035	366

序号	篇名	民族	流传地区	采集地	讲述者	搜集者	数据库编号	字数
5503	责任制打开金银山						57078	113
5504	十二等人					李怀宇	56707	157
5505	衙门与钱场					张海泷	57089	717
5506	李二嫂			赤城	陈光德	左宝	56764	247
5507	党是太阳我是花					孙培和	57065	164
5508	唱画歌					李宝柱	56846	171
5509	等妈妈			怀安城	武利霞	郭明	57047	70
5510	小花猫			怀安城	南建平	郭郛	57063	222
5511	儿歌三首			尚义南壕欠镇	叶有全、任光善	冯万成	57051	102
5512	三姐姐					李建萍	57053	126
5513	“塞北江南”美名传						57070	133
5514	我身尚衣单					左宝	56745	139
5515	扣公分				袁章	孙建永	56711	555
5516	不如歌					运明云豹	57093	162
5517	永跟党走不变心						57076	161
5518	五台两件宝			张市	刘朋山	张海泷	57103	170
5519	做人处事谣					邵秉和	56845	256
5520	如今农村气象新（26首）			张家口、张市、李家地、南壕欠、蔚县城关	晓纪、李万春等	张海泷	56818	133
5521	请到我们坝上来						57074	134
5522	冬季保畜三字经				傅有恩	杨畅	56837	133
5523	牧驼姑娘歌儿甜	蒙古族		蒙古营	宝音图	拉希扎木索	56815	155
5524	人民依靠共产党			柴沟堡	王玉	任永清	56801	141
5525	政策催开心中花						57071	371
5526	二十四节气农忙谣			柴沟堡	孙孝美	赵维武	56658	118
5527	这样的作风要不得（14首）			张家口市、张市、沙岭子	党记、冯仁杰等	张海泷	56717	321
5528	为朋友			保庄	司金	张金珠	56915	1257
5529	高风亮节葆青春						57083	216
5530	这种社员吃得开					姚玉君	56712	268
5531	供月歌			蔚县城	梁作梅	王鸿连	56833	203
5532	四大歌				史永、白玉清等	孙建永、张荫耕等	57105	363
5533	如今生活多幸福			康保镇	武振友	曹江	56823	131

序号	篇名	民族	流传地区	采集地	讲述者	搜集者	数据库编号	字数
5534	八路军好			葡萄湾村	吕高满	郝骁志、王洪斌	56808	284
5535	塞外风俗谣				父亲	李怀宇	56827	116
5536	庙里乐楼（戏台）题壁					张海泷	57104	527
5537	埋地雷			辛庄村	刘金贵	尚士其、熊连仲	56776	256
5538	玉美人						56897	424
5539	怕			蔚县城	田凤云	田永翔	56737	131
5540	讨吃歌					张海泷	56863	765
5541	传统戏谣			张市王家寨村	万马金	杨畅	56853	688
5542	闺女快点长					田永翔	56736	1599
5543	抗日歌					左宝	56763	121
5544	不自觉			嘴子村	王士春	姚玉君	56951	389
5545	交租粮					田永翔	56735	48
5546	不要耍钱抽洋烟			坝上	孙文奎、郝来保		56923	179
5547	赶快当红军			波罗素乡	何天慧	王子香	56756	151
5548	种田经				傅有恩	韩耀宗	56665	1044
5549	打灯彩					田域秀	57057	255
5550	燕子落在梅枝上					刘满旺	56925	462
5551	八路军是人民子弟兵			张家口	姚震清	张海泷	56803	230
5552	男勤女也勤			黄土梁	郝有	孙建永	56938	1873
5553	不平谣（五首）			柴沟堡	任连举、刘君等	任永清	56746	392
5554	怀来地理谣			沙城	卢桂荣	卢云龙	56933	144
5555	减租歌			张市	王洪勋	张海泷	56784	1452
5556	俩口子打架不记仇			蔚县城	田凤云	田永翔	56980	120
5557	天昏地暗					陈秀萍	56673	1061
5558	小日本儿			第六屯村	李桂兰	李建萍	57041	852
5559	天上有颗北斗星			阳原县城	白亮	韩耀宗	56798	606
5560	光棍真可怜			柴沟堡	乔佐臣	陈文满	56977	187
5561	长大爹把你给警长					刘戎声	56679	224
5562	嫁赌头			第六屯		孟增普	56975	110
5563	大同府					禾丰	56929	262
5564	南山头上鹁鸪啼			张家口	李宝盘	张海泷	56965	96
5565	谁也管不了谁			张家口	孙玉刚	张海泷	56699	203
5566	刮春风			驿马图	曹占武	赵万诚	56958	316
5567	口袋阵			赤城		左宝	57018	308

序号	篇名	民族	流传地区	采集地	讲述者	搜集者	数据库编号	字数
5568	全家打狼					吴永田	57036	252
5569	念书不如拾狗粪			桑干河边	叶长贵	右恐	56687	171
5570	小五点			西湾子	白万金	吉时毕	57027	861
5571	戒赌						56982	748
5572	砸钢崩					梅迎春	57033	74
5573	这“戏”唱到啥时散					杨畅	56724	188
5574	担水			石咀子	张万忠	赵万诚	56988	116
5575	耍牌看情人					武振友	56909	409
5576	父母养儿恩情重						56981	218
5577	官多不办事儿			老虎背	张永富	靳发	56726	128
5578	“九九”消寒歌						57028	138
5579	倒宝瓶歌			沙城	王正成	王哲	56876	384
5580	不如粮到手			沙岭子村	范会	海泷	56689	1100
5581	哪个军也害百姓					周清溪	56740	962
5582	叮铃当			张北二台	童凤云	王子香	57038	498
5583	结婚仪式歌（一）				武德胜		56870	163
5584	杀人土匪王大美					张海泷	56753	144
5585	老百姓没法子			南杨庄	周素	周清溪	56741	247
5586	酒要少喝					魏敏春	56857	178
5587	划拳歌（一）				李建清	张进善	56866	198
5588	家穷没有好招待			马圈堡	袁桂莲	建永	56742	222
5589	苦生活（4首）			张家口、张北县城	邸明、张碑	张海泷	56749	127
5590	画像（五首）					张玉平	56730	245
5591	风流曲			马道口	耿喜永	李建海	56861	325
5592	采药歌			黄旗岔	张玉成	杨畅	56851	261
5593	就怕柴疙瘩			崇礼西湾子	徐正连	靳发	56767	491
5594	坐车					侯振龙	56728	375
5595	酒色财气四堵墙				郝有生	李建海	56842	110
5596	讽刺谣			南壕欠	任光美	梁艾	56719	104
5597	把它消灭完			县城	葛占启	葛占启	56768	124
5598	家常饭				李车	孙建永	56710	686
5599	节令歌			柴沟堡	席选臣	席志海	56834	228
5600	十等人					刘景华	56704	227
5601	保卫翻身要武装			水沟口村	王发	任永清	56779	136

序号	篇名	民族	流传地区	采集地	讲述者	搜集者	数据库编号	字数
5602	整风整社				张义贵	韩耀宗	56690	396
5603	看秧歌			浮图村	王永全	韩耀宗	56832	149
5604	食堂化			新胡庄大队	叶长贵	右恐	56684	146
5605	我有一支枪			温泉屯	赵文斌	赵长录	56781	1109
5606	批判会				李山	孙建永	56693	116
5607	听见哥哥大路唱						56922	231
5608	旧社会生活似黄莲				武德胜		56738	274
5609	中央军来了更遭殃					左宝	56785	239
5610	破恶梦			狼山	卢桂荣	卢云豹	56860	334
5611	盼情郎			南德胜庄	王笑	姚玉君	56901	561
5612	不足歌（一）					黄进和	56855	159
5613	毛主席象太阳			尚义南壕欠镇	叶有全、任光美	冯万成	56796	468
5614	讨吃歌			张北县元坊村	史永	戴世敏	56862	145
5615	铺炕歌						56878	186
5616	十修				马天立	霍欣熙	56859	227
5617	喝水别忘打井人			柴沟堡镇	王翠娥	任永清	56800	252
5618	醉酒开车害处大			民生辈	张久益	陈久满	56732	58
5619	小姑子听房			草场	王瑞	赵万	56924	80
5620	灯官道四句（二）			辛夭	贾清北	贾元来	56891	193
5621	吃饭吃那带油儿的			阳原西城	白亮	米海宾	56821	117
5622	结婚仪式（二）					杨畅	56871	1412
5623	兰州城				王学儒、刘建成等		56899	217
5624	下亲歌				席举润	席泽彪、席志海	56875	152
5625	“的”字歌			张市		刘凌霜	56824	517
5626	令子（六）				武德胜	孟西平	56884	248
5627	喜歌两首					梁挺艾	56887	173
5628	姑娘身价步步高					陈久满	56967	174
5629	歌谣五首					杨畅	56835	181
5630	如此结婚			张市	田禾丰	刘凌霜	56940	159
5631	梳妆台			西湾子	张永祥	吉时毕	56900	61
5632	有女别嫁烘炉匠			张市	艾世芳	张海泷	56966	1490
5633	唱戏			怀来鸡鸡驿	马云川	张海泷	56830	122
5634	新式结婚好处多					张海泷	56928	312

序号	篇名	民族	流传地区	采集地	讲述者	搜集者	数据库编号	字数
5635	酒令六首			蔚县南张庄村	刘桂英	王玉祥	56865	179
5636	神戏歌			万全县城	王德	张海泷	56895	510
5637	劝人歌			本县三道川	马振科	李建海	56841	175
5638	大姐爱我我爱她					刘戎声	56908	196
5639	秧歌拜年唱词					杨畅	56894	260
5640	塞北情歌			刘家窑	杨俊库	兰文种、禾丰	56903	118
5641	针灸诀谣					杨畅	56849	5527
5642	送情哥			狼山村	卢桂荣	彭洁、爱荣	56902	197
5643	划拳歌（二）			南德胜庄村	王金恒、武德胜	姚玉君、忌酒等	56867	110
5644	好吃不过家常饭			尚义南壕欠镇	叶有全、任光美	田德瑞	56987	4762
5645	下轿歌				李宽	兰文种	56873	162
5646	十大腌脏			柴沟堡	乔佐臣	陈久满	56997	454
5647	灯官道四句（三）				武德胜	左桂枝、张进善	56893	194
5648	绣兜兜			三道川	张起生	李建海	56996	171
5649	令子（二）			南壕欠	叶有全	谭宝	56880	137
5650	四个姑娘夸女婿				孙孝美	张进善	56978	103
5651	灯官道四句			怀安城	周素芳	郭明	56892	159
5652	表中国						57000	255
5653	令子（五）					郭明	56883	200
5654	彩礼不多十大件			张市	杨青霞	王秀丽	56973	472
5655	令子（三）			大后达村、石咀子乡草场村	马亮、华汉	赵万诚	56881	146
5656	儿歌九首			尚义大青沟镇、尚义、马卷乡	张王清、李凤英等	谭宝	57048	836
5657	别看我们年纪小				耿维钦	李建萍	57040	604
5658	铺炕歌			张家口	李宝盘	张海泷	56877	153
5659	穷过渡（三首）			康保	侯庆林	张桂枝	56708	121
5660	相逢			寇家村	李宽	兰文种、张运明	56904	165
5661	李大嫂					李建海	57064	154
5662	练身经					田永翔	56976	280
5663	草原新貌						57068	454
5664	半斤莜面			黄土夭村	姚义	赵万诚	56906	158
5665	深情的颂歌心中来						57066	383
5666	败家子			南德胜庄	滑文连	姚玉君	56942	253

序号	篇名	民族	流传地区	采集地	讲述者	搜集者	数据库编号	字数
5667	织林衣						57075	245
5668	可怜孤单一个人						56920	113
5669	拿起炮杆掌政权			柴沟堡	王翠娥	任永清	56780	127
5670	康保物产谣			康保	侯庆龙	杜一	56934	265
5671	十劝			五十家村	姚福	赵万诚	56843	238
5672	哥哥参加游击队					谢江	56926	203
5673	团结起来打日本（6首）					吴永田	56759	115
5674	娶亲			东井集	梁德恩	张岭、刘志河	56961	160
5675	民谣二首					张进善、武满山	56820	184
5676	送哥参军			康保镇	阎素枝	丰胜	56927	87
5677	上梁歌			第六屯村	王献瑞	刘利英、乔文满	56840	389
5678	王老汉尽碰倒霉事			柴沟堡	乔佐臣	陈久满	56954	129
5679	牧民祖辈永爱党	蒙古族		蒙古营	那桑乌立基	拉希扎木索	56805	149
5680	名声在外				杨占魁	杨畅	56930	88
5681	抗战全凭八路军					李宝柱	56802	215
5682	儿歌三首			夭子沟	周云	阎春林	57062	189
5683	各族人民一条心	蒙古族		内蒙太仆寺旗贡布拉嘎苏木	桑吉斯仁	拉希扎木索	56804	77
5684	狼儿狗肺不久长			宋家庄	张儒	王玉祥	56953	448
5685	四头八节				王尚清	张进善	56826	1040
5686	哭灵			沙城	卢桂荣	卢云龙	56952	118
5687	带病作业			柴沟堡	安化一	陈久满	56956	199
5688	唱歌讲道理			尚义南壕欠镇	叶有全	庞瑞祥、肖冰	56939	395
5689	不图宅子不图地			张家口	李宝盘	张海泷	56964	158
5690	妈妈娘你好糊涂			河北村	张辉月	杨云	56974	362
5691	小拜年			西湾子	薛富庆	马洪瑞	56971	136
5692	没法比			蔚县城	田凤云	王玉祥	56950	115
5693	人人喊流氓				武德胜		56983	120
5694	解放赤城			赤城	张万科	王国荣	57025	113
5695	十月怀胎歌			赵家蓬	何为	杨云	56984	160
5696	民歌三首			赵家蓬	杨万宽	杨云	56947	428
5697	歌谣七首					张海泷	56994	193
5698	话民国						56999	117
5699	小放牛						56998	241

序号	篇名	民族	流传地区	采集地	讲述者	搜集者	数据库编号	字数
5700	撒荞麦			八件营村	张存永	赵万诚	56993	114
5701	十二月古人颂			三道川	高永顺	李建海	57003	252
5702	说鸡			南德胜庄	王文夫	姚玉君	56986	405
5703	砸铜圆			崇礼白旗乡	王跃	张耀	57012	288
5704	找对象			西湾子	徐正连	靳发	56963	303
5705	赵顺歌					孟炜烨	57020	305
5706	南方来了李先生						57013	432
5707	说十			五十家	姚福	赵万诚	57026	223
5708	回关南			三间房	马亮	赵万诚	57009	136
5709	儿歌三首				苏里	韩耀宗	57032	143
5710	火烧王家山			赵家蓬	杨得	张荫耕	57016	108
5711	崩子捣圈圈			张市	姚震清	张泷海	57034	96
5712	回关南			大田洼	杜志宝	郝骁志、刘志河	57008	131
5713	抗美援朝保国家			柴沟堡	杨喜功	任永清	57043	323
5714	谁欺老婆谁倒霉			沙城	郝树刚	王国铭	56989	148
5715	学英雄			怀安城	李海军	郭明	57046	127
5716	俩口子打架不记仇			康保	侯庆林	郭金旺	56985	116
5717	嫌我小			怀安城	郭奇娟	郭明	57061	393
5718	黄瓜扎根上了坝						57073	100
5719	高高山			尚义南壕欠镇	叶有全、任光美	田德瑞	57096	167
5720	怕						57079	164
5721	歌谣七首			康保镇	侯庆林	曹葆田	57098	237
5722	歌谣七首			张家口	王维州	张海泷	57086	60
5723	十个眼			柴沟堡	孙孝美	武满山、张进善	57101	121
5724	老唐皇作诗娶妻					杨畅	57002	342
5725	母猪谣			崇礼西沟	边玉柱	马汉洪	57102	118
5726	想娘			城关镇	阎素枝	丰胜	56990	412
5727	说话经（二）			张市	武万升	张海泷	57088	603
5728	“怕”字歌			故乡大赵庄	张国栋	张海泷	57091	204
5729	好坏大家评					樊秀之	57095	384
5730	“七七”事变			赤城县城关	张万科	李恩广、刘兆祥	57014	223
5731	灵棚吊孝				张友洪	董宪璞	61133	971
5732	盖房喜歌				李金岭	李世中	61134	542
5733	女子参军			刘家官	王玉秀	尤熹、谢迅之等	61798	189

序号	篇名	民族	流传地区	采集地	讲述者	搜集者	数据库编号	字数
5734	粘糕			前台村	王学迁		61998	152
5735	炸馃子			广川	路俊英		61937	380
5736	小老鼠						61990	13
5737	咕咕			前村	张秀琴		61968	98
5738	十月秋风凉			贾村	林秀兰		61803	258
5739	两边摸			龙华乡文化站	宋瑞合		61932	246
5740	调军			西枣科	刘金长		61799	131
5741	想丈夫			贾村	林秀兰		61855	306
5742	插金花			留智庙西街	周景文		61929	224
5743	姐妹们上学校			贾村	林秀兰		61796	121
5744	男女要一样			西枣科	刘金长		61797	693
5745	小叭狗			贾村	林秀兰		61953	232
5746	日本鬼子来到俺家乡			广川村			61784	13
5747	小枣树			留智庙西街	刘秀贞		61945	294
5748	青青菜			贾村	林秀兰		61909	210
5749	队长			后杜桥	张志彬		61814	995
5750	磨洋工			前村	张秀琴		61816	595
5751	当队长			广川街	路俊英		61818	177
5752	抗战整八年						62064	213
5753	灶火冒烟			陈坊	于胜涛		61975	1235
5754	王三姐卖鞋			东王庄村			61854	704
5755	护身咒			贾村	林秀兰		61847	15
5756	金梁金柱挂金牌			贾村	林秀兰		61850	137
5757	我跟美国打仗去			北屯乡政府	王秀琴		61981	319
5758	新人下轿						61834	127
5759	洞房铺炕			杜桥	吴俊英		61833	155
5760	卖扁食			马解庄	谢金英		61857	142
5761	送姥姥			龙华镇	宋瑞合		61973	165
5762	大姑娘夸婆家			广川			61892	122
5763	看秧歌			留智庙南街	于秀贞		61891	121
5764	棉花桃			杜桥乡	陈秉田		61906	183
5765	王祥孝母			贾村	林秀兰		61888	139
5766	红山芋			前杜桥村	杜会亭		61995	186
5767	祈雨歌			贾村	林秀兰		61844	231

序号	篇名	民族	流传地区	采集地	讲述者	搜集者	数据库编号	字数
5768	送情郎			贾村	林秀兰	孟庆安、冯吉海	61871	13
5769	小寡妇上坟			西枣科村	刘金长		61866	85
5770	父母恩			广川		路俊英	61887	162
5771	怕老婆			北屯乡政府	王秀琴		61982	439
5772	苦菜花			河渠乡文化站	郑春英		61859	264
5773	享乐歌			贾村	林秀兰		62028	123
5774	寡妇难			河渠	毛站文		61881	1808
5775	石榴树			杜桥乡文化站	陈秉田		62014	230
5776	思夫			朴庄村	张林富		61872	281
5777	小白兔			留智庙小学	田洪强		62007	151
5778	骂婆婆			马解庄	解金英		62036	282
5779	下雨下雪						62034	13
5780	寻戒指			留智庙西街	刘秀贞		61951	360
5781	相牛谣			前杜桥村	孙树其		62049	426
5782	月姥娘			杜桥村	张风桥		61970	152
5783	中国妇女们						62073	228
5784	小板凳			佛台	李金兰		61955	116
5785	稀奇			叶园	崔宝珍		62040	411
5786	新郎官			于前杜桥村	张秀智		61966	138
5787	胡诌			杜桥乡	陈秉田		62038	169
5788	小板凳			后村	王桂平		61958	101
5789	小寡妇上坟						62066	179
5790	腊月			前杜桥村	杜会亭		61964	133
5791	纺棉花						62069	348
5792	一年忙			留智庙乡留智庙西街	刘秀贞		62031	255
5793	送情郎						62070	282
5794	大逛灯			第四	孙义田		62025	332
5795	大尾狼			杜桥乡文化站	陈秉田		61886	493
5796	罗罗歌			计生站	吴桂琴		61943	354
5797	妇女同胞们			留智庙南街			61793	161
5798	鞭杆别干棒			杜桥乡文化站	潘书君		62022	390
5799	识字班			贾村	林秀兰		61805	138
5800	催眠曲						61989	124
5801	妓女告状			广川街			61924	409

序号	篇名	民族	流传地区	采集地	讲述者	搜集者	数据库编号	字数
5802	轱辘缸			北屯乡中学	赵春霞		61934	464
5803	改嫁			小赵庄	毛站文		61882	158
5804	十根拐棍			贾村	林秀兰		62029	186
5805	穷汉歌			周庄	常仁义		61920	13
5806	四大歌十七首						62058	263
5807	棉花种				晶晶		62003	248
5808	虎（壶）字歌			叶园村	胡印泉		62056	157
5809	身穿白衣裳			贾村	李凤英		61808	692
5810	一窝子黑			前秦村	孟宪阁		62045	161
5811	花老婆						61919	131
5812	打花棍			叶园村	吴金生		62037	188
5813	大脚女			养老院	周振忠		62046	223
5814	头字歌			杜桥乡政府	马少芬		62052	686
5815	上学			贾村	林秀兰		61800	13
5816	抗战歌			西场	刘风海		61781	13
5817	红高粱叶			景县文化馆	张元洲		61997	887
5818	卖针歌			周庄	梁福来		61776	230
5819	小二的媳妇			广川	路俊英		61988	13
5820	小秃子			陈屯村	姜尚修		62055	132
5821	月亮奶奶			香坊村	郑文存		61980	141
5822	五更调						62065	458
5823	走，跟着毛泽东走			前秦村	孟宪阁		61807	537
5824	东洋鬼子太猖狂			广济县	王维勤		61788	146
5825	大老鸦			十王店村	杨金忠		61986	280
5826	要丈夫			周庄村	梁福来		61869	134
5827	蒺藜秧			留智庙南街	解曾琴		61994	193
5828	队长队长别发愁				陈秉田		61811	95
5829	新社会里走新路			前秦	孟宪阁		61806	367
5830	拉洋片			广济县	王维勤		61789	436
5831	杜梨树						61904	80
5832	绣龙袍			贾村	林秀兰		61779	184
5833	借绿豆			后秦村	吕秀珍		62023	314
5834	小寡妇思夫			留府乡	张立英		61867	305
5835	名胜谣						62044	258

序号	篇名	民族	流传地区	采集地	讲述者	搜集者	数据库编号	字数
5836	锯缸			东王庄	贾延堂		62030	198
5837	红荆棍			杜桥乡杜桥村	张秀智		61900	416
5838	罗罗莲			杜桥村	陈秉田		61899	374
5839	打老虎			留智庙西街	刘秀贞		62005	277
5840	十八扯			第八村	主敏才		62024	303
5841	小小子			佛台	刘书英		62016	131
5842	十个秀子			留智庙完小	田洪强		62054	107
5843	馋老婆			第三乡第四村	孙义田	谢迅之	61918	849
5844	无儿难			马解庄	谢金英		61916	171
5845	小小子			广川乡	路俊英		62020	243
5846	寻戒指			留智庙西街	刘秀贞		61926	165
5847	胖娃娃			陈屯村	姜尚修		62008	907
5848	燕白虎子			庙镇	田万春		61939	592
5849	卖豆腐			留智庙小学	田洪强		62006	219
5850	回娘家			杜桥村	杜会亭		61901	444
5851	说瞎话			留智庙西街	刘秀贞		62039	174
5852	韩香女哭瓜			陈村	姜尚修		61890	219
5853	下雨						62032	507
5854	止哭歌			佛台村			61840	370
5855	挂心谣			后秦村	吕秀珍		61913	83
5856	生死簿			佛台村	周国明		61815	152
5857	六月天			贾村	林秀兰		62048	267
5858	五盘馃子			贾村	林秀兰		61848	317
5859	拴娃娃			留智庙南街	王秀兰		61921	163
5860	做买卖					郭延田	61826	146
5861	小白鸡			孙庄村	孙桂亭		61898	130
5862	责任制			杜桥乡政府	野绍泉		61827	446
5863	刘二姐拴娃娃						62060	280
5864	走娘家			景县刘家官	王玉秀、李秀臣	谢迅之、尤熹等	61908	134
5865	八大想						62063	225
5866	后婆婆			前秦村	孟宪阁		61884	141
5867	身穿白衣裳						62076	188
5868	织手巾			广川乡文化站	路俊英		61936	499
5869	炸碉堡			于杭村	张秀华		61782	12

序号	篇名	民族	流传地区	采集地	讲述者	搜集者	数据库编号	字数
5870	剁老道			于杜桥乡文化站	杜娜		61933	148
5871	夯歌			东王庄	贾延堂		61773	128
5872	糖梨子树			贾村	林秀兰		61902	327
5873	借房子			贾村	林秀兰		61783	71
5874	啄木鸟			广川	刘金长		61903	172
5875	止哭歌			杜桥乡计划生育站	马少芬		61972	203
5876	太阳和月亮			华口	王红		61984	124
5877	打夯歌			八里屯	周景文		61774	622
5878	镶金牙的自来笑			杜桥乡农业技术站	王志敏		61965	1387
5879	小女婿			小营村	张立英		61877	348
5880	背褡子			留智庙西街	刘秀贞		62002	213
5881	红缨枪			广济县政府	王维勤		61971	316
5882	高粱叶			张庄村	张文俊		62018	274
5883	九九节令			刘镇	孙秀英		61828	320
5884	小大姐			贾村	林秀兰		61962	329
5885	级别车			后秦村	宋瑞和		61810	192
5886	小枣树			文化馆	张元州		61944	155
5887	小叭狗			贾村	林秀英		61952	330
5888	小板凳			留智庙乡粮站	冯立英		61957	147
5889	织带子			后秦村	吕秀珍		61935	403
5890	猫上树			留智庙西街	刘秀贞		62001	183
5891	五更调			贾村	林秀兰		61858	173
5892	识字班						62075	119
5893	骂货郎			刘集马解庄村	谢金荣		61853	180
5894	十月秋风凉						62067	469
5895	小白鸡			杜桥乡文化站	陈秉田		61947	631
5896	风来了			于杜桥乡计划生育站	马少芬		62017	248
5897	喜歌			东王庄	贾延堂		61837	83
5898	拉大锯			杜桥乡政府	马少芬		62010	718
5899	结婚喜歌				陈竹云		61836	146
5900	二分钱			杜桥乡政府	李会荣		62011	560
5901	喜歌			留智庙南街	周景文		61835	127
5902	小黑狗			计划生育站	吴桂琴		62013	140
5903	扫坑底			阎庄	谢玉敏		61829	527

序号	篇名	民族	流传地区	采集地	讲述者	搜集者	数据库编号	字数
5904	争自由			贾村	林秀兰		61791	13
5905	送替身			孟庄村	刘魁荣		61842	162
5906	绣荷包			陈屯	姜尚修		61778	102
5907	瓦解伪军歌			广济县	王维勤		61787	229
5908	抗战整八年			前秦村	孟宪阁		61795	374
5909	收魂歌				王焕荣		61839	114
5910	七杯茶			贾村	林秀兰		61804	13
5911	送殡歌			隆兴乡政府	祖秀环		61831	372
5912	得罪了支书没法过			香坊村	郑文存		61820	283
5913	老师快放学			北屯乡政府	王秀琴		61809	415
5914	结婚要条件				郭延田		61824	178
5915	争自由						62074	132
5916	过二月二			杜桥乡	陈玉英		61832	319
5917	小扒锄						62072	107
5918	祭灶			后村	王桂平		61841	217
5919	行好歌			贾村	林秀兰		61851	611
5920	五把钥匙			贾村	林秀兰		61849	181
5921	王三姐思夫			东王庄村	贾延堂		61864	617
5922	看病郎			马解庄	谢金英		61860	236
5923	小白鸡			张庄村	张文清		61946	385
5924	光棍哭妻			高木客	冯玉忠		61865	13
5925	炸馓子			杜桥乡文化站	潘书君		61941	153
5926	劝爹娘			贾村	林秀兰		61868	489
5927	八大想			连镇乡北街村	戈文中		61870	129
5928	正月里				路俊英		61874	221
5929	小鸟与老鸟						61889	218
5930	小白菜			贾村	林秀兰		61883	736
5931	怀胎十个月			贾村	林秀兰		61923	200
5932	玩钱鬼			杜桥	陈秉田		61915	188
5933	抓痒			留智庙	田洪强		61938	159
5934	老母上天			贾村	林秀兰		61917	650
5935	秋收						61893	859
5936	刘二姐拴娃娃			贾村	林秀兰		61922	623
5937	花椒树			景县文化馆	张元洲		61996	206

序号	篇名	民族	流传地区	采集地	讲述者	搜集者	数据库编号	字数
5938	两口子			留智庙西街	刘秀贞		61927	113
5939	板子			杜桥乡	马玉芬		61959	211
5940	十个月			留智庙西街	周景文		61928	137
5941	卖扁食						62071	107
5942	月姥娘			前村文化站	王焕荣		61969	263
5943	小板凳			朱北楼村			61954	182
5944	蝎子蜇着秃脑袋			龙华镇	宋瑞合		61974	230
5945	新媳妇			后秦村	吕秀珍		61977	199
5946	毛泽东是领袖			香坊村	姚汝海		61976	13
5947	分瓜			前村	王焕荣		61967	250
5948	吃粘糕			刘镇	张福臣		61983	127
5949	羊巴巴蛋			大屯村	邓福元		61963	248
5950	蒸冰糕			十王店	杨金忠		61987	425
5951	大铜子			王疃乡贾村	林秀兰		61961	176
5952	唱刘海						61991	229
5953	傻小子			前台	王学迁		62015	122
5954	过新年			杜桥乡政府	潘书君		62012	13
5955	女子参军						62062	155
5956	绕口令			杜桥乡文化站	潘书君		62021	351
5957	织毛巾			贾村	林秀兰		61780	132
5958	年龄段						62043	232
5959	寡妇上坟			西枣科	刘金长	冯吉海、王建民	61875	208
5960	蔬菜歌			隆兴养老院	周振中		62047	139
5961	童养媳			西场村	刘凤海		61879	139
5962	懒兄弟				孟庆安		62050	128
5963	求佛			贾村	林秀兰		61885	982
5964	看指纹						62051	175
5965	磨黄豆			后秦村	吕秀珍		61894	132
5966	七杯茶						62059	204
5967	十根竹子			留智庙乡南街村	刘秀贞、陈兰英		61896	206
5968	男女要一样						62061	117
5969	松树枝			朱北楼			61905	294
5970	卖五香面			周庄	梁福来		61777	235
5971	为啥把俺卖给他			贾村	林秀兰		61910	154

序号	篇名	民族	流传地区	采集地	讲述者	搜集者	数据库编号	字数
5972	小夯歌			第四村	孙义田		61775	168
5973	花姐落凡			贾村	林秀兰		61912	136
5974	赶庙会			留智庙南街	解曾芹		62000	189
5975	小白鸡			杜桥乡文化站	陈秉田		61948	212
5976	柳槐歌			留智庙南街	解增琴		61925	223
5977	小白鸡			留智庙南街	解曾琴		61949	166
5978	看梨			贾村	林秀兰		61911	290
5979	棒子秸			留智庙乡南街	解曾琴		61950	13
5980	狠心的妈妈娘			广川	刘金长		61914	257
5981	全家乐			杜桥中学	郭金城		61985	306
5982	蹦蹦长长			文化馆	张元洲		61992	455
5983	小皮球			杜桥村	陈玉英		61993	259
5984	大寨点			后秦村	常文彬		61821	260
5985	花愣剪子			留智庙南街	解曾芹		61999	314
5986	拖拉机来耕地			北屯乡中学	赵海深		61819	81
5987	蒜瓣歌			留智庙西街	刘秀贞		62004	208
5988	队长队长			后村	王桂华		61817	249
5989	二月二			前杜桥	张秀智		62009	185
5990	工匠谣			杜桥乡文化站	郭延田		61786	204
5991	大老主宰鸡			杜桥乡中学	郭勤修		62019	81
5992	妇女翻身歌			西枣科	姜尚修		61785	120
5993	头等店			贾村	林秀兰		62027	185
5994	小蛤蟆			北屯中学	赵春霞		61979	309
5995	属相剋			八里庄乡政府	田万岭		62041	699
5996	三月二十七			留智庙东街			61792	145
5997	靠字歌			前村	张秀芹		62057	196
5998	低指标			杜桥乡政府	野绍泉		61813	138
5999	小白菜						62068	261
6000	上工			杜桥乡政府	野绍泉		61812	153
6001	妇女解放歌			留智庙东街			61794	143
6002	织笼布			留智庙南街	于秀贞		61897	210
6003	神兵天将来景县			广济县	王维勤		61790	130
6004	小扒锄			贾村	林秀兰		61907	15
6005	劝夫参军			贾村	林秀兰		61801	235

序号	篇名	民族	流传地区	采集地	讲述者	搜集者	数据库编号	字数
6006	洞房祝愿歌			杜桥	吴俊英		61830	81
6007	中国妇女们			贾村	林秀兰		61802	245
6008	迎亲喜歌			大野庄村	刘儒亮		61838	526
6009	电工查电			后秦村	宋瑞合		61822	394
6010	祈雨						61845	621
6011	住楼不一样			于杭村	张秀华		61825	193
6012	生意兴旺			后秦村	宋瑞合		61823	468
6013	敬天			孟庄	刘魁荣		61843	446
6014	寡妇难			前村乡	张秀芹		61880	114
6015	月儿渐渐高			前台村	王学武		61856	392
6016	卖盖垫			贾村	林秀兰		62026	320
6017	看情郎			留智庙南街	王秀兰		61861	362
6018	娘家的东西不养家			前秦村	孟宪阁		61895	421
6019	嘱丈夫			小赵庄	毛站文		61862	184
6020	母女对			广川	路俊英		61878	709
6021	纺棉花			刘家官村	王玉秀	尤喜、谢迅之等	61873	319
6022	请神			贾村	林秀兰		61846	340
6023	小寡妇上坟			东王庄			61876	133
6024	十二月			贾村	林秀兰		61863	637
6025	十炷香			贾村	林秀兰		61852	304
6026	烧香			广川			62035	826
6027	苜蓿花			后秦	吕秀珍		61978	225
6028	老猫			前王母台村	王学迁		62033	812
6029	小老头			前台村	王学迁		62053	77
6030	女大谣						62042	223
6031	苇子穗			贾村	林秀兰		61960	461
6032	三国叹			梁集乡张茂庄村	李会义		61930	116
6033	小板凳			留智庙西街	刘秀贞		61956	1307
6034	编花篮			后村	王桂平		61931	919
6035	打罗罗			留智庙小学	田洪强		61942	142
6036	撞膀子			计划生育站	马少芬		61940	384
6037	小白菜			史庄村	张布台	李瑞君、付运红等	63345	1162
6038	回家歌		商城镇一带	秦家营	赵贵英	王玉芬	63346	314

序号	篇名	民族	流传地区	采集地	讲述者	搜集者	数据库编号	字数
6039	拍豆秸				姜剑波	姜增奎	63342	1166
6040	回娘家			成安县漳河店村	米桂芹	付运红	63347	1467
6041	画扇面			成安县姜营村	王玉生	李国强、裴金星	63343	651
6042	妓女诉冤		成安县	路口村	武振江	王圣弟	63349	240
6043	贤良女劝丈夫			成安县郭坊乡姜营村	王玉生	李国强、裴金星	63341	3319
6044	十字闹表古人名				申牛成	任铭明	63344	378
6045	巧梳妆				王宝林	温士林	63348	341
6046	四和十				潘东彩		66890	679
6047	打老婆		河北安平			李大振	66830	401
6048	苇子叶			衡水市前里马村	王秀娟	李琦	66853	148
6049	冀中之歌						66772	239
6050	人多乱			武强县李庄	王红妮	李久旺	66809	262
6051	抗战学院校歌				康炳峰		66771	1168
6052	劝降歌			武强县焦齐居	谷存良	李四虎	66711	183
6053	小放牛			清凉店乡	贾九	贾长群	66863	329
6054	日本鬼子来到俺家乡			贾村	林秀兰		66770	202
6055	回娘家		河北安平			李大振	66855	982
6056	茉莉花			八月角北村	商会来	门玉力	66735	262
6057	十二生肖歌			衡水中学	李凯宇	李永钧	66866	259
6058	要饭歌之一			合方	程万夯	徐士芳	66729	219
6059	老白干		衡水一带			孙海玉	66880	241
6060	要饭歌之二			袁庄乡	李文祥		66730	211
6061	懒婆看娘				韩贵荣		66813	246
6062	纺线谣				孟瑞须	李保树	66766	159
6063	四大谣			深县文化馆、武强县小范镇	郭占表、张中	刘铁城	66891	161
6064	五更天		冀县、枣强南部乡村	冀县韩庄	赵玉翠	彭国英	66739	180
6065	放风筝				孟永刚	门玉力	66779	302
6066	送才郎				王海山	谢迅之	66738	226
6067	劝丈母			深县刘屯村	逯书敏	耿彦钦	66857	284
6068	离恨歌		故城县三郎、建国一带				66740	188
6069	巧嘴鹦鹉		冀县南部乡村		张玉琴		66780	481

序号	篇名	民族	流传地区	采集地	讲述者	搜集者	数据库编号	字数
6070	拉洋片			广济县	王维勤		66753	185
6071	胡诌（二）			阜城县中常村	王占令	金秋	66875	856
6072	十大将就			武强县李封庄	周霞、张娴	李士刚	66795	262
6073	四糊涂			深县东安庄村	康炳峰	刘秀岑	66763	229
6074	义和团			冀县韩庄村	韩大千	彭国英	66819	1611
6075	南关盛景			武强县小范镇	任志清	陈富科	66881	747
6076	思妇			衡水市	赵艳艳	刘兴华	66798	174
6077	普天下男子遍地跑			武强县小范	陈秀山	陈富科	66745	226
6078	妓女告状						66796	242
6079	好药铺			冀县西南王村	乔敏	陈文阁	66801	1307
6080	光棍哭妻				商会来	门玉力	66797	330
6081	夯歌之一			八里屯	周文景		66696	712
6082	说岁数				赵会棉		66805	600
6083	夯歌之三			东王庄	贾延堂	王景华	66698	161
6084	老来难						66808	784
6085	屠宰歌		郑口镇			孟振东	66703	235
6086	求佛			贾村	林秀兰		66810	817
6087	夯歌之四			北郭村	苑海九		66699	359
6088	击掌游戏谣					孟振东	66834	346
6089	上梁喜歌（一）			武邑县乔头乡	董保珍	魏长举、刘玉	66719	235
6090	上南山			武强县小范镇	张振起	张风兰	66868	407
6091	棉花桃			武强县王庄	王仙凤	张玉敏	66849	901
6092	羊巴巴蛋（二）			大屯村	邓福元		66862	975
6093	二月二			武强县合立村	刘起	刘燕洲	66728	620
6094	石榴树			杜桥乡文化站	陈秉田		66873	465
6095	玉美情人				商会来	门玉力	66741	334
6096	搂豆叶			武强县杜林村	吴康	莲荷	66872	251
6097	七月七			深县文化馆	单铁成	单铁成	66749	470
6098	提灯棍打灯草			武强县小范镇	李玉林	晓理	66860	212
6099	结婚喜歌之二			枣强县焦村	王增才	焦广文、王贵俊	66722	169
6100	巧媳妇			阜城东街	刘淑芝	何国龙	66859	544
6101	望青天				杜香玲	赵恒瑞	66752	137
6102	反扫荡歌				王庆楼	常树	66756	338
6103	神兵天将来景县			广济县	王维勤		66708	294

序号	篇名	民族	流传地区	采集地	讲述者	搜集者	数据库编号	字数
6104	喝了桃城酒				傅新掌	傅新友	66751	170
6105	坚壁清野			武强县马庄	段泽润	张焕迎	66757	357
6106	放马			衡水市张庄村	李秀芹		66858	367
6107	四辈上工			深县东安庄村	康炳峰	耿彦钦	66736	190
6108	十大想				孟瑞须	赵恒瑞	66742	187
6109	寡妇思夫			东满正村	崔老田	李保树	66792	384
6110	绣针凿				田素台	梁兴云	66778	186
6111	求雨歌之一			深县下卜村	李三勉	李仁贺	66725	617
6112	锯大缸小唱				杨铁柱	赵恒瑞	66799	298
6113	翻身不忘共产党			深县文化馆	王佩之	刘秀玲	66706	586
6114	打十不闲				善启		66790	171
6115	去找吕司令						66709	496
6116	庚子年						66823	1609
6117	扁豆叶，手掐			武强县小范镇	张芬兰	周泽善	66854	1188
6118	哭五更		冀县、枣强南部农村	冀县南良村	赵玉翠	彭国英	66743	809
6119	绣兜兜			深县东安庄村	康炳峰	刘秀岭	66777	237
6120	织带子			衡水市西团马村		赵燕青	66826	194
6121	小寡妇思夫			留府乡	张立英		66793	517
6122	盘查通行证			东安村	康炳峰	刘秀岭	66760	224
6123	小小子儿			武强县孙庄	孙玉芬	张玉敏	66845	525
6124	咱俩做个好买卖		河北安平			李大振	66831	513
6125	小白兔			阜城县刘南村	张桂英	李玉良	66840	151
6126	走娘家			景县刘官庄	王玉秀	谢迅之、尤熹等	66774	202
6127	催眠曲		安平一带			李大振	66829	239
6128	苇子叶			衡水市葛村乡文化站	常治水	孙文俊	66852	291
6129	烧香				韩桂荣		66835	539
6130	红灯照			苗小庄文化站	苗国明	苗国龙	66820	326
6131	梅豆角				韩桂荣		66871	386
6132	说“黑”谣			冀县南良乡文化站	赵玉翠	彭国英	66886	358
6133	腊月			前杜桥村	杜会亭		66865	1188
6134	十二月古人名			深县清辉村	李振远	张群福	66818	366
6135	大话				韩桂荣		66876	149
6136	运河拉船号子（一）					孟振东	66700	210

序号	篇名	民族	流传地区	采集地	讲述者	搜集者	数据库编号	字数
6137	卖葡萄谣			衡水街头	寇彦庄	靳增钦	66879	209
6138	忘娘诗			深县文化馆		单铁成	66847	490
6139	月亮渐渐高					靳增钦	66768	705
6140	四季歌				张香梅	王旭升、赵恒瑞	66761	104
6141	劝赌博			深县程屯村	程端平	苏永、葛清河	66817	406
6142	运河情歌		故城县运河岸边			孟振东	66748	188
6143	糖瓜祭祖			武强县前台南村	张大琴	左振泉	66864	410
6144	求雨歌之二			阎庄	谢玉敏		66726	283
6145	小蚂蚱			冀县午照乡阳洞村	李艾臣	常树	66843	342
6146	得罪了支书了不得			香坊村	郑文存		66714	915
6147	羊巴巴蛋（一）				李兰贞		66861	607
6148	八路军小唱			深县北尚庄	王佩之	刘秀玲	66707	705
6149	月亮地			冀县徐庄乡东千村	周连群		66846	554
6150	难女参军			冀县南良乡文化站	赵玉翠	彭国英	66769	174
6151	古冀州			冀县四甫村	刘德兴	彭国英	66884	222
6152	十月怀胎				杨铁柱	赵恒瑞	66781	256
6153	盘脚栏			武强县郭庄	郭振清	郭桂香	66838	538
6154	大逛灯			第四	孙义田		66773	312
6155	说武邑道武邑						66750	672
6156	扁豆叶剪子裁			武强县小范镇	张芳兰	周泽善	66851	514
6157	拍手歌			深县东街小学	张坤宁	耿彦钦	66833	325
6158	实不足		故城县一带				66815	233
6159	运河拉船号子（二）		故城县沿河			孟振东	66701	471
6160	满天星			万里村	李志国	李春梅	66789	333
6161	骂货郎			刘集马解庄村	谢金荣		66747	241
6162	到南院采黄花			衡水市何家庄村	王娟贞	李琦	66850	465
6163	盼承包		故城县广大城乡			孟振东	66717	571
6164	二十四节歌						66803	225
6165	队长歌		郑口、赵行一带			孟振东	66715	283
6166	拐棍			衡水市前里马村	王秀娟	李琦	66806	495
6167	纤夫谣		故城县运河流域			孟振东	66702	505
6168	一背两背			衡水市文联办公室	安广恩	孙海玉	66836	429
6169	敬天			孟庄	刘魁荣		66731	166
6170	三国叹			渠集乡张茂庄村	李会义		66822	514

序号	篇名	民族	流传地区	采集地	讲述者	搜集者	数据库编号	字数
6171	说瞎话，长不大			武县小范镇	左双进	李久旺	66848	236
6172	相牛谣			前杜桥村	孙树其		66877	293
6173	星星歌			衡水市何庄	王娟贞	李琦	66870	616
6174	胡诌（一）			杜桥乡	陈秉田		66874	636
6175	大刀歌			武强县小范镇	李珍	沈长久	66754	355
6176	星星看公公			深县文化站	崔素娟		66825	298
6177	无儿难			马解庄	谢金英		66807	206
6178	钻圈			武强县郭庄	郭轴子	郭贵香	66837	740
6179	后婆婆			衡水市何庄村	王娟贞	李琦	66787	334
6180	赶快变个天			武强县徐庄	赵君尧	赵晓红	66821	276
6181	新五更调						66759	381
6182	吃粘糕			景县刘镇村	张福臣		66816	115
6183	绣荷包			陈屯	姜尚修		66776	169
6184	韩香女哭瓜			陈村	姜尚修		66812	592
6185	女子参军				王玉秀	谢迅之、尤熹等	66765	271
6186	新十二月						66804	213
6187	红秫秸白秫秸			衡水市小西野营村	刘群田	张秀萍	66828	515
6188	小白菜			贾村	林秀兰		66844	742
6189	馋老婆			第三乡第四村			66814	186
6190	担杖担			衡水市前里马村	王秀娟	王娟贞	66827	503
6191	大姐出来瞧			衡水市西团马村		赵燕青	66839	375
6192	卖五香面小唱			枣强县焦村	焦广顺		66878	188
6193	看指纹						66888	920
6194	啄木鸟			衡水市葛村乡文化站	常治水	孙文俊	66856	217
6195	灶筒的烟			安平后辛庄	王小圈	李学英	66841	338
6196	织毛巾			贾村	林秀兰		66704	202
6197	三宝谣				单铁成		66885	872
6198	夯歌之二			武强县文化馆	尹金栋	王云龙	66697	452
6199	拍巴掌			刘屯村	逯书敏	耿彦钦	66832	206
6200	卖饺子儿				赵玉翠	彭国英	66802	1090
6201	哭长城				马大仲	门玉力	66824	334
6202	王祥孝母			贾村	林秀兰		66811	159
6203	锯缸			东王庄	贾延堂		66800	694
6204	王三姐思夫			东王庄村	贾延堂		66794	350

序号	篇名	民族	流传地区	采集地	讲述者	搜集者	数据库编号	字数
6205	上寿					靳增钦	66775	430
6206	小女婿			小营村	张立英		66785	291
6207	断线风筝女儿命			武强县于岔河	陈大兴	陈富科	66783	872
6208	改嫁			小赵庄	毛站文		66788	414
6209	拴娃娃			留智庙南街	王秀兰		66782	455
6210	清早起来				耿彦钦		66867	218
6211	面糊眼去赶集			衡水市文化馆	赵燕青	田晓娜	66869	155
6212	吹韩旺			武强县小范镇	张焕恩	何兴	66882	544
6213	武强土特产谣			武强县小范镇中学	武连仲	陈富科	66883	506
6214	大脚女			养老院	周兴忠		66887	242
6215	转圈怕			深县东石家村	石四强	李永钧	66889	813
6216	小寡妇上坟			西枣科村	刘金长		66791	356
6217	请神			贾村	林秀兰		66732	341
6218	高高山上						66767	157
6219	求雨歌之三			贾村	林秀兰		66727	470
6220	十年浩劫街头歌		冀鲁边区城乡			孟振东	66716	221
6221	子弟兵的母亲						66758	381
6222	低指标			杜桥乡政府	野绍泉		66713	510
6223	瓦解伪军歌			广济县	王维勤		66710	371
6224	十二月			贾村	林秀兰	刘兰领	66744	239
6225	结婚喜歌（一）				陈竹云		66721	313
6226	四大劝			衡水市郑家河沿村	孙四圣	张洪林	66764	205
6227	上梁喜歌（二）			东王庄	贾延堂		66720	435
6228	嫁郎曲		故城县运河沿岸			孟振东	66718	146
6229	送情郎			深县东安庄村	康炳峰		66737	372
6230	小河的水向东流			武强县丁庄	丁三胜	徐会敏	66762	327
6231	小老鼠			武强县刘南召计村	刘振松	刘燕洲	66842	565
6232	洞房铺炕			杜桥	吴俊英		66724	228
6233	看嫁妆		故城、德州边界处			孟振东	66723	378
6234	东洋鬼子太猖狂			广济县	王维勤		66755	320
6235	扫庙堂歌			贾村	林秀兰	李志荣、霍俊岭	66734	210
6236	童养媳			冀县南良乡文化站	赵玉翠	彭国英	66786	197
6237	贴门神			深县东石家村	老方缘	李永钧	66733	393
6238	新打的锡壶			深县东安庄村	康炳峰	耿彦钦	66784	351

序号	篇名	民族	流传地区	采集地	讲述者	搜集者	数据库编号	字数
6239	大门口外一棵槐			深县东石家村	曹玉荷	李永钧	66746	1191
6240	民主谣					张淹年	69407	122
6241	奶奶生儿					许占玲	69467	131
6242	告状				候合珍		69470	184
6243	月亮地					温体润	69432	704
6244	向日葵				李相龙	路振湖	69457	357
6245	娶了媳妇忘了娘					温体润	69431	96
6246	逗儿谣				路伏林	路振湖	69450	64
6247	劝丈母					王雪兰	69423	58
6248	路遇					岳连婷	69416	135
6249	明奶奶					殷小月	69462	106
6250	红杆的儿						69441	105
6251	哄儿谣					路振湖	69429	194
6252	穿戴谣					郝银铸、孔桂芳	69411	515
6253	拐棍歌					姚胡保	69427	150
6254	忆苦谣二首					郝银铸	69404	115
6255	情歌				靳便妮	路振湖	69410	797
6256	磨面				裴雪英	路振湖	69399	182
6257	小桃树					温体润	69461	179
6258	上庙台儿				王海英	路振湖	69455	136
6259	咕咚坐				冀立涛	沙彤	69459	201
6260	新年歌					刘杨学	69435	270
6261	石头谣				赵春伟	路振湖	69456	113
6262	小公鸡二则					解双起	69434	247
6263	小调皮				裴雪英	路振湖	69452	162
6264	讨吃谣					薛苏平	69424	332
6265	柏令枝					岳连婷	69436	343
6266	光棍歌						69426	464
6267	怨幼夫					郝银铸	69422	139
6268	讨女婿					申诺有	69414	151
6269	新婚之夜扫炕谣					郝银铸	69409	175
6270	收工				许便妮	路振湖	69400	78
6271	黑人歌					张从兰	69417	206
6272	查路条					张淹年	69406	121

序号	篇名	民族	流传地区	采集地	讲述者	搜集者	数据库编号	字数
6273	织布谣					白庆会	69398	131
6274	游戏谣（二）				靳便妮	路振湖	69449	47
6275	我给奶奶呱答嘴					温体润	69460	648
6276	淘气的扬排		西部太行山区		王同魁	王兵军	69444	92
6277	小猫猫，瞪瞪眼						69439	112
6278	闺女怨					郝银铸	69420	161
6279	游戏谣（一）				赵越	路振湖	69448	175
6280	青石板上白点多				田转的	白庆会	69438	78
6281	游戏谣				郭培芳	路振湖	69454	232
6282	打水窖					温体润	69433	127
6283	看会谣					申诺有	69413	393
6284	花椒树					岳连婷	69437	105
6285	梳头歌						69442	219
6286	小板凳儿				刘海英	路振湖	69451	109
6287	绣花				许便妮	路振湖	69401	191
6288	颠倒话（二）					申诺有	69469	135
6289	赶集谣				侯艳丽	路振湖	69430	218
6290	颠倒话（一）					张从兰	69468	165
6291	放脚歌					岳连婷	69408	256
6292	闺女怨				赵春伟	路振湖	69425	107
6293	顶嘴谣					郝银铸	69421	81
6294	刺刺儿菜				袁麦的		69458	136
6295	拍豆角游戏歌					孔桂芳	69446	306
6296	哄小孩睡						69464	176
6297	锯缸					申诺有	69418	160
6298	盘脚盘						69465	184
6299	做家家游戏歌					孔桂芳	69445	126
6300	待嫁					岳连婷	69415	151
6301	小两口吵架谣（二首）				靳便妮	路振湖	69428	177
6302	抗战时期歌谣（三首）		渡口一带		李老娘	孟庆菲	69403	135
6303	小老鼠上灯台						69463	164
6304	珍葫芦珍（二则）				谷秀珍	王兵军、岳连婷	69443	184
6305	全家忙				路伏林	路振湖	69402	319
6306	当兵好					元英振	69405	247

序号	篇名	民族	流传地区	采集地	讲述者	搜集者	数据库编号	字数
6307	出嫁						69412	69
6308	槐树槐					郝银铸	69419	238
6309	白菜叶儿就地黄				田转的	白庆会	69440	181
6310	踢毽子歌					孔桂芳	69447	181
6311	枣花蜜				靳便妮	路振湖	69453	574
6312	小白鸡						69466	225
6313	大头蚂蚱得了病					许占玲	69471	121
6314	枪崩张二雄					杨文志	74223	433
6315	小寡妇上坟		内邱西部山区	白鹿角新爱家	赵新爱	姚卫国	74237	462
6316	棉花籽，圆又圆		内邱浅山区	天台平尼家	王平尼	王东风	74234	537
6317	干啥啥不中		内邱县西部太行山区		葛书妮	孙二顺	74241	310
6318	沙脸沙		内邱东部农村		段随心	和明月	74248	673
6319	小白菜		内邱大部农村		武桂林	侯洪南	74251	454
6320	挺享福		内邱县西部太行山区		周春岭	孙二顺	74240	547
6321	太行山歌					邢兆岐	74220	465
6322	俺家娶了个花媳妇		铁路东一带	城东石家庄雨平家	李雨平	姚卫国	74257	419
6323	巧女上轿		内邱东部农村	西张麻	段随心	和明月	74247	712
6324	转树歌		内邱西部农村		章喜	陈秀申	74254	461
6325	小老鼠						74262	222
6326	瞧情郎		内邱县西部太行山区		周春岭	孙二顺	74227	763
6327	冀西小调		冀西一带		南振国	杨文志	74222	279
6328	懒老婆，不干活		内邱浅山区	天台郭家	郭云子	王东风	74265	192
6329	月亮地					和连芬	74258	221
6330	抗日民歌		内邱大部农村		郭菊	刘三冰	74224	347
6331	杨秀峰，真能干		内邱县太行山区	槲树滩	王敬林	李克俭	74221	123
6332	当兵好		太行山区	大和庄国尼家	和国尼	和春合	74226	375
6333	麻野雀						74260	378
6334	回娘家		内邱县西部太行山区		周春岭	孙二顺	74243	212
6335	小白菜		内邱西南部分农村		和斌		74263	455
6336	两头忙		内邱西部山区	岗底村	杨赃尼	侯洪南	74233	253

序号	篇名	民族	流传地区	采集地	讲述者	搜集者	数据库编号	字数
6337	抗日时期歌谣二首					杨耀芳	74225	252
6338	小白鸡，喳喳喳						74261	316
6339	豇豆角		内邱城南部分农村		王桂林	赵丽霞	74231	276
6340	十个月		内邱县西南部	十方书娥家	马书娥	宁补妮	74264	382
6341	头字谣		内邱县城南一带农村		和斌	和连芬	74230	299
6342	板凳板凳罗罗						74259	254
6343	一条川来七个庄		内邱县西部太行山区		葛书妮	孙二顺	74239	257
6344	拍球歌				李章喜	秀申	74255	608
6345	胡说话，话说胡		内邱部分农村	史村屯刘家	刘素杰	耀芳	74252	140
6346	豇豆角，两头扎				和斌	和连芬	74250	214
6347	俺去南边做买卖		内邱县西部太行山区		周春岑	孙二顺	74245	365
6348	还债歌		内邱城北	马涧小学	马涧小学众学生	郝宝贵	74236	414
6349	洼地有庄稼		内邱东部农村		段随心	和明月	74249	360
6350	金银奶奶逛街		内邱县西部太行山区	白鹿角乡	周春岑	孙二顺	74246	192
6351	拍小手		内邱西部农村	石门于	李全芹	李秀阁	74256	204
6352	从南过来个小麻鸡儿				郭菊	刘三冰	74253	328
6353	九月歌		内邱县西部太行山区		周春岭	二顺	74228	463
6354	说南洼		内邱西南部分农村	东青山郭家	郭菊	三冰	74232	343
6355	恨说媒		内邱县西部太行山区		周春岭	孙二顺	74244	497
6356	茶壶盖上跑白马		内邱县西部山区		周春岭	孙二顺	74242	221
6357	不知足歌谣		内邱县部分农村	李凹	百岁老人	李克俭	74229	317
6358	胡诌歌		内邱丘陵地区	神头	郝平申	王东风	74235	184
6359	十二月歌		内邱丘陵地区	棉油厂	李章喜	陈秀申	74238	182
6360	民间生活歌谣					程一民、吕冠春等	74527	3249
6361	民间时政歌谣					贺宗善、李志宏	74526	145
6362	高阳卖布唱词					程一民、刘树楷等	74525	3953

序号	篇名	民族	流传地区	采集地	讲述者	搜集者	数据库编号	字数
6363	莘桥庙会歌谣				段庆祥		74522	40
6364	高阳卖年画唱词					程一民	74524	660
6365	明奶奶				阎秀英	戴月	75451	227
6366	丢下老婆可怜虫				王素慧	付芝兰	75367	174
6367	这样的日子俺咋过				王书香	董殿新	75428	222
6368	脚鸭八丈长				王志生	耿国富	75503	327
6369	喂骡驹				阎秀英	戴月	75460	185
6370	小两口争穷富				王桂珍	董殿新	75361	169
6371	小西瓜，圆溜溜				刘文		75468	222
6372	年底忙				杨林秀	王永信	75438	536
6373	论巧要数俺亲娘				蔡秀芳	付芝兰	75354	534
6374	小孩小孩趄临头				杨林秀	王水信	75374	863
6375	和哥死沾个离分				祁青云	付芝兰	75412	157
6376	五劝人				郑秀荣	付芝兰	75360	245
6377	农家忙时饭				刘小晒	王书元	75351	235
6378	再写哥嫂不贤良				杨秀芹	张海山	75377	258
6379	穷人到哪也受苦				王素慧	付芝兰	75349	278
6380	这个时光过不来				曹珍霞娘	常英伟	75427	208
6381	二十四五正当年				王廷福		75350	195
6382	鬼子挨了炸				李作彬	董殿新	75394	210
6383	夸媳妇				郭彩梅	梁争武	75355	286
6384	大姐投杏				李秀民	苗金山	75357	259
6385	男人当兵十二个月				郑秀荣	付芝兰	75390	355
6386	新歌谣两首					贾国巍	75401	230
6387	拍豆稽				王兰琴	郑金喜	75445	523
6388	俺是亲爷三				周清森		75353	229
6389	扫新房歌				蔡秀芳	付芝兰	75435	190
6390	骂汉奸				冯文琴	李义贤	75406	227
6391	小枣树				阎秀英	戴月	75452	353
6392	天上星星打三万					贾国巍	75352	149
6393	胖嫂嫂				李秀芳	梁争武	75359	204
6394	气得汉子双脚跳				郭青云	付芝兰	75431	393
6395	俺要金柜一描箱				王志生	耿国富	75422	136
6396	交杯酒歌				蔡秀芳	付芝兰	75437	251

序号	篇名	民族	流传地区	采集地	讲述者	搜集者	数据库编号	字数
6397	寻了个女婿真不懒				周清森		75414	169
6398	小小的（儿）坐门墩				阎秀英	戴月	75449	147
6399	小老鼠，上灯台					梁春堂	75458	220
6400	看你可顾哪一家				郭青云	付芝兰	75371	117
6401	十二月词				冯文琴	李义贤	75495	144
6402	给你个“大子”你回去				蔡秀芳	付芝兰、贾国巍	75455	214
6403	句句花				冯蔡民	李义贤	75489	437
6404	女婿找到咱门上				郭青云	付芝兰	75368	282
6405	轱辘牌					戴月、阎秀英	75459	237
6406	点老君				杨风芹	董玉林、解振京	75473	288
6407	远看金锁一束莲				李秀民	苗金山	75486	284
6408	一脚蹬到他门隔落				郭青云	付芝兰	75424	356
6409	弹杏核歌				杨风芹	董玉林、解振京	75469	179
6410	石榴花开红了				李秀民	苗金山	75479	140
6411	小秃子头上放哩光				王廷福		75506	162
6412	红眼婆子不叫来				龚相庆	付芝兰	75386	208
6413	老汉四十五				李增有	卜增山	75504	136
6414	揉肚歌				杨林秀	王永信	75480	543
6415	反常歌				李作彬	董殿新	75499	200
6416	用啥给俺作陪嫁				龚相庆	付芝兰	75421	165
6417	颠倒活				芦作新	芦利芹	75496	258
6418	娃娃睡				孔宪玲	戴月	75482	344
6419	大烟鬼				芦作新	芦利芹	75408	227
6420	别笑穷人穿破衣				师秀奶奶	石克俊	75514	268
6421	儿多母受苦				蔡秀芳	付芝兰	75370	261
6422	盘脚盘				阎秀英	戴月	75484	189
6423	热热闹闹过新年					苏志芳	75343	282
6424	全都死了这些小祖宗					梁争武	75385	138
6425	社会主义怎实现				卜有勇	卜增山	75402	296
6426	十个字					蔡洪涛	75494	678
6427	卖针歌				郑吉财	卜增山	75344	120
6428	说公婆				梁鸿斌	梁争武	75381	170
6429	林彪没毛				吴玉萍	潘美英	75400	141
6430	捻疙瘩歌				阎秀英	戴月	75481	210

序号	篇名	民族	流传地区	采集地	讲述者	搜集者	数据库编号	字数
6431	娶个媳妇不容易				吴玉萍	潘美英	75396	112
6432	拔大葱				张连山	戴月	75411	175
6433	二郎当兵				曹珍霞娘	常英伟	75399	108
6434	十八扯				李志真	董殿新	75497	131
6435	恨媒婆				冯文琴	李义贤	75389	279
6436	死也不跟丑鬼走				祁青云	付芝兰	75425	233
6437	我说打得俺嫂轻				龚相庆	付芝兰	75388	405
6438	闲话				芦作志	芦利芹	75498	237
6439	爹娘恨心舍了我				蔡秀芳	付芝兰	75383	173
6440	摸岗楼				韩爱花	张海山	75398	164
6441	男大娶妻女大嫁郎				龚相庆	付芝兰	75372	133
6442	干部坐了位				卜增荣	卜增山	75403	168
6443	懒老婆				张士英	王书元	76366	219
6444	过年忙				张士英	王书元	75439	333
6445	小公鸡疙瘩冠				阎秀英	戴月	75454	141
6446	胡话歌				芦作志	芦利芹	75500	188
6447	麻鸦雀					梁春堂	75447	300
6448	两圪叉				杨风芹	董玉林、解振京	75470	432
6449	当家媳妇有十忙				王素慧	付芝兰	75373	282
6450	东洋鬼子是饿蚕				冯文琴	李义贤	75404	164
6451	寡妇难				吴玉萍	潘美英	75433	125
6452	黑夜梦见姐姐来				吴玉萍	潘美英	75456	272
6453	牛郎娶了九个妻					贾国巍	75508	192
6454	“个当箭”，水上漂					董玉林、解振京	75384	186
6455	拍手歌				芦作新妻	芦利芹	75476	276
6456	造法船				师秀荣奶奶	石克俊	75513	320
6457	冰凌冰凌上墙				阎秀英	戴月	75478	348
6458	回娘家				张秀兰	常英玮	75380	168
6459	小寡妇难了整一年				蔡秀兰	付兰兰	75432	215
6460	五朵莲花一齐开				郭青云	付芝兰	75507	181
6461	二十岁寡妇正当年				郭书香	董殿新	75434	265
6462	长工诉苦				徐如义	董殿新	75347	175
6463	刁闺女刁				卜花叶	卜增山	75365	324
6464	至死不和姐姐亲				郑秀荣	付芝兰	75363	115

序号	篇名	民族	流传地区	采集地	讲述者	搜集者	数据库编号	字数
6465	都来俺家梳头来				蔡秀芳	付芝兰	75362	830
6466	卖老鼠药歌					苏志芳	75345	234
6467	请您担待她几年				蔡秀芳	付芝兰	75379	312
6468	寻了个女婿光尿床				龚相庆	付芝兰	75429	197
6469	再抱闺女是个狗				龚相庆	付芝兰	75369	202
6470	两口打架要分开					贾国魏	75420	218
6471	抓老将					董玉林、解振京	75392	221
6472	婆家捎信去瞧郎				祁青云	付芝兰	75413	226
6473	天天要过鬼门关				郑秀荣	付芝兰	75382	149
6474	安居乐业度终生				郑秀荣	付芝兰	75415	291
6475	我想爹娘哭断肠				吴玉萍	潘美英	75387	611
6476	黄瓜架下有一家				蔡秀兰	付芝兰	75419	162
6477	吓得老蒋缩脖子				吴玉萍	潘美英	75393	873
6478	不公平的世道啥时变				王素慧	付芝兰	75407	144
6479	一条棉花九条丝				芦作新	芦利芹	75423	287
6480	东洋鬼子完了蛋				冯文琴	李义贤	75405	214
6481	赌博害				杜来勇	董殿新	75409	209
6482	小小孩，上庙台				王素慧	付芝兰	75444	169
6483	送情郎				谢志高娘	潘美英	75410	148
6484	小女婿					李义贤	75430	613
6485	姐姐担水不换肩				蔡秀芳	付芝兰	75418	196
6486	砍门砍				杨风芹	董玉林、解振京	75472	233
6487	叽哩的哇啦到婆家				张金堂	梁争武	75416	273
6488	娶大娘				阎秀英	戴月	75450	180
6489	高高山上一孔桥				杜来勇	董殿新	75501	169
6490	小鸡子，嘎嘎蛋				杨林秀	王永信	75464	250
6491	小公鸡，嘎嘎嘎				郭书香	董殿新	75465	202
6492	板登板登落落					梁春堂	75457	180
6493	小公鸡上担杖					戴月、阎秀英	75448	258
6494	老鼠嘴咬大狸猫				吴玉萍	潘美英	75509	345
6495	给娘分				郭青云、曹珍霞	付芝兰、常英伟等	75441	248
6496	白玉姐姐嫁莺哥				蔡秀芳	付芝兰	75511	336
6497	十扎词				冯文琴	李义贤	75487	520

序号	篇名	民族	流传地区	采集地	讲述者	搜集者	数据库编号	字数
6498	数十二月歌				崔淑芳	常英玮	75488	288
6499	红拉伞				李秀民	苗金山	75502	262
6500	雉鸡翎，扛大刀					贾国巍	75474	167
6501	节节高				阎秀英	戴月	75475	222
6502	论英雄				李泉	李竹英	75491	307
6503	女婿劝丈母				龚相庆	付芝兰	75417	257
6504	十把扇				张连山	戴月	75490	227
6505	我给兔子讲故事				郭书香	董殿新	75477	170
6506	小孩进城					董玉林、解振京	75463	224
6507	辈辈鸡，辈辈鸣				刘书兰	董殿新	75366	143
6508	夸邯郸				芦作新	芦利芹	75485	189
6509	大姐梦梦				郭扶兴		75512	150
6510	背遭遭				杨风芹	董玉林、解振京	75471	296
6511	腊月三十见阎王				杨活	董殿新	75505	291
6512	扯扯落落				李秀民	苗金山	75483	289
6513	拙骨朵				李秀民	苗金山	75358	176
6514	小老鼠，墙窟窿卧				杨秀芹	张海山	75510	295
6515	熟豆开花俺就走				龚相庆	付芝兰	75442	784
6516	十棵树					蔡洪涛	75493	207
6517	巧妹妹				郭金如	张海山	75446	748
6518	十条手巾				吴玉萍	潘美英	75492	145
6519	迎亲歌				蔡秀芳	付芝兰	75436	183
6520	眉豆子叶				阎秀英	戴月	75453	217
6521	小汽车				杨风芹	董玉林、解振京	75397	190
6522	小顶针				郭金如	张海山	75443	164
6523	强觅汉				郑秀荣	付芝兰	75348	150
6524	长工难				冯文琴	李义贤	75346	182
6525	当兵好				冯文琴	李义贤	75395	237
6526	寻了个女婿二寸三					王廷福	75426	142
6527	别想占俺邯郸县				李秀民	苗金山	75391	355
6528	七进门					贾国巍	75378	240
6529	姑嫂亲成一个人				谢志高娘	潘美英	75376	507
6530	娶个媳妇不容易				吴玉萍	潘美英	75375	123
6531	姑嫂斗嘴				申存花	卜增山	75364	171

序号	篇名	民族	流传地区	采集地	讲述者	搜集者	数据库编号	字数
6532	奶奶生（儿）				吴玉萍	潘秀英	75461	295
6533	老鳖告状				芦作新妻	芦利芹	75462	269
6534	看果园俺象小神仙				王素慧	付芝兰、解振京等	75467	184
6535	小公鸡，上门砘				杨秀芹	张海山、解振京等	75466	160
6536	快快参加八路军				赵书欣	翟铁侃	79296	149
6537	长大保国家				赵兰色	李保树	79320	155
6538	查路条				赵书欣	门玉力	79276	246
6539	交公粮				赵书欣	门玉力	79301	103
6540	翻身不忘共产党				张秀梅	门玉力	79281	295
6541	妈妈娘你好糊涂				张秀梅	王旭升	79278	94
6542	做饭				王小圈	李学英	79313	193
6543	大苹果				田秀女	付书满	79324	457
6544	玉美情人				商会来	门玉力	79311	147
6545	卖饺子				孟瑞须	李保树	79334	338
6546	十大想				孟瑞须	赵恒瑞	79309	192
6547	五员哭坟				张造云	赵恒瑞	79343	343
6548	锔大缸小唱				杨铁柱	赵恒瑞	79338	120
6549	不开小差的歌				耿新光	翟铁侃	79298	427
6550	姐姐扒花				崔富色	邢进长	79316	167
6551	新五更调				门玉力		79283	149
6552	蜘蛛				赵兰色	李保树	79340	135
6553	庆祝胜利				张秀梅	门玉力	79282	594
6554	妓女悲秋				刘香如	门玉力	79331	300
6555	五更调		安平一带		张秀梅	赵经瑞	79280	274
6556	跟着共产党				杜香玲	赵恒瑞	79287	352
6557	鬼子是吃人的狼				耿新光	翟铁侃	79295	165
6558	打夯歌				苑海九	赵恒瑞	79344	945
6559	劝妇女				杜香玲	王旭升	79285	107
6560	赏月				刘积恒	李保树	79312	364
6561	四季歌				张秀梅	门玉力	79284	310
6562	农夫乐				刘积恒	李保树	79348	243
6563	拆城墙				赵书欣	翟铁侃	79303	767

序号	篇名	民族	流传地区	采集地	讲述者	搜集者	数据库编号	字数
6564	冀中四四儿童歌				耿新光	翟铁侃	79291	191
6565	选举歌				刘万整	翟铁侃	79304	360
6566	共产党的好主张				赵书欣	翟铁侃	79289	170
6567	十月怀胎				杨铁柱	赵恒瑞	79335	135
6568	歌唱王东仓				耿新光	翟铁侃	79299	183
6569	茉莉花				商会来	门玉力	79308	221
6570	冀中人民离不开共产党				耿新光	翟铁侃	79288	232
6571	小老鼠				齐刚	齐仲欣	79328	818
6572	群众力量大无边				耿新光	翟铁侃	79293	195
6573	搭戏台					李兴福	79323	280
6574	报子营出了个李大娘				刘万整	翟铁侃	79302	156
6575	说糊话				邢占伦	邢东领	79327	666
6576	选村长				刘万整	翟铁侃	79305	310
6577	看外甥				王梅兰	李学英	79315	161
6578	盒子枪				王老虎	王建社	79319	150
6579	小白菜				杜香玲	王旭生	79329	107
6580	放学回家				赵小色	李保树	79321	283
6581	拴不住				杜香玲	门玉力	79286	131
6582	要媳妇儿				张茂祯	齐仲欣	79314	250
6583	大姑娘梳头				张二妮	齐仲欣	79326	276
6584	绣针扎				田素台	梁振云	79342	672
6585	游击队之歌				李小亮	李保树	79277	176
6586	说瞎话				赵情	齐仲欣	79325	262
6587	声讨汉奸张晓舟				耿新光	翟铁侃	79290	194
6588	送郎				梁振云		79306	94
6589	长尾巴雀				张二妮	齐仲欣	79318	135
6590	去找吕司令				耿新光	翟铁侃	79300	275
6591	彻底摧毁沧石路				苏树军	门玉力	79279	202
6592	滹沱河的水				耿新光	翟铁倪	79292	340
6593	寡妇思夫				崔洛四	李保树	79310	684
6594	旧世界多黑暗				张香梅	门玉力	79333	577
6595	拿起刀枪干一场				赵书欣	门玉力	79294	303
6596	胖娃娃歌				马大仲	门玉力	79337	154
6597	光棍哭妻				商会来	门玉力	79307	213

序号	篇名	民族	流传地区	采集地	讲述者	搜集者	数据库编号	字数
6598	小妮子				陆杏云	邢进长	79317	247
6599	我们要杀敌上战场				赵书欣	翟铁侃	79297	169
6600	看公公				邢际臣	王建社	79322	261
6601	哭长城				马大仲	门玉力	79336	1155
6602	过新年				崔洛四	李保树	79330	630
6603	养娃娃歌				孟瑞须	李保树	79332	147
6604	打十不闲				崔单起	门玉力	79341	206
6605	长工苦				李小粉	李保树	79346	299
6606	摇橹号子				李小桃	李保树	79347	344
6607	快夯歌				苑海九	赵恒瑞	79345	160
6608	放风筝				孟永刚	门玉力	79339	128
6609	小寡妇观灯				孙朝阳、张宝山	王俊臣	84450	344
6610	盼他早去杀敌兵			南山村	孙秀田	孙伟、龚秀珍	84297	1042
6611	这样办事当不当				赵文富	陈菊艳	84309	309
6612	扑克迷			华岩南里	王颖	陈菊艳	84511	787
6613	数九歌				王宝泉	郑文清	84373	208
6614	菜花黄				霍玉英	刘军	84299	416
6615	做军鞋				吴荣阁	孙伟	84340	280
6616	荏草开花			迁西县台头村	杨凤莲	刘兴有	84502	377
6617	唱八路军					张利	84337	1065
6618	支前				鲁生	白泉、贺成	84326	185
6619	切面铺歌			遵化城关镇	张丽华	王素舫、于海燕	84390	1157
6620	八路好				张凤楼	何方	84281	300
6621	十杯茶				田国良、李山	陈贵	84336	311
6622	半口锅					白泉	84331	139
6623	打双城子				梁福宏	卞江	84352	202
6624	咯登咯登				王志明	王振荣	84501	145
6625	叫老乡，莫把汉奸当				刘志清	刘作民	84364	977
6626	别想发洋财				董占岐	王俊臣	84338	562
6627	矿工随身两件宝						84350	290
6628	锛子锛				王世增	杨树人	84493	252
6629	铺新房歌			北京	荆玉兰	乐雨	84388	172
6630	包森巧攻憋姑寺				张山	吴敏、吴景文等	84343	241
6631	正月正				王世增	杨树人	84376	406

序号	篇名	民族	流传地区	采集地	讲述者	搜集者	数据库编号	字数
6632	黄瓜秧架				祁翠英	张凤国	84492	309
6633	打秋千				侯占祥	赵学勇	84384	211
6634	民国十一年直奉战争歌谣			滦县郑庄乡敬老院	王明	赵庆江	84344	210
6635	贺新年			迁西县黄槐峪乡青山口村	张善文	刘永金	84379	918
6636	霸王鞭				王宝泉	郑文清	84519	317
6637	结婚铺床歌				蒋秀英	何宗禹	84383	1249
6638	矿工齐心要造反						84349	139
6639	上梁喜歌				温玉坤	温铁山	84382	797
6640	大铜子				王成祥	杨瑞普	84278	948
6641	娶亲喜歌				温玉坤	温铁山	84381	257
6642	还乡河水哗啦啦地流				凌瑞先	郑文清、王化从	84367	1787
6643	咱们大家爱中华				张瑞兰	徐秀艳、郑文清	84308	198
6644	小雨哗哗下				谢振鹏	谢莲霞	84274	190
6645	李方巧得妻				张连盛	陈贵	84425	694
6646	领导矿工大暴动				节老金	刘效来	84369	1297
6647	哭夫歌				翟国才	高志平	84393	227
6648	棉花籽			祁营村	张翠英	张凤国	84243	176
6649	鞋店歌			遵化城关建国村	张丽华	王素舫、于海燕	84391	703
6650	前仆后继来抵抗			迁西县太寺营村	赵云兰	赵阿英	84370	513
6651	光棍苦			西北井自由市场	照和	陈菊艳	84445	118
6652	女孩谣				刘绚云	何方	84533	109
6653	南乡有个二姑娘				荆玉兰	何宗禹	84571	162
6654	铺床歌				张玉岑	刘大伟	84380	962
6655	豆蔻歌			大尖坨村	李文治	何宗禹	84572	343
6656	军民一家亲				吴荣阁	孙伟	84339	318
6657	小日本心不公				殷翠	张恩浩、郑文清	84307	115
6658	打秋千					王儒	84396	111
6659	过年歌			大罗庄	蒋秀英	何宗禹	84443	142
6660	十二月菜				徐洪烈	徐辉	84532	151
6661	打婆婆				戚孙氏	戚彩香	84433	298
6662	情歌			乐亭县芦河乡左庄村	刘左氏	李素华	84399	131
6663	住“锅伙”						84426	541
6664	男女老幼都平权				鲁生	白泉、贺成	84327	350

序号	篇名	民族	流传地区	采集地	讲述者	搜集者	数据库编号	字数
6665	好菜离不开十全香			大尖坨	李文治	何宗禹	84468	153
6666	天南地北心不变			西下营村	王化云	孙伟	84403	163
6667	打坏官鼓不用补			京东		秀水	84314	142
6668	青年参军最光荣			西下营东关村	高玉凤	王素舫、孙立忠	84295	404
6669	种西瓜			湾坨村	李锡珍	何宗禹	84497	112
6670	牵牛花开一串红			西下营村	王化云	孙伟	84404	278
6671	誓杀鬼子报仇冤					白泉	84332	104
6672	口念佛经腰掖刀						84292	373
6673	小秃子				徐王氏	杨树人	84483	120
6674	小妹送哥打东洋			西下营	王化云	龚秀珍、孙伟	84408	230
6675	包包儿调			大罗庄	吴少成、崔秀珍	何宗禹	84478	204
6676	剃头谣			迁西县石梯子村	马奎	马胜良	84531	243
6677	拉大锯				崔淑华	郝翠梅	84487	415
6678	探郎君				史长恩	赵学勇	84414	235
6679	秃子秃				李和	王振荣	84482	142
6680	小秃子没小辫				武贾氏	武贺民	84490	402
6681	五不如					刘效来	84313	84
6682	资本家铁算盘						84430	192
6683	小耗子儿				孟繁信	张凤国	84486	83
6684	民兵真伟大				戈保章	李连君	84321	170
6685	八路军的秧歌过来了				果浩增	赵学勇	84305	296
6686	补汗衫				杜芝薏、刘春生	王逸生	84432	1516
6687	娶了媳妇忘了娘				张玉琴	张玉艳	84556	230
6688	土地雷				韩佳尧	田里	84320	85
6689	大手厮				张淑芹	武贺民	84568	172
6690	摘豆角					郭景斌	84440	282
6691	灯花落				吴贾氏	吴贺民	84512	266
6692	画像					秀水	84316	350
6693	打片瓦				刘国荣	邵子东	84509	567
6694	羊羊豆				武贾氏	武贺民	84444	130
6695	地主心更狠				贾焕章	贾凤英	84324	469
6696	自留地收回				么树庭	亦之	84310	203
6697	分兵歌			迁西县三屯旅馆	尹玉强	李凤涛	84504	187
6698	光棍哭妻				张成兰	张立奎	84446	774

序号	篇名	民族	流传地区	采集地	讲述者	搜集者	数据库编号	字数
6699	刘老汉的三个俊姑娘				吴善庆	刘晓丽、孙淑萍	84557	307
6700	说瞎话				崔淑华	郝翠梅	84552	132
6701	上山打老虎				李和	王振荣	84500	254
6702	创业难				张文理	马希奎	84453	91
6703	大雁谣			湾坨村	李锡祯	何宗禹	84524	200
6704	有人出人，有枪出枪				王云锋	卞江	84355	300
6705	月儿高高楼上楼				果浩增、潘广林	赵学勇	84302	78
6706	韩湘子讨封				曹冒全	唐继彦	84471	224
6707	土地还家				吴荣阁	孙伟	84286	215
6708	多送公粮支前忙				吴荣阁	孙伟	84342	256
6709	节气歌			阁楼坨乡吴家兰坨村	马淑珍	王秋平	84240	116
6710	小小子				崔淑华	霍文旺、郝翠梅	84488	185
6711	眨眼开出一条道						84250	99
6712	义和团，本事高				谢广林	董宝莹	84472	113
6713	下窑				云生	刘效来	84253	412
6714	谁不夸咱儿童团				温玉双	何万勤	84520	928
6715	一家子				朱李氏	朱永远	84522	372
6716	建房贺喜歌				邢维岭	裴庆礼	84389	160
6717	打夯歌						84247	74
6718	小白兔					张彩玲	84508	234
6719	花牛喝油			西塔	李富	李秀英	84547	381
6720	孩子随爹妈			岔道乡欢套村	何素兰	宋永秀	84541	1066
6721	下煤窑						84256	309
6722	绕口令四则				赵麟春	赵志平	84554	259
6723	共产党壮大民族能解放				赵文荣	滦汀	84282	180
6724	喜歌				林永年	杨树人	84378	292
6725	翻高桌					刘国平	84526	185
6726	转圈儿谣				刘绚云	滦汀	84534	366
6727	老高技术高				罗玉艳	王淑娟	84530	458
6728	砸喜			王家楼	谢振鹏	郑文清	84386	608
6729	四季怨				李占地	赵允金	84272	311
6730	百忍歌				郑春合	建国、满祥等	84555	158
6731	小白兔买梨				罗玉艳	王淑娟	84529	174
6732	共产党来了才出头		迁西旧城韩庄一带	迁西旧城	唐万怀	郭振新	84368	220

序号	篇名	民族	流传地区	采集地	讲述者	搜集者	数据库编号	字数
6733	小豆豆					唐继彦	84528	140
6734	人老猫腰把头低				展会生	刘兴权	84558	471
6735	句句不离黑			西北井自由市场	赵金玉	陈菊艳	84570	209
6736	八路来了一扫光			西下营村	吴荣阁	王素舫、孙伟	84361	212
6737	十三香			文化宫南门自由市场	赵文富、孙宝安等	陈菊艳	84569	176
6738	钻窟窿					何宗禹	84561	173
6739	长工苦				肖凤义	王逸生、申毓德	84271	85
6740	三十年忙				李宝山	王振荣	84566	355
6741	上学歌				马奎	马胜杉	84542	156
6742	山前梅鹿山后狼				韩述良	韩述本	84564	155
6743	春风吹过暖洋洋				高顺兴	王俊臣	84287	198
6744	血汗钱，万万年			西高各庄	陈英	李东续	84457	133
6745	自由恋爱搞对象			西下营村	王化云	孙伟	84405	398
6746	闲来无事上南壕				王宝泉	郑文清	84577	381
6747	六十六岁刘老头			郑庄子乡周赵庄	崔新兰	齐秀玲	84545	123
6748	三国歌				蔡兰波	井文、吴敏等	84465	127
6749	日本鬼子真混蛋					刘惠民	84276	127
6750	农忙歌				曹冒全	唐继彦	84241	369
6751	卖针歌					徐绍元	84269	345
6752	卖香面			井坨乡	魏秉桓	史德新、李向明等	84452	369
6753	渔民号子				张树明	郑玉恒、李云德	84266	149
6754	水枪头上夺煤炭						84251	92
6755	大年初一头一天				王宝泉	郑文清	84385	266
6756	辞岁酒				徐超、井文	吴敏、张品	84394	205
6757	八路军真勇敢				贾建来	贾振川	84325	140
6758	煤仓关不住						84252	184
6759	联合政府				王玉岗	张国乔、赵学勇	84306	369
6760	茇茇花					汪学全	84435	1089
6761	马架房					白泉	84329	146
6762	下井就到鬼门关				陈学文	陈国勇	84260	171
6763	妈妈你好糊涂				潘广林	赵学勇	84301	539
6764	邓老海的影			城关	李际平	何宗禹	84456	473

序号	篇名	民族	流传地区	采集地	讲述者	搜集者	数据库编号	字数
6765	老太太的命根子				蒋秀芝	秉兼尉	84523	123
6766	上树咧				崔淑华	郝翠梅	84491	386
6767	总有一天太阳升						84293	234
6768	说宝			迁西县城一村	董生明	刘讯涛	84579	169
6769	好男要当兵				张湛之	何方	84323	2079
6770	七个果子摆七样				陈涛	陈菊艳	84479	270
6771	儿童团，小英豪				贾建来	贾振川	84328	166
6772	人心不足歌				李凤九	王振荣	84459	141
6773	打饯号子				周老汉	白泉、青山等	84264	233
6774	小烟袋				曹林书	杨树人	84489	303
6775	不把闺女嫁给下窑的						84257	172
6776	哄孩子					唐继彦	84527	379
6777	出煤拿命换						84255	231
6778	山老鸹				张永山	何方	84535	912
6779	消息树				韩佳尧	田里	84319	83
6780	小二郎				张刘氏	朱永远	84521	879
6781	垒猪圈				曹冒全	唐继彦	84268	343
6782	两只羊				陈涛	陈菊艳	84510	634
6783	八等人			唐山市郊卢龙县石门镇	王仕林、艾珍	刘效来	84312	285
6784	过年谣				赵兰庭	赵云牧	84517	121
6785	想念亲人毛泽东						84294	508
6786	给小狗找婆家					朱继经	84505	436
6787	躲讨伐				杨克文	刘作民	84291	104
6788	锔大缸			迁西县泉庄村	李保	李秀春	84503	1355
6789	月明之夜				姚名勋	滦汀	84280	73
6790	榨板榨			大罗庄	蒋秀英	何宗禹	84499	324
6791	借东西			洼里公社西尚庄	陈秀英	白泉、贺成	84284	107
6792	拖拉机					刘福华	84536	226
6793	糠粥照月亮					白泉	84330	764
6794	睡得着					朱继经	84544	211
6795	节气图				徐焕春	王逸生	84372	275
6796	吃着欢喜寿还长			大尖坨	李文治	何宗禹、史德心	84477	272
6797	婚喜歌				区万兴	陈菊艳	84377	196
6798	土皇上					田丁	84311	148

序号	篇名	民族	流传地区	采集地	讲述者	搜集者	数据库编号	字数
6799	包工头子真可杀						84351	103
6800	小三娶个大姑娘				兰红文	灵敏、张品	84285	773
6801	大家起来打东洋				果增浩	赵学勇	84366	307
6802	种棉穿衣谣				戚孙氏	戚彩香	84242	442
6803	丧老人歌				曹冒全	唐继彦	84395	171
6804	打硪歌						84246	99
6805	丧歌				林永年	杨树人	84392	259
6806	选种歌				王丽梅	王丽艳	84244	286
6807	绣兜兜				杜芝薏	王逸生	84419	314
6808	渔妇叹				杨张氏	朱永远	84275	518
6809	高低要嫁八路军			南新城	孙玉兰	朱炯光、孙伟	84401	273
6810	打夯歌		唐山丰润			张树林	84248	207
6811	放风筝				会广、云生	陈贵	84397	81
6812	渔民号子				齐福增	孟祥皋、侯占山	84265	310
6813	滴溜溜				张翠英	张凤国	84415	168
6814	拉大筐						84254	267
6815	河水长流心常念			西下营	王化云	龚秀珍、孙伟	84409	228
6816	劝姑娘				朱继芳	朱继经	84438	205
6817	采茶				侯占祥	赵学勇	84263	78
6818	小狗嗷嗷叫				徐德芝	刘淑悦	84514	145
6819	背煤篓				董广山	董浩善	84259	98
6820	冀东十三团		蓟遵兴一带	西下营村	吴荣阁	龚秀珍、孙伟	84362	189
6821	当兵好			迁安县台头村	杨凤莲	刘兴有	84279	351
6822	妇女放哨				宋瑞英	何方	84334	850
6823	抗日决死队歌				徐杰	何方	84365	422
6824	推碌碡				徐焕多	王逸生	84448	581
6825	大家心一条				寥金力	卞江	84356	463
6826	三国不和动枪刀			城关	满凤楼	何宗禹	84473	663
6827	撒传单						84347	254
6828	人心知足歌				王张氏	王振荣	84458	293
6829	东洋兵，坏心肠			岔道乡东八里村	刘通合	张佑鸿	84333	1831
6830	打花鼓				史长恩	赵学勇	84475	197
6831	乌七八糟大杂烩			遵化县西、下营村	吴荣阁	孙伟、龚秀珍	84357	206
6832	拿起刀枪入抗联			西下营村	吴荣阁	王素舫	84360	597

序号	篇名	民族	流传地区	采集地	讲述者	搜集者	数据库编号	字数
6833	一齐动刀枪				杨克文	李淑兰	84363	523
6834	小耗子儿				武贾氏	武贺民	84484	162
6835	梁山伯				张春山	郭乃安、孙幼兰	84474	483
6836	斧子队						84348	185
6837	年前十天				王世增	杨树人	84375	175
6838	棉花桃				梁秀芬	吴秉尉	84513	168
6839	过年歌			迁西、县东花院村	李晓娟	董艳辉	84374	168
6840	送情郎				杨克文	李淑兰	84413	98
6841	抠惜鬼雇活				李庆余	陈贵等	84431	299
6842	拍手歌			洼里乡东尚庄	王凤兰	白泉	84550	1176
6843	新五更				陈树林	董育然	84417	219
6844	月亮门			郑庄子乡周赵岁	崔氏	齐秀玲	84548	336
6845	阿妹爱我我爱她			西下营村	王化云	孙伟	84402	201
6846	做				凌瑞先	王素君、王化从	84559	191
6847	十二月歌			城关	满凤楼	何宗禹、史德新等	84467	129
6848	十送我郎上前线				贾焕章	贾振川	84410	266
6849	天气黄澄澄			大罗庄	孙艳芹	何宗禹	84441	1739
6850	人老谣					钱振界	84460	243
6851	十二月古人名				周宝全	王树丰	84464	253
6852	逛灯					徐绍元	84573	230
6853	十二个月				赵文富	陈菊艳	84461	100
6854	秧歌				刘增贵	刘秉田	84565	300
6855	渔家乐				徐超	吴敏、张品等	84437	170
6856	逛花灯				国兴	王俊臣	84434	956
6857	妇女四季歌					唐向荣	84288	358
6858	小白菜地里黄			迁安县驿南府乡毛庄	毛小军	刘凤艳	84451	695
6859	拉起小胡琴				李化堂	徐秀艳、郑文清	84304	109
6860	崔哥上工				孙朝阳	张宝山、王俊臣	84422	173
6861	什么花开				梁浩增	赵学勇	84303	205
6862	十大怨				郭锐	杨悦	84424	287
6863	锔大缸				王宝泉	郑文清	84575	171
6864	光棍十二苦				李宝山	王振荣	84447	464
6865	大公鸡，上草垛			大罗庄	蒋秀英	何宗禹	84494	155

序号	篇名	民族	流传地区	采集地	讲述者	搜集者	数据库编号	字数
6866	月婆婆			湾坨村	李银旗	何宗禹	84495	199
6867	当兵要当八路军			西下营	吴荣阁	王素舫、孙伟	84296	580
6868	心闲无事上城西				王泉	李东风	84578	269
6869	踢毽子歌			宽城县极木峪村	赵春凤	马胜良	84481	283
6870	干多干少都吃饭			京东		秀水	84315	405
6871	唐僧取经				史长恩	赵学勇	84476	103
6872	婚事歌			遵化城关镇	张丽华	王素舫、于海燕	84387	204
6873	吕洞宾抓药			西北井自由市场	徐照和	陈菊艳	84470	675
6874	美女思情				刘春生	王逸生	84421	151
6875	二十四棵树				刘长洪	徐宝山、董润兴	84466	123
6876	十二月小唱					唐向荣	84317	713
6877	十二棵树开花				戈宝章	李连君	84462	262
6878	陪姑娘			徐店乡徐店村	马淑英	徐利颖	84442	116
6879	八仙图			井坨侯庄	王晓岚	史德新、安瑞娥等	84563	127
6880	大家团结打东洋			迁西县县城镇一村	董生明	刘汛涛	84371	973
6881	一个大姐不害羞			尚古庄	杨素芝	窦秀香	84507	943
6882	纳鞋底				霍玉英	刘军	84406	834
6883	车轱辘转				张淑琴	武贺民	84518	198
6884	走西口				姜玉花	徐秀艳、郑文清	84412	188
6885	头字儿歌			郑庄子乡周赵庄	崔新兰	齐秀玲	84549	238
6886	叫五更				任善庆、杜芝薏	王武汉、王逸生	84420	284
6887	少说话					何宗禹	84560	1977
6888	寡妇思夫				刘文玉、刘春生	王逸生	84449	654
6889	丢戒指				史长恩	赵学勇	84576	163
6890	地球歌				寥金力	卞江	84353	147
6891	画扇面				史长恩	赵学勇	84574	170
6892	进矿如进鬼门关						84428	206
6893	菜打仗			西李庄	王殿明	安金山、王金生等	84525	1357
6894	妇女也抗战				郭锐	杨悦	84345	280
6895	工钱到手泪涟涟						84427	212
6896	守土抗战的朋友				王桂贞	滦汀	84335	233

序号	篇名	民族	流传地区	采集地	讲述者	搜集者	数据库编号	字数
6897	歌唱十二月花			双桥乡双桥村、郑庄子乡敬老院	高国舟、崔氏	刘福华、齐秀玲	84469	151
6898	绣门帘				杜芝薏	王逸生	84423	222
6899	扫边关				韩会广	春起、树培	84418	127
6900	八路好				霍玉英	刘军	84318	671
6901	十个月				任氏	赵学勇	84407	161
6902	“本楼”头			湾坨	李锡珍	何宗禹	84496	163
6903	酒诫颂				张文理	马希奎	84454	263
6904	蒲莲车				张连盛	陈贵	84398	197
6905	渔翁乐				郭连凤	董有然	84436	656
6906	叫声老大娘				郭锐	杨悦	84290	379
6907	糖和棍						84429	230
6908	十三棵树				李志恒	高昌顺	84463	356
6909	早晚我到你的家			遵化县农村	孙秀清	孙伟	84400	185
6910	桑树开花				朱继芳	朱继经	84439	199
6911	抗联起义为百姓			西下营村	吴荣阁	孙伟、龚秀珍	84359	178
6912	争热炕				梁秀芬	吴秉尉	84515	289
6913	数王冈			《迁安县志》			84498	189
6914	簸簸箕					朱继经	84506	854
6915	小耗子儿				王国珍	杨树人	84485	109
6916	月牙一出楼上楼			尚古村	刘素芝	窦春香	84289	321
6917	八路来了有活路			南山村	孙秀田	龚秀珍、孙伟	84298	258
6918	若要小孩儿好				李锡祯	何宗禹	84455	230
6919	植树歌				王丽梅	王丽艳	84270	209
6920	小二姐			迁西县西三屯镇人	刘翠兰	郭景斌	84562	315
6921	拍手谣			迁西县尹庄村	宋桂燕	尹玉强	84480	928
6922	狼来了				刘淑艳	刘淑悦	84516	110
6923	樵夫歌					汪学全	84267	127
6924	受伤一脚踢				陈学文	陈国勇	84261	158
6925	滦河怨				宋瑞英	滦汀	84283	1320
6926	一年忙				梁新文	王振荣	84567	246
6927	大嫂卖饺子				姜玉华、吴善庆	徐秀艳、孙淑平	84273	321
6928	猪			开平区文化馆传达室	袁红	白泉	84540	107
6929	集家歌				赵久田	卞江	84354	198

序号	篇名	民族	流传地区	采集地	讲述者	搜集者	数据库编号	字数
6930	夯歌				丁庆丰	丁庆旺	84245	88
6931	冀东掀起大暴动			西下营村	吴荣阁	孙伟	84358	190
6932	抗日救国歌				李长英	吕国翠	84346	90
6933	多亏了共产党				杨克珍	刘作民	84300	175
6934	扛起担架上前方				吴荣阁	孙伟	84341	688
6935	破交歌				阎达志	滦汀	84322	138
6936	英雄矿工闹煤海						84249	281
6937	一条人命四十元				陈学文	陈国勇	84262	332
6938	说胡话				赵秀荣	霍文旺	84551	241
6939	绕口令三则				何柏年、高瑞玉等	何方	84553	282
6940	孩子往好长					韩流	84537	106
6941	思郎君			荒山	一牧羊老人	刘效来	84416	312
6942	老板子受尽牛马罪						84258	138
6943	送情郎				李守业	徐秀艳、郑文清	84411	137
6944	借绿豆			西塔	李富	李秀英	84546	259
6945	撼悠悠				曹麟书	杨树人	84543	476
6946	党的女儿刘胡兰				罗玉艳	王淑娟	84538	265
6947	小板凳			洼里乡杨家庄	罗玉艳	王淑娟	84539	255
6948	一个老头八十八				李玉珍		88868	518
6949	十大将就				周霞、张鲜		88863	713
6950	小小子胖答答				张大云		88880	77
6951	完不成任务不回家				刘玉峰		88830	156
6952	说瞎话，长不大				左双进		88903	346
6953	三月里是清明				刘秀芬		88861	203
6954	麻野雀						88893	213
6955	播种				孙老友		88833	153
6956	柳树柳，槐树槐				侯玲		88900	162
6957	打夯歌				尹金栋		88831	123
6958	哭五更				孙兰芳		88862	126
6959	普天下男子遍地跑				陈秀山		88856	162
6960	青青菜				常大贞		88915	122
6961	跟着叔叔上老山				陈其		88835	122
6962	小苹果				牛玉善		88914	125

序号	篇名	民族	流传地区	采集地	讲述者	搜集者	数据库编号	字数
6963	张打铁李打铁				刘立冬		88859	145
6964	钻圈游戏谣				郭轴子		88909	216
6965	儿童团				刘进发		88849	161
6966	青抗先				刘峰		88847	144
6967	妇女翻身谣				李秀芬		88840	254
6968	瞎话谣				张工建		88922	207
6969	劝架谣				李桂新		88865	3235
6970	土地回了家				李玉林		88826	141
6971	弟兄仨				王大荣、谷存良等		88930	129
6972	说瞎话道瞎胡				王连众		88928	188
6973	恋人姿态年代谣				阎军		88887	125
6974	小皮筋				张九		88846	130
6975	小白兔				李林林		88895	190
6976	我家有个夜哭郎						88927	177
6977	小媳妇儿				李淑蔺		88866	172
6978	拥护共产党				谷二		88843	203
6979	人多乱				王红妮		88878	975
6980	二月二				刘起		88870	169
6981	小小子儿				孙玉芬		88867	312
6982	马达处处响隆隆				路玉章		88828	129
6983	搂豆叶				吴康		88869	210
6984	东头的碾子西头的磨				李大玲		88858	119
6985	金瓜瓜，银瓜瓜				赵建明		88923	180
6986	坚壁清野				段泽润		88852	260
6987	背茬拾茬						88894	121
6988	小河的水向东流				丁三胜		88837	244
6989	提灯棍打灯草				李玉林		88897	915
6990	缝衣忙				段泽运		88853	256
6991	小小子上南山				张振起		88890	121
6992	快快交售爱国粮				孙小苄		88827	221
6993	飞机来了我不怕				焦大文		88905	217
6994	狗腿				陈光		88851	209
6995	四大谣				张中		88929	138

序号	篇名	民族	流传地区	采集地	讲述者	搜集者	数据库编号	字数
6996	吹韩旺				张焕恩		88921	137
6997	储蓄谣				王玲		88924	186
6998	拍金拍银				左丽平		88906	855
6999	想起亲娘哭一场				刘长兴		88879	99
7000	小老鼠，上谷囤				刘振松		88908	378
7001	扁豆叶，着手掐				张芬兰		88875	124
7002	穿大鞋				于刚		88884	129
7003	闺女小子该起了				张玉琴		88871	134
7004	看戏				张振华		88889	125
7005	送别				谷存良		88841	163
7006	小火车				耿金海		88911	147
7007	打桩歌				张峰		88832	251
7008	山是两手开				沈朋		88825	147
7009	拉箩箩				刘雁		88872	208
7010	妇救会				李大朋		88848	197
7011	张大妈，思想差				段大荣		88877	127
7012	保卫青纱帐				段泽润		88854	127
7013	妈妈给我编只船				吴美荣		88888	120
7014	武强南关盛景歌				任志清		88918	671
7015	放鸭谣				刘志		88829	178
7016	劝降歌				谷存良		88842	123
7017	送情郎				汪秀朵		88860	135
7018	笑话笑				莱俊轻		88925	213
7019	如今赛过金银窝				孙老友		88834	142
7020	一年省出一头驴				张长岑		88873	212
7021	老来难						88885	655
7022	断线风筝女儿命				陈大兴		88864	239
7023	送青年参军				李三进		88844	226
7024	回娘家				李玉波		88886	147
7025	编后话						88931	165
7026	锯盆锯碗锯大缸				刘立云		88876	131
7027	糖瓜祭灶				张大琴		88883	121
7028	棉花桃				王仙风		88881	126
7029	大刀歌				李珍		88850	168

序号	篇名	民族	流传地区	采集地	讲述者	搜集者	数据库编号	字数
7030	小公鸡				常书波		88912	221
7031	呱嗒板				刘坡		88892	241
7032	新春谣				刘金英		88917	177
7033	拉大锯				王车芬		88902	159
7034	风来了，来雨了				谷存志		88898	154
7035	小老鼠，上灯台				王风林		88907	275
7036	小妞妞快快长				刘风章		88891	124
7037	盘脚栏				郭振清		88910	125
7038	大柳树				周普		88916	223
7039	老母地				段纪章		88913	142
7040	跟我学				王七水		88904	1180
7041	武强县著名土特产歌				武连仲		88919	97
7042	皇协军大坏蛋				张强		88839	179
7043	送县长				郭老翁等		88920	119
7044	赶快变个天				赵君尧		88836	180
7045	洋葫芦苗				刘小辉		88901	260
7046	月下情歌				由勇、由力		88857	120
7047	一齐动刀枪				李政秋		88855	158
7048	快去把道挖				张九		88845	111
7049	老鹰老鹰转三遭				刘玉起		88899	126
7050	抱着鲤鱼快回家				张良山		88882	128
7051	扁豆叶，剪子裁				张芳兰		88874	262
7052	锯缸谣				王大龙		88838	177
7053	宋古河的戏				于发起		88926	134
7054	四大浪						93095	571
7055	观灯训						93224	54
7056	打连城				刘美		93196	128
7057	四辈扛长工				刘清		93145	26
7058	上坟				杨吉		93169	343
7059	大怀胎				刘美		93147	1346
7060	四大心瘾						93093	88
7061	十改良				刘根		93199	86
7062	撒五谷歌						93085	609
7063	盼五更				邢根志		93143	176

序号	篇名	民族	流传地区	采集地	讲述者	搜集者	数据库编号	字数
7064	怕				王耀		93111	699
7065	打连城						93195	577
7066	增产节约				田风云		93122	292
7067	种大烟				刘根		93188	632
7068	掐蒜苔				刘根		93144	550
7069	送情郎				刘美		93149	561
7070	四大脏				李清		93105	180
7071	探亲家				刘根		93154	102
7072	探情郎				刘美		93150	44
7073	卖麻糖				刘根		93166	209
7074	翻五更						93131	199
7075	三国赞				田风云		93182	64
7076	五哥放羊				刘淑珍		93148	807
7077	打酸枣				杨作锦		93165	2
7078	摘花椒				刘美		93170	1030
7079	十爱				刘根		93193	25
7080	修古庙				杨吉		93185	226
7081	拉杆子				相吉		93203	545
7082	姑娘媳妇抽洋烟						93189	1072
7083	参军				王成发		93217	184
7084	珍珠倒卷帘				刘素珍		93181	11
7085	大对花				刘根		93134	319
7086	游花园				刘美		93179	304
7087	宽大政策				段凯文		93215	316
7088	山西五更				相吉		93174	316
7089	许四子揽长工				刘清		93118	258
7090	拉大锯						93025	60
7091	酒令六则						93089	962
7092	话民国				相永		93197	53
7093	喜歌				王笑		93079	66
7094	新结婚				王笑		93081	296
7095	穷人谣				姚贵新		93066	243
7096	走西口						93229	582
7097	背背歌				张和		93061	313

序号	篇名	民族	流传地区	采集地	讲述者	搜集者	数据库编号	字数
7098	采茶歌						93219	29
7099	倒歌						93059	159
7100	念喜歌						93078	550
7101	谜谣				宋尚学		93053	32
7102	刮野鬼				刘根		93206	318
7103	沙葫芦沿上放白马				郭元莱		93029	101
7104	大生产				刘哲乡		93216	84
7105	变个大青蛙						93038	96
7106	生活在晋察冀真是快活						93056	10
7107	金娃娃				张建立		93032	221
7108	尿床精						93076	11
7109	十立冬				田风恒		93177	25
7110	数数儿歌				郭全忠		93036	8
7111	十炉香				刘希冒		93130	244
7112	曲灯喽喽						93065	32
7113	尼姑思凡				杨作锦		93167	197
7114	卖蒜歌						93060	3608
7115	兰州城				刘根		93157	8
7116	夜哭郎						93062	619
7117	跳关墙				刘根		93153	30
7118	四大宽				冯井章		93091	260
7119	遭荒旱				刘哲乡		93207	271
7120	四大宽						93090	224
7121	妓女告状						93178	232
7122	偷南瓜				刘根		93171	917
7123	活马训				刘希冒		93128	101
7124	大将歌				刘根		93180	152
7125	水刮西包头						93235	243
7126	探情郎				田宏珍		93151	570
7127	四大烂兴						93101	197
7128	耕地歌						93106	11
7129	四大喜						93096	8
7130	采茶歌				刘清		93116	32
7131	放白马				苏奋明		93027	764

序号	篇名	民族	流传地区	采集地	讲述者	搜集者	数据库编号	字数
7132	妓女告状						93232	11
7133	敬新娘子吃菜歌						93087	410
7134	倒返民国十五年				刘根		93200	126
7135	亲家来了要吃鸡				宋尚学		93046	8
7136	翻五更						93239	822
7137	赞新房						93082	86
7138	儿童团放哨						93236	903
7139	懒大嫂						93074	698
7140	西城歌				刘美		93191	547
7141	王婆子骂鸡				王笑		93068	240
7142	翻五更						93187	80
7143	农家乐						93039	780
7144	说了个东						93107	337
7145	四大窄						93092	2
7146	韩湘子出家						93220	10
7147	翻五更						93223	133
7148	借冠子						93221	189
7149	观灯训						93133	93
7150	四大急						93094	673
7151	四季生产				段凯文		93213	120
7152	毛女子观灯				刘美		93140	90
7153	开马城						93034	233
7154	四大硬						93099	306
7155	卖焦土				刘书旺		93057	345
7156	劝新郎喜菜歌						93088	345
7157	赛跑歌				张永山		93051	252
7158	挑盖头歌						93084	150
7159	山汉买“鸭梨”						93049	480
7160	盲人在新社会的幸福				梁守成		93123	144
7161	我们永远在一起				刘哲乡		93210	10
7162	手拍房门喜歌						93080	1011
7163	大老王剃头				王玉祥		93069	737
7164	上梁喜曲				张生		93077	193
7165	谜谣						93052	526

序号	篇名	民族	流传地区	采集地	讲述者	搜集者	数据库编号	字数
7166	大姐，二姐，三姐				王佩英		93048	111
7167	小刘探清水河				刘美		93194	244
7168	河里石头滚上坡						93041	776
7169	借冠子						93126	51
7170	打排号				张建立		93031	523
7171	挑菜						93125	417
7172	山药蛋，滚山坡						93026	203
7173	白宝珠借当				刘清		93119	116
7174	什么多什么少						93063	189
7175	五色姑娘				相吉		93183	234
7176	抽大烟				薛胜		93070	128
7177	北斗星						93209	43
7178	四不全赶贼				张永山		93050	11
7179	四大支愣						93098	676
7180	数数歌				张白英		93035	830
7181	四大紧						93097	219
7182	老俩口						93030	341
7183	四大废				张虎清		93103	850
7184	骂麻子				王笑		93043	811
7185	大改良				李万珠		93198	33
7186	金蛋蛋				刘飞英		93033	75
7187	四大废				冯井章		93102	1787
7188	大豆皮						93058	130
7189	卖扁食				刘根		93168	361
7190	我家园里菜吃牛						93042	908
7191	大怀胎						93146	88
7192	四大烂兴						93100	291
7193	撒荞麦				刘美		93162	35
7194	刮大风						93045	1631
7195	走西口				孙祯		93159	74
7196	种大烟						93233	512
7197	卖碗调				刘根		93160	27
7198	东门一个鼓				宋尚学		93047	519
7199	十大唱						93237	215

序号	篇名	民族	流传地区	采集地	讲述者	搜集者	数据库编号	字数
7200	敬蛋喜歌						93086	24
7201	拉骆驼						93225	80
7202	绕口谣						93054	107
7203	十立冬						93231	45
7204	赞门帘						93083	97
7205	回娘家				王文莲		93055	1074
7206	韩湘子出家				杨作锦		93120	764
7207	民谣						93064	346
7208	十大唱						93218	11
7209	穷与富				王耀		93067	113
7210	反采茶				刘清		93117	161
7211	人老歌						93109	108
7212	蔚州的美景说不完				王庭掌		93113	762
7213	王小赶脚						93129	119
7214	放风筝				刘美		93164	27
7215	祭灵歌				王笑		93110	420
7216	讨吃子回关南				相作锦		93205	1283
7217	海莲为朋友				刘美		93135	8
7218	二十四节气歌				田风云		93121	10
7219	绣荷包				田宏珍		93138	47
7220	四辈搅活				刘根		93156	221
7221	翠芸要女婿				孙祯		93142	733
7222	翠芸要女婿				相吉		93141	144
7223	四辈搅活				杨吉		93155	94
7224	清朝种洋烟				刘美		93190	51
7225	劝姑娘				刘素珍		93172	497
7226	讨吃子回关南				相吉		93204	2079
7227	盼女婿				田风贺		93173	245
7228	采茶						93175	180
7229	害相思				相吉		93176	145
7230	中华民国十五年				刘根		93202	471
7231	小对花				刘根		93184	44
7232	九九图				刘根		93201	144
7233	水刮西包头				相作锦		93208	274

序号	篇名	民族	流传地区	采集地	讲述者	搜集者	数据库编号	字数
7234	大事记						93240	335
7235	逛河湾				刘美		93192	1689
7236	金湛子花						93037	416
7237	小日本占中原				刘素珍		93211	544
7238	儿童团放哨				贾进尧		93212	125
7239	帮军属春耕				刘哲乡		93214	1240
7240	十棵树				刘根		93186	181
7241	活马训						93222	164
7242	走西口						93158	2135
7243	送情郎						93227	513
7244	放风筝						93163	576
7245	跳关墙						93228	293
7246	矬大姐				罗圣山		93075	411
7247	上坟						93230	144
7248	回关南						93234	205
7249	珍珠倒卷帘						93238	448
7250	掐蒜苔						93226	706
7251	光棍哭妻				刘根		93161	8
7252	拙大嫂						93073	11
7253	狼打柴						93024	96
7254	勤大嫂						93072	63
7255	劝赌				王庭掌		93071	229
7256	打门歌				刘桂珍		93044	294
7257	女婿						93040	232
7258	弹蓝						93028	649
7259	撇白菜				刘棍		93152	61
7260	打连城				刘清		93115	641
7261	四大急						93104	10
7262	有个丫环长得丑						93114	459
7263	说了个东						93108	88
7264	表一表联庄会						93112	8
7265	烂席片				孙祯		93136	960
7266	游春调						93124	88
7267	梁山伯下山				田旺启		93132	515

序号	篇名	民族	流传地区	采集地	讲述者	搜集者	数据库编号	字数
7268	磨房训				李佃久		93127	516
7269	绣秋凉				李仰		93139	88
7270	拉骆驼				相吉		93137	33
7271	红绸子，绿缎子			赵县南寺庄村	白叟	白东霞	103103	247
7272	种棉花歌			县胡家营村	张明	张世宾	102748	204
7273	勤学歌			西驿头村	李玉秀	李银海	102965	137
7274	说媒			赞皇县西高	商爱瑞	郭国平	102969	168
7275	五哥放羊			行唐口头镇	杨春风	杨荣国、张建华等	103289	620
7276	摘花椒			该村	阎三妮	程千里卢梅刚	102750	972
7277	吸烟			行唐县口头镇	常保住	胡玉白	103386	238
7278	要饭吃的小子命不强			行唐县口头镇	范玲华	李殿敏、张彦芹等	103315	309
7279	锄头底下看年成			行唐口头镇	李现文	胡玉白	103266	126
7280	扩兵歌			灵寿县团泊口村	张德秀	范银平	102780	1633
7281	革命到底意志坚			小觉村	王永书	何庆祥	102841	104
7282	双手用处大			行唐口头镇	李春菊	胡玉白	103383	158
7283	小老鼠上谷穗			赵县肖庄村	刘志山	刘立果	103138	936
7284	流亡的人			辛集市仁慈村	段根录	段学勤	102803	402
7285	不多不少十六点			杏庵村	李殿祥	李殿敏	103083	345
7286	十劝贤			常保住村	常保住	胡玉白	102961	342
7287	小竹篮			孟贤壁村	左红霞	付玉芳	102785	132
7288	百战百胜天下知			两岭口村	李梅菊	李殿敏	102804	1531
7289	撇白菜			平山县合河口乡杏树湾村	阎三妮	程千里、卢梅刚等	103067	346
7290	玉妹劝情郎			行唐口头镇	苗青瑞	李殿敏、张彦芹等	103292	253
7291	啖瓜			杏庵村	李殿禄	李殿敏	103092	623
7292	羊倌打豺狼			部家庄村	白三妮	岳延福、程千里	102805	170
7293	小放牛（一）			赵县西湘洋村	周老我	周英启	103065	226
7294	他也姓刘			草泊头村	刘玉真	李殿敏	103177	218
7295	十大字			新乐东张村	甄老漫	黄刘拴	103062	251
7296	黑山口			王岸村	李巧伶	程千里、岳延福	102806	602
7297	王二嫂养娃娃			两岭口村	李梅菊	李殿敏	103015	274

序号	篇名	民族	流传地区	采集地	讲述者	搜集者	数据库编号	字数
7298	看雾测天			赞皇县城内	郭志忠	焦叶军	102885	129
7299	开门，关门			杏园村	李灵响	张恩荣	103117	280
7300	送财神			藁城县文联	刘正魁	樊更喜	102810	133
7301	梁山伯送祝英台			行唐口头镇	常保住	胡玉白	103291	333
7302	打夯歌			常保住家	常保住	胡玉白	102764	1398
7303	十不足			赵县城内	王庆珠	冯丽霞	102962	295
7304	五区小队			藁城县韩家洼村	刘正魁	樊更喜	102812	252
7305	摘花椒			草泊头村	王玉明	李殿敏	102751	425
7306	妓女诉苦			行唐县北张吾村	杨老信	杨振华	102939	157
7307	我还讨饭			杏庵村	李正保	李殿敏	102954	314
7308	狗汉奸			胡家庄村	胡老士	胡梦林	102816	690
7309	加小心，查汉奸			赵县西大诰村	张小中	张新波	103408	155
7310	什么也不成			元氏张掖村	牛春芳	干希辰、李书味	103027	181
7311	歌唱温小玉			行唐口头镇	丁秀芹	高付祥	103239	263
7312	他的名字叫赵占清			灵寿县丑泥口村	范振铭	范银平	102817	302
7313	哥哥上战场			灵寿县丑泥口	范振铭	范银平	102776	315
7314	小枣树儿			行唐口头镇	赵兰明	张彦芹、杨振华等	103375	152
7315	蔬菜成精			行唐口头镇	常保住	胡玉白	103382	229
7316	四芝兰小调		冀南北部、冀中南部	辛集市		青苹	102819	459
7317	高焦桥村高嫂嫂			赵县城内	李月全	米雪军	103180	130
7318	娶媳妇			行唐口头镇	田二狗	王国庆、高付祥等	103322	240
7319	小河水向东流			灵寿县韩信台村	付乙信	杨树莲	102775	844
7320	串坏蛋			赵县城内	陶冶	耿庆祥	102827	760
7321	边关			部家庄村	部格拉	程千里、卢梅刚	102758	575
7322	添人不添地			赵县小诰村	赵同兰	赵素娟	103439	660
7323	劳动光荣			行唐口头镇	赵文良	张彦芹	103231	186
7324	永远跟着毛泽东			杏庵村	李殿芝	李殿敏	102834	126
7325	公鸡打鸣			赵县城关南门	李振魁	周洪涛	103145	194
7326	庄稼主拾粪忙			行唐口头镇	常保住	胡玉白	103320	135
7327	放马			赞皇一中	姜霞光	刘俊兰	102756	203
7328	你说应当不应当			杏庵村	李殿芝	李殿敏	102845	244

序号	篇名	民族	流传地区	采集地	讲述者	搜集者	数据库编号	字数
7329	石榴开花			平山县店头村	李凤鲜	张凤奇	102782	344
7330	二郎哥不是货			灵寿县胡家庄	杨竹姐	胡梦林	102967	127
7331	打元氏城歌			元氏叩村	刘二欧	刘书根、张增顺等	102824	207
7332	我说“包”字真不赖			小觉村	王永书	何庆祥	102865	925
7333	棉花朵			赵县南三相村	苏国军	苏国芳	103107	128
7334	摘棉花			行唐口头镇	黄银桃	高占武、张建华等	103318	244
7335	过新年			库沟村	高天明	李殿敏	102801	155
7336	无字经			平山县北贾壁村	王玉兰	刘来拴、刘春彦	102867	373
7337	向前走，别退后			元氏县财政局	李志兴	张素芹	102788	258
7338	小星星			行唐口头镇	赵文良	张彦芹、杨振华等	103339	366
7339	我愿背上生两翅			行唐口头镇	赵文良	张彦芹、杨振华等	103342	320
7340	套娃娃			常保住家	常保住	胡玉白	102870	392
7341	小西门老据点			藁城县文联	刘正魁	樊更喜	102814	310
7342	青葡萄说根由			行唐口头镇	赵文良	张彦芹、杨振华等	103343	1174
7343	定县炸汽车			藁城县文联	刘正魁	樊更喜	102813	179
7344	四季调			高邑县西驿头村	李玉秀	李银海	102875	336
7345	点菜名			行唐口头镇	赵兰翠	高付祥、王国庆等	103328	199
7346	秃子拜丈人			行唐口头镇	黄吉丑	高占武、张建华等	103374	149
7347	咱们和他拼到底			行唐口头镇	常保住	胡玉白	103237	177
7348	十二月歌			赞皇县城关镇	崔进国	崔进衡	102878	1002
7349	姐仨儿对梳头			行唐口头镇	杨成兰	杨振华、李殿敏等	103373	948
7350	妯娌仨回娘家			行唐口头镇	赵喜俊	杨荣国、高占武等	103352	287
7351	梅豆叶（一）			行唐口头镇	赵喜俊	杨荣国、张建华等	103345	378
7352	十二月花名			新乐县东张村	甄老漫	黄刘栓	102880	225

序号	篇名	民族	流传地区	采集地	讲述者	搜集者	数据库编号	字数
7353	电灯亮			行唐口头镇	赵喜俊	杨荣国、高占武等	103365	342
7354	烂菜			赵县野鸡铺村	李存菊	常立芳	103482	626
7355	要饭歌			常保住家	常保住	胡玉白	102953	946
7356	姑表亲辈辈亲			灵寿政协	雷瑞海	曹庆琳	102882	484
7357	两只手			行唐口头镇	于秀芹	王国庆、高付祥等	103319	105
7358	大公鸡			行唐县口头镇	赵迎春	高付祥、王国庆等	103362	256
7359	玲珑塔			库沟村	李红春	李殿敏	103175	128
7360	求雨歌			赵县城内	梁根昌、邢华珍	梁红	102891	152
7361	五花太平年			杏树湾村	梁华民	程千里、卢梅刚	103061	175
7362	捶板石			行唐口头镇	赵兰明	张彦芹、杨振华等	103348	512
7363	逛花灯			辛集市杏园村	景炳双	张恩荣	102942	897
7364	拜佛			李桂娟家	李桂娟	胡玉白	102893	137
7365	不如高坐在云端			行唐口头镇	赵文良	张彦芹、杨振华等	103285	212
7366	打老婆			行唐口头镇	李现文	胡玉白	103356	131
7367	祭神歌			范家庄村	李殿印	李殿敏	102892	269
7368	烧香			王尊荣家	王尊荣	胡玉白	102894	354
7369	探妹歌			常保住、杨桂芳家	常保住、杨桂芳	胡玉白	102896	249
7370	攻包头			赵县丁村	白玉臣	赵增瑞	103431	259
7371	绣荷包			罗家会	齐五妮	槐扬、英忠	102929	830
7372	打连成			武庄	杨连、李现文	胡玉白	102914	128
7373	五哥放羊			西庄村	赵文华	董彬彬	102930	1033
7374	过五台山			赵县丁村	白玉臣	赵增瑞	103419	620
7375	大乘经			平山县北贾壁村	王玉兰	刘来拴、刘春彦	102866	1133
7376	走西口（二）			蛟潭庄	阎三妮	程千里	102927	399
7377	耩地歌			灵寿政协	雷瑞海	曹庆琳	102881	212
7378	娘养儿千苦万难			李现文家	李现文	胡玉白	103001	310
7379	宣传婚姻法			张福荣家	张福荣	胡玉白	102846	1260
7380	绣荷包			雷秀兰家	雷秀兰	胡玉白	102931	224
7381	处处都碰俺的心			赵县范村	吕同彦	刘健	102860	145

序号	篇名	民族	流传地区	采集地	讲述者	搜集者	数据库编号	字数
7382	哩哩啦啦这么多年			赵县野鸡铺村	常月明	常英彩	103414	180
7383	你看热闹不热闹			李现文家	李现文	胡玉白	102858	1125
7384	小寡妇上坟			赵县杨户门村	武小巧	孟令平	102932	2299
7385	生产队			赵县杨户北门	程东生	程广修	102856	153
7386	不用让			李现文家	李现文	胡玉白	103023	191
7387	看情郎			行唐县北张吾村	安老恒	杨振华	102912	827
7388	你告吧，俺不怕			杏庵村	李凤华	李殿敏	102948	210
7389	十杯酒			郜家庄	张丰年	卢梅刚、程千里	102902	398
7390	叫咱丁村沾沾光			赵县西湘洋村	李秋安	李珍平	103402	2627
7391	相亲			常保住家	常保住	胡玉白	102898	340
7392	十不亲			郭苏村	白巨全	岳延福、程千里	102964	219
7393	小姨子想姐夫			北七汲村	任风林	智建慧	102913	216
7394	吃谣			行唐口头镇	李现文	胡玉白	103384	469
7395	小五更			李现文家	李现文	胡玉白	102919	281
7396	小兄弟，叫姐姐			赵县南解疃村	马修书	李宏伟	102981	136
7397	妹妹做梦			行唐县北张吾村	安秀珍	杨振华	103010	341
7398	训开小差儿			赵县丁村	白玉臣	赵增瑞	103427	313
7399	皖南事变			两岭口村	李梅菊	李殿敏	103055	167
7400	养儿难			赵县城内	刘云果	贾红英	102999	280
7401	懒大嫂			范家庄村	同四红	李殿敏	102987	150
7402	过河			赵县丁村	白改善	白国强	103430	220
7403	小白菜			赵县西洨洋村	刘胜珍	刘素红	103048	218
7404	侄儿侄女你听着			李现文家	李现文	胡玉白	103013	208
7405	梦中风			行唐县口头镇	黄吉丑		103286	242
7406	连阴雨			杏庵村	李殿谅	李殿敏	102888	201
7407	女儿行孝			灵寿县胡家庄	胡保祥	胡梦林	102978	240
7408	漂嫂嫂			常保住家	常保住	胡玉白	103022	187
7409	回娘家			辛集市南庞村	魏小典	郝彦生	103172	209
7410	吕洞宾抓药			雷秀兰家	雷秀兰	胡玉白	103068	662
7411	寡妇难			灵寿县胡家庄	赵早妮	胡梦林	103033	611
7412	小两口拜年			常保住	常保住	胡玉白	103039	270
7413	观街			行唐口头镇	李现文	胡玉白	103388	171
7414	训女			辛集市	段根禄	段学勤	103035	330
7415	光棍哭妻			灵寿县慈峪镇	张二丑	武秋海	103032	383

序号	篇名	民族	流传地区	采集地	讲述者	搜集者	数据库编号	字数
7416	闺女受气谁知道			元氏叩村	李兴彩	刘书根、王孟辰	103042	149
7417	盖小庙儿			常保住家	常保住	胡玉白	103228	152
7418	入社			赵县丁村	李成果	李晶伟	103440	153
7419	打夯歌			行唐口头镇	范玉枝	杨荣国	103230	2048
7420	古人名			郜家庄村	张丰年	程千里、卢梅刚	103059	291
7421	盼六更			辛集市张古庄镇	张善修	马敬敏	102915	119
7422	锄地			杏庵村	李明祥	李殿敏	102746	304
7423	打赌			赵县丁村	李玉虎	张伟霞	103515	406
7424	孟姜女哭长城			新乐县木村、新乐木村	郭秀英	黄刘拴	103064	180
7425	破筐			赵县小诰村	陈居锁	陈丽彩	103469	139
7426	街里一个卖肉啊			赵县城内、赵县南寺庄村	赵鹏奎、白世雄	赵志勇、白翠霞	103099	438
7427	十怕歌			赵县南解疃村	李志丰	李宏伟	103217	920
7428	表绣鞋			李现文家	李现文	胡玉白	103021	250
7429	四两粮食顶一天			赵县丁村	李书改	宋军锋	103442	397
7430	胖姑娘			杏庵村	李正保	李殿敏	103222	149
7431	葛档棒			灵寿县西石门村	杜庆雪	白雪芬	103080	268
7432	扛活			赵县小诰村	张西茂	张利周	103454	668
7433	秃子瞎子			赵县小诰村	张云庆	张爱巧	103480	461
7434	当兵光荣			赵县沙河店村	张京雪	魏瑞杰	103437	350
7435	满天星斗十二行			元氏张掖	刘吉荣	李丽霞、王孟辰	103086	402
7436	执行任务要认真			赵县丁村	白玉臣	赵增瑞	103420	167
7437	夸轿			赵县丁村	聂越	李军省	103473	163
7438	便衣队			赵县杨召村	张聚子	冯书霞、白军锐	103409	540
7439	棉花桃儿			杏庵村	苗翠英	李殿敏	103089	204
7440	罗锅儿弯			赵县肖庄村	刘氏	刘立果	103208	205
7441	十开花			草泊头村	王玉明	李殿敏	103071	287
7442	白大姐做裤子			常保住家	常保住	胡玉白	103196	343
7443	小蔓菁			赵县城关西门	檀红伟	檀秋红	103104	154
7444	反话			石碑村	高文仲	张恩荣	103190	923
7445	八出戏			行唐县西留营村	盖老丢	杨振华	103063	557
7446	欢迎担架队归来			赵县丁村	白玉臣	白聪锐	103433	813
7447	小枣树			赵县南庄村	白叟	白东霞	103109	799
7448	大实话（二）			赞皇县西龙门村	阎广英	刘瑞敏	103188	408

序号	篇名	民族	流传地区	采集地	讲述者	搜集者	数据库编号	字数
7449	说逗			赵县野鸡铺村	常大芒	常为民	103468	142
7450	傻小子			灵寿县慈峪镇	胡银菊	武秋海	103168	139
7451	爷爷敲鼓奶奶唱			赞皇县王小峪村	王汉书	王瑞英	103124	216
7452	种西瓜			赵县沙河店村	张东升	张同芬	103449	474
7453	手榴弹			赵县小诰村	胡同刚	胡银之	103472	141
7454	积肥			赵县丁村	白小分	白军涛	103447	262
7455	白杨树			高邑县寺家庄村	李计春	单纪兰	103133	561
7456	下雨喽			赵县城内	史大山	史君彦	103153	196
7457	受气的媳妇对娘说			李现文家	李现文	胡玉白	103037	134
7458	看妻子			赵县丁村	白改善	白国强	103512	149
7459	门楼头			灵寿县慈峪镇	胡银菊	胡宁	103136	300
7460	月亮走			赞皇县西街	时青元	王艳丽	103161	321
7461	和尚娶媳妇			赵县段村	李贵成	张会瑞	103204	193
7462	小驴驹			赞皇县南街村	肖占芬	肖月英	103155	223
7463	小蝴蝶			赵县郑家郭村	郑计安	高军伟	103139	261
7464	看水			赵县小诰村	赵中华	赵力彬	103499	422
7465	四不闲			辛集市	纪文道	李树枫	102874	235
7466	耍小孩			赵县北冯村	冯俊法	冯慧巧	103502	333
7467	小巴巴狗儿			赵县南三相村	巴换珍	吕辉丽	103142	217
7468	小巴狗			赞皇县西高村	许庆云	许迪方	103156	2268
7469	十字歌			灵寿县西庄村、灵寿城内	李国芹、马三元	李凤华、苏云山	103081	142
7470	小小子摆席			赵县解家寨	李顺姐	张亚娟	103148	149
7471	红鞋鞋			赵县赵家庄	王秋芝	康立英	103011	162
7472	蹋油瓶			赵县西汶洋村	路凤格	张辉峰	103076	242
7473	想起毛泽东			灵寿县丑泥口村	范振铭	范银平	102837	148
7474	过年			赵县南寺庄村	刘荣格	韩瑞君	103149	269
7475	大西瓜红沙瓤			赞皇县西龙门村	刘庆	刘旭阳	103159	255
7476	勤子娘			赵县封家铺村	徐婷	候素娟	103508	211
7477	救命王			赵县城内	增彦	玲	102830	132
7478	狗咬油篓篓漏油			赵县西汶洋村	时恒记	时辉彬	103178	139
7479	年太平			新乐木村	安江海	黄刘拴	102940	239
7480	共产党来了就是好			藁城县韩家洼村	刘正魁	樊更喜	102843	156
7481	你看糟糕不糟糕			岭两口村	李梅菊	李殿敏	103164	508

序号	篇名	民族	流传地区	采集地	讲述者	搜集者	数据库编号	字数
7482	盆碰瓶			赵县肖庄村	刘氏	刘素果	103179	222
7483	忙五更儿			两岭口村	李文同	李殿敏	102808	294
7484	苏大姐哭家			范家庄村	李殿印	李殿敏	103224	249
7485	西方路上一朵云			行唐口头镇	赵文良	李殿敏、张彦芹等	103273	178
7486	拉大话			赵县大寺村	侯春茂	张瑞申	103192	151
7487	组织起来力量大			宇文珍家	宇文珍	胡玉白	102983	136
7488	馍馍摊			赵县沙河店村	张聚山	张永亮	103490	189
7489	月亮地明光光			赵县南寺庄村	刘氏	王君英	103108	214
7490	黑对黑			灵寿县慈峪镇	安廷平	胡小胡	103195	315
7491	节日歌			灵寿北关	张玉岗	刘风雪	102877	745
7492	战猛公			赵县东大寺村	侯春茂	张瑞申	102822	146
7493	说了个学生刚十岁			赵县大寺庄村	张泳钧	郑江林	102970	260
7494	关老爷庙			赞皇县城庄村人	郝更辰	郝智玲	103199	162
7495	织手巾			赵县西湘洋村	韩金为	张胜波、路香锐	102767	664
7496	小窑道			赵县野鸡铺村	常素彬	常京辉	103484	175
7497	十想歌			范家庄村	赵进	李殿敏	102910	173
7498	妨大姐			常保住家	常保住	胡玉白	103203	1566
7499	劝妇女			水峪村	王华	王平	102844	173
7500	光棍修			行唐口头镇	赵文良	张彦芹、李殿敏等	103279	185
7501	毛主席来到西柏坡			西柏坡村	霍喜秋	程千里	102840	132
7502	两头忙			赵县西湘洋村	王老世	王金锁	103209	740
7503	抬轿来得快			赵县沙河店村	李素敏	宋云娟	103475	409
7504	破路			丑泥口村	范振铭	范银平	102799	668
7505	巫歌			行唐口头镇	赵玉芝	田青法	103275	267
7506	争取做模范			行唐口头镇	杨瑞庆	王国庆、高付祥等	103261	144
7507	采茶			行唐县西留营村	盖老丢	杨振华	102760	260
7508	情郎哥哥去当兵			藁城县文联	刘正魁	樊更喜	102773	291
7509	看菜园			正定县西兆通村	何老云	王俊伟	103006	175
7510	花底儿鞋不平常			行唐口头镇	郤荣	张彦芹、杨振华等	103264	164
7511	怀胎歌			桃科村	史连奎	程千里	102992	291

序号	篇名	民族	流传地区	采集地	讲述者	搜集者	数据库编号	字数
7512	花椒			两岭口村	李梅菊	李殿敏	103095	178
7513	杨树叶			行唐口头镇	范玲花	李殿敏、张彦芹等	103347	242
7514	实行计划生育最应该			行唐口头镇	杨连	胡玉白	103268	199
7515	花椒树			蛟潭庄	阎三妮	程千里、卢梅刚	102752	195
7516	红缨枪			灵寿县丑泥口	范振铭	范银平	102774	299
7517	妈妈娘八糊涂			两岭口村	李梅菊	李殿敏	102998	175
7518	三浇园			行唐县口头镇	赵文良	李殿敏、张彦芹等	103277	168
7519	棉花传			辛集市仁慈乡仁慈村	段根禄	段学勤	102749	403
7520	吸蹭烟没出息			灵寿县岗头村、赵县范村	曹二来、吕同彦	曹庆琳、刘丰	103212	580
7521	打麦			平山城关	封青书	焦爱书	102747	275
7522	领神			行唐县口头镇		胡玉白	103281	236
7523	卖水银渣			赵县丁村	李成果	李晶伟	103495	161
7524	四季妇女表			两岭口村	李梅菊	李殿敏	102833	343
7525	命不好			灵寿县慈峪镇	张二丑	武秋海	103043	208
7526	想情郎			行唐口头镇	田二狗、李桂娟	王国庆、赵惠平等	103288	252
7527	俊丑媳妇			杏庵村	刘新金	李殿敏	103024	559
7528	买匹马			杏庵村	李正保	李殿敏	103211	264
7529	天也不埋怨			藁城县韩家洼村	刘正魁	樊更喜	102769	453
7530	五更等丈夫			行唐口头镇	范玲花	杨振华、李殿敏等	103294	214
7531	小孩儿			杏庵村	李凤华	李殿敏	103163	337
7532	陈庄战斗			李春生家	李春生	苏云山	102823	312
7533	要嫁妆			行唐口头村、常保住家	常保住	胡玉白	103019	598
7534	吃嘴老婆			行唐口头镇	赵青菊	高付祥、王国庆等	103299	263
7535	拉锯扯锯			高邑县东驺头村	宿夫姐	赵志彬	103084	158
7536	拧蒲墩			行唐口	赵玉芝	田青法	103276	1924
7537	十八岁女			行唐县北张吾村	刘秀女	杨振华	103041	105
7538	小做活儿罢工			行唐口头镇	赵六一	胡玉白	103316	148

序号	篇名	民族	流传地区	采集地	讲述者	搜集者	数据库编号	字数
7539	十等人			灵寿县慈峪镇	郝拴成	胡宁	102853	133
7540	上冬校			灵寿县丑泥口村	范振铭	范银平	102848	153
7541	滚箭坡			赵县西汶洋村	周书俭	周衍	103057	238
7542	睁眼瞎			行唐口头镇	张秀珍	王国庆、高付祥等	103317	215
7543	庄稼好			赵县城内	张文忠	王建锋	103151	179
7544	国耻日			灵寿县丑泥口村	范振铭	范银平	103054	166
7545	十朵花			行唐口头镇	黄登金	赵增瑞、杨荣国	103334	180
7546	灭大清			辛集市	纪文道	李树枫	103053	521
7547	十月忙			李现文家	李现文	胡玉白	102872	209
7548	小白鸡，挠粉粉			赵县城关东门村	王换格	王霞	103143	142
7549	游口头			行唐口头镇	赵玉明	胡玉白	103338	300
7550	打栾城			赵县范村	吕同彦	刘健	102826	191
7551	拍手歌			张掖村	韩段	玉孟辰、李慧娟	103085	179
7552	小秃没毛			赵县南三相村	巴换珍	吕辉丽	103146	198
7553	飞雁			行唐口头镇	赵文良	张彦芹、杨振华等	103341	242
7554	铁蚕豆			赵县唐家寨村	胡爱果	李辉霞	103106	206
7555	裹脚害处大			常保住	常保住	胡玉白	102847	367
7556	小白妮			赵县杨户北门村	高香爱	郝瑞彩	103112	182
7557	小桃树			行唐口头镇	杨庆荣	王国庆、高付祥等	103351	155
7558	劝架			赵县沙河店镇中学	冯兴敏	李烨	103489	652
7559	有党领导万年甜			平山县人民法院	梁清兰	何庆祥	102864	120
7560	小红袄			赵县杨户北门	高香爱	郝瑞彩	103102	228
7561	闺女来看戏			行唐县口头镇	秦银竹	杨荣国、张建华等	103357	180
7562	麦子黄			杏庵村	李占英	李殿敏	103098	1049
7563	春耕			行唐口头镇	李富秀	杨振华、李殿敏	103245	132
7564	夸车			赵县东杨村	邸全军	常淑敏	103487	3144
7565	快来把花栽			行唐口头镇	梁来宾	张彦芹、李殿敏等	103366	153
7566	杨嘎嘎叶水里漂			赞皇孙庄	刘黑黑		103125	134
7567	拖拉机			两岭口村	李梅菊	李殿敏	103093	1431

序号	篇名	民族	流传地区	采集地	讲述者	搜集者	数据库编号	字数
7568	小花猫			灵寿县西托村、灵寿县礼堂	刘玉珍、李春生	张玉梅、苏云山	103137	189
7569	一定学会开拖拉机			行唐口头镇	赵兰云	胡玉白	103367	396
7570	抗联小嘎			藁城县文联	刘正魁	樊更喜	102811	1492
7571	穷人			两岭口村	李梅菊	李殿敏	103091	134
7572	小桃树			高邑县西良庄村	岳玉增	李少仁	103131	263
7573	揽买卖			行唐县口头镇	常保住	胡玉白	103389	701
7574	敬茶歌			李殿录家	李殿录	李殿敏	102777	173
7575	妇女撑了天			灵寿县城内	马三元	苏云山	102849	222
7576	摘沙果			杏园村	李灵响	张恩荣	103119	155
7577	日本兵			赵县中冯村	张国栋	张军燕	103393	128
7578	鬼子下炮楼			灵寿县石咀村	王盼道	张银花	102800	1065
7579	六想丈人家			行唐口头镇	郤荣	张彦芹、杨振华等	103303	173
7580	光葫芦头			灵寿县慈峪镇	胡银菊	武秋海	103135	959
7581	鬼子乱出串			赵县野鸡铺村	侯新江	侯风彪	103395	134
7582	炸日本儿			赵县安柏舍村	胡可欣	安平巧	102792	211
7583	云彩			杏庵	李凤华	李殿敏	102889	297
7584	铜线谣			高邑县西驿头村	刘兰秀	李银海	103129	252
7585	训伪军			赵县县前村	张胜路	张栋	103407	1714
7586	小鸽子			两岭口村	李梅菊	李殿敏	103166	353
7587	麻野雀			赵县胡家营村	张国朴	张绿竹	103113	1349
7588	新年到			行唐口头镇	杨庆荣	高付祥、王国庆等	103262	185
7589	吓唬民军			赵县沙河店村	宋凤西	宋会芳、李东光	103410	960
7590	捕鹰歌			灵寿县韩洼村	程凤祥	张浩臣	103215	208
7591	叹青楼			行县北张吾村	安老恒	杨振华	102938	209
7592	黄瓜蔓			行唐县北张吾村	安秀珍	杨振华	103096	128
7593	大跃进			赵县丁村	聂林山	尹建峰	103443	244
7594	三国战将勇			行唐口头镇	赵文军	田青法、赵增瑞	103332	217
7595	小蚂蚱			高邑县城	吕秀荣	郭庆荣	103173	135
7596	套娃娃			行唐口头镇	赵喜俊、常保柱	杨荣国、张建华等	103272	417
7597	抬轿			赵县东大章村	陈秋群	赵增瑞	103474	557

序号	篇名	民族	流传地区	采集地	讲述者	搜集者	数据库编号	字数
7598	十探妹			罗家会村	齐五妮	槐杨、英忠	102895	761
7599	黑枣树			赞皇县西高村	贾建贞	许会敏	103126	722
7600	捉蛇蚤			赵县东封斯村	刘小贞	刘职辉	103205	184
7601	我刚从大章来			赵县中冯村	张吉波	张建彪	103479	1012
7602	摘桃			辛集市张古庄村	张善修	马敬敏	102900	245
7603	照花台			灵寿县胡家庄	胡保祥	胡梦林	102918	294
7604	卖花生			行唐口头镇	杨军习	赵增瑞、田青法	103269	128
7605	说破车			赵县丁村	李成果	李晶伟	103483	366
7606	难受不过人想人			赞皇县坛山村	李玉忠	李振川	102907	133
7607	枕葫芦枕盖葫芦盖			张掖村	马荣	李丽霞、王孟辰	103174	508
7608	说倒话			平山中学	杨会平	杨会琴	103191	460
7609	赶车			赵县北冯村	宋双春	宋进巧	103485	195
7610	大实话（一）			辛集市石碑村	高文仲	张恩荣	103187	474
7611	十大想			罗家会村	齐五妮、李现文	槐杨、英忠	102911	267
7612	月亮			元氏北吴会村	杜夕慎	孙明振	103186	344
7613	买山药蔓			赵县大诰铺村	白吉亭	白瑞恒	103493	174
7614	刘老头			赵县陈家庄村	陈杨氏	陈建君	103182	137
7615	小纺车			高邑西驿头村	白春花	李银海	103128	146
7616	劝夫上前线			行唐口头镇	常保住	胡玉白	103251	752
7617	打樱桃			杨连家	杨连	胡玉白	102905	215
7618	纺棉花			行唐口头镇	赵五七	胡玉白	103248	221
7619	瘦嫂嫂			灵寿县谭庄村	张守仁	董振秀	103170	157
7620	五茶盘			行唐口头镇	常保住	胡玉白	103270	211
7621	哭五更			蛟潭庄	阎三妮	程千里、卢梅刚	102771	654
7622	罪大恶极的行唐汉奸			行唐口头镇	傅勤荣	胡玉白	103256	202
7623	放风筝			北七汲村	任风林	智建慧	102908	134
7624	东虹日头西虹雨			灵寿中学	崔宪武	曹庆琳	102886	440
7625	抬石头			灵寿县丑泥口村	范振铭	范银平	102761	3528
7626	虹			杏庵村	李殿谅	李殿敏	102890	399
7627	雁南飞			赵县城内	史大山	史君彦	103150	481
7628	大杨叶			灵寿县礼堂	李春生	苏云山	103171	129
7629	锄草			赵五七家	赵五七	胡玉白	102745	137
7630	拜年			赵县丁村	李朋寿	李清华	103513	520
7631	卖扁食			行唐县西留营村	盖老丢	杨振华	103016	569

序号	篇名	民族	流传地区	采集地	讲述者	搜集者	数据库编号	字数
7632	墙上画面鼓			两岭口村	李梅菊	李殿敏	103176	609
7633	探青水河			辛集市张古庄镇	张善修	马敬敏	102922	389
7634	揭蒙头歌			赵县南寺庄村	白刘氏	白秋果	102884	724
7635	十杯酒			灵寿县胡家庄	胡保祥	胡梦林	102920	476
7636	交公粮跑得欢			平山县人民法院	梁清兰	何庆祥	102863	493
7637	送情郎			行唐县北张吾村	安老恒	杨振华	102916	385
7638	大话大，小话小			常保住家	常保住	胡玉白	103193	1089
7639	九个妻			赵县秀才营村	李存才	李立军	103004	139
7640	鸡皮补皮裤			赵县肖庄村	刘氏	刘素果	103181	134
7641	闹解放			高邑县城	吕秀荣	郭庆荣	102838	1035
7642	不讲卫生			赵县沙河店村	侯法祥	邢文江	103506	644
7643	攻打赵县城			赵县瓜家庄村	张京东	张辉霞	102825	244
7644	挪菜园			行唐口头镇	雷秀兰	胡玉白	103271	161
7645	把汉奸扔在了荒山沟			灵寿县城内	马三元	苏云山	102818	286
7646	锻炼			赵县封家铺村	侯老传	田凤山	103505	238
7647	伪军自叹			库沟村	高天明	李殿敏	102807	169
7648	刘二嫂打枣			赞皇县机械厂	郭金雪	马来印	103185	281
7649	暖床歌			赵县西洨洋村	韩焕维	时钟鸣	102883	330
7650	骂汉奸			行唐口头镇	赵五七	胡玉白	103255	307
7651	二十四节歌			赵县南寺庄村	王纪	谢丽欣	102873	234
7652	凤凰不落无宝地			杏庵村	李正保、李殿敏		103201	199
7653	当兵歌			北吴会村	杜风山	孙明振	102850	443
7654	多交麦来好打仗			行唐口头镇	杨桂芳	胡玉白	103265	201
7655	采花经			平山县北贾壁村	王玉兰	刘春彦、刘来拴	102868	161
7656	要棺材			范家庄村	赵文瑞	李殿敏	103207	198
7657	出大力流大汗			灵寿县慈峪镇	贾傻子	胡宁	102854	268
7658	行唐城墙高又高			行唐口头镇	范玉枝	高占武、张建华等	103235	644
7659	云彩往东一阵风			灵寿中学	崔宪武	曹庆琳	102887	222
7660	边区的人民个个强			行唐口头镇	赵青菊	王国庆	103247	857
7661	看亲娘			辛集王口村	董大密	徐梅阁	102941	715
7662	小日本			行唐县口头镇	任莲芝	王国庆、高付祥等	103254	311
7663	时兴歌			平山县卸甲河	康杰华		102903	181

序号	篇名	民族	流传地区	采集地	讲述者	搜集者	数据库编号	字数
7664	战斗英雄康福山			行唐北桥村	康丑妮	胡玉白	103242	194
7665	小寡妇哭夫			李现文家	李现文	胡玉白	102933	481
7666	怒骂刘贵堂			行唐口头镇	赵文军、范玉技	高付祥、王国庆等	103258	140
7667	王小三儿			赵县解家寨村	解宝文	解京瑞	103003	180
7668	拾茬子			赵县沙河店村	宋新法	宋红强	103500	143
7669	走西口（一）			武庄村北山上	杨连	胡玉白	102926	241
7670	看戏			赵县西大诰村	史常运	史丽娟	103461	1357
7671	妈妈你呀好糊涂			行唐北张吾村	安老恒、杨老敏	杨振华	102923	318
7672	张良辞朝			行唐口头镇	赵文良	张彦芹、李殿敏等	103331	181
7673	姑娘抽大烟			杨连家	杨连	胡玉白	102995	229
7674	咱们和他拼到底			常保住家	常保住	胡玉白	102787	968
7675	这山看着那山高			赞皇县西王俄	李志田	王香云	102975	203
7676	砸圈圈			灵寿县慈峪镇	张二丑	胡宁	102783	216
7677	观花			正定县西兆通村	何老云	王俊伟	102973	316
7678	钓鱼歌			赞皇县城关镇	郭凤国	王少军	102757	408
7679	赌场忙			灵寿县胡家庄	赵早妮	胡梦林	102966	205
7680	王三姐拜婆母			行唐口头镇	李现文	胡玉白	103301	645
7681	高高山上一枝梅			赵县徐家寨村	侯荣格	樊军霞	103002	175
7682	创业			北七汲村	孙振芳	智建慧	102960	174
7683	邋遢歌			常保住家	常保住	胡玉白	102985	2432
7684	花子谣			杏庵村	李殿英	李殿敏	102952	217
7685	贤良嫂			罗家会村	齐五妮	槐杨	102976	518
7686	继母打孩子			行唐口头镇	杨连、李现文	胡玉白	103300	341
7687	刘大姐			赵县北辛庄村	耿乱菊	刘君伟	102982	327
7688	煤黑炭黑			行唐口头镇	李现文	胡玉白	103377	141
7689	扎花			高邑县西驿头村	赵秀鸽	李银海	102979	148
7690	妓女悲愁			灵寿县胡家庄	赵早妮	胡梦林	102937	382
7691	光棍愁			新乐东张村	甄老漫	黄刘拴	103029	716
7692	栽榆树			赵县沙河店村	张庆三	张荣芬	103497	580
7693	割大麦			赵县台兴庄村	逯香梅	逯瑞彩	103105	699
7694	参军			灵寿县丑泥口	范振铭	范银平	102779	1523
7695	光棍难			正定县西兆通村	何老云	王俊伟	103028	239

序号	篇名	民族	流传地区	采集地	讲述者	搜集者	数据库编号	字数
7696	割洋烟			行唐口头镇	常保住	胡玉白	103290	204
7697	绣花衣			灵寿城内	马三元	苏云山	102906	209
7698	小白菜			行唐口头镇	黄银桃	高占武、张建华等	103298	197
7699	卖饺子			藁城县耿村和韩家洼村	马小丑、刘正魁	樊更喜	103026	286
7700	四辈儿扛长工			罗家会村	齐五妮	槐杨、英忠	102925	595
7701	小百灵弯握弓			行唐县北张吾村	安秀珍	杨振华	103020	147
7702	四辈揽活			正定县西兆通村	何洛云	王俊伟	102950	137
7703	西湖谣			高邑县西驿头村	李玉秀	李银海	103049	575
7704	观俊嫂			行唐口头镇	常保住	胡玉白	103370	1012
7705	打老婆			库沟村	李假妮	李殿敏	103087	237
7706	扭秧歌小调			藁城县韩家洼村	刘正魁	樊更喜	102772	409
7707	二姐的烦事			常保住家	常保住	胡玉白	103040	202
7708	拍手歌			赵县城内	张诉	张密	103078	1594
7709	寡妇改嫁			辛集市郭西村	王王氏	张素英	103034	464
7710	王母娘娘挑刺			行唐口头镇	李现文	胡玉白	103359	441
7711	大哥二哥			赵县城内	李荣珍	辛华	103077	158
7712	翻地狱			行唐口头镇	雷秀兰	胡玉白	103284	140
7713	灵寿县地形			灵寿县岗头村	曹瑞	曹庆琳	103051	325
7714	求雨			行唐口头镇		胡玉白	103283	249
7715	盘脚盘			赵县胡家营村	陈剑斌	陈现平	103075	474
7716	哒哒的机关枪			藁城县韩家洼村	刘正魁	樊更喜	102768	154
7717	七月七			元氏张掖村	李风玉	李海然	103069	297
7718	织布歌			赵县胡家营村	贾荣格	张翠娟	102766	474
7719	瞎话			石碑村	高文仲	张恩荣	103189	305
7720	闺女别往野鸡铺寻			赵县杨召村	于小振	于金伟	103457	340
7721	梅豆角						103115	315
7722	争取最后胜利			两岭口村	李梅菊	李殿敏	102786	147
7723	猛虎学艺			辛集市仁慈村	段根禄	段学勤	103114	688
7724	秋收秋种			赵县沙河店村	张振伟	张军起	103496	1028
7725	转树			赵县东汶洋村	李堂	李瑞凯	103152	154
7726	哥哥娶了个好媳妇			元氏县张掖村	李成志	王孟辰	102984	130
7727	扁豆叶			赞皇县花木村	张志平	武变金	103122	393

序号	篇名	民族	流传地区	采集地	讲述者	搜集者	数据库编号	字数
7728	杀汉奸			庆文家	杜庆文	梁梅山	102784	2833
7729	大公鸡			赵县东晏头村	周停子	陈武	103141	152
7730	刮野鬼			蛟潭庄村	阎三妮	程千里、卢梅刚	103047	1151
7731	钉扣扣			赞皇县第一中学	武双增	白会军	103127	539
7732	日寇扫荡			赵县北冯村	宋凤祥	宋爱英	103394	532
7733	十字歌			赵县范村	吕同彦	刘健	103216	179
7734	谁也不敢瞎捣乱			赵县沙河店村	张庆三	张英彩	103401	168
7735	王大姐			杏唐村	李正保	李殿敏	103210	355
7736	挖战壕			赵县杨召村	张贵法	张丽彩	103396	330
7737	小话小，大话大			常保住家	常保住	胡玉白	103194	387
7738	二女争夫			李桂娟家	李桂娟	胡玉白	103014	208
7739	小笤帚			行唐口头镇	刘银芝	田青法、赵增瑞	103350	127
7740	选婿要条件			行唐口头镇	赵迎春	田青法	103326	304
7741	割麦			行唐口头镇	苗凤英	胡玉白	103229	2800
7742	叫花要饭			辛集市杜林村		张恩荣	102959	167
7743	万里长城长又长			高邑县西驿头村	赵老黑	李银海	103227	104
7744	绣花灯			辛集市杏园村	景炳双	张恩荣	102944	522
7745	一百单八州			赵县范村	吕同彦	刘健	103218	175
7746	孤女哭五更			行唐口头镇	郤荣	杨振华、李殿敏等	103302	163
7747	花儿歌			赵县城内	赵庆林	张伟力	103219	1535
7748	捉住日本猴			赵县丁村	聂越	白敬朴	103400	210
7749	日本反			辛集张古庄	张善修	马占勋	102802	194
7750	说懒婆			杏庵村	周培许	李殿敏	102988	161
7751	查路条			灵寿县丑泥口村	范振铭	范银平	102798	258
7752	十月怀胎			行唐县北张吾村	杨老平	杨振华	103000	200
7753	撵奶奶			行唐口头镇	张秀珍	胡玉白	103358	1095
7754	说老			常保住家	常保住	胡玉白	102994	613
7755	打得鬼子都爬下			赵县西湘洋村	路瑞其	路丽英	102794	201
7756	十朵花			灵寿县胡家庄村	胡保祥	胡梦林	103007	146
7757	民兵歌			赵县徐家寨村	徐书和	薛辉霞	102796	144
7758	回娘家			高邑县西驿头村	刘兰香	李银海	102957	208
7759	三十团			行唐口头镇	常保住	胡玉白	103238	900
7760	错了			杏庵村	李正保	李殿敏	103025	194

序号	篇名	民族	流传地区	采集地	讲述者	搜集者	数据库编号	字数
7761	十七团打龙岗			行唐口头镇	常保住	胡玉白	103240	317
7762	秋香牧羊			行唐口头镇	赵文良	张彦芹、杨振华等	103312	144
7763	消灭灾荒支援前方			行唐口头镇	任莲芝	胡玉白	103250	205
7764	卖干草			赵县沙河店村	张天海	张青辉	103494	297
7765	打汽车			赵县西洨洋村	时京海	时运强	102791	203
7766	卖针			杏园村		张恩荣	102945	145
7767	四季歌			行唐口头镇	丁增瑞	李殿敏、张彦芹等	103243	287
7768	清算			行唐口头镇	常保住	胡玉白	103314	282
7769	最后的胜利在跟前			行唐口头镇	黄云湘	胡玉白	103246	135
7770	成天商量打老蒋			赵县丁村	李玉虎	李现省	103416	282
7771	战斗英雄康福山			行唐口头镇	赵老桃、赵宴国等	胡玉白	103241	981
7772	骂汉奸			赵县丁村	聂越	白敬朴	103405	950
7773	吕老董要做匪			赵县范村	吕同彦	刘健	102790	79
7774	贤媳妇			武庄村	阎金桃	胡玉白	103017	241
7775	救亡曲			元氏县财政局	李志兴	张素芹	102789	212
7776	拖拉机			赵县西大诰村	史喜奎	张军伟	103451	570
7777	拍豆角			行唐口头镇	张国芹	田青法	103349	215
7778	夸姑娘			行唐口头镇	赵义明	高付祥、王国庆等	103311	164
7779	有钱别娶俩老婆			行唐口头镇	范玲花	杨振华、李殿敏等	103296	298
7780	绣荷包			行唐口头镇	雷秀兰、李现文	胡玉白	103308	678
7781	九九谣			行唐口头镇	黄湘云	杨荣国、张建华等	103335	1169
7782	黄大姐打夫			杏庵村	李正保	李殿敏	103038	126
7783	九仙女采花			行唐口头镇	陈凤玉	王国庆、赵会平等	103330	180
7784	光棍苦			行唐口头镇	李现文	胡玉白	103305	172
7785	娶妻不在丑和俊			行唐口头镇	赵根顺	张彦芹、杨振华等	103321	178
7786	妈妈娘你好糊涂			行唐口头镇	李桂娟	胡玉白	103325	527

序号	篇名	民族	流传地区	采集地	讲述者	搜集者	数据库编号	字数
7787	妯娌搬房			行唐口头镇	李现文、常保住	胡玉白	103304	257
7788	表功臣			赵县丁村	白玉臣	赵增瑞	103428	146
7789	寡妇表			行唐县口头镇	苗青瑞	张彦芹、杨振华等	103306	1984
7790	烙饼摊前			赵县西杨村	安换彩	郭雪、高荣巧	103491	191
7791	月月儿菜			行唐口头镇	苗红喜	张彦芹、杨振华等	103327	132
7792	夸小孩			行唐口头镇	张秀珍	王国庆、高付祥等	103355	216
7793	拾柴禾			赵县沙河店村	张书兴	张伟强	103463	300
7794	表绣鞋			行唐口头镇	李现文	胡玉白	103307	437
7795	编花篮			行唐口头镇	范玉芝	高占武、张建华等	103364	205
7796	三国五更歌			行唐口头镇	黄吉丑	张建华、李桂华	103333	195
7797	杏儿			行唐口头镇	丁七灯	李殿敏、张彦芹等	103369	177
7798	南边来了个溜溜人			行唐口头镇	丁顺	杨振华、李殿敏等	103353	176
7799	劝架			赵县小诰村	赵同兰	赵素娟	103516	182
7800	锅里煮着个羊尾巴			行唐口头镇		黄银桃、杨荣国等	103354	169
7801	这个女子命不强			赵县西大诰村	张小中	张新坡	103456	178
7802	进内蒙			赵县丁村	白玉臣	赵增瑞	103424	1851
7803	劝开小差儿			赵县丁村	白玉臣	白聪锐	103426	316
7804	胖娃娃			行唐口头镇	常保住	胡玉白	103376	130
7805	卖钢针			行唐口头镇	李现文	胡玉白	103390	313
7806	奶奶灯下纳鞋底			行唐口头镇	李现文	胡玉白	103360	246
7807	赶王村集			赵县小诰村	赵同兰	赵素娟	103404	189
7808	相思病			行唐口头镇	李明	张彦芹、杨振华等	103372	166
7809	卖冰棍			行唐口头镇	李现文	胡玉白	103391	268
7810	小红儿			行唐口头镇	李明	杨振华、李殿敏等	103371	172
7811	单干户			赵县小诰村	胡老颜	赵净戌	103436	300

序号	篇名	民族	流传地区	采集地	讲述者	搜集者	数据库编号	字数
7812	人老先从哪老			行唐口头镇	王富荣	杨振华、李殿敏等	103368	236
7813	井			赵县丁村	白小分	白军涛	103452	310
7814	没人样不中			赵县野鸡铺村	常素彬	常京辉	103481	179
7815	家里没粮			赵县谢家湾村	李米贵	谢同伟	103445	195
7816	四满意			行唐口头镇	赵青菊	王国庆、赵会平等	103387	345
7817	种地			赵县高村	高京方	高焕菊	103444	398
7818	上天堂，没天梯			赵县东杨村	李狗旦	常淑敏	103441	121
7819	当兵好			赵县东杨村	邸全军	常淑敏	103438	155
7820	劝人歌			行唐口头镇	赵青菊	高付祥、王国庆等	103378	303
7821	社员开会			赵县丁村	李风春	秦丽娜	103446	182
7822	支援前线咱争先			赵县丁村	白满堂	白聚军	103434	530
7823	烧纸			赵县西大诰村	史常运	史丽娟	103470	1304
7824	各村各店设埋伏			赵县北冯村	宋海曲	宋辉彪	103398	541
7825	捞鱼			赵县野鸡铺村	侯中科	张聪敏	103503	617
7826	八路军，真是行			赵县沙河店村	侯小岭	候素彩	103399	553
7827	洗身子			赵县野鸡铺村	常二	常辉锋	103476	196
7828	驻防榆树坡			赵县丁村	白玉臣	赵增瑞	103423	331
7829	夸媳妇			赵县小诰村	胡老华	胡聪果	103511	773
7830	吃食堂			灵寿县慈峪镇	贾傻子	胡宁	102851	374
7831	我要啦			赵县丁村	白风周	白少强	103501	209
7832	打倒日本再回家			李殿英家	李殿英、李正保	李殿敏	102778	368
7833	晒麦子			赵县丁村	白广芝	白净杰	103498	235
7834	采茶			杨桂芳家	杨桂芳	胡玉白	102759	739
7835	拉车			赵县北冯村	宋光荣	宋西伟	103486	958
7836	忙生产			杨桂芳家	杨桂芳	胡玉白	102754	247
7837	多花几个钱			赵县小诰村	赵光瑞	赵伟波	103478	173
7838	打酸枣			蛟潭庄村	阎三妮	卢梅刚、程千里	102753	205
7839	挨贼偷			赵县小诰村	赵同兰	赵素娟	103509	1059
7840	集体奋战谱新歌			平山中学	张云芹	张云林	102755	633
7841	秋群穿着破大袄			赵县西大诰村	李俊菊	张聪敏	103504	381
7842	上梁歌			赵县王家庄村	张福海	张胜波	102765	226

序号	篇名	民族	流传地区	采集地	讲述者	搜集者	数据库编号	字数
7843	训恩保			赵县中冯村	张吉波	张建彪	103507	178
7844	搬石头			黄云湘家	黄云湘	胡玉白	102762	419
7845	作买卖			杏园村	景炳双	张恩荣	103121	306
7846	夯歌			赵县王家庄村	张福海	张胜波	102763	154
7847	养活闺女不赚钱			赵县赵村	孙二教	张立红、白素敏	102955	288
7848	盼五更			藁城县韩家洼村	刘正魁	樊更喜	102820	168
7849	元宵节			行唐口头镇	苗红喜	张彦芹、杨振华等	103287	168
7850	唱唱张瑞花			王自芳家	王自芳	胡玉白	102821	708
7851	割谷子			赵县丁村	李中全	白利辉	103462	162
7852	大反攻			正定县西兆通村	何老云	王俊伟	102839	168
7853	晋奉之战			行唐口头镇	刘娥姐	李殿敏、张彦芹等	103336	1189
7854	边区好			灵寿县丑泥口	范振铭	范银平	102832	113
7855	卖冰棍			李现文家	李现文	胡玉白	103165	188
7856	人民拍手喜洋洋			藁城县文联	刘正魁	樊更喜	102831	640
7857	小枣树			赞皇县阳泽村	韩龙虎	韩志海	103110	154
7858	大腌臜			杏庵村	李殿禄	李殿敏	102986	3028
7859	欢庆胜利			赵县封家铺村	侯老传	田凤山	103415	557
7860	大官儿吸小官儿			杏庵村	李明祥	李殿敏	102855	918
7861	赶庙			赵县野鸡铺村	常义田	常占伟	103471	128
7862	护城河			常保住家	常保住	胡玉白	102909	156
7863	拨灯棍			赵县杨户村	高香爱	郝瑞彩	103101	905
7864	干部			灵寿县慈峪镇	贾傻子	武秋海	102852	1414
7865	放风筝			赵县南寺庄村		白静坤	103100	182
7866	挪四季			雷秀兰家	雷秀兰	胡玉白	102869	249
7867	筛子筛，干买卖			赵县北白尚村	李建英	傅建民	103079	121
7868	季节歌			平山县罗家会村	封二兰	封石蛋	102871	186
7869	抹牌			行唐县东正村	高秀女	杨振华	102989	140
7870	社员和干部			赵县冯家庄村	李老志	李生田	102857	227
7871	指路			赵县沙河店村	宋洪义	屈林辉、侯现格	103510	147
7872	党和毛主席关怀俺			赵县瓜家庄	李偶子	高庆民	102861	221
7873	小寡妇圆坟			草泊头村	王玉明	李殿敏	102934	175
7874	只因实行了责任制			西柏坡村	崔朝朝	程千里、卢梅刚	102862	245

序号	篇名	民族	流传地区	采集地	讲述者	搜集者	数据库编号	字数
7875	找喇叭			赵县丁村	李朋寿	李清华	103477	3295
7876	逗情郎			雷秀兰家	雷秀兰	胡玉白	102899	304
7877	口算谣			行唐县口头镇	李现文	胡玉白	103361	212
7878	撒金扇			田冰寅家	田冰寅	胡玉白	102897	166
7879	早起						103118	155
7880	夏季歌			赞皇镇	任振山	任志银	102876	156
7881	遛画眉			正定县西兆通村	何老云	王俊伟	102901	447
7882	对歌			常保住家	常保住	胡玉白	102904	291
7883	修河			赵县杨户村	程京堂	程广修	102859	338
7884	娶嫂嫂			谷兴庄	李念	牛胜彪	102980	150
7885	蒋介石大调兵			藁城县文联	刘正魁	樊更喜	102835	229
7886	姐夫想小姨			灵寿县胡家庄	胡保祥	胡梦祥	102921	189
7887	训老蒋			赵县南寺庄村	韩喜秋	韩华彩	102836	201
7888	小脚与大脚			灵寿县女庄村	武振英	张书柱	102977	126
7889	查通行证			赵县小诰村	赵同兰	赵素娟	103413	179
7890	乞讨歌			辛集市杜林村	大胖三	张恩荣	102946	191
7891	去开会			行唐口头镇	李金	杨荣国、赵增瑞	103252	448
7892	表姑娘			正定县西兆通村	何老云	王俊伟	102924	189
7893	小白兔			行唐县口头镇	赵迎春、高付祥等		103363	125
7894	平分			杏庵村	李殿英	李殿敏	102949	734
7895	毛主席曾经到咱庄			平山县人民法院	梁清兰	何庆祥	102842	125
7896	穷人掉进穷人坑			灵寿县慈峪镇	张二丑	胡宁	102956	249
7897	夸后娘			赞皇镇	张风芹	时文鸽	102974	153
7898	都不亲			常保住家	常保住	胡玉白	102972	526
7899	十二月菜			灵寿城内	马三元	罗锡强	102879	222
7900	十二月			赵县王家庄村	李戌子	张胜波	103060	144
7901	纺棉花			行唐县口头镇	赵喜俊	高占武	103232	514
7902	十二月要陪送			罗家会村	齐五女	槐杨	102991	125
7903	劝学歌			常保住家	常保住	胡玉白	102971	158
7904	小学生			赵县城关南门村	李振魁	周洪涛	102996	756
7905	刘佳人做面汤			范家庄村	赵文贵	李殿敏	103221	140
7906	画扇面			店头村	吕秀富	张凤奇	103058	527
7907	老鼠嫁女			赞皇县第一中学	张敏	延志芬	103220	389

序号	篇名	民族	流传地区	采集地	讲述者	搜集者	数据库编号	字数
7908	丢戒指			正定县西兆通村	何老云	王俊伟	103005	1294
7909	花椒树			赵县	高香爱	郝瑞彩	103111	633
7910	吃饭			赵县城内	李素珍	郝立平	103008	324
7911	当兵难			平山县钢铁厂	李习海	张凤奇	102958	384
7912	哥哥娶了懒老婆			行唐县北张吾村	安秀珍	杨振华	102997	250
7913	十劝郎			灵寿县胡家庄	赵早妮	胡梦林	102968	150
7914	刺猬到南壕			常保住家	常保住	胡玉白	103018	344
7915	读书好			辛集等报村	范大或	王教	102963	412
7916	元氏县九道沟			元氏北子沟	杨生禄	郑云、赵景辰	103052	1833
7917	小小猪			赞皇县城关乡东街	石杰英	时杰会	103160	344
7918	棉花桃稀溜溜			行唐县北张吾村	安秀珍	杨振华	103036	483
7919	打么牌			行唐县北张吾村	安老恒	杨振华	102917	177
7920	光棍盼要			范家庄	李慧军		103031	278
7921	五女修行歌			行唐县口头镇	赵文良	李殿敏、张彦芹等	103280	124
7922	灵山十四大景			北七汲村	任风林	智建慧	103050	1202
7923	皇协军，没心肝			赵县中冯村	张国栋	张军燕	103403	197
7924	闺女出嫁			赵县西汶洋村	刘书银	刘勇	103046	144
7925	表古			正定县西兆通村	何老云	王俊伟	103073	217
7926	星星歌			赵县城关西门村	王庆珠	冯丽霞	103070	176
7927	戏台下没了人			赵县野鸡铺村	刘连月	郝素辉	103459	229
7928	鸡叫天未明			行唐口头镇	范玉芝	张建华	103244	193
7929	姑嫂还愿			蛟潭庄村	阎三妮	程千里、卢梅刚	102993	950
7930	睡觉觉			赵县城内	李荣珍	辛华	103154	247
7931	光头秃和尚			平山县文化馆	李增贵	程千里	102990	293
7932	小放牛（二）			高邑县谷兴庄村	李念	牛胜彪	103066	208
7933	边关十二楼			灵寿县城内	马三元	苏云山	102928	349
7934	寻婆家			杏园	景炳双	张恩荣	103120	309
7935	武装保卫河北省			行唐口头镇	苗青瑞	张彦芹、杨振华等	103234	139
7936	娃娃睡			赵县西湘洋村	范秀玉	周艳丽	103147	198
7937	包公夸桑			店头村	吕秀富	张凤奇	103056	156
7938	搭戏台			杏园村	李灵响	张恩荣	103116	153
7939	老猫			赞皇县西高乡齐家庄	赵文如	赵俊增	103157	610

序号	篇名	民族	流传地区	采集地	讲述者	搜集者	数据库编号	字数
7940	中国人真是能			行唐口头镇	杨玉彩	胡玉白	103233	225
7941	刮胡子			赵赵西大诰村	张春平	张建伟	103418	664
7942	把贪官污吏一扫清			蛟潭庄村	阎三妮	程千里	103072	1119
7943	国民党，不抗日			赵县小诰村	赵同兰	赵素娟	103397	124
7944	小金女			赵县南寺庄村	刘荣格	韩瑞君	103144	222
7945	春天又来到人间			行唐口头镇	常保住	胡玉白	103260	311
7946	小燕			赵县西汶洋村	屈京敏	屈辉然	103140	917
7947	要陪送			行唐县北张吾村	安老恒	杨振华	103012	327
7948	白菜帮			灵寿县慈峪镇	胡银菊	武秋海	103134	170
7949	红小鞋			高邑县西驿头村	刘兰香	李银海	103044	242
7950	金银花			高邑县寺家庄村	王胜女	单纪兰	103132	148
7951	梦姐姐			赵县傅家湾村	邢俊瑞	傅红波	103009	159
7952	花猫上学			赞皇县胡家庄村	杜瑞庆	陈庆国	103162	458
7953	光棍叹			范家庄村	赵明	李殿敏	103030	167
7954	大公鸡			高邑县寺家庄村	单大女	单纪兰	103158	373
7955	车轱辘圆			赵县丁村	白书文	白强锋	103432	295
7956	檀香哭瓜			赵县北王村	刘秀格	张翠芬	103226	494
7957	娘娘庙里去烧香			范家庄村	赵明	李殿敏	103206	159
7958	杜梨歌			高邑县东张村	赵永振	李银海	103130	170
7959	胖娃娃			灵寿县丑泥口村	范振铭	范银平	103169	141
7960	得奖			赵县野鸡铺村	李存菊	常利霞	103450	592
7961	串话			辛集市封家庄	文科	枫磊	103197	213
7962	结婚不要瞎胡闹			行唐口头镇	常保住	胡玉白	103323	302
7963	秃子秃子占北屋			赞皇县延康村	王如山	张宝芳	103200	355
7964	娶媳妇			赞皇县上庄	王树明	田嘉为	103123	166
7965	白树枝			赵县苏家疃村	李玉明	李志兰	103225	479
7966	清恶霸			行唐县口头镇	傅勤荣	胡玉白	103259	242
7967	秃老婆			杏庵村	周培许	李殿敏	103223	148
7968	大姐抱郎			高邑县东张村	赵永振	李银海	103045	142
7969	理发			石良庄	郑振芳	石全兴	103214	148
7970	打陈庄			行唐口头镇	黄湘云	杨荣国、张建华等	103236	198
7971	采花篮			行唐口头镇	赵文良	张彦芹、李殿敏等	103274	210

序号	篇名	民族	流传地区	采集地	讲述者	搜集者	数据库编号	字数
7972	汉奸阎炳文			行唐口头镇	杨桂芳	胡玉白	103257	248
7973	劝特务			行唐口头镇	梁来宾	张彦芹、李殿敏等	103253	284
7974	表表四大京			行唐口头镇	苗红喜	李殿敏、张彦芹等	103381	632
7975	十月忙			行唐口头镇	李现文	胡玉白	103379	192
7976	古树开花			杏园村	景炳双	张恩荣	102943	831
7977	高街鞋			行唐口头镇	任莲芝	胡玉白	103249	614
7978	耷拉尾巴小狗			赵县城内	项国成	张增辉	103184	802
7979	多为队里做贡献			行唐口头镇	李现文	胡玉白	103267	558
7980	王三姐赶集			行唐口头镇	李现文	胡玉白	103309	132
7981	土地爷修庙			行唐口头镇	杨兰秀	胡玉白	103344	135
7982	安平农民大翻身			藁城县韩家洼村	刘正魁	樊更喜	102815	274
7983	打麦忙			行唐口头镇	杨桂芳	胡玉白	103263	263
7984	白毛儿黑屁股			杏庵村	李殿禄	李殿敏	103097	151
7985	梅豆叶（二）			行唐口头镇	周志明	杨荣国、张建华等	103346	279
7986	老来难			行唐县石段村李葆颜家	李葆颜	李殿敏	102951	285
7987	小姑贤			行唐口头镇	李现文	胡玉白	103295	903
7988	舍寒衣			行唐县北张吾村	安老恒	杨振华	102936	206
7989	梅花树			行唐口头镇	赵文良	张彦芹、李殿敏等	103278	212
7990	寡妇一年愁			行唐县北张吾村	安老恒	杨振华	102935	137
7991	观桃园			行唐口头镇	李现文	胡玉白	103282	329
7992	来了活菩萨毛泽东			赵县城内	增彦	玲	102829	425
7993	骂门			行唐口头镇	李现文	胡玉白	103293	1190
7994	拉砘子			辛集市衬庄	赵月改	王和合	102947	223
7995	快乐逍遥			行唐口头镇	赵文良	张彦芹、杨振华等	103340	249
7996	童养媳难熬			行唐口头镇	贾玉英	胡玉白	103297	198
7997	表晋奉之战			行唐口头镇	苗青瑞	张彦芹、杨振华等	103337	1846
7998	日本兵，真是凶			赵县沙河店村	侯小岭	侯素彩	103466	157
7999	婚姻大事不寻常			行唐口头镇	丁香芹	胡玉白	103324	237

序号	篇名	民族	流传地区	采集地	讲述者	搜集者	数据库编号	字数
8000	小日本			孟贤壁村	康连喜	郝东喜	102770	214
8001	表花名			行唐县口头镇	丁云和	张彦芹、李殿敏等	103329	232
8002	你的狗命长不了			高邑县西驿头	李玉秀	李银海	102797	1038
8003	过河			赵县沙河店村	张同寿	张辉彩	103422	137
8004	龙生龙			高邑县西驿头村	李玉秀	李银海	103213	699
8005	汉奸张寒山			赵县西大诰村	张小中	张新波	103406	267
8006	风筝标语			藁城县文联	刘正魁	樊更喜	102809	142
8007	穷富谣			行唐口头镇	范玉枝	高占武、张建华等	103385	134
8008	小小的灯儿			蛟潭庄村	阎三妮	卢梅刚、程千里	102781	752
8009	四字歌			行唐口头镇	黄吉丑	张建华、杨荣国等	103380	622
8010	小鸡			灵寿县刘库池村	刘昌贵	李军玲	103167	429
8011	什么也没有锥锥高			赵县丁村	李振海	李清海	103458	163
8012	抗日			赵县冯家庄村	李老志	李生田	102795	184
8013	哪个看见哪个跑			赵县丁村	李玉虎	李现省	103411	295
8014	巴老门前巴焦树			赵县东汶洋村	赵清利	张丽华	103183	2576
8015	过六郎庙			赵县丁村	白玉臣	赵增瑞	103421	398
8016	挂地雷			赵县西湘洋村	路瑞其	路丽英	102793	196
8017	出征			赵县丁村	白玉臣	赵增瑞	103417	204
8018	借簪子			行唐口头镇	杨连	胡玉白	103310	210
8019	杀人放火是东洋人			赵县西大诰村	史常运	史丽娟	103412	186
8020	跑腿的总有三不规			行唐口头镇	李明	李殿敏、杨振华等	103313	203
8021	讨饭			赵县丁村	白贵分	白海伟	103455	268
8022	一到坟茔去祭祖			范家庄村	赵文瑞	李殿敏	103090	176
8023	运动战			赵县丁村	白玉臣	赵增瑞	103425	128
8024	矬人			赵县大寺庄村	张永均	郑江林	103198	150
8025	掌柜的			赵县大诰铺村	白吉亭	白瑞恒	103453	208
8026	游王快			贾玉英家	贾玉英	胡玉白	103202	165
8027	斗地主			赵县西大诰村	张小中	张新波	103435	132
8028	百团大战歌			蛟潭庄村	阎三妮	程千里、卢梅刚	102828	102
8029	拿绥远			赵县丁村	白玉臣	赵增瑞	103429	309

序号	篇名	民族	流传地区	采集地	讲述者	搜集者	数据库编号	字数
8030	一溜儿球			杏庵村	李殿禄	李殿敏	103088	831
8031	柴油机，力量大			赵县杨召村	冯俊山	冯红霞	103448	979
8032	抓石子			李现文家	李现文	胡玉白	103082	290
8033	日寇进中国			赵县丁村	张同路	孟国伟	103465	117
8034	毛主席和朱德			赵县小诰村	李同兰	赵素娟	103467	308
8035	中国日本开了仗			赵县西大诰村	张小中	张新坡	103464	468
8036	唱戏园儿			赵县丁村	李成果	李晶伟	103460	258
8037	卖鸡蛋			赵县沙河店村	宋志辉	周进辉	103492	257
8038	正月十五闹玩艺			赵县丁村	白玉臣	白聪锐	103488	189
8039	女儿寻主			赵县大诰铺村	白吉亭	白瑞恒	103514	355
8040	大公鸡，尾巴长			邯郸市	肖惠甫	张志华	113557	110
8041	拐棍十			邯郸县东耒马		芦利芹	113409	214
8042	小板凳儿，四根撑儿			义井村	孔祥凤	杨玉峰	113565	319
8043	牛头经			麻庄	郭书爱	张文涛	113420	751
8044	驴儿怨			邯郸县辛里村	梁红彬	梁争武	113172	151
8045	七岁的绣妮要出家			永年县临洺关	李巧云	宋海燕	113423	78
8046	贤媳妇			邯郸市南苏曹	唐素珍	秦丽红	113152	303
8047	百灵枝，吐白丝			中柳林村	石运芳	张海臣	113321	275
8048	姑娘眉毛象弯弓			峰峰矿区	张香梅	张凤庭	113463	162
8049	窑作苦			彭城镇	李淑梅	申有顺	113406	538
8050	椿树开花			邯郸市	任桂珠	高保平	113454	219
8051	送情郎			亓固村		潘美英	113313	293
8052	不如当兵在外头			丛台区东庄文明街	张秀花	耿长安	113200	159
8053	相女婿			峰峰		杨玉峰	113277	402
8054	小小的儿坐门礅			中堡村	阎秀英	戴月	113547	256
8055	山东有个黑大汉			武安县柳河村	赵文明	赵秋河	113199	729
8056	想情郎			峰峰矿区	张梅香	张凤庭	113292	277
8057	寡妇上坟			麻庄	王绍仲	张文涛	113315	295
8058	对歌			邯郸市豆庄	王勤英	王素英	113442	143
8059	蓝布衫			永年县临洺关	李巧云	宋海燕	113337	173
8060	时令歌			石坡村	段清秀	卜增山	113164	250
8061	懒妇女			南上宋	苗成贵	戴月	113378	190
8062	跟他小狗过不来			永年县临洺关	李巧云	宋海燕	113300	154
8063	椿树椿，槐树槐			义井村	李茂荣	杨玉峰	113356	241

序号	篇名	民族	流传地区	采集地	讲述者	搜集者	数据库编号	字数
8064	恨媒婆			南堡村	冯文琴	李义贤	113347	196
8065	俺给老头扦杂面			南程庄		文鲜琴	113396	144
8066	丢下老婆可怜虫			左西	祁青云	付芝兰	113363	490
8067	赖帐歌			肥乡		杜学德	113395	224
8068	新女婿拜家门			邯郸县户村		付积梅	113273	180
8069	小扦杖			焦寺村	杨永素	阳辛	113390	153
8070	干部			邯郸县户村小学	王瑰珍	王素英	113235	228
8071	憨哥娶了个二坤角儿			义井村	孔祥凤	杨玉峰	113379	213
8072	对花			白落堡村		杜学德	113441	150
8073	小烧饼，圆又圆			肥乡县南街村	刘小燕、丁锁的	郑喧	113384	389
8074	卖鼠药歌			邯郸市		杜学德	113159	171
8075	光棍光			邯郸县东召里村	张世英	王素英	113413	155
8076	要办事事换事			邯郸地区财经学校	张儒林	王素英	113234	258
8077	寡妇难			元固村	吴玉萍	潘美英	113412	163
8078	给个科长也不换			邯郸地区财经学校	张儒林	王素英	113236	300
8079	老来难			邯郸县东耒马村	唐秀芳	芦利芹	113410	251
8080	数十二月歌			堤南堡	崔淑芳	常英玮	113440	193
8081	你走路俺过桥			上拨剑村	王贵香	杨玉峰	113276	203
8082	桃花红			临洺关	李景花	宋海燕	113428	442
8083	五朵莲花一齐开			左西村	祁青云	付芝兰	113427	239
8084	山狸猫，你别来			永年县临洺关	李巧云	宋海燕	113567	151
8085	大跃进真要命			石坡村	卜有勇	卜增山	113237	707
8086	你娘瞧你没到家			于南苏曹村		文鲜芹	113455	364
8087	远看金锁一束莲			高里堡	李秀民	苗金山	113439	316
8088	芝麻杆			彭城	段继福	杨有林	113594	276
8089	社会主义怎实现			于石坡村	卜有勇	卜增山	113214	161
8090	老母经			麻庄	郭书爱	张文涛	113419	201
8091	斑鸠						113487	160
8092	寡妇上坟			邯郸市	张长明	杜学德	113319	199
8093	数花歌			邯郸县东耒马村	芦建芳	芦利芹	113435	81
8094	小公鸡儿疙瘩冠			义井村	孔祥凤	杨玉峰	113597	341
8095	吓得老蒋缩脖子			亓固村	吴玉萍	潘美英	113194	264
8096	弹杏核歌			河沙镇	杨凤芹	董玉林、解振京	113629	118
8097	武安城的好老婆			彭城	周尚德	董玉兰	113460	202

序号	篇名	民族	流传地区	采集地	讲述者	搜集者	数据库编号	字数
8098	山西老辛好喝醋			邯郸市	张慷	张慨	113585	459
8099	拍马屁			北关小学	孟凡坤	王素英	113223	179
8100	逮疙蚤			庄里村	张金富	苏洪源	113587	250
8101	恨汉奸			南苏曹	秦永义	郝邦林	113190	597
8102	龙王庙			马头镇	王凤珍	张林羽	113598	611
8103	奴家怀胎正月正			邯郸市	郝顺堂	郑喧	113451	358
8104	针葫芦			上拔剑		杨玉峰	113593	172
8105	矿产歌			林峰	董希圣	董玉兰	113458	345
8106	打广府			邯郸县东耒马村	裴秀荣	芦利芹	113196	160
8107	井里开花骨朵长			永年县临洺关	王德兰	宋海燕	113309	266
8108	学习李向阳			武安	杨美芳	阳辛	113641	837
8109	早晚叫你见阎君			高里堡	苗廷俊	苗金山	113602	301
8110	你婆了娶你叮叮=			邯郸县东耒马村		芦利芹	113310	208
8111	小白兔			邯郸市	王云香	南庄	113601	196
8112	骂汉奸			南堡李	冯文琴	李义贤	113178	226
8113	麻鸦雀			南高峝		梁春堂	113555	254
8114	冰凌冰凌上墙			北苏曹	阎秀英	戴月	113628	170
8115	气死这一群狗汉奸			东耒马台村	卢作新	卢利芹	113187	175
8116	炸得鬼子回老家			贾堡村	李作彬	董殿新	113610	190
8117	牛郎娶了九个妻			河沙镇村		贾国巍	113312	146
8118	二十岁寡妇正当年			贾堡村	郭书香	董殿新	113317	143
8119	月亮地，明光光			中柳林村	石运芳	张海臣	113580	412
8120	徒工苦			富田村	郝金魁	马全祥	113404	253
8121	识字歌			邯郸市胜利街	王便珍	王素英	113563	204
8122	瘸子			峰峰矿区	潘秀芳	徐彩云	113599	163
8123	打缸鳖缸			曲周	陈新美	阕一	113579	232
8124	一个大姐刚十七			邯郸市	王顺英	郑喧	113328	393
8125	小鸡嘎嘎			峰峰矿区新市区通山路家属院	郭清莲	孙文祥	113575	301
8126	墙上画马不能骑			曲周麻庄	王绍秀	阕一	113685	151
8127	背背找找			义井村	宋银秀	杨玉峰	113574	256
8128	红小鞋			邯郸市东庄村	李秀花	耿长安	113358	214
8129	黄纱会歌			孟仵村	杨顺成	张文涛	113243	337
8130	我去南院打杜梨			邯郸县东耒马村		芦利芹	113514	265

序号	篇名	民族	流传地区	采集地	讲述者	搜集者	数据库编号	字数
8131	萝卜片			邯郸市	任桂珠	高保平	113603	172
8132	二十四五正当年				王廷福		113469	1030
8133	捉迷藏						113631	218
8134	板凳板凳摞摞			高同村		程春堂	113482	308
8135	小俩口生气不记仇			峰峰矿区义井村	李有存	杨玉峰	113307	416
8136	老鳖告状			东耒马台村		芦利芹	113483	352
8137	睡觉			香山村	马丙堂	申有顺	113239	229
8138	坐到河边哭黄天			邯郸县东耒马村	芦建芳	芦利芹	113333	502
8139	高高山			南程庄		文鲜琴	113632	244
8140	泥胎本是人手造			邯郸市东庄村	耿文庵	耿长安	113206	166
8141	背羊羔			上拔剑村		杨玉峰	113621	249
8142	忙			邯郸市	李山	陶言	113229	159
8143	二月里来刮春风			峰峰矿区	张梅香	张凤庭	113293	173
8144	姑嫂斗嘴			邯郸县石坡村	申存花	卜增山	113348	171
8145	俺要金柜和皮箱			咨家河	王志生	耿国富	113298	357
8146	东街走，西街串			上焦寺村	杜会白	王艳菊	113509	144
8147	娶偏房			邯郸县东耒马村		芦利芹	113268	570
8148	一个星星			邯郸市	张兰珍	于淑清	113497	180
8149	吃藕			中柳林村	石运芳	张海臣	113611	167
8150	小板凳，四条腿			西高河	王兰琴	郑全、耿长安等	113490	177
8151	小麻雀			邯郸市	王云香	南庄	113606	290
8152	回娘家			武安崇义二街		秋生、华瑜	113354	151
8153	谜谣			峰峰矿区义井村	宋银秀	杨玉峰	113693	275
8154	妮子			邯郸	赵朋芹	杨渤	113494	140
8155	说老杨道老杨			武安县柳家河村	赵文明	赵秋河	113246	210
8156	小羊羔			邯郸县东召里村	张世英	王素英	113496	240
8157	炒豆腐			邯郸市	李永芹	肖忠田	113554	771
8158	老汉六十五			石坡村	李增有	卜增山	113668	389
8159	气死我			柳河村	赵加恒	赵云峰	113500	377
8160	小老鸹			东召里	王勤英	王素英	113504	201
8161	多少百姓多少兵			大名	刘玉璞	张明亮	113181	404
8162	小公鸡，上草垛			肥乡南街村	刘小燕	郑喧	113540	204
8163	小猫小狗小刺猬			武安	杨美芳	阳辛	113642	128
8164	葛档尖儿，两头齐			永年县临洺关	赵小宁	宋海燕	113507	181

序号	篇名	民族	流传地区	采集地	讲述者	搜集者	数据库编号	字数
8165	拍手歌			东未马台村		芦利芹	113635	224
8166	轱辘歌			丛台区北关小学	王小丽	王素英	113643	270
8167	三不做			石坡	卜有勇	卜增山	113684	303
8168	黑狸猫			邯郸市	任桂珠	高保平	113522	257
8169	瞧灯			朱冀庄	苗延荣	张建斌	113681	290
8170	干部坐了位			石坡村	卜增荣	卜增山	113211	170
8171	东西路			麻庄	胡爱民	武楼	113658	198
8172	看果园俺像个小神仙			南泊村	王素慧	付芝兰	113518	160
8173	脚丫八丈长			齐家河	王志生	耿国富	113675	387
8174	谜语			武安	李芳梓		113688	187
8175	小老鼠			邯郸市	任桂珠	高保平	113520	311
8176	腊月三十见阎王			贾堡村	杨活	董殿新	113670	127
8177	小白鸡，上柴垛			邯郸市豆庄	工勤英	王素英	113541	854
8178	能说不能干			石坡村	卜增荣	卜增山	113225	296
8179	小孩进城			邯郸县		董玉林、解振京	113510	192
8180	句句花			南堡村	冯蔡民	李义贤	113443	141
8181	早晚叫你活不成			邯郸市	张文志	张明亮	113180	207
8182	九月歌			临洺关		宋海燕	113702	366
8183	小鹦哥			曲周	陈新美	阕一	113534	154
8184	寻了媳妇比俺强			邯郸县户村	付裴氏	付积梅	113349	301
8185	你娘叫你吃饭呢			永年县临洺关	李巧云	宋海燕	113537	279
8186	黄瓜架下有一家			邯郸县沙口村	蔡秀兰	付芝兰	113282	483
8187	小蜜蜂走南海			肥乡县南街村	刘小燕	郑喧	113529	144
8188	捶布石四面光			马头镇	胡永芹	张林羽	113486	174
8189	小猫			邯郸市东庄文明街	刘峰琴	耿长安	113523	77
8190	揉肚歌			南吕固村	杨林秀	王永信	113646	151
8191	小老鼠			邯郸市	任桂珠	高保平	113521	207
8192	死也不跟丑鬼走			左西村	祁青云	付芝兰	113325	194
8193	打秋千			邯郸县师窑	焦恩贵	戴月	113695	178
8194	二郎当兵			邯郸县唐乐堡村		常英伟	113208	181
8195	当兵好			南堡李	冯文琴	李义贤	113175	296
8196	联谜谣				杨发祥	杨玉峰	113691	313
8197	十二块手巾			石桥村	周文香	杜清堂	113145	236
8198	请您担待她几年			沙口	蔡秀芳	付芝兰	113346	266

序号	篇名	民族	流传地区	采集地	讲述者	搜集者	数据库编号	字数
8199	大烟鬼			东耒马台村	芦作新	芦利芹	113203	124
8200	刘二姐回娘家			白落堡		杜学德	113336	238
8201	搬运号			邯市装卸二队	任道生、王志	梁锡荣、文鲜芹等	113698	174
8202	水冶釉				马俊士		113142	509
8203	孵小鸡			峰峰矿区	张凤庭		113173	193
8204	大姐梦梦				郭扶兴		113676	350
8205	十二月采茶			邯郸县户村		付积梅	113167	161
8206	十个秃子			邯郸县东耒马村	芦作新	芦利芹	113682	626
8207	十扎词			南堡村	冯文琴	李义贤	113146	251
8208	梦			邯郸	赵朋芹	杨渤	113672	251
8209	巧妮娘			永年县临洺关	薛连成	宋海燕	113147	237
8210	赌来赌去落个啥			上拔剑村	王贺香	杨玉峰	113397	294
8211	收				李芳梓		113163	329
8212	十月瞧娘			邯郸市南苏曹	唐素珍	秦丽红	113372	264
8213	俺家米栈不一般			中柳林村	石运芳	张海臣	113157	191
8214	十二月谣			邯郸市南苏曹	唐素珍	秦丽红	113474	297
8215	黑夜梦见姐姐来			亓固	吴玉萍	潘美英	113151	176
8216	再写哥嫂不贤良			高里堡	杨秀芹	张海山	113364	188
8217	清香树清香女			永年县临洺关	吴美芹	宋海燕	113296	155
8218	洞房喝喜酒歌			武安	李芳梓		113265	420
8219	母鸡别子				吴群英		113511	357
8220	蒲棂车大马拉			邯市峰峰矿区义井村	张振溪	杨玉峰	113367	177
8221	姐妹仨齐梳头			永年县临洺关	李景花	宋海燕	113288	708
8222	尚柳合			曲周	王秉东	阕一	113677	170
8223	扫新房歌			永年县临洺关	李巧云	宋海燕	113259	368
8224	小枣树			中堡	阎秀英	戴月	113501	195
8225	亡国苦			南堡中		李义贤	113189	198
8226	扫新房歌			临水村	陈学荣	孙文祥	113260	362
8227	研子烧缸			富田村	郝金魁	马全祥	113141	199
8228	元宵饭			上拔剑村		杨玉峰	113256	186
8229	劝五更			张家楼	陈爱香	马全祥	113278	236
8230	说官僚			峰峰矿区	李荣振	刘明芹	113230	172
8231	咕的歌			邯郸市	肖惠甫	张志华	113267	142

序号	篇名	民族	流传地区	采集地	讲述者	搜集者	数据库编号	字数
8232	典庄子卖地咱要娶			义井村	孔祥凤	杨玉峰	113271	259
8233	彭城街好地方			彭城镇	杨德顺	孙万宝	113461	187
8234	骑毛驴			上拔剑村	杨发祥	杨玉峰	113165	209
8235	回娘家			拔剑村	王贵香	杨玉峰	113355	285
8236	小包袱叠四叠			邯郸县贾堡村	李志真	董殿新	113493	317
8237	寻了个女婿真不赖				周清森		113299	972
8238	又能说来又孝顺			永年县临洺关		宋海燕	113303	245
8239	回娘家			小乐堡	张秀兰	常英伟	113359	296
8240	吐了小姐一裤腿			柳河村	赵如恒	赵云峰	113388	206
8241	俺去新庄瞧俺娘			义井村	孔祥凤	杨玉峰	113362	222
8242	叽哩哇啦到婆家			辛里村	张金堂	梁争武	113289	287
8243	婆婆再好不如亲娘			豆庄	王勤英	王素英	113353	182
8244	想当年			大社镇薛村	张匡仑	苏洪源	113400	271
8245	小女婿			南堡中		李义贤	113322	78
8246	有眼儿的发了闷			邯郸县西孙庄	王贵堂	王书元	113139	334
8247	这样的日子俺咋过			贾堡村	王书香	董殿新	113324	167
8248	一年农谚歌			麻庄	王绍仲	张文涛	113162	222
8249	一母所生八个郎			邯郸市	任桂珠	高保平	113351	4739
8250	小烟袋			永年县临洺关	李巧云	宋海燕	113133	142
8251	全都死了这些小祖宗			辛里村		梁争武	113341	196
8252	卖老鼠药歌			鸭池村	鸭池打房顶队	苏志芳	113154	310
8253	爹娘狠心舍了我			沙口村	蔡秀芳	付芝兰	113365	647
8254	弯弯歌			东耒马村	芦建芳	芦利芹	113434	231
8255	滏河歌			林峰	董希圣	董玉兰	113459	174
8256	送情郎			新市区家属院	张梅香	张凤庭	113314	220
8257	开窑歌			峰峰	马全祥	杜学德	113452	786
8258	十二月歌			邯郸县东耒马台村	唐素珍	秦丽红	113197	207
8259	壶			户村		付积梅	113450	177
8260	婆家捎信去瞧郎			左西村	祁青云	付芝兰	113283	315
8261	看你可顾哪一家			左西	祁青云	付芝兰	113376	204
8262	和哥死活不离分			左西村	祁青云	付芝兰	113281	205
8263	老汉观花			东耒马台村	唐素珍	秦丽红	113445	399
8264	气象谣			石坡村	卜有勇	卜增山	113166	143
8265	官家小姐去烧香			永年县临洺关	李巧云	宋海燕	113430	318

序号	篇名	民族	流传地区	采集地	讲述者	搜集者	数据库编号	字数
8266	打磁州			邯郸县东耒马村	裴秀荣	芦利芹	113195	78
8267	忍耐经			麻庄	李秀珍	张文涛	113417	198
8268	穿上新鞋打鬼子			南堡村	李作彬	董殿新	113184	327
8269	亲家对坐			邯市峰峰矿区义井镇义井村	张振溪	杨玉峰	113398	335
8270	短歌			柳家河村	赵玉祥	赵秋何	113215	210
8271	拉大锯			武安		李芳梓、张文涛	113491	181
8272	赌博害			贾堡村	杜来勇	董殿新	113202	127
8273	小姑娘俊丢丢			邯郸市东庄村	汲富芹	耿长安	113542	146
8274	迎亲歌			沙口村	蔡秀芳	付芝兰	113264	221
8275	创业难			东庄	耿文庵	耿长安	113471	315
8276	抻炕歌			临洺关	李巧云	宋海燕	113262	157
8277	彭城街五里长			彭城镇	杨德顺	孙万宝	113462	207
8278	喜鹊喳喳叫			东庄村	段秉莲	耿长安	113254	154
8279	别笑穷人穿破衣			丛中		石克俊	113481	142
8280	东孔北出了个李聘三			邯郸县东耒马村	芦作新	芦利芹	113247	141
8281	金大姐			邯郸市	任桂珠	高保平	113485	398
8282	找对象还数兵役局			柳家河村	赵玉祥	赵秋何	113218	677
8283	小老鼠			东召里村	张世英	王素英	113527	186
8284	赵州桥			邯郸县东召里村	张世英	王素英	113479	188
8285	小老鼠墙窟窿卧			高里堡	杨秀芹	张海山	113526	156
8286	哭五更			邯郸市北关街	李永芹	肖忠田	113415	259
8287	小煲盆			南苏曹	李秀英	郝帮林	113374	297
8288	气得汉子双脚跳			左西村	祁青云	付芝兰	113304	367
8289	十个戒指			邯郸县东耒马村		芦利芹	113136	235
8290	一个太阳照九州			石坡村	卜有勇	卜增山	113381	245
8291	木锨板			矿区大社镇彦亭村	李苗的	高何元	113515	536
8292	不仁不孝咱不落			峰峰矿区大社镇彦亭村	张金茹	高何元	113470	1037
8293	喂骡驹			北苏曹村	阎秀英	戴月	113576	190
8294	举子和看梨园女儿对诗			邯郸市	刘素梅	张文涛	113394	124
8295	小西瓜，圆溜溜				刘文		113573	376
8296	妹是花树郎是根			峰峰矿区	张梅香	张凤庭	113291	334
8297	八十老公下江南			邯郸市	刘素梅	杨渤	113160	229
8298	两口打架要分开			河沙镇	贾任民	贾国魏	113327	282

序号	篇名	民族	流传地区	采集地	讲述者	搜集者	数据库编号	字数
8299	反洋教歌			邯郸市	苏士荣	郑喧	113186	236
8300	小秃子头上放哩光				王廷福		113387	330
8301	脸上白，就地来			上焦寺村	张玲英	杨密霞	113571	197
8302	婆婆捎信去瞧郎			邯郸县东耒马村		芦利芹	113318	418
8303	小闺女俊丢丢			丛南村	郭风芹	石克俊	113543	126
8304	城乡斗嘴			邯郸县亓固村	吴玉萍	潘美英	113382	196
8305	一个老头泪稀稀			张庄桥	王永	张文涛	113391	403
8306	瞌睡神			邯郸市东庄村	李秀花	耿长安	113338	287
8307	小小孩，戴红帽			邯郸县东召里村	张世英	王素英	113545	341
8308	娶个媳妇不容易			永年县临洺关	李秀花	宋海燕	113335	418
8309	后娘心			柳河村	郭香林	赵云峰	113549	203
8310	婆媳不和			邯郸县亓固村	吴玉萍	潘美英	113334	602
8311	大爷好了你再来			永年县临洺关	李巧云	宋海燕	113552	253
8312	小两口争穷富			贾堡村	李志真	董殿新	113373	223
8313	刁闺女刁			石坡	卜花叶	卜增山	113589	505
8314	张大嫂李大嫂			邯郸市	傅青先	文鲜琴	113357	224
8315	娶大娘			中堡村	阎秀英	戴月	113586	287
8316	闺女长到十八九			义井村	孔祥凤	杨玉峰	113368	408
8317	俺家是个好人家			邯郸县东耒马村	芦建芳	芦利芹	113669	350
8318	灯里没油“红不楞登”			东耒马村	唐秀芳	芦利芹	113465	166
8319	造法船			丛中村		石克俊	113671	178
8320	金丝娘娘			林峰	董希圣	董玉兰	113431	239
8321	南山有棵好小豆			肥乡南街村	刘小燕	郑喧	113616	289
8322	天爷经			麻庄	郭书爱	张文涛	113418	215
8323	点老军			林峰	董希圣	董玉兰	113625	2
8324	天慌慌地慌慌			曲周麻庄	王绍秀	张文涛	113422	227
8325	捉蛇蚤			上焦寺村	杜会的	王艳菊	113667	314
8326	长工诉苦			贾堡村	徐加义	董殿新	113403	233
8327	抓痒痒			邯郸市胜利街	吴清章	王素英	113644	553
8328	葫芦青			临洺关	李巧云	宋海燕	113424	346
8329	胡诌			邯郸市	韩瑞改	郝邦林、崔淑珍	113664	475
8330	矮媳妇			峰峰矿区	潘秀芳	徐彩云	113456	141
8331	卷苹果			武安	杨美芳	阳辛	113640	168
8332	送子奶奶姊妹仨			上拔剑村	李怀青	杨玉峰	113432	268

序号	篇名	民族	流传地区	采集地	讲述者	搜集者	数据库编号	字数
8333	翻饼			北苏曹		阎秀英	113633	243
8334	表村名			东耒马村	芦作新	芦利芹	113446	517
8335	编花篮			丛台区北关小学	王小丽	王素英	113636	209
8336	说瓜棚			邯郸县户村		付积梅	113433	223
8337	五更调			涉县东峧村	王扶所	申子文	113185	661
8338	看灯			南程庄	郭佩琴	程宇飞	113438	171
8339	十把扇				张连山、焦恩贵	戴月	113701	175
8340	小老鼠，上灯台			南高尚		梁春堂	113525	484
8341	说“斗”			西孙庄	张士英	王书元	113687	198
8342	素珠丝			永年县临洺关	李秀花	宋海燕	113453	234
8343	教你个楼儿			麻庄	王绍仲	张文涛	113583	266
8344	劝人			左西村	龚相庆	付芝兰	113464	249
8345	东洋鬼子是饿蚕			南堡李	冯文琴	李义贤	113176	133
8346	小扁担两头尖			于义井村		杨玉峰	113517	166
8347	论巧要数俺亲娘			沙口	蔡秀芳	付芝兰	113148	345
8348	扁豆开花俺就走			左西村	龚相庆	付芝兰	113503	185
8349	鬼子挨了炸			邯郸县贾堡村	李作彬	董殿新	113174	747
8350	儿多母受苦			沙口	蔡秀芳	付芝兰	113407	261
8351	核桃皮扁一扁			曲周麻庄	胡爱民	张文涛	113149	322
8352	木锨板光溜溜			上拔剑村	王贵香	杨玉峰	113539	236
8353	卖鞭炮歌			邯郸市		杜学德	113158	414
8354	麻尾雀，喳喳叫			永年县临洺关	李秀花	宋海燕	113508	177
8355	娇娇歌			西孙庄	张士英	王书元	113411	278
8356	槐莲豆打滴溜			永年县临洺关	赵小宁	宋海燕	113506	161
8357	风物歌			峰峰	李淑梅	申有顺	113252	152
8358	小公鸡疙瘩冠			邯郸市北苏曹	阎秀英	戴月	113516	1230
8359	张致和宋廉敬			邯郸市	李润亭	张文涛	113242	171
8360	小姑不贤良			邯郸县丛南村	刘风芹	石克俊	113332	204
8361	拐棍十			邯郸县石坡村	蔡秀芳	卜增山	113408	261
8362	白玉姐姐嫁莺哥			沙口村	蔡秀芳	付芝兰	113548	216
8363	文凭是个宝			邯郸市	李明	张文涛	113228	230
8364	瞎话谣			武安	李芳梓		113661	298
8365	农家忙时饭			西孙庄	刘小晒	王书元	113251	272
8366	小小孩上庙台			丛北村		石克俊	113544	220

序号	篇名	民族	流传地区	采集地	讲述者	搜集者	数据库编号	字数
8367	“研究”			石坡村	李增有	卜增山	113224	185
8368	石榴花开红了			高里堡村	李秀民	苗金山	113533	240
8369	说不孝			邯郸县南上宋村	苗成贵	戴月	113205	208
8370	里里外外我作难			曲周	胡爱民	阙一	113561	311
8371	林彪没毛						113221	159
8372	穷人到哪也受苦			南泊	王素慧	付芝兰	113513	805
8373	抓老蒋			邯郸县河沙镇		董玉林，解振京	113193	214
8374	小白菜			永年县临洺关	李巧云	宋海燕	113550	388
8375	三年歌			邯郸市	杜德义	张文涛	113213	159
8376	柏树枝			上焦寺村	杨延的	杨密霞	113512	289
8377	小板凳歪歪			邯郸市	张大荣	杜学德	113505	320
8378	到了婆家不受穷			户村		付积梅	113467	247
8379	石榴树			张家楼村		马全祥	113330	232
8380	河里没水多半槽			邯郸市丛台区东庄村	汲富芹	耿长安	113656	180
8381	看车歌			邯郸县东耒马村	芦建芳	芦利芹	113161	236
8382	东洋鬼子完了蛋			南堡李	冯文琴	李义贤	113177	289
8383	姐姐与妹妹			邯郸市	任桂珠	高保平	113502	336
8384	反常歌			贾堡村	李作彬	董殿新	113649	245
8385	摸岗楼			邯郸县高里堡	韩爱花	张海山	113191	190
8386	新十二月词			南堡中村		李义贤	113192	195
8387	转灯曲			王看镇	苗有才	马耕	113249	251
8388	小鹌鹑			武安	李芳梓		113559	297
8389	十条手巾			亓固	吴玉萍	潘美英	113144	319
8390	张大姐会梳头			于豆庄	王勤英	王素英	113588	257
8391	小椿树长白根儿			义井村	李茂荣	杨玉峰	113489	479
8392	变花篮			武安	杨美芳	阳辛	113639	146
8393	自由恋爱好			张家楼村	陈爱香	马全祥	113279	167
8394	叫魂			石坡村	李蜜的	卜增山	113638	123
8395	花瓶			永年县临洺关	薛连成	宋海燕	113134	343
8396	抓子歌			东召里村	张世美	王素英	113634	185
8397	蚂蚱比李改的还“恶扎”			邯郸县东耒马村	芦作新	芦利芹	113201	255
8398	徒工苦			富田村	郝金魁	马全祥	113405	133
8399	惹下书记没法活			邯郸市峰峰矿区	李荣振	刘明芹	113240	157
8400	扯扯落落			高里堡村	李秀民	苗金山	113615	170

序号	篇名	民族	流传地区	采集地	讲述者	搜集者	数据库编号	字数
8401	谜谣			麻庄	胡爱民	张文涛	113689	575
8402	菊花栽栽			邯郸市	王云香	南庄	113607	254
8403	鬼子全部上西天			贾堡村	李作彬	董殿新	113183	169
8404	三根羊毛			丛北村		石克俊	113666	230
8405	货郎担			南苏曹村		文鲜琴	113274	195
8406	等级车			峰峰矿区	李荣振	刘明芹	113231	158
8407	教给你个词			邯郸市	任桂珠	高保平	113578	228
8408	物谜谣			义井村	宋银秀	杨玉峰	113692	280
8409	酒换酒来茶换茶			峰峰矿区	张香梅	张凤庭	113399	318
8410	男人当兵十二个月			南泊村	郑秀荣	付芝兰	113209	624
8411	月亮光光照窗台			上焦寺村	杜合的	王艳菊	113171	180
8412	寻了个女婿二寸三				王廷福		113665	307
8413	反话			南程庄村	郭佩琴	程宇飞	113653	134
8414	五保户			中庄村	姚红梅	碧英	113219	148
8415	哄睡歌			邯郸县东召里村	吴清章	王素英	113566	179
8416	热热闹闹过新年			邯郸县鸭池	鸭池打房顶队	苏志芳	113135	178
8417	争来争去荒了地			中柳林村	石运芳	张海臣	113612	363
8418	女婿找到咱门上			邯郸县	梁贵珍	阕一	113207	507
8419	群众翻身歌			武安冶陶	乔树德	戴月	113699	492
8420	找个日子来娶她			邯郸县户村		付积梅	113270	411
8421	当家媳妇有十忙			南泊	王素慧	付芝兰	113168	205
8422	小爱仙			邯郸县朱冀庄	苗延荣	张建斌	113269	460
8423	卖针歌			石坡村	郑吉财	卜增山	113153	226
8424	知心话			邯郸县东耒马村		芦会芳	113272	180
8425	谜语歌					张文涛	113690	392
8426	小石头子			苑水	高改顺	袁爱清	113330	222
8427	担经歌			邯郸县户村		付积梅	113138	153
8428	铺床歌			峰峰矿区	郭清莲	孙文祥	113263	199
8429	两三歌			峰峰矿区	王起斌	杨玉峰	113226	250
8430	给孩子要羊			东庄村	耿文庵	耿长安	113253	199
8431	绞窑绞哨一组			彦亭村	高吉庆	高何元	113137	167
8432	扫新房歌			沙口村	蔡秀芳	付芝兰	113258	367
8433	队长见队长			永年县临洺关	王德兰	宋海燕	113220	355
8434	锯大缸			麻庄	王秉东	张文涛	113275	175

序号	篇名	民族	流传地区	采集地	讲述者	搜集者	数据库编号	字数
8435	一对老鼠去偷油			上拔剑村	杨有英	杨玉峰	113204	881
8436	小寡妇改嫁				韩瑞改		113320	329
8437	八十年代大学生			柳家河村	赵玉祥	赵秋何	113217	192
8438	女婿劝丈母			左西村	龚相庆	付芝兰	113308	66
8439	摆摆手			柳家河村	赵玉祥	赵秋何	113216	376
8440	知冷知热，自己的妻			峰峰矿区义井镇文化站	牛凤英	杨玉峰	113306	161
8441	唐僧式干部			邯郸市	吴楠	刘明芹	113233	155
8442	一条棉花九条丝			东耒马台村	芦作新	芦利芹	113297	227
8443	交杯酒			峰峰新市区	陈学荣	孙文祥	113266	249
8444	小姐上堂			邯郸	刘玉章	潘美英	113286	214
8445	打花棍儿			义井镇	马宪亮	杨玉峰	113255	170
8446	我把茶碗夸一夸			永年县临洺关	王德兰	宋海燕	113449	176
8447	老头我说一句话			香山村	马丙堂	中有顺	113238	140
8448	懒老婆			西孙庄	张士英	王书元	113377	533
8449	雉鸡翎，扛大刀			河沙镇	贾任民	贾国巍	113626	269
8450	闺女养到十七八			义井村	张振溪	杨玉峰	113369	454
8451	拍豆角				王兰琴	郑金喜	113617	170
8452	家里有个奴才相			焦寺村	杨永素	杨春兰	113350	329
8453	鞭炮谣			邯郸市	李喜雨		113156	310
8454	葛当箭，水上漂			河沙镇		董玉林、解振京	113342	310
8455	数公婆			辛里村	梁鸿斌	梁争武、杨春兰等	113340	610
8456	长工难			南堡村	冯文琴	李义贤	113401	402
8457	拾子儿谣			麻庄	陈新美	张文涛	113613	287
8458	花			院上宋村		院清山	113437	300
8459	安居乐业度终生			南泊村	郑秀荣	付芝兰	113302	407
8460	比年龄			张庄桥	王永	张文涛	113392	360
8461	至死不和姐姐亲			邯郸市	范爱萍	阕一	113371	278
8462	小饺子			东召里村	张世英	王素英	113426	547
8463	天天要过鬼门关			南泊村	郑秀荣	付芝兰	113343	336
8464	百花图			永年县临洺关	李巧云	宋海燕	113436	184
8465	这个姑娘真的疯			义井村	孔祥凤	杨玉峰	113331	634
8466	打善鼓歌			曲周麻庄	王绍仲	张文涛	113421	365
8467	小瓷盆上工			肥乡白落堡村		杜学德	113285	200

序号	篇名	民族	流传地区	采集地	讲述者	搜集者	数据库编号	字数
8468	圪针里圪针外			邯郸县贾堡村	李志真	董殿新	113495	138
8469	白大姐			邯郸县东未马村		芦利芹	113284	119
8470	父母大恩实难报			东庄村	耿文庵	耿长安	113466	164
8471	姑嫂亲成一个人			邯郸市	王春香	阕一	113366	198
8472	放大脚			峰峰矿区	潘秀芳	徐彩云	113457	147
8473	七进门			河沙镇		贾国巍	113361	144
8474	十棵树			邯郸县北张庄		蔡洪涛	113475	249
8475	荠荠菜根儿苦			邯郸市	王顺美	杜学德	113352	657
8476	风流女子不可交			峰峰矿区	张梅香	张凤庭	113473	968
8477	夸媳妇			辛里	郭彩梅	梁争武	113345	629
8478	夸邯郸			东未马台村	芦作新	芦利芹	113478	168
8479	打萝萝			邯郸市	肖惠甫	张志华	113344	156
8480	刘伶醉酒			西聂庄	周清森		113477	1077
8481	词儿词儿			上焦寺小学	杨菊华	阳辛	113577	142
8482	小鸡花			永年县临洺关	吴美芹	宋海燕	113581	239
8483	剃头不用刀			邯郸市	张慨	张文涛	113584	316
8484	小老鼠			邯郸市	张兰珍	于淑清	113528	955
8485	石榴树圆			柳林村	石运芳	张海臣	113385	315
8486	灶神诉苦			白落堡		杜学德	113683	165
8487	十八扯			贾堡村	李志真	董殿新	113655	164
8488	杀牲歌			邯郸市	刘素梅	张文涛	113519	266
8489	不赊帐歌				张春堂、七岔道春堂饭店	戴月	113383	332
8490	小叭狗			东召里村	张世英	王素英	113531	382
8491	小公鸡，嘎嘎嘎			贾堡村	郭书香	董殿新	113572	363
8492	小蚰子			彭城	赵振江	杨有林	113536	252
8493	小茶碗，圆又圆			峰峰	陈学荣	孙文祥	113448	413
8494	小燕子住俺家			拔剑村	杨玉峰		113570	729
8495	真神真祖来传经			永年县临洺关	王德兰	宋海燕	113429	312
8496	说瞎话，长不大			庄里村	张金富	苏洪源	113558	230
8497	人心没足蛇吞象			武安柳河村	赵玉祥	赵秋何	113386	209
8498	麻野雀，尾巴长			麻庄	王绍秀	张文涛	113556	925
8499	柏林枝			武安崇义二街		秋生、华瑜	113416	650
8500	后娘为啥狠心肠			武安	郝臭的	赵纪平	113551	458

序号	篇名	民族	流传地区	采集地	讲述者	搜集者	数据库编号	字数
8501	女婿对诗			邯郸市	刘素梅	张文涛	113393	105
8502	明奶奶			北苏曹村	阎秀英	戴月	113569	205
8503	小老鼠，上灯台			永年县临洺关	王德兰	宋海燕	113524	177
8504	小火炉			永年县临洺关	吴美芹	宋海燕	113582	77
8505	小板凳倒			曲周	范爱萍	阕一	113568	201
8506	大了找个队长吧			武安	郝臭的	赵纪平	113609	223
8507	小金人骑金马			永年县临洺关	李景花	宋海燕	113484	278
8508	手扒窗棂哭黄天			邯郸市峰峰矿区义井镇义井村	张振溪	杨玉峰	113596	397
8509	男女长大不可留歌			峰峰矿区	张梅香	张凤庭	113472	345
8510	俺娘打俺不裹脚			义井村	孔祥风	杨玉峰	113595	179
8511	拨灯棍			武安	李芳梓		113553	223
8512	小闺女儿走亲戚			上拔剑村	张梅英	杨玉峰	113592	328
8513	黄罗伞			南程庄村	郭佩琴	程宇飞	113564	247
8514	狼来了，虎来了			邯郸市	肖惠甫	张志华	113590	258
8515	采采采			邯郸市	肖惠甫	张志华	113560	234
8516	杨柳树			上焦寺村	杨廷的	杨密霞	113605	478
8517	姐姐担水永不换肩			沙口村	蔡秀芳	付芝兰	113170	392
8518	采花			邯郸市	王云香	南庄	113600	165
8519	何时再相逢			峰峰矿区	张梅香	张凤庭	113294	666
8520	排排坐			邯郸市	任桂珠	高保平	113604	309
8521	郎有心来妹有心			峰峰矿区	张梅香	张凤庭	113290	251
8522	两圪叉			河沙镇	杨风芹	董玉林、解振京	113618	134
8523	蒋光头，败家子			南堡李	冯文琴	李义贤	113188	142
8524	狼吃羊羔			石坡村	卜增云	卜增山	113637	258
8525	儿童团歌谣			邯郸市南苏曹	韩瑞改	郝邦林、崔淑珍	113182	800
8526	十二个头			南堡	韩庆安	王俊华	113679	661
8527	串亲戚			邯郸县东耒马村		芦会芳	113301	548
8528	节节高			北苏曹村	阎秀英	戴月	113627	155
8529	花花棍			邯郸市丛台区东庄村	汲富芹	耿长安	113678	77
8530	大脚周正			中柳林村	汲风英	张海臣	113673	495
8531	驮			西孙庄	韩美芹	王书元	113140	208
8532	我给兔子讲故事			贾堡村	郭书香	董殿新	113645	171
8533	彭城街五里长			磁县林峰	董希圣	董玉兰、马全祥	113143	408

序号	篇名	民族	流传地区	采集地	讲述者	搜集者	数据库编号	字数
8534	瞎猪就把墓子封			邯郸县东耒马村	唐秀芳	芦利芹	113680	236
8535	埋怨歌			义井		杨玉峰	113150	728
8536	颠倒话			东耒马台村	芦作新	芦利芹	113654	192
8537	调料谣			邯郸市	李喜雨		113155	151
8538	胡话歌			东耒马台村	芦作志	芦利芹	113650	274
8539	三妮三			永年县临洺关	李巧云	宋海燕	113169	207
8540	十杯酒			邯郸县师窑	焦恩贵	戴月	113697	205
8541	等到胜利回咱家			邯郸县南苏曹	唐素珍	秦丽红	113179	149
8542	哭五更			邯郸县师窑	焦恩贵	戴月	113696	198
8543	小草帽			林峰	董希圣	董玉兰	113198	703
8544	四的歌				李芳梓、高振富等		113686	199
8545	十等人			中庄村	李梅芹	碧瑛	113210	394
8546	辛辛苦苦干一年			河沙镇		贾国巍	113212	133
8547	小秃子没毛			亓固	吴玉萍	潘美英	113222	149
8548	三部四全			邯郸县黄窑	贾进安	戴月	113227	169
8549	当官穷			邯郸市	吴楠	刘明芹	113232	223
8550	不公平的世道啥时变			南泊村	王素慧	付芝兰	113241	245
8551	恨奉军						113244	366
8552	四个鸡蛋			邯郸县东耒马村	芦建芳	芦利芹	113245	1247
8553	年底忙			邯郸县南吕固村	杨林秀	王永信	113248	764
8554	时令歌			邯郸县西孙庄	刘小晒	王书元	113250	266
8555	忌			林峰	董可成	董玉兰	113257	262
8556	扫新房歌			彦亭村	李巧珍	高何元	113261	195
8557	踩青			张家楼	杜连富	马全祥	113280	155
8558	思念歌			张家楼	陈爱香	马全祥	113287	331
8559	用啥给俺作陪嫁			左西村	龚相庆	付芝兰	113295	167
8560	小金枝真为贵			丛南村	郭风芹	石克俊	113305	382
8561	二十四五月黑头			邯郸县东耒马村	唐秀芳	芦利芹	113311	241
8562	小寡妇难了整一年			沙口村	蔡秀兰	付芝兰	113316	143
8563	寻了个女婿光尿床			左西村	龚相庆	付芝兰	113323	247
8564	一脚蹬到他门旯旮			左西村	祁青云	付芝兰	113326	260
8565	一阵秋风扑满院			张家楼	张发银	马全祥	113329	148
8566	一咕嘟蒜，两咕嘟蒜			南程庄		文鲜琴	113360	203

序号	篇名	民族	流传地区	采集地	讲述者	搜集者	数据库编号	字数
8567	明奶奶			上拔剑村		杨玉峰	113370	228
8568	娶个媳妇不容易			元固	吴玉萍	潘美英	113375	218
8569	谁能称心逢宝天			邯郸县户村	裴新秀	付积梅	113380	143
8570	蝎子本是五毒虫			柳家河村	赵文明	赵秋河	113389	375
8571	强觅汉			南泊村	郑秀荣	付芝兰	113400	147
8572	长工诉苦			贾堡村	徐加义	董殿新	113402	141
8573	光棍哭妻			邯郸县东耒马村		芦利芹	113414	232
8574	一节藕，两节藕			永年县临洺关	李巧云	宋海燕	113425	226
8575	花儿			永年县临洺关	王德兰	宋海燕	113444	180
8576	小茶碗			永年县临洺关	王德兰	宋海燕	113447	257
8577	男大娶妻女大嫁郎			左西	龚相庆	付芝兰	113468	1163
8578	十个红脸			邯郸县东耒马村	芦作新	芦利芹	113476	150
8579	给娘分			左西村	郭青云、曹珍霞	付芝兰、董玉林等	113488	289
8580	小闺女上莲台			邯郸县东耒马村	王美秀	芦利芹	113492	233
8581	小火柱铁打哩			邯郸市	王玉芳	张文涛	113498	267
8582	小羊羔			东召里村	张世英	王素英	113530	134
8583	小闺女，上梯的			永年县临洺关	吴美芹	宋海燕	113499	206
8584	小花狗			邯郸县东召里村	张世英	王素英	113532	296
8585	小鬼推车栽跟头			义井村	孔祥凤	杨玉峰	113535	145
8586	小茶碗			吝家河	王志生	耿国富	113538	182
8587	扁豆角南墙挂			麻庄	王绍秀	张文涛	113546	209
8588	小气鬼			焦寺村	杜会的	王艳菊	113562	196
8589	给你个“大子”你回去			沙口村	蔡秀芳	付芝兰、贾国巍	113591	416
8590	样样小			邯郸市	任桂珠	高保平	113608	254
8591	盘脚盘			北苏曹村	阎秀英	戴月	113614	312
8592	翻饼游戏歌			河沙镇	杨风芹	董玉林、解振京	113619	469
8593	背遭遭歌			邯郸市	梁贵珍	张文涛	113620	190
8594	十六摸			上拔剑村	张梅英	杨玉峰	113622	446
8595	砍门槛			河沙镇	杨风芹	董玉林、解振京	113623	166
8596	点老君			河沙镇	杨凤芹	董玉林、解振京	113624	196
8597	点豆			北苏曹	郭凤芹	阎秀英	113630	150
8598	捻疙瘩歌			北苏曹	阎秀英	戴月	113647	186
8599	打手游戏歌			邯郸市	梁贵珍	张文涛	113648	200

序号	篇名	民族	流传地区	采集地	讲述者	搜集者	数据库编号	字数
8600	高高山上一孔桥			贾堡村	杜来勇	董殿新	113652	162
8601	闲话			东耒马台村	芦作志	芦利芹	113651	367
8602	瞎话			中柳林村	汲风英	张海臣	113657	402
8603	胡说话			麻庄	胡爱民	武楼	113659	360
8604	大明月亮黑洞洞			于麻庄	胡爱民	阕一	113660	307
8605	高粱树			邯郸市豆庄	王勤英	王素英	113662	255
8606	每月月底月光明			邯郸县贾堡村	李志真	董殿新	113663	243
8607	大姐投杏			高里堡	李秀民	苗金山	113674	300
8608	拔大葱			邯郸县郭河村	张连山	戴月	113694	265
8609	送郎参军			武安阳邑	郭二太	戴月等	113700	235
8610	拜三姐		藁城一带	耿村	马小丑	樊更喜	115155	236
8611	插花描鱼不算巧			耿村	郭九胜	樊更喜	115165	126
8612	颠倒话		藁城南部	顺中	李香	张会娟	115149	475
8613	对花名		藁城北部		庞云姐	田新朝、武双文	115147	335
8614	花椒树				董氏	韩霜	115163	267
8615	十二个月					王春常	115159	427
8616	冬天下雪			东慈邑	刘瑞姐	刘慧芝	115161	289
8617	小白菜		河北一带	东辛庄村	董瑞京	樊更喜	115150	266
8618	蹬洗脸盆		河北一带	正公村	李青然	樊更喜	115160	1005
8619	瞎胡扯			耿村故事比赛会上	徐大汉	樊更喜	115171	343
8620	小老鼠				梁瑞海	贾玉民	115169	171
8621	小枣树			耿村	李香红	樊更喜	115152	164
8622	大实话		藁城一带		崔老整	崔分田	115148	76
8623	红高粱叶、白高粱叶				刘瑞姐	刘慧芝	115154	61
8624	黄瓜架		藁城城西一带		白香中	崔江峰	115156	360
8625	椿树王					石中校，马书杰	115166	647
8626	光棍难		河北一带		王小多	杜磊	115151	204
8627	人家的爹			耿村	郭九胜	樊更喜	115168	282
8628	月亮地，明光光				李香	张会娟	115158	165
8629	人过青春无少年				庞云姐	田新朝，武双文	115164	260
8630	当当锁		河北一带		郭九胜	樊更喜	115157	878
8631	小板凳				刘瑞姐	刘慧芝	115162	248
8632	苇子叶				郭九胜	杨荣国	115153	291
8633	棉花桃崩崩开				梁瑞海	贾玉民	115170	209

序号	篇名	民族	流传地区	采集地	讲述者	搜集者	数据库编号	字数
8634	赵州桥歌谣		河北省一带		李洛言	梁荣贵	115146	162
8635	天上下雨地下流						115167	503
8636	歌谣					克温、力勤等	115210	1398
8637	民歌					石夫、克朋等	115209	1343
8638	一至十字歌					丁玉华	119921	994
8639	枕头顶四方方				孟省娥	张廷枝、张孟新	119943	356
8640	得了日本手榴弹					王勤锁	119903	462
8641	抗日反蒋歌			北李庄村	李如海	李永朝	119908	713
8642	绕口令				郭建平、逯国增	王俊钊、郭怀说	119929	120
8643	闺女想娘谁知道			王洪康		王勤锁	119939	155
8644	当兵好					李永朝	119907	378
8645	话说话，胡说胡					李战辉	119931	174
8646	说瞎话，道瞎话					李战辉	119932	450
8647	三等大财迷		平乡县一带		李保祥	丁玉华	119920	264
8648	糖瓜儿祭灶		平乡县一带			李占辉	119930	231
8649	小白妮儿					霍修珍	119926	222
8650	当郎树儿		平乡县一带	北李庄村	王凤芝	李永朝	119935	196
8651	尖头				李保祥	丁玉华	119919	290
8652	小金女					霍修珍	119925	151
8653	串亲戚				王会超	王纪文	119913	117
8654	补衣裳					徐香枝	119942	416
8655	一心参加八路军					王勤锁	119911	222
8656	送情郎				孔玉荣	马凤斋	119912	825
8657	拍豌豆			北李庄村		李战舫	119933	303
8658	织手巾					李永朝、丁玉华	119946	217
8659	大烟鬼现魂					马凤斋	119905	579
8660	出征打仗上马前			西徐庄村		徐香芝	119910	180
8661	月亮底儿					徐秀旗	119924	100
8662	绣花灯小唱					徐宏彬	119948	351
8663	卖鞭炮歌				杨景连	丁玉华、王俊剑	119916	382
8664	胡云杂字						119949	342
8665	丧歌		冀南一带		郑付录	郑书坤、阎英芳	119918	388
8666	娘想闺女哥来叫					张孟新、张廷枝	119938	133
8667	民国三十二年			北李庄村	李如海	李永朝	119902	1465

序号	篇名	民族	流传地区	采集地	讲述者	搜集者	数据库编号	字数
8668	胖娃娃歌					杨存田	119927	498
8669	儿童团放哨					郭怀朔	119904	445
8670	拧蒲墩				王凤芝	李永朝	119945	136
8671	妇女翻身			乞村	孔玉荣	马凤斋	119906	512
8672	板凳板凳里罗					王俊云、孙瑞生	119944	303
8673	还帐		冀南一带			李永朝	119947	839
8674	麻野雀					杨存田	119941	276
8675	卖饺子				李兰秀	郑书坤	119914	246
8676	盼闺女					段慧英	119940	3197
8677	星星歌			北李庄村	李俊改	李永朝	119934	244
8678	说实话		冀南一带		逯国增	郭怀朔	119936	615
8679	懒老婆		平乡县一带		王老焕	李永朝	119922	230
8680	说胡诌				徐增仁	徐秀奇	119937	493
8681	卖机器水儿歌					李永朝	119917	140
8682	席席篾儿，嘎崩崩			北李庄村	王凤芝	李永朝	119928	477
8683	小老鼠，偷豆腐					马令勋	119923	385
8684	上梁歌				孟凡补、郑付录等	孟凡夫	119915	257
8685	妇女放脚歌			北李庄		李永朝	119909	162
8686	民国时兴			崇礼县石窑子村	杜财	孙汉章	120639	907
8687	五哥放羊			西沙村	杨余、熊桂兰	刘兆祥	120542	514
8688	水刮张家口			西大淖村	孙廷高	刘润书	120640	686
8689	探妹			温泉屯村	李秀英	赵长禄	120552	2
8690	绣荷包			温泉屯村	赵功	赵长录	120544	742
8691	山西五更			张北县战海乡	孙雨	崔靖	120548	670
8692	十字头			塔拉囫囵村	董风鸣	刘满望	120651	917
8693	劝善歌			涿鹿县	王万龙	赵福林、孙汉章	120530	332
8694	抓壮丁			二泉井乡西大洋村	四朵花	刘润书	120513	678
8695	喜歌			郑营	冯全	王秀琴	120527	360
8696	聘闺女						120744	2
8697	回娘家歌			辛庄子	吴桂珍	梅迎春	120665	695
8698	韩湘渡妻			涿鹿	周连元	霍欣熙、孙汉章	120638	2
8699	三女拜寿			黑城子村	王斌	刘润书	120670	259
8700	四季愁			赤城县城	张万科	刘兆祥	120511	606

序号	篇名	民族	流传地区	采集地	讲述者	搜集者	数据库编号	字数
8701	后继母打孩子			赤城城关	韩宏业	刘兆祥	120672	914
8702	新十劝人			南德胜庄	王笑	姚玉君	120534	595
8703	光棍哭妻			矾山大街	李荣香、芦万兆	赵福林	120588	397
8704	烂席片			黑城子村	王斌		120569	2
8705	大姑娘赶庙会			张家口	张国栋	张海泷	120664	510
8706	抓兵			曼头营乡黑城子村	王斌	刘润书	120515	921
8707	光棍苦			赵家蓬村	杨进常	杨云	120589	826
8708	表古人			太平湾村	杨万禄	霍增顺	120635	1067
8709	酒色财气不要贪					武振友	120523	407
8710	十劝人			龙王堂村	张文进	赵云录	120533	570
8711	小寡妇上坟			赵家蓬村	马天玉、杨万宽	霍欣熙	120605	284
8712	揽长工			甘庄村	刘云胜	范俊英	120581	262
8713	十劝人			黄庄村	工廷掌	宋尚学	120532	789
8714	消灭马占山骑兵团					李永明	120510	1094
8715	小俩口拜年			崇礼石夭子	薛富庆	孙汉章	120598	2
8716	撇白菜			黄土窑村	王存文	赵万诚	120554	520
8717	上梁喜歌			赵家蓬	杨万宽	杨云	120525	779
8718	二妹子思亲			万全县城	柳玉山	霍增顺	120553	481
8719	妓女告状			二泉井乡	王斌	刘润书	120593	259
8720	烂席片			平定堡	卢世才		120571	1069
8721	闺女要嫁妆			辉耀村	赵全禄	孙汉章、金勉泳	120546	339
8722	长工揽活			石咀子	张万忠	赵万诚	120580	450
8723	妇女苦			龙王堂	张文进	赵长录	120577	504
8724	摘绿豆			涿鹿	周玉龙	孙汉章、赵福林	120564	345
8725	卖菜			张北	刘润书	孙汉章	120560	379
8726	十二月忙						120749	680
8727	光棍哭妻			黑城子村	王斌	刘润书	120585	459
8728	戒烟歌						120747	970
8729	四季小唱			西大村	孟树民	刘兆祥	120572	1051
8730	二妹子观灯						120726	542
8731	寡妇难			张北黄石崖	武登云	王忠新	120579	417
8732	抽洋烟			二泉井	郭俊	张淑贞	120684	2
8733	赶骡子			张家口	丁王子	孙汉章	120563	789
8734	四大圆					武振友	120613	545

序号	篇名	民族	流传地区	采集地	讲述者	搜集者	数据库编号	字数
8735	共产党恩情说不完			二泉井乡文化站	曹成	刘润书	120643	644
8736	对			石荒村	张儒	王玉祥	120719	1273
8737	三国赞			蔚县城	杨作锦	田维忠	120636	250
8738	十二棵树			温泉屯村	赵国龙	赵长录	120625	414
8739	劝子弟			崇礼老虎背村	张永富	靳发、田永翔	120682	1000
8740	小女婿			黄石崖	翟亮	王忠新	120716	368
8741	回关南			尚义	任光美	赵锦德、孙汉章	120573	700
8742	尼姑思凡			蔚县	田凤云	孙汉章	120539	1596
8743	劝赌			城关	靳发	郭敬林	120677	2
8744	八节来历				刘秀英	赵相如	120535	216
8745	找烟歌			涿鹿县	李玉宝	赵福林、孙汉章	120607	575
8746	抽大烟害死人			塔拉囫囵村	董凤鸣	刘满望	120685	771
8747	闹五更			南德胜庄	王笑	姚玉君	120549	2
8748	贪财姑娘					张海泷	120661	2
8749	妓女告状			矾山村	朱尚升	赵长禄	120591	337
8750	孟姜女哭唱十二月花					孙元福	120634	293
8751	夸毛驴			王家寨	王怀礼	杨畅	120697	773
8752	十绣			崇礼县石窑子村	杜财	孙汉章	120628	365
8753	穷人谣			南德胜庄	姚贵新	姚玉君	120574	2
8754	馋老婆			南端村	丁义祥	刘润书、李树芳	120660	740
8755	卖菜						120733	670
8756	丧事歌			南端村	丁义祥	李树芳、刘润书	120528	711
8757	光棍过年			辉耀村	董玉亮	张金珠	120590	747
8758	三个女婿拜寿			蔚县上宫村	田进文	郭治涛	120671	335
8759	别			蔚县石荒村	魏王梅	王玉祥	120694	670
8760	二妹子观灯			尚义	任光美	赵锦德、孙汉章	120538	335
8761	怕老婆			黄石崖	吴登云	王忠新	120676	351
8762	高高山上一篓油			李家庄村	田风云	徐俊峰	120668	393
8763	说胡话			崇礼老虎背村	张永富	靳发	120712	874
8764	逛河湾			温泉屯	赵义	赵长禄	120561	864
8765	懒老婆			新保安村	刘玉兰	卢云龙	120713	349
8766	苏武牧羊			张家口	段少英、刘云等	张海泷	120630	927
8767	改良歌				四朵花	张美华	120519	504
8768	闹五更			后城村	李建城	刘兆祥	120551	2

序号	篇名	民族	流传地区	采集地	讲述者	搜集者	数据库编号	字数
8769	十字头			张北县	张仁	刘海泷	120650	685
8770	童养媳妇			黄石崖	于治河	王忠新	120675	518
8771	抗战歌			公会镇	李俊	刘润书	120512	878
8772	割红缎			张北公会镇	刘润书	孙汉章	120596	966
8773	水刮张家口			三道川	张树山、张启生等	李建海	120641	2
8774	离别					范鹏飞	120514	1052
8775	争热炕			崇礼山岔村	米殿风	靳发	120709	398
8776	四宝找活			南德胜庄	王笑	姚玉君	120583	2
8777	改春联			蔚县石荒村	魏玉梅	王玉祥	120695	2
8778	烂席片					刘润书	120568	384
8779	三人吃枣			张家口	小侃	张海泷	120705	342
8780	遭荒旱			怀安城	胡顺	高升	120575	1049
8781	抽大烟的好下头			代王城	李占启	宋尚学、王鸿莲	120681	213
8782	影无踪			蔚县	田进文	郭治涛	120699	1051
8783	吹牛			台路沟乡	马玉恒	党巨金	120707	2
8784	胡说话			黑城子村	王斌	刘润书	120693	636
8785	劝姑娘			涌泉庄	王庭掌	宋尚学、王鸿莲	120679	2198
8786	你们哪里见过这个事情			崇礼老虎背村	张永富	靳发	120692	488
8787	脸谱歌			李家庄	田凤云	杨畅	120521	819
8788	劝姑娘			上宫村	茹有财	郭治涛	120678	880
8789	荒唐歌			张家口	李宝盘	张海泷	120704	2
8790	八棵树开花				张万忠	赵万诚	120620	630
8791	四戒歌				刘秀英	赵相如	120529	869
8792	小女婿			永保局	孙孝美	李建萍	120715	759
8793	三国赞						120756	845
8794	尿湿床			北深涧村	邢更志	田永翔	120720	287
8795	劝人篇			宋家庄	密惠	王玉祥	120531	332
8796	鞋脚争吵			张家口	杨裕	梁廷艾	120702	324
8797	绣脸谱						120724	537
8798	仨青年谈戏					白明忠	120703	221
8799	二十四个节气歌			李家庄	田凤云	杨畅	120536	566
8800	“虎儿”谣			兴仁堡	张万金	卢云豹	120721	860
8801	掉手镯						120737	432

序号	篇名	民族	流传地区	采集地	讲述者	搜集者	数据库编号	字数
8802	四季小唱						120742	387
8803	扔戒指			沙城	冯桂林	孙汉章、熊连仲	120567	1260
8804	二十八宿			黑城子村	王斌	刘润书	120614	1251
8805	捉苍蝇						120735	406
8806	上梁喜歌			上宫村	张生	郭治涛	120526	446
8807	寡妇难			三道川	张启昌	李建海	120578	637
8808	吃黄糕			蔚县石荒村	魏玉梅	王玉祥	120656	761
8809	劝善歌						120725	2
8810	贫与富			蔚县宋家庄乡石荒村	王耀	王玉祥	120652	379
8811	妓女告状			蔚县大固城村	杨备	王茹雅	120592	666
8812	孟姜女哭长城			矾山	王秀兰	赵福林、孙汉章	120633	450
8813	五哥放羊						120728	2
8814	三季问老乡			涿鹿城关	葛占启	葛占启	120517	252
8815	十二月观花			赵家蓬村	何为	杨云	120611	253
8816	拔葱						120734	982
8817	尼姑思凡						120727	679
8818	烂席片						120740	1439
8819	十对花			赵家蓬	何世树	杨云、赵福林	120612	453
8820	大实话			蔚县石荒村	郭士千	王玉祥	120690	640
8821	扔戒指						120738	572
8822	拉骆驼						120732	360
8823	一枝花			张各庄	邢占宝	杨云	120619	275
8824	仨姊妹			辛庄子村	李淑贵	梅迎春	120669	828
8825	小俩口拜年						120745	208
8826	大嫂赶家雀					张海泷	120663	1011
8827	十二棵树			南德胜庄	王笑	姚玉君	120624	2
8828	拔葱			尚义	董科	赵锦德、孙汉章	120562	377
8829	韩湘子出家						120755	253
8830	大实话				姜永俊	赵一星	120689	726
8831	孟姜女哭长城						120753	825
8832	打柳歌						120751	398
8833	水刮张家口						120754	339
8834	瞎胡云			王家寨	王怀礼	杨畅	120691	1117
8835	十字头			西湾子	村才	薛满	120649	917

序号	篇名	民族	流传地区	采集地	讲述者	搜集者	数据库编号	字数
8836	光棍哭妻				武亮	薛满、张庆	120587	551
8837	十字变			大固城村	杨备	王玉祥	120647	299
8838	两头忙			张家口	小侃	张海泷	120696	705
8839	探情郎			太平湾村	杨万禄	霍增顺	120543	438
8840	无影踪			东井子	武振邦	武振友	120700	537
8841	闺女要嫁妆						120729	781
8842	割韮菜						120731	339
8843	送情郎			温泉屯村	张文进	赵长禄	120541	371
8844	摘绿豆						120736	620
8845	闲扯蛋			王家寨村	王怀礼	杨畅	120701	1587
8846	大姑娘			王家寨村	王怀礼	杨畅	120658	355
8847	掐蒜苔			曼头营乡新地房村	李伏荣	刘润书	120555	862
8848	老两口争热炕			县水利局	王尚清	张进善	120710	592
8849	说“头”			三合庄村	史永	戴世敏	120718	275
8850	十二行						120687	2128
8851	打樱桃			太平湾	杨万禄	霍增顺	120556	2
8852	哭狱牢						120748	670
8853	王三姐			矾山	王秀兰	赵福林	120717	2
8854	烧纸祭奠未婚夫			蔚县城	王月英	宋占领	120667	1020
8855	尿床的小女婿			水利局	孙孝美	李建萍	120714	364
8856	八仙过海					武振友	120708	518
8857	穷人的苦处诉不完			柴沟堡	时有旺	任永清	120644	2
8858	馋老婆			张家口	张德祥	张海泷	120659	830
8859	蔚县是个好地方			北水泉村	郭有库	郭敬林	120646	789
8860	大烟鬼显魂			蔚县	阮玉	张海泷	120686	2
8861	十二棵树开花			赵家蓬村	杨万宽	杨云	120623	2
8862	绣荷包			老虎背村	张永富、陈廷元	靳发	120545	389
8863	珍珠倒卷帘			李家庄	田凤云	徐俊峰	120618	807
8864	九个老头九瓶酒			蔚县李家庄	田凤云	田永翔	120654	884
8865	捉苍蝇			尚义	任光美	赵锦德、孙汉章	120565	957
8866	十棵树			上宫村	张喜林	郭治涛	120621	830
8867	光棍哭妻			公会大考营村	霍占海	刘润书	120584	660
8868	聘闺女			张北	王文斌	邢启录、孙汉章	120595	747
8869	光棍哭妻			八件营村	张春永	赵万诚	120586	233

序号	篇名	民族	流传地区	采集地	讲述者	搜集者	数据库编号	字数
8870	割韭菜			崇礼县石窑子村	杜财	孙汉章	120558	444
8871	打柳歌			崇礼县	王林	孙汉章、赵一星	120615	834
8872	五更鼓			张北县城	四朵花	张运明、杨畅	120547	111
8873	十柱香			蔚县城	田凤云	李强	120610	360
8874	拉骆驼			康保	李永德	韩世雄、孙汉章	120559	390
8875	韩湘子出家			蔚县城	杨作锦	田维忠	120637	451
8876	四宝当长工			温泉屯村	赵功	赵长录	120582	817
8877	妇女哭诉			张家口	丁义祥	孙汉章	120576	222
8878	珍珠倒卷帘			武家沟	马天王		120617	596
8879	卖扁食			温泉屯村	张文进	赵云录	120597	670
8880	表三十五位古人名		涿鹿县		杨万宽	杨云	120616	508
8881	王二嫂怀胎			三道川	席桂英	李建海	120599	234
8882	九月怀胎				杨万宽	杨云搜	120602	2
8883	九月怀胎			崇礼西湾子	任志真	薛满、胡光晓	120601	405
8884	朱洪武放牛			二泉井乡黑城子村	王斌	刘润书	120631	834
8885	二十四棵树			保岱村	张玉明	金勉泳、张荫耕	120622	766
8886	绣花灯					杨云、杨畅	120629	102
8887	十二棵树表古人			太黄庄	刘秀英	赵相如	120626	1108
8888	种洋烟			张北县城	四朵花	刘润书	120683	516
8889	画扇面			温泉屯村	张文进	赵长录	120627	2
8890	李方巧搭妻			赤城城关	韩宏业	孟树民、刘兆祥	120674	349
8891	孟姜女哭长城				张国栋	张海泷	120632	435
8892	小两口拜年			张家口	张国栋	张海龙	120666	2
8893	姜大嫂看戏			城关镇太平庄	郭元	王玉祥	120655	2
8894	四个大嫂			王家寨村	王怀礼	杨畅	120657	876
8895	十柱香						120750	877
8896	十二个月忙			县水利局	王尚清	陈九满	120711	453
8897	四个人看戏戏			王家寨村	王怀礼	杨畅	120706	2107
8898	拴孩子						120746	633
8899	烂席片						120741	528
8900	十绣						120752	2
8901	吝啬鬼赴宴			蔚县太平庄	郭元	王玉祥	120653	1172
8902	表十字			崇礼老虎背村	张永富	靳发	120648	2
8903	找对象			二泉井乡黑城子村	韩福瑞	刘润书	120594	314

序号	篇名	民族	流传地区	采集地	讲述者	搜集者	数据库编号	字数
8904	烂蓆片					孙汉章、刘忠	120570	912
8905	闹五更			温泉屯村	张文进	赵长禄	120550	560
8906	四问妇女生产怎么办			涿鹿城镇	葛占启	葛占启	120518	486
8907	送才郎			张北县战海乡	孙雨	崔靖	120540	661
8908	乡圪丁抢粮			石咀子	张喜、张吉	赵万诚	120516	290
8909	掉手镯			崇礼县石窑子村	杜财	孙汉章	120566	1955
8910	打樱桃			阳原县	尚士祺	孙汉章、熊连仲	120557	1213
8911	世上最狠老财的心			柴沟堡	米王花	任永清	120645	1210
8912	继母打孩			洗马林	杨万禄	霍增顺	120603	770
8913	怀胎			宣平堡村	胡玉	霍增顺	120600	816
8914	打蔚县城			李家庄	田凤云	杨畅	120642	2
8915	小寡妇上坟			赵家蓬村	杨万宽	杨云	120604	476
8916	哭狱牢			崇礼石夭子村	杜才	孙汉章	120608	440
8917	拴孩子			崇礼县石夭子村	杜财	孙汉章	120606	953
8918	十二月忙			张家口	丁义祥	孙汉章	120609	744
8919	十月思亲歌			马道口	郝瑞花	李建海	120537	1560
8920	劝姑娘			三道川	耿喜永	李海建	120680	416
8921	要嫁妆			后城村	李建业	刘兆祥	120673	667
8922	大姑娘拴鸡					张海泷	120662	693
8923	烂蓆=						120739	770
8924	老母猪				魏玉梅	王玉祥	120698	258
8925	正月十五耍灯			柴沟堡	孙孝美	李建萍	120688	396
8926	打樱桃						120730	831
8927	下亲歌			王家寨和张市	杨占寿、张万选	杨畅	120524	1311
8928	回关南						120743	611
8929	花鼓歌			三道川	张树山	李建海	120522	880
8930	绣脸谱				登全	刘兆祥	120520	769
8931	王祥卧冰					阎张换	128426	426
8932	光棍苦				吕成牛	吕雁平	128437	174
8933	行善歌					爱林、林凤	128420	99
8934	比眼圆				陈占营	吕生泰	128493	175
8935	天上星多月不明				赵二孩	吕生泰	128486	952
8936	十把伞					冯光华	128490	202
8937	夜女十想歌			昭义村	秦马香	冯晶	128485	127

序号	篇名	民族	流传地区	采集地	讲述者	搜集者	数据库编号	字数
8938	穷字歌				宋三明	郭仁子	128482	246
8939	贤良嫂			固新镇	秦兰香	冯光华	128473	149
8940	翻身歌			黄岩村	秦艳灵	冯光华	128481	627
8941	十月怀胎难			黄岩村	秦艳灵	冯昌	128488	359
8942	姑嫂猜谜			涉县郝家村	陈荣贵	郝乃堂	128476	425
8943	回娘家					冯光华	128491	128
8944	绣荷包					吕爱锋	128459	106
8945	四季里相思			黄岩村	秦艳灵	冯晶	128492	852
8946	哥哥参加八路军				秦艳灵	冯光华	128494	125
8947	送郎参军歌				秦双香	冯光华	128495	894
8948	泥瓦匠住草房			涉县后峧村	申发兰	申仁子	128449	149
8949	狼心狗肺不久长					阎张换	128395	199
8950	慰问袋				秦艳灵	冯光华	128413	163
8951	缠脚苦			黄岩村	秦艳灵	冯光华	128407	200
8952	沙阳花鼓					冯光华	128467	198
8953	骂公公			子西戌	王小苹	王福榜	128457	225
8954	别拿洋钱敬泥胎		涉县		赵保运	王海峰	128447	299
8955	打泥胎歌						128480	312
8956	龙王见了就打颤			涉县后峧村	申发兰	申仁子	128433	125
8957	林彪逃苏联			涉县西戌镇	王小萍	王福榜	128386	240
8958	坐汽车			关防村	王相三	冯晶	128489	735
8959	年年有个正月正			青塔村		武熹晨	128472	367
8960	一女选了八个郎			涉县神头村	阎林	郝献昌	128484	109
8961	二十四节歌			涉县西戌村	李双河	王福榜	128483	508
8962	恓惶路上一只鸡			涉县东达村	陈春凤	申中成	128475	140
8963	谁打老婆谁倒霉				王小萍	王福榜	128474	93
8964	水流石头在				牛补元	王福榜	128443	429
8965	新媳妇做饭				香梅	爱林、林凤	128477	678
8966	把戏不露真				王茂昌	王海峰	128478	532
8967	十二月打日本			澄办公室	刘澄	冯光华	128479	222
8968	卖饺子			涉县更乐镇又上村	江根成	张金良	128487	687
8969	游戏儿歌两首					卢云龙	132845	245
8970	背孩歌			马圈堡	袁桂莲	孙建永	132736	108
8971	吃了馍馍耪地去					张海泷	132820	118

序号	篇名	民族	流传地区	采集地	讲述者	搜集者	数据库编号	字数
8972	大头					孙建永	132724	129
8973	哄孩谣			第六屯	李桂梅	苏金花	132732	305
8974	瞭姨姨					杨畅	132834	153
8975	看灯			崇礼海流图村	殷风花	李满	132782	154
8976	催眠曲					孙建永	132725	281
8977	催眠曲			康保镇	张素霞、刘婷	谭海霞、王凤娟	132728	216
8978	我的朋友遍天下					靳发	132696	157
8979	七字歌					杨畅	132892	127
8980	小白棍					张庸明、禾丰	132716	239
8981	爱孩孩					孙建永	132726	309
8982	花轱轮车			柴沟堡	杨翠兰	武丽红	132809	196
8983	做饭					韩守启	132913	216
8984	一棵小枣树					张海泷	132710	213
8985	我下河里把鱼捞					杨畅	132822	211
8986	老师和老史					杨畅	132895	103
8987	偷桃子					杨畅	132889	263
8988	矬子打老婆					苏贵生、禾丰	132885	382
8989	饿老雕					孙建永	132723	219
8990	拉钩上吊			沙城	韦秀华	卢云龙	132853	108
8991	老何捞箩又救鹅					李宝柱	132903	172
8992	挑线歌					卢云龙	132846	204
8993	月姥姥					张庸明、禾丰	132720	110
8994	告状					李满	132780	171
8995	毛耗耗			满州坡	白云华	冯秀琦	132793	163
8996	小白兔			平定堡镇	于春林	于风仙	132875	293
8997	我家有个胖娃娃					张海泷	132708	297
8998	猫和鸟					率军、宝柱	132905	137
8999	捣兑谣			辛庄子村		梅迎春	132752	352
9000	赔嫁					王文汉	132773	143
9001	金蛋蛋			蔚县	刘子英	张彩霞	132785	166
9002	盲人捉贼			沙城	马洪英	王国铭	132912	187
9003	倒打孙猴猪八戒			崇礼海流图村	殷凤花	李满	132750	194
9004	月婆婆					凌霜、李宝柱	132762	77
9005	针扎扎花			胡家屯	侯玉香	张进善	132789	77

序号	篇名	民族	流传地区	采集地	讲述者	搜集者	数据库编号	字数
9006	喝冷水要生病					韩守启	132747	142
9007	上炕吃饺饺					张海泷	132816	145
9008	身体各部曲			崇礼海流图村	王秀丽	李满	132741	74
9009	小小手					杨云	132767	78
9010	儿歌四首					郭海	132739	138
9011	骑上大马去烧香					刘戎声	132740	133
9012	烂红眼			柴沟堡	王春雷		132919	292
9013	走娘家					李宝柱	132765	108
9014	冈当车					张海泷	132953	130
9015	啥字歌					张海泷	132807	125
9016	板凳摞摞			辛庄子村		梅迎春	132754	156
9017	董家湾			第九屯	王明	王玉龙	132748	78
9018	我跟姐姐一起嫁			康保屯垦乡		陈秀萍	132915	135
9019	二黄毛			满州坡	周志厚	冯秀琦	132797	165
9020	发大水			张家口		张海泷	132951	165
9021	太阳晒晒					孙建永	132735	105
9022	看豌豆			景县		张海泷	132948	113
9023	催眠歌			沙城	韦秀花	卢云龙	132734	166
9024	喜鹊鹊			张家口	张汉敏	张海泷	132955	197
9025	夜哭歌			康保阎油坊	杨兴华	宋秉旺	132737	197
9026	给你个骨朵儿耍			满洲坡	白云华	冯秀琦	132930	253
9027	姥姥请外甥			冻小庄村	贺文梅	常忠红	132799	249
9028	偷酱缸				涨登善	王文汉	132940	125
9029	小乌鸦					左宝	132794	52
9030	街上货郎摇铃摇			第六屯	许凤枝	席志海	132751	168
9031	睡觉谣			元坊村	史永	戴世敏	132729	80
9032	小板凳					王桂红、亮树	132757	179
9033	谁历害					尹爱先、亮树	132756	108
9034	一个小甜瓜					张海泷	132791	142
9035	催眠曲			东小庄村	韩正兰	成有举	132733	253
9036	踢毽子歌					王文汉	132855	131
9037	花狗咬了手					杨畅	132835	113
9038	不多不少整十六			张家口	张国栋	张海泷	132874	140
9039	搬板凳					卢云龙	132812	151

序号	篇名	民族	流传地区	采集地	讲述者	搜集者	数据库编号	字数
9040	咪胡子			满洲坡村	白云华	冯秀琦	132795	144
9041	放学					张海泷	132770	76
9042	撒荞麦			自辛庄村	王爱	王海燕	132802	253
9043	我是小铁匠					杨云	132803	103
9044	小乖乖			尚义县城	叶有全	梁艾	132959	264
9045	婆婆嫁给老汉汉					杨畅	132829	159
9046	小老鼠偷油					张海泷	132947	297
9047	孩子醒了我抱他			景县	张德祥	张海泷	132821	210
9048	批林彪			张许村	娄桂芬	张运民、禾平	132842	517
9049	送花姐			崇礼海流图村		李满	132779	150
9050	葫芦圆圆			胡家屯	侯玉香	张进善	132788	256
9051	小花猫			小堡村	刘玉枝	王晓丽	132939	132
9052	姑姑洋				阎素枝	丰胜	132868	217
9053	买你的胭脂买你的粉					杨畅	132827	165
9054	买个大皮靴			景县		张海泷	132792	126
9055	纳子儿歌					王文汉	132854	104
9056	气姐夫			赵家蓬村	杨瑗	杨云	132800	186
9057	娶新娘					左宝	132783	272
9058	变老头儿					杨畅	132864	152
9059	铃当当					郭海	132914	197
9060	说胡话			张北县城	刘爱	率军、宝柱	132970	249
9061	批林彪			于蔚县	郭春华	魏敏春	132843	210
9062	卖蒜			古家町村	王秀珍	郭翀华	132861	77
9063	小皮球			平定堡镇	王丽苹、于春林等	于凤仙	132880	186
9064	抓石子歌				李树平	邢选相、胡秀霞	132858	136
9065	跳猴皮筋歌			张市郊区王家寨村	杨裕	杨畅	132841	167
9066	打兔子			凉泉沟村	李玉英	孙建永	132727	135
9067	哈叭狗					杨畅	132922	183
9068	张打铁					尹凤阁、亮树	132755	117
9069	奶奶庙					杨畅	132837	127
9070	月姥娘					张海泷	132790	393
9071	老爷骑马我坐轿					王占裕	132918	121
9072	甜馍送给婆婆			张家口市	刘爱	率军、宝柱	132910	135

序号	篇名	民族	流传地区	采集地	讲述者	搜集者	数据库编号	字数
9073	颠倒歌					杨畅	132923	66
9074	种葵花					率军、宝柱	132907	190
9075	穷人愁					戴世敏	132701	171
9076	婆子和钵子					李宝柱	132902	311
9077	数数歌					孙建永	132871	147
9078	打猪草					率军、宝柱	132906	60
9079	小麻雀					张庸明、禾丰	132717	103
9080	绣荷包			阳原县	先志	张海泷	132804	96
9081	开马城			蔚县古家町	王秀珍	郭翀华	132863	160
9082	小小手			马道口	郑有昌	李建海	132746	178
9083	哄孩谣			三营村	卢凤莲	卢云豹	132730	94
9084	买鸭梨			赵家蓬村	杨瑗	杨云	132946	100
9085	毛驴					卢云龙	132852	132
9086	妞妞和牛牛					率军、宝柱	132909	169
9087	山药蛋滚山坡			南得胜庄村	王秀梅	姚玉君	132738	125
9088	头字歌					凌霜、李宝柱	132763	186
9089	八棱八角树			景县		张海泷	132900	121
9090	走亲			崇礼海流图小学	李凯达	李满	132778	251
9091	指纹歌					刘戎声	132742	100
9092	小孩孩					张庸明、禾丰	132714	359
9093	胖娃娃			平定堡镇	郭晓梅	于风仙	132879	97
9094	做习题			张市	张绍然	王红梅、宋素敏	132759	278
9095	天上的星星			康保城关镇	阎素枝	丰胜	132749	158
9096	回娘家					张海泷	132712	317
9097	小妞送饭					杨畅	132894	156
9098	小镰刀					张庸明、禾丰	132715	242
9099	绣花					刘小军、亮树	132758	74
9100	好媳妇			辛庄子村	李淑贵	梅迎春	132753	99
9101	刘有候摇楼					杨畅	132893	79
9102	小小手			满洲坡	白云华	冯秀璋	132743	137
9103	出嫁					王文汉	132772	174
9104	卧娃娃			崇礼海流图村	殷凤花	李满搜	132731	314
9105	剪子捅管子					苏贵生、禾丰	132886	334
9106	打公公					王文汉	132775	104

序号	篇名	民族	流传地区	采集地	讲述者	搜集者	数据库编号	字数
9107	月牙儿					张扬	132769	189
9108	烧热炕			狼山	卢桂荣	卢云龙	132929	77
9109	豆芽菜			胡家屯	侯玉香	张进善	132941	57
9110	没娘孩儿不好过			张北	刘爱	凌霜、李宝柱	132764	321
9111	娶新嫂					王文汉	132776	166
9112	点艳艳			黄上梁	李兵	孙建永	132872	169
9113	二八点儿			马圈堡	袁桂莲	孙建永	132928	213
9114	小叭狗驮大米					张海泷	132818	199
9115	碰见两个大美人					李满	132781	79
9116	捣兑谣			新保安	刘玉兰	卢云龙	132814	192
9117	金孩子					孙建永	132927	108
9118	绣个公鸡不下蛋					杨畅	132826	77
9119	山药蛋滚山坡			蔚县杨庄窠乡古家町村	王秀珍	郭春华	132787	185
9120	俩牛儿				张登善	王文汉	132856	56
9121	过大年			满洲坡	白云华	冯秀琦	132931	209
9122	放白马			蔚县城	苏奋明	张彩霞	132784	175
9123	毛姑姐			保庄村	任桂玲	田域秀	132801	149
9124	盖燕窝					卢云龙	132850	200
9125	十放歌			尚义县城	叶有全	梁艾	132937	191
9126	妈妈挑野菜					杨畅	132824	91
9127	姊妹三个梳油头			沙城	韦秀花	卢云龙	132813	141
9128	小白鸡					张海泷	132819	72
9129	点蛐蜓					卢云龙	132934	194
9130	娶新娘					杨畅	132831	71
9131	蹦出个小孩					杨畅	132825	360
9132	跑马群			满洲坡	周志厚	冯秀琦	132862	552
9133	懒人					卢云龙	132933	206
9134	老鹞鹰					卢云龙	132849	221
9135	十件花衣裳					杨畅	132830	144
9136	拍手谣			城关镇	阎素枝	丰胜	132857	202
9137	大跳蚤			张市	吴素阁	凌霜、老杨	132962	51
9138	不多不少十六点				张国栋	张海泷	132873	194
9139	儿歌四首					杨畅	132840	155
9140	小喜鹊					张庸明、禾丰	132718	95

序号	篇名	民族	流传地区	采集地	讲述者	搜集者	数据库编号	字数
9141	屁是一只虎			满州坡村	白云华	冯秀琦	132960	224
9142	李存孝			崇礼海流图村	殷凤花	李满	132943	107
9143	小狗歌					卢云龙	132851	142
9144	画凤凰					杨畅	132888	312
9145	说笑话					张海泷	132950	222
9146	猫儿上了碗架头					杨畅	132921	104
9147	拿子歌两首			蔚县黄庄村	王月英	宋占领	132859	160
9148	小叭狗土里滚					张海泷	132711	148
9149	不成器					戴世敏	132967	249
9150	鹅大哥			赤城大海陀	赵子英	阎春林	132768	174
9151	弹毛蓝			古家甸村	王秀珍	郭翀华	132860	131
9152	耗子咬个大窟窿					卢云龙	132848	680
9153	麻子歌			狼山村	卢桂荣	卢云豹	132972	203
9154	月亮亮			张北	刘爱	李宝柱	132766	136
9155	编花篮			蔚县	张建立	张彩霞	132870	139
9156	两个老汉上南山			张家口	王维州	张海泷	132808	112
9157	闯阵					郭海	132881	112
9158	打日本儿			白庙滩	史永	戴世敏	132704	161
9159	抢碗			马道口村	郑有昌	李建海	132898	77
9160	刮大风					杨畅	132924	264
9161	巧巧学话					倪昌有	132899	187
9162	理发师“技术高”					卢云龙	132935	61
9163	一囤谷子			康保镇	阎素枝	武振友	132904	151
9164	顾子和柱子					苏贵生、禾丰	132887	507
9165	要媳妇			沙城	韦秀华	卢云龙	132936	202
9166	耍棍棍			尚义县城	叶有全	王剑冰	132971	410
9167	大爷娶个大奶奶			保庄村	任桂玲	田秀域	132938	139
9168	麻雀				卢桂荣	卢云豹	132957	180
9169	推篮篮			胡家屯	侯玉香	张进善	132942	244
9170	酒换油					杨畅	132891	164
9171	过大年			张家口	刘余	张海泷	132956	331
9172	骑着大马去烧香			张家口	李宝盘	张海泷	132954	135
9173	车夫谣			狼山村	卢桂荣	卢云豹	132958	151
9174	救羊					率军、宝柱	132908	164

序号	篇名	民族	流传地区	采集地	讲述者	搜集者	数据库编号	字数
9175	实话和瞎话					凌霜、老杨	132961	135
9176	插柳					杨畅	132896	139
9177	说赔两瞪眼			元坊村	史永	戴世敏	132969	141
9178	鬼细细					王占裕	132917	239
9179	黑猪白兔小鸡毛					张扬、单振英	132973	518
9180	豌豆角两头翘			张家口	张爱英	乔当归、禾丰	132911	640
9181	个人挣钱个人花					卢云龙	132932	185
9182	鸭儿梨			王家寨村	潘守信、潘守祥	杨畅	132897	193
9183	孩子跟老子					杨畅	132920	199
9184	好媳妇儿					杨畅	132832	248
9185	清河水			平定堡幼儿院	林小丽	于风仙	132878	184
9186	问答歌				杨秀林	杨畅	132883	144
9187	钉扣扣			小堡村	李华梅	唐海燕	132815	308
9188	扎板底下走亲家			张家口市	李宝盘	张海泷	132713	161
9189	白毛女			古家町村	王秀珍	郭春华	132699	104
9190	满洲坡			满洲坡	周志厚	冯秀琦	132705	412
9191	秃子			张北	马俊	张海泷	132916	193
9192	米儿蒿					张庸明、禾丰	132721	178
9193	白妮爱着庄户哥					凌霜、李宝柱	132761	180
9194	白榔树					张海泷	132709	349
9195	小手绢儿					杨畅	132836	177
9196	猴猴撵老虎			古家町村	王秀珍	郭春华	132786	346
9197	反打锤					王统军、禾丰	132963	151
9198	抱娃娃					王文汉	132777	234
9199	敬奶奶					凌霜、李宝柱	132760	52
9200	小烟袋			张家口郊区和宣化县	杨裕、张万选	张庸明、禾丰	132722	239
9201	大公鸡					李建海	132745	148
9202	不给了					卢云龙	132810	391
9203	刘胡兰			满洲坡	周志厚	冯秀琦	132700	110
9204	花袄					杨畅	132823	108
9205	我也去当兵保国家			尚义县城	叶有全	梁艾	132698	139
9206	待客人					张海泷	132817	122
9207	狗啃油篓					杨畅	132890	65
9208	秃老婆			满州坡	白云华	冯秀琦	132796	167

序号	篇名	民族	流传地区	采集地	讲述者	搜集者	数据库编号	字数
9209	月姥姥					张庸明、禾丰	132719	191
9210	黄河九道湾					杨畅	132882	320
9211	借绿豆			张家口	李宝盘	张海泷	132901	251
9212	胖棒棰					杨畅	132838	133
9213	羊尾巴			满洲坡	周志厚	冯秀琦	132697	187
9214	对金斗			张家口	李宝盘	张海泷	132867	136
9215	打懒老婆			张北	刘爱	李宝柱	132884	245
9216	大姆哥					张海泷	132866	106
9217	周扒皮			平定堡镇	于春林	于风仙	132877	262
9218	过年歌					戴世敏	132702	85
9219	快长大			满洲坡	周志厚	冯秀琦	132706	198
9220	细米哨歌					卢云龙	132847	243
9221	秃老婆					刘云霞、禾丰	132964	106
9222	历史颠倒笑死人					杨畅	132925	195
9223	责任田里流了汗			黄土梁	李兵	孙建永	132707	151
9224	小叭狗去赶集					张海泷	132952	170
9225	姥姥门口唱大戏			平定堡镇	贾风英	于风仙	132876	263
9226	臭死财主老东西					杨畅	132839	171
9227	给你打个掏耳勺			张家口	王林山	张海泷	132949	193
9228	月亮圆			赵家蓬村	杨瑗	杨云	132945	177
9229	老鼠娶媳妇儿					杨畅	132926	192
9230	砸字钱					卢云龙	132844	137
9231	谐趣歌					戴世敏	132966	277
9232	打排号			蔚县	张建立	张彩霞	132869	246
9233	烙油饼炒鸡蛋			张家口	张绍然	凤娟、良术	132965	175
9234	猜东西						132865	206
9235	有根几眼儿					戴世敏	132968	91
9236	哥哥娶了个懒老婆					杨畅	132833	133
9237	小小手			满洲坡	白云华	冯秀琦	132744	296
9238	乱碰头					王汉文	132944	152
9239	懒老婆			辛庄子	李淑贵	梅迎春	132798	222
9240	豆芽菜					杨畅	132828	346
9241	住娘家					王文汉	132774	177
9242	扫雪					张海泷	132771	213

序号	篇名	民族	流传地区	采集地	讲述者	搜集者	数据库编号	字数
9243	车古车，夜古夜					卢云龙	132811	337
9244	大姑娘做梦			阳原县	先志	张海泷	132805	104
9245	插花鞋			景县大赵庄		张海泷	132806	157
9246	早起歌				李秀荣	侯庆云	133701	1090
9247	送女子参军						133700	303
9248	国民党统治时期民谣			河间县果子洼	吴家起、吴家启	宋国祥、宋国祥	133699	124
9249	踩高跷						133702	964
9250	长工谣				李秀荣	李利	133703	156
9251	吕洞宾巧会牡丹				李秀荣	李利	133704	290
9252	忙				阎宝森		136448	332
9253	拉大锯				蒋秀英		136503	1121
9254	游南关				王志春		136585	117
9255	杨家将				佚名		136561	159
9256	包包调				吴少忠		136564	312
9257	天气黄澄澄				孙艳芹		136440	179
9258	春雨贵如油				孙艳芹		136443	145
9259	八仙图				姚德		136563	1275
9260	大姑娘放屁				李锡祯		136568	140
9261	陈皮调				姚德		136491	940
9262	摆渡船				荆玉兰		136586	146
9263	榆树开花一串钱				荆玉兰	何宗禹	136559	636
9264	小老头儿歌				赵艳平		136537	176
9265	茴香调				姚德	何宗禹	136489	307
9266	八仙庆寿				蒋锡铭		136562	307
9267	十二月歌				满凤楼		136556	309
9268	小巴狗				陈英		136531	123
9269	逛灯				王志春		136479	211
9270	包包儿调				吴少忠		136565	205
9271	童谣				李东梅		136547	117
9272	二头二				李锡祯		136517	192
9273	邓老海的影				李际平		136444	151
9274	陈皮歌				李文治		136473	150
9275	小烟袋				蒋秀英		136505	1053
9276	喝面汤				左淑云		136500	129

序号	篇名	民族	流传地区	采集地	讲述者	搜集者	数据库编号	字数
9277	血汗钱，万万年				陈英		136445	195
9278	棉花桃				李锡祯		136529	116
9279	肉桂调				姚德	何宗禹	136487	453
9280	木匠的歌				安作霞		136453	226
9281	货好传名				李文治		136460	255
9282	小看戏				郑运来		136480	160
9283	干姜调				姚德	何宗禹	136488	237
9284	八月里，秋风凉				陈英		136578	148
9285	豆蔻歌				李文治		136472	99
9286	小花狗				秦淑娟		136540	156
9287	陪戚				安作侠		136430	139
9288	青菜打仗				满楼风		136553	556
9289	白芷调				姚德	何宗禹	136486	358
9290	钻窟窿						136573	766
9291	土布谣				李锡祯		136442	177
9292	别别扭扭				李锡祯		136441	179
9293	香蘑歌				李文治		136471	143
9294	八月暖				李锡祯		136437	418
9295	山老鸹				陈英		136450	391
9296	秃子秃				蒋秀英		136508	154
9297	一年四季保平安				李文治		136463	576
9298	催眠曲				李东梅		136548	373
9299	民谣				刘颜明		136451	203
9300	美女思情				刘威德		136482	970
9301	秋风吹				秦淑娟		136541	360
9302	小蜜蜂				秦淑娟		136543	737
9303	一字歌				杨洪志		136452	118
9304	格登一				荆玉兰		136552	373
9305	小剪刀				秦淑娟		136539	135
9306	搭戏台				陈英		136446	1018
9307	一轮明月照西厢				李文治		136462	100
9308	大料调				姚德	何宗禹	136485	307
9309	月婆婆				李锡祯		136515	185
9310	刷牙谣				任秋红		136536	113

序号	篇名	民族	流传地区	采集地	讲述者	搜集者	数据库编号	字数
9311	小小子儿				蒋秀英		136506	171
9312	说糊涂				高氏		136498	137
9313	扯乐乐				孙艳芹		136511	75
9314	打日本				李锡祯		136527	345
9315	大肚子				蒋秀英		136509	154
9316	光药擦了一小斗子				李锡祯		136514	189
9317	大公鸡，上草垛				蒋秀英		136504	494
9318	一家子				李锡祯		136513	229
9319	大妈妈有病				陈英		136530	148
9320	夏至拔大麦				陈英		136421	139
9321	奉劝诸位别信佛				李锡真		136576	155
9322	榨板榨				蒋秀英		136501	172
9323	上树摘桃				陈英		136533	174
9324	花椒调				姚德	何宗禹	136484	243
9325	三朵菊花开红咧				荆玉兰		136554	84
9326	小小手				安作侠		136499	150
9327	月亮堂堂				秦淑娟		136545	150
9328	赔姑娘				马淑英		136431	696
9329	场里坐着个花大姐				荆玉兰		136555	732
9330	大雁谣				李锡祯		136525	72
9331	冰片				满凤楼		136476	245
9332	柳条细						136423	341
9333	合钵				刘盛德		136560	1057
9334	正月二十五						136420	146
9335	擀面条				陈英		136449	239
9336	十三香				满凤楼		136475	546
9337	十年河西						136575	467
9338	大雁叫一声				蒋秀英		136435	270
9339	包包调儿				李文治		136474	70
9340	干姜歌				李文治		136467	91
9341	人老了				李锡祯		136570	138
9342	若要小孩好				李锡祯		136439	254
9343	丁香歌				李文治		136456	160
9344	菜谱				李文治		136457	173

序号	篇名	民族	流传地区	采集地	讲述者	搜集者	数据库编号	字数
9345	颠倒歌				倪茹方		136580	230
9346	勤嫂嫂				佚名		136454	256
9347	“本楼”头				李锡祯		136516	590
9348	劈白菜				孙艳芹		136521	167
9349	菜打仗				王殿明		136567	145
9350	卖香面调				魏秉桓		136492	142
9351	瞎话				孙艳芹		136510	245
9352	秋风刮						136519	229
9353	丁香调				王晓岚		136455	373
9354	交通规则				王小兰		136497	148
9355	蚂螂歌				李锡祯		136520	434
9356	卖香面调				魏秉桓		136494	409
9357	哭夜郎				蒋秀英		136583	409
9358	借笊篱						136518	170
9359	鸡蛋黄，盖小房						136522	622
9360	贴上膏药不疼咧				李锡祯		136512	87
9361	蚂螂过河				佚名		136550	150
9362	十二月开花				满凤楼		136557	139
9363	小耗子				陈英		136532	215
9364	剪指甲				秦淑娟		136538	404
9365	小蜻蜓				秦淑娟		136544	294
9366	小耗子						136528	136
9367	小耗子儿				马淑英		136534	191
9368	小小手				秦淑娟		136546	270
9369	赶集谣				倪茹方		136579	346
9370	乐亭影				刘作信		136582	162
9371	三国不合动刀枪				满凤楼		136558	219
9372	少说话						136572	135
9373	馋学艺						136574	1290
9374	大轱辘车				佚名		136551	101
9375	冤狱苦				张利民		136424	165
9376	白芷歌				李文治		136469	148
9377	结婚铺床歌				蒋秀英		136425	264
9378	夸纸				满凤楼		136458	158

序号	篇名	民族	流传地区	采集地	讲述者	搜集者	数据库编号	字数
9379	娘娘庙上把戏台搭				孙艳芹		136434	112
9380	小板凳				杨艳红		136535	316
9381	过年歌				蒋秀英		136433	160
9382	老来难				王晓岚		136495	223
9383	拙媳妇				刘左氏		136428	389
9384	光荣榜						136477	135
9385	麻面无须不可交				李锡祯		136571	578
9386	拣棉花				张晓弯		136478	771
9387	好莱离不开十全香				李文治		136566	246
9388	买糖				李锡祯		136524	1106
9389	小柳条儿				李新		136549	157
9390	山奈调				姚德		136490	423
9391	瘸拐李				李锡祯		136569	133
9392	放风筝				王文昌		136483	403
9393	河边两只鹅				秦淑娟		136542	187
9394	小放风筝				何在田		136481	150
9395	新婚喜歌				朱洪宾	阎宝森	136426	327
9396	种西瓜				李锡祯		136523	330
9397	山奈歌				李文治		136466	203
9398	傻八厮				蒋秀英		136507	913
9399	花椒歌				李文治		136464	901
9400	发愁				陈英		136447	98
9401	卖香面调				魏秉桓		136493	1005
9402	南乡有一个二姑娘				荆玉兰		136584	192
9403	砸包调				满凤楼		136459	150
9404	两头忙				陈英		136581	187
9405	情歌				刘左氏		136427	328
9406	小叭狗				李锡祯		136438	263
9407	肉桂歌				李文治		136470	441
9408	大料歌				李文治		136465	921
9409	春节到				王晓岚		136496	139
9410	姑娘姑娘你别愁				蒋秀英		136432	174
9411	扯勒勒						136526	355
9412	节气歌				陈英		136422	309

序号	篇名	民族	流传地区	采集地	讲述者	搜集者	数据库编号	字数
9413	小茴香歌				李文治		136468	274
9414	老两口争热炕				张利民		136429	145
9415	剁老张				蒋秀英		136502	350
9416	山老鸹				蒋秀英		136436	271
9417	张果老				刘庆文		136577	162
9418	吃着欢喜寿还长				李文治		136461	448
9419	昔日青龙			青龙满族自治县	王进新	赵秘	160269	137
9420	月月忙			青龙满族自治县山神庙化肥厂	赵秘	金永强	160193	116
9421	锣鼓响			昌黎县钱庄子乡东钱庄村	支文	支文	160492	29
9422	妈妈娘好糊涂			昌黎县赤洋口乡牛官营村	牛广俊	王杰、赵舜才等	160319	228
9423	锔大缸			抚宁县柳各庄	夏建民	袁继新	160430	133
9424	采茶歌			昌黎县西沙河乡西沙河村	李占鳌	刘烨	160199	111
9425	怕老婆			双岭乡双岭村	张耀兴	党立华	160454	166
9426	探情郎			昌黎县钱庄子乡东钱庄	孙爱厂	支文	160318	194
9427	织布			昌黎县十里铺乡马庄	马庆春	张守贵	160425	1022
9428	鬼子讨伐			昌黎县公安局	杨智	刘德昌、王来雨	160233	184
9429	拣棉花			昌黎县大蒲河乡大蒲河村	曹玉俭	刘德昌、刘荣德等	160423	151
9430	“九一八”歌			昌黎县城关镇	梁明	刘德昌、王来雨	160208	121
9431	小拜年			昌黎县靖安镇达子营村	郭文成	王来甬、刘荣德等	160428	719
9432	选郎谣			昌黎县城关镇二街	李焕宇	李焕宇	160487	1173
9433	瓦匠盖房歌			抚宁县拦马庄乡李新庄村	李廷存	赵士存	160304	372
9434	咕冬门			昌黎县新集镇新庄子	刘自强	刘荣德、宋元平	160332	379
9435	普及大寨县			抚宁县坟坨乡	袁炳成	安希斌	160274	144
9436	吊孝			抚宁县田各庄乡田各庄中街	张景芳	李文成	160660	192
9437	八大“将就”			抚宁县柳各庄乡	李义祥	郭永春	160459	323
9438	日头出来玄点红			昌黎县城关镇三街	刘佐君	苏连璧	160326	684

序号	篇名	民族	流传地区	采集地	讲述者	搜集者	数据库编号	字数
9439	敌人的大后方			昌黎县钱庄子乡东钱庄	高学和	刘烨	160260	212
9440	日头出来楼上楼			昌黎县大夫庄乡文化站	佚名	解兆禄、张占茂	160362	262
9441	十二月歌			昌黎县钱庄子乡东钱庄	支文	支文	160191	221
9442	寡妇思夫			昌黎县西沙河乡西沙河村	李占鳌	冯秀昌	160355	163
9443	绣镜帘			昌黎县马坨店乡围杆庄	刘庆印	王世杰、王来雨等	160515	483
9444	农夫赞			抚宁县石门寨	莲凤	海明	160374	740
9445	扛活人今昔			昌黎县钱庄子乡东钱庄	支文	支文	160267	281
9446	茉莉花			昌黎县荒佃庄乡东腾远村	张殿春	刘荣德、宋元平	160414	515
9447	放风筝			昌黎乡党各庄乡牛各庄	牛振有	王来雨、刘荣德等	160514	200
9448	柳树开花叶子长			昌黎县新集镇新庄子村	刘自强	刘荣德、宋元平	160392	296
9449	红月娥做梦			昌黎县城关镇	赵顺、曹玉俭	刘荣德、王来雨	160505	187
9450	打秋千			昌黎县钱庄子乡东钱庄	支文	支文	160406	726
9451	大公鸡骂媳妇			昌黎县指挥乡指挥村中学	佚名	刘慎金	160620	282
9452	劝夫郎			昌黎县赤洋口乡牛官营村	牛广俊	赵舜才等	160476	174
9453	放风筝			抚宁县石门寨镇	孙立志	马乐民	160512	521
9454	八付药			青龙城关	张保学的母亲	张保学	160470	173
9455	倒卷帘			青龙楼丈子乡	周永胜	金永强	160508	168
9456	儿子分家曲			抚宁县台营乡	钟铁华	郭永春	160445	272
9457	探病			抚宁县城关	侯志福	杨向前	160522	142
9458	采茶			昌黎县大蒲河乡大蒲河村	曹玉俭	刘荣德	160415	200
9459	庄稼能人			山海关	苑林	赵舜才	160189	127
9460	羊个豆两头掐			昌黎县犁湾乡犁湾河二村	佚名	王洪礼	160443	121
9461	五等人			抚宁县猩猩峪乡	金百柱	田子安	160282	145
9462	劝儿郎			昌黎县大夫庄乡文化站	佚名	解兆禄、张占茂	160434	309
9463	挖壕歌				魏振生	许广录	160704	208

序号	篇名	民族	流传地区	采集地	讲述者	搜集者	数据库编号	字数
9464	二姑娘拜年			抚宁县牛头崖乡太和寨村	王和	于剑萍	160440	207
9465	农机谣			抚宁县东新寨乡安庄	朱永生	安希彬	160283	145
9466	补汗禢			昌黎县十里铺乡马庄	马庆春	张守贵	160421	237
9467	丧歌			抚宁县台营六村	侯巨	黄宝安	160300	541
9468	童养媳			抚宁县义院口村	王氏	赵士存	160448	515
9469	打夯歌			抚宁县石门寨镇北河村	张伦	马乐民	160186	334
9470	叔嫂对话			昌黎县槐李庄乡槐冯庄	秦宝全	秦宝璋	160466	517
9471	官商			抚宁县东新寨乡安庄村	朱求生	安希彬	160284	230
9472	黑老鸹尾巴长			昌黎县槐李庄乡槐冯庄	冯氏	秦宝璋	160619	328
9473	新房子住新人			昌黎县槐李庄乡槐冯庄	冯氏	秦宝璋	160296	261
9474	小小子			卢龙县大刘庄乡	刘映秋	方荣增	160591	249
9475	唱唱青龙十大景			青龙城关	李稳	赵秘	160698	36
9476	喂饭歌			青龙隔河头乡	董占林	赵秘	160580	763
9477	喜歌			昌黎县槐李庄乡冯庄	冯氏	秦宝璋	160293	492
9478	哄儿歌			卢龙县大刘庄乡	刘映秋	方荣增	160579	380
9479	守边关				李辑五		160705	343
9480	小老爷去赶集			昌黎县槐李庄乡槐冯庄	冯氏	秦宝璋	160616	467
9481	喜歌			抚宁县石门寨镇	尤铁成	马乐民	160294	116
9482	送花生			抚宁县麻姑镇乡牛角峪村	陈暂华	韩守川	160650	228
9483	喜歌			昌黎县犁湾河乡犁湾河二村	佚名	王洪礼	160292	223
9484	数年龄			抚宁县东新寨乡	朱永生	安希斌	160685	182
9485	渔家乐			昌黎县西沙河乡西沙河村	李占鳌	王来雨	160198	201
9486	一家子			昌黎县新金铺小学	佚名	邢桂英	160622	473
9487	一朵红花红又红			昌黎县梁各庄乡河西张各庄小学	佚名	孙丽娟	160647	197
9488	十怕			抚宁县台营	杨福顺	黄宝安	160679	193
9489	欻子儿歌			抚宁县义院口	宋霞文	张义纯	160560	1403
9490	丫头丫头你快长			昌黎县城关镇二街	张素琴	李素宇	160653	137
9491	百年长恨			昌黎县新集镇新庄子村	刘自强	刘荣德、宋元平	160315	130
9492	一物降一物			昌黎县城关镇	齐志鸿	齐志鸿	160687	722

序号	篇名	民族	流传地区	采集地	讲述者	搜集者	数据库编号	字数
9493	寡妇思夫			昌黎县赤洋口乡赤洋口村	王贺仙	王杰、赵舜才	160354	137
9494	四大类			昌黎县槐李庄乡槐冯庄	冯礼昌	秦宝璋	160691	206
9495	农忙歌			抚宁县牛兰甸乡大曹各寨村	杜显庆	庞立杰、张利华	160192	491
9496	正采茶			昌黎县大蒲河乡大蒲河村	曹玉俭	刘德昌	160498	249
9497	倒十谣			抚宁县台营	尹张氏	陈利国	160676	137
9498	民间测天歌			卢龙县潘庄乡	马文明	马文明	160690	182
9499	胡诌歌			抚宁县牛兰甸乡	杜显庆	庞立杰、张利华	160671	244
9500	四大劝				单义		160708	254
9501	种地歌			抚宁县田各庄乡前街	赵玉元	李文成	160196	313
9502	凤柳子			抚宁县卢王庄乡岭上村	巴介	于剑萍	160500	377
9503	八路军开来了			昌黎县城关镇	梁明	王来雨	160213	147
9504	姑娘打秋千				高春林		160706	180
9505	八个女婿			抚宁县柳各庄乡	郭艳玲	傅桂凤、郭永春	160658	545
9506	山上多栽树			昌黎县西沙河乡西沙河村	佚名	朱春三	160491	549
9507	大脑袋兵进了庄			昌黎县槐李庄乡冯庄	冯礼昌	秦宝璋	160252	27
9508	抗日军民抖威风			青龙满族自治县文教局院内	玉文广	赵新中	160222	582
9509	赶得日本鬼子快滚蛋			杨家台	王景玉	朱颖超	160221	465
9510	小看戏				温彦春、高春林		160707	311
9511	新事篇			昌黎县大蒲河乡大蒲河村	常宝清	王来雨	160201	342
9512	丢戒指			昌黎县党各庄乡东毛各庄村	朱波	高洪章、王来雨	160408	342
9513	节令道民俗			抚宁县台营	尹张氏	陈利国	160689	31
9514	磨洋工			昌黎县赤洋口乡赤洋口村	王贺仙	刘荣德、王来雨	160202	506
9515	小大姐做鞋			昌黎县十里铺乡张各庄三村	秦来	刘维存、阎立新等	160586	247
9516	造田			青龙满族自治县楼丈子乡楼丈子村	李春海	金永强	160271	305

序号	篇名	民族	流传地区	采集地	讲述者	搜集者	数据库编号	字数
9517	鬼子是吃人的狼			昌黎县城关镇	梁明	王来雨	160214	279
9518	节气歌			抚宁县卢王庄乡敬老院	赵荣堂	李振江	160190	182
9519	四大汉奸			昌黎县崖上乡小寨村	姜国华	王世杰、宋元平	160248	19405
9520	娶亲喜歌			抚宁县牛兰甸乡大曹各寨村	杜显庆	庞立杰、张利华	160295	975
9521	赛赛赛			昌黎县梁各庄乡张各庄小学	佚名	宋丽娟	160646	273
9522	搬运号子			昌黎县搬运站	马玉林	刘荣德、赵舜才等	160182	253
9523	妇女抗日小曲			昌黎县崖上乡小寨村	姜国华	王来雨	160241	327
9524	国民党一团糟			抚宁县柳各庄乡扶岩沟村	李义祥	郭永春	160264	164
9525	看你往哪儿爬			卢龙县扬家村	王景玉	朱颖超	160251	224
9526	妇女也抗战			昌黎县城关镇	杨智	王来雨	160240	167
9527	十劝			抚宁县宋庄乡沿沟屯村	杨书林	黄玉宝	160238	242
9528	卖锁			抚宁县上庄坨乡文化站	王小波	杜秋山	160563	248
9529	拜丈人			抚宁县沙河寨乡赵家峪村	赵万友	赵海燕	160342	162
9530	投奔中国共产党			抚宁县柳各庄乡扶岩沟村	李义祥	郭永春	160263	33
9531	人人都爱他			卢龙县杨家台村	王景玉	朱颖超	160236	170
9532	有的妇女成问题			昌黎县城关镇	郭维新	刘德昌、王来雨	160256	929
9533	守边关			抚宁县文化馆	李辑五	王铭	160321	428
9534	一年忙			抚宁县台营乡	杨福顺	黄宝安	160674	381
9535	妇女放哨			昌黎县城关镇	郭维新	刘德昌、王来雨	160244	183
9536	杀汉奸			昌黎县大田庄乡总屯二村	张惠清	王景华	160541	168
9537	做梦			抚宁县上徐各庄乡洼儿庄村	高春林	马彦	160322	864
9538	人生尽享福			昌黎县钱庄子乡东钱庄	支文	支文	160662	248
9539	想女婿			抚宁县柳各庄乡石碑沟村	郭艳玲	郭永春	160317	145
9540	儿童团歌			昌黎县城关镇	梁明	王世杰、宋平元	160537	196
9541	逛灯			抚宁县海阳镇范庄村	汤执中	王武汉	160398	244

序号	篇名	民族	流传地区	采集地	讲述者	搜集者	数据库编号	字数
9542	要条件			抚宁县东新寨乡安庄村	朱求生	安希彬	160285	205
9543	放风筝			昌黎县刘台庄镇范庄子	李左清	冯秀昌、高洪章	160337	153
9544	天头阴下大雾			昌黎县文联办公室	佚名	董宝瑞	160273	365
9545	小鸡咯咯			抚宁县文教局	李振国	岳儒	160597	171
9546	小放牛			抚宁县石门寨	马乐民	岳儒	160530	591
9547	小白菜			昌黎县大夫庄乡文化站	佚名	解兆禄、张占茂	160641	273
9548	郎哥赶车			青龙三间房乡陆好村	张万德	张保学	160314	385
9549	王二姐逛灯			昌黎县大蒲河乡大蒲河村	常宝清	王来雨	160397	256
9550	谷子皮里絮被窝			抚宁县东新寨乡捎弓寨村	赵新田	郑庆魁	160663	198
9551	五出戏				解恩林		160710	227
9552	年年都有三月三			昌黎县大蒲河乡大蒲河村	牛广俊	王世杰	160536	719
9553	梦			抚宁县石门寨镇	赵万友	赵海燕	160632	148
9554	合钵			抚宁县上徐各庄乡洼儿庄	高春林	马彦	160526	12
9555	红箭杆扎小车			抚宁县峪门口村	樊克芝	黄宝安	160631	590
9556	晋察冀摇篮曲			昌黎县城关镇	王来雨、冯秀昌	梁明	160548	295
9557	拾棉花			昌黎县犁湾河乡犁湾河二村	王洪礼	王洪礼	160630	254
9558	火烧潘家峪			昌黎县人民银行	郭维新	刘德昌、王来雨	160234	398
9559	鸡大哥，鸡大嫂			昌黎县大滩乡文化站	齐鹏胜	齐鹏胜	160610	974
9560	挂地雷			昌黎县大田各庄乡总屯二村	张惠清	景玉华	160542	272
9561	迷糊迷糊燕儿			昌黎县犁湾河乡犁湾河二村	王洪礼	王洪礼	160609	260
9562	踢毽			昌黎县梁各庄乡中学	张守菊	宋丽华	160550	297
9563	睡觉吧，娘			青龙山东乡寿桃山村	韩凤鸣	柳锁	160346	203
9564	过年喜歌			抚宁县义院口乡李毛大村	吴氏	赵士存	160307	417
9565	冯奎卖妻			昌黎县刘台庄镇左营村	陈文广	王来雨、刘荣德	160351	186
9566	小媳妇儿			昌黎县大滩乡文化站	齐鹏胜	齐鹏胜	160584	244

序号	篇名	民族	流传地区	采集地	讲述者	搜集者	数据库编号	字数
9567	天上的梭勒儿			昌黎县荒佃庄乡东腾远村	张殿春	王世杰	160393	164
9568	小大姐			抚宁县留守营	栗培元	于剑萍	160581	185
9569	老等			抚宁县台营	李淑媛	郭永春	160635	200
9570	绣花帐			昌黎县西沙河乡西沙河村	李占鳌	冯秀昌	160410	210
9571	打场子秧歌调			昌黎县十里铺乡张各庄三村	秦来	张凤昌、郭兴权	160385	133
9572	游南关			昌黎县十里铺乡张各庄三村	秦来	王来雨	160401	299
9573	长工谣			抚宁县吕良峪乡华庄	华庆云	陈新民、陈艳敏	160369	178
9574	节约小唱			青龙土门子乡	李春山	金永强	160495	193
9575	一来是谢赏，二来是问安			昌黎县刘台镇左营村	陈文广	刘荣德、宋元平	160391	188
9576	四大劝			抚宁县西河南乡东河南村	单义	于剑萍	160471	295
9577	卖香面调			昌黎县城关镇	尹太	刘荣德、宋元平	160383	151
9578	懒老婆			抚宁县麻姑营	李淑媛	郭永春、刘英杰	160455	410
9579	摘枣歌			卢王县四百户乡	杜克功	杜克功	160638	287
9580	天上星星颗颗黄			抚宁县台营区	郭永春	张荣臣	160450	255
9581	反对开小差			昌黎县城关镇	梁明	王来雨	160254	189
9582	大公鸡尾巴长			东新寨乡东新寨村	王霞	张义纯	160447	872
9583	卖饺子			昌黎县城	梁明	宋贵	160255	291
9584	画扇面			昌黎县靖安镇达子营村	郭文成	刘德昌、冯秀昌	160517	204
9585	给汉奸画像			昌黎县槐李庄乡槐冯庄	冯礼昌	秦宝璋	160249	162
9586	十二条手巾			抚宁县东新寨乡安庄	安桂荣	张义纯	160502	206
9587	骂汉奸			抚宁县城关镇小李营村	啜有田	向前、李振国	160247	320
9588	隋炀帝旱地行舟			抚宁县大曹各寨村	杜显庆	庞立杰、张利华	160520	176
9589	卖针调			昌黎城关镇	鲁明山	王世杰、刘荣德等	160378	188
9590	闯山			昌黎县赤洋口乡牛官营村	牛广俊	赵舜才	160523	744
9591	绣灯笼			昌黎县新集镇新庄子村	刘自强	刘荣德、宋元平	160509	131
9592	蜗牛蜗牛开门来			昌黎县第二中学	齐志鸿	齐志鸿	160625	517
9593	数斗歌			抚宁县北寨乡北寨村	卢秀芬	韩宝华	160633	453

序号	篇名	民族	流传地区	采集地	讲述者	搜集者	数据库编号	字数
9594	瞎话儿			卢龙县四百户乡	杜克功	杜克功	160574	339
9595	绣灯笼			抚宁县鲁庄乡细河村	刘文荣	向前、马彦	160510	132
9596	跳皮筋			昌黎县梁各庄乡中学	宋丽勇	宋丽华	160568	159
9597	小姑爷			抚宁县沙河寨乡赵家峪村	赵万会	赵海燕	160349	357
9598	刘金定观星			昌黎县荒佃庄乡东腾远村	王健	刘荣德、宋元平	160534	1470
9599	种稻好			抚宁县东新寨乡	朱求生	安希彬	160375	276
9600	还乡河			抚宁县榆关乡榆关村	郭鹏	马彦	160262	227
9601	小小子儿要媳妇儿			青龙山东寿桃山村	韩凤鸣	柳锁	160588	180
9602	工作队			昌黎县文教局	齐家璐	董宝瑞	160277	363
9603	车轱辘菜			昌黎县犁湾河乡犁湾河二村	王洪礼	王洪礼	160603	167
9604	斗地主			青龙满族自治县	李青山	金永强	160268	197
9605	喔里喔			昌黎县马坨乡围杆庄	佚名	顾佩文	160575	677
9606	光棍思妻			昌黎县靖安镇达子营	郭文成	刘德昌、冯秀昌	160359	242
9607	蠓蠓哥上窗户			昌黎县第二中学	齐志鸿	齐志鸿	160613	143
9608	寡妇思春			昌黎赤洋口乡牛官营村	牛广俊	刘容德、王世杰	160356	211
9609	豆角绿，豆角青			昌黎县槐李庄乡槐贾庄	贾赵氏	陈卫民、王庆凯	160623	668
9610	画扇面			昌黎县西沙河乡罗家营	郭孙氏	罗进梦	160516	139
9611	月月花			抚宁县义院口	刘真	涂中华、梅秀峰	160665	224
9612	娃娃听了就长大			昌黎县大田庄乡总屯二村	张惠清	景玉华	160543	185
9613	苦麻菜开花一大团			昌黎县荒佃庄乡东腾远村	张殿春	王世杰	160395	163
9614	光棍子思妻			青龙楼丈子乡	周永胜	金永强	160358	380
9615	你说奇怪不奇怪			昌黎县槐李庄乡槐冯庄	冯礼昌	秦宝璋	160652	373
9616	一个大姐刚十五			昌黎县城关镇三街	刘佐君	苏连璧	160608	154
9617	吴永年逃荒			昌黎县城关镇三街	赵合	刘德昌、王来雨	160364	195
9618	小树叶哗啦啦			昌黎县师范学校	佚名	刘淑芬	160621	236
9619	云山寺采眼药			拦马庄乡西连峪村	赵玉林	赵士存	160667	194
9620	光棍思妻			昌黎县新集镇新庄子	刘自强	刘荣德、宋元平	160360	142
9621	果乡水库			昌黎县城关镇	李和业	李和业	160696	27
9622	栅背栅			昌黎县两山乡中学	赵黎明	赵黎明	160607	252

序号	篇名	民族	流传地区	采集地	讲述者	搜集者	数据库编号	字数
9623	山上青松山下花			昌黎县大夫庄乡文化站	佚名	解兆禄、张占茂	160688	904
9624	变花篮			昌黎县梁各庄乡中学	杨小静	宋丽华	160569	250
9625	调味十三香歌谣			抚宁县下庄乡	崔雨清	惠友林	160694	1202
9626	小小子坐门墩			昌黎县师范学校	景玉华	曹淑君	160590	275
9627	十道黑			抚宁县猩猩峪	韩英	张义纯、田子安	160678	262
9628	小大姐做鞋			留守营	栗培元	张治水、于剑萍	160587	586
9629	仿影歌			青龙城关	张保学的母亲	张保学	160681	208
9630	红公鸡			卢龙县万庄乡分山村	刘海珍	冯正娟	160598	719
9631	哭情郎			昌黎县荒佃庄乡冷各庄	冷耀焕	王来雨	160353	112
9632	大麦秸，小麦秸			昌黎县茹荷乡文化站	刘贺丰	刘贺收	160596	832
9633	感恩万万年			抚宁县柳各庄乡	王可贵	郭永春	160266	351
9634	小小闺女没爹娘			卢龙县万庄乡李庄	张刘氏	冯正娟	160640	223
9635	逛茨山			昌黎县十里铺乡马庄	马士祥	赵舜才	160405	917
9636	星星花			卢龙万庄乡冯庄	张桂英	冯正娟	160643	274
9637	打倒顽固头			鲁庄乡桃园村	陈殿阁	向前	160258	144
9638	大炮三声震动天			昌黎县新集镇裴各庄	张奎英	刘荣德、宋元平	160386	123
9639	好稻田			昌黎大蒲河乡大蒲河村	曹玉俭	刘荣德	160200	273
9640	李玉兰劝夫参军			昌黎县赤洋口乡草厂庄俱乐部	佚名	冯秀昌	160246	153
9641	放风筝				孙立志		160712	29
9642	抬木头号子			昌黎县搬运站	马玉林	王来雨、刘荣德等	160184	1120
9643	合钵				高春林		160711	151
9644	怀胎十个月			抚宁县榆关乡榆关村	郭鹏	马彦	160435	1287
9645	捡棉花				曹玉俭		160702	650
9646	绣耳包			昌黎县大蒲河乡大蒲河村	常宝清	王杰、赵舜才	160336	180
9647	二姑娘拜年				王和		160709	228
9648	“木、瓦、石”三匠歌			抚宁县田各庄乡郁各庄村	傅有为	李文成	160187	199
9649	戒吸鸦片			抚宁县台营	张荣臣	郭永春	160668	209
9650	上庙			昌黎县荒佃庄乡冷各庄	冷跃善	刘荣德、宋元平	160427	691
9651	叫老乡			昌黎县崖寨上乡小寨村	姜国华	王来雨	160215	299
9652	送郎君			昌黎县范庄子	李左清	刘荣德、宋元平	160313	209

序号	篇名	民族	流传地区	采集地	讲述者	搜集者	数据库编号	字数
9653	不知足			抚宁县东贺庄乡陈庄	陈凤阁	陈雅娴	160659	365
9654	抽大烟			卢龙县万庄乡	申淑英	冯正娟	160205	718
9655	猜花名			抚宁县柳各庄乡袁家沟	袁继富	袁继新	160651	626
9656	送情郎			抚宁县柳各庄乡	李义祥	郭永春	160310	219
9657	纪念“九一八”			昌黎县人民银行	郭维新	刘德新、王来雨	160212	138
9658	我要去当八路			昌黎县人民银行	郭维新	刘德昌、王来雨	160242	237
9659	给新婚夫妇扫地歌			抚宁县坟坨乡	袁炳成	王荣合	160297	308
9660	长城谣			抚宁县茶棚乡苏官营村	王恩九	向前	160261	218
9661	做红娘			抚宁县拦马庄乡李新庄	李庆珍	赵士存	160341	154
9662	咱们大家爱中华			抚宁县柳各庄乡扶岩沟	李义祥	郭永春	160220	211
9663	美女思情			昌黎县靖安镇达子营村	郭文成	高洪章、王来雨	160312	309
9664	四等人			昌黎县大夫庄乡文化站	佚名	解兆禄、张占茂	160281	287
9665	小看戏			昌黎县十里铺乡张各庄三村	秦来	王来雨	160399	484
9666	送郎参军			昌黎县城关镇	韩贺文、郭维新	刘德昌、王来雨	160308	125
9667	太平年			昌黎县靖安镇达子营村	郭文成	王来雨、刘荣德等	160402	278
9668	盖房喜歌			抚宁县拦马庄乡李新庄村	李廷文	赵士存	160303	22
9669	老来难			抚宁县东新寨	张景贤	唐家君、张义纯	160480	946
9670	混碗干饭			昌黎县新集镇裴各庄	张奎英	刘荣德、宋元平	160387	194
9671	拉大件号子			昌黎县搬运站	马玉林	刘荣德、赵舜才等	160183	234
9672	光棍歌			抚宁县宋庄乡丁义庄	丁志新	黄宝安	160357	201
9673	春耕曲			青龙满族自治县隔河头乡	王振恒	赵秘	160194	450
9674	叫声老大娘			昌黎县城关镇	佚名	昌黎县文化馆干部	160211	163
9675	歌唱“老三连”			抚宁县台营	杨福顺	黄宝安	160227	160
9676	大姑娘听房			昌黎县党各庄乡东毛各庄	朱波	王来雨、刘荣德等	160348	408
9677	政策一变			昌黎县新金铺乡文化站	邢中里	张秋平	160288	319
9678	四季抗战歌			青龙七道河乡七道河村	金兆元	詹福丰	160224	193
9679	建房歌			抚宁县上庄坨村	高起顺	高学玲	160302	679

序号	篇名	民族	流传地区	采集地	讲述者	搜集者	数据库编号	字数
9680	姑娘打秋千			抚宁	高春林	马彦	160343	386
9681	绣镜帘			昌黎县荒佃庄乡东腾远村	张殿春	王来雨、刘荣德	160420	667
9682	打秋千			昌黎县荒佃庄乡东腾远村	王健	李宗垣	160338	280
9683	倒采茶			昌黎县荒佃庄东腾远村	李永顺	王来雨	160416	492
9684	梦情郎			昌黎县荒佃庄乡河南庄	赵万清	刘荣德、宋元平	160352	7334
9685	绣麒麟			昌黎县新集镇新庄子	刘自强	刘荣德、宋元平	160339	219
9686	一年忙			昌黎县新集镇新庄子村	刘自强	刘荣德、王世杰	160436	129
9687	十爱			青龙满族自治县楼丈子乡	周家胜	金永强	160324	162
9688	抗日四季歌			抚宁县榆关乡榆关村	郭鹏	马彦、张光新	160223	604
9689	推碌碡			昌黎县十里铺乡马庄	马士祥	王士杰、宋元平	160422	356
9690	短工谣			昌黎县钱庄子乡东钱庄	支文	支文	160366	358
9691	劝姑娘			昌黎县农村	佚名	佚名	160474	179
9692	短工谣			抚宁县吕良峪乡华庄	华庆云	陈新民	160367	204
9693	骂媒人			抚宁县黄土营乡	梁纯之	张印国	160457	390
9694	抗日歌			抚宁县柳各庄	张连英	郭永春	160219	308
9695	劝姑娘			昌黎县刘台庄镇范庄子	李左清	刘荣德、宋元平	160472	151
9696	卖估衣调			昌黎县城关镇	郭维新	王来雨	160379	173
9697	王大娘探病			昌黎县新集镇新庄子	刘自强	刘荣德、宋元平	160469	401
9698	卖香面调			昌黎县新集镇新庄子村	刘自强	刘荣德、宋元平	160381	417
9699	辘轳歌			石门寨村	陈会、崔继林	王汉武	160197	130
9700	扛长活			抚宁县台营	杨守保	黄宝安	160368	269
9701	包办婚姻真害人			抚宁县柳各庄乡扶岩沟村	谢连魁	郭永春	160452	215
9702	跳大锁			昌黎县皇后寨小学	李辉	李春元	160564	209
9703	小拜年			昌黎县荒佃庄乡左营村	陈广文	王来雨	160429	1479
9704	天高不算高			昌黎县城关镇	齐志鸿	齐志鸿	160490	579
9705	出嫁			卢龙县冯庄	冯刘氏	冯正娟	160444	458
9706	黑妞妞			昌黎县新集镇新庄子村	刘自强	刘荣德、宋元平	160437	223
9707	长眼毛儿			下庄乡高庄	常大永	向前	160204	361
9708	正对花			昌黎县大蒲河乡大蒲河村	曹玉俭	刘德昌、刘烨	160411	129

序号	篇名	民族	流传地区	采集地	讲述者	搜集者	数据库编号	字数
9709	回娘家			抚宁县柳各庄乡石碑沟村	傅桂凤	郭永春	160438	117
9710	如今一步一层天			青龙满族自治县隔河头乡	李云超	赵秘	160290	451
9711	小小子			刘田庄	金庆华	李长林	160589	484
9712	小兰花			卢龙县万庄乡李庄	张刘氏	冯正娟	160449	312
9713	顽固头心眼刁			昌黎县城关镇	郭维新	刘德昌、王来雨	160257	306
9714	大锅饭好热闹			抚宁县柳各庄乡扶岩沟村	庞素兰	朱国友	160272	215
9715	昨个儿做个梦			昌黎县槐李庄乡文化站	石玉芬	陈卫民、王庆凯	160562	123
9716	婆媳顶嘴			昌黎县大蒲河乡大蒲河村	曹玉俭	赵舜才、王杰	160460	565
9717	情郎哥哥来			青龙镇	王吉德	张保学	160334	208
9718	妻与娘			抚宁县宋庄乡沿沟屯村	王秀民	黄宝安	160446	301
9719	昌黎县好地方			昌黎县城关镇	李和业	李和业	160697	757
9720	四大卖			昌黎县党各庄乡东毛各庄	朱波	王来雨	160485	385
9721	五更摸营			昌黎县城关镇	梁明	王来雨	160229	32
9722	回娘家			抚宁县拦马庄乡李新庄	王桂兰	赵士存	160439	318
9723	大铜子儿			抚宁县台营七村	武素兰	陈志华	160669	133
9724	王大娘探病			昌黎县新集镇新庄子	刘自强	刘荣德、宋元平	160468	943
9725	打驸马			抚宁县文教局	张弼廷	张弼廷	160226	273
9726	十二月耍钱			昌黎县党各庄乡东毛各庄	鲁作祥	王来雨、刘荣德等	160484	113
9727	三国歌			昌黎县荒佃庄乡河南庄	赵万清	王来雨、刘荣德	160521	466
9728	五更耍钱			青龙县三间房乡	张东升	张保学	160481	191
9729	吸鸦片			青龙城关	林大智	金永强	160207	800
9730	教子篇			昌黎县钱庄子乡东钱庄	支文	支文	160479	156
9731	劝闺女			昌黎县城关镇	佚名	袁国林	160475	269
9732	玉姐盼婆家			昌黎县党各庄乡东毛各庄	朱波	刘荣德	160316	576
9733	十二个队			昌黎县城关镇三街	佚名	苏连璧	160276	322
9734	结婚仪式歌			抚宁县城关镇西街	冯宝太	单兴元	160291	835
9735	你说害臊不害臊			昌黎县梁各庄乡中学	李玉梅	李玉梅	160567	263

序号	篇名	民族	流传地区	采集地	讲述者	搜集者	数据库编号	字数
9736	水歌			抚宁县上庄坨	侯志福	王铭、向前	160504	613
9737	铺地锦			昌黎县大蒲乡大蒲河村	曹玉俭	王杰、赵舜才	160333	362
9738	十大怨			抚宁城关	陈殿阁、郭鹏	马彦、向前	160350	176
9739	扯大锯			抚宁县文教局	唐家君	唐家君	160558	657
9740	过年歌			抚宁	朱宏杰	袁炳成	160494	224
9741	队长搂=			昌黎县荒佃庄乡东乡东腾远	佚名	李玉东	160275	366
9742	八月十五庆丰收			昌黎县钱庄子乡东钱庄	支文	支文	160493	386
9743	夯号子			昌黎县搬运站	马玉林	王来雨	160185	335
9744	游戏歌			青龙隔河头乡	赵秘	董占林	160549	251
9745	山区有奔头			文化局办公室	田玉奇	金永强	160270	290
9746	椿树开花喷倒人			昌黎县荒佃庄乡东腾远	张凤鸣	刘荣德、宋元平	160531	476
9747	小孩睡觉找他妈			卢龙县万庄乡分山村	冯正娟	冯正娟	160578	139
9748	金太行			昌黎县大庄乡总屯二村	张惠清	景玉兆	160540	396
9749	老娘不是那货才			青龙电大工作站	解俊山	柳锁	160335	324
9750	学习李向阳			昌黎梁各庄乡中学学	赵光美	宋丽华	160538	125
9751	蝴蝶出嫁			抚宁县义院口	刘真	涂中华	160570	484
9752	红花送给军烈属			昌黎县河东张各庄小学	杨小静	宋丽华	160547	184
9753	十等人			抚宁县北寨乡	金百柱	韩宝华	160279	209
9754	对数歌			抚宁县石门寨镇	王伦	马乐民	160555	244
9755	黄瓜秧架两头平			卢龙县双望乡	李黄氏	田敏	160442	213
9756	做馍馍			卢龙县万庄乡冯庄	冯刘氏	冯正娟	160601	231
9757	李方巧得妻			青龙满族自治县楼丈子乡	周永胜	金永强	160331	223
9758	拣棉花			抚宁村海阳镇范庄村	汤执中	王武汉	160325	158
9759	小大姐儿一劲哭			昌黎县城关镇	刘德昌	王来雨	160655	379
9760	织布			昌黎县十里铺乡马庄	马春生、马士祥	王杰、赵舜才等	160424	800
9761	丁成巧得妻			昌黎县大蒲河乡大蒲河村	常宝清	王来雨	160328	157
9762	跳皮筋						160565	1307
9763	摇篮曲			昌黎县城关镇	邵德贞	董宝瑞	160573	257
9764	庄农谱						160695	215
9765	送情郎			昌黎县刘台庄镇范庄子	季左清	刘荣德、宋元平	160309	746
9766	小白菜绿青根			昌黎县槐李庄乡槐冯庄	冯礼昌	秦宝璋	160600	142

序号	篇名	民族	流传地区	采集地	讲述者	搜集者	数据库编号	字数
9767	催眠歌			青龙隔河头	董占林	赵秘	160571	768
9768	小媳妇			卢龙县万庄乡分山村	申淑英	冯正娟	160585	256
9769	点秧歌			昌黎县靖安镇达子营村	郭文成	高洪章、王来雨	160390	348
9770	小大姐想女婿			昌黎县槐李庄乡槐冯庄	冯氏	秦宝璋	160582	286
9771	四本上工			抚宁县卢王庄乡岭上村	巴介	马彦	160330	1584
9772	四大类			卢龙县四百户乡	杜克功	杜克功	160692	117
9773	凤阳歌			昌黎县十里铺乡马庄	马庆春	张守贵	160394	251
9774	电影经			抚宁县台营小学	李翠霞	朱国友	160686	482
9775	催眠曲			昌黎县大滩乡文化站	佚名	齐鹏胜	160576	805
9776	身体器官歌			石门常庄子	刘玉清	冯正娟	160682	138
9777	小看戏			昌黎县赤洋口乡牛官营村	方士贵	赵舜才	160340	169
9778	篷子车套白马			昌黎县槐李庄乡槐冯庄	冯氏	秦宝璋	160602	117
9779	三个大闺女			抚宁县台营乡	杨福顺	黄保安	160654	179
9780	今年我上半年级			昌黎县梁各庄乡中学	谭晓红	谭晓红	160645	149
9781	货郎标			昌黎县大蒲河乡大蒲河村	曹玉俭	赵舜才	160344	239
9782	上树咧，摘枣咧			昌黎县犁湾河乡犁湾河二村	王洪礼	王洪礼	160605	289
9783	十月歌			抚宁县柳各庄乡柳各庄村	柳秀梅	陈冀萍	160553	628
9784	二十四拉哈			昌黎县农村	佚名	佚名	160320	234
9785	正月十五灯花乐			昌黎县刘台庄镇左营村	陈广义	刘荣德、宋元平	160388	203
9786	小媳妇儿			抚宁县柳各庄乡柳各庄村	陈素金	郭永春	160441	1149
9787	十月怀胎			青龙	张保学的母亲	张保学	160433	435
9788	小板凳			卢龙县石门镇常庄子	玉刘清	冯正娟	160593	222
9789	卖药糖调			昌黎县城关镇	佚名	刘荣德	160377	716
9790	小鸡娶老婆			抚宁县麻姑营乡	李淑媛	韩守川	160670	373
9791	欠债谣			抚宁县吕良峪乡庄	华庆云	陈新民、陈艳敏	160370	731
9792	十大种			青龙三间房乡	张万德	张宝学	160497	293
9793	画画儿			抚宁县城	王和	于剑萍	160432	169
9794	绣汗绢			昌黎县大蒲河乡大蒲河村	常宝清	王来雨、刘荣德等	160419	438

序号	篇名	民族	流传地区	采集地	讲述者	搜集者	数据库编号	字数
9795	打秋千			昌黎县赤洋口乡牛官营	牛广俊	王杰	160407	115
9796	错中错			卢龙四百户乡	杜克功	杜克功	160683	880
9797	绣门帘			昌黎县党各庄乡刘官营村	张殿奎	张怀千、高洪章	160418	532
9798	十二月花歌			抚宁县田各庄	张景芳	李文成、赵玉元	160503	146
9799	倒采茶			昌黎县赤洋口乡牛官营村	牛广俊	刘烨	160417	188
9800	“怕”字歌			卢龙县	付军胜	席立新	160680	427
9801	反对花			昌黎县大蒲河乡大蒲河村	曹玉俭	刘德昌、刘烨	160412	857
9802	兄弟姐妹团结起来			昌黎县城关镇	梁明、郭维新	刘德昌、王来雨	160216	210
9803	老娘们耍钱			昌黎县封台乡小心庄	张绍合	冯秀昌、高洪章	160467	387
9804	小板凳，四条腿			昌黎县新金铺小学	朱桂梅	朱桂梅	160592	146
9805	紫金山谣			抚宁县宋庄乡黄金山头村	魏靖	李文成	160673	284
9806	打老虎			卢龙县刘田庄	金庆华	李长林	160644	177
9807	婆媳顶嘴			昌黎县大蒲河乡大蒲河村	曹玉俭	佚名	160461	405
9808	日本鬼子兵遭天杀			抚宁县拦马庄乡李新庄村	李志彬	赵士存	160231	557
9809	怕老婆歌			卢龙县大刘庄乡	刘映秋	方荣增	160453	150
9810	抬头望晴天			昌黎县城关镇	梁明	王来雨	160210	27
9811	十针扎			抚宁县猩猩峪乡	韩英	张义纯、田子安	160496	296
9812	劝丈夫			昌黎县党各庄乡东毛各庄	鲁作祥	王来雨、刘荣德等	160486	472
9813	绕口令			抚宁县义院口	刘真	涂中华、梅秀峰	160666	497
9814	四宝上工			昌黎县十里铺乡马庄	马庆民	张守贵	160329	300
9815	小日本真不善			昌黎县梁各庄乡中学	赵光美	陈士琴	160539	833
9816	十杯茶			昌黎县城关镇	梁明	王来雨、刘德昌	160237	397
9817	年头欠收成			昌黎县荒佃庄乡河南庄	张耀春	王来雨、刘荣德等	160489	559
9818	劝小姑			昌黎县大蒲河村	常宝清	刘荣德	160477	253
9819	五出戏			抚宁县石门寨	解恩林	王武汉、张光新	160518	445
9820	保证一辈子不耍钱			抚宁县冯庄	冯守义	王力祥	160478	207

序号	篇名	民族	流传地区	采集地	讲述者	搜集者	数据库编号	字数
9821	贤良女吊孝			昌黎县新集镇新庄子村	刘荣德	刘荣强、宋元平	160529	268
9822	五更耍钱			昌黎县赤洋口乡赤洋口村	王贺仙	刘烨	160482	398
9823	十唱古人名			昌黎县荒佃庄乡东腾远	张凤鸣	刘荣德、宋元平	160507	133
9824	秏子摔跤			抚宁县台营乡台营村	杨福顺	黄宝安	160672	138
9825	包老爷夸桑枝			抚宁县海阳	汤继汉	郑庆魁、杨向前	160524	286
9826	送情郎			抚宁县上徐各庄乡洼儿庄	高春林	向前、马彦	160311	372
9827	杨八姐游春			昌黎县新集镇新庄子村	刘荣强	刘荣德、宋元平	160527	30
9828	骑毛驴			卢龙县万庄乡冯庄	张桂英	冯正娟	160618	244
9829	枣树开花乱编笆			昌黎县刘台庄镇庄子	李左清	刘荣德、宋元平	160532	1248
9830	木匠上梁歌			抚宁县石门寨镇	尤铁成	马乐民	160306	435
9831	说纸			抚宁县坟坨	郭盛	袁炳成	160664	479
9832	八路军抗战歌			抚宁柳各庄乡东胜寨村	张连英	郭永春	160228	177
9833	对花			昌黎城大夫庄乡文化站	佚名	解兆禄、张占茂	160556	204
9834	十二个月			昌黎县崖上乡小寨村	姜国华	高洪章、王来雨	160225	819
9835	对数歌			抚宁县石门寨镇	张伦	马乐民	160554	113
9836	大海抱个小宝宝			抚宁县麻姑营乡文化站	韩守川	郭永春	160636	113
9837	拍手歌			昌黎县槐李庄乡槐冯庄	秦宝璋	冯氏	160551	193
9838	蚂螂蚂螂过河来			昌黎县第二中学	齐志鸿	齐志鸿	160614	909
9839	进城			昌黎县大田庄乡总屯二村	张惠清	景玉华	160544	208
9840	打竹板上南京			昌黎县泥井乡文化站	李昌平	陈国清	160626	138
9841	大麦秸，小麦秸			昌黎县槐李庄乡槐冯庄村	冯氏	秦宝璋	160595	470
9842	起来干			昌黎农村	佚名	昌黎县文化馆干部	160217	173
9843	哪跟我玩			昌黎县槐李庄乡小港村	石玉芬	陈卫民、王庆凯	160561	108
9844	过年歌			昌黎县皇后寨乡前王各庄	马王荣	张玉万	160624	440
9845	扯乐乐，拽乐乐			昌黎县梨湾河乡梨湾河二村	王洪礼	王洪礼	160559	285
9846	大巴手厮会掷色			昌黎县槐李庄乡小港村	石玉芬	陈卫民、王庆凯	160627	246
9847	会亲家			昌黎县城关镇二街	鲁绍兰	李素宇	160656	1238

序号	篇名	民族	流传地区	采集地	讲述者	搜集者	数据库编号	字数
9848	找朋友			昌黎县梁各庄乡中学	朱芳丽	宋丽华	160566	289
9849	鸡叫了，天明起			昌黎县新集镇文化站	佚名	王宝平、王庆祥	160465	321
9850	小板凳			抚宁县沙河寨乡赵家峪村	赵万厚	赵海燕	160594	236
9851	小看戏			抚宁县上徐各庄乡洼儿庄	温彦春	马彦	160345	209
9852	小大姐			卢龙县大刘庄乡	刘映秋	方荣增	160583	186
9853	刘金定观星			昌黎县荒佃庄乡东腾远村	张殿春	王世杰	160533	376
9854	哄儿歌			卢龙县大刘庄乡	刘映秋	方荣增	160572	142
9855	送新军			卢龙县杨家台村	王景玉	朱颖超	160243	1324
9856	茉莉花				曹玉俭	刘荣德	160701	823
9857	闹元宵			昌黎县赤洋口乡牛官营	牛广俊	冯秀昌	160403	382
9858	姥家门口唱大戏			昌黎县犁湾河乡犁湾河二村	王洪礼	王洪礼	160617	333
9859	七月二十八			昌黎县葛条港乡葛条港	佚名	杨树国	160287	366
9860	小闺女上梯子			卢龙县万庄乡冯庄	张桂芝	冯正娟	160604	152
9861	丧歌			昌黎县大周庄乡文化站	张世昌	张恩明	160299	259
9862	拙嫂子			卢龙县万庄乡冯庄	张桂芝	冯正娟	160599	403
9863	辘轳歌				崔继林、陈令		160703	453
9864	东屋掌灯西屋亮			昌黎县师范	佚名	赵黎明	160628	349
9865	老两口子争热炕			抚宁县冯庄乡冯庄村	冯守义	王树森、张义纯	160458	187
9866	绣灯笼				曹玉俭		160700	259
9867	卖饺子儿			抚宁县柳各庄乡扶岩沟村	李义祥	郭永春	160245	331
9868	货郎篷子车套白马			昌黎县城关镇三街	刘佐君	苏连璧	160639	138
9869	拉花的过来替我接着			昌黎县荒佃庄乡腾远村	张殿春	王来雨、刘荣德等	160389	165
9870	闺女回娘家			昌黎县槐李庄乡槐冯庄	冯氏	秦宝璋	160637	402
9871	小白菜			抚宁县榆关乡	秦加力	王秋奎	160451	167
9872	小小门楼			山海关	苑林	春恒、常毅	160693	198
9873	四看			抚宁县鲁庄乡	陈树森	韩殿华	160286	259
9874	看孤老			抚宁县台营	李淑媛	郭永春	160661	770
9875	一孩好			昌黎县安山镇	佚名	于占斌	160649	210

序号	篇名	民族	流传地区	采集地	讲述者	搜集者	数据库编号	字数
9876	跑关东			昌黎县荒佃庄乡东腾远村	张殿春	宋元平、王世杰	160347	207
9877	一天忙			昌黎县泥井乡刘前坨	佚名	王世杰	160278	199
9878	租地谣			抚宁县吕良峪乡华庄	华庆云	陈新民、陈艳敏	160371	255
9879	小河水哗啦啦			昌黎县梁各庄乡中学	宋丽华	宋丽华	160648	131
9880	穷谣			抚宁县高庄村	卢洪年	宋辅盛	160365	260
9881	茉莉花			昌黎县大蒲河乡大蒲河村	曹玉俭	刘荣德	160413	1817
9882	旧社会						160361	255
9883	卖蚊子药调			昌黎县城关镇	佚名	刘荣德、王世杰	160380	404
9884	开眼光			抚宁县台营六村	侯巨	黄宝安	160301	262
9885	丰收谣			昌黎县师范学校	李明	李明	160376	215
9886	丁成赶车			青龙楼丈子乡	周永胜	金永强	160327	338
9887	蛤蟆洼			抚宁县西河南	陈克元	岳儒	160373	445
9888	花大姐			抚宁县文教局	唐家君	唐家君	160323	170
9889	逃荒谣			抚宁县吕良峪乡华庄	华庆云	陈新民、陈艳敏	160372	304
9890	上梁喜歌			抚宁县庄河乡张庄村	耿素清	张淑敏	160305	136
9891	奶妈子卖儿郎			昌黎县师范学校	齐志鸿	齐志鸿	160363	150
9892	洞房铺床喜歌			抚宁县台营六村	侯巨	黄宝安	160298	381
9893	新歌谣（三首）			昌黎县电影院	崔继山	崔艳秋	160289	146
9894	倒采茶			青龙三间房乡	张万德	张保学	160499	568
9895	笑懒汉			抚宁县石门寨	莲凤	海明	160456	894
9896	卖饭调			靖安镇饭馆	靖安镇饭馆人员	曾兆来、王来雨	160384	422
9897	学艺歌			青龙满族自治县肖营子乡	李秀	金永强	160188	27
9898	二十四节令歌			青龙满族自治县隔河头乡	董占林	赵秘	160195	557
9899	直奉战			抚宁县黄土营乡王铁庄村	王德奎	张印国	160203	210
9900	大烟鬼			青龙隔河头乡	王进义	赵秘	160206	573
9901	问你家住在哪里			昌黎县城关镇	梁明	王来雨	160209	296
9902	太行山上的月亮			昌黎县城关镇	姜国华	高洪章、王来雨	160218	596
9903	放哨歌			抚宁县评剧团	王成秀	向前	160230	152
9904	屁崩鬼子兵			抚宁县柳江煤矿	莲凤	海明	160232	404

序号	篇名	民族	流传地区	采集地	讲述者	搜集者	数据库编号	字数
9905	八路好			昌黎县城关镇	王来雨	王来雨、刘荣德	160235	171
9906	滦河小调			昌黎县城关镇	梁明	王来雨	160239	178
9907	打垮顽军			卢龙县扬家台村	王景玉	朱颖超	160250	338
9908	参加农会			昌黎县城关镇	郭维新	刘德昌、王来雨	160253	450
9909	夜来星儿耀耀			昌黎县城关镇	佚名	王来雨、刘荣德	160259	158
9910	胜利在眼前			抚宁县东新寨乡捎弓寨村	徐长生	张义纯	160265	360
9911	十等人			昌黎县新金铺乡文化站	邢中里	张秋平	160280	364
9912	卖香面调			昌黎县新集镇新庄子	刘自强	刘荣德、宋元平	160382	468
9913	十女拜寿			昌黎县刘台镇左营村	陈广文	刘荣德、宋元平	160462	155
9914	小两口打架不记仇			昌黎县大田庄乡总屯二村	赵伦氏	王立新	160463	682
9915	家庭嗑			抚宁县西河南乡敬老院	邵忠元	陈克元	160464	381
9916	劝姑娘			昌黎县荒佃庄乡冷各庄	冷俊焦	王来雨	160473	356
9917	五更耍钱			昌黎县党各庄乡东毛各庄	朱波	王来雨	160483	446
9918	吗啡叹			昌黎县城关镇	赵合	刘德昌、王来雨	160488	181
9919	唱十二月			抚宁县吕良峪乡钱庄	张相元	李振国	160501	390
9920	红月娥做梦			昌黎县新集镇新庄子村	刘自强	刘荣德、宋元平	160506	841
9921	绣灯笼			昌黎县大蒲河乡大蒲河村	曹玉俭	刘烨、刘德昌	160511	276
9922	放风筝			青龙楼村乡	周永胜	金永强	160513	146
9923	三国叹十声			青龙楼丈子乡	周玉生	金永强	160519	1423
9924	合钵			昌黎县大蒲河乡大蒲河村	曹玉俭	赵舜才	160525	694
9925	韩湘子出家			昌黎县大蒲河乡大蒲河村	牛广俊	王世杰	160528	284
9926	正月里来正月正			昌黎县刘台庄范庄子村	李志香	刘荣德、王世杰	160535	997
9927	送菜			昌黎县梁各庄乡中学	李玉梅	宋丽华	160545	314
9928	小皮球，圆又圆			昌黎县河东张各庄小学	宋丽华	杨小静	160546	470
9929	拍手歌			昌黎梁各庄小学	宋丽华	梁振玲	160552	126
9930	星问			青龙城	张保学的母亲	张保学	160557	140
9931	催眠曲			昌黎县城关镇二街	刘桂玲	李焕宇	160577	408

序号	篇名	民族	流传地区	采集地	讲述者	搜集者	数据库编号	字数
9932	说胡话，道话胡			昌犁县犁湾河乡黎湾河二村	王洪礼	王洪礼	160606	122
9933	小耗子，上灯台			昌黎县师范学校	景玉华	曹淑君	160611	817
9934	马蜂马蜂别蜇我			昌黎县槐李庄乡小港村	石玉芬	陈卫民、王庆凯	160612	641
9935	卖丝绒			抚宁县留守营乡七里涧村	陈宝荣	于剑萍	160431	400
9936	瞎话儿			昌黎县槐李庄乡槐冯庄村	冯氏	秦宝璋	160615	884
9937	车轱辘菜包饺子			昌黎县槐李庄乡槐贾庄	贾赵氏	陈卫民、王庆凯	160629	567
9938	打了麦子做馍馍			抚宁县茶棚乡小所庄村	李金臣	李国良	160634	131
9939	杜犁树开白花			昌黎县槐李庄乡小港村	石玉芬	陈卫民、王庆凯	160642	157
9940	姑爷喜欢住丈家			抚宁县卢王庄	李振江	袁炳成	160657	150
9941	顺十谣			抚宁县台营	尹张氏	陈利国	160675	359
9942	“黑”字歌			卢龙县	付军胜	席立新	160677	654
9943	养活闺女别夸嘴			卢龙县万庄乡	申淑英	冯正娟	160684	899
9944	娘娘顶上去降香			抚宁县牛兰甸乡	杜显庆	庞立杰、张利华	160426	209
9945	借髦髦			昌黎县赤洋口乡牛官营	牛广俊	赵才舜	160404	119
9946	小看戏			昌黎县大蒲河乡大蒲河村	常宝清	王来雨	160400	215
9947	丢戒指			昌黎县党各庄乡牛各庄	牛振有	王来雨等	160409	123
9948	小放牛			昌黎县靖安镇达子营	郭文成	高洪章、王来雨	160396	1733
9949	过年歌			东里双村	阎发水	阎世久	163295	458
9950	小老鼠咕咕咕			西安丰村	张兰秀	白素平	163350	241
9951	大锅饭			东里双村	阎全保	阎世久	163261	259
9952	五枝花			于吴兴村	王小翠	于金华	163232	202
9953	老来难			正定镇苇箔市场	刘黄毛	王京瑞	163294	135
9954	哏哏明了			正定镇民主街	马焕兰	周宣	163342	999
9955	梆梆棍打灯台			西安丰村	张兰秀	白素平	163340	390
9956	迎八路			正定城内	封贵元	苏平修	163236	172
9957	喜歌			正定镇民主街	刘来升	周宣	163286	133
9958	跳皮筋					师兴文	163390	234
9959	扫盲好			东权城村	袁喜儒	李春华	163284	204
9960	爹娘体面儿光荣			东里双村	阎全保	阎世久	163241	603
9961	当干部			东里双村	阎全保	阎世久	163275	472

序号	篇名	民族	流传地区	采集地	讲述者	搜集者	数据库编号	字数
9962	骑上白马上娘家			西安丰村	张兰秀	白素平	163337	1130
9963	懒老婆馋的咽吐沫			北贾村	王白妮	王建凯	163302	237
9964	民兵逞英豪			正定城内	解治	苏平修	163243	207
9965	拉罗罗			西安丰村	张兰秀	白素平	163339	340
9966	小二姐搂豆叶			西邢家庄村	邢秋姐	郝建常	163357	408
9967	正定古城就是好					周佩欣	163330	403
9968	抓青年			吴兴村	王小翠	于金华	163245	323
9969	选丈夫			南村	范大芹	师兴文	163323	173
9970	想你			于西安丰村	任景秀	白素平	163288	230
9971	月亮弯弯象只船			正定城内	马卉	马利	163395	410
9972	选村长			正定城内	杨俊秀	封贵元	163250	167
9973	白眼狼			东里双村	马小妮	阎世久	163317	184
9974	喜歌			东上宅村	曹荣庆	曹文柱	163285	674
9975	姑娘坐绣楼			东上宅村	溪洛良	曹文柱	163306	444
9976	兰英诉苦			大孙村	康正民	苏平修、王增洪等	163254	246
9977	炸窝鸡				金南看	阎世久	163371	239
9978	人是假的情是真			西安丰村	任景秀	白素平	163289	498
9979	拣粮			永安村	刘金凤	周佩钦	163392	377
9980	称呼歌			正定城北一带		苏平修	163260	201
9981	拍豆角			韩家楼村		李瑞金	163343	245
9982	麻野雀尾巴长			西安丰村	张兰秀	白素平	163353	211
9983	小白鸡炸炸窝			西安丰村	张兰秀	白素平	163369	975
9984	大锅饭歌					王健敏	163262	217
9985	小白菜心里黄			西邢家庄村	赵秋兰	郝建常	163362	636
9986	党纪国法有论处			东里双村	阎全保	阎世久	163281	258
9987	麻野鹊尾巴长			正定镇民主街	李姐	周宣	163352	230
9988	政策			吴兴村	于瑞芹	于金华	163265	364
9989	老天爷下大雨					郭开兴	163375	196
9990	农忙歌			傅家村		康永生	163263	155
9991	小板凳四条腿			东里双村	马小妮	阎世久	163386	189
9992	要象春笋比冒尖			吴兴村	于瑞芹	阎金华	163270	348
9993	专吃黄世仁			北贾村	王连海	周新社	163388	257
9994	樱桃树弯了枝			永安乡西邢家庄村	张秋菊	郝建常	163373	189

序号	篇名	民族	流传地区	采集地	讲述者	搜集者	数据库编号	字数
9995	酸枣叶					姚义英	163383	414
9996	四忙歌			南村	王国栋	师兴文	163278	151
9997	蹬洗脸盆			西白庄村	曹洛兴	赵群玉	163384	237
9998	收破烂歌			朱河村	张连贵	傅文魁、李长江	163226	158
9999	喜歌			西安丰村	张兰秀	白素平	163287	213
10000	睁眼瞎			东里双村	阎全保	阎世久	163283	208
10001	蔬菜精			北贾村	王白妮	王建凯	163400	186
10002	南牛集			吴兴村	叶小果	于金华	163396	327
10003	勤劳致富好			吴兴村	于瑞芹	于金华	163269	189
10004	五更调			西安丰村	白喜祥	白素平	163291	483
10005	越干心越甜			东里双村	马小妮	阎世久	163266	442
10006	夯歌			吴兴村	于瑞芹	于金华	163221	599
10007	卖菜歌			二十里铺村		张丙辰	163224	205
10008	五更怨			于西安丰村	白喜祥	白素平	163292	322
10009	改造懒汉懒老婆			吴兴村	王小翠	于金华	163256	223
10010	老好人			北五女村		师兴文	163274	246
10011	都是老子血汗			西兆通村	周洛绊	苏平修	163230	238
10012	粉坊童工叹			二十里铺村	何洛静、张庚申	曹文柱、张丙辰	163313	186
10013	电视机真有趣			南村		师兴文	163321	173
10014	家家户户唱富有			东里双村	阎发水	阎世久	163268	188
10015	天天挣钱能久长			东上宅村	溪洛良	曹文柱	163298	217
10016	马家坟之战			傅家村、厢同等村	范克书、梁士保等	王健敏	163324	917
10017	一年零一月			吴兴村	叶小果	于金华	163290	263
10018	大猫出来二猫上			西安丰村	张兰秀	白素平	163355	804
10019	小老鼠上谷穗			西安丰村	张兰秀	白素平	163349	247
10020	咯咯咯明了			西安丰村	张兰秀	白素平	163341	177
10021	碌碡词			正定镇民主街	张腊月	周宣	163314	198
10022	拉锯，扯锯			西安丰村	张兰秀	白素平	163378	145
10023	小寡妇哭坟			正定城内	徐奢	王京瑞	163303	212
10024	小老鼠上灯台			西安丰村	张兰秀	白素平	163348	533
10025	土下埋的土上人			东上宅村			163311	245
10026	小小子坐门礅			西安丰村	张兰秀	白素平	163346	140
10027	正定特产谣			东权城村	张小红	李春华	163326	207

序号	篇名	民族	流传地区	采集地	讲述者	搜集者	数据库编号	字数
10028	小白菜					郭开兴	163360	145
10029	画扇面			东上宅村	郭九月	曹文柱	163397	212
10030	现在交通真方便			南村		师兴文	163320	295
10031	小小子坐门礅			西邢家庄村	高焕姐	郝建常	163345	306
10032	摇篮歌			正定镇民主街	马焕兰	周宣	163385	287
10033	拍拍，拍豆角			西安丰村	张兰秀	白素平	163344	303
10034	问姐姐				李桂芝	马利	163335	306
10035	范家的闺女会擀面				薄朝举	马利	163338	211
10036	小媳妇去赶集			北贾村	周果姐	周新社	163309	234
10037	小老鼠上灯台					郭开兴	163347	140
10038	正定话有三大怪			东权城村	张小红	李春华	163327	237
10039	老天爷别下雨			北贾村	王兰	周新社	163376	202
10040	新式结婚真大方			东权城村	袁喜儒	李春华	163319	150
10041	板凳底，板凳歪			吴兴村	叶小果	于金华	163366	234
10042	光棍苦			北贾村	周果姐	周新社	163310	199
10043	小白菜心里黄			西安丰村	张兰秀	白素平	163363	154
10044	做媳妇歌			野头村		王健敏	163296	188
10045	小闺妮搬梯子儿			西安丰村	张兰秀	白素平	163364	522
10046	咕嘟咕嘟开			吴兴村	叶小果	于金华	163368	742
10047	大公鸡炸炸窝			西邢家庄村		郝建常	163370	323
10048	童谣			东权城村	张荣申	李春华	163279	365
10049	点点豆豆			南村	张兰荣	师兴文	163381	217
10050	当官会捞高本领			东里双村	阎全保	阎世久	163276	186
10051	拉锯，扯锯					马利	163377	619
10052	过上小康不用愁			东里双村	阎书会	阎世久	163271	822
10053	种麦歌			吴兴村	王小翠	于金华	163220	185
10054	家家户户光景旺			东里双村	阎发水	阎世久	163267	375
10055	姐妹们翻了身			吴兴村	王小翠	于金华	163253	160
10056	四季歌			正定城内	李秀玲	苏平修	163248	152
10057	政府都由人民选			正定城内	封贵元	苏平修	163251	681
10058	日本鬼子赛虎狼			正定城内	解治	苏平修	163234	201
10059	丈夫打仗把我丢			正定城内	李秀玲	苏平修	163247	199
10060	支前歌			正定城内	解治	苏平修	163240	186
10061	打得鬼子团团转			东里双村	阎全保	阎世久	163246	207

序号	篇名	民族	流传地区	采集地	讲述者	搜集者	数据库编号	字数
10062	颠倒歌			东里双村	刘林忠	阎世久	163398	199
10063	秋风凉			西兆通村	周洛绊	苏平修	163231	175
10064	姑娘二十四表			大孙村	代东	王增洪、苏平修等	163305	299
10065	我们都是穷苦人			正定城内	张明显	王彬	163229	183
10066	娶个媳妇大脚丫				宋敬臺	马利	163299	186
10067	红缨枪			正定城内	封贵元	苏平修	163244	1332
10068	傻丫头				李文瑞	马利	163301	125
10069	学生意自强歌			正定城内	樊玉成	樊志勇	163227	385
10070	送兵歌			东里双村		王健敏	163239	241
10071	抗战歌			北石家庄村	李吉江	王健敏	163233	188
10072	新民谣十四首					王京瑞	163282	181
10073	儿童好象一朵花			正定城内	杨俊秀	封贵元	163249	278
10074	小女婿			野头村		王建敏	163297	278
10075	责任制			东里双村	阎全保	阎世久	163264	199
10076	怕			东上宅村	何洛静	曹文柱	163312	142
10077	上冬学			吴兴村	王小翠	于金华	163255	1872
10078	月亮地明光光			东里双村	阎全保	阎世久	163237	294
10079	富了海边的			正定城内		苏平修	163277	274
10080	客来了			新城铺村	杨瑞平	索文荣	163334	139
10081	懒婆歌			北贾村	王庚五	王京瑞	163300	392
10082	大脚好			东权城村	袁喜儒	李春华	163318	1849
10083	送情郎			西安丰村	白喜祥	白素平	163293	183
10084	卫国保家园			东里双村	阎全保	阎世久	163235	229
10085	小寡妇难			里双店乡孔村	李红兰	王健敏、张志强	163304	659
10086	小秃卖豆腐			正定镇民主街		周宣	163315	195
10087	小桃树耷拉枝			西安丰村	张兰秀	白素平	163372	251
10088	小板凳			正定城内	马卉	马利	163394	231
10089	盘脚年			正定城内	刘九华	苏文辉	163359	448
10090	新观花			巧女村	康贤甫	康振侠	163228	138
10091	盘脚年			西安丰村	张兰秀	白素平	163358	174
10092	麻野鹊尾巴长			北贾村	张升姐	王京瑞	163351	850
10093	织手绢			东里双村	金凤姐	张文勤	163308	1736
10094	拉大锯			东里双村	马小妮	阎世久	163379	211

序号	篇名	民族	流传地区	采集地	讲述者	搜集者	数据库编号	字数
10095	正定府古迹有记志					周佩欣	163329	360
10096	打陷歌			西仰陵村	王洛软、安夫子	张丙辰	163223	166
10097	选丈夫			南村	范大芹	师兴文	163322	189
10098	小白菜					王健敏	163361	419
10099	上早学			正定城内	王容真	马利	163389	202
10100	谁上我的高高山			西安丰村	张兰秀	白素平	163354	351
10101	小二姐搬轧车			西邢家庄村	杨大姐	郝建常	163374	315
10102	会计			南村镇北五女村		师兴文	163273	233
10103	小闺妮搬梯子儿			南村	张兰荣	师兴文	163365	225
10104	蒸的饼子长翅膀			南村镇北五女村		师兴文	163272	244
10105	说星斗			东上宅村	何洛静	曹文柱	163401	405
10106	妇女翻身歌			东里双村	吴金姐	王健敏	163252	425
10107	小纺车			赵八庄村	藕姐	马利	163333	956
10108	送军衣			正定城内	封贵元	苏平修	163242	349
10109	锁连锁			赵八庄村	藕姐	马利	163336	477
10110	小二姐搂豆叶			东房头村	房菊翠	李春华	163356	255
10111	板凳倒，板凳歪			西安丰村	张兰秀	白素平	163367	489
10112	十二月古人名			前塔底村	贾小秃	张志强、王健敏等	163332	244
10113	十字路口五条道			正定城内	李庆祥	高炳须	163328	309
10114	牛郎织女歌			前塔底村	贾小秃	张志强	163331	186
10115	女式“男人”			正定县政协会议室	许维明	王京瑞	163280	707
10116	夸夸俺正定赵子龙			东里双村	阎全保	阎世久	163325	268
10117	老乡见老乡			正定中学		王健敏	163259	215
10118	打夯歌			东里双村	阎全保	阎世久	163222	421
10119	伪军老婆哭炮楼			吴兴村	王小翠	于金华	163258	786
10120	老乡们听我言			吴兴村	王小翠	于金华	163257	176
10121	卖汽水			二十里铺村	张小臣	张丙辰	163225	233
10122	狼牙山五壮士			吴兴村	王小翠	于金华	163238	178
10123	人生在世一点新			东上宅村	何洛静	曹文柱	163316	147
10124	花开能有几日红			东上宅村	何洛静	曹文柱	163307	370
10125	女子家少说话					郭开兴	163380	165
10126	孩子们出来耍来			于西安丰村	张兰秀	白素平	163382	362
10127	先崩地主老婆子			新城铺村	尹香菊	索文荣	163387	187

序号	篇名	民族	流传地区	采集地	讲述者	搜集者	数据库编号	字数
10128	拍手歌			新城铺村	崔俊兰	索文荣	163391	419
10129	洗衣机波浪翻			南村		师兴文	163393	196
10130	吸大烟者自述			二十里铺村	张庚申	张丙辰	163399	407
10131	抠惜鬼雇活				李庆余		170742	969
10132	勤俭持家						170719	1538
10133	蒲莲车				张连盛		170722	134
10134	敢死队歌				朱学文		170711	58
10135	叫老乡歌				朱学文		170710	389
10136	还乡河小调				李显庭、蒋大龙		170703	894
10137	劝赌搏				吴琢		170741	168
10138	扫边关				韩会广		170714	278
10139	花蛤蟆绿蛤蟆				张秀分		170733	747
10140	寿歌				杨德胜		170730	382
10141	赞喜歌				刘文薄		170727	149
10142	推碌碡				齐端生		170721	121
10143	小白菜心里黄				刘凤珍		170740	217
10144	铺床歌				张玉苓		170729	122
10145	山药蛋				王家齐		170705	620
10146	十杯茶				田国良、李山		170701	112
10147	娶了媳妇忘了娘				李芸		170736	431
10148	山前梅鹿山后狼				韩述良		170738	1068
10149	送郎参军				田国良		170707	314
10150	火烧北大洼				李民		170713	155
10151	土改小调				刘庭佐		170712	153
10152	寡妇哭五更				韩会广、李云生		170726	988
10153	骂汉奸				朱学文		170708	107
10154	选种歌						170716	251
10155	农业生产歌						170718	110
10156	小孩不离娘				王华、赵金荣等		170706	127
10157	对花				郭景春		170743	177
10158	绣巾歌				尚广芝、率文顺		170720	1750
10159	建房祝喜歌		玉田县林西一带		钱百全		170728	501
10160	月儿弯弯				巴占芳		170704	892
10161	唱八路军				朱学文		170709	58

序号	篇名	民族	流传地区	采集地	讲述者	搜集者	数据库编号	字数
10162	放风筝				会广、云生		170723	641
10163	植树歌						170717	325
10164	这个天头黑咕隆咚				李枝余		170737	209
10165	黄土坎大战				巴玉礼、巴占元		170702	46
10166	李方巧得卖				张连盛		170725	597
10167	小上庙				田文奎		170724	162
10168	灯笼谣						170731	297
10169	奶奶梳头		彩亭桥、林南仓一带				170732	318
10170	蚂蚱段						170734	160
10171	夯歌				丁庆丰		170715	185
10172	小白采				张凤兰		170735	299
10173	小雨连连下				陆策		170739	293
10174	不多不少整三十儿		海兴境内		杨吉松	何兴楼	171079	1529
10175	放风筝		海兴县		张月荣	王汝怿	171054	405
10176	反对旧婚姻		渤海沿岸		任以祥	王汝怿	170970	769
10177	逼得俺夫妻不团圆		海兴县		张静荣、王玉华	何兴楼、孙芳岐	170969	2413
10178	小白兔		海兴县境内		张思韩	何兴楼	171081	212
10179	揄娃娃		海兴一带		刘桂清	孙崇礼	171068	368
10180	儿童团歌		海兴县一带		姜炳刚	姜淑凤	171080	222
10181	入伍前		渤海之滨		韩金楼	王汝怿	170972	404
10182	铁流		沧州东部		刘德纯	杨双发、冯双良	170974	652
10183	卫兵歌		沧州东南部		王凤前	王汝怿	170987	581
10184	绣兜兜		沧州东部		刘德纯	杨双发、冯双良	170955	306
10185	顽固歌		海兴县一带		张秀珍	姜淑凤	170976	226
10186	帮烟抽的人		海兴南部一带		巩吉祥	孙崇礼	171025	379
10187	羊粪蛋滚圆圆		海兴县一带		孟庆顺	姜淑凤	171063	202
10188	月儿渐渐高		海兴县一带		静秀平	姜淑风	171026	339
10189	八路军来独立营		海兴县			王汝怿	170992	226
10190	我家娶了个新婶儿		海兴县东南部		黄凤英	何兴楼	171076	576
10191	锔大缸		沧州东南地区一带		刘文君	宋连元	171047	364
10192	李方拐妻		海兴县、盐山县		任景文	王远	171035	500
10193	叫声老大娘		沧州东南部		张以治	王萌	170998	866
10194	妇女翻身歌		海兴县一带		刘桂清	孙崇礼	170988	2129

序号	篇名	民族	流传地区	采集地	讲述者	搜集者	数据库编号	字数
10195	撅哒撅哒又回来		海兴县境内		杨吉昌	何兴楼	171059	458
10196	救国歌		海兴、盐山一带		姜丙钢	姜淑凤	170986	926
10197	天上的灵芝什么人来栽		海兴县境内		王金成、田金仓	何兴楼	171004	203
10198	红旗插遍大江南		海兴、盐山等县		姜炳寅	姜淑凤	170978	792
10199	武装老百姓		海兴县一带		王玉华	孙芳岐	170989	370
10200	缠足女儿最痛苦		海兴境内		蔡金兰	姜淑风	171022	313
10201	哭丈夫		海兴、黄骅县一带		蒋宝德	姜淑风	171023	238
10202	十二月长工歌		沧州东部沿海一带		寇恩田	寇云霞	171018	389
10203	送情郎		沧州东南地区		王玉华	孙芳岐	171042	706
10204	光棍哭妻		海兴县一带		马志营	崔云良	171003	202
10205	探病郎		海兴县		王玉华	孙芳岐	171037	434
10206	十二月		沧州东部一带		宗国强	郭兰芳	171027	301
10207	没爹没娘不来了		海兴县东南部		杨吉昌	何兴楼	171056	202
10208	做媳妇难		海兴县一带		蒋宝德	蒋海燕	171028	188
10209	思夫		海兴县一带		刘文君	宋连元	171046	213
10210	四季歌		沧州东南部			王汝怿	171014	350
10211	老太太看牌		海兴县境内		任景文	王远	171009	1192
10212	盼嫁		海兴一带		蒋宝德	蒋海燕	171040	298
10213	铺炕谣		渤海之滨		张秀梅	崔云良	171052	813
10214	十二月		海兴、盐山、黄骅三县		姜丙钢	姜淑凤	170980	393
10215	十大恨		渤海之滨		马志营	崔云良	171032	712
10216	十条花手帕		沧州东部一带		任以目	王汝怿	170961	1030
10217	小老鼠		沧州东北部一带		韩月山	韩希晋	171057	998
10218	盘脚年		海兴一带		刘桂清	孔崇礼	171069	244
10219	赶走日本得太平		海兴县一带		齐方圆	姜淑凤	170994	210
10220	十字谣		渤海沿边一带		关秀芝	杨双发、冯双良	171007	433
10221	打锣锣		海兴南部一带		刘桂清	孙崇礼	171060	635
10222	十二月歌		海兴县境内		张思韩	何兴楼	170954	383
10223	老来难		海兴县一带		郭风轩	王汝怿	171019	233
10224	救自己		海兴县一带		王玉华	孙芳岐	170971	365
10225	灶王爷上贴灶马		海兴县境内		杨吉松	何兴楼	171062	431
10226	领导妇女翻了身		沧州东北部地区		王玉连	王芝芳	170973	1096
10227	哭五更		海兴县		王玉华	孙芳岐	171017	182

序号	篇名	民族	流传地区	采集地	讲述者	搜集者	数据库编号	字数
10228	运动战		海兴县一带		韩凤兰	王汝怿	170979	728
10229	拿着手绢儿擦鼻子儿		海兴境内		杨吉松	何兴楼	171070	611
10230	大媳妇小女婿		海兴、孟村等县		王树凤	冯双良	171002	420
10231	十二个月歌		沧州东南部		杨希珊	何兴楼	170962	239
10232	四季歌		海兴县一带		范淑凤	姜淑凤	170999	264
10233	弟弟来拜年		海兴、盐山等县		刘德纯	杨双发、冯双良	171053	241
10234	张五可对莲花		海兴县、盐山县一带		赵广山	姜淑凤	171030	1535
10235	妈那个巴子的好热天		海兴东南部		杨吉松	何兴楼	171073	411
10236	青年团歌		海兴县		蔡金兰	姜淑凤	170984	843
10237	参军歌		沧州东南地区		刘文君	宋连元	170995	993
10238	我是他老祖宗		海兴县、盐山县一带		孟庆顺	姜淑凤	171001	1530
10239	清朝皇帝任期记		沧州东南部		雷树荣	韩龙村	170960	738
10240	小老鼠嗔汉子				杨吉昌		171058	1135
10241	支前歌		海兴县一带		蔡金兰	姜淑凤	170981	449
10242	儿夫歌		海兴东南部		魏盛元	孙崇礼	171021	322
10243	十三个月		海兴县南部		王兆祥	何兴楼	170958	377
10244	我们是个穷汉		海兴县一带		任以敬	王汝怿	171029	875
10245	十二表		海兴县、盐山县		任景文	王远	171041	175
10246	看病郎		海兴一带		蒋宝德	蒋海燕	171045	319
10247	军和民一条心		海兴县一带		齐方圆	姜淑凤	170983	205
10248	庄稼的生日		海兴县境内		杨洪喜	何兴楼	171055	467
10249	棉花歌		海兴、孟村等县		王树凤	冯双良	170964	369
10250	结婚喜歌		海兴县一带		陈忠清	孙崇礼	171051	495
10251	交棉歌		沧州东南一带		孙淑仙	孙芳岐	170966	758
10252	情郎哥捎信来		渤海沿岸		范淑凤	姜淑凤	171048	2346
10253	画扇面		海兴、盐山等县		刘德纯	杨双发、冯双良	170953	1045
10254	啃你伯那个小脚丫儿		海兴县东南部		黄凤英	何兴楼	171065	625
10255	把二姑夫打跑哩		海兴县境内		杨吉松	何兴楼	171082	3078
10256	倒话		海兴县		刘秀兰	冯国荣	171078	1249
10257	十四棵树		海兴县境内		马志营	崔云良	170963	1074
10258	绣花灯		海兴县、盐山县		任景文	王远	170959	320
10259	当年忙		海兴、盐山境内		孙广荣	郭兰芳	171074	268

序号	篇名	民族	流传地区	采集地	讲述者	搜集者	数据库编号	字数
10260	十不足		海兴县一带		刘桂清	孙崇礼	171016	895
10261	怕		海兴一带		孙广荣	郭兰芳	171072	571
10262	审青羊		海兴县、盐山县		任景文		170957	879
10263	新年来到		海兴县东南部		杨洪喜	何兴楼	171077	487
10264	菜园子成精		海兴县一带		杨炳乔	孙芳岐	171011	355
10265	送夫出征		海兴县境内		马志营	崔云良	171034	750
10266	学生起义革命歌		海兴县一带		寇恩田	王汝怿	170985	301
10267	婚姻得解放		沧州东南地区		孙淑仙	孙芳岐	170975	270
10268	领导妇女把身翻		沧州东南地区一带		王玉华	孙芳岐	170977	330
10269	妇女受苦寒		海兴县境内			王汝怿	170982	443
10270	二大娘纺线		海兴县境内		任以明	王汝怿	170965	247
10271	向前走		沧州东南部		刘德纯	杨双发、冯双良	170967	248
10272	八路军号房子		海兴，盐山等县		刘桂清	孙崇礼	170968	565
10273	卖扁食儿		渤海沿边一带		关秀芝	冯双良	171006	949
10274	劝人方		海兴、盐山一带		任以敬	高洪芳	171015	656
10275	真金戏逗		渤海沿边一带			冯双良、冯国荣	171033	240
10276	支前歌		海兴县		翟玉华	姜淑凤	170997	852
10277	担架歌		海兴一带		周庆文	周庆智	170993	274
10278	蝴蝶与蜜蜂		海兴县一带		王玉华	孙芳岐	171064	316
10279	妇救会歌		海兴一带		张秀珍	姜淑凤	170990	234
10280	五更谣		海兴县境内		马志营	崔云良	171039	610
10281	不打日本国不宁		海兴一带		赵广山	姜淑凤	170991	369
10282	拴娃娃		海兴县境内		胡立明	崔云良	171050	394
10283	四季歌		海兴县境内		马志营	崔云良	171024	673
10284	哭夫		海兴东南一带		王玉华	孙芳岐	171020	442
10285	卖大烟		海兴县境内		魏忠智	崔云良	171010	278
10286	我们穷人真正苦		海兴东南一带		任以祥	王汝怿	171013	847
10287	农家苦		沧州东南地区一带		王玉华	孙芳岐	171008	2184
10288	怀胎十月		海兴县一带		王景文	崔云良	171005	2129
10289	金戒指儿		沧州东南地区		王玉华	孙芳岐	171012	308
10290	军民鱼水情		沧州东南一带		任井方	王汝怿	171000	442
10291	四辈上工		海兴县境内		马志营	崔云良	171038	182
10292	苹果姑娘红脸蛋		海兴县		邵庆春	邵芝利	171031	890
10293	阳阳儿没		海兴南部一带		刘桂清	孙崇礼	171061	261

序号	篇名	民族	流传地区	采集地	讲述者	搜集者	数据库编号	字数
10294	三国战将勇		海兴县一带		蔡金兰	姜淑凤	170956	333
10295	建新房喜歌		海兴县一带		陈忠清	孙崇礼	171049	482
10296	给你泔水来嗒啦				黄凤英	何兴楼	171067	367
10297	郎哥儿参军我思念		海兴县境内		张静荣、王维文	何兴楼、孟祥林	171044	344
10298	送郎参军		海兴县一带		魏守金		171043	291
10299	反话歌		海兴县、盐山县		王福周	王远	171075	387
10300	金莲在五更		渤海沿岸		马志营	崔云良	171036	502
10301	轿车子马拉着		海兴县一带		刘桂清	孙崇礼	171071	381
10302	小斑鸠		沧州东北部一带		韩月山	韩希晋	171066	373
10303	五更歌		海兴一带		孟庆顺	姜淑凤	170996	434
10304	捏泥蛋儿				王国英	王存太	172933	117
10305	莫叫情哥老等你		宣化县农村		杨长颂	兰文种	172921	144
10306	支前						172929	188
10307	秋收歌			宣化县	张春宠	禾中	172908	171
10308	带路						172928	724
10309	丝线更比绳子牢		宣化县农村		杨俊库	龙华	172923	1079
10310	想		宣化县农村		岳熙	中文	172920	121
10311	骂日本鬼子歌			宣化县江家屯乡古树营村	岳魁	文禾	172910	116
10312	姑姑洼					夫子	172925	291
10313	大刀片						172930	276
10314	埋地雷						172927	206
10315	骂媒人		宣化县农村		杨俊库	木乔	172924	142
10316	约郎歌		宣化县农村		杨世福	禾文	172922	118
10317	农姑忙			宣化县	杨俊库	兰文种	172907	120
10318	大杆枪				王春和	邓德忠	172931	118
10319	迎亲歌			宣化县江家屯乡	刘玉	裴军	172914	115
10320	红缨枪						172932	120
10321	想你		洋河南一带		岳熙	禾文	172918	181
10322	报信鸟						172926	120
10323	跨河湾		宣化洋河两岸		杨源、杨世福	三禾	172915	142
10324	穷长工歌		宣化县农村	宣化县崞村乡瓦夭沟	李宽	中文	172911	259
10325	义和团之歌		宣化区、县		冯牧云	神龙华	172909	699
10326	出门歌		宣化、涿鹿山村		冯彩云	兰文种	172917	426

序号	篇名	民族	流传地区	采集地	讲述者	搜集者	数据库编号	字数
10327	打壶美酒请媒人		宣化县黄羊山一带农村		李宽	文兰	172919	177
10328	想亲娘		宣化县农村		杨源	文兰	172916	122
10329	妇女解放歌			宣化县江家屯乡古树营	岳魁	晓兰	172912	165
10330	四宝当长工		宣化县农村	宣化县刘家夭村	杨源、杨世福等		172913	241
10331	踢毽			昌黎县梁各庄乡中学	张守菊	宋丽华	173772	321
10332	四大类			昌黎县槐李庄乡槐冯庄	冯礼昌	秦宝璋	173800	181
10333	太行山上的月亮			昌黎县城关镇	姜国华	高洪章、王来雨	173540	473
10334	果乡水库			昌黎县城关镇	李和业	李和业	173794	154
10335	政策一变			昌黎县新金铺乡文化站	邢中里	张秋平	173575	157
10336	年头欠收成			昌黎县荒佃庄乡河南庄	张耀春	王来雨、刘荣德等	173647	173
10337	蜗牛蜗牛开门来			昌黎县第二中学	齐志鸿	齐志鸿	173760	227
10338	采茶			昌黎县大蒲河乡大蒲河村	曹玉俭	刘荣德	173618	127
10339	劝小姑			昌黎县大蒲河乡大蒲河村	常宝清	刘荣德	173654	213
10340	茉莉花				曹玉俭		173808	841
10341	四等人			昌黎县大夫庄乡文化站		解兆禄、张占茂	173573	165
10342	催眠歌			昌黎县城关镇二街	刘桂玲	李焕宇	173771	138
10343	一天忙			昌黎县泥井乡前刘坨		王世杰	173568	399
10344	说胡话，道话胡			昌黎县犁湾河乡犁湾河二村	王洪礼	王洪礼	173740	115
10345	十杯茶			昌黎县城关镇	梁明	刘德昌、王来雨	173544	977
10346	一家子			昌黎县新金铺小学	佚名	邢桂英	173757	207
10347	渔家乐			昌黎县西沙河乡西沙河村		王来雨	173524	166
10348	拉大件号子			昌黎县搬运站	马玉林	刘荣德、赵舜才等	173520	187
10349	你说害臊不害臊			昌黎县梁各庄乡中学	李玉梅	李玉梅	173788	127
10350	磨洋工			昌黎县赤洋口乡赤洋口村	王贺仙	刘荣德、王来雨	173528	233
10351	栅背栅			昌黎县两山乡中学	赵黎明	赵黎明	173741	664
10352	吴永年逃荒			昌黎县城关镇三街	赵合	刘德昌、王来雨	173532	149

序号	篇名	民族	流传地区	采集地	讲述者	搜集者	数据库编号	字数
10353	卖饺子			昌黎县城关镇	梁明	宋贵	173557	1033
10354	苦麻菜开花一大团			昌黎县荒佃庄乡东腾远村	张殿春	王世杰	173596	164
10355	八路军开来了			昌黎县城关镇	梁明	王来雨	173550	384
10356	游南关			昌黎县十里铺乡张各庄三村	秦来	王来雨	173600	204
10357	鸡叫了，天明起			昌黎县新集镇文化站		王宝平、王庆祥	173632	127
10358	卖香面调			昌黎县新集镇新庄子村	刘自强	刘荣德、宋元平	173581	231
10359	妇女抗日小曲			昌黎县崖上乡小寨	姜国华	王来雨	173555	460
10360	五更耍钱			昌黎县党各庄乡东毛各庄	朱波	王来雨	173638	133
10361	婆媳顶嘴			昌黎县大蒲河乡大蒲河村	曹玉俭	赵舜才、王杰	173627	190
10362	小放牛			昌黎县靖安镇达子营	郭文成	高洪章、王来雨	173640	837
10363	绣幔帐			昌黎县西沙河乡西沙河村	李占鳌	冯秀昌	173613	381
10364	小拜年			昌黎县荒佃庄乡左营村	陈广文	王来雨	173642	159
10365	卖香面调			昌黎县新集镇新庄子	刘自强	刘荣德、宋元平	173582	245
10366	绣镜帘			昌黎县荒佃庄乡东腾远村	张殿春	王来雨、刘荣德	173612	422
10367	婆媳顶嘴			昌黎县大蒲河乡大蒲河村	曹玉俭		173628	1303
10368	倒采茶			昌黎县赤洋口乡牛官营村	牛广俊	刘烨	173620	134
10369	卖药糖调			昌黎县城关镇		刘荣德	173577	517
10370	劝丈夫			昌黎县党各庄乡东毛各庄	鲁作祥	王来雨、刘荣德等	173652	299
10371	十等人			昌黎县新金铺乡文化站	邢中里	张秋平	173572	155
10372	过年歌			昌黎县皇后寨乡前王各庄	马玉荣	张玉万	173759	275
10373	正月十五灯花乐			昌黎县刘台庄镇左营村	陈广文	刘荣德、宋元平	173588	378
10374	八路好			昌黎县城关镇	王来雨	王来雨、刘荣德	173542	1468
10375	混碗干饭			昌黎县新集镇裴各庄	张奎英	刘荣德、宋元平	173587	115

序号	篇名	民族	流传地区	采集地	讲述者	搜集者	数据库编号	字数
10376	劝夫郎			昌黎县赤洋口乡牛官营村	牛广俊	赵舜才	173653	381
10377	反对花			昌黎县大蒲河乡大蒲河村	曹玉俭	刘德昌、刘烨	173615	402
10378	闹元宵			昌黎县赤洋口乡牛官营	牛广俊	冯秀昌	173602	535
10379	倒采茶			昌黎县荒佃庄乡东腾远村	李永顺	王来雨	173619	138
10380	打场子秧歌调			昌黎县十里铺乡张各庄三村	秦来	张凤昌、郭兴权	173585	386
10381	画扇面			昌黎县靖安镇达子营村	郭文成	刘德昌、冯秀昌	173716	859
10382	火烧潘家峪			昌黎县人民银行	郭维新	刘德昌、王来雨	173564	348
10383	劝姑娘			昌黎县刘台庄镇范庄子	李左清	刘荣德、宋元平	173648	548
10384	小看戏			昌黎县十里铺乡张各庄三村	秦来	王来雨	173598	198
10385	梦情郎			昌黎县荒佃庄乡河南庄	赵万清	刘荣德、宋元平	173687	172
10386	工作队			昌黎县文教局	齐家璐	董宝瑞	173569	175
10387	“九一八”歌			昌黎县城关镇	梁明	刘德昌、王来雨	173549	362
10388	绣麒麟			昌黎县新集镇新庄子	刘自强	刘荣德、宋元平	173681	148
10389	打竹板上南京			昌黎县泥	李昌平	陈国清	173761	576
10390	百年长恨			昌黎县新集镇新庄子村	刘自强	刘荣德、宋元平	173674	31
10391	抬头望晴天			昌黎县城关镇	梁明	王来雨	173546	124
10392	打秋千			昌黎县荒佃庄乡东腾远村	王健	李宗垣	173680	866
10393	旧社会						173533	264
10394	十女拜寿			昌黎县刘台镇左营村	陈广文	刘荣德、宋元平	173631	526
10395	十二月歌			昌黎县钱庄子乡东钱庄	支文	支文	173523	201
10396	绣汗绢			昌黎县大蒲河乡大蒲河村	常宝清	王来雨、刘荣德等	173611	216
10397	抬木头号子			昌黎县搬运站	马玉林	王来雨、刘荣德等	173521	148
10398	玉姐盼婆家			昌黎县党各庄乡东毛各庄	朱波	刘荣德	173669	141
10399	丢戒指			昌黎县党各庄乡东毛各庄村	朱波	高洪章、王来雨	173609	175

序号	篇名	民族	流传地区	采集地	讲述者	搜集者	数据库编号	字数
10400	送情郎			昌黎县刘台庄镇范庄子	李左清	刘荣德、宋元平	173666	194
10401	补汗褟			昌黎县十里铺乡马庄	马庆春	张守贵	173621	123
10402	劝姑娘			昌黎县荒佃庄乡冷各庄	冷俊焦	王来雨	173649	358
10403	老娘们耍钱			昌黎县封台乡小心庄	张绍合	冯秀昌、高洪章	173636	165
10404	大姑娘听房			昌黎县党各庄乡东毛各庄	朱波	王来雨、刘荣德等	173684	152
10405	鸡大哥，鸡大嫂			昌黎县大滩乡文化站	齐鹏胜	齐鹏胜	173745	763
10406	豆角绿，豆角青			昌黎县槐李庄乡槐贾庄		陈卫民、王庆凯	173758	677
10407	小媳妇儿			昌黎县大滩乡文化站	齐鹏胜	齐鹏胜	173744	409
10408	小白菜			昌黎县大夫庄乡文化站		解兆禄、张占茂	173733	484
10409	推碌碡			昌黎县十里铺乡马庄	马士祥'	王世杰、宋无平	173622	163
10410	小皮球圆又圆			昌黎县河东张各庄小学	杨小静	宋丽华	173730	133
10411	织布			昌黎县十里铺乡马庄	马春生、马士祥	王杰、赵舜才等	173624	459
10412	送郎参军			昌黎县城关镇	韩贺文、郭维新	刘德昌、王来雨	173665	140
10413	跳皮筋						173780	151
10414	美女思情			昌黎县靖安镇达子营村	郭文成	高洪章、王来雨	173667	312
10415	大巴手厮会掷色			昌黎县槐李庄乡小港村	石玉芬	陈卫民、王庆凯	173762	582
10416	喜歌					王洪礼	173694	273
10417	凤阳歌			昌黎县十里铺乡马庄	马庆春	张守贵	173608	193
10418	娃娃听了就长大			昌黎县大田庄乡总屯二村	张惠清	景玉华	173727	139
10419	瞎话儿			昌黎县槐李庄乡槐冯庄村		秦宝璋	173751	246
10420	摇篮曲			昌黎县城关镇	邵德贞	董宝瑞	173768	247
10421	小老爷去赶集			昌黎县槐李庄乡槐冯庄		秦宝璋	173752	148
10422	刘金定观星			昌黎县荒佃庄乡东腾远村	张殿春	王世杰	173705	660
10423	给汉奸画像			昌黎县槐李庄乡槐冯庄	冯礼昌	秦宝璋	173562	303
10424	正采茶			昌黎县大蒲河乡大蒲河村	曹玉俭	刘德昌	173703	205
10425	扛活人今昔			昌黎县钱庄子乡东钱庄	支文	支文	173566	258
10426	小耗子上灯台			昌黎县师范学校	景玉华	曹淑君	173747	247
10427	会亲家			昌黎县城关镇二街	鲁绍兰	李焕宇	173798	406
10428	大麦秸，小麦秸			昌黎县茹荷乡文化站	刘贺丰	刘贺丰	173737	131

序号	篇名	民族	流传地区	采集地	讲述者	搜集者	数据库编号	字数
10429	贤良女吊孝			昌黎县新集镇新庄子村	刘自强	刘荣德、宋元平	173720	245
10430	冯奎卖妻			昌黎县刘台庄镇左营村	陈文广	王来雨、刘荣德	173686	163
10431	绣门帘			昌黎县党各庄乡刘官营村	张殿奎	张怀千、高洪章	173604	135
10432	小大姐想女婿			昌黎县槐李庄乡槐冯庄		秦宝璋	173735	149
10433	十二个月			昌黎县崖上乡小寨村	姜国华	高洪章、王来雨	173554	399
10434	车轱辘菜包饺子			昌黎县槐李庄乡槐贾庄		陈卫民、王庆凯	173764	376
10435	赛赛赛			昌黎县梁各庄乡河西张各庄小学		宋丽娟	173782	406
10436	绣灯笼			昌黎县大蒲河乡大蒲河村	曹玉俭	刘烨、刘德昌	173704	170
10437	五更摸营			昌黎县城关镇	梁明	王来雨	173541	237
10438	货郎标			昌黎县大蒲河乡大蒲河村	曹玉俭	赵舜才	173717	533
10439	夯号子			昌黎县搬运站	马玉林	王来雨	173522	518
10440	绣镜帘			昌黎县马坨店乡围杆庄	刘庆印	王世杰、王来雨等	173712	209
10441	姑娘好了有人夸			昌黎县荒佃庄乡东腾远村	张殿春	刘荣德、宋元平	173656	213
10442	大公鸡骂媳妇			昌黎县指挥乡指挥村中学		刘慎金	173755	448
10443	李玉兰劝夫参军			昌黎县赤洋口乡草厂庄俱乐部			173538	161
10444	蚂螂蚂螂过河来			昌黎县第二中学	齐志鸿	齐志鸿	173750	126
10445	好稻田			昌黎县大蒲河乡大蒲河村	曹玉俭	刘荣德	173526	476
10446	蠓蠓哥上窗户			昌黎县第二中学	齐志鸿	齐志鸿	173749	136
10447	人生尽享福			昌黎县钱庄子乡东钱庄	支文	支文	173795	140
10448	扯大锯，拉大锯			昌黎县犁湾河乡犁湾河二村	王洪礼	王洪礼	173753	579
10449	大炮三声震动天			昌黎县新集镇裴各庄	张奎英	刘荣德、宋元平	173586	129
10450	上树咧，摘枣咧			昌黎县犁湾河乡犁湾河二村	王洪礼	王洪礼	173739	184
10451	新歌谣（三首）			昌黎县电影院	崔继山	崔艳秋	173576	250

序号	篇名	民族	流传地区	采集地	讲述者	搜集者	数据库编号	字数
10452	杜梨树开白花			昌黎县槐李庄乡小港村	石玉芬	陈卫民、王庆凯	173766	1280
10453	捡棉花				曹玉俭		173809	278
10454	哪跟我玩			昌黎县槐李庄乡小港村	石玉芬	陈卫民、王庆凯	173776	300
10455	黑妞妞			昌黎县新集镇新庄子村	刘自强	刘荣德、宋元平	173719	279
10456	东屋掌灯西屋亮			昌黎县师范		赵黎明	173763	373
10457	三国歌			昌黎县荒佃庄乡河南庄	赵万清	王来雨、刘荣德等	173698	195
10458	昌黎民间歌谣概述						173803	29
10459	新房子住新人			昌黎县槐李庄乡槐冯庄		秦宝璋	173696	212
10460	今年我上半年级			昌黎县梁各庄乡中学	谭晓红	谭晓红	173781	156
10461	红月娥做作梦			昌黎县新集镇新庄子村	刘自强	刘荣德、宋元平	173714	288
10462	货郎篷子车套白马			昌黎县城关镇三街	刘佐君	苏连璧	173791	2376
10463	韩湘子出家			昌黎县大蒲河乡大蒲河庄	牛广俊	王世杰	173709	244
10464	丫头丫头你快长			昌黎县城关镇二街	张素琴	李焕宇	173801	226
10465	放风筝			昌黎县党各庄乡牛各庄	牛振有	王来雨、刘荣德等	173711	173
10466	小大姐做鞋			昌黎县十里铺乡张各庄三村	秦来	刘维存、阎立新等	173796	161
10467	劝姑娘			昌黎县农村			173650	125
10468	跳皮筋			昌黎县梁各庄乡中学	宋丽勇	宋丽华	173789	256
10469	日头出来玄点红			昌黎县城关镇三街	刘佐君	苏连璧	173668	216
10470	昨个儿做个梦			昌黎县槐李庄乡文化站	石玉芬	陈卫民、王庆凯	173777	217
10471	教子篇			昌黎县钱庄子乡东钱庄	支文	支文	173657	180
10472	你说奇怪不奇怪			昌黎县槐李庄乡槐冯庄	冯礼昌	秦宝璋	173802	234
10473	四宝上工			昌黎县十里铺乡马庄	马庆春	张守贵	173679	260
10474	跑关东			昌黎县荒佃庄乡东腾远村	张殿春	宋元平、王世杰	173670	304
10475	拍手歌			昌黎县槐李庄乡槐冯庄		秦宝璋	173774	165
10476	丁成巧得妻			昌黎县大蒲河乡大蒲河村	常宝清	王来雨	173677	561
10477	寡妇思夫			昌黎县西沙河乡西沙河村	李占鳌	冯秀昌	173690	237
10478	二十四拉哈			昌黎县农村			173683	315

序号	篇名	民族	流传地区	采集地	讲述者	搜集者	数据库编号	字数
10479	日头出来楼上楼			昌黎县大夫庄乡文化站		解兆禄、张占茂	173531	202
10480	小日本真不善			昌黎县梁各庄乡中学	赵光美	陈士琴	173723	196
10481	丰收谣			昌黎县师范学校	李明	李明	173663	229
10482	十二个队			昌黎县城关镇三街		苏连璧	173570	186
10483	滦河小调			昌黎县城关镇	梁明	王来雨	173534	566
10484	喔里喔			昌黎县马坨店乡围杆庄		顾佩文	173769	119
10485	昌黎县锣鼓响			昌黎县钱庄子乡东钱庄村	支文	支文	173662	124
10486	劝儿郎			昌黎县大夫庄乡文化站		解兆禄、张占茂	173655	211
10487	采茶歌			昌黎县西沙河乡西沙河村	李占鳌	刘烨	173525	259
10488	小树叶哗啦啦			昌黎县师范学校		刘淑芬	173756	127
10489	正对花			昌黎县大蒲河乡大蒲河村	曹玉俭	刘德昌、刘烨	173614	196
10490	我要去当八路			昌黎县人民银行	郭维新	刘德昌、王来雨	173543	346
10491	茉莉花			昌黎县荒佃庄乡东腾远村	张殿春	刘荣德、宋元平	173617	410
10492	光棍思妻			昌黎县新集镇新庄子	刘自强	刘荣德、宋元平	173693	474
10493	打秋千			昌黎县钱庄子乡东钱庄	支文	支文	173605	1587
10494	有的妇女成问题			昌黎县城关镇	郭维新	刘德昌、王来雨	173539	376
10495	天上的梭勒儿			昌黎县荒佃庄乡东腾远村	张殿春	王世杰	173595	911
10496	枣树开花乱编笆			昌黎县刘台庄镇范庄子	李左清	刘荣德、宋元平	173707	26
10497	王二姐逛灯			昌黎县大蒲河乡大蒲河村	常宝清	王来雨	173597	720
10498	鬼子是吃人的狼			昌黎县城关镇	梁明	王来雨	173560	141
10499	绣花灯			昌黎县新集镇新庄子村	刘自强	刘荣德、宋元平	173594	233
10500	车轱辘菜			昌黎县犁湾河乡犁湾河二村	王洪礼	王洪礼	173738	296
10501	妇女也抗战			昌黎县城关镇	杨智	王来雨	173537	1270
10502	纪念“九一八”			昌黎县人民银行	郭维新	刘德昌、王来雨	173545	145
10503	起来干			昌黎县农村		昌黎县文化馆干部	173552	121
10504	一年忙			昌黎县新集镇新庄子村	刘自强	刘荣德、王世杰	173718	120

序号	篇名	民族	流传地区	采集地	讲述者	搜集者	数据库编号	字数
10505	柳树开花叶子长			昌黎县新集镇新庄子村	刘自强	刘荣德、宋元平	173593	903
10506	反对开小差			昌黎县城关镇	梁明	王来雨	173559	194
10507	卖针调			昌黎县城关镇	鲁明山	王世杰、刘荣德等	173578	209
10508	晋察冀摇篮曲			昌黎县城关镇	梁明	王来雨、冯秀昌	173732	142
10509	七月二十八			昌黎县葛条港乡葛条港		杨树国	173574	946
10510	顽固头心眼刁			昌黎县城关镇	郭维新	刘德昌、王来雨	173558	219
10511	吗啡叹			昌黎县城关镇	赵合	刘德昌、王来雨	173626	188
10512	正月里来正月正			昌黎县刘台镇范庄子村	李志香	刘荣德、王世杰	173702	473
10513	叔嫂对话			昌黎县槐李庄乡槐冯庄	秦宝全	秦宝璋	173635	248
10514	卖香面调			昌黎县城关镇	尹太	刘荣德、宋元平	173583	1329
10515	丢戒指			昌黎县党各庄乡牛各庄	牛振有	王来雨	173610	200
10516	椿树开花喷倒人			昌黎县荒佃庄乡东腾远	张凤鸣	刘荣德、宋元平	173710	224
10517	山上多栽树			昌黎县西沙河乡西沙河村		朱春三	173661	204
10518	小拜年			昌黎县靖安镇达子营村	郭文成	王来雨、刘荣德等	173641	134
10519	拾棉花			昌黎县犁湾河乡犁湾河二村	王洪礼	王洪礼	173765	177
10520	催眠曲			昌黎县大滩乡文化站		齐鹏胜	173770	182
10521	儿童团歌			昌黎县城关镇	梁明	王世杰、宋元平	173722	136
10522	卖饭调			靖安镇饭馆		曾兆来、王来雨	173584	170
10523	寡妇思夫			昌黎县赤洋口乡赤洋口村	王贺仙	王杰、赵舜才	173689	834
10524	跳大锁			昌黎县皇后寨小学	李辉	李春元	173778	821
10525	丧歌			昌黎县大周庄乡文化站	张世昌	张恩明	173697	116
10526	捡棉花			昌黎县大蒲河乡大蒲河村	曹玉俭	刘德昌、刘荣德等	173623	570
10527	闯山			昌黎县赤洋口乡牛官营村	牛广俊	赵舜才	173701	293
10528	找朋友			昌黎县梁各庄乡中学	朱芳丽	宋丽华	173786	217
10529	小看戏			昌黎县赤洋口乡牛官营村	方士贵	赵舜才	173685	276

序号	篇名	民族	流传地区	采集地	讲述者	搜集者	数据库编号	字数
10530	小两口打架不记仇			昌黎县大田庄乡总屯二村		王立新	173633	420
10531	铺地锦			昌黎县大蒲河乡大蒲河村	曹玉俭	王杰、赵舜才	173673	178
10532	放风筝			昌黎县刘台庄镇范庄子	李左清	冯秀昌、高洪章	173675	271
10533	太平年			昌黎县靖安镇达子营村	郭文成	王来雨、刘荣德等	173601	717
10534	叫老乡			昌黎县崖上乡小寨村	姜国华	王来雨	173536	365
10535	昌黎县好地方			昌黎县城关镇	李和业	李和业	173793	369
10536	红月娥做梦			昌黎县城关镇	赵顺、曹玉俭	刘荣德、王来雨	173713	209
10537	点秧歌			昌黎县靖安镇达子营村	郭文成	高洪章、王来雨	173590	321
10538	马蜂马蜂别蜇我			昌黎县槐李庄乡小港村	石玉芬	陈卫民、王庆凯	173748	370
10539	杀汉奸			昌黎县大田庄乡总屯二村	张惠清	玉景华	173725	203
10540	小板凳，四条腿			昌黎县新金铺小学	朱桂梅	朱桂梅	173779	217
10541	八月十五庆丰收			昌黎县钱庄子乡东钱庄	支文	支文	173664	248
10542	刘金定观星			昌黎县荒佃庄乡东腾远村	王健	刘荣德、宋元平	173706	206
10543	进城			昌黎县大田庄乡总屯二村	张惠清	景玉华	173728	279
10544	对花			昌黎县大夫庄乡文化站		解兆禄、张占茂	173775	138
10545	搬运号子			昌黎县搬运站	马玉林	刘荣德、赵舜才等	173519	262
10546	小白菜绿青根			昌黎县槐李庄乡槐冯庄	冯礼昌	秦宝璋	173767	131
10547	咕咚门			昌黎县新集镇新庄子	刘自强	刘荣德、宋元平	173678	217
10548	红花送给军烈属			昌黎县河东张各庄小学	杨小静	宋丽华	173731	189
10549	喜歌			昌黎县槐李庄乡槐冯庄		秦宝璋	173695	187
10550	篷子车套白马			昌黎县槐李庄乡槐冯庄		秦宝璋	173734	375
10551	妈妈娘好糊涂			昌黎县赤洋口乡牛官营村	牛广俊	王杰、赵舜才等	173682	456
10552	兄弟姐妹团结起来			昌黎县城关镇	梁明、郭维新	刘德昌、王来雨	173535	577
10553	绣灯笼				曹玉俭		173807	153
10554	闺女回娘家			昌黎县槐李庄乡槐冯庄		秦宝璋	173792	143
10555	一个大姐刚十五			昌黎县城关镇三街	刘佐君	苏连璧	173742	356

序号	篇名	民族	流传地区	采集地	讲述者	搜集者	数据库编号	字数
10556	画扇面			昌黎县西沙河乡罗家营		罗进梦	173715	1365
10557	哭情郎			昌黎县荒佃庄乡冷各庄	冷耀焕	王来雨	173688	290
10558	一孩好			昌黎县安山镇		于占斌	173787	196
10559	寡妇思春			昌黎县赤洋口乡牛官营村	牛广俊	刘荣德、王世杰	173691	222
10560	金太行			昌黎县大庄乡总屯二村	张惠清	景玉华	173724	456
10561	编花篮			昌黎县梁各庄乡中学	杨小静	宋丽华	173790	248
10562	送菜			昌黎县梁各庄乡中学	李玉梅	宋丽华	173729	314
10563	光棍思妻			昌黎县靖安镇达子营	郭文成	刘德昌、冯秀昌	173692	445
10564	黑老鸹尾巴长			昌黎县槐李庄乡槐冯庄		秦宝璋	173754	3160
10565	一物降一物			昌黎县城关镇	齐志鸿	齐志鸿	173659	353
10566	迷糊迷糊燕儿			昌黎县犁湾河乡犁湾河二村	王洪礼	王洪礼	173743	264
10567	天高不算高			昌黎县城关镇	齐志鸿	齐志鸿	173658	1474
10568	学习李向阳			昌黎县梁各庄乡中学	赵光美	宋丽华	173721	212
10569	王大娘探病			昌黎县新集镇新庄子	刘自强	刘荣德、宋元平	173646	578
10570	合钵			昌黎县大蒲河乡大蒲河村	曹玉俭	赵舜才	173699	207
10571	茉莉花			昌黎县大蒲河乡大蒲河村	曹玉俭	刘荣德	173616	290
10572	杨八姐游春			昌黎县新集镇新庄子村	刘自强	刘荣德、宋元平	173708	157
10573	逛茨山			昌黎县十里铺乡马庄	马士祥	赵舜才	173607	270
10574	年年都有三月三			昌黎县大蒲河乡大蒲河村	牛广俊	王世杰	173700	176
10575	织布			昌黎县十里铺乡马庄	马庆春	张守贵	173625	157
10576	拍手掌			昌黎县梁各庄小学	梁振玲	宋丽华	173785	300
10577	四大卖			昌黎县党各庄乡东毛各庄	朱波	王来雨	173643	113
10578	小河水哗啦啦			昌黎县梁各庄乡中学	宋丽华	宋丽华	173784	201
10579	十二月要钱			昌黎县党各庄乡东毛各庄	鲁作祥	王来雨、刘荣德等	173639	451
10580	一朵红花红又红			昌黎县梁各庄乡河西张各庄小学		孙丽娟	173783	495
10581	选谣郎			昌黎县城关镇二街	李焕宇	李焕宇	173629	120

序号	篇名	民族	流传地区	采集地	讲述者	搜集者	数据库编号	字数
10582	新事篇			昌黎县大蒲河乡大蒲河村	常宝清	王来雨	173527	337
10583	拉花的过来替我接着			昌黎县荒佃庄乡东腾远村	张殿春	王来雨、刘荣德等	173589	175
10584	短工谣			昌黎县钱庄子乡东钱庄	支文	支文	173529	543
10585	十唱古人名			昌黎县荒佃庄乡东腾远	张凤鸣	刘荣德、宋元平	173591	215
10586	夜来星儿耀耀			昌黎县城关镇		王来雨、刘荣德	173556	557
10587	参加农会			昌黎县城关镇	郭维新	刘德昌、王来雨	173548	178
10588	四大汉奸			昌黎县崖上乡小寨村	姜国华	王世杰、宋元平	173561	147
10589	卖估衣调			昌黎县城关镇	郭维新	王来雨	173580	446
10590	大脑袋兵进了庄			昌黎县槐李庄乡槐冯庄	冯礼昌	秦宝璋	173565	343
10591	妇女放哨			昌黎县城关镇	郭维新	刘德昌、王来雨	173551	1973
10592	天头阴下大雾			昌黎县文联办公室	齐家璐	董宝瑞	173567	782
10593	卖蚊子药调			昌黎县城关镇		刘荣德、王世杰	173579	255
10594	队长搂=			昌黎县荒佃庄乡东腾远		李玉东	173571	129
10595	鬼子讨伐			昌黎县公安局	杨智	刘德昌、王来雨	173563	325
10596	一来是谢赏，二来是问安			昌黎县刘台镇左营村	陈文广	刘荣德、宋元平	173592	212
10597	敌人的大后方			昌黎县钱庄子乡东钱庄	高学和	刘烨	173553	375
10598	小看戏			昌黎县大蒲河乡大蒲河村	常宝清	王来雨	173599	686
10599	奶妈子卖儿郎			昌黎县师范学校	齐志鸿	齐志鸿	173530	131
10600	打秋千			昌黎县赤洋口乡牛官营	牛广俊	王杰	173606	110
10601	叫声老大娘			昌黎县城关镇		昌黎县文化馆干部	173547	410
10602	上庙			昌黎县荒佃庄乡冷各庄	冷跃善	刘荣德、宋元平	173630	142
10603	借髢髢			昌黎县赤洋口乡牛官营	牛广俊	赵舜才	173603	316
10604	羊个豆两头掐			昌黎县犁湾河乡犁湾河二村		王洪礼	173634	213
10605	五更耍钱			昌黎县赤洋口乡赤洋口村	王贺仙	刘烨	173637	183
10606	鸳鸯扣			黎县荒佃庄乡东腾远村	张殿春	王来雨、刘荣德等	173644	137
10607	王大娘探病			昌黎县新集镇新庄子	刘自强	刘荣德、宋元平	173645	135
10608	劝闺女			昌黎县城关镇		袁国林	173651	116

序号	篇名	民族	流传地区	采集地	讲述者	搜集者	数据库编号	字数
10609	山下青松山上花			昌黎县大夫庄乡文化站		解兆禄、张占茂	173660	164
10610	绣耳包			昌黎县大蒲河乡大蒲河村	常宝清	王杰、赵舜才	173671	118
10611	探情郎			昌黎县钱庄子乡东钱庄	孙爱厂	支文	173672	168
10612	送郎君			昌黎县范庄子	李左清	刘荣德、宋元平	173676	183
10613	挂地雷			昌黎县大田庄乡总屯二村	张惠清	景玉华	173726	117
10614	大麦秸，小麦秸			昌黎县槐李庄乡槐冯庄村		秦宝璋	173736	1301
10615	小小子坐门墩			昌黎县师范学校	景玉华	曹淑君	173746	252
10616	扯乐乐，拽乐乐			昌黎县犁湾河乡犁湾河二村	王洪礼	王洪礼	173773	160
10617	小大姐一劲儿哭			昌黎县城关镇	刘德昌	王来雨	173797	128
10618	看斗相			昌黎县皇后寨乡文化站	李春元	李春元	173799	247
10619	长工					袁炳淑	183825	689
10620	城门高					贾书敏	183822	178
10621	说瞎话					赵书伶	183816	75
10622	金银蛋					贾书敏	183821	104
10623	哭皇天					赵书伶	183813	169
10624	编者的话						183812	82
10625	小叫花					赵书伶	183815	1077
10626	小鸟打架					贾书敏	183823	137
10627	板凳摞摞					贾书敏	183820	643
10628	歌谣五首					于秋涛	183826	157
10629	门旮吊					贾书敏	183818	185
10630	小秃					贾书敏	183819	421
10631	老人难					杨春茂	183824	193
10632	好难过					赵书伶	183814	97
10633	天下乱					贾书敏	183817	175
10634	十二个月妻盼你				陈继增	季振生	184365	178
10635	毛主席的恩情深				赵庆儒	胡尚华	184291	288
10636	妓女悲秋			平泉民歌集	周子芳	崔国志	184362	1571
10637	八些歌				牛夕	王舜	184632	427
10638	平泉州				穆凌顺	崔国志	184230	717

序号	篇名	民族	流传地区	采集地	讲述者	搜集者	数据库编号	字数
10639	走后门					朱彦华	184232	818
10640	要兜兜			丰宁坝上	李丰	张文枝	184334	301
10641	小小子儿			丰宁县大阁镇	付洪山	杨希瑞	184575	134
10642	东山	蒙古族		蒙古营子村	傅振兰	崔国志	184324	137
10643	五更			丰宁坝上	杨宝山	王占玉	184349	779
10644	咕咚门（附曲十七）			滦平县长山峪乡	王永隆	葛守才	184342	374
10645	救火			兴隆县郭家庄村	阎瑞青	陈素连	184240	104
10646	有钱行方便			长山峪乡大地村	齐显章	李本明	184411	165
10647	四季歌			下店村	王占安	许如尚	184348	282
10648	黄莲没这苦			杨木栅子乡黑牛山村	姚连仲	于祝三	184375	272
10649	社员缝个大挎兜					翟树林	184221	89
10650	誓死不当亡国奴			承德市狮子园	杜福运	孟阳	184259	583
10651	抗战四季歌			丰宁县波罗诺村	于朝英	丁卉芳	184268	220
10652	叙家常				张子义	李晓芹	184603	254
10653	咱睡觉也要睁只眼			承德市狮子园	杜福运	孟阳	184255	167
10654	短工谣			丰宁汤河乡	杨福生	荣卫国	184387	370
10655	伪警察象条狗			兴隆县中原村		张福庭	184244	163
10656	穷汉子说话没人听				卢维	张会	184380	238
10657	朵朵葵花向太阳	蒙古族		白池沟村	傅金兰	王道一、任其明	184283	153
10658	治牛胀肚谣					胡尚华	184629	1792
10659	搞浮财			丰宁县五道营村	吕贤	丁卉芳	184275	76
10660	跑马占圈怨			西阿超村	张悦	杨文龙	184477	168
10661	中华民国二年半			选营乡三营村	滕振普	陈明星	184299	168
10662	黑妞妞			凤山陶来营村	夏玉华	夏立娟	184417	152
10663	韩淑英	蒙古族		白池沟乡	吴凤英	崔国志	184322	63
10664	万岁听着离了位			围场县复兴地	赵庆儒	胡玉翠	184474	97
10665	巧梳妆						184335	484
10666	太平鼓					王道一	184456	1814
10667	轻轻叫郎晚上来	满族			魏玉书	胡尚华	184339	245
10668	气候谣			凤山镇	王宝钗	李金刚	184438	173
10669	十二月思郎歌			碾子沟文化站	吴国彬	李占国	184355	201
10670	猜花名			丰宁南岗子村	舒汉成	张万举	184448	364
10671	撒荞麦			大阁镇河东村	法守忠	温冰	184350	604
10672	十针扎			三十家子村	徐永富	赵树成、崔国志	184635	278

序号	篇名	民族	流传地区	采集地	讲述者	搜集者	数据库编号	字数
10673	做梦			兴隆县郭家庄村	阎瑞青	陈平	184552	471
10674	上学			滦平县三道梁乡三道梁村	王景星	李本明	184554	312
10675	养济院舍粥谣				赵兴国	陈明星	184376	270
10676	扁豆荚两头择			兴隆县郭家庄村	阎瑞青	陈平	184560	170
10677	鸳鸯扣					赵树成	184357	468
10678	地方风情歌						184440	321
10679	小姑听房			滦平县滦河沿乡下甸子村	李祥	鲍玉忠	184367	182
10680	闹学堂			西沟乡三道沟村	安丙云	李春秋	184549	161
10681	十七八姑娘一枝花			丰宁县大阁镇	白静云	杨希瑞	184450	181
10682	二十古人名			汤河村	刘普	荣卫国	184481	133
10683	王小赶脚			选营乡三营村	占文江	陈明星	184392	521
10684	大白鹅						184517	107
10685	童工十二月叹					朱呈云	184383	175
10686	河北名胜			丰宁选营中学	孙星	陈明星	184492	141
10687	你当儿来我当娘				赵庆如	胡尚华	184424	80
10688	你好，我好	蒙古族		南五十家子村		白云香	184498	141
10689	劝嫁			丰宁县四岔口乡李起龙村	于海庭	毛维君	184406	119
10690	小胖猪						184516	515
10691	典房卖地也娶她			选营乡二营村	于喜珍	陈明星	184405	803
10692	浇花			下庙村	陈玉珍	荣卫国	184494	264
10693	小佳人送饭			化吉营村	王金财	孙鹤飞	184397	192
10694	打冰嘎	满族		大阁三小	刘志红	刘新茹	184512	234
10695	丢戒指			骆驼沟村	任海山	唐素萍	184422	890
10696	小绿豆			选营乡三营村	宋树梅	陈明星	184531	549
10697	清朝十帝歌					杨海平	184637	243
10698	小弟弟你别哭						184533	241
10699	醉倒神仙八个			天桥村	孙银	孙保发	184618	175
10700	两头忙			选营村	占文江	陈明星	184620	141
10701	妈妈拿出两个桃			兴隆县郭家庄村	阎瑞青	陈平	184551	117
10702	坚守“无人区”			兴隆县半壁山区半山	王佐民	朱呈云	184245	255
10703	健身谣			丰宁县选营医院	陈连成	陈明星	184465	123

序号	篇名	民族	流传地区	采集地	讲述者	搜集者	数据库编号	字数
10704	麻雀经			大阁镇	白静云	杨希瑞	184623	71
10705	歪唱十二月				胡万银	计如尚	184468	168
10706	放羊四季歌					胡尚华	184200	235
10707	相牛谣			丰宁县选营乡三营村	陈效明	陈明星	184464	93
10708	省得下回再挨抓				王成	张广雨	184563	155
10709	状物歌			围场镇	赵玉珍	杨野	184459	111
10710	剪子骨			帐房沟	郭显珍	赵玉侠	184574	435
10711	旱船会唱词			三十家子乡		赵树成	184452	361
10712	十老爷			丰宁县乐国乡老虎沟门村	郭庆丰	王德新	184626	783
10713	阿超谣	满族		西阿超村	张明	杨文龙	184476	1388
10714	北方二十四节气歌					王起	184305	206
10715	小大姐			河北省宽城县峪耳崖金矿	于才	白晓颖、朱彦华	184639	288
10716	创业难			南洞子	王有	崔国志	184612	186
10717	包公赞桑枝				宁金荣		184483	139
10718	劳军歌					胡尚华	184289	173
10719	数数歌			郎栅子村	孙星	陈明星	184496	198
10720	劝人方（附曲九）			丰宁县大阁镇	武占芳	丁卉芳	184606	1243
10721	下雨谣			丰宁县大阁镇	孙玉枝	杨希瑞	184530	169
10722	劝读谣			选营乡三营村	滕振普	陈明星	184605	152
10723	河北名产			丰宁选营中学	孙星	陈明星	184490	292
10724	小红鞋			撒袋沟门村	郭显珍	赵玉侠	184577	438
10725	指天星			丰宁县大阁镇	阎建华	杨希瑞	184489	233
10726	劝世			长山峪乡大地村	齐显章	李本明	184608	618
10727	黄瓜					胡玉翠	184524	1387
10728	小草帽			丰宁县山咀乡东滩村	杨秀恩	杨宝珠	184266	526
10729	小金鱼					胡玉翠	184523	672
10730	四湖	蒙古族		蒙古营子村	韩祥	崔国志	184467	320
10731	小花猫					胡玉翠	184529	199
10732	劝丈夫			骆驼沟村	任海山	唐素平	184267	477
10733	说闲话			丰宁县山咀乡东滩村	杨秀恩	杨宝珠	184609	156
10734	平整土地			丰宁县三营村	滕振普	陈明星	184224	132
10735	唱歌要从心里来			围场县复兴地	赵文儒	胡玉翠	184595	1125

序号	篇名	民族	流传地区	采集地	讲述者	搜集者	数据库编号	字数
10736	鸡毛信			兴隆县半壁山区北山	王佐民	朱呈云	184270	374
10737	不如读书在心头	满族			姚华山	管延江	184604	118
10738	榆树林子区四大景					袁殿敏	184457	147
10739	百虫造反			坝上	杨秀恩	杨宝珠	184580	207
10740	生产山歌唱起来			复兴地	赵庆儒	胡玉翠	184282	73
10741	蚂蚱说			丰宁县东滩村	杨秀恩	杨宝珠	184579	390
10742	辘轳歌			丰宁大阁镇	曹云路	丁卉芳	184211	249
10743	住娘家			上官营村	崔淑芹	温少良	184572	163
10744	八路军好八路军强			兴隆县半壁山区北山	王佐民	朱呈云	184286	148
10745	讲心			丰宁县苏家店乡	房广生	刘福民	184593	397
10746	都山小调				耿玉来	耿立艳	184446	808
10747	字谜谣			选营乡三营村	滕振普	陈明星	184625	540
10748	想情郎				李祥	鲍玉忠	184325	189
10749	调脊歌			刘营乡、刘营村	鲍素珍	黄秀英	184207	329
10750	交皇贡	满族				刘福民	184441	814
10751	林歌			马营乡南大庙村	郭志田	李本明	184201	179
10752	大姑娘想丈夫			黄旗东村	陈颜芳	毕桂欣	184331	133
10753	四季农活歌					翟树林	184198	159
10754	修房歌			丰宁县刘营乡	应长喜	黄秀英	184208	365
10755	表民国				庞德	庞占水	184298	160
10756	盼五更			围场镇	赵玉珍	杨野	184336	586
10757	双戴花				赵庆儒	胡尚华	184297	153
10758	四绝歌			丰宁县刘营村	王小梅	王洪涛	184218	179
10759	倒五更			兴隆县梨树沟村	姜平	陈永山	184340	641
10760	扫边关（附曲八）			丰宁坝上	李贵	温冰	184344	186
10761	山歌打动姐的心				魏玉书	胡尚华	184338	324
10762	牧马歌					胡尚华	184199	182
10763	说光棍儿	满族		选营乡三营村	隋荣	陈明星	184416	326
10764	割韭菜			丰宁坝上	傅殿仁	温冰	184351	1506
10765	苦日子没有头			丰宁县大阁镇	白静云	杨希瑞	184389	214
10766	木兰围场十大景				包鸿达	胡玉翠	184470	193
10767	花姑娘			选营乡三营村	赵兴国	陈明星	184413	187
10768	四海	蒙古族		蒙古营子村	陈留宝	崔国志	184364	312
10769	王老五真命苦			丰宁县大阁镇	白静云	杨希瑞	184395	101

序号	篇名	民族	流传地区	采集地	讲述者	搜集者	数据库编号	字数
10770	赶跑鬼子见晴天			承德市狮子园	杜福运	孟阳	184252	210
10771	拉闲话			选营	占文江	陈明星	184418	240
10772	劝夫戒赌	满族		丰宁县九道沟村	胡耀荣	朱宏侠	184371	192
10773	童养媳			丰宁县山咀乡东滩村	杨秀恩	杨宝珠	184427	431
10774	拨灯棍			选营乡三营村	宋树梅	陈明星	184561	178
10775	编花篮			兴隆县郭家庄村	阎瑞青	陈平	184510	231
10776	旧社会穷人没活路					胡玉翠	184374	220
10777	光棍哭妻			三扎拉村	李丰	张文枝	184430	716
10778	讲时髦			河北省宽城县峪耳崖金矿	于才	白晓颖、朱彦华	184234	245
10779	锯缸谣				于海云	于和平	184567	1228
10780	跑关东			三扎拉村	白文喜	张文枝	184396	305
10781	老来难			宋杖子乡	陈天林	朱勤	184429	1352
10782	八路来了有好处					孟仁	184290	318
10783	打日本鬼			兴隆县兰旗营村	关云生	陈永山	184242	186
10784	要陪送	满族		四岔口村	于海庭	毛维君	184408	191
10785	苦兵歌			隆化县八达营乡台吉营村	郝九龄	马畅勇、李胜海	184239	287
10786	灶王老爷本姓张			宽城县峪耳崖金矿	于才	白晓颖、朱彦华	184638	404
10787	绣针扎			丰宁坝上	李丰	张文枝	184333	631
10788	烟鬼叹十声	满族		十号村	庞德才	庞占水	184409	652
10789	蝴蝶						184521	186
10790	饼儿圆			兴隆县跑马场乡蚂蚁沟村	李明	崔俊福	184272	198
10791	开围歌				杨子明	杨文龙	184439	206
10792	烂席片			丰宁县十号村	杨宝山	庞占水、王占玉	184412	569
10793	小牧童（附曲十）			丰宁县大阁镇	武占芳	温冰	184319	225
10794	那敢情好			下山咀村	徐九馥	佟晓波	184501	774
10795	对词				姚华山	管延江	184460	320
10796	自己的孩子自己疼			丰宁县大阁镇	白静云	杨希瑞	184420	1229
10797	拉骆驼（附曲七）			丰宁坝上	李万山	温冰	184318	283
10798	小小子			滦河沿乡下甸子村	田玉兰	鲍玉忠	184555	106
10799	求雨歌			丰宁县大阁镇	阎建华	杨希瑞	184311	220
10800	小女婿			宽城县峪耳崖金矿	于才	白晓颖、朱彦华	184426	106

序号	篇名	民族	流传地区	采集地	讲述者	搜集者	数据库编号	字数
10801	大拇哥			西沟乡三道沟村	李春生	李春秋	184505	504
10802	齐心来抗战			承德市狮子园	杜福运	孟阳	184257	107
10803	跳皮筋儿			承德市	常颖	朱彦华	184509	316
10804	小白菜			南北营乡干沟门村	陈小九	王新民	184436	536
10805	日没昆仑					翟树林	184478	181
10806	对口童谣					翟树林	184499	188
10807	拍手谣			丰宁县大阁镇	白静云	杨希瑞	184491	554
10808	地域谣			凤山镇	王宝钗	李金刚	184437	471
10809	平泉八景				刘忠善	崔国志	184461	176
10810	细水流成河	满族			赵庆儒		184630	1049
10811	凤山八景				吕国瑞	刘凤臣、孙凤敏	184469	231
10812	地名谣	满族				刘福民	184442	344
10813	孟姜女哭长城			滦平县四道河乡四道河村	王志高	李恩远	184484	384
10814	刘伶醉酒			三十家子村	徐永富	赵树成、崔国志	184479	173
10815	打秋千			滦平县王营子乡	那子科	葛守才	184472	193
10816	风情谣	满族				刘福民	184444	238
10817	小白兔					胡玉翠	184525	139
10818	摇篮歌				阎建华	杨希瑞	184591	577
10819	周剥皮						184565	367
10820	采茶			缸窑村	申树桐	崔国志	184458	231
10821	山羊					胡玉翠	184522	177
10822	抱小狗			坝上	朱景春	王殿军	184497	234
10823	四季抗战歌			凤山镇	郭树清		184269	749
10824	毛大坝十大景				包鸿达	胡玉翠	184471	485
10825	劝学歌					李金刚	184546	809
10826	葫芦花				韩凤兰	张广雨	184536	205
10827	“无人区”苦难			兴隆县半壁山北山	王佐民	朱呈云	184246	90
10828	四季花			滦平	毛殿英、毛广才	砚书、慧侠	184473	185
10829	小青蛙					胡玉翠	184527	98
10830	唱歌要唱解放歌			复兴地	赵庆儒	胡玉翠	184281	166
10831	搬柴					孟仁	184545	189
10832	游戏谣			四岔口村	霍荣	毛维君	184495	532
10833	小巴狗					胡玉翠	184528	418

序号	篇名	民族	流传地区	采集地	讲述者	搜集者	数据库编号	字数
10834	相手歌					佟悦龄	184598	192
10835	子孙接着拚			承德市狮子园	杜福运	孟阳	184251	371
10836	莲花瓣	满族		四岔口村	霍荣	毛维君	184507	131
10837	今天是礼拜			兴隆县石庙子村	温小君	陈平	184542	417
10838	骂媒人				马占魁	胡尚华	184431	75
10839	荞面箩			十号村	王海侠	王殿军	184539	720
10840	小皮球上脚踢			兴隆县土城头乡	苗莲凤	苗莲凤	184508	357
10841	干柴棒			丰宁县大阁镇	张桂琴	杨希瑞	184558	300
10842	馋老婆			凤山镇	郭淑玉	夏丽娟	184622	535
10843	小宝贝				杨裕恩	李本明	184553	162
10844	猫头鹰					胡玉翠	184514	214
10845	豆包队		流行于解放战争时期			翟树林	184277	170
10846	拜年			宽城县峪耳崖金矿	于才	白晓颖、朱彦华	184423	217
10847	二十八宿星歌			柳溪乡老杖子村	于炳政	李建国	184613	208
10848	婆婆丁					胡玉翠	184515	344
10849	八做歌				牛夕	王舜	184597	210
10850	弯对弯			上黄旗东村	陈颜芳	毕桂欣	184619	559
10851	达那巴拉	蒙古族	崔国志	蒙古营子村	傅振兰		184356	109
10852	小鸡嘎嗒			丰宁县大阁镇	阎建华	杨希瑞	184532	179
10853	瞎诌			东滩村	杨秀恩	杨宝珠	184589	127
10854	妹妹有句知心话	蒙古族		连桂村	李大宁	范桂春	184315	180
10855	娃娃					杨玉平	184588	837
10856	学生怕			天桥村	周春萍	王国印	184547	808
10857	三姐命苦	满族		范营村	葛兴武	李振民	184576	306
10858	酒令歌					李金刚	184312	157
10859	数和尚			丰宁县大阁镇	姚宗任	姚新国	184627	263
10860	你还要我怎么着			选营村	屈淑贞	陈明星	184557	497
10861	六等人			承德地区文联会议中		朱彦华	184236	87
10862	拜庙唱			乐国村	吴玉山	曹建林	184310	326
10863	知心哥（附曲十五）			长山峪乡	王永隆	陶盛明	184341	1782
10864	小皮球			兴隆县营南峪乡山神庙村	庄云芬	夏付金	184564	152
10865	木工尺寸歌				唐跃荣	翟树林	184210	217

序号	篇名	民族	流传地区	采集地	讲述者	搜集者	数据库编号	字数
10866	风之歌			丰宁选营村	孙星	陈明星	184301	250
10867	打猎歌			承德市	丁治安	孟阳	184203	58
10868	哄孩谣			文化馆	阎建华	杨希瑞	184570	199
10869	月亮牙儿			选营乡三营村	屈淑贞	陈明星	184569	216
10870	送神唱			乐国窝铺村	吴玉山	曹建林	184309	463
10871	长工忙			大阁镇	曹云路	丁卉芳	184193	220
10872	青菜阵			东滩村	杨秀恩	杨宝珠	184581	118
10873	墙头草			丰宁县大阁镇	付洪山	杨希瑞	184219	1042
10874	庄稼钱万万年					翟树林	184616	886
10875	玉姐盼婆家			二道河子村	周子芳	任其明	184369	707
10876	一出南门往正南			选营乡三营村	周瑞	陈明星	184584	149
10877	某干部吃喝后			兴隆县城		朱呈云	184216	209
10878	送情郎			丰宁十号村	杨宝山	庞占水	184346	265
10879	尼姑思凡			小寺沟村	尹桂兰	任其明	184361	174
10880	绕口令					李建国、于辉军	184586	467
10881	翻身生产（附曲）			兴隆县洒河南村	赵增祥	陈永山	184287	705
10882	拴孩子			丰宁县十号村	庞德才	庞占水	184415	148
10883	陪送			丰宁县大阁镇	白静云	杨希瑞	184407	75
10884	自得乐				杨裕恩	李本明	184599	193
10885	绣兜兜			丰宁三扎拉村	李丰	张文枝	184358	227
10886	偷情夫			滦河沿乡下甸子村	李祥	鲍玉忠	184326	382
10887	哭嫁歌			刘营乡刘营村	鲍素珍	黄秀英	184307	218
10888	不知足歌			雅图沟村	任富	王道兴	184602	164
10889	山里情歌			西河超村	张凤萍	杨文龙	184316	163
10890	送郎君			五道营村	郭元龙	朱恩瑞、项中一	184343	101
10891	小天坛（曲十六）			滦平长山峪乡	郭祥	周兴亚、葛守才	184432	267
10892	大实话			西官营村	王海	林沛香	184610	636
10893	数九歌						184303	215
10894	大姑娘想婆家				茅崇明	李本明	184327	164
10895	镰刀把			滦平县滦河沿乡下甸子村	田玉兰	鲍玉忠	184556	180
10896	八个爱			丰宁县山咀乡东滩村	杨秀恩	杨宝珠	184611	1083
10897	郎望妹来妹望郎				李占	胡尚华	184337	664
10898	知足歌			雅图沟村	任富	王道兴	184601	340

序号	篇名	民族	流传地区	采集地	讲述者	搜集者	数据库编号	字数
10899	拉骆驼（附曲六）			丰宁县大阁镇	法守忠	温冰	184317	940
10900	牛皮不是吹的			丰宁县大阁镇	付洪山	杨希瑞	184617	148
10901	矬老婆			丰宁县大阁镇	白玉璞	杨希瑞	184621	188
10902	教子			三营村	占文江	陈明星	184419	177
10903	金莲花					胡玉翠	184513	773
10904	庄稼能人（附曲二）			丰宁土城子	曹云路	丁卉芳	184194	455
10905	句句唱在妹身上			围场县复兴地	赵文儒	胡玉翠	184321	342
10906	尼姑思凡			五道营乡五道营村	茅崇明、郭元隆	李本明、项中一	184360	181
10907	唱出妹子对情郎			围场县复兴地	赵文儒	胡玉翠	184320	153
10908	芒种歌			马营乡南大庙村	郭志田	李本明	184195	319
10909	小西沟			丰宁县汤河乡汤河村	佟少柱	王国瑞	184388	285
10910	劝情人			选营乡偏道子村	温占广	陈明星	184353	617
10911	烧火棍			大两间房村	赵可有	赵咏君	184434	462
10912	春歌			马营乡南大庙村	郭志田	李本明	184196	555
10913	十二月里			五道营乡老米沟村	茅崇明	李本明	184293	394
10914	相亲	满族			高素珍	彭春燕	184402	141
10915	新年到			丰宁县大阁镇	阎建华	杨希瑞	184571	263
10916	网鱼			大两间房乡本村	许景芝	赵咏君	184202	201
10917	东北十三月				刘旺	季振生	184370	232
10918	安乐歌				姚华山	管延江	184600	350
10919	省下咸盐酸了酱				杜军	张会	184421	510
10920	苫房歌			刘营中心校	李清林	黄秀英	184206	99
10921	九天仙女歌					吴春祥	184368	121
10922	南山坡高来北山坡低					胡玉翠	184373	344
10923	卖扁食			丰宁坝上孤石村	周信	张连合	184366	390
10924	盖房歌			荒地乡东村	马传博	王炳会	184209	177
10925	人心好比一块土					季振生	184615	181
10926	再好的公婆不如亲爹娘				赵玉珍	杨野	184401	172
10927	炭工谣			丰宁下庙	杨福臣	荣卫国	184385	170
10928	某官长的群众观点			丰宁县城		朱呈云	184214	139
10929	扛长活			丰宁县选营乡三营村	赵兴国		184379	734
10930	十二月忙		丰宁县坝上一带	丰宁坝上	庞德才	庞占水	184400	160
10931	某君上班			选营乡三营村	陈效贤	陈明星	184215	380
10932	苦吟谣			丰宁县门营村	秦春兰	李振民	184399	463

序号	篇名	民族	流传地区	采集地	讲述者	搜集者	数据库编号	字数
10933	养济院花子谣			凤山	戴发	李金刚	184386	186
10934	大实话	满族		苏家店乡政府	房广生	刘福民	184594	222
10935	穷人的日子没法提			四合永镇雷字村	郭斌	孟阳	184253	158
10936	接闺女	满族			高素珍	彭春燕	184403	192
10937	十二个月小放牛			水泉村	李志平	崔国志	184394	1760
10938	就怨我妈没主意			三营村	宋树梅	陈明星	184404	210
10939	鬼子来了咱就走			承德市狮子园	杜福运	孟阳	184254	149
10940	绕口令			丰宁县乐国乡	曹凤鸣、李连池	曹建林	184585	202
10941	羊巴巴蛋			丰宁县山咀乡东滩村	杨秀恩	杨宝珠	184393	172
10942	劝五更	满族		化吉营村	王金才	孙鹤飞	184410	688
10943	炸得鬼子尸不全			承德市狮子园	杜福运	孟阳	184261	161
10944	旋风			丰宁县大阁镇	付洪山	杨希瑞	184582	484
10945	穷日子			选营乡三营村	滕振普	陈明星	184391	269
10946	数年谣			丰宁县大阁镇	孙玉枝	杨希瑞	184562	399
10947	抗日歌谣			丰宁县杨木栅子乡黑牛山村人	姚连仲	于祝三	184262	279
10948	尿炕王					苏瑞芹	184425	209
10949	小看戏（民间小调）			丰宁坝上	庞德才	王占玉、庞占水	184449	456
10950	哭五更			五道营乡老米沟村	茅崇明	李本明	184433	486
10951	个体户的歌				王秀荣	王振平	184294	341
10952	姐儿逛灯			三扎拉村	李丰	张文枝	184447	213
10953	老了歌					赵祸	184614	78
10954	南乡谣			丰宁县东滩	杨秀恩	杨宝珠	184634	173
10955	打的公婆瞧叫妈			上官营	张晓云	温少良	184573	211
10956	梁上燕					王韫辛	184453	113
10957	借绿豆			五道沟门村	吕文涣	尹希三	184583	289
10958	植物谣			丰宁县大阁镇	阎建华	杨希瑞	184443	394
10959	什么样的葫芦什么样的瓢			兴隆	王世俭	陈永山	184285	198
10960	搬冰	满族		大阁三小	刘志仁	刘新茹	184511	122
10961	要给下辈做个样			十号村	孙喜元	王占玉	184568	843
10962	十字歌					朱彦华	184235	174
10963	起革命（附曲十三）			兴隆县百雁堂村	马士芳	陈永山	184280	215
10964	怕老婆			榆树林村	李桂兰	苏培源	184548	265
10965	扩军歌（附曲十二）			兴隆县前苇塘村	赵春和	陈永山	184279	303

序号	篇名	民族	流传地区	采集地	讲述者	搜集者	数据库编号	字数
10966	小青蛙					胡玉翠	184520	178
10967	十三月采茶					胡尚华	184292	968
10968	十二月花					吴春祥	184462	146
10969	交友歌					王振平	184596	178
10970	数十数			丰宁县大阁镇	白静云	杨希瑞	184506	192
10971	干女儿哄干爹	满族		凤山陶来营村	郭淑玉	夏丽娟	184592	171
10972	姑嫂观灯	满族		柳溪乡老杖子村	王树芬	于辉军	184454	1016
10973	绕口令						184587	197
10974	踢毽子			丰宁县大阁镇	孙玉枝	杨希瑞	184493	80
10975	打新春			县文化馆	贾贵荣	杨希瑞	184428	266
10976	就是不见紫微星			丰宁县大阁镇	阎建华	杨希瑞	184482	373
10977	木工妻子歌					霍树林	184390	317
10978	小板凳			选营乡三营村	宋淑梅	陈明星	184544	355
10979	三教九流			宽城县峪耳崖金矿	于才	白晓颖、朱彦华	184640	119
10980	山上一头牛			选营乡三营村	宋树梅	陈明星	184631	261
10981	十字倒卷帘					孙桂香	184636	143
10982	有个人没脸皮儿			兴隆县郭家庄村	阎瑞青	陈平	184559	359
10983	十道黑	满族		丰宁县大阁镇	武振芳	杨希瑞	184624	140
10984	干枝梅					胡玉翠	184538	280
10985	五哥放羊			丰宁坝上	杨宝山	王殿军	184398	227
10986	说笑话			西沟乡三道沟村	李春生	李春秋	184550	260
10987	糠秕子真难咽			兴隆县驴叫村	窦成	朱呈云	184381	131
10988	江紫腊花	蒙古族		蒙古营子	韩祥	崔国志	184363	329
10989	小小上山摘枣					赵福	184543	244
10990	十二打点响叮当					高玉平	184566	99
10991	逃荒谣			丰宁坝下	刘喜旺	刘福民	184384	874
10992	十二月气候歌			丰宁县选营乡三道营村	陈效贤	陈明星	184304	377
10993	珍珠倒卷帘			三扎拉村	李丰	张文枝	184485	324
10994	百灵鸟			丰宁乔家营乡	郭传永	刘福民	184313	141
10995	说不平					刘壮春	184378	89
10996	闯绣房	满族		一个小羊倌口中		刘福民	184314	524
10997	十二棵树				范久兴	李本明	184480	144
10998	贴饽饽			县文化馆	阎建华	付洪山	184500	217
10999	木兰围场			西阿超乡	张悦	杨文龙	184475	303

序号	篇名	民族	流传地区	采集地	讲述者	搜集者	数据库编号	字数
11000	结婚嫁人讲时髦			丰宁县选营乡选营村	孙星	陈明星	184233	649
11001	小蚱蜢					胡玉翠	184526	170
11002	梁山伯下山			滦平县王营子乡	那子科	葛守才	184487	113
11003	再也不吃带把的			丰宁县大阁镇	孙玉枝	杨希瑞	184540	542
11004	小大姐			小寺沟镇雅图沟村	王道兴		184628	278
11005	大公鸡				韩凤兰	张广雨	184534	387
11006	劝孝歌			刘营乡	应长喜	黄秀英	184607	62
11007	奶妈子卖儿郎			丰宁县大阁镇	白静云	杨希瑞	184377	185
11008	绣荷包	满族		李起龙村	于海庭	毛维君	184354	724
11009	牵牛花						184519	154
11010	某领导工作作风					朱彦华	184231	482
11011	小青蛙			李家梁子村	于桂侠	李晓芹	184502	745
11012	颠倒歌			丰宁县选营乡、丰宁选营乡	付万珍、孙星	陈明星	184590	112
11013	倒卷帘			丰宁坝上	白文喜	张文枝	184486	117
11014	小耗子				赵秀峰	姚新国	184578	973
11015	走西口			丰宁县大阁镇河东村	法守忠	温冰	184359	425
11016	笑面虎					吴春祥	184633	83
11017	丢籽儿			滦平县西沟乡三道沟村	安丙云	李春秋	184504	171
11018	王大娘探病			十号村	庞德才	庞占水	184332	67
11019	揉疙瘩			西沟乡三道沟村	安丙云	李春秋	184503	94
11020	五土谣			丰宁县选营乡三营村	赵兴国	陈明星	184197	136
11021	十二月			偏道子村	温占广	陈明星	184352	241
11022	探情郎			小寺沟村	尹桂兰	任其明	184330	113
11023	送情郎			选营乡	李忠江	陈明星	184347	841
11024	小燕返			平泉街	于杰	任其明	184329	435
11025	食疗谣			丰宁县选营乡三道营村	陈连成	陈明星	184466	152
11026	十等人					佟悦龄	184220	160
11027	送郎			围场县本镇	赵玉珍	杨野	184345	154
11028	流行歌					黄德福	184229	156
11029	情哥哥深更你别来	苗族			则娜	袁殿敏	184328	241
11030	七十二行			丰宁县选营乡三营村	赵兴国	陈明星	184463	685
11031	红革尔玛	蒙古族		蒙古营子村	陈秀莲	崔国志	184323	157
11032	毡窝出在平泉州			袁家店村		袁殿敏	184455	524

序号	篇名	民族	流传地区	采集地	讲述者	搜集者	数据库编号	字数
11033	妈妈娘好糊涂			兴隆县洒河南村	强占有	陈永山	184295	503
11034	后老婆打孩子			小寺沟桥西村	尹凤祥	王道一	184435	329
11035	放风筝			丰宁县下庙村	杨玉满	荣卫国	184451	240
11036	挂冰灯	满族		丰宁坝上	郭传永	刘新茹	184445	334
11037	两年之间			兴隆县驴叫村	窦成	朱呈云	184243	309
11038	劝妇女			雅图沟村	张桂茹	王道一	184300	243
11039	孟姜女哭长城				李昆	李昆	184488	206
11040	山洞是个兵工厂			承德市狮子园	杜福运	孟阳	184258	211
11041	分围苦				王延令	杨文龙	184237	323
11042	告爹娘			围场县城	赵玉珍	杨野	184382	162
11043	狩猎节气谣			承德市	丁治安	孟阳	184204	238
11044	嗑瓜子			隆化县大两间房乡	许景芝	赵咏君	184541	107
11045	樵夫曲（附曲十四）			滦平县长峪乡	王永隆	周兴亚、葛守才	184213	214
11046	快打顽固军			窄岭村	刘春	李金刚	184273	736
11047	大集体食堂			选营乡三营村	滕振普	陈明星	184223	95
11048	骂汪精卫				耿玉来	耿立艳	184263	436
11049	猎山兔儿			承德市	丁治安	孟阳	184205	130
11050	活着为了打鬼子			承德市狮子园	杜福运	孟阳	184250	154
11051	敲打敲打……			塔黄旗村	李广枝	于和平	184265	457
11052	做军鞋			承德市狮子园	杜福运	孟阳	184249	162
11053	战略转移			承德市狮子园	杜福运	孟阳	184260	587
11054	东北四省歌			兴隆县前苇塘村	李宝奎	朱呈云	184247	1089
11055	咱把仇恨记心里			承德市狮子园	杜福运	孟阳	184256	142
11056	十杯茶			丰宁县波罗诺村	王朝英	丁卉芳	184274	516
11057	清算斗争为贫民			丰宁县大阁	王静云	杨希瑞	184276	167
11058	小日本占热河					翟树林	184271	1392
11059	丧歌			荒地乡东村	马传博	王炳会	184308	203
11060	互助歌			宽城县峪耳崖金矿	于才	白晓颖、朱彦华	184296	481
11061	结婚傧礼歌			丰宁坝上、白旗乡白旗村、丰宁县汤河乡汤河、丰宁县乐国乡乐国窝铺村	舒汉成、杨裕恩等	张万举、缪希骥等	184306	119
11062	抗日歌			兴隆县中原村		张福庭	184241	302
11063	巫婆跳大神唱词				杨裕恩	陈茂	184302	198
11064	某地购买紧俏商品			兴隆县城		朱呈云	184217	322

序号	篇名	民族	流传地区	采集地	讲述者	搜集者	数据库编号	字数
11065	鸡蛋壳			文化馆	阎建华	杨希瑞	184537	210
11066	有理无钱少进来			丰宁县大阁镇	白静云	杨希瑞	184238	148
11067	干活大唬弄，分配一拉平					赵永山	184225	174
11068	群众六难					曹殿云	184228	195
11069	听报告					孟仁	184222	328
11070	民谣三则					翟顺	184227	531
11071	干活					曹殿云	184226	461
11072	消息树			承德市狮子园	杜福运	孟阳	184248	328
11073	纪念“九一八”（附曲十一）			兴隆县北水泉村	王平	陈永山	184278	651
11074	打井歌			李起龙村	张荣	毛维君	184212	107
11075	小小子快点长					孟仁	184264	168
11076	太行山歌					胡尚华	184288	168
11077	新中华歌			兴隆县洒河南乡	强占元	陈永山	184284	175
11078	小桃树			平泉县小寺沟镇雅图沟村	王道兴		184535	268
11079	奶牛					胡玉翠	184518	237
11080	劝五更			丰宁县三营村	李忠江	陈明星	184372	419
11081	日本皇军快完蛋（外一首）						187264	244
11082	哥俩乐			西关村	李贞	张玉平	187286	297
11083	头儿歌			付佐村	吴明氏	吴柯桃	187283	963
11084	小孩儿不离娘				贾继荣		187265	578
11085	颠倒歌			西关	李贞	张玉平	187274	145
11086	小蚂蚁			付佐	杨景芬	刘涛	187282	350
11087	小老鼠			紫洋口村	张俊娥		187281	221
11088	星星			郭楼村	朱大盼		187284	278
11089	过年				王大珍	王国藩	187289	609
11090	搭戏台			梁村镇	李铁楼	李坚	187277	306
11091	妞妞赶集			河北村	王强强		187276	131
11092	板凳歌				戈贤		187285	59
11093	开抽斗				易广	阎国瑞	187280	252
11094	我们要参加子弟兵				李长生	于湘海	187263	392
11095	火烧大曹村				曹颖		187266	214
11096	劝老乡当兵				贾继荣		187268	189

序号	篇名	民族	流传地区	采集地	讲述者	搜集者	数据库编号	字数
11097	三婿拜寿			许町村	马氏	张莲娥	187273	281
11098	十大将就			文化馆	王顺德	孟庆玲	187270	239
11099	儿谣九首			万里村	索占荣	王英喜	187275	228
11100	娶奶奶						187288	243
11101	夯歌			许河村	沈金钟	刘朝阳	187272	1475
11102	钉纽扣				邱秀		187287	246
11103	可恨日本鬼儿				于万和		187267	223
11104	小白兔						187279	115
11105	老来难			柏庄村	李升华	李淑君	187269	554
11106	留下一个拾柴禾			北景口村	阎春苓	刘朝阳	187278	571
11107	盖房喜歌			梁村	梁凤如	梁艳秋	187271	998
11108	实行统一累进税						188967	120
11109	追悼阵亡将士						188941	450
11110	用战争消灭战争						188969	1487
11111	青年救国须当先						188944	107
11112	扭秧歌词调						188951	115
11113	土地改革小唱						188971	480
11114	做慰问袋						188970	175
11115	征兵歌						188962	162
11116	打死日寇吃人的狼						188947	131
11117	冀中平原的月光						188927	79
11118	送公粮						188960	149
11119	决战在今朝						188926	199
11120	“七七”芦沟桥事变						188919	69
11121	做军装		河北			孙佐培	188972	163
11122	打伏击						188950	118
11123	妇女解放歌						188964	49
11124	我们的晋察冀						188946	131
11125	守土抗战						188935	137
11126	一更月儿上柳梢						188939	290
11127	椿树王			衡水	一老人	石林、李国栋	188916	121
11128	创造主力兵团						188936	477
11129	边区十中校歌						188953	54
11130	武装保卫华北						188923	40

序号	篇名	民族	流传地区	采集地	讲述者	搜集者	数据库编号	字数
11131	北斗星						188954	115
11132	叫他小命见“阎王”						188920	73
11133	破铁道						188958	115
11134	妇女拥军						188929	162
11135	白糖甜					孙佐培	188917	58
11136	查路条						188925	735
11137	胡说话						188918	98
11138	咱们就伴战斗						188924	147
11139	“五四”青年节歌						188961	75
11140	劳军						188931	82
11141	寻了个女婿不成才						188914	125
11142	娶了媳妇忘了娘					董福东	188913	520
11143	隆隆的大炮响						188945	145
11144	打霸王鞭						188932	187
11145	母亲送儿上战场						188940	277
11146	妓女歌						188911	68
11147	抗日的烽火燃遍晋察冀						188933	136
11148	围困保定府						188934	129
11149	芦沟桥头炮声响						188922	183
11150	赶走偷国土的日本						188943	286
11151	打满城						188965	65
11152	哥哥骑马打东洋						188959	69
11153	打四方						188963	493
11154	开展交通战						188968	137
11155	练兵歌						188956	56
11156	回娘家		河北				188915	76
11157	全民动员齐抗战						188938	137
11158	一个大姐刚十八					庄岚	188910	115
11159	参加八路军上战场						188937	1142
11160	思女婿		河北	易县路家	路青梅		188912	116
11161	三大妈						188955	117
11162	保卫我们的米和棉						188948	80
11163	快快参加八路军						188942	143
11164	不当皇协军						188949	84

序号	篇名	民族	流传地区	采集地	讲述者	搜集者	数据库编号	字数
11165	年轻的冀中三纵队						188921	68
11166	抵抗那日本鬼						188930	193
11167	绕口令		河北	保定市		孙佐培	188975	200
11168	定州塔						188928	56
11169	四杯茶						188966	95
11170	这朵花呀真好看						188957	128
11171	边区中学歌						188952	176
11172	不炸咱们饶阳县		饶阳		李莫由	刘俊宽	189124	136
11173	小老鼠		冀中大部		吴思云	刘俊宽	189129	177
11174	放毒气		深武饶安等地		曹旦	刘二合	189118	146
11175	要饭歌		饶阳		程万夯	徐世芳	189113	198
11176	小姑娘上山梁		饶阳		许家旗	老贾	189123	205
11177	九九歌		河北一带		刘土皮	刘玉杲	189155	136
11178	飞机来了				王种田	曹立秋	189119	105
11179	小小子				曹伍	陆五亭	189137	125
11180	大翻身		饶阳		王国	高升	189114	199
11181	吃与干		饶阳官亭、尹村、张岗等乡		赵林法	贾兴明	189105	125
11182	秋风起				李大庄	吴艳霞	189125	120
11183	夯歌		饶阳一带		肖五京	徐世芳	189104	138
11184	打锡壶		饶阳一带		王更山	吴艳霞	189126	97
11185	妈就哭了		饶阳城北		李跃	李春梅	189131	212
11186	麻野雀				郭乐	刘俊宽	189136	101
11187	送儿当兵		饶阳一带		郑全	官大红	189120	293
11188	锯大缸		华北一带		赵忠全	李春梅	189135	116
11189	搬子弹		饶安一带		赵连起	付二红	189122	138
11190	刮大风			牛村乡文化站	王世卿	牛广欣	189140	174
11191	天明咧		冀中各地		尹士	老贾	189146	270
11192	麻野鹊		冀中各地		张士	老贾	189145	100
11193	买货		冀中各地		路边	贾名	189106	87
11194	黑夜里做梦				吴兴铭	李心女	189142	379
11195	业务员六个子		冀中各地		付长	贾名	189109	91
11196	娃娃睡觉		饶阳河南岸		靳会典	陆互亭	189128	502
11197	飞机嗡嗡嗡		饶阳城南		杨立业	王六三	189116	160

序号	篇名	民族	流传地区	采集地	讲述者	搜集者	数据库编号	字数
11198	瞎话篓		饶阳城北		尹氏	老贾	189144	442
11199	逗儿				纪会实	纪广燕	189152	110
11200	小鸡嘎嘎		饶阳、安平一带		许遥头、刘俊宽		189127	108
11201	小小子				张选	刘俊宽	189138	406
11202	出嫁		饶阳、深县等地		李志周	李春梅	189151	273
11203	刘大锤		冀中各地		尹士	老贾	189147	139
11204	军民公约十大条		冀中腹地		王成人	贾名	189117	161
11205	啦啦啦		饶阳一带		莫次仁	刘俊宽	189130	147
11206	小三					刘玉杲	189153	188
11207	八种人		饶阳一带		建片		189110	112
11208	赞乡亲		饶阳城北		李因	李二	189111	169
11209	我是官的大老爷		冀中大部		孙氏	李春梅	189133	202
11210	踢毽		饶阳		白秀然	段素玲	189139	712
11211	打日本		饶阳		邓平	孙天瑞	189121	763
11212	单打你那胡子嘴		饶阳一带		王大户	李春梅	189132	269
11213	歌谣					刘玉杲	189154	210
11214	上梁喜歌		华中		程石夯	徐士芳	189112	181
11215	杨柳儿青青		华北各省		国太	刘横	189115	157
11216	都是坑的社员的				付长	贾名	189108	91
11217	月亮光		饶安一带		大兵	言五	189143	187
11218	胡诌段		河北一带		许氏	许来	189150	145
11219	种葫芦		饶阳诗景一带		王小英	孙会英	189149	199
11220	东西门			牛村乡文化站	王世卿	牛广欣	189141	106
11221	黑豆皮		华北		李秀女	冯盼茹	189134	113
11222	小轿车		饶阳城北		尹士	老贾	189148	155
11223	吸烟		饶阳一带		聂步章	贾名	189107	194
11224	妇联会赞					谢占图	189924	1614
11225	洞庭			大屯乡			189965	150
11226	四糊涂			东安庄	康丙峰		189947	359
11227	学科学						189962	363
11228	真武爷			深县东里窝村		康玉振	189934	172
11229	征兵				王佩之	刘岭秀	189928	584
11230	三宗宝					单铁城	189969	318
11231	一间破草房				康丙峰	刘秀岭	189927	117

序号	篇名	民族	流传地区	采集地	讲述者	搜集者	数据库编号	字数
11232	四辈上工				王老庆	赵彬	189937	204
11233	小叭狗					韩桂荣	189959	116
11234	秃子秃					深州镇文化站	189970	338
11235	说岁数					深州镇文化站	189941	251
11236	绣兜兜				康丙峰		189939	2143
11237	打东洋						189930	3663
11238	塔形麻诗						189972	361
11239	老汉掉在蜜里边						189932	110
11240	星星看公公						189943	200
11241	胡说话						189974	145
11242	玉妹佳人劝郎君				王老兴	王雁彬	189938	133
11243	呱哒板					胡冬勤	189973	144
11244	盼闺女					韩桂荣	189945	234
11245	懒婆看娘					韩贵荣	189953	1047
11246	忘娘诗					单铁成	189948	197
11247	论赌博			深县程屯村	程端平		189949	1193
11248	破财					韩贵荣	189951	841
11249	新打的锡壶				张春谦		189946	104
11250	劝丈母			刘屯村	逯书敏		189950	187
11251	羊巴巴蛋						189944	415
11252	笨秏子的故事						189960	43
11253	送情郎						189940	93
11254	勾勾勾					韩桂荣	189961	99
11255	求雨歌			下卜村	李三勉		189935	433
11256	老和小					郭巧珍	189963	172
11257	八路军小唱				王佩之	刘秀岭	189925	135
11258	门朝南			大屯乡			189967	142
11259	翻身不忘共产党				王佩之	刘秀岭	189922	271
11260	下雪					深州镇文化站	189971	196
11261	锔大缸			刘屯村	逯书敏		189931	86
11262	盘查通行证				康丙峰	刘秀岭	189926	347
11263	烧香					韩贵荣	189952	16
11264	盘脚兰			深县文化馆	魏晓芝		189956	10
11265	大话					桂荣	189975	320

序号	篇名	民族	流传地区	采集地	讲述者	搜集者	数据库编号	字数
11266	小树苗			许村	张玉珍		189955	566
11267	清早起来						189942	129
11268	真武老爷经			深县东里窝村	康书为、康俊等		189933	490
11269	好女不穿嫁时衣						189936	184
11270	儿童团赞					谢占图	189954	123
11271	抗战学院校歌						189923	350
11272	七月七						189929	139
11273	拍手歌			深县东街小学	张坤宁		189957	154
11274	“四”和“十”			大屯乡			189964	100
11275	瞎话					韩桂荣	189976	108
11276	簸谷秕子			深县刘屯村	逯书敏		189968	101
11277	四大歌			深县文化馆	郭占表		189977	161
11278	拍巴掌			刘屯村	逯书敏		189958	258
11279	十三月古人名			深县清辉村	李振远		189978	518
11280	说刮风			大屯乡			189966	770
11281	俺娘不是穷娘家				肖宗兰	陈立涛	195540	94
11282	太阳出来照西墙				阎杨氏	阎世伟	195594	534
11283	胜利的果实谁也不能夺				荆树科	陈立涛	195558	140
11284	小枣树				李荣珍	李双彩	195577	79
11285	穷人也有出头时				贾振祥	贾育英	195560	125
11286	刁婆婆				李荣珍	李双彩	195545	245
11287	动物					王志峰	195606	208
11288	小公鸡				王景兰	李晓红	195563	92
11289	十大劝				王景兰	李晓红	195602	159
11290	妇女大脚好			彭家寨村	贾付珍	郝建民	195547	174
11291	瞎话				王景兰	李晓红	195592	2737
11292	老太太放羊			孟仵村	王庆和	郝建民	195596	381
11293	字谜					刘亚平	195611	249
11294	蔬菜					王志峰	195607	204
11295	小闺妮				阎杨氏	阎世伟	195573	304
11296	小蚂蚱				王景兰	李晓红	195595	183
11297	呱哒板				王景兰	李晓红	195572	92
11298	红缎子小鞋绿线锁				王景兰	李晓红	195544	198
11299	盘脚儿盘				阎杨氏	阎世伟	195576	900

序号	篇名	民族	流传地区	采集地	讲述者	搜集者	数据库编号	字数
11300	红小鞋				肖宗兰	陈立涛	195541	157
11301	娶了媳妇不忘娘				薛鹏飞	魏贵成	195548	124
11302	青杨树				肖宗兰	陈立涛	195538	153
11303	小板凳				阎杨氏	阎世伟	195568	155
11304	邯郸漫游				杨成泉	任学辉	195585	103
11305	生产队歌谣二首				李荣珍	李双彩	195561	275
11306	椿树椿				杨建芳	李晓红	195546	213
11307	小老鼠				管凤英	于艳琴	195566	189
11308	呱呱呱咕				苗海珍	杨会民	195582	114
11309	拍手歌				常会平	于海亮	195583	236
11310	农家四季歌				焦秀清	贾桂	195553	84
11311	黑豆腐				杨建芳	李晓红	195588	598
11312	小公鸡				管凤英	于艳琴	195565	159
11313	说胡话				常会平	于海亮	195593	121
11314	劝人歌				薛鹏飞	魏贵成	195551	303
11315	小茶碗				苗海珍	杨会民	195581	202
11316	两头忙				王景兰	李晓红	195597	213
11317	切面条				赵子东	蒋光宇	195590	69
11318	绣香袋				陈金星	胡敬森	195599	101
11319	大胳膊大				杨建芳	李晓红	195584	128
11320	用具					李永红	195609	129
11321	凄凉梦			西小屯村	郑孙氏	郝建民	195550	119
11322	小黄瓜（儿）				阎杨氏	阎世伟	195578	195
11323	明月亮地（儿）				阎杨氏	阎世伟	195556	101
11324	小公鸡				王娥	李晓红	195564	412
11325	小板凳				王景兰	李晓红	195569	413
11326	七七事变				荆树科	陈立涛	195555	234
11327	王不孝真正坏			西小屯村	弓自珍	郝建民	195549	725
11328	植物					李晓红	195605	127
11329	板凳倒				王景兰	李晓红	195570	418
11330	二十字歌			西小屯村	郑孙氏	郝建民	195600	287
11331	红小鞋			西小屯村	郑孙氏	郝建民	195543	218
11332	漫天飞				管凤英	于艳琴	195591	682
11333	小两口对歌				王景兰	冯雪生	195539	382

序号	篇名	民族	流传地区	采集地	讲述者	搜集者	数据库编号	字数
11334	杨柳桃李			西小屯村	郑孙氏	郝建民	195598	311
11335	人名					李晓红	195604	165
11336	地名					李晓红	195603	329
11337	太阳出来一点红				王景兰	李晓红	195554	179
11338	水果					刘亚平	195608	136
11339	小老鼠				王景兰	李晓红	195567	202
11340	绿小鞋						195542	115
11341	夸邯郸				李荣珍	李双彩	195586	69
11342	农村面貌怎改观				杨九年	郝建民	195562	150
11343	小茶碗				苗海珍	杨会民	195580	148
11344	字谜					李永红	195610	74
11345	小小孩				王景兰	李晓红	195571	162
11346	十二月古人名				王景兰	李晓红	195601	243
11347	拐棍拐				曹秀瑛	张保印	195574	186
11348	擀面条				赵子东	蒋光宇	195589	146
11349	人情假				薛鹏飞	魏贵成	195552	142
11350	连环谜					郝建民	195613	94
11351	字谜					刘亚平	195612	490
11352	送哥参军				贾振祥	贾育英	195559	139
11353	是谁打下了太平年				荆树科	陈立涛	195557	82
11354	压压油					梁辰	195587	199
11355	红细米			王郎村	贾成珍	郝建民	195579	641
11356	裁决歌				阎杨氏	阎世伟	195575	72
11357	挑女婿		元氏县		周风林	智会敏	200576	187
11358	七月七		石家庄地区		李风玉	李海然	200580	365
11359	笤帚枝		元氏县北部		马荣	王孟辰、李丽霞	200588	268
11360	尖尖叶，水里漂		元氏县		杨爱军	许丽芬	200583	214
11361	满天星星十二行		元氏县		刘吉荣	李丽霞、王孟辰	200584	532
11362	黄莲苦和蜜柚甜		元氏县西北部		许登子	许立贤、许端方	200579	307
11363	出嫁歌		元氏县西部		王素果	王雪苹	200581	380
11364	小白鸡		元氏县北部		杨志英	杨哲辉	200587	285
11365	穷倒霉		石家庄地区		李风玉	李海然	200578	441
11366	元氏县九道沟		元氏县		杨生录	郑云、赵景辰	200582	195
11367	黑字歌		元氏县北部		李夏子	李成志、王孟辰	200577	220

序号	篇名	民族	流传地区	采集地	讲述者	搜集者	数据库编号	字数
11368	小白鸡，拿刀杀		元氏县北部		康淑军	康淑玲	200590	203
11369	推秀车		元氏县西部山区		王素果	王雪苹	200591	389
11370	枕葫芦枕，盖葫芦盖		元氏县		马荣	李丽霞、王孟辰	200586	237
11371	金豆儿，银豆儿		元氏县		韩段	李慧娟、王孟辰	200585	236
11372	拉锯，扯锯		元氏县西部		李金从	杜峦洲	200589	216
11373	翠屏山				张永俊	冯旭	215279	383
11374	找对象			崇礼西沟	徐正连	靳发	215298	1807
11375	实受			西湾子	周元	侯振龙	215205	208
11376	拿跳蚤			老虎背村	张永富	靳发	215299	282
11377	八树开花			石咀子	张万忠	赵万诚	215262	174
11378	光棍哭妻			西湾子	王建	薛满	215231	511
11379	割洋烟			石咀子黄土夭	姚义、王存文	赵万诚	215210	911
11380	十对花			红旗营老虎背	陈廷元	靳发	215289	198
11381	三件宝			西湾子	唐守英	侯振龙	215223	127
11382	割韭菜				杜才	马汉洪	215265	992
11383	坐车			西湾子	唐守英	侯振龙	215241	118
11384	长工揽活		石咀子		张万忠	赵万诚	215237	107
11385	小拜年				薛富庆	马洪瑞	215304	182
11386	劝子弟			老虎背村	张永富	靳发	215266	200
11387	担水				葛永	冯旭	215277	83
11388	秃子			西湾子	田学子	龚祯	215229	441
11389	梳妆台				张永祥	吉时毕	215263	189
11390	催眠歌			西湾子	王小梅	马洪瑞	215285	1768
11391	小五点				白万金	吉时毕	215236	121
11392	闹花灯			崇礼白旗乡	王跃	张耀	215221	185
11393	拜年歌			石咀子	王桂枝	马汉洪	215283	760
11394	闺女快点长			西湾子	周元	侯振龙	215227	1081
11395	绣荷包				冀忠	吉时毕	215250	139
11396	四红			红旗营	高喜送	季占林	215244	110
11397	小白兔			西湾子	王小梅	马洪瑞	215252	337
11398	打大圪洞围子			驿马图寒清坝	高万林	马汉洪	215291	792
11399	大没样			红旗营乡老虎背村	张永富	靳发	215284	145
11400	抽烟			西湾子	唐守英	侯振龙	215214	107
11401	就怕菜圪瘩			西湾子	徐正连	靳发	215247	106

序号	篇名	民族	流传地区	采集地	讲述者	搜集者	数据库编号	字数
11402	光棍难			王帽营子村	张明	赵振元	215218	185.
11403	母猪谣			崇礼西沟	边玉柱	马汉洪	215296	195
11404	针扎扎花			石嘴子	张万忠	赵万诚	215276	177
11405	黑小子娶了个黑丫头			老虎背村	张永富		215208	116
11406	好年限					张耀	215200	135
11407	骑青牛				姜永俊	马洪瑞	215288	859
11408	九月怀胎			西湾子	王建	薛满	215246	351
11409	住娘家			驿马图老里湾	曹占有	龚祯	215281	200
11410	砸铜圆			崇礼白旗乡	王跃	张耀	215269	117
11411	光棍哭妻			石咀子	沿街窜	赵万诚	215255	586
11412	撇白菜			寒清坝	高万林	马汉洪	215272	474
11413	绣花灯				冀忠	吉时毕	215238	345
11414	说胡话			崇礼老虎背村	张永富	靳发	215278	143
11415	绣荷包		红旗营一带		赵千	季占林	215234	487
11416	撒荞麦				白万世	马洪瑞	215292	629
11417	八路军打西湾			西湾子	徐正连	靳发	215258	133
11418	民国八时兴			崇礼红旗营	赵千	季占林	215305	263
11419	当兵莫当中央军			红旗营乡老虎背村	张永富	靳发	215259	119
11420	看路条				李风民	吉时毕	215254	630
11421	你们哪里见过这个事情			红旗营乡老虎背村	张永富	靳发	215220	740
11422	一颗米			红旗营老虎背	张永富	靳发	215202	96
11423	打柳歌			高家营	王林	冯旭	215309	128
11424	十等人才			西湾子	唐守英	侯振龙	215280	263
11425	争热炕			崇礼县山岔村	米建凤	靳发	215271	1058
11426	麻雀尾巴长		大名县一带	大名县北门口乡韩赵村	张九芳	李文彬	215347	140
11427	大姐装病				董保民	董全安	215321	152
11428	蒜骨突			北门口乡韩赵村	张九芳	李文彬	215326	101
11429	好嫂嫂					张素玲	215343	146
11430	小黑小			大名县前街	吴张氏	吴建宇	215350	99
11431	好人家						215335	334
11432	卖镰行话				张洪立	李国建	215314	71
11433	不给财主家做活						215391	72
11434	想亲娘					董全安	215342	775
11435	小白菜					董全安	215346	195

序号	篇名	民族	流传地区	采集地	讲述者	搜集者	数据库编号	字数
11436	小白狗			北堤乡		肖建东	215318	145
11437	八怕歌					张焕景	215388	79
11438	鸦片烟真可恨						215402	356
11439	送情郎						215354	276
11440	小闺女上梯子						215323	398
11441	小闺女儿快快长		冀南一带		赵金兰	谢明	215374	241
11442	颠倒唱儿			东苑湾	李焕亭	李国建	215379	345
11443	拍皂角		大名县一带	大名县北门口乡韩赵村	张九芳	李文彬	215362	120
11444	天皇皇			大名县北门口乡韩赵村		李文彬	215384	128
11445	小闺女要赔送				董保民	董全安	215322	280
11446	俺娘打我不裹脚		大名县北门口乡一带	大名县北门口乡韩赵村	张九芳	李文彬	215371	156
11447	拜天地		大名县一带	大名县北门口乡韩赵村		李文彬	215380	103
11448	寡妇苦					丛森	215355	201
11449	嫁个汉子不成材						215338	535
11450	大脚板			大名县西庄	赵金兰	谢明	215332	178
11451	邻家财主出大丧					张素玲	215389	158
11452	呼喇伞					桂士毅	215363	754
11453	新媳妇两头忙					卫民	215324	525
11454	满天星星十二行				吴张氏	吴建宇	215330	138
11455	毛主席好		大名县一带		董香月	董全安	215394	759
11456	接闺女					岳同山	215341	298
11457	新娶的媳妇真难熬				吴张氏	吴建宇	215336	267
11458	十二个月				赵金兰	谢明	215353	69
11459	十八媳妇十岁郎						215327	145
11460	四物联					阎纪韶、李志勇	215403	242
11461	小老鼠上谷穗						215366	73
11462	小老鼠上案板		大名县城东北一带	大名县北门口乡韩赵村	韩会儒	李文彬	215360	119
11463	求雨歌						215387	318
11464	娘说话不中听			金滩镇		胡朝强	215348	102
11465	蚂蚱算卦				董香月	董全安	215373	224
11466	叫姐姐					苗玉芳	215364	140
11467	花椒树葛针多			大名西庄	赵金兰	谢明	215337	123
11468	人人歌唱年太平						215316	352

序号	篇名	民族	流传地区	采集地	讲述者	搜集者	数据库编号	字数
11469	吃嘴的媳妇				吴张氏	吴建宇	215349	73
11470	棉花籽，灰里拌		冀南一带	大名城内吴水坑	谷秀玲	张孟军	215313	133
11471	回娘家				董香月	董全安	215344	76
11472	不嫁小伯打磨人					卫民	215325	101
11473	小板凳					侯战奇	215358	92
11474	寡妇哭坟				马书刚		215356	384
11475	拜罗圈				吴张氏	吴建宇	215329	158
11476	想女婿				赵金兰	谢明	215351	368
11477	天上，地下					薛文增	215370	302
11478	新社会不论辈儿		大名县北门口乡	大名县北门口乡韩赵村		李文彬	215393	141
11479	谜语对唱					岳同山	215367	364
11480	小巴狗上南山						215365	172
11481	我给奶奶嗑瓜子					杨战岭	215361	69
11482	咒老鸹					吴增岐、杨金桥	215386	74
11483	说假话			大名县北门口乡韩赵村	韩敬儒	李文彬	215378	190
11484	烤火歌				栗丛杰	栗丛森	215382	99
11485	吝啬鬼						215401	370
11486	当兵好					阎纪韶	215375	143
11487	拜鸡					栗丛森	215385	114
11488	社员不沾边						215396	138
11489	拜新节		大名县一带	大名县北门口乡韩赵村	张九芳	李文彬	215383	329
11490	四等人					孙绍亭	215395	254
11491	赖帐歌					苗玉芳	215400	90
11492	老来难				刘升吉	陈建中	215404	387
11493	高粱叶				八旬老人	张金维	215340	156
11494	三人夸口					阎纪韶	215398	81
11495	闺女上轿娘心慌			西庄	赵金兰	谢明	215334	301
11496	没娘的孩儿						215345	345
11497	逃荒谣					张素玲	215319	227
11498	三见面		大名一带	大名县东苑湾	李作法		215397	203
11499	梅豆叶			大名郑时庄	张香菊	金维	215328	173
11500	大脚老婆					丛森	215333	102
11501	俺家有个巧妹妹				董香月	董全安	215331	129
11502	小黄豆				张唤书	金维	215315	136

序号	篇名	民族	流传地区	采集地	讲述者	搜集者	数据库编号	字数
11503	石榴树			大名县西庄	赵金兰	谢明	215339	126
11504	大铜子				靳保太	金维	215377	203
11505	筛麦糠					薛文增	215369	250
11506	拐云鸡					薛文增	215368	78
11507	盼哥哥						215352	284
11508	皇协军是个血龟孙					阎纪韶	215392	113
11509	我跟姐姐一般高				张换书	金维	215357	453
11510	顾工割草						215390	255
11511	十不足					岳同山	215317	58
11512	小老鼠上灯台		大名县一带	大名县北门口乡韩赵村	张凤仙	李文彬	215359	207
11513	扫炕歌					栗丛森	215381	380
11514	大跃进		大名一带		李作法	李国建	215399	118
11515	老鳖告状					殷瑛	215376	213
11516	小巴狗编竹篮					胡朝强	215372	102
11517	小白妮					霍同吾	215320	265
11518	一年忙	满族			张海凤	张玉廷	216737	482
11519	说黑				张玉廷、张海林	张玉廷	216740	311
11520	宽城歌谣	满族			耿玉来	耿立艳	216736	495
11521	顺口溜二首				张海凤、张玉廷	张玉廷	216738	238
11522	石榴花开一点红						216739	534
11523	小板凳		赵县城西南地区		高素力	高君巧	219906	134
11524	烂菜		赵县城南		黄新久		219931	144
11525	小二姐登轧车		赵县一带		李俊举	李淑青	219907	295
11526	天主堂		赵县一带		项桂庵		219930	136
11527	训伪军						219922	215
11528	上梁歌		赵州一带		张福海	张胜波	219913	679
11529	社员开会		赵县城南		白书囊		219936	221
11530	抬轿歌		赵县一带		陈秋群		219924	154
11531	走姥姥家歌		赵县一带		张梅	马英娟	219908	613
11532	割谷子		赵县城西南一带		陈秋群		219926	220
11533	小纺车		赵县一带		张惠芳	张志红	219911	129
11534	谁家没个破被窝儿		赵县一带		项国成		219921	318
11535	织手巾		赵州一带		李戌子	张胜波	219914	166
11536	单干户		赵县城南		白书囊		219935	183

序号	篇名	民族	流传地区	采集地	讲述者	搜集者	数据库编号	字数
11537	夸媳妇		赵县城南		项桂庵		219932	229
11538	童谣		赵县一带		潘果菊	侯海峰	219912	151
11539	鸡皮补皮裤		赵县一带		张建刚	赵喜全	219916	479
11540	卫星上天		赵县一带		白书囊		219937	238
11541	秋群穿着破大袄		赵县城西南一带		陈秋群		219927	2619
11542	玩钱鬼		赵县一带		李素敏		219929	322
11543	支前十二首		赵县一带		白玉臣		219919	261
11544	童谣		赵县一带		宋吉田	赵喜全	219910	1357
11545	梨乡民谣二首		赵县城东梨乡一带		李占无	冯京信	219917	324
11546	没娘孩子歌		赵县一带		张梅	马英娟	219909	254
11547	唬民军		赵县城南一带		项国成		219920	262
11548	借豆		赵县南部		颜新平	韩华杰	219915	200
11549	训十三支队		赵县一带		白书囊		219923	631
11550	经商		赵县城南一带		李素敏		219928	131
11551	帮工		赵县城南一带		项桂庵		219925	138
11552	看戏二首		赵县一带		白书囊		219933	155
11553	柴油机二首		赵县城南		黄新久		219934	223
11554	十不足		隆尧东部一带		胡庆栓		233736	308
11555	三月三		隆尧西部		张罗		233746	196
11556	嫁女谣		隆尧北部		赵小周		233669	1046
11557	新旧社会两重天		偿尧东部		赵同申		233638	258
11558	苦命女		隆尧西部一带		马小月		233688	1110
11559	姐妹仨		隆尧北部		冯四广		233745	357
11560	官的闺女好陪送		隆尧县西南部一带		卜爱子		233656	134
11561	棉织歌		偿尧北楼一带		张婆婆		233640	369
11562	我的父母把我卖		隆尧西北部		贾思		233666	186
11563	东西南北		隆尧西部		张郎郎		233740	300
11564	财神爷，你心偏		隆尧北部		李墉		233657	224
11565	蔬菜经		流传于隆尧西部一带		冯振海		233644	725
11566	掏瞎话		隆尧东部		张小三		233727	543
11567	留着棒槌打婆婆		隆尧北部		武志江		233738	221
11568	野麻雀		隆尧北部一带		武来子		233703	568
11569	石榴树		隆尧西部		冯振京		233659	313

序号	篇名	民族	流传地区	采集地	讲述者	搜集者	数据库编号	字数
11570	隆平地名歌		隆尧一带		赵同申		233697	446
11571	烟筒冒烟顶住天		隆尧东北部一带		曹灵菊		233729	368
11572	懒人一天		隆尧西部		郭顺菊		233720	536
11573	夜哭郎		隆尧广大地区		常东来		233670	676
11574	抬花轿		隆尧北部一带		老旭		233692	636
11575	两头忙		隆尧一带		郭智峰		233691	191
11576	花		隆尧西部一带		赵兰妮		233719	419
11577	货郎歌		隆尧东部一带		刘老贵		233677	373
11578	大脚姑娘		隆尧西部一带		老荣		233689	200
11579	怕		隆尧西部		张耶郎		233721	205
11580	绣灯笼		隆尧东部一带		武荫格		233654	192
11581	创业难		隆尧城关一带		王如意		233681	484
11582	老虎跟着猫学艺		隆尧西北部一带		蔡文锁		233718	988
11583	小巴巴儿		隆尧西北部一带		刘老兴		233710	270
11584	媳妇说话笑盈盈		隆尧东部一带		张彦华		233680	346
11585	小女婿		隆尧西北一带		霞连斤		233683	144
11586	民主歌		隆尧南部		宝娥		233634	490
11587	打皮球歌		隆尧城关一带		秀格		233702	214
11588	说炷		隆尧东部		张桂田		233676	182
11589	掌柜与小工		隆尧南部		新梅		233690	934
11590	小板凳，四条腿儿		隆尧、内丘一带		李芳芳		233707	350
11591	花儿谣		隆尧县尧山乡		葛连芬		233700	349
11592	撞膀膀		隆尧县尧山乡		葛连芬		233701	714
11593	儿歌二首		隆尧北部		武军霞		233705	225
11594	黄树底下盖楼房		隆尧北部		常东胜		233741	358
11595	十对花		隆尧北部		徐淑合	87.2月	233704	884
11596	民间劝善歌		隆尧西部一带		玉花挺		233724	894
11597	老牛闷儿		隆尧西部一带		土芳芳		233706	5741
11598	板凳板凳摞摞		隆尧东部		刘孟国		233708	277
11599	嘲不孝女		隆尧西南部一带		马小月		233685	502
11600	小巴狗		隆尧东部一带		张彦华		233712	354
11601	谜谣		隆尧西部		郭顺菊		233722	444
11602	十姐忙		隆尧东部一带		郭智锋		233717	376
11603	棉花谣		隆尧南部一带		李兰琴		233686	3704

序号	篇名	民族	流传地区	采集地	讲述者	搜集者	数据库编号	字数
11604	没影的话		隆尧县城一带		李墉		233716	192
11605	烟筒烟		隆尧西北		程小宝		233725	461
11606	花茶碗		隆尧一带		黄风金		233743	369
11607	送情郎		隆尧北部		张府合		233651	293
11608	十二月历史花名		隆尧西南一带		路玉春		233698	279
11609	说瞎话		隆尧北部一带		协生		233726	250
11610	石榴树		隆尧一带		武俊格		233693	305
11611	鬼子别骄傲		隆尧一带		张乃良		233643	175
11612	劝夫参军歌		隆尧一带		宝娥		233635	181
11613	打花瓶		隆尧北部		刘老厚		233733	731
11614	懒老婆		隆尧县东南部一带		刘连群		233737	324
11615	卖钢针		隆尧县一带		刘景普		233628	554
11616	花儿的闺女织陪送		隆尧北部一带		刘春堂		233684	142
11617	说老西		隆尧西北部一带		刘老兴		233735	142
11618	十三月		隆尧西部		张洛轩		233694	180
11619	新娶的媳妇九十天		隆尧县东南		蔡文所		233658	263
11620	十二月担经		隆尧北部		武来子		233648	611
11621	当兵好		隆尧柏平一带		阿红		233742	311
11622	离别		隆尧西南		互挂珍		233642	373
11623	快当娘纳鞋		尧山城北一带		刘小菊		233732	340
11624	八年乱		隆尧一带		王如意		233637	601
11625	白草坡		隆尧西南部		王桂珍		233747	175
11626	上轱辘台		隆尧一带		李墉		233650	572
11627	小姐与相公		隆尧西南		郭顺菊		233655	373
11628	西方路上一棵桑		隆尧西北部一带		刘老兴		233734	293
11629	呜呜纺棉花		隆尧西部一带		程小蜜		233713	542
11630	说嘴儿		隆尧西北部一带		刘老兴		233711	581
11631	气小三		隆尧东部		宋随菊		233679	215
11632	小蚂蚱		隆尧东部		张小三		233728	417
11633	走娘家		隆尧西部				233672	448
11634	巧大姐		隆尧西北部一带		刘老厚		233671	395
11635	下集不买带把儿哩		隆尧内邱县一带		杨孟连		233723	335
11636	种棉歌		隆尧县尧山乡		葛连芬		233629	193
11637	新媳妇		隆尧北部		荀小贞		233678	180

序号	篇名	民族	流传地区	采集地	讲述者	搜集者	数据库编号	字数
11638	知了谣		隆尧一带		李墉		233715	213
11639	卖饺子		隆尧一带		武柱子		233682	390
11640	说白话		隆尧南部一带		黄利侠		233731	171
11641	世上的人儿真是呆		隆尧西南		宝娥		233636	492
11642	窝囊家		隆尧西北部一带		苗老恩		233661	382
11643	四辈儿上工		隆尧北部一带		李墉		233649	333
11644	仓官爷扛粮来		隆尧一带		李墉		233646	242
11645	迎年歌		隆尧东部		韩敬波		233647	650
11646	送情郎		隆尧东部一带		张老拴		233652	386
11647	织手巾		隆尧东部		韩敬波		233631	176
11648	豆腐谣		隆尧南部		郭梅		233630	251
11649	小白猿偷桃		隆尧西部		李丙其		233739	2204
11650	白杨树		隆尧县大干言村		王桂珍		233673	218
11651	客来啦		隆尧西南部				233699	416
11652	回娘家		隆尧城关一带		李墉		233660	237
11653	直直直锭哥		隆尧县东北地区		程老太		233668	328
11654	小白菜		隆尧西部		李连月		233709	432
11655	东顶奶奶哭五更		隆尧南部		张永江		233687	463
11656	走娘家		隆尧一带		王庆良		233665	189
11657	闲来无事去南洼		隆尧南部一带		徐淑芬		233662	135
11658	二十句		隆尧西部		胡大圣		233695	291
11659	二女争夫		隆尧西部		李丙其		233674	281
11660	俺娘给俺捎信来		隆尧内邱县一带		齐庆敏		233664	484
11661	姐妹夸夫		隆尧北部		张郎郎		233675	679
11662	懒老婆		隆尧南部		王桂珍		233667	334
11663	七字歌		隆尧东部		韩敬波		233714	852
11664	傻老婆		隆尧北部一带		老肥		233730	985
11665	红席篾		隆尧南部		刘老庆		233744	265
11666	赌钱汉		隆尧西南部		张小三		233663	199
11667	唐山景		隆尧一带		穆老坤		233696	252
11668	挂红灯		隆尧东部		王金路		233653	294
11669	送公粮		隆尧牝部		王桂珍		233645	769
11670	抗日谣		隆尧北部		武来子		233639	406
11671	抗战歌谣		隆尧西部		冯振京		233632	826

序号	篇名	民族	流传地区	采集地	讲述者	搜集者	数据库编号	字数
11672	抗日歌谣		隆尧北部一带		宝娥		233633	333
11673	十劝歌		隆尧南部		张永禄		233641	161
11674	儿歌				王国正、王春娥等		233834	3442
11675	礼仪喜歌				田山		233830	890
11676	其他				李凤珍、康跃刚		233835	337
11677	情歌				李德生		233831	347
11678	生活歌						233832	7949
11679	历史歌谣						233833	2646
11680	时政歌				李如子		233829	2051
11681	劝人方			南大港	刘玉萍	崔云良	235439	622
11682	拍燕子窝				宫刘氏		235462	2202
11683	要账歌				朱玉森		235458	322
11684	王八坑		南大港范围内		刘金发	刘增华	235448	595
11685	老来难				朱玉森		235454	1116
11686	完钱粮						235444	346
11687	妇女翻身				王永邦、张如明		235460	1941
11688	唱树花				刘氏		235455	10007
11689	十不满意		黄骅县一带		宋风港	刘增华	235446	752
11690	笨先生治病		黄骅南大港一带		刘贵田	刘增华	235449	234
11691	民谚歌		南大港一带		王绍彭	刘增华	235452	74
11692	女儿经				刘张氏、刘秀山		235447	779
11693	纺线五更				刘玉苹	崔云良	235440	496
11694	二姐绣花灯		黄骅县一带		胡金英、刘延明	刘增华	235441	527
11695	寡妇哭坟		黄骅南大港一带		刘连升	刘增华	235438	347
11696	调兵打日本				刘国明		235459	1084
11697	锯大缸				崔刘氏		235451	974
11698	赌徒画像				朱玉森		235457	436
11699	蚂蚱出殡百虫会		南大港范围内		宋风港	刘增华	235443	2224
11700	画扇面				田秀林		235453	1768
11701	串村名				刘荣作		235456	1974
11702	乱世谣				许树亭		235450	304
11703	自然类						235464	516
11704	儿歌九则					董金娥	235463	1953

序号	篇名	民族	流传地区	采集地	讲述者	搜集者	数据库编号	字数
11705	闺姐要嫁妆		河北省沧州地区		赵金兰		235442	171
11706	小寡妇哭坟		沧州运河以东		高连升、张玉瑶	田松林	235437	431
11707	南港史歌						235461	144
11708	灶王与门神		黄骅县一带		刘贵田	刘增华	235445	1217
11709	农民今昔					袁保元	236237	706
11710	翻身乐					刘子学	236263	194
11711	没有文化不能上						236231	203
11712	高村解放歌				张廷兰	张纪春	236229	88
11713	巧闺女					王春友、杜连香	236279	173
11714	小白菜		河北大部				236256	153
11715	人老腰弯把头低						236254	350
11716	月亮						236252	151
11717	没人疼的孩子					李兴隆	236260	147
11718	一二三						236234	175
11719	感谢中央领导好					于恩博	236239	260
11720	天皇皇，天皇皇					高自忠	236251	211
11721	小板凳，四条腿					于爱玲	236288	61
11722	忘不了娘					李臣中	236258	169
11723	椿树椿					夏丽君	236275	104
11724	真叫劲						236245	252
11725	河山川					邱振廷	236270	78
11726	宁死不回俺婆家				张月辉、陈文海		236262	94
11727	十二个月				南相云	于俊祥	236297	205
11728	织红绸					马玉秀	236292	211
11729	十样四				英文、恒义	车继东	236303	88
11730	地道好					张建华	236233	156
11731	大实话						236301	131
11732	忘了娘				李金风	车继东	236259	124
11733	对花歌				恒义、英文		236296	88
11734	秋天到					孙德亮	236280	214
11735	穿的谁的		大张庄一带		张民	张连英	236244	374
11736	不出院						236271	77
11737	一个老汉八十三					马秀云	236266	161
11738	新年到		大营一带		王风明	王明恩	236250	122

序号	篇名	民族	流传地区	采集地	讲述者	搜集者	数据库编号	字数
11739	小老鼠柱拐棍						236283	52
11740	碰豌豆				李光琴		236289	476
11741	小白兔					杨继常	236282	362
11742	小老鼠，上灯台					阎呈立	236286	294
11743	老沙窝		江庄、孟庄一带				236267	81
11744	打麦					崔清风	236281	80
11745	小鞭梢儿					陈文海	236290	117
11746	小枣树，弯弯弓				马金梅	车继东	236273	69
11747	大瞎话				恒义口	车继东	236299	217
11748	买个烧饼喂娃娃					车继东	236284	94
11749	干憋气					王连坤	236246	165
11750	光荣花				王文		236235	91
11751	是个好娃娃					陈忠安	236261	189
11752	大红花					王秉君	236232	214
11753	迎新春、送旧年						236248	372
11754	俺家娶了个花婶婶					夏丽君	236276	184
11755	法制教育是指南						236243	128
11756	小板凳，一尺三					王怀科	236238	104
11757	数九歌					张连英等	236253	221
11758	板凳板凳啰啰					阎呈立	236285	189
11759	贫民戏老财				英文	车继东	236257	99
11760	我老汉“愁”得慌					马风荣	236295	198
11761	小学生起得早						236255	133
11762	呱哒板					陈文海	236264	60
11763	小金姐						236272	75
11764	扦面条						236287	60
11765	小巴狗					李金铮	236278	178
11766	洗衣裳						236268	106
11767	飞机飞机落一落					陈文海	236277	86
11768	今昔对比					秦春英	236230	280
11769	小红鞋						236294	90
11770	七旬老汉干得欢					张志强	236241	161
11771	小鸡嘎嘎					陈文海	236293	116
11772	盏盏红灯向北京						236242	177

序号	篇名	民族	流传地区	采集地	讲述者	搜集者	数据库编号	字数
11773	颠倒歌				英文	车继东	236302	60
11774	酒令					车继东	236249	777
11775	新民歌五首						236247	158
11776	小枣树					张树森	236265	77
11777	宰猪又杀羊		王锋寺一带			党德然	236236	80
11778	劳动人民手一双					蔡保臣	236269	89
11779	实现四化向前进						236240	217
11780	怕字歌					李兴隆	236274	197
11781	小巴狗，土里滚					马玉秀	236291	157
11782	学习如登山					张传玉	236298	472
11783	民谣四首					彭玉芝	236300	90
11784	炸得鬼子伸了腿				赵英	小坤	236599	385
11785	媳妇苦				张康氏	孙洪杰	236625	249
11786	爷爷娶亲				张康氏	孙洪杰	236622	274
11787	种棉穿衣曲				苏花	张双富	236605	221
11788	回娘家				田老戊	田跃驰	236618	150
11789	儿歌三首				刘老门	刘二喜	236621	284
11790	狠心的爹娘				张康氏	孙洪杰	236609	219
11791	马尾雀尾巴长				李氏	吕树茂	236613	152
11792	打钉儿				王吕氏	宗健	236620	1220
11793	一间破草房				张荣联	史冰	236596	220
11794	炊事员				刘老门	刘二喜	236603	92
11795	想亲娘				田老戊	田跃驰	236614	139
11796	十月花开				孙春宜	杨建好	236612	318
11797	女人怨				张康氏	孙洪杰	236623	190
11798	四季歌				吴英魁	邵志贤	236598	92
11799	后娘				张荣霞	张德恩	236628	156
11800	擀面条				田老戊	田跃驰	236617	91
11801	烙煎饼				王俊英	石亚	236624	188
11802	打蚂螂				田老戊	田跃驰	236616	129
11803	没过门的媳妇吊孝				孙春宜	杨建好	236627	194
11804	小驴儿				张康氏	孙洪杰	236610	591
11805	二姐和四宝儿				田老戊	田跃驰	236626	96
11806	支援军队打胜仗				陈玉宝、樊春立	陈识路	236597	147

序号	篇名	民族	流传地区	采集地	讲述者	搜集者	数据库编号	字数
11807	丑大姐				李玉先	王虎群	236615	287
11808	小五更				李三秀	和福占	236600	90
11809	儿童团歌				吴英魁	邵志贤	236595	322
11810	送郎参军歌				王新荣	邵志贤	236594	155
11811	点狗眼				王吕氏	宗健	236619	238
11812	手榴弹真是沾				张荣联	史冰	236601	511
11813	打倒封建别害臊				张康氏	孙洪杰	236604	337
11814	豆角儿				张小桥	张德恩	236606	155
11815	八路军绿衣服				张荣联	史冰	236602	171
11816	打老婆				冯焕芳	宗健	236608	756
11817	想婆家				田付爱	田跃驰	236607	121
11818	哥哥走西口（曲二十七）				田老戊	田跃驰	236611	188
11819	酒杯一端			涞源县		罗玉琴	254269	115
11820	开会歌			涞源县中庄村	马德	张玺	254271	110
11821	贺喜歌			涞源县城关镇沿村	苏维成	张玺	254309	953
11822	歌唱白求恩				刘江		254272	2722
11823	二十四节			涞源县甲村乡甲村	门义	袁士朝	254281	1192
11824	小过年			涞源县	火占花	贾利	254261	117
11825	什么年代靠什么			涞源县文化馆	何景明	张玺	254268	332
11826	光棍难			涞源县城关镇沿村	苏维成	张玺	254293	1072
11827	新十二月			涞源县城	丁祥	张玺	254253	350
11828	拔兵歌			涞源县郭家峪村	刘文来	张玺	254256	328
11829	放哨歌			涞源县王安镇供销社	周玉健	张玺	254257	312
11830	十对花			涞源县走马驿乡高家台村	高品	袁士朝	254280	600
11831	小白菜			涞源县丰乐村	马瑞兰	曹国伟	254284	272
11832	二十四节歌			涞源县鲍家路村	韩风金、郭福贵	张玺	254283	164
11833	摘樱桃			涞源县郭家峪村	杨世林	张玺	254304	313
11834	怀胎			涞源县大台峨村	刘江	张玺	254290	2414
11835	五哥放羊			涞源县杨家庄乡杨家庄村	付玉喜	袁士朝	254298	130
11836	八树开花			涞源县大台峨村		张玺	254277	189
11837	十字翻样歌			涞源县甲村乡曲村	杨城	袁士朝	254276	746
11838	寡妇上坟			涞源县乌龙沟村	张桐山	张玺	254292	373

序号	篇名	民族	流传地区	采集地	讲述者	搜集者	数据库编号	字数
11839	走西口				马德青	张玺	254302	496
11840	画扇面				董祥、王喜合	袁士朝	254278	396
11841	民国乱				李成	康宪	254255	789
11842	绣家乡				张凤莲等	张玺、张依民	254274	184
11843	日本鬼子太猖狂			涞源县	张侃	辛卫星	254262	210
11844	二十四节歌			涞源县大芦沟村	孙桐	张玺	254282	703
11845	丫头丫头你快长			涞源县城	辛一天	李桂云	254259	673
11846	走西口			涞源县大峨村	孙玺	张玺	254303	1733
11847	菜园大战			涞源县		李兴国	254312	310
11848	骂汉奸					张玺	254258	207
11849	识字歌			涞源县	张秀连	吴杰	254266	167
11850	山头上开花山头上白			涞源县	贾成普	贾利	254263	521
11851	刘胡兰			涞源县丰乐村	马瑞兰	曹国伟	254308	401
11852	深山卖菜郎				张连	康宪	254287	721
11853	抽洋烟			涞源县鲍家路村	韩风金	张玺	254270	199
11854	怀胎十个月			涞源县曲村	杨城	袁士朝	254289	839
11855	妓女告状			涞源县甲村乡甲村	门义	袁士朝	254279	437
11856	八路好八路强				王玉连	康宪	254264	206
11857	卖麻花			涞源县城关镇沿村	苏维成	张玺，袁士朝	254285	253
11858	小白菜			涞源县大道沟村	张连	康宪	254295	648
11859	卖扁食			涞源县曲村	付玉平	袁士朝	254286	105
11860	小寡妇上坟			涞源大道沟村	张连	康宪	254291	975
11861	拉骆驼				马洁清	张玺	254297	281
11862	妈妈你好糊涂			涞源县走马驿乡、高家台村	高品	袁士朝	254288	785
11863	四辈上工			涞源县柳井村	赵莲	张依民	254299	191
11864	姑娘恋爱条件多			涞源县		罗玉琴	254267	675
11865	送情郎			涞源县	火占花	贾利	254300	302
11866	支前谣			涞源县	张秀莲	吴杰	254265	120
11867	狼打柴			涞源县	马瑞兰	曹国伟	254306	1191
11868	十二个月里唱说古人			东团堡公社候家沟村	陈凤山	张玺	254296	2625
11869	三姐妹			涞源县胡家庄村	刘静枝	胡志军	254307	1834
11870	挨打受气为哥哥			涞源县鲍家路村	韩风金	张玺	254305	795
11871	政策好				张连		254252	254

序号	篇名	民族	流传地区	采集地	讲述者	搜集者	数据库编号	字数
11872	念丧歌			涞源县城关镇沿村	苏维成	张玺	254311	951
11873	十个字			涞源县大道沟村	赵许	康宪	254275	396
11874	说胡话			涞源县	耿于千	李风太、袁士朝	254313	494
11875	十二月大改良			涞源县乌龙沟村	张玉梅、张爱花等	张玺、袁士朝	254254	406
11876	群众的力量大如山			涞源县	张士魁	李桂云	254260	311
11877	小光棍做梦			涞源县城关镇	丁拴马	张玺、袁士朝	254294	201
11878	爆炸英雄李成山				刘孝	张玺	254273	665
11879	贺盖新房			涞源县沿村	苏维成	张玺	254310	205
11880	探情郎			涞源县杨庄乡杨家庄村	贾玉文	袁士朝	254301	934
11881	妓女告状				何碧堂		259078	134
11882	选村长						259083	97
11883	翻身解放小唱				齐淑英		259081	227
11884	种棉花						259084	775
11885	妇女难				王多		259089	1345
11886	卖扁食				何芹荣		259082	220
11887	小轿车						259088	186
11888	小白菜				刘焕义		259086	195
11889	什么样的葫芦结什么瓢				陆志梅		259087	483
11890	老母亮						259085	737
11891	绣兜兜				何碧堂		259077	445
11892	做衣裳				梁秀真		259079	195
11893	婚姻自主歌				齐淑英		259080	172
11894	豆芽菜		双桥区				261892	852
11895	追时髦		双桥区	承德县		王立学	261678	82
11896	刘金锭思想五更		承德县	承德县	段春玲	牟庆茹	261743	84
11897	女人梦		承德县	承德县	王奎斗	谢春生	261552	176
11898	大媳妇儿		双桥区	双桥区	赵莫	赵纯水	261679	103
11899	再也不去修铁道		承德县	承德县	尹国忠	高云清	261354	463
11900	罪恶要清算		承德县				261384	101
11901	大轱辘棰		双桥区				261880	505
11902	唱倒歌		双桥区				261882	959
11903	修部落		鹰手营子矿区	寿王坟	宋宝绪	宋桂英	261323	81
11904	小孩满月道喜歌		承德县				261534	222

序号	篇名	民族	流传地区	采集地	讲述者	搜集者	数据库编号	字数
11905	你猜我做的什么饭		承德县		裘继民	谢春生	261607	158
11906	串街调		双桥区	承德市	傅殿仁	温冰	261656	183
11907	青山高高绿地宽		承德县				261375	88
11908	绣灯笼		双桥区	双桥区	朱恩瑞	温冰	261953	341
11909	支前五更		承德县	承德县	张玉福	张玉峰、高云清	261364	702
11910	嫂子小姑去降香		承德县	承德县	那志林	谢春生	261559	90
11911	哀承德旧体谣		双桥区				261424	340
11912	地名谣		承德县				261670	169
11913	白面饼喷喷香		承德县				261393	172
11914	和尚怨		鹰手营子矿区	承德县	李永发	魏清	261648	339
11915	起名叫留福		双桥区	承德市	王信	杨永利	261877	164
11916	十大姐采茶歌		承德县	承德县	池悦	张玉峰、高云清	261558	1029
11917	忌烟所		双桥区				261421	1519
11918	采莲船		承德县	承德县	陈中信	邱志	261555	136
11919	观花	满族	承德县	承德县	那志林	谢春生	261573	1300
11920	十双红绣鞋		双桥区	北头营	李福恒	温冰	261566	1474
11921	工农会		承德县				261386	271
11922	小狗儿叫		双桥区			邓一民	261885	83
11923	抽大烟不要脸		承德县	承德县老爷庙乡	李才	李仕东	261596	466
11924	烂席片		双桥区				261956	315
11925	两只老鼠		鹰手营子矿区	北马圈子镇	王唯一	王秀荣	261849	518
11926	卷心白		承德县				261621	141
11927	征烟捐		双桥区				261414	233
11928	王员外休妻		承德县	承德县	许景全李景义、赵福全等	谢春生	261950	112
11929	拉骆驼		双桥区				261563	262
11930	火烧潘家峪		双桥区	承德市	吴明	王士俭	261941	543
11931	小小童儿进青山		承德县				261770	1878
11932	泪滔滔		承德县				261580	593
11933	搬家歌		承德县				261527	115
11934	老头看瓜		承德县				261620	147
11935	打八仙		承德县	承德县	牟永春	牟庆茹	261753	237
11936	争月亮		承德县	承德县	寇柏中	张玉峰、高云清	261926	82
11937	娶了媳妇忘了娘		鹰手营子矿区				261666	279

序号	篇名	民族	流传地区	采集地	讲述者	搜集者	数据库编号	字数
11938	卖扁食		承德县				261582	344
11939	六字经		承德县	承德县	常永胜	王学、尚文禄	261660	294
11940	矬老婆		承德县	承德县	张玉福	高云清	261615	155
11941	三岁的孩子穿红袄		承德县				261806	119
11942	大姑娘	满族	双桥区				261608	102
11943	小耗子爬竹杆		承德县				261818	81
11944	小女婿		承德县	承德县	张淑华	高云清、张玉峰	261586	62
11945	好字歌		承德县	承德县	李才	李仕东	261644	122
11946	耍钱鬼		承德县				261592	252
11947	钻一钻		承德县	承德县	贾文学	贾素民	261840	99
11948	姑娘标		双桥区				261717	374
11949	拙大姐		承德县	承德县	寇柏申	高云清、张玉峰	261614	289
11950	从前有个山		双桥区	承德市		杨天在	261765	112
11951	老婆子花儿		承德县	承德县	任淑芝	辛翠莲	261801	92
11952	铁饭碗干部		双桥区				261447	724
11953	一个大一个小		承德县	承德县	周燕明	邱志	261783	74
11954	老黄狗顶呱呱		承德县				261351	135
11955	十针扎		承德县	承德县	朱武	任国先李桂芹	261870	168
11956	人字谣		承德县	承德县	佟云华	邢士廉	261774	203
11957	厨房喜歌		承德县	承德县		谢春生	261731	394
11958	无题		双桥区				261931	154
11959	送礼		承德县	承德县	寇柏申	高云清	261733	47
11960	娃娃儿上学		鹰手营子矿区	营子区	王素珍	张利春	261827	703
11961	小白菜		承德县	承德县	胡堂文	丁治安	261694	161
11962	打灯台		双桥区				261891	227
11963	妓女悲愁		双桥区	承德市	吴广芳	温冰	261716	138
11964	五等人		承德县	承德县		沈刚	261462	57
11965	绣花谣		双桥区				261710	116
11966	两棵槐		双桥区			邓一民	261560	62
11967	棒槌峰		承德县			周凯波	261872	718
11968	小日本是白搭		承德县	承德县	黄福铭	谢春生	261442	170
11969	好可怜		双桥区				261331	153
11970	乐洋洋		承德县				261426	108
11971	山前美鹿山后狼		双桥区	承德	王克贤、苏春等	温冰	261722	111

序号	篇名	民族	流传地区	采集地	讲述者	搜集者	数据库编号	字数
11972	工作组		承德县				261452	450
11973	快完蛋		双桥区				261340	315
11974	征兵谣旧体谣		双桥区				261444	79
11975	集家歌		双桥区				261328	74
11976	娶亲贺喜歌		承德县	承德县	刘江	王学	261485	207
11977	分果实		双桥区				261443	128
11978	黑字歌		承德县	承德县	梁振岚	陈际华	261544	497
11979	棉衣歌		承德县				261435	222
11980	喝酒歌		承德县	承德县	李景义	谢春生	261541	266
11981	血债要算清		双桥区			张拯民	261419	93
11982	从前有座山		双桥区	双桥区	张淑珍	徐岭	261825	239
11983	五更天		双桥区				261415	839
11984	十二属相冲歌		承德县				261518	76
11985	月亮牙儿本姓张		承德县	承德县	纪桂芬	纪绍兴	261761	752
11986	二十四节气歌		双桥区	承德财校	王信	王和忠	261479	122
11987	天风歌旧体谣		双桥区				261425	51
11988	拉大锯		双桥区				261879	112
11989	遭殃军		承德县	承德县	丁治安	丁淑芳	261433	2
11990	小燕子		承德县				261819	123
11991	中国大改变		承德县	承德县	牟春久	牟庆茹	261430	317
11992	说南洼		承德县	承德县头沟	李希玲	李卫东	261661	426
11993	隋炀帝下扬州		承德县	承德县	尚宝彦	焦丽琴	261755	117
11994	北方秧歌十二角		承德县	安匠村	许景全	谢春生	261472	315
11995	十大天		双桥区				261409	444
11996	承德八大处		双桥区	双桥区	孙文起	鞠成发	261921	829
11997	送小姑		承德县	承德县	李瑞英	孟宪岐	261759	704
11998	娘俩顶嘴		承德县	承德县	常永胜	尚文禄	261924	100
11999	扎烟针		承德县				261400	260
12000	辞灶歌		承德县			丁治安	261510	105
12001	蒋管区士兵谣		承德县				261383	123
12002	炕条		承德县			丁治安	261509	103
12003	骂滕团		承德县				261397	93
12004	娶亲诅咒歌		承德县			丁治安	261488	186
12005	共产党好		承德县	承德县	盖甫	盖福中	261394	206

序号	篇名	民族	流传地区	采集地	讲述者	搜集者	数据库编号	字数
12006	占一线		双桥区				261344	134
12007	比一比		双桥区				261372	167
12008	守财奴		承德县	承德县	王振明	盖福中	261863	624
12009	红公鸡		双桥区	承德市		杨天在	261766	135
12010	刘二姐逛热河		承德县	承德县	梁勤	张玉峰	261855	152
12011	小老头		承德县				261859	305
12012	雉鸡翎		承德县	承德县二沟乡		孙守军	261854	898
12013	矿工歌		双桥区	承德市	孙文起	鞠成发	261319	1930
12014	不赖我		双桥区	双桥区	王信	杨永利	261884	228
12015	伪满时期歌谣一组		双桥区			魏广善	261320	119
12016	四言杂字		承德县	承德县	常永胜	尚文禄、邱志	261869	190
12017	十二月打敌兵		承德县	承德县	梁勤	高云清	261367	366
12018	堵窗户		承德县	承德县	寇柏申	高云清	261732	180
12019	婚礼歌		双桥区	承德市	吴明	崔符军	261542	242
12020	拨浪穷		承德县	承德县	刘江	谢春生	261593	158
12021	打日本		鹰手营子矿区	北马圈子镇	王素珍	张利春	261363	111
12022	五谷生日		双桥区	承德市	王信	王和忠	261536	58
12023	大家要争气		承德县				261358	656
12024	新官上任道喜歌		承德县	承德县	胡才	吴永杰	261535	752
12025	马蔺花		双桥区	双桥区	孙劭非	王永宽	261798	74
12026	小秃儿		双桥区	承德县	杨洪全	于小坤	261789	153
12027	自勉歌		承德县	承德县		丁治安	261704	56
12028	花蝴蝶		双桥区	双桥区	孙劭非		261787	135
12029	胡诌段		承德县	承德县	吴明	沈刚	261918	134
12030	讨饭谣		承德县	承德县	张文	张玉峰	261539	499
12031	千万别裹脚		承德县				261689	266
12032	扑克迷		承德县				261781	101
12033	探情郎		双桥区				261715	105
12034	冤大嫂		承德县				261858	614
12035	金银堆成八大处		承德县	双桥区		于广	261305	135
12036	鸡咯咯儿		承德县	承德县	黄福铭	谢春生	261846	1431
12037	穷人要发财		承德县	承德县	牟永春	牟庆茹	261591	63
12038	三节谣		承德县	承德县	陈自安	陈树田	261532	571
12039	矿工谣		承德县	承德县	孙怀	李仕东	261312	911

序号	篇名	民族	流传地区	采集地	讲述者	搜集者	数据库编号	字数
12040	干部		承德县				261457	437
12041	造碑		承德县	承德县	郭未东	张玉锋、高云清	261900	64
12042	耗子瞪眼瞅着我		双桥区	双桥区		杨天在	261853	504
12043	关内关外		双桥区				261327	572
12044	两毛钱		承德县	承德县	王桂林	王建平	261809	48
12045	买卖难		双桥区				261332	214
12046	植树		承德县				261455	19
12047	人情歌		双桥区	承德市	秀芹	杨天在	261919	466
12048	中央军		承德县				261382	582
12049	跑关东		双桥区	承德市	武占芳	温冰	261714	56
12050	劳模		承德县				261453	629
12051	长工谣		双桥区	双桥区	吴作有	张拯民	261317	166
12052	红缨枪		承德县	承德县	丁治安	丁淑芳	261815	915
12053	藏猫点兵歌		承德县				261821	259
12054	屎克螂		承德县			沈刚	261848	210
12055	打夯谣		双桥区	承德市	姚龄	陆姚	261302	106
12056	日出日落定时歌		承德县				261525	438
12057	新年乐		鹰手营子矿区	承德县李营村	李永发	魏清	261667	490
12058	生小孩喜歌		承德县	承德县	常永胜	尚文禄、邱志	261487	226
12059	泥瓦匠真是苦		双桥区	承德市	吕兴奎	乔志明	261303	102
12060	二十四气候应验歌		承德县				261477	123
12061	嫁女歌		承德县	承德县	刘文联	于广	261684	129
12062	五更十三咳		承德县	承德县	王延广	谢春生	261546	163
12063	技工谣		承德县	承德县	赵德信	张国军	261313	44
12064	蒋军士兵歌谣一组		承德县				261428	128
12065	农家乐		双桥区	承德市			261652	745
12066	牛羊倌		承德县	承德县	胡堂文	丁治安	261850	168
12067	两只手		承德县				261316	1392
12068	矬人		承德县	承德县	董祥	姜秀霞	261712	175
12069	王大娘打水		承德县	承德县	高桂兰	于小坤	261645	143
12070	耗子摔跤		承德县	承德县	寇柏申	高云清	261871	213
12071	打鬼子		双桥区				261324	161
12072	出工		承德县				261454	211
12073	穷字谣		承德县	承德县	谢春生	陶树银	261540	399

序号	篇名	民族	流传地区	采集地	讲述者	搜集者	数据库编号	字数
12074	十朵花		承德县	承德县	吴明	李景平	261899	189
12075	二十快		双桥区				261333	89
12076	卖冰糖水		鹰手营子矿区	营子区	刘艳洁	栾志宏	261794	184
12077	胡诌		双桥区	承德市	杨金杉	王和忠	261683	230
12078	月亮	满族	承德县	承德县	高玉立	张凤岚	261902	116
12079	一贯道		承德县			赵新	261334	1326
12080	青菜成精		承德县	承德县	赵来峰	隋孝章	261898	208
12081	车轱辘菜		承德县				261636	195
12082	灰灰菜	满族	双桥区				261836	452
12083	豆包队		双桥区				261335	254
12084	猫来了		双桥区	承德市		王舜	261839	100
12085	吃饺子		双桥区				261779	138
12086	小牛倌坐山尖		双桥区				261828	254
12087	谁是亲		双桥区				261339	111
12088	小红花		承德县	承德县	王英敏	辛翠莲	261804	108
12089	杀谁		双桥区	承德市	王桂川	王立学	261876	194
12090	义和团		承德县				261361	656
12091	反内战		双桥区				261341	101
12092	撒荞麦		双桥区				261955	2
12093	出头的椽子先烂		双桥区	承德市	王信	杨永利	261878	147
12094	小妞儿		双桥区				261893	259
12095	发兵到济南		承德县				261357	518
12096	烟鬼自乐		双桥区				261883	94
12097	骑着小驴儿上南山		双桥区				261881	2058
12098	编瞎话		双桥区	双桥区	王桂川	王立学	261886	174
12099	挖泉		双桥区			邓民	261370	119
12100	十大劝		承德县				261703	114
12101	说个宝道个宝		承德县	承德县	黄福铭	谢春生	261767	611
12102	婆婆丁		双桥区	承德师范	孙劭非	王冬	261799	343
12103	盼歌		承德县				261373	255
12104	孝子王祥		承德县				261690	53
12105	偷石榴		承德县	承德县	郑瑞田	刘洪勤	261649	1296
12106	二十四节令歌		承德县				261476	587
12107	骂汉奸		承德县				261376	174

序号	篇名	民族	流传地区	采集地	讲述者	搜集者	数据库编号	字数
12108	哀热河旧体谣		双桥区				261423	246
12109	小镰刀		双桥区	双桥区		王舜	261780	113
12110	放雀谣旧体谣		双桥区			邓一民	261405	779
12111	评成分		承德县				261381	104
12112	十枝梅		承德县	承德县	王正富	丁淑芳	261706	181
12113	闹洞房		承德县	承德县	杨洪全	于小坤	261482	130
12114	打骨牌		承德县				261943	723
12115	满洲国		承德县			丁治安	261403	260
12116	晒太阳		承德县				261820	335
12117	老字歌		承德县				261701	295
12118	买手表		承德县	承德县	巴永泉	邱志	261784	641
12119	专烧鬼子汉奸窝		承德县				261429	130
12120	五哥放羊		双桥区				261952	501
12121	麻雀谣		双桥区	双桥区		张拯民	261711	132
12122	绣荷包		承德县				261947	70
12123	穷人谣		双桥区	牛圈子沟乡		徐成	261431	279
12124	小辫儿钻天锥		承德县				261769	155
12125	大实话		鹰手营子矿区	营子区	王占泉		261713	48
12126	正月十五闹龙灯		承德县				261474	56
12127	主粮和银行		承德县	承德县磴上乡	牟永春	牟庆茹	261451	165
12128	倒卷帘		承德县	承德县	齐永胜	邱志、尚文禄	261745	183
12129	小鬼发恨	满族	双桥区				261873	161
12130	月亮出来楼上楼		承德县				261380	165
12131	考学		双桥区	承德市	柴山	王舜	261461	223
12132	装卸工		双桥区	承德铁路		王连珍	261307	236
12133	如今的娘们儿都好俏	满族	承德县				261579	396
12134	盖新房反歌		承德县	承德县	范宝安	尚文禄、王学	261502	54
12135	生产歌谣		承德县				261464	285
12136	学习李向阳		承德县	偏桥子乡文化站	王英杰	辛翠莲	261807	56
12137	不用让		承德县	承德县		李秀萍	261576	190
12138	过家家		承德县	承德县	高桂兰	于小坤	261778	124
12139	娶媳妇		承德县				261481	139
12140	十二月孟姜女		承德县	承德县志云村	刘风元	高云清	261740	142
12141	贫汉		承德县	承德县三家乡	寇柏申、刘志玲	高云清	261623	617

序号	篇名	民族	流传地区	采集地	讲述者	搜集者	数据库编号	字数
12142	二月二		承德县	承德县	黄福铭	谢春生黄艳芳	261475	319
12143	灵前喜歌	满族	承德县	承德县	尹传山	李学义	261493	170
12144	学徒苦		承德县	承德县	齐永胜	邱志	261308	884
12145	挖穷根		鹰手营子区				261664	689
12146	打秋千		双桥区				261721	1102
12147	瓦瓦歌		承德县	承德县岔沟乡	姜庆元	张斌	261496	241
12148	十字歌		承德县	承德县	胡堂文	丁治安	261756	530
12149	思五更		承德县	承德县	胡堂文	丁治安	261553	178
12150	十三想		双桥区				261720	56
12151	安装大门喜歌		承德县	承德县西大庙	李秋东	李仕东	261503	154
12152	锔大缸		鹰手营子区	马圈子镇	贾德	王秀荣	261760	165
12153	分苹果		双桥区	承德师范	孙劭非	王冬	261844	347
12154	四季歌		承德县				261531	191
12155	苦瓜日		承德县				261511	249
12156	翻身得解放		承德县	承德县	刘永和	刘洪勤	261396	323
12157	宋老三		承德县	承德县	王坤	谢春生	261600	79
12158	十二月花		承德县	承德县	陈忠义	尚文禄	261368	103
12159	捉鬼		承德县	承德县		米振义	261514	1677
12160	恨中央		双桥区				261343	1569
12161	三等人	满族	双桥区				261467	236
12162	送情郎中速		承德县				261948	125
12163	十二属各缺一		承德县				261517	169
12164	簸簸箕		承德县				261805	507
12165	九九歌		双桥区				261543	451
12166	科学换来聚宝盆		双桥区	双桥区	赵士荣	徐成	261315	138
12167	观星计时歌		承德县				261521	311
12168	从南来了共产党		承德县	承德县	刘江	谢春生	261378	195
12169	编花篮		鹰手营子区	营子区	王素珍	张利春	261824	399
12170	马开花		承德县	承德县头沟乡	王永修	王忠山	261687	122
12171	画八卦歌		承德县				261526	175
12172	盖房子		承德县	承德县	高殿国	牟庆茹	261497	2
12173	织手巾		承德县	梁营村	段春玲	牟庆茹	261749	523
12174	打新春		承德县	承德县	黄福铭	谢春生	261602	112
12175	苦房念喜歌		承德县	承德县	刘江	谢春生	261530	171

序号	篇名	民族	流传地区	采集地	讲述者	搜集者	数据库编号	字数
12176	娶亲反歌		承德县	承德县	朱太	王学、尚文禄	261486	162
12177	小姑贤		双桥区	双桥区	杨天存	杨天在	261728	725
12178	情郎当兵十三月		鹰手营子矿区	承德县	李永发	魏清	261548	50
12179	四令		承德县		黄福铭	谢春生黄艳芳	261478	225
12180	败兵家		双桥区				261338	540
12181	十二月血泪仇		承德县	承德县	惠芳	高云清	261369	158
12182	美女思五更		承德县	承德县	康宗理	康桂侠	261550	362
12183	鸦片馆		双桥区				261410	327
12184	乐与哭		双桥区				261326	148
12185	新旧民谣一组		双桥区	牛圈子沟乡	赵士荣	徐成	261459	883
12186	七月七		承德县	承德县	张玉福	张玉峰	261554	899
12187	腊月二十四		鹰手营子矿区	四十栋	张素珍	王冬、王永宽	261473	631
12188	小鸡蛋		双桥区				261465	125
12189	反集家歌		双桥区				261937	66
12190	擦席片		双桥区	阎营子	阎树	温冰	261568	448
12191	翻身五更		双桥区				261936	209
12192	教活计		承德县	仓子乡	盖义	盖福中	261862	33
12193	思夫		承德县				261629	552
12194	这时不俏啥时俏		承德县				261572	321
12195	小闺女		承德县				261635	5184
12196	猜谜歌		承德县	承德县		丁治安	261845	293
12197	绣兜兜	满族	承德县	承德县安匠乡	王奎斗	谢春生	261942	86
12198	小女婿		承德县	承德县	刘志玲	高云清	261577	1801
12199	十骂蒋匪军		承德县	承德县	段春玲	高云清	261366	134
12200	花蝴蝶要出嫁		双桥区				261829	179
12201	说面	蒙古族	承德县	承德县	王殿丰	高云清	261578	464
12202	六大最		双桥区	承德市	陆岭宽	郑士谦	261933	3656
12203	西厢记		双桥区	唐三营	徐怀	温冰	261569	373
12204	瘸子与老爷子		承德县	承德县	高玉兰	郭祥德	261908	201
12205	馋老婆	满族	承德县	承德县	尹国忠、寇柏申等	高云清	261584	81
12206	娶了媳妇忘了娘		双桥区				261617	138
12207	抽大烟太丢丑		双桥区	双桥区	杨金杉	王和忠	261349	279
12208	尿炕王	满族	双桥区	承德市	杨金杉	王和忠	261609	377

序号	篇名	民族	流传地区	采集地	讲述者	搜集者	数据库编号	字数
12209	大烟坑人歌		承德县				261595	118
12210	谎言歌		鹰手营子区	四十栋	王占泉	王冬	261914	185
12211	闹饥荒		双桥区				261342	204
12212	对歌		承德县	承德县	王福仁	李仕东	261927	118
12213	快		鹰手营子区	北马圈子镇	王唯一	王秀荣	261601	167
12214	雁翎队		承德县	承德县	陈中信	邱志	261359	325
12215	夸桑		承德县	矴上乡	牟永春	牟庆茹	261742	932
12216	东洋鬼		承德县	承德县	陈中信	邱志	261362	276
12217	泪盈盈		承德县				261622	194
12218	劝烟民		双桥区				261371	304
12219	日本鬼儿		鹰手营子区	北马圈子镇	王素珍	张利春	261360	56
12220	盼		承德县				261374	93
12221	尼姑		双桥区				261624	117
12222	妈妈坐窗前		承德县				261377	28
12223	快回家		双桥区				261348	263
12224	怕		承德县				261379	191
12225	打酸枣		承德县	承德县	巴永泉	邱志	261630	48
12226	八路军		双桥区	承德财校	张树清	梁亚军	261387	90
12227	夸来宝		承德县	承德县	李瑞英	孟献岐	261439	304
12228	热河解放得太平		承德县				261388	430
12229	水如油		承德县	承德县	李东伟	邱志	261631	106
12230	调军歌		承德县	承德县	齐永胜	尚无禄、邱志	261390	124
12231	选职业		双桥区				261448	700
12232	大水稻黄又黄		承德县				261392	115
12233	月亮牙儿		承德县				261637	1310
12234	贫农团员		承德县				261399	115
12235	一把镰刀拿在手		鹰手营子矿区	营子	樊秀凤	王士平	261851	695
12236	康德帝		承德县			丁治安	261404	236
12237	娶娘子		承德县				261639	106
12238	十大劝		双桥区	双桥区	贾坤	王舜、柴山	261407	82
12239	剁金莲		承德县	承德县	郭庆	刘洪勤	261896	296
12240	挂面丝		双桥区				261420	207
12241	金马驹		承德县				261640	897
12242	小改良		双桥区	承德市三岔口	布荣林	温冰	261432	201

序号	篇名	民族	流传地区	采集地	讲述者	搜集者	数据库编号	字数
12243	矬子杀人不用刀	满族	双桥区	承德财校	王信	王和忠	261904	2
12244	八路军什么也不怕		承德县			丁治安	261438	403
12245	山老鸹		承德县	承德县	杨洪全	于小坤	261641	202
12246	修路工人谣		双桥区	承德市	魏文翰	魏广善	261445	788
12247	直罗锅		双桥区	承德市	王占锋	魏广善	261901	148
12248	大干		承德县	承德县	丁治安	丁淑芳	261466	978
12249	小俩口争灯		鹰手营子矿区	营子矿区	刘艳洁	栾志宏	261654	108
12250	大会战		双桥区	双桥区	王信	王和忠	261468	211
12251	肥猪肉		双桥区				261408	240
12252	高价姑娘		双桥区				261469	226
12253	劝人行孝为先		承德县				261659	88
12254	节令		承德县	承德县	刘青林	李树贵	261480	928
12255	好好干它一家伙		承德县			丁治安	261406	206
12256	搅房歌		承德县	承德县	胡堂文	丁治安	261483	258
12257	活人睡在死人边		承德县	承德县老爷庙	贾秀兰	李仕东	261672	109
12258	娶媳妇喜歌		承德县	承德县	孟玉武	李清波	261484	108
12259	农村新貌新歌谣		双桥区	牛圈子沟乡	赵士荣	徐成	261463	487
12260	厨房道喜歌		双桥区			白鹤玲	261494	130
12261	两个蝈蝈		承德县	承德县	张庆余	张庆廷	261681	123
12262	十二属犯月歌		承德县	前届乡	李亚琴	刘洪勤	261516	347
12263	游花园		双桥区	承德市	魏玉勤	温冰	261655	56
12264	要饭谣		承德县	承德县	梁勤	高云清	261507	525
12265	究竟图个啥		承德县				261691	114
12266	风俗十二月		承德县	承德县	胡堂文	丁治安	261512	151
12267	崇祯观画		承德县	承德县、大西沟村	牟永春	牟庆茹	261736	88
12268	十字歌		鹰手营子矿区	北马圈子镇	张连才	张利春	261513	1394
12269	不吃歌		承德县				261692	1291
12270	十二属相合歌		承德县				261519	56
12271	地名谜		承德县	承德县	胡唐显	吴永杰	261857	791
12272	十二属犯大相歌		承德县				261520	54
12273	躲债歌		承德县				261696	316
12274	酒是高粱水		承德县	承德县	吴名	崔树民	261538	81
12275	小媳妇		承德县	承德县	李义东	李仕东	261729	1605
12276	爱情丢下要散		双桥区	双区桥	王信	杨永利	261545	71

序号	篇名	民族	流传地区	采集地	讲述者	搜集者	数据库编号	字数
12277	白张罗		承德县				261698	86
12278	为人别说俩老婆		鹰手营子矿区				261547	56
12279	讨饭谣		承德县	承德县	张义	陈丽华	261657	768
12280	真金戏窦		承德县	承德县	李会	焦丽琴	261549	637
12281	社员的日子		双桥区	双桥区		王舜	261705	824
12282	妹妹像荷花一样鲜红		鹰手营子矿区	营子	樊秀风	王世平	261551	325
12283	电衙门		承德县				261456	115
12284	思郎谣	回族	双桥区	承德市双桥区	杨树合	张拯民	261557	78
12285	四无谣		双桥区	承德市	侯文滨	杨炳芹	261707	166
12286	山麻雀		承德县	承德县	杨桂林	杨秀春	261571	613
12287	小寡妇上坟		双桥区	大滩	李宝善	温冰	261567	325
12288	妻盼郎		承德县				261574	283
12289	大实话		双桥区	丰宁县	武占芳	温冰	261718	812
12290	小气人		承德县				261583	2760
12291	时代人		双桥区	双桥区	蒋子龙	王舜	261450	797
12292	个高不算数		承德县				261590	294
12293	光棍哭妻		双桥区				261719	107
12294	杂货摊		承德县	承德县	刘志玲	高云清	261599	129
12295	大烟瘾		承德县				261597	258
12296	忍为高		承德县	承德县	李景义	谢春生	261603	103
12297	绣兜肚		承德县				261725	2
12298	乐坏丈母娘		双桥区		承德市	刘润地	261606	301
12299	起吉时歌		承德县	承德	胡堂文	丁治安	261529	103
12300	妓女告状		承德县	承德县	陈中信	邱志	261610	269
12301	十盏灯		承德县	承德县	赵福全	谢春生	261744	64
12302	劝五更		承德县	承德县	刘文	尚文禄	261611	124
12303	我家有个胖娃娃		承德县				261768	138
12304	媳妇歌		双桥区	承德财校	孙敬修	王舜	261618	292
12305	打登州		双桥区	承德县	王术清	刘福森	261747	334
12306	观灯		双桥区	双桥区	杨金杉	王和忠	261627	123
12307	不知足		承德县	承德县	寇柏申	高云清	261923	175
12308	馋		承德县	承德县	朱瑞	邱志	261628	52
12309	珍珠倒卷帘		承德县	承德县	寇柏申	高云清	261748	206
12310	俩口子分家		鹰手营子矿区	北马圈子镇	吴振起	王秀荣	261632	216

序号	篇名	民族	流传地区	采集地	讲述者	搜集者	数据库编号	字数
12311	打花棍		承德县	承德县	王奎斗、赵福全等	谢春生	261773	402
12312	光棍光		承德县	承德县	刘占云	刘福森	261642	135
12313	打八宗药	满族	承德县	承德县	王奎斗	谢春生	261754	182
12314	闹洞房		承德县	承德县	陈自安	陈树田	261646	102
12315	乱世谣		承德县	承德县	于凤山	李树贵	261682	65
12316	拴娃子		承德县	承德县	杨兴	刘秀丽	261650	134
12317	拉大锯		双桥区				261763	114
12318	鸡多不下蛋		双桥区	承德市	吴仁	刘润地	261653	110
12319	摆四方		承德县	承德县	李慧平	李秀萍	261920	306
12320	采茶谣		承德县	承德县	刘凤久	高云清、张玉峰	261673	82
12321	八仙过海						261764	177
12322	劝人方		承德县	承德县	杨兴	刘秀丽	261675	160
12323	小白兔		鹰手营子矿区	鹰手营子矿区	李起	杨桂兰	261813	211
12324	和睦篇		承德县	承德财校	董仁	董洪生	261677	100
12325	童谣五首		承德县				261771	2
12326	鸡喔喔		承德县	承德县	贾文学	贾素民	261685	2411
12327	新春到		承德县				261810	158
12328	后老婆		承德县	承德县	刘洪明	刘福森	261688	75
12329	打火镰			承德市			261792	662
12330	时运歌		承德县				261693	110
12331	送葬仪式歌		承德县	承德县	胡才	吴永杰	261491	260
12332	抽烟互嘲歌		承德县				261695	144
12333	大拇哥		鹰手营子矿区	北马圈子镇	王维一	王秀荣	261793	2
12334	牧羊谣		承德县				261700	246
12335	盖房喜歌		承德县	承德县	王生	张庆廷	261498	114
12336	怕字歌		承德县				261702	435
12337	小馋猫扒碗架		承德县				261816	157
12338	小俩口斗气		承德县				261730	277
12339	雉鸡翎跑马城		承德县				261772	198
12340	山枣儿		承德县	承德县		孙守军	261734	224
12341	打雷公		承德县	承德县		丁治安	261822	155
12342	馋姑娘		承德县	承德县	寇柏申	高云清	261735	66
12343	心字歌		承德县	承德县	牟永春	牟庆茹	261587	172

序号	篇名	民族	流传地区	采集地	讲述者	搜集者	数据库编号	字数
12344	十针扎		承德县	承德县	姜凤	李井平	261738	126
12345	敢情好		承德县	承德县	丁治安	丁淑芳	261826	219
12346	八仙醉洒		承德县	承德县	牟永春	牟庆茹	261751	334
12347	拜庙歌		承德县				261515	55
12348	韩湘子讨封		承德县	承德县	尤文喜	姜秀霞	261752	470
12349	槐树槐		鹰手营子矿区	兴煤四十栋	张素贞		261835	205
12350	儿童团员		承德县			丁治安	261757	345
12351	夜哭郎		承德县	承德县	牟春久	牟庆茹	261808	968
12352	敬奶奶		承德县				261758	44
12353	游戏歌		承德县	承德县	黄福铭	谢春生	261841	96
12354	小白兔赶集		承德县	承德县	郭静	郭祥德	261777	752
12355	大烟鬼后悔	满族	承德县				261581	274
12356	踢毽子		双桥区	师范学校	孙劭非	王冬	261785	253
12357	小蝌蚪		鹰手营子矿区	荣院	李起	杨桂兰	261847	259
12358	采蘑菇		双桥区	师范学校	孙劭非	王冬	261786	202
12359	逃荒歌		双桥区				261938	195
12360	十秃儿		双桥区	双桥区			261788	337
12361	沟名谣		承德县	承德县		崔树民	261856	285
12362	这个大妗子		双桥区	双桥区			261791	110
12363	南北物产歌		双桥区				261928	300
12364	金娃娃		承德县	承德县	王英杰	辛翠莲	261802	498
12365	要嫁万岁爷		双桥区	承德市	王信	王和忠	261874	157
12366	哄小孩儿		承德县	承德县	孙玉霞	冯景义	261811	662
12367	倒安排		承德县	承德县	刘凤久	高云清、张玉峰	261508	114
12368	宝贝羔儿		承德县	承德县		纪绍兴	261812	100
12369	拉拉队歌		双桥区			焦珵	261875	913
12370	小耗子，上灯台		承德县	承德县	朱太	尚文禄、王学	261814	141
12371	做梦		承德县				261585	259
12372	刻金桥	满族	双桥区	承德市	刘树青	刘树平	261838	393
12373	羊粪蛋		双桥区			邓一民	261895	121
12374	数九九		承德县				261860	510
12375	二十四谈媒		承德县				261946	367
12376	道胡		承德县	承德县	王奎斗、那麒	谢春生	261861	255
12377	拗口令		双桥区	承德县	刘凤祥	刘秀丽	261907	872

序号	篇名	民族	流传地区	采集地	讲述者	搜集者	数据库编号	字数
12378	带翅煤		承德县	承德县	张玉福	高云清	261888	247
12379	乞丐歌	满族	承德县	承德县	胡启增	胡维全	261506	474
12380	十三姐进城		承德县	承德县	唐俊延	刘福森	261897	628
12381	夸丈夫		承德县	承德县	张国林	焦丽琴	261911	243
12382	劝人方		双桥区	承德财校	刘永芝	李春节	261913	221
12383	为死人开光=喜歌		承德县	承德县	刘桂兰	李仕东	261489	467
12384	人民得自由		双桥区	双桥区	吴明	王士俭	261935	127
12385	求真谣		双桥区	承德市	陆岭	郑士谦	261925	2795
12386	纪念“九一八”		双桥区				261940	1371
12387	想八路		双桥区				261345	363
12388	四辈儿扛活		承德市				261949	294
12389	数字谣		双桥区				261930	779
12390	大姑娘出门		承德县	承德县	许景全	谢春生	261951	166
12391	祝福歌		双桥区	双桥区	宋顺	李兆泉	261504	356
12392	拉骆驼		双桥区	承德市	法守忠	温冰	261954	934
12393	探情郎		承德县	承德县	王占奎	谢春生	261944	251
12394	害民贼是中央军		承德县				261402	206
12395	送葬歌		承德县	承德县	王永贵	尚文禄、王学	261490	97
12396	狗腿子		承德县				261398	141
12397	白头到老歌		双桥区				261929	79
12398	护坝谣		双桥区	双桥区	孙文起	鞠成发	261318	265
12399	小耪地		承德县	承德县	牟庆君	焦丽琴	261306	458
12400	度荒生产歌谣		承德县				261309	117
12401	心在家		双桥区				261336	404
12402	盖房报丧歌		承德县	承德县	王生	丁治安	261499	96
12403	狩猎谣		承德县	承德县	丁淑芳	丁治安	261314	126
12404	队长		双桥区	双桥区	张树清	梁亚军	261460	171
12405	掏粪谣		承德县	承德县	王存贵	刘秀丽	261311	114
12406	征粮急		双桥区				261346	606
12407	小放牛		承德县	承德县	巴永芳	尚文禄	261391	594
12408	讽刺歌谣		承德县	承德县	王久苓	吴明	261471	113
12409	中央军不久要灭亡		承德县	承德县	巴永芳	尚文禄	261389	163
12410	盖房上梁喜歌		承德县	承德县	梁勤	高云清	261501	344
12411	革命十二月		承德县	承德县	郭凤祥	高云清、张玉锋	261365	143

序号	篇名	民族	流传地区	采集地	讲述者	搜集者	数据库编号	字数
12412	上学		承德县				261782	317
12413	汤二虎		双桥区	承德市	孙文起	鞠成发	261355	802
12414	大烟鬼		承德县	承德县新杖子乡	谢吉会	谢春生	261594	440
12415	十二个月		双桥区	双桥区	刘国琴	王和忠	261416	59
12416	大姑娘要陪送		承德县	承德县	牟永春	牟庆茹	261589	203
12417	翻身谣		双桥区				261413	112
12418	鸡啼计时歌		承德县				261522	60
12419	螳螂捕蝉		承德县				261917	153
12420	红轱辘车		双桥区	双桥区		杨天在	261663	2
12421	新收复区民谣三首		承德县				261427	95
12422	十八忙		承德县	承德县	张玉福	高云清	261570	245
12423	盖房歌		承德县	承德县	惠芳	高云清	261500	207
12424	割韭菜		双桥区				261562	251
12425	发地照		双桥区				261411	337
12426	猫眼定时歌		承德县				261524	123
12427	怕字谣		双桥区			郑士谦	261417	157
12428	唱戏不唱旦		承德县	承德县	张文、刘桂银	张玉锋	261671	644
12429	万事皆空		承德县	承德县	刘德宽	盖福中	261864	126
12430	大姑娘探五更		承德县	承德县	辛乃祥	姜秀霞	261565	77
12431	小日本算遭了殃	满族	双桥区	承德市财校	张玉霞	刘树平	261422	70
12432	小看戏		双桥区	承德市	傅殿仁、李乃山等	温冰	261564	82
12433	宋美龄叹五更		承德县	承德县	陈中信	尚文禄	261418	88
12434	山枣树		承德县	承德县	吴明	孙桂斌	261651	181
12435	=性无常		承德县	承德县	胡堂文	丁治安	261865	415
12436	十道黑		承德县	承德县	张玉锋	高云清	261598	521
12437	剪子谣		承德县	承德县		宋小荣	261852	237
12438	卖耗子药		双桥区				261605	408
12439	热河两层天		承德县				261436	127
12440	花椒树		承德县				261634	192
12441	厨房念喜		承德县	承德县三家乡	殷学礼	张玉锋	261495	193
12442	三姐出家		承德县	承德县	王素贞	程小静	261633	131
12443	会议迷		双桥区	录双桥区	陆永	郑士谦	261470	348
12444	懒老婆		双桥区	双桥区		杨天在	261626	97

序号	篇名	民族	流传地区	采集地	讲述者	搜集者	数据库编号	字数
12445	丢热河		承德县	承德县	白凤举	于广	261441	186
12446	五更谣		承德县	承德县	郭信	张玉峰	261619	233
12447	三大最		承德县	承德县	吴名	崔树民	261934	353
12448	思五更		承德县	承德县	刘文	王学、尚文禄	261612	741
12449	说文庙		双桥区	承德市双桥区	孙文起	鞠成发	261912	516
12450	太阳起西往东落		承德县	承德县	于桂芝	张庆廷	261723	197
12451	三块豆腐二两酒		承德县				261638	295
12452	泼尿罐儿		双桥区	双桥区			261790	154
12453	倒倒歌		承德县	承德县	张国林	焦丽琴	261887	289
12454	采红花		双桥区				261890	2
12455	十字翻		承德县	承德县	刘志玲	高云清、张玉峰	261889	222
12456	一家子		承德县	承德县	胡堂文	丁治安	261708	165
12457	小寡妇上坟		承德县	承德县	牛玉贞	隋孝章	261616	44
12458	绣裲衫		承德县	承德县	张斌	谢春生	261750	1109
12459	巧姑娘		承德县	承德县	高桂兰	于小坤	261867	52
12460	两头忙		承德县	承德县	王文贵	尚文禄、王学	261868	223
12461	穷人谣		双桥区	承德市	刘树青	刘树平	261834	1299
12462	念书		承德县				261699	226
12463	日行歌		承德县				261523	226
12464	包饺子		承德县	承德县	白玉湖	白凤举	261724	216
12465	数一数		双桥区				261843	268
12466	劝儿谣		承德县				261697	123
12467	八卦方位歌		承德县				261528	127
12468	大实话		承德县	承德县	张晓林	李树贵	261686	82
12469	罗唆五更		承德县	承德县	吴明	李井平	261556	136
12470	颠倒歌		承德县				261680	327
12471	天连水	满族	双桥区				261833	437
12472	杨二姐打猫		承德县	承德县	李凤山	纪绍兴	261676	222
12473	好甜的奶	满族	双桥区	承德财校	刘树青	刘树平	261915	477
12474	酒令		双桥区	承德铁路	吴明	王连珍	261866	110
12475	傻子求婚		鹰手营子矿区	营子	樊秀凤	王士平	261561	223
12476	二十古人名		承德县	承德县	姜凤	李井平	261739	82
12477	盼年		承德县	承德县	李秀萍	高云清	261533	195
12478	绣荷包		承德县				261737	208

序号	篇名	民族	流传地区	采集地	讲述者	搜集者	数据库编号	字数
12479	识别		双桥区	承德财校	刘永芝	李春节	261537	319
12480	十五做媳妇		承德县	承德县矴上乡	尤文喜	姜秀霞	261726	125
12481	大雨哗哗下	满族	双桥区				261831	199
12482	情歌		承德县	承德县	朱瑞	邱志	261727	1211
12483	自强歌		承德县	承德县	李景义	谢春生	261604	272
12484	盼望孙中山		承德县	承德县	段春玲	牟庆茹	261741	165
12485	老六刘		承德县	承德县	常永胜	尚文禄、邱志	261906	197
12486	跳皮筋		双桥区	师范学校	孙劭非	王冬	261842	151
12487	过日子		双桥区				261903	644
12488	找朋友		双桥区	师范学校	孙劭非	王冬	261797	117
12489	雁燕争礼		承德县				261588	559
12490	风来了雨来了	满族	双桥区				261830	163
12491	小媳妇		承德县	承德县	赵来峰	隋孝章	261575	141
12492	小豆芽		双桥区	承德师范	孙劭非	王冬	261800	205
12493	有钱我还把酒灌		鹰手营子矿区	北马圈子镇	张连才	张利春	261643	197
12494	戴上头花九月九		鹰手营子矿区	承德市营子区	刘艳洁	栾志宏	261796	711
12495	哄丈夫		承德县	承德县	张立学	胡志华	261613	554
12496	来的啥		承德县	承德县	吴明	孙桂斌	261795	85
12497	镰刀把三道弯	满族	双桥区	承德市	王信	王和忠	261832	256
12498	开会歌		双桥区	承德市	吴明	王士俭	261939	375
12499	儿童团		双桥区			邓一民	261823	175
12500	埋他倒栽葱		承德县				261352	124
12501	懒猴		承德县				261817	117
12502	送郎参军		双桥区				261347	157
12503	点油眼		承德县				261803	135
12504	织女歌		鹰手营子矿区	鹰手营子矿区	杜玉新	孙增琦	261304	252
12505	丢子儿来	满族	双桥区	承德市			261837	204
12506	创业谣		承德县	承德县	常永胜	尚文禄、邱志	261310	387
12507	解放得自由		承德县	承德县三家区	王振福	高云清	261321	224
12508	玲珑塔		鹰手营子矿区	北马圈子镇	吴振起	王秀荣	261909	124
12509	伪满洲国歌谣		双桥区			焦珵	261322	108
12510	劝人方		承德县	承德县	尚桐	尚文禄	261905	161
12511	警察狗		双桥区				261325	52
12512	关东车		双桥区				261894	259

序号	篇名	民族	流传地区	采集地	讲述者	搜集者	数据库编号	字数
12513	破交歌		双桥区			邓一民	261329	370
12514	昆虫大战		承德县	承德县	陶树银	谢春生	261910	56
12515	骗姑娘		双桥区				261330	208
12516	对花		双桥区	承德市区	傅殿仁、张克	温冰	261957	172
12517	五不谣		双桥区				261337	265
12518	吸毒害		承德县	承德县	邢大火	邢士廉	261922	118
12519	乞丐谣		承德县	承德县	陶树银	谢春生	261505	161
12520	索娘装		双桥区	承德市	孙文起	鞠成发	261916	177
12521	哄娃谣		承德县	承德县	陈自安	陈树田	261647	197
12522	好字谣		双桥区				261932	130
12523	游戏歌		承德县	承德县	刘桂银	张玉锋	261776	867
12524	画扇面		承德县	承德县	许继文	谢春生	261945	115
12525	柳树开花		承德县	新杖子乡	于景昌	任国先	261674	328
12526	尼龙裤		承德县	承德县	刘魁	杨林青	261458	209
12527	夸孩子		承德县				261658	83
12528	匿名信		双桥区				261449	180
12529	拨灯棍儿	满族	双桥区	双桥区		杨天在	261662	182
12530	四季抗战歌		承德县	承德县	李占武	李仕东	261350	313
12531	娶个媳妇爱尿床		鹰手营子矿区				261665	192
12532	干的和看的		双桥区				261446	96
12533	争热炕	满族	双桥区				261668	45
12534	倒安排		双桥区	双桥区	王信	王和忠	261625	289
12535	小姑回家	满族	双桥区	双桥区	刘国勤	刘树平	261669	182
12536	念新书		承德县				261395	253
12537	找对象		双桥区	承德财校		王舜	261709	302
12538	留下脑袋当买路钱		承德县				261356	48
12539	小儿童		承德县				261775	162
12540	小日本		承德县				261353	108
12541	十二月人名连环歌		承德县	承德县安匠乡	王奎斗	谢春生	261746	1114
12542	汤二虎		承德县				261440	1481
12543	逗儿歌		双桥区	承德市	郭成群	郭建立	261762	283
12544	告诉他		承德县				261385	1521
12545	要花棍		承德县	承德县	刘江	谢春生	261434	243
12546	九等人		承德县	承德县	王凤城	于广	261437	126

序号	篇名	民族	流传地区	采集地	讲述者	搜集者	数据库编号	字数
12547	气得鬼子哇哇叫		承德县	承德县		丁治安	261401	224
12548	禁种烟		双桥区				261412	301
12549	上矿山			白庙苏林家	苏林	庆忠、寒石	283596	396
12550	王婆骂鸡			白庙村	苏林、任玉魁	庆忠、寒石	283614	327
12551	小女婿抬水			白庙村	赵金贵	庆忠、凤贤	283618	150
12552	小寡妇上坟			白庙村	王代	志明、寒石	283631	392
12553	腌臜老婆子				程祥	土成芳	283612	245
12554	绣荷包			白庙村	段林、赵金贵	普员、寒石	283615	167
12555	王二嫂放哨			小吴营	程详	土成芳	283600	136
12556	豆芽菜				施金梅	晓章	283634	37
12557	越艰苦越唱歌					莹石	283598	881
12558	十怕			白庙村	任玉魁	寒石	283619	819
12559	二毛荣=			白庙村	赵金贵、任玉魁	庆忠、寒石	283605	423
12560	绣花鞋			白庙	王岱	志明、寒石	283623	710
12561	十爱			梁家庄村	段林	土成芳	283608	170
12562	二十不全			白庙村	赵金贵	寒石	283621	160
12563	找女婿			柳沟村	韩世春、韩庆仁等	土成芳、刘淑河	283606	885
12564	十愁			白庙村	赵金贵	莹石	283620	432
12565	两头忙			白庙	任玉魁	寒石	283622	49
12566	小老鼠				黄增荣	刘淑河	283638	369
12567	四大嫂			小吴营、白庙	杜有英、赵金贵	庆忠、寒石	283609	207
12568	军民鱼水情			小吴营	郭玉生、程祥	土成芳	283589	422
12569	花轱辘车套白马				施金梅	晓章	283633	509
12570	想情郎			大段地	张有清	寒石	283604	253
12571	十杯茶			小吴营村	程祥	土成芳	283597	498
12572	十对花				赵玉珍	杨志明	283617	1575
12573	泥圪蛋儿歌				施金梅	晓章	283640	213
12574	讨饭谣			白庙村	王岱	志明、寒石	283629	647
12575	小白兔				黄增荣	刘淑河	283636	473
12576	讨饭谣					晓章	283630	2729
12577	十棵树开花			梁家庄村	段林	土成芳	283646	391
12578	实话夹瞎话			白庙村	赵金贵	志明、寒石	283649	447
12579	查路条歌			小吴营	郭玉生、程祥	土成芳	283593	357

序号	篇名	民族	流传地区	采集地	讲述者	搜集者	数据库编号	字数
12580	斗嘴			白庙	赵金贵	凤贤	283652	187
12581	二相公拉马			柳沟村	韩世春、牛义等	土成芳、刘淑河	283625	272
12582	胡说话			白庙王大魁家	王大魁	志明、寒石	283647	198
12583	玩石子歌			小吴营村	段秀琴、张国品	土成芳	283639	1499
12584	十二月表古人			柳沟村	韩世春、韩庆仁等	土成芳、刘淑河	283645	440
12585	盼丈夫				韩世春、韩庆仁等	土成芳、刘淑河	283607	234
12586	民间串话			庞家堡		景华、黄丹等	283651	1178
12587	喜歌			小吴营、白庙	任玉魁、赵金贵等	普员、庆忠等	283601	269
12588	洞咕隆洞			白庙村	王大魁	志明、寒石	283650	1532
12589	小白鸡				黄增荣	刘淑河	283637	205
12590	你没经过这事情			白庙王大魁家	王大魁	志明、寒石	283648	1619
12591	绕口令			白庙村	李世义、王大魁等	志明、寒石	283644	1786
12592	催眠谣				施金梅	晓章	283642	1610
12593	劝人歌				张和	温夫	283627	1262
12594	老俩口争炕头			白庙	赵金贵	庆忠、寒石	283624	955
12595	想亲人			小吴营	程祥	土成芳	283592	735
12596	矮大嫂			白庙村	赵金贵	庆忠、志明等	283610	289
12597	烟筒烟				施金梅	晓章	283641	440
12598	头字谣			白庙村	王大魁	庆忠、凤贤	283616	885
12599	小河流水哗啦啦				王启	爱牛	283632	154
12600	龙烟铁矿工人歌谣十五首			庞家堡矿	张中兴	张占元、叶正秋等	283588	362
12601	钉缸			白庙村	苏林、任玉魁	庆忠、凤贤	283628	232
12602	耍钱汉			白庙村和小吴营村	程祥、赵金贵	庆忠、普员等	283613	886
12603	十想			大段地	张有清	寒石	283603	352
12604	打赵川			白庙村	任玉魁、赵金贵	寒石	283595	285
12605	抽洋烟			柳沟村	韩世春	土成芳	283626	470
12606	调军			小吴营村	郭玉生	土成芳	283590	239
12607	五更里			大段地	王永昌	志明	283602	423
12608	馋老婆			白庙	王岱	志明、寒石	283611	1226

序号	篇名	民族	流传地区	采集地	讲述者	搜集者	数据库编号	字数
12609	救国杀敌美名扬				郭玉生	谢宝刚、土成芳	283591	1187
12610	了了歌				张国斌、赵金贵	爱牛、普员	283643	985
12611	小板凳				黄增荣	刘淑河	283635	419
12612	站岗				张国斌	爱牛	283594	728
12613	什么样政府好			小吴营	程祥	土成芳	283599	630
12614	开会歌			涞源县中庄村	马德	张玺	286406	208
12615	红灯照			易县东沈村	赵树荃	赵剑华	286321	133
12616	车把式歌			易县西娄山村	姚文玲	郭淑萍	286426	72
12617	绣针扎				谢香瑞	张勉	286600	187
12618	小五更			唐县	李三秀	和福占	286397	614
12619	卖扁食			涞源县甲村乡曲村	付玉平	袁士朝	286591	1115
12620	走后门			易县人民礼堂	五国才	张海丰	286433	87
12621	义和团				李英贤	梁国民	286319	435
12622	送情郎				赵云佩	张勉	286463	453
12623	隋炀帝无道变耕牛			大赤土村	郭良弼	张克同	286309	568
12624	烧术歌				李宗尔	宋琛溟	286452	872
12625	三月大串调				车宝鼎	尹娱	286308	376
12626	四姐与四辈			罗古台村	刘占存	耿德京	286470	362
12627	合香喜歌			安新县圈头乡圈头村	郝思永	张满乐	286448	220
12628	再嫁				王福花、王德门	刘阜	286580	213
12629	狠心的娘爹聘了我			新城县杜村	范素花	陈学文、陈文华	286535	327
12630	寡妇上坟			涞源县乌沟村	张相山	张玺	286575	807
12631	衙门口儿			望都县文联		张德恩	286323	377
12632	挑菜				张伟	张玺	286509	170
12633	小白菜			满城抱阳山	张书梅	张杰	286567	394
12634	后娘			唐县张显口村	张荣霹	张德恩	286570	830
12635	喜歌			新城县杜村	范素花	陈文华、陈学文	286441	164
12636	拉骆驼				马洁清	张玺	286488	285
12637	打日本			定州留春		孙计同	286330	2680
12638	挨打受气为哥哥			涞源县鲍家路村	韩风金	张玺	286478	517
12639	新年到			山后村	贾永芬	王义凤	286512	265
12640	小拜年				张润、齐明	刘阜	286516	107
12641	满天星星十二行			曲阳县羊平乡北故张村		张新明	286551	483
12642	十大想			安新县马庄乡	马福安	刘素芬	286474	472

序号	篇名	民族	流传地区	采集地	讲述者	搜集者	数据库编号	字数
12643	寡妇愁			完县城关镇北关	张清	张琪	286573	182
12644	妈妈你好糊涂			涞源县走马驿乡高家台村	高品	袁士朝	286533	537
12645	忍字歌六首			安新县三台乡高公堤村	高俊卿	高国定	286609	713
12646	打婆婆			合渔乡柏山村	张玉娟	张建华	286539	408
12647	四吃香			易县紫荆关	姚金山	翟杰	286427	160
12648	光棍难			涞源县城关镇沿村	苏维成	张玺	286525	710
12649	打保运船			安新县李庄子	李永鸿	李永鸿	286391	218
12650	住娘家			易县枣格氏村	路增田	路骞	286553	296
12651	儿童团歌			唐县县委家属院	吴英魁	邵志贤	286387	955
12652	豆角儿			唐县张显口村	张小桥	张德恩	286548	215
12653	绿缨枪				葛淑凯		286386	356
12654	回回二字经				孙国华	曾权	286611	737
12655	摘樱桃			涞源县郭家峪村	杨世林	张玺	286489	188
12656	忌鸦片			安新县南合村	安锁柱	杜增启	286608	540
12657	摘豆角			东明义	尚克明	刘阜	286383	343
12658	十月花			曲阳城内家里	李淑芳	陈欣	286598	183
12659	放哨歌			涞源县王安镇供销社	周玉健		286381	706
12660	识字歌			涞源县	张秀连	吴杰	286410	254
12661	缝衣歌			河东村	孙莲	易燕	286367	427
12662	劝孝歌七首			安县三台乡高公堤村	高俊卿	高国定	286607	2438
12663	军民合作歌			河东村	赵文	延辰龙	286357	845
12664	对花名			望都县南合营村	孙树槐	周福志	286594	200
12665	一间破草房				张荣联	史冰	286344	355
12666	剪纸花			阜平县法华村	张竹波	张勉	286599	265
12667	找戒指儿			曲阳南善马	宋进财	宋晨明	286486	399
12668	雁翎队			高阳县城		贾建华	286393	233
12669	求雨谣			东王庄	马得路	王悦申	286450	1057
12670	送郎送到清河岸					许来渠	286375	452
12671	走西口				马德青	张玺	286467	158
12672	修荣臻渠号子			曲阳西羊平	甄彦平	张连声	286305	233
12673	拔葱			曲阳寺南庄	李三子	张连生、阎清州	286485	728
12674	五更鼓			安新县漾堤口村	刘夫海	赵艳玲	286370	176
12675	小三姐采桑叶			保定西郊地区		白雪	286481	732

序号	篇名	民族	流传地区	采集地	讲述者	搜集者	数据库编号	字数
12676	缝衣歌			定州市	华敏	华明琪	286369	316
12677	打连城				张书文	张德	286484	339
12678	铺炕喜歌			安新县安州乡	赵书田	王侠	286449	150
12679	卖画谣			北城村	王永	王焕山	286590	367
12680	义和团			易县东沈村	何泉亭	赵剑华	286320	535
12681	穷人		高阳	高阳县		贺宗善	286517	173
12682	十道黑				车宝鼎	尹娱	286307	143
12683	年龄是个宝					冀鹏	286418	172
12684	六想			望都县郭村	宁惠娟	胡三省	286363	1035
12685	卖画			高阳县旧城镇、城关镇、西演镇等地		程一民	286589	375
12686	十二大改良			涞源县乌龙沟村	张玉梅、张爱花等	张玺、袁士朝	286316	375
12687	妇女翻身歌			东明义	刘鲜亭	刘阜	286414	200
12688	八路好八路强				王玉连	康宪	286342	428
12689	雁翎战					刘玉凯	286398	229
12690	红灯照			高阳县邢南乡		贾建华	286322	380
12691	寡妇上坟			满城县抱阳村	张书梅	张杰	286576	282
12692	贺盖新房			涞源县沿村	苏维成	张玺	286446	253
12693	上夜校				边宗义	张勉	286416	335
12694	十二个丈夫郎			安新县高公堤村	高俊卿	高国定	286306	454
12695	四个碟子儿				杨进莲	顾金兰	286519	694
12696	四季歌				吴英魁	邵志贤	286389	285
12697	十大想				赵秋香	王铁成	286473	167
12698	十层兵			蓬头村	马宪云	延辰龙	286311	292
12699	摘棉花			涞水县聂村	李景婷	李美华	286491	634
12700	小白菜			涞源县丰乐村	马瑞兰	曹国伟	286566	287
12701	玉美情人			曲阳	彭树珍	赵印堂	286492	188
12702	骂汉奸			涞源县青年团办公室	刘东太	张玺	286327	151
12703	小两口争灯			玉斗村	刘贵彩	刘秀凤	286495	752
12704	拔兵歌			涞源县郭家峪村	刘文来	张玺	286317	299
12705	轧花难卖鱼苦			高阳县城关镇		田法宗	286501	139
12706	献花						286335	183
12707	山民乐					同庆祥	286518	344

序号	篇名	民族	流传地区	采集地	讲述者	搜集者	数据库编号	字数
12708	朱德将军顶呱呱			安新县端村东堤村	朱德顺	栗小宁	286336	489
12709	小女婿				赵宝山	张勋	286534	887
12710	日本鬼子太猖狂			涞源县	张侃	辛卫星	286347	877
12711	石榴树			唐县张显口村	张小桥	张德思	286542	149
12712	大西瓜				张思钵	顾金兰	286400	620
12713	嫁错了			易县桥政	高春兰	路骞	286546	736
12714	开荒谣			河东村	赵莲	延辰龙	286352	191
12715	祭夫			易县紫荆关枣格庄	张秀春	路骞	286552	848
12716	卖麻花			涞源县城关镇沿村	苏维成	张玺、袁士朝	286588	387
12717	回娘家			定州	华敏	华明琪	286557	994
12718	支前谣			涞源县	张秀连	吴杰	286354	325
12719	拴娃娃			涿州三城村	郭继先	杜成娴	286559	398
12720	干部					张德恩	286425	272
12721	怀胎			涞源县大台义村	刘江	张玺	286562	174
12722	十大想				张永德、王庆云	李又可、李恒	286362	260
12723	邋遢老婆				张贺明	杜成娴	286563	382
12724	十月怀胎				张书文	张德	286561	288
12725	打灯虎儿				顾燕云	顾金兰	286603	215
12726	送郎打日本			曲阳县孟王化村	甄彦平	张连生	286371	183
12727	新十二月			涞源县城	赵祥	张玺	286613	254
12728	光棍哭妻			板城	孟祥印	刘阜	286524	318
12729	荣臻渠			曲阳县人大	高熊	宋琛冥、王铁成	286364	553
12730	五劝			安新县马庄乡膳马庙村	马福安	刘素芬	286378	599
12731	便衣队			定州市	华敏	华明琪	286341	227
12732	嘉靖六年大水淹			定兴县景安村	周茂水	杜成娴、史建平	286310	934
12733	大年初一去要饭				赵夙和	顾金兰	286511	96
12734	哥俩参军				刘树檀	李又可	286379	181
12735	纺棉花歌				米志坡、刘小俊	庞二片	286506	365
12736	新年愁			高阳旧城	程一民		286515	2808
12737	五哥放羊			涞源县杨家庄乡杨家庄村	付玉喜	表士朝	286471	202
12738	站岗歌			望都庄里乡	王金顺	胡三省、吴振东	286384	669
12739	念丧歌			涞源县城关镇沿村	苏维成	张玺	286453	360
12740	小光棍做梦			涞源县城关镇村	丁拴马	张玺、袁士朝	286526	185

序号	篇名	民族	流传地区	采集地	讲述者	搜集者	数据库编号	字数
12741	打洋鬼子			曲阳县城东	田素云	宋琛溟	286318	229
12742	站岗歌			满城抱阳村	张书梅	张杰	286385	217
12743	织布谣			曲阳县管头庄	彭秀茹	翟爱文	286504	798
12744	就怕八路打伏击			定州市	华敏	华明琪	286329	703
12745	十想歌			镇厂	田桂云	陈志娥、罗佳书	286475	693
12746	婚姻自主歌				齐淑英	张春荣	286411	1089
12747	花子歌			易县韩家庄	王岐	王会林	286503	304
12748	谁要富了怕削尖			易县政协办公室	刘兴芳	赵剑华	286431	151
12749	穷人			满城县孔村	杜金玲	徐丽英	286497	140
12750	劝妇女				霍文亮	薛同喜	286413	629
12751	又怕乡亲闲话多					王建中	286493	278
12752	卖钢针儿			阜平城关	吴钢	薛同善	286586	618
12753	泥瓦匠			安新县南冯村		张文波	286496	1278
12754	队长			徐水县迁民庄村	王淑荣	王建中	286417	234
12755	山头上开花山头上白			涞源县	贾成普	贾利	286346	730
12756	小过年			涞源县	火占花	贾利	286388	517
12757	二十四节歌			涞源县大芦沟村	孙桐	张玺	286521	199
12758	下乡谣			易县政协办公室	刘兴芳	赵剑华	286429	285
12759	光棍苦			紫石口村	晋合利	陈志娥	286523	283
12760	寡妇出阁			涿州三城	李和	王斌、杜成娴	286581	263
12761	小枣树					李毅	286537	365
12762	贺喜歌			涞源县城关镇沿村	苏维成	张玺	286443	1363
12763	王寡妇观灯				马凤山	曹文远	286579	606
12764	车			易县招待所	昕辛	杜成娴	286424	792
12765	里溜儿里			唐县张显口村	薛素岭	张德恩	286550	473
12766	求雨歌			庄里	李万山	刘阜	286451	182
12767	扯布头			高阳县东亍	齐玉峰	张振山、齐玉峰	286585	559
12768	做棉衣				张思钵	顾金兰	286368	191
12769	妓女告状				何碧堂	赵丽芬	286582	180
12770	悲灯记			东文明村	许琨	刘阜	286455	285
12771	小媳妇			保定市	李桂英	白小英	286545	181
12772	十女夸夫			涞水县北秋兰村	孔庆福	许桂凤、杜成娴	286584	688
12773	街坊歌			安新县三台乡高公堤村	高俊卿	高国定	286610	132
12774	求雨歌			庄里	李万山	刘阜	286456	220

序号	篇名	民族	流传地区	采集地	讲述者	搜集者	数据库编号	字数
12775	妇女参战			安新县膳马庙村	马福安	刘素芬	286345	147
12776	子弟兵呀吕将军					许来渠	286337	533
12777	减租减息歌			徐水南关	贾新艳	李器之	286359	189
12778	妹给哥擦汗				王锁	王兴义	286482	344
12779	群众的力量大如山			涞源县	张士魁	李桂云	286356	210
12780	挖地道			东明义	许昆	刘阜	286351	190
12781	救中国			庄里村	宋恩俭	田振军	286348	152
12782	十二个月里唱情说古人			东团堡公社侯家沟村	陈风山	张玺	286487	183
12783	走西口			涞源县大台峨村	孙玺	张玺	286466	344
12784	妇女们纺织忙			安新县马庄乡膳马庙村	马福安	刘素芬	286365	417
12785	龙多不下雨			易县东沈村	赵树荃	赵剑华	286438	282
12786	好过的年难过的春					余光	286502	530
12787	派性			易县政协办公室	刘兴芳	赵剑华	286430	509
12788	有的人			涿师	李金成	路骞	286421	234
12789	工人笑					向民	286419	241
12790	新九九歌					张拱臣	286520	187
12791	八路军绿衣服			唐县	张荣联	史冰	286404	383
12792	互助歌			峨峪村	郑玉魁	张庆云	286358	279
12793	十七团			曲阳南养马	杨青	宋琛溟	286395	1029
12794	光棍难			曲阳灵山村	庞老三	庞二片	286522	145
12795	洋鬼子占灵山			曲阳灵山村	冯连生、刘振斗	庞二片	286394	811
12796	手榴弹真是沾			唐县	张荣联	史冰	286401	223
12797	高高天上满天星			河东村	赵莲	延辰龙	286382	225
12798	嘱咐			曲阳	阎洁影	赵印堂	286527	169
12799	送郎参军			易县康家庄	吴海全	田玉录	286380	459
12800	摘椒					杨小舟、张玺	286508	513
12801	好八路						286339	398
12802	乡下老太太嘱咐姑娘			定兴县景安村	周茂水	杜成娴、史建平	286529	389
12803	喜歌			定州	赵同喜	杜成娴、戚进才	286440	686
12804	拜年歌			易县杨各庄村	许举成	康宪、路骞	286615	237
12805	妇女翻身			徐南卯庄	敬培英、敬培杰		286409	294
12806	女儿孝				谢香瑞	张勉	286530	236
12807	从前的妇女真是苦			安新县小漾堤口村	刘夫海	赵艳苓	286408	203
12808	小寡妇愁				刘桂芝	张勉	286572	521

序号	篇名	民族	流传地区	采集地	讲述者	搜集者	数据库编号	字数
12809	丫头，丫头你快长			涞源县城	辛一天	李桂云	286331	124
12810	狠心的爹娘卖了我			城关镇南街	郑老铁	石兰馥	286538	350
12811	什么年代靠什么			涞源县文化馆	何景明	张玺	286439	896
12812	打秋千			北孝木村	田美容	张连生	286602	348
12813	拜盟兄弟喜歌			东王庄	马德路	王悦申	286444	1143
12814	把我女儿错嫁了			伍郎村	刘文彬	刘文彬	286540	303
12815	翻身解放小唱				齐淑英	张春荣	286412	787
12816	打涞水			北白堡	孙友全	刘阜	286392	126
12817	车			于易县招待所	昕辛	杜成娴	286420	793
12818	石头蛋儿						286543	830
12819	年喜歌			徐水迁民庄	杜金亭	王建中	286445	871
12820	哭五更						286571	536
12821	冻冰			定州	谢香瑞	张勉	286458	173
12822	嫂子你别嫌			徐水城关	王义芹	田义三	286558	405
12823	民国乱				李成	康宪	286324	1152
12824	什么饭食做什么活			定州城内		田玉琪	286499	253
12825	妇女解放歌					胡三省	286407	205
12826	怀胎十个月			涞源县甲村乡曲村	杨城	袁士朝	286560	753
12827	五更调			黄峪铺	胡震祥	隗功玉	286457	474
12828	姑娘恋爱条件多			涞源县		罗玉琴	286432	1286
12829	开荣臻渠号子			曲阳曹家全	刘梅果、刘芬平	张连生	286304	1234
12830	小白菜			涞源大道沟村	张连	康宪	286565	4206
12831	昨夜里呀月朦胧					许来渠	286399	197
12832	红小豆			易县大龙华村	于宗学	王风芝	286436	610
12833	夯歌			安新县西马庄村	马大龙	马光启	286300	215
12834	继母打孩子						286568	344
12835	白洋淀呀水儿清					许来渠	286374	241
12836	探情郎			涞源县杨庄乡杨家庄村	贾玉文	袁士朝	286461	275
12837	中央军真可恶			河东村	赵文	延辰龙	286334	189
12838	小寡妇的话			徐水城内	杜金亭	王建中	286577	572
12839	去当兵						286353	364
12840	送情郎			涞源县	火占花	贾利	286462	484
12841	小白菜						286564	369
12842	小寡妇上坟			曲阳寺南庄村	路文素	张连生	286578	462

序号	篇名	民族	流传地区	采集地	讲述者	搜集者	数据库编号	字数
12843	五杯茶			庄里村	张永富	田振军	286361	480
12844	探亲郎			阜平县苍山村	赵瑞	赵银利	286460	410
12845	选举歌					柳茂	286355	287
12846	劝酒歌二首						286604	476
12847	八路军真艰苦			定州	华敏	华明琪	286340	319
12848	骂康正生			阜平城厢	马德清	张勉	286326	695
12849	说婆家			涿师	刘立功	郑宏玲	286544	262
12850	劝娼歌四首			三台乡高公堤村	高俊卿	高国定	286606	192
12851	回娘家			易县紫荆关枣格庄	杜明铃	路骞	286554	173
12852	黄瓜园里放白马			曲阳县孝墓乡孙家庄村	陈致云	陈军良	286549	320
12853	嫁女哭					王勇	286536	188
12854	闹元宵				谢文义	彭学英	286601	464
12855	狼牙山五壮士歌			易县中北奇	马德山	张良	286338	471
12856	石榴花			南故张村		刘三奇	286547	284
12857	酸枣树			其中口村	邢玉校	王淑贤	286556	1043
12858	吴小鬼儿			涿州城内	赵以熙	杜成娴	286314	429
12859	易水洼			易县东沈村	赵永	赵剑华	286435	242
12860	二十四节			涞源县甲村乡甲村	门义	袁士朝	286532	171
12861	卖扁食				何芹荣	赵丽芬	286592	1150
12862	绣荷包				驳颖	曹文元	286490	267
12863	卖冰水			北城村	陈森	王焕山	286587	1002
12864	出得西门是老团=			涿州市	路遥	杜成娴	286315	220
12865	说十			满城抱阳村	张书梅	张杰	286595	1718
12866	妯娌多了要忍让			北龙门村	赵永全	赵迪杰	286531	248
12867	石榴花			曲阳县小盖都村	葛雪涛	葛保栓	286569	359
12868	送情郎				赵清冰	顾金兰	286464	192
12869	四季歌				陈玉宝、樊春立	陈识路	286372	175
12870	丫头丫头你快长			涿县挟河村	赵以益	杜成娴	286332	820
12871	做衣裳				梁秀真	张卫	286366	431
12872	住娘家				杨进莲	顾金兰	286555	144
12873	队长打钟			易县东沈村	赵永	赵剑华	286434	347
12874	四季歌			黄峪铺村	董艳玉	隗功玉	286459	207
12875	节省歌			定县村	华敏	华明琪	286612	251
12876	政策好				张连		286614	2749

序号	篇名	民族	流传地区	采集地	讲述者	搜集者	数据库编号	字数
12877	花椒树					战歌	286541	205
12878	报花名				赵有子	张永生、薛同善	286597	228
12879	劝赌歌二首			高公堤	高俊卿	高国定	286605	300
12880	抬头望青天					奉山	286343	229
12881	鸡多不下蛋			西市		翟杰	286428	428
12882	深山卖菜郎				张连	康宪	286593	288
12883	大锅饭			唐县张显口学校	张连生	张德恩	286423	246
12884	小寡妇上坟			涞源大道沟村	张连	康宪	286574	245
12885	五等人			徐水县迁民庄村	王运增	王建中	286422	222
12886	衣食住			高阳县城	程一民	田法宗	286510	247
12887	酒杯一端			涞源县		罗玉琴	286437	236
12888	长工谣			易县东沈村	赵树荃	赵剑华	286500	298
12889	八路上了山			高阳县		贺宗善	286405	926
12890	十八郎			涞水县北秋兰村	孔庆福	许桂凤、杜成娴	286583	1063
12891	月亮地			河东村	赵文	延辰龙	286403	586
12892	拉船号子			安新县小李庄子	李永鸿	杜增启	286303	205
12893	开朵大红花			易县东沈村	赵永桂	赵剑华	286333	516
12894	砸夯歌			安新县小圈头村	郝国思	张满乐	286299	308
12895	行军歌			北龙门村	张庆贵	赵迪杰	286402	485
12896	对花			曲阳南养马	杨青索	李雪兆	286596	170
12897	不平谣			易县东沈村	赵树荃	赵建华	286312	327
12898	盖房夯歌				王锁	王兴义	286302	190
12899	埋地雷			河北省荣军学校	王自强	杜成娴	286390	267
12900	夯歌			易县张各庄村	羌吉庆	路千	286301	385
12901	新年来到			山后村	贾永芬	王义凤	286514	481
12902	齐王太太劝姑娘				路文素	阎青舟、张连声	286528	188
12903	五哥放羊			曲阳孟家庄	张生坤	张连生	286472	263
12904	探妹十二月			安国南乡沙头村	新三更	张志仁	286483	361
12905	小孩儿你别馋			定州		宋永海	286513	513
12906	送郎送到清河堤					许来渠	286376	581
12907	送郎歌			河东村	孙莲	延辰龙	286465	197
12908	讨饭			东明义村	冀春新	刘阜	286350	757
12909	上梁喜歌			安新县圈头乡	陈群会	张满乐	286447	837
12910	日本鬼子太野蛮			河东村	赵文	延辰龙	286349	507

序号	篇名	民族	流传地区	采集地	讲述者	搜集者	数据库编号	字数
12911	不如起来和他干			定州留春		孙计同	286328	540
12912	七杯茶				刘树檀	李又可	286360	2678
12913	十大将就			易县康家庄	吴海全	田玉录	286476	189
12914	喜歌			东王庄	马德路	王悦道	286442	188
12915	抽洋烟			涞源县鲍家路村	韩风金	张玺	286313	358
12916	离婚				王玉谦	张勉	286415	741
12917	大汉奸汪精卫			定州市	华敏	华明琪	286325	821
12918	炸得鬼子伸了腿				赵英	小坤	286396	255
12919	文明棍大提包			曲阳北水豆涧村	苏老烈	张连生	286479	1278
12920	号房				张锡平	范法柱	286377	152
12921	种棉穿衣曲			张显口村	苏花	张双富	286507	419
12922	就是淹死也甘心			黄峪铺	胡震祥	隗功玉	286494	498
12923	泥瓦匠			北城村	王田	王焕山	286498	356
12924	送郎参军歌			唐县教育委员会家属院	王新荣	邵志贤	286373	184
12925	织蒲席			雄县城里	张喜辉	李又可	286505	224
12926	二十四表			曲阳北水豆涧村	苏志烈	张连声	286480	234
12927	四辈扛长工			阜平县苍山村	张宗芹	赵银利	286469	319
12928	四辈上工			涞源县柳井村	赵莲	张依民	286468	634
12929	悼灵			涞水东文明村	任文泉	刘阜	286454	917
12930	十大将就			安新县小漾堤口村	刘夫海	赵艳玲	286477	167
12931	哭娘歌		木刀沟北岸一带	北齐同王胖女家中	王胖女	雁鹰	287625	2636
12932	小老鼠告状		新乐县沙河两岸	木村米夫兰家院内	米夫兰	张彦哲	287628	456
12933	报花名		新乐县中部农村	长寿镇	刘秀娥	雁鹰	287626	1123
12934	绣花灯		新乐县广大农村	长寿镇家中	刘秀娥	雁鹰	287627	239
12935	小小子坐门墩儿			迁西县泉庄村	李保		290174	246
12936	剃头谣			迁西县石梯子村	马奎		290165	104
12937	三字歌			宽城县椴木峪村	马淑芹		290172	218
12938	花长虫			迁西县泉庄村	李保		290175	196
12939	小二姐儿			迁西县三屯镇	刘翠兰		290170	226
12940	公孙瓒取幽州					郭景斌	290155	110
12941	娶了媳妇忘了娘					郭景斌	290169	167
12942	修铁道			迁西县铁门关村	杨富满		290158	156
12943	拍手谣			迁西县尹庄村	宋桂燕		290183	233
12944	摘豆角					郭景斌	290171	376

序号	篇名	民族	流传地区	采集地	讲述者	搜集者	数据库编号	字数
12945	花姐姐					郭景斌	290167	96
12946	少保治军					郭景斌	290156	157
12947	贺新年			于迁西县黄槐峪乡青山口村	张善文		290187	551
12948	上学歌			迁西县乡石梯子村	马奎		290178	294
12949	回娘家					郭景斌	290166	154
12950	十秃子谣			迁西县尹庄村	宋桂燕		290180	183
12951	小烟袋			迁西县胡家店村	田秀春		290181	132
12952	馋老婆			迁西县亮甲峪村	李秀连		290161	197
12953	菊菊花			迁西县泉庄村	李保		290177	137
12954	当兵好			迁西县台头村	杨凤莲		290157	199
12955	婚仪歌			迁西县乡石梯子村	马奎		290190	148
12956	分兵歌			迁西县三屯旅馆	尹玉强		290185	212
12957	龟口谣			迁安县擂鼓台村	尹彩霞		290189	483
12958	十麻子谣			迁西县罗屯镇	姜玉祥		290179	366
12959	苲草开花			于迁西县台头村	杨凤莲		290188	144
12960	锔大缸			迁西县泉庄村	李保		290176	171
12961	过年歌			迁西县东花院村	李晓娟		290159	175
12962	小板凳			迁西县泉庄村	李保		290173	307
12963	懒妇谣			迁西县石梯子村	马淑芹		290160	331
12964	哄婴谣			迁西县尹庄村	任桂芳		290163	416
12965	放牛的			迁西县泉庄村	李保		290164	119
12966	猫来了					郭景斌	290168	340
12967	洋车子			迁西县尹庄村	宋桂燕		290182	247
12968	小花狗			迁西县西岗村	李端辰		290162	139
12969	踢毽子歌			宽城县椴木峪村	赵春凤		290184	464
12970	数王冈					郭景斌	290186	207
12971	情歌			迁西县石梯子村	马奎		290191	144
12972	五大劝				范进良	范振兴	301034	1170
12973	打倒小日本儿				李玉章		300958	136
12974	登蓬莱阁			北京	张树宣	宋益三	301009	1291
12975	抗捐歌						300952	284
12976	二十四节耕种歌				张连春		300949	594
12977	箍红头						300955	79

序号	篇名	民族	流传地区	采集地	讲述者	搜集者	数据库编号	字数
12978	人与人						300977	153
12979	抗捐大请愿				李国铎	郭凤台	300953	113
12980	双怕婆				范书成	郭凤台	300993	128
12981	妇女小调				葛士良	泉水	300965	730
12982	钻龙门				孙丽雅	孙鸣忠	301026	172
12983	减						300968	225
12984	地方民谣五首				秦焕泽	郭凤台	301006	270
12985	当兵献马				刘冀中		300995	304
12986	红葫芦				高芳淑	宋益三	301001	91
12987	五更曲				李德华	王君	300971	69
12988	傅花簾						301014	939
12989	搞对象标准						301005	149
12990	反对曲线救国论				葛士良	泉水	300967	365
12991	五八年大跃进						300973	108
12992	交通战歌				葛士良	泉水	300960	375
12993	商林四大名胜						301008	301
12994	国共合作歌				葛士良	泉水	300966	107
12995	四不得罪				李炳营	郭凤台	300978	197
12996	太原失守				李德华	王君	301007	161
12997	大母歌				郭秀云		301024	134
12998	两口子打架不记仇				刘宝芝		300996	850
12999	探情郎				范书成、彭秀瑞	韩桂云	300989	229
13000	民兵之歌				葛士良	泉水	300961	129
13001	上山打老虎						301023	62
13002	义和团歌						300954	496
13003	送情郎				宋文正	宋益三	300990	598
13004	选举歌				葛士良	泉水	300963	164
13005	保卫麦收				宋建荣	付继英	300972	215
13006	把法西斯扔到大海里去				葛士良	泉水	300962	110
13007	放足歌				刘艺		300992	60
13008	望夫还				李玉章		300986	198
13009	民谣三首				刘宝芝	郭凤台	300997	637
13010	喜歌			臧桥	宋香田、谭桂芳等	宋益三、郭凤台	300981	324

序号	篇名	民族	流传地区	采集地	讲述者	搜集者	数据库编号	字数
13011	四十八村苦情谣				刘锡如		300994	186
13012	跳皮筋						301022	130
13013	小白菜						301012	344
13014	小老鼠				刘庆兰	郭凤台	301030	118
13015	一心要打小日本儿				宋锡铭		301000	176
13016	麻野鹊						301010	242
13017	这朵花儿真好看		冀中一带				301003	262
13018	蘑菇丁						301015	587
13019	长寿秘方						301002	124
13020	打竹板				宋香田	宋益三	300984	174
13021	妈妈娘你好糊涂				郭秀云	宋益三	300999	201
13022	小小子儿						301013	1198
13023	小条帚				刘树强	秦焕泽	301011	324
13024	小蜘蛛						301021	196
13025	绣花灯		河化一带		范书成、彭秀瑞		300987	412
13026	小枣树						301017	211
13027	女十大想				宋文正		300985	318
13028	卖锁						301016	435
13029	两头忙				郭桂年	郭凤台	300950	134
13030	抓子歌				范金艳、范金绣等		301032	173
13031	手里拿木瓢						300970	95
13032	颂百团大战				葛士良	泉水	300964	150
13033	军阀混战				李玉章		300969	210
13034	过新年				宋香田	宋益三	301025	488
13035	翻身歌				谭桂芳	郭凤台	300957	88
13036	挖河				杨景章	郭凤台	300975	125
13037	年轻的三纵队				葛士良	泉水	300959	255
13038	高粱叶						301027	140
13039	公共食堂				杨景章	郭凤台	300974	184
13040	一窝黑						301018	60
13041	开火车						301020	142
13042	老天爷				王玉田	王恒	301028	121
13043	十等人				李炳营、冯书考		300979	96

序号	篇名	民族	流传地区	采集地	讲述者	搜集者	数据库编号	字数
13044	探清水河		河北		潭桂寿	郭凤台	300988	2350
13045	男女实行搞对象				李清希	郭凤台	301004	180
13046	小小叶儿哗啦啦				葛士良	祁永泉	301031	619
13047	劝人方					范金昌	301033	350
13048	九九歌				张连春		300991	565
13049	哀歌			臧桥	谭梓芳	郭凤台	300983	147
13050	呱哒板				范书成		301029	119
13051	吊唁歌				谭桂芳	郭凤台	300982	179
13052	参加游击打日本				谭桂芳	郭凤台	300980	177
13053	棠梨树						301019	145
13054	新媳妇						300998	477
13055	干部与社员				崔可艺	郭凤台	300976	327
13056	耕者有其田				王君	宋益三	300956	1240
13057	打麦				宋建荣	付继英	300951	376
13058	打花鼓				史长恩	赵学勇	301305	26
13059	拉起小胡琴				李化堂	徐秀艳	301297	276
13060	抠惜鬼雇活				何万义	赵学勇	301310	200
13061	八路十二团					赵学勇	301290	165
13062	小日本去出发				张国瑞	张恩浩	301286	143
13063	看秧歌				果浩增		301288	236
13064	送郎				姜玉华	徐秀艳	301292	391
13065	复仇团歌				潘作义、潘贺高		301283	108
13066	拉大锯				杨广兰		301328	116
13067	还乡河水哗啦啦地流响动				凌瑞先	王化从、王素君	301281	29
13068	娶了媳妇忘了娘				张玉琴		301330	112
13069	绣兜兜				侯占祥	赵学勇	301316	210
13070	数九歌					郑文清	301333	143
13071	小日本心不公				殷翠	张恩浩	301285	359
13072	苏武留胡节不辱				凌瑞先		301317	263
13073	大年初一头一天				王宝泉		301302	101
13074	联合政府				王玉岗、张国乔	赵学勇	301289	271
13075	十个月					赵学勇	301309	255
13076	唐僧取经				史长恩	赵学勇	301313	215
13077	大嫂卖饺子				姜玉华、吴善庆	徐秀艳、孙淑萍	301326	565

序号	篇名	民族	流传地区	采集地	讲述者	搜集者	数据库编号	字数
13078	八路好					赵学勇	301291	100
13079	风						301321	113
13080	探郎君				史长恩	赵学勇	301312	221
13081	锄奸歌				张国才	刘兴权	301324	90
13082	打游千				史长恩	赵学勇	301307	289
13083	霸王鞭						301323	26
13084	老打游千				侯占祥	赵学勇	301306	295
13085	咏春				凌瑞先		301320	227
13086	心闲无事上城西				王宝泉		301303	263
13087	小雨哗哗下					谢莲霞	301325	209
13088	月儿高高楼上楼				果浩增、潘广林		301295	577
13089	闲来无事上南壕				王宝泉		301304	496
13090	人老猫腰把头低					刘兴权	301332	285
13091	光棍哭妻				张成兰		301329	730
13092	大嫂子要参军				吴善庆	孙淑萍、刘晓丽	301327	333
13093	夸嫂嫂				何士伦	张恩浩	301301	198
13094	什么花开					赵学勇	301296	61
13095	送情郎				李守业	徐秀艳	301293	286
13096	走西口				姜玉华	徐秀艳	301294	102
13097	妇女争自由					赵学勇	301299	229
13098	锔大缸					赵学勇	301284	232
13099	统一战线				周桂香、周桂兰		301287	28
13100	爱惜有时钱				凌瑞先		301322	304
13101	咱们大家爱中华				张瑞兰唱、郑文清记谱	徐秀艳	301282	231
13102	小蜜蜂采花芯					赵学勇	301308	30
13103	刘老汉的三个俊姑娘				吴善庆		301331	93
13104	小白菜				姜玉华	徐秀艳	301298	29
13105	妈妈好糊涂				潘广林		301300	156
13106	丢戒指				史长恩	赵学勇	301314	170
13107	司马光				凌瑞先		301319	493
13108	画扇面				史长恩	赵学勇	301311	252
13109	采茶				侯占祥、赵学勇		301315	26
13110	做				凌瑞先		301318	393

序号	篇名	民族	流传地区	采集地	讲述者	搜集者	数据库编号	字数
13111	战争年代民歌					涉水、刘保平等	301401	2757
13112	定个日子娶了她					王茂胜	301348	157
13113	十人瞧见九人爱					刘太平	301346	243
13114	歌谣					刘太平、刘保平等	301402	6767
13115	高高山上一庙堂					杨何成	301448	351
13116	十二月					李北方	301465	217
13117	小葫芦					李北方	301468	346
13118	四季景					李北方	301467	768
13119	小拐棍					李北方	301487	186
13120	铙钹子花					李北方	301469	133
13121	卖糖						301482	254
13122	小蔓青					李北方	301477	383
13123	月亮上来圆丢丢						301481	150
13124	乒乒乓乓打日本					张中元	301476	1178
13125	青石头青					王福榜	301472	127
13126	洋烟牌					李北方	301466	271
13127	疙档节					漳华	301479	251
13128	军属谣					张有义	301475	177
13129	拉锯扯锯					杨何成	301437	162
13130	绕口令						301470	83
13131	泪花苦					吕金水、张成明	301488	80
13132	小毛						301478	119
13133	大花猫					李北方	301485	247
13134	一个老汉六十六						301464	92
13135	夸茶碗					王福榜	301441	109
13136	小板床					李北方	301483	128
13137	娇养儿					李北方	301463	87
13138	上门墩儿					李北方	301471	381
13139	花椒树					李北方	301486	314
13140	小柳树					李北方	301480	702
13141	欢送爹爹当八路					张中元	301474	57
13142	一条线					李北方	301484	195
13143	货郎担					李北方	301462	99

序号	篇名	民族	流传地区	采集地	讲述者	搜集者	数据库编号	字数
13144	明天清早我站岗					张中元	301473	170
13145	军队生产歌				杨丙玉	涉水	301405	404
13146	十不足歌				高子仲	崔海良	312396	298
13147	二月二龙抬头				李谷女	高巍	312419	124
13148	录录丛				秦玉庆	崔海良	312417	172
13149	儿多父母苦					阎张换	312374	127
13150	俺在山上等花开					晋学生	312383	59
13151	踢毽歌					崔海良	312441	360
13152	日子过得象石榴花					涉水	312389	132
13153	木兰苗					崔海良	312443	72
13154	没有过门就怀胎					郝献昌	312413	228
13155	一只鸡					阎张换	312442	295
13156	谁敢上我的高高山					阎张换	312387	491
13157	催眠歌				高学亲	崔海良	312394	127
13158	洞房送灯歌					阎张焕	312369	256
13159	偷见面				赵玉英	张卫平	312440	99
13160	有道歌				贺玉兰	崔海良	312424	106
13161	墙上画马不能骑					崔海良	312399	116
13162	失时歌				贺玉兰	崔海良	312438	93
13163	爷爷叹				高爱秀	崔海良	312437	73
13164	高高山上一只狼					崔海良	312411	273
13165	怕字歌				高强来	崔海良	312435	113
13166	小拐棍				高学亲	崔海良	312439	622
13167	三纵队之歌		冀中平原广大农村	河南洛阳612研究所	刘增辉	吴保存、鲁其彬	312454	667
13168	丑闺女				陈惠芬	赵士军	312522	257
13169	小小子儿						312517	481
13170	洒床歌					刘逢光、张四梅	312492	266
13171	出东门				宁巧联	张金彦	312566	120
13172	秃子秃						312519	270
13173	小枣树			宁巧联家	宁巧联	及建芬	312533	129
13174	谁栽果树谁得果				温振福	楚树岭	312484	141
13175	哽哽哽						312516	271
13176	老来福					李彦敏	312507	80
13177	朝儿啊爹					张金彦	312500	66

序号	篇名	民族	流传地区	采集地	讲述者	搜集者	数据库编号	字数
13178	我们是老百姓					鲁其彬、王玉田	312478	153
13179	赶走吃人的狼						312461	229
13180	老来难					李彦敏	312506	411
13181	小公鸡						312527	332
13182	不要慌						312459	574
13183	大家来检讨						312463	1479
13184	劝赌歌		宁晋县广大农村	王英洲家	王英洲	王淑芳	312501	81
13185	苣苣菜				梁秀花		312524	640
13186	槌房歌				田明亮	及俊海	312447	133
13187	长工怨					刘逢光	312498	130
13188	想女婿		宁晋县广大农村	小刘村医院	赵二孩	李宏天	312497	141
13189	李太后出北京						312509	244
13190	劝人经		宁晋县广大农村	贾不止家	贾不止	李振华	312575	368
13191	小老鼠					李振华	312551	103
13192	灯下缝军衣				国英	曹锦邦	312494	218
13193	巧媳妇擀面			秦邱振彪家	王振彪	史凤山、王金锁	312573	451
13194	刘老六						312565	653
13195	树叶青		宁晋县广大农村	宁晋政协院内	张苹	张=姮	312505	520
13196	祭灶谣				田明亮	及俊海	312493	206
13197	一个小孩儿						312534	253
13198	择麦秸						312536	151
13199	永远不忘解放军				石老哲	王金锁	312452	133
13200	伪军反正歌						312470	860
13201	毛主席领导把身翻		宁晋县广大农村	央福祥家	史福祥	史凤山	312485	343
13202	干草棍儿						312514	124
13203	星星盘盘		宁晋县广大农村			耿增华	312547	226
13204	秋风凉						312465	280
13205	保护麦收						312479	147
13206	小板凳						312513	89
13207	大家想一想					刘逢光	312458	140
13208	眉豆角				梁秀花		312523	118
13209	晋察冀之歌					曹锦邦	312455	258
13210	跳绳谣		宁晋城关一带			谢师	312548	186
13211	领袖就是毛泽东				石老哲	史凤山	312453	313

序号	篇名	民族	流传地区	采集地	讲述者	搜集者	数据库编号	字数
13212	反扫荡						312468	116
13213	朱德将军好心肠		冀中平原广大农村	河南洛阳612研究所	刘增辉	吴保存、鲁其彬	312451	363
13214	说反话					赵宏天	312576	404
13215	反法西斯小调						312472	435
13216	扒铁道歌				张二英		312475	110
13217	月儿弯弯影儿长						312462	232
13218	插花		宁晋县部分农村	赵琴子家、孙小徐家	赵琴子、孙小徐	史凤山、及建芬	312568	1576
13219	小板搭						312552	209
13220	焦大脚			大陆村	孙小徐	及建芬	312567	198
13221	一群鹅						312525	111
13222	抗洪谣			石老哲家	石老哲	王金锁、史凤山	312444	296
13223	丑闺妮					耿增华	312546	216
13224	十个月					史凤山、李彦敏	312570	144
13225	十八愁						312562	339
13226	养猪谣			二巧家	孙二巧	赵士军	312445	75
13227	姐妹逛灯						312563	567
13228	揣包包		宁晋县广大农村				312550	1003
13229	贺年歌		耿庄桥一带		刘巧素	张胜巧	312521	111
13230	打夯歌						312446	275
13231	哭五更					李宏天	312495	531
13232	小老鼠				忠西	尚剑辉	312545	548
13233	红小鞋						312512	188
13234	群众力量大					刘逢光	312477	429
13235	十等人					楚树岭	312489	93
13236	天皇皇		宁晋县东北部农村	保定省畜牧兽医站	薛耻		312480	139
13237	逛城西					刘志华	312560	475
13238	官兵剿匪				田满河	王金锁	312483	359
13239	哈巴狗						312529	1176
13240	说“开会”					史凤山	312488	345
13241	小枣树					薛中军、李志业	312544	192
13242	顽固老婆					曹锦邦	312503	83
13243	十秃忙		宁晋县大部分农村	赵琴子家	赵琴子	史凤山、李彦敏	312558	312
13244	拾柳枝儿					尚剑辉	312531	641
13245	麻野鹊					振民盛开	312556	187

序号	篇名	民族	流传地区	采集地	讲述者	搜集者	数据库编号	字数
13246	小闺妮						312535	143
13247	老柳树						312553	88
13248	俺给国家办大事				温振福	楚树岭	312540	753
13249	张老汉过上好光景				苏起	史凤山	312486	110
13250	牵牛花					薛中军、李志业	312542	90
13251	小小子儿						312526	73
13252	十二月		宁晋县南一带		李开基	张胜巧	312571	121
13253	打鬼子					楚树岭	312466	180
13254	画扇面			南塔庄亭春家	王亭春	史凤山、张廴姮	312574	315
13255	逃荒				武守义	曹锦邦	312457	223
13256	小手绢				孙兰娥	王金锁	312557	205
13257	大师兄			宁晋政协院内	张苹	张廴姮	312448	177
13258	金糠银糠					刘勤之	312549	122
13259	组织起自己的武装						312469	92
13260	砸寿堂			杨老条家	杨老条	杨胜辉	312450	29
13261	支悠、压悠						312518	74
13262	砸寿堂		宁晋县城关镇一带	宁晋政协院内	张苹	张廴姮	312449	421
13263	把法西斯强盗全杀光				怀俊	锦邦	312473	236
13264	送情郎				张二英		312496	101
13265	讨封夸皋					曹景兴、史凤山等	312508	29
13266	识破蛇蝎歹毒心					尚剑辉	312490	86
13267	妈妈娘你好糊涂		宁晋县四芝兰一带	刘珍家	刘珍	曹书广	312502	429
13268	四花颂		四芝兰一带	宁晋县段家庄	刘珍	曹书广	312456	103
13269	党哩领导错不了				石老哲	王金锁、史凤山	312491	15
13270	四季歌				令拴	曹锦邦	312481	647
13271	哭五更						312510	122
13272	国民党一团糟				朋元	曹锦邦	312482	114
13273	小二姐儿						312515	178
13274	妇女站岗				张二英		312476	173
13275	墙上画马不能骑				孙二巧		312528	395
13276	小纺车					薛中军、李志业	312543	55
13277	多亏毛主席					薛中军、李志业	312541	178
13278	我牵马				梁秀花		312530	250

序号	篇名	民族	流传地区	采集地	讲述者	搜集者	数据库编号	字数
13279	老鸹窝						312539	88
13280	十不足		宁晋县部分农村	史福祥家	史福祥	史凤山、李彦敏	312569	1275
13281	小喇叭					郭连克	312555	334
13282	棉门帘						312564	122
13283	小席车		宁晋县广大农村			郭连克	312554	87
13284	游击小组						312460	708
13285	蚂螂蚂螂过桥来			巧联家	宁巧联	张金彦	312559	124
13286	对花		耿庄桥一带		李基开	张胜巧	312572	1107
13287	扯罗罗						312532	193
13288	奋起抗战					石华东、史凤山	312467	412
13289	死涩死柿子树和死石狮子						312561	223
13290	红缨枪						312464	788
13291	说“开会”					石运通	312487	79
13292	大麻子						312538	647
13293	王大娘逛会				贞祥民	史凤山	312504	140
13294	长工恨		宁晋县边村一带		田满河	王金锁	312499	323
13295	炮楼上天		宁晋县西南部农村	史福祥家	史福祥	史凤山	312474	176
13296	破路歌						312471	296
13297	打金鼓						312537	626
13298	小金女		宁晋县广大农村	宁晋政协院内	张苹		312520	107
13299	富贵梦			李大皮家	李大皮	王金锁	312577	493
13300	小闺妮儿					张廴恒	312511	38
13301	红鞋鞋，绿袜袜			衡水市	赵艳艳	刘兴华	313001	262
13302	担仗钩儿			衡水市大西野营村	贾九江	贾艳丽	313072	334
13303	后婆婆待俺真厉害			衡水市何庄村	王娟贞	李琦	312994	169
13304	红红蔫			衡水市小西野营村	刘群田	张秀萍	313042	444
13305	上周通			衡水市小西野营村	张三江	张秀萍	313082	170
13306	光棍打锄			衡水市西团马村		赵燕青	313014	263
13307	说大清道民国			衡水市何庄村	李慧先	李功	312982	245
13308	老来难			衡水市大西野营村	贾九江	贾艳丽	313017	181
13309	贼黄狗			衡水市何庄村	李慧先	李功	312981	246
13310	槐树底下搭戏台			衡水市文联办公室	安广恩	张志善	313013	273
13311	敬婆婆			衡水市葛村乡文化站	常治水	孙文俊	313008	341
13312	妇女解放歌			衡水市郑家河沿村	孙四圣	张洪林	312988	669

序号	篇名	民族	流传地区	采集地	讲述者	搜集者	数据库编号	字数
13313	我那老婆呀			衡水市大西野营村	贾九江	贾艳丽	313003	392
13314	小小子儿			衡水市文化馆	李功	赵燕青	313057	182
13315	打罗罗			衡水市大西野营村	贾九江	贾艳丽	313043	174
13316	编花篮			衡水市葛村乡文化站	常治水	孙文俊	313056	170
13317	担杖担			衡水市前里马村	王秀娟	王娟贞	313074	378
13318	小板凳儿			衡水市张庄村	李秀芹	郑淑金	313047	330
13319	蚂螂蚂螂树树			衡水市文化馆	田晓娜	张秀萍	313037	205
13320	懒大嫂			衡水市何庄村	王娟贞	李琦	313063	152
13321	天上星			衡水市何庄村	王娟贞	李琦	313031	162
13322	说瞎话瞎话胡			衡水市西团马村		赵燕青	313035	275
13323	小桃树			衡水市小西野营村	刘群田	张秀萍	313069	495
13324	打罗罗			衡水市小西野营村	刘二荣	张秀萍	313041	257
13325	打那个馋老婆			衡水市小西野营村	由金凤	张秀萍	313027	226
13326	解放衡水歌					靳增钦	312977	198
13327	拐棍			衡水市前里马村	王秀娟	李琦	313018	280
13328	打倒日本救国家				孙耀、孙兆华	谢迅之	312989	211
13329	拉大锯			衡水市何庄村	王娟贞	李琦	313025	198
13330	数秃子			衡水市小西野营村	由金凤	张秀萍	313028	422
13331	扯罗罗			衡水张庄村	张东琴	张洪材	313080	269
13332	破路歌					靳增钦	312979	228
13333	小火轮儿			衡水市何庄村	李慧先	李功	312985	335
13334	猛虎跟猫学艺			衡水市前里马村	王秀娟	李琦	313030	238
13335	上村东			衡水市张庄村	李秀芹	郑淑金	313005	212
13336	请你帮助我			衡水市郑家河沿村	孙四圣	张洪林	312987	257
13337	上寿					靳增钦	312999	212
13338	思妇			衡水市	赵艳艳	刘兴华	313002	279
13339	天上的老母在东关			衡水市西团马村。		赵燕青	313016	264
13340	四大劝			衡水市郑家河沿村	孙四圣	张洪林	312991	252
13341	到南院采黄花			衡水市何家庄村	王娟贞	李琦	312997	402
13342	走亲家			衡水市文化馆	李功	赵燕青	312993	170
13343	卖菜			衡水市张庄村	张东琴	张洪林	313023	240
13344	金梁金柱金庙台			衡水市何庄村	王娟贞	李琦	313012	166
13345	梅豆角			衡水市西团马村		赵燕青	313020	377
13346	红秫秸白秫秸			衡水市小西野营村	刘群田	张秀萍	313026	280

序号	篇名	民族	流传地区	采集地	讲述者	搜集者	数据库编号	字数
13347	羊巴巴蛋儿			衡水市张庄村	张东琴	张洪林	313081	185
13348	唧唧唧			衡水市小西野营村	由金凤	张秀萍	313038	242
13349	大姐出来瞧			衡水市西团马村		赵燕青	312996	193
13350	喝了桃城酒				傅新掌	傅新友	312990	211
13351	小红袄			衡水市小西野营村	刘群田	张秀萍	313086	181
13352	要小狗			衡水市小西野营村	刘群田	张秀萍	313045	306
13353	织带子			衡水市西团马村		赵燕青	313024	325
13354	衔门口			衡水市何庄村	李慧先	李功	312984	165
13355	小秃盖房屋			衡水市西团马村		赵燕青	313034	230
13356	爷儿爷儿照着我			衡水市大西野营村	贾九江	贾艳丽	313050	269
13357	劝人			衡水市何庄村	王娟贞	李琦	313007	466
13358	打麻绳			衡水市西团马村		赵燕青	313055	189
13359	佳人上高楼			衡水市葛村乡文化站	常治水	孙文俊	313011	223
13360	炸果子			衡水市小西野营村	由金凤	张秀萍	313053	248
13361	剔灯棍			衡水市小西野营村	由金凤	张秀萍	313070	139
13362	借着我的阴			衡水市大西野营村	贾九江	贾艳丽	313049	262
13363	叫娘给做花衣穿			衡水市前里马村	王秀娟	王娟贞	313060	227
13364	小小子推碾子			衡水市文化馆	赵燕青	田晓娜	313076	233
13365	小小子			衡水市张庄村	张东琴	张洪林	313078	410
13366	眼前来到棺材铺			衡水市文化馆	李功	赵燕青	313054	192
13367	老太太			衡水市葛村乡文化站	常治水	孙文俊	313062	186
13368	小板凳			衡水市	赵艳艳	刘兴华	313085	171
13369	敬神鬼			衡水市何庄村	王秀娟	王娟贞	312995	235
13370	大公鸡			衡水市葛村乡文化站	常治水	孙文俊	313059	203
13371	要饭的打蛋的			衡水市小西野营村	刘二荣	张秀萍	313051	359
13372	切丝糕			衡水市何庄村	王娟贞	李琦	313061	285
13373	点牛眼			衡水市大西野营村	贾九江	贾艳丽	313052	203
13374	小老鼠儿			衡水市张庄村	张东琴	张洪林	313084	369
13375	后晌做梦姐姐来			衡水市文联办公室	安广恩	张志善	313022	338
13376	小槐树儿			衡水市小西野营村	刘群田	张秀萍	313039	497
13377	放马			衡水市张庄村	李秀芹	郑叔金	313004	225
13378	小白鸡			衡水市小西野营村	由金凤	张秀萍	313071	174
13379	傻丫头			衡水市大西野营村	贾九江	贾艳丽	313067	120
13380	咯咯咯天明了			衡水市西团马村人		赵燕青	313033	187

序号	篇名	民族	流传地区	采集地	讲述者	搜集者	数据库编号	字数
13381	苇子叶			衡水市葛村乡文化站	常治水	孙文俊	313079	416
13382	小白菜			衡水市大城村	常治水	孙文俊	313058	226
13383	大拇哥			衡水市		孙海玉	313087	265
13384	睡觉觉			衡水市文化馆	赵燕青	田晓娜	313048	291
13385	上庙台			衡水市西团马村		赵燕青	313077	352
13386	拜四方			衡水市大西野营村	贾九江	贾艳丽	313040	240
13387	小巴狗上南山			衡水市小西野营村	张三江	张秀萍	313073	192
13388	十二生肖歌			衡水中学	李凯宇	李永钧	313088	454
13389	气得爷爷掴打腚			衡水市东明街	贾素妨	贾艳丽	313064	177
13390	老婆婆			衡水市赵下寨村	赵书顺	贾艳丽	313066	293
13391	小小子儿			衡水市西团马村		赵燕青	313065	334
13392	肚子疼			衡水市小西野营村	由金凤	张秀萍	313083	179
13393	日本鬼子到了俺家乡			衡水市西团马村		赵燕青	312978	214
13394	小叭狗儿			衡水市张庄村	张东琴	张洪林	313075	297
13395	盘脚面			衡水市西团马村		赵燕青	313036	240
13396	打萝萝丝儿			衡水市小西野营村	刘二荣	张秀萍	313068	220
13397	打败日寇保家乡			衡水市郑家河沿村	孙四圣	张洪林	312986	242
13398	二砍会			衡水市郑家河沿村	孙四圣	张洪林	312992	283
13399	月亮渐渐高					靳增钦	312983	336
13400	面糊眼去赶集			市衡水文化馆	赵燕青	田晓娜	313021	248
13401	麻野雀			衡水市小西野营村	张三江	张秀萍	313046	565
13402	缝棉衣					靳增钦	312980	197
13403	苇子叶			衡水市前里马村	王秀娟	李琦	312998	539
13404	走娘家			衡水市张庄村	李秀芹	郑淑金	313006	203
13405	棉花籽			衡水市小西野营村	张庆桑	张秀萍	313044	187
13406	一背两背			衡水市文联办公室	安广恩	孙海玉	313032	218
13407	唱刘海			衡水市小西野营村	刘二荣	张秀萍	313029	237
13408	青青菜			衡水市大西野营村	贾九江	贾艳丽	313019	171
13409	啄木鸟			衡水市葛村乡文化站	常治水	孙文俊	313009	440
13410	一年四季保平安			衡水市西团马村		赵燕青	313015	170
13411	星星歌			衡水市何庄	王娟贞	李琦	313000	146
13412	懒大嫂			衡水市葛村乡文化站	孙文俊	常治水	313010	181
13413	馋大嫂					许文学	321861	319
13414	月儿渐渐高				李桃景	清流	321831	79

序号	篇名	民族	流传地区	采集地	讲述者	搜集者	数据库编号	字数
13415	月亮地儿					许文学	321849	180
13416	小女婿					刘总晨	321835	749
13417	红小豆					许文学	321868	136
13418	赌钱鬼					张建朝	321887	282
13419	小寡妇哭夫				李桃景	清流	321905	152
13420	白闺女					程亮	321858	108
13421	后娘儿					程亮	321893	153
13422	走娘家					刘总利	321866	87
13423	瞎话谣					许文学	321890	86
13424	给个日子难为俺			浮图店村		高荣叶	321838	213
13425	买个烧饼喂娃娃					许文学	321891	104
13426	五更谣			新河县城内	邢永彬	赵泽军	328292	236
13427	十月怀胎			新河县寻寨村	张翠近	赵泽军	328304	1216
13428	一九四五年			新河县寻寨村	史祥林	赵泽军	328294	187
13429	打日本			新河城内	田恒通	赵泽军	328293	159
13430	送行歌			新河县寻寨村	米明堂	米明印	328300	384
13431	新河难			新河县望腾村	赵录祥	车立成	328295	192
13432	上北京			新河城内	曹俊彦	阎立珍	328306	662
13433	棉花子			新河县阎仙庄		信文峰	328297	171
13434	送行歌			新河县南小屯村	张运瑟	靳庆臣	328299	393
13435	送情郎			新河县杨十户村	杨明月	杨东雪	328302	305
13436	想女婿			新河县寻寨村	张翠近	赵泽军	328303	582
13437	织花绫			新河城内	陈志敏	靳庆臣	328305	266
13438	盖新房			新河县望腾村	赵丙发	车立成	328296	434
13439	上梁喜歌			新河县前保居村	李进言	苏英辉	328301	643
13440	大清国			新河县望腾村	车福祥	车立成	328291	758
13441	五更鼓			新河县前保居村	张忠义	苏英辉	328298	302
13442	民间歌谣					岳一中	330138	3547
13443	下亲歌						339452	428
13444	探妹		万全境内		胡玉	霍增顺	339478	298
13445	油蛋蛋糕					王文汉	339493	101
13446	姑娘出嫁					张晓秀	339509	148
13447	小白菜		万全境内		王文汉	霍增顺	339472	177
13448	米官米					王文汉	339501	162

序号	篇名	民族	流传地区	采集地	讲述者	搜集者	数据库编号	字数
13449	偷酱缸					王文汉	339498	416
13450	大雁歌					王文汉	339485	585
13451	巧大嫂，拙大嫂					张晓秀	339464	117
13452	中华维新		万全境内		胡玉	霍增顺	339457	384
13453	拉锯歌					张晓秀	339508	258
13454	瞎话					张晓秀	339465	464
13455	放足歌		万全境内		柳玉山	霍增顺	339471	157
13456	劝哥哥		万全境内		胡玉	霍增顺	339476	317
13457	表古人		万全境内		杨万录	霍增顺	339469	75
13458	怀胎		万全境内		胡玉	霍增顺	339473	193
13459	娃娃歌					张晓秀	339507	73
13460	懒大嫂					张晓秀	339466	88
13461	逸题					柳玉山	339461	222
13462	探情郎		万全境内		胡玉	霍增顺	339480	171
13463	乡里妈妈进城来		万全境内		李国华	霍增顺	339468	1246
13464	小女儿告状		万全境内		胡玉	霍增顺	339474	84
13465	住娘家					王文汉	339463	738
13466	老丫头纳子儿					王文汉	339491	161
13467	喜鹊歌					王文汉	339499	98
13468	针扎扎花					王文汉	339486	115
13469	继母打孩		万全境内		杨万录	霍增顺	339470	196
13470	巧巧学话					倪昌有	339510	349
13471	出嫁					王文汉	339487	445
13472	大田哥					王文汉	339500	89
13473	陪嫁					王文汉	339495	284
13474	我和姐姐出嫁					张晓秀	339505	362
13475	豆皮皮					王文汉	339502	258
13476	表中华		万全境内		胡玉	霍增顺	339456	507
13477	刮野鬼		万全境内		胡玉	霍增顺	339475	539
13478	懒婆娘					王文汉	339462	162
13479	婚礼歌谣					王文汉	339451	116
13480	日本统治时代的民谣					王文汉	339454	72
13481	俺家娶了俊嫂嫂					张晓秀	339467	351
13482	太阳出来一点红					王文汉	339497	178

序号	篇名	民族	流传地区	采集地	讲述者	搜集者	数据库编号	字数
13483	大豆花儿					张晓秀	339506	113
13484	纳子儿歌					王文汉	339484	74
13485	踢毽子歌					王文汉	339483	124
13486	推兰兰					王文汉	339496	111
13487	大豆花					王文汉	339503	236
13488	讨糕					王文汉	339488	74
13489	豆芽菜					王文汉	339490	253
13490	春忙					王文汉	339489	796
13491	绣荷包		万全境内		胡玉	霍增顺	339477	67
13492	抽大烟害死人		万全境内		胡玉	霍增顺	339458	706
13493	选村长					柳玉山	339460	71
13494	反对种洋烟		万全境内		胡玉	霍增顺	339459	215
13495	豆糕菜糕					王文汉	339494	89
13496	闹洞房					姚秀红	339504	215
13497	二妹子思亲		万全境内		柳玉山	霍增顺	339481	487
13498	调兵		万全境内		胡玉	霍增顺	339455	161
13499	王大娘		万全境内		胡玉	霍增顺	339479	373
13500	拜堂歌						339453	87
13501	燕儿八叉叉					王文汉	339492	1080
13502	打樱桃		万全境内		杨万录	霍增顺	339482	334
13503	抗日战争时期部分民间歌词						341817	2089
13504	懒大嫂		宣化城乡一带			朱青	341815	188
13505	歌谣		张家口、宣化一带			王鉴	341810	1157
13506	抗日战争时期民歌		宣化			朱青	341816	984
13507	歌谣					朱青	341814	108
13508	想娘				杨源、李宽	兰文种	341811	446
13509	四宝长工				杨源、杨世福		341813	443
13510	丝线更比绳子牢				杨俊库	兰文种	341812	318
13511	歌谣问答						352715	88
13512	奴家恨						352719	563
13513	逃荒谣						352721	135
13514	唱四喜						352727	183
13515	喜雀谣						352717	88

序号	篇名	民族	流传地区	采集地	讲述者	搜集者	数据库编号	字数
13516	穷人谣						352718	540
13517	童女苦						352716	61
13518	叫县长						352722	361
13519	十大恨						352720	77
13520	八路军之歌						352724	126
13521	长寿谣						352726	90
13522	八路大军来到了						352723	84
13523	十二个月小唱						352725	108
13524	胡诌		邢湾一带农村	邢湾	鲁芹格	邢运华	359892	602
13525	杀不杀					吕志军	359890	163
13526	快送归人间					李朝翔	359887	480
13527	铜烟袋			任县前营村	孙桂珍	孙华	359882	300
13528	探梅					孙华	359878	188
13529	讨瞎话		东望、骆庄一带农村	东望村	周老为	曹少锋	359883	154
13530	十二个月		任县一带农村	任县后营村	孙桂珍	孙华	359879	323
13531	请财神					吕志军	359888	289
13532	陆泽对歌		天口、吴庄一带农村	任县天口乡吴庄	陈蜜存	侯鸿印	359886	188
13533	板凳板凳歪歪		任县巨鹿平乡		白占霞	白廷魁	359894	296
13534	回娘家					白廷魁	359893	167
13535	小枣树					王悦	359901	1139
13536	小板凳				张立娟	邢运华	359895	157
13537	月亮地		邢湾一带农村	邢湾	张立娟	邢运华	359896	551
13538	小日本儿你甭能			前营村	孙桂珍	孙华	359881	116
13539	去看娘					吕志军	359889	286
13540	小蚂蚱		邢湾一带农村	邢湾	鲁芹格	邢运华	359898	125
13541	送闺女叫女婿				张立娟	邢运华	359900	236
13542	椿树底下搭戏台					王悦	359904	203
13543	卖萝卜				赵爱运	曹绍锋	359885	671
13544	石榴树					王悦	359903	196
13545	小白菜（外一则）					王悦	359905	295
13546	小白鸡（外一首）					王悦	359906	319
13547	小白妮					邢运华	359909	818

序号	篇名	民族	流传地区	采集地	讲述者	搜集者	数据库编号	字数
13548	板凳板凳摞摞		任县城西		孙果	袁喆	359908	237
13549	拾大粪		任县骆庄一带农村	东望村	周老为	曹少锋	359884	126
13550	任县十四村		任县	城关前营	孙桂珍	孙华	359880	102
13551	当兵好		邢湾一带农村	邢湾	鲁芹格	邢运华	359891	208
13552	小枣树					王悦	359902	394
13553	白闺女		邢湾一带农村	邢湾	张立娟	邢运华	359897	292
13554	纺花车					王悦	359907	119
13555	小老鼠				鲁芹格	邢运华	359899	967
13556	洋河滩鬼门关			宣化县崞村乡、瓦窑沟村	李宽	蓝文种	364132	203
13557	矿工血泪流成河			张家口下花园煤矿	温袭祥	王立军	364058	51
13558	当兵嘱家人			宣化县分水口村	兰长林	顾胜勇	364117	727
13559	烟筒烟			张家口市庞家堡区小吴营村	施金梅	张源葆	364170	508
13560	东家吃米我吃糠			茶坊区	冯秀英	梁挺爱	364102	282
13561	二郎打凤凰						364137	1126
13562	好似喜鹊坐进笼			宣化县深井乡北大寺村	石起林	杜立忠	364079	854
13563	义和团歌			宣化县秤达沟村	郝红得	蓝文种、杜立忠	363982	714
13564	盼丈夫			张家口市茶坊区黄土窑村	岳明庆	赵洁心、霍佳模等	364048	505
13565	人民笔下不藏冤						364205	245
13566	送情郎			宣化县里口泉	刘柱	王秉诚	364034	64
13567	过江			宣化县西崞村、贾家营	褚英	任效禹、王秉诚	364088	267
13568	婚礼仪式歌（四首）			宣化县北城台村	姚金仓	朱青	364023	261
13569	拍手谣			张家口市下花园	李琳娟	阎秀兰	364148	78
13570	抗日民歌（四首）			张家口市郊区	杨力栓	杨畅	363989	190
13571	八棵树			张家口市宣化区	姚震清	温夫	364141	181
13572	拍手歌			张家口市郊陈家堡村	赵科	李世海	364149	310
13573	四宝当长工			宣化县刘家窑村	杨世福、杨源	杜立忠、兰文种	364064	180
13574	五更寒				王文成		364215	3274
13575	下花园解放了			张家口市下花园	李金荣	张冰玉	364017	239
13576	为朋友				王文义		364212	468
13577	为朋友			下花园区	王文义	霍佳模、温夫	364045	417
13578	劝上学			张家口市宣化区南关	郭良信	温夫	364093	915

序号	篇名	民族	流传地区	采集地	讲述者	搜集者	数据库编号	字数
13579	铁矿工人歌谣（八首）			庞家堡矿	张中兴	张占元、叶正秋等	363975	139
13580	“五卅”游行歌			张家口市下花园区前大街	程文玉	吕国荣、温夫	363993	56
13581	小字歌				杨志魁	杨畅	364175	77
13582	小女婿抬水			张家口市庞家堡区白庙村	赵金贵	庆忠、凤贤	364073	976
13583	豆芽菜			庞家堡区小吴营村	施金梅	凤贤	364176	444
13584	翻身做主见太阳			宣化县李家堡村	孙德胜	徐侍女	364014	213
13585	十爱			宣化县梁家庄村	段林	土成芳	364182	201
13586	敌人来了埋地雷			张家口市宣化区泥河子村	朱正林	朱青	364006	200
13587	喜歌（九首）			张家口市庞家堡区小吴营村	任玉魁、赵金贵等	普员、庆忠等	364020	77
13588	信息是个大活宝						364198	1155
13589	赶脚调			张家口市茶坊区西榆林村	刘官	霍佳模	364041	214
13590	拉锯谣			张家口市下花园区前堡村	杨维兰	张晓梅	364166	1234
13591	苦农民			宣化县秤达沟村	郝红得	蓝文种	364061	372
13592	小白鸡			河北固城县于古屯村	黄增荣	刘淑河	364155	407
13593	黑对头			茶坊区吉家房	弓选亮	梁挺爱	364185	296
13594	二毛荣			张家口市庞家堡区白庙村	赵金贵、任玉魁	寒石、庆忠	364051	214
13595	打盐黄			张家口市蛋粉厂	赵有喜	霍佳模	363965	204
13596	小寡妇上坟			张家口市庞家堡区白庙村	王岱	康凤贤、杨志明	364071	1629
13597	情歌二首			茶坊区	石寿吉	梁挺爱	364033	60
13598	党的政策有威力						364195	371
13599	改革开放遍地春						364196	908
13600	民间串话			张家口市庞家堡区黄田矿	刘景华	秦海亮	364186	789
13601	村长要选实干的						364202	714

序号	篇名	民族	流传地区	采集地	讲述者	搜集者	数据库编号	字数
13602	十愁			张家口市庞家堡区白庙村	赵金贵	康凤贤	364181	428
13603	唱支曲儿试妹心			宣化县秤达沟村	郝红得	蓝文种、杜立忠	364039	943
13604	十想				池有富		364217	210
13605	责任山						364194	59
13606	散花				李桂英		364216	260
13607	搬运号子			张家口市	周全通	霍佳模	363964	423
13608	鼓手儿子拍镲子			张家口市下花园区后堡村	张全宝	章玉民	364179	201
13609	水刮张家口				张发		364218	357
13610	卖大烟			下花园区棘针屯村	张艾、郭生根	屈建基	364084	1121
13611	下亲歌			张家口市下花园区上花园村	高存义	李燕	364030	316
13612	宣化民谣（四首）			宣化区	董孝贤、蔡逢春	王鉴	364104	453
13613	推磨苦						364136	274
13614	民谣四首			张家口市茶坊区宁远堡	赵有瑞	南绍云	364002	225
13615	串河湾			张家口市茶坊区黄土窑村	岳明庆	赵洁心、霍佳模等	364087	57
13616	抽洋烟			张家口市庞家堡区柳沟村	韩世春	土成芳	364083	255
13617	骂媒人			宣化县刘家窑村	杨俊库	蓝文种	364074	353
13618	拉骆驼			张家口市宣化区	姚震清	温夫	364043	235
13619	瘦马拉到草滩上			茶坊区	冯秀英	梁挺爱	364098	589
13620	老字歌			宣化县姚家房乡陈家房	王福贵	梁挺爱	364187	356
13621	满族民谣（七首）			张家口市上东营	王桂兰	李志强	364108	1607
13622	月亮弯，月亮圆			下花园煤矿	刘文成	刘志芳	364162	190
13623	邋遢歌			张家口市下花园区后堡村	池有福	屈建基	364090	160
13624	过大年，响鞭炮			张家口市下花园区前大街	李香兰	蔡轶	364165	195
13625	黑心狼			宣化县陈家房	王素娥	梁挺爱	364126	241
13626	捏泥蛋儿			宣化县赵家窑村	王国英	王存泰	364158	709
13627	劝人歌			庞家堡区小吴营	张和	温夫、佳模	364118	215
13628	我是车轮党是轴						364204	907

序号	篇名	民族	流传地区	采集地	讲述者	搜集者	数据库编号	字数
13629	救国杀敌美名扬			张家口市庞家、堡区小吴营村	郭玉生	土成芳、谢宝刚	364010	360
13630	坐牢好比坐花园			宣化县深井乡北大寺街	孙太喜	杜立忠	364035	507
13631	落雪花						364135	82
13632	迎亲歌（四首）			宣化县江家屯村	刘玉	裴军	364021	253
13633	妇女得解放			宣化县深井乡南街村		杜立忠	364115	74
13634	拜堂			张家口市下花园区	张焕香	张冰玉	364028	188
13635	这个办那个办						364127	281
13636	数蛋歌			张家口市蛋粉厂	高春元	霍佳模、吕国荣	363966	248
13637	盼丈夫				岳、明等		364213	401
13638	小心你的狗脑袋			张家口市王家寨村	冀宝润	杨畅	363999	887
13639	山在水在			宣化县古树营村	岳熙	蓝文种	364037	241
13640	四问蒋介石			张家口市宣化区	姚震清	温夫	363992	217
13641	想情郎			张家口市庞家堡区大段地村	张有清	寒石	364054	266
13642	太平军歌			涿鹿县石堡滩村		兰文种	363980	1016
13643	周岁郎			宣化县外口泉		蓝文种	364110	1144
13644	盼闯王			宣化县头台子村	李丙义	兰文种	363979	1701
13645	童养媳众人管			宣化县辛家堡村		蓝文种	364065	798
13646	共产党救了下花园=			茶坊区陈家堡村	阎世连	岳维品	364016	707
13647	光棍哭妻			张家口市庞家堡区小吴营村	张和	霍佳模、温夫	364069	337
13648	蝎子尾巴财主心			茶坊区吉家坊	梁凤英	杜喜清	364003	279
13649	军民鱼水情			张家口市庞家堡区小吴营村	郭玉生、程祥	土成芳	364011	199
13650	下轿歌			张家口市下花园区上花园村	高存义	李燕	364025	187
13651	姑姑洼			宣化县罗家洼乡北汛地村	于仲孝	田长海	364160	77
13652	十二月表古人			张家口市庞家堡区柳沟村	韩世春、韩庆仁等	土成芳	364140	2243
13653	妈妈娘好糊涂			宣化县大营盘村	许贵	邢易	364094	203
13654	十二个月观花			涿鹿县赵家蓬村	杨宽	杨云、杨畅	364081	166
13655	度荒年			茶坊区东辛庄	武芷	岳顺	364106	140

序号	篇名	民族	流传地区	采集地	讲述者	搜集者	数据库编号	字数
13656	还得受			张家口市下花园	孙玉芳	周秀清	364062	547
13657	绿彩描得荒山俏						364199	214
13658	骂媒人			宣化县辛家堡村		蓝文种	364075	236
13659	赞子弟兵			宣化县定方水村	王品	王鉴	364004	77
13660	撇白菜			张家口市下花园区	郭生银	屈建基	364047	391
13661	龙山长寿翁			茶坊区宁远堡村	王二喜	南志云	364130	415
13662	连成拜年			张家口市下花园区棘针屯	郭生根	屈建基	364055	197
13663	出外谋生			下花园	裴存贵	王鉴、王立国	364099	277
13664	十杯茶			张家口市庞家堡区小吴营村	程祥	土成芳	364116	346
13665	一贯害人道			张家口市王家寨村	冀宝润	杨畅	363996	58
13666	十劝人			阳原县揣骨町村	李世珍	武枝	364092	242
13667	骂日本鬼子歌			宣化县古树营村	岳魁	兰文种	363994	202
13668	我爱党的政策好						364191	77
13669	工作队进山庄			宣化县李家堡村	孙德胜	徐侍女	364015	75
13670	打赵川			张家口市庞家堡区白庙村	任玉魁、赵金贵	寒石	364013	1004
13671	打桩号子			张家口市茶坊区腰站堡村	王振德	欧有才	363970	311
13672	辛亥革命大改良			宣化综合厂	仇克明	王鉴	363985	168
13673	娶个媳妇真叫难			宣化综合厂	谢成	王鉴、王晓婵	364125	248
13674	赶脚			张家口市茶坊区西榆林	刘官	霍佳模	364133	921
13675	夜五更			下花园电厂	王文成	吕国荣、温夫	364050	173
13676	五更里			张家口市庞家堡区大段地村	王永昌	杨志明	364049	77
13677	小板凳			河北固城县于古屯村	黄增荣	刘淑河	364153	274
13678	辘轳歌				王德富		364209	58
13679	讨饭谣（八首）			张家口市庞家堡区白庙村	王岱	康凤贤、杨志明	364183	203
13680	半斤莜面			崇礼县西甸子村	周万恒	霍佳模、温夫	364032	1353
13681	十棵树开花			宣化县梁家庄村	段林	土成芳、庆忠	364144	696
13682	团结办事好处多						364207	563

序号	篇名	民族	流传地区	采集地	讲述者	搜集者	数据库编号	字数
13683	瞎夫妻			宣化县姚家房乡陈家房村	王福贵	梁挺爱	364188	81
13684	大黑枣			张家口市宣化区泥河子村	朱正林	朱青	364152	111
13685	打铁						364203	76
13686	红缨枪			宣化县赵家窑村	王国英	王存泰	364159	873
13687	党的政策回农家						364192	707
13688	新人歌			张家口市下花园	张焕香	张冰玉	364026	364
13689	画扇面			下花园区	池有福	霍佳模、温夫	364089	223
13690	玩石子歌			张家口市庞家堡区小吴营村	段秀琴、张国品	土成芳	364157	329
13691	抓壮丁拉官差			张家口市王家寨村	冀宝润	杨畅	363997	203
13692	高举刀枪杀二毛			宣化县小村乡小村	李发连	阎生亮	364146	269
13693	木工歌			张家口市下花园区城建局	赵录善	王永久	363963	77
13694	我家有个胖娃娃			张家口市下花园区	池有福	李燕	364161	210
13695	擀毡毡			宣化区	唐玉梅	李翠仙	364174	236
13696	小老鼠			河北固城县于古屯村	黄增荣	刘淑河	364156	182
13697	卖元宵			张家口市下花园区后堡村	刘旭涛	翟建萍	364177	216
13698	豆皮皮			茶坊区前屯小学	梁兰	张海荣	364168	225
13699	上矿山			张家口市庞家堡区白庙村	苏林	庆忠、寒石	363976	76
13700	钉缸谣			张家口市庞家堡区白庙村	苏林、任玉魁	庆忠、凤贤	364082	475
13701	秋收歌			宣化县北大寺村	张春宠	杜立忠	363971	255
13702	普天同唱致富歌						364189	265
13703	农姑忙			宣化县刘家窑	杨俊库	兰文种	364113	285
13704	燕剪柳						364208	1369
13705	十对花			张家口市庞家堡区碾儿沟村	赵玉珍	杨志明	364078	584
13706	散花谣			张家口市	李桂英	魏元俊	364076	576
13707	数蛤蟆			宣化县陈家房	邢福贵	梁挺爱	364164	228
13708	阳婆婆出来红满坡						364201	179

序号	篇名	民族	流传地区	采集地	讲述者	搜集者	数据库编号	字数
13709	十想			张家口市下花园中学	池有福	佳模、温夫	364077	173
13710	制毡歌			张家口市制毡厂	张文秀	霍佳模	363961	882
13711	二十四节气歌			张家口市	张万选	杨畅	364111	206
13712	拜堂歌			张家口市下花园区后堡村		李树成	364029	259
13713	闲下无事到园中			张家口市下花园区前大街	李香兰	尹建荣	364086	55
13714	煤窑是个鬼门关			张市下花园区	裴存贵	王鉴	363974	330
13715	上坟			茶坊区前屯	张润琴	梁挺爱	364103	1102
13716	十对花			茶坊区黄土窑村	岳明庆	赵洁心、王彤彦等	364080	189
13717	捉跳蚤			阳原县揣骨町村	李世珍	武枝	364091	219
13718	砸制钱			张家口市下花园区后堡村	张全宝	章玉民	363987	219
13719	小白兔			河北固城县建国乡于古屯村	黄增荣	刘淑河	364154	605
13720	童养媳			宣化县深井		杜立忠	364067	250
13721	十二棵树			张家口市下花园	池有福	霍佳模、温夫	364142	414
13722	赶脚调				刘官		364211	361
13723	致富谣			阳原县八马坊村	张玉珍	梁振清	364124	75
13724	出门歌			涿鹿县石堡滩村	冯彩云	蓝文种	364042	206
13725	深山沟里通汽车			张家口市郊区	王怀礼	杨畅	364123	479
13726	是非颠倒十年混			张家口市郊区	韩守启	杨畅	364019	302
13727	如今生活大变样			张家口市郊区	王怀礼	杨畅、顾建中	364122	309
13728	皮毛工人歌			张家口市制毡厂	关宏有	吕国荣、霍佳模	364060	184
13729	什么样政府好			张家口市庞家堡区小吴营村	程祥	土成芳	364120	410
13730	童养媳妇苦			宣化县辛家堡村		兰文种	364066	301
13731	芦沟桥事变			宣化县官亭壤村	龚万祥、龚万亮	邢易	364145	211
13732	五更寒			下花园煤矿	王文成	吕国荣、温夫	364059	351
13733	磨刀枪			宣化县秤达沟村	郝红得	兰文种、徐侍女	364000	281
13734	洋河水			于张家口市下花园区后堡村	池有福	安志刚	364119	406

序号	篇名	民族	流传地区	采集地	讲述者	搜集者	数据库编号	字数
13735	拍手谣			张家口市下花园区棘针屯	刘旭涛	翟建萍	364147	201
13736	小白菜			宣化区刘家窑	杨源	兰文种	364068	241
13737	泥瓦匠歌			张家口市下花园区城建局	李全	王永久	363962	206
13738	江姐			下花园区后堡村	刘元庆	李佃富	364151	213
13739	铁矿工人十二月			张家口市庞家堡区	张健	吕国荣、温夫	363973	1038
13740	绣荷包			宣化县梁家庄村	段林、赵金贵	普员、寒石	364053	392
13741	铜元砸边边			张家口市茶坊区宁远堡村	薛占光	南绍云	363986	325
13742	金娃娃			下花园区文化馆	李琳娟	阎秀兰	364163	182
13743	芦沟桥扔炸弹			宣化县分水口村	兰长林	顾胜勇	363990	375
13744	约郎歌			宣化县崞村	杨世福	杜立忠、徐侍女	364040	201
13745	了了歌			张家口市庞家堡区小吴营村	张国斌	谢宝刚、土成芳	364169	210
13746	学习李向阳			下花园煤矿	段志侠	段冬梅	364172	267
13747	催眠谣			张家口市庞家堡区小吴营村	施金梅	张源葆	364173	2855
13748	割韭菜			宣化县里口泉	刘柱	邢易	363972	188
13749	难出一号岗			下花园煤矿	刘次林	段志侠	364057	459
13750	拍手歌						364206	528
13751	交粮歌						364200	834
13752	站岗			张家口市庞家堡区、小吴营村	张国斌	谢宝刚	364009	1548
13753	社会主义更繁荣						364193	467
13754	刘胡兰						364150	331
13755	十撒歌			张家口市下花园区	高存义	李燕	364022	267
13756	珍珠倒卷帘			张家口市下花园区棘针屯	郭生金	屈建基	364143	76
13757	千家万户富门开						364190	252
13758	大家都来迎闯王			宣化县小村乡小村	李发连	阎生亮	363978	470
13759	头字谣			张家口市庞家堡区白庙村	王大魁	庆忠、凤贤	364184	390

序号	篇名	民族	流传地区	采集地	讲述者	搜集者	数据库编号	字数
13760	水刮张家口			张家口市茶坊区腰站堡村	张发	霍佳模、温夫	364139	339
13761	蒙汉兄弟是一家			茶坊区吉家房村	弓建军	梁挺爱	364018	228
13762	唱唱义和团			张家口市宣化区大东街	寇海荣	王鉴	363983	278
13763	四大拉杆			宣化县里口泉	刘柱	王秉诚	364001	240
13764	四劝歌			宣化县定方水村	王品	王鉴	364005	182
13765	中央军两杆枪			张家口市王家寨村	冀宝润	杨畅	363998	191
13766	埋地雷			张家口市宣化区	姚震清	温夫	363991	339
13767	出了个孙中山			张家口市郊区	张万银	李淑兰	363984	199
13768	拿上胡胡带上鼓			下花园区	裴存贵	王鉴	364100	381
13769	想亲人			张家口市庞家堡区小吴营村	程祥	土成芳	363995	557
13770	怀孕歌			张家口市郊区	田凤云	杨畅	364096	296
13771	逃婚			茶坊区	王军	柴扉	364052	238
13772	辘轳歌			宣化区南关东土关	王德富	温夫	363967	330
13773	小寡妇上坟			张家口市下花园	郭生银	屈建基	364070	232
13774	抗日歌谣（六首）						363988	229
13775	盼情妹			宣化县李家堡村	赵步峰	徐侍女	364038	235
13776	拉骆驼			宣化县陈家房	王树兵	梁挺爱	364105	208
13777	妇女解放			宣化县前所村		蓝文种	364097	571
13778	货郎歌			宣化县陈家房	白明忠	邓德忠	364101	202
13779	山村水电站			张家口市郊区	王怀礼	杨畅	364121	320
13780	五哥放羊				池有富		364214	1071
13781	请新郎			张家口市下花园区上花园村	高存义	李燕	364027	444
13782	种蓖麻						364197	365
13783	二板女			张家口市		杨畅	364095	353
13784	抽大烟			张家口市下花园区	张焕香	张冰玉	364085	272
13785	妓女告状			张家口市下花园区	张艾	屈建基	364072	306
13786	半斤莜面				周万恒		364210	229
13787	打夯歌			宣化县李家堡村	肖文义	徐侍女	363969	244
13788	十怕			张家口市庞家堡区白庙村	任玉魁	寒石、凤贤	364180	253
13789	长工歌			宣化县瓦窑沟村	李宽	兰文种	364063	368

序号	篇名	民族	流传地区	采集地	讲述者	搜集者	数据库编号	字数
13790	五哥放羊			张家口市下花园区后堡村	池有福	霍佳模、温夫	364056	248
13791	刮野鬼			茶坊区黄土窑村	岳明庆	霍佳模、赵洁心等	364046	296
13792	想你			宣化县古树营村	岳熙	蓝文种	364044	203
13793	颠倒歌			下花园煤矿	郗永富	郗得山	364178	77
13794	八路好			庞家堡区常峪口小学	杨淑兰、茹玉兰	许士魁	364012	186
13795	小河流水哗啦啦			张家口市庞家堡、区坝口村	王启	谢宝刚	364008	192
13796	犁地歌			张家口市宣化区	任福祥	温夫	363968	77
13797	军民合作			宣化县东望山	郑英	邢易	364007	242
13798	义和团歌			宣化区大东街	侯在山	王鉴	363981	477
13799	坐阵虎门烧鸦片			宣化小村乡小村	刘国章	阎生亮	363977	208
13800	相好靠情不在钱			张家口市北瓦盆窑		冯国耀	364036	245
13801	殡葬歌			下花园区上花园村	高存义	李燕	364031	569
13802	下亲仪式歌（三首）			宣化县水泉乡后沟村	温进才	张照平	364024	298
13803	儿歌六首			宣化县赵家堡村	王春和	邓德忠	364171	969
13804	耍钱汉			庞家堡区小吴营村	程祥、赵金贵	庆忠、普员等	364131	300
13805	打樱桃			张家口市	刘学军	李宝柱	364114	75
13806	九九歌			茶坊区腰站堡村	李玉英	欧有才	364112	372
13807	小女婿			宣化县陈家房	程秀云	梁挺爱	364109	527
13808	花喜鹊			茶坊区	梁兰	王雅敏	364107	1561
13809	找姥姥			张家口市茶坊区宁远堡村		张冰玉	364167	319
13810	歌唱黄羊山			宣化县暖店湾小学	曹贵	李秉银	364129	52
13811	外债拖了一大片			宣化综合厂	谢成	王鉴、王晓婵	364128	292
13812	姑嫂降香			茶坊区榆林村	要永	常万宝、梁挺爱	364138	218
13813	恨天骂地						364134	194
13814	情歌					王兴义	367796	182
13815	对花名				孙树槐	周福志	367797	231
13816	拨灯棍儿						367816	311
13817	小老鼠				王淑印	麻熙庄	367808	972
13818	麻野雀						367817	147
13819	烟洞的烟				薛素岭	张德恩	367822	150

序号	篇名	民族	流传地区	采集地	讲述者	搜集者	数据库编号	字数
13820	糖瓜祭灶						367815	150
13821	棉花桃儿				薛素岭	张德恩	367823	149
13822	衙门口儿						367813	252
13823	刮喇叶						367819	412
13824	羊巴巴蛋儿				张增桥	张德恩	367824	300
13825	一日力田						367814	283
13826	炊帚篾儿搓搓				张增桥	张德恩	367827	345
13827	月亮爷，白光光				王淑印	麻熙庄	367803	158
13828	呱喇叶水上漂				王淑印	麻熙庄	367811	118
13829	六想				宁惠娟	胡三省	367799	112
13830	小板凳				王淑印	麻熙庄	367809	203
13831	茉落叶				张增桥	张德恩	367833	205
13832	里溜儿里				薛素玲	张德恩	367820	207
13833	豆角儿				张增桥	张德恩	367835	340
13834	羊羔儿咩咩				张增桥	张德恩	367828	84
13835	星星·月亮				王淑印	麻熙庄	367802	1367
13836	罗锅腰				王淑印	麻熙庄	367801	296
13837	盘脚儿盘				张增桥	张德恩	367826	140
13838	大实话				马老颖	曹文元	367798	251
13839	小纺车				张增桥	张德恩	367830	960
13840	夯歌				王锁	王兴义	367795	140
13841	棉花桃儿				张增桥	张德恩	367831	136
13842	妇女解放歌				宁惠娟	胡三省	367800	241
13843	镑搭门儿				张增桥	张德恩	367829	220
13844	一个少妇						367818	190
13845	蒲棱车				王淑印	麻熙庄	367805	262
13846	星星				王淑印	麻熙庄	367810	278
13847	说瞎话				王淑印	麻熙庄	367806	681
13848	眉儿豆叶				张增桥	张德恩	367834	215
13849	石榴树				张增桥	张德恩	367832	369
13850	小小子				王淑印	麻熙庄	367804	196
13851	北秫秫秸				张增桥	张德恩	367825	314
13852	红葫芦儿				薛素岭	张德恩	367821	126
13853	小纺车						367812	401

序号	篇名	民族	流传地区	采集地	讲述者	搜集者	数据库编号	字数
13854	拉大锯				王淑印	麻熙庄	367807	214
13855	看闺女				李荣芬	张超智	368808	116
13856	观四季			城关镇	关喜女	潘忠禄、张超智	368784	155
13857	槐莲豆				杨秋国	张秀玉	368878	276
13858	六杯茶			城内	张巧段	潘忠录、张超智	368792	495
13859	抨缰绳				于秀荣	培深	368876	206
13860	十二个月				孟老民	孟淑敏	368789	270
13861	背背倒倒				扬秋国	张秀玉	368868	214
13862	阎王知县				董立柱	张洪典	368788	153
13863	小白狗赶白兔				周新巧	孟淑敏	368860	332
13864	打婆变驴				李永琴	张惠中	368890	109
13865	十秃子				马俊巧	张超智	368887	412
13866	当兵好				张建军	张超智	368800	294
13867	提起俺那媳妇				扬二气	张超智	368816	105
13868	当兵好				刘改芬	培深	368801	148
13869	板凳板凳立摞				杨秋果	张秀玉	368859	245
13870	放风筝				马月玲	张超智、潘忠录	368812	233
13871	搭戏台				马俊巧	张超智	368805	405
13872	小寡妇上坟				秦淑玲	张超智	368810	772
13873	小女婿				张玉巧	张超智	368809	378
13874	要婆家				张万盛	张超智	368827	790
13875	俺娘骂俺小奶奶				张秀波	张秀玉	368840	215
13876	十棵树				郭永存	张超智	368834	95
13877	支前小唱				张巧段	潘忠禄、张超智	368795	171
13878	小蝈蝈没材料				张大平	张惠中	368850	183
13879	我们都是游击队的好朋友				张巧段	潘忠禄	368796	162
13880	行路君子进村庄				秦淑玲	张超智	368889	492
13881	大实话				张金贵	潘忠禄、王俊岭	368884	772
13882	一对花女登花杆				武梅萍	武敬伟	368843	491
13883	探妹				李永存	潘忠禄、张超智	368824	123
13884	小老鼠登碾子				杨秋国	张秀玉	368865	124
13885	皇协军反正歌				张巧段	潘忠禄、张超智	368799	401
13886	拉草绳				宋小敏	张惠中	368875	112
13887	送情郎				张巧段	潘忠禄	368794	474

序号	篇名	民族	流传地区	采集地	讲述者	搜集者	数据库编号	字数
13888	锯大缸				李永琴	张慧中	368892	204
13889	十大劝			苏营村	李丙辰	邢雪敏	368791	1084
13890	坐门墩儿				马俊棉	梁玉章	368864	906
13891	寻个女婿不成材				于秀荣	培深	368839	986
13892	挖路歌				张巧段	潘忠禄、张超智	368797	147
13893	哭五更				王玉素	潘忠禄、张超智	368803	4284
13894	小白鸡墙头卧				康秀英	康晓霞	368861	844
13895	为了抗战搞生产				张巧段	潘忠禄、张超智	368798	505
13896	锴锴锣				杨秋果	张秀玉	368858	746
13897	九红攻书				秦淑贤	张超智	368823	692
13898	这那歌				小昌娘	马殿卿	368882	212
13899	从前中国有皇帝				董立柱	张洪典	368787	156
13900	小王与妙梅				郭二存	张超智	368825	1238
13901	十二个月献花				程绍宾	张超智、潘忠禄	368821	168
13902	扽手巾				杨秋国	张秀玉	368879	402
13903	织手巾			李庄村	秦淑惠	张超智	368785	338
13904	我抬根你抬梢				杨目	张秀玉	368855	146
13905	织包袱				宋小敏	张惠中	368874	514
13906	送丈夫				马信巧	张超智、潘忠禄	368830	249
13907	三钱买个新媳妇				于秀荣	培深	368842	225
13908	小枣树				张万盛	张超智	368856	92
13909	月亮地儿				李月芬	张超智	368853	289
13910	三皇姑出家				程绍宾	潘忠禄、张超智	368837	357
13911	说公婆				马俊巧	张超智	368841	399
13912	书生闹绣房				马俊巧	张超智	368822	218
13913	王二姐割葱				秦月玲	张超智	368826	177
13914	锣锣				杨秋国	张秀玉	368866	113
13915	说假话				杨秋国	张秀玉	368883	165
13916	种棉花				董河信	董汉中	368786	669
13917	小金女				姚永格	张超智	368844	249
13918	大白鹅				牛凤英	扬计改	368849	429
13919	上梯子				杨秋国	张秀玉	368877	130
13920	娃娃听了就长大					商秀青	368802	103
13921	小二姐做梦				秦月玲	张超智	368828	150

序号	篇名	民族	流传地区	采集地	讲述者	搜集者	数据库编号	字数
13922	买卖长盖楼房				傅金玲	扬计改	368817	164
13923	瞎白话				尹敬华	尹金锋	368886	123
13924	小歪辫				党秀芬	张梅名	368806	123
13925	送情郎				马俊巧	张超智、潘忠禄	368831	350
13926	王二姐受气				秦淑玲	张超智	368804	99
13927	蚂蚱算卦				马俊巧	张超智	368862	141
13928	数叨嘴				于秀荣	培深	368845	202
13929	拉你还用这个笆				孙策	孙存计	368888	128
13930	老鸹窝				牛凤英	扬计改	368847	135
13931	小老鼠上灯台				张大平	张超智	368848	259
13932	小棉纸				张大平	张超智	368846	759
13933	小枣树弯又弓				扬秋国	张秀玉	368880	223
13934	小枣树蓖针多				李月芬	张超智	368854	189
13935	踢踢盘盘				杨秋国	张秀玉	368869	190
13936	娶了媳妇不要娘				张彩霞	张超智	368852	95
13937	大白话				唐克敬	任庆刚	368885	573
13938	打乒乓				孟欣	孟若平	368871	499
13939	没钱老汉赶年集				孙策	王群焕	368818	145
13940	点点豆豆				扬秋国	张秀玉	368867	132
13941	摘黄瓜				王芹改	王群焕	368870	250
13942	对花瓶				马俊巧	张超智	368872	277
13943	春字歌				小昌娘	马殿卿	368881	456
13944	两头忙				张爱平	张忠信	368891	705
13945	南海老母度众生				周新巧	周新巧	368820	116
13946	我家有个胖娃娃				张万盛	张超智、潘忠禄	368813	256
13947	小寡妇上坟				周新巧	孟淑民	368829	855
13948	卖饺子				马俊巧	潘忠禄、张超智	368811	95
13949	三皇姑浇花				程绍宾	潘忠禄、张超智	368836	114
13950	小放牛				牛年春	王俊玲	368807	587
13951	井里开花				武梅萍	武敬伟	368851	691
13952	瓜籽嗑				张令彩	张巧彩	368863	140
13953	小柳树				杨秋果	张秀玉	368857	258
13954	三人观灯				潘忠禄	梁玉章	368815	103
13955	观音菩萨下瑶台				程绍宾	潘忠禄	368819	635

序号	篇名	民族	流传地区	采集地	讲述者	搜集者	数据库编号	字数
13956	郭巨埋儿				秦月玲	张超智	368835	123
13957	十二个月				周新巧	孟淑敏	368833	133
13958	尼姑哭五更				郭永存	张超智	368832	160
13959	两年的抗战怎么样				张巧端	张超智、潘忠录	368793	319
13960	皇娘五更梦				周新巧	孟淑敏	368838	390
13961	三女婿拜年				张金贯	潘忠禄	368814	1095
13962	朱德将军之歌				张巧段	张超智、潘忠禄	368790	413
13963	盘盘念念				宋小敏	张惠中	368873	687
13964	无题						371686	62
13965	无题						371680	355
13966	走在乡间的小路上						371633	327
13967	恩爱夫妻						371630	62
13968	三大急						371656	216
13969	无题						371634	211
13970	酒、色、财、气						371649	164
13971	歌谣四首						371662	110
13972	无题						371673	149
13973	赞“富民政策”						371625	73
13974	四大宽						371655	329
13975	无影踪					宋秉旺	371688	95
13976	无题						371638	325
13977	无题						371677	83
13978	“富民政策”好						371628	51
13979	无题						371685	119
13980	无题						371658	60
13981	瞻前顾后						371645	70
13982	无题						371675	62
13983	求她嫁						371622	60
13984	忘恩负义						371621	60
13985	无题						371657	280
13986	送哥参军						371615	167
13987	无题						371664	215
13988	军民鱼水情						371618	131
13989	无题						371668	109

序号	篇名	民族	流传地区	采集地	讲述者	搜集者	数据库编号	字数
13990	忆过去						371624	110
13991	无题						371670	160
13992	无题						371669	92
13993	穷酸						371654	262
13994	无题						371674	80
13995	无题						371684	60
13996	谁也不相信						371644	70
13997	无题						371678	92
13998	四大清闲						371643	446
13999	无题						371683	154
14000	无题						371647	253
14001	姑娘大没样《丑姑娘》						371690	117
14002	说了个头						371689	149
14003	懒大嫂						371641	316
14004	赞“康保特产”						371635	94
14005	卖老婆						371637	144
14006	危害之大						371632	559
14007	歌唱共产党						371619	526
14008	无题						371676	180
14009	大生产						371616	60
14010	圆又圆						371687	390
14011	想亲人						371620	178
14012	四大圆						371642	95
14013	无题						371646	60
14014	无题						371640	238
14015	为了两吨一出溜						371636	88
14016	无题						371663	366
14017	时运三则						371652	331
14018	劝赌						371629	79
14019	常穷						371651	83
14020	四大呕心						371631	48
14021	无题						371682	258
14022	无题						371679	202
14023	无题						371661	137

序号	篇名	民族	流传地区	采集地	讲述者	搜集者	数据库编号	字数
14024	佣人自叹						371660	166
14025	破皮袄						371653	370
14026	三多，三少，三喜欢，三恼						371659	135
14027	无题						371666	160
14028	赞“富民政策”						371626	122
14029	婚姻自由						371627	150
14030	歌唱“解放区”						371617	42
14031	无题						371691	71
14032	无题						371672	154
14033	催眠曲						371671	60
14034	无题						371667	213
14035	无题						371681	232
14036	无题						371665	78
14037	酒、色、财、气						371650	112
14038	无题						371648	71
14039	嫁不称心						371623	52
14040	想“过去”						371639	196
14041	农妇忙					高景元	382245	84
14042	时令歌（4首）					梁国民	382249	90
14043	九九歌					高景元	382252	112
14044	义和团歌谣				李英贤、全作军	梁国民、王书骅	382247	176
14045	新九九歌						382251	154
14046	思母泪					高景元	382244	117
14047	哄娃娃					高景元、刘文忠等	382246	1099
14048	老九九歌					张拱辰	382250	180
14049	行唐古人歌		行唐县内	上滋洋颍南村	姑香、杨洛仁	杨平	384369	1335
14050	行唐县村名歌		行唐县内		张多奎、张祥竹	乔英军、严立新等	384370	585
14051	拧蒲团			南关村	张永秀	张存环	386136	113
14052	工农兵歌					邢书凡	386150	121
14053	三皇姑担经				刘喜芝	李予	386229	84
14054	打南京				魏同振	李予	386164	226

序号	篇名	民族	流传地区	采集地	讲述者	搜集者	数据库编号	字数
14055	耍钱的					张存环	386214	155
14056	找对象			赵庄村	田菊海	张存环	386193	164
14057	小老鼠心气高					张冬岭	386236	78
14058	孔子访晋					郝建伍	386225	79
14059	闹灾荒					张冬岭	386142	124
14060	板凳立着					张存环	386239	307
14061	小老鼠					张冬岭	386237	119
14062	要饭歌					张存环	386210	266
14063	度饥饿歌					邢书凡	386200	79
14064	受气的媳妇					信越峰	386218	167
14065	小板凳					郭瑞岭	386238	318
14066	出来耍来					李予	386255	176
14067	小白菜				张荣	李予	386212	166
14068	寡妇的日子好难过			苏邱村		张存环	386205	224
14069	小白鸡				董海祥	郭瑞岭	386263	92
14070	纺织劳动到三更					杨梅山	386199	79
14071	老来难					李予	386203	91
14072	板凳落落					解之维	386241	146
14073	灰灰菜				张永秀	张存环	386213	111
14074	小小子儿				孙艳蓉	张中蜻	386281	197
14075	光棍好				崔志林	张存环	386209	114
14076	群虫遭殃歌					郝建伍	386283	425
14077	小喜鹊				陈瑞江	高梅书	386224	285
14078	爷去投八路			圪塔头村	王半农	张存环	386161	277
14079	小胖小儿					张存环	386269	95
14080	姑舅亲，辈辈亲					张存环	386221	192
14081	新年来到			栾城镇	张昭宇	张存环	386177	316
14082	寡妇哭夫						386204	158
14083	洗脸盆				校小罐	郭瑞岭	386259	181
14084	回娘家				张永秀	张存环	386197	107
14085	姑娘想婆家					张冬岭	386182	153
14086	请医生				崔俊州	阎振英	386222	155
14087	夸妹妹				张永秀	张存环	386219	93
14088	老百姓遭磨难					张冬岭	386157	135

序号	篇名	民族	流传地区	采集地	讲述者	搜集者	数据库编号	字数
14089	洞房铺被歌			南关村	张永秀	张存环	386175	108
14090	弟兄仨分家					张冬岭	386230	142
14091	大脚好				张永秀	张存环	386215	163
14092	月月忙				高梅书	陈瑞江	386295	150
14093	发动妇女歌					邢书凡	386152	1129
14094	小枣树				张永秀	张存环	386265	185
14095	谁敢上我的高高山					张昭宇、张存环	386253	192
14096	不敢姓班改姓高					张荣义	386231	81
14097	送哥上前线				蔡菊子	董振梅	386153	70
14098	大瞎话					张存环	386267	125
14099	板凳板凳落落					李予	386240	149
14100	窗户花，剪子裁					李予	386289	156
14101	跑马城					解之维	386254	98
14102	花喜鹊				孙艳蓉	张中靖	386280	151
14103	小老鼠					郭瑞岭	386233	97
14104	孩子们，出来耍				陈瑞江	高梅书	386277	95
14105	烟囱烟				张永秀	张存环	386256	79
14106	棉花桃				陈瑞江	高梅书	386276	232
14107	点小鞭					张冬岭	386275	182
14108	你吃甜来你吃酥					徐俊秀	386250	309
14109	麻野雀					张存环	386201	327
14110	对花瓶				张昭宇	张存环	386252	1263
14111	圆梦歌					张存环	386284	112
14112	拉锯					郭瑞岭	386243	111
14113	小老鼠儿					张昭宇	386232	263
14114	新打的镰刀不用磨					张冬岭	386185	544
14115	看你个小秃发刁不发刁				陈瑞江	高梅书	386294	93
14116	二十四五正当年					董振梅	386291	292
14117	大秃子得病					徐俊秀	386249	147
14118	登紧紧					张冬岭	386264	207
14119	月亮地儿					郭瑞岭	386196	92
14120	小升子儿					信越峰	386261	163
14121	大实话					郝建伍	386292	79
14122	情人长得实在强					张冬岭	386183	155

序号	篇名	民族	流传地区	采集地	讲述者	搜集者	数据库编号	字数
14123	女大十八变					张存环	386191	94
14124	“文革”干部			张村		张书贵	386169	109
14125	小小子快快长					张存环	386270	77
14126	二人保主没真心			张家辛庄村	蔡菊子	董振梅	386140	51
14127	寻郎					董振梅	386192	109
14128	小老鼠上谷穗儿					李予	386235	79
14129	花开十二月				樊君	李梅彦	386286	154
14130	南海拜寿				张永秀	张存环	386227	846
14131	斗，斗，斗					郭瑞岭	386167	191
14132	穷人真可怜					杨梅山	386187	155
14133	古代年龄歌					郭瑞岭	386288	263
14134	杨寡妇蹬轧车					郝建伍	386206	279
14135	青工歌					杨梅山	386145	1175
14136	千年道走成河				董海祥	郭瑞岭	386216	197
14137	点兵					张冬岭	386262	81
14138	十八大姐三岁郎					徐俊秀	386223	166
14139	探妹				董海祥	郭瑞岭	386184	84
14140	回婆家					郝建伍	386217	116
14141	乌鸦护短					董振梅	386290	92
14142	一口气把小日本赶到山海关				蔡菊子	董振梅	386154	134
14143	迎新年					张存环	386178	755
14144	红军				郭小寿	郭瑞岭	386144	91
14145	东瓜长毛					郭瑞岭	386190	126
14146	打元氏城				智刚山	李予	386163	566
14147	有钱还是盖北房					张存环	386189	112
14148	大实话				黄老响	阎振英	386293	386
14149	你说一，我对一				孙艳蓉	张中靖	386282	408
14150	“文革”期间的电影					张存环	386287	144
14151	年年不好过				郭宗泽	郭瑞岭	386186	210
14152	小老鸹					张冬岭	386285	192
14153	学插花					郝建伍	386137	199
14154	梨儿不要提					张冬岭	386181	285
14155	妇女们翻了身				蔡菊子	董振梅	386156	111

序号	篇名	民族	流传地区	采集地	讲述者	搜集者	数据库编号	字数
14156	上梁喜欢				阎明子	阎振英	386179	912
14157	新洞房铺床歌			南关村	张永秀	张存环	386176	102
14158	打竹板					张冬岭	386248	278
14159	今年不比往常年			张家辛庄	蔡菊子	董振梅	386147	279
14160	板凳板凳落落				陈瑞江	高梅书	386279	365
14161	选村长				王连弼	董振梅、郭瑞岭	386151	180
14162	小纺车					张冬岭	386139	105
14163	穷八路富民军					董振梅	386162	80
14164	有了成绩自己吹			柳林屯村		张书贵	386168	160
14165	年头不好粮食贵				郭宗泽	郭瑞岭	386188	148
14166	八月秋风凉				蔡菊子	董振梅	386155	95
14167	妇女参军歌					郝建伍	386158	185
14168	夫妻对话				张明锁	张存环	386220	73
14169	娃娃参军				晨祥	董振梅	386160	154
14170	光棍儿苦			苏邱村		张存环	386207	139
14171	打冶河炮楼				陈黑旦	董振梅	386159	75
14172	八仙拜寿				乔大新	李予	386228	279
14173	打你爹的下巴骨					张昭宇	386246	148
14174	小小子					张存环	386245	94
14175	光棍哭妻					郝建伍	386208	445
14176	闲着牛马闹深翻			苏邱村	崔志林	张存环	386173	196
14177	苣苣菜				张昭宇	张存环	386194	107
14178	盘脚盘					郝建伍	386251	131
14179	古人名					郝建伍	386226	198
14180	公社开会			苏邱村	李荣女	张存环	386171	363
14181	看看猪肉香不香				张昭宇	张存环	386242	135
14182	一对鹁鸽闹登登					郝建伍	386202	165
14183	小蚂蚱					李予	386244	159
14184	棉花歌				张荣	李予	386138	154
14185	红高粱叶				陈瑞江	高梅书	386278	119
14186	小秃偷桃					张存环、郭生新	386268	236
14187	愣怔					张存环	386274	357
14188	回娘家					董振梅	386198	120
14189	打竹板					张昭宇	386247	102

序号	篇名	民族	流传地区	采集地	讲述者	搜集者	数据库编号	字数
14190	寻个女婿没成色					董振梅	386195	149
14191	苜蓿花				张永秀	张存环	386266	219
14192	儿童团歌					邢书凡	386148	144
14193	小闺女儿					李予	386260	115
14194	小金女儿				张永秀	张存环	386258	187
14195	椿树椿				张永秀	张存环	386257	364
14196	红军歌					张荣义	386143	318
14197	拔穷根				刘保林	阎振英	386174	914
14198	不叫包工叫定额			南柴村	张瑞祥	张存环	386170	106
14199	老百姓受了罪			苏邱村		张存环	386172	450
14200	交杯酒歌					王半农	386180	120
14201	小老鼠上谷囤儿					张存环	386234	134
14202	小红鞋					董振梅	386211	76
14203	小小子儿					解之维	386271	109
14204	小妮子儿					解之维	386272	192
14205	点一点					解之维	386273	199
14206	抄后路的冯玉祥				蔡菊子	董振梅	386141	107
14207	刘邓大军上前线				魏永振	李予	386166	112
14208	打平山				魏同振	李予	386165	144
14209	我去当兵走			张家辛庄村	蔡菊子	董振梅	386149	185
14210	八路军好			栾城县政协	张化民	张存环	386146	79
14211	窖洞烟					廖志存	386896	137
14212	大正房				敦忠和	任勇	386863	52
14213	队里不吃香						386823	173
14214	蔓豆花					廖志存	386897	82
14215	咱要大干谱新曲					李富生	386880	236
14216	小小猪				刘兰英	冯米山	386860	1511
14217	牵牛花				胡玉妹		386956	110
14218	我家有个胖娃娃					许淑芳	386893	209
14219	狼打柴，狗烧火					卢俊芝	386858	69
14220	衙门口		石市西部郊区			敦春玉	386798	163
14221	鼻子					韩庆志	386886	147
14222	政策好象刮金板					李富生	386805	178
14223	过年					任勇	386839	92

序号	篇名	民族	流传地区	采集地	讲述者	搜集者	数据库编号	字数
14224	我愿华佗神医在						386799	80
14225	家家户唱富有					谢志福	386816	121
14226	莫响干雷不下雨					李富生	386802	175
14227	村风歪				郭忠和	任勇	386792	192
14228	事换事					李建新	386831	129
14229	中学毕业生					李富生	386825	265
14230	夫妻对话（两首）					梁惠欣	386841	283
14231	小日本儿，不说理儿					李蕊、马秋芬	386807	358
14232	女孩我生得苦					郭伟民	386842	165
14233	吃政治饭的						386796	368
14234	嫁女歌					李富生	386822	124
14235	第一章生长						386989	110
14236	苦歌甜歌我记怀					李富生	386819	450
14237	天上下雨地下滑					韩庆志	386885	230
14238	长工歌						386824	123
14239	盘脚盘				刘淑宵	冯米山	386972	144
14240	小女婿					何善祥	386846	84
14241	小青蛙				胡玉妹		386953	140
14242	一年四季花					陈秀珍	386889	83
14243	蒺蒺草				史连善英		386908	244
14244	放马（五首）					张恒顺	386874	96
14245	蝴蝶				刘立华		386955	142
14246	洗衣裳					李富生	386851	81
14247	过年				冯花枝	冯米山	386838	146
14248	绣手帕				刘兰英	冯米山	386872	81
14249	小老鼠				马风菊	冯米山	386944	177
14250	三轮车，跑得快					刘海宾	386847	205
14251	观灯					韩庆志	386884	112
14252	车轱辘菜				胡尚华		386917	81
14253	看支部					李鸿飞	386830	84
14254	数葵花					李富生	386959	170
14255	党给指路子					李富生	386820	96
14256	蚂蚱的命运				胡玉艳		386916	369
14257	撵老鸹					任勇	386848	98

序号	篇名	民族	流传地区	采集地	讲述者	搜集者	数据库编号	字数
14258	蚱蜢棵				薛理		386914	142
14259	小宝宝				张贵芝	孙丽丽	386867	138
14260	蚂蚱菜				窦逢春		386915	111
14261	宾相唱的八拜喜歌				任喜荣		386840	180
14262	土地改革到了咱们村						386994	256
14263	冬种					李凤露	386790	153
14264	讲卫生					李建新	386935	606
14265	男子大丈夫				贾景子	李富生	386930	95
14266	拉大锯				孙士林	冯米山	386938	172
14267	小二姐			柳辛庄	和贵	侯金波	386888	111
14268	蚂蚱菜				窦逢春		386922	197
14269	木匠拉大锯歌				任来福	任勇	386782	204
14270	念经的善友老婆						386929	81
14271	八路军和老百姓				郭秉钧		386992	137
14272	秧苗乐得直点头					李富生	386958	604
14273	白菜邦，邦白菜					许淑芳	386892	286
14274	小枣树					任勇	386941	274
14275	小二姐烙饼				何喜祥	任勇	386928	183
14276	鸡鸡翎				刘兰英	冯米山	386947	109
14277	苣麻菜				张丽娟		386912	604
14278	柏翎树					冯米山	386946	124
14279	白闺女儿				王惠琴	冯米山	386873	82
14280	背背				刘兰英	冯米山	386950	69
14281	鸡鸡翎				李兰香		386957	81
14282	红灯		围场县郊区一带		史连英	胡玉翠	386991	103
14283	扬场机					李富生	386788	61
14284	拾粪					李富生	386961	172
14285	嫁祸						386990	209
14286	明年春天再发芽				张家田	冯米山	386979	191
14287	木匠凿铆歌				任来福		386781	99
14288	窑洞里烟				高风琴	冯米山	386968	95
14289	虎和猫				王子堂	任勇	386985	187
14290	走婆家				贾景子	任勇、李富生	386986	86
14291	月亮地，明光光					卢俊枝	386800	137

序号	篇名	民族	流传地区	采集地	讲述者	搜集者	数据库编号	字数
14292	十二月表古人			石家庄市谈固乡	李生	卜秀娥、刘兴旺	386982	107
14293	酒令歌				胡国凤	任勇	386837	102
14294	社员个个乐悠悠					谢志福	386817	97
14295	割不断对党重重情					李富生	386854	145
14296	拍皂角					冯米山	386970	62
14297	杀羊羔				冯秀英	冯米山	386869	128
14298	孩子们出来一大群				张福存	冯米山	386963	122
14299	党的政策甜透心					李富生	386881	107
14300	打电话					李鸿飞	386975	22
14301	笑话笑					侯金波	386887	100
14302	板凳摞				赵根录	冯米山	386945	80
14303	小小子，拿钥匙					许淑芳	386895	81
14304	金太行（三首）					史荣莉	386814	194
14305	槐树槐				冯花枝	冯米山	386904	97
14306	卖饺子歌		石家庄一带		任爱生		386996	233
14307	山麻雀				李兰香		386918	148
14308	种西瓜					任勇	386940	348
14309	扁豆角				艾亚儒		386927	502
14310	二十八宿			石家庄市郊区谈固乡	李生	卜秀娥、刘兴旺	386987	222
14311	小寡妇上坟			柳辛庄	贾景子	李富生	386931	105
14312	打石门					张兵海	386809	340
14313	背遭遭					冯米山	386949	247
14314	回娘家				贾景子	任勇	386934	123
14315	猫推磨				丁兰芳	冯米山	386967	148
14316	欠上社员良心账					赵明来	386801	74
14317	破水车				冯二瞎	冯米山	386900	52
14318	袁世凯的头					李长存	386806	163
14319	吃西瓜				李会芝	冯米山	386937	68
14320	电工歌					李富生	386787	122
14321	机器船					李富生	386960	861
14322	花大姐					任勇	386939	254
14323	村干部				郭忠和	任勇	386794	2759
14324	懒婆做饭			柳辛庄	贾景子	任勇、李富生	386932	268
14325	日头落					李江	386804	127

序号	篇名	民族	流传地区	采集地	讲述者	搜集者	数据库编号	字数
14326	拉大锯					李鸿飞	386973	105
14327	绣枕头					史莉荣	386815	81
14328	撵老鼠					廖建军	386866	194
14329	浇园歌				敦过春	任勇	386784	83
14330	六指儿嫂					任勇	386882	219
14331	小蔓菁				张家田	冯米山	386942	610
14332	打竹板				刘新立	冯米山	386861	147
14333	户户开起小银行					谢志福	386818	81
14334	车轱辘菜				窦逢春		386921	79
14335	扫帚枝，泪汪汪					许淑芳	386891	67
14336	扎崩棵				胡尚华		386909	3697
14337	裱糊匠歌				高琳	任勇	386785	227
14338	黑小子放黑牛					卢俊芝	386857	117
14339	捧臭脚				郭忠和	任勇	386793	90
14340	小板凳四根腿					贾桂君	386856	81
14341	十二月花开					任勇	386834	98
14342	大河小河一齐流					李富生	386821	127
14343	催眠曲				徐学飞	刘学均	386952	112
14344	菜农温室花争艳					李富生	386853	2832
14345	光棍哭妻			石市郊区柳辛庄	霍喜祥	李富生	386905	135
14346	吃大锅饭				李富生、贾景子		386828	393
14347	日子越过越舒坦					陆新义	386812	430
14348	宣传部					李鸿飞	386833	232
14349	傻闺女					廖志存	386850	209
14350	酒令歌帽儿（两首）						386836	137
14351	八路军歌					陆新义	386810	303
14352	小白兔				丁兰芳	冯米山	386951	111
14353	炸窝鸡					任勇	386849	105
14354	六十花甲子				李生	卜秀娥、刘兴旺	386983	135
14355	游击队					梁惠欣	386813	164
14356	小闺女，上梯子					许淑芳	386894	117
14357	喜鹊花				孙风茹		386844	164
14358	雪里送炭古来稀				张家田	冯米山	386977	95
14359	大年五更黑古冬				贾景子	任勇、李富生	386984	165

序号	篇名	民族	流传地区	采集地	讲述者	搜集者	数据库编号	字数
14360	羊巴巴蛋				刘兰英	冯米山	386898	54
14361	棉花桃				檀秀芳	冯米山	386902	178
14362	窑洞烟					冯米山	386948	442
14363	黑丑白丑				李玉珍		386843	113
14364	民办教师				李富生	任勇	386826	83
14365	春雨贵如油				张家田	冯米山	386980	915
14366	没有砖石难盖房					李富生	386803	109
14367	进城					史荣莉	386808	89
14368	金莲花				史连英		386954	124
14369	滹沱河，往东流					陆新义	386811	81
14370	眠曲					张恒顺	386962	130
14371	不是用气吹的					李富生	386926	94
14372	拍豆角				刘兰英	冯米山	386981	81
14373	穷人衣				贾景子	任勇、李富生	386827	146
14374	金奶奶，银奶奶				刘兰英	冯米山	386971	109
14375	胖娃娃		河北各地		黄鸿儒		386997	10387
14376	小老鼠				刘艳玲	冯米山	386964	394
14377	侯七命不强				贾景子	任勇	386933	211
14378	吃大锅饭				郭忠和	任勇	386795	145
14379	送春韭					李富生	386786	109
14380	冀中抗日歌				何善祥		386998	134
14381	蔬菜令					张恒顺	386875	262
14382	串亲戚				任印堂		386995	141
14383	狗吃了					李鸿飞	386832	146
14384	筒子愚鼓北D调				王子堂	任勇	386999	96
14385	小蔓菁					卢俊芝	386936	330
14386	一二三四五				张梅书	冯米山	386943	246
14387	不叫吃咱就磨					李富生	386925	91
14388	马莲花				宋欣梅		386910	63
14389	一寸光阴一寸金				张家田	冯米山	386978	54
14390	青莱阵				薛理		386923	95
14391	妗子瞅两眼					王玲莉	386864	224
14392	车轱辘菜				胡尚华		386920	282
14393	扁豆叶，四方方					许淑芳	386890	264

序号	篇名	民族	流传地区	采集地	讲述者	搜集者	数据库编号	字数
14394	扁豆角				孙凤茹		386919	63
14395	菠菜根儿					任勇	386966	95
14396	露水草				冯秀兰		386911	154
14397	风来了				李会芝	刘米山	386965	139
14398	打夯歌					任勇	386780	109
14399	磨豆腐歌		石家庄市农村			李富生	386791	113
14400	大公鸡				李兰会		386907	129
14401	擦板凳				刘淑宵	冯米山	386969	81
14402	一个大姐本姓春				李生	卜秀娥、刘兴让	386845	203
14403	党是革命的火车头					李富生	386877	214
14404	姑娘花开十二月				刘兰英	冯米山	386835	81
14405	对花				刘兰英	冯米山	386871	363
14406	声声带着咱感情					李富生	386876	172
14407	十颗星						386868	458
14408	牡丹花				刘兰英	冯米山	386870	103
14409	挨斗				李富生、贾景子		386829	198
14410	月亮地儿				丁兰芳	冯米山	386903	156
14411	霜降的菊花					任勇	386883	199
14412	俺去南洋做买卖				李娥子	冯米山	386865	76
14413	人心不足蛇吞象				张家田	冯米山	386976	121
14414	白眼狼					敦春玉	386859	176
14415	秋耕					李凤录	386789	225
14416	拉关系				郭忠和	任勇	386797	81
14417	说“黑”					张恒顺	386879	112
14418	半升的				高风琴	冯米山	386901	220
14419	一家子					李鸿飞	386974	73
14420	绣出农家画一卷					李富生	386852	91
14421	瓦匠歌				任印堂	任勇	386783	348
14422	小枣树				刘兰英	冯米山	386899	152
14423	连花落					张恒顺	386878	126
14424	扁豆角				艾亚儒		386924	243
14425	夸女婿						386993	205
14426	三皇姑出家——千手千眼佛的传说		河北省滹沱河一带		常润芳	李建新	386988	336

序号	篇名	民族	流传地区	采集地	讲述者	搜集者	数据库编号	字数
14427	红花歌				孙凤茹		386913	154
14428	飞机头，最好看					赵丽芬	386855	335
14429	老来难		河北省石家庄一带			李富生	386906	125
14430	好吃懒做					张海秀	386862	134
14431	小老鼠上谷穗儿		南宫东南部	讲述人家	梁秀云	王桂霞、李继章	393753	106
14432	卖年糕		南宫西北一带	南宫二中	杨学志	李继章	393760	219
14433	手榴弹				徐大娥	王德	393791	333
14434	小妮子，拉筢筢儿		南宫东南部	讲述人家	梁秀云	王桂霞、李继章	393754	211
14435	四大歌		南宫东南一带	前镇南村	姚新臣	齐真	393775	120
14436	东一阵西一阵				冯兰女	王德	393801	174
14437	喜洋洋				冯兰女	王德	393803	362
14438	打埋伏				徐大娥	王德	393792	180
14439	一辈子没喝上饺子汤		南宫东南部	讲述人家	梁秀云	王桂霞、李继章	393747	148
14440	抗日英雄人人爱		冀南一带	李和生村	冯兰女	王德	393799	358
14441	游击队		南宫城乡	进修学校	张灵霄	刘连源	393779	269
14442	卖甜梨		南宫西北部	南宫二中	杨学志	李继章	393746	213
14443	胡说		南宫北部农村	讲述人家	李清爽	张明梧	393764	282
14444	人人抗战				孟哲夫	王德	393816	223
14445	没娘的孩怎么过		南宫东南部	电影院	赵焕菊	王桂霞	393756	82
14446	站岗				冯兰女	王德	393804	140
14447	鬼子哭皇天				冯兰女	王德	393806	92
14448	死狗熊				徐大娥	王德	393790	251
14449	俺要八个郎		南宫东南部	讲述人家	梁秀云	王桂霞、李继章	393752	104
14450	天上星多月不明		南宫东南部	南宫马家村小学	马宪参	刘长林	393748	457
14451	老太太真有福		南宫西北部	南宫二中	杨学志	李继章	393743	149
14452	颤莲花		南宫北部农村	宋村	张雨亭	张明梧	393765	324
14453	小鞭子		南宫北部农村	讲述人家	李清爽	张明梧	393757	99
14454	麻野雀		南宫北部农村	讲述人家	李清爽	张明梧	393771	229
14455	吊儿郎当混一辈儿		南宫东南部	讲述人家	梁秀云	王桂霞、李继章	393751	220
14456	扑蚂螂		南宫北部农村	讲述人家	李清爽	张明梧	393766	201
14457	冀南有了子弟兵				徐大娥	王德	393789	120
14458	还得搬到一堆来		南宫东南一带	电影院	赵焕菊	王桂霞	393763	208
14459	大秃子		南宫北部农村	讲述人家	李清爽	张明梧	393770	220
14460	鬼子不完咱不散		南宫城乡	进修学校	张灵霄	刘连源	393777	162

序号	篇名	民族	流传地区	采集地	讲述者	搜集者	数据库编号	字数
14461	送给英雄解解渴				孟哲夫	王德	393813	178
14462	送亲人				孟哲夫	王德	393815	92
14463	摸县城				徐大娥	王德	393798	243
14464	我与爹娘比贡献		南宫市城乡	进修学校	张灵霄	刘连源	393780	459
14465	五更				孟哲夫	王德	393812	113
14466	支援前线				孟哲夫	王德	393814	163
14467	月亮地				孟哲夫	王德	393819	152
14468	杀得一个都不剩		南宫西部地区	进修学校	张灵霄	刘连源	393778	287
14469	胜利回来再看老大娘		冀南一带	讲述人家	徐大娥	王德	393784	165
14470	黑红点				冯兰女	王德	393807	941
14471	铁皮“大西瓜”				冯兰女	王德	393802	322
14472	说黑		南宫北部农村	讲述人家	李清爽	张明梧	393772	134
14473	游击队				徐大娥	王德	393796	166
14474	豁牙子		南宫东南一带	电影院	赵焕菊	王桂霞	393758	241
14475	“日本狗”				冯兰女	王德	393810	176
14476	巴巴狗戴铃铛		南宫东南一带	电影院	赵焕菊	王桂霞	393744	120
14477	长工歌		南宫城东南一带	前镇南村	张福瑞	张奇臻	393773	133
14478	天亮了				孟哲夫	王德	393818	195
14479	狗汉奸				冯兰女	王德	393808	159
14480	开会				孟哲夫	王德	393817	214
14481	看看哪个值得多				范竹良	张奇臻	393769	344
14482	送小鬼子回“东京”		冀南一带	讲述人家	孟哲夫	王德	393811	92
14483	五更小唱		南宫城乡	讲述人家	邢惠民	孟萌	393783	148
14484	鬼子求饶				徐大娥	王德	393795	237
14485	人民的好武装				冯兰女	王德	393800	186
14486	姐姐参加八路军				徐大娥	王德	393794	378
14487	鬼子进来逃不出		苏村、南便乡一带	孟庄村	王清波	孟宪乔	393781	90
14488	小板凳		南宫东南一带	电影院	赵焕菊	王桂霞	393750	334
14489	当游击队				徐大娥	王德	393797	159
14490	棉花歌		南宫东南部	讲述人家	梁秀云	王桂霞	393745	124
14491	拔麻		南宫东南乡一带	前镇南村	范保兰	张奇臻	393759	110
14492	哥哥参军上前线				徐大娥	王德	393788	156
14493	逮狗				冯兰女	王德	393805	298
14494	扒瞎歌		南宫东南大部地区	大范庄村	范竹良	张奇臻	393768	203

序号	篇名	民族	流传地区	采集地	讲述者	搜集者	数据库编号	字数
14495	娃娃快长				徐大娥	王德	393787	199
14496	交公粮		南宫城乡	讲述人家	邢惠民	孟萌	393774	240
14497	鬼子挨了地雷炸				冯兰女	王德	393809	130
14498	小板凳落落		南宫东南一带	电影院	赵焕菊	王桂霞	393761	119
14499	消灭鬼子救同胞		苏村、南便乡一带	孟庄村	王南山	孟宪乔	393782	170
14500	小小子		南宫北部农村	讲述人家	李清爽	张明梧	393755	418
14501	八路军		南宫城乡	进修学校	张灵霄	刘连源	393776	150
14502	你不杀俺你杀谁		南宫东南部	讲述人家	梁秀云	王桂霞、李继章	393767	204
14503	消灭鬼子保家乡				徐大娥	王德	393786	292
14504	小孩不离娘					王德、徐大娥	393785	242
14505	叫他有来没有回				徐大娥	王德	393793	275
14506	织花绫		南宫东南部	讲述人家	梁秀云	王桂霞、李继章	393749	106
14507	月姥娘		南宫东南一带	电影院	赵焕菊	王桂霞	393762	190
14508	鲜果送给邓奶奶						399408	212
14509	上冬学			吴兴村	王小翠	于金华	398699	207
14510	小噘嘴儿			石家庄市河北师大	刘绍本		399505	194
14511	妇女解放歌			井陉支沙口村	高吉青	焦建军	398743	198
14512	催眠谣			石家庄市平安小区	王青		399279	195
14513	选村长			栾城东客村	王连弼	董振梅、郭瑞岭	398693	110
14514	老来难			栾城文化馆	李予		399141	214
14515	摇三摇			正定	高进忠		399282	378
14516	妇女们翻了身			栾城张家辛庄	蔡菊子	董振海	398697	193
14517	组织儿童团			井陉孤台村	窦富成	焦建军	398690	534
14518	抗战歌			正定北石家庄村	李吉江	王健敏	398602	134
14519	打场			井陉白城	吕银锁	焦建军	398892	394
14520	获鹿山水			获鹿县文化馆	赵翰章	崔建益	399572	113
14521	不比往常年			栾城张家辛庄	蔡菊子	董振海	398688	154
14522	丰收谣						398848	138
14523	自由恋爱找对象			获鹿县文化馆	梁鸣学	崔建益	398744	112
14524	不叫吃咱就磨			郊区柳辛庄	李富生		398558	248
14525	送郎参军歌			获鹿县北寨村	姚群群	崔建益	398682	266
14526	捏胶泥						399427	257
14527	搂豆叶儿			正定县西邢家庄村	邢秋姐	郝建常	399311	242
14528	野牵牛			石家庄郊区文化馆	胡玉翠		399440	136

序号	篇名	民族	流传地区	采集地	讲述者	搜集者	数据库编号	字数
14529	把小日本赶到山海关			栾城张家辛庄	蔡菊子	董振海	398621	348
14530	方方歌						399438	130
14531	什么军头好			石家庄市平安小区	王青		398618	297
14532	小牙刷						399474	142
14533	一对箩筐			井陉柿庄村	杜风秀	焦建军	398541	117
14534	啄木鸟			石家庄市郊区			399449	171
14535	我们都是穷苦人			正定城内	张明显	王彬	398575	514
14536	月亮走						399455	182
14537	快去把兵当			石家庄市平安小区	王青		398608	306
14538	学大雁						399501	228
14539	官出衙			获鹿县文化馆	赵翰章	崔建益	398562	395
14540	石头夹着肉			井陉矿区矿市镇	武二金	韩连柱	398587	264
14541	编筐			井陉县庄子头村	李三堂	张树和	398552	273
14542	咱要大干谱新曲			石家庄郊区柳辛庄	李富生		398831	114
14543	反对买卖婚姻			井陉七狮村	毕俊	焦建军	398741	147
14544	都爱山乡幸福路						399491	154
14545	要饭歌			栾城文化馆	张存环		398545	621
14546	洗脸梳头歌						399486	115
14547	墙上瓶			平安小区	王青		399526	181
14548	参军谣			井陉县南秀林	何英英	张树和	398610	160
14549	你看穷人难不难			获鹿县文化馆	梁鸣学	崔建益	398543	182
14550	中国不会亡			获鹿城关	韩庆志		398603	170
14551	出来一大群			石家庄郊区塔冢村	冯未山		399327	212
14552	苦干巧干才能攻关						398830	160
14553	机务段谣				赵允杰	王青	398598	188
14554	洗衣裳歌			井陉孤台村	窦富成	焦建军	398686	333
14555	衙门口			郊区岳村	敦春玉		398561	140
14556	英雄是花党是心						398763	111
14557	地主老财赛虎狼			井陉小作镇	龙风山	高吉来	398553	193
14558	救星朱德毛泽东			井陉北障城村	张玉会	焦烁明	398677	123
14559	吃水比油难						398537	164
14560	小柳和小妞			石家庄市平安小区	王青		399548	144
14561	电网里面受监禁			井陉矿区北风山村	李寿成	李春来	398590	1163
14562	文化宫			井陉北峪村	何奋	范景堂	398806	192

序号	篇名	民族	流传地区	采集地	讲述者	搜集者	数据库编号	字数
14563	进了高家门			获鹿文化馆	赵翰章	崔建益	398554	166
14564	送馒头			获鹿县电影公司	韩庆志		399542	159
14565	滹沱河往东流			郊区南高基村	陆新义		398560	295
14566	农会主席上讲台			井陉孤台村人	窦富成	焦建军	398694	158
14567	卖炭			井陉	刘黑毛	张树和	398549	112
14568	立功喜报送我家						399521	146
14569	五枝花			正定吴兴村	王小翠	于金华	398675	164
14570	小俩口摸纸牌			获鹿文化馆	赵翰章	崔建益	399160	213
14571	搬梯子儿			正定县南村	张兰荣	师兴文	399308	93
14572	日头花			获鹿高迁村	梁纯英		398674	142
14573	月亮明光光			正定县东里双村	阎全保	阎世久	398648	173
14574	人民的心声						398814	234
14575	心尖子						399287	163
14576	实现四化不靠吹						398822	192
14577	挂地雷			井陉城关	张会林	范志军	398639	138
14578	实话歌			栾城	黄老响	阎振英	399555	640
14579	春到太行山						398943	130
14580	四项原则是保证						398818	219
14581	摸炮楼			石家庄市桥西区	杨尚		398634	204
14582	黑小放黑牛			石家庄郊区杜北村	卢俊芝		399553	132
14583	俺村吃上自来泉						398785	130
14584	一个茄子俩把儿			栾城此郗马村	候艾华		399566	204
14585	练刀枪			井陉县挂云山	何自安	何彩茹	398644	180
14586	正定府古迹			正定永安乡中学	周佩欣		399570	439
14587	中央公布了总路线						398772	320
14588	二着急			石家庄市平安小区	王青		399236	219
14589	对歌			石家庄市平安小区	王锡娥		398719	168
14590	织手绢			正定县东里双村	金凤姐	张文勤	398903	121
14591	天大地大不如党的恩情大				王锡娥		398801	159
14592	十七八岁没婆家			井陉东南正村	张二楼	张常喜	398993	131
14593	东方亮了天			石家庄市平安小区	王青		398715	165
14594	酒令歌			获鹿徐家庄村	任勇		398986	905
14595	磨洋工			井陉矿区北风山村	张白旦	李春来	398594	184
14596	有了成绩自己吹			栾城柳林屯村	张书贵		399240	222

序号	篇名	民族	流传地区	采集地	讲述者	搜集者	数据库编号	字数
14597	解放石家庄			井陉县石门村	王玉峰	王密荣	398713	430
14598	二尺布			栾城北郄马	候艾华		399390	167
14599	三反运动我知道				师兴文		398767	111
14600	想媳妇			正定	高进忠		399146	167
14601	王若飞遇难黑碴山			北障城村	马汉楼	焦建军	398701	161
14602	责任心						398843	212
14603	都是老子血汗			正定西北通村	周洛绊	苏平修	398563	370
14604	生活提不起						398547	115
14605	大河小河一齐流			石家庄郊区柳辛庄村	李富生		398769	112
14606	年年不好过			栾城岗头村	郭宗泽	郭瑞岭	398544	1255
14607	回忆往日看今天						398786	130
14608	喜歌			正定西安丰村	张兰秀	白素平	398980	173
14609	十不足歌			石家庄市平安小区	王青		399208	160
14610	石头蛋			井陉北白花村	高臭蛋	孙喜顺	398933	187
14611	有党来做擎天柱						398762	245
14612	开绵河			井陉县平望村人	冯白白	冯春文	398932	215
14613	对唱			井陉矿区北风山村	李爱英	李春来	398725	342
14614	出钢						398949	103
14615	酒杯一端			获鹿城关	韩庆志		399254	198
14616	收破烂			正定县朱河村	张连贵	李长江、傅文魁	398978	145
14617	万众一心跟党走						398764	157
14618	低头暗把水影望						399034	159
14619	挂毛主席像						398753	154
14620	盼哥哥			井陉城关	康林宝	路润学	399005	146
14621	迎丰收			井陉北白华村	高树祥	高明虎	398839	165
14622	穷人难			栾城	张荣文		398542	206
14623	一对夫妇一个娃			井陉南张村	尹俊月	梁千珍	398876	392
14624	你比牡丹美十分				润保男	杜卫亭	399010	251
14625	搞土改			井陉县庄子头村	刘黑毛	张树和	398729	194
14626	十二月习俗歌			获鹿徐家庄		任勇	399195	163
14627	牛郎织女歌			正定前塔底村	贾小秃	张志强	399274	111
14628	喜鹊花（二首）			石家庄郊区	孙风茹		399018	217
14629	分田地			石家庄市桥西区	杨尚		398730	212
14630	想媳妇			井陉庄子头	何东海	张树和	399011	159

序号	篇名	民族	流传地区	采集地	讲述者	搜集者	数据库编号	字数
14631	家乡歌			井陉县微水镇	张树如		398789	144
14632	十能穷歌			栾城程上村	阎兆熊	阎振英	399205	464
14633	巧绣花团献给党						398760	158
14634	丢戒指儿			正定巧女村	康振侠		399024	268
14635	自己的事迹自己写						398797	151
14636	光棍哭妻			栾城北陈村	郝志愿	郝建伍	399083	242
14637	千山万岭果枝低						398791	230
14638	送情郎			获鹿县黄岩村	赵富九	刘新立	399020	125
14639	交爱国粮			庄子头村	何自安	何忠郁	398854	130
14640	天下情人对对来			获鹿县小毕村	张权	孟金虎、傅士荣	399026	333
14641	党给指路子			石家庄郊区柳辛庄村	李富生		398835	189
14642	常思家乡好风光			郊区北杜村	刘学钧		399044	202
14643	如画镜头拍不完						398869	335
14644	想春哥						399040	212
14645	我爱家乡响水湾			井陉冶里村	高金保	辛冰	398790	314
14646	光棍苦			正定北贾村	周果姐	周新社	399079	101
14647	菜园						399578	178
14648	小女孩生的苦			获鹿县北寨村	窦贵莲	崔建益、张虎跃	399058	191
14649	千年穷山变了样						398787	209
14650	媳妇苦						399067	116
14651	从小长在姥姥家			栾城南关	张永秀	张存环	399318	125
14652	受气媳妇回婆家			获鹿县高庄村	董世鹏		399064	167
14653	今日锻工间						398778	200
14654	花妮刚十三			井陉洛阳村	张志兵	志衡	399048	234
14655	拦洪蓄水灌良田						398937	181
14656	女儿想娘			井陉北峪村人	李顺香	何大顺	399051	127
14657	大戏到门口			正定县文化馆	王京瑞		398796	159
14658	受气媳妇			栾城郄马	信越峰		399061	217
14659	春风吹到滹沱河						398870	195
14660	小寡妇			获鹿文化馆	赵翰章	崔建益	399085	477
14661	劲头不打一处来						398813	180
14662	八月秋风凉			栾城县张家辛庄	蔡菊子	董振海	398707	180
14663	婚姻法进俺庄			井陉县梁江村	梁风娥	张辉	398808	312
14664	闲话精			石家庄市平安小区	王青		399238	292

序号	篇名	民族	流传地区	采集地	讲述者	搜集者	数据库编号	字数
14665	实干歌				王青		398826	115
14666	对花			石家庄郊区谈固村	孙敏丽		399181	207
14667	群虫糟殃歌			栾城北陈村	郝建伍		399583	189
14668	看娘			井陉友沙口	高吉清	焦建军	399120	121
14669	实干结果果						398829	116
14670	学文化			井陉县威州镇	张爱小	张树和	398747	368
14671	七个闺女来摘果			获鹿城关	韩庆志		399581	207
14672	保卫胜利果实			郊区文化馆	胡玉翠		398702	220
14673	煤浪翻上天						398954	165
14674	爹娘体面儿光荣			正定县东里双村	阎全保	阎世久	398733	158
14675	夸政策						398846	217
14676	十二月花开			获鹿县徐家庄	任勇		399115	170
14677	一炉焦炭十曲歌						398952	238
14678	手拿选票细掂量						398832	116
14679	赞包产						398845	162
14680	毛主席当年来柏坡						398751	115
14681	绘图要绘四化图						398947	92
14682	翻身小奴多带劲儿			获鹿县小毕村	张权	孟金虎、傅士荣	398736	385
14683	土地改革到了咱们村					任勇	399591	242
14684	傻丫头			正定	李文瑞	马利	399109	170
14685	打更谣			井陉矿区北风山村	李春喜	李春来	398906	197
14686	女儿恨			井陉村家庄村	于春兰	仇会庭	399108	248
14687	路水穿洞						398925	215
14688	亲娘后娘不一样			井陉学庄村	刘孝成	张拉炳	399099	338
14689	要像春笋比冒尖			正定吴兴村	于瑞芹	阎金华	398841	164
14690	红秫秸			获鹿县郑庄村	黄书琴	韩庆志	399387	55
14691	绣荷包			正定巧女村	康振侠		398905	208
14692	顶幔屋						398559	334
14693	担水浇麦						398891	166
14694	如今小沟变了样			井陉小峪村	张志勇	志衡	398871	314
14695	棉花歌			栾城宋村	张荣	李予	398888	159
14696	人生知足歌			栾城县冶河村	焦生堂	阎振英	399207	121
14697	养兔好			井陉中乐村	李富忠	栾志君	398850	364
14698	打夯歌			正定县东里双村	阎全保	阎世久	398894	193

序号	篇名	民族	流传地区	采集地	讲述者	搜集者	数据库编号	字数
14699	是谁捅漏银河口						398936	181
14700	苏联老大哥			石家庄市平安小区	王青		398765	209
14701	鱼水歌						398855	185
14702	酒色财气歌			获鹿郑庄村	聂世良	韩庆志	399216	370
14703	电井						398930	152
14704	姑娘才十八			井陉县东街村	赵二孩	崔国珍	398914	207
14705	金钥匙打开了幸福门						398853	112
14706	誓将绵水引高山						398907	198
14707	银龙潜飞						398928	205
14708	织巾歌			获鹿县北寨村	许三妮	崔建益、张虎跃	398904	398
14709	山村扬水站						398935	706
14710	妈给做棉被			井陉石板片村	宋瑞英	邢国林	399280	605
14711	苦难生活			井陉矿区白彪村	李丙功	宋喜文	398592	232
14712	傻闺女			石家庄郊区南高基村	宋三妞	廖志存	399312	264
14713	千军万马战太行						398910	210
14714	耕地谣						398868	118
14715	革新						398973	896
14716	荒山变果园						398783	294
14717	意志比天高						398923	414
14718	懒婆歌			正定县北贾村	王庚五	王京瑞	399230	170
14719	多年媳妇熬成婆			栾城文化局	董海祥	郭瑞岭	399139	217
14720	不赊帐歌			栾城县南柴村	阎双贵	阎振英	399210	210
14721	穷光棍			获鹿	李永清	刘新立	399078	569
14722	一滴汗珠摔八瓣			井陉县东关村	蔡二小	霍魁元	398912	135
14723	山乡剪影						398882	172
14724	推草绑得好			栾城北郄马村	侯艾华		398889	179
14725	小妹妹观灯			井陉矿区文化馆	张润亭	张常喜	398998	333
14726	妇女泉						398909	216
14727	洗脸盆			城栾岗头村	校小罐	郭瑞岭	399313	223
14728	勤劳致富好			吴兴村	于瑞芹	于金华	399222	195
14729	月亮歌			正定	高进忠		399189	141
14730	大丰收			井陉县庄子头村	张寿义	张树和	398781	385
14731	捷报写在红霞上						398958	154
14732	二十四节歌			井陉矿区北风山村	张白旦	李春来	398884	165

序号	篇名	民族	流传地区	采集地	讲述者	搜集者	数据库编号	字数
14733	姑娘坐绣楼			正定县东上宅村	溪洛良	曹文柱	398995	172
14734	炸窝鸡			获鹿徐家庄	任勇		399228	416
14735	铁人形象在眼前						398956	341
14736	春节喜报接喜报						398780	142
14737	磨车刀						398965	415
14738	拉罗罗			正定县西安丰村	张兰秀	白素平	399376	131
14739	凯歌伴着捷报飞						398967	177
14740	下雨哩			获鹿城关	韩庆志		399373	132
14741	破土歌			获鹿城关	韩庆志		398988	226
14742	种上摇钱树			井陉三峪村	孙连喜	张树和	399424	798
14743	万马奔腾向四化						398970	126
14744	大吊车						399410	135
14745	科技花开火样红						398974	231
14746	小枣树			栾城南关	张永秀	张存环	399386	191
14747	四化路上捷报飞						398972	374
14748	老鸹窝			石家庄市平安小区	王青		399350	342
14749	小女婿			郊区南高营	何善祥		399071	267
14750	放马			石家庄郊区塔冢村	张恒顺		399369	191
14751	化肥工人斗志昂						398968	171
14752	上谷穗儿			石家庄市郊区塔冢村	冯米山		399345	126
14753	情郎不要慌			井陉县微水村	李狗旦	杨明生	399021	175
14754	点一点			栾城镇		解之维	399333	51
14755	捧出崭新红喜报						398971	219
14756	骑大马			井陉洪河槽	李化林	李化瑞	399324	163
14757	茉莉花				王青		399015	110
14758	中学毕业生			石家庄郊区柳辛庄	李富生		399256	167
14759	二姐与四辈			获鹿县五街	周荣荣	郝亚丽、郝亚茹	399023	285
14760	猜机器						399446	150
14761	探妹			栾城文化局	董海祥	郭瑞岭	399007	295
14762	黑板报			井陉七狮村	毕俊	焦建军	398795	519
14763	八拜喜歌			获鹿县徐家庄	任喜荣	任勇	398979	821
14764	牡丹花			石家庄郊区塔家村	刘兰英	冯未山	399111	125
14765	粗布衫			石家庄市棉纺七厂宿舍	张荫兰	赵定平	399047	575
14766	砸了大锅饭						398857	112

序号	篇名	民族	流传地区	采集地	讲述者	搜集者	数据库编号	字数
14767	背娃歌			石家庄市平安小区	王锡娥	王青	399291	163
14768	小水泵						399416	139
14769	探清水河			获鹿城关	韩志庆		399025	1994
14770	五劝人			井陉县障城	焦自成	焦烁明	399200	123
14771	光棍好			栾城苏邱村	崔志林	张存环	399084	719
14772	睁眼瞎			正定县东里双村	阎全保	阎世久	399247	178
14773	童养媳			获鹿文化馆	赵翰章	崔建益	399046	128
14774	陪送花织机			东上宅村	溪洛良	曹文柱	399113	168
14775	荣升喜歌			正定东上宅村	曹荣庆	曹文柱	398984	303
14776	闹元宵			获鹿七街村	赵翰章	韩风彦	399193	334
14777	有心跟妹并排坐			井陉高家峪	高三黑	杜卫亭	399030	268
14778	梳头			井陉樊家村	刘玉祥	高有为	399117	261
14779	我俩不断情			井陉县王峪村	杨峰	高思义	399008	172
14780	过年歌			正定东里双村	阎发水	阎世久	399191	113
14781	小寡妇上坟				李富生		399090	182
14782	寻郎歌			栾城	董梅祥	郭瑞岭	399172	171
14783	姑娘想婆家			栾城榆林村	张冬岭		398991	160
14784	怕老婆			石家庄市郊区	胡玉翠		399164	121
14785	光打枕头不打嫂						399166	376
14786	娇生惯养是杀身						399224	206
14787	酒令歌帽儿（二首）			获鹿县徐家庄村	任勇		398987	261
14788	苏武牧羊			石家庄市平安小区	王青		399266	168
14789	选婿谣				王锡娥		399174	154
14790	西庄的戏			石家庄市平安小区	王青		399239	233
14791	四十岁的郎			获鹿文化馆	赵翰章	崔建益	399076	179
14792	背遭遭						399290	108
14793	寻个吹鼓手						399145	263
14794	媒人婆			获鹿黄岩村	刘臭妮	刘新立	399235	131
14795	没放白糖水也甜						399038	194
14796	门楼头			石家庄市平安小区	玉锡娥		399229	87
14797	丁香花			井陉南峪村	张九妮	李树月	399126	227
14798	懒媳妇			石家庄第一印染厂宿舍	张荫兰	赵定平	399233	342
14799	妹是阳台月季花						399032	143
14800	说星斗			正定县东上宅村	何洛静	曹文柱	399580	194

序号	篇名	民族	流传地区	采集地	讲述者	搜集者	数据库编号	字数
14801	担水上山			井陉方口	赵为	何峰琼	399110	315
14802	比腿			获鹿县电影公司	韩庆志		399535	106
14803	夫妻恩爱不变心			井陉东山村	张会小	张会英	399027	124
14804	说胡诌			井陉矿区南风山村	张瑞兰	李春来	399557	93
14805	尼姑下山			获鹿镇	单银凤	韩庆志	399101	208
14806	我给情郎磕瓜子			栾城榆林村	张冬岭		399013	191
14807	自小卖到山里头			井陉县刘家沟	刘地动	王雪海	399050	232
14808	板凳绑扁担			石家庄郊区	张恒顺		399529	164
14809	涮锅洗碗都是我			井陉矿区北风山村	李爱英	李春来	399104	333
14810	蒲公英						399441	276
14811	切莫脚踏两只船						399041	195
14812	三国战将			获鹿县郑庄村	聂世良	韩庆志	399258	178
14813	闺女苦			井陉矿区	马风来	王力	399103	141
14814	花喜鹊			栾城张家辛庄	孙艳蓉	张中靖	399520	249
14815	十八岁姐十岁郎			井陉威州	顺清	李运生	399074	171
14816	十五歌			井陉矿区北风山村	李春喜	李春来	399262	138
14817	打赌博郎			井陉县东峪村	刘元元	志衡	399161	192
14818	峡谷飞虹						398926	391
14819	骂媒人			柿庄村	杜风秀	焦建军	399055	135
14820	晚婚晚育办法好						398875	360
14821	月亮地儿			石家庄郊区塔家村	丁兰芳	冯米山	399157	129
14822	妇女翻身歌			井陉前头庄村	王秋荣	焦建军	398728	234
14823	小丈夫			正定野头村		王建敏	399073	144
14824	盘查通行证			石家庄市平安小区	王青		398709	202
14825	四与十			获鹿县电影公司	韩庆志		399527	189
14826	八仙拜寿			栾城县	乔大新	李予	399263	146
14827	肚里疼			石家庄市平安小区	王青		399137	248
14828	机器船			石家庄郊区柳辛庄	李富生		399419	171
14829	小木工						399518	219
14830	傍河无水田						398546	160
14831	小寡妇难			正定里双店乡孔村	李红兰	王健敏、张志强	399094	268
14832	不要上他鬼圈套			井陉微水镇	刘拴根	孙喜顺	398632	176
14833	二十四五正当年			栾城文化局	董振海		399225	196
14834	东梁洼						399575	334

序号	篇名	民族	流传地区	采集地	讲述者	搜集者	数据库编号	字数
14835	小二姐			正定	高进忠		399122	121
14836	送郎打日本			井陉县北孤台	何德胜	何喜芝	398612	222
14837	学生意自强歌			正定城内	樊玉成	樊志勇	399214	258
14838	拾黄豆			石家庄棉纺七厂宿舍	甄桂云	赵定平	399500	177
14839	烟花女十叹			支沙口村	高吉青	焦建军	399100	186
14840	夜雨			井陉矿区王舍村	李化瑞		398556	1726
14841	创业难歌			栾城县高家庄	周振庄、王秋祥等	阎振英	399212	189
14842	米粒粘满脸儿						399504	214
14843	闺女盼长歌			石家庄市平安小区	王青		399106	175
14844	王祥卧冰			获鹿县北寨村	许三妮	崔建益、张虎跃	399276	202
14845	“小调皮”戴上红领巾						399512	163
14846	抱娃娃			井陉前头庄	王秋荣	焦建军	399286	206
14847	哥哥弟弟不一样						399098	335
14848	小花猫						399494	10204
14849	味道歌						399483	165
14850	学放鸭						399470	120
14851	拔白菜			井陉岩庄村	毕重	蒋晓兵	399128	202
14852	下雨啰						399456	204
14853	蹬脸盆			正定县西白庄村	曹洛兴	赵群玉	399331	252
14854	对歌						399447	112
14855	忙婆婆			市平安小区	王锡娥		399131	219
14856	矿工愁			井陉矿区北风山村	张白旦	李春来	398584	194
14857	挂金牌			栾城镇	陈瑞江	高书梅	399328	306
14858	桥边真热闹			石家庄市平安小区	王青		399559	115
14859	小放牛			石家庄市平安小区	王青		399264	162
14860	娃娃别哭					赵定平	399283	166
14861	上柴垛			栾城文化馆	李予		399309	482
14862	破水车			石家庄郊区塔冢村	冯二瞎	冯米山	398557	185
14863	止哭歌			井陉辛庄	栾风英	李化瑞	399289	198
14864	工农兵歌			栾城县志办公室	邢书凡		398579	169
14865	文明花儿处处开						399489	305
14866	大瞎话			栾城镇	张存环		399563	232
14867	孟姜女哭长城			获鹿县北寨村	许三妮	崔建益、张虎跃	399261	238

序号	篇名	民族	流传地区	采集地	讲述者	搜集者	数据库编号	字数
14868	奉军攻打雪花山			井陉庄子头村	张树和		398570	163
14869	板凳歪			正定吴兴村	叶小果	于金华	399296	48
14870	观灯			获鹿镇	王鉴明	韩庆志	399562	160
14871	择偶谣			石家庄市平安小区	王青		399175	124
14872	盼闯王			石家庄市平安小区	王青		398565	344
14873	五劝长发郎						399251	128
14874	闺女少说话			正定城内	郭开兴		399105	252
14875	巧配			矿区白彪村	李连印	宋喜文	399151	1200
14876	教育伪军			井陉障城村	马拴柱	焦建军	398657	153
14877	楼层谣			石家庄市平安小区	马小静	王锡娥	399248	410
14878	农家院						398851	195
14879	煤矿工人真伤心			井陉矿区北风山村	廉九柱	李春来	398588	223
14880	朱彭司令带大兵			井陉县苍山镇	郭拴羊	杜卫亭	398679	241
14881	郭巨埋儿			获鹿县北寨村	许三妮	崔建益、张虎跃	399277	139
14882	小红鞋			栾城文化局	董振海		399049	218
14883	言行相隔两重天						399241	165
14884	山歌要用水库装						398915	214
14885	某种人			市平安小区	王青		399255	248
14886	小板凳			正定里双店乡	李新华	刘兰	399298	941
14887	认准道路			井陉胡家滩村	杜锁金	焦建军	399223	189
14888	婚姻歌			井陉南河头村	仇书琴	何玉敏	398742	252
14889	赵州桥			井陉前头庄	王秋荣	焦建军	399265	680
14890	开辟抗日根据地			井陉支沙口村	王吉青	张顾	398671	179
14891	四季乐			井陉县东关村	张景阳	吴学圃	399184	156
14892	勾电线			井陉南王庄村	张兰妮	天华	398652	137
14893	韩信不还乡			获鹿城关	赵翰章		399259	199
14894	地雷阵			获鹿县小毕村	付梅祥		398640	157
14895	说十歌			井陉矿区南风山村	张瑞兰	李春来	399183	223
14896	炸碉堡			井陉县尖山村	何庆田	范志军	398646	217
14897	面铺			获鹿县电影公司	韩庆志		399531	170
14898	认干娘			石家庄郊区塔冢村	冯未山		399320	232
14899	酒色财气歌			获鹿县黄岩村	张喜民、张贵生	刘新立	399217	219
14900	数葵花						399414	189
14901	苍岩山						399407	158

序号	篇名	民族	流传地区	采集地	讲述者	搜集者	数据库编号	字数
14902	打倒法西斯臭狗腿			获鹿城关	韩庆志		398703	173
14903	十二月花开					任勇	399186	161
14904	送情郎			正定西安丰村	白喜祥	白素平	399019	362
14905	帮军属大娘			获鹿城关	韩庆志		399397	152
14906	爬树枝儿			石家庄郊区赵陵铺村	张恒顺		399306	122
14907	劝女歌			获鹿县北寨村	王秀珍	张虎跃	399199	215
14908	女大十八变			栾城文化馆	张存环		399102	132
14909	跑马城			栾城镇	解之维		399334	2580
14910	只因党的政策好						398847	125
14911	回民歌谣（三首）			石家庄市新华区	马国权	刘孟杜	399196	45
14912	政委亲自来领唱						398774	175
14913	小老鼠上灯台			石家庄市平安小区	王青		399340	257
14914	打夯歌			石家庄郊区岳村	任勇		398895	320
14915	闲着牛马闹深翻			苏邱村	崔志林	张存环	399244	179
14916	双手劈开太行山						398773	185
14917	小老鼠上灯台			栾城岗头	郭瑞岭		399339	197
14918	拉大锯歌			获鹿徐家庄村	任来福	任勇	398896	210
14919	古人名			栾城北陈村	郝志愿	郝建伍	399269	168
14920	小寡妇上坟			井陉王峪村	焦含柱	焦烁明	399093	146
14921	捞月歌						399458	115
14922	小老鼠偷豆腐			正定县西安丰村	张兰秀	白素平	399341	183
14923	红军歌			栾城县县志办公室	张荣义		398577	132
14924	娶男人			井陉平旺	宝堂	张树和	398880	116
14925	雁						399423	153
14926	拉锯			栾城岗头	梅小罐	郭瑞岭	399337	462
14927	打得日本流血水儿			3302工厂宿舍	王俊芹	王俊霞	399393	888
14928	责任制			定县东里双村	阎全保	阎世久	398837	195
14929	长相歌						399442	108
14930	盘脚盘			石家庄郊区塔冢村	刘淑宵	冯未山	399329	112
14931	上谷穗儿			栾城文化馆	李予		399346	184
14932	木匠凿铆歌			获鹿县徐家庄	任来福	任勇	398897	249
14933	爷爷外号一串串						399411	183
14934	姥姥家门前唱大戏			正定城内	马利		399338	150
14935	民兵逞英豪			正定城内	解治	苏平修	398636	187

序号	篇名	民族	流传地区	采集地	讲述者	搜集者	数据库编号	字数
14936	寡妇哭夫			栾城文化馆	张存环		399089	135
14937	深州大蜜桃						399409	742
14938	人是宝中宝						398779	191
14939	拉碾子儿			栾城县马家庄乡中	张昭宇		399342	283
14940	苦歌甜歌记心怀			石家庄郊区柳辛庄村	李富生		398755	205
14941	吃瓜果						399480	154
14942	金线绣字在心间						398771	237
14943	新婚歌			井陉县张村	张巧文	王雪清	398740	291
14944	放声歌唱共产党						398756	283
14945	浇花谣			获鹿	付士文		399466	240
14946	石榴树			井陉矿区南风山村	张瑞兰	李春来	399063	184
14947	点兵			栾城榆林	张冬岭		399332	166
14948	受气媳妇			石家庄棉七宿舍	甄桂云	赵定平	399062	150
14949	井陉柿子甜			井陉矿区冯家沟村	高焕亭	韩连柱	399576	179
14950	心催钢水逐浪高						398951	314
14951	党的恩情唱不够						398761	287
14952	小扁担						398913	116
14953	吃喝穿脱			获鹿郑庄村	高德荣	韩庆志	399539	876
14954	日子越过越舒坦			石家庄郊区南高基村	陆新义		398836	116
14955	狼打柴			井陉城关	申巧兰	樊有为	399366	528
14956	盼情郎			井陉前头庄	王秋荣	焦建军	399003	115
14957	高家庄			栾城县志办公室	张荣义		399574	321
14958	吃菜歌						399485	164
14959	小小猪			石家庄郊区塔冢村	刘兰英	冯米山	399355	358
14960	人人当龙王						398929	128
14961	谁管班干部			石家庄市平安小区	王锡娥		399547	524
14962	嫂子巧			栾城镇	张昭宇		399143	169
14963	反扫荡			石家庄市桥西区	杨尚		398635	639
14964	千座高楼展新画						398961	469
14965	中看不中用			栾城县鲁家庄	贾叔祥	阎振英	399554	247
14966	条条银龙跃山头						398942	275
14967	咕嘟开			正定吴兴村	叶小果	于金华	399377	128
14968	花果碰破头			井陉县三峪村	康双竹	于卯清	398939	196
14969	连心曲						399586	241

序号	篇名	民族	流传地区	采集地	讲述者	搜集者	数据库编号	字数
14970	胖娃娃		石家庄周围一带		黄鸿儒		399589	376
14971	支前歌			正定城内	解治	苏平修	398619	159
14972	三皇姑出家——千手千眼佛的传说			获鹿北白沙村	常润芳	李建新	399585	240
14973	老虎学艺			获鹿城关	韩庆志		399584	155
14974	小花鼓			石家庄市平安小区	王锡娥		399540	204
14975	节约			井陉小作镇	高兰兰	高国义	399503	412
14976	董存瑞是英雄						399404	165
14977	八路军和老百姓				郭秉钧		399592	456
14978	共产党恩情说不完						398754	315
14979	煤矿工人一声吼						398953	167
14980	好汉喝了酒						399362	182
14981	政府都由人民选			正定城内	封贵元	苏平修	398799	202
14982	都是好孩子						399487	1355
14983	不要“四害”要“四化”						398812	231
14984	落纱实现电气化						398959	216
14985	王大妈学文化						398793	190
14986	喜鹊飞延安			井陉	赵来锁		399395	136
14987	补皮裤			石家庄市平安小区	王锡娥		399536	362
14988	鸭						399448	150
14989	解放区的天			石家庄市平安小区	王青		398721	588
14990	共产党好			栾城北马	侯艾华		399400	147
14991	麻野雀			石家庄市平安小区	王锡娥		399348	166
14992	尾巴歌						399461	144
14993	四“大”谣（十三首）			石家庄市平安小区	王青		399552	196
14994	热爱祖国热爱党						399398	141
14995	俺家成了万元户			井陉胡家滩村	张树和		398859	119
14996	卖闺女			井陉吴家窑	毕俊	刘秀恋	399053	191
14997	“头”字歌			井陉北峪村	高德	张吉元	399541	368
14998	银花开千家						399418	208
14999	井陉老山沟			井陉北障城	马桃落	焦建军	398536	422
15000	弯月芽儿						399435	172
15001	老来福			获鹿县西胡申村	薛景妮	崔建益	399142	209
15002	洗洗手						399478	194

序号	篇名	民族	流传地区	采集地	讲述者	搜集者	数据库编号	字数
15003	不要吃零嘴儿						399482	239
15004	反攻的号声响			获鹿县郑家庄村	聂从来	韩庆志	398705	197
15005	实事求是本是宝						398827	220
15006	小水塔						399421	139
15007	庆祝胜利歌			石家庄干休所	贾华含		398716	135
15008	上高山			栾城镇	张昭宇	张存环	399335	253
15009	磨豆腐歌			石家庄郊区柳辛庄村	李富生		398899	128
15010	祖国一定要统一						399522	155
15011	炖冻豆腐			获鹿县电影公司	韩庆志		399543	329
15012	节令农活歌			获鹿县小毕村	傅士文		398883	212
15013	骑马看高楼			获鹿县西胡申村	薛景妮	崔建益	399378	719
15014	王德恒是英雄						399406	169
15015	明了亮了			井陉高家峪村	郭栓英	杜卫亭	399135	415
15016	抓劳工			获鹿城关	赵翰章		398629	196
15017	穷人真可怜			栾城县志办公室		杨梅山	398540	108
15018	灭苍蝇			井陉七狮村	毕俊	焦建军	399476	210
15019	白小鸡			井陉河东村	李贵贵	李全贵	399353	308
15020	买冰棍儿						399454	345
15021	天上下雨地上滑			获鹿县获鹿镇	王鉴明	韩庆志	399134	175
15022	幼儿园						399413	305
15023	小舅舅			井陉贾庄	高四有	张杰	399380	1133
15024	阿姨故事多						399403	205
15025	国家兴盛要靠党						398816	199
15026	去割草						399472	197
15027	石家庄得解放			获鹿小毕村	张志平、张孝	傅士荣	398714	792
15028	抗战歌			井陉县石板片村	郝二毛	志衡	398670	124
15029	盼雨歌			井陉矿区北风山村	李爱英	李春来	399375	108
15030	几条腿儿						399460	228
15031	猪肉香不香			栾城马家庄乡中	张昭宇	张存环	399363	200
15032	劝学篇			获鹿县石井村	康永恒		399219	273
15033	杀羊羔			石家庄郊区塔冢村	刘兰英	冯米山	399367	238
15034	知了叫						399439	111
15035	小纺车			赵八庄村	藕姐	马利	398902	142
15036	昔日井陉苦水流						398586	442

序号	篇名	民族	流传地区	采集地	讲述者	搜集者	数据库编号	字数
15037	分树叶			胡家滩村	杜锁金	焦建军	399359	296
15038	夸家乡						399425	577
15039	认星星			石家庄市棉七宿舍	赵定平		399358	35
15040	卫国保家园			正定东里双村	阎全保	阎世久	398606	214
15041	羊巴巴蛋			石家庄郊区塔冢村	冯米山		399357	214
15042	球儿歌						399445	130
15043	珍葫芦			石家庄郊区塔冢村	李娥子	冯未山	399370	169
15044	正定城南村名歌			正定城关	张明祥		399577	112
15045	对十歌			栾城张家辛庄	孙艳蓉	张中靖	399372	170
15046	冬爷爷住新房						399459	215
15047	表姑娘			正定大孙村	代东	王增洪、苏平修等	399000	185
15048	正定古城就是好				周佩欣		399569	97
15049	弟兄仨分家			栾城榆林	张冬岭		399138	194
15050	桃树苗						399464	194
15051	难忘一九四二年			井陉庄子头村	何孟昌	张树如	398627	202
15052	东洋佬真正坏			井陉矿区北风山村	张钢旦	李春来	398591	166
15053	中朝人民力量大			石家庄市平安小区	王青		398766	168
15054	儿童团歌			栾城县县志办公室	邢书凡		398689	417
15055	人民宪法人民爱						398820	175
15056	婆媳之间（二首）			石家庄市平安小区	王锡娥		399129	129
15057	驴儿			井陉县下安村	梁锁	马玉虎	399354	437
15058	没有共产党就没有新中国			石家庄市平安小区	王青		398717	431
15059	红军好			栾城县岗头村	郭小寿	郭端岭	398578	111
15060	光棍多			井陉城关镇	武学斌	吴学圃	399080	228
15061	夫妻不记仇			石家庄平安小区	王青		399167	135
15062	快起来团结						398576	389
15063	鹿泉风光			获鹿县文化馆	赵翰章	崔建益	399185	163
15064	闹灾荒			栾城榆林村	张冬岭		398539	171
15065	端来洗脸水			东里双村	马小妮	阎世久	399297	162
15066	劝妇歌			获鹿县小毕村	张权	孟金虎、傅士荣	398738	274
15067	芦沟桥			获鹿县郑庄村	韩艳荷	韩庆志	399392	154
15068	人间地狱十八层			井陉矿区北风山村	李春喜	李春来	398582	305
15069	抄后路的冯玉祥			栾城张家辛庄	蔡菊子	董振海	398568	212

序号	篇名	民族	流传地区	采集地	讲述者	搜集者	数据库编号	字数
15070	打冶河炮楼			栾城南高村	陈黑旦	董振海	398667	206
15071	问答歌（四首）			石家庄市平安小区	王青		399360	152
15072	几时熬得离他家			井陉庄子头村	何世英	何润海	399065	188
15073	小白兔去赶集			石家庄市平安小区	王锡娥		399351	362
15074	解放威州			井陉县威州村	冯喜牛	何庭	398666	252
15075	卖饺子歌		石家庄一带		任爱生	在勇	399590	155
15076	抓药歌			获鹿县北寨村	许三妮	崔建益、张虎跃	399275	164
15077	三月里是清明			井陉县梅庄村	张来锁	张杰	398865	216
15078	歌唱二小放牛郎			石家庄市平安小区	王青		398665	183
15079	拜年			获鹿县文化馆	赵翰章	崔建益	399192	147
15080	祖国处处金光闪			正定城内	马卉	马利	399428	461
15081	岗南渔唱						398784	167
15082	斗鬼子			井陉县青石岭村	王寿仁	王密荣	398651	297
15083	泉水爬上乏驴岭						398920	111
15084	大枯树			获鹿文化馆	赵翰章	崔建益	398749	182
15085	刘邓大军上前线			栾城县文化馆	魏永振	李予	398706	755
15086	储蓄箱						399493	285
15087	治国安邦靠宪法						398819	431
15088	事成从来靠实干						398824	223
15089	粉房童工谣			正定县二十里铺村	张庚申	张丙辰	398599	137
15090	拍豆角			石家庄市郊区塔冢	冯米山		399382	114
15091	趁早别恋这号人						399042	144
15092	白求恩是咱河北人						399523	140
15093	反正话			石家庄郊区	张恒顺		399565	297
15094	打倒反动派				王青		398704	189
15095	丫头看石榴			获鹿	黄晓兰		399107	110
15096	乌鸦报恩十八天			石家庄市谈固小区	徐湛		399202	111
15097	爆炸英雄李混子						399405	398
15098	小拐棍儿						399498	307
15099	百团大战			井陉七狮村	毕俊	焦志军	398654	129
15100	怕字谣			正定县东上宅村	何洛静	曹文柱	399549	198
15101	拿钥匙儿			石家庄市棉七宿舍	李秀云	赵定平	399302	119
15102	二五减租			获鹿城关	韩庆志		398696	213
15103	寡妇好难过			栾城苏邱村	张存环		399088	126

序号	篇名	民族	流传地区	采集地	讲述者	搜集者	数据库编号	字数
15104	灭蚊子			井陉七狮村	毕俊	焦建军	399475	170
15105	摞板凳			石家庄市塔冢村	刘淑霄	冯米山	399295	183
15106	大选举			井陉狮村	毕俊	焦建军	398692	169
15107	六指儿嫂			石家庄郊区	任勇		399136	268
15108	蔓豆花			郊区南高基村	廖志存		399123	229
15109	做军鞋			井陉北障城	吕春妮	焦建军	398684	114
15110	胡诌歌			井陉矿区北风山村	马万兵	李春来	399564	136
15111	一个大姐年十七			井陉王庄村	谷秋保	赵来锁	399072	189
15112	奇巧			获鹿城关			399560	209
15113	嫁汉谣			获鹿城关	赵翰章		399171	166
15114	石雷歌			获鹿城关镇	韩庆志		398637	254
15115	出来耍			栾城文化馆	李予		399326	166
15116	绕屋转			栾城榆林	张冬岭		399343	108
15117	蓝天上面绣红旗			井陉县文管所	张树和	刘成文	398931	112
15118	姑嫂怨			井陉北障城村	李雨来	王青	399121	275
15119	胭脂河			井陉矿区杨家沟村	刘锁英	马梅清	398724	514
15120	条件						399037	194
15121	饼碰盆			石家庄市平安小区	王青		399528	174
15122	矿工冤			井陉矿市镇	武二金	韩连柱	398583	112
15123	俺家真是大变样						398863	121
15124	气得爹娘起不来			井陉王庄村	王黑小	潘高	399057	121
15125	月月忙			栾城镇	高梅书	陈瑞江	399567	200
15126	隔着门缝看身影						399039	128
15127	浇园歌			获鹿侯家庄村	郭过春	任勇	398890	846
15128	寻婆家			北障村	马桃落	焦建军	399056	264
15129	三皇姑担经			栾城县城	刘喜芝	李予	399270	112
15130	喜鹊报喜						399412	843
15131	引绵水						398908	192
15132	荒山笑披彩衣衫						398945	235
15133	喷灌						398938	190
15134	背篓沉甸甸			获鹿县文化馆	赵翰章	崔建益	398551	266
15135	冀中抗日歌				何善祥	任勇	399593	131
15136	媳妇怨			井陉威州村	张魁	张吉元	398698	152
15137	红枪会墙头草			井陉孤台村	窦富成	焦建军	398663	115

序号	篇名	民族	流传地区	采集地	讲述者	搜集者	数据库编号	字数
15138	大杨树			井陉庄子头村	何世英	何润海	399152	309
15139	娃娃亲			井陉南河头	赵三钱	仇喜卿	399070	710
15140	娶个媳妇大脚丫			深县	宋敬台	马利	399149	241
15141	槐树槐			栾城南关	张永秀	张存环	399315	126
15142	火球和银盘						399434	200
15143	做军鞋			支沙口村	商吉青	焦建军	398685	357
15144	情人长得强			栾城榆林	张冬岭		398999	235
15145	迎						399033	191
15146	挖河夜战						398934	152
15147	多打粮食为国家			井陉矿区北风山村	张白旦	李春来	398726	109
15148	骑金马			栾城南关	张永秀	张存环	399310	115
15149	都爱枪杆子						399514	177
15150	鬼子赛虎狼			井陉庄子头村	何建业	张树和	398622	197
15151	想你			正定县西安丰村	任景秀	白素平	399002	170
15152	毛孩泪汪汪			获鹿文化馆	赵翰章	崔建益	399096	198
15153	小板凳			正定城内	马卉	马利	399499	383
15154	新式结婚真大方			正定东权城村	袁喜儒	李春华	398810	389
15155	老头队			井陉孤台村	窦福成	焦建军	398638	163
15156	红花绿树长满山						398788	174
15157	四“全”丈夫			栾城文化馆	张存环		399165	215
15158	山村美			井陉胡家滩	杜玉魁	杜锁金	398866	345
15159	砸了哥哥“铁饭碗”			井陉县庄子头村		张树和	398858	142
15160	一朵花儿香又娇						398878	182
15161	姑娘打钎						398917	92
15162	长龙吐泉						398927	123
15163	高价姑娘两千块			井陉城关	韩汉小	国义	399250	252
15164	小铁锨			障城镇	刘金文	赵海荣	398924	114
15165	麦苗盖被						399457	136
15166	拧蒲团			栾城南关村	张永秀	张存环	398901	166
15167	喂喂明了			正定城内民主街	马焕兰	周宣	399285	275
15168	种麦歌			正定县吴兴村	王小翠	于金华	398886	99
15169	一件衣服轮着穿			井陉洛阳村	姜海川	张树和	399201	188
15170	洗手绢						399479	182
15171	乖孩子						399497	239

序号	篇名	民族	流传地区	采集地	讲述者	搜集者	数据库编号	字数
15172	新年来到			栾城镇	张昭宇	张存环	399187	139
15173	米粥香香						399484	1077
15174	数指头谣			正定傅家村	王健敏		399361	271
15175	获鹿城			获鹿城关	赵翰章		399573	168
15176	躲债			获鹿文化馆	赵翰章	崔建益	398550	162
15177	矿工悲歌（三首）						398595	316
15178	小姐想哥哥			井陉矿区北风村	吴润兰	刘风琴	398996	172
15179	小两口挑战			井陉县鲁家峪村	刘双兰	刘文昌	398916	163
15180	剪指甲			井陉胡家滩村	杜锁金	焦建军	399477	178
15181	骚扰敌营			井陉于家村	于墨军	何芸	398650	207
15182	孔子访晋			栾城北陈村	郝志愿	郝建伍	399268	223
15183	立志歌			获鹿文化馆	赵翰章	崔建益	398564	169
15184	共产党恩情万万年			获鹿高迁村	梁纯英		398750	232
15185	干部作风大转变						398856	206
15186	送鸡蛋			井陉小作镇	高瑞芬	高国文	399517	225
15187	想吃啥			井陉前头庄	王秋荣	焦建军	399365	410
15188	创业、守业歌			井陉矿区张家井村	高蕴文	张常喜	399211	199
15189	耍钱的			栾城文化馆	张存环		399237	271
15190	咯噔谣			石家庄市平安小区	王青		399391	209
15191	白眼狼			石家庄郊区岳村	敦春玉		399349	262
15192	酒色财气四堵墙			井陉青石岭	焦三妮	王密荣	399215	330
15193	比锤			石家庄市平安小区	王青		399534	206
15194	三过滹沱河						398782	226
15195	背茭杆			井陉矿区北风山村	李爱英	李春来	399317	421
15196	雁雁排成队			石家庄郊区	胡玉翠		399451	207
15197	打铁谣			栾城北、马村	侯艾花		398893	341
15198	表表十不足			栾城县南柴村、大营村	杨友谊、张金成	阎振英	399209	95
15199	哥读大学妹在家						399031	203
15200	霜降的菊花			石家庄郊区文化馆	任勇		398992	191
15201	学习加把劲儿			获鹿城关	韩庆志		399431	219
15202	小媳妇赶集			正定北贾村	周果姐	周新社	399114	278
15203	大实话			栾城北陈村	郝建伍		399556	252
15204	如今南大沟			矿区横南村	杨刚	张常喜	398864	118
15205	小寡妇			井陉高家庄村	赵大印	赵来锁	399086	151

序号	篇名	民族	流传地区	采集地	讲述者	搜集者	数据库编号	字数
15206	长征战鼓心头敲						398948	277
15207	宁死别把汉奸当			井陉北障城	高权子	焦建军	398658	226
15208	好日子越过越红火						398852	217
15209	想起领袖毛主席						398775	143
15210	电视机真有趣			正定县南村	师兴文		398867	205
15211	见过你						398548	173
15212	婆婆也是娘			市平安小区	王青		399132	330
15213	家家户户光景旺			正定东里双村	阎发水	阎世久	398840	763
15214	小老鼠上当						399450	127
15215	摆酒席儿			石家庄郊区槐底村	许淑芳		399303	110
15216	万吨货物一口吞						398964	206
15217	女儿恨			井陉支沙口村	高吉春	焦建军	399054	174
15218	外甥女住老娘			获族县邵营村	刘三妮	王良爱	399323	198
15219	劝民谱			获鹿县谷家峪村	谷善珍	谷岚	399220	272
15220	劝日军			北障城村	马汉楼	焦建军	398656	126
15221	十年九不收						398533	463
15222	送菜			井陉县城内	张三小	范志军	398687	191
15223	我们爱唱的歌						399401	425
15224	阿姨给我补衣衫						399502	205
15225	汤烫塔			石家庄平安小区	王青		399530	113
15226	剩下老奴一根柴			栾城北陈村	郝建伍		399140	156
15227	扁豆角			井陉王峪村	焦门楼	赵玉海	399124	192
15228	孙中山办法强			获鹿文化馆	赵翰章	崔建益	398567	407
15229	兰英诉苦			正定大孙村	康正民	苏平修	398800	207
15230	会情郎			石家庄郊区振头村	李玉珍		399014	214
15231	埋汉奸			井陉孤台村	窦富成	焦建军	398662	211
15232	婆婆爱儿不爱女			井陉庄子头村	张捧娥	张树和	398877	159
15233	减租歌			获鹿城关	韩庆志		398695	262
15234	车间安上新电源						398955	162
15235	恋妹情要真			井陉障城村	宝兰	张辉	399009	300
15236	左权将军			石家庄市平安小区	王青		398680	352
15237	不见哥哥发了愁						398994	262
15238	风雨来了			石家庄市平安小区	王青		399374	104
15239	捧起糠菜团			井陉矿区北风山村	李寿成	李春来	398589	192

序号	篇名	民族	流传地区	采集地	讲述者	搜集者	数据库编号	字数
15240	卖汽水			正定县二十里铺村	张小臣	张丙辰	398977	208
15241	爱军歌			井陉西柏山	王二牛	王风祥	398620	201
15242	盖啥房			栾城文化馆	张存环		399133	348
15243	老百姓遭磨难			栾城榆林村	张冬岭		398601	185
15244	长出朵朵科技花						398975	214
15245	缴获鬼子重机枪			获鹿文化馆	赵翰章	崔建益	398647	304
15246	铺炕歌			获鹿县城关	韩庆志		398981	236
15247	小梅香			井陉岩庄村	白将崖	毕玉	399045	343
15248	特务汉奸二百五			井陉孤台村	窦富成	焦建军	398660	226
15249	编筐箩			井陉县上庄村	王生堂	张树和	399388	184
15250	扒墙头			栾城镇	陈瑞江	高梅书	399314	204
15251	咱们都是游击队			井陉七狮村	毕俊	焦建军	398643	187
15252	苹果喷喷香			井陉上庄	高树春	张树和	399495	326
15253	小秃偷桃			栾城文化馆	张存环、郭生新		399561	119
15254	日头落			获鹿城关	韩庆志		398555	222
15255	事换事				李二娃	李建新	399253	138
15256	夸俺正定赵子龙			正定东里双村	阎全保	阎世久	399260	191
15257	姐姐选婆家						398809	230
15258	洗淋浴						399481	196
15259	瞌睡虫			井陉上安西村	李春华	刘春林	399127	207
15260	扳手腕						399490	124
15261	我的拖拉机						399430	210
15262	上谷囤儿			栾城城关	张存环		399344	252
15263	山乡水电站						399420	131
15264	爷去投八路			栾城圪塔头村	王半农	张存环	398609	219
15265	妹妹回娘家			井陉城关镇	吴自顺	吴学圃	399125	240
15266	社员个个乐悠悠			石家庄郊区于底村	谢志福		398838	134
15267	姑舅辈辈亲			栾城文化馆	张存环		399130	729
15268	大烟袋			获鹿郑庄村	韩艳荷	韩庆志	398628	211
15269	五更怨			正定西安丰村	白喜祥	白素平	399012	405
15270	姑娘的心						399036	152
15271	少赶集			井陉矿区北风山村	李春喜	李春来	399221	176
15272	爱妈爱祖国						399399	294
15273	出嫁劝女歌			获鹿高庄村	董世鹏		399198	181

序号	篇名	民族	流传地区	采集地	讲述者	搜集者	数据库编号	字数
15274	小白鸡儿			石家庄市平安小区	王爱洁		399352	185
15275	大兵来到井陉县						398569	217
15276	抗日何需怕砍头			石家庄市桥西区	杨尚		398605	170
15277	住姥娘			石家庄郊区塔冢	冯未山		399321	156
15278	承包谣						398842	136
15279	耍尿泥儿			栾城文化馆	张存环		399301	453
15280	大脚好			栾城南关	张永秀	张存环	398737	111
15281	钓鱼						399510	345
15282	吃甜吃酥			栾城镇	徐俊秀		399381	157
15283	板凳摞摞			石家庄市平安小区	王锡娥		399294	112
15284	找对象			栾城赵庄村	田菊海	张存环	399173	176
15285	孩子睡			井陉前头庄	王竹梅	焦建军	399278	153
15286	大渡槽						399415	422
15287	毛主席缔造新中国						398752	175
15288	太阳不落照太行			获鹿县高迁村	梁纯英		398673	498
15289	嫁妆						399043	212
15290	说懒婆			井陉城关	巧妮	张四新	399232	273
15291	瓜棚结瓜瓜			石家庄市平安小区	王青		399545	303
15292	哈巴狗			石家庄市平安小区	王锡娥		399356	147
15293	懒老婆咽吐沫			正定北贾村	王白妮	王建凯	399231	269
15294	没有砖石难盖房			石家庄郊区柳辛庄	李富生		398833	410
15295	新媳妇挖渠						398776	664
15296	抓花			井陉矿区南风山村	张瑞兰	李春来	399182	702
15297	大红袄			井陉矿区南风山村	张瑞兰	李春来	399322	160
15298	十有九个命难活			井陉县南康庄	邢守先	张树和	398623	125
15299	工地医生						398919	228
15300	山哥是个粗心人						399029	116
15301	儿童好象一朵花			正定城内	杨俊秀	封贵元	398691	59
15302	炉口笑吐金彩虹						398950	182
15303	种西瓜			获鹿县徐家庄	任勇		399468	163
15304	杀汉奸			井陉岩峰村	张士小	范志军	398661	173
15305	就是鬼子兵			井陉青石岭村	张英魁	王密荣	398604	734
15306	花开十二月			栾城东羊市	樊君	李梅彦	399179	474
15307	二十四节歌			井陉县东关村	张景阳	吴学圃	398885	202

序号	篇名	民族	流传地区	采集地	讲述者	搜集者	数据库编号	字数
15308	办事抓到“点儿”			石家庄市平安小区	王青		398825	198
15309	颠倒歌						399462	220
15310	家庭兴起文化热			井陉长岗村	范雪珍	何素庭	398805	186
15311	团结就是力量			石家庄市平安小区	王青		398722	297
15312	送红灯						399519	135
15313	小孩拾钱			井陉康庄	康淑珍	建亮	399305	268
15314	地球挤成人疙瘩						398879	114
15315	黑夜来了八路军			获鹿高迁村	梁纯英		398617	144
15316	老槐树			井陉子龙窝村	申巧兰	高国义	398804	138
15317	这种“公仆”谁敢要						399242	292
15318	铁牛谣			获鹿	赵翰章		398770	186
15319	牧羊歌			石家庄郊区文化馆	胡五翠		399471	110
15320	妇女参军歌			栾城北阵村	郝志愿	郝建伍	398734	139
15321	歌颂共产党			井陉七狮村	毕俊	焦建军	398757	149
15322	二人保主没真心			栾城张家辛庄村	蔡菊子	董振海	398566	463
15323	泼水谣			石家庄市平安小区	王锡娥		399028	121
15324	劳模风格赞			石家庄市平安小区	王锡娥		398803	241
15325	慰问袋			获鹿县郑庄村	韩艳荷	韩庆志	398735	173
15326	嫂嫂订了人民报						398794	154
15327	唱朱德将军			井陉北障城村	马汉楼	焦建军	398678	543
15328	边区儿童福气大			井陉南康庄	杜双秀	王密荣	399396	180
15329	拍豆角			正定韩家楼村	李瑞金		399383	184
15330	受罪谁心疼			井陉张村	范二小	张思玖	399068	273
15331	喂饭歌			井陉矿区东岗头村	谷田田	李春来	399284	159
15332	扫盲好			正定东权城村	袁喜儒	李春华	398792	254
15333	咱去柏坡看亲人			井陉南王庄村	马建庭	运莲、同林等	398720	431
15334	白闺女			栾城城关	张昭宇	张存环	399316	111
15335	跟着共产党走			石家庄年市安小区	王青		398718	1264
15336	姥姥村唱大戏			井陉宋家峪村	尹吉庭	张杰	399325	405
15337	勤俭是咱们的传家宝			石家庄市平安小区	王青		398768	127
15338	相女婿						399177	131
15339	筒子愚鼓北口调		石家庄一带		王子堂		399588	172
15340	萤火虫			郊区文化馆	胡玉翠		399453	208
15341	棉花桃			井陉北山村	周玉兰	江惠敏	399052	311

序号	篇名	民族	流传地区	采集地	讲述者	搜集者	数据库编号	字数
15342	对花瓶			栾城镇	张昭宇	张存环	399336	151
15343	“文革”时的电影			栾城镇	张存环		399245	206
15344	问姐姐			正定县城关镇	马利		399371	138
15345	新事新办			井陉梁江村	梁梅荣	梁英	398811	390
15346	登紧紧			栾城榆林	张冬岭		399330	410
15347	拍手歌			井陉东街村	张明华	张吉元	398727	209
15348	采蜜						398844	161
15349	人人为四化做贡献						398821	204
15350	烟囱烟			栾城南关	张永秀	张存环	399379	173
15351	瘸子挑茄子			栾城北郗马村	候艾华		399525	395
15352	花奶奶			井陉东羊坡	杜玉楼	杜卫亭	399385	176
15353	获鹿人民见晴天			获鹿县郑庄村	李耿福	韩庆志	398711	123
15354	打石门			郊区白佛村	张兵海		398712	188
15355	新媳妇会打镰			井陉矿区北风山村	李爱英	李春来	399144	168
15356	学外语						398807	130
15357	印染机						398960	985
15358	古怪歌			井陉孙庄村	高登科	高明虎	399558	113
15359	获鹿旧景			获鹿县文化馆	赵翰章	崔建益	398535	182
15360	十劝歌			获鹿县小毕村	傅梅祥		398681	212
15361	飞机轰炸大里岩			井陉县洪河槽村	李化堂		398574	116
15362	爬枣枝						399509	254
15363	学习雷锋好榜样			石家庄市平安小区	王青		398802	153
15364	咱们工人有力量			石家庄市平安小区	王青		398723	164
15365	劝情郎			获鹿镇	单银风	韩庆志	399022	275
15366	靠字歌			石家庄市平安小区	王青		399551	201
15367	双肩解放直了腰						398777	143
15368	学红军						399402	340
15369	八路军解放井陉城			井陉矿区北风山村	李春喜	李春来	398710	143
15370	不迷信			井陉七狮村	毕俊	焦建军	398748	296
15371	交杯酒歌			栾城县圪塔头	王半农		398985	137
15372	猜花儿						399444	251
15373	学政治						398798	111
15374	人民有了红太阳			井陉南张村	冯教中	范雪珍	398676	127
15375	矿工苦			井陉矿区北风山村	李春喜	李春来	398580	167

序号	篇名	民族	流传地区	采集地	讲述者	搜集者	数据库编号	字数
15376	招工市			获鹿县小毕村	傅士荣		398732	314
15377	人是假的情是真			正定西安丰村	任景秀	白素平	399004	389
15378	夫妻三字歌			井陉县西河村	郝树海	郝三祥	399169	1594
15379	十大想			获鹿镇	单银风	韩庆志	399001	162
15380	照镜子						399508	217
15381	打得鬼子都爬下			井陉石堪峪村	天雨	范志军	398653	266
15382	村有八路最太平			井陉孤台村	窦福成	焦建军	398616	118
15383	祝寿歌			井陉矿区北风山村	李春喜	李春来	398990	257
15384	工人都是绘画人						398966	197
15385	闺女得啥病			石家庄市郊区白伏村	李生	卜秀娥	398997	111
15386	咱扬彩虹挂天上						398946	202
15387	光棍想妻			井陉县柏山村	张米生	李元元	399082	202
15388	打井歌						398941	169
15389	党是革命的火车头			石家庄郊区柳辛庄	李富生		398817	771
15390	太行喜栽江南稻						398944	169
15391	藤和铃			石家庄市平安小区	王青		399524	343
15392	小胖小儿			栾城镇	张存环		399304	277
15393	万首赞歌齐颂党						398815	130
15394	约会						399035	174
15395	光棍苦			栾城苏邱村	张存环		399077	220
15396	遍地盛开科技花						398969	169
15397	娶了个大媳妇			井陉山北村	吴玉良	吴学圃	399075	396
15398	夸女婿		石家庄、栾城、获鹿、正定、元氏、平山一带				399594	557
15399	怀胎十月歌			获鹿县文化馆	梁鸣学	崔建益、韩风彦	399116	180
15400	日本鬼子败了兴			井陉县石佛岩村	张声	张吉元	398649	292
15401	寡妇愁			井陉矿区北风山村	奕连瑞	马梅清	399092	112
15402	还骂她无能			栾城县县志办公室	杨梅山		399059	169
15403	寡妇登轧车			栾城北陈村	郝建伍		399091	175
15404	永世不能忘			井陉矿区横南村	杨刚	张常世	398581	173
15405	大槐树			正定里双店	李新华		399119	248
15406	五更调			正定西安丰村	白喜祥	白素平	399016	186
15407	游击队			井陉县大王邦村	何启昌	赵军	398645	344
15408	梨儿不要提			栾城榆林村	张冬岭		399017	163

序号	篇名	民族	流传地区	采集地	讲述者	搜集者	数据库编号	字数
15409	搜身						398597	445
15410	上梁歌			栾城南柴村	阎明子	阎振英	398989	185
15411	穷八路富民军			栾城文化局	董振海		398607	172
15412	情话			栾城榆林	张冬岭		399006	177
15413	五叉沟			获鹿县文化馆	赵翰章	崔建益	398534	169
15414	南南有个篮篮						399546	220
15415	瓦匠歌			获鹿徐家庄村	任印堂	任勇	398898	164
15416	回婆家			栾城北陈村	郝建伍		399060	331
15417	一盆月季			获鹿县电影公司	韩庆志		399533	1046
15418	女婿不学好			石家庄棉七宿舍	张蓓兰	赵定平	399159	154
15419	大伙心里有杆秤						398823	171
15420	瓜儿大			石家庄市平安小区	王青		399544	205
15421	嫁尉官谣			石家庄市平安小区	王锡娥		399176	288
15422	棒枣儿			正定	郝建常		399300	638
15423	书记办公在炉边						398957	186
15424	心连心			井陉县青石岭村	王双驹	王密荣	398672	169
15425	八路好，八路强			石家庄市平安小区	王青		398615	164
15426	俺家男人不在家			井陉庄子头村	刘法贵	何润玉	399066	878
15427	八个朋友			井陉七狮村	毕俊	焦建军	399582	261
15428	劝郎君			获鹿县小毕村	张权	孟金虎、傅士荣	399162	186
15429	顶灯台			井陉七狮村	毕俊	焦建军	399163	177
15430	钉铜板			石家庄市平安小区	王青		399538	168
15431	月亮圆			井陉岩庄村	张生小	范雪珍	399168	249
15432	小星星			石家庄市棉七宿舍	赵定平		399437	417
15433	请女婿			井陉平望村	杨二狗	张吉元	399154	280
15434	泥娃娃						399507	175
15435	老婆打汉子			井陉县鲁家峪村	王香妮	何竹庭	399158	261
15436	数咱八路军好			井陉庄子头村	高二孩	何彩茹	398614	256
15437	拽到丈人家			井陉矿区北风山村	李爱英	李春来	399156	151
15438	矿工难			井陉矿区白彪村	李丙功	宋喜文	398593	224
15439	手拿三八枪			井陉庄子头村	何世英	何忠郁	398613	321
15440	吃西瓜			石家庄郊区塔冢村	李会芝	冯米山	399496	224
15441	要嫁还是庄稼汉			正定县南村	范大芹	师兴文	399170	290
15442	猜猜看						399433	202

序号	篇名	民族	流传地区	采集地	讲述者	搜集者	数据库编号	字数
15443	现在交通真方便			正定县南村	师兴文		398874	161
15444	山村谣						399429	609
15445	社会主义好			井陉矿区北风山村	张白旦	李春来	398861	159
15446	夸桑			井陉矿区北风山村	李春喜	李春来	399273	262
15447	计划生育就是好			井陉南张村	尹俊月	梁干珍	398881	229
15448	电“老虎”						399257	453
15449	懒汉谣			石家庄市平安小区	王锡娥		399243	169
15450	爱花歌			矿区幼儿园	张秋英	张常喜	399492	114
15451	槐树开花碎粉粉			井陉庄子头村	何新保	何忠郁	398611	189
15452	正定府里大菩萨			石家庄市平安小区	王青		399568	217
15453	打醋买布			石家庄市平安小区	王青		399532	112
15454	小迷糊						399511	426
15455	不叫包工叫定额			南柴村	张瑞祥	张存环	398834	94
15456	“后门”谣						399252	124
15457	传古						398828	700
15458	新媳妇			获鹿	袁淑秀	刘新立	399155	209
15459	蔬菜精			正定县北贾村	王白妮	王建凯	399579	112
15460	姐帮亲人洗衣裳						399513	160
15461	棉花段			石家庄市棉七宿舍	张荫兰	赵定平	398887	172
15462	鬼子吃“西瓜”			井陉刘西河	刘富金	何晓峰	398642	219
15463	一辈子穷得慌			井陉矿区北风山村	李春来		398532	297
15464	老百姓苦						398572	232
15465	七颗星			获鹿县电影公司	韩庆志		399537	575
15466	要小脚做什么						399147	121
15467	懒闺女			石家庄市棉七宿舍	甄桂云	赵定平	399234	154
15468	汉奸相			石家庄市平安小区	王青		398659	160
15469	找对象攀高门儿			井陉辛庄	李祥	张燕	399178	156
15470	奔小康家			井陉北障城村	张桃气	张敬宗	398849	531
15471	担来粮山一座座						398940	214
15472	人人看不上						399249	271
15473	夫妻观灯			获鹿县西胡中村	薛景妮	崔建益	399194	157
15474	百姓哭连天			井陉庄子头村	刘黑毛	张树和	398624	185
15475	埋地雷			井陉庄子头村	何才巴	何文雨	398641	222
15476	梳头歌			井陉大尖山	高文魁	梅子	399118	72

序号	篇名	民族	流传地区	采集地	讲述者	搜集者	数据库编号	字数
15477	新谚谣（六首）						399227	163
15478	小棒槌			获鹿县邵营村	刘三妮	王良爱	399097	201
15479	感化院			获鹿	付梅祥		398630	347
15480	千里太行一幅画						398873	273
15481	人欢马喧			井陉县庄子头村	张根墨	张喜祥	398922	278
15482	小白菜			栾城宋村	张荣	李予	399095	157
15483	摆花歌			井陉北平旺	韩笑田	张吉元	399180	94
15484	南大沟			井陉矿区北风山村	廉九柱	李春来	398585	222
15485	怕字歌			石家庄市平安小区	王青		399550	199
15486	学做饭						399469	926
15487	鬼子扫荡黑水坪			井陉县米汤涯村	刘黑毛	张树和	398626	162
15488	盼来八路军把矿占			井陉矿区横南村	杨刚	张常喜	398600	104
15489	医德四字谣			栾城榆林村、鲁家庄	徐路旺、贾锡斌	阎振英	399213	165
15490	打元氏城			栾城文化馆	智刚山	李予	398708	204
15491	忍和饶			栾城县鲁家庄	贾叔祥	阎振英	399206	115
15492	苦命寡妇			获鹿文化馆	赵翰章	崔建益	399087	249
15493	百姓不能过			井陉威州村	刘黑毛	张树和	398625	218
15494	光棍光			井陉尖山村	润保	杜卫亭	399081	220
15495	正定特产谣			正定东权城村	张小红	李春华	399571	255
15496	小五更						399069	142
15497	水库就是聚宝盆						398911	262
15498	锤板石			井陉矿区南风山村	张瑞兰	李春来	399112	99
15499	上韩庄			获鹿县城关	赵翰章		398538	162
15500	大烟害			获鹿县文化馆	梁鸣学	崔建益	399218	246
15501	从简办婚事			井陉支沙口村	高吉清	焦建军	398745	194
15502	闺女梳头			井陉矿区北风山村	吴润兰	刘风琴	399319	193
15503	做媳妇歌			正定县野头村	朱姐	王建敏	399197	286
15504	十能富歌			栾城程上村	阎兆熊	阎振英	399204	161
15505	打伏击仗						399516	195
15506	劝勉新谣（十二首）						399226	222
15507	狼牙山五壮士			正定吴兴村	王小翠	于金华	398664	152
15508	唱唱十二月			井陉庄子头村	何世英	何忠郁	399190	626
15509	小亲亲			井陉支沙口村	高吉青	焦建军	399288	195
15510	迎新年			栾城县文化馆	张存环		399188	220

序号	篇名	民族	流传地区	采集地	讲述者	搜集者	数据库编号	字数
15511	庆祝抗战大胜利			井陉高家峪村	高二栓	高四小	398700	360
15512	跟党一条心						398759	229
15513	老好人			正定县北五女村	师兴文		399246	159
15514	送哥上前线			栾城张家辛庄	蔡菊子	董振海	398683	160
15515	赶走日本人			获鹿县文化馆	赵翰章	崔建益	398655	452
15516	闺女不受苦			井陉障城镇	吴宝妮	徐玉琴	399153	138
15517	新洞房铺床歌			栾城南关村	张永秀	张存环	398983	160
15518	现在的办法真不赖			井陉矿区北风山村三关山	张白旦	李春来	398739	302
15519	骂天			获鹿文化馆	赵翰章	崔建益	399203	112
15520	荒山变成花果山						398872	114
15521	抗战十二月歌			获鹿县郑家庄村	聂从来	韩庆志	398669	136
15522	自由被剥尽						398596	141
15523	苦差事						398573	126
15524	打得鬼子团团转			正定东里双村	阎全保	阎世久	398631	158
15525	哄睡谣			井陉矿区白彪村	温录清	宋喜文	399281	193
15526	改造懒汉懒老婆			正定吴兴村	王小翠	于金华	398746	127
15527	新观花			正定巧女村	康贤甫	康振侠	399267	388
15528	农村走上致富路						398862	156
15529	共产党·新中国						398758	237
15530	打东洋			井陉县曹家庄村	何孟昌	张树和	398633	153
15531	唐僧取经			获鹿县北寨村	许三妮	崔建益、张虎跃	399272	185
15532	结籽谣						399426	173
15533	打平山			栾城文化馆	魏同振	李予	398668	395
15534	自己来						399463	148
15535	拔穷根			栾城南柴村	刘保林	阎振英	398731	132
15536	夸妹妹			栾城南关	张永秀	张存环	399148	135
15537	三皇姑游莱园			获鹿县北寨村	王秀珍	张虎跃	399271	175
15538	嫁到洪子店			井陉矿区南风山村	张瑞兰	李春来	399150	190
15539	坐门墩儿			栾城镇	解之维		399299	581
15540	洗衣谣						398860	209
15541	妇女怨						398571	293
15542	洞房铺被歌			栾城南关村	张永秀	张存环	398982	137
15543	建筑工人赛鲁班						398962	265

序号	篇名	民族	流传地区	采集地	讲述者	搜集者	数据库编号	字数
15544	姐姐爱科技						399432	183
15545	背背			石家庄郊区塔冢村	刘兰英	冯米山	399292	209
15546	哄娃娃			井陉前头庄	王秋荣	焦建军	399293	133
15547	养鸡			井陉庄子头村	何秋树	张树和	399422	140
15548	润润嗓门唱丰年						398921	357
15549	半升的			石家庄郊区塔冢村	高风琴	冯米山	399384	167
15550	上梯子儿			平安小区	王锡娥		399307	144
15551	学游泳						399515	154
15552	猫推磨			石家庄郊区塔冢村	冯未山		399368	177
15553	麻野雀			栾城文化馆	张存环		399347	171
15554	杀羊歌			井陉县障城村	焦玉常	焦烁明	399364	1502
15555	看姐姐						398918	327
15556	盘山渠						399417	165
15557	机关枪			平安小区	王青		399394	93
15558	花莲						399389	175
15559	小马虎						399506	212
15560	小黄牛						399443	337
15561	裱糊匠歌			获鹿		任勇	398900	744
15562	弯弯歌						399436	169
15563	换挂面			井陉北障城村	焦润科	焦建军	398976	240
15564	蝴蝶			石家庄郊区文化馆	胡玉翠		399452	179
15565	建筑用上装配法						398963	112
15566	眼睛						399488	923
15567	小骑兵						399473	187
15568	小喷壶						399465	166
15569	小院要绿化						399467	231
15570	时政歌						402117	1069
15571	历史传说歌						402122	256
15572	生活歌						402120	117
15573	情歌						402119	332
15574	仪式歌						402118	1045
15575	劳动歌						402116	1833
15576	儿歌						402121	85
15577	十二月小唱					唐向荣	409499	884

序号	篇名	民族	流传地区	采集地	讲述者	搜集者	数据库编号	字数
15578	顺口溜					惠铁林	409496	151
15579	滦县公路打埋伏					唐向荣	409497	223
15580	抗日战争歌谣					赵庆江	409502	113
15581	谁不跟我玩儿					紫涵	409506	508
15582	王三姐送夫参军					唐向荣	409500	298
15583	民谣四首					自治、小石	409493	357
15584	妇女四季歌					唐向荣	409503	458
15585	锔大缸					紫涵	409495	1479
15586	自强歌					陈发	409498	551
15587	抗日小唱					唐向荣	409504	894
15588	说走就走					唐向荣	409501	142
15589	民国十一年直奉战争歌谣					赵庆江	409505	572
15590	十枝花					唐向荣	409494	388
15591	小棒锤					李录才	410665	131
15592	扯大锯					赵惠平	410660	61
15593	娘嘱咐					赵军才	410649	136
15594	打败了日本兵					蒲双平	410635	101
15595	自行车					陈录才	410648	211
15596	嘤嘤歪歪					刘彩宣	410669	52
15597	星星红					杨志杰	410652	109
15598	麻野雀					于丽娜	410650	247
15599	颠倒话					刘晓英	410674	114
15600	犄犄翎					程建平	410664	86
15601	小枣树					甄永欣	410651	120
15602	两头忙					王文娟	410632	106
15603	高堂谁侍奉					蒲双平	410631	196
15604	三姐梳头					袁余庆	410637	125
15605	七月里					王文娟	410630	87
15606	上娘家					刘珍	410654	120
15607	小白菜					王文娟	410655	83
15608	十二个月					王一芬	410629	105
15609	花带带					贾玉平	410675	687
15610	切来啦					安义茹	410676	95
15611	小斑鸠					姚建英	410662	74

序号	篇名	民族	流传地区	采集地	讲述者	搜集者	数据库编号	字数
15612	小老鼠					蒲双平	410667	679
15613	别淘气					吴普忠	410661	283
15614	送郎					蒲双平	410643	96
15615	高粱叶					崔伟	410644	236
15616	对对对					刘国立	410640	125
15617	泥瓦匠					位建彬	410641	202
15618	牛抵角					张月萍	410666	206
15619	没娘孩歌					刘晓英	410656	84
15620	小闺女上梯子					赵惠平	410659	185
15621	要财礼					赵兰榜	410653	86
15622	板凳床					李花	410657	79
15623	抗日战歌					赵军才	410633	523
15624	要媳妇					程建平	410663	59
15625	压葫芦瓢					刘国林	410671	231
15626	推推推					刘汉民	410642	102
15627	有权的硬					杨亚强	410639	94
15628	官娶官					蒲双平	410634	150
15629	衙门口					蒲双平	410638	74
15630	天上下雨					蒲双平	410645	78
15631	二百五					吴普忠	410647	54
15632	咕噜锅子					刘晓英	410636	121
15633	给爷爷端杯茶					张月萍	410658	231
15634	柳树柳					司红欣	410670	87
15635	花媳妇					姚建英	410668	74
15636	拍巴掌					司红欣	410673	51
15637	荞麦花					殷立欣	410646	60
15638	麻绳菜					司红欣	410672	75
15639	脊上包袱回娘家		临城县大部地区		赵桂女	毕红军	410783	320
15640	说了个闺女刚十三				杨老乐	杨建华	410770	230
15641	脱了孝衫穿喜＝		临城临城大部地区		赵全风	毕红军	410777	171
15642	矬大姐		临城县大部地区		杨老乐	杨建华	410769	137
15643	创业歌		临城县牙更乡一带		王书堂	赵军田	410763	210
15644	小纺车		临城县		田秀英	王学	410816	225
15645	琉璃人					于正路	410810	239

序号	篇名	民族	流传地区	采集地	讲述者	搜集者	数据库编号	字数
15646	一劝妇女要放脚		临城县北部一带	南白村赵召弟家	赵召弟	郝月强	410793	122
15647	叉叉棍					于正路	410808	256
15648	俺家闺女还不来		临城县		赵贵女	毕红军	410822	214
15649	小纺车				张风琴	赵军田	410796	125
15650	红小鞋		临城县		蔡姐	豆文奇	410817	198
15651	警备队真遭殃		解放前临城县部分农村	牙更乡赵军田家中	张景芳	赵军田	410788	269
15652	青不楞青楞不楞楞		临城县东部地区		赵全风	毕红军	410820	410
15653	说胡话、话说胡		临城县		张小双	张华军	410826	259
15654	小姑娘会扦面		临城县大部地区		李建平	李丽珍	410804	236
15655	小枣树弯弯枝		临城县东部	东牙更王书堂家	张风琴	赵军田	410795	504
15656	月亮地明呱呱		临城县		陈风海	侯风铬	410801	354
15657	支援八路打太原		临城县西部一带	赵庄	王来妮	于正路	410790	342
15658	橛子与茄子		临城县大部地区		张双小	张华军	410823	373
15659	狗汉奸不是人		临城县	侯韩村	侯增祥	侯风铬	410791	252
15660	小二姐		临城县黑城一带		岳法焕	豆文奇	410782	61
15661	小英雄		牙更乡		王书奎	赵军田	410818	231
15662	呱哒板儿		临城县		李书妮	郝香惠	410807	151
15663	嘎嘎叶		临城县大部地区		刘枝妮	王学	410814	411
15664	当兵好		抗日战时期流传于太行山区	临城县磁窑沟村	王哲	王学	410786	295
15665	虎和猫		临城县		赵全风	毕红军	410829	292
15666	小枣树拧三拧		临城县东部地区		刘春风	杨建华	410772	468
15667	中华民国真时兴		临城县东部地区	东新安	张景芳	赵军田	410794	173
15668	小白菜		临城县西部山区		王桃妮	于正路	410780	464
15669	钢、钢、钢顶针儿		临城县		裴保芬	于正路	410812	151
15670	树梢不动刮劲风		临城县太行山地区	孟家庄村	岳清树	梁建华	410827	119
15671	大年三十月光明		临城县大部地区		张小双	张华军	410824	124
15672	夫妻洞房对话		临城县大部地区		李秉文	李秉文	410765	160
15673	小磨子		临城县		路小四	路峰	410805	159
15674	一块云白照满天		临城县东部地区		杨老乐	杨建华	410773	220
15675	耕地去东洼		临城县东部		乔素彩	赵军田	410766	313
15676	十二个月		县临城西部地区		李三妮	李顺兴	410778	232
15677	小枣树弯又弯		临城县大部农村		刘春风	杨建华	410768	200

序号	篇名	民族	流传地区	采集地	讲述者	搜集者	数据库编号	字数
15678	十二属相歌		临城一带		侯增祥	侯风格	410762	151
15679	哥哥领兵要离家		临城县东部		赵全风	毕红军	410784	176
15680	臭杨树		临城县东部		赵全风	华红军	410776	193
15681	打个戒指送亲人		临城县西部地区		王桃妮	于正路	410779	173
15682	二十四节歌		临城县		侯增祥	侯风铬	410761	200
15683	小公鸡探探脖		临城县大部地区		刘吉会	宋英军	410803	172
15684	做饭饭		临城县山区		王桃妮	于正路	410797	156
15685	儿歌三首					侯风铬	410802	335
15686	天上下雨地下流		临城县大部地区		田秀英	王学	410781	245
15687	乒乒乒打油瓶		临城县		王桃妮		410811	242
15688	八路军打临城		临城县境内		王风山、郝万增		410785	140
15689	组织起来搞抗战		抗战时期郝庄一带	东牙更村岳清尚家	岳清尚	赵军田	410787	265
15690	笤帚经		临城县东部地区		赵全风	毕红军	410775	295
15691	小纺车呜隆隆		临城县西部农村	南白村赵召弟家	赵召弟	郝月强	410792	114
15692	儿歌二首		临城县		侯建光、李吉英	侯风铬	410800	267
15693	懒老婆不做活		牙更乡一带		赵文德	赵军田	410764	103
15694	小杨树		临城县大部地区		刘枝妮	王学	410815	211
15695	黄户黄		临城县北部一带		张兰	豆文奇	410767	446
15696	小花猫		临城县山区			于正路	410799	265
15697	八个嫂子都贤惠		临城县大部农村		刘焕英	杨建华	410774	118
15698	花椒树		临城县		王桃妮		410809	92
15699	谁也别娶俩老婆		临城县大部农村		杨老乐	杨建华	410771	150
15700	瓜籽磕牛拉磨		临城县山区		王桃妮	于正路	410813	151
15701	两头忙					曹丑书	410819	410
15702	齐着忙		临城县东部地区		赵全风	毕红军	410821	226
15703	红公鸡		临城县大部地区		李建平	李丽珍	410806	213
15704	儿歌五首					张同振	410798	170
15705	又保国来又卫家		临城县北部一带	李家韩村	李大白妮	山丰	410789	195
15706	锅头上种着瓜					胡爱军	410828	316
15707	拿起狗头投砖头		临城县大部地区		张小双	张华军	410825	187
15708	棉花桃						412995	60
15709	蓝天上面绣牡丹					成文、明佩	412927	152
15710	走一步叮当响						413010	112
15711	小媳妇						413045	315

序号	篇名	民族	流传地区	采集地	讲述者	搜集者	数据库编号	字数
15712	家乡歌					志衡	412953	109
15713	共产主义好					张树和	412911	184
15714	编筐箩					张树和	413084	104
15715	爱军歌					王凤祥	412882	60
15716	养兔好					栾志君	413151	135
15717	不贤良的“丈母娘”				白将喜	高会州	413071	58
15718	黑乌鸦						413012	118
15719	挖渠					孙喜顺	413165	106
15720	我去打鬼子					王密荣	412889	208
15721	老槐树						413157	85
15722	童养媳					志衡	413000	105
15723	参军谣					张树和	412875	263
15724	学习歌					杜锁金	413145	76
15725	大兵来到井陉县						412860	80
15726	大丰收					张树和	412965	102
15727	两党合作就富强					罗成	412874	77
15728	单身汉想妻						413060	63
15729	奉军攻打雪花山					张树和	412863	286
15730	月亮圆						413004	135
15731	炸碉堡					范志军	412903	379
15732	我问叔叔象不象					梁拉珍	413136	315
15733	媳妇怨					张吉元	412893	130
15734	学语歌						413080	245
15735	心连心					王密荣	412907	86
15736	热热闹闹过春节						413134	234
15737	送菜					范志军	412897	88
15738	菜园						413100	307
15739	绣枕头						412896	258
15740	小闺妮儿						413108	385
15741	十八岁姐十岁郎						413043	224
15742	娶男人					张树和	413033	73
15743	“头”字歌					张吉元	413107	327
15744	就怕娶后娘					张吉元、梅岚	413114	106
15745	瞌睡虫						412990	243

序号	篇名	民族	流传地区	采集地	讲述者	搜集者	数据库编号	字数
15746	欠下一笔大饥荒						413030	202
15747	羊粪蛋						413089	225
15748	呱嗒板					春林	413131	278
15749	小板凳						413149	108
15750	难忘一九四二年					张树和	412868	71
15751	花果香千里					高密金	412938	149
15752	芸豆角						413127	111
15753	井陉多锦绣					吴学圃	412972	103
15754	盼哥哥					路润学	413026	298
15755	怪婆婆						412949	123
15756	小椅子						413119	93
15757	小山羊						413082	437
15758	杀汉奸						412902	124
15759	穿衣歌					张树和	413079	87
15760	卖瓦盆						412923	116
15761	光棍谣					杜卫亭	413044	60
15762	人民有了红太阳						412899	101
15763	战绵右						412961	190
15764	五劝妇女歌					张树和	412913	138
15765	迎丰收						412955	287
15766	槐树上开花碎粉粉					宗义	412883	116
15767	寻汉汉						413002	59
15768	学文化					张树和	412910	95
15769	一见钟情					李梅兰	413040	180
15770	抗战胜利						412891	138
15771	媳妇苦						412998	79
15772	颂绵右渠					张玉美	412929	116
15773	明了亮了					杜卫亭	413038	153
15774	挂地雷					范志军	412894	100
15775	麻鸦鹊						413006	134
15776	望着焦土双泪流					张树和	412917	149
15777	富家媳妇						413008	79
15778	跟着后娘把苦尝					吴学圃	413022	144
15779	妹妹骑驴娘家走					吴学圃	413037	78

序号	篇名	民族	流传地区	采集地	讲述者	搜集者	数据库编号	字数
15780	长大我也去参军					孙喜顺	413153	119
15781	小寡妇					赵来锁	413016	188
15782	大杨树						412994	154
15783	跟后娘						413112	123
15784	我们最听老师的话					范志军	413152	295
15785	十劝歌					王密荣	412914	133
15786	润润嗓门唱丰年						412971	100
15787	小饲养						413156	104
15788	生活提不起						412918	187
15789	爷爷娶了个花奶奶					卫亭	413015	218
15790	渠						412963	122
15791	骂媒人					张吉元	413039	137
15792	情歌					杜卫亭	413059	134
15793	文化宫					范景堂	413137	79
15794	打嫂嫂						412983	353
15795	敢教井陉换新颜						412968	315
15796	开绵河					春文	412930	91
15797	就是鬼子兵						412888	139
15798	如今山沟变了样					志衡	412973	117
15799	小三姐					赵来锁	413070	76
15800	胡诌					杜卫亭	413177	60
15801	矿工悲歌						412926	78
15802	二十四节歌					吴学圃	412980	116
15803	上娘家						412987	223
15804	小两口挑战					刘文昌	412934	286
15805	编筐						412919	71
15806	请女婿					张吉元	413018	60
15807	高价姑娘两千块						413031	402
15808	小五更						413011	211
15809	杀羊歌					焦烁明	412974	211
15810	小风匣						412999	245
15811	小两口						413122	458
15812	驴儿					梁美荣	413091	79
15813	抗战歌					志衡	412881	122

序号	篇名	民族	流传地区	采集地	讲述者	搜集者	数据库编号	字数
15814	四大干渠盘山腰					张树和	412947	160
15815	梳头歌					梅子	413106	184
15816	解放石家庄					王密荣	412887	122
15817	盘脚盘					张吉元	413085	368
15818	跑盂县					李化瑞	412921	254
15819	梅香						413009	61
15820	五劝人					焦烁明	412977	203
15821	哥哥弟弟不一样						413110	144
15822	峡谷飞虹						412943	79
15823	骑大马					李化瑞	413103	166
15824	红豆豆						413041	254
15825	姐妹俩					张吉元	413109	164
15826	党的领导胜神仙					曹洪春	412928	227
15827	五劝歌					张吉元	412912	296
15828	小二姐卖给县公子						413066	130
15829	小乌鸦						413139	280
15830	甘绵汇流						412942	187
15831	我上罗庄叫姐姐						413013	125
15832	找对象攀高门儿						413032	411
15833	喂饭歌						413077	76
15834	纺花车						413048	70
15835	长龙吐泉						412941	238
15836	女儿诉苦						413021	133
15837	傍河无水田						412916	86
15838	新事新办						413034	179
15839	手拿三八枪					宗义	412873	112
15840	天冷心红						412966	153
15841	天上断星斗						413062	302
15842	俺家成了万元户					张树和	413171	111
15843	寻了个女婿不成才						413068	163
15844	摆花歌					张吉元	413090	152
15845	离婚					卫亭	413024	161
15846	闺女苦						412991	140
15847	十年九不收						412915	242

序号	篇名	民族	流传地区	采集地	讲述者	搜集者	数据库编号	字数
15848	石榴花儿红						413061	179
15849	石头蛋					孙喜顺	413168	193
15850	丁香花						412985	88
15851	引绵水						412964	136
15852	大牛耕地二牛赶					范志军	413087	76
15853	家庭兴起文化热					何素庭	412976	114
15854	夫妻恩爱不变心						413046	107
15855	白闺女						412992	150
15856	拍手歌					刘春林	413174	127
15857	鸡下蛋						413118	71
15858	妹妹骑月亮						413147	79
15859	扁豆角						412986	254
15860	婆婆爱儿不爱女					张树和	413072	102
15861	游击队					赵军	412878	165
15862	三月里是清明						413063	226
15863	银龙潜飞						412945	203
15864	娃娃亲					仇喜卿	413065	118
15865	送郎打日本						412876	231
15866	长大好把活来干						413076	83
15867	十有九个活不成					张树和	412870	164
15868	看不见哥哥发了愁						413025	212
15869	救星朱德毛泽东					焦烁明	412871	118
15870	计划生育就是好						413074	154
15871	九九节气歌					赵来锁	412979	135
15872	玩乐歌						413083	117
15873	拉锯						413117	149
15874	三十三道荞麦						413064	117
15875	白得工分人人骂						412952	359
15876	一棵棵树苗争着栽					张树和	413098	89
15877	砸了哥哥的“铁饭碗”					张树和	412951	139
15878	一对夫妻一个娃						413073	100
15879	交爱国粮					钟宇	412956	141
15880	奶奶盼得大雁归					宗义	413170	79
15881	做媳妇						413003	159

序号	篇名	民族	流传地区	采集地	讲述者	搜集者	数据库编号	字数
15882	一件衣服轮着穿					张树和	413159	107
15883	小孩拾钱						413054	60
15884	止哭歌						413078	80
15885	出嫁						412993	84
15886	幼儿园里						413144	133
15887	骑马打仗						413154	349
15888	小寡妇上坟					焦烁明	413017	87
15889	反唱歌					赵来锁	413176	171
15890	小绵羊					丹文	413132	162
15891	扦高粱					杨天明	413166	178
15892	自夸自						413005	165
15893	鬼子似虎狼					张树和	412865	158
15894	梨子树						413123	172
15895	百姓不能过					张树和	412866	178
15896	麻鸦鹊					范志军	413056	134
15897	秃子看田						413051	290
15898	讲卫生					杜锁金	413142	135
15899	妇女怨						412862	780
15900	女儿恨						412984	71
15901	上姥娘家串亲戚						413019	83
15902	红公鸡						413140	91
15903	想媳妇					张树和	413027	81
15904	工农不是生来粗					梁栋	412978	135
15905	小舅舅						413115	118
15906	大台山					志衡	413155	79
15907	白小鸡						413113	132
15908	拔白菜						412989	128
15909	反对买卖婚					卫亭	413058	184
15910	拍手歌					张吉元	413173	107
15911	狼打柴						413093	218
15912	两口顶嘴						413053	225
15913	金金扣					杨明生	413104	166
15914	女儿想娘						412997	219
15915	猫来了					刘春林	413092	151

序号	篇名	民族	流传地区	采集地	讲述者	搜集者	数据库编号	字数
15916	自小卖到山里头						413035	117
15917	大蜻蜓						413081	103
15918	红旗插遍太行山						412969	232
15919	小青蛙					张吉元	413094	79
15920	小铁锨					赵海荣	413167	86
15921	种菜						413099	196
15922	咱爱新中国					何素庭	413161	106
15923	蚂蚱谣					吕兵秋	413095	88
15924	我爱家乡情					何素庭	413163	155
15925	花椒树						413105	60
15926	栽树歌						413101	60
15927	二月二						413125	72
15928	骑上大马回娘家						413069	208
15929	娶了老婆忘了娘						413128	93
15930	山村美					杜锁金	412960	116
15931	吃上自来泉水					赵军	412948	116
15932	朱彭司令带大兵					杜卫亭	412880	107
15933	玩积木						413146	64
15934	妇女解放歌					丹城	412906	60
15935	洋豆角					张树和	413160	175
15936	植树						412958	346
15937	苹果香					张树和	413138	283
15938	一滴汗珠摔八瓣					魁元	412932	86
15939	警察叔叔本领大						413135	84
15940	姑娘才十八					崔国珍、赵八妮	412933	156
15941	张河湾水库						412946	180
15942	顶幔屋						412924	63
15943	夫妻三字歌						413047	59
15944	山沟苦					志衡	412922	156
15945	露水穿洞						412944	110
15946	卖炭					张树和	412920	130
15947	银龙上高山					张树和	412939	141
15948	人人当龙王						412936	94
15949	月亮地					志衡	413020	71

序号	篇名	民族	流传地区	采集地	讲述者	搜集者	数据库编号	字数
15950	喜鹊枝头叫喳喳					宗义	413169	173
15951	摇钱树					张树和	412959	144
15952	我爱家乡响水湾					志衡	413172	89
15953	亲娘后娘不一样						413111	60
15954	半块米糕						413158	325
15955	娶了个大媳妇					吴学圃	413014	320
15956	砸碎鸡蛋						412898	61
15957	姑嫂怨						412982	112
15958	梳头						413120	85
15959	人欢马喧						412967	245
15960	狸花头						413116	143
15961	梅豆叶					张吉元	413088	88
15962	红缨枪					张树和	412890	92
15963	催眠歌					张吉元	413075	139
15964	打东洋					张树和	412877	191
15965	把住轳辘骂媒人						413067	154
15966	贴红花						413126	224
15967	婚姻法进俺庄						413029	97
15968	老百姓苦						412861	60
15969	绣花灯					焦烁明	413023	904
15970	鬼子吃“西瓜”						412886	82
15971	三只鸭						413096	67
15972	咱去柏坡看亲人					运莲、同林等	412872	60
15973	月亮地						413001	243
15974	幼儿园					张树和、喜微等	413141	131
15975	新婚歌						413042	248
15976	节约						413143	118
15977	玉帝下凡					李明秀	412935	183
15978	小枣树						413130	374
15979	秃老婆					张通	413057	117
15980	日本鬼子败了兴					张吉元	412885	72
15981	送情郎					杨明生	412905	108
15982	送偏食					王凤祥	412884	84
15983	庆祝抗战大胜利						412895	162

序号	篇名	民族	流传地区	采集地	讲述者	搜集者	数据库编号	字数
15984	拨灯棍						413129	145
15985	鬼子扫荡黑水坪					张树和	412867	145
15986	不要上他鬼圈套					孙喜顺	412879	100
15987	斗鬼子					王密荣	412892	186
15988	千军万马战太行						412970	79
15989	说了个大姐本姓肖						413049	116
15990	黑夜下					李化瑞	412975	60
15991	解放威州						412909	116
15992	奔小康家						412957	95
15993	看姐姐						412962	179
15994	养鸡					张树和	412954	172
15995	百姓哭连天						412869	60
15996	看娘亲						412988	105
15997	飞机轰炸大里岩					李化瑞	412864	126
15998	砸了大锅饭						412950	80
15999	山向人低头					吴学圃	412940	93
16000	苦差事						412859	123
16001	四季乐					吴学圃	412981	89
16002	花果碰破头					于卯清	412937	60
16003	人多力胜天					康彦明	412931	243
16004	见过你						412925	250
16005	搞土改					张树和	412908	150
16006	小喜鹊					赵来锁	412904	116
16007	练刀抢						412901	149
16008	花莲						413124	212
16009	一个大姐年十七					赵来锁	413050	109
16010	打得鬼子都趴下						412900	177
16011	月亮地里洗衣裳						413036	131
16012	光棍						413007	195
16013	自由结婚俺欢迎					路润学	413028	249
16014	卖闺女						412996	604
16015	种树好						413102	200
16016	飞机飞机落落					范志军	413086	65
16017	要媳妇						413055	78

序号	篇名	民族	流传地区	采集地	讲述者	搜集者	数据库编号	字数
16018	说懒婆						413052	140
16019	一个好汉喝了酒						413097	114
16020	板床						413121	74
16021	送鸡蛋						413148	144
16022	一年更比一年强						413133	309
16023	姐姐学做新农具						413150	123
16024	古怪歌						413175	221
16025	红旗					何素庭	413162	144
16026	大苹果					张树和	413164	132
16027	祭灶谣						414384	405
16028	一个小孩儿			沧州市	代金润	柳春圃	414420	183
16029	卖针谣			沧州市	夏秋林	柳春圃	414439	345
16030	羊饽饽蛋			沧州市	李淑志	张子瑜	414343	109
16031	喜歌			沧县苗家码头	苗志黑	柳春圃	414382	195
16032	男女寡妇（夫）对歌				刘宝声	常玉川	414321	72
16033	贺喜歌			青县金家营	叶相林	王东亮	414392	263
16034	南运河船号				杨发云	文尔昌	414305	201
16035	美国鬼儿			沧州市郊区大和庄	吴秉香	柳春圃	414363	604
16036	小老鼠						414412	434
16037	吊唁歌						414380	363
16038	祝酒歌			青县大盘古村	周继龙	孙鹤林	414388	195
16039	下小雪，打滑叉			青县城关镇南张庄	王锡平	苗秀云	414350	300
16040	靠字歌			沧州市小礼拜寺街居委会	马树起	齐鸿浴	414338	278
16041	老叟入寝歌						414323	138
16042	二郎担山赶太阳			沧州市	王淑芹	孙庚杰	414328	193
16043	一个老头			沧县大官厅杨贾村	杨连生	杨风岭	414314	241
16044	劝善歌						414327	61
16045	红泥块，上脚搓						414349	65
16046	十种人			旧州	王子孔	贺志起	414365	184
16047	夜哭郎			沧州市	伏根	王岳者	414390	182
16048	柳树柳			沧州市	李淑志	张子瑜	414347	278
16049	小大姐						414402	494
16050	识字多光荣			沧州市新华区东街	王焕恩	马国强	414362	284

序号	篇名	民族	流传地区	采集地	讲述者	搜集者	数据库编号	字数
16051	四大慌						414452	509
16052	王大嫂讨饭			青县东冯村	吴淑卿	姚得舜	414351	382
16053	四大累						414447	243
16054	作物生日			沧州市	张同发	张永德	414456	74
16055	四要						414432	702
16056	贺喜歌			青县金家营	叶相林	王东亮	414393	316
16057	祝寿歌			青县	周继龙	孙鹤林	414397	345
16058	六大得罪			沧县高川	刘洪义	贺志起	414356	80
16059	逮蚂螂			沧州市	孙刘氏	孙玉山	414414	123
16060	小瓦刀			青县上伍乡大王庄	王庄忠	张法余	414301	463
16061	猫儿仔细听			青县	王锡平	苗秀云	414407	65
16062	最亮星星是红军			沧州市	王国兴	王秀英	414370	179
16063	过了腊八就是年			青县	王锡平	苗秀云	414405	208
16064	生活苦			沧州市	杨墨林	于志亮	414326	1319
16065	十二个月			沧州市郊区五、七村	王玉珍	胡德云	414320	177
16066	打不倒日本鬼子不把家来回			青县东冯村	姚有崇	姚得舜	414360	477
16067	怕老婆						414348	822
16068	光棍哭妻			沧州市新华区	赵金鸾	高树村	414332	243
16069	沧州八景			沧州市	孙玉山	贺志起	414455	257
16070	五更修河			沧州市郊区南川楼	刘宝声	朱宝辰	414353	73
16071	雷闪风雨谣			青县	杨秀英	苗秀云	414446	133
16072	青菜名			沧州市南川楼	吴连元	孙琳琳	414334	276
16073	大瞎话						414438	320
16074	妇女翻身歌			沧州市郊区河西乡五、七村	王玉珍	胡德云	414373	108
16075	白杨树叶						414401	176
16076	喜歌			沧州市	孙晓兰	李金会	414389	873
16077	哀歌			青县上伍乡大王庄	张忠国	张法余	414398	359
16078	等情郎			沧州地区交通局宿舍	王焕恩	马国强	414379	65
16079	姥姥来接			沧州市	李云征	徐清淼	414408	204
16080	洞房挂帘歌			沧州市大和庄	柳春芬	柳春圃	414387	257
16081	小康			沧州市运、河区光荣街	黄玉香	刘宗唐	414311	117
16082	洞房喜歌			沧州市	孙刘氏	孙玉山	414385	330

序号	篇名	民族	流传地区	采集地	讲述者	搜集者	数据库编号	字数
16083	情誓			沧州市运河区光荣街机械局宿舍	黄玉香	刘宗唐	414378	108
16084	入殓歌			沧州市新华区妇联	白秀英	齐鸿浴	414394	225
16085	念情郎			沧州市维明路	赵金鸾	高树村	414376	233
16086	编花篮			沧州市	王会敏	王秀英	414427	401
16087	大刀阔斧向前杀			沧县苗家码头	苗志黑	柳春圃	414366	547
16088	喜歌			沧县苗家码头	苗志黑	柳春圃	414396	849
16089	铺炕歌儿			青县上伍乡大王庄	张金明	姚一真	414391	188
16090	糖梨树			沧州市	王秀温	王秀英	414426	210
16091	五劝妇女们			沧州市青县曹寺乡东冯村	吴淑卿	姚得舜	414355	201
16092	拨灯棍			沧州市	李淑志	张子瑜	414404	140
16093	四大宽						414451	714
16094	小女婿入洞房			沧州	伏穆然	王岳者	414424	591
16095	敬老歌			沧县	毛玉荣	王洪涛	414333	253
16096	小槐树			沧州市	孙晓兰	李金会	414422	339
16097	卖油猴			沧州市	高玉堂	徐清淼	414442	334
16098	小小儿子						414411	274
16099	一块砖头难垒墙						414368	242
16100	小小子儿拿钥匙儿			沧州市	李淑志	张子瑜	414430	313
16101	星星大月亮圆			沧州市	李淑志	张子瑜	414345	545
16102	观天谣			沧州市	王秀温	王秀英	414441	189
16103	上梁歌			青县大王庄	张忠国	张法余	414395	80
16104	公鸡谣						414445	161
16105	胖娃娃			青县	耿建华	陈家美	414423	80
16106	果瓜谣			沧州	刘淑忠	贺志起	414453	258
16107	夯歌			沧州市	高景城	高树村	414302	300
16108	四大绿						414448	275
16109	渡灾谣			沧州	伏肃然	王岳者	414374	378
16110	四大红						414450	812
16111	老叟睹葬歌						414324	436
16112	卖豆腐			沧州市	吴秉香	柳春圃	414440	700
16113	画扇面			沧州市大和庄	代金润	柳春圃	414457	170
16114	娘俩顶嘴			沧州市	苗志黑	柳春圃	414308	197

序号	篇名	民族	流传地区	采集地	讲述者	搜集者	数据库编号	字数
16115	挖挖平平白搭工			沧州市	王宾朋	马友春	414371	240
16116	三弦谣						414443	175
16117	打箩筛，一箩筛						414409	72
16118	月出时间谣			青县	王如月	王汝芳	414437	212
16119	红高粱棵			沧州市	李淑志	张子瑜	414435	97
16120	三岁的娃娃穿红鞋			沧州市	庞会英	王秀英	414428	235
16121	棉花谣			沧州市	王秀温	王秀英	414306	3078
16122	夯歌						414303	208
16123	养儿别养仨			沧州市	李志忠	马友春	414331	239
16124	牛棚谣			沧州市柳庄子机械局宿舍	刘肃	刘宗唐	414359	213
16125	四大宽敞						414433	889
16126	小两口抬水			沧州市	杨墨林	于志亮	414322	354
16127	十学			沧州市	吴连元	孙琳琳	414312	258
16128	八大将就			沧州市	王秀温	王秀英	414319	199
16129	小金姐			沧州市	代金润	柳春圃	414421	80
16130	织布谣			沧州市	王秀温	王秀英	414307	937
16131	对花歌			沧州市	王秀温	王秀英	414318	182
16132	小两口打仗			沧州市	王秀温	王秀英	414317	226
16133	长寿歌						414325	359
16134	林秃子			沧州市运河区光荣街机械局宿舍	黄玉香	刘宗唐	414357	357
16135	小白兔			黄骅县	刘滋茂	刘淑芹	414417	187
16136	讨饭歌			沧州市	于玉全	孙庚杰	414339	259
16137	雁过拔棵毛			沧州市	孙刘氏	孙玉山	414329	264
16138	十二郎			沧州市	夏秋林	柳春圃	414336	369
16139	数脚趾			青县	陈庆荣	王洪通	414416	393
16140	十八怕			沧州市	夏秋林	柳春圃	414354	351
16141	刘佩臣是曹操			沧州市	王茂福	关洪岐	414337	308
16142	切面谣			沧州市体委	于玉全	齐鸿浴	414341	977
16143	新年来到			沧州市	孙刘氏	孙玉山	414330	230
16144	山老鸹，尾巴长			沧州市	李淑志	张子瑜	414346	556
16145	看戏			沧州市	白秀英	齐鸿浴	414340	242
16146	小老鼠扁扁嘴儿			沧州市大和庄	代全润	柳春圃	414418	123

序号	篇名	民族	流传地区	采集地	讲述者	搜集者	数据库编号	字数
16147	老来难			沧州市青县上伍乡大王庄	张法昌	姚一真	414342	65
16148	小老鸹						414400	274
16149	盐八胡			沧州市	李淑志	张子瑜	414403	251
16150	爷去干八路			沧州市	刘菲	孙玉山	414367	222
16151	送花			青县	陈庆荣	王洪通	414415	68
16152	喜歌			青县阁上营	叶相林	王东亮	414383	306
16153	二月二龙抬头			沧州市	王秀温	王秀英	414386	205
16154	说笑话						414413	510
16155	吊唁歌			青县金家营	叶相林	王东亮	414381	863
16156	小鱼藏严了			青县	王锡平	苗秀云	414406	80
16157	抗日红旗插遍中华			沧县苗家码头	苗志黑	柳春圃	414364	370
16158	四人硬						414449	191
16159	“文革”中小贩			沧州市运河区光荣街机械局宿舍	黄玉香	刘宗唐	414358	356
16160	娶了媳妇怕老婆						414315	1498
16161	打的鬼子回老家			沧州	伏肃然	王岳者	414375	202
16162	小大姐插花			沧州市	高玉堂	王秀英	414313	239
16163	抗战歌			沧县苗家码头	苗志黑	柳春圃	414372	201
16164	渡桥			青县	张凤才	姚一真	414399	256
16165	格儿，格儿，格儿						414344	301
16166	任凭你住砖瓦楼			沧州捷地村	曹明光	吕俊英	414335	564
16167	穷富谣						414454	872
16168	懒大嫂			沧县闫村	杜治芬	董乾花	414316	176
16169	送情郎			青县曹寺东冯村	姚得臣	姚得舜	414377	237
16170	五更鼓			青县	陈家美	耿建华	414352	75
16171	多年熬						414309	607
16172	玉米谣						414444	492
16173	夹河套谣			青县	王如月	王汝芳	414436	380
16174	十开花			青县	王锡平	苗秀云	414431	68
16175	鸪鸪头子鸡			沧州市	王秀温	王秀英	414429	764
16176	请个女婿宰个鸭			沧州市	王秀温	王秀英	414425	195
16177	小白鸡						414410	164
16178	月亮地			沧州市	王娥	马国强	414419	1808

序号	篇名	民族	流传地区	采集地	讲述者	搜集者	数据库编号	字数
16179	大家齐歌唱			沧州市	杨墨林	于志亮	414369	195
16180	缠足歌						414310	211
16181	盐碱地			沧州市	黄玉香	刘宗堂	414434	200
16182	夯歌			沧州市	高景城	高树村	414304	170
16183	抗战士兵弟兄们			沧州市青县曹寺乡东冯村	姚有峨	姚得舜	414361	198
16184	十二月菜		灵寿县城关一带	灵寿城内三元家	马三元		414613	566
16185	回娘家		灵寿县山区	灵寿范家沟	许有青		414616	209
16186	天怕尽云地怕荒		陈庄山区	灵寿县山神庙村	许有青		414611	270
16187	十字回头		灵寿一带	山神庙村	许有青		414608	674
16188	小河水向东流		灵寿县山区	灵寿县韩信台村	付乙信		414601	343
16189	小脚与大脚		灵寿县山区	宅头乡女东庄	武振英		414614	239
16190	十一黑		灵寿陈庄地区	灵寿范家沟	许有青		414610	152
16191	葛档棒						414618	211
16192	陈庄战斗		灵寿县大部地区	李春生家	李春生		414600	218
16193	边关十二层楼		灵寿一带	灵寿城内	马三元		414605	317
16194	他的名字满天飞		灵寿县一带	灵寿县韩信台	付亿信		414602	295
16195	小白菜		陈庄山区一带	灵寿女东庄村	武正英		414615	2613
16196	童谣六首		灵寿慈峪一带	慈峪	胡银菊		414619	760
16197	十二黑		灵寿县境内	李德惠家	李德惠		414612	166
16198	板凳板凳摞摞						414617	1291
16199	杀汉奸		灵寿县山区	西石门庆文家	杜庆文		414603	436
16200	黑妮黑小结婚		灵寿县慈峪一带	慈峪元霄节演唱会上	安廷平		414607	473
16201	大碉堡		灵寿县山区	西石门庆文家	杜庆文		414604	247
16202	十仨月歌		慈峪一带	灵寿县慈峪	安廷平		414606	732
16203	胡诌		灵寿一带	灵寿县山神庙村	许有青		414609	160
16204	初一十五庙门开						420876	62
16205	夫妻观灯				薛景妮	崔建益	420754	85
16206	花喜鹊		秦庄一带			李平果	420806	245
16207	爷爷娶了个花奶奶				刘臭妮、王偶妮		420866	91
16208	天上下雨地上滑						420837	60
16209	黑夜来了八路军		华北一带			梁纯英	420725	114
16210	叫东家						420828	102
16211	白公鸡						420889	479

序号	篇名	民族	流传地区	采集地	讲述者	搜集者	数据库编号	字数
16212	一棵大树高上天		河北一带				420875	149
16213	七座楼				张维维	张虎跃	420912	439
16214	酒色财气歌						420856	296
16215	串字歌		获鹿一带				420815	170
16216	媒人婆			获鹿县黄岩村	刘臭妮		420851	345
16217	莫赌歌		获鹿井陉一带	西胡申村	薛景妮	崔建益	420769	135
16218	叫皇天			获鹿县黄岩村	刘臭妮、偶妮		420850	727
16219	观灯						420836	173
16220	放“卫星”						420841	435
16221	金轱，银轱		县南一带			杨建中	420802	60
16222	可怜毛孩泪汪汪						420883	137
16223	五更鼓		获鹿上寨乡一带		窦贵莲、王新枝	崔建益、张虎跃	420752	556
16224	小寡妇						420880	117
16225	隔着门帘看见她				刘臭妮	刘新立	420867	162
16226	铁牛拉车光喝油		河北一带				420899	102
16227	自由恋爱找对象			文化馆创作组	梁明学	崔建益	420759	379
16228	好山好水样样全		获鹿一带				420896	60
16229	三姑娘要女婿		太行山区一带				420831	281
16230	太阳出西落在东					韩庆志	420920	635
16231	小两口吃饭把门关		石家庄一带			董世鹏	420774	130
16232	菩萨游山				许三妮	崔建益、张虎跃	420909	169
16233	别看将军年纪小		白鹿泉一带	西胡申	薛景妮	崔建益	420799	94
16234	拉锯歌		高迁一带		杜贵信	杨建中	420803	629
16235	除汉奸		太行山区获鹿一带		张怀印	张虎跃	420728	230
16236	大烟袋						420824	194
16237	画庙				聂世良		420835	77
16238	劝学		获鹿杜庄附近		李树兰	敬国	420797	1191
16239	媒婆嘴						420886	351
16240	共产党恩情万万年						420721	400
16241	我给爷爷打个滚			获鹿县黄岩村	刘臭妮、王偶妮		420861	352
16242	送情郎				张权	孟金虎、傅士荣	420747	880
16243	查路条歌		华北一带	西胡申村	杜淑英	崔建益	420726	317
16244	男女平等歌			北寨村	窦贵莲	崔建益、张虎跃	420758	180
16245	懒婆娘					傅士荣	420778	190

序号	篇名	民族	流传地区	采集地	讲述者	搜集者	数据库编号	字数
16246	外甥闺女住老娘		获鹿一带		王老冬	王良爱	420816	119
16247	拾戒指				张权	孟金虎、傅士荣	420783	164
16248	把鬼子全部消灭光					韩风彦	420733	83
16249	麻鸦鹊				薛景妮		420807	190
16250	药王十二月歌				许三妮	崔建益、张虎跃	420790	166
16251	绣荷包		太行山区一带		薛景妮	崔建益	420755	140
16252	三国战将					韩庆志	420788	210
16253	小妮子					李平果	420818	608
16254	小女孩生的苦		太行山区一带		窦贵莲	崔建益、张虎跃	420760	154
16255	郝大嫂吃糕						420834	255
16256	孟姜女哭长城				许三妮	崔建益、张虎跃	420784	1164
16257	串莲花					李平果	420819	300
16258	夜哭郎		河北一带			敬国	420782	1012
16259	怨后妈		太行山区一带			傅士文	420768	100
16260	十八岁的姑娘四十岁的郎		河北一带				420887	89
16261	二十四节气农活歌		石家庄一带	小毕村		傅士文	420715	173
16262	好话				王偶妮、刘冬文		420858	151
16263	想亲娘		河北一带		薛景妮	崔建益	420767	254
16264	小蜘蛛		获鹿县申后乡一带		李树兰	敬国	420798	128
16265	翻身小奴多带劲儿				张权	孟金虎、傅士荣	420762	179
16266	寻了个女婿不成材				刘臭妮、王偶妮		420854	110
16267	正月歌				周荣荣	郝亚力、郝亚茹	420750	353
16268	生下闺女脚不缠				刘臭妮		420853	1423
16269	劝妇谣				张权	孟金虎、傅士荣	420761	258
16270	十大想		石家庄一带				420830	156
16271	上香歌		河北一带	北寨村	许三妮	崔建益、张虎跃	420743	705
16272	又长萝卜又长葱				王偶妮、刘臭妮		420862	102
16273	日头花						420722	302
16274	一对蛤蟆来吊孝				刘臭妮、王偶妮		420859	775
16275	十字歌				张老根	张虎跃	420914	113
16276	社员看的是干部						420871	728
16277	自由对象不求人				张权	孟金虎、傅士荣	420751	362
16278	童养媳						420884	88
16279	仗击战						420729	429

序号	篇名	民族	流传地区	采集地	讲述者	搜集者	数据库编号	字数
16280	小两口摸纸牌						420881	650
16281	铺炕歌		河北农村			韩庆志	420745	822
16282	苦命寡妇						420879	98
16283	红缨枪			河北一带		韩风彦	420732	61
16284	骂天		河北一带				420877	573
16285	破土歌		石家庄一带			韩庆志	420744	149
16286	观花歌		河北一带		张老根	张虎跃、崔建益	420916	533
16287	小两口抬水		太行山区一带			安风久	420776	717
16288	小纺车						420890	510
16289	大片刀						420730	103
16290	劝民谱		河北获鹿石家庄一带	白鹿泉乡谷家峪村	谷善珍		420925	110
16291	回娘家						420775	317
16292	小两口		获鹿一带			黄晓兰	420773	312
16293	唐僧取经				许三妮	崔建益、张虎跃	420785	537
16294	送情郎		太行山区一带			韩庆志	420748	303
16295	妇女解放歌		解放初期太行山区一带		王新枝	崔建益、张虎跃	420757	440
16296	劝郎君				张权	孟金虎、傅士荣	420770	608
16297	小二姐做梦			栈道村绵右渠工地	王二学	刘新立	420772	100
16298	老来福		石家庄地区及获鹿一带	白鹿泉西胡申村	薛景妮	崔建益	420764	335
16299	郭巨埋儿				许三妮	崔建益、张虎跃	420787	111
16300	打倒法西斯臭狗腿						420826	99
16301	怀胎十月歌		太行山区获鹿、井陉一带	文化馆创作组	梁鸣学	崔建益、韩凤彦	420765	591
16302	送情郎		获鹿、井陉一带		赵富九、三白等	刘新立	420746	92
16303	脏人对话						420894	145
16304	参军上战场		石家庄一带	白鹿泉乡谷家峪村	薛冬英	崔建益	420720	145
16305	小蔓菁			高迁一带	杜贵信	杨建中	420804	88
16306	十劝歌		石家庄一带			傅梅祥	420718	863
16307	抓药歌		河北一带	上寨乡北寨村	王秀珍	张虎跃	420791	888
16308	对梳头		河北一带			董瑞英	420801	121
16309	千手千眼				许三妮	崔建益	420794	268

序号	篇名	民族	流传地区	采集地	讲述者	搜集者	数据库编号	字数
16310	啥时推倒血统论		河北一带			傅士荣	420739	65
16311	卖饺子		石家庄解放初期南新城		张权	孟金虎、傅士荣	420781	537
16312	出嫁劝女歌		获鹿一带			董世鹏	420740	979
16313	日头落					韩庆志	420923	170
16314	感化院		华北一带			傅梅祥	420737	151
16315	叔叔娶了个后婶子						420893	69
16316	八路都是钢铁汉						420724	297
16317	获鹿旧景						420898	146
16318	解放全中国		华北一带			崔建益、张虎跃	420736	602
16319	盼寒食						420838	507
16320	石家庄得解放		石家庄一带		张志平、张孝等	傅士荣	420735	706
16321	十二月担经歌				王秀珍	崔建益、张虎跃	420913	175
16322	抗战十二月歌						420820	172
16323	表姑娘						420833	151
16324	拜年		河北一带				420872	3865
16325	“头”字歌						420895	254
16326	骑着马看高楼		获鹿一带	西胡申村	薛景妮	崔建益	420800	186
16327	傻小子赶集		获鹿一带			韩庆志	420809	637
16328	三皇姑游菜园		获鹿、井陉一带		王秀珍	张虎跃	420793	135
16329	小小子						420891	607
16330	社员白出一身汗						420843	845
16331	红秫秸		获鹿一带			韩庆志	420808	266
16332	大批判						420844	1030
16333	买自行车						420848	332
16334	光棍苦				李永清		420849	132
16335	想亲娘						420882	302
16336	获鹿人民见晴天						420829	319
16337	进了高家门		获鹿一带				420873	196
16338	酒色财气					韩庆志	420840	118
16339	慰问袋						420823	186
16340	想媳妇						420878	150
16341	驴儿		河北一带				420904	564
16342	大烟害						420839	194

序号	篇名	民族	流传地区	采集地	讲述者	搜集者	数据库编号	字数
16343	浇花谣					傅士文	420812	84
16344	说胡诌					韩庆志	420921	93
16345	停战后的获鹿		获鹿一带		张老根、梁明学	张虎跃、崔建益	420734	147
16346	黑老鸹						420888	76
16347	喜欢的爷爷啃脚丫				王偶妮		420865	853
16348	打戒指				许三妮	崔建益、张虎跃	420911	217
16349	受气媳妇回婆家		获鹿一带			董世鹏	420766	395
16350	赤屁股小子						420905	116
16351	早知道过年见阎王				刘臭妮、王偶妮		420864	146
16352	中国人民不会亡						420821	252
16353	招工市		高庄一带			傅士荣	420738	436
16354	祭郎歌				王新枝	崔建益、张虎跃	420756	273
16355	五叉沟						420901	453
16356	上香歌		获鹿一带	西胡申村	薛景妮	崔建益	420742	424
16357	老来难		石家庄地区及获鹿一带	白鹿泉西胡申村	薛景妮	崔建益	420763	511
16358	敌战区同胞们		获鹿太行山区一带	文化馆创作组	梁明学	崔建益	420727	187
16359	开门歌				许三妮	崔建益、张虎跃	420917	210
16360	十二月气候生产歌		在华北一带农村		刘四巴	刘新立	420716	137
16361	出嫁劝女歌				王秀珍	张虎跃	420741	764
16362	桥，什么桥						420825	138
16363	织巾歌				许三妮	张虎跃、崔建益	420910	401
16364	背背遭遭		获鹿一带			韩志庆	420810	70
16365	天下情人对对来				张权	孟金虎、傅士荣	420749	2589
16366	谢学士探舅		石家庄西部山区			敬国	420789	176
16367	红娘牛郎配鸳鸯		河北一带		赵翰章	崔建益	420908	228
16368	苦命小儿郎		华北一带			安凤久	420922	217
16369	哭穷歌		华北平原一带			安凤久	420777	74
16370	拍手歌		获鹿一带			黄晓兰	420795	172
16371	采茶歌		河北一带			安凤久	420717	363
16372	造反派，坐支书						420846	481
16373	拍笸箩					李平果	420811	369
16374	太阳不落照太行						420723	148
16375	童养媳						420885	114

序号	篇名	民族	流传地区	采集地	讲述者	搜集者	数据库编号	字数
16376	小二姐搬轧车		太行山区一带			董世鹏	420771	328
16377	闹元霄		获鹿、井陉一带	获鹿镇七街	赵翰章	韩风彦	420780	638
16378	东西大街南北走						420906	158
16379	登高山		获鹿县南			杨建中	420805	210
16380	俺给姥娘嗑瓜子			县南一带	杜贵信	杨建中	420817	275
16381	穷人难			文化馆创作组	梁明学	崔建益	420779	175
16382	减租						420827	147
16383	十字歌		河北一带	西胡申村	薛景妮	崔建益	420792	162
16384	官出衙						420903	318
16385	王祥卧冰				许三妮	崔建益、张虎跃	420786	311
16386	奇巧					韩庆志	420919	101
16387	问你后悔不后悔		获鹿一带			敬国	420796	492
16388	十朵莲花			上寨乡北寨村	王秀珍	张虎跃、崔建益	420915	82
16389	反攻的号声响						420822	294
16390	乱套曲						420907	97
16391	缴获鬼子的重机枪		河北一带				420870	116
16392	地雷阵		太行山区一带			傅梅祥	420731	376
16393	小棒槌		获鹿一带		刘三妮	王良爱	420813	1109
16394	选不掉						420845	356
16395	秃子秃					张罗义	420814	184
16396	立志歌		河北一带				420900	219
16397	探清水河		获鹿一带				420832	1105
16398	送郎参军歌			获鹿小毕村	姚群群	崔建益	420753	310
16399	赶走日本人		太行山区一带				420869	116
16400	损失不大成绩多						420847	697
16401	二八的媳妇三岁的郎				刘臭妮		420852	104
16402	黄天霸			获鹿县黄岩村	张喜民、张贵生		420857	308
16403	十个社员九个贼						420842	141
16404	娶了后娘更难过			获鹿县黄岩村	刘臭妮、王偶妮		420855	291
16405	十八扯					韩庆志	420918	118
16406	孙中山革命强		河北一带				420868	430
16407	青石头青，蓝石头蓝						420902	155
16408	十香菜				刘臭妮、王偶妮		420860	141
16409	两狗一齐溜						420892	60

序号	篇名	民族	流传地区	采集地	讲述者	搜集者	数据库编号	字数
16410	叫你吃个老灯盏			获鹿县黄岩村	刘臭妮、王偶妮		420863	127
16411	鹿泉风光		获鹿一带				420897	332
16412	初一露面去拜年		河北一带				420874	1195
16413	勤学篇		河北一带	石井村		康永恒	420924	52
16414	送哥参军去		太行山区一带	北寨村		崔建益	420719	85
16415	卖针谣				李金珍		423569	320
16416	说大话				陈丙其		423607	195
16417	大公鸡				陈炳其		423565	180
16418	小小子胖						423619	224
16419	拾棉花				许博旺		423648	300
16420	查岗歌				贾金兰		423590	143
16421	看谁天天早些起				郭小旦		423566	286
16422	现在没办法				李志高		423616	336
16423	两头忙				郭才起		423675	167
16424	永远怀念毛泽东				郭多余		423595	372
16425	俺老汉越活越年轻啦				郭老广		423592	1111
16426	五更参军谣				郭凤英		423587	260
16427	人人都说咱俩好				李树立		423575	172
16428	相见只把手来挥				陈富科		423576	291
16429	解放军叔叔来俺庄				郭二旦		423653	167
16430	王小三儿				路彩丽		423604	364
16431	年画打从武强来				李晓杰		423663	203
16432	贼人				路治国		423666	202
16433	老子天下第一团				老胡		423580	157
16434	送干粮				段泽润	王云龙	423583	189
16435	三中全会发号召				路治国		423591	158
16436	小闺女，推碾子				段淑珍		423630	473
16437	火车不是推的				陈富科		423673	251
16438	坚决不投降				左立丽		423585	630
16439	省下盐，酸了酱				刘存良		423671	198
16440	戒烟歌				路治国		423615	172
16441	说瞎话，瞎话说				郭保珍		423668	152
16442	小板凳，四条腿				左占全		423603	194
16443	穷人的日子步步高				陈丙祺		423643	168

序号	篇名	民族	流传地区	采集地	讲述者	搜集者	数据库编号	字数
16444	怀胎十个月				杜秀景		423609	259
16445	老虎上山				周万通		423627	658
16446	勤俭歌				崔大袖		423597	231
16447	小媳妇回娘家				郭振峰		423612	268
16448	我爱向阳花				李小燕		423658	233
16449	八路军的会多				陈通林		423584	249
16450	椿树王				郭玉朵		423631	161
16451	对心口				耿素敏		423572	197
16452	坐轿				高书芬		423650	177
16453	编席				陈丙舷		423561	194
16454	小铲铲儿				马小东		423655	389
16455	消灭越寇野心狼				李宁宁		423661	136
16456	抓星歌				兰风和		423642	198
16457	拉大锯，扯大锯				陈金鳌		423623	204
16458	小铁锹				马小东		423654	189
16459	逮鱼				李俊英		423618	243
16460	轱辘轱辘明明				陈三虎		423636	242
16461	裹大脚				杜门张氏		423598	186
16462	小汽车				王素芝		423646	306
16463	胖小子				李晓杰		423620	142
16464	猜谜语				高素芬		423649	638
16465	小老鼠，上灯台				张焕恩		423625	238
16466	献给亲人解放军				马小东		423656	144
16467	叽叽嘎嘎笑死人				陈金鳌		423641	145
16468	要说比，不能比				金耀		423672	219
16469	拜箩圈				段淑珍		423629	197
16470	太阳一出照正东				段淑珍		423669	172
16471	好心事顺利				路治国		423665	369
16472	大英大英两道眉				陈丙舷		423644	214
16473	全国人民大团结				马老文		423596	195
16474	武强县地理概况歌				严井富		423662	152
16475	耍骨铃谣				陈通林		423610	200
16476	猛张飞				李德山		423664	174
16477	打败鬼子驱东洋				张振锋		423581	178

序号	篇名	民族	流传地区	采集地	讲述者	搜集者	数据库编号	字数
16478	小板凳				王燕		423659	808
16479	栽辣椒				陈二虎		423567	143
16480	劝君多行善				张旭蛾		423667	207
16481	党的政策靠得住				陈新来		423594	260
16482	劳动人民这双手				路治国		423559	165
16483	一身绝技胜大秋				左五宝		423558	245
16484	小猫儿				周金玉		423638	157
16485	黑丫头，黑小子，黑老头				郭书珍		423606	156
16486	一呀，二呀				耿素敏		423574	181
16487	踢毽谣				段淑珍		423640	169
16488	咯噔咯噔锵锵				贾书兵		423637	151
16489	夹瞎子				段淑珍		423586	268
16490	采莲曲				陈金鳌		423564	163
16491	打兔草				陈金鳌		423562	230
16492	小枣树				李长英		423635	1132
16493	小小子，上庙台				陈金鳌		423622	144
16494	天上有个星星				段淑珍		423624	533
16495	胖娃娃				段淑珍		423634	357
16496	荒唐事				李金珍		423674	180
16497	纺线				李俊英		423602	210
16498	黄毛丫头				蔡俊英		423599	360
16499	十个兔子				李国恩		423626	151
16500	小寡妇上坟				陈素云		423605	184
16501	上梁歌				贾书兵		423568	216
16502	长大为国建“四化”				郭小旦		423652	435
16503	老实人				刘林章		423560	179
16504	一块板，四方方				康健		423639	153
16505	河边姐姐俊似花				陈丙舰		423563	244
16506	河到村东转个弯				陈丙舰		423617	478
16507	齐心要把日寇扫				刘发起		423582	130
16508	我家门前有条河				陈丙舿		423660	336
16509	卖扁食				周瑞霞		423589	219
16510	让邓爷爷尝一尝				郭二旦		423657	195
16511	滏阳河畔荡春风				杜秀景		423577	133

序号	篇名	民族	流传地区	采集地	讲述者	搜集者	数据库编号	字数
16512	问到底				张桂娥		423614	164
16513	义和团战歌				郭振峰		423579	362
16514	追寻				立根		423570	235
16515	护麦						423588	138
16516	张老汉的光景大不同				郭振峰		423613	209
16517	踢灯棍				刘大梅		423601	1094
16518	拼死也要夺个丰收年				小旦		423557	1235
16519	小两口开玩笑驴包屈				陈占林		423608	143
16520	小姐赶集				蔡俊英		423670	166
16521	数一百				周金玉		423633	132
16522	看看人家看看咱				段淑珍		423571	497
16523	点灯熬油				周金玉		423647	239
16524	纳军鞋				郭振峰		423611	156
16525	点点豆豆				陈三虎		423632	356
16526	豆梨子树				周瑞匣		423600	168
16527	情哥情妹心连心				杜春醒		423578	151
16528	新政策暖透农家心				郭守田		423593	359
16529	对了个对				段淑珍		423573	604
16530	拉罗罗，扯罗罗				李俊英		423621	189
16531	呜哇呜哇				李东方		423628	167
16532	花嫂嫂摘棉花				陈富科		423645	216
16533	青青和花花				郭二旦		423651	147
16534	小耗子					周庆祥	427440	98
16535	调军歌				王烈	振中、李恒	427445	303
16536	义和团				路遥	杜成娴	427438	222
16537	吴小鬼儿				赵以熙	杜成娴	427439	612
16538	埋地雷				王自强	杜成娴	427444	163
16539	秋天段				张书芹	杜成娴	427441	106
16540	摘棉花				郭继先、张书芹	杜成娴	427443	252
16541	送饭				郭张先	杜成娴	427442	94
16542	找对象歌					赵杰	429025	161
16543	喜歌				邢立荣	刘书平	429006	209
16544	石榴树					徐旭	429056	861
16545	小白菜					赵素云	429055	222

序号	篇名	民族	流传地区	采集地	讲述者	搜集者	数据库编号	字数
16546	盼五更				徐瑞东	王书文	428990	498
16547	纺花车				许佳福	冯清太	429043	201
16548	怕歌				苏泽生		429069	539
16549	芝麻杆				王老石	王自义	429026	227
16550	四季苦					村野	429009	13
16551	八句话				齐俊兰	张柳花	429011	131
16552	花鼓词					村野	429008	883
16553	吹铜鼓					顾凤花	429078	487
16554	绝户难				谢秀真	庄明芳	429024	676
16555	赏你小黑枣儿				刘兰香	张惠敏	428992	491
16556	新媳妇					韩增伟	429047	141
16557	不正之风谣（三首）					赵杰	429000	419
16558	十二个月					潘兰留	428982	244
16559	小寡妇上坟				孙汝平	袁茹芹	429018	222
16560	卖针谣			清河县文化馆	苏泽生	赵杰	428980	254
16561	小板凳					徐旭	429037	80
16562	小姑赌气						429050	82
16563	小白鸡					赵杰	429058	137
16564	小鞭梢儿						429049	652
16565	卖饺子						429082	278
16566	背背倒背					吴红军	429039	404
16567	傻闺女						429084	317
16568	柳树柳，槐树槐				张留生	张柳花	429042	145
16569	矬老婆				孙如平	袁茹芹	429076	406
16570	绕口令（八首）					赵杰	429068	448
16571	饮食歌					张立江	429074	96
16572	哭妻谣		清河县南部			刘书平	429034	102
16573	懒大嫂					齐增林	429062	282
16574	铺床歌				李淑香	张柳花	429007	128
16575	四辈儿扛活		清河县运河两岸		郎朝爱	刘书平、张柳花	429029	154
16576	擀面				邢菊征	刘书平	428986	222
16577	放风筝						429081	199
16578	新歌谣（三首）					赵杰	429004	333
16579	盼五更						429083	827

序号	篇名	民族	流传地区	采集地	讲述者	搜集者	数据库编号	字数
16580	小枣树				李焕荣	张立江	429061	187
16581	柳树柳					徐旭	429057	191
16582	翻身谣（七首）					许超	428994	171
16583	小板凳					张柳花	429044	185
16584	巧妹妹				张风梅	张立江	429060	309
16585	小姑贤				齐俊兰	张柳花	429014	167
16586	菜豆腐饭歌					许超	429075	508
16587	拜罗圈儿					吴红军	429040	114
16588	五更小唱			油坊	王保山	张立江	429028	82
16589	小叭狗					韩增伟	429046	215
16590	假话歌				苏泽生	赵杰	429072	329
16591	小老鼠儿，上灯台					村野	429038	245
16592	馋老婆				左荣霞	郑俊英	429022	165
16593	赌钱					赵杰	429023	1649
16594	实话歌				焦庆福	冯清太	429071	153
16595	回娘家					杨保东	429063	336
16596	小黑驴儿				孙巧利	冯清太	429020	357
16597	小二姐					赵杰	429065	339
16598	娶了媳妇忘了娘						429051	124
16599	实话歌				苏泽生	赵杰	429070	122
16600	劝世人				李春平	李自田	429010	134
16601	鸡冠子头					郑俊英	429067	900
16602	小老鼠					马百庆	429048	466
16603	粘糕粘					许超	428981	117
16604	小大姐					赵杰	429064	405
16605	尼绒裤儿					赵杰	428998	431
16606	白闺女				黄金香	张柳花	429019	82
16607	农民翻身				郑思远	许超	428995	63
16608	当年忙				乔增林	张柳花	429080	141
16609	小镰刀				刘兰香	张惠敏	428993	13
16610	穿蓝的，穿黑的					赵杰	429002	107
16611	卖罐儿谣					张立江	428985	136
16612	小闺女				杨泽秋	赵素芸	429045	506
16613	队长睡觉						429001	219

序号	篇名	民族	流传地区	采集地	讲述者	搜集者	数据库编号	字数
16614	打戒指					张柳花	429013	251
16615	偷树					张弩	429003	188
16616	打夯				孙汝平	袁茹芹	428983	661
16617	挖野菜					冯清太	428999	923
16618	小公鸡					许超	429059	13
16619	穷人参军上前线				徐瑞东	王书文	428991	498
16620	阎王爷					刘书平	429079	368
16621	年龄歌					张立江	429073	192
16622	屁谣					许超	429077	520
16623	上梁歌			赵宋庄村打麦场上	赵存恩	赵杰	429005	152
16624	蚂蚱吹牛					赵素芸	429066	333
16625	劝丈夫参军				魏林霞	沈复新	428989	438
16626	搂豆叶					村野	429054	250
16627	黑暗社会（三首）					村野	428987	1059
16628	给他清清根				刘英才	许超	428996	456
16629	还债歌				赵存恩	赵杰	429021	129
16630	抗日歌谣（四首）			清河文化馆	李子绳	赵杰	428988	205
16631	摘录县志儿歌（十三首）						429036	135
16632	小老鼠						429053	220
16633	送情郎				庄文	冯清太	429027	192
16634	老天爷爷快下雨						429052	207
16635	哭妻谣		清河县农村		张月秀	张立江	429033	133
16636	种棉织布谣				邱翠平	冯清太	428984	108
16637	盼丈夫		清河县农村			刘书平	429032	281
16638	“文革”中歌谣（六首）					村野	428997	113
16639	唱五更					李自田	429030	272
16640	二姑娘					刘书平	429017	287
16641	亲家来拜年				齐俊兰	张柳花	429012	76
16642	媳妇苦				倪子晨	王书文	429016	240
16643	小女婿				魏玉林	沈复新	429015	167
16644	板凳箩箩					冯银章	429041	239
16645	望五更					冯清太	429031	394
16646	陈大姐要出嫁		清河县东部		刘朝生		429035	1453
16647	玉蛾做梦					霍春林	430823	183

序号	篇名	民族	流传地区	采集地	讲述者	搜集者	数据库编号	字数
16648	小槐树					李萍	430766	92
16649	梦姐来				张书芹	马振中、程冬梅	430769	926
16650	逗娃娃				池盈泉	申同庆	430797	328
16651	小女婿尿床				张振芳		430824	187
16652	高粱叶				张书芹	马振中	430803	1614
16653	小包袱				马合梅	马振中	430782	169
16654	蒌蒌菜				潘华	李国强	430775	92
16655	巧妮娘					郭玉秀	430829	1238
16656	圆圆眼					冯孝卿	430810	217
16657	仨女婿拜寿					武学福	430825	235
16658	小觅汉=					张震林	430826	101
16659	我跟奶奶唠叨嘴儿					董巧兰、李玉婷	430796	190
16660	小板凳					安素娥	430833	112
16661	织布娘				李玉珍	马振中	430806	173
16662	无人望郎归				段玉	李国强	430831	82
16663	粗粗腿					冯孝卿	430811	331
16664	奶奶生儿哩					李江、李令	430830	134
16665	劝老乡				何怀方		430828	251
16666	接闺女					王玉芬	430827	213
16667	俺娘打我不缠脚				潘华	李国强	430774	363
16668	货郎担儿				玉梅	张震林	430809	144
16669	小竹篮				申众喜		430792	296
16670	白露秋分初转凉					王忠成	433857	135
16671	七个妞妞来摘果					王忠成	433855	102
16672	逃荒					王忠成	433895	107
16673	狮子舞					穆永卿	433904	221
16674	老黄牛拉轿车					张玉惠	433861	1210
16675	小胡子鸡					常国伟	433930	1298
16676	吃炒豆					刘国新	433871	274
16677	盼五更				胡德山	李义川	433892	79
16678	小叭狗					刘玉会	433879	124
16679	棉花谣					卞玉兰	433854	57
16680	一心想嫁十二郎					刁海廷	433864	208
16681	挺好的日子没法过					高智敏	433882	312

序号	篇名	民族	流传地区	采集地	讲述者	搜集者	数据库编号	字数
16682	长江一去无回浪					刘国新	433873	608
16683	二十四怕				胡德山	李义川	433949	106
16684	两口子打仗要分开					刘国新	433872	173
16685	小上坟						433889	78
16686	为人难脱梦一场			南皮县文化馆	刘树田	李义川	433914	235
16687	生产计划细安排					刘玉会	433858	106
16688	探亡灵				刘树田	李义川	433908	95
16689	山老鸹					孙文华	433881	307
16690	二月二，龙抬头				叶桂芬		433913	106
16691	公鸡头					张玉惠	433862	902
16692	老鼠逮了个大狸猫					张键坤	433940	619
16693	树上喜鹊闹的欢					张玉惠	433859	371
16694	小白鸡					刘玉会	433916	205
16695	小白鸡					刘国新	433921	208
16696	爷爷娶个秃脑瓜					高智敏	433944	80
16697	收魂咒				王文达	李义川	433910	261
16698	小手绢					张宝贞	433939	332
16699	小老鼠					孙文华	433918	21
16700	摔胶泥					孙文华	433920	264
16701	喜歌				王文、刘树田	李义川、丁长文	433907	108
16702	小老鼠					常国伟	433927	135
16703	糖瓜辞灶					郭秀武	433915	113
16704	四大弯弯						433952	95
16705	高高山上一堆灰					刘国新	433922	288
16706	十刀面			汤庄乡刘官屯	王文和	李义川	433955	81
16707	天上的飞机什么人来开					于汝清	433906	79
16708	四大累						433953	175
16709	十三月			王寺镇养老院	胡德山	李义川	433948	238
16710	山老鸹					常国伟	433924	83
16711	送情郎			南皮县王寺镇养老院	胡德山	李义川	433893	80
16712	小小子，拿钥匙					孙文华	433919	172
16713	磚碌酸					郭秀武	433945	97
16714	药袍			泊头市	刘淑仙	李义川	433950	453
16715	六杯茶言			王寺镇	玄希林、齐瑞声	李义川	433899	226

序号	篇名	民族	流传地区	采集地	讲述者	搜集者	数据库编号	字数
16716	小竹杆细又长					张法起	433936	83
16717	小板凳床一嘎哒					孙文华	433880	113
16718	小朋友					张法起	433935	59
16719	人人爱护小树苗					张宝贞	433938	154
16720	绣八仙					叶桂芬	433894	172
16721	青山自会明今古					刘国新	433874	351
16722	狼来啦					常国伟	433929	105
16723	天上有个缸					王桂仓	433933	384
16724	小红鞋					刘玉会	433876	182
16725	黄雀黄					刘国新	433870	81
16726	抽大烟，穷得快					高智敏	433869	282
16727	四大寒碜					郭秀武	433954	380
16728	寒露天凉露水重					王忠成	433856	107
16729	乱哭					冯树泉	433865	209
16730	一个大钱两个瓜					张玉惠	433860	88
16731	小白兔					张法起、王甲桥	433934	217
16732	裁缝老汉没衣裳					张玉惠	433863	79
16733	十二心			南皮县文化馆	刘树田、许秋波	李义川、田卫东	433890	79
16734	妇救会歌					王忠成	433896	178
16735	刘胡兰姐姐是英雄					郭秀武	433905	264
16736	拍呀拍					卞玉兰	433884	107
16737	风来浪也白头					刘国新	433875	226
16738	二郎担山赶太阳					刘国新	433947	188
16739	邻家哥哥娶新娘					胡润海	433886	27
16740	喜歌				刘树田	李义川	433909	239
16741	胡萝卜					刘玉会	433878	235
16742	谁参军来谁光荣					王玉良	433900	94
16743	绝户难					刘玉会	433877	133
16744	大铜子没有眼				吕学瑞	侯金栋	433897	27
16745	小大姐去剜菜					高智敏	433888	191
16746	小皮球					穆永卿	433903	112
16747	过新年					郭秀武	433941	79
16748	日本鬼子调大兵				汤卓林	王玉良	433902	107
16749	飞来飞去花丛中					张宝贞	433937	416

序号	篇名	民族	流传地区	采集地	讲述者	搜集者	数据库编号	字数
16750	我还没长大					王桂仓	433932	268
16751	秃和尚					常国伟	433926	314
16752	小小子					常国伟	433923	107
16753	夯歌					冯树泉	433853	292
16754	小板床					刘玉会	433917	72
16755	劝哥去参军					李义川	433898	1028
16756	拉大锯					常国伟	433928	416
16757	收魂咒				王文达	李义川	433911	742
16758	大轱辘					刘国利	433956	246
16759	洗得净来浆得白					卞玉兰	433885	134
16760	疮咒				王文达	李义川	433912	126
16761	抗日歌					王玉良	433901	84
16762	为人心眼请放正					刘玉会	433891	206
16763	太平歌					刘国新	433946	78
16764	观花				刘树田	李义川	433887	248
16765	南边来个年少儿					张健坤	433943	111
16766	打发小姑子出了门					高智敏	433883	123
16767	唐僧骑马					郭秀武	433942	354
16768	打锣锣					常国伟	433925	143
16769	四大宽敞						433951	80
16770	卖锁					王桂仓	433931	82
16771	小白菜					丁文长	433867	164
16772	卖钢针				王文合	丁长文	433868	64
16773	穷					刁海廷	433866	250
16774	丈夫参加子弟兵			后堡村	张秀珍	李燕	436825	163
16775	大女大女快点长			李生荣家	李生荣	张冰玉	436829	161
16776	抽大烟			下花园	张焕香	张冰玉	436823	129
16777	拜堂			下花园	张焕香	张冰玉	436798	175
16778	光棍哭妻			下花园	池有福	佳模、温夫	436802	80
16779	姑娘要嫁妆			上花园	康宝玉	李燕	436826	119
16780	十撒歌			上花园村	高存义	李燕	436801	746
16781	请新郎			上花园村	高存义	李燕	436797	184
16782	卖水谣			下花园	陈万荣	李燕	436819	950
16783	洋河水			后堡村	池有福	安志刚	436792	314

序号	篇名	民族	流传地区	采集地	讲述者	搜集者	数据库编号	字数
16784	小寡妇上坟			下花园区秫针屯村	郭生银	屈建基	436821	175
16785	鼓手儿子拍镲子			下花园	章玉民		436852	192
16786	打孙猴			下花园煤矿		屈仲元	436830	1136
16787	笑话笑			下花园	屈建基		436840	296
16788	十大字			下花园区秫针屯村	单元魁	屈建基	436856	319
16789	姑娘要嫁孟彦军			下花园区秫针屯村		屈仲元	436850	203
16790	大钉缸			秫针屯	郭生银、刘文珍	屈建基	436827	194
16791	拜堂			后堡村	李树成		436799	127
16792	笑话笑			下花园	张志远		436839	128
16793	下花园解放了			下花园李生荣家	李生荣	张冰玉	436793	174
16794	我家有个胖娃娃			下花园区后堡村	池有福	李燕	436836	79
16795	珍珠倒卷帘			下花园区秫针屯村	郭生金	屈建基	436816	323
16796	怀胎			下花园	池有福	佳模、温夫	436813	130
16797	新人歌			下花园	张焕香	张冰玉	436795	198
16798	绣荷包			下花园	池有福	佳模、温夫	436804	303
16799	看你像个老马猴			下花园		张冰玉	436837	119
16800	“四大”歌			下花园区秫针屯村	屈建基		436854	598
16801	小狗小狗你看家			下花园	张志远		436835	127
16802	妓女告状			秫针屯	张艾	屈建基	436822	229
16803	五哥放羊			下花园	池有福	刘旭涛	436803	147
16804	裹小脚，寻秀才			下花园生荣家	李生荣	张冰玉	436853	260
16805	下轿歌			上花园村	高存义	李燕	436796	1662
16806	“五卅”游行歌			下花园	程文玉	吕国荣、温夫	436791	972
16807	矿工歌谣			下花园煤矿	刘次林	段志侠	436787	130
16808	拉锯谣			下花园	张晓梅		436849	78
16809	蛋儿蛋儿圆圆			下花园		张冰玉	436833	139
16810	矿工歌谣			下花园煤矿	温袭祥	王立军	436788	343
16811	为朋友			下花园	池有福	佳模、温夫	436808	132
16812	颠倒歌			下花园	郗得山		436842	131
16813	画扇面			下花园	池有福	温夫、佳模	436812	1564
16814	夜五更			下花园	王文成	吕国荣、温夫	436807	653
16815	十二棵树			下花园	池有福	温夫、佳模	436851	492
16816	砸制钱			下花园	章玉民		436794	200
16817	剪皮袄			焕香家	张焕香	张冰玉	436855	1073

序号	篇名	民族	流传地区	采集地	讲述者	搜集者	数据库编号	字数
16818	连成拜年			下花园区棘针屯村	郭生银	屈建基	436811	630
16819	过大年，响鞭炮			下花园	李香兰	蔡轶	436845	767
16820	撇白菜			下花园区棘针屯村	郭生银	屈建基	436805	228
16821	泥瓦匠歌谣			下花园	李全	王永久	436790	199
16822	月亮弯，月亮圆			下花园煤矿	刘文成	刘志芳	436838	117
16823	卖煤谣			下花园煤矿	季淑珍	刘志芳	436818	162
16824	为朋友			下花园	王文义	佳模、温夫	436809	133
16825	邋遢歌			下花园	池有福	屈建基	436815	266
16826	金娃娃			下花园	阎秀兰		436844	287
16827	拍手谣			文化馆	阎秀兰		436847	317
16828	看花眼了			下花园花园乡	章玉民		436832	413
16829	王婆骂鸡			下花园	王文义、池有福	佳模、温夫等	436814	426
16830	笑话笑			下花园煤矿	季淑珍	刘志芳	436841	296
16831	下亲歌			上花园村	高存义	李燕	436800	182
16832	卖大烟			棘针屯	张艾、郭生银	屈建基	436824	450
16833	东山窟窟			池有福家	池有福	李燕	436828	148
16834	看戏			下花园煤矿	刘文成	刘志芳	436834	1952
16835	学习李向阳			下花园	段冬梅		436848	376
16836	找姥姥			下花园		张冰玉	436831	2042
16837	拍手谣			下花园	刘旭涛		436846	379
16838	闲下无事到园中			下花园前大街	李香兰	尹建荣	436843	826
16839	打蒜薹			下花园区棘针屯村	冯天科、郭生银	屈建基	436810	247
16840	卖元宵			下花园	刘旭涛		436820	189
16841	还得受=			下花园区文教局	孙玉芳	周秀清	436817	208
16842	十想			下花园	池有福	佳模、温夫	436806	189
16843	木工歌谣			下花园	王永久		436789	956
16844	小白菜				陈泽贤	陈玉娥	439237	165
16845	五条手巾				邢玉普	王淑贤	439283	197
16846	军民合作歌		涞水山区根据地		赵文	延辰龙	439215	161
16847	挖地道				许昆	刘阜	439208	188
16848	卖药				刘俊洲	刘阜	439281	386
16849	十层兵				马宪云	延辰龙	439282	85
16850	一枝花				王德门	刘阜	439235	230
16851	小板凳				陈泽贤	陈玉娥	439269	385

序号	篇名	民族	流传地区	采集地	讲述者	搜集者	数据库编号	字数
16852	妯娌多了要忍让				赵永全	赵迪杰	439250	237
16853	一抡鞭儿响四方				胡震祥	隗功玉	439232	166
16854	窗外太阳红		平西根据地		赵文	延庹龙	439216	179
16855	太平鼓				王德录	刘阜	439280	355
16856	荞麦花				赵文	延辰龙	439224	176
16857	拾麦穗				李振英	刘阜	439273	254
16858	讨饭				冀春新	刘阜	439257	93
16859	五更调				胡震祥	隗功玉	439234	250
16860	拉锯						439268	179
16861	盘脚儿盘				贾永芬	王义凤	439258	960
16862	五杯茶				张永富	田振军	439256	134
16863	打涞水				孙友全	刘阜	439222	480
16864	开店的能忍待客强						439251	321
16865	行军歌				张庆贵	赵迪杰	439223	146
16866	绣荷包				孙庆云	刘阜	439254	154
16867	摘豆角				尚克明	刘阜	439221	199
16868	踢毽歌				贾永芬	王义凤	439261	198
16869	救中国				宋恩俭	田振军	439214	119
16870	四季歌				董艳玉	隗功玉	439236	85
16871	编花篮儿				陈泽贤	陈玉娥	439274	111
16872	十想歌				田桂云	陈志娥、罗佳书	439255	345
16873	光棍苦				晋合利	陈志娥	439242	169
16874	麻尾雀						439265	130
16875	三角叶				贾永芬	王义凤	439276	241
16876	再嫁				王福花	刘阜	439239	252
16877	买肉				徐廷臣	刘阜	439287	217
16878	小两口争灯				刘贵彩	刘秀凤	439243	164
16879	庄稼人能忍起早贪黑				赵永全	赵迪杰	439252	146
16880	新年来到						439271	268
16881	送郎歌				孙莲、赵文	延辰龙	439244	242
16882	咯儿咯儿咯儿						439277	844
16883	酸枣树				邢玉梅	王淑贤	439248	144
16884	旱歌					张庆全	439284	156
16885	花椒树				李振荣	刘阜	439238	303

序号	篇名	民族	流传地区	采集地	讲述者	搜集者	数据库编号	字数
16886	猫教虎				徐廷臣	刘阜	439286	159
16887	拉大锯						439270	307
16888	求雨歌				李万山	刘阜	439226	603
16889	盼情郎				董艳玉	隗功玉	439233	374
16890	七想歌				李增	刘阜	439218	243
16891	三人逛灯				胡志才	刘阜	439253	147
16892	互助歌				郑玉魁	张庆全	439217	215
16893	就是淹死也甘心				胡震祥	隗功玉	439230	153
16894	月亮地				赵文	延辰龙	439220	190
16895	开荒谣				赵莲	延辰龙	439207	308
16896	小小子儿				贾永芬	王义凤	439267	75
16897	吃面条				吴培树	赵文杰	439249	284
16898	四姐与四辈				刘占存	耿德京	439246	244
16899	羊粪豆儿滚一滚				陈泽贤	陈玉娥	439285	702
16900	妇女翻身歌				刘鲜亭	刘阜	439245	251
16901	哭夫				梁德昆	刘阜	439240	304
16902	缝衣歌				孙莲	易燕	439210	170
16903	隋炀帝无道变耕牛				郭良弼	张克同	439211	800
16904	哗啦叶						439275	194
16905	高高天上满天星				赵莲	延辰龙	439219	348
16906	拜盟兄弟喜歌						439228	345
16907	求雨谣				马得路		439227	229
16908	鸡鸡翎				隗术敏	王义凤	439260	96
16909	红秫秸						439247	127
16910	怕字歌				赵清文	延辰龙	439279	634
16911	打棍歌				贾永芬	王义凤	439262	219
16912	新年到				贾永芬	王义凤	439278	82
16913	大麻子秸				贾永芬	王义凤	439272	275
16914	日本鬼子太野蛮				赵文	延辰龙	439213	454
16915	喜歌				马德路	王悦申	439229	321
16916	中央军真可恶				李增	刘阜	439212	360
16917	催眠歌				贾永芬	王义凤	439266	137
16918	选举歌						439225	149
16919	裁寒衣				赵文	延辰龙	439209	441

序号	篇名	民族	流传地区	采集地	讲述者	搜集者	数据库编号	字数
16920	钉子钉，凿子凿				隗术敏	王义凤	439259	358
16921	抓脚心儿						439264	203
16922	光棍哭妻				孟祥印	刘阜	439241	839
16923	打脚丫儿						439263	363
16924	花落离枝难上枝				蘧凤梅	隗功玉	439231	404
16925	度亡灵			大盘古村	王道新	孙鹤林	439460	373
16926	小赞			青县大盘古村	王道新	孙鹤林	439462	416
16927	喜歌				张中国		439451	1240
16928	得罪了书记没法活						439425	366
16929	老来难				韩德卫		439483	594
16930	哀歌				张中国	张法余	439459	66
16931	拙老婆				吴淑卿	姚得舜	439486	69
16932	铺炕谣				张金明		439453	573
16933	卖画谣				王汝芳	耿建华	439541	161
16934	祭灶				陈庆荣	王洪通	439454	956
16935	唱五更				刘梦云	迟永田	439439	790
16936	国民党不抵抗				纪凤洲	迟永田	439441	407
16937	碱土染白黑鞋帮						439537	172
16938	一趟不打鱼			南张庄	吴吉霞	苗秀云	439506	1445
16939	青县三宗宝						439535	708
16940	小胖小						439492	389
16941	叫声老大娘				迟永立	迟永田	439444	233
16942	绣荷包				迟永田	迟永田	439473	74
16943	顶针找藕						439516	74
16944	盼五更				李振国		439471	359
16945	五更鼓小调				姚得舜	耿建华	439423	85
16946	采藕				蔡玉甫	王洪通	439491	74
16947	小白鸡儿						439503	98
16948	老汉哭妻						439510	803
16949	杜梨子树						439496	71
16950	卖钢针				王炳信	王东亮	439530	583
16951	十三月			小辛庄梨园	张宝恒	王东亮	439533	242
16952	弦子谣						439513	361
16953	念喜歌				叶相林		439456	359

序号	篇名	民族	流传地区	采集地	讲述者	搜集者	数据库编号	字数
16954	对花				任从胜	迟永田	439528	236
16955	歪带帽						439497	113
16956	相富谣						439539	606
16957	鸡鸡儿翎				李宝田	李勋山	439493	74
16958	月出时辰歌			青县南张庄	王锡权	王汝芳	439542	70
16959	翻身五更				迟永田	迟永田	439438	394
16960	咱们的共产党，不怕混老蒋				迟永立	迟永田	439440	265
16961	妈妈娘糊涂				韩中文		439482	104
16962	五更情				纪凤洲	迟永田	439472	730
16963	抗战士兵弟兄们				姚有峨	姚得舜	439436	794
16964	拜年歌				张中国		439452	764
16965	赞救苦			大盘古村桥头	王道新	孙鹤林	439463	93
16966	民主选教员				刘梦云	迟永田	439446	1958
16967	妇女要翻身				姚有刚	姚得舜	439430	656
16968	臭虫、跳蚤、虱子和虮子						439519	391
16969	探情郎				李振国		439474	265
16970	茼麻谣						439517	170
16971	责任制，就是好					青华	439428	118
16972	绕口令				付秀坤	姚一真	439495	659
16973	检查团						439427	895
16974	绕口令						439512	918
16975	月亮牙儿						439505	94
16976	夹河套						439538	76
16977	九月谈梅				陈锡珍	陈家美	439470	493
16978	农家文明院				李金升		439543	283
16979	军歌				纪凤洲	迟永田	439443	1320
16980	婆婆难				韩中文		439485	390
16981	茉莉花				迟永田	迟永田	439467	356
16982	喜鹊窝谣						439521	592
16983	瞧亲家				刘锡芳	姚得舜	439488	863
16984	放风筝				纪凤洲	迟永田	439534	388
16985	太阳出来晒晒我						439504	1333
16986	火烧盘古庙			青县南张庄	王如月	王汝芳	439529	693

序号	篇名	民族	流传地区	采集地	讲述者	搜集者	数据库编号	字数
16987	盖房歌			李家营村	南宫友	王东亮	439455	587
16988	绣兜兜				李振国		439532	421
16989	审老鼠			南张庄	陈德荣	苗秀云	439501	434
16990	买牛谣						439540	107
16991	建筑歌				王东亮		439464	117
16992	满天红				陈庆荣	王洪通	439489	335
16993	绣针扎				李振国		439531	191
16994	新媳妇难				韩中文		439480	422
16995	夜相思				韩中文		439476	488
16996	寿诞歌			大盘古桥头	王道新	孙鹤林	439465	856
16997	风箱谣						439515	516
16998	妇女翻身歌				纪凤洲	迟永田	439442	74
16999	绣手绢				迟永田	迟永田	439487	790
17000	道经赞句（十一首）				张风才	姚一真	439461	330
17001	十树开花			南张庄	杨秀英	苗秀云	439527	1324
17002	王大嫂讨饭				吴淑卿	姚得舜	439435	1020
17003	老来难				张法昌		439484	205
17004	祝酒歌			青县大盘古村	周继龙	孙鹤林	439458	182
17005	苏武牧羊				陈家美	耿建华	439422	74
17006	孔明功绩歌				韩德广	李勋山	439450	90
17007	十个小秃						439502	902
17008	打不倒日本鬼子不把家来回				姚有崇	姚得舜	439433	95
17009	挖大沟						439424	317
17010	炕席谣						439522	259
17011	羊粪蛋				付秀坤		439494	78
17012	玉米谣			青县南张庄	王锡平	苗秀云	439526	259
17013	十二个月				迟永田	迟永田	439469	561
17014	螃蟹谣						439520	952
17015	我家有个胖娃娃				纪风洲	迟永田	439499	181
17016	提高文化为人民				刘梦云	迟永田	439447	76
17017	送郎去朝鲜		青县运东一带		纪风洲	迟永田	439468	279
17018	五劝妇女们				吴淑卿	姚得舜	439437	660
17019	麦子谣						439518	204

序号	篇名	民族	流传地区	采集地	讲述者	搜集者	数据库编号	字数
17020	站岗				姚有峨	姚得舜	439431	75
17021	走西口			河间	孙树桐	耿建华	439466	46
17022	卖扁食				韩中文		439478	74
17023	数点谣						439523	757
17024	盘香谣						439514	82
17025	小白菜				孙树桐	耿建华	439477	183
17026	打得日本拉拉尿				杨玉东	杨秀贵	439448	443
17027	五河四套谣						439536	497
17028	六劝				纪凤洲	迟永田	439449	66
17029	绕口令						439511	930
17030	蛔蛔、驴驹和公鸡						439508	509
17031	惊堂木谣						439525	97
17032	祝寿歌			青县大盘古村	周继龙	孙鹤林	439457	614
17033	孟姜女				迟永田		439475	294
17034	妈妈娘好糊涂				迟永田	迟永田	439481	158
17035	姐妹挑菜						439509	413
17036	送花				陈庆荣	王洪通	439490	1440
17037	小汽车				沈恩琴	马富华	439498	348
17038	卖扁食儿				王素兰	姚得舜	439479	974
17039	训夫戒烟谣						439507	66
17040	数指谣						439524	332
17041	盼姐谣						439500	517
17042	掩护子弟兵				迟永立	迟永田	439445	227
17043	十劝				吴淑卿	姚得舜	439434	421
17044	可恨日本鬼儿				姚有崇	姚得舜	439432	344
17045	摸据点			官庄	迟永立	迟永田	439429	525
17046	会风						439426	122
17047	国民党统治时期民谣			河间县果子洼中学	吴家起、吴家启	宋国祥	440157	278
17048	吕洞宾巧会牡丹				李秀荣	李利	440162	301
17049	早起歌				李秀荣	侯庆云	440159	1088
17050	长工谣				李秀荣	李利	440161	112
17051	踩高跷						440160	156
17052	送女子参军						440158	964
17053	西柏坡歌谣（二首）						446043	1492

序号	篇名	民族	流传地区	采集地	讲述者	搜集者	数据库编号	字数
17054	“向民歌学习”过时了吗						446062	1084
17055	如画镜头拍不完（八首）						446061	3096
17056	民谣二首		保定				446059	177
17057	抗战歌谣（四首）		冀西			刘卯钊、刘庆昌等	446052	328
17058	唾沫也能淹死狼						451116	1951
17059	扔掉飞机坐火箭						451112	2219
17060	麦垛堆在彩云间						451114	1639
17061	排山倒海修水利						451113	2631
17062	永远跟着共产党						451111	1999
17063	文化战线得奖状						451115	421
17064	馋老婆					张素玲	462255	311
17065	二十青年去当兵					张素玲	462254	148
17066	千军万马在庞村						473430	60
17067	扫除文盲再提高						473446	178
17068	我爱深山宝藏						473410	146
17069	老奶奶我问你						473449	106
17070	山歌越唱越没完						473340	60
17071	俺心有颗紅太阳						473442	88
17072	儿童识字岗						473450	60
17073	星星没有工厂多						473403	60
17074	尖兵猛攻万宝山						473412	60
17075	歌唱符山						473434	116
17076	劈开高山泉水流						473350	60
17077	自从社里办食堂						473396	116
17078	社里出铁再贺喜						473426	60
17079	俺乡要变小鞍钢						473399	176
17080	我给社里割猪草						473380	52
17081	人间尽是花果山						473366	312
17082	笑死俺						473377	60
17083	欢呼党的好主张						473392	116
17084	高梁长到织女家						473369	116
17085	双手扭得乾坤转，瀑布倒挂水上山						473341	122

序号	篇名	民族	流传地区	采集地	讲述者	搜集者	数据库编号	字数
17086	俺要上台去讲话						473393	60
17087	人民公社办法强						473390	274
17088	看场						473379	60
17089	六亿人民大合唱						473333	100
17090	铁工厂里去比武						473408	60
17091	煤矿跃进誓师会即景						473416	67
17092	秃山变成米粮川						473363	122
17093	粪是金猪是宝						473370	60
17094	鼓山穿上绿衣衫						473365	152
17095	人民公社胜天堂						473388	353
17096	社会主义赛天堂						473332	150
17097	我给小鸡捉虫去						473385	72
17098	月亮地上当剧场						473337	246
17099	天字小唱						473330	60
17100	人民公社是朵花						473389	122
17101	春风不吹花不开						473398	333
17102	开开高山寻宝藏						473432	184
17103	不信洋人不信仙						473343	308
17104	锄棉曲						473373	60
17105	誓把草肥堆成山						473371	60
17106	镰刀是俺的好朋友						473382	144
17107	插红旗						473334	60
17108	牲畜米粮满山川，男女老少不停闲						473361	100
17109	养猪利益大						473383	122
17110	献给咱党一片心						473327	60
17111	层层梯田有果园						473367	128
17112	挖猪草						473381	60
17113	练铁又练兵						473428	144
17114	爷爷寻找幸福泉						473356	60
17115	大爷						473375	188
17116	为了实现水利化						473355	56
17117	高炉工地灯火明						473418	115
17118	扁担谣						473443	116

序号	篇名	民族	流传地区	采集地	讲述者	搜集者	数据库编号	字数
17119	引着河水过山峦						473353	499
17120	人民公社赛天堂，共产主义闪红光						473386	60
17121	地球心里挖宝藏						473411	52
17122	养鸡好处大						473384	246
17123	铁锤昼夜响						473405	122
17124	赶着高山填大海						473347	116
17125	磁山夜战						473435	178
17126	难坏评议员						473415	60
17127	村村社社办工厂						473404	155
17128	钢铁元帅跃上天						473436	100
17129	工业建社起高潮						473401	76
17130	古山献铁						473433	123
17131	他妗子别批评						473378	284
17132	田间立擂台						473346	104
17133	把井打到龙眼上						473348	88
17134	万件礼品献给党						473329	60
17135	金花银花飞满山						473368	116
17136	社						473448	180
17137	积水如积粮						473354	88
17138	夺状元						473445	203
17139	钻工歌唱总路线						473336	88
17140	比不上俺的山坡坡						473362	184
17141	赛过铜头铁罗汉						473342	52
17142	为办工业全家忙						473407	260
17143	爷爷创奇迹						473441	118
17144	河水不要再逞强						473358	100
17145	铁水定比海水多						473429	89
17146	要叫江南赶江北						473357	60
17147	大江大海能填平						473427	60
17148	歌唱西鼓山						473360	88
17149	大地变课堂						473447	60
17150	诗歌一箩又一箩						473339	88
17151	白手起家办紙厂						473409	100

序号	篇名	民族	流传地区	采集地	讲述者	搜集者	数据库编号	字数
17152	缝麻袋						473374	76
17153	只因安了小轴承						473440	60
17154	开渠谣						473349	88
17155	城乡遍布高炉群，钢铁元帅把账升						473417	190
17156	党和人民心连心						473331	200
17157	全党全民办工厂，处处都有机器响						473397	72
17158	乡社工厂星满天						473400	88
17159	三天修成一水库						473352	67
17160	地上铁水映天红						473424	249
17161	高炉是兵人是帅						473419	308
17162	公社姑娘练武忙						473395	164
17163	秋后丰收比粮堆						473372	126
17164	歌唱俺村十大化						473391	122
17165	水车上山						473359	286
17166	公社诞生第一天						473394	256
17167	巧夺天功创工具						473438	60
17168	矿工短歌						473413	60
17169	老胡赛鲁班						473439	110
17170	一片高炉入云间						473421	178
17171	铁水不出不歇肩						473423	436
17172	修堤坝						473351	108
17173	土炉颂						473422	184
17174	整风整得心花开						473420	88
17175	我们要把天堂建						473326	96
17176	我爱钻塔高又高						473414	125
17177	嫂嫂脸红了						473376	178
17178	太行民歌						473328	60
17179	口唱山歌心里甜						473338	116
17180	党把天堂建人间，口唱山歌心里甜						473325	52
17181	咱们是人也是神						473344	88
17182	矿工歌唱总路线						473335	88

序号	篇名	民族	流传地区	采集地	讲述者	搜集者	数据库编号	字数
17183	天爷也得属俺管						473345	182
17184	城市农村分不清						473402	119
17185	长空万里出彩霞						473387	122
17186	爬山浇树谣						473364	173
17187	齐给元帅找食粮						473431	61
17188	炼铁炉旁						473425	76
17189	人人赛过诸葛亮						473406	60
17190	工农要登文化山						473444	60
17191	东大门					申锡山	476443	122
17192	花猫来吃你					申锡山	476435	109
17193	雁					申锡山	476427	82
17194	小西瓜					周丽华	476424	127
17195	排莲花					常树	476422	57
17196	小姑娘会梳头					周丽华	476417	323
17197	朵朵花儿开					周丽华	476419	99
17198	明天送你八里庄					申山锡	476441	279
17199	太平春					申锡山	476429	374
17200	小蚂蚱					申锡山	476437	91
17201	大雁和小燕					周丽华	476428	99
17202	小蝈蝈					小青	476439	91
17203	姥姥來我家					杨平、晨阳	476412	90
17204	盖楼阁					常树	476430	83
17205	敲小鼓					申锡山	476409	117
17206	请來猫大王					李佩之	476432	159
17207	圆月亮					小青	476411	57
17208	青秫秸					杜涵	476418	128
17209	喂小鸡					申锡山	476407	91
17210	打马走起来						476415	130
17211	小二姐					周丽华	476416	115
17212	椿树王					杨平、晨阳	476410	88
17213	四季花					李如海	476421	462
17214	李子树开白					王永梓	476404	298
17215	小花猫					申锡山	476431	123
17216	过新年					常树	476408	128

序号	篇名	民族	流传地区	采集地	讲述者	搜集者	数据库编号	字数
17217	小牛童					杨平、晨阳	476405	113
17218	小姑娘上墙头					周丽华	476413	60
17219	十样花					羽卒	476420	143
17220	葡萄					杨平、晨阳	476423	108
17221	耗子上灯台					周丽华	476434	90
17222	冻死一条毛毛虫					周丽华	476440	81
17223	排排坐					李佩之	476414	117
17224	天明了					杨平、晨阳	476406	113
17225	小耗子					周丽华	476433	119
17226	小甜瓜					常树	476425	121
17227	石榴花					申锡山	476403	103
17228	绿蝈蝈					杨平、晨阳	476438	101
17229	萤火虫					周丽华	476436	75
17230	一头牛					常树	476426	111
17231	麻翼鹊					李佩之	476442	103
17232	老粗科长就该撸						503979	164
17233	狠毒不过窑主的心					董浩善	503927	196
17234	是党借得春风来						503981	67
17235	孩子随爹妈				何素兰	宋永秀	503953	88
17236	小小手						503997	584
17237	土皇上						503990	92
17238	农家又换一层天						503982	103
17239	搭积木						503996	288
17240	小白兔买梨			洼里乡杨家庄	罗玉艳	王淑娟	503938	60
17241	下煤窑，抱讨饭瓢				陈学文	陈国勇	503932	238
17242	一声同志情最深						503978	150
17243	小板凳			洼里乡杨家庄	罗玉艳	王淑娟	503942	60
17244	哥妹同唱新生活						503975	202
17245	歌唱十二月花				高国舟	刘福华、齐秀玲	503933	295
17246	糠粥照月亮						503967	76
17247	花姐姐				孟淑芝	郭强	503940	176
17248	老高技术高			洼里乡杨家庄	罗玉艳	王淑娟	503944	88
17249	借东西				陈秀英	白泉、贺成	503963	380
17250	老子歌						503991	369

序号	篇名	民族	流传地区	采集地	讲述者	搜集者	数据库编号	字数
17251	背煤篓				董广山	董浩善	503928	201
17252	新编的歌儿飘上坡						503987	56
17253	过年				袁素琴	陈国勇	503935	169
17254	小耗子上蜡台			洼里乡杨家庄	罗玉艳	王淑娟	503943	116
17255	打官司					齐秀玲	503934	131
17256	责任田是靠山镜						503977	175
17257	拍手歌				王凤兰	白泉	503950	308
17258	耍嘴皮的日子难						503976	89
17259	我是蔬菜专业户						503988	225
17260	拉大锯					沈国生	503949	627
17261	小黑熊						503994	247
17262	花牛喝油				李富	李秀英	503957	342
17263	支前				鲁生	白泉、贺成	503961	138
17264	下井就到鬼门关					陈国勇	503929	394
17265	不把闺女嫁给下窑的					董浩善	503923	139
17266	中华万万年				徐耀宗	徐学军	503964	116
17267	山水结婚谁搭桥						503983	274
17268	冰花						503995	168
17269	窑主心黑赛墨盘					董浩善	503925	60
17270	老板子受尽牛马罪					董浩善	503924	109
17271	悄悄话						503999	252
17272	小懒鸡				崔明兰	齐秀玲	503946	75
17273	串乡忙						504002	146
17274	十送我郎上前线		冀东一带		贾焕章	贾振川	503960	59
17275	好客的小河						503998	97
17276	连雨天						504005	73
17277	月亮门					齐秀玲	503947	60
17278	马架房					白泉青山	503966	170
17279	我爱小手绢						504000	163
17280	儿童团，小英豪		冀东一带		贾建来	贾振川	503965	149
17281	地主心更狠					贾风英	503937	61
17282	小兔子					郭强	503939	288
17283	小肥鸭						504004	177
17284	小媳妇儿别掉泪儿				孟素兰	白泉	503936	203

序号	篇名	民族	流传地区	采集地	讲述者	搜集者	数据库编号	字数
17285	一条人命四十元				陈学文	陈国勇	503931	156
17286	八路军和老百姓		冀东一带		贾建来	贾振川	503958	390
17287	受伤一脚踢					陈国勇	503930	60
17288	男女老幼都平权				鲁生	白泉、贺成	503962	481
17289	好班长						503993	345
17290	说胡话				刘作如	刘福	503954	107
17291	誓杀鬼子报仇冤						503969	673
17292	借绿豆				李富	李秀英	503956	148
17293	六十六岁刘老头				崔新兰	齐秀玲	503955	1303
17294	小柳树				崔新兰	齐秀玲	503945	316
17295	头字歌儿				崔新兰	齐秀玲	503948	60
17296	遍地织满幸福花						503974	94
17297	农村八等人儿						503992	1498
17298	东洋兵，坏心肠				刘通合	张佑鸿	503972	175
17299	农家跟党心不变						503980	119
17300	葫芦秧儿上笆篱						504003	81
17301	随心的日子开了头						503986	220
17302	养猪姐						504001	116
17303	花香瓜甜小康家						503985	60
17304	下煤窑					董浩善	503926	116
17305	齐心合力						503970	48
17306	党的女儿刘胡兰			洼里乡杨家庄	罗玉艳	王淑娟	503941	60
17307	打枣儿				孟淑芝	郭强	503951	151
17308	半口锅						503968	116
17309	猪				袁红	白泉	503952	132
17310	八路军，真勇敢		冀东一带		贾建来	贾振川	503959	116
17311	保护伤员						503971	94
17312	昨天的歌——“四人帮”横行时期农村见闻						503989	187
17313	十里水库相一张						503984	64
17314	妇女抗战歌		冀东一带		贾焕章	贾振川	503973	77
17315	看花灯						507627	141
17316	小两口分家						507623	183
17317	小闺女拾棉花					孙振强	507621	170

序号	篇名	民族	流传地区	采集地	讲述者	搜集者	数据库编号	字数
17318	马尾雀						507616	105
17319	颠倒歌						507625	118
17320	老鸹窝						507620	133
17321	赶面						507624	360
17322	小闺女上梯子儿						507617	174
17323	板凳摞摞						507618	84
17324	架豆角						507628	73
17325	风来了，雨来了						507619	178
17326	赶面棍						507626	134
17327	梳头						507622	102
17328	娃娃也唱跃进歌						512126	2045
17329	秃山一摇变森林						512117	6239
17330	文盲地头写文章						512121	1147
17331	粪土万担粮万担						512119	2357
17332	指路明灯照九天					海涛	512115	8953
17333	哥妹同乘万里船					张宏恩	512125	6041
17334	整风带来新气象					赵魁生、依民等	512124	3709
17335	地球倒转水上山					侯精一、王大鹏等	512118	1473
17336	千军万马除四害						512123	3426
17337	扔掉飞机坐火箭					李天驰、孟敏等	512116	1307
17338	农村三变上天堂					依民、田草	512127	228
17339	技术花开朵朵红						512120	1064
17340	暖泉画里歌声高						513102	154
17341	暖泉社决心书						513091	114
17342	抗旱胜利						513064	68
17343	红牌插在试验田						513083	335
17344	节约						513101	91
17345	天外天						513065	115
17346	双丰收						513087	86
17347	暖泉好						513096	130
17348	干劲冲天数青年						513108	619
17349	抗旱						513097	68

序号	篇名	民族	流传地区	采集地	讲述者	搜集者	数据库编号	字数
17350	快除虫						513106	79
17351	大渠放水						513105	264
17352	办工厂						513095	68
17353	支援建设						513100	91
17354	“跃进”抗旱						513099	69
17355	夹河的将来						513067	69
17356	永定河						513098	158
17357	盖厂房						513078	70
17358	乡长到来搞化肥						513071	157
17359	这个说						513077	65
17360	雨						513089	685
17361	赶走野心狼						513069	155
17362	大渠下来水						513081	216
17363	暖泉大步向前						513066	118
17364	农民要当大学生						513084	132
17365	白天夜里来抗旱						513073	61
17366	没有文化真苦恼						513088	167
17367	夜明珠						513094	116
17368	架葡萄						513104	119
17369	出村						513107	114
17370	民校响歌声						513079	69
17371	好塇北京城						513075	107
17372	山靠松林松靠山						513085	114
17373	歌唱沙城						513093	875
17374	总路线耀眼明						513076	91
17375	草死地塇庄稼长						513074	134
17376	暖泉情歌						513110	129
17377	刮掉胡子赛青年						513080	114
17378	走遍田地和果园						513072	571
17379	夜校						513090	91
17380	醒						513103	167
17381	老三爷子						513109	114
17382	不靠天						513082	113
17383	沼气试验						513070	69

序号	篇名	民族	流传地区	采集地	讲述者	搜集者	数据库编号	字数
17384	好歌传进北京城						513063	116
17385	民歌口诀						513111	91
17386	过去苦情别忘记						513068	69
17387	手逞能						513086	220
17388	给暖泉社						513092	70
17389	十二个月				刘云普	王玺	516059	169
17390	小巴狗				曹淑敏	马建成	516048	375
17391	十二个月				刘云普	王玺	516060	594
17392	小白鸡				曹淑敏	马建成	516047	238
17393	劝孝八反歌					王玺	516042	1052
17394	哭五更	回族				王玺	516061	1180
17395	清真蒙引歌					王玺	516040	188
17396	小板凳					丰树森	516052	5439
17397	小寡妇改嫁				刘云普	王玺	516058	201
17398	反话				曹淑敏	马建成	516049	562
17399	娃娃睡					王毓昶	516050	1624
17400	修盖喜歌						516063	1326
17401	喜歌				赵恩林		516062	164
17402	棒槌街					丰树森	516054	80
17403	劝姑娘				刘云普	王玺	516055	160
17404	槐树槐					丰树森	516053	186
17405	十样花草	回族			刘云来	王玺	516057	315
17406	明心歌					王玺	516045	1323
17407	世事无益歌					王玺	516041	2890
17408	劝人方					王玺	516043	178
17409	好人歌					王玺	516044	1345
17410	三十不得歌					王玺	516046	710
17411	新婚喜歌				赵恩林		516064	266
17412	绣汗巾	回族			刘云普	王玺	516056	947
17413	十六个头					王毓昶	516051	545
17414	小小子儿					樊新旺	516887	98
17415	秋风慰前小调					李老怀	516879	85
17416	十等人儿					耿朝芝	516889	84
17417	打饥荒					汪友谊	516886	186

序号	篇名	民族	流传地区	采集地	讲述者	搜集者	数据库编号	字数
17418	小老鼠					樊新旺	516885	244
17419	老天爷					汪友谊	516881	294
17420	说瞎话					吴俊巧	516888	125
17421	回娘家					樊新旺	516884	214
17422	说瞎话					刘君建	516883	89
17423	四季花					李老怀	516880	208
17424	刨根问底					刘君建	516882	120
17425	儿歌二十二首				于九兰、李西燕等	桑凤荣、徐丽艳等	517172	505
17426	十二月				高俊怀	郭树芳	517145	641
17427	民歌七首					白阔川	517136	411
17428	二大妈探病				高俊怀、冯金海	郭树芳	517160	557
17429	馋老婆				冯庆普	郭树芳	517155	391
17430	辞灶歌				阎桂精	郭树芳	517152	428
17431	拴娃娃				高俊怀	郭树芳	517158	694
17432	抗日歌谣十三首					李泽有	517149	434
17433	小丫头				蒲德荣	郭树芳	517151	197
17434	叫声老大娘					刘树贵	517143	232
17435	上梁歌				余振荣	余畅	517171	479
17436	闺房四想					郭树芳	517146	431
17437	喜歌				余振荣	余畅	517170	770
17438	大嫂讨饭				郭景奎、冯金海	郭树芳	517144	836
17439	过年歌					郭树芳	517153	290
17440	人无十足					夏增江	517166	217
17441	大实话					郭秀梅	517168	115
17442	歌谣七首					王华阳、王荫章等	517169	548
17443	一窝黑				胡风珂	郭树芳	517159	1446
17444	穷人恨五首					李泽有	517150	411
17445	十二郎				高俊怀	郭树芳	517154	1049
17446	裹脚没有用				李增瑞	郭树芳	517139	93
17447	古谣二首					刘树贵、徐丽艳	517167	1306
17448	讽刺歌谣十六首					李泽有	517133	327
17449	小讨饭					郭树芳	517147	166

序号	篇名	民族	流传地区	采集地	讲述者	搜集者	数据库编号	字数
17450	大反串				薛洪义	郭树芳	517165	585
17451	讽刺歌谣十首					晓果	517132	724
17452	十四月					郭树芳	517156	146
17453	“八一”建军节				蒲德江	郭树芳	517140	211
17454	茉莉花				刘国良	魏金达、史学平	517163	129
17455	民歌					陈宗圣	517164	846
17456	卖扁食				李增瑞	郭树芳	517157	294
17457	民谣				何振双	何耀辉	517137	1235
17458	绣针扎				刘国良	魏金达、史学平	517162	705
17459	十大想				高俊怀	郭树芳	517148	87
17460	放风筝				高俊怀	郭树芳	517161	163
17461	民歌一首					孙立江、李秀玲等	517138	741
17462	同胞同胞快醒起					郭树芳	517141	359
17463	快去参加妇救会					郭树芳	517142	2955
17464	民谣					赵镜德	517135	119
17465	为某公画像					土老庄	517134	62
17466	表功臣			赵县丁村	白玉臣	赵增瑞	525052	184
17467	解放藁城			赵县丁村	白玉臣	白聪锐	525033	201
17468	家里没粮			赵县谢家湾村	李米贵	谢同伟	525077	233
17469	秋群穿着破大袄			赵县西大诰村	李俊菊	张聪敏	525158	363
17470	离不了			赵县丁村	白文计	白军波	525175	202
17471	成天商量打老蒋			赵县丁村	李玉虎	李现省	525036	177
17472	大跃进			赵县丁村	聂林山	尹建峰	525072	148
17473	劝架			赵县小诰村	赵同兰	赵素娟	525183	187
17474	驻防榆树坡			赵县丁村	白玉臣	赵增瑞	525047	137
17475	栽榆树			赵县沙河店村	张庆三	张荣芬	525143	199
17476	颂毛主席和朱德			赵县小诰村	赵同兰	赵素娟	525059	242
17477	吓唬民军			赵县沙河店村	宋风西	宋会芳、李东光	525027	170
17478	执行任务要认真			赵县丁村	白玉臣	赵增瑞	525043	227
17479	鬼子乱出串			赵县野鸡铺村	侯新江	侯风彪	525002	171
17480	运动战			赵县丁村	白玉臣	赵增瑞	525049	125
17481	乘凉			赵县大诰铺村	白保魁	白丽珍	525134	169
17482	训伪军			赵县县前村	张胜路	张栋	525024	194

序号	篇名	民族	流传地区	采集地	讲述者	搜集者	数据库编号	字数
17483	便衣队			赵县杨召村	张聚子	冯书霞	525026	172
17484	领军衣			赵县丁村	白玉臣	白聪锐	525042	154
17485	盼望敌人都死干			赵县沙河店镇中学	李辉敏	李京锁	525007	173
17486	抬轿来得快			赵县沙河店村	李素敏	宋云娟	525103	212
17487	过年			赵县杨召村	张聚子	张小龙	525131	149
17488	骂汉奸			赵县丁村	聂越	白敬朴	525022	135
17489	粮食摊			赵县大诰铺村	白吉停	白瑞恒	525127	202
17490	讽刺区干部			赵县野鸡铺村	常素彬	常京辉	525100	197
17491	下雨天抬轿			赵县丁村	白欢伍	白增辉、张立涛	525105	194
17492	放风筝			赵县大诰铺村	张华军	侯军波	525182	257
17493	批评			赵县野鸡铺村	侯振起	侯金芬	525176	169
17494	唱唱大救星			赵县西大诰村	张二田	张瑞强	525060	149
17495	说妻子			赵县小诰村、赵县丁村、赵县北冯村、赵县杨召村	胡老华、白改善等	胡聪果、白国强等	525171	226
17496	正月十五闹玩艺			赵县丁村	白玉臣	白聪锐	525126	226
17497	夸轿			赵县丁村	聂越	李军省	525101	255
17498	斗地主			赵县西大诰村	张小中	张新波	525061	185
17499	高小毕业生			赵县西湘洋村	刘西芹	张涛	525180	321
17500	什么也没有锥锥高			赵县丁村	李振海	李清海、李伟鹏	525114	232
17501	说赌			赵县沙河店村	张秀茂	张玉轻	525169	228
17502	日本兵			赵县沙河店村	周文欠	周辉涛、张军燕	525004	5191
17503	丰产田			赵县西杨村乡中学	宋素权	李烨	525080	212
17504	说做饭			赵县丁村	李成果	李晶伟	525119	234
17505	不讲卫生			赵县沙河店村	侯法祥	邢文江	525160	257
17506	俺娘变成老黄牛			赵县沙河店村	李素敏	宋云娟	525091	372
17507	训恩保			赵县中冯村	张吉波	张建彪	525163	184
17508	说破车			赵县丁村	李成果	李晶伟	525118	333
17509	过金沙滩			赵县丁村	白玉臣	赵增瑞	525046	209
17510	扒草			赵县中冯村	张俊法	张会娟	525082	456
17511	四两粮食顶一天			赵县丁村	李书改	宋军锋	525071	135
17512	嫁女儿			赵县大诰铺村	白吉亭	白瑞恒	525173	239
17513	攻包头			赵县丁村	白玉臣	赵增瑞	525055	219
17514	不平等			赵县大诰铺村	白增彦	白军献	525079	1328
17515	互助好			赵县沙河店镇中学	张锡茂	白军锐	525068	224

序号	篇名	民族	流传地区	采集地	讲述者	搜集者	数据库编号	字数
17516	晒麦子			赵县丁村	白广芝	白净杰	525144	290
17517	烧纸			赵县西大诰村	史常运	史丽娟	525096	578
17518	拜年			赵县丁村	李朋寿	李清华	525172	230
17519	女儿寻主			赵县大诰铺村	白吉亭	白瑞恒	525174	261
17520	卖干草			赵县沙河店村	张天海	张青辉	525138	625
17521	要饭			赵县大诰铺村	张素彩	白风华	525088	155
17522	割谷子			赵县丁村	李中全	白利辉	525150	183
17523	日本进中国			赵县丁村	张同路	孟国伟	525000	226
17524	劝架			赵县沙河店镇中学	冯兴敏	李烨	525129	161
17525	打老蒋			赵县东杨村	张俊须	张西锐	525037	241
17526	小黑驴			赵县丁村	李玉虎	李军省	525125	188
17527	夸车			赵县东杨村	邸全军	常淑敏	525124	174
17528	棉花长了尺把高			赵县西湘洋村	刘西芹	张涛	525149	302
17529	柴油机，力量大			赵县杨召村	冯俊山	冯红侠	525187	175
17530	浇地			赵县西大诰村	谷二傻	张英霞	525148	425
17531	柴油机			赵县沙河店村	张贵之	张红霞	525188	203
17532	说闲话			赵县中冯村	张吉波	张聪娟	525161	169
17533	拖拉机			赵县西大诰村	史喜奎	张军伟	525191	149
17534	拖拉机跟汽车赛			赵县西大诰村	张军华	张永侠	525190	179
17535	一群孩子拾柴禾			赵县沙河店村	张书兴	张伟强	525153	118
17536	没人样不中			赵县野鸡铺村	常素彬	常京辉	525116	252
17537	说说周围村			赵县中冯村	张俊发	张会娟	525210	323
17538	唱戏园儿			赵县丁村	李成果	李晶伟	525112	297
17539	还是俺种田人吃香			赵县丁村	白法一	白聪锐	525195	151
17540	什么好运也不来			赵县小诰村	胡小宽	陈玉柱	525206	284
17541	得奖			赵县野鸡铺村	李存菊	常利霞	525194	209
17542	拉车			赵县北冯村	宋光荣	宋西伟	525122	431
17543	紫花大袄			赵县小诰村	张云庆	张爱巧	525184	691
17544	各村各店设埋伏			赵县北冯村	宋海曲	宋辉彪	525011	167
17545	赵县城			赵县大诰铺村	白吉亭	白瑞恒、周威	525202	159
17546	当兵光荣			赵县沙河店村	张京雪	魏瑞杰、宋西坤	525063	174
17547	赶车			赵县北冯村	宋双春	宋进巧	525121	210
17548	劳动工具			赵县沙河店村	张林子	张红彩	525200	174
17549	中国来了日本兵			赵县丁村	李同科	张力	525005	264

序号	篇名	民族	流传地区	采集地	讲述者	搜集者	数据库编号	字数
17550	破车子			赵县沙河店村	郭长柱	郭利涛	525209	139
17551	中国日本开了仗			赵县西大诰村	张小中	张新波	524999	171
17552	卖水银渣			赵县丁村	李成果	李晶伟、张玉轻	525139	172
17553	赶王村集			赵县小诰村	赵同兰	赵素娟	525021	571
17554	真稀奇			赵县沙河店村	张老忠	张永召	525204	173
17555	谁也不敢瞎捣乱			赵县沙河店村	张庆三	张英彩	525017	268
17556	打日本			赵县丁村	聂林山	尹建锋	525010	289
17557	在部队干几年			赵县丁村	李忠来	李保银	525064	283
17558	挖战壕			赵县杨召村	张贵法	张丽彩	525003	190
17559	单干户			赵县小诰村	胡老颜	赵净戌	525062	254
17560	游击队			赵县西湘洋村	刘西芹	张涛	525006	195
17561	欢庆胜利			赵县封家铺村	侯老传	田凤山	525035	246
17562	出征			赵县丁村	白玉臣	赵增瑞	525038	1698
17563	支援前线咱争先			赵县丁村	白满堂	白聚军	525058	120
17564	国民党，不抗日			赵县小诰村	赵同兰	赵素娟	525009	311
17565	我刚从大章来			赵县中冯村	张吉波	张建彪	525108	136
17566	刮胡子			赵县西大诰村	张春平	张建伟	525039	214
17567	训十三支队			赵县丁村	聂荣居	聂翠花	525030	216
17568	交公粮			赵县西大诰村	张二田	张瑞强	525197	198
17569	找喇叭			赵县丁村	李朋寿	李清华	525106	331
17570	加小心，查汉奸			赵县西大诰村	张小中	张新波	525025	201
17571	当兵好			赵县东杨村	邸全军	常淑敏	525066	219
17572	洗身子			赵县野鸡铺村	常二	常辉锋	525104	517
17573	种地			赵县沙河店村	张同寿	张建伟	525146	215
17574	捉住日本猴			赵县丁村	聂越	白敬朴	525016	215
17575	进内蒙			赵县丁村	白玉臣	赵增瑞	525048	145
17576	皇协军，没心肝			赵县中冯村	张国栋	张军燕	525019	172
17577	秃子瞎子			赵县小诰村	张云庆	张爱巧	525109	225
17578	夸枪			赵县丁村	聂明乐	李烨	525015	230
17579	过河			赵县丁村	白改善	白国强	525054	227
17580	光棍			赵县东北营村	任二旦	任伟强	525094	201
17581	日本兵，真是凶			赵县沙河店村	侯小岭	侯素彩	525001	289
17582	讨饭			赵县丁村	白贵分	白海伟	525087	343
17583	挨贼偷			赵县小诰村	赵同兰	赵素娟、李辉改	525165	192

序号	篇名	民族	流传地区	采集地	讲述者	搜集者	数据库编号	字数
17584	勤子娘			赵县封家铺村	徐婷	侯素娟	525164	309
17585	闺女别往野铺寻			赵县杨召村	于小振	于金伟	525092	184
17586	一倒倒了一骨堆			赵县中冯村	张国栋	张振璞	525141	271
17587	旧社会，真不强			赵县杨召村	张聚子	冯玉辉	525097	206
17588	劝亲戚			赵县小诰村	陈胖	陈瑞雪	525145	145
17589	李老爱歌谣的教育价值						525213	824
17590	耍小孩			赵县北冯村	冯俊法	冯慧巧	525155	212
17591	添人不添地			赵县小诰村	赵同兰	赵素娟、郭雪	525081	665
17592	贼人心真狠			赵县大诰铺村	白小孟	白卓然	525166	203
17593	指路			赵县沙河店村	宋洪义	屈林辉	525208	180
17594	放牛			赵县北冯村	冯俊发	冯慧巧	525177	201
17595	拾小杨树			赵县东大诰村	秦俊菊	白云蕊	525133	120
17596	打赌			赵县丁村	李玉虎	张伟霞	525178	184
17597	社员开会			赵县丁村	李风春、秦丽娜		525078	146
17598	夺流动旗			赵县沙河店村	张贵之	张倩	525196	175
17599	推车拉车			赵县南田村	安素茂	李烨	525076	255
17600	积肥			赵县丁村	白小分	白军涛	525198	183
17601	看水			赵县小诰村	赵中华	赵力彬	525147	202
17602	发大水			赵县西大诰村	张军华	张永霞	525199	150
17603	我要啦			赵县丁村	白风周	白少强	525154	171
17604	拿绥远			赵县丁村	白玉臣	赵增瑞	525053	187
17605	脾气			赵县小琉璃村	常振海	常英建	525205	202
17606	商品粮			赵县沙河店村	张同寿	张军起	525181	186
17607	推车			赵县大诰铺村	白吉停	白瑞恒	525123	181
17608	拾粪			赵县大诰铺村	白吉停	白瑞恒	525140	119
17609	欢迎担架队归来			赵县丁村	白玉臣	白聪锐	525057	286
17610	夸野鸡铺			赵县野鸡铺村	冯书林	冯东辉	525207	221
17611	过六郎庙			赵县丁村	白玉臣	赵增瑞	525044	202
17612	说逗			赵县野鸡铺村	常大芒	常为民	525203	168
17613	卖鸡蛋			赵县沙河店村	宋志辉	周进辉	525136	444
17614	馍馍摊			赵县沙河店村	张聚山	张永亮	525130	245
17615	秋收秋种			赵县沙河店村	张振伟	张军起	525142	229
17616	过五台山			赵县丁村	白玉臣	赵增瑞	525041	173
17617	看戏			赵县西大诰村	史常运	史丽娟	525113	147

序号	篇名	民族	流传地区	采集地	讲述者	搜集者	数据库编号	字数
17618	哪个看见哪个跑			赵县丁村	李玉虎	李现省	525028	274
17619	车轱辘圆			赵县丁村	白书文	白强锋	525056	183
17620	扛活			赵县小诰村	张锡茂	张利周	525084	146
17621	上天堂，没天梯			赵县东杨村	李狗旦	常淑敏	525070	159
17622	汉奸张寒山			赵县西大诰村	张小中	张新波	525023	230
17623	种西瓜			赵县沙河店村	张东升	张同芬	525193	219
17624	赶集			赵县沙河店村	侯二岭	侯彩素	525128	275
17625	打坯			赵县北冯村	冯俊法	冯慧巧、冯姝英	525170	121
17626	入社			赵县丁村	李成果	李晶伟、贾建虹	525069	132
17627	支前			赵县沙河店村	张五件	张兴伟	525040	227
17628	哩哩啦啦这么多年			赵县野鸡铺村	常月明	常英彩	525032	185
17629	就怕不卖钱			赵县杨召村	冯俊山	冯红侠	525110	294
17630	训开小差儿			赵县丁村	白玉臣	赵增瑞	525051	386
17631	杀人放火是东洋人			赵县西大诰村	史常运	史丽娟	525029	242
17632	这个女子命不强			赵县西大诰村	张小中	张新波	525090	262
17633	几百块钱也扔了			赵县丁村	白广芝	白净杰	525189	377
17634	有办法			赵县中冯村	张国栋	张军燕	525085	117
17635	买山药蔓			赵县大诰铺村	白吉亭	白瑞恒	525137	222
17636	逃难			赵县丁村	李忠来	李保银	525086	288
17637	骂皇协			赵县西大诰村	张同科	张军强、张召红	525020	285
17638	查通行证			赵县西大诰村	赵同兰	赵素娟	525031	230
17639	掌柜的			赵县大诰铺村	白吉亭	白瑞恒	525083	149
17640	高庆云			赵县沙河店村	周朝彦	周侃	525098	200
17641	锅驼机			赵县沙河店镇中学	张辉娟	赵云伟	525186	181
17642	抬轿			赵县东大章村	陈秋群	赵增瑞	525102	475
17643	国家恨			赵县西杨村	张贵起	张军然	525008	148
17644	烙饼摊前			赵县西杨村	安换彩	高荣巧	525135	205
17645	天主堂好比金銮殿			赵县北冯村	宋风祥	宋爱英	525115	155
17646	去沙河店			赵县丁村	赵雪平	郭振居	525132	280
17647	八路军，真是行			赵县沙河店村	侯小岭	侯素彩	525012	166
17648	劝开小差儿			赵县丁村	白玉臣	白聪锐	525050	298
17649	推磨			赵县西大诰村	张军华	张永侠	525179	369
17650	八路军，真是巧			赵县小诰村	胡二巴	胡现林	525014	257
17651	还钱			赵县沙河店村	邢庆怀	邢文江	525089	141

序号	篇名	民族	流传地区	采集地	讲述者	搜集者	数据库编号	字数
17652	说贼			赵县小诰村	胡小宽	陈玉柱	525167	122
17653	李老爱歌谣出土记						525212	117
17654	割草			赵县西大诰村	谷二傻	张英霞、张素彩	525151	289
17655	小诰学生去沙河店			赵县小诰村	赵同兰	赵素娟	525185	167
17656	喜子嫂			赵县丁村	李二旦	李英军	525162	202
17657	多花几个钱			赵县小诰村	赵光瑞	赵伟波	525107	201
17658	井			赵县丁村	白小分	白军涛	525192	181
17659	赶鸡			于赵县丁村	李存彬	陈红梅、侯现格	525201	164
17660	嫁人			赵县北冯村	宋双春	宋进巧	525093	270
17661	京法拾手榴弹			赵县中冯村	张胜海	张江涛	525099	158
17662	破筐			赵县小诰村	陈居锁	陈丽彩	525095	126
17663	八路军，真是沾			赵县丁村	聂越	白海娟	525013	187
17664	捞鱼			赵县野鸡铺村	侯中科	焦荣彩	525156	150
17665	种地			赵县高村	高京方	高焕菊	525075	202
17666	戏台下没了人			赵县野鸡铺村	刘连月	郝素辉	525111	226
17667	烂菜			赵县野鸡铺村	李存菊	常立芳	525117	292
17668	拾柴禾			赵县沙河店村	宋新法	宋红强	525152	212
17669	小窑道			赵县野鸡铺村	常素彬	常京辉	525120	187
17670	锻炼			赵县封家铺村	侯老传	田凤山	525159	183
17671	过路			赵县丁村	李同科	张力	525157	235
17672	劝玩钱的			赵县沙河店村	张秀茂	张云英	525168	180
17673	高温积肥			赵县沙河店镇中学	张玉轻	李烨	525074	202
17674	过河			赵县沙河店村	张同寿	张辉彩	525045	147
17675	叫咱丁村沾沾光			赵县西湘洋村	李秋安	李珍平	525018	146
17676	解放赵县城			赵县丁村	白玉臣	白聪锐	525034	168
17677	山药			赵县野鸡铺村	李存菊	常利霞	525073	398
17678	打得敌人挺了腿			赵县东大诰村	秦素梅	秦建锐	525065	168
17679	说当兵			赵县沙河店村	李素敏	宋云娟	525067	166
17680	革命历史歌谣				霍玉英		525864	384
17681	民谣（二首）				张贺林、高升远		525866	219
17682	小白菜地里黄				毛小军		525867	190
17683	民谣						525869	484
17684	百忍歌				郑春合		525863	210
17685	抗战时期民谣						525868	1949

序号	篇名	民族	流传地区	采集地	讲述者	搜集者	数据库编号	字数
17686	抗日歌谣				韩佳尧、刘贺		525865	945
17687	小人鬼个不高					邢秀峰	530410	670
17688	邀儿歌					师兴文	530409	464
17689	十七的女，八岁的郎					苏平修	530406	61
17690	正定传统儿歌					高进忠	530402	417
17691	狼心狗肺不久长					师兴文	530408	563
17692	盼年儿谣					郝建常	530407	1612
17693	正定城南村名歌					张明祥	530400	2635
17694	焦大姐蒸糕					张明祥	530412	178
17695	绣荷包					康振侠	530404	195
17696	丢戒指					康振侠	530403	610
17697	抗日胜利歌					张明祥	530411	107
17698	十二月歌					张明祥	530399	137
17699	织妇歌					冯贵需	530401	528
17700	毛泽东					苏平修	530405	173
17701	月月花			义院口村	刘真	涂中华、梅秀峰	530930	471
17702	小看戏			上徐各庄乡洼儿庄	温彦春	马彦	530845	1147
17703	包老爷夸桑枝			海阳	汤继汉	郑庆魁	530897	693
17704	姑娘打秋千			抚宁	高春林	马彦	530842	416
17705	红月娥做梦			上徐各庄乡洼儿庄村	高春林	马彦	530844	198
17706	送情郎			上徐各庄乡洼儿庄	高春林	向前、马彦	530835	290
17707	农机谣			东新寨乡安庄	朱永生	安希彬	530817	221
17708	瓦匠盖房歌			拦马庄乡李新庄村	李廷存	赵士存	530831	393
17709	盖房喜歌			拦马庄乡李新庄村	李廷文	赵士存	530830	323
17710	水歌			上庄坨	侯志福	王铭、向前	530894	195
17711	娘娘顶上去降香			牛兰甸乡	杜显庆	庞立杰、张利华	530889	251
17712	开眼光			台营六村	侯巨	黄宝安	530828	165
17713	小姑爷			沙河寨乡赵家峪村	赵万会	赵海燕	530846	266
17714	放风筝			石门寨镇	孙立志	马乐民	530898	174
17715	欠债谣			吕良峪乡华庄	华庆云	陈新民、陈艳敏	530877	355
17716	“木、瓦、石”三匠歌			田各庄乡郝各庄村	傅有为	李文成	530787	544
17717	大公鸡尾巴长			东新寨乡东新寨村	王霞	张义纯	530857	580
17718	八大“将就”			柳各庄乡	李义祥	郭永春	530868	443
17719	长工谣			吕良峪乡华庄	华庆云	陈新民、陈艳敏	530874	384

序号	篇名	民族	流传地区	采集地	讲述者	搜集者	数据库编号	字数
17720	长眼毛儿			下庄乡高庄	常大永	向前	530799	202
17721	笑懒汉			石门寨	莲凤	海明	530865	139
17722	节气歌			卢王庄乡敬老院	赵荣堂	李振江	530788	360
17723	老两口子争热炕			冯庄乡冯庄村	冯守义	王树森	530867	383
17724	洞房铺床喜歌			台营六村	侯巨	黄宝安	530826	514
17725	扯大锯			抚宁县文教局	唐家君	唐家君	530911	1728
17726	四大劝			西河南乡东河南村	单义	于剑萍	530879	965
17727	倒十谣			台营		陈利国	530927	161
17728	日本鬼子遭天杀			拦马庄乡李新庄村	李志彬	赵士存	530796	268
17729	打了麦子做馍馍			茶棚乡小所庄村	李金臣	李国良	530910	156
17730	怕老婆			双岭乡双岭村	张耀兴	党立华	530863	306
17731	姑爷喜欢住丈家			卢王庄	李振江	袁炳成	530924	219
17732	给新婚夫妇扫地歌			坟坨乡	袁炳成	王荣合	530825	210
17733	十道黑			猩猩峪	韩英	张义纯、田子安	530922	830
17734	回娘家			柳各庄乡石碑沟村	傅桂凤	郭永春	530852	118
17735	卖锁			上庄坨乡文化站	王小波	杜秋山	530913	557
17736	屁崩鬼子兵			柳江煤矿	莲凤	海明	530801	387
17737	电影经			台营小学	李翠霞	朱国友	530816	590
17738	四本上工			卢王庄乡岭上村	巴介	马彦	530839	795
17739	十等人			北寨乡	金百柱	韩宝华	530814	880
17740	抗日歌			柳各庄	张连英	郭永春	530804	364
17741	打夯歌			石门寨镇北河村	张伦	马乐民	530789	711
17742	建房歌			上庄坨村	高起顺	高学玲	530829	182
17743	歌唱“老三连”			台营	杨福顺	黄宝安	530811	9287
17744	探病			抚宁城关	侯志福	杨向前	530902	575
17745	打倒顽固头			鲁庄乡桃园村	陈殿阁	向前	530797	229
17746	长城谣			茶棚乡苏官营村	王恩九	向前	530800	380
17747	还乡河			榆关乡榆关村	郭鹏	马彦	530802	345
17748	卖丝绒			留守营乡七里涧村	陈宝荣	于剑萍	530885	374
17749	一年忙			台营乡	杨福顺	黄宝安	530944	483
17750	五等人			猩猩峪乡	金百柱	田子安	530815	244
17751	守边关			抚宁县文化馆	李辑五	王铭	530841	260
17752	骂媒人			黄土营乡	梁纯之	张印国	530866	690
17753	送情郎			柳各庄乡	李义祥	郭永春	530836	302

序号	篇名	民族	流传地区	采集地	讲述者	搜集者	数据库编号	字数
17754	放哨歌			抚宁县评剧团	王成秀	向前	530805	942
17755	普及大寨县			坟坨乡	袁炳成	安希斌	530818	625
17756	小鸡娶老婆			麻姑营乡	李淑媛	韩守川	530935	202
17757	骂汉奸			城关镇小李营村	啜有田	向前、李振国	530809	843
17758	投奔中国共产党			柳各庄乡扶岩沟村	李义祥	郭永春	530806	248
17759	种地歌			田各庄乡前街	赵玉元	李文成	530791	19409
17760	大海抱个小宝宝			麻姑营乡文化站	韩守川	郭永春	530909	262
17761	直奉战			黄土营乡王铁庄村	王德奎	张印国	530793	276
17762	耗子摔跤			台营乡台营村	杨福顺	黄宝安	530940	331
17763	对数歌			石门镇	张伦	马乐民	530943	660
17764	隋炀帝旱地行舟			大曹各寨村	杜显庆	庞立杰、张利华	530903	477
17765	不知足			东贺庄乡陈庄	陈凤阁	陈雅娴	530937	358
17766	锔大缸			柳各庄村	夏建民	袁继新	530883	632
17767	童养媳			义院口村		赵士存	530858	918
17768	大铜子儿			台营七村	武素兰	陈志华	530934	190
17769	怀胎十个月			榆关乡榆关村	郭鹏	马彦	530850	324
17770	谷子皮里絮被窝			东新寨乡捎弓寨村	赵新田	郑庆魁	530925	406
17771	天上星星颗颗黄			台营区	郭永春	张荣臣	530860	158
17772	红箭杆扎小车			峪门口村	樊克芝	黄宝安	530915	615
17773	小白菜			榆关乡	秦加力	王秋奎	530861	114
17774	十怕			台营	杨福顺	黄宝安	530920	283
17775	梦			石门寨镇	赵万友	赵海燕	530916	189
17776	绕口令			义院口	刘真	涂中华、梅秀峰	530931	1812
17777	十二条手巾			东新寨乡安庄	安桂荣	张义纯	530891	401
17778	拜丈人			沙河寨乡赵家峪村	赵万友	赵海燕	530838	195
17779	看孤老			台营	李淑媛	郭永春	530929	150
17780	数斗歌			北寨乡北寨村	卢秀芬	韩宝华	530918	433
17781	小大姐			留守营	栗培元	于剑萍	530905	173
17782	十大怨			抚宁城关	陈殿阁、郭鹏	马彦、向前	530849	197
17783	十针扎			猩猩峪乡	韩英	张义纯、田子安	530890	728
17784	庄农谱				章胜		530949	449
17785	回娘家			拦马庄乡李新庄	王桂兰	赵士存	530853	560
17786	打驸马			抚宁县文教局	张弼廷	张弼廷	530798	220
17787	丧歌			台营六村	侯巨	黄宝安	530827	259

序号	篇名	民族	流传地区	采集地	讲述者	搜集者	数据库编号	字数
17788	调味十三香歌谣				崔雨清	惠友林	530948	587
17789	木匠上梁歌			石门寨镇	尤铁成	马乐民	530833	1237
17790	说纸			坟坨	郭盛	袁炳成	530928	246
17791	蛤蟆洼			西河南	陈克元	岳儒	530871	802
17792	吊孝			田各庄乡田各庄中街	张景芳	李文成	530936	148
17793	老来难			东新寨	张景贤	唐家君、张义纯	530878	640
17794	光棍歌			宋庄乡丁义庄	丁志新	黄宝安	530848	347
17795	送花生			麻姑营乡牛角峪村	陈暂华	韩守川	530914	321
17796	小大姐做鞋			留守营	栗培元	张治水、于剑萍	530906	266
17797	农夫赞			石门寨	莲凤	海明	530872	646
17798	要条件			东新寨乡安庄村	朱永生	安希斌	530820	213
17799	戒吸鸦片			台营	张荣臣	郭永春	530933	467
17800	咱们大家爱中华			柳各庄乡扶岩沟	李义祥	郭永春	530807	333
17801	胜利在眼前			东新寨乡捎弓寨村	徐长生	张义纯	530810	397
17802	妻与娘			宋庄乡沿沟屯村	王秀民	黄宝安	530856	259
17803	紫金山谣			宋庄乡黄金山头村	魏靖	李文成	530941	713
17804	家庭嗑			西河南乡敬老院	邵忠元	陈克元	530881	319
17805	上梁喜歌			庄河乡张庄村	耿素清	张淑敏	530832	144
17806	数年龄			东新寨乡	朱永生	安希斌	530946	293
17807	种稻好			东新寨乡	朱永生	安希彬	530870	9307
17808	喜歌			石门寨镇	尤铁成	马乐民	530823	261
17809	娶亲喜歌			牛兰甸乡大曹各寨村	杜显庆	庞立杰、张利华	530824	301
17810	绣灯笼			鲁庄乡细河村	刘文荣	向前、马彦	530901	225
17811	儿子分家曲			台营乡	钟铁华	郭永春	530855	341
17812	租地谣			吕良峪乡华庄	华庆云	陈新民、陈艳敏	530876	260
17813	结婚仪式歌			城关镇西街	冯宝太	单兴元	530822	257
17814	三个大闺女			台营乡	杨福顺	黄保安	530947	246
17815	花大姐			抚宁文教局	唐家君	唐家君	530847	341
17816	八路军抗战歌			柳各庄乡东胜寨村	张连英	郭永春	530794	259
17817	拣棉花			海阳镇范庄村	汤执中	王武汉	530843	361
17818	欻子儿歌			义院口村	宋霞文	张义纯	530917	253
17819	老等			台营	李淑媛	郭永春	530912	242
17820	云山寺采眼药			拦马庄乡西连峪村	赵玉林	赵士存	530932	240
17821	十劝			宋庄乡沿沟屯村	杨书林	黄宝安	530795	499

序号	篇名	民族	流传地区	采集地	讲述者	搜集者	数据库编号	字数
17822	猜花名			柳各庄乡袁家沟	袁继富	袁继新	530945	259
17823	怀儿十个月			牛兰甸乡	杜显庆	张利华、庞立杰	530851	396
17824	顺十谣			台营		陈利国	530926	481
17825	对数歌			石门寨镇	张伦	马乐民	530942	206
17826	扛长活			台营	杨守保	黄宝安	530921	676
17827	辘轳歌			石门寨村	陈会、崔继林	王武汉	530792	433
17828	大锅饭好热闹			柳各庄乡扶岩沟村	庞素兰	朱国友	530813	326
17829	小板凳			沙河寨乡赵家峪村	赵万厚	赵海燕	530907	178
17830	农忙歌			牛兰甸乡大曹各寨村	杜显庆	庞立杰、张利华	530790	335
17831	小媳妇儿			柳各庄乡柳各庄村	陈素金	郭永春	530854	379
17832	蝴蝶出嫁			义院口	刘真	涂中华	530919	216
17833	画扇面			抚宁县城	王和	于剑萍	530886	1396
17834	四看				陈树森	韩殿华	530821	207
17835	短工谣			吕良峪乡华庄	华庆云	陈新民	530873	739
17836	小鸡咯嗒			抚宁县文教局	李振国	岳儒	530908	297
17837	唱十二月			吕良峪乡钱庄	张相元	李振国	530900	893
17838	十月歌			柳各庄乡柳各庄村	柳秀梅	陈冀萍	530904	591
17839	想女婿			柳各庄乡石碑沟村	郭艳玲	郭永春	530840	680
17840	包办婚姻真害人			柳各庄乡扶岩沟村	谢连魁	郭永春	530862	403
17841	官商			东新寨乡安庄村	朱永生	安希彬	530819	427
17842	做红娘			拦马庄乡李新庄	李庆珍	赵士存	530837	164
17843	感恩万万年			柳各庄乡	王可贵	郭永春	530812	224
17844	过年喜歌			义院口乡李毛大村		赵士存	530834	1209
17845	抗日四季歌			榆关乡榆关村	郭鹏	马彦、张光新	530803	713
17846	过年歌			抚宁	朱宏杰	袁炳成	530880	175
17847	国民党一团糟			柳各庄乡扶岩沟村	李义祥	郭永春	530808	285
17848	小放牛			石门寨	马乐民	岳儒	530893	280
17849	五出戏			石门寨	解恩林	王武汉、张光新	530895	270
17850	逃荒谣			吕良峪乡华庄	华庆云	陈新民、陈艳敏	530875	317
17851	二姑娘拜年			牛头崖乡太和寨村	王和	于剑萍	530888	281
17852	穷谣			高庄村	卢洪年	宋辅盛	530869	275
17853	逛灯			海阳镇范庄村	汤执中	王武汉	530887	715
17854	凤柳子			卢王庄乡岭上村	巴介	于剑萍	530899	193
17855	保证一辈子不要钱			冯庄	冯守义	王力祥	530882	218

序号	篇名	民族	流传地区	采集地	讲述者	搜集者	数据库编号	字数
17856	十二月花歌			田各庄	张景芳	李文成、赵玉元	530892	248
17857	懒老婆			麻姑营	李淑媛	郭永春、刘英杰	530864	380
17858	卖饺子儿			柳各庄乡扶岩沟村	李义祥	郭永春	530884	901
17859	小兰花			柳各庄乡扶岩沟村	李义祥	郭永春	530859	337
17860	合钵			上徐各庄乡洼儿庄	高春林	马彦	530896	204
17861	节令道民俗			台营		陈利国	530923	132
17862	八个女婿			柳各庄乡	郭艳玲	傅桂凤、郭永春	530938	220
17863	胡诌歌			牛兰甸乡	杜显庆	庞立杰、张利华	530939	153
17864	回娘家				周风香	韩学行	541648	826
17865	洗衣歌					赵恩德	541640	180
17866	赖呆臭					崔志刚	541674	110
17867	回娘家					胡风瑞	541644	92
17868	送郎打日本					胡风瑞	541632	316
17869	劝青年	回族		大庄郭	张金明	学行、云良	541641	245
17870	五劝妇女歌					胡凤瑞	541635	124
17871	吃饱去打小东洋					胡风瑞	541633	105
17872	穿莲花					崔志刚	541668	99
17873	十二月				崔宝贵	宋乐、胡凤瑞	541646	165
17874	丢手绢					李桂红	541677	169
17875	赶集	回族			胡风瑞	赵恩德	541652	1228
17876	反汉奸队歌				胡风瑞	韩学行	541637	151
17877	妹想姐					胡风瑞	541653	147
17878	蝈蝈腰=					崔志刚	541676	191
17879	妇女一生真可怜				胡风瑞	韩学行	541634	548
17880	找朋友					李桂红	541679	432
17881	刘官庄穷苦歌				魏竹其	宋乐	541638	727
17882	喜歌子				丰淑慧	宋乐	541649	338
17883	十劝歌	回族			赵恩德	韩学行	541636	142
17884	寻盒包					崔志刚	541667	195
17885	想媳妇					胡风瑞	541654	110
17886	怕字歌				崔保贵	宋乐	541639	1090
17887	回娘家				周风香	韩学行	541647	298
17888	青青菜					崔志刚	541666	142
17889	布娃娃					李桂红	541678	619

序号	篇名	民族	流传地区	采集地	讲述者	搜集者	数据库编号	字数
17890	撒网歌					崔志刚	541661	157
17891	盼年歌					崔志刚	541663	279
17892	小板凳					姚金红	541656	457
17893	拍燕子窝					崔志刚	541660	348
17894	姜子牙卖白面				崔保贵	宋乐	541651	221
17895	劝老人歌			大郭庄	张金明	韩学行、崔云良	541642	143
17896	喜歌子				丰淑慧	宋乐	541650	170
17897	叮当叮					崔志刚	541673	165
17898	小老鼠					胡风瑞	541655	222
17899	小白鸡						541657	1449
17900	卖豆腐					崔志刚	541664	208
17901	山老鸹				张桂霞	龚金莉	541643	108
17902	踢毽歌					崔志刚	541670	292
17903	打箩筛					崔志刚	541672	114
17904	花喜鹊					崔志刚	541665	116
17905	小白菜					宋立霞	541658	173
17906	谁来参军谁光荣				胡风瑞	韩学行	541631	172
17907	参军歌				李洪栓	胡风瑞	541630	161
17908	住姥家					胡风瑞	541659	179
17909	小放牛				崔保贵	宋乐	541645	124
17910	军民鱼水情	回族			赵恩德	韩学行	541629	114
17911	倒念话					崔志刚	541675	1160
17912	红公鸡					崔志刚	541671	129
17913	盘脚年					崔志刚	541669	184
17914	催眠曲					崔志刚	541662	139
17915	月亮地		南和一带		沈良琴	沈瑞芳	545262	437
17916	送情郎		南和城西一带		韩户群	韩慧敏	545246	413
17917	四大谣（十一首）		南和城北一带		沈庆昌	沈良琴	545253	432
17918	拜年歌		南和城北		沈良琴	赤洁	545248	401
17919	小姑贤		南和张村		赵书婷	张立辉	545250	243
17920	葱和韭		南和县周围一带		吴妮的	杨霄	545247	357
17921	南和土产		南和县境内		刘兴汉	陈庆余	545239	325
17922	瞎话谣（三首）		南和县附近几个县			沈良琴	545254	353
17923	小老鼠，上灯台		南和县境内		刚保琴	白金龙	545263	138

序号	篇名	民族	流传地区	采集地	讲述者	搜集者	数据库编号	字数
17924	寻郎歌		南和城北一带		陈妮	沈良琴	545245	329
17925	小饺子			南和县张村	赵书婷	张立辉	545261	316
17926	小公鸡，哏哏哏		南和县一带		王五的	赤洁	545258	197
17927	南和产业谣		南和城乡		陈庆余	沈良琴	545238	272
17928	土布歌		南和境内农村	南和城里	刘一辰	李之	545241	342
17929	小白鸡儿			南和县张村		张立辉、赵书霞	545257	199
17930	灾荒谣		南和城一带		康佩英	沈良琴	545236	292
17931	织布歌		南和县一带		刘三巧	杜进格	545243	178
17932	儿歌四首		南和贾宋一带		梦于兰	胡杰	545255	427
17933	节令歌		西里、河郭各村		王英的	王德文	545251	200
17934	锯大缸		冀南		赵丑寅	康春成	545249	473
17935	跑趟谣		流传于郝桥、白佛一带		阎老进	沈良琴	545240	304
17936	小白菜		南和县境内			沈栓住	545260	178
17937	九九歌		西里、城关一带		王老会	王德文	545252	415
17938	小毛鸭儿		南和县张村		赵书霞	张立辉	545256	408
17939	思夫谣		南和城北一带		陈妮	沈良琴	545244	742
17940	小板凳		南和县境内		尹桂江	徐永利	545264	235
17941	名胜歌		南和县城关		郑林甫	陈庆余	545237	2187
17942	麻野雀		南和县境内		康春成	张杏芬	545259	200
17943	纺车谣（二首）		南和县一带			王德文	545242	328
17944	兄弟俩数十						547583	230
17945	十劝歌		井陉县一带		王元眼、栾伍子		547572	159
17946	青石岭上一小店						547595	60
17947	心连心		井陉县一带		栾英芳		547571	97
17948	回娘家						547587	227
17949	老来难		井陉县一带		高瑞瑞		547579	285
17950	莱总管点兵打仗		井陉县一带		王记清		547576	60
17951	懒老婆						547580	2257
17952	就是鬼子兵						547567	101
17953	嗑瓜子						547582	60
17954	催眠歌		井陉县一带		高金妮		547592	453
17955	赠言集锦						547593	369
17956	酒色财气						547577	216

序号	篇名	民族	流传地区	采集地	讲述者	搜集者	数据库编号	字数
17957	红眼						547591	122
17958	弟兄俩		井陉县一带		王六六		547588	1322
17959	姐妹俩						547581	852
17960	赠联						547594	1827
17961	忘娘歌						547573	56
17962	解放石家庄				王元眼		547566	514
17963	斗鬼子						547570	167
17964	姐妹梳头						547589	365
17965	我去打鬼子		井陉县一带		王桂馥		547568	88
17966	十二月农歌		井陉县一带		王桂馥		547585	328
17967	抗战胜利						547569	154
17968	醉酒歌						547590	681
17969	回娘家						547586	851
17970	童养媳		井陉县一带		焦三妮		547578	329
17971	兄弟俩唱酒		井陉县一带		杨二=		547584	136
17972	儿歌		井陉一带		王记清		547575	138
17973	龙头拐						547574	60
17974	为了翻身别显丑						549168	253
17975	学文篇						549229	158
17976	阎书勤就义歌			威县梨元屯	阎万才	李双旭	549222	342
17977	小枣树弯弯枝				王秀春	李双旭	549202	192
17978	小大姐搂豆叶		威县、南宫一带	威县剧团	高国辉	李双旭	549212	956
17979	扭秧歌						549166	93
17980	十秃子歌		威县、南宫一带		郭瑞明	李双旭	549207	2023
17981	一脚踢倒十字架			威县梨元屯村	阎万才	李双旭	549221	148
17982	卖饺子				李王填	李双旭	549186	206
17983	跳进黄河死了吧		冀南一带	咸县河里庄	李红珍	李双旭	549178	1294
17984	撜手巾		冀南一带	威县河里庄	李红珍	李双旭	549206	445
17985	敬老篇						549226	284
17986	老鸹啦，叶雀喳		冀南一带	威县河里庄	李洪奎	李双旭	549204	257
17987	论持久战歌						549175	3594
17988	勤俭篇						549227	408
17989	小老鼠上谷穗		冀南一带	威县河里庄	李新江	李双旭	549199	383
17990	顽固老婆你是听				李树同	李双旭	549167	263

序号	篇名	民族	流传地区	采集地	讲述者	搜集者	数据库编号	字数
17991	邵宏吉，石友三						549161	183
17992	朱德将军歌				李宏奎	李双旭	549159	157
17993	踢毽歌		冀南一带		扬作文	李双旭	549208	147
17994	冀南人民离不开共产党			威县河里庄	王秀春	李双旭	549163	155
17995	地方出来也没法		威县一带	威县河里庄	李爱萍	李双旭	549211	1498
17996	二姐南园采菜心			威县河里庄	李红珍	李双旭	549184	226
17997	青青的草，蓝蓝的天			威县河里庄	李树同	李双旭	549173	235
17998	观星歌			威县河里庄	李宏奎	李双旭	549188	202
17999	教子篇						549230	585
18000	舆论篇					董凤鼎、张广伟	549223	847
18001	反扫荡歌			威县河里庄	李树同	李双旭	549164	374
18002	月亮地明光光			威县河里庄村	李宏珍	李双旭	549165	78
18003	大闹梨元屯			威县招待所	姜石化	李双旭	549218	225
18004	无敌的游击队			威县河里庄	李宏奎		549176	255
18005	一心要拆玉皇庙			威县招待所	阎万迎	李双旭	549219	666
18006	中国妇女们		冀南一带	威县河里庄	王秀春	李双旭	549181	490
18007	儿歌		河北威县			史秀娟	549215	1043
18008	红缨枪			威县河里庄村	李桂廷	李双旭	549157	164
18009	姊妹猜迷歌		冀南一带	威县河里庄	王秀春	李双旭	549183	176
18010	十大劝				李桂廷	李双旭	549172	1048
18011	陈司令带兵到冀南			威县河里庄	王秀春	李双旭	549158	161
18012	日本鬼子强占北平			威县河里庄村	李宏奎	李双旭	549160	584
18013	苦难的妇女把身翻			威县河里庄	李桂廷	李双旭	549171	819
18014	中国的妇女真苦难						549169	246
18015	八砖厚，八砖薄		威县一带	威县河里庄村	王秀春	李双旭	549193	133
18016	勾嘎哩打日本		冀南一带	威县河里庄	李双同	李双旭	549191	90
18017	小秃妮		威县、南宫一带	威县文化馆	郭瑞明	李双旭	549210	252
18018	唱十二月表古人名		冀南一带	威县河里庄	王秀春、李宏印	李双旭	549190	227
18019	颂党篇						549224	389
18020	不想亲娘俺想谁		冀南一带	威县河里庄	李红珍	李双旭	549177	186
18021	镗镗锣		冀南一带	威县河里庄	李红珍	李双旭	549194	208
18022	打倒社会旧封建						549170	589
18023	石友三，瞎胡闹			威县河里庄	王秀春	李双旭	549162	217
18024	受罪的妇女得解放			威县河里庄	王秀春	李双旭	549174	161

序号	篇名	民族	流传地区	采集地	讲述者	搜集者	数据库编号	字数
18025	小公鸡						549213	314
18026	高粱穗大散马		冀南一带	威县河里庄	王秀春	李双旭	549185	1653
18027	刺梅篇						549232	154
18028	铁打的心肠随了斜		冀南一带	威县河里庄	李树同	李双旭	549180	287
18029	致富篇						549228	497
18030	小枣树		冀南一带	威县河里庄	李桂廷	李双旭	549197	229
18031	新风篇						549225	261
18032	小白菜		河北省	威县河里庄	张秀永	李双旭	549195	340
18033	小孩上庙台		冀南一带	威县河里庄	李新江	李双旭	549200	173
18034	小老鼠爬坑沿		冀南一带	威县河里庄	李桂廷	李双旭	549198	1355
18035	小棒槌		威县一带	威县河里庄	王秀春	李双旭	549201	701
18036	小鸡儿咯嗒						549214	76
18037	赵三多，阎书勤						549220	335
18038	谁敢上我高楼台				李双旭		549205	236
18039	上梁歌				潘福奎、潘加海		549216	354
18040	板凳板凳摞摞		冀南一带	威县河里庄	王秀春	李化旭	549203	262
18041	小小子拿钥匙		冀南一带	威县河里庄	王秀春	李双旭	549192	160
18042	织布歌			县文化馆	扬作文	李双旭	549209	222
18043	放风筝			威咸县河里庄	李洪珍	李双旭	549189	221
18044	计生篇						549231	129
18045	对歌		冀南一带	威县河里庄	李树同	李双旭	549179	78
18046	枕头顶		冀南一带	威县河里庄	李桂廷	李双旭	549196	913
18047	黄四娘		河北威县				549187	1420
18048	打哑迷		冀南一带	威县河里庄	王秀春	李双旭	549182	32
18049	酸枣棵						552905	76
18050	英国鬼						552882	114
18051	扛活歌						552894	62
18052	两岸相对放光明						552744	76
18053	燕山歌						552761	76
18054	红缨枪						552874	121
18055	水田姑娘唱旱田歌						552780	76
18056	向天夺权						552766	104
18057	站岗						552873	96
18058	气象站						552809	58

序号	篇名	民族	流传地区	采集地	讲述者	搜集者	数据库编号	字数
18059	学政治						552760	117
18060	今晚姑娘不出声						552784	60
18061	公社好比一只船						552729	76
18062	织林衣						552816	104
18063	回娘家						552908	62
18064	小白菜						552910	201
18065	架工						552752	205
18066	拒马河，靠山坡						552804	68
18067	哈哈笑						552732	104
18068	寻了个女婿不成材						552907	78
18069	过新年						552913	65
18070	俺队的“万斤田”						552793	73
18071	蚂蚁能啃大骨头						552746	116
18072	小竹鞭						552906	117
18073	撒网						552801	60
18074	秋收图						552791	114
18075	小玉姐						552870	88
18076	五月端午石榴开						552859	205
18077	黄水流进我村庄						552782	140
18078	爱护党和社						552720	113
18079	树荫底下歇忙人						552817	96
18080	看看耽误谁的活						552890	68
18081	塞北山歌						552807	76
18082	宝						552758	76
18083	我不和你待着						552831	76
18084	农村之夜						552834	133
18085	做个慰问袋						552851	98
18086	领了钢帅令箭						552739	76
18087	好长工						552852	54
18088	团泊洼						552813	80
18089	丰收车儿桥上走						552797	104
18090	又当司令又当兵						552734	92
18091	不给财主家做活						552898	200
18092	十七十八爱唱歌						552805	116

序号	篇名	民族	流传地区	采集地	讲述者	搜集者	数据库编号	字数
18093	饲养场						552788	144
18094	黄土岭						552866	68
18095	扁担						552772	75
18096	北京的太阳暖心房						552717	696
18097	耕者有其田						552858	132
18098	部长到咱乡						552841	76
18099	青石头青						552875	134
18100	白洋淀						552865	139
18101	挖渠道						552774	148
18102	荷花叶						552832	324
18103	抗日全凭八路军						552860	100
18104	军民一家						552862	135
18105	不够地主响算盘						552892	138
18106	地头作课堂						552825	114
18107	雨天采石						552747	247
18108	思想不冻地不冻						552763	178
18109	好年头						552846	138
18110	地头上的小戏						552824	63
18111	高粱红了脸						552795	99
18112	笑死俺						552830	68
18113	乡道						552810	88
18114	胭脂河上胭脂花						552871	197
18115	一只蓝						552730	100
18116	电工						552753	68
18117	金线绣字在心间						552727	134
18118	生活难						552903	169
18119	东方巨人						552718	122
18120	砸矿石						552755	52
18121	线						552728	76
18122	短工						552897	91
18123	龙						552768	138
18124	搭瓜架						552829	170
18125	金龙地上游						552719	98
18126	赶						552757	50

序号	篇名	民族	流传地区	采集地	讲述者	搜集者	数据库编号	字数
18127	热汗滚成大海						552764	69
18128	钻工之歌						552751	53
18129	农村春色						552845	122
18130	收获						552818	158
18131	我们的手						552820	156
18132	九沟十八峪						552814	191
18133	明泊洼						552811	132
18134	光着眼子来						552900	322
18135	拔起黄蒿带起根						552850	126
18136	解放区						552855	218
18137	瓦罐不离井口破						552901	330
18138	黑玛瑙						552743	60
18139	孙猴下界記						552827	186
18140	磨镰刀						552848	202
18141	小老鼠						552914	122
18142	吃的什么						552899	68
18143	义和团						552880	160
18144	山泉歌						552781	151
18145	漫天撑起青纱帐						552861	161
18146	我爱铁水金银花						552737	104
18147	村帮村						552857	76
18148	果树园						552839	116
18149	试验田里双丰收						552794	254
18150	智慧泉						552725	126
18151	地里收了工						552895	105
18152	渠水流						552779	134
18153	弯腰地						552856	272
18154	肩担碣石山						552775	77
18155	太阳怎比毛主席						552853	60
18156	鹰						552843	77
18157	两只手						552888	124
18158	前天夕阳下						552776	205
18159	劈山迎红日						552777	60
18160	一条光明路						552844	60

序号	篇名	民族	流传地区	采集地	讲述者	搜集者	数据库编号	字数
18161	蝈蝈里边捣的鬼						552911	78
18162	滹沱河像烈马						552769	143
18163	“绣花”衣服						552904	144
18164	我的铁镐						552771	104
18165	三人笑着下山腰						552823	120
18166	咱们社里的						552840	76
18167	爱社						552836	144
18168	送公粮						552800	250
18169	过年						552773	119
18170	也要大胆写诗篇						552826	122
18171	宝树扎下根						552722	79
18172	想起董存瑞						552821	146
18173	东风是福						552736	386
18174	家乡变了样						552808	279
18175	过秤						552796	76
18176	进了地主门						552896	200
18177	盲人也把诗来献						552721	60
18178	草原多三宝						552812	76
18179	手						552819	124
18180	粃粃糠糠一冬粮						552891	217
18181	打铁汉						552741	88
18182	天皇皇						552885	130
18183	两张大字报						552759	580
18184	拔麦						552849	227
18185	水枪似蛟龙						552742	142
18186	勘测队到黄骅						552847	105
18187	织毛呢						552748	184
18188	红灯照						552881	105
18189	黄土放金光						552835	94
18190	要不拚他是龟孙						552876	100
18191	妇女运输队						552756	105
18192	山头有树不生根						552872	69
18193	电焊花						552745	302
18194	不用过去老一套						552878	76

序号	篇名	民族	流传地区	采集地	讲述者	搜集者	数据库编号	字数
18195	气死龙王						552770	60
18196	砸泥胎						552877	77
18197	两朵花儿表心情						552833	118
18198	咱俩要像白头鸟						552912	68
18199	井台上						552828	104
18200	选举						552854	233
18201	一车粪肥一车歌						552789	68
18202	十劝						552868	113
18203	耕牛与铁牛						552787	60
18204	弹棉花						552887	122
18205	毛主席走遍全国						552724	126
18206	镜子						552838	733
18207	乡长画图在高山						552802	142
18208	高炉顶破天						552740	162
18209	锅驼机冒黑烟						552786	133
18210	九月柿子红						552798	76
18211	衙门口儿朝南开						552883	285
18212	姑娘树下缝衣衫						552815	134
18213	山村渔家						552783	76
18214	老妇人						552879	189
18215	狗肚是棺材						552902	184
18216	社就是家						552837	193
18217	不平歌						552886	88
18218	高粱长到织女家						552792	132
18219	高炉暖我心						552738	163
18220	谷穗						552799	138
18221	山歌手						552726	76
18222	糖甜不如蜜						552723	100
18223	水渠好似一条龙						552778	82
18224	财主家						552889	105
18225	县长						552735	139
18226	机器合唱到天明						552750	202
18227	一百里地没出家						552733	202
18228	铁锨上下飞						552765	368

序号	篇名	民族	流传地区	采集地	讲述者	搜集者	数据库编号	字数
18229	这间屋						552749	91
18230	黑间来了八路军						552864	321
18231	活儿不完我不走						552767	116
18232	神仙山						552867	124
18233	吴师傅						552754	82
18234	担粪						552790	134
18235	荒地						552785	60
18236	今天才知道社是家						552731	112
18237	在社主任家吃饭						552842	72
18238	支援前线第一桩						552869	150
18239	八路就是炼铁汉						552863	146
18240	盼太平						552884	86
18241	产妇低头笑						552822	116
18242	又怕山水不到头						552909	172
18243	晚归						552806	82
18244	旱船						552762	143
18245	青山绿水迎风笑						552803	171
18246	分场						552893	89
18247	年底忙					李芳梓	568058	181
18248	再写哥嫂不贤良			高里堡	杨秀芹	张海山	568077	174
18249	赌博害			贾堡村	杜来勇	董殿新	568046	350
18250	小羊羔			东召里村、肥乡白落堡村	王勤英	王素英、张儒林等	567928	362
18251	犟觅汉			南泊村	郑秀荣	付芝兰	568044	379
18252	新十二月词			南堡李村		李义贤	567911	233
18253	红眼婆子不叫来			左西村		付芝兰	568024	325
18254	社会主义怎实现			石坡	卜有勇	卜增山	568051	309
18255	眉豆子叶			邯郸市	阎秀英	戴月	568092	264
18256	用啥给俺作陪嫁			左西	龚祥庆	付芝兰	568006	216
18257	奶奶生（儿）			亓固	吴玉萍	潘美英	568088	219
18258	说公婆			辛里	梁鸿斌	梁争武	567972	362
18259	您娘瞧你没到家			南苏曹		文鲜芹	567988	183
18260	丢下老婆可怜虫			左西村	王素慧	付芝兰	567977	428
18261	当家媳妇有十忙			南泊	王素慧	付芝兰	568079	361

序号	篇名	民族	流传地区	采集地	讲述者	搜集者	数据库编号	字数
18262	抓老蒋			河沙镇南街		董玉林、解振京	568048	294
18263	姑嫂亲成一个人			亓固村		潘美英	568069	315
18264	穷人到哪也受苦			南泊	王素慧	付芝兰	568065	192
18265	拔大葱			邯郸县郭河村	张连山	戴月	568061	248
18266	天天要过鬼门关			左西村	郑秀荣	付芝兰	568015	216
18267	回娘家			武安崇义二街		秋生、华瑜	568070	954
18268	十棵树			北张庄		蔡洪涛	568107	658
18269	刁闺女刁			石坡村	卜花叶	卜增山	567919	316
18270	卖针歌			石坡村	郑吉财	卜增山	568042	367
18271	小叭狗			东召里	王勤英	王素英、张儒林	567942	217
18272	小瓷盆上工			肥乡白落堡村		杜学德	568059	153
18273	五朵莲花一齐开			左西村	郭青云	付芝兰	568113	202
18274	队长敲钟			邯郸县黄窑村	贾进安	戴月	567996	366
18275	腊月三十见阎王			贾堡村	杨活	董殿新	568109	379
18276	邯郸民间歌谣浅说						568040	297
18277	这个时光过不来			曹乐堡		常英玮	568075	476
18278	扫新房歌			左西	蔡秀芳	付芝兰	568055	326
18279	十个字			北张庄村		蔡洪涛	568108	201
18280	长工难			邯郸县南堡李村	冯文琴	李义贤	567887	242
18281	给你个“大子”你回去			左西	蔡秀芳	付芝兰	568086	508
18282	不公平的世道啥时变			左西	王素慧	付芝兰	567901	881
18283	恨汉奸			南苏曹	秦永义	郝邦林	568018	379
18284	反洋教歌			邯郸市		郑喧	567893	219
18285	俺给老头擀杂面			南苏曹		文鲜芹	568002	245
18286	明奶奶			北苏曹	阎秀英	戴月	568094	479
18287	小老鼠，上灯台			高峒村		梁春堂	568010	264
18288	干部坐了位			石坡	卜增荣	卜增山	567891	348
18289	十把扇				张连山	戴月	568099	346
18290	板凳板凳落落			高峒村		梁春堂	567986	254
18291	老汉观花			北苏曹	韩瑞改	郝邦林	568101	193
18292	长工诉苦			邯郸县贾堡村	徐如义	董殿新	567889	226
18293	生产谚					戴月、李义贤等	568114	217
18294	抓抓借借要娶她			南苏曹		文鲜芹	567958	424
18295	官兵捉屁			崇义二街		秋生、华瑜	568106	317

序号	篇名	民族	流传地区	采集地	讲述者	搜集者	数据库编号	字数
18296	至死不和姐姐亲			左西村	郑秀荣	付芝兰	567923	461
18297	俺是亲爷仨			聂庄	周清会	周清森	567948	170
18298	顺气丸			东高河村	冀德堂	戴月	567995	268
18299	巧妹妹			高里堡村	郭金如	张海山	567993	359
18300	夸媳妇			辛里	郭彩梅	梁争武	567946	159
18301	懒老婆			西孙庄村	张士英	王书元	567925	195
18302	夜里梦见姐姐来			亓固村	吴玉萍	潘美英	568085	279
18303	看你可顾哪一家			左西村	郭青云	付芝兰	568004	265
18304	小花狗			东召里	王勤英	王素英、张儒林	567940	290
18305	儿多母受苦			左西村	蔡秀芳	付芝兰	568074	433
18306	十二块手巾			石桥村	周文香	杜清堂	568103	245
18307	不仁不孝咱不落			峰峰矿区	张金茹	高何元	568017	165
18308	迎亲歌			付芝兰、左西	蔡秀芳		568056	230
18309	农家忙时饭			西孙庄	刘小晒	王书元	568043	620
18310	夸邯郸			邯郸市	刘志英	李振峰	568098	355
18311	柏林枝			武安崇义二街		秋生、华瑜	568071	279
18312	扫新房歌			彦亭村	李巧珍	高何元	568054	263
18313	事事全靠干			左西	龚祥庆	付芝兰	568052	173
18314	斑鸠						568089	266
18315	吓得老蒋缩脖子			亓固村	吴玉萍	潘美英	568049	526
18316	娶个媳妇不容易			亓固村	吴玉萍	潘美英	568076	236
18317	爹娘狠心舍了我			左西村	蔡秀芳	付芝兰	567990	752
18318	男人当兵十二个月			左西村	郑秀英	付芝兰	568045	380
18319	交杯酒歌			左西	蔡秀芳	付芝兰	568057	272
18320	当兵好			南堡	冯文琴	李义贤	567951	281
18321	二十四五正当年			军师堡	武迎秋	王廷福	568067	302
18322	小饺子			东召里	王勤英	王素英、张儒林	567938	177
18323	鸦麻雀			峰峰矿区		李芳梓	568095	242
18324	灶神诉苦			肥乡		杜学德	567954	290
18325	一脚蹬到他门旮旯			左西村	郭青云	付芝兰	568060	557
18326	惹下支书没法活			邯郸市峰峰矿区	李荣振	刘明芹	568050	219
18327	喂骡驹			邯郸市北苏曹	阎秀英	戴月	568087	307
18328	东洋鬼子是饿蚕			南堡李村	冯文琴	李义贤	567956	235
18329	把俺闺女领回去			邯郸市	王顺英	郑喧	568064	260

序号	篇名	民族	流传地区	采集地	讲述者	搜集者	数据库编号	字数
18330	一条棉花九条丝			东耒马台村	芦作新	芦利芹	568080	168
18331	小老鼠，墙窟窿卧			高里堡	韩爱花	张海山	568084	788
18332	辈辈鸡，辈辈鸣			贾堡村	刘书善	董殿新	568053	163
18333	九个嫂嫂都贤慧			南苏曹村		文鲜芹	568072	506
18334	姑嫂斗嘴			石坡	申存花	卜增山	568104	161
18335	婆家捎信去瞧郎			左西村	郭青云	付芝兰	567952	2080
18336	个当箭儿，水上漂			河沙镇南街		解振京、董玉林	568097	213
18337	艰难受罪谁知道						568083	842
18338	小顶针			高里堡村	郭金如	张海山	567936	332
18339	大姐投杏			高里堡	李秀民	苗金山	567944	303
18340	赖帐歌			肥乡县	杜国祥	郑喧	568066	369
18341	七进门			河沙镇		贾国巍	568078	398
18342	句句花			南堡李村		李义贤	568100	194
18343	恨媒婆			南堡李村	冯文琴	李史贤	567981	346
18344	奴家怀胎正月正				郝顺堂	杜学德	568081	146
18345	货郎担			南苏曹村		文鲜芹	568082	232
18346	寻了个女婿二寸三			军师堡	武迎秋	王廷福	568062	496
18347	别想占俺邯郸县			高里堡村	李秀民	苗全山	568047	197
18348	绞窑哨子			彦亭村	高吉庆	高何元	568041	191
18349	小孩小孩超临头			南苏曹		文鲜芹	568073	431
18350	牛郎娶了九个妻			河沙镇		贾国巍	568112	219
18351	回娘家			武安县崇义二街		秋生、华瑜	568068	193
18352	十八扯			贾堡村	李志真	董殿新	568110	617
18353	死也不跟丑鬼走			左西	郭青云	付芝兰	568063	255
18354	小老鼠			东召里	王勤英	王素英、张儒林	568013	354
18355	拉大锯			峰峰矿区		李芳梓	568096	177
18356	小公鸡疙瘩冠			邯郸市北苏曹	阎秀英	戴月	568091	169
18357	轱辘牌			邯郸市北苏曹	阎秀英	戴月	568093	640
18358	小石头子			苑水	高改顺	袁爱清	568090	272
18359	蚂蚱歌			峰峰矿区庄里村	张春枝	苏洪源	568102	337
18360	闲话			东来马村	芦作志	芦利芹	568111	277
18361	数花名			崇义乡二街		秋生、华瑜	568105	469
18362	小老鸹			东召里	王勤英	王素英、张儒林	567931	223
18363	左权将军歌						570428	122

序号	篇名	民族	流传地区	采集地	讲述者	搜集者	数据库编号	字数
18364	新民歌两首						570425	279
18365	采矿工人上云霄						570664	709
18366	赛诗会上献词——为迎春诗会作						570688	76
18367	躍进渠						570683	77
18368	万里长城又一条						570649	77
18369	颂果乡						570621	128
18370	云海棉海分不清						570647	77
18371	口号						570646	77
18372	兴修水利有好处						570685	77
18373	树上树下满当当						570655	103
18374	采矿						570666	133
18375	人民公社是航船						570634	105
18376	昌黎赞						570612	884
18377	摘棉桃						570653	79
18378	昌黎颂						570611	83
18379	说唱九沟十八峪						570622	176
18380	地上高炉比星星						570659	104
18381	映红幸福门						570632	203
18382	白云之中鲜花开						570650	76
18383	花衣裳						570642	105
18384	百里大渠						570674	134
18385	颂昌黎						570610	77
18386	小铁锤						570668	105
18387	办公社我喜欢						570630	77
18388	灯						570635	69
18389	一穷二白变花园						570617	79
18390	敬老院						570640	105
18391	低垂果子碰肿头						570652	77
18392	迎新曲						570699	77
18393	铁树开花						570665	217
18394	诗篇满天飞						570691	76
18395	远征修河队						570678	83
18396	渠水引门前						570677	331

序号	篇名	民族	流传地区	采集地	讲述者	搜集者	数据库编号	字数
18397	人民公社像枝花						570628	69
18398	苦战到天明						570667	138
18399	公社是我家						570637	104
18400	公社好						570624	76
18401	丰收						570648	98
18402	渤海诗山						570695	345
18403	要把新年变诗年						570690	563
18404	渤海渔民话今昔						570623	105
18405	工地愚公千千万						570684	69
18406	找矿						570663	220
18407	笑太白						570694	239
18408	要当世界钢铁王						570656	105
18409	千人赛诗会						570693	68
18410	小扁担						570654	79
18411	疑是仙女落凡来						570651	105
18412	竞赛						570645	278
18413	全民大练钢						570657	147
18414	一朵花儿红一点						570631	133
18415	好山河						570662	98
18416	肩担碣石山						570673	69
18417	活把水龙牵						570681	90
18418	修堤埝						570679	77
18419	老画匠						570618	90
18420	诗歌山						570696	236
18421	引洪工地小歌						570671	101
18422	跃进奇迹多						570619	77
18423	骑着龙背过长江						570672	611
18424	钢铁元帅升帐来						570658	298
18425	神农五亿多						570644	163
18426	果乡修下运动场						570641	131
18427	托儿所真是强						570639	77
18428	东风吹						570633	151
18429	赠赛诗会						570692	77
18430	毛主席恩情大如天						570609	79

序号	篇名	民族	流传地区	采集地	讲述者	搜集者	数据库编号	字数
18431	铁锥穿透水晶宫						570675	93
18432	“三兰”表决心						570620	372
18433	古来碣石今果乡						570616	98
18434	我们的手						570629	77
18435	盲人也把诗来献						570697	398
18436	荒山变果林						570626	121
18437	果乡真是好地方						570613	105
18438	果乡变了样						570625	77
18439	社员有了铁饭碗						570638	161
18440	昌黎县里诗人多						570698	120
18441	人称六亿“盘古王”						570669	162
18442	山村谣						570686	77
18443	胖娃娃叫钦花						570661	77
18444	工地小景						570660	93
18445	我要当个老英豪						570643	77
18446	仙境在人间						570615	77
18447	幸福门						570636	77
18448	花果乡颂						570614	108
18449	颂公社						570627	143
18450	花果乡是幸福乡——参加两山乡农民赛诗会而作						570687	77
18451	绿水笑着上山坡						570676	77
18452	月亮照在泺河上						570670	81
18453	口唱山歌手提夯						570680	1219
18454	锅驼机冒黑烟						570682	77
18455	大姐找女婿				李占鳌		580674	493
18456	卖钢针		隆尧县	城关镇	刘景普	李中义	598389	2047
18457	秧苗做操		固安县	城关	魏小梅	刘英华	599339	139
18458	没个好心肠		宣化县				598850	129
18459	渔民苦		安新县				598434	214
18460	大西瓜		固安县	城关镇	张素玲	王秀丽	599182	140
18461	抗日军抖威风		青龙县	城关镇	王文广	赵新中	599008	284
18462	小弟弟，要月亮		内丘县	城关镇	王金山		599326	159
18463	年年要兵战		河北				598977	872

序号	篇名	民族	流传地区	采集地	讲述者	搜集者	数据库编号	字数
18464	起来干		昌黎县	城关镇			598980	240
18465	开展交通战		保定市	伍仁桥	安委	孙佐培	599042	185
18466	纺棉花		邢台市	邢台发电厂	徐夫子	徐华英	598360	150
18467	劝女歌		获鹿县	北寨村	王秀珍	张虎跃	598659	843
18468	百虫造反		丰宁县	东滩村	杨秀恩	杨宝珠	599259	439
18469	捉虫喂小鸡		保定市	新市区	贾宝荣	肖钦鉴、宋玉华	599288	133
18470	有祸大家顶		廊坊市				598962	69
18471	小蚂蚱一头灰		邢台市	邢台煤矿	阎连科	张兆仁	599261	148
18472	小蝇拍		保定市	北市区	吴树贵		599287	103
18473	打樱桃		张家口市	下花园	刘学军	李宝柱	598996	294
18474	情哥参军去打仗		平山县				598769	158
18475	遍地是团民		廊坊市				598877	118
18476	我在婆家难出头		永年县	城关镇	黄芙蓉		598476	203
18477	结婚仪式歌		抚宁县	城关镇西街	冯宝太	单兴元	598664	709
18478	你才是哥哥的命根根		张家口市	县城	孙文奎、郝来宝	张海泷	598751	1507
18479	杀洋人万万千		涿州市				598912	86
18480	三匠歌		抚宁县	郝各庄村	傅有为	李文成	598374	209
18481	打醋买布		石家庄市	平安小区	王青		599230	163
18482	小小子走北京		满城县	东渝河村	王春娥	浩渺	599301	168
18483	十道黑		承德县	上板城	张玉锋	高云清	599255	368
18484	青菜阵		丰宁县	东滩村	杨秀恩	杨宝珠	599258	259
18485	不平谣		易县	东沈村	赵树荃	赵建华	598411	214
18486	敲打敲打		丰宁县	于和平、黄旗村	李广枝		599064	164
18487	五更调		涞水县	黄峪铺	胡震祥	隗功玉	598759	349
18488	背背		石家庄市	郊区塔冢村	刘兰英	冯未山	599177	157
18489	小鸡		灵寿县	刘库池村	刘昌贵	李军玲	599290	114
18490	盼情妹		宣化县	李家堡村	赵步峰	徐待女	598755	172
18491	新五更		遵化县	城关	陈树林	董育然	598760	673
18492	赞何金海		张家口市	茶坊区	郭金奎	左宝	599081	251
18493	牧羊歌		围场县	复兴地村	胡尚华		598337	274
18494	光棍哭妻		涿鹿县	矾山大街	李荣香、卢万兆	赵福林	598559	866
18495	种田真是难		邢台县	南会村	于秋涛		598418	199
18496	小两口打架不记仇		昌黎县	大田庄乡二村	赵伦氏	王立新	598514	118
18497	打洋鬼子		曲阳县		田素芸	宋雪兆	598965	751

序号	篇名	民族	流传地区	采集地	讲述者	搜集者	数据库编号	字数
18498	改嫁		景县	小赵庄	毛站文	郑春英	598574	704
18499	打东洋		深泽县	城关	贾岐峰	刘志军	599007	113
18500	洋人到中国		廊坊市				598846	234
18501	吃了馍馍耪地去		蔚县	城关	张德祥	张海泷	599305	163
18502	干的和看的		承德市	避暑山庄	蒋子龙	王舜	599108	114
18503	看月亮		尚义县	大青沟镇	张玉清	谭宝	599369	140
18504	群众的力量大如山		涞源县	城关	张士魁	李桂云	599014	301
18505	抬担架歌		怀来县	城关	姚震清	张海泷	599053	157
18506	石榴花		完县	城关镇	白雪		599308	162
18507	魂灵儿扑在你身上		清苑县	青堡村	杨国造	霞光、肖钦鉴	598732	186
18508	太阳经		邢台市	文庙街	石大妮、苏如林	陈玉明、范玉琪等	598714	702
18509	黎民百姓不安然		廊坊市	安次区	韩永宽	杨震望	598845	113
18510	嘉靖六年大水淹		定兴县	景安村	周茂水	杜成娴、史建平	598808	410
18511	摇篮曲		赤城县	城关镇	陈光德	孟炜烨	599140	276
18512	劳动歌简述						598301	776
18513	小寡妇哭夫		景县	留府乡	张立英	曹印伦	598568	432
18514	人人心向毛泽东		文安县	城关镇	刘元中	马佩凤	599129	142
18515	妇女诉苦		张家口市	桥西区	丁义祥	孙汉章	598453	694
18516	墙上画面鼓		行唐县	两岑口村	李梅菊	李殿敏	599236	156
18517	夸后娘		赞皇县	城关镇	张风芹	时文鸽	598534	258
18518	挑花线		固安县	柳泉镇	李丽	刘英华	599196	167
18519	木匠尺寸歌		平泉县、成安县	城关镇、印刷厂	唐跃荣、黄新锁	翟树林、陈永庆	598376	312
18520	风筝标语		藁城县	东大街	刘正魁	樊更喜	599054	201
18521	洞房花烛歌		满城县	城关	田山	边守道	598673	139
18522	天大地大不如党的恩情大		晋县	庞村	侯立身		599120	190
18523	不叫富的往里钻		廊坊市				598878	97
18524	货郎摇铃		怀安县	第六屯	许凤枝	席志海	599155	156
18525	韩湘子度林英		肥乡县	郭家堡村	王香玲	李学庆	598820	1286
18526	画朵葵花向太阳		固安县	柳泉镇	刘月	刘英华	599124	141
18527	先杀鬼子后烧楼		廊坊市				598963	80
18528	你走路俺过桥		峰峰矿区	上拔剑村	王贵香	杨玉峰	598722	278
18529	孝姑娘		承德县	双桥区	赵氏	张拯民	598464	224
18530	劝丈母		丰宁县	四岔口乡李起龙村	于海庭	毛维君	598512	407

序号	篇名	民族	流传地区	采集地	讲述者	搜集者	数据库编号	字数
18531	女子参军		景县		王玉秀	张迅之、尤熹等	598993	547
18532	铺炕歌		张家口市	桥西区	张万选	杨畅	598676	103
18533	叔嫂对话		昌黎县	李槐庄乡槐冯庄	秦宝全	秦宝璋	598502	173
18534	织布歌		赵县	胡家营村	贾荣格	张翠娟	598363	380
18535	羊个豆两头掐		昌黎县	犁湾河二村		王洪礼	598497	328
18536	明年种地不纳粮		河北				598967	179
18537	采蘑菇		承德市	承德师范学校	孙劭非	王冬	599343	226
18538	有了泥土好垒墙		正定县	东里双村	阎友水	阎卉久	599136	113
18539	日本鬼子回老家		怀来县	大黄庄	紫森	赵相如	599071	150
18540	石雷歌		涉县				599037	153
18541	瓜果会		尚义县	南坎镇	梁艾	王剑冰	599266	146
18542	斧子队		唐山市				599026	213
18543	搭瓜架		河北				598730	210
18544	送神歌		丰宁县	乐国窝铺村	吴玉山	曹建林	598709	114
18545	小两口拜年		承德市	峪耳崖金矿	于才	白晓颖、朱彦华	598510	674
18546	渠水围村转		河间县				598308	116
18547	送军衣		涉县	城关	刘灯	涉水	599002	160
18548	短工谣		昌黎县	钱庄子乡东钱庄	支文		598431	270
18549	藏猫点兵歌		承德县	下板城	丁治安		599218	388
18550	小青杏裂牙酸		冀中				599058	323
18551	七十二行庄稼为强		丰宁县	营乡三营村	赵兴国	陈明星	598304	147
18552	放秋垄		承德县	下板城	丁治安		598324	217
18553	支前歌		正定县	北尖村	解冶	苏平修	599000	111
18554	老头队		井陉县	孤台村	窦富成	焦建军	599027	139
18555	没牙颏		完县	城关镇		王国标	599159	118
18556	娶亲贺喜歌		承德县	下板城	刘江	王学	598667	166
18557	出门歌		宣化县	石堡滩村	冯彩云	蓝文种	598793	158
18558	灭了一个少一个		廊坊市				598943	168
18559	一个星星		邯郸市	丛台区	张兰珍	于淑清	599240	165
18560	洋人吓得真魂飞		廊坊市		杨世昌	杨震望	598938	119
18561	恨媒婆		邯郸县	南堡村	冯文琴	李义贤	598551	211
18562	打棍儿歌		阜平县	城关镇	王瑞清	顾金兰	599212	425
18563	大拇哥		承德县	北马圈子镇	王维一	王秀荣	599168	272
18564	先抢粮、后造反		廊坊市				598948	209

序号	篇名	民族	流传地区	采集地	讲述者	搜集者	数据库编号	字数
18565	土地爷修庙		行唐县	口头镇	杨兰秀	胡玉白	599237	116
18566	手榴弹真是沾		唐县	唐县中学	张荣联	史冰	599050	149
18567	埋地雷		保定市		王自强	杜成娴	599033	348
18568	专制倒比以前多		河北				598973	110
18569	国家兴旺全靠党		石家庄市				599128	96
18570	打落垡		廊坊市		刘福林	杨震望	598916	143
18571	教儿歌	满族	涿州市	城关镇	杨桂英	杜成娴	599167	258
18572	赶不散，捉不完		保定市				598885	93
18573	永远跟着毛主席		辛集市	辛集镇	王一新		599125	161
18574	眨眼开出一条道		唐山市				598373	124
18575	老来难		邢台市	祝村乡	魏老奎	魏书杰	598525	1037
18576	棍打斧劈用火烧		威县	刘庄	刘树凯	郑一民	598930	112
18577	小孩孩		张家口市	下花园区	杨裕	禾丰	599158	140
18578	打片瓦		丰南县	唐坊镇	刘国荣	邵子东	599211	223
18579	窑工苦		开滦		古恒	邹鸣桐	598436	327
18580	跳绳		固安县	固安镇	刘从伟	刘英华	599214	141
18581	摇婆婆花儿		承德县	下板城	任淑芝	辛翠莲	599297	157
18582	没点中国人味儿		廊坊市				598854	114
18583	天蓝蓝、草青青		固安县	柳泉镇	李丽	刘英华	599219	169
18584	小白菜		承德县	上板城	胡堂文	丁治安	598528	753
18585	耳眼鼻口干啥用		行唐县	口头镇	张秀珍	王国庆	599170	186
18586	电衙门		承德县	上板城	刘魁	杨林青	599113	103
18587	鬼子下炮楼		灵寿县	石嘴村	王盼道	张银花	599049	130
18588	下轿撒草料歌		成安县	城关镇	张文喜	刘申、刘振江	598662	205
18589	吊孝		满城县	城关镇	田山	边守道	598685	198
18590	想情郎		滦平县	下甸子村	李祥		598756	446
18591	遭殃军		承德县	上板城	丁治安	丁淑芳	599091	141
18592	柳叶青		魏县	魏县医院	王树森	王凤银	598571	162
18593	打夯歌		丰润县	城关镇	张树林		598347	280
18594	地雷好比大西瓜		张家口市	宣化区	史明魁	蓝文种	599036	116
18595	货郎担儿		成安县	城关	玉梅	张震林	598386	312
18596	三皇姑出家——千手千眼佛的传说		石家庄市	郊区	常润芳	李建新	598809	5868
18597	十劝人		阳原县	揣骨町村	李世珍	武枝	598575	2120

序号	篇名	民族	流传地区	采集地	讲述者	搜集者	数据库编号	字数
18598	童养媳		宣化县	辛家堡村	杨奶奶	蓝文种	598538	234
18599	闹花灯		崇礼县	白旗乡	王跃	张耀	598654	168
18600	糖瓜祭灶新年来到		邢台市	邢台电厂	丁喜芳	徐华英	598700	131
18601	歌唱义和团		宣化县				598966	273
18602	小女婿尿床		巨鹿县	城关镇	张玉巧	张超智	598541	404
18603	补衣裳		涿鹿县	小堡村	李华梅	唐海燕	599293	140
18604	衣食住		高阳县	城关镇	程一民	田法宗	598603	248
18605	小扁担，两头尖		邯郸市	义井村	裘王氏	杨玉峰	599284	209
18606	小寡妇上坟		张家口市	下花园	郝生银	屈建基	598566	1300
18607	小枣树		赞皇县	阳泽村	韩龙虎	韩志海	599187	144
18608	喜鹊喜鹊尾巴长		崇礼县	城关镇	田玉清	张高清	598587	182
18609	为什么奉教		满城县	高士庄	赵德庆		598856	121
18610	小弟弟，干净了		保定市	新市区	贾宝荣	肖钦鉴、宋玉华	599327	353
18611	太阳公公起得早		固安县	北马乡	周凡	刘英华	599180	143
18612	回民离不开党	回族	大厂县	城关镇	董文英	马佩凤	599130	111
18613	婆婆死了俺当家		曲阳县	中佐村	高凤英	张今慧	598489	180
18614	劝子歌		邢台县	郊区	李素引	贾占水	598580	1569
18615	下小雪打滑叉		青县	城关镇南张庄	王锡平	苗秀云	598496	308
18616	媳妇冤屈诉不完		涞源县	甲村乡甲村	门义	袁士朝	598479	1629
18617	卖扁食		涞源县	甲村乡曲村	付玉平	袁士朝	598394	1099
18618	多少百姓多少兵		大名县	城关	刘玉蹼	张明亮	599015	167
18619	地名谣		丰宁县	三间房村	张殿伦	刘福民	598617	262
18620	十二月天气生产歌		获鹿县	黄岩村	刘四巴	刘新立	598316	787
18621	慰问袋		涉县	黄岩村	秦艳灵	冯光华	598997	158
18622	官兵见了往后缩		廊坊市				598910	103
18623	打夯歌		玉田县	城关	丁庆丰	丁庆旺	598346	1105
18624	黄土岭		易县				599012	184
18625	纤夫曲		故城县	城关镇	孟振东		598343	138
18626	牧马歌		围场县	复兴地村	赵庆儒	胡尚华	598336	176
18627	光棍苦		栾城县	苏邱村	张存环		598555	162
18628	麻雀谣		承德市	双桥区		张拯民	598588	195
18629	农夫赞		抚宁县	石门寨	莲凤	海明	598303	206
18630	卖针谣		邢台市	小百货批发市场	邱永存	吉立水	598388	366
18631	要打仗，奔西北		新城县	白沟乡市桥村	李英贤	梁国民	598927	125

序号	篇名	民族	流传地区	采集地	讲述者	搜集者	数据库编号	字数
18632	贤良嫂		涉县	城关	秦兰香	冯光华	598504	817
18633	闹煤海		唐山市				598369	98
18634	二毛荣		张家口市	庞家堡区白庙村	赵金贵、伍玉魁	庆忠、寒石	598726	851
18635	阎福田小唱		赤城县	城关	林明	阵宪昌	599079	510
18636	进了地主门		河间县				598429	187
18637	绣针扎		定州市	城关镇	谢香瑞	张勉	598366	443
18638	画扇面		宁晋县		王亭春	史凤山	598829	1421
18639	杀尽洋人解心宽		涿州市	双柳树村	郭兆丰	杜成娴	598913	139
18640	锄头上边看年成		承德县	下板城	丁治安		598323	273
18641	衡水老白干		衡水市	城关镇	傅新友	许来渠	598635	182
18642	上梁歌		抚宁县	庄河乡张庄村	耿素清	张淑敏	598692	144
18643	来了八帮黑疯狗		廊坊市				598944	101
18644	光棍愁		新乐县	东张村	甄老漫	黄刘扮	598556	2508
18645	一孩好		昌黎县	安山镇		于占斌	599319	163
18646	捣兑谣		怀来县	辛庄子		梅迎春	599195	243
18647	调脊①歌		丰宁县	刘营乡	应长喜	黄秀英	598379	233
18648	割大麦		赵县	台兴庄村	逮香梅	逮瑞彩	599184	142
18649	咱们都是游击队		井陉县	七狮村	毕俊	焦建军	599016	219
18650	山里情歌		围场县	西河超村	张凤萍	杨文龙	598770	296
18651	捶房歌		宁晋县	城关镇	田明亮	及俊海	598380	336
18652	石头蛋儿		定州市				598475	267
18653	刘伶醉酒		邯郸县	城关	周清森		598823	679
18654	抓石子歌		张家口市	宣化区	贾温	贾领玉	599203	421
18655	寡妇愁		行唐县	北张吾村	安老恒	杨振华	598563	1172
18656	劝孝歌		威县	威县二中	潘加	胡林声、潘士忍	598581	1636
18657	盼六更		辛集市	张古庄镇	张善修	马敬敏	598781	501
18658	十八的大姐三岁的郎		邢台市	牛市街	史金如、于秋涛	于秋涛	598540	263
18659	迎闯王		宣化县	小村	李发连	阎生亮	598841	224
18660	鹿泉风光		获鹿县	城关镇	赵翰章	崔建益	598628	169
18661	红灯照		高阳县	邢南乡	贾建华		598890	130
18662	三国战将		获鹿县	郑庄村	聂世良	韩庆志	598804	292
18663	魏征功德歌		晋县	城关镇	刘建英		598806	831
18664	我也用它打婆婆		完县	合渔乡柏山村	张玉娟	张建华	598491	260
18665	过年歌		正定县	东里双村	阎发水	阎世久	598650	696

序号	篇名	民族	流传地区	采集地	讲述者	搜集者	数据库编号	字数
18666	神助拳		河北				598872	139
18667	保卫麦收		邢台县	浆水镇	郭明合	郭明臣	599052	176
18668	颠倒歌		承德市	双桥区	王信	杨永利	599271	221
18669	绣花		张家口市	茶坊区	丁翠珍	魏佩娟	599294	140
18670	打的鬼子上了天		廊坊市				598884	102
18671	鹦歌苦		临漳县	城关镇	杜红旗		598458	2163
18672	俺家是个好人家		邯郸县	东来马村	芦建芳	芦利芹	599251	343
18673	筛子筛		赵县	北白尚村	李建英	傅建民	599217	271
18674	世上官多不太平		广宗县	城关镇	翟老成	翟志彦	599103	112
18675	不怕枪和炮		廊坊市				598886	93
18676	义和团快附体		涿州市	双柳树村	郭兆丰	杜成娴	598954	111
18677	打杜梨		邯郸县	东来马村	卢作新	卢利苹	599300	201
18678	梁山伯与祝英台		丰南县		张春山	郭乃安、孙幼兰	598812	806
18679	幸得“天军”来		涿鹿县	石堡滩	石老伯	蓝文种	598843	173
18680	卧娃娃		崇礼县	海流图村	殷凤花	李满	599149	179
18681	勾电线		井陉县	南王庄村	张兰妮	天华	599045	197
18682	十二月莱农歌		宣化县	春光乡	白明成	邓德忠	598317	733
18683	小蚂蚱		冀县	阳洞村	李艾臣	常树	599260	315
18684	揭蒙头歌		赵县	城关镇	白刘氏	白秋果	598669	240
18685	塞北新婚谣		张家口市	桥西区	杨畅		598678	513
18686	十指连心咋离开		张家口市	茶坊区	张海泷		598795	483
18687	回娘家		涉县	黄岩村	秦双香	冯光华	598471	415
18688	钉扣扣		赞皇县	赞皇第一中学	武双增	白会军	599291	144
18689	义和团不跟咱要粮		廊坊市				598951	102
18690	西太后糊涂鬼		廊坊市				598860	101
18691	勤劳节俭庆有余		献县	河城街	毛振田	毛保国	598601	139
18692	渔民难		安新县				598435	271
18693	月亮婆		张家口市	宣化区	李宝柱	左宝	599368	112
18694	魏征拒礼		晋县				598807	772
18695	炸碉堡		井陉县	尖山村	何庆田	范志军	599048	113
18696	小金姐		盐山县	三里庄	汪王氏	汪虎	599275	245
18697	一砍一大堆		廊坊市				598917	96
18698	我下河里把鱼捞		张家口市	茶坊区	杨畅		599298	214
18699	捣蛋歌		曲阳县	城西关	牛亚卿	赵印堂	599279	379

序号	篇名	民族	流传地区	采集地	讲述者	搜集者	数据库编号	字数
18700	今年我上半年级		昌黎县	各庄乡中学	谭小红		599190	134
18701	白娘子怨		昌黎县	大蒲河村	曹玉俭	赵舜才	598815	750
18702	左权将军小唱		涉县	城关	孙震方	王福榜	599074	243
18703	劝降歌		武强县	焦齐庄	谷存良	李四虎	599056	253
18704	早起		辛集市	杏园村	李灵响	张思荣	599281	236
18705	柴疙瘩		崇礼县	西湾子	徐正连	靳发	599077	143
18706	一面黑		涞水县	北秋兰村	张景全	许桂凤、杜成娴	598832	289
18707	卖鼠药歌		鸡泽县	城关	郝光奇	刘文学	598396	603
18708	革命党						598969	139
18709	相牛谣		丰宁县	三营村	陈效明	陈明星	598338	348
18710	骂媒人		井陉县	城关	马秋娥	杨漏泉	598552	249
18711	狩猎		承德县	下板城	丁治安		598339	105
18712	真想长翅飞上大		曲阳县	赵家庄		张今慧	598777	112
18713	拆洋楼，掀铁道		廊坊市				598883	156
18714	趁早加入义和团		廊坊市				598949	87
18715	宋哲元		围场县	县城	杨林	杨文	599087	523
18716	小镰刀		张家口市	桥西区	杨畅		599282	133
18717	哄睡谣		邯郸县	东召里村	吴清章	王素英	599147	113
18718	一起祭了刀		廊坊市				598905	90
18719	杀尽洋官有盼头		廊坊市				598881	111
18720	小噘嘴儿		石家庄市	河北师范大学	刘绍本	王青	599189	219
18721	说婆婆		雄县	东狄头村	唐书乐	许贺青	599310	184
18722	赶快变个天		武强县	徐庄	赵君尧	赵晓红	598842	690
18723	孟姜女哭长城		晋县		蒋秀春、苑振发	王杰、田耳	598810	912
18724	排莲花		冀县	城关镇	常树		599220	186
18725	拾豆豆		固安县	杨务村	秦杰	刘英华	599304	113
18726	放风筝		南皮县		周树堂	司培勋	598644	1010
18727	各村各店设埋伏		赵县	北冯村	宋海曲	宋辉彪	599021	171
18728	食疗谣		丰宁县	三营村	陈连成	陈明星	598609	336
18729	隆尧风物		隆尧县	城关镇	郝宝铭		598632	78
18730	你往天津我下卫		沧州市	郊区	王秀温	王秀英	598515	113
18731	十把伞		涉县	黄岩村	冯志华		598835	608
18732	卖年画		高阳县	旧城	程一民		598392	2224
18733	交心酒歌		邯郸市	峰峰新市区	陈学荣	孙文祥	598672	290

序号	篇名	民族	流传地区	采集地	讲述者	搜集者	数据库编号	字数
18734	三国五更		定州市	城关	刘桂芝	张勉	598801	942
18735	长工谣		抚宁县	吕良峪乡华庄	华庆云	陈新民、陈艳敏	598428	262
18736	小白菜		成安县	城关镇		胡贺宇	598529	548
18737	灵前喜歌	满族	承德县	上板城	尹传山	李学义	598681	819
18738	招郎进家养爹妈		曲阳县	赵家庄	赵冉氏	张今慧	598463	113
18739	送郎送到清河岸		雄县	王克桥村	王氏、蔡氏	许来渠	598990	169
18740	清朝皇帝真稀松		安国县				598861	100
18741	星星盘盘		宁晋县	城关镇	耿增华		599367	90
18742	娃娃睡		赵县	西湘洋村	范秀玉	周艳丽	599146	112
18743	游击队真英勇		泊头市				599018	141
18744	决不忘记老人家		柏乡里	城关	祁金秀	吕献平	598584	207
18745	早晚我到你的家		遵化县	西下营	孙秀清	孙伟	598735	111
18746	送情郎		献县	古今庄村	常永生	崔云良	598789	2268
18747	挂地雷		井陉县	城关镇	张会林	范志军	599035	126
18748	二十四节气农活歌		获鹿县	小毕村	傅士文		598314	337
18749	姑娘有个心上人		保定市	赵家庄	赵冉氏	张今慧	598747	115
18750	盼阎王		宣化县	头台子村	李丙父	蓝文种	598839	146
18751	挖地道		安国县	西崔章村	孙佐培		599040	348
18752	糖甜不如蜜		宁晋县				599119	99
18753	小白杨		保定市	北市区	王鹏园		599348	131
18754	踢毽子		万全县	城关镇	王文汉		599216	247
18755	红格当儿		临漳县	城关镇	张昭亮		599317	159
18756	姑嫂观灯	满族		平泉县、柳溪乡老杖子村	王树芬	于辉军	598657	596
18757	玉妹和郎君		曲阳县	城关镇	彭树珍	赵印堂	598745	532
18758	扫庙堂歌		景县	贾村	林秀兰	李志荣、霍俊岭	598702	230
18759	剃头歌		保定市	富昌屯村	杨全	赵忠义	598384	141
18760	山奈歌		乐亭县	城关镇	李文治	何宗禹、史德新	598401	302
18761	织花绫		南宫市	南屯村	梁秀云	王桂霞	599295	227
18762	一面红		涞水县	北秋兰村	张景全	许桂凤、杜成娴	598831	570
18763	十二月忙		青龙县	山神庙化肥厂	赵秘	金永强	598318	730
18764	小弟弟扯日历		邢台市	长征汽车制造厂	叶静	陈荣	599191	175
18765	一车粪肥一车歌		河北				598306	99
18766	哭五更		滦平县	五道营乡老米沟村	茅崇明	李本明	598533	728

序号	篇名	民族	流传地区	采集地	讲述者	搜集者	数据库编号	字数
18767	棉花白			复兴地	白凤兰	胡玉翠	599342	184
18768	飞狐峪大捷		蔚县	城关	任文德	左宝	599010	281
18769	抓石子歌		灵寿县	西庄村	李国芹	李凤华	599204	216
18770	狩猎谣		承德县	下板城	丁淑芳	丁治安	598341	290
18771	祭灶歌		邢台市	长征汽车制造厂	陈长征	陈崇	598699	173
18772	联产如联心		张家口市	桥西区	李宝盘	张海计	599138	105
18773	过年谣		滦南县	黄坨乡	赵兰庭	赵云牧	599372	224
18774	对坏人要狠		廊坊市				598958	93
18775	白妮爱着庄户哥		张北县	城关	刘爱	凌霜、宝柱	599309	194
18776	烟花女思乡		鸡泽县	刘街村	田北的	刘总晨	598456	509
18777	小小子儿		沧州市	新华街	孙刘氏	孙玉山	599246	146
18778	两路分攻大红门		廊坊市				598908	100
18779	绣个公鸡不下蛋		张家口市	茶坊区	杨畅		599329	145
18780	妹给哥擦汗		望都县	城关镇	王锁	王兴义	598774	278
18781	屁是一只虎		怀安县	满州坡村	白云华	冯秀琦	599250	140
18782	气得鬼子哇哇叫		承德县	上板城		丁治安	599023	155
18783	盖房夯歌		望都县	上板城、城关镇	姚龄、王锁	陆龄、王兴义	598355	815
18784	有党领导甜万年		平山县	县人民医院	梁清兰	何庆祥	599118	116
18785	摘西瓜		泊头市	泊头市新华街	季艳红	李泽有	599192	143
18786	新媳妇委屈多		大名县	城关	路爱廷	王敬银	598472	254
18787	打场歌		井陉县	七狮村	毕俊	焦建军	598327	170
18788	咱是主人翁		承德县	双桥区	孙文起	鞠成发	599135	272
18789	数脚趾		青县	城关镇	陈庆荣	王洪通	599176	142
18790	剃了辫子怕张顺		冀东				598974	188
18791	摧橹歌		霸县				598342	284
18792	送郎参军		怀来县	宣化区	姚震清	张海泷	598986	219
18793	跳神歌		滦平县	城关镇	杨裕恩	陈茂	598708	484
18794	小两口摸纸牌		获鹿县	东关	赵翰章	崔建益	598517	210
18795	送郎参军		蔚县	城关	刘力生	左宝	598987	125
18796	田鼠		尚义县	南壕欠镇	张玉清	谭宝	599364	146
18797	妇女苦		涿鹿县	龙王堂	张文进	赵长录	598454	367
18798	反常歌		邯郸县	贾堡村	李作彬	董殿新	599267	201
18799	四季都有秋		围场县	边墙山	潘顺	杨振国	598622	282
18800	两三歌		邯郸市	峰峰矿区	王起斌	杨玉峰	599110	125

序号	篇名	民族	流传地区	采集地	讲述者	搜集者	数据库编号	字数
18801	白洋淀		安新县				599030	166
18802	塞北二十四节气歌		围场县	城关	王起		598312	335
18803	童养媳		冀县	南良乡	赵玉翠	彭国英	598535	239
18804	六十六头牛		文安县	滩里乡中学	邢进军	马佩凤	599233	177
18805	青纱帐里有神兵		张家口市	郊区	杨力拴	杨畅	599020	110
18806	姑嫂斗嘴		邯郸市	郊区石坡村	申存花	卜增山	598493	197
18807	戒赌歌		宁晋县	城关镇	王英洲	王淑芳	598594	1351
18808	麻野鹊		平山县	河渠村	赵青智	李清明	598585	144
18809	前有赵洛珠		威县	梨元屯	于农海	郑一民	598934	105
18810	二拇弟	满族	滦平县	西沟乡三道沟村	李春生	李春秋	599169	164
18811	穷人才能保江山		河北				598876	100
18812	和哥死活不离分		邯郸县	左西村	祁青云	傅兰芝	598744	180
18813	馋狗牙		满城县	城关镇	边守道		599164	121
18814	抹布		固安县	固安镇	魏小梅	刘英华	599285	115
18815	陪姑娘		乐亭县	城关	马淑英	徐利颖	598500	320
18816	哀歌		青县	上伍乡大王庄	张忠国	张法余	598683	386
18817	因为我是共产党		涿鹿县	张家口市茶坊区	谷新生	左宝	599083	218
18818	对花瓶		栾城县	栾城镇	张昭宇	张存环	599208	164
18819	尿炕王		冀县	城关镇	常村		599166	105
18820	恨说媒		内丘县	西大街	周春岭	孙二顺	598550	359
18821	年年不好过		栾城县	岗头村	郭宗泽	郭瑞岭	598412	178
18822	骂货郎		景县	解庄村	谢金荣	姜连荣	598727	283
18823	俺送情哥到平山		阜平县				598798	147
18824	小顶针		邯郸县	高里堡	郭金如	张海山	599242	157
18825	哄孩子		丰宁县	城关镇	阎建华	杨希瑞	599160	112
18826	黄河九道湾		张家口市	茶坊区	杨秀林	杨畅	599338	195
18827	吹韩旺		武强县	小范镇	张涣恩	何兴	598637	185
18828	吊唁歌		青县	全家营	叶相林	王东亮	598686	737
18829	百姓流血汗		邢台县	中兴路	张去山	张静潇	598419	169
18830	驴粪蛋		曲阳县	城关镇	阎民	阎清州	599272	365
18831	十大劝		承德县	上板城	丁治安		598577	634
18832	檀香哭瓜		成安县	城关	侯玉亭	王新民	598828	960
18833	这时不俏啥时俏		承德县	上板城	那志林	谢春生	598488	489
18834	拉大锯		张家口市	下花园区前堡村	杨维兰	张晓梅	599172	161

序号	篇名	民族	流传地区	采集地	讲述者	搜集者	数据库编号	字数
18835	大锅饭		魏县	车往镇中学	刘河	刘贵平	599098	112
18836	小老鼠上谷穗儿		南宫市	南屯村	梁秀云	王桂霞	599264	317
18837	泥瓦匠真是苦		承德市	双桥区	吕兴奎	乔志明	598433	450
18838	轻轻叫郎晚上来		围场县	复兴地村	魏玉书	胡尚华	598771	129
18839	十劝歌		鸡泽县	南庄村	李同文	李明郜	598576	932
18840	多种树，多养兔		固安县	固安镇	王昌林	王秀丽	599229	161
18841	毛子钻鸡笼		廊坊市				598924	73
18842	妹妹不嫌哥家穷		成安县	县城西街	池清元	宋宇鹏	598740	113
18843	埋怨娘		曲阳县	赵家庄	赵冉氏	张今慧	598461	258
18844	大黑猪		涿鹿县	张家堡村	单振英	张荫耕	599355	141
18845	姑娘怨		涉县	黄岩村	秦双香	冯光华	598549	222
18846	红小鞋		肥乡县	北屯庄村	路九云	张河民	598474	240
18847	一条人命二十元		唐山市	开滦矿	陈学文	陈国勇	598438	317
18848	丰收谣		昌黎县	昌黎师范学校	李明		598326	109
18849	送花		青县	城关镇	陈庆荣	王洪通	599315	180
18850	丧歌		隆化县	荒地乡东村	马传搏	王炳会	598688	275
18851	官兵个个是烟鬼		廊坊市				598864	115
18852	月亮地儿		栾城县	岗头村	郭宗泽	郭瑞岭	598521	141
18853	思五更		承德县	下板城	刘文	王学、尚文禄	598589	926
18854	扫扫炕底就下雨		景县	阎庄	谢玉敏	路俊庚	598705	200
18855	莱打仗		乐亭县	西李庄	王殿明	安金山	599257	783
18856	妻子送郎上战场		阜平县				598797	130
18857	渔民永远跟党走		安新县				599132	101
18858	情哥哥深更你别来		平泉县	城关镇	则娜	袁殿敏	598772	118
18859	豆角儿		唐县	张显口村	张小桥	张德恩	598486	297
18860	练刀拳		廊坊市				598956	89
18861	消灭鬼子救同胞		南宫市	孟庄村	王南山	孟宪乔	599024	112
18862	露脸和现眼		廊坊市				598953	140
18863	小白菜		隆化县	干沟门村	陈小九	王新民	598527	259
18864	你走那个山梁我走沟		平山县		阎三妮	施光南	598746	331
18865	衙门口儿朝南开		保定市				599088	110
18866	探妹		涿鹿县	温泉屯村	李秀英		598788	854
18867	河北名胜		丰宁县	选营中学	孙星	陈明星	598614	342
18868	肥和灰		邯郸市				599228	107

序号	篇名	民族	流传地区	采集地	讲述者	搜集者	数据库编号	字数
18869	吃谣		宣化县	王安坊	张万选	梁挺爱	598606	168
18870	淀里红莲根最深		安新县				599133	102
18871	破路歌		赤城县	城关	吴永田	左宝	599043	278
18872	送郎参军		易县	康家庄	吴海全	田玉录	598988	614
18873	儿媳是婆婆眼中的酸枣刺儿		曲阳县	赵家庄	赵冉氏	张今慧	598480	120
18874	一个饺子两头弯		邢台市	红星汽车厂	巩秀梅	向福寿	598696	198
18875	狼和羊		张北县	嗒拉吻=村	王殿臣	刘满旺	599225	155
18876	活人睡在死人边		承德县	老爷庙	贾秀兰	李仕东	598545	258
18877	洋毛子传教		廊坊市				598848	89
18878	小寡妇上坟		巨鹿县	城关镇	秦淑玲	张超智	598567	721
18879	一背两背		衡水市	市区	安广恩	孙海玉	599209	173
18880	猴猴撵老虎		蔚县	大湾村	王庆云	王艳萍	599207	291
18881	走西口		涞源县	大台峨村	孙玺	张玺	598794	554
18882	摇钱树		井陉县	三峪村	张进	张树和	599349	184
18883	讲心		丰宁县	苏家店乡	房广生	刘福民	598578	143
18884	穷人		高阳县	城关镇	贺宗善		598408	111
18885	游击队真能干		宣化县	分水口村	蓝长林	顾胜勇	599017	142
18886	打得日本不露头		衡水市				599067	81
18887	寡妇愁		丰宁县	凤山镇	贾贵荣	杨希瑞	598565	1860
18888	男勤女也勤		阳原县	黄土梁	郝有	孙建永	598598	140
18889	跳神歌		张家口市	王家寨村	李淑华	杨畅	598707	692
18890	上梁歌		清苑县	后营村	梁寿山	肖钦鉴、霞光	598690	399
18891	肉桂歌		乐亭县	大尖坨村	李文治	何宗禹、史德新	598403	300
18892	掏粪谣		承德县	下板城	王存贵	刘秀丽	598321	107
18893	练身歌		蔚县	城关镇	田凤云	田永翔	598610	166
18894	占领涿州城		涿州市				598909	164
18895	不信等不来		广平县	泊头村	刘兰	刘社喜	598742	280
18896	大旗杆		保定市	南市区	霍万福	霍文元	598626	153
18897	洋毛子一见直打战		廊坊市				598903	98
18898	拧蒲团		栾城县	南关村	张永秀	张存环	598382	325
18899	潮来拍岸浪如山		滦县				598334	93
18900	花椒树		承德县	下板城	杨洪全		599249	323
18901	看时辰谣		张家口市	茶坊区	杨畅		598607	533

序号	篇名	民族	流传地区	采集地	讲述者	搜集者	数据库编号	字数
18902	月亮地		临城县	侯家潮村	陈风海	侯风格	599296	168
18903	歌唱温小玉		行唐县	口头镇	丁秀芹	高付祥	599082	219
18904	小老鼠		邯郸市	丛台区	任桂珠	高保平	599356	142
18905	说荒唐		大名县	捻头乡	张春付		599254	281
18906	打秋千		昌黎县	荒佃庄乡东腾远村	王健	李宗垣	598728	423
18907	水田姑娘唱旱田歌		泊头市				598310	347
18908	姑娘十大想		盐山县	李芳庄村	崔凤鸣	崔云良	598459	594
18909	瞌睡神		邯郸市	丛台区	李秀花	耿长安	598487	190
18910	屠宰歌	回族	邢台市	郊区	李峰	杨春茂	598385	172
18911	红缨枪		宣化县	赵家窑村	王国英	王存泰	599063	170
18912	上轱辘台	满族	承德市	市区	布尼阿林		599311	370
18913	山头上开花山头上白		涞源县	城关	贾成普	贾利	599039	215
18914	中央军两杆枪		张家口市	荼坊区	冀宝润	杨畅	599093	114
18915	炸得鬼子回老家		张家口市	茶坊区	杨裕	杨畅	599038	129
18916	聂鬼子跑不了		廊坊市				598863	96
18917	五土谣		丰宁县	营乡三营村	赵兴国	陈明星	598320	114
18918	乌龟王八完蛋了		张家口市	茶坊区	李宣盘	张海泷	599101	108
18919	白张罗		承德县	上板城	丁治安		598600	101
18920	哄妻子		衡水市	东大街	赵玉翠	彭国英	598518	663
18921	卖饺子		晋县	周头村	韩双进	韩文敏	598393	867
18922	公婆不如亲爹娘		围场县	城关	赵玉珍	杨野	598481	142
18923	小葫芦		鸡泽县	东双塔村	贾小花	魏桂巧	598503	285
18924	定个日子来娶她		涉县	马布村	王培中	王茂胜	599312	282
18925	笨小子		东光县	码头	常守荣	程伟	599277	312
18926	灯官道四句		张家口市	辛夭乡第四屯	武德胜、贾清北等	左桂枝、张进善等	598658	1476
18927	不孝子		广平县	城关镇	赵成喜	广文	598586	195
18928	斩魔降妖的义和团		怀安县	柴沟堡	任连举	任永清	598928	252
18929	磁州窑歌		峰峰矿区	林峰	马全祥	杜学德	598640	244
18930	睡着了		完县	城关镇	安玉芬		599150	203
18931	光棍哭妻		成安县	城关镇	李国强	裴金星	598557	1704
18932	钻工之歌		邢台市				598371	212
18933	还我河山还我权		廊坊市				598866	100
18934	好看不过素打扮		尚义县	南壕欠镇	叶有全	汪光美	598605	144

序号	篇名	民族	流传地区	采集地	讲述者	搜集者	数据库编号	字数
18935	十八岁的大姐周岁的郎		宣化县	外口泉	杨奶奶	蓝文种	598539	141
18936	扯布头		高阳县	城内东街	齐玉峰	张振山	598390	739
18937	木兰围场十大景		围场县	复兴地	包鸿达	胡玉翠	598621	196
18938	杀得鬼子满地爬		廊坊市				598914	102
18939	慰问八路军		邢台县	将军墓	赵清吉	张惠杰	598995	282
18940	逃荒谣		抚宁县	吕良峪乡华庄	华庆云	陈新民	598413	191
18941	说媒		赞皇县	西高村	商爱瑞	郭国平	598548	295
18942	财神不进懒汉家		保定市	北市区	高凤英	张今慧	598597	113
18943	十二月气温歌		张家口市	茶坊区	杨畅		598613	161
18944	走娘家		永年县	城关	梁新更	梁准德	598468	225
18945	时令歌		邯郸县	西孙庄	王贵堂	王书元	598648	160
18946	苣苣菜		栾城县	城关镇	张昭宇	张存环	598511	219
18947	娘家东西不发家		衡水市	西街	赵玉翠	彭国英	598466	517
18948	打戗号子		唐海县	柏各庄	周老汉	白泉、青山等	598345	592
18949	半斤莜面推窝窝		平山县		阎三妮	施光南	598773	294
18950	物产歌		峰峰矿区	林峰	董希圣	董玉兰	598639	125
18951	相好到白头		临漳县	城关镇	张照亮		598736	136
18952	俺上南庄看俺娘		邢台市	中兴路	张云山	张静潇	598498	509
18953	砸夯歌		安新县	小圈头村	郝国恩	张满乐	598352	628
18954	小字歌		张家口市	王家寨村	杨裕	杨畅	599322	138
18955	蚕姑娘		文安县	滩里扬水站	魏法良	马佩凤	599363	114
18956	石榴花		曲阳县	小盖都村	葛雪涛	葛保栓	598532	169
18957	劈山救母		阜平县	城关镇	杨进莲	顾金兰	598826	2385
18958	闺女长到十八九		邯郸市	义井村	孔祥凤	杨玉峰	598462	199
18959	拍巴掌		唐县	城关镇	史冰		599198	196
18960	官家是咱死对头		廊坊市				598858	167
18961	师姐师妹练刀		廊坊市				598900	73
18962	山药蛋大呀哈		赵县				599032	217
18963	阎王强似爹和娘		广宗县	县城北关	李景氏	鲁梅	598840	140
18964	冉庄地道战		清苑县	保定市北市区	孙佐培		599041	203
18965	送郎哥		沽源县	平定堡	杨树萱	运明、郭郭	598791	396
18966	乌七八糟大杂烩		遵化县	西下营村	吴荣阁	孙伟	599094	141
18967	十种人		沧州市	郊区	王子孔	贺子起	599116	362
18968	冀州谣		冀县	四南村	刘德兴	彭国英	598636	164

序号	篇名	民族	流传地区	采集地	讲述者	搜集者	数据库编号	字数
18969	红灯停、绿灯走		保定市	新市区	贾宝荣	肖钦鉴、宋玉华	599328	145
18970	喝了桃城酒		衡水市	城关	傅新掌	傅新友	598634	143
18971	“圈圈”干部		张家口市	茶坊区	郑建民	杨畅	599106	112
18972	只有跟着共产党		平山县	县人民医院	梁清兰	何庆祥	599131	116
18973	宁死不把哥哥丢		保定市	北市区	高淑玉	张今慧	598733	112
18974	蚂蚱		尚义县	城关镇	张玉清	谭宝	599365	143
18975	开光喜歌		承德县	上板城	刘桂兰	李仕东	598680	277
18976	打得日本望影怕		廊坊市				598923	101
18977	洋教士修教堂		廊坊市				598849	99
18978	长工歌		宣化县	瓦窑沟村	李宽	蓝文种	598427	203
18979	送郎歌		涞水县	河东村	孙莲	延辰龙	598790	736
18980	大姐爱我我爱她		怀来县	城关镇	刘戎声		598779	201
18981	绣戏出儿		灵寿县	城关	马三元	苏云山	598838	1237
18982	小锔匠		保定市	新市区	王逸民		598381	248
18983	刘老头		唐山市	郑庄子乡周赵庄	崔新兰	齐秀玲	599234	159
18984	我说郎君倒痴心		保定市	北市区	高淑玉	张今慧	598778	115
18985	找到老团命就保		廊坊市				598950	169
18986	拥军模范赵顺		赤城县	城关	刘力生	左宝	599086	341
18987	无儿难		景县	马解庄	谢金英	姜连荣	598524	285
18988	眉豆角		深县	太古庄	韩桂荣		599241	177
18989	采莲船		承德县	上板城	陈中信	邱志	598775	290
18990	红小豆		易县	大龙华村	于宗学	王凤芝	599341	149
18991	敬老歌		沧州市	运河区	毛玉荣	王洪涛	598582	285
18992	义和团和老百姓		廊坊市				598945	101
18993	情哥参军三年多		灵寿县				598768	181
18994	年底忙		邯郸县	南吕固村	杨林秀	王永信	598649	219
18995	郎来黄连苦也甜		成安县	城关镇西街	池清元	宋宇鹏	598761	129
18996	游击队似神仙		张家口市	茶坊区	杨力拴	杨畅	599019	199
18997	小五更		东光县	城关	戴艺勤	许士通	598758	739
18998	宁死不回俺婆家		临西县	东留善固村	张月辉	陈文海	598483	393
18999	水枪头上夺煤炭		唐山市				598370	96
19000	思郎谣	回族	承德市	双桥区	杨树合	张拯民	598765	203
19001	主席走遍全国		廊坊市				599123	152
19002	拾小潮		滦南县	城关镇	解长义	黎恒	598335	112

序号	篇名	民族	流传地区	采集地	讲述者	搜集者	数据库编号	字数
19003	扎荷包		成安县	高母村	靳明生	李国强	598766	274
19004	石榴花		固安县	柳泉乡	苏亚军	刘英华	599353	116
19005	捉洋鬼报血仇						598959	96
19006	俺是嫂嫂的起粪叉		曲阳县	赵家庄	赵冉氏	张今慧	598492	141
19007	二十四节气农忙歌		怀安县	城关	孙笑美	赵维武	598313	1152
19008	大锅饭		保定市	郊区	康大均		599097	257
19009	小燕子		承德县	上板城	丁治安		599359	131
19010	韩湘子讨封		遵化县	城关	曹昌全	唐继彦	598821	1169
19011	豌豆开花俺就走		邯郸县	左西村	龚相庆	傅芝兰	599316	185
19012	两只手		冀南				598302	233
19013	龙女传		大名县	城关	张群	陈俊芳	598825	1594
19014	织布歌		南和县	城关	刘三巧	杜进格	598362	154
19015	河水常流心常念		遵化县	西下营	王化云	龚秀珍	598734	112
19016	滚箭坡		赵县	西洨洋村	周书俭	周衍	598800	788
19017	三节谣		承德县	上板城	陈自安	陈树田	598647	304
19018	杀牛羊		廊坊市				598869	74
19019	小蝌蚪		承德市	荣军干疗院	李起	杨桂兰	599337	198
19020	小红门逞英雄		廊坊市				598911	102
19021	矿工谣		承德县	上板城	孙怀	李仕东	598437	199
19022	梦春哥		承德县	下板城	王奎斗	谢春生	598762	197
19023	月儿牙牙		张家口市	花园区	杨畅		599154	137
19024	洞房铺炕		景县	杜桥	吴俊英	陈秉田	598675	194
19025	荷花叶		河北				599346	183
19026	祝九红攻书		巨鹿县	城关	秦淑贤	张超智	598814	932
19027	旧社会农民十二月		平山县	小觉村	何八子	何庆祥	598417	729
19028	夯歌		沧县				598353	29
19029	拍拍屁股上阁去	回族	保定市	北市区	王逸民		598643	166
19030	五更鼓		青龙县	寿桃山	韩凤鸣	柳锁	598786	711
19031	浇花谣		获鹿县	小毕村	傅士文		599303	158
19032	提起大刀走天下		廊坊市				598893	102
19033	妈妈娘好糊涂		兴隆县		强占有、张连荣	陈永山、任其明	598992	546
19034	内外练功		廊坊市				598955	93
19035	贺盖新房		涞源县	沿村	苏维成	张玺	598694	221
19036	眨眼搬走两座山		怀安县	第四屯	武德胜	张进善	598307	113

序号	篇名	民族	流传地区	采集地	讲述者	搜集者	数据库编号	字数
19037	小皮球		昌黎县	昌黎镇三街	罗国维	董宝瑞	599215	186
19038	送郎打日本		曲阳县	孟王化村	甄彦平	张连生	598989	216
19039	夯房基歌		承德县	城关镇	高景成	高树村	598354	850
19040	有难相助		廊坊市				598879	97
19041	小蜂儿		曲阳县				599066	166
19042	专杀东洋和西洋		廊坊市				598921	128
19043	毛子个个吓破胆		廊坊市		高祥云	杨震望	598937	119
19044	织手巾		成安县	南郎堡村	侯玉亭	王新民	598365	677
19045	民国十二大改良		涞源县	乌龙沟村	张玉梅、张爱花等	张玺	598971	2309
19046	别上圈套		廊坊市				598857	93
19047	早晚叫你活不成		邯郸市	丛台区	张文志	张明亮	599065	140
19048	牛牛要吃河边柳		张家口市	王家寨村	潘守祥、潘守信	杨畅	599227	173
19049	采药歌		尚义县	黄旗岔	张玉成	杨畅	598330	139
19050	盼团重来		廊坊市				598964	201
19051	小过年		涞源县	东大街	霍占花	贾利	599005	300
19052	小白兔		康保县	康保镇	邢耀	郭中华	599357	109
19053	鬼子认干爸		冀南			柳野青	599060	234
19054	骂汉奸		泊头市				599095	103
19055	一双绣鞋		宣化县	宣化区	贾温	贾领玉、顾胜勇	599253	230
19056	一刀一个如宰猪		廊坊市				598906	117
19057	制毡歌		张家口市	制毡厂	张文秀	霍佳模	598383	121
19058	瓜棚结瓜瓜		石家庄市	平安小区	王青		599231	146
19059	好似天兵降九霄		廊坊市		杨世昌	杨震望	598892	119
19060	媳妇走娘家		景县		王玉秀	迅之、尤熹等	598467	647
19061	想你		宣化县	古树营村	岳熙	蓝文种	598754	118
19062	打开财主仓		廊坊市				598947	95
19063	再嫁		涞水县	山南村	王福花	刘阜	598573	388
19064	西太后把国卖		廊坊市				598859	125
19065	绣家乡		涞源县				598367	289
19066	衙门口朝南开		完县	白庙村	王洛仲	王国标	599089	169
19067	小二姐搬轧车		井陉县	城关	董世鹏		598478	246
19068	吕洞宾抓药		成安县	高母村	靳明生	李国强	598822	1737
19069	驱鬼歌		承德县	下板城	宋李氏	宋振义	598710	213

序号	篇名	民族	流传地区	采集地	讲述者	搜集者	数据库编号	字数
19070	生活经		尚义县	索壕欠镇	叶全有、任光美	王剑冰、张云生	598595	725
19071	拉大筐		唐山市				598368	148
19072	洋鬼害人可不轻		廊坊市				598851	100
19073	哪怕人头就落地		承德县	下板城	巴永泉	邱志	598731	479
19074	“清”字长寿歌		献县	汗城街	毛振田	毛保田	598612	205
19075	逗小孩		承德市	外八庙区	郭成群	郭建立	599162	188
19076	放“卫星”		获鹿县	鹿泉	刘新立		599109	128
19077	民国大改良						598970	137
19078	小孩睡觉找妈妈		冀县	城关镇	申锡山		599153	123
19079	盼郎归		献县	古今庄村	常永生	崔云良	598764	336
19080	闺女疼的是女婿		曲阳县	赵家庄	赵冉氏	张今慧	598507	116
19081	举义旗练神拳		宣化县	秤达沟村	郝红得	蓝文种	598926	117
19082	光棍哭妻		丰宁县	三扎拉村	李丰	张文枝	598558	904
19083	青龙处处好风光		青龙县	城关镇	李稳	李秘	598625	676
19084	交租粮		蔚县	城关镇	李景庄	田凤云	598424	125
19085	短工谣		丰宁县	汤河乡	杨福生	荣卫国	598430	128
19086	调料十三香歌		抚宁县	下庄乡	崔玉清	惠支林	598398	1351
19087	小鸡嘎嗒	满族	丰宁县	大阁镇	阎建华	杨希瑞	599273	284
19088	承德八大处		承德市	双桥区	孙文起	鞠成发	598615	368
19089	当兵要当子弟兵		广宗县	西常屯	刘明梅	常磊	598981	111
19090	回娘家		邯郸县	小乐堡	张秀兰	常英玮	598469	365
19091	回娘家			井陉县、南风山村	张瑞兰	李春来	598470	415
19092	祭天爷		曲周县	麻庄	郭书爱	张文涛	598695	319
19093	柏乡城修得鲜		柏乡县	城内东街	翟正才	刘景林	598633	177
19094	小铁匠		张家口市	桥西区	杨畅		599334	215
19095	山歌打动姐的心		围场县	御道口乡复兴地村	魏玉书	胡尚华	598721	344
19096	妹是花树郎是根		峰峰矿区	彭城	张梅香	张凤庭	598738	112
19097	大刀一耍		廊坊市				598901	89
19098	白大姐做裤子		行唐县	口头镇	常保住	胡玉白	598520	429
19099	义和团到前庄		廊坊市				598952	128
19100	毛子死落垛		廊坊市				598925	95
19101	门口蹲只大黄狗		张家口市	茶坊区	王维州	张海泷	599280	280
19102	蝴蝶出嫁		抚宁县	义院口	刘真	涂中华	599262	161
19103	送情哥		怀来县	狼山村	卢桂荣	石爱荣	598792	279

序号	篇名	民族	流传地区	采集地	讲述者	搜集者	数据库编号	字数
19104	袁世凯，真奸臣		宁晋县				598976	193
19105	千年道走成河		栾城县	城关镇	董海祥	郭瑞岭	598490	112
19106	打枣子		张家口市	宣化区	贾温	贾领玉	599224	139
19107	八节来历		怀来县	城关镇	刘秀英	赵相如	598646	1081
19108	练武杀敌		廊坊市				598889	87
19109	受伤一脚踢		唐山市	开滦矿	陈学文	陈国勇	598439	109
19110	洋人变泥滩		廊坊市				598904	93
19111	酒令歌		获鹿县	徐家庄村	任勇		598717	276
19112	杀汉奸		昌黎县	大田庄村	张惠清	王景华	599069	179
19113	阿超谣	满族	围场县	西阿超村	张明	杨文龙	598422	147
19114	子弟兵母亲戎冠秀		平山县	下槐乡柏岭村	韩墨波	程千里	599085	657
19115	兄弟姐妹团结起来		昌黎县	城关镇	梁明、郭维新	刘德昌、王来雨	598978	241
19116	寡妇难		张北县	黄石崖	武登云	王忠新	598561	339
19117	淹死官洋一大河		河北				598874	87
19118	滏河谣		峰峰矿区	林峰	董希圣	董玉兰	598638	168
19119	婆婆丁		围场县	城关镇	胡桂芹	胡玉翠	599351	137
19120	烂席片		张家口市	花园区	郭生银	屈建基	598725	478
19121	绣荷包		承德县	上板城	姜凤	李井平	598836	749
19122	听见哥哥大路唱		张家口市	茶坊区	孙文奎、郝来宝	张海泷	598752	237
19123	你要去我就缠		保定市	北市区	高淑玉	张今慧	598741	147
19124	灭洋保国		廊坊市				598946	97
19125	凿木歌		张家口市	下花园区	赵录善	王永久	598375	174
19126	巡警狗		成安县	河町三村	张文喜	李国强	599096	169
19127	邢台市四景		邢台市	郊区	郝宝铭		598631	96
19128	好家闺女提蒜苔		肥乡县	屯庄营村	颜郭氏	张河民	598724	522
19129	高粱树		邯郸	豆庄	王勤英	王素英	599270	113
19130	麝香歌		乐亭县	城关镇	魏秉桓	李向明、史德新	598407	1594
19131	盖燕窝		怀来县	沙城	卢桂荣	卢云龙	599210	151
19132	悼灵		涞水县	东文明村	任文泉	刘阜	598687	168
19133	渔民笑		安新县				599127	102
19134	摘花椒		易县	城关镇	杨小舟	张玺	598329	481
19135	去菜园		永清县	城关镇	梁栋		599256	217
19136	劝人知足歌		涉县	沿头村	刘保安	孙海忠	598579	537
19137	歌唱王桂兰		怀来县	张家口市茶坊区	翟超	张海泷	599084	185

序号	篇名	民族	流传地区	采集地	讲述者	搜集者	数据库编号	字数
19138	唱个小曲试妹心		宣化县	刘家窖	杨俊库	杨畅、蓝文种	598729	286
19139	小女婿抬水		承德县	双桥区	张淑华	高云清、张玉峰	598543	320
19140	想情郎		行唐县	口头镇	田二狗	王国庆、赵惠平等	598757	1117
19141	鬼子来了咱就走		围场县	承德市狮子园	杜福运	孟阳	599022	115
19142	健身谣		丰宁县	三营村	陈连成	陈明星	598611	440
19143	酒色财气歌		获鹿县	黄岩村	张喜成、张建生	刘新立	598593	565
19144	改革开放遍地春		张家口市	茶坊区	杨畅		599139	612
19145	织手巾		巨鹿县	李庄村	秦淑惠	张超智	598364	623
19146	棒槌峰		承德县	上板城	周凯波		598616	160
19147	拍手谣		吴桥县	城关镇	吴玉泉	贾玉平	599201	366
19148	有了成绩自己吹		栾城县	柳林屯村	张书贵		599105	106
19149	男小妮		崇礼县	地西湾子镇	靳祥	靳发	599269	150
19150	交杯酒歌		栾城县	圪塔头村	王半农		598671	177
19151	小喜鹊		邯郸市	中华路	王云香	南庄	599306	111
19152	说瞎话长不大		邯郸县	庄里村	张金富	苏洪源	599188	112
19153	初一露面去拜年		获鹿县	东关	赵翰章	崔建益	598416	133
19154	骂媒人		宣化县	辛家堡村	杨奶奶	蓝文种	598553	147
19155	十劝		河北				598994	577
19156	老来福		宁晋县	城关镇		李彦敏	598526	1033
19157	老太太嘱姑娘		定兴县	城关	周民水	杜成娴、史建平	598660	942
19158	小女婿抬水		张家口市	庞家堡区白庙村	赵金贵	庆忠、凤贤	598544	364
19159	井台上		河北				598796	155
19160	打麻胡儿	回族	保定市	北市区	王逸民		599144	112
19161	公章与老乡		崇礼县	城关	靳发	杨畅	599114	102
19162	一阵风		邢台县	浆水镇	郭明合	郭明臣	599047	200
19163	大闹义和团		廊坊市				598894	118
19164	点牛眼		清苑县	臧村	王淑芬	贾香尔	599174	125
19165	白头到老歌		承德市	双桥区	陆岭宽	郑士谦	598506	112
19166	赶快上战场		唐县	城关镇	张荣联	史冰	598979	235
19167	劝夫歌	满族	丰宁县	化吉营村	王金才	孙鹤飞	598591	405
19168	妹行夜路为情郎		保定市	北市区	高淑玉	张今慧	598750	114
19169	上山打老虎		邢台市	路西区	张云山	张坤庭	599245	155
19170	蔚县是个好地方		蔚县	北水泉村	郭有库	郭敬林	598624	635

序号	篇名	民族	流传地区	采集地	讲述者	搜集者	数据库编号	字数
19171	中华民国大改良		临清				598972	148
19172	相好靠情不在钱		张家口市	北瓦盆窖	王林氏	冯国耀	598739	117
19173	送郎上战场		邢台市	长征汽车制造厂	陈第征	陈荣	598985	201
19174	瓦解伪军歌		景县	城关镇	王维勤		599057	211
19175	寡妇愁		完县	城关镇北关	张清	张琪	598564	183
19176	等到花开叶已黄		宣化县	陈家务	程秀云	梁挺爱	598546	140
19177	梅香实难当		井陉县	岩庄村	白将龙	毕玉	598448	154
19178	儿童团		望都县	张庄		耿保仓	599061	141
19179	赶走鬼子不费难		廊坊市				598873	92
19180	树叶歌		井陉县	胡家滩村	杜锁金	焦建军	599347	113
19181	妓女告状		蔚县	大固城村	杨备	王茹雅	598457	889
19182	娶媳妇喜歌		承德县	上板城	孟玉武	李清波	598666	772
19183	论吃还是家常饭		邢台市	邢台煤矿	贾占水		598604	129
19184	手灵巧		丰宁县	三营村	宋树南	陈明星	599243	141
19185	小燕子		保定市	北市区	梁宝均		599318	159
19186	小二姐看灯		广平县	泊头村	王书英	刘社喜	598782	323
19187	这趟娘家没白来		邯郸市	义井村	孔祥凤	杨玉峰	598465	285
19188	小姑似虎狼		邢台市	郊区	于秋涛		598495	229
19189	妹妹有句知心话		丰宁县	连桂村	李大宁	范桂春	598723	586
19190	香料歌		乐亭县	城关镇	魏秉桓	史德新、安瑞娥等	598399	381
19191	运河拉船号子		故城县	城关镇	孟振东		598344	290
19192	力无穷，法无边		廊坊市				598882	144
19193	小俩口拜年		崇礼县	石天子	薛富庆	孙汉章	598509	412
19194	棉花桃儿滴溜溜		唐县	张显口村	张荣霹	张德恩	598531	210
19195	砸矿石		巨鹿县				598372	124
19196	十二月打日本		涉县	城关	刘澄	冯光华	599009	750
19197	榆树林子区四景		平泉县	袁家店村	袁殿敏		598620	98
19198	最苦数童工		井陉县	北风山村	李春喜	李春来	598445	113
19199	织女歌		承德市	鹰手营子矿区	杜玉新	孙增琦	598361	352
19200	吃穿全靠两只手		承德市	上板城	丁治安		598596	133
19201	孩子醒了我哄着		沧县	固村	杜洽芳	董乾花、张桂诊	598516	201
19202	太阳不落照太行		河北		逸明		599117	138
19203	姑娘十二恨		海兴县	马庄村	马志营	崔云良	598460	1106

序号	篇名	民族	流传地区	采集地	讲述者	搜集者	数据库编号	字数
19204	新媳妇怕过冬		南和县	城关	刘氏	王德文	598473	251
19205	看见婆家村		栾城县	北陈村	郝建伍		598482	145
19206	姐儿逛灯		丰宁县	三扎拉村	李丰	张文枝	598656	812
19207	奶奶庙		张家口市	大境门	杨畅		599238	188
19208	小金鱼		围场县	复兴地	胡玉妹	胡玉翠	599361	140
19209	拍巴掌歌		曲阳县	南养马村	宋银庆	宋雪兆	599199	168
19210	小花猪		魏县	楼东村	成王氏	成兰芹	599354	109
19211	盖房歌		青县	大王庄	王庄忠	张法余	598378	373
19212	看情郎		行唐县	北张吾村	安老恒	杨振华	598787	942
19213	妈妈拿出两个桃		兴隆县	郭家庄村	阎瑞青	陈平	599156	140
19214	头头多了难干活		康保县	大萝卜村	杨畅	张玉	599107	139
19215	摇宝宝		邢台市	长征汽车制造厂	叶静	陈荣	599145	155
19216	人民战争放光芒		张家口市	茶坊区	杨裕	杨畅	599013	169
19217	喂饭歌		青龙县	隔河头乡	董占林	赵秘	599161	113
19218	打夯歌		景县	八里屯	周景文	陈兰英	598349	924
19219	棉花桃		武强县	王庄	王仙凤	张玉敏	599314	148
19220	祭戏台歌		万全县	城关镇	王德	张海泷	598703	288
19221	山麻雀		承德县	上板城	杨桂林	杨秀春	598519	367
19222	大公鸡		围场县	复兴地	胡尚华	胡玉翠	599358	112
19223	接外甥		保定市	大韩蒋村	王印泉	刘正祥	599313	197
19224	小咪猫		泊头市	泊头镇	马艳红	李泽有	599360	140
19225	劝懒歌		保定市	北市区	宋毅	张今慧	598592	127
19226	渔家忙		滦南县	南堡村	王九顺	黎恒	598331	168
19227	燕山歌		兴隆县				598305	128
19228	酒杯一端		成安县	何横城村	宋宁鹏		599112	94
19229	劝妇女		平山县				598991	251
19230	蹬洗脸盆儿			曲阳县、城关镇	沙柳	张静	599197	198
19231	过日子		承德市	承德财贸学校	王信	王和忠	598599	112
19232	拜庙歌		承德县	前庙乡	李亚琴	刘洪勤	598701	163
19233	二毛横行霸道		廊坊市				598852	91
19234	学徒苦		保定市	北市区	张祯		598446	133
19235	盘脚儿年	回族	保定市	北市区	王逸民		599202	219
19236	萁萁菜		魏县	苗村	苗青	冯文国	598449	191
19237	花椒树		完县	城关镇	战歌		598485	305

序号	篇名	民族	流传地区	采集地	讲述者	搜集者	数据库编号	字数
19238	郎望妹来妹望郎	满族	围场县	御道口	李占	胡尚华	598749	173
19239	打夯歌		宁晋县	城关镇	申栓平		598348	915
19240	纺织歌		肥乡县	城关镇	张东婷	张河民	598359	276
19241	凤山八景		丰宁县	凤山镇	吕国瑞	刘凤臣	598619	171
19242	小妞妞		河间县	孔务村	于香菊	马佩凤	599226	176
19243	红线线		三河县	城关镇	邢开红	马佩凤	599292	112
19244	爆破英雄李勇		保定市	北市区	孙佐培		599080	292
19245	心要真		廊坊市				598957	83
19246	小枣树叶叶多		满城县	东辛章村	朱凤瑞	李毅	598501	350
19247	哥俩参军		雄县	北关	刘树檀	李又可	598983	225
19248	地方特产歌		丰宁县	凤山镇	夏立娟		598618	107
19249	机关枪		石家庄市	平安小区	王青		599068	220
19250	戏牡丹		保定市	北市区	申杰	刘志一	598351	962
19251	义和团，红灯照		廊坊市				598870	90
19252	打野兔谣		张北县	三合庄	史永	戴世敏	598340	115
19253	各族人民一条心	蒙古族	沽源县	城关	桑吉斯仁	拉希扎木索	599134	121
19254	孩子随爹妈		唐山市	欢套村	何素兰	宋永秀	599244	167
19255	上梁歌		景县	东王庄	贾延堂	王景华	598691	393
19256	脸谱歌		蔚县	李家庄	田凤云	杨畅	598833	402
19257	清早把门开		威县	蒋庄	蒋成德	郑一民	598931	233
19258	麻雀战		泊头市				599046	100
19259	天皇皇，地皇皇		肃宁县	卫家庄	朱二蒙	尹东	598711	286
19260	撒床歌		宁晋县	城关镇	刘逢光	张四梅	598674	629
19261	媳妇不比闺女样		广平县	城关	王书英	刘社喜	598590	308
19262	婚礼仪式歌		宣化县	北城台村	姚金仓	朱青	598665	212
19263	十杯酒		平山县	郜家庄	张丰年	卢梅刚、程千里	598783	1134
19264	合婚属相歌		张家口市	茶坊区	杨畅		598679	397
19265	小放牛		冀中				598818	172
19266	纺织歌		曲阳县	管头庄	彭秀茹	翟爱文	598358	459
19267	豌豆角，两头翘		涿鹿县	城关	张爱英	张荫耕	599248	173
19268	叹不平		深县	西蒿科村	霍金禄	霍文元	598410	154
19269	王八窝里打哆嗦		张北县	城关	刘云	左宝	599059	165
19270	大刀队		廊坊市				598899	123
19271	某官长的“群众观点”		兴隆县	城关镇	朱呈云		599104	149

序号	篇名	民族	流传地区	采集地	讲述者	搜集者	数据库编号	字数
19272	拍豆荚		永年县	城关镇	李光藩		599185	132
19273	百花名		保定市	留守坟村	申杰	刘志一、肖钦鉴	598350	633
19274	簸簸箕		承德县	偏桥子乡文化站	王英杰	辛翠莲	599194	185
19275	令子（四首）		张家口市	王家寨村	杨占寿、潘守信等	杨畅	598677	3095
19276	老刁带领的县大队		辛集市	辛集中学	王青		599078	107
19277	货郎歌		宣化县	陈家房头台子村	张善巨	白明忠	598387	500
19278	吓得红毛夹尾巴跑		冀县	韩庄	韩大千	彭国英	598891	182
19279	南京反来“革命党”		保定市				598968	622
19280	草原上来了八路军		康保县	忠义乡丹木淖	李进宝	李常有	599006	116
19281	小板凳		固安县	大留村	傅超	刘英华	599186	114
19282	小扁担		固安县	柳泉乡	刘羽	刘英华	599283	139
19283	小姑贤		承德市	双桥区	杨天存	杨天在	598505	1385
19284	长工苦		滦南县	城关镇	肖凤义	王逸生、申毓德	598426	1141
19285	雁翎队		安新县			逸明	599029	419
19286	渔汛歌		滦南县	城关镇	解久安	黎恒	598333	319
19287	小柳和小妞		石家庄市	平安小区	王青		599232	144
19288	睡得着		丰南县	城关	朱继经		599148	91
19289	受气的媳妇		栾城县	郄马村	信越峰		598477	456
19290	想吃啥		石家庄市	井庙前头庄	王秋荣	焦建军	599278	213
19291	毛主席是咱大救星		正定县				599122	352
19292	五色旗		河北				598975	93
19293	矿工苦水流		井陉县				598443	184
19294	撒传单		唐山市				599055	188
19295	做双鞋子送情哥		蔚县				598799	1255
19296	名声在外		张家口市	茶坊区	杨畅		598642	304
19297	正月十五耍灯		怀安县	柴沟堡	孙孝美	李建萍	598652	235
19298	星星歌		平乡县	北李庄村	李俊改	李永朝	598817	450
19299	四辈儿扛长工		平山县	罗家会村	齐五妮	槐杨、英忠	598784	1858
19300	秧歌拜年歌		张家口市	桥西区	杨畅		598651	1356
19301	月亮圆		保定市	北市区	张宝玉		599371	127
19302	五更鼓		青县	城关镇		耿建华	599001	673
19303	小瓦刀		清苑县	后营村	梁寿山	肖钦鉴、霞光	598377	116
19304	献花		保定市	北市区	杜成娴		599073	318

序号	篇名	民族	流传地区	采集地	讲述者	搜集者	数据库编号	字数
19305	蒲公英		尚义县	南壕欠镇	张玉清	谭宝	599350	139
19306	洋人比那虎狼狠		定州市				598847	100
19307	耍大刀		廊坊市				598898	74
19308	夸俺正定赵子龙		正定县	东里双村	阎全保	阎世久	598803	176
19309	花喜鹊		张家口市	茶坊区	禾丰		599331	299
19310	买花线		香河县	刘宋镇	张贞	崔永生	599330	135
19311	蠓蠓哥上窗户		昌黎县	昌黎二中	齐志鸿		599165	139
19312	手		赤城县	马道口	郑有昌	李建海	599321	112
19313	拜佛		行唐县	口头镇	李桂娟	胡玉白	598715	352
19314	中央军，凶似狼		河北		柳野青		599092	307
19315	不怕洋枪炮		廊坊市				598895	125
19316	王祥卧冰		获鹿县	北寨村	许三妮	崔建益、张虎跃	598827	1026
19317	风情谣	满族	丰宁县	外沟门村	孙光裕		598641	313
19318	草地上		固安县	马屯小学	周凡	刘英华	599179	115
19319	上前杀		廊坊市				598896	94
19320	好山好水样样全		获鹿县	城关镇	赵翰章	崔建益	598629	151
19321	多打粮食供前方		邢台县	将军墓	赵清吉	马石民	598999	168
19322	打灶王		宣化县	陈家坊村	梁祥	梁廷爱	599239	133
19323	大海抱个小宝宝		抚宁县	麻姑营乡	韩守川	郭永春	599152	139
19324	小大姐		沧州市	新华街	李淑志	张于瑜	599276	361
19325	东山哥	蒙古族	平泉县	蒙古营子村	傅振兰	崔国志	598767	375
19326	交皇贡	满族	丰宁县	三间房村	张洪伦	刘福民	598421	238
19327	大刀快		廊坊市				598902	74
19328	上梁喜歌		新城县	杜村	范素花	陈文华、陈学文	598693	502
19329	拜堂歌		张家口市	茶坊区	任玉魁	普员	598668	168
19330	小兰花		卢龙县	李庄		冯正娟	598530	195
19331	铁矿工人十二月		张家口市	庞家堡区	张健	吕国荣、温夫	598441	758
19332	辘轳歌		宣化县	南关	王德富	温夫	598325	264
19333	生不丢来死不丢		承德县	下板城	朱瑞	邱志	598737	113
19334	春耕曲		青龙县	隔河头乡	王振恒	赵秘	598322	224
19335	睡觉觉	回族	保定市	新市区	李从陆		599143	206
19336	廊坊决战		廊坊市				598915	289
19337	只认洋人不认爹		廊坊市				598853	97
19338	小焦小肖练摔跤		张家口市	大境门	杨畅	杨青霞	599223	150

序号	篇名	民族	流传地区	采集地	讲述者	搜集者	数据库编号	字数
19339	领头就是大师兄		河北				598871	101
19340	月亮歌		元氏县	北关会村	杜夕慎	孙明振	599370	114
19341	求雨歌		涞水县	庄里	李万山	刘阜	598704	227
19342	沧州狮子定州塔		保定市	五四路	宋孟寅	许来渠	598627	116
19343	孟姜女哭长城		新乐县	木村	郭秀黄	黄六栓	598811	2589
19344	卖画歌		张家口市	茶坊区	李宝柱		598391	392
19345	划拳歌		张家口市	下花园	李建萍	张进喜	598719	1113
19346	庄稼好		赵县	城关镇	张文忠	王建锋	599340	177
19347	大兴如同阎王殿		石家庄市				598444	101
19348	要饭歌		栾城县	城关镇	张存环		598450	161
19349	先剁脑袋后剁腔		威县	固献村	宋老盖		598929	83
19350	石榴婆婆		围场县	城关镇	胡桂芹	胡玉翠	599352	125
19351	四季歌		曲阳县	中佐村	高九彦	张今慧	598311	345
19352	身穿一身红		廊坊市				598888	117
19353	金蛋蛋银蛋蛋		邢台市	郊区	贾书敏		599324	213
19354	姑娘缠的是情人		保定市	赵家庄	赵冉氏	张今慧	598748	114
19355	剪指甲		固安县	固安镇	魏小梅	刘英华	599325	140
19356	下窑		唐山市	开平区	云生	刘效来	598440	107
19357	小两口争灯		承德市	营子矿区	刘艳洁	栾志宏	598513	1558
19358	儿子分家		抚宁县	台营乡	钟铁华	郭永春	598523	108
19359	寡妇难		栾城县	苏邱村	张存环		598562	201
19360	三国叹十声		青龙县	楼丈子乡	周玉生	金永强	598802	730
19361	调料歌		乐亭县	城关镇	李文治	何宗禹、李东续	598400	709
19362	梁山伯下山	满族	滦平县	王营子乡	那子科	葛守才	598813	745
19363	摇摇摇		阜平县	城关	杨进莲	顾金兰	599151	155
19364	追得鬼子没处窜		廊坊市				598922	101
19365	大公鸡		赵县	东晏头村	周停子	陈武	599289	125
19366	打打打狮子头		赵县	城关镇	梁根昌、邢华珍	梁红	598706	161
19367	小麻雀		张家口市	禾丰	杨裕		599320	168
19368	时辰歌		承德县、上板城		胡堂文	丁治安	598608	385
19369	撇白菜		平山县	杏树湾村	阎三妮	程千里、卢梅刚等	598824	3081
19370	酒令歌		承德市	铁路公寓	吴明	王连珍	598718	674
19371	干姜调		乐亭县	城关镇	姚德	何宗禹	598406	378

序号	篇名	民族	流传地区	采集地	讲述者	搜集者	数据库编号	字数
19372	寡妇难		鸡泽县	城关	许文学		598560	835
19373	小女婿尿床		魏县	梁河下村	高振生	高清怀	598542	370
19374	花蝴蝶		承德市	双桥区	孙劭非	蓝梦	599362	252
19375	巧媳妇擀面唱古人		宁晋县	城关	王振彪	史凤山、王金锁	598830	1249
19376	一刀--个都完蛋		廊坊市				598920	201
19377	梨儿不要提		栾城县	榆林村	张冬岭		598776	160
19378	号房		安新县	安州镇	张锡平	范法柱	599004	319
19379	从今后不受气		廊坊市				598961	101
19380	开会		宁晋县	城关镇	石运通		599100	139
19381	喝水不忘打井人		怀安县	柴沟堡镇	王翠娥	任永清	599126	141
19382	天地经		邢台市	文庙街	苏如林	范玉琪、张香娥	598713	333
19383	下亲歌		张家口市	王家寨村	杨占寿、张万选	杨畅	598661	2053
19384	敬天		献县	城关	刘魁荣	孟庆安	598697	168
19385	狼牙山五壮士		易县	中北奇村	马德山	张良	599076	552
19386	华华和红红		张家口市	茶坊区	丁翠珍	魏佩娟	599221	188
19387	女儿行孝		灵寿县	胡家庄	胡保祥	胡梦林	598583	1633
19388	为了一块大山药		河间县	保定市环城东路	张晓东		598855	272
19389	小日本儿		怀安县	第六屯村	李桂兰	李建萍	599070	115
19390	都山高又高		宽城县		蒋名玉	青怀	598423	472
19391	催眠谣		石家庄市	平安小区	王青		599142	146
19392	哭爹娘		邢台市	邢台电厂	徐夫子	徐华英	598689	462
19393	小花狗		丘县	城关镇	王金山		599235	101
19394	小姑不贤良		邯郸县	丛南村	刘凤芹	石克俊	598494	214
19395	问答歌		张家口市	荣坊区	杨畅		599206	222
19396	结婚喜歌		景县	城关	陈竹云		598663	415
19397	伤员藏在我心上		广宗县	西常屯	刘明梅	常磊	599025	111
19398	责任制		正定县	东里双村	阎保全	阎卉久	599137	113
19399	慰劳歌		张家口市	茶坊区	姚震清	张海泷	598998	228
19400	十二棵树		张家口市	下花园区	池有福	霍佳模、温夫	598834	813
19401	揣包包		宁晋县	城关	刘勤之		599286	99
19402	百团大战		井陉县	七狮村	毕俊	焦志军	599011	252
19403	猜一猜		承德市	上板城	黄福生	谢春生	599193	468
19404	青石头青		获鹿县	东关	赵翰章	崔建益	598420	151
19405	破路		灵寿县	丑泥口村	范振铭	范银平	599044	359

序号	篇名	民族	流传地区	采集地	讲述者	搜集者	数据库编号	字数
19406	妈妈给你打秏秏		蔚县	城关镇	王庆云	王艳萍	599141	142
19407	拍手谣		昌黎县	槐冯庄	冯瓦	秦宝璋	599200	339
19408	吊丧歌		馆陶县	城关镇	姚之华	张广岳、曹广东	598684	200
19409	四头八节		怀安县	城关镇	王尚清	张进喜	598645	217
19410	抓石子歌		抚宁县	柳各庄村	柳秀梅	陈冀萍	599205	337
19411	孩子你别哭		承德县	下板城	陈自安	陈树田	599157	168
19412	干啥也不成		元氏县	张掖村	牛春芳	王孟表、李书味	599332	257
19413	纳鞋底		迁安县	城关	霍玉英	刘军	599003	204
19414	河北名产歌		丰宁县	选营中学	孙星	陈明星	599373	338
19415	叫魂		邯郸县	石坡村	李蜜的	卜增山	598712	216
19416	打夯歌		正定县	东黑双村	阎全保	阎世久	598356	333
19417	祝酒歌	蒙古族	沽源县	蒙古营	桑吉斯仁	拉希扎木索	598716	197
19418	要杀洋鬼不费难		廊坊市		刘焕荣	杨震望	598939	146
19419	祭灶歌		馆陶县	城关镇	张广岳	曹广东	598698	444
19420	老母搬家		曲阳县	城关	高凤英	张今慧	598522	224
19421	再往前走难上难		廊坊市		韩永宽	杨震望	598940	133
19422	“研究”歌		邯郸县	石坡村	李增有	卜增山	599111	104
19423	八仙拜寿		栾城县	城关	乔大新	李予	598819	332
19424	扛活人今昔		昌黎县	钱庄子乡东钱庄	支文		598432	1286
19425	茉莉花		南皮县		周树堂	司培勋	598816	369
19426	绣灯笼		昌黎县	大蒲河村	曹玉俭	刘烨、刘德昌	598837	505
19427	又怕乡亲闲话多		徐水县	城关	王淑荣	王建中	598753	111
19428	庚子年闹梅花		临西县	小芦村	马任龙	郑一民	598932	113
19429	小寡妇骂天		获鹿县	南关	赵翰章	崔建益	598570	153
19430	花椒调		乐亭县	城关	姚德	何宗禹	598405	391
19431	渔民乐		安新县				598332	294
19432	百姓起了火		廊坊市				598867	116
19433	洞房祝愿歌		景县	杜桥	吴俊英	陈秉田	598670	134
19434	五更情歌		成安县	城关镇东街	王玉生	李国强	598780	343
19435	大逛灯		景县	城关镇	孙义田	龙熏、高居义等	598655	302
19436	矿工血泪流成河		张家口市	下花园煤矿	温袭祥	王立军	598442	116
19437	参军歌		深泽县	辛集中学	青野		598982	117
19438	盼到小年起五更		阜平县				598763	258
19439	十杯茶		昌黎县	城关镇	梁明	刘德昌、王来雨	598984	378

序号	篇名	民族	流传地区	采集地	讲述者	搜集者	数据库编号	字数
19440	天不怕地不怕		廊坊市				598868	101
19441	反打锤		蔚县	城关	张庆云	田永翔	599268	277
19442	光棍难		涞源县	城关镇沿村	苏维成	张玺	598554	916
19443	逗孩歌		阳原县	马圈堡	袁桂莲	孙建永	599175	112
19444	七个果子摆七样		唐山市	开平区	陈涛	陈菊艳	599335	152
19445	指天星		丰宁县	大阁镇	阎建华	杨希瑞	599366	105
19446	打冰嘎	满族	丰宁县	大阁镇	刘志红	刘新茹	599213	202
19447	豁上性命和你交		张家口市	茶坊区	王军	柴扉	598743	421
19448	财主一见就发慌		辛集市				598844	126
19449	炸得鬼子尸不全		围场县	城关	杜福运	孟阳	599051	111
19450	欠债谣		满城县	村柳家佐	袁增天	李毅	598415	94
19451	别看刘三岁数大		廊坊市				598918	101
19452	种西瓜		乐亭县	湾坨村	李锡珍	何宗禹	599307	145
19453	教孩歌		张家口市	郊区	杨畅		599178	138
19454	租种两亩田		香河县	刘宋镇	刘有仁	崔永生、张和华	598425	109
19455	粮宝倒有全不交		廊坊市				598880	101
19456	砍得越多越解恨		廊坊市				598942	229
19457	做早操		保定市	新市区	吴树青		599323	131
19458	黎民苦		广宗县	城关镇	景老林	刘保华	598409	126
19459	妓女悲秋		灵寿县	胡家库	赵早妮	胡梦林	598455	650
19460	拒马河，靠山坡		易县				598309	381
19461	太阳的光芒万万丈		河北				599121	157
19462	巧神姑		威县	刘庄	刘树凯	郑一民	598935	110
19463	要饭歌		鸡泽县	焦佐营村	蔡其昌	吴续恩	598451	202
19464	养济院花子谣		丰宁县	凤山镇	戴发	李金刚	598452	188
19465	积少成多谣		涿鹿县	赵家蓬村	何为	杨云	598602	214
19466	打死洋鬼插红旗		廊坊市				598941	73
19467	种南瓜		固安县	北马小学	林杨	刘英华	599344	128
19468	义和团的刀枪		廊坊市				598907	93
19469	顺德府名胜歌		邢台市	邢台发电厂	徐芳	徐华英	598630	235
19470	神团保江山		河北				598875	90
19471	小小子摆席		赵县	解家寨	李顺姐	张亚娟	599333	292
19472	剜掉邪教根		威县	刘庄	刘树凯	郑一民	598936	114
19473	白芷歌		乐亭县	大尖坨村	李文治	何宗禹、史德新	598404	300

序号	篇名	民族	流传地区	采集地	讲述者	搜集者	数据库编号	字数
19474	新九九歌		新城县	城关镇	张拱臣		598319	215
19475	数腿儿		保定市	南市区	邵梅		599336	133
19476	狼打柴狗烧火		孟村县	泊二庄	李淑贞	张抒云	599263	160
19477	十等人		抚宁县	北寨乡	金百柱	韩宝华	599115	363
19478	十大名食品		张家口市	茶坊区	杨畅		598623	195
19479	隋炀帝下扬州		抚宁县	大曹各寨村	杜显庆	庞立杰、张利华	598805	649
19480	山丁子树开白花	满族	承德市	双桥区	刘国勤	刘树平	598499	313
19481	矬大哥，矬大姐		赵县	大寺庄	张永均	郑江林	599252	675
19482	红丝线		正定县	城关	贾温	贾领玉	599181	166
19483	有理无钱少进来		丰宁县	大阁镇	白静云	杨希瑞	599090	128
19484	红灯照，杀洋毛		廊坊市				598887	87
19485	闹元宵		安国县	沙头村	谢文义	彭学英	598653	437
19486	点艳艳		阳原县	黄土染	李兵	孙建永	599173	155
19487	谁馋嘴，谁吃屁		邢台市	邢台电厂	丁喜芳	徐华英	599163	242
19488	打保运船		安新县	李庄子村	李永鸿		599031	610
19489	童养媳		丰宁县	山嘴乡东滩村	杨秀恩	杨宝珠	598537	323
19490	清朝太无能		安国县				598862	96
19491	哈叭狗		张家口市	桥西区	杨畅		599247	242
19492	“字”酒令		晋县	周头村	尹双活	韩文敏	598720	1354
19493	拉大锯		承德市	市区	王倍	杨永利	599171	250
19494	穷人不怕拿破仑		威县	固献村	宋老盖	郑一民	598865	89
19495	好闺女儿		张家口市	茶坊区	杨畅		599299	154
19496	回汉一家人		廊坊市				598960	94
19497	捡棉花		昌黎县	大蒲河村	曹玉俭	刘德昌、刘荣德等	598328	435
19498	砸字钱		怀来县	沙城	韦秀花	卢云龙	599072	206
19499	摞板凳		石家庄市	郊区塔冢村	刘淑宵	冯未山	599274	349
19500	景廷宾起义		广宗县		祝永其	聂志祥、王培运	598933	1461
19501	纺织歌		栾城县	宋村	张荣	李予	598357	532
19502	一朵金花一个瓜		围场县	城关镇	胡桂芹	胡玉翠	599345	112
19503	节振国		唐山市	开平区	节老金	刘效来	599075	272
19504	没有汉们怎么睡		威县	城关镇	刘淑英	李双旭	598572	155
19505	卖水银渣		赵县	丁村	李成果	李晶伟	598397	342
19506	上阵来		廊坊市				598897	82

序号	篇名	民族	流传地区	采集地	讲述者	搜集者	数据库编号	字数
19507	小寡妇哭夫		行唐县	口头镇	李现文	胡玉白	598569	1084
19508	跑堂谣		南和县	白佛村	阎老进	沈良琴	598395	366
19509	小茴香歌		乐亭县	大尖坨村	李文治	何宗禹、史德新	598402	237
19510	生产大糊弄		张家口市	茶坊区	张海培		599099	119
19511	敬奶奶		张北县	城关镇	刘爱	凌霜、宝柱	599183	174
19512	儿童团四季歌		邢台县	浆水镇	郭明林	郭明臣	599062	281
19513	妈妈担水我烧火		鸡泽县	城关	杜明银	清流	599302	212
19514	杀得洋人上了垛		廊坊市				598919	131
19515	石榴树		广平县	泊大村	王玉英	广文	598484	324
19516	童工十二月叹		兴隆县	城关镇	朱兰云		598447	728
19517	躲债谣		抚宁县	吕良峪乡华庄	华庆云	陈新民、陈艳敏	598414	240
19518	铁饭碗干部		承德市	避暑山庄	蒋子龙	王舜	599102	108
19519	念丧歌		涞源县	沿村	苏维成	张玺	598682	307
19520	童养媳		抚宁县	义院口村		赵士存	598536	206
19521	巧巧学话		万全县	孔家庄镇	倪常有		599222	225
19522	崔哥上工		遵化县	城关镇	孙朝阳	张宝山、王俊臣	598785	1206
19523	地雷阵		获鹿县	小毕村	付梅祥	付梅祥	599034	141
19524	论亲还是结发妻		肥乡县	河头堡村	曹秀珍	杨俊月	598508	385
19525	老子不死你敢嫁谁		石家庄市	郊区子小村	梁会欣		598547	215
19526	二十四节令歌		涉县	丁戌村	李双河	王福榜	598315	343
19527	飞虎队〓真少找		冀南			柳野青	599028	206
19528	蝈蝈斗蛐蛐		涞水县	秋兰村	孔庆福	许桂凤	599265	398
19529	敬老院老人的話						MX006494	
19530	今年春独早						MX006494	
19531	举杯先敬毛主席				孙秉廉		MX006494	
19532	钢铁工地小景						MX006494	
19533	白扇诗				桑兆〓、郭绍金		MX006494	
19534	天上一颗星				陈石		MX006494	
19535	写信給毛主席				朱文宝		MX006494	
19536	采药谣				赵木		MX006494	
19537	焰火颂				峭石		MX006494	
19538	春风得意马蹄疾						MX006494	
19539	剪窗花				张步高		MX006494	
19540	江边长起路一条				王发幼		MX006494	

序号	篇名	民族	流传地区	采集地	讲述者	搜集者	数据库编号	字数
19541	幸福生活万年长				张建民		MX006494	
19542	满堂赛诗倍有劲			建宁	黄稻		MX006494	
19543	公社春常在				张恩浩		MX006494	
19544	把天顶破也无妨				路景贤		MX006494	
19545	跃进歌声处处响						MX006494	
19546	驾云上天河						MX006494	
19547	炉炉金银胜宝盆				陶冶		MX006494	
19548	嫂嫂				王子尚		MX006494	
19549	歌海港区赛诗会				陈浩生		MX006494	
19550	歌不完的歌				张振林		MX006494	
19551	东方太阳火样红				姚迸龙		MX006494	
19552	花香随风飘天下				李国军		MX006494	
19553	夸公社				周才湘		MX006494	
19554	太阳暖心房				魏林		MX006494	
19555	肥堆哈哈笑				文雅		MX006494	
19556	公社好						MX006494	
19557	劳动歌声震山川						MX006494	
19558	渔游山巅兴致高			保定石油公司	阴印海		MX006494	
19559	梯田赞			柳左乡	王济成		MX006494	
19560	百代诗人不如今			保定	王哲民		MX006494	
19561	颂铅字				刘庆五		MX006494	
19562	个个麦囤比天高				邢遵典		MX006494	
19563	万担粮食跑进囤				乔立兴		MX006494	
19564	浇麦				周士杰		MX006494	
19565	施肥				周士杰		MX006494	
19566	送粪为了多打粮				刘文谦		MX006494	
19567	大妈念信				何兆吉		MX006494	
19568	俺们时时依靠你				张梦君		MX006494	
19569	一夜			肥乡东张庄	李夏平		MX006494	
19570	工具改革出奇=				时陶		MX006494	
19571	摘个太阳进洞来				陈洪声		MX006494	
19572	白云上面筑长城				阳朝骥		MX006494	
19573	开进深山把矿挖				赵明琛		MX006494	
19574	捕鱼舟						MX006494	

序号	篇名	民族	流传地区	采集地	讲述者	搜集者	数据库编号	字数
19575	桑园						MX006494	
19576	果树						MX006494	
19577	葡萄架						MX006494	
19578	缝手套				张北		MX006494	
19579	做活当中分阶级				范海亮		MX006494	
19580	黄河哪敢不听话			三门峡	刘泽木		MX006494	
19581	云彩没有稻谷多			镇平	马金焕		MX006494	
19582	深翻			偃师	耕夫		MX006494	
19583	敬老院里三棵松						MX006494	
19584	今日河水来浇花				彩萍		MX006494	
19585	俺乡幸福胜天堂				凤池		MX006494	
19586	压岁钱				久春		MX006494	
19587	大玉米			怀安第三堡小学	常英		MX006494	
19588	积肥大红花				陈道华		MX006494	
19589	麦惠扫落天上星				贾子斌		MX006494	
19590	颂一九五八年				赵淑青		MX006494	

史诗

河北卷

史诗

作为民间文学亚类的史诗，是一种以传说或历史为题材的长篇叙事诗，内容通常为本民族形成时期的重大事件，如王国创立、抵御入侵、对外征伐、民族迁徙等。

在民间文学诸类型中，史诗规模最为宏伟，短则数千行，长则数万行甚至数十万行，有些史诗更是长达数百万行。

史诗诞生于民族历史的早期，是神话时代向英雄时代过度的产物。最初可能以短歌的形式在口头流传，经过历代民间艺人的不断加工与再创作，最终演变为大型叙事诗。

作为民族文化的重要组成部分，史诗主人公通常为民众集体记忆中的杰出人物，身上往往兼具神与人的血统，因而呈现出半神半人的特点。史诗的主要情节，便是讲述在英雄祖先的带领下，民族艰难创业的伟大历程。

艺术手法方面，由于最初系口头演述，兼之体制十分宏伟，因而史诗典型地体现出程式化特点，相同句式反复出现，同一套修饰语可以重复运用在不同人物上面。

史诗可以从不同角度进行分类，比如文人史诗与民间史诗、书面史诗与口传史诗（活态史诗）等。目前国内比较通行的办法，是从内容出发，将史诗分为英雄史诗（讲述英雄祖先的赫赫战功）、创世史诗（讲述英雄祖先开天辟地的丰功伟绩）和迁徙史诗（讲述英雄祖先因天灾人祸带领本民族长途迁徙）三类。本《总目》对于史诗的划分，也是依据这一方法。

受文化偏见的影响，西方学界过去一度认为中国没有史诗。20世纪50年代以来，随着大陆地区民间文学调查的开展，在中国境内发现了大量史诗，其中最为著名的，是藏族英雄史诗《格萨尔王传》、蒙古族英雄史诗《江格尔》和柯尔克孜族英雄史诗《玛纳斯》。此外，在中国西南地区民族中间，也发现众多创世史诗与迁徙史诗。

本《总目》收入的“史诗”篇目，基于“中国口头文学数据库”一期工程录入的作品。由于中国汉民族是否有史诗尚存在很大争议，因而收入《总目》的史诗主要集中在中国少数民族地区。

（苏永前）

序号	篇名	民族	流传地区	采集地	讲述者	搜集者	数据库编号	字数
无	无	无	无	无	无	无	无	无

民间长诗

河北卷

民间长诗

这里说的民间长诗（长歌），主要是指流传在我国各民族各地区的除史诗而外的民间叙事长诗和民间抒情长诗。

民间长诗是群众习惯说法。顾名思义，民间长诗一般篇幅都比较长，短者一二百行，长者达一千行以上，都以韵文的形式在民间流传。

民间长诗是在民间抒情短歌的基础上发展起来的。一般来说，民间长诗都是抒情中有叙事，叙事中有抒情。以叙事为主，有人物有情节的，称民间叙事诗，如《阿诗玛》《召树屯》等；以抒情为主，无故事情节的，称民间抒情诗，如《逃婚调》《哭嫁歌》等。

我国是一个多民族的国家，除汉族外，还有55个兄弟民族。我国大多数民族都有本民族的民间长诗（长歌）。长期以来，它以独特的传承方式，在民间广为流传，深受广大人民群众喜爱。但由于种种原因，在旧时代，他们长期被埋没。

1949年后，在党和人民政府的关怀和重视下，我国民间文学工作者不辞辛苦，深入各地区特别是边远的民族地区，克服种种困难，对我国各地区各民族的民间长诗进行普查和搜集整理，取得丰硕的果实，据不完整统计，我们已搜集整理出版（包括内部）各类民间长诗达千部以上。不仅数量多，而且质量也高。有不少民间长诗是置之世界文学之林也毫不逊色。它无疑是一宗最珍贵的民族文化遗产。

我国民间长诗蕴藏极为丰富，但分布并不均衡。如将其分布情况绘成地图的话，以西南、西北为最，东北次之，中原和沿海地区又次之。这可能由于西南、西北地处祖国边陲，交通部发达而中原和沿海地区交通和文化都比较发达的缘故。

直到现在，河北还没有发现民间长诗，有两种可能，一是已经失传，二是因埋藏很深，所以至今还未被人们发现。

（杨亮才）

序号	篇名	民族	流传地区	采集地	讲述者	搜集者	数据库编号	字数
无	无	无	无	无	无	无	无	无

谚语与歇后语

河北卷

谚语与歇后语

从民间语类看，谚语与歇后语是不同的体裁类别，但因其文本的条目特征相近，所以入编本《总目》时合编在同一章节内。

谚语是指民间集体创造、广为口传、言简意赅并较为定型的艺术化语句，是民众丰富智慧、普遍经验的规律性总结。其内容，富有经验性、哲理性，部分谚语还有阶级性、时代性；其形式，具有口语性、精炼性、艺术性，以至地域性、民族性；其使用，具有实践（实用）性、俗传性（群众性）、讽劝性、训诫性。谚语兼具义蕴博、形式精、用频高的特点，流传久远，独放奇葩。民间谚语浩如烟海，总量难详：20世纪80年代，历时六年的全国民间文学普查中收录了250余万条；《中国谚语集成》30卷本，收录了40余万条。

歇后语谐称“俏皮话”，是由喻体、解体连缀而成的较为定型的趣味性语句。喻体为假托语，具有比喻、引子的功能，类似谜面；解体为目的语，作说明、注解，类似谜底。运用时，前借喻体，后引解体，通常两体并陈，但也可只喻略解。歇后语以轻松活脱、幽默俏皮见长，特别能展现民众旷达乐观、机智幽默的精神风貌，是民众最喜欢用的俗语，脱口而出，一鸣“愉”人。或者正因如此，它多用在比较轻松的语境中，心理愉悦，直言无忌，活脱“俗化”，有部分甚至涉嫌“庸俗”。

谚语、歇后语皆太过海量，内容、流布太过纷繁，很难过细分类，如歇后语不乏一解双喻、多喻，立意关键要看解体。本《总目》借“数据化”之便，将所收语条简要分类，概构框架，力揽其详。

（李耀宗）

序号	篇名	民族	流传地区	采集地	讲述者	搜集者	数据库编号	字数
1	猪八戒照镜——里外不是人				张文学	张景社、张良术	53046	708
2	癞蛤蟆想吃天鹅肉				刘爱男	李树林	53041	563
3	王莽害刘秀——前世有冤				邓云霞	邓云霞、杨畅	53031	1133
4	茶壶里煮饺子——心里有数				梁相	梁廷爱	53032	412
5	大水冲了龙王庙				张运才	张于扬	53043	1695
6	刘秀走南阳，走一国败一国				梅盛玖	梅迎春	53038	1171
7	周公枣好吃难消化				梅杨氏	梅迎春	53027	1977
8	在数的难逃				卢张氏	卢云龙	53035	1401
9	坐轿嚎丧，不识抬举				梅杨氏	梅迎春	53028	586
10	狗咬吕洞宾，不认识好赖人				胡存堂	张良术、建兵	53045	911
11	张飞卖刺猬——人刚强货扎手				牛子鸣	赵相如、杨畅	53030	1908
12	大水冲了龙王庙				杨进元	李志强	53044	696
13	赵匡胤赌钱——输打赢要				卢桂荣	卢云豹	53033	981
14	孔圣人写书——受女人度化				柴森	赵相如、杨畅	53026	882
15	高麻子当村长——办不到				高志贵	刘戎声	53048	476
16	病好打郎中——恩将仇报				李倩莲	张良术、蒋峻坪	53040	1030
17	水厂寡妇——一阵一阵地				刘成龙	刘永来	53039	844
18	张果屯的鸡——早鸣				周拴	刘凌霜、禾丰	53036	772
19	姜子牙算卦——凶吉富贵				赵连旺	刘润书	53029	539
20	几个歇后语的来历				周满、周永等	阎春林	53049	1163
21	二十九军的大片刀				吴廷连	卢云龙	53047	992
22	包公的儿、拗烈子				卢桂荣	卢云龙、杨云	53042	751
23	歇后语		河北	保定市、安国县、保定市		孙佐培、白锋等	188976	7646
24	涉县歇后语						301411	161
25	歇后语			刘双塔村			321885	248

序号	篇名	民族	流传地区	采集地	讲述者	搜集者	数据库编号	字数
26	歇后语					王玉芬、王日方等	430837	417
27	歇后语						570376	265
28	歇后成语					王惠峰	594372	332
29	歇后语					段新兴	594404	375
30	村名歇后语					段新兴	594393	140
31	社交类						13887	444
32	生活类						13888	562
33	事理类						13885	1601
34	时政类						13884	2017
35	杂类						13890	679
36	修养类						13886	1570
37	自然类						13889	2508
38	其他类		完县			陈宁涛、齐彦彬等	14091	371
39	自然类						14089	1599
40	生活类						14088	2525
41	时政类						14084	1712
42	社交类						14087	759
43	修养类						14086	750
44	事理类						14085	2521
45	生产类						14090	940
46	生产、生活类谚语						28862	127
47	事理、规戒类谚语						28861	7163
48	注释						28865	1140
49	时令、气象类谚语						28863	1720
50	谚语搜集者						28864	2992
51	事理类						30538	6016
52	修养类						30540	7154
53	生产类						30543	3771
54	其他					张爱民、马良驹等	30544	728
55	社交类						30541	1576
56	时政类						30537	7102

序号	篇名	民族	流传地区	采集地	讲述者	搜集者	数据库编号	字数
57	自然类						30542	4739
58	生活类						30539	4627
59	民间谚语					张健民	31896	129
60	谚语					阎荣生	31893	290
61	真理						35484	395
62	实践						35485	237
63	医药						35504	516
64	个人						35495	276
65	训教						35500	126
66	是非						35487	2262
67	牧业						35510	581
68	敌我						35483	92
69	祖国						35480	331
70	学习						35491	211
71	林业						35509	184
72	家乡						35481	217
73	智慧						35492	1480
74	团结						35496	717
75	谦慎						35493	432
76	其他						35511	119
77	知识						35486	276
78	婚恋						35503	444
79	阶级						35482	161
80	勤俭						35502	205
81	气象						35507	210
82	幸福						35501	305
83	谈吐						35499	457
84	农业						35508	896
85	工作						35497	207
86	胆识						35490	418
87	时令						35506	554
88	保健						35505	265
89	德行						35489	230
90	理想						35488	348

序号	篇名	民族	流传地区	采集地	讲述者	搜集者	数据库编号	字数
91	商业						35498	296
92	集体						35494	66
93	事理类						45700	1306
94	其他						45705	2523
95	自然类						45699	1726
96	生产类						45698	786
97	社交						45703	2208
98	时政类						45702	1147
99	生活类						45704	3347
100	修养类						45701	1219
101	生活类						46171	1156
102	生产类					郭青林、张胜桥等	46173	822
103	修养类						46169	967
104	事理类						46168	748
105	自然类						46172	1184
106	社交类						46170	1236
107	谚语						47182	2332
108	识遍天下字，读尽人间书				杨占魁	杨畅	53021	577
109	路遥知马力，日久见人心				田运志	陈连忠	53015	485
110	人为财死，鸟为食亡				李占财	李田峰	53018	1130
111	师父领进门，学艺在个人				殷明真	顾建中	52994	780
112	虎无伤人心，人有害虎意					梅文清	53012	1929
113	不说庄稼好，必定吃得饱				郑有昌	李建海	53025	2009
114	量小非君子，无毒不丈夫				张运才	张于杨	53005	1762
115	仙人一昼夜，世上五百年				马天明	武满山	53006	647
116	饥饭甜如蜜				张润勤	梁挺爱	53003	1190
117	三个臭皮匠赛过诸葛亮				柴森	赵相如	52993	599
118	人不可貌相，海水不可斗量				陈祥	梁挺爱	53007	616
119	好马不备双鞍，烈女不嫁二男				兰彭起	兰文种	53024	1450
120	饥饭甜如蜜，饱了蜜不甜				张吉云	武满山、张进善	53004	1398

序号	篇名	民族	流传地区	采集地	讲述者	搜集者	数据库编号	字数
121	各自打扫门前雪，莫管旁人瓦上霜				王大全	陈连忠	53014	1067
122	王祥卧冰卧出鱼，李学卧冰扯下皮				刘英	刘永海	52997	477
123	宁吃过头饭不说过头话				梅杨氏	梅迎春	52995	912
124	但行好事，莫问前程				王进升	赵步峰	53009	1239
125	银子不顶饭，财主求穷汉				申龙华、杨占熏	兰文种	52999	1077
126	长孙膑，短庞涓				董云雨	顾胜勇	52996	930
127	人外有人，天外有天				兰彭起、李宽	兰文种、刘玉宝	53020	1676
128	有志（智）不在年高，无志（智）空活百岁					禾田	52992	1956
129	人无害虎心，虎无伤人意				米玉花	任永清	53011	811
130	有志不在年高				李明立	宋世梅、杨畅	52991	884
131	饿死老娘，不吃籽璃				米玉花	任永清	53017	1120
132	知足常乐与乐极生悲				梁录	挺爱	53000	1436
133	亡人盖纸被，一辈留一辈				李长青	赵相如	53022	1734
134	画龙点睛与放虎归山				梁相	梁挺爱	52998	1132
135	一辈传一辈，孙子传国弟				王喜忠	王忠新	53019	1398
136	但行好事，莫问前程				李宽	兰文种、刘玉宝	53008	598
137	路遥知马力，日久见人心				王功	李燕	53016	1108
138	不读哪家书不知哪家理				孙秀锦、朱盘	李志强	53001	2181
139	劳民伤财				王喜忠	王忠新	53013	2286
140	吃不穷，喝不穷，盘算不到要受穷				白桂英	韩炜、尚学	53023	749
141	人有害虎心，虎有伤人意				刘海	王忠新	53010	610
142	丁是丁，卯是卯				杨裕	梁挺爱	53002	791
143	谚语						61135	707
144	谚语					刘悦民、阎铁鹰等	63350	915
145	家庭伦常						66914	3228
146	畜牧养殖						66927	1742
147	时令						66921	2720
148	祖国、家乡						66895	500
149	胆识						66906	938

序号	篇名	民族	流传地区	采集地	讲述者	搜集者	数据库编号	字数
150	谨慎						66908	781
151	工作						66911	214
152	子女教育						66918	941
153	学习						66907	2903
154	阶级、敌我						66896	351
155	集体、团结						66909	972
156	智慧						66905	739
157	其他						66920	1122
158	爱憎						66902	3115
159	持家经营						66916	1131
160	训教						66913	1080
161	卫生保健						66919	545
162	天文						66922	279
163	谈吐						66912	266
164	气象						66923	1754
165	工商及其他						66928	6750
166	恋爱婚姻						66917	853
167	真理、规律						66898	96
168	物候						66924	396
169	林谚						66926	350
170	衣食住行						66915	385
171	理想、立志						66903	1948
172	个人、交游						66910	591
173	政策、世态						66897	853
174	实践						66900	533
175	农谚						66925	876
176	德行						66904	311
177	是非						66901	1359
178	思维						66899	683
179	生产类					刘怀山、元英振等	69477	887
180	自然类					刘怀山、元英振等	69476	696

序号	篇名	民族	流传地区	采集地	讲述者	搜集者	数据库编号	字数
181	修养类					王江书、岳莲婷等	69473	434
182	事理类					侯正儒、张自民等	69472	702
183	生活类					侯正儒、张自民	69475	527
184	社交类					侯正儒、岳莲婷等	69474	614
185	时政类						71418	2534
186	农事类						71416	5301
187	社交类						71421	2533
188	谜语						71428	2948
189	气象类						71417	553
190	哲理类						71420	1674
191	大事记						71430	1586
192	道德类						71424	1667
193	民俗类						71422	1485
194	生活类						71419	3998
195	从谚语“病从口入”谈保健						71413	4471
196	修养类						71423	1349
197	生意经						71425	1620
198	谜底						71429	4538
199	歇后语						71427	1190
200	信息之金						71412	3407
201	保健类						71426	5426
202	时令谚语						74529	62
203	理事谚语						74531	203
204	生产谚语						74530	572
205	规戒谚语						74532	199
206	天文谚语						74528	121
207	戏曲艺术篇						78800	3791
208	学习志向篇						78798	2321
209	天气物象篇						78794	5136
210	婚姻养育篇						78802	848

序号	篇名	民族	流传地区	采集地	讲述者	搜集者	数据库编号	字数
211	经商贸易篇						78799	1833
212	农时节令篇						78793	3173
213	农林畜牧篇						78795	9102
214	卫生健身篇						78801	4332
215	社会哲理篇						78796	187
216	修养训诫篇						78797	8262
217	商业						102443	677
218	时令						102429	2089
219	训教						102421	1456
220	阶级						102399	2954
221	保健						102428	1855
222	医药						102427	2600
223	工作						102419	1186
224	敌我						102400	619
225	爱憎						102409	2817
226	抗争						102401	973
227	园艺						102441	2
228	家政						102422	5364
229	邪风						102403	3075
230	气象						102431	1222
231	农业						102435	3603
232	农业						102433	4657
233	团结						102418	4142
234	渔业						102440	2648
235	幸福						102423	1534
236	真理						102405	4764
237	谈吐						102420	1539
238	思维						102404	1981
239	集体						102416	572
240	副业						102439	2319
241	家乡						102398	2190
242	勤俭						102424	6769
243	政策						102402	718
244	物候（风土）						102432	2448

序号	篇名	民族	流传地区	采集地	讲述者	搜集者	数据库编号	字数
245	胆识						102412	2871
246	天文						102430	1905
247	牧业						102438	2802
248	林业						102437	613
249	实践						102406	2505
250	农业						102436	1484
251	理想						102410	1367
252	德行						102411	298
253	是非						102408	1594
254	农业						102434	3665
255	智慧						102414	3641
256	个人						102417	1972
257	综杂						102444	1053
258	学习						102413	750
259	工匠						102442	1426
260	祖国						102397	516
261	卫生						102426	1596
262	婚恋						102425	2142
263	谦慎						102415	3372
264	知识						102407	800
265	生活谚语					振星、福中等	115214	665
266	治家谚语					张三斗、洪绪	115213	802
267	种田农谚					周宏声、王文中等	115211	299
268	气象谚语					任德元	115212	227
269	自然类						119955	3081
270	生产类					徐秀奇、马赞臣等	119956	1515
271	修养类						119952	2419
272	事理类						119951	2096
273	时政类						119950	692
274	生活类						119954	1359
275	社交类						119953	1423
276	学习、知识类						133706	415

序号	篇名	民族	流传地区	采集地	讲述者	搜集者	数据库编号	字数
277	农业、自然类						133705	712
278	事理、修养类						133707	354
279	生产类						136593	1750
280	修养类						136589	25
281	时政类						136587	27
282	生活类						136591	24
283	拣棉花				张晓鸾		136597	493
284	放风筝				王文昌		136603	24
285	小放风筝				何在田		136601	22
286	美女思情				刘盛德		136604	1488
287	光荣榜						136596	45
288	游南关				王老春		136598	20
289	小看戏				郑运来		136600	20
290	卖香面调				魏秉桓		136595	20
291	事理类						136588	24
292	逛灯				王志春		136599	2732
293	合钵				刘盛德		136602	2143
294	自然类						136592	322
295	社交类						136590	2289
296	其他						136594	2374
297	商业行						141010	231
298	真理						140970	865
299	勤俭						140988	3944
300	天文						140994	1469
301	个人						140982	2097
302	牧业						140998	990
303	学习						140978	555
304	铁匠						141006	511
305	思维						140969	1113
306	工业管理						141007	10515
307	实践						140971	8129
308	渔业						141001	2619
309	园艺						141002	200
310	知识						140972	1188

序号	篇名	民族	流传地区	采集地	讲述者	搜集者	数据库编号	字数
311	保健						140992	836
312	气象						140995	669
313	武术						141014	362
314	谦慎						140980	1467
315	阶级						140965	1784
316	敌我						140966	1958
317	戏曲						141013	2236
318	电业						141005	829
319	其他						141017	262
320	林业						140999	3555
321	爱憎						140974	2380
322	训教						140986	211
323	团结						140983	368
324	时令						140993	516
325	回民谚语选						141016	352
326	集体						140981	3543
327	运输行						141009	919
328	政策						140968	136
329	木器行						141003	1283
330	婚恋						140989	1912
331	幸福						140987	2465
332	卫生						140990	3085
333	气功谚						141020	4726
334	是非						140973	2846
335	智慧						140979	630
336	工作						140984	1460
337	保定酱谚						141018	2579
338	家乡						140964	1383
339	抗争						140967	1422
340	木行谚						141019	849
341	抄纸行						141004	1326
342	理想						140975	2305
343	副业						141000	2898
344	饮食业						141011	626

序号	篇名	民族	流传地区	采集地	讲述者	搜集者	数据库编号	字数
345	装卸行						141008	2882
346	农业						140997	2619
347	写作						141015	177
348	谈吐						140985	137
349	牙行						141012	245
350	物候						140996	1866
351	医药						140991	527
352	胆识						140977	200
353	德行						140976	2860
354	生产类						163408	3314
355	时政类						163402	6804
356	生活类						163406	69
357	自然类						163407	2675
358	事理类						163403	2572
359	修养类						163404	785
360	生活类					杨双发、冯双良等	171087	921
361	自然类					杨双发、冯双良等	171088	7078
362	社交类					杨双发、冯双良等	171086	3524
363	修养类					杨双发、冯双良等	171085	3498
364	事理类					冯双良、何兴楼等	171084	3437
365	时政类					杨双发、冯双良等	171083	3718
366	生产类					杨双发、冯双良等	171089	4724
367	生活类						172938	2
368	修养类						172936	116
369	宣府八景诗						172941	634
370	生产类					赵贵林、兰文种等	172940	303

序号	篇名	民族	流传地区	采集地	讲述者	搜集者	数据库编号	字数
371	社交类						172937	463
372	自然类						172939	460
373	时政类						172934	80
374	事理类						172935	1122
375	认识与实践						173814	3800
376	批评・改过						173825	1741
377	医疗卫生						173829	437
378	阶级						173812	1546
379	团结・友爱						173824	583
380	烟酒						173830	1449
381	其他						173836	641
382	衣食住行						173827	436
383	坚毅・勇敢						173822	854
384	其他						173831	1298
385	家庭・婚姻						173828	516
386	人民群众						173811	1323
387	时令						173834	660
388	学习・工作						173820	1378
389	政策法律						173813	4440
390	勤劳・节俭						173821	1332
391	农谚						173832	289
392	对立和统一						173815	1779
393	文明・礼让						173826	817
394	其他						173817	585
395	谦虚・谨慎						173823	270
396	立志・理想						173818	863
397	善良・诚实						173819	2971
398	林、牧、副、渔						173833	687
399	气象						173835	1075
400	党和国家						173810	2437
401	昌黎民间谚语概述						173837	3343
402	真理与谬误						173816	1401
403	民间谚语					何福寿、郝国瑞等	183827	21839

序号	篇名	民族	流传地区	采集地	讲述者	搜集者	数据库编号	字数
404	农谚					郝国瑞、陈计良等	183828	6779
405	天气谚语		高阳、里县、安新、保定一带	保定市	齐念芝	张岩力	188974	4817
406	谚语		河北	保定市、香河县		孙佐培、漫云等	188973	381
407	小谚语		华中、华北大部、饶阳、饶阳一带、肃宁、华北各地		冯茹、马壮等	冯盼茹、王丙学等	189156	2673
408	胆识						190048	2160
409	林业						190074	403
410	副业						190076	382
411	风土						190071	1916
412	德行						190047	3036
413	训教						190057	1105
414	祖国						190033	781
415	管理						190078	2443
416	抗争						190037	664
417	集体						190052	628
418	地震						190072	3106
419	理想						190046	821
420	物候						190070	502
421	家乡						190034	202
422	实践						190042	731
423	其他类						190080	1241
424	工商类						190079	337
425	气象						190069	920
426	知识						190043	722
427	幸福						190059	4729
428	园艺						190077	850
429	爱憎						190045	614
430	谈吐						190056	1322
431	工作						190055	1986
432	医药						190063	1149
433	家庭						190065	574

序号	篇名	民族	流传地区	采集地	讲述者	搜集者	数据库编号	字数
434	时令						190067	819
435	交往						190058	974
436	智慧						190050	458
437	天文						190068	1447
438	婚恋						190061	961
439	政策						190038	3224
440	个人						190053	791
441	农业						190073	655
442	勤俭						190060	294
443	衣食住行						190066	473
444	是非						190044	1362
445	卫生						190062	386
446	不正之风						190039	2653
447	团结						190054	359
448	谦慎						190051	2529
449	牧业						190075	903
450	真理						190041	543
451	敌我						190036	395
452	思维						190040	582
453	学习						190049	2039
454	阶级						190035	3199
455	保健						190064	1102
456	生活谚语（二十条）						195616	404
457	事理谚语（五十条）						195614	879
458	自然谚言（四十六条）						195617	373
459	社交谚语（二十条）						195615	577
460	生产谚语（二十条）					冯雪生、梁辰等	195618	902
461	民间谚语					孙明振、王吉忠等	200592	107
462	事理谚语						215307	2
463	气象谚语						215308	868
464	生产谚语						215310	1259
465	民间谚语	满族	宽城一带			杨爱华、张玉廷等	216735	2352

序号	篇名	民族	流传地区	采集地	讲述者	搜集者	数据库编号	字数
466	让瑰宝闪光						219948	742
467	时政类					张胜波、张增辉等	219938	408
468	事理类						219939	59
469	修养类						219940	1747
470	生活类						219942	828
471	社交类						219941	215
472	自然类						219943	60
473	生产类						219944	184
474	医药						236333	121
475	理想						236316	353
476	个人						236323	1016
477	工作						236325	70
478	农业						236337	208
479	团结						236324	239
480	集体						236322	108
481	卫生						236330	370
482	衣食住行						236332	465
483	是非						236314	331
484	牧业						236339	260
485	幸福						236328	95
486	学习						236319	190
487	谈吐						236326	277
488	胆识						236318	1031
489	德行						236317	181
490	敌我						236307	167
491	副业						236340	650
492	气象						236335	207
493	实践						236312	71
494	爱憎						236315	157
495	时令						236334	141
496	智慧						236320	408
497	抗争						236308	544
498	知识						236313	149

序号	篇名	民族	流传地区	采集地	讲述者	搜集者	数据库编号	字数
499	训教						236327	134
500	阶级						236306	190
501	保健						236331	168
502	谦慎						236321	92
503	勤俭						236329	269
504	风土						236336	124
505	林业						236338	513
506	园艺						236341	130
507	思维						236310	217
508	真理						236311	219
509	政策						236309	104
510	家乡						236305	392
511	祖国						236304	1168
512	科学谚语						236631	3471
513	生活谚语						236630	6008
514	政治谚语						236629	2103
515	事理类						253235	366
516	社交类						253237	433
517	修养类						253236	269
518	生活类						253239	813
519	生产类						253238	778
520	综杂类						253241	262
521	自然类						253240	280
522	修养类						254317	755
523	时政类						254314	2971
524	自然类					张玺	254320	272
525	生活类						254319	821
526	事理类						254315	262
527	生产类						254316	899
528	社交类						254318	1044
529	时令类						259091	61
530	规戒类						259093	184
531	天文类						259090	130
532	编后语						259094	522

序号	篇名	民族	流传地区	采集地	讲述者	搜集者	数据库编号	字数
533	事理类						259092	259
534	自然类						290197	426
535	生产类						290198	251
536	时政类						290192	1291
537	社交类						290195	373
538	修养类						290194	593
539	其他					陈廷龙、方庆东等	290199	1134
540	生活类						290196	762
541	事理类						290193	1171
542	生产类						301039	551
543	修养类						301036	654
544	事理类						301037	1884
545	生活类						301038	270
546	自然类						301040	1224
547	规戒、事理类						301335	5152
548	立志发奋类						301337	738
549	其他类					郑文清、张书民等	301339	1051
550	时令、生产类						301336	1986
551	卫生、健身类						301338	292
552	气象类						301334	519
553	修养类						312580	1187
554	事理类						312579	683
555	社交类						312581	859
556	时政类						312578	772
557	生产类						312584	842
558	自然类						312583	859
559	其他类						312585	921
560	生活类						312582	479
561	是非篇						312737	361
562	牧业篇						312763	859
563	新谚篇						312732	1633
564	祖国篇						312727	245

序号	篇名	民族	流传地区	采集地	讲述者	搜集者	数据库编号	字数
565	农业篇						312761	930
566	医药篇						312756	228
567	卫生篇						312755	4813
568	风土篇						312768	74
569	勤俭篇						312753	1246
570	保健篇						312757	274
571	团结篇						312748	370
572	家庭篇						312759	206
573	思维篇						312733	679
574	天文篇						312766	228
575	学习篇						312742	730
576	敌我篇						312729	1125
577	谦慎篇						312744	105
578	理想篇						312739	88
579	综合篇						312738	500
580	综合篇						312752	1598
581	抗争篇						312730	84
582	工作篇						312749	250
583	家乡篇						312728	79
584	智慧篇						312743	306
585	集体篇						312746	297
586	副业篇						312764	101
587	衣食住行篇						312758	4263
588	综合篇						312760	380
589	政策篇						312731	3466
590	气象篇						312767	55
591	婚恋篇						312754	328
592	真理篇						312734	1015
593	时令篇						312765	665
594	个人篇						312747	383
595	谈吐篇						312750	284
596	德行篇						312740	4168
597	综合篇						312745	310
598	林业篇						312762	3731

序号	篇名	民族	流传地区	采集地	讲述者	搜集者	数据库编号	字数
599	胆识篇						312741	386
600	训教篇						312751	785
601	知识篇						312736	161
602	实践篇						312735	247
603	谚语			鸡泽店上乡焦佐村等			321906	1532
604	谚语					赵泽军、郑书良等	328307	3849
605	民间谚语					岳一中	330139	2399
606	物候篇						334346	4607
607	卫生保健篇						334340	10314
608	政策篇						334315	1238
609	知识篇						334319	2367
610	阶级篇						334312	4348
611	真理篇						334317	4365
612	气象篇						334345	1094
613	故乡篇						334311	1493
614	德行篇						334323	1362
615	思维篇						334316	743
616	是非篇						334320	529
617	行业篇						334355	83
618	集体团结篇						334328	6311
619	实践篇						334318	1957
620	艺苑篇						334342	970
621	智慧篇						334326	953
622	子女教育篇						334338	713
623	工作篇						334331	1167
624	待人接物篇						334330	1874
625	谦慎篇						334327	544
626	园艺篇						334351	867
627	训教篇						334332	574
628	学习篇						334325	5222
629	牧业篇						334349	4899
630	天文篇						334344	5337
631	爱憎篇						334321	2186

序号	篇名	民族	流传地区	采集地	讲述者	搜集者	数据库编号	字数
632	抗争篇						334314	1795
633	其他类						334356	922
634	衣食住行篇						334335	4096
635	谈吐篇						334333	4282
636	理想篇						334322	3065
637	勤俭篇						334336	1048
638	渔业篇						334350	11058
639	林业篇						334348	3250
640	时令篇						334343	2781
641	农业篇						334347	4121
642	商业篇						334353	4012
643	婚恋篇						334337	3679
644	幸福篇						334341	405
645	家庭伦常篇						334334	3275
646	胆识篇						334324	2718
647	祖国篇						334310	380
648	医药篇						334339	2070
649	敌我篇						334313	4145
650	个人篇						334329	1843
651	副业篇						334352	2078
652	管理篇						334354	2969
653	气象谚语					王小平、刘广璋等	339511	1057
654	生产谚语					王文汉	339512	1352
655	生活谚语					王文汉、刘广璋等	339513	9554
656	其他谚语					王文汉、郝鸿玉	339514	1098
657	歇后语						341823	611
658	谚语		宣化县胶泥湾一带			谢江	341821	467
659	谚语						341820	557
660	歇后语					段富林	341824	437
661	庙（舞）台谚语与对联				王鉴		341822	1325
662	农家谚语					姚履贵	341818	502

序号	篇名	民族	流传地区	采集地	讲述者	搜集者	数据库编号	字数
663	谚语					朱青	341819	1292
664	耕耘类						343365	1401
665	修养类						343361	1494
666	天象类						343363	1202
667	收获类						343366	2918
668	播种类						343364	917
669	养殖类						343368	1238
670	积肥类						343367	2195
671	生活类						343362	2020
672	学习类						343360	755
673	其他类						343369	1564
674	谚语类						352728	688
675	卫生健身谚语（19条）						359912	664
676	写在后面						359916	210
677	学习谚语（7条）						359915	440
678	商业谚语（10条）						359913	128
679	农谚（89条）						359910	150
680	道德谚语（34条）						359914	803
681	气象谚语（22条）						359911	197
682	建筑						361588	419
683	生活伦常						361545	205
684	团结						361554	4045
685	德行						361547	68
686	幸福						361558	468
687	集体						361552	680
688	勤俭						361559	636
689	特殊类						361592	66
690	园艺						361579	963
691	阶级						361535	2140
692	物候						361570	555
693	副业						361576	91
694	衣食住行						361564	1270
695	胆识						361548	347
696	林业						361574	1899

序号	篇名	民族	流传地区	采集地	讲述者	搜集者	数据库编号	字数
697	风土						361571	4193
698	思维						361539	796
699	农业						361573	22
700	实践						361541	354
701	智慧						361550	7406
702	卫生						361561	1290
703	气象						361569	376
704	天文						361567	1717
705	抗争						361537	4088
706	知识						361542	219
707	木工						361590	3212
708	运输						361580	764
709	戏曲						361586	236
710	训教						361557	1369
711	天文谚谣						361568	3273
712	是非						361543	1651
713	武术						361583	589
714	真理						361540	136
715	风土谚谣						361572	1470
716	渔业						361577	154
717	棋艺						361585	1166
718	敌我						361536	5162
719	经商						361587	11776
720	牧业						361575	1587
721	谦慎						361551	416
722	政策						361538	11748
723	工作						361555	3658
724	保健						361563	36
725	祖国						361533	2109
726	医药						361562	841
727	学习						361549	404
728	工具						361589	615
729	家乡						361534	797
730	谚谣						361565	3932

序号	篇名	民族	流传地区	采集地	讲述者	搜集者	数据库编号	字数
731	理想						361546	2158
732	婚恋						361560	996
733	个人						361553	1435
734	谈吐						361556	94
735	手工艺						361582	2903
736	爱憎						361544	3803
737	时令						361566	1483
738	水利						361578	612
739	饮食						361581	2325
740	其他类						361591	26551
741	生产类					麻熙庄、马永水等	367842	696
742	社交类						367839	217
743	事理类						367837	515
744	时政类						367836	191
745	自然类						367841	1910
746	修养类						367838	166
747	生活类						367840	1526
748	谦慎						367863	2085
749	理想						367858	256
750	胆识						367860	632
751	文艺						367877	316
752	俭						367871	936
753	交通						367878	148
754	谈吐						367868	1298
755	家庭						367872	1361
756	渔业						367887	1531
757	保健						367876	670
758	集体						367864	149
759	商业						367891	116
760	园艺						367888	342
761	牧业						367885	3593
762	综杂类						367892	497
763	祖国						367845	457

序号	篇名	民族	流传地区	采集地	讲述者	搜集者	数据库编号	字数
764	福气						367870	258
765	时令						367857	599
766	政策						367850	1071
767	抗争						367849	579
768	天文						367881	8238
769	敌我						367848	2539
770	时令						367880	262
771	气象						367882	114
772	安全						367879	468
773	智慧						367862	616
774	个人						367865	1303
775	学习						367861	503
776	训教						367869	572
777	建筑						367890	1401
778	工业						367889	663
779	知识						367854	96
780	团结						367866	468
781	实践						367853	76
782	农业						367883	1240
783	真理						367852	846
784	爱憎						367856	570
785	家乡						367846	454
786	是非						367855	688
787	思维						367851	602
788	阶级						367847	430
789	饮食						367873	481
790	医药						367875	113
791	工作						367867	1069
792	卫生						367874	224
793	病坏谚						367893	647
794	德行						367859	750
795	林业						367884	651
796	副业						367886	1182
797	风土（习俗）						368214	1427

序号	篇名	民族	流传地区	采集地	讲述者	搜集者	数据库编号	字数
798	祖国						368181	2336
799	物候						368219	6344
800	牧业						368224	4768
801	政策						368186	3930
802	敌我						368184	3815
803	知识						368192	2
804	家庭伦常						368207	419
805	待人接物						368203	1207
806	工艺						368236	6625
807	行业总述						368221	3514
808	德行						368196	567
809	爱憎						368194	250
810	胆识						368198	1764
811	花卉栽培						368239	4470
812	矿工业						368230	3569
813	天文						368216	2010
814	园艺						368226	2526
815	家乡						368182	1792
816	真理、规律						368189	2708
817	个人、交游						368202	13217
818	商业						368231	2002
819	工匠						368228	1076
820	幸福观						368213	4459
821	谈吐						368205	10308
822	卫生保健						368212	4969
823	持家经营						368209	6859
824	子女教育						368211	1072
825	实践						368191	3465
826	阶级						368183	942
827	集体、团结						368201	258
828	是非						368193	4777
829	谦慎						368200	2498
830	学习						368199	3189
831	地震						368220	1437

序号	篇名	民族	流传地区	采集地	讲述者	搜集者	数据库编号	字数
832	教训						368206	930
833	恋爱婚姻						368210	1086
834	武术						368238	8008
835	运输业						368229	5916
836	其他						368240	3016
837	文学						368234	2884
838	世态						368188	623
839	棋艺						368237	1731
840	林业						368223	722
841	时令						368215	2
842	工作						368204	10555
843	思维						368190	5309
844	艺术						368235	3208
845	衣食住行						368208	1621
846	理想、立志						368195	10228
847	智慧						368197	739
848	抗争						368185	1256
849	时事						368187	1261
850	农业						368222	3135
851	山川地理						368218	985
852	其他行业						368232	1427
853	教育						368233	311
854	气象						368217	2091
855	渔业						368225	941
856	副业						368227	17851
857	生活类						368897	2877
858	其他类						368900	1722
859	社交类						368896	2130
860	时政类						368893	2403
861	自然类						368898	1733
862	生产类						368899	1936
863	理事类						368894	2045
864	修养类						368895	592
865	财政类						371692	763

序号	篇名	民族	流传地区	采集地	讲述者	搜集者	数据库编号	字数
866	其他类						371697	1362
867	生活类						371695	1771
868	生产类						371694	1832
869	事理类						371696	817
870	自然类						371693	93
871	事理类						386297	1429
872	经营贸易类						386303	1485
873	自然类						386301	566
874	社交类						386299	3309
875	生产类						386302	1053
876	其他类					郭瑞岭、阎振英等	386304	780
877	修养类						386298	3165
878	生活类						386300	51
879	时政类						386296	102
880	其他						386364	170
881	爱人民						386308	453
882	交通						386360	747
883	集体团结						386336	436
884	爱祖国						386307	517
885	理想立志						386329	674
886	商业						386362	4966
887	法制						386313	3415
888	植树造林						386355	6929
889	盐业						386361	2461
890	地理						386353	1474
891	家庭伦常						386342	1299
892	说唱						386369	1596
893	时令						386350	4783
894	天文						386351	1979
895	综合						386318	690
896	讲卫生						386347	786
897	阶级						386310	2649
898	爱家乡						386309	1473

序号	篇名	民族	流传地区	采集地	讲述者	搜集者	数据库编号	字数
899	持家经营						386344	1382
900	武术						386368	1336
901	亲友邻						386337	386
902	德行						386330	290
903	不正之风						386327	66
904	军事						386315	410
905	衣食住行						386343	3912
906	政策						386314	2038
907	言谈						386335	421
908	是非						386323	1282
909	善恶						386324	946
910	旧志书中的谚语						386372	2076
911	敌我						386311	2400
912	学习						386333	3576
913	渔业						386357	615
914	子女教育						386346	234
915	工作						386339	196
916	园艺						386358	1969
917	戏剧						386366	60
918	恋爱婚姻						386345	254
919	音、美、写作						386371	801
920	治碱						386363	867
921	待人接物						386338	691
922	吹鼓手						386370	1544
923	官德						386316	117
924	智慧						386331	1046
925	过失						386325	1379
926	其他						386328	1685
927	旧官衔						386326	649
928	世态						386317	1966
929	真理						386319	952
930	知识						386322	193
931	农业						386354	653
932	综合						386365	1659

序号	篇名	民族	流传地区	采集地	讲述者	搜集者	数据库编号	字数
933	工匠						386359	1413
934	惜时						386334	733
935	其他						386349	641
936	共产党						386312	404
937	幸福观						386348	1010
938	其他						386341	2439
939	训教						386340	1463
940	气象						386352	416
941	畜禽						386356	437
942	杂技						386367	275
943	胆识						386332	5252
944	思虑						386320	299
945	实践						386321	153
946	生产类					任勇、王玲莉等	387006	2
947	其他					冯米山、任勇等	387007	1060
948	生活类					任勇、敦春玉等	387004	2675
949	自然类					刘学均、李荣敏等	387005	1321
950	事理类					任勇、冯米山等	387001	3734
951	社交类					任勇、张恒顺等	387003	2734
952	修养类					任勇、刘四喜等	387002	1557
953	时政类					张恒顺、冯米山等	387000	1926
954	王德（111则）						393820	1988
955	赵魁山（18则）						393823	1255
956	王桂霞（56则）						393822	954
957	王玄（74则）						393821	352
958	宋红心（40则）						393824	697
959	事理类						409508	150
960	生活类						409511	242
961	修养类						409509	62
962	社交类						409510	501
963	生产类					自治、小石等	409513	143
964	时政类						409507	108

序号	篇名	民族	流传地区	采集地	讲述者	搜集者	数据库编号	字数
965	自然类						409512	2035
966	自然类						410835	512
967	事理类						410831	272
968	社交类						410833	55
969	时政类						410830	1530
970	生产类					梁建华、张志海等	410836	374
971	生活类						410834	1386
972	修养类						410832	1675
973	修养类						420927	1603
974	自然类						420929	2498
975	知识类						420926	3011
976	生产类						420930	987
977	生活类						420928	274
978	生活类						429089	1092
979	生产类						429091	101
980	社交类						429088	1123
981	自然类						429090	643
982	事理类						429086	2
983	修养类						429087	1073
984	其他						429092	1688
985	时政类						429085	900
986	民间谚语					冯孝卿	430800	169
987	事理类					郭荣华、刘清江等	433958	1866
988	气象类					刘国新、张玉惠等	433961	907
989	农事类					刘国新、胡润海等	433962	516
990	时政类					许海森、刘秀义等	433957	979
991	修养类					刘秀义、许海森等	433959	521

序号	篇名	民族	流传地区	采集地	讲述者	搜集者	数据库编号	字数
992	生活类					林树荣、林卫东等	433960	1425
993	生产类						436863	1037
994	时政类						436857	803
995	生活类						436861	339
996	自然类						436862	468
997	事理类						436858	149
998	社交类						436860	849
999	修养类						436859	136
1000	学习、知识类						440164	712
1001	农业、自然类						440163	357
1002	事理、修养类						440165	354
1003	民间谚语					兆荣、玉秀	446065	237
1004	戏曲						446585	6232
1005	渔业						446579	1140
1006	时令						446570	1616
1007	风土						446572	1113
1008	其他						446584	595
1009	农业						446575	5065
1010	工作						446557	2224
1011	德行						446548	5981
1012	幸福						446561	2024
1013	其他						446574	1471
1014	其他						446553	3753
1015	因果						446545	2565
1016	真理、规律						446539	9637
1017	其他						446568	1720
1018	动植物						446573	2050
1019	智慧						446551	3412
1020	水利						446581	603
1021	副业						446578	406
1022	气象						446569	1402
1023	理想、立志						446547	1012
1024	祖国、家乡						446534	1982

序号	篇名	民族	流传地区	采集地	讲述者	搜集者	数据库编号	字数
1025	卫生保健						446564	915
1026	天文						446571	7363
1027	思维						446540	2888
1028	婚恋、家常						446563	863
1029	是非						446543	1498
1030	其他						446587	8569
1031	林业						446576	4745
1032	阶级、敌我						446535	684
1033	政策、法律						446536	362
1034	实践						446541	1375
1035	训教						446559	4154
1036	胆识						446549	6949
1037	衣食住行						446567	7063
1038	团结互助						446556	2705
1039	其他						446560	29861
1040	谦虚谨慎						446552	476
1041	谈吐						446558	2219
1042	牧业						446577	5362
1043	知识						446542	1037
1044	园艺						446580	741
1045	集体						446554	1171
1046	勤俭						446562	483
1047	其他						446538	13847
1048	工匠技艺						446582	1430
1049	商业						446583	5126
1050	写作						446586	13472
1051	其他						446546	4834
1052	习俗						446566	2503
1053	医药						446565	2027
1054	爱憎						446544	26603
1055	领导						446537	6015
1056	学习						446550	610
1057	个人						446555	1407
1058	谚语					宋振乔	468421	10359

序号	篇名	民族	流传地区	采集地	讲述者	搜集者	数据库编号	字数
1059	谚语一束					艺亭	468406	447
1060	歇后语					邢庆彬	468442	3731
1061	气象						468440	265
1062	学习						468436	1352
1063	前言					叶恩涛	468422	1781
1064	思想修养						468435	1603
1065	饲养						468439	1025
1066	农业						468441	1137
1067	歇声						468445	16146
1068	歇后语集						468443	2353
1069	歇意类						468444	949
1070	保健卫生						468438	7428
1071	方针政策						468433	1323
1072	前言					叶恩涛	468420	3461
1073	谚语					常树	468419	2655
1074	阶级斗争					何庆祥、崔增奎	468432	552
1075	谚语					邢庆彬	468418	1144
1076	工作方法						468434	4796
1077	勤俭节约						468437	3081
1078	政治谚语				张金兰	刘静远	504006	1381
1079	道德谚语				张金兰、周久仓	刘静远、宋永秀	504008	573
1080	卫生谚语				张金兰、袁素香等	刘静远、陈国勇	504011	817
1081	气象谚语				张金兰、于志海等	刘静远、刘效来等	504010	1104
1082	劳动谚语			女织寨乡西礼尚庄	张金兰	刘静远	504007	625
1083	农谚				张金兰、刘爱珍等	刘静远、刘效来等	504009	676
1084	抗争篇						515651	1411
1085	爱憎篇						515658	1420
1086	真理篇						515654	876
1087	婚恋篇						515669	18073
1088	是非篇						515657	780
1089	勤俭篇						515668	484

序号	篇名	民族	流传地区	采集地	讲述者	搜集者	数据库编号	字数
1090	学习篇						515661	2216
1091	智慧篇						515662	4466
1092	武术篇						515672	3546
1093	医药篇						515670	1664
1094	工作篇						515665	2453
1095	胆识篇						515660	1713
1096	时令篇						515673	573
1097	德行篇						515659	1951
1098	谦慎篇						515663	985
1099	思维篇						515653	5369
1100	实践篇						515655	1585
1101	农业篇						515675	965
1102	团结篇						515664	495
1103	政策篇						515652	8505
1104	林牧副篇						515676	466
1105	物候篇						515674	1008
1106	幸福篇						515667	4611
1107	阶级篇						515650	1567
1108	认识篇						515656	507
1109	综杂						515677	8589
1110	祖国篇						515649	4790
1111	保健篇						515671	2096
1112	训教篇						515666	1804
1113	收获类						516071	459
1114	栽培管理类						516070	632
1115	经验传说						516076	473
1116	积肥、施肥类						516069	98
1117	季节规律类						516074	869
1118	勤劳类						516073	832
1119	种植类						516068	778
1120	景象预兆						516075	252
1121	养畜					罗欲圃	516079	414
1122	医药卫生谚语						516066	476
1123	耕耙类						516067	139

序号	篇名	民族	流传地区	采集地	讲述者	搜集者	数据库编号	字数
1124	海上谚语					姬新军	516065	755
1125	选种类						516072	462
1126	规诫类						516077	475
1127	改良土壤						516078	249
1128	谚语95条					李恩和	516890	2036
1129	事理篇						517174	157
1130	时政篇						517173	285
1131	生产篇						517176	1459
1132	生活篇						517175	1945
1133	民间谚语						525872	1229
1134	日常生活类					苏平修	530414	696
1135	农事类						530413	754
1136	林						530985	183
1137	园艺						530989	186
1138	政策						530955	37
1139	牧业						530986	2010
1140	物候						530983	3332
1141	保健						530979	450
1142	婚恋						530976	1012
1143	医药						530978	32
1144	个人						530969	484
1145	思维						530956	1639
1146	工作						530971	87
1147	爱憎						530961	35
1148	祖国						530950	5196
1149	守边关				李辑五		530997	600
1150	五出戏				解恩林		531003	998
1151	学习						530965	3960
1152	天文						530981	35
1153	气象						530982	4563
1154	小看戏				温彦春、高春林		531000	227
1155	胆识						530964	10997
1156	农事						530984	27
1157	时令						530980	7083

序号	篇名	民族	流传地区	采集地	讲述者	搜集者	数据库编号	字数
1158	卫生						530977	427
1159	抗争						530954	36
1160	放哨歌				王成秀		530996	28
1161	姑娘打秋千				高春林		530998	1242
1162	谈吐						530972	3397
1163	长城谣				王恩九		530994	297
1164	是非						530960	1008
1165	探病				侯志福		531006	1237
1166	知识						530959	337
1167	辘轳歌				崔继林、陈令		530992	899
1168	抗日歌				郭鹏		530995	656
1169	拣棉花				汤执中		530999	33
1170	团结						530970	1744
1171	四大劝				单义		531001	980
1172	管理						530990	1922
1173	家乡						530951	1302
1174	智慧						530966	232
1175	德行						530963	962
1176	谦慎						530967	28
1177	理想						530962	35
1178	幸福						530974	1281
1179	长眼毛				常大永、陈长荣		530993	395
1180	勤俭						530975	2
1181	二姑娘拜年				王和		531002	14
1182	真理						530957	82
1183	其他						530991	26
1184	敌我						530953	36
1185	渔业						530988	38
1186	训教						530973	824
1187	副业						530987	462
1188	实践						530958	28
1189	合钵				高春林		531004	2447
1190	放风筝				孙立志		531005	3522
1191	集体						530968	4202

序号	篇名	民族	流传地区	采集地	讲述者	搜集者	数据库编号	字数
1192	阶级						530952	1357
1193	自然类						541685	1993
1194	生活类						541684	827
1195	社交类						541683	2719
1196	修养类						541682	3091
1197	生产类					崔云良、胡风瑞等	541686	2120
1198	事理类						541681	2336
1199	时政类						541680	313
1200	生活类						545270	184
1201	自然类						545269	355
1202	其他					杨一明、肖岩等	545272	1080
1203	修养类						545266	2070
1204	社交类						545271	1687
1205	生产类						545268	578
1206	时政类						545265	1211
1207	事理类						545267	1209
1208	社交与生活类						549235	1482
1209	其他类					胡振科、王丙炎等	549236	2776
1210	事理与修养类						549234	3236
1211	自然与生产类						549233	1069
1212	勤俭						569848	10706
1213	林木						569842	1742
1214	气象和农业						569838	5709
1215	水产、水利						569846	3810
1216	作物						569839	799
1217	农业生产						569840	9382
1218	蚕桑						569843	9575
1219	副业						569847	4207
1220	园艺						569841	1971
1221	肥料						569844	2041
1222	季节和气候						569837	6980
1223	畜养						569845	3183

序号	篇名	民族	流传地区	采集地	讲述者	搜集者	数据库编号	字数
1224	谚语					张凤庭	570426	163
1225	气候谚语					善芳	594408	297
1226	常用谚语					张凤庭	594374	432
1227	商业						600094	11041
1228	认识						599939	3121
1229	气象・雨						600016	39144
1230	知识						599938	1139
1231	农业・收藏						600050	2459
1232	农业・技具						600043	1951
1233	农业・农本						600035	999
1234	工交・工业						600092	4475
1235	天文・星						600030	875
1236	百行・缝纫						600098	906
1237	农业・小麦						600051	10377
1238	时令・节气						600027	3338
1239	家庭・教子						599997	4129
1240	出行						599988	7414
1241	气象・霜						600018	1576
1242	林业・林保						600071	1469
1243	德行・立德						599951	2900
1244	农业・玉米						600052	1309
1245	武术						600118	4289
1246	杂技						600117	1600
1247	园艺・花卉						600065	2287
1248	地貌						600006	1248
1249	百行・理发						600099	375
1250	牡业・繁殖						600074	575
1251	百行						600095	1157
1252	居住						599987	3116
1253	因果						599942	4742
1254	戏曲・观赏						600105	1496
1255	副业・致富						600081	142
1256	古迹						600011	1227
1257	农业・整地						600044	4302

序号	篇名	民族	流传地区	采集地	讲述者	搜集者	数据库编号	字数
1258	农业・土壤						600041	6316
1259	生物						600034	5745
1260	林业・造林						600069	2220
1261	副业・蚕桑						600083	1718
1262	祸福						599947	3234
1263	德行・节操						599957	2012
1264	林业・管理						600070	3171
1265	牡业・鸡鸭兔						600080	3345
1266	气象・旱涝						600021	3193
1267	山川						600005	789
1268	亲邻						599971	6216
1269	农业・水稻						600055	1244
1270	农业・高粱						600054	1950
1271	敌我						599980	1821
1272	医药						600003	8734
1273	牡业・饲养						600073	3822
1274	家庭・持家						599998	3043
1275	婚姻・女嫁						599992	2709
1276	戏曲・扮装						600109	607
1277	志向						599950	3337
1278	家庭・和睦						599995	3936
1279	讽谏						599981	5166
1280	牡业・驴骡						600078	1702
1281	农业・肥料						600040	8718
1282	惜时						599966	2327
1283	农业・种子						600042	2674
1284	文学						600116	2493
1285	阶级						599979	3281
1286	应酬						599973	5850
1287	训教						599976	2789
1288	智慧						599962	3395
1289	农业・棉花						600059	4448
1290	时令・夏						600024	1018
1291	戏曲・伴奏						600110	724

序号	篇名	民族	流传地区	采集地	讲述者	搜集者	数据库编号	字数
1292	园艺・瓜类						600064	2376
1293	保健						600004	11450
1294	习俗						600014	9346
1295	真伪						599945	1180
1296	互助						599969	2067
1297	农业・管理						600048	6485
1298	林业・习性						600068	3511
1299	德行・守本						599952	365
1300	天文・天河						600031	420
1301	气象・寒暑						600022	3776
1302	副业・药材						600082	185
1303	思维						599935	2213
1304	牡业・防疫						600076	337
1305	勤俭						599999	16140
1306	谦慎						599961	7384
1307	戏曲・唱念做打						600111	7334
1308	世态						599982	6079
1309	副业・养蜂						600084	687
1310	爱憎						599948	2704
1311	婚姻・姻缘						599990	2536
1312	气候						600007	714
1313	德行・公私						599955	708
1314	善恶						599946	1996
1315	百行・烹调						600100	1708
1316	家乡						599978	1901
1317	牡业・猪羊						600079	8116
1318	时令・春						600023	2224
1319	生育・生养						600000	2318
1320	个人						599968	2748
1321	园艺・蔬菜						600063	7515
1322	工作						599975	4534
1323	戏曲・艺德						600103	1194
1324	农业・人勤						600036	4427
1325	天文・月						600029	1673

序号	篇名	民族	流传地区	采集地	讲述者	搜集者	数据库编号	字数
1326	军事						599984	3154
1327	天文・日						600028	1237
1328	饮食						599986	8860
1329	渔业・喂养						600090	3533
1330	德行・礼让						599954	1012
1331	是非						599944	1350
1332	辩证						599943	6609
1333	生育・节育						600001	1806
1334	牡业・牧益						600072	249
1335	百行・铁木						600096	3644
1336	棋艺						600119	2541
1337	戏曲・演法						600112	2678
1338	生老						600002	6500
1339	命运						599949	3795
1340	气象・风						600015	6117
1341	交友						599972	8885
1342	德行・气度						599958	2218
1343	集体						599967	4691
1344	农业・水利						600039	3877
1345	农业・农时						600037	10094
1346	必然						599940	10183
1347	农业・天气						600038	6905
1348	城县						600012	1395
1349	农业・杂粮						600058	2753
1350	家庭・亲情						599993	2264
1351	风味						600009	741
1352	团结						599970	1285
1353	婚姻・男婚						599991	2884
1354	副业・狩猎						600088	864
1355	村镇						600013	1088
1356	曲艺						600113	4394
1357	婚姻・爱情						599989	1825
1358	副业・作坊						600087	280
1359	德行・诚信						599953	1597

序号	篇名	民族	流传地区	采集地	讲述者	搜集者	数据库编号	字数
1360	农业・播种						600045	2861
1361	家庭・孝慈						599996	1322
1362	农业・油料						600060	2006
1363	林业・林益						600067	5199
1364	气象・雹						600017	4930
1365	谈吐						599974	18901
1366	气象・阴晴						600020	8914
1367	园艺・果木						600062	10401
1368	家庭・夫妻						599994	5151
1369	农业・防害						600049	2846
1370	真理						599936	5477
1371	气象・雪						600019	1221
1372	德行・义利						599956	1010
1373	百行・石瓦						600097	2290
1374	律己						599963	5372
1375	农业・密植						600046	1692
1376	声誉						599965	2234
1377	戏曲・艺理						600104	1881
1378	时令・秋						600025	1532
1379	实践						599937	10551
1380	戏曲・练功						600107	1902
1381	工交・交通						600093	794
1382	戒嗜						599964	7221
1383	牲业・驭使						600075	1626
1384	学习						599960	6623
1385	园艺・菱藕						600066	466
1386	地震						600032	1520
1387	农业・烟麻						600061	1346
1388	副业・编织						600086	438
1389	条件						599941	6383
1390	农业・黍稷						600056	730
1391	法政						599983	2066
1392	物产						600008	3988
1393	服饰						599985	5190

序号	篇名	民族	流传地区	采集地	讲述者	搜集者	数据库编号	字数
1394	副业・纺织						600085	910
1395	时令・冬						600026	1101
1396	戏曲・师传						600106	797
1397	胆识						599959	4966
1398	农业・豆类						600057	2872
1399	名胜						600010	1008
1400	渔业・捕捞						600091	3401
1401	书画						600115	4090
1402	教育						600101	2445
1403	音乐						600114	730
1404	戏曲・艺人						600102	2366
1405	农业・育苗						600047	2647
1406	戏曲・角色						600108	1044
1407	农业・谷子						600053	4477
1408	渔业・致富						600089	256
1409	祖国						599977	681
1410	潮汐						600033	555

谜语

河北卷

谜语

谜语是一种具有娱乐和智力游戏功能的语言艺术，包括谜面和谜底两个有机组成部分。其中，谜面是在把某一事物或现象本体加以隐藏的基础上，以艺术手法对该事物或现象的特征进行描述、概括或展示，同时为指向答案提供线索的部分，属于“能指”，也是设问部分；谜底则是谜面所涉及问题的答案，也即事物或现象本体，属于“所指”。作为人民智慧的产物，谜语的流传和使用，往往具有检验和锻炼人的智力的作用。

谜语在远古时期就已经产生，并广泛流行于世界各地。在我国古代，谜语被称作“廋辞”或“隐语”，常常在社会政治生活中发挥着重要作用，并经常被统治者或文人用作特殊的沟通手段和解决重大现实问题的途径。从今天的情况来看，我国各民族当中，都流传着丰富的谜语，其内容涉及自然现象和社会生活的各个方面，形式和艺术手段也是灵活多样。

谜语的谜面，往往会采取比喻、夸张、拟人等修辞手法，来简要凝炼地描写或暗示谜底事物的特征。其概括大都准确精当，体现了高超的观察力和表现力，不少作品，还具有隽永、优美的艺术感染力。由于事物的特征多种多样，制谜者的选择角度和构思方法也各不相同，因此，就造成了谜面与谜底之间既有必然关联又很难一下子把二者联系起来的特殊魅力，而且，同一个谜底，往往会有多个谜面。

谜语的分类，目前最普遍认可的，是以谜底所指涉对象的属性为依据来划分。按照这种标准，可把谜语分为物谜、事谜和字谜三种类型。物谜，指的是以自然现象、动物、植物、人和人体器官以及人类社会生活中的各种必需品与创造物等各种具体事物为谜底的谜语；事谜，是以自然界的各种动态现象、人类或动物的行为活动为谜底的谜语；字谜，则是以汉字为谜底的谜语。

需要特别说明的是，本《总目》收入的“谜语”篇目，是“中国口头文学数据库”一期工程录入的作品，由于数据库提供了关键词检索，我们对收入《总目》的谜语，没有再进行二级分类。

（陶立璠）

序号	篇名	民族	流传地区	采集地	讲述者	搜集者	数据库编号	字数
1	涉县地名对联						301374	63
2	戏台对联					赵德崇	301375	180
3	谜底						301420	37
4	谜语						301414	22
5	字谜						301435	185
6	谜底						321904	419
7	谜语						321907	73
8	迷语宫						352729	143
9	对联集锦						352730	1198
10	迷语宫答案						352731	255
11	谜底						430834	165
12	字谜					李江	430836	1252
13	物谜及其他					武学福、张震林等	430832	1800
14	诗谜					晓东	570408	70
15	植谜						570374	95
16	谜语						594400	834

民间说唱

河北卷

民间说唱

民间说唱，是民间歌谣、笑话、故事等形式发展为借用一定的表演手段而成的一个类别。民间说唱大部分是旧时民间艺人以师徒相承的口头传授方式继承下来，随着时代的发展和艺人的风格流派不同，历代民间艺人会根据听众的和艺术趣味与社会生活，对说唱脚本灵活处理。民间说唱的脚本大都具有鲜明的地域文化特色与可以演出的功能，文体有散文、韵文、韵散结合等；表演方式按照约定俗成的习惯有坐地传情、站台说唱、走唱、拆唱等；文本上有评书评话、快板快书、鼓曲唱曲、滑稽相声、少数民族说唱等五大类别。在各类别中，因地域、方言、演唱方式、伴奏乐器等不同，又会分别冠以更具体名称。

民间说唱作品，经历若干代艺人的努力，从比较粗糙的说唱，逐渐走向完美，且流布逐渐广阔。同一部作品因曲种、艺人风格流派的不同，会有不同程度的再创作。在内容方面，既有收取正史、野史、小说、杂记等作为原始素材，又融入民间的传说故事，以及艺人自身的社会生活体验；在艺术方面，既要符合曲种的结构剪裁、语言风格、唱词格律等方面的要求，又要适合艺人自己的艺术风格。因此，民间说唱属于集体与个人互相补充的口头创作。

在民间说唱中，宣卷、宝卷、莲花落等受佛教思想影响较深，具有浓厚的民间宗教色彩，而道情、渔鼓、莺歌柳等带有明显的道教文化的特征，这一些形式通过说唱曲折地反映了现实生活的某些情景。民间说唱在以大量的世俗生活为题材的作品中，相当鲜明地抒发了下层人民的愿望和要求，反映了生产生活中劳动群众的疾苦和愤懑心情，在说唱中利用想象、虚构、夸张等艺术手段，结构故事，设置情节，制造悬念与笑料，使得内容表达更具有艺术感染力。

本《总目》收入的“民间说唱”部分，是该数据库第一期工程录入的部分，有一部分独立成章，也有一些引自“民间歌谣”类别中，在说唱活动中很有影响的曲目。相关内容因为数据库的检索采用关键词检索，所以在民间说唱收入总目时，只有曲种的分类。

（常祥霖）

序号	篇名	民族	流传地区	采集地	讲述者	搜集者	数据库编号	字数
1	绕口令					吴续恩	321833	71

民间小戏

河北卷

民间小戏

小戏是由我国各族人民集体创造的一种艺术结构比较短小的戏曲样式，因主要在民间创演、流传而得名“民间小戏”。一般而言，民间小戏是一种包含了文学、音乐等多种艺术形式在内的综合性的戏曲舞台表演艺术。而这里所说的民间小戏则主要是指由历代民间艺人通过“口传心授”的方式得以累积留存，并以手抄或印刷出版等方式呈现的剧本文学。

民间小戏剧目在剧本形式上短小精悍、灵活自由，多是二小戏（由小旦、小丑，或小旦、小生一对角色演唱，也叫对子戏）或三小戏（由小旦、小丑、小生三个角色演唱）。在内容上以反映劳动民众的生活和表达他们的情感为主，语言通俗质朴、生动活泼，富有浓郁的生活气息和喜剧风格。

早在南戏这种成熟形态的戏曲样式出现之前，就已经出现了疑似或类似民间小戏的表演艺术形态，如先秦时期的《优孟衣冠》，秦汉时期的《蚩尤戏》《东海黄公》，南北朝隋唐时期的《大面》《拨头》《踏谣娘》等，或侧重表演技艺，或侧重滑稽调笑，或唱做并重。可以说，一部漫长的戏曲史前史，实际就是一部小戏的酝酿史与形成史。在南戏、元杂剧等出现以后，民间小戏的发展与这些戏曲样式并行不悖，甚至相互影响。清代中叶，在“花雅之争”后崛起的众多地方戏曲剧种中，就有很多由民间小戏发展而来，奠定了中国地方戏剧种“百花齐放”的基本格局。从地域和民族的分布上来看，汉族聚居地区是民间小戏主要的流布区域，同时在其他兄弟民族的聚居区，各有民族特色小戏流传，如广西的苗戏，贵州的布依戏、侗戏，云南的傣戏等。

小戏来源并扎根于民间百姓的生活之中，对于了解历代民俗文化生活，研究民间文学和民间文化的独特性都具有不可取代的价值与地位。“中国口头文学数据库·民间小戏”部分主要分为传统小戏（主要收录京剧、汉剧等大剧种中留存的小戏）、花灯戏、采茶戏、花鼓戏、滩簧戏、秧歌戏、道情戏、仪式剧、少数民族小戏、其他小戏十个部分进行剧本收录。

（刘祯　毛忠）

序号	篇名	民族	流传地区	采集地	讲述者	搜集者	数据库编号	字数
1	翠屏山						66690	13057
2	大劈棺						66689	16034
3	烈女传						66686	16208
4	杨寡妇						66688	5231
5	卖人市						66692	6229
6	一场梦						66691	21751
7	李逵下山						66687	13298
8	倒厅门						66693	18031
9	卖薯苗						493975	7031
10	莱田会珍						493976	10788

后　记

基于“中国口头文学遗产数字化工程”已有成果的《中国口头文学遗产数据库总目》，是我国迄今为止第一部为各民族民间文学专门编纂的、按民间文学规律分类分层级编目、收录内容最齐全的作品目录，其中很多文学篇目没有公开出版过。

中国民协自成立以来，高度重视对各民族口头文学遗产的调查、搜集、整理和研究工作。新中国成立后，中国民协在党中央的领导和指示下，先后组织了200万人次，在全国2800多个县进行口头文学的普查、搜集、记录工作，积累了十数亿字的民间文学原始资料，为编纂“民间文学三套集成”奠定了坚实基础。这些资料，有相当一部分为手抄本、油印本、铅印本，都是原始记录，附有讲述人、记录人与记录情况，符合记录民间文学的国际惯例，具有高度的科学性，加之总量巨大，古今中外绝无仅有；其原始性、原真性、文献性、整体性、资源性无可比拟。可以说，历史上大量的传说故事、谚语、歌谣只能在这里找到。60年来，许多口头讲述者、收集整理者业已辞世。他们半个世纪前做中国民间文学普查时，本着“忠实记录，慎重整理”的原则，一字一句地进行收集与整理，堪为后世田野工作者的楷模。这八亿多字里，凝聚着众多前辈文化工作者的心血！

面对如此珍贵、庞大的文化财富、文学财富、精神财富，一项重要的工作就是将它数字化，建立起规模宏大的中华民族的口头文学数据库，将这些不可再生，失不再来的文化财富科学稳妥地保护起来，并将其按民间文学学术规范进行分类、使之系统化、规范化，用这些珍贵的文化遗产造福后人。

在冯骥才主席的倡议下，中国民协于2010年12月启动了“中国口头文学遗产数字化工程”，并成立专家委员会。此工程得到了文化部、中国文联的大力支持。中国民协数字化工作组与汉王公司紧密合作，历经五年艰辛，圆满完成了中国口头文学遗产数字化工程（第一期），无论收录品种与总字数，都可与《四库全书》相媲美，因而被誉为当代的“民间文学四库全书”、“数字化的民间文化长城”。

为了推进数据库的社会应用和学术研究，增强民间文化传播力和国际影响力，冯骥才先生在“中国口头文学遗产数字化工程”启动伊始，就提出了“严格的学术分类，科学的程序编排，完善和方便的检索方式，以利于确切的保存，还有传播、使用与弘扬”的要求。我们为了确保《总目》的编纂出版科学、高效，在数据库专家委员会基础上组建了以冯骥才主席为主任的编委会，严格按程序组织、落实，保证内容的学术性、权威性和科学性。在此，对编委会成员的长期努力工作表示感谢。

对于我们这样一个文明古国、文化大国，如此伟大和举世罕见的文明遗产，理应以图书方式面世，从而使这五千年来一直无形存在的口头文学，看得见摸得着，登堂入室，真正进入中华文明的殿堂，这是我们这一代人应该完成的历史使命。《总目》的纸质文本以系统、全面、高效、合理利用的理念将这一巨型民族文化遗产广泛推向社会，从而使数据库的社会应用、口头文学资料的学术研究有了更为广阔的前景。

在《总目》的编辑工作中，中国民间文艺家协会吕军副秘书长、中国文联民间文艺艺术中心主任徐岫鹍、数据库办公室张礼敏及北京汉王数字科技有限公司的技术人员做了大量细致的具体工作。

因出版时间仓促，谬误之处在所难免，请广大读者不吝指正！

羅揚

2015年10月9日